SANCTI GREGORII PAPÆ I

COGNOMENTO MAGNI,

OPERA OMNIA.

AD MANUSCRIPTOS CODICES ROMANOS, GALLICANOS, ANGLICANOS EMENDATA, AUCTA, ET ILLUSTRATA NOTIS.

STUDIO ET LABORE MONACHORUM ORDINIS SANCTI BENEDICTI, E CONGREGATIONE SANCTI MAURI.

EDITIO MEMORATISSIMA QUÆ PARISIIS PRODIIT ANNO DOMINI MDCCV, NUNC AUTEM ACCURATIOR ET AUCTIOR REVIVISCIT

ACCURANTE J.-P. MIGNE,

BIBLIOTHECÆ CLERI UNIVERSÆ

SIVE

CURSUUM COMPLETORUM IN SINGULOS SCIENTIÆ ECCLESIASTICÆ RAMOS EDITORE.

TOMUS PRIMUS.

VENIT SEPTEM FRANCIS GALLICIS.

PARISIIS. VENIT APUD EDITOREM,
IN VIA DICTA D'AMBOISE, PROPE PORTAM VULGO D'ENFER NOMINATAM,
SEU PETIT-MONTROUGE.

1849

ELENCHUS OPERUM

QUÆ IN HOC TOMO LXXV CONTINENTUR.

Præfatio generalis.
Vita S. Gregorii papæ, auctore Paulo Diacono.
Eadem, auctore Joanne Diacono.
Eadem, ex ejusdem S. Gregorii papæ scriptis potissimum adornata.
In expositionem Beati Job Moralia, seu Moralium libri (a primo usque ad decimum septimum, cæteris in sequentem tomum translatis).

Ex typis MIGNE, au Petit-Moutrouge.

PATROLOGIÆ

CURSUS COMPLETUS

SIVE

BIBLIOTHECA UNIVERSALIS, INTEGRA, UNIFORMIS, COMMODA, OECONOMICA,

OMNIUM SS. PATRUM, DOCTORUM SCRIPTORUMQUE ECCLESIASTICORUM

QUI

AB ÆVO APOSTOLICO AD INNOCENTII III TEMPORA

FLORUERUNT;

RECUSIO CHRONOLOGICA

OMNIUM QUÆ EXSTITERE MONUMENTORUM CATHOLICÆ TRADITIONIS PER DUODECIM PRIORA
ECCLESIÆ SÆCULA,

JUXTA EDITIONES ACCURATISSIMAS, INTER SE CUMQUE NONNULLIS CODICIBUS MANUSCRIPTIS COLLATAS,
PERQUAM DILIGENTER CASTIGATA;
DISSERTATIONIBUS, COMMENTARIIS LECTIONIBUSQUE VARIANTIBUS CONTINENTER ILLUSTRATA;
OMNIBUS OPERIBUS POST AMPLISSIMAS EDITIONES QUÆ TRIBUS NOVISSIMIS SÆCULIS DEBENTUR ABSOLUTAS
DETECTIS, AUCTA;
INDICIBUS PARTICULARIBUS ANALYTICIS, SINGULOS SIVE TOMOS, SIVE AUCTORES ALICUJUS MOMENTI
SUBSEQUENTIBUS, DONATA;
CAPITULIS INTRA IPSUM TEXTUM RITE DISPOSITIS, NECNON ET TITULIS SINGULARUM PAGINARUM MARGINEM SUPERIOREM
DISTINGUENTIBUS SUBJECTAMQUE MATERIAM SIGNIFICANTIBUS, ADORNATA;
OPERIBUS CUM DUBIIS TUM APOCRYPHIS, ALIQUA VERO AUCTORITATE IN ORDINE AD TRADITIONEM
ECCLESIASTICAM POLLENTIBUS, AMPLIFICATA;
DUOBUS INDICIBUS GENERALIBUS LOCUPLETATA : ALTERO SCILICET RERUM, QUO CONSULTO, QUIDQUID
UNUSQUISQUE PATRUM IN QUODLIBET THEMA SCRIPSERIT UNO INTUITU CONSPICIATUR; ALTERO
SCRIPTURÆ SACRÆ, EX QUO LECTORI COMPERIRE SIT OBVIUM QUINAM PATRES
ET IN QUIBUS OPERUM SUORUM LOCIS SINGULOS SINGULORUM LIBRORUM
SCRIPTURÆ TEXTUS COMMENTATI SINT.
EDITIO ACCURATISSIMA, CÆTERISQUE OMNIBUS FACILE ANTEPONENDA, SI PERPENDANTUR : CHARACTERUM NITIDITAS
CHARTÆ QUALITAS, INTEGRITAS TEXTUS, PERFECTIO CORRECTIONIS, OPERUM RECUSORUM TUM VARIETAS
TUM NUMERUS, FORMA VOLUMINUM PERQUAM COMMODA SIBIQUE IN TOTO OPERIS DECURSU CONSTANTER
SIMILIS, PRETII EXIGUITAS, PRÆSERTIMQUE ISTA COLLECTIO, UNA, METHODICA ET CHRONOLOGICA,
SEXCENTORUM FRAGMENTORUM OPUSCULORUMQUE HACTENUS HIC ILLIC SPARSORUM,
PRIMUM AUTEM IN NOSTRA BIBLIOTHECA, EX OPERIBUS AD OMNES ÆTATES,
LOCOS, LINGUAS FORMASQUE PERTINENTIBUS, COADUNATORUM.

SERIES PRIMA,

IN QUA PRODEUNT PATRES, DOCTORES SCRIPTORESQUE ECCLESIÆ LATINÆ
A TERTULLIANO AD GREGORIUM MAGNUM.

Accurante J.-P. Migne,

BIBLIOTHECÆ CLERI UNIVERSÆ,

SIVE

CURSUUM COMPLETORUM IN SINGULOS SCIENTIÆ ECCLESIASTICÆ RAMOS EDITORE.

PATROLOGIÆ TOMUS LXXV.

SANCTI GREGORII PAPÆ I

TOMUS PRIMUS.

PARISIIS, VENIT APUD EDITOREM,
IN VIA DICTA D'AMBOISE, PROPE PORTAM VULGO D'ENFER NOMINATAM,
SEU PETIT-MONTROUGE.

1849

MONACHORUM BENEDICTINORUM EPISTOLA NUNCUPATORIA.

SANCTISSIMO PATRI
CLEMENTI XI,
PONTIFICI MAXIMO.

Inter omnia quæ tui pontificatus exordium commendarunt sane plurima et præstantissima, beatissime Pater, illud præ cæteris laude dignissimum nobis videtur, quod adulatoribus valere jussis, solos audire volueris antiquæ ac spectatæ virtutis viros, qui liberrime monerent, et sine fuco vera dicerent. Nec alia quidem ratione tuorum consiliorum participem facere potissimum decrevisti sanctissimum abbatem Clarævallensem, propter summam loquendi, monendi, etiam arguendi libertatem tibi gratissimum : cujus idcirco libros de Consideratione ad Eugenium papam liberiori scriptos calamo, seorsim typis iterum subjicere nobis jussisti, ut pro enchiridio tibi essent, ac facile possent circumferri, nec a tuo unquam avellerentur conspectu.

Quam accepta fuerit Sanctitati tuæ, nova hæc editio ipsi nuncupata, significare dignata est suis pontificiis litteris ad præpositum nostrum generalem (8 Martii 1701), quæ ad audenda majora nobis animos addidere; præsertim cum ex ipsis, et ex aliis ad eumdem scriptis (6 Junii 1702) intelligeremus, nostrum in recensendis sanctorum Ecclesiæ Patrum operibus institutum, a Beatitudine tua (quod maxime in votis erat) laudari et approbari. Quid enim efficacius ad levandos labores nostros, etsi arduos, in tam difficili quam cepimus reipublicæ litterariæ provincia?

Itaque cum tunc prelo subjicere cepissemus sancti Gregorii Magni opera omnia per sexennium ad manuscriptos Codices recensita, emendata, aucta et illustrata notis, novum hunc studiorum nostrorum fetum tuo sacro nomini nuncupandum statim judicavimus. Neque vero dubitamus, sanctissime Pater, quin a te, ut par est, excipiatur Gregorius noster, imo multiplici jure tuus. Si enim omnibus consiliis tuis interesse voluisti Bernardum, dignus est sane Gregorius qui præsit. Assideat clavum navis Petri tenenti, qui eamdem tot annis, tanta prudentia, gravissimas inter procellas gubernavit, difficillimisque temporibus, hoc est miserabili quod agimus ævo simillimis. Habeat semper ob oculos pastorum princeps librum regulæ pastoralis plane aureum, quem omnibus olim episcopis in ordinatione datum et commendatum legimus. E supremo Ecclesiæ throno iterum puriora fundat oracula doctor ter maximus dignitate, eruditione, sanctitate, cujus in medio Ecclesiæ Dominus os aperuit, et quem replevit spiritu sapientiæ et intellectus. Agnoscatur denique redivivus in Clemente Gregorius.

Hæ fere sunt rationes, beatissime Pater, quæ nos impulerunt ut ad tua provoluti vestigia Gregorium Magnum recens a nobis in lucem editum Sanctitati tuæ offerre auderemus, quamvis aliæ multæ quidem gravesque suppetant. Et sane non aliis quam pontificiis auspiciis decebat rursum diem aspicere pontificem illum tot titulis maximum. Gregoriana opera Vaticanis typis excusa jam Sixto V nuncupata fuere. Notas et observationes quas in Gregorianas epistolas elucubravit Antonius Dadinus Alteserra Clementi IX dicavit. Quid supererat nisi ut Editionem hanc universorum sancti Gregorii operum novissimam, omnium quæ præcesserunt locupletissimam, et quantum licuit absolutissimam, Clementi XI, consecraremus? Igitur ad sanctam sedem, unde exierunt hæc scientiæ et sapientiæ flumina, revertantur, ut iterum fluant, et in universum orbem Christianum diffundantur.

Et quidem inde nobis affulsit consilium aggrediendi tanti operis, et auxilium ad perficiendum. Cum enim sancti hujus doctoris vitam vulgassemus, eamque felicis recordationis Innocentio XII gratissimam fuisse nos docuisset litteris suis eminentissimus cardinalis Spada (8 Aprilis 1698), et ad majora tentanda, impertita nomine summi pontificis apostolica benedictione, provocasset; statim de divina ope quasi certi, ad publicanda quoque novis curis, novisque typis Gregorii Magni opera nos accinximus. Quod igitur cœptum est auspice anteces-

sore tuo, nunc absolutum, tibique summa cum animi demissione oblatum accipere non dignetur Sanctitas tua. Etsi vero præ tantæ celsitudinis formidine ad thronum tuum accedere, ac editum a nobis Gregorium Magnum offerre trepidaremus; ille nostris e manibus elapsus in sinum tuum ultro involaret, sedem videlicet sibi notam et amicam hospes familiarissimus et charissimus.

Attamen unum est, quod ne tibi minus placeat in Gregorio Magno plurimum veremur, beatissime Pater. Diligis, ut diximus, qui moneant, et laudantes odisti. Te nihilominus ab æquissimo pontifice laudatum iri ne dubites, qui optimos episcopos (a) laudibus ad cœlum tollere consuevit. Ah! quanta exsultatione tibi gratulatur, quem juxta promulgatas a se leges in libro Regulæ Pastoralis (Reg. Past. in exordio) ad sancti Petri cathedram vocatum, ex earumdem præscripto vivere, docere, regere, hisce perditissimis temporibus; nec minus infirmitatem suam quotidie agnoscere, pene admirabundus conspicit! Quam lætus delineatam in suis aut scriptis aut gestis eximii Pastoris imaginem, in te feliciter expressam agnoscit!

Hæc quam invitus audias nos non latet, Pater sanctissime, cum non semel ut a tuis laudibus temperaremus, imperaveris. At patere ut posteritati, ut æternitati commendemus (quod Ecclesiæ, quod ævo nostro certe perhonorificum) quanta tibi cum Gregorio, pontificum fere omnium qui post Petrum Romanam cathedram obtinuerunt, maximo, similitudo sit et convenientia.

Etenim si natales attendimus, genus utrique patricium aut senatorium; parentes religione magis quam nobilitate conspicui. Si studia quærantur, Gregorius noster « disciplinis liberalibus, grammatica, rhetorica, dialectica, a pueritia ita est institutus, ut nulli in Urbe hac, licet florerent hic studia litterarum, putaretur secundus (Paulus Diac.). » Te vero, beatissime Pater, a prima ætate litteris humanioribus Latinis et Græcis excultum, Roma suspexit nondum duodecim annos natum, ac de futura eruditione in omni disciplinarum et scientiarum maxime sacrarum genere augurium sumpsit. Cujus quidem specimen fuerunt nonnullæ sanctorum Patrum homiliæ, (b) Menologiumque vetus: quæ cum e Græco in Latinum convertisses, luce dignissima, severiorum etiam censorum æstimatione judicata sunt. Dehinc sodalem te habere ambierunt (c) celebres academiæ, et virorum eruditorum cœtus.

Gregorius « in annis adolescentiæ Deo cœpit devotus existere, et ad supernæ vitæ patriam totis desideriis anhelare (Paulus Diac.). » Tu lubrica etiam in ætate, contra vitia summa morum innocentia vallatus, divinis rebus totum te statim addixisti.

Gregorium præturam Romæ gessisse legimus; quo in munere egregia prudentiæ, probitatis, integritatis, paternæ in populos charitatis, aliarumque virtutum exempla cæteris judicibus præbuit. Te quoque prætorem et præfectum meruerunt habere Urbs vetus, Reate, Sabini; nec alio fere quam laudatarum virtutum satellitio cinctum, plus amare didicerunt quam formidare.

Gregorius ad sacrum ministerium assumptus, Pelagio II in scribendis epistolis adjutor fuit (Paulus Diac., lib. III de Gest. Langob. c. 20). Tu vero post eminentissimi cardinalis Slusii obitum, ab Innocentio XI, applaudente sacro senatu, et a duobus aliis qui te præcesserunt summis pontificibus, præ cæteris tum prælatis tum etiam cardinalibus ad id muneris vocatus, illud strenue exsecutus es, licet ab Alexandro VIII in purpuratorum patrum collegium adlectus, et multis ecclesiasticis negotiis præpositus, vix ullum ad scribendum otium invenires.

His gradibus, beatissime Pater, ad supremi pontificatus fastigium ascendisti, omnium suffragio vocatus, te solo reluctante. Nondum obductam cicatricem refricare cogimur, et dolorem renovare; qui certe tantus fuit, ut in febrim incideris: sed hæc silentio præterire non licebat, in quibus Gregorium Magnum perfectius refers et exhibes. Quis enim nesciat sanctissimum virum, cum in pontificem electum se intellexisset, fuga sibi consuluisse, ac provectionem suam ad summam illam dignitatem, continuis lacrymis tanquam gravissimum casum, quandiu vixit deflevisse?

Utinam, sanctissime Pater, ad majorem tui pontificatus cum Gregoriano similitudinem, non conferrent terræmotus aliæque calamitates, quibus Romam totamque Italiam attritam lu-

(a) Legendæ epistolæ ad Eulogium Alex., Anastasium Antioch., Dominicum Carthag., Leandrum Hispalensem, etc.
(b) Laudatur aliquando a Bollandianis.
(c) Academiæ de gl· Umoristi, Reginæ Sueciæ, etc.

gemus. Et his quidem divinæ justitiæ flagellis ita sævientibus, Gregorius olim reconciliator accedens, populum ad pœnitentiam gravi oratione commovit (In fine homil. in Evang., tom. I Gregor. Turon.), quæ miro plausu statim excepta, per orbem volitavit Christianum; nec non institutis publicis supplicationibus, vim Deo gratam faciens, angelum ultorem exarmavit. Tu vero non dissimili eventu, cum terræmotibus quassata Roma periclitaretur, eleganti æque ac efficaci adhortatione, in omnes orbis Christiani provincias mox disseminata, pœnitentiæ opera trepidantibus et fugientibus a facie arcus imperasti; ac fusis lacrymis precibusque inter Deum et populum stans velut alter Phinees placasti, et cessavit quassatio. Quo tempore collectam et alias orationes in terræmotibus dicendas elucubrasti, quibus ditandum non immerito censuimus librum Sacramentorum sancti Gregorii denuo a nobis editum (Tom. III); ut in hoc etiam tibi, sanctissime pontifex, cum Gregorio conveniat, quod utrique sacer ille Codex suum debeat incrementum.

Quandoquidem cœpimus de re sacra loqui, commemorare liceat homilias illas Gregorianis jure meritissimo æquiparandas, quas inter missarum solemnia jam plurimas habuisti ad populum. In his nihil fucatam redolet eloquentiam: Sermo vivus et efficax; quippe totus ex Dei verbo et sacræ Scripturæ sententiis contextus, quam, ob assiduam ejus meditationem, mira facilitate ad quodlibet argumentum pertractandum adducis, non invitam trahis. Quantus est populi Romani plausus, quando te sacro e suggestu oracula fundentem avide audit; recordaturque Leonis Magni et Gregorii Majoris, qui Romanis ex pontificibus pene soli ante te hoc pastorali officio functi sunt: ob infinita scilicet quibus distinebantur negotia. Earumdem, imo majorum curarum sustinet molem Sanctitas tua; tota fere Italia, orbe Christiano prope universo bellis et odiis conflagrante, quæ incendia restinguere sollicitus, animum in omnes versas partes. Attamen ad scribendas elegantes homilias tibi vacat quod in Gregorio nostro merito suspexit Bernardus (Lib. 1 de Consid., cap. 9). Admirationem auget infirma utriusque valetudo, quæ feriari a labore suadere solet.

De cœlesti pane frangendo et subditis tibi populis apponendo, dum ita satagis, beatissime Pater, de ministrando cibo nutriendis corporibus necessario non minus curas; ut propensissimum Gregorii animum in pauperes æmulari jure dicatur Clemens, largus quidem et prodigus in egenos, sibi autem fratri dignissimo, fratris filiis optimæ indolis et spei adolescentibus, suis denique omnibus parcissimus. Ut vero singulorum necessitatibus providere possis, eos jubes certis diebus convenire, ac supplicantibus aures manusque aperis.

Gregorius præ cæteris pauperibus eos fovere solebat, quos amor Christi spoliarat, monachos videlicet ac sanctimoniales, ut ex tot ejus epistolis intelligitur. Iis abunde necessaria suppeditavit, fundatis etiam plurimis monasteriis, eorumque tranquillitati, concessis variis privilegiis prospexit. Qua in re sedulo ipsius vestigiis insistis; cum enim ante pontificatum duplicis religiosæ familiæ protector fuisses (Chartusianorum et Minimorum), pontifex creatus, factus es pater omnium. Quod ad nos spectat dissimulare non possumus, beatissime papa, quam paterno affectu nostram complectaris congregationem, et maxime ipsius alumnos qui in recensendis sanctorum Patrum operibus laborant; quod est etiam observantiæ tuæ erga primarios illos Ecclesiæ doctores argumentum et similitudinis cum Gregorio, qui summam in sanctos Patres, maxime in Augustinum reverentiam ubique profitetur (Lib. x, epist. 37). Quam sitibundo ore tanti magistri doctrinam hauserit, altaque mente repositam servarit sanctissimus pontifex, pleraque ejus clamant scripta; nolebat enim tritam a suis decessoribus viam deserere. Sed quis ex Romanis pontificibus Augustinianæ doctrinæ (a) vindex magis strenuus quam Clemens, cum non ita pridem damnavit libellum sanctissimo Patri, gratiæ Christi assertori fortissimo injuriosum?

Ut institutam comparationem paucis absolvamus, Gregorius Francorum reges officiosissimos semper expertus est ac beneficos; maxime cum pro fide apud Anglos aut prædicanda aut confirmanda eorum ope indiguit. Hinc in epistolis ad illos reges scriptis (b) toties gratiarum

---

(a) « Romanorum pontificum prædecessorum nostrorum, qui ejusdem sancti Doctoris (Augustini) præcelsam doctrinam magno semper in pretio habuerunt, totoque mentis affectu amplexi fuerunt, laudabilibus vestigiis firmiter inhærere volentes, » etc. (*Damnatio et prohibitio libelli typis editi sub titulo: Véritable tradition de l'Eglise sur la Prédestination*, etc.)

(b) Ad Theodericum, Theodebertum, Clotarium, Brunichildem.

actiones occurrunt, quas hoc loco referre operæ pretium non est. At vero dissimulare non possumus elogium istud Childeberto regi, ob ipsius in catholicam fidem studium ab æquissimo pontifice repensum : « Quanto cæteros homines regia dignitas antecedit, tanto cæterarum gentium regna, regni vestri profecto culmen excellit. Esse autem regem, quia sunt et alii, non mirum est : sed esse catholicum, quod alii non merentur, hoc satis est. »

Præconium hoc, beatissime Pater, Christianissimo regi Ludovico Magno jure debitum, etsi taceremus, quis non intelligeret? Bellicam laudem et innumera propemodum terra marique præclare gesta, quibus cæteros reges antecellit, dissimulemus, quando Clementem alloqui nobis datur, communem scilicet Christianorum Patrem, cujus est bella sopire, pacemque inter dissidentes filios conciliare. At de Ludovici Magni in catholicam fidem studio silere non licet; ejectos a perduellibus Anglis ob fidem orthodoxam sanctum regem, piissimam reginam, regium puerum, eorum subditos adhuc in fide integros, religionis olim in Anglia Gregorii Magni opera fundatæ veluti reliquias, hospitio exceptos, ac facultatibus pro regia munificentia et dignitate sustentatos; hæresim e regno, vel summo cum discrimine profligatam; Europæ maximam partem ea de causa in Christianissimum regem regnumque armatam, hæresis præconibus vel antesignanis classicum canentibus, bellique facem circumferentibus : neque tamen regum maximum adduci unquam potuisse, ut alicui pacis conditioni quæ hæresi tantisper favere videretur consentiret; quid Ecclesiæ primogenito dignius?

Ad hæc vero quid dicturus esset Gregorius Magnus? Quas in laudes erumperet, si foret superstes? At vivit adhuc in Clemente; nec dubium quin pro tantis in Ecclesiam collatis beneficiis, gratum se probaturus sit æquissimus pontifex erga regem christianissimum.

Hæc sunt, sanctissime Pater, præcipua lineamenta, quibus in te Gregorii Magni effigies perfectius exprimitur, qualibet imagine aut in ære incisa, aut coloribus depicta. Hinc ipsam in operum ejus veluti limine affigendam pro more censuimus; ut sit monimentum quovis ære perennius tum devoti erga sanctissimum Doctorem animi, tum singularis observantiæ in apostolicam sedem, tum demissi obsequii quod pollicentur.

PRÆFATIO GENERALIS

A BENEDICTINIS SUÆ S. GREGORII OPERUM EDITIONI PRÆFIXA.

I. *Novæ SS. Patrum Editiones jam a nobis adornatæ.* — Quanto reipublicæ tum litterariæ, tum Christianæ emolumento, jam insigniorum e sanctis Patribus opera, nostrorum labore ac studio castigata, novo cultu in lucem prodierint, commemorare neque decorum nobis est, neque, testante id publica gratulatione, necessarium. Ad quem vero ab Athanasio, Hilario, Hieronymo, Ambrosio, Augustino gradum faceremus, nisi ad Gregorium, dignitate, doctrina, sanctitate ter maximum? Neque tanti doctoris, quem ut summum familiæ nostræ decus veneramur, scripta mendorum quodammodo spinis obsita diutius relinquere nos decebat, ne alienis colendis insudantes, agrum proprium incultum deseruisse videremur.

II. *Variæ operum S. Gregorii Magni Editiones.*—Prodierunt sane jam sæpius omnia sancti Gregorii opera, ut de singulis ejusdem scriptis seorsim editis interim sileamus. Prior Editio est Parisiensis, a Bertholdo *Rembolt* adornata an 1518, complectiturque libros Moralium, Pastorale, Dialogos, Commentarium in Cantica, et in septem Psalmos pœnitentiales; Homilias in Ezechielem et in Evangelia, ac Epistolarum Registrum.

Hanc brevi excepit, quæ Rothomagi facta est apud Franciscum *Regnaut*, an. 1521. Biennio post alia Parisiensis ex officina Claudii *Chevalon* prodiit. In eadem urbe iterum excusa sunt omnia sancti Gregorii opera apud Carolum *Guillart*, an. 1542. Editionem hanc antecessit Lugdunensis, an. 1539 et 1540, in duobus tomis, aucta Commentario in lib. I Regum.

Longum et tædiosum foret omnes commemorare quæ deinceps Parisiis, Lugduni, Basileæ, Antuerpiæ, Duaci accuratæ sunt; insigniores itaque tantum attingendæ : in his Basileensis, an. 1551 et 1564, Frobenianis typis excusa, cura Coccii, qui multum laboravit ut sancti Gregorii opera pristinam puritatem integritatemque recuperarent; verum ut id consequeretur, conjecturis potius suis (ita ferebat hæc ætas) quam antiquis optimisque Mss. credidit. Hac in Editione alia est in libris Moralium capitum divisio quam in superioribus.

Joannes Gilotius Campanus, vir doctissimus, in edendis etiam sancti Gregorii Magni operibus omnibus, repurgandisque non parum laboravit. Ejus Editio publici juris facta est Parisiis, an. 1571, et iterum paucis post annis.

Quæ Romæ Vaticanis typis, anno 1589, inchoata est auctoritate Sixti V, et postmodum absoluta, cui doctissimus episcopus Venusinus præfuit, omnium superiorum visa est accuratior, non tamen heterodoxis, quorum criminationibus et querelis mox respondebimus.

III. *Quarum emendatior Gussanvillæana in multis emendanda.* — Ultimo tandem loco an. 1675, vulgata sunt Parisiis, labore et studio petri Gussanvillæi presbyteri omnia sancti Gregorii Magni opera *ex quamplurimis codicibus,* ait vir clarissimus, *emendata.* Verum quantis qualibusve erratis ultima hæc Editio adhuc scateat, ex paucis huc adducendis, indeque quanta sit Editionis castigatioris necessitas, intelligere licebit.

Ex omnibus quæ Gussanvillæi Editio complectitur, Vitam Gregorii Magni a Joanne Diacono scriptam, veterum Codicum manu exaratorum ope correctam, hic in specimen totius operis exhibendam selegimus : tum quod in hac Editione statim occurrat, tum quod in ipsa multa ex moralibus in Job, et ex epistolis excerpta restituerimus. Ad quos autem mss. Codices hanc Vitam recensuerimus, dicendum in præfatione ipsi præfixa.

Lib. I, cap. 28, col. 19, hæc in ultima Editione leguntur : *In illa ergo cœlestis regni gloria caro secundum naturam erit, sed secundum corruptionem, vel etiam passionis desideria, non erit, in æterna incorruptione regnabit.* Quo in loco ex Moralibus descripto, hæc aut suppleri debent ex Mss. aut corrigi : *In illa ergo cœlesti gloria, caro secundum naturam erit, sed secundum passionis desideria non erit, quia, devicto mortis aculeo, in æterna incorruptione regnabit.*

Cap. 29, col. eadem : *Tum piæ memoriæ Tiberius Constantinopolitanus imperator,* etc. Lege ex Mss. Joannis Diaconi, et Moralium : *Tum piæ memoriæ Tiberius Constantinus imperator.* Tiberius enim Constantini cognomine gloriabatur. Aliunde vero quem latet Constantinopoli imperatoris titulum, his temporibus inauditum, diviso postea inclinatoque imperio plurimis inde sæculis ortum?

Cap. 32, col. 20 : *Ut nisi Deus piissimi in corde principis inspiraverit, ut insitam sibi misericordiam suis famulis largiatur, et super illam diacoposin vel unum magistrum militum, et unum ducem dignetur Ecclesia concedere, in omni simus angustia destituti; quia maximæ partes Romanæ omni præsidio vacuatæ videntur.* Quis hæc legens : *unum magistrum militum,* etc., *dignetur Ecclesia concedere,* continuo non intelligat, preces esse gementium populorum in rebus desperatis, opem Ecclesiæ, summique pontificis suppliciter postulantium? Ipsius tamen summi pontificis gemitus sunt, imperatoris auxilium implorantis. At sic legi debent : *Ut nisi Deus piissimi in corde principis inspiraverit, ut insitam sibi misericordiam suis famulis largiatur, et super* illa (Utic., super illa omnia) *diacopiosin, vel unum magistrum militum, et unum ducem dignetur concedere, in omni simus angustia destituti, quia* maxime *partes Romanæ omni præsidio vacuatæ videntur.* In duobus Mss. Bigotiano et Uticensi, ad verbum *diacopiosin,* interpretationis gratia, eadem manu additur : *id est, ærarium publicum.*

Eodem cap. : *Quia et in ministerio tuo, et in opere cui eum præposuimus, necessarius omnino cognoscitur.* In Mss. autem : *Quia et in monasterio tuo* (scilicet Romano sancti Andreæ monasterio) *et in opus quo eum præposuimus, necessarius esse omnino cognoscitur,* vel, ut habetur in Uticensi, *necessarium esse omnino cognoscimus.* Porro legendum hic, *monasterio* non *ministerio,* probant hæc Joannis Diaconi verba immediate subjecta : *Huic siquidem monasterio cujus hic papa Pelagius meminit,* etc

Cap. 48, col. 24 : *et pro culpis meis in occupationis exsilium facie dominantis missus, quasi destitutæ* [Al., *destructæ*] *viduæ vocibus cum propheta dico : « Qui consolabatur me, longe recessit a me. »* Quis hac in salebra non hæreat? in Manuscriptis vero sive Joannis Diaconi, sive Epistolarum, planus est hic locus : *Et pro culpis meis in occupationis exsilium a facie dominantis missus, quasi* destructæ Judææ *vocibus cum propheta dico :* « *Qui consolabatur me, longe recessit a me.* » Enimvero alludit sanctus Doctor ad Jeremiæ Threnos, quibus Judææ calamitas, et Jerusalem eversio deflentur.

Cap. 52, eadem col. : *Inter hæc omnia turbatus cogor, modo in ipsum* [Al. *ipsam*] *clavum adversitatem dirigere, modo curvata navi impetum fluctuum latere minas fluctuum ex obliquo declinare* [Al., *ex obliquo latere declinare*]. Corruptus hic locus ex iisdem Mss. sanandus est atque ita restituendus : *Interque hæc omnia turbatus cogor, modo in ipsam clavum adversitatem dirigere, modo curvato navis latere, minas fluctuum ex obliquo declinare.*

Duo hic observare lubet circa varias lectiones, quas Gussanvillæus, ultimæ Editionis Gregorianæ curator annotavit : primum, quod taceat unde diversas illas lectiones deprompserit. Paucas sane profert tota Editionis serie; at nusquam, aut rarissime admonet quibus ex Codicibus fuerint erutæ. Alterum, quod optimam lectionem a textu exsulare jubeat, retenta vitiosa, qualis est, *in ipsum clavum adversitatem dirigere;* in qua sensus penitus desideratur. Eadem oscitantia in variarum lectionum delectu per totum opus perseverat.

Nonnulla forsitan ex his erratis, typographorum incuriæ sunt ascribenda. Et sane innumeræ pene hic occurrunt hujusmodi corruptelæ, quæ typographi prælique vitio irrepserunt ; ut col. 15, intra paucas lineas : *Aliter senior* pro *alter senior*, *accessis* pro *accessit; cœpit temere ingentes voces emittere*, pro *cœpit tremere, ingentes voces emittere*. At dormitantibus qui preli curam gerebant, invigilare debebat Editoris diligentia, ut tot errata emendarentur, aut saltem de his lector, quod etiam prætermissum est admoneretur.

Interim dissimulo viginti duos versus, qui sic incipiunt : *Suscipe Romuleos*, etc., in Gussanvillæana Editione deesse, licet in omnibus Mss. quos consuluimus et in plerisque libris editis inveniantur. Neque vero ambigitur utrum Joannis Diaconi fetus sint, aut ad vitam Gregorii Magni pertineant, cujus sunt velut epistola dedicatoria ad Joannem papam VIII, stricta oratione scripta.

Hæc sunt præcipua quæ castigatione in primo Vitæ Gregorianæ libro indigeant. In ipso secundi limine statim offenditur ad lapidem, unde non leve cadendi periculum. Nimirum hæresim sapiunt hæc, quæ ut a Gregorio scripta cap. 4, col. 27, referuntur : *Quintum quoque concilium pariter veneror, in quo . . . . . et Theodorus personam Mediatoris in duabus substantiis separans, ad impietatis perfidiam cecidisse convincitur;* Theodorus Mopsuestenus in Nestorianismi suspicionem adductus est, non quod duas in Christo substantias agnosceret (quis enim, nisi Eutychi favens, negare audeat Christum ex duabus constare substantiis?), sed quod in duas subsistentias ipsum partiri crederetur. In Mss. quoque Vitæ et Epistolarum legimus : *Theodorus personam Mediatoris in duabus subsistentiis separans.*

Leviores allucinationes, nec tamen sine emendatione relinquendæ sunt, col. 28, *a Vitelliano sit præsule destinatus*, pro *a Vitaliano;* col. 29, *ob hoc se nulli*, pro *ob hoc se nonnulli;* ibid. : *Qui in divino amore districtionem subire appetit servitutem ;* pro *qui in divino obsequio districtiorem subire appetit servitutem;* ibid., *in hac sede*, pro *in hac re;* col. 34, *sancto crucis signo*, pro *facto crucis signaculo;* col. 37, *divino intus auxilio*, pro *divino jutus*, seu *adjutus auxilio;* col. 38, *in eis clericis vel hi qui in sacro sunt ordine constituti*, pro *in eis clerici, vel hi qui in sacro sunt ordine constituti;* ibid.; *Volo autem ut domnæ sancti Paterichiæ* [Al. *Patriarchiæ*] *meæ offeras solidos quadraginta*, pro *domnæ Pateriæ thiæ meæ*, ut legitur in omnibus Mss. tum Vitæ sancti Gregorii tum ejus epistolarum. *Thia* autem vox est Græca amitam significans.

Cætera omittimus quæ vel in eodem libro II, vel in duobus sequentibus ex Mss. corrigenda sese obtulerunt. Inviti enim ad aliena errata revelanda accessimus; at nostri erat instituti paucis saltem demonstrare novæ Editionis necessitatem. Quæ etiam ratio fuit ut in singulis præfationibus quas unicuique Gregorianorum operum præmisimus, quorumdam erratorum a nobis castigatorum specimen curaverimus exhibere.

IV. *Gussanvillæus et Romani Editores excusantur.* — Absit tamen ut debitæ P. Gussanvillæo laudi ob edita sancti Gregorii opera detractum quidquam velimus. At arduum erat, ne dicamus impossibile, doctum illum presbyterum, nemine fere juvante, in tenui fortuna, tantæ molis operi sufficere. Aliorum quoque qui Gussanvillæum præcesserunt Editorum gloriam obscurare non est animus, maxime Romanorum : imo vero eos a Thomæ Jamesii scriptoris heterodoxi maledictis et criminationibus vindicare (*Vindiciæ Gregor.*, p. 2), hic operæ pretium judicavimus.

Suas Jamesius vindicias Gregorianas orditur ab illis verbis epistolæ ad sanctum Leandrum, quæ legitur ante Moralium libros : *Sæcularem habitum contemnere melius putavi*, quæ sic emendat ex Anglicanis Mss.: *sæculari habitu contegi melius putavi.* Quod sic Jamesius correxerit, non vituperamus, ita enim legendum ex manu exaratis Codicibus fatemur. At quis ejus impudentiam non ægre ferat, dum ad tantilla sic exclamat : *Hem Romanos correctores, vel profanos potius corruptores librorum! Agunt nobiscum non fide Romana, hoc est, optima et antiqua, sed fide Punica, perfide; scelerate cuncta immutando.* Quasi vero lectionis hujus auctores sint Romani Editores, quæ videlicet reperitur in vetustioribus Edit. Basileensi, an. 1514, et Parisiensi, an. 1518. Libro xxvm Moral., c. 1, legitur, mendo typographico : *Vidi servum meum Job* (Job. 1, 8), pro *vidisti*; ad quæ proterve Jamesius : *Est corruptus*, inquit, *textus ut fieri amat a Romanis.* Nemo non videt mendum hoc inconsulto irrepsisse, neque conjicere licet quid causæ fuisset Romanis Editoribus legendi, *vidi* potius quam *vidisti.*

Non inficiamur tamen Romana in Editione plurima legi secus ac debeant, quod pro more temporum illorum tum apud orthodoxos, tum apud hæreticos receptissimo, neglectis mss. Codicibus, plurimum conjecturis indulgeretur.

V. *Novæ Editionis consilium mss. Cod. opes.* — Cum itaque multa desiderari liqueat, sive ad integritatem, sive ad perfectionem Editionis a Gussanvillæo accuratæ (licet omnium præstantissima censeatur); ad emendanda ex mss. Codicibus, notis, ubi necessariæ visæ sunt, illustranda; et novis typis edenda Gregorii Magni opera tandem nos accinximus : adhibitisque plurimis e nostra potissimum congregatione sociis, Doctoris eximii scripta omnia contulimus ad innumeros pene optimæ fidei Codices manu exaratos.

Hoc loco de mss. librorum auctoritate ac fide disserere supersedemus, quas ipsis egregie nuper asseruit noster Joannes Mabillonius in Supplemento libri de Re Diplomatica, cap. 13. Eorum quoque utilitatem impense laudat doctissimus J. Sirmondus e societate Jesu in Antirrhetico adversus P. Aurelium (*Tom. IV novæ Ed. P. de la Beaune, n. 9, p. 266*). Certe nonnisi adhibita veterum illorum Codicum face spes ulla est emendandi sanctorum Patrum opera, in quibus castigandis quanta diligentia, quantus requiratur labor optime edocet Erasmus in epist. ad Waramum Cantuariensem archiepiscopum : *Unum illud*, inquit, *ut vere dicam et audacter, minoris arbitror Hieronymo suos constitisse libros conditos, quam nobis restitutos, et paucioribus vigiliis apud illum natos fuisse, quam apud nos renatos.* Hunc laborem infra comparat Herculeo his verbis : *Nec enim tantumdem laboris exantlatum arbitror in paucis edomandis monstris, quam mihi in tollendis tot mendarum millibus.*

VI. *Quos habuerimus adjutores.* — Porro quibus usi fuerimus mss. hac in præfatione recensere non est opus, cum in singulis admonitionibus præviis ad quodlibet operum sanctissimi Doctoris, quibuscum veteribus Codicibus collatum sit, commemorare sigillatim nobis curæ fuerit. Quos autem e nostra congregatione adjutores habuerimus in hac librorum excusorum cum manu exaratis collatione publicare nostri non est instituti. Asseverare sufficiat ad id operis delectos fuisse doctos diligentesque viros, quorum nonnulli jam editis libris in republica litteraria sat sunt noti. Unum duntaxat jam e vivis sublatum, dum Romæ procuratoris officio pro nostra congregatione fungeretur, proprio nomine designabimus D. Claudium *Estiennot*, qui in recensendis Vaticanæ bibliothecæ mss. maxime Registri Epistolarum strenuam nobis navavit operam. Ex amicis qui hoc in labore improbo suppetias nobis tulerunt, præcipue appellandus est vir religiosissimus D. Joannes Baptista de *Noyville*, monasterii Vallis Claræ, in pago Laudunensi, ordinis Cisterciensis arctioris et sanctioris observantiæ præpositus, qui non solum varias plurimorum Codicum lectiones a se excerptas ad nos misit, sed pene integros propria descriptos manu communicavit nobiscum. Insuper indices tum locorum sanctæ Scripturæ, tum rerum memorabilium et sententiarum copiosissimos in I tomum et in librum Sacramentorum contexuit; alios autem inceptos absolvere non permisit infirma valetudo.

VII. *Quos benefactores experti simus.* — Magnam veterum Codicum supellectilem nobis suppeditaverunt bibliothecæ nostræ, et aliæ plurimæ, præsertim Parisienses, Regia, Colbertina, Victorina, Telleriana. Mss. bibliothecæ regiæ copiam habuimus favente illustrissimo abbate *de Louvois* ejusdem præfecto, qui illustrissimi patrui archiepiscopi ducisque Rhemensis vestigiis insistens, erga litteratos omnes propensum se beneficumque probat. Colbertina semper nobis patuit jussu et benignitate illustrissimi Rothomagensis archiepiscopi, cui multa alia nos debere ultro confitemur. Codices nobis indicarunt et officiosissime subministrarunt in regia bibliotheca cl. viri Clementius et Boivinius ; in Colbertina Baluzius, et qui ipsi successit in hujus bibliothecæ præfectura Quercetanus.

VII. *Quid hac in Editione a nobis præstitum.*—Tanta veterum librorum copia ditati, accedentibus etiam vetustioribus Editionibus, nihil antiquius (*a*) habuimus, ad Augustini mentem, quam Gregorii Magni sensus et ipsamet verba ab omni aut librariorum interpolatione, et allucinatione, aut typographorum corruptelis repurgata repræsentare. Ubi tamen a prius receptis lectionibus recedere nos coegit Mss. consensus fere unanimis (quod sæpe factum) lectiones rejectas in brevibus notis subjecimus, et mss. Codices a quibus reprobantur, indicavimus. Quandoque nulla in textu mutatione facta, varias lectiones infra columnas ascripsimus. Sic restitutum magno labore, majorique fide Gregorium Magnum tibi offerimus, pie ac Christiane lector. Si enim hoc (*b*) titulo insigniendum putavit suas Gregorianas vindicias Thomas Jamesius, etsi vix centesimam factarum a nobis restitutionum partem contineant; quam potiori jure novissimæ huic Editioni debetur.

Præter notas quibus aut variæ lectiones exhibentur, aut restitutionum factarum redditur ratio, alias attexuimus ad loca illustranda; sed breves, ne plus onerare textum, quam ornare videremur. In Dialogos tamen, in Epistolas, et in librum Sacramentorum ampliores, aut elucubravimus, aut ab aliis jam elucubratas collegimus. Qua ratione ita factum admonere non prætermisimus in præfationibus ad singula sanctissimi Doctoris opera præviis. Nunc vero quo ordine illa fuerunt a nobis disposita docendum.

VIII. *Totius operis distributio in quatuor tomos* — Sancti Gregorii Magni opera quatuor in tomos distribuimus *. Priori tomo continentur Exegetica in sacram Scripturam; scilicet Moralium in Job libri triginta quinque. Homiliarum in Ezechielem prophetam libri duo, et totidem Homiliarum in Evangelia. His quidem Exegeticis accenseri potuissent Commentarius in librum I Regum, Expositiones in Cantica, et in septem Psalmos pœnitentiales. At prior tomus tot complecti minime poterat; insuperque commemoratæ elucubrationes non sunt ita genuina sancti Gregorii opera, ut omnis interpolationis expertes sint, uti suo dicemus loco (*Tom. III, secunda part., in præf.*)

Secundus tomus continet cætera sancti Gregorii indubitata et germana opera; sive ad historiam, sive ad ecclesiasticam spectent disciplinam; scilicet librum Regulæ Pastoralis, quatuor Dialogorum libros, et Registrum Epistolarum, cui brevem subjecimus appendicem, et multiplices indices. De additis huic Registro multis Epistolis, ejusdemque ordine restituto legenda sunt quæ pro hac restitutione attulimus argumenta.

Tertius tomus bipartitus, priori parte exhibet librum Sacramentorum, Antiphonarium, et cætera Liturgica, cum eruditissimarum D. Hugonis Menardi notarum et observationum accessione, qua ditandam hanc novam Gregorianorum operum Editionem judicavimus. Ejusdem tomi pars altera complectitur Commentarium in lib. I Regum, Expositionem in Cantica canticorum magna ex parte auctam, aliam in septem Psalmos Expositionem, et Concordiam quorumdam sacræ Scripturæ testimoniorum.

Quartus tomus etiam duas in partes divisus, priori parte continet sancti Gregorii Vitam, tum a Paulo Warnefridi, tum a Joanne Diacono scriptam, et eam quam ex Gregorianis præsertim scriptis recens adornavimus. Secunda parte comprehenditur genuinus Paterius, qualis habetur in quamplurimis optimæ notæ Codicibus mss. et Alulfi Tornacensis monachi Expositio in Novum Testamentum ex Gregorianis sententiis, quæ Paterii nomen in superioribus Editis immerito præfert.

IX. *Variæ sententiarum excerptiones ex S. Gregorii scriptis.* — De aliis hujusmodi collectionibus excudendis minime curandum censuimus, maxime quia toties repetitæ sancti

---

(*a*) August., l. de Doctrina Christ.; c. 14 : *Codicibus emendandis primitus debet invigilare solertia eorum qui Scripturas divinas nosse desiderant.*

(*b*) Inscribitur Jamesii opus : *Vindiciæ Gregorianæ, seu restitutus innumeris pene locis Gregorius Magnus*, Genevæ, apud Petrum et Jacobum *Chouet*, 1625.

* Vide quæ monuerimus infra col. 57. EDIT.

Gregorii sententiæ a variis collectoribus consarcinatæ, et contextæ tædio forent. Et sane omnium vice esse possunt indices locorum sacræ Scripturæ locupletissimi a nobis adjecti [*]. Cæterorum qui colligendis post Paterium sancti Gregorii testimoniis insudarunt, celeberrimus est Taio Cæsaraugust. episcopus, qui Romam ad quærendos Moralium libros venisse dicitur sub Martino papa I. Hic excerpsit ex beati Gregorii libris Sententiarum libros quinque, servatis ipsius sancti Doctoris verbis, paucis, ubi ea deerant, ex sancto Augustino suppletis. Exstant inter bibliothecæ Thuaneæ mss. Codices. Præfationem hujus operis ad Quiricum Barcinonensem una cum hujus episcopi responso edidit noster Mabillonius Analectorum tom. II. Ejusdem epistolam ad Eugenium Toletanum episcopum, ex Codice bibliothecæ Colbertinæ inseruit vir cl. Steph. Baluzius Miscellaneorum tomo IV.

X. *Utrum S. Doctor quatuor Evangelia explanarit, et de Samsone scripserit.* — Joannes Trithemius in Ecclesiasticorum Scriptorum Catalogo inter Gregoriana opera recenset brevem quatuor Evangeliorum Explanationem quæ ab his verbis incipit: *Matthæus sicut in ordine*. Hujus meminisse videtur Honorius Augustodunensis, dum ait sanctum Gregorium totum textum quatuor Evangeliorum, sermocinando populo exposuisse (*Lib. de Script. eccles.*). Explanationis laudatæ duos mss. Codices invenimus annorum circiter CM, unum in bibliotheca regia elegantissime descriptum, alterum in bibliotheca Bigotiana apud Rothomagum cum hoc titulo: *Incipit Expositio secundum Matthæum...... a sancto Gregorio...... urbis Romæ... Matthæus sicut in ordine primus,* etc. Verum stylus qui corruptissimus est, Gregorianum non redolet, satisque probat orationis series lucubrationem hanc sancti Gregorii operibus non esse annumerandam.

Explicationem aliquam de Samsonis factis allegoricam polliceri videtur sanctissimus Doctor hæc ad Venantium Panormitanum Patricium scribens: *Vultis ergo ut quædam de Samsonis factis allegorice disserantur; sed tanta mihi debilitas corporis accidit, ut si qua subire valuerim, exercere animus non assurgat. Bono autem desiderio vestro congaudeo; quia dum expositionem sacrorum verborum cupitis, quam stricte ipsum auctorem eorumdem verborum quæritis, demonstratis. Si igitur vires salutis recepero, auctore omnipotente Domino vestris desideriis parebo* (*Lib.* XII, *epist.* 40). At nunquam Gregorio liberum fuisse huic operi vacare, ob continuos quatuor extremorum vitæ annorum morbos, pene constat.

Quid de Pœnitentiali ejus nomen præferente sentiendum. — De Pœnitentiali sancti Gregorii papæ urbis Romæ nomen ferente, quod Jamesius ait exstare in vetustissimo libro bibliothecæ publicæ Oxoniensis (*Vindic. Gregor.*, pag. 144), nihil alibi a nobis repertum: quapropter illud hoc loco indicasse nobis satis sit. Nunc in expendenda sancti Gregorii doctrina paulo diutius immorandum; ostendendumque hæreticos fere omnes, tum veteres, tum novos ab eo fuisse debellatos.

XI. *Doctrina S. Gregorii contra Manichæos, Arianos, Nestorianos et Eutychianos, Pelagianos.* — Manichæi perversum dogma, qui duo esse principia mentiens, a Deo spiritum, a Satana vero carnem conditam asserere conatur, ita destruit, lib. IX Moral., num. 74. *Sanctus,* inquit, *vir prophetici gratia spiritus plenus, longe post ventura considerat, et errorum genimina prævidens calcat, dicens:* Manus tuæ plasmaverunt me, et fecerunt me totum in circuitu (*Job.* x, 8). *Qui enim et plasmatum se, et factum totum in circuitu a Deo asserit, tenebrarum genti nec in spiritu suo aliquid nec in carne derelinquit; nam plasmatum se propter internam imaginem retulit: factum vero totum in circuitu, in eo quod ex carnis constat indumento, memoravit.*

Arii Filium Dei factum docentis impietatem refellit, l. XXXII Moral., num. 51, ex Job asserente Behemoth primum angelum a Deo conditum esse *principium viarum ejus* (*Job.* XL, 14). *Superest ergo,* inquit sanctus Doctor, *ut Arius, aut non factum Filium prædicet, aut eum post Behemoth conditum stultus putet.*

Incarnationis mysterium optime explicatur hom. 38 in Evangelia, num. 3; et Nestorius Eutychesque confutantur, lib. I in Ezechielem, hom. 8, n. 24 et 25. In homilia sequenti, num. 2, divinæ gratiæ necessitas, ut bonum et velimus et perficiamus, astruitur adversus Pelagium et Cœlestium. Docetur mala nobis, bona autem Deo nobisque tribuenda. Explica-

---

[*] Illos de more omittimus, indicem Scripturæ generalem in universam Patrologiam confecturi. EDIT.

tur denique quomodo præveniat gratia, subsequatur voluntas. *Sed in his, inquit, considerandum, quia sit bona nostra, si omnipotentis Dei dona sunt, ut in eis aliquid nostrum non sit, cur nos quasi pro meritis æternam retributionem quærimus? Si autem ita nostra sunt, ut dona Dei omnipotentis non sint, cur ex eis omnipotenti Deo gratias agimus? Sed sciendum est quia mala nostra solummodo nostra sunt; bona autem nostra, et omnipotentis Dei sunt, et nostra; quia ipse aspirando nos prævenit ut velimus, qui adjuvando prosequitur, ne inaniter velimus, sed possimus implere quæ volumus. Præveniente ergo gratia, et bona voluntate subsequente, hoc quod omnipotentis Dei donum est, fit meritum nostrum. Quod bene Paulus brevi sententia explicat, dicens: Plus illis omnibus laboravi. Qui ne suæ videretur virtuti tribuisse quod fecerat, adjunxit: Non autem ego, sed gratia Dei mecum. Quia enim cœlesti dono præventus est, quasi alienum se a bono suo opere agnovit, dicens: Non autem ego. Sed quia præveniens gratia liberum in eo arbitrium fecerat in bonum, quo libero arbitrio eamdem gratiam est subsecutus in opere, adjunxit: Sed gratia Dei mecum. Ac si diceret: In bono opere laboravi, non ego, sed et ego. In hoc enim quod solo Domini dono præventus sum, non ego: in eo autem quod dono voluntate subsecutus, et ego. His igitur breviter contra Pelagium et Cœlestium dictis, ad exponendi ordinem redeamus.*

De peccato originali in omnem naturam humanam sese diffundente, cujus tamen expers Christus, lege lib. xviii Moral., num. 84, et hom. 8, lib. i in Ezechielem, num. 21. De pœna huic peccato etiam in infantibus debita consulenda præfatio libri iv Moral., c. 3, et lib. ix num. 32.

Prædestinationem gratuitam docet liber xxv eorumdem Moral., num. 32.

XII. *Quid senserit S. Gregorius de beatitudine sanctorum post mortem.* — Beatitudo sanctorum statim post mortem asseritur in præfat. ad libros Moral., n. 20, ex Apocal. vi, 11: *Et datæ sunt illis singulæ stolæ albæ*, etc., quæ sic exponit sanctus Doctor: *Ante resurrectionem quippe stolas singulas accepisse dicti sunt, quia sola adhuc mentis beatitudine perfruuntur. Binas ergo accepturi sunt, quando cum animarum perfecto gaudio, etiam corporum incorruptione vestientur.* Vide quoque lib. ix, n. 17; lib. xxxv, n. 25; et lib. iv Dial., c. 25. De cultu et invocatione sanctorum, hæc legimus, lib. xvi Moral., n. 64: *Hi itaque qui de nullo suo opere confidunt, ad sanctorum Martyrum protectionem currunt, atque ad sacra eorum corpora fletibus insistunt, promereri se veniam, eis intercedentibus, deprecantur.* Lege quoque hom. 32 in Evang., n. 6 et seq., necnon lib. ii Dialog., c. ultimo.

De igne purgatorio. — De igne purgatorio, cui addicendi sunt etiam justi nondum ab omni peccati labe mundati, lege Dialog. l. iv, cap. 25, ex quo etiam luculenter confirmantur quæ de sanctorum felicitate statim post mortem præmisimus. Hoc loco quærit Petrus: *Si ante restitutionem corporis recipiantur in cœlo animæ justorum.* Et respondet sanctissimus Magister: *Hoc neque de omnibus justis fateri possumus, neque de omnibus negare. Nam sunt quorumdam justorum animæ, quæ a cœlesti regno quibusdam adhuc mansionibus differuntur. In quo dilationis damno quid aliud innuitur, nisi quod de perfecta justitia aliquid minus habuerunt? Et tamen luce clarius constat quia perfectorum animæ, mox ut hujus carnis claustra exierint, in cœlestis regni sedibus recipiuntur.* Ac cap. 39, interroganti discipulo, *An post mortem purgatorius ignis sit*, respondet sanctus Doctor, pro quibusdam levibus culpis tergendis esse ante judicium purgatorium ignem; quod infra diserte probat. Denique, cap. 55, ait: *Si culpæ post mortem insolubiles non sunt, multorum solet animas etiam post mortem sacra oblatio hostiæ salutaris adjuvare; ita ut hanc nonnunquam ipsæ defunctorum animæ expetere videantur.*

De pœnarum reprobis debitarum duratione. — Æternas fore pœnas reproborum docemur, lib. xxxiv Moral., n. 34; sed præsertim l. iv Dial., c. 44.

Qua ratione Deus hac in vita videri possit a Sanctis. — Libro xviii Moral., n. 88, expendit Gregorius, utrum sancti, quandiu mortaliter vivunt, Deum videre possint; decernitque videre tantum posse per quasdam imagines, et non in propria natura. At numero 89, nonnullos ab hac excipit lege, his verbis: *Sin vero a quibusdam potest in hac adhuc corruptibili carne viventibus, sed tamen inæstimabili virtute crescentibus, quodam contemplationis acumine æterna Dei claritas videri; hoc quoque a beati Job sententia non abhorret, qui ait* (Job xxviii, 21): *Abscondita est ab oculis omnium viventium; quoniam quisquis sapientiam, quæ Deus est, videt, huic vitæ funditus moritur, ne jam ejus amore teneatur. Nullus quippe eam vidit, qui adhuc carnaliter vivit; quia nemo potest Deum simul amplecti et sæculum. Qui enim Deum videt, eo ipso moritur, quo vel intentione cordis, vel effectu operis ab hujus vitæ delectationibus tota mente separatur. Unde adhuc ad eumdem quoque Moysen dicitur (Exod.* XXXIII, 21): *Non enim videbit me homo, et vivet. Ac si aperte diceretur : Nullus unquam Deum spiritaliter videt, et mundo carnaliter vivit. Unde Paulus quoque apostolus, qui adhuc Dei invisibilia, sicut ipse testatur (I Cor.* XIII, 12); *ex parte cognoverat, jam huic mundo totum se mortuum esse perhibebat, dicens (Galat.* VI, 14) *: Mihi mundus crucifixus est, et ego mundo.* Hæc idcirco observavimus, ut palam fiat doctrinam hic assertam haud pugnare cum opinione in scholis satis recepta, Moysen, sanctum Paulum, et sanctum Benedictum divinæ essentiæ visione potitos esse; quod, quantum ad sanctum Benedictum spectat, eruitur ex lib. II Dialog., c. 35.

XIII. *Doctrina Eucharistiæ adversus novos hæreticos asserta ex sancto Gregorio, præsertim de novæ legis sacrificio et præsentia reali Christi in Eucharistia.* — Omnes fidei articulos, de quibus nobis est cum Lutheranis, et Calvinistis, aliisque novis hæreticis controversia, ex sancto Gregorio sigillatim probatos et assertos legere licet in (*a*) *Confessione Gregoriana,* auctore Theodoro Petreïo Campensi Coloniensis Carthusiæ alumno. Quid luculentius hoc Dialogorum testimonio lib. IV, c. 58, ad probandum, tum incruentum novæ legis sacrificium, tum realem corporis et sanguinis Jesu Christi præsentiam in Eucharistia : *Debemus itaque præsens sæculum vel quia jam conspicimus defluxisse, tota mente contemnere, quotidiana Deo lacrymarum sacrificia, quotidianas carnis ejus et sanguinis hostias immolare. Hæc namque singulariter victima ab æterno interitu animam salvat, quæ illam nobis mortem Unigeniti per mysterium reparat; qui licet resurgens a mortuis jam non moritur, et mors ei ultra non dominabitur; tamen in semetipso immortaliter atque incorruptibiliter vivens, pro nobis iterum in hoc mysterio sacræ oblationis immolatur. Ejus quippe ibi corpus sumitur, ejus caro in populi salutem partitur, ejus sanguis non jam in manus infidelium, sed in ora fidelium funditur. Hinc ergo pensemus, quale sit pro nobis hoc sacrificium, quod pro absolutione nostra passionem Unigeniti Filii semper imitatur. Quis enim fidelium habere dubium possit, in ipsa immolationis hora ad sacerdotis vocem cœlos aperiri, in illo Jesu Christi mysterio angelorum choros adesse, summis ima sociari, terrena cœlestibus jungi, unumque ex visibilibus atque invisibilibus fieri?*

De confessionis absolutionisque sacerdotalis necessitate, et de Ecclesiæ auctoritate. — Confessionis et absolutionis sacerdotalis necessitas probari potest multis ex locis, maxime ex lib. XXII Moral., n. 31, et hom. 26 in Evang., n. 4, 5, 6, ubi sub schemate Lazari ex mortuis a Christo revocati, et ab ejus apostolis soluti, explicatur peccatoris per confessionem peccatorum e sepulcro prodeuntis resurrectio et solutio. *Lazaro ergo dicitur, Veni foras: ac si aperte cuilibet mortuo in culpa diceretur : Cur reatum tuum intra conscientiam abscondis? Foras jam per confessionem egredere, qui apud te interius per negationem lates. Veniat itaque foras mortuus, id est culpam confiteatur peccator. Venientem vero foras solvant discipuli; ut Pastores Ecclesiæ ei pœnam debeant amovere, quam meruit, qui non erubuit confiteri quod fecit.* Hæc de solutionis ordine breviter dixerim, ut sub magno moderamine pastores Ecclesiæ vel solvere studeant, vel ligare.

Omnes contra catholicam fidem errores aut jam exortos, aut in posterum orituros simul oppressit sanctus Doctor supremam Ecclesiæ auctoritatem in conciliis œcumenicis astruendo in epistola sua synodica ad patriarchas (Lib. I, epist. 25) : *Quia,* inquit, *corde creditur ad justitiam, ore autem confessio fit ad salutem, sicut sancti Evangelii quatuor libros, sic quatuor concilia suscipere et venerari me fateor. Nicænum scilicet, in quo perversum Arii dogma destruitur; Constantinopolitanum quoque, in quo Eunomii et Macedonii error convincitur; Ephesinum etiam primum, in quo Nestorii impietas judicatur; Chalcedonense vero, in quo Eutychis, Dioscorique pravitas reprobatur; tota devotione complector, integerrima approbatione custodio; quia in his velut in quadrato lapide, sanctæ fidei structura consurgit; et cujuslibet vitæ atque actionis existat, quisquis eorum soliditatem non tenet, etiam si lapis esse*

(*a*) Coloniæ apud Arnoldum Quentelium, an. 1605.

cernitur, tamen extra ædificium jacet. Quintum quoque concilium pariter veneror, in quo et epistola, quæ Ibæ dicitur, erroris plena, reprobatur. Theodorus personam Mediatoris Dei et hominum in duabus subsistentiis separans, ad impietatis perfidiam cecidisse convincitur. Scripta quoque Theodoriti, per quæ beati Cyrilli fides reprehenditur, ausu dementiæ prolata refutantur. Cunctas vero quas præfata veneranda concilia personas respuunt, respuo; quas venerantur, amplector; quia dum universali sunt consensu constituta, se et non illa destruit, quisquis præsumit aut solvere quos religant, aut ligare quos solvunt. Quisquis ergo aliud sapit, anathema sit. Quisquis vero prædictarum synodorum fidem tenet, pax ei sit a Deo Patre, etc.

Hic vides parem auctoritatem quinto concilio tribui ac quatuor prioribus, aliudque sapienti dici anathema. Quapropter quando mitius egit sanctus Gregorius cum Theodelinda Langobardorum regina, et cum nonnullis qui synodi hujus auctoritati in trium capitulorum damnatione obtemperare detrectabant, uti diximus in ipsius Vita, nec eos pro schismaticis habuit, usus est prudenti quadam œconomia; forte quod eos ignorantia laborare potius quam prava aliqua voluntate noverat. Cumque doceri non refugerint, sperabat futurum ut resipiscerent. Hoc modo intellectum volumus quidquid alibi diximus de sancti Gregorii tolerantia erga eos qui cum a sanctæ sedis communione non recessissent, nondum tamen, ut tria condemnarent capitula potuerant adduci.

XIV. *Quietistarum error ex Gregorio exploditur.* — De puriori morum doctrina in omnibus Gregorianis operibus tradita, disserere superfluum foret. Certe omnes ethices Christianæ magistros longo post se intervallo Gregorium reliquisse nemo fere dissentit. Libro XXII Moral., n. 35, emendavimus gravem errorem, qui ex Edit. Basileensi 1514 in alias omnes posteriores irrepserat invitis manuscriptis Codicibus. Legebatur enim prius : *A cunctis quippe externis motibus eamdem intentionem suam, quasi quemdam secretissimum secessum petit, ibique incommutabiliter inhærens, et mutabilia cuncta transcendens, ipsa jam tranquillitate quietis suæ in mundo extra mundum est.* Hæc quam faverent Quietistis, imo et Calvinistis gratiæ inamissibilitatem tuentibus nemo non videt. Sed pro *incommutabiliter*, legendum *incommutabili*, ut in nota ad hunc locum probavimus. Aliunde vero constat ad mentem sancti Doctoris contemplationis gratiam diuturnam non esse, sed raptim concedi. Qua de re lege l. v Moral., num. 52, 57, 58, 60; et lib. VIII, n. 49 et 50. Libro 23, n. 43, mire explicantur piæ animæ conatus ad Deum contendentis, at relabentis ad se : *Unde aliquando ad quamdam inusitatam dulcedinem interni saporis admittitur, ac raptim aliquo modo ardenti spiritu afflata renovatur; tantoque magis inhiat, quanto magis quod amet degustat. Atque hoc intra se appetit, quod sibi dulce intrinsecus sentit; quia videlicet ejus amore dulcedinis sibi coram se viluit; et postquam hanc utcunque percipere potuit, quid sine illa dudum fuisset in venit. Cui inhærere conatur, sed ab ejus fortitudine, sua adhuc infirmitate repellitur; et quia ejus munditiam contemplare non valet, flere dulce habet, sibique ad se cadenti infirmitatis suæ lacrymas sternere. Neque enim mentis oculum potest in id quod intra se raptim conspexerit, figere; quia ipso vetustatis suæ usu deorsum ire compellitur. Inter hæc anhelat, æstuat, super se ire conatur; sed ad familiares tenebras suas victa fatigatione relabitur* (a).

Quod spectat ad gratiæ amissibilitatem, ipsam diserte docet sanctus Gregorius, l. XIV Moralium, num. 42, ubi explicat hunc versum Job : *Spoliavit me gloria mea, et abstulit coronam de capite meo* (*Job* XIX, 9).

XV. *Num S. Doctor Angelos esse corporeos asseruerit.* — Nunc quoniam visum est nonnullis sanctum Gregorium a communi Ecclesiæ doctrina parumper deflexisse, angelos corporeos asserendo, et negando Machabæorum libros esse canonicos, de his duobus capitibus paulo morosius inquirendum.

Legimus lib. II Moral., n. 3, angelicos quidem spiritus *comparatione nostrorum corporum spiritus esse; sed comparatione summi et incircumscripti spiritus, corpus.* Quibus verbis, etsi natura nostris corporibus subtilior, corporea tamen angelis tribui videtur. At pravæ huic opinioni paulo infra occurritur, scilicet n. 8, ubi angeli mali nulla carnea natura vestiri asseruntur; sed maxime ex lib. IV Dial., c. 29, solvitur omnis quæstionis nodus. Hic san-

---

(a) Vide etiam l. XXIV, n. 12 · hom. 5 in Ezech., n. 12; et l. II, hom. 2, n. 14; necnon hom. 35 in Evang., n. 12.

ctus Gregorius Petrum discipulum interrogat: *Dic, quæso te, apostatas spiritus a cælesti gloria dejectos, esse corporeos, an incorporeos suspicaris?* Respondet vero Petrus: *Quis sanum sapiens, esse spiritus corporeos dixerit?* Replicat sanctus Doctor: *Si igitur diabolus ejusque angeli, cum sint incorporei, corporeo sint igne cruciandi, quid mirum si animæ, et antequam recipiant corpora, possint corporea sentire tormenta?* Ad libros Machabæorum veniamus.

XVI. *Num libros Machabæorum negaverit esse canonicos.*—Sanctus Gregorius, l. XIX Moral., n. 34, laudaturus hos libros ita præfatur: *De qua re non inordinate agimus, si ex libris licet non canonicis, sed tamen ad ædificationem Ecclesiæ editis testimonium proferamus.* Hæc nobis objicit Petrus Molinæus in libello quodam sancti Leonis I et sancti Gregorii Magni Vitam Gallico idiomate compendiose scriptam complectente (*Impres. Sedani apud Fr.* Chayer, 1650), in quo ludicre sane conatur probare concordiam doctrinæ Gregorianæ cum Calviniana. De libris tamen Machabæorum ex prolatis verbis nonnihil difficultatis exsurgit quam ut solvamus,

Observandum 1° libros illos longe ante sancti Gregorii tempora in Ecclesia Latina saltem pro canonicis fuisse habitos. Nam hoc nomine recipiuntur a concilio Carthag. III, can. 47; ab Innocentio I, in epistola ad Exuperium Tolosanum; Augustino l. II de Doctrina Christ., c. 8, lib. de Cura pro mortuis, c. 1, et l. XVIII de Civit. Dei, c. 36; Cassiodoro l. II de Instit., c. 6, qui libris illis locum dat inter hagiographa; et aliis. De Gelasiano decreto illos recipiente inter canonicas Scripturas tacemus quod illud rejiciant ex heterodoxis Pearsonius, Guillelmus *Cave*, et alii critici, cum quibus nunc decertare non est operæ pretium.

Observandum, 2° duplicem esse librorum sacrorum canonem; unum Judæorum, alterum Christianæ Ecclesiæ. Prior nullos alios quam qui Hebraice scripti sunt recipit; alter longe amplior est, admittitque præter Novum Testamentum, plurimos ad Vetus Testamentum pertinentes, qui Græce tantum exstant. Distinctionem hanc agnoscit Augustinus, dum de his libris loquens addit: *In quibus sunt Machabæorum libri, quos non Judæi, sed Ecclesia pro canonicis habet.* Itaque vix dubitare licet sanctum Gregorium sancti Augustini doctrinæ adhærentem, aliasque memorem Catalogorum librorum sacræ Scripturæ a suis majoribus conditorum, negasse Machabæorum Libros esse tantum in canone Judæorum, non vero Christianorum. Qua in re secutus est Origenem et sanctum Hieronymum, qui cum ad doctorum Hebræorum mentem de his loquuntur libris, eos expungunt ex canone. Alibi tamen eos tanquam sacros laudant non semel, Ecclesiæ, non vero Synagogæ canonem secuti (*Origen., l.* II *Periarch.,* c. 1, *et in c.* V *Ep. ad Rom.; Hieron., l.* V *Comment. in Isa.,* ad c. XXIII, *et Comm. in c.* IX *Eccl. et in c.* VIII *Dan.*).

Insulse idem Molinæus ignorantiæ arguit sanctum Gregorium (*Ibid., c.* XI), quando nominum quorumdam sive Hebraicorum, sive Græcorum sensus afferens, dixit Lazarum, quod idem est ac Elzearus, aut Eleazarus, significare adjutum; Job, dolores, aut dolentem; Cherub, plenitudinem aut multitudinem scientiæ, eleos (ubi mala fide Molinæus legit *oleos*) misericordiam. Sed in his Molinæi cavillationibus refellendis frustra tempus tereremus.

XVII. *Ejusdem sententia de vicino judicii die expenditur.* — Sancti Gregorii sententia de die judicii, quem proximum prænuntiavit, nunc expendenda. Sane communis fuit veterum Christianorum persuasio, mundi finem imminere. Tertullianus existimavit cadente imperio Romano, mundum quoque periturum, ut observavit Franciscus Balduinus in annotationibus ad Optatum, lib. III de schismate Donatist., c. 3. Sulpicius Severus, l. de Vita beati Martini, n. 24, hæc refert a sancto Martino ad diabolum dicta: *Si tu ipse, o miserabilis, ab hominum insectatione desisteres, et te factorum tuorum vel hoc tempore, cum dies judicii in proximo est, pœniteret,* etc. Sanctus Leo diserte ait judicii diem, etsi occultus sit, non dubitari esse vicinum (*Serm.* 8 *de jejunio decimi mensis et eleemos.*). Quidni vero ita loquantur sancti Patres, cum apostolorum princeps dicat: *Omnium finis appropinquavit? (I Pet.* IV, 7.) Et Joannes: *Filioli, novissima hora est (I Joan.* I, 18); quod etiam postea repetitur. Fortasse ita loquentes viri sancti, ad illud Psaltis regii attendebant: *Mille anni ante oculos tuos tanquam dies hesterna quæ præteriit* (*Ps.* LXXXIX, 4). Si vero, ut docet sanctus Gregorius

Dial. l. ii, c. 35, *Videnti Creatorem, qui immensitate gaudet, augusta est omnis creatura,* unde non mirum orbem universum in uno solis radio sancti Benedicti oculis subjectum fuisse; cur non eadem ratione dicamus contemplantibus Dei æternitatem breve esse omne tempus, etsi multa etiam annorum millia complectatur?

XVIII. *Quibus S. Scripturæ Versionibus usus sit.* — Quandoquidem sanctus Gregorius in citanda sacra Scriptura est assiduus, non abs re erit ostendere qua usus sit potissimum versione. In fine epistolæ ad Leandrum ita loquitur: *Novam vero translationem dissero, sed cum probationis causa exigit, nunc novam, nunc veterem per testimonia assumo,* etc. Per antiquam, intelligit versionem factam ex Græco septuaginta Interpretum; per novam significat factam ab Hieronymo ex ipso Hebræo. Hanc autem vetustiori præferre videtur l. xx Moral., num., 62: *Longe ab hac sententia vetus translatio dissonat, quia quod in hac de Deo dicitur, hoc in illa de adversariis ac persecutoribus memoratur. Sed tamen quia hæc nova translatio ex Hebræo nobis Arabicoque eloquio cuncta verius transfudisse perhibetur, credendum est quidquid in ea dicitur; et oportet ut verba illius nostra expositio subtiliter rimetur* Eamdem præfert Isidorus, lib. vi Etymolog., c. 5, *Presbyter,* inquit, *Hieronymus trium linguarum peritissimus ex Hebræo in Latinum eloquium divinas Scripturas convertit.... cujus interpretatio merito cæteris anteponitur.* Et lib. i de Officiis div., c. 12: *De Hebræo.... sacras Scripturas convertit, cujus editione generaliter omnes Ecclesiæ usquequaque utuntur, eo quod est veracior in sententiis, et clarior in verbis.*

XIX. *De ejus stylo et ratione scribendi.* — De sancti Gregorii stylo rationeque scribendi sufficit legere quæ diximus in præfat. ad Comment. in Lib. i Reg., a numero 5 ad 9. Familiare quidem est ei verba, ut aiunt grammatici, deponentia, in passiva significatione accipere, ut *metior,* tom. I, col. 1408 c, col. 1409 d, 1410 d; *venerari,* col. 561 d, et 623 c; *persequi,* col. 459 a; *imitari,* col. 1338. Ipse de se summa semper cum animi demissione sentiens, ait in fine epistolæ ad Leandrum libris Moralium præmissæ: *Non barbarismi confusionem devito, situs motusque et præpositionum casus servare contemno; quia indignum vehementer existimo ut verba cœlestis oraculi restringam sub regulis Donati.* Et vero illustrissimus Huetius, lib. de optimo genere interpretandi, n. 42, ostendit quantum sacri interpretes neglexerint accuratum dicendi genus et Grammaticæ leges. Sulpicius Severus, jure vocatus Sallustius Christianus propter facundiam, de se ita loquitur in præfat. ad Vitam sancti Martini: *Quia nefas putarem tanti viri latere virtutes, apud me ipse didici ut de solœcismis non erubescerem, quia nec magnam istarum unquam rerum scientiam contigissem.* Neque tamen omnia quæ grammaticæ legibus contraria videntur in sancti Gregorii scriptis, continuo pro solœcismis aut barbarismis habenda. Notum est omnibus linguas ab usu pendere. Itaque cum tempore Gregorii Magni quædam voces nunc obsoletæ, quædam loquendi formulæ nostræ syntaxi contrariæ, quæ ad purioris Latinitatis regulas exacta est, invaluissent, et usu fuissent receptæ, minime vituperandus est aut contemnendus quod has voces et formulas adhibuerit. Tempore Terentii *ipsus* pro *ipse, scibo* pro *sciam, face* pro *fac* dicebatur, quas voces nemo damnabit in hoc poeta, etsi nunc minime probarentur. Apud eumdem in Adelphii act. v, scena iv, legitur: *Nunc exacta ætate, hoc fructi pro labore ab iis fero, odium;* pro *hoc fructus.* Hilarius, quem sanctus Hieronymus propter facundiam laudat, ut intelligere licet ex ejus testimoniis Hilarii Vitæ in nova ejus operum Editione subjectis, Hilarius, inquam, sæpissime usurpat loquendi modos ab hodiernis prorsus dissitos. Sic. lib. vii de Trin., n. 27: *Non enim,* inquit, *ex compositis atque inanimis Deus, qui vita est, subsistit, neque qui virtus est, ex infirmibus continetur.*

Nunc, priusquam ulterius progrediamur, paulisper sistamus gradum et ex aliorum erratis, quæ supra notare coacti sumus, quantum errandi quoque periculum nobis immineat, intelligentes, omnium in quibus labi forsitan et errare continget, quod humanæ est infirmitatis, veniam per antecessum deprecemur, mereamurque; quidquid a nobis est dictum, statim emendandum judicio sanctæ sedis Ecclesiæque ultro subjiciendo.

PATROLOGIÆ EDITORIS MONITUM.

Priusquam operi manum admoveremus, mens erat ita sancti Mauri discipulorum vestigiis hærere, ut in utraque editione tomus tomo responderet. Cum vero, re attentius perpensa, animadvertissemus, hoc fieri non posse, nisi solitus quaternionum numerus in singulis tomis ultra modum amplificaretur, et aliunde, varias S. Gregorii Vitas a Benedictinis in ultimum tomum relegatas, meliori jure in fronte omnium operum collocandas esse, quinque tomos ex quatuor Benedictinis confecimus, materiarum ordinem aliquatenus variantes. Noverit itaque lector, in primo editionis nostræ tomo contineri partem circiter mediam primi Benedictini, ab initio scilicet ad librum Moralium decimum septimum, præmissis S. Gregorii vitis : in secundo autem tomo alteram haberi primi tomi Benedictini medietatem. Tomus Benedictinorum secundus nostræ recensionis tertio respondet. Quartus noster coalescit ex prima parte tertii Benedictini, quæ est liturgica, nonnullisque opera nostra superadditis liturgiæ monumentis. In quinto demum tomo commentaria in Scripturas, quibus tertius et quartus Benedictinorum absolvebantur, uno tenore repræsentabimus.

DE TRIPLICI VITA
SEU
HISTORIA S. GREGORII MAGNI
HIC EXHIBITA,
PRÆFATIO.

I. Triplicem hic repræsentamus Gregorii Magni Vitam : primam compendiose descriptam, quam Paulo Diacono Casinensi monacho debemus; secundam, sanctissimi pontificis præclare gesta fusiori stylo complectentem, cujus auctor Joannes Diaconus, monasterii quoque Casinensis alumnus. Quasi enim pro acceptis tot beneficiis gratum se ostendere voluisset mons hic sacer, sancti Gregorii scriptis mire celebratus (*Lib.* II, *Dialog.*), ac laudes laudibus rependere, non satis habuit ad ipsius historiam posteris consignandam unum suppeditare scriptorem, sed alterum addidit et quidem diligentissimum historicum. Utriquæ Vitæ post allata plurima veterum testimonia de sancto Gregorio, subjecimus tertiam, quam ex ipsius præsertim operibus eruimus et adornavimus. De priori Vita contractiori, et de ipsius auctore prius est dicendum, et con sequenter de aliis.

II. Hanc breviorem Vitam eodem anno, scilicet 1668, ediderunt Bollandus in secundo mensis Martii tomo, et noster Mabillonius in Act. sanctorum ord. sancti Benedicti, sæculo I. Eamdem postea sanctissimi Doctoris operibus præfixit Petrus Gussanvillæus anno 1675. Quo vero Codice sit usus, indicare minime curavit. Certe plurimum discrepat a duabus prioribus hæc Editio, sive id exemplaris manu descripti vitio contigerit, sive Editor pro libito multa mutaverit, et ab obsoletis, quæ hoc in opusculo frequenter occurrunt, vocibus consulto abstinuerit.

De Editione a Bollando ejusque sociis adornata audiendi sunt ipsi in commentario prævio de sancto Gregorio, § 2 : *Primo loco vitam post ejus obitum scriptam damus ab auctore synchrono sed anonymo. Ita enim numero 26* (nobis 28) *asserit* : Post obitum ejus narratum didicimus a fideli et religioso viro, et huic nostro Patri familiarissimo scilicet (a) *Paulo Diacono*, *quem constat non diu post obitum sancti Gregorii in vita permansisse....* Exstant hæc Acta in quamplurimis Codicibus mss. eisque pervetustis quorum aliqui ad nostram bibliothecam spectant : habemus eadem etiam ex Mss. ecclesiæ Cathedralis sancti Audomari, et ecclesiæ Trevirensis sancti Martini ; contulimusque cum duplici Codice reginæ Sueciæ signato num. 81 et 569. *Item cum præclaro Codice monasterii Bonifontis in Gallia.*

III. Mirum sane tot in Codicibus desiderari nomen Pauli Diaconi, germani scilicet hujus Vitæ scriptoris, ut mox probaturi et demonstraturi sumus. Felicius nostro cessit Mabillonio, qui his in Actis edendis tres Codices adhibens, Sangermanensem, Moissacensem, et Concheusem seu monasterii sancti Petri de Conchis; in hoc ultimo observavit, quod et ipsi vidimus, nostro Paulo ascribi hoc opusculum. Deinde incidimus in plurima alia exemplaria ejusdem auctoris nomen præferentia, scilicet Casinense, Ebroicense majoris Ecclesiæ, Lyrense, Beccense, Carthusiense [*Majoris Carthusiæ*], quibus accensendus Codex quem legerat Garetius, canonicus regularis, qui in tractatu de reali corporis et sanguinis Christi præsentia in Eucharistia, edito anno 1562, aliqua ex his Actis, sub nomine Pauli Diaconi, ad propositum argumentum confirmandum adducit.

Verum etsi Pauli nomen in omnibus Codicibus dissimularetur et subticeretur, nihilominus aliunde constaret certissime non alium fetus hujus parentem esse quam Paulum Diaconum. Sane meminit ipse in lib. III de gestis Langobardorum, cap. 25 Vitæ sancti Gregorii a se descriptæ, his verbis : *Ideo de beato Gregorio plura dicere omittimus*, *quia jam ante aliquot annos ejus Vitam*, *Deo auxiliante*, *texuimus.* Porro hanc eamdem esse quam præ manibus habemus, dubitare non licebit ipsam conferenti cum alia quæ, nemine diffitente, Joannis est Diaconi. Hic cum esset monasterii Casinensis, in quo Paulus quoque militarat, alumnus et monachus, ac ipso tantum octoginta circiter annis junior, non potuit ignorare quæ et qualia de sancto Gregorio a Paulo elucubrata fuerant. At lib. IV, cap. 99, laudat Pauli opus, commemorato prius

---

(a) Erravit calamus *Paulum* pro *Petro* scribens. Omissum etiam incaute subra *nobis* ante *narratum*, conjicimus, quia loco assignato, scilicet n. 26, legitur, *nobis narratum.*

honorificentissime ipsius nomine, allatisque ipsissimis ejus verbis quæ num. 30, leguntur. En luculentum Joannis testimonium : *Cujus nimirum venerabile meritum quousque mundi hujus orbita volvitur, ut cum Paulo viro disertissimo fatear, semper accipiet incrementum, quia ipsius sine dubio gratiæ ascribitur, vel quod Anglorum Ecclesia nova semper sobole fecundatur, vel quod illius doctrinis per orbem universum multi per peccatum elongati ad Christi clementiam revertuntur; vel quod boni quique ipsius suasionibus inflammati, cœlestem patriam desideranter inquirunt.* Hæc si attentius legissent doctissimi viri, non præmisissent huic Vitæ : *Auctore anonymo, sed synchrono.*

IV. At, inquies, quicunque sit hujus Vitæ scriptor, quædam de sancto Gregorio profert, quæ asseverat sibi narrata ab ejusdem sanctissimi Patris familiarissimo, haud dubie a Petro Diacono ipsius Notario : *Denique*, inquit num. 28, *a fideli et religioso viro, et huic nostro Patri.... valde familiarissimo, fideliter post obitum ejus nobis narratum didicimus*, etc. Proindeque vixit saltem ineunte sæculo vii, superatque ad minimum integro sæculo cum dimidio Paulum hunc Diaconum. Non dissimulandum his in verbis explicandis nonnihil difficultatis occurrere. At cum plurima, eaque invictissima suppetant aliunde quæ contrarium probent argumenta, dicendum videtur Paulum Diaconum hic uti modo loquendi non insolenti, quando Scriptoris alicujus testimonium in medium adducimus; ut cum dicitur : *Ab Augustino didici, nobis narrat Chrysostomus*, aut quid simile. Præterea in Cod. Belvacensi, et in vetustiori Gemeticensi non legitur : *nobis narratum*, sed simpliciter, *narratum*; cujus voculæ *nobis* rejectione difficultas omnis tollitur. At de his consule Mabillonium, tom. I Analect., pag. 319, ubi in hoc argumentum latius excurrit. Nunc de Paulo Diacono, quandoquidem ipsum hujus Vitæ scriptorem esse constat, operæ pretium est pauca hoc loco addere.

V. Is gente Langobardus, patria Forojuliensis (*a*) fuit, Aquileiensis Ecclesiæ Diaconus, et Desiderii ultimi Langobardorum regis notarius aut Cancellarius. Genus suum ipse describit lib. iv de Gestis Langobardorum, c. 39. Patrem habuit Warnefridum, a quo *Paulus Warnefridi* cognominatus est. Victo rege Desiderio, Paulus inter nobiles captivos a Carolo magno Francorum rege abductus fuit, apud quem (ut erat litteratorum omnium cultor Carolus) propter singularem prudentiam et eruditionem, magno aliquandiu in honore fuit. Verum cum arctioris amoris et fidei erga Desiderium suspectior esset, in Diomedeam insulam est deportatus, unde ad Arichim Beneventanum principem Desiderii regis generum profugit; quo mortuo, monachum in Casinensi monasterio induit. Scripsit de Gestis Langobardorum libros sex, in quibus non raro sancti Gregorii meminit, sed præsertim lib. iii, cap. 25, testatur ipsius Vitam a se jam contextam et elucubratam. Edidit præterea historiæ Miscellæ libros viginti quatuor, *ex quibus*, inquit Vossius, lib. ii de Hist. Lat., c. 30, *primi undecim libri iidem sunt ac decem Eutropii; aliqua subinde de suo addidit Paulus, ut Adalbergæ Desiderii filiæ et Arichisi ducis uxori morem gereret. Exinde Eutropium continuat Paulus, cujus sunt quinque qui sequuntur libri; residui octo a Landulpho Sagace additi creduntur, ex Theophane præsertim, vel potius ex Anastasio Bibliothecario Theophanis interprete.* Cætera opera Pauli, sive quæ exstant, sive deperdita commemorat Guillelmus Cave in scriptorum Eccles. historiæ litterariæ sæculo viii, ubi tamen labitur vir doctus, assignans quatuor libros de Vita sancti Gregorii papæ, quos dicit in lucem editos a Joanne Mabillonio, sæculo i Bened.

VI. Floruit Paulus sæculo viii labente. Quo præsertim tempore Vitæ sancti Gregorii scribendæ operam navarit vix assignari potest; ipsum Romæ tunc habitasse, inde manifestum est, quod semper de Roma loquens præmittat pronomen demonstrativum *hæc*, *hanc*. Sic orditur suam historiam : *Gregorius hac urbe Romana*. Et paulo post, num. 2 : *Ut qnamvis hic eo tempore potissimum florerent studia litterarum, nulli in urbe hac putaretur esse secundus.* Num. 4, septimum (monasterium) *intra urbis hujus muros instituit*. Et sic deinceps constanter usque ad voluminis umbilicum loquitur. Has quidem particulas expunxit Gussanvillæus, sed vitiose, cum in omnibus Mss. tum a Bollando et Mabillonio, tum a nobis post ipsos perlectis, qui sane sunt plurimi, reperiantur.

VII. Quid a nobis hac in Editione potissimum præstitum sit, paucis indicandum. Etsi de priorum Editorum fide nobis constaret, ne tamen officio nostro, et promissæ diligentiæ ulla in re deessemus, hanc historiam denuo ad mss. Codices, præsertim ad Conchensem, Beccensem, Belvacensem sancti Petri, duosque Gemeticenses, atque ad superiores Editiones contulimus, textumque scriptis in calce quibusdam notis illustravimus, doctorum virorum a quibus paucas mutuati sumus non dissimulato nomine. Hæc sunt quæ de Vita priori sancti Gregorii a nobis hic edita præmittenda duximus. Nunc de secunda cujus auctor Joannes Diaconus.

VIII. Joannes ex monacho Casinensi Ecclesiæ Rom. Diaconus, post Paulum Warnefridi, de sancti Gregorii gestis quatuor libros elucubravit, jubente Joanne papa VIII, qui anno 872 sedere cœperat. Qua de re legenda ejusdem Joannis Diaconi præfatio, ubi etiam de totius operis instituto et ordine præloquitur.

IX. Quanta autem fuerit hujus Vitæ sancti Gregorii auctoritas apud veteres, docet Guitmundus Aversanus, episcopus, lib. 3 de Eucharistia. *Eam Vitam*, inquit, *tot sanctissimi doctissimique Romani pontifices, nullo hactenus dissonante, probaverunt, eorumque auctoritatem secutæ tot Ecclesiæ cuncto populo Christiano consonante nunc usque susceperunt.*

X. Nonnulla tamen hoc in opere carpit eminentissimus cardinalis Baronius, 1° quod Felicem papam IV sancti Gregorii atavum dicat libri i, cap. primo ; 2° quod ejusdem libri c. 25 sanctissimum virum a Benedicto papa Diaconum factum scripserit. Tertium est quod refert lib. ii, cap. 44, de Trajani Augusti anima ex inferni pœnis a sancto Gregorio liberata. Quartum quod sancti Doctoris libros ab ejus æmulis igni traditos narret. Præterea Joanni asserenti sanctum Gregorium factum monachum sancti Benedicti regulam observasse, et observandam in suo sancti Andreæ monasterio instituisse, non assentitur Baronius. De singulis dicemus in Vita sanctissimi pontificis a nobis adornata.

XI. Joanni nostro Vitam sancti Clementis papæ, Velitrensis episcopi nomine Gauderici hortatu scriptam, tribuit Guillelmus Cave in historia Litteraria Scriptorum Eccles. ex Sigeberto, quam ait periisse. Ejusdem esse dicitur commentarius seu expositio brevis in heptateuchum, asservata in bibliotheca Sancti Germani a Pratis Parisiorum.

XII. Quod spectat ad sancti Gregorii Vitam, de qua sola hic agendum, ipsam contulimus cum mss. Codd. Bigotiano, Uticensi sancti Ebrulphi, et Andegavensi. Consuluimus etiam Parisiensem ecclesiæ metropolitanæ, alterum Sancti Germani a Pratis, Turonensem sancti Martini, et Vaticanos. Cum autem hæc Vita ex Gregorii scriptis potissimum collecta sit, et contexta præsertim ex epistolis, quæ ex iis excerpta sunt a Joanne Diacono in probatioribus Mss. investigare sategimus, et in omnibus consentire prorsus utrosque Codices observavimus, Registri videlicet ac Vitæ.

(*a*) Vide monumenta veteris Antii, ubi agitur de Colonia Forojuliensi, auctore Philippo a Turre Romæ, 1700.

XIII. Præter Pauli et Joannis Diaconorum lucubrationes adjicienda duximus quædam selecta veterum testimonia de sancto Gregorio. Nullas autem alias Vitas ex integro scriptas inter antiqua monumenta reperire potuimus. Inter opera Venerabilis Bedæ ἀνέκδοτα recenset quidem Guillelmus Cave Vitam sancti Gregorii quam ait manuscriptam exstare in bibliotheca collegii Mertonensis. Ejus porro visendæ desiderio accensi, rogavimus nostrum Mabillonium ut a viro doctissimo Th. Gals amico suo in litteratos omnes benefico impetraret consuli laudatum Codicem, et cum Pauli opusculo de sancti Gregorii Vita conferri. Non solum id præstitit vir officiosissimus, sed etiam ad nos misit excerpta quædam tum ex primis Ms. periodis : *Gregorius hac urbe Romana Patre Gordiano, matre vero Silvia,* etc., usque *nulli in hac urbe putaretur secundus;* tum ex fine totius operis ab his verbis : *hæc breviter de vita beati Gregorii dicta sunt,* etc., usque *sepultus vero est in ecclesia beati Petri apostoli ante secretarium, die* IV *Iduum Martiarum. Præstante Domino nostro Jesu Christo qui cum Patre,* etc. Et ex his claré intelleximus quod prius subodorabamur, hunc bibliothecæ Mertonensis Codicem nihil aliud quam Pauli lucubrationem exhibere. Hoc loco integram optimi viri Thomæ Gals epistolam subjicere operæ pretium duximus, quæ beneficii ejus in nos animi insigne est argumentum.

Viro optimo pientissimoque D. D. Joanni Mabillonio Th. Gals S. P.

Tuas per Gannovium jucundissimas et expectatissimas accepi. Continuo ad Oxonienses de Vita sancti Gregorii scripsi. Longa interposita mora hæc de Vita illa recepi. Moneo, quod tamen te monuisse non opus erit, hæc ad Paulum Diaconum videri referenda; is πατὴρ τοῦ λογοῦ, *uti ex Surio colligo. Totum opusculum in Ms. Oxon. coll. Mertonensis decem explicatur foliis. Si tibi ejus aliquid desiderium subeat, curabo eo fruaris. Sane decet me memorem semper esse tuorum multorum in me meritorum, et libentissime pro viribus et facultatibus tibi tuisque inservirem. Quare rem mihi gratissimam feceris, si quem e tuis amicis huc aliquando tendentem ad me destines, ut saltem de tua valetudine et vita prospera subinde audiam, qua quidem re nihil mihi lætius contingere potest. Vale.*

Nobilis adolescens Spencerus Compton, qui jam cum legato nostro apud vos agit, te brevi meo nomine salutabit.

Bloomesburi Londini, 14 Jan. 1697.

XIV. Superest ut de Vita sanctissimi Doctoris a nobis ex ejus potissimum scriptis concinnata pauca dicamus. Ipsam prius Gallice publicavimus an. 1698. Indéque cœpit omnis in Gregorium labor. Cum enim lucubrationem hanc qualemcumque felicis recordationis Innocentio XII acceptissimam fuisse nobis significasset emin. cardinalis Spada litteris datis 8 Apr. 1698, atque ad majora audenda impertita nominetanti pontificis benedictione nobis animos addidisset, statim ad novam omnium sancti Gregorii operum Editionem nos accinximus. Hanc autem Vitam in Latinum versam hic exhibemus, at breviorem, nec servato semper prioris Gallicæ ordine.

Initio capitum fere semper duo annotantur anni, v. g., an. 590 et 591, quia nimirum annos pontificatus sancti Gregorii per indictiones computamus : indictio vero quæ mense Septembri incipiebat, duobus respondebat annis.

Cæterum de utilitate elucubrati a nobis operis præfari superfluum foret; cum in Vita maximi hujus Ecclesiæ doctoris omnia fere quæ ad historiam illorum temporum sive sacram sive profanam spectant exponantur, summa evangelicæ doctrinæ capita confirmentur, contineatur omnis ecclesiastica disciplina, vitæ Christianæ præcepta, imo certissimæ sublimioris perfectionis regulæ tradantur, ex quibus profectum sumere possunt non solum oves gregis Christi, sed etiam Pastores. Hæc, studiose Christiane, lege in otio, sed non otiose; et tibi apponentibus improbi laboris fructus optimos bene precare.

SANCTI
GREGORII MAGNI
VITA [a],

AUCTORE [b] PAULO DIACONO MONACHO CASSINENSI.

1. Gregorius hac urbe Romana, patre Gordiano, matre vero Silvia editus, non solum de spectabili senatorum prosapia, verum etiam religiosa, originem duxit. Nam [c] Felix, istius apostolicæ sedis antistes, vir magnæ virtutis, et Ecclesiæ in Christo gloria, ejus atavus fuit. Sed tamen quia Gregorius tantæ nobilitatis lineam moribus extulit, probis actibus decoravit. Denique, ut post in propatulo claruit, non sine magno quodam præsagio tale sortitus est nomen. Gregorius namque ex Græco eloquio in nostra lingua vigilator, seu vigilans sonat. Re etenim vera vigilavit sibi, dum divinis inhærendo præceptis, laudabiliter vixit. Vigilavit et fidelibus populis, dum doctrinæ affluentis ingenio eis quo tramite cœlestia scanderent patefecit.

2. Disciplinis vero liberalibus, hoc est grammatica, rhetorica, dialectica, ita a puero est institutus, ut quamvis eo tempore florerent adhuc Romæ studia litterarum, tamen nulli in urbe ipsa secundus esse putaretur. Inerat ei in parva adhuc ætate maturum jam studium : adhærere scilicet majorum dictis; et si quid dignum potuisset auditu percipere, non segniter oblivioni tradere, sed tenaci potius memoriæ commendare : hauriebatque jam tunc sitibundo doctrinæ fluenta pectore, quæ post congruenti tempore mellito gutture eructaret. Hic in annis adolescentiæ

---

[a] Ex Venerabili Beda magna ex parte desumpta videtur, l. II hist., c. 1, licet fusiori stylo descripta.
[b] In Cod. Beccensi, *Incipit Vita sancti Gregorii papæ, edita a Paulo monacho Cassinensi.*
[c] Nempe quartus.

(in quibus solet ea ætas vias sæculi ingredi) Deo cœpit devotus existere, et ad supernæ vitæ patriam totis desideriis anhelare.

3. Sed dum diu longeque conversionis gratiam differret et postquam cœlesti est afflatus desiderio, sæculari [2] habitu contegi melius putaret, velletque præsenti mundo quasi specie tenus deservire, cœperunt multa contra eum ex ejusdem mundi cura succrescere, ut in eo non jam specie, sed (ut ipse de se asserit) retineretur et mente. Tandem cum [a] parentum jam dudum obitu liberam disponendarum rerum suarum haberet facultatem, quod prius mente gestabat aperuit; quodque jam in divinis erat obtutibus, humanis etiam visibus ostendit. Mox etenim cuncta quæ habere potuit, ad pietatis opus distribuit, ut Christum pro nobis factum egenum egens ipse sequeretur.

4. Sex denique in Sicilia monasteria construens, fratres illic Christo servituros aggregavit: septimum vero intra urbis hujus muros instituit, in quo et ipse postmodum regulari tramite, multis sibi sociatis fratribus, sub abbatis imperio militavit. Quibus monasteriis tantum de redditibus prædiorum suorum delegavit, quantum posset illic commorantibus ad quotidianum victum sufficere; reliqua vero cum omni [b] domus præsidio vendidit, ac pauperibus erogavit; nobilitatemque illam, quam ad sæculum videbatur habere, totam ad nanciscendam supernæ gloriam dignitatis, divina gratia largiente, convertit. Et qui ante serico contextu ac gemmis micantibus solitus erat [c] per urbem procedere trabeatus, post vili contectus tegmine, ministrabat pauper ipse pauperibus.

5. Etenim mutato repente sæculi habitu, monasterium petiit, et ex hujus mundi naufragio nudus evasit. In quo tanta perfectionis gratia cœpit conversari, ut jam tunc in ipsis initiis perfectorum posset numero deputari. [d] Inerat denique ei tanta abstinentia in cibis, vigilantia in orationibus, strenuitas [3] in jejuniis, ut infirmato stomacho vix consistere posset. Sustinebat præterea assiduas corporis infirmitates; et maxime ea pulsabatur molestia, quam Græco eloquio medici [e] syncopin vocant; cujus incommodis ita dolore vitalium cruciabatur, ut crebris interceptus angustiis, per singula pene horarum momenta ad exitum propinquaret.

6. Qualis autem in monasterio fuerit, quamque laudabili studio vitam duxerit, ex ipsius possumus verbis colligere, quibus ipse in pontificatu jam positus, dum cum Petro suo diacono colloqueretur, [f] flendo usus est, dicens: « Infelix quippe animus meus occupationis suæ pulsatus vulnere, meminit qualis aliquando in monasterio fuit, quomodo ei labentia cuncta subter erant; quantum rebus quæ volvuntur eminebat; quod nulla nisi cœlestia cogitare consueverat; quod etiam retentus corpore, ipsa jam carnis claustra contemplatione transibat; quod mortem quoque, quæ pene cunctis pœna est, videlicet ut ingressum vitæ, et laboris sui præmium amabat. At nunc ex occasione curæ pastoralis, sæcularium hominum negotia patitur; et post tam pulchram quietis suæ speciem, terreni actus pulvere fœdatur. Perpendo itaque quod tolero, perpendo quod amisi. Cumque intueor illud quod perdidi, fit hoc gravius quod porto. Ecce etenim nunc magni maris fluctibus quatior, atque in navi mentis tempestatis validæ procellis illidor, et cum prioris vitæ recolo, quasi post tergum reductis oculis, viso littore suspiro; quodque adhuc gravius est, dum immensis fluctibus turbatus feror, vix jam portum valeo videre quem reliqui. » Hæc autem ipse de se, non profectum jactando virtutum, sed deflendo potius defectum, referre consueverat, quem semper se per pastoralem curam incurrisse metuebat. Sed quamvis talia de se ex magnæ humilitatis intentione dixerit, nos tamen credere decet nihil eum monasticæ perfectionis perdidisse occasione curæ pastoralis, imo potiorem tunc sumpsisse profectum de labore conversionis multorum, quam de propriæ quondam quiete conversationis habuerit.

7. Sed qualiter hic sanctus vir ad diaconatus officium, et post ad pontificatus culmen ascenderit, subsequens sermo declarabit. Denique cernens Romanus pontifex, qui tunc Ecclesiæ præerat, virtutum gradibus Gregorium ad alta conscendere, eum a monasterio abstractum, ecclesiastici ordinis officio sublimavit, [g] levitamque septimum ad suum adjutorium ascivit; nec multo post pro responsis ecclesiasticis ad urbem Constantinopolim [h] apocrisiarium direxit. Nec tamen ille, quamvis in terreno conversaretur palatio, vitæ cœlestis intermisit propositum. Secuti sunt namque eum multi ex monasterio fratres sui, germana devincti charitate. Quod divina factum dispensatione conspicitur; ut eorum videlicet exemplo, ad orationis placidum littus, [i] quasi anchoræ fune restringeretur; et dum causarum sæcularium incessabili pulsu fluctuaret, ad illorum consortium velut tutissimi portus sinum, [k] post terreni actus volumina fluctusque refugeret. Et licet illud eum ministerium ex monasterio abstractum a pristinæ quietis vita

---

[a] Imo solo patre; mater enim diu postea vixit, ex Joan. Diac., l. 1, c. 9.
[b] Gussanv., *cum omni domo prædia*. Bolland., *cum omni domus prædia*; reluctantibus Mss
[c] Guss., *per urbes*.
[d] Post hæc verba legitur in Guss.: *Electus autem communi fratrum concordia in abbatem, præesse non renuit*. Inerat, etc., quæ absunt a Mss. et huic loco incongrue sunt inserta.
[e] Σύγκοπις Celso *animæ defectio* dicitur. BOLLAND.
[f] Guss., *flendo visus est*; manifesto errore.

[g] Diaconos septem solitos adesse pontifici scripsit sanctus Cornelius papa, contra Novatum, apud Euséb., l. vi hist. Eccl., c. 33.
[h] De hac voce consule notam tertiam ad epist. libris Moral. præmissam, col. 1. Ex Joanne Diac., l. 1, c. 25, Pelagius papa Gregorium diaconum creavit, Pelagius vero apocrisiarium misit. De hac difficultate quid sentiamus, aperiemus in Vita sancti Gregorii.
[i] Guss., vitiose, *quasi anchora*. Porro hæc desumpta sunt ex Epist. ad Leandrum Moral. prævia.

mucrone suæ occupationis exstinxerit, [e] inter eos tamen per studiosæ lectionis alloquium quotidianæ aspiratio compunctionis animabat. Horum ergo consortio non solum a terrenis est munitus incursibus, verum etiam ad cœlestis vitæ exercitia magis magisque succensus.

8. Tunc ab eisdem fratribus obnoxie rogatus, maximeque a [b] Leandro, venerabili viro, Hispalensi episcopo, qui pro causis Visigothorum legatus eo tempore Constantinopolim advenerat, compulsus est ut librum beati Job multis involutum mysteriis enodaret. Nec ille negare potuit opus, quod sibi charitate interveniente, amor fraternus multis utile imponebat futurum. Sed eumdem librum quomodo juxta litteram intelligendus, qualiter ad Christi ecclesiæque sacramenta referendus, quo sensu unicuique fidelium sit aptandus, per trigintaquinque librorum seriem miranda ratione perdocuit. In quibus libris ita de virtutibus vitiisque disseruit, ut non solis videatur eadem verbis exponere, sed formis aliquo modo visibilibus demonstrare. Unde non est dubium eum perfectionem ipsarum assecutum esse virtutum, quarum tam efficaciter intimare valuit effectum.

9. Qui cum adhuc esset in eadem regia urbe positus, nascentem ibi novam hæresim de statu resurrectionis, in ipso quo exorta est initio, juvante gratia catholicæ veritatis, attrivit. Siquidem [c] Eutychius, ejusdem urbis episcopus, corpus nostrum dogmatizabat in illa resurrectionis gloria impalpabile, ventis aereque subtilius esse futurum. Quod ille audiens, et ratione veritatis et exemplo dominicæ resurrectionis, probavit hoc dogma orthodoxæ fidei omnimodis esse contrarium. Catholica etenim fides habet quod ipsum corpus nostrum in illa immortalitatis gloria sublimatum, subtile quidem sit per effectum spiritualis potentiæ; sed palpabile per veritatem naturæ, juxta exemplum dominici corporis, de quo a mortuis suscitato dixit ipse discipulis : *Palpate et videte, quia spiritus carnem et ossa non habet, sicut me videtis habere* (Luc. xxiv, 39). In cujus assertione fidei venerabilis Pater Gregorius in tantum contra nascentem hæresim laborare contendit, tanta hanc instantia juvante etiam piissimo imperatore Tiberio Constantino. ita comminuit, ut nullus exinde sit inventus qui ejus resuscitator existeret.

10. Igitur postquam Romam venerandus levita Gregorius regressus est, aliquanto interjecto tempore, tanta inundatione Tiberis fluvius alveum suum egressus est, [d] tantumque excrevit, ut ejus unda [e] per muros urbis influeret, atque in ea maximam partem regionis occuparet, ita ut plurima antiquarum ædium mœnia dejiceret. Quâ etiam aquarum violentia, horrea Ecclesiæ subversa sunt, in quibus nonnulla modiorum tritici millia perierunt. Tunc siquidem multitudo serpentium, cum magno dracone in modum trabis validæ per hujus fluminis alveum in mare descendit; sed suffocatæ bestiæ inter salsos maris turbidi fluctus in littore ejectæ sunt. Subsecuta est e vestigio clades, quam inguinariam vocant; nam medio mense undecimo adveniens primum omnium juxta illud quod in Ezechiele legitur : *a sanctuario meo incipite*, Pelagium papam percussit, et [f] sine mora exstinxit. Quo defuncto tanta strages populi facta est, ut passim subtractis habitatoribus, domus in urbe plurimæ vacuæ remanerent. Sed quia Ecclesia Dei sine rectore esse non poterat, beatum Gregorium licet totis viribus renitentem, plebs tamen omnis elegit. Quem ille apicem attentius fugere tentans, esse se omnino indignum tali honore clamitabat; videlicet metuens ne mundi gloria, quam prius abjecerat, ei sub ecclesiastici coloris regiminis aliquo modo subrepere posset. Unde factum est ut epistolam ad imperatorem Mauricium dirigeret, cujus filium ex lavacro sancto susceperat, adjurans et multa prece deposcens, ne unquam assensum populis præberet, ut se hujus honoris gloria sublimaret. Sed præfectus urbis, [g] Germanus nomine, ejus nuntium anticipavit : comprehensoque eo ac disruptis epistolis, consensum quem populus fecerat imperatori direxit. At ille gratias Deo agens pro amicitia diaconi, eo quod locum ei deferendi honoris ut cupierat reperisset, data illico præceptione, ipsum institui præcepit.

11. [h] Cumque in hoc restaret ut benediceretur, et lues populum devastaret, verbum ad plebem pro agenda pœnitentia hoc modo exorsus est : « Oportet, fratres dilectissimi, ut flagella Dei, quæ metuere ventura debuimus, saltem præsentia et experta timeamus. Conversionis nobis aditum dolor aperiat, et cordis nostri duritiam ipsa quam patimur pœna dissolvat. Ut enim propheta teste prædictum est : *Pervenit gladius usque ad animam* (Jerem. iv, 10). Ecce etenim cuncta plebs, cœlestis iræ mucrone percutitur, et repentina singuli cæde vastantur. Nec languor mortem prævenit, sed languoris moras, ut cernitis, mors ipsa præcurrit. Percussus quisque ante rapitur, quam ad lamenta pœnitentiæ convertatur. Pensata ergo, qualis ad conspectum districti judicis pervenit, cui non vacat flere quod fecit. Habitatores quique

---

[a] Mabil., *intus tamen eos*. Guss. et Bollando quos sequimur præit Becc.
[b] De Leandro vide quæ diximus in nota secunda, ad Epist. jam laudatam, quæ Moralium prologus est.
[c] Claruit multis miraculis sanctus Eutychius (in Mss., Euticius) etiam ob fidem exsilium passus. Colitur 6 Aprilis.
[d] Guss., *atque adeo invaluit*. Observat. Boll. id an. 509 contigisse, mense Novembris, cui assentimur.
[e] Guss., cui favent Belvac. et Becc., *super*. Ibid., *maximas regiones occuparet*, cæteris dissentientibus; et *monumenta* pro *mœnia*. Quæ narrat hic Paulus, ex Greg. Tur. l. x, c. 1, descripta sunt.
[f] Januario anni 590, ac vi Idus Febr., Pelagium mortuum esse tradit Anastasius. BOLLAND.
[g] Imo fortasse Germanus sanguine fraterque Gregorii, quem fratrem habuisse probavimus in ejus Vita, l. I, c. 4, n. 5. Locus Greg. Tur. unde hæc sumpta, est ambiguus.
[h] Guss., *cumque tempus instaret*; et ad marg., al. *restaret*, ex mera conjectura.

non ex parte subtrahuntur, sed pariter corruunt; domus vacuæ relinquuntur; filiorum funera parentes aspiciunt, et sui eos ad interitum hæredes præcedunt. Unusquisque ergo nostrum ad pœnitentiæ lamenta confugiat, dum flere ante percussionem vacat. Revocemus ante oculos mentis quidquid errando commisimus; et quod nequiter egimus, flendo puniamus. Præveniamus faciem ejus in confessione; et sicut propheta admonet: *Levemus corda nostra cum manibus ad Dominum* (*Thren.* III, 41). Ad Dominum quippe corda cum manibus levare, est orationis nostræ studium cum merito bonæ operationis erigere. Dat profecto, dat tremori nostro fiduciam, qui per prophetam clamat: *Nolo mortem peccatoris, sed ut convertatur et vivat* (*Ezech.* XXXIII, 11). Nullus autem de iniquitatum suarum immanitate desperet. Veternosas namque Ninivitarum culpas triduana pœnitentia abstersit: et conversus latro vitæ præmia, etiam in ipsa sententia suæ mortis, emeruit. Mutemus igitur corda, et præsumamus nos jam percepisse quod petimus; citius ad precem judex flectitur, si a pravitate sua animus corrigitur. Imminente ergo tantæ animadversionis gladio, nos importunis fletibus insistamus. Ea namque quæ ingrata esse hominibus importunitas solet, Judici veritatis placet; quia pius ac misericors Dominus vult a se precibus exigi, qui quantum meremur, non vult irasci. Hinc etenim per Psalmistam dixit: *Invoca me in die tribulationis tuæ, et eripiam te, et magnificabis me.* Ipse ergo sibi testis est quia invocantibus misereri desiderat, qui admonet ut invocetur. Proinde, fratres charissimi, contrito corde, et correctis operibus, ab ipso feriæ quartæ diluculo « litania septiformi devota ad lacrymas interveniamus; ut districtus judex cum culpas nostras nos punire considerat, ipse a sententia proposita damnationis parcat. » Quam exhortationem beati Gregorii ideo huic opusculo inserendam putavimus, ut a quanta perfectione prædicationis initium sumpserit, monstraremus.

12. Igitur dum magna multitudo sacerdotum, monachorum, diversique sexus et ætatis, juxta præceptionem beati Gregorii die constituta Dominum rogatura venisset, in tantum lues ipsa divino judicio desæviit, ut intra unius horæ spatium, dum voces plebs ad Dominum supplicationis emitteret, octoginta homines ad terram corruentes spiritum exhalarent. Sed non destitit sacerdos tantus populo prædicare, ne ab oratione cessarent, donec miseratione divina pestis ipsa quiesceret.

13. Cumque adhuc futurus antistes fugæ latibulum præpararet [b], Urbi sollicitudo et portis vigiliæ deputantur, donec opportune et gloriose, ut ordo sacer exposcit, in eo divina munia complerentur. Obtinet is a negotiatoribus ut in cratera occultatus educeretur ab Urbe, atque ita latebris triduo se occultavit, donec illum jejuniis et orationibus, populus Romanus, columna lucis, tertia super eum nocte cœlitus emissa, obtinuit: quæ non parvo noctis spatio a summo cœli usque ad eumdem ipsum linea recta effulgens, quærentibus votum optabile demonstravit. Sed et cuidam anachoretæ Urbi contiguo angeli ascendentes et descendentes per præfatam columnam super illum sunt visi. Qui mox felix sacrumque sumens auspicium, de ea quam vidit in somnis sanctus Jacob scala, ibidemque domum Domini dixit fore, rectorem domus Dei, quæ est ecclesia, imo ipsum Dei templum inibi esse absconditum exclamavit. Tandemque electus ac dilectus domini invenitur, capitur, trahitur, et ad beati Petri apostoli basilicam ducitur; ibique ad pontificalis gratiæ officium consecratus, papa urbis efficitur.

14. Quo in tempore cum a Joanne Ravennatis urbis episcopo reprehensus fuisset, cur a pastorali officio delitescendo se subducere vir tam idoneus voluisset, hac occasione compulsus volumen egregium, [c] quod Pastoralis appellatur, composuit: in quo manifesta luce patefecit qualis ad ecclesiæ regimen assumi, qualiter ipsi rectores vivere, qua discretione singulas quasque audientium personas instruere, quanta consideratione propriam quotidie debeant fragilitatem pensare. Sed et homilias Evangeliorum numero quadraginta composuit, quas in duobus Codicibus æqua sorte distinxit. Libros etiam Dialogorum quatuor edidit, in quibus rogatu Petri diaconi sui, virtutes sanctorum, quos in Italia clariores nosse vel audire potuerat, ad exemplum viventium posteris collegit; ut sicut in libris Expositionum suarum quibus sit virtutibus insudandum edocuit, ita etiam descriptis sanctorum miraculis, quæ virtutum earumdem sit claritas ostenderet. Primam quoque et ultimam Ezechielis prophetæ partes, quæ videbantur obscuriores, per homilias viginti duas, quantum lucis intus habeant demonstravit. [d] Scripsit præterea et alia nonnulla, sed et epistolas complures, quæ singulatim cuncta edicere, brevitatis studio, omisi.

15. Quod eo magis mirum est, tot eum ac tanta condere volumina potuisse, qui omni fere juventutis suæ tempore, ut verbis ipsius loquar, crebris viscerum cruciabatur doloribus, horis, momentisque omnibus fracta stomachi virtute lassescebat, lentis quidem, sed tamen continuis febribus anhelabat, frequens etiam eum gressuum dolor vehementer affli-

---

[a] Al., *septimi mensis.* Guss., hic, *devota mente,* referens ad mentem quod Greg. dicit de Litania. Ibid. habet, *cum lacrymis.* Et infra: *ipsam sententiam damn. temperando parcat,* cæteris tam editis quam manu exaratis contradicentibus. Porro *septiformis litania* ideo dicta est, inquit idem Paulus Diac., l. III *de Gestis Langob.,* cap. 25, quia omnis urbis populus a beato Gregorio in septem partes deprecaturus Dominum est divisus. Lege Greg. Tur. loco laudato, et Joan. Diac., l. I, c. 42.

[b] In cod. Moissacensi, multis prætermissis, *præpararet, trahitur, capitur,* etc., ut infra.

[c] Recc. et alii mss., *qui Pastoralis* ap. Boll., *quod liber Pastoralis app.*

[d] Apud Guss. solum: *Scripsit præterea super Proverbia, super Cantica canticorum, de Prophetis, de libris Regum, de Heptatico, et alia nonnulla: Epistolas,* etc.

gebat. Verum inter hæc dum sollicitus pensaret quia, Scriptura teste, *omnis filius qui recipitur, flagellatur*, (*Hebr.* xii, 6), quo malis præsentibus durius premebatur, eo de æterna certius præsumptione respirabat. Fatigabat eum præterea de ordinandis Urbis vigiliis, ne ab hostibus caperetur, sollicitudo continua. [a] Urebant quoque incessanter ejus animum filiorum hinc inde discrimina nuntiata. Sed tamen ille inter tot et talia deprehensus incommoda, nunquam otio indulgebat, quin aut filiorum utilitatibus inserviret, aut aliquid dignum Ecclesiæ scriberet, aut per contemplationis gratiam cœli secretis interesset.

16. Denique cum de tota pene Italia Langobardorum gladios metuentes plurimi undique ad Romanam urbem confluerent, solertem pro omnibus curam gerebat, et universis cum verbi pabulo corporis subsidia ministrabat. In tantum namque ejus animum misericordiæ amor devicerat, ut non solum horum quos præsentes habebat necessitatibus occurreret, sed insuper longe positis opem suæ largitatis impenderet; adeo ut etiam in monte Sinai Dei famulis constitutis quæque erant opportuna transmitteret. Nam alii quidem pontifices construendis ornandisque auro vel argento ecclesiis operam dabant; hic autem et his insistebat, et quasi his omissis totus erga animarum lucra vacabat, et quidquid pecuniæ habere poterat, sedulus dispergere, et dare pauperibus curabat (*Psal.* cxi, 9), ut justitia ejus **g** maneret in sæculum sæculi, et cornu ejus exaltaretur in gloria; ita ut illud beati Job veraciter dicere posset : *Benedictio perituri super me veniebat, et cor viduæ consolatus sum. Justitia indutus sum, et vestivi me sicut vestimento, et diademate judicio meo. Oculus fui cæco, et pes claudo. Pater eram pauperum, et causam quam nesciebam, diligentissime investigabam* (*Job* xxix, 13 seq.). Et paulo post : *Si comedi buccellam meam solus, et non comedit pupillus ex ea, quia ab infantia mea crevit mecum miseratio, et de utero matris meæ egressa est mecum* (*Job* xxxi, 17, 18).

17. Ad cujus pietatis et justitiæ opus pertinet, quod Anglorum gentem per prædicatores quos illuc direxit, de dentibus antiqui hostis eripiens, æternæ libertatis fecit esse participes. Etenim quia qui Deo nostro fideliter adhæret, semper ex ejus largifluo munere ad altiora conscendit, dum iste sanctus ardenti studio pro colligendis particulatim fidelium animabus satageret, donavit illi pius dominus, ut totam pariter Anglorum gentem converteret. Cujus conversionis, ut putatur facta divinitus hæc occasio fuit. Dum die quadam advenientibus nuper mercatoribus multa venalia in forum Romæ collata fuissent, multique ad emendum hinc inde confluerent, [b] contigit et Gregorium ante scilicet quam pontificale decus haberet, per forum transitum facere, ac vidisse inter alia pueros venales positos, lactei corporis, ac venusti vultus, capillos quoque præcipui candoris habentes. Quos cum aspiceret, interrogavit, ut aiunt, de qua regione vel terra essent allati. Dictumque est quia de Britannia insula, cujus incolæ tali omnes decore niterent. Rursus interrogavit [c] utrum iidem insulani Christiani essent, an paganorum erroribus implicati. Dictumque est quod essent pagani. At ille intimo ex corde longa trahens suspiria, *Heu ! Proh dolor !* inquit, *quod tam lucidi vultus homines tenebrarum auctor possidet,* [d] *tantaque frontis species ægram mentem et ab internis gaudiis vacuam gestat !* Rursus ergo interrogavit quod esset vocabulum gentis illius. Responsum est, quod Angli vocarentur. At ille : *Bene*, inquit, *nam et angelicam habent faciem, et tales angelorum in cœlis decet esse cohæredes.* Quod habet, inquit, nomen illa provincia, de qua isti sunt allati ? Responsum est, quia Deiri vocarentur [e] iidem provinciales. At ille : *Bene*, inquit, *Deiri, de ira eruti, et ad misericordiam Christi vocati.* Rex, ait, provinciæ illius quomodo vocatur ? Responsum est [f] quod Alle vocaretur. At ille alludens ad nomen ait : [g] *Laudem Dei Creatoris illis in partibus oportet cantari.*

18. Accedensque ad pontificem hujus Romanæ et apostolicæ sedis, rogavit ut genti Anglorum in Britanniam aliquos verbi ministros, per quos ad Christum converterentur mitteret, asserens et seipsum in hoc opus domino cooperante perficiendum paratum esse, si tamen eidem apostolico papæ **9** hoc ut fieret complaceret. [h] Quod cum ei primo pontifex minime annuisset, victus tandem infatigabilibus ejus precibus assensit. Qui civibus profectionis suæ celans negotium (quandoquidem si id novissent, nullatenus illi quoque pacto acquievissent), quanto celerius potuit, iter cum apostolica benedictione arripuit.

19. Hæc interea ad notitiam populi veniunt. Una-

---

[a] Guss. more solus : *Urebatur quoque ejus animus propter filiorum, hinc inde,* etc. Utinam saltem aliquando quo ms. Codice uteretur indicasset !

[b] Guss., nemine consentiente, *contigit ut Gregorius antequam pontificale decus nactus fuisset, cum cæteris advenisset, ac vidisset inter alia,* etc., ubi laborat sensus, imo penitus deficit.

[c] Guss., *utrum in eadem insula.*

[d] Guss. *tantaque frontispicii gratia mentem ab int.* Bolland., *tantaque fronti speciei gratia.* Sequimur Mss. Becc., Couch..... habet enim : *tantaque frontis specie gens grata, mentem ab internis gaudiis,* etc.

[e] Guss., *id est provinciales.* Miram sane vocis Deiri interpretationem ! Eam tamen legere potuit in Belvac. Ad hanc vocem *Deiri* Mabil. hæc habet : *Modo Eboracenses, Anglis* York Shire *appellantur. Lege Bedam, l.* ii *Hist., c.* 1, *et Bolland. Deira Anglis* Deirland, *est pars regni Northumbrorum, cujus altera pars Bernicia dicitur..... Capitur Deira etiam pro regno Northumbriæ. Ita apud monachum Engolism., in Vit. Car. Mag.* Eardulphus rex Nordaniumbrorum, id est de Irlanda insula (imo de Deirlanda provincia) Britanni pulsus, ad imperatorem an. 808 venit.

[f] Al. *Hohel.* Bedæ *Elle*, quod habet Belvac.

[g] Bolland. et Guss. *ad Laudem Dei erat*, alleluia *oportet.... decantari.* Et sane liquet Gregorium allusisse ad verbum alleluia, quod significat, *Laudate*

[h] In Cod. Moissac. et in al. Audomar., quo Bolland. usus est : *Quod dum perficere non posset, quia etsi pontifex concederet, ille quod petierat vellet* (Audomar., *illi quod petierat*), *Non tamen cives Romanos, ut tam longe ab urbe secederet, putaret permittere.* Moiss., *Mox ut ipse pontificatus officio functus est, opus diu desideratum perfecit, ut infra.*

nimi condicto omnes urbici ac suburbani, vel quique audientes occurrere potuerunt, sese in tres partes dividunt, et proficiscenti apostolico Pelagio ad Ecclesiam sancti Petri, terribili voce conclamant: *Eia, apostolice, quid egisti? Sanctum Petrum offendisti, Romam destruxisti, Gregorium non tam dimisisti quam expulisti.* His ergo vocibus horribiliter permotus pontifex populumque vehementissime metuens, post eum summa cum festinatione, et obligationis ut quantocius Romam rediret interdictione, direxit.

20. Sed antequam missi eum adissent, trium dierum jam confecto itinere, dum idem vir domini, Gregorius, ut iter agentibus moris est, circa sextam horam in quodam prato sociis quibusdam quiescentibus, aliis autem assistentibus vel quibusque rebus necessariis occupatis sederet et legeret, venit ad eum locusta, et dans saltum paginæ quam percurrebat, insedit. Cernensque eam beatus Gregorius tam mansueto loco quo assederat permanere, cœpit collætans sodalibus ipsius nomen reciprocans quasi interpretari: *Locusta*, inquam, [b] *eo dici potest, quasi loco sta*; et subjungens, *sciatis*, inquit, *non progressius nos iter cœptum licere protendere. Veruntamen surgite, et jumenta sternite, ut quantum licuerit quo tendimus properemus.* Dum autem hinc mutuo confabularentur, et secum quærerent, pervenerunt missi apostolici equis sudantibus et admodum fatigatis, statimque illi cum magna celeritate epistolam quam detulerant porrexerunt, qua perlecta, *ita est*, inquit, *socii, ut prædixeram, Romam celerius remeabimus.*

21. Talique ordine interim dilato suæ devotionis effectu, mox ut ipse pontificatus officio functus est, opus diu desideratum perfecit, alios quidem prædicatores mittens, sed ipse prædicationem, ut fructificaret, suis exhortationibus ac precibus seu muneribus fulciens. Denique direxit ad eamdem insulam servos Dei [c] Mellitum, Augustinum et Joannem, cum multis aliis Deum timentibus monachis; qui intra breve temporis spatium, [d] regem illum qui in capite insulæ morabatur cum suo populo converterunt. Quibus Dominus tantam faciendorum miraculorum gratiam contulit, ut verbum fidei quod ore prædicabant, signorum efficacia confirmarent. Unde factum est ut paucis elabentibus annis, etiam [e] cæteri insulæ ipsius reges, cum his qui eis erant subjecti, ad Christi Domini fidem accederent. De cujus gentis conversione simul et miraculorum prodigiis, quæ ibidem fiebant, ita beatus Gregorius in libris Moralibus perhibet (*Lib. xxvii, olim. c. 6, nunc n. 21*), dicens:

[a] Ita Bon... cum Belvac. et Gemet. Mabillon. legit *collectans*. Neutr... habet Gussanvill.
[b] Boll., *hæc*.
[c] Prior nominari debuit Aug... Mellitus secundo loco fuit missus in subsidium Augustini sociorum. De Joanne vero nihil legitur aut apud Joann. Diac. aut apud Bedam.
[d] Cantiorum, Ethelbertum nomine.
[e] Ita Mss. At Mombritius (quem sequitur Guss.), *cæteræ etiam insulæ, et ipsarum reges.* Inter hos primus fuit sanctus Edwinus Northumbrorum rex, ducta in uxorem sancta Ethelburga, Ethelberti regis filia.

Ecce lingua Britanniæ, quæ nihil aliud noverat quam barbarum frendere, jam dudum in divinis laudibus Hebræa cœpit verba sonare. Ecce quondam tumidus, jam substratus sanctorum pedibus servit Oceanus, ejusque barbaros motus, quos terreni principes edomare ferro nequiverant, hos per divinam formidinem sacerdotum ora simplicibus verbis ligant; et qui catervas pugnantium infidelis nequaquam metuerat, jam nunc fidelis humilium linguas timet. Quia enim perceptis cœlestibus verbis, clarescentibus quoque miraculis virtus ei divinæ cognitionis infunditur, ejusdem Divinitatis terrore refrenatur, ut prave agere metuat, ac totis desideriis ad æternitatis gratiam venire concupiscat. Quod totum ut fieret, ita eidem beato Gregorio gratia divina concessit, ut merito ab Anglorum populis debeat apostolus appellari: quia etsi aliis non est apostolus, sed tamen illis est; nam signaculum apostolatus ejus ipsi sunt in Domino (*I Cor. ix, 2*).

22. Jam vero utrum aliquibus vir iste tanti meriti miraculis claruerit, superfluo quæritur, quod luce clarius constat quod is qui virtutum signa suis meritis valuit, aliis quoque Christo largiente acquirere, si exegisset opportunitas, facilius poterat hæc etiam ipse promereri. Sed ne his qui cum Judæis signa visibilia ad ostendendam sanctitatem expetunt, satisfactio desit, et illis qui sanctorum exemplis ad meliora accendi et provehi quærunt ædificatio prosit, quædam autumo referenda, quæ per eum Dominus ad excitandum et corroborandum nostræ mentis teporem, et (ut sic dictum sit) forte infidelitatem potius quam ignorantiam, fieri et manifestari decrevit.

23. Mater familias quædam nobilis erat in hac civitate Romana, quæ religionis et devotionis studio [f] oblationes facere, et die Dominica ad ecclesiam deferre, summoque pontifici ecclesiasticæ consuetudinis et familiaritatis ejusdem gratia offerre solebat. Quæ cum quadam die ex more ad communicandum de manu apostolici ordine suo accederet, illique pontifex offam Dominici corporis porrexisset, dicens: [g] *Corpus Domini nostri Jesu Christi prosit tibi in remissionem omnium peccatorum, et vitam æternam,* subrisit. Quod vir Domini cernens, illi communionem sacram retraxit, et separatim super altare posuit, eamque diacono servandam usquedum cuncti fideles communicarent tradidit. Expleto vero sacro mysterio, interrogavit eam beatus Gregorius, dicens: *Dic, rogo, quid cordi tuo emerserit, cum communicatura resisti?* At illa: *Recognovi*, inquit, *portiunculam illam ex eadem oblatione fuisse quam ego manibus meis feci, et tibi obtuli; et cum eam te intellexerim corpus Domini*

[f] Nota ex veteri more laicos, etiam mulieres, offerre solitos panem (imo et vinum) ad communionem. Hinc Cyprianus, l. de oper. et eleemosynis, exprobrat diviti feminæ, quod *in Dominicum sine sacrificio* venisse... *quod pauper obtulerat* sumeret. Lege Greg. Turon. l. de Glor... c. 65.
[g] Joan. Diac., lib. ii, c. 41, alia verba refert, scilicet, *Corpus Domini nostri Jesu Christi conservet animam tuam,* quæ magis accedunt ad hodiernam formulam dandæ communionis.

appellasse, subrisi. Tunc sanctus Domini pontifex sermonem exinde fecit ad populum, et hortatus est eum ut suppliciter Dominum exoraret, quatenus ad multorum fidem corroborandam, carnis oculis ostenderet quid infidelitas hujus mulieris mentis oculis et fidei luminibus 11 conspicere debuisset. Quod cum fuisset oratum, ipse una cum populo et eadem muliere ab oratione exsurgens, ad altare cunctis cernentibus, et sese ad cernendum cœleste spectaculum comprimentibus, corporalem pallam [a] revelat, et universo populo ipsaque muliere contuente, partem digiti auricularis sanguine cruentatam invenit, et mulieri dixit: *Disce, inquam, veritati vel modo jam credere contestanti:* Panis quem ego do, caro mea est, et sanguis meus vere est potus (Joan. VI, 51). *Sed præscius Conditor noster infirmitatis nostræ, ea potestate qua cuncta fecit ex nihilo, et corpus sibi ex carne semper Virginis, operante sancto Spiritu, fabricavit,* [b] *panem et vinum aqua mistum, manente propria specie in carnem et sanguinem suum ad catholicam precem ob reparationem nostram Spiritus sui sanctificatione convertit.* Indeque universos jussit divinam precari potentiam ut in formam pristinam sacrosanctum reformaret mysterium; quatenus mulieri ad sumendum fuisset possibile; quod et factum est. Unde sæpefata mulier plurimum in sacra religione ac fide proficiens, participatione dominici sacramenti consecrata est. Et omnes qui viderant, in divino amore et orthodoxa credulitate ferventius excreverunt.

24. Quidam quoque nobilissimus secundum carnis prosapiam, et potentissimus juxta regiam in suo modo magnificentiam, cum per internuntios familiaritatem apostolicæ sedis adeptus esset, et frequenti admonitione epistolarum, etiam a beato Gregorio transmissarum instructione, erga Dei et sanctorum cultum sufficienter fuisset imbutus, misit per strenuos et devotos missos condigna [c] exenia ad sedem pontificalem, petens reliquias beatorum apostolorum ac martyrum sibi transmitti. Cujus legatos sanctus apostolicus honorabiliter et gratulter suscipiens, aliquandiu secum morari fecit, atque indesinenter sanctorum apostolorum memorias, ac cœmeteria martyrum ex more prisco, pro hujusmodi negotio missas celebrando, et reliquias in eorum veneratione consecrando circumiens, præfatosque legatos sibi comites semper habens, cum explicuisset eorum celebrationes, quorum reliquiæ petebantur, particulatim eosdem pannos consecratos, super quibus sancta celebraverat, divisit, et singulis singillatim [d] buxis imposuit; munitisque eis sigillo suæ sanctæ auctoritatis, petitoribus usu ecclesiastico tradidit. Qui debita cum veneratione, benedictione petita et accepta, suscipientes, profecti sunt viam suam gaudentes. Sed dum per aliquantos dies regressionis suæ iter carperent, ei qui primus cæteris habebatur, amica humanitati subripuit curiositas, dixitque sodalibus se stulte tanti itineris subisse laborem, cum nescirent quid pretiosi domino suo referrent. Pedetentim autem crescente collatione verborum, et virescente suggestione sociorum, confractis apostolicæ dignitatis sigillis, apertæ sunt buxtulæ, et in singulis singulæ panni repertæ sunt 12 portiunculæ. Moxque cum indignatione Romam regressi, archidiaconum adeunt conquerentes: *Ut quid, inquiunt, dominus apostolicus* [e] *tam vilipendit dominum nostrum, qui tantam gratiam se apud eum obtinuisse speraverat; quod sic voluerit illi illudere, et nos dehonorationi et offensioni suæ addicere? Æstimavimus siquidem nos ossa apostolorum vel martyrum pretiosa hinc ferre, sicut decuerat tantum virum, uti dominus noster est, a tanta nihilominus sede quæsita tam longo et difficillimo satis itinere, et datæ sunt nobis panni modicæ portiunculæ, ac si hujusmodi panniculi genus apud nos nequivisset inveniri. Nisi enim cauta sollicitudo nobis subvenisset, ut quod gerebamus cognosceremus, et sic stolide ad dominum nostrum nobis contigisset venire, dubium non est periculum honoris et gratiæ suæ nos debuisse incurrere.* Quos archidiaconus modesta increpatione redarguit, cur in tantam præsumptionem eruperint, ut apostolica sigilla corrumperent, hortans eos ut redirent, et quæ acceperant domino suo cum honore deferrent. Sed hi nullatenus monitis ejus acquiescentes, usque ad domni Gregorii venere præsentiam; factoque comperto, patientissime eorum tulit stultitiam, eosque sacrosanctis missarum solemniis præcepit interesse. Unde cum ad locum sui sermonis est ventum, suadet populo Dei sanctorum gratiam exorare, quatenus in hac re dignetur apertissime sic suam potentiam patefacere, ut quid mereatur fides, evidentius minus creduli et ignorantes possint cognos-

---

[a] Bolland., *relevat.* De corporali palla, qua scilicet corpus Christi involvebatur et tegebatur, legitur in libro Sacram., in ordinatione subdiaconi: *Pallæ quæ sunt in substratorio in alio vase debent lavari, in alio corporales pallæ. Ubi pallæ corporales lavatæ fuerunt,* etc.

[b] Hic habes transsubstantiationis dogma, longe ante Paschasium Radbertum, quem ipsius auctorem fingunt Calvinianæ sectæ ministri, claris verbis assertum.

[c] Guss., *munera,* explicans fortasse quid significetur per *exenia.* Legendum videtur potius *xenia.* Xenium enim est munus ξένῳ, id est hospiti, missum. Ita quoque legitur epist. olim 62, l. v, nunc 65, lib. VI, tam in Mss. quam in Editis. Et in vet. Cod. libri Pastoralis Eccles. Belv. sæculo X exarati legitur in carmine de Hugone episc.: *Xenia constituis, Christe, tui est operis.* Passim tamen J. Sirmondus, Mabillonius et alii antiquitatis studiosi, in veteribus scriptoribus a se editis reliquerunt *exenium, exenia.*

[d] Buxum seu buxtula significat *thecam* ex buxo confectam, Gallice *boîte,* Mabil. Tria Mss., *buxtis,* at Montbritius, *buxetis.* Aliud Ms., Alia duo, *bustis.* Sed mox in omnibus Mss. dicuntur *buxtulæ.* Reliquias sancti Mauri fuisse in buxtula lignea reconditas scripsit sanctus Odo abb. in miraculis ejusdem editis, 15 januarii, c. 4. Bolland. In Belv. leg. *buxtis.*

[e] Hic frequenter Rom. pontifex *apostolicus* appellatur. Hoc etiam nomine apud Græcos scriptores papa designatur. Theodorus Studita, lib. I, epist. 34, ad Leonem papam: *Tibi primo omnium apostolico capiti nostro nuntiare necessario optavimus.* Et lib. II, epist. 55, Epiphanio: *Misi epistolas duas ad apostolicum.* Ita passim.

scere. Et data oratione, accepit ab eo cultellum qui temeraverat signa, et super altare corporis sancti Petri acceptam unam panni portionem, per medium pungens secuit; ex qua statim sanguis decucurrit, et omnem eamdem [a] portiunculam cruentavit. Videntes autem suprascripti legatarii et omnes populi stupendum et arcanum fidei sacræ miraculum, ceciderunt proni in terram, adorantes Dominum, et dicentes: *Mirabilis Deus in sanctis suis; Deus Israel, ipse dabit virtutem et fortitudinem plebi suæ; benedictus Deus* (Psal. LXVII, 36). Et facto silentio inter alia fidei documenta, dixit ad eos beatus Gregorius, qui ante has venerandas reliquias parvi duxerant: *Scitote, fratres, quia in consecratione corporis et sanguinis Domini nostri Jesu Christi, cum ob sanctificationem reliquiarum in honore apostolorum vel martyrum ipsius quibus specialiter assignabantur, super sacrosanctum altare libamina offerebantur, semper illorum sanguis hos pannos intravit, qui effusus est pro nomine Christi Domini nostri.* Et ædificatis in fide cunctis qui viderant, munitisque iterum buxtulis signo suo, tradidit eis incomparabilia munera voti sui; et cum gaudio reversi, hæc per ordinem domino suo nuntiarunt, et sui desiderii compotem reddiderunt. Qui pretiosa sanctorum patrocinia reverenter suscepit, et honorabiliter in loco venerabili condidit; quo Dominus frequentiora quam in sancti Petri ecclesia miracula operari dignatur ad laudem et gloriam nominis sui 13 usque in hodiernum diem.

25. Pater nihilominus familias erat Romæ valde rebus ditissimus, sed religione nimis egenus, qui, non vitiis minus plenus quam rebus, cum uxor sua ei displicuisset, fecit sibi ab ea contra præceptum Salvatoris nostri divortium. Res vero beatum Gregorium latere non potuit, quia et magnitudo mali, et magnatio [b] personarum se facile prodidit. Cui beatus Gregorius multis et suavissimis monitionibus, seu districti divini examinis terroribus, studiosissime et sæpissime, imo indesinenter persuadere contendit ut uxorem suam in gratiam [c] pactam reciperet, a qua quoquo modo divelli nisi morte, aut amborum consensu intercedente nequiret; sed is diabolica præventus irremediabiliter pertinacia, monita ejus sprevit. Quem beatus Gregorius apostolica auctoritate ab ecclesia sub anathemate, nisi resipisceret, sequestravit. Quam excommunicationem idem admodum ægre ferens, et peccata peccatis accumulans, duos magos pecuniis ex placito locat, ut in sanctum apostolicum A ad vindictam ejus [d] apodixem artis suæ exercerent. Qui eum facie ignorantes, dum quadam die ad processionem ex more pergit beatus Gregorius, illi eminus secus transitum stantes sibi eum rogant insinuari. Quibus responsum est ipsum esse qui solus pontificali dignitate equitans, præcedentem et subsequentem cuneum ecclesiasticorum virorum haberet; et intuentes eum, repente equum illius maleficiis suis a dæmonibus vexari fecerunt. Statimque beatus Gregorius invocato nomine Domini nostri Jesu Christi, et edito signo crucis, ab equo perturbavit dæmonia; respiciensque in partem, mox ut magos est contemplatus, [e] illi cæcati, et ab eisdem dæmoniis pervasi ceciderunt retrorsum. Unde intellexit vir Domini eorum id perpetratum nequitia; et cum jussisset eos ad se duci, interrogati rei ordinem prodiderunt; quibus respondit beatissimus Pontifex: *Perpetuo cæci esse debetis, ne videntes, ad consuetam perversitatem redire tentetis. In nomine autem Domini nostri Jesu Christi, operante beato Petro, liberi a vexatione dæmonum sitis.* Qui confestim a dæmonibus emundati, et credentes, fonte salutari perfusi sunt; ac permanente cæcitate damnati, jubente beato Gregorio, de cætero stipe sunt ecclesiastica aliti.

26. Sed et tyrannus quidam multam oppressionem cum pene importabili importunitate quieti ingerebat sanctæ Romanæ Ecclesiæ, possessionesque eidem et mancipia pertinentes crudelissime devastabat. Qua de re beati pontificis per internuntios admonitione correptus, majori exarsit insania; adeo ut urbem depopulandam adiret. Cui advenienti beatus Gregorius ut colloqueretur occurrit, tantamque vim nutu divino ejus verbis inesse expertus fuit, ut cum humillima indulgentia religioso apostolico satisfaceret, et se deinceps sibi subditum, et sanctæ Romanæ Ecclesiæ devotum famulum spopondisset. Is denique postea usque ad exitum 14 infirmatus, venerandi papæ orationem poposcit, atque in responsum accepit quod ei Dominus adhuc spatium pœnitentiæ largiretur; et ut plenius convalesceret, illis quibus nutritus fuerat cibis indulgere studeret, qui jussis obtemperans convaluit, et in reliquum devotius vixit.

27. Idem vero perfectissimus et acceptabilis Deo sacerdos, cum quadam die per forum Trajani, quod opere mirifico constat esse exstructum, [f] procederet, et insignia misericordiæ ejus conspiceret, inter quæ memorabile illud comperiret, videlicet quod cum idem orbis princeps in expeditionem, circumvallatus

---

[a] Belvac., *particulam.*
[b] Ita Mss. Germ., Becc., Conch., Moissac. Bollandus, *agnitio personarum.* Guss., *quia et mali et personarum magnitudo.* Fortasse quod non probaret barbaram vocem *Magnatio.* Deducta videtur a *Magnate,* quasi Magnatis status et conditio.
[c] Boll., *in gratiam pacatam.* Guss. omisit *pacatam et pactam,* quod legitur in Mss. nostris, optimo quidem sensu, quasi pactis matrimonii promissam.
[d] Vox Græca, ἀπόδειξις, demonstratio, probatio, specimen.
[e] Digna magis pœna. Sic Paulus Elymam magum cæcitate percussit, Act. XIII, 10.
[f] *Procedere* in auctoribus sacris significare solet

ad ecclesiam solemni ritu pergere: quo sensu potest hic intelligi; nam in illa processione Gregorius pervenit ad sepulcrum beati Petri, ut ex sequentibus liquet. Consule notas doctissimi Menardi ad librum Sacram., ad VI Idus Septembris, ubi legitur *ad processionem.* Cæterum quæ hic dicuntur de Trajano liberato, licet Bollando nonnullisque aliis probentur, tanquam putida fabula exploduntur a Baron. ad an. 604, n. 50 et seq., et a Bellarm., lib. II de Purgat., c. 8. Quæ etiam refellimus, ex indubitatis sancti Gregorii testimoniis in ejus Vita Gallice scripta, tum l. II, c. 7, n. 11, tum l. III, c. 5, n. 7, et in commentario de ejusdem Vita.

militum cuneis, pergeret, ibidem obviam habuerit vetustissimam viduam, senio simulque dolore ac paupertate confectam, cujus lacrymis atque vocibus sic compellatur : *Princeps piissime Trajane, ecce hic sunt homines qui modo mihi unicum filium, senectutis scilicet meæ baculum et omne solatium, occiderunt; meque una cum eo volentes occidere; dedignantur etiam mihi pro eo rationem aliquam reddere.* Cui ille festinato, ut res exigebat, pertransiens : *Cum rediero*, inquit, *dicito mihi, et faciam tibi omnem justitiam.* Tum illa : *Domine*, inquit, *et si tu non redieris, ego quid faciam?* Ad quam vocem substitit, et reos coram se adduci fecit. Neque, cum suggereretur a cunctis accelerare negotium, gressum a loco movit, quousque et viduæ a fisco, quod juridicis sanctionibus decretum est, persolvi pro re fecit; [a] demumque supplicationum precibus et fletibus super factis suis pœnitentes viscerali clementia flexus, non tam potestate quam precatu et lenitate vinctos, prætorialibus catenis absolvit. Hujus rei gratia compunctus venerabilis pontifex, cœpit lacrymosis gemitibus secum inter verba precantia, hæc siquidem prophetica et Evangelica revolvere oracula : *Tu, Domine, dixisti : Judicate pupillo, defendite viduam; et venite, et arguite me* (*Isa.* 1, 17). Et alibi : *Dimittite, et dimittetur vobis; ne immemor sis, quæso, peccator ego indignissimus, propter nomen gloriæ tuæ, et fidelissimæ promissionis tuæ, in hujus devotissimi viri facto, pietati tuæ humiliter supplico* (*Marc.* vi, 27). Perveniensque ad sepulcrum beati Petri, ibi diutius oravit, et flevit, atque veluti somno correptus in exstasim est raptus, quo se per revelationem exauditum discit; et ne ulterius jam talia de quoquam sine baptismate sacro defuncto præsumeret petere, promeruit castigari. Qua in re, licet [b] a minus perfectæ fidei et curiosis quædam valeant quæri, et plura ab his qui credunt veritati fideliter dicenti, *quæ apud homines impossibilia sunt vel videntur, facilia sunt apud Dominum*, salubriter explanari, tutius tamen videtur in hoc actu divinæ pietatis et potestatis judicium venerari, et a nemine discuti.

28. Denique a fideli et religioso viro, ac huic nostro Patri sanctissimo pro suæ religionis et utilitatis merito valde [c] familiarissimo, fideliter post obitum ejus nobis narratum didicimus, quod cum **15** idem vas electionis et habitaculum sancti Spiritus visionem ultimam prophetæ Ezechielis interpretaretur, oppansum velum inter ipsum et eumdem exceptorem tractatus sui, illo per intervalla prolixius reticente, idem minister ejus stylo perforaverit, et eventu per foramen conspiciens, vidit columbam nive candidiorem super ejus caput sedentem, rostrumque ipsius ori diu tenere appositum : quæ cum se ab ore ejusdem amoveret, incipiebat sanctus pontifex loqui, et a notario graphium ceris imprimi. Cum vero reticebat sancti Spiritus organum, minister ejus oculum foramini iterum applicabat, eumque ac si in oratione levatis ad cœlum manibus simul et oculis, columbæ rostrum more solito conspicabatur ore suscipere. Quod tandem, eodem spiritu revelante, pontifex sanctus cognovit, et vehementissime tristis effectus, interminatus est auctoritate apostolica miraculi divini in se perpetrati conscio, ne in vita sua id alicui quoquo modo patefaceret. Quod is interim secretum custodiens, post defunctionem sanctissimi [d] sacerdotis compulsus quorumdam invidia, qui obtrectabant virum beatissimum, præsumptionis tumore tanta ac talia de cœlestium arcanorum mysteriis fuisse locutum, hæc ita se per omnia vidisse fideliter enarravit.

29. Migrato namque ad Dominum sæpe dicto reverendissimo pontifice, cum fames validissima non modo in hac civitate Romana, verum et in omnibus circa regionibus satis superque grassaretur, et is qui ei in sede pontificali [e] successerat horrea Ecclesiæ ementibus frumenta aperiret, et illis quos beatus Gregorius per monasteria et xenodochia seu diaconias vel hospitalia stipendiis alendos ecclesiasticis ordinaverat clauderet, cœperunt omnes, famis compellente inopia, apostolici aures inquietare, dicentes : *Domine apostolice, quos pater noster decessor tuus sanctus Gregorius hactenus studuit pascere, tua [f] sanctitas fame non sinat perire.* Quos vociferationum clamores idem moleste ferens, respondit : *Si Gregorius ad famam suæ laudis cunctos populos curavit suscipere, nos omnes non possumus pascere*, sicque vacuos sivit abire. Quæ verba responsionis cum sæpius ad se clamantibus iterans redderet, apparuit ei in visu sanctus Gregorius tertio, illumque tertio blande increpans super sua detractione et ipsius tenacia, seu miserorum indigentia, admonuit atque corripuit. Qui nec cor ad misericordiam flexit, nec ori ab obtrectatione adhibere custodiam voluit, nec manum ad largitatem extendit. Unde illi quarto apparens beatus Gregorius horribiliter eum redarguit, et comminans, eum in capite percussit, cujus dolore vexatus paulo post defunctus est.

---

[a] Belv., *demumque supplicantium precibus et fletibus super facti sui pœnitentiam, viscerati clementia flexus, non tantum potestate.*

[b] Ita restituimus ex Belvac. et Gemet. DCCC ann. cum prius legeretur in Editis, *a viris perf. fid.*, quod est etiam in Mss. Becc. et al.

[c] Hic Gregorii familiaris et exceptor est Petrus Diaconus, cum quo in Dialogis colloquitur. De eo consule Mabill. sæculo I Bened., p. 497. Hic in Belv. et Gemet. legitur simpliciter, *narratum*, omissa voce *nobis*.

[d] Sacerdotes dicti olim non quilibet presbyteri, sed episcopi, qui civitatibus præerant; qui vero in vicis et oppidis sacris præficiebantur, ii appellabantur presbyteri; eodem pene modo quo, ut observavit doctissimus J. Sirmondus ad Apollinarem Sidon. l. v, epist. 7, Romana republica idolis adhuc serviente, Flamines in municipiis erant, in provinciis autem sacerdotes. Laudat hic Sirmondus Pacatum in Panegyrico, et Novel. Martiani 4, *ne Flamini municipali sacerdoti provincia liceret habere uxorem ancillam.*

[e] Sabinianus is erat.

[f] Titulus hic honoris, nunc soli papæ delatus, olim concedebatur non solum aliis episcopis, sed etiam presbyteris, imo et ipsis diaconis. Ennodius, l. v, Epist. 13, Hormisdæ qui erat tantum diaconus scribit : *novit optime sanctitas vestra.*

Hæc breviter de vita vel actibus beati Gregorii dicta sint.

Cæterum quandiu mundi hujus orbita volvitur, ejus laudabile meritum semper accipit incrementum, quia ipsius sine dubio gloriæ ascribitur, quod hæc Romana civitas una cum sanctis apostolis ejus precibus constare videtur, vel quia Anglorum Ecclesia nova semper sobole fecundatur, vel quod illius doctrinis per orbem universum multi a peccatis elongati, ad Christi clementiam convertuntur, vel quod boni quique ejus suasionibus inflammati, cœlestem patriam desideranter inquirunt. Qui beatissimus pontifex postquam sedem Romanæ et apostolicæ Ecclesiæ annis tredecim, mensibus sex, et diebus decem, gloriosissime rexit, ex hac luce subtractus, atque ad æternam regni cœlestis sedem translatus est. Sepultus vero est in ecclesia beati Petri apostoli ante secretarium, quarto iduum Martiarum, regnante Domino nostro Jesu Christo, qui cum Patre et Spiritu sancto, vivit et regnat Deus, per omnia sæcula sæculorum. Amen.

Ex eodem Paulo Diacono.

In pestilentiæ calamitate beatissimus Gregorius, qui tunc levita erat, a cunctis generaliter papa electus est (*Lib.* v, *c.* 11, *Hist. Lang.*). Qui dum septiformem litaniam ordinasset, intra unius horæ spatium, dum populi Deum precarentur, octoginta ex eis subito ad terram corruentes, spiritum exhalaverunt. Septiformis autem litania ideo dicta est, quia totius Urbis populus a beato Gregorio in septem partes Deum deprecaturus, divisus est. In primo namque choro fuit omnis clerus; in secundo omnes abbates cum monachis suis; in tertio omnes abbatissæ cum congregationibus suis; in quarto omnes infantes; in quinto omnes viri laici; in sexto omnes viduæ; et in septimo omnes mulieres conjugatæ. Ideo autem de beato Gregorio plura dicere omittimus, quia jam ante aliquot annos ejus Vitam, Deo auxiliante, contexuimus, in qua, quæ dicenda fuerant, juxta tenuitatis nostræ vires, universa descripsimus.

ᵃ Legendum, *septimam*. Phocas regnare cœpit indict. 6, cujus proinde annus secundus respondet indictioni 7. Deinde constat sanctum Gregorium cœ-

Ex eodem.

Hoc eodem tempore idem beatus Gregorius Augustinum, et Mellitum, et Joannem cum aliis pluribus monachis timentibus Deum, in Britanniam misit; eorumque prædicatione Anglos ad Christum convertit.

Ex eodem.

Iisdem diebus sapientissimus ac beatissimus Papa Gregorius Romanæ urbis episcopus (*Lib.* iv, *c.* 1), post alia multa quæ ad utilitatem sanctæ Ecclesiæ scripserat, etiam libros quatuor de Vitis sanctorum composuit: quem codicem Dialogum, quia eum colloquens cum suo diacono Petro ediderat, appellavit. Hos autem libros præfatus papa Theodelindæ reginæ misit, utpote quam sciebat, et Christi fidei deditam, et in bonis actibus esse præcipuam. Per hanc quoque reginam multum utilitatis Ecclesia Dei consecuta est; nam pene omnes Ecclesiarum sublimitates Langobardi, cum adhuc gentilitatis errore tenerentur, invaserunt; sed ejus salubri supplicatione rex permotus, et catholicam fidem tenuit, et multas possessiones Ecclesiæ largitus est; atque episcopos, qui in depressione et abjectione erant, ad dignitatem et honorem reduxit.

Ibidem.

Rex autem Agilulfus, exstincto Mauritione, Ticinum repedavit. Nec multo post suggerente maxime Theodelinda regina, conjuge ejus, sicut eam beatus Gregorius suis epistolis sæpius admonuerat, cum eodem viro sanctissimo papa Gregorio atque Romanis pacem firmissimam pepigit.

Ibidem.

Tunc beatus Gregorius papa migravit ad Christum, cum jam Phocas per indictionem octavam anno regnaret secundo. Cujus in locum ad apostolatus officium Sabinianus est ordinatus. Fuit autem hiems frigida nimis; et mortuæ sunt vites pene in omnibus locis. Messes quoque percussæ uredine passim evanuere. Debuit etenim mundus famem sitimque pati, quando, decedente tanto doctore, animas hominum spiritualis alimoniæ penuria, sitisque ariditas invasit.

pisse regere Ecclesiam indict. 9, rexisseque per tredecim annos et sex menses, ac migrasse in cœlum mense Martio, currente indict. 7.

SANCTI
GREGORII MAGNI
VITA,

A JOANNE DIACONO SCRIPTA LIBRIS QUATUOR.

JOANNIS DIACONI CARMEN AD JOANNEM PAPAM VIII.

Suscipe Romuleos, Pastor venerande, triumphos,
Gregorii sancti suscipe gesta tui.
Qui nituit factis, verbis, scriptisque beatis,
Ut jubar auricomi solis in orbe cluit.
Forma, decus, speculum tibi sit, via, vita per ævum,
Si cupis æternum ferre sacerdotium.

Nam qui non hujus sequitur vestigia præsul,
　Ante Deum præsul non erit; imo pecus.
Hinc Psalmista canit hominem similare caballis,
　Ignavum stultis, qui sub honore perit.
Nocturnum dedimus sancto cantumque diurnum,
　Carminibus clarum concinimusque virum.
20 Redde vicem, scriptor, ª servans cola, commata,
　　puncta,
　Ne tua mendosum pagina servet opus.

A ᵇ Ludere me libuit variabilis ordine campi,
　Postquam prosa fugit, musa jocosa redit.
Hæc mihi tu tribuis, doctor pretiose Gregori,
　Qui bona das famulis, sed mala nulla, tuis.
Vestitus cœpi, nudus tua munia dixi,
　Indue me factis, velleribusque tuis.
Et quia mortalis desunt commercia carnis,
　Da mihi sub pedibus posse jacere tuis.

ª Ita Codd. Bigot., Turon., seu sancti Martini, et alii. In Edit. Mabil., *reddens cola, commata, punctos*.
ᵇ Hi octo versus ultimi omittuntur in Mss. sancti Martini Turon. Desunt omnia carmina in Ed. Gussanv. et aliis præter Mabil.

PRÆFATIO ª.

Beatissimo ac felicissimo Domno Joanni, sanctæ catholicæ et apostolicæ Romanæ Ecclesiæ præsuli, Joannes ultimus levitarum.

Nuper ad vigilias beati Gregorii, ᵇ Romani pontificis, Anglorum gentis apostoli, lectione de Paulino civitatis Nolanæ præsule consuetudinaliter personante, visus es a venerabilibus episcopis, divino quodam instinctu commotus, requirere cur tantus pontifex, qui multorum sanctorum Vitas texuerat, gestis propriis in propria duntaxat Ecclesia caruisset; præsertim cum et apud Saxones, et apud Langobardorum sibi prorsus infensissimam gentem, gestis propriis ubique polleret. Cumque venerabiles episcopi has ab utrisque gentibus haberi quidem, sed compendiosissime, responderent; meam quoque parvitatem consciscens, præceperas ut Vitam ipsius de scrinio sanctæ sedis apostolicæ, tanto plenius, quanto et certius carpere studuissem. Sed dum ego propriæ inertiæ conscius, me meis prioribus, ac per hoc sapientioribus, qui vitam ejus, licet breviter, tamen pio conatu, pulcherrimoque stylo descripserant, conferre penitus dubitarem, identidem jubendo vehementer hortatus es, ut Romanæ sedis pontificem, ejusdem sedis præsulis auctoritate, describerem, cui Deus omnipotens probandorum seu repellendorum scriptorum omnium specialem dederit procul dubio potestatem. Itaque tam imperiosis auctoritatibus tandem compulsus, vix primum librum Gregorianæ Vitæ compleveram, quando hunc, in ejusdem vigiliis annua vertigine revolutis, tua probavit pariter ac publicavit 21 auctoritas. Ergo sollicitior factus ad cætera, pauca de multis, te incentore, te præceptore, te fautore, teque judice, colligens, in libris quatuor, auxiliante Domino, coarctavi; et secundum distributionem ejusdem doctoris, qua librum Regulæ pastoralis quadripartita ratione distinxerat, ego quoque illum, qualiter ad culmen regiminis venerit, in primo hujus operis libro perhibui; et ad hoc rite perveniens, qualiter vixerit, in secundo disserui; et bene vivens, qualiter docuerit, in tertio designavi; et ᶜ recte docens, infirmitatem suam quotidie quanta consideratione cognoverit, in quarto conclusi. Neque magnopere tempora temporibus contuli, sed rebus similibus ᵈ similia coaptavi, quoniam revera non tantum quando fecisset, sed quantum fecisset, sollicitus deflorare curavi. In quibus quanquam multa et varia memoratu digna ᵉ studio brevitatis omiserim, nihil memini me posuisse, quod scriptorum veterum nequeat auctoritate defendi, exceptis illis miraculis quæ, nostris temporibus facta ᶠ, 22 multis adhuc superstitibus, vivis vocibus celebrantur. Si cui tamen, ut assolet, visum fuerit aliter, ad plenitudinem scrinii vestri recurrens, tot charticios libros epistolarum ejusdem Patris, quot annos probatur vixisse, revolvat. Et quia quædam illarum, vario tempore destinatæ, varietatem sensuum retinent, eædemque nonnullis integræ, quibusdam vero parte aliqua diminutæ, pro personarum, locorum, sive temporum dispensatione, videntur, fine tenus relegendo conspiciat; sicque demum lucidam veritatem cognoscens, me aut cum amasiis defendat, aut cum ausoribus arguat; quanquam in eo quod tuo judicio placeo, cunctis veritatem tuentibus me perpetuo placiturum fore præsumam. Peto igitur ut sicut tuis jussionibus humiliter parui, sic beati Gregorii precibus, et in hoc sæculo ab æmulorum insidiis, et in futuro a peccatorum nexibus merear misericorditer liberari per Jesum Christum Dominum nostrum. Amen. ᵍ

ª Bigot., *in nom. sanctissimæ et ind. Trin. incipit prologus*, etc.
ᵇ Abest *Romani* a Colb. Bigot., Gemet. et Andegav. sancti Albini.
ᶜ Gemetic., *perfecte docens*.
ᵈ In Gemet. et Bigot: deest *similia*.
ᵉ Andegav., *studio veritatis*.
ᶠ Edit., *multorum adhuc superstitum*. Sequimur Mss. omnium consensum.
ᵍ Post præfat. in Bigot. legitur:
　Gregorii papæ fiet hinc descriptio vitæ,
　Nobilitas generis cujus præmittitur istic.

LIBER PRIMUS.

Qua ratione, quibusve virtutibus ad pontificatum ascenderit, cumulate disseritur.

ARGUMENTUM. — 1. De genere beati Gregorii. — 2. [a] Quod θεόνυμος fuerit. — 3. De institutione ejus. — 4. [b] Prætor urbanus exprimitur. — 5. Sex monasteria in Sicilia fecit. — 6. Sub abbatibus in suæ domus monasterio militans, postmodum abbas efficitur. — 7. Paschali Sabbato jejunare non valet. — 8. A Domino jejunandi fortitudinem impetrat. — 9. Mater Silvia ei consuetudinaliter legumina mandat. — 10. Duabus vicibus ab angelo Dei tentatur, tertia vero liberalissimus comprobatur. — 11. Frater furtum faciens a dæmonio vexatur, et a Gregorio liberatur. — 12. [c] Fugiturus frater cæcatus, et a nigri canis morsibus liberatur. — 13. Frater fugam molitus a dæmone corripitur, a Gregorio liberatur. — 14. Fratrum latebra immobilitate caballorum cognoscitur. — 15. Frater Justus [d] pro re peculiari severiter in morte punitur. — 16. Ejus anima de inferni cruciatibus liberatur. — 17. Dimissis peccatis Antonius mori jubetur. — 18. Gerontius cum quibusdam fratribus se asserit moriturum. — 19. Frater Merulus albis floribus se somniat coronatum. — 20. Joannes ab apostolo sanatus a defuncto vocatur. — 21. De venalibus Anglorum pueris percontatur. — 22. Pro convertendis Anglis Britanniam petiturus absolvitur. — 23. A præsule tribus sententiis consternato redire jubetur. — 24. Per locustam se cognoscit continuo reversurum. — 25. A monasterio tractus, diaconus consecratur. — 26. Constantinopolim apocrisiarius destinatur. — 27. Pro exponendo libro beati Job enixe rogatur. — 28. Cum Eutychio disputans, victor agnoscitur. — 29. Liber Eutychii ab Augusto ignibus deputatur. — 30. Eutychius moriens pellem manus suæ tenebat, dicens se in ea veraciter resurrecturum. — 31. Apocrisiariatus Gregorii qualitas declaratur. — 32. Epistola Pelagii papæ Gregorio mittitur. — 33. Maximianus cum fratribus a naufragio liberatur. — 34. Romana urbs diluvio Tiberis inundatur. — 35. Athesis fluvius mirabiliter solidatur. — 36. Dracone cum bestiis in mari necato, aer corrumpitur. — 37. Sagittis cœlestibus cladem ferentibus, Pelagius præsul exstinguitur. — 38. Theodorus a dracone liberatus, convertitur. — 39. Gregorius ad pontificatum nolens eligitur. — 40. Pontificatum subterfugere gestiens, imperatori litteras latenter mittit. — 41. Pro concione pœnitentiam prædicat. — 42. Septiformem litaniam localiter ordinat. — 43. Octoginta homines pestilentia prosternuntur. — 44. Ab Urbe diffugiens, indicio cœlesti monstratur: et reductus, primæ sedis pontifex consecratur. — 45. Noluisse summum sacerdotium, veraciter demonstratur. — 46. Discretionis ejus perfecta qualitas indicatur. — 47. Conabatur extra mundum, et extra carnem fieri, et ad speciem anhelare. — 48. Condoluit ruinæ suæ gemitum renovari. — 49. Ex scriptis Anastasii patriarchæ quasi beatitudinis requiem, salutem accipiens, pontem sitiens, umbram æstuans invenit. — 50. Ab Andreæ illustris charitate et animo non recessit. — 51. Joannis exconsulis bona excellentiæ est expertus. — 52. Leandro Hispalensi episcopo respondere noluit, epistolis ad se transmissis. — 53. Cum magno angore animi summum sacerdotium suscepit. — 54. Investigare superna judicia nullus homo sufficere potest.

23 1. Gregorius genere Romanus, arte Philosophus, [e] Gordiani, viri clarissimi, et beatæ Silviæ filius, præfuit [f] Romanæ sedi annis tredecim, mensibus sex, diebus decem, [g] temporibus Tiberii Mauricii, et Phocæ Augustorum. Iste, senatoria stirpe progenitus, tam nobilissimam quam etiam religiosissimam genealogiam duxit, ita ut [h] quartus Felix sedis apostolicæ pontifex, vir magnæ in Christi Ecclesia reverentiæ, qui basilicam sanctorum Cosmæ et Damiani martyrum via sacra juxta templum Romuli, sicut hactenus cernitur, venustissime fabricavit, ejus atavus fuerit, et beata virgo Tharsilla, quæ moritura [i] promissionis cœlestis audivit harmoniam, et Jesum Christum ad se recipiendam videre meruit, amita nihilominus ejus exstiterit (*Beda lib.* II, *cap.* 1, *Histor. Angl.; Greg. Tur. lib.* x *Hist.; Lib.* IV, *Dial. c.* 16; *Hom.* 38 *in Evang.*)

2. Quam Gregorius geminæ nobilitatis lineam piis moribus extulit, probis actibus exornavit, adeo ut præsagio quodam Græce Γρηγόριος, quod Latine vigilantius resonat, vocaretur. Nam recta quæ docturus erat, dum vivis operibus adimplevit, sibimet ipsi utique se vigilasse perdocuit; dum vero recta quæ faciebat docendo quoque disseruit, vigilasse dignoscitur, non solum [j] sui, sed etiam futuri temporis Christianis.

3. Siquidem inerant ei, [k] cum acerba ætate, matura jam studia; et auditurus incognita, religiosis [l] senibus indagator solertissimus adhærebat : sumptaque doctrinæ semina, tenaci memoriæ ruminanda, quæ post in populos mellito declamaret gutture congerebat. Denique [m] docilis adolescens, cum, transmisso communiter stylo surgentis infantiæ, ad bivium Pythagoricæ litteræ pervenisset, incunctanter sinistrum ramum cum sæculi voluptate relinquere, et ad dextrum cœpit cum cœlesti desiderio totis viribus anhelare.

4. Sed, dum conversionis suæ gratiam longius protrahens, tutius se Christo famulaturum putaret, si sub prætoris urbani habitu mundo specie tenus serviret, cœperunt [n] multa contra eum ex ejusdem sæculi

---

[a] Ita Mss. omnes, cujus tituli loco pler. Editi habent : *De nomine quod is habuit conveniens studiis.* Deest index in Bigot. et Utic.

[b] Gemet., *ubi prætor urb.* Ita etiam in Regio, Colbertino, Andegavensi, et Turon., quæ vox, *ubi*, in quinque laudatis Mss. inchoat omnes titulos.

[c] Editi, *fugitivus*, melius Mss., *fugiturus*; neque enim fugit monachus, sed fugere proponebat.

[d] Gemet., *pro peculari.* Andeg. et Turon., *pro peculiari.* Non legitur, *re*, in ullo ex Mss. nostris, præterquam in Regio, ubi reperitur inter lineas.

[e] In Turon. semper *Gorgiani.*

[f] In eodem deest *Rom. sedi*, necnon in Reg., Utic. et Gemet. In Bigot. est additum. In Andeg. et in Colb. legitur *Rom. Ecclesiæ.*

[g] In Excusis *Tiberii, Mauricii.* Certe Tiberii Augusti tempus ad Gregorii pontificatum non pertinet; quippe qui non inceperit nisi Mauricio imperante; at Tiberius etiam vocabatur.

[h] *Imo Tertius Felix*, ut dictum supra (ad Vitam a Paulo Diacono scriptam) *et ad ejus Vitam* 25 *Februarii.* Bolland., qui sequitur Baron.; in Martyrol., ad 25 Februar. et tom. VII, Annal., ad ann. 581. De his in commentario de Vita sancti Gregorii disseruimus.

[i] In Bigot. superscribitur *processionis cœl.*, haud dubie quia Christus ei obviam processit.

[j] Editi, *non solum sibi.* Præferenda nostra lectio quæ est Mss. Reg., Turon., Gemet., Bigot.

[k] Editi, *in tenera ætate*, reluctantibus Mss. Hic *acerba* idem est ac *immatura*, ut Jerem. XXXI, 29, 30, et Ezech. XVIII, 2, dicitur *uva acerba.*

[l] Turon. et Andeg., *sensibus.*

[m] Utic., Big., Andeg., Gemet. et Reg. *docibilis.*

[n] Ita Mss. et Bolland. Alii Edit., *multæ contra eum ejusdem sæcul. curæ.*

cura succrescere; ita ut non jam, sicut proposuerat, specie, sed in eo retineretur et mente.

5. Tandem patre orbatus, ubi liberam disponendarum rerum suarum nactus est facultatem, sex monasteria in Sicilia fabricans, sufficientibus fratribus cumulavit, quibus tantum prædiorum contulit, quantum posset ad victum quotidianum Deo illic militantium sine indigentia suffragari *(Gregor. Tur. lib.* x *Histor. cap.* 1).

6. Septimum, intra Romanæ urbis mœnia, sub honore sancti Andreæ apostoli, juxta basilicam sanctorum Joannis et Pauli ad clivum Scauri, monasterium in proprio domate fabricavit. In quo, relictis sericis, auro gemmisque radiantibus togis, simulque supellectilibus reliquis in usum pauperum [a] prærogatis, ex hujus mundi naufragio nudus evasit, diuque desideratum monachicum capiens indumentum, primo [b] sub Hilarionis deinde sub Maximiani, venerabilium Patrum, regimine, multis sibi sociatis fratribus, regulari tramite militavit. Post vero cum subesse mallet, fratrum votiva concordia imminente, præesse non renuit, sicut in consequentibus apparebit.

7. Erat ei abstinentia tanta ciborum, sedulitas orationum et jejuniorum, studiositas tam desiderata sacrorum [c] librorum, ut infirmato stomacho lacessitus vix subsistere procul dubio videretur. Nam cum quodam tempore incisionem vitalium, quam Græci συγκοπήν dicunt, pateretur, crebrisque angustiis per horarum [d] momenta ad exitum propinquaret, ac nisi eum fratres frequenter cibo reficerent, vitalis ei spiritus funditus intercipi videretur, paschalis supervenit dies. Et dum sacratissimo Sabbato, in quo omnes, etiam parvuli pueri, jejunant, ipse jejunare non posset, cœpit plus mœrore quam infirmitate deficere *(Lib.* iii *Dialog., cap.* 33).

8. Mox accersito viro sanctissimo Eleutherio, dudum penes Spoletum multis præposito, tunc vero ejusdem sui monasterii monacho, a quo videlicet audierat mortuum fuisse suscitatum, oratorium petiit, seseque cum lacrymis, ut saltem die illo ad jejunandum sibi virtus daretur, in orationem dedit. Et post paululum, completa oratione, digressus, tantam virtutem suum stomachum percepisse cognovit, ut ei cibus et morbus de memoria funditus tolleretur. Cœpit secum mirari quis esset, quis fuerit; et cum ad animum redibat infirmitas, nihil in se ex his quæ meminerat recognoscere prævalebat. Cumque in dispositione monasterii occupata mens esset, obliviscebatur funditus ægritudinis suæ. Si vero rediret ægritudo ad memoriam, cum tam fortem se esse sentiret, mirabatur si non comedisset. Qui veniens ad vesperum, cognovit sibi tantam fortitudinem permanere, ut ad diem alterum jejunium transferre potuisset [e]. Verum quanquam pene quotidiano languore tabesceret, nullam tamen corpori suo cupiebat commodare quietem, quo minus aut oraret, aut legeret, aut scriberet, aut dictaret.

9. In hujus sacri monasterii penetralibus idem vir omnipotentis Dei Gregorius, a matre Silvia, tunc temporis juxta portam beati Pauli apostoli, loco qui dicitur Cella nova, quo hactenus oratorium nomini ejus dedicatum est, et famosum sancti Babæ confessoris [f] Christi monasterium, cujus laus in sexta et septima synodo, constitutum videtur, degente, crudis leguminibus pascebatur.

10. Ubi hunc de more quædam scribentem angelus Dei reperiens, misereri sibi flebiliter sub habitu naufragi postulabat. Cui Gregorius ex intimo corde compatiens, bis ternis [g] numismatibus datis, abire præcepit (*Inf. lib.* ii, *c.* 23). Nec multo post, eadem die idem naufragus rediit, seque multa perdidisse, pauca vero suscepisse perhibuit. A quo, pari modo senis numismatibus sumptis, lætabundus abscessit. Sed die tertia rediens, identidem adjutorium naufragus importunis vocibus requirebat. Cui liberalissimus Pater, accersito vestiario, alia sex numismata dari præcipiens, cognovit in vestiario nihil numismatum unde posset consolari naufragum remansisse. Quid faceret nesciebat. Æstuabat Deo devoti pectoris pietas, non sufferens vacuam proximi reliquisse miseriam. Rursus vestiarium suum, si forte vas quodlibet aut vestimentum haberet, interrogans, audivit nil penitus remansisse præter matris argenteam, quæ cum infusis leguminibus mitti solita erat, scutellam. Mox alacrior factus, Ergo, inquit, frater, hanc defer, ne tristis abeat qui consolari quærit pauper. Itaque delatam scutellam, Gregorio satis hilariter largiente, pauper, qui putabatur, lætus amplectitur, non jam ad expetenda, sed ad conferenda suffragia rediturus. A quo videlicet angelicæ visitationis tempore tantis miraculis, tantis est virtutibus publicatus, ut omnibus secum viventibus, et exemplo fuerit, et terrori, quippe qui non solus, sed socialiter cum beato Andrea apostolo, suo monasterio, signis evidentibus, sit præfuisse putatus.

11. Nam ut pauca de multis loquar, quadam die duos exinde fratres misit, qui aliquid emere pro ejusdem monasterii utilitate debuissent, unus junior, qui prudentior videbatur, alter senior, qui custos junioris esset. Perrexerunt utrique; et de pretio, quod acceperunt, ipse qui custos [h] missus fuerat, nesciente altero, furtum fecit. Qui mox ut in monasterium sunt reversi, atque ante oratorii limen venerunt, arreptus a dæmonio is qui furtum fecerat, cecidit. Dimissus autem a dæmonio is, concurrentibus monachis, abba-

---

[a] Hoc est, *prius erogatis.*

[b] Baron., ad. an. 581, n. 8, contendit sanctum Gregorium habuisse institutorem solum Valentem seu Valentinum, cui, expuncto Hilarione, successerunt Maximianus, Pretiosus et Probus. Hæc in ejusdem Vita refellimus. Admonet Bollandus hic legi *Laurionis* in duobus Mss., censetque legendum *Valentionis.*

[c] Ita in Reg., Colb. et in omnibus Editis.

[d] Vulgati, cum Colb., invitis cæt. Mss., *momenta deficeret, et ad exitum.*

[e] Additur in Edit., *si voluisset,* quod ab omnibus Mss. nostris abest.

[f] In quatuor Mss. non legitur, *monasterium.*

[g] Mss. plerique hic et infra semper *nomismatibus, nomismata.*

[h] Bigot., Reg., Colb. et Gemet., *custos junioris.*

tis jussu requisitus est ª ne forte de eo quod acceperat furtum fecisset. Negavit, et iterum vexatus est.
Dimissus, atque iterum requisitus, negavit, atque iterum vexatus est. Octo itaque vicibus negavit, octo
vicibus vexatus est. Post octavam vero negationem,
Gregorio interrogante, confessus est ᵇ quod nummos
furto abstulerat, eique prostratus se peccasse **26**
testatus est, perceptaque pœnitentia, ulterius ad eum
dæmonium non accessit.

12. Alio quoque tempore, dum in die natalitio ejusdem apostoli jam meridianis horis fratres quiescerent,
subito quidam frater, apertis oculis cæcatus, cœpit
tremere, voces ingentes emittere, quibus vocibus testabatur ferre se non posse quod patiebatur. Concur-
rerunt fratres, viderunt cæcum apertis oculis trementem et clamantem, et a præsentibus alienum, nihilque quod foris agi poterat sentientem. Hunc in manibus levarunt, atque ante altare sancti Andreæ apostoli, jussu Gregorii, projecerunt, ipsique pro eo in
orationem prostrati sunt. Qui statim ad se reversus,
confessus est quia senex quidam ei apparuit, et canem nigrum ad eum dilacerandum dimisit, dicens :
Quare fugere voluisti de monasterio isto? Cumque
evadere de canis morsibus nullo modo potuissem, venerunt quidam monachi, et eumdem senem pro me
rogaverunt, qui statim jussit canem abscedere, et
ipse ad me reversus sum. Hic etiam sæpe confessus
est postea, dicens quod eo die quo ista pertulerat,
consilium habuerit de monasterio fugiendi.

13. Alius quoque monachus discedere ex eodem
monasterio latenter voluit ; cumque hoc mente tra-
ctasset, oratorium ingredi voluit, sed dæmone corri-
piente nequivit. Relinquebatur a dæmone quamdiu
extra oratorium stabat ; si ingredi conabatur, statim
maligno spiritui traditus, vexabatur. Hoc dum sæpius
fieret, tandem, Gregorio inquirente, se de monasterio fugere voluisse confessus est, ejusque per triduum
simul cum fratrum precibus ita pietate divina cura-
tus est, ut ad eum postmodum malignus spiritus nunquam accedere tentavisset.

14. Alio quoque tempore duo fratres ex ejusdem
Patris monasterio fugerunt, qui aliqua prius colloquendo fratribus signa dederant, quod ᶜ per Appiam
descendentes, Jerosolymam tenderent. Hi exeuntes
diverterunt de itinere, et ut a sequentibus inveniri
minime possent, retrusas cryptas juxta Flaminiam
portam invenientes, in eis se occultaverunt. Cum
vero vespertinis horis jussu Gregorii requisiti, minime in congregatione inventi fuissent, ascensis caballis, eos quidam fratres secuti sunt, per ᵈ Metronii
portam exeuntes, ut eos in Latinam vel Appiam viam
sequerentur : subito eis consilium ortum est ut eos
in Salariam viam extra civitatem requirere debuis-

sent. Igitur pergentes deflexerunt iter, et in Salaria
eos veteri non invenientes, per portam Flaminiam
decreverunt redire. Cumque reverterentur, mox ut
equi ante cryptas illas venerunt in quibus se monachi absconderant, fixerunt gradum ; pulsati et compulsi, passum movere noluerunt. Consideraverunt
equites rem talem sine mysterio esse non posse, at-
tenderunt ad cryptas, viderunt earum aditus missa
maceria prædamnatos : sed caballis suis nusquam ire
volentibus, descenderunt, et lapides qui in ora cryp-
tarum compositi fuerant deponentes, ingressi sunt,
eosque in eisdem tenebrosis latibulis consternatos
terræ invenerunt. Qui ad monasterium reducti, tam
stupore miraculi quam exhortatione **27** venerabilis
Patris Gregorii sic meliorati sunt, ut eis multum profuerit ad parvum temporis de monasterio recessisse.

15. Alio quoque tempore quidam monachus, Justus
nomine, medicinæ arte imbutus, beato Gregorio se-
dule obsequi, atque in assiduis ægritudinibus ejus excubare consueverat. Hic itaque corporis languore
præventus, ad extrema deductus est, cui in ipsa molestia frater germanus, Copiosus nomine, serviebat
(*Lib.* IV. *Dialog.*, *cap.* 55). Sed prædictus Justus, cum
jam se ad extrema parvenisse cognosceret, eidem Copioso fratri suo quia occultos tres aureos haberet innotuit. Quod nimirum fratribus celari non potuit, qui
subtiliter indagantes, atque illius medicamenta omnia perscrutantes, eosdem tres aureos invenerunt
in medicamine absconditos. Quod mox ubi Gregorio
nuntiatum est, tantum malum de fratre qui secum
communiter vixerat, æquanimiter ferre non valuit,
quippe quia eidem monasterio jam dudum regulam
constituerat, ut cuncti fratres ita communiter viverent, quatenus eis singulis nulla habere propria liceret. Tunc Gregorius, nimio mœrore ᵉ percussus, cogitare cœpit, vel quid ad purgationem morientis faceret, vel quid ad exemplum viventibus provideret.
Pretioso igitur ejusdem monasterii præposito ad se
accersito, dixit : « Vide ut nullus ex fratribus se ad
eum morientem jungat, nec sermonem consolationis
ex cujuslibet eorum ore percipiat, sed cum in morte
constitutus fratres exquisierit, ei suus frater carnalis
dicat, quia ᶠ pro solidis quos occulte habuit, a cunctis
fratribus abominatus sit ; ut saltem in morte de culpa
sua mentem illius amaritudo transverberet, atque a
peccato quod perpetravit purget. Cum vero mortuus
fuerit, corpus illius cum fratrum corporibus non po-
natur ; sed quolibet in sterquilinio fossam facite, ᵍ et
in ea corpus projicite, ibique super eum tres aureos
quos reliquit jactate, simul omnes clamantes : Pecunia tua tecum sit in perditionem, et sic eum terra
cooperite. » In quibus utrisque rebus solertissimus
Pater Gregorius unam morienti, alteram vero viven-

ª Editi, *an forte*, reluctantibus omnibus Mss. nostris.
ᵇ Utic. et nonnulli Mss., *quot nummos.*
ᶜ Ita simpliciter Mss. Addiderunt *viam* Editores ;
quæ vox satis subintelligitur.
ᵈ Utic. et Bigot., *Metrovi.* Andeg., *Metroni.* Boll.
cum Reg. et Colb., *Metrovii.*

ᵉ Utic., Bigot., Gemet., Andeg., Colb., *compulsus.*
ᶠ Excusi, *quia propter aureos quos occultatos habuit.*
ᵍ Bigot., Utic., Andegav., Reg., Colb., Gemet.,
ibique super eum tres aureos, etc., omissis, *et in ea
corpus projicite.* Cæterum simile factum narrat Hieronymus laudatus in nota *c.* ad epist. 24 lib. XII.

tibus prodesse voluit, ut et illum amaritudo mortis culpa solubilem faceret, et istos avaritiæ tanta damnatio ᵃ misceri talibus prohiberet, atque a culpa prohiberet. Quod ita factum est. Nam cum idem monachus pervenisset ad mortem, atque anxie se quæreret fratribus commendari, nullusque fratrum ei applicari vel loqui tentaret, ei carnalis frater, cur ab omnibus esset abominatus aperuit. Ille protinus ut audivit, de reatu suo vehementer ingemuit, atque in ipsa tristitia e corpore exivit. Qui ita est sepultus, ut Gregorius jusserat. Sed fratres omnes eadem ejus sententia conturbati, cœperunt singuli extrema quæque et vilia, et quæ eis regulariter semper habere licuerat, ad medium proferre, vehementerque formidare ne quid apud se esset unde reprehendi potuissent.

16. Cum vero post mortem fratris triginta jam essent dies evoluti, cœpit animus Gregorii misericorditer ei compati, ejusque cum gravi mœrore supplicia pensare, et si quod esset ereptionis ejus remedium quærere. Tunc evocato ad se eodem Pretioso, monasterii sui præposito, tristis dixit : « Diu est quod frater Justus, qui defunctus est, in igne cruciatur; debemus ei aliquid caritatis impendere, et ei, inquantum possumus, ut eripiatur, adjutorium commodare. Vade itaque, et ab hodierna die continuis triginta diebus offerre pro eo sacrificium stude, ut nullus omnino prætermittatur dies quo pro absolutione illius salutaris hostia ᵇ non mactetur. » Qui protinus abscessit, et dictis paruit. Gregorio autem curante, atque evolutos dies minime numerante, idem frater qui defunctus fuerat nocte quadam fratri suo ᶜ Copioso per visionem apparuit. Quem ille cum vidisset, inquisivit, dicens : Quid est frater? Quomodo es? Cui ipse respondit : Nunc usque male fui, sed jam modo bene sum, quia hodie communionem recepi. Quod idem Copiosus pergens protinus in monasterio fratribus indicavit. Fratres vero sollicite computaverunt dies, et ipsum diem fuisse invenerunt, quo pro eo trigesima oblatio fuerat completa; cum et Copiosus nesciret quid pro eo fratres, auctore Gregorio, agerent, et fratres ignorarent quid de eo Copiosus vidisset, uno eodemque tempore dum agnoscit ille oblationem, illi audiunt somnium, trigesimumque diem cognoscunt; concordante simul visione et sacrificio, res aperte claruit, quia frater quem sub animadversione sententiæ Gregorius mori permiserat, per salutarem hostiam a supplicio liberarat (Lib. IV Dial., c. 55).

17. Sed quia idem venerabilis Pater quemadmodum fratribus terrori fuerit, ex parte jam tetigi, qualiter ejus exemplis iidem profecerint, breviter indicandum putavi. Frater quidam in eodem monasterio, nomine Antonius, beato Gregorio sedulus adhærebat, A qui, tanti Patris verbis exemplisque commonitus, multis quotidianisque lacrymis ad gaudia patriæ cœlestis anhelabat. Cumque studiosissime cum magno fervore desiderii, duce Gregorio, sacra eloquia scrutaretur, non in eis verba scientiæ, sed fletum compunctionis inquirebat, quatenus per hæc incitata mens ejus inardesceret, et ima deserens ᵈ ad contemplationem patriæ cœlestis pervolaret. Huic per nocturnam visionem dictum est : Paratus esto, et quia ᵉ Dominus jussit, migra. Cumque ille non haberе se sumptus ad migrandum diceret, responsum protinus audivit, dicens : Si de peccatis tuis agitur, dimissa sunt. Quod cum semel audisset, et magno adhuc metu trepidaret, nocte quoque alia in eisdem est verbis admonitus. Post quinque vero dies febre correptus, cunctis B fratribus orantibus flentibusque, defungitur (Lib. IV Dial., cap. 47).

18. In eodem monasterio frater quidam Gerontius dicebatur, qui dum gravi molestia corporis fuisset depressus, in visione nocturna albatos viros et clari omnimodo habitus in hoc ipsum monasterium descendere de superioribus aspexit. Qui dum coram lecto jacentis assisterent, unus eorum dixit : Ad hoc venimus, ut de monasterio Gregorii quosdam fratres in militiam mittamus ; atque alteri præcipiens, adjunxit : Scribe Marcellum, Valentinianum, Agnellum, atque alios, quorum ᶠ cognitionem ego non habeo. Quibus expletis addidit, dicens : Scribe et hunc ipsum qui nos aspicit. Ex qua visione Gerontius certus effectus, facto mane, innotuit fratribus quot et qui essent ex eodem monasterio morituri, seque illos continuo secuturum. Cum die alio prædicti fratres mori cœperunt, atque sub eodem ordine se in mortem secuti sunt quo fuerant in descriptione nominati, ad extremum vero et ipse obiit, qui eosdem fratres morituros prævidit.

19. Alius etiam frater in eodem monasterio Merulus dicebatur, vehementer lacrymis atque eleemosynis, ex Gregorii viri venerabilis doctrina, intentus : psalmodia vero ex ore illius pene nullo tempore cessare consueverat, excepto cum aut alimentum corpori, aut membra dedisset sopori. Huic nocturna visione apparuit quod ex albis floribus corona de cœlo in caput illius descendebat, qui mox molestia corporis occupatus, cum magna securitate animi atque hilaritate defunctus est. Ad cujus sepulcrum, D dum, post annos quatuordecim, Petrus, qui pontificatus istius Gregorii tempore monasterio eidem præfuit, sibi sepulturam facere voluisset, tanta de eodem sepulcro fratris Meruli fragrantia suavitatis emanavit, ac si illic florum omnium fuissent odoramenta congesta. Ex qua re manifeste patuit quia verum fuit

---

ᵃ Excusi plerique, *terreret, atque a culpa prohiberet*. Bollandus nostris Mss. quos sequimur concinit. In Reg. et Colb. omittitur *atque a culp. prohib*.

ᵇ Ita cum Mss. omnibus Bolland., ubi alii Editi habent *non offeratur*. Porro qui hic dicitur monasterii præpositus, appellatur οἰκονόμος in Dialogis a Zacharia Græce translatis. Observa hic originem 30 missarum pro defunctis.

ᶜ In Turon. et Utic., qui hic dicitur *Copiosus*, appellatur *Speciosus*; prius tamen legitur *Copiosus*, in iisdem Codd.

ᵈ Ita cum omnibus Mss. nostris Boll. In al. Edit., *ad regionem patriæ cœlestis, per contemplationem pervol*.

ᵉ Editi, *quia Dominus jussit migrare te*.

ᶠ Plerique Excusi, *nunc minime recordor*.

quod per nocturnam visionem tanti Patris discipulus vidit (*Dialog. lib.* IV, *cap.* 47).

20. Alius quoque in eodem monasterio Joannes dictus est, magnæ indolis adolescens, [a] qui ætatem suam intellectus et humilitatis dulcedine, et gravitate morum, imminente Gregorio, transcendebat. Huic ægrotanti, atque ad extremum deducto, per nocturnam visionem sub habitu senis beatus apostolus Andreas apparuit, et hunc virga tetigit, eique dixit : Surge; ex hac enim molestia modo minime morieris, sed paratus esto, quia longum tempus hic facturus non eris. Qui dum jam esset a medicis desperatus, repente sanatus est atque convaluit. Rem quam viderat narravit, seque per biennium in Dei servitio, sicut prædixi, ultra ætatis suæ annos exhibuit: Evolutis autem duobus annis, cum quidam frater fuisset mortuus, atque in monasterii ejusdem cœmeterio a Gregorio fratribusque sepultus, cunctis inde discedentibus, idem Joannes, sicut postmodum pallens et tremens Gregorio et fratribus indicavit, solus inventus, ab eodem fratre qui sepultus fuerat de sepulcro vocatus est. Quod mox etiam subsequens finis ostendit. Nam post dies decem [b] correptus febribus, moriendo vocantem secutus est. Verum quia longum est et multa restant quæ de hujus viri sanctimonia certis possunt attestationibus prædicari, quæ etiam ex relatione majorum, scriptisve priorum compererim, his inserenda decrevi.

21. Quadam die, cum advenientibus nuper negotiatoribus, multa venalia in foro Romanæ urbis fuissent proposita, multique ad emendum undique confluxissent, contigit et Gregorium virum Deo dignissimum præterire : qui cernens inter alia pueros corpore candidos, forma pulcherrimos, vultu venustos, capillorum quoque nitore perspicuos esse venales, interrogavit mercatorem de qua patria illos attulisset. Ille respondit : De Britanniæ insula, cujus incolarum omnium facies simili candore fulgescit. Gregorius dixit : Christiani sunt idem insulani, an adhuc paganis tenentur erroribus implicati? Mercator respondit : Non sunt Christiani, sed paganis tenentur laqueis irretiti. Tunc Gregorius acriter ingemiscens: Heu! proh dolor! inquit, quam splendidas facies princeps tenebrarum nunc possidet, tantaque [c] frontis species vacuam ab interna Dei gratia mentem gestat. Rursum interrogavit quod esset vocabulum gentis illius. Mercator respondit : Angli vocantur. At ille : Bene, inquit, Angli, quasi angeli, quia et angelicos vultus habent, et tales in cœlis angelorum decet esse concives. Iterum ergo interrogavit quod nomen haberet ipsa provincia. Mercator respondit : Provinciales illi Deiri vocantur. Et Gre-

gorius : Bene, inquit, Deiri, quia de ira sunt eruendi, et ad Christi gratiam convocandi. Rex, ait, illius provinciæ quomodo nuncupatur? Mercator respondit: Ælle vocatur. Et Gregorius alludens ad nomen, dixit : Bene, quia rex dicitur [d] Ælle. Alleluia etenim in laude Creatoris in partibus illis oportet decantari (*Bed. lib.* II, *c.* 1, *Hist. Angl.*).

22. Mox itaque accedens ad Benedictum, apostolicæ sedis pontificem, cœpit vehementer expetere ut in Britanniam aliquos verbi ministros mitteret. Quo cum neminem ire velle cognosceret, semetipsum quoque non dubitavit ingerere, dummodo sibi pontifex licentiam commodaret. Qui licet cum magna cunctatione totius cleri ac populi Gregorium sponte proficisci cupientem abire permisit, imprecatus ei divinitus prospera ministrari.

23. De cujus absentia Romani plurimum perturbati, deliberato consilio, trifarie per loca viæ contigua unde pontifex ad beati Petri basilicam profecturus erat, partiuntur, eumque turmatim taliter [e] alloquuntur : Petrum offendisti, Romam destruxisti, quia Gregorium dimisisti. Quibus sententiis omnino papa perterritus, misit continuo nuntios, qui virum Domini revocarent Gregorium. Quod ipse sibi commeantibus jam prædixerat fore futurum.

24. Jamque trium dierum itinere [f] profligato, ad quemdam locum requieturi, forte diverterant, quo singulis quiescentibus, Gregorius lectitabat. Quem locusta superveniens coegit paululum a legendo quiescere, et ex consideratione sui nominis docuit eum in eodem loco se stare debere. [[g] Tunc fertur dixisse : Locusta, inquit, dici potest, quasi loco sta.] Statimque comites adhortatus, festinantius ire certabat; sed prævenientibus apostolicis nuntiis, licet magnopere tristaretur, redire tamen ad proprii compulsus est monasterii curam.

25. Denique cernens Benedictus, venerabilis pontifex, virtutum gradibus Gregorium ad alta conscendere, violenter eum a quieta monasterii sui abstrahens, ecclesiastici ordinis officio sublimavit, levitamque septimum ad suum adjutorium consecravit. In quo venerabilis levita Gregorius tanta humilitate viguit, tanta solertia ministravit, ut in ecclesiasticæ hierarchiæ ministerio videretur divinis angelis non solum nitore habitus, verum etiam claritate morum probabilium quodammodo coæquari.

26. Nec multo post pro responsis ecclesiasticis ad urbem Constantinopolim a Pelagio præsule destinatur, ubi quamvis in terreno conversaretur palatio, vitæ cœlestis non intermisit propositum. Secuti namque sunt eum multi ex suo monasterio fratres, germana devincti charitate. Quod divina factum dispensatione

---

[a] Mabill., Gussanv. et alii, repugnantibus Mss., *qui ætatem suam intellectu, et humilitate, et gravitate, docente Gregor.* Bolland. Mss. consentit, nisi quod pro *imminente* habet *docente*.

[b] Mabill. et Guss., *invasus, carne solutus est.* Uterque tamen in margine notat lectionem Mss. quod etiam alibi supra et infra præstiterunt. Editio Gussanv. non videtur a Mabill. discrepare.

[c] Andeg., *frontispicii gratia.* Gemet. ac Big., *frontis speciosi.* Utic., *frontis speciosæ gratiæ.*

[d] Andeg. et Utic. *Alle; laus etenim Dei Creatoris oportet illis in partibus decantari.*

[e] Big., *Alloquuntur : Eia, apostolice, quid fecisti? sanctum Petrum.*

[f] Biget. superscribitur, *id est expenso.*

[g] Quæ hac parenthesi clauduntur leguntur in omnibus Editis, apud Paulum Diaconum et in uno tantum ex Mss. nostris, Colb. sc.

conspicitur, ut eorum videlicet exemplo ad orationis placidum littus quasi anchoræ fune stringeretur, et dum causarum sæcularium continuatis vertiginibus fluctuaret, ad illorum consortium, velut ad tutissimi portus [a] sinum, refugeret. Ac licet illud eum ministerium a monasterio abstractum a pristinæ quoque quietis vita mucrone suæ occupationis exstinxerat, inter eos tamen per studiosæ lectionis alloquium quotidianæ aspiratio compunctionis animabat (*Bed. lib.* II, *c.* 1, *Histor. Angl.*).

27. Horum ergo consortio non solum a terrenis est munitus incursibus, verum etiam ad vitæ cœlestis exercitia magis magisque succensus. Nam ab eisdem fratribus enixe rogatus, maximeque [b] a Leandro Hispalensi episcopo, qui pro causis wisigothorum legatus eodem tempore Constantinopolim venerat, compulsus est ut librum beati Job, multis involutum mysteriis, enodaret (*Epist. in expos. B. Job, cap.* 1). Neque ille negare potuit opus quod sibi amor fraternus multis utile imponebat futurum, sed eumdem librum quomodo juxta litteram intelligendus, qualiter ad Christi et Ecclesiæ sacramenta referendus, quo sensu unicuique fidelium sit aptandus, [c] per trifarias intelligendi species miranda ratione perdocuit : in quibus tamen ita de virtutibus vitiisque disseruit, ut non solum videatur eadem verbis exponere, sed formis quodammodo visibilibus seu palpabilibus demonstrare. Unde non est dubium perfectionem ipsarum eum consecutum fuisse virtutum, quarum tam efficaciter valuit indicare profectus.

28. Præterea venerabilis levita Gregorius in eadem urbe regia constitutus, nascentem novam hæresim de statu nostræ resurrectionis cum ipso quo orta est initio, [d] juvante gratia catholicæ veritatis, attrivit (*Lib.* XIV *Mor. n.* 72 *et seq. Beda lib.* I, *c.* 1, *Histor. Anglic.*). Siquidem [e] Eutychius, ejusdem civitatis episcopus, libro de Resurrectione mortuorum confecto, dogmatizabat corpus nostrum in illa resurrectionis gloria impalpabile, ventis aereque subtilius esse futurum. Quod Gregorius audiens, et ratione veritatis, et exemplo dominicæ resurrectionis probavit hoc dogma orthodoxæ fidei omnimodo esse contrarium. Catholica etenim fides habet quod corpus nostrum in illa immortalitatis gloria sublimatum, subtile quidem sit per effectum spiritualis potentiæ, sed palpabile per veritatem naturæ, juxta exemplum dominici corporis, de quo a mortuis resuscitato dicit ipse discipulis : *Palpate et videte, quia spiritus carnem et ossa non habet, sicut me videtis habere* (*Luc.* XXIV, 39). Cumque hoc 32 evangelicæ veritatis testimonium Gregorius protulisset, Eutychius ait : « Idcirco hoc Dominus fecit, ut dubitationem resurrectionis suæ de discipulorum cordibus amoveret. » Cui Gregorius dixit : « Mira res est valde quam astruis, ut inde nobis dubietas surgat unde discipulorum corda fuerunt a dubietate sanata. Quid enim deterius dici potest quam ut hoc nobis de ejus vera carne dubium fiat, per quod discipuli ejus ad fidem ab omni dubietate sunt reparati? Si enim hoc non habuisse astruitur quod ostendit, unde fides discipulorum ejus est confirmata, inde nostra destruitur. » Eutychius ait : « Corpus palpabile habuit, quod ostendit; sed post confirmata corda palpantium, omne illud in Domino quod palpari potuit in subtilitatem est aliquam redactum. » Ad hæc Gregorius respondit: « Scriptum est: *Christus resurgens a mortuis, jam non moritur, mors illi ultra non dominabitur* (*Rom.* VI, 9). Si quid ergo in ejus corpore post resurrectionem potuit mutari contra veridicam Pauli sententiam, Dominus rediit in mortem post resurrectionem. Quod quis dicere vel stultus præsumat, nisi qui veram carnis ejus resurrectionem denegat? » Tunc Eutychius objecit, dicens: « Cum scriptum sit: *Caro et sanguis regnum Dei possidere non possunt* (I *Cor.* XV, 50), qua ratione credendum est resurgere veraciter carnem ? » Cui Gregorius respondit : « In sacro eloquio aliter caro dicitur juxta naturam, atque aliter juxta culpam, vel corruptionem. Caro quippe dicitur juxta naturam, sicut scriptum est : *Hoc nunc os ex ossibus meis, et caro de carne mea* (*Gen.* II, 23). Et : *Verbum caro factum est, et habitavit in nobis* (*Joan.* I, 14). Caro vero juxta culpam, sicut scriptum est : *Non permanebit spiritus meus in hominibus istis, eo quod sunt caro* (*Genes.* VI, 3). Et sicut Psalmista ait : *Memoratus est quia caro sunt : spiritus vadens, et non rediens* (*Psal.* LXXVII, 39). Unde et discipulus Paulus dicebat : *Vos autem in carne non estis, sed in spiritu* (*Rom.* VIII, 9); neque enim in carne non erant quibus epistolas transmittebat; sed quia passiones carnalium desideriorum vicerant, jam liberi per virtutem spiritus in carne non erant. Quod ergo Paulus apostolus dicit : *Quia caro et sanguis regnum Dei possidere non possunt* (I *Cor.* XV, 50), carnem secundum culpam intelligi voluit, non carnem secundum naturam. Unde et mox quia carnem secundum culpam diceret, ostendit, subdens : *Neque corruptio incorruptelam possidebit*. In illa ergo cœlesti gloria caro secundum naturam erit, sed secundum passionis desideria non erit, quia devicto mortis aculeo, in æterna incorruptione regnabit. » Quibus auditis, Eutychius consentire se protinus respondit; sed tamen adhuc corpus palpabile resurgere posse denegabat : qui etiam in libello quem de resurrectione scripserat, Pauli quoque testimonium indiderat, dicentis : *Tu*

---

[a] In omnibus Mss. nostris, *portus volumina littoraque refugeret*. Quæ etiam suis in Mss. legit Mabill. Lectio nostra quæ est Editorum omnium, convenit cum epistola sancti Gregorii ad Leandrum, unde hæc transsumpta.

[b] De Leandro consule quæ diximus ad epistolam Moralibus præmissam.

[c] Turon., *per triginta quinque libr. seriem*; quæ in Bigot. ad marginem sunt rejecta.

[d] Excusi quique cum Mss. Colb., *iuvante gratia nostri Redemptoris*. Apud Mabill. et Guss., mendose, *attribuit*, pro *attrivit*.

[e] Eodem pene errore laborabat quidam Hierax pseudomonachus. Nimirum, *is docebat hanc carnem non resurgere, sed pro ea aliam; et hanc in terram dissolvi*, inquit scriptor Vitæ sancti Epiph., ejusque discipulus, ejusd. Vitæ num. 27. Hunc repressit Epiphanius tum miraculo tum doctissima ex sacris Litteris dissertatione.

quod seminas non vivificabitur, nisi prius moriatur; et quia non corpus quod futurum est seminas, sed nudum granum (I Cor. xv, 36). Hoc nimirum ostendere festinans, quia caro vel palpabilis, vel ipsa non erit, dum sanctus Apostolus de resurrectionis agens gloria, non corpus quod futurum est seminari dixerit, sed nudum granum. Sed ad hæc Gregorius respondit : « Paulus apostolus dicens : **33** *Non corpus quod futurum est seminas, sed nudum granum,* hoc insinuat quod videmus, quia videlicet granum cum culmo et foliis nascitur, quod sine culmo et foliis seminatur. Ille itaque in augmento gloriæ resurrectionis non dixit grano seminis deesse quod erat, sed adesse quod non erat. Tu autem dum verum corpus resurgere denegas, nequaquam dicis adesse quod deerat, sed deesse quod erat. »

29. Tunc itaque Gregorius Romanus diaconus et Eutychius Constantinopolitanus episcopus, hac de re in longam contentionem perducti, gravissima cœperunt ab invicem [a] simultatione resilire. Tum piæ memoriæ Tiberius [b] Constantinus imperator, secreto utrumque suscipiens, quid inter eos discordiæ versaretur agnovit, et utriusque partis allegationem subtiliter pensans, eumdem librum quem Eutychius de resurrectione conscripserat suis quoque [c] allegationibus destruens, deliberavit ut flammis cremari debuisset. A quo videlicet piissimo imperatore ut simul egressi sunt, post longissimæ disputationis conflictum pariter ægrotantes in lectulum deciderunt.

30. Cum ergo Gregorius validissimis febribus æstuaret, Eutychius, cum morte confligens, pellem manus suæ tenebat coram omnibus, dicens : *Confiteor quia omnes in hac carne resurgemus.* Post quam catholicæ fidei confessionem defunctus est ; quo mortuo, quia pene nullus erat qui ejus dicta sequeretur, Gregorius dissimulavit cœpta persequi, ne in favillas videretur verba jaculari.

31. Quanta autem auctoritate ministerium sui apocrisiariatus impleverit, quantæ reverentiæ apud Augustos exstiterit, quantaque sollicitudine afflictæ Italiæ succurri sæpius fecerit, si quis plenius nosse desiderat, epistolas antecessoris sui papæ Pelagii ad cum super multimodis Ecclesiæ Dei necessitatibus destinatas, quæ hactenus in scrinio sanctæ sedis apostolicæ studiosissime conservantur, percurrat, ex quarum multitudine hic unam intersero, quatenus et illius ministerii qualitas, et reliquarum quoque consequentia cognoscatur. Quæ ita se habet :

[a] Ita Mss., ubi Editores legerunt, *simultate.* In Moralibus, lib. xiv, n. 74, ubi hæc referuntur, legitur quoque *simultatione;* necnon l. i, epist. 2, et alibi.
[b] Corrupte in omnibus Editis, *Constantinopolitanus,* pro *Constantinus,* quod in omnibus tam Moralium quam Joannis Diac. Mss. exhibetur. Sane tunc Constantinopolitanus imperator non dicebatur, qui Romano imperio solus præerat. Tiberius Augustus cognominabatur Constantinus.
[c] In Bigot. superscribitur, *affirmationibus.*
[d] In Andegav., Utic., Bigot. et Gemet., *imperaverit.*
[e] Vulgati cum Reg., aliis renitentibus Mss., *super illam diacoposin.* Utic. habet, *super omnia illa diacop.* In hoc Codice et in Bigot. annotatur vocem *dia-*

32. « Pelagius episcopus dilecto filio Gregorio venerabili diacono. Omnia quidem quæ necessaria fuerunt, per Honoratum notarium tibi curavimus indicare : quem cum fratre et coepiscopo Sebastiano ad dilectionem tuam direximus, ut quia illis in partibus ad Ravennam usque nunc cum viro glorioso domno Decio patricio fuit, ipse sua relatione te ex omnibus studeat informare ; vel si qua necessaria judicaveritis, possit domno imperatori suggerere. Quia tantæ calamitates ac tribulationes nobis a perfidia Langobardorum illatæ sunt, contra suum proprium jusjurandum, ut nullus possit ad referendum sufficere. Prædictum autem fratrem Sebastianum quomodo susceperimus, vel in quali apud nos, te suggerente, fuerit charitate, ipsius poteris relatione cognoscere. Qui etiam **34** promisit nobis necessitates vel pericula totius Italiæ piissimo domno imperatori suggerere. Loquimini ergo et tractate pariter, quomodo nostris possitis celeriter subvenire periculis : quia ita hic coangustata est respublica, ut nisi Deus piissimi in corde principis [d] inspiraverit ut insitam sibi misericordiam suis famulis largiatur, [e] et super illa diacoposin, vel unum magistrum militum, et unum ducem dignetur concedere, in omni simus angustia destituti, quia maxime partes Romanæ omni præsidio vacuatæ videntur, et exarchus nullum nobis posse remedium facere scribit, quippe qui nec ad illas partes custodiendas se testatur posse sufficere. Imperet ergo illi Deus nostris velociter periculis subvenire, antequam nefandissimæ gentis exercitus loca quæ adhuc a republica detinentur, Deo sibi contrario, quod absit, prævaleant occupare. Presbyterum autem ad nos, Deo juvante, retransmittere festina, quia et in monasterio tuo, et in opus cui eum præposuimus, necessarius esse omnino cognoscitur. Data quarto nonarum [f] Octobrium, indictione tertia (*Concil. tom. V, epist. 3*). »

33. Huic suo cujus hic papa Pelagius monasterio meminit, Siculus Maximianus, qui postea Syracusanus episcopus exstitit, eodem tempore præfuit. Qui ad venerabilem levitam Gregorium in ejusdem regiæ urbis palatio pro responsis ecclesiasticis desudantem, visitationis gratia, cum fratribus venit (*Lib.* iii, *Dialog., cap.* 36); et dum ad monasterium sibi quoque commissum Romam rediret, in mari Adriatico nimia tempestate deprehensus, inæstimabili ordine atque inusitato miraculo erga se, cunctosque qui secum aderant omnipotentis Dei et iram cognovit et

coposin, vel *diacoposin,* significare ærarium publicum. Sic eam intellexisse videtur Pet. Dam., l. vii, epist. 3 : *Qui peculatus crimen incurrit, in diacoposin cogitur inferre quod tulit.* Bolland. docet idem esse ac discissionem a διαχόπτω, discindo. Cangio diacoposis est molestia, angustia, a χοπέω, lasso. Utrumque fefellit lectio vulgata Editorum, *et super illam d.acoposin,* cum in fere omnibus Mss. legatur, *et super illa,* quasi, *et præter illa.* Itaque censemus, *diacoposin,* vel *diacopiosin,* commodius intelligi de ærario et pecunia, pro labore scilicet militari eroganda, nimirum a διά, *propter,* et χόπος, *labor.*
[f] In Gemet. et Bigot., *Octobriarum.* Gussanv., ad marginem, pro *indictione* 3, notat *indict.* 6, quod nec in Mss. nostris reperitur.

gratiam. Nam cum in eorum morte ventorum nimietatibus fluctus elevati sævirent, ex navi clavi perditi, arbor abscissa est, vela in undis projecta, totumque vas navis nimiis quassatum fluctibus ab omni fuerat sua compage dissolutum. Rimis itaque patentibus, intravit mare, atque usque ad superiores tabulas implevit; ita ut non magis navis inter undas quam undæ jam intra navim esse viderentur. Tunc in eadem navi residentes, non jam ex mortis vicinia, sed ex ipsa ejus præsenti visione turbati, omnes sibimetipsis pacem dederunt, corpus et sanguinem Redemptoris acceperunt, Deo se singuli commendantes, ut eorum animas benigne susciperet, quorum corpora ita pavendæ morti tradidisset. Sed omnipotens Deus, qui eorum mentem mirabiliter terruit, eorum quoque vitam per meritum Gregorii famuli sui, pro cujus speciali amore venerant, mirabilius reservavit. Nam diebus octo navis eadem usque ad superiores tabulas aquis plena, iter proprium peragens, enatavit. Nono autem die [a] ad Chotronensis castri portum deducta est. Ex qua exierunt omnes incolumes, qui cum prædicto Maximiano viro venerabili navigabant. Cumque post eos ipse quoque fuisset egressus, mox in ejusdem portus profundum navis demersa est, ac si illis egredientibus pro pondere sublevatione caruisset; et quæ plena hominibus in pelago aquas portaverat atque natarat, Maximiano cum fratribus recedente, aqua sine hominibus in portu nec portare valuit nec natare; ut hinc omnipotens Deus ostenderet quia per meritum Gregorii, quem fratres visitaverant, hanc onustam sua manu tenuerat, quæ ab hominibus vacua permanere non potuit super aquas.

34. Igitur postquam Romam Gregorius venerabilis levita reversus est, aliquanto interjecto tempore, tanta inundatione Tiberis fluvius alveum suum egressus est, tantumque excrevit, ut ejus unda super muros urbis influeret, atque in ea regiones maximas occuparet, et antiquarum ædium plurima [b] monimenta dejiceret, ecclesiastica quoque horrea violenter subverteret, in quibus nonnulla modiorum tritici millia periere.

35. Tunc siquidem apud Veronensem urbem fluvius Athesis, ut idem Gregorius refert (*Lib.* III *Dialog.*, *cap.* 19), excrescens, ad beati Zenonis martyris atque pontificis ecclesiam venit. Cujus ecclesiæ dum essent januæ apertæ, aqua in eam minime intravit. Quæ paulisper crescens usque ad fenestras ecclesiæ, quæ erant tectis proximæ, pervenit; sicque stans aqua ecclesiæ januam clausit, ac si illud elementum liquidum in soliditatem parietis fuisset mutatum [*Al.* immutatum]. Cumque essent multi interius inventi, sed aquarum magnitudine circumdata omni Ecclesia, qua possent egredi non haberent, ibique se fame et siti deficere formidarent, ad Ecclesiæ januam veniebant, ad bibendum hauriebant aquam, quæ usque ad fenestras excreverat, et tamen intra ecclesiam [c] ut aqua nullo modo diffluebat. Stans autem ante januam, ad ostendendum cunctis meritum martyris, et aqua ad adjutorium erat, et aqua non erat ad occupandum locum. Quod nimirum miraculum Babylonici illius ignis miraculo non dissimile poterit æstimari, qui trium puerorum et vestimenta non tetigit, et vincula incendit (*Dan.* III).

36. Tunc etiam innumerabilis multitudo serpentium cum magno dracone, in modum trabis validæ per Tiberini fluminis alveum, in mare descendit; sed suffocatæ bestiæ inter salsos maris turbidissimi fluctus sine mora in littore deciderunt suaque putredine totum aerem corruperunt (*Gregor. Tur., l.* X *Hist. c.* 1).

37. Secuta est e vestigio clades inguinaria, quæ Romanam urbem adeo vehementi pestilentia laniavit, ut etiam corporali visu sagittæ cœlitus venire, et singulos quosque percutere viderentur. Quæ in mense undecimo veniens, primum omnium, juxta illud quod in Ezechiele propheta legitur: *A sanctuario meo incipite* (*Ezech.* IX, 6), Pelagium papam perculit, et sine mora exstinxit. Quo defuncto, ita in reliquum vulgus desævit, ut, subtractis habitatoribus, [d] domos in urbe plurimas vacuas omnino reliquerit.

38. Eodem tempore in monasterio venerabilis levitæ Gregorii puer inquietus valde, Theodorus nomine, cum fratre religioso magis necessitate quam voluntate degebat, cui nimium gravis erat si quis ei pro sui salute quidquam dicebat. Bona autem non solum facere, sed etiam audire non poterat. Nunquam se ad sanctæ conversationis habitum venire, jurando, irascendo, ac deridendo testabatur: qui tamen ejusdem pestilentiæ clade percussus in inguine, est perductus ad mortem. Cumque extremum spiritum ageret, convenerunt cum Gregorio fratres, ut egressum illius orando protegerent. Jam corpus ejus ab extrema fuerat parte præmortuum, in solo tantummodo pectore vitalis adhuc calor anhelabat. Cuncti autem [e] fratres qui aderant, tanto pro eo cœperunt enixius orare, quantum eum jam videbant sub celeritate discedere, cum repente cœpit eisdem fratribus assistentibus clamare, atque cum magnis vocibus orationes eorum interrumpere, dicens: « Recedite, ecce draconi ad devorandum datus sum, qui propter vestram præsentiam me devorare non potest. Caput meum in suo ore jam absorbuit; date locum, ut me amplius non cruciet, sed faciat quod facturus est. Si ei ad devorandum datus sum, quare propter vos moras patior? » Tunc fratres cum Gregorio cœperunt ei dicere: « Quid est quod loqueris, frater?

---

[a] Al., *Cortonensis*. Cortona urbs est antiqua Brutionum, ad mare Ausonium, nunc Crotona dicta in Calabria ulteriore.

[b] Bigot., Colb., Reg. et Gemet., *mœnia*. Ita quoque apud Paulum Diac.

[c] In editis, si excipias Bolland, deest *ut*, in omnibus Mss. a nobis repertum.

[d] Utic., *domus in urbe plurimæ vacuæ omnino remanerent*.

[e] Abest *fratres* ab Utic., Gemet., Reg., Colb. et Bigot.

signum tibi sanctæ crucis imprime. » Respondit ille cum magnis clamoribus, dicens : « Volo me signare, sed non possum, quia squammis hujus draconis premor. » Cumque hoc fratres audirent, ª una cum levita Dei Gregorio in terram prostrati, cum lacrymis cœperunt pro ereptione illius vehementius Dominum deprecari. Et ecce subito cœpit æger cum magnis vocibus clamare, dicens : « Gratias Deo, ecce draco qui me ad devorandum susceperat fugit, orationibus vestris expulsus stare non potuit. Pro peccatis meis modo intercedite, quia converti et sæcularem vitam relinquere funditus sum paratus. » Homo ergo qui, sicut jam dictum est, ab extrema parte fuerat præmortuus, Gregorii precibus et morte corporis carnit, et salutem animæ acquisivit (*Lib.* IV *Dial. cap.* 58).

39. Sed pestilentia supra modum sæviente, quia Ecclesia Dei sine rectore esse non poterat, Gregorium, licet totis viribus renitentem, clerus, senatus populusque Romanus sibi concorditer pontificem delegerunt. Quem ille apicem totis viribus evitare decernens, sese indignum omnino tali honore clamitabat; videlicet metuens ne mundi gloria, quam prius abjecerat, ei sub ecclesiastici colore regiminis aliquo modo subrepere potuisset.

40. At ubi decretum generalitatis evadere nequivit, consensurum se tandem aliquando simulavit, et imperatori Mauricio, cujus filium ex lavacro sancto susceperat, latenter litteras destinavit, adjurans, et multa prece deposcens, ne unquam assensum populis præberet ut se hujus honoris gloria sublimaret. Sed præfectus urbis, ᵇ Germanus nomine, ejus nuntium anticipavit, comprehensumque ac, diruptis epistolis, consensum quem populus fecerat imperatori direxit. At ille gratias agens Deo pro amicitia diaconi, eo quod locum deferendi ei honoris, ut cupierat, reperisset, data præceptione ipsum ordinari præcepit.

41. Interim dum ab urbe regia imperatorius præstolaretur assensus, et lues ipsa populum vehementius devastaret, venerabilis levita Gregorius verbum ad plebem exorsus est, dicens : « Oportet, fratres charissimi, ut flagella Dei, quæ metuere ventura debuimus, saltem præsentia et experta timeamus. Conversionis nobis aditum dolor aperiat, et cordis nostri duritiam ipsa jam quam patimur pœna dissolvat. Ut enim propheta teste prædictum est : **37** *Pervenit gladius usque ad animam* (*Jerem.* IV, 10). Ecce etenim cuncta plebs cœlestis iræ mucrone percutitur, et repentina singuli cæde vastantur; nec languor mortem prævenit, sed languoris moras, ut cernitis, mors ipsa præcurrit. Percussus quisque ante rapitur quam ad lamenta pœnitentiæ convertatur. Pensate ergo qualis ante conspectum districti Judicis pervenit, cui non licet flere quod fecit. Et habitatores quidem non ex parte subtrahuntur, sed pariter corruunt. Domus vacuæ relinquuntur, filiorum funera parentes aspiciunt, et sui eos ad interitum hæredes præcedunt. Unusquisque ergo nostrum ad pœnitentiæ lamenta confugiat, dum flere ante percussionem vacat. Revocemus ante oculos mentis quidquid errando commisimus, et quod nequiter egimus, flendo puniamus. Præveniamus faciem ejus in confessione (*Psal.* XCIV, 2), et, sicut propheta admonet, levemus corda nostra cum manibus ad Deum (*Thren.* III, 4). Ad Deum quippe corda cum manibus levare, est orationis nostræ studium cum merito bonæ operationis erigere. Dat profecto, dat tremori nostro fiduciam, qui per prophetam clamat : *Nolo mortem peccatoris, sed ut convertatur et vivat* (*Ezech.* XXXIII, 11). Nullus autem de iniquitatum suarum immanitate desperet. Veternosas namque Ninivitarum culpas triduana pœnitentia abstersit (*Jonæ* III, 10), et conversus latro vitæ præmia etiam in ipsa sententia suæ mortis emeruit (*Luc.* XXIII). Mutemus igitur corda, et præsumamus nos jam percepisse quod petimus. Citius ad precem Judex flectitur, si a pravitate sua petitor corrigatur. Imminente ergo tantæ animadversionis gladio, nos importunis precibus insistamus. Ea namque quæ ingrata esse hominibus solet importunitas, ᶜ Judici veritatis placet, quia pius ac misericors Deus vult a se precibus veniam exigi, quia quantum meremur non vult irasci. Hinc etenim per Psalmistam dixit : *Invoca me in die tribulationis tuæ; eripiam te, et magnificabis me* (*Psal.* XLIX, 15). Ipse ergo sibi testis est quia invocantibus misereri desiderat, qui admonet ut invocetur. Proinde, fratres charissimi, contrito corde, et correctis operibus crastina die, primo diluculo, ad septiformem ᵈ litaniam, juxta distributionem inferius designatam, devota cum lacrymis mente veniamus. Nullus vestrum ad terrena opera in agros exeat; nullus quodlibet negotium agere præsumat, quatenus ad sanctæ genitricis Dei ecclesiam convenientes, qui simul omnes peccavimus, simul omnes mala quæ fecimus deploremus, ut districtus Judex dum culpas nostras nos punisse consideret, ipse a sententia propositæ damnationis parcat. (*Exstat hæc oratio post homil.*)

42. « Litania clericorum exeat ab ecclesia sancti Joannis Baptistæ; litania virorum ab ecclesia sancti martyris Marcelli; litania monachorum ab ecclesia sanctorum martyrum Joannis et Pauli; litania ancillarum Dei ab ecclesia beatorum martyrum Cosmæ et

---

ª Sanctus Gregorius hujus historiæ meminit, tum in homil. 38 super Evang., tum libr. quarto Dialog., cap. 37, dissimulata nihilominus sua præsentia, modestiæ forte gratia.

ᵇ Utrum frater esset Gregorii, disquisivimus in ejusdem Vita, lib. I, cum 4, n. 5.

ᶜ Reg., Colb., Turon., Gemet., Utic., Biget., *judicio.*

ᵈ In Mss., *letaniam;* et sic semper deinceps. Harum litaniarum et processionum ordo aliter describitur a Gregorio Turon., lib. X, cap. 1. Forte supplicationes illæ non semel habitæ sunt, ut censet Baron., ad ann. 590, n. 12. De his ita narrat Paul. Diac., de Gestis Langob., lib. III : *In primo choro fuit omnis clerus; in secundo, omnes abbates cum monachis suis; in tertio, omnes abbatissæ cum congregationibus suis; in quarto, omnes infantes; in quinto, omnes laici; in sexto, universæ viduæ; in septimo, omnes mulieres conjugatæ.*

Damiani; litania feminarum conjugatarum ab ecclesia beati primi martyris Stephani; litania viduarum ab ecclesia martyris Vitalis; litania pauperum et infantium ab ecclesia beatæ Cæciliæ martyris. » (*Gregor. Tur. lib.* x *Hist., c.* 1.)

43. Igitur dum magna multitudo [a] omnis ætatis, sexus atque professionis, juxta præceptionem levitæ Gregorii, die constituta, Dominum rogatura venisset, in tantum lues ipsa judicio divino desævit, ut intra unius horæ spatium, dum voces plebs ad Dominum supplicationis emitteret, octoginta homines ad terram corruentes spiritum exhalarent. Sed nequaquam destitit facundissimus rhetor populo prædicare, ne ab oratione cessarent, donec miseratione divina pestis ipsa quiesceret.

44. Enimvero, cum adhuc futurus antistes putaret se principem a consensu consecrationis suæ penitus avertisse, cognovit tandem suas litteras a Germano præfecto urbis interceptas fuisse. Cujus rei gratia imperiale responsum, quod videlicet voluntati suæ contrarium [b] rebatur, præveniens, quia palam egredi portas civitatis non poterat, a negotiatoribus exponendum se, dissimulato, ut fertur, habitu, callidus impetravit, silvarum saltus expetiit, cavernarum latibula requisivit. In quibus dum ab omnibus summa sollicitudine quæreretur, [c] indicio columnæ fulgidæ, super se jugiter a cœlo dependentis, agnoscitur, capitur, trahitur, et apud beati Petri apostolorum principis templum summus pontifex [d] consecratur.

45. Verum, quia sunt nonnulli Langobardorum [e] perfidi, qui Gregorium appetisse magis pontificium autument quam fugisse, operæ pretium reor pauca de multis inserere, quibus eum, in quantum sine pertinaciæ vitio potuit, noluisse pontificium, imo quasi pondus importabile penitus cavere voluisse, luce clarius manifestem. Ait enim pene in ipso consecrationis suæ principio, in epistola Paulo scholastico : « Quidquid mihi ex honore sacerdotalis officii extranei arrident, non valde penso : de vobis autem mihi hac in re arridentibus, non minimum doleo, qui desiderium meum plenissime scitis, et tamen profecisse me creditis. Summus enim mihi profectus fuerat, si potuissem implere quod volui, si voluntatem meam, quam dudum cognitam habetis, perficere optatæ quietis perceptione valuissem. At quia honoris nunc hujus vinculis in civitate teneor Romana religatus, habeo aliquid quod etiam vestræ gloriæ exsultem, quia viro [f] excellentissimo domno Leone exconsule veniente, vos in Sicilia remanere non suspicor; et cum ipse quoque tuo honore religatus Romæ retineri cœperis, quid mœroris, quid amaritudinis ego patiar, agnosces. Veniente autem viro magnifico domno Maurentio Chartulario, ei, quæso, in Romanæ urbis necessitate concurrite, quia hostibus gladiis foris sine cessatione confodimur, sed seditione militum interno periculo gravius urgemur. » (*Lib.* i, *ep.* 3.)

46. Item Gregorius Joanni patriarchæ Constantinopolitano : « Si charitatis virtus in proximi dilectione consistit, si sic diligere proximos sicut nos jubemur, quid est quod me beatitudo vestra non ita ut se diligit? Quo enim ardore, quo studio episcopatus pondera fugere volueritis scio, et tamen hæc eadem episcopatus pondera ne mihi deberent imponi non restitistis. Constat ergo quia non me sicut vos diligitis, quia illa me voluistis onera suscipere quæ vobis imponi noluistis. Sed quia vetustam navim, vehementerque confractam indignus ego infirmusque suscepi; undique enim fluctus intrant, et quotidiana ac valida tempestate quassatæ putridæ naufragium tabulæ sonant, per omnipotentem Dominum rogo ut in hoc mihi periculo orationis tuæ manum porrigas, quia tanto enixius potestis exorare, quanto et a confusione tribulationum quas in hac terra patimur longius statis. » (*Lib.* i, *ep.* 4.)

47. Item Gregorius Theoctistæ sorori imperatoris : « Mens mea vestræ venerationi quanta devotione substernitur explere verbis nequeo ; nec tamen me prodere laboro, quia et me tacente, in vestro corde legitis quid de mea devotione sentiatis. Miror autem quod in me collatas dudum continentias vestras ex hac moderna pastoralis officii continentia distraxistis, in qua sub colore episcopatus ad sæculum sum reductus, in qua tantis terræ curis inservio, quantis me in vita laica nequaquam deservisse reminiscor. [g] Alta enim quietis meæ gaudia perdidi, et intus corruens, ascendisse exterius videor, unde me a Conditoris mei facie longe expulsum deploro. Conabar namque quotidie extra mundum, extra carnem fieri, cuncta phantasmata [h] corporis ab oculis mentis abigere, et superna gaudia incorporaliter videre, et non solum vocibus, sed totis medullis cordis [i] ad Dei speciem anhelans, dicebam : *Tibi dixit cor meum : Quæsivi vultum tuum, vultum tuum, Domine, requiram* (*Psal.* xxvi, 8). Nihil autem in hoc mundo appetens, nihil pertimescens, videbar mihi in quodam rerum vertice stare, ita ut in me pene impletum crederem quod, pollicente Domino, ex propheta didicissem : *Sustollam te super altitudines terræ* (*Isai.* LVIII, 14). Super altitudines etenim terræ sustollitur, qui et ipsa quæ alta et gloriosa præsentis videntur sæculi, per mentis despectum calcat. Sed repente a rerum vertice tentationis hujus turbine impulsus, ad timores pavoresque corrui, quia et si mihi nihil timeo, eis tamen qui mihi commissi sunt multum formido. Undique causarum fluctibus quatior, ac tempestatibus

---

[a] In Mss. Reg., Norm., scilicet Gemet., Utic., Bigot., *communis ætatis*.
[b] Iidem Codd., *ferebatur*. Colb., *querebatur*. Alii, *videbatur*.
[c] Hujus indicii mentionem facit Gregor., lib. i, epist. 20, et in lib. olim 6, epist. 4, nunc 7.
[d] Ejus ordinatio in tabulis eccles. assignatur tertio nonas Septembris.

[e] Utic. et Colb., *perfidiæ*, quam lectionem sequitur Gussanv. In cæteris tamen Mss. et Editis, *perfidi*.
[f] Colb., Reg. et Norm., quibus consentiunt Bolland. et Gilot., *eminentissimo*.
[g] Andegav. et Bigot., *altera*. Reg., *interna*.
[h] Utic., *corporum*.
[i] Utic., *ad Dei faciem*; quod etiam in Mss. epistolarum legitur.

deprimor, ita ut recte dicam : *Veni in altitudinem maris, et tempestas demersit me* (*Psal.* LXVIII, 3). Redire post causas ad cor desidero; sed vanis ab eo cogitationum tumultibus exclusus, redire non possum. Et hoc ergo mihi longe factum est, quod intra me est, ita ut obedire nequeam propheticæ voci, qua dicitur : *Redite, prævaricatores, ad cor* (*Isai.* XLVI, 8). Sed, stultis pressus cogitationibus, solummodo exclamare compellor : *Cor meum dereliquit me* (*Psal.* XXXIX, 13). Contemplativæ vitæ pulchritudinem velut Rachelem dilexi sterilem, sed videntem ac pulchram; quæ etsi per quietem suam minus generat, lucem tamen subtilius videt. Sed quo judicio, nescio, Lia mihi in nocte conjuncta est, activa videlicet vita fecunda, sed lippa, minus videns, quamvis amplius pariens. Sedere ad pedes Domini cum Maria festinavi, verba oris ejus percipere; et ecce cum Martha compellor in exterioribus ministrare, atque erga multa satagere. Expulsa a me, ut credidi, legione dæmonum, volui oblivisci quos novi, et ad Salvatoris pedes quiescere; et ecce mihi nolenti atque compulso dicitur : *Revertere in* 40 *domum tuam, et annuntia quanta tibi fecerit Dominus* (*Marc.* V, 19). Sed quis inter tot terrenas curas valeat Dei miracula prædicare, cum jam mihi difficile sit saltem recolere ? Pressus namque ᵃ in hoc honore tumultu sæcularium negotiorum, ex eis me esse video de quibus scriptum est : *Dejecisti eos, dum allevarentur* (*Psal.* LXXII, 18). Neque enim dixit : dejecisti eos postquam allevati sunt, sed dum allevarentur, quia pravi quique dum, ᵇ temporali honore suffulti, foris videntur surgere, intus cadunt. Allevatio ergo ipsa ruina est, quia dum gloria falsa subnixi sunt, a vera gloria vacuantur. Hinc iterum dicitur : *Deficientes ut fumus deficient* (*Psal.* XXXVI, 20). Fumus quippe ascendendo deficit, et sese dilatando evanescit. Sic videlicet fit, cum peccatoris vitam præsens felicitas comitatur, quia unde ostenditur ut altus sit, inde agitur ut non sit. Hinc rursum scriptum est, *Deus meus, pone illos ut rotam* (*Psal.* LXXXII, 14). Rota quippe ex posteriori parte attollitur, et in anterioribus cadit. Posteriora autem nobis sunt bona præsentis mundi quæ relinquimus; anteriora vero sunt æterna et permanentia, ad quæ vocamur, Paulo attestante, qui ait : *Quæ retro sunt oblitus, in ea quæ sunt priora extendens me* (*Philip.* III, 13). Peccator ergo cum in præsenti vita profecerit, ut rota ponitur, quia in anterioribus corruens, ex posterioribus elevatur. Nam cum in hac vita gloriam percipit quam reliquit, ab illa cadit quæ post hanc venit. Et quidem multi sunt qui sic exteriores provectus regere sciunt, ut per eos nequaquam interius corruant. Unde scriptum est : *Deus potentes non abjicit, cum et ipse sit potens* (*Job.* XXXVI, 5). Et per Salomonem dicitur : *Et intelligens gubernacula possidebit* (*Prov.* 1, 5). Sed mihi hæc difficilia sunt, quia et valde onerosa; et quod mens voluntarie non recipit, congrue non disponit. Ecce serenissimus Dominus imperator fieri simiam leonem jussit. Et quidem pro jussione illius vocari leo potest, fieri autem leo non potest. Unde necesse est ut omnes culpas ac negligentias meas non mihi, sed suæ pietati deputet, qui virtutis ministerium infirmo commisit. › (*Lib.* I, *ep.* 5).

48. ᶜ Item Gregorius Narsæ patricio : « Dum ᵈ contemplationis dulcedinem alte descripsistis, ruinæ meæ mihi gemitum renovastis, quia audivi quid intus perdidi, dum foris ad culmen regiminis immerito ascendi. Tanto autem me percussum mœrore cognoscite, ut vix loqui sufficiam; oculos enim mentis meæ doloris tenebræ obsident, triste est quidquid aspicitur; quidquid delectabile creditur, cordi meo lamentabile apparet. Penso enim, ab alto quietis meæ culmine corruens, ad quam dejectum exterioris provectus culmen ascendi, et pro culpis meis in occupationis exsilium a facie dominantis missus, ᵉ quasi destructæ Judææ vocibus cum propheta dico : *Qui consolabatur me, longe recessit a me* (*Thren.* I, 16). Quod vero, causæ et nominis similitudinem faciendo per Scripturam, clausulas declamationesque formatis, certe, frater charissime, simiam leonem vocas. Quod eo modo vos agere conspicimus, quo scabiosos sæpe catulos, pardos, vel tigres vocamus. Ego enim, bone vir, quasi filios perdidi, quia per terrenas curas recta opera amisi. *Nolite ergo me vocare Noemi* (*Ruth.* I, 20), ᶠ id est pulchram, 41 *sed vocate me Maria, quia amaritudine plenus sum.* » (*Lib.* I, *ep.* 6).

49. Item Gregorius Anastasio ᵍ patriarchæ Antiocheno : « Scripta vestræ beatitudinis, ut fessus requiem, salutem æger, fontem sitiens, umbram æstuans ʰ inveni. Neque enim illa verba per linguam carnis videbantur expressa, quia sic spiritalem erga me amorem suum quem gestabat aperuit, ac si mens per semetipsam loqueretur. Sed durum valde fuit quod secutum est, quia amor vester terrena me portare onera præcepit, et quem prius spiritualiter diligebatis, post ut æstimo, temporaliter amantes, usque ad terram me, superposito onere, depressistis, ita ut omnem mentis rectitudinem funditus perdens, contemplationisque aciem amittens, non per prophetiæ spiritum, sed per experimentum dicam : *Incurvatus sum, et humiliatus sum usquequaque* (*Psal.* CXVIII, 107). Tanta quippe me occupationum onera deprimunt, ut ad superna animus nullatenus erigatur. Multis causarum fluctibus quatior; et post illa quietis otia, tumultuosæ vitæ tempestatibus affligor, ita ut viduæ.

ᵃ Colb., Bigot. et Gemel., *in hoc onere.*
ᵇ Al., *sæculari.*
ᶜ In Mss. Norm. tam epistolarum, quam Joann. Diac. legitur *Narsæ*, non *Narsi*, ut in Editis et in Reg. et Andeg. Cod. De eo Simocatta, lib. V, cap. 3 et 5.
ᵈ Bigot., Gemet., Reg., ac nonnulli Mss., *contemplationis alta describitis..... renovatis.*
ᵉ Corruptissime Edit. Vatic. et Guss., *quasi destitutæ*

ᶠ Iidem, id est, *pulchrum*, reluctantibus aliis Excusis, et Mss., tum Joann. Diac., tum epistolarum.
ᵍ Turon., *Expatriarchæ*. De eo sæpe in epistolis egimus.
ʰ Edit. Vatic. et Gussanv., *accepi*. Et paulo post, specialem pro spiritalem *amorem*, quod exhibent alii Excusi, consentientibus Mss.

recte dicam : *Veni in altitudinem maris, et tempestas demersit me (Psal.* LXVIII, 3). Periclitanti igitur mihi orationis vestræ manum tendite vos, qui in virtutum littore statis. Quod vero me os Domini, quod lucernam dicitis, quod loquendo multis prodesse, multisque posse lucere perhibetis, æstimationem mihi meam fateor in dubietatem maximam perduxistis. Considero namque qui sum, et nihil in me ex hujus boni signo deprehendo. Considero autem qui estis, et vos mentiri posse non arbitror. Cum ergo credere volo quod dicitis, contradicit mihi infirmitas mea; a cum disputare volo quod in laude mea dicitur, contradicit mihi sanctitas vestra. Sed, quæso, vir sancte, nobis aliquid de hoc certamine nostro conveniat, ut et si non quod dicitis ita est, sit ita quia dicitis. » (*Lib.* I, *ep.* 7.)

50. Item Gregorius Andreæ illustri : « Omnipotens Deus dulcissimo cordi vestro indicet quia et absens corpore, a charitate vestra animo non recessi. Bona enim vestra, etiam si volo, oblivisci non valeo. Hoc autem quod me ad episcopatus ordinem cognoscitis pervenisse, si me diligitis, plangite, quia tantæ hic hujus mundi occupationes sunt, ut per episcopatus ordinem pene ab amore Dei me videam esse separatum, quod incessanter defleo, atque ut pro me Dominum exoretis, rogo. » (*Lib.* I, *ep.* 30.)

51. Item Gregorius Joanni exconsuli et quæstori atque patricio : « Bona vestræ excellentiæ expertus, anto erga vos amore constringor, ut vestra memoria de meo pectore aboleri nullatenus possit. Sed contra amorem b non modice contristor; quia quietem me quærere cognovistis, et ad inquietudinem perduxistis. Vobis quidem omnipotens Deus, quia hoc bono animo fecistis, bona æterna retribuat; sed me a tanto loci hujus periculo, qualiter voluerit, absolvat, quia sicut peccata mea merebantur, non Romanorum, sed Langobardorum episcopus factus sum, quorum synthichiæ spathæ sunt, et gratia pœnæ. Ecce ubi me vestra patrocinia perduxerunt. Gemo quotidie occupationibus 42 pressus, et respirare non valeo. Sed vos qui adhuc valetis, mundi hujus occupationes fugite, quia quanto in eo quisque profecerit, tanto ut video, ab amore Dei amplius decrescit. »

52. Gregorius Leandro c Hispalensi episcopo. « Responder epistolis vestris tota intentione voluissem, nisi pastoralis curæ ita me labor attereret, ut mihi magis flere libeat quam aliquid dicere. Quod vestra quoque reverentia in ipso litterarum mearum textu vigilanter intelligit, quando ei negligenter loquor, quem vehementer diligo. Tantis quippe in hoc loco hujus mundi fluctibus quatior, ut vetustam ac putrescentem navim, quam regendam occulta Dei dispensatione suscepi, ad portum dirigere nullatenus possim. Nunc ex adverso fluctus irruunt, nunc ex latere cumuli spumosi maris intumescunt, nunc a tergo tempestas insequitur : interque hæc omnia turbatus, cogor modo in d ipsam clavum adversitatem dirigere, modo curvato navis latere, minas fluctuum ex obliquo declinare. Ingemisco, quia sentio quod, negligente me, crescit sentina vitiorum, et tempestate fortiter obviante, jamjamque putridæ naufragiæ tabulæ sonant. Flens reminiscor quod perdidi meæ placidum littus quietis, et suspirando terram conspicio, quam tamen rerum ventis adversantibus tenere non possum. Si ergo me, frater charissime, diligis, tuæ mihi orationis in his fluctibus manum tende, ut quo laborantem me adjuvas, ex ipsa vice mercedis in tuis quoque laboribus valentior existas. » (*Lib.* I, *ep.* 31.)

53. Sed quia Gregorium non solum declinare voluisse, quin etiam cum magno angore animi summum sacerdotium suscepisse satis, ut opinor, probatum est, qua discretione id fecerit, videtur breviter indicandum, ne scilicet tantus vir, aut pertinaciæ, aut pusillanimitatis vitio saltem leviter succobuisse putetur.

54. Ait enim in epistola Anastasio e Corinthiorum episcopo : « Judicia Dei quanto sunt investigabilia, tanto debent esse humanis sensibus metuenda : ut quia ea ratio mortalis comprehendere non valet, his se necesse est humili cordis cervice substernat, quatenus quo eam regentis voluntas duxerit, illic obedientis mentis gressibus prosequatur. Ego autem considerans infirmitatem meam ad apostolicæ sedis culmen non posse pertingere, onus hoc malui declinare, ne in pastorali regimine imparis administrationis actione succumberem. Sed quia contraire non est Domini disponentis arbitrio, obedienter secutus sum quod misericors de me regentis manus voluit operari. Nam fraternitati vestræ, et si præsens non eveniret occasio, necessario fuerat indicandum quod, licet indignum, me apostolicæ sedi Dominus præesse dignatus est. » (*Lib.* I, *ep.* 27).

Item de eadem re f Philippo comiti excubitorum. « In quantum homo discutere et investigare judicia superna non sufficit, in tantum sub eis debet cervicem cordis inflectere, ut quia id quod sibi tribuitur quo judicio disponatur ignorat, nec ad appetendum locum procax insistere, nec ad g repellendum contumax debet inveniri. Unde 43 indignus ego ad suscipienda episcopatus onera, jussioni omnipotentis Dei vestræque voluntati me subdidi, cui me præesse largitate magis gratiæ quam judicii æstimatione voluistis. Potens est enim Deus, propter quem me indignum diligitis, hanc vobis in perpetuum recompensare mercedem; ut gratiam 44 quam indignis famulis ejus impenditis, apud eum multiplicius invenire valeatis. » (*Lib.* I, *ep.* 32.)

At ego hic a deflorationis opere paululum respiro, ut quæ specialiter de pontificio dicenda sunt, in libello alio suffragante Domino referantur.

---

a Vulgati, *cum discutere*, obstantibus Mss. Observandum est in Utic. epistolarum contextus longiores proferri, quam in aliis Codicibus.
b Gussanv., vitiose, *constringor*.
c Utic. et Bigot., *Hispaniensi*.
d Corruptissimus est hic locus in Edit. Vatic. et

Gussanv., ubi legitur : *in ipsum clavum adversitatem dirigere, modo curvata navi impetum fluctuum latere minas fluctuum ex obliquo declinare.*
e Colb. et Norm., *Corinth. archiepiscopo*.
f Turon. et Reg., *Philippico*.
g Andeg., *resistendum*.

LIBER SECUNDUS.

Quo exponitur qualiter sanctus Gregorius in pontificatu vixerit.

ARGUMENTUM. — 1. Gregorius servum servorum Dei se scribens, mediocribus vestimentis amicitur. — 2. Fidei suæ irreprehensibile symbolum dictat. — 3. Patriarchalibus thronis suam synodicam dirigit. — 4. Quinque concilia se venerari fatetur. — 5. Collecta synodo, pravas consuetudines damnat. — 6. Antiphonarium centonizans, cantorum constituit scholam. — 7. Cur Occidentales dulcedinem cantilenæ corrumpant. — 8. Per Joannem Romanum cantorem correcti sunt. — 9. Carolus rex dissonantia cantus offensus, duos clericorum suorum crudiendos Romæ dimisit. — 10. Idem dissonantia cantus offensus, duos Romanos cantores ab Adriano rursus percepit. — 11. Gregorius, pulsis laicis, familiares sibi clericos elegit. — 12. Talem Ecclesiam Romanam exhibuit, qualis primo sub apostolis fuit. — 13. Quanta et qualia tunc Romæ studia reflorebant. — 14. Quod non divites, sed sapientes ad consilium convocabat. — 15. Quamobrem laici primo cœperint tonsurari. — 16. Laicos non ad ecclesiasticum officium admittit, sed tantum ad monachicum habitum. — 17. Codicem Gelasianum coarctat. — 18. Stationes [a] constituens, tractatus Evangeliorum declamat.— 19. Cum verbi pabulo pauperibus alimenta ministrat. — 20. Consuetudines novas inducit. — 21. Murmurantibus pro eisdem humiliter satisfacit. — 22. Pro hospite Dominum recipit. — 23. Duodecim invitatis, tertium decimum angelum sibi deputatum divinitus recognoscit. — 24. Quater in anno distribuendum per polyptychum censet. — 25. Aureos et peregrina vestimenta largitur. — 26. Calendatim diversas species erogat. — 27. Tribus millibus ancillis Dei octoginta libras annualiter præstat. — 28. Diatim per veredarios coacta stipendia destinat. — 29. Pro paupere mortuo vehementissime lamentatur. — 30. Quot et qualium remunerandorum nomina in scrinio teneantur. — 31. Arianorum basilicam in Suburra Domino dedicat. — 32. Quot et qualia miracula ibi divinitus sint ostensa. — 33. Pro convertendis Anglis Saxonibus Augustinum cum aliis mittit. — 34. Sine profectu redire volentes ad proficiscendum hortatur. — 35. Prædicantes miracula faciunt, multosque convertunt. — 36. Augustinus episcopus consecratus postulat adjutores. — 37. Ei Gregorius Pallium, et diversa necessaria, simulque nonnulla responsa transmittit. — 38. De consanguinitatibus percunctatus, ponit [b] pacifice rationem. — 39. Quanta et qualia de conversione Saxonum, signisque discipulorum suorum Gregorius præconetur. — 40. Augustinum monet, ne pro miraculis tumeat. — 41. Panis frustum in carnem, carnis rursus in panis primordia reformavit. — 42. Pannum pupugit, et sanguis effluxit. — 43. Maleficos cæcitate multavit.— 44. Qualiter intelligi debet, Gregorium Trajani animam de inferni cruciatibus liberasse. — 45. Monachum sub excommunicatione defunctum mirabiliter solvit.—46. Paganos pueros comparat, ut Christianos efficiat.—47. Pro paganis rusticis, episcopis comminatur. — 48. Judæos [c] conversos a pensionibus levigat. — 49. Baptizandis vestimenta largitur. — 50. Pueris Arianorum subveniri prædicat. — 51. Singulis diaconiis vel xenodochiis rectores constituit. — 52. Jerosolymis xenodochium constituens, [d] et ibi et in monte Sina monachis annualia stipendia assignavit. — 53. Singulis patrimoniis singulos rectores constituit. — 54. Uni personæ duo ministeria nullomodo committenda definit. — 55. Eleemosynas localiter ac personaliter ordinat. — 56. Quod omni petenti se voluntarie tribuit. — 57. Quod etiam non petenti necessaria ministravit. — 58. Liberalitatis ejus innocentia comprobatur. — 59. Pro faciendis eleemosynis frumenta comparat quinquaginta libris auri. — 60. [f] Quale de eo somnium Eremita cognoverit.

1. Age jam nunc, quoniam athletæ Christi Gregorii, viriliter in gymnasio sanctæ ipsius Ecclesiæ desudantis, prælato libello, torosa membra descripta sunt, qualiter in palæstra quoque conflixerit, aspirante Domino, proferatur. Si quidem mox ut summum pontificium felicissimæ Romanæ urbis, Christo mortalibus consulente, sortitus est, superstitiosum Universalis vocabulum, quod Joannes Constantinopolitanus episcopus insolenter sibi tunc temporis usurpabat, more antecessorum suorum pontificum, sub districtissimæ interminationis sententia refutavit, et primus omnium se in principio epistolarum suarum servum servorum Dei scribi satis humiliter definivit, cunctisque suis successoribus documentum suæ humilitatis tam in hoc quam in mediocribus pontificalibus indumentis; quod videlicet hactenus in sancta Romana Ecclesia conservatur, hæreditarium reliquit.

2. Denique [f] in specula sanctæ universalis Ecclesiæ, vir totius [g] humilitatis, auctoritatis, ac orthodoxiæ, unde videri et audiri clarius evangelicus præco valeret, consistens, oris sui divinissimo gladio et rectam fidem munivit et cunctas hæreses uno symbolo dissipavit. Quod videlicet sacræ confessionis symbolum ita se habet : Credo in unum Deum omnipotentem, Patrem, et Filium, et Spiritum sanctum, tres A personas, unam substantiam : Patrem ingenitum, Filium genitum, Spiritum vero sanctum, nec genitum, nec ingenitum, sed coæternum, de Patre et Filio procedentem. Confiteor unigenitum Filium consubstantialem, et sine tempore natum de Patre, omnium visibilium et invisibilium Conditorem, lumen ex lumine, Deum verum de Deo vero, splendorem gloriæ, figuram substantiæ; qui manens Verbum ante sæcula, perfectus homo creatus est juxta finem sæculorum, conceptus et natus ex Spiritu sancto et de Maria virgine, qui naturam nostram suscepit absque peccato; et sub Pontio Pilato crucifixus est, et sepultus tertia die resurrexit a mortuis; die autem quadragesimo ascendit in cœlum, et sedet ad dexteram Patris. Unde venturus est judicare vivos et mortuos, positu- B rus ante oculos omnium omnia occulta singulorum, daturus sanctis perpetua præmia regni cœlestis, iniquis autem supplicia ignis æterni, innovaturus sæculum per ignem in carnis resurrectione. Confiteor unam fidem, unum baptisma, unam apostolicam, et universalem Ecclesiam, in qua sola possunt laxari peccata in nomine Patris, et Filii, et Spiritus sancti.

3. Synodicam quoque suam Gregorius, secundum priscum decessorum suorum morem, Joanni Constantinopolitano, Eulogio Alexandrino, Gregorio Antio-

---

[a] Gemet., *per stationes tractatus Evang. declamat.*
[b] In Reg., *ponit pontifici Felici rationem.* Ita quoque in Ed. Bolland. et Mabill.
[c] Gussanv. et Vatic. cum Ms. Reg., *convertens.*
[d] *Et ibi* abest a Gemet.
[e] Id non legitur in Gemet.
[f] Reg., Colb., Norm., *in specula.*
[g] Sic legitur in plerisque Mss. At in Reg., Colb. et in Excusis, *totius humilitatis et auctoritatis orthodoxæ.* Boll., *et orth. fidei.*

chèno, Joanni Jerosolymitano, et Anastasio [a] patriarchæ Antiocheno destinavit, quæ ita se habet : «'Consideranti mihi quod impar meritis ac toto animo renitens pastoralis curæ pondera portare compulsus sim, caligo mœroris occurrit, et triste cor nihil aliud nisi eas quæ videri nil sinunt tenebras videt. Nam quid antistes [b] ad Dominum, nisi pro delictis populi intercessor eligitur? Qua itaque fiducia ad eum pro peccatis alienis intercessor venio, apud quem de propriis securus non sum? Si fortasse quispiam apud potentem virum, qui et sibi iratus, et mihi esset incognitus, intercessorem suum me fieri quæreret, protinus responderem : Ad intercedendum venire nequeo, quia ejus notitiam ex sedula familiaritate non habeo. Si igitur recte homo apud hominem, de quo minime præsumpsissem, fieri intercessor erubescerem, quantæ hoc audaciæ est quod apud Deum pro populo locum intercessoris obtineo, cui familiarem me esse per vitæ meritum non agnosco? Qua in re est mihi adhuc aliud gravius formidandum, quia sicut cuncti liquido cognovimus, cum is qui displicet ad intercedendum mittitur, irati animus ad deteriora provocatur, et valde pertimesco ne commissa mihi plebs fidelium reatus mei additamento depereat, cujus nunc usque Dominus æquanimiter delicta tolerabat. Cum vero utcunque hunc timorem supprimo, et consolatam mentem ad pontificalis operis studia accingo, considerata ipsa rei immensitate, deterreor. Perpendo quippe quod omni cura vigilandum est ut rector cogitatione sit mundus, operatione præcipuus, discretus in silentio, utilis in verbo, singulis compassione proximus, præ cunctis contemplatione suspensus, bene agentibus per humilitatem socius, contra delinquentium vitia [c] per zelum rectitudinis erectus, » et cætera quæ post in libro Pastorali prosequitur.

4. « Præterea quia corde, inquit, creditur ad justitiam, ore autem confessio fit ad salutem (Rom. x), sicut sancti Evangelii quatuor libros, sic quatuor concilia suscipere et venerari me fateor : Nicænum scilicet, in quo perversum Arii dogma destruitur; Constantinopolitanum quoque, in quo Eunomii et Macedonii error [d] convincitur; Ephesinum etiam primum, in quo Nestorii impietas judicatur; Chalcedonense vero, in quo [e] Euthycetis, Dioscorique pravitas reprobatur, tota devotione complector, integerrima approbatione custodio, quia in his velut in quadrato lapide sanctæ fidei structura consurgit; et cujuslibet vitæ atque actionis [f] norma existat, quisquis eorum soliditatem non tenet, etiam si lapis esse cernitur, tamen extra ædificium jacet. Quintum quoque concilium pariter veneror, in quo epistola quæ Ibæ dicitur, erroris plena, reprobatur, et Theodorus personam Mediatoris Dei et hominum [g] in duobus subsistentiis separans, ad impietatis perfidiam cecidisse convincitur. Scripta quoque Theodoriti, per quæ beati Cyrilli fides reprehenditur, ausu dementiæ prolata refutantur. Cunctas vero quas præfata veneranda concilia personas respuunt respuo; quas venerantur amplector. Quia dum universali sunt consensu constituta, se et non illa destruit, quisquis præsumit aut solvere quos religant, aut ligare quos solvunt. Quisquis ergo aliud sapit, anathema sit. » (*Lib.* I, *cap.* 25.)

5. Hoc modo, postquam Gregorius fundamentum suæ fidei secundum priscum prædecessorum suorum pontificum morem, luculenter apostolicis thronis exposuit, animadvertens se ideo a Domino super gentes et regna summum pontificem constitutum, ut, juxta illud propheticum (*Jerem.* I), vitiorum radices evelleret, destrueret atque disperderet, sicque demum ædificaret, plantaretque virtutes, omnes consuetudines quas contra priscam traditionem apostolicam noviter pullulasse cognoverat, videlicet de ministris cantoribus, de laicis pontifici familiariter adhærentibus, de titulandis præjudicialiter quibuslibet rebus, de contegendo dalmaticis apostolico feretro, [h] de pastillatico, et de non admittendis passim laicis ad ecclesiastici juris officium, pro pallio vel consecratione pontificum, primo quidem a Romanæ Ecclesiæ, postmodum vero collectis circumquaque positarum provinciarum episcopis, a totius sanctæ universalis Ecclesiæ corpore segregavit, eaque sub interpositione terribilis anathematis, tam generaliter quam perpetualiter condemnavit.

6. Deinde in domo Domini, more sapientissimi Salomonis, propter musicæ compunctionem dulcedinis, [i] Antiphonarium centonem cantorum studiosissimus nimis utiliter compilavit; scholam quoque cantorum, quæ hactenus eisdem institutionibus in sancta Romana Ecclesia modulatur, constituit; eique cum nonnullis prædiis duo habitacula, scilicet alterum sub gradibus basilicæ beati Petri apostoli, alterum vero sub Lateranensis patriarchii domibus fabricavit, ubi usque hodie lectus ejus, in quo recubans modulabatur, et flagellum ipsius, quo pueris minabatur, veneratione congrua cum authentico Antiphonario reservatur, quæ videlicet loca per præcepti seriem sub interpositione anathematis ob ministerii quotidiani utrobique gratiam subdivisit.

7. Hujus modulationis dulcedinem inter alias Europæ gentes Germani seu Galli discere crebroque rediscere insigniter potuerunt, incorruptam vero tam

---

[a] Big. et Reg., *expatriarchæ Antioch*.
[b] Norm. *a Domino*.
[c] In Gussanv. et Vatic., *per zelum justitiæ*.
[d] Turon. et Andeg., *conjungitur*.
[e] Al., *Eutychis*, vel *Eutychii*.
[f] Quidam excusi, *actionis norma consistit*.
[g] In Mss. Sangerm., Reg., Colb. et nonnullis, mendose, *in duabus substantiis*. Quibus adhærent Vulgati omnes, quamvis hæresin sapiat negare Christum duabus substantiis constare, divina scilicet ac humana. Legendum ergo *in duabus subsistentiis*, seu personis, ut habent alii Mss. nostri, tam Joannis Diaconi quam epistolarum.
[h] Norm., Reg. et Colb., *de pastillatico, pro pallio, vel consecratione pontificum, et de non*, etc.
[i] Gemet., *Antiphonarium concentum stud*. Prius lectum ut in Colb. *concentu*. Utic. habet, *Antiph. cantum*, et per correctionem *concentum*. Reg., *Antiph. cantorum*.

levitate animi, quia nonnulla de proprio Gregorianis cantibus miscuerunt, quam feritate quoque naturali, servare minime potuerunt. Alpina siquidem corpora, vocum suarum tonitruis altisone perstrepentia, susceptæ modulationis dulcedinem proprie non resultant, quia bibuli gutturis barbara feritas, dum inflexionibus et repercussionibus mitem nititur edere cantilenam, naturali quodam fragore, quasi plaustra per gradus confuse sonantia rigidas voces jactat, sicque audientium animos, quos mulcere debuerat, exasperando magis ac obstrependo conturbat.

8. Hinc est quod hujus Gregorii tempore cum 48 Augustino tunc Britannias adeunte, per Occidentem quoque Romanæ institutionis cantores dispersi, barbaros insigniter docuerunt. Quibus defunctis Occidentales Ecclesiæ ita susceptum modulationis organum vitiarunt, ut Joannes quidam Romanus cantor cum Theodoro æque cive Romano, sed Eburaci archiepiscopo, per Gallias in Britannias [a] a Vitalliano sit præsule destinatus, qui circumquaque positarum Ecclesiarum filios ad pristinam cantilenæ dulcedinem revocans, tam per se, quam per suos discipulos multis annis Romanæ doctrinæ regulam conservavit.

9. Sed et Carolus noster patricius, rex autem Francorum, dissonantia Romani et Gallicani cantus Romæ offensus, cum Gallorum procacitas cantum a nostratibus quibusdam næniis argumentaretur esse corruptum, nostrique e diverso authenticum Antiphonarium probabiliter ostentarent, interrogasse fertur quis inter rivum et fontem limpidiorem aquam conservare soleret? Respondentibus fontem prudenter adjecit: Ergo et nos qui de rivo corruptam lympham usque hactenus bibimus, ad perennis fontis necesse est fluenta principalia recurramus. Mox itaque duos suorum industrios clericos Adriano tunc episcopo dereliquit, quibus tandem satis eleganter instructis, Metensem metropolim ad suavitatem modulationis pristinæ revocavit, et per illam, totam Galliam suam correxit.

Sed cum multa post tempora, defunctis his qui Romæ fuerant educati, cantum Gallicanarum Ecclesiarum a Metensi discrepare prudentissimus regum vidisset, ac unumquemque ab alterutro vitiatum cantum jactantem adverteret: Iterum, inquit, redeamus ad fontem. Tunc regis precibus, sicut hodie quidam veridice astipulantur, Adrianus papa permotus, duos in Galliam cantores misit, quorum judicio rex omnes quidem corrupisse dulcedinem Romani cantus levitate quadam cognovit, Metenses vero sola naturali feritate paululum quid dissonare prævidit. Denique usque hodie quantum Romano cantui Metensis cedit, tantum Metensi Ecclesiæ cedere gallicanarum Ecclesiarum Germaniarumque cantus, ab his qui meram

[a] A sancto Vitaliano P. ordinatus est *Theodorus*, vii Kal. April., Dominica, ann. 668. Ita Beda, l. IV, c. 1. BOLLAND.

[b] Colb., Gemet. et Bigot., *vanitatem*. Utic., *varietatem*. Et superscribitur, *levitatem*.

[c] De exceptoribus harum homil. agit sanctus Gregorius in prologo earumdem ad secundum episc.

veritatem diligunt comprobatur. Hæc ergo per anticipationem retulerim, ne indiscussam Gallorum [b] levitatem videar præteriisse.

11. Cæterum prudentissimus rector Gregorius, remotis a suo cubiculo sæcularibus, clericorum sibi prudentissimos consiliarios familiaresque delegit, inter quos Petrum Diaconum coætaneum suum, cum quo postea disputans, quatuor Dialogorum libros composuit; Æmilianum quoque notarium, qui quadraginta homilias Evangelii cum sociis suis [c] excepit; Paterium æque notarium, qui ab eo secundicerius factus, ex libris ipsius aliqua utillima defloravit; et Joannem defensorem, qui ejus jussu in Hispanias cognitor destinatus, [d] Januarium episcopum civitatis Malacitanæ, ab episcopis suis compatriotis depositum, sedi propriæ restauravit, et depositores ejus cum eo qui in locum ejus obrepserat pari sententia condemnavit. Monachorum vero sanctissimos sibi familiares elegit, 49 inter quos Maximianum, monasterii sui abbatem, quem postea Syracusis episcopum fecit, eique per Siciliam vices suas commisit; Augustinum ejusdem monasterii sui præpositum, et Mellitum, per quos Anglorum gentes ad Christianismi gratiam convocavit; Marinianum ejusdem monasterii sui monachum, quem in Ravennati metropoli episcopum consecravit; Probum, quem subito abbatem spiritu revelante constituens, pro construendo xenodochio Jerosolymam destinavit; simulque Claudium [e] Classianæ civitatis abbatem, qui de Proverbiis, de Canticis canticorum, de Prophetis, de libris Regum, deque Heptateucho, papa disputante, multa, licet non eodem sensu, composuit (*Lib.* XII, *epist.* 24).

12. Cum quibus Gregorius diu noctuque versatus, nihil monasticæ perfectionis in palatio, nihil pontificalis institutionis in Ecclesia dereliquit. Videbantur passim cum eruditissimis clericis adhærere pontifici religiosissimi monachi, et in diversis professionibus habebatur vita communis, ita ut talis esset tunc sub Gregorio penes urbem Romam Ecclesia, qualem hanc fuisse sub apostolis Lucas, et sub Marco evangelista penes Alexandriam Philo commemorat.

13. Tunc rerum Sapientia Romæ sibi templum visibiliter quodammodo fabricabat, et septemplicibus artibus, veluti columnis nobilissimorum totidem lapidum, apostolicæ sedis atrium fulciebat. Nullus pontifici famulantium, a minimo usque ad maximum, barbarum quodlibet in sermone vel habitu præferebat, sed togata, Quiritum more, seu trabeata Latinitas suum Latium in ipso Latiali palatio singulariter obtinebat. Refloruerant ibi diversarum artium studia, et qui, vel sanctimonia, vel prudentia forte carebat, suo ipsius judicio subsistendi coram pontifice fiduciam non habebat.

Taurom. BOLLAND.

[d] Quartus fuit hujus civitatis episc., quo ejecto, intrusus est quidam Joannes. Vide Hist. Malacit., auct. Martino de Roa, cap. 12. In Mss. Norm. et Colb. legitur *Malalitanæ*, pro *Malacitanæ*. In Reg., *Malanitanæ*.

[e] De eo lege Rubeum, lib. IV Hist. Ravenn.

14. Accersebantur pontificibus profundis consiliis prudentes viri, quos perhibui, potius quam potentes; et paupere philosophia intrinsecus quid potius aut potissimum in unoquoque negotio sequendum putaretur artificiosis argumentationibus rationabiliter inquirente, dives inertia, quæ modo se de sapientibus pari sorte ulciscitur, præ cubiculi foribus despicabilis remanebat. Sola deerat interpretandi bilinguis peritia, et facundissima virgo Cecropia, quæ quondam suæ mentis acumina, Varrone cœlibatum suum auferente, Latinis tradiderat, imposturarum sibi præstigia, sicut ipse in suis epistolis queritur, vindicabat.

15. Nemo laicorum, quodlibet palatii ministerium, vel ecclesiasticum patrimonium procurabat, sed omnia ecclesiastici juris munia ecclesiastici viri subibant, nimirum laicis ad armorum solam militiam, vel agrorum curam continuam deputatis. Ob hoc se nonnulli procerum sub obtentu religionis primo tonsurare cœperunt. Quorum tergiversationi Mauricius imperator prudenter occurrens, data per Longinum Stratorem lege, præcepit ut quisquis fuisset publicis administrationibus implicatus, ei ad ecclesiasticum venire officium non liceret. Quam legem Gregorius super hoc valde laudavit, dicens: « Qui sæcularem habitum deserens, ad ecclesiactica officia venire festinat, non relinquere cupit sæculum, sed mutare. » (*Lib.* III, *ep.* 65.)

16. Verum, dum ad clericalem professionem tam ex ecclesiastica, quam ex sæculari quoque militia diversis occasionibus, quotidie pene innumerabilis multitudo conflueret, pastor ad omnia providus, nequaquam eos ad ecclesiastici decoris officium, sed ad capiendum solummodo monachicum propositum suscipiendos esse censebat, dicens: « Multos ex ecclesiastica seu sæculari militia novimus ad omnipotentis Dei servitium festinare, ut, ab humana servitute liberi, in divino servitio videantur familiarius in monasteriis conversari. Quod si passim dimittimus, omnibus [a] fugiendi ecclesiastici vel sæcularis juris dominium occasionem præbemus. Si vero festinantes ad omnipotentis Dei servitium incaute retinemus, illi invenimus negare quædam, qui dedit omnia. Unde necesse est ut quisquis ex juris ecclesiastici vel sæcularis militiæ servitute ad Dei servitium converti desiderat, probetur prius in laico habitu constitutus, et si mores ejus atque conversatio bono desiderio illius testimonium ferant, absque ulla retractatione servire in monasterio omnipotenti Deo permittatur, ut ab humano servitio liber recedat, qui in divino obsequio districtiorem subire appetit servitutem. Si autem et in monachico habitu secundum Patrum regulas irreprehensibiliter fuerit conversatus, post præfixa sacris canonibus tempora, licenter jam ad quodlibet ecclesiasticum officium provehatur, si tamen illis non fuerit criminibus maculatus, quæ in Testamento Veteri morte mulctantur. »

17. Sed, et [b] Gelasianum Codicem de missarum solemniis, multa subtrahens, pauca convertens, nonnulla vero superadjiciens, pro exponendis evangelicis lectionibus in unius libri volumine coarctavit. In canone apposuit: « Diesque nostros in tua pace dispone, atque ab æterna damnatione nos eripi, et in electorum tuorum jubeas grege numerari. »

18. Stationes per basilicas vel beatorum martyrum cœmeteria, secundum quod hactenus plebs Romana quasi eo vivente certatim discurrit, sollicitus ordinavit: per quas et ipse simul discurrens, dum adhuc eloqui prævaleret, viginti homilias Evangelii coram Ecclesia diverso tempore declamavit; reliquas vero ejusdem numeri dictavit quidem, sed, lassescente stomacho languore continuo, aliis pronuntiandas commisit.

19. Sequebatur exercitus Domini ultra citraque Gregorium præeuntem, et auditura verbum doctrinæ innumerabiles undique diversi sexus, ætatis ac professionis, voluntariæ confluebant cohortes, quibus ille, utpote doctor cœlestis militiæ, cunctis duntaxat arma spiritalia suggerebat, pauperibus vero et advenis, qui pro conditione temporum Romam influxerant, quotidiana stipendia ministrabat.

20. Super corpora beatorum Petri et Pauli apostolorum missarum solemnia celebrari decrevit, acquisitis numerosissimis olivetis, quorum summam in tabulis marmoreis præ foribus ejusdem basilicæ 51 annotavit. Luminaria superaddidit, officia sedula deputavit. De sepultura juxta Ecclesiam, commodum sperare prohibuit. Septem ex defensoribus honore regionario decorandos indixit. *Alleluia* extra Pentecostes tempora dici ad missas fecit. Subdiaconos exspoliatos procedere statuit. *Kyrie eleison* cantari præcepit, et orationem Dominicam mox post canonem super hostiam censuit recitari.

21. De quibus cum postea quosdam murmurare sentiret, tanquam qui Constantinopolitanæ Ecclesiæ consuetudines sequeretur, piissimus Pater non dedignatus est reddere rationem, dicens: « Nos in nullo horum aliam Ecclesiam secuti sumus. Nam ut *Alleluia* hic [c] diceretur, de Jerosolymorum Ecclesia ex beati Hieronymi traditione, tempore beatæ memoriæ Damasi papæ, traditur tractum; et ideo magis in hac sede illam consuetudinem amputavimus, quæ hic a Græcis fuerat tradita. Subdiaconos autem, ut spoliatos

---

[a] Andeg., *fugiendi ad ecclesiastici, vel sæcularis juris dominium occasionem præbemus.*

[b] Sic dictum ex Gelasio I, ejus auctore. De additione facta verborum, *Diesque nostros*, etc., lege Bedam, lib. II Hist., cap. 1. Censet doctissimus Hugo Menardus, in nota 2 ad lib. Sacramentorum sancti Gregorii olim hæc verba, *in unius libri volumine coarctavit*, lectum fuisse, *quod volumen librum Sacramentorum prætitulavit;* niteturque testimonio Bernonis abbatis Augiensis, c. 1 libri de quibusdam rebus ad missam spectantibus: *unde,* inquit, *et in Vita ipsius legimus; Sed et Gelasianum,* etc..., *coarctavit, quod volumen,* etc. Sed fortasse ultima illa verba sunt Bernonis, non Joannis Diaconi, Certe in ipsius Codd. mss. nihil simile legitur, nullaque supersunt abrasionis aut avulsionis vestigia.

[c] Mabill. et Gussanv., *non diceretur*. Tollenda est necessario negatio; alioquin Gregorius non responderet querelis de introducto cantico *Alleluia*.

procedere facerem, antiqua consuetudo Ecclesiæ fuit, sed placuit cuidam nostro pontifici, nescio cui, qui eos vestitos procedere præcepit. Nam Siciliæ Ecclesiæ, nunquid traditionem a Græcis acceperunt? Unde ergo habent hodie ut subdiaconi in lineis tunicis procedant, nisi quia hoc a matre sua Romana Ecclesia perceperunt? *Kyrie eleison* autem nos neque diximus neque dicimus, sicut a Græcis dicitur, quia in Græcia omnes simul dicunt, apud nos vero a clericis simul dicitur, a populo respondetur. Et totidem vicibus etiam *Christe eleison* dicitur, quod apud Græcos nullomodo dicitur. In quotidianis autem missis alia quæ dici solent tacemus, tantummodo *Kyrie eleison*, et *Christe eleison* dicimus, ut in his deprecationis vocibus paulo diutius occupemur. Orationem vero Dominicam idcirco mox post precem dicimus, quia mos apostolorum fuit ut ad ipsam solummodo orationem oblationis hostiam consecrarent. Et valde mihi inconveniens visum est ut precem quam schelasticus composuerat super oblationem diceremus, et ipsam traditionem quam Redemptor noster composuit super ejus corpus et sanguinem non diceremus. Sed et Dominica oratio apud Græcos ab omni populo dicitur, apud nos vero a solo sacerdote cantatur. In quo ergo Græcorum consuetudines secuti sumus, qui aut veteres nostras reparavimus, aut novas et utiles constituimus, in quibus tamen alios [a] non probamur imitari? Ergo vestra charitas, cum occasio dederit ut ad Catanensem civitatem pergat, vel in Syracusana Ecclesia, eos quos credit aut intelligit, quia de hac re murmurare potuerunt, facta collocutione, doceat, et quasi alia ex occasione eos instruere non desistat. Nam de Constantinopolitana Ecclesia quod dicunt, quis eam dubitet sedi apostolicæ esse subjectam? Quod et piissimus dominus imperator, et frater noster ejusdem civitatis episcopus assidue profitentur; tamen si quid boni, vel ipsa, vel altera Ecclesia, habet, ego et minores meos, quos ab illicitis prohibeo, in bono imitari paratus sum. Stultus est enim qui in eo se primum existimat, ut bona quæ viderit discere contemnat. » (*Lib.* IX, *ep.* 12.)

22. Tantæ hospitalitatis Gregorius in ipso etiam patriarchio permansit, ut exceptis his quos, tam per diversas regiones quam Romæ quoque Langobardorum 52 perfidiæ gladios fugientes, ecclesiastica stipe misericorditer nutriebat, ad mensam suam quotidie peregrinos quoslibet invitaret. Inter quos die quadam unus accessit, in cujus manibus dum ipse ex humilitatis ministerio aquam fundere vellet, conversus urceum accepit, sed repente eum in cujus manibus aquam fundere voluerat non invenit. Cumque hoc factum secum ipse miraretur, eadem nocte Dominus ei per visionem dixit : « Cæteris diebus me in membris meis, hesterno autem die me in memetipso suscepisti. »

23. Alio quoque tempore idem Gregorius, juxta consuetudinem suam, præcepit sacellario ut duodecim peregrinos ad prandium invitaret. Qui pergens jussa complevit, eosque ad mensam pariter [b] ordinavit. Dum autem simul discumberent, intuens papa, tredecim numeravit; et accersito sacellario, cur contra jussionem suam tertium decimum invitare præsumpserit inquisivit. Ille obstupefactus, convivantes peregrinos curiosius numeravit, et duodecim solos inveniens, veluti securus respondit : « Crede mihi, honorabilis Pater, non sunt nisi duodecim, sicut ipse jussisti. » Ergo dum convictus sæpius duodecim identidem numeraret, ac tertium decimum quem solus papa videre poterat, non videret, animadvertit spiritualis Pater Gregorius virum propius discumbentem vultus crebro convertere, et nunc adolescentem, nunc vero vetulum veneranda quadam canitie simulare. Finito convivio, duodecim quidem abire permisit; tertium decimum vero manu suscipiens, in cubiculum suum induxit, vehementer adjurans ut ei se nomenque suum simpliciter prodere dignaretur. Qui respondens, dixit : « Et cur interrogas de nomine meo, quod est mirabile? Verumtamen scito, memoria recognoscens, quia ego sum naufragus ille qui quondam veni ad te, quando scribebas in cella monasterii tui ad clivum Scauri, cui dedisti duodecim numismata, et argenteam scutellam, quam tibi miserat cum infusis leguminibus beata Silvia mater tua. Et hoc tibi pro certo sit cognitum, quia ab illo die quo mihi hæc hilari animo tribuisti, destinavit te Dominus fieri præsulem sanctæ suæ Ecclesiæ, pro qua et proprium sanguinem fudit, et esse te successorem atque vicarium apostolorum principis Petri, cujus et virtutem imitatus es cum substantiam offerentium divideret, prout cuique opus erat. » Hæc audiens Gregorius dixit : « Et tu quomodo nosti quod tunc me Dominus præesse sanctæ Ecclesiæ suæ destinarit? » At ille inquit : « Quoniam ego angelus ejus sum, et tunc ab eo ad tuum inquirendum propositum destinatus. » Tunc Gregorius, quia nondum manifeste viderat angelum, prorsus expavit, sibique hunc taliter dicentem audivit : « Ne timeas, neque formides, ecce enim misit me Dominus, ut sim tibi custos, quandiu fueris in isto mortali sæculo, quatenus quamcunque rem petieris, per me apud eum fiducialiter valeas impetrare. » Illico Gregorius in faciem suam corruit, dicens : « Si propter pusillum meæ parvitatis munusculum tanta mihi retribuit omnipotentissimus Dominus, ut et pontificem me sanctæ suæ Ecclesiæ faceret, et custodem mihi suum angelum deputaret, quanta putem mihi restitui, si in præceptis ejus totis viribus permanens, 53 plura studuero de pluribus erogare? »

24. Igitur incipiens tanto largior esse de collato temporali commodo, quantum certior de recipiendo præmio sempiterno, cunctorum patrimoniorum præ=

---

[a] *Editi, comprobamur*, repugnantibus Mss. et contra sancti Gregorii mentem.
[b] Bigot. et Utic., *invitavit*, Porro hic *sacellarius*, seu potius *saccellarius*, dicitur, qui sacculos ad eleemosynam servat; seu thesaurarius. Apud sanctum Antonium scribitur *saccellarius*.

diorumque reditus ex ᵃ Gelasiano polyptyco, cujus nimirum studiosissimus videbatur pedissequus; ᵇ adæravit, eorumque pensionibus in auro argentoque (collatis omnibus ordinibus ecclesiasticis, vel palatinis, monasteriis, ecclesiis, cœmeteriis, diaconiis, xenodochiis urbanis, vel suburbanis) quot solidi ᶜ singulis quater in anno distribuerentur, Pascha scilicet, natali apostolorum, natali sancti Andreæ, natalitioque suo, per polyptychum quo hactenus erogatur indixit.

25. Extra quos primo Dominicæ resurrectionis diluculo in basilica quondam doctissimi papæ Vigilii, juxta quam consuetudinaliter habitabat, ad impertiendum pacis osculum residens, cunctis episcopis, presbyteris, diaconibus, aliisque ᵈ axiomaticis aureos erogabat. Natalitio vero apostolorum, vel suo, mistos solidos offerens, peregrina nihilominus vestimenta donabat.

26. Omnibus omnino Kalendis, pauperibus generaliter easdem species quæ congerebantur ex reditibus erogabat: et suo tempore frumentum, suo vinum, suo caseum, suo legumen, suo lardum, suo ᵉ manducabilia animalia, suo pisces vel oleum paterfamilias Domini discretissime dividebat. Pigmenta vero aliaque ᶠ delicatiora commercia primoribus honorabiliter offerebat, ita ut nihil aliud quam communia quædam horrea, communis putaretur Ecclesia.

27. Tribus millibus ancillis Dei, quas Græci *monastrias* vocant, quindecim libras auri pro lectisterniis dedit, eisque pro quotidianis stipendiis octoginta libras annualiter conferebat. De quibus Theoctistæ patriciæ scribens: « Harum, inquit, talis vita est, atque in tantum lacrymis et abstinentia districta, ut credamus quia si ipsæ non essent, nullus nostrum jam per tot annos in loco hoc subsistere inter Langobardorum gladios potuisset. » (*Lib.* VI, *ep.* 26.)

28. Quotidianis quibusque diebus per omnium regionum vicos vel compita, infirmis seu qualibet corporis parte debilibus cocta stipendia per constitutos veredarios emittebat. Verecundioribus vero, antequam ipse cibum caperet, a mensa sua benedictionis apostolicæ ostiatim dirigere curabat scutellam, ita ut neminem prorsus exciperet misericordissimi benevolentia provisoris, quem ad fidem traxerat omnipotentis cognitio Creatoris.

29. Horum dum quemdam pauperem in angustis ᵍ andronarum recessibus a vespillionibus inveniri mortuum contigisset, æstimans eum stipis inopia ʰ periisse, ita per aliquot dies, ut dicitur, a missarum celebratione vacando, tristatus est, tanquam

A si eum propriis manibus, quod dictu nefas est, peremisset.

30. Exstat usque hodie in sacratissimo Lateranensis palatii scrinio hujus confectum temporibus chartaceum prægrande volumen, in quo communis sexus cunctarum ætatum ac professionum nomina tam Romæ quam per suburbana civitatesve vicinas, necnon longinquas maritimas urbes degentium, 54 cum suis cognominibus, temporibus, et remunerationibus expressius continentur. Quorum summam, ne videlicet fastiditus transiliar, ego transferre diffugio, meique lectoris oculum ad illius venerandi scrinii plenitudinem, cujus ipse pene in cunctis auctoritatem, papa largiente, secutus sum, transmitto.

31. Præterea cum Arianorum basilica in regione urbis hujus quæ Suburra dicitur clausa usque ad Gregorii pontificatus tempora remansisset, placuit ei ut in fide catholica, introductis illuc beati Sebastiani et sanctæ Agathæ martyrum reliquiis, dedicari debuisset, quod factum est. Nam cum magna populi multitudine Gregorius laudes canendo perveniens, basilicam præfatam ingressus est; cumque venerabilis pontifex jam missarum solemnia celebraret, ac propter ejusdem loci angustias populi se turba comprimerent, quidam ex his qui extra sacrarium stabant, porcum subito inter suos pedes, huc et illuc discurrere senserunt. Quem dum unusquisque sentiret, et juxta se stantibus indicaret, idem porcus ecclesiæ januas petiit, et omnes, per quos transiit, in admirationem convertit; sed videri nil potuit, quamvis sentiri potuisset. Quod idcirco divina pietas ostendit, ut cunctis patesceret quia veniente cum reliquiis sanctorum Gregorio, de loco eodem immundus habitator exiret.

52. Peracta igitur missarum celebratione, papa cum plebe recessit; sed adhuc nocte eadem magnus in ejusdem Ecclesiæ tectis strepitus factus est, ac si in ea aliquis errando discurreret. Sequenti autem nocte gravior sonitus excrevit, cum subito tantus terror insonuit, ac si omnis ecclesia illa a fundamentis fuisset eversa, et protinus recessit, ac nulla illic ulterius inquietudo antiqui hostis apparuit; sed per terroris sonitum, quem fecit, innotuit a loco quem diu tenuerat quod per invocationem Gregorii coactus exibat. Post paucos vero dies in magna serenitate aeris super altare ejusdem ecclesiæ nubes cœlitus descendit, suoque illud velamine operuit, omnemque ecclesiam tanto terrore ac suavitate odoris implevit, ut, patentibus januis, nullus illic præsumeret intrare, et sacerdotes atque custodes, vel hi qui ad celebranda missarum solemnia venerant, et rem videbant,

---

ᵃ A Græco πτυχίς, significat vestium, chartarum, et aliorum quæ complicantur singulas plicaturas, folia et laminas. MABILL. — Hic libellus est in quo reditus ecclesiastici annotabantur, et quid singulis indigentibus erogaretur. De hac voce, vide epist. 40 lib. VII, ind. 2.
ᵇ In Colb., *aggregavit*; in Reg., *adhærere*. In Utic., verbo *adæravit* superscribitur *vel erogavit*.
ᶜ Abest *singulis* a Mss. Norm.
ᵈ Id est, viris in dignitatibus constitutis ab ἀξίωμα.

dignitas. Non raro Joannes Diaconus usurpat verba Græca.
ᵉ Colb., Gemet. et Big., *manducalia*, quod etiam olim in Utic. legebatur.
ᶠ Colb., Gemet. et Bigot., *ditiora*. Utic. utramque lectionem servat.
ᵍ Ἀνδρῶν, locus in quo soli viri degunt; hinc *androna* formatum. BOLL.
ʰ *defecisse*.

ingredi minime poterant, et suavitatem mirifici odoris trahebant. Die vero alia in ea lampades sine lumine sunt accensæ. Post paucos iterum dies cum, expletis missarum solemniis, exstinctis lampadibus, custos ex eadem [a] ecclesia egressus fuisset, post paululum intravit, et lampades quas exstinxerat lucentes reperit, quas negligenter exstinxisse se credidit, atque eas jam sollicitius exstinxit, qui exiens ecclesiam clausit. Sed post horarum trium spatium regressus, lucentes lampades quas exstinxerat invenit, ut videlicet ex ipso lumine aperte claresceret, quia per beatum Gregorium locus ille de tenebris ad lucem venisset.

33. Sed cum Gregorius pro convertendis Anglis Saxonibus, quemadmodum in monachatu suo proposuerat, assiduis cogitationum fluctibus [b] urgeretur, mox ubi, Ecclesiæ statu composito, [c] quartum sui pontificatus annum intravit, Augustinum cum aliis domus suæ [d] monasterii monachis in Britanniam evangelizandi gratia destinavit. [e] Qui susceptæ peregrinationis, post dies aliquot, inerti tædio prægravati, redire domum potius quam barbaram, feram, incredulamque gentem, cujus ne linguam quidem intelligerent, adire decreverunt. Nec mora, Augustinum, quem eis episcopum consecrandum, si ab Anglis exciperentur, indixerat, Romam remittunt, summum præsulem deprecantes ut tam laboriosam, tam incertam, tamque periculosam peregrinationem sibi nuper impositam removeret, et ad suos reverti permitteret. Quibus ille rescripsit, dicens:

34. « Gregorius episcopus, servus servorum Dei, servis Domini nostri Jesu Christi. Quia melius fuerat bona non incipere, quam ab his quæ cœpta sunt cogitatione retrorsum redire, summo studio, dilectissimi Filii, oportet ut opus bonum quod cœpistis, auxiliante Domino, compleatis. Nec labor vos ergo itineris, nec maledicorum hominum linguæ deterreant; sed omni instantia, omnique fervore, quæ inchoastis, Deo auctore, peragite, scientes quod laborem magnum major æternæ retributionis gloria consequetur. Remeanti autem Augustino præposito vestro, quem et abbatem vobis constituimus, in omnibus humiliter obedite, scientes vestris animabus per omnia profuturum quidquid a vobis fuerit in ejus admonitione completum. Omnipotens Deus sua vos gratia protegat, [f] et vestri laboris fructum in æterna me patria videre concedat; quatenus et si vobiscum laborare nequeo, simul in gaudio retributionis inveniar, quia laborare scilicet volo. » (Lib. VI, epist. 51.)

35. His exhortationibus Augustinus cum fratribus A roboratus, per Ætherii Arelatensis vatis, perque aliorum episcoporum Galliæ, regumque quibus eos piissimus Pater propriis litteris commendarat, hospitia, Britanniam petiit, et ad [g] Edelbertum regem Cantuariorum veniens, Dei cooperante gratia, non solum licentiam prædicandi, verum etiam victus et mansiones in civitate Dorovernensi, quæ erat regni ejus metropolis, facile impetravit. Ad quam Augustinus cum sociis, prælata cruce, seu Salvatoris imagine, appropinquans cecinit, dicens: « Deprecamur te, Domine, in omni misericordia tua, ut auferatur furor tuus iraque tua a civitate ista, et a domo sancta tua, quoniam peccavimus. » Prædicantibus autem eis, et in nomine Jesu miracula facientibus, crediderunt multi, et baptizati sunt, mirantes innocentis vitæ simplicitatem, complectentesque dulcedinem cœlestis doctrinæ.

36. Quapropter Augustinus Arelas venit, et secundum Gregorii jussionem ab [h] Ætherio episcopus consecratus, in Britanniam remeavit; illicoque per Laurentium presbyterum, et Petrum monachum papæ Gregorio conversionem gentis Anglorum, seque consecratum innotuit, suggerens ut sibi mitteret plurimos verbi ministros, eo quod messem quidem multam haberet, operarios autem paucos.

37. Quibus relationibus Gregorius in Christo lætificatus, misit Augustino plurimos verbi ministros, in quibus præcipui erant Mellitus, Justus, Paulinus, et [i] Rufinianus; et per eos universa quæ ad cultum erant Ecclesiæ necessaria, vasa videlicet sacra, et vestimenta altarium, ornamenta ecclesiastica, vestimenta clericalia, apostolorum et multorum sanctorum reliquias, et Codices multos. Misit ei et pallium, jubens ut sub metropoli sua Cantiæ duodecim episcopos ordinaret, ad Londoniam et Eburacam singulos episcopos mitteret, qui sub se duodecim nihilominus episcopos consecrantes, pallium ab apostolica sede perciperent, et post Augustini obitum ipse inter eos primus haberi debuisset, qui prius consecrari meruisset. Præcepit quoque ut in Anglorum gente idolorum fana non destrueret, sed sanctificatis aquis respersa in basilicas dedicaret. Et quia solebant Saxones in sacrificio dæmonum boves multos occidere, jussit ut in die dedicationis, vel natalitiis sanctorum martyrum, quorum reliquiæ illic ponerentur, tabernacula sibi circa easdem ecclesias, quæ ex fanis commutatæ sunt, de ramis arborum facerent, et religiosis conviviis solemnitates debitas celebrarent. Et quia super quibusdam capitulis Augustinus eum interrogans, qualiter episcopus cum suis conversari deberet clericis, requisivit, doctor humillimus modestia tribuere: *quatenus etsi vobiscum laborare nequeo*.

[a] Bigot. et Utic., *basilica*.
[b] Mss., *argueretur*.
[c] Imo *sextum*, etsi Mss. Codices habeant *quartum*.
[d] In Reg. omittitur, *monasterii*. Colb. et Norm., *Britannias*.
[e] Utic., *qui iter suscipientes*.
[f] Edit. Vatic., Gussanv., Mabill., *et nostri laboris*, contradicentibus Mss. et orationis serie, qua liquet Gregorium nullam sibi laboris apostolici partem præ

[g] Gemet. cum Bigot. et Colb., *Edilbertum*; Utic., *Adelbertum*.
[h] Legendum *Virgilio*, qui tunc Arelatensis erat episcopus. Ætherius vero Lugdun. Errori occasionem præbuit Beda, l. 1 Hist., c. 27.
[i] Andeg., *Erafin*. Utic., *Rufinus*. Reg., *Rufianus*.

inter cætera sic rescripsit : « Quia tua fraternitas, monasterii regulis erudita, seorsum vivere non debet a clericis suis, in Ecclesia Anglorum, quæ nuper, auctore Deo, ad ᵃ fidem perducta est, hanc debet conversationem instituere, quæ in initio nascentis Ecclesiæ fuit patribus nostris, in quibus nullus eorum ex his quæ possidebant aliquid suum esse dicebat, sed erant illis omnia communia. » Cum una sit fides, cur super missarum celebratione Gallicana Ecclesia Romana discordet Augustino quærenti Gregorius ait : « Novit tua fraternitas Romanæ Ecclesiæ consuetudinem, in qua se meminit enutritam. Sed mihi placet ut sive in Romana, sive in qualibet Ecclesia aliquid invenisti, quod plus omnipotenti Deo possit placere, sollicite eligas, et in Anglorum Ecclesia, quæ adhuc nova est ad fidem, institutione præcipua quæ de multis Ecclesiis colligere potuisti, infundas. Non enim pro locis res, sed pro bonis rebus loca amanda sunt. Ex singulis ergo quibusque Ecclesiis, quæ pia, quæ religiosa, quæ recta sunt, eligas, et hæc quasi in vasculo collecta, apud Anglorum mensam in consuetudinem vertas. » Interrogatus etiam quomodo ea quæ fures de ecclesiis abstulerint reddere debeant, mitissimus Pater : « Absit, inquit, ut ecclesia cum augmento recipiat quod de terrenis rebus videtur amittere, et lucra vana requirere. » Sane requisitus ab eodem Augustino usque ad quotam generationem fideles debeant copulari, Gregorius dispensatorie sic rescripsit : « Quædam terrena lex in Romana republica permittit ut sive frater et soror, seu duorum fratrum germanorum, vel duarum sororum filius et filia misceantur. Sed experimento didicimus ex tali conjugio sobolem non posse succrescere, ᵇ et sacra lex prohibet cognationis turpitudinem revelare. Unde necesse est ut jam tertia, vel quarta generatione generatio fidelium licenter sibi jungi debeat. Nam ᶜ in secunda, **57** quam prædiximus, omnimodo debet abstinere. » (*Lib.* xi, *epist.* 64.)

58. Verum post multum temporis a Felice Messanæ Siciliæ præsule requisitus utrum Augustino scripsisset ut Anglorum quarta generatione contracta matrimonia minime solverentur, humillimus Pater Gregorius inter cætera talem reddidit rationem : « Quod scripsi Augustino, Anglorum gentis episcopo, alumno videlicet, ᵈ ut recordatus es, tuo, de sanguinis conjunctione, ipsi et Anglorum genti, quæ nuper ad fidem venerat, ᵉ ne a bono quod cœperat metuendo austeriora recederet, specialiter et non generaliter cæteris me scripsisse cognoscas. Unde et mihi testis omnis Romana civitas existit, nec ea intentione hæc illis scriptis mandavi; ut postquam firma radice fuerint in fide solidati, si infra propriam consanguinitatem inventi fuerint, non separentur, aut infra affinitatis lineam, id est usque ad septimam generationem jungantur; sed adhuc illos neophytos existentes, sæpissime eos prius illicita docere, ᶠ vitare, et verbis ac exemplis instruere, et quæ post de talibus egerint, rationabiliter ae fideliter excludere oportet. Nam juxta Apostolum, qui ait : *Lac vobis potum dedi, non escam* (*I Cor.* iii, 2), ᵍ ista illis modo, non posteris, ut præfixum est, temporibus tenenda ʰ indulsimus, ne bonum quod infirma adhuc radice plantatum erat ⁱ erueretur, sed cœptum aliquantulum firmaretur, et usque ad perfectionem custodiretur. » (*Lib.* xiv, *epist. ult.*) Hæc ergo idcirco perstringenda curavi, ut hi qui occasione novæ dispensationis illicita matrimonia contrahunt, eruditissimum papam Gregorium non regulariter quartæ generationis copulam censuisse, imo venialiter simulque temporaliter permisisse cognoscant. Cujus nimirum precibus Deus omnipotens tantam Augustino ejusque sociis faciendorum signorum gratiam contulit, ut verbum vitæ quod ore prædicabant signorum efficacia confirmarent. Unde factum est ut paucis elabentibus annis, etiam cæteri Saxoniæ reges ad Christi Domini fidem per discipulos ejus accederent.

59. De cujus gentis conversione, simulque miraculorum prodigiis quæ ibidem fiebant, ita Gregorius in libris Moralibus perhibet, dicens : « Ecce lingua Britanniæ, quæ nihil aliud noverat quam barbarum frendere, jamdudum in Dei laudibus Hebræa cœpit verba resonare. Ecce quondam tumidus, jam substratus sanctorum pedibus servit Oceanus, ejusque barbaros motus, quos terreni principes edomare ferro nequiverant, hos pro divina formidine sacerdotum ora simplicibus verbis ligant ; et qui catervas pugnantium infidelis nequaquam metuerat, jam nunc fidelis humilium linguas timet. Quia enim perceptis cœlestibus verbis, clarescentibus quoque miraculis, virtus ei divinæ cognitionis infunditur, ejusdem divinitatis terrore refrenatur; ut prave agere metuat, ac totis desideriis ad æternitatis gratiam pervenire concupiscat. » (*Lib.* xxvii *Mor.*, n. 21.) Eulogio quoque patriarchæ Alexandrino, de doctrina suæ Ecclesiæ, conversione hæreticorum, concordiaque fidelium plausibilia referenti, Gregorius ita rescripsit : « Quoniam in bonis quæ agitis, scio quod et aliis congaudetis, vestræ quoque **58** gratiæ vicem reddo, quia dum gens Anglorum, in mundi angulo posita, in cultu lignorum ac lapidum perfida nunc usque remaneret, ex vestræ mihi orationis adjutorio placuit ut ad eam monasterii mei monachum in prædicationem transmittere, Deo auctore, debuissem ; qui, data a me licentia, a Germaniarum episcopis episcopus factus, cum eorum quoque solatiis, ad prædictam gentem in finem mundi perductus est. Et jam nunc de ejus salute et opere ad nos scripta pervenerunt, quia tantis miraculis, vel ipse, vel hi, qui cum eo Bolland. Edit.

ᵃ Vulgati, *conversa est.*
ᵇ Hæc desunt in Bigot. et Utic., ubi post *succrescere* immediate sequitur : *unde*, etc.
ᶜ Norm., *nam a secunda.* Andegav., *nam secundam.*
ᵈ Plurimi Edit., *ut recordor nostro.* Ipsis suffragantur Colb. et Reg. Sequuntur tres Mss. Norm. et

ᵉ Turon., *ne ab uno quod.*
ᶠ Abest *vitare* a Norm., Reg. et Colb.
ᵍ Andeg., *ita.*
ʰ Utic., *indiximus.*
ⁱ Andeg., cum Colb. et Norm., *exureretur.*

transmissi sunt, in gente eadem coruscant, ut Apostolorum virtutes in signis quæ exhibent imitari videantur. In solemnitate autem dominicæ nativitatis, quæ [a] prima indictione transacta est, plusquam decem millia Angli ab eodem nuntiati sunt fratre et coepiscopo nostro baptizati. Quod idcirco narravi, ut cognoscatis quid in Alexandrino populo loquendo, et quid in mundi finibus agitis orando. Vestræ enim orationes sunt in loco ubi non estis, quarum operationes sanctæ monstrantur in eo loco, ubi estis. » (*Lib.* VIII, *epist.* 30.)

40. Nihilominus eidem Augustino super eisdem miraculis inter alia scribit, inquiens : « Scio quia omnipotens Deus per dilectionem tuam in gentem, [b] quam eligi voluit, magna miracula ostendit. Unde necesse est ut de eodem dono cœlesti, et timendo gaudeas, et gaudendo pertimescas : gaudeas videlicet, quia Anglorum animæ per exteriora miracula ad interiorem gratiam pertrahuntur ; pertimescas vero, ne inter signa quæ fiunt infirmus animus in sui præsumptione se elevet, ut unde foras per honorem tollitur, inde per inanem gloriam intus cadat, etc. » (*Lib.* XI, *epist.* 28.)

41. Quæ autem de Gregorii miraculis penes easdem Anglorum Ecclesias vulgo leguntur, omittendo non arbitror, ne studiosi lectoris animus, aut defraudasse pertinaciter, aut negligenter præteriisse me [c] cognitionem congruam suspicetur. Matrona quædam beato Gregorio, per stationes publicas missarum solemnia celebranti, solitas oblationes obtulerat. Cui post mysteria traditurus, cum diceret : Corpus Domini nostri Jesu Christi conservet animam tuam, lasciva subrisit. Ille continuo dexteram ab ejus ore convertens, partem illam dominici corporis super altare deposuit. Expletis vero missarum solemniis, matronam coram populo inquisivit quam ob rem corpus dominicum susceptura ridere præsumpserit. At illa diu mussitans, tandem prorupit, quia panem, inquiens, quem propriis manibus me fecisse cognoveram, tu corpus dominicum perhibebas. Tunc Gregorius, pro incredulitate mulieris, cum tota plebe se in orationem prostravit ; et post paululum surgens, particulam panis quam super altare posuerat, carnem factam reperit : quam coram cunctis incredulæ matronæ demonstrans, ad credulitatis gratiam tam illam revocare potuit, quam totum populum confirmare curavit. Rursus itaque in orationem cum eisdem prostratus, carnis frustum in panis primordia reformavit.

42. Alio quoque tempore vir Dei Gregorius, miraculum pene huic simile perpetravit. Nam cum, petentibus quibusdam occidentalibus per legatos, 59 in singulis pyxidibus sub nominibus petitorum martyrum [d] brandeum solito more concludens, desuper sigillasset, legatis largitus est. Illi susceptas reliquias veneratione congrua deferentes, postquam quædam itineris milliaria consumpserunt, stulte se tantum viaticum confecisse murmurare cœperunt, si nesciant utrum sanctorum ossa an magis carnes a Romano pontifice suscepissent. Itaque communi consilio, remoto pontificali signaculo, reseratisque pyxidibus, particulas brandei repererunt. Mox ad urbis mœnia cum furore nimio revertentes, per archidiaconum a Gregorio delusos fuisse, ut pro reliquiis vilem pannum susciperent, flebiliter querebantur, dicentes dominos suos pulcherrimis palliis abundare, ac per hoc Romanorum vilibus brandeis non egere. Forte tunc Gregorius missarum solemnia celebrabat. Quibus expletis, ab eisdem legatis brandeum coram cunctis recipiens, super altare composuit, seque cum omnibus in orationem dedit, ut Deus omnipotens utrum quod a liminibus apostolorum de more transmissum est pro reliquiis martyrum venerari deberet quantocius indicaret. Deinde ab oratione surgens, incredulos legatos propius astare præcepit. Cultellum petiit, [e] more sanctissimi papæ Leonis, brandeum pupugit, de cujus punctionibus sanguis protinus emanavit. Quo miraculo tam legati confusi, quam omnes qui aderant tremefacti, jussu Gregorii cum eo terræ prostrati sunt, nec ante ab oratione cessaverunt, quam cuncta brandeorum foramina divinitus clauderentur.

43. Quidam præterea divitum Romanorum, relicta conjuge, fuerat a Romano pontifice communione privatus. Quod ille molestissime ferens, et auctoritatem tanti pontificis evacuare non prævalens, magorum suffragia requisivit. Qui, magnis muneribus persuasi, posse se suis carminibus agere ut, immisso dæmone, tandiu caballus pontificis vexaretur quousque cum sessore suo periclitaretur, fiducialiter promiserunt. Hac incestus judex pollicitatione lætatus, magos juxta viam qua pontifex ad stationem profecturus erat in edito stare permisit, ut videre transeuntes, non videri a transeuntibus possent. Cumque magi ex planetatorum mappulatorumque processionibus magnum pontificem cognovissent, immisso dæmone, tam fortiter ejus equum vexari fecerunt, ut nunquam a sessore sive a stratoribus teneri posse putaretur. Tunc Gregorius, revelante Spiritu sancto, dæmoniacam submissionem cognoscens, sancto crucis signaculo, tam caballum a præsenti rabie liberavit, quam maleficos ex latente culmine jubens deponere, perpetua cœcitate multavit. Quos reatum suum suggestione incesti judicis confitentes, ac post multum temporis ad sacri baptismatis gratiam venientes, luminibus quidem, [f] ne magica relegerent, reddere noluit, eos tamen ecclesiastica stipe nutriri præcepit.

44. Legitur etiam penes easdem Anglorum Eccle-

---

[a] Utic., *quæ hac prima.*
[b] Colb., Gemet. ac Bigot., *quam elegit, ut voluit.*
[c] Andeg., *cognitioni congruæ.* Gemet., *cognitioni congrua.* Big. et Utic., *cognitione congrua.*
[d] In Colb. et Norm. semper scribitur, *prandeum.* Brandeum, Isidoro zonarum genus, velum est quo corpus defuncti, vel sacræ reliquiæ teguntur. MABILL.
[e] Sanctus Gregorius, lib. IV, epist. 30, refert sanctum Leonem, dum Græci quidam dubitarent, brandeum forficibus incidisse, et ex ipsa incisione sanguinem effluxisse.
[f] Colb., Reg., Utic. et Big., *ne magicam.* Gemet. ac And., *ne magiam.*

sias, quod Gregorius per forum Trajani, quod ipse quondam pulcherrimis ædificiis venustarat, procedens, judicii ejus quo viduam consolatus fuerat recordatus ᵃ atque miratus sit; quod scilicet sicut a prioribus traditur, ita se habet. Quodam tempore, Trajano ad imminentis belli procinctum festinanti vehementissime, vidua quædam processit flebiliter dicens : Filius meus innocens, te regnante, peremptus est; obsecro ut, quia eum mihi reddere non vales, sanguinem ejus legaliter vindicare digneris. Cumque Trajanus, si sanus reverteretur a prælio, hunc se vindicaturum per omnia responderet, vidua dixit : Si tu in prælio mortuus fueris, quis mihi præstabit ? Trajanus dixit : Ille qui post me imperabit. Vidua dixit : Et tibi quid proderit, si alter mihi justitiam fecerit? Trajanus respondit : Utique nihil. Et vidua : Nonne, inquit, melius tibi est ut tu mihi justitiam facias, et tu pro hoc mercedem tuam recipias, quam alteri hanc transmittas? Tunc Trajanus ratione pariter pietateque commotus, equo descendit, nec ante discessit quam judicium viduæ per semet imminens profligaret. Hujus ergo mansuetudinem judicis asserunt Gregorium recordatum ad sancti Petri apostoli basilicam pervenisse; ibique tandiu super errore tam clementissimi principis deflevisse, quousque responsum sequenti nocte cepisset, se pro Trajano fuisse auditum, tantum pro nullo ulterius pagano preces effunderet. Sed cum de superioribus miraculis Romanorum sit nemo qui dubitet, de hoc quod apud Saxones legitur, hujus precibus Trajani ᵇ animam ab inferni cruciatibus liberatam, ob id vel maxime dubitari videtur, quod tantus doctor nequaquam præsumeret pro pagano prorsus orare; qui quarto Dialogorum suorum libro docuerit eamdem causam esse cur non oretur a sanctis in futuro judicio pro peccatoribus æterno igne damnatis; quæ nunc etiam causa est ut non orent sancti homines pro hominibus infidelibus impiisque defunctis; non advertentes quia non legitur pro Trajano Gregorium exorasse, sed tantum flevisse. Sic enim cum non oraverit Gregorius, plangendo potuit exaudiri, sicuti Moyses cum dolendo taceret, potuit clamasse videri, cui Dominus tacenti labiis : *Quid clamas*, inquit, *ad me* (*Exod.* xiv, 15)? Nimirum Deus omnipotens corda renesque scrutatur, et frequenter ea misertus concedit, quæ homo quamvis ut carnalis desideret, tamen petere non præsumit. Unde Psalmista : *Desiderium pauperum exaudivit Dominus, et desideria cordis eorum audivit auris tua* (*Psal.* xix, 17). Et notandum quia non legitur Gregorii precibus Trajani anima ab inferno liberata, et in paradiso reposita, quod omnino incredibile videtur propter illud quod scriptum est : *Nisi quis renatus fuerit ex aqua et Spiritu sancto non intrabit in regnum cœlorum* (*Joan.* iii, 3); sed simpliciter dicitur, ab inferni solummodo cruciatibus liberata. Quod videlicet potest videri credibile quippe cum ita valeat anima in inferno existere, et inferni cruciatus per Dei misericordiam non sentire, sicuti unus gehennæ ignis valet omnes peccatores pariter detinere, sic per Dei justitiam cunctos non valet æqualiter exurere. Nam uniuscujusque quantum meruit culpa, justo Dei judicio tantum sentietur et pœna.

45. Nihilominus ex libro qui a Græcis λειμών dicitur, a Latinis vero intelligitur *campus*, vel *pratum*, præceptor meus inter alia toto orbe jam diffamata miracula interpretatus est, mihi scribens : Enarravit nobis presbyter, nomine Petrus, de sancto Gregorio papa Romano (illinc enim erat reverendissimus hic presbyter) : Is, inquit (*Prat. spirit.* c. 192), effectus papa, ædificavit monasterium virorum magnum, et dedit mandatum ut nullus monachorum proprium aliquid haberet usque ad unum ᶜ obolum. Frater ergo de monasterio habebat fratrem sæcularem, et postulavit eum, dicens : Casulam non habeo, sed fac charitatem, eme mihi. Dicit ei sæcularis frater : Ecce tria numismata suscipiens, compara, ᵈ qualis tibi placet. Acceptis itaque monachus tribus numismatibus, habet ea apud se. Alius autem frater videns eum habentem tria numismata, pergens nuntiavit abbati. Abbas vero audiens, retulit beatissimo papæ. Beatissimus autem Gregorius discens hoc ab abbate, segregavit eum a communione, tanquam eum qui solverat regulam monasterii. Igitur post modicum temporis moritur frater segregatus, nesciente papa. Post duos ergo aut tres dies pergens abbas nuntiavit ei quia frater requievit. In hoc itaque non mediocriter tristatus est, quia antequam exiret de hac vita, non solvit eum ab excommunicationis ᵉ epithimio; et scribens orationem in pyctatio, dedit uni diaconorum suorum, jubens ei ire, et super fratrem legi eam. Erat autem oratio solvens ab excommunicatione defunctum. Vadit ergo diaconus, sicut præceptum ei fuerat, et super tumulum fratris legit pyctatium, habens orationem. Et ipsa nocte vidit abbas fratrem illum defunctum, et dixit ei : Non es mortuus, frater? Ille respondit, etiam. Et iterum interrogavit eum abbas : Ubi eras usque hodie? Respondit frater : Vere, domine, in custodia, et usque heri non sum absolutus. Notum itaque factum est omnibus quia in hora qua diaconus orationem dixit super sepulcrum, in ea hora absolutus est ab excommunicatione, et liberata est ᶠ a dominatione anima ejus.

ᵃ Big., *miseratus sit.*
ᵇ Colb., Andeg. et Norm., *Trajani anima..... liberata... dubitare videntur.*
ᶜ Nonnulli Editi et Mss., *obulum.*
ᵈ Gemet. ac Bigot., *quidquid tibi placet.* Porro casula vestis seu tunica est monachorum, licet vulgo sumatur pro casula presbyteri; de qua notanda verba synodi sub Carlomanno habitæ ann. 742 : *Decrevimus quoque ut presbyteri vel diaconi non sagis, laicorum more, sed casulis utantur, ritu servorum Dei, id est monachorum.* MABILL. In Prato sp. legitur : Tunicam *non habeo.* Græce, χαμίσιον. Hieronymus epist. ad Fabiolam : *Solent militantes habere lineas tunicas, quas camisias vocant.* Isidorus, l. xix. Orig., c. 22, *camisias* appellat, *quod in his dormimus in camis, id est in stratis nostris.* Consule Onomasticon Rosveydi. Est autem *cama* etiam hodie Hispanis lectus, cubile. BOLLAND.
ᵉ *Epitimium*, multa ecclesiastica. *Pyctacium*, tabellæ litterariæ. MABILL.
ᶠ Purgatorii, non inferni : vide notas in Vitam S. P. Bened., c. 25.

46. Igitur Gregorius non solum Saxones in propriis sedibus commanentes Christo Domino dedicavit, verum etiam pueros eorum per exteras regiones diffusos, suis pretiis comparans annualiter, ad cognitionem fidei deducebat. Unde Candidum presbyterum commonet, dicens : « Pergens, auxiliante Domino Deo nostro Jesu Christo, ad patrimonium quod est in Galliis gubernandum, volumus ut dilectio tua ex solidis quos acceperit vestimenta pauperum, vel pueros Anglos, qui sunt ab annis decem et septem, vel decem et octo, ut in monasteriis dati Deo proficiant, comparet, quatenus solidi Galliarum, qui in terra nostra expendi non possunt, apud locum proprium utiliter expendantur. Si quid vero de pecuniis redituum, quæ dicuntur [a] ablatæ, recipere potueris, ex his quoque vestimenta pauperum comparare te volumus ; vel, sicut præfati sumus, pueros qui in omnipotentis Dei servitio proficiant. Sed quia pagani sunt, qui illic inveniri possunt, volo ut cum eis presbyter transmittatur, ne quid ægritudinis contingat in via, ut quos morituros conspexerit debeat baptizare. » (*Lib.* vi, *ep.* 7.)

47. 62 Sardiniæ quoque rusticos mitissimus rector Gregorius in errore [b] vetustatis adeo permanere condoluit, ut Januarium Caralitanum episcopum pro negligentiis increpando, inter cætera scribat : « Accidit aliud valde lugendum, quia ipsos rusticos, quos habet Ecclesia nunc usque in infidelitate remanere negligentia fraternitatis vestræ permisit. Et quid vos admoneo ut ad Dominum extraneos adducatis, qui vestros ab infidelitate negligitis corrigere? Unde necesse est vos per omnia in eorum conversione vigilare. Nam si cujuslibet episcopi in Sardinia insula paganum rusticum invenire potuero, in eodem episcopo fortiter vindicabo. Jam vero si rusticus tantæ fuerit perfidiæ et obstinationis inventus, ut ad Dominum venire minime consentiat, tanto pensionis onere gravandus est, ut ipsa exactionis suæ pœna compellatur ad rectitudinem festinare. » (*Lib.* iv, *ep.* 26.)

48. Quod cum Gregorius fructuose simulque salubriter in Sardiniæ rusticos processisse cognosceret, etiam in Judæos patrimoniorum suorum rusticos non dissimiliter est conatus extendere. Unde Cypriano diacono scribit, dicens : « Pervenit ad me esse Hebræos in possessionibus [c] nostris, qui converti ad Deum nullatenus volunt. Sed videtur mihi ut per omnes possessiones in quibus ipsi Hebræi esse noscuntur, epistolas transmittere debeas, eis ex me specialiter promittens quod quicunque ad verum Dominum Deum nostrum Jesum Christum ex eis conversus fuerit, onus possessionis ejus ex aliqua parte imminuetur. Quod ita quoque fieri volo, ut si quis ex eis conversus fuerit, si solidi pensionem habet, tre- missis ei relaxari debeat ; si tres vel quatuor, unus solidus relaxetur; si quid amplius, jam juxta eumdem modum debet relaxatio fieri, vel certe juxta quod dilectio tua prævidet, ut et ei convertitur onus relevetur, et ecclesiastica utilitas non gravi dispendio prematur. Nec hoc inutiliter facimus, si pro levandis pensionum oneribus eos ad Christi gratiam perducimus, quia et si ipsi minus fideliter veniunt, hi tamen qui de eis nati fuerint, jam fidelius baptizantur. Aut ipsos ergo, aut filios eorum lucramur, et ideo non est grave quidquid de pensione pro Christo dimittimus. » (*Lib.* v, *epist.* 8.)

49. Enimvero tam levigationibus dationum quam promissionibus regni cœlorum Judæi per diversa loca ad Christum, quem patres eorum negaverant, venire cœperunt. Quibus cum salute animæ vestimenta quoque baptizandis habilia conferebat. Unde Fantino defensori : « Domina, inquit, abbatissa monasterii sancti Stephani, quod in Agrigentino est territorio constitutum, indicante, comperimus multos Judæorum ad christianam fidem, divina gratia inspirante, velle converti, sed esse necessarium ut aliquis illuc ex nostro mandato debeat proficisci. Proinde hujus tibi auctoritatis tenore præcipimus ut, omni excusatione summota, ad prædictum locum pergere, et desiderium eorum tuis, Deo propitio, adhortationibus adjuvare festines. Quibus tamen si longum vel triste 63 videtur [d] solemnitatem sustinere paschalem, et eos nunc ad baptisma festinare cognoscis, ne, quod absit, longa dilatio eorum retro possit animos revocare, cum episcopo loci ipsius loquere, ut pœnitentia ac abstinentia quadraginta dierum indicta, aut die Dominico, aut si celeberrima festivitas fortassis occurrerit, eos, omnipotentis Dei misericordia protegente, baptizet; quia et temporis qualitas propter eam quæ sibi imminet cladem impellit ut desideria eorum nulla debeant dilatione differri. Quoscumque vero ex eis pauperes, et ad vestem sibi emendam non sufficere posse cognosces, te eis vestem, quam ad baptismum habeant, comparare volumus ac præbere, in quibus pretium quod dederis tuis noveris rationibus inputandum. Si vero sanctum Pascha elegerint exspectare, iterum cum episcopo loquere ut modo quidem catechumeni fiant, atque ad eos frequenter accedat, geratque sollicitudinem et animos eorum admonitione suæ adhortationis accendat; [e] ut quanto quæ exspectatur elongatur festivitas, tanto se præparare et eam desiderio ferventi debeant sustinere. » (*Lib.* viii, *epist.* 23.) Item Petro, episcopo Corsicæ, inter alia : « Tansmisimus, ait, fraternitati tuæ quinquaginta solidos ad vestimenta eorum qui baptizandi sunt comparanda. » (*Lib.* viii, *ep.* 1.)

---

[a] Big. et Gemet., *oblatæ*.
[b] Mabill. et Gussanv., necnon alii Editi, *vetustissimo*.
[c] Big. et nonnulli, *vestris*.
[d] Solemne fuit quondam in Ecclesia ut baptismus sola Paschatis, vel Pentecostes vigilia frequentaretur. Qui mos non solum ad Caroli M. tempora viguit in Ecclesia Gallic., sed usque ad sæculum xi perduravit. Nam in Conc. Rothom. ann. 1072, apud Ord. Vitalem, l. iv hist. Eccl. p. 529, statuitur *ne generale baptisma nisi Sabbato paschæ et Pentecostes fiat*. MABILL. Cujus observationem longiusculam exscribere ex integro non vacat, etsi dignam quæ legatur tota. Vide not. ad epist. 23 lib. viii.
[e] Big. et Gemet., *ut quanto exspectatur elongaturque festivitas*. Andeg., *ut quanto quæ exspectata elongatur festivitas*.

50. Nihilominus pro Arianorum parvulis fidei catholicæ sociandis, Gregorius pastoralis curæ sollicitudinem prorsus extendit. Quapropter universis episcopis Italiæ scribens, ait : « Quoniam nefandissimus Autharith in hac quæ nuper [a] expleta est Paschali festivitate Langobardorum filios in fide catholica baptizari prohibuit, pro qua culpa eum divina Majestas exstinxit, ut solemnitatem [b] Paschæ alterius non videret, vestram fraternitatem decet cunctos per loca vestra Langobardos admonere, ut quia ubique gravis mortalitas imminet, eosdem filios suos in Ariana hæresi baptizatos ad catholicam fidem concilient, quatenus iram super eos omnipotentis Dei placent. » Item [c] Præjecto, episcopo Narniensi : « Pervenit ad nos, peccatis imminentibus, in civitate vestra mortalitatem omnino grassari, quæ res nos nimis addixit. Quamobrem salutantes fraternitatem tuam, instantissime suademus ut a Langobardorum, sive Romanorum, qui in eodem loco degunt, admonitione nulla ratione cessetis, et maxime a gentilium et hæreticorum, ut ad veram rectamque fidem catholicam converiantur. Sic enim aut divina misericordia pro sua forsan eis conversione, et in hac vita subveniet, aut si eos migrare contigerit, a suis, quod et magis optandum est, transeunt facinoribus absoluti. » (Lib. II, ep. 2.)

51. Igitur prudentissimus paterfamilias Christi Gregorius singulis diaconiis vel xenodochiis viros idoneos deputavit, quos etiam, ut securius, imo sagacius in opere pietatis ac misericordiæ laborarent, hujusmodi privilegiis muniendos esse decrevit : « Licet eos qui pia intentione sollicitudinis curam debilibus ac egenis impendunt, 64 sua apud omnes valeat tueri devotio, melius tamen est si pro quiete sua de his fuerint muniti quæ gesserint, ne inde eis inquietudinis occasio unde magis laudandi sunt oriatur. Quia igitur te virum [d] religiosum, intentionis tuæ studio provocati, mensis pauperum exhibendæ diaconiæ elegimus præponendum, ne qua tibi ex hac nascatur administratione dubietas, hac te munitione prospeximus fulciendum, constituentes ut de hoc quod ad mensas pauperum vel diaconiæ exhibitionem percepisti, sive subinde perceperis erogandum, nulli unquam hominum, quolibet modo seu ingenio, cogaris ponere rationem, vel aliquam debeas molestiam sustinere. Sed quia ita humanis te omnibus esse volumus rationibus absolutum, ut Deo nostro de his quæ tibi commisimus rationem te noveris positurum, hortamur ut fidei in te sinceritas vigeat, sit mens in rebus intentior, cura propensior, [e] studium vigilantius, devotio clarior, exhibitio efficacior, quatenus dum divino jutus auxilio, hoc opus solerter impleveris, et illi pro quibus sollicitudinem geris studii tui solatio utiliter consolentur, et tu mercedis tuæ bonum in æterna vita Redemptoris nostri gratia compensante recipias. » (Lib. XI, ep. 27.)

52. Hæc quidem Gregorius intra vel extra urbem studio pietatis exercuit. Cæterum Probum religiosum abbatem cum multis pecuniis Jerosolymam destinavit, cujus instantia venerabile xenodochium constituit, et, tam ibi quam in monte Sina penes Arabiam, Dei famulis sub regimine Palladii constitutis, quotidiani victus et vestimenti copiam quandiu vivere potuit annualiter mittere procuravit.

53. Nihilominus per diversas provincias pro custodia sacræ religionis, rebusque pauperum strenue gubernandis, Ecclesiæ suæ viros industrios, rectores patrimoniorum asciivit. In quibus Cyprianum diaconum patrimonii Siculi, Pantaleonem notarium Syracusani, Fantinum defensorem Panormitani, Sergium defensorem Calabritani, Romanum notarium Apuli, Benenatum defensorem Samnitici, Anthemium subdiaconum Neapolitani, Petrum subdiaconum Campani, Candidum defensorem Tusci, Urbicum defensorem Sabini, Optatum defensorem Nursini, Benedictum [f] notarium defensorem Carseolani, Felicem subdiaconum Appiæ, Castorium chartularium Ravennatis, Castorium notarium Histriani, Antonium subdiaconum Dalmatiani, Joannem notarium [g] Illyricani, Symmachum defensorem Sardiniæ, Bonifacium notarium Corsicani, Pantaleonem notarium Liguriæ, Hieronymum defensorem Alpium Cottiarum, Hilarium notarium Germanicani, et Candidum presbyterum Gallicani. Hæc autem prudentissimus Pater Gregorius non solum in Romana, sed et per diversas Ecclesias perpetualiter observanda censebat. Unde Januario Caralitano episcopo inter cætera scribit, dicens : « Indicatum est nobis quod, laicis quibusdam curam vestri patrimonii committentes, postmodum 65 in rusticorum vestrorum deprædationibus, atque per hoc exfatigationibus, fuerint deprehensi, [h] et reddere res quas indecenter retinent, habitas quasi suæ ditionis, quippe vestræ non supposti curationi postponunt, vobisque despiciant actuum suorum reddere rationem. Quod si ita est, districte a vobis discuti convenit, atque inter eos Ecclesiæque vestræ rusticos causam examinari subtilius, ut quidquid in eis fuerit fraudis inventum, cum pœna legibus statuta reddere compellantur. De cætero vero cavendum a fraternitate vestra est, ne sæcularibus viris, atque non sub regula [i] nostra degentibus, cujuslibet res Ecclesiæ committantur, sed probatis de vestro officio clericis; in quibus si quid reperiri poterit pravitatis, ut in subditis emendare quod illicite gestum fuerit valeatis, [j] quos videlicet apud vos habitus sui officium magis conveniat quam excuset. » (Lib. X, ep. 65.)

54. Singula ecclesiastici juris officia, singulis qui-

[a] Corb., Bigot., Gemet. et Andeg., *exempta*; quam lectionem annotarunt in marg. Mabill. et Gussanv. In Reg., *Exorta est.*
[b] Ita Mss. nostri, etsi legitur in Excusis, *Paschæ ulterius.*
[c] Reg. et Utic., *Projecto.*
[d] In Utic., super *religiosum* legitur *Joannem.*
[e] In Utic. additur *voluntas promptior.*

[f] Abest *notarium* a Norm. et Turon.
[g] Utic., *Joannem notarium Corsicani..... Bonifacium..... Illyricani.*
[h] Post *deprehensi* in plur. Mss. immediate legitur *quod si ita est.*
[i] Norm., *vestra.*
[j] Vatic., Mabill. et Gussanv., *quo..... magis commendet.* Cedimus Mss. et aliorum Edit. multitudini.

busque personis singillatim committi debere jubebat, asserens quia sicut in uno corpore multa membra habemus, omnia autem membra non eumdem actum habent (*Rom.* xii), ita in Ecclesiæ corpore, secundum veridicam Pauli sententiam, in uno eodemque spiritu, alii conferendum est hoc officium, alii committendum est istud; neque uni, quantumlibet exercitatæ personæ, uno tempore duarum rerum officia committenda sunt, quia si totum corpus oculus, ubi auditus? Sicut enim varietas membrorum per diversa officia et robur corporis servat, et pulchritudinem repræsentat, ita varietas personarum per diversa nihilominus officia distributa, et fortitudinem, et venustatem sanctæ Dei Ecclesiæ manifestat. Et sicut indecorum est ut in corpore humano alterum membrum alterius fungatur officio, ita nimirum noxium simulque turpissimum, si singula rerum ministeria personis totidem non fuerint distributa. Hinc est quod quibusdam ambitiosis, sicut in suis litteris, quas ego studio brevitatis omisi, poterit inveniri, moderationis frena frequenter imposuit. Unde Anthemio subdiacono pro Paschasio episcopo, qui per semetipsum sibimet major domus, et vicedominus permanebat, inter cætera præcepit, dicens : « Volumus autem ut frater noster Paschasius et vicedominum sibi ordinet, et majorem domus, quatenus possit, vel hospitibus supervenientibus vel causis, quæ eveniunt, idoneus et paratus existere. Si vero vel negligentem eum prospicis, vel ea quæ dicimus implere differentem, omnis clerus ejus adhiberi debet, ut communi consilio ipsi eligant quorum personæ ad ea quæ prædiximus valeant ordinari. » (*Lib.* xi, *ep.* 71.) Item Ravennatibus clericis, ad monasteriorum regimina importune tendentibus, restitit, Joanni Ravennati episcopo scribens : « Pervenit ad me quod ᵃ in Ecclesiis fraternitatis tuæ aliqua loca dudum monasteriis consecrata nunc habitacula clericorum, aut etiam laicorum facta sunt, dumque hi qui sunt in Ecclesiis fingunt se religiose vivere, monasteriis præponi appetunt, et per eorum vitam monasteria destruuntur. Nemo etenim potest, et ecclesiasticis obsequiis deservire, **66** et in monachica regula ordinate persistere, ut ipse districtionem monasterii teneat qui quotidie in ministerio ecclesiastico cogitur permanere. Proinde fraternitas tua hoc quolibet in loco factum est, emendare festinet, quia ego nullo modo patior ut loca sacra per clericorum ambitum destruantur. » (*Lib.* v, *ep.* 1.) Item Mariniano episcopo Ravennæ : « Dudum ad nos multorum relatione pervenerat monasteria in Ravennæ partibus constituta omnino clericorum vestrorum dominio prægravari, ita ut occasione quasi regiminis ea, quod dici grave est, velut in proprietate possideant. Quibus non modicum condolentes, decessori vestro litteras misimus, ut hoc emendare per omnia debuisset. Sed quoniam vitæ est termino citius occupatus, ne hoc onus monasteriis remaneret, fraternitati vestræ eadem nos scripsisse recolimus. Et quia, ut comperimus, in hujus rei hactenus correctione cessatum est, hæc ad vos iterum prævidimus scripta dirigere. Hortamur ergo ut, omni mora omnique excusatione submota, ita monasteria ipsa ab ejusmodi studeatis gravamine relevare, quatenus nullam deinceps in eis clerici, vel hi qui in sacro sunt ordine constituti, ob aliud habeant, nisi orandi tantummodo causa, accedendi licentiam, aut si forte ad peragenda sacra missarum fuerint invitati mysteria. Sed ne, vel pro cujuslibet monachi aut abbatis promotione onus aliquod fortasse sustineant, studendum nobis est ut si quispiam abbatum aut monachorum ex quocunque monasterio ᵇ ad clericatus officium vel ordinem sacrum accesserit, non illic aliquam habeat, ut diximus, ulterius potestatem, ne monasteria, hujus occasionis velamine, ea quæ prohibemus sustinere onera compellantur. Hæc itaque omnia vigilanti cura emendare jam secundo commonita sanctitas vestra non differat, ne si post hoc negligentes vos esse, quod non credimus, senserimus, aliter monasteriorum quieti prospicere compellamur. Nam notum vobis sit quia tantæ necessitati servorum Dei congregationem amplius subjacere non patimur. » (*Lib.* vii, *ep.* 43.) Item Maximiano episcopo Syracusano post aliqua : « Presbyteros, diaconos, cæterosque cujuslibet ordinis clericos, qui in Ecclesiis quoquo modo militant, abbates fieri per monasteria non permittas; sed aut omissa clericatus militia, monachicis promoveantur ordinibus; aut si in abbatis loco permanere decreverint, clericatus nullatenus permittantur habere militiam. Satis enim incongruum est si cum unum ex his pro sui magnitudine diligenter quis non possit explere, ad utrumque judicetur idoneus, sicque invicem et ecclesiasticus ordo vitæ monachicæ, et ecclesiasticis utilitatibus ᶜ regula monachatus impediatur. » (*Lib.* iv, *ep.* 11.)

55. Qualiter sane Gregorius per procuratores ecclesiasticorum patrimoniorum, velut Argus quidam luminosissimus, per totius mundi latitudinem suæ pastoralis sollicitudinis oculos circumtulerit, non ab re forsitan duxerim perstringendum. Ait enim in epistola Anthemio subdiacono : « Discenti tibi mandavimus, et postmodum præceptis **67** discurrentibus injunxisse me memini, ut curam pauperum gereres, et si quos illic egere cognosceres, scriptis recurrentibus indicares; et vix de paucis hæc facere curasti. Volo autem ᵈ ut domnæ Pateriæ, thiæ meæ, mox ut loco illo constitutio est, ad retundendam clericorum monasteriis inhiantium cupiditatem. Mabil.

ᶜ Utic. et Gemet., *regula monachorum impediat.* Bigot. et Andeg., *regula monachos impediat.*

ᵈ Editi, cum Mss. Reg., Colb. et beatæ Mariæ Paris., habent aut *Paterichiæ meæ*, aut *Patriarchiæ*; sed melius in Mss. Andeg., Gemet., Bigot., Utic. et al. legitur, *Pateriæ thiæ*, hoc est, *amitæ meæ*; id enim sonat vox græca *thia*.

ᵃ Nonnulli Excusi, *in Ecclesia.* Contradicentibus Mss.

ᵇ Et tamen Gregorius ipse, in litteris ad Urbicum abb., lib. ix, epist. 42 : *Volumus,* inquit, *ut Domitius presbyter abbas esse Lucusiani monasterii debeat.* Certe in Gallia pauci admodum abbates sacerdotii expertes hoc tempore erant, imo et monachi. Vide primam sancti Maximini abbatis Mitiacensis vitam, num. 16. Quam ergo hic præscribit Gregorius, specialis pro

præsentem jussionem susceperis, offeras ad calciarium puerorum solidos ª quadraginta et tritici modios quadringentos; domnæ Palatinæ, relictæ Urbici, solidos viginti et tritici modios trecentos; domnæ ᵇ Vivianæ, relictæ Felicis, solidos viginti et tritici modios trecentos qui omnes simul octoginta solidi in tuis rationibus imputentur. Summam vero pensionis sub festinatione addu- cito, et ad paschalem diem, Domino auxiliante, occur- rito. » (*Lib.* I, *ep.* 39.) Item eidem : « Insinuatum nobis est ancillas Domini quasdam Nolanæ civitatis, in Abo- ridana domo commanentes, nimiam victus vestitus- que penuriam sustinere. Quibus ex præcepto Dei sub- venire nos convenit, et inopiam earum, quantum pos- sumus, donante Domino, sublevare. Propterea experi- entiæ tuæ præsenti jussione mandavimus ut hac præsenti nona indictione quadraginta in auro eis so- lidos dare debeas, et deinceps succedentibus indictio- nibus annuos viginti solidos ministrare, qui tuis pos- sint rationibus imputari. Præterea Paulino, presby- tero monasterii sancti Erasmi, quod in latere mon- tis ᶜ Soractis situm est, sed et duobus monachis in oratorio sancti Archangeli servientibus, quod in Lu- cullano castro juxta sancti Petri basilicam esse digno- scitur, binos te tantummodo solidos dare præcipimus, qui et ipsi tuis rationibus imputentur. Ita ergo fac ut impensæ mercedis tu quoque participium sortiaris. » (*Lib.* I, *ep.* 24.) Item eidem : « Si in proximorum necessitatibus, habita compassione, benigna mente concurrimus; nostris proculdubio petitionibus cle- mentem Dominum reperimus. Palatina siquidem, il- lustris femina, continua hostilitate insinuavit se plu- rimis necessitatibus subjacere. Propterea experien- tiæ tuæ præsenti auctoritate præcipimus ut ei pro sustentatione ejus annuos solidos triginta dare non differat, qui tuis possint postmodum rationibus im- putari. Ita ergo fac ᵈ ut et tu bene ministratæ mer- cedis commodum percipias, et nostra ad perfectum præcepta perducas. » (*Lib.* I, *ep.* 67, *indict.* 9.) Item Petro subdiacono : « Insinuatum nobis est Mar- cellum Barunitanæ Ecclesiæ, ibidem in civitate Pa- normitana in monasterio sancti Adriani, in pœniten- tiam deputatum, non solum victus necessitatem pati, sed et nuditatis nimiam sustinere molestiam. Pro qua re necesse habemus strenuitati tuæ præsenti jussione præcipere, ut ipsi pro victu ac vestimento, stratoque ad continentiam, pueroque ejus ᵉ annonam, quantam prospexeris satis esse, constituas, ut inopia nuditas- que ejus tali providentia possint habere consultum, et ea quæ eidem viro deputaveris, tuis postmodum possint rationibus imputari. Ita ergo fac ut et no- stram jussionem impleas, et tu quoque hoc ipsum bene disponendo, hac ipsa possis participari mer- cede. » (*Lib.* I, *ep.* 18, *indict.* 9.) Item eidem : « Mo- nasterium sancti Archangeli, quod in Tropæis est constitutum, indicante præsentium portitore, victus habere necessitatem didicimus. Ideoque experientia tua **68** diligenter invigilet, ut si ejusdem loci mona- chos bene se tractare cognoveris, in quibus eos neces- sitatem habere manifesta veritate patuerit, eis sub- venire, hac auctoritate suffultus, modis omnibus fe- stinabis, sciturus tuis esse rationibus quidquid nostra præceptione præbueris imputandum. Sed et terrulam Ecclesiæ nostræ vicinam sibi, quam solidum unum et tremisses duos pensitam asserunt, si ita est, libel- lario nomine ad summam tremissis unius habere con- cede. Studii ergo tui sit hæc omnia ita complere, si, sicut diximus, ejus monachi in Dei servitio, sicut de- cet, solertes perstiterint. » (*Lib.* II, *ep.* 1.) Item ei- dem : « Divina præcepta nos admonent diligere pro- ximos sicut nosmetipsos; et cum hac eos præcipia- mur charitate diligere, quanto magis debemus his in subsidiis necessitatum carnalium subvenire, ut eorum angustias si non ex omnibus, saltem aliquibus susten- taculis sublevemus? Quoniam ergo filium ᶠ viri di- gnissimi non solum amissione visus, sed etiam inopia victus egestatem pati conspeximus, necessarium du- ximus, in quantum possibilitas suppetit, ei præbere consultum. Propterea experientiæ tuæ præsenti jus- sione præcipimus, ut annis singulis viginti quatuor ᵍ modios tritici, fabæ quoque modios duodecim, et vini decimatas viginti pro sustentatione vitæ debeas ministrare, quod tuis postmodum possit rationibus imputari. Ita ergo fac ut præsentium lator nullas de percipiendis Domini donis moras sustineat [*Al.,* mihi nuntiet moras], et tu in die Domini bene dispensatæ mercedis possis particeps inveniri. » (*Lib.* I, *ep.* 46.) Item Gregorius, Cypriano diacono : « Cosmas ex va- riis periculorum necessitatibus, multis se dicit debi- tis obligatum, ita ut pro eis a creditoribus suis suos dicat filios detineri. Quæ res, si ita est, nos omnino commovit. Quamobrem hortamur dilectionem tuam ut quia de rebus pauperum dandis agitur, causam ejus cum subtilitate summa perquiras; et si inveneris eum prædictis debitis veraciter ita involutum, ut non sit substantia unde possit hæc ipsa persolvere, prædi- ctos creditores ejus videas, et propter recolligendos filios ejus, quanta cognoveris quantitate, componas. Et quia ipse, sicut dicit, non habet unde restituat, de rebus pauperum ex præsenti nostra auctoritate persolve, sciens quidquid illic, te providente, datum fuerit, patrimonii nostri pensionibus esse reputan- dum. » (*Lib.* III, *ep.* 58.) Idem eidem : « Zeno, fra- ter et coepiscopus noster, quosdam in civitate sua alimoniorum necessitatem innotuit sustinere. Quibus quoniam, ut possibile est, aliquod desideramus ferre consultum, idcirco dilectionem tuam antedicto fratri nostro mille modios tritici, aut, si plus levare potue- rit, usque ad duo millia scriptis te dare præsentibus spexeris.

ª Bigot., *quinquaginta.*
ᵇ Idem cod., *Bibianæ.*
ᶜ Norm., tres Parisienses, et Turon., *Serapti.*
ᵈ Gemet. ac Bigot., *ut et te bene ministrante.* Utic., *ut et tu bene ministrans.*
ᵉ Turon., Patis. et Andeg., *annuam quantum pro-*

ᶠ In Colb. et in Edit. Vatic. et Guss., *filium Fili- moud.* In Gilot., *filium Filimoud.* Apud Boll., *Godi- staldii dignissimi filium.* Utic., *filium Odiscalchi.*
ᵍ Plur. Mss., *modia,* hic et infra.

deputamus. Hortamur ergo ut in his praebendis nullam moram aut excusationem adducas, quatenus, dum tempus sinit, et hic cum Dei adjutorio sine periculo ad propria remeare, et citius necessitatem patientibus valeat subvenire. » (*Lib.* VI, *ep.* 4, *indict.* 14.) Item Gregorius Eusebio, religioso abbati : « Credat mihi charitas tua, quia valde contristatus sum de tristitia tua, et caetera. [a] Praeterea centum solidos per Petrum subdiaconum dilectioni tuae dari fecimus , peto quos ut absque injuria suscipias. » (*Lib.* II, *ep.* 56, *indict.* 10.) Item Gregorius Candido defensori : « Necessitatem patientibus pontificale convenit adesse subsidium. Pro qua re experientiae tuae praesenti auctoritate praecipimus, quatenus Albino, privato luminibus, filio quondam [b] Martini coloni , singulis annis duos tremisses sine aliqua dilatione praestare non desinat, non dubitatura suis hoc sine dubio rationibus imputari. » (*Lib.* IV, *ep.* 28.) Item Gregorius Fantino defensori : « Lator praesentium Cosmas Syrus in negotio quod agebat debitum se contraxisse perhibuit, quod et multis aliis, et lacrymis ejus attestantibus verum esse credimus. Et quia centum quinquaginta solidos debebat, volui ut creditores illius cum eo aliquid paciscerentur, quoniam et lex habet quod homo liber nullatenus pro debito teneatur, si res defuerint quae possint eidem debito addici. Creditores ergo suos, ut asserit, ad octoginta solidos consentire possibile est. Sed quia multum est ut a nil habente homine octoginta solidos petant, sexaginta tibi solidos per notarium tuum transmisimus, ut tu cum eisdem creditoribus subtiliter loquaris [c] et rationem reddas, quia filium ejus quem tenere dicuntur, secundum leges tenere non possunt. Et si potest fieri, ad aliquid minus quam nos dedimus condescendant; et quidquid de eisdem sexaginta solidis remanserit, ipsi trade, ut cum filio suo exinde vivere valeat. Si autem nil remanet, vel ad eamdem debitum ejus summam incidere stude, ut possit sibi libere postmodum laborare; hoc tamen solerter age, ut, acceptis solidis, ei plenarium munitionem scripto conficiant. » (*Lib.* IV, *ep.* 45.) Item Gregorius Castorio diacono, et chartulario Ravennae, inter caetera : « Valerianum monachum, quem emendatum in monasterio beati Joannis in Classe posito tradidisti, in eo eum monasterio sine dubio volumus permanere. Praeterea, ne quam necessitatem in expensis tua experientia patiatur, de reditibus sanctae Romanae Ecclesiae, qui illic, te providente, aggregati sunt, omnes expensas tuas te facere volumus ; et si quid superfuerit, nobis, cum veneris, defer. » (*Lib.* V, *ep.* 28.) Item Gregorius Romano defensori : « Divinorum nos admonent eloquia praeceptorum necessitatem patientibus ecclesiasticum praebere subsidium. Quia ergo dilectissimus filius noster Cyprianus diaconus

Gaudiosum defensorem sedis nostrae, qui Syracusis degere comprobatur, paupertatis asseruit inopia constringi, idcirco experientiae tuae praesentium auctoritate mandamus, ut a praesenti secunda indictione sex solidos annis singulis ei dare non differas; ut et ille hujus remedii solatio potiatur, et tu quod dederis tuis sine dubio noveris rationibus imputandum. » (*Lib.* IX, *ep.* 59. *indict.* 2.) Item Gregorius Libertino expraetori : « Quanta vos saeculi hujus premat angustia, incognitum non habemus. Sed quia in summa tribulatione positis sola [d] est consolatio misericordia Creatoris, in eum spem vestram ponite, ad ipsum vos tota mente convertite; qui et juste quem vult permittit affligi, et confidentem in se misericorditer liberabit. Ipsi ergo gratias agite, et patienter quaecunque illata sunt sustinete. 70 Nam rectae mentis est Deum non solum in prosperis benedicere, sed etiam in adversitatibus collaudare. In his igitur quae patimini nullum contra Dominum murmur cordi vestro [e] subrepat, quia ad quid hoc Creator noster operetur, ignotum est. Forsitan enim, magnifice Fili, aliquid illum in prosperis positus offendisti, unde te clementi amaritudine vult purgari. Et ideo nec temporalis te frangat afflictio, nec rerum damna discruciant, quia si in adversis gratias referens, Deum tibi patientia feceris esse placabilem, et quae amissa sunt, multiplicata reddentur, et super haec gaudia aeterna praestantur. Peto autem ne injuriosum ducatis quod viginti annuos vestitus ad pueros vestros per Romanum defensorem scripsimus praeberi; quia de beati Petri Apostoli rebus, quamvis parva sint quae offerantur, pro magna benedictione suscipienda sunt semper; quoniam et hic vobis majora valebit impendere, et apud omnipotentem Deum beneficia aeterna praestare. » (*Lib.* X, *ep.* 31.) Item Gregorius Philippo presbytero : « Suscepi epistolas dilectionis tuae, in quibus mihi innotescere curasti quod vir venerabilis Andraeas presbyter de hac luce migraverit. De cujus ereptione gavisus sum , quia ad ea quae semper [f] expetiit gaudia aeterna pervenit. De solidis vero, qui pro faciendo xenodochio a filio nostro Probo abbate Jerosolymis relicti sunt, hoc quod deliberatum fuerat ut fieri debuisset immutare non potui, sed benedictionem parvulam sanctitati vestrae quinquaginta solidos transmisi. » (*Lib.* XIII, *ep.* 29.)

56. Longum est nimisque difficile, si eleemosynarum ejus saltem hujusmodi prosequar actiones; hoc breviter assero, quia et non petentibus ultro distribuit, et omnibus sibi petentibus hilariter ministravit. Unde Eliae presbytero et abbati provinciae Isauriae : « [g] Evangelia , inquit , sicut mandastis , transmisimus. » Et post pauca . « Solidos autem vobis voluistis pro necessitatibus cellae quinquaginta transmitti quos multum esse existimantes, ex eis nobis decem

---

[a] Vulgati, *propterea*.
[b] Beatae Mariae Parisi., Colb., Gemet. ac Bigot., *Marini*.
[c] Iidem cum Andeg., *et rationibus reddas*.
[d] Bigot. et Gemet., *sola est consolatio omnicreato-*
ris, uno verbo, ut dicitur *omnipotentis*.
[e] Colb., Turon., Andeg. et plur. Mss., *subripiat*.
[f] Turon, et Gemet., *expedit*. Bigot., *expediunt*.
[g] Edit. Vatic. et Guss., reluctantibus Mss., *evangelistam*.

donastis, ut quadraginta mitteremus. Sed ne forsitan et hoc grave esset, ⁂ alios nobis ex eis adhuc dignati estis largiri. Sed quia vos valde in continentia vestra benignos invenimus, eidem benignitati vice simili respondentes, quinquaginta transmisimus. Et ne forsitan minus esset, alios decem superaddimus. Ne vero et hoc adhuc minus esset, alios duodecim jungi fecimus. In hoc autem cognoscimus charitatem vestram, quia de nobis ita præsumitis, sicut vos præsumere debetis. » (*Lib.* v, *ep.* 37.)

57. Item Juliano : « Gloriæ vestræ scripta suscipiens, legenda lætus aperui, sed tristis perlecta replicavi. In eis quippe dicebatur quod pudoris causa fuerit mihi vos ea quæ dicenda erant tempore multo tacuisse. Et certum est quia minus amatur, qui adhuc erubescitur. Absque modo contristatus sum, quia me a vobis comperi minus quam æstimaveram amari. In hoc autem ᵇ valde me continetis si mercedis causas mihi assidue providendo studiose requiritis. Nec debet esse verecundiæ ei aliquid de eleemosynis importune dicere, quem constat non suas, sed ad dispensandum res pauperum habere. De causis itaque **71** mercedis, apud episcopum libere agere debuistis, etiamsi meum animum qualis in amore vestro existeret nesciretis. Postquam enim et nos omnino gloriam vestram diligimus, et dispensationis locum in rebus, sicut scitis, pauperum tenemus, vestra, fateor, verecundia valde accusabilis fuit. Quam ideo tot verbis increpando insequor, ut hanc a corde vestro funditus repellam, et in mercedis causas magnum solatium vestræ provisionis habeam. Monasterio itaque vestro, quod a vobis in Catanensi urbe constructum est, per Adrianum, notarium et rectorem patrimonii, emissa præcepti pagina, decem annuos solidos dari deputavimus. Quos petimus sine injuria suscipi, quia non hæc vobis nostra oblatio, sed sancti Petri apostolorum principis benedictio offertur. » (*Lib.* XIII, *ep.* 49.)

58. Sane, quia sunt nonnulli qui ea quidem quæ habent tribuunt, sed aliena quæ non habent rapere non desistunt, et dum valde videri munifici appetunt, violenter ab habentibus auferunt, quæ quasi misericorditer non habentibus largiantur, duas hic Gregorii epistolas insero, quibus liberalitatis ejus innocentia mirabiliter doceatur. Ait enim in epistola Pantaleoni notario : « Experientia tua, quod vel quale apud sacratissimum corpus beati Petri apostoli jusjurandum præbuerit, memor est. Unde nos quoque securi discussionis ei causas in patrimonio partis Syracusanæ commisimus. Oportet ergo te fidem tuam, et ejusdem beati Petri apostoli timorem semper ante oculos habere, atque ita agere ut neque in præsenti vita ab hominibus, neque ab omnipotenti Deo in extremo judicio valeas reprehendi. ᵈ Valerio si-

quidem chartulario nostro narrante, cognovimus quia modium cum quo coloni Ecclesiæ frumenta dare compellebantur viginti et quinque sextariorum inveneris, quod omnimodo exsecrati sumus, atque eamdem discussionis causam te tarde fecisse doluimus. Quia vero eumdem modium te fregisse, et justum fecisse commemoras, gavisi sumus. Sed quia prædictus chartularius summam quoque nobis indicare studuit quæ de fraudibus conductorum apud experientiam tuam jam de duobus territoriis est collecta, sicut te studiose fecisse, fracto injusto modio, gaudemus; ᵈ quia in futuro nobis etiam ita de peccatis præteritis cogitamus, ne si ea quæ fraudulenter conductores a rusticis abstulerunt, ad nos perveniant, peccata quæ ab ipsis perpetrata sunt ad nos trahantur. Et ideo volumus cum omni fide, omnique puritate, considerato timore omnipotentis Dei reducta ad memoriam districtione beati Petri apostoli, per unamquamque massam colonos pauperes et indigentes experientiam tuam describere, atque ex eis pecuniis, quæ in fraudibus sunt inventæ vaccas, oves porcosque comparare, et singulis colonis pauperibus eas distribuere. Quod facere te cum consilio viri reverendissimi domni Joannis episcopi atque Adriani chartularii nostri et rectoris volumus. Si autem necesse propter consilium fuerit, etiam filius meus domnus Julianus debet adhiberi, ita ut nullus alius hoc cognoscat, sed omnino secretum sit. **72** Vos igitur apud vos pertractate utrum in auro, an certe pecuniis, eisdem colonis pauperibus dari eadem continentia debeat. Quidquid vero communiter steterit, prius descriptionem, sicut prædixi, facito, et postmodum singulis juxta qualitatem suæ paupertatis distribuere stude. Ego enim, sicut Magister gentium testatur, habeo omnia, et abundo, nec pecunias, sed mercedem quæro. (*Phil.* IV). Ita ergo age, ut in die judicii de eadem causa mercedis quæ experientiæ tuæ commissa est mihi fructum quem feceris ostendas. Quod si pure et fideliter ac strenue egeris, et hic illum in filiis tuis recipies, et postmodum retributionem plenariam in æterni judicis examine habebis. » (*Lib.* XI, *ep.* 3.)

Item idem Petro subdiacono : « Quod responsalem tuum tarde dimisimus, paschalis festivitatis occupationibus implicati, eum relaxare citius minime valuimus. Causas vero in quibus indicandum curasti omnes subtiliter perquirentes, qualiter disposuimus inferius agnosces. Cognovimus rusticos Ecclesiæ vehementer in frumentorum pretiis aggravari, ita ut instituta summa eis in comparatione abundantiæ tempore non servetur. Et volumus ut juxta pretia publica in omni tempore sive minus, sive amplius frumenta nascantur, in eis comparationis mensura teneatur. Frumenta autem quæ naufragio pereunt per omnia volumus reputari, ita tamen, ut a te ne-

---

ᵃ In Vulgatis, *alios decem.*
ᵇ Ita Mss., quibus consentiunt Bolland., Gilot. et Mabil., ex parte. In Guss. et Vatic., *valde me contentuitis, si....., non requiritis.*

ᶜ Andeg., *Solerio.* Plurimi Norm., *Salerio.*
ᵈ Sic legendum ex Mss., ubi Excusi habent *quia in futuro nobis proderit ita etiam conductores,* etc.

gligentia ad transmittendum minime fiat, ne dum transmittendi tempus negligitur, damnum ex vitio vestro generetur. Valde autem iniquum et injustum esse perspeximus ut a rusticis Ecclesiæ de sextariaticis aliquid accipiatur, et ad majorem modium dare compellantur quam in horreis Ecclesiæ inferlur. Unde præsenti admonitione præcipimus ut plus quam decem et octo sextariorum modium nunquam a rusticis Ecclesiæ frumenta debeant accipi, nisi forte si quid est quod nautæ juxta consuetudinem super accipiunt, quod minui ipsi in navibus attestantur.

« Cognovimus etiam in aliquibus [a] locis mansisve Ecclesiæ exactionem valde injustissimam fieri, ita ut [b] a septuaginta ternis semis, quod dici nefas est, conductores exigantur. Et adhuc neque hoc sufficit, sed insuper aliquid ex usu jam multorum annorum exigi dicuntur. Quam rem omnino detestamur, et amputari de patrimonio funditus volumus. Sed tua experientia sive in hoc, quod per libram amplius, sive in aliis minutis oneribus, et quod ultra rationis æquitatem a rusticis accipitur, penset, et omnia in summam pensionis redigat, [c] et prout vires rusticorum portant, pensionem integram et pensantem [d] ad septuagena vina persolvant, et neque siliquas extra libras, neque libram majorem exigere debeant, sed per æstimationem tuam, prout virtus sufficit, in summam pensionis crescat, et sic turpis exactio nequaquàm fiat. Ne vero post obitum meum hæc ipsa onera quæ super pensum illata subtrahimus, et in capite pensionis fecimus crescere, iterum in quolibet addantur, et inveniatur summa pensionis augeri, et onera adjectionis insuper rustici persolvere compellantur, volumus ut securitatis libellos ita de pensionibus facias, quatenus in primis **73** dicas tantam pensionem unumquemque persolvere debere, inibi abjectis siliquis, [e] oleribus, vel granaticis. Quod autem ex his minutis in usum rectoris accedebat, volo ut hoc ex præsenti jussione in usum tuum veniat. Ante omnia hoc te volumus sollicite attendere, ne injusta pondera in exigendis pensionibus ponantur; sed si qua talia inveneris, frange, et nova, et recta constitue; quia et filius meus Servusdei diaconus jam talia invenit quæ ipsi displicerent, sed licentiam hæc immutandi non habuit. Super justa ergo pondera, præter excepta [f] et vilia cibaria, nihil aliud volumus a colonis Ecclesiæ exigi.

« Præterea cognovimus quod prima illatio [g] burdationis rusticos nostros vehementer angustet, ita ut priusquam labores suos venundare valeant, compellantur tributa persolvere. Quæ dum de suo, unde dare non habent, [h] ab auctionariis publicis mutua accipiunt, et gravia commoda ex eodem beneficio persolvunt. Ex qua re fit ut dispendiis gravibus coangustentur. Unde præcipimus præsenti admonitione [i] ut plus quam decem et octo sextariorum nunquam exigatur, et omne quod mutuum pro eadem causa ab extraneis accipere poterant, a tua experientia ex publico detur, et a rusticis Ecclesiæ paulatim, ut habuerint, accipiatur; ne, dum in tempore coangustantur, quod eis postmodum sufficere poterat in inferendum, prius compulsi, vilius vendant, et hoc eis minime sufficiat.

« Pervenit etiam ad nos quod de nuptiis rusticorum immoderata commoda percipiantur. De quibus præcipimus ut omne commodum nuptiarum unius solidi summam nullatenus excedat. Si qui sunt pauperes, etiam minus dare debent. Si qui autem divites, præfati solidi summam nullatenus transgrediantur. Quod nuptiale commodum nullatenus volumus in nostra ratione redigi, sed utilitati conductorum proficere.

« Cognovimus etiam quod, quibusdam conductoribus morientibus, parentes sui non permittuntur succedere, sed res eorum ad usus Ecclesiæ pertrahuntur. De qua re definimus ut parentes morientium qui in possessione Ecclesiæ degunt hæredes eis succedere debeant, nec aliquid de substantia morientium subtrahatur. Si vero filios parvulos aliquis reliquerit, quousque ad ætatem talem veniant ut substantiam suam regere valeant, personæ eligantur cautæ quibus parentum eorum res tradi debeant ad custodiendum.

« Cognovimus etiam quod si quis ex familia culpam fecerit, non in ipso, sed in ejus substantia vindicatur. De qua re præcipimus ut quisquis culpam fecerit, in ipso quidem, ut dignum est, vindicetur, a commodo autem ejus omnino abstineatur, nisi forte parum aliquid, quod in usum exsecutoris qui ad eum transmissus fuerit proficere possit.

« Cognovimus etiam quia quoties conductor aliquid a colono suo injuste abstulerit, hoc quidem a conductore exigitur, sed ei non redditur a quo ablatum est. De qua re præcipimus ut **74** quidquid violenter cuilibet ex familia ablatum fuerit, ipsi restituatur cui ablatum est, et utilitati nostræ non proficiat, ne nos ipsi auctores esse violentiæ videamur.

« Præterea volumus ut si quando eos qui sunt in obsequio experientiæ tuæ in aliquibus causis quæ sunt extra patrimonium transmittis, parva quidem eis commoda accipiant, sed tamen ita in eorum utilitatem proficiant, ut nulla sibi exinde lucri commoda sub specie nostræ utilitatis requirant, quia nos sacculum Ecclesiæ ex lucris turpibus nolumus inquinari.

« Jubemus etiam ut hoc experientia tua summopere custodiat, ut per commodum conductores in massis

---

[a] Ita Reg. et Cod. beatæ Mariæ Paris. In Colb. et in Edit. Cuss., *massis*.
[b] Ed., *ad septuaginta urnas et semis*. Sequimur Mss. tum Joan. Diac., tum epistolarum sancti Gregorii.
[c] Post *redigat* in Utic. legitur: *neque onera super libram majora*.
[d] Ed., *ad septuaginta vini lagenas persolvant*. Ipsis suffragantur Cod. beatæ Mariæ Paris. et Reg.
[e] Mss. nostri, *oneribus*, et paulo post, *minutiis*.
[f] Norm., *et vili cibo*.
[g] Pesino quam rustici solvunt. Vide Gloss. Cangii.
[h] Andeg., tres Paris, et Norm., *ab actionariis*, quod in plerisque Mss. epistolarum exstat. Observandum est autem Mss. Joan. Diac. fere semper concinere cum Mss. Cod. Registri Gregoriani.
[i] In iisdem Cod., *ut omne quod mutuum*, etc., aliis omissis.

Ecclesiæ nunquam fiant, ne dum commodum quæritur, conductores frequenter immutentur. Ex qua mutatione quid aliud agitur, nisi ut ecclesiastica prædia nunquam colantur? Sed et ipsa etiam libellatica, prout summa pensionis fuerit, moderentur. Per cellas et cellaria non plus de massis Ecclesiæ te accipere volumus, nisi quantum consuetudo est. ᵃ Te autem quæ comparare jussimus, ab extraneis comparentur.

« Pervenit autem ad nos tres libras auri Petro conductori de Subpatriana injuste ablatas : de qua causa Fantinum defensorem subtiliter require, et si manifeste, injuste et incompetenter ablatæ sunt, sine aliqua tarditate restitue.

« Cognovimus etiam rusticos burdationem quam jam ab eis exactam Theodosius minime persolverat, iterum dedisse, ita ut in duplo exacti sint. Quod ideo factum est, quia ejus substantia ad debitum Ecclesiæ non sufficiebat. Sed quoniam per filium nostrum Servumdei diaconum edocti sumus quod ex rebus substantiæ ejus possit hoc ipsum damnum sufficienter resarciri, volumus quingentos septem solidos eisdem rusticis sine aliqua imminutione restitui, ne in duplo videantur exacti. Si autem supra damnum rusticorum etiam quadraginta solidi de rebus Theodosii remanent, quos et apud te diceris habere, volumus ut filiæ ejus reddantur, ut res suas, quas in pignore dederat, recipere debeat. Cui etiam ᵇ batiolam patris sui restitui volumus.

« Campanianus, gloriosus magister militum, duodecim solidos annuos Joanni notario suo reliquerat ex massa Varroniana : quos dare te annis singulis sine aliqua dubitatione præcipimus nepti Eupli conductoris, quamvis omne mobile ejusdem Eupli perceperit, exceptis duntaxat solidis. Dare etiam de solidis illius te volumus solidos viginti quinque. Suppositorium aliquod argenteum pro uno solido dicitur esse appositum, et calix pro sex solidis dicitur esse appositus. Interrogato Dominico secretario, vel aliis qui scire possunt, debitum recipe, et vascula præfata restitue.

« Agimus autem gratias sollicitudini tuæ, quia de causa fratris mei præcepi tibi ut argentum illius retransmittere debuisses, et sic oblivioni mandasti, ac si tibi aliquid ab extremo mancipio tuo diceretur. Quod jam, vel modo non experientia, **75** sed negligentia tua studeat implere, vel quidquid ejus apud Antoninum fuisse cognoveris, sub omni velocitate retransmitte.

« De causa Salpingi Judæi epistola aliqua est inventa, quam tibi fecimus transmitti, ut eam relegens, et subtiliter causam ejus, vel viduæ cujusdam, quæ in eodem negotio dicitur implicata, cognoscens, de quinquaginta uno solidis ᶜ qui redhiberi noscuntur, sicut justum tibi visum fuerit, responsum facias, ita

ᵃ In nonnullis Mss., *ea autem quæ.* In aliis, *tua autem quæ comparari.*
ᵇ Quid sit *batiola*, require in notis ad epistolas. Easdem consulere non pigeat, si quid difficultatis oc-

ut res alienæ injuste nullo modo a creditoriis defraudentur.

« Antonino medietas legati sui data est, medietas redimetur : quam medietatem ex communi substantia ei volumus adimpleri ; et non solum ei, sed etiam defensoribus, et peregrinis, quibus legati titulo aliquid dereliquit, et familiæ legatum persolvi volumus, quod tamen ad nos pertinet. Collecta ergo ratione, pro nostra parte, id est, pro novem unciis persolve.

« De solidis Ecclesiæ Canusinæ volumus ut aliquid clericis ejusdem Ecclesiæ largiaris, quatenus, et ii qui nunc inopiam patiuntur, sustentationem aliquam habeant, et si illic Deus voluerit ordinari episcopum, habeat unde subsistat.

« De lapsis sacerdotibus vel quolibet ex clero observare te volumus ut in rebus eorum nulla contaminatione miscearis, sed pauperrima regularia monasteria require, quæ secundum Deum vivere sciunt ; et in eisdem monasteriis ad pœnitentiam lapsos trade, et res lapsorum in eo loco proficiat in quo agere pœnitentiam traduntur, quatenus ipsi ex rebus eorum subsidium habeant, qui de correctione eorum sollicitudinem gerunt. Si vero parentes habent, res eorum legitimis parentibus dentur, ita autem ut eorum stipendium, qui in pœnitentiam dati fuerint, sufficienter debeat procurari. Si qui vero ex familia ecclesiastica sacerdotes, vel levitæ, vel monachi, vel clerici, vel quilibet alii lapsi fuerint, dari eos in pœnitentiam volumus, sed res eorum ecclesiastico juri non subtrahi, ad usum tamen suum accipiant ; unde ad pœnitendum subsistant ; ne si nudentur, locis in quibus dati fuerint onerosi sint. Si quos parentes in possessione habent, ipsis res eorum tradendæ sunt, ut ab ipsis juri Ecclesiæ conserventur.

« Ante triennium subdiaconi omnium Ecclesiarum Siciliæ prohibiti fuerant ut more Romanæ Ecclesiæ suis uxoribus nullatenus miscerentur. Quod mihi durum atque incompetens videtur ; ut qui usum ejusdem continentiæ non invenit, neque castitatem ante proposuit, compellatur a sua uxore separari, atque per hoc, quod absit, deterius cadat. Unde videtur mihi ut a præsenti die episcopis omnibus dicatur ut nullum facere subdiaconum præsumant, nisi qui se victurum caste promiserit, quatenus et præterita, quæ proposito mentis appetita non sunt, violenter non exigantur, et futura caute caveantur. Qui vero post eamdem prohibitionem, quæ ante triennium facta est, continenter cum suis conjugibus vixerunt, laudandi atque remunerandi sunt, et ut in bono suo permaneant exhortandi. Eos autem qui post prohibitionem factam se a suis uxoribus continere noluerunt, pervenire ad sacrum ordinem nolumus, quia nullus debet ad ministerium altaris **76** accedere, nisi cujus castitas ante susceptum ministerium fuerit approbata.

« Liberato negotiatori, qui se Ecclesiæ commendavit, qui habitat in massa Cinciana, annuam continen-

currat in cæteris epistolis a Joanne Diacono laudatis, nimirum quæ jam alibi observavimus, hoc loco repetere tædiosum foret.
ᶜ Al., *reddi debere.*

tiam a te volumus fieri. Cujus continentiæ summam ipse æstima qualis esse debeat, ut renuntiata nobis, in tuis rationibus possit imputari. De præsenti vero Indictione jam a filio nostro Servodei diacono percepi quod Fantinum defensorem Joannes quidam monachus moriens in sex uncias hæredem dimisit. Cui hoc quidem quod dimissum est trade, sed contestare eum ut hoc facere ulterius non præsumat, sed pro labore suo statue quod accipiat, ut ei vacuus labor suus esse non debeat; et hoc meminerit, ut qui Ecclesiæ stipendiis subsistit, ad lucra propria non anhelet. Si quid vero sine peccato et sine appetitu concupiscentiæ per eos qui causas Ecclesiæ agunt ad Ecclesiam venerit, dignum est ut ipsi vacui ex labore suo esse non debeant, sed nostro servetur judicio qualiter debeant remunerari.

‹ De argento Rusticiani causam subtiliter require, et quod tibi justum videtur exsequere. Alexandrum virum magnificum admone, ut causam suam cum sancta Ecclesia decidere debeat. Quod si forte facere neglexerit, eamdem causam cum timore Dei, honestate servata, ut potes, exsequere. In qua re etiam largiri aliquid te volumus, et, si potest fieri, quod aliis dandum est, ipsi relaxetur; dummodo causam quam nobiscum habet perexeat.

‹ Donationem ancillæ Dei quæ lapsa est, et in monasterio data, omni postposita tarditate, restitue, quatenus ipse locus, ut superius dixi, rerum ejus stipendia habeat qui ejus sollicitudinis labores portat. Sed et quidquid ab aliis ex ejus substantia tenetur recollige, et monasterio præfato trade.

‹ Pensiones xenodochiis de via nova, quantas mihi indicasti, quia [Al. quas] apud te habes, nobis dirige. Actionario autem, quem in eodem patrimonio deputasti, prout tibi videtur, aliquid largire.

‹ De ancilla Dei quæ cum Theodosio fuit, Extranea nomine, videtur mihi ut ei continentiam facias, si utile conspicis, aut certe donationem quam fecit reddas. Domum monasterii quam Antonius, datis triginta solidis, a monasterio tulerat; receptis solidis, omni postposita tarditate, restitue. Amulas onychinas, requisita subtiliter veritate, restitue, quas per portitorem præsentium retransmisi.

‹ Saturninum, si vacat et occupatus apud te non est; ad nos dirige. Felix, conductor domitæ Campaniæ, quem liberum reliquerat, aut quem indiscussum esse jusserat, dixit sibi a Maximo subdiacono septuaginta duos solidos tultos; pro quibus dandis asseruit quia omnes res suas quas in Sicilia habuit vel vendidedit vel apposuit. Sed scholastici dixerunt quia de fraudibus indiscussus esse non potest; dum tamen ad nos de Campania reverteretur, facta tempestate, mortuus est. Cujus te volumus uxorem et filios requirere, et quidquid vel apposuerat vel vendiderat, apposita absolve, de venditis pretium restitue; et insuper eis

aliquod alimentum præbe, quia Maximus eum in Siciliam miserat, et ibi ei quæ asserebat abstulerat. Cognosce ergo quæ ablata sunt, 77 et uxori filiisque ejus sine aliqua mora restitue. Hæc omnia sollicite relege, omnemque illam familiarem tuam negligentiam postpone. Scripta mea ad rusticos quæ direxi, per omnes massas fac relegi, ut sciant quid contra violentias suas ex auctoritate nostra defendere debeant, eisque vel authentica vel exemplaria eorum dentur. Vide ut omnia absque imminutione custodias, quia de his quæ tibi pro servanda justitia scribo, ego absolvor, et tu si negligis, obligaris. Terribilem Judicem venientem considera, et de adventu illius nunc tua consideratio contremiscat, ne tunc sine causa jam timeat, cum coram illo cœlum et terra tremuerint.

B Audisti quid volo, vide quid agas. › (*Lib.* i, *ep.* 44.)

59. Hactenus de Gregorianæ liberalitatis innocentia me retulisse sufficiat. Cæterum, quia, famis tempore, ut videlicet haberet unde Christi pauperibus subveniret, frumenta comparare studebat, nullo modo prætermittam. Ait enim in alia epistola eidem Petro subdiacono inter cætera : ‹ Quinquaginta auri libris nova frumenta ab extraneis comparata, et in Sicilia in locis in quibus non pereant repone, ut mense Februario illuc naves quantas possumus dirigamus, ut eadem ad nos frumenta deferantur. Sed et si nos transmittere cessamus, ipse naves provide, et ad nos, auxiliante Domino, hæc eadem frumenta Februario mense transmitte, exceptis duntaxat frumentis quæ nunc mense Septembrio vel Octobrio juxta consuetu-

C dinem transmitti præstolamur. Ita ergo tua experientia faciat, ut sine alicujus vexatione coloni ecclesiastici frumenta congregentur, quia tam [*Al.*, in tantum] hic a parva nativitas fuit, ut, nisi, auxiliante Deo, de Sicilia frumenta congregentur, 78 fames vehementer immineat. › (*Lib.* i, *ep.* 72.)

‹ 60. Hujus liberalitatis multitudinem quidam eremitarum, vir magnæ virtutis, qui nihil in mundo possidebat præter unam gattam, quam, blandiens, crebro, quasi cohabitatricem in suis gremiis refovebat, cognoscens, orasse fertur ad Dominum ut sibi ostendere dignaretur quam futuræ remunerationis mansionem sperare debuisset, qui pro illius amore sæculum deserens, nil ex ejus divitiis possideret. Cumque nocte quadam dormiret, cognoscit sibi reve-

D latum fuisse ut cum Gregorio Romano pontifice mansionem sibi præparandam sperare debuisset. At ille fortiter ingemiscens parum sibi profuisse voluntariam rerum inopiam, tantaque suæ b remotionis jejunia putabat, si cum eo mansionem reciperet qui tantis mundialibus divitiis redundaret. Cum vero Gregorianas divitias suæ paupertati die noctuque suspirando conferret, alia nocte quiescens, audivit sibi Dominum in somnis dicentem : ‹ Quando divitem non possessio divitiarum faciat, sed cupido, cur au-

---

a Bigot., *parva sativitas*, uti observavimus jam ad epist. 72, lib. i, nota g; in qua citavimus cap. 60 hujusce libri. Nota in nonnullis Codd. caput hoc quinquagesimum nonum, esse sexagesimum, et quin-

quagesimum nonum incipere ab his verbis supra : *Item idem Petro subd.* : *Quod responsalem*, etc., ubi magna ex parte adducitur epist. 44 libri i.

b Utic., *suæ remunerationis*.

des paupertatem tuam Gregorii divitiis comparare, qui magis illam gattam quam habes, quotidie palpando, nullique conferendo; diligere comprobaris, quam ille qui tantas divitias non amando, sed contemnendo, cunctisque liberaliter largiendo, dispergit? » Ita Solitarius increpatus Deo gratias retulit; A et qui meritum suum decrevisse putaverat, si Gregorio conferretur, orare vehementius cœpit ut eum eo mansionem quandoque percipere mereretur. Sed istius jam secundi libri finis adveniat, ut quæ secutura sunt, auxiliante Domino, tertius prosequatur.

LIBER TERTIUS.

Quo exponitur, quemadmodum sancti Gregorii vita doctrinæ responderit.

ARGUMENTUM. — 1. Quibus Gregorius studiis commissam sibi regebat Ecclesiam. — 2. Quantis auctoritatibus contra simoniacam et Neophytorum hæreses dimicarit. — 3. Pro eisdem fieri synodum jussit. — 4. Contra easdem totis viribus non pugnantes, cum Simone mago portionem habituros prædixit. — 5. Quam sapienter etiam pastellaticum pro usu Pallii, vel consecratione pontificis, dari sive accipi prohibuerit. — 6. Tria genera simoniacæ ditionis notavit. — 7. In ordinandis episcopatibus, neque cardinalibus Ecclesiæ suæ, neque monachis pepercit. — 8. Violenter neminem omnino promovit. — 9. Violenter promotos in pristinum gradum reduxit. — 10. Ab aliis calumniose dejectos in ordines suos restituit. — 11. Cardinales in forensibus parœciis promotos ad cardinem revocavit. — 12. Undecunque meliores eligere potuerat; episcopos consecrabat; et quanta districtione consecrandos examinaret. — 13. Etiam alterius diœcesis episcopos ad regendas suæ diœcesis Ecclesias invitabat. — 14. Quemadmodum episcopatuum sedes unierit. — 15. Vacantes episcopos, vacantibus incardinavit Ecclesiis. — 16. Inthronizatis episcopis expulsos præsules junxit. — 17. Sedium loca mutavit. — 18. Nulla occasione poculentum ab una in aliam Ecclesiam, aut mutavit, aut mutari permisit. — 19. Alterius parochianum sibi cardinalem sacravit. — 20. Qualiter alterius Ecclesiæ clericos, aliis incardinari permiserit. — 21. Nunquam prioribus clericis posterius ordinatos prætulit. — 22. Qualiter defunctorum episcoporum. Ecclesias vicinis visitatoribus committebat. — 23. Pro inventatio faciendo, nihil accipiendum decrevit. — 24. Consuetudines dationum, vel xeniorum repulit. — 25. Episcopos ad Urbem Romanam, nisi semel in quinquennio venire statuit. — 26. Etiam rerum pretia suscipere recusavit. — 27. Suffragaueis suis episcopis necessaria prærogavit. — 28. Quam curiose ab eisdem sanctitatem, sapientiam, et liberalitatem quærebat. — 29. Maximianum episcopum pro avaritia notat. — 30. Serenum episcopum, pro confractis imaginibus arguit. — 31. Januarium episcopum suas injurias vindicantem deterret. — 32. Eumdem pro exaltatione messis exasperat. — 33. Desiderium episcopum pro lectione librorum gentilium corripit. — 34. Notalem episcopum de i.egligentia simulque conviviis reprehendit. — 35. Quam facetissime eumdem propriis assertionibus obligat. — 36. Episcopos ab Ecclesia sua deesse vetuit. — 37. Episcopos per diversa loca non vagari censuit. — 38. Lapsum propriæ amitæ non dubitavit memoriæ commendare. — 39. Vitalianum episcopum, pro femina, quæ religiosum habitum mutaverat, arguit. — 40. Sergium defensorem pro negligentia reprehendit. — 41. Paschasium episcopum pro fabrica navis et sui utilitate compescuit. — 42. Campanorum episcoporum et Victoris Panormitani negligentias increpat. — 43. Quam moderate Andream episcopum pro concubina dijudicat. — 44. A pratis consiliariis abstinendum censuit. — 45. Lapsos vel criminosos ab episcoporum familiaritate repulit. — 46. Restringendam præpositorum iram, et unius culpam alii non esse nocivam statuit. — 47. Liberos homines verberari, vel includi vetuit. — 48. Qualiter judicum vitia redarguens publicarit. — 49. Instigante diabolo judices contra eum sæviertint. — 50. Mauritio imperatori, pessimam legem ferenti, viriliter contradicit. — 51. De hypocrisi Joannis Constantinopolitani episcopi se universalem fatentis. — 52. Augustales litteras pro eo supplicantes redarguit. — 53. Tempora Mauricii moresque deturpat. — 54. Superbiam hypocritæ sapienter enervat. — 55. Constantiam suam demonstrans, asserit se pro imperatore fidem nullatenus perditurum. — 56. Quamobrem postulatas reliquias imperatrici non dederit. — 57. Usque ad illa tempora Romanus pontifex pro reliquiis brandeum conferebat. — 58. Quantis miraculis vestes sancti Joannis claruerint. — 59. Quid sit de ejusdem vestibus sentiendum. — 60. Gregorius pestem universalis nominis a totius Ecclesiæ universitate repulit.

79 1. Talibus venerabilis papa Gregorius commissam sibi divinitus Ecclesiam studiis efficaciter gubernabat. Jam Ligures, Venetos, [a] Iberos, aliosque a schismate sui libello confessos, Chalcedonensem synodum venerari compellens, ad unitatem sanctæ Ecclesiæ revocarat. Jam Barbaricinos, Sardos, et Campaniæ rusticos tam prædicationibus, quam verberibus emendatos, a paganizandi vanitate removerat. Jam Donatistarum hæresim penes Africam, Manichæorum penes Siciliam, Arianorum penes Hispaniam, Agnoetarum vero penes Alexandriam, scriptorum suorum validissimis auctoritatibus importunissimisque legationibus, Domino suffragante, a corpore totius sanctæ matris Ecclesiæ sequestrarat.

2. Sola penes Galliam Neophytorum hæresis, quot B simoniacis muneribus, quasi tot radicibus pullulans, longe lateque prorsus excreverat, [b] et manabat. Contra quam venerabilis Pater apud Brunichildem reginam, Theodericum quoque, et Theodebertum Francorum reges, fortiter expugnavit, 80 donec, collecta generali synodo, hanc sub anathemate damnandam penitus impetraret. Nec ante, Syagrio episcopo Augustodunensi, regina et regibus, multis precibus flagitantibus, pallium dedit, quam, præsente Cyriaco suo abbate, ipsi quod de propellendis hæresibus moniti fuerant adimplerent. Nam pro his Brunichildi reginæ inter cætera scribit, dicens : « Sacerdotale officium in tantam illic, sicut didicimus, ambitionem perductum est, ut sacerdotes subito, quod grave nimis est, ex laicis ordinentur. Sed quid C isti acturi, quid populo præstaturi sunt, qui non ad

---

[a] Alludit fortasse ad epist. 54 lib. II, indict. 10, in cujus inscriptione olim legebatur, *universis episcopis per Hiberniam* (potius *per Iberiam*) *de trium capitulorum causa*. Vide notam a ad laudatam epist. De Barbaricinis, Donatistis, Agnoetis et aliis hic commemoratis legendi sunt indices Registri epistolarum.
[b] Utic., *et manebat*.

utilitatem, sed fieri ad honorem, episcopi concupiscunt? Hi ergo, qui necdum quod docere debeant didicerunt, quid aliud agunt, nisi ut paucorum provectus illicitus fiat multis interitus, et in confusionem ecclesiasticæ moderationis observantia deducatur, quippe ubi nullus regularis ordo servatur? Nam qui ad ejus regimen improvidus vel præcipitatus accedit, qua admonitione subjectos ædificet, cujus exemplum non rationem docuit, sed errorem? Pudet 81 profecto, pudet aliis imperare, quod ipse nescit custodire. Nec illud quidem, [a] quod simili emendatione radendum est, præterimus, sed omnino exsecrabile et esse gravissimum detestamur, eoquod sacri illic ordines per simoniacam hæresim, quæ prima contra Ecclesiam orta, et districta maledictione damnata est, conferantur. Hinc ergo agitur ut sacerdotis dignitas in despectu, et sanctus sit honor in crimine. [b] Perit utique reverentia, adimitur disciplina, quia qui culpas debuit emendare, committit, et nefaria ambitione honorabilis sacerdotii ducitur in depravationem censura. Nam quis denuo veneretur quod venditur? Aut quis non vile putet esse quod emitur? Unde valde contristor, et terræ illi condoleo, quia dum Spiritum sanctum, quem per manus impositionem omnipotens Deus hominibus largiri dignatur, divino munere habere despiciunt, sed præmiis assequuntur, sacerdotium illic subsistere diu non arbitror. Nam ubi dona supernæ gratiæ venalia judicantur, ad Dei servitium non vita quæritur, sed magis contra Deum pecuniæ venerantur. » (*Lib.* IX, *indict.* 2, *ep.* 109.)

Idem de eisdem Theoderico et Theodeberto regibus Francorum post aliqua: « Fertur simoniaca hæresis, quæ prima contra Dei Ecclesiam diabolica plantatione subrepsit, et in ipso ortu suo telo apostolicæ ultionis percussa atque damnata est, in regni vestri finibus dominari; cum in sacerdotibus fides sit eligenda cum vita, si vita deest, fides meritum non habet, beato Jacobo attestante, qui ait: *Fides sine operibus, mortua est* (*Jac.* II, 26). Quæ enim opera esse valeant sacerdotis qui honorem tanti sacramenti convincitur obtinere per præmium? Ex qua re agitur ut ipsi quoque qui sacros ordines appetunt, non vitam corrigere, non mores componere studeant, sed divitias, quibus sacer honor emitur, congregare satagant. Hinc fit etiam ut insontes et pauperes a sacris ordinibus prohibiti despectique resiliant, et dum innocentia pauperis displicet, dubium non est quod præmium illic delicta commendet, quia ubi aurum placet, et vitium. Hinc igitur non solum in ordinatoris et ordinati animam lethale vulnus infligitur, verum etiam excellentiæ vestræ regnum, episcoporum vestrorum culpa, quorum magis intercessionibus juvari debuerat, prægravatur. Si enim is dignus sacerdotio creditur, cui non actionis merita, sed præmiorum copia suffragatur, restat ut nihil sibi in honores ecclesiasticos gravitas, nihil defendat industria, sed totum auri profanus amor obtineat; et dum vitia honore munerantur, in locum ultoris is qui fortasse fuerat ulciscendus adducitur, atque hinc sacerdotes non proficere, sed perire potius indicantur. Vulnerato namque pastore; quis curandis ovibus adhibeat medicinam? Aut quando populum orationis clypeo tueatur, qui jaculis se hostium feriendum exponit? Aut qualem de se fructum producturus est, cujus gravi peste radix infecta est? Major ergo metuenda est locis illis fore calamitas [*Al.*, metuenda locis illis foret calamitas], ubi tales intercessores ad locum regiminis adducuntur, qui 82 Dei in se magis iracundiam provocent, quam per semetipsos populis placare debuerant.

« Nec hoc quoque malum sollicitudo nostra patitur negligenter omittere, quod quidam, instinctu gloriæ inanis electi, ex laico repente habitu sacerdotii honorem arripiunt, et, quod dicere pudet et tacere grave est, regendi, rectores, et qui docendi sunt, doctores, nec erubescunt videri, nec metuunt. Ducatum animarum impudenter assumunt, quibus via omnis ignota ductoris est, et quo vel ipsi gradiantur, ignari sunt. Quod quam pravum, quamve sit temerarium, sæculari etiam ordine et disciplina monstratur. Nam dum dux exercitus non nisi labore et sollicitudine expertus eligitur, quales animarum duces esse debeant qui episcopatus culmen immatura cupiunt festinatione conscendere? Hujus saltem rei se comparatione considerent, et aggredi repente [c] inexpertos labores timeant, ne cæca honoris ambitio, et ipsis in pœnam sit, et aliis pestifera erroris semina jaciant, quippe qui non didicere quod ipsi doceant. Proinde paterno salutantes affectu, petimus, præcellentissimi Filii, ut hoc tam detestabile malum de regni vestri studeatis finibus prohibere, et nulla apud vos excusatio, nulla contra animam vestram suggestio locum inveniat, quia facientis procul dubio culpam habet, qui quod potest corrigere negligit emendare. » (*Lib.* IX, *indict.* 2, *ep.* 100.)

Item pro eisdem hæresibus [d] Syagrio, episcopo Augustodunensi, et aliis episcopis: « Nuntio apud nos olim discurrente, vulgatum est quod in Galliarum partibus sacri ordines per simoniacam hæresim conferantur. Et vehementi tædio mœroris afficimur, si in ecclesiasticis officiis quemquam habet locum pecunia, et fit sæculare quod sacrum est. Quicunque ergo hoc pretii studet datione percipere, sacerdos non esse, sed dici tantummodo, inaniter concupiscit. Quid scilicet, quid per hoc aliud agitur, nisi ut nulla de actu probatio, nulla sollicitudo de moribus, nulla sit de vita discussio, sed ille solummodo dignus qui dare pretium suffecerit æstimetur? Ex qua re si recti

---

[a] In Utic., per correctionem, *quod simili emendationi tradendum est.*
[b] Bigot., *perit ubique.*
[c] Bigot., *inexpertos labores sustineant.* Utic., *inexpertos honores sustineant,* ubi *sustinere* non significat *pati,* sed *exspectare*; *differrei*

[d] In Utic., *Item Etherio, Virgilio, et Desiderio episc. Galliarum* : *Nuntio*, prætermisso Syagrii nomine. Sed aliter olim legebatur; alicujus enim lituræ deprehenduntur vestigia. In tribus Paris. omittuntur hæc verba : *et al. episc.* Colitur sanctus Syagrius die 17 Augusti.

ibraminis examinatione pensetur, dum improbe ad inanem gloriam locum festinat utilitatis arripere, eo ipso magis quod honorem quærit, indignus est. Sicut autem is qui invitatus renuit, quæsitus refugit, sacris est altaribus admovendus; sic qui ultro ambit, vel importune se ingerit, est procul dubio repellendus. Nam qui sic nititur ad altiora conscendere, quid aliud agit nisi ut crescendo decrescat, et, ascendendo exterius, interius ad profunda descendat? Itaque, frater charissime, in sacerdotibus ordinandis sinceritas vigeat, sit simplex sine venalitate consensus, pura præferatur electio, ut ad summam sacerdotii non suffragio venditorum provectus, sed Dei credatur esse judicio. Nam quia grave omnino sit facinus, Dei donum vel pretio comparare, vel vendere, evangelica est testis auctoritas. Templum enim Dominus et Redemptor noster ingressus, cathedras vendentium columbas evertit (Matth. xxi). Quid aliud est columbas vendere, nisi pretium de manus impositione percipere, et 83 sanctum Spiritum, quem omnipotens Deus hominibus tribuit, venundare? Quorum sacerdotium ante Dei oculos cadere, cathedrarum utique patenter eversione signatum est; et tamen exerit adhuc nequitiæ pravitas vires suas. Nam cogit vendere, quos decepit ut emerent. Et dum non attenditur quod divina voce præcipitur : *Gratis accepistis, gratis date* (Matth. x, 8), agitur ut crescat, et geminata fiat in uno eodemque delicti contagio, ementis scilicet et vendentis. Et cum liqueat hanc hæresim ante omnes radice pestifera surrepsisse, atque in ipsa sua origine apostolica esse detestatione damnatam, cur non cavetur, cur non perpenditur quia benedictio illi in maledictionem convertitur, qui ad hoc ut fiat hæreticus promovetur?

« Plerumque igitur adversarius animarum, dum non potest in his quæ ad faciem sunt prava subripere, [a] callide specie quasi pietatis injecta, nititur supplantare; suadetque forsitan debere ab habentibus accipi, ut sit quod possit non habentibus erogari, dummodo vel sic venena mortifera eleemosynæ celata obumbratione transfundat. Nam nec venator feram, nec avem auceps deciperet, vel piscem piscator caperet, si aut ille laqueum in aperto proponeret, aut ille hamum esca absconditum non haberet. Omnino ergo metuenda et cavenda est hostis astutia, ne quos aperta nequit tentatione subvertere, latente telo sævius valeat trucidare. Neque enim eleemosyna putanda est, si pauperibus dispensetur quod ex illicitis rebus accipitur, quia qui hac intentione male accipit, ut quasi bene dispenset, gravatur potius quam juvatur. Eleemosyna Redemptoris nostri oculis illa placet, quæ de non illicitis rebus et iniquitate congeritur, sed quæ de rebus concessis et bene acquisitis impenditur. Unde etiam illud certum est, quia et si monasteria, aut xenodochia, vel quid aliud de pecunia quæ pro sacris ordinibus datur construatur, mercedi non proficit, quoniam dum perversus et emptor honoris in locum transmittitur, et alios ad sui similitudinem sub commodi datione constituit, plura male ordinando destruit, quam ille potest ædificare, qui ab eo pecuniam ordinationis accepit. Ne ergo sub obtentu eleemosynæ cum peccato aliquid studeamus accipere, aperte sacra Scriptura nos prohibet, dicens : *Hostiæ impiorum abominabiles Domino, quæ offeruntur ex scelere* (Prov. xxi, 27). Quidquid enim in Dei sacrificio ex scelere offertur, omnipotentis Dei iracundiam non placat, sed irritat. Hinc rursus scriptum est : *Honora Dominum de tuis justis laboribus* (Prov. iii, 9). Qui ergo male tollit ut quasi bene præbeat, constat sine dubio quia Dominum non honorat. Hinc quoque per Salomonem dicitur : *Qui offert sacrificium de substantia pauperis, ac si victimet filium in conspectu patris* (Eccli. iii, 4, 24). Quantus autem dolor patris sit, perpendamus, si in ejus conspectu filius victimetur ; et hinc facile cognoscimus quantus apud Deum dolor exasperatur quando ei sacrificium ex rapina tribuitur. Nimis ergo declinandum est, dilectissime frater, sub obtentu eleemosynæ, peccata simoniacæ hæreseos perpetrare. Nam aliud est propter peccata eleemosynas facere, aliud propter eleemosynas peccata committere.

« Hoc quoque ad nos pervenisse non dissimili 84 dignum detestatione complectimur, quod quidam, desiderio honoris inflati, defunctis episcopis, tonsurantur, et fiunt repente ex laicis sacerdotes, atque inverecunde religiosi propositi ducatum arripiunt, qui nec esse adhuc milites didicerunt. Quid putamus, quod isti subjectis præstaturi sunt, qui antequam discipulatus limen attingant, tenere locum magisterii non formidant? Qua de re necesse est ut quamvis inculpati quisque sit meriti, ante tamen per distinctos ordines ecclesiasticis exerceatur officiis. Videat quod imitetur, discat quod doceat, informetur quomodo ut teneat, ut postea non debeat errare, qui eligitur viam erranti demonstrare. Diu ergo religiosa meditatione poliatur, ut placeat, et sic lucerna super candelabrum posita luceat, ut adversa ventorum vis irruens, conceptam eruditionis flammam non exstinguat, sed augeat. Nam cum scriptum sit, ut prius, *Quis probetur, et sic ministret* (I Tim. iii, 10), multo amplius ante probandus est, qui populi intercessor assumitur, ne fiant causa ruinæ populis sacerdotes mali. Nulla igitur contra hoc excusatio, nulla potest esse defensio, quia cunctis liquido notum est quæ sit in hujus rei diligentia sancti et egregii sollicitudo doctoris, qui neophytum ad ordines vetat sacros accedere. Sicut autem tunc neophytus dicebatur, qui initio in sanctæ fidei erat eruditione plantatus, sic modo neophytus habendus est, qui repente in religionis habitu plantatus, ad ambiendos honores sacros irrepserit. Ordinate ergo ad ordines ascendendum est. Nam casum appetit qui ad summa loci fastigia, postpositis gradibus, per abrupta quærit ascensum. Et cum idem Apostolus doceat inter alia sacri ordinis instituta discipulum, manum non esse cuiquam citius imponendam, quid hoc celerius, quidve præcipitatius, quam ut exoriatur

---

[a] Bigot., *callida specie*.

a summitate principium, et antequam esse incipiat discipulus, sit magister? Quisquis igitur sacerdotium non ad elationis pompam, sed ad utilitatem adipisci desiderat, prius vires suas cum eo quod est subiturus onere metiatur, ut et impar abstineat, et ad id eum metu etiam qui se sufficere existimat accedat.

« Ab re autem non facimus, si ad argumentum rationabile, usum rerum irrationabilium colligamus. Apta namque ædificationibus de silvis ligna succiduntur, nec tamen adhuc viridibus ædificii pondus imponitur, nisi eorum viriditatem multorum dierum mora siccaverit, et apta ad necessarium usum effecerit. Quæ si observantia forte negligitur, citius superimposita mole franguntur, et gignit ruinam ad auxilium res provisa. Hinc etenim medici, qui corporum curam gerunt, quædam adjutoria recenti adhuc confectione formata indigenti non offerunt, sed maceranda temporibus derelinquunt. Nam si immature quis dederit, dubium non est quia sit causa periculi res salutis. Discant itaque, discant in officio suo sacerdotes, quibus animarum credita est cura, servare quod diversarum artium homines docente ratione custodiunt, et a præcipiti se ambitione, et si non metu, saltem pudore contineant. Sed ne forsan adhuc pravæ se consuetudinis quisquam velit objectu defendere, fraternitatis tuæ discretio rationis eos freno coerceat, et labi in illicitis non permittat : quia quidquid ultione dignum est, non ad imitationis sed potius ad exemplum debet correptionis adduci. » Et post pauca :

3. « De his itaque quæ superius dicta sunt, fraternitatem vestram, auctore Deo, volumus synodum congregare : atque in ea reverendissimo fratre nostro [a] Aregio, episcopo, et dilectissimo filio nostro Cyriaco abbate mediantibus, omnia quæ sanctis canonibus, sicut prædiximus, sunt adversa, districte sub anathematis impositione damnentur : id est, ut nullus pro adipiscendis ecclesiasticis ordinibus dare aliquod commodum præsumat, vel pro datis accipere, neque ex laico habitu quisquam repente audeat ad locum sacri regiminis pervenire, neque ut aliæ mulieres cum sacerdotibus habitent nisi eæ quæ sacris canonibus sunt permissæ. »

4. Has pestiferas hæreses cernens prudentissimus doctor Gregorius, per sacerdotum conniventiam, sive taciturnitatem magis magisque diffusis muneribus, quasi pestifer cancer, non solum infirma posse corrodere, verum etiam fortia membra mucrone pulcherrimarum rerum corrumpere, divino zelo commotus, Victori episcopo generalem sententiam protulit, dicens : « Quisquis ad hoc facinus (videlicet simoniæ, ac neophytorum hæresim) emendandum, officii sui consideratione vehementer non arserit, cum ipso se habere non dubitet portionem, a quo prius hoc piaculare flagitium sumpsit exordium. « (Regist. lib. xii, ep. 29.)

5. Cum vero quosdam cognosceret, ad evitanda simoniacæ hæresis crimina, pestiferæ negotiationis munera pastellaticum callide vocitare, ac hujusmodi mutato nomine, suæ cupiditatis avaritiam velle contegere, prudentissimus doctor Gregorius sententiam, quam in primordio sui pontificatus coram synodo promulgaverat, iterato protulit, dicens : « Antiquam Patrum regulam sequens, nulli unquam quidquam de ordinationibus accipiendum esse constituo : neque ex datione Pallii, neque ex traditione chartarum, neque ex ea, quam nova per ambitionem simulatio invenit, appellatione pastelli. Quia enim in ordinando episcopo pontifex manum imponit, Evangelii vero lectionem minister legit, confirmationis autem ejus epistolam notarius scribit : sicut pontificem non decet manum, quam imponit, vendere; ita minister, vel notarius non debet in ordinatione ejus vocem suam, vel calamum venundare. Pro ordinatione ergo, vel usu pallii, seu chartis, [b] atque pastellis eumdem qui ordinandus est vel ordinatur, omnino aliquid dare prohibeo. Ex quibus prædictis rebus si quis hinc aliquid commodi appellatione exigere, vel petere forte præsumpserit, in districto Dei omnipotentis examine reatui subjacebit. » (Rom. Synodus c. 5, ad calcem Epistolarum.)

6. Item Joanni, episcopo Corinthiorum, post multa : « Novit, inquit, fraternitas vestra, quia prius pallium, nisi dato commodo, non dabatur. Quod quoniam incongruum erat, facto concilio ante corpus beati Petri, apostolorum principis, tam de hoc quam de ordinationibus aliquid accipere sub districta interdictione vetuimus. Oportet ergo ut neque per commodum, neque per gratiam, aut quorumdam supplicationem, aliquos ad sacros ordines consentiatis vel permittatis adduci. » (Regist. l. v, ep. 57.)

Sed astuta turpissimæ cupiditatis iniquitas non sufferens tantis se commodis, licet turpissimis, imo periculosissimis angustari, commentum satis artificiosum reperit : quo scilicet illos sacerdotio sublimaret, qui sibi post consecrationem tanto subjectiores esse debuissent, quanto non divino, quin potius humano judicio se fuisse promotos ipsi proculdubio reputarent. Quapropter omnipotentis Dei præco Gregorius in Evangeliorum tractatibus, ut scilicet frequentius legi vel audiri potuisset, disputat, inquiens : « Sunt nonnulli, qui quidem nummorum præmia ex ordinatione non accipiunt, et tamen sacros ordines pro humana gratia largiuntur : atque de largitate eadem, laudis solummodo retributionem quærunt. Hi nimirum, quod gratis acceperunt, gratis non tribuunt : quia de impenso officio sanctitatis, expetunt nummum favoris. Unde bene cum justum virum describeret propheta, ait : Qui excutit manus suas ab omni munere (Isai. xxxiii, 15). Neque enim dixit :

---

[a] Aliter Aredio. De illo in Epistolis multa habes. Colitur kalendis Maii, ut observant Sammarthani in Gallia Christ. ex Proprio Eccl. Vapincensis.
[b] Ad hæc Bollandus : est pastillus, inquit, massula in formam panis parvi cocta. Pro hoc etiam dicitur pastellus, et inde pastellatium donum hic indicatum. Aliam significationem attulimus in notis ad hoc decretum in calce epist.

Qui excutit manus suas a munere, sed adjunxit, *ab omni*: quia aliud est munus ab obsequio, aliud munus a manu, aliud munus a lingua. Munus quippe ab obsequio, est subjectio indebite impensa; munus a manu, pecunia; munus a lingua, favor. Qui ergo sacros ordines tribuit, tunc ab omni munere manus excutit, quando in divinis rebus non solum nullam pecuniam, sed etiam humanam gratiam non requirit.» (*Hom.* 4 *in Evang.*)

Hæ sunt Gregorii super simoniacis, et illicitis ordinationibus doctissimi papæ sententiæ, quas ipse summo cultu servasse docetur, in eo quod ab ipso suæ consecrationis exordio per omnem diœcesim suam, episcopos undecunque meliores invenire potuit, studiosissime ordinavit. Et si quando necessitas ordinandi sacerdotis obrepsit, neque cardinales Ecclesiæ suæ neque monachos monasterii sui penitus excusavit, quo minus illis Ecclesiam regendam committeret, qui exemplis et verbis pariter illam ædificare melius potuissent. Nam, ut pauca de multis contingam, ex presbyteris cardinalibus Ecclesiæ suæ consecravit episcopos, Bonifacium Rhegii, Habentium Perusii, et Donum Messanæ Siciliæ. Ex subdiaconibus vero, Gloriosum Istriæ, Festum Capuæ, [a] Petrum Trecas, et Castorium Arimini. At vero ex monachis monasterii sui, Marinianum Ravennæ, Maximianum Syracusis, et Sabinum Callipoli præsules ordinavit. Sed et Augustinum penes Anglos a Galliarum episcopis ordinari præcepit. Per quem nihilominus ad episcopatum in eadem gente monachi ejusdem patris, tempore diverso, provecti sunt : Mellitus, Justus, Laurentius et Paulinus. Solis diaconibus apostolicæ sedis super hac quodammodo parte parcebat : quorum cum decem et novem plenitudine redundaret, ipse Bonifacium, Florentium, et Epiphanium consecravit. Nec quemquam eorum ab officio, nisi Laurentium archidiaconum pro superbia reliquisque criminibus, in basilica Lateranensi, quæ dicitur aurea, ubi mox Honoratum archidiaconum constituit, sequestravit.

8. Cumque Gregorius percepta occasione suæ Ecclesiæ cardinales, si tamen consentirent, satis voluntarie proveheret : neminem prorsus, quantacunque necessitate coactus, violenter promovere certabat : ne sub hujusmodi occasione quemquam eliminando deponere videretur. Unde Scholastico, [b] Judici Campaniæ, scribens, ait : « Dum de Neapolitanæ civitatis cura, destitutæ sacerdotis solatio, vehementius angeremur, supervenientes præsentium latores cum decreto in Florentium subdiaconum nostrum confecto, aliquid nobis in tanto cogitationis pondere relevationis invenerant : sed dum præfatus subdiaconus noster refugiens civitatem ipsam, ordinationem suam lacrymabiliter evitasset : quasi ex majori quadam desperatione, nostram cognoscite crevisse mœstitiam. Atque ideo salutantes, hortamur magnitudinem vestram ut invocantes priores, vel populum civitatis, de electione alterius cogitetis, qui dignus possit cum Christi solatio ad sacerdotium promoveri. In quo, decreto solemniter facto, atque ad hanc urbem transmisso, ordinatio illic tandem, Christo auxiliante, proveniat. » (*Regist. lib.* III, *ep.* 15.)

9. Ab aliis quoque violenter promotos, in gradus pristinos revocabat. Unde Antonino subdiacono scribens, ait : « Honoratus, archidiaconus Ecclesiæ Salonitanæ, a sanctæ memoriæ decessore meo, missa supplicatione, poposcerat ut ab antistite suo invitus provehi ad fortioris gradus ordinem, contra morem, nullatenus cogeretur. Hoc enim fieri sibi non provehendi gratia, sed causa ingratitudinis perhibebat. Pro qua re tunc jam sanctæ memoriæ decessor noster, scriptis suis Natali, fratri coepiscopoque nostro interdixerat ne prædictum Honoratum archidiaconum invitum proveheret, neve dolorem conceptæ ingratitudinis diutius in corde retineret. Cumque et a me hæc eidem summopere fuerint interdicta : non solum mandata Dei negligens, sed et scripta nostra contemnens, præfatum archidiaconum, quasi ad fortiorem honorem provehens, conatus est arte callide degradare. Unde actum est ut eodem archidiaconatus loco summoto, alium accersiret, qui ejus obtemperare moribus potuisset. Quem Honoratum archidiaconum arbitramur antistiti suo aliunde displicere non potuisse, nisi quod eum vasa sacra suis dare parentibus prohibebat. Quam causam subtiliter voluimus, et tunc sanctæ memoriæ decessor meus, et nunc ego, indagatione discutere. Sed ipse suorum actuum conscius, personam ad judicium postposuit destinare. Proinde experientiam tuam præsentis præcepti auctoritate duximus fulciendam, quatenus conveniens in Salonam Natalem, fratrem coepiscopumque nostrum saltem tot scriptis admonitum studeat adhortari, ut supra memoratum archidiaconum in suo statim loco suscipiat. Quod si hoc facere contumaciter, ut consuevit, forte distulerit, usum ei pallii, qui ab hac sede concessus est, ex auctoritate sedis apostolicæ contradicito. Quem si, etiam amisso pallio, adhuc in eadem perseverare pertinacia, perspexeris, Dominici quoque corporis ac sanguinis eumdem antistitem participatione privabis. Eum vero, qui contra justitiæ regulam ad locum alterius provehi consensit, ab ejusdem archidiaconatus honore deponi præcipimus : quem, si ulterius in loco eodem ministrare præsumpserit, communionis sacræ participatione privamus. Æquum enim est ut asperos de justitia sentiat, quos erga se positos in caritate contemnit. Restituto ergo loco suo Honorato archidiacono, instructam personam supradictus antistes, te compellente, dirigat, quæ intentionem ejus esse vel fuisse justam suis mihi allegationibus possit ostendere. Sed

[a] Hunc in locum errorem irrepsisse non immerito arbitratur Bollandus; neque enim legitur S. Gregorium aliquando Tricassinum episcopum consecrasse, aut tunc in ea Ecclesia fuisse aliquem episcopum nomine Petrum. Verum suspicor intelligendum esse Petrum Trecalitanum episcopum in Sicilia, ad quem exstat ep. 12 lib. v. In codice Gemet. legitur *Trecasino* pro *Trecalitano*, ut observavimus in nota *a* ad hanc epistolam.

[b] Bigot., tres Paris. et alii codd., *Duci Campaniæ*,

et eumdem archidiaconum ad nos venire præcipimus, ut quidquid justum, quidquid omnipotenti Deo placitum fuerit, cognitis assertionibus partium decernamus. Nos enim nullum pro personali amore defendimus, sed auctore Deo, normam justitiæ, postposita cujuslibet acceptione personæ, servamus. » (*Regist. l.* II, *ep.* 20.)

10. Item Honorato Salonitano, jam ex presbytero in diaconatum reducto : « Dudum quidem decessoris nostri nostraque præceptio ad dilectionem tuam cucurrerat, in qua, et de objectis tibi calumniose capitulis fueras absolutus, et in tui gradus ordinem sine aliqua instituimus altercatione restitui. Sed quia rursus ante non multum temporis spatium, ad Romanam civitatem veniens, de quibusdam illic actis incongrue, et de sanctorum es conquestus alienatione vasorum : atque, dum pro hac re, quæ tuis objectionibus respondere potuisset, sustineremus in hac civitate personas, Natalis, episcopus tuus, de hac luce migravit : necessarium judicavimus easdem præceptiones tam decessoris nostri, quam nostras, quas dudum, ut dictum est, pro tua absolutione transmisimus, præsentibus deinceps apicibus confirmare. Quamobrem a cunctis tibi objectis capitulis te plenius absolventes, in tui te ordinis gradu sine aliqua volumus altercatione permanere : ut nihil tibi penitus mota a præfato viro quæstio, qualibet occasione præjudicet. » (*Regist. lib.* III, *ep.* 52.)

Item [a] in alia Epistola post multa : « Sed etiam nunc dico, aut easdem personas, videlicet Joannem Chalcedonensem, et Athanasium Isaurios presbyteros in suis ordinibus suscipe, eisque quietem præbe : aut, si hoc fortasse nolueris, omni altercatione postposita, de eorum causa statuta majorum, aut canonum terminos custodi. Sin vero, nos quidem inferre rixam nolumus : sed tamen venientem a vobis non devitamus. Quid autem de episcopis, qui verberibus timeri volunt, canones dicant, bene fraternitas vestra novit. Pastores etenim facti sumus, non percussores. Et egregius prædicator dixit : *Argue, obsecra, increpa cum omni patientia, et doctrina* (*III Tim.* IV, 2). Nova vero, atque inaudita est prædicatio, quæ verberibus exigit fidem. » (*Regist. lib.* III, *ep.* 53.)

11. Item [b] cardinales violenter in parochiis ordinatos 89 forensibus, in pristinum cardinem Gregorius revocabat. Quapropter Joanni, episcopo Syracusano scribens ait : « Quorumdam ad nos relatione pervenit Cosmam, qui ex monacho monasterii sanctæ Luciæ, a decessore tuo venerandæ memoriæ Maximiano in Ecclesia Syracusana subdiaconus factus, atque a te postea in possessione, quæ Juliana vocatur, presbyter dicitur ordinatus, ita nimia tristitia, et loci qualitate vehementer afflictum, ut vitam sibi pœnam existi-

met, [c] et contritioni suæ, fugæ quærat auxilium. Et ideo, quia tales erga subjectos nostros debemus existere, quales nos, si subjecti fuissemus, nostros volueramus esse præpositos : magnæ benignitatis est si eum in Ecclesiam, ubi subdiaconatus est functus officio, tua reducere, atque illic presbyterum studuerit constituere cardinalem. Quod et facere, quantum arbitramur, debes, si nihil est quod juste contra ipsum animum tuum exasperet. Si vero aliqua culpa est, suis nobis hoc epistolis fraternitas tua, ut scire possimus, insinuet. » (*Regist. lib.* XIII, *ep.* 28.)

12. Quanta curiositate Gregorius idoneos quosque ad regimen destitutarum quæsierit plebium, breviter indicabo : ut tantus vir non solum doctrinis, quin et operibus verus paterfamilias fuisse gregis Dominici probabiliter colligatur. Ait enim in epistola Maximiano, Syracusano episcopo : « Felix, vir clarissimus præsentium lator, edocuit nos, esse quemdam in illis partibus presbyterum, qui ad episcopatus ordinem provehi probatæ vitæ merito dignus appareat. Hunc ergo fraternitas tua coram se deduci faciat : eumque sicut certus sum, propter animæ periculum diligenter examinet. Quem si ad hunc provehi gradum dignum esse perspexerit, ad nos studeat destinare, ut eum, Domino disponente, loco, cui præviderimus, possimus ordinare pastorem. » (*Regist. lib.* II, *ep.* 24, *indict.* 10.)

Item Cypriano, diacono : « Amarissimas Dilectionis tuæ epistolas de Domni Maximiani obitu, mense Novembri suscepi. Et quidem ille ad præmia desiderata pervenit ; sed infelix populus Syracusanæ civitatis lugendus est, qui pastorem talem diu habere non meruit. Proinde dilectio tua sollicitudinem gerat ut in eadem Ecclesia talis debeat ad ordinandum dari, qui post Domnum Maximianum, ejusdem regiminis locum non indignus videatur aut immeritus sortiri. Et quidem credo quod Trajanum, presbyterum, maxima pars eligat, qui, ut dicitur, bonæ mentis est ; sed, quantum suspicor, ad regendum locum illum idoneus non est. Tamen si melior inveniri non valet, et ipse nullis criminibus tenetur involutus, condescendi ad eum, cogente nimia necessitate, potest. Si autem mea voluntas ad hanc electionem quæritur, tibi secreto indico quod volo : quia nullus mihi in eadem Ecclesia, post Domnum Maximianum, tam dignus videtur, quam Joannes, archidiaconus Catanensis Ecclesiæ. Qui, si fieri potest ut eligatur, credo quod apta valde persona inveniatur. Sed ipse quoque prius de criminibus, quæ impedire possunt, a te secreto requirendus est : a quibus si liber inventus fuerit, eligi jure potest. Quod si actum fuerit, etiam frater et coepiscopus noster Leo ei cessionem facere

---

[a] In edit. Bolland. quæ sequuntur, desiderantur usque ad cap. x. nec inveniuntur in mss. tribus Parisiens., Utic., Bigot. et aliis passim. Certe gravi errore in plerisque editis legitur : *Item eidem in alia ep.* scilicet 53 libri tertii, quæ tamen non eidem Honorato, sed Joanni Constantinop. scripta est.

[b] In singulis episcopalibus Eccles. olim erant cardinales, ita dicti quod cardine urbis constricti essent, ut patet ex can. 3 synodi Rom. sub Silvestro I. Mos enim tum erat ut nulli clerici ordinarentur, nisi ad certam quamdam Ecclesiam, ut statuitur can. 6 concilii Chalcedon. Vide infra cap. 15. Attamen S. Paulinus Nolanus hac lege solutus est. Lege sextam ejus epist. ad Severum. MABILLON.

[c] Ita tres Paris. cum Bollando. In excusis plur., *et contristationis suæ fugam*.

debebit, ut liber ad ordinandum valeat inveniri. » *A* nostro Armenio suprascriptæ Anconitanæ Ecclesiæ visitatore illuc festinet accedere, et diligenter de vita ac moribus singulorum requirere : vel si de nullo sibi sunt crimine conscii, quod eos ad hoc officium vetet accedere. Pariter etiam requirendum est si hoc, quod de præfato archidiacono dictum est quia nunquam amicus domum ejus ingressus est, ita se veritas habeat : et utrum ex necessitate, an ex tenacia talis sit : 91 aut si ita senex est, ut ad regendum non possit assurgere : vel si tactis sacrosanctis Evangeliis, sicut nobis nuntiatum est, jusjurandum præbuit nunquam se ad episcopatum accedere. Sed et de Rustico, diacono, quantos psalmos minus teneat, scrutandum est. Florentio autem, diacono Ravennati, si nullum, sicut diximus, crimen est quod obsistat, *B* apud episcopum ejus agi necesse est ut ei debeat cessionem concedere : non tamen ex nostro mandato vel dicto, ne contra suam voluntatem eum concedere videatur. » (*Lib.* xiv, *ep.* 11.)

(*Regist. lib.* IV, *ep.* 17.)

90. Item Clementinæ, Patriciæ : « Amandum, presbyterum, a Surrentinis ad episcopatum, gloriosa filia, electum esse cognoscas. Quem quia huc scripsimus debere transmitti, contristari de ejus absentia non debetis, quia nec abscedere creditur, qui mente vobiscum est. Et quoniam pastorem quærentibus, is qui vobis olim placuit, gratus est : omnipotentem Deum benedicentes, Christiana magis in hoc devotione gaudete. Et ut ad nos celerius aliis profuturus venire debeat, hilariter studete : quia sinceræ charitatis est exsultare, quando is qui diligitur, ad hoc vocatur ut crescat. » (*Lib.* x, *ep.* 18.)

Item Passivo episcopo : « Bene novit fraternitas vestra quam longo tempore [a] Aprutium pastorali sit sollicitudine destitutum. Ubi diu quæsivimus quis ordinari debuisset, et nequaquam potuimus invenire. Sed quia Opportunus mihi in moribus suis, in psalmodiæ studio, in amore orationis valde laudatus, religiosam vitam omni modo agere dicitur : hunc volumus ut fraternitas vestra ad se faciat venire, et de anima sua admoneat, quatenus in bonis studiis crescat. Et si nulla ei crimina, quæ per legis sacræ regulam morte mulctata sunt, obviant, tune hortandus est ut vel monachus, vel a nobis subdiaconus fiat : et post aliquantum temporis, si Deo placuerit, ipse ad pastoralem curam debeat promoveri. » (*Lib.* xii, *ep.* 12.)

Item Venantio, patricio Panormitano, petenti sibi quemdam presbyterum episcopum consecrari, rescribit inter cætera, dicens : « Hunc presbyterum dare omnino nobis excellentia vestra sciat esse difficile : quia personarum nos necessitas, ad ordinanda alia loca pastoribus destituta, non levis angustat. » (*Lib.* xiii, *ep.* 15.)

Sed quia necessitate ordinandarum se angustatum meminit personarum : ne indiscusse quemquam promovisse putetur, uno exemplo videtur esse docendum. Ait enim in epistola Joanni episcopo : « Ne incauta eorum ordinatio, qui ad episcopatum eliguntur, valeat provenire, vigilanti de eorum personis est sollicitudine requirendum. Indicatum siquidem nobis est Florentium, archidiaconum Ecclesiæ Anconitanæ, qui ad episcopatum electus fuerat, Scripturæ quidem sacræ scientiam habere, sed ita ætatis esse senio jam confectum, ut ad regimen officium non possit assurgere; adjicientes etiam ita illum tenacem existere, ut in domum ejus amicus ad charitatem nunquam introeat. Rusticus autem, diaconus ejusdem Ecclesiæ, qui similiter electus fuerat, vigilans quidem homo dicitur, sed, quantum asseritur, Psalmos ignorat. Florentium vero, diaconum Ecclesiæ Ravennatis, qui electus ab omnibus memoratur, sollicitum esse novimus, sed qualis sit interius, omnino nescimus. Ideoque fraternitas tua, una cum fratre et coepiscopo

13. Et quidem Gregorius, prudenter cognoscens totum corpus Ecclesiæ tam per bonos episcopos feliciter stare, quam per malos infeliciter cadere : non solum diversarum gentium diversi ordinis clericos, verum etiam vacantes episcopos, in suæ diœceseos episcopatus invitabat. Unde Sebastiano [b] Sirmiensi episcopo inter cætera scribit, dicens : « Debitum salutationis alloquium solvens, indico quod ad me, Bonifacio defensore referente, pervenerit quia vir sanctissimus frater noster domnus Anastasius, patriarcha, in una suarum civitatum regendam vobis *C* Ecclesiam committere voluit, et consentire noluistis. Quem sensum et sapientiam vestram valde ego libenter amplexus sum, et laudavi vehementer : et vos felices, me infeliceм esse beatum dico prædicavit, qui tali hoc tempore regimen Ecclesiæ suscipere consensi. Si tamen animus vester fortassis fratribus condescendendo, et misericordiæ operibus intentus, ad hoc unquam consentire decreverit ; peto ut amori meo alium minime præponatis. Sunt enim in Sicilia insula Ecclesiæ vacantes episcopis : et si vobis placet, auctore Deo, Ecclesiam regere, juxta beati Petri apostoli limina, cum ejus adjutorio melius potestis. Si vero non placet, feliciter state, et pro nobis infelicibus exorate. » (*Regist. lib.* v, *ep.* 42.)

14. Interea Gregorius locis munitis, episcopis *D* constitutis, dissipatas Ecclesias adunabat. Quapropter Bacaudæ, Formiensi episcopo, scribit, dicens : « Et temporis necessitas nos perurget, et imminutio personarum exigit ut destitutis Ecclesiis, salubri ac provida debeamus dispositione succurrere. Et ideo quoniam Ecclesiam Minturnensem funditus tam cleri, quam plebis destitutam desolatione cognovimus : tuamque pro ea petitionem, quatenus Formianæ Ecclesiæ, in qua beati Erasmi martyris corpus requiescit cuique fraternitas tua præsidet, adjungi debeat, piam esse ac justissimam providentes : neces-

---

[a] Aprutium non civitas est, sed regio Italiæ, cujus episcopi sedes est urbs Interamnensis, vulgo *Teramo*, ut observat Bollandus.

[b] Bollandus legit hic *Rhisiniensi*, aitque *Rhisinum*

aut *Rhisinam*, Mesopotamiæ esse urbem in Syriæ confinio, non procul ab Edessa. Mabill. habet cum Surio *Smurnensi*. Vide notas ad epist. 28 libri I, indict. 9.

sarium duximus, consulentes tam desolationi loci illius, quam tuæ Ecclesiæ paupertati, reditus supradictæ Ecclesiæ Minturnensis vel quidquid ei antiquo modernoque jure vel privilegio potuit potestve qualibet ratione competere, ad tuæ Ecclesiæ jus potestatemque hac præcepti nostri auctoritate migrare, ut a præsenti tempore sicuti de propria Ecclesia debeas cogitare, eique competentia tua provisione disponere, quatenus deinceps quod perire nuncusque potuit, pauperum Ecclesiæ tuæ utilitatibus clerique proficiat. » (*Regist. lib.* I, *ep.* 8.)

Item Benenato episcopo : « Et temporis qualitas, et vicinitas nos locorum invitat, ut Cumanam atque Misenatium unire debeamus Ecclesias : quoniam hæ non longo a se itineris intervallo sejunctæ sunt; nec, peccatis facientibus, tanta populi multitudo est, ut singulos, sicut olim fuit, habere debeant sacerdotes. Quia igitur Cumani castri sacerdos vitæ hujus cursum explevit, utrasque nos Ecclesias præsentis auctoritatis pagina unisse tibique commisisse cognosce, propriumque utrarumque Ecclesiarum scito te esse pontificem; et quæcunque tibi de earum patrimonio vel cleri ordinatione promotioneve juxta canonum statuta visa fuerint ordinare atque disponere, habebis, ut proprius revera sacerdos, liberam ex nostræ auctoritatis consensu atque permissione licentiam. Ubi vero commodius aut utilius esse prospexeris, habitato : ita sane ut alteram Ecclesiam, a qua corporaliter ad præsens absens es, sollicita providentique cura disponas, quatenus divina illic mysteria solemniter, auxiliante Domino, peragantur. Fraternitas ergo tua tanto in adhortationibus lucrandisque animabus sollicitiore cura semper invigilet, quanto se unitarum Ecclesiarum gubernationis onera suscepisse cognoscit. » (*Lib.* II, *ep.* 45.)

15. At vero civitatum desolatarum pontifices Gregorius vacantibus civitatibus incardinare curabat. Unde Martino, episcopo Corsicæ, inter cætera scribens : « Quoniam, inquit, Ecclesia Tamitana, in qua dudum fuerat honore sacerdotali tua fraternitas decorata, ita est, delictis facientibus, hostili feritate occupata et diruta, ut illuc ulterius spes remeandi nulla remanserit : in Ecclesiam te Aleriensem, quæ jam diu est pontificis auxilio destituta, cardinalem, secundum petitionis tuæ modum, hac auctoritate constituimus sine dubio sacerdotem. Ita ergo studio vigilanti cum Dei amore secundum canonum præcepta cuncta dispone et ordina, ut, et fraternitas tua suis desideriis se gaudeat esse potitam, et Ecclesia Dei alterno gaudio repleatur, cardinalem te suscepisse pontificem. » (*Regist. lib.* I, *ep.* 79.)

Item Joanni episcopo Squillacino : « Pastoralis officii cura nos admonet, destitutis Ecclesiis proprios constituere sacerdotes, qui gregem Dominicum pastorali debeant sollicitudine gubernare. Propterea te Joannem ab hostibus captivum Lisitanæ civitatis episcopum in Squillacina cardinalem necesse duximus constituere sacerdotem : ut et susceptam semel animarum curam intuitu futuræ retributionis impleas; et licet a tua, hoste imminente, depulsus sis, aliam quæ pastore vacat, debeas Ecclesiam gubernare : ita tamen, ut si civitatem illam hostibus liberam effici, et Domino protegente, ad priorem statum contigerit revocari, in eam in qua et prius ordinatus es Ecclesiam revertaris. Si autem prædicta civitas continua captivitatis calamitate premitur, in hac in qua a nobis ordinatus es, debeas Ecclesia permanere ª. » (*Regist. lib.* II, *ep.* 57.)

Item Joanni, episcopo Velitrano : « Postquam hostilis impietas diversarum civitatum, ita peccatis facientibus, desolavit ecclesias, ut reparandi eas spes nulla, populo deficiente, remanserit : majori valde cura constringimur, ne defunctis earum sacerdotibus, reliquiæ plebis, nullo pastoris moderamine gubernatæ, per invia fidei, hostis callidi rapiantur, quod absit, invidia. Hujus ergo rei sollicitudine sæpe commoniti, hoc nostro sedit corde consilium, ut vicinis eas mandaremus pontificibus gubernandas. Ideoque fraternitati tuæ curam gubernationemque trium tabernarum ecclesiæ prævidimus committendam, quam tuæ ecclesiæ aggregari unirique necesse est : quatenus utrarumque ecclesiarum sacerdos et rector, Christo adjutore, possis existere; et quæcunque tibi de ejus patrimonio, vel cleri ordinatione seu promotione, vigilanti ac canonica visa fuerint cura disponere, quippe ut pontifex proprius liberam habebis ex præsenti nostra permissione licentiam. » (*Regist. lib.* II, *ep.* 50.)

Item Gratioso Numentano episcopo curam gubernationemque ᵇ sancti Anthemii ecclesiæ, in Curium civitatis Sabinorum territorio constitutæ incardinando conjunxit. Item Agnello episcopo Fundano post aliqua : « Quoniam propter cladem hostilitatis, nec in civitate, nec in ecclesia tua est cuiquam habitandi licentia : ideo hac te auctoritate nostra Terracinensis ecclesiæ cardinalem constituimus sacerdotem. » (*Lib.* III, *ep.* 20.) Et post pauca : « Illud quoque fraternitatem tuam scire necesse est, quoniam sic te prædictæ Terracinensis ecclesiæ cardinalem esse constituimus sacerdotem, ut et Fundensis ecclesiæ pontifex esse non desinas, nec curam gubernationemque prætereas. » (*Ibid., ep.* 25.)

16. Sed et expulsos episcopos, quos tam cito Gregorius, vel incardinare non poterat, vel quorum reditum ad sedes proprias contingere posse sperabat, aliis episcopis, qui tunc videlicet in locis suis degebant, interim pro sustentatione ac stipendiis præsentis vitæ jungebat, generaliter, dicens : « Fratres et coepiscopos nostros, quos et captivitatis diversarumque necessitatum angustiæ comprimunt, studete consolandos, convivendosque vobiscum in ecclesiasticis sustentationibus libenter suscipere : non quidem ut per communionem episcopalis throni dignitas dividatur, sed ut ab Ecclesia juxta possibilitatem sufficiad hunc locum. Ibidem a *Cures* format *Curites*, et *Quirites*.

ª Hæc usque ad *Item Gratioso*, Bollandiana editio respuit; reperiuntur tamen in Mss. nostris.
ᵇ Legendum forte *S. Euthimii*. Consule Bollandum

dientia debeant alimenta percipere. Sic enim et proximum in Deo, et Deum in proximo diligere comprobamur. Nullam quippe eis nos in vestris ecclesiis auctoritatem tribuimus, sed tantum vestris solatiis eos contineri summopere hortamur. » (*Regist. lib.* I, *ep.* 45.)

17. Loca quoque sedium prudentissimus pontifex accepta justa occasione mutabat. Unde Joanni, episcopo Vellitrano scribit, dicens : « Temporis qualitas admonet, episcoporum sedes antiquitus certis civitatibus constitutas, ad alia quæ securiora putamus ejusdem diœcesis loca transponere, quo, et habitatores nunc degere, et barbaricum possint periculum facilius declinare. Propterea te Joannem fratrem coepiscopumque nostrum Vellitrensis civitatis, sedemque tuam in loco qui appellatur Arenata ad sanctum Andream apostolum, præcipimus exinde transmigrare : quatenus et ab hostilitatis incursu liberior existere valeas, et illic consuetudinum solemnium festa disponas. » (*Regist. lib.* II, *ep.* 14.)

18. Et notandum quod Gregorius, licet monasteria et episcopatus unierit, atque vacantes episcopos vacantibus civitatibus incardinare studuerit, nunquam tamen episcopum ab integritate suæ Ecclesiæ, vel ipse in aliam commutavit, vel sub quacunque occasione migrare consensit. 94. Nam postquam [a] Demetrium Neapolitanum episcopum super criminibus manifestis deposuit : cum ab eisdem Neapolitanis incardinari sibi Paulum Nepesinum episcopum magnopere quæreretur, discretissimus pontifex, visitatione civitatis Nepesinæ Joanni episcopo delegata, eumdem quidem Paulum visitatorem illis tribuit : cardinalem vero constituere tam primo dispensatorie distulit, quam postea penitus recusavit. Cui postmodum licentiam revertendi ad suam diœcesim concedens, centum solidos de Neapolitana ecclesia, et unum puerulum orphanum, qualem ipse de familia ejusdem ecclesiæ voluisset, dari præcepit.

19. Aliarum parochiarum clericos sibi et aliis discretissimus pontifex discretissime incardinare curabat. Quapropter Heliæ presbytero et abbati provinciæ Isauriæ post aliqua scribens : « Filium, inquit, vestrum Epiphanium mandastis, ut ad sacrum ordinem provehere deberemus, vobisque retransmittere. Sed in uno vos audivimus, in altero vero audire minime potuimus. Diaconus quidem factus est ; sed quisquis semel in hac ecclesia sacrum ordinem acceperit, egrediendi ex ea ulterius licentiam non habet ; si ergo videre vos non potui, hac ex re consolationem habeo, quia in filio vestro requiesco. » (*Regist. lib.* V, *ep.* 57.)

20. Item Maximiano, episcopo Syracusano : « Præsentium lator Felix, diaconus, cum nullatenus in hæreticorum dogmata lapsus sit, nec a catholica fide discesserit, pravis illectus adversus Constantinopolitanam synodum suspicionibus, in Istricorum se separatione removerat. Qui cum Romam venisset, recepta a nobis, juvante Domino, ratione, excessum suum recepta Dominici corporis communione correxit. Quia ergo, ut dictum est, non in hæresim incidit, sed a sacris generalis Ecclesiæ ministeriis, quasi rectæ studio intentionis erravit, imbecillitati ejus atque necessitatibus consulentes, maximeque sustentationi ejus, pietatis intuitu providentes, in tua Syracusana ecclesia eum prævidimus cardinandum. » (*Regist. lib.* IV, *ep.* 14.)

Item Fortunato, episcopo Neapolitano : « Fraternitatem tuam a nobis petisse recolimus, ut Gratianum, ecclesiæ Venafranæ diaconum, tuæ concederemus ecclesiæ cardinandum. Et quoniam nec episcopum, cui obsecundare, nec propriam habet ecclesiam, hoste scilicet prohibente, quo suum debeat ministerium exhibere : petitionem tuam non prævidimus differendam. Idcirco scriptis tibi præsentibus eum necessario duximus concedendum, habituro licentiam diaconum illum, nostra interveniente auctoritate, ecclesiæ tuæ, Deo propitio, constituere cardinalem. » (*Regist. lib.* VI, *ep.* 11.)

Item Cypriano diacono : « Sicut Dilectio tua studiose laboravit pro persona fratris et coepiscopi nostri Joannis, ut in Syracusana ecclesia, auctore Deo, debuisset ordinari : ita nunc necesse est ut per dilectionis tuæ studia ei quoque regiminis solatia ministrentur. Quemdam enim presbyterum proprium habuisse se perhibet, qui tamen a fratre et coepiscopo nostro Leone in Catanensi ecclesia dicitur ordinatus. Et quia in novam ecclesiam vadit, et suos illic proprios homines habere necesse est, ut, dum causarum tumultibus premitur, in secreto suo inveniat ubi requiescat ; 95. prædicto fratri et coepiscopo nostro Leoni blande et dulciter persuadere debes ut ei præfatum presbyterum cedere debeat, ne quem tam benignus ad ordinandum cessit, ordinatum destituere fortasse videatur. » (*Regist. lib.* VI, *c.* 20.)

21. Antiquissimum ecclesiasticæ consuetudinis ordinem Gregorius ab apostolis traditum et ad sua usque tempora solemniter conservatum adeo studiosissime retinebat, ut nullum, quantalibet sanctitate, sapientia, nobilitateve polleret, anterioribus clericis in conventu, consessu, statione, sive subscriptione præponeret. Unde Januario, Caralitano episcopo, scribens : « Liberatus, inquit, de quo nobis tua fraternitas indicavit, qui diaconi fungi perhibetur officio, si a decessore tuo non factus est cardinalis, ordinatis a te diaconis nulla debet ratione præponi : ne eos, quos consecrando probasse cognosceris, reprobare supponendo quodam modo videaris. Prædictum itaque Liberatum, quem reprimendus ambitionis inflat spiritus, omni instantia ab intentus sui pravitate compesce, et ultimum inter diaconos stare constitue : ne, dum se illicite præferri contendit, immeritus loco in quo nunc situs est judicetur. Cujus tamen si obedientia fueris invitatus, et eum post hoc facere cardinalem volueris, nisi pontificis sui cessionem solemni more meruerit, abstinendum ab ejus incardinatione

---

[a] Vide lib. II, ep. 6, et consule plurimas ad Paulum epistolas.

memineris : quoniam æquitati convenire non ambigis, ut aliis servare non differas, quod ipse quoque tibi servare desideras. » (*Regist. lib.* I, *ep.* 85.)

22. Hujus videlicet antiquissimæ consuetudinis ordine Gregorius provocatus, defunctorum Episcoporum Ecclesias pro faciendo inventario, et eligendo legitimæ opinionis episcopo, vicinis episcopis commendabat, hoc modo scribens Joanni Squillacino : «Obitum illius antistitis directa relatio patefecit. Quapropter visitationis destitutæ ecclesiæ, fraternitati tuæ operam solemniter delegamus : quam ita te convenit exhibere, ut nihil de provectionibus clericorum, reditu, ornatu, ministeriisque vel quidquid illud est, in patrimonio ejusdem a quoquam præsumatur ecclesiæ. Et ideo fraternitas tua ad prædictam ecclesiam ire properabit, et assiduis adhortationibus clerum plebemque ejus admonere festinet : ut remoto studio, uno eodemque consensu talem sibi præficiendum expetant sacerdotem, qui et tanto ministerio dignus valeat reperiri, et a venerandis canonibus nullatenus respuatur. Qui dum fuerit postulatus, cum solemnitate decreti omnium subscriptionibus roborati, et dilectionis tuæ testimonio litterarum, ad nos veniat consecrandus : commonentes etiam fraternitatem tuam ut nullum de altera eligi permittas ecclesia, nisi forte inter clericos earumdem civitatum in quibus visitationis impendis officium, nullus ad episcopatum dignus, quod evenire non credimus, potuerit inveniri : provisurus ante omnia ne ad cujuslibet conversationis meritum laicæ personæ aspirare præsumant, et tu periculum ordinis tui, quod absit, incurras. Monasteria autem, si qua sunt in ipsius parochia constituta, sub tua cura dispositioneque, quousque illic proprius fuerit episcopus ordinatus, esse concedimus : ut sollicitudinis tuæ vigilantia proposito suo congrua, Deo adjuvante, actione respondeat. » (*Regist. l.* II, *ep.* 38.)

Item clero, ordini et plebi : « Vestri antistitis obitum cognoscentes, curæ nobis fuit destitutæ ecclesiæ visitationem fratri et coepiscopo nostro Joanni solemniter delegare : cui dedimus in mandatis ut nihil de provectionibus clericorum, reditu, ornatu, ministeriisque a quoquam usurpari patiatur, cujus vos assiduis adhortationibus convenit obedire ; quatenus in ecclesiastico obsequio sacerdos exquiratur, qui a venerandis canonibus nulla discrepet ratione. Qui dum fuerit postulatus cum solemnitate decreti omnium subscriptionibus roborati, et visitatoris pagina prosequente, ad nos veniat ordinandus : provisuri ante omnia ne cujuslibet vitæ vel meriti laicam personam præsumatis eligere : nam non solum talem ad episcopatus apicem nulla ratione provehendum, verumetiam vos nullis intercessionibus veniam promereri posse cognoscite ; sed omnes quos ex vobis de laica persona aspirasse constiterit, ab officio et a communione alienos faciendos proculdubio noveritis. » (*Regist. lib.* II, *ep.* 29.)

23. Nulla occasione Gregorius quidquam de donariis sive prædiis quarumlibet ecclesiarum patiebatur auferri. Idcirco Maximiano, Syracusano episcopo, inter alia scribit, dicens : « Charitatem tuam commonere curavimus ut si quispiam episcoporum de hac luce migraverit, vel, quod absit, pro suis fuerit remotus excessibus, convenientibus [a] hierarchicis, cunctisque cleri prioribus, atque in sui præsentia inventarium ecclesiæ rerum facientibus, omnia quæ reperta fuerint subtiliter describantur ; nec, sicut antea fieri dicebatur, species quædam, aut aliud quodlibet de rebus ecclesiæ, quasi pro faciendi inventarii labore, tollatur. Sic namque ea quæ ad munitionem facultatis pauperum pertinent, desideramus expleri, ut nulla penitus in rebus eorum ambitiosis hominibus venalitatis relinquatur occasio. Visitatores ecclesiarum, clerici quoque eorum, qui cum ipsis per non suæ civitatis parochias fatigantur, aliquod laboris sui capiant, te disponente, subsidium. Justum namque est ut illic consequantur stipendium, qui pro tempore suum commodare reperiuntur obsequium. » (*Regist. lib.* IV, *ep.* 1.)

24. Consuetudines dationum vel xeniorum a suis episcopis accipere Gregorius, quasi pondus quoddam pestiferum toto mentis conamine detrectabat. Unde Felici, episcopo Messanensi : « Consuetudines, inquit, quæ ecclesiis noscuntur gravamen inducere, nostra nos decet consideratione remittere, ne illud aliqua cogantur inferre, unde sibi inferenda debent potius exspectare. Clericis quidem tuis, vel aliorum consuetudinem te oportet illibatam servare, eisque, annis singulis, quæ sunt consueta transmittere; nobis vero de cætero, ne quid transmitti debeat, inhibemus. Et quoniam non delectamur xeniis, palmatianas quas tua direxit fraternitas cum gratiarum actione suscepimus ; sed eas, ne quod exinde sentire potuisses dispendium, digno fecimus pretio venundari, et id tuæ fraternitati transmisimus [b] sigillatum. Sed quia charitatem tuam ad nos velle venire cognovimus, scriptis præsentibus admonemus, ut ad veniendum non debeas laborem assumere ; sed ora pro nobis, ut quanto nos itineris intervalla dissociant, tanto animis nostris ad invicem, Christo adjuvante, simus in charitate conjuncti ; quatenus alterna nos obsecratione juvantes, susceptum officium venturo integrum Judici resignemus. » (*Regist. lib.* I, *ep.* 66, *ind.* 9.)

Item Joanni, episcopo primæ Justinianæ, cui pallium mittit, et vices suas committit, post multa scribit : « Xenia autem vestræ sanctitatis suscipere omnino nolueram, quia valde esset incongruum, ut a prædatis atque afflictis fratribus munera percepisse videremur ; sed responsales vestri alio me argumento vicerunt, ad eum illa deferentes, a quo non possent vestræ fraternitatis oblationes repelli. » (*Lib.* II, *ep.* 23.)

25. Hinc est quod Gregorius episcoporum neminem ad urbem fatigare delectans, Maximiano Syracusano episcopo, vices suas per Siciliam totam commisit; rum, ubi ex aliis editis retinuimus *sigillatim*.

---

[a] In Utic. et al. Ms., *hieraticis*.
[b] Ita mss. Vitæ S. Gregorii et non pauci epistola-

præcipiens ut omnes episcopi semel in quinquennio ballum vobis, qualem invenire potuimus, de benedictione sancti Petri transmisimus, ut habeatis cum quo post infirmitatem vectari possitis. » (*Regist. lib.* x, *ep.* 45, *indict.* 3.)

Romam venirent. (*Regist. lib.* II, *ep.* 7.) Unde Cypriano diacono scribens : « Novit, ait, dilectio tua hanc olim consuetudinem tenuisse, ut fratres et coepiscopi nostri Romam semel in triennio de Sicilia convenirent; sed nos eorum labori consulentes, scias constituisse ut suam hic semel in quinquennio præsentiam exhiberent, » et cætera. (*Regist. lib.* VII, *ep.* 22.) Ubi notandum quia si beatus Gregorius xenia, quod credi nefas est, anhelaret, non episcoporum adventus a triennio in quinquennium protelaret, immo a triennio in biennium proculdubio festinaret.

26. Sed quando xenia grate susciperet, qui quamvis dispensandas alterius eleemosynas recusare timeret, eas tamen et timendo suscipiebat, et cautissime dispensabat : quique adeo sua dare, et aliena non accipere consueverat, ut etiam rerum quarumdam pretia penitus refutaret. Unde Eulogio patriarchæ Alexandrino inter cætera scribit, dicens : « De lignis quod scribitis quia brevia fuerint, navis per quam transmissa sunt qualitas fecit : quia si major navis venisset, potuissem ligna etiam majora transmittere. Quod autem dicitis, quia si majora transmittamus, pretium datis : largitati quidem gratias agimus, sed accipere pretium, Evangelio interdicente, prohibemur. Nos enim ea quæ transmittimus ligna, non emimus : et quomodo possumus pretium accipere, cum scriptum sit : *Gratis accepistis, gratis date* ? Nunc ergo juxta modum navis per nauclerum parva ligna transmisimus : sequenti vero anno, si omnipotenti Deo placuerit, majora præparamus. » (*Regist. lib.* VIII, *ep.* 29.)

27. Non mirum si liberalissimus pontifex nullas consuetudines a suis suffraganeis, nulla xenia capiebat, quibus ipse, si qua necessaria videbantur, satis hilariter ministrabat. Unde Venantio episcopo Perusino scribit, dicens : « Fratrem et coepiscopum nostrum Ecclesium frigore omnino laborare cognovimus, pro eo quod hyemalem vestem non habet. Et quia aliquid sibi a nobis petiit debere transmitti, fraternitati tuæ ad hoc per latorem præsentium transmisimus amphimallum, tunicam et pectorale, ut ad te ei debeant sine mora transmitti. Et ideo ad prædictum fratrem nostrum sub omni illud celeritate stude transmittere; atque nobis hoc ipsum, quia transmiseris, 98 tuis renuntiare epistolis non omittas, sed ita fac, ut ad transmittendum, quia vehemens frigus est, moram aliquam minime facias. » (*Regist. lib.* X, *ep.* 53, *indict.* 5.)

Item eidem Ecclesio Clusino episcopo : « Scripta fraternitatis vestræ suscipientes, contristati sumus quod vos per ea et graviter infirmatos et adhuc debiles esse cognovimus. Et licet sanctitatem vestram videndi desiderium haberemus, bene tamen fecistis isto vos illic tempore continere : ne venientes huc, de ægritudinis vestræ molestia recidivam nobis tristitiam faceretis. » Et post pauca : « Unum autem ca-

28. Tali patrono tunc illius temporis pontifices ampliati, tam novas ecclesias a fundamentis construentes ornare, quam veteres quoque splendidissime renovare cœperunt. Nam Gregorius nihil in suis episcopis magis, quam sanctitatem, sapientiam et liberalitatem curiosissime quæritabat. Quod ut significantius elucescat, quasdam epistolarum ejus adhibebo, quarum testimonio lector meus quorumdam episcoporum vitia reprehensa cognoscat. Ait enim in epistola Secundo, servo Dei, inter cætera, sic :

29. « Fratrem nostrum Marinianum, episcopum, verbis quibus vales excita, quia eum obdormisse suspicor. Nam venerunt quidam ad me in quibus erant quidam senes mendicantes, qui a me discussi sunt a quibus et quid acceperint, et per singula retulerunt quanta eis et a quibus in itinere data sint. Quos, dum sollicite de prædicto fratre requirerem quid eis dedisset, responderunt se eum rogasse, sed ab eo se omnino nihil accepisse, ita ut neque panem in via acceperint, quod dare omnibus illi ecclesiæ semper familiare fuit. Dixerunt enim : Respondit nobis dicens : Non habeo quod vobis dare possim. Et miror si is qui vestes habet, argentum habet, cellaria habet, quod pauperibus debeat dare non habet. Dic ergo illi ut cum loco mutet mentem. Non sibi credat solam lectionem et orationem sufficere, ut remotus studeat sedere et de manu nihil fructificare; sed largam manum habeat, necessitatem patientibus concurrat, alienam inopiam suam credat : quia si hæc non habet, vacuum episcopi nomen tenet. » (*Regist. lib.* VI, *ep.* 30.)

30. Item Sereno, episcopo Massiliensi, post aliqua : « Perlatum ad nos fuerat, quod inconsiderato zelo succensus, sanctorum imagines, sub hac quasi excusatione, ne adorari debuissent, confregeris. Et quidem, quia eas adorari vetuisses, omnino laudavimus : fregisse vero reprehendimus. Dic, frater, a quo factum sacerdote aliquando, vel auditum est, quod fecisti? Si non aliud, vel illud te non debuit revocare, [a] ut, despectis aliis fratribus, solum te et sanctum esse crederes et sapientem. Aliud est enim picturam adorare, aliud per picturæ historiam, quid sit adorandum addiscere. Nam quod legentibus scriptura, hoc idiotis præstat pictura cernentibus : quia in ipsa ignorantes vident quod sequi debeant, in ipsa legunt, qui litteras nesciunt. Unde et præcipue gentibus pro lectione pictura est. Quod magnopere a te, qui inter gentes habitas, attendi decuerat : ne dum recto zelo incaute succenderis, 99 ferocioribus animis scandalum generares. Frangi ergo non debuit quod non ad adorandum in Ecclesiis; sed ad instruendas solummodo mentes fuit nescientium collocatum. Et quia in locis venerabilibus sanctorum depingi historias non sine ratione vetustas admisit, si zelum discretione condiisses, sine dubio, et ea quæ

---

[a] Excusi, *ne despectis*, at in Ms. tum vitæ S. Greg., tum epistolarum constanter habes *ut*, non *ne*.

intendebas, salubriter obtinere, et collectum gregem non dispergere, sed dispersum potius poteras congregare : ut pastoris in te meritum nomen excelleret, non culpa dispersoris incumberet. Hæc autem dum in hoc animi tui incauto nimis motu exequeris, ita tuos scandalizasse filios perhiberis, ut maxima eorum pars a tua se communione suspenderet. Quando ergo ad ovile Dominicum errantes oves adduces, qui quas habes, retinere non prævales? Proinde hortamur ut vel nunc studeas esse sollicitus, atque ab hac te præsumptione compescas : et eorum animos, quos a tua disjunctos unitate cognoscis, paterna ad te dulcedine omni annisu omnique studio revocare festines. » (Regist. l. xi, ep. 15.)

31. Januario quoque Caralitano episcopo, post aliqua scribit, dicens : « Inter querelas multiplices, Isidorus vir clarissimus, a fraternitate tua frustra se excommunicatum anathematizatumque conquestus est. Quod quam ob rem factum fuerit, dum a clerico tuo, qui præsens erat, voluissemus addiscere, pro nulla alia causa, nisi pro eo quod te injuriaverat, factum innotuit. Quæ res nos vehementer afflixit, quia si ita est, nil te ostendis de cœlestibus cogitare, sed terrenam te conversationem habere significas : dum pro vindicta propriæ injuriæ, quod sacris regulis prohibetur, maledictionem anathematis invexisti. Unde de cætero omnino esto circumspectus atque sollicitus, et talia cuiquam pro defensione injuriæ tuæ inferre denuo non præsumas. Nam si tale aliquid feceris, in te scias postea vindicandum. » (Regist. lib. xi, ep. 49.)

32. Item eidem : « Prædicator omnipotentis Dei Paulus apostolus præcipit, dicens : Seniorem ne increpaveris (I Tim. v, 1). Sed hæc ejus regula in eo servanda est, cum culpa senioris exemplo suo non trahit ad interitum corda juniorum. Ubi enim senior juvenibus exemplum ad interitum præbet, ibi districta increpatione feriendus est. Nam scriptum est : Laqueus juvenum omnes vos (Isai. xlii, 22). Et rursum propheta dicit : Peccator centum annorum maledictus est (Isai. lxv, 20). Tanta autem nequitia ad aures meas de tua senectute pervenit, ut eam nisi adhuc humanitus pensaremus, fixa jam maledictione feriremus. Dictum quippe mihi est quod Dominico die priusquam missarum solemnia celebrares, ad exarandam messem latoris præsentium perrexisti; et post exarationem ejus missarum solemnia celebrasti. Post missarum solemnia etiam, et terminos possessionis illius eradicare minime timuisti. Quod factum quæ pœna debuit insequi, omnes qui audiunt, sciunt. Dubii autem de tanta hac perversitate fueramus ; sed filius noster Cyriacus abbas, a nobis requisitus dum esset Caralis, ita se cognovisse perhibuit. Et quia adhuc canis tuis parcimus, hortamur, aliquando resipisce senex, atque a tanta levitate morum et operum perversitate compesce : quia quanto morti vicinior efficeris, tanto fieri sollicitior atque timidior debes. Et quidem pene sententia in te fuerat jacu-

lauda ; sed quia simplicitatem tuam cum senectute novimus, interim tacemus. » (Lib. ix, ep. 1.)

33. Omnes omnino pontifices a lectione librorum gentilium Gregorius inhibebat. Quapropter Desiderio Galliarum episcopo, pallium postulanti, scribit, inquiens : « Cum multa nobis bona de vestris fuissent studiis nuntiata, ita cordi nostro est nata lætitia, ut negare ea, quæ sibi fraternitas vestra concedenda poposcit, minime pateremur. Sed post hæc pervenit ad nos, quod sine verecundia memorare non possumus, fraternitatem tuam grammaticam quibusdam exponere. Quam rem moleste suscepimus, ac sumus vehementius aspernati, ut ea quæ prius dicta fuerunt in gemitum et tristitiam verteremus, quia in uno se ore cum Jovis laudibus Christi laudes non capiunt. Et quam grave nefandumque sit episcopos canere, quod nec laico religioso conveniat, ipse considera. Nam quamvis dilectissimus filius noster Candidus, presbyter, postmodum veniens, hac de re subtiliter inquisitus, negaverit, atque vos conatus fuerit excusare, de nostro tamen adhuc animo non recessit ; quia quantum execrabile est hoc de sacerdote narrari, tanto utrum ne ita sit, districta et veraci oportet satisfactione cognosci. Unde si post hoc evidenter hæc quæ ad nos perlata sunt falsa esse claruerint, neque vos nugis et sæcularibus litteris studere constiterit ; et Deo nostro gratias agemus, qui cor vestrum maculari blasphemis nefandorum laudibus non permisit, et de concedendis quæ poscitis, securi jam et sine aliqua dubitatione tractabimus. » (Regist. lib. xi, ep. 54.)

34. Nihilominus Natali, Salonitano episcopo, scribit, dicens : « Multis ab urbe tua venientibus, frater charissime, didici, pastorali cura derelicta, solis te conviviis occupatum. Quæ audita non crederem, nisi hæc actionum tuarum experimentis approbarem. Nam quia nequaquam lectioni studeas, nequaquam exhortationi invigiles, sed ipsum quoque usum ecclesiastici ordinis ignores, hoc est in testimonio, quod eis sub quibus es positus servare reverentiam nescis.» (Regist. lib. ii, ep. 18.)

35. Sed cum Natalis per inanem philosophiam scriptis propriis se niteretur inculpabilem demonstrare, mitissimus doctor Gregorius ita rescripsit : « In conviviorum defensionem vestra fraternitas Abrahæ convivium memorat, in quo, testo sacro eloquio, tres angelos suscepisse perhibetur. Sed hoc exemplo de convivio, neque nos beatitudinem vestram reprehendimus, si hanc suscipere angelos in hospitalitatem cognoscimus. Rursum narrat tua fraternitas Isaac satiatum, filio benedictionem dedisse. Quæ utraque veteris Testamenti, quia ita sunt gesta per historiam, ut tamen signarent aliquid per allegoriam, utinam valeamus sic res gestas legendo percurrere, ut possimus etiam gerendas prævidendo sentire. Illa quippe in tribus angelis unum salutans, Trinitatis subsistentias unius substantiæ esse declaravit. Iste vero satiatus benedicit filium : quia qui divinis epulis repletur, illius sensus in prophetiæ virtutem extendi-

tur. Divinæ autem epulæ sacri eloquii verba sunt. Si igitur assidue legitis, si exemplum ab exterioribus trahentes, interna penetratis, quasi de agri venatione satiati, mentis ventrem repletis, ut anteposito filio, suscepto videlicet populo, possitis ventura nuntiare. Sed jam in hoc sæculo caligat, qui de Deo aliquid prophetat : quia profecto dignum est ut hic jam per concupiscentiam minus videat, cujus sensus per intelligentiam intus coruscat. Hæc ergo ad vosmetipsos **101** trahite ; et si vos tales agnoscitis, nihil est quod de nostra æstimatione dubitetis. Gaudere quoque Beatitudinem vestram invenio, si voracis nomen cum rerum auctore sustineat. Quod ego breviter expono, quia si de vobis falsum dicitur, nomen hoc veraciter cum rerum auctore sustinetis. Si vero de vobis verum est, hoc de illo falsum fuisse quis dubitet? Absolvere vos non valet par nomen, quorum dispar est causa. Nam eum eo crucem etiam periturus latro suscepit; sed quem reatus proprius tenuit, par crucifixio non absolvit. » (*Regist. l.* II, *ep.* 52.)

Ego tamen, quanti valeo precibus deposco, ut sancti simam fraternitatem vestram auctori nostro Deo non solum nomen, sed etiam causa conjungat. Convivia autem quæ ex intentione impendendæ charitatis fiunt, recte vestra sanctitas in suis epistolis laudat; sed tamen sciendum est quia tunc veraciter ex charitate prodeunt, cum in eis nulla absentium vita mordetur, nullus ex irrisione reprehenditur; et non in eis inanes sæcularium negotiorum fabulæ, sed verba sacræ lectionis audiuntur, cum non plus quam necesse est servitur corpori, sed sola ejus infirmitas reficitur, ut ad usum exercendæ virtutis habeatur. Hæc itaque si vos in vestris conviviis agitis, abstinentium fateor magistri estis. Quod ergo Pauli apostoli ad me testimonium posuistis, in quo ait : *Qui non manducat, manducantem non judicet* (*Rom.* xiv, 3), omnino existimo incongruum fuisse : quia neque ego non comedo, neque ob hoc a Paulo apostolo dictum est, ut membra Christi, quæ in ejus corpore, id est in Ecclesia, invicem sibi charitatis compage connexa sunt, nullam de se ullo modo curam gerant. Sed si neque ego ad te, neque tu aliquid pertineres ad me, jure tacere compellerer, ut eum non reprehenderem qui emendari non posset. Hæc ergo sententia propter eos solummodo dicta est qui illos judicare student quorum cura sibi commissa non est. At postquam nos, auctore Deo, unum sumus, ª si ea quæ nobis corrigenda sunt tacemus, valde delinquimus.

36. Neminem sane pontificum a parochia sua saltem parumper absque inevitabili prorsus necessitate discedere Gregorius permittebat : quos nimirum in causis mundialibus occupari vehementissime prohibebat. Unde Romano, defensori, scribit, dicens : « Perlatum est ad nos, reverendissimum fratrem nostrum Basilium episcopum, velut unum de laicis in causis sæcularibus occupari, et prætoriis inutiliter deservire. Quæ res, quoniam et ipsum vilem reddit, et reverentiam sacerdotalem annihilat, statim ut experientia tua hoc præceptum susceperit, eum ita ad revertendum districta executione compellat, quatenus ei illic, te insistente, quinque diebus sub qualibet excusatione immorari non liceat : ne si quolibet modo eum ibidem amplius moram habere permiseris, cum ipso apud nos graviter incipias esse culpabilis. » (*Regist. lib.* x, *ep.* 10.)

37. Item Anthemio subdiacono : « Pervenit ad nos Pimenium, Amalfitanæ civitatis episcopum, in ecclesia sua residere non esse contentum, sed foras per loca diversa vagari. Quod videntes alii, nec ipsi in castro se retinent, sed ejus exemplum sequentes, foris magis eligunt habitare. Et quia sic agentes, ipsi potius ad suam hostes deprædationem invitant, idcirco hac tibi auctoritate præcipimus ut **102** supradicto episcopo interminari non desinas, quatenus hoc de cætero facere non præsumat, sed in Ecclesia sua, sacerdotali more, resideat. Quem si forte non emendari post tuam interminationem cognoveris, in monasterio eum deputare et nobis curabis modis omnibus indicare, ut quid facere debeas nostra iterum præceptione cognoscas. » (*Regist. l.* vi, *ep.* 25.)

38. Non mirum si Gregorius ex ministerio sibi credito curabat vitia quorumlibet præpositorum verbis salubribus increpare, qui lapsum propriæ amitæ non dubitaverit ad instructionem populi posterorum memoriæ commendare. Siquidem Evangelica sententia qua dicitur : *Multi sunt vocati, pauci vero electi* (*Matth.* xxii, 14), volens multorum vocationem a paucorum electione formis exemplorum discernere, perhibet, dicens : « Pater meus tres sorores habuit, quæ cunctæ sacræ virgines fuerunt : quarum una Tharsilla, alia Gordiana, alia Æmiliana dicebatur. Uno omnes amore conversæ, uno eodemque tempore sacratæ, sub districtione regulari degentes in domo propria, socialem vitam ducebant. Cumque essent diutius in eadem conversatione, cœperunt quotidianis incrementis in amorem Conditoris sui Tharsilla et Æmiliana succrescere, et, cum solo hic essent corpore, quotidie animo ad æterna transire. At contra Gordianæ animus cœpit ab amore caloris intimi per quotidiana decrementa tepescere, et paulisper ad hujus sæculi amorem redire. Crebro autem Tharsilla dicere Æmilianæ sorori suæ cum magno gemitu solebat : Video Gordianam sororem nostram de nostra sorte non esse. Perpendo enim quia foras defluit, et cor ad quod proposuit non custodit. Quam curabant blanda quotidie redargutione corripere, atque a levitate morum ad gravitatem sui habitus reformare. Quæ quidem resumebat vultum subito gravitatis inter verba correptionis ; sed cum ejusdem correptionis hora transisset, transibat protinus et superducta gravitas honestatis, moxque ad levia verba redibat. Puellarum gaudebat societate laicarum, eique persona valde onerosa erat, quæcumque huic mundo dedita non erat. Quadam vero nocte huic Tharsillæ amitæ meæ, quæ inter sorores suas virtute orationis continuæ, afflictionis studiosæ, abstinentiæ singularis, gravitate vitæ venerabilis, in honore et culmine

---

ª *Al. si vobis ea quæ corrigenda sunt tacemus.*

sanctitatis excreverat, sicut ipsa narravit, per visionem atavus meus Felix, hujus Romanæ Ecclesiæ antistes, apparuit, eique mansionem perpetuæ claritatis ostendit, dicens : Veni, quia in hac te lucis mansione suscipio. Quæ subsequenti mox febre correpta, ad diem pervenit extremum. Et sicut nobilibus feminis virisque morientibus, multi conveniunt qui eorum proximos consolentur, eadem hora ejus exitum præstolantes viri ac feminæ lectulum circumsteterunt, inter quas mater quoque mea adfuit. Cum subito sursum illa respiciens, Jesum venientem vidit, et cum magna animadversione cœpit circumstantibus clamare, dicens : Recedite, recedite, Jesus venit. Cumque in eum intenderet quem videbat, sancta illa anima carne soluta est; tantaque subito fragrantia miri odoris aspersa est, ut ipsa quoque suavitas cunctis ostenderet illic auctorem suavitatis venisse. Cumque corpus ejus ex more mortuorum 103 ad lavandum esset nudatum, longæ orationis usu in cubitis ejus et genibus, camelorum more, inventa est obdurata cutis excrevisse; et quid vivens ejus spiritus semper egerit, mortua caro testabatur. Hæc autem gesta sunt ante Dominici natalis diem. Quo transacto, mox Æmilianæ sorori suæ per visitationem nocturnæ visionis apparuit, dicens : Veni, ut quia Natalem Dominicum sine te feci, [a] sanctum Theophaniæ jam tecum faciam. Cui illa protinus de Gordianæ sororis suæ salute sollicita, respondit : Et si sola venio, sororem nostram Gordianam, cui dimitto? Cui tristi vultu iterum dixit: Veni, Gordiana etenim soror nostra inter laicas deputata est. Quam visionem mox molestia corporis est secuta; atque ita ut dictum fuerat, ante Dominicæ apparitionis diem, eadem molestia ingravescente, defuncta est.

« Gordiana autem mox ut solam remansisse se reperit, ejus pravitas excrevit; et quod prius latuit in desiderio cogitationis, post effectu pravæ actionis exercuit. Nam oblita Dominici timoris, oblita pudoris et reverentiæ, oblita consecrationis, conductorem postmodum agrorum suorum maritum duxit. Ecce omnes tres uno prius ardore conversæ sunt, sed non omnes in uno eodemque studio permanserunt, quia juxta Dominicam vocem : *Multi sunt vocati, pauci vero electi (Matth. xxii, 14).* » (*Homil. 38 in Evang.*)

39. Subditorum quoque negligentias Gregorius, et subtiliter inquirebat et districtissimis redargutionibus emendabat. Unde Vitaliano, episcopo Sipontino, scribens : « Si custos, inquit, religiosi habitus fuisses, aut esse nosses episcopus, filiam gloriosæ memoriæ Tulliani, magistri militiæ, te illic posito, nec projectis religiosis vestibus ad sæcularem reverti habitum, nec ad nos licuisset perversam epistolam destinare. Sed quia nimia desidia nimioque torpore deprimeris, in tuo dedecore res ad præsens illicita impune commissa est. Nam si, ut præfati sumus, sollicitus extitisses, prius ad nos ultio mulieris pravissimæ, quam culpa, debuit pervenire. Quia ergo tantum hebes, tantumque es negligens, ut nisi canonicam in te fueris coercitionem expertus, in aliis disciplinæ districtionem nescias custodire . qualiter debeas esse sollicitus, congruo tibi, si Domino placuerit, tempore demonstrabimus. » (*Regist. lib.* viii, *ep.* 8.)

40. Item Sergio defensori : « Si homo esses, aut discretionem [*Al.* districtionem] aliquam habuisses, ita regularis disciplinæ debuisti custos existere, ut ea quæ illic illicite committuntur, ante vindicta corrigeret, quam ad nos eorum nuntius perveniret. Sed dum nimia te facit stultitia negligentem, non solum de illis offendimur, sed etiam ad ulciscendam desidiam tuam nihilominus provocamur.» (*Regist. lib.* viii, *ep.* 9.)

41. Item Anthemio, subdiacono Campaniæ : « Pervenit ad nos fratrem et coepiscopum nostrum Paschasium ita desidem negligentemque in cunctis existere, ut in nullo quia est episcopus agnoscatur, adeo ut neque ecclesia ipsius, neque monasteria, sive filii ecclesiæ, vel oppressi, vel pauperes, ejus erga se dilectionis studium sentiant, nec aliquam supplicantibus sibi iis, in quibus justum est, opem defensionis accommodet ; et quod adhuc dici gravius est, consilia sapientium et recta suadentium nulla patiatur ratione suscipere, ut quod ipse per se nequit attendere, ab alio saltem possit addiscere, sed, rebus quæ ad 104 Pastoris curam pertinent prætermissis, ad fabricandam navim toto se studio inutiliter occupet. Unde, sicut fertur, contigit quadringentos aut eo amplius illum jam solidos perdidisse. Hoc quoque ejus culpis adjungitur, quod ita quotidie despectus cum uno aut duobus clericis dicitur ad mare descendere, ut et apud suos in fabula sit, et extraneis sic vilis et despicabilis videatur, ut nihil in se habere episcopalis ingenii vel reverentiæ judicetur. Quod si ita est, non sine culpa tua esse cognoscas, qui eum objurgare atque coërcere ut dignum est distulisti. Quia ergo hoc totum non solum illum reprobat, sed etiam ad sacerdotalis officii pertinere probatur opprobrium, volumus ut eum coram aliis sacerdotibus, vel quibusdam de filiis suis nobilibus, contestari debeas ac hortari, ut vitio torporis excusso, deses esse non debeat; sed in ecclesiæ suæ ac monasteriorum cura sit vigilans; paternam filiis suis charitatem exhibeat ; in defensione pauperum sit alacer cum discretione ; in quibus justitia suaserit, sit erectus ; consilia sapientium libenter suscipiat : quatenus, et civitas illa ejus queat sollicitudine consolari, et ipse desidiæ suæ culpas valeat operire. Si vero, quod non credimus, post hanc adhortationem nostram, solito adhuc more negligens esse tentaverit, ad nos est modis omnibus transmittendus : ut hic positus discere possit, quid vel qualiter secundum Dei timorem agere conveniat sacerdotem. » (*Lib.* xiii, *ep.* 26.)

42. Item eidem : « Quoties illa de fratribus coepiscopisque nostris audimus quæ et illos reprehensibiles ostendere, et nobis tristitiam valeant generare, de eorum nos emendatione non mediocriter cogit necessitas cogitare. Quia ergo nuntiatum nobis est

---

[a] Bigot. et Utic., *sanctum Theophania*.

Campaniæ episcopos ita negligentes existere, ut immores honoris sui, neque erga ecclesias, neque erga filios suos paternæ vigilantiæ curam exhibeant, vel monasteriorum sollicitudinem gerant, seu in oppressorum pauperum se tuitionem impendant : ideo hac tibi auctoritate præcipimus ut eis ad te convocatis, ex nostro illos mandato, districte commoneas quatenus desides ulterius esse non debeant, sed sacerdotalem se habere zelum, et sollicitudinem opere doceant; atque ita in his quæ eos juste secundum Deum agere convenit, vigilantes existant, ut nullum nos de eis denuo murmur exasperet. Si quem vero eorum post hæc negligentem cognoveris, ad nos eum sine aliqua excusatione transmitte, ut, quam sit grave nolle ab his quæ reprehensibilia et valde vituperanda sunt corrigi, regulari in se valeat districtione sentire. » (*Regist. lib.* xɪɪɪ, *ep.* 27.)

Item Victori, episcopo Panormitano, post aliqua : « Cujus, inquit, jam culpæ sis intelligis, ut ego tam longe positus, quæ in civitate tua aguntur, agnoscam, et tot curis occupatus, quæ fieri debeant, lisponam. » (*Regist. lib.* v, *ep.* 6.)

43. Notandum sane, quia sicut manifesta crimina discretissimus præsul Gregorius, aut vix, aut nunquam sine vindicta laxabat : ita nimirum in rebus dubiis nunquam aliquando certam sententiam proferebat. Quapropter Andreæ Tarentino, episcopo, scribit dicens : « Tribunal judicis æterni securus aspiciet, quisquis, reatus sui conscius, digna eum modo pœnitentia placare contendit. Habuisse siquidem te concubinam manifesta veritate comperimus, de qua etiam contraria est quibusdam nata suspicio. Sed quia in rebus ambiguis absolutum non debet esse judicium, hoc tuæ conscientiæ elegimus committendum. Qua de re, si in sacro ordine constitutus, ejus te permixtione esse recolis maculatum, sacerdotii honore deposito, ad ministrandum nullo modo præsumas accedere : sciturus in animæ tuæ periculo ministrare, et Deo nostro te sine dubio reddere rationem, si hujus sceleris conscius, in eo quo es ordine, celans veritatem permanere volueris. » (*Regist. l.* ɪɪɪ, *ep.* 45.)

44. Ob hoc sollicitissimus Ecclesiæ Dei custos Gregorius, uniuscujusque consiliarios arguens, quantum in se erat, omnes omnino salvare certabat. Unde Venantio, exmonacho patricio, post aliqua scribens, ait : « Scio quia cum epistola mea suscipitur, protinus amici conveniunt, litterati clientes vocantur, et de causa vitæ consilium a fautoribus mortis quæritur : qui dum non te, sed res tuas diligunt, nulla tibi, nisi quæ ad tempus placeant, loquuntur. Tales enim fuerunt, sicut ipse reminisceris, dudum consiliarii, qui te ad tanti facinus perduxerunt delicti. Et, ut tibi aliquid sæcularis auctoris loquar (*Seneca ep.* 5), cum amicis omnia tractanda sunt, sed prius de ipsis. Si vero in causa tua hominem consiliarium quæris, consiliarium rogo me suscipe. Nullus tibi fidelior esse ad consilium potest, quam qui non tua, sed te diligit. » (*Regist. lib.* ɪ, *ep.* 54.)

Item Joanni, Constantinopolitano episcopo, post nonnulla : « Ego beatissimo viro domno Joanni scripseram ; sed credo quia mihi familiaris ille vester juvenculus rescripsit, qui adhuc de Deo nihil didicit, qui viscera charitatis nescit, qui in scelestis rebus ab omnibus accusatur, qui insidiari quotidie diversorum mortibus per occulta testamenta, nec Dominum metuit, nec homines erubescit. Mihi crede, frater charissime, si zelum veritatis perfecte habes, ipsum prius corrige, ut ex his qui vobis vicini sunt, etiam hi qui vicini non sunt, exemplo melius emendentur. Illius linguam noli recipere. Ille ad consilium vestræ sanctitatis debet dirigi, non autem vestra sanctitas ad verba illius inflecti. Si enim illum audit, scio quia pacem cum suis fratribus habere non poterit. » (*Regist. lib.* ɪɪɪ, *ep.* 53.)

Item Januario, Caralitano episcopo : « Eos, inquit, quorum consiliis messem alterius exarasti, et eradicare terminos minime timuisti, in duobus mensibus excommunicatos esse decernimus; ita ut si quid eis intra duorum mensium spatium humanitus evenerit, benedictione viatici non priventur. Deinceps autem ab eorum consiliis cautus existe, teque sollicite custodi: ne, si eis in malo discipulus fueris, quibus magister in bono esse debuisti, nec simplicitati tuæ ulterius, nec senectuti parcamus. » (*Regist. lib.* ɪx, *ep.* 1.)

Item Callinico, exarcho Italiæ, post nonnulla : « Illud vero cognoscite, quia me non modice contristavit quod major domus, qui petitionem episcopi volentis a schismate reverti suscepit, eam se perdidisse professus est, et postmodum ab adversariis Ecclesiæ tenebatur. Quod ego non negligentia, sed venalitate ejus, factum arbitror. Unde miror quia in eo culpam hanc minime vestra excellentia vindicavit; sed tamen quia hoc miratus sum memetipsum citius reprehendi. Nam ubi domnus Justinus consilium præbet, qui pacem cum catholica Ecclesia non habet, ibi non possunt hæretici addici. Præterea sancti Petri, apostolorum principis, natalitium diem in Romana civitate vos facere velle perhibetis ; et oramus omnipotentem Dominum, ut sua vos misericordia protegat, et vota vestra vos implere concedat. Sed prædictus vir eloquentissimus peto ut simul veniat; qui si non venerit, a vestris obsequiis recedat : vel certe si vestra excellentia fortasse, emergentibus causis, venire nequiverit, ipse tamen sanctæ Ecclesiæ unitati communicet. Bonum enim virum audio, si pessimi non esset erroris. » (*Regist. l.* ɪx, *ep.* 9.)

45. Item Sereno, Massilitano episcopo, post multa : « Pervenit ad me, quod dilectio tua libenter malos homines in societate sua vel consilio recipiat, adeo ut presbyterum quemdam, qui, postquam lapsus est, et in suæ adhuc dicitur iniquitatis pollutione versari, familiarem habeat. Quod quidem nos ex toto non credimus, quia qui talem recipit, scelera non corrigit, sed magis aliis talia perpetrandi videtur dare licentiam. Sed, ne forte aliqua tibi surreptione vel dissimulatione, ut a te reciperetur atque adhuc

haberetur gratus suaserit, non solum hunc a te longius expellere, verum etiam excessus ipsius sacerdotali te zelo modis omnibus convenit resecare; alios vero, qui pravi esse memorantur, paterna adhortatione a sua pravitate compesce, et ad viam stude rectitudinis revocare. Quod si, quod absit, salubri monitu eos videris in nullo proficere, et hos quoque curabis a te procul abjicere, ne pravitates eorum ex eo quod recipiuntur displicere minime videantur, et non solum ipsi inemendati remaneant, sed etiam eorum receptione alii corrumpantur. Et considera quam et hominibus execrabile et periculosum ante Dei sit oculos, si per eum a quo plectenda sunt crimina, nutriri vitia videantur. Haec igitur, dilectissime frater, diligenter attende, et ita agere stude, ut pravos salubriter corrigas, et scandalum de malorum societate, filiorum tuorum animis non inducas. » (*Regist. lib.* xi, *ep.* 43.)

46. Pro unius culpa vindicari alium rectissimus judex Gregorius minime permittebat. Ideoque Gudiscalco, duci Campaniæ, scribens, ait : « Illa præpositorum sollicitudo utilis, illa est cautela laudabilis, in qua totum ratio agit, et furor sibi nihil vindicat. Restringenda ergo sub ratione potestas est, nec quidquam agendum prius quam concitata ad tranquillitatem mens redeat. Nam commotionis tempore, justum omne putat ira quod fecerit. Pervenit itaque ad nos magnitudinem tuam usque ad hoc esse impetu furoris impulsam, ut non solum frangi januas monasterii sancti Archangeli, verum etiam diripi exinde quod ibi inventum est feceris. Insuper autem sic contra abbatem ejusdem monasterii diceris exarsisse, ut nisi occultans se iracundiæ tuæ tempore latuisset, non leve discrimen incurrisset; denique, ut metu tuo perterritus, de domo in qua se olim receperat, exire hucusque non audeat. Quod ne frustra fecisse forsitan videreris, fugam monachi ipsius qui ad hostes abiit, ad ejus quantum ad nos perlatum est crimen impingis, asserens quod illius voluntate fugerit. Quod si ita est, contristamur, et valde sapientiam vestram miramur. Nam si licitum putatis, ut aliorum culpa aliis sit nociva, multi huic possunt crimini subjacere. Diversorum enim nobilium servi, multarum ecclesiarum 107 clerici, diversorum monasteriorum monachi, multorum judicum homines sæpe se hostibus tradiderunt. Ergo si hoc creditur, servorum utique domini, clericorum episcopi, monachorum abbates, diversorum fugacium judices, omnes sub culpa sunt et crimine constituti. Nunquid et diebus magnitudinis tuæ multi de civitate in qua consistis ad Langobardorum milites fuga non lapsi sunt? Et quis tantæ indiscretionis tantæque possit stultitiæ reperiri, ut eorum iniquitatem tibi æstimet applicandam? » (*Lib.* x, *ep.* 11.)

47. Libertatem uniuscujusque hominis Gregorius contra judicum insolentias liberis nihilominus vocibus defendebat. Unde Leontio, exconsuli, post aliqua, scribens, ait : « Si Libertinus in ista causa cautionis culpabilis invenitur, de aliis causis quid pro se alleget, nescio : unum tamen hoc bene atque constanter novi, quia, et si quam rebus publicis fraudem fecit, substantia ejus cædi debuit, non libertas. Nam in hoc quod liberi homines cæduntur vel includuntur, ut taceam quod omnipotens Deus offenditur, ut taceam quod vestra opinio vehementer gravatur, piissimi tamen imperatoris nostri omnino tempora fuscantur. Hoc enim inter reges gentium et imperatores Romanorum distat, quod reges gentium Domini servorum sunt, imperator vero Romanorum dominus liberorum. Unde et vos quidquid agitis, prius quidem servata justitia, deinde custodita per omnia libertate, agere debetis. Scriptum est enim : *Quod tibi non vis fieri, vide ne alteri facias* (*Tob.* iv, 16). Et per semetipsam Veritas dicit : *Quæ vultis ut faciant vobis homines, et vos eadem facite illis* (*Matth.* vii, 12). In libertate ergo eorum qui vobis in discussionem commissi sunt, vestram specialiter attendere debetis : et si ipsi a majoribus vestris injuriari libertatem vestram non vultis, subjectorum vestrorum libertatem honorando custodite. Scimus enim qui dixit : *Cælum et terra transibunt, verba autem mea non transibunt* (*Matth.* xxiv, 35). Cujus quia verba non transeunt, sed per omnia implentur, metuamus quod iterum dicit : *In qua mensura mensi fueritis, in ea remetietur vobis* (*Matth.* vii, 2). Quid autem gloria vestra existimat, quia si superbe, si crudeliter agimus, despecto Deo, nobis hominem placamus? Nullo modo. Nam ipse qui despicitur, eum contra nos, quem despecto Deo placare volumus, irritat. Curemus ergo per omnia placare Deum, qui potens est et iratos homines ad mansuetudinem reducere. Nam, sicut dixi, etiam mansueti homines, indignante Deo, ad iracundiam provocantur. Si autem dicitur, quia sine verberibus atque terroribus fraudes publicæ inveniri non possunt, hoc admittere poteram, si in ratiociniorum causa domnus Leontius non venisset. Nam verum est quia illi solent manibus excedere, qui in sensu et lingua deficiunt. » (*Regist. lib.* x, *ep.* 51.)

48. Cunctorum judicum cupiditates, vel scelera Gregorius quasi camo frenoque pontificii sui, validissimis auctoritatibus restringebat, et si quos dulciter a pravitate corrigere non valebat, scriptorum suorum redargutionibus publicabat. Unde Romano, exarcho Italiæ, residenti Ravennæ, scribit, inquiens : « Apud excellentiam vestram, pravorum audacia correptionis debet aculeos magis quam defensionis invenire solatium. Nam satis grave est ut contingat illic habere pravam actionem refugium, unde disciplinæ decet prodire 108 censuram. Pervenit itaque ad nos Speciosum quemdam, presbyterum, qui, causa poscente, in monasterio a Joanne, fratre et coepiscopo nostro, fuerat deputatus, contra sui pastoris exinde voluntatem exiisse, et ecclesiasticæ constitutionis vigore despecto, antedicto episcopo vestra fretum tuitione resistere. Quod, quia excellentiæ vestræ sine dubio pulsat invidiam, necesse est ut ab ejus vos, habita discretione, debeatis tuitione suspendere : ne si nominis vestri occasione pastori suo inobediens vel contumax fuerit ad tempus vestros contra vos judices defensare, atque excellentiam vestram hac

ex re cogatur offendere, et nos pariter de vestra discordia contristari.

« Comperimus præterea, quod dici nefas est, quasdam mulieres, quæ nunc usque in religioso atque monachico habitu permanserunt, religiosam vestem et suam velaturam deponere, et conjugibus, quod sine gravi dolore referre non possumus, sociari. Sed hoc quidem, ut dicere vel attentare præsumant, favoris vestri patrocinio fulciri dicuntur. Quod nos credere perversitatis ipsius acerbitas non permittit. Petimus ergo ut in tanto vos peccato miscere nullatenus debeatis. Nam hujusmodi iniquitatem impunitam propter Deum nullo modo patimur remanere. Unde iterum quæsumus ut excellentia vestra in talium se causarum defensione non misceat: ne et Deus suam defendat injuriam, et inter nos aliorum pariat culpa discordiam. » (*Regist. l.* v, *ep.* 24.)

Item Venantio, exmonacho, patricio : « Multi hominum stulti putaverunt quod si ad ordinem episcopatus eveherer, te alloqui ac per epistolas frequentare recusarem. Sed non ita est, quia ipsa jam loci mei necessitate compellor ut tacere non debeam. » Et post pauca. « Hac igitur consideratione compulsus, velis an nolis, locuturus sum, quia omni virtute, aut te cupio salvari, aut de tua morte me eripi. In quo enim habitu fueris recolis, et supernæ districtionis animadversione postposita, ad quid sis delapsus agnoscis. Culpam ergo tuam pensa dum vacat, districtionem futuri Judicis dum vales exhorresce, ne tunc illam amaram sententiam audias cum eam jam nullis fletibus evadas. » Et infra : « Teste Evangelio (*Matth.* xii), scis quia divina severitas de otioso sermone nos arguit, et de verbo inutili rationes subtiliter exquirit. Pensa ergo quid factura est de perverso opere, si quosdam in judicio suo reprobat de sermone. Ananias Deo pecunias voverat, quas post diabolica victus persuasione subtraxit (*Act.* v) ; sed qua morte mulctatus est, scis. Si ille igitur mortis periculo dignus fuit, qui eos quos dederat nummos Deo abstulit, considera quanto periculo in divino judicio dignus eris, qui non nummos, sed temetipsum, omnipotenti Deo, cui te sub monachico habitu devoveras, subtraxisti. Quapropter, si correctionis meæ verba secuturus audieris, quam sint blanda et dulcia in fine cognosces. Ecce, fateor, mœrens loquor, et facti tui tristitia addictus, edere verba vix valeo : et tamen animus tuus, actionis suæ conscius, vix sufficit ferre quod audit; erubescit, confunditur, adversatur. Si ergo ferre non valet verba pulveris, quid facturus est ad judicium Conditoris? Fateor tamen quia supernæ gratiæ misericordiam esse maximam credo, quod te effugere vitam conspicit, et tamen adhuc ad vitam reservat : quod superbientem te videt et tolerat. » (*Regist. l.* 1, *ep.* 34.) Cumque Venantius, in eadem apostasia permanens, obortis quibusdam simultatibus, oblationes suas a Joanne, Syracusano episcopo, execratas cognosceret, contra episcopum hostili more commotus est, eumque non timuit Gregorio accusare. Cui ipse rescribit, dicens : « Multum nos ea quam direxistis jam contristatos invenit epistola, quod inter vos et Joannem, fratrem et coepiscopum nostrum, de quorum desiderabamus gaudere concordia, scandalum prodiisse cognovimus. Quævis enim causa fuisset, non usque ad hoc debuit furor erumpere, ut armati homines vestri, sicut audivimus, [a] in episcopium irruerent, et diversa hostili more mala committerent, atque vos hæc res a paterna interim charitate divideret. Nunquid non poterat, si quælibet contentio fuit, tranquille disponi, ut nec partium utilitas detrimentum, nec sentiret gratia læsionem? cujus autem gravitatis, cujus sanctitatis, cujus mansuetudinis suprascriptus frater noster sit, non habemus incognitum. Ex qua re colligimus, quia nisi vis eum doloris nimia coegisset, ad hanc rem, de qua vos contristatos asseritis, ejus fraternitas nullatenus pervenisset. Nos autem, ut hoc eo scribente comperimus, illico ei scripsimus, admonentes ut et oblationes vestras, sicut ante susciperet, et missas in domo vestra non solum celebrari permitteret, sed si velitis, etiam ipse peregeret, » et cætera (*Regist. lib.* vi, *ep.* 43.) Verum Venantius cum episcopo in concordiam rediens, cum per undecim annos a Gregorio multiplicibus litteris exhortatus redire ad monachicum propositum detrectaret, in gravissimam ægritudinem cecidit. Quod a Joanne Syracusano episcopo Gregorius audiens rescripsit, dicens : « Fraternitatis vestræ scripta suscepi, quæ mihi de dulcissimi filii mei domni Venantii ægritudine loquebantur, et cuncta erga eum qualiter acta sunt enarrabant. Sed uno tempore auditis, et illum [b] desperare ac graviter ægrotare, et in rebus orphanorum, filiarum ejus scilicet, homines iniquos insistere, vix se in corde meo dolor capere poterat. Sed in hoc fuit solatium, quod lacrymæ mihi per gemitus erumpebant. Vestra igitur sanctitas primam quam decet curam negligere non debet, ut de anima ejus cogitare debeat, exhortando, rogando, Dei terribile judicium proponendo, ineffabilem ejus misericordiam promittendo; ut ad habitum suum redire, vel in extremis, debeat : ne ei reatus tantæ culpæ in æterno judicio obsistat. » (*Regist. lib.* xi, *ep.* 36.)

Si quos tamen judicum a suis pravitatibus incontrovertibiles Gregorius advertebat, eos scriptis propriis penes principes denotabat. Unde Constantinæ Augustæ queritur, dicens : « Dum in Sardinia insula multos esse gentilium cognovissem, eosque adhuc pravæ gentilitatis more idolorum sacrificiis deservire, et ejusdem insulæ sacerdotes ad prædicandum Redemptorem nostrum torpentes existere : unum illuc ex Italiæ episcopis misi, qui multos gentilium ad fidem, Domino cooperante, perduxit. Sed quidam rem mihi sacrilegam nuntiavit, quia hi qui in ea idolis immolant judici præmium persolvunt, ut hoc eis facere liceat. Quorum dum quidam baptizati es-

---

[a] Ita Mss. Bigot., Utic. et alii; at editi, *in episcopum*; quæ lectio reprobatur a codicibus Epistolarum tam excusis, quam manu exaratis.

[b] Bigot., *desperate ac graviter ægrotare*, quod etiam habent Mss. Epistolarum.

sent, et jam immolare idolis desivissent, adhuc ab eodem insulæ judice, etiam post baptismum, præmium illud exigitur quod dari prius pro idolorum immolatione consueverat. Quem cum prædictus episcopus increparet, tantum se suffragium promisisse respondit, ut nisi de causis etiam talibus impleri non possit. Corsica vero insula tanta nimietate exigentium, et gravamine premitur exactionum, ut ipsi qui in illa sunt, eadem quæ exiguntur complere vix filios suos vendendo sufficiant. Unde fit ut derelicta pia republica, possessores ejusdem insulæ ad nefandissimam Langobardorum gentem cogantur effugere. Quid enim gravius, quid crudelius pati possunt a barbaris, quam ut constricti atque compressi suos filios vendere compellantur? In Sicilia autem insula Stephanus quidam marinarum partium chartularius tanta præjudicia tantasque oppressiones operari dicitur, invadendo loca singulorum, atque sine dictione causarum per possessiones ac domos titulos ponendo, ut si velim acta ejus singula quæ ad me pervenerunt dicere, magno volumine hæc explere non possem. Quæ omnia serenissima domina solerter aspiciat, et oppressorum gemitus compescat. » Et post pauca : « Quæ enim mentes, qualia viscera parentum esse possunt, perpendite, quando filios suos distrahunt, ne torqueantur. Qualiter autem miserendum sit filiis aliorum, hoc bene sciunt qui habent proprios. Unde mihi breviter hæc suggessisse sufficiat, ne si ea quæ in his partibus aguntur, pietas vestra non cognosceret, me apud districtum judicem silentii mei culpa mulctaret. » (*Regist. lib.* v, *ep.* 41.)

49. Hinc est quod hujus Gregorii tempore tot sacerdotes et laici per diversas regiones miraculis coruscasse, Dialogo teste, probantur, quot nunquam sub posterioribus pontificibus inveniri postea potuerunt.

Tantis igitur Ecclesiæ Dei felicitatibus hostis humani generis invidens, nonnullos pontificum simulque sæcularium judicum, ad ejus invidiam conflagravit. Super quorum afflictione Joanni Revennati episcopo, inter cætera queritur, dicens : « Peccatis meis hoc reputo; quia iste, qui nunc interest (haud dubium quin Romanus exarchus), et pugnare contra inimicos nostros dissimulat, et nos facere pacem vetat: quamvis jam modo, etiamsi velit ; facere omnino non possumus : quia Arlulphus exercitum Autarith et Nordulfi habens, eorum sibi dari precaria desiderat, ut vobiscum loqui aliquid de pace dignetur. » (*Regist. lib.* ii, *ep.* 46.)

Item Sebastiano, episcopo Sirmiensi, post aliqua : « Quæ, sanctissime frater, de amici vestri domni Romani persona in hac terra patimur, loqui minime valemus : breviter tamen dico quia ejus in nos malitia gladios Langobardorum vicit, ita ut benigniores videantur hostes, qui nos interimunt, quam reipublicæ judices, qui nos malitia sua, rapinis atque fallaciis in cogitatione consumunt. Et uno tempore curam episcoporum, atque clericorum, monasteriorum quoque, et populi gerere, contra hostium insidias sollicitum vigilare, contra ducum fallacias atque malitias suspectum semper existere : cujus laboris, cujus doloris sit, vestra fraternitas tanto verius pensat, quanto me, qui hæc patior, purius amat. » (*Regist. lib.* v, *ep.* 42.)

Item Anastasio patriarchæ post multa : « Quæ mala barbarorum gladiis, quæ a perversitate judicum patimur, beatitudini vestræ narrare refugio, ne ejus gemitum augeam, quem minuere consolando debueram. » (*Regist. lib.* iv, *ep.* 39.)

Item Palladio, presbytero de monte Sina, post plurima : « Peto ut pro me orare debeas, quatenus omnipotens Deus, et a malis me spiritibus, et a perversis hominibus custodire dignetur : quia in hac vitæ meæ peregrinatione mala me simul et multa circumdant, ita ut cum Psalmista jure dicam : *In me transierunt iræ tuæ, et terrores tui conturbaverunt me. Circumdederunt me sicut aqua tota die, circumdederunt me simul* (*Psal.* lxxxvii, 17 et 18). » (*Regist. lib.* xi, *ep.* 2.)

50. Porro Mauritio tunc avarissimo simulque rapacissimo principi, suggestionibus inimicorum suorum funestissimam legem ferenti, ut nulli militum, qui videlicet in manu signatus fuisset, liceret converti, inter cætera sic respondit : « Ad hoc potestas super omnes homines pietati dominorum meorum coelitus data est, ut qui bona appetunt, adjuventur, ut coelorum via largius pateat, ut terrestre regnum coelesti regno famuletur. Et ecce aperta voce dicitur, ut ei, qui semel in terrena militia signatus fuerit, nisi aut expleta militia, aut pro debilitate corporis repulsus, Domino nostro Jesu Christo militare non liceat. At hæc ecce per me, servum ultimum suum et vestrum, respondebit Christus, dicens : Ego te de notario comitem excubitorum, de comite excubitorum cæsarem, de cæsare imperatorem, nec solum hoc, sed etiam patrem imperatorum feci. Sacerdotes meos tuæ manui commisi, et tu a meo servitio milites tuos subtrahis? Responde, rogo, piissime domine, servo tuo, quid venienti et hæc dicenti responsurus es in judicio Domino tuo? » Et post pauca : « Requirat, rogo, Dominus meus, quis prior imperator talem legem dederit, et subtilius æstimet, si dari debuerit. » (*Regist. lib.* ii, *ep.* 65.)

Item Theodoro medico, post aliqua : « Peccatis, inquit, meis facientibus, ex quorum suggestione vel consilio nescio transacto anno, talem in republica sua legem protulit imperator, ut nullus qui actionem publicam egit, nullus qui officio vel manu signatus, vel inter milites habitus est, ei in monasterio converti liceat, nisi forte militia ejus fuerit expleta. Quam legem primum, sicut hi dicunt, qui leges veteres noverunt, Julianus protulit, de quo scimus omnes, quantum a Deo aversus fuerit. » (*Ibid. ep.* 66.)

51. Confortabat insaniam judicum, sive fovebat Joannes, tunc ex monacho regiæ urbis antistes, qui eo tempore, quo Gregorius a Pelagio præsule destinatus apocrisiarius penes Constantinopolim moraba-

tur, fugere se summum sacerdotium quasi humiliter finxit; sed eo suscepto, usque adeo in superbiam dolosæ mentis excrevit, ut causa alia occasionem quærens, [a] synodum faceret, in qua se universalem appellare conatus est. Quod mox papa Pelagius ut agnovit, directis epistolis ex auctoritate sancti Petri apostoli, ejusdem synodi acta cassavit. Diaconum vero, qui juxta morem pro responsis ecclesiasticis faciendis imperatoribus adhærebat, cum eo missarum solemnia celebrare prohibuit. Cujus sententiam beatus quoque Gregorius sequens, prædictum Joannem sæpe commonitum acquiescere differentem, 112 sententia pari mulctaverat, omnibusque pontificibus sub interminatione proprii honoris mandaverat, ne unquam universalis profanum vocabulum aut scriberent, aut scriptum susciperent, aut ubi fuisset scriptum, subscriberent. Quapropter Joannes multis fallaciis ad suam hypocrisim consensum avarissimi imperatoris redimens, obtinuit ut imperator Gregorio scriberet, quod sibi pacificus extitisset. Quapropter ipse imperatrici Constantinæ inter aliqua scribit, dicens : Sabiniano, diacono responsali meo, scribente, cognovi, in causis beati Petri apostolorum principis, contra quosdam superbe humiles, ficte blandos, quanta se justitia vestra serenitas impendat. Unde adhuc peto ut nullius prævalere contra veritatem hypocrisim permittatis : quia sunt quidam qui, juxta egregii prædicatoris vocem, per dulces sermones et benedictiones seducunt corda innocentium (*Rom.* XVI); qui veste quidem despecti sunt, sed corde tument, et quasi in hoc mundo cuncta despiciunt, sed tamen ea quæ mundi sunt cuncta simul adipisci quærunt; qui indignos se omnibus hominibus fatentur, sed privatis vocabulis contenti esse non possunt, quia illud appetunt, unde omnibus digniores esse videantur. » (*Regist. lib.* v, *ep.* 21). Et post pauca:

52. « Præterea indico, quia piissimi domini scripta suscepi, ut cum fratre et consacerdote meo Joanne debeam esse pacificus. Et quidem sic religiosum Dominum decuit, ut sacerdoti ista præciperet. Sed cum se nova præsumptione atque superbia idem frater meus universalem episcopum appellet, ita ut sanctæ memoriæ decessoris mei tempore adscribi se in synodo tali hoc superbo vocabulo faceret : quamvis cuncta illius synodi, sede apostolica contradicente, soluta sint, triste mihi aliquid serenissimus dominus innuit, quod non eum corripuit qui superbit, sed me potius ab intentione mea declinare voluit, qui in hac causa Evangeliorum et canonum statuta humilitatis atque rectitudinis defendo veritatem. Qua in re a prædicto fratre et consacerdote meo contra Evangelicam sententiam, contra beatum quoque Petrum apostolum, et contra omnes ecclesias canonumque statuta agitur. Sed est omnipotens Deus, in cujus manu sunt omnia, de quo scriptum est : *Non est sapientia, non est prudentia, non est consilium contra Dominum* (*Prov.* XXI, 30). Et quidem sæpe præfatus sanctissimus frater serenissimo domino multa suadere conatur; sed bene novi quia tantæ illæ orationes ejus et lacrymæ nil ei a quoquam contra rationem, aut animam suam subripi permittunt. Triste tamen valde est ut patienter feratur, quatenus, despectis omnibus, prædictus frater et coepiscopus meus solus conetur appellari episcopus. Sed in hac ejus superbia, quid aliud, nisi propinqua jam Antichristi tempora esse designantur? Quia illum videlicet imitatur, qui spretis in sociali gaudio angelorum legionibus, ad culmen conatus est singularitatis erumpere, dicens : *Super astra cœli exaltabo solium meum, sedebo in monte Testamenti, in lateribus Aquilonis. Ascendam super altitudinem nubium : similis ero Altissimo* (*Isai.* XIV, 13). Unde per omnipotentem Dominum rogo, ne pietatis vestræ tempora permittatis unius hominis elatione maculari : neque tam 113 perverso vocabulo ullum quoquo modo præbeatis assensum, atque in hac causa nequaquam me pietas vestra despiciat; quia et si peccata Gregorii tanta sunt ut pati talia debeat, Petri tamen apostoli peccata nulla sunt, ut vestris temporibus pati talia mereatur. Unde iterum atque iterum per omnipotentem Dominum rogo, ut sicut priores principes sancti Petri apostoli gratiam quæsiverunt, vos quoque hanc vobis et quærere et conservare curetis, et propter peccata nostra, qui ei indigne servimus, ejus apud vos honor nullatenus minuatur, qui et modo vobis adjutor esse in omnibus, et postmodum vestra valeat peccata dimittere. Viginti autem jam et septem annos ducimus, quod in hac urbe inter Langobardorum gladios vivimus : quibus quam multa ab Ecclesia quotidianis diebus erogantur, ut inter eos vivere possimus, suggerenda non sunt. Sed breviter indico quia, sicut in Ravennæ partibus Dominorum Pietas apud primum exercitum Italiæ saccellarium habet, qui, causis supervenientibus, quotidianas expensas faciat; ita et in hac urbe in causis talibus eorum saccellarius ego sum. Et tamen hæc ecclesia, quæ uno eodemque tempore clericis, monasteriis, pauperibus, populo atque insuper Langobardis tam multa indesinenter expendit, ecce adhuc ex omnium ecclesiarum afflictione premitur, quia de unius hominis superbia multi gemunt, etsi dicere nil præsumunt. » (*Ibid.*)

53. Avarissimo quoque principi Gregorius voce libera contradicit, post aliqua scribens : « Ecce claves regni cœlestis haud dubium est quin Petrus accepit, potestas ei ligandi atque solvendi tribuitur, cura ei totius Ecclesiæ et principatus committitur, et tamen universalis apostolus non vocatur; et vir sanctissimus consacerdos meus Joannes vocari universalis episcopus conatur. Exclamare compellor, ac dicere : O tempora, o mores. Ecce cuncta in Europæ partibus barbarorum juri sunt tradita : destructæ urbes, eversa castra, depopulatæ provinciæ, nullus terram cultor inhabitat; sæviunt et dominantur quo-

---

[a] Habitam hanc synodum an. 587 conjicimus ex ep. 43 libri v, indict. 13, ubi a celebratione synodi hujus elapsi dicuntur octo anni. Laudatam ep. consule.

tidie in necem fidelium cultores idolorum; et tamen Sacerdotes qui in pavimento et cinere flentes jacere debuerunt, vanitatis sibi nomina expetunt, et novis ac profanis vocabulis gloriantur. Nunquid ego hac in re, piissime Domine, propriam causam defendo? Nunquid specialem injuriam vindico, et non magis causam omnipotentis Dei, et causam universalis Ecclesiæ? Quis est iste, qui contra statuta Evangelica, contra canonum decreta, novum sibi nomen usurpare præsumit? Utinam vel sine aliorum imminutione unus sit, qui vocari appetit universalis. Et certe multos Constantinopolitanæ Ecclesiæ in hæreseos voraginem cecidisse novimus sacerdotes, et non solum hæreticos, sed etiam hæresiarchas factos. Inde quippe Nestorius, qui mediatorem Dei et hominum, Christum Jesum, duas esse personas existimans, quia Deum hominem fieri potuisse non credidit, usque ad Judaicam perfidiam erupit. Inde quippe Macedonius, qui consubstantialem Patri et Filio, Spiritum sanctum, Deum esse denegavit. Si igitur illud nomen in ea ecclesia sibi quisquam arripuit, unde tot hæresiarchæ prodiisse noscuntur : universa ergo Ecclesia, quod absit, a statu suo corruit, quando is qui appellatur universalis, cadit. Sed absit a Christianorum cordibus nomen illud blasphemiæ, in quo omnium sacerdotum honor adimitur; dum ab uno sibi dementer arrogatur. Certe pro beati Petri apostolorum principis honore, per venerandam Chalcedonensem synodum Romano pontifici oblatum est; sed nullus eorum unquam hoc singularitatis nomine uti consensit, ne dum privatim aliquid daretur uni, honore debito sacerdotes privarentur universi. Quid est ergo quod nos hujus vocabuli gloriam, et oblatam, non quærimus, et alter sibi hanc arripere etiam non oblatam præsumit? Ille ergo magis est piissimorum dominorum præceptione flectendus, qui præceptis canonicis obedientiam præbere contemnit. Ille coercendus est, qui sanctæ universali Ecclesiæ injuriam facit, qui corde tumet, qui gaudere de nomine singularitatis appetit, qui honori quoque vestri imperii se per privatum vocabulum superponit. Ecce omnes hac de re scandalum patimur. Ad viam igitur rectam revertatur auctor scandali, et omnia sacerdotum jurgia cessabunt. Ego enim cunctorum sacerdotum servus sum, inquantum ipsi sacerdotaliter vivunt. Nam qui contra omnipotentem Deum per inanis gloriæ tumorem, atque contra statuta Patrum, suam cervicem erigit, in omnipotente Domino confido, quia meam sibi, nec cum gladiis, flectet. Quid autem nuper in hac urbe ex hujus vocabuli auditu gestum sit, Sabiniano diacono ac responsali meo subtilius indicavi. » (Regist. lib. v, ep. 20.)

54. Item Joanni, episcopo Constantinopolitano : « Eo tempore quo fraternitas vestra in sacerdotalem honorem provecta est, quantam ecclesiarum pacem atque concordiam invenerit, recolit : sed quo ausu, quove tumore, nescio, novum sibi conata est nomen arripere, unde omnium fratrum corda potuissent ad scandalum pervenire. Qua in re vehementer admiror, quia, ne ad episcopatum venire potuisses, fugisse te velle memini : quem tamen adeptum ita exercere desideras, ac si ad eum ambitioso desiderio concurrisses. Qui enim indignum te esse fatebaris, ut episcopus dici debuisses, ad hoc quandoque perductus es, ut, despectis fratribus, episcopus appetas solus appellari. » Et paulo post : « Vere enim flens dico, atque ex intimo viscerum dolore peccatis meis reputo, quod ille meus frater, nunc usque reduci ad humilitatem non valuit, qui ad hoc in episcopatus gradu constitutus est, ut aliorum animas ad humilitatem reducat : quod ille qui veritatem docet alios, semetipsum docere, nec, me quoque deprecante, consensit. » Item post aliqua : « Quis, rogo, in hoc tam perverso vocabulo, nisi ille ad imitandum proponitur, qui despectis angelorum legionibus secum socialiter constitutis, ad culmen conatus est singularitatis erumpere, ut et nulli subesse, et solus præesse omnibus videretur? Qui etiam dixit : *In cœlum conscendam, super astra cœli exaltabo solium meum, sedebo in monte testamenti, in lateribus Aquilonis; ascendam super altitudinem nubium, similis ero Altissimo* (*Isai.* xiv, 13). Quid enim fratres tui omnes Ecclesiæ universalis episcopi, nisi astra cœli sunt; quorum vita simul et lingua inter peccata erroresque hominum quasi inter noctis tenebras lucent? Quibus dum cupis temetipsum vocabulo elato præponere, eorumque nomen tui comparatione calcare, quid aliud dicis, nisi : *In cœlum conscendam, super astra cœli exaltabo solium meum?* Annon universi episcopi nubes sunt, qui et verbis pluunt prædicationis, et bonorum operum luce coruscant? Quos dum vestra fraternitas despiciens sub se premere conatur, quid aliud dicit, nisi hoc quod ab antiquo hoste dicitur : *Ascendam super altitudinem nubium?* Quæ cuncta ego cum flens conspicio, et occulta Dei pertimesco judicia, augentur lacrymæ, et gemitus se in meo corde non capiunt : quod ille vir sanctissimus domnus Joannes, tantæ abstinentiæ atque humilitatis, familiarium seductione linguarum ad tantam superbiam erupit, ut in appetitu perversi nominis, illi esse conetur similis, qui dum superbe esse Deo similis voluit, etiam donatæ similitudinis gratiam amisit, et ideo veram beatitudinem perdidit, quia falsam gloriam quæsivit. Certe Petrus, princeps apostolorum, membrum sanctæ et universalis Ecclesiæ est; Paulus, Andreas, Joannes, quid aliud, quam singularum sunt plebium capita? Et tamen sub uno capite omnes membra sunt Ecclesiæ. Atque, ut cuncta brevi cingulo locutionis adstringam, sancti ante legem, sancti sub lege, sancti sub gratia, omnes hi perficientes corpus Domini, in membris sunt Ecclesiæ constituti, et nemo se unquam universalem vocari voluit. Vestra ergo sanctitas agnoscat, quantum apud se tumeat, quæ illo nomine vocari appetit, quo vocari nullus præsumpsit, qui veraciter sanctus fuit. » Item post pauca : « Certe olim clamatur per apostolum : *Filioli, novissima hora est* (*I Joan.* ii, 18). Et secundum quod Veritas prædixit, pestilentia et gladius

per mundum sævit; gentes insurgunt gentibus; terræ concutitur orbis, cum habitatoribus suis terra dehiscente sorbetur; omnia quæ prædicta sunt, fiunt (*Luc.* xxi.) Rex superbiæ prope est, et (quod dici nefas est) sacerdotum ei præparatur exercitus : quia cervici militant elationis, qui ad hoc positi fuerant, ut ducatum præberent humilitatis. Sed hac in re, etiamsi nostra lingua minime contradicat, illius virtus contra elationem erigitur, qui superbiæ vitio per semetipsum specialiter adversatur. » Et infra : « Considerare vos convenit, ne qua radix amaritudinis sursum germinans impediat, et per illam coinquinentur multi : quod tamen si nos considerare negligimus, contra tantæ elationis tumorem judicia superna vigilabunt. » (*Regist. lib.* v, *ep.* 49.)

Item eidem in alia epistola post multa : « Sed etiam nunc dico : aut easdem personas (videlicet Joannem Chalcedonensem et Athanasium, Isauriæ presbyteros) in suis ordinibus suscipe, eisque quietem præbe; aut si hoc fortasse nolueris, omni altercatione postposita, de eorum causa, statuta majorum aut canonum terminos custodi. Si vero neutrum feceris, nos quidem rixam inferre nolumus, sed tamen venientem a vobis non devitamus. Quid autem de episcopis, qui verberibus timeri volunt, canones dicant, bene fraternitas vestra novit. Pastores etenim facti sumus non percussores. Et egregius prædicator dicit : *Argue, obsecra, increpa cum omni patientia et doctrina.* Nova vero atque inaudita est illa prædicatio, quæ verberibus exigit fidem. » (*Lib.* iii, *ep.* 53.)

55. Item Sabiniano, diacono Constantinopolitano : « De causa fratris nostri viri reverendissimi Joannis, episcopi Constantinopolitani, duas epistolas facere nolui : sed una breviter facta est, quæ utrumque habere videtur admixtum, id est et rectitudinem et blandimentum. Tua itaque dilectio eam epistolam, quam nunc direxi, propter 116 voluntatem imperatoris, ei dare studeat. Nam de insequenti talis alia transmittetur, de qua ejus superbia non lætetur. Ad hoc enim usque pervenit, ut sub occasione presbyteri Joannis gesta huc transmitteret, in quibus se pene per omnem versum œcumenicum patriarcham nominaret. Sed spero in omnipotentem Deum, quia hypocrisim illius superna majestas dissolvet. Miror autem quod dilectionem tuam fallere potuit, ut permitteres domno imperatori persuaderi, quatenus ad me de hac causa sua scripta transmitteret in quibus admoneret ut cum eo pacem habere debuissem (qui si justitiam tenere vult, illum debuit admonere, ut se a superbo vocabulo compesceret), et protinus inter nos pax fieret. Tamen qua calliditate a prædicto fratre nostro Joanne factum sit, ut suspicor, minime pensasti. Idcirco enim hoc ille fecit, ut aut audiretur domnus imperator, et ille in sua vanitate confirmatus esse videretur; aut non a me audiretur, et ejus animus contra me irritaretur. Sed nos rectam viam tenebimus, nil in hac causa aliud, nisi omnipotentem Dominum, metuentes. Unde tua dilectio in nullo trepidet. Omnia quæ in hoc sæculo videt alta esse

contra veritatem, pro veritate despiciat; et in omnipotentis Dei gratia atque beati Petri adjutorio confidat. Vocem Veritatis recolat, dicentis : *Major est, qui in vobis est, quam qui in hoc mundo* (*I Joan.* iv, 4). Et in hac causa, quidquid agendum est cum summa auctoritate agat. Postquam enim defendi ab inimicorum gladiis nullo modo possumus, postquam pro amore reipublicæ argentum, aurum, mancipia, vestesque perdidimus, nimis ignominiosum est ut per eos etiam fidem perdamus. In isto enim scelesto vocabulo consentire, nihil est aliud quam fidem perdere. Unde sicut tibi jam transactis epistolis scripsi, numquam cum eo procedere præsumas. (*Lib.* v, *ep.* 49.)

56. At vero Joannes, novæ præsumptionis inventor, ubi Mauricium Deo adversum, Gregorio cum suis complicibus fecit infensum, cernens Constantinam imperatricem totis conatibus Romanæ Ecclesiæ servanda privilegia suadere, quantis valuit artibus, in citavit ut propter eam quam in honorem sancti Pauli apostoli in palatio ædificabat ecclesiam, a Gregorio caput ejusdem apostoli aut aliud quid de ipsius corpore sibi dirigi postularet. Quam calliditatem beatissimus papa cognoscens, imperatricis animo taliter satisfecit : « Dum illa mihi desideraret imperari, de quibus facillimam obedientiam exhibens, vestram erga me gratiam potuissem amplius provocare, major me mœstitia tenuit quod illa præcipitis quæ facere nec possum nec audeo. Nam corpora sanctorum Petri et Pauli apostolorum tantis in ecclesiis suis coruscant miraculis atque terroribus, ut neque ad orandum sine magno illuc timore possit accedi. Denique dum beatæ recordationis decessor meus, quia argentum, quod supra sacratissimum corpus beati Petri apostoli erat, longe tamen ab eodem corpore fere quindecim pedum spatio, mutare voluit, signum ei non parvi terroris apparuit. Sed et ego aliquid similiter ad sacratissimi corpus sancti Pauli apostoli meliorare volui, et quia necesse erat ut juxta sepulcrum ejusmodi effodi altius debuisset, præpositus loci illius ossa aliqua (non quidem eidem sepulcro conjuncta) reperit, quæ quoniam levare præsumpsit, atque in alium locum transponere, 117 apparentibus quibusdam tristibus signis, subita morte defunctus est. Præter hæc autem sanctæ memoriæ decessor meus idem, ad corpus sancti Laurentii martyris quædam meliorare desiderans, dum nescitur ubi corpus esset venerabile collocatum, effoditur exquirendo, et subito sepulcrum ipsius ignoranter apertum est ; et hi qui præsentes erant atque laborabant monachi, et mansionarii, qui corpus ejusdem martyris viderunt, quod quidem minime tangere præsumpserunt, omnes intra decem dies defuncti sunt, ita ut nullus vitæ superesse potuisset, qui sanctum et justum corpus illius viderat.

« Cognoscat autem tranquillissima domina quia Romanis consuetudo non est, quando sanctorum reliquias dant, ut quidquam tangere præsumant de corpore, sed tantummodo in pyxide brandeum mittitur, atque ad sacratissima sanctorum corpora ponitur :

quod levatum in ecclesia quæ est dedicanda, debita cum veneratione reconditur; et tantæ per hoc ibidem virtutes fiunt ac si illic specialiter eorum corpora deferantur. Unde contigit ut beatæ recordationis Leonis papæ tempore, sicut a majoribus traditur, dum quidam Græci de talibus reliquiis dubitarent, prædictus pontifex hoc ipsum brandeum allatis forficibus incidit, et ex ipsa incisione sanguis effluxit. In Romanis namque vel totius Occidentis partibus omnino intolerabile est atque sacrilegum, si sanctorum corpora tangere quisquam fortasse voluerit. Quod si præsumpserit, certum est quia hæc temeritas impunita nullo modo remanebit. Pro qua re de Græcorum consuetudine, qui ossa levare sanctorum se asserunt, vehementer miramur, et vix credimus. Nam quidam Græci monachi huc ante biennium venientes, nocturno silentio juxta ecclesiam sancti Pauli corpora mortuorum in campo jacentia effodiebant, atque eorum ossa recondebant, servantes sibi, dum recederent. Qui cum tenti, et cur hoc facerent diligenter fuissent discussi, confessi sunt quod illa ossa ad Græciam essent tamquam sanctorum reliquias portaturi. Ex quorum exemplo, sicut prædictum est, major nobis dubietas nata est utrum verum sit quod levari veraciter ossa sanctorum dicuntur. De corporibus vero beatorum apostolorum quid ego dicturus sum? Dum constet quia eo tempore quo passi sunt, ex Oriente fideles venerunt, qui eorum corpora, sicut civium suorum repeterent, quæ ducta usque ad secundum urbis milliarium, in loco qui dicitur Catacumbas, collocata sunt. Sed dum ea exinde levare omnis eorum multitudo conveniens niteretur, ita eos vis tonitrui atque fulguris terruit ac dispersit, ut talia denuo nullatenus tentare præsumerent. Tunc exeuntes Romani, eorum corpora, qui hoc ex Domini pietate meruerunt, levaverunt, et in locis quibus nunc sunt condita posuerunt. Quis ergo, serenissima domina, tam temerarius possit existere, ut hæc sciens, eorum corpora non dico tangere, sed vel aliquatenus præsumat inspicere? Dum igitur talia mihi a vobis præcepta sunt de quibus parere nullatenus potuissem, quantum invenio, non vestrum est, sed quidam homines contra me pietatem vestram excitare voluerunt, ut mihi, quod absit, voluntatis vestræ gratiam subtraherent, et propterea quæsierunt capitulum de quo vobis quasi inobediens invenirer. Sed in omnipotente Deo confido quia nullo modo benignissimæ **118** vestræ voluntati surripitur, et sanctorum apostolorum virtutem, quos toto corde et mente diligitis, non ex corporali præsentia, sed ex protectione, semper habebitis. Sudarium vero, quod similiter transmitti jussistis, cum corpore ejus est : quod ita tangi non potest, sicut nec ad corpus illius accedi. Sed quia serenissimæ dominæ tam religiosum desiderium esse vacuum non debet, de catenis quas ipse sanctus Paulus apostolus in manibus et collo gestavit, ex quibus multa miracula in populo demonstrantur, partem vobis aliquam transmittere festinabo, si tamen hanc tollere limando valuero : quia, dum frequenter ex catenis eisdem multi veniunt, et benedi-ctionem petunt, ut parum quid ex limatura percipiant, assistit sacerdos cum lima, et aliquibus petentibus ita concite aliquid de catenis ejus excutitur, ut mora nulla sit; quibusdam vero petentibus, diu per catenas ipsas lima ducitur, et tamen ut aliquid exinde exeat non obtinetur. (*Lib.* IV, *ep.* 30.)

57. In quibus Gregorii veracibus utique verbis apparet, quia usque ad illa tempora pro reliquiis brandeum Romanus pontifex conferebat, cum posteriori tempore de vestibus quæ sub altari sancti Joannis in basilica Constantiniana servantur, particulæ cœperint pro sacris reliquiis petentibus dari.

58. « Quæ quidem vestes usque hactenus tantis miraculis coruscare probantur, ut siccitatis tempore foras excussæ pluviam conferant, inundationis vero serenitatem reducant. Nam super hæc, quæ per singulas ecclesias faciunt, quæ in oratorio domus meæ in Suburra positæ per eas Deus omnipotens fecerit, non celabo. Nuper Hadriani pontificis tempore visum mihi est, ut altare sanctæ Dei Genitricis Mariæ, quod extra oratorium sancti Joannis in apertissimo atrio positum, congruis luminaribus honorari non poterat, intra oratorium locari debuisset. Accersitus vero Gaudericus Velitrensis, qui adhuc superesse videtur, episcopus, cum hymnis et canticis ab altari veteri pyxidulas duas sigillatas excussit. Quarum alteram, me deprecante, nimium timoratus aperiens, de illis tunicis, quantum ex similitudine curiosis oculis potuit deprehendi, particulas reperit, quas solemniter sub novo altari deposuit. Ubi ex tunc, sicut multi norunt, qui adhuc superstites esse probantur, divinitus accensæ lampades frequentius solito patuerunt. Nam ista octava indictione in hebdomada ante Dominici Natalis diem, cum ego super hujusmodi parum quid dubitarem, completis matutinalibus hymnis, mansionarius candelam exstinxit. Quam post vesperum succendere cupiens, accensam reperit; eamque se negligenter exstinxisse perpendens, die altera sollicitius prorsus exstinxit; et obseratis januis, ad vesperum succensurus lampadem remeavit. Quam ubi nihilominus accensam reperit, ex conscientia servatæ a se clavis, et miraculo non diminuti olei, profecto cognovit quia lampadem ille succenderat, qui, ne oleum in ea diurna succensione minui potuisset, divinitus ampliarat. »

59. Harum quidem vestium, sicut opinor, altera, quæ strictioribus manicis constat, veraciter sancti Joannis est tunica, quam beatus Gregorius suo tempore, quodam episcopo deferente, suscepit. Unde Joanni abbati inter cætera scribit, dicens : « De tunica sancti Joannis omnino grate suscepi, quia sollicitus fuisti mihi indicare. Sed studeat dilectio tua mihi ipsam tunicam, aut, **119** quod est melius, eumdem episcopum qui eam habet, cum clericis suis et cum ipsa, ad me transmittere : quatenus et benedictione tunicæ perfruamur, et de eodem episcopo vel clericis mercedem habere valeamus. » (*Lib.* III, *ep.* 3.) Altera vero (quæ largioribus manicis, non tunica, sed plane videtur esse dalmatica), nisi fallor, sancti Paschasii apostolicæ sedis diaconi constat, qui juxta

quod idem beatus Gregorius in quarto Dialogorum libro (*Cap.* 40) meminit, cum temporibus Symmachi papæ fuisset defunctus, ejus dalmaticam feretro superpositam dæmoniacus tetigit, statimque salvatus est. Sed quamobrem ambæ vestes sancti Joannis dicantur, ideo priscam consuetudinem obtinuisse crediderim, quod sub ejus altari consuetudinaliter recondantur. Nam quod earum altera Joannis Evangelistæ, non autem Baptistæ sit, nemo est qui dubitet, præsertim cum omnis sapiens noverit Baptistam camelorum pilis pro vestibus usum fuisse (*Matth.* III), Evangelistam vero, qui per tot annos post passionem Domini pontificium gerens, missarum solemnia frequentissime celebrabat, sine sacerdotalibus esse nequaquam vestibus potuisse. Si autem dicitur quod tunica et dalmatica, quia pontificalia sunt indumenta, utraque sancti Joannis credi debeant, considerandum est quia Gregorius Joanni abbati non dalmaticam, sed tunicam nominarit : qui si dalmaticam quoque sancti Joannis fuisse sentiret, ejus tunicam quærens, consequenter habere se ipsius dalmaticam non taceret.

60. Hæc de sancti Joannis vestibus, de quibus a quamplurimis dubitatur, me utcunque in beati Gregorii gestis inseruisse sufficiat. Cæterum Joannes Constantinopolitanus hypocrita, qui ab universalis nominis ambitione converti multis tergiversationibus recusabat, juxta ejusdem Patris prophetiam judicia Domini super se vigilare cognoscens, post non multi temporis spatium subita morte defungitur; et cujus ambitiosam superbiam totus capere mundus vix poterat, in unius sepulcri angustia facile collocatur. Post cujus paulatim discessum, cum Mauricius imperator, sacerdotum videlicet 120 Christi contemptor, pro Cyriaco, qui Joanni successerat, suaderet ne pro causa tam frivoli nominis Gregorius laboraret, ipse tandiu pontificatus sui auctoritatibus restitit, quousque pestem universalis nominis ab ipsis etiam subdolis adulatorum labiis penitus abstulisset. Quapropter Eulogio, patriarchæ Alexandrino, post aliqua scribens, ait : « Indicare vestra beatitudo studuit, jam se quibusdam non scribere superba vocabula, quæ ex vanitatis radice prodierunt; et mihi loquitur, dicens : Sicut jussistis. Quod verbum jussionis, peto, a meo auditu removete : quia scio, qui sum, qui estis. Loco enim mihi fratres estis, moribus patres. Non ergo jussi, sed quæ utilia sunt, indicare curavi. Non tamen invenio vestram beatitudinem hoc ipsum, quod memoriæ vestræ intuli, perfecte retinere voluisse. Nam dixi nec mihi vos nec cuiquam alteri tale aliquid scribere debere; et ecce in præfatione epistolæ, quam ad me ipsum, qui prohibui, direxistis, superbæ appellationis verbum, universalem me papam dicentes, imprimere curastis. Quod, peto, dulcissima mihi sanctitas vestra ultra non faciat, quia vobis subtrahitur quod alteri plusquam ratio exigit præbetur. Ego enim non verbis quæro prosperari, sed moribus; nec honorem meum esse deputo, in quo fratres meos honorem suum perdere cognosco. Meus namque honor est, honor universalis Ecclesiæ. Meus honor est, fratrum meorum solidus vigor. Tunc ergo vere honoratus sum, cum singulis quibusque honor debitus non negatur. Si enim universalem me papam vestra sanctitas dicit, negat se hoc esse, quod me fatetur universum. Sed absit hoc. Recedant verba quæ vanitatem inflant, charitatem vulnerant. Et quidem in sancta Chalcedonensi synodo, atque post a subsequentibus Patribus hoc decessoribus meis oblatum vestra sanctitas novit : sed tamen nullus eorum uti hoc unquam vocabulo voluit, ut dum in hoc mundo honorem sacerdotum diligerent omnium, apud omnipotentem Deum custodirent suum. » (*Lib.* VIII, *ep.* 30.)

LIBER QUARTUS.

Quo concluditur, quanta consideratione S. Gregorius recte docens, quotidie suam infirmitatem cognoverit.

ARGUMENTUM. — 1. De temperantia Gregorii. — 2. Joanni, Ravennati episcopo, usum pallii mappularumque subduxit.— 3. Eidem suppliciter usum pallii repetenti concessit quater in anno per plateas concessit. — 4. Eidem pro diversis vitiis increpato, eosdem usus vocationis prædixit. — 5. Joanne defuncto, Ravennatem ecclesiam visitatori committit; Mariniano, episcopo consecrato, pallii usum simili modo concedit. — 6. Andreæ supplicanti pro pallio præcipit jusjurandum. — 7. Mariniano consuetudinem pallii, sicut convenerat, defendere non valente, Gregorius in sententia sua permansit. — 8. Pro usurpatione campagorum diaconos Catanenses arguit. — 9. De Maximo, Salonitanæ ecclesiæ pervasore. — 10. Auctoritatem sui pontificatus contra tyrannum imperatorem defendit. — 11. Contra votum imperiale Maximum cum suis complicibus excommunicans, episcopos ipsius ad ecclesiam reverti coegit. — 12. Maximi causam Ravennæ præcipit ventilari. — 13. Maximus in terram procidens lacrymabiliter veniam petit. — 14. Gregorius Maximo, coram sancti Apollinaris corpore satisfacienti ; miserendum esse decernit. — 15. Maximo, humiliter satisfacienti, communionis gratiam reddit, et pallium se daturum promittit. — 16. Quam didascalicis responsionibus superbum Imperatorem terruit. — 17. Mauricio, in Gregorium sævienti, mors per gladium imminet. — 18. Mauricius pœnitens videt in somnis se divino judicio, cum uxore, et filiis Phocæ militi tradi. — 19. Seditione commota Mauricius, Phocæ jussu, cum cuncta cognatione sua perimitur. — 20. Imagine augustali suscepta, sapienter Mauricii vitia, Phocæ imperatori dinumerat.— 21. Ei Apocrisiarium more transmittit. — 22. Pondere grandi remoto, imperiale jugum levius reddidisse fatetur. — 23. Ex consuetudine synodicam suam direxit, ad Orientales nullius in diptychis nomen suscipiani, donec synodicam fidei ejus cognoverit. — 24. Susceptis decretis Mediolanensium, eis episcopum ordinari consensit. — 25. Anastasium Antiochenum post multos annos throno reddidit. — 26. Hadrianum, Thebanum episcopum, ordini suo restituens, diœcesim ipsius Larissæ episcopi potestati subduxit. — 27. Exceptis manifestis criminibus, neminem deposuit, sed communione privavit. — 28. Quanta districtione accusatorum lites tractaverit, et qualia de ordinibus judicorum decrevit. — 29. Aliorum auctoritates episcoporum sua auctoritate confirmabat, non minuebat. — 30. Cunctis episcopis propria jura conservans, executores dari, et judices eligi ab accusatis voluit. — 31. Falsarios delatores talione mulctavit. — 32. Semel ingesta crimina indiscussa præterire non passus est, et qualibus pœnis peccatorum accusatores mulctaverit. — 33. Consueta stipendia etiam infirmis clericis jussit ministrari. — 34. Cautiones episcoporum suis clericis factas firmavit, eisque quartas plenarie dari jussit. — 35. Ab aliis obligatos absolvit.

36. Ab hæresi se purgantes recepit. — 37. Schismaticos ad suscipiendam satisfactionem Romam invitare curavit. — 38. Severum Aquileiensem episcopum, Ravennam venire coegit : qui postquam ad unitatem rediit, denuo ad suum schisma recurrens, catholicosque sacerdotes affligens, causa perpetuæ divisionis suæ diœcesis effectus est. — 39. Per ægritudinem corporis nemini successorem dedit, et quod renuntiantibus suis sedibus successores non denegavit, eisque de sumptibus ejusdem commoda ministrari præcepit. — 40. Stupratam in uxorem a stupratore sumi jussit.—41. Virum jam tonsuratum conjugi reddi mandavit.—42. Vim nullam Judæis inferendam statuit. —43. Christianos eis subjici, nulla occasione debere censuit. — 44. Christianos eis violenter auferri jubebat, quorum si qui auferri non poterant, redimi sanciebat.—45. Eorum mancipia confugientia ad Ecclesiam reddi vetuit.— 46. Pagana eorum mancipia venire ad fidem volentia, non reddenda statuit.—47. Judæorum mancipia suos dominos ad fidem præcedentia, in eorum servitium nullatenus redigendos indixit : etiamsi ipsi eos ad baptismatis gratiam sequerentur. —48. Neminem circumcidi paganorum permisit. — 49. A Judæis munera non suscipienda decrevit. — 50. Qualiter Judæi fuerint a Romanis pontificibus habiti. — 51. Gregorius non observari sabbatum jussit, et lavari die Dominico permisit. — 52. Quantæ compassionis extiterit in infirmitatibus Castorii, Eulogii, et Mariniani episcoporum, sive Rusticianæ patriciæ. — 53. Pro barbaricis incursionibus litaniam fieri voluit. — 54. Spirituum prophetiæ habuit. — 55. Pejora prioribus futura prædixit. — 56. Neminem injuste ab Ecclesia defendi permisit. — 57. Confugientibus ad Ecclesiam sacramenta præstari jussit de servandis sibi justitiis. — 58. Omnes sacerdotes, fratres et comministros ; clericos autem cæteros, dilectissimos filios : utriusque vero sexus laicos, dominos vocavit. — 59. Tam fideli Theudelindæ, reginæ, quam suo subdiacono satisfecit. — 60. Se indignum memorat revelatione Dei. — 61. Se presbytero comparans, illum superiorem melioremque pronuntiat. — 62. Se indignum alieno favore fatetur. — 63. Monacho sibi procidenti se in terram prostravit. — 64. Accusatus, innocentiam suam exposuit. — 65. Quid de fine sæculi senserit. — 66. Qualia de incommoditate Urbis scripserit. — 67. Barbaricis incursionibus ab exponendis libris destitit. — 68. De ejus obitu, et fastigiis argenteis ab eo paratis, necnon sepulturæ ipsius loco, vel titulo. — 69. Qua ratione, æmulis libros ejus incendere molientibus, Petrus Diaconus moriendo defenderit. — 70. Quanta Claudius ex verbis ejus noverit ; et quod Gregorius multa dictaverit, quæ nunc nequeant inveniri. — 71. Duodecim epistolarum suarum libros reliquit, ex quibus Hadriani papæ tempore duo volumina videntur excerpta. — 72. In diaconatu suo Moralia cœpit, et quomodo ea in episcopatu suo per libros digesserit, eaque Leandro, Hispalensi episcopo, rogantì direxerit. — 73. In episcopatus sui exordio, librum Regulæ Pastoralis Joanni, episcopo Ravennati, exponens, imperitos compressit. — 74. Per stationes discurrens, quadraginta lectiones dictavit, quas Secundo, servo Dei, petenti mandavit. — 75. Dialogorum quatuor libros descripsit, quos postea Zacharias, apostolicæ sedis episcopus, in Græcam linguam convertit. — 76. Civibus suis petentibus, primam et ultimam Ezechielis prophetiæ partes per homilias viginti duas tractavit. — 77. Quam humilia ipse de suis tractatibus senserit, quæ a posteris doctoribus facetissima prædicantur. — 78. Libros suos in comparatione Augustini tractatuum furfures nominans, quousque vixit, legi vetuit. — 79. Quanta consideratione quotidie infirmitatem cordis sui cognoverit. — 80. Corpus ejus a Gregorio quarto papa translatum : et de antiquitate ipsius, vel mediocritate, ac regulari specialitate. — 81. Græca nesciens, falsos tractatus suo nomine titulatos invenit. — 82. Monachi, qui ab eo in Saxoniam missi sunt , sancti Benedicti regulis fuerunt mancipati. — 83. De formis et vestimentis patris et matris ejus. — 84. De forma et habitu sive distictho ejus. — 85. Saturninus, monachus, juxta ejus effigiem imagines apostolorum depinxit. — 86. De Joanne, præposito, qui cum diabolo coram Christo conflixit ; et de revelatione atque terribili transitu ipsius. — 87. De cruciatibus Andreæ ; conductoris, qui cum eodem præposito monasterii chartulas se vendidisse professus est. — 88. De præsagio mortis Athanasii œconomi, qui consuetudines pauperum defraudavit. — 89. De diabolo a monasterii claustro fugato, qui monachum jacentem percussit. — 90. De visione monachi qui duodecim homines intra dies totidem morituros prævidit. — 91. De Lucidi, Ficulensis episcopi, conversione et transitu. — 92. De revelatione monachi , qui per excussionem lacrymarum cujusdam inclusi presbyteri fratris sui sanitatem reversionemque cognovit. — 93. De dæmone a fundo Barbiliano excusso, qui conductorem et bubulcos occidens, Caucum fuerat persecutus. — 94. De visione.ª Tergaudi, Trevirensis quondam episcopi, qui a beato Gregorio pulsus est a monasterio. — 95. De increpatione Faraldi, qui a dæmonibus tota nocte suspensus est. — 96. De Indulpho desertore monasterii a sene percusso ; et de revelatione clerici, et digressione Supponis. — 97. De Cednico presbytero, qui Gregorianum fontem detexerat, ligato et verberato, ejusque miserabili transitu. — 98. De modio monasterii, et diversitate ipsius redundationis, necnon miraculo multiplicati divinitus panis. — 99. Quam frequenter in diversis locis Gregorius demonstretur. — 100. De divisione scriptoris, qui ab æmulo terreri potuit, et a beato Gregorio meruit consolari.

123

1. Hæc est Gregorii, de refutatione nominis A universalis, plena rationis humilitatisque sententia. Qui videlicet contra superbos prudenter uti noverat serpentis astutia, et a columbæ simplicitate circa humiles minime recedebat. Quapropter suæ temperantiæ conscius, Dominico, Carthaginensi episcopo, post cætera : « De ecclesiasticis, inquit, privilegiis, quod vestra fraternitas scribit, hoc, postposita dubitatione, teneat : quia sicut nostra defendimus, ita singulis quibusque ecclesiis sua jura servamus. Nec cuilibet, favente gratia, ultra quam meretur, impartior ; nec ulli hoc, quod sui juris est, ambitu stimulante, derogabo : sed fratres meos honorare per omnia cupio, sicque studeo honore singulos subvehi, dummodo non sit quod alteri jure ab altero possit opponi. » (Epist. lib. II, ep. 47.)

Item Eulogio, Alexandrino et Anastasio, Antiocheno patriarchis, scribit, dicens : « Cum prædicator egregius dicat : Quandiu quidem sum gentium apostolus, ministerium meum honorificabo (Rom. XI, 13), qui rursus alias dicit : Facti sumus parvuli in medio vestrum (I Thess. II, 7) : exemplum procul dubio nobis sequentibus ostendit, ut et humilitatem teneamus in mente, et tamen ordinis nostri dignitatem servemus in honore : quatenus nec in nobis humilitas timida, nec erectio sit superba, » et cætera. (Lib. V, ep. 43.)

Quod Gregorius, sicut ex præcedentibus ac subsequentibus manifestissime colligi poterit, et fecit, et dixit.

2. Nam Joannem, Ravennatem episcopum, [b] typo E 2 4 superbiæ pallium frequentantem, suosque presbyteros ac diaconos in mappulis procedere permittentem, primo per Castorium chartularium familiariter arguit ; post, ex consuetudine, sive privilegio, sibi hæc concessa pertinaciter defendentem tali sententia post nonnulla mulctavit. « Ut enim, inquit, ea quæ superius dixi, breviter colligam, admoneo quatenus vis decessorum meorum munificentia tibi hæc per privilegium attributa docueris, uti in plateis ulterius non B præsumas : ne non habere et ad missas incipias ; quod audacter et in plateis usurpas. De secretario autem, quod fraternitas tua resedisse cum pallio, et filios Ecclesiæ suscepisse, se et fecit et excusavit, nunc interim nihil querimur : quia synodorum sententiam sequentes, minores culpas, quæ negantur, ulcisci recusamus. Hoc tamen, quia semel et iterum sit factum, cognovimus, sed fieri ultra prohibemus. Fraternitas autem tua sit voce alibi dictum est.

---

[a] In mss. Paris., Theutgardi. Mabill., Tegaudi.
[b] Excusi plerique typho, quod idem sonat. De hac

omnino sollicita ne hoc, quod præsumptioni inchoanti adhuc ceditur, in proficiente deterius vindicetur. » Et post pauca : « Illud autem quod pro tutendis a clero vestro mappulis scripsistis, a nostris est clericis fortiter obviatum, dicentibus nulli hoc unquam aliæ cuilibet concessum ecclesiæ fuisse; nec Ravennates clericos, vel illic, vel in Romana civitate tale aliquid cum sua conscientia præsumpsisse. Nec, si tentatum esset, ex furtiva usurpatione sibi præjudicium generari, sed etiamsi in qualibet ecclesia hoc præsumptum fuerit, asserunt emendandum ; quod non concessione **125** Romani pontificis, sed sola surreptione præsumitur. Sed nos servantes honorem fraternitati tuæ, licet contra voluntatem antedicti cleri nostri, tamen primis diaconis vestris, quos nobis quidam testificati sunt etiam ante eis usos fuisse, in obsequio duntaxat tuo, mappulis uti permittimus. Alio autem tempore, vel alias personas hoc agere vehementissime prohibemus. » (*Lib.* III, *ep.* 56.)

3. Quam sententiam vir vanæ gloriæ cupidissimus, molestissime ferens, per quoscunque poterat, usum pallii sibi restitui magnopere flagitabat. Cui Gregorius ita scripsit : « Fraternitatem vestram valde invenio contristatam, pro eo quod in litaniis induere pallium rationis censura prohibetur, sed per excellentissimum Romanum patricium, et per eminentissimum præfectum, atque per alios civitatis suæ nobiles viros importune expetit , ut hoc debeat concedi. Nos autem sollicite requirentes ab Adeodato, quondam diacono fraternitatis tuæ, cognovimus quia nunquam consuetudo fuerit decessoribus tuis , ut in litaniis pallio, nisi in solemnitate beati Joannis Baptistæ, beati Petri apostoli et beati martyris Apollinaris, uterentur. Cui quidem nequaquam credere debuimus, quia multi apud civitatem fraternitatis vestræ responsales sæpius fuerunt, qui se fatentur tale aliquid nunquam vidisse; et hac de re, multis potius credendum est, quam uni pro sua ecclesia aliquid attestanti. Sed quia nos fraternitatem vestram contristari nolumus, et petitionem filiorum nostrorum apud nos minime frustrari, usum pallii, donec subtilius veriusque aliquid cognoscamus, in litaniis solemnibus, id est die natalitio beati Joannis Baptistæ, et beati Petri apostoli, et beati Apollinaris martyris, atque in ordinationis vestræ celebratione concedimus. In secretario vero secundum morem pristinum, susceptis ac dimissis Ecclesiæ filiis, induere vestra fraternitas pallium debeat, atque ad missarum solemnia ita proficisci, et nihil sibi amplius ausu temerariæ præsumptionis arrogare : ne dum in exteriori habitu inordinate aliquid arripitur, ordinate etiam, quæ licere poterant, amittantur. » (*Lib.* v, *ep.* 11.)

4. Sed idem Joannes ab inanis gloriæ ambitione, freno apostolicæ moderationis coercitus, ad detractionem pontificis totus convertitur. Unde prudentissimus pontifex sic eum admonet, dicens : « Primum me hoc contristat quia mihi fraternitas tua duplici corde scribit, et alia blandimenta in epistolis suis exhibet , alia in lingua sua sæculariter ostendit. Deinde grave mihi est, quia irrisiones illas, quas habere notarii adhuc pueri solent, usque hodie frater meus Joannes in lingua sua retinet , mordaciter loquitur, et quasi de tali astutia lætatur. Amicis præsentibus blanditur, de absentibus obloquitur. Tertio grave mihi et omnino execrabile est, quia servis suis, qua hora furit, turpia crimina imponit, ut effeminati, et adhuc graviter hoc apertius vocentur. Post hæc accessit quod disciplina ad vitam clericorum custodiendam nulla est; sed tantummodo se clericis suis dominum exhibet. [a] Ultimum vero est, quod tamen pondere elationis primum, quia de usu pallii extra ecclesiam, quod temporibus decessorum meorum facere nunquam quisquam præsumpsit ; nunquam a decessoribus ejus præsumptum est, sicut responsales nostri testantur, excepto nisi reliquiæ conderentur : quod tamen **126** de reliquiis unus tantummodo potuit inveniri qui diceret, meis diebus in despectum meum, cum summa audacia non solum faciebat, sed etiam frequentabat. Ex quibus omnibus invenio quia honor episcopatus vestri totus foras in ostensione est, non in mente. Et quidem ago omnipotenti Deo gratias, quia eo tempore, quo ad me hoc pervenit, quod ad aures decessorum meorum nunquam pervenerat, Langobardi inter me et Ravennatem civitatem positi fuerant. Nam ostendere forsitan hominibus habui, quantum scio esse districtus. Ne autem credas, quia ego ecclesiam tuam in aliquo gravari aut minui volo, recordare in missarum Romanarum solemnibus, ubi Ravennas diaconus stabat, et require ubi hodie stat : et cognosces quia Ravennatem ecclesiam honorare desidero. Sed ut quicumque quodlibet ex superbia arripiat, hoc ego tolerare non possum : tamen hac de re jam diacono nostro Constantinopolim scripsi, ut per omnes qui sub se etiam tricenos et quadragenos episcopos habent , requirere debeat. Et sicubi iste usus est, ut in litaniis cum palliis ambulent, absit ut per me honor Ravennatis ecclesiæ in aliquo imminui videatur. Hæc ergo omnia , quæ superius dixi, frater charissime, recogita; diem tuæ vocationis attende ; quas rationes de sarcina episcopatus redditurus es, considera. Emenda illos mores notarii, vide quid in lingua, quid in actu episcopum deceat. Esto totus purus fratribus tuis. Non aliud loquaris, aliud in corde habeas; nec appetas ultra videri, quam es, ut possis ultra esse, quam videris. »
(*Lib.* v, *ep.* 15.)

5. Hæc quia Joannes emendare superbiæ fastu despexit, eodem anno, juxta quod Gregorius ei prædixerat, diem suæ vocationis, dum non attendit, incurrit; et ante tumidus crepuit, quam meruisset amictu pallii saturari. Cujus rei gratia Gregorius visitationem Ravennatis ecclesiæ Severo, Ficulino episcopo, secundum consuetudinem priscam committens, Marinianum , monachum, familiarem suum Ravennati-

---

[a] Locum hunc depravatum in excusis, emendavimus ex Mss. tum Joan. diac. , tum epistolarum, et sensum restituimus.

bus episcopum consecravit; cui et Pallium dirigit, scribens : « Apostolicæ sedis benevolentia, et antiquæ consuetudinis ordine provocati, fraternitati tuæ, quam in Ravennati ecclesia gubernationis constat suscepisse officium, pallii usum prævidimus concedendum; quo non aliter uti te memineris, nisi in propria tuæ civitatis ecclesia, dimissis jam illis procedens a salutatorio ad sacra missarum solemnia celebranda. Peractis vero missis, id in salutatorio rursum curabis deponere. Extra ecclesiam vero non amplius illo tibi, nisi quater in anno in litaniis, quas ad decessorem tuum Joannem expressimus, uti permittimus. (*Lib.* v, *ep.* 25; *lib.* v, *ep.* 56.)

6. Sed Marinianus, clericorum suorum suggestionibus delinitus, tam per Andream virum magnificum, quam per quoscumque potuerat, restitui suæ ecclesiæ usum pallii flagitabat. Quapropter Gregorius Castorio chartulario inter cætera scribit, dicens : « Tua experientia nullius personam, nullius verba consideret : solum Dei timorem et rectitudinem ante oculos habeat; et seniores personas, et ejusdem ecclesiæ archidiaconum, quem non suspicor pro alterius honore pejerare, et alios antiquiores, qui in sacris ordinibus ante Joannis episcopi tempora fuerant, requirat, vel si qui maturiores sunt extra sacros ordines; **127** et veniant ante corpus sancti Apollinaris, et tacto ejus sepulcro jurent, quæ consuetudo ante Joannis episcopi tempora fuerit : quia , sicut scis, idem vir multum præsumptor exstitit, et multa sibi per superbiam conabatur arrogare; et quidquid a fidelioribus viris et gravioribus juratum fuerit, secundum indiculum qui subter annexus est, hoc volumus in eadem ecclesia conservari. Sed vide ne negligenter agas, ne quis fidem aut devotionem tuam in hac causa corrumpat. Zelum enim tuum scio. Age sollicite; ita tamen ut prædicta ecclesia contra justitiam non gravetur; sed usus, qui ante Joannis episcopi tempora exstitit, ei conservetur. Personas autem non duas, vel tres ad satisfaciendum tibi, sed quantas antiquiores et graviores inveneris, require : ut neque quod usus fuit antiquior ejusdem ecclesiæ denegemus, neque quod novo ausu appetitum est, concedamus. Sed omnia age blande et dulciter, ut et actio tua districta sit, et lingua mitis. »

« Juro ergo N. per Patrem, et Filium, et Spiritum sanctum, inseparabilis divinæ potentiæ Trinitatem, et hoc corpus beati Apollinaris martyris, me pro nullius favore personæ, neque commodo aliquo interveniente, testari; sed hæc scio, et per memetipsum cognovi, quia ante tempora Joannis quondam episcopi, Ravennas episcopus præsente apocrisiario sedis apostolicæ illo atque illo, illis et illis diebus consuetudinem utendi pallio habuit : et non cognovi, quia hoc latenter vel absque apocrisiario usurpasset. » (*Lib.* vi, *ep.* 61.)

7. Hoc Gregorius per indictionem quartam decimam jusjurandum præceperat. Quod quia, sicut rei exitus manifestat, deficientibus testimoniis per tres continuos annos infectum remanserat, iterum Marinianus suorum suggestione compulsus, usum pallii, quem ex consuetudine sicut convenerat vendicare non poterat, importunitate precum se posse recipere confidebat. Quapropter Gregorius in eadem sententia permanens, eidem chartulario per indictionem secundam scribit, dicens : « Dum Florentius, Ravennatis ecclesiæ diaconus, apud nos pro reverendissimo fratre et coepiscopo nostro Mariniano, de usu pallii ageret, requisitus a nobis quæ esset antiqua consuetudo, respondit : quod in omnibus litaniis pallio Ravennas episcopus uteretur. Quod ita non esse, et ab aliis didicimus, et ex epistolis Joannis, quondam episcopi, quas ei ostendi fecimus, evidenter apparuit; sed hoc asseruit, quod dicere jussus est. Nam tempore quo a te eidem Joannes, quondam episcopus, est inhibitus, ne pallio inordinate ac temere uti præsumeret, scripsit nobis hanc fuisse priscam consuetudinem, ut civitatis ipsius episcopus pallio in litaniis solemnibus uteretur : quarum tibi litterarum exemplaria pro tua informatione transmisimus. Adeodatus vero, prædictæ ecclesiæ diaconus, dum apud nos tempore quo hic fuit, similiter de ejusdem usu pallii agere enixius studeret, volentes cognoscere veritatem, eum similiter, quæ esset consuetudo curavimus requirendum. Qui uti credi sibimet suaderet, atque a nobis valeret, quod petebat, exigere, sub jurejurando testatus est, antiquam consuetudinem fuisse, ut in quatuor aut quinque solemnibus litaniis pallio civitatis suæ episcopus uteretur. Experientia **128** ergo tua diligenter invigilet, et cum omni sollicitudine, quot litaniæ solemnes ab antiquitate fuerint, requirat; nec eas solemnes nominando requirere studeat, sed majores : ut per hoc, quod nobis præfatus Adeodatus, diaconus, testatus est, et prædicti Joannis episcopi fatetur epistola, dum constiterit, quantæ litaniæ solemnes fuerint, quoties indui solebat in litaniis pallium cognoscentes, libentissime concedamus; sed hoc non ab illis perquirat, qui ab ecclesiasticis exhibentur, sed ab aliis quos sine favore partis esse cognoverit; et quæ sollicita indagatione repererit, nobis subtiliter indicet : ut veritate, sicut diximus, cognita, fratris et coepiscopi nostri reverendissimi Mariniani animos relevemus. » (*Lib.* vii, *ep.* 77, *nunc lib.* vi, *ep.* 34.)

At quia prisca consuetudo a nostratibus subtiliter inquisita, a Ravennatibus probari nullo modo potuit, Gregorium in sua sententia permansisse procul dubio illud ostendit, quod neque ob hoc, quantum ex apicibus ejus dignoscitur, a quoquam sollicitatus exstitit, neque a semetipso commotus ulterius omnino rescripsit.

8. Non solum in magnis rebus Gregorius sollicitudinis suæ oculos convertebat, verum etiam ne impune præsumerentur quandoque majora, hoc in rebus minimis curiosissime præcavebat. Unde Joanni, Syracusano episcopo, scribit, dicens : « Ecclesiastici vi-

---

[a] Cur epistolam hanc ab indictione secunda removerimus, aperuimus in dissertatione de ordine epistolarum restituto.

goris ordo confunditur, si aut temere illicita præsumantur, aut impune non concessa tententur. Pervenit itaque ad nos, diaconos ecclesiæ Catanensis calceatos [a] campagis procedere præsumpsisse. Quod nulli hactenus per totam Siciliam licuisse, nisi solis tantummodo diaconibus ecclesiæ Messanensis, quibus olim a prædecessoribus nostris non dubitatur esse concessum, bene recolitis. Quia ergo tantæ temeritatis ausus non est leviter attendendus, cum omni hoc fraternitas vestra subtilitate perquirat : et si ita, sicut ad nos pervenit, invenerit, utrum a se, vel alicujus auctoritate hoc præsumpserint, nobis subtiliter innotescat, ut cognita veritate, quid fieri debeat, disponamus. Nam si negligenter ea quæ male usurpantur omittimus, excessus viam aliis aperimus. »
(*Lib.* VIII, *ep.* 27.)

9. Interea, Natali episcopo defuncto, cum Dalmatinorum generalitas Honoratum archidiaconum, quem ipse ex presbytero in diaconum converterat, sibi præficiendum concorditer elegissent, eorumque decretum pontifex approbasset, factione Malchi episcopi, rectoris apostolici patrimonii, manuque militari Maximus multis criminibus involutus, episcopatum Salonitanæ civitatis invasit. Quod Gregorius audiens, Dalmatinis et Jadertinis episcopis ne illi manus imponerent, sub magna interminatione prohibuit. At vero Maximus, qui episcopatus sedem contra canones invaserat, etiam sacerdotium contra Deum per simoniacam hæresim ab episcopis duntaxat excommunicatis, pretio corruptis, non timuit promereri : favente sibi occasione temporis ex cupiditate simul insolentiaque Augusti, quem dispergendo facultates invasæ ecclesiæ adeo defensorem scelerum suorum efficit, ut a Gregorio non solum frequenter postularet, quatenus indiscussam Maximi promotionem relinqueret, verum etiam Romam satisfacturum pro simoniaca hæresi **129** aliisque criminibus, venientem cum honore susciperet.

10. Gregorius vero faciem nullius contra veritatem custodiens, ipsum Maximum primo a missarum solemniis, post a communione corporis et sanguinis Domini nostri Jesu Christi, quousque suam præsentiam exhiberet, privavit. Maximus autem imperialibus militiis fultus, post excommunicationem, et missas cecinit, et sacramenta satis indignus accepit. Quapropter Constantinæ Augustæ post multa alia scribit, dicens : « Salonitanæ civitatis episcopus, me ac responsale meo nesciente, ordinatus est; et facta res est, quæ sub nullis anterioribus principibus evenit. Quod ego audiens, ad eumdem prævaricatorem qui inordinate ordinatus est protinus misi, ut omnino missarum solemnia celebrare nullo modo præsumeret, nisi prius a serenissimis dominis cognoscerem, si hoc fieri ipsi jussissent. Quod ei sub excommunicationis interpositione mandavi : et contempto me atque despecto, in audacia quorumdam sæcularium hominum, quibus, denudata sua ecclesia, præmia multa præbere dicitur, nunc usque missas facere præsumit, atque ad me venire secundum jussionem dominorum noluit. Ego autem præceptioni pietatis eorum obediens, eidem Maximo, qui, me nesciente, ordinatus est, hoc quod in ordinatione sua me, vel responsalem prætermittere præsumpsit, ita ex corde laxavi, ac si me auctore fuerit ordinatus. Alia vero perversa illius, scilicet mala corporalia, quæ cognovi, vel quia cum pecuniis est electus, vel quia excommunicatus missas facere præsumpsit, propter Deum irrequisita præterire non possum ; sed opto, et Dominum deprecor, quatenus nihil de eo, de his quæ dicta sunt valeat, inveniri, et sine periculo animæ meæ causa ipsius terminetur : prius tamen quam hæc cognoscantur, serenissimus dominus discurrente jussione præcepit ut eum venientem cum honore suscipiam. Et valde grave est ut vir, de quo tanta et talia nuntiantur, cum ante requiri et discuti debeat, honoretur. Et si episcoporum causæ mihi commissorum apud piissimos dominos aliorum patrocinio disponuntur, infelix ego in ecclesia ista quid facio ? Sed ut episcopi mei me despiciant, et contra me refugium ad sæculares judices habeant, omnipotenti Deo gratias ago, peccatis meis deputo. Hoc tamen breviter suggero, quia aliquantulum expecto ; et si ad me venire diu distulerit, exercere in eo districtionem canonicam nullo modo cessabo. In omnipotente autem Deo confido, quia longa piissimis dominis vita tribuetur, et nos sub manu vestra non secundum peccata nostra, sed secundum gratiæ suæ dona disponat. »
(*Lib.* V, *ep.* 21.)

11. Hæc Gregorius dissimulatrici Augustæ. Cæterum eodem Maximo in sua præsumptione manente, consecratores, atque omnes Dalmatinos et Jadertinos episcopos ab ejus communione sub excommunicatione disjunxit : adeo ut ne nomen quidem Maximi inter sacra missarum solemnia memorarent. Quo facto ita omnes consternati sunt animo, ut sub pœnitentiæ satisfactione, relicto Maximo, veniam postularent. Unde misericordissimus pontifex Sabiniano, Jadertino episcopo, scribens : « Sicut, inquit, perseveranti culpæ debetur jure vindicta, ita resipiscentibus est venia concedenda. Nam ut res illa contra se merito iracundiam excitare, sic hæc in sua prorsus dilectione **130** solet concordiam propagare. Et ideo, quia fraternitatem tuam a consortio et communione Maximi, ubi te prius neglectus impulerat, in tantum postea gravitas sacerdotis ad animum reducta suspendit, ut ejus sola nullatenus patereris esse segregatione contentus, nisi et in monasterii te claustra recipiens, dudum commissa defleres : eapropter in nostra te gratia ac communione receptum esse non dubites. Nam quantum nos prius culpa tuæ charitatis offenderat, tantum pœnitentia mitigavit. » (*Lib.* VIII, *ep.* 10.)

12. Itaque Maximus cernens tandem aliquando durum esse contra stimulum calcitrare, relictis imperialibus adminiculis, per Callinicum exarchum satis

---

[a] *Campagus* mendose *compagus*, est calceamentum quo episcopi seu prælati in Missa utuntur. Vide notas ad epistolas.

humiliter concedi sibi pœnitentiam simulque veniam a Gregorio postulavit. Quem ipse Romam fatigari nolens, causam ejus discutiendam Ravennæ commisit, Constantio, Mediolanensi episcopo, scribens : « Maximus, inquit, Salonitanæ ecclesiæ prævaricator, postquam per potestates majores sæculi obtinere nil valuit, ad minores se contulit : nobisque tam nimietate precum, quam attestatione bonorum operum prævalere contendit. Ex qua re inhumanum credidi, si is qui se quasi multum timere me dicit, in aliquo me temperatiorem minime invenire potuisset : et ideo decrevi ut reverendissimus frater et coepiscopus noster Marinianus ejus causam debeat in Ravennati urbe cognoscere. Si autem persona ejus suspecta forsitan habebitur, volumus ut vestra quoque fraternitas, si ei laboriosum non est, ad eamdem civitatem fatigare se debeat, et cum prædicto fratre in eodem judicio pariter sedere. Quidquid autem vestræ utrorumque sanctitati placuerit, scitote mihi modis omnibus placiturum, et vestrum ego judicium meum deputo. » (Lib. IX, ep. 67.)

13. Inter hæc prævaricator Maximus anno septimo excommunicationis suæ post castigationes et flagella Gregorii, ad cor revertens, Ravennam petiit, et jactavit se tensus intra civitatem in medio silice, clamans et dicens : Peccavi Deo, et beatissimo papæ Gregorio. Et agente eo pœnitentiam tribus horis, cucurrit Callinicus exarchus, et Castorius, chartularius Ecclesiæ Romanæ, cum Mariniano episcopo, et elevaverunt eum de silice : qui etiam cœpit ampliorem pœnitentiam coram eis agere. Quod Gregorius ut audivit, ad misericordiam protinus rediit, Mariniano episcopo inter cætera scribens : « Qualis de causa Maximi fraternitatis vestræ voluntas sit, ac magis petitio, præsentium latore Castorio, chartulario nostro, renuntiante, cognovimus. Ideoque, si idem Maximus coram vobis et prædicto chartulario nostro, de simoniaca hæresi præstito, se sacramento purgaverit, atque de aliis ante corpus sancti Apollinaris tantummodo requisitus, liberum se esse responderit : causam ipsius fraternitatis vestræ de eo, quod excommunicatus missarum solemnia agere præsumpsit, judicio committimus, qua debeat pœnitentia tali culpa purgari. Et ideo quidquid vobis secundum Deum placet, securi disponite, nec aliquid de nobis dubium habeatis. Nam quidquid a vobis hac de causa fuerit ordinatum, nos et grate suscipimus, et libenter admittimus. Hortamur tamen ut debeatis esse solliciti, et ita quæ flenda conspicitis, temperetis, quatenus et illi, si ita videritur, communionem præstetis, et vigoris ecclesiastici genium congrua, ut oportet, dispensatione servetis. Suprascriptum vero portitorem in 131 præsenti quid vobis cum eo sit agendum instruximus : a quo cuncta subtiliter addiscentes, sic vos in omnibus exhibete, ut in vestra sollicitudine nostram fuisse præsentiam sentiamus. »

14. Item Castorio, et notario et chartulario Ravennæ : « Quanto credi tibi et necessarias vides causas injungi, tanto te magis strenuum debes et sollicitum exhibere. Proinde si Maximus Salonitanus, præstito sacramento, firmaverit se simoniaca hæresi non teneri, atque de aliis ante corpus sancti Apollinaris tantummodo requisitus, innoxium se esse responderit, et de inobedientia sua pœnitentiam, sicut deputavimus, egerit : volumus ut ad consolandum illum epistolam quam ad eum scripsimus, ubi ei et gratiam nostram et communionem nos reddidisse signavimus, experientia tua dare debeat : quia sicut in contumacia persistentibus severos esse nos convenit, sic iterum humiliatis et pœnitentibus negare locum veniæ non debemus. » (Lib. IX, ep. 80.)

15. Cumque Maximus penes corpus beati Apollinaris secundum jussum Gregorii de cunctis humiliter satisfecisset, Castorius chartularius consolatoriam ei epistolam præbuit, verbis Gregorii adserentem : « Quamvis culpabilibus ordinationis tuæ primordiis grave malum per inobedientiæ culpam addideris, nos tamen sedis apostolicæ auctoritatem eo quo decuit moderamine temperantes, nunquam contra te usque adhuc ut causa poscebat, exarsimus ; sed ut longius se ingratitudo nostra, quam tu tibi excitasti, produceret, credita nos sollicitudo vehementer angebat, ne quædam illicita, quæ de te audieramus, negligenter omittere videremur. Quæ si bene consideres, ipse per te satisfacere differendo firmabas, atque ex hoc adversum te zelum nostrum acrius incitabas. At ubi salubri tandem consilio usus, jugo te obedientiæ humiliter submisisti, et dilectio tua pœnitentiam agens, digna se, ut deputavimus, satisfactione purgavit, redditam tibi gratiam fraternæ charitatis intellige, atque in nostro te receptum consortio gratulare : quia sicut perseverantibus in culpa districtos, ita resipiscentibus nos benignos decet esse ad veniam. Postquam ergo fraternitas tua apostolicæ sedis communionem se reparasse cognoscit, personam ad nos transmittat, quæ pallium tibi deferendum ex more percipiat. Nam quemadmodum illicita perpetrari non patimur, sic ea quæ sunt consuetudinis non negamus. Licet autem ad hæc concedenda dispensatio nos loci nostri vocaverit : multum tamen a nobis petitio dulcissimi atque excellentissimi filii nostri, domni Callinici exarchi, ut temperantius erga te ageremus, exegit ; cujus charissimam voluntatem, nec pertulimus, nec potuimus contristare. » (Lib. IX, ep. 8.)

16. Præterea cupidissimus ac tenacissimus imperator, qui consuetudinibus antiquissimis dationes, legionum quoque milites frequentissime, sicuti Romanorum narrat historia, defraudabat, cernens Gregorium contra omnes mundi strepitus, augustalibus defensionibus, quarum suffragio ad arcem pontificatus hunc se provexisse jactabat, penitus non egere : imo canonicis auctoritatibus, sanctitatis ac prudentiæ suæ virtutibus, Christo propitio, cunctis alta sapientibus prævalere : ad odium detractionemque famæ illius magis magisque conversus est, liberalitatem pontificis, quia famelicis 132 militibus tam ecclesiastica quam publica frumenta diviserat, subdolis assertionibus reprehendens. Cui Gregorius, utpote qui provectionem suam divino judicio, in cujus nimirum manu corda regum consistentia (Prov. XXI), quo-

cumque voluerit, inclinantur, non caducis humanis A scriptum est : *Diis non detrahes* (*Ibid.* xxvIII), favoribus deputabat, voce libera contradicens, his eum responsionibus fregit, deturpavit, atque nonnulla de futuro Dei judicio disserendo deterruit : « In serenissimis, inquit, jussionibus suis dominorum pietas, dum me de quibusdam redarguere studuit, parcendo mihi minime pepercit. Nam in eis urbanæ simplicitatis vocabulo me fatuum appellat. In Scriptura etenim sacra cum in bona intelligentia simplicitas ponitur, vigilanter sæpe prudentiæ aut rectitudini sociatur. Unde etiam de beato Job scriptum est : *Erat vir simplex et rectus* (*Job.* 1, 1). Et beatus Paulus apostolus admonet, dicens : *Estote simplices in malo, et prudentes in bono* (*Rom.* xvI, 19). Et per semetipsam Veritas in Evangelio admonet, dicens : *Estote prudentes sicut serpentes, et simplices sicut columbæ* (*Matth.* x, 16), esse valde inutile judicans, si aut simplicitati prudentia, aut prudentiæ simplicitas desit. Ut ergo servos suos ad cuncta eruditos efficeret, esse eos et simplices sicut columbas, et prudentes ut serpentes esse voluit, quatenus in eis et serpentis astutia columbæ simplicitatem acueret, et columbæ simplicitas serpentis astutiam temperaret. Ego igitur qui in serenissimis dominorum jussionibus ab Ariulphi astutia deceptus, non adjuncta prudentia simplex denuntior, constat proculdubio quia fatuus appellor, quod ita esse ego quoque ipse confiteor. Nam si hoc vestra pietas taceat, causæ clamant. Ego enim, si fatuus non fuissem, ad ista toleranda quæ inter Langobardorum gladios hoc in loco patior, minime venissem. In ea autem re quam de Ariulpho perhibui, C quia toto corde venire ad rempublicam paratus fuit, dum mihi non creditur, etiam mentitus esse reprehendor. Sed etsi sacerdos non sum, scio grave esse hanc injuriam sacerdoti, ut veritati serviens, fallax credatur. Et dudum novi *a* quoniam Nordulpho plus est creditum quam mihi, Leoni amplius quam mihi. Et nunc eis, qui esse ad medium videntur, plusquam meis assertionibus credulitas impenditur. Et quidem si terræ meæ captivitas per quotidiana momenta non excresceret, de despectione mea atque irrisione lætus tacerem. Sed hoc me vehementer affligit, quia unde ego crimen falsitatis tolero, inde Italia quotidie ducitur sub Langobardorum jugo captiva ; dumque meis suggestionibus in nullo creditur, vires hostium immaniter excrescunt. Hoc tamen D piissimo domino suggero, ut de me mala omnia quælibet existimet, de utilitate vero reipublicæ et causa ereptionis Italiæ non quibuslibet facile pias aures præbeat, sed plus rebus quam verbis credat. Sacerdotibus autem non ex terrena potestate dominus noster citius indignetur, sed excellenti consideratione propter eum, cujus servi sunt, eis ita dominetur, ut etiam debitam reverentiam impendat. Nam in divinis eloquiis sacerdotes aliquando dii, aliquando angeli vocantur. Et per Moysen de eo qui ad juramentum deducendus est dicitur : *Applica illum ad deos* (*Exod.* xxII, 8), videlicet ad sacerdotes. Et rursum scilicet sacerdotibus. Et propheta, ait : *Labia sacerdotis* 133 *custodiunt scientiam, et legem requirent ex ore ejus, quia angelus Domini exercituum est* (*Malach.* II, 7). Quid ergo mirum si illos vestra pietas dignetur honorare, quibus in suo eloquio honorem tribuens, eos aut angelos, aut deos ipse etiam appellat Deus? Ecclesiastica quoque testatur historia, quia cum piæ memoriæ Constantino principi in scripto oblatæ accusationes contra episcopos fuissent, libellos quidem accusationis accepit, et eosdem qui accusati fuerant episcopos convocans, in eorum conspectu libellos, quos acceperat, incendit, dicens : *Vos dii estis a vero Deo constituti. Ite, et inter vos causas vestras disponite : quia dignum non est ut nos ju-* B *dicemus deos.* In qua tamen sententia, pie domine, sibi magis ex humilitate, quam illis aliquid præstitit ex reverentia impensa. Ante eum quippe pagani in republica principes fuerunt, qui verum Deum nescientes, deos ligneos et lapideos colebant, et tamen eorum sacerdotibus honorem maximum tribuebant. Quid igitur mirum, si Christianus imperator veri Dei sacerdotes dignetur honorare, dum pagani, ut prædiximus, principes honorem impendere sacerdotibus noverunt, qui diis ligneis et lapideis serviebant? Hæc ego pietati dominorum non pro me, sed pro cunctis sacerdotibus suggero. Ego enim peccator homo sum ; et quia omnipotenti Deo incessanter quotidie delinquo, aliquod mihi apud tremendum examen illius esse remedium suspicor, si incessantibus quotidie plagis ferior. Et credo quia eumdem omnipotentem Dominum tanto vobis amplius placatis, quanto ei me male servientem districtius affligitis. Multas enim jam plagas acceperam, et, supervenientibus dominorum jussionibus, inveni consolationem quam non sperabam. Si possum, has celeriter plagas enumero. Primo quod mihi pax subducta est, quam cum Langobardis in Tuscia positis sine ullo reipublicæ dispendio feceram. Deinde, corrupta pace, de Romana civitate milites ablati sunt. Et quidem alii ab hostibus occisi, alii vero Narniis et Perusio positi ; et ut Perusium teneretur, Roma relicta est. Post hæc plaga gravior fuit adventus Agilulphi, ita ut oculis meis cernerem Romanos more canum in collis funibus ligatos, qui ad Franciam ducebantur venales. Et quia nos, qui intra civitatem fuimus, Deo protegente, manus ejus evasimus, quæsitum est unde culpabiles esse videremus, videlicet cur frumenta defuerint, quæ in hac urbe diu multa servari nullatenus possunt, sicut in alia suggestione plenius indicavi. Et quidem de memetipso in nullo turbatus sum, quia teste conscientia fateor, adversa quælibet pati paratus sum, dummodo hæc omnia cum salute duntaxat animæ meæ evadam. Sed de gloriosis viris Gregorio, præfecto, et Castorio, magistro militum, non mediocriter sum afflictus ; qui et omnia quæ potuerunt fieri, nullo modo facere neglexerunt, et labores vigiliarum et custodiæ civitatis in obsidione eadem vehementissimos pertulerunt ; et

a In excusis Codd. quos Mss. Bigot., Utic., tres Parisienses, etc., redarguunt, *quia Arnulpho*, vel *Ariulpho.*

post haec omnia gravi dominorum indignatione percussi sunt. De quibus patenter intelligo quia eos non sua acta, sed mea persona gravat, cum qua, quia pariter tribulatione laboraverant, post laborem pariter tribulantur. **134.** Quod autem dominorum pietas illud mihi pavendum et terribile omnipotentis Dei judicium intentat, rogo per eumdem omnipotentem Dominum, ne hoc ulterius faciat: nam adhuc nescimus quis ibi qualis sit; et Paulus egregius praedicator dicit : *Nolite judicare ante tempus, donec veniat Dominus, qui et illuminabit abscondita tenebrarum, et manifestabit consilia cordium. (I Cor.* IV, 5). Hoc tamen breviter dico, quoniam peccator et indignus plus de venientis Jesu misericordia quam de vestrae pietatis justitia praesumo; et sunt multa quae de judicio illius homines ignorant, quia fortasse quae vos laudatis ille reprehendet, et quae vos reprehenditis, ille laudabit. [a] Inter ergo omnia incerta, ad solas lacrymas redeo, petens ut idem omnipotens Deus piissimum dominum nostrum, et sua hic manu regat, et in illo terribili judicio liberum ab omnibus delictis inveniat; et me ita placere, si necesse est, hominibus faciat, ut aeternam ejus gratiam non offendam. » (*Lib.* v, *ep.* 40.)

17. Denique Mauricius imperator libertatem vocis tanti pontificis, reprehensionisque constantiam admiratus, quia de futuro Dei judicio se terruerat, ad exercendam in eum tyrannidem prodire nitebatur, cum protinus eodem anno vir quidam monachicis indutus vestimentis, divina quadam virtute commotus, dextera spatham cepit, quam videlicet a foro usque ad aeneam statuam [b] gladiatoris nudam circumferens, imperatorem gladio cunctis moriturum praedixit. Quod Mauricius ut audivit, a tyrannide Gregorio inferenda semet continuit, et judicium divinum quod ei minatus fuerat cito se subiturum tanto magis timuit, quanto Gregorium credidit non posse mentiri.

18. Mox itaque scripto preces compositas tam eidem quam cunctis patriarchis, episcopis et monachis civitatum sive solitudinum, pecunias multas, cereos et thymiamata destinavit, hoc potissimum deprecans ut Domino supplicarent, quatenus in hoc saeculo merita suorum malorum reciperet, tantum ut a futuris cruciatibus redimi meruisset. Cumque hoc et ipse vehementius per multa tempora cum lacrymis postularet, quadam nocte dormiens, videt apud aeneam palatii portam se coram multo populo aeneae statuae Salvatoris assistere. Tunc vox terribilis facta est ex ipso incarnati Verbi charactere, dicens : Date Mauricium. Et capientes eum judiciorum ministri, posuerunt juxta [c] pueri umbilicum qui illic erat. Cui eadem vox characteris ait : Ubi vis reddam tibi mala, quae in hoc saeculo perpetrasti ? Ille respondit : Amator hominum, Domine, et Judex juste, hic potius ea mihi, et non in saeculo futuro, retribue. Statim divina vox jussit tradi Mauricium et Constantinam uxorem ejus, cum filiis et filiabus, omnique cognatione ipsius, Phocae militi. Evigilans ergo Mauricius misit [d] paracoemomenum, et vocavit ad se Philippicum [e] generum suum, quem dudum suspicatus fuerat imperium sibi velle subripere. At ille pro suspicione se perdendum conjiciens, advocatae Gordiae uxori suae, tanquam non se revisurae, ultimum vale dixit; sacramentoque communionis accepto, ad palatium venit, et cubiculum imperatoris **135** ingrediens, ad pedes ejus procidit. Cui imperator assurgens, ad pedes ejus nihilominus corruit, dicens : Ignosce, deprecor, mihi, quia nunc profecto divina revelatione doctus cognovi quod nihil in me unde suspicabar commiseris. Sed si quem in agminibus nostris cognoscis qui Phocas soleat vocitari, dicito mihi. Et Philippicus, diu apud se recogitans, ait : Unum Phocam cognosco, qui nuper procurator ab exercitu nuncupatus contradicebat tuo imperio. Cum vero Mauricius de qualitate illius inquireret, Philippicus ait : Est quidem juvenis, et temerarius, attamen timidus. Et Mauricius : Si timidus, inquit, profecto et homicida. Dumque super hujusmodi titubaret, in crastinum magistrianus ab eremitis, quibus imperatoris preces portaverat, rediens, responsum retulit dicens : Deus, recepta poenitentia tua, salvabit animam tuam, et cum sanctis te cum tota domo tua constituet; ab imperio vero cum ignominia et discrimine decides.

19. Quibus auditis, Mauricius Deum glorificans, poenitentiam tenuit; sed a cupiditatis avaritia usque adeo non recessit, [f] ut exercitus in periculosis locis hyemare, et transito Danubio victum sibi de Sclavorum regione periclitabundi quaerere, ne videlicet alimenta publica manducarent, Petro praetori feralibus litteris immineret. Qui [g] taxiarchis vocatis, ait : « Nimis mihi videntur gravia imperatoris praecepta, Romanos in aliena terra hyemare jubentia. Nam illi non obedire saevum est, et rursus obedire saevissimum. Nullum bonum parit avaritia, quia mater omnium malorum consistit, qua Imperator languens, horum maximorum malorum causa Romanis efficitur. » Exercitus itaque, hoc per taxiarchas audito, ad seditionem convertitur, exaltatumque super clypeum Phocam per centurionem, exarchum acclamaverunt, fugatoque praetore, Theodosio filio imperatoris et Germano socero ejus, dirigunt ut alter eorum sibi imperare studeret. Illi nullo modo consenserunt,

---

[a] Excusi cum tribus Mss. Paris., *intermitto ergo omnia.* Aliis Mss. *adhaeremus.*

[b] In Regio, secunda manu superscribitur, *more.*

[c] Ita Mss. Reg. et ecclesiae B. Mariae Paris. Editi, cum Colb. et nonnullis aliis, *purpureum.*

[d] Ita legendum ex Theophane, Graece, παραχειμόμενον, *accubitorem.* Haec vox corrupta est etiam in Ms., sed praesertim in vulgatis.

[e] Imo erat sororis Mauricii maritus. Cur suspectus foret causam affert Theophanes, quod ejus nomen a littera P. inciperet. Acceperat enim Imperator hanc primam esse litteram nominis illius a quo erat occidendus.

[f] In tribus Paris. et in vulgatis, *ut exercitus in periculosis hyemaret* (al. hyemarent) *et transito Danubio..... periclitabundi* (al. periclitabunde) *quaererent, ne..... manducarent. Quod cum Petro..... immineret, ille Taxiarchis.* Sequimur caeteros mss. codd.

[g] Hoc est, ordinum Praefectis.

imo hoc Mauricio retulerunt. At ille Germanum perdere voluit, qui quoniam in Ecclesiam fugerat, filium tanquam proditorem sui consilii flagellavit, multosque ad hunc ab eadem ecclesia extrahendum transmittens, nunquam permittitur; imo multis conviciis a populo laceratus, Marcionista hæreticus appellatur. Et commoto intra Constantinopolim gravi tumultu, Mauricius, dissimulato habitu, cum uxore et filiis noctu [a] dromonem conscendit; et fugiens, [b] apud sanctum Antonomum venit. At vero Phocas cum exercitu [c] in septimum veniens, imperator efficitur; a quo Mauricius cum uxore, filiis et filiabus penes Chalcedoniam jussus, quemadmodum sibi denuntiatum fuerat, decollatur. Et quia oratio Gregorii qua illum petierat in terribili Dei judicio liberum ab omnibus delictis inveniri vacua esse non potuit, idem Mauricius id recepit quod meruit, et in cunctis suis incommodis Deum benedicens, a sempiterno supplicio merui liberari.

20. Igitur septimo kalendarum Maiarum, indictione sexta, imago Phocæ et Leontiæ, augustorum, cum eorumdem favorabilibus litteris Romam delata est. 136 Et postquam a clero et senatu acclamatum est eis in basilica Julii, jussu Gregorii in oratorio sancti Cæsarii Lateranensi palatio constituto reponitur. Qui etiam Phocæ imperatori ita rescripsit : « Gloria in excelsis Deo, qui, juxta quod scriptum est, *Mutat tempora et transfert regna* (*Dan.* II, 21); et qui hoc cunctis innotuit quod per prophetam suum loqui dignatus est, dicens : *Quia dominatur Excelsus in regno hominum, et cui voluerit, ipse dat illud* (*Dan.* IV, 14). In omnipotentis quippe Dei incomprehensibili dispensatione vitæ mortalis moderamina consistunt; et aliquando cum justorum multorum peccata ferienda sunt, unus erigitur, per cujus duritiam tribulationis jugo subjectorum colla deprimantur. Quod nos in nostra diutius tribulatione probavimus. Aliquando vero cum misericors Deus mœrentium multorum corda, sua decernit consolatione refovere, unum ad regiminis culmen provehit, et per ejus misericordiæ viscera in cunctorum mentibus exultationis suæ gratiam infundit. De qua exultationis abundantia roborari nos citius credimus, qui benignitatem vestræ pietatis ad imperiale fastigium pervenisse gaudemus. Lætentur cœli, et exultet terra (*Psal.* xcv); et de benignis vestris actibus universæ reipublicæ populus nunc usque vehementer afflictus hilarescat. Comprimantur jugo dominationis vestræ superbæ mentes hostium, releventur vestra misericordia contriti ac depressi animi subjectorum. Virtus cœlestis gratiæ inimicis vos terribiles faciat, pietas subditis benignos. Quiescat felicissimis temporibus vestris universa respublica, prolata sub causarum imagine præda pacis. Cessent testamentorum insidiæ, donationum gratiæ violenter exactæ. Redeat cunctis in rebus propriis secura possessio, ut sine timore habere se gaudeant quæ non sunt ab eis fraudibus acquisita. Reformetur jam singulis sub jugo pii imperii libertas sua. Hoc namque inter reges gentium et reipublicæ imperatores distat, quod reges gentium domini servorum sunt, Imperatores vero Reipublicæ Domini liberorum. » (*Lib.* XIII, *ep.* 31.)

21. Cumque Phocas mandari sibi Romanæ sedis diaconum cum magna humilitatis reverentia postularet, Gregorius ita rescripsit : « Considerare cum gaudiis et magnis actionibus gratiarum libet, quantas omnipotenti Deo laudes debemus, quod remoto tristitiæ jugo, ad libertatis tempora sub imperiali benignitatis vestræ pietate pervenimus. Nam quod permanere in palatio juxta antiquam consuetudinem apostolicæ sedis diaconum vestra serenitas non invenit, non hoc meæ negligentiæ, sed gravissimæ necessitatis fuit : quia dum ministri omnes hujus nostræ Ecclesiæ, contrita asperaque tempora cum formidine declinarent atque refugerent, nulli eorum poterat imponi, ut ad urbem regiam in palatio permansurus accederet. Sed postquam vestram clementiam, omnipotentis Dei gratia disponente, ad culmen imperii pervenisse cognoverunt, ipsi quoque, suadente lætitia, ad vestra vestigia venire festinant, qui illuc prius accedere valde timuerant. Sed quia eorum quidam ita senectute sunt debiles ut laborem ferre vix possint, quidam vero 137 ecclesiasticis curis vehementer implicantur, et lator præsentium, qui primus omnium defensor fuit, bene mihi ex longa assiduitate compertus est vita, fide ac moribus approbatus, hunc aptum vestræ pietatis vestigiis judicavi. Unde eum, auctore Deo, diaconum feci, et sub celeritate transmittere studui, qui cuncta quæ in his partibus aguntur, invento opportuno tempore, valeat clementiæ vestræ suggerere. Cui rogo ut serenitas vestra pias aures inclinare dignetur : ut tanto nobis celerius valeat misereri, quanto afflictionem nostram verius ex ejus relatione cognoverit. Qualiter enim quotidianis gladiis, et quantis Langobardorum incursionibus, ecce jam per triginta quinque annorum longitudinem premimur, nullis explere suggestionis vocibus valemus. Sed in omnipotente Deo confidimus, quia ea quæ cœpit, consolationis suæ nobis bona perficiet; et qui suscitavit in republica pios dominos, etiam exstinguet crudeles inimicos. » (*Lib.* XIII, *ep.* 38.)

22. Item Leontiæ Augustæ : « Quæ lingua eloqui, quis animus cogitare sufficiat, quantas de serenitate vestri imperii omnipotenti Deo gratias debemus, quod tam dura longi temporis pondera cervicibus nostris amota sunt, et imperialis culminis leve jugum rediit, quod libeat pertare subjectis? Reddatur ergo Creatori omnium ab hymnidicis angelorum choris gloria in cœlo : persolvatur ab hominibus gratiarum actio in terra, quia universa respublica, quæ multa mœroris pertulit vulnera, jam nunc consolationis vestræ invenit fomenta. Unde nobis necesse est omnipotentis Dei misericordiam enixius exorare, ut cor vestræ

---

[a] Genus navigii celerrimum de quo passim apud Cassiodorum, et in Ep. 37 libri x.
[b] Vel *Autonomum*. Is Episcopus et Martyr in Bythinia sub Diocletiano, colitur die 12 Septembris.
[c] Lege ad calcem Epistolarum § III *de Phoca coronato*, etc.

pietatis sua semper dextera teneat, ejusque cogitationes cœlestis gratiæ ope dispenset : quatenus tranquillitas vestra tanto rectius valeat sibi servientes regere, quanto Dominatori omnium noverit verius deservire. In amore catholicæ fidei faciat defensores suos, quos fecit ex benigno opere imperatores nostros. Infundat in vestris mentibus zelum simul et mansuetudinem, ut pio semper fervore valeatis, et quidquid in Deo exceditur, non inultum relinquere, et si quid in vobis delinquitur, parcendo tolerare. » (*Lib.* xiii, *ep.* 59.)

23. His Gregorius laudibus aut ideo novos principes demulcebat, ut audientes quales esse debebant, fierent mitiores quam Mauricius fuerat, cujus tot criminibus involuta tempora cognoscebant; aut quia eos sibi suæque ecclesiæ devotissimos cernens, non eos ad tyrannidem ruituros esse putabat. Qui sicut quorumlibet vitia liberis vocibus arguebat, et contra canones priscasve consuetudines venire neminem permittebat, ita quæ consuetudinis fuerant nulli penitus denegabat. Nam mox ut episcopus apostolicæ sedis enituit, patriarchalibus sedibus suam synodicam destinavit, et postmodum Secundino, servo Dei incluso, inter cætera scribit, dicens : «Hinc est etiam, quod quoties in quatuor præcipuis sedibus antistites ordinatur, synodales sibi epistolas vicissim mittant, in quibus se sanctam Chalcedonensem synodum cum aliis generalibus synodis custodire fateantur. » (*Lib.* ix, *ep.* 52.) Item Athanasio, presbytero de Isauria, post multa : « Fratri nostro Cyriaco, Constantinopolitanæ civitatis antistiti, qui nuper in Joannis reverendissimi episcopi loco ordinatus est, nostra voluimus scripta transmittere; sed quia non est consuetudo ut prius quam ad nos ejus synodica deferatur ei scribere debeamus, idcirco nunc distulimus, postea autem 138 indicabimus. » (*Lib.* vi, *ep.* 66.) Quam videlicet consuetudinem, sicut nostri quoque qui ante biennium ab Hadriano liberalissimo papa in sancta octava synodo præfuere testantur, ita Orientales præcipue retinent usque hactenus sedes, ut in suis dyptichis nullius pontificis nomen scribant, quousque synodicam ipsius suscipiant, et tandiu defunctum pontificem inter viventes annumerent, quandiu successor illius suas litteras studuerit destinare.

24. Hinc est nimirum quod Gregorius a consuetudine prisca non discrepans, Joanni, subdiacono rectori patrimonii Liguriæ, scribit dicens : « Quanto apostolica sedes, Deo auctore, cunctis prælata constat ecclesiis, tanto inter multiplices curas et illa nos valde sollicitat, ubi ad consecrandum antistitem, nostrum exspectatur arbitrium. Defuncto igitur Laurentio, Ecclesiæ Mediolanensis episcopo, sua nobis relatione clerus innotuit in electione se filii nostri Constantii, diaconi sui, unanimiter consensisse. Sed quoniam eadem non fuit subscripta relatio, ne quid quod ad cautelam pertinet omittamus, idcirco hujus præcepti auctoritate suffultum, Genuam te proficisci necesse est. Et quia illic multi Mediolanensium coacti Langobardorum barbarica feritate consistunt, eorum te voluntates oportet, convocatis eis in commune, per-

scrutari. Etsi nulla eos diversitas ab electionis unitate disterminat, si quidem in prædicto filio nostro Constantio omnium voluntates atque consensus perdurare cognoscis, tunc eum a propriis episcopis, sicut antiquitatis mos exigit, cum nostræ auctoritatis assensu, sociante et auxiliante Domino, facias consecrari : quatenus hujusmodi servata consuetudine, et apostolica sedes proprium vigorem retineat, et a se concessa aliis sua jura non minuat. » (*Lib.* iii, *ep.* 30.)

Sed, cum post annos aliquot Constantius functus insigniter pontificio dormisset in Domino, clerus et plebs Mediolanensis Deusdedit diaconum eligentes ab Agilulfo rege terrentur, quatenus illum eligerent quem Langobardorum barbaries voluisset. At illi decretum suum Gregorio dirigentes, consilium et licentiam petunt. Quibus ipse inter cætera sic rescripsit : « Illud quod vobis ab Agilulfo indicastis scriptum, dilectionem vestram non moveat. Nam quod nos utilitati vestræ salubriter consulere velimus, in homine qui non a catholicis et maxime Langobardis eligitur nulla præbemus ratione consensum, quia vicarius sancti Ambrosii indignus evidenter ostenditur, si electus a talibus ordinatur. » Et post pauca : « Ut igitur in ordinando Deusdedit diacono, qui a vobis electus est, nulla possit mora contingere, Pantaleonem notarium nostrum transmisimus, qui eum, ut moris est, annuente consensus nostri auctoritate, faciat consecrari. » (*Lib.* ix, *ep.* 4.)

25. Ab adversis potestatibus prægravatos fortissimus miles Christi Gregorius viriliter defendebat, injusteque dejectos non solum inter depositos non habebat, verum etiam pristinis gradibus auctoritatis suæ privilegio reformabat. Nam Anastasium, Antiochenum patriarcham, qui Joannem Constantinopolitanum præsulem voce libera reprehendens, imperatoris Justini jussu detrusus in exilium, ab ipsis Joannis papæ temporibus, usque ad sui pontificatus tempora permanebat, mox ut summum sacerdotium meruit, inter patriarchas eum reputans, scriptis talibus animavit : « Præterea, inquit, sicut patriarchis aliis paribus vestris, synodicam 139 vobis epistolam direxi, quia apud me semper hoc estis quod ex omnipotentis Dei munere accepistis esse, non quod ex voluntate hominum putamini non esse. » Item eidem in alia epistola post nonnulla scribens : « Fraternitati tuæ indico quia a serenissimis dominis, quantis valui precibus, postulavi ut vos, honore restituto, ad sancti Petri apostolorum principis limina venire, et quousque ita Deo placuerit, hic mecum vivere concedant, quatenus dum vos videre meruero, peregrinationis nostræ tædium, de æterna patria invicem loquendo, relevemus. » Denique studiosissimus pater Gregorius tandiu penes Mauricium imperatorem suggestionibus suis imminuit, donec post multorum annorum curricula magnus Anastasius in throno proprio redderetur. Cui congratulabundus rescripsit, dicens : « Gloria in excelsis Deo, et in terra pax hominibus bonæ voluntatis, quia magnus ille fluvius qui quondam arentia Antiochiæ saxa reliquerat, ad proprium alveum reversus, subjectas et juxta positas valles ri-

gat, ut unum trigesimum, aliud sexagesimum, aliud vero centesimum ferat fructum. » (*Lib*, v, *ep*. 59.)

26. Hadrianum, Thebanæ civitatis episcopum, a Joanne primæ Justinianæ, et altero Joanne, Larissæo episcopis, injuste depositum, non solum sedi propriæ reddidit, verum etiam ipsius ecclesiam Romano jure defendens, a Larissæi episcopi potestate subduxit, inter cætera dicens : « Hadrianum episcopum reperimus, et tuo contra sacerdotales mores odio laborasse, et nullo jure pecuniariis in causis eum fraternitatis tuæ condemnatum fuisse sententia. Quia igitur et ab antefato Joanne, primæ Justinianæ episcopo, contra jus canonesque depositus, honoris sui gradu carere non potuit, in sua eum reformari ecclesia, atque in propriæ dignitatis ordinem decrevimus revocari. Et cum oportuisset te ex eo Dominici corporis communione privari, quod, admonitione sanctæ memoriæ decessoris mei contempta, per quam eum ecclesiamque ejus de tua jurisdictione potestatis exemit, rursus in eis aliquid tibi juris et ditionis servare præsumpseris, tamen nos humanius decernentes, communionisque tibi sacramentum interim conservantes, decernimus ut fraternitas tua ab eo ecclesiaque ejus omnem ante habitæ suæ potestatem jurisdictionis abstineat, et secundum scripta decessoris nostri, si qua causa vel fidei vel criminis vel pecuniaria, adversus præfatum Hadrianum consacerdotem nostrum potuerit evenire; vel per eos qui nostri sunt vel fuerint in urbe regia responsales, si mediocris est quæstio, cognoscatur ; vel huc ad apostolicam sedem, si est ardua, deducatur : quatenus nostræ audientiæ sententia decidatur. Quod si contra hæc quæ statuimus, quolibet tempore seu qualibet occasione vel surreptione venire tentaveris, sacra te scias communione privatum ; nec eam te, excepto ultimo vitæ tuæ tempore, nisi concessa Romani pontificis decernimus jussione recipere. Hæc enim consona sanctis Patribus definitione sancivimus, ut qui sacris nescit obedire canonibus, nec sacris administrare vel communionem capere sit dignus altaribus. » (*Lib*. III, *ep*. 7.)

Item Joanni, episcopo primæ Justinianæ : « Post longas tribulationes quas Hadrianus Thebanæ civitatis episcopus, a consacerdotibus suis velut ab hostibus pertulit, in Romanam civitatem confugit. Et licet adversus Joannem, Larissæum episcopum, **140** ejus fuisset prima suggestio, non ab eo in causis pecuniariis, reservatis legibus est judicatum : tamen post hæc magis contra personam fraternitatis tuæ, a qua non juste se a sacerdotii gradu flagitabat esse dejectum, gravissime querebatur. » Et infra : « Quod vero, inquit, ad præsens attinet, cassatis prius atque ad nihilum redactis prædictæ sententiæ tuæ decretis, ex beati Petri apostolorum principis auctoritate decernimus triginta dierum spatio sacra te communione privatum, ut omnipotente Deo nostro tanti excessus veniam cum summa pœnitentia ac lacrymis exorare. Quod si hanc sententiam nostram te cognoveris im-

plevisse remissius, non jam tantum injustitiam sed et contumaciam fraternitatis tuæ cognoscas, adjuvante Domino, severius puniendam. Præfatum vero Hadrianum, fratrem et coepiscopum nostrum, ex tua sententia, ut diximus, nequaquam canonibus neque legibus subsistente damnatum, in suum locum atque ordinem reverti, Christo comitante, disponimus : ut nec illi fraternitatis tuæ noceat contra justitiæ tramitem prolata sententia, nec charitas tua pro placanda futuri indignatione judicis incorrecta remaneat. » (*Lib*. III, *ep*. 6.)

27. Hinc est quod, exceptis criminibus, neminem sacerdotum Gregorius deponebat, imo pro qualitatibus delictorum venialiter communione privabat. Unde Joanni, episcopo Callipolitano, post aliqua scribens, ait : « Matriculam quam frater et coepiscopus noster Andreas, Tarentinus episcopus, fecit fustibus castigari, quamvis exinde post octo menses hanc obiisse non credamus, tamen, quia eam contra propositi sui ordinem hujusmodi fecit affligi, duobus hunc mensibus a missarum solemnitate suspende, ut vel hæc cum verecundia, qualem se de cætero exhibere possit, instituat. » (*Lib*. III, *ep*. 46.)

28. Si quando super sacerdotum criminibus erat aliquid ventilandum, cum summa districtione, grandique cautela Gregorius uniuscujusque capituli modulos quærens, sententiam suam magis difficulter quam faciliter promulgabat. Unde Natali, Salonitano episcopo, scribens, ait : « Cum cuncta negotia, indagandæ sollicitudine veritatis indigeant, tum quæ ad dejectionem sacerdotalium pertinent graduum, sunt districtius trutinanda ; in quibus non tam de humanis constitutis quam de divinæ quodam modo benedictionis refragatione tractatur. Nuntiatum siquidem nobis est Florentium, Epidauritanæ civitatis episcopum, a quibusdam fuisse in causis criminalibus accusatum, et, nullis canonicis probationibus exquisitis, nec sacerdotalis consilii præveniente judicio, eum honoris officio non jure, sed auctoritate depositum. Quia ergo non potest quemquam ab episcopatus gradu, nisi justis ex causis, concors sacerdotum summovere sententia, hortamur fraternitatem vestram ut præfatum virum ex eodem in quod detrusus est ejici faciatis exilio, causamque ejus episcopali disceptatione perquiri ; et si in his in quibus accusatur canonica fuerit probatione convictus, canonica procul dubio est ultione plectendus. Quod si alias quam de eo æstimatum est synodali fuerit inquisitione compertum, necesse est ut et criminatores, justi districtionem juris exhorreant, et incriminato innocentiæ suæ serventur illibata suffragia. Executionem vero antefati negotii Antonino, subdiacono nostro, ex nostra præceptione mandavimus, **141** quatenus ejus instantia, et quæ sunt legibus canonicis placita decernantur, et decreta, juvante Domino, mancipentur effectui. » (*Lib*. III, *ep*. 8.)

Item Constantio, episcopo Mediolanensi : « Relectis epistolis quas ad nos per Marinianum latorem præsentium transmisistis, gratam nobis sollicitudinem

---

ᵃ Varie legitur hoc nomen. In Reg. B. Mariæ Paris. et Bigot., *per Marinium*. In vulgatis *per Marianum*, vel, cum Colb., *per Maurinum*.

vestram fuisse rescripsimus, quod ea quæ ad nos de fratre et coepiscopo nostro Pompeio, qui adhuc a nobis ita est nominandus, pervenerunt, dissimulare minime pertulistis. Sed qualis fuit in requisitione cura, si talis fuisset in discussione subtilitas, nihil ex hoc quod de eo dictum est fuisset ambiguum, sed utrum verum an esse compositum patuisset. Quia jam contra ipsum dudum in Sicilia apud reverendæ memoriæ fratrem nostrum Maximianum, episcopum, talis quæstio, ut cognovimus, mota est. Sed quia causa ipsius subtili omnino investigatione quæsita est, inventus est innocens, qui fuerat accusatus in crimine. Nunc igitur, quoniam illa quæ contra eum dicta sunt non sub illa qua decuit districtione quæsita sunt, et gesta quæ exinde apud fraternitatem vestram confecta sunt, neque ad condemnationem neque ad absolutionem ejus probantur posse sufficere, non levis res agitur ut incaute vel in transcursu debeat definiri. Nam grave est satis et indecens ut, in re dubia, certa dicatur sententia. Et hæc quidem gesta esse poterant ad definiendum idonea, si accusati ea confessio sequeretur, si tamen eamdem confessionem subtilitas examinis ex occultis eliceret, et non afflictio vehemens extorqueret, quæ frequenter hoc agit ut noxios se fateri etiam cogantur innoxii. Nam postquam præfatus episcopus, ut dicitur, cruciari custodia, cremarique fame se asserit, scire debetis, si ita est, utrum noceat, si sic fuerit extorta confessio. Nunquid quando sententiam tales causæ suscipiunt, et ad sedem apostolicam appellatur, non et persona quæ judicatur præsens est, ut districtissime atque ab omni latere veritas requiratur, ut tunc, si debeat necne manere, sententia decernatur? Necnon et si prædictus episcopus ad sedem apostolicam appellare voluerit, causa ipsius interius et cum omni est diligentia perscrutanda? Et ideo postquam persona absens est, et gesta quæ ad nos transmisistis, nobis, sicut præfati sumus, idoneæ satisfecisse non videntur, temere aliquid de episcopi persona decernere, nec debemus nec possumus: ne, quod absit, reprehensibiles inveniamur in nostris, quibus aliorum jure competit retractare sententias. » (*Lib.* x, *ep.* 29.)

Item Joanni defensori post aliqua : « Quia, inquit, Stephanus, episcopus, in odio suo quædam ficta, et de falsis se capitulis accusatum, neque aliquid ordinabiliter factum, sed injuste se asserit condemnatum, diligenter quærendum est primo, si judicium ordinabiliter est habitum, si alii accusatores, alii testes fuerunt. Deinde causarum qualitas est examinanda, si digna exilio, vel depositione fuit; aut si eo præsente qui accusatus est, sub jurejurando contra eum testimonium dictum est; si scriptis actum est, si ipse licentiam respondendi et defendendi se habuit. Sed et de personis accusantium ac testificantium subtiliter quærendum est, cujus vitæ, cujus conditionis, cujusque opinionis, aut ne inopes sint, aut ne forte aliquas contra præfatum episcopum inimicitias habuissent; **142** et utrum testimonium ex auditu dixerunt, aut certe se scire specialiter testati sunt; si scriptis judicatum est, et partibus præsentibus sententia recitata est. Quod si forte hæc solemniter acta non sunt, neque causa probata est quæ exilio vel depositione digna sit, in Ecclesiam suam modis omnibus revocetur. » (*Lib.* XIII, *ep.* 45.)

29. Auctoritatem quorumlibet summorum pontificum Gregorius auctoritatis suæ magnitudine nullo modo minuebat, quin potius multipliciter roborabat. Et quamvis inter culpabiles auctoritatem sui prioratus agnosceret, tamen inter insontes episcopos se præbebat prorsus æqualem. Quapropter Joanni, Syracusano episcopo, inter cætera scribens ait : « Quod primas Bizacenus, a suis episcopis impetitus; se sedi apostolicæ dicit subjici, si qua culpa in episcopis invenitur, nescio quis ei episcopus subjectus non sit. Cum vero culpa non exigit, omnes episcopi secundum rationem humilitatis æquales sumus. » Et cætera. (*Lib.* IX, *ep.* 12.)

Item in libro Regulæ Pastoralis : « Liquet, inquit, quod omnes homines natura æquales genuit, sed variante meritorum ordine, alios aliis culpa postponit. Ipsa autem diversitas quæ accessit ex vitio divino judicio dispensatur, ut quia omnis homo æque stare non valet, alter regatur ab altero. Unde cuncti qui præsunt non in se debent potestatem ordinis, sed æqualitatem pensare conditionis, nec præesse se hominibus gaudeant, sed prodesse. Antiqui etenim Patres nostri non reges hominum, sed pastores pecorum, fuisse memorantur. Et cum Noe Dominus, filiisque ejus, benediceret, dicens : *Crescite, et multiplicamini, et replete terram;* protinus adjunxit : *Et terror vester ac tremor sit super cuncta animantia terræ* (*Genes.* IX, 7 *et* 2): Quorum terror ac tremor, quia esse super animalia terræ præcipitur, profecto super homines esse prohibetur. Homo quippe brutis animalibus, non autem hominibus cæteris natura prælatus est : et idcirco ei dicitur, ut ab animalibus, et non ab hominibus, timeatur. Quia contra naturam superbire est, ab æquali velle timeri; et tamen necesse est ut rectores a subditis timeantur, quando ab eis Deum minime timeri deprehendunt, ut humana saltem formidine peccare metuant, qui divina judicia non formidant. Nequaquam tamen præpositi ex hoc quæsito timore superbiant, in quo non suam gloriam, sed subjectorum justitiam, quærunt. In eo enim quod metum sibi a perverse viventibus exigunt, quasi non hominibus, sed animalibus dominantur, quia videlicet ex qua parte bestiales sunt subditi, ex ea debent etiam formidini jacere substrati. Sed plerumque rector eo ipso quo cæteris præeminet, elatione cogitationis intumescit. Et dum ad usum cuncta subjacent, dum ad votum velociter jussa complentur, dum omnes subditi, si qua bene gesta sunt, laudibus efferunt, male gestis autem nulla auctoritate contradicunt; dum plerumque laudant etiam quæ reprobare debuerant, seductus ab his quæ infra suppetunt, super se animus tollitur; et dum foris immenso favore circumdatur, intus veritate vacuatur, atque oblitus sui in voces se spargit alienas, talemque se credit qualem foris audit, non qualem intus discernere debuit. Subjectos despicit, eosque æquales sibi naturæ ordine non agnoscit; et quos sorte **143** potestatis excesserit, transcendisse se etiam vitæ meritis credit. Cunctis se æstimat amplius sapere quibus se videt amplius posse. In quodam quippe se constituit culmine apud semetipsum, et qui æqua cæteris naturæ conditione constringitur ex æquo cæteros respicere dedignatur, sicque usque ad ejus similitudinem ducitur de quo scriptum est : *Omne sublime videt, et ipse est Rex super universos filios superbiæ (Job.* xli, 25). Qui singulare culmen appetens, et socialem angelorum vitam despiciens, ait : *Ponam sedem meam ad Aquilonem, et ero similis Altissimo (Isai.* xiv, 13). Miro ergo judicio intus foveam dejectionis invenit, dum foris se in culmine potestatis extollit. Apostatæ quippe angelo similis efficitur, dum homo hominibus esse similis dedignatur. Sic Saul post humilitatis meritum, in tumorem superbiæ culmine potestatis excrevit. Per humilitatem quippe prælatus est, et per superbiam reprobatus, Domino attestante, qui ait : *Nonne cum esses parvulus in oculis tuis, caput te constitui in tribubus Israel? (I Reg.* xv, 17.) Parvulum se prius in suis oculis viderat, sed fultus temporali potentia jam se parvulum non videbat. Cæterorum namque comparationi se præferens, quia plus cunctis poterat, magnum se præ omnibus æstimabat. Miro autem modo, cum apud se parvulus, apud Deum magnus; cum vero apud se magnus apparuit, apud Deum parvulus fuit. Plerumque ergo dum ex subjectorum affluentia animus inflatur, in luxum superbiæ ipso potentiæ fastigio lenocinante corrumpitur. Quam videlicet potentiam bene regit, qui et tenere illam noverit, et impugnare. Bene hanc regit, qui scit per illam super culpas erigi, scit et cum illa cæteris æqualitate componi. Humana etenim mens plerumque extollitur, etiam cum nulla potestate fulcitur : quanto magis in altum se erigit, cum se etiam potestas ei adjungit? Quam tamen potestatem recte dispensat, qui sollicite noverit et assumere ex illa quod adjuvat, et expugnare quod tentat, et æqualem se cum illa cæteris cernere, et tamen se peccantibus zelo ultionis anteferre. Sed hanc discretionem plenius agnoscimus, si pastoris primi exempla cernamus. Petrus namque, auctore Deo, sanctæ Dei Ecclesiæ principatum tenens, a bene agente Cornelio, et sese ei humiliter prosternente immoderatius venerari recusavit, seque illi similem recognovit, dicens : *Surge, ne feceris; et ego ipse homo sum (Act.* x, 26). Sed, cum Ananiæ et Sapphiræ culpam reperit, mox quanta potentia super cæteros excrevisset ostendit (*Act.* v). Verbo namque eorum vitam percussit, quam spiritu perscrutante deprehendit; et summum se intra Ecclesiam contra peccata recoluit; quod, honore sibi vehementer imperso, coram bene agentibus fratribus non agnovit. Illic quippe communionem æqualitatis meruit sanctitas actionis, hic zelus ultionis jus operuit potestatis. » Et paulo post : « Sed cum delinquentes subditos præpositi corrigunt, restat, necesse est, ut sollicite attendant, quatenus per disciplinæ debitum culpas quidem jure potestatis feriant, sed per

humilitatis custodiam æquales se ipsis fratribus qui corriguntur agnoscant, quamvis plerumque etiam dignum est ut eosdem quos corrigimus tacita nobis cogitatione præferamus. Illorum namque per nos vitia disciplinæ vigore feriuntur; in his vero quæ ipsi committimus ne verbi quidem ab aliquo invectione laceramur. Tanto ergo apud Deum obligatiores sumus, quanto **144** apud homines inulte peccamus. » Et reliqua. (*Reg. Pastor. p.* ii, *cap.* 6.)

30. Hac Gregorius æqualitate servata, Romano defensori Siciliæ scribit, dicens : « Pervenit ad nos, quod si quis contra quoslibet clericos causam habeat, despectis eorum episcopis, eosdem clericos in tuo facias judicio exhiberi. Quod si ita est, quia valde constat esse incongruum, hac tibi auctoritate præcipimus ut hoc denuo facere non præsumas; sed si quis contra quemlibet clericum causam habuerit, episcopum ipsius adeat, ut aut ipse cognoscat, aut certe ab ipso judices deputentur. Aut si ob hoc fortasse ad arbitros eundum est, partes ad eligendum judicem ab ipso executio deputata compellat. Si quis vero, vel clericus, vel laicus, contra episcopum causam habuerit, tunc te interponere debes, ut inter eos aut ipse cognoscas, aut certe, te admonente, sibi judices eligant. Nam si sua unicuique episcopo jurisdictio non servatur, quid aliud agitur, nisi ut per quos ecclesiasticus custodiri ordo debuerat, confundatur ? » (*Regist. lib.* xi, *ep.* 37.)

31. Sicut convictum de crimine sine vindicta canonica Gregorius neminem relinquebat, sic nimirum falsarium delatorem regulari tramite puniebat. Unde Anthemio, subdiacono scribens, ait : « Cum fortius punienda sint crimina quæ insontibus et maxime sacris ordinibus ingeruntur, quam sitis culpabiles omnes qui in causa Joannis diaconi resedistis, attendite ut Hilarium, criminatorem ejus, nulla ex definitione vestra pœna veniens castigaret. Nec illud ad excusationem vestram esse credatis idoneum, quod vobis, quasi judicare volentibus, solus frater et coepiscopus noster Paschasius dicitur distulisse. Nam si zelus in vobis rectitudinis viguisset, facilius uni a multis rationabiliter suaderi quam multi ab uno poterant sine causa differri. Quia ergo tantæ nequitiæ malum sine digna non debet ultione transire, suprascriptum fratrem nostrum Paschasium volumus admoneri, ut eumdem Hilarium prius subdiaconii, quo indignus fungitur, privet officio, atque verberibus publice castigatum faciat in exsilium deportari, ut unius pœna multorum possit esse correctio. Cujus si forte lenitatem diaconi sui adhuc opinio lacerata non commovet, et in hoc quod non credimus torpens exstiterit, experientia tua hæc quæ diximus faciat, et de illius nobis neglectu renuntiet. » (*Regist. lib.* xi, *ep.* 71.)

Idcirco Gregorius non probantem quod objecerat subdiaconum officio jubet privari, quia, juxta canonicas Patrum sententias, qui calumniam illatam non probat pœnam debet incurrere, quam, si probasset, reus utique sustineret. Ac per hoc quia subdiaconus crimen diacono probare non potuit, quoniam impositionem manus qua carere potuisset non habuit, non sacerdotio, sed officio caruit, et tanquam revera infamis meruit verberibus castigari. Nam cui cum tribus testibus veluti laico crimen quodlibet approbatur, non est mirum quod objecit dum probare non sufficit; si corporali infamiæ, quemadmodum laicus, ex juris similitudine subjugatur. Quod enim esset diacono gradum amittere, hoc fuit subdiacono famæ plenitudine caruisse.

32. Crimina semel audita Gregorius indiscussa nullo modo prætereat, etiamsi accusatus, cum accusatore suo redisset in gratiam. Quapropter universis episcopis Corinthi scribens, ait : « Desiderii nostri est ad concordiam redigere discordes, et unitos esse in gratia eos, quos divisos ab alterutra dilectione voluntatis facit esse diversitas. Scripta igitur fraternitatis vestræ relegentes, agnovimus quod ii qui contra Hadrianum fratrem et coepiscopum nostrum aliqua dixerant modo, cum eodem episcopo in amicitiam convenissent, et magna nobis ad præsens facta est de eorum unitate lætitia. Sed quoniam ea quæ dicta sunt indiscussa remanere non patimur, sedis nostræ diaconum ad ea investiganda dirigimus, quia nuntiati nos facinoris qualitas vehementer impellit ut ea quæ audivimus dissimulare nullatenus debeamus, præsertim cum accusatores et accusatum inter se fecisse gratiam indicastis. Hoc nobis necesse est subtilius perscrutari, ne fortasse eorum sit comparata concordia : quæ si, quod absit, non ex charitate, sed ex præmio facta constiterit, majori hoc emendatione plectendum est. Nam nos qui canonice, revelante Deo, mala, si quidem vera sunt, resecare præcedentia festinamus, commissam postmodum culpam sine vindicta nulla ratione dimittimus. » (*Regist. lib.* III, *ep.* 39.)

Item Joanni, episcopo Corinthiorum post aliqua : « Paulum, inquit, Diaconum, latorem præsentium, quamvis culpa sua vehementer confundat atque redarguat quod, deceptus promissione, ab accusatione nuper depositi quondam episcopi sui destiterit, et cupiditatis studio silere contra animam suam potius quam prodere vera consensit, tamen, quia plus nos esse convenit pios quam districtos, hanc ei culpam ignoscimus, atque eum in ordine locoque suo recipiendum censemus. Nam ei a tempore prolatæ sententiæ afflictionem quam pertulit credimus ad vindictam hujus culpæ posse sufficere. Euphemium vero atque Thomam, qui pro deserenda accusatione sacros ordines acceperunt, eisdem ordinibus privatos esse, atque ita sicuti sunt depositi, volumus permanere ; nec unquam eos sub qualibet excusationis specie in sacros ordines revocari decernimus. Nam nimis indignum, et contra ecclesiasticæ regulam disciplinæ est, ut honore quem non ex meritis, sed pro sceleris præmio percepere, fungantur. Quia tamen plus misericordiæ quam districtæ nos convenit operam dare justitiæ, eosdem Euphemium atque Thomam, in ordinem locumque tantummodo, unde ad sacros ordines promoti fuerant, volumus revocari, et cunctis diebus vitæ suæ eorumdem locorum continentiam sicut consueverant ante, percipiant. Clematium vero lectorem similiter benignitatis intuitu in ordinem locumque suum revocandum esse constituo. Quibus etiam omnibus, id est Paulo Diacono, Euphemio, Thomæ, atque Clematio commoda sua secundum locum et ordinem, in qua quisque eorum est, sicut solitus erat accipere, a præsenti indictione fraternitas vestra sine aliqua studeat imminutione præbere. » (*Regist. lib.* v, *ep.* 52.)

33. Consueta clericorum stipendia nullis quarumlibet ægritudinem occasionibus misericordissimus pater Gregorius retrahebat. Unde Candido, episcopo urbis veteris, scribens, ait : « Cum percussio corporalis, utrum pro purgatione an pro vindicta contingat, Dei in hoc judicium ignoratur, non debet a nobis addi flagellatis afflictio, ne nos culpæ, quod absit, offensa respiciat. Et quia præsentium lator Calumniosus, pro hac percussione quam sustinet, consueta sibi commoda ab Ecclesia vestra asserit denegari, idcirco fraternitatem tuam præsentibus hortamur epistolis ; quatenus nihil eum ad percipienda quæ consueta sunt hæc ægritudo debeat impedire, quia diversis in Ecclesia militantibus varia, sicut nosti, sæpe contingit infirmitas. Et si hoc fuerint exemplo deterriti, nullus de cætero qui Ecclesiæ militet, poterit inveniri ; sed secundum loci ejus ordinem, quæque ei, si sanus esset, poterant ministrari, de ipsa exiguitate quæ Ecclesiæ potest accidere fraternitas tua divini contemplatione judicii ægrotanti præbere non desinat. » (*Regist. lib.* II, *ep.* 8.)

34. Episcoporum venerabilium factas propriis clericis sponsiones Gregorius apostolicæ sedis auctoritatibus roborabat. Unde Joanni, Panormitano episcopo, scribit, dicens : « Implenda semper sunt postulantium desideria, quoties illa poscuntur quæ a ratione non deviant. Et ideo, quia quædam capitula quæ servaturum te clericis tuis petentibus promisisti, nostra ab eis postulatur auctoritate firmari, fraternitatem tuam his hortamur affatibus, ut ea quæ præsentia scripta continent sine aliqua debeat refragatione servare. Primum, ut de reditibus Ecclesiæ quartam in integro portionem ecclesiæ tuæ clericis, secundum meritum vel officium sive laborem suum, ut ipse unicuique dare prospexeris, sine aliqua debeas præbere tarditate. De hoc vero quod ex fidelium oblatione accesserit, id est quartam partem in solidis vel cellario, eis juxta pristinam consuetudinem dare non differas. Reliqua autem omnia mobilia in tua retineas potestate ; immobilia cuncta ecclesiasticis reditibus aggregentur, ut multiplicata quantitate, clericorum tuorum usibus, Deo largiente, proficiant. Tabularium autem, una cum consensu seniorum et cleri, memineris ordinandum qui annis singulis, ad amputandam fraudis suspicionem solemniter suas debeat rationes exponere. Vindemiarum vero tempore idem clerus emendi vinum de possessionibus ecclesiæ tuæ ad justa pretia, in quantum vendendum est, remedium consequatur. Nam satis contra rationem est, ut, quod potest extraneis venundari, clericis, dato pretio, denegetur. Possessiones igitur, vel si

qua sunt alia ecclesiastico juri competentia, et ab extraneis indebite detinentur, cum omni studio servata civilitate, in jus ecclesiæ tuæ reparare festina, ut negligens in aliquo videri non valeas. Si quid vero de quocumque clerico ad aures tuas pervenerit, quod te juste possit offendere, facile non credas; nec ad vindictam te res accendat incognita; sed, præsentibus ecclesiæ tuæ senioribus, diligenter est veritas perscrutanda, et tunc si qualitas rei poposcerit, canonica districtio culpas feriat delinquentis. Hæc itaque omnia sic sollicite ac mansuete studii tui sit custodire, quatenus nec tu promissionis tuæ videaris immemor exstitisse, nec illi justam contra te occasionem invenire valeant murmurandi. » (*Regist. lib.* xiii, *ep.* 44.)

Item Maximiano, Syracusano episcopo, post pauca : « Cognovimus de reditibus Ecclesiæ noviter acquisitis canonicam dispositionem quartarum minime provenire, sed episcopos locorum tantummodo distribuere quartam antiquorum redituum, nunc vero quæsita suis usibus retinere. Quamobrem pravam subintroductam consuetudinem fraternitas tua vivaciter emendare festinet, ut, sive de præteritis reditibus, sive de his quæ noviter obvenere, vel obvenientibus, quarta secundum distributionem canonicam dispensetur. **147** Incongruum namque est unam eamdemque Ecclesiæ substantiam duplici quodam modo jure censeri, id est usurpationis et canonum. » (*Lib.* iii, *ep.* 11.)

55. Ab aliis episcopis communione privatos Gregorius communioni pristinæ reformabat. Quapropter Magno, presbytero Mediolanensis ecclesiæ, scribens, ait : « Sicut, exigente culpa, digne quis a sacramenti communionis abigitur, ita insontibus nullo modo talis irrogari debet vindicta. Comperimus siquidem quod Laurentius, quondam frater et coepiscopus noster, nullis te culpis exstantibus communione privaverit, ideoque hujus præcepti nostri auctoritate munitus, officium tuum securus perage, et communionem sine aliqua sume formidine. » (*Lib.* iii, *ep.* 26.)

56. Purgantes se a crimine cujuslibet hæresis Gregorius non solum recipiebat, imo etiam catholicos declarabat. Unde Joanni, Constantinopolitano episcopo, scribit, dicens : «Sicut hæreticorum pravitas zelo rectæ fidei comprimenda, ita veræ confessionis est integritas complectenda. Nam si credi fideliter confitenti despicitur, cunctorum in dubium fides ad ducitur, atque errores ex incauta districtione morti feri generantur ; et hinc non solum errantes oves ad caulas minime Dominicas revocantur, sed etiam intus positæ ferinis dentibus laniandæ crudeliter exponuntur. Hoc ergo subtiliter, frater charissime, perpendamus, et sub prætextu hæresis affligi quempiam veraciter profitentem fidem catholicam non sinamus, ne, quod absit, hæresim fieri sub emendationis magis specie permittamus. Valde autem irati sumus, cur ii qui in causa fidei judices contra Joannem, Chalcedonensis Ecclesiæ presbyterum, a vobis fuerant deputati, negligentes veritatem, opinioni credident, et credere districte profitenti noluerunt : maxime cum accusatores ipsius [a] Marcionistarum quam memorabant hæresim, unde eum reum moliebantur efficere, interrogati quæ esset, nescire se manifesta professione responderint. Ex qua re evidenter agnoscitur quia personam ipsius sine Dei respectu non juste, sed contra animas suas sola gravare voluntate tantummodo voluerunt. Nos itaque, facto concilio, sicut gestorum apud nos habitorum tenor ostendit, cuncta quæ erant necessaria subtiliter perscrutantes ac tractantes, quoniam in nullo antedictum presbyterum reum invenire potuimus, præcipue quia libellus quem delegatis a vobis judicibus obtulit rectæ fidei per omnia sinceritati concordat, eapropter eorumdem judicum reprobantes sententiam, nostra eumdem definitione catholicum, et ab omni hæretico crimine liberum esse, Christi Dei Redemptoris nostri misericordia et gratia revelante, denuntiavimus. » (*Lib.* vi, *ep.* 15.)

Item Mauricio imperatori post pauca : « Relectis in concilio quæ contra Joannem, ecclesiæ Chalcedonensis presbyterum, acta sunt, simul et serie judicati, majorem illum injustitiam sustinuisse cognovimus, quippe quem clamantem se atque monstrantem esse catholicum, non reatus culpa, sed diu accusatio incerta contrivit; in tantum, quia accusatores ipsius, Marcionistarum quam memorabant hæresim nescire se aperta responsione professi sunt, et qui illico in accusatione ejus incerti permanere permissi sunt. Sed, ne dicta eum **148** saltem lacerare potuisset opinio, libellus fidei obtulit, in quo se patenter ostendere fidei rectæ professorem studuit et sequacem. Sed hunc a sanctissimo Joanne, fratre et coepiscopo nostro, judices deputati, injuste ac irrationabiliter negligentes, dum in ejus se nisi sunt occupare gravamine, se potius reprehensibiles ostenderunt. Nam nullus ambigit infidelitatem esse, fidem fidelibus non habere. » (*Lib.* vi, *ep.* 16.)

Item Narsi comiti de eodem post alia : « De Joanne vero presbytero cognoscite quia illius causa per synodum decisa est, in qua aperte cognovi quia ejus adversarii eum facere hæreticum voluerunt, et diu conati sunt, sed minime potuerunt. » (*Lib.* vi, *ep.* 16.)

Item Athanasio, presbytero de Isauria : « Sicut de eis quos ab unitate Ecclesiæ hæreticæ pravitatis error abscidit affligimur et dolemus, ita his quos intra sinum suum catholicæ fidei professio continet congaudemus; et ut pastorali sollicitudine illorum nos oportet impietatibus obviare, sic piis eorum professionibus congruit favorem impendere, et sincera esse quæ sapiunt declarare. Atque ideo, dum tibi Athanasio presbytero monasterii sancti Milæ, cui est vocabulum Tannaco, quod in Lycaonia est provincia

---

[a] In cod. epistolarum legitur, *Marcianistarum*. Verum optima est lectio *Marcionistarum*, ut etiam innuimus in notis ad hanc epist.

constitutum, contraria integræ fidei orta suspicio est, ut professionis tuæ potuisset integritas apparere, ad apostolicam sedem, cui præsidemus, elegisti recurrere, asserens etiam te corporaliter verberatum aliqua injuste ac violenter fecisse. Et quanquam ea quæ vi impulsionis fiunt canonum minime censura recipiat, et jure habeantur infirma, quia ipse ea dissolvit qui injustum fateri compellit, sed magis illa est suscipienda et amplectenda confessio quæ ex spontanea monstratur voluntate procedere, sicut apud nos fecisse dignosceris. Ne quid tamen nobis ambiguum potuisset existere, sanctissimo Joanni, quondam fratri nostro Constantinopolitanæ civitatis antistiti, de te prævidimus scribendum, ut suis nos quid actum esset epistolis informaret. Qui sæpe a nobis admonitus, rescribens, innotuit quemdam codicem apud te fuisse inventum quo plura continebantur hæretica, et ob hoc adversus dilectionem tuam fuisse commotum. Quem quia ad nos studuit pro satisfactione transmittere, priores ejus partes sollicita lectione percurrimus; et quoniam manifesta in eo hæreticæ pravitatis venena reperimus, ne denuo debuisset legi vetuimus. Sed quia hunc te simpliciter legisse testatus es, et ad amputandam ambiguæ suspicionis materiam libellum nobis manu tua porrexisti perscriptum, in quo, fidem tuam exponens, omnes generaliter hæreses, vel quidquid adversus catholicæ professionis integritatem est, apertissime condemnasti, et cuncta quæ sanctæ quatuor universales synodi recipiunt te semper recepisse ac recipere, et quæ condemnaverunt condemnasse condemnareque professus es; eam quoque synodum quæ imperatoris Justiniani temporibus de tribus capitulis facta est te et suscipere et custodire promisisti, et, prohibitus a nobis codicem ipsum legere in quo pestiferæ virus fraudis innexum est, libentissime consensisti, reprobans etiam atque condemnans omnia quæ contra catholicæ fidei integritatem in eo dicta vel latenter inserta sunt, nec eum te legere denuo promisisti: hac ratione permoti, postquam [a] etiam ex exprobrati a te libelli **149** pagina, fides tua nobis catholica, Deo custodiente, perclaruit, ab omni te hæreticæ perversitatis macula juxta professionem tuam liberum esse decernimus, et catholicum, atque sinceræ in omnibus fidei professorem, ac sequacem Jesu Christi Salvatoris gratia claruisse pronuntiamus, liberam quoque tribuendo licentiam ad tuum monasterium in tuo te loco vel ordine nihilominus remeare. » (*Lib.* VI, *ep.* 66.)

57. Schismaticos ad recipiendam satisfactionem venire Gregorius invitabat, quibus etiam, si nusquam ad unitatem Ecclesiæ redire voluissent, nullam se facturum violentiam promittebat. Unde Petro et Providentio, episcopis de Istria, scribens, ait : « Deus qui lætatur in unitate fidelium et revelat quærentibus veritatem, cordi vestro, dilectissimi fratres, aperiat quanto vos desiderio in gremio cupiam sanctæ universalis Ecclesiæ contineri, et in ejus manere unitate concordes. Quod fore non dubito si, abjecto conten-

tionis stimulo, satisfieri vobis, veraciter de his de quibus est dubietas, intendatis. Remeantis au em Castorii notarii mei edoctus relatione sum, fraternitatem vestram ad me habere desiderium veniendi, si promissum fuerit quia nullam molestiam sustinebit. Hoc ego cognoscens, et opto, et, succensus ardore charitatis, invito ut ad me veniendi debeatis laborem assumere: quatenus pariter conferentes, quæ vera et Redemptori nostro sunt placita, et communiter loquamur, et modis omnibus teneamus. Ego vero, divinæ protectionis gratia suffragante, satisfacere vobis de quibus dubitatis paratus sum, et confido de omnipotentis Dei nostri clementia, quia ita vobis satisfactio mea interius inhærebit, ut nihil charitati vestræ de cætero possit ambiguum remanere. Nam illa quæ sanctissimæ quatuor synodi sapuerunt atque definierunt, sicuti prædecessor noster Leo sanctissimus papa, ita et nos sapimus, sequimur, ac tenemus, nec ab earum fide aliquo modo dissentimus. Sed quia plus persona præsens quam epistola satisfacit, hortor, dilectissimi fratres, ut ad me venire, sicut præfatus sum, debeatis, dummodo, ratione percepta, a concordia sanctæ universalis Ecclesiæ dissensio vos nulla dissociet. Hoc tamen certa sit vestra charitas quia vos et cum affectu quo decet suscipiam et cum gratia relaxabo, nec aliquam vos vel quoscumque alios qui pro hac ad me causa venire voluerint, afflictionem vel molestiam sustinere permitto, sed seu ad consentiendum mihi cor vestrum misericordia divina compunxerit, sive, quod absit, in ea vos durare dissensione contigerit, ad propria vos remeare quando volueritis, juxta promissionem meam, sine læsione vel molestia relaxare curabimus. » (*Lib.* v, *ep.* 51.)

58. Severum, Aquileiensem episcopum, caput totius schismatis existentem, Romam venire compellit, dicens : « Sicut gradientem per devia, carpentem denuo rectum tramitem, tota Dominus aviditate complectitur, ita demum de deserente cognitam veritatis viam majori mœrore quam gaudio quo de convertente lætatus fuerat contristatur, quia minoris excessus est veritatem non cognoscere quam in eadem agnita non manere, aliudque est quod ab errante committitur, aliud quod per scientiam perpetratur. Et nos siquidem, **150** quantum incorporatum te jam pridem fuisse in unitate Ecclesiæ gavisi fueramus, abundantius nunc dissociatum a catholica societate confundimur. Pro qua re imminente latore præsentium, juxta christianissimi et serenissimi rerum domini jussionem, ad beati Petri apostoli limina cum tuis sequacibus venire te volumus, ut, auctore Deo, aggregata synodo, de ea quæ inter vos vertitur dubietate quod justum fuerit judicetur. » (*Lib.* 1, *ep.* 16.) At Severus, apostolica simul imperialique jussione coactus, imminente Smaragdo exarcho, simulque Antonino, Ecclesiæ Romanæ defensore, Ravennam perducitur. Ubi veritas cum Gregorio synodalem subire conflictum, ad unitatem sanctæ universalis Ecclesiæ, mediante Joanne Ravennati pontifice, remeavit. Sed

---

[a] Excusi cum tribus Paris. Mss., *etiam exprobrata est a te libelli pagina, et fides*.

cum post anni spatium ad propria rediisset, ab aliis schismaticis persuasus, non solum ad pristinum vomitum rediit, verum etiam Mauricii, Deo semper adversi, jussione surrepta qua jubebatur ut schismatici redire ad unitatem Ecclesiæ minime cogerentur, reliquis episcopis Ecclesiæ se jungentibus, maximas seditiones conflabat. Quapropter Gregorius neminem jam revertentium sine cautione juratoria penitus suscipere satagebat. Qua præstita hujusmodi litteris eidem Patricio exarcho commendabat: « Firminus, frater et coepiscopus noster, Trigestinæ antistes ecclesiæ, ante adventum vestræ excellentiæ salubri consilio ab schismate, cui inhæserat, resipiscens, atque ad unitatem matris Ecclesiæ rediens, nostris est epistolis confirmatus, quatenus in veræ quam agnoverat sinu matris Ecclesiæ fortitudine animi fixus ac stabilis permaneret. Quo audito Severus, Gradensis episcopus, ejusdem caput schismatis, eum diversis primum cepit, si posset, suasionibus a bono revocare proposito. Quod dum perficere, auctore Deo, minime valuisset, seditionem illi suorum civium excitare non timuit. Quanta vero prædictus frater et coepiscopus noster Firminus ex eadem immissione pertulerit, plenius illic ac verius e vicino poteritis agnoscere. Directis itaque excellentiæ vestræ jussionibus, iis qui in Istriæ partibus locum vestrum agere, Deo auctore, noscuntur, districtius jubetote, quatenus et sæpe dictum fratrem nostrum ab illatis debeant defensare molestiis, et quietem illius multis ad imitandum profuturam modis omnibus procurare, ut hæc vestra provisio, et conversorum sit optata securitas, et occasio oborta sequentium. » (*Lib.* xiii, *ep.* 33.)

Denique Severus, quia ad unitatem sanctæ universalis Ecclesiæ redire non meruit, ad scindendam quoque suæ ipsius diœceseos unitatem Romanum pontificem sua vecordia suscitavit, adeo ut ab ipso illius obitus tempore, Aquileiensis diœcesis in duos metropolitanos, catholicorum videlicet, schismaticorumque divisa sit, neque potuit postmodum, [a] licet omnes generaliter ad unitatem de schismate repedaverint, ad pristinæ conjunctionis unionem usque hactenus reformari.

59. Sicut nulli clericorum pro infirmitate corporis quartarum subsidia Gregorius minuebat, ita nulli pontificum pro ægritudine qualibet succedendum fore docebat. Unde Anatolio, Constantinopolitano subdiacono, rescribens, ait : « Scripsit mihi dilectio tua, piissimum dominum nostrum reverendissimo fratri meo primæ Justinianæ episcopo pro 151 ægritudine capitis quam patitur præcipere succedi, ne forte dum episcopi jura eadem civitas non habet, quod absit, ab hostibus pereat. Et hæc quidem nusquam canones præcipiunt, ut pro ægritudine episcopi, episcopo succedatur; et omnino injustum est ut si molestia corporis irruit, honore suo privetur ægrotus. Atque ideo hoc per nos fieri nullatenus potest, ne peccatum in mea anima ex ejus depositione veniat. Sed suggerendum est ut, si is qui est in regimine ægrotat, dispensator illi talis requiratur, qui possit ejus curam omnem agere, et locum illius in regimine ecclesiæ, ipso non deposito, ac in custodia civitatis implere, ut neque Deus omnipotens offendatur, neque civitas inveniatur esse neglecta. Si vero idem reverendissimus Joannes fortasse pro molestia sua petierit ut ab episcopatus honore debeat vacare, eo petitionem dante scripto, concedendum est. Aliter autem nos id facere pro omnipotentis Dei timore omni modo non valemus. Quod si hoc petere ille noluerit quod piissimo imperatori complacet, quidquid jubet facere in ejus est potestate : sicut novit, ipse provideat; nos tantummodo in depositionem insontis non faciat permisceri. Quod vero ipse fecerit, si canonicum est, sequimur; si vero canonicum non est, in quantum sine peccato nostro valemus, portamus. » (*Lib.* xi, *ep.* 47.)

Pontificibus voluntarie suis renuntiantibus sedibus successores Gregorius nullo modo denegabat, eosque postmodum de reditibus relictæ ecclesiæ sufficienter nutriendos esse censebat. Unde Mariniano, Ravennati episcopo, significans, ait : « Qualiter ordinati a nobis sacerdotis, corporis qua notum est impediente molestia, Ariminensis ecclesia pastorali hactenus sit regimine destituta, dudum fraternitas vestra cognovit. Quem dum habitatorum loci illius precibus permoti sæpius hortaremur ut, si de eadem capitis qua detinebatur molestia melioratum se esse sentiret, ad suam, auxiliante Domino, reverteretur Ecclesiam, datis induciis, in hoc quadriennio exspectatus est. Quem dum nos clericorum, vel civium illinc venientium [b] nosque precibus urgentium, instantius hortaremur ut si valeret, auxiliante Domino, cum eis remearet, data scriptis supplicatione, nos petiit ut quia ad ejusdem ecclesiæ regimen vel susceptum officium pro eadem qua detinebatur molestia assurgere nullatenus posset, ecclesiæ ipsi ordinare episcopum deberemus. Unde quia cunctarum ecclesiarum injuncta nos sollicitudinis cura constringit, ne diutius gregi fidelium desit custodia pastoralis, illorum precibus, hujusque ex sui impossibilitate renuntiatione compulsi, visum nobis est eidem Ariminensi ecclesiæ debere episcopum ordinari; et datis ex more præceptis, clerum plebemque ejusdem Ecclesiæ non destitimus admonere, quatenus ad eligendum sibi Antistitem concordi provisione concurrant. » (*Lib.* vii, *ep.* 19.)

Item Etherio episcopo : « Quamvis triste nobis sit valde quod loquimur, atque fraterna nos potius compassione urgeat quam aliquid de auditis definire permittat, suscepti tamen sollicitudo regiminis cor nostrum instanti pulsat aculeo, magna nos ecclesiis cura prospicere, et antequam harum possit utilitas deperire, quid fieri debeat, Deo auctore, disponere. Pervenit igitur ad nos, quemdam 152 episcopum ita passionem capitis incurrisse, ut, quid mente alienata agere soleat, gemitus, et fletus audire sit. Ne

[a] Vivente Gregorio schisma illud minime cessavit, ut in S. Doctoris vita infra probabimus.

[b] In tribus Mss. Paris. et in Excusis, *nosque precibus arguentium*.

ergo languente pastore, grex, quod absit, insidiatoris suratus est reddere debeas, omni excusatione cessante: dentibus laniandus exponatur, vel ecclesiæ ipsius utilitates depereant, cauta nos necesse est provisione tractare. Et ideo quia, vivente episcopo quem ab officio suo necessitas infirmitatis non crimen abducit, alium loco ejus, recusante eo, nulla sinit ratio ordinari, si intervalla ægritudinis habere est solitus, ipse, data petitione, nec se ulterius ad hoc ministerium intellectualia scilicet officia, subvertente infirmitate, non posse fateatur assurgere, et alium loco suo expetat ordinandum. Quo facto, omnium electione solemni, alter qui dignus fuerit episcopus consecretur, sic tamen, ut quousque eumdem episcopum in hoc sæculo vita tenuerit, sumptus ei debiti de eadem ecclesia ministrentur. Enimvero, si nullo tempore ad sanæ mentis redit officium, persona est fidelis ac vitæ probabilis eligenda, quæ ad regimen ecclesiæ idonea possit existere, atque de animarum utilitate cogitare, inquietos sub disciplinæ vindicta restringere, ecclesiasticarum rerum curam gerere, et maturum atque efficacem se in omnibus exhibere ; qui etiam, si episcopo qui nunc ægrotat superstes exstiterit, loco ejus debeat consecrari. » (*Lib.* xiii, *ep.* 5.)

40. Virginem stupratam Gregorius jubebat uxorem percipere, aut stupratorem ejus castigatum verberibus in monasterio deputare. Unde Felici, Sipontino episcopo, scribit, dicens : « Exspectabamus fraternitatem tuam sua aliquos ad Deum prædicatione convertere, et male agentes ad rectitudinem revocare. Qua de re nimis contristamur, quia e diverso in nepotis tui Felicis pravitate tua evidenter, qui talem nutristi, culpa monstrata est. Pervenit itaque ad nos quod suprascriptus Felix Evangeli, diaconi tui, filiam stupro deceperit. Quod si verum est, quamvis gravi esset de lege pœna plectendus, nos tamen aliquatenus legis duritiam mollientes, hujuscemodi disponendo, præcipimus ut aut quam stupravit uxorem habeat, aut certe, si retinendum putaveris, districtus ac corporaliter castigatus, excommunicatusque; in monasterium in quo pœnitentiam peragat retrudatur, de quo ei nulla sit egrediendi sine nostra præceptione licentia. » (*Lib.* iii, *ep.* 43.)

41. Virum sine uxoris propriæ voluntate conversum, etiamsi fuisset jam tonsuratus, Gregorius uxori reddi jubebat. Quapropter Hadriano, Panormitano notario, scribens, ait : « Agathosa, latrix præsentium questa est maritum suum contra voluntatem suam in monasterio Urbici abbatis esse conversum. Quod quia ad ejusdem abbatis culpam et invidiam non est dubium pertinere, experientiæ tuæ præcipimus ut diligenti inquisitione discutias, ne forte cum ejus voluntate conversus sit; vel ipsa se mutare promiserit ; et si hoc repereris, et illum in monasterio permanere provideat, et hanc, sicut promisit, mutare compellat. Si vero nihil horum est, nec quondam fornicationis crimen, propter quod viro licet uxorem relinquere, prædictam mulierem commisisse cognoveris, ne illius conversio uxori relictæ in sæculo fieri possit perditionis occasio, volumus ut maritum suum illi, etiamsi jam ton-

suratus est reddere debeas, omni excusatione cessante: quia etsi 153 mundana lex præcipit, conversionis gratia, utrolibet invito, solvi posse conjugium, divina lex fieri non permittit. Nam excepta fornicationis causa, virum uxorem relinquere nulla ratione concedit, quia postquam copulatione conjugii viri atque mulieris unum corpus efficitur, non potest ex parte converti, et ex parte in sæculo remanere. » (*Lib.* xi, *ep.* 50.)

42. Judæorum perfidiam rationibus magis quam violentia excutere Gregorius decertabat. Quapropter Virgilio et Theodoro, episcopis Galliarum, post aliqua scribens, ait : « Plurimi Judaicæ religionis viri in hac provincia commanentes, ac subinde in Massiliæ partibus pro diversis negotiis ambulantes, ad nostram perduxere notitiam, multos consistentium in illis partibus Judæorum vi magis ad fontem baptismatis quam prædicatione perductos. Nam intentum quidem hujuscemodi, et laude dignum censeo, et de Domini nostri descendere dilectione profiteor; sed hanc eamdem intentionem, nisi competens Scripturæ sacræ comitetur effectus, timeo ne aut mercedis opus exinde non proveniat, aut juxta aliquid animarum quas eripi volumus, quod absit, dispendia subsequantur. Dum enim quispiam ad baptismatis fontem non prædicationis suavitate, sed necessitate pervenerit, ad pristinam superstitionem remeans, inde deterius moritur, unde renatus esse videbatur. Fraternitas ergo vestra hujusmodi homines frequenti prædicatione provocet, quatenus mutare veterem magis vitam de doctoris suavitate desiderent. Sic enim et intentio vestra recte perficitur, et conversi animus ad priorem denuo vomitum non mutatur. Adhibendus ergo illis est sermo, qui et errorum in ipsis spinas urere debeat, et prædicando quod in his tenebrescit illuminet, ut pro his admonitione frequenti mercedem fraternitas vestra capiat, et eorum quantos Deus donaverit, ad regenerationem novæ vitæ perducat. » (*Lib.* i, *ep.* 47.)

Item Victori, episcopo Panormitano : « Sicut Judæis non debet esse licentia quidquam in synagogis suis ultra quam permissum est lege præsumere, ita in his quæ eis concessa sunt, nullum debent præjudicium sustinere. » (*Lib.* viii, *ep.* 25.)

43. Quemadmodum Judæos violenter baptizari Gregorius denegabat, ita Christianos eis quoquo modo subjici nullatenus permittebat. Unde Libertino prætori Siciliæ, scribens, ait : « Fertur quod Nasas, quidam sceleratissimus Judæorum, sub nomine beati Eliæ altare punienda temeritate construxerit, multosque illic Christianorum ad adorandum sacrilega seductione deceperit; sed et Christiana, ut dicitur, mancipia comparavit, et suis ea obsequiis ac utilitatibus deputavit. Dum igitur severissime in eum pro tantis facinoribus debuisset ulcisci, gloriosus Justinus medicamento avaritiæ, ut nobis scriptum est, delinitus, Dei distulit injuriam vindicare. Gloria autem vestra hæc omnia districta examinatione perquirat, et si hujuscemodi manifestum esse repererit, ita distri-

ctissime ac corporaliter in eumdem sceleratum festinet vindicare Judæum, quatenus hac ex causa et gratiam sibi Dei nostri conciliet, et his se posteris pro sua mercede imitandum monstret exemplis. Mancipia autem Christiana quæcumque eum comparasse patuerit, ad libertatem juxta legum præcepta, sine omni ambiguitate perducite, ne, quod absit, Christiana religio Judæis **154** quoquo modo subdita polluatur. » (*Lib.* III, *ep.* 38.)

Item Venantio, episcopo Lunensi : « Multorum ad nos relatione pervenit, a Judæis in civitate Lunensi degentibus in servitium Christiana detineri mancipia. Quæ res nobis tanto visa est asperior quanto a fraternitate tua patientia operosior. Oportebat quippe te, respectu loci tui, atque Christianæ religionis intuitu, nullam relinquere occasionem superstitioni Judaicæ, ne simplices animæ non tam suasionibus quam potestatis jure quodam modo deservirent. Quamobrem hortamur fraternitatem tuam, ut secundum piissimarum legum tramitem nulli Judæo liceat Christianum mancipium in suo retinere dominio ; sed si qui penes eos inveniuntur, libertas eis, tuitionis auxilio, ex legum sanctione servetur. » (*Lib.* IV, *ep.* 21.)

44. Si quos Christianorum pro longitudine itineris per provincias ab Hebræorum servitio per legalem violentiam Gregorius liberare non poterat, suis pretiis redimendos esse censebat. Unde Candido presbytero per Gallias scribens : « Dominicus, inquit, præsentium portitor lacrymabiliter nobis innotuit, quatuor fratres suos de captivitate a Judæis redemptos esse, atque eos tunc Narbonæ in eorumdem Judæorum servitio detineri. Et quia omnino grave execrandumque est Christianos in servitio esse Judæorum, dilectionem tuam scriptis præsentibus adhortamur, ut cum omni subtilitate et sollicitudine studeat perscrutari ; et si revera ita est, atque manifesta veritate tibi constiterit quia neque ipsi unde se redimant, neque suprascriptus portitor habet, eos studii tui sit redimere, sciens quia quidquid in eis dederis, tuis sine dubio rationibus imputabitur. » (*Lib.* VII, *ep.* 24.)

45. Judæorum mancipia semel confugientia ad Ecclesiam, nunquam quibuslibet suasionibus reddi jubebat. Unde Januario, Caralitano episcopo, inter cætera scribens, ait : « Pervenit ad nos, servos ancillasque Judæorum, fidei causa ad Ecclesiam confugientes, aut infidelibus dominis restitui, aut eorum, ne restituantur, pretium dari. Hortamur igitur ut nullatenus tam pravam consuetudinem manere permittas, sed cum quilibet Judæorum servus ad venerabilia loca fidei causa confugerit, nullatenus eum patiamini præjudicium sustinere, sed sive olim Christianus, sive nunc fuerit baptizandus, sine ullo pauperum Christianorum damno, religioso ecclesiasticæ pietatis patrocinio in libertatem modis omnibus defendatur. » (*Lib.* IV, *ep.* 9.)

46. Non solum Christiana mancipia Gregorius in libertatem pristinam legaliter revocabat, verum etiam pagana ad fidem venire volentia, vendi nullo modo permittebat. Unde Fortunato, Neapolitano episcopo, inter cætera scribens, ait : « Fraternitatem vestram oportet esse sollicitam ut si de Judæorum servitio non solum Judæus, sed etiam quisquam paganorum fieri voluerit Christianus, postquam voluntas ejus fuerit patefacta, ne hunc sub quolibet ingenio vel argumento cuipiam Judæorum venumdandi facultas sit, sed is qui ad fidem Christianam converti desiderat, defensione vestra in libertatem modis omnibus vindicetur. Hi vero quos hujusmodi oportet servos amittere ; ne forsitan utilitates suas irrationabiliter æstiment impediri, sollicita vos hoc convenit consideratione servare : ut si paganos quos mercimonii causa de externis finibus emerint, intra tres menses, dum emptor cui vendi debeant inveniatur, **155** fugere ad Ecclesiam forte contigerit, et velle se fieri dixerint Christianos, vel etiam extra Ecclesiam hanc talem voluntatem prodiderint, pretium eorum a Christiano scilicet emptore percipiant. Si autem post præfinitos tres menses quispiam hujusmodi servorum Judæorum velle suum edixerit, et fieri voluerit Christianus, nec aliquis eum postmodum emere, nec dominus qualibet occasionis specie audeat venumdare, sed ad libertatis proculdubio præmia perducatur, quia hunc non ad vendendum, sed ad serviendum sibi intelligitur reservasse. » (*Lib.* VI, *ep.* 32.)

47. Pagana mancipia Judæos videlicet dominos suos ad fidem præcedentia, in eorum servitium, etiamsi ipsi eos ad Christianitatem subsequebantur, nullo modo revocabat. Unde Joanni, Syracusano episcopo : « Felix, inquit, præsentium portitor questus nobis est, cum sit de Christianis parentibus natus, a quodam Christiano Samaræo, quod dici scelus est, se esse donatum ; et dum hujuscemodi superstitionis homines Christiana quolibet modo mancipia possidere, nec ratio legis, nec reverentia religionis admittat, se tamen per decem et octo annos in ejus asserit servitio permansisse. Sed cognoscente hoc decessore vestro sanctæ memoriæ, Maximiano, ab eo se zelo, sicut decuit, sacerdotali commoto, de Samaræi nefario servitio liberavit. Sed quia ejusdem Samaræi filius post quinque annos factus dicitur Christianus, et supradictum Felicem in ejus servitium, quantum ipse dicit, quidam nituntur redigere, sanctitas vestra hæc quæ edocti sumus, diligenter inquirat ; et si ita ei esse constiterit, eum tueri studeat, et a nullo sub qualibet occasione gravari permittat : quia dum superstitiosæ sectæ mancipia dominos suos ad fidem præcedentia, servitio eorum aperte redigi jura prohibeant, quanto magis hic de Christianis parentibus natus, et factus a parvulo Christianus, hanc non debet quæstionem aliquo modo sustinere ? Maxime quia nec patris esse servus potuit, quem liquet ex prava potius præsumptione pœnam posse venientem de legibus sustinere. » (*Lib.* VIII, *ep.* 21.)

48. Circumcidi saltem paganorum neminem Gregorius permittebat. Quamobrem Leoni, Catanensi episcopo : « Res, inquit, ad nos omnino detestabilis et legibus inimica pervenit, quæ, si vera est, fraternitatem tuam vehementer accusat, quia eam de minori sollicitudine probat esse culpabilem. Comperi-

mus autem quod Samaræi degentes Catanæ, pagana mancipia emerint, atque ea circumcidere ausu temerario præsumpserint. Atque idcirco necesse est ut omni modo zelum in hac causa sacerdotalem exerceas, et cum omni hoc vivacitate ac sollicitudine studeas perscrutari; et si ita repereris, mancipia ipsa sine mora in libertatem modis omnibus vindica, et ecclesiasticam eis tuitionem impende, nec quidquam dominos eorum de pretio quolibet modo recipere patiaris, qui non solum hoc damno mulctandi, sed etiam alia erunt pœna de legibus feriendi. » (*Lib.* VI, *ep.* 33.)

49. Sane quia Judæorum perfidia zelum Christianorum datis contra se muneribus ludificare solebat, non solum nil penitus ab eis capiebat, quinimmo eorum munera Gregorius execrabilia judicabat. Unde Recaredo, regi Wisigothorum, post cætera scribit, dicens : « Præterea indico, quia crevit de vestro opere in laudibus Dei hoc quod dilectissimo filio meo Probino, presbytero, narrante, 156 cognovi, quia cum vestra excellentia constitutionem quamdam contra Judæorum perfidiam dedisset, ii de quibus prolata fuerat rectitudinem vestræ mentis inflectere, pecuniarum summam offerendo, moliti sunt, quam excellentia vestra contempsit, et omnipotentis Dei placere judicio requirens, auro innocentiam prætulit. Qua in re mihi David regis factum ad memoriam venit, cui dum concupita aqua de cisterna Bethlehemitica, quæ inter hostiles cuneos habebatur, ab obsequentibus militibus fuisset oblata, protinus dixit : *Absit a me, ut sanguinem istorum hominum bibam* (*Paral.* XI, 19). Quam quia fudit et bibere noluit, scriptum est : *Libavit eam Domino* (*Ibid.* 18). Si igitur ab armato rege in sacrificium Dei versa est aqua contempta, pensemus quale sacrificium omnipotenti Deo rex obtulit, qui pro amore ipsius non aquam, sed aurum accipere contempsit? Itaque, fili excellentissime, fidenter dicam quia libasti aurum Domino, quod contra eum habere nullo modo voluisti. » Et cætera. (*Lib.* IX, *ep.* 122.)

50. Hinc est quod sicut a majoribus traditur, et nos usque ad tempora nostra, dum adhuc pubesceremus, oculis nostris conspeximus, consuetudo vetus obtinuit ut omnes illius superstitionis homines quantumcunque pulcherrima mercimonia detulissent, numquam pontificalibus alloquiis fruerentur, nunquam obtutibus apostolicis potirentur, sed extra velum longissimæ porticus, non quidem in scamnis, sed in marmoreo pavimento sedentes, suscepta pretia numerabant, ne videlicet viderentur aliquid de manu pontificis accepisse. Nam reverendæ memoriæ Nicolaus pontifex, Arsenium, quondam Hortanæ civitatis episcopum, Judaicas tunc primum pelucias introducere molientem, adeo aversatus est, ut ei palatinam processionem vellet adimere, nisi superstitiosæ gentis vestes abjurando, cum sacerdotalibus infulis consuetudinaliter procedere studuisset.

51. Antichristi præcursores observari debere sabbatum prædicantes, Gregorius taliter refutavit : « Pervenit ad me quosdam perversi spiritus homines, prava inter vos aliqua, et sanctæ fidei adversa seminasse, ita ut die sabbati aliquid operari prohiberent. Quos quid aliud nisi Antichristi prædicatores dixerim? Qui veniens, diem sabbatum atque Dominicum, ab omni faciet opere custodiri. Quia enim mori se simul et resurgere simulat, haberi in veneratione vult diem Dominicum. Et quia Judaizare populum compellit, ut exteriorem ritum Legis revocet, et sibi Judæorum perfidiam subdat, coli vult Sabbatum. Hoc enim quod per prophetam dicitur : *Ne inferatis onera per portas vestras die Sabbati* (*Jer.* XVII, 22) : tandiu teneri potuit, quamdiu Legem licuit juxta litteram custodiri. At postquam gratia omnipotentis Domini nostri Jesu Christi apparuit, præcepta Legis, quæ per figuram dicta sunt, juxta litteram servari non possunt, Nam si quis dicit hoc de Sabbato esse servandum, dicat necesse est etiam carnalia sacrificia persolvenda ; dicat præceptum quoque de circumcisione corporis adhuc usque retinendum. Sed contra se Paulum apostolum audiat dicentem : *Si circumcidimini, Christus vobis nihil prodest* (*Gal.* v, 2). Nos itaque hoc quod de Sabbato scriptum est spiritaliter accipimus, spiritaliter retinemus. Sabbatum autem requies dicitur. Verum autem Sabbatum ipsum Redemptorem nostrum Jesum 157 Christum Dominum habemus; et qui lucem fidei cognoscit, si peccata concupiscentiæ ad mentem per oculos trahit, in die Sabbati onera per portas introducit. Non ergo in die Sabbati onera per portas introducimus, si in Redemptoris nostri gratia constituti, pondera peccati ad animam per sensus corporeos non trahamus. Nam idem Dominus ac Redemptor noster multa in die Sabbati legitur operatus, ita ut Judæos reprehenderet, dicens : *Quis vestrum bovem, aut asinum suum non solvit in die Sabbati, et ducit adaquare* (*Luc.* XIII, 15)? Si ergo ipsa per se Veritas non custodiri juxta litteram Sabbatum præcepit, quisquis otium Sabbati secundum Legis litteram custodit, cui alteri nisi ipsi Veritati contradicit? Aliud quoque ad me perlatum est, vobis a perversis hominibus esse prædicatum, ut Dominico die nullus debeat lavari. Et quidem si pro luxu animi atque voluptate quis lavari appetit, hoc fieri nec reliquo quolibet die concedimus. Si autem pro necessitate corporis, hoc nec Dominico die prohibemus. Scriptum quippe est : *Nemo umquam carnem suam odio habet, sed nutrit, et fovet eam* (*Ephes.* v, 30). Et rursum scriptum est : *Carnis curam ne feceritis in concupiscentiis* (*Rom.* XIII, 14). Qui igitur carnis curam in concupiscentiis fieri prohibet, profecto in necessitatibus concedit. Nam si Dominico die corpus lavare peccatum est, lavari ergo die eodem nec facies debet. Si autem hoc in corporis parte conceditur, cur hoc, exigente necessitate toti corpori denegetur? Dominico vero die a labore terreno cessandum est, atque omni modo orationibus insistendum, ut si quid negligentiæ per sex dies agitur, per diem resurrectionis Dominicæ precibus expietur. » (*Lib.* XIII, *ep.* 1.)

52. Tanta compassionis gratia circa omnes Gregorius redundabat, ut alterius infirmitatem in suo corpore hunc sustinuisse, si velis, aspicias. Unde Joanni, Ravennati episcopo, scribens, ait : « Dominicis man-

datis præcipimur proximos sicut nosmetipsos diligere, eorumque languoribus tanquam propriis infirmitatibus condolere. Quorum memor vestra fraternitas competenti sibi more Castorium fratrem et coepiscopum nostrum, et prius per compassionem studuit visitare, et eum postmodum excrescente molestia corporis, in Ravennati urbe suscipere. Unde non solum nos impensæ charitatis, sed et Deum vobis fecistis proculdubio debitorem, cui in fratris infirmitate condoluisse probamini, ipsumque ægrum in sui membri molestia non solum visitasse, sed etiam suscepisse. Quem quidem ipse pro sua simplicitate illic ordinare omnino renuebam; sed petentium importunitas fecit, ut contradicere nullatenus potuissem. Si autem fieri potest, multum mihi et ipsi consulitis si eum ad me vel per Siciliam transmittatis. » (*Lib.* II, *ep.* 55.)

Item Leontio, episcopo Urbinati : « Castorium, fratrem coepiscopumque nostrum, Romæ pro corporis sui molestia retinemus; et quia nunc ad suam non valet ecclesiam remeare, propterea, eo absente, ecclesiæ ipsius fraternitati tuæ visitationis operam providemus delegandam.» (*Lib.* III, *ep.* 24.)

Item universis habitatoribus Arimini : « Si culpam vestram, filii dilectissimi, intentius velitis attendere, assidua vos apud Deum debetis oratione purgare, quod episcopum vestrum non devota mente, nec, ut filii, suscepistis; quem inquietudo et tribulatio a vobis illata ad hoc usque perduxit, ut molestiam corporalem incurreret, quamvis in eo **158** nihil de his quæ nobis sunt scripta cognovimus, sed solam inesse debilitatem vidimus, pro qua eum hic retinere curavimus. » (*Ibid. ep.* 25.)

Item Eulogio patriarchæ Alexandrino : « Ante hoc temporis Bonifacii chartularii responsalis mei, qui in urbe regia demoratur, vehementer me scripta turbaverunt, quæ dicebant dulcissimam mihi atque suavissimam sanctitatem vestram defectum corporei luminis pertulisse. Ex quibus scriptis gravi mœrore percuslus sum, sed subito Creatoris ac Redemptoris nostri gratia prosperante, beatitudinis vestræ suscepi epistolam, et sanum de ea corporis molestia quam audieram agnoscens, exsultavi vehementer, quia tanta cordis lætitia secuta est quanta prius tristitiæ amaritudo præcesserat. Scimus enim quia in omnipotentis Dei adjutorio multorum salus est vita vestra. » (*Lib.* XIII, *ep.* 42.)

Item Rusticianæ patriciæ : « Quoties de urbe regia ad nos aliquis venit, curæ nobis est de corporis vestri sospitate requirere. Sed peccatis meis facientibus, et semper audio quæ me tædet audire, quia in tanta tenuitate atque debilitate adhuc in vobis referunt podagræ dolores excrescere. Sed oro omnipotentem Dominum, ut omnia quæ in vestro corpore aguntur, ad salutem animæ dirigantur, flagella temporalia æternam vobis quietem præparent, et per eos dolores qui cum fine sunt gaudia vobis sine fine concedat. » (*Ibid. ep.* 22.)

Item Mariniano, Ravennati episcopo : « Venientes quidam Ravennates homines gravissimo me mœrore invenerunt percussum, quia fraternitatem tuam retulerunt de vomitu sanguinis ægrotare. Ex qua re sollicite, et singulatim eos quos hic doctos lectione novimus medicos fecimus requiri, et quid singuli senserint, quidve dictaverint, sanctitati vestræ scriptum misimus, qui tamen quietem et silentium præ omnibus dictant. Quam si tua fraternitas in sua ecclesia possit habere, valde sum dubius : et ideo videtur mihi ut ordinata illic ecclesia, vel qui missarum solemnia celebrent, vel qui episcopii curam gerere, hospitalitatem et susceptionem possit exhibere, quive monasteriis custodiendis præesse, tua fraternitas ad me ante æstivum tempus debeat venire, ut ægritudini tuæ ego specialiter, inquantum valeo, curam geram, quietemque tuam custodiam, quia huic ægritudini æstivum tempus modici vehementer dicunt esse periculosum. Et valde pertimesco, ne si curas aliquas cum adversitate temporis ceperis, amplius ex eadem molestia pericliteris. Ego enim ipse valde sum debilis, et omnino est utile ut cum Dei gratia sanus ad tuam ecclesiam redeas, aut certe si vocandus es, inter manus tuorum voceris, et ego, qui me morti proximum video, si me omnipotens Deus ante vocare voluerit, inter tuas manus debeam transire. » (*Regist. lib.* XI, *ep.* 33.)

53. Pro barbarorum incursionibus bis in hebdomada fieri litanias Gregorius decernebat. Quapropter universis episcopis Siciliæ scribens, ait : « Super afflictiones et gemitus quos annosa hic continuatione de hostibus sustinemus, major nos metus excruciat, quod inimicos nostros omni annisu ad Siciliæ invasionem cognoscimus festinare. Sed ne, hoc illis molientibus, prosperitatem multitudo nostrorum præbeat peccatorum, toto nos corde ad Redemptoris nostri remedia conferamus, et quibus resistere virtute non possumus, lacrymis obviemus. Nam quid vobis cavendum, quidve sit vehementius formidandum, ex istius provinciæ **159** debetis desolatione colligere. Itaque hortor, fratres charissimi, ut, omni hebdomada, quarta et sexta feria litaniæ inexcusabiliter indicatis, et contra hos barbaricæ crudelitatis incursus supernæ protectionis auxilium imploretis. » (*Lib.* XI, *ep.* 51.)

54. Tandem Siciliam simoniaca hæresi libidineque sordentem Gregorius, sicut modo cernitur, perituram prædixit, Maximiano, episcopo Syracusano, scribens: « Tanta nobis subinde mala quæ aguntur in illa provincia nuntiantur, ut, peccatis facientibus, quod avertat omnipotens Deus, celeriter eam perituram credamus. » (*Ibid.*)

55. Sed et pejora prioribus esse futura, præsago spiritu, Maximo, Salonitano episcopo, scribit, dicens : « Ad Romanam urbem veniens communis filius presbyter Veteranus ita me podagræ doloribus debilem reperit, ut fraternitatis tuæ epistolis per me respondere nullatenus valuissem. Et quidem de Sclavorum gente, quæ vobis valde imminet, et affligor vehementer et conturbor. Affligor in his quæ jam in vobis patior; conturbor autem quia per Istriæ aditum jam ad Italiam intrare cœperunt. De Juliano autem

Scribone quid dicam? Quando ubique video quia nobis peccata nostra respondeant, ut et foris a gentibus, et intus a perversis judicibus conturbemur? Sed nolite de talibus omnimodo contristari, quia qui post nos vixerint deteriora tempora videbunt, ita ut in comparatione sui temporis felices nos æstiment dies habuisse. In quantum vero fraternitas tua prævalet, opponere se pro oppressis debet; quæ, etiamsi prodesse minime valuerit, ipsa omnipotenti Deo mentis devotio sufficit, quam dedit. Scriptum est enim : *Eripe eos qui ducuntur ad mortem, et qui trahuntur ad interitum liberare ne cesses* (Prov. xxiv, 11). Quod si dixeris : Vires non suppetunt, qui inspector est cordis ipse intelligit. In omni ergo quod agis, inspectorem cordis appete habere placatum. Quidquid est unde illi placeas facere non omittas. Nam humani terrores et gratiæ, fumo sunt similes, qui leni aura raptus evanescit. Hoc certissime scito, quia placere Deo sine pravis hominibus nullus potest. In tanto ergo se æstimet fraternitas tua omnipotenti Deo placuisse, quanto se perversis hominibus displicuisse cognoverit. Ipsa tamen defensio pauperum moderata et gravis sit, ne, si quid nimis rigide agitis, ex juventute vos arbitrentur homines superbire. Sed talis necesse est ut inveniatur pro oppressis vestra defensio, quatenus et humiles protectionem sentiant, et oppressores non facile inveniant quod ex malevola mente reprehendant. Attende ergo quod ad Ezechielem dicitur : *Fili hominis..... increduli et subversores sunt tecum, et cum scorpionibus habitas* (Ezech. ii, 6). Et beatus Job ait : *Frater fui draconum, et socius struthionum* (Job xxx, 29). Et Paulus discipulis dicit : *In medio nationis pravæ et perversæ, inter quos lucetis, sicut luminaria in mundo* (Phil. ii, 15). Tanto ergo debemus cautius ambulare, quanto nos scimus inter Dei inimicos vivere. » (Regist. lib. x, ep. 36.)

56. Hujus cautelæ suæ conscius Romano defensori Gregorius ait : « Pervenit ad nos quia quidam homines, minorem omnimodo discretionem tenentes, in suis nos periculis implicari desiderant, atque ita volunt ab ecclesiasticis personis defendi, ut ipsæ quoque ecclesiasticæ personæ ex eorum culpa teneantur. Idcirco præsenti te præceptione admoneo, et per te fratrem et coepiscopum nostrum domnum Joannem, vel cæteros **160** qui interesse possunt, ut patrocinia ecclesiastica, sive mea suscipiatis scripta, sive etiam ea minime fuerint directa, sub tanto moderamine debeatis impendere, quatenus, si qui in furtis publicis implicati sunt, a nobis non videantur injuste defendi, ne opinionem male agentium ex indiscretæ defensionis ausu in nos ullo modo transferamus, sed quantum decet, ecclesiam admonendo et verbum intercessionis adhibendo, quibus valetis succurrite, ut et illis opem feratis, et opinionem sanctæ Ecclesiæ non inquinetis. » (Lib. ix, ep. 27.)

57. Item Januario, episcopo, post aliqua : « Si qui eorum de quibus est aliqua quæstio in ecclesiam fortasse refugerint, ita debet causa disponi, ut nec ipsi violentiam patiantur, nec hi qui dicuntur oppressi damna sustineant. Curæ ergo vestræ sit ut eis sacramentum ab his quorum interest de servanda lege et justitia promittatur, et per omnia commoneantur exire, atque suorum actuum reddere rationem. Quibus etiam ecclesiæ vestræ defensorem deputare vos convenit, cujus sollicitudine ea quæ illis fuerint promissa serventur. » (Lib. x, ep. 38.)

58. Quantæ humilitatis Gregorius fuerit, cum ex multis, tum ex his manifestissime poterit deprehendi, quod omnes quidem sacerdotes, fratres et comministros, clericos autem diversi ordinis dilectissimos filios, at vero laicos viros dominos, et feminas dominas, in suis litteris nominabat, neque ab aliquo se summum pontificem aut universalem sive dominum vocari æquanimiter permittebat. Nam ut ea quæ super hujusmodi comprehensa sunt prætermittam, Rusticianæ patriciæ scribens, ait : « Excellentiæ vestræ scripta suscepi, quæ me in gravissima ægritudine positum, de salute, de devotione, ac de dulcedine sua omnino relevarunt. Unum vero ægre suscepi quia in eisdem epistolis ad me (quod semel esse poterat) sæpius dicebatur : Ancilla vestra, ancilla vestra. Ego enim, qui per episcopatus onera servus sum omnium factus, qua ratione te mihi ancillam dicis, cujus ante susceptum episcopatum proprius fui? Et ideo rogo per omnipotentem Deum ne hoc verbum aliquando ad me in scriptis vestris inveniam. » (Lib. xi, ep. 44.)

59. Hujus humilitatis mansuetudine Gregorius non solum Theudelindæ reginæ Langobardorum pro tribus capitulis, verum etiam, inter alios, Savino quoque, suo subdiacono, satisfacere non renuit, dicens : « Exeuntes maligni homines turbaverunt animos vestros, non intelligentes neque quæ loquuntur, neque de quibus affirmant, adstruentes quod aliquid de sancta Chalcedonensi synodo piæ memoriæ Justiniani temporibus sit imminutum, quam nos omni fide omnique devotione veneramur; et sic quatuor synodos sanctæ universalis Ecclesiæ sicut quatuor libros sancti Evangelii recipimus. De personis vero de quibus post terminum synodi aliquid actum fuerat, ejusdem piæ memoriæ Justiniani temporibus est ventilatum; ita tamen ut nec fides in aliquo violaretur, nec de eisdem personis aliquid aliud ageretur, quam apud eamdem sanctam Chalcedonensem synodum fuerat constitutum. Anathematizamus autem, si quis ex definitione fidei quæ in eadem synodo prolata est, aliquid imminuere præsumpsit, vel quasi corrigendo ejus sensum mutare, sed sicut illic prolata est, per omnia custodimus. Te ergo, fili charissime, decet ad unitatem fidei remeare, **161** ut finem tuum valeas in pace concludere, ne malignus spiritus, qui contra te per alia opera prævalere non potest, ex hac causa inveniat unde tibi in die exitus tui in aditu regni cœlestis obsistat. » (Lib. iii, ep. 10.)

60. Item Gregorio, cubiculariæ Augustæ, post cætera : « Quod dulcedo tua in suis epistolis subjunxit, importunam se mihi existere quousque scribam mihi esse revelatum quia peccata tua dimissa sint, rem et difficilem et inutilem postulasti. Difficilem quidem, quia ego indignus sum, cui revelatio fieri debeat; inutilem vero, quia secura de peccatis tuis fieri non de-

bes, nisi cum jam in die vitæ tuæ ultimo plangere eadem peccata minime valebis; quæ dies quousque veniat, semper suspecta, semper trepida, metuere culpas debes, atque eas quotidianis fletibus lavare. » (*Lib.* VII, *Ep.* 25.)

61. Item Anastasio, presbytero Isauriæ, post aliqua : « Tua itaque fraternitas quantum in charitate perfecta sit, scio: et qui omnipotentem Deum multum diligit, oportet ut de proximo multum præsumat. Non enim loca vel ordines Creatori nostro proximos faciunt, sed ei nos aut merita bona conjungunt, aut mala disjungunt. Quia ergo adhuc incertum est, quis interius qualis sit, cur non audeas scribere, cum inter me et te quis sit superior ignores? Et quidem bene te vivere scio, me autem multis oneratum peccatis cognosco. Sed etsi ipse peccator es, tamen me multo melior es, quia tua tu tantummodo, ego vero et eorum qui mihi commissi sunt peccata porto. In hoc ergo te altum, in hoc te magnum aspicio, quia ante humanos oculos in magno atque in alto loco minime profecisti : in quo sæpe dum exterius ab hominibus honor tribuitur, ad ima animus mergitur, quia curis discerpentibus gravatur. Tibi autem omnipotens Deus juxta hoc quod scriptum est, *Ascensus in corde disposuit in valle lacrymarum* (*Psal.* XXXI, 6). Multo autem mihi altior, multo sublimior videri poteras, si neque ducatum monasterii quod Neas dicitur suscepisses. » (*Lib.* VII, *ep.* 52.)

62. Item Stephano episcopo, inter alia : « Multum mihi, et ultra quam indignus audire debui, favorem in epistolis demonstratis. Et scriptum est : *Ne laudes hominem quamdiu vivit* (*Eccli.* XI, 30). At tametsi audire talia dignus non fui, orationibus vestris peto ut dignus efficiar, ut si bona in me non ideo dixistis quia sunt, ideo sint quia dixistis. » (*Lib.* VII, *ep.* 8.)

63. Sed ne solis verbis tanti præsulis humilitas inculcari credatur, superest ut ex Græcorum relationibus ad me nuper interpretatis eadem Patris humilitas vivis operibus demonstretur, in quibus videlicet ita refertur. Enarravit nobis abbas Joannes, Persa, sanctus et reverendus vir existens, de magno Gregorio beatissimo papa romano, dicens : Olim ivi Romam ad adorandum loculos sanctorum apostolorum Petri et Pauli; et una dierum, cum starem in medio civitatis, video papam Gregorium per me transiturum, et cogitavi me mittere ante eum. Cum ergo appropinquasset mihi papa, videns quia pergerem ut mitterem me ante eum, sicut coram Deo dico, fratres, primus misit se ante me super terram, et non ante surrexit quam ego prior surgerem, et amplexatus me cum multa humilitate, tribuit mihi per manum numismata tria, et jussit mihi dari casulam et necessitates meas omnes. Glorificavi ergo Deum, qui donavit ei talem humilitatem circa omnes, et eleemosynam et charitatem. (*Prat. spirit.*, c. 151.)

64. Hinc est quod patientissimus pastor Gregorius penes imperatorem Mauricium, sibi prorsus infensum, dudum accusatus quod Malchum episcopum, sui patrimonii provisorem, pro retentis pensionibus tandiu in custodiis afflixisset quousque spiritum exhalaret, Sabiniano suo diacono Constantinopolitano scribens, ait : « Unum est quod breviter suggeras serenissimis dominis nostris, quia si ego servus eorum in morte Langobardorum me miscere voluissem hodie Langobardorum gens nec regem, nec duces, nec comites haberet, atque in summa confusione divisa esset. Sed quia Deum timeo, in morte cujuslibet hominis me miscere formido. Malchus autem idem episcopus neque in custodia fuit, neque in aliqua afflictione, sed die qua causam dixit et addictus est, nesciente me, a Bonifacio notario in domum ejus ductus est, ibique prandidit, et honoratus est ab eo, et nocte subito mortuus est inventus. » (*Lib.* IV, *ep.* 47.)

65. Igitur in omnibus suis dictis vel operibus, Gregorius imminentem futuræ retributionis diem ultimum perpendebat, tantoque cautius cuncta cunctorum negotia ponderabat quanto propinquius finem mundi insistere, ruinis ejus crebrescentibus, advertebat. Quapropter in homiliis Evangelicis perhibet dicens : « Exsurget gens contra gentem et regnum adversus regnum, et erunt terræ motus magni per loca, pestilentiæ et fames. » Et quibusdam interpositis adjunxit : « Et erunt signa in sole et luna et stellis, et in terris pressura gentium præ confusione sonitus maris et fluctuum. Ex quibus profecto omnibus alia jam facta cernimus, alia in proximo ventura formidamus. Nam gentem contra gentem exsurgere, earumque pressuram terris insistere, plus jam in nostris tribulationibus cernimus quam in codicibus legimus. Quod terræ motus urbes innumeras obruat, ex aliis mundi partibus, scitis, quam frequenter audivimus. Pestilentias sine cessatione patimur. Signa vero in sole, et luna, et stellis adhuc aperte minime vidimus; sed quia hæc non longe sint, ex ipsa jam aeris immutatione colligimus. Quamvis prius quam Italia gentili gladio ferienda traderetur, igneas in cœlo acies vidimus, ipsumque qui postea humani generis fusus est, sanguinem coruscantem. Confusio autem maris et fluctuum necdum nova exorta est, sed cum multa jam prænuntiata sint completa, dubium non est quin sequantur etiam pauca quæ restant, quia sequentium rerum certitudo est præteritarum exhibitio. » [Et paulo post : « Ecce, fratres mei, jam cernimus quod audiebamus. Novis quotidie et crebrescentibus malis mundus urgetur. Ex illa plebe innumera quanti remanseritis aspicitis, et tamen adhuc quotidie flagella urgent, repentini casus opprimunt, novæ nos et improvisæ clades affligunt. Sicut enim in juventute viget corpus, forte et incolume manet pectus, torosa cervix, plena sunt brachia; in annis autem senilibus statura curvatur, cervix exsiccata deponitur, frequentibus suspiriis pectus urgetur, virtus deficit, loquentis verba anhelitus intercludit (nam si languor desit, plerumque senibus ipsa salus ægritudo est) : ita et mundus in annis prioribus velut in juventute viguit, ad propagandam humani generis prolem robustus fuit, salute corporum viridis opulentia rerum pinguis; at nunc ipsa sua senectute deprimitur, et quasi ad vicinam mortem

molestiis crebrescentibus urgetur. » (*Homil.* 1 in *Evang.*) Et iterum : « *Euntes prædicate, dicentes quia appropinquabit* **163** *regnum cœlorum* (*Matt.* x, 7). Hoc jam, fratres charissimi, etiamsi Evangelium taceat, mundus clamat. Ruinæ namque illius voces sunt. Qui enim tot attritus percussionibus a gloria sua cecidit, quasi jam nobis e proximo regnum aliud, quod sequatur, ostendit. Ipsis jam et a quibus amatur amarus est. Ipse enim ejus ruinæ prædicant quod amandus non est. Si enim ruinam sui domus quassata minaretur, quisquis in illa habitaret fugeret, et qui stantem dilexerat recedere quantocius a cadente festinaret. Si igitur mundus cadit, et nos eum amando complectimur, opprimi volumus potius quam habitare, quia nulla nos ratio a ruina illius separat quos in ejus passionibus amor ligat. Facile ergo est nunc jam, cum destructa omnia cernimus, animum nostrum ab ejus dilectione disjungere. Sed hoc illo in tempore difficillimum fuit, quo apostoli prædicare cœleste regnum invisibile mittebantur, cum longe lateque omnia cernerent florere regna terrarum. » (*Homil.* 4 *in Evang.*)

66. Quæ autem de istius urbis Gregorius incommoditate descripserit indicabo, quatenus ii qui, nunc in ruinis ejus habitantes, eam ordinatiorem ac per hoc valentiorem fuisse non autumant, contremiscant. Ait enim in expositionis Ezechielis homilia octava decima sic : « Quid est jam, rogo, quod in hoc mundo libeat? Ubique luctus aspicimus, ubique gemitus audivimus. Destructæ urbes, eversa sunt castra, depopulati sunt agri, in solitudinem terra redacta est. Nullus in agris incola, pene nullus in urbibus habitator remansit; et tamen ipsæ parvæ generis humani reliquiæ adhuc quotidie et sine cessatione feriuntur, et finem non habent flagella cœlestis justitiæ, quia nec inter flagella correctæ sunt actionis culpæ. Alios in captivitatem duci, alios detruncari, alios interfici videmus. Quid est ergo quod in hac vita libeat, fratres mei? Si talem mundum adhuc diligimus, non jam gaudia sed vulnera amamus. Ipsa autem quæ aliquando mundi domina esse videbatur, qualis remanserit Roma conspicimus, immensis doloribus multipliciter attrita, desolatione civium, impressione hostium, frequentia ruinarum : ita ut in ea completum esse videamus quod contra urbem Samariam per Ezechielem prophetam prædictum est : *Pone ollam, pone, inquam, et mitte in ea aquam, et congere frusta ejus in eam;* et paulo post : *Efferbuit coctio ejus, et decocta sunt ossa ejus in medio illius;* atque iterum : *Congere ossa quæ igne succendam, consumentur carnes, et coquetur universa compositio, et ossa tabescent. Pone quoque eam super prunas vacuam, ut incalescat et liquefiat æs ejus* (*Ezech.* xxiv, 10 *et seq.*). Tunc enim nobis olla posita est, cum hæc est civitas constituta. Tunc enim in ea aqua missa est, et frusta ejus congesta sunt, quando ad eam undique populi confluebant, qui, velut aqua calens, actionibus mundi fervescerent, et quasi frusta carnium in ipso suo fervore liquarentur. De qua bene dicitur : *Efferbuit coctio ejus, et decocta sunt ossa illius in medio ejus :* quia prius quidem in ea vehementer incaluit actio gloriæ sæcularis, sed postmodum ipsa gloria cum suis sequacibus defecit. Per ossa etenim potentes sæculi, per carnes vero populi designantur : quia sicut carnes ossibus portantur, ita per potentes sæculi, infirmitas regitur populorum. Sed ecce jam de illa omnes hujus sæculi potentes ablati sunt : ossa ergo excocta sunt. Ecce populi defecerunt : carnes ejus **164** liquefactæ sunt. Dicatur ergo : *Congere ossa quæ igne succendam, consumentur carnes, et coquetur universa compositio, et ossa tabescent.* Ubi enim senatus? ubi jam populus? Contabuerunt ossa, consumptæ sunt carnes, omnis in ea sæcularium dignitatum ordo extinctus est. Excocta est universa compositio ejus, et tamen ipsos nos paucos qui remansimus, adhuc quotidie gladii, adhuc quotidie innumeræ tribulationes premunt. Dicatur ergo : *Pone quoque eam super prunas vacuam.* Quia enim senatus deest, populus interiit; et tamen in paucis qui sunt dolores et gemitus quotidie multiplicantur : jam vacua ardet Roma. Quid autem ista de hominibus dicimus, cum ruinis crebrescentibus ipsa quoque ejus destrui ædificia videmus? Unde apte de civitate jam vacua subditur : *Incalescat et liquefiat æs ejus.* Jam enim et ipsa olla consumitur, in qua prius carnes et ossa consumebantur : quia postquam defecerunt homines, etiam parietes cadunt. Ubi enim sunt qui in ejus aliquando gloria lætabantur? Ubi eorum pompa? ubi superbia? ubi frequens et immoderatum gaudium? Impletum est in ea quod contra destructam Niniven per prophetam dicitur : *Ubi est habitaculum leonum, et pascua catulorum leonum* (*Nahum.* ii, 11)? An ejus duces ac principes leones non erant, qui per diversas mundi provincias discurrentes prædam sæviendo et interficiendo rapiebant? Hinc leonum catuli inveniebant pascua : quia pueri, adolescentes, juvenes sæculares et sæcularium filii, huc undique concurrebant, cum proficere in hoc mundo voluissent. Sed ecce jam desolata, ecce contrita, ecce gemitibus oppressa est. Jam nemo ad eam currit, ut in hoc mundo proficiat. Jam nullus potens et violentus remansit, qui opprimendo, prædam diripiat. Dicamus ergo : *Ubi est habitaculum leonum, et pascua catulorum leonum?* Contigit ei quod de Judæa novimus per prophetam dictum : *Dilata calvitium tuum sicut aquila* (*Mich.* i, 10). Calvitium quippe hominis in solo capite fieri solet, calvitium vero aquilæ in toto fit corpore, quia cum valde senuerit, plumæ ejus ac pennæ ex omnibus illius membris cadunt. Calvitium ergo suum sicut aquila dilatat, quia plumas perdidit dum populum amisit. Alarum quippe pennæ ceciderunt cum quibus volare ad prædam consueverat, quia homines ejus potentes extincti sunt per quos aliena rapiebat.

Item in Dialogorum libro secundo : « Præterea, inquit, antistes Canusinæ ecclesiæ ab Benedictum Domini famulum venire consueverat, quem vir Dei pro vitæ suæ merito valde diligebat. Is itaque dum cum illo de ingressu regis Totilæ et Romanæ urbis perditione colloquium haberet, dixit : Per hunc regem civitas ista destruetur, ut jam amplius non inhabitetur. Cui vir Dei respondit : Roma a gentibus non exterminabitur, sed tempestatibus, coruscis, turbinibus ac terræ motu fatigata marcescet in semetipsa. Cujus prophetiæ mysteria nobis jam facta sunt luce clariora, qui in hac urbe dissoluta mœnia, eversas domos, destructas ecclesias turbine cernimus; ejusque ædificia longo senio lassata, quia ruinis crebrescentibus prosternantur, videmus.» (*Dial. l.* II, *c.* 15.)

Item in epistola Joanni, episcopo Ravennati, post aliqua : « Si quo modo est aliquando locus obtinendi, agat apud exarchum fraternitas vestra, ut pacem cum Ariulpho, si aliquid possumus, faciamus, quia miles de Romana urbe [a] tultus est, **165** sicut ipse novit. Theodosiani vero qui hic remanserunt, rogam non accipientes, vix ad murorum quidem custodiam se accommodant, et destituta ab omnibus civitas, si pacem ejus non habet, quomodo subsistet?» (*Regist. l.* II, *ep.* 46.)

67. Tantis curarum tumultibus pro animarum pariter ac civitatis custodia Gregorius gravabatur, ut in coli molestias corruens, non solum (sicut proposuerat) per ordinem Ezechielis mysteria minime pertractaret, verumetiam hostilibus incursionibus, multisque corporis debilitatibus aggravatus, a studio expositionis omnino desisteret, et ad dies illos se pervenisse defleret, atque dissolutionem sui corporis totis conatibus flagitaret. Quapropter eidem Joanni episcopo queritur, dicens : « Quod multis vestræ beatitudini minime respondi, non hoc torpori meo, sed languori deputate : quia peccatis meis facientibus, eo tempore quo Ariulphus ad Romanam urbem veniens, alios occidit, alios detruncavit, tanta mœstitia affectus sum, ut in coli molestiam caderem.» (*Ibid.*)

Item in expositione ultimæ visionis Ezechielis prophetæ: « Quia multis curis prementibus, Ezechielis prophetæ librum coram charitate vestra totum per ordinem perscrutari non licuit, bonis vestris desideriis placuit petere, ut saltem extrema ejus visio, quæ ei facta est de ædificio in monte constituto, quæ et cunctis est visionibus ejus obscurior, exponi debuisset. Et quidem voluntati vestræ me parere necesse est. Sed duo sunt quæ hac in re perturbant animum meum. Unum, quod hæc eadem visio tantæ obscuritatis nebulis tegitur, ut vix in ea aliquid, intellectu interlucente, videatur. Aliud, quod jam Agilulphum, Langobardorum regem, ad obsidionem nostram summopere festinantem, Padum transisse cognovimus. Unde pensate, fratres charissimi, in caliginosis ac mysticis sensibus quid valeat mens misera, timoris sui perturbationibus occupata. Quanto enim circa terrena plus satagit, tanto in his quæ sunt cœlestia minus videt : pro eo quod curis suis extra se ducitur, valde intus minor est : quia scriptum est : *Deprimit terrena inhabitatio sensum multa cogitantem* (*Sap.* 9, 15). Quæ enim superiora penetrare, etiam collecta, non sufficit, pensate quid agere poterit divisa. Scimus autem omnes quia et fluvius qui in multis rivis dividitur a suo alveo siccatur.

Item in ejusdem prophetæ tractatibus, homilia 11 : « Sive, inquit, justus in culpa, sive peccator in morte corruat, speculatori timendum est ne hunc ex suo silentio reactus peccantium pariter involvat. Sed interim, dum loquor, avertere a memetipso oculos volo, et ecce iterum sermo divinus me impingit in memetipsum, ut meam negligentiam videam, et mihi dici hæc quæ audio pertimescam. Sicut enim superius dixi, cujus cor innumeris curis sparsum, se ad se colligat? Quando etenim possum et ea quæ circa me sunt sollicite omnia curare, et memetipsum, adunato sensu, conspicere? Quando possum pravorum nequitias insequendo corrigere, bonorum actus laudando et admonendo custodire, aliis terrorem atque aliis dulcedinem demonstrare? Quando valeo, et de his quæ sunt necessaria fratribus cogitare, et contra hostiles gladios de Urbis vigiliis sollicitudinem gerere, ne incursione **166** subita cives pereant providere, et inter hæc omnia pro animarum custodia plene atque efficaciter verbum exhortationis impendere? Loqui etenim de Deo quietæ valde et liberæ mentis est. Tunc namque bene lingua dirigitur in sermone, cum secure sensus quieverit in tranquillitate : quia nec concussa aqua imaginem conspicientis reddit; sed tunc in ea vultus intendentis aspicitur, cum non movetur. Quam ergo exhortationem vobis speculator vester, fratres charissimi, faciat, quem tot rerum confusio perturbat? » Et paulo post : « Sacerdos etiam post compunctionem ac lacrymas cogitur necessaria quæque filiorum suorum cognoscere, et ea quæ refugit animo patienter audire, atque post suspiria cœlestium, quorumlibet carnalium hominum onera portare, et sæpe cum supervenientibus cor in diversam qualitatem transfundere. Nam aliquando de lucris spiritualibus gaudet; sed cum quilibet mœrens supervenerit, nisi ejus mœrorem in se susceperit, tribulationi illius compatiens non est. Et aliquando de damnis animarum luget; sed repente superveniunt qui de suis prosperitatibus lætantur, quorum si lætitiæ sacerdos non congaudet, minus amare creditur filios in quorum gaudio non exsultat, præcipue cum Paulus dicat : *Gaudere cum gaudentibus, flere cum flentibus* (*Rom.* XII, 15). Nihil ergo tam onerosum in ordine sacerdotum video quam rigorem mentis compatiendo flectere, et cum personis supervenientibus animum mutare; et tamen hoc valde est necessarium. Nam quando ex prædicatione ejus ad boni operis gratiam peccator reducitur, si ipse qui prædicat videtur ingratus? » (*Præfat. l.* II *in Ezech.*)

Item in fine ejusdem voluminis : « Ecce hæc, ut Domino largiente potuimus, coram vobis, fratres charissimi, rimati sumus. Nemo autem me reprehendat [b] si post hanc locutionem cessavero, quia, sicut

---

[a] De isto verbo disseritur in nota *h* ep. 46 lib. II Registri.

[b] Ita Colb. et alii Mss. Excusi, quibus astipulantur Reg. et cod. B. Mariæ Paris., *si posthac a locutione cessavero.*

omnes cernitis, nostræ tribulationes excreverunt. Undique gladiis circumfusi sumus, undique imminens mortis periculum timemus. Alii detruncatis ad nos manibus redeunt; alii capti, alii interempti nuntiantur. Jam cogor linguam ab expositione retinere, quia tædet animam meam vitæ meæ (*Job*. x). Jam nullus in me sacri eloquii studium requirat, quia versa est in luctum cithara mea, et organum meum in vocem flentium (*Job*. xxx). Jam cordis oculus in mysteriorum discussione non vigilat, quia dormitavit anima mea præ tædio (*Psal*. cxviii). Jam minus lectio animo dulcis est, quia oblitus sum manducare panem meum a voce gemitus mei (*Psal*. ci). Cui autem vivere non licet, de Scripturæ sacræ sensibus loqui mystica qualiter libet? Et qui cogor quotidie amara bibere, quando possum dulcia propinare? » (*Homil*. *ult*.)

Item Italicæ patriciæ et Venantio, exmonacho patricio : « Quosdam de Sicilia venientes affectu quo debui de sospitate excellentiæ vestræ requirere curavi, sed de assiduitate ægritudinum mihi tristia responderunt. Hæc autem dicens, nec ego vobis de meipso invenio aliud quod debeam nuntiare, nisi quod, peccatis meis facientibus, ecce jam undecim menses sunt quod valde rarum est si de lecto surgere aliquando potui. Tantis enim podagræ doloribus, tantisque molestiarum premor angoribus, ut vita mihi gravissima pœna sit. Quotidie enim in dolore deficio, et mortis remedium expectando suspiro. In clero vero 167 hujus urbis et populo tanti febrium languores irruerunt, ut pene nullus liber, nullus servus remanserit, qui idoneus esse ad aliquod officium vel ministerium possit. De vicinis autem urbibus strages nobis mortalitatis quotidie nuntiantur. Africa autem qualiter mortalitate et languoribus vastetur, quanto viciniores estis tanto credo quod subtilius cognovistis. De Oriente vero qui veniunt, graviores desolationes nuntiant. In his itaque omnibus, quia, appropinquante fine mundi, generalem percussionem esse cognoscimus, affligi nimis de propriis molestiis non debemus. » (*Regist*. *l*. ix, *ep*. 123.)

Item Eulogio, patriarchæ Alexandrino : « Transacto anno suavissima sanctitatis vestræ scripta suscepi, quibus pro ægritudinis meæ nimietate respondere nunc usque non valui. Ecce enim jam biennium pene expletur quo lectulo teneor, tantisque podagræ doloribus affligor, ut vix in diebus festis usque ad horarum trium spatium surgere valeam missarum solemnia celebrare. Mox autem cum gravi compellor dolore decumbere, ut cruciatum meum non possim, gemitu interrumpente, tolerare. Qui dolor interdum mihi lentus est, interdum nimius, sed neque ita lentus ut recedat, neque ita nimius ut interficiat. Unde fit ut qui quotidie in morte sum, repellar a morte. Nec mirum, quia peccator gravis tali corruptionis carcere diu teneor inclusus; unde compellor clamare : *Educ de carcere animam meam ad confitendum nomini tuo*, Domine (*Psal*. cxli, *v*. *ult*.). Sed quia meis adhuc precibus obtinere non mereor, rogo ut vestræ sanctitatis oratio suæ mihi intercessionis adjutorium præbeat, meque a peccati et corruptionis pondere liberum reddat in illam, quam bene nostis, libertatem gloriæ filiorum Dei. » (*Lib*. x, *ep*. 35.)

Item eidem : « Peto autem ut pro me enixius vestra sanctitas orare debeat, quia podagræ doloribus, et barbarorum gladiis, et curarum afflictionibus incessanter premor. Sed si mihi orationis vestræ opem impenditis, credo quod me contra adversa omnia fortiter juvetis. » (*Lib*. ix, *ep*. 78.)

Item eidem : « Rogo ergo ut pro me peccatore enixius oretis, quia et dolor corporis, et amaritudo cordis ex curarum afflictionibus, et immensa vastitas mortalitatis, inter tot barbarorum gladios me vehementer affligit. Inter quæ omnia non temporalem, sed æternam consolationem requiro, quam per me impetrare non valeo, sed per intercessionem vestræ beatitudinis hanc me obtinere confido. » (*Lib*. xiii, *ep*. 41.)

Item [a] Mariniano, episcopo Ravennæ : « Multum jam tempus est quo surgere de lecto non valeo : nam me modo podagræ dolor cruciat, modo nescio quis in toto corpore se ignis cum dolore expandit; et fit plerumque ut uno in me tempore ardor cum dolore confligat, et corpus in me animusque deficiat. Quantis autem aliis necessitatibus extra has quas protuli infirmitates afficiar enumerare non valeo, sed breviter dico quia sic me infectio noxii humoris imbibit, ut vivere mihi pœna sit, et mortem desideranter expectem, quam gemitibus meis solam esse credo remedium. Proinde, frater sanctissime, divinæ pro me pietatis misericordiam deprecare, ut percussionis suæ 168 erga me flagella propitius mitiget, et patientiam tolerandi concedat, ne nimio, quod absit, tædio in impatientiam cor erumpat, et quæ curari per plagam poterat culpa crescat ex murmure. » (*Lib*. xi, *ep*. 32.)

Item Rusticianæ patriciæ : « De podagræ molestia quam vobis evenisse signastis, et contristatus vehementer sum et lætatus. Lætatus, quia humor noxius inferiora petens, superiora profecto deseruit. Contristatus vero, quia in tam tenuissimo corpore dolores vos nimios perpeti pertimesco. Ubi enim deest caro, quæ virtus esse poterit doloribus resistens? Me etenim, quem qualis fuerim nostis, ita amaritudo animi et assidua exacerbatio atque per hoc podagræ molestia affecit, ut corpus meum tamquam in sepultura siccatum sit unde fit ut jam raro de lecto surgere valeam. » (*Lib*. xi, *ep*. 44.)

Item eidem : « Ego in tanto gemitu et occupationibus vivo, ut ad dies quos ago pervenisse me pœniteat, solaque mihi in consolatione sit mortis exspectatio. Unde peto ut pro me orare debeatis, quatenus de hoc carnis carcere citius educat, ne tantis laboribus diutius torquear. » (*Lib*. xii, *ep*. 22.) Item

---

[a] In Excusis, in Uticensi, et in tribus Paris. Episcopo Arabiæ. Hic Episcopus in vulgatis modo dicitur *Maximianus*, modo *Marianus*, aut *Marinianus*.

Anastasio Antiocheno : « Rogo ut pro mei cordis infirmitate enixius oretis, quatenus omnipotens Deus mentem meam a malis omnibus pro vestra intercessione tueatur, et citius me de tot procellis hujus tempestatis eripiat, atque in æternæ quietis littore perducat. » (*Lib.* VIII, *ep.* 2.)

68. Tantis precibus Gregorius tandem aliquando divinitus exauditus, postquam sedem catholicæ et apostolicæ sanctæ Romanæ Ecclesiæ annis tredecim, mensibus sex et diebus decem, doctrinis pariter ac operibus felicissimis illustravit, [a] anno imperii Phocæ secundo, indictione septima, quarto iduum Martiarum, a carnis corruptione subtractus est, incorruptionis perpetuæ gloria sublimandus. Qui videlicet omni vitæ suæ tempore sicut novas basilicas minime fabricarat, ita nimirum fabricatarum veterum sarta tecta cum summo studio annualiter reparabat : quas reditibus, luminaribus, officiis atque donariis cumulans, in basilica beati Petri apostoli fastigium de argento purissimo, quod a Leone Tertio pontifice in basilica Sixtiana sanctæ Mariæ nomini dedicata translatum est, fabricavit, et in basilica beati Pauli apostoli super altare nihilominus aliud fastigium procuravit. Hujus præterea venerabile corpus in extrema porticu basilicæ beati Petri apostoli ante secretarium tunc antiquissimum, quo videlicet Leo, Simplicius, Gelasius, atque Symmachus, apostolicæ sedis episcopi, cum nonnullis aliis tumulati, suis hactenus epitaphiis prædicantur, sepultum tali titulo decoratur :

Suscipe terra tuo corpus de corpore sumptum,
   Reddere quod valeas, vivificante Deo.
Spiritus astra petit, lethi nil jura nocebunt,
   Cui vitæ alterius magis [b] illa via est.
Pontificis summi hoc clauduntur membra sepulcro,
   Qui innumeris semper [c] vivat ubique bonis.
Esuriem dapibus superavit, frigora veste,
   Atque animas monitis texit ab hoste sacris.
Implebatque actu quidquid sermone docebat,
   Esset ut exemplum mystica verba loquens.
169 [d] Anglos ad Christum vertit pietate magistra,
   Acquirens fideique agmina gente nova.
Hic labor, hoc studium, [e] tibi cura, hic pastor agebas,
   Ut Domino offerres plurima lucra gregis.
Hisque Dei consul factus, lætare triumphis,
   Nam mercedem operum jam sine fine tenes.

69. Quo scilicet liberalissimo pastore defuncto, vehementissima fames eodem anno incubuit : et quanto patrono tunc Roma caruit, licet rerum inopia toto pene mundo monstraverit, invidorum tamen feritas minime recognovit. Nam sicut a majoribus [f] traditur, cum calumniarum veterum incentores, Gregorium prodigum dilapidatoremque multiplicis patriarchatus thesauri perstreperent, deficiente personali materie, ad comburendos libros ejus cœperunt pariter anhelare. Quorum dum quosdam jam combussissent, ac reliquos vellent exurere, Petrus Diaconus familiarissimus ejus, cum quo quatuor Dialogorum libros disputaverat, creditur vehementissime obstitisse dicens, ad obliterandam ejus memoriam librorum exustionem nihil proficere quorum exemplaria, diversis petentibus, mundi ambitum penetrassent; subjungens immane sacrilegium esse, tanti Patris tot et tales libros exurere, super cujus caput ipse Spiritum sanctum in similitudine columbæ tractantis frequentissime perspexisset. Cumque dudum devotum populum Diaconus cerneret occasione temporis cum invidis resultare, in hoc omnium sententiam dicitur provocasse, ut, si quod dixerat jurejurando confirmans mori continuo meruisset, ipsi a librorum exustione desisterent, si vero testimonii sui superstes exstitisset, ipse quoque combustoribus manus daret. Itaque cum Evangeliis in ambonem venerabilis levita Petrus ascendens, mox ut Gregorianæ sanctitati testimonium præbuit, inter verba veræ confessionis spiritum efflavit, et a dolore mortis extraneus juxta [h] pyrgi basim, sicut hactenus cernitur, confessor veritatis meruit sepeliri.

70. Hinc est quod consuetudinaliter Spiritus sanctus in specie columbæ super scribentis Gregorii caput depingitur, et quod expositionum illius pars maxima, quæ utique ab invidis exusta recolitur, non habetur. Quarum ipse summam Joanni, subdiacono Ravennæ, responsali suo, significare videtur, inter cætera sic describens : « Quia charissimus quondam filius meus Claudius, aliqua me loquente de Proverbiis, de Canticis canticorum, de Prophetis, de libris quoque Regum et de Heptateucho audierat, quæ ego scripto tradere præ infirmitate non potui, ipse ea suo sensu dictavit; ne oblivione deperirent, ut apto tempore hæc eadem mihi inferret, et emendatius dictarentur. Quæ cum mihi legisset, inveni dictorum meorum sensum [i] valde inutilius fuisse permutatum. Unde necesse est ut tua experientia, omni excusatione atque mora cessante, ad ejus monasterium accedat, convenire fratres faciat, et sub omni veritate quantascumque de diversis **170** Scripturis chartulas detulit, ad medium deducat : quas tu suscipe, et mihi celerrime transmitte. » (*Regist. lib.* XII, *ep.* 24.) Enimvero, quia studiositas Gregorii, qui post hæc tribus ferme annis superfuit, falli non potuit, constat nimirum quia plures libros quam nunc habeantur composuit. Quorum memoriam quidam in episcopali ejus perstringens, ait :

---

[a] Hi characteres chronologici cum anno Christi 604 conveniunt : tametsi venerabilis Beda S. Doctoris obitum ad an. 605 refert, eumque secutus Paulus Diac. in lib. IV, hist. Langob. Indictioni VIII consignat. *Mabill.*

[b] Apud Bedam hos versus referentem lib. II, hist. c. 1, et in mss. Paris. *ipsa*.

[c] Beda, et mox laudati mss. *vivit*.

[d] Beda, *ad Christum Anglos convertit*, etc.

[e] Beda, *hæc tibi cura, hoc Pastor agebas*.

[f] Hæc historia Baronio ad an. 604 dubia videtur, nec immerito, cum nullius certi auctoris testimonio nitatur, et de ipsa sileant Isidorus, Ildephonsus, Pa-

[g] Lege aliquid omnino simile apud Greg. Turon. lib. de Gloria Confess. c. 39. Subdiaconus vero plenus dierum ægre ferens quod virtus S. Trojani occuleretur, convocato episcopo cum clericis.... omnia quæ a sancto audierat.... reseravit.... adjiciens hæc : *Et ut probetis vera esse quæ loquor, finito sermone finem facio vitæ*; et his dictis clausis oculis obiit.

[h] Pyrgobasis est domus turrita; pyrgi basis turris pes seu fulcimentum. MABILL. — Hoc videtur intelligendum de aliqua turricula cochlidium, quo in ambonem ascendebatur, continente.

[i] Ita Mss. At editi, *valde in multis*.

Job, Ezechiel, Evangelia et Pastoralem exposuit, et multa alia. Ut subaudias, quæ jam inveniri non possunt, quoniam revera ante succensa sunt quam edita, sicut reliqua ipsius opera quæ nunc in sancta Romana Ecclesia retinentur adhuc sub custodia, ne penitus vulgarentur.

71. Itaque si curiosius perpendatur omne Gregorii tractandi tempus quo libros qui nunc habentur exposuit, a diaconio suo usque ad penultimum sui pontificatus annum extenditur; et licet, Langobardorum perfidia sæviente, post Ezechielis tractatus, ab expositione librorum destiterit, ab exponendis tamen epistolis, quamdiu vivere potuit, numquam omnino cessavit; quarum videlicet tot libros in scrinio dereliquit, quot annos advixit. [a] Unde quartum-decimum epistolarum librum septimæ indictionis inperfectum reliquit quoniam ad ejusdem indictionis terminum non pertingit. Ex quorum multitudine primi Hadriani papæ temporibus quædam epistolæ decretales per singulas indictiones excerptæ sunt, et in duobus voluminibus, sicut modo cernitur, congregatæ. Et Gregorius jamdudum in monasterio positus, ubi eum angelus Domini sub habitu naufragi scribentem repererat, nimirum quædam dictaverat, ut ad expositionem tantæ profunditatis quam in libro Job penetrare potuit, eo paratior quo ex dictandi consuetudine doctior, perveniret.

72. Ergo Gregorius in diaconio suo, dum illum in Constantinopolitana urbe sedis apostolicæ responsa constringerent, et Leandrum, Hispanum episcopum, injuncta pro causis fidei Wisigothorum ibi legatio perduxisset, eodem Leandro (sicut in primo libro dixisse me recolo) cum fratribus tunc Gregorio adhærentibus, importunissime compellente, librum beati Job cœpit exponere (*Lib.* I, 27). Quibus coram positis priora libri sub oculis dixit; et quia tempus paulo vacantius reperit, posteriora tractando dictavit. Cumque ei spatia largiora suppeterent, multa augens, pauca subtrahens, atque ita ut inventa sunt nonnulla derelinquens, ea quæ se loquente excerpta sub oculis fuerant, per libros emendando composuit. Qui cum jam factus episcopus Romæ postrema dictaret, quo stylo prima dixerat sollicite attendens, egit ut ea quæ locutus fuerat, studiosa emendatione transcurrens; quasi ad similitudinem dictatus erigeret; et ea quæ dictaverat, non longe a colloquentis sermone discreparent: quatenus dum hoc tenditur, illud adtrahitur, edita modo dissimili res non dissimilis formaretur. Quamvis tertiam ipsius operis partem in colloquendo protulit, pene ita dereliquit: quia dum eum fratres 171 ad alia exponenda pertraherent, hanc subtilius emendari noluerunt. Quibus multa jubentibus, dum parere modo [b] per expositionis ministerium modo per contemplationis ascensum, modo per moralitatis instrumentum studeret, hoc opus, per triginta et quinque libros extensum, in sex codicibus explevit. Quorum exemplaria primo per Urbis monasteria subdivisit, postremo vero eidem Leandro episcopo destinavit.

73. Sed in ipso sui episcopatus exordio, dum a Joanne, Ravennatis urbis episcopo, humiliter reprehensus fuisset, cur pastoralis curæ delitescendo pondera fugere vir tam idoneus voluisset, librum Regulæ Pastoralis composuit: quem quadripartita ratione distinguens, valde pensandum esse perdocuit, cum rerum necessitas exposcit, ad culmen quisque regiminis qualiter veniat, atque ad hoc rite perveniens qualiter vivat, et bene vivens qualiter doceat, et recte docens infirmitatem suam quotidie quanta valet consideratione cognoscat, [c] ne aut humilitas accessum fugiat, aut perventioni vita contradicat, aut vitam doctrina destituat, aut doctrinam præsumptio extollat. Primum ergo appetitum timor temperet; post autem magisterium quod a non quærente suscipitur, vita commendet; deinde necesse est ut pastoris bonum, quod vivendo ostenditur, etiam loquendo propagetur; ad extremum vero superest ut perfecta quæque opera consideratio propriæ infirmitatis deprimat, ne hæc ante occulti arbitri oculos tumor elationis exstinguat. Et quia quosdam imperitos ad sacerdotium conspirasse cognoverat, quosdam conspiraturos esse prævidebat: qui metiri se nescientes, quæ non didicerunt docere concupiscerent, quique pondus magisterii tanto levius æstimarent quanto vim illius magnitudinis ignorarent: hos in ipso libri sui reprehendit exordio, ut si quando indocti ac præcipites doctrinæ arcem tenere appetissent, a præcipitationis suæ ausibus in ipsa Gregorianæ locutionis janua pellerentur. Hunc librum Anatolius, diaconus, ejus apocrisiarius, quærenti ac jubenti imperatori quondam obtulerat, quem magnus Anastasius, Antiochenus episcopus, in Græcam linguam transfudit, et Orientalibus ecclesiis opus venerabile procuravit.

74. Deinde, sicut in secundo hujus operis libro jam retuli, dum adhuc Gregorius ad loquendum voce statuque sibi sufficeret, per stationes discurrens, viginti homilias Evangelii diverso tempore coram populo declamavit; reliquas vero ejusdem numeri dictavit quidem, sed, lassescente stomacho languore continuo, aliis pronuntiare permisit (*Lib.* IX, *ep.* 52): quarum exemplaria Secundo servo Dei petenti mandavit.

75. Cumque a suis familiaribus ut aliqua de miraculis patrum describeret Gregorius enixius rogaretur, Maximiano, Syracusano episcopo, scripsit, dicens: « Fratres mei, qui mecum familiariter vivunt, omni modo me compellunt aliqua de miraculis Patrum quæ in Italia facta audivimus sub brevitate describere. Ad quam rem solatio vestræ charitatis vehementer indigeo, ut quæ vobis in memoriam redeunt, quæque cognovisse vos 172 contigit, mihi breviter indicetis. De domno autem Nonnoso abbate, qui juxta domnum Anastasium de Pentomis fuit, aliqua retulisse te me-

---

[a] Sic legitur in Uticensi, et quidem optime, licet aliis in Mss. ac editis legatur, *unde tertium decimum.* Vide Præfat. nostram ad epistolas num. 5.

[b] Excusi, cum tribus Mss. Paris., *per expositionis mysterium.*

[c] Corrupte quidam editi, *humilitatis accessum fugiat.*

mini quæ oblivioni mandavi. Et hæc ergo, et si qua sunt alia, tuis peto epistolis imprimi, et mihi sub celeritate transmitti, si tamen ad me ipse non proficisceris. » (*Regist. lib.* III, *ep.* 54.) Hinc Gregorius roboratus, sanctorum miracula Patrum cum Petro suo diacono quæ per inquisitionem atque responsionem protulerat[a] expositionis altius studium interrumpens, sola nominum prænotatione distinxit, et in libros quatuor ordinavit : ut, sicut in libris expositionum suarum quibus esset virtutibus insudandum docuerat, ita etiam descriptis sanctorum miraculis quæ virtutum fuisset earumdem claritas luce clarius ostentaret. Quos libros Zacharias, sanctæ Ecclesiæ Romanæ episcopus, Græco Latinoque sermone doctissimus, temporibus Constantini imperatoris post annos ferme centum septuaginta quinque in græcam linguam convertens, Orientalibus ecclesiis divulgavit, [b] quamvis astuta Græcorum perversitas, in commemoratione Spiritus sancti a Patre procedentis, nomen Filii suaptim radens abstulerit.

76. Primam quoque et ultimam Ezechielis prophetæ partes quæ videbantur obscuriores, Romanis postulantibus, pertractavit, easque per homilias viginti et duas distinguens, quantum lucis intus habeant demonstravit ; et in his tractandis, sicut superius patuit, finem fecit.

77. Qui libri dum a doctoribus sequentis temporis tam rectissimis sententiis editi, quam luculentissimo rhetoricæ facundiæ stylo compositi veraciter doceantur, eos beatus Gregorius ex humilitatis suæ dulcedine incultos perhibet, Leandro episcopo inter cætera scribens : « Quæso ut hujus operis (haud dubium quin Moralium) dicta percurrens, in his verborum folia non requiras, quia per sacra eloquia ab eorum tractatoribus infructuosæ loquacitatis levitas studiose compescitur, dum in templo Dei nemus plantari prohibetur. Et cuncti proculdubio scimus quia, quoties in foliis male lætæ segetis culmi proficiunt, minori plenitudine spicarum grana turgescunt. Unde et ipsam loquendi artem quam magisteria disciplinæ exterioris insinuant servare despexi. Nam sicut hujus quoque epistolæ tenor enuntiat, [c] non metacismi collisionem fugio, non barbarismi confusionem devito, hiatus motusque etiam et præpositionum casus servare contemno : quia indignum vehementer existimo, ut verba cœlestis oraculi restringam sub regulis Donati ; neque enim [d] hæc ab ullis interpretibus in Scripturæ sacræ auctoritate servata sunt. Ex qua re nimirum quia nostra expositio oritur, dignum profecto est ut quasi edita soboles speciem suæ matris imitetur. » (*Præfat. ad lib. Moral.*) In quibus verbis agnoscitur Gregorius non studuisse locutionem pompaticam, sed ex pristina sæcularis exercitii consuetudine potius incurrisse. Cujus facundiæ consonantiam Isidorus, Hispalensis urbis episcopus, in expositione Geneseos admiratus : « Sumpta, inquit, sunt, ab auctoribus hæc Origene, Victorino, Ambrosio, Hieronymo, Cassiano, Augustino, Fulgentio, ac nostris temporibus insigniter **173** eloquente Gregorio. » Sed et Beda presbyter in libro de schematibus oratores homœoteleuton facere perhibens, exemplum proposuit, dicens : « Beatus Job Deo soli sibique cognitus, in tentatione ad nostram notitiam perducendus, tactus est vulnere ut odorem suarum virium tanto latius spargeret, quanto more aromatum melius ex intentione fragraret. Quo schemate ipse, qui hoc dixit; beatus papa Gregorius sæpissime usus fuisse cognoscitur ; et hujusmodi orationes esse reor quas Hieronymus concinnas rhetorum declamationes appellat. »

78. At Gregorius humilitatis suæ cautela commonitus, non solum facundiæ suæ redolentiam contemnebat, verum etiam in comparatione tractatus alterius dictatum suum furfurem nominans, libros suos legi quamdiu viveret vehementissime prohibebat, Innocentio præfecto Africæ inter cætera scribens : « Quod in expositione sancti Job transmitti vobis codicem voluistis, vestro omnino studio congaudemus : quoniam illi rei eminentiam vestram studere conspicimus, quæ nec totos foras vos exire permittat, et ad cor iterum sæcularibus curis dispersos recolligat. Sed si delicioso cupitis pabulo saginari, beati Augustini patriotæ vestri opuscula legite, et ad comparationem [e] siliginis illius nostrum furfurem non quæratis. » (*Regist. lib.* x, *ep.* 37.)

Item Joanni, episcopo Syracusano : « Præterea audio quod aliqua de his quæ scripsisse me memini fraternitas vestra ad mensam suam coram extraneis legi faciat. Quod mihi non videtur esse faciendum, quia hoc quod vos pro charitate facitis, possunt quidam, quantum ad me est, vanæ gloriæ deputare. Ideoque coram extraneis antiquorum dicta legite, ex quorum auctoritate valeant qui audiant reformari. » (*Lib.* VIII, *ep.* 9.)

Item Joanni, subdiacono Ravennæ, post multa : « Illud, inquit, quod ad me quorumdam relatione perlatum est, quia reverentissimus coepiscopus meus Marinianus legi commenta beati Job publice ad vigilias facit, non grate suscepi, quia illud opus non est populare, et rudibus auditoribus impedimentum magis quam provectum generat. Sed dic ei ut commenta Psalmorum legat ad vigilias, quæ mentes sæcularium ad bonos mores præcipue informent. Neque enim volo, dum in hac carne sum, si qua dixisse me contigit, ea facile hominibus innotesci. » (*Lib.* XII, *ep.* 24.)

79. Quanta sane consideratione Gregorius, qui ad culmen regiminis humiliter pervenisse, ad hoc opus perveniens bene vixisse, bene vivendo recte docuisse, satis, ut opinor, monstratus est infirmitatem suam

---

[a] Bigot. et Utic., *expositionis alterius studium.*
[b] Vide lib. II Dialog. cap. ultimo, et notas consule. De Græca translatione fuse in Præf. ad Dialogos.
[c] Vel potius *mutacismi*, nimirum Græci appellarunt μυτακισμόν, cum nimium aut temere m repetitur, unde vitiosa collisio. Vide Vossium Institut. Oratoriar. lib. IV, cap. 2, § 2.
[d] Ita Mss. At editi, *ab illius temporis interpretibus*, aut *ab ullius*, etc.
[e] Bigot. et Utic., *similaginis*.

cognoverit, in extremo libro Moralium manifestat, cum dicit : « Expleto itaque hoc opere, ad me mihi video esse redeundum. Multum quippe mens nostra etiam cum recte loqui conatur, extra semetipsam spargitur. Integritatem namque animi, dum cogitantur verba qualiter proferantur, quia trahunt extrinsecus, minuunt. Igitur a publico locutionis redeundum est ad curiam cordis, ut quasi in quodam concilio consultationis ad me ipsum discernendum couvocem cogitationes mentis, quatenus ibi videam ne aut incaute mala aut bona non bene dixerim. Tunc enim bene dicitur bonum, cum is qui dicit, soli ei a quo accepit, per id appetit placere quod dicit. Et quidem mala me aliqua, etsi dixisse non invenio, tamen quia omnino non dixerim, non defendo. Bona vero si qua divinitus accipiens dixi, meo videlicet vitio minus me bene dixisse profiteor. Nam ad me intrinsecus rediens, postpositis verborum foliis, postpositis sententiarum ramis, dum ipsam subtiliter radicem meæ intentionis inspicio, Deo quidem ex ea me summopere placere voluisse cognosco; sed eidem intentioni qua Deo placere studeo, furtim se nescio quomodo intentio humanæ laudis interserit. Quod cum jam postmodum tardeque discerno, invenio me aliter agere quod scio me aliter inchoasse. Sic enim sæpe intentionem nostram, dum ante Dei oculos recte incipitur, occulte subjuncta, et eam velut in itinere comprehendens, humanæ laudis intentio assequitur : sicut pro necessitate quidem cibus sumitur, sed in ipso esu, dum furtim gula subripit, edendi delectatio permiscetur; unde plerumque contingit ut refectionem corporis, quam salutis causa cœpimus, causa voluptatis expleamus. Fatendum est igitur quod rectam quidem intentionem nostram, quæ soli Deo placere appetit, nonnunquam intentio minus recta, quæ de donis Dei placere hominibus quærit, insidiando comitatur. Si autem de his divinitus districte discutimur, quis inter ista remanet salutis locus, quando et mala nostra pura mala sunt, et bona quæ nos habere credimus pura bona esse nequaquam possunt? Sed hoc mihi operæ pretium credo, quod fraternis auribus omne quod in me latenter ipse reprehendo, incunctanter aperio. Quia enim exponendo non celavi quod sensi, confitendo non abscondo quod patior. Per expositionem patefeci dona, per confessionem detego vulnera. Et quia in hoc tam magno humano genere, nec parvi desunt qui dictis meis debeant instrui, nec magni desunt qui cognitæ meæ debeant infirmitati misereri, per hæc utraque aliis fratribus quantum possum curam confero, ab aliis spero. Illis dixi exponendo quod faciant, istis aperio confitendo quod parcant. Illis verborum medicamenta non subtraho, istis lacerationem vulnerum non abscondo. Igitur quæso ut quisquis hoc

A legerit, apud districtum Judicem solatium mihi suæ orationis impendat, omne quod in me sordidum deprehendit fletibus diluat. Orationis autem atque expositionis virtute collata, lector meus in recompensatione me superet, si, cum per me verba accipit, pro me lacrymas reddit.)

80. Hujus beatissimi Gregorii venerabile corpus, a Gregorio quarto sedis apostolicæ præsule [a] post annos circiter quinquaginta translatum, ante novellum secretarium constructis absidibus, sicuti modo cernitur, [b] sub altari sui nominis collocatur : quo ejus anniversarie solemnitas cunctis certatim pernoctantibus veneratione gratissima celebratur, in qua pallium ejus, [c] et phylacteria, sed et balteus ejus consuetudinaliter osculantur. Quæ sigillatim considerata, et antiquitatem viri, et mediocritatem habitus, et speciem regularis propositi signis perspicuis repræsentant. Nam in eo quod pallium ejus byssó candente contextum nullis fuisse cernitur acubus perforatum, sic ipsum circa scapulas obvolutum fuisse, non autem confixum dignoscitur, sicuti vetustissimis musivis vel picturis ostenditur. Quod autem reliquiarum phylacteria tenui argento fabricata, vilique pallio, de collo suspensa fuisse videntur, habitus ejus mediocritate demonstratur. Porro in exilitate baltei, quæ unius pollicis mensuram nunquam excedit, speciem propositi regularis olim a sancto Benedicto statuti, cujus ipse vitam describens, in dialogo regulam quoque laudaverat, eum servasse luce clarius manifestat, præsertim cum idem venerabilis doctor Gregorius Græcam linguam nescierit, et sui monasterii monachos Benedicti utique regulis mancipatos in Saxoniam destinarit.

81. Siquidem quod Græcam linguam nescierit, ipse testatur in epistola Eusebio, Thessalonicensi episcopo, scribens : Lator præsentium Theodorus, Ecclesiæ lector, ad sanctorum apostolorum limina veniens, dum homo (quippe ut novus) haberetur incognitus, Andreæ monacho, qui ad sanctum Paulum inclusus fuerat, res et chartas quas detulit, ut re vera olim noto, innocenter deposuit, credens quod mens ipsius (sicut et nos ante putaveramus) cum habitu concordaret. Sed ille tantæ pravitatis inventus est, ut si ejus stultitiæ sub inclusionis specie paulo adhuc amplius licuisset, multorum animas malitiæ suæ falsitate deciperet, et quæcumque potuisset non levia scandala generaret. Nam inter alia quæ idem Andreas pessime cogitavit et fecit, eam quoque quam ad nos misistis, dum apud ipsum a præfato lectore esset deposita, infalsavit epistolam, ut quicumque eam legeret, vos nec catholica nec recta sapere evidenter argueret. Ex qua re contigit ut dum veritatem studiose quæreremus, ejus quæ latebat iniquitas vulgaretur : et tanta in eo reperta sunt, quanta nec de

---

[a] Lege ducentos viginti quinque : nam Gregor. IV an. 827 sedere cœpit. Aut legendum, ante an. fere 50. In Reg., post annos multos.

[b] Plur. ed., sub altaris sui nominibus. Hunc errorem correxerunt Bollandiani : certe facile ex Mss. redarguendum. Cæterum præter hanc translationem, aliam lege Sæculo IV Bened. ; Christi nono, quo sacræ S. Doctoris reliquiæ monasterio S. Medardi Suess., caput vero benedict. cœnobio S. Petri vivi Senonensis cessisse referuntur.

[c] Phylacteriorum nomine intellige crucem pectoralem Reliquiis refertam, quam gestari solitam refert Grégor. lib. XII, ep. 7; nunc lib. XIV, ep. 12. MABILL.

scelerato quocumque laico crederentur. Et quia inter diversa mala aliquos etiam sermones scripsit, atque eos ex nostro nomine titulavit, et suspecti sumus ne eos alicubi transmiserit, fraternitas vestra sollicitudinem gerat; et si quid tale repererit, eos exscindi et omnimodo faciat aboleri, ut quod imperitus litterarum et Scripturæ divinæ nescius, nostro, sicut diximus, nomine prænotavit, quorumdam animos non possit inficere. Nam nos nec Græce novimus, nec aliquod opus Græce aliquando conscripsimus. » (*Regist. lib.* xi, *ep.* 69.)

82. Quod vero monachi, qui a Gregorio in Saxoniam missi, sancti Benedicti regulæ fuerint mancipati, **176** inter alia etiam illud ostendit, quod ex ipsius discipulis vix potest in illis partibus monachus aliquis inveniri a quo non observetur tam in proposito quam in habitu regula Benedicti. Quapropter sicut constat Gregorianum monasterium a Latinitate in Græcitatem necessitate potius quam voluntate conversum; ita fideliter præstolatur in Latinitatis cultum favente Domino denuo reversurum:

83. In cujus venerabilis monasterii atrio, jussu Gregorii, juxta [b] nymphium duæ iconiæ veterrimæ artificialiter depictæ usque hactenus videntur. In quarum altera beatus Petrus apostolus sedens conspicitur, stantem [c] Gordianum, regionarium, videlicet patrem Gregorii, manu dextera per dexteram nihilominus suscepisse. Cujus Gordiani habitus castanei coloris planeta est, sub planeta dalmatica; in pedibus caligas habens; statura longa, facies deducta, virides oculi, barba modica; capilli condensi, vultus gravis. In altera vero mater Gregorii sedens depicta est Silvia, candido velamine a dextro humero taliter contra sinistram revoluto contecta; ut sub eo manus tamquam de planeta subducat; et circa pectus sub gula

[a] An forte S. Andreæ monasterium Græcis monachis concessum est a Stephano papa III, qui monachis itidem Græcis cœnobium S. Dionysio Areopagitæ sacrum a se erectum attribuit? Ut ut sit, illud S. Andreæ asceterium Benedictinis, juxta Joan. Diaconi votum aliquando restitutum, tandem Camaldulensibus a Greg. XIII assignatum est. MABILL.
[b] Est templum feminarum seu locus templi feminis destinatus, inquit Mabill. At Bollandus hic nymphæum pro lavacro seu fonte accipit; quia nymphæ aquarum deæ erant.
[c] Imago illa Gordiani quam Baronius in Annalibus exhibet, quamque excudere curarunt qui Gregorii opera Vaticanis typis edidere, Gussanvillæus, et nuper noster Mabillonius in Annalibus Bened. non videtur ea ipsa quam hic Joannes Diaconus describit. Ubi enim Petrus apost. Gordianum per manum dexteram suscipiens? Certe in istis iconibus visitur Gregorius medius inter Gordianum et Silviam qui ad eum tantisper faciem convertunt. De his imaginibus infra.
[d] Matronalem appellat hanc mitram, ut forte eam distinguat a mitra sacrarum virginum, de qua vide notam 613 in lib. Sacram. col. 441 et 442. Mitra proprie erat muliebre capitis ornamentum; unde turpe erat viro mitralii gestare. Hinc Æneid. iv :

Et nunc ille Paris cum semiviro comitatu
Mæonia mentum mitra crinemque madentem
Subnixus.

Redimicula habebat mitra, quæ verbo Græco Lucre-

inferior tunica pseudolactini coloris appareat, quæ magno sinuamine super pedes defluat; duabus zonis ad similitudinem dalmaticarum, sed latioribus omnino distincta; statura plena, facies rotunda quidem et candida, sed senio jam rugosa, quam ipsa quoque senectus pulcherrimam fuisse significat; oculis glaucis et grandibus, superciliis modicis, labellis venustis, vultu hilari, ferens in capite [d] matronalem mitram candentis [e] brandei raritate niblatam; duobus dexteræ digitis signaculo crucis se munire velle prætendens, in sinistra vero patens psalterium retinens, in quo hoc scriptum est : *Vivit anima mea, et laudabit te, et judicia tua adjuvabunt me* (*Psalm.* CXVIII, *vers. penult.*). [f] A dextero vero cubilo usque ad sinistrum circa scapulas versus ascendens reflectitur, qui ita se habet : *Gregorius Silviæ matri fecit.*

48. Sed et [g] in absidula post fratrum cellarium Gregorius ejusdem artificis magisterio in rota gypsea pictus ostenditur, statura justa et bene formata, facie de paternæ faciei longitudine et maternæ rotunditate ita medie temperata, ut cum rotunditate quadam decentissime videatur esse deducta, barba paterno more subfulva et modica; ita calvaster, ut in medio frontis gemellos cincinnos rarusculos habeat, et dextrorsum reflexos; corona rotunda et spatiosa, capillo subnigro et decenter intorto sub auriculæ medium propendente; fronte speciosa, elatis et longis, sed exilibus superciliis; oculis [h] pupilla furvis non quidem magnis sed patulis; subocularibus plenis; naso, a radice **177** vergentium [i] superciliorum subtiliter directo; circa medium latiore, deinde paululum recurvo et in extremo patulis naribus prominente; ore rubeo; crassis et subdividuis labiis, genis compositis; mento a confinio maxillarum decibiliter prominente; [j] colore aquilino et vivido; nondum, sicut ei

tius lib. IV *Anademata* appellat. Idem Maro lib. IX Æneid.

Et habent redimicula mitræ.

[e] Bigot. et Utic., *prandet* ibid. pro, *raritate nimblatam*. Utic. habet *raritatibus latam*. Mabill. putat legendum *nimbatam*. Nam nimbus inquit, est fasciola transversa ex auro assuta linteo in fronte feminarum.
[f] Hæc etiam omissa sunt in effigie vulgata S. Silviæ.
[g] Excusi, *in absidicula*. Apud Güss. et in plurimis editis legitur etiam *aurificis* pro *artificis*.
[h] Mabill., Gussanv. et alii, *pupilla fulvis*. Bollandus Mss. sequitur.
[i] In Reg. Germ., Bigot. et Utic., *ciliorum*.
[j] Ita optime Bollandus consentientibus Mss. Vatic., etc., Alii, *et livido*. Certe Joannes describit oris S. Gregorii colorem, aliequam morbis assiduis mutatus esset, ut sequentia verba innuunt, *nondum.... cardiaco*. Ergo potius legendum *vivido* quam *livido*, quod nescio utrum in aliquo Mss. codice reperiatur. Aquilinus color seu aquilus ab aqua dicitur secundum quosdam grammaticos; et ab aquila juxta alios. Suetonius in Augusto: *Nasum absummo eminentiorem..... colorem inter aquilum candidumque.* In Vita Virgilii, auctore Tiberio Donato, *corpore et statura fuit grandi, colore aquilino.* Color cardiacus est pallor contractus ex cardiaco morbo, seu ex languore stomachi; καρδία enim Græce non solum significat cor, sed etiam ven-

postea contigit, cardiaco; vultu mitis; manibus pulchris; teretibus digitis et habilibus ad scribendum. Praeterea planeta super dalmaticam castanea, Evangelium in sinistra, modus crucis in dextra; pallio mediocri a dextro videlicet humero sub pectore super stomachum circulatim deducto, deinde sursum per sinistrum humerum post tergum deposito, cujus pars altera super eumdem humerum veniens propria rectitudine, non per medium corporis, sed ex latere pendet; circa verticem vero tabulae similitudinem, quod viventis insigne est, praeferens, non coronam. Ex quo manifestissime declaratur, quia Gregorius dum adviveret, suam similitudinem depingi salubriter voluit, in qua posset a suis monachis, non pro elationis gloria, sed pro cognitae districtionis cautela, frequentius intueri. Ubi hujusmodi distichon ipse dictavit:

Christe potens Domine, nostri largitor honoris,
Indultum officium solita pietate guberna.

85. Ubi etiam tempore Petri archidiaconi, et [a] Joannis hegumeni, Saturninus monachus dextra laevaque beati Gregorii effigies sanctorum apostolorum, quemadmodum modo videntur, depinxit. Quo scilicet loco nonnunquam divinitus candela succenditur, et in ejusdem similitudinis effigie pro regimine sui monasterii saepe beatus Gregorius praesentatur.

86. Nam ut pauca de multis contingam, Leonis Quarti pontificis tempore, cum Megistus, [b] Ostiensis episcopus et apostolicae sedis bibliothecarius, eidem monasterio praeesset, Joannes presbyter, ejusdem praepositus, cum quadam femina turpiter vivens, vehementissimo podagrae dolore correptus est, qui medicorum manu cauteriatus per exustionis vulnus calcem coepit effundere. Quam restringere nullis artibus praevalens, in tantam desperationem perductus est, ut ab omni illius feminae visitatione desisteret, et illa sibi alterum sub eodem facinore copularet. Sed post annum presbyter ad pristinam sanitatem revertens, quamquam propositum sibi fuisset ut ulterius nullam contingeret, ad eamdem tamen misso nuntio, futuro die Dominico se redire professus est. Quo recepto, ubi suo desiderio votum quoque mulierculae convenire gavisus est, ad balnea processit. Unde revertens, tantum laetitiae potionibus et cantionibus se dissolvit, ut subrepente somno interesse nocturnis cum fratribus nunquam potuisset officiis. Eadem nocte cuidam presbytero et monacho beatus Gregorius in somnis apparens, ait: Surge, et dic praeposito ut poenitentiam agens, peculium suum, quod eum aggregare non puduit pro peccato conscientiae suae, dispergat: quia die tertia funditus exstinguetur a vita. Quod praepositus ut audivit, vehementer expavit. Et quia Gregorii mandato incredulus esse non poterat, poenitentiam coepit, cunctaque sua sanus distribuens, tanto febris ardore correptus est, ut, a diluculo diei tertii usque ad horam tertiam cum ingenti fragore prae incendio linguam ab ore projiciens ultimum flatum protraheret. Quem presbyteri tam duriter laborare videntes, deputatis illic monachis, qui cum psalmodiis ejus exitum commendarent, ipsi pro eo omnipotenti Deo studuerunt solemnes hostias immolare. Sed monachi psalmodiam deserentes, non timuerunt inter se morienti fratri detrahere; cum ecce presbyteri a missarum solemniis circa horam septimam remeantes, Joannem presbyterum, quem incredibiliter cum morte luctantem reliquerant, levius se habere mirati sunt, cumque nominatim clamare coeperunt. Mox ille oculos, subridendo, concutiens: « Parcat, inquit, vobis Dominus, fratres: quare me sollicitare voluistis? Qui ab ipso hujus diei principio usque nunc coram Christo praesidenti multis millibus angelorum cum diabolo ad judicium steti, et, adjuvantibus me sanctis Andrea et Gregorio, cunctis ejus objectionibus bene respondi. Sciatis autem quia monasterii sextarium, modium, libram, consuetudinem eleemosynarum et luminum, omnemque mensuram curiosissime Christo quaerenti usque ad scabellum pedum ejus portavi. Sed de una objectione, fateor, [c] convictus metui de qua nimium, sicut vidistis, laborando vexatus sum, et me adhuc liberare non potui. Cumque fratres de ea requirerent, ait: Non audeo dicere, quia vobis me clamastis, et a sancto Gregorio redire jussus sum, ut vobis etiam de mensuris et consuetudinibus monasterii ponerem rationem, diabolus questus est, putans, quod me Pater ad poenitentiam remisisset. Quapropter beatum Gregorium vadem dedi, ne commotam calumniam cuilibet revelarem. Illis magis imminentibus, et se pro eo deprecaturos Dominum promittentibus, ut causam fratribus revelaret, defunctorum quorumdam domos et viventium merita proferebat, dicens: Iste dignus, ille indignus est. Rursus interrogatus, ad monachos, qui pridem secum remanserant, conversus est, dicens: Omnia in quibus mihi detraxistis, fratres, audivi, quamquam respondere nequiverim, et impedimentum mihi non modicum generastis, quia tam a vobis quam a diabolo sub uno tempore accusatus, nesciebam cui primitus calumniae responderem. Sed si quando quemlibet migrantem videritis, compatimini sorti communi, et nolite de eo judicare, qui tam districti judicis cum criminatore suo judicium vadit. » His expletis, cunctos jubet abscedere, solum presbyterum qui sibi mortem praenuntiaverat secum tenens. Qui solus remanere pavescens, alterum secum retinuit, hortatus ut causam pro qua conflixerat saltem sibi pandere non timeret. At ille vehementer ingemuit, et converso ad parietem capite, clamabat, dicens: « O Andrea, Andrea, hoc anno pereas, qui me pravo consilio ad periculum compulisti, triculum seu stomachum, maxime os ventriculi. De hoc morbo Horatius lib. II, satir. 3.

Non est cardiacus, Craterum dixisse putato,
Hic aeger.

[a] Ita Mss. At editi Joan. OEconomi. Fortasse cum S. Andreae monasterium Graecis monachis cessisset, qui unc ipsi praeerat nomine Graeco dicebatur ἡγούμενος,

hoc est praeses, praefectus monasterii. Infra c. 88 liquet hunc hegumenum, seu oeconomum, ut habent Excusi, monasterio praefuisse.

[b] Utic., *Hostiensis episcopi*.

[c] Excusi, adstipulantibus Germ., Colb. et Reg., *convicius erubui de me*.

listi. » E vestigio Zacharias medicus, qui anno præterito ad suos, videlicet Sarracenos, apostatando reversus est, adfuit, tactisque temporibus, jurare cœpit presbyterum ex eadem valetudine minime moriturum. Quem languidus ut audivit, cum ingenti animadversione repulit, dicens : « Fratres, jam omne corpus meum est mortuum, in extremis faucibus spiritum permissum retineo, continuo moriturus ; tantum psallite, ut revideam angelos quos videbam, et innuens vobis ostendam. » Quibus orantibus, totus cœpit tremere, pallescere, sursum desideranter aspicere : cum subito spiritus adveniens conspiciens, revolutis terribiliter oculis, monachis innuit, et abscessit ; eosque tanto terrore perculsos dimisit, ut multis noctibus soli jacere timuerint.

87. Eodem die sicut postea deprehensum est, eodemque momento, quando presbyter moriens Andreæ periculum fuerat imprecatus, idem Andreas, fundi Barbiliani, positi scilicet via Ostiensi, conductor, in lectulum decidit ; in quo per multum temporis continuo languore correptus, ita totus emarcuit, ut omne corpus ejus particulatim videretur dissolvi. Cumque defluentibus carnibus consumi posset, mori autem non posset, uxor, quæ fœtorem vulnerum virique cruciatus jam sustinere non poterat, intellexit tanti languoris incommoda sine divinæ ultionis sententia huic nullatenus incurrisse. Quem flendo curavit inquirere, ut quoniam a moriente præposito frustra vocari non poterat, quid cum ipso commiserat monachis revelaret, si forte Dominus ejus confessionem recipiens, eum a tantis cruciatibus liberaret. At ille, cognoscens malum quod fecerat latere non posse, monasterii monachos convocari rogavit, eisque confessus est cum eodem præposito quasdam monasterii chartulas rapuisse, ac receptis pretiis extraneis tradidisse, seque certum existere quia pro hoc flagitio mori non posset quousque hoc coram omnibus revelaret. Quod videlicet verum fuisse rei exitus evidenter ostendit. Nam mox ut tantum facinus cunctis innotuit, is qui dudum mori volens non poterat, inter verba suæ confessionis efflavit. Quem idcirco Deus omnipotens diu cruciari voluit, mori autem, donec reatum suum confiteretur, non posse permisit, ut exemplo sui cruciatus ostenderet, quid consumptores rerum Gregorii de semetipsis utique sperare debuissent.

88. Ipsius quoque pontificis tempore, ejusdem Patris monasterio Athanasius præfuit, vir quidem charitate conspicuus et sui monasterii cautissimus executor. Qui cum sævientis inopiæ tempus agnosceret, ne monachis necessitas fortassis incumberet, quadraginta pauperum, quos beatus Gregorius pasci semel in anno decreverat, refectionem subduxit. Quod impune se fecisse perpendens, etiam duodecim pauperum prandium totidemque denarios qui die depositionis beati Gregorii pro commemoratione duodecim ab eo quondam invitatorum, quorum tertius decimus angelum se esse professus est, consuetudinaliter pascebantur, [a] penitus interdixit : cum ejusdem Quadragesimæ tempore beatus Gregorius eidem presbytero cui supra et monacho in somnis apparuit, dicens : Vade et dic hegumeno : Quia diminuit consuetudinem, quam ego constitui, Dominus quoque ejus dies diminuet. Quod hegumenus ut audivit, primo quidem contremuit, post vero tanto minus credidit, quanto vitam suam longius cognoscebat extendi. Et ecce sub ipsis albis Paschalibus in oratorio sancti Severini cum fratribus vespertinis assistens officiis, ardere parietem vidit, quem fratribus exstinguere imperavit. Quibus hunc vinolentum credentibus, ipse tandem ferulam quam tenebat projiciens, manusque per parietem circumducens conabatur foris flammas exstinguere, quas constabat intima ejus depascere. Denique ad hospitium rediens, tantæ febris ardore succensus est, ut pervenire ad diem septimum nullatenus potuisset. Quia ergo dum consuluisse putavit se monachis, pauperibus nocuisse non timuit, ac per hoc quo se placare posse Gregorium credidit, prorsus offendit : frustra flammas parietis exstinguere voluit, quia tenacitatis suæ flammas exstinguere recusavit.

89. Eodem nihilominus tempore post absidem oratorii sanctæ Mariæ semper Virginis oratorio sanctæ Barbaræ, ubi Gregorius laudes Domino celebrare solebat, conjuncti, dæmon apparuit, sibique in antro, quod illic cernitur, hospitium faciens, nocturnis horis tanto crepitabat fragore, ut omnia fundamenta monasterii putaretur convellere. Nonnunquam equos de stabulis auferens audiebatur tota nocte discurrere, quorum duos præcipitio demersisse probatus est. Cumque pavore tanti sonitus monachos a triclinio, in quo ad auram propter fervorem caumatis jacere solebant, penitus avertisset, unus eorum confisus in virtute Dei omnipotentis ante foramen decumbens, oratione facta, cœpit dormire. Cui dæmon in similitudine catti apparuit, eumque unguibus est aggressus discerpere. Quo monachus oratione repulso, identidem sopori se tradidit, cum subito dæmon in similitudine cujusdam Æthiopis lancea minando apparuit, dicens : Ego quidem hinc vado, sed te vulneratum dimitto. Quo dicto, lanceam [b] vibravit, monachumque sicut videbatur, in somnis percussit. Qui tantis clamoribus ejulavit, tanquam si revera percussus exstiterit ; accurrentibusque monachis, licet pavidus, quod viderat indicavit, et deinceps ibi ulterius dæmonium non accessit.

90. Benedicti quoque pontificis tempore, Lucido Ficulino episcopo eidem monasterio præminente, cum pestilentia faucium multitudo quotidie maxima deperiret, idem monachus, præclusis faucibus, venit ad mortem, cui desperanti beatus Gregorius in somnis apparuit, dicens : Vis sanus fieri ? At ille respondit se velle. Et beatus Gregorius : « Si mihi, inquit, promiseris ea quæ tibi dixero fore dicturum, scito te esse sanandum ; sin vero, citius moriturum. Cumque ille se dicturum tota certitudine promitteret, audivit :

---

[a] In vulgatis, *penitus intercipit.*

[b] Bigot., *libravit.*

Ito, denuntians Sabæ, Joanni, Benedicto, Martino, Palumbo et Antonio monachis, Laurentio coco, Gemmoso carpentario, Accepto pistori, Andreæ, Romano, et Leoni laicis, quoniam a crastino incipientes omnes [a] dietim se moriendo subsequentur. 181 Post quorum decessum denuntia, Lucidum episcopum, qui tenet id monasterium, die septimo moriturum.) His dictis, monachum oscitare præcipiens, duos digitos in faucem conjecit, vulnusque disrumpens, ut excrearet injunxit. Ille tussiens, partem coagulati sanguinis in modum lapidis re vera projecit; et ab ipsis pene mortis januis liberatus, eadem nocte contra spem omnium matutinalibus hymnis interfuit. Mirantibus fratribus, sanitatis suæ modum innotuit, quos quando et qualiter ex monasterii familia morituros præviderit, indicavit; de sola interim episcopi morte dubitando conticuit. Et e vestigio in cunctorum morti deputatorum auribus volans fama discurrit; et dum ex relatione monachi se morituros certo die cognoscerent, dispositis suis reculis, ita se in mortem secuti sunt, sicut fuerant in somnio nominati.

91. Cumque presbyter monachus Lucido episcopo tam dirum nuntium revelare timeret, tacere autem penitus non auderet, monasterio se tandem proripuit, et ad domum episcopi non longe a flumine Tiberi, [b] regione videlicet juxta basilicam sanctorum Cyri et Joannis positam, somnium nuntiaturus accessit. Quem scilicet, ubi cum pontifice in palatio prandere cognovit, exspectans redeuntem, sacerdotalibus vestimentis indutum, colore fulgidum, valetudine quoque sanissimum, salutare curavit. Cui episcopus ait : « Jam nunc in tota urbe pro divino [c] haberis, quia de his quos morituros prænuntiasti, solus unus remansit. At ille : Utinam sicut et ille quem vivere putas defunctus est, sic ipse qui hunc sequi prædictus est exiliret. » Cumque episcopus de eo tota curiositate requireret, et monachus dicere palpitaret, tandem ubi die sexto se moriturum cognovit, expalluit atque contremuit; resumptisque viribus, contra monachum frenduit; quem redire volentem retinuit. Interiora cubiculi pervagus penetravit; paulatim sibi fauces dolere persensit. Deinde sibi tacto pulsu, mox febris signa cognovit; monacho credidit; domum suam disposuit; ad monasterium cui præerat, eisdem infulis redimitus quibus a patriarchio reversus fuerat, venit. Secunda feria cunctis tam subitam conversionem mirantibus, monachicum habitum suscepit; et paulatim ingravescente molestia, sextæ feriæ diluculo subdormivit. Ac denuo suscitatus, apparuisse sibi sanctum Andream apostolum, seque circa horam tertiam vocandum esse, sibique præceptum perhibuit, ut quia suæ mortis exspectatione suspensi monachi, sancti Fabiani munia solita celebrare non poterant, mox corpus suum sepulturæ traderent, acceptisque a se cereis ac thymiamatibus ad peragenda solemnia festinarent. Hora itaque tertia episcopus lætus defungitur, ut in ipsa vultus ejus lætitia, conversio ipsius

A Deo fuisse placabilis cunctis videntibus monstraretur.

92. Eodem tempore germanus ejusdem monachi mentis insaniam passus est, ita ut humana consortia fugiens, multo tempore pervagus per cryptas solitarias, et cœnosa monumenta discurreret. Cujus insaniæ frater nimium condolens, quotidie sanctum Gregorium profusis lacrymis precabatur, ut sibi fratrem sospitem reddere dignaretur. Itaque 182 cum nocte quadam post hujusmodi fletus quiesceret, beatus Gregorius apparuit ei dicens : « Videns lacrymas tuas, suscepi orationem tuam; et ecce germanum tuum tibi hodie sanum reducam. Et hoc tibi signum, quia, statim ut dies illuxerit, jussu pontificis, presbyter qui hic inclusus est extrahetur. » Qui surgens matutinali tempore fratribus indicavit. Forte tunc idem presbyter Campanus de loco [d] qui Claustrum non longe a Terracina vocatur, a suis pro quodam crimine accusatus, in eodem monasterio tenebatur; et temporibus multis labentibus a suis accusatoribus, jam contemptus, a cunctis quoque suis fuerat in oblivionem deductus, cum nullum propinquum, nullum in Urbe cognitum habere potuisset, qui de eo pontifici suggessisset; et monachi quidem pro eo satagerent, sed proficiendi aditum non haberent, pontifex divinitus recordatus ejusdem, diluculo hunc ab ergastulo jussit extrahi, liberumque dimitti. Nec multo post monachi frater ita sanus reversus est, ut videretur hactenus in ejusdem Patris monasterio tanto fidelius deservisse, quanto se illius adminiculo meminit ad pristinam sanitatem remeasse.

93. Reverendæ quoque memoriæ Nicolai pontificis tempore, regimen ejusdem monasterii Zacharia civitatis Anagninæ præsule, sicut hodie superest, procurante, fundum Barbilianum, cujus superius fecéram mentionem, pro incolarum sceleribus dæmon aggressus est; et in similitudine taurelli de pratis mugiendo ad domum recurrens, invisibiliter suis corniculis virum sentiebatur noctu percutere, bovesque a præsepiis extrahens, per contiguos campos et compita cursu velocissimo fatigare. Cumque hoc diutius faceret, crebroque rusticis noxius immineret, hujusmodi percussionibus Saxulum quemdam ejusdem prædii conductorem affligendo disperdidit. Deinde bubulcos aggressus, tanta cæde perdomuit, ut intra trium mensium spatium neminem illic præter unum tantum [e] Ursellum nomine, quem similiter affligebat, reliquerit. Qui Romam veniens, dum tantæ cladis periculum fratribus indicaret, interrupto sermone monasterii portis egressus est, et obstupescentibus monachis nonnisi mane facto reversus est. A quibus curiose discussus, quonam se pridem tam subita velocitate proriperet, confessus est, dicens : « Dum vobis insaniam dæmonis revelarem, taurellus adfuit, anterioribusque pedibus me complectens, ac suis corniculis tundens, ante se cœpit minare, et tota nocte me subire muros coegit et arbores. Cumque

[a] Mss., *diatim . . . post quorum discessum.*
[b] Utic., *regiam videlicet juxta basilicam.*
[c] Bigot., Germ. et Reg.: *habeberis.*

[d] Utic., *ad austro.*
[e] Reg., Germ., Utic. et Bigot., *caucum ursulum* Colb., *cocum ursulum.*

novissime per pontem me conaretur demergere, de mentanea sententia liberaberis; sed neque tu, neque complexibus ipsius exilui, euinque toto conamine aliquis hic tecum degentium suam patriam revidebit.» fugiens, ad portas quas Euthymius hegumenus fecerat Mox Theutgaudus lectulo se proripuit, et primo suis, monasterii hujus perveni; quas clausas inveniens, deinde monasterii monachis, postremo quibuscunque ambabus manibus ambos ejus annulos apprehendi; potuit somnium revelavit. Et quia aliud hospitium et dum ab eis me luctaretur divellere, quidam calvus citius a pontifice impetrare non potuit, apud Sabinos pontifex obliquo latere se inter portarum rimas consedens, eodem anno cum suis omnibus vita privatus est. excutiens, ferula caput taurelli percussit, eumque in fugam compellens, me ab illius [a] percussionibus liberavit.» Ergo dum incolæ deperissent, et nullus 95. Eodem quoque tempore Suppo, Piceni comes, ibidem habitator accederet, ac per hoc monachi pro ibi applicuit, qui monachis quidem plurimam [b] dapsilitatem ostendit, et in rebus tam venerabilis monasterii usurpationem suorum prohibuit. Hujus familiaris quidam, nomine Faraldus, existens, siquando Suppo ad palatium processisset, fornicarias illuc, detestantibus monachis, non verebatur inducere, atque cum eis comessationes et saltationes illicitas celebrare. Idemque noctis principio secessum petens, a spiritibus immundis in aere per capillos appensus est; cumque tota nocte pendens vocis officium non haberet, matutinalibus horis beatus Gregorius ei videndum se præbuit, dicens: « Inimice Dei, non sufficiunt tibi alia mala quæ in meo monasterio pervicaciter operaris, insuper scenicas meretriculas in claustro monachico tanquam in theatro conducis. Crede mihi, hoc anno peribis.» Tunc ille magnis cœpit viribus pœnitentiam supplicare, et de cætero plenam correctionem promittere. Continuo Gregorius jussit eum dimitti; qui ad terram decidens, quia corrigi noluit, eodem anno veram fuisse Gregorii sententiam moriendo probavit. desolatione loci satagerent, cuidam eorum Gregorius in somnis apparens jubet, ut si dæmonem a monasterii fundo voluissent depellere, ab oratorio sanctæ Martinæ usque ad oratorium sanctæ Mariæ ibidem in domum Dominicam constitutum, fratres cum litaniis aquam spargentes exorcizatam procederent. Quo facto ita dæmon ab omni monasterii possessione repulsus est, ut postea per confinii limites ore, naribus atque oculis flammas ejicere, porcosque cogere a subulco notatus sit, sed intra fines monasterii nunquam intrare permissus.

94. Alio quoque tempore Theutgaudus quondam Trevirensis episcopus, qui cum Guntario, Agrippinæ Coloniæ episcopo, a reverendæ memoriæ Nicolao fuerat sacerdotali privatus officio, liberalitate Hadriani pontificis in eodem monasterio mansionem suscepit. Cui beatus Gregorius in somnis apparens, maximum terrorem quo de suo monasterio concitus egrederetur incussit. Ille perpendens visum fuisse phantasticum, oratione facta rursus dormire cœpit. Cui Gregorius pontificali habitu redimitus apparens: 96. Ejusdem comitis homo sub alio tempore Indulfus vocatus est. Cui dum cocus pro comparandis « Nonne, inquit, dixi tibi, ut a monasterio meo, quod in rebus propriis per invocationem sancti Andreæ lignis denarios peteret, nullo modo potuit impetrare; apostoli Domino dedicavi, recederes, quia diversorium fieri nullo modo licuisset?» Cumque Theutgaudus hospitandi sibi licentiam suscepisse se a pontifice respondisset, Gregorius ait : Et tu qui petisti, et ille qui dedit, utrique contra Deum fecistis, cujus vindictam citius incurretis. Evigilans Theutgaudus intremuit, et facta oratione sopori se reddere voluit, cum repente venientium sonitum audiens vehementer expavit, seque dormire simulavit. Appropinquans ergo Gregorius sanctum Andream apostolum per dexteram tenens, præcepit subdiacono qui se præibat cum lumine, dicens : « Corripe illum. Qui dum correptus in lectulo clausis oculis resedisset, Gregorius ait : Aspice in nos. Intuitus eos Theutgaudus magis intremuit, eumque sibi taliter comminantem audivit : Quia secundo commonitus, verbis oris mei credere noluisti, et me tua inobedientia adeo provocasti ut nunc apostolum Dei huc fatigare studuerim, scito cognoscens quia nisi hodie ab hoc monasterio meo recesseris, futura hebdomada cum tuis omnibus vita privaberis. Si vero recesseris, ab hac quidem mo- sed nefario jure percepit licentiam, [c] ut attegias, et fenestras, et vicini dormitorii tabulas aggressus diriperet, earumque ignibus sibi prandium præpararet. Cum sequenti nocte idem Indulfus ad secessum pergens, cur monasterii tabulas tam petulanter incendi præcepisset, a quodam sene discussus est. At ille more Gallico sanctum senem increpitans [d] follem, ab eo quidem virga leniter percussus est; sed vir superbus tanto pondere lapsus est, ut semivivus humi decumberet. Eodem momento sub eadem specie cuidam clerico foris dormienti idem senex apparuit, dicens : « Surge, et dic comiti ut ab hoc meo monasterio, in quo diversorium fieri omnino non licet, antequam me ad iracundiam provocet, salvus recedat. Ecce ego familiari ejus mihi obnoxio, quem videlicet percussum anto secessum dimisi, congruam medelam diffundam.» Quem quis esset clericus requirens, ipsum se esse perhibuit, qui ex pictura quæ ejus lectulo præminebat agnosci facile potuisset. Statim clericus surgens lumen arripuit, et ex picturæ similitudine sanctum Andream apostolum sibi apparuisse cognovit. Itaque ad Indulfum jacentem perrexit, et eum

---

[a] Iidem, excepto Reg., *persecutionibus*.
[b] *Dapsilitas, dapsilis*, voces sunt scriptoribus mediæ maxime ætatis familiares : *Dapsilitas* liberalitatem, *dapsilis* largum significat. De his fuse Cangius in Glossar.
[c] San. Germ., Reg., Colb., Utic. et Big., *ut regias fenestras*. Attegiæ sunt ædiculæ et casulæ. Vide Cangium. Juvenalis Sat. 14 : *Dirue Maurorum attegias*.
[d] Vox Gallica *fol* vel *fou*, cujus antiquitas ex hoc loco demonstratur.

semivivum jam reperit. Quem magnis ejulatibus clamare incipiens, tam comitem quam cunctos qui sub eisdem domibus dormiebant miserabili vociferatione venire coegit, et in faciem jacentis aquam suffundens, per invocationem sancti Andreæ apostoli tandem aliquando loqui fecit; atque cuncta quæ sibi revelata fuerant cum eo pariter Comiti revelavit. Qui, die facto, monachos evocavit, quid contra sanctum Andream commiserit querelabundus inquirere cœpit. At illi deletum dormitorium cocorum manibus ostenderunt. Cumque Deo devotus comes eos vellet supplicio subjugare, confessi sunt se illud ædificium Indulfi jussionibus delevisse. Pro cujus reparatione dum comes monachis argentum voluisset tribuere, Sergius, magister militum, restitit, promittens illud se pro eo continuo melius refecturum. Mox comes humiliter a monasterii claustro secedens, ad domum Petri filii quondam Caroli cum omnibus suis concessit; neque ulterius in eodem monasterio hospitium sibi dari concessit. Indulfus vero in domo ejusdem Sergii, magistri militum, derelictus disperiit, sibique sanctum apostolum prævaluisse suo ipsius detrimento monstravit.

185 97. Nuper Dominicus quidam presbyter, Zacharia episcopo, de quo præfatus sum, Gregoriani monasterii curam gerente, præpositus exstitit monasterii; qui carnis fragilitate corruptus, Eupraxiam quamdam sanctimonialem a monasterio sancti Andreæ apostoli, quod appellatur [a] Clivus Scauri, diripuit vel subduxit, et in regione septem viarum loco qui dicitur Vipera, collocavit. Cui cum corrupta sanctimonialis, quia latrinam et furnum contiguum non habebat, crebro videretur esse molesta, infelix presbyter peccatum peccato connectens, ut meretriculæ placere potuisset, beatum Gregorium non recusavit offendere. Cujus mirabilis, immo saluberrimi fontis ligna [b] tegulasque diripiens, secessum et furnum prostitutæ feminæ non erubuit fabricare. Quibus peractis, cum sequenti nocte jam securior a querelis lascivæ mulieris in eadem domo dormiret, vidit duos quosdam terribiles cubicularios se ligatis manibus ad venerabile monasterium reducentes. Quos interrogans, cujus præcepto sibi talia facerent, audivit hoc Romanum pontificem præcepisse. Forte tunc Joannes, sanctæ sedis apostolicæ pontifex, contra Sarracenorum incursus littora peragrabat; cujus absentiæ ligatus presbyter recordatus, increpando subjunxit: Dominus papa pridie contra Sarracenos perrexit, et vos quomodo dicitis quod ipse me ligari jusseritis, qui eum postea non vidistis? At illi dixerunt: Si Joannes papa hinc abiit, sanctus Gregorius hic remansit,

qui monasterii sui claustra solito more perlustrans, a te suum fontem reperit dissipatum, et nos ex ejus tegminibus tuæ meretriculæ furnum ac necessarium vidimus coopertum. Quod presbyter ut audivit, erubescens intremuit, eorumque violentia se [c] in corte monasterii teneri conspiciens, quemdam subdiaconum ab intimis egredientem atque cubiculariis dicentem audivit: Extendite eum, et cum quinquaginta [d] rubricis ventrem, totidemque dorsum fornicatoris atque sacrilegi presbyteri verberate. Quarum doloribus revera presbyter jam febricitans excitatus, ad monasterium caballo impositus, dextra lævaque ab aliis sustentatus recucurrit, reatus sui sententiam fratribus indicavit, et invisibilibus verberibus sub febris specie laniatus, nihil aliud dicere poterat, nisi : [e] Domine, reficio; Domine, reficio. Cumque interrogaretur cur hoc tam frequenter repeteret, dicebat se sub continuo verbere gemere; sicque sexto die sub hac miserabili voce defunctus est. Siquidem plurimis documentis probatum est in eodem venerabili monasterio fornicationis contagione pollutos diu subsistere omnino non posse.

98. Quo scilicet hactenus libra omnisque mensura quam idem beatus Gregorius instituit cum modio reservatur, de cujus mensura si quis ad opus monasterii panes velit efficere, triginta et quinque fiunt, [f] singuli duntaxat trium librarum; si quis vero ad opus alterius, ad eumdem numerum nunquam pertingit. Quod cum præfatus Zacharias episcopus pro certo vellet addiscere, pro celebranda **186** festivitate beati Andreæ apostoli decem modiorum tritici mensuram pistoribus dedit; e quibus pro undecim modiis multiplicatos, obstupescentibus eisdem pistoribus, panes recepit. Qui utique sollicite prius dinumerantes, si superfluos aliquot invenissent, sibi proculdubio reservarent.

99. Sane quam frequenter beatus Gregorius tam illic quam in apostolorum basilicis, necnon in patriarchio nunc exhortans innoxios, nunc vero deterrens [g] obnoxios, in ipsa suæ cognitionis effigie apparescat, quia nunc narrare non valeo, hic hujus operis, adminiculante Domino, terminum facio, et reliqua ejusdem Patris miracula post me doctioribus memoranda relinquo. Cujus nimirum venerabile meritum quousque mundi hujus orbita volvitur; ut cum Paulo viro disertissimo fatear, semper accipiet incrementum : quia ipsius sine dubio gratiæ adscribitur vel quod Anglorum Ecclesia nova semper sobole fecundatur, vel quod illius doctrinis [h] per orbem universum multi per peccatum elongati ad Christi clementiam revertuntur, vel quod boni quique ipsius suasio-

---

[a] Abest *Clivus Scauri* a nonnullis Mss. In German., *Glibbus Scauri.*
[b] Uticensis, *tabulasque.*
[c] Cortis, *court, courtil.* Sæpe in antiquis diplomatibus præsertim occurrit. Apud Martialem legitur lib. vii, epig. 30.
  Rancæ cortis aves et ova matrum.
Aliquando sumitur pro familia et domo etiam regia. In capitulis Caroli Calvi cap. 14 : *quin potius habeatis unde sufficienter et honeste cum domestica corte vestra vossitis vivere.*

[d] Per *rubricas* fortasse hic intelligit verbera quibus cruentarentur venter et dorsum fornicarii.
[e] Bigot., *Domine deficio.* Quam lectionem confirmat ejusdem presbyteri responsio : *se sub continuo verbere gemere.*
[f] Sangerm., Reg. et Bigot., *singillatim.* Utic., *singulatim.*
[g] Hic et supra cap. 96, *obnoxius* opponitur *innoxio,* et significat eum qui propter culpam ac reatum pœnæ est obligatus.
[h] Abest a Mss., *per orbem universum.*

nibus inflammati cœlestem patriam desideranter inquirunt.

100. Ecce, studiose pontificum, jussionis tuæ virtute coactus, dum quædam gestorum beati Gregorii prædecessoris tui, Saxonum videlicet gentis apostoli, deflorare desidero, virum descripsi rhetoricum scriptor ignarus. Sed deprecor ut ea curiositate qua me dudum hæc decerpere jusseras, ad omnium, sicut cœpisti, facias pervenire notitiam : ut in eo quod sacro sancto vestro judicio placuisse me gaudeo, nulli penitus dijudicandus addicar, quin potius judicaturus inveniar. Siquidem nuperrime quando hunc quartum librum, cooperante Domino, claudere gestiebam, nocte qua Dominicæ Resurrectionis dies venerabilis illucescebat, in somnis describens, quidam sub effigie cujusdam veteris insidiatoris palam videndum se præbuit, et candidissima tunica simulque tenuissima, cujus nimirum raritate nigredo subterioris tunicæ translucebat, sacerdotaliter insignitus mox propius adstitit, et inflatis buccis risum continere non potuit. Cui dum curulem præparare cogitarem, hunc supra modum cachinnantem conspiciens, compellare videbar quamobrem nocturno silentio tam petulanter vir officii gravioris perstreperet. At ille, quia, inquit, tu scribis de mortuis quos viventes aliquando nunquam vidisti. Cumque ego tanto me veracius scribere, quanto incognitum facie, non autem incognitum lectione, sine ullo [a] livoris vel adulationis vitio retulissem, respondit : Tu, sicut video, quod voluisti fecisti; at ego quæ facere potuero non cessabo. Hæc dicens, lucernæ flammas cujus lumine forte fruebar prorsus exstinxit; et lychnum totum quidem exstinguere non potuit; me tamen in tenebris constitutum ita perterruit, ut putarem me gladiis ab eo protinus jugulari. Cum post paululum desperanti mihi beatus Gregorius, comitante secum dextrorsum reverendæ memoriæ papa 187 Nicolao, sinistrorsum vero, sicut mihi videbatur, Petro suo diacono, multo lumine clarificatus apparuit, dicens : Modicæ fidei, quare dubitasti? Cui dum ego priori pavore perculsus respondere non possem, benevolus mihi pater Nicolaus latentem adversarium post cortinam, quæ tunc meum lectulum circumdabat, digito manifestans : quia, inquit, hic invidus lucernæ ipsius flammas quantum in se fuit exstinxit. Mox Gregorius manum diaconi, qua magnam facem tenere videbatur, arripiens, ejusque flammis os faciemque petulantis exurens, ad instar Æthiopis denigravit. Qua exustione ab ore petulantis parvissima scintilla descendens, candentem tunicam dicto citius conflagravit; sicque nigerrimus totus apparuit. Cumque diaconus diceret satis adversarium denigratum, beatus Gregorius : Nos, ait, illum non denigravimus, sed nigrum fuisse monstravimus. 188 Deinde infortunium meum diversis consolationibus exhortatus, abcessit. Et facem quidem secum detulit, sed tanto lumine locum in quo dormiebam revera fulgentem dimisit, ut expergefactus, pueros ante me dormientes crebrius inclamarem; nec ante quidquam sub gravi sopore quoquo modo responderent, aut surgere potuissent, quam relictæ lucis copia paulatim se subtrahens, penitus effluxisset. At de his Deus viderit : ego tamen divinæ spei fiducia roboratus, quia Gaudericus, episcopus Veliternus, expostulat, ad clementem Romanæ sedis antistitem, suffragante Domino, stilum convertam : quatenus qui continuis infortuniis tenuatus, amicis meis, a quibus utcumque sustentor, meritum rependere nequeo, saltem verba quæ valeo minime denegasse cognoscar.

[a] Utic., *favoris*.

SANCTI
GREGORII PAPÆ I
VITA,
EX EJUS POTISSIMUM SCRIPTIS RECENS ADORNATA.

LIBER PRIMUS,
Ejus historiam ab ortu ad summum pontificatum complectens.

CAPUT PRIMUM.

ARGUMENTUM. — 1. S. Gregorii genus. Gordianus ejus pater. — 2. Mater sancta Silvia. — 3. Majores, inter quos sanctus Felix papa. — 4. Amitæ, inter quas sanctæ Tharsilla et Æmiliana. — 5. Fratrem habuit. — 6. Quo anno sit ortus. — 7. Ejus nomen quid significet. — 8. Sancti pueri institutio. — 9. Et studia. (An. 549.)

199 1. Gregorius cognomento Magnus Romæ in lucem editus est, parentibus non minus splendore [a] generis, quam morum integritate ac sanctitate illustribus. Gordianus ejus pater senatorii ordinis vir nobilissimus ac ditissimus, regionarius fuit; hoc est, ut ex Joannis Diaconi l. IV, c. 83, narratione conjicit eminentissimus Annalium Ecclesiasticorum parens,

[a] Aniciorum videlicet, ut communis fert opinio; nec abnuit noster Mabillonius in Annalib. Bened. lib. VI, pap. 465.

ad annum 604, unus ex septem diaconis cardinalibus, qui dicti sunt regionarii, quod certis Urbis regionibus præficerentur. At vero non ex solis diaconis regionarii constituebantur, sed etiam ex subdiaconis et ex notariis, posteaque, Gregorio Magno concedente, ex defensoribus. (*Regist. l.* VIII, *ep.* 14.) Verba Joan. Diaconi referam, ut quid ex illis intelligendum sit prudens lector statuat: *In cujus venerabilis monasterii* (S. Andreæ) *atrio, jussu Gregorii, juxta nymphium duæ iconiæ veterrimæ artificialiter depictæ, usque hactenus videntur; in quarum altera B. Petrus apostolus sedens conspicitur stantem Gordianum regionarium, videlicet Patrem Gregorii, manu dextera per dexteram suscepisse. Cujus Gordiani habitus, castanei coloris planeta est, sub planeta dalmatica, in pedibus caligas habens.* Quæ sane vestimenta arguere videntur diaconum. Sed Ferrarius lib. I de Re Vestiaria, c. 38, censet promiscuum tunc fuisse planetæ ac dalmaticæ usum; idque luculenter probatur ex ipso Joanne Diac., dum inter vestimenta S. Silviæ Matris B. Gregorii, planetam recenset, ut infra dicemus. Qua de re legendus doctissimus Joannes Mabillonius in Præfat. ad Tom. I Act. SS., § CVIII. Regionarium tamen fuisse Gordianum, et inter ministros basilicæ S. Petri, aut Ecclesiæ Rom. cooptatum, demonstrant tum Joan. Diaconi verba, tum B. Petri effigies, Gordianum dextra manu suscipientis. Ex eadem veteri pictura Joan. Diacon. (*Cf. Paul. Diac.; Joan. Diac. lib.* I, n. 1; *Beda l.* II, *Hist. c.* 1; *S. Greg. Turon. lib.* X *Hist. c.* 4) tribuit Gordiano staturam longam, faciem diductam, virides oculos, barbam modicam, vultum gravem.

2. Silvia mater Gregorii mundo valedicens (utrum viro demortuo, an adhuc superstite, incertum) juxta portam basilicæ S. Pauli apostoli, secessum sibi delegit; quo in loco vulgo dicto *Cella nova* conditum oratorium ejus nomini dicatum, adhuc sua ætate stetisse testatur Joan. Diaconus. Silvia enim in Sanctorum album est relata, ejusque nomen Martyrologio Romano inscriptum legitur ad diem tertiam Novembris. S. Silviam in S. Andreæ asceterio depictam jussu S. Gregorii refert laudatus scriptor: *Sedens, inquit, depicta est Silvia, candido velamine a dextro humero taliter contra sinistram revoluto contecta, ut sub eo manus tanquam de planeta subducat.* Reliqua ad vestimentum et ornatum ejus pertinentia lege apud Joannem Diaconum lib. IV, c. 83. Ad formam ejus quod attinet: *Statura ei plena*, inquit ibidem, *facies rotunda quidem et candida, sed senio jam rugosa, quam ipsa quoque senectus pulcherrimam fuisse significat, oculis glaucis et grandibus, superciliis modicis, labellis venustis, vultu hilari, ferens in capite matronalem* [a] *mitram.* (*Cf. Joan. Diac. l.* I, n. 9.)

3. De Gregorii majoribus nihil certi nobis traditum, nisi quod *de senatoribus primis*, ut docet Gregorius, Turonensis episcopus (*Lib.* X *Hist. c.* 1), coævus scriptor, fuerit oriundus. Quibus verbis duplex hic sensus aptari potest, scilicet, aut Gregorium ab antiquis senatus Romani proceribus, illis nimirum vigente republica rerum dominis, genus duxisse, aut ejus patres inter primarios sui temporis senatores locum obtinuisse. Felicem papam atavum suum fuisse testatur ipse lib. IV Dialogorum, c. 16, et homil. 38 in Evangelia.

Quis autem fuerit ille Felix, tertius an quartus, ambigitur. Joannes Diaconus quartum fuisse asserit, quem *virum magnæ in Christi Ecclesia reverentiæ* appellat; aitque *basilicam sanctorum Cosmæ et Damiani martyrum via sacra juxta templum Romuli venustissime* fabricasse. Neque vero facile in animum inducere possumus Joannem Diaconum temere Felicem IV pro III pronuntiasse. Vitam S. Gregorii, hortatu Joannis papæ VIII, scribendam suscepit hic Rom. Ecclesiæ diaconus, quam postea ejusdem summi pontificis auctoritate comprobatam publicavit. Omnia vetera monumenta inspexerat, summorum pontificum catalogos, acta, diaria evolverat. Stantem adhuc, qualem Felix papa eam construxerat, sanctorum Cosmæ et Damiani basilicam, sollicitis oculis lustraverat, et ex nonnullis proculdubio vel inscriptionibus vel aliis certis argumentis deprehenderat, Felicem pontificem Gregorii atavum fuisse quartum nomine, non tertium. Et sane ante Baronii emendationem in Martyrologio Rom. legebatur Felix IV, aliundeque constat basilicam sanctorum martyrum de qua loquitur noster diaconus, non a Felice tertio, sed a quarto hujus nominis pontifice, fuisse ædificatam.

Hanc Joannis sententiam eminent. card. Baronius impugnat, tum in Annotat. ad Martyrolog. Rom. die 25 Februarii, tum in Annalibus Eccl. ad an. 581, hac præsertim ratione, quod Felicem IV Samnitem fuisse constet, majoresque Gregorii Magni, Romanos. At quid vetat Felicem, etsi genere Romanum, in Samnitibus tamen ortum esse? Quanquam ipse Gregorius, aliquos e suis consanguineis Samnites fuisse satis innuere videatur, cum ait, lib. III Dialog. c. 26: *Nuper in Samnii provincia quidam venerabilis vir, Mennas nomine, solitariam vitam ducebat, qui nostrorum multis cognitus, ante hoc fere decennium est defunctus.* Cæteroquin magnatum assignare patriam non ita quandoque expeditum est, quia parentes ipsorum sive ob diversas quas pro utilitate reipublicæ obeunt provincias, sive propter varia multis in regionibus prædia quæ possident, nulla fere in civitate fixam habent sedem. Sane extra Romanum agrum Gregorii proavos villas plurimas opimasque obtinuisse, inde liquet quod eorum heres Gordianus, amplissimum filio patrimonium in Sicilia reliquerit, ex quo postea sex monasteria in eadem insula, non solum construxerit, ut infra dicetur, sed etiam munificentissime dotaverit. Ruit etiam tota hujus argumenti moles, si dicatur Gregorium ex genere paterno Romanum quidem fuisse; aliquem tamen ex ejus majoribus in Samnio habitasse, ubi Felicem susceperit.

---

[a] De mitra lege notam ad locum Joan. Diaconi laudatum. Mitræ proprie coronæ sunt ex fasciis et orariis compactæ. (*Auctor vet. Etymolog. Græci.*) Vide notam 947 ad lib. Sacramentorum.

Unicus duntaxat nodus hic superest solvendus. Nimirum Felicis IV, qui auspicatus est pontificatum an. 526 et an. 529 ad cœlum migravit, ætas vix sinit eum Gregorii atavum suspicari; quinque enim generationum gradus inter utrumque numerari deberent, etsi a Felicis obitu ad Gregorii ortum undecim tantummodo anni effluxerint et Gordianum abnepotem septennem saltem Felix vidisset.

Fateor equidem raro evenire ut pater filios usque ad quartam generationem propagatos, quod Felici datum fuisset, amplectatur; neque tamen id omnino impossibile, aut inauditum, vel etiam prorsus insolens est. Forsitan etiam *atavus* hic stricte pro patre abavi et avo proavi non est accipiendus, sed hac voce unus ex majoribus, non habita ratione gradus generationis, significari potest.

Felix IV Ecclesiam ea prudentia et virtutum omnium laude gubernavit, ut Sanctorum fastis addi meruerit ad diem 30 Januarii. Eumdem honorem consecutus est Felix III, cujus natalis dies 25 Februarii celebratur.

4. De tribus amitis suis hæc observatione digna commemorat sanctus Gregorius, tum lib. IV Dialog. c. 16, tum hom. 38 in Evangel. : *Tres pater meus sorores habuit, quæ cunctæ tres sacræ virgines fuerunt: quarum una Tharsilla, alia Gordiana, alia Æmiliana dicebatur. Uno omnes ardore conversæ, uno eodemque tempore sacratæ, sub districtione regulari degentes, in domo propria socialem vitam ducebant.* Pergit sanctus Doctor in describendo continuo Tharsillæ et Æmilianæ profectu, optatoque ad cœlum transitu, invitante maxime Tharsillam neptem suam ad lucis æternæ consortium S. Felice papa, occurrenteque charissimæ sponsæ Christo Domino. *At contra*, inquit Gregorius, *Gordianæ animus cœpit a calore amoris intimi per quotidiana detrimenta tepescere, et paulisper ad hujus sæculi amorem redire. Quam curabant (piæ sorores) blanda quotidie redargutione corripere, atque a levitate morum ad gravitatem sui habitus reformare. Defunctis vero sororibus, oblita Dominici timoris, oblita pudoris et reverentiæ, oblita consecrationis, conductorem agrorum suorum postmodum maritum duxit. Ecce omnes tres uno prius ardore conversæ sunt, sed non in uno eodemque studio permanserunt: quia juxta Dominicam vocem, multi sunt vocati, pauci vero electi.*

Gregorium alterius aut amitæ aut materteræ meminit lib. I, ep. 39, scribens Anthemio subdiacono: *Volo autem ut domnæ Pateriæ thiæ meæ.... offeras ad calciarium puerorum solidos viginti, et tritici* 201 *modios trecentos.* Thia enim vox est a Græco θεία, quod *amitam* vel *materteram* significat, derivata. Lingua etiam Hispanica *tia* idem sonat. Quonam casu extremam ad inopiam Pateria nobilissima femina redacta fuerat, diu non est inquirendum, conflagrante tunc assiduis bellis universa Italia.

5. Gregorium fratrem habuisse, nullus qui ejus epistolas attente legerit in dubium revocabit; sæpe enim in illis fratris sui mentionem habet. Libro I, ep. 44, Petro subdiacono scribit: *Agimus autem gratias sollicitudini tuæ, quia de causa fratris mei præcepi tibi, ut argentum illius transmisisses debuisses.* Lib. IX, ep. 98 : *Sed si tantum est, gloriosum fratrem nostrum, vel de episcopis unum.... subscribere faciemus.* Eodem libro, ep. 102 : *Filius noster vir magnificus Occilianus.... puerum unum.... ex jure germani nostri ad eum noscitur perduxisse.* Lib. X, ep. 51 : *Quæ a glorioso fratre meo Palatino Patricio*, etc. Denique lib. XIV, Ep. 2 : *De monasterio S. Hermæ, quod.... a fratre nostro constructum est.* De eodem loqui videtur Greg. Turon. (*Lib.* x, *c.* 1), cum ait : *Sed Præfectus urbis Romæ germanus ejus* (Gregorii) *anticipavit nuntium.* Nam *germanus*, etiam apud optimæ Latinitatis scriptores, fratrem quasi eodem germine natum significat; hincque ab Hispanis *Hermano* frater dicitur et ab Italis *Germano*

6. Quo anno in lucem susceptus fuerit Gregorius conjecturis potius assequi quam rationum momentis statuere licet. Ut a notis ad obscuriora elucidanda perveniamus, constat ex antiquis monumentis ipsum diem extremum clausisse mense Martio an. 604. Morbis continuis potius quam senio confectus e vivis excessit sanctissimus pontifex. Nutrix ejus adhuc superstes erat, decem saltem annis antequam ipse vita cederet : quo tempore eam Rusticianæ patriciæ commendavit ep. 46 libri IV. Præterea de podagra, de stomachi languore, ac de variis aliis infirmitatibus sæpe conqueritur Gregorius; at de senii incommodis, nusquam; quod sane non leve suppeditat argumentum nondum ita provectæ ætatis. His adde quæ scripsit sanctus vir ad Januarium Caralitanum episcopum ep. 1 lib. IX, pontificatus sui an. nono ante obitum quarto vel quinto. Nempe objurgare coactus hunc episcopum senem, pudore statim videtur cohiberi, sibique hæc Apostoli ad Timotheum adhuc juvenem objicit : *Seniorem ne increpaveris* (*I Timot.* v, 1). Ergo juniorem se tunc agnoscebat præ Januario, proindeque vix credi potest ipsum tunc sexagenario fuisse majorem; verum quid de sua ætate suis in Dialogis ipse doceat consulamus.

Lib. III, c. 11, Gregorius referens miraculum in S. Cerbonio Populonii episcopo factum, tempore quo Totila Gothorum rex, Merulis octavo ab urbe Roma milliario castrametabatur, id *suis diebus* contigisse observat. Totila, qui regnare cœpit an. 541, Romam bis obsidione cinxit et expugnavit annis videlicet 546 et 549. Prior obsidio in annum integrum protracta est, quo tempore Totila non longe ab Urbe distabat. Unde vero propius videtur tunc id accidisse quod narrat Gregorius, eique ac aliis Romæ degentibus ea ratione facile innotuisse. Sex autem aut septem annos eo tempore saltem natus erat; neque enim quæ nobis adhuc vagientibus gesta sunt, ea nostris diebus evenisse dicere consuevimus. His perpensis, referendum existimo S. Gregorii ortum ad an. 540. Vigilii papæ tertium (si tamen ejus pontificatus anni a tempore quo in locum S. Silverii injuste exauctorati suffectus est computandi sunt), Justiniani Aug. decimum tertium, Vitigis Gothorum regis, quem Belisarius capta Ravenna vinctum duxit Constantinopolim, quintum et ultimum.

7. Gregorii nomen, quod vigilantem sonat, *Non sine magno quodam præsagio consecutus est,* inquit Paulus Diaconus (num. 1). Re etenim vera *vigilavit sibi, dum divinis inhærendo præceptis laudabiliter vixit; vigilavit fidelibus populis, dum doctrinæ affluentis ingenio eis quo tramite cœlestia scanderent patefecit.* Quanti fecerit vigilantiam sollicitudinemque Gregorius noster non obscure multis in locis aperit, maxime vero lib. xx Moral. num. 8 : *Electi quique, quandiu in hac vita sunt, securitatis sibi confidentiam non promittunt. Horis enim omnibus contra tentamenta suspecti, occulti hostis insidias metuunt, qui etiam tentatione cessante, vel sola graviter suspicione turbantur. Nam sæpe multis grave periculum incauta securitas fuit : ut callidi hostis insidias non tentati, sed jam prostrati cognoscerent. Vigilandum quippe semper est, ut mens continue sollicita nunquam relaxetur intentione superna, ne laboriosa deserens, in cogitationibus fluxis, quasi in quibusdam mollibus stramentis jacens, venienti corruptori diabolo mens se resoluta prostituat.* Cætera omitto etsi ad Christianam vigilantiam suadendam exquisitissima.

8. De educatione et institutione Gregorii in puerili ætate nihil nobis compertum est; verum neque summa parentum pietas, neque filii sanctitas eximia, qui etiam in sæculo militans, mores suos ad exactissimam Christianæ perfectionis normam componere satagebat, dubitare sinunt quin a teneris fuerit omnibus legis Evangelicæ præceptis innutritus, in omnium virtutum palæstra quantum ferebat ætas, imo supra ætatem, exercitatus et edoctus. Cumque parvulorum educatio matrum potissimum sit provincia, juxta Paulum (*I Tim.* v, 10), non immerito conjicimus S. Silviam hoc strenue officio erga suum Gregarium defunctam esse, omnesque Christianæ matris partes in ipso instituendo diligenter implesse. Qua vero arte ac industria excoli ad pietatem informarique debeant pueri nobiles maximeque regiæ stirpis, Gregorius docet pulchre ad Theoctistam scribens lib. vii, ep. 26, cui ut charissimæ sorori Mauricius Augustus dulcissima pignora sua crediderat, filios videlicet tradiderat educandos. Inter cætera eximia quæ hac in epistola leguntur, hæc maxime ponderanda et memoriæ insculpenda : *Verba,* inquit, *nutrientium, aut lac erunt si bona sunt, aut venenum si mala.*

9. Quibus magistris ac doctoribus usus fuerit sanctus puer, ut ad tantum scientiæ ac sapientiæ culmen perveniret, penitus nos fugit. Litteris grammaticis, inquit Gregorius Turon. loco jam laudato, *dialecticisque ac rhetoricis ita erat institutus, ut nulli in Urbe ipsa putaretur esse secundus.* Linguam tamen Græcam minime calluisse, raro inter doctos humilitatis exemplo, profitetur ep. 32 libri vii. Juris eum fuisse peritissimum et consultissimum plurimæ probant ejus epistolæ, maxime libri decimi tertii 45. Eadem cum Gregorio Turon. tradit Paulus Diaconus, additque Romæ hoc tempore potissimum floruisse litterarum studia, nimirum, annitente præsertim magno Cassiodoro, qui in Italia jacentes litteras excitaverat, et celeberrimam in suo monasterio academiam instituerat, ut toto fere libro tertio ejus Vitæ descripsimus. Notanda præ cæteris sunt hæc Pauli Diaconi (*Num.* 1) verba : *Inerat ei* (Gregorio) *in parva adhuc ætate maturum jam studium,* [a] *adhærere scilicet dictis majorum, et si quid dignum potuisset auditu percipere, non segniter oblivioni tradere; sed tenaci potius memoriæ commendare. Hauriebatque jam tunc sitibundo doctrinæ fluenta pectore, quæ post congruenti tempore, mellito gutture eructaret.*

Paulo concinit Joannes Diaconus, additque Gregorium fuisse *arte philosophum* (Lib. 1, n. 1). Quam vero philosophorum sectam sit amplexus, non aperit. Ethicen ab eo maxime cultam fuisse nullus ignorare potest, nisi in operum ejus lectione fuerit peregrinus. Certe Christianorum Senecam eum libenter appellarem, nisi de illo satius videretur dicere, quod de Abraham Ambrosius : *Magnus plane vir et multarum virtutum clarus insignibus, quem votis suis philosophia non potuit æquare.* Denique minus est quod illa finxit quam quod iste gessit (*Lib.* 1 *de Abrah.* c. 2).

Astrologiam divinantem aliasque curiosas et periculosas artes nunquam sectatus est. Contra mathematicos futura prædicere præsumentes insurgit hom. 10 in Evangelia num. 4 et 5. Quod autem ait Joannes Sacrisburiensis lib. ii de Nugis Curialium c. 26 et lib. viii c. 19, cum non solum mathesin ab aula recedere jussisse, sed etiam Bibliothecæ Palatinæ in cujus archivis recondebantur omnium disciplinarum libri, zelo intempestivo ignem admovisse, ut major esset sacræ Scripturæ auctoritas, et in ea legenda flagrantius studium; id plane inter nugas et aniles fabulas rejici debet. His virtutibus ornatus, his excultus studiis Gregorius, mox ad præcipuas Urbis, senatus, reipublicæ dignitates viam sibi aperuit. Quia vero pars magna fuit eorum quæ aut in imperii aut in Ecclesiæ administratione gesta sunt dum viveret, qualis tunc fuerit utriusque status, maxime in Italia paucis exponendum.

CAPUT II.

ARGUMENTUM. — 1. Ecclesiæ status. — 2. Et imperii. Langobardi Italiam invadunt. — 3. Gregorius fit prætor Urbis. Ejus præturæ tempus. — 4. Quomodo in prætura se gesserit. — 5. Frequentia de rebus piis colloquia ad monasticæ vitæ propositum eum accendunt. Quod diu differt. — 6. Septem ædificat monasteria. — 7. Fit monachus. Quo in loco et tempore. — 8. Quibus magistris. (An. 574.)

1. Dejecto S. Silverio papa, Vigilius ab anno 537 usque ad an. 554 vel 555 sedem Romanam occupavit, a Justiniano Aug., quo auctore ipsam invaserat, multa postea perpessus. Cum condemnationi trium capitulorum, ut imperatori obsequeretur, tandem consensisset, ab ejus communione secesserunt plurimi in Occidente, maxime Illyrici et Africæ episcopi quod indigne ferrent tres episcopos Theodorum Mopsuestenum, Ibam Edessenum, et Theodoretum

---

[a] Id ipsum de seipso testatur. *Ut mihi,* inquit, *senum collocutio esse semper amabilis solet.* Dialog. lib. I, c. 9.

Cyri, quos concilium Chalcedonense pro orthodoxis habuerat, condemnatos et reprobatos ab Orientalibus fuisse in synodo Constantinopolitana, quæ quinta œcumenica vulgo appellatur.

Demortuo in Sicilia Vigilio Pelagius I successit. Quo tempore Istriæ, Liguriæ, Venetiarumque episcopi, habita synodo, cui præfuit Paulinus, Aquileiensis episcopus, pro causa trium capitulorum in apertum schisma eruperunt; Narsemque comitem tumultuantes coercere conantem, imbelli inanis excommunicationis fulmine percusserunt. Tot tantisque Italiæ malis conflictatum Pelagium mors ad quietem æternam vocavit an. 559. Illi tamen undecim anni pontificatus et menses decem, in appendice ad Marcellini comitis Chronicon tribuuntur.

Ejus successor Joannes III per annos 14 Ecclesiam rexit. Sedente hoc pontifice, Gregorius præturam Urbis sapienter gessit, ut infra dicemus; verum quo anno cœperit, utrumve Justiniano, qui usque ad an. 565 pervenit, adhuc imperante, non liquet.

2. Reportatas de barbaris victorias, recuperatas plures imperii provincias, aliaque sub Justiniano præclare gesta, in Vita Cassiodori magna ex parte attigimus. Immortales sane laudes consecutus fuisset Justinianus, si in rebus ecclesiasticis et theologicis sapere ad sobrietatem didicisset. At præire volens episcopis, factus est erroris dux et magister, quos sequendo factus fuisset discipulus veritatis.

Ut Gothos ex Italia penitus expelleret imperator, Langobardos e Pannonia evocavit, belloque confecto, priores sedes, additis in mercedem præstitæ operæ quibusdam urbibus, repetere jussit. At Italiæ deliciis inescati, data postea redeundi occasione, statim advolarunt. Cum vero de ipsis deinceps frequentissime sit nobis locuturi, eorum historia a prima origine breviter est deducenda.

E Scandinavia orti, quam utpote feracissimam belligerantium populorum, Jornandes officinam gentium, vaginam nationum, optime appellat de Rebus Geticis c. 4, in eam Germaniæ partem quæ Pomerania nunc dicitur prius commigrarunt, deinde in Pannoniam, licet ab Hunnis magna jam ex parte occupatam.

Langobardi, teste Paulo Diacono (*De Gestis Langob.* lib. I, c. 1 et 2), a longa barba dicti sunt. Nam eorum lingua *lang* longam significat, et *baert* barbam. Quarum vocum uti [a] et aliarum plurimarum apud Paulum Diaconum passim occurrentium affinitas cum Gothicis ac Germanicis vocabulis, Langobardorum originem non obscure demonstrat. Ducibus primum, dein regibus paruerunt. Ab Agelmundo, qui primus fuit, duodecim numerantur, usque ad Alboinum; quo imperante Italiam a Narse invitati invaserunt, anno 203 scilicet 568, ut ex duabus Gregorii epistolis colligitur. In priori enim scripta indictione tertia decima an. 595, quæ est libri V, 21, ait: *Viginti jam*

[a] Ut sunt *Wodan* seu *Godan*, quæ significat Deum, *Feld*, patentes campos; *Lama*, aquam; *Scala*, pateram, *Schilpor*, armigerum; *Marpahis*, vel *Marhais*, equisonem, unde forte Gallica vox *Maréchal*; *Fara*, familiam. Omnia fere vocabula hæc Germanica sunt;

et septem annos ducimus, quòd in hac urbe inter Langobardorum gladios vivimus. In posteriori vero, scripta an. 603, indict. sexta, quæ est 38 libri XIII: *Qualiter*, inquit, *quotidianis gladiis..... ecce jam per triginta quinque annorum longitudinem premimur*, quæ chronologiam nostram mire adstruunt.

Quantis autem rapinis, incendiis, cædibus Italiam fere totam devastaverint, idem Gregorius nos docet lib. III Dialog. c. 38 : *Mox effera*, inquit, *Langobardorum gens de vagina suæ habitationis educta, in nostram cervicem grassata est, atque humanum genus, quod in hac terra præ nimia multitudine quasi spissæ segetis more surrexerat, succisum aruit. Nam depopulatæ urbes, eversa castra, concrematæ ecclesiæ, destructa sunt monasteria virorum ac feminarum, desolata ab hominibus prædia, atque ab omni cultore destituta, in solitudine vacat terra; nullus hanc possessor inhabitat; occupaverunt bestiæ loca quæ prius multitudo hominum tenebat.* Easdem clades deflet hom. 17 in Evangelia, et alibi. Non dissimilia narrat Gregorius alter Turon. testis coævus lib. IV Hist. c. 38, ubi præsertim observat spoliatas a barbaris ecclesias, occisos presbyteros et episcopos, ut sane decebat gentem aut idolorum cultui adhuc addictam aut Arianorum impietatibus corruptam. Victoribus tota cessit Italia, si Romam, Ravennam, finitimaque ac maritima loca excipias. Ravennæ totiusque Italiæ tunc præfectus erat Longinus Narsi successor datus, qui primus exarchi nomen assumpsit.

Langobardorum furorem fugiens Paulinus, Aquileiensis episcopus seu patriarcha (sic enim eum appellat Paulus Diaconus (*Lib.* II, c. 10 et 25), quasi novum hunc titulum pro præmio conflati a se schismatis fuisset consecutus), Gradum insulam et urbem Forojulii, hostibus, quod navibus carerent, inaccessam se recepit; ubi expleto 12 episcopatus anno mortuus Probinum habuit successorem.

Alboinus, scelerum et singularis immanitatis qua uxorem coegerat cranio patris, quem ipse occiderat, uti pro poculo, pœnas dedit ipsius uxoris artibus interemptus. Clebo postea quem sibi regem elegerant, elapsis decem et octo mensibus etiam occiso, Langobardi a multis simul ducibus per decennium regi maluerunt.

3. Inter tot armorum strepitus et bellorum calamitates Gregorius aliquandiu prætoris Urbani officio defunctus est; verum quo tempore magistratum hunc auspicatus sit aut deposuerit, non in promptu est statuere. Ipse testatur (*Lib.* IV, *ep.* 2), se, dum præturam Urbanam gereret, subscripsisse cum aliis nobilissimis viris *cautioni* seu promissioni, quam Laurentius Mediolanensis episcopus de tribus famosis capitulis ad sedem apostolicam miserat. Id contigisse an. 581, quo Laurentius creatus est episcopus fidemque suam contestatus est, asserit Baronius; ex Me-

explicantur autem ab Hugone Grotio Hist. Goth. Wandal. et Langob. pag. 574 et seq., quem consule, necnon Mabill. Analect. tom. II, pag. 422 et seq.

diolanensium pontificum indicibus, qui duodecim annos pontificatus Laurentio tribuunt. Cumque Laurentii obitum, Constantiique in ejus locum electi ordinationem factam fuisse an. 593, exploratum habeamus ex epistolis 29, 30 et 31 libri tertii, ut duodecim annos pontificatus Laurentii numeremus, ejus exordium ad an. 581 referri debet; consentiuntque, teste doctissimo annalista, omnes qui res Ecclesiæ Mediolanensis prosecuti sunt, et ex ejusdem Ecclesiæ monumentis episcoporum seriem texuerunt. Proindeque Gregorius nondum tunc, abdicata prætura, ad monasterii portum confugerat.

Sed hanc Baronii argumentationem evertit index archiepiscoporum Mediolanensium ex veterrimis illius Ecclesiæ tabulis a nostro Mabillonio editus, ex quo post Frontonem seu Frontonem *Laurentius episcopus sedit annos novemdecim, menses septem; obiitque duodecimo Kalendas Septembris* (Mus. Ital. tom. I, pag. 111); quos annos, inquit Mabillonius, si ex nonagesimo tertio Constantius ei suffectus est, detraxeris, anno 574, Laurentii creationem, adeoque ejus cautionem ad Romanum pontificem missam, cui Gregorius prætor subscripsit, admittas necesse est. Huic sententiæ, ait idem Mabillonius, subscripsere Bollandiani socii in vita S. Gregorii; ubi tamen incaute post Baronium, Gregorium *præfecturam* gessisse dicunt, quamvis in omnibus codicibus manu exaratis sive Epistolarum sive Vitæ a Joanne Diacono conscriptæ, legatur *prætor, et prætura,* non *præfectus,* et *præfectura.*

4. Prætor Urbanus, ut jus in Urbe diceret, creatus est. Penes eum erat omnis publici privatæque juris potestas; adeo ut novum jus condere, et vetus abrogare posset. Ut auctoritate, sic dignitatis apparatu et insigniis, consulibus pene par videbatur. Primus qui prætuam obtinuisse in Urbe memoratur, fuit Furius Camillus, Romanorum suæ ætatis clarissimus, qui multoties patriam suam in libertatem vindicavit. Quid in hac amplissima dignitate gesserit Gregorius, ignorari a nobis voluit; conjicitur tamen ex morum probitate, juris peritia, judicii maturitate, strenuitate, vi indefessa in laboribus et negotiis, denique ex tot tantisque animi dotibus quibus magis quam purpuræ splendore præfulgebat, eum optimi prætoris partes omnes obiisse: unde singularis ille amor quo Romani cives ipsum prosecuti sunt, quique maxime in ejus ad pontificatum electione enituit. Itaque haud dubie suo tum exemplo docuit quod postea scripsit ad Justinum Siciliæ prætorem: *Nulla vos lucra ad injustitiam pertrahant, nullius vel minæ, vel amicitiæ ab itinere rectitudinis deflectant. Quam sit vita brevis aspicite, ad quem quandoque ituri estis Judicem, qui judiciariam potestatem geritis, cogitate. Solerter ergo intuendum est, quod cuncta lucra hic relinquimus, et solas dispendiosorum lucrorum causas nobiscum ad judicium deportamus.* (Regist. l. 1, ep. 2.)

Ut consuetudini et dignitati morem gereret Gregorius, *serico contectus ac gemmis micantibus solitus erat Urbem procedere trabeatus,* inquit alter Gregorius Turon. a quo hæc ipsa verba mutuatus est Paulus Diaconus (Num. 2). Verum sub sæcularibus pompis, non sæculo sed Christo militabat; inter illos reges et consules terræ proculdubio numerandus, qui, ut loquitur Job, *ædificant sibi solitudines* (Job III, 14). Quem locum exponens noster Gregorius lib. IV Moral. n. 58 et 59, seipsum dum prætor sederet, adumbrasse videtur: *Solitudines,* inquit, *quippe ædificare, est a secreto cordis terrenorum desideriorum tumultus expellere, et una intentione æternæ patriæ in amorem intimæ quietis anhelare. Bene autem hi qui sibi solitudines construunt, etiam consules vocantur: quia sic in se solitudinem mentis ædificant, ut tamen in quo prævalent, aliis per charitatem consulere minime desistant.* Et libro XXX, num 52: *Si prematur,* inquit, *aliquis popularibus turbis, et tamen nullos curarum sæcularium tumultus in corde patitur, non est in Urbe, sed solitudinis quiete fruitur.*

5. De illo sane ita scribit Paulus Diaconus: *Hic in annis adolescentiæ, in quibus solet hujusmodi ætas sæculi vias ingredi, Deo cœpit devotus existere, et ad supernæ vitæ patriam totis desideriis anhelare.* Vix quidem annum vigesimum attigerat, cum frequentibus collocutionibus a beato Constantino, S. Benedicti discipulo ejusque in monasterii Casinensis regimine successore, qui anno circiter 60, supra 500, obiisse legitur, jam omnia pene quæ de eodem S. Benedicto scripsit toto lib. II Dialogorum perfecte didicerat, ut ipse Gregorius testatum reliquit in laudati libri Dialog. præfatione; unde intelligas quæ fuerint nobilissimi hujus juvenis studia. De eodem argumento, scilicet de S. Benedicti vita, frequenter etiam colloqui solebat cum Valentiniano, qui annis multis monasterio Lateranensi præfuit; cum Simplicio, qui S. Benedicti congregationem post eum rexit; et cum Honorato, qui Sublacensi monasterio præerat; jamque tunc ad arctioris et perfectioris vitæ propositum accendi videbatur.

At conceptum vitæ monasticæ desiderium implere diu distulit, utilem se suis concivibus existimans, meliusque putans sæculari habitu contegi, sub quo specietenus tantum sæculo militare sibi persuadebat, quam exteriorem cultum mutare. Postea tamen pius prætor, cum intimos animi sensus explorare scrutarique sæpe consuevisset, animadvertit tandem, cœlesti lumine illustratus, inolita se vitæ sæcularis consuetudine devinctum mundique blanditiis irretitum, in ipsis relinquendis moras nectere, neque corpore tantum, ut falso putaverat, sed ipso mentis affectu in sæculo retineri. Cuncta itaque sollicite fugiens portum monasterii petiit, et relictis quæ mundi sunt, ex hujus vitæ naufragio nudus evasit, ut ipse scribit ad Leandrum in epistola quam libris Moralium præmisimus statim ab exordio.

6. Antequam autem sæculo nuntium remitteret, *In rebus propriis sex in Sicilia monasteria congregavit,* ut loquitur illorum temporum scriptor Gregorius Turon. (Lib. X, c. 1), *septimum infra urbis Romæ muros instituit, quibus tantam delegans terrarum copiam, quanta ad victum quotidianum præbendum sufficeret, reliqua vendidit, cum omni præsidio ac pauperibus erogavit.*

Observet hic obiter studiosus lector, consilium munifici ac pii fundatoris non fuisse ut monachi proprio labore sibi [a] victum quærere cogerentur. Et sane in omnibus epistolis in quibus de monasteriis instituendis agit, iis assignari vult sufficientes reditus ad vitæ necessaria. Sex illa Siciliæ monasteria enumerat post Rochum Pirrum Mabillonius Annal. Bened. lib. vi, pag. 164, et de iisdem deinceps sæpe agit. Opes ad hæc ædificanda et sufficientibus prædiis dotanda necessarias, liberamque iis utendi facultatem consecutus fuerat Gregorius parentum obitu, si Paulo Diacono fides sit. Contra vero Joannes Diaconus scribit (*Lib.* i, n. 9) Silviam ejus matrem ipsi monacho legumina ministrasse. Locus ergo Pauli de solo Gordiano patre videtur accipiendus.

Septimum quod in ipsis ædibus paternis construxit monasterium, celebre fuit cœnobium [b] S. Andreæ ad Clivum Scauri, in quo ipse vitam amplexus est monasticam, Eucherium, Paulinum, Cassiodorum, aliosque plurimos patriciæ ac senatoriæ nobilitatis viros æmulatus. Hoc asceterium, postquam a monachis Benedictinis diu occupatum fuisset, Joannis Diaconi tempore Græcis monachis cesserat, forsitan Stephani III beneficio, qui etiam Græcis tribuit aliud monasterium a se constructum, et S. Dionysio Areopagitæ dicatum; at Benedictinam regulam sequentibus tandem restitutum est a Gregorio XIII istud S. Andreæ sanctuarium, et Camaldulensibus datum. De Gregorio sua Deo consecrante sat diximus; eumdem seipsum totum offerentem vitæ monasticæ professione videamus. (*Cf. Joan. Diac. l.* vi, n. 82.)

7. Incongruum cuipiam fortasse videbitur pium virum in ipsa patria, in ipsa urbe quæ ejus imperiis paruerat, secessum sibi tranquillamque stationem quæsiisse. At vero nullus erat in tota Italia locus a barbarorum armis et incursionibus tutior, ac proinde quieti aptior urbe Roma, propugnantibus eam sanctis apostolis, ut sæpe suis in epistolis asserit sanctissimus Pater, et Langobardorum impetum retundentibus.

Ut vero quantum licebit assignemus quo tempore, quave ætate Gregorius monachum induerit, id factum subodoramur paulo post subscriptam Laurentii cautionem de qua supra num. 5, hoc est, anno 575, cum quadragenario quinque annis esset minor. Sane plurima quæ de se in monasterio degente narrat, aut quæ aliunde ipsum gessisse novimus, infra a nobis ordine referenda, nos minime sinunt in sententiam Baronii descendere, qui vix eum in monasterio per

A biennium integrum commoratum esse censet. Hujus autem opinionis fundamentum nutat, imo penitus subruitur, post vindicatos Laurentio pontificatus novemdecim annos. Neque enim alia ratione vir historiæ ecclesiasticæ peritissimus adeo contraxit tempus quo S. Gregorius in monasterio vixit, quam quod Laurentii in Ecclesia Mediolanensi episcopatum duodecim tantum annorum fuisse crediderit, ac inchoatum an. 581, quo emissam ab ipso cautionem a Gregorio adhuc prætore subscriptam asserit.

Etiamsi veteris monumenti a Mabillonio laudati de tempore episcopatus Laurentii, nulla haberetur ratio, certe ipsi Gregorio credendum est toties in monasterio vixisse diu se testanti, ut lib. v, ep. 48 : *Marinianum quem diu mecum didicere in monasterio* B *conversatum;* et lib. III Dialog. c. 33, de Eleutherio : *Diu mecum est in hac urbe in meo monasterio conversatus.*

Doctissimi annalistæ chronologia aliunde evertitur a Joanne Diacono, imo ab ipso Gregorio. Dialogos ab eo scriptos fuisse an. 593 aut 594 probavimus in præfatione ipsis præfixa num. 18; in iis vero Dialogis cap. 47 libri iv, narrans felicem exitum quorumdam monachorum quos in monasterio convictores habuerat, ut expresse docet Joannes Diaconus (*Lib.* i, n. 19), nec obscure colligitur ex Gregorii verbis, Meruli mortem ante annos quatuordecim contigisse asserit; ergo vel an. 579 aut 580 , proindeque Gregorius an. 581, Romæ prætor non erat. His rationibus trutinatis, eminentissimus cardinalis C Norisius Baronii chronologiam deserit in dissertatione historica de Synodo v, § 3, et nostram confirmat sententiam. Utque probet S. Gregorium diu moratum in monasterio, adducit hunc locum Dialog. lib. III, c. 33, ubi de Eleutherio abbate dicit : *Diu mecum est in urbe, in meo monasterio conversatus.*

8. Idem eminentissimus Annalium scriptor colligit (*Ad an.* 581, num. 8) ex lib. iv Dialog. c. 21, S. Gregorium habuisse in vita monastica institutorem Valentium seu Valentionem abbatem, cui successit Maximianus, Maximiano Pretiosus; post quem S. Andreæ monasterio præfuit Probus. Itaque ex abbatum cœnobii hujus catalogo expungit Hilarionem, quem Joannes Diaconus primum Gregorii patrem D doctoremque in monasticis institutis tradit; nisi dicamus Hilarionem alium non esse a Valentione, cujus mentio fit in prælaudato libri iv Dialogorum loco. Asserit autem Baronius Gregorium sub Maximiano abbate non militasse, quod diu non sit permissus in

---

[a] Ubi monasteriis non erant sufficienter assignata prædia, quæ monachis sufficerent ad victum et vestitum, hæc Ecclesiæ sumptibus suppeditabantur, ut colligimus ex Severi Sulpicii Dialogo III de S. Martino : *Sed priusquam pondus illud (centum viginti librarum) monasterii limen attingeret, redimendis id captivis continuo deputavit* (S. Martinus). *Et cum ei suggereretur a fratribus, aliquid ex eo in sumptum monasterii reservare..... nos, inquit,* ECCLESIA ET PASCAT ET VESTIAT; DUMMODO NIHIL USIBUS QUÆSISSE VIDEAMUR.

[b] Verisimile est aliud fuisse Romæ monasterium S. Andreæ, et S. Luciæ; alii, melius forsitan, *S. Lucæ.* Singularis erat causa SS. Andream et Lucam in eodem simul cultu conjungendi; nimirum eodem die scilicet 9 Maii, eorum reliquiæ translatæ fuerant. Vide Hieronymum de Scriptoribus Eccl. in Luca. Hujus monasterii abbas fuit ille Probus qui condendi testamenti facultatem impetravit; quam vide ad calcem Epistolarum. Consule Annales Bened. lib. ix, num. 26, et lib. x, num. 6.

monasterio degere, contra manifestum Joannis Diaconi (*Lib.* I, n. 6) testimonium cui infra suffragabimur. Nec dissimulandum doctissimum scriptorem adhuc falli, cum Pretiosum abbatem fuisse S. Andreæ asserit ex lib. iv Dialog. c. 55, ubi Pretiosus non abbas sed præpositus dicitur. Neque etiam legimus cap. 21 ejusdem libri, Valentium fuisse Gregorii in vita monastica institutorem, cum de eo S. Doctor tantum dicat : *Valentius qui post in hac Romana urbe, mihi, sicut nosti, meo quoque præfuit monasterio.* Quod spectat ad Probum inter illos S. Andreæ abbates a Baronio commemoratum, verisimile est alii S. Andreæ asceterio ipsum præfuisse, ut jam monuimus supra in nota ad num. 6.

Itaque sic restitui debet abbatum S. Andreæ series : Hilarion, Valentius, Maximianus (qui tum cum Gregorius legatus creatus est Andriano monasterio præerat), ipsemet Gregorius (qui ex sua legatione reversus monasterium suum rexit, ut infra videbimus), denique Petrus, quo sedente sanctus Doctor suos scripsit Dialogos. Verum ad graviorem nobis a Baronio motam, de monastico quod Gregorius sectatus est instituto, litem dirimendam jam veniamus.

CAPUT III.

ARGUMENTUM. — 1. S. Gregorii monachatus indubitatus.— 2. Monachi olim ut nunc veste peculiari insignes. Et tonsura. — 3. Baronii de monastico S. Gregorii instituto sententia refellitur. — 4. Et nostra adstruitur. Laudes a S. Gregorio datæ vitæ S. Benedicti et Regulæ. — 5. In ejus monasteriis observabatur. — 6. Illius verba sæpe usurpat. — 7. Fuit etiam propagata in Valeria. — 8. Adversariorum cavillationes refutantur. — 9. Concilii Duziacensis de Regula S. Benedicti testimonium. — 10. Aliud invictissimum argumentum, a propagatione hujus Regulæ per S. Gregorii discipulos. — 11. Nonnullis objectionibus occurritur. (An. 575.)

1. Gregorium monachum fuisse nemo cordatus ac sanus negare potest, quod de se toties ipse clamat [a] tum in Dialogis, tum [b] hom. 12 in Evangelia, tum in [c] præfat. ad libros Moral. seu epistola ad S. Leandrum, ubi texit historiam conversionis suæ diu dilatæ, quod exteriorem cultum mutare molestum ipsi foret, maxime cum sub sæculari habitu Deo se posse militare non dubitaret. Sed cœlesti lumine afflatus moras rupit, monasterium petiit, et ex mundi naufragio nudus evasit. Idem de illo docet Gregorius Turonensis, mutataque pretiosa et micantia gemmis indumenta in vilem vestitum miratur.

2. Ex his satis innuitur monasticas vestes, uti nunc, olim etiam fuisse monachis peculiares ; quo in probando non immorarer, nisi a nonnullis criticis injectos ea de re scrupulos viderem. Sane id luce clarius ex Gregorio demonstrari potest. Lib. VIII, ep. 5, scribit de militibus monasticæ vitæ candidatis : *Juxta normam regularem debent in suo habitu per triennium probari, et tunc monachicum habitum Deo auctore suscipere.* Ejusdem libri ep. 8 : *Nec projectis religiosis vestibus, ad sæcularem reverti habitum.* Ibid. ep. 9 :

[a] Lib. IV, Dialogorum : *quem ipse jam monachus monachum vidi*, et in præfat. ad Dialog., ubi suam in monasterio conversationem describit.
[b] Num. 7, *quem ipse jam monachus monachum vidi.*

Projectis quas sponte assumpserat religiosis vestibus indumentis se laicis deturpavit. Lib. IX, ep. 114, habitum monachicum sacram vestem appellat. Idem conficitur ex hom. 10 in Ezechielem num. 8. Missa facio quamplurima alia testimonia, in quibus coacervandis frustra tempus tererem.

Ut singulari veste, ita etiam tonsura insignes erant monachi ; quod S. Benedictus clare docet Regulæ c. 1, de pseudomonachis, dicens : *Mentiri Deo per tonsuram noscuntur.* Id etiam liquido constat ex S. Gregorio lib. XI, ep. 50, ubi virum Agathosæ, monachum ipsa renitente factum, reddi jubet, *Etiamsi jam tonsuratus est;* hoc est, etiamsi post probationem jam vestem mutaverit, et tonsuram monasticam acceperit. Lege quoque libri X ep. 24, tonsuram etiam esse monachorum cœnobitarum, non eremitarum, insigne apud Græcos, discimus ex [d] Theodoro Studita lib. XI ep. 137.

3. His breviter et data tantum occasione observatis, expendamus Baronii de monastico S. Gregorii instituto sententiam, cujus auctorem fuisse non S. Benedictum contendit, sed S. Equitium ; haud alia ratione quam prima *primum S. Andreæ abbatem Valentium ex provinciæ Valeriæ monasterio, in quo S. Equitii vigebat institutio petitum apparet*, inquit, *ex duplici Gregorii testimonio.* Audiamus ergo S. Doctorem de se loquentem : *Vitæ venerabilis Valentius* [*Lege* Valentio], *qui post in hac Romana urbe, mihi, sicut nosti,* [*Deest* meoque] *monasterio præfuit, prius in Valeriæ provincia monasterium suum rexit.* Qua vi aut arte ex his verbis extundi potest Valentionem fuisse primum monasterii S. Andreæ abbatem, et institutorem ? Quid hic de Equitio, Equitianove instituto, cui addictus Valentio fuerit ? At, inquit Baronius, quædam de S. Equitio Gregorius narrat, quæ a Valentio suo abbate didicisse profitetur. Porro Valentius ea noverat, dum in monasterio S. Equitii degebat, quod solum celebre tunc fuisse reperitur in Valeriæ provincia. Quasi vero in aliquo vicino seu Valeriæ sive finitimæ cujuspiam regionis cœnobio degens, non potuisset nosse miracula publica fama disseminatum.

Itaque prolatis a Baronio testimoniis nequaquam probatur Valentionem fuisse S. Equitii discipulum, ejusque instituti sectatorem, imo contrarium ex collatis inter se duobus locis elicitur. Nam l. I Dialog., c. 4, Gregorius asserit Equitium post mortem discipulos suos tutatum esse contra Langobardos, atque a morte liberasse. At lib. IV, cap. 21, refert Langobardos e monasterio Valentionis abbatis duos monachos in ramis arboris suspendisse, qui eodem die defuncti sunt. Aliunde satis liquet, dum dicit Valentionem in Valeria prius *rexisse suum monasterium*, per *suum*, intellexisse monasterium non ab Equitio aut ab alio, sed ab ipso Valentione conditum ; quo sensu *suum* semper dicit S. Andreæ Romanum asceterium. Judicent ergo æqui

[c] Portum monasterii petii, etc.
[d] *Et quod stupendum magis*, inquit, *qui, quod solitariæ vitæ insigne, detonsus fueras... promissam rursus comam alas in morem Eremitarum.* Vide etiam lib. XI, ep. 50.

lectores utrum hæc eminentissimi scriptoris argumenta persuadeant S. Gregorium non a proximis Casinatibus Lateranense monasterium incolentibus institutum suum accepisse, ut communis ante Baronium ferebat opinio, sed a longe positis in Valeria monachis; atque præponderare debeant gravissimis rationibus quibus sanctissimum virum Benedictinæ familiæ vindicamus.

4. 1° Constat ex [a] supradictis, Gregorio, longe antequam de S. Andreæ monasterio cogitaret, nota fuisse S. Benedicti gesta, miracula, scripta, scilicet regulam. Quanti autem fecerit hanc Regulam prodit lib. II Dialog., c. 56 : *Scripsit*, inquit, *Monachorum Regulam discretione præcipuam, sermone luculentam.* Regulæ autem ab Gregorio conscriptæ nullibi meminit. Interim sileo S. Gregorium fuisse vitæ S. Benedicti admiratorem potius quam scriptorem, cui delineandæ vix satis fuit integer liber secundus Dialogorum : nam alibi passim adhuc sæpe in S. Benedicti laudes excurrit : de Equitio vero unico duntaxat capite (4 libri I loquitur. Quomodo ergo tanta de S. Benedicto ejusque legibus et institutis concepta existimatione, aliam sibi suoque monasterio quæsivisset regulam, vir monasticæ perfectionis amantissimus, quam *Regulam Monachorum discretione præcipuam?*

5. Quando autem illam appellat κατ' ἐξοχὴν *Monachorum Regulam*, satis ostendit eam cæteris, si quæ in Occidente jam receptæ forent, esse anteponendam. De eadem proculdubio loquitur lib. XI, ep. 48, cum de Catello monacho scribit ad Urbicum abbatem : *Quia monachus non sit agnovimus ; ex parva enim eulogia quam Bonus monachus accepit, partem petendo, contentionem facere in itinere minime timuit. Quod ex quanta amaritudine cordis descenderit, tua poterit dilectio scire, si Regulam Monachorum scire voluisset.* Scilicet S. Benedicti Regulam, cap. 54, de eulogiis vel quibuslibet munusculis non accipiendis sine abbatis præcepto, et cap. 34, ubi murmurationis malum ante omnia præcipitur amputandum ; caveturque ne occasione rerum necessariarum sibi procurandarum tantum vitium subrepat. Urbicus in monasterio S. Andreæ, aut saltem in alio Siciliæ S. Gregorii munificentia condito præpositus fuerat, ex ep. 6 lib. V, postea abbas monasterii S. Hermæ apud Panormum, unius ex sex Gregorianis cœnobiis, in quibus ordinandis, auctoritate sanctissimi pontificis, velut præpositi generalis officium gerebat ; quod vel ex laudata ep. 48 lib. XI liquet. Qua vero ratione Gregorius objicit Urbico et monachis ei subditis *Regulam Monachorum* seu *Regulam S. Benedicti*, hoc titulo deinceps in [b] Conciliis passim et apud ecclesiasticos scriptores designatam, nisi quia ejus præceptis addicti erant? At si pro lege habebatur hæc Regula in monasteriis Siculis à Gregorio conditis, quidni etiam in Andreano Romæ cœnobio?

[a] Cap. 2, num. 5.
[b] S. Benedictus in concilio Rom. sub Bonifacio IV, an. 610, sex annis post S. Gregorii obitum, appellatur *monachorum præceptor*, proculdubio propter *Regulam Monachorum* ab eo scriptam. Concilium Cloveshovense in Anglia an. 747, nomine Regulæ

6. Certe Gregorius ita Benedictinæ Regulæ assuefactus et velut innutritus videtur, ut ejus verba passim usurpet. Apud S. Benedictum congregationis nomine intelligitur monachorum cœtus ; eodemque sensu in Gregorianis Epistolis centies occurrit, ut ep. 48 lib. XI. Idem observavimus de voce *utilitas* sumpta pro rebus utilibus. Lib. X, epist. 32 et 61, officium divinum appellat, *opus Dei*, quod S. Benedicto familiare esse norunt, qui ejus Regulam legerunt. Eleganter S. Benedictus Reg. c. 64 monet abbatem, *Oportere prodesse magis quam præesse*. Et S. Gregorius Moral. lib. XXI, num. 22, *nec præesse gaudent sed prodesse*. Abbati præcipit S. Benedictus Reg. c. 64 : *Oderit vitia, diligat fratres* ; et S. Gregorius, epistola 12 lib. XI ad Cononem abbatem scribit : *Personas diligas, vitia persequaris.* In Ep. 29 lib. XII S. Gregorius ait : *Nam ad personam in priori loco positam respicit, quidquid a minori delinquitur* ; sane sanctum Benedictum imitatus qui Reg. c. 36, *ad ipsum* (abbatem) inquit, *respicit, quidquid a discipulis delinquitur.* Apud S. Benedictum *responsum* idem est ac *negotium*. Cap. 51 : *Fratres qui pro quovis responso proficiscuntur.* Ita etiam apud S. Doctorem, maxime initio ep. ad Leandrum præfixæ libris Moralium : *Cum me illic sedis apostolicæ responsa constringerent.* Passim apud utrumque eulogiæ pro munusculis, solatium pro auxilio sumuntur. Non raro idem S. Legislator monasterii superiorem, *priorem* appellat, ut cap. 53. Ita etiam S. Gregorius lib. XXV Moral., num. 36, et sæpe alibi. Hom. 10 in Ezech. num. 31 legitur : *Eo ipso zelo quo alios correxit, semetipsum convenit, et erubescit immunda cogitare, quæ se in aliis recolit correxisse.* Idem fere legerat in Regula S. Benedicti c. 2 : *Qualis debeat esse abbas*, duobus in locis, maxime in fine : *Cum de admonitionibus emendationem aliis administrat, ipse efficitur a vitiis emendatus.* In [c] concilio Rom. III, habito an. 601, prohibens in monasteriis missas publicas celebrari, ne populi frequentia et mulierum accessu servorum Dei quies turbaretur, addit : *Quod omnino nec expedit animabus eorum*, quæ totidem verbis habentur Regul. Bened. c. 66.

Verum in Expositione libri I Regum frequentius Regulæ Benedictinæ sententias et verba ipsamet adhibet ; nec mirum, cum tunc abbas esset, atque his homiliis suos alumnos ad monasticæ vitæ perfectionem erudiret. In præfatione ad hunc commentarium plurimos loquendi modos ex laudata Regula petitos, quos colligere curavimus, invenies ; ex quibus hunc tantum locum nunc proferemus, sed adeo luculentum, ut ad probandum S. Gregorium beati Benedicti discipulum fuisse sufficeret : *Quare*, inquit, *et ejusdem arctissimæ vitæ magister optimus, summæ veritatis discipulus præcipit, dicens : Probate spiritus si ex Deo sunt* ; et item : *Nuntientur ei dura et aspera per quæ monasticæ laudat Regulam S. Benedicti, cujus adducit ipsa verba ex cap. 58. Cætera omitto.*

[c] Vide lib. VIII, ep. 15, et notam *a*, in qua concilii hujus fit mentio. Si laciniam illam de missis publicis ab hujusce synodi actis reseces ; vix ab illa epistola 15 discrepabit.

itur ad Deum ut sciat ad quod intrat; quæ cap. 58 Reg. totidem fere verbis exstant. Cæterum commentarium illum Gregorio vindicare et asserere hoc loco superfluum foret, cum id in præfatione prævia præstiterimus. Neque tamen inficias imus, aliqua esse a Claudio abbate addita; sed si velis quæ ex Regula S. Benedicti deprompta sunt, Claudio tribuenda, idem superest argumentum de Benedictina Regula in monasterio S. Andreæ recepta nostris adversariis dissolvendum. Nimirum hujus asceterii alumnus fuit Claudius, et sub abbatis Gregorii disciplina positus exceperat quæ sanctus pater de libris Regum disseruerat et exposuerat, ut ipse testatur lib. XII, ep. 24. Si itaque Claudius S. Gregorii *filius*, sub Regula S. Benedicti in Andreano monasterio militarit, quid de patre sentiendum?

7. 2° Jam vero ut ipsum opinionis Baronii fundamentum convellamus, probandum est in Valeria propagatam fuisse S. Benedicti Regulam; imo solam hic viguisse quando ea in provincia Valentio monasterium regebat. Id autem clare demonstratur ex epistola Fundani abbatis ad Simplicium, tertium a S. Benedicto Casinensis monasterii abbatem scripta; quam Mabillonius exhibet integram in præfat. ad Tom. I Act. Sanctorum, ac iterum propugnat Annal. Bened. lib. VI, num. 2. Summa epistolæ est, eo tempore *omnia Campaniæ, Samniæ, Valeriæ, Tusciæ, Liguriæ, et aliarum Italiæ provinciarum monasteria,* dimissis peculiaribus Regulis, Benedictinam servare decrevisse. Hanc epistolam in codice manu exarato exploravit Lucas Holstenius eruditus, bibliothecæ Vaticanæ præfectus, suoque calculo comprobavit. Eumdem codicem recensuit quoque Mabillonius, nec ullas fraudis notas observavit. Ergo paulo post S. Benedicti obitum monasteria etiam Valeriæ, etsi fortasse prius ab Equitio instituta, sanctissimi Legislatoris Regulam sectabantur. Nec mirum ea coenobia, quibus S. Equitius nullam certam Regulam assignaverat, postea illam *Monachorum Regulam discretione præcipuam assumpsisse.* Imo potius miraculo proximum videretur, S. Benedicti Regulam, quæ statim ac est condita, in duodecim monasteriis Sublaco proximis observata est, postea brevi temporis intervallo in Casinensi et Terracinensi coenobiis instituta, adhuc vivente S. Benedicto, in Sicilia et paulo post in Galliis disseminata, ab Hispanis expetita et culta; usque ad tempora S. Gregorii in provincia Valeriæ non longe a Sublaco dissita, incognitam et neglectam prorsus fuisse; ita ut sic arguere cum Baronio liceat: Valentio in Valeria monachus et abbas fuit; ergo a S. Benedicti legibus prorsus liber, alteri quam Benedictinæ Regulæ parebat.

8. Scio Gallonium opinionis Baronii assertorem, de epistolæ Fundani abbatis sinceritate dubitasse, quia *Bernardi* et *Hugonis* nomina, hoc, inquit, sæculo ignota in ea deprehenduntur. At Bernardi nomen hac in epistola non magis exprimitur quam vel Bartholomæi, vel Barnabæ, etc. Cum vocis decurtatæ littera

B tantum observetur. Quanquam hoc nomen *Bernart,* a lingua Gothorum non multum abhorrere videatur, in qua multa reperiuntur desinentia in *hart,* quorum [a] varia exempla exhibet Smaragdus abbas Commentarii in Donatum lib. II, cap. 10. Nec mirum, postquam Gothi diu Italiam occupaverint, aliquos ex illa gente conversos in Italiæ monasteriis, posteaque abbates factos. Et quidem VII sæculo inter episcopos Cremonenses unus recensetur Bernardus nomine, Italiæ sacræ tomo IV. Quod spectat ad aliud nomen ut illo sæculo insoleus a Gallonio notatum *Hugo* vel *Ugo,* videtur etiam Gothicam originem aut Theodiscam seu Germanicam redolere: nihil enim frequentius inter illas septentrionales gentes, quarum una origo est, occurrit, quam vocabula in *God* vel *Goth* cadentia. Neque aliunde ob unam voculam debuit integram epistolam, in suspicionem fraudis adducere Gallonius, cum alioquin ipse primus ediderit ex Vaticano codice quosdam versus de nostro Simplicio, qui manifeste docent eum S. Benedicti Regulam *propagasse in omnes.* De his versibus, ut de toto hoc argumento, lege Mabill. tom. II Analect., p. 200 et seq.

9. 3° Tametsi disputare non est animus de vulgato Sublacensi privilegio, quo aiunt S. Gregorium in synodo Regulam S. Benedicti confirmasse, observandamque monachis omnibus in Ecclesia Latina proposuisse: id certe a sanctissimo papa factum aliquando dubitare vix possumus, post luculentum illud concilii Duziacensis II (An. 874) testimonium cap. 7: *Eadem Regula (S. Benedicti) sancto Spiritu promulgata, et laudis auctoritate beati papæ Gregorii inter canonicas scripturas et catholicorum doctorum scripta teneri decreta est.* Quod cum referri non possit ad cap. 36 lib. II Dialogorum (etsi enim Regula S. Benedicti hoc laudetur loco, nullum tamen ibi de ea decretum legitur), ea de re S. Gregorium in synodo edixisse pene constat. Accedit Bonifacii IV et concilii Rom. an. 610 auctoritas. Cum enim clericos inter et monachos de muniis ecclesiasticis orta esset controversia, Bonifacius et synodi Patres ex Regula S. Benedicti, utpote jam inter canonica scripta Ecclesiæ statuto relata, litem finiendam censuerunt, decreveruntque monachos a sacris ministeriis non arcendos: *Neque enim,* inquit pontifex, *Benedictus, monachorum præceptor, hujus rei aliquo modo fuit interdictor.*

10. 4° Aliud superest argumentum, idque invictissimum, quod petitur ex promulgatione Regulæ Benedictinæ in Anglia per monachos Romani S. Andreæ monasterii a Gregorio Magno missos; at illud alteri loco reservamus, opportuniusque pertractabimus, quando de Anglorum ad fidem Christianam conversione, illorum monachorum opera, erit agendum. Interim vero respondeamus quibusdam, quæ solvenda supersunt, contra nostram sententiam hic assertam vel jam objectis, vel objiciendis.

11. Gregorius, inquies, quædam ab Regula S. Benedicti plurimum dissona constituit. Nam cum novi-

---

[a] Ea lege tom. II Analect. Mabill., p. 422.

tiorum probatio vix ad annum integrum extendatur, juxta Bened. Regulæ cap. 58, Sanctus Gregorius lib. x, ep. 24, scribit Fortunato, episcopo Neapolitano : *Monasteriis omnibus fraternitas vestra districtius interdicat, ut eos quos ad convertendum susceperint, priusquam biennium in conversatione compleant, nullo modo audeant tonsurare.* Ergo Gregorius Regulam S. Benedicti non erat amplexus, quam hac in parte improbavit. Respondeo S. Benedictum, etsi probationis novitiorum tempus ultra annum non protrahat, minime tamen vetare ulterius protendi; quapropter in plerisque congregationibus Benedictinis arctioris observantiæ, fratrum conversorum probationi biennium impeditur, et monachi choro addicti aliquando justis de causis ultra annum probantur, illæso S. Benedicti ejusque Regulæ honore. Cur autem S. Gregorius biennium exercendis explorandisque novitiis assignaverit in diœcesis Neapolitanæ monasteriis, ipse docet his verbis : *Pervenit ad nos Mauricium quemdam, qui nuper in monasterio Barbaciani conversus est, ablatis secum aliis monachis, fuga de eodem monasterio discessisse. Qua in re prædictum nobis Barbacianum hæc præcipitatio vehementer accusat, qui temere sæcularem hominem, et non ante probatum tonsuravit.* Sane tot monachorum ante sufficientem probationem temere admissorum apostasia, ratio erat haud spernenda decernendi, ut deinceps per biennium exercerentur et probarentur, antequam professionem emitterent.

Opponunt etiam nonnulli cum cardinali Baronio S. Gregorium prohibuisse suscipi in monasteriis adolescentes ante decimum octavum ætatis annum, ut constat ex ep. 50 lib. I. Id autem manifeste pugnat contra S. Benedicti Regulam, quæ cap. 59 permittit etiam infantes libertatis et rationis expertes in monasteriis a parentibus oblatos recipere.

Respondemus illud Gregorii Magni decretum, non pro omnibus monasteriis, sed pro his tantum quæ quibusdam in insulis Tyrrheni maris erant condita fuisse promulgatum; idque satis innuit sanctus pontifex dum ita scribit : *Quia autem dura est in insulis congregatio monachorum, etiam pueros in eisdem monasteriis (insulæ Eumorphianæ) ante decem et octo annorum tempora suscipi prohibemus..... hoc et in Palmaria, aliisque insulis te per omnia volumus custodire.* Causam igitur habemus cur adolescentes nondum maturæ ætatis vetet suscipi, et monachos in his insulis fieri. Nempe durum erat et asperum vivendi genus in illis locis, sive propter insalubrem aerem, sive propter soli sterilitatem; nec ad id tolerandum vires in tenera ætate suppetebant.

Hæc sunt argumentorum momenta quibus eminentissimus Annalium Ecclesiasticorum scriptor, aut ejus opinionis assertores, conati sunt firmatam doctorum virorum fere omnium consensu, tot a sæculis sententiam de S. Gregorii vita monastica juxta S. Benedicti leges, evertere. Utrum tormentorum illorum mole ruat, aut inconcussa stet præconcepta opinio, sapiens lector judicet. De hacce controversia fuse docteque pro suo more scripsit noster Mabillonius, tum in præfatione ad tom. I Act. Sanctorum, tum in singulari dissertatione *De monastica vita Gregorii Magni* analect. tom. II, tum in Annalibus Benedictinis lib. VI et in Appendice I, ubi secunda parte § 6 recensentur gravissimi scriptores ab obitu S. Gregorii, qui nostræ causæ suffragantur; a quibus commemorandis abstinemus, tum quod post tot rationum pondera vix indigeamus testibus, tum quod rerum dicendarum multitudo ac magnitudo in hac controversia nos non sinat diutius immorari. Nunc quid in monasterio gesserit Gregorius, quantumque in virtutum studio profecerit, inspiciamus.

CAPUT IV.

ARGUMENTUM. — 1. Gregorii profectus in monasterio. — 2. Longioris in eo moræ argumentum. — 3. Ejus abstinentia et jejunia. Unde molestissimi morbi. — 4. Ipsius exemplo quantum alii monachi profecerint. — 5. Jam tunc Angliam cogitat. — 6. Fit diaconus. — 7. A quo pontifice. — 8. An diaconus cardinalis. — 9. An archidiaconus. (An. 575, 576, etc.)

1. Qualis in tranquilla monasterii statione Gregorius evaserit, ipse mire depingit, dum amissam quietem in pastorali cura, non mentitis oculorum lacrymis, sed intimo cordis gemitu ita deflet : *Infelix animus meus occupationis suæ pulsatus vulnere, meminit qualis aliquando in monasterio fuit; quomodo ei labentia cuncta subter erant; quantum rebus omnibus quæ volvuntur eminebat; quod nulla nisi cœlestia cogitare consueverat; quod etiam retentus corpore, ipsa jam carnis claustra contemplatione transibat; quod mortem quoque, quæ pene cunctis pœna est, videlicet ut ingressum vitæ et laboris sui præmium amabat. At nunc ex occasione curæ pastoralis sæcularium hominum negotia patitur, et post tam pulchram quietis suæ speciem, terreni actus pulvere fœdatur. Cumque se pro condescensione multorum ad exteriora sparserit, etiam cum interiora appetit, ad hæc proculdubio minor redit. Perpendo itaque quid tolero, perpendo quod amisi.* (Præfat. Dial.) Familiares sunt Gregorio, peneque continuæ, similes querelæ de amissis monasticæ vitæ bonis, dum pectus suum amicis explicat, ut in epistolis, 4, 5, 6, 7, 25, 26, libri primi, et in prævia ad 209 libros Moralium singulari epistola. In publicis etiam ad populum concionibus dolorem de prioris vitæ in monasterio sanctissime institutæ jactura premere et cohibere vix potest : *Et quidem in monasterio positus,* inquit homil. undecima in Ezechielem, *valebam et ab otiosis linguam restringere, et in intentione orationis pene continue mentem tenere.*

2. Quis facile sibi persuadeat Gregorium, cui cum inolita consuetudine vitæ sæcularis, mollioris et fastuosæ, ipso teste (*Ep. ad Leandrum seu Præf. in lib. Moral.*), certandum fuit, statim ad hoc perfectionis culmen, ad orationis pene continuæ contemplationisque fastigium, adhuc novitium, si Baronio fides, pervenisse; et non potius id labore improbo assiduaque exercitatione, adspirante tamen divina gratia, consecutum esse? Attamen concedamus. Sed quo pacto tam brevi mora tantam moralium ac spiritualium rerum peritiam comparavit, quanta elucet in expositione libri Job, cui elucubrandæ paulo postquam avulsus a monasterio legatus Constantinopo-

lim missus est, operam dedit? Fortasse præturæ curis pene immersus, in sublimioris theologiæ cognitione tantum profecerat, abstrusioresque sacræ Scripturæ sensus tanta facilitate, felicitate tanta rimatus fuerat? Ejus ergo plurium annorum in monasterio commorationi et ascesi adscribamus illam divinarum sacrarumque rerum scientiam, quam jure suspiciunt, qui iis studiis tota fere vita innutriti sunt, sapientiores et peritiores spiritualis vitæ magistri. Verum diuturnam in monasterio Gregorii commorationem jam sufficientibus argumentis adstruximus.

3. Non solum orationi et contemplationi ab ipso monasticæ palæstræ ingressu totum se dedit Gregorius, sed etiam abstinentiæ, jejuniis, aliisque pœnitentiæ operibus, quæ sacrorum librorum lectione ac meditatione condiebat, ita deditus erat, ut, debilitato stomacho et afflicta valetudine, brevi moriturus videretur. Neque tamen frequentes morbi suadere potuerunt ut de tanta vitæ asperitate aliquantulum remitteret. Cibus ejus legumina erant quæ Silvia mater eodem forte cibo victitans (suppeditabat et parabat. Inde contractus, ipso teste, molestissimus morbus quem medici syncopen, seu vitalium incisionem vocant; qua laborans *crebris angustiis per horarum momenta, ad exitum properare* putabatur; et nisi frequenter cibo reficeretur, vitalem sibi spiritum intercipi sentiebat; et tamen de intermissione jejunii, magis quam de gravi dolebat infirmitate. Maxime vero moleste tulit quod ipso sacratissimo Sabbato Paschæ pervigilio, in quo omnes etiam parvuli jejunarent, ipse a cibo abstinere non posse videretur. Id tamen et suis et [a] Eleutherii, S. Andreæ monachi, sui convictoris et sodalis, precibus et lacrymis tandem impetravit; quamvis soli Eleutherio miraculum hoc tribuerit vir summæ humilitatis et modestiæ : *Ad vocem benedictionis illius*, inquit, *virtutem tantam meus stomachus accepit, ut mihi funditus a memoria tolleretur cibus et ægritudo. Cœpi mirari quis essem, qui fuerim..... cumque in monasterii dispositione occupata mens esset, obliviscebar penitus ægritudinis.* Quod hic ait S. Pater, de occupatione sua in dispositione monasterii, forte intelligi debet de aliqua administratione bonorum temporalium ipsi injuncta, non de abbatis officio, quod non nisi post suam legationem gessisse Gregorium jam cum Mabillonio diximus. (*Cf. Joan. Diac. lib.* I, *nn.* 7, 9, 10; *Greg. Turon. lib.* x, *c.* 1; *lib.* III *Dialog., c.* 58.)

4. Plurimos ejus exemplo in monasterio profecisse et ad summam sanctitatem pervenisse probant quæ de multis e suis commilitonibus ipse refert, præsertim in Dialogis. De Eleutherio jam pauca attigimus. De sanctis Antonio, Merulo et Joanne, qui quotidianis lacrymis, assiduis orationibus, continua sacrarum litterarum meditatione, ad æternam felicitatem, quo jam animo præyolarant, cœlitus vocati pervenerunt, legendum caput 47 lib. IV Dialogorum. De S. Maximiniano cœnobii S. Andreæ abbate, postea Syracusano episcopo, passim in Dialogis et in Epistolis. Porro certis annis assignare quæ S. Gregorius de sanctis illis narrat, difficillimum. De Merulo tamen constat eum anno saltem 579 ad meliorem vitam transiisse, cum ab ejus morte usque ad tempus quo sunt scripti Dialogi, scilicet ad an. 593 vel 594, saltem anni [b] quatuordecim effluxissent. Cætera ea ratione distinguemus quæ Joannes Diaconus fortasse confundit, si ante S. Gregorii legationem contigisse dicamus ea ex quorum narratione non liquet eum tunc monasterio suo præfuisse, et post ejusdem reditum expleta legatione, alia ex quibus summam eum potestatem jam obtinuisse in eodem monasterio constat.

5. Intra monasterii claustra contineri non potuit sanctissimi viri flagrantissimus zelus, sed transmisso Oceano ad procurandam Anglorum, nondum Christianorum, conversionem vehementius exarsit. Qua occasione pium illud consilium inierit, narrant post Bedam Paulus et Joannes Diaconi. Quo vero tempore, etsi omnes id factum ante Gregorii pontificatum consentiant, solus tamen Joannes hoc ante Constantinopolitanam legationem contigisse asserit, aliis neque affirmantibus neque inficiantibus. Rem ex Beda describemus, a quo primum desumpta est, quamque ipse ex majorum traditione accepisse profitetur vir summæ fidei, nec minoris diligentiæ, qui a S. Gregorii temporibus integro sæculo non aberat. Cum Gregorius in foro venales conspexisset pueros nuper ex Britannia advectos egregia forma, candido corpore, ipso etiam capillamento insignes, interrogavit qua ex gente essent. Anglos esse responsum est; ad quod, *Bene*, inquit, *nam et angelicam habent faciem, et tales Angelorum in cœlis decet esse consortes*. Nec mora accedit ad summum pontificem, rogatque ut genti Anglorum, quam audiebat adhuc idolorum cultui addictam, aliquos sacri verbi ministros mittat, qui eorum conversioni operam dent, seipsum paratum esse in hoc opus, si ita supremo antistiti videatur. Annuit papa, infatigabilibus ejus precibus victus, inquit Paulus Diaconus; Gregorius vero, accepta discedendi copia, assumptisque e suo Andreano sodalitio selectis quibusdam sociis, quamcitius clam se subduxit et itineri commisit; metuens quod postea contigit, ne ab itinere, suorum civium amore ac studio revocaretur. Itaque Romani audientes viri sancti profectionem, summum [c] pontificem adeunt et *terribili voce conclamant: Eia, Apostolice, quid fecisti! S. Petrum offendisti, Romam destruxisti*. Tanta erat de sancto viro existimatio et fiducia jam concepta, ut ex uno Gregorio salus omnium pendere videretur. His clamoribus motus papa, seditionemque pene imminentem vehementer metuens, celerrime misit nuntios qui vel renitentem viatorem ab itinere quantocius revocarent et in Urbem reducerent, ut viso eo cives a tumultu compescerentur. Jamque trium dierum confecto itinere, sodales post brevem

---

[a] De sanctitate Eleutherii vide lib. III, Dial. c. 33.
[b] *Dum Petrus,... sibi sepulturam facere post annos* XIV *voluisset.*
[c] Pelagium ex Paulo, et Benedictum ex Joanne.

quietem, ut alacriter cœptam persequerentur viam hortabatur, cum ecce adveniunt sudantibus equis a summo pontifice missi, offeruntque epistolam qua Gregorio præcipiebatur vestigia relegere, et actutum Urbem revisere. Obtemperare coactus vir sanctissimus, qui obedientiam Deo præ sacrificiis omnibus placere noverat, Romæ summa omnium ordinum gratulatione exceptus est; et in monasterium regressus, novo fervore ad intermissos monastici instituti labores sese accinxit, in his damni quod patiebatur solatium et compensationem quærens. Sed eum spes fefellit. (Cf. Beda, l. II, c. 1; Paul. Diac. n. 14; Joan. Diac. l. I, n. 20 et seq.)

6. Vix enim in monasterium sese receperat, cum ab ejus quiete abstractus a summo antistite, et diaconus septimus creatus est, tum ut ad altare ministraret, tum ut in partem pontificalis sollicitudinis succederet. Quod audis hic Gregorium factum *diaconum* vel *levitam septimum*, significat tunc adhuc Romæ viguisse antiquum [a] morem cujus meminit S. Cornelius papa in ep. apud Euseb. lib. VI, cap. 43, ut septem duntaxat essent diaconi, exemplo fortasse prioris et apostolicæ Ecclesiæ in qua septem tantum diaconi ordinati sunt. Hic etiam numerus septenarius, septem præcipuis Urbis regionibus et basilicis respondebat, quibus singuli diaconi præficiebantur; hincque dicti sunt regionarii. (Cf. Greg. Turon. l. X, c. 2.)

Vim sibi tunc factam explicat sanctus vir in epistola ad Leandrum jam toties laudata, testaturque sibi nolenti et renitenti obedientiæ virtutem objectam, cui cedere coactus est. A quo pontifice consecratus fuerit, et in partem curæ ecclesiasticæ vocatus, neque Gregorius Turon. neque Paulus nos docent: hic tamen Pelagio secundo id adscribere videtur. Etenim diserte testatur Gregorium ab eodem pontifice diaconum effectum, et Constantinopolim missum. Cum itaque constet ipsum non Benedicti sed Pelagii II legatum seu apocrisiarium apud Augustum fuisse, inde liquet ad mentem Pauli, non a Benedicto, sed a Pelagio II papa effectum eum esse diaconum.

7. Hæc apud Paulum legerat Joannes Diaconus; cumque in his maxime quæ de Gregorio refert ante adeptum pontificatum, ab ejus sententia recedere non soleat, sed ipsa ejus verba et periodos integras transcribere, quando hic a Paulo dissentire conspicitur, liquet id non temere sed gravissima de causa factum. Nimirum aliter haud dubie in Romanæ Ecclesiæ scrinio legerat Joannes, ac in Pauli historia.

Eminentissimus cardinalis Baronius Joannis opinionem impugnat, non alia ratione quam tuendæ suæ chronologiæ necessitate; sed eam stare non posse jam a nobis demonstratum, aliundeque non ita nobis contemnenda videtur Joannis auctoritas. S. Gregorii vitam scripsit hic Ecclesiæ Romanæ diaconus tum ex ejus epistolis aliisque operibus collectam, tum ex antiquis Ecclesiæ monumentis, in scrinio seu tabulario summorum pontificum asservatis. Hæc quidem magna ex parte ad nos minime pervenerunt; sed cum videamus illius scriptoris diligentiam et fidem in legendis S. Doctoris operibus quæ præ manibus habemus, nullatenus desiderari (quæ enim ex ipsis excerpsit, eadem apud S. Gregorium leguntur vix unica voce mutata) quidni de ejusdem optima fide ac sinceritate certi et securi simus in aliis laudandis? Certe Joannem Diaconum in suspicionem vocando vel fraudis vel incuriæ, alterius Joannis, scilicet papæ VIII, pulsatur auctoritas; qui et illum ad vitam S. Gregorii conscribendam hortatus est, et scriptam approbavit, haud dubie præmisso accurato examine, uti sane tanti momenti opus postulabat. Igitur cum Joanne Diacono asserendum putamus a Benedicto I avulsum e monasterio S. Gregorium, et assumptum fuisse ad Ecclesiæ ministerium. Benedictus I, mortuo Joanne III, rexit Ecclesiam a mense Maio anni 575 ad finem Julii an. 577; elapsisque tribus mensibus et paucis diebus, Pelagius II creatus est summus pontifex; quo sedente, officio diaconi Gregorius in Ecclesia Romana fere fungi cœpit, quod a Benedicto ejus antecessore paulo ante mortem ordinatus esset. Hac quidem ratione conciliari posse Joannem Diaconum cum Paulo non diffidimus. Quid enim vetat dicere cum Joanne, a Benedicto primo Gregorium assumptum fuisse ad Ecclesiæ Romanæ diaconatum, et fortasse ad legationem apud imperatorem obeundam; quæ eum nonnisi mortuo Benedicto, sedenteque Pelagio II, ejus successore, fuerint impleta, Paulum Diaconum non immerito scripsisse hæc a Pelagio facta?

8. Gregorium factum fuisse diaconum cardinalem ait Baronius (*Ad an. 581, n. 2*), quamvis apud nullos veterum qui de ipso scripserunt hoc legerit: nisi forte per *levitam* seu *diaconum* septimum, cardinalem significari censeamus: Et quidem erant septem illi Rom. Ecclesiæ diaconi singulis titulis quasi cardinibus affixi; unde dici poterant cardinales: non secus ac ita dicebantur vel presbyteri minoribus, vel episcopi majoribus ecclesiis tanquam proprii sacerdotes addicti, et ut ipse Gregorius loquitur, incardinati; de quibus frequentissime in ejus epistolarum Registro, ubi consule notas, indicis adhibita face.

9. S. Eulogius Alexandrinus patriarcha videtur sensisse S. Gregorium archidiaconum fuisse, penes quem erat summa bonorum omnium ecclesiasticorum præfectura. Eulogius enim, Gregorio nostro, pernecessarius, asserit in libro de administratione ecclesiastica contra Novatum, archidiaconum in Ecclesia Romana mortuo episcopo semper succedere ex veteri more et constitutione. Quo pacto vero id asseverasset, si intellexisset S. Gregorium, etsi non archidiaconum, ad summum sacerdotium provectum fuisse? Non potuit autem ignorare de amico sibi familiarissimo, utrum a diaconatu tantum an ab archidiaconatu ad pontificatum ascendisset. At credibile

---

[a] Vide Mabill. in Comment. de Ordine Rom. Septenarius ille diaconorum numerus, etiam in Oriente receptus erat: cavetur enim can. 15. concilii Neocæsar. ineunte quarto sæculo habiti, ne plures quam septem diaconi ministrent, etiamsi magna sit civitas.

est Eulogium, de veteri Ecclesiæ consuetudine tunc antiquata loqui; nempe agit de S. Cornelio papa, a quo dicit Novatum Ecclesiæ Romanæ archidiaconum, presbyterum factum fuisse, ne, si in archidiaconatu remaneret, sibi successor daretur; quippe archidiaconum succedere summo sacerdoti statutum erat pro hujus temporis more.

CAPUT V.

ARGUMENTUM. — 1. Gregorius Constantinopolim mittitur a Pelagio II. — 2. Ejus vivendi ratio in aula. — 3. Quibus cum sociis. — 4. Quæ ab eo Constantinopoli sint gesta. — 5. De pellendis Langobardis Pelagii papæ sollicitudo. — 6. Eutychii novam hæresim Gregorius comprimit, — 7. An cum Joanne Eutychii successore jam tum decertaverit. — 8. Ex tempore collationis cum Eutychio habitæ, nostra chronologia stabilitur. — 9. De nova alia hæresi fama. Quid de ipsa Gregorius senserit. — 10. Libros Moralium elucubrat. — 11. Præcipui ejus amici ex aula. Filium imperatoris ex sacro fonte suscipit. — 12. Quamdiu in urbe regia manserit. — 13. Romam redit sacris reliquiis ditatus. (An. 578 usque ad 585.)

1. Non multo post suam in Ecclesiæ Romanæ ministerio et diaconatu provectionem S. Gregorius Constantinopolim migrare jussus est a Pelagio II, ut in ea urbe totius imperii sede, negotiis ecclesiasticis curam et sollicitudinem impenderet, apocrisiariique (Latine *responsalem* diceres, vel potius *negotiorum curatorem*) ibi officio fungeretur. Etsi vero arduum sit decernere quo anno hæc ei provincia demandata est, vero tamen propius est eum ad id muneris assumptum fuisse an. 578 aut sequenti, quod Tiberius post Justini obitum cœpit imperare solus; nec diu post subrogatum Benedicto I Pelagium II, qui gratum proculdubio se facturum Augusto putavit, talem tantumque virum, præcipuis olim reipublicæ muniis egregie defunctum ipsique probe notum legatum ad eum mittendo.

2. Quamvis autem in regia urbe inter aulicos viveret, ac in ipso imperatoris palatio manere cogeretur, vitæ cœlestis propositum non intermisit, inquiunt sæpe laudati vitæ ejus scriptores, venerabilem Bedam secuti. Cum enim usque ad extremum spiritum in monasterio perseverare cupiens, voti sui compos esse non potuisset, effecit quodammodo ut monasterium secum migraret, sibique semper adhæreret. Ipsum audiamus ea de re ad S. Leandrum (*Præf. ad lib. Mor.*) scribentem : *Cum in terreno palatio licentius excubarem,* inquit, *me multi ex monasterio fratres mei germana vincti charitate secuti sunt. Quod divina factum dispensatione conspicio, ut eorum semper exemplo, ad orationis placidum littus quasi anchoræ fune restringerer, ne causarum sæcularium incessabili impulsu fluctuarem. Ad illorum quippe consortium velut ad tutissimi portus sinum..... fugiebam. Et licet illud me ministerium ex monasterio abstractum a pristinæ quietis vita, mucrone suæ occupationis exstinxerat, inter eos tamen per studiosæ lectionis alloquium, quotidianæ me aspiratio compunctionis animabat.* Quibus verbis expressius adumbrari poterat, quam pie in obeunda Constantinopolitana legatione Gregorius sese gesserit?

3. Inter eos qui sancto viro sese comites itineris adjunxerunt, aut in urbe regia commorantem charitate moti adierunt, eminebat S. Maximianus presbyter et monasterii S. Andreæ abbas, postea Syracusanis datus episcopus, ex multis Gregorianis epistolis aut ad ipsum aut de ipso scriptis satis notus. At post aliquot annorum moram, jubente summo pontifice, Romam redire coactus est, ut suo monasterio provideret ac invigilaret. Pelagii epistolam Maximianum revocantis exhibet Joannes Diaconus, ex qua conjicere possumus quo tempore Romam redierit, relicto Constantinopoli Gregorio. Si quidem data est epistola quarto nonas Octobris, indictione tertia; sic enim legitur omnibus in manuscriptis quos consuluimus. Porro hæc indictio, quæ mense Septembri incœperat, pertinet ad an. 584. Rediit Maximianus vel desinente hoc anno, vel sequenti inchoato. Illo itaque anno 585 Gregorius adhuc in urbe regia commorabatur, vel potius exsulabat; se enim in exsilio positum tamdiu doluit, quamdiu inter aulicos strepitus vivere coactus est.

Quod spectat ad Maximiani reditum, narrat S. Gregorius imminens mortis periculum a quo cum sociis in Adriatico mari liberatus est insigni miraculo : nam per octo dies navis qua vehebantur, usque ad superiores tabulas aquis plena; iter proprium peragens enatavit : *Nono autem die in Crotonensis castri portum deducta est. Ex qua exierunt omnes incolumes, qui cum prædicto venerabili viro Maximiano navigabant. Cumque post eos ipse quoque fuisset egressus, mox in ejusdem portus profundum navis demersa est, ac si illis egredientibus, pro pondere, sublevatione caruisset; et quæ plena hominibus in pelago aquas portaverat, atque nataverat, Maximiano cum suis fratribus recedente, aquas sine hominibus in portu non valuit portare.* (*Lib.* III, *Dial., c.* 36.)

Abeunte Maximiano, plurimi e fratribus Gregorio semper adhæserunt ; qui videlicet sive legatus apostolicæ sedis, sive postea episcopus, tanti fecit monachos, ut eos in mensa convictores, in operibus adjutores, consiliorum participes, et vitæ testes, pene dixerim moderatores et arbitros, semper habere voluerit. Hinc monachorum cœtui cum Gregorio in regia hospitanti frequens intererat S. Leander, monasticæ quoque vitæ cultor, de quo fusius postea erit agendum.

4. Quæ gesserit apud Tiberium Constantinum Augustum Gregorius, non narrant scriptores ; ipse quoque ab omni jactantia prorsus alienus humili obruit silentio. Duo tunc erant quæ præcipue Romanam Ecclesiam totamque vexabant Italiam, schisma scilicet ob tria capitula conflatum, et Langobardorum bellum. De schismate sopiendo, revocandisque ad Ecclesiæ sinum schismaticis, quam sollicitus fuerit Pelagius, testantur ejus epistolæ brevi a nobis commemorandæ. Nec minori zelo id prosecutus est noster Gregorius, quod etiam ex ipsius epistolis aliisque monumentis liquet; unde satis intelligitur frequenter sapientissimum legatum apud imperatorem egisse, ut tanto scandalo, tam fœdæ scissioni, tam gravi vulneri remedium afferret.

Magna sane spes affulserat schismatis exstinguendi, cum Tiberius pius imperator, ecclesiasticæ pacis amantissimus, ad reipublicæ clavum solus Justino mortuo sedere cœperat, maxime vero Langobardos ab ipso tota ex Italia pellendos sibi Romani pollicebantur, post plurimas et præclaras quas de Persis reportarat victorias. Tunc excusso regiæ potestatis jugo Langobardi triginta sex ducibus obtemperabant, qui sibi partiti erant quas occupaverant civitates. Ab illis autem tyrannis toto decennio spoliatas ecclesias, sacerdotes interfectos, urbes eversas, populosque qui more segetum excreverant, excisos narrat Paulus Diaconus (*Lib.* II, *Hist. Langob. c.* 17.) Hujus interregni et veluti anarchiæ tempore, anno circiter 579 aut 580, Casinense monasterium tota Italia celeberrimum, a barbaris direptum et dirutum est.

5. Cum tot clades a Langobardis pateretur Italia, gravioresque Romæ impenderent, Pelagius papa opportunum esse tempus liberandæ patriæ existimavit, quando tot in partes, tot in duces divisa barbaræ gentis potestas imminuta videbatur. Ea de causa non solum ad Gregorium scripsit illam quam refert Joannes Diaconus Epistolam (*Lib.* I, *n.* 32), ut quantocius missis, pecunia, duce peritissimo, et copiis, periclitanti Romanæ reipublicæ subveniretur; sed etiam Aunacharium episcopum Antisiodorensem, qui erat regibus Francorum a consiliis, admonuit, ut ea qua pollebat apud eos auctoritate, Ecclesiæ Romanæ et Italiæ, unde Galliis fidei lumen affulserat, suppetias ferri procuraret deterreretque pios principes quibus una cum Romanis erat fides ab omni fœdere cum Langobardis ineundo. Epistola Pelagii legitur data anno septimo imperii Tiberii, ubi necesse est ejus imperii tempus computari antequam solus imperaret. Non multo post Childebertus rex bellum cum Langobardis qui jam sæpe in Gallias irruperant, feliciter gessit, litteris Pelagii motus, ut par est credere. Quod vero spectat ad Tiberium Augustum, aliis bellis curisque distentus, parum de recuperanda Italia, aut etiam Roma conservanda cogitavit; adeo ut solis piorum, maxime vero ancillarum Dei precibus et sanctorum apostolorum protectione, tunc et postea Urbs stetisse videatur.

6. Nihil autem utilius reipublicæ Christianæ præstitit Gregorius Constantinopoli agens, quam cum nascentem Eutychii, Constantinop. patriarchæ, hæresim de impalpabili sanctorum corpore post resurrectionem, oppressit. Integram de hac quæstione concertationem refert ipse libro XIV Moralium a num. 72 ad 75, unde transcripta apud Joannem Diaconum legitur lib. I, c. 29. Gregorio victoria cessit; at victoriæ fructus Eutychio, qui errorem ante mortem paulo post secutam ejuravit. Gregorii doctrinam Tiberius August. calculo suo comprobavit, deliberavitque de libro Eutychii flammis abolendo. Eutychio subrogatus est invitus et reluctans Joannes, cognomento jejunator.

7. Utrum vero jam tum Gregorius cum Joanne decertaverit pro œcumenici titulo quem usurparat, nos latet. Testatur quidem ep. 68 libri IX Joannem, in synodo superbum hoc vocabulum usurpasse, ac Pelagium suum decessorem hujus synodi gesta irritasse, atque adhibita prius in eum *districtissima increpatione, prohibuisse ne suus diaconus* seu apocrisiarius *cum Joanne procederet*, hoc est in sacrorum celebratione communicaret. At quis esset ille diaconus, Gregorius, an qui ei successit Laurentius, silentio præterit. Si tamen de se loqui voluisset, quare non dixisset, sibi a Pelagio præceptum non procedere cum Joanne? alium ergo a se designare videtur.

8. Cum legamus apud Gregorium concertationi cum Eutychio Tiberium imperatorem interfuisse, constanterque asseverent melioris notæ chronographi et historici ipsius mortem contigisse mense Augusto anni 582, inde novum eruitur argumentum contra Baronii opinionem de monastica vita tardius a S. Gregorio suscepta, hoc est vel an. 582 vel 581, quo eum adhuc præturam gessisse contendit. Nostram chronologiam confirmat Gregorius Turon., qui scribit anno octavo Childeberti regis, Mauricium imperare cœpisse, hoc est an. 582. Nam Sigeberto patre occiso successit Childebertus an. 575 et ejus regni annus decimus quintus scilicet absolutus, teste eodem scriptore, convenit cum an. 590. Accedit venerabilis Bedæ auctoritas. Nam lib. I, c. 23, Eccl. hist.: *Anno*, inquit, *ab incarnatione Domini quingesimo octogesimo secundo, Mauricius ab Augusto quinquagesimus quartus, imperium suscipiens, uno et viginti annis tenuit; nimirum viginti annis integris et uno inchoato*. Hac ratione temporum tam inconcussis fundamentis stabilita, interrogare liceat chronologiæ Baronianæ propugnatores, qui possit intelligi Gregorium adhuc laicum et prætorem fuisse anno 581, postea monachum induisse, deinde avulsum a monasterio in quo se diu vixisse passim asserit, diaconum factum, mox Constantinopolim missum, ibique cum Eutychio patriarcha disputasse, saltem mense Aprili an. 582 quandoquidem constat, ut fatetur Baronius, Eutychii obitum, teste Eustathio, qui præsens aderat, antecessisse quatuor mensibus Tiberii imperatoris mortem, qui ut diximus, e vita migravit mense Augusto an. 582? sed de his satis. (*Cf. Greg. Turon. l.* VI *Hist. n.* 25 *et* 50; *lib.* X, *n.* 4.)

9. Eodem tempore quo in urbe regia commorabatur Gregorius, rumor invaluit de nova hæresi, sed ut suspicatur ipse Gregorius, imaginaria: de qua egit epistola 45 libri XI. Illius sectatores dicebantur *sub obtentu religionis conjugia solvere*, et docere *quod baptisma peccata penitus non auferat. Et si de iniquitatibus suis quis in triennium pœnitentiam ageret, postmodum ei perverse vivere liceret. Sed teste conscientia*, inquit Gregorius, *fateor nunquam in eis aliquid erroris, aliquid pravitatis, aliquid de his quæ contra eos dicebantur inveni. Unde et eos, opinione contempta, familiariter suscipere, et magis ab

insequentibus defendere curabam; quo exemplo docemur quomodo cum his qui de falso dogmate gratis infamantur, sit agendum.

10. Quidquid temporis a negotiis vacabat, illud sacræ Scripturæ legendæ, piisque studiis impendebatur. Tunc [a] Leander, episcopus Hispalensis, legatione et ipse fungens apud imperatorem, auctor fuit Gregorio exponendi libri Job. Inter præstantissimos illos viros magnam necessitudinem adstrinxerant vitæ monasticæ communis utrique professio, par fere morum sanctitas, eadem studia. De legatione S. Leandri apud imperatorem pro Hermenegildo, Wisigothorum rege, in Hispania, consulendi Hispanici scriptores; et legendum caput 31 libri III Dialog. Amicissimi viri, necnon fratrum suorum precibus cedere coactus Gregorius ad reseranda *tantæ profunditatis mysteria,* quæ in libro Job latent sese accinxit, *certus,* inquit, *quia impossibile esse non poterat, quod de fraternis cordibus charitas imperabat.* Verum 213 de hoc opere quod Leandro nuncupavit sanctus Doctor, legere juvat quæ de ipso præfatur, et admonitionem quam eidem præmisimus.

11. Præter S. Leandrum Gregorius multos alios amicos in urbe regia sibi comparavit, in his præcipue Domitianum, Mauricii Augusti consanguineum, Melitinæ episcopum, de quo infra; Theoctistam ejusdem imperatoris sororem; Narsem patricium bellis contra Persas feliciter gestis celeberrimum, quem re non satis perspecta, Baronius eumdem esse putavit, qui post multas de Gothis reportatas in Italia victorias, tam præclare gesta invitatis postea Langobardis ad Italiæ direptionem, ulciscendæ privatæ injuriæ gratia, fœdavit et deturpavit. Alios omittimus de quibus in historia pontificatus Gregorii frequens occurret mentio. Et ut paucis absolvamus, multorum quidem familiaritatem et amicitiam, omnium vero amorem et existimationem est consecutus. At silentio præterire non possumus quod Gregorius Turonensis refert (*Lib.* x, *c.* 1), sanctum Diaconum, filium Mauricii Augusti (haud dubie natu majorem), ex lavacro sacro suscepisse, dum Constantinopoli adhuc moraretur : quod quantum ei fuerit perhonorificum nullus est qui non intelligat.

12. Ex hoc Gregorii historici testimonio possumus facilius statuere quo anno vir sanctissimus Romam redierit. Mauricius non prius Constantinam Tiberii Augusti filiam duxit, quam fieret imperator; sed simul et uxorem, et dotis nomine imperium accepit, anno scilicet 582, mense Augusto, ut jam suprà demonstravimus. Itaque nasci ei non potuit filius, nisi anno sequenti mense Aprili aut Maio. Ex iis evidenter probatur Gregorium ex urbe regia prius non discessisse. At ex epistola Pelagii ad eum scripta quam profert Joannes Diaconus, lib. I, c. 32, multo longior mora colligitur; nam data legitur hæc epistola mense octobri indict. 3, proindeque anno 584. Neque vero hoc anno Constantinopoli discessit Gregorius, quia Maximianum laudata epistola revocatum, ut supra diximus, et hoc anno vel etiam sequenti Constantinopoli profectum, reditum Gregorii antecessisse manifestum est ex libro III Dialog., c. 36. Hæc quomodo stare possint cum sententia Baronii et [b] Binii satis non video, quibus placet statim postquam Mauricius renuntiatus est imperator, quod contigisse mense Aug. anno 582 jam ostendimus, Laurentium fuisse a Pelagio missum ut in apocrisiarii officio succederet.

Diuturnioris mansionis in urbe regia probationem adhuc suppeditat ingens Moralium volumen hac in urbe a Gregorio elucubratum, cui plures anni, maxime tot inter negotia vix potuerunt sufficere. Neque vero S. Leander, neque Gregorii fratres et sodales, eum ad opus illud aggrediendum hortati essent, si Constantinopoli tam brevem moram, ut placet Baronio, fuisset facturus.

13. Jam vero de reddendo Romæ Gregorio cogitemus, et quem abeuntem comitati sumus, redeuntem prosequamur. Rediit autem magnis muneribus, nimirum sanctissimis reliquiis ditatus, scilicet brachio S. Andreæ apostoli, et capite S. Lucæ, quæ sacra pignora ab imperatore impetrata in suo Romano monasterio collocavit, ut refert Baronius (*Ad an.* 586, *num.* 24) ex priori pagina Vaticani cod. signati numero 153. Neque huic narrationi contrarium est quod dicit ipse Gregorius lib. IV, ep. 30, ad Constantinam Augustam, *consuetudinem non esse, ut quando sanctorum reliquiæ dantur, quidquam de corpore tangere præsumatur;* nam loquitur de Romanorum et Latinorum, non vero Græcorum more et consuetudine. Italiæ quoque reportavit ab Mauricio Augusto spem proximi auxilii, quod brevi adfuit, duce Smaragdo exarcho Longini successore. Si tamen quis contendat Smaragdum Gregorii reditum prævenisse, de re tam incerta minime pugnabo; neque enim expeditum est certo assignare quo tempore Gregorius repatriaverit. Id vero constat ejus precibus et sollicitationibus impetratum hoc subsidium. Cæterum ex epistola 1 Pelagii ad Eliam Aquileiensem episcopum, discimus quid Italiæ præstiterit Smaragdi adventus : gratulatur enim summus pontifex, quod, per labores atque sollicitudinem excellentissimi filii Smaragdi exarchi et chartularii sacri palatii, pacem et quietem Deus donare dignatus sit.

CAPUT VI.

ARGUMENTUM. — 1. S. Gregorius monasterii sui fit abbas. — 2. Pelagius eum sibi adjutorem adhibet scribendis epistolis. — 3. Argumentum prioris epistolæ ad Eliam scriptæ contra schisma. — 4. De secunda ad eumdem Eliam epistola. — 5. De tertia. — 6. Schisma ficte ejurant quidam episcopi. — 7. S. Gregorius libros Moralium retractat. (Ab an. 585 usque ad 589.)

1. Romam reversus Gregorius, in monasterii sui portum, urbis aulæque tumultum exosus, iterum se recepit, ubi abbatis officium rogantibus, imo cogentibus fratribus [c] exercuit. Quod in monasterio post

---

[a] De S. Leandro lege Annales Benedict. Mabill. lib. VI, num. 64, et Nicolaum Antonium in Bibliotheca vet. Hispan.

[b] In notis ad ep. Pelagii II, inter Concilia.

[c] Assumpto nuper ad Syracusanum episcopatum S. Maximiano S. Andreæ abbate.

reditum et ante suam ad pontificatum assumptionem habitaverit et præfuerit, dubitare non sinit ipse Gregorius narrans lib. iv Dialog., c. 55, infelicem Justi Andreani monachi mortem quam dicit contigisse *ante triennium*, hoc est paulo antequam apostolicam cathedram ascenderet. Ex hoc loco liquet *hunc monachum medicinali arte imbutum, Gregorio in eodem S. Andreæ monasterio constituto, sedulo obsequi atque in assiduis ejus ægritudinibus excubare solitum*. Cum Justus morti proximus deprehensus fuisset reus occultatæ pecuniæ, *mox ut tantum malum Gregorio nuntiatum est, id æquanimiter ferre non valuit*. Statimque violatæ regulæ monasterii vindex, quia abbas, *cogitare cœpit vel quid ad purgationem morientis faceret, vel quid ad exemplum viventibus fratribus provideret*. Pretioso igitur ejusdem monasterii præposito accersito, jubet ut curet a rei consortio fratres omnes recedere. Præcipit quoque 214 mortuo etsi in extremis pœnitenti stercorariam parari sepulturam, et super ejus cadaver tres occultatos aureos projici, fratribus clamantibus : *Pecunia tua tecum sit in perditione*. Tandem quia Justus piaculi pœnitens diem extremum clauserat, procurat ut Pretiosus præpositus *per triginta dies continuos pro ipsius absolutione* [a] *sacrificium offerat*. Quantum sapientissimi abbatis severitas Justo cæterisque fratribus profuerit, lege aut in laudato Dialogorum libro, aut apud Joannem Diaconum. Quæ apud eumdem leguntur de largis eleemosynis a Gregorio factis dum in monasterio degeret, probant quoque eum tunc monasterio præfuisse; alioquin non *præcepisset* [b] *vestiario, ut tot daret numismata*. Postea multa refert Joannes Diaconus quæ Gregorio abbatis loco sedente contigisse testatur : qualia sunt miracula et signa quibus Deus quosdam monachos aut fugientes, aut de fuga cogitantes aut alterius noxæ reos terruit, et ad saniorem mentem revocavit. Sed fallitur hic scriptor, quandoquidem ipsemet Gregorius scribens ad Rusticianam ep. 44 libri xi eadem commemorat, aitque ea sibi narrata fuisse ab abbate et a præposito hujus monasterii. Verum quid indigemus aliunde quæsitis argumentis, cum ipse Gregorius coram synodo diserte professus sit se olim rexisse monasterium, his verbis : *Quam sit necessarium monasteriorum quieti conspicere... anteactum nos officium, quod in regimine monasterii exhibuimus informat? (Concil. III seu Lateran. sub S. Greg.)*

2. Sancto viro in monasterii recessu otium et latebras quærenti, diu tamen iis prorsus frui non licuit, aut ab omnibus penitus ecclesiasticis negotiis feriari. Nam ut olim Hieronymus S. Damaso papæ, Prosper S. Leoni Magno, sic ille Pelagio Juniori in scribendis epistolis adjutor fuit. Ita sensit Baronius ; et sane ipsi tribuit Paulus Warnefridi lib. III de gestis Langobardorum, *satis utilem epistolam*

[a] De sacrificio pro defunctis offerri solito jam diximus in not. ad libri IV Dialog. caput 55.

[b] Sic Joannes vocat monachum vestiarii custodiæ præpositum. Porro in chronico Casinensi lib. I, c. 25, vestiarium appellatur locus ubi etiam pecunia serva-

a Pelagio papa Eliæ, Aquileiensi episcopo, missam, quam, inquit, *beatus Gregorius, cum adhuc esset, Diaconus scripsit*. Tres editæ sunt tum a Baronio (*Ad an.* 586, *num.* 26), tum a Conciliorum collectoribus Pelagii II epistolæ *ad Eliam et ad alios Istriæ Ecclesiæ episcopos et filios*, pro trium capitulorum causa tumultuantes. Unum est trium illarum epistolarum argumentum, unus scopus, stylus plane non absimilis; proindeque idem omnium scriptor Gregorius a quo unam saltem scriptam esse Pauli constat testimonio. Adde quod his in epistolis quas Gregorius jam pontifex factus ad eosdem schismaticos scripsit, vel ad alios quos in condemnatione trium capitulorum hærere noverat ; eadem pro pacis hostibus charitas ferveat, pro anxiis et scrupulosis eadem indulgentia elucescat. Et de iis quidem postea fusius; nunc autem paucis exponendum quid tribus epistolis nomine Pelagii II scriptis potissimum contineatur.

3. In prima præfatur piissimus Pater *de viscerum suorum divisione*, nimirum de schismate Ecclesiam scindente, *se non sine gravi fletu doluisse;* ad pacem dissidentes cum lacrymis adhortatur. Vacillantibus in fide, Petri fidem indeficientem opponit; titubantibus, sedis Petri firmitatem, contra quam portæ inferi prævalere non possint. Cæterum ut omnem præscindat sese calumniandi occasionem, profitetur amplecti quæ ab apostolis eorumque successoribus tradita sunt, et in quatuor œcumenicis conciliis explanata et confirmata, maxime in synodo Chalcedonensi, cujus auctoritatem pulsari et labefactari, trium capitulorum damnatione in quinto post concilio conclamata schismatici querebantur. Si tamen hæc ad compescendum scandalum sufficere non videantur, rogat eos ut manentes in unitatis charitate eligant transmittantque aliquos e fratribus, ad proponendas et componendas pacifice quæstiones omnes. *Et parati sumus*, inquit bonus ille pastor ovibus errantibus *compatiens, secundum præceptionem apostolicam, et cum charitate eos suscipere, et cum humilitate ad placita satisfactionis reddere rationem ; et sine aliqua impedimento, cum omni dilectione, quando reverti voluerint, voluntate sincerissima, relegare* (*I Petri* III).

4. Ut ad hanc epistolam responderent schismatici, scripta diversis infecta contagiis direxerunt, quibus Patrum testimonia incongrua et ad causam non pertinentia inseruerunt, ordine ita turbato, *ut quod scriptum nomine alterius fuerat, alterius nominis titulo promeretur*, uti observat Pelagius in ep. 2 ad Eliam ejusque symmystas, unde ipsis hæc ab Apostolo dicta tribuit : *Nescientes neque de quibus dicunt, neque de quibus affirmant* (*I Tim.* I. 7). Itaque ut veris et genuinis falsa et supposititia destrueret, Pelagius curavit schismaticorum legatis ex antiquis *polyptycis scrinii sanctæ sedis apostolicæ* sincera synodorum acta exhiberi; ipsosque secunda sua epistola vehebatur. Proprie vestiarium est locus ubi vestes sacræ et vasa ad altaris ministerium aliaque pretiosa reposita custodiebantur; qui cum esset tutior, forte aliquando ad pecuniam asservandam deligebatur. Vide notam 1054 ad librum Sacram.

menter est cohortatus ad charitatem et unitatem, cujus scissio culpa est ita inexpiabilis, ut ne martyrio quidem purgetur. Postremo invitat eos ad collationem Romæ per legatos habendam ; aut si locorum obstent intervalla, rogat ut apud Ravennatem urbem Istriæ finitimam conveniant, quo se legatos missurum pollicetur, qui vice sui synodo intersint.

5. Irrita fuit vigilantissimi pastoris sollicitudo curaque erga oves extra Ecclesiæ septa et pascua vagantes. Utque suam in schismate pertinaciam tuerentur, pro defensione damnatorum in v synodo trium capitulorum, apologiam evulgarunt : ad quam refellendam Pelagius, Gregorii opera rursum usus, tertiam scripsit epistolam, quam ipse Gregorius librum appellat (*Lib.* II, *ep.* 51). Ex hac epistola intelligimus conjuratos Istriæ vicinarumque regionum episcopos, eo insaniæ provectos, ut summo pontifici tam præclara humilitatis et charitatis exempla præbenti, *deliberata judicii sententia imperarent*, a trium capitulorum damnatione resilire. De hac perduellione gemit Pelagius, doletque oves extra caulas, leonis rugientis morsibus patere, palmites a vite rescissos exsiccari et ad combustionem præparari, operarios extra vineam laborantes et desudantes mercede carere ; novo diluvio mundum obruente, vesanos homines arcam fugere. Ut autem satisfaciat omnibus quæ obtruderant schismatici, primum singillatim expendit ea quibus abutebantur S. Leonis papæ pro concilio Chalcedonensi testimonia, quæ soli fidei definitioni favere ostendit ; at de ea non agi sed de personis, ut etiam in superiori epistola luculenter probatum est, contendit. Deinde nodum solvit quem ex Vigilii papæ aliorumque Latinorum episcoporum reluctantia adstringebant ; qui scilicet prius damnationi trium capitulorum 215 consentire constantissime recusarant. Ait nimirum Latinos linguæ Græcæ minus peritos, errores in Theodoriti, Theodori et Ibæ scriptis latentes statim non potuisse detegere ; quibus tandem cognitis eorum condemnationi ultro subscripserunt ; et prius acta retractarunt. Cæterum mirum non esse Petri successorem, in sententia variasse, cum ipse Petrus qui *prius restitit ne ad fidem gentes sancta Ecclesia sine circumcisione reciperet*, postea Paulo reprehendenti cessit, et obstitit ne jugum Mosaicæ legis gentilibus imponeretur. Denique Pelagius multa ex Theodori Mopsuesteni scriptis profert in Christum impiissima, multa quoque ex Ibæ epistola, quibus palam fit quanta pertinacia Nestorio adhæserit, et in S. Cyrillum impii Nestorii adversarium exarserit ; unde manifestum est eorum scripta vel hæretica, vel hæresi faventia, non immerito fuisse damnata. Ad Theodoritum quod spectat, hæc ait Pelagius : *Neque Theodoriti omnia scripta damnamus, sed sola quæ contra duodecim Cyrilli capitula, sola quæ contra rectam fidem aliquando scripsisse monstratur, quæ tamen et ipse damnasse cognoscitur.*

Digna sane est hæc epistola, quæ ex integro legatur. Nemo autem legens, nisi in S. Gregorii scriptis peregrinus, dubitare poterit, an sit ipsius fetus; quippe sapit Gregorianam phrasim, et explicandæ sacræ Scripturæ methodum. Idem sit de duabus aliis criterium. Hinc eas hoc loco inserendas, aliqua saltem ex parte judicavimus.

6. His armis cum expugnari non potuissent schismatici pertinaces, *Smaragdus patricius, veniens de Ravenna in Gradum, per semetipsum e basilica extrahens Severum,* Aquileiensem seu Gradensem episcopum, *Ravennam cum injuria duxit, cum aliis tribus episcopis* (Verba sunt Pauli Warnefridi in historia Langobardorum); *quibus comminans exsilia, atque violentiam inferens, communicare compulit Joanni Ravennati... Exacto vero anno ex Ravenna Gradum reversi sunt, quibus nec plebs communicare voluit, nec cæteri episcopi eos susceperunt.* Severum *incorporatum fuisse in unitatem Ecclesiæ* quam postea deseruit testatur S. Gregorius lib. I, ep. 16, ad eumdem scripta.

7. Eo tempore cum paulo liberiori otio frueretur, suam in Job expositionem ad limam revocavit, *multa augens, pauca subtrahens*, ut ipse ait in prævia ad illos libros epistola, ubi lege cætera, quæ in hac veluti secunda Moralium editione præstitit. Sed amicam illam quietem turbavit pestis gravissima quæ Romam Italiamque devastavit, et Pelagium summum pontificem interemit; cujus loco Gregorius electus est. De his nunc morosius est agendum.

CAPUT VII.

ARGUMENTUM. — 1. Tiberis exundatio. — 2. Mala inde subsecuta. In his pestis. Pelagio peste sublato, Gregorius in ejus locum eligitur. Petitur imperatoris consensus. — 3. Jure an injuria. — 4. Num ad consensum impetrandum soluta pecunia. — 5. Acrius desævit pestis. Gregorius Romanos ad pœnitentiam hortatur. — 6. Indicit publicas supplicationes. — 7. Qua auctoritate. — 8. Fugit et latebras quærit. Indicio columnæ fulgidæ agnoscitur. (An. 589 et 590.)

1. Anno octogesimo nono supra quingentesimum, mense nono seu Novembris *tanta inundatione Tiberis fluvius urbem Romam obtexit, ut ædes antiquæ diruerentur; horrea etiam Ecclesiæ subversa sint, in quibus nonnulla millia modiorum tritici periere*, inquit primus rerum Francicarum scriptor (*Greg. Turon. lib.* x, *c.* 1); observatque id contigisse anno XIV Childeberti regis ; quod de anno hoc non inchoato, sed completo intelligendum est. Nam eodem Gregorio historico teste, medio mense [a] *undecimo* sequenti, hoc est januario, Pelagius papa peste percussus est. *Et quia Ecclesia Dei absque rectore esse non poterat, Gregorium diaconum plebs omnis elegit.* Gregorium ordinatum esse mense Septembri anni 590 nemo diffitetur. At si decimo quarto anno Childeberti tantum inchoato, Pelagius peste correptus interiisset, hoc est anno 588, per viginti menses vacasset sedes Romana, scilicet a Januario anni 588 usque ad ordinationem S. Gregorii mense Septembri an. 590; tam-

---

[a] Cum hic legis Januarium esse anni undecimum mensem, intellige Gregorium Turon. annum non inchoasse a Januario, sed a Martio.

diu autem Romam, imo totam Ecclesiam sine pastore tunc fuisse nullus ex historiæ scriptoribus litteris consignavit. Itaque inundatio de qua Gregorius Turonensis accidit mense Novembri an. 589, Januario sequenti pestilentia Pelagium papam abstulit. Paulo post electus est Gregorius in summum pontificem. Verum cum reluctaretur, exspectandusque foret imperatoris consensus, ejus ordinatio citius quam ineunte mense Septembri proximo non potuit impleri. His certis terminis deficienda fuit et stabilienda chronologia, antequam cætera quæ vel præcesserunt Gregorii electionem, vel subsecuta sunt, prosequeremur.

Inundationis Tiberis meminit ipse Gregorius lib. III Dialog. cap. 19 his verbis : *Ante hoc fere quinquennium, quando apud hanc Romanam urbem alveum suum Tiberis egressus est, tantum crescens ut ejus unda super muros Urbis influeret, atque inde jam maximas regiones occuparet, apud Veronensem urbem fluvius Athesis excrescens, ad beati Zenonis martyris atque pontificis ecclesiam venit.* Hæc magis ac magis confirmant stabilitam a nobis chronologiam. Gregorius enim scripsit Dialogos an. 593, qui erat *fere quintus*, hoc est quintus inchoatus ab anno 589. Tiberis inflatio jam antea Romæ non semel exitialis fuerat, videratque suis temporibus Horatius :

Tiberim retortis
Littore Etrusco violenter undis
Ire dejectum monumenta Regis,
Templaque Vestæ. (*Lib.* I, *od.* 2.)

Inter maximas autem Urbis et orbis clades hujus fluminis exundatio censebatur. Unde Tertullianus Apologetici c. 40 : *Si Tiberis*, inquit, *ascendit ad mœnia, si Nilus non ascendit in arva; si cœlum stetit, si terra movit; si fames, si lues : statim Christianos ad leonem;* quasi tot calamitatum suis flagitiis provocatores et auctores.

2. Quanta mala intulerit hæc Tiberis prope immensa effusio, narrat Gregorius Francicus his verbis : *Multitudo etiam serpentium cum magno dracone in modum trabis validæ, per hujus fluvii alveum in mare descendit; sed suffocatæ bestiæ inter salsos maris turbidi fluctus littori ejectæ sunt. Subsecuta est de vestigio clades quam inguinariam vocant.* Primus omnium hoc flagello percussus interiit Pelagius papa, eodem Gregorio teste, juxta illud quod in Ezechiele propheta legitur : *A sanctuario meo incipite.* Mox subsecuta est magna populi strages. In tanta ergo calamitate populus Romanus ad Gregorium confugit, eumque in summum pontificem elegit. At ille hunc apicem attentius fugere tentans, ne quod prius abjecerat, rursum ei in sæculo de adepto honore jactantia quædam subreperet, Mauricium Augustum, cujus filium ex sacro fonte susceperat, confestim supplicibus litteris oravit, ut consensum eligenti populo seque ad episcopatum deposcenti denegaret. Scripsisse quoque ad Joannem, Constantinopolitanum patriarcham, ut imperatori, apud quem gratia plurimum pollebat, rescindendæ hujus electionis suasor et auctor esset, conjicitur ex epistola 4 libri I, in qua cum ipso expostulat, quod ne ad episcopatum eveheretur minime obstiterit. Sed præfectus urbis Romæ, [a] germanus ejus, præoccupato nuntio, misit ad imperatorem solemne electionis decretum. Mauricius Deo gratias agens, quod diaconus sibi amicitia conjunctissimus, ad tanti honoris culmen populi suffragiis fuisset vocatus, dato ex more præcepto jussit eum institui et ordinari. Hæc ex Gregorio historico excerpta, quæ ipse ab oculato teste, Turonensis Ecclesiæ diacono (quippe qui tunc Romæ ageret), didicerat. Inter optimates qui ad electionem Gregorii suis suffragiis et fortasse consiliis auctoritateque plurimum contulerunt, præcipuam laudem meruerunt Joannes, exconsul et quæstor, vir Patriciæ nobilitatis, necnon Philippus, excubitorum comes, de quibus eam ob rem queritur epistolis 31 et 32 libri I.

Gregorium solummodo diaconum fuisse cum ad pontificatum evectus est, ex hoc alterius Gregorii testimonio liquet. Neque vero legimus eum [b] presbyteratu donatum, antequam in pontificem ungeretur et consecraretur : quod hodiernis quidem moribus adversari haud diffitemur; sed non ita fortasse antiquis.

3. Nonnullorum quoque mentem haud dubie pulsabit, quod narrat laudatus scriptor, de petito et expectato imperatoris consensu, antequam Gregorius electus ordinaretur. Sed a regum Gothorum Italiam obtinentium saltem temporibus usurpatum erat, ut electus papa non sederet nisi accedente prius principis confirmatione. Huic juri vel injuriæ quæsitus hic color, quod cum summi pontificis electio, non solum ad clerum, sed etiam ad senatum populumque Romanum tunc spectaret, citra auctoritatem imperatoris aut principis, qui senatus populique caput erat, stare non deberet. Neque vero Gregorius, qui sacrum [c] sibi ministerium ab imperatore commissum agnoscit (*Lib.* I, *ep.* 5), hunc morem usquam damnare visus est, aut improbasse. Nam quod affert Baronius ut displicuisse sanctissimo pontifici morem hunc ostendat, id ex spurio vel saltem dubio commentario in [d] Psalmos Pœnitentiales loco deprompsit. Restituto in Occidente imperio, Carolus Magnus ejusque posteri, hoc jure confirmandi summi pontificis, nullo repugnante, potiti sunt, ut ex Anastasio, Ecclesiæ Romanæ bibliothecario, et ex aliis passim non iniquis erga sedem apostolicam scriptoribus constat.

4. Idem [e] eminentissimus cardinalis existimat Mauricii consensum in Gregorii electionem soluta pecunia comparatum fuisse; quod nescio an in hujus aut inferioris ævi scripto aliquo legatur. Querela

---

[a] Aliqui legunt apud Greg. Turon., *Præfectus urbis germanus, ejus,* etc., minime rati referendum esse *ejus* ad *Germanus.* S. Gregorium fratrem seu germanum habuisse jam supra ostendimus c. I, num. 5.

[b] Lege notas ad ep. 34 lib. X, nota *d.*
[c] *Qui virtutis ministerium infirmo commisit.*
[d] Vide censuram de hoc Commentario tom. III, II parte, col. 463.
[e] Ad an. 590, num. 5.

enim de sponsa Christi captiva facta et tributo subdita, quæ profertur ex commentario in Psalmos pœnitentiales neque id significat, neque extra suspicionem interpolationis et suppositionis est. Non me fugit Athalaricum Arianum aliquando imperasse tria solidorum millia pro confirmatione *apostolici pontificis*, et duo millia pro confirmanda aliorum patriarcharum, hoc est metropolitanorum electione; sed catholicos principes, liberata a Gothis Italia, idem exegisse, aut Gregorium ab hujusmodi simoniaca pecuniæ pensitatione non abhorruisse nusquam sibi persuadere poterit, qui legerit ejus epistolas quamplurimas contra simoniacam hæresim scriptas. Præterea rex Arianus pecuniam persolvi non jubet, nisi cum de electione aut ordinatione præsulum, *ad palatium producta fuerit altercatio populorum*. [a] At in electione Gregorii mirus fuit populorum consensus. Addo insuper obscurum esse locum hunc ex rescripto ad Joannem papam quæsitum, quandoquidem in eo rex contra simoniacos, sive qui dant, sive qui accipiunt, saluberrima promulgat decreta. (*Cf. Cassiodor. l.* IX, *ep.* 15.)

5. Interea dum expectaretur Augusti responsio et assensus, in dies augebatur pestilentia, Romaque continuis funeribus devastabatur. Ab hac lue immune non fuit S. Andreæ cœnobium; tuncque enituit maxime fratrum omnium sollicitudo et charitas erga Theodorum adolescentem hoc morbo correptum, et ad extrema perductum; quem eorum orationibus a duplici morte animæ scilicet ac corporis liberatum refert Gregorius tum homil. 19 et 38 in Evangelia, tum lib. IV Dialog. cap. 38.

Aberat tunc a monasterio sanctus Pater, procurandis afflictæ civitati solatiis totus incumbens. Ut autem pene jam despondentes animum Romanos spe in Deum erigeret, atque ad pœnitentiam tot inter flagella vel invitos provocaret, concionem ad populum habuit, dignam sane quam litteris consignaverit 217 Gregorius Turonensis. Ejusdem meminerunt Paulus et Joannes diaconi, necnon alii quamplurimi. In prioribus editis legitur habita indictione sexta, cujus loco potius legendum, *indictione viij*. Constat enim Gregorium incipiente indictione nona fuisse ordinatum. Erroris causa fuit, quod hæc oratio libro Epistolarum olim XI, nunc XIII, fuerit præmissa, cujus videlicet libri indictio est sexta. [b] Nec minus mendose assignatur dies quarta Kalend. Septembris.

6. Post concionem S. Gregorius publicas supplicationes seu litanias indixit, præcepitque ut convenientes ad septem designatas in totidem Urbis regionibus basilicas, omnes clerici, monachi, sacræ virgines, infantes, laici, viduæ, conjugatæ, inde cum singula-

rum regionum presbyteris, ad sanctæ Dei Genitricis basilicam ex conducto cum precibus et lacrymis procederent. Insuper congregatis Clericorum catervis, præcepit psallere per triduum. *Hora igitur tertia* (nostro more nona) *veniebant omnes chori psallentium ad Ecclesiam, clamantes per plateas, Kyrie eleison*. Ipso autem supplicationis tempore intra unius horæ spatium octoginta homines spiritum exhalarunt. Hæc Gregorius Turonum episcopus, ex sui diaconi qui tunc Romæ erat haud dubia relatione memoriæ prodidit, cui subscripsit Paulus Diaconus *Lib.* III *de Gestis Lang. c.* 25). Joannes Diaconus vero et alii non parum discrepant ab aliis scriptoribus sive in recensendo personarum ordine, sive in assignandis basilicis. Nam Joannes Diaconus assignat pro litania clericorum ecclesiam S. Joannis, consentitque charta de litaniis quæ nunc legitur in appendice Epistolarum : Gregorius Tur. vero, basilicam sanctorum Cosmæ et Damiani. Hoc tamen dissidium componi potest si dicamus non semel indictas fuisse supplicationes illas; et in his quidem servatum ordinem a Gregorio Turonico relatum, in aliis alterum a Joanne assignatum; quod ex ritualibus libris potest confirmari, si Emin. Annalium Eccl. parenti fides sit. *Habent*, inquit Baronius (*Ad an.* 590, *num.* 18), *rituales libri ultimis litaniis esse processum ad basilicam apostolorum principis, atque ab Gregorio sanctam imaginem* [c] *Deiparæ magna veneratione delatam*. Tunc ferunt prope molem Hadriani Tiberi adjacentem visum esse angelum, in signum reconciliati Numinis, *nudatum gladium in vaginam reponere, eoque symbolo morbum cessasse significare voluisse*. De supplicationibus sæpius habitis, et ultimo loco factis in basilica S. Petri contendere minime volumus, etsi de multiplici, aut etiam duplici processione tempore pestis habita scriptores omnes sileant. At quæ narrantur de viso angelo et sedata peste dubiæ videntur fidei. Si enim id contigit, quonam pacto Gregorius Turon. id a suo diacono non accepit? Si vero ipsum audierit tanta miracula referentem, quomodo ab ipsis commemorandis abstinuit, qui aliquando levissima nec ita certa referre delectatur? Altum est quoque de istis Bedæ, Pauli, et Joannis silentium. Pestilentiam tamen quievisse Paulus et Joannes, qui res a Gregorio gestas accuratius prosecuti sunt, non obscure testantur; sed brevi recruduisse postea ostendemus. Cum de supplicationibus iterum aut sæpius tempore pestis habitis, scriptores omnes sileant; felicius fortasse dissidentes scriptores ad concordiam revocabuntur, dicendo unius ejusdemque litaniæ ordinem varie indictum ac præscriptum. Nempe cum prius assignatæ fuissent hæ et illæ basilicæ quo varii convenirent ordines, aliæ postea mutato consilio delectæ

---

[a] Eodem sensu debet intelligi Justiniani jussio de quà Baronius ad an. 554, num. 1 et 2, et quod legitur apud Anastasium Biblioth. in Agathone : *Hic suscepit divalem jussionem (imperatoris constitutionem) per quam relevata est quantitas quæ solita erat dari pro ordinatione pontificis facienda, sic tamen, ut si post ejus transitum contigerit electionem fieri, non debeat ordinari qui electus fuerit, nisi prius decretum generale introducatur in regiam urbem secundum antiquam consuetudinem*. Tom. VI Concil. in Agath. pag. 574. Cæterum ista pecunia persolutio potius videtur populis eligentibus imperata, ut jus eligendi conservarent, quam electis pontificibus.

[b] Lege notam qua ista priorum editorum errata castigavimus tom. I, col. 1663.

[c] Quam dicunt a S. Luca factam.

sunt; vel quod ampliores, vel quod propiores forent, vel quod in regionibus ubi sitæ erant ecclesiæ illæ pestis minus grassaretur. Nimirum cavendum erat a locis in quibus acrius morbus desæviebat. Itaque juxta opinionem hanc quam ultro fateor nullibi legisse mè, tum Ecclesia S. Joannis, tum sanctorum martyrum Cosmæ et Damiani designatæ sunt, quo conveniret litania clericorum, et unde postea procederet (idem de cæteris in quibus discrimen est, dicendum), sed ad alterutram tantum convenere clerici.

Ab illis supplicationibus originem traxisse videntur [a] litaniæ quæ dicuntur majores, et in festo S. Marci quotannis celebrantur, cum illæ quæ in triduo ante Ascensionem Domini fiunt, dicantur minores.

7. Quæri potest quo nomine quave auctoritate Gregorius adhuc diaconus tantum, electus quidem ad pontificatum, sed nondum ordinatus, Ecclesiæ Romanæ gubernationem, quodam modo præoccupavit, omnia quæ superius retulimus decernendo. Eum quidem jam presbyterum factum fuisse putant nonnulli, quos inter eminet Baronius, propter illa de eo Gregorii Turonensis dicta : *Sed non destitit sacerdos tantus prædicare populo*, etc. At vero sacerdotis nomine non solebant veteres designare presbyterum. Itaque Turonensis episcopus nostrum Gregorium hic non alia ratione sacerdotem appellat, quam quod esset ad summum electus sacerdotium; unde paulo post non obscure innuit eum adhuc in diaconatus gradu positum. Neque vero presbyteratus ordo jus ipsi contulisset exercendæ in Romanam Ecclesiam potestatis. Subodoramur ergo Gregorium tanquam electum pontificem, vacantis sedis administrationem nactum esse cum aliis Ecclesiæ Romanæ vicariis ; idque conjicimus ex epistola cleri Romani ad Scotos reddita, cum mortuo Severino papa sedes apostolica vacaret anno circiter 640. Illa enim epistola scripta legitur nomine *Hilarii, archipresbyteri et servantis locum*, scilicet, ut auguror, vicarii, *sanctæ sedis apostolicæ; Joannis , diaconi et in Dei nomine electi*, qui fuit Joannes IV ; *Joannis, primicerii et servantis locum apostolicæ sedis; et Joannis , servi Dei, consiliarii ejusdem sedis apostolicæ*. Quod monumentum exhibet venerab. Beda lib. II Hist., c. 29; unde addiscere licet, quibus demandata foret Ecclesiæ Romanæ administratio, donec qui electus erat pontifex consecraretur.

8. De concivium suorum salute sollicitus Gregorius, pene sui oblitus fuerat, et propositum fugiendæ pontificiæ dignitatis intermiserat. Securus forsan dormiebat, quod Mauricium imperatorem suis supplicibus litteris permotum electioni factæ non consensurum speraret. Ut vero accepit interceptam fuisse suam ad Augustum epistolam et aliam delatam qua præfectus Urbis eum de electione unanimi consensu facta, et de incredibili populi totius erga electum studio, certiorem faciebat, sibi maxime timendum ratus, de fuga quamprimum cogitavit. Formidabat enim celsum quidem, at arduum locum, *Et sic metuebat paupertatis suæ securitatem perdere, sicuti avari divites solent perituras divitias custodire*, ut ejusdem Gregorii (*Lib*. III, *Dialog*. c. 14) verba usurpem. Verum *cum latibula fugæ præpararet, capitur, trahitur, et ad beati apostoli Petri basilicam deducitur, ibique ad pontificalis gratiæ officium consecratus, papa Urbi datus est*. Hæc Gregorius Turon. cujus ultima verba exscripsit Paulus Diaconus. Addit vero Gregorium, cum ad portas Urbis sollicite excubaretur, ne evaderet, a negotiatoribus impetrasse ut in cratera occultatus educeretur extra Urbem; sicque per triduum delituisse, sed tertia nocte indicio fulgidæ columnæ fuisse detectum et comprehensum. Missa facio cætera quæ tum obtigerunt, mira quidem et stupenda, quia apud Paulum legi queunt. Joannes Diaconus in omnibus fere Paulum secutus, nullius tamen alius signi meminit, quam columnæ fulgidæ. Ipse Gregorius miracula tunc facta, etsi premere silentio, præ modestia et animi demissione (quæ ambæ virtutes in ipso præsertim enituerunt, plurimum optasset, dissimulare tamen omnino non potuit, scribens ad Natalem, Salonitanum episcopum : *Conscientiam nostram indicamus, ipsius honoris onera me ægro animo suscepisse. Sed quia divinis judiciis non poteram resultare*, etc. (*Lib*. I, ep. 21). Et ad Cyriacum, Constantinopolitanum patriarcham : *Ego quoque qui indignus ad locum regiminis veni, infirmitatis meæ conscius, secretiora loca petere aliquando decreveram ; sed superna mihi judicia adversari conspiciens, jugo Conditoris subdidi cervicem cordis*. (*Lib*. VII, *ep*. 4.) Fugæ latebrarumque suarum meminit quoque initio libri Regulæ Pastoralis. Ita Gregorius vocantis, melius dixerim, cogentis Dei signis, potius quam hominum votis obtemperans, accedente imperatoris consensu et gratulatione, ordinatus est die 3 Septembris an. 590, in ipso indictionis nonæ principio, quæ dies in tabulis ecclesiasticis consignata, olim fuit celeberrima. Cum enim sanctissimi Pontificis natalis incidat in diem 12 Martii, quo tempore propter Quadragesimam nullæ antiquitus erant Sanctorum solemnes feriæ, anniversaria ejus ordinationis dies, ipsius memoriæ celebrandæ fuit consecrata.

Nunc vero paululum subsistamus, et admirati pene invictam Gregorii in fugiendo pontificatu pertinaciam, doleamus Ecclesiæ vicem, cujus dignitates et summa sacerdotia invadunt plerique ambitiosi, ea vel natalium suorum splendori, vel consanguineorum bellicæ fortitudini, vel suis in aula obsequiis assiduisque precibus et excubationibus debita existimantes. Tantum e Gallia malum magna jam ex parte depulit Rex Christianissimus Ludovicus XIV, cujus exemplo utinam obsequantur omnes quorum interest : *Et tamen nomen Christi etiam per lucrorum sectatores suæ gloriæ*

---

[a] De Litaniis consulendæ notæ ad librum Sacramentorum.

retinet potestatem. Et fiunt in talibus causis ministri mercenarii, sicut naves onerariæ..... quarum rectores potius eorum quos ducunt pecuniis inhiant, quam sa-lu.i : et tamen mare sæculi hujus necessarios habet hujusmodi transvectores. (Vide Arnald. de Bonavalle. lib. de Card. Christi oper., c. de Baptis. Christi.)

LIBER SECUNDUS.
Quatuor priores pontificatus S. Gregorii annos complectens.

CAPUT PRIMUM.

ARGUMENTUM. — 1. S. Gregorius ordinatur, et fidei symbolum emittit. — 2. Ejusdem synodica epistola ad patriarchas. — 3. De ipsius inscriptione. — 4. Cur dicta synodica. — 5. Gratulantibus de suscepto pontificatu quam humiliter rescripserit. — 6. Aliæ præter animi demissionem, detrectandi episcopatus causæ, gravissima Ecclesiæ mala. — 7. Ea magna ex parte sustulit. — 8. Ejus hoc in opere adjutores. Joannes CP. — 9. Eulogius Alexandrinus. — 10. Anastasius Antiochenus. — 11. Joan. Jerosolymitanus. — 12. Domitianus, Arabiæ metropol. — 13. Dominicus Carthag. — 14. S. Leander in Hispania. — 15. Virgilius Arelat., Syagrius, etc., in Galliis. (An. 590 et 591.)

1. [a] Consecrandus de more Gregorius, ad Confessionem S. Petri apostolorum principis ductus est (hoc nomine intelligitur apud veteres ejus sepulturæ locus), ubi fidem orthodoxam exposuit, quam intra paucos articulos complexus est. Illud autem symbolum exhibent Registri Epistolarum codices fere omnes manu exarati, vel in capite vel ad calcem, legiturque apud Joannem Diaconum lib. II, c. 2 : idcirco ipsum tanquam genuinum S. Gregorii fetum epistolis subjiciendum duximus.

2. Ut etiam receptæ jamdudum [b] consuetudini morem gereret, synodicam epistolam scripsit ad omnes patriarchas, in qua suscipere ac venerari profitetur quatuor concilia, Nicænum, Constantinopolitanum primum, Ephesinum, et Chalcedonense, *sicut sancti Evangelii quatuor libros* (*Lib.* I, *ep.* 4). In eadem epistola synodica, ea qua par erat veneratione, Gregorius amplectitur quintum concilium, *in quo epistola quæ Ibæ dicitur, erroris plena reprobatur; Theodorus personam Mediatoris Dei et hominum, in duabus 219 substantiis separans, ab impietatis perfidiam cecidisse convincitur ; scripta quoque Theodoriti, per quæ beati Cyrilli fides reprehenditur, ausu dementiæ prolata refutantur.* Subdit : *Cunctas vero quas præfata veneranda concilia personas respuunt, respuo* (*Ibid. ep.* 25). Tandem quoslibet aliter sentientes anathemate ferit. In alia rursus epistola (*Lib.* III, *ep.* 10), quatuor universalis Ecclesiæ synodis cum totidem libris Evangeliorum collatis summam supremamque tribuit auctoritatem.

3. In hujus epistolæ synodicæ ad patriarchas inscriptione primum omnium occurrit Joannis Constantinopolitani nomen, quod a Gregorianarum epistolarum collectoribus factum, non ab ipso Gregorio jure censet Baronius (*Ad an.* 591). Singulis enim patriarchis singula misit illius epistolæ exemplaria, in quibus solum nomen patriarchæ ad quem unumquodque mittebatur erat inscriptum. Neque enim exemplum quod ad Joannem delatum est, aliud quam Joannis ipsius nomen præferebat. [c] Hinc legitur *Frater charissime*, non *Fratres charissimi*. Nostram sententiam confirmat, quod subjunctum fuerit, *a paribus*, post patriarcharum nomina, ut in notis observavimus. Nihilo tamen minus jam consentientibus aliis patriarchis, Constantinopolitanus primum locum post Romanum pontificem obtinebat.

Tunc duo erant Antiocheni patriarchæ ; nam [d] Anastasius, ex hac sede pulso, Gregorius subrogatus fuerat; quod cum injuria magis quam jure factum fuisset, aliundeque Anastasius præcipua laude pietatis et doctrinæ inter Orientalis Ecclesiæ antistites fulgeret ; noluit sanctus pontifex pro exauctorato eum habere, sed ad ipsum sicut ad cæteros patriarchas synodicam transmisit. Jamque ad ejusdem litteras de suscepto summo pontificatu gratulatorias responderat. Sed quia Gregorius ei successor datus, pro legitimo pastore in universa Orientis Ecclesia, nemine reluctante agnoscebatur, vir alioquin ob sanctissimos mores, episcopatu dignus, eum præterire insalutatum non debuit novus papa, ne pacem turbaret.

4. Synodica vel synodalis dicta est prælaudata epistola. Simul ac enim quis creatus erat Romanus pontifex, collectis vicinis episcopis, synodum habebat, in qua se fidei catholicæ assertorem profitebatur ; ex eaque synodo epistola synodica transmitti solebat ad absentes universi orbis episcopos, potissimum vero ad præcipuarum ecclesiarum patriarchas. Hujus sane consuetudinis exempla in antiquis Ecclesiæ monumentis passim sunt obvia. Porro fidei suæ confessionem recens assumptus ad pontificatum mittebat, non solum ut se orthodoxum probaret, sed etiam *ut sub qua fide vivendum esset secundum statuta patrum*, sibi subditos doceret. Hac etiam in epistola, primariis Orientalis Ecclesiæ episcopis, ipse primus pastor Gregorius, voluit absolutissimam recte regendi et pascendi Christi gregis formam præbere : ad illos enim fusissime ac doctissime scribit de munere pastorali ; adeo ut in ea epistola suo de Regula Pastorali aureo plane libro prælusisse videatur. Verum nihil magis elucet in ea, quam stupenda viri sanctissimi humilitas, imparem se episcopali curæ ex animo profitentis. (*Cf. ep.* 2 *Gelasii* I. *tom. nostro* LIX.)

[d] Hujus ordinationis dies in tabulis ecclesiasticis consignatur ; estque tertia Septembris.

[b] Hujus consuetudinis meminit Gregorius lib. IX, ep. 52 : *Hinc est*, inquit, *ut quotiens in quatuor præcipuis sedibus, antistites ordinantur, synodales sibi invicem epistolas mittant, in quibus se sanctam Chalcedonensem synodum cum aliis generalibus synodis custodire fateantur.*

[c] Vide notam u ad hanc epistolam.

[d] De illo consule notas ad ep. 7 lib. I.

5. Eamdem animi demissionem testatam reliquit in plurimis quas paulo post susceptum pontificatum rescripsit epistolis. Quippe statim ac fama de ejus ad summum pontificatum assumptione percrebuit, illustres viri quamplurimi, maxime qui in urbe regia ejus modestiæ, sapientiæ, pietatis, cæterarumque virtutum testes et conscii fuerant, eum amicis et gratulatoriis litteris compellavere, quibus potius lacrymas et gemitus quam verba, rescribendo reddidit et repen dit. Legendæ sunt præ cæteris tertia cum quatuor sequentibus, vigesima prima, et quadragesima tertia lib. 1, in quibus vehementissime dolet imposita sibi immerito et impari episcopatus pondera: *Tanto*, inquit Narsetem patricium alloquens, *me percussum mærore agnoscite, ut vix loqui sufficiam; oculos enim mentis meæ doloris tenebræ obsident. Triste est quidquid aspicitur*, etc. Quia vero suas lacrymas, etsi juges, ad deplorandam mutatam sortem, minime sufficere putabat, familiaribus suis pro amicitiæ tessera, fletus ea de re suspiriaque imperabat.

Joannes exconsul non parum contulerat tum ad Gregorii electionem, ut jam monuimus, tum ad hujus electionis confirmationem; idcirco in illum amice excandescere videtur. Sed nullibi magis prodit dolorem de amissa vitæ monasticæ tranquillitate, et suscepta pastorali cura, quam hom. 11 in Ezechielem. Unde non immerito Joannes Diaconus nonnullorum ex Langobardis vesaniam exagitat, quos non pudebat affirmare Gregorium appetiisse magis pontificatum quam fugisse (Vide Lib. 1, ep. 51).

6. Quid causæ esset cur a pontificatu tantum abhorreret sanctus vir, præter singularem animi demissionem et vitæ solitariæ amorem, hic investigare operæ pretium videtur. Tunc Roma, totaque Italia cruentissimo Langobardorum bello premebatur, cui accesserunt fide comites fames et pestilentia. Verum gravioribus adhuc malis Ecclesia laborabat. De his dolens ita scribit ad amicum Leandrum:

Respondere epistolis vestris tota intentione voluissem, nisi pastoralis curæ ita me labor attereret, ut mihi magis flere libeat quam aliquid dicere. Quod vestra quoque reverentia in ipso litterarum mearum textu vigilanter intelligit, quando ei negligenter loquor, quem vehementer diligo. Tantis quippe in hoc loco hujus mundi fluctibus quatior, ut vetustam ac putrescentem navem, quam regendam occulta Dei dispensatione suscepi, ad portum dirigere nullatenus possim. Nunc ex adverso fluctus irruunt, nunc ex latere cumuli spumosi maris intumescunt, nunc a tergo tempestas insequitur. Interque hæc omnia turbatus cogor modo in ipsam clavum adversitatem dirigere, modo curvato navis latere, minas fluctuum ex obliquo declinare. Ingemisco, quia sentio quod negligente me crescit sentina vitiorum, et tempestate fortiter obviante, jamjamque putridæ naufragium tabulæ sonant. (Lib. 1, *ep.* 43.)

Certe si fluctibus obrui potuisset Petri navis, ex sævientibus tunc procellis nunquam emersisset.

Quippe Langobardi aut [a] idololatriæ addicti, aut impietatis Arianæ sectatores, Romæ totius Christianæ religionis arci imminebant; parumque abfuit quin expugnarent. Nuper Autharis, ipsorum rex Arianus, liberos eorum in fide catholica baptizari prohibuerat, orthodoxisque sese infensissimum ostendebat (*Lib.* 1, *ep.* 17). Fervebat furebatque in Istria et in finitimis provinciis schisma pro tribus capitulis excitatum. In Hispania et Gallia Narbonensi Wisigothi Arianam hæresim ad hæc usque tempora disseminarant 220 et propagarant. Qui Britanniam invaserant Angli, adhuc idolorum cultui mancipati, Christi nomen ignorabant. Pergebant Donatistæ Africanam Ecclesiam scindere vexareque jam pene tribus a sæculis. Fœda erat Orientalis Ecclesiæ facies, propter grassantes ubique Nestorii aut Eutychetis errores, quorum plurimi surculi pullularant. His accensebantur Agnoitæ, qui non ita pridem apud Alexandriam fuerant exorti. In Galliis, quæ catholicæ fidei semel receptæ tenacius inhæserant, variæ morum irrepserant corruptelæ, ipsamque disciplinam ecclesiasticam labefactarant, maxime simoniaca hæresis (sic appellat S. Gregorius) et Neophytorum, hoc est ad ejusdem mentem, laicorum immaturæ præcipitesque ad sacerdotium promotiones.

7. Tot malis mederi Gregorio incumbebat, cui cum summo pontificatu Ecclesiarum omnium sollicitudo fuerat demandata. Sed ad tantæ molis opus imparem se præ humilitate judicans, maxime infirma semper attritaque valetudine, magna animi anxietate laborabat. Verum adjutorem expertus est Deum, cui vocanti obsecutus fuerat; ejusque ope qui se servum inutilem existimabat et dictitabat, schismaticos Italiam turbantes coercuit, Langobardos ad fidem catholicam perduxit, Gothos Ecclesiæ reconciliavit, Anglos Christianis præceptis imbuit et sacro lavacro tinxit, repressit Donatistas in Africa tumultuantes, Agnoitas aliosque in Oriente hæreticos debellavit, varios ubique succrescentes contra fidem aut pios mores exstirpavit errores, tot denique tantaque intra paucorum annorum spatium præstitit ut jure omnium gentium consensu Magni cognomen sit consecutus. Præcipuos autem quos habuit laboris socios et adjutores, qui scilicet majoribus tunc præerant Ecclesiis, recenseamus.

8. Joannes, propter miram abstinentiam dictus Jejunator, ob insignes virtutes ad Constantinopolitanam sedem, quæ secundum post Romanam locum jam sibi vendicabat, mortuo Eutychio assumptus fuerat, ut supra diximus. At usurpato in synodo CP. œcumenici patriarchæ titulo, quem deponere nunquam consensit, Pelagium papam et postea S. Gregorium in se concitavit. De illo deinceps frequenter acturi sumus. Eum summis laudibus efferunt scriptores Græci, propter doctrinam, pietatem, singularemque in pauperes, cum sibi met foret parcissimus, liberalitatem et munificentiam. Diem clausit extremum an. 596, et a Græcis in Sanctorum catalo-

---

[a] De stolida illorum idololatria, in capreæ capitis adoratione vide lib. III Dialog. c. 28.

gum est relatus. Hunc excepit Cyriacus in eadem sede CP.

9. Eulogius ex monacho, si auctori Prati spiritualis fides sit, factus patriarcha, Ecclesiam Alexandrinam rexit ab anno 581 ad an. 608, hæreticorumque hostem acerrimum et strenuissimum fidei orthodoxæ vindicem se semper probavit. Quinque libros scripsit adversus Novatianos seu contra Novatum, impugnavitque varios temporum illorum hæreticos, contra concilium Chalcedonense et S. Leonem papam rebellantes. De ipso ejusdemque lucubrationibus agit Photius multis in locis. S. Gregorio propter eximias quibus præditus erat virtutes et animi dotes, fuit semper acceptissimus, ut ex epistolis infra commemorandis palam fiet. Post obitum, Sanctorum albo fuit additus. (Cf. Phot. cod. 182, 208, 225, 226, 227.)

10. Anastasius, quem Sinaitam esse multis scriptis celebrem plurimi putarunt, ad sedem Antiochenam assumptus, eamdem Gregorio, monasterii apud montem Sina, ut aiunt, præfecto, cesserat anno 572, a Justino imperatore pulsus et dejectus. Ipsum tamen pro legitimo patriarcha sedis hujus habuit semper S. Gregorius; unde ad eum scripsit (Lib. I. ep. 26): *Apud me semper hoc estis, quod ex omnipotentis Dei munere accepistis esse, non quod ex voluntate hominum putamini non esse.* Mortuo Gregorio Antiocheno, cujus laudes fuse persequitur Evagrius lib. quarto, propter virtutes multiplices et præstantissimas, recteque administratam Ecclesiam, Anastasius suæ sedi restitutus est an. 594. vel, ut aliis placet, 592, quam usque ad an. 599, quo devixit, sanctissime gubernavit. Quæ scripserit aut scripsisse vulgo sit creditus, lege apud sacrarum Bibliothecarum auctores. Plurimos autem spectatæ sanctitatis suæ laudatores et admiratores nactus est, inter quos Gregorio Magno primus extra controversiam locus debetur. Non mediocre conceptæ de Anastasio existimationis et singularis in eum amoris testimonium exhibuit S. Gregorius, quando statim post sumptum pontificatum, *suggestionem summis precibus plenam fecit apud piissimos dominos,* ipso teste (Lib. I, ep. 28), *ut virum beatissimum domnum Anastasium patriarcham, concesso usu pallii, ad beati Petri apostolorum principis limina secum celebraturum solemnia missarum transmittere debuissent : quatenus si ei ad sedem suam minime reverti liceret, saltem secum in honore suo viveret.* Utrum tamen suggestionem hanc vel libellum supplicem miserit, dubios nos facit, quod ibidem additur. Quam tenera vero charitate amicum hunc complecteretur, quæ ad ipsum scripsit palam demonstrant. Sic præfatur in epistola 26 libri I: [a] *Scripta vestræ beatitudinis, uti fessus requiem, salutem æger, fontem sitiens, umbram æstuans inveni. Neque enim illa verba per linguam carnis videbantur expressa : quia sic spiritalem amorem suum quem gestabat, aperuit, ac si mens per semetipsam loqueretur.* Quæ hoc loco describere voluimus, [b] ut qualem se erga amicos Gregorius ostenderet, quisque possit intelligere.

11. Ut ab Antiochena sede ad Jerosolymitanam transeamus, eam obtinuit Joannes IV ab anno 561, quo Eustochio demortuo subrogatus est, usque ad annum 595, successoremque habuit Amos, cui Nicephorus octo episcopatus annos tribuit, Verum exstat S. Gregorii epistola ad Isachium (Lib. XI, ep. 46), qui ei suffectus est, scripta indictione 4, hoc est anno 601 vel 600. Unde erroris arguitur Nicephorus, probaturque jam ab anno 600. Isachium Jerosolymitanum patriarcham creatum esse, ac synodicam epistolam ad S. Gregorium misisse, cui respondit hac epistola indictionis quartæ. (Cf. *Evag. l.* v, *c.* 16; *Niceph. l.* XVII, *c.* 36.)

12. Domitiauus, Mauricii Augustini consanguineus, Melitinæ episcopus et Armeniæ metropolitanus erat, quando summum pontificatum auspicatus est vir sanctissimus. Eum ad res maximas gerendas aptissimum, et in consiliis prudentissimum expertus imperator, multis in negotiis adjutorem adhibere consueverat, 221 ac liberis suis tutorem designarat. Fuit quoque Gregorio Magno charissimus, ob eximiam vitæ sanctitatem, ut ex litteris ad eum scriptis liquet. Mortuus apud Theophanem in chronographia legitur indictione 5, quæ anno 604, ex modica parte, et 602 respondet. Peragrato Oriente, nunc Occidentalem orbem perlustremus: (Cf. *Evag. l.* VI, *c.* 18.)

13. Ecclesiæ Carthaginensi totique Africæ a Wandalorum Arianorum jugo non ita pridem vindicatæ præerat Dominicus, ob pastoralem sollicitudinem, strenuamque in coercendis hæreticis navatam operam plurimis S. Gregorii epistolis celebratus. Ultima ad eum scripta, quinta indictione ineunte, hoc est mense Septembri anni 601, probat eum saltem ad hoc usque tempus superstitem fuisse.

14. Quamvis episcopus Toletanus, qui nunc totius Hispaniæ primas audit, jam tum primatus titulo, plurimis ejusdem Hispaniæ præesset Ecclesiis, in universa tamen Wisigothorum monarchia quæ Hispanias et Galliam Narbonensem complectebatur, S. Leander Hispalensis episcopus, omnium erat antistitum celeberrimus, quod Recharedum, regem universamque Wisigothorum gentem, Arianis prius erroribus impietatibusque mancipatam ad catholicam fidem perduxisset. Arianam hæresim a Recharedo, annitente S. Leandro in concilio Toletano an. 589 aut 590, proscriptam fuisse auctor est Nicolaus Antonius.

15. Sub pontificatu Gregorii, Virgilius Arelatensis archiepiscopus, inter cæteros Gallicanos præsules, non solum dignitate sedis eminebat, sed morum etiam integritate omnibusque virtutibus quæ pastorem decent. Ex monacho Lirinensi abbas monasterii Augustodunensis primum factus fuerat; dein mortuo Licerio Arelatensi episcopo an. 588, Syagrius, multæ apud Galliæ principes auctoritatis et gratiæ episcopus, cui perspectissimæ erant sancti viri dotes eximiæ, vacanti Ecclesiæ præficiendum eum

---

[a] Idem pene est Epistolæ 7. ejusdem libri exordium.
[b] Idem ex multis aliis Gregorianæ Epistolis eruitur. Vide præsertim lib. III, ep. 64.

curavit, quam annis 49 sanctissime rexit. Florebant tunc in eadem Ecclesia Gallicana Etherius Lugdunensis, Desiderius Viennensis, Gregorius Turonensis, Aregius Vapincensis, inprimisque jam laudatus Syagrius, et alii ex Gregorianis epistolis satis noti.

De Britannicis insulis in quibus nunc Angliæ, Scotiæ, et Hiberniæ regna numerantur, de Germania ad Boream vergente, de Polonia seu Sarmatia aliisque Septemtrionalibus regionibus nihil hic attinet dicere : quippe quæ Christi suave jugum, nondum excussa idolorum servitute, ad hæc usque tempora detrectarant.

CAPUT II.

ARGUMENTUM. — 1. Orbis Christiani status politicus sub Mauricio imperatore. — 2. Status Italiæ. — 3. Galliarum sub tribus Francorum regibus. — 4. Hispaniæ sub Recharedo. — 5. Majoris Britanniæ. — 6. Quas ad regendam Ecclesiam dotes attulerit Gregorius. — 7. Summa ejus humilitas. — 8. Et charitas. — 9. Animi constantia. (An. 590 et 591.)

1. Delineato breviter, quantum ad ecclesiasticum statum, orbis Christiani quodammodo situ, idem nunc eadem brevitate, quantum ad statum politicum, præstare operæ pretium est. Mauricius ab anno 582 renuntiatus imperator, iisdem virtutibus, prudentia maxime fortitudine ac religione rempublicam administrabat, quibus ad imperium viam sibi munierat. Post multas de Persis, assiduis Romanorum hostibus, relatas victorias, eorum regem Chosroem profugum benigne suscepit, et dato exercitu, in regnum pristinamque dignitatem restituit. Cum zelo catholicæ fidei flagraret, eo regnante, ut etiam testis est S. Gregorius (*Lib.* XI, *ep.* 46), hæreticorum ora conticuerunt, et prava quæ sentiebant, eloqui non præsumpserunt.

2. De Italiæ Romæque præsertim salute sollicitus, Smaragdum, præstantissimum ducem, exarchum constituerat, et bello adversus Langobardos præfecerat. Francos etiam ab ipsis jam lacessitos, missis legatis, oblataque pecunia, ad ultionem sollicitaverat. Qua re audita Langobardorum duces, de rege sibi constituendo serio cogitarunt, et Autharim [*seu* Autharith], Clebi, qui ultimus apud eos regium nomen obtinuerat, filium, virtutis fama nulli secundum, elegerunt. Hic [a] Flavii prænomen apud Romanos illustre, quo sibi plus dignitatis et gratiæ apud Italos conciliaret, assumpsit. Moxque Brixellum defectione Droctulfi nuper amissum oppugnavit ac recuperavit. Cumque Childebertum, francorum Regem, Alpes cum exercitu superasse accepisset, belli Langobardis inferendi gratia, æquo vero marte cum ipsis confligere posse diffideret, ducibus suis præcepit ut intra urbium munitarum et arcium muros sese continerent. Interim legatos ad Childebertum de pace misit, quam, demissis precibus amplissimisque muneribus, consecutus est. Ex hac expeditione Childebertum pene adhuc impuberem plurimum gloriæ reportasse scribit Gregorius Turonensis lib. VI, c. 42. Sæpe postea contra eosdem hostes ancipiti plerumque eventu, aut etiam infausto, bellum redintegrarunt Franci, quorum impetum bellicamque virtutem, artibus cunctabundaque prudentia frangere solitus erat Autharis. Anno tandem 590, quo S. Gregorius pontificatum auspicatus est, rex Langobardorum pacem supplex oravit, et magno Italiæ detrimento, a Francis impetravit.

Superiore anno fœdus cum Bajoariis inierat, ducta in matrimonium Theodelinda, Garibaldi eorum regis filia, quæ cum catholicæ fidei ardore flagraret, ad eam postea totam fere Langobardorum gentem pellexit. Interim Francorum metu soluti Langobardi, tota fere Italia, nimirum ab ultimis Istriæ finibus, Rhegium usque in extrema Calabria, libere potiti sunt; vixque caput orbis Roma furorem barbarorum evasit. (*Cf. Paul. Diac. lib.* III *de Gest. Lang. capp.* 32 *et* 33.)

222   3. Quæ de bellis a Childeberto Italiæ illatis attigimus non sufficiunt, ut quo statu tunc res Francorum essent, intelligatur. Francia omnis tunc in tria regna divisa, totidem parebat regibus. Clotarius II, Chilperici anno 584 occisi filius ex Fredegunde, Neustriæ seu Franciæ Occidentali adhuc junior imperabat. Childebertus Sigeberti et Brunichildis ex regia Wisigothorum stirpe filius, Austrasiam seu Franciam Orientalem, cui tunc magna Germaniæ pars accensebatur, obtinebat. Guntramnus utriusque regis patruus, Burgundiam, cujus tunc provincia portio erat, orbus liberis regebat; sed Childebertum hæredem instituit. Hæc Franciæ divisio, et duarum præsertim reginarum Fredegundis et Brunichildis odia, multorum bellorum seminarium fuere.

4. Hispania longe pacatior erat, ex quo ejurata Ariana hæresi, ad fidem orthodoxam Wisigothi transierant. Antea enim fuerat cum Francis decertandum. Guntramnus etenim indigne ferens ngundem, fratris filiam, Hermenegildi regis uxorem, ab Leuvigildo et a Gosuvitha Hermenegildi noverca, in odium fidei catholicæ, ad mortem usque vexatam fuisse, duobus missis exercitibus bellum Wisigothis moverat. Sed exstincto Leuvigildo, cum Recharedus ejus filius ac successor, amplexatus fidem catholicam, Ecclesiæ reconciliatus fuisset, pacem a Francis impetravit, ac pro pacis et fœderis pignore Clotsindem in uxorem. Ea erat Childeberti soror, quam Authari Langobardorum regi enixe petenti collocare noluerat. Recharedi laudes abunde persequitur S. Gregorius lib. IX, ep. 122, et libro III Dialog. c. 31, ubi ait eum tanto fidei catholicæ ardore flagrasse, *ut nullum in suo regno militare permitteret, qui regni Dei hostis existere per hæreticam pravitatem non timeret :* quod ad conversionem bellicosissimæ gentis non parum contulit.

5. Britannia vulgo dicta major ab Anglis idolorum cultoribus occupata, plures in dynastias divisa erat. Qui supererant ex pristinis incolis Britones in Walliæ loca inaccessa, jugum novorum dominorum usurpatum, fuisse assumptum; maxime vero alienigenas ipso se exornare solitos.

---

[a] Observat doctissimus Tillemontius in historia Augustorum in Constantio art. 36, pag. 408, hoc Flavii prænomen a Silvano qui imperium in Galliis

fugientes sese receperunt, aut in Aremoricam Galliæ provinciam. Hibernia suis regibus obtemperabat.

6. En aperuimus stadium in quo Gregorius decurrens, et decertans, jam spectaculum futurus est mundo, imo et angelis et hominibus; licet si ipsi credamus, *vilis homuncio, ignavia torpens.* Verum, ut res est, gigas fortissimus, et mollis otii præ cæteris pastoribus impatientissimus. Quas autem dotes ac virtutes ad pontificatum attulerit ut eo rite fungeretur, ex jam dictis facile poterit intelligi, et ex dicendis clarius elucebit. Sufficiat hoc observare loco, in sanctissimo pontifice, ad miraculum et stuporem usque effudisse humilitatem et charitatem. Per humilitatem sollicitus ubique et semper de circumstantibus periculis, cavebat ne de collato tanto honore sibi blandiretur et assentaretur. Per charitatem cum jam sibi viluisset, in Deum semper erectus, e supremo illo fastigio subditi gregis necessitatibus et commodis vigilantissime prospiciebat. (*Vide Præfat. in Dial. et lib.* ix, *ep.* 121.)

7. Humilitatis abyssum produnt multa jam ex ejus epistolis prolata, quibus longe plura addere licuisset. Quo fuisse animo erga supremam, cui alligatus non sponte fuerat, Ecclesiæ dignitatem Gregorium existimamus, quando amico Leandro scribebat octo annis a sua inauguratione jam elapsis: *Summopere esse decreveram opprobrium hominum, et abjectio plebis, atque in ejus sorte currere, de quo rursus per Psalmistam dicitur: Ascensus in corde ejus disposuit in convalle lacrymarum, ut videlicet tanto verius intus ascenderem quanto per convallem lacrymarum foris humilius jacerem* (Psalm. LXXXIII, 7). *At me multum nunc deprimit honor onerosus, curæ innumeræ perstrepunt, et cum sese ad Deum animus colligit, hunc suis impulsibus quasi quibusdam gladiis scindunt. Nulla cordis quies est. Prostratum in infimis jacet suæ cogitationis pondere depressum. Aut rara valde aut nulla hoc in sublimia penna contemplationis levat. Torpet ignava mens, et circumlatrantibus curis temporalibus, jam pene ad stuporem deducta, cogitur modo terrena agere, modo etiam quæ sunt carnalia dispensare* (*Lib.* ix, *ep.* 121).

Cum Natalis, Salonitanus episcopus moleste tulisset se a Gregorio correptum fuisse, ipse ad eum rescripsit: *Ab omnibus corripi, ab omnibus emendari paratus sum; et hunc solum mihi amicum æstimo per cujus linguam, ante apparitionem districti Judicis, meæ maculæ mentis tergo* (*Lib.* ii, *ep.* 52). Quod et facto comprobavit: cum enim Anastasius, Antiochenus patriarcha, motam de usurpato œcumenici titulo controversiam parvipendens, ad S. Gregorium summa libertate scripsisset, *pro nulla causa eum dare locum scandalis non debere, et maligno spiritui quærenti animas cribrare,* quibus non obscure amico significabat levem sibi videri quæstionem in qua zelus ejus ita effervuerat, sanctissimus pater, ad cathedræ suæ primatum non attendens, aculeum apis (ita Anastasium vocat) infixum modestissime ac patientissime tulit, et pro aculeo mel reddidit; epistolam dico

charitate mellifluam, in qua inter cætera rescripsit, *Meliora sibi esse vulnera diligentis, quam inimici blandientis oscula* (*Lib.* vii, *ep.* 27). Atque ut Anastasio monenti morem gereret, Cyriaci, nuper ad sedem CP. evecti, epistolam synodicam in qua œcumenici patriarchæ titulum sibi vendicabat, sine mora suscepit, ne unitatem Ecclesiæ turbaret.

Denique singularem omnibus in epistolis animi demissionem testatam, et quodammodo insculptam reliquit, cum primus omnium Romanorum pontificum in ipsis [a] servum se servorum Dei præfari voluit; hanc modestiæ tesseram vano et superbo œcumenici titulo quo gloriabatur CP. episcopus objiciens, simulque non obscure significans pontificatum duram sibi videri servitutem, cui sola ex charitate collum jubente Deo subdiderit. (Cf. *Joan. Diac. l.* ii, *n.* 1).

8. Ad charitatem quod spectat, quanto erga Deum amore flagraret, satis probant continuæ quas singulis fere epistolis inspergit querelæ de amisso illo præ sollicitudine pastorali, vel remisso: qui enim de sacri hujus ignis jactura ita est anxius, dolet, lacrymatur, quanto ardore se Deum diligere vel hoc ipso demonstrat. De charitate erga proximum dicere hoc loco nihil attinet, post tot effusæ illius in pauperes liberalitatis argumenta, quæ suppeditant ejusdem epistolæ, recensetque Joannes Diaconus, præsertim lib. II, capitibus novem, scilicet a 22 ad 30.

9. Ex utraque illa summa virtute prodiit infracta quædam animi constantia, quæ in arduis, et in gravioribus periculis maxime elucebat: quippe, quo magis sibi diffidebat Gregorius per humilitatem, eo majori in Deum fiducia dicebat cum Apostolo: *Omnia possum in eo qui me confortat* (*Philip.* iv, 13). Ita de se loquitur ep. 47 libri iv, ad Sabinianum: *Mores meos bene cognitos habes, quia diu porto. Sed si semel deliberavero non portare, contra omnia pericula lætus vado.*

Verum si velimus nosse qualis ad summum pontificatum accesserit S. Gregorius, et qualiter in eo vixerit, legamus librum Regulæ Pastoralis, de quo strictim jam loquendum; ut enim de S. Benedicto ait (*Lib.* ii *Dial., c.* 36), *eum non potuisse aliter docere in Regula Monachorum a se promulgata, quam vixit,* idem quoque de sanctissimo papa, Regulæ Pastorum auctore, affirmare non veremur.

CAPUT III.

ARGUMENTUM. — 1. S. Gregorius librum Regulæ Pastoralis elucubrat. — 2. Et librum Sacramentorum cum Antiphonario meliorem in formam restituit. — 3. De sua domo constituenda et ordinanda statim cogitat. — 4. Laicis valere jussis, clericos et monachos pietate ac eruditione conspicuos, convictores sibi assumit. — 5. Quanta ei pauperum et peregrinorum cura. — 6. Nullos laicos procurandis Ecclesiæ patrimoniis præficit. — 7. Dei verbo suum pascit gregem. — 8. Ejus prædicandi ratio. — 9. Barbaris nondum Christianis prædicatores mittit. — 10. Episcoporum rigidus censor, sed sui maxime fuit. (An. 590 et 591.)

1. Paulo post assumptum pontificatum S. Gregorius librum Regulæ Pastoralis elucubravit, tum ut in Ecclesiæ gubernatione quidquid ad pastoris officium

[a] Lege Præfationem nostram ad Registrum Epist. § 11.

spectat ob oculos haberet semper, tum ut amicorum, præsertim Joannis, Ravennatis episcopi querelis, quibus assidue pulsabatur, propter diu recusatum episcopatum, responderet. In hoc enim opere plane aureo, tot tantaque esse episcopatus onera, vel validissimis humeris plurimum formidanda probat; ut nullus nisi mentis impos, ad illa attendens possit episcopalem dignitatem ambire, aut etiam oblatam ultro suscipere. Verum cum ea quæ de hoc libro præfati sumus adiri facile possint, cæteris hac de re dicendis nunc supersedemus. Optimum vero foret ipsum opusculum sæpius legere, et assidue terere, ad quæque vitæ Christianæ præcepta, quorum refertissimum est promptuarium, animo imbibenda. Nunc quomodo ex perfectissimæ hujus regulæ præscripto S. Gregorius tum vixerit tum rexerit Ecclesiam perspiciamus.

2. *Omnis pontifex ex hominibus assumptus, pro hominibus constituitur in his quæ ad Deum sunt, ut offerat dona et sacrificia* (Hebr. v. 1). Quod intelligens S. Gregorius mox ut pontificatum iniit, de Liturgia rebusque sacris rite disponendis cogitavit. Ordinem itaque Romanum a Gelasio I quibusdam aut detractis, aut additis, aut immutatis, meliori forma donavit. Canoni missæ attexuit : *Diesque nostros in tua pace disponas, atque ab æterna damnatione nos eripi et in electorum tuorum jubeas grege numerari.* De stationibus et processionibus ad sanctorum martyrum basilicas et cœmeteria ab ipso institutis, necnon de missarum solemniis super beatorum apostolorum Petri et Pauli corpora celebrari jussis, de plurimis olivetis ad basilicarum luminaria concessis, de aucto sacrorum ministrorum qui in his basilicis famularentur numero, consulendus est Joannes Diaconus. Psalmodiam et cantum ecclesiasticum, quod amplificando divino cultui et fovendæ in Christiana plebe pietati plurimum conferat, ex gravioris musicæ regulis ad accuratiorem harmoniam et modulationem revocavit, instituta cantorum schola; et ordinato antiphonario. Verum de iis uberius in præfationibus ad librum Sacramentorum, Antiphonarium, etc. (Cf. Joan. Diac. lib. II, n. 6 et 17; Beda lib. II *Hist.*, c. 1; Ibid. c. 9 et 20).

3. Cum Apostolus gravi notet censura episcopos qui domui suæ præesse nesciunt, infidelique deteriorem judicet eum qui curam suorum non habet, maxime domesticorum (*I Tim.* III), Gregorius in regenda domo familiaque sua præcipuam statim curam adhibuit, et vitam ita suam composuit ut omnibus exemplum se præberet bonorum operum et quarumlibet virtutum. Vilis erat ejus supellex, vestimenta juxta [a] monasticam normam simplicia et inculta ; pontificalia quoque, quibus rem sacram facturus utebatur, indumenta, modestiæ potius quam magnificentiæ consona. Sciebat enim juxta præceptum Apostoli (*I Tim.* III, 2), ornatum quidem esse debere episcopum, sed pudicitia, candore morum, charitate, doctrina : pompam autem, luxum, pretiosas aut molles vestes, superbi aulici, aut etiam lascivientis mulierculæ insignia potius esse quam episcopi et apostolorum successoris. Dedit operam in ipso pontificatus exordio, ut pravæ consuetudines eliminarentur, maxime vero quæ vel tantisper simoniam redolebant. (*Cf. Joan. Diac. lib.* II, n. 11, et seq.; lib. IV, c. 80.)

4. Mos ad superioris ætatis pontifices invaluerat, ut ad ministerium cubiculi sui [b] laicos pueros adhiberent; quem Gregorius exemplo suo prius improbavit, postea vero in synodo Romana publico decreto damnavit; jussitque ut selecti ex clericis et monachis ad cubiculi officia summo pontifici ministrarent : Nimirum *ut is*, inquit S. Gregorius, *qui loco est regiminis, habeat testes tales, qui vitam ejus in secreta conversatione videant, et ex visione sedula exemplum profectus sumant.* Decreti hujus in synodo facti meminit Joannes Diaconus lib. II, capp. 5, 11 et 15. Aitque sanctissimum papam, remotis a suo cubiculo sæcularibus, sibi prudentissimos consiliarios familiaresque delegisse : ex clericis quidem, Petrum Diaconum, Æmilianum Notarium, Paterium, Joannem defensorem; ex monachis vero, Maximianum, Augustinum, Mellitum, Marinianum, Probum, Claudium. Porro quales fuerint hi papæ convictores, et quibus virtutibus, quibus studiis, quibus scriptis gestisve insignes evaserint, disces tum ex Joanne Diacono, lib. II, c. 11, tum ex infra dicendis. Ita Gregorius quidquid statuebat, exemplo magis quam auctoritate confirmabat.

Cum his sociis et commilitonibus Gregorius vitam communem retinuit semper, nihil de monastica perfectione remisit, nihil tamen omisit quod a pontificis officium curamque pertineret. Magna sollicitudinis ejus pars fuit in promovendis litterarum et optimarum artium studiis, quæ Romæ præsertim, et maxime in papæ palatio, reflorere visa sunt; cum neminem in famulitium reciperet aut in sodalitium nisi quem singularis vitæ sanctimonia vel alicujus artis ex liberalibus non mediocris peritia commendaret. (*Cf. Joan. Diac.-l.* II, n. 12.)

5. Peregrinos tamen et pauperes hospitio excipiebat (quod etiam ut cæteri præstarent [c] episcopi magno studio curavit) et ad mensam non modo invitabat, sed cogebat. Effusam in egenos liberalitatem condiebat mira quædam affabilitas qua ipsos compellabat, maxime senes, honoris causa [d] patres eos vocans : utque inopia laborantes omni verecundia sive in petendo sive in accipiendo liberaret, dicere solebat non a se sed a sancto Petro dari, quæ tam liberali manu profundebat; quod ex plurimis ejus

---

[a] Vide Mabill. Præfat. ad sæculum IV Benedict., parte II, pag. 93, ubi probat episcopos, et ipsos summos pontifices ex monachis factos, vestes monasticas olim nunquam dimisisse.

[b] Contra morem hunc pulchre Bernardus lib. IV de Consider., c. 6, ad Eugenium : *Discant a te comitatos pueros et comtos adolescentes secum non habere. Certe inter mitratos discurrere calamistratos non decet.*

[c] Vide lib. XI, ep. 55.

[d] Quæso te, Pater, num Fortunatum episcopum nosti? (*Lib.* 7, *Dialog. c.* 10.)

[a] epistolis infra recensendis patebit. Ea comitate potissimum utebatur erga nobiles viros aut matronas quos ad inopiam redactos noverat, ne dum eorum sublevaret egestatem eosdem pudore suffunderet. Monasticam vitam sectantibus omnia ad sumptus necessaria in primis erogari curabat, ut liberiori mente Deo rebusque divinis vacarent. In perquirendis et quodammodo venandis pauperibus assiduus, latebras omnes explorabat; obscuriora quæque tecta in quibus tamquam sepulti jacebant scrutabatur; et si quos offenderet, quorum os metus pressisset ac verecundia, eos serio increpabat quod sibi beneficentiæ occasionem invidissent. Amplissimos egenorum catalogos, dictos olim [b] *matriculas*, apud se habebat, quibus abunde omnia suppeditabat necessaria

6. Quo majori sollicitudine pauperum necessitatibus aut commodis prospiceret, omnia Ecclesiæ patrimonia, quæ in toto orbe Christiano plurima erant, solis clericis procuranda et administranda commendavit. Cum enim sine liberis essent, futurum sperabat ut pauperes in filios adoptarent et susciperent. Si qui autem parcius eleemosynas erogarent, eos acriori censura et vindicta quam si ecclesiastici fundi deprædatores fuissent, afficere consueverat. (*Cf.* Joan. Diac. l. II, c. 15.)

Cum itaque laici omnem sibi aditum ad patrimonia et officia ecclesiastica præcludi sapientissimis Gregorii decretis moleste ferrent, in hæreditatem Christi subdole irrepere tentarunt, et ex optimatibus etiam nonnulli clericali militiæ per tonsuram adscribi curarunt; at eorum fictæ conversioni sapiens pontifex nova opposuit decreta, quibus cautum erat ut *qui ad servitium Dei converti desideraverint, probarentur prius in laico habitu, deinde servire Deo in monasterio permitterentur.* Postquam vero in monastico habitu fuissent exercitati, et *post præfixa sacris canonibus tempora,* ad quodlibet ecclesiasticum officium licite proveherentur. Cæterum aiebat eum qui sæcularem habitum deserens ad ecclesiastica officia venire festinaret, non relinquere sæculum sed mutare. (*Cf.* Joan. l. II, c. 16.)

7. De spirituali cibo non minus quam de corporali filiis suis ministrando semper sollicitus fuit optimus pastor. Sane inter præcipua episcopi munera merito recenset prædicandi et docendi officium, de quo fu-

A sissime agit tota tertia parte libri Regulæ Pastoralis, omnium amplissima. Huic itaque ne deesset, quamdiu per vires corporis licuit, Evangelia et selectos quosdam sacræ Scripturæ libros in publico cœtu exposuit; antecessores suos æmulatus, [c] quibus nihil antiquius erat quam uti exemplo, ita verbo gregi suo prodesse. Ex ejus autem homiliis adhuc supersunt quas in varias Evangelii certis anni Dominicis diebus aut solemnitatibus assignatas lectiones peroravit, et quæ in Ezechielem prophetam sunt habitæ.

8. [d] In his nihil mollius, nihil comptius occurrit; sed pura et casta, sine fuco, sine lenocinio, fluit eloquentia. Ponderosa verba, graviores sententiæ, quales et Scripturæ sanctæ majestati, et tanti sacerdotis dignitati convenirent; magno cum delectu inserta ex divinis libris testimonia, non per vim tracta, sed quasi sponte adjucta. Hæc sunt quæ laudatas homilias maxime commendant. Ex priori autem in Evangelia, paucas duntaxat sententias decerpsimus, hocque loco subjiciendas in cæterarum specimen duximus. Exponens itaque sanctus doctor illa verba Luc. XXI: *His autem fieri incipientibus, respicite et levate capita vestra,* ad diligendum optandumque Christi adventum, ac mortem non formidandam ita nos adhortatur: *Qui Deum diligunt, ex mundi fine gaudere atque hilarescere jubentur: quia videlicet eum quem amant mox invenient, dum transit is quem non amaverunt. Absit enim ut fidelis quisque qui Deum videre desiderat, de mundi percussionibus lugeat, quem finiri eisdem suis percussionibus non ignorat. Scriptum namque est: Quicumque voluerit amicus esse sæculi hujus, inimicus Dei constituitur* (Jacob. IV, 4). *Qui ergo appropinquante mundi fine non gaudet, amicum se illius esse testatur, atque per hoc inimicus Dei esse convincitur. Sed absit hoc a fidelium cordibus, absit ab his qui et esse aliam vitam per fidem credunt, et eam per operationem diligunt. Ex mundi enim destructione lugere, eorum est qui radices cordis in ejus amore plantaverunt, qui sequentem vitam non quærunt, qui illam neque esse suspicantur.* 225 *Nos autem qui cœlestis patriæ gaudia æterna cognovimus, festinare ad ea quantocius debemus. Optandum nobis est citius pergere, atque ad illam breviore via pervenire. Quibus enim malis mundus non urgetur? Quæ nos tristitia, quæ adversitas non angustat? Quid est vita*

---

[a] Vide præsertim lib. X, ep. 31 et 45; lib. XI, ep. 2; lib. XIII, ep. 19. Legendus etiam Joan. Diac. lib. II, capp. 22 et seqq.

[b] Hinc pauperes Ecclesiæ sumptibus nutriti, dicti olim matricularii. Greg. Turon. lib. VII, cap. 29 : *Nonnulli etiam matriculariorum et reliquorum pauperum*, etc.

[c] Inde mendacii aut hallucinationis arguendus Sozomenus, qui lib. VII, cap. 19, asserit in Ecclesia Romana neque episcopum neque alium prædicare aut docere. Sane Leo Magnus prædicare solitus erat, ut ex ejus operum inspectione statim liquet. Nec legimus primum eum fuisse ex Romanis pontificibus, qui concionandi partes sibi sumpserit. Certe Ambrosius lib. tertio de Virgin. multa refert ex concione quam Liberius papa in basilica S. Petri habuerat ad populum, cum Marcellinam aliasque virgines sacro velamine donaverat. Cassiodorus quem pro sententia Sozomeni confirmanda Valesius adducit, in Tripartita historia non suos sensus profert, sed eorum scriptorum quos in compendium redegit, scilicet Sozomeni, Socratis, et Theodoriti. Aliunde quis in mentem inducere possit verbum divinum in Ecclesia Romana per tot sæcula non fuisse prædicatum? Tot sanctissimos pastores fuisse canes mutos et maximæ sui officii parti defuisse? nam ut ait S. Greg. ep. 25 lib. I : *Præconis officium suscipit, quisquis ad sacerdotium accedit.* Vide dissertationem I de vita et rebus gestis S. Leonis Mag. ad an. 440, §§ 8, 9, 10, 11 et 12.

[d] Legendæ Præfationes quas illis homiliis præmisimus tomo I (*Vid. seq. tomum*).

mortalis, nisi via? Et quale sit, fratres mei, perpendite, in labore viæ lassescere, et tamen eamdem viam nolle finiri. Et post nonnulla, mundum senescentem describens: Sicut, inquit, in annis senilibus statura curvatur, cervix exsiccata deponitur, frequentibus suspiriis pectus urgetur, virtus deficit, loquentis verba anhelitus intercidit (nam etsi languor desit, plerumque senibus ipsa sua salus ægritudo est): ita mundus in annis prioribus velut in juventute viguit, ad propagandam humani generis prolem robustus fuit, salute corporum viridis, opulentia rerum pinguis; at nunc ipsa sua senectute deprimitur, et quasi ad vicinam mortem molestiis crescentibus urgetur. Nolite ergo, fratres mei, diligere quem videtis diu stare non posse. Cætera commodius ex ipso fonte possunt hauriri. Attentius autem has homilias legenti perspectum erit quam sapienti consilio Ecclesia eas omnes, si unam aut alteram eximas, cursui seu officio suo inseruerit.

Quando in sanctorum natalitiis concionabatur, non solebat in steriles eorum laudes excurrere; sed quæ ad mores recte componendos conferre poterant, hæc urgere curabat, ut patebit legenti homilias in solemnitatibus S. Andreæ apostoli, sanctorum martyrum Nerei et Achillei, sanctæ Felicitatis, etc. (*Vide hom. 5 et 28.*)

9. Cum per se non posset, per discipulos suos, maxime per sui monasterii alumnos, Evangelium apud barbaras gentes jugo Christi nondum subditas disseminavit et propagavit. Et quidem superioris ævi pontifices idem strenue præstiterant, quippe qui se toti reipublicæ Christianæ præfectos fuisse intelligerent: hincque ex Romana sede per totum orbem fides dimanavit. At nunquam tanta felicitate, facilitate tanta, quanta Gregorio ad Ecclesiasticæ navis clavum sedente. Audeo dicere Petrum jussum a Domino ducere in altum et laxare retia in capturam, vix unquam majorem, quam tunc piscium multitudinem, intra sagenam conclusisse; quippe Britanniam fere integram, omnium olim notarum insularum maximam, missis semel aut iterum retibus, cepit, et ad littus, hoc est ad veræ fidei stationem tutam, traxit.

10. Si novis in Ecclesiis Christo congregandis tam sedulam navavit operam S. Gregorius, de antiquis recte ordinandis multo sollicitior fuit; et ut ipsis digni præficerentur pastores, imprimis curavit. Quos si contingeret aliquando suo deesse officio, paterna charitate admonebat; contumaces autem acrius insequebatur. Verum erga nullum episcopum severiorem censuram quam in semetipsum exercuit. Quis non admiretur præstantissimum hunc virum quem suspiciebat orbis universus, publica confessione et quidem ex suggestu facta, leviora in se piacula, ut putabat, redarguentem his verbis: *O quam dura mihi sunt ista quæ loquor: quia memetipsum loquendo ferio, cujus neque lingua, ut dignum est, prædicationem tenet, neque in quantum tenere sufficit, vita sequitur linguam. Qui otiosis verbis sæpe implicor, et ab exhortatione atque ædificatione proximorum torpens et negligens cesso. Qui in conspectu Dei factus sum mutus et verbosus: mutus in necessariis, verbosus in otiosis. Sed ecce sermo Dei de speculatoris vita compellit ut loquar. Tacere non possum, et tamen loquendo me ferire pertimesco. Dicam, dicam, ut verbi Dei gladius etiam per memetipsum ad configendum cor proximi transeat. Dicam, dicam, ut etiam contra me sermo Dei sonet per me. Ego reum me esse non abnego, torporem meum atque negligentiam video. Erit fortasse apud pium Judicem impetratio veniæ, ipsa cognitio culpæ* (*Hom.* 11 *in Ezech., num.* 5 *et seq.*). A reliquis abstineo; nam pauca hæc satis ostendunt Gregorium severitatem plusquam censoriam in semetipso arguendo adhibuisse.

Ista Gregoriani pontificatus prima veluti lineamenta modo sufficiant. Singulas autem res ab eo gestas, servato annorum et temporum ordine quantum licebit, jam evolvamus.

CAPUT IV.

ARGUMENTUM. — 1. S. Gregorius in Sicilia synodum quotannis celebrari jubet. — 2. Inde frumenta Romam advehi curat. — 3. Luctuosus Romæ status. Cujus occasione Romanos ad pœnitentiam hortatur S. Gregorius. — 4. Ecclesiis destructis qua ratione providerit, et egenorum episcoporum necessitatibus. Translationes episcoporum. — 5. Gregorii erga monasteria sollicitudo et liberalitas. — 6. Vagos et flagitiosos monachos coercet. — 7. Nova monasteria jubet construi. — 8. Viduarum curam suscipit. (An. 590 et 591.)

1. Parum fuisset Gregorio seipsum domumque suam recte regere, aut etiam Romanæ Ecclesiæ singulariter spectatæ invigilare, nisi toti simul Christi gregi, cui auctoritate præerat, paterna caritate ac sollicitudine providisset. Prima ejus epistola ad episcopos Siciliæ scripta constituitur, ut singulis annis ad synodum conveniant, cujus moderatorem esse jubet Petrum subdiaconum, patrimonii S. Petri procuratorem hac in insula; et ideo suas ipsi vices intra provinciam hanc se commississe significat. Erat enim Sicilia una ex suburbicariis provinciis, quæ Romano episcopo immediate subjiciebantur, de quibus legendus sextus canon Nicenus ex Rufini translatione. Consulendus etiam vetus codex canonum a Justello editus, in quo sextus canon ex Nicænis, ecclesiarum ª suburbicariarum meminit. Utrum tunc forent in Sicilia metropolitani disceptatur: in partem negantem, quam sequitur et tuetur Rochus Pirrus, in notitia secunda Ecclesiæ Messanensis propendemus; eamque sententiam multis gravissimis rationibus confirmavimus in notis ad laudatam epistolam. Cum fortasse **226** molestum foret Siculis episcopis subdiacono apostolicæ sedis vices agenti obtemperare; S. Gregorius eas anno sequenti S. Maximiano, Syracusano episcopo, commisit (*Lib.* ii, *ep.* 7), ut infra dicemus. Iisdem postea indulsit, ut uno quoque quinquennio tantum Romam ad synodum convenirent, cum prius intra triennium semel se sistere tenerentur.

ª De provinciis suburbicariis ævo nostro motæ sunt controversiæ quamplurimæ, a quibus abstinemus. Lege quæ observavimus in indice Geographico epistolarum S. Gregorii ipso in limine.

2. Romæ totiusque Italiæ horreum erat Sicilia, indeque frumenta Romam transmittere penes insulæ prætorem erat. Magistratum hunc gerebat Justinus Gregorii familiaris, quem statim ac pontificatum auspicatus est, rogavit ut debitam et indictam frumenti copiam in Urbem transvehi curaret, ne interitus totius populi Romani reus fieret, id minus strenue implendo ; simulque officii sui eum admonuit : *Nulla vos lucra*, inquit, *ad injustitiam pertrahant. Nullius vel minæ vel amicitiæ ab itinere rectitudinis deflectant. Quam sit vita brevis aspicite. Ad quem quandoque ituri estis Judicem, qui judiciariam potestatem geritis, cogitate* (*Lib.* II, *ep.* 2). Neque enim verbis adulatoriis amicos palpare consueverat. Eumdem hortatus est ut ab omni adversus *ecclesiasticos* viros simultate abstineret; cupiens maxime concordiam fovere inter sacerdotium et imperium, ac utriusque ministros.

3. Quis tum esset Romæ status describit S. Gregorius hom. 1 in Evangelia, tempore adventus habita, tribus post initum episcopatum circiter mensibus, et lib. II Dialog. c. 15. Pestilentia desæviebat, et multos repentina morte opprimebat; subito turbine annosæ arbores erutæ nuperrime fuerant, destructæ domus, eversæ a fundamentis ecclesiæ. Sic implebatur hoc S. Benedicti vaticinium, ut ipse Gregorius observat : *Roma a gentibus non exterminabitur, sed tempestatibus, coruscis, turbinibus ac terræ motu fatigata, in semetipsa marcescet* (*Lib.* II, *ep.* 2). Ne ad tot flagella omnium forsan gravius, fames videlicet, accederet, merito formidabat piissimus patriæ pater; quæ ad Justinum prætorem scribendi fuit præcipua ratio.

Tot flagellis castigatos, tot calamitatibus attritos, filios ad pœnitentiam flectere tentabat Gregorius, et salutari metu concutere : *Si enim*, inquit, *per tenuissimi venti spiritum Deus terram movit ædificiorumque fundamenta subruit, si per levissimam nubem ita ferit, quid facturus est cum ipse advenerit Judex ac vindex cumque in ultionem peccatorum ira ejus exarserit ?* (*Hom.* 1 *in Ev.*)

4. Prædicandi studium, quominus Gregorius publicis Ecclesiæ utilitatibus assiduam operam daret, minime obstabat. Destructæ jacebant quamplurimæ in Italia ecclesiæ, ob continua Gothorum, posteaque Langobardorum bella, occisis aut fugatis clericis, cæterisque fere in servitutem abductis. Graves præsertim calamitates passæ erant Minturnensis et Populoniensis, in quibus nullus supererat sacerdos, a quo vel *pœnitentia decedentibus* vel *baptisma posset infantibus dari*. Quocirca viduatas et desertas illas ecclesias, reliquasque parem calamitatem passas aut proximis ecclesiis adhuc integris univit, aut vicinis episcopis visitandas et regendas commendavit. Mauricius imperator jusserat ut episcopi quos a propriis locis hostilitatis furor expulerat, ad eos episcopos se conferrent, qui suis ab ecclesiis avulsi non fuerant, et ab eis stipendia vitæque necessaria acciperent. Hoc decretum Gregorius laudavit, hortatusque est

A episcopos illos ut fratres et coepiscopos suos sibi convicturos sociarent, eorumque inopiam sublevarent. Aliquos etiam episcopos suis ecclesiis depulsos, alios ad episcopatus transtulit, ut patet ex pluribus ejus epistolis. Observatione dignum est quod legitur de [a] Paulo, Nepesino episcopo, quem sapientissimus papa visitatorem et administratorem Ecclesiæ Neapolitanæ, sede vacante, constituerat, commendata Ecclesiæ Nepesinæ visitatione et cura Joanni episcopo, maxime ut in solemnibus Paschæ diebus sacra faceret. Paulus dum traditam sibi provinciam exsequeretur, gravissimam injuriam passus est in Castro Lucullano prope Neapolim. Eum Gregorius litteris consolatus est; et ne tantum scelus inultum remaneret, misit [b] Epiphanium subdiaconum, ut simul B cum Campaniæ judice de perpetrato facinore inquireret, ac sententiam ferret. Ex dictis autem probatur eo tempore Italiæ episcopos immediate Romano pontifici tamquam suo metropolitano subditos, ad ejus nutum a propriis ecclesiis ad alienas quandoque migrasse, eorumque ecclesias aliis episcopis eadem auctoritate fuisse commendatas. (*Vide Regist. lib.* I, *ep.* 8, 15, 45, 79; *lib.* II, *ep.* 37 *et* 45.)

5. Post primas iis ecclesiis curas impensas, alteras charis sibi monasteriis servavit. Itaque egestate laborantibus munificentissime subvenit. Ab episcopis gravari se vexarique conquerentes monachos in suam tutelam suscepit, *inhumanum* censens eis interdicere suis in monasteriis missarum celebrationem et mortuorum sepulturam. Ipse spectandum humilitatis et C æquitatis exemplum omnibus præsulibus præbuit, erga monachos S. Theodori in territorio Panormitano. Gregorius servus Dei presbyter et abbas hujus monasterii oblato libello supplici conquestus fuerat fines possessionum suarum ab actoribus Ecclesiæ Romanæ fuisse pervasos. Quapropter Petro subdiacono, qui sedis apostolicæ negotia et patrimonia tunc in illis oris curabat, præcepit S. Gregorius ut res quas repetebat abbas, restituere festinaret, si eas continuis annis quadraginta quiete cœnobium possedisse probaretur. Ubi [c] privilegio Ecclesiæ Romanæ, concesso a Justiniano, uti noluit : quo videlicet abbatem ad centenariam possessionem probandam cogere potuisset. (*Vide lib.* I, *ep.* 9 *et* 12. *Cf. Cod. de SS. Eccl., lege Ut inter.*)

D 6. Aliud erat S. Theodori monasterium apud Messanam, in quod recludi voluit monachos civitatis Tauri quod Brutios a barbaris fugatos, et per totam Siciliam sine rectore vagantes. Qua de re scripsit tum ad Felicem, episcopum Messanensem, tum ad Petrum subdiaconum jam laudatum (*Lib.* I, *epp.* 40 *et* 41). Alia sanctissimi papæ epistola monachi quidam Surrentinæ diœcesis eadem vagandi licentia abrepti et peculio insuper studentes, ad officium revocantur. Nonnulli quoque ex istis erronibus, *usque ad tantum nefas prosilierant*, ut uxores publice duxissent, de quibus scribit ad Anthemium subdiaconum (*Ibid.*,

---

[a] Vide lib. III, epp. 1, 2 et 35.
[b] Judicem Ecclesiasticum et laicum de eodem negotio conjunctim inquirere, et sententiam ferre vi-

deo hic, quod novum non esse docet nota *c* ad ep. 4 libri III.
[c] Vide notam *c* ad ep. 9 lib. I.

ep. 42), ut omni vigilantia perquirantur, et in monasteriis digna coercitione tanti flagitii pœnas luere cogantur. Usque adeo monasticæ stabilitatis assertor fuit, ut clericis in monasterio conversis, nullam ad 227 Ecclesias in quibus prius militaverant remeandi licentiam relinquendam censuerit, et multo minus ad alias transeundi, nisi eos ad sacerdotia assumendos judicaverit episcopus.

Quanta fuerit sanctissimi pontificis de ordine monastico sollicitudo et vigilantia probat alia ad eumdem Anthemium Epistola, qua duo præcipit non leviter prætereunda. Unum est ut mulieres quæ hostium metu ad Eumorphianam insulam confugerant inde amoverentur, ne monachis hanc insulam incolentibus occasionem lapsus præberent. Alterum est ut ante annum ætatis octavum decimum nulli adolescentes ad monasticum habitum hac in insula, in Palmaria, et in aliis insulis susciperentur. *Quia*, inquit providus pontifex, *dura est in insulis congregatio monachorum*; hoc est, quia durissimam vitam hic agebant monachi, propter aeris inclementiam et rerum ad vitam requisitarum penuriam. Perperam autem ex hoc loco quidam arguunt hic definitum absolute a S. Gregorio tempus professionis monasticæ, cum ibidem jubeat pueros his in monasteriis repertos infra annum ætatis 18 Romam transmitti, proculdubio ut in monasteriis ubi mitior esset disciplina possent institui. Verum de his jam diximus libro primo (*Cap.* 3, § 11) et in nota ad hanc epistolam 50.

Ad restauranda et construenda etiam nova monasteria, aut his in insulis aut in adjacentibus, usus est Gregorius Horosii abbatis opera, ut ex variis hoc anno scriptis epistolis intelligimus (*Lib.* 1, *epp.* 51 et 52). Monachi in insula montis Christi degentes a regulæ monasticæ præceptis penitus exorbitarant: nec qui habitabant in insula Gorgonia religiosius leges suas observare ferebantur. Hæc erat perturbatorum et iniquorum illorum temporum conditio, circumstrepentibus undique armis, inter quæ leges etiam sanctiores aut silent aut vix audiuntur. De fratrum tamen illorum emendatione non desperans Gregorius, Horosio abbati jam laudato in mandatis dedit ut hæc monasteria visitaret tanquam sedis apostolicæ [a] legatus, et quæ correctione digna inveniret ea sataget exstirpare, atque monachos ad meliorem frugem revocaret.

7. Neque vero propter nonnullorum monachorum corruptos mores a novis monasteriis excitandis abstinendum judicavit æquus ille rerum æstimator. Quinimmo eidem Horosio et Symmacho defensori præcepit, ut præter monasterium a Labina religiosa femina nuper ædificatum in Corsica insula, ad quod instituendum monachos a Gregorio postulaverat Symmachus, aliud in loco ejusdem insulæ munito ædificari curarent: *Quatenus*, inquit, *insula ipsa quæ monasterium nunc usque non habuit, etiam in hujus conversationis via meliorari debeat* (*Lib.* 1, *ep.* 52). Sed in rebus monasticis diutius non est immorandum.

8. Ut episcopi *viduas honorent* jubet Apostolus (*Tim.* v, 3), quod etiam de suppeditando victu cæterisque vitæ necessariis est intelligendum. Idcirco Gregorius non solum eas episcopis [b] commendavit, sed tueri quoque ac in egestate sublevare semper ipse curavit. Hujus autem paternæ erga eas caritatis argumentum est imprimis epistola 59 libri 1, qua imperat Anthemio subdiacono, ecclesiastici patrimonii curatori in Campania, ut mille modios tritici et octoginta solidos tribus eroget viduis necessitatem patientibus. Annuam fuisse largitionem hanc ex ep. 59 ejusdem libri conjicimus. Exordium prioris epistolæ nos docet, nihil sancto et pio pastori cordi magis fuisse quam pauperum curam, præcipuamque actorum et procuratorum ipsius provinciam fuisse indigentibus subsidium ferre, ad quod et coram et scriptis eos hortabatur. At si officio suo negligentius incumberent, et pauperibus præsto non adessent, acrioribus Gregorii increpationibus stimulati suæ socordiæ statim pœnas dabant.

Ex tribus viduis modo commemoratis erat Pateria, *thia* seu amita aut matertera S. Gregorii: quam etsi viduam expresse non dicat, innuit tamen, dum eam aliis viduis annumerat, et de ipsius filiis loquens, de viro tacet. Tanti pontificis exemplo discere possunt episcopi consanguineis et proximis suis (etsi ditari bonis Ecclesiæ non debeant) misericordiæ tamen viscera non claudere, sed inter alios pauperes illis locum dare. Si qui autem propinquitate sibi conjunctos pauperes a se repellant, videant ne superbo id pudori adscribi possit.

Cum beneficia conferre, non fœnerare cuperet vir munificentissimus, et beatius esse dare judicaret quam accipere, munera renuebat, ut ex ejus epistola ad Felicem Messanensem hoc anno scripta (*Lib.* 1, *ep.* 66) potissimum discimus. Nimirum intelligebat se ideo in summo Ecclesiæ fastigio constitutum, ut a se in subditos dona copiose sponteque defluerent; non, inverso ordine, a subditis ad se refluerent.

228 CAPUT V.

Argumentum. — 1. S. Gregorii misericordia in hæreticos, per prudentiam temperata. — 2. Quomodo se gesserit erga schismaticos pro tribus capitulis tumultuantes. Damnatio trium capitulorum num in Hispaniis recepta; et in Galliis. — 3. Exempla charitatis et æquitatis Gregorii in Judæos. — 4. Autharis Langobardorum rex moritur. Cujus successor Agilulfus catholicis favet. — 5. Quid pro fide et pro disciplina restauranda Gregorius decreverit. — 6. Quid statuerit de subdiaconorum cælibatu. Putida heterodoxorum fabella exploditur. — 7. De Venantio monastici status desertore. — 8. Eum S. Gregorius ad pœnitentiam hortatur. De monachorum conjugiis quid sentiendum. (An. 590 et 591.)

1. Qua charitate Gregorius suos et Ecclesiæ filios complecteretur, satis superque demonstrant, quæ ex ejus epistolis primo pontificatus anno scriptis jam eruimus. Nunc vero de ejusdem in alienos, videlicet collatam fuisse legati aut vicarii apostolici auctoritatem.

---

[a] Scripsit S. Gregorius ad illos monachos: *Quidquid disposuerit* (Horosius) *velut a me dispositum, cum debita reverentia custodite.* Quod probat ipsi

[b] Lib. 1, epp. 13 et 62.

hæreticos aut schismaticos, imo etiam in Judæos misericordia, quædam iisdem ex monumentis depromenda : ubi quomodo se gesserit erga omnes illos Christi et ejus sponsæ hostes, simul ostendemus. Mansuetudinem severitati præferendam esse, ut in hæresim lapsi ad veram fidem revocentur, docet ep. ad Demetrium Neapolitanum episcopum (*Lib.* I, *ep.* 14) : ipsosque ad communionem etiam *interpositionis animæ periculo* facile suscipiendos. Ne tamen summa hæc indulgentia in nimiam remissionem declinaret, aderat moderatrix prudentia, quæ maxime eluxit in responsione ad quæstionem de unica aut trina mersione baptismi a S. Leandro Hispalensi propositam. Ritus apud Arianos receptus erat trina vicibus in conferendo baptismo mergere, sed orthodoxis unica sufficiebat mersio. Nuper ad fidem catholicam conversi Wisigothi, auctore præsertim Rechaŕedo rege et doctore S. Leandro, pristinum ter mergendi morem retinere cupiebant. Obstabant veteres catholici, sui quoque ritus retinentissimi. De hac controversia consultus Leander, sedem apostolicam adeundam censuit, eaque inconsulta nihil decernere est ausus, antiquam [a] patrum suorum secutus consuetudinem. Scripsit itaque ad Gregorium et in utramque partem disseruit, varias tum pro unica tum pro trina immersione rationes exponens. Ad quæsitum respondit sanctissimus magister, citra fidei periculum, alterutrum indiscriminatim ritum sequi licere, quia ubi una est fides, nihil officit Ecclesiæ consuetudo diversa. Addit tamen : *Sed quia nunc usque ab hæreticis infans in baptismate tertio mergebatur, fiendum apud vos esse non censeo, ne, dum mersiones numerant, divinitatem dividant; dumque quod faciebant faciunt, se morem nostrum vicisse glorientur* (*Lib.* I, *ep.* 43). Prudentissimum sane responsum. Atque eadem est ratio cur fratribus nostris nuper e pravo Calvini dogmate ad nos reversis, plurima non indulgeamus, quæ alias inter ἀδιάφορα censeri possint.

2. Eadem lenitate per prudentiam attemperata usus est Gregorius erga schismaticos, eos maxime qui pro trium capitulorum defensione dissidebant ab Ecclesia. Pro schismate isto soli tunc stabant Istri episcopi et Veneti. Quamvis enim prius in Africa et in Illyrico acrius conflagrasset, his in provinciis jam sopitum fuisse non temere conjicimus, ex tot epistolis tum ad Illyricanos tum ad Africanos episcopos a S. Gregorio missis, in quibus nulla schismatis hujus fit mentio. Schismaticis autem non accensemus eos, qui, etsi concilium V non reciperent, et trium capitulorum condemnationi minime subscripsissent, tamen ab eorum communione qui synodum hanc admiserant, et conclamatam in ea trium capitulorum damnationem, nullatenus abstinebant. Certe pro schismaticis eos nunquam habuit S. Gregorius, sed illos tantum qui occasione quintæ synodi secedebant, et aliorum communionem respuebant, ut infra manifestis documentis ostendemus.

Quippe observandum est, in Hispaniis, Galliis et aliis fere provinciis quæ Romano imperatori non parebant (quo videlicet cogente, licet Vigilius papa reluctaretur, damnata sunt capitula hæc) de eorum damnatione decretum nonnisi tardius fuisse receptum. De Hispaniis id luculentissimis argumentis probat eminentissimus cardinalis Henricus Norisius, dissertatione historica de synodo v, cap. 9, § 2, præsertim ex conciliorum Hispaniæ silentio synodum hanc suscipiendam nullibi decernentium, atque ex S. Isidoro qui tum in catalogo Scriptorum Eccles. de Theodoro Mopsuesteno loquens, tum in Chronico, Justinianum imperatorem quod episcopos intra imperii fines, ad tria capitula damnanda compulerit, liberius redarguit.

De Galliis idem probatur Tomo II, seu in appendice ad opera S. Leonis Papæ magni, in observatione ad Judicium Chrodoberti Turonensis episcopi; prolatis etiam Vigilii et Pelagii pontificum epistolis id non obscure significantibus. Sane qui diu vixerat in Galliis S. Columbanus, ita sensisse satis aperuit in epistola ad Bonifacium V, ubi inter cætera hæc contra Vigilium papam intorquet : *Vigila itaque, quæso, papa, quia forte non bene vigilavit Vigilius, quem caput scandali isti clamant, qui vobis culpam injiciunt.* Etsi vero de Columbani doctrina et ritibus mota sit quandoque in Gallicanis synodis controversia, nunquam tamen in suspicionem erroris aut schismatis adductus est ob trium capitulorum damnationem rejectam.

Si intra lineas istas sese continuissent Istriæ antistites, satisque habuissent toties decantatæ damnationi non subscribere, communionis et charitatis vinculum non abrumpendo, minime schismatici audivissent. At nunquam tumultuari cessarunt, et in Romanam sedem debacchari. Eos tamen eorumque antesignanum Severum Aquileiensem seu Gradensem episcopum relapsum et reversum ad ejuratum prius schisma S. Gregorius affectu paterno ad pacem invitavit, et ad synodum imperatoris jussu celebrandam. Joannes Diaconus refert (*Lib.* I, *ep.* 16) Severum tunc apostolica simul imperialique jussione coactum, et imminente Smaragdo, Ravennam venisse, ubi veritus cum Gregorio synodalem subire conflictum, mediante Joanne Ravennate episcopo, ad unitatem Ecclesiæ rediit, a qua paulo post eum resiliisse testatur, *subrepta* quoque Mauricii Augusti jussione qua præcipiebat *ut schismatici redire ad unitatem Ecclesiæ minime cogerentur.* Verum quæ hic narrat Joannes, prius contigerunt, ut patet ex Paulo Diacono (*Lib.* III *de Gest. Langob.,* c. 27). Constat enim Smaragdum exarchum jam locum cessisse Romano, quando Gregorius Severum litteris suis ad pacem compellavit. In iis quoque S. Gregorius meminit tum reditus Severi ad Ecclesiam, tum ejusdem recidivi lapsus in schisma : *Quantum,* inquit, *incorporatum te jam pridem fuisse in unitate Ecclesiæ gavisi fueramus, abundantius nunc dissociatum a catholica societate confundimur.* Obturavit aures episcopus schismatis incentor

---

[a] Himerius Tarraconensis episcopus consuluit Damasum papam. Cujus successor Siricius scripsit epistolam decretalem ad Himerium; quam legesis tom. II Conciliorum.

cum suis sociis; at de paterno erga perduelles affectu nihil remisit sanctissimus vir, ut ex aliis ipsius epistolis infra ostendemus.

5. Ipsos etiam Judæos non solum æquitatis, sed etiam charitatis Gregorii periculum fecisse jam demonstremus. Petrus Terracinensis episcopus, Judæos *de loco in* [a] *quo ad celebrandas festivitates suas convenire consueverant, expulerat*, assignato tamen alio loco, ubi libere possent religionis causa congregari. At paulo post eosdem inde quoque migrare coegerat. De injuria sibi facta Judæi conquesti sunt apud papam, qui Petro rescripsit : *Si ita est, volumus tua fraternitas ab hujusmodi se querela suspendat, et ad locum quem cum tua conscientia quo congregentur adepti sunt, eos, sicut mos fuit ibidem liceat convenire. Eos enim qui a religione Christiana discordant, mansuetudine, benignitate, admonendo, suadendo, ad unitatem fidei necesse est congregare : ne quos dulcedo prædicationis et præventus futuri judicis terror ad credendum invitare poterat, minis et terroribus repellantur.* (*Lib.* I, *ep.* 35.)

Huic sententiæ prorsus consona sunt quæ paulo post ad Virgilium Arelatensem, et ad Theodorum Massiliensem episcopum scripsit, videlicet Judæos ad baptismum suscipiendum cogi non debere, [b] ne necessitate potius quam voluntate Christiani facti, ad pristinam superstitionem relaberentur, *indeque deterius morerentur, unde renati esse videbantur*. (*Ibid., ep.* 47.)

Delinquentes tamen Judæos, maxime si periculum foret ne contemptui esset religio Christiana, coercere quantocius satagebat. Hinc ubi accepit Judæum quemdam Ecclesiæ Venafranæ ministeria seu vasa sacra (quod legibus interdictum) comparasse, præsertimque calices duos, jussit Anthemio subdiacono ut emptorem per judicem provinciæ faceret conveniri, et ad sacra illa cimelia restituenda cogeret, relegatis in pœnitentiam diacono et aliis clericis sacræ supellectilis impiis venditoribus.

4. Nunc Langobardorum res primo Gregoriani pontificatus anno gestas summatim attingamus. Hoc anno exstinctum fuisse Autharim eorum regem discimus ex ep. 17 libri I, prolato Regium usque in extremis Brutiorum finibus Langobardorum imperio (*Paul. lib.* III, *c.* 34). Paulo antea princeps Arianus suæ sectæ propagandæ zelo abreptus, edicto solemni prohibuerat, ne suorum gentilium filii, in fide catholica baptizarentur. At non multo post Deum expertus est vindicem, et pro hac culpa e vivis est sublatus. Eum veneno interiisse narrat rerum Langobardicarum scriptor (*Paul. Diac. lib.* III, *c.* 36), postquam sex annis regnasset. Cognita ejus morte, Langobardorum duces et optimates Papiam convenerunt, de successore eligendo deliberaturi. Quibus in comitiis unanimi sententia decretum est ut Theodelinda, spectatæ prudentiæ virtutisque regina, regni gubernaculo semper assideret, et quem mallet e ducibus in maritum sibi et in totius gentis regem deligeret. Illa habito cum majoribus natu consilio Taurinatium ducem, Agonem seu Agilulfum nomine, in regni thalamique consortem adscivit : cui Mediolani in frequenti totius gentis conventu imposita est, ut habent scriptores Mediolanenses, corona aurea ex incluso ferreo circulo dicta ferrea; quæ celeberrima deinceps evasit. Tanto beneficio sibi devinctum Agilulfum Theodelinda catholicæ fidei ardore incensa impulit ad eamdem fidem amplectendam, si Paulo Diacono credimus (*Lib.* IV, *c.* 6). Regis vero exemplum secuti magna ex parte Langobardi, Arianismum ejurarunt. Quod tamen de suscepta catholica fide ab Agilulfo Paulus ait, tardius factum intelligimus ex S. Columbani ad Bonifacium papam epistola, non ante annum 607 scripta, quo tempore rex Langobardorum adhuc erat Arianus, de eo namque sic loquitur : *Fertur enim dixisse, si certum sciret, et ipse crederet*. Ejus rei causa Columbanus librum contra Arianos composuit, teste Jona. Constat nihilominus Agilulfum, etsi nondum orthodoxam sequeretur fidem, catholicis multum favisse, ab ipso regni exordio; quod etiam expertus est S. Columbanus ab eodem benigne exceptus.

5. Gregorius audita regis Autharis morte, scripsit ad universos Italiæ episcopos (*Lib.* I, *ep.* 44), ut Langobardorum parvulos in Ariana baptizatos ad catholicam fidem conciliare, imminente maxime gravi mortalitate, curarent; postea vero ad resarciendam in Italia Ecclesiæ disciplinam, quæ inter barbarorum heterodoxorum gladios pessumdata fuerat, mentem applicuit. De sacerdotum aliorumque ex clero lapsorum pœnitentia sollicitus, jussit eos in pauperrima monasteria, ubi regularis observantia vigeret, retrudi, eisque sufficientia stipendia suppeditari, ut ex iis etiam subsidium ad victitandum haberent monachi, qui de eorum emendatione sollicitudinem gererent.

Ambitum in clericis comprimere satagebat. Unde Liberatum diaconum ambitionis spiritu inflatum et distentum, in ultimo inter cæteros diaconos loco stare jussit, quo humilitati et subjectioni assuesceret (*Lib.* I, *ep.* 83 *et* 84). Episcopos de crimine postulatos, in concilio de more judicari, neque alia quam synodali sententia deponi præcepit (*Lib.* III, *ep.* 8). Clericos peregrinos absque episcopi sui cessione seu litteris dimissoriis non recipiendos aut incardinandos esse statuit. De subdiaconorum cœlibatu quid decreverit, nunc morosius explorandum (*Lib.* I, *ep.* 85.)

6. Pelagius papa II, ante triennium, legem cœlibatus Siciliæ subdiaconis, [c] more Romanæ Ecclesiæ, imposuerat; jusseratque ut qui jam uxorati essent, ab uxoribus separarentur; quod *durum* Gregorio *incompetensque* visum est, ac plurimis pejus ca

---

[a] Cur id factum docet ep. decima hujus libri. Nimirum synagoga ita erat ecclesiæ proxima, ut inde facile audirentur voces psallentium Judæorum.
[b] Vide etiam lib. IX, ep. 6.

[c] Moris hujus meminit S. Leo ep. 12, c. 4 : *Nec subdiaconis quidem connubium carnale conceditur ; ut et qui habent, sint tanquam non habentes, et qui non habent, permaneant singulares.*

dendi periculis obnoxium. Hoc itaque decretum ita temperavit sapientissimus pontifex, ut sineret conjugatos subdiaconos uxores retinere, ea lege ut ad sacros ordines nunquam pervenirent : *Quia nullus debet ad ministerium altaris ascendere nisi cujus castitas ante susceptum ministerium fuerit approbata* (*Lib.* I, *ep.* 44, *et lib.* IV, *ep.* 54). De cætero prohibuit ne deinceps episcopi subdiaconum ullum ordinarent, nisi qui victurum se caste promitteret. His exploditur fabella quam Centuriatores Magdeburgenses ex conficta nomine S. Udalrici Augustani episcopi epistola ad Nicolaum papam deprompserunt, scilicet nostrum Gregorium prius uxores sacerdotibus solemni decreto ademisse, at cum ex piscina sua capita infantium ad sex millia extracta fuisse a piscatoribus intellexisset, hocque infanticidium sibi tribueret (non dubitabat enim tot infantes ex furtivis sacerdotum fornicationibus aut adulteriis natos), decretum suum refixisse, et de tanto scelere pœnituisse.

Quot verba hic, tot putida et stolida legis mendacia. Qua ratione in piscinam potius pontificiarum ædium projecta isthæc infantilia capita, quam in Tiberim, aut in cloacas publicas? Capita inveniuntur et numerantur; quid de reliquis cadaveribus factum est? Quasi verisimilitudinem vel minimam habeat infantium illorum parricidas quorum adeo intererat tantum scelus occultare, projectis ex condicto in piscinam pontificiam occisorum capitibus, illud ultro quasi per ludum voluisse publicare? Quam perfrictæ vero frontis sunt, qui volunt Gregorium pœnituisse, quod presbyteros et ministros sacros legi cœlibatus adstrinxerit; cum nec ipse talis legis unquam auctor fuerit (quippe quæ semper saltem in Ecclesia Latina fuerit observata, ubi vigebant canones), nec ullum fere sui pontificatus annum elabi siverit, in quo de majorum clericorum cœlibatu aliquid non scripserit. Lege præsertim sequentes epistolas lib. I, epp. 44 et 52; lib. IV, epp. 26 et 36; lib. IX, ep. 60; lib. X, ep. 62; lib. XI, ep. 64, ad Secundam, interrogat; respondendo, ubi de clericis loquens quibus liberum est uxores accipere, excludit eos qui sacris in ordinibus sunt constituti; denique lib. XIII, epp. 55 et 56.

Cæterum operæ pretium non est, pluribus argumentis fabulam hanc explodere, quæ statim evanescit, cum expenditur quo tempore vixit S. Udalricus episcopus. Neque enim cœvus esse potuit aut Nicolai I aut II. Qua de re consulendus est em. card. Baronius ad an. 594, num. 21.

7. Haud minori zelo Gregorius cavit monachorum castitati et famæ quam clericorum, ut præmonuimus cap. superiori num. 6. Et quidem arctissime alligatos illos voto seu proposito castitatis perpetuæ censuit, ut ex ipsius ad Venantium epistola hoc anno scripta extra dubium ponitur. Venantius, patricio genere in Sicilia, ut videtur, ortus, vitam amplexus erat monasticam; verum, relicto postea monasterio, uxorem duxerat [a] nomine Italicam, aut ad prius ductam re-

[a] Vide ep. 123, lib. IX et lib. XI, epp. 35 et 78.

dierat, ex qua duas filias Barbaram et Antoninam suscepit. Tunc temporis aliquos monachos uxores publice duxisse dolet S. Gregorius lib. I, ep. 42, jubetque ut ab ipsis avulsi, in monasterium retrudantur, uti jam observavimus. Suspicatur noster Mabillonius Italicam fuisse Venantii parentem, non uxorem (*Annal. Benedict. an.* 601, *pag.* 266); at, quod tanti viri pace dixerim, conjectura hæc ruit lecta inscriptione epistolæ 123 libri IX. Non firmiori fundamento nititur Cancellarii Italiæ titulus qui gratis huic patricio confertur, ex corruptis epistolarum inscriptionibus quas habent codices editi, non vero manu exarati. Barbaram et Antoninam ante Venantii lapsum natas nihil cogit dicere. Venantius aliquot annis ante susceptum a Gregorio pontificatum e monasterio excesserat. Ejus natæ litteris Gregorium compellarunt undecimo ejus pontificatus anno, una forte duodecimi, altera decem annorum (*Lib.* XI, *ep.* 55 *et* 78). Quid supra illam ætatem? Non magis abhorrebat a sanctissimi pontificis pietate, virgines nobiles etsi ex iniquis nuptiis natas honorifice salutare ac tueri, quam ad earum parentes Venantium et Italicam reverentissimis et amicis verbis scribere, Joannemque, Syracusanum episcopum, ob repulsas Venantii oblationes redarguere (*Lib.* VI, *ep.* 44). Parumper extra metas excurrimus, viri doctissimi conjecturas expendendo; nunc ad id unde digressi sumus, redeundum.

8. Gregorius ad Venantium propositi monastici desertorem gravem epistolam scripsit, ut eum ad pœnitentiam hortaretur, quæ facile legi potest. Notatu præsertim digna sunt verba hæc : *Ananias pecunias Deo voverat, quas post, diabolica victus persuasione, subtraxit* (Act. v). *Sed qua morte mulctatus est, scis. Si ergo ille mortis periculo dignus fuit qui eos quos dederat nummos Deo absulit, considera quanto periculo in divino judicio dignus eris, qui non nummos, sed temetipsum, Deo omnipotenti, cui te sub monachali habitu devoveras, subtraxisti? Considera judicium Dei, quod mereatur, qui semetipsum Deo vovit, continuoque mundi desideriis irretitus, mentitus est quod vovit* (*Lib.* I, *ep.* 54). Quibus verbis quid expressius ad votorum monasticorum obligationem adstruendam? Incesta monachorum et sanctimonialium conjugia diu antea Siricius papa tanquam publicis legibus et ecclesiastico juri contraria damnarat, scribens ad Himerium, Tarraconensem episcopum (*Ep.* I, *c.* 6, *tom. I Concilior.*, p. 1019). Suffragantur concil. Chalced. can. 16, et Carthagin. IV, cui subscripsit Augustinus cap. 104. Docere tamen videtur Augustinus, conjugia eorum qui continentiam voverint, adulteria non esse, quamvis eorumdem lapsum quovis adulterio pejorem censeat (*Lib. de Bono viduit., cap.* 10, 11, 12). Sed hoc vitium nubentium esse contendit, non ipsarum nuptiarum, quæ sanctæ sunt et nunquam damnandæ. Ita vero loquitur sanctus doctor, ne Manichæis nuptias damnantibus consentire videatur. Hanc quæstionem sibi propositam

attingit S. Bernardus lib. de Præcepto et Dispensatione cap. 17, at nihil decernit.

Non resipuit Venantius; neque tamen ab ejus amicitia resiliit Gregorius, sperans opportunius aliquando sibi tempus adfuturum, amicum ad pœnitentiam iterum adhortandi. Sane audita postea gravi qua decumbebat ægritudine, de ejus salute sollicitus scripsit ad Joannem, Syracusanum episcopum, **231** *ut de anima ejus cogitare debeat, exhortando, rogando, Dei terribile judicium proponendo, ineffabilem ejus misericordiam promittendo, ut ad habitum suum redire vel in extremis debeat, ne ei tantæ culpæ reatus in æterno judicio obsistat (Lib.* xi, *ep.* 36). Verum quid inde secutum sit, ignoramus. De Venantio adhuc postea erit agendum. Nunc e Sicilia in Africam transmittamus, ubi pontificia S. Gregorii auctoritas, et sollicitudo pastoralis, primo anno quo Romanam ascendit sedem, innotuerunt.

CAPUT VI.

ARGUMENTUM. — 1. Quid de primatibus inter Africanos episcopos S. Gregorius decreverit. — 2. Num Columbus tunc Numidiæ primas esset. — 3. S. Gregorii labores in Donatistas. Quo successu. — 4. Quædam notatu digna de reis episcopis judicandis. De ecclesiasticis immunitatibus. De litibus. A quibus monachos eximit. — 5. Pravas consuetudines tollit. — 6. De monachorum testamentis. — 7. De bonis lapsorum et dejectorum sacerdotum. — 8. Oratoriorum dedicationes tunc percelebres. (An. 590 et 591.)

1. Mos erat apud [a] Africanos episcopos, ut singulis in provinciis inter eos loco primatis aut metropolitani haberetur, qui ordinatione foret antiquior; unde non *primas*, sed *senex*, aut primæ sedis episcopus vocabatur. Sola Carthaginensis ecclesia, inter cæteras diversarum provinciarum Africæ, pene innumeras, primatu perpetuo gaudebat. Cum itaque sedes episcopales etiam in exiguis ignotisque vicis essent institutæ (hinc ignota fere obscuraque Africanæ Ecclesiæ notitia), sæpe fiebat ut ignobilis oppidi episcopus reliquis provinciæ suæ episcopis tamquam primas præesset. Quod cum incongruum S. Gregorio visum fuisset (ut reapse erat), optimum esse judicavit primo eligi primatem *non ex ordine loci* (*Lib.* i, *ep.* 74), videlicet aut propter antiquitatem ordinationis, aut propter sedis dignitatem concessi, sed habita potius morum ac meritorum ratione. Secundo primatem non passim, sicut moris erat, per villas, sed in una civitatum residere, quo facilius Donatistarum in Africa grassantium insidiis et conatibus resistere valeret. Tertio prohibuit ne hi qui ex Donatistis ad episcopatum pervenerant, primatis dignitatem possent adipisci. Loquitur autem de Donatistis ad fidem et unitatem Ecclesiæ reversis : *Sufficiat*, inquit, *illis commissæ sibi plebis tantummodo curam gerere, non autem etiam illos antistites quos catholica fides in Ecclesiæ sinu et edocuit et genuit; ad obtinendi culmen primatus anteire* (*Ibid.*, *ep.* 77). Hæc Gregorius ad episcopos Numidiæ scribens, [b] et ratas habens reliquas eorum consuetudines, quas sibi servari supplices a Pelagio II petierant.

2. Qui Columbum episcopum tunc primatem [c] Numidiæ fuisse cum Baronio (*Ad an.* 592, *n.* 4) asserunt, a vero prorsus aberrant, refelluntúrque ab ipsomet Gregorio ad Columbum scribente : *Itaque erga primatem synodi tuæ esto sollicitus.* Ad eum scripta est epistola 49 lib. iii, in cujus titulo legitur : *Adeodato episcopo, primati provinciæ Numidiæ;* eumque hortatur S. Gregorius *ut officium primatus, quod Deo auctore habet, studeat tota intentione sagaciter exhibere.* Paulo infra suadet ut Columbum præ cæteris adjutorem adhibeat in omnibus. Adeodato successit in primatu Victor, de quo in epistola 28 lib xii, ad Columbum scripta : *Victori fratri et coepiscopo nostro, qui primatus inter vos locum tenet, curavimus scribendum.* Ad Columbum tamen in præcipuis provinciæ Numidiæ negotiis scribere solet sanctus papa quasi vicarium sanctæ sedis eum constituisset, quod nihilominus nullibi factum legitur.

3. Singulari Gregorii erga Ecclesias Africanas diligentia præstitum est ut prius tumultuantes Donatistæ tandem quiescerent. Nimirum satis non fuit vigilantissimo pastori adversus illos lupos in gregem Christi sævientes, alios sibi subditos pastores ad vigilantiam et constantiam excitare, scriptis ad eos plurimis epistolis, inflictaque negligentibus et mercenariis pœna (*Lib.* i, *ep.* 77; *lib.* ii, *ep.* 48; *lib.* iv, *ep.* 35; *lib.* v, *ep.* 5); sed etiam Gennadium patricium et exarchum Africæ, qui multis bello præclare gestis illustris erat, rogavit ut hæreticorum contra Ecclesiam catholicam colla subrigentium conatus comprimeret, ac superbas eorum cervices inflecteret, omnemque adimeret nocendi licentiam (*Lib.* i, *ep.* 74). Postea cum rescivisset Pantaleonis, Africæ præfecti, nimia in hæreticos indulgentia factum esse, ut eorum audacia in dies cresceret, insolescerentque in Ecclesiæ catholicæ sacerdotes, ab eis baptizatos iterum baptizando; de socordia præfectum increpavit, quantique gravi peccato subjaceret, reserpendi occasionem hæresi tribuendo, liberrime admonuit (*Lib.* iv, *ep.* 34).

Tandem frequentibus S. Gregorii monitis tum ad episcopos, tum ad præfectos et magistratus, tum ad ipsummet Augustum, habitum est concilium in quo, annitente præsertim Dominico, Carthaginensi episcopo totiusque Africæ primate, constitutum est *in-*

---

[a] Loquimur de politia ecclesiastica apud orthodoxos observata. Quod spectat ad Wandalos Arianos, suum in Africa patriarcham habebant. Duos eorum patriarchas nominat Victor Vitensis, Jocundum et Cyrilam, qui ut puto successive sederunt. Consulatur Victor Vit. (*Histor. Wandal. persecut. lib.* ii, *c.* 18.)

[b] Observa sanctæ sedis apostolicæ auctoritatem, ad quam videlicet pertinet remotissimarum Ecclesiarum confirmare consuetudines. Ea magis eluxerat longe antea in S. Leone; qui rogatus Ecclesiæ Alexandrinæ post Romanam secundæ privilegia confirmavit : *Improbæ*, inquit, *quorumdam ambitioni, servato verorum privilegiorum jure, sollicitus obviavi..... teneat fraternitas tua suorum consuetudinem decessorum, et comprovinciales suos episcopos...., congrua sibi auctoritate disponat.* S. Leo ep. 103.

[c] Numidia ex septem Africæ provinciis secunda erat, et post provinciam proconsularem cujus caput Carthago, recensetur in notitia Africæ, quam consule in nova edit. histor. Wandalicæ persecut.

vestigandos esse ab episcopis hæreticis, et compescendos (*Lib.* v, *ep.* 5); quod decretum qui exsequi negligerent, bonorum ac dignitatum privatione esse plectendos. Laudavit papa Dominici zelum; neque tamen omni ex parte probavit decretum de spoliandis qui negligentius hac in re incumberent episcopis. Resipuisse tandem Donatistas aut [a] quievisse **232** inde autumamus, quod sanctus pontifex ad Dominicum et ad alios Africæ tum episcopos tum imperatoris ministros deinceps frequentius scribens, nusquam de illis coercendis amplius agat, post indictionem xiv.

4. Cum cætera quæ primum Gregoriani pontificatus annum commendant, fusiori stylo prosequi non liceat, quædam tantum ex ejus epistolis nondum supra delibatis decerpemus notatu digniora. Episcopos nonnisi a synodo judicari voluit, etiamsi graviorum noxarum rei forent, ut in causa Blandi, Hortensis episcopi, non obscure significavit (*Lib.* i, *ep.* 33).

Septa ecclesiastica tunc habita pro asylis probat epistola 37. Quæ vero loca per *septa ecclesiastica* debeant intelligi, docent notæ ad hanc epistolam.

Cum a strepitu forensi multum abhorreret vir sanctissimus, si qua litigandi occurreret occasio inter episcopos, clericos, monachos, etiam laicos nobiles, suadebat ut pro componenda controversia eligerentur arbitri qui nullo vel minimo sumptu, præcisis dilationibus frustratoriis, jus cuique litigantium tribuerent. Ipse, si qua oriretur quæstio de finibus et fundis, inter actores Ecclesiæ Romanæ qui ejus prædia curabant, et vicinorum agrorum possessores, hujusmodi judices eligi volebat. Quo animo esset erga lites, non potuit melius prodere quam his verbis : *Non solum nunquam mota suscitari volumus; verum etiam quæ prava foris admoventur, sopire modis omnibus festinamus* (*Lib.* i, *ep.* 9).

Quanto studio monachos a forensibus litigiis et strepitibus curaret submovere, testatur ejus epistola 69. : cum enim Joannes abbas ipsi suggessisset plurima se habere pro monasterio suo negotia, quibus intendere vix posset citra regularis observantiæ dispendium, optimum visum est provido patri ut hujus monasterii tuendi contra litigantes cura commendaretur [b] cuidam Fausto, Romani exprætoris Cancellario, eique *salerium* pro impensa opera constitueretur. *Expedit enim*, inquit, *parvo incommodo a strepitu causarum servos Dei quietos existere, ut et utilitates cellæ per negligentiam non pereant, et servorum Dei mentes ad opus Dominicum liberiores existant*. Hæc videtur prima commendatariorum abbatum origo ; qui utinam tales forent ut servos Dei ab omnibus negotiis eximerent, non in lites immergerent.

5. In ep. 44. Petro subdiacono, pleraque Ecclesiæ patrimonia in Sicilia curanti, præcipit emendare plurimas consuetudines quibus Ecclesiæ colonos vexari

[a] Lege Donatistarum historiam novissimæ Optati operum editioni additam et præfixam, in fine.
[b] De hujusmodi procuratore loqui videtur S. Gregor. ad Joannem abbatem scribens lib. iii, ep. 3 : *In causis istis procuratorem institue, et tu ad lectionem*

noverat, et quæcunque percepta forent injuste rusticis abunde restitui. Quin etiam veritus ne Petrus sibi mandata minus strenue impleret, judicium ultimum ei comminatur, et his verbis epistolam claudit :
Vide ut omnia absque imminutione custodias, quia de his, quæ tibi pro servanda justitia scribo ego absolvor, et tu si negligis obligaris. Terribilem Judicem considera venientem, et de adventu illius nunc tua conscientia contremiscat, ne tunc sine causa jam timeat, cum coram illo cœlum et terra tremuerit. Audisti quod volo : vide quid agas.

6. In eadem epistola legitur Joannem monachum morti proximum, Fantinum defensorem hæredem in sex uncias, hoc est in dimidiam bonorum partem instituisse. Quod non improbat S. Gregorius. Ne tamen inde inferas licuisse tunc monachis testamentum condere, lege notam qua locum hunc illustravimus. Consule quoque nostrum Mabillonium in Annal. Bened. ad an. 599, num. 31, et ad an. 601, num. 6.

7. Ex laudata epistola compertum habemus quam sollicite S. Gregorius caveret, ne ii quorum ministerio in Ecclesiæ negotiis utebatur, in sacerdotum et aliorum clericorum lapsorum e suo gradu dejectorum bona invaderent, unde sane grave scandalum oriri potuisset; nimirum ita dejecti haud dubie conquesti fuissent se ideo loco motos, et ad pœnitentiam in monasteriis detrusos, ut sua bona, suæ facultates pontificiorum ministrorum prædæ paterent. Decernit ergo S. Gregorius ut eorum bona, vel monasteriis in quibus pœnitentiam agunt, cedant, vel eorum parentibus dentur : *ita tamen ut eorum stipendium qui in pœnitentiam dati fuerint, sufficienter debeat procurari;* vel, *si ex ecclesiastica fuerint familia illi lapsi, res eorum ecclesiastico juri non subtrahantur, servata pœnitentibus alimentaria pensione*. Consule notas ad hunc laudatæ epistolæ locum.

8. Quanta celebritate tunc vel oratoriorum dedicationem fierent, et quæ his in festis esset in pauperes munificentia docet ep. 56. Dedicationes ecclesiarum et oratoriorum sine sacris reliquiis quæ in eis conderentur vix fiebant. Nullum autem, ubi collocabantur, [c] corpus prius humatum fuisse constare oportebat; sane optimis de causis, ut explicatur in not. ad ep. 54 lib. i. In Italiæ provinciis Romanæ sedi tanquam metropolitanæ arctius adstrictis nullas tunc factas fuisse templorum consecrationes non audet asserere Mabillonius. In hanc tamen sententiam valde propendet, nec immerito. At de hoc argumento alibi fortasse opportunior erit dicendi locus. Interim lege ep. 37 lib. v.

233 CAPUT VII.

ARGUMENTUM. — 1. De causa Natalis episcopi Salonitani. — 2. Archidiaconus ab eo dejectus apostolicam sedem appellat. — 3. Quæ responderit Natalis. Resipiscit. — 4. Illo mortuo S. Gregorius de eligendo successore curat.

et ad orationem vaca.
[c] Id centies repetit S. Gregorius, scilicet omnibus in epistolis, in quibus de templorum consecratione et reliquiarum collocatione agit.

Electus est Honoratus archidiaconus. — 5. Mauricius imperator mitius cum schismaticis agit. — 6. Langobardi Romam premunt. — 7. S. Gregorius Ezechielem prophetam exponit. Luctuosus Romæ status. (An. 591 et 592.)

1. Nunc ordo rerum temporumque ratio postulant, ut de Natali, Salonitano episcopo, Dalmatiæ metropolitano, loquamur. Qui cum adversus summum pontificem diu rebellasset, hoc secundo Gregorii anno, ad saniorem mentem, ejus invicta magnanimitate ac patientia debellatus, feliciter tandem rediit. Hic episcopus ferebatur, pastorali cura derelicta, solis vacare conviviis, et, quod gravius est, vasa sacra pretiosamque Ecclesiæ supellectilem, suos ut ditaret, distraxisse. Cui sacrilegio cum obstaret Honoratus archidiaconus, quod ejus esset res sacras asservare, Natalis eum, ut ab hoc officio removeret, honoris specie, licet renitentem, presbyterum ordinare voluit; neque enim presbyter tunc archidiaconi munere fungi poterat, ut observavimus maxime ex S. Leone et Apoll. Sidonio in notis ad epistolas indicatas. Sententiam suam de Honorati dejectione ab archidiaconatu in provinciæ suæ concilio ratam haberi et gestis synodicis confirmari curavit. Quibus sane nihil iniquius, nihil insulsius : eodem enim judicio, ab archidiaconi ministerio tanquam indignus repellebatur Honoratus, et ut dignus ad presbyteratum assumebatur. (Vide lib. I, epp. 19 et 20; lib. II, epp. 18, 19 et 20; lib. III, ep. 32.)

2. De vi sibi illata jam expostulationem fecerat Honoratus, et ad Pelagium papam confugerat; qui utrumque, archiepiscopum videlicet archidiaconumque adesse saltem per procuratores jusserat, ut de ea controversia judicium ferret. Natalem cunctantem et moras nectentem iterum ad causam dicendam vocavit S. Gregorius primo sui pontificatus anno, præcepitque ut ante omnia Honoratum in pristinum gradum restitueret. Anno vero sequenti comminatus est ei pallii privationem, si obtemperare abnueret, ac demum excommunicationem, ut a corpore et sanguine Domini esset abstentus, nisi male acta emendaret. De episcopatu, an in ipso permanere deberet, alio definiendum judicio reservavit. Præterea in locum Honorati ordinatum archidiaconum depositione plectendum censuit, et si ultra hoc in officio ministrare præsumeret, sacræ communionis exsortem esse pronuntiavit.

De his Gregorius certiores fecit universos Dalmatiæ episcopos et Antonium subdiaconum, ecclesiastici patrimonii rectorem in hac provincia, cui jubet latam in Natalem et in intrusum ab eo archidiaconum sententiam, utrique præmissis adhortationibus, denuntiare. Ne vero Jobinus, Illyrici præfectus, Natali patrocinaretur (sciebat enim eum optimatibus quos conviviis excipiebat esse pergratum) illum scriptis litteris rogavit ne opem reo contra justitiam ferret. (Vide lib. I, epp. 19 et 20.)

3. Natalis ægre tulit papam sibi pœnam excommunicationis esse comminatam, et in sui defensionem ad eum scripsit : convivia non dedecere episcopum, quæ in sacra Scriptura et apud veteres Christia-

nos commendata leguntur et laudata; sibi tribulationibus presso liberum non esse lectioni sacræ operam dare, at non ideo intermissum prædicationis opus. Quid de vasis sacris distractis, quid de Honorato ab archidiaconatu avulso responderit, subticetur in epistola quam ad eumdem Gregorius scribendam judicavit, ut hominem exasperatum, de sincera tamen obedientia spondentem, pia humilitate mitigaret, ac in spiritu lenitatis, uti docet Apostolus, instrueret. Admiremur eum ita blandis, efficacibus tamen verbis, oleum simul et vinum Natalis vulneribus infundentem : Ecce, inquit, fraternitas tua ægre tulit se de conviviis esse reprehensam, cum ego, qui etsi hanc non vita, tamen loco transgredior, ab omnibus corripi, ab omnibus emendari paratus sim (Lib. II, ep. 52). Addit post multa : Quod si quilibet ex quatuor patriarchis fecisset (nimirum sedis apostolicæ despexisset judicia), sine gravissimo scandalo tanta contumacia transire nullo modo potuisset. Tamen postquam fraternitas vestra ad suum ordinem rediit, nec ego meæ nec decessoris mei injuriæ memor sum (Ibid.).

Magnam Gregorio lætitiam attulit Natalis pœnitentia, de qua his verbis certiorem fecit hoc ipso anno Joannem Ravennatem : De fratre autem et coepiscopo nostro Natali valde contristabar, quod de illo quædam superba cognoveram; sed quia mores suos ipse correxit, meam tristitiam simul meipsum vincendo consolatus est (Lib. II, ep. 52).

4. Natali paulo post e vivis sublato, Gregorius ad Antoninum subdiaconum scripsit, ut de successoris electione sollicitus esset. Et quia ex ejus epistola quænam electionum tunc esset forma licet intelligere, quædam ex ea decerpta hoc loco subjiciemus. Experientia tua, inquit, omni instantia omnique sollicitudine clerum et populum ejusdem civitatis admonere festinet, quatenus uno consensu ordinandum sibi debeant eligere sacerdotem, factoque in personam quæ fuerit electa decreto, ad nos transmittere studebis, ut cum nostro consensu, sicut priscis fuit temporibus, ordinetur. Illud quidem præ omnibus tibi curæ sit, ut in hac electione nec datio quibuscunque modis interveniat præmiorum, nec quarumlibet personarum patrocinia convalescant (Lib. III, ep. 22).

Quid vero curæ impenderent sanctæ sedis ministri aut legati, qualis erat Antoninus subdiaconus, ut intacta conservarentur Ecclesiæ bona mortuo episcopo, discimus ex his verbis : De rebus vel ornamento ejusdem ecclesiæ, fideliter rerum inventarium facito te præsente conscribi. Et ne rebus ipsis possit aliquid deperire, Respectum diaconum atque Stephanum primicerium notariorum ut ipsarum rerum omnino gerant, custodiam admoneto, interminans eis de propria eos satisfacturos esse substantia, si quidquam exinde eorum negligentia fuerit imminutum. Denique de suppeditandis omnibus ad electionem necessariis ita monet : Expensa vero quæ necessaria fuerit, per œconomum qui tempore mortis prædicti episcopi inventus est erogetur, quatenus rationes suas futuro episcopo ipse, ut novit, exponat.

Non leviter prætereunda fuerunt hæc, in quibus

tanta elucet Romanæ sedis auctoritas, etiam in metropolitanas extra Italiam ecclesias. Aliquando Gregorius hanc electionum curam dabat episcopis (*Lib.* I, *ep.* 57; *lib.* II, *ep.* 38), aliquando etiam judicibus et magistratibus, ut argumento est epistola 15 lib. III, ad Judicem Campaniæ ea de re scripta. Sed laicis nullam in bona Ecclesiæ potestatem tradidit, facta scilicet ipsis tantum copia plebis Christianæ ad eligendum episcopum convocandæ.

Electus fuit a clero in Salonitanum archiepiscopum Honoratus archidiaconus, de quo jam sæpe dictum; quod pergratum Gregorio fuit: perspectam enim habebat hujus viri probitatem, constantiam, et in rebus gerendis prudentiam. Sed ejus sedem invasit Maximus, auctoritate optimatum fretus, ut infra suo loco dicetur: quæ enim hic de morte Natalis ejusque successoris electione attigimus, per antecessum dicta sunt, ut una eademque serie, quidquid ad controversiam illum inter et Honoratum motam pertineret contractum ob oculos poneretur. Nunc quo nos revocat ordo temporum redeamus.

5. Cum in Italia res imperii nutarent, ne schismatici Venetiæ et Istriæ desperatione acti Langobardis deditionem facerent, si ad ejurandum schisma compellerentur, Mauricius Augustus Gregorium admonuit ut a vi et coactione interim abstineret. Nuper Gradus, Severi schismaticorum patriarchæ sedes, incendio vastata fuerat; quod movit Joannem Ravennatem a sancto pontifice postulare, ut illuc eleemosynas mittere curaret (*Lib.* II, *ep.* 46); cui respondit Severum abunde habere, unde munera in aulicos profunderet, et in suas eos partes contra sedem apostolicam pertraheret. Misericordiam quidem Ecclesiæ hostibus denegandam non esse, sed prius fidelibus exhibendam. In proximo vero esse civitatem, cujus multi cives in captivitatem abducti, ad quos redimendos mittendum esse cum pecunia Claudium abbatem.

Hanc Gradi conflagrationem contigisse credimus quando Agilulfus contra tres duces qui rebellaverant profectus est. Ex his Minulfus, dux Insulæ S. Juliani [*sive* S. Julii], qui ad Francos defecerat, eorumque partes aperte foverat, victus et interemptus est. Gaidulfus [*Al.* Gandulfus] Pergamensis seu Bergomensis, deditione facta, in gratiam est receptus; Ulfari autem, Tarvisii dux, urbe capta, in vincula conjicitur. (*Cf. Paul. Diac. lib.* IV, *c.* 5.)

6. Hoc anno Ariulfus, secundus post Faroaldum dux Beneventanus, agrum Romanum invasit, et e Romana plebe plurimos, *aut occidit aut detruncavit*, inquit Gregorius (*Lib.* II, *ep.* 46), qui præ mœstitia in *cholicam molestiam* incidit; choleram forsitan seu bilem qua intestina laborarent et stomachus hic significat. Tristitiam augebat Romanus exarchus, qui etsi bello impar esset, paci nihilominus toto nisu repugnabat, lucrum ex publicis calamitatibus aucupans. Omni fere præsidio vacua erat, Roma et qui ad murorum custodiam relicti fuerant [a] Theodosiani, cum stipendia non acciperent, vix ad excubias aliaque militaria officia poterant cogi. Reliquas copias eduxerat exarchus, quibus aucto exercitu, receperat subito velut impetu Sutrium, Polimartium, Hortam, Tudertum, Ameriam, Perusium. Hinc queritur Gregorius ad Mauricium scribens (*Lib.* V, *ep.* 40), Romam, ut Perusium teneretur, fuisse relictam: maxime vero pacem quam ipse impetraverat a Langobardis, Etruriam obtinentibus, temere violatam deflet amare pius ille pacis angelus. Ita cum tanta spes affulsisset pacandæ totius Italiæ, cum Ariulfus ipse jam in partes Romanorum inclinaret, neque a pace abhorreret Agilulfus rex, a Theodelinda, quæ Gregorii observantissima erat, mitigatus, atrocius bellum, ob Romani exarchi perfidiam, recruduit. Rex etenim illatam suæ genti mala fide injuriam ulturus, Perusium obsedit expugnavitque, capto Maurisione Langobardorum duce qui ad Romanos defecerat. (*Cf. Paul. Diac. lib.* IV, *c.* 8.)

Legenda est ex integro jam laudata epistola (*Lib.* II, *ep.* 46), ut exploretur quanta calamitosis illis temporibus esset papæ cura, ut periclitantibus civitatibus subveniretur, ut bello capti data ex Ecclesiæ ærario pecunia redimerentur, maxime vero ut pax in tam deploratis rebus omnino necessaria æquis conditionibus compararetur. Ex aliis epistolis hoc anno scriptis liquet in rebus bellicis quam sollicitus, quam peritus foret (*Ibid.*, *epp.* 3, 29, 30, 31.)

7. In ea de qua locuti sumus Agilulfi expeditione, Langobardi non solum agrum Romanum Perusio vicinum deprædationibus, incendiis, cædibus fœdarunt, sed ad ipsius Urbis muros castrametati sunt. Tunc S. Doctor Ezechielem prophetam Christianæ plebi exponebat eadem animi tranquillitate, ac si nihil ab hoste fuisset metuendum. Neque postquam accepit regem Padum jam transiisse et ad Urbis obsidionem festinare, cœptum opus intermisit, quod merito Bernardus admiratur. Sed ab ejus verbis referendis abstineo, quæ in præfatione ad homilias in Ezechielem legere licet, uti cætera quæ ad illas homilias pertinent. Hoste tamen Urbi jamjam imminente, finem concionandi facere coactus est ut ipse ait. Partem hanc homiliæ ultimæ attexo, quod in ea miserabilis Romæ status quasi ob oculos positus conspiciatur. *Ecce hæc, ut Deo largiente potuimus, coram vobis, fratres charissimi, rimati sumus. Nemo autem me reprehendat, si post hanc locutionem cessavero: quia sicut omnes cernitis, nostræ tribulationes excreverunt: undique gladiis circumfusi sumus, undique imminens mortis periculum timemus. Alii detruncatis ad nos manibus redeunt, alii capti, alii interempti nuntiantur. Jam cogor linguam ab expositione retinere, quia tædet animam meam vitæ meæ. Alibi testatur visos a se Romanos more canum in collis funibus ligatos, qui ad Franciam ducebantur venales* (*Lib.* V, *ep.* 40). O duram illorum quondam Orbis dominorum sortem!

Hæc Agilulfi expeditio, inter res anno 595 gestas referri solet, sed ad annum 592 potius pertinere, hæc mihi persuadent. Agilulfus Romam tentavit,

---

[a] Sic dicti milites legionis quæ nomine Theodosii unius ex imperatoris filiis insigniebatur.

quando ad Perusii expugnationem est profectus, ut colligitur ex Paulo Diacono : *Statim Ticino egressus rex, Perusium petiit..: hujus regis adventu in tantum beatus Gregorius papa exterritus est, ut ab expositione templi, de quo Ezechiel scripserat, desisteret* (*Lib.* iv, *c.* 8). Id contigisse statim ac rex accepit Perusium, cum aliis urbibus jam enumeratis, ab exarcho fuisse occupatum, idem scriptor clare docet. At Romanum exarchum Perusio potitum esse saltem anno secundo pontificatus S. Gregorii, scribit ipse in epistola hoc anno data, quae cum alia jam saepe laudata conferri debet (*Lib.* ii, *ep.* 46; *lib.* v, *ep.* 40).

235 CAPUT VIII.

Argum. — 1. Roma fame laborat. — 2. Quid passus sit Gregorius ab adversariis. — 3. Pacem ab Langobardis impetrat. — 4. A turpi lucro quam alienus foret. — 5. De judicum rapinis conqueritur. — 6. Archidiaconum ob superbiam deponit. — 7. Sanctae sedis vices Maximiano tribuit. — 8. Varia ab eo constituta. — 9. Legum amicitiae fuit observantissimus. — 10. Pacem inter Maximianum episcopum et Eusebium abbatem conciliat. Prudentissima utrique dat monita. — 11. Privilegium Ariminensi monasterio concessum. (An. 591 et 592.)

1. Eodem anno ad belli incendium quo Romanus ager conflagravit, famis flagellum accessit, ob quam Gregorium praefectum Urbis, Castorium magistrum militum, et summum pontificem, negligentiae criminari ausi sunt apud Augustum eorum inimici et aemuli quanquam omnem curam adhibuisset noster Gregorius [a] ut hanc penuriam depelleret : cum enim superiori anno paucae ob sterilitatem collectae essent segetes in Italia, opportuno tempore operam dedit ut a Petro Subdiacono (*Lib.* i, *ep.* 72) magna frumenti copia compararetur in Sicilia, aut ab ecclesiasticorum praediorum colonis, absque tamen vexatione suppeditaretur. Deindeque ut multae quibus deportaretur naves onerariae praesto essent, curaverat; sed hanc egestatis quam passa est Urbs assignat causam, quod videlicet frumenta diu Romae servari non possunt incorrupta. Hoste autem imminente, obsessisque viis, integrum non erat novis subinde commeatibus Urbi subvenire.

2. Incredibilis tunc enituit Gregorii constantia, tum in perferendis aequo animo calumniis, tum in asserenda illustrium virorum sibi amicitia conjunctorum adversus obtrectatores innocentia. Obscurum non erat Romanum exarchum rerum infeliciter gestarum invidiam ut a se deprecaretur, in praefectum Urbis ipsumque summum pontificem rejecisse. De eo sic loquitur S. Gregorius in epistola ad Sebastianum, Sirmiensem episcopum : *Quae, frater sanctissime, de amici vestri domni Romani persona in hac terra patimur, loqui minime valemus. Breviter tamen dico, quia ejus in nos malitia gladios Langobardorum vicit; ita ut benigniores videantur hostes, qui nos interimunt, quam reipublicae judices, qui nos malitia sua, rapinis atque fallaciis in cogitatione consumunt. Et uno tempore curam episcoporum, atque clericorum, Monasteriorum quoque, et populi gerere, contra hostium insidias sollicitum vigilare, contra ducum fallacias atque malitias suspectum semper existere, cujus laboris,*

A *cujus doloris sit, vestra fraternitas tanto verius penset, quanto me qui haec patior, purius amat* (*Lib.* v, *ep.* 42).

3. Paulo post admota moeniis Urbis castra recessit Agilulfus. Pacem tunc factam, suadente Theodelinda, narrat Paulus Diaconus. Ad ejus consilia Gregorii preces accesserunt et munera, quibus populi Romani libertatem vitamque redimere solebat, ut ipse describit, rerum statum Constantinae Augustae exponens : *Viginti autem jam et septem annos ducimus, quod in hac urbe inter Langobardorum gladios vivimus. Quibus quam multa hac ab Ecclesia quotidianis diebus erogantur, ut inter eos vivere possimus, suggerenda non sunt. Sed breviter indico, quia sicut in Ravennae partibus dominorum pietas apud primum exercitum Italiae sacellarium habet, qui causis supervenientibus quotidianas expensas faciat, ita et in hac urbe in causis talibus eorum sacellarius ego sum. Et tamen haec Ecclesia, quae uno eodemque tempore clericis, monasteriis, pauperibus, populo, atque insuper Langobardis tam multa indesinenter expendit, ecce adhuc ex omnium Ecclesiarum premitur afflictione* (*Lib.* v, *ep.* 21).

4. Ecclesiae Romanae facultates (dum ejus patrimonia et praedia ubique praedae paterent) tot necessitatibus, Gregorio eas dispensante, suffecisse, miraculo videtur proximum, praesertim cum nihil antiquius haberet, quam illata colonis et rusticis a patrimoniorum Ecclesiae rectoribus et oeconomis damna resarcire, ut supra observavimus, atque in posterum cavere. Quantum ab injustis exactionibus abhorreret, indicant verba haec ep. 44 lib. i : *Nos saeculum Ecclesiae ex lucris turpibus nolumus inquinari.* Quin etiam in concilio Romano (*Olim ep.* 44, *lib.* iv; *nunc ad calcem Epp.*) non solum rectores patrimoniorum Ecclesiae ultra quam par esset illis amplificandis studentes, at alienos fines appositis titulis invadentes, anathematis poena multandos censuit; sed ipsos etiam pontifices, si id fieri, aut praeciperent, aut non prohiberent.

5. Verum ejus aequitas, integritas, et animi magnitudo nullibi clarius elucent, quam in epistola ad Constantinam Augustam, ea occasione scripta (*Lib.* v, *ep.* 41). Cum gentilium non paucos adhuc in Sardinia superstites esse cognovisset, ac insulae sacerdotes prae torpore de eorum conversione parum esse sollicitos ; illuc quemdam episcopum ex Italia mittere curaverat, cujus praedicatione plurimi ad fidem accesserant, accepto baptismate, idolisque sacrificare desierant. At quia praetori seu judici prius nescio quid pretii persolvere soliti erant, ut immolandi copiam consequerentur, judex hoc turpi lucro carere nolens, etiam a baptizatis, nec amplius alii quam vero Deo servientibus, idem tributum exigebat. Qua de re correptus ab episcopo, responderat sibi ipsi tantum pecuniae imperari, ut nisi injusta haec exigendo, id persolvere non posset. Tam immensis etiam in Corsica insula exactionibus opprimebantur incolae, ut eis facere satis, etiam venditis liberis, vix

---

[a] Ea de re statim post suam ordinationem Justinum Siciliae praetorem commonefecerat. Vide lib. i, ep. 2.

possent; nec minoribus depopulationibus vexabatur Sicilia. Quorum scelerum et latrociniorum Gregorius certiorem fecit Augustam, ut de his, explorato commodo tempore, Mauricium commonere curaret. Occupat autem hac in epistola, quod respondere poterat imperator: Nimirum *quia in Italiæ expensis transmittebatur quidquid de prædictis insulis aggregabatur.* Ad quod sanctissimus papa : *Sed ego,* inquit, *suggero ad hoc, ut etsi minus expensæ in Italia tribuantur, a suo tamen imperio oppressorum lacrymas compescat. Nam et idcirco fortasse tantæ* 236 *expensæ in hac terra minus ad utilitatem proficiunt, quia cum peccati aliqua admixtione colliguntur. Præcipiant ergo serenissimi domini nil cum peccato colligi. Et scio quia, etsi parum reipublicæ attribuitur utilitatibus, ex eo multum respublica adjuvatur. Quam etsi fortasse contingat expensis minoribus minus adjuvari, melius est tamen temporaliter nos non vivere, quam vos ad æternam vitam obstaculum aliquod invenire. Quæ enim mentes, qualia viscera parentum esse possunt, perpendite, quando filios suos distrahunt ne torqueantur.* Nunc ad res ecclesiasticas convertamur.

6. Ineunte hoc anno secundo Gregoriani pontificatus, Laurentius Romanæ Ecclesiæ archidiaconus (is forte qui in locum ipsius Romam revertentis Constantinopoli suffectus fuerat a Pelagio papa) ob superbiam et alia depositus est. Ejus locum accepit Honoratus in synodo presbyterorum diaconorumque omnium et universi cleri (*Ad calcem Ep., olim ad init. lib.* II); ut palam faceret summus pontifex quantum sibi cordi esset indignos a sacro ministerio removere; sapientissime scilicet intelligens *rempublicam* etiam ecclesiasticam, *uti præmio, ita pæna contineri* (*Cic. ad Brutum*).

7. Eodem anno sedis apostolicæ vices in cunctas Siciliæ Ecclesias commisit sancto Maximiano, Syracusano episcopo, de quo jam egimus : quam dignitatem non loco tribuit, sed personæ; ex transacta vita probe intelligens, *quid de subsequenti ejus conversatione præsumere liceret* (*Lib.* II, *ep.* 7). Majores tamen causas difficilioresque dirimendas ad se deferri voluit. Ex epistola ad eumdem paulo post scripta (*Ibid., Ep.* 24) liquet quam curiose investigaret, quinam episcopatu fungi (ubicunque laterent) digni viderentur, ut eos ad pastoralem curam provehi satageret.

8. Inter cætera observatione digna quæ hoc anno constituit, non obiter prætereundum hoc adversus iteratas ordinationes decretum : *Sicut baptizatus semel iterum baptizari non debet, ita qui consecratus est semel, in eodem iterum ordine non valet consecrari. Sed si quis forsitan cum levi culpa ad sacerdotium venit, pro culpa pœnitentia indici debet, et tamen ordo servari* (*Lib.* II, *ep.* 46).

Attente quoque legenda sunt verba hæc sancti pontificis : *Absit hoc a me, ut statuta majorum consacerdotibus meis in qualibet Ecclesia infringam : quia mihi injuriam facio, si fratrum meorum jura perturbo* (*Lib.* II, *ep.* 52). Quibus ostendit quam religiosus cultor foret institutæ a Christo episcopalis potestatis,

etiam in subjectis episcopis. Idem testatur ad Dominicum episcopum rescribens : *De ecclesiasticis privilegiis quod vestra fraternitas scribit, hoc postposita dubitatione teneat : quia sicut nostra defendimus, ita singulis quibusque Ecclesiis sua jura servamus. Nec cuilibet, favente gratia, ultra quam meretur impertior, nec ulli hoc quod sui juris est, ambitu stimulante derogo, sed fratres meos per omnia honorare cupio* (*Ibid., ep.* 47).

9. Epistolam Dominici de suscepto pontificatu congratulatoriam detulerant ad Gregorium honoris causa duo episcopi, quibus duo comites dati, diaconus unus et alter notarius. Cum honoris vices reddere non posset (hoc enim a suprema ejus dignitate fuisset alienum) amorem certe amori rependit, etiam cum fœnore, non minus videlicet sollicitus amicitiæ quam episcopatus jura servare. Id pro certo habebit qui hanc ad Dominicum epistolam legerit. Quanta enim charitatis fragrantia his in verbis : *Hanc matrem custodemque virtutum* (dilectionem), *sanctissime frater, inconcussa stabilitate teneamus. Nullæ in nobis eam subdolorum linguæ imminuant, nullæ antiqui hostis insidiæ corrumpant. Hæc namque divisa jungit, et conjuncta custodit. Hæc humilia sine tumore subrigit. Hæc erecta sine dejectione submittit. Per hanc universalis Ecclesiæ unitas, quæ est compago corporis Christi, exæquatione mentis gaudet in singulis, cum sit ei disparilitas in diversitate membrorum. Per hanc eadem membra et alieno gaudio in suis afflicta exsiliunt, et alienis mœroribus etiam in suis læta contabescunt. Teste enim magistro gentium, dum si quid patitur unum membrum compatiuntur cætera membra, et si glorietur unum membrum congaudent omnia membra, vos non ambigo de nostra perturbatione ingemiscere, cum nos omnino certum sit de vestra pace gaudere.* Et post multa : *Per charitatis compageni et tua sunt quæ de me loquor, et mea quæ te agere concupisco.*

10. Ut de rebus monasticis ad secundum pontificatus Gregoriani annum pertinentibus pauca delibemus, nihil notatu magis dignum nobis occurrit quam papæ sollicitudo ad componendum dissidium inter Maximianum episcopum Syracusanum, et Eusebium abbatem. Quantæ sanctitatis foret Maximianus jam non semel a nobis dictum. Sanctæ sedis vices ipsi commissas a Gregorio, ineunte hoc anno supra commemoravimus. Virum tamen sanctum, et in intimis fere primum, redarguendum censuit sanctus pontifex ob inflictam, leviori ex causa et ex animi commotione, Eusebio abbati excommunicationem. Ea de re monendum eum putavit a Petro subdiacono in Sicilia pro negotiis Romanæ sedis agente, ad quem ita scribit : *Ægre tuli quod* (Maximianus) *domnum Eusebium excommunicavit, virum tantæ ætatis et tantæ ægritudinis. Unde necesse est ut eidem domno episcopo secrete dicas, quatenus in proferendis sententiis præceps non sit, quia causæ quæ per sententiam decidendæ sunt, necesse est ut prius studiosa et frequentissima consideratione mensurentur* (*Lib.* II, *ep.* 32). Nota domni titulum ab ipso papa honoris causa seni concessum abbati. Nec satis fuit Gregorio Maximianum alloqui per

Petrum sed litteris eum admonuit ut lenire et consolari Eusebium tanto furore exasperatum studeret. Hac in epistola ad Maximiani mentem revocat, quoties eum admonuerit, ut in proferenda sententia præceps non esset (*Lib.* ii, *ep.* 34). Miratur eum ita furore exarsisse in abbatem, cujus antiqua conversatio, ætas longa et ægritudo diuturna episcopi animum ab ira deflectere debuissent. *Quilibet enim in eo fuerit excessus,* inquit, *ipsa ægritudinis afflictio ei debuit pro flagello sufficere..... sed fortasse ideo excedere in tali persona permissus es, ut cautior in vilioribus fias.* Utinam hæc sanctissimi doctoris monita ob oculos haberent semper in suis erga subditos judiciis antistites et rectores. Obtemperavit Maximianus, et Eusebio communionem ac gratiam reddere voluit; sed accipere detrectabat abbas. Unde illum ad officium revocare studuit S. Gregorius hac epistola : *Credat mihi charitas tua, quia valde contristatus sum de tristitia tua, ac si in te injuriam ipse pertulissem. Sed cum postmodum agnovi quia etiam reddente reverendissimo viro fratre et coepiscopo nostro Maximiano gratiam atque communionem, tua dilectio ab eo communicari nolebat, cognovi et illud prius justum fuisse quod factum est. Servorum Dei humilitas in afflictionis tempore debet apparere. Qui vero se contra præpositos suos erigunt, profecto ostenditur, quia servi Dei esse contemnunt. Et quidem* 237 *ab illo hoc quod factum est, minime fieri debuit, a te tamen cum omni debuit humilitate suscipi; et rursum cum gratiam reddebat, ad eum cum gratiarum actione debuit occurri. Quod quia ita a te factum non est, ad hoc cognosco quia nobis omnino lacrymarum opus est. Non enim grande est iis nos esse humiles, a quibus honoramur, quia et hoc sæculares quilibet faciunt; sed illis maxime humiles esse debemus, a quibus aliqua patimur. Nam Psalmista dicit : Vide humilitatem meam de inimicis meis. Nos cujus vitæ sumus, qui humiles esse etiam patribus nolumus? Proinde, dilectissime fili, rogo ut omnis amaritudo de corde tuo transeat, ne fortasse finis vicinus sit, et antiquus hostis per iniquitatem discordiæ, viam regni cœlestis intercludat.* Integram fere hanc epistolam plene auream hic recudendam existimavimus, ex qua discant omnes humilitatem et erga majores etiam iniquius agentes reverentiam. At vero ne Eusebius libera hac increpatione forsitan exacerbaretur, ad eum demulcendum, centum ei solidos a Petro subdiacono ad ejus monasterii necessaria erogandos curavit; quod summam viri probat simul et liberalitatem et prudentiam.

11. Alio modo composuit rixas inter episcopum Ariminensem et monachos monasterii SS. Andreæ et Thomæ apud Ariminum, quibus amplum concessit privilegium, ut his verbis Castorio, Ariminensi episcopo, significavit : *Fraternitatem tuam hortamur, ut obeunte abbate monasterii ipsius, Ecclesia tua, in describendis providendisque acquisitis acquirendisve ejusdem monasterii rebus, nulla se occasione permisceat. Abbatem vero eidem monasterio non alium, sed quem dignum moribus atque aptum monasticæ disciplinæ communi consensu congregatio tota poposcerit, te volumus ordinare* (*Lib.* ii, *ep.* 41). De aliis privilegiis in gratiam monachorum datis infra loquemur (*Lib.* iii, *c.* 2, *n.* 9).

CAPUT IX.

Argum. — 1. Duos metropolitanos castigat S. Gregorius, causa Thebani episcopi. — 2. Episcopum percussorem excommunicat. — 3. De Isauriæ monachis a Joanne CP. male habitis. Epistolæ S. Gregorii ad Joannem ea de causa scriptæ. — 4. Monachos post oblatam fidei confessionem absolvit. De Joanne presbytero ab hæresi quoque absoluto. — 5. Joannes CP. hæresim objiciens, in errorem incaute labitur. — 6. Joannis Ravennatis fastum comprimit S. Gregorius. — 7. De Domitiano Melitinæ episcopo. Qui prædicat Persis irrito conatu. Eum consolatur sanctus pontifex. (An. 592 et 593.)

1. Quanta Gregorius charitate complectebatur optimos episcopos, tanta severitate coercebat eos qui sua potestate non ad ædificationem, sed, contemptis ecclesiasticis regulis, ad destructionem utebantur; quod in ipso tertii anni sui pontificatus exordio contra Joannem, primæ Justinianæ, et alterum Joannem, Larissæ archiepiscopum, demonstravit.

Hadrianus, Thebarum episcopus, cum duos diaconos exauctorasset, unum quod violatæ castitatis esset reus, alterum propter fraudem in rerum ecclesiasticarum administratione factam, ab utroque fuerat apud Mauricium Augustum provocatus, tam de pecuniariis quam de criminalibus causis. Imperator, servato canonum ordine, constituit ut a Joanne, Larissæ archiepiscopo, Thebarum metropolitano, pecuniaria controversia dirimeretur; de criminibus autem objectis, ad se referretur quidquid habita inquisitione cognitum et exploratum fuisset. Hæc Hadriano impacta legimus, quod Stephanum, turpissimæ vitæ diaconum, loco non movisset, et quod infantes baptizari prohibuisset postea sine baptismate mortuos. (*Vide lib.* iii, *epp.* 6 *et* 7.)

Larissæus archiepiscopus, insuper habita imperiali jussione, de utroque controversiæ capite judicium tulit, et Hadrianum condemnavit, provocantemque ad Augustum nihilominus in arctissimam custodiam detrusit. Suscepta ejus appellatione, Mauricius quæ gesta erant expendi voluit ab Honorato diacono, sanctæ sedis apocrisiario, et ab Sebastiano [a] antigrapho, quibus auditis eum absolvit. At nescio quibus machinationibus impetratum est postea ut de hoc negotio Joannes, primæ Justinianæ episcopus, apostolicæ sedis vicarius, cognosceret ac judicaret : *Qui, divino humanoque jure contempto, abruptam in condemnatione Hadriani sententiam protulit.*

Gregorius bis ad se relatis Hadrianum injuste depositum in pristinam dignitatem restituit, eumque ac ejus Ecclesiam a jure Larissæi episcopi (quod jam a Pelagio II constitutum fuerat) eximi voluit. Joanni tamen, ejusdem urbis episcopo, pœnam excommunicationis ejus prævaricationi et præsumptioni debitam remisit; ea lege ut nisi abstineret in posterum ab omni jurisdictione in Ecclesiam Thebanam exercenda; ipso facto communione sacra careret, nec

---

[a] De hac voce consule notas ad epist. 28 lib. i.

illam unquam, excepto mortis articulo, nisi prius judicio Romani pontificis absolveretur, perciperet. Cum Joanne, primæ Justinianæ, severius actum; rescissis enim ejus sententiæ decretis, ipse triginta dierum spatio sacræ communionis expers, jussus est pœnitentiam agere.

Hadriani accusatores cum eo in gratiam rediisse docet epistola 59 lib. III, ad episcopos Corinthios : vix enim dubitare licet utrum idem sit Hadrianus episcopus de quo hæc agit epistola. Sic illatam episcopo, totique simul ordini episcopali ultus est injuriam S. Gregorius; et qui episcopos omnes (ipso quidem Romano pontifice non excepto) *secundum rationem humilitatis æquales esse* putavit (*Lib.* IX, *ep.* 59), cum culpa nulla in eos animadvertere cogeret, supremam quam obtinebat potestatem in delinquentes exercere sollicitus fuit, ad quantumlibet gradum in episcopatu provectus esset, et in quavis orbis Christiani loco sederet.

2. Ejus quoque magnanimitas hoc anno exarsit in Andream, Tarentinum episcopum. Illum concubinam 238 habuisse compertum erat, et post susceptum sacrum ordinem eam adhuc retinuisse quibusdam nata fuerat suspicio. Præterea pastoralis mansuetudinis immemor, mulierem quamdam fustibus crudeliter cædi jusserat, quæ migraverat e vita post octo menses; quam ob sævitiam statuit Gregorius eum per duos menses in pœnitentia transigendos a missarum celebratione *suspensum* feriari debere (*Lib.* III, *ep.* 45). Quia vero non ita certum erat, ipsum carnali se flagitio maculasse, cum in rebus dubiis *absolutum judicium* ferre non liceat, eumdem suæ conscientiæ dimittendum ut ab ea judicaretur, censuit; simulque admonuit, ut si tanti flagitii sibi conscius foret, sacerdotii honore abdicato, nunquam ad sacrum opus accedere præsumeret. Ut hujusmodi suspicionibus, quibus etiam optimorum episcoporum fama potest laborare, tolleretur occasio, olim *præceptum fuit*, Ennodio teste (*Opusc.* 7), ut omnes episcopi *cellularios* haberent, occasione fortasse calumniarum quibus vexatus nuper fuerat Symmachus papa, ut jam diximus in notis ad decreta S. Gregorii col. 1289, nota *g*.

3. In coercenda etiam Joannis, patriarchæ Constantinopolitani, sævitia et immanitate, paterna Gregorii pietas eodem fere tempore laboravit; quod satis probat nullum episcopum esse, ut alibi docet, qui sedis apostolicæ potestati et castigationi, si culpa exigat, non subjiciatur (*Lib.* IX, *ep.* 59). Ex Isauriæ monachis unus dignitate sacerdotii insignis, in ecclesia CP. fustibus cæsus fuerat. Tanti facinoris reus ferebatur juvenis quidam Joannis familiaris, multorum scelerum infamia satis notus; qui, ut ait Gregorius, adhuc de Deo nihil didicerat, qui viscera charitatis nesciebat (*Lib.* III, *ep.* 53); qui insidiari quotidie diversorum mortibus per occulta testamenta dicebatur, nec Deum metuens, nec homines erubescens.

Hanc vim et ignominiam Athanasio illatam (hoc fuisse nomen creditur presbyteri hujus et monachi) cum Gregorius accepisset, semel et iterum ad Joannem scripsit, ut criminis perpetrati veritatem exploraret. At ille dissimulans respondit; se qua de re interrogaretur penitus ignorare; sicque violatæ in monacho et sacerdote religionis invidiam deprecari volens, culpam augebat : etenim vel ipsam cumulabat mendacio, vel se veterni et socordiæ arguebat. Nimirum, ut objicit Gregorius, *quid deterius esse potest, quam ut agantur talia contra servos Dei, et ipse nesciat qui presto est? Quæ vero potest esse pastoris excusatio, si lupus oves comedit, et pastor nescit?* Hæc præfatus papa, Joannem ad saniora consilia revocat, et ad canones observandos hortatur, qui episcopos pastores esse volunt, non percussores. *Nova enim et inaudita est ista prædicatio quæ verberibus exigit fidem*, inquit : *si autem canones non custoditis, et majorum vultis statuta convellere, non cognosco qui estis*. Ad extremum suadet ut emendato juvene totius mali artifice, rejectisque ejus consiliis, monachos a se male habitos in suis ordinibus suscipiat, eisque pacem præbeat. Sabiniano quoque, suo apud Mauricium legato, præcepit ut de eodem negotio patriarcham sui officii admoneret. Illum statim non obtemperasse satis indicat alia epistola ad Narsem patricium : *De causa*, inquit, *presbyterorum, quæ cum fratre meo et coepiscopo, viro reverendissimo Joanne patriarcha, agitur, ipsum, puto, adversarium patimur, quem asseris velle canones custodire. Charitati autem tuæ breviter fateor quia omni virtute et omni pondere eamdem causam, auxiliante omnipotente Deo, exigere paratus sum. In qua si videro sedi apostolicæ canones non servari, dabit omnipotens Deus quid contra contemptores ejus faciam* (*Lib.* IV, *ep.* 52). Athanasium ejusque socios de Manichæorum hæresi infamatos esse docet epistola 14 libri sexti.

4. Quid postea factum sit disce ex eadem epistola et ex 66 ejusdem libri, quam integram hic exhibemus, ut quæ esset Gregorii prudentia in tractandis hujusmodi negotiis ostendamus : *Gregorius Athanasio presbytero de Isauria. Sicut de eis quos ab unitate Ecclesiæ hæreticæ pravitatis error abscidit affligimur et dolemus, ita his quos intra sinum suum catholicæ fidei professio continet congaudemus ; et ut pastorali sollicitudine illorum nos oportet impietatibus obviare, sic piis horum professionibus congruit favorem impendere, et sincera esse quæ sapiunt declarare. Atque ideo, dum tibi Athanasio presbytero, monasterii sancti Mile, cui est vocabulum Tamnaco, quod in Lycaonia est provincia constitutum, contraria integræ fidei fuisset orta suspicio; ut professionis tuæ potuisset integritas apparere, ad apostolicam sedem cui præsidemus elegisti recurrere, asserens etiam te corporaliter verberatum aliqua injuste ac violenter fecisse. Et quanquam ea quæ vi impulsionis fiunt canonum minime censura recipiat, et jure habeantur infirma, quia ipse ea dissolvit qui injustum fateri fierique compellit; sed magis illa suscipienda est et amplectenda confessio, quæ ex spontanea voluntate monstratur procedere, sicut apud nos fecisse dignosceris. Ne quid tamen nobis ambiguum potuisset*

existere, sanctissimo Joanni quondam fratri et coepiscopo nostro, Constantinopolitanæ civitatis antistiti, de te prævidimus scribendum (Indict. 11, ep. 52), ut suis nos quid actum esset epistolis informaret. Qui sæpe a nobis admonitus, rescribens (Indict. 15, ep. 18) innotuit, codicem apud te fuisse inventum in quo plurima continebantur hæretica; et ob hoc se adversus dilectionem tuam fuisse commotum. Quem quia ad nos studuit pro satisfactione transmittere, priores ejus partes sollicita lectione percurrimus. Et quoniam manifesta in eo hæreticæ pravitatis venena reperimus, ne denuo debuisset legi, vetuimus. Sed quia hunc te simpliciter testatus es legisse, et ad amputandam ambiguæ suspicionis materiam libellum nobis manu tua porrexisti perscriptum, in quo fidem tuam exponens, omnes generaliter hæreses, vel quidquid adversus catholicæ fidei vel professionis integritatem est, apertissime condemnasti; et cuncta quæ sanctæ quatuor universales synodi recipiunt, te semper recepisse ac recipere, et quæ condemnant condemnasse, condemnareque professus es; eam quoque synodum quæ Justiniani imperatoris temporibus de tribus capitulis facta est, et suscipere et custodire promisisti, et prohibitus a nobis codicem ipsum legere in quo pestiferæ fraudis virus innexum est, libentissime consensisti; reprobans etiam atque condemnans ea omnia quæ contra catholicæ fidei integritatem in eo dicta vel latenter inserta sunt, nec eum te legere denuo promisisti. Hac ratione permoti, postquam etiam ex probati a te libelli pagina, fides tua nobis catholica Deo custodiente perclaruit, ab omni te hæreticæ perversitatis macula juxta professionem tuam liberum esse decernimus atque catholicum, et sinceræ fidei in omnibus professorem atque sequacem, Christi Jesu Salvatoris gratia claruisse pronuntiamus; liberam quoque tribuimus licentiam ad tuum monasterium in tuo te loco vel ordine nihilominus remeare. De hoc quoque et dilectissimo fratri nostro, Constantinopolitanæ civitatis antistiti, qui in supradicti sancti Joannis loco ordinatus est, nostra volumus scripta transmittere. Sed quia con-suetudo non est, ut priusquam ad nos ejus 239 synodica deferatur, debeamus scribere: idcirco distulimus. Sed postquam ea nobis delata fuerit, ei hæc, dum opportunum fuerit, indicabimus.

Huic negotio affinis est causa Joannis presbyteri Chalcedonensis, quem eodem tempore ab ignaris accusatum de hæresi Marcianistarum, vel potius Marcionitarum, judices ab eodem Joanne CP. deputati injuste damnaverunt. At papa facto concilio eumdem absolvit, maxime quia libellus ab ipso oblatus fidei sinceritati per omnia concordaret. De hac sententia Joannem presbyterum ab hæresis crimine liberum pronuntiante scripsit Gregorius ad Mauricium Augustum et ad Theoctistam (Lib. vi, ep. 16 et 17). Synodalis quoque judicii hujus certiorem fecit ipsum Joannem CP. patriarcham (Ibid. ep. 15). In ea quam ad ipsum scripsit epistola S. Doctor aperte damnat eos qui falso abrepti zelo, hæreses etiam invitis, et orthodoxam fidem profitentibus obtrudunt. Notanda sunt præ cæteris verba hæc: Sicut hæreticorum pravitas zelo rectæ fidei comprimenda, ita veræ confessionis est integritas amplectenda. Nam si credi fideliter confitenti despicitur, cunctorum in dubium fides adducitur, atque errores mortiferi ex incauta districtione generantur. Et hinc non solum errantes oves ad caulas minime Dominicas revocantur, sed etiam intropositæ ferinis dentibus laniandæ crudeliter exponuntur. Hoc ergo, frater charissime, subtiliter perpendamus, et sub prætextu hæresis affligi quempiam veraciter profitentem fidem catholicam non sinamus, ne; quod absit, hæres in fieri sub emendationis magis specie permittamus.

5. Quod autem illis obtrectatoribus contingere solet, ut hæresim objicientes, in oppositum ferantur errorem, hoc Joanni CP. evenisse testatur S. Gregorius his verbis: Ante triennium, cogente causa monachorum Isauriæ, qui hæretici accusabantur, satisfaciens mihi quondam frater et consacerdos meus domnus Joannes litteras misit, quibus nitebatur ostendere eos Ephesinæ synodi definitionibus contradixisse, et velut ex eadem synodo certa nobis quibus ipsi obsisterent, capitula destinavit. Inter alia autem scriptum illic continebatur, de Adæ anima, quia in peccato mortua non fuerit; eo quod diabolus in cor hominis non ingrediatur; et si quis hoc dixisset, anathema esset. Quæ cum mihi relecta fuissent, valde contristatus sum (Lib. vii, ep. 34). Hunc Joannis errorem hæresis Pelagianæ surculum Pelagianorumque id pseudo-Ephesina synodo fetum refellit doctissimus Papa, tum in laudata epistola, tum lib. ix ep. 49, ubi capitula sub nomine synodi Ephesinæ ad se ex regia urbe transmissa, asserit esse ipsamet Pelagii et Cœlestii prava dogmata. De monachis Isauriæ consulenda historia monastica Orientis lib. iv, c. 17, p. 753, ubi eos potius in Lycaonia vixisse dicitur, quam in Isauria. Certe lib. iv Dialogorum c. 58, Gregorius meminit cujusdam Athanasii presbyteri, et ut conjicere licet, monachi Lycaoniæ, si fides sit plurimis Mss. hoc loco in nota designatis. At Isauria et Lycaonia vicinæ erant provinciæ; unde non mirum unam pro alia usurpatam fuisse.

Exstat libro v, ep. 37, ad Heliam, presbyterum et abbatem in Isauria, cujus discipulum Epiphanium nomine, S. Gregorius diaconum Ecclesiæ Rom. ordinavit. Petierat Helias 50 solidos ad monasterii sui necessaria; sed misit 72 beneficentissimus pater. Utrum in illo monasterio degerent illi monachi de hæresis crimine insimulati, prorsus incertum est. Ex commemoratis intelligere licet Joannem CP. non satis a Pelagiana hæresi cavisse (quod de Græcis quamplurimis etiam constat) et in historia scientiaque Ecclesiastica parum exercitatum, quippe qui supposititia et hæretica, pro genuinis Ephesinæ synodi actis imperite laudabat. Non semel cum hoc regiæ urbis patriarcha luctandum Gregorio fuit, ut suo dicetur loco.

6. Quandoquidem de episcopis officii sui immemoribus a Gregorio correptis et emendatis loqui cœpimus, operæ pretium est de Joanne, Ravennate episcopo, propter fastum et insolentem pallii usum hoc etiam anno reprehenso pauca subjicere (Lib. iii, ep. 56). Hic exarchorum Ravennæ commorantium

auctoritate fretus, nonnulla sibi supra communem metropolitanorum consuetudinem usurpanda existimavit. Cum enim cæteri pallio extra missarum *a* tempus non uterentur, ipse in litaniis solemnibus et supplicationibus publicis, ex pœnitentiæ disciplina institutis, novo cultu palliatus incedebat, qui in cinere potius et in cilicio tunc debuisset humilitatem profiteri. Hoc improbavit Gregorius modestiæ sacerdotalis præcipuus assertor, cujus illud plane aureum dictum, nihil in episcopi cervice splendidius fulgere quam humilitatem.

Ad archiepiscopi sui exemplum superbientes Ravennatis Ecclesiæ clerici, [b] mappulis uti (quod solus sibi vendicabat clerus Romanus) præsumpserunt. De his Gregorius ad Joannem scribere quantocius curavit per Castorium S. Ecclesiæ Rom. notarium. Joannes hæc privilegia sibi suæque Ecclesiæ a summis pontificibus concessa respondit, et a Gregorio confirmari poposcit; quod etiam flagitarunt Romanus exarchus, præfectus, et alii urbis Ravennæ nobiles viri. Iis ergo morem gerens pontifex annuit, ut Ravennæ archiepiscopus, donec aliquid certius constaret de privilegiis ipsi concessis, pallio uteretur in litaniis quatuor tantum dierum solemnium; scilicet S. Joannis Baptistæ, S. Petri apostoli, S. Apollinaris hujus Ecclesiæ patroni, et in anniversaria suæ ordinationis commemoratione (*Lib.* v, *ep.* 11).

Non placuit Joanni judicium hoc, ut conjicere licet ex epistola ad eumdem postea scripta, in qua queritur S. Gregorius de irrisoriis et mordacibus Joannis sermonibus (*Ibid. ep.* 15). Ut autem omnem expostulandi occasionem tolleret, scripsit archiepiscopo exploraturum se per Apocrisiarium suum Constantinopoli agentem, utrum nonnulli ex majoribus metropolitis, *qui tricenos et quadragenos sub se episcopos habebant*, in litaniis cum pallio solerent ambulare; et si qui reperirentur, se libenter episcopo Ravennati concessurum pallii in litaniis gestandi privilegium. Sic exasperatum placare conatus est humilis pontifex. Joannis tamen vitia nequaquam dissimulanda existimavit, sed ipsum sedulo de iis admonuit; præsertim quod amicis præsentibus blandiretur, obloqueretur absentibus; quod in servos 240 fureret ac turpia evomeret; quod disciplina ad vitam clericorum custodiendam nulla esset, sed tantummodo se clericis suis dominum exhiberet.

7. Quantum talibus episcopis infensum se Gregorius exhibebat, tantum erga optimos pastores benignum se officiosumque præbebat; quod maxime erga Domitianum Melitinæ in Armenia episcopum et metropolitanum comprobavit. Is Mauricii imperatoris consanguineus erat, vir prudens, industrius, verbo et opere potentissimus, et ad res maximas gerendas efficacissimus, inquit Evagrius. Hinc ad plurima et gravissima negotia hunc adjutorem adhibere consueverat Augustus. Quin etiam ejus tutelæ commendarat liberos suos adhuc immaturos, dum anno imperii decimo quinto periculose ægrotaret, ut ait Simocatta, qui in Domitiani laudes latissime excurrit. Cum Cosroes, Persarum rex, profugus, Mauricii ope regnum recuperasset, ac paulo post ad Gregorium Antiochenum patriarcham crucem auream gemmis fulgentem misisset in templo S. Sergii, offerendam, ejusdem martyris basilicam plurimis donis ornasset (quod ejus ope regno se restitutum crederet, conjugemque suam dilectissimam et prolem consecutam esse et valetudinem), magna spes injecta fuerat fidei Christianæ apud Persas disseminandæ ac propagandæ. Hujus rei gratia Domitianus ad regem perrexerat, quem jam sibi pluribus devinxerat beneficiis; hunc enim episcopum regi fugienti et extorri Mauricius obviam honoris causa miserat, ut eum quocumque vellet deduceret. Cosroem Christianum tunc factum fuisse narrant Joannes Biclarensis in chronico, et Paulus Diaconus lib. iv, c. 17. [c] At vana specie religionis delusos fuisse scriptores hos, ob regis munificentiam erga Christianorum templa, eumque a gentilium cultu non recessisse manifestum est, tum ex Græcis scriptoribus, qui gesta Mauricii prosecuti sunt, tum præsertim ex Gregorii epistola consolatoria ad Domitianum hoc anno scripta: *Imperatorem vero Persarum*, inquit, *etsi non fuisse conversum doleo, vos tamen ei Christianam fidem prædicasse omnimodo exulto: quia etsi ille ad lucem venire non meruit, vestra tamen sanctitas prædicationis suæ præmium habebit. Nam et Æthiops in balneum niger intrat, et niger egreditur, sed tamen balneator nummos accipit* (*Lib.* iii, *ep.* 67). Sic sanctissimi episcopi sibique amicitia conjunctissimi labores irritos blande ac ingeniose consolatus est Gregorius, ad ejus epistolam respondens, qua suam ad Persas profectionem prædicationis gratia fructu caruisse dolens Domitianus indicaverat. (*Cf. Evag. Vita Mauric. lib.* iv, c. 14; *lib.* vi, c. 13 *et seq.*; *lib.* viii, c. 11.)

CAPUT X.

ARGUM. — 1. De lege Mauricii milites in monasteriis recipi prohibente. Hanc improbat S. Gregorius. — 2. Utrum illam, antequam publicaretur, emendaverit. — 3. Qua occasione lex illa fuerit lata. Quibus rationibus niteretur. — 4. Gregorius de disciplina monastica sollicitus. — 5. Num abbatibus et monachis egredi foras prohibitum. — 6. Judæus falso Eliæ cultu Christianis illudit. De eo puniendo scribit Gregorius. — 7. Dialogos elucubrat. (An. 592 et 593.)

1. Antequam ab Oriente recedamus, agendum est de lege quadam eodem fere tempore ab imperatore promulgata, quæ sanctissimum pontificem ægritudine jam laborantem, gravissimo dolore affecit. Nimirum sanxerat Mauricius non solum ut quisquis publicis administrationibus fuisset implicatus, ad ecclesiasticum officium pervenire non posset, sed etiam ut ei in monasterio converti non liceret: quod de iis quoque qui mili-

---

[a] Quinetiam in Eccl. Græca Episcopi quibus concessus est Pallii usus, illud non toto Missæ tempore gestant, sed usque ad recitationem Evangelii, ex Isidoro Pelus. lib. i. Ep. 136. Idem testatur Simeon Thessalonic. lib. de Templo et Missa.
[b] De his lege Cardin. Bona lib. i. Rerum Liturg.

c. 24, n. 5.
[c] Ejusdem regis conversionem refert Fredegarii chronicon c. 9, aitque ipsum cum sexaginta Persarum millibus esse baptizatum, et a Gregorio Antiocheno de lavacro susceptum.

tiæ adscripti erant constituerat, quibus deinceps liberum non erat monasteria, pœnitentiæ causa, petere. [a] Curiales quidem et sæcularibus negotiis adstrictos ab ecclesiasticis dignitatibus excludi valde laudavit S. Gregorius, *evidentissime sciens*, inquit, *quia qui sæcularem habitum deserens ad ecclesiastica officia venire festinat, mutare vult sæculum, non relinquere.* At iisdem non licere in monasteriis converti minime probavit. Etsi enim æris alieni debitores forent, ac publicis rationibus implexi, poterat eorum debitis per monasterium satisfieri, inquit sanctus pontifex. Quod uno eodemque argumento simul demonstrat et dotata fuisse tunc monasteria etiam amplis reditibus, et summam in ipsis viguisse charitatem. Maxime vero damnavit sanctissimus pater legem qua milites ab ingressu monasteriorum prohibebantur, nisi aut expleta militia, aut pro corporis debilitate missionem essent consecuti. Ipsum audiamus de hac lege cum Mauricio expostulantem: *Ad hæc, ecce per me servum ultimum suum et vestrum respondebit Christus, dicens: Ego te de* [b] *notario comitem excubitorum, de comite excubitorum Cæsarem, de Cæsare imperatorem; nec solum hoc, sed etiam patrem imperatorum feci. Sacerdotes meos tuæ manui commisi, et tu a meo servitio milites tuos subtrahis? Responde, rogo, piissime Domine, servo tuo, quid venienti et hæc dicenti responsurus es in judicio Domino tuo?* Cætera legantur eadem quæ summum decebat pontificem libertate dicta, quam tamen his postea verbis temperavit humilitatem spirantibus: *Ego quidem jussioni subjectus, eamdem legem per diversas terrarum partes transmitti feci; et quia lex ipsa omnipotenti Deo minime concordat, ecce per suggestionis meæ paginam serenissimis Dominis nuntiavi. Utrobique ergo quæ debui exsolvi, qui et imperatori obedientiam præbui, et pro Deo quod sensi minime tacui.* (Vide lib. III, epp. 65 et 66.)

2. Hanc epistolam Gregorius misit ad Theodorum imperatoris archiatrum, seu medicorum principem, rogans ut eam captato tempore offerret Mauricio, apud quem gratia plurimum valebat, adhibitisque tum consiliis tum precibus ad hanc legem refingendam aut emolliendam Augustum impelleret. Utrum id Theodorus præstiterit ignoramus. Docere tamen videtur sanctus pontifex Mauricium a lege sancita postea resiliisse. Scribens enim ad plurimos metropolitas de militibus post triennii probationem ad monasticum habitum suscipiendis, subdit: *Qua de re etiam serenissimus et Christianissimus imperator, mihi credite, omni modo placatur, et libenter eorum conversionem suscipit, quos in rationibus publicis implicatos non esse cognoscit.*

Censet etiam E. C. Baronius legem hanc imperatoriam a Gregorio emendatam et temperatam prius fuisse quam eam promulgari curaret, transmitteretque ad metropolitas. Eadem est fere illustrissimi viri D. de Marca sententia (*De Concord. lib.* II, *c.* 11); additque S. Gregorium hanc legem emolliendo eadem auctoritate usum qua præfecti prætorio, penes quos erat civiles leges ad se ab imperatoribus directas ut publicarentur, aut tantisper immutare, aut ab earum publicatione abstinere, donec de iis emendandis ad Augustum scripsissent vel ipsum adiissent. Alii vero existimant hanc legem nulla mutatione facta fuisse missam a S. Gregorio qualem acceperat ab imperatore; idque his Gregorii verbis significari contendunt, *eamdem legem per diversas terrarum partes transmitti feci, et quia lex ipsa omnipotenti Deo minime concordat, ecce..... nuntiavi.* Ergo, inquiunt, lex qualis a papa transmissa est nondum fuerat castigata et emendata, quandoquidem voluntati legique Dei post emendationem consentanea erat. Utramlibet sententiam eligat lector.

3. Cæterum legis hujus ferendæ occasionem imperatori præbuerat frequens pœnitentiam tunc ambientium concursus ad monasteria, ita ut plerique sæculo et curiæ variis officiis ministeriisque alligati, intentatis tot iræ divinæ flagellis perterriti, rei tum publicæ tum privatæ nuntium remitterent, publicani telonia desererent; militares viri, sive ii gregarii et manipulares, sive centuriones aut tribuni aliique duces, militiæ insignia projicerent, ad conversionem festinantes.

Porro non deerant rationes quæ persuaderent milites nonnisi emeritos et dimissos, in monasteriis esse suscipiendos. Quippe can. 4 concilii Chalced. cautum est, ne quis in monasteriis servus obtentu monasticæ professionis recipiatur, præter domini sui conscientiam: transgredientes autem hanc definitionem excommunicantur. Et in concilio Gangrensi can. 3 legimus: *Si quis servum prætextu divini cultus doceat dominum contemnere proprium, ut discedat ab ejus obsequio..... anathema sit.* At milites toto militiæ tempore non secus ac servi, ad reipublicæ obsequium adstringebantur; unde etiam in manu signati tunc erant tanquam mancipia quibus notæ quædam inurebantur. De his legendus Vegetius lib. II, c. 25. Ipse Gregorius in præfata ad Mauricium ep. milites appellat *manu signatos*. Juxta morem hodiernum etsi militibus nulla inurantur stigmata, statim tamen ac sacramento dato militiam professi sunt, eam deserere, etiam sanctioris militiæ amplectendæ causa, impune non possunt. Hæc dicta sint ut eam legem ostendamus nec impie ab Augusto latam, nec a Gregorio temere promulgatam. Licet enim contra pietatem pugnare videretur, quod in sacra monachorum acie mereri prohiberentur milites (quapropter Gregorius Mauricium liberius increpavit), re tamen propius perspecta, bonique publici habita ratione, ita statuendum esse prudentia consultissimorum fortasse suadebat.

4. Cum de conscribendis Christo militibus ita sollicitus esset vir sanctissimus, ut inter eos disciplina vigeret magis ac magis allaborabat, præsertim vero

---

[a] Idem plurimis jam canonibus, et summorum pontificum decretis statutum fuerat. Vide epist. 2 Innocentii I ad Victricium Rotom.

[b] Ex Cassiodoro lib. I Var., ep. 4, colligitur, Notariorum apud imperatores magnam fuisse dignitatem et potestatem.

ut fratrum suorum saluti custodiæque abbates invigilarent admonere satagebat. Unde statim ac audivit [a] Joannem abbatem sua socordia *opinionem sui monasterii inquinasse* ac labefactasse, ad eum scripsit in hæc verba : *De fratrum animabus omnino esto sollicitus. Sufficiat jam quod opinio monasterii per vestram negligentiam inquinata est. Non frequenter foras egrediaris. In causis istis procuratorem institue, et tu ad lectionem atque orationem vaca.... In ipsis autem fratribus monasterii tui quos video, non invenio eos ad lectionem vacare. Unde considerare necesse est quantum peccatum est, ut ex aliena oblatione Deus vobis alimoniam transmiserit, et vos mandata Dei discere negligatis* (*Lib.* III, *ep.* 3). Non solum autem clericis et monachis lectionem sacram imperabat peritissimus animarum rector, sed etiam laicis et militiæ addictis, ut liquet ex epistola ad Maurentium magistrum militum scripta (*Lib.* VIII, *ep.* 17), quem ob id laudat quod *humana conventicula cavens sacris libris evolvendis incumbat*; dolet vero quod in hoc pio lectionis studio nullum socium habeat.

5. Cæterum ex his verbis Gregorii ad Joannem, *non frequenter egrediaris*, immerito asserit novæ Bibliothecæ Eccles. Gallicæ conscriptæ [b] parens prohibitum esse tum abbatibus tum monachis, foras progredi, cum Gregorius frequentes tantum egressus in publicum vituperet. Sane qui suos alumnos vitæ solitariæ addictos esse voluit S. Benedictus, in duobus Regulæ suæ capitibus (*Scil.* 51 et 67) clare significat, non eis interdictum extra monasterium exire, et negotiis vacare. Ipse vero Gregorius multis negotiis tum ecclesiasticis, tum etiam politicis non solum adhibuit abbates et monachos, ut infra sæpe dicemus, sed etiam præfecit. Anno superiori scripserat Joanni Ravennati (*Lib.* II, *ep.* 46), mittendum esse in urbem Fanum cum aliquanta pecunia Claudium monasterii Classensis abbatem, ad captivos redimendos. Postea cum Theodelinda regina sese a communione Constantii Mediolanensis episcopi *suspendisset*, propter damnata ab eo tria capitula, misit ad eam Joannem abbatem et Hippolytum notarium, qui damnatione hac minime pulsatam fuisse (quod schismatici vociferabantur) concilii Chalcedonensis auctoritatem reginæ persuaderent, eamque ad Constantii communionem revocarent (*Lib.* IV, *epp.* 3 et 4). Quin etiam Secundini monachi et Probi abbatis opera usus est, ad pacem cum Agilulfo Langobardorum rege componendam; quod feliciter cessit (*Lib.* VI, *ep.* 30, *et lib.* IX, *epp.* 4 et 43). Commemorandos hoc loco non existimamus tot monachos a S. Gregorio Evangelii prædicandi gratia missos, de quibus postea fiet mentio. Secessum tamen et ab omni negotio feriationem, quibus solitaria vita maxime commendatur, quandiu his frui licet, amplecti debent monachi ac prosequi; exemplo S. Gregorii potissimum id suadente, qui a monasterii quiete abstractus, et ad summi pontificatus fastigium evectus, tanquam

[a] Is est fortasse cui inscribitur ep. 30 lib. v.
[b] Tom. IV, pag. 277 et 279.

ablactatus a materno ubere infantulus, tot fere vagitus emisit, quod scripta edidit.

242 6. Ut de iis etiam qui foris sunt, et ad Ecclesiam non pertinent obiter agamus, Judæi non semel experti Gregorii clementiam, hoc anno ejusdem impigra sollicitudine zeloque indefesso repressi sunt. Nimirum cum quidam [c] Nasas inter eos sceleratissimus sub honore beati Eliæ altare construxisset, multosque Christianorum illuc orationis causa pertraxisset ac seduxisset : scripsit vigilantissimus pontifex ad Libertinum Siciliæ præfectum (*Lib.* III, *ep.* 38), ubi facinus admissum fuerat, superstitioque vigebat, ut *districtissime et corporaliter* in Judæum hunc, si de reatu constaret, animadverteret, nec socordiam eaque pejorem avaritiam Justini ejusdem insulæ prætoris imitaretur. Is enim Judæorum delinitus muneribus, Dei injurias vindicare non curabat, uti Gregorius scripsit ad se litteris didicerat. Idem Judæus Christiana sibi mancipia comparasse ferebatur, quod contra legem a Constantino Magno latam ne Judæis famularentur Christiani, pugnabat. Quia vero eadem lege cautum erat, ut si quos Judæi Christianos in obsequio et famulitio haberent, ii extemplo in libertatem assererentur (*Euseb.*, *lib.* IV *Vitæ Const. c.* 27); id executioni mandari strenue ac sine mora papa postulat. Idem fere est argumentum alterius epistolæ (*Lib.* IV, *ep.* 1), ad Venantium, Lunensem episcopum, scriptæ anno sequenti.

7. S. Gregorium hoc tertio sui pontificatus anno de conscribendis Dialogis cogitasse, testatur epistola ad Maximianum, episcopum Syracusanum, in qua etiam subodoramur eum paulo post iis elucubrandis incubuisse (*Lib.* III, *ep.* 51). Verum de tempore quo scripti sunt lege præfationem nostram tom. II, maxime num. 17 ac sequentibus. Ex eadem præfatione omnia repetenda sunt quæ ad hos libros pertinent. Id unum hic observabo, egregium hoc opus fuisse solitudinis fructum, ad quam frequenter anhelabat Gregorius, ut a pastoralis vitæ molestiis et sollicitudinibus levaretur, et amissæ quietis, eam piis deflendo lacrymis, jacturam utcunque resarciret. Qualis autem esset in secessu, quibusve meditandis tunc animum intenderet, disce ex ipso Dialogorum exordio

CAPUT XI.

ARGUM. — 1. In Ecclesia Salonitana turbæ propter Maximum, invito papa, ordinatum episcopum. — 2. Gregorii hoc in negotio constantia et patientia. — 3. Maximi audacia in sanctum pontificem. — 4. Maximi ordinationem asserit imperator. — 5. Maximi pœnitentia et satisfactio. — 6. Quid de Honorato archidiacono definitum. — 7. Constantina Augusta S. Pauli reliquias postulans fert repulsam. Mos antiquus sanctorum corpora loco non movendi. — 8. Antiquitus tamen factæ nonnullæ translationes. (An. 593 et 594.)

1. Vix in tranquillo monasterii secessu Gregorius otium et quietem tantisper degustaverat, cum ad consueta pontificatus onera redeundum fuit, et Salonitanæ Ecclesiæ totique Dalmatiæ subveniendum atque consulendum (*Lib.* IV, *ep.* 10). Provinciæ hujus

[c] Hoc nomine forsitan intelligendus præses seu princeps Synagogæ qui a Judæis *Nasci* dicitur.

episcopi, Natalis olim sui metropolitani de quo supra diximus, pravis exemplis corrupti a sacerdotalis honoris tramite deflexerant: sæcularibus enim negotiis immersi, abjecerant omnem Dei metum; neque quid Deo, sed quid sibi placeret exquirere ac explere jamdudum consueverant. Hinc mortuo Natali, cum Honoratus archidiaconus vir inculpatæ vitæ, incredibilisque constantiæ, quam non semel ostenderat adversus Natalem bona Ecclesiæ dilapidantem, in Salonitanum episcopum electus fuisset: illi plurimum sibi a tam severo censore morumque magistro formidantes, Maximo qui [a] sæculari potestate fretus hanc sedem invaserat, favere dicebantur. His acceptis, Gregorius ad universos Dalmatiæ episcopos scribendum duxit, ut nullum in Salonitanum episcopum, nisi consulta prius et annuente apostolica sede, ordinare præsumerent. Secus facientes, excommunicatos et a participatione corporis et sanguinis Domini abstentos denuntiavit, ordinationemque futuram irritam declaravit. Præsertim vero Maximo manus imponere prohibuit (*Ibid.*, *ep.* 20). Attamen aut nondum accepta pontificia jussione (quod vero propius videtur) aut insuper habita, ut papæ significatum est, Maximus cæsis presbyteris, diaconibus, omnique clero, militari manu in Ecclesiam deductus est, et tunc forsitan episcopus consecratus, si tamen consecratio dici possit, quæ ab excommunicatis celebrata, et excommunicato dirisque devoto collata fuerat. Aderat tunc Antoninus subdiaconus ecclesiastici patrimonii in Dalmatia rector (*Lib.* III, *ep.* 22); qui cum summi pontificis jussu adlaborasset ut Salonitanus episcopus juxta canones eligeretur, ea ratione Maximo prævaricatori exosus, et ab ejus satellitibus ad mortem quæsitus, fuga sibi consulere coactus est (*Ibid.*, *ep.* 47). Præcipuus mali auctor erat Marcellus, Dalmatiæ proconsul, ut habemus ex ep. 5 lib. IX.

2. Gregorius ad tantam offensionem ab Ecclesia Salonitana removendam, non minus prudentiam, quam constantiam necessariam ratus, litteris monuit Maximum (*Lib.* IV, *ep.* 20), ut ipse ordinatoresque ipsius *attrectare quidquam sacerdotalis officii non præsumerent*, donec explorare posset utrum vera an supposititia imperatoris jussione fuisset ordinatus, quidve sibi visum foret rescriberet. Si vero contra interdictum aliquid agere non vereretur, ei anathema comminatur a Deo et a B. Petro apostolorum principe.

Maximum jam ab anno superiori Salonitanam sedem invasisse, nimirum labente undecima indictione, docet quod legimus de ejus pœnitentia in fragmento nunc ad epistolarum calcem rejecto, prius vero præmisso epistolis indict. primæ. Quocirca constat nondum ad eum aut ad episcopos Dalmatiæ tunc pervenisse epistolas 10 et 20, hoc anno quarto pontificatus Gregorii, duodecima indict. datas, 243 quod etiam

ex ipsa epistola 20 elici potest. Idque forsan in causa fuit ut cum eo postea Gregorius mitius egerit, ejusdemque ordinationem tandem ratam habuerit.

Non me latet renuntiatum Gregorio fuisse, post interdictionem ab ipso prolatam, *deductum in medium fuisse militari manu Maximum* (*Ibid.*), quod in ejus ordinatione contigisse debuit. At illa *deductio* potuit etiam fieri aliquo post ordinationem intervallo. Ad hæc, plurima de hoc episcopo ejusdemque corruptis moribus acceperat papa, quæ nullo legitimo testimonio nitebantur, quæque postea diluit, ut quod subreptitio imperatoris diplomate usus fuisset, quod per simoniam ad episcopatum pervenisset, quod violatæ castitatis reus foret. Quidni ergo dicamus, incerto aut etiam falso rumore pervenisse ad summum pontificem Maximum, spretis ejus litteris, ordinatum fuisse? Sane Gregorius ad Constantinam Augustam postea scribens, anno videlicet sequenti, quasi de omnibus certior factus, tantum conqueritur Maximum *se suoque Responsali nesciente* fuisse ordinatum (*Lib.* V, *ep.* 21).

3. Quæ postea subsecuta sunt docet S. Gregorius in epistola ad Sabinianum sedis apostolicæ apocrisiarium seu legatum apud Mauricium imperatorem (*Lib.* IV, *ep.* 47). Nimirum sæculari et aulica auctoritate fretus Maximus, eo venit audaciæ ut papæ litteras excommunicationem, ni subderetur et resipisceret, intentantes, publice scindi fecerit, ipsumque apud Augustum accusarit, quod [b] Malchum episcopum aliquantæ pecuniæ sibi debitorem in custodia occidisset.

Calumniam hanc ita diluit vir sanctissimus : *De qua re*, inquit Sabiniano, *unum est quod breviter suggeras serenissimis dominis nostris, quia si ego servus eorum in morte Langobardorum me miscere voluissem, hodie Langobardorum gens, nec regem, nec duces, nec comites haberet, atque in summa confusione esset divisa. Sed quia Deum timeo, in mortem cujuslibet hominis me miscere formido. Malchus autem episcopus neque in custodia fuit, neque in aliqua afflictione, sed die qua causam dixit, et addictus est, nesciente me, a Bonifacio notario in domum ejus ductus est, cui et prandium factum est, ibique prandit, et honoratus est ab eo, et nocte subito mortuus est.* Itaque statim evanuit falsa hæc Maximi criminatio.

4. Nihilo tamen minus Mauricius ordinationem ejus asseruit, præfectorum et ducum qui publicæ in Dalmatia rei præerant, ut conjicere licet, impulsu ; quibus nimirum, denudata sua Ecclesia, *præmia multa præbere* dicebatur. Ea de re ad Constantinam Augustam scribens, vehementer expostulat S. Gregorius : *Et si*, inquit, *episcoporum causæ mihi commissorum apud piissimos dominos aliorum patrociniis disponuntur, infelix ego in Ecclesia ista quid facio? Sed* [c] *ut episcopi mei me despiciant, et contra me refugium ad sæculares judices habeant, omnipotenti Deo et quorum ordinationes ad eum aliquatenus pertinebant; cum universis quidem præesset episcopis et patriarchis, propter singularem Ecclesiæ Rom. principalitatem.*

---

[a] Milites et lictores Romani Patricii conduxerat, ex lib. IV, ep. 47.

[b] Patrimonium aliquod Ecclesiæ Rom. procuraverat in Dalmatia, ut patet ex ep. 46 lib. II.

[c] Sic appellat eos quos jure patriarchali regebat,

gratias ago, peccatis meis deputo. Hoc tamen breviter suggero, quia aliquantulum exspecto; et si ad me diu venire distulerit, in eo exercere districtionem canonicam nullo modo cessabo.

Jusserat Mauricius ut Maximus papæ se sisteret, eumque cum honore Gregorius exciperet; quod ei grave visum est; nempe quo honore dignus erat *is de quo tanta et talia nuntiabantur*, antequam discussa causa, insontem se probasset? neque vero de ipsius ordinatione inscio Romano pontifice facta erat amplius quæstio: eam enim ut imperatori morem gereret, ita ratam habere consensit, ac si se auctore hic episcopus ordinatus fuisset; quamvis sub anterioribus principibus nullus ad hæc usque tempora Salonæ episcopus, prætermissa Romana Antistitis auctoritate fuisset constitutus. At multa supererant crimina diluenda, nimirum quod flagitiose ac impudice vixisset, quod data pecunia fuisset electus, quod excommunicatus missas facere præsumpsisset.

Callide egerat Maximus, ut Gregorii litteras quibus a missarum celebratione cessare jubebatur, ad se non pervenirent. Ideoque iterata jussione rem ei sacram interdixit. Qua de re clero et optimatibus tum Salonæ tum Jaderæ scripsit (*Lib.* VI, *epp.* 27 *ac* 29), ut a communione Maximi recederent; neque enim ullus adhuc ejus communionem respuerat, præter Paulinum episcopum, et Honoratum archidiaconum, cujus electionem de qua supra egimus, non amplius tuebatur sanctus pontifex; quandoquidem eum archidiaconum tantum appellat, non episcopum.

5. Tandem paternis adhortationibus et infracta constantia consecutus est Gregorius, ut Maximus ad saniorem rediret mentem. Ab ejus communione jam plerique recesserant; et Sabinianus, Jaderæ episcopus pœnitentia ductus, quod invasori et perduelli adhæsisset, in monasterium abjecto episcopatu sese receperat, ut tantam culpam lacrymis dilueret. At S. Gregorius eum ad suam communionem et amicitiam receptum, ut pastoralem curam resumeret hortatus est, cæterisque ad Ecclesiam revertendi præberet exemplum, quod futurum sperabat (*Lib.* VII, *ep.* 17; *lib.* VIII, *ep.* 10). Neque vero spes fefellit; ipse enim Maximus rediit tandem ad cor et jugo se debitæ obedientiæ subdidit. Urgente papa ut Romam judicandus accederet, obsessas ab hostibus vias causari poterat, et imperatoris præceptum, qui jusserat ut Salonæ aut in Dalmatia mota hæc quæstio finiretur; quod etiam sacris canonibus erat consentaneum. Præterea plebem et præfectos militari manu suæ profectioni, suo itineri obstitisse responderet in promptu erat. Quibus rationum momentis prudenter perpensis, accedentibus quoque Callinici exarchi precibus Gregorius annuit ut Maximus Ravennæ coram Mariniano archiepiscopo, et Castorio sanctæ Ecclesiæ chartulario, se purgaret tam de simoniaca hæresi, quam de cæteris objectis criminibus, præstito ad corpus S. Apollinaris martyris sacramento (*Lib.* IX, *ep.* 79, 80, 81). Cum autem inobedientiæ et perduellionis in sedem apostolicam reus esset manifeste (constabat enim eum post intentatam a summo pontifice excommunicationem, ad sacrum altare accessisse) judicio Mariniani reliquit statuendum, qua satisfactione talis deberet culpa purgari. Ex cujus forsitan antistitis consilio et sententia prostratus per tres horas Maximus jacuit, gravis luctus et pœnitentiæ causa clamans: *Peccavi Deo et beatissimo papæ Gregorio* (*In appendice epist.*). Sublevatus a Mariniano, juvantibus Callinico exarcho et Castorio chartulario, cœpit vehementius dolere; at in reconciliationis et absolutionis argumentum, Castorius ei epistolam a S. Gregorio scriptam obtulit, qua significabat redditam ipsi fraternæ charitatis gratiam, pollicebaturque se ad eum quantocius pallium esse missurum.

6. Cum Sabinianus Jadertinus episcopus, Honoratus archidiaconus Salonitanus, et alii plurimi, sedis apostolicæ jura contra Maximum asseruissent, jussit sapientissimus pontifex ut eos qua decebat charitate susciperet (*Lib.* IX, *ep.* 125). Optabat Gregorius ut Honoratus ab archidiaconi munere ac dignitate, de qua jam a Natalis archiepiscopi temporibus fuerat quæstio, non repelleretur; verum obstabat illius Ecclesiæ consuetudo, quæ archidiaconos expleto quinquennio a suo removere ministerio cogebat. Id in Ecclesia Salonitana pro lege haberi asseveravit Maximus, confirmavitque Castorius chartularius; quin etiam adjecit tres superiores archidiaconos ab ipso Honorato, postquam per quinquennium ministrassent cedere compulsos. Quapropter sententia Gregorii fuit *non flagitandum ab Honorato judicium de causa, quam ipse jam judicarat*. Hunc exitum habuit diuturna illa de Maximi ordinatione contentio, in qua vicit tandem infracta sancti pontificis patientia et constantia, ex adversis augeri solita. Quas animi dotes ac virtutes optime describit in epistola ad Sabinianum diaconum: *Paratior sum*, inquit, *mori, quam beati Petri Ecclesiam meis diebus degenerare. Mores etiam meos bene cognitos habes, quia diu porto; sed si semel deliberavero non portare, contra omnia pericula lætus vado* (*Lib.* IV, *ep.* 47).

7. In hoc toto negotio Gregorius adversarium apud imperatorem expertus est Joannem Constantinopolitanum, ut par est credere; quippe quem ob usurpatum œcumenici patriarchæ titulum redarguendo et increpando, infensum sibi fecerat. Antequam vero de hac disceptatione fusius et enucleatius agatur, quod paulo post fiet, ratio temporis postulat ut qua arte idem Joannes Constantinæ Augustæ mentem a Gregorio alienam efficere molitus sit aperiamus. Ipsum enim digito monstrare videtur sanctissimus pontifex his verbis: *Sed quidam homines contra me pietatem vestram excitare voluerunt, ut mihi, quod absit, voluntatis vestræ gratiam subtraherent* (*Lib.* IV, *ep.* 30).

Piissima Augusta basilicam in honorem S. Pauli apostoli ædificandam curaverat in ipso regiæ urbis palatio; quam ut sacris ejusdem reliquiis ditaret, postulavit a Gregorio ut sibi transmittere *vel beatissimi apostoli caput, vel aliud quid de ipsius corpore* festinaret. Cujus jussioni respondit se obtemperare nec posse nec audere, quod sanctorum apostolorum corpora nequidem loco moveri impune, vel tangi possent; idque multis miraculis ibidem commemoratis confirmat. Petierat etiam Constantina beati apostoli *sudarium*, quo fortasse nomine intelligi debet linteum aliquod ejus cruore sacro tinctum, et in sepulcro inclusum. Sed quia extrahi non poterat nisi corpus apostoli detegendo, et loco movendo, quod nefas erat, piæ Augustæ precibus annuere non potuit papa. In epistola quam Gregorius ad eam misit, ait : *Quia Romanis consuetudo non est, quando sanctorum reliquias dant, ut quidquam tangere præsumant de corpore; sed tantummodo in pixide brandeum* [Id est *velamen*] *mittitur, atque ad sanctissima corpora sanctorum ponitur. Quod levatum, in ecclesia quæ est dedicanda, devota cum veneratione reconditur.* Addit plurima iis in locis, ac si sanctorum corporibus potirentur, patrari solita miracula. Insuper docet in totius Occidentis partibus omnino *intolerabile esse ac sacrilegum, si sanctorum corpora tangere quisquam fortasse voluerit.* Utinam vero piam hanc et sanctorum reliquiarum venerationi consentaneam consuetudinem perpetuo retinuissemus. Cum Græcorum contrarius mos posset objici, quibus videlicet nulla erat sacra corpora levandi ac alio transferendi religio, respondit S. Gregorius dubiæ fidei sibi videri, quas transferebant et distrahebant reliquias; suspicionemque suam hoc exemplo confirmat. Nimirum quidam Græci monachi ante biennium Romæ deprehensi fuerant nocturno silentio juxta ecclesiam beati Pauli, corpora mortuorum in campo jacentia effodientes, atque ipsorum ossa recondentes. Qui cum interrogati fuissent quo id consilio facerent, confessi sunt *quod illa ossa ad Græciam essent tanquam sanctorum reliquias portaturi.* Apud Gregorium Turonensem et alios passim [a] scriptores, occurrunt tales, non piæ (ut vulgo vocari solent) sed sacrilegæ fraudes, quæ dubias effecerunt plurimas alioquin genuinas sanctorum reliquias. Unde liquet nullam majorem aut certiorem sanctis venerationem procurari posse, quam eorum sacra pignora, in prioribus sepulcris (quæ tamen ornari decet) integra et intacta relinquendo; quod etiam [b] civilibus cavetur legibus.

8. Absit tamen a nobis, ut omnes sanctorum translationes damnemus pio consilio factas. [c] Tempore Constantii Augusti legimus Constantinopolim delatum fuisse S. Timothei corpus Ephesi prius sepultum, ac in basilica sanctorum apostolorum collocatum esse. Paulo post etiam reliquiæ sanctorum Andreæ apostoli et Lucæ evangelistæ delatæ sunt ex Achaia, et eodem in loco depositæ; quod refert ac laudat Hieronymus (*Hieronym. contra Vigilant.*). Lege apud Mabillonium (*Præfat. ad tom.* II *Act. SS.*, *observat.* 8) plurimas sanctorum translationes quarto et quinto sæculo in Occidente, ipsaque in Italia factas, quas Gregorius ignorare minime potuit. De his quoque consule notas ad ep. 30 libri quarti, verum his in translationibus e tumulis suis educebantur sacra illa pignora, ut in aliquo decentiori loco quiescerent, neque procul deferebantur.

Haud improbavit quidem sanctus doctor episcopum et clerum urbis Euriæ inde commigrantes corpus S. Donati secum abstulisse, et in Cassiopi Castro insulæ Corcyræ deposuisse (*Lib.* XIV, *epp.* 7 *et* 13). At vero migrationem istam necessariam effecerant barbaricus gladius et hostiles incursus. Metuentes ergo sacerdotes et clerici civitatis hujus, ne sacræ S. Donati reliquiæ in ecclesia deserta et patente aliquam a barbaris injuriam paterentur, maluerunt eas secum asportare.

Quæ de sanctis corporibus loco non movendis ad mentem S. Gregorii diximus, de eorum vestibus aut aliis rebus ad ipsos sanctos pertinentibus, minime intelligi debet : nam cum accepisset a Joanne abbate tunicam S. Joannis repertam, ut eam ad se transmittere curaret rogavit. Tunicam 245 hanc fuisse S. Joannis apostoli et evangelistæ, positamque Romæ in basilica Constantiniana, docet Joannes Diaconus (*Lib.* III, *nn.* 57, 58, 59), ubi eam asserit multis coruscasse miraculis. Utrum hæc papæ responso Constantinæ Augustæ satisfecerit, compertum non habemus. Exstant tamen plurimæ sancti pontificis epistolæ ad eamdem postea scriptæ, ex quibus intelligitur eam quod sibi denegatæ fuissent S. Pauli reliquiæ, non indigne tulisse, sed erga sedem apostolicam pio semper flagrasse studio.

CAPUT XII.

ARGUM. — 1. Theodelinda Constantio, Mediolanensi episcopo, infensa pro causa trium capitulorum.— 2. Gregorius ad eam legatos mittit et epistolas.—3. Quo eventu. — 4. Idololatris convertendis incumbit. — 5. Januarii et aliorum Sardiniæ episcoporum socordia. — 6. De licentia chrismate consignandi presbyteris Sardis data. — 7. Res hoc anno in monachorum gratiam a S. Gregorio gestæ. — 8. Mulieres a monasteriorum ingressu arcet. — 9. Monialium honestati et tranquillitati prospicit. — 10. De abbatissarum ætate decernit. — 11. Ejusdem decretum de clericis abbatibus explicatur. (An. 593 et 594.)

1. Eodem fere tempore S. Gregorius ad Theodelindam, Langobardorum reginam, scribere coactus est, ut ejus animum Constantio, Mediolanensi episcopo, infensum, ad pacem et concordiam revocaret (*Lib.* III, *epp.* 29, 30, 31). Laurentio, Mediolanensi episcopo, e vivis sublato anno superiori, Constantius, ejusdem Ecclesiæ diaconus, unanimi totius cleri consensu successor datus fuerat, Gregorio dudum probe cognitus, cui etiam dum Constantinopoli moraretur, longo tempore adhæserat. Et quamvis *in ejus moribus nihil quod reprehendi potuisset, invenisset;* quia tamen in animum suum pridem induxerat, *ad suscipienda pastoralis curæ onera, pro nullius unquam misceri persona*, ab ejus electione promovenda penitus abstinuerat : ipsam solis apud Deum precibus prosequi

---

[a] Vide Guibertum de Novigento lib. de Pignoribus sanctorum.

[b] Lege ultima de sepulcrorum violat., estque Theodosii Magni an. 386.

[c] Consule Tillemontium in Constantio art. 4, pag. 415. Translationem hanc factam vigesimo Constantini Magni anno, dicit Hieronymus.

contentus; assidue orans ut summus pastor talem Mediolanensibus pastorem præberet, *in cujus lingua et moribus exhortationis divinæ pascua valerent invenire : in cujus mente et humilitas cum rectitudine fulgeret, et severitas cum pietate : qui eis viam vitæ non solum loquendo, sed etiam vivendo posset ostendere ; quatenus exemplo illius discerent ad æternæ patriæ desiderium suspirare.* Itaque quando sapientissimus pontifex aliquas episcoporum electiones sibi vendicavit, nonnisi gravissimis rationibus coactus, a priori proposito recessit. Nimirum satis habebat, ut antiquam servaret consuetudinem, aliquem mittere Ecclesiæ Romanæ *militem* (hoc nomine clericos, Ecclesiæ militantes et servientes significat) qui electioni interesset, et ab episcopis provincialibus, cum assensu tamen summi pontificis, consecrari procuraret. Constantius in ipso episcopatus exordio suam fidei confessionem, ut moris erat, papæ obtulit; in qua condemnata fuisse tria capitula, læsamque ac pulsatam concilii Chalcedonensis auctoritatem tres episcopi pervulgarunt ; quorum malis artibus decepta Theodelinda, Langobardorum regina, Constantium statim aversata est ut legitimæ fidei desertorem. Brixiensem episcopum unum ex tribus iis schismaticis præsulibus fuisse, non obscure indicat epistola 59 ejusdem libri, ex qua habemus ipsum et Brixiæ cives importune postulasse ut Constantius jurejurando affirmaret se tria non damnasse capitula. (*Vide lib.* IV, *epp.* 2 *et* 4.)

2. Hæc audiens Gregorius, ut opem utrique ferret, scilicet archiepiscopo calumniam passo, et reginæ ob spretam ejus communionem de salute periclitanti, misit ad Theodelindam Hippolytum notarium et Joannem abbatem, qui eam revocarent ab errore; quod et litteris suis præstare conatus est (*Lib.* IV, *ep.* 4). Priores quidem ipsius litteras reginæ offerendas non censuit Constantius, quod in eis rerum tempore Justiniani Augusti gestarum, et quintæ synodi mentionem injecisset, qua offendi potuisset ejus animus. Alteras vero misit in quibus Constantio suadenti morem gerens, de illa synodo siluit, et quatuor priores tantum laudavit, imprimisque Chalcedonensem, cujus auctoritati detractum iri per trium capitulorum damnationem schismatici causabantur. Amoto itaque hoc scrupulo, sanctissimus pontifex hortatur piissimam reginam, ut imperitis stultisque hominibus minime credat, caveatque ab catholicæ Ecclesiæ communione separari ; ne tot ejus lacrymæ, tantaque bona opera perirent, si a vera fide aliena inveniretur. *Decet ergo,* inquit, *Gloriam vestram, ad reverendissimum fratrem et coepiscopum meum Constantium, cujus et fides, et vita bene olim mihi approbata est, sub omni celeritate transmittere, eique directis vestris epistolis indicare ordinationem ejus quam benigne suscepistis, et quia ab ejus Ecclesiæ communione in nullo separamini.*

3. Rediit ad unitatem Ecclesiæ prudentissima et Christianissima regina, quamvis ad condemnanda tria capitula minime adduci potuerit; aut certe id si aliquando impetratum est ab ea, tardius contigit. At

[a] Vide supra cap. 5, num. 11.

schisma occasione condemnationis illorum capitulorum exortum, non in eo positum erat, quod ab illis condemnandis abstineretur, sed quod a condemnantium communione secessio fieret. Gregorius enim pro veris Ecclesiæ filiis semper habuit [a] eos, qui cum tria illa capitula rejicere formidarent, in Ecclesiæ tamen unitate permanserunt, et cum ipsis benignius egit semper; quos inter, præter Theodelindam, erat Secundinus eximiæ sanctitatis monachus, reginæ acceptissimus.

Redeunte ad Constantii communionem regina, tres de quibus jam locuti sumus episcopi, ut vero simile est, quieverunt; nec ultra eum a Brixiensibus civibus vexatum fuisse ut sacramentum de tribus capitulis a se nunquam damnatis præstaret, inde potest colligi, quod plurimis in epistolis ad ipsum deinceps scriptis ea de re plane sileat sanctus pontifex.

4. Non minori labore ac studio in vocandis ad Ecclesiam infidelibus, quam in revocandis schismaticis desudabat. Sardiniæ partem incolebant quidam populi, Barbaricini dicti, qui ad hæc usque tempora cultum idolorum retinuerant. Eos a Wandalis pulsos ex Africa, in Sardiniam migrasse, conjectura potius quam certis rationum momentis habetur. Barbarorum illorum mores exprimit his verbis Gregorius : *Ut insensata animalia vivunt, Deum verum nesciunt, ligna autem et lapides adorant* (*Lib.* IV, *epp.* 23 *et* 24). Arduum igitur erat eos ad veram fidem protrahere; quod tamen aggressus est sanctissimus papa, cujus charitati nihil erat difficile ; atque ad hoc opus elegit Felicem quemdam episcopum, et Cyriacum servum Dei, abbatem S. Andreæ. Ab iisdem postea didicit non solos Barbaricinos, sed rusticos fere omnes in Sardinia idololatriæ deditos (*Ibid. ep.* 25). Quapropter scripsit confestim ad nobiles et ad cæteros in Sardinia *possessores*, ut rusticos a cultu idolorum avertendis et retrahendis invigilarent; significans nihil sibi gratius aut jucundius ab ipsis posse nuntiari, quam quot quisque idololatras ad Christum perduxisset. Strenuam ad hoc operam navavit Zabarda Sardiniæ dux, de quo Felix et Cyriacus ad Gregorium scripserant, eum cum Barbaricinis eo pacto facere pacem disponere, ut Christi fidem et servitutem amplecterentur (*Ibid., ep.* 24). Ea de causa piissimo duci gratias egit pontifex sanctissimus, et prædicatores a se missos commendavit. Tunc Hospitonem Barbaricinorum ducem jam Christianum factum, patet ex epistola ad ipsum scripta (*Ibid., ep.* 23), qua Gregorius de recta fide ab eo suscepta eum laudavit; admonuit autem veram fidem bonis operibus esse comprobandam, insuper ejus officii esse ut quoscumque posset ex subditis ad Christum adduceret, ac prædicatores eorum conversioni insudantes solatiis foveret necessariis.

Quid illi tunc profuerint satis non liquet. Ex alia epistola diu postea scripta (*Lib.* XI, *ep.* 22) constat multos adhuc barbaros in Sardinia idololatriam tunc minime abjecisse, quos tamen ad fidem Christianam amplectendam festinare scribit insulæ præsidi: Eodem tempore jussit (*Lib.* ix, *ep.* 23) ut Vitalis in Sardinia defensor Barbaricina mancipia compararet; an ut ea in fide erudienda curaret, iisdemque postea uteretur ad eorum populares Christiana fide imbuendos? Eodem sane consilio legimus pueros Anglos *ab annis decem et septem, vel decem et octo,* ejus cura et munificentia emptos, ac in monasteriis, ut in Christiana religione instituerentur, positos (*Lib.* vi, *ep.* 7); quorum postea ministerio usus est, ad totius Anglorum gentis conversionem, de qua infra.

5. Ideo Gregorius Felici et Cyriaco partes imposuit annuntiandi in Sardinia Evangelii barbaris et rusticis, quia insulæ hujus episcopi parum de eorum salute solliciti videbantur. His verbis increpat Januarii Calaritani episcopi, et totius insulæ metropolitani socordiam et segnitiem: *Accidit,* inquit, *aliud valde lugendum : quia ipsos rusticos, quos habet Ecclesia tua, nuncusque in infidelitate remanere negligentia fraternitatis vestræ permisit. Et quid vos admonee ut extraneos ad Deum adducatis, qui vestros ab infidelitate corrigere negligitis? Unde necesse est vos per omnia in eorum conversionem vigilare. Nam si cujuslibet episcopi in Sardinia insula paganum rusticum invenire potuero, in eumdem episcopum fortiter vindicabo* (*Lib.* iv, *ep.* 26).

6. Januarium despiciebant ejus ministri et clerici, quod nimiæ esset simplicitatis; unde oriebatur ecclesiasticæ disciplinæ neglectus et remissio. Hinc fortasse data presbyteris occasio præsumendi, sacro chrismate parvulos in fronte signare, quod ne ultra fieret prohibuit Gregorius (*Lib.* iv, *ep.* 9). Quia tamen accepit postea quosdam ob hanc prohibitionem valde offensos, aliud promulgavit decretum in hæc verba: *Pervenit quoque ad nos quosdam scandalizatos fuisse quod presbyteros chrismate tangere eos qui baptizandi sunt, prohibuimus. Et nos quidem, secundum usum veterem Ecclesiæ nostræ fecimus; sed si omnino hac de re aliqui contristantur, ubi episcopi desunt, ut presbyteri etiam in frontibus baptizandos chrismate tangere debeant, concedimus* (*Ibid., ep.* 26). De hujus decreti sensu digladiantur theologi, aliis permissis presbyteris ut sacramentum confirmationis administrent contendentibus, aliis negantibus. Mentem nostram circa quæstionem et controversiam hanc satis aperuimus in notis ad laudatas epistolas, quas diligentem lectorem consulere non pigeat.

7. Ut res monasticas, quæ Gregorio semper cordi fuerunt, nunc attingamus; ad quartum ejus pontificatus annum pertinere videtur quod de ipsius erga monasterium Sublacense olim a S. Benedicto conditum, et Honoratum abbatem, munificentia legitur: nimirum eum cum sua matre Silvia huic cœnobio Castrum Apollonium et alia multa bona contulisse (*Mabillon. Annal. Bened. lib.* viii, *num.* 44, *pag.* 231).

Neque prætereunda quæ hoc anno contigit, admissio monachorum in ecclesiam S. Pancratii, quæ Romæ via Aurelia etiam nunc exstat. In ea prius ministraverant et rem sacram curaverant clerici sæculares

[a] Vide lib. xi, ep. 25, olim 20 libri ix.

et presbyteri, sed ita negligenter, ut etiam die Dominico nullus adesset presbyter qui missarum solemnia celebraret. Murmurantibus hac de re populis, qui istuc devotionis gratia confluebant, Gregorius matura deliberatione judicavit socordes illos clericos inde amovendos, et in monasterio huic ecclesiæ cohærente instituendam esse monachorum *congregationem,* cui abbatem præfecit Maurum (*Lib.* iv, *ep.* 18). Legenda est ea de re epistola ad eumdem Maurum qua ei terrarum, redituum, oblationum illius ecclesiæ summam administrationem tribuit sive ad monachorum victum, sive ad sarta tecta. Observat hoc loco Mabillonius ad fidelium ædificationem aliquando conducere, ut monachi in locis frequentibus instituantur. (*Cf. Mabill. loco laud., ad an.* 594.)

8. Aliunde tamen sollicite cavebat vigilantissimus pater ne ex mulierum consortio regularis apud monachos disciplina labefactaretur. Unde Valentinum abbatem increpat quod mulieres in monasterium suum *ascendere sineret;* ac fieri monachorum commatres; idque ne ulterius contingat, eum severissimæ ultionis comminatione prohibet (*Lib.* iv, *ep.* 42). Utrum arcendas mulieres ab ecclesiarum ubi monachi observabant et sacras laudes persolvebant introitu, censuerit Gregorius, hocque ad Valentinum præcepto sanxerit, exploratum non est. Sane in epistola 41 libri secundi frequentiorem tantum feminarum accessum ad monasteriorum ecclesias videtur interdicere. Præterea basilicam S. Pancratii martyris frequentabat promiscuus sexus, in cujus gratiam singulis Dominicis ibidem missarum solemnia celebranda decrevit; in qua tamen monachos maluit militare quam clericos.

9. Erga moniales, ob sexum fragiliorem, majorem sollicitudinem et severiorem custodiam adhibendam ratus, hæc ad Januarium Caralitanum hoc fere ineunte anno scripsit: *Pervenit ad nos minus te monasteriis ancillarum Dei in Sardinia sitis tuitionis impendere: et cum dispositum a tuis prudenter fuisset decessoribus, ut quidam de clero probati viri curam gerentes, earum se necessitatibus adhiberent: nunc ita funditus esse neglectum, ut per publicas personas pro tributis aliisque muniis ipsæ per se principaliter Deo dicatæ feminæ compellantur ire, necessitatemque habeant pro supplendis fiscalibus per villas prædiaque discurrere, utque virilibus incompetenter se miscere negotiis. Quod malum fraternitas tua facili correctione removeat; ut unum probatum virum vita moribusque, cujus ætas atque locus nihil de se pravæ suspicionis objiciat, sollicite deputet, qui sic monasteriis ipsis cum Dei timore possit assistere: quatenus ulterius eis pro quibuslibet causis privatis vel publicis extra venerabilia loca contra regulam vagari non liceat, sed quidquid pro his agendum est, per eum quem deputaveris, rationabiliter peragatur. Ipsæ vero referentes Deo laudes atque coercentes semetipsas in monasteriis suis, nullam occasionem ulterius fidelium mentibus pravæ suspicionis injiciant* (*Lib.* iv, *ep.* 9).

10. Ad eamdem sanctissimi papæ sollicitudinem erga moniales spectat quoque quod constituit ad Maximianum, Syracusanum episcopum, scribens: *Juvénculas abbatissas fieri vehementissime prohibemus* (*Lib.* iv, *ep.* 11). Addit nullas [a] velandas et benedicendas ab episcopis in abbatissas nisi sexagenarias virgines, quarum ætas hoc atque mores exegerint.

Mirum fortasse videbitur Gregorium tantam in abbatissis ætatis maturitatem requisiisse. Verum alibi docet, eos qui impugnantium vitiorum certamina adhuc tolerant, quod in juventute et in virili ætate sæpe fit, aliorum curam suscipere non debere. Statim autem ac domita sunt vitia, etiam juvenes, inculpate possunt morum magistri judicio episcoporum et prælatorum constitui, aliisque regendis præfici. Unde S. Gregorius minime improbavit beatum Benedictum in juvenili ætate, post superatam carnis tentationem, exstinctumque spinarum aculeis omnem voluptatis sensum, in virtutum magisterio multis præfuisse discipulis. (*Vide Moral. lib.* xxiii, *num.* 21, *et lib.* ii, *Dial. c.* 2.)

11. In eadem epistola ubi de abbatissis hæc edixit Gregorius, quædam de abbatibus præscribit observatione digna: *Presbyteros,* inquit, *diaconos, cæterosque cujuslibet ordinis clericos, qui ecclesiis militant, abbates per monasteria esse non permittas, sed aut omissa clericatus militia, monachicis provehantur ordinibus, aut si in abbatis loco permanere decreverint, clericatus nullatenus permittantur habere militiam. Satis enim incongruum est, si cum unum ex his pro sui magnitudine diligenter quis non possit explere, ad utrumque judicetur idoneus : sicque invicem et ecclesiasticus ordo vitæ monachicæ et ecclesiasticis utilitatibus regula monachatus impediat.*

Ex hoc loco quidam probare nituntur S. Gregorium clericos ab amplectenda professione monastica deterrere ac prohibere voluisse; sed contra ipsius mentem, cum alibi Desiderium episcopum hortetur, ut Pancratio, Ecclesiæ suæ diacono, *gratiam monasticæ conversationis appetenti, minime impedimento sit; sed eum potius pastorali admonitione succendat, ne hujus desiderii fervor in eo tepescat* (*Lib.* xii, *ep.* 39). Præterea sanctissimus doctor beati Benedicti regulam impense laudat commendatque, cujus cap. 60 sacerdotes in monasterio suscipi rogantes, ea lege admitti jubentur, *ut omnem regulæ disciplinam observaturos se spondeant.* Hinc concilii Toletani IV patres [b] can.

[a] Consule notam *l* ad hunc laudatæ epistolæ locum.

50 statuunt, ut episcopi clericis monachorum propositum appetentibus, quia meliorem vitam sequi cupiunt, liberos in monasteriis largiantur ingressus. Cavet igitur sapientissimus papa laudata epistola, ut presbyteri, diaconi, aut alii clerici, abbates in monasteriis non fiant et ordinentur, nisi post legitimam probationem, et diutinam in monastica vita exercitationem, *omissaque prius clericatus militia* (*Lib.* i, *ep.* 42), hoc est relicto illo Ecclesiæ titulo, cui per suam ordinationem erant alligati, et ut aliquando loquitur Gregorius, incardinati. Eadem ratione alibi vetat eos qui clericalem militiam cum monastica mutaverint, pro arbitrio ad suam reverti denuo Ecclesiam. Ubi obiter notandum dari a sancto papa clericis copiam amplectendæ vitæ monasticæ his verbis: *Si quos autem qualibet occasione a clericatu in monachicam conversionem venire contigerit,* etc.

Perperam quoque nonnulli prohibitum monachis et abbatibus putant Gregorianis verbis superius allatis (*Ex ep.* 11 *lib.* iv), ne presbyteri ordinentur, aut clericali adscribantur militiæ: quia videlicet *ordo Ecclesiasticus vitæ monasticæ* obest, et vicissim *Regula monastica Ecclesiasticis utilitatibus.* Sed ne ita interpretemur Gregorium ipse intercedit, cum sæpius monachos presbyteratu insigniendos censuerit et jusserit. Vide epistolam 42 libri sexti, in qua Victorem, Panormitanum episcopum, hortatur, ut unum e monachis S. Hermæ presbyterum ordinet absque mora, postulante Urbico abbate, quem sacerdotio quoque insignitum legimus. Ea de re sane nullus remanebit scrupulus legenti notam *e* ad epistolam ex qua ita cavillandi sumpta occasio. (*Cf. Mabill. ad an.* 594, *p.* 233.)

Scopus ergo vigilantissimi pastoris eo loci est repellere a monasticis prælaturis clericos, ut nunc audiunt, sæculares, aliarum jam ecclesiarum titulis addictos, pro illorum temporum more; tum quod clericalis et monastica militia in diversis ecclesiis ita sociari non possint, tum potissimum quod per clericorum illorum qui monasticis inhiabant dignitatibus ambitionem et remissiorem vitam (ne quid pejus dicamus) monasteria destruenda, quod etiam postea contigit, prævideret: *Dumque hi,* inquit vir sanctus, quasi vaticinans, *fingunt se religiose vivere, monasteriis præponi appetunt, et per eorum vitam monasteria destruuntur* (*Lib.* v, *ep.* 1); quibus quoque verbis id se jam experimento didicisse significat.

[b] Juxta Loaisam, aut 49.

LIBER TERTIUS,

Complectens historiam pontificatus S. Gregorii ab annis 594 et 595 ad annos 598 et 599 seu ab indictione 13 ad indict. 2.

CAPUT PRIMUM.

Argum. — 1. OEcumenici titulus a CP. patriarcha assumptus. — 2. Quæ concilia œcumenica dicta. — 3. Oblatum hunc titulum papa respuit. — 4. Hujus vocis significatus. — 5. S. Gregorii studium in explodendo hoc titulo propugnatur. — 6. Quibus gradibus ascenderit patriarcharum CP. ambitio. — 7. Quanta fuerit in Joanne. — 8. An ex monacho factus sit patriarcha. — 9. Epistolæ S. Greg. de illa controversia expenduntur. De prima ad Mauricium scripta. Et ad Augustam. — 10. Scribit ad patriarchas. — 11. Quid ab Eulogio Alexand. responsum.

— 12. Et ab Anastasio Antioch. — 13. De interpolatis S. Ignatii epistolis. — 14. Summa epistolæ ad Joannem CP. scriptæ. — 15. Irriti S. papæ conatus in Joan. et in ejus successorem. — 16. Hujus controversiæ finis. — 17. Refelluntur hæretici S. Gregorii modestiam ejus successoribus objicientes. (An. 594 et 595.)

1. Exordium hujus libri sumimus a controversia quæ Gregorium inter et Joannem CP. patriarcham exarsit, ob superbum œcumenici patriarchæ titulum a Joanne assumptum, et favente huic injustæ usurpationi Mauricio, dissimulantibusque illatam sibi invidiosa hac appellatione injuriam cæteris patriarchis, assertum et conservatum. Quamvis vocis hujus insolentia turbas et gravissimam offensionem diu ante Gregorii pontificatum excitasset, de illa tamen e medio tollenda serio non cogitavit ante hunc annum pontifex prudentissimus, qui nihil nisi maturo cum consilio aggredi solebat.

2. Quod spectat ad ipsum œcumenici titulum, constat eum concilia generalia sibi longe antea tribuisse. Ante synodum tamen Chalcedonensem nullam aliam hoc titulo donatam fuisse tradit P. Gussanvillæus (*In notis ad ep.* 32 *lib.* IV), et legatos S. Leonis papæ hujus esse nominis auctores. At hæc ipsi incauto aliudque agenti excidisse fatebitur, quisquis Ephesinum concilium attente legerit : etenim part. II, actione 3, occurrit : *Exemplum Epistolæ*, etc., *sancta et magna et œcumenica synodus*. Act. 4 in epistola Cyrilli et Memnonis ad synodum : *Contra hujus œcumenicæ synodi præsides*. In relatione synodi : *Piissimis Christianissimisque Theodosio*, etc., *sacra œcumenica synodus*. In relatione de subscriptione : *Piissimis*, etc., *sancta et œcumenica synodus*. Tam graviter aberrantem Gussanvillæum nihilominus secutus est Ludovicus Membourg histor. Pontif. S. Gregorii Magni lib. II.

3. Oblatum Romano pontifici, nimirum S. Leoni Magno, *pro beati Petri apostolorum principis honore œcumenici titulum per venerandam Chalcedonensem synodum* testatur S. Gregorius ; *sed nullus*, inquit, *eorum unquam hoc singularitatis nomen assumpsit, nec uti consensit* (*Lib.* V, *ep.* 20). In Chalcedonensi sane concilio lecti sunt nonnulli libelli supplices papæ oblati, in quibus hoc honorifico vocabulo insignitur. Et in Act. sexta Paschasinus episcopus unus ex S. Leonis legatis, habita coram sancta synodo oratione, summum pontificem œcumenicum appellavit ; quibus cum non intercesserint synodi Patres, ea probare et rata habere visi sunt : maxime cum hæc acta in synodi tabulas relata fuerint.

4. Quod spectat ad vocis hujus significationem, idem est œcumenicum ac universale ; et concilium œcumenicum dicitur, quod ex omnibus mundi partibus habitabilibus ad quas religionem Christianam credimus pervenisse convocatur et congregatur. Et quamvis has ad synodos ex omni orbe Christiano episcopi aut eorum legati fortasse non convenerint, aliquando quæ in convocatione et congregatione non erat synodus universalis, facta est generalis et œcumenica, nimirum accedente postea orthodoxorum omnium consensu.

Si ex hoc significatu quid sit œcumenicus episcopus aut patriarcha constituamus, statim quale in religione Christiana monstrum foret hujusmodi episcopus manifestum fiet. Nullus enim universalis episcopus fieri proprie potest, nisi exclusis cæteris aliis episcopis, etenim si totius orbis Christiani unus quispiam foret episcopus, cui alteri locus relinqueretur? Id vero sacræ Scripturæ diserte adversatur, quæ non obscure nos docet Spiritum sanctum posuisse non unum, sed plures episcopos regere Ecclesiam Dei (*Act.* XX). Unus quidem est grex Christi, sed plures gregis hujus pastores sunt, qui singuli unam hujus gregis portionem pascendam et regendam susceperunt.

5. Non inficior aliquo sensu nec a fidei regula exorbitante, Romanos pontifices œcumenicos dici potuisse, propter singularem quam obtinent in tota Ecclesia jurisdictionem ; cui singuli subjiciuntur etiam episcopi. At cum ab illo titulo modeste abstinere voluissent, qua fronte Constantinopolitani episcopi eumdem sibi vindicare non verebantur? Quasi vero extra sui patriarchatus fines aliquam episcopalem auctoritatem exercere possent, aut patriarchatus Constantinopolitanus pro toto orbe christiano non insulse intelligeretur et sumeretur? Satis ergo mirari non possum quosdam scriptores, licet orthodoxam fidem profitentes, Gregorii Magni studium in oppugnando hoc superbo titulo vellicasse, vel etiam aperte damnasse : quasi de nomine tantum et non de re gravis momenti acrius quam par erat decertaverit. Ipsis equidem ultro concessurus sum, huic voci et nomenclaturæ nonnullos affingi et accommodari potuisse sensus innocuos. At cum longe pluribus noxiis et a fide alienis subjacent, iisque obviis, dum econtrario qui sani sunt, aliunde accersiti videntur, quis nisi temere improbare audeat tantum pontificem de novo insolentique vocabulo et a modestia episcopali prorsus alieno profligando sollicitum?

Aiunt Aristarchi nostri eamdem esse *œcumenici* significationem ac *generalis*, cujus titulus tot præfectis, sive militaribus, sive civilibus et politicis, sive etiam ecclesiasticis ac monasticis, tribuitur. At longe latius patet œcumenici significatus. Illi autem ministri aut præfecti in exemplum adducti, generales dicuntur, ut a particularibus, quorum minor est auctoritas, discernantur. Verum hoc sensu patriarchæ Constantinopolitani nequaquam generales dici poterant. Peto enim qui fuerint illi patriarchæ particulares a quibus hoc vocabulo secerni debuerint?

Præterea cum in ancipiti foret, quo sensu œcumenicos esse se jactarent, metuendum erat ne ipsorum ambitio satis nota, illum qui latius pateret, hoc est pessimum et hæreticum assumeret : quis modo sanus vituperet sanctum virum, quod cum ipse in præstantissima summaque Ecclesiæ dignitate humilitatem adeo coleret, superbientes episcopos ad eam virtutem quam Christus a se nos discere potissimum voluit, provocare et revocare conaretur?

6. Hic operæ pretium est observare quibus gradibus Constantinopolitanus episcopus ad tantæ dignitatis fastigium pervenisset, ut nulli alii quam Romano pontifici haberetur inferior. Primum itaque episcopo Heracleensi subditus, postea jus metropoliticum et exarchicum in Heracleensem aliosque plurimos episcopos exercuit. Deinde antiquis patriarchis annumeratus est; ac non multo post fultus imperatorum potestate, consentireque coactis episcopis et ipsis etiam patriarchis, qui ejus opera et gratia apud Augustos, in variis ecclesiarum suarum negotiis indigebant, id consecutus est in concilio Constantinopolitano secundo generali, et in Chalcedonensi, ut secundo post Romanum pontificem loco sederet; repugnante licet S. Leone, qui canonem Chalcedonensem ea de re promulgatum, tanquam suppositicium, et absoluto jam concilio per fraudem adjectum reprobavit. Neque hoc in gradu stare et quiescere potuit ambitus hujus præsulis de cathedra sua in regia urbe quæ nova Roma dicebatur, constituta, ultra modum sibi blandientis et superbientis: nam œcumenici titulum aut sponte assumpserunt, aut ab adulatoribus oblatum ambabus manibus acceperunt retinueruntque Joannes III, Epiphanius, Mennas, œcumenicus patriarcha sæpe a synodo Constantinop. sub ipso habita vocatus, aliique deinceps ejusdem urbis episcopi, universalem præfecturam forsitan in totum orbem Christianum et in ipsam Romanam Ecclesiam sibi vindicaturi, nisi eorum superbiæ quæ semper ascendebat Romani pontifices obstitissent.

7. Ex omnibus autem Constantinopolitanis episcopis nullus tanta cupiditate aucupari visus est œcumenici nomenclationem, quanta Joannes cognomento Jejunator, qui ea de causa, licet aliam simularetur, synodum totius Orientis habuit Constantinopoli, ut docent nos scriptores non pauci, præsertimque S. Gregorius. Quod mox, inquit, idem decessor meus (Pelagius) ut agnovit, directis litteris ex auctoritate S. Petri apostoli ejusdem synodi [a] acta cassavit. Quarum videlicet epistolarum sanctitati vestræ exemplaria studui destinare. Diaconum vero qui juxta morem pro responsis Ecclesiæ faciendis piissimorum dominorum vestigiis adhærebat, cum præfato consacerdote nostro missarum solemnia celebrare prohibuit (Lib. v, ep. 43). Hæc Gregorius, qui cum Pelagio successor datus fuisset, Joannem per Sabinianum legatum suum rogavit ut ab hoc titulo abstineret. At nihil his precibus lucratus, alia tentavit remedia.

8. Antequam de epistolis in hanc rem a sancto pontifice scriptis loquamur, quisnam fuerit Joannes Jejunator, explorandum est. Vulgaris est opinio eum fuisse monachum, nititurque tum Joannis Diaconi testimonio (Lib. III, c. 51), tum inscriptione cujusdam sermonis de pœnitentia, qui ipsi tribuitur, et in titulo præfert nomen Joannis monachi patriarchæ CP. co-

[a] Exceptis tamen his quæ in causa Gregorii Antiocheni hac in synodo absoluti et restituti gesta fuerant, ut patet ex ep. 68 lib. IX.

A gnomento Jejunatoris. Additur eum Liturgiam quæ Chrysostomi creditur meliori ordine disposuisse, atque in ea se nomine sacri monachi aut sacerdotis monachi ἱερομονάζοντος designasse. At illa oratio in qua vocabulum hoc legitur, abest a Liturgia S. Chrysostomi quam exhibet doctissimus Jacobus Goar. Neque constat Liturgiam hanc Joannis Jejunatoris opera fuisse ordinatam. Fuerunt autem plurimi episcopi CP. qui cum prius vitam monasticam essent amplexi, ἱερομονάζοντος aut sacri monachi dici potuerunt. Ex Græcorum Menæis Joannes Jejunator Constantinopoli ortus [b] erat, ubi primum statuariam (melius χαράκτης sculptoriam) artem exercuit: At ob præstantes virtutes a patriarcha hujus urbis in clerum fuit cooptatus et diaconus factus. Mortuo tandem Eutychio, ad suscipiendam patriarchalem dignitatem invitus cogitur, quam mira abstinentia, largis eleemosynis, aliisque piis operibus decoravit. Ejus vitæ sanctitas sive sincera fuerit, ut Græci contendunt, sive fucata, ut plerisque Latinis placet, quod humilitas virtutum omnium fundamentum ei defuisse videatur; hæc, inquam, sanctitas aut sanctitatis species, non parum contulit ad conciliandum ei Mauricium imperatorem, quem in tota illa de œcumenici titulo controversia infensissimum expertus est S. Gregorius.

9. In prima quam de hoc argumento scripsit epistola, apud Mauricium Augustum conquestus est de Joannis superbia, qua pax inter episcopos turbata et labefactata fuerat, quave dicit barbarorum gladios in rempublicam exacui. Eum vero his verbis mire depingit: Ossa jejuniis atteruntur, et mente turgemus. Corpus despectis vestibus tegitur, et elatione cordis purpuram superamus. Jacemus in cinere, et excelsa despicimus. Doctores humilium, duces superbiæ, ovina facie lupinos dentes abscondimus. Et multo manifestius de eodem loquens infra: Ille ergo, inquit, magis est piissimorum dominorum præceptione flectendus, qui præceptis canonicis obedientiam præbere contemnit. Ille coercendus est, qui sanctæ universali Ecclesiæ injuriam facit, qui corde tumet, qui gaudere de nomine singularitatis appetit, qui honori quoque imperii vestri se per privatum vocabulum superponit (Lib. v, ep. 20). Objicit Joannis fastui apostolorum principis modestiam, qui etsi totius Ecclesiæ curam a Christo accepisset, numquam tamen universalis apostolus vocari voluit; cujus exemplo adhæserunt ejus dignitatis hæredes Romani pontifices; postea exclamat: O tempora, o mores! Ecce cuncta in Europæ partibus Barbarorum juri sunt tradita, destructæ urbes, eversa castra, depopulatæ provinciæ, nullus terram cultor inhabitat; sæviunt et dominantur quotidie in necem fidelium cultores idolorum; et tamen sacerdos es, qui in pavimento et cinere flentes jacere debuerunt, vanitatis sibi nomina expetunt, et novis ac profanis vocabulis gloriantur.

Tandem hunc titulum arietat multis rationum mo-

[b] S. Isidorus lib. de Viris Illust. c. 26 docet tamen eum fuisse Cappadocem.

mentis, præsertim ex pravo sensu cui subest, deductis. Præcipua quibus Joannem urget argumenta, tum in hac epistola tum in aliis, ea sunt : repugnat humilitati Christianæ quæ in episcopis magis fulgere debet, novum œcumenici nomen ; charitatem turbat, unitatem scindit, cæteros episcopos sua dignitate spoliat, ut unum tantum faciat episcopum, quo ruente tota ruit Ecclesia. Cumque plurimos Constantinopolitanos episcopos in hæresim lapsos esse legamus, inde sequeretur a vera fide sæpius excidisse Ecclesiam. Denique Romani pontificis titulum hunc ultro sibi oblatum respuerunt.

Papam hortatus fuerat imperator ut cum Joanne pacifice ageret; ad quod respondit : *Ad vitam rectam revertatur auctor scandali, et omnia sacerdotum jurgia cessabunt. Ego enim cunctorum sacerdotum servus sum, inquantum ipsi sacerdotaliter vivunt : nam qui contra omnipotentem Dominum per inanis gloriæ tumorem, atque contra statuta Patrum suam cervicem erigit, in omnipotenti Domino confido, quia meam sibi nec cum gladiis flectit.*

Idem fere est argumentum epistolæ ad Constantinam Augustam scriptæ (*Ibid.*, *ep.* 21). Vehementius tamen insurgit in Joannem, cujus immensam superbiam ait prænuntiare propinqua Antichristi tempora; illum quippe imitatur, *qui spretis in sociali gaudio angelorum legionibus, ad culmen conatus est singularitatis erumpere, dicens : Super astra cœli exaltabo solium meum* (*Isa.* xiv, 13).

10. Cum episcoporum omnium, maxime vero patriarcharum, honor hac usurpatione pulsaretur; sanctus Gregorius ad Eulogium Alexandrinum, et ad Anastasium Antiochenum patriarcham, communem scripsit epistolam (*Ibid.*, *ep.* 43), cui adjunxit omnia litis hujus instrumenta, et exemplaria litterarum tum a Pelagio II, tum a se ad Joannem scriptarum ; ut intelligerent de summa episcopatus, adeoque totius Ecclesiæ, agi hac in controversia. Tum eos hortatur ut neminem unquam suis in epistolis universalem nominent episcopum, ne sibi debitum detrahant, cum alteri honorem offerunt indebitum. Quia vero pacis et unitatis amor intercedere poterat quominus Joanni resisterent, docet qua ratione fovenda sit pax, ex Apostolo dicente : *Si fieri potest, quod ex vobis est, cum omnibus hominibus pacem habentes* (*Rom.* xii, 18) : *Vidit enim,* inquit, *pacem bonos cum malis habere non posse; et idcirco, sicut nostis, præmisit, si fieri potest.... Quam videlicet pacem tunc veraciter tenemus cum superborum culpas charitate simul et justitia insistente prosequimur, cum eos diligimus et eorum vitia odio habemus.* Hoc animo ait bellum superbiæ Joannis indicendum esse, et pro tuendo suarum Ecclesiarum honore, per hanc superbiam pessumdato illis esse decertandum : *State,* inquit, *fortes, state securi. Scripta cum universalis nominis falsitate, nec dare unquam, nec recipere præsumatis.... Si qua autem adversa subsequantur, unanimiter persistentes, etiam moriendo debemus ostendere quia in damnando generalitatis nomine, nostrum specialiter aliquid non amamus.*

11. Responsum Eulogii diu exspectavit Gregorius, qui de tanta mora cum eo expostulavit amice alia in epistola ubi commemorat *beatum evangelistam Marcum a sancto Petro apostolo magistro suo Alexandriam fuisse transmissum* (*Lib.* vi, *ep.* 60); unde infert Ecclesiam Alexandrinam arctius Romanæ esse adstrictam. Postea tamen Eulogius papæ respondit : se ut jussus fuerat, scribendo ad Joannem abstinuisse a superbis vocabulis, quæ ex vanitatis radice prodierant, eaque se amplius non usurpaturum. At læserunt summam Gregorii modestiam verba hæc, *sicut jussistis : Quod verbum jussionis,* inquit, *peto a meo auditu removete; quia scio qui sum, qui estis. Loco enim mihi fratres estis, moribus patres* (*Lib.* viii, *ep.* 30). Magis ægre tulit se ab illo universalem papam in epistolæ inscriptione appellatum. *Recedant,* inquit, *verba quæ vanitatem inflant, et charitatem vulnerant.* (*Ibid.*)

12. Quod spectat ad Anastasium, non probavit vir pius tantam pro œcumenici titulo motam controversiam, ut patet ex alia ad ipsum scripta epistola. Mira autem eluxit Gregorii modestia et humilitas in excipienda libera hac amici admonitione, pene dixerim increpatione; his enim verbis charitatem spirantibus orditur epistolam qua Anastasio monenti respondet : *Desideratam suavissimæ vestræ sanctitatis epistolam communi filio Sabiniano diacono deferente suscepi, in qua non linguæ, sed animæ verba profluebant. Et non mirum si bene loquitur qui perfecte vivit* (*Lib.* vii, *ep.* 27).

Et quamvis ab insectando œcumenici vocabulo nunquam cessaverit, quod illud profanum, et episcopis omnibus injuriosum putaret; nihilominus a communione patriarchæ CP. non recessit : et mortuo Joanne, Cyriaci ejus successoris epistolam synodicam, in qua œcumenicum se patriarcham præfatus fuerat, suscepit, ne unitatem Ecclesiæ scinderet. Qua vero de causa patienter ferendum hoc vocabulum senserit Anastasius, haud difficile est subodorari. Nuper enim, e vivis sublato Gregorio Antiocheno patriarcha, ab exsilio revocatus fuerat Anastasius, et pristinæ sedi restitutus; qua de re gratulatus ei fuerat noster Gregorius (*Lib.* v, *ep.* 39). Cum igitur post longa bella, pace tandem frueretur, atque imperatoris beneficio, annitente quoque forsan Joanne CP. patriarcha, quem Augustus de negotiis ecclesiasticis consulere solebat, suam sedem recuperasset, iterum adire pericula metuens, e re magis esse judicavit benigne œcumenici titulum interpretari, quam pro illo usurpato tumultuari et contendere.

13. Hac in epistola observatione dignum videtur, hæc verba *Amen gratia*, laudari tanquam sancti martyris Ignatii Antiocheni episcopi, priusque usurpata etiam ab Anastasio fuisse velut ab Ignatio suis inserta epistolis : ea tamen in germanis et sinceris ejusdem martyris epistolis minime reperiri, sed duntaxat in corruptis; unde constat eas jam tunc fuisse depravatas.

14. In discutiendis cæteris Gregorii eam ob rem scriptis epistolis non immoramur; at silentio præ-

tereunda non est ea qua ipsum Joannem ad saniorem mentem revocare tentavit. In ea statim de pace Ecclesiæ ab ipso turbata conqueritur, miraturque quod cum ad episcopatum invitus accesserit, in eo tamen, postquam adeptus est, ita se gerere videatur, ac si ambitione ad sacram illam dignitatem viam sibi parasset. Omnia contra eum gesta tempore Pelagii II ad mentem revocat, quæque ipse ingravescenti malo lenia primum per legatos suos remedia conatus sit adhibere, antequam *ad districta et canonica* pervenire cogeretur. *Et quia*, inquit, *resecanda vulnera prius leni manu palpanda sunt, rogo, deprecor et quanta possum dulcedine exposco, ut fraternitas vestra cunctis sibi adulantibus atque erroris nomen deferentibus contradicat, nec stulto ac superbo vocabulo appellari consentiat* (*Lib.* v, *ep.* 18). Sileo rationes quibus hoc vocabulum impugnat; eædem enim sunt quas jam attigimus.

15. Irriti fuerunt tot conatus; Joannes enim assumptum titulum usque ad mortem retinuit, quæ paulo post acceptam hanc epistolam contigit. Data est enim Kalendis Januarii indictionis 13, scilicet anni 595, quo anno Joannem e vivis excessisse docent qui de ipso scripsere. Cyriaci successoris ei dati synodicam epistolam recepit quidem sapientissimus papa; eum tamen admonuit (*Lib.* vii, *ep.* 4), ut profanum nomen deponeret tot scandalorum seminarium. In epistola ad Mauricium scripta (*Ibid.*, *ep.* 6), in qua de Cyriaci electione gratias agit, Joannem sanctæ memoriæ episcopum appellat, quod satis probat eum nunquam a sedis apostolicæ communione fuisse ⁿ rejectum. Imperator de successore Joannis diu deliberaverat; unde non mirum est Cyriacum tardius, integro etiam anno elapso, fuisse ordinatum.

16. Paulo post sancti Gregorii transitum ad superos, Bonifacius tertius qui ab ipso ad Phocam imperatorem apocrisiarius fuerat missus, eumque sibi demeruerat, ᵇ ab eo impetravit sanctionem, qua cavebatur ne in posterum Cyriacus, cui Phocas infensus erat, aut alii deinceps CP. patriarchæ, œcumenicos ultra se profiterentur. Diu tamen hæc lex non viguit; nam in synodis generalibus sexta et septima hoc titulo, non secus ac Romani pontifices, insigniuntur, illoque gaudet adhuc Constantinopolitanus antistes.

De illa voce contigit, quod de multis aliis quæ statim ob novitatem periculosæ visæ sunt et idcirco rejiciendæ, paulatim vero, cum eas veneno carere et ad legitimum sensum inflecti posse exploratum fuit, iis assuefieri cœptum. Neque tamen vituperari debet illud Gregorii studium quo voci dubiæ, novæ, peregrinæ, fastum redolenti, multisque pravis sensibus et significatibus obnoxiæ obstitit. Certe morosi illi censores, qui eum pro vocula tamdiu digladiatum esse criminantur, quantis laudibus extollerent episcopum quempiam qui Romano pontifici, hunc

ᵃ A sancto Isidoro multum laudatur Joannes : secus autem fecisset si in schismate diem clausisset

aut similem titulum æque insolentem ambienti et sectanti totis viribus intercessisset, utque dignitatem episcopalem tueretur, lubens omnibus se periculis exposuisset?

17. Immerito vero heterodoxi apostolicæ sedis hostes infensissimi ad se trahunt quod sanctus Gregorius docet, œcumenici nomen ne Romano quidem pontifici concedi posse, cujus primatum et amplissimam in omnis Ecclesiæ jurisdictionem hac sententia pulsari contendunt. Sic ex sancti viri modestia et humilitate fragrantibus illis floribus non mel ut apes, sed venenum conficiunt ut araneæ. At non attendunt œcumenicum eo sensu quo sanctus Gregorius vocem hanc interpretatur, significare unicum in tota Ecclesia episcopum, quod ultro fatemur papæ non congruere, et ad supremam ejus dignitatem ac potestatem minime convenire. Cæcutiunt autem qui non vident Gregorium ipsum de se suaque auctoritate tam modeste sentientem, jurisdictionem tamen in tota Ecclesia exercuisse; in Africa, Ægypto, Asia, intra ipsos CP. patriarchatus fines, ut ex causa monachorum Isauriæ liquet. Libro III, ep. 30, ait : *Apostolica sedes, Deo auctore, cunctis prælata constat Ecclesiis.* Libro v, ep. 13 : *Curæ*, inquit, *nobis fuit, quæ universis Ecclesiis a nobis impenditur.* Lib. vii, ep. 19 : *Quia cunctarum Ecclesiarum injuncta nos sollicitudinis cura constringit*, etc. Lib. ix, ep. 59, occasione primatis Byzaceni in Africa, qui se apostolicæ sedi subditum profitebatur, hæc scribit Joanni Syracusano : *Si qua culpa in episcopis invenitur, nescio quis ei episcopus subjectus non sit.* Hoc jure usus est in episcopos, cum Petri, Africani episcopi, causam Columbo, in Numidia episcopo, judicandam commisit (*Lib.* vi, *ep.* 37); Ursicini, Taurinæ civitatis episcopi, Syagrio Augustodunensi (*Lib.* ix, *ep.* 115); et Januarii, Malacitani episcopi, alteriusque ordinationem, petentibus provinciæ episcopis, sua auctoritate confirmavit, eumque pallio donavit (*Lib.* ii, *ep.* 22 *et* 23). Plurima alia jurisdictionis hujus exempla jam exhibuimus, et infra occurrent.

CAPUT II.

Argum. — 1. Gregorii pro pace facienda sollicitudo. — 2. Non auditur ab imperatore. Falsæ contra eum criminationes. — 3. Luget S. Maximianum vita defunctum. Cui successorem dat Joannem virum sanctissimum. — 4. Joannes Ravennas moritur. — 5. Cura S. Gregorii pro monasteriis. — 6. Marinianus Ravennæ fit episcopus. — 7. Romanæ synodi decreta. — 8. De Mariniano querelæ. — 9. Maxime quod monasteria vexari pateretur. — 10. Privilegium monachis concessum. (An. 594 et 595).

1. Pro pace Romanos inter et Langobardos facienda et coagmentanda, hoc anno Gregorius adlaboravit. Ab ea non abhorrebat Agilulfus rex; at postu extremum.

ᵇ Vide Baronium ad annum 606, § 2.

labat ut quæ tempore pacis ablata sibi per dolum fuerant, restituerentur; vicissimque *se modis omnibus satisfacturum pollicebatur, si quid a partibus suis constiterit esse commissum* (*Lib.* v, *ep.* 36). Id æquitati consentaneum esse judicavit sanctus pontifex, et ne ab exarcho respueretur, ad Severum ejusdem scholasticum scripsit, ut ipsi persuaderet oblatas illas pacis conditiones non repudiare. Romæ quidem, agroque Romano pacem privatim procurare in promptu erat, ad eam enim concedendam propendebat Agilulfus. At Gregorius, ut communis pater, de pace generali conficienda sollicitus erat, quia nisi bellum cum Langobardis componeretur, *diversæ insulæ et loca alia proculdubio peritura erant*.

2. At de pace minime cogitabat exarchus, qui bellum toti reipublicæ exitiosum, sibi utilissimum esse futurumque perspiciebat : ex detrimentis enim alienis lucra captare non verebatur. Illius itaque aliorumque similium publicæ rei administratorum suasionibus et consiliis deceptus Mauricius, non solum bello finem imponere minime consensit, sed etiam Gregorium ad odia deponenda et ineundum fœdus hortantem, *nimiæ simplicitatis* arguit, maxime quod de Ariulfo, Spoletano duce, scripsisset, eum *toto corde venire ad rempublicam paratum esse* (*Ibid.*, *Ep.* 40), hoc est, ad pacem et societatem cum Romanis faciendam pronum. Sicque dum papæ sanioribus consiliis non credebatur, vires hostium immaniter excrescebant, et Italia quotidie sub Langobardorum jugo captiva ducebatur. Hæc deplorat pius pastor, et clades tum Italiæ, tum præsertim Romæ illatas enumerat. Cumque nihilominus a suadenda petendaque pace non cessaret, adhibita Castorii notarii opera, quem Ravennæ responsalem habebat apud exarchum : *Quidam maligni spiritus consilio repletus, contra hunc nocturno silentio, in civitatis loco contestationem posuit in ejus crimine loquentem, et Gregorio etiam de facienda pace callide contradicentem* (*Lib.* vi, *ep.* 31). Adversus libelli hujus famosi auctorem excommunicationis sententiam tulit papa, nisi prodiret, ac ea quæ in contestatione objiciebantur, probaret; aut facti pœnitens, publica confessione suam agnosceret culpam, pœnamque debitam deprecaretur. Eadem excommunicatione mulctavit eos, qui *consensum in tantæ iniquitatis consilio præbuissent*.

3. Gregorii dolorem de publicis calamitatibus conceptum, auxit luctus de amici morte, nimirum S. Maximiani, qui ex monacho et abbate S. Andreæ creatus fuerat episcopus Syracusanus. Tanto viro de se optime merito his verbis justa persolvit, et parentavit sanctissimus pater, ad Cyprianum diaconum scribens : *Amarissimas tuæ dilectionis epistolas de domni Maximiani obitu mense Novembris suscepi. Et quidem ille ad præmia desiderata pervenit, sed infelix populus Syracusanæ civitatis lugendus est, qui pastorem talem diu habere non meruit. Proinde dilectio tua sollicitudinem gerat, ut in eadem Ecclesia talis debeat ad ordinandum eligi, qui post domnum Maximianum ejusdem regiminis locum non videatur immerito sortiri* (*Lib.* v, *ep.* 17). Ex hac epistola intelligimus Maximianum diem clausisse extremum mense circiter Novembri an. 594. Nobiles Syracusani *electionis onera sapienter declinantes* (*Ibid.*, *ep.* 22), Gregorii arbitrio commiserant, quibus gratias agens scripsit, se quem ipsis daret pastorem Maximiano similem non habere. Cypriano diacono tamen indicavit Joannem Catanensis Ecclesiæ archidiaconum tanquam magis idoneum; cui, si eligeretur, voluit a Leone Catanensi episcopo *cessionem*, sive ut modo loquimur, dimissorias litteras dari, antequam ordinaretur. Deinde electo et ordinato pallium misit.

Joannes in episcopatu virtutibus omnibus fulsit, præsertim effusa in pauperes liberalitate, ita ut, *et si innumeros apud se pauperes haberet*, pro explenda tamen largitate misericordiæ, etiam loca alia et longe posita requireret, inquit sanctus Gregorius, ipsi gratias referens pro eleemosynis ad se missis (*Lib.* vi, *ep.* 48). Ideo fortasse in egenos ita beneficum se præbuit, quod ad sanctissimi doctoris præcepta sese componeret, eaque assidua scriptorum ejus lectione imbibere curaret. Hanc lectionem suæ mensæ, etiam coram extraneis adhibebat, qua cibos quodammodo condiret. Id ægre omnino tulit vir summæ humilitatis et modestiæ, auctorque fuit ut saltem coram peregrinis ab hac lectione Joannes abstineret, ac antiquiorum Patrum *dicta legi juberet, ex quorum auctoritate valerent informari* (*Lib.* vii, *ep.* 9).

4. Eodem quoque anno quo Maximianus Joannes, Ravennatum archiepiscopus, e vita migravit, nondum sopita de usu pallii controversia, ut ex nonnullis Gregorii epistolis ad eum paulo antea scriptis (*Lib.* v, *ep.* 25, 48, 56), perspicuum est. Imminentem mortem ei prænuntiasse visus est sanctissimus Pater his verbis, ep. 15 : *Hæc ergo omnia, quæ superius dixi, frater charissime, recogita. Diem tuæ vocationis attende, quas rationes de sarcina episcopatus redditurus es, considera. Emenda illos mores notarii. Vide quid in lingua, quid in actu episcopum deceat. Esto totus purus fratribus tuis. Non aliud loquaris, et aliud in corde habeas. Nec appetas ultra videri quam es, ut possis ultra esse quam videris* (*Ibid.*, *ep.* 11 et 15). Prius eum increpaverat quod irrisoriis verbis uteretur; quod servis suis, cum fureret, turpia imponeret crimina; quod se dominum tantummodo clericis exhiberet, quos nulla coercebat disciplina.

5. Ejusdem socordiæ forsitan tribui debet, quod clerici multa monasteria pervasissent. Nimirum *fingentes religiose vivere, monasteriis præponi appetebant; verum per eorum vitam monasteria destruebantur*, **253** inquit S. Gregorius : qui enim in clericatu militat, arctam monasterii disciplinam ipse servare non potest. Quo itaque pacto qui monasticam regulam non implet, ad eam strictius observandam alios cogere poterit? Proinde non immerito providus Pater tanto malo mederi quantocius curavit, *loca sacra per clericorum ambitum destrui* minime patiens (*Lib.* v, *ep.* 1).

Nonnulli hac usi sunt epistola, ut probarent monasticæ vitæ statum a clericatu prorsus esse alienum.

Verum quantum id a mente S. Doctoris abhorreat, ipse manifeste ostendit cum ad sacros ordines, imo ad episcopatum monachos quamplurimos tum e suo tum ex aliis monasteriis assumpsit, et apostolicis etiam præfecit muniis. Quid quod monachatum aliquando assignat et gradum et dispositionem præviam ad episcopatum? *Hortandus est*, inquit, *Opportunus, ut vel monachus vel a vobis subdiaconus fiat; ut post aliquantulum temporis, si Deo placuerit, ipse ad pastoralem curam debeat promoveri* (*Lib.* xii, *ep.* 12). At consulendus est doctissimus Mabillonius tum sæculi iv Benedictini tomo 1 in Præfat., tum in Annalibus. Mens igitur sancti Doctoris fuit [a] quantum ex laudata libri quinti prima epist. et ex aliis assequi possumus, monasteriorum præfecturam minime clericis esse commendandam; quia cum disciplinæ laxiori serviant, nec severioribus monachorum moribus sint innutriti, de regulæ monasticæ observantia minus solliciti sunt. Præterea quandoquidem aut ambitus, aut avaritia, aut pravus quispiam alius affectus, iis clericis quos Gregorius insectatur, viam ad abbatialem dignitatem munierat, sæcularium vivendi modum sectabantur, in epulis, in suppellectili, in vestibus, quibus sibi procurandis ut pares esse possent, monasteria expilabant.

6. Mortuo Joanne, de eligendo successore sollicitudinem gessit sanctus pontifex. Donatum archidiaconum postulabat exarchus; eum enim designari credimus his verbis : *Excellentissimi viri domni patricii voluntatem in persona Donati archidiaconi impleri voluimus* (*Lib.* v, *ep.* 48). Sane periculosum erat summi hujus præfecti postulationi morem non gerere; qui cum Ravennæ sedem haberet, in episcopi illius urbis electione plurimum sibi vindicabat. Verum cum non pauca innotuissent in vita et moribus Donati quæ ab episcopatu repellendum eum suaderent, ejus ordinationi consensum non præbendum censuit Gregorius. Joannem quoque presbyterum ad episcopalem dignitatem promoveri non est passus, quod Psalmorum nescius foret, ac in officio sacerdotali minus strenuus. Tandem unanimi consensu electus est Marinianus, invitus et reluctans. Hic diu in monasterio cum Gregorio vixerat; qui eum Andreæ scholastico sibi familiari commendavit.

Gratum erga suum archipræsulem animum testaturus Andreas, apud S. Gregorium postea precibus egit, *de usu pallii secundum antiquam consuetudinem in Ravennati Ecclesia restituendo* (*Lib.* vi, *ep.* 61). Verum antequam annueret, ut quibusdam in litaniis et diebus solemnibus pallio uteretur Marinianus, jussit sapiens pontifex ea de re explorari archidiaconi et seniorum urbis testimonia, præstito prius a singulis sacramento.

7. Ravennatem Ecclesiam regere cœpit Marinianus ante quintam Julii diem hujusce anni quo interfuit synodo Romæ a Gregorio celebratæ. Hujus autem synodi gesta et decreta quæ prius in Epistolarum serie habebantur, nunc legere licet in appendice ad Epistolas. Præcipua sunt de diaconorum officio, de amovendis a pontificalis cubiculi ministerio laicis pueris, de coercendis rectorum ecclesiastici patrimonii deprædationibus, de sacris ordinibus pallioque gratis et absque ullo pretio conferendis, etc. In hac synodo sancita unanimi consensu corroborarunt et subscriptionibus munierunt viginti tres episcopi ac plurimi presbyteri qui præcipuis Urbis titulis seu ecclesiis præerant, non autem diaconi et cæteri clerici. In subscriptionibus secundo loco legitur Mariniani nomen, scilicet post Gregorium. De hoc cœtu loqui creditur sanctus papa, ubi plurimis in epistolis (*Lib.* vi, *epp.* 14, 15, 16, 17) testatur Joannem Ecclesiæ Chalcedonensis presbyterum de quo jam dictum (*Sup.*, lib. ii, c. 9, *num.* 5), in synodo, episcoporum judicio fuisse ab hæresis crimine liberatum.

8. Cæterum non multo post, suscepti episcopatus et amissæ monasticæ tranquillitatis pœnituit Marinianum, calumniantibus schismaticis eum minus quam deceret concilium Chalcedonense venerari. Qua de re scripsit S. Gregorius ad clerum et plebem Ravennatem, asserens Marinianum *a cunabulis in sanctæ universalis Ecclesiæ gremio nutritum, rectam fidei prædicationem tenuisse* (*Lib.* vi, *ep.* 2), nec aliter quam par esset de Chalcedonensi sentire synodo. Proinde, inquit, *satisfactionem plenissimam recipientes, charitate integra, puro corde, pastorem vestrum diligite, ut apud Deum purius fusa ejusdem vobis valeat prodesse intercessio pastoris* (*Ibid.*). Hæc pro Mariniano Gregorius.

Postea cum accepisset eum in pauperes esse nimis parcum, et litteris suis ejus tenacitatem increpavit, et per Secundum [*Al.* Secundinum] sanctissimum monachum hæc ad eum secreto monita deferenda curavit. *Non sibi credat solam lectionem et orationem sufficere, ut remotus studeat sedere, et de manu minime fructificare; sed largam manum habeat, necessitatem patientibus concurrat, alienam inopiam suam credat; quia si hæc non habet, vacuum episcopi nomen tenet.*

9. Aliæ fuerunt postea de Mariniano querendi occasiones, maxime quod monachis ipse monachus iniquiorem se præberet; unde ad ipsum scripsit S. Gregorius : *Miramur cur sic in brevi fraternitatis tuæ fuerit immutata discretio, ut ea quæ postulat, non advertat : ex qua re dolemus, quia manifestum præbes indicium, plus apud te verba male suadentium valuisse quam divinæ lectionis studium profecisse. Cumque monasteria te oportet defensare et religiosos illic summopere congregare, ut lucrum de animarum congregatione possis efficere, in eorum te e diverso gravamina, sicut litteræ tuæ testantur, desideras exercere; et, quod est deterius, nos tuæ culpæ studes fieri debere participes, scilicet, dum cum nostro consensu monasterium quod decessor tuus condidit cupis sub curandarum rerum atque causarum nomine prægravare. Debes enim recolere, quia te præsente, diversis etiam presbyteris et diaconis, clericisque tuis præsentibus, contra testamentum ipsius præceptum sicut postulavere, concessimus.*

---

[a] Vide supra lib. ii, cap. ultimo.

Ubi tamen ejusdem decessoris tui dispositio, quam fecerat de monasterio ipso, firmata est; tu nunc ista dissimulans, contraria nos 255 *poscis debere præcipere (Lib.* vi, *ep.* 29). Cujus monasterii defensionem hac in epistola Gregorius susceperit, non clare constat. Loqui tamen optimum monachorum patrem pro Classensi S. Apollinaris monasterio a Mariniani prædecessore constructo conjicimus. Nec alia monasteria in Ravennati diœcesi posita archiepiscopum magis beneficum experiebantur; ut ex fine laudatæ epistolæ liquet. *Præterea,* inquit, *pervenit ad nos, quia monasteria quæ sub fraternitate tua sunt constituta, clericorum importunitatibus, et diversis eorum molestiis prægraventur; quod ne de cætero fiat, districta hoc interminatione compesce: quatenus monachis illic degentibus, libere in Dei nostri laudibus liceat exsultare.*

Cumque pius Pater audisset, insuper habita sua admonitione, monachos adhuc a Ravennatibus clericis, dissimulante archiepiscopo, non secus ac antea vexari, iterum scribendum putavit, et vehementius instandum. Epistolam suam his verbis claudit : *Hæc itaque omnia vigilanti cura emendare jam secundo commonita sanctitas vestra non differat; ne si post hæc negligentes vos esse, quod non credimus, senserimus, aliter monasteriorum quieti prospicere compellamur. Nam vobis notum sit, quia tantæ necessitati servorum Dei congregationem amplius subjacere non patimur (Lib.* vii, *ep.* 43).

10. Dum hæc scriberet S. Gregorius, jam fortasse meditabatur tranquillitati monasteriorum prospicere, celebri illo [a] privilegio, quod in concilio Romano tertio promulgavit. Simile jam concesserat monasterio sanctorum Joannis et Stephani in urbe Classitana, cujus erat abbas Claudius S. Gregorii discipulus. Inter archiepiscopos Ravennates et abbatem hunc motam litem Romæ judicari voluerat sanctissimus pontifex. Cumque nonnulli ex clero et ex populo contra *clamitassent,* id legibus et canonibus adversari, rescripsit papa: *Hoc poterat fortassis opponi, si non ad majorem recurreret, et apud eum causæ suæ peteret meritum terminari. Nunquid non ipse nosti quia causa quæ a Joanne presbytero contra Joannem Constantinopolitanum fratrem et coepiscopum nostrum orta est, secundum canones ad sedem apostolicam recurrit, et nostra est sententia definita? Si ergo de illa civitate ubi princeps est ad nostram causa cognitionem deducta est, quanto magis negotium quod intra vos est, hic est veritate cognita terminandum? (Lib.* vi, *ep.* 24.) Ut igitur controversiam hanc radicitus amputaret omnemque litigandi occasionem, sapiens pontifex monasterium hoc amplo munivit [b] privilegio, quod ita incipit : *Quam sit necessarium monasteriorum quieti prospicere,* etc. Similibus quoque munivit [c] privilegiis monialium cœnobia. Quis autem S. Papæ scopus esset has immunitates concedendo, non obscure aperit ad Luminosum abbatem scribens : *His autem ita perfectis, in Dei opere estote solliciti, et assidue operam orationi date, ne non videatur magis vobis quæsita mentis in oratione securitas, sed male, quod absit, degentibus episcopalis evitata districtio (Lib.* ii, *ep.* 42).

CAPUT III.

Argum.—1. S. Gregorius simoniam, et neophytorum ordinationes in Galliis insectatur. — 2. Arelatensi episcopo suas vices committit. Eccl. Gallicana Romanæ filia. — 3. De primatu Arelatensi. — 4. S. Gregorii de Francia Regibus oraculum. — 5. De laudibus a S. Greg. Brunichildi datis. — 6. Quantum ab adulatione abhorruerit. — 7. Gregorius Turonicus papam invisit. Quo tempore. — 8. Quomodo ab ipso exceptus. — 9. Quædam pro Monachis constituta. — 10. Et pro Sanctimonialibus. — 11. Erga heterodoxos quomodo se gesserit S. Gregorius. (An. 594 et 595.)

1. Paulo post profligatam in synodo Romæ hoc anno habita simoniam, cum inaudiisset vigilantissimus pastor *in Galliarum vel* [d] *Germaniæ partibus* plerosque episcopos ejusdem esse reos, nullumque iis in provinciis *ad sacrum ordinem sine commodi datione pervenire,* tanto Ecclesiæ Gallicanæ morbo mederi volens, ad Virgilium, Arelatensem episcopum, et ad universos in regno Childeberti præsules, necnon ad ipsum Childebertum regem scripsit (*Lib.* v, *epp.* 53, 54, 55), rogavitque ut de hac corruptela quamprimum eliminanda solliciti forent. In his etiam epistolis laicorum et neophytorum præcipites ac immaturas [e] ordinationes damnat, tanquam a recto ordine prorsus dissentaneas. Quid enim? *Qui discipulus non fuit, inconsiderata ambitione magister efficitur,* inquit S. Gregorius; *et quoniam quod possit docere non didicit, sacerdotium tantum gerit in nomine. Quomodo vero pro aliorum peccatis intercessurus est, qui sua primitus non deflevit?*

Quod supra de simonia in Galliis grassante Gregorium querentem audivimus, confirmat alter Gregorius, Turonicus videlicet; de re sibi nota loquens in Vitis Patrum c. 6 : *Jam tunc,* inquit, *germen illud iniquum cœperat fructificare, ut sacerdotium aut venderetur a regibus, aut compararetur a clericis.* Neque ad tantum malum averruncandum satis fuit sancto pontifici, semel aut iterum scribere. Imo plurimis deinceps epistolis vel ad Brunichildem reginam, vel ad reges et ad episcopos missis, vix ita proficit, ut a tanta labe Gallicanam nonnihil Ecclesiam repurgaret. Tales enim sunt hujusmodi corruptelæ ex cupiditate ortæ, ut continuis curentur remediis, sanentur nunquam.

2. Virgilio probis moribus et virtutibus ornatissimo suas vices, juxta antiquum morem Gregorius concessit intra regni Childeberti fines; et pallii usum, ab ipso rege et ab archiepiscopo rogatus. Qua vero 255 in subjectos episcopos auctoritate tanquam

---

[a] Vide illud in Appendice.
[b] Legitur lib. viii, ep. 15.
[c] Lib. vii, ep. 12, et lib. xiii, ep. 9.
[d] Gallia est seu Francia, quam Germaniam vocat, fortasse quod Franci e Germania sint oriundi. Eodem modo sæpe loquitur Joan. Diac. in Vita S. Greg. superius edita. Apollinaris Sidonius provinciam Lug-

dunensem, appellat Lugdunensem Germaniam lib. v, ep. 7. Etiamnum archiepiscopus Senonensis primatis Galliarum et Germaniæ titulo gloriatur.
[e] Vide codicem Canonum Eccl. Romanæ can. 36 : *Ne neophyti presbyteri vel episcopi fiant.* Et c. 39 : *Ne laici fiant episcopi.*

sanctæ sedis vicarius polleret, explicatur in epistola jam laudata. Ad ipsum causæ omnes, nisi forte majores aut de fide forent, quæ pro sui magnitudine judicio sedis apostolicæ indigebant, finiendæ et judicandæ referebantur. Concilia cogebat et coactis præerat, *nullus episcoporum ad longinquiora loca sine ejus auctoritate proficisci* poterat.

Non prætereundum quod Gregorius docet in ep. ad Virgilium (*Lib.* v, *ep.* 53), Ecclesiam Gallicanam Romanæ esse sobolem; et quidem, ad mentem Innocentii I scribentis ad Decentium Eugubinum, *in omnem Italiam, Gallias, Hispanias, Africam, atque Siciliam, insulasque interjacentes, nullum instituisse Ecclesias, nisi eos quos venerabilis apostolus Petrus aut ejus successores constituerunt sacerdotes* (*Ibid., ep.* 54). Arelatensis autem Ecclesia præsertim hac illustri origine gloriatur. Ejus sane antiquæ nobilitatis meminit S. Gregorius, quando ait antiquam se consuetudinem secutum esse, quando suas Virgilio vices commisit.

3. Urbem Arelatensem a Valentiniano et Honorio Galliarum matrem appellatam referunt qui de ea scripserunt, sedemque constitutam præfecti prætorio, in qua septem provinciarum Galliæ conventus quotannis celebrabatur. Ab ea dignitate politica primatus et exarchatus ecclesiasticus initium duxisse videtur. Placuit enim Zozimo aliisque deinceps Romanis pontificibus, nobilissimæ civitatis episcopos, vicaria sanctæ sedis potestate insignire : quorum tanta erat auctoritas, ut septem provinciarum synodo præessent, litteras formatas clericis peregrinantibus, ipsisque episcopis abeundi licentiam darent; si quæ vero in Galliis et in Hispania orirentur de fide aut moribus controversiæ, ad illos tanquam primates Romanique pontificis vicarios dirimendæ referrentur. At cum ab Hilario Arelatensi episcopo pervasa fuisse Metropolitanorum jura et usurpatas quæ ipsis deberentur ordinationes accepisset S. Leo, primatum amplissimum inter ipsum episcopumque Viennensem [a] divisit.

Collatam aut confirmatam Virgilio vicariam sedis apostolicæ potestatem Gregorius Magnus postea imminuit, quando, ut infra dicetur, Syagrio, Augustodunensi episcopo, suas intra Childeberti regnum vices demandavit. Ita Romani pontifices, in argumentum summæ qua pollent, non precariæ potestatis, hujusmodi honores, ut magis e re Christiana videbatur, ad nutum aut conferebant aut auferebant.

4. Ad ulteriora progredi non licet, nisi observato prius hoc celeberrimo Franciæ regum encomio, quod oraculo simile Gregorius in epistola ad Childebertum regem cecinit ; *Quanto cæteros homines regia dignitas antecedit, tanto cæterarum gentium regna regni vestri profecto culmen excellit. Esse autem regem, quia sunt et alii, non mirum est; sed esse catholicum, quod alii non merentur, hoc satis est. Quidquid autem reges se cæteri gloriantur habere, habetis,* etc. (*Lib* vi, *ep.* 6). Plurimis aliis laudibus quas subticeo subjecit sapiens pater præstantissimam de sectanda justitia cæte-

risque virtutibus colendis adhortationem. *Ut ergo sicut fide, ita et actione vincantur* (cæteri reges), *benignam se excellentia vestra suis subjectis semper exhibeat. Et si qua sunt quæ ejus animum offendere valeant, ea indiscussa non puniat. Tunc enim vere Regi regum, id est omnipotenti Domino amplius placebit, si potestatem suam restringens minus sibi crediderit licere quod potest* (*Ibid.*).

5. Laudes ab eodem pio pontifice in Brunichildem reginam effusas nonnulli paulo iniquius ferunt. Nimirum non ob id solum quod *incolumem* filio suo Childeberto *rerum temporalium gloriam provida sollicitudine conservavit*, eam laude dignam existimat; verumetiam quod ipsi *æternæ vitæ præmia pia institutione providerit*. Ubique pietatem ejus et [b] summum erga res divinas studium honorifice commemorat. *Inter alia bona*, inquit ad eam scribens, *hoc apud vos præ cæteris tenet principatum, quod in mediis hujus mundi fluctibus, qui regentis animos turbulenta solent vexatione confundere, ita cor ad divini cultus amorem et venerabilium locorum dispendendam quietem reducitis, ac si nulla vos alia cura sollicitet. Unde quia hujusmodi præpositorum actio, subjectorum magna solet esse munitio, præ aliis gentibus gentem Francorum asserimus felicem, quæ sic bonis omnibus præditam meruit habere reginam* (*Lib.* iv, *ep.* 5), Hæcne, inquiunt Brunichildis criminatores, hæcne citra adulationem dici potuerunt de regina flagitiosissima, tot bellorum et discordiarum flabello, tot regum interfectrice, tot scelerum artifice?

Si excutimus Gregorianas ad Brunichildem epistolas, laudesque in illam collatas perpendamus, eam ob regnum summa prudentia gubernatum, et filiis assertum, necnon propter Christianam et Catholicam fidem vel apud Francos conservatam, vel in exteris gentibus propagatam, et propter insignia quædam in xenodochiorum ac monasteriorum aut aliorum sacrorum locorum constructione pietatis opera commendatam fateri cogemur ; dumtaxat a Gregorio, nec immerito fuisse liquido constabit. Sane Brunichildis Childebertum filium quinque annorum, mortuo patre Sigiberto, e Fredegundis manibus ereptum, ab Austrasiæ optimatibus regem Metis renuntiari, quod summæ fuit prudentiæ ac industriæ argumentum, et a Gunthramno patruo Burgundionum rege hæredem postea institui curaverat, rejecto Clothario Chilperici filio. Post Childeberti obitum, utriusque regni Austrasiæ scilicet ac Burgundiæ administrationem, et Theodeberti ac Theoderici nepotum adhuc in tenera ætate tutelam, quibus optime defuncta est, suscepit. Cum summa rerum potiretur, missos a S. Gregorio ad Anglorum conversionem monachos fovit, et suppeditatis omnibus necessariis sanctum hoc opus mire promovit. In construendis sacris locis iisque ornandis ac ditandis munificentiam ostendit plane regiam. Quis tot tantisque prudentiæ, religionis ac liberalitatis operibus debitas laudes invideat?

---

[a] Ante S. Leonem Bonifacius I et Cœlestinus I de Arelatensium episcoporum privilegiis jam quædam detraxerant.

[b] Vide lib. xi, ep. 62 et 63, necnon lib. xiii, ep. 6.

Quod spectat ad crimina huic reginæ impacta, aut post epistolas ad eam a Gregorio scriptas admissa sunt, aut plane nulla fuere; ab ejus videlicet adversariis conficta, ut non immerito putant ex recentioribus scriptoribus Carolus Cointius in Annalibus Francicis, et Cordemoyus in Historia regum Francorum quam Gallice scripsit. Nimirum cum tandem Brunichildis Clothario, Chilperici filio, quo nullum magis infensum hostem habebat, fuisset ab Austrasiæ et Burgundiæ optimatibus tradita, ut crudelissimam cui addicta est mortem juste meruisse crederetur, undique conquisitis criminibus est impetita : ita ut ei etiam objicerentur cædes, quas vel Clotharius imperaverat, vel qui ejus partes sectabantur, patrarant.

6. Ut autem ostendamus quantum ab adulatione S. Gregorius alienus fuerit in epistolis ad Brunichildem scriptis, indicare sufficiat [a] epistolas in quibus eam de nonnullis emendandis in ejus regno admonet; scilicet de simoniaca labe, de laicorum immaturis ordinationibus, de idololatria in Galliis adhuc superstite, de sacerdotibus flagitiose viventibus. Legenda præsertim sunt hæc increpatoria verba quibus Dei judicia non obscure intentat Brunichildi ejusque nepotibus : *Cum scriptum sit: Justitia elevat gentem, miseros autem facit populos peccatum ; tunc regnum stabile creditur, cum culpa quæ cognoscitur citius emendatur* (*Prov.* XIV, 34). *Multorum igitur ad nos relatione pervenit, quod dicere sine afflictione cordis nimia non valemus, ita quosdam sacerdotes in illis partibus impudice ac nequiter conversari, ut et audire nobis opprobrium et lamentabile sit referre.* Addit libera et pene prophetica voce : *Nec enim sunt dissimulanda quæ dicimus : quia qui emendare potest et negligit, participem se proculdubio delicti constituit. Providete ergo animæ vestræ, providete nepotibus quos cupitis regnare feliciter, providete provinciis; et priusquam Creator noster manum suam ad feriendum excutiat, de correctione hujus sceleris studiosissime cogitate, ne tanto postmodum acrius feriat, quanto modo diutius et clementer exspectat* (*Lib.* XI, *ep.* 69). Hæc sane hæc satis superque demonstrant Gregorium cum apostolo dicere potuisse : *Ita loquimur, non quasi hominibus placentes, sed Deo qui probat corda nostra; neque enim aliquando fuimus in sermone adulationis* (I *Thess.* II, 5).

7. E Galliis discedentes Italiam repetituri, Gregorium Turon. comitemur Romam euntem ad visitanda sanctorum apostolorum limina, visendumque nostrum Gregorium : hanc enim sacram peregrinationem cujus meminit S. Odo in ejus vita, vix licuit aut citius referre, aut serius morari. Tardius quidem non potuit Romam proficisci Gregorius Turonicus; quippe S. Odone teste mortuus est an. 21 suæ ordinationis, quem ipse cum anno quinto pontificatus S. Gregorii concurrere testatur in fine libri decimi Historiæ. Multa vero persuadent Gregorium Gallicum haud citius Romam advenisse. Romæ quidem non erat anno 590, Gregorii Romani pontificatus primo : quandoquidem quæ Romæ tunc contigerant didicerat et retulit ex sui diaconi testimonio; quod aperte liquet ex lib. X Hist., c. 1. Anno sequenti, regis Childeberti decimo sexto in Galliis erat, et Turonis excepit episcopum quemdam Armenum, nomine Simonem, ex eodem libro Hist. c. 24. Hoc ipso anno ad Childeberti regis aulam perrexit, et per pagum Rhemensem transivit, ex lib. IV de Miraculis S. Martini c. 26. Anno 592, Plato ejus archidiaconus, cujus meminit eodem libro c. 32, ad episcopatum Pictaviensem vocatus est, cui cathedram hanc ascendenti adfuit, ut testis est Fortunatus, Platonis postea successor. Anno nonagesimo tertio supra quingentesimum, mense Januario, S. Leobardum *reclausum* in majori monasterio prope Turonum invisit; qui paulo post, hoc est die 18 ejusdem mensis die Dominica efflavit animam. Anno assignato dies 18 Januarii Dominica erat, quod nobis persuadet obitum S. Leobardi hoc ipso contigisse, non quinque aut sex annis prius. Quippe cum Gregorius ultimo loco de S. Leobardo egerit in libro de Vita Patrum, conjicere licet eum non multis ante suum obitum annis hæc sanctissimi hujus monachi acta litteris consignasse. Eodem anno 593, quo Childebertus rex Aurelianensium urbem adiit, et Gunthramni defuncti regnum est adeptus, Gregorius in ejus aula erat, ex lib. IV de Miraculis S. Martini c. 37; Turonisque S. Martini solemnitatem annuam celebravit mense Novembri, ex ejusdem libri c. 38. Cum itaque S. Gregorius Turon. e vivis excesserit Turoni, ut probabilius videtur, mense Novembri an. 595, ejusdem adventui in Urbem et reditui assignari debet annus nonagesimus quartus supra quingentesimum aut sequentis initium.

De hac profectione Gregorius historicus omnino silet, quod argumento est ipsum morte occupatum statim ac Turones revisit, nihil novi scripsisse aut jam scriptis adjecisse. Quippe si diutius incolumis in Galliis postea vixisset, de tot sanctorum sacris reliquiis Romæ visis eorumque miraculis auditis diu silere non potuisset.

8. Quidquid sit de tempore quo Gregorius Turon. sanctorum apostolorum limina visitavit, eum a sanctissimo papa magna cum reverentia exceptum fuisse narrat S. Odo. *Quem*, inquit, *ad beati Petri confessionem* [Al. *ad altare*] *introducens, e latere constitit præstolans quoad surgeret. Interim autem ut erat ingenio profundissimus, secretam dispensationem admirans considerabat in hujusmodi hominem* (erat enim statura brevis) *tantam gratiam cœlitus profluxisse. Quod ille mox divinitus persentiens, et ab oratione surgens, placidoque ut erat vultu ad papam respiciens*, Dominus, inquit, fecit nos, et non ipsi nos; idem in parvis qui et in magnis. *Cumque id suæ cogitationi sanctus papa responderi cognosceret, ipsa sua deprehensione gavisus, gratiam quam hactenus in Gregorio mirabatur, in magna veneratione deinceps habere cœpit; sedemque Turonicam ita nobilitavit, ut auream ei*

---

[a] Vide præsertim lib. IX, ep. 109, et lib. XI, ep. 69.

cathedram donaret, quæ apud præfatam sedem [Al. urbem] *in posterum servaretur.*

Paulo post reditum suum sanctus episcopus e vivis excessit die 15 Novembris. Exstat S. Gregorii epistola ad ejus successorem Pelagium scripta indict. 14, quæ respondet an. 595 et 596 (*Lib.* vi, *ep.* 52). Verum cum inter ultimas hac indictione currente scriptas legatur, ad finem hujus indictionis, proindeque ad annum 596 pertinere debet.

9. Etsi non pauca in monasteriorum commodum hoc anno a S. Gregorio constituta jam observaverimus, aliqua tamen adhuc supersunt observatione digna, quæ breviter hic recensere non pigebit. Monachorum qui ad sacerdotium seu potius ad presbyteratum assumebantur, alii ecclesiis regendis præficiebantur, alii pro monasteriis ordinabantur, quibus addicti et alligati permanebant. Et illi quidem, nisi consentiente abbate, non poterant ab episcopo e monasterio tolli, ut manifeste probant quæ leguntur in epistola ad Candidum episcopum *de Urbe veteri* scripta (*Lib.* vi, *ep.* 28). [a] Idque confirmat quod biennio **257** post scripsit ad Marinianum Ravennatem episcopum : *Pariter autem custodiendum est, ut invito ejusdem monasterii abbate, ad ordinanda alia monasteria, aut ad ordines sacros, vel clericatus officium, tolli exinde monachi non debeant* (*Lib.* viii, *ep.* 15).

Ad sacrum ministerium ordinari non debebant, nisi præmisso de vita et moribus serio examine (*Lib.* vi, *epp.* 28 *et* 42). Et hi quidem velut emancipati ulterius in monasterio nec habitabant nec habitandi potestatem habebant aut licentiam : *Ne monasteria hujus occasionis velamine, eâ quæ prohibemus, sustinere onera compellantur*, inquit S. Gregorius lib. vii, ep. 45. Qui vero pro monasteriis presbyteri constituebantur, adhuc juris abbatum erant, neque obedientiæ jugum excutere poterant; quod etiam Regulæ S. Benedicti c. 62 cautum est; eosque tantum ordinabat episcopus, quos ad hoc officium abbas ejusque congregatio elegissent. Ad summum tamen sacerdotium, non exspectato abbatum aut congregationum consensu, sola cleri populique voluntate ac postulatione rapi poterant. Tunc enim ex [b] clericis et ex monachis indiscriminatim assumebantur, qui episcopali fungerentur cura (*Lib.* i, *ep.* 18).

Etsi nondum lege fuisset constitutum, ut abbates essent presbyteri, non raro tamen presbyterali dignitate tunc insignes erant, qui regendis monasteriis præficiebantur, ut ex plurimis S. Gregorii epistolis exploratum habemus, et ex variis aliis Ecclesiæ monumentis. Qui propter lapsum a sacro ministerio cessare jussi fuerant abbates presbyteri, licet ad sacerdotale officium resurgere nunquam possent, ad monasteriorum tamen præfecturas redire, ex sanctissimi pontificis indulgentia passi sunt (*Vide lib.* i, *ep.* 9; *lib.* v, *epp.* 3, 4, 7, 58).

10. Si omnia vellem hic recensere quæ hoc anno in monasteriorum gratiam a S. Gregorio sunt constituta, vix numerando essem. Non minus curæ erant pio patri sanctimoniales quam monachi, quas utpote infirmioris sexus, legibus muniendas severioribus existimavit. Quapropter cum accepisset *per Anastasium medicum* in quodam virginum cœnobio *multa mala contigisse*, ei monasterii hujus, et cæterorum quæ sacræ virgines incolerent, fores occludendas esse censuit, de animæ potius quam de corporis salute sollicitus (*Lib.* v, *ep.* 6).

Romanum exarchum sanctimonialibus ad sæculum reversis et conjugio sociatis auxilium patrociniumque impendentem, ab hoc peccato deterruit, ei libere significans se nullatenus amicum ejus esse posse, qui tanto flagitio, quod inultum remanere nunquam passurus erat, tantisper faveret (*Ibid.*, *ep.* 24).

11. A se constituta mutare et fixa refigere non verebatur humilis Gregorius, quando experientia compertum habebat, ea reipublicæ Christianæ non amplius prodesse. Itaque quamvis plurimis in epistolis (*Lib.* i, *epp.* 35 *et* 47) docuisset cum heterodoxis et ipsis Judæis mitius esse agendum, religionemque Christianam, non minis et terroribus, sed benignitate ac *prædicationis suavitate*, persuaderi debere : postea tamen mutato consilio, frequenter scripsit Manichæos et Judæos qui in possessionibus Romanæ Ecclesiæ erant (cum mansuetudine pellici non potuissent) summopere esse insectandos et tributis onerandos : conversos autem ad fidem, remissis ex parte pensionum oneribus confirmandos. Et si, inquit, *ipsi minus fideliter veniunt* (ad Ecclesiam), *hi tamen qui de eis nati fuerint, jam fidelius baptizantur. Aut ipsos ergo, aut eorum filios lucramur* (*Lib.* v, *ep.* 8).

Quantum lucrandis animabus inhiaret S. Gregorius potissimum ostendit, missis ad Anglos adhuc idolorum cultui deditos prædicatoribus; de qua sacra expeditione nunc agendum.

CAPUT IV.

Argum. — 1. S. Gregorius mittit S. Augustinum in Angliam. — 2. Christianæ fidei exordium in Britannia. — 3. Angli idololatræ hanc occupant insulam. — 4. Quando profecti Augustinus et socii monachi. — 5. De reditu cogitantes a S. Gregorio corroborantur. — 6. Quo loco substiterint. — 7. Eorum iter per Galliam describitur. — 8. De Cantii quo appulsi sunt regno, rege, regina. — 9. Augustinus regem adit. — 10. Ejusdem ad regem oratio. — 11. Responsum Edilberthi. — 12 Cantuariam ingreditur cum sociis. Quo apparatu. (An. 595 et 596.)

1. Anglorum salutem jam a longo tempore sitiebat Gregorius, quod ex [c] antea dictis liquet, ac Britanniam cogitabat. Ut verbi Dei præcones illuc brevi profecturi aliquos adjutores haberent, jussit sapientissimus pontifex a Candido Gallicani patrimonii rectore, ex Anglorum gente comparari adolescentes, *ab annis decem et septem, vel decem et octo* (*Lib.* vi, *ep.* 7), et in monasteriis de fide ritibusque Christianis edoceri ac erudiri, quorum postea ministerio ad gentis totius conversionem uteretur. Etsi

---

[a] *Propterea præsentibus vobis licentiam damus epistolis, monachos de monasteriis in tua parochia positis, cum consensu abbatis sui tollere et presbyteros ordinare.*

[b] *De clero Ecclesiarum ipsarum, vel ex monasteriis, si qui digni ad sacerdotalem locum possunt inveniri.*
[c] Vide lib. i, c. 5, num. 5.

nondum tanto labori et operi maturi viderentur hi pueri (sexto enim anno sui pontificatus ineunte, de ipsis emendis scripsit S. Gregorius ad Candidum presbyterum; et eodem exeunte, Augustinum in Galliam misit, unde in Angliam postea transmitteret), hanc tamen expeditionem diutius procrastinandam non est ratus; sive quod morte, quam ex assiduis morbis vicinam esse suspicabatur, præveniri metueret, sive potius quia, ut ipse innuit ad Gallicanos episcopos scribens; Anglorum gentem velle fieri Christianam inaudierat; Bertha Edilberthi Cantiorum regis uxore Christiana, virum proculdubio ejusque subditos ad Christi fidem amplexandam pelliciente (*Ibid.*, epp. 52, 53, etc., 58, 59).

2. Insula illa omnium quæ Europæ adjacent amplissima, Britannia tunc dicta, et ab Anglis incolis Anglia postea magna ex parte nuncupata, longe antequam ab hac gente occuparetur, fidem Christianam 258 susceperat, et [a] ab ipsis quidem (si Eusebius Cæsariensis episcopus audiatur) Christi Salvatoris discipulis. Quinam illi fuerint non audemus asserere; vulgo tamen creditur Josephum ab Arimathæa [b] Britannis Christum annuntiasse. Sanctos apostolos Petrum et Paulum in Britanniam trajecisse, prædicandi Evangelii causa nonnullorum est sententia, ut apud Spelmannum legere licet; ad quod probandum adducunt testimonium Theodoriti. Qui Britannicæ et Anglicæ gentis historiam texuit venerabilis Beda (*Lib.* I, *Hist. c.* 4), de Lucii regis conversione agit, sedente Romæ Eleutherio, a quo Lucius verbi divini præcones petiit et impetravit, circa annum Christi 177 aut 180. Sane Tertullianus Eleutherii suppar lib. adversus Judæos, quem circa an. 208 elucubravit, docet cap. 7, Britannorum inaccessa Romanis loca Christo patuisse et subdita fuisse; cui suffragatur vix ætate et auctoritate inferior Origenes hom. 6 in Lucam.

Diocletiani persecutio multorum martyrum sanguine Britanniam purpuravit consecravitque, quos inter eminet S. Albanus, ex celeberrimo tota insula monasterio ejus nomine insignito notissimus. Pace Ecclesiæ reddita, plurimi e Britannia episcopi, variis quarto ineunte et decurrente sæculo habitis conciliis interfuerunt; Arelatensi anno 314, Sardicensi anno 551, et paulo post Ariminensi: unde profecta hæresis Ariana, corrupto pene toto orbe, hanc etiam insulam velut extra orbem positam infecit: *dum illius incolæ novi semper aliquid audire gaudent, et nihil certi firmiter obtinent,* inquit Beda de populis sibi notis suisque gentilibus (*Ibid.*, c. 8). Postea regnantibus Arcadio et Honorio, *Pelagius Brito contra auxilium gratiæ supernæ venena suæ perfidiæ longe lateque dispersit;* quæ per Agricolam Severiani episcopi Ariani filium, apud Britannos illata et propagata, Gallicanorum antistitum ope repressa est ac exstincta. Hi etenim supplicantibus Britannis, qui se ad superandas hæreticorum versutias, impares sentiebant, duos doctrina et sanctitate præcipuos in subsidium episcopos miserunt, Lupum Trecensem et Germanum Antissiodorensem episcopum, cujus præsertim miraculis et prædicatione qui perseverarant in fide, confirmati sunt, debellatique heterodoxi. Britannicam postea Ecclesiam a cæteris pene divisit Scotorum error et singularis in celebrando paschate ritus, quem doctissimus Petavius ortum putat ex Anatolii loco falsa Rufini interpretatione corrupto. Sane Anatolium, qui fuit Laodicenus tempore Diocletiani et Maximiani episcopus, mire laudat S. Columbanus in [c] epist. ad S. Gregorium, in qua pro hoc suorum Scotorum ritu decertat (*Cf. animadvers. ad Epiphanium hæres.* 51).

3. Christianam religionem in insula pene oblitterarant Angli et Saxones, aliique barbari nondum ab idolorum servitute liberati; quos Britones adversus Pictos et Scotos assiduos hostes, ab extrema Germania, malis avibus accersiverant. Ab his potior insulæ pars occupata est, et in septem ethnarchias, pro gentium diversitate divisa; Pictis interim e Scythia, et Scotis ex Hibernia oriundis Septentrionalem partem, Britonibus vero magis Australem retinentibus.

In tanta rerum perturbatione, neque Britones oppressi de serendo apud hostes infensissimos Evangelico semine cogitabant; neque, etiamsi de Christiana lege prædicanda solliciti fuissent, Angli eam erant amplexuri, ne victis victores deditionem fecisse viderentur. Gallicanorum episcoporum oscitantiam in accuranda eorum conversione carpit S. Gregorius ad Theodericum et Theodebertum, Francorum reges, scribens: *Pervenit ad nos Anglorum gentem ad fidem Christianam Deo miserante desideranter velle converti, sed sacerdotes e vicino negligere, et desideria eorum cessare sua adhortatione succendere* (*Lib.* VI, *ep.* 58).

4. Cæterum tantæ molis, utilitatisque majoris opus Gregorio debebatur, quod eum anno sexto sui pontificatus agressum esse testis est Beda: *Anno,* inquit, *decimoquarto Mauricii Augusti,* Christi juxta eumdem 596, *misit servum Dei Augustinum et alios plures cum eo monachos timentes Dominum, prædicare verbum Dei genti Anglorum* (*Lib. Hist. c.* 23). Præcipue Augustini adjutores fuere Laurentius presbyter et Petrus. De tempore cœptæ hujus expeditionis validius argumentum eruitur ex Epistolis ea de re scriptis, quæ omnes in indictionem XIV pertinent, et libro VI Registri continentur.

Ex iisdem epistolis liquet Augustinum fuisse Monachum et quidem [d] monasterii S. Andreæ cujus præpositus erat. Ipsius socios ex eodem monasterio sumptos et delectos, probant ista verba: *Remeanti Augustino præposito vestro, quem et abbatem vobis constituimus, in omnibus humiliter obedite* (*Lib.* VI, *ep.* 51).

5. At cum profecti essent, et aliquantum itineris

---

[a] Lib. III Demonstrat. Evang. pag. 112, ἐπὶ τὰς καλουμένας Βρετανικὰς νήσους.
[b] Vide Spelmanni præfationem in Concilia Angliæ, § de exordio Christianæ Relig. in Britanniis, et Danielem Langhornium in Antiquitatibus Albionensibus.
[c] Vide lib. IX Epp. S. Greg., ep. 127.
[d] S. Gregorius in ep. 3 lib. VIII, scribens Eulogio, Augustinum appellat monasterii sui monachum.

Londini, an. 1673.

confecissent, perculsi timore inerti, redire domum, potius quam barbaram, feram, incredulamque gentem, cujus ne linguam quidem nossent, adire decreverunt; quod tamen exequi minime ausi sunt inconsulto sancto pontifice. Ad eum itaque miserunt Augustinum ipsum Gregorio supplicaturum, ut sibi sodalibusque suis revertendi copiam concederet, ne se suamque gentem, imo summum ipsum pontificem Francorum Anglorumque ludibrio exponerent, ob tentatam temere nulloque fructu incertam aleaeque ac laboris plenam peregrinationem. At Gregorius, ut titubantes confirmaret, Augustinum ad socios redire jussit, quibus scripsit in haec verba : *Quia melius fuerat bona non incipere, quam ab his quae coepta sunt, cogitatione retrorsum redire, summo studio, dilectissimi filii, oportet ut opus bonum, quod auxiliante Domino coepistis, impleatis. Nec ergo vos labor itineris, nec maledicorum hominum linguae deterreant : sed omni instantia, omnique fervore quae inchoastis Deo auctore peragite*, etc., quae legi possunt tum apud Bedam, tum in Registro Epistolarum (*Lib.* vi, *ep.* 51). Ex tempore quo scripta est haec epistola (data legitur decima die Kalend. Augusti) conjici potest quando Augustinus et socii profecti fuerint. Eodem die et anno scriptam epistolam 52 ex Beda praesertim eam referente intelligimus. Eamdem quoque aetatem esse caeterarum Epistolarum, quibus papa praedicatores a se missos commendavit Galliae tum regibus et optimatibus, tum episcopis, facile in animum induxerim. Quippe cum illos nutantes cognovisset, 259 ac viso eminus tantum periculo territos, atque ad longam inter ignotas gentes peregrinationem minus expeditos, ad procuranda ipsis subsidia, quibus magna laboris pars levaretur animum adjecit. Hoc autem consilio scriptam fuisse epistolam 52 cum duabus immediate subjectis, necnon 57 duasque sequentes libri sexti; satis intelligitur ex argumento singulis praefixo.

6. Quo loco substiterint hi verbi sacri praecones non legimus. Apud Bedam (*Lib.* 1, *c.* 23) et in Vita S. Augustini tantum habetur eos *postquam aliquantum itineris confecissent,* seu emenso *aliquot dierum itinere,* cursum repressisse, et donec rediret Augustinus ad S. Gregorium ab ipsis missus moram fecisse. Conjicitur tamen, nec immerito, eos in Provincia, non longe ab insula Lirinensi consedisse. Id sane significant verba haec epistolae 53 libri vi, ad Stephanum abbatem Lirinensem : *Laetos nos relatio Augustini servi Dei praesentium portitoris effecit, quod dilectionem tuam, ut oportet, vigilantem esse narravit.* Quomodo enim Augustinus Romam ex suscepto itinere reversus, haec de Lirinensi abbate retulisset, si longe antequam ingressus esset Provinciam, patriam revisisset? Idem Augustinus adierat quoque Protasium Aquensem episcopum, et Arigium patricium, de quibus multa Gregorio tanquam oculatus testis narravit in Urbem redux (*Lib.* vi, *epp.* 55 et 57). Itaque quando legitur apud Bedam *aliquantum itineris* tantum progressos fuisse Augustinum ejusque sodales, id intelligendum non simpliciter, sed comparate ad multo longius quod conficiendum supererat. Eadem ratione debet explicari scriptor vitae S. Augustini, dum post iter *aliquot dierum* de reditu cogitasse monachos illos asserit. Nunc ipsos alacriter viam iterum carpentes videamus.

7. Ex commendatitiis quas Augustinus deferendas acceperat Epistolis descriptum habemus ejus iter per Gallias. Primo quidem appulerunt Massiliam, ubi Serenum episcopum salutarunt ; ex Gregorii nomine data ei epistola (*Lib.* vi, *ep.* 52). Postea pervenerunt Arelate, inviseruntque Virgilium archiepiscopum sanctae sedis vicarium, cui eos potissimum commendarat papa (*Ibid.*, *ep.* 53). Deinde adeunda Vienna cujus episcopus erat Desiderius, unus ex his ad quos Gregorius scripsit (*Ibid.*, *ep.* 54). Tum petendum Lugdunum, etsi ad Etherium hujus urbis episcopum nullae exstent litterae tunc ea de re scriptae. Inde tetenderunt Cabilonem, ubi Theodericus rex cum Brunichilde avia residere consueverat. Utrique papa suis commendarat epistolis Augustinum ejusque adjutores (*Ibid.*, *ep.* 58 *et* 59). Tum Augustodunum perrexerunt Syagrii episcopi opem imploraturi, litterasque papae oblaturi (*Ibid.*, *ep.* 54). Multis peragratis locis vel Divodurum Mediomatricum pervenerunt, vel Durocortorum Rhemorum, Theodeberti Austrasiae regis sedes, quem commendatos habere suos monachos verbi divini praecones, litteris plurimum rogabat S. Gregorius. Ab hujus regis aula Caesarodunum-Turonum venerunt, tum ut S. Martini tumulum sacrasque reliquias venerarentur, tum ut Pelagio Episcopo S. Gregorii litteras redderent (*Ibid.*, *ep.* 52). Utrum ex itinere deflectentes Mediolanum-Santonum adierint ad salutandum Palladium episcopum, ad quem papa scripserat, difficile est statuere. Fortasse cum plurimum gratia polleret apud Francorum reges, eum in aula invenerant, eique sanctissimi pontificis, qui eumdem jam beneficio devinxerat, litteras reddiderunt. Augustinum per Andegavos transiisse auctor est Gotselinus in ipsius Vita; narratque miraculum non longe a *Ponte Sai* sive, ut alii dicunt, *Ponte Caesaris.*

8. His omnibus omissis Beda scribit : *Roboratus ergo confirmatione beati Patris Gregorii Augustinus cum famulis Christi qui cum eo erant rediit in opus verbi, pervenitque in Britanniam* (*Lib.* 1, *c.* 25); et in insulam Tanetos dictam appulit regni Cantii portionem ad Orientalem plagam. In Cantio regione Britanniae Galliis objecta usque ad Humbrum fluvium, tunc regnabat [a] Edilberthus, cujus uxor erat Bertha, Chariberti Francorum Regis filia et Clotharii primi neptis : Anglo regi hac lege in matrimonium data, ut fidem Christianam retineret ac libere profiteretur; quapropter Luidhardum, Silvanectensem episcopum, secum duxit, ac in aula sacrorum ministrum habuit. Ab illa praesertim pellectum fuisse regem ad ejurandum idolorum cultum credimus, ex S. Gregorii consilio (*Lib.* xi, *ep.* 29), qui conversionem gentis An-

---

[a] Sic legendum, non *Adilberthus.* Edil lingua Saxonica significat gloriosum, honoratum juxta Spelmannum.

glorum ejus mercedi reservatam asserit, atque ad tantum opus perficiendum eamdem vehementissima adhortatione accendit : quasi Regiæ Francorum stirpis filiæ veram fidem pro dote viris suis afferre consuevissent. Sic enim Chlodesuinda, Chlotarii regis filia, Alboinum Langobardorum regem Christianum effecit; et Ingundis, filia Sigiberti et Childeberti regis soror, Hermenegildo Ariano tradita, eum ad catholicam inflexit fidem et ad martyrium inflammavit.

9. Augustinus ab insula Taneto misit ad Edilberthum ex suis sociis, qui dicerent se Roma profectos *nuntium ad eum ferre optimum, qui sibi obtemperantibus æterna in cœlis gaudia et regnum sine fine cum Deo vivo et vero futurum, sine ulla dubitatione promitteret (Beda lib. I, c. 25).* Eos perhumaniter excipiens rex, jussit ut in eo quo appulsi erant loco aliquandiu morarentur, donec quid facto opus esset decerneret, suppeditatis interim cunctis necessariis. Post dies aliquot venit ad insulam rex, et sub dio residens, Augustinum ac socios ad colloquium accersivit : *Caverat autem ne in aliquam domum ad se introiret, veteri usus augurio,* inquit Beda, *ne superventu suo, si quid maleficæ artis habuissent, eum superando deciperent. At illi non dæmoniaca, sed divina virtute præditi, veniebant, crucem pro vexillo ferentes argenteam, et imaginem Domini Salvatoris in tabula depictam, litaniasque canentes.*

10. Augustinus, impetrata loquendi licentia, regi aperuit se sociosque suos eo consilio advenisse, ut ipsum docerent qua ratione post mortem gloriosius regnaret, immortalitatisque coronam consequeretur. Ipsam credentibus in se Jesum Christum sua morte promeruisse, regnumque cœlorum reserasse. Nimirum tanto Deum amore flagrasse erga homines, ut, ad eorum salutem procurandam, Filium suum unigenitum turpissimæ morti, crucis videlicet supplicio, tradiderit. Ita crucis scandalum minime dissimulandum putavit egregius prædicator; quo magis divinam ejus virtutem ad hominem a mortis peccatique servitute liberandum commendaret. *Quid enim tam dignum Deo quam salus hominis?* Eumdem Christum post mortem resurrexisse, regnum cœlorum conscendisse, atque ad dexteram Patris 260 sedere adjecit; venturum autem in extrema mundi consummatione ad ferendum de cunctis mortalibus judicium. Atque ut fidem faceret, miracula enarravit innumera et stupenda, quæ divinitatis Christi certa argumenta sunt ; præ cæteris vero gentium fere omnium in suscipienda Christiana religione, idolisque rejiciendis miram conspirationem, licet renitentibus pravis hominum affectibus ac vitiis; quibus ita favebat Ethnicismus, ut divinos etiam honores pro eis decerneret ac rependeret, cum e contra mortem æternam corruptelæ morum stipendium esse doceat lex Evangelica. Subjunxit Augustinus orbem ita

[a] Postea *Cantuaria* dicta.
[b] De patratis ab Augustino sodalibusque ejus miraculis, non solum eorum acta loquuntur, sed etiam Beda loco laudato, et ipse Gregorius, præcipue in ep. 50, libri VIII, ad Eulogium : *Tantis,* inquit, *miraculis vel ipse (Augustinus) vel hi qui cum eo transmissi*

Christianum factum a Gregorio Romano pontifice sapientissime gubernari : qui salutem regis Anglorumque omnium sitiens, libenter hæc ipsis prædicaturus advolasset, nisi tot sibi creditarum ovium curam deserere formidasset optimus pastor : se vero pro ipso legatione fungi.

11. Ad hæc rex inter inoliti erroris tenebras, et affulgentem veritatis lucem anceps et cunctabundus, *respondit ut æger, favens quidem medicis, sed necdum patiens curationis, pulchra sibi videri verba et promissa; sed quia nova sunt et incerta,* inquit, *non possum assensum tribuere, relictis eis quæ tanto tempore cum omni Anglorum gente servavi. Verum quia de longe huc venistis, ut quæ vera et optima vobis videntur ea nobis communicaretis, pergratum habemus; annuimusque ut quicunque Christo nomen dare voluerint, a vobis suscipiantur, et pro vestro more instituantur (Beda, l. I, c. 25).* Præterea locum assignavit in civitate [a] Dorrobernia, totius regni metropoli, ubi commode manerent; et quæ ad vitam necessaria forent abunde suppeditari jussit.

12. Urbem regiam ingressi sunt, crucem et imaginem Christi Servatoris more suo præferentes, et litaniam hanc voce consona modulantes : *Deprecamur te, Domine, in omni misericordia tua, ut auferatur furor tuus et ira tua a civitate ista, et de domo sancta tua, quoniam peccavimus, alleluia (Beda, lib. I, c. 25).* In concessa sibi sede Augustinus ejusque commilitones, apostolicam nascentis Ecclesiæ vitam imitari cœperunt, cuncta mundi hujus velut aliena spernendo, et ea tantum quæ victui necessaria forent ab eis quos docebant accipiendo, ut exemplis potius quam verbis legis Christianæ sanctitatem commendarent. His innoxiis illecebris allecti ad veritatis retia non pauci, fidem in Christum amplexi sunt; quibus in antiqua sancti Martini juxta urbem Ecclesia, sola tum superstite, synaxes agere concessum est. At postquam rex ipse credidit et baptismo initiatus est, [b] miraculorum quibus Deus servorum suorum doctrinam sanctitatemque confirmabat, invicto testimonio ultra reluctari non ferens, vetera templa diruta restaurare ac nova exstruere mira cœperunt alacritate neophyti. Nimirum tanta tunc Ecclesiæ nascenti facta est accessio, Anglis regis exemplum certatim sequentibus (licet ad religionem neminem cogeret) ut eos prior Ecclesia minime caperet.

CAPUT V.

ARGUM. — 1. Augustinus ordinatur episcopus. — 2. Baptizat decem Anglorum millia. Romam mittit et papam consulit. — 3. A quo novum prædicatorum subsidium accipit. Et alia plurima. — 4. Epistolæ S. Gregorii ad regem. Ad reginam. Et ad Augustinum. — 5. De monasterio prope Cantuariam condito: Et monastica vita in Ecclesia Cantuariensi instituta. Luculentum ea de re Bedæ testimonium. — 6. Alterum ex Beda sumptum argumentum ineluctabile.

1. Datam sibi a S. Gregorio provinciam tam felici-

sunt, in gente eadem coruscant, ut apostolorum virtutes in signis quæ exhibent, imitari videantur. In solemnitate autem Dominica Nativitatis, quæ hac prima indictione transacta est, plus quam decem millia Angli ab eodem nuntiati sunt fratre et coepiscopo nostro baptizati.

ter auspicatus Augustinus, ejusdem jussu in Galliam trajecit ubi *a Germaniarum episcopis factus est episcopus* (*Lib.* VIII, *ep.* 30). Per Germanias Gregorius intelligit Gallias tunc a Francis e Germania oriundis et profectis occupatas. Forsitan quoque Germanias inter Arelatensem censuit provinciam ob Burgundiones ejus incolas origine Germanos (*Lib.* v, *ep.* 53). Eadem enim ratione Apollinaris Sidonius provinciam Lugduno subditam, Lugdunensem Germaniam appellat. Ab episcopo Arelatensi ordinatum fuisse Augustinum refert Beda (*Beda, lib.* I, *c.* 27); quem memoria lapsus Etherium nominat.

2. In insulam reversus novus apostolus ipso [a] Natalis Domini die plus quam decem Anglorum millia lustralibus aquis tinxit. Quod indictione I contigisse testatur Gregorius ad Eulogium scribens (*Lib.* VIII, *ep.* 30), hoc est pontificatus sui anno octavo. Mox Augustinus duos ex sodalibus, Laurentium et Petrum Romam misit, ut de omnibus quæ gesta fuerant certiorem facerent sanctum pontificem, eumque de nonnullis quæstionibus interrogarent et consulerent, quas cum ipsius responsis ad singulas legimus tum apud Bedam, tum in Epistolarum Registro (*Lib.* XI, *ep.* 64). Præcipuæ sunt de quatuor ecclesiasticorum redituum et oblationum portionibus faciendis, de clericis post susceptum clericatum conjugatis, de consanguinitatis affinitatisque gradibus matrimonium impedientibus, de ordinatione episcoporum. Canonibus quidem cautum erat, ut episcopo alterum consecranti duo alii adessent episcopi, saltem 261 tanquam testes. Verum quia in Anglorum Ecclesia Augustinus solus tunc erat episcopus, annuit papa ut ab illo solo episcopi possent ordinari.

3. Quandoquidem ab Augustini legatis acceperat Gregorius messem in Anglia multam esse, operarios autem paucos (cum quadraginta tamen circiter sociis in insulam hac appulsus fuerat), novum subsidium, plurimos videlicet selectos ad verbi divini altarisque ministerium monachos, Laurentio et Petro adjunxit; quorum præcipui fuerunt Mellitus, Justus, Paulinus, Rufinianus. Transituris per Galliam [b] litteras dedit commendatitias ad Brunichildem reginam, ad reges et ad præcipuos Galliarum episcopos, in quibus omnibus Mellitum abbatem, cæteros vero monachos vocat. Ex monasterio S. Andreæ prodiisse supplementum hoc prædicatorum, unde etiam priores educti, significare videntur illa verba epistolæ ad Mellitum abbatem: *Post discessum congregationis nostræ quæ tecum est,* etc. (*Lib.* XI, *ep.* 76). Quod argumento est quantum floreret Gregorianum hoc cœnobium.

Per eos papa misit ad Augustinum quæque erant ad cultum divinum et ad ministerium ecclesiasticum necessaria, vasa sacra videlicet, pallia vestiendis et ornandis altaribus, sacerdotalia indumenta, martyrum reliquias, et codices plurimos (*Beda, lib.* I, *c.* 29). Addidit pallium et epistolam qua novo apostolo de Anglorum conversione, ac de patratis ab ipso miraculis ita gratulabatur, ut ad humilitatem et de acceptis donis formidinem nihilominus discipulum suum provocaret, a reprobis facta miraculâ ei objiciens (*Lib.* XI, *ep.* 28; *Beda, lib.* I, *c.* 31).

4. Scripsit quoque Edilbertho regi, gratias agens pro fide Christiana quam susceperat, et velut alter Constantinus propagaverat; qua in epistola Augustinum impense laudat, quod in monasterii regula doctus sit, sacræ Scripturæ scientia repletus, et bonis, auctore Deo, præditus operibus : dignus proinde quem rex monentem audiat, cui suadenti morem gerat (*Lib.* XI, *ep.* 66).

Ante illam Edilbertho regi scriptam epistolam, Gregorius Berthæ ipsius uxori scripserat, ei gratulatus quod tanquam altera Helena, Constantini imperatoris mater, zelo fidei accensa, conversioni Anglorum operam daret; eam tamen tacite neglectus arguens ob Edilberthum ad Christianam fidem nondum ejus curâ et prudentiâ inflexum; qui paulo post Christo se subdidit (*Ibid., ep.* 29).

Præter epistolam ad Augustinum missam, cujus meminimus supra (*Lib.* I, *c.* 29), exhibet aliam venerabilis Beda, in qua legimus Augustino jus pallii concessum, potestatemque datam duodecim episcopos ordinandi, qui ejus ditioni subjacerent; ea lege ut Londoniensis episcopus in posterum semper a propria synodo consecraretur, palliumque ab apostolica sede acciperet (*Lib.* XI, *ep.* 65). Eboracensem quoque episcopum ab ipso ordinandum, constituit deinceps metropolitano jure palliique honore potiturum; a quo, si finitimæ urbes verbum Dei reciperent, duodecim episcopi instituerentur. Post Augustini mortem, quem quandiu viveret, voluit Gregorius Angliæ primatum obtinere, decrevit ut ex Londoniæ ac Eboracæ civitatis episcopis ille primas haberetur, qui prior fuisset ordinatus. Ex hac epistola conjicere licet summo pontifici prius placuisse, ut Augustinus Londoniæ potius quam Doroberniæ cathedram haberet. Aliter vero visum est postea ; primaque sedes episcopalis Angliæ, Doroberniæ seu Cantuariæ remansit.

5. Augustinus prope eamdem civitatem monasterium construxit, in quo, ipso auctore, rex Ecclesiam beatorum apostolorum Petri et Pauli nomine ædificari curavit, ac diversis ditavit donis; quæ ejusdem Augustini et omnium deinceps episcoporum Dorobernensium, necnon regum Cantii conditorium fuit. Hoc monasterium primum abbatem habuit Petrum [c] mona-

---

[a] Siricius papa in ep. ad Himerium Tarracon. can. 2 damnat quidem eos qui passim baptizant in Natalitiis Christi aliisque solemnitatibus ; solumque Paschale tempus ac Pentecosten assignat ad celebrandum baptismum. Ab hac tamen eximit lege necessitatis casus. Sane Clodovæus, qui primus ex Francorum regibus Christo nomen dedit, die Natalis Domini baptizatus est cum multis aliis, ex epistola S. Aviti Viennensis episcopi ad eumdem Clodovæum. Quod confirmatur Anastasii II ad ipsum scribentis ep. 2 : *Tuum, gloriose Fili, in Christiana fide cum exordio nostro in pontificatu contigisse gratulamur.* Porro Anastasius paulo ante Natalem Christi diem pontificatum auspicatus est.

[b] Lege lib. XI epistolas 54, 55 et septem immediate sequentes.

[c] Hic Romam cum Laurentio missus fuit. Beda quidem eum vocat tantum presbyterum loco indicato : verum c. 27 ejusdem libri eumdem fuisse monachum clare docet.

chum et presbyterum, cujus jam meminimus. De ejusdem sanctitate, morte, editisque post mortem ad ejus sepulcrum miraculis legendus venerabilis Anglicanæ historiæ scriptor (*Beda, lib.* I, *c.* 33).

In Ecclesia quoque metropolitana Cantuariensi S. Augustinus vitam observavit cœnobiticam cum suis sociis, et observandam deinceps instituit, ex Gregorii consilio vel præcepto his verbis dato : *Quia*, inquit, *tua fraternitas monasterii regulis erudita, seorsum vivere non debet a clericis suis in Ecclesia Anglorum, quæ auctore Deo nuper ad fidem perducta est, hanc debet instituere conversationem quæ in initio nascentis Ecclesiæ fuit patribus nostris, in quibus nullus eorum ex his quæ possidebant aliquid suum esse dicebat, sed erant illis omnia communia* (*Lib.* XI, *ep.* 64).

Equidem haud inficior his verbis æque significari posse vitam cœnobiticam et communem, qualis est canonicorum, ut vocant, regularium, ac monasticam. Verum de conversatione monastica in Ecclesia Cantuariensi instituta qualis decebat Augustinum ejusque socios monachos, id interpretatur venerabilis Beda, sane hac in re audiendus. Cum enim historiam ecclesiasticam suæ gentis texendam suscepisset accuratissimus et doctissimus scriptor, S. Augustini aut ejus discipulorum fere suppar (eodem nempe sæculo florere cœpit quo Augustinus Christianæ religionis in Anglia fundamenta jecit, et tanto operi est immortuus) non potuit eum fugere, quale vitæ genus in primaria Anglorum Ecclesia, clericorum an monachorum instituerit vir sanctissimus. Bedam igitur audiamus lib. IV Hist. Eccles. c. 27 : *Quia nimirum*, inquit, *Aidan qui primus hujus loci* (Lendisfarnensium *episcopus fuit, cum monachis illuc et ipse monachus adveniens, monachicam in eo conversationem instituit. Quomodo et prius beatus Pater Augustinus in Cantia fecisse noscitur, scribente ei beatissimo papa quod supra posuimus* : *sed quia tua fraternitas, inquit, monasterii regulis erudita, seorsum fieri non debet a clericis suis*, etc. Unde patet minus fidos esse mentis S. Gregorii interpretes, qui ex his verbis extundunt clericalem vitam quam canonici regulares vulgo dicti sectantur, a beato Augustino fuisse in primaria Anglorum Ecclesia institutam : nisi fateri velint monachos eosdem esse atque canonicos communis vitæ sectatores.

6. Mentem suam clarius explicat venerabilis Beda in vita S. Cuthberti cap. 16 : *Neque aliquis miretur*, inquit, *quod in eadem insula* [Lendisfarnea], *cum permodica sit, et supra episcopi, et nunc abbatis et monachorum esse locum dixerimus. Re vera enim ita est. Namque una eademque servorum Dei habitatio utrosque simul tenet. Imo omnes monachos tenet. Aidanus quippe qui primus ejusdem loci episcopus fuit, monachus erat, et monachicam cum suis omnibus vitam semper agere solebat. Unde ab illo omnes loci ipsius antistites, usque hodie sic episcopale exercent officium, ut regente monasterium abbate, quem ipsi cum consilio fratrum elegerint, omnes presbyteri, diaconi, cantores, lectores cæterique gradus ecclesiastici monachicam per omnia cum ipso episcopo regulam servent. Quam vivendi normam multum se diligere probavit beatus papa Gregorius, cum sciscitanti per litteras Augustino quem primum genti Anglorum episcopum miserat, qualiter episcopi cum suis clericis conversari debeant, respondit inter alia : Sed quia tua fraternitas monasterii regulis erudita seorsum fieri non debet a clericis suis, in Ecclesia Anglorum, quæ Deo auctore nuper adhuc ad fidem perducta est; hanc debet conversationem instituere, quæ in initio nascentis Ecclesiæ fuit patribus nostris,* etc., ut supra.

Ex tam perspicuis verbis pene oculati ac indubitatæ fidei testis patet Dorobernensem Ecclesiam, æque ac Lendisfarnensem, pro clero suo solos habuisse monachos. Unde mirari subit nuperi scriptoris commentum qui de ordine canonicorum regularium scribens (*Cap.* II, *art.* 1 *et seq.*), Augustinum ejusque socios exhibet tanquam primum exemplum clericorum communiter canoniceque viventium ; cumque tam apertis testimoniis quæ ipsos fuisse mansisseque monachos luce clarius probant, effugium non inveniret : ipsos fingit ea lege in clerum cooptatos fuisse, ut monachismum ejurarent. Quibus rationibus fulcire conetur hoc paradoxum, nunc expendamus, licet paulo extra Gregorianæ historiæ metas, hac in disceptatione, excurrere videamus.

CAPUT VI.

ARGUM. — 1. Objecta ex Gregor. Epistolis dissolvuntur. — 2. Respondetur alteri objectioni. — 3. An monachus ad clericatum promotus, ultra non dicatur monachus, apud S. Gregorium. — 4. Monachi olim clerici passim dicti. — 5. Utrum canonicos reg. instituerit S. Gregorius. Joannes Diaconus explicatur. — 6. Num vita communis canonicum potius innuat quam Monachum. — 7. Objectorum Joannis Diaconi verborum genuinus statuitur sensus. An canonicis regularibus annumerandi clerici omnes qui juxta canones vivunt. — 8. De discrimine canonicorum sæcul. et regul. — 9. Novum de S. Augustini sociis monachis nuncuam ordinatis commentum. — 10. Laurentius et alii S. Augustini sodales omnes fuere monachi. — 11. De presbyteris Arelatensibus Augustinum secutis aliud figmentum. — 12. Gregorii ad August. responsio explicatur. — 13. Urbani II testimonium expenditur. — 14. Decretum Bonifacii IV. Pro monachis ecclesiastica munia obeuntibus. — 15. Ejusdem epistola pro monachis in Ecclesia Cantuar. militantibus. Male a nupero scriptore intellecta.

1. Duæ nobis opponuntur S. Gregorii epistolæ. In priori, quæ libri quarti prima est, legitur : *Nemo potest et ecclesiasticis officiis deservire, et in monachica regula ordinate persistere,* etc. Ergo admissis in clerum Augustini sociis integrum non fuit monastica retinere instituta. Huic loco jam multoties responsum est tum a Mabillonio nostro, tum a nobis, lib. II, c. 12, § 11, et in notis ad hanc epistolam, ubi genuinum verborum illorum sensum aperuimus. Jam dictis tamen addendum, fateri nos perlibenter monachos qui nonnullis Ecclesiasticis officiis deserviunt, qualia sunt verbi divini assidua prædicatio, sacramentorum administratio, Ecclesiarum gubernatio, quæque Gregorius his verbis significat : *Qui quotidie in obsequio Ecclesiæ cogitur permanere,* non posse ad amussim omnia regulæ monasticæ instituta districtius observare, in silentio, vigiliis, jejuniis, aliisque similibus ; quod est Gregorio, *districtionem monasterii tenere.*

Unde abbates aliique coenobiorum præfecti, a quorum verbo et exemplo pendet vigor omnis regularis observantiæ, non possunt simul ecclesiastica implere munia, et monasteriis præesse. Cæteri vero monachi, si Ecclesiarum plebiumque curam gerant, aliquid de rigore disciplinæ remittere cogantur. At idem dicere sive de canonicis regularibus, maxime severioris et arctioris observantiæ, qualis adhuc viget apud Præmonstratenses Reformatos, sive de eorum præfectis quid prohibet? Ideone vero somniabit quis eos non posse clericorum simul obire munus, et ecclesiasticis officiis addici? nisi prius canonicorum regularium instituto valedicant. Adhibita forsan distinctione respondebunt illi, duo in suo canonicorum regularium instituto conjuncta ; vota scilicet quæ ad sui status essentiam pertinent, et pias quasdam ascesses, quales sunt certis horis in choro psallere, lectioni, orationi, meditationi operam dare, in communi coenaculo cibum sumere, ab hominum consortio secedere, silentioque studere, eodem loco et tempore decumbere, etc. Et quidem horum dispendium pati eos qui aut lucrandis aut regendis animabus incumbunt; vota vero illibata permanere. At eamdem simul responsionem suppeditabunt monachis sacerdotale munus obeuntibus, nodique solutionem quem ex priori Gregorii testimonio adstringere conantur.

2. Ad posteriorem locum jam veniamus. S. Doctor, lib. VII, ep. 43, hæc decernit : *Si quispiam abbatum aut monachorum ex quocunque monasterio ad clericatus officium vel ordinem sacrum accesserit, non illic aliquam habeat ulterius, ut diximus, potestatem*; ergo hoc ipso quod ad curam Ecclesiæ sustinendam ordinabatur monachus, monachatus auferebatur, inquit nuperus scriptor. Mira sane consequentia. Quasi vero idem esset potestas in monasterio, et monasticus status, qui obedientia et subjectione potius quam potestate ac auctoritate constat. Scopum autem S. Gregorii hæc scribentis jam ostendimus (*Supra* cap. 3, num. 9). Cæterum ut tam dubiis, ne dicam plane falsis, certissima et invictissima opponamus argumenta, breviter ostendamus primo Gregorium Magnum non *sic ubique clericum a monacho sejunxisse, ut quem semel clericum appellaverit, is hoc ipso quisquis est, nequaquam sit pro monacho putandus*, quod forte aliud cogitans dixit ille scriptor : secundo monachos passim clericos etiam dictos in celeberrimis scriptoribus Gregorio synchronis.

3. Sane clericus jam erat, et ecclesiasticis, imo apostolicis officiis addictus S. Augustinus, cum eum ad Anglorum conversionem misit sanctissimus magister. Eumdem tunc aut presbyterum aut Diaconum saltem fuisse pene liquet, quod Gregorius illum, nulla alterius ordinis collati facta mentione, ordinatum episcopum testetur. Nihilo tamen minus eumdem monachum adhuc appellat ad Eulogium scribens : *Dum gens Anglorum in mundi angulo posita, in cultu lignorum ac lapidum perfida nuncusque remaneret, ex vestræ mihi orationis adjutorio placuit, ut ad eam monasterii mei monachum in prædicationem transmittere Deo auctore debuissem. Qui, data a me licentia a Germaniarum episcopis episcopus factus* (*Lib.* VIII, *ep.* 30).

Idem de S. Augustini sociis et in Anglorum conversione adjutoribus dicendum est, quos S. Gregorius, etsi ad prædicandum missos et ad apostolica opera, nunquam non monachos appellat : *Quia*, inquit, *Redemptoris nostri gratia cooperante, tanta de Anglorum gente ad christianæ fidei gratiam multitudo convertitur, ut reverendissimus communis frater et coepiscopus noster Augustinus eos qui secum sunt, ad hoc opus exsequendum, per diversa loca asserat non posse sufficere : aliquantos ad eum monachos cum dilectissimis et communibus filiis Laurentio presbytero et Mellito abbate prævidimus transmittendos.* (*Lib.* XI, *ep.* 58). Idem repetit ad nauseam usque in epistolis aliis ea de re scriptis (*Ibid.*, *epp.* 54, 55, 56, 57, 59, 60, 61, 62). Brevi audiemus Bonifacium IV non secus ac antecessor Gregorius loquentem in epistola ad Edilberthum regem : *Ut ipsi vestræ salutis prædicatores monachi monachorum gregem sibi associent.* Non pudet Bonifacium appellare monachos, illos prædicatores haud dubie clericos, imo episcopos, presbyteros, diaconos.

4. Ex coævis scriptoribus sufficiat nobis Gregorius Turonicus ut ostendamus tunc temporis Monachos passim clericos dictos. In lib. I de Gloria Mart. c. 76, qui in monasterio Agaunensi Deo laudes persolvebant, indiscriminatim vocantur modo clerici, modo monachi. *Mulier*, inquit Gregorius, *quædam filium suum unicum ad hoc monasterium adducens, abbati tradidit erudiendum, videlicet ut factus clericus sanctis manciparetur officiis. Verum cum jam spiritalibus eruditus esset in litteris, et cum reliquis clericis in choro canentium psalleret*, etc. En clerici dicuntur Agaunenses ; at paulo infra monachi appellantur : *Audies vocem ejus inter choros psallentium monachorum. Et paulo post : Ubi..... antiphonam caterva suscepit monachorum, audit genitrix, parvuli vocem cognoscit.* Idem Gregorius libro de miraculis S. Juliani c. 28 : *Clericus autem quidam Aridii Lemovicini abbatis*, etc. Multa omitto quibus narrat clericum hunc miraculo in basilicam S. Juliani fuisse introductum. Et subdit : *Quod ne quis dubitet, testor omnipotentem Deum, quia ab ipsius abbatis ore hæc omnia cognovi apud cujus monachum gesta sunt.* Vides hic monachum, quem supra clericum legisti. At vice versa cap. 35, quem prius Monachum dixit, statim clericum appellat. Etsi vero monachus ad ecclesiasticas curas et dignitates assumptus monachus ultra non diceretur, esse tamen minime desineret, quod contendit vir doctus, at in lectione Gregorii Magni pene peregrinus. Cum enim denominatio a nobiliori gradu desumatur, quid mirum si quis monacho superinduens episcopum, exempli gratia, non amplius monachus vociretur, licet monachum non deposuerit, et in monasticis etiam institutis, in vigiliis, jejuniis, orationibus perseveret? De his quæ delibamus tantum, legendi sunt noster Mabillonius tum in Præfat. ad sæculum II Bened., num. 27, tum in resp. 1 ad scriptum canonicorum reg. de sessionibus in Burgundiæ

comitiis, Hadrianus Valesius in disceptatione de basilicis, et in ejus defensione, necnon Thomassinus Disciplinæ Eccles. parte I, lib. I.

5. Magnum sane opinatorem esse virum eruditum cujus nunc argumenta expendimus, inficiabitur nemo, qui ad ea ponderanda liber ab omnibus præjudiciis accesserit; quæ videlicet proponere, refellere est, ut ex mox dicendis palam fiet. Non stabit per ipsum quominus persuasum habeamus Gregorium Magnum canonicos regulares instituisse, posteaque decrevisse ut ex eodem instituto clerici primam Anglorum Ecclesiam Cantuariæ conditam occuparent; tandemque reliquas Angliæ sedes pontificales canonicis clericis similiter obvenisse.

Primum quidem probare nititur ex Joanne Diac. lib. II Vitæ S. Greg. cap. 12: *Videbantur*, inquit, *passim cum eruditissimis clericis adhærere pontifici religiosissimi monachi, et in diversis professionibus habebatur vita communis: ita ut talis esset tunc sub Gregorio penes urbem Romam Ecclesia, qualem hanc fuisse sub apostolis Lucas et sub Marco Evangelista penes Alexandriam Philo commemorat.*

Hic agnosco nostrum Gregorium monasticæ vitæ cultorem, et monastici sui instituti retinentissimum, monachos habentem convictores, *cum quibus diu noctuque versatus, nihil monasticæ perfectionis in palatio... dereliquit*, inquit Joannes. Video quoque ipsi adhærere clericos, qui libere nullis adstricti votis, nulla lege obligati, cum monachis communem ducebant vitam. Cæterum de canonicorum regularium instituto cujus fuerit parens S. Gregorius, neque hoc in loco quidquam legitur, neque ullis in epistolis aut lucubrationibus Gregorianis. Num ergo clerici statim ac vitæ victusque communitatem habebunt, continuo evadent canonici regulares?

At inquies cum docto viro, poeta, nescio quis meminit canonicorum ordinis Gregoriani; ergo Gregorius Magnus canonicorum regularium ordinem instituit; *Et quidni*, ait, *nos Gregorianos canonicos honoris causa nominemus?*

Absit ut pios ac religiosos viros Gregoriani ordinis canonicos eodem sensu appellemus, quo ab illo poeta dicuntur, quos refert e S. Walarici monasterio ejectos his verbis:

Ordine dux Hugo vacuans mox Gregoriano
Templum, normalem statuit normam monachilem.

Nam ex historia relationis S. Walarici discimus (*Mabill.*, sæc. v) canonicos illos sæculares fuisse: *Tunc præfatus Dux magna sollicitudine procurans S. Walarici locum, abjecit ab eo sæcularem congregationem, et aggregavit in eo regularem ordinem monachorum.* Ita scriptor suppar, quem latere non potuit qui et quales fuerint isti canonici ut sal infatuatum foras projecti, forte ideo Gregoriani ordinis dicti quod in psalmodia ordinem Romanum a Gregorio concinnatum sequerentur (non monasticum qualem præscribit S. Benedictus), et postea observarunt qui canonicis successerunt in S. Walarici ecclesia Benedictini Monachi.

6. Id fallit virum nimio in ordinem suum studio æstuantem, quod ubicunque vitæ communis juxta prioris et apostolicæ Ecclesiæ morem occurrit mentio, id ad probandum canonicorum regul. institutum trahat: non attendens cœnobiticam et communem monachorum vitam, etiam ad ejusdem antiquioris ab apostolis institutæ Ecclesiæ modum normamque præscriptam fuisse, et in omnibus pene monasticis regulis exemplum veteris illius Ecclesiæ Jerosolymitanæ sub apostolis, in medium adduci: *Omniaque omnibus sint communia*, inquit S. Benedictus, *sicut scriptum est* (Act. IV), *nec quisquam suum aliquid dicat vel præsumat.* Et cap. 34: *Si omnes æqualiter debeant necessaria accipere. Sicut scriptum est, dividebatur singulis prout cuique opus erat.* Cum sancto Benedicto vero hac in parte concinunt omnes fere monasticarum regularum, conditores, ut videre est in concordia regularum, auctore S. Benedicto Anianæ abbate, capp. 42 et 43, proindeque potiori jure monachi sibi vendicare possunt veterum de vita cœnobitica et communi testimonia.

Quod spectat ad Ecclesiam Alexandrinam sub S. Marco sanctitate florentissimam, plerique veterum qui de rebus monasticis egerunt, in ipsa et in therapeutis Philonis a Joanne Diacono commemoratis, propositum esse status politiæque monachorum exemplar, non canonicorum, censuerunt.

7. Exploso falso verborum Joannis Diaconi fictitioque sensu, sincerum jam et genuinum aperiamus. S. Gregorius qui monachis convictoribus usus fuerat, cum Constantinopoli apocrisiarium ageret, *ut eorum exemplo semper ad orationis placidum littus quasi anchoræ fune restringeretur* (*Præfat. Moral.*), eosdem voluit habere contubernales, postquam ad pontificatum invitus raptus est, palatiumque suum velut in aliquod monasterium convertit, ubi familiariter ipsi assidebant selecti quidam ex monachis. Sex monachos pietate ac sanctitate insignes recenset Joannes Diaconus. Quatuor quoque clericos nominat prudentia et eruditione conspicuos, quorum operam et consilium sive in Ecclesiæ negotiis, sive in studiis adhibebat. Præterea cum a cubiculo suo sæculares omnes removisset (quod etiam ut fieret a pontificibus imposterum decrevit Romana synodus. [*Decret.* 1] ipso auctore), quosdam ex clericis et ex monachis indiscriminatim accersierat qui sibi ministrarent. Quorum omnium unanimitatem, licet in diversa professione, vitamque socialem et communem admiratus Joannes Diaconus, non dubitavit dicere in ea societate et concordia visas esse veluti redivivas fundatas ab apostolis apud Jerosolymam, et Alexandriæ a S. Marco Ecclesias. Cæterum de canonicis regularibus a Gregorio institutis, ne quidem per somnium cogitavit, quippe cum nulli fuerint sive S. Gregorii sive etiam Joannis temporibus. Neque enim iis adscribendi sunt clerici omnes juxta canones et regulas Ecclesiæ mores componentes suos quos ab exordio exstitisse constat, nisi votis fuerunt alligati. Sane ab undecimo sæculo canonicorum regularium, qui monachorum more, iisdem fere votis obligati, suis abbatibus aut præpositis obedientes sub arcta disciplina viverent, sæpe fit mentio apud Fulbertum, Bernardum, Petrum Blesensem et alios au-

ctores cœævos : abbatiarum aut aliorum monasteriorum pro hujusmodi canonicis tunc exstructorum origines novimus, vel aliorum jam exstantium quæ ipsis cesserint mutationes (ipsis enim præposituræ non paucæ ordinis S. Benedicti sunt concessæ, quas inter eminet celeberrimum S. Victoris apud Parisios asceterium); de his vero ante illud sæculum nihil occurrit. Nam Aquisgranenses canonici aut qui Chrodegangi regulam sectabantur, vel etiam Eugenii II et Leonis IV, non solum a religiosis et solemnibus votis soluti vivebant, sed etiam ex regularum suarum præscripto nonnihil proprii habebant et peculii ; [a] fatente ipso canonicorum regul. oratore, quem hic impugnamus. Porro vel hæc sola proprii retentio, ex ipsomet regulæ instituto, a canonici regularis statu adeo abhorret, ut evertat, et sæcularem eum efficiat. (*Cf. Gall. Christ. Alberic. ad an.* 1029.)

8. Scio equidem minimum discriminis inter canonicum sæcularem et regularem agnosci a Disquisitionum auctore apud quem non absque stupore legi c. 1, art. 2, pag. 8 : *Cæterum qui meminerit monachos Benedictinos in ordinem Cluniacensem, aut Tyronensem, in ordine majoris monasterii atque in alios bene multos ordines fuisse* XI *sæculo atque* XII *distributos, is facile intelliget quomodo id tempus regularium ordo et sæcularium ordo canonicorum, tametsi uterque uniusmodi esse debuisset, inter se distingui ac secerni potuerint.* Unde infert : *sed neque doctus quispiam si viderit regiones canonicis sæcularibus abundantes diu regularibus caruisse, inde quidquam eliciet ad impingendam canonicis regularibus novitatem. Alioquin simili argumento necesse est ut conficiat a Cluniacensibus aut æqualibus monachis esse Benedictini ordinis sumenda primordia.* Itaque ad mentem nuperi scriptoris, in ordine canonicorum haud majus est discrimen regulares inter ac sæculares, quam in ordine Benedictino inter Cluniacenses, Tyronenses, etc., qui cum omnes magistram sequerentur regulam S. Benedicti, eorumdemque votorum lege tenerentur, penes minutissimos ritus distingui tantum poterant, ut aiunt, accidentaliter; indeque consequens est nihil esse quod secernat canonicum regularem a sæculari quoad essentiam, ad quam proinde neque vota neque religiosæ vitæ instituta pertinent, sed velut inter adiaphora debent amandari, levissimamque tantummodo constituunt differentiam.

Ad hæc, fateor, expavi ; et nisi nota scriptoris ejusque sodalium religio securum me fecissent, valde veritus fuissem, ne forte iis defectio transitusque ad canonicos sæculares pararetur, quos adeo vicinos, et vix levissima differentia discretos ostendit *Disquisitionum* parens. Verum hæc ipsi incautæ, inconsultisque maxime suæ congregationis religiosissimis præpositis, excidisse credere maluerim, quam ultra urgere. His itaque omissis, postquam probavimus plane fictitium esse quod excogitavit hic scriptor de canonicis regularibus in Ecclesia Romana a Gregorio Magno formatis, expendamus **265** utrum melius divinarit,

quando eosdem, jubente sanctissimo pontifice, in Cantuariensi Ecclesia institutos asserit.

9. Primo quidem fingit ex monachis ad Anglorum conversionem procurandam delectis, a S. Gregorio nullum aut ordinatum aut ordinandum ex ejusdem sententia fuisse, præter Augustinum : *Necdum scilicet*, inquit, *Gregorius cogitabat de monachorum ordinatione; tantummodo Augustinum eis episcopum ordinandum, si ab Anglis susciperentur, disposuerat* (*Lib.* XI, *ep.* 58 *et seq.*). Ergo eos non ad verbi divini prædicationem aut ad sacrum ministerium (quod tamen ipse ubique clamat, [b] consentientibus Beda, Bonifacio IV, Scriptore Vitæ S. August., etc.), sed fortasse ad olera serenda, aut ad coquinæ curam habendam. Cui enim sapienti veniat in mentem, mittere ad opus apostolicum laicos etiam nunquam ordinandos, maxime cum sacrorum ministrorum adest copia ?

Haud equidem diffiteor a Gregorio solum Augustinum ad episcopalem dignitatem, statim, cum adhuc anceps esset de eventu, delectum fuisse. Verum de aliis ordinibus aut nondum collatis, aut nunquam conferendis Augustini sodalibus altum ubique silentium. Imo ex monachis ejus adjutoribus fere quotquot novimus, episcopi fuere, ut Mellitus Londoniensis, Justus Roffensis ; qua de re legendus Beda.

10. Secundo placet canonicorum regularium patrono, Laurentium presbyterum unum ex Augustini sociis, ex numero et censu monachorum expungere, suisque adscribere. Quo vero jure, cum eos omnes monachos clament S. Gregorius, Beda, et alii qui de ipsis loquuntur ? Num quia presbyter erat ? quasi tunc nulli exstitissent in monasteriis presbyteri, contra quam probant tot S. Gregorii [c] epistolæ. Gotselinus in Vita S. Augustini eum ejusque symmystas, *a maternis visceribus monasterialis Ecclesiæ avulsos fuisse* dicit; additque *tot Dominicæ legationis manipulares, ad quadraginta numerari*, quot videlicet Beda narrat ad insulam Tanetum applicuisse. Ergo nullus locus relinquitur presbyteris non monachis sive ex Italia, sive ex Gallia assumptis, nequidem Arelatensibus quos suo ordini liberalissime tribuit Disquisitor ; fingitque religionem canonicam ad Anglicam Ecclesiam detulisse. Injunxerat quidem papa Augustino ejusque sociis ut *ad agenda hæc e vicino secum deberent presbyteros ducere*. Verum fortasse nullus adfuit qui ad legationem et peregrinationem hanc paratus esset ; quandoquidem docet Beda (*Lib.* I, *cap.* 25) accepisse eos *de gente Francorum interpretes*, at de assumptis presbyteris omnino silet ; quod si factum foret, non fuisset dissimulaturus. Adde Augustinum coactum fuisse novos ex Romano S. Andreæ monasterio verbi divini præcones advocare ; haud dubie quia in Galliis parum subsidii nactus esset.

11. Esto tamen secuti sint eos nonnulli Arelatenses presbyteri ; quidni dicamus eos fuisse simul monachos, et forsitan ex illis Lirinensis monasterii presbyteri quos laudat S. Gregorius ? nimirum ne professionis diversitas aliquid dissidii, ut fit, in hoc

[a] Pag. 34, 305, 312, 315, 325.
[b] Vide supra et infra § 14 et 15.
[c] Vide præsertim lib. VI, ep. 56.

sancto cœtu generaret, monachos monachis sociare debuit Virgilius Arelatensis episcopus, maxime cum Lirinensis monachus fuisset, uti ex ejus prædecessoribus quamplurimi (*Lib.* VI, *ep.* 56).

Demus etiam presbyteros aliquos monasticis legibus nullatenus adstrictos Augustino sociatos esse; quid inde eliciet vir doctus, ad canonicorum regularium institutionem in Cantuariensi Ecclesia probandam? quasi vero clerici ac presbyteri omnes, illis temporibus ad eorum ordinem pertinerent? Difficultatem omnem, si qua occurreret, tolleret unicum venerabilis Bedæ testimonium supra relatum. Solus est qui responsionem S. Gregorii ad Augustini quæsita de vita communi in Cantuariensi Ecclesia servanda nobis transmiserit; cujus proinde legitimus est interpres. At vero de vita cœnobitica monachorum eamdem intellexit. Neque sane ignorare potuit scriptor diligentissimus et doctissimus, peneque suppar, quinam et quales ab initio hac in Ecclesia notissima totius Anglorum gentis primaria Deo militaverint, clerici seu canonici regulares, an monachi; cum etiamnunc haud ignoremus quænam ecclesiæ cathedrales, quæ a trecentis annis canonicis sæcularibus cesserunt, olim aut a canonicis regularibus, aut a monachis fuerint occupatæ. Quis autem nisi temere credat, virum sanctitate conspicuum, fingere voluisse nullum alium præter monachos clerum in Ecclesia Cantuariensi exstitisse; quod falsi revincere facile potuisset quilibet in Anglia natus?

12. Igitur ut jam fusius dicta colligamus, et ex præmissis interpretemur S. Gregorium Augustino interroganti ᵃ respondentem (ex ejus enim responsionis intelligentia pendet hujus controversiæ compositio). Primo S. Gregorius discipulum suum meminisse vult vitæ monasticæ quam Romæ professus est in S. Andreæ asceterio. *Quia*, inquit, *fraternitas tua monasterii regulis erudita*, etc. Secundo eum hortatur ad vitam cœnobiticam et communem cum clericis suis ducendam, *seorsim fieri non debet a clericis suis;* quo nomine significantur tum monachi ad prædicandum adjutores ei dati, et in partem laboris vocati, tum etiam juniores clerici quos instituebant, tanquam seminarii episcopalis præfecti et administratores. Tertio providet victui clericorum illorum, quibus, cum in sacris ordinibus constituti non essent, uxores ducere licebat : *Si qui vero sunt clerici extra sacros ordines constituti, qui se continere non possunt, sortiri uxores debent, et stipendia sua exterius recipere.*

13. His omnibus argumentis, imo demonstrationibus, unicum nobis objicitur Urbani II testimonium, certe grave, et a Benedictinis eo minus respuendum, quod ipse ex S. Benedicti familia fuerit ad summum pontificatum assumptus. Is itaque in quadam ad canonicos regulares scripta epistola testatur, Gregorium *vitam canonicam Augustino Anglorum archiepiscopo instituendam præcepisse;* hauddubie quando ad eum scripsit ut communiter cum suis viveret clericis.

Quidquid sit de hac epistola cui conciliorum colle-

ᵃ Vide supra c. 5, § 5.

ctores nequidem in appendice Epistolarum Urbani II locum dederunt, respondeo his verbis tantummodo significari S. Gregorium canonicis regularibus instituendis in sua ad Augustinum responsione prælusisse : quemadmodum (ut in eadem Urbani **266** epistola legitur) apostoli in Ecclesia Jerosolymitana communia esse omnia instituendo, et Urbanus papa et martyr suis decretis (quæ tamen pro spuriis habent omnes eruditi) canonicorum regularium disciplinam prævie delineasse dicuntur; neque enim exempli gratia de eorum institutione proprie dicta intelligi possunt quæ de Ecclesia Jerosolymitana scribit S. Lucas, in qua præter apostolos, discipulos, clericos, erant uxorati laici, viduæ, mulieres omnis ætatis et conditionis.

Sane ex veteribus non pauci nec infimi ordinis scriptores, monasticæ vitæ institutionem, ad Heliam, Joannem Baptistam, et apostolos revocandam censuerunt. Cassianus Heliam et Eliseum professionis hujus fundasse primordia docet lib. I Institut. c. 2, quod etiam asserit Hieronymus epist. 13, ad Paulinum : *Monachorum princeps Joannes Baptista est*, inquit Chrysostomus hom. 1 in Marcum, cui suffragatur Sozomenus lib. I Hist. c. 12. Monasticum ordinem commendat Bernardus in Apolog. ad Guillelmum abbatem, quod *primus fuit in Ecclesia*, imo a *quo cœpit Ecclesia, quo nullus in terra similior angelicis ordinibus, cujus apostoli institutores, cujus hi quos Paulus tam sæpe sanctos appellat inchoatores exstiterunt.* Hæc Bernardus confirmat allato Lucæ testimonio, act. IV, de vita communi a primis Christi discipulis observata. Innumera possemus adducere sive ex sanctis Patribus, sive etiam ex conciliis loca idem significantia.

Neque tamen idcirco de monachis instituendis aliquando cogitasse apostolos asserimus, aut de talibus auctoribus nobis blandimur; adumbratam solummodo in eorum exemplis ac institutis monasticam et cœnobiticam vitam dicimus, idque significare voluisse scriptores laudatos, cum ad monachorum commendationem eos ab apostolis prodiisse ortumque ducere pronuntiarunt. Sic explicari quoque debet, quod Urbanus II et alii de canonicis dixere quos videbant cœnobiticam vitam sectari ac monachos æmulari, prorsusque nutat quidquid pro eorum antiquitate stabilienda inde petit vir doctus.

Ex dictis ergo planissime liquet in Ecclesia Cantuariensi, ab ipsius exordio, solos militasse monachos, non puros clericos. Unde licet in adversarium hoc argumentum retorquere : *Si unam hanc sedem recte canonicis clericis adjudicavero*, inquit (dicam ego, monachis), *non immerito concludam reliquas Angliæ sedes pontificales..... canonicis clericis* (dicam monachis clericis) *similiter obvenisse.*

14. Hæc monachorum in ecclesiastico ministerio præcipua auctoritas cum eorum æmulos commovisset, *Mellitus* unus ex Augustini sociis *Londoniæ episcopus Romam venit, de necessariis Ecclesiæ Anglorum causis cum apostolico papa Bonifacio tractaturus. Et cum idem papa reverendissimus cogeret synodum*

episcoporum Italiæ, de vita monachorum et quiete ordinaturus; et ipse Mellitus inter eos assedit... ac in Britanniam rediens secum Anglorum Ecclesiæ mandata atque observanda detulit, *una cum epistolis quas idem pontifex Deo dilecto archiepiscopo Laurentio, et clero universo, similiter et Edilbertho regi, atque genti Anglorum direxit* (Beda lib. II, *Hist. c.* 4). Inter laudata mandata, celeberrimum est Decretum quod ita incipit : *Sunt nonnulli fulti nullo dogmate* (vel, sunt nonnulli stulti dogmatis), *magis zelo amaritudinis quam dilectionis inflammati, asserentes monachos, quia mundo mortui sunt et Deo, vivunt, sacerdotalis officii potentia* (vel, sacerdotali officio) *indignos,* etc. (*Tom. V Concil.*) Eos refellit summus pontifex, maxime exemplis Gregorii Magni et Augustini ejus discipuli, qui licet monachi, pontificali dignitate fulserunt; additque : *Neque enim Benedictus monachorum præceptor, hujus rei aliquo modo fuit interdictor.*

15. Epistolam ad Edilberthum regem, cujus Beda meminit, habemus in novissima collectione conciliorum, ex qua quæ ad nostrum propositum faciunt satis erit exscribere : *Quapropter , gloriose fili, quod ab apostolica sede per coepiscopum nostrum Mellitum postulastis, libenti animo concedimus; id est, ut vestra benignitas in monasterio in Dorovernensi civitate constituto, quod sanctus doctor vester Augustinus beatæ memoriæ Gregorii discipulus sancti Salvatoris nomini consecravit, cui ad præsens præesse dignoscitur dilectissimus frater noster Laurentius; licenter per omnia monachorum regulariter viventium habitationem statuat : apostolica auctoritate decernentes, ut ipsi vestræ salutis prædicatores monachi, monachorum gregem sibi associent (Ibid.).* Ex his liquet metropolitanam S. Salvatoris ecclesiam ab exordio monasterium fuisse dictam propter inhabitantes monachos. Non solum autem ratum habuit summus pontifex traditam fuisse monachis hanc ecclesiam, sed etiam apostolica auctoritate decrevit ut prædicatores monachi alios sibi monachos sociarent, a quibus ad posteros monasticum institutum propagaretur. Non ergo contendimus monachos ad ecclesiam Christi Cantuariensem , ex Bonifacii litteris admissos esse , ut credere videtur canonicorum regularium patronus, sed ejusdem papæ auctoritate in hujus ecclesiæ possessione confirmatos et assertos. Somniare autem eumdem causæ prorsus desperatæ actorem pene dixerim, dum fingit Bonifacii consensu aut decreto adjunctos canonicis regularibus fuisse monachos, *qui psalmodiam quotidianam absolverent dum illi clerici , quos alio publica utilitas vocabat, libere fungerentur omni ecclesiastico munere.* Nugæ sane, quasi vero priores hujus ecclesiæ prædicatores et habitatores non monachi a Bonifacio appellarentur, sed clerici; aut ullum, post ea quæ diximus, receptorum ab initio in ecclesia Cantuariensi clericorum non monachorum vestigium appareret.

CAPUT VII.

Argum. — 1. Angliæ monachi fuere ab initio Benedictini. Unde jam dicta confirmantur de S. Gregorio S. Benedicti legibus adstricto. — 2. Prima ratio ex Aldhelmo. — 3. Secunda ex S. Wilfridi vitæ scriptore coævo. — 4. Tertia ratio ex veteribus litaniis, quibus S. Benedicti nomen insertum. — 5. Clovesho͡vianæ synodi silentium frustra nobis objectum. — 6. Et venerabilis Bedæ. — 7. Aliud argumentum ex S. Benedicti regula per monachos Anglos in Germaniam delata. — 8. Bollandianorum ea de re sententia. — 9. Mareshamus aliter sentiens refellitur.

1. Commemoratum S. Benedicti nomen a summo pontifice Bonifacio, addito etiam præceptoris monachorum titulo, ubi maxime de monachorum Anglicanorum tranquillitate agebatur , non obscure nobis conjiciendum præbet Angliæ monachos tunc fuisse Benedictinos; sive ii essent Augustini socii superstites, sive illi quos sibi post legitimam probationem suæque congregationi sociarunt. Verum quid opus est conjecturis, ubi tot adsunt demonstrationes? hoc sane nomine dignæ sunt rationes, quas doctissimus Mabillonius in hoc argumentum congessit, tum in præfat. ad sæculum I Benedict. § 8; tum in observationibus præviis ad S. Wilfridi vitam I parte Sæculi IV Benedict.; tum Analectorum tomo II, in dissertatione de S. Gregorii monachatu, parte II, § 8 , pag. 173 et seq.; tum denique Annalium Benedict. lib. x, § 18, ac in appendice I, pag. 653 et seq. Præcipuas autem delibare ad nostrum satis erit institutum; unde consequens erit, quod jam quoque diximus (*Lib.* I, *c.* 3, § 3-10), S. Gregorium Benedictinam regulam observasse, observandamque suis commendasse.

2. Prima ducitur ex indubitato S. Aldhelmi testimonio, qui ab Hadriano abbate monasterii S. Petri apud Cantuarium primum eruditus, deinde monachus et abbas in coenobio Maildunensi seu Malmesburiensi apud West-Saxones, quorum etiam episcopus fuit, in carmine de virginitate, S. Benedictum hoc elogio designat :

Primus qui statuit nostræ certamina vitæ,
Qualiter optatam teneant coenobia normam,
Quoque modo properet directo tramite sanctus,
Ad superos scandens coelorum culmina cultor
Cujus præclaram pandens ab origine vitam
Gregorius præsul chartis descripserat olim.

Hic manifeste S. Aldhelmus monachus et abbas, qui eodem sæculo quo S. Augustinus ejusque socii Anglos ad fidem Christianam adduxerunt floruit (devixit enim tantum an. 709, teste Beda), palam testatur Benedictum vitæ monasticæ , quam professus fuerat observabantque Anglicana monasteria, primum fuisse institutorem.

3. Secundam rationem suppeditat vitæ S. Wilfridi scriptor coævus Eddius Stephanus, apud quem sanctus Wilfridus ita loquitur ad synodum ejus causa congregatam : *Nonne* [Al. *Necnon*] *ego primus post obitum primorum procerum a S. Gregorio directorum euravi ut Scoticæ virulenta plantationis germina eradicarem... vel quomodo vitam monachorum secundum regulam S. Benedicti patris , quàm nullus prior invexit constituerem* (*Sæcul.* IV *Benedict., part.* 1, *in Appendice*); scilicet apud Ultra-Humbrenses : nam in regno Cantii jam receptam fuisse S. Benedicti regulam, indeque ad Nordam-Humbrorum coenobia vel instituenda vel restituenda a S. Wilfrido delatam fuisse probant hæc Eddii verba c. 14 : *Ecbertus quoque rex Cantuariorum religiosus , pontificem nostrum ad se accersivit et illic presbyteros multos..... ordinavit.....* omnibus

charus episcopalia officia per plura spatia agens, eum cantoribus Ædde et Æona, et cœmentariis...... In regionem suam revertens cum regula Benedicti, instituta Ecclesiarum bene melioravit.

4. Tertia ratio petitur ex veteribus litaniis Anglicanis, quas a mille saltem annis, et ante sæculum VIII concinnatas probat doctissimus Mabillonius, tum ex pervetusti codicis characteribus semi-Saxonicis; tum maxime quod in eis nullus invocetur aut commemoretur sanctus medio sæculo VII inferior; non Mellitus, non Paulinus, Cuthbertus, Wilfridus, Aidanus et alii plurimi, multis recensitorum in litaniarum serie Beatorum sanctitate et doctrina longe illustriores; qui sane prætermissi non fuissent, si diem jam clausissent extremum, et de eorum sanctitate, quemadmodum postea sæculo VIII constitisset. In his autem litaniis S. Benedicti nomen bis inclamatur post S. Hieronymum, ante SS. Hilarium et Martinum; quod argumentum est validissimum, S. Benedictum apud eos qui hujusmodi litaniis utebantur, patroni locum obtinuisse : alioquin cur hic solus commemoraretur omissis Pachomio, Antonio, Basilio, Columbano? Cur bis invocaretur, quod nulli alteri concessum, præterquam S. Stephano et S. Mariæ ter appellatæ? Porro usitas fuisse litanias illas in Anglia; imo pro Anglia concinnatas, probat hæc supplicatio : *Ut clerum et plebem Anglorum conservare digneris, te rogamus, audi nos* ; nullius alterius gentis facta mentione.

5. His æqua lance ponderatis, Cloveshovianæ synodi et venerabilis Bedæ silentium de Regula S. Benedicti, quod ab adversariis olim objectum nobis est, minime causæ nostræ nocere posset, etiamsi nulla in illis aut S. Benedicti, aut promulgatæ ab eo regulæ fieret mentio. Verum ne illud quidem licet nobis opponere; nam in synodo Cloveshoviæ legitur : *Vicesimo quarto sancitum est capitulo, ut si quis sæcularium sanctæ professionis famulatum subire desiderat, non antea tonsuræ habitum suscipiat quam illius conversatio et morum qualitas secundum monasticæ regulæ definitionem manifestius probetur, juxta apostolicum præceptum : Probate spiritus, si ex Deo sunt; nisi aliqua rationabilis causa ut ante suscipiantur in congregationem rite persuadeat.* Quænam, rogo, mediante octavo sæculo, quo tempore concilium Cloveshoviæ celebratum est, regula monastica ita celebris erat, ut simpliciter nulloque addito, nomine Regulæ monasticæ designaretur, præter S. Benedicti regulam in cujus cap. 58 legitur : *Noviter veniens quis ad conversionem, non ei facilis tribuatur ingressus (I Joann. IV), sed sicut ait Apostolus : Probate spiritus si ex Deo sunt?* Deinde præscriptis omnibus ad probationem et receptionem novitiorum, subjungitur : *Et jam ex illa die in congregatione reputetur.* Neque silentio prætermittendum videtur in utroque contextu S. Joannem, præter solitum vocari Apostolum simpliciter, quod soli Paulo ex more tribuitur ; unde suspicari licet (si alia non suppeterent argumenta) synodum Cloveshoviensem, Joannem laudando sub Apostoli nomine, morem gessisse S. Benedicto.

6. Quod spectat ad venerabilem Bedam, in a Historiæ Abbatum Wiremutensium et Girwensium ab ipso editæ libro I legimus S. Benedictum Biscopum quartam profectionem Romam aggressum esse, post compositum *juxta Regulam* monasterium. Quam regulam intelligit nisi benedictinam, præter quam nulla fuit in Occidente late propagata? Verum hanc ipsam postea clare designat Beda referens in fine libri I hæc abbatis sui verba in oratione extrema ad discipulos habita : *Multum cavetote, fratres, ne deforis aliunde vobis patrem quæratis; sed juxta quod regula magni quondam abbatis Benedicti, juxta quod privilegii vestri continent decreta, in conventu vestræ congregationis, communi consilio perquiratis, qui secundum vitæ meritum et sapientiæ doctrinam, aptior ad tale ministerium perficiendum digniorque probetur.* Hæ sunt dotes quas in eligendo Abbate postulat S. Benedictus Regulæ cap. 64.

Ceolfridus abbas, Biscopi successor, mare transmissurus, eadem suis fratribus præcepit : *Utilius decrevit*, inquit Beda ejusdem congregationis monachus, lib. II, *dato fratribus præcepto, ut juxta sui statuta privilegii, juxtaque regulam S. abbatis Benedicti, de suis ipsis patrem qui aptior esse eligerent.*

Cum idem venerabilis scriptor asserat lib. I, Biscopum eam discipulis suis regulam tradidisse, quam in decem et septem monasteriis a se perlustratis invenerat, quorum unum erat Cantuariense S. Petri cœnobium, evidentissime patet longe ante ipsum S. Benedicti regulam in Angliæ monasteriis receptam fuisse et viguisse.

7. Non minus validum depromitur argumentum, ex propagatione regulæ Benedictinæ in Germania et vicinis regionibus septentrionalibus, auctore S. Bonifacio aliisque monachis ex Anglia profectis, ad fidem Christianam disseminandam : qui videlicet plurima cœnobia condiderunt, in his maxime Fuldense monasterium tota Europa nedum Germania celeberrimum, ubi ritus Benedictinos ab exordio viguisse inficiatur nemo. Nimirum quam a majoribus suis Augustino ejusque sodalibus Gregorii Magni discipulis Romanique monasterii alumnis acceperant hi sacri verbi præcones, eamdem in erectis a se asceteriis observandam tradiderunt, et in ipsius institutis ad amussim sectandis ad mortem usque perseverarunt. Huc revocanda sunt quæ libro I diximus, cap. 3, de S. Benedicti regula in Romano S. Andreæ monasterio suscepta, et ab ipsomet S. Gregorio servata.

8. His rationibus victi Bollandiani socii, contrariam olim secuti sententiam, tandem ultro confessi sunt Benedictinos *maxima cum verosimilitudine ac propemodum evidentia* Augustinum ejusque sodales inter suos numerare. Quibus si videre contigisset laudatam supra Eddii lucubrationem de S. Wilfridi

---

a Hanc historiam cujus meminit Guillelmus Malmesbur. lib. I, c. 3, primus edidit Jacobus Waræus eques auratus Dublini 1664.

vita (nondum enim eam e tenebris eruerat noster Mabillonius, cum hæc docti viri scriberent), remota omni dubitatione ac fluctuatione, S. Augustinum, Anglorum apostolum ejusque socios Benedictinæ familiæ adjudicassent.

9. Aliter sane sentit Joannes Mareshamus in propylæo ad Monasticum Anglicanum; qui, licet fateatur maximam apud Anglos olim fuisse regulæ S. Benedicti reverentiam, eamdem tamen ab anno tantum 965 in Anglicanis monasteriis receptam esse contendit, ob synodi Cloveshoviæ ac venerabilis Bedæ hac de regula silentium. Verum negantia hæc argumenta jam sufficienter diluimus, prolatis tum ex laudata synodo, tum ex venerabili scriptore non dubiis de Benedictina regula testimoniis. Aliunde vero ab historiæ veritate prorsus aberrat Mareshamus, cum ante sæculum x S. Benedicti regulam Anglicanis monasteriis ignotam asserit : quod quam sit temere dictum, vel unus Joannes Diaconus ostendit lib. IV Vitæ S. Gregorii cap. 82 : *Quod vero*, inquit, *monachi, qui a Gregorio in Saxoniam* (transmarinam scilicet seu Anglicam) *missi sunt, S. Benedicti regulæ fuerint mancipati; inter alia etiam illud ostendit, quod ex ipsius discipulis vix potest in illis partibus monachus inveniri, a quo non observetur tam in proposito quam in habitu regula S. Benedicti.* Scribebat Joannes Diaconus nono sæculo, centum pene annis ante concilium Wintoniense habitum an. 965, in quo de S. Benedicti regula in Anglicanis monasteriis admittenda actum censet Mareshamus ; et jam eo tempore ita passim S. Benedicti regula in Angliæ monasteriis obtinuerat, ut vix in tota reperiretur Anglia vel unus monachus qui S. Benedicti leges non observaret. Neque vero id levius assertum a Joanne Vitæ S. Gregorii scriptore suspicabitur, qui adducta supra ex Aldhelmo, Beda, Eddio et Cloveshoviensi concilio testimonia non oscitanter legerit. Præterea Joannem, ut de S. Gregorii rebus gestis, ac præsertim de Anglicana Ecclesia ab ejus discipulis fundata, gubernata, propagata scriberet, non perfunctoriam Anglicanarum rerum notitiam sibi comparasse constat : unde ignorare non potuit quibus adstringerentur legibus Angliæ monasteria. Verum de hoc argumento plusquam satis; maxime cum illud occupaverit doctissimus Mabillonius. Nunc ad S. Gregorium redeamus, de conversis Anglis in Domino exsultantem, ac de absolvendo tanto opere sollicitum.

CAPUT VIII.

ARGUM. — 1. Sanctus Gregorius debitas sibi pro Anglorum conversione laudes in alios regerit. — 2. Quantum floreret tunc religio in Anglia. — 3. Quædam recens conversis indulget papa. — 4. Idolorum templa Christiano ritu consecrari jubet. — 5. Quas neophytis epulas et agapes concesserit. — 6. Augustinus frustra Britones dissidentes ad pacem invitat. Qui pervicaciæ pœnas dant. Augustini obitus, et post obitum cultus sacer. — 7. Quantum ejus successores pro reconciliandis Britonibus et Scottis laboraverint. — 8. In Anglos Christianos persecutio desævit. Quæ tandem sedatur. — 9. Britones Ecclesiæ Romanæ doctrinam ritusque suscipiunt. Pro hodiernorum Anglorum conversione votum.

1. Acceptis quæ in Anglicana expeditione feliciter ab Augustino ejusque fratribus in dies gerebantur,

Gregorius amicos suos ad gratias Deo pro tanto beneficio agendas litteris suis provocavit. Ad S. Eulogium, a quo nuper lætum de hæreticorum conversione, et de catholicorum concordia nuntium acceperat, ita scribit : *Quoniam vere in bonis quæ agitis scio quod et aliis congaudetis, vestræ vobis gratiæ vicem reddo, et non dissimilia nuntio : quia dum gens Anglorum in mundi angulo posita, in cultu lignorum ac lapidum perfida nuncusque remaneret, ex vestræ mihi orationis adjutorio placuit, ut ad eam monasterii mei monachum in prædicationem transmittere Deo auctore debuissem* (*Lib.* VIII, *ep.* 30.) Narrat postea quot quantisque miraculis Augustinus ejusque socii apud Anglos coruscarent ; ita ut apostolorum virtutes, in signis quæ exhibebant, imitari viderentur. *Quod idcirco narravi*, inquit, *ut cognoscatis quid in Alexandrino populo loquendo, et quid in mundi finibus agitis orando. Vestræ enim orationes sunt in eo loco ubi non estis, quorum operationes sanctæ monstrantur in eo loco in quo estis.* Sic debitas sibi laudes pro tanto opere deprecari conabatur humilis pontifex, ac in quoslibet alios regerere.

2. Quam tunc floreret in Britannia religio Christiana, his verbis exprimit : *Ecce lingua Britanniæ, quæ nil aliud noverat, quam barbarum frendere, jam dudum in divinis laudibus Hebræum cœpit Alleluya resonare. Ecce quondam tumidus, jam substratus sanctorum pedibus servit Oceanus, ejusque barbaros motus, quos terreni principes edomare ferro nequiverant, hos pro divina formidine sacerdotum ora simplicibus verbis ligant; et qui catervas pugnantium infidelis nequaquam metuerat, jam nunc fidelis humilium linguas timet. Quia enim perceptis cœlestibus verbis, clarescentibus quoque miraculis, virtus ei divinæ cognitionis infunditur, ejusdem divinitatis terrore refrenatur, ut prava agere metuat, ac totis desideriis ad æternitatis gratiam pervenire concupiscat* (*Moral. l.* XXVII, *num.* 21).

3. Quædam tamen in gratiam neophytorum indulsit, quæ antiquitus receptæ in Ecclesia leges prohibebant; maxime de contrahendo intra certos consanguinitatis et affinitatis gradus matrimonio : ut paulatim Christi jugo assuescerent in ipso recens geniti; et a fide quam susceperat gens Anglorum, recedere non cogerent austeriora (*Lib.* XI, *ep.* 64). Hanc rationem concessæ indulgentiæ affert ipse respondens Felici, Messanensi Episcopo (*Lib.* XIV, *ep. ult.*), de hoc sacræ legis laxamento pene expostulanti. Sic summam in Ecclesia nactus auctoritatem, et premere et laxas dare habenas, ut e re videbatur, noverat pontificum prudentissimus.

4. Prius statuerat ut idolorum templa everterentur; qua de re etiam ad Edilberthum scripserat (*Lib.* XI, *ep.* 66); sed mutato consilio satius putavit ea, destructis ejectisque idolis, aspersione aquæ benedictæ lustrare, atque ritu Christiano consecrare; ut Angli nuper ad fidem vocati, familiarius ad loca consueta concurrerent (*Ibid.*, *ep.* 76).

5. Consuetudo erat gentilium multos, cum suis idolis offerrent sacrificia, boves occidere, atque ex eis epulari. Quod ut in piam solemnitatem transferret

sanctissimus papa, annuit *ut in die dedicationis Ecclesiæ, vel natalitio sanctorum martyrum quorum reliquiæ in novis templis conditæ fuerant*, Angli nuper Christiani facti tabernacula sibi, circa easdem ecclesias quæ ex fanis erant commutatæ, de ramis arborum facerent, et religiosis conviviis solemnitatem celebrarent. Nam duris, inquit, mentibus simul omnia abscindere impossibile esse non dubium est: quia is qui locum summum ascendere nititur, necesse est ut gradibus vel passibus, non autem saltibus elevetur (*Lib.* xi, *ep.* 76). Eadem pia industria usum olim legimus S. Gregorium cognomento Thaumaturgum erga neophytos, ut refert alter Gregorius Nyssenus dictus in ejusdem vita; quod idcirco judicavimus observandum, ne Gregorius noster illa paganis nuper conversis ad fidem Christianam concedendo et facile indulgendo, humanum aliquid passum esse ac secundum carnem sapuisse videatur. Hic una eademque serie quæcumque ad Anglorum conversionem annitente S. Gregorio facta, et ad nascentis Anglicanæ Ecclesiæ constitutionem pertinebant contraximus, etsi diversis annis contigerint. Quæ tam faustis initiis successerint, breviter delineare, et ob oculos contracta ponere operæ pretium est.

6. Quamvis nihil antiquius haberet Augustinus quam Anglos ad Christianam fidem perducere, Britones tamen antiquos insulæ incolas, ad Ecclesiæ Romanæ unitatem, a qua penes nonnullos ritus dissidebant, revocare sollicitus fuit, coacta semel et iterum in hanc rem synodo. Quibus reluctantibus, etsi quæ verbis prædicarat, miraculo confirmasset, *vir Domini fertur minitans prædixisse, quod si pacem cum fratribus accipere nollent, bellum ab hostibus forent accepturi* (*Bed. l.* ii, *c.* 2). Nec vaticinium effectu caruit; nam Edilfridus Nordan-Humbrorum rex fortissimus, post Augustini obitum Britones ingenti strage profligavit; nec sacerdotibus pepercit, qui frequentes convenerant, maxime ex monasterio [a] Bancor, **270** *in quo tantus fertur fuisse numerus monachorum, ut cum in septem portiones esset, cum præpositis sibi rectoribus divisum, nulla harum portio minus quam trecentos homines haberet, qui omnes de labore manuum suarum vivere solebant* (*Ibid.*). Hujus internecionis invidia Augustinum onerare conati sunt ex heterodoxis nonnulli, quasi ipse belli Britonibus inferendi Edilfrido auctor fuerit (*Spelman., tom. I Concil. Angl., p.* 93). Verum id minime apud Bedam, aut alios e veteribus legitur scriptoribus. Imo cæsos eos, *ipso jam multo ante tempore ad cœlestia regna sublato,* expresse docet venerabilis Beda. Quæ verba prætermisit quidem Alvredus in versione Saxonica; sed ea repræsentant exemplaria omnia Latina. Ad superos autem transiit Augustinus an. 607, die 26 Maii, qui feriatus fuit apud Anglos hoc synodi Cloveshoviensis ann. 747 decreto: *Septem decimo constitutum est præcepto, ut dies natalitius beati papæ Gregorii, et dies quoque depositionis (qui est septimo Kalend. Junii)*, S. *Augustini archiepiscopi et confessoris, qui genti Anglorum missus est a præfato papa… scientiam fidei, baptismi sacramentum et cœlestis patriæ notitiam primus attulit, ab omnibus sicut decet honorifice venerentur : ita ut uterque dies ab ecclesiasticis et monasterialibus feriatus habeatur, nomenque ejusdem B. Patris et Doctoris nostri. Augustini in Litaniæ de cantatione post sancti Gregorii vocationem semper dicatur.*

7. Evocato ad superos Augustino, qui ab ipso ordinati fuerant episcopi, Mellitus Londoniæ, Justus [b] Roffæ, et Laurentius ipsius in Dorovernensi cathedra successor; de revocandis a schismate tum Britonibus, tum Scottis Hiberniæ insulæ habitatoribus plurimum sategerunt, scriptis ad eos epistolis charitatem et humilitatem Christianam spirantibus. Missæ ad Scottos seu Hibernos hæc erat inscriptio quam refert Beda: *Dominis charissimis fratribus episcopis vel abbatibus per universam Scotiam*. Ubi episcopi et abbates iidem fuisse videntur.

8. Nec minus pro novæ Ecclesiæ profectu et incremento allaborarunt vigilantissimi episcopi; at vita functis regibus Edilbertho et Saberetho ejus sororis filio, qui Christianam fidem impense coluerant et asseruerant, adeo grave bellum in Anglicanam Ecclesiam exarsit, moventibus persecutionem in fideles eorum successoribus, ut Mellitus et Justus in Galliam trajicere coacti sint; quos brevi sequi parabat Laurentius, nisi gravissima objurgatione acrioribusque flagellis ab apostolo Petro fuisset deterritus. Adiens ergo Eadbaldum regem, et inflicta sibi verbera ostendens, eum ad idololatriam ejurandam, amplectendamque Christianam fidem, cui postea ex animo favit in omnibus, adduxit. Saberethi autem filii qui Mellitum et quod prædicabat Evangelium rejecerant, perduellionis suæ pœnas dederunt, in prælio adversus Genissorum gentem cum omni exercitu cæsi. Revocati itaque ex Galliis ab Laurentio Mellitus et Justus, ad intermissum prædicationis opus redierunt. Hæc fusius apud Bedam. (*Cf. Beda, l.* ii, *c.* 6.)

9. S. Laurentio laboribus apostolicis et vita defuncto successor datus est Mellitus; Mellito, postea successit Justus; Justo Honorius. Hunc excepit Deusdedit, post quem sedit Theodorus a Vitaliano papa missus, qui Britones tandem ad Ecclesiæ Romanæ ritus omnes feliciter perduxit. Hic subsistendum putamus, ut ad S. Gregorii gesta redeat oratio. Quæ de Anglorum conversione congessimus, recolant eorum posteri: interrogent Patrem suæ fidei S. Gregorium, et annuntiabit eis; majores Augustinum ejusque adjutores monachos, et dicent ipsis, quam ab exordio fidem sint amplexi; quantam apostolicæ sedi reverentiam exhibuerint et obedientiam, quibus olim usi sacramentis, quos ad Dei cultum ritus adhibuerint. Heu! altaria quæ illi erexerant destruxerunt heterodoxi, et avitam catholicamque religionem;

---

[a] In Wallia Angliæ provincia situm erat, et distingui debet ab alio ejusdem nominis monasterio in Ultonia Hiberniæ provincia posito, cujus S. Bernardus meminisse videtur in Vita S. Malachiæ c. 6.

[b] Rochester apud Bedam vocatur, quod nomen adhuc retinet.

admissis omnibus erroribus et impietatibus, repulerunt. Det Deus illis pœnitentiam ad cognoscendam veritatem, et resipiscant a diaboli laqueis, a quo captivi tenentur ad ipsius voluntatem (*II Tim.* II, 25).

CAPUT IX.

ARGUM. — 1. Gregorii decretum de episcoporum hæreditate. — 2. Ejus misericordia præsertim in captivis redimendis. — 3. Hujus redemptionis gratia vasa sacra distrahi laudat. — 4. Quosdam Ecclesiæ famulos libertate donat. — 5. Schisma deserentium sustentationi providet. — 6. Quæ tunc essent Ecclesiæ Romanæ opes et patrimonia. Plurimæ urbes ejus dominio subditæ. Priorum Rom. pontificum largæ eleemosynæ. Quibus S. Gregorius addidit. — 7. Ejus de residentia episcoporum sententia. — 8. Clerici extranei sine dimissoriis episcoporum suorum litteris non recipiendi. — 9. De missis privatis et altarium pluralitate tempore S. Gregorii. — 10. Causæ etiam episcoporum ubi judicandæ. — 11. A quibus causæ clericorum. Privilegia Ecclesiarum illibata servat S. Gregorius. De Ecclesiarum consecratione. — 12. Quem in laudandis amicis modum tenuerit. (An. 596 et 597.)

1. Gregorius tanto labore ac studio in aggregandis colligendisque intra Ecclesiam iis qui foris erant, incumbens, nihil tamen de pastorali sollicitudine remisit erga gregem jamdudum suæ curæ a summo pastore commendatum. Periculum erat ne episcopi proximorum cupiditati servientes, eorumque pravis abducti consiliis, ex Ecclesiæ reditibus prædia, quæ ipsis hæreditario relinquerent jure, compararent: unde eleemosynæ aut nullæ, aut parciores in egenos. Id quidem [a] sacris legibus jam prohibitum fuerat; sed Joannes Ravennas episcopus eas spreverat, et *condito Testamento, diversa in Ecclesiæ suæ gravamina conscripserat* (*Lib.* VI, *ep.* 2); qua de re expostulantes, papam adierunt presbyteri, 271 diaconi, omnisque Ravennæ clerus: a quo judicatum, *ut ea quæ de Ecclesiæ suæ, vel de acquisitis in episcopatu rebus contra legum statuta testamento sancivisset, hæc irrita censerentur. Si quid autem de propriis rebus quas ante episcopatum habuit, quod quidem prius Ecclesiæ suæ non contulit, fieri voluit vel decrevit, firmum per omnia robur obtinere necesse est,* inquit æquissimus pontifex. Idem iterato postea decrevit, jussitque insuper Scholastico defensori (*L.* XI, *ep.* 20), ut a vestibus et a quibuslibet inventis in domo patris ejus episcopi nuper demortui prorsus abstineret: volebat enim omnia quæ episcoporum aliorumque clericorum parcimonia pauperibus fortasse subtraxerat, eisdem postmodum cedere, egenorum vere pater.

2. Cum sciebat episcoporum reditus ad pauperes alendos minime posse sufficere, libentissime quæ satis essent eis suppeditabat. Legenda epistola ad Cyprianum, qua præcipit ut ex Ecclesiæ patrimonio quod regebat, usque ad duo modiorum millia, si tot collegerit, Zenoni det episcopo egenti distribuenda (*Lib.* VI, *ep.* 4). Largum se præsertim ostendebat in redimendis captivis, cui pio operi strenue incumbere jubebat, quos Ecclesiæ negotiis præfecisset. [c] Ita scribit ad Anthemium subdiaconum Campaniæ patrimonium curantem: *Quantus dolor quantaque sit nostro cordi afflictio de his quæ in partibus Campaniæ contigerunt, dicere non possumus, sed ex calamitatis ma-*

[a] Vide notas ad hanc epist.
[b] Idem etiam statuitur lib. IX, epist. 77.

gnitudine potes ipse colligere. Ea de re pro remedio captivorum qui tenti sunt, solidos experientiæ tuæ per horum portitorem Stephanum, virum magnificum, transmisimus, admonentes ut omnino debeas esse sollicitus, ac strenue peragas, et liberos homines quos ad redemptionem suam sufficere non posse cognoscis, tu eos festines redimere. Qui vero servi fuerint, et dominos eorum ita pauperes esse compereris, ut eos redimere non assurgant, et hos quoque comparare non desinas (*Ibid., ep.* 35). Hoc etiam anno Crotona, ad mare Adriaticum jacens, a Langobardis capta est; *et multi viri ac multæ mulieres nobiles in prædam ductæ sunt; et filii a parentibus, parentes a filiis, et conjuges a conjugibus divisi* (*Lib.* VII, *ep.* 26); quibus in libertatem restituendis et propriam et ab aliis oblatam pecuniam impendit piissimus pater.

3. Pro redimendis captivis vasa sacra distrahi non solum permittebat, sed laudabat; ut ex plurimis ejus epistolis liquet. Fortunatus Fanensis episcopus copiam patierat ea vendendi, ut mutuam pecuniam quam captivorum redemptioni impenderat, solveret, cum alias solvendo non foret; cui rescripsit: *Quia fraternitate vestra indicante comperimus ad redemptionem captivorum mutuam se fecisse pecuniam, et eam unde solveret non habere, atque ob hoc cum nostra vos auctoritate sacrata velle vasa distrahere; in hac re, quia et legum et canonum decreta consentiunt, nostrum consensum præbere curavimus, et in distrahendis sacratis vasis vobis licentiam indulgemus* (*Lib.* VII, *ep.* 13). Hic annuit; at in alia præcipit, ad Donum, Messanensem episcopum, scribens: *Fraternitas vestra debet esse sollicita ut si quidem de prædicta Ecclesia usuale argentum est, suprascriptam quantitatem accipiat: alioquin de sacratis vos vasis hac in re eam quam prædiximus quantitatem præbere necesse est. Nam sicut omnino grave est frustra ecclesiastica ministeria venundare, sic iterum culpa est, imminente hujusmodi necessitate, res maxime desolatæ Ecclesiæ captivis suis præponere, et in eorum redemptione cessare* (*Ibid., ep.* 38).

4. Eadem pietate ac munificentia quandoque Ecclesiæ Romanæ famulos de ipsa bene meritos libertate donabat, et cives Romanos efficiebat, concesso ipsis omni peculio, additis etiam donis. Hujusmodi manumissionis exemplum et formulam habes in epistola ad Montanam et Thomam scripta (*Lib.* VI, *ep.* 12). Solemniter ab episcopis in Ecclesia celebrari manumissiones alibi nos docet, ad Paulum episcopum scribens (*Lib.* II, *ep.* 10).

5. Misericordiam Gregorii præ cæteris experiebantur, qui a schismate aut ab hæresi ad Ecclesiam reversi, suos gentiles adhuc in perduellione pertinacius hærentes patiebantur adversarios (*Ibid., epp.* 39 et 47). Hanc sanctissimi et sapientissimi pontificis liberalitatem imitatus Ludovicus Magnus Francorum rex Christianissimus, annuis pensionibus fovere curavit errores Calviniani sectatores ad Ecclesiæ sinum reversos, ut in piæ matris gremio eadem saltem vitæ

[c] Vide etiam lib. VII, ep. 24, 28.

necessaria nanciscerentur, quæ noverca hæresis prius abunde suppeditabat.

6. Cum multoties jam de effusa in omnes S. Gregorii liberalitate verba fecerimus, operæ pretium est paucis ostendere quæ tunc essent Ecclesiæ Romanæ opes, unde ad sumptus tantos et pene immensos hauriret. Multa et maxima jam a priscis temporibus latifundia possidebat in toto orbe Christiano Ecclesia hæc cæterarum princeps, quæ S. Petri patrimonia vocabantur. Nota sunt ex sancti pontificis epistolis Africanum; Siculum multiplex, ut ex epist. 44 lib. I, et ex plurimis ad Siciliæ defensores et rectores missis, quas in indice geographico sub Siciliæ titulo collegimus, manifestum est; Corsicum, Dalmaticum, Gallicanum. De iis quæ intra Italiam, in Campania præsertim Ecclesia Romana possidebat loqui foret supervacaneum. Amplissimas possessiones a Constantino Magno concessas auguramur, cujus in ditandis ecclesiis munificentiam præsertim laudat Eusebius in ejus Vita. (*Vide lib.* I, *ep.* 75; *lib.* III, *ep.* 27; *lib.* IX, *ep.* 18; *lib.* VI, *ep.* 22; *lib.* III, *epp.* 22 *et* 33; *lib.* I, *cpp.* 55 *et* 65; *lib.* IV, *c.* 28.)

Nepesinam civitatem in Etruria juri Romani pontificis subditam fuisse conjicimus ex ep. 11 libri secundi, qua *Leontio viro clarissimo curam sollicitudinemque civitatis injunctam a se fuisse* significat, *ut in cunctis invigilans quæ ad utilitatem civium vel Republicæ pertinere dignoscet,* ipse disponat. Eadem epistola clerum, ordinem senatorium, et plebem urbis hujus admonet, ut a se constituto præfecto in omnibus obedientiam exhibeant : *Quia quisquis,* inquit, *incongrue ordinationi ejus restiterit, nostræ resultare dispositioni cognoscetur. Quicumque vero eum in iis, quæ supra retulimus, audierit, nos audiet. Si quis autem, quod non credimus, eum post hanc admonitionem nostram contemnendum putaverit, ad suum proculdubio sciat pertinere periculum.* Qua auctoritate et potestate Gregorius, tum Leontio viro clarissimo custodiam Nepesinæ urbis demandasset, tum civibus ut ipsi obsequerentur, additis etiam minis præcepisset, nisi juris fuisset Ecclesiæ? Ad eamdem pertinuisse Hydruntum et Callipolitanum castrum aliunde colligitur (*Lib* IX, *epp.* 99 *et* 100). Id quoque dicendum de Neapoli, cum legamus papam ad hujus civitatis custodiam tribunum deputasse (*Lib.* II, *ep.* 31), ac militibus qui in hujus urbis præsidio erant imperasse, non alia proculdubio ratione quam, quia ejus dominio foret [a] subdita, non excusso tamen penitus imperatorum jugo. Jam diu antea summos pontifices ad amplissimam dignitatem evectos fuisse, testis est Ammianus Marcellinus (*Lib.* XXVII, *c.* 3); quam etiam suæ præferendam non dubitaret prætatus Urbis præfectus, etsi sæcularis tantum potestatis rationem haberet.

Dionysius Corinthiorum episcopus, qui sæculo secundo inclinante floruit, ita scribit ad Romanos, et ad Soterem papam, apud Eusebium (*Lib.* VI, *c.* 23) : *Hæc* inquit, *vobis consuetudo est, jam inde ab ipso religionis exordio, ut fratres omnes vario beneficiorum genere afficiatis et ecclesiis quamplurimis quæ in singulis urbibus constitutæ sunt necessaria vitæ subsidia transmittatis, et hac ratione tum egentium molestiam sublevatis, tum fratribus qui in metallis opus faciunt necessaria suppeditatis... Atque hunc morem beatus episcopus vester Soter non solum servavit, verum etiam adauxit.* Alter Dionysius, scilicet Alexandrinus, in epistola Stephano papæ medio circiter sæculo tertio nuncupata, [b] testatur ipsum omnibus Syriæ provinciis cum Arabia necessaria suppeditare solitum (*Ibid. lib.* VII, *c.* 5); quæ omnia tum summæ potestatis, tum optime dispensatæ sunt argumenta. Piam hanc in sublevandis egenis decessorum suorum consuetudinem adeo non abrogavit, vel imminuit Gregorius, ut etiam auxerit plurimum.

Inter inopes quibus libentissime necessaria ministrabat, numerat tria monialium millia in urbe Roma; neque vero sibi ab ipsis quidquam ob tam amplas eleemosynas deberi putabat ; quin potius se Romanosque omnes iisdem debitores esse profitebatur : *Harum,* inquit, *talis vita est, atque in tantum lacrymis, et abstinentia districta, ut credamus quia si ipsæ non essent, nullus nostrum jam post tot annos in loco hoc subsistere inter Langobardorum gladios potuisset.*

7. Quo suis ovibus præsto semper adessent pastores, ut quæque ad vitam, sive animæ, sive corporis forent necessaria suppeditarent, eos ab ecclesiis suis abesse aut vagari non sinebat. Quapropter cum audisset Pimenium Amalphitanum episcopum, *in ecclesia sua non residere,* de ipso minacibus litteris ad Anthemium scripsit (*Lib.* VI, *ep.* 23), ut eum ad residendum sacerdotali more cogeret : si vero non emendaretur, eum in monasterium detruderet. Episcopali residentiæ gratia, Siciliæ episcopis indulsit ut unoquoque quinquennio tantum semel Romam convenirent, cum prius singulis trienniis sistere se cogerentur; qua in re ipsorum etiam labori minuendo consulebat (*Lib.* VII, *ep.* 22). Felix Messanensis episcopus magno videndi Gregorii desiderio flagrabat; sed quia ex diuturna forsitan absentia pastoris, grex ipsius aliquid damni pati potuisset, rogavit amicum ne tanti itineris laborem assumeret : *Sed ora,* inquit, *pro nobis, ut quanto nos itineris intervalla dissociant, tanto animis nostris ad invicem Christo adjuvante, simus in charitate conjuncti (Lib.* I, *ep.* 66).

8. Non solum episcopos, sed etiam presbyteros et alios clericos fixos in suis ecclesiis permanere, non de parochia in parochiam migrare, ac vagari volebat, quod etiam ecclesiæ canonibus cautum erat. Si qui vero episcopi extraneorum clericorum nonnullos, in suo clero promovendos, et certis ministeriis addi-

---

[a] Vide lib. IX, ep. 69, ubi arguit Maurentium magistrum militum, quod episcopum Neapolitanum ea quæ patroni erant hujus urbis usurpantem non cohiberet; non alia, ut opinamur, ratione quam quia dominium temporale Neapolis ad Rom. sedem pertinebat. In epist. 104 ejusdem libri vocatur *Major Urbis,* qui dicitur hic patronus, Gallice *Maire.*

[b] Vide quoque epist. 220 S. Basilii magni ad Dionysium papam.

cendos postularent, eos prius a dimittere debebat proprius episcopus, facta cessione; nec citra ipsius consensum poterat incardinari (*Lib.* vi, *ep.* 20). Ipsi etiam qui in episcopos electi fuerant, hujusmodi litteris, ut aiunt, dimissoriis episcopi sui indigebant ut ordinarentur (*Lib.* v, *ep.* 17). Eadem quoque ratione monachos absque abbatis sui consensu ab episcopis assumi ad presbyteratum, aut alia ecclesiastica munia obeunda prohibitum erat (*Lib.* vi, *ep.* 28). Ubi adverte quantus hac in parte sit hodiernæ disciplinæ cum veteri consensus.

9. Hanc ipsam consensionem juvat ostendere in missis privatis, et in altarium multitudine intra eamdem ecclesiam, ut refellantur heterodoxi de novitate litem importune nobis moventes. Joannes, episcopus Syracusanus, Venantii patricii oblationes repulerat; quod ille indigne ferens hostiliter in episcopium armatos immisit satellites. Hæc ubi accepit papa, scripsit ad Venantium de injuria episcopo illata expostulans, cum ob notam gravitatem, sanctitatem et mansuetudinem, a vi et insultatione tanta tutus esse debuisset (*Lib.* vi, *ep.* 43). *Unde necesse est*, inquit, *ut et vos sacerdotalem illi reverentiam exhibere, sicut decet filios, debeatis, nec ejus ad iracundiam animos provocetis. Nam cum quo fidam estis gratiam habituri, si vobis, quod absit, cum sacerdote fuerit discordia?* Alia epistola (*Ibid. ep.* 44) Joannem ad concordiam et pacem cum Venantio habendam hortatus est; cujus gratia placuit Gregorio non solum ut patricii oblationes susciperet, sed etiam ut in domo ipsius missarum peragi mysteria permitteret, imo etiam ipse, si voluerit, Venantius, celebraret. Quippe ob hæc duo denegata ortum præsertim hoc jurgium. Quis nisi lippus hic non videat clare usitatas et approbatas missas privatas, et in privatis ædibus?

Quod spectat ad altarium pluralitatem intra ejusdem ecclesiæ septa, eruitur ex epistola hoc anno quoque scripta ad Palladium, Santonensem in Galliis episcopum (*Lib.* vi, *ep.* 49). Construxerat ille ecclesiam in honorem beatorum apostolorum Petri et Pauli, sanctorum Laurentii et Pancratii martyrum; in qua tredecim altaria collocarat, miseratque Romam Leuparicum presbyterum, ad petendas sacras reliquias, in quatuor altaribus nondum dedicatis ponendas. Annuit pius pontifex, misitque Palladio laudatorum apostolorum ac martyrum reliquias, quas summa cum reverentia suscipi et collocari postulavit. Consulat studiosus lector notas ad hanc epistolam, ex quibus discet longe ante Gregorium plurima erecta esse altaria. Etsi vero Græcorum hodiernus mos hanc altarium multitudinem non admittat, olim tamen ab ipsis minime reprobatam esse ostenditur ex Theodoro Studita epistola 219, b interrogat. 15. Ex altaris voce, si cum heterodoxis digladiandi esset

a S. Leo epist. 12, c. 9 : *Alienum clericum, invito episcopo ipsius, nemo suscipiat.* Ibid. : *Transfugam clericum ad suam ecclesiam metropolitanus redire compellat.* Et ep. 13, c. 4 : *Ut nullus episcopus, alterius episcopi clericum sibi audeat vindicare, sine illius ad quem pertinet cessione, quam tamen evidentia scripta*

animus, facile urgeri possent; quippe **273** altare Græce θυσιαστήριον, sacrificium et hostiam in lege nova cogit admittere, quod tamen procul rejiciunt. Altaris autem vox in scriptoribus apostolorum supparibus frequentatur. Unus pro omnibus sit martyr Ignatius : *Omnes*, inquit in ep. ad Magnes. num. 7 , *velut in unum templum Dei concurrite, velut ad unum altare.* Et in ep. ad Trall. num. 7 : *Qui intra altare est, mundus est; qui vero extra altare est, non est mundus.* Accinit c Paulo et Joanni apostolis, apud quos, etiam post reprobatum vetus altare, sæpe altaris alterius occurrit mentio. Sed his omissis, ad reliqua S. Gregorii gesta huic anno debita festinemus.

10. Summa ejus in supremi pontificatus administratione modestia elucet in epistola ad Columbum, in Numidia episcopum. Petrus hujus provinciæ quondam episcopus, ut aiebat, adierat sedem apostolicam, ejusque judicium postulaverat. *Sed quia*, inquit sapientissimus papa, *causæ ipsius interna subtiliter nequaquam addiscere tam longo itineris intervallo disjuncti potuimus, eam, incerti quippe, definire nequivimus* (*Lib.* vi, *ep.* 37). Quapropter optimum ei visum est ut Columbus episcopus judex sederet inter Petrum et ejus accusatores, *quia præsens causam subtilius poterat scire.* Aliquando etiam accusatos episcopos, ut se purgarent, regiam urbem petere et imperatori se sistere permittebat.

11. Quam strenue jura episcoporum propugnaret, probat epistola ad Fortunatum, Neapolitanum episcopum, cujus hæc verba sunt : *Quia pervenit ad nos clericos aliasque civitatis ac parochiæ tuæ religiosas personas ab aliis conveniri, fieri hoc de cætero prohibemus; et neque clericum tuum, neque monachum vel quamlibet civitatis aliam religiosam personam parochiæ tuæ conveniri a quoquam, vel ad alterius volumus judicium exhiberi. Sed si quis contra hujusmodi personas cujuslibet negotii movere voluerit quæstionem, fraternitatem tuam noverit adeundam. Aut si forte, ut assolet, aliqua illis quolibet modo fuerit nata suspicio, et electorum desideraverint fortasse judicium, sub tua exsecutione eligendi fas habeant cognitores; quatenus hoc modo nec tu amisisse jurisdictionem, nec actor apud suspectum litigando videatur præjudicium sustinere* (*Lib.* vi, *ep.* 11). Hæc exscribere non piguit, quod judiciorum ecclesiasticorum formam continere videantur.

Ut episcoporum, ita ecclesiarum jura et privilegia illibata permanere volebat æquissimus pontifex, ut palam profitetur, ad Donum, Messanensem, et Joannem, Syracusanum episcopum, Pallium mittens. In epistolis ad utrumque missis quæ sunt omnino similes, deprehendere mihi videor communem et usitatam pallii concedendi formulam (*Lib.* vi, *epp.* 5 et 18).

contineant.
b *Sunt Ecclesiæ*, inquit Theodorus, *quæ duas aut tres habeant ædiculas* [Græce κόγχας]. *Ex his autem una est quam nemo occuparit, utrum fas ibi sacrum facere an non.*
c Hebr. xiii, 10; Apocal. vi, 9.

Notatu dignum est nullas ecclesias provinciarum Siciliæ et Italiæ, Romano pontifici tanquam metropolitano subditarum, tunc fuisse consecratas absque ipsius licentia; quod non solum ex [a] epistola 45, hoc anno scripta, eruitur, sed etiam ex aliis plurimis. In [b] baptisteriis consecrandis eadem erat ratio.

12. Exemplum nobis præbet modi in laudandis amicis tenendi epistola ad Stephanum abbatem Lirinensem scripta. De concordia ejus congregationis, in qua plures erant presbyteri et diaconi, certiorem fecerat papam Augustinus Romam rediens. Quanto cum gaudio id acceperit Gregorius testatur, Stephanum abbatem amicis compellans litteris, laudatque ejus vigilantiam, et pro donis ab eo acceptis ad ministerium pauperum gratias agit. Attamen præmissis laudibus subdit hanc adhortationem: *Quia vero humani generis inimicus insidiari nostris actibus non quiescit, sed assidua calliditate hoc nititur, ut Deo servientes animas in qualibet parte decipiat: ideo, dilectissime fili, hortamur ut sollicitudinem tuam vigilanter exerceas, et ita commissos oratione et cura providenti custodias, ut lupus circumiens nullam dilaniandi occasionem inveniat* (Lib. VI, ep. 56).

CAPUT X.

ARGUM. — 1. Cyriacus patriarcha CP. mittit ad S. Gregorium legationem et epistolam. Cui respondet. — 2. Cyriaci encomium. — 3. Corripiuntur qui sacram Scripturam usurparant ad eum laudandum. — 4. Legati Cyriaci erroris arguuntur a papa. — 5. Fabula de Trajano S. Gregorii precibus liberato inde explosa. Sed præsertim ex Dialogis. — 6. Objectiones contra pœnarum inferni æternitatem solvuntur. — 7. Cur finita culpa puniatur sine fine. — 8. Cur sancti pro damnatis non orent. Eadem ratione probatur S. Gregorium orare non potuisse pro Trajano. — 9. Joannis Diaconi effugium exploditur. — 10. Petitæ ex S. Perpetuæ actis objectioni occurritur. (An. 596 et 597.)

1. Etsi Joannes CP. e vivis excessisset mense Januario an. 595, ut jam supra monuimus (Cap. 1, num. 15), ejus tamen successoris Cyriaci legationem et epistolam synodicam, de sua electione ac ordinatione scribentis, nonnisi post viginti fere menses excepit S. Gregorius. Cyriaci epistolas honoris causa detulerunt Georgius presbyter et Theodorus diaconus. His respondens papa, laudat quidem Cyriacum pro amore quietis pastoralem sollicitudinem fugisse, sed inde probat ipsum ad episcopalem promovendum fuisse dignitatem: *Quia sicut locus regiminis desiderantibus negandus est, ita fugientibus offerendus* (Lib. VII, ep. 4). Monet itaque internæ tranquillitati charitatem erga proximum esse præferendam, quod suo quoque ostendit exemplo, et qua ratione caveri possit ne curæ pastoris animum penitus obruant, docet. Quod spectat ad fidei confessionem a Cyriaco datam, ipsam approbat papa; dubitat nihilominus utrum quidam [c] Eudoxius inter hæreticos a quatuor synodis œcumenicis damnatos referri debuerit; at ejus dubitationem et hæsitationem postea sustulit Eulogius. De œcumenici titulo respuendo quædam attingit.

In alia breviori ad Cyriacum epistola testatur ipsius bona jampridem sibi perspecta, dum scilicet in urbe regia moraretur. Animo despondentem ex infirmitatis conscientia, erigit dicens: *Scimus quia prima virtus est cognitio infirmitatis, atque ex eo colligimus posse vos bene susceptum ministerium implere, quia vos videmus infirmitatem propriam ex humilitate cognoscere. Omnes enim infirmi sumus, sed ille est infirmior, qui suam considerare non valet infirmitatem* (Lib. VII, ep. 5).

2. De Cyriaci electione gratulatus est Imperatori, vir sanctissimus, quod de optimo pastore Ecclesiæ Constantinopolitanæ dando adeo fuerit sollicitus (Lib. VII, ep. 6). Quædam ex epistola ad Mauricium subjiciemus, ex quibus intelligetur quis esset Cyriacus, et qua ratione tardius Joanni, qui non parum laudatur, fuerit successor datus: *Non parvæ*, inquit, *potuit esse mercedis, quod Joanne sanctæ memoriæ de hac luce subtracto, ad ordinandum sacerdotem pietas vestra diu hæsitavit, tempus paulo longius distulit, cum metu omnipotentis Domini consilium quæsivit, ut videlicet causa Dei cum magno debuisset timore disponi. Unde et aptum valde existere in pastorali regimine fratrem atque consacerdotem meum Cyriacum existimo, quem ad eumdem ordinem pietatis vestræ consilia longa genuerunt. Qui in administrandis dudum rebus ecclesiasticis quam sollicitus et quomodo fuerit exercitatus, cuncti novimus. Unde et superna gestum dispensatione non ambigo: ut qui bene minima gesserat, congrue majora susciperet, atque a cura rerum, ad animarum regimina transiret* (Lib. VIII, ep. 34).

3. In ordinatione Cyriaci, episcopi quidam immoderatius exsultantes exclamarant: *Hæc dies quam fecit Dominus, exsultemus et lætemur in ea.* (Psal. CXVII, 24). Quasi sol esset hic patriarcha cujus lumine dies illuxisset. Hanc verborum sacræ Scripturæ usurpationem in sermone adulatorio prorsus damnavit S. Gregorius, uti suis ad illos episcopos litteris significavit (Lib. VIII, ep. 7). Ne vero putaretur zelotypia laborasse, laudesque Cyriaco collatas ad se potius trahere voluisse, statim culpam immoderatæ laudationis hujus elevare conatur. Quantum autem alienus esset a nimiis et immodicis, imo a quibuslibet laudibus appetendis et aucupandis, certe millies, et hoc præsertim anno testatum reliquit, dum redarguit Joannem, Syracusanum episcopum, ob adhibitam suæ mensæ coram extraneis lucubrationum suarum lectionem (Ibid., ep. 9).

4. Legati Cyriaci, testibus Ecclesiæ Rom. diaconis, dixerant: *Jesum Christum ad inferos descendentem, omnes qui illic confiterentur eum Deum, salvasse atque a pœnis debitis liberasse.* De qua re, inquit S. doctor, *volo ut charitas vestra longe aliter sentiat. Descendens quippe ad inferos, solos illos per gratiam suam liberavit, qui eum et venturum esse crediderunt, et præcepta ejus vivendo tenuerunt. Constat autem quia post incarnationem Domini, nullus etiam ex his salvari potest,*

---

[a] Lib. VI, ep. 45; lib. XII, ep. 11: lib. XIV, ep. 9.
[b] Lib. XIII, ep. 20.
[c] Vide ep. 31 sequentem et notas ad eamdem.

qui fidem illius tenent, et vitam fidei non habent (Lib. VIII, *ep.* 15); quod multis sacræ Scripturæ testimoniis demonstrare pergit.

5. Solus hic locus sufficeret ad explodendam fabellam de Trajano ab inferni pœnis Gregorii precibus liberato, quam referunt Paulus et Joannes Diaconus in ejus Vita lib. II, c. 44. Quid enim? potuit scilicet pro Trajani cultoris idolorum, Christianorumque persecutoris usque ad mortem liberatione preces ad Deum fundere, qui noverat, *trahi ad Deum post mortem non posse, qui se a Deo male vivendo separasset;* id enim conceptis verbis dicit egregius Doctor. Sed longe validius refellitur commentum hoc ex asserta in Dialogis doctrina lib. IV, cap. 44.

- Quæstio eo loci proposita est: *Si semper ardeant qui gehennæ incendiis deputantur;* ad quam respondet S. Gregorius: *Constat nimirum, et incunctanter verum est, quia sicut finis non est gaudio bonorum, ita finis non erit tormento malorum. Nam cum Veritas dicat: Ibunt impii in supplicium æternum, justi autem in vitam æternam (Matth. xxv, 46); quia verum est quod promisit, falsum proculdubio non erit quod minatus est Deus.*

6. Petrus his opponit: *Quid si quis dicat: Idcirco peccantibus æternam pœnam minatus est, ut eos a peccatorum perpetratione compesceret?* At illa diluit S. Doctor respondens in hæc verba: *Si falsum est quod minatus est, ut ab injustitia corrigeret: etiam falsa est pollicitus, ut ad justitiam provocaret. Sed quis hoc dicere vel insanus præsumat? Et si minatus est quod non erat impleturus, dum asserere eum misericordem volumus, fallacem, quod dici nefas est, prædicare compellimur.*

7. Petrus hac responsione sibi factum satis intelligens, alium nodum proponit solvendum: *Scire vellem,* inquit, *quomodo justum sit, ut culpa quæ cum fine perpetrata est, sine fine puniatur.* Cui respondet sapientissimus magister: *Hoc recte diceretur, si districtus judex non corda hominum, sed facta pensaret. Iniqui enim ideo cum fine deliquerunt, quia cum fine vixerunt. Nam voluissent utique si potuissent sine fine vivere, ut potuissent sine fine peccare. Ostendunt enim quia in peccato semper vivere cupiunt, qui nunquam desinunt peccare dum vivunt. Ad magnam ergo justitiam judicantis pertinet, ut nunquam careant supplicio, qui in hac vita nunquam voluerunt carere peccato.* Egregia sane ratio qua pœnarum probetur æternitas, adversus religionis contemptores, qui solent hoc de dogmate, ut liberius peccent, cavillari. Petrus tamen argumenti hujus pondere nondum oppressus, adhuc subtilius instat: *Sed nullus justus crudelitate pascitur, et delinquens servus a justo domino idcirco cœdi præcipitur, ut a nequitia corrigatur. Ad hoc ergo vapulat, ut emendari debeat. Iniqui autem gehennæ ignibus traditi, si ad correctionem non perveniunt, quo fine semper ardebunt?* Respondet vero Doctor discipulo: *Omnipotens Deus, quia pius est, miserorum cruciatu non pascitur; quia vero justus est, ab iniquorum ultione in perpetuum non sedatur. Sed iniqui omnes æterno supplicio deputati, sua quidem iniquitate puniuntur,*

et tamen ad aliquid ardebunt, scilicet, ut justi omnes, et in Deo videant gaudia quæ percipiunt, et in illis respiciant supplicia quæ evaserunt: quatenus tanto magis in æternum gratiæ divinæ debitores se esse cognoscant, quanto in æternum mala puniri conspiciunt, quæ ejus adjutorio vicerunt.

275 8. Ista perpendenti quonam pacto venire potest in mentem, Gregorium ita sapientem, ita docentem, preces aliquando fudisse pro Trajano imperatore, quem ob infidelitatem et motam in Christianos persecutionem (ut alia interim dissimulemus) æternis pœnis addictum non dubitabat? At quæ sequuntur, ne leviusculam quidem relinquunt ea de re difficultatem. Quærit enim Petrus: *Et ubi est quod sancti sint, si pro inimicis suis quos tunc ardere vident, non orabunt, quibus utique dictum est: Pro inimicis vestris orate? (Matth.* V, 44.) Cui respondet ita sapientissimus Doctor: *Pro inimicis suis orant eo tempore quo possunt ad fructuosam pœnitentiam eorum corda convertere, atque ipsa conversione salvare. Quid enim aliud pro inimicis orandum est, nisi hoc quod Apostolus ait: Ut det illis Deus pœnitentiam ad cognoscendam veritatem, et resipiscant a diaboli laqueis, a quo captivi tenentur ad ipsius voluntatem? (II Tim.* II, 25.) *Et quomodo pro illis tunc orabunt, qui jam nullatenus possunt ad justitiæ opera ab iniquitate commutari? Eadem itaque causa est, cur non oretur tunc pro hominibus igni æterno damnatis, quæ nunc etiam causa est, ut non oretur pro diabolo angelisque ejus æterno supplicio deputatis. Quæ nunc etiam causa est ut non orent sancti homines pro hominibus infidelibus impiisque defunctis, nisi quia pro eis utique quos æterno deputatos supplicio jam noverunt, ante illum judicis justi conspectum orationis suæ meritum cassari refugiunt. Quod si nunc quoque viventes justi mortuis et damnatis injustis minime compatiuntur, quando adhuc aliquid judicabile de sua carne sese perpeti etiam ipsi noverunt; quanto districtius tunc iniquorum tormenta respiciunt, quando ab omni vitio corruptionis exuti, ipsi jam justitiæ vicinius atque arctius inhærebunt? Sic quippe eorum mentes per hoc quod justissimo judici inhærent, vis districtionis absorbet, ut omnino eis non libeat quidquid ab illius æternæ regulæ subtilitate discordat.*

Hæc legenti num dubia aut obscura esse potest S. Gregorii sententia, tum de pœnarum inferni æternitate, tum de negandis precibus omnibus iis quos citra ullam hæsitationem scimus hujusmodi pœnis addictos?

9. Ut vim argumenti hujus eludat aut elevet Joannes Diaconus, hoc excogitavit effugium. Nempe *Gregorium pro Trajano liberando non exorasse, sed flevisse.* Quasi lacrymæ coram Deo fusæ alicujus rei obtinendæ gratia, preces non sint, et quidem efficacissimæ. Addit Trajanum ita liberatum fuisse ab inferni cruciatibus, ut in inferno tamen remanserit, non autem sit evectus ad superos. At sancti Doctoris ratiocinatio, uti et testimonia omnia sacræ Scripturæ ab ipso prolata, non solum probant æternam damnatorum in inferno mansionem, sed etiam exustionem.

Neque fingere licet S. Doctorem duplicem habuisse diversis temporibus de hac quæstione sententiam : nam primo non potuit ignorare quæ esset sacrarum litterarum Ecclesiæque hac de re doctrina ; secundo constanter idem in omnibus pene operibus, diversis licet temporibus elucubratis, nimirum in Moralibus lib. xxxiv num. 34, in Dialogis, et in epistola jam laudata, quæ huic dissertatiunculæ occasionem præbuit, ob errorem legatorum Cyriaci in ea refutatum. Cæterum opinionem hanc quæ Origeni tribui solet, impugnarant jam Augustinus et Basilius Magnus. (*Vide lib.* xxi *de Civit. Dei, c.* ii, *Reg. brev. quæst.* 267.)

10. Quod legitur in actis S. Perpetuæ (*Patrol. tom. III*), nimirum illam pro fratre Dinocrate orasse, sicque ipsum a pœnis quibus in loco tenebroso plectebatur liberasse, minime favet opinioni quam post Gregorium impugnamus. Probat enim tantummodo mortuos purgatorii cruciatibus addictos ob levia peccata post baptismum admissa, posse fidelium precibus ab iis eximi. Quam responsionem suppeditat Augustinus lib. i de Origine animæ c. 10, et lib. iii c. 9, ubi ait Dinocratem propter peccata quædam commissa post baptismum aliquas pertulisse pœnas. Quippe cum septennis esset, potuit mentiri, aut alio levi piaculo animam maculare. Quod autem ante mortem fuisset baptizatus negari nequit, Perpetua ipsa testante totam familiam suam, excepto patre, Christi coluisse religionem.

CAPUT XI.

Argum. — 1. S. Gregorius in moribus efformandis doctor eximius. Quid doceat contra nimiam securitatem et de duplici compunctione. — 2. Theoctistæ sororis imperatoris pietas. — 3. S. Gregorius amicis denegat opem ad obtinenda sæcularia officia. — 4. Quales amicis mœrentibus adhiberet consolationes. — 5. Laudat laicos divini verbi cibum quærentes. — 6. Ariminensi episcopo infirmo successor datur. — 7. Et Corneliensi ob lapsum dejecto. Laudatur a Greg. Stephanus episcopus. — 8. Res quædam monasticæ. — 9. Insulæ Corsicæ prospicit papa. — 10. Quædam de servilium personarum conjugio observantur. (An. 596. et 597.)

1. Mox vidimus S. Gregorium, Theologorum optimum, pro fidei puritate ac integritate fortissime decertantem ; nunc miremur ipsum tanquam in moribus informandis magistrum eximium pietatis perfectionisque Christianæ exquisitissima subministrantem consilia. Gregoria, Augustæ cubicularia, scripserat ei se nunquam ab importunis precibus cessaturam, donec ab ipso certo sciret, nimirum ex divina revelatione, peccata sua esse dimissa. Cui sic respondit modestissime simul ac prudentissime : *Rem difficilem etiam et inutilem postulasti. Difficilem quidem, quia ego indignus sum cui revelatio fieri debeat. Inutilem vero, quia secura de peccatis tuis fieri non debes, nisi cum jam in die vitæ tuæ ultimo plangere eadem peccata minime valebis. Quæ dies quousque veniat semper suspecta, semper trepida metuere culpas debes, atque eas quotidianis fletibus lavare. Certe Paulus apostolus jam ad tertium cœlum ascenderat, in paradisum quoque ductus fuerat, arcana verba audierat, quæ homini loqui non liceret* (II Cor. xii) ; *et tamen adhuc trepidans dicebat : Castigo corpus meum, et servituti subjicio, ne forte aliis prædicans, ipse reprobus efficiar* (I Cor. ix, 27). *Adhuc timet qui jam ad cœlum ducitur, et jam timere non vult qui adhuc in terra conversatur? Perpende, dulcissima filia, quia mater negligentiæ solet esse securitas. Habere ergo in hac vita non debes securitatem, per quam negligens reddaris. Scriptum est enim : Beatus vir qui semper est pavidus* (Psal. ii, 11). *Et rursus scriptum est : Servite Domino in timore, et exsultate ei cum tremore* (Prov. xxviii, 14). *In pauco ergo hujus vitæ tempore mentem vestram necesse est ut tremor teneat, quatenus per securitatis gaudium sine fine postmodum exsultet* (Lib. vii, ep. 25).

Quid opportunius hoc loco ad exsufflandas larvatæ cujusdam pietatis fallacias quæ sub mentito purioris amoris nomine omnem timorem de salute æterna, sollicitudinem omnem excutit ? In epistola quidem ad Theoctistam patriciam (*Lib.* vii, *ep.* 26) , quæ proxime sequitur, explicat S. Doctor duo genera compunctionis, *unum quod æternas pœnas metuit*, alterum quo longa mœroris formidine et anxietate consumpta, quædam jam de præsumptione veniæ securitas nascitur. At hic status non excludit omnem salutis curam ; neque enim adest *plena securitas*, sed inchoata, non omnem expellens timorem, sed nimis anxium. Hoc in statu, inquam, anima *de cœlestibus præmiis suspirat. Qui prius flebat, ne duceretur ad supplicium, postmodum flere amarissime incipit, quia differtur a regno.*

2. Ex hac epistola intelligimus Theoctistam, imperatoris sororem, sacri verbi ubertate plenam fuisse ; ad æterna gaudia incessanter suspirasse, ad repromissionis patriam inter undas sæculi siccis vestigiis properasse ; nimirum inter hominum tumultus et in ipsa aula solitudinem colendo ; quod pro miraculo habet S. Gregorius, comparatque cum filiorum Israel transitu per Mare Rubrum. Piissimæ sorori nutriendorum liberorum provinciam dederat Mauricius Augustus ; hinc eam hortatur papa ut illos optimis moribus imbuere conetur , et eunuchos ipsorum custodiæ ac obsequiis deputatos admoneat, quam caute coram ipsis loqui debeant : *Verba si quidem nutrientium,* inquit, *aut lac erunt si bona sunt, aut venenum si mala.* In eadem epistola Gregorius ostendit se de salute Constantinæ Augustæ, et de ipsius profectu in virtute sollicitum : quos enim amabat, a terrenis cupiditatibus abstrahere, et in amore cœlestium succendere conabatur ; hæcque erant ejus amicitiæ symbola et argumenta.

3. Andreas, vir clarissimus, ejus familiaris, postularat ab eo imperatori commendari, ad aliquod officium in republica obtinendum ; quod sanctissimum patrem non mediocri mœrore percuIit. *Multos novi*, inquit amico, *qui in servitio reipublicæ positi vehementer affliguntur : quia eis non licet vacare et peccata sua plangere ; et vos quare, nescio, implicari desideratis ?* Multa prætermitto de mundi contemptu, digna tamen quæ legantur et serio animis insculpantur. Epistolam ista claudunt : *Hoc ipsum vero esse in obsequio piissimi principis, quanta est mentis occupatio in appetitu terrenæ gratiæ, et quantus est timor ne hæc*

eadem gratia perdatur, si adepta fuerit? Perpende ergo quæ pœna sit, aut, prosperitatis desiderio fatigari, aut adversitatis timore pavescere. Unde magis suadeo, ut magnitudo vestra in suo proposito quondam, in pauco tempore delectabili receptaculo peregrinationis vivere studeat, et quietam ac tranquillam vitam ducere, sacris lectionibus vacare, cœlestia verba meditari in æternitatis amore se accendere, de terrenis rebus secundum vires bona opera agere, et regnum perpetuum in eorum remuneratione sperare. Sic autem vivere, jam in æternitatis vita partem habere est. Hæc, magnifice fili, loquor, quia multum te diligo. Et quia in procellas et fluctus tendis, verborum meorum funibus te ad littus revoco; et si trahentem sequi volueris, quæ pericula evaseris, quæ gaudia inveneris, in ipso quietis tuæ littore positus agnosces (Lib. VII, *ep.* 29).

4. Quando amicorum animos fatiscere sub ærumnarum pondere observabat, litteris consolatoriis eos erigebat, vel ipsa animi magnitudine qua supra humana omnia in iis eminere videbatur. De amicorum nostrorum liberis, aut aliqua ratione propinquis morte præreptis immatura, solemus dolere; idque de eorum amissione lugentibus significare. At Gregorius nil humani sapiens, ad Andream amicitia sibi conjunctissimum scribit : *Quod domna Constantina clarissima puella, priusquam nuptias faceret, ab hujus mundi illecebris est erepta, vehementer exsulto* (Lib. VII, *ep.* 29). Et ad Narsam : *Per scripta vestra mihi transitum domnæ Esychiæ nuntiastis; et magna exsultatione gavisus sum, quia illa bona anima ad suam patriam pervenit, quæ in patria laborabat aliena (Ibid., ep.* 30). Noverat fortasse haud ingratum fore hoc genus consolationis. Narsæ viro *religioso* (sic appellatur in epistolæ inscriptione) qui cum patriciæ dignitatis esset, ut ex ep. 32 lib. IV colligitur, sæculo nuntium tunc remisisse videtur, et quibusdam monasteriis præfuisse. Filia ejus Dominica, virgo doctissima, quæ Latina cum esset, Græce tamen scribebat, aulam quoque fugiens, monasterium ingressa fuerat, ibique postea facta præposita. Quæ de Dominica, in Græcis litteris erudita diximus eo magis mirari debemus, quod S. Gregorius ad ejusdem patrem scribens, asserat tunc non fuisse Constantinopoli satis doctos interpretes, *qui de Græco in Latinum et de Latino in Græcum dictata bene transferrent?* (Lib. VII, *ep.* 30.)

5. Laudabat maxime S. Gregorius si amici, etiam [a] laici, in verbo divino solatium et animæ cibum quærerent. Id potissimum liquet ex epistola hoc anno ad Dynamium et Aureliam Gallos scripta (Lib. VII, *ep.* 36), ubi eis gratulatur, quia sacræ lectionis pabula quærebant; subditque optimam hujus Evangelicæ sententiæ expositionem : *Omnis qui petit accipit; et qui quærit invenit, et pulsanti aperietur* (Matth. VII, 8). *Petamus*, inquit, *orando, quæramus legendo, pulsemus operando* (Luc. XI, 12). At de his satis; ad alia transeamus.

6. Post diutinam in Oriente moram factam, in Occidentem revertamur, ubi potissimum vigilabat ad Ecclesiarum gubernationem pastoralis Gregorii sollicitudo. Ariminensis Ecclesia diu sine episcopo fuerat, ob infirmam Castorii valetudinem. Qui cum per quadriennium abfuisset, nec melius haberet, *data scriptis supplicatione petiit a papa, ut quia ad ejusdem Ecclesiæ regimen vel susceptum officium, pro eadem qua detinebatur molestia assurgere nullatenus posset, Ecclesiæ ipsi ordinare episcopum deberet.* Ejus votis annuens summus pontifex, quia cunctarum Ecclesiarum injuncta eum sollicitudinis cura constringebat, datis de more præceptis clerum et populum ad eligendum sibi antistitem hortatus est, quem Marinjano Ravennati examinandum sisti voluit (Lib. VII, *ep.* 19).

7. Paulo post ad eumdem Marinianum scripsit, ut dejecto ex Corneliensis Ecclesiæ sede episcopo in 277 crimen lapso, in ejus locum alius ordinaretur episcopus; quia nec lapso spes ulla superesse posset ad pristinam redeundi dignitatem, nec ultra tres menses Ecclesiam vacare sacri permitterent [b] canones (Lib. VII, *ep.* 41). Dum vero legis supra Gregorium cunctas in Ecclesias sollicitudinis curam sibi tribuere, ne suspiceris ipsum ultra modum pontificiam protulisse potestatem, quod ab ejus modestia et animi demissione prorsus abhorrebat. Certe qui 150 circiter annis ante ipsum sedit, Leo Magnus, ad ep. Thessalonicensem scribens (*ep.* XII, *c.* 1) ut ei vices suas committeret, ait eum *in partem vocatum esse sollicitudinis, non in plenitudinem potestatis;* quam proinde sibi vendicare non dubitabat.

Quemadmodum Gregorius episcopos qui officio suo deerant, dignis pœnis afficiebat, ita optimos pastores debitis laudibus et præmiis remunerare satagebat. Quapropter Stephanum episcopum impense laudat quod assidua prædicatione Mariam patriciam ab hæresi aut schismate ad Ecclesiæ sinum revocarit, aliosque non paucos (Lib. VII, *ep.* 8). Ex hoc fortasse numero erat Dominica gloriosa femina, Joannis cujusdam uxor Gregorio intimi; ad quem scripsit se non me diocriter lætatum, cum ipsam cognovisset unitati Ecclesiæ sociatam (*Ibid., ep.* 37).

8. Ut res monasticas breviter attingamus, hoc anno papa privilegiis donavit monasterium S. Cassiani apud Massiliam cui præerat Respecta. De hoc monasterio consule notas ad epistolam hæc privilegia continentem (Lib. VII, *ep.* 12).

In alia epistola (Lib. VII, *ep.* 18) legimus Martinum quemdam diaconum et abbatem, de quo *aliqua papæ fuerant nuntiata, quæ officii ejus proposito non leviter macularent,* nec tamen sedula inquisitione facta probari potuerant, ne qua de iis suspicio remaneret, ad sacratissimum beati Petri apostolorum principis corpus *districta sacramenta præbuisse,* quibus insontem se assereret. Quapropter eum absolvit S. Gregorius et suo loco restituit.

Epistola 32 scripta est ad Anastasium presbyterum, quem multis et præclaris virtutibus ornatum depin-

---

[a] Vide supra Ep. 26, et infra lib. XI, Ep. 78.

[b] Ex can. 25 Chalcedon. in codice canonum Eccl. Rom.

git; vituperat tamen ob ducatum in monasterio quod vocabatur *Neas* assumptum, quod hoc in cœnobio *multa sub sanctitatis habitu sæcularia agerentur.* Hortatur autem illum ad contentionem quæ inter ejusdem monasterii patrem, et Amos Jerosolymorum patriarcham exorta erat, tollendam et componendam.

Magna erat altercatio inter Cæsarium, abbatem monasterii sancti Petri apud Baias, et Joannem, abbatem S. Luciæ, in Syracusana urbe; de qua dirimenda Gregorius ad Joannem Syracus. episcopum scripsit (*Lib.* VII, *ep.* 39), rogans ut ipse cum Fantino defensore, adhibito Joanne agrimensore (erat enim quæstio de finibus) accederet, ac sententiam ferret : *Ne religiosorum virorum corda sæcularium rerum intentio a mutua disjungeret charitate.* De servanda monastica disciplina in Africa sollicitus, Dominicum, Carthaginensem episcopum, rogavit, ut coerceret monachos impune vagantes, eosque obedientiæ jugo, quod excusserant, rursum subdi curaret; episcoposque quos audierat iis erroribus patrocinium ferre, ab eorum defensione modis omnibus interminando compesceret (*Ibid., ep.* 35).

9. Alia occasione ad Gennadium, Africæ præfectum, scripsit, nimirum ut ei Ruferium comitem ejusque concives ac ipsam Corsicam insulam commendaret (*Lib.* VII, *ep.* 3). Unde intelligimus insulam hanc ad Africæ præfecturam seu exarchatum pertinuisse; fortasse quod Sardiniæ adjaceat, quæ tunc inter Africæ provincias accensebatur septima et ultima. Hostium incursionibus patebat Corsica; nec satis erat illuc exercitum transmittere, nisi huic præesset dux peritissimus. Ideoque rogat Gregorius præfici Anastasium tribunum, qui jam eadem provincia strenue defunctus fuerat, et ab ipsa dein amotus, magnam sui existimationem omnibus insulæ incolis, majusque reliquerat desiderium.

10. Septimum hunc Gregoriani pontificatus annum claudemus observatione de conjugio, si alter conjugum servilis sit conditionis, dirimendo; quod a sanctissimo pontifice nequaquam reprobatum, ut patet ex epistola ad Fortunatum, Neapolitanum episcopum (*Lib.* VII, *ep.* 1). Ejus Ecclesiæ clericus uxorem a suo consortio removerat, quod illa fuisset *de servili conditione pulsata.* Contendit vero mulier ejecta se liberam esse; et summum pontificem adiit, rogans viro suo restitui. Benignas aures præbuit supplicanti pius Pater; cumque in ea *nulla servilis macula* inventa esset, jussit ut ille Clericus conjugem injuste repudiatam reciperet; si vero abnueret, districtæ vindictæ subjiceretur. Unde liquet non alia ratione coactum fuisse clericum illum ad uxorem denuo accipiendam, quam quia falso fuerat *de servili conditione pulsata.* Itaque si nupsisset ut libera, et postea probata fuisset ejus conditio servilis, propter conditionis vitium, irritum fuisset matrimonium.

278 CAPUT XII.

ARGUM. — 1. Corsorum idololatrarum conversio. — 2. Et Judæorum Agrigentinorum. — 3. Alios Judæos injuste vexari prohibet S. Gregorius. — 4. Anastasium Antiochenum variis persecutionibus oppressum consolatur. —

[a] Vide notas ad hanc ep.

5. Moritur Anastasius. Ejus successor ad S. Gregorium scribit. Hæreticorum falsam Ephesi synodum pro vera obtrudentium fraudem ex veteribus coad. detegendam censet S. Doctor. — 6. Eulogio Alexandrino gratulatur. — 7. De Martyrologii Rom. antiquitate. Opinio Henrici Valesii expenditur. — 8. Suspicio de Vaticanorum codicum suppositione injecta exsufflatur. — 9. Episcopum Numidiæ injuriam passum protegit S. Pontifex. — 10. Africana Ecclesia ducit originem a Romana. — 11. Quid de pretio pro sepultura dato senserit sanctus Gregorius. — 12. Quid de redituum Eccles. partitione statuerit. — 13. Et de Campagis. — 14. Septem defensores fecit regionarios. — 15. Res monasticæ hujus anni attinguntur. (An. 597 et 598.)

1. Octavum sui pontificatus annum auspicatus est S. Gregorius magno cum gaudio, propter Corsorum conversionem, de qua nuperrime perscripserat Petrus, Aleriensis episcopus. Gratiis Deo de more actis ob lætum nuntium, eumdem Petrum hortatus est ut cœptum feliciter opus perficeret, ac cæteros qui necdum baptizati erant, aut post susceptum baptismum, sive negligentia sive necessitate, ad idolorum cultum reversi fuerant, congregare, et ad fidem perducere pergeret, *Quod enim*, inquit, *opus utilius et sublimius acturus es, quam ut de animarum vivificatione et collectione cogites, et tuo Domino, qui tibi locum prædicandi dedit, immortale lucrum reportes?* (*Lib.* VII, *ep.* 1.) Adhortationi liberalitatem, ut solebat, adjunxit; transmisit enim huic episcopo quinquaginta solidos, ad vestimenta eorum qui baptizandi erant comparanda (*Lib.* VI, *ep.* 22); et presbytero episcopi adjutori qui regebat Ecclesiam non ita pridem jussu papæ in possessione Rom. Ecclesiæ constructam cum baptisterio, prædium aliquod pro stipendio assignavit et concessit. Laudavit insuper consilium Petri episcopi de alio episcopo in eadem insula ordinando, non procul a monte quem plurimi adhuc idolorum cultores incolebant. Non in sola Corsica exsulabat et latitabat idololatria nam ex ep. 18, hoc anno scripta ad Agnellum, Terracinensem Ep., discimus quosdam hoc in pago tunc arbores adhuc coluisse. Et biennio post Brunichildem reginam hortatus est (*Lib.* IX, *ep.* 11) ut ab idolorum cultu sibi subditos populos coerceret; *Quia*, inquit, *pervenit ad nos, quod multi Christianorum et ad Ecclesias occurrant, et, quod dici nefas est, a culturis dæmonum non abscedant.* Quodnam esset idololatriæ genus explicat his verbis : *Cultores arborum non existant, de animalium capitibus sacrificia non exhibeant.* Quæ in notis ad hunc locum exposuimus. Alia in epistola idolorum cultoribus jungit aruspices atque sortilegos (*Ibid., ep.* 65).

2. Lætitiam pro conversis idololatris excepit gaudium de Judæis Agrigentinis ad fidem Christianam venire festinantibus (*Lib.* VIII, *ep.* 22). Ne vero longiori mora desiderium eorum deferveceret (nam, a mense Junio quo ea de re scripta est epistola S. Gregorii usque ad proximum Pascha, novem ad minus menses computabantur), indulsit papa ut ante solemnitatem Paschalem, [a] extra quam et festum Pentecostes baptismus dari non solebat in Ecclesia Latina, lustralibus aquis tingerentur, indicta prius quadraginta dierum abstinentia et pœnitentia. Cumque ex illis plurimi pauperes essent, ita ut ad emendam

sibi [a] candidam vestem a recens baptizatis gestari solitam, ob rei domesticæ angustias, pares esse non viderentur, jussit Fantino defensori ut Ecclesiæ sumptibus compararentur hæ vestes, quas egestate laborantibus distribuere curaret. Interim episcopum Agrigentinum monitum esse voluit, ut illos Christianæ religionis candidatos catechumenos faceret, ac eos fide quam suscepturi erant mature docere, necnon Evangelicæ legis præceptis imbuere sollicitus foret.

3. Ut facilius Judæos alios clementia et mansuetudine ad fidem pertraheret sapientissimus pontifex, prohibuit ne locis juxta leges sibi concessis depellerentur, aut aliis afficerentur injuriis. Id liquet ex epistola Victori, Panormitano episcopo, in gratiam Judæorum hac in urbe degentium scripta, [b] paulo post superiorem de Judæis Agrigentum incolentibus ad Fantinum directa (*Lib.* VIII, *ep.* 25). Si qui tamen Judæorum insolescerent adversus Christianos, eorum audaciam frangere et coercere quantocius satagebat; et episcopos ut eorum pravis consiliis resisterent hortabatur (*Ibid., ep.* 21).

4. Lætum de tot infidelibus ad fidem conversis nuntium turbarunt Anastasii, Antiocheni episcopi, epistolæ, *quæ pro verbis lacrymas fluebant* (*Lib.* VIII, *ep.* 2). Amici dolorem lenire, animumque pene sub adversitatum pondere deficientem erigere conatus est Gregorius. A quibus tunc vexaretur hic patriarcha, non explicatur in epistola consolatoria summi pontificis. Hæreticos tamen qui tunc in Oriente grassabantur plurimi, sub variis Acephalorum, Severianorum, Theodosianorum nominibus, adversariorum ejus antesignanos exstitisse vix dubitamus. Præter commemoratos heterodoxos, alia monstra nuper consurrexisse queritur vigilantissimus papa; novos videlicet errones, *qui Prophetas, Evangelia, et dicta Patrum evacuare moliebantur*. *Sed permanente,* inquit Gregorius ad Anastasium, *vita vestræ sanctitatis,* 279 *in protectoris nostri gratia speramus quod eorum ora citius obmutescant quæ contra soliditatem veritatis aperta sunt; quia et quamlibet acuti gladii immittantur, cum saxum feriunt, fracti resiliunt.* Optima sane ratio, cur tot hæreticorum tela in Ecclesiæ firmissimam petram intorta, retusa tandem in ipsos reciderint auctores. Aliunde spes affulgebat victoriæ de his Ecclesiæ hostibus reportandæ, scilicet ab eorum divisione: *Quia,* inquit sanctus Doctor, *in ipsis, qui a sanctæ ecclesiæ doctrina divisi sunt, unitas non est.*

Inter eos qui sancto Anastasio infensi erant, S. Gregorius designare videtur patriarcham CP., quem ait addidisse onera, cum sublevare debuisset; sub *ovium vestitu intus fuisse lupum rapacem; et solum præ aliis habere appetiisse, quod dignus non fuerat vel cum fratribus habere,* ob usurpatum scilicet œcumenici patriarchæ titulum.

5. Paulo post acceptas a Gregorio litteras, Anastasius ad tranquilliorem et meliorem vitam [c] transiit, et successorem habuit alium Anastasium dictum juniorem; qui cum ad papam scripsisset de sua provectione, ac fidei professionem ut moris erat misisset, responsum ab ipso tulit pergratum et charitatis melle conditum. Ut sedis Anastasii majoris successor fuit ille patriarcha, ita etiam molestiarum et persecutionum: nam post novem episcopatus annos, in seditione martyr occubuisse dicitur. In epistola S. Gregorii (*Lib.* IX, *ep.* 49) qua respondet Anastasio nuper ad sedem Antiochenam assumpto, id præ cæteris observatione dignum, pseudo-Ephesinam synodum a Nestorianis habitam, in qua impia Cœlestii et Pelagii dogmata sunt approbata, tunc sæpius pro ipsamet œcumenica synodo Ephesina, versipellium hæreticorum fraude fuisse obtrusam. Cui errori ut occurratur, suadet doctissimus pater, in scriniis præcipuarum Ecclesiarum Romanæ, Alexandrinæ, Antiochenæ, sincera Ephesinæ synodi acta perquiri; ubi vides veterum codicum fidem et auctoritatem assertam.

6. Tumultuantes adversus Anastasium hæreticos mox vidimus in Oriente. Pacatior autem erat Ægyptus et Alexandrina Ecclesia sub Eulogio patriarcha, qui plerosque hæreticos Ecclesiæ reconciliaverat, et concordiam inter fideles firmarat. Hæc ut accepit S. Gregorius, arrepto calamo statim amico gratulatus est, vicissimque de conversis nuper Anglis eum certiorem fecit. At de his jam diximus. Erat inter utrumque sanctissima consuetudo mutuis confirmata beneficiis et officiis. Eulogius postularat a summo pontifice, *ut sibi cunctorum martyrum gesta, quæ piæ memoriæ Constantini temporibus ab Eusebio Cæsariensi collecta sunt transmitteret.* At ille respondit se de hac [d] Eusebiana collectione nihil unquam ante acceptam Eulogii epistolam audiisse. Addit: *Præter illa quæ in ejusdem Eusebii libris de gestis sanctorum martyrum continentur, nulla in archivo hujus nostræ Ecclesiæ, vel in Romanæ urbis bibliothecis esse cognovi, nisi pauca quædam in unius codicis volumine collecta. Nos autem pene omnium martyrum distinctis per dies singulos passionibus collecta in uno codice nomina habemus, atque quotidianis diebus in eorum veneratione missarum solemnia agimus. Non tamen in eodem volumine quis qualiter sit passus indicatur, sed tantummodo nomen, locus, et dies passionis ponitur. Unde fit ut multi ex diversis terris atque provinciis per dies, ut prædixi, singulos cognoscantur martyrio coronati* (*Lib.* VIII, *ep.* 30).

7. Hic habemus Martyrologii Romani prima veluti rudimenta. Ipsius meminit synodus Cloveshoviensis an. 747 habita, in qua decretum *ut per gyrum totius anni natalitia sanctorum uno eodemque die juxta Martyrologium Ecclesiæ Romanæ, cum sua sibi conveniente psalmodia et cantilena venerentur.* Martyrologiorum origo a fastis Ecclesiarum repetenda nobis videtur. Singulæ enim habebant martyrum suorum aliorumque sanctorum catalogum quorum in memoriam festi celebrabantur dies. Hinc Cyprianus: *Denique,* inquit,

---
[a] Consule notam 327 ad Librum Sacramentorum.
[b] Lege etiam ep. 6 libri IX, et 55.
[c] De Anastasio legendus Evagrius lib. IV Hist. Eccles. c. 4, et lib. V, cap. 5.
[d] Lege notas ad hanc epistolam.

et dies eorum quibus excedunt annotate, ut commemorationes eorum inter memorias martyrum celebrare possimus (*Ep.* 12, *Patrol. tom. IV*). De hoc argumento lector studiosus consulat Henricum Valesium, qui singularem edidit de Martyrologio Romano dissertationem, et suis in Eusebium Cæsariensem annotationibus attexuit; perpendatque rationes quibus adstruere conatur vir doctissimus nullum unquam fuisse proprium ac peculiare Martyrologium Ecclesiæ Romanæ ante illud quod jussu Xisti V Pontificis maximi editum est hoc titulo, et Baronii annotationibus illustratum. Præcipua ducitur ex veterum scriptorum silentio, quæ tamen ruit lecto synodi Cloveshoviensis allato supra testimonio. Non inficiatur quidem Valesius Ecclesiam Romanam et alias saltem insigniores habuisse sua kalendaria suosque fastos, quibus inscripta propriorum martyrum ac sanctorum episcoporum nomina continebantur, sed nullatenus martyrologia, *quæ non unius*, inquit, *loci propria, sed totius Ecclesiæ fuere communia, quippe quæ totius orbis martyres confessoresque generaliter continerent*. Certe si ex allata definitione controversiam dirimamus, Valesius lite casurus videtur. Quippe non alicujus kalendarii meminit S. Gregorius, in quo martyrum tantum Romanæ passorum nomina continerentur, sed codicis *in quo pene omnium martyrum distinctis per singulos dies passionibus collecta nomina*. Ut autem agi de martyribus ubique terrarum passis ostendatur, subdit : *In eodem volumine..... nomen, locus, et dies passionis ponitur. Unde fit ut multi ex diversis terris atque provinciis, per dies..... singulos cognoscantur martyrio coronati.* Hic quid sentiamus de Valesii opinione aperire operæ pretium judicavimus, ne quis forte crederet notam quamdam quæ Valesio favet subjectam laudatæ epistolæ ex Gussanvillæo fuisse a nobis adoptatam. Absit enim ut omnia quæ in Gregorianas epistolas observavit vir doctus, nobis approbentur.

8. Certe hoc loco suspicionem injicit de manu exaratorum codicum etiam Vaticanorum suppositione, quam diluere nostri est officii. Ait enim : *Romæ nulla vel pauca tunc fuisse martyrum gesta, nullas de martyrum passionibus narrationes, id certe est mirabile, et novis auctoribus qui Vaticanos codices passim ingerunt, incommodum*.

At primo sanctus Gregorius minime dicit non exstitisse in archivo Ecclesiæ Romanæ codicem 280 quem sibi communicari postularat Eulogius, sed tantum non inventum; unde subdit : *Quærentes quidem non invenimus, sed adhuc non invenientes quærimus; et si potuerint inveniri transmittemus*.

Secundo etiamsi *cunctorum martyrum gesta, quæ... Constantini temporibus ab Eusebio Cæsariensi collecta fuerant,* in archivis et bibliothecis Romanis tunc locum non obtinuissent, inde temere colligitur *tunc Romæ nulla vel pauca fuisse martyrum gesta, nullas de martyrum passionibus narrationes*. Fatetur fortasse Gregorius caruisse suo tempore bibliothecas Romanas collectaneis in quibus acta martyrum omnia aut ple-

[a] Vide quæ supra diximus lib. II, c. 6, num. 2.

raque reperirentur, quasi in unum corpus redacta; sed ditatæ nihilominus erant actis singularibus martyrum, maxime in Italia, et præsertim Romæ martyrio coronatorum. Taceo de veteribus codicibus ad alia quam ad martyrum historias pertinentibus, quorum poterat esse Romæ maxima copia : de his enim silet sanctus Doctor.

Tertio quid vetat etiam post sanctissimi Pontificis obitum multos aliunde codices Romam fuisse allatos, quos nunc laudare nos non puderet, etiamsi non essent Gregorio antiquiores? Qua etenim veneratione dignæ sunt membranæ plusquam centum annorum supra mille? Nunc ad historiæ Gregorianæ seriem revocemus gradum.

9. Bellum hoc anno in Italia exarsisse innuit sanctus Gregorius, dum deflet mala quæ a Barbarorum gladiis perpeti cogebatur (*Lib.* VIII, *ep.* 2). Ipsos in Sardiniam descensionem fecisse colligitur ex epistola sequenti indictione scripta (*Lib.* IX, *ep.* 1 *et seq.*). Idcirco fortasse voluit S. Gregorius ut nullus etiam clericus a vigiliis et excubiis ad urbium custodiam necessariis excusaretur : eademque lege tenebantur Monachi (*Lib.* IX, *ep.* 73). Non minus dolet vir sanctus de judicum et magistratuum *perversitate* et iniquitate, quam de ferocitate hostium. Inter arma enim silentibus legibus omnia sibi licere existimabant. Gennadius, Africæ Patricius, Paulum, episcopum in Numidia, multis ab annis vexabat. Cumque sedem apostolicam appellasset, variis calumniis impetitus præsul, quominus Romam veniret obstiterat patricius, penes quem in administratione hujus provinciæ summa erat auctoritas (*Lib.* VI, *ep.* 63). Consensit papa ut episcopus ad comitatum pergeret atque ad Augustum suas deferret querelas (*Lib.* VII, *ep.* 2). Tandem Paulus in Numidiam redire jussus est, ut ab episcopis hujus provinciæ judicaretur; cujus innocentiam cognoscens Gregorius, ipsius causam episcopis Adeodato, qui tunc [a] primatum gerebat, Maurentio, et præsertim Columbo commendavit (*Lib.* VIII, *epp.* 12 *et* 13); hunc enim noverat Ecclesiæ a beato Petro fundatæ addictissimum, et recti tenacissimum. Nihilotamenminus ipsum adhuc munire curat contra optimatum sollicitationes et impulsus, quibus ejus virtus labefactari potuisset : *Nulla, ergo*, inquit, *vos res ab æquitatis studio, nulla suspendat potentia personarum. Sed innitens præceptis Dominicis, omnia quæ sunt rectitudini adversa, contemne. In defendendis partibus justitiæ constanter insiste. Odia pro veritate, si qua sunt, sustinere non renuas : ut tanto majorem in adventu Redemptoris nostri fructum mercedis invenias, quanto ejus mandata non negligens, in favorem justitiæ et defensionem impenderis.*

10. Præter communem sollicitudinem quam de tota Ecclesia gerere debebat summus pontifex, singulari studio et cura Ecclesiæ Africanæ prospicere tenebatur, quod a Romana suam traheret originem, ut docet S. Gregorius ad Dominicum, Carthaginensem episcopum, scribens : *Scientes unde in Africanis partibus sumpserit ordinatio sacerdotalis exordium, lau-*

dabiliter agitis quod sedem apostolicam diligendo, ad officii vestri originem prudenti recordatione recurritis (*Lib.* VIII, *ep.* 33). Hinc ad fovendam mutuam charitatem teneri utriusque Ecclesiæ antistites probat; excurritque hac occasione in laudes charitatis, his verbis plane aureis : *Magna autem charitatis virtus est, dilecte frater, quæ sinceritatis suæ vinculo alterna mutuo affectu corda constringit, et ea a gratiæ non sinit compage dissolvi; disjuncta conjungit, unita custodit, et ignotos sibi imagine reddit cognitos per amorem. Quisquis igitur in hujus cardine mentem figit, eum de supernæ patriæ habitaculo cujuslibet adversitatis impulsio non evellit : quoniam quocumque se verterit, a mandatorum limine non excedit* (*Ibid.*). Ita sapientissimus ille pietatis Christianæ magister omnibus epistolis suis exquisitas [a] inspergebat sententias de charitate, de mundi contemptu, de adversis patienter ferendis, de studio sacrarum litterarum, et de cæteris virtutibus ad cœlestem vitam pertinentibus; eoque veluti sale quidquid scriberet condire curabat

11. Episcopos, aliosque sacris ministeriis addictos a turpi lucro et avaritia verbo et exemplo avertere potissimum satagebat sanctissimus Pontifex. Hinc moleste tulit Donum, episcopum Messanensem, pro sepultura tantum pretium accepisse, ut ejus qui sepulturæ jus comparaverat, hæredes ad inopiam redacti viderentur. Suadet igitur episcopo ut quæ accepit restituat, maxime cum ea esse juris alieni Palumbi, episcopi Consentini, testimonio probaretur (*Lib.* VIII, *ep.* 5). Etsi vero non prohibeat aliquid pro sepultura accipere, fateaturque antiqua ex consuetudine id factum; at tamen in sua Ecclesia vetitum 'a se fuisse, nec cuiquam assensum se præbiturum, *ut loca humandi corporis pretio possint adipisci. Nos*, inquit, *qui episcopi dicimur, de humandis fidelium corporibus pensa facere quid debemus?* Postea scribens ad Januarium, indulsit tantum ut pro luminaribus acciperetur quod quisque offerre vellet. *Peti vero*, inquit, *aut aliquid exigi omnino prohibemus; quod valde irreligiosum est; ne aut venalis fortasse, quod absit, dicatur Ecclesia, aut vos de humanis videamini mortibus gratulari, si ex eorum cadaveribus studeatis quærere quolibet modo compendium* (*Lib.* IX, *ep.* 3).

12. Leo Catanensis episcopus ferebatur quartam reditum ecclesiasticorum partem non ex integro, sed cum aliqua diminutione suis clericis dividere, quod cupiditatis argumentum erat. Inde acolythorum et aliorum de clero querelæ ad papam pervenerunt. Ex tribus aliis bonorum Ecclesiæ portionibus una cedebat episcopo et familiæ ejus, propter hospitalitatem et susceptionem, alia pauperibus, alia denique reparandis ecclesiis servabatur (*Lib.* VIII, *ep.* 7). Ut autem omnis querelarum calumniarumque in episcopum tolleretur occasio, hæc decrevit sapientissimus et æquissimus judex : *Volumus ut quidquid Ecclesiæ tuæ ex reditu vel quolibet alio titulo fortassis accesserit, quartam exinde portionem sine diminutione aliqua*

[a] Vide ep. 17 ac 33 lib. ejusdem VIII.
[b] Vide notas ad laudatam ep

debeas segregare, atque eam secundum Dei timorem presbyteris, diaconis, ac clero, ut tibi visum fuerit, discrete dividere : ita sane ut unicuique sicut meritum laboris exegerit, libera tibi sit, juxta quod prævideris, largiendi licentia; quatenus et hi qui merentur, etiam temporali se sentiant hoc commodo consolari, et alii, adjuvante Domino, eorum ad melius contendant imitatione proficere (*Lib.* IX, *ep.* 64).

13. Qui, justis Catanensium clericorum querelis pulsatus, hanc sententiam tulit contra episcopum, eorumdem superbiam et inanem gloriolam repressit paulo post, ob usurpatos [b] campagos, quod est genus calceamenti ad usum prælatorum solemniter missam celebrantium. Iis uti cum solis in tota Sicilia diaconis Messanensis Ecclesiæ a Romanis pontificibus concessum olim fuisset, Catanenses tamen diaconi calceati campagis procedere præsumpserant. Quem temerarium ausum exosus papa scripsit ad Joannem Syracusanum ut ea de re inquireret, ac utrum a se vel alicujus auctoritate id præsumpsissent exploraret; posteaque decerneret ipse quid facto esset opus. *Nam si negligenter*, inquit, *ea quæ male usurpantur omittimus, excessus viam aliis aperimus* (*Lib.* VIII, *ep.* 27).

14. Quemadmodum superbe insolenterque agentes coercebat, ita etiam utiliter pro Ecclesia militantibus debita honoris præmia rependere satagebat. Idque defensores hoc anno sunt experti; nam septem ex ipsorum collegio regionarios constituit, ob strenue navatam in causis Ecclesiæ et pontificum obsequiis operam (*Lib.* VIII, *ep.* 14). Olim ex solis diaconis assumebantur regionarii; postea, quorumdam pontificum concessione, ex schola notariorum et subdiaconorum nonnulli constituti sunt; tandem ad defensores hic honor pervenit S. Gregorii beneficio.

15. Etsi hoc præsertim anno S. Gregorius quantum sibi curæ essent res monasticæ [c] plurimis epistolis palam fecerit, pauca tamen ex his delibabimus. Insigne præ cæteris est privilegium concessum monasterio sanctorum Joannis et Stephani in urbe Classitana constituto, de quo scripsit ad Marinianum, Ravennatem episcopum (*Lib.* VIII, *ep.* 15). Quid hoc privilegio cautum esset in gratiam monachorum, inde repetendum.

Ex epistolis 31 et 34 liquet Castelliense monasterium olim a magno Cassiodoro fundatum, non solum tunc perseverasse, sed etiam floruisse, aliaque monasteria sibi unita obtinuisse. Nam priori epistola Secundinus, Tauromenitanus episcopus, in Sicilia, monetur ne patiatur monasterium suæ diœcesis ad Castellienses monachos pertinens, in laicæ personæ potestatem venire. Alia epistola S. Gregorius increpare videtur Joannem, episcopum Scillitanum; in cujus civitate positum erat illud Castelliense cœnobium, quod ipsi concessa privilegia longo usu firmata tentaret labefactare. Hac ex epistola constat ipsum Scillacium Castrum in solo juris monasterii fuisse fundatum, cujus incolæ Castelliensibus persolvere censum tenebantur.

[c] Vide epp. 4, 8, 9, 11, 15, 31, 34.

LIBER QUARTUS ET ULTIMUS.

Quidquid superest historiæ vitæque S. Gregorii exhibens.

CAPUT PRIMUM.

ARGUMENTUM. — 1. Pax fit Romanos inter et Langobardos, annitente S. Gregorio. — 2. Prædicit eam non fore diuturnam. — 3. Bellum redintegratur ab exarcho. — 4. Schismatici ad Ecclesiam redeunt. Quid pro ipsis in unitate Ecclesiæ confirmandis præstiterit S. Gregorius. — 5. Schismaticorum episcoporum depravati mores. — 6. S. Gregorii charitas erga schismaticos. — 7. De Secundino, monacho celeberrimo. Scribit contra tria capitula, etsi minime schismaticus. — 8. Secundini humilis confessio. Eum consolatur S. Gregorius. — 9. S. Doctoris sententia de usu et cultu sacrarum imaginum expenditur. Ab Ecclesiæ doctrina nunc recepta non exorbitat. — 10. Objectionibus occurritur. S. Gregorius in epistolis ad Serenum prohibet solum ne imaginibus latriæ cultus tribuatur. — 11. Laudat imaginum usum, tanquam antiquitus receptum. Sed non adorationem proprie dictam. — 12. Ejusdem veneratio erga sanctorum reliquias. (An. 598 et 599.)

1. Jam a longo tempore S. Gregorius de pace Romanos inter et Langobardos facienda confirmandaque cogitabat; quam ut impetraret egit tum apud imperatorem, tum apud Agilulfum regem ejusque uxorem Theodelindam, missis non solum epistolis, sed etiam legatis. Tam utili necessarioque reipublicæ consilio semper obstiterat Romanus exarchus; quamvis viribus impar, aliundeque belli et rei militaris non satis peritus esset, ut a Langobardis Italiam liberaret. Nuper Hunnorum rex ab Agilulfo, Mediolani sedente, pacem impetrarat. Rebus itaque compositis cum bellicosissima gente, Langobardi ferocius imminebant urbibus adhuc intactis. Non ita pridem Crotonam in extrema parte Italiæ expugnarant, abductis in captivitatem civibus. Nuperrime Sardiniam populabundi invaserant, quod futurum prænuntiarat Gregorius; monueratque tum Gennadium, Africæ præfectum (*Lib.* VII, *ep.* 5), tum Januarium, Caralitanum episcopum (*Lib.* IX, *ep.* 4 *et* 43), ut insulæ defensioni prospicerent. Quis tunc ausus fuisset pacem sibi polliceri? At Deus in cujus manu sunt corda regum, Agilulfum ad arma deponenda et accipiendas pacis conditiones a papa oblatas flexit. Usus ille fuerat Probi,[a] abbatis ministerio, quem jam ante multum temporis ad regem reginamque miserat, ut de pace ageret, irrito tamen semper conatu quandiu vixit Romanus exarchus, hostis pacis infensissimus. Eo itaque mortuo cum Callinicus pro reipublicæ bono melius affectus summa rerum potitus esset in Italia, spes denuo pacis resarciendæ affulsit. Tandemque facta est annitente præsertim Theodoro, Ravennæ curatore, quem adjutorem expertus est in omnibus Probus pro pace concilianda legatus (*Ibid., ep.* 98). Pacta conditionesque pacis Agilulfus rex optima fide sacramento confirmavit, qua de re Gregorius tum ipsi gratias egit, tum Theodelindæ reginæ, quam studiosius pro concordia laborasse, a Probo abbate acceperat. In epistola ad Agilulfum eum rogat *ut suis ducibus per diversa loca, et maxime in Romanis partibus constitutis præcipiat pacem sicut promissum erat custodire.* Metuebat enim ne redintegrandi belli occasionem quærerent. Neque vanus fuit timor; Ariulfus enim, dux Beneventanus, pacem servaturum se jurare noluit, nisi adhibitis certis conditionibus in quibus latenter ac subdole opportunitatem quærebat Romanos incautos ob fidem datam opprimendi. Suspicionem augebat, quod Warnilfrida, ex cujus arbitrio et consilio Ariulfus cuncta faciebat, *omnino jurare despexisset.* (*Cf. Paul. Diac. l.* IV *Hist. c.* 13.)

2. Alia ex parte Agilulfus et Langobardi urgebant Gregorium ut *pacto subscriberet,* quod negabat, quia *medius* et *sequester* erat regem inter ac exarchum. Itaque cum res in ancipiti essent, bellumque sub specie pacis periculosius imminere videretur : ne ignis doloso cineri suppositus erumperet, Romanis nihil tale cogitantibus, suasit Gregorius ut in ipsa pace, belli agitarentur consilia; scripsitque præsertim ad Januarium Caralitanum primo de conciliandis inter se hostium metu civium animis, *quia,* inquit, *hoc maxime tempore, quando de hoste formido est, divisum populum habere non debetis.* Deinde vero de Caralitana urbe aliisque insulæ locis muniendis. *Unde necesse est,* inquit, *ut fraternitas vestra, dum licet, civitatem suam vel alia loca fortius muniri provideat, atque immineat ut abundanter in eis condita procurentur : quatenus, dum hostis illuc Deo sibi irato accesserit, non inveniat quod lædat, sed confusus abscedat. Sed et nos pro vobis quantum possumus cogitamus, et iis quorum interest, ut se ad obsistendum Deo auctore præparare debeant, imminemus : quia, sicut vos nostras tribulationes vestras attenditis, ita quoque nos vestras afflictiones nostras similiter reputamus* (*Lib.* IX, *ep.* 6).

3. Metus de brevi futuro bello non fefellit papam; nam paulo post recruduit, et ferocius desæviit. Nuper Agilulfus *pacem perpetuam* cum Theoderico, Francorum rege, foedusque constituerat. Tres duces, in his Veronensem et Pergamensem, cui jam bis pepercerat, cum rebellassent, oppressos jusserat morte affici, ut hac severitate cæteros in officio contineret. De pace paulo antea cum Hunnorum rege facta supra diximus. Hæc perpendens Callinicus, ob reportatas de Sclavis victorias forte ferox, metuensque ne, liber ab omnibus bellis, Agilulfus conjunctis viribus in Romanos ex improviso irrueret, ipsum occupare constituit. Collecto itaque exercitu, tractisque ad imperii partes nonnullis Langobardorum ducibus, Parmam urbem munitissimam obsidione cinxit ac expugnavit. Captos in hac expugnatione Godiscalcum ducem et ejus uxorem, regis filiam, Ravennam duxit exarchus. At

---

[a] Quis fuerit ille Probus abbas quærit Mabill. Annal. Benedict. lib. IX, num. 26, pag. 252.

illatam sibi injuriam ulcisci cupiens Agilulfus vicemque rependere, cum tentare vellet Cremonam, Mantuam, Montem Silicis in agro Patavino simulasset, ipsum adorsus est Patavium, quo potitus urbem solo æquavit; præsidium tamen Ravennam se recepit, populi autem pars maxima ad loca Venetorum palustria confugerunt. Ne obsessis opem ferre posset exarchus, rex imperavit Ariulfo et Langobardis Etruriam obtinentibus, ut Romam ipsamque Ravennam continuis excursionibus lacesserent. Interim Avares, Langobardorum et Sclavorum copiis juncti, ferro igneque Histriam vastavere. Patavio capto, Mons Silicis expugnatur, et duo Langobardorum duces, Tridentinus ac Forojuliensis, qui a rege defecerant, veniam ob violatam fidem petunt, atque in gratiam recipiuntur. Ita turbatæ pacis religione sacramenti paulo antea sancitæ et consecratæ Callinicus pœnas dedit. (Cf. Paul. Diac. Hist. Lang. lib. IV, capp. 21, 24 et 25.)

4. Id quam moleste tulerit S. Gregorius, qui pro pace adeo laboraverat, quamque amare jacturam illius fleverit hic pacis angelus, facilius est cogitare quam verbis exponere. Dolorem tantisper lenivit reditus ad Ecclesiam [a] Capritanæ insulæ, quæ schismati pro tribus capitulis conflato diu adhæserat. Quandoquidem Capritanos ad schisma ejurandum a Callinico impulsos audierat papa, ipsi gratias egit, laudavitque consilium de revocandis ad sinum Ecclesiæ dissidentibus, et tumultuantibus populis sibi subditis. Ne tamen in hoc proposito perseveraret, obstare videbatur jussio Mauricii Augusti, *pro schismaticorum defensione ad ipsum transmissa*; sed eam ita interpretatur Gregorius: *Quod autem exemplar jussionis quæ ad vos pro schismaticorum defensione transmissa est, mihi ostendi voluistis, pensare sollicite dulcissima mihi vestra excellentia debuit: quia quamvis jussio ipsa subrepta est, non tamen in ea vobis præceptum est ut venientes ad unitatem Ecclesiæ repellatis, sed ut venire volentes hoc incerto tempore minime compellatis. Unde necesse est ut hæc ipsa piissimis imperatoribus nostris suggerere festine debeatis: quatenus cognoscant quod eorum temporibus schismatici cum omnipotentis Dei solatio et labore vestro, sua sponte reverti festinant* (Lib. IX, ep. 9). In eadem ad exarchum epistola conqueritur S. Gregorius, tum de majore ejus domus, tum de Justino cujus consilio utebatur; qui nimirum non obscure hæreticis favebant atque schismaticis.

Quia hujus insulæ episcopus, postquam petitione oblata Callinico postularat ut sibi cum omni populo ad unitatem Ecclesiæ reverti liceret, mentem deinde mutaverat et se ad schismaticos iterum contulerat, placuit papæ ut Marinianus, Ravennas episcopus, Capritanæ Ecclesiæ ordinaret episcopum, qui ad suam metropolim pertineret, donec Histrici episcopi ad fidem catholicam rediissent, quorum scilicet provinciæ tribuebatur insula Capritana (Lib. IX, ep. 10). Nihilotamenminus ante novi episcopi ordinationem visum est sapientissimo Pontifici, ut mitteretur prius ad schismaticum episcopum, qui de reditu ad Ecclesiæ catholicæ unitatem et ad propriam plebem eum admoneret. Scripsit etiam Gregorius ad hujus insulæ habitatores, laudans amorem unitatis quo flagrabant, et de iis quæ Mariniano scripserat eos certiores faciens. Pauca ex hac epistola quasi flosculos quosdam excerpenda duximus, et apponenda; mulcebunt enim, et odore, et aspectu: *Redemptor noster*, inquit,..... *sic imis summa conjungit, ut ipse in æternitate permanens, ita temporalia occulto instinctu pia consulens moderatione disponat: quatenus de ejus manu antiquus hostis nullatenus rapiat quos ante sæcula intra sinum matris Ecclesiæ coadunandos esse præscivit. Nam, etsi quisquam eorum inter quos corporaliter degit, flatibus motus, ad tempus ut palmes titubet, radix tamen rectæ fidei, quæ ex occulto prodit, divino judicio virens manet; quæ accepto tempore fructum de se ostentare valeat qui latebat. Quod in vobis nunc ex desiderio vestro gestum esse superni respectus illustratione cognoscimus, qui schismaticorum inter quos habitatis pertinaciam refutantes, coadunari ovili Dominico mente promptissima ipsa rei operatione monstratis. Quibus enim scissura displicet, sanos se velle esse testantur, et reprobantes errorem, ostenditis vos amare quod rectum est, vitare quod devium* (Ibid., ep. 97). De aliis Histriæ populis qui schisma deseruerant, agitur in aliis plurimis hujusce anni epistolis (Ibid., epp. 63, 94, 95, 99). In illis ad Ecclesiam revocandis eluxerat maxime Gulfaris, magistri militum, studium, de quo ipsi gratulatur, et gratias agit piissimus pastor; eumque ad perseverantiam et ad protectionem a schismate redeuntibus impendendam adhortatur.

5. Qui ex schismaticis illis ad ovile reversi fuerant, de pravitate episcoporum Histriæ multa narrabant: quæ ut Mauricio imperatori significarent, medelamque flagitarent, Constantinopolim se contulerunt, et Anatolio, sedis apostolicæ legato, commendari postularunt. Id cum illis denegare non posset sanctissimus Pontifex, scripsit Anatolio ut eis, *salva ratione*, præberet auxilium. Non dubitabat enim quin hæreticis et schismaticis, haud secus ac cæteris, æquum reddi deberet (Lib. IX, ep. 66).

6. Hoc sane proprio probavit exemplo, erga Comensis Ecclesiæ clericos, qui ab Ecclesia Romana secesserant, ut Histricorum schisma sequerentur. Constantius, Mediolanensis archiepiscopus, studio sacerdotali eos monuerat ut ad Ecclesiæ unitatem redirent. At illi responderunt se a multis injuriam passos, et præsertim ab Ecclesia Romana, quæ suæ Ecclesiæ prædium quoddam usurparat, potius hac iniqua prorsus agendi ratione a Romanorum societate repelli, quam charitate allici. Hæc ut accepit a Constantio Gregorius, respondit possessionem quam sibi ablatam Comenses causabantur contra rationis ordinem ultra detineri se minime passurum, si eis jure competeret, quamvis ad communionem redire differrent, sed, cognita veritate, restitui jussurum. Porro *si ad unitatem Ecclesiæ se converterint, prædium*

---

[a] In intimo recessu maris Adriatici, non longe a littore provinciæ Forojuliensis

de quo erat controversia, quamvis illis non competeret, libenter concessurum.

7. Schismaticis, uti jam diximus, accenseri non debere Secundinum monachum qui tamen trium capitulorum damnationi non consenserat, vel ex epistola hoc anno ad ipsum scripta satis intelligitur. (*Lib.* IX, *ep.* 52). Magna erat Secundini fama, præsertim in aula regis Langobardorum, et apud Theodelindam summa auctoritas, ob ipsius eruditionem et sanctitatem. Unde voluit regina ut filium suum Adaloaldum e fonte sacro susciperet; Paulo rerum Langobardicarum scriptore teste (*Hist. Lang. l.* IV, *c.* 26), apud quem vocatur *a Secundus, servus Christi de Tridento*. In inscriptione epistolæ dicitur inclusus; et ex epistolæ serie ubi *monomachus* appellatur, ob solitariam quam colebat vitam, liquet ipsum non cœnobitam, sed eremitam et anachoretam fuisse. Ejus autem reclusionis districtio tanta non erat, ut e cella egredi non liceret, aut etiam de gravissimis negotiis tractare. Profert Mabillonius exemplum Sigoberti reclusi apud S. Dionysium, in agro Parisiaco, qui cum Grimone, abbate Corbeiensi ad Gregorium papam eo nomine quartum, a Carolo, Francorum principe, missus est (*Ann. Bened., pag.* 252). Cum adhuc hæreret pia regina, et adduci non potuisset Gregorii adhortationibus aut precibus ut trium capitulorum damnationem amplecteretur, Secundinus, qui cum ipsa idem sentiebat, libellum scripsit quo suam tuebatur sententiam, rogavitque Gregorium Theodelinda, ut ad singula libelli ad se a Secundino missi responderet argumenta. Deprecatus est hunc laborem Gregorius ob podagræ dolores qui eum decumbere cogebant, et ab omni lucubratione feriari. *Sed si omnipotente Deo disponente, convaluero*, inquit, *ad cuncta quæ mihi scripsit* (Secundinus) *subtiliter respondebo* (*Lib.* XIV, *ep.* 12). Id tamen præstare sanctissimo Doctori nunquam licuit ob assiduas infirmitates.

8. Diu ante libellum hunc, in quo de fide rebusque ecclesiasticis disputabat pius ille monachus, scripserat ad S. Gregorium, ab ipso postulans erudiri, et contra hostis insidias ejus monitis muniri. Qua in epistola humili aperuerat confessione, se quamvis quinquagenario majorem, juvenilibus adhuc desideriis teneri et subjacere. Molestissime id ferentem ac pene animo despondentem erigit peritissimus vitæ cœlestis magister, illi respondens mirum non esse si majores insidias callidi hostis patiatur, qui majora contra eum bella præparavit : *Tanto quippe ille deceptionis molimina ardentius exquirit*, inquit, *quanto te cœlesti patriæ ferventius inhiare cognoscit... Et nos quidem qui inter homines vivimus, sæpe per homines a callido hoste tentamur. Vos autem qui viam vitæ præsentis, extra hominum frequentiam ducitis, tanto majora certamina pati necesse est, quanto ad vos ipse tentationum magister accedit*. Cætera omitto sane eximia, et maxime a Monachis assidue legenda, ut inde discant nimiam de suo statu securitatem abjicere, et ex ea nasci solitam socordiam excutere, majorique contra latentes hostis insidias excubare vigilantia.

9. At in fine laudatæ epistolæ occurrit locus de imaginibus, cujus occasione quid senserit S. Gregorius de sacrarum imaginum usu et cultu inquirendum et expendendum censemus. Postularat pius monachus a pontifice sanctas imagines, cui morem gerens misit *surtarias duas imaginem Dei Salvatoris, et sanctæ Dei genitricis Mariæ, beatorumque apostolorum Petri et Pauli continentes*. Præmonuerat discipulum de usu imaginum his verbis : *Valde nobis tua postulatio placuit : quia illum toto corde, tota intentione quæris, cujus imaginem præ oculis habere desideras, ut te visio corporalis quotidiana reddat exercitatum : ut dum picturam illius vides, ad illum animo inardescas, cujus imaginem videre desideras*. Et infra : *Scio quidem quod imaginem Salvatoris nostri non ideo petis, ut quasi Deum colas, sed ob recordationem filii Dei in ejus amore recalescas, cujus te imaginem videre desideras. Et nos quidem non quasi ante divinitatem ante illam prosternimur, sed illum adoramus quem per imaginem aut natum, aut passum, sed et in throno sedentem recordamur. Et dum nobis ipsa pictura quasi scriptura ad memoriam Filium Dei reducit, animum nostrum aut de resurrectione lætificat, aut de passione demulcet.* Hic habemus omnem de usu cultuque imaginum Ecclesiæ catholicæ doctrinam ; et ipsam ante illas prostrationem. Neque de hac parte laudatæ epistolæ amplius disputandum, postquam eam Gregorio nostris in notis vindicavimus. Præterea idem docet sanctissimus Pater aliis in locis indubitatis. In epistola ad Januarium paulo antea scripserat ut a synagoga Judæorum crux et imago Dei genitricis, *cum ea qua dignum est veneratione auferrentur*. (*Lib.* IX, *ep.* 6).

10. Neque vero quæ paulo post scripsit ad Serenum, episcopum Massiliensem, imagines quidem non esse frangendas, aut ex ecclesiis projiciendas, imo potius in templis habendas, *ut hi qui litteras nesciunt, saltem in parietibus videndo legant quæ legere in codicibus non valent*; at minime adorandas ; hæc, inquam, venerationem imaginibus debitam non tollunt aut impugnant, sed damnant iconolatras, eos videlicet qui imaginem *quasi Deum colunt*, ut supra legimus in epistola ad Secundinum. Id liquet ex ipsis Gregorii ad Serenum scribentis verbis : *Fraternitas vestra quosdam imaginum adoratores aspiciens, easdem in ecclesiis imagines confregit atque projecit. Et quidem zelum vos, ne quid manu factum adorari posset, habuisse laudavimus, sed frangere easdem imagines non debuisse indicamus*. Subdit quæ jam ex parte retulimus, imagines litteras nescientium codices esse, in quibus legant et discant, quæ ex libris addiscere non possunt.

Cum Serenus admonitionem summi pastoris insu-

---

a Idem Paulus docet ipsum historiam Langobardorum compendiose elucubrasse. lib. III, de Gestis Langobar. cap. 30, et lib. IV, cap. 42.

per habuisset, aliam is epistolam scripsit, qua ipsius temere factum acrius increpavit: *Perlatum*, inquit, *ad nos fuerat, quod inconsiderato zelo succensus, sanctorum imagines sub hac quasi excusatione, ne adorari debuissent, confregeris. Et quidem quia eas adorari vetuisses omnino laudavimus, fregisse vero reprehendimus. Dic, frater, a quo factum sacerdote aliquando* 285 *auditum est quod fecisti. Si non aliud, vel illud te non debuit revocare, ut despectis aliis fratribus, solum te sanctum et esse crederes sapientem? Aliud est enim picturam adorare, aliud per picturæ historiam quid sit adorandum addiscere.* Infra docet vetustatem non sine ratione imagines admisisse. Unde ait Sereni facinus gravissimum in Ecclesia scandalum generasse, ita ut maxima filiorum ejus pars ab ejus communione se suspendisset. *Proinde hortamur*, inquit, *ut vel nunc studeas esse sollicitus, atque ab hac te præsumptione compescas, et eorum animos quos a tua disjunctos unitate cognoscis, paterna ad te dulcedine, omni adnisu, omnique studio revocare festines. Convocandi enim sunt dispersi Ecclesiæ filii, eisque Scripturæ sacræ est testimoniis ostendendum, quia omne manufactum adorari non licet; quoniam scriptum est: Dominum Deum tuum adorabis, et illi soli servies* (*Luc.* IV, 8). *Ac deinde subjungendum, quia picturas imaginum quæ ad ædificationem imperiti populi fuerant factæ, ut nescientes litteras, ipsam historiam intendentes, quid actum sit discerent, quia transisse in adorationem videras: idcirco commotus es, ut eas imagines frangi præciperes* (*Lib.* XI, *ep.* 13). Ex his constat:

11. Primo, S. Gregorium laudasse imaginum usum, tanquam antiquitus in Ecclesia receptum. Neque tamen putamus ab ipsis religionis Christianæ incunabulis, nunc cœpisse usum, cum et Judæis recens conversis potuissent imagines esse offensioni, et Gentiles nuper factos Christianos ad idololatriam revocare. Sed ubi sine periculo potuerunt recipi, statim visæ sunt in Ecclesiis maxime ad ornatum, et ad illiteratorum eruditionem, ut docet sanctus Paulinus, Nolanus episcopus (*In Natali* 9, *de S. Felice.*), qui quarto sæculo florebat.

Secundo, sanctum doctorem per adorationem quam vetat imaginibus exhiberi, intelligere supremum illum cultum soli Deo debitum. Unde adducit hoc Scripturæ testimonium, *Dominum Deum tuum adorabis*, etc. Et infra quærens aliquam Sereni facto excusationem, ait non alio consilio fractas ab eo, et projectas fuisse imagines, quam ne adorarentur, quod jam a nonnullis admissum observarat. Certe *inter Gentes* degebat Serenus, ut ait S. Gregorius (*Lib.* XI, *ep.* 13). In Galliis hoc ævo multas adhuc idololatriæ reliquias superstites fuisse jam observavimus. Hinc nonnullos ante imagines prostratos videns Massiliensis episcopus, temere judicavit eos imagines tanquam Deum colere; ac majori temeritate, quæ ad communionem ejus deserendam plerosque compulit, easdem imagines fregit et projecit.

ᵃ Vide lib. IV, epist. 30; lib. VII, epist. 26; lib. IX, epist. 122.
ᵇ Maxime in regno Burgundiæ extra quod non

12. S. Gregorii mens erga cultum sanctarum imaginum agnosci quoque potest ex singulari veneratione quam sacris reliquiis exhibendam ubique docet; etiam linteis et pannis, ᵃ qui super sanctorum apostolorum aut martyrum tumulos positi fuerant, aut similibus. Qui sub ejus disciplina instituti erant Augustinus ejusque socii, cum Doroberniam ingressi sunt, uti supra narravimus, crucem et imaginem Salvatoris pro sacro vexillo præferre constituerunt; ut publice, quantum iis cultum, quantam deferrent reverentiam, testarentur. At quæ a discipulis hic facta legimus, doctrinæ magistri sunt argumentum.

CAPUT II.

ARGUM. — 1. Cyriacus abbas in Galliam legatus mittitur. — 2. Massiliam venit, ubi a Sereno male exceptus. — 3. Inde Arelatum. De privilegiis ab apostolica sede ad regum postulationem concessis. — 4. Desiderio Viennensi pro suæ Ecclesiæ privilegiis supplicanti quid responderit S. Gregorius. — 5. Usum dalmaticarum Aregio Vapincensi concedit. — 6. Et pallium Syagrio Augustodunensi. Quibus conditionibus. — 7. Epistolæ ad Galliarum reges, de emendandis cleri Gallicani corruptelis. Quo successu. — 8. De Mauriennensi episcopo. — 9. Cyriaci legatio in Hispaniam. — 10. Felix tunc Hispaniæ status. De Claudio regni administro a papa laudato. — 11. Argumentum epistolæ ad Leandrum scriptæ. Pallio donatur. — 12. Recharedi regis encomium. Respuit pecuniam a Judæis oblatam. — 13. Eximia regi data monita. (An 598 et 599.)

1. Ecclesia Gallicana Gregorio nostro semper charissima, hoc præsertim anno paternam ipsius experta est sollicitudinem. Cum enim de variis vitiis et corruptelis in ᵇ Gallia grassantibus certior factus esset, non satis habuit de his emendandis reges et episcopos admonere, sed etiam legatum eo mittendum existimavit: qui, ut quantocius concilium celebraretur ad hæc resecanda, strenue apud principes ac antistites ageret (*Lib.* IX, *ep.* 105 et 120). Is fuit Cyriacus abbas S. Andreæ ad Clivum Scauri, qui prius in Sardiniam missus fuerat, ut in ᶜ Barbaricinorum conversione Felici episcopo collaboraret. Unde intelligimus quantum floreret tum istud Romanum S. Gregorii monasterium; ex quo videlicet eodem tempore tot assumpti sunt verbi sacri præcones ad Anglorum conversionem missi; et sedis apostolicæ legatus delectus est, qui tum in Galliis, tum in Hispaniis gravissima negotia pertractaret. (Cf. *Mabill. ann. Benedict. lib.* IX, p. 256.)

2. Cyriacus multis papæ epistolis munitus, Massiliam primum venit maritimo itinere, ubi salutato Sereno episcopo nomine pontificio, litteras de fractione imaginum commonitorias dedit, quarum supra meminimus (Cap. 1, n. 10). Legatum ab episcopo non ea qua par erat charitate ac reverentia exceptum fuisse inde conjicimus, quod, ut liberius stomachari liceret, finxerit Serenus pontificias litteras a Cyriaco sibi oblatas, supposititias esse. Hanc falsi suspicionem legato injuriosam graviter postea redarguit S. Gregorius, ita scribens ad Serenum: *Ex illo autem quod de scriptis nostris, quæ ad te misimus, dubitasti,* 286 *quam sis incautus apparuit. Nam si diligenter* extendebatur Cyriaci legatio, et Syagrio collata potestas cogendarum synodorum.

ᶜ Vide lib. IV, epp. 24, 25, 26.

ea quæ fraterno amore monuimus attendisses, non solum minime dubitasses, sed immo quid te sacerdotali gravitate oporteret agere, cognovisses. Neque enim Cyriacus quondam abbas, qui scriptorum nostrorum portitor exstitit, istius disciplinæ vel eruditionis fuit, ut vel ipse aliud facere, sicut putas, auderet, vel istam de ejus tibi persona suspicionem falsitatis assumeres. Sed dum monita salubria pensare postponis, contigit ut jam non solum actu, verumetiam esses interrogatione culpabilis (Lib. XI, ep. 15).

3. Massilia relicta Cyriacum Arelatem venisse credimus, et ad Virgilium detulisse summi pontificis epistolam, qua confirmabat privilegia [a] cuidam monasterio virorum olim a Vigilio papa concessa. De privilegiis huic cœnobio indultis nihil aliud scimus quam quod nos docet S. Gregorius (*Lib.* IX, *Ep.* 111); scilicet gloriosæ memoriæ [b] Childebertum, Francorum regem, intra muros Arelatensis civitatis monasterium virorum constituisse, et quædam pro habitantium sustentatione concessisse; cujus ne voluntas duceretur in irritum, et ea quæ pro quiete monachorum disposita fuerant, turbarentur, epistolis suis hæc apostolica petiisse auctoritate firmari. *Subjunxerat petitioni suæ ut eidem monasterio tam in dispositione rerum, quam in ordinatione abbatis quædam pariter privilegia largirentur: sciens quippe eam apostolicæ sedi reverentiam a fidelibus exhiberi, ut quæ ejus fuissent decreto disposita, nullius deinceps illicitæ usurpationis molestia quaterentur.* Annuerat regiæ postulationi Vigilius papa, et ea de re scripsit ad Aurelium seu Aurelianum episcopum. Verum ne lapsu temporis, quæ indulserat Vigilius oblivione delerentur, et ab Arelatensibus episcopis convellerentur, S. Gregorius exemplum privilegii ab antecessore suo concessi misit ad Vigilium, et omnia in ipso contenta rata se habere significavit. *Nam licet*, inquit, *ea quæ semel apostolicæ sedis auctoritate sancita sunt, nil egeant firmitatis; ex abundantia tamen cuncta, quæ pro hujus rei quiete a prædecessore nostro statuta sunt, nostra iterum auctoritate in omnibus roboramus. Fraternitas ergo vestra ita se in custodiendis eis exhibeat: quatenus et omnem occasionem inquietudinis excludat, et aliis hæc operari suadeat, dum se in custodienda* [c] *defuncti piissima voluntate, sollicitam, ut decet, exhibuerit et devotam.* Adeo cautum esse servorum Dei tranquillitati cupiebat optimus pater. Cæterum hæc et similia [d] privilegia sæpe Gallicanis monasteriis, postulantibus etiam regibus, concessa romanis a pontificibus, jam tunc summam eorum etiam in Galliis auctoritatem fuisse probant,

A citra quam videlicet nihil ratum habebatur; qua vero accedente inconcussa omnia stabant.

4. Arelate discedens Cyriacus fortasse Viennam perrexit, Desiderioque archiepiscopo obtulit S. Gregorii epistolam, qua ipsi etiam pro privilegiis supplicanti respondet. Aiebat hic præsul Ecclesiæ suæ quædam olim privilegia esse ab apostolica sede concessa, usumque pallii suos antecessores antiquitus habuisse: quæ sibi aliisque in posterum Viennensibus antistitibus restitui magnopere cupiebat. Sed nihil repertum in Ecclesiæ Romanæ scrinio, quo de concessis aliquando privilegiis illis fides fieret, testatur S. Gregorius; unde monet archiepiscopum ut in requirendis Ecclesiæ suæ chartis sit sollicitus; et si quæ reperiantur quibus quod contendebat probari B possit, Romam curet transmittere. *Nam qui nova concedimus*, inquit, *vetera libentissime reparamus* (*Lib.* IX, *ep.* 112). Unde liquet non omnibus olim metropolitanis concessum pallium. Eadem fere scripsit postea Ætherio Lugdunensi (*Lib.* XI, *ep.* 56).

5. Cyriacum Vapincum petiisse testis est epistola ad [e] Aregium episcopum Vapincensem scripta (*Lib.* XI, *ep.* 107), qua sanctissimus pontifex tum amicum de suorum obitu mœrentem consolatur, tum rogat ut synodo per Syagrium cogendæ intersit, ac se de omnibus in ea gestis reddat certiorem, quod tanti viri sanctitatem compertam haberet. Aregius non ita pridem Romam profectus fuerat ad invisenda sanctorum apostolorum limina, et ad salutandum S. Gregorium; postularatque ut sibi atque archidiacono C suo licentia daretur utendi dalmaticis. Iis enim tunc non utebantur diaconi promiscue, sed tunicis quæ erant strictis manicis, dalmaticæ vero amplis. Legimus in [f] *Vita S. Cæsarii Arelatensis*, Symmachum papam, *tanta ejus meritorum dignitate permotum,... diaconos ipsius ad Romanæ instar Ecclesiæ dalmaticarum fecisse habitu præeminere.* Aregius hominum suorum infirmitate compulsus festinanter abscesserat, nondum obtento dalmaticis utendi privilegio. Quod per Cyriacum ad eum misit, additis etiam ipsis dalmaticis. (*Cf. Joan. Diac. l.* III, *c.* 59.)

6. Tot perlustratis urbibus, legatus tandem Augustodunum pervenit, ubi maxime cum Syagrio episcopo de negotiis ecclesiasticis tractandum erat. Duas ad eum S. Gregorii epistolas detulit Cyriacus, D unam velut encyclicam et Syagrio Augustodunensi, Etherio Lugdunensi, Virgilio Arelatensi, Desiderioque Viennensi episcopo communem, qua grassantia in Gallicanis Ecclesiis mala enumerat, videlicet simoniam, neophytorum seu laicorum nondum probato-

---

[a] De hoc monasterio consule notas ad laudatam epistolam, et Annales Bened. Mabill. lib. V, pag. 128, ubi refellit conjecturam auctoris pontific. Arelat. de hoc monasterio.

[b] Multa alia monasteria construenda curavit et amplissimis ditavit donis Childebertus, maxime celeberrimum S. Germani apud Parisios ascetertium.

[c] Ex his verbis discimus non solum Aurelium privilegiis ab apostolica sede indultis consensisse, sed etiam ut concederentur optasse; quod persuadere videtur præfatum monasterium, præter Childebertum regem, fundatorem etiam habuisse Aurelium; fortasse quod ipsi regulam dederit ad cujus præscriptum viverent monachi. Eam lege Cod. Reg. part. II, pag. 69.

[d] Vide præsertim lib. XIII, epp. 6, 8, 9, 10.

[e] Sive Aredium: hic successerat Sagittario, qui cum Salonio plurimis in conciliis fuerat depositus. Tandem uterque in basilicam B. Marcelli Cabil. sub custodia detruditur, teste Greg. Turon. lib. V Histor. c. 28.

[f] Tom. I Act. SS. a Mabillonio edit. p. 665.

rum præproperam provectionem ad sacerdotia, mulierum cum clericis cohabitationem; necnon synodorum quæ quotannis haberi debent, neglectum; de quibus eliminandis in concilio deliberandum censet: alteram, qua prius gratiis actis ob navatam Augustino operam, ipsi [a] pallii usum concedit, decernitque ut Ecclesia Augustodunensis primum in provincia locum post Lugdunensem obtineat. Deinde Syagrio tanquam apostolicæ sedis vices gerenti curam congregandæ Synodi demandat. Magna erat hujus episcopi **287** auctoritas apud Brunichildem reginam ejusque nepotes Theodericum et Theodebertum. Nec immerito, nam *sacerdotis nomen*, Joannis regionarii aliorumque multorum testimonio, *etiam moribus implebat*. Jam pridem erat ex quo Brunichildis de pallio ipsi concedendo apud papam egerat. Quid autem causæ fuerit, ut tardius hoc honore donaretur, disce ex laudata mox ad eamdem reginam epistola. Imo quando illi utendi pallio ad sacra tantum missarum solemnia celebranda potestatem fecit, adjecit conditionem : *Quod, inquit, ita tibi dandum esse decrevimus, si prius per synodi definitionem emendare promiseris quæ corrigenda mandavimus. Et infra: Unde quia præcellentissimos filios nostros Francorum reges magnam vobis novimus dilectionem impendere, omni vos studio omnique agere annisu necesse est, ut quod de synodo congreganda mandavimus, fraternitatis vestræ vigilantia compleatur, atque omnia illic quæ pro animarum salute scripsimus censeantur ; quatenus per hoc, et vos zelum vestrum, et qualiter vobis illicita displiceant ostendatis, et nos utiliter providisse, qui vestram ad hoc præ cæteris personam elegimus, videamur* (*Lib.* IX, *ep.* 11).

7. De eodem argumento scripserat papa cum ad Brunichildem, tum ad reges Theodericum et Theodebertum (*Lib.* IX, *epp.* 109 *et* 110). Summa ejus Epistolarum est, multos per simoniam ordinari, et ex laicis repente fieri episcopos. Synodum ad hæc emendanda celebrari curent ; insuperque constituant ne Judæis Christiana liceat habere mancipia. De synodo celebranda iterum scripsit multas [b] epistolas duobus annis elapsis.

Concilium tamen pro extirpandis et eliminandis e clero Gallicano hujusmodi corruptelis, quod sanctissimo pontifici adeo cordi erat, nullum his temporibus habitum in Galliis legimus, fortasse quod Syagrio sibi prælato episcopi, metropolitani maxime, obtemperare detractaverint.

8. Non feliciorem exitum habuit quod postularat ab iisdem regibus pro Ursicino, Taurinensi episcopo, nimirum, ut ejus Ecclesiæ subtractæ quædam parochiæ restituerentur (*Ibid.* epp. 115 et 116). Controversia præsertim erat de Mauriennensibus et Segusiensibus; quas cum occupasset Guntramnus

[a] Supra observavimus non omnibus metropolitanis datum olim pallium. Neque illis solis concessum probat exemplum Syagrii. Plurimis etiam Siciliæ episcopis, aut Syracusanis aut Panormitanis concessum legitur in Gregorianis epistolis.

[b] Vide lib. XI, ab ep. ad 63.

rex, noluit amplius Taurinensi subesse Episcopo, quia hæc urbs erat in Langobardorum ditione. Itaque proprium habere cœpit episcopum urbs [c] Maurienna, qui primo Tarentasiensi metropolitano attributus est, postea Viennensi, quod hodie perseverat.

9. Cyriaco apud Hispanos felicius legatio cessit : etenim ipso annitente, ut par est credere, celebratum est hoc anno kalendis Novembris Barcinonense concilium, cujus cum quatuor sint tantum canones, duo simoniacam labem insectantur, tertius adversus præmaturas Neophytorum ordinationes conditus est. Hoc nomine, ut diximus, intelliguntur laici, qui nondum assidua exercitatione probati, auspice ambitu, sæculari potestate duce, ad sacerdotia, et ad ipsos prosilire audebant episcopatus.

10. Felix tunc erat Hispaniæ status sub Recharedo rege optimo, qui ad regni sui administrationem adjutores adhibuerat probos viros ; in his Claudium et Leandrum, Hispalensem episcopum, de quo sæpe jam dictum est. Claudius vero quis et qualis esset, non potest melius agnosci quam ex Gregoriana epistola cujus lator fuit Cyriacus : *Quia unguenti more bonorum fragrat opinio, vestræ Gloriæ de Occidentalibus partibus hucusque odor tetendit. Cujus profecto auræ suavitate respersus, multum fateor quem nesciebam dilexi, atque intra sinum cordis amoris manu te rapui : nec jam eum nesciens diligebam, cujus bona cognoveram. Qui enim mihi magna intentione notus, sed corporis visione manet incognitus, de eo proculdubio veraciter dicere possum, quia personam illius scio, sed domum nescio. Magna autem vestræ laudis datur assertio, quod excellenti Gothorum regi vestra Gloria sedulo adhærere perhibetur : quia dum malis boni semper displiceant, bonos vos esse certum est, qui bono placuistis* (*Lib.* IX, *ep.* 120). Postea optimum virum ad perseverantiam hortatur; et in fine epistolæ commendat Cyriacum, *ut peractis quæ ei injuncta erant, nulla eum remeandi mora præpediret*. De duabus aliis epistolis ab hoc legato in Hispaniam delatis, una ad Leandrum, altera vero ad ipsum regem, quæ sane sunt eximiæ, tacere non est integrum.

11. In priori Gregorius mire laudat litteras quas nuper a sancto viro acceperat. *Boni*, inquit, *sapientesque viri, cum legeretur* (hæc epistola) *adfuerunt, quorum statim viscera in compunctionem commota sunt. Cœpit quisque amoris manu in suo corde te rapere, quia in illa epistola tuæ mentis dulcedinem non erat audire, sed cernere. Accendebantur et mirabantur singuli, atque ipse ignis audientium demonstrabat, qui fuerat ardor dicentis.* Quæ sane magnum deperditæ hujus epistolæ desiderium generant. Unum in ea vituperat pontifex incredibilis humilitatis, et dolet ab amico scriptum ; nimirum *vitam suam cunctis esse imitabilem*. His provocatur ad lacrymas de amissa

[c] Dicta postea cum ipsa valle S. Joannes de Maurienna, ob miraculorum S. Joannis Baptistæ celebritatem hoc in loco, ubi insignes ejus exstant reliquiæ ; de quibus vide Greg. Turon. lib. I de Glor. Mart. c. 14 et seq.

prioris vitæ tranquillitate, adeptoque pontificatu : *Quasi enim,* inquit, *prospero flatu navigabam, cum tranquillam vitam in monasterio ducerem. Sed procellosis subito motibus tempestas exorta, in sua perturbatione me rapuit, et prosperitatem itineris amisi : quia quiete perdita mentis naufragium pertuli. Ecce nunc in undis versor, et tuæ intercessionis tabulam quæro, ut qui navi integra dives pervenire non merui, saltem post damna ad littus per tabulam reducar (Lib.* IX, *ep.* 121).

In fine epistolæ significat missum ad Leandrum ex S. Petri benedictione pallium, quod et antiquæ consuetudini, et ipsius gravitati ac bonitati, et Recharedi regis, qui hunc honorem suo in fide catholica patri et magistro concedi rogarat, optimis moribus jure debebatur (*Lib.* IX, *ep.* 122).

12. In epistola qua ᵃ litteris a rege acceptis respondet S. Gregorius, non minus elucet summa animi demissio. Nam postquam de conversis ad fidem catholicam Recharedi opera omnibus Gothis, prius Arianis, exclamavit stupens : *Hæc est immutatio dexteræ excelsi* (*Psal.* LXXVI, 11); subdit : *cujus enim vel saxeum pectus tanto hoc opere cognito, non statim in omnipotentis Dei laudibus, atque in tuæ excellentiæ amore mollescat? Hæc me, fateor, quæ per vos acta sunt, sæpe convenientibus filiis meis dicere, sæpe cum eis pariter admirari delectat. Hæc me plerumque etiam contra me excitant, quod piger ego et inutilis tunc inerti otio torpeo, quando in animarum 288 congregationibus pro lucro cœlestis patriæ reges elaborant. Quid itaque ego in illo tremendo examine judici venienti dicturus sum, si tunc illuc vacuus venero, ubi tua excellentia greges post se fidelium ducet, quos modo ad veræ fidei gratiam per studiosam et continuam prædicationem traxit* (*Lib.* IX, *ep.* 112).

Postea gratias agit pro muneribus regiis ad beatum Petrum missis (in his erat calix aureus), et maxime laudat regem ob rejectam ingentem pecuniæ summam, quam Judæi obtulerant, ut legem contra ipsos latam refigeret : quo facto, auro innocentiam prætulit, et Davidem æmulatus est, imo superavit. Nam *si ab armato rege in sacrificium Dei versa est aqua contempta, pensemus quale sacrificium omnipotenti Deo rex obtulit, qui pro amore illius non aquam, sed aurum accipere contempsit? Itaque, fili excellentissime, fidenter dicam, quia libasti aurum Domino, quod contra eum habere noluisti. Magna quidem hæc, et omnipotentis Dei laudi tribuenda* (*Lib.* IX, *ep.* 61).

13. Quanto præstantiora erant quæ de juveni rege narrabat Gregorius, tanto majus imminebat a superbiæ spiritu periculum. *Neque enim,* inquit, *latrunculi in via capere viatores vacuos expetunt, sed eos qui auri vascula vel argenti ferunt.* Itaque contra dolosi hostis latentes insidias eum eximiis monitis et præceptis muniendum putavit. *Sæpe namque,* inquit, *malignus spiritus ut bona destruat quibus prius adversari non valuit, ad operantis mentem post peractam operationem venit, eamque tacitis cogitationibus in quibusdam suis laudibus excutit; ita ut decepta mens admiretur ipsa, quam sint magna quæ fecit. Quæ dum per occultum tumorem apud semetipsam extollitur, ejus qui donum tribuit, gratia privatur...... Quid ergo in his agendum est, nisi ut malignus spiritus cum nobis ad elevandam mentem reducit bona quæ egimus, nos semper ad memoriam mala nostra revocemus : quatenus et nostra cognoscamus esse quæ peccando fecimus, et solius omnipotentis Dei munera, cum peccata declinamus?*

Pro acceptis a rege muneribus sacras reliquias rependit S. Gregorius. Longe ampliora dona Recharedus miserat diu antea per legatos qui erant *abbates ex monasteriis; at quibusdam scopulis prope Massiliam inhærentes, vix suas potuerunt animas liberare* (*Lib.* IX, *ep.* 61). Sed de Gregoriana ad hunc regem epistola satis, maxime cum in notis ad ipsam, ejus excellentia commendetur.

CAPUT III.

ARGUM. — 1. Gregorius ægrotans, nihil remittit de cura pastorali. — 2. Crementius Byzacenæ provinciæ primas ad ejus judicium confugit. — 3. Metropolitanorum in suæ provinciæ episcopos auctoritas. — 4. Vagantes absque metropolitani licentia episcopos ad eos remitti jubet S. Gregorius. — 5. Forma judiciorum in episcopos, in condemnatione episcopi Melitensis. — 6. Defensorum officium usurpantes puniuntur. — 7. Humilis responsio S. Gregorii ad injustas querelas. — 8. In variis ejus decretis quanta eluceat prudentia. — 9. Quanta ejus de monachis sollicitudo. — 10. S. Columbanus eum consulit. (An. 598 et 599.)

1. Etsi compertum habemus hoc præsertim anno Gregorium infirma usum esse valetudine, ac podagra laborasse, numquam tamen strenuum se magis ostendit in exsequendis quæ sui erant officii, uti probant tot variis de negotiis ad universi pene orbis Christiani episcopos ab eo scriptæ epistolæ (*Lib.* IX, *ep.* 121; *Lib.* X, *ep.* 55) : adeo ut perpensis quæ pro Ecclesia et republica gessit dicere libeat, ægrotante Gregorio, semper valuisse ac viguisse pontificem.

2. Extrema ex Africa, nimirum ex Byzacena provincia Crementius ipsius primas ad papæ judicium tandem confugere coactus est. Is de quodam crimine fuerat accusatus, et imperator eum juxta canonica statuta voluerat a Romano pontifice judicari, sed Theodorus magister militum, acceptis decem auri libris, *obstitit ut minime fieret.* Urgebat tamen Augustus ut papa *transmitteret* aliquem, *et quidquid esset canonicum faceret.* Crementius itaque a suis collegis et coepiscopis impetitus, instante aliunde imperatore, misit in Siciliam Martinum scholasticum ad Joannem Syracusanum, quem sciebat Gregorio gratissimum et familiarem, ut eo favente facilius posset summo pontifici obrepere. Profitebatur hic primas se apostolicæ sedi subjectum esse; sed dubium erat utrum pure an ficte. Quod autem se dicebat sedi apostolicæ subjici, *si qua culpa in episcopis invenitur,* inquit S. Doctor, *nescio quis ei episcopus subjectus non sit.* (*Vide lib.* IX, *ep.* 59.)

Crementius ejusque patronus Martinus scholasticus, ut Byzacenorum episcoporum criminationes facilius diluerent et in eos regererent, de ipsis varias querelas ad summum pontificem detulere; maxime quod ex illis aliqui sine primatis sui epistolis ad comitatum profecti essent, et conventus illicitos celebrarent. Id minime sibi probari significavit Gregorius, at in hoc negotio sententiam ferre noluit : *Quia*, inquit, *causarum origo vel qualitas omnino nobis ignota est,* [a] *pronuntiare aliquid definitive non possumus; ne, quod reprehensibile nimis est, de rebus non bene cognitis proferre sententiam videamur* (*Lib.* VI, *ep.* 58). Scripsit vero ad Joannem Syracusanum, ipsius arbitrio permissum ea de re colloqui cum Martino, et quid facto esset opus judicare. Causam Crementii postea in synodo Byzacenæ provinciæ agitatam nos docet epistola 52 libri XII, ad eamdem synodum scripta.

3. Ex querela Crementii de suæ provinciæ episcopis sine sua licentia et litteris commendatitiis *ad Comitatum*, hoc est ad aulam profectis, datur intelligi quantum tunc a suis metropolitanis aut primatibus penderent eorum suffraganei. Idem probatur ex alia S. Gregorii epistola Sardiniæ episcopis directa, qua arguit tum eos qui diem paschalis festivitatis a suo Metropolita non dignabantur addiscere; tum illos qui pro emergentibus Ecclesiæ suæ causis *transmarina* petentes, sine sui metropolitani *cognitione vel epistolis*, sicut canonum ordo constituit, audebant ambulare. *Hortamur ergo*, inquit, *fraternitatem vestram, ut antiquam Ecclesiarum vestrarum consuetudinem exsequentes, tam de suscipienda Paschali denuntiatione, quam etiamsi quemdam vestrum pro causis propriis ubicunque compulerit ambulare necessitas, ab eodem metropolitano vestro secundum indictam vobis regulam petere licentiam debeatis, nec eum postponere in aliquo præsumatis; excepto si, quod non optamus, contra eumdem metropolitanum vestrum habere vos aliquid causæ contingat, ut ob hoc sedis apostolicæ judicium requiratis* (*Lib.* IX, *ep.* 8).

4. Vagos episcopos metropolitanis inobedientes ipsis reddi præcipiebat, ut dignis afficerentur pœnis. Unde scribit Syagrio Theodorum quemdam, episcopum *diœcesis* Mediolanensis, qui disciplinam Constantii archiepiscopi devitans morabatur in Gallia, diligentissime requirendum et ad metropolitanum suum reducendum. Jubet eadem in epistola Menatem quoque episcopum, *de diœcesi Romanæ Ecclesiæ*, cui episcopatus nomen non amplius *in honore erat,* e Galliis pelli, et Romam transmitti; *ut sub ea qua dignum erat observantia refrenatus, sæculares mores, ad sacerdotalem studeret convertere gravitatem* (*Ibid., ep.* 115).

5. Forma judiciorum in episcopos reos, describitur in epistola ad Joannem episcopum Syracusanum. Commota querela adversus Lucillum, Melitæ civitatis episcopum, Joannes inquisitionem de ipsius crimine

A instituerat, quam perscriptam ad summum pontificem miserat postea. Qua lecta Gregorius Joanni rescripsit : *Quia tanti facinoris ultio nulla debet dilatione differri, fraternitas vestra tres vel quatuor de fratribus ac consacerdotibus nostris sibi adhibeat, ut ipsis quoque præsentibus prædicta ac satisfacta veritate, prædictum Lucillum de episcopatus ordine, quem hujuscemodi sceleris contagio maculavit, studeat sine ambiguitate deponere* (*Lib.* IX, *ep.* 63). Criminis episcopi conscii et participes esse dicebantur quidam sive diaconi sive presbyteri; quos, præmissa sedula indagatione si rei reperiantur, vult pontifex ab honoris sui gradu dejici, et in monasteria pœnitentiæ causa detrudi. Quod spectat ad laïcos, ejusdem peccati societate maculatos, decernit eos, *qui rei esse*

B *claruerint*, Dominici corporis ac sanguinis participatione privandos, indictis insuper *litaniis et orationibus*. [b] Tempus hujus pœnitentiæ definiendum relinquit Joannis arbitrio; quem admonet providere, ut iis qui mortis urgerentur periculo viaticum non negetur. In locum dejecti episcopi cum suffectus esset Trajanus abbas monasterii Syracusani, S. Gregorius præcepit ipsi restitui a Lucillo et a Petro ejus filio res Ecclesiæ Melitensis cujus deprædator fuerat flagitiosus hic episcopus, non rector aut pater (*Lib.* X, *ep.* 1). Petiit novus episcopus ut quatuor aut quinque monachos e suo monasterio assumere sibi liceret, quos adjutores et convictores haberet; quod etsi æquum judicaverit sapientissimus pontifex, tamen illos concedere propria auctoritate noluit;

C sed id Joannis permisit arbitrio, ne jura episcopi minuere videretur.

6. Hoc ipso anno æquissimi pontificis vindicta exarsit in eos qui defensorum nomen et auctoritatem asciscere sibi audebant in Sicilia. De iis inquirendis et coercendis ad Romanum defensorem scripsit. Quia vero unus ex illis Martianus nomine, Joanni episcopo patrimonii Romani curam gerente obedientiam exhibere *distulerat*, contumacem [c] in exsilium deportari jubet.

7. Qui inflexam erectamque mentem in his omnibus judiciis exercendis ostendit, quam demissi tamen esset animi probavit, maxime respondendo Joanni Syracusano jam sæpe commemorato, de nonnullis querelis contra se, ut a Joanne audierat, publicatis

D (*Lib.* IX, *ep.* 12). In ordinandis quibusdam ritibus admissam pertinentibus, Gregorium consuetudinibus Ecclesiæ Constantinopolitanæ obsecutum esse ægre ferebant, qui falso pro Ecclesia Romana zelo abrepti, ejus honorem mutuatis ab inferiori Ecclesia ceremoniis læsum causabantur. Ad hæc respondet Pontifex humilitate quam dignitate præstantior, primo

---

[a] Eadem prudentia elucet in ep. 29 lib. X, ubi de causa Pompeii episcopi agitur. In ea videtur minime probare confessionem criminis tormentis extorqueri. *Hæc*, inquit, *gesta esse poterant ad definiendum idonea, si accusati eā confessio sequeretur; si tamen eamdem confessionem subtilitas examinis ex occultis eliceret, et non afflictio vehemens extorqueret, quæ frequenter hoc agit, ut noxios sese fateri cogantur etiam innoxii.*

[b] De excommunicatione episcopi, presbyterorum et diaconorum nulla fit mentio, quia suorum graduum privatione sufficientes pœnas dabant. Quando aderant sufficientia criminis indicia, presbyteros aliosque clericos in *districtam custodiam* conjici jubebat S. Pontifex. Vide lib. X, ep. 4.

[c] Vide lib. XI Ep. 71, et lib. XIII ep. 45, ubi etiam fit mentio pœnæ exsilii inflictæ aut infligendæ clericis, ipsis quoque episcopis in foro ecclesiastico.

se nullius alterius Ecclesiæ ritus in his quæ constituit imitatum esse; secundo se non pudere imitari, quidquid boni in inferioribus Ecclesiis repererit : *Stultus est enim*, inquit, *qui in eo se primum existimat, ut bona quæ viderit, discere contemnat.* Quæ sane tam sapiente pontifice sunt dignissima.

8. Sancti viri summa prudentia præsertim enituit, in his quæ adversus Judæos negotiatores constituit, ne mancipia Christiana ipsis retinere liceret; quod maxime cupiebant et variis artibus obtinere quærebant; sed omnes elusit vir perspicacissimus et in mira simplicitate sagacissimus. Ejusdem prudentiæ deputandum quod, etsi suis eleemosynis nullos terminos præscribi sineret, decreverit tamen haud patiendum ut concessa per aliquot annos in eleemosynam, postea quasi debitum quid exigerentur (*Lib.* ix, *ep.* 36). Quamquam ea quæ ad Ecclesiæ jura perveniunt alienari legis ratio non permittat, ut ipse S. Doctor præfatur in epistola ad Romanum defensorem, temperandam tamen aliquando legis hujus severitatem censuit intuitu misericordiæ (*Ibid.*, *ep.* 26). Quapropter donatam ab Ammonia Romanæ Ecclesiæ domum, Calixeno ejus nepoti paupertate laboranti restitui jussit : maxime cum contenderet aviam suam hujus domus alienandæ nullam habuisse potestatem; etsi id minime probaret.

Eumdem Romanum alia admonuit epistola (*Lib.* ix, *ep.* 27), caveret ne patrocinium Ecclesiæ facilius impendendo flagitiosos defenderet, ac sic fieret conscius eorum facinorum : unde nec litterarum suarum, si quas forte commendatitias incaute dedisset, rationem ullam haberi voluit (*Ibid.*, *ep.* 69). Nunc breviter perstringamus quæ in ordinis monastici gratiam hoc anno ab æquissimo patre decreta sunt.

9. Primo irritum declaravit testamentum cujusdam abbatissæ, et quæ aliis illicite legarat, restitui ejus monasterio jussit : *Quia*, inquit, *ingredientibus monasterium convertendi gratia; ulterius nulla est testandi licentia*, etiamsi monachica vestis non sit assumpta (*Lib.* ix, *ep.* 7). De his legenda libri decimi epistola prima.

Secundo controversiam inter Antonium subdiaconum suum cujusdam xenodochii præpositum, **290** et Domitium presbyterum et abbatem monasterii SS. Maximi et Agathæ composuit, et quæ inter illos pacta erant confirmavit (*Lib.* ix, *ep.* 20).

Tertio Massam Veneris ab Ecclesiæ Romanæ actoribus injuste occupatam reddi jussit monasterio sancti Marci apud Spoletum (*Lib.* ix, *ep.* 30).

Quarto cum questus esset Valentinus, presbyter et abbas, monachos a se exigente culpa a communione privatos, in diœcesi Spoletana nihilominus ad communionem recipi, S. Gregorius Chrysantho, episcopo Spoletano, scripsit, ne confugientibus ad ejus Ecclesiam monachis communionem indiscrete reddi pateretur (*Lib.* ix, *ep.* 37). De privilegiis monasterio Arelatensi concessis diximus capite superiori.

10. Fama summæ ejus benignitatis in monachos, impulit fortasse celeberrimum abbatem Columba-

A num, ut ad ipsum confugeret, dum in Galliis exagitaretur, ob singulares quosdam Scottorum ritus, maxime in celebratione Paschatis quorum erat retinentissimus. Ea de causa scripsit ad nostrum Gregorium (*Lib.* ix, *ep.* 127). Summa ejus epistolæ est, in celebratione Paschæ, rejecto Victorii cyclo, Scottorum morem amplectendum, cui Anatolius ab Hieronymo laudatus favit. Consulit etiam S. Gregorium de episcopis, aut per simoniam ordinatis, aut post lapsum tempore diaconatus; necnon de monachis monasterium suum deserentibus. Laudat librum Regulæ Pastoralis, petitque expositiones in Ezechielem et in Cantica. Anno sequenti habitum est in Gallia concilium in quo Scottorum ritus a Columbano observatus proscriptus fuit. E Gallia pulsus sanctis-

B simus abbas, ad Agilulfum Langobardorum regem perrexit, et in ejus ditione Bobiense monasterium celeberrimum construxit. Cur autem in regno Langobardorum sedem figere maluerit, quam in aliis Italiæ locis, id forte in causa fuit, quod apud Langobardos nosset damnationem trium capitulorum non esse receptam. Huic enim damnationi adversabatur pius aliunde abbas, ut ex ejus epistola ad Bonifacium IV liquet. (*Cf. Annal. Benedict. l.* ix, *p.* 256.)

CAPUT IV.

ARGUM. — 1. Gregorii in infirmitatibus patientia et assiduus labor. — 2. Qua sollicitudine exortam Agnoitarum hæresim opprimere conatus sit. Laudat scripta sancti Eulogii adversus illos. Occurrit errori nascenti Thessalonicæ. — 3. Sclavi in Italiam irrumpunt. Pactæ ad annum induciæ cum Langobardis. — 4. Eorum regi nascitur filius. Langobardorum vestes et cultus. — 5. Augustus reos repetundarum punit. Asyla in ecclesiis. Gregorii pro amicis accusatis sollicitudo. — 6. Judicem ad clementiam flectere conatur. — 7. Amicum fortunis exutum consolatur, et liberalitate recreat. Ejusdem consolatoriæ litteræ ad Dominicum. — 8. Prosperis rebus utentes ad earum contemptum accendit. — 9. Amicorum vitia minime dissimulat. — 10. Fortunatus Neapolitanus episcopus moritur. De ipsius successore diu deliberat sanctus Gregorius. — 11. Ducem Campaniæ ob vexatos monachos arguit. (An. 599 et 600.)

1. Gregorii ægritudines in dies ingravescebant; at

C dicere poterat cum Apostolo : *Cum infirmor, tunc potens sum* (II Cor. xii, 10). Summam animi sui æqualitatem inter tot morborum cruciatus optime adumbrat his ad amicum Eulogium verbis : *Ecce*, inquit, *jam biennium pene expletur quod lectulo teneor, tantisque podagræ doloribus affligor, ut vix in diebus festis usque ad horarum trium spatium surgere valeam, missarum solemnia celebrare: Mox autem cum gravi pellor dolore decumbere, ut cruciatum meum possim interrumpente gemitu tolerare. Qui dolor interdum mihi lentus est; interdum nimius. Sed neque ita lentus ut recedat, neque ita nimius ut interficiat. Unde fit ut*

D *qui quotidie in morte sum, quotidie repellar a morte. Nec mirum, quia peccator gravis talis corruptionis carcere diu teneor inclusus. Unde compellor exclamare : Educ de carcere animam meam, ut confitendum nomini tuo* (Psal. cxli, 8). *Sed quia meis hoc precibus adhuc obtinere non mereor, rogo vestræ sanctitatis oratio suæ mihi intercessionis adjutorium præbeat; neque a peccati et corruptionis pondere liberum*

ª De excommunicatione monachorum pro culpis, consule Reg. sancti Benedicti capp. 23, 24, 25, 26 et 27.

reddat in illam quam bene nostis libertatem gloriæ filiorum Dei (Lib. x, ep. 35). Æstivi calores qui ad podagræ cruciatus mitigandos conferre posse videbantur, quod apti essent ad noxium et morbidum humorem dispellendum, aliunde corpori ejus valde contrarii erant, ut ipse ait (Hom. 34 in Evang., n. 1) ; quia lentis et continuis febribus urebatur. Alius proculdubio pontifex nihil aliud cogitans quam de levandis incommodis, de adhibendis remediis accersendisque medicis, ad eorum nutum negotiis ecclesiasticis nuntium remisisset, omnesque pontificatus curas vicariis credidisset. Non desunt summis antistitibus et episcopis, qui succedere oneri pastorali, sive ex charitate, sive ex cupiditate ambiant. At sanctissimus Pastor omnium Christi ovium, in alienos et vicarios humeros rejiciendum non putavit jugum sibi a Christo impositum, ita enim appellabat pontificale munus.

2. Præcipua autem ejus sollicitudo fuit insurgentes errores, mox ut innotescerent, discutere et opprimere. Non ita pridem exorta erat Alexandriæ hæresis Agnoitarum, cujus initia cuidam referunt ad Themistium diaconum, unde dicti sunt Themistiani. Hanc hæresim excitasse quosdam monachos ex Palæstina auctor est S. Eulogius Alexandrinus, qui adversus hujusmodi hæreticos decertavit (Joan. Damascen. de Hæres. apud Photium Biblioth. cod. 230). Hi vero Christo ignorantiam tribuebant, ex nonnullis Evangelii locis male intellectis. Nimirum, Christo de Lazaro sepulto inquirente, *Ubi posuistis eum?* (Joan. xi, 34) et alibi dicente : *De die autem illo vel hora, nemo scit, neque angeli in cœlo, neque Filius* (Marci xiii, 32); inde asserendum putabant ipsum ea ignorasse. Contra hunc **291** errorem scripsit Eulogius, et ad Gregorium [a] lucubrationem suam approbandam curavit mittere ; quam papa valde laudavit, ut doctrinæ Ecclesiæ prorsus consentaneam : *De doctrina vestra, inquit, contra hæreticos, qui dicuntur Agnoitæ, fuit valde quod admiraremur ; quod autem displiceret, non fuit. In eodem autem sensu jamdudum communi filio nostro Anatolio diacono plurima scripseram. Ita autem doctrina vestra per omnia Latinis Patribus concordavit, ut mirum mihi non esset quod in diversis linguis spiritus non fuerit diversus. Nam hoc quod de ficulnea dixistis, in eo sensu proprie beatus Augustinus loquitur, quia cum Evangelista subjunxit : Nondum enim erat tempus ficorum (Mar. xi, 13), aperte cognoscitur quod per ficum Dominus in Synagoga fructum quæsierat, quæ folia legis habuit, sed fructum operis non habebat. Non enim poterat Creator omnium nescire, quia fructum ficus non habuit, quod dum tempus ficorum non esset, omnes poterant scire* (Lib. x, ep. 39). Pergit sanctus Pater ostendere mirum consensum doctrinæ Eulogii cum Augustiniana, quam ipse sitibundus hauserat, et inebriatus eructabat. Certe sufficit Gregoriana hæc epistola, ad Agnoitarum somnia refellenda ; in ea enim occurritur omnibus, unde Christo qualiscumque ignorantia posset affingi. De hoc argumento scribendi occasionem habuerat doctissimus papa. Quippe ante biennium Jerosolymitani quidam monachi Constantinopolim venerant, et ea de quæstione, ut conjicere licet, Anatolium sanctæ sedis apocrisiarium interrogarant. At ille diaconus respondere distulit donec Gregorium consuluisset. *Cui*, inquit ipse ad Eulogium, *ego ante longum tempus quam vestra scripta susciperem, contra eamdem hæresim ipsa respondi, quæ postmodum in epistola vestræ sanctitatis inveni ; atque omnipotenti Deo magnas gratias retuli, quia de cunctis inquisitionibus Romanorum atque Græcorum Patres, quorum nos sequaces sumus, uno spiritu sunt locuti* (Ibid., ep. 35). Agnoitas Nestorianos fuisse Gregorius docet esse *manifestum* (Ibid., ep. 39) ; unde me latet qua ratione contrarius Eutychianorum error ipsis a [b] doctissimo Theologo tribuatur. Certe neque Gregorius, neque Eulogius qui cum ipsis et coram et scriptis congressus fuerat, ipsos Eutychianis unquam accensuerunt. Eodem tempore vigilantissimus Ecclesiæ Pastor cum accepisset in Ecclesia Thessalonicensi non leve ortum scandalum, Luca presbytero et Petro concilium Chalcedonense suscipere nolentibus, ea de re statim scripsit ad Eusebium, Thessalonicensem archiepiscopum, ut ad removendam offensionem sedulo incumberet. Qua ex epistola præsertim docemur, quid sit præstandum ab iis de quorum fide suborta est suspicio. De Luca eadem adhuc præcepit sanctus Gregorius anno sequenti.

3. Ecclesiam turbantibus hæreticis, res imperii non erant pacatiores. Nam Sclavi per Histriæ aditum jam in Italiam intrare cœperant, quando S. Gregorius ad Maximum Salonitanum qui de Barbarorum irruptione monuerat, rescripsit (Lib. x, ep. 36). Ad eumdem quoque annum refert Baronius quæ de Chagano, Avarum rege, Venetiam provinciam invadente, Foroque Julii insidiis Ramildæ potito, narrat Paulus Diaconus (Lib. iv, c. 12). Utrum his Barbaris faverint Langobardi, dum imperii provincias depopulati sunt, non audemus asserere ; nam hoc eodem tempore factum fuisse pacem cum rege Langobardorum, aut potius pactas inducias usque ad mensem Martium indictionis quartæ, testatur S. Gregorius ad Innocentium, Africæ præfectum, scribens. Hac in epistola occurrit insigne humilitatis ejus, et summæ erga Augustinum observantiæ non prætereundum argumentum : *Quod*, inquit, *in expositionem sancti Job transmitti vobis codicem voluistis, de vestro omnino studio gaudemus : quoniam illi rei eminentiam vestram studere conspicimus, quæ nec totos foras vos exire permittat, et ad cor iterum sæcularibus curis dispersos recolligat. Sed si delicioso cupitis pabulo satietatem loquitur. Quæ de re legendæ Disquisitiones RR. PP. Congreg. S. Vitoni, ii parte, pag. 168, ubi alia proferunt S. Athanasii testimonia ex ep. ad Serap. et ex orat. 4 contra Arian.*

[a] Forte ipsa est quam exhibet Photius loco assignato. In ea omnem a Christo etiam homine amovet ignorantiam. Aliter sensisse videtur Athanas. lib. de Incarn. contra Arian. n. 7 : *Cum dicit de ultimo die*, inquit, *nemo novit, neque Filius.... secundum huma-*

[b] Vide Natal. Alexand. sæculo vi, cap. 4, art. 3.

ginari, beati Augustini patriotæ vestri opuscula legite, et ad comparationem siliginis illius nostrum furfurem non quæratis (*Lib.* x, *ep.* 37).

4. Ex eadem epistola intelligimus, Romæ nuntiatam fuisse regis Langobardorum mortem. Id incertum esse scribit Gregorius, quod postea falsum comperit. Imo pro luctu de morte principis, maxima fuit in tota gente lætitia de nato ipsi filio nomine Adaloaldo. Editus est in lucem Modiciæ non procul a Mediolano, qui locus Theodelindæ reginæ charus. Ibi enim basilicam S. Joannis Baptistæ totius gentis patroni ædificavit, ornamentis auri et argenti decoravit, et amplissimis ditavit prædiis. Olim hac in Ecclesia quæ adhuc stat, ministrarunt monachi Benedictini. Ibidem exstruxit regia munificentia celebre palatium, ubi depicta præcipua Langobardorum gesta videbantur. (*Cf. Paul. Diac., lib.* iv, *capp.* 22, 25, 26; *Mabil., Mus. Ital.* p. 212 *et* 213.)

Fortasse non erit injucundum lectori hoc loco describere ex Paulo Diacono quis tunc esset Langobardorum cultus, quæ vestes, ut ex Modiciani palatii pictis tabellis deprehendebatur. Cervicem radentes nudabant usque ad occiput; capillos a facie usque ad os demissos habentes, quos in utramque frontis partem discriminabant. Vestimenta eorum erant laxa, et maxime linea, ornata institis varii coloris. Calcei erant usque ad summum pollicem pene aperti, et alternatim laqueis corrigiarum retenti. Postea cœperunt [a] hosis uti, super quas equitantes subrugos birreos mittebant. Sed hæc de Romana consuetudine trahebant. (*Cf. loc. sup. laud.*)

5. Interim Mauricius imperator brevi pacis intervallo uti constituit ad rationes exigendas ab iis qui pecunias publicas dispensandas acceperant, ac in proprios convertisse usus ferebantur. Eo consilio misit Romam Leontium exconsulem, quem S. Gregorio commendavit Domitianus, Melitinæ metropolitanus, Augusti, ut jam dictum est, cognatus; rogans insuper ut in iis quæ ei pro publica utilitate serenissimorum Dominorum jussione mandata erant, in quantum ratio sineret, suffragari dignaretur. Id libentissime se præstiturum pollicitus est papa; nec id implere distulit, nam cum Gregorius expræfectus et alii qui repetundarum accusabantur, in septa ecclesiastica se recepissent, quod pro inviolabili haberentur asylo, S. Gregorius eis persuasit ut exirent, et rationes suas exponere curarent (*Lib.* x, *ep.* 50). Egressi sunt itaque, et Marco Scriboni *qui ad exhibitionem eorum venerat traditi,* accepta prius sponsione, nullam se violentiam passuros. Gregorium expræfectum amicitia sibi conjunctissimum commendavit 292 Papa tum [b] plurimis in Sicilia episcopis, tum Leontio exconsuli et aliis quos in accepta provincia vel adjutores et consiliorum participes habebat, vel ministros. Cum diu post indictum et constitutum tempus a Marco seu Azimarcho Scribone, Gregorius expræfectus in Siciliam venisset, ut se coram excon-

sule sisteret judicandum, S. Gregorius eidem Scriboni significavit moræ ac procrastinationis causam fuisse gravem infirmitatem, non dilationem spontaneam. Quid de illo judicatum sit assequi non possumus. Hunc tamen expræfectum a pristino statu non excidisse, sive quoad honores, sive quantum ad fortunas, conjicere licet ex epistola duobus post annis ad eum scripta (*Lib.* xii, *ep.* 22).

6. Libertinus, quondam Siciliæ præfectus, S. Gregorii familiaris, longe durius habitus est. Rogaverat exconsulem pius Pontifex ut amicum haberet commendatum; et de ipso ad plurimos alios eodem consilio scripserat. Sed Leontius exconsul, vir sane nimiæ severitatis, misit ad Gregorium exemplar cujusdam cautionis plane *execrabilis*, quæ fidem faciebat quam perversa mente ad præfecturæ dignitatem Libertinus accessisset. Tacite exprobranti quod scelestissimum hominem commendasset respondit Papa, se de nemine unquam ad ipsum scripsisse nisi ut protectionem suam, *favente justitia*, præstaret; de Libertino, præfecto Siciliæ dato, provinciam universam gratias retulisse, quod sufficiens videbatur ejus probitatis argumentum; cæterum quis esset, aut quales causas habuerit, quidve ad impactas criminationes responderet, sibi prorsus incognitum: *Unum hoc tamen,* inquit, *bene atque constanter novi, quia et si quam in rebus publicis fraudem fecit, substantia ejus cædi debuit, non libertas. Nam in hoc quod liberi cæduntur, ut taceam quod omnipotens Deus offenditur, ut taceam quod vestra opinio vehementer gravatur, piissimi tamen imperatoris nostri omnino tempora fuscantur. Hoc enim inter reges gentium et imperatores Romanorum distat, quia reges gentium domini servorum sunt, imperator vero Romanorum dominus liberorum. Unde et vos quidquid agitis, prius quidem servata justitia, deinde custodita per omnia libertate agere debetis* (*Lib.* x, *ep.* 51).

Pergit vir sanctissimus increpare nimiam judicis austeritatem, et ad eam emolliendam eximia sane præcepta dare, ex quibus pauca hæc decerpere placuit: *Quoties* [c] *ira animum invadit, mentem edoma, vince te ipsum. Differ tempus furoris, et cum tranquilla mens fuerit, quod placet judica. Ira enim in vindictam malorum sequi debet rationem animi, non præire, ut quasi ancilla justitiæ post tergum veniat, et non lasciva ante faciem prorumpat. Aliquando vero ostendenda est, et non exhibenda; aliquando exhibenda est, sed nunquam sequenda. Quando enim in exsecutione justitiæ placata mente irascimur, iracundiam et non sequimur et exhibemus.*

Pro Libertino commendando scripserat quoque Gregorius ad Amandinum domesticum (*Lib.* x, *ep.* 52), quod moleste ille tulit, etsi nihil asperi haberet epistola. Jamque Gregorio rescribere asperis verbis parabat, sed ne id exsequeretur prohibitus est per somnium. Testatus est enim se in somnis vidisse

---

[a] Hosa, tibiale, caliga. Galli olim dixerunt *houseux*. Affines sunt voces Germanicæ, Italicæ, etc., idem significantes.

[b] Vide epist. libri x, a 54 usque ad 60 inclusive.
[c] Noverat fortasse Leontium iræ esse impatientem. De eodem argumento vide ep. ii ejusdem libri.

papam ea de causa reprehendentem et increpantem. A
7. Ad Libertinum omnibus pene fortunis exutum Gregorius epistolam scripsit consolatoriam, et ut adversa patienter sustineret amicum hortatus est. Verbis addidit liberalitatem, quam solita urbanitate condivit: *Peto autem, inquit, ne injuriosum ducatis, quod viginti a nobis vestitus ad pueros vestros per Romanum defensorem scripsimus præberi, quia de beati Petri apostoli rebus, quamvis parva sint quæ offeruntur, pro magna semper benedictione suscipienda sunt* (Lib. x, ep. 51).

Non uni dumtaxat amico, sed plurimis impendendum fuit à Gregorio consolandi officium, præsertim Dominico, Carthaginensi episcopo, ob pestilentiam in Africa desævientem, quem docet quinam fructus ex hoc flagello sint colligendi. Tunc Italiam a tali per- B cussione non fuisse liberam asserit, ad quam plurimæ quasi acervatim accedebant calamitates (Lib. x, ep. 63).

8. Quos noverat rebus uti prosperis, et nulla afflictione magistra erudiri ad bonorum temporalium contemptum, et æternorum amorem magis ac magis accendebat. Ita scribit ad illustrem quamdam feminam: *Magnam nobis lætitiam Gloriæ vestræ ingessit epistola, quæ æternæ vitæ desiderium vos habere signavit; sed quia hujusmodi studium fugitiva solet mundi gloria præpedire, hortamur ut mentis vestræ saluberrimam deliberationem res quælibet transitoria non revocet, nec ab incœpto eam tramite deviet. Sed magis supernæ patriæ amor accendat, præmia mansura sollicitent, et ad venturi Judicis promissionem certa semper aspiret, atque ex temporalibus æterna mercetur: ut ex hoc et in vera gloria esse, et inter matronas possitis cœlestes adscribi. Reducite ad animos prosperitates temporum, multitudinem hominum, dignitatum pompas, matronarum gloriam, divitiarum abundantiam. Attendite hæc omnia ubi vel quid facta sunt; et ex hoc pensate quam nulla sint, et quia qui ista diligit somnium vigilans videt* (Lib. x, ep. 49).

9. Amicorum vitia minime dissimulabat ad eos scribens. Ita Clementinam patriciam alloquitur: *Nuntiatum mihi est quod si quando vos quisquam offenderit, dolorem irremissibiliter retinetis. Quod si verum est, quia quantum vos diligo, tantum contristor: peto ut hoc a vobis vitium nobiliter excludatis, et secus boni operis segetem inimici semen crescere non sinatis. Dominicæ orationis verba ad memoriam reducantur, et non apud vos plus valeat culpa quam venia. Excessus Gloriæ vestræ bonitas superet, et magis salubriter ignoscendo devotum faciat, quem potest persistens facere asperitas indevotum. Relinquatur illi unde verecundiam habeat, et non servetur quod doleat. Nam plerumque plus virium habet discreta in correctione remissio, quam in exsequenda ultione districtio* (Lib. x, ep. 58).

Si contingeret amicos ex libertate corripiendi quandoque offendi et exacerbari, amicabilibus verbis eos delinire satagebat, ut intelligerent aspera verba non ex odio, sed ex charitate fluxisse.

10. Hoc anno mortuus est Fortunatus Episcopus. Eum paulo ante obitum redarguerat Gregorius (Lib. x, ep. 24 et 25), tum de minima sollicitudine erga monasteria, tum de occupatis Urbis portis et aquæductu quorum cura et custodia pertinebat ad Theodorum, majorem populi, et ad Rusticum seniorem. Proindeque jussit æquissimus Pontifex usurpata restitui. Erat hic major populi fere idem magistratus ac apud nos modo **293** major urbis. Amplissima jam tum erat civitas Neapolis. Ibi artifices in diversa corpora, pro unaquaque arte quam profitebantur, coaluisse discipulos ex querelis saponariorum adversus Joannem Palatinum, qui *nova plurima eorum corpori præjudicialiter nitebatur imponere, et sibi proficere volebat quidquid commodi de introitu ejus accederet,* hoc est quidquid persolvebant qui huic ordini aut corpori sociari impetrabant (Lib. x, ep. 26).

De successore Fortunati diu deliberatum. Pars populi favebat Joanni Diacono; sed a papa rejectus est, quia cum parvulam haberet filiam, ejus continentia nondum sufficienti tempore probata erat et explorata. Pars altera Petrum item diaconum elegerat, qui nec pontifici placuit propter nimiam simplicitatem. Præterea dicebatur olim pecuniam ad usuram dedisse. Neuter itaque factus est episcopus, sed Paschasius ad quem plurimæ Gregorianæ epistolæ.

15. Nunc de rebus monasticis ad hunc annum pertinentibus agendum foret, sed brevitatis gratia, unicam dumtaxat S. Gregorii epistolam in defensionem monachorum scriptam expendemus. Ex monasterio S. Archangeli, apud Neapolim, monachus quidam *abierat ad hostes;* quod Godescalcum, Campaniæ ducem, in tantum furorem abripuit, ut januas monasterii frangi jusserit, et quidquid ibi inventum est, diripi. Fuscus, monasterii abbas, discrimen fuga evaserat, sciens ducem ipsi fugitivi monachi crimen impingere. Quod quam absurdum esset ostendit S. Gregorius, eum ad saniorem revocans mentem proprio exemplo: *Numquid et diebus magnitudinis tuæ, inquit, multi de civitate in qua consistis ad Langobardos milites fuga non lapsi sunt? Et quis tantæ indiscretionis, tantæque possit stultitiæ reperiri, ut eorum iniquitatem tibi æstimet applicandam?* (Lib. x, ep. 11)

Vis huic monasterio illata fortasse occasionem dederat Constantio monacho et presbytero transmigrandi in Siciliam, et secum auferendi monasterii sui vela et codices. Qui cum ibi diem clausisset extremum, Gregorius, a Fusco abbate rogatus, ad Fantinum defensorem scripsit, ut ablata restitui curaret (Lib. x, ep. 14).

CAPUT V.

Argum. — 1. S. Gregorius obstat ne is Mediolani esset episcopus, quem Agilulfus elegerat. Ordinatur Deusdedit. Somnium cujusdam heterodoxi de æqualitate Ecclesiæ Mediol. cum Romana. — 2. Amos patriarchæ Jerosolymitano mortuo succedit Isacius. — 3. Multiplex et gravissimus S. Gregorii morbus. — 4. De amicorum salute magis quam de sua est sollicitus. — 5. Amicos ægrotantes ad pœnitentiam hortatur. Præsertim Venantium. Quo mortuo de ipsius filiabus sollicitudinem gerit. — 6. Hostes imminent Siciliæ. Fides in Sardinia propagatur. — 7. S. Gregorius Theoctistum de hæresi infamatam consolatur. — 8. Scandalum tollere debemus quando possumus. — 9. Hæresis objectæ Theoctistæ capita refelluntur. — 10. Calumniatores gravibus pœnis addicit S. Gregorius. — 11. Falsarium punit. — 12. De rebus ecclesiasticis. — 13. Et monasticis. — 14. Recharedi regis mors et successores. (An. 600 et 601.)

1. Mortuo Constantio, Mediolanensi episcopo, periculum schismatis in Ecclesia Mediolanensi imminebat. Nam clerus et populus unanimes elegerant in ejus successorem *Deusdedit* diaconum. At rex Agilulfus, in cujus ditione Mediolanum erat, alium postulabat ordinari; et ea de re scripserat ad Mediolanenses. Hæc ut rescivit Gregorius, ad eos in priori proposito corroborandos, ne fortasse minacibus regis litteris cederent, scribendum quantocius putavit. Suam epistolam exorditur a Constantii laudibus. Commemorat maxime ejus tum sollicitudinem in servanda Ecclesiastica disciplina, tum vigilantiam in tuenda civitate. Laudat postea Mediolanenses ob electum unanimi consensu Deusdedit, et electionem factam sua auctoritate confirmat. De electo a Langobardis et ab ipso rege ita constanter loquitur : *Illud autem quod vobis ab Agilulfo indicastis scriptum, dilectionem vestram non moveat. Nam nos in hominem qui non a catholicis, et maxime a Langobardis eligitur, nulla præbemus ratione consensum. Nec si alicujus præsumptionis usurpatione factum fuerit, in locum vel ordinem illum sacerdotis suscipimus : quia vicarius sancti Ambrosii indignus evidenter ostenditur, si electus a talibus ordinatur* (Lib. xi, ep. 4). Scripsit quoque ad Pantaleonem notarium (*Ibid.*, ep. 3), ut pergens ad Genuensem urbem Deusdedit episcopum solemniter faceret ordinari. Agilulfum nondum tunc amplexum fuisse catholicam fidem, vel ex hac epistola liquet. Noluit tamen cum Gregorio contendere, suadente forsan Theodelinda, quæ tum catholicam fidem, tum sanctissimum Pontificem impense colebat; et electus a Mediolanensibus Deusdedit, nemine reluctante est ordinatus. Quod hoc in loco, et prius [a] in ordinatione Constantii factum legimus, proculdubio sufficit ad refellendum somnium Jacobi Gothefridi in dissertat. 2 de suburbicariis regionibus et ecclesiis, in qua contendit Mediolanensis et Romani episcoporum summam æquamque potestatem.

2. Hoc etiam anno luxit Ecclesia Jerosolymitana patriarcham Amos, cujus cathedram accepit Isacius, et paulo post ad Gregorium synodicam misit epistolam. Fidem quam in ea profitebatur Isacius probavit papa, et gratias exsolvit Deo, *qui et immutatis gregis sui pastoribus, fidem quam semel sanctis Patribus tradidit, etiam post eos immutabilem custodit*. Gratiarum actionibus addidit preces pro imperatore, *cujus temporibus*, inquit, *hæreticorum ora conticescunt, quia etsi eorum corda in insania perversi sensus ebulliunt, orthodoxi tamen imperatoris tempore prava quæ sentiunt, eloqui non præsumunt* (Lib. xi, ep. 46). At 294 quia audierat in Orientis Ecclesiis nullum ad sacrum ordinem, nisi ex præmiorum datione pervenire, ad tam nefariam simoniam eliminandam novum hortatur patriarcham. Monet quoque de compescendis jurgiis

A quædam mansuete corrigendo, quædam quæ corrigi nequeunt, æquanimiter tolerando.

3. Hoc anno quoque parum abfuit quin orbis omnis Christianus præstantissimum suum amitteret pontificem. His verbis, quam male se haberet describit. *Multum jam tempus est quod surgere de lectulo non valeo. Nam modo me podagræ dolor cruciat, modo nescio quis in toto corpore cum dolore se ignis expandit; et fit plerumque ut uno in me tempore ardor cum dolore confligat, et corpus in me animusque deficiat. Quantis autem aliis necessitatibus extra hæc quæ retuli infirmitatis afficiar, enumerare non valeo. Sed breviter dico, quia sic me infectio noxii humoris imbibit, ut vivere mihi pœna sit, et mortem desideranter exspectem, quam gemitibus meis solam esse credo posse remedium. Pro-* B *inde, frater sanctissime, divinæ pro me pietatis misericordiam deprecare, ut percussionis suæ erga me flagella propitius mitiget, et patientiam tolerandi concedat : ne nimio, quod absit, tædio in impatientiam cor erumpat, et ea quæ bene curari per plagam poterat, culpa crescat ex murmure* (Lib. xi, ep. 32).

4. Attamen in tot tantisque doloribus positus vir summæ patientiæ, quid toleraret vix cogitans, de amicorum suorum valetudine sollicitudinem gerebat. Id expertus est Marinianus, Ravennæ episcopus, quem cum vomitu sanguinis laborare audiisset piissimus Pater, ad se accersivit ut curam ejus ageret. Interimque ut a jejuniis et vigiliis temperaret præcepit. Aliud tamen simul in animo habebat, Marinianum ad se vocans. Etenim *proximum se morti intelligens, inter* C *amici manus animam efflare cupiebat,* (Lib. x, ep. 33).

Eamdem paternam charitatem expertus olim fuerat Castorius Ariminensis episcopus, quem diu ob infirmitatem retinuerat apud se, de ejus valetudine restituenda anxius et sollicitus (Lib. iii, ep. 24 et 25). Tenerum ejus animum erga ægrotantes amicos, maxime demonstrat epistola hoc anno ad Rusticianam patriciam scripta, in qua licet asserat *corpus suum tanquam in sepultura ita siccatum esse*, tamen ut piæ feminæ dolori compatiatur, proprii videtur oblivisci (*Ibid.*, ep. 44).

5. At præcipua ipsius cura erat in amicorum infirmitatibus, ut eos hujusmodi flagellis attritos ad pœnitentiam provocaret. Sic urget Venantium podagra D laborantem, de cujus lapsu jam locuti sumus : *Inter quos (dolores) quid aliud debemus nisi semper delicta nostra ad memoriam revocare, atque omnipotenti Deo gratias agere? Quoniam qui ex carnis blandimento multa peccavimus, ex carnis afflictione purgamur. Sciendum quoque est nobis, quia pœna præsens, si animum afflicti convertit, finis est culpæ præcedentis. Si autem ad timorem Domini minime convertit, initium est pœnæ sequentis. Curandum igitur nobis est, et summopere in fletibus tota mentis conversione vigilandum, ne de tormento ad tormenta transeamus. Considerandum quoque est, quanta erga nos dispensatione pietatis agat Conditor noster, quod morte dignos assi-*

[a] Vide lib. iii, ep. 29, 30 et 31.

duæ percutit, et tamen adhuc minime occidit (Lib. xi, *ep.* 50).

Hac in epistola silet S. Gregorius de Venantii apostasia, nec de reditu ad monasticum statum quem deseruerat ipsum hortatur, quia malebat id ægroto suggeri ab ejus episcopo, scilicet Joanne Syracusano, ad quem scribit primam ejus curam esse debere hortando, rogando, Dei terribile judicium proponendo, ineffabilem ejus misericordiam promittendo, suadere Venantio *ut ad habitum suum vel in extremis redeat, ne ei tantæ culpæ reatus in æterno judicio obsistat (Lib.* xi, *ep.* 36). Eidem Joanni Venantii filias Barbaram et Antoninam commendavit, quibus etiam scripsit litteras consolatorias, et patrocinium suum adversus pravorum hominum consilia pollicitus est, quod præstitit *(Ibid., ep.* 78). Venantium ex hoc morbo non assurrexisse, sed occubuisse satis probant aliæ S. Gregorii litteræ; utrum prius acta pœnitentia, res est divino relinquenda judicio. Italica ejus uxor jam obierat; nam si vixisset graviter decumbente et postea e vivis sublato marito, ad eam potius quam ad ejus filias scripsisset Gregorius, aut saltem iis in litteris aliqua matris injecta esset mentio. Hinc facilior erat Venantio reditus ad monachi statum, dissolutis conjugii vinculis.

6. Cupiebat Gregorius nobiles virgines e Sicilia Romam migrare, forte quod cognovisset hostes ad hujus insulæ invasionem festinare, ut alias rationes interim taceam. De impetu hostili jamjam imminente vigilantissimus Pontifex admonuit universos Siciliæ episcopos, et hortatus est ut litanias omni hebdomada feriis quarta et sexta indicerent, et ita *contra barbaricæ crudelitatis incursus supernæ protectionis auxilium implorarent (Lib.* xi, *ep.* 51). Precibus autem addere bona opera jubet, *quia,* inquit, *inanis fit oratio ubi prava est actio.* Idem periculum Sardiniæ non longe dissitæ insulæ, ab hostibus impendisse supra diximus. At pacem ac tranquillitatem ipsi restitutam esse autumamus ex felici religionis Christianæ propagatione apud Sardos aut advenas et Barbaros seu Barbaricinos aut indigenas. Ea de causa S. Gregorius rogavit insulæ præsidem, ut Victori episcopo in gentilium conversione laboranti opem ferret. Aderat enim omnibus qui ejus opera et commendatione indigebant *(Ibid., ep.* 22).

7. Præsentissimum eum experta est hoc anno Theoctista Mauricii Augusti cognata, pia femina de qua jam alibi actum, a nonnullis temere hæresis infamata. Jam diximus *(Lib.* i, *c.* 5, *num.* 9), Gregorio in urbe regia commorante, rumorem sparsum de nova hæresi, cujus notam inurere nobilissimæ ac sanctissimæ matronæ non sunt veriti sycophantæ; unde in populo, sua levitate ad atrociora maxime in principes credenda satis prono, magnus suborlus est tumultus. Statim autem atque id papæ fuit indicatum, scripsit ad Theoctistam *(Lib.* xi, *ep.* 45), cui multiplici ratione ostendit ejus mentem obtrectationibus turbari minime debere : *Si enim laudibus lætamur,* inquit, *et detractionibus frangimur, gloriam nostram non in nobis, sed in aliorum ore posuimus... In omne autem quod extra de nobis dicitur, recurrere ad arcana mentis debemus. Etsi omnes vituperent, liber est tamen quem conscientia non accusat.* Aliam longe post ea subdit rationem. *Sunt autem plurimi,* inquit, *qui vitam bonorum fortasse amplius quam debent, laudant; et ne qua elatio de laude surripiat, permittit omnipotens Deus malos in obtrectationem et objurgationem prorumpere : ut si qua culpa ab ore laudantium in corde nascitur, ab ore vituperantium suffocetur.*

Simile pertractat argumentum scribens ad Palladium presbyterum de monte Sina *(Lib.* xi, *ep.* 2), qui etiam obloquentium linguis stimulabatur; ubi hæc inter cætera notatu digna dicit : *Inter verba laudantium sive vituperantium ad mentem semper recurrendum est, et si in ea non invenitur bonum quod de nobis dicitur, magna tristitia generari debet. Et rursum si in ea non invenitur malum quod de nobis homines loquuntur, in magnam debemus lætitiam prosilire. Quid enim si homines laudent, et conscientia accuset? Aut quæ debet esse tristitia, si omnes accusent, et sola conscientia nos liberos demonstret?* Ac infra : *Quid aliud detrahentes faciunt, nisi in pulverem sufflant, atque in oculos suos terram excitant, ut unde plus detractionis perflant, inde magis nihil veritatis videant?*

8. Attamen in utraque epistola docet qua ratione tolli possit scandalum, quod negligere citra peccatum non possumus. Proponitque S. Petri, apostolorum principis, exemplum, qui fidelium querelæ arguentium quod intrasset ad gentiles et manducasset cum eis, eosque ad baptismum recepisset, non ex potestate, sed ex ratione respondit, causamque per ordinem exposuit : *Si enim,* inquit, *cum a fidelibus culparetur, auctoritatem quam in sancta Ecclesia acceperat, attendisset, respondere poterat ut pastorem suum oves... reprehendere non auderent. Sed si in querela fidelium aliquid de sua potestate diceret, profecto doctor mansuetudinis non fuisset. Humili ergo eos ratione placavit... Si ergo pastor Ecclesiæ, apostolorum princeps, signa et miracula singulariter faciens, non dedignatus est in causa reprehensionis suæ rationem humiliter reddere, quanto magis nos peccatores, cum de re aliqua reprehendimur, reprehensores nostros humili ratione placare debemus?*

9. Non poterat efficaciori exemplo humilitatem illustri feminæ persuadere sanctissimus Doctor. Postea hæresis ipsi impactæ capita omnia recenset, ac confutat et conterit. Primo ostendit religionis causa conjugia non dissolvenda. Secundo peccata omnia in baptismate penitus dilui et dimitti. Tertio post actam per triennium pœnitentiam, licentiam peccandi minime concessam. Quarto etiam illum anathematis vinculo teneri, qui etsi necessitate compulsus, id de quo reprehenditur anathematizaverit. Ad ultimum testatur plerosque falso de quatuor illis capitulis imperito zelo accusatos; placandos tamen esse illos accusatores tum ratione, tum mansuetudine.

10. Etsi vero calumnias patienter tolerandas doce-

ret summus ille morum magister, calumniatores tamen gravibus pœnis coerceri jubebat. Unde cum accepisset Hilarum subdiaconum qui Joanni Diacono crimen ingesserat, a judicibus nulla fuisse pœna castigatum, præcepit ut virgis publice cæderetur, et in exsilium deportaretur (*Lib.* ix, *ep.* 62). Jam supra observavimus hanc exilii pœnam judicio ecclesiastico decretam in defensorem episcopo non obedientem.

11. Non minus in falsarios, qui calumniatoribus affines sunt, indignabatur Gregorius veritatis studiosissimus cultor. Hinc graviter exarsit in Andream monachum (*Lib.* xi, *ep.* 74), ut conjicere licet, Græcum, qui non solum epistolam Eusebii, Thessalonicensis episcopi, ipsius fidei commendatam ut Latinam eam faceret, corruperat, et hæresibus infecerat, sed etiam sermones aliquos Græce evulgarat quibus præfixerat papæ nomen. Eos diligentissime requiri jussit Gregorius et aboleri. Præterea concilium habuit in quo de pœna falsario aliunde flagitiosissimo infligenda deliberaretur; at vero quæ decreta fuerit nos latet. Epistola ex qua hæc habemus, humilitatis et modestiæ Gregorii argumentum est. In ea enim simpliciter profitetur Græcarum se litterarum nescium.

12. Ut res ad hunc annum spectantes absolvamus notanda sunt summatim quæ ad illustrandam ecclesiasticam disciplinam aut historiam conferre possunt nondum a nobis delibata. Imperatori Joannem primæ Justinianæ episcopum pro ægritudine capitis ab episcopatu amovere cupienti, consentire noluit æquissimus pater, nisi ægrotus ipse, dato libello supplici, hoc peteret. Sed suasit ut quæreretur *dispensator*, qui munus episcopale obire posset (*Lib.* xi, *ep.* 47).

Quiricus et alii Iberiæ episcopi summum pontificem consuluerant de diversorum hæreticorum baptismo et ordinationibus. Quibus respondit baptizatos in hæresi cum Trinitatis invocatione, non iterum baptizandos quando ad Ecclesiam revertuntur, sed aut impositione manuum, aut chrismatis unctione, aut professione fidei reconciliandos. Redeuntes vero Nestorianos de incarnatione edocendos; et si Nestorium anathematizaverint, receptasque ab Ecclesia synodos recipere profiteantur, in propriis ordinibus admittendos (*Lib.* xi, *ep.* 67).

Cum audisset Desiderium Viennensem episcopum grammaticam et litteras humaniores quibusdam exponere, id gravissime tulit, *quia*, inquit, *in uno se ore cum Jovis laudibus Christi laudes non capiunt* (*Lib.* xi, *ep.* 54). Postea tamen Candidus presbyter ex Galliis rediens, Desiderium apud papam excusavit, negavitque ipsum in his nugis tempus terere.

Deferendas ad episcopos clericorum causas sæpe docet, ne episcopalis jurisdictio pessumdetur, clericos ab episcopo, exigente culpa, in pœnitentiam missos Romanus defensor, episcopo inconsulto et nesciente, auctoritate propria *ejecerat* e loco ubi ad pœnitentiam traditi fuerant. At jussit papa clericos episcopo sine mora restitui, et Romano prius increpato, gravia comminatus est, si talia deinceps committeret (*Lib.* xi, *epp.* 77 *et* 57).

Quæ ad obtinendum defensoris officium conditiones requirerentur, qualia forent eorum munia, quave formula constituerentur, habemus in epistola ad Vitum (*Lib.* xi, *ep.* 58).

Gesta vel scripta S. Irenæi diu a se quæsita, sed ex eis aliquid invenire non valuisse testatur maximus Doctor. Nunc de rebus monasticis pauca attingenda (*Lib.* xi, *ep.* 56).

13. Cum Agathosa questa esset maritum suum, se invita monachum factum, quod ad culpam invidiamque Urbici abbatis, in cujus monasterio conversus fuerat, pertinebat, edixit papa reddendum eum petenti, licet jam tonsuratum, nisi constaret ipsam prius mariti conversioni consensisse, suamque promisisse, aut ipsam adulterii esse ream (*Lib.* xi, *ep.* 50).

In eodem concilio a quo damnatus est Andreas falsorum scriptorum artifex, concessa est Probo, monacho et abbati, testandi facultas de bonis ante susceptum habitum monasticum ad ipsum pertinentibus. Tanti enim erat momenti facultatem hanc dare, ut synodi totius consensum requirendum judicaverit sapientissimus Pontifex. Neque vero facta fuisset Probo testamenti condendi licentia, nisi liquido constitisset ipsum jussum fuisse et quasi coactum a S. Gregorio monasterium subito introire, *non indulto ad deliberandum vel tractandum spatio*. Unde non integrum ipsi fuerat de rebus suis disponere. Periculum autem erat ne bonis ipsius monasterio cedentibus, filius ejus summa egestate laboraret.

Laudavit Januarium Caralitanum quod monasterium virorum in domo ancillarum Dei monasterio cohærente construi noluerit; voluit tamen alium quæri locum, ubi constitueretur (*Lib.* xi, *ep.* 25).

Omitto beneficia quæ in monasteria, etiam remotissima, contulit hoc anno optimus pater, præsertim in cœnobium montis Sina (*Lib.* xi, *ep.* 1); sed quibuslibet muneribus et beneficiis præstantiora mihi videntur monita Cononi, Lirinensi abbati, data, quibus eum docet quanta cura, qua solertia monasterium sibi commissum regere debeat; maxime ob ejus decessoris incautam remissionem : *Dilectionis tuæ*, inquit, *vigilantia ardentiori se semper cura succendat; et ita cuncta, Deo adjuvante præmuniat, ut lupus sæviens huc illucque discurrens, in oves. Dominicas ingrediendi locum non habeat*. Et post aliqua : *Itaque boni te dulcem, pravi sentiant correctorem. In qua videlicet correctione hunc esse ordinem noveris observandum, ut personas diligas, et vitia persequaris : ne si aliter agere fortasse volueris, transeat in crudelitatem correctio, et perdas quos emendare desideras. Sic enim vulnus debes abscindere, ut non possis ulcerare quod sanum est : ne si plus quam res exigit ferrum impresseris, noceas cui prodesse festinas. Ipsa enim in te dulcedo cauta sit, non remissa : correctio vero diligens sit, non severa. Sed sic alterum condiatur ab altero, ut et boni habeant amando quod caveant, et pravi metuendo quod diligant* (*Ibid.*, *ep.* 12).

14. Hoc anno e vivis excessisse pium regem Recharedum fidei catholicæ in Hispania restauratorem

tradunt Hispanicarum rerum scriptores. Arianos ob studium quo flagrabat in religionem orthodoxam semper expertus est infensissimos, maxime vero Gosuintham, Leuvigildi regis viduam, cujus auctoritate audaciores facti, non semel in regem conspirarunt. Horum antesignani fuerunt quidam episcopi hæresi Ariana polluti. Ex his duo in exsilium ejecti sunt, etsi gravioribus pœnis digni forent. Recharedo successit Linba II, qui duobus tantum annis regno potitus. Hunc excepit Witericus.

CAPUT VI.

ARGUM. — 1. S. Gregorius de instaurandis SS. Apostolorum basilicis cogitat. Ejus munificentia in illas basilicas. — 2. Bellum redintegratum infeliciter cedit imperatori. — 3. Hæreticorum et schismaticorum conversio. Quid redeuntes e schismate sponderent. — 4. Firminum episcopum reversum, et ob hoc ab aliis vexatum schismaticis tuetur S. Gregorius. — 5. Docleatinæ Ecclesiæ jacandæ providet. De Paulo, flagitioso episcopo et prædone, judicium. — 6. De rebus Africanis curat. Causa Paulini episcopi. Et alterius nomine Victoris. — 7. Auctoritatis Rom. pontificis in Africa argumenta. — 8. Gregorii summa in potestate major humilitas et modestia. — 9. De ejus homiliis in varios sacræ Scripturæ libros a Claudio exceptis. De Claudio inquiritur. — 10. S. Gregorii in eligendis dignis abbatibus, et tuenda monastica disciplina sollicitudo. — 11. Utrum monachatum loco subdiaconatus esse putaverit. — 12. Diaconum factum monachum e monasterio avelli non patitur. (An. 601 et 602.)

1. Cum imminere sibi mortem præsciret S. Gregorius, jam conceptum de reparandis SS. apostolorum Petri et Pauli basilicis consilium non ultra differendum judicavit. Idcirco præcepit Sabino subdiacono res Ecclesiæ in Lucania et Brutiis curanti, ut his in provinciis trabes ad id operis necessarias pararet, atque ad mare advehendas curaret, unde navibus impositæ Romam deportarentur (*Lib.* xii, *ep.* 20). Ea de causa scripsit ad [a] Arogem, quem Beneventanum ducem Zotone mortuo constituerat Langobardorum rex, rogavitque ut Sabino subdiacono in hujus materiæ vectura opem ferret; promittens duci *dignum xenium* (*Ibid.; ep.* 21). Idem est argumentum epistolarum quas ad Gregorium expræfectum et ad Stephanum episcopum scripsit (*Ibid., epp.* 22 *et* 23). Biennio post paulo ante mortem assignavit multa prædia basilicæ S. Pauli pro [b] luminaribus, *ne minus illic habere luminaria præco fidei cerneretur, qui totum mundum lumine suæ prædicationis implevit*, quam S. Petrus. De olivetis et aliis fundis a S. Gregorio concessis ad basilicæ S. Petri lumina nutrienda et augenda, legenda tabula donationis quam Vitæ S. Gregorii subjiciendam duximus. Legitur alibi fecisse *ad beatum Petrum apostolum super altare ciborium cum columnis quatuor ex argento puro. De fastigiis ex argento purissimo fabricatis in basilicis sanctorum apostolorum Petri et Pauli legendus Joannes Diaconus* (*Lib.* iv, *c.* 68).

2. Ex epistola ad Arogem scripta datur conjiciendum pacem aut inducias tunc fuisse Romanos inter et Langobardos. Attamen hoc anno rursus bellum conflagravit in Italia, ubi res infeliciter pro imperatore gestæ sunt. Nec felicius in Oriente cesserunt; quasi jam omnia vergerent ad Mauricii de solio dejectionem et cædem. Langobardi cum Sclavorum auxiliis ab Avarum rege missis Cremonam primum obsidione cinxerunt et occuparunt, quam Agilulfus æquari solo jussit. Deinde Mantuam expugnavit idibus Septembris, quæ vix clementiorem victorem est experta. Romanorum præsidium Brixellum incendit et deseruit. Hostilibus armis prementibus exarchus pacem impetravit, ea lege ut redderet Godiscalcum ducem ejusque uxorem filiam Agilulfi, ipsorumque liberos in expugnatione Parmæ captos. Quamvis tot annis inter hostiles gladios vivere consuevisset S. Gregorius, de hoc tamen bello 297 vehementer ingemuit, et cum amicis expostulavit, eorumque precum opem sibi adesse rogavit supplex, maxime S. Eulogii (*Lib.* xii, *ep.* 50). (*Cf.* Paul. Diac. l, iv, capp. 29 *et* 24.)

3. In epistola huic inscripta patriarchæ, quæ omnium hoc anno scriptarum est ultima, meminit papa Monophysitarum seu hæreticorum unicam in Christo naturam confitentium, qui errorem hunc nuper ejurarant. Hi cum in Siciliam venissent, fama sanctissimi doctoris invitati, Romam perrexerant, ubi in fide confirmati, litteras a summo pontifice testimoniales petierunt. Eos commendat sanctissimus pater amico Eulogio, ipsisque restitui monasterium ab hæreticis occupatum, petit, nisi forte maluerint ipsius invasores ad Ecclesiæ redire sinum. Eodem tempore Firminus, Tergestinæ urbis episcopus, in Istria, prius in schismate ob tria damnata capitula conflato pertinax, venenum evomuit, et relictis schismaticorum partibus, ad unitatem Ecclesiæ se contulit. De ipsius reditu Gregorius lætus, gratulatoriam scribendam epistolam censuit, in qua revocatum et resipiscentem hortatur ut Satanæ jaculis constantiæ scutum opponat, aliisve secum revocandis insudet. Insuper vitæ subsidia pollicetur: *Nobis*, inquit, *omnino curæ erit de fraternitatis tuæ quiete, ut dignum est, cogitare; quia postquam nobiscum, jam Deo protegente, unus es, non aliter utilitates tuas, quam nostras attendimus* (*Lib.* xii, *ep.* 33).

Exstat promissio cujusdam episcopi ad unitatem Ecclesiæ revertentis, quam a Firmino datam non immerito putant eruditi (*Olim lib.* x, *ep.* 31, *nunc in appendice*). Sine observatione præteriri non debet episcopum hunc schisma deserentem omnino silere de concilio v, et de trium capitulorum condemnatione, sed spondere tantum et jurare se prona et spontanea voluntate ad unitatem sedis apostolicæ redeuntem, ad schisma numquam reversurum, sed semper in unitate sanctæ Ecclesiæ Catholicæ et communione Romani pontificis permansurum. Quod sane argumento est, ut jam non semel a nobis dictum, illud

---

[a] Apud Paulum. Diac. lib. iv, c. 19, et alibi dicitur *Arigis* aut *Arechis*. Ar-gis significat *honore fortem*.

[b] De Ecclesiæ luminaribus legendus Athanasius in ep. encyclica ad episcopos, tom. I, p. 114, num. 4, ubi describens ingressum Gregorii Alexandrinæ Ecclesiæ invasoris cum militari manu, ait tunc vi ablatum a militibus oleum ad Ecclesiæ luminaria repositum; adeoque insaniisse qui pseudoepiscopum comitabantur, ut candelabra ad parietem statim reponerent, et Ecclesiæ cereos idolis accenderent.

Istricorum schisma non in eo positum esse, quod tria capitula non damnarentur, sed quod ea condemnantes a communione repellerentur, fieretque sic ab Ecclesia catholica secessio.

4. Quod Firmino prænuntiarat vir sanctissimus, ejus videlicet constantiam terroribus et blandimentis tentatam iri ab hoste, ut retro redire compelleretur, paulo post accidit. Nam Severus, Gradensis episcopus, ejurati a Firmino schismatis caput, audita ejus reversione, *eum diversis præmiorum suasionibus cœpit, si posset, a bono revocare proposito. Quod, dum perficere Deo auctore minime valuisset, seditionem illi suorum civium excitare non timuit* (*Lib.* XIII, *ep.* 55). Periclitanti episcopo manum porrigere et subvenire constituit Gregorius. Quapropter Smaragdum exarchum rogavit, ut nulla mora Firminum episcopum ab illatis molestiis tutari studeret, ac *quietem illius multis ad imitandum profuturam modis omnibus procuraret : Excellentiam*, inquit, *vestram paterno salutantes affectu, petimus ut zeli vestri in hac causa olim exhibiti, nunc vehementius fervor incandeat; tantoque vos contra hostes Dei vindices defensoresque reperiant, quanto apud Deum pretiosior est animæ quam defensio corporis. Armet vos contra devios ipsa quæ in vobis fidei viget rectitudo, redintegretur vestris temporibus quod in illis est partibus scissum corpus Ecclesiæ, Habetis in hac causa retributorem vestri operis, rectitudinis ac integritatis auctorem.*

5. Cum non minus pateret sanctissimi Papæ sollicitudo, quam auctoritas et potestas, providendum censuit hoc anno Ecclesiæ Docleatinæ rebus perturbatissimis. Paulus, hujus urbis episcopus, inter alia mala in corporale crimen lapsus, a suis clericis accusatus fuerat, et convictus; *ita ut ipse libellum in quo ea de quibus accusatus fuerat vera esse confitebatur obtulisset* (*Lib.* XII, *ep.* 31). Qua de re sententia episcopali depositus est, et in locum ejus ordinatus fuit Nemesion, consentiente Joanne, primæ Justinianæ episcopo, ad quem tamquam primatem tunc pertinebat Doclea, cum tamen Ecclesiæ Scodritanæ subesset, jure metropolitico. At Paulus facti postea male pœnitens, auxilio sæcularium judicum fretus, episcopium more prædonis ingressus, ablatisque violenter Ecclesiæ rebus, recens ordinatum episcopum ejecerat summa cum injuria, magnoque vitæ periculo. Nemesion Romam veniens de vi sibi illata questus est apud summum pontificem, qui scripsit tum ad Constantinum, Scodritanum episcopum, quem [a] metropolitam fuisse satis indicant S. Gregorii verba, tum ad Joannem, primæ Justinianæ primatem, insuperque sanctæ sedis vicarium, ut si res ita sese habuisset, cogerent Paulum ad reddenda confestim omnia quæcumque abstulerat. Quæ si probaret non esse Ecclesiæ, sed ipsius propria; tamen ex his retinendum satis ad resarcienda bonis Ecclesiasticis illata detrimenta; nam ea dilapidasse ferebatur. *Si autem dif-*
ferre tentaverit, quousque omne quod dilapidavit, vel de substantia tulit Ecclesiæ restituat, in monasterium mittendus est, ut saltem coactus reddat quod male auferre non timuit, inquit S. Gregorius. *Qui si forte, quod non credimus, post depositionem suam inverecunde ac mente perversa aliquid de episcopatu loqui atque rursus ad hoc qualibet aspirare præsumptione tentaverit, fraternitatis vestræ se contra improbitatem ipsius omnino vigor accendat, atque Dominici corporis ac sanguinis communione privatum, in monasterium eum usque ad diem obitus sui ad agendam curet pœnitentiam retrudendum : quatenus perpetrati sceleris maculas dignis discat fletibus emundare, quas magis in interitu animæ suæ nequiter augere desiderat.* De Nemesio vero decrevit ut ei locus ejus et episcopatus restitueretur.

6. Eodem tempore Gregorio cogitandum fuit de rebus Africanæ Ecclesiæ, ubi ex episcopis et ex aliis ecclesiasticis viris nonnulli ad officium erant revocandi. Multæ præsertim erant querelæ de Paulino Tegessis civitatis in Numidia episcopo, *quem clerus et qui etiam in sacro ordine erant constituti, in se corporaliter excessisse perhibebant* (*Lib.* XII, *ep.* 28). Causam hanc inter episcopum ejusque clericos judicandam S. Gregorius detulit ad Victorem Numidiæ primatem, et ad Columbum episcopum, quibus in mandatis dedit, ut quos vellent e suis coepiscopis assumerent ad sententiam de reo vel de accusatoribus ferendam. Idem Paulinus dicebatur ecclesiasticos ordines simoniace dare, vel potius vendere, quod omni studio explorandum dicit sanctissimus Pontifex, ut tam dans quam accipiens præmium, uterque canonicæ ultionis sententia feriatur. Verum ne simoniæ radix mortifera coalesceret, ac plures interimeret, 238 cupit communi totius concilii definitione prohiberi, ne ullus unquam pro quovis ordine accipiat aut det, neve quisquam ex gratia promoveatur, sed ex merito.

Paulo antea oblatum a Donadeo diacono libellum supplicem, quo se querebatur a suo episcopo Victore injuste depositum, ad eumdem Columbum miserat (*Lib.* XII, *ep.* 8), ut una cum primate concilii aliisque coepiscopis de hac querela judicaret. Episcopus contendebat Donadeum ob corporale peccatum de ordine suo dejectum. Quod si probari possit, Gregorius vult diaconum in pœnitentiam detrudi, ut commissi flagitii vinculum lacrymis valeat absolvere. At vero si constet episcopum in insontem sæviisse, decernit in ipsum canonici rigoris districtionem exercendam. De Crementio provinciæ Byzacenæ primate graviter accusato, *quem a totius provinciæ concilio judicandum censuit hoc anno vigilantissimus Pontifex* (*Ibid.*, *ep.* 32), jam paulo supra dictum; quapropter nihil hoc loco addendum videtur.

7. In his eo magis elucet Romani pontificis auctoritas, quod ei diversa statuenti omnes obtemperave-

---

[a] Hæc scribit S. Greg. ad Joannem : *quamvis grave et iniquum fuerit ut non a vobis vel a metropolitano ejus hoc peteret,* scilicet Paulus. Ergo Joannes non erat Pauli metropolitanus, sed Constantinus. Competebat tamen Joanni jus aliquod in Paulum; unde conjicimus eum fuisse primatem vel exarchum. Ex his emendanda videntur quæ ad hanc epistolam post Gussanvillæum annotavimus.

rint, ipsa concilia, primates, etiam Carthaginensis episcopus, penes quem in totam Africanam Ecclesiam summa erat potestas. Certe Dominicus qui cathedram Carthaginensem Gregorio Romæ sedente obtinebat, nunquam questus est Romanum antistitem falcem misisse in messem alienam, nunquam pro tuenda sua auctoritate cum eo contendit, sed ejus amicitiam semper coluit. Noverant videlicet Africani Patres Gregorium suo tantum uti jure, suorumque decessorum insistere vestigiis. Nondum obliterata erat Leonis Magni memoria qui Potentium commissis ipsi sedis apostolicæ vicibus miserat in Africam, ut labefactatam Wandalicis bellis ecclesiasticam disciplinam resarciret, nonnullosque episcopos contra canones ordinatos exauctoraret. Tempore quoque Augustini, licet de appellationibus ad sanctam sedem quæstio esset orta cum Zosimo, quanta esset Africanorum erga Romanum pontificem reverentia probant conciliorum acta, epistolæ ad ipsum scriptæ, aliaque monumenta. Ipse Cyprianus apostolicæ cathedræ sententiam de lapsorum restitutione sciscitatus est; quem Africani Patres diversis temporibus secuti sunt; summos pontifices de variis ecclesiasticæ disciplinæ capitibus [a] consulendo. Et quamvis magnus Cyprianus aliud senserit de baptismo hæreticorum quam Stephanus papa, aliosque Africanos episcopos ad suas partes traxerit, vicit tamen sententia Stephani, etiam in Africa, rescissis conciliorum sub Cypriano habitorum decretis. Hæc paulo extra metas observavimus contra nonnullos qui Africanam Ecclesiam vel *acephalam* audent dicere, vel *autocephalam*, quod proprii primatis; hoc est Carthaginensis auctoritate sola, regeretur: *Quasi vero ad Romanam Ecclesiam propter potentiorem principalitatem, necesse non sit omnem convenire Ecclesiam, hoc est eos qui undique sunt fideles*, ut ait Irenæus (*Lib.* III, *advers. Valent. c.* 3).

8. Summa hæc Gregorio demandata potestas, ejus modestiæ ac humilitati minime officiebat; quarum virtutum argumentum sane maximum est epistola hoc anno ad Joannem subdiaconum, Ravennæ commorantem, scripta. Etenim in ea pene indignabundus queritur de Mariniano archiepiscopo Ravennate, quod legi publice faceret ad vigilias *commenta beati Job*, quia, inquit, illud opus non est populare, et rudibus auditoribus impedimentum magis quam provectum generat. Addit: *Neque enim volo dum in hac carne sum, si qua dixisse me contigit, ea facile hominibus innotesci. Nam quia dilectissimæ memoriæ Anatolius diaconus quærenti ac jubenti domno imperatori librum Regulæ Pastoralis dedit, ægre suscepi: quem sanctissimus frater et coepiscopus meus Anastasius Antiochenus in Græcam linguam transtulit. Et, sicut mihi scriptum est, ei valde placuit, sed mihi valde displicuit, ut qui meliora habent, in minimis occupentur* (*Lib.* XII, *ep.* 24).

9. Eadem in epistola S. Gregorius meminit suarum homiliarum de Proverbiis, de Canticis canticorum, de Prophetis, de libris quoque Regum, et de Heptateuco, quas exceperat Claudius abbas. Quo mortuo jubet papa requiri omnes etiam chartulas de his superstites, et ad se mitti, igne, ut ex ejus humilitate suspicari licet, fortasse abolendas. De his autem legendæ sunt præfationes aut admonitiones præviæ ad Commentarium in librum I Regum, ad Expositionem in Cantica, et ad aliam septem psalmorum pœnitentialium Expositionem. Sed quia forsan parcius illic diximus de Claudio abbate, nunc, colligendum quidquid in Epistolis Gregorianis de ipso sparsum legitur.

Monachum fuisse in Gregoriano Romæ monasterio, et quidem sub ejus disciplina, probat filii titulus ipsi a Gregorio datus. Jam assumptus fuerat ad regendum Classense SS. Joannis et Stephani monasterium, anno secundo pontificatus sancti viri; ejus enim tamquam abbatis meminit hoc tempore ad Joannem Ravennatem scribens: *Videtur mihi ut Claudium abbatem cum aliquanta pecunia illuc transmittere debeatis* (*Lib.* II, *ep.* 46).

Romam venit, tum ut jura monasterii sui adversus Marinianum Ravennatem ejusque clericos tueretur, pro quo impetravit privilegium; tum ut studiorum S. Gregorii adjutor foret ac particeps (*Lib.* VII, *ep.* 45; *lib.* VIII, *ep.* 15). In Urbe diu moram fecit, S. Gregorio eum retinente, *quia magnum ipsi erat in verbo Dei solatium* (*Lib.* VIII, *ep.* 16). At quia monasterium suum repetere et revisere festinabat; aliundeque non latebat vigilantissimum Pastorem, congregationi fratrum præsentiam sancti abbatis esse summe necessariam, ei redire permisit, eumque commendavit Mariniano; quem rogavit ut paternam illi monasterioque ipsius charitatem, uti decebat, impenderet. Mortuum eum fuisse suspicamur paulo ante scriptam ad Joannem subdiaconum epistolam (*Lib.* XII, *ep.* 24), cujus jam meminimus, hoc est anno 604 desinente.

10. Post ejus obitum *monachi ejus monasterii venientes Romam petierunt sibi Constantium monachum abbatem constitui*. At eum minime probavit sanctissimus pater, quod peculiaritati studere diceretur, et in Piceni provinciam perrexisset *sine aliquo fratrum suorum*. Eo itaque rejecto consensit ordinari Maurum cellerarium, modo quæ de ipsius vita et industria testabantur qui elegerant vera esse probarentur. De his scripsit ad Joannem subdiaconum, insuperque præcepit ut Marinianum episcopum admoneret, peculiaritatem a quatuor aut a quinque monachis monasterii resecare.

11. Hæc sane sunt argumenta sollicitudinis et curæ singularis quam gerebat de statu monastico. Quanti autem illum faceret præsertim hoc anno demonstravit duabus in epistolis. Ex priori scripta ad Passivum, episcopum Firmanum (*Lib.* XII, *ep.* 12), colligit Thomassinus (*Part.* II, *lib.* I, *c.* 54) monachatum tunc loco subdiaconatus fuisse. Quippe cum Aprutium Castrum Firmensis territorii Pastore ca-

---

[a] Vide ep. Felicis papæ Dynamio et Sufidio consulibus datam an. 488, et consule histor. Vandal. persecut. part. II, c. 12, n. 9.

reret, indicavit S. Gregorius Opportunum quemdam ob morum innocentiam, psalmodiæ studium, amoremque orationis a multis laudatum, quem hortandum dicit ut *vel monachus fiat vel subdiaconus*; et post aliquantulum temporis ad pastoralem curam eum suadet promovendum. Cur hic monachatus fieret mentio sicuti subdiaconatus, quando de promovendo ad sacerdotium Opportuno agitur, nisi æque ad sacros ordines disponeret? Et ideo fortasse S. Benedictus qui de monachis ad presbyteratum et diaconatum assumendis loquitur, de subdiaconatu ipsis conferendo prorsus silet. Sed legendus ea de re noster Mabillonius, maxime Annal. Benedict. lib. x, an. 602, num. 20, col. 277.

12. In altera epistola scripta ad Desiderium, Viennensem episcopum, pro Pancratio diacono, qui monachus factus fuerat, sanctissimus pater hortatur Desiderium, *ut tam promptæ diaconi devotioni, quam in sancto studebat habere proposito minime impedimento sit. Magis autem*, inquit, *quibus valetis adhortationibus pastorali admonitione* (eum) *succendite, ut fervor hujus desiderii in eo non tepescat : ut qui a turbulento curarum sæcularium tumultu se segregans, quietis desiderio portum monasterii appetiit, rursum in ecclesiasticarum curarum non debeat perturbationibus implicari.*

CAPUT VII.

Argum.—1. Mauricii imper. dejectio et cædes.—2. De qua divinitus præmonetur. — 3. Phocas eligitur imperator ab exercitu. Qui Constantinopolim advolat. Mauricii filios ipsumque occidi jubet. Necnon Constantiam Augustam ejusque tres filias. — 4. S. Gregorius ad Phocam scribit. Ejus epistola expenditur. De alia ad eumdem epistola.— 5. Cur S. Gregorius durius de Mauricio scripserit.—6. Apocrisiarium mittit ad novum imperatorem. — 7. Miserabilem Italiæ statum exponit. — 8. Legatio Theoderici, Francorum regis, et Brunichildis ad papam. Illum consulunt de episcopo amente. Papæ responsum. Bigamum arcet a sacris ordinibus. — 9. Petit regina mitti legatum in Gallias, ad concilium celebrandum. — 10. Papæ sollicitudo de Eccles. disciplina in Italia.—11. Conductorum Ecclesiæ fraudibus injuste ablata restituit.— 12. Ejus in facienda eleemosyna studium. — 13. Urbicus abbas eligitur in Panorm. episcopum. Cur hanc electionem respuerit S. Gregorius. — 14. Scribit contra nuper exortos Romæ errores. (An. 602 et 603.)

1. Annus hic pontificatus S. Gregorii decimus tertius insignis est ob Mauricii Augusti casum ipsiusque ac filiorum cædem, necnon Phocæ centurionis provectionem ad imperium. Iram odiumque militum in se concitaverat imperator, nolens modico pretio redimere captos ab Avaribus, quos barbari interfecerunt; sive id avaritiæ causa factum, ut vulgo creditur, sive voluerit eos hostili gladio perire, quia seditionem fecerant. Ipse vero tanti criminis conscientiam pondusque diutius ferre non valens, Dominum precatus est ut hac in vita debitas sibi pœnas infligeret, æternisque suppliciis se non reservaret. Postulavit autem ab omnibus patriarchis monachisque, maxime Jerosolymitanis, ut eadem quoque a Deo suis precibus exorare satagerent. Vota ex animo

[a] Alii dicunt quinque, alii tantum tres. In fragmento a nobis laudato inter occisos numeratur Theodosius, qui jam Cæsar fuerat a patre renuntiatus. Abfuisse tamen quando hæc gesta sunt, vulgaris est sententia, quia missus fuerat a Mauricio ad Persarum regem, ejus opem postulaturus: eumdemque aiunt Nicææ in

facta Deus audivit, ut Theodoro Siceotæ ostensum est ac ipsimet Augusto, qui fuerat admonitus ut caveret ab homine cujus nomen a duabus his litteris *ph* inciperet, et ab eo se occidendum sciret.

2. Statim suspicatus est Mauricius a Philippico sororis suæ marito sibi insidias et necem parari. At in somnis vidit se judici Christo adstare cum turba militum captivorum ipsum accusantium, uti narrant scriptores Græci, nec mora statim jussum esse, ut cum uxore sua et liberis totaque familia Phocæ militi trucidandus traderetur. Expergefactus imperator, statim misit qui Philippicum ad se perducerent. Ille vocari se nocte videns, mortem sibi imminere non dubitavit; noverat enim se apud imperatorem in suspicionem adductum esse. At Mauricius statim ac illum vidit, ad ejus pedes provolutus ait : *Ignosce mihi, frater, quas tibi innocenti calumnias et criminationes imposui. Rogo autem ut si quem in exercitu militem Phocam nomine noveris, indices mihi. Novi,* inquit ille, *quemdam, qui pridem ab exercitu missus, cum majestate tua jurgavit.* Non dubitavit Mauricius ipsum esse quem in somnis viderat.

3. Sub id tempus Petrus, imperatoris frater, ejus jussu misit litteras ad exercitum, quibus jubebatur Istrum trajicere ac ibidem hyemare; quod cum milites moleste ferrent, quia iis in hybernis assidue cum barbaris erat præliandum, cœperunt de novo imperatore creando agere, moxque Phocam centurionem, quem audacem noverant, super scutum de more elevantes, imperatorem acclamarunt salutaruntque. His auditis, Petrus, confestim Constantinopolim veniens, eorum certiorem fecit, imperatorem, qui paulo post navem conscendit, cum uxore ac liberis; sed tempestate repulsus, delatus est ad S. Antonomum, eademque nocte podagræ doloribus correptus, quæ fuit grave fugæ impedimentum.

Interim Byzantium advolat novus imperator, cumque jam pervenisset ad Hebdomum, facti sunt ei obviam patriarcha senatusque; mox urbem regiam ingressus insignia sumpsit imperatoria. Biduo post curru advectus imperatorio, venit in regiam; quinta vero die Leontiam uxorem corona imposita, Augustam pronuntiavit. Ad Phocæ adventum celebrandum edita sunt plurima spectacula. Cumque de pompa et solemni apparatu ad excipiendam Leontiam deliberaretur, de loco stationis inter Venetos et Prasinos (duæ erant factiones) orta contentione, Veneti ab æmulis male habiti clamarunt : *Adhuc vivit Mauricius,* quem Prasinis infensum sciebant. His cognitis, Phocas missis militibus jussit adduci Mauricium ad Eutropii portum, ubi ante oculos ejus primum interfecti sunt ejus [a] filii, patre interim hæc Davidica usurpante : *Justus es, Domine, et rectum judicium tuum* (Psa. cxvIII, 137). Quin etiam cum loco natu minoris adhuc lactentis nutrix proprium filium obtulisset, Bythinia postea comprehensum capite truncatum esse. Sed Theophylactus Simocatta scriptor pene coævus, quem propterea cæteris duximus anteponendum, diserte dicit Theodosium a sua legatione revocatum a patre Mauricio *ad mactationem adfuisse.*

Mauricius infantem prodidit. Eadem constantia mortem excepit; sicque calicem iræ Dei convertit in medicinæ poculum, quod ipsi ad peccatorum purgationem, et ad perfectam animæ salutem consequendam profuit. Constantinam Augustam cum tribus filiabus, in privatam domum Leonis dictam inclusit tyrannus, uti narrat Simocatta lib. VIII, c. 15, quas tamen elapsis paucis mensibus interfici jussas alii referunt scriptores. Petrum, Mauricii fratrem, et aliquos procerum simul interfectos esse docet fragmentum de Phoca coronato; unde etiam habemus nomina quinque filiorum imperatoris, et tempus quo ista contigerunt, scilicet indict. VI, die 23 Novembris.

Ex eodem scripto docemur venisse Romam icones Phocæ et Leontiæ Augustorum Kalendis Maii, et acclamatum esse eis in Lateranis in basilica Julii ab omni clero et senatu; postea jussisse S. Gregorium imagines illas reponi in oratorio S. Cæsarii martyris intra palatium.

4. Non erat integrum papæ abstinere a scribendis ad Phocam litteris, quibus ipsi gratularetur adeptum imperium. Iis qui Gregorium arguunt quod de Mauricio iniquius, de Phoca vero adulatorie locutus sit jam [a] respondimus. Sane quæ dicuntur adulationes et assentationes potius vota sunt pro imperatore, a quo summus pontifex optime gubernari rempublicam optat, ut legenti palam fiet : *Lætentur*, inquit, *cœli et exsultet terra, et de vestris benignis actibus universus reipublicæ populus nunc usque vehementer afflictus hilarescat. Comprimantur jugo dominationis vestræ, superbæ mentes hostium. Releventur vestra misericordia contriti ac depressi animi subjectorum. Virtus cœlestis gratiæ inimicis terribiles vos faciat, pietas subditis benignos. Quiescat felicissimis temporibus vestris universa respublica, prolata sub causarum imagine præda pacis. Cessent testamentorum insidiæ, donationum gratia violenter exactæ. Redeat cunctis in rebus propriis secura possessio, ut sine timore habere se gaudeant; quæ non sunt eis fraudibus acquisita. Reformetur jam singulis sub jugo imperii pii libertas sua. Hoc namque inter reges gentium, et reipublicæ imperatores distat; quod reges gentium domini servorum sunt, imperatores vero reipublicæ, domini liberorum. Sed melius hæc orando quam suggerendo dicimus* (Lib. XIII, *ep.* 31). Quæ sequuntur usque ad finem epistolæ sunt preces quibus vir sanctus a Deo postulat auxilium gratiæ Augusto necessarium.

In alia ad eumdem Phocam epistola nullæ laudes occurrunt quæ sermonem adulatorium redoleant (Lib. XIII, *ep.* 38). In ea qua Leontiam salutavit, vota quoque nuncupat, non verbis lenocinatur, ut legendo quisque observare potest (Ibid., *ep.* 39).

5. Quod spectat ad quædam in Mauricium Augustum durius a S. Gregorio scripta iis in epistolis, constat huic imperatorem iniquiorem sese fere semper ostendisse sanctissimo pontifici, Romæ totique Italiæ ut ex tot Gregorianis epistolis liquet. De duro itaque ipsius jugo quando conqueritur (dissimulato tamen ejus nomine) scribens ad Phocam aut ad Leontiam, non injustis querelis quærit imperatoris demortui famam obscurare. Vero propius autem videtur sancti viri propositum esse novi imperatoris animum ad misericordiam et clementiam erga subditos inflectere. Mauricii avaritiam carpit quidem latenter, et cætera mala quæ ex hoc vitio solent oriri. At ipse Simocatta (*Lib.* XIII, *cap.* 6), etsi erga hunc imperatorem indulgentior, non inficiatur ipsum avaritia laborasse, dum ait ea ratione Mauricium voluisse exercitum trajecto Istro hyemare, ut barbarorum regionem incursaret, ac inde comparatis alimentis victitaret, ne annonam militi præbere cogeretur; unde occasio rebellandi data, et alterius imperatoris eligendi.

Bellica Mauricii virtus etsi laudetur, attamen vix ullum bellum post assumptum imperium gessit, nisi per duces. Quamvis autem quamdiu imperavit, bellandum ei fere semper fuerit, maxime contra Avares vel Abaros, vario tamen eventu et sæpe infelici pugnatum esse constat ex eodem Theophylacto Simocatta. Interea Italiam, Siciliam, Sardiniam, Dalmatiam Langobardi aliique barbari depopulabantur, imperatore vix curante. Hoc moleste ferebat S. Gregorius, unde expostulandi contra Mauricium in epistolis ad Phocam et Leontiam data occasio.

6. Ut ad novum imperatorem redeat oratio, cum nullum in palatio invenisset Ecclesiæ Romanæ apocrisiarium, id minime gratum habuit. Anatolius hoc munere fungebatur adhuc indict. IV, an. 601, ut patet ex epistola ad eum scripta (*Lib.* XI, *ep.* 47) : quo vero tempore urbe regia excesserit, quave occasione, divinare non possumus. Gregorius excusaturus se apud Phocam, scripsit : *Quod permanere in palatio, juxta antiquam consuetudinem, apostolicæ sedis diaconum vestra Serenitas non invenit, non hoc meæ negligentiæ, sed gravissimæ necessitatis fuit : quia dum ministri omnes hujus nostræ Ecclesiæ tam contrita asperaque tempora cum formidine declinarent, atque refugerent, nulli eorum poterat imponi, ut ad urbem regiam in palatio permansurus accederet. Sed postquam vestram Clementiam, omnipotentis Dei gratia disponente ad culmen imperii pervenisse cognoverunt, ipsi quoque suadente lætitia ad vestra vestigia venire festinant, qui prius illuc accedere valde timuerant* (Lib. XIII, *ep.* 38). Postea significat ad id muneris delectum fuisse Bonifacium primum defensorum, quem ait sibi *longa assiduitate compertum, vita, fide ac moribus approbatum*, idcirco Diaconum 301 effectum, ut hanc legationem ac provinciam obiret. Is est Bonifacius ex plurimis Gregorianis epistolis satis notus, qui postea electus est in summum pontificem et dictus est Bonifacius tertius; at ad breve tempus Ecclesiam rexit. Quam acceptus fuerit Phocæ inde colligimus, quod pontifex creatus obtinuerit, [b] *ut Constantinopolitanus patriarcha œcumenicus se dicere desineret*.

7. In epistola ad Phocam, cujus lator fuit novus apocrisiarius, miserabilem Italiæ statum deplorat :

[a] In notis ad ep. 31 lib. XIII.

[b] Vide quæ diximus supra lib. III, c. 1, n. 16.

Qualiter, inquit, *quotidianis gladiis et quantis Langobardorum incursionibus, ecce jam per triginta quinque annorum longitudinem premimur, nullis explere suggestionis vocibus valemus* (Lib. XIII, ep. 35).

Sane ex epistola ad Smaragdum exarchum hoc anno scripta compertum habemus bellum adhuc fuisse cum Langobardis, etsi quandoque induciis paucorum dierum intermitteretur. Eadem epistola pene persuadet Pisanos jam tunc fuisse sui juris, potuisseque pro arbitrio pacis fœdera inire aut bellum indicere. De eorum *dromonibus ad egrediendum jam paratis* ibidem S. Gregorius meminit : unde discimus eos mari fuisse præpotentes. Eosdem ad pacem cum Romanis ineundam hortatus fuerat summus pontifex, misso legato; sed obtinere nihil potuit, quod nuntiandum putavit exarcho.

8. Paulo antea Theodericus, Francorum rex, in Burgundia, miserat legatos ad papam illustres viros Burgoaldum et Varmaricarium, ut eo adjutore pacem cum imperatore ac republica Romana facere ac stabilire posset. Laudavit ejus consilium sapientissimus pater, operamque suam ad id præstandum pollicitus est (Lib. XIII, ep. 7). Fortasse jam dissidebant duo fratres, Theodebertus, Austrasianorum rex, et Theodericus, qui prudenter amicitiam Romanorum ambiebat. Favebat huic Brunichildis avia, infensa Theodeberto nepoti, qui tandem duplici prælio fusus fugatusque, à suis occisus est victoris gratiam ejus capite mercari volentibus.

Præfati legati jussi fuerant a Brunichilde consulere papam de quodam episcopo quem capitis infirmitas administrare suum officium non sinebat. *Alienatâ mente* fuisse hunc episcopum docet nos epistola ad Etherium Lugdunensem ea de re scripta, in qua sic ad quæstionem propositam respondet : *Quia vivente episcopo quem ab officio suo necessitas infirmitatis non crimen abducit, alium loco ejus, nisi recusante eo, nulla sinit ratio ordinari, si intervalla ægritudinis habere est solitus, ipse data petitione non se ulterius ad hoc ministerium, intellectualia nempe officia subvertente infirmitate, posse fateatur assurgere, et alium loco suo expetat ordinandum. Quo facto, omnium solemniter electione, alter qui dignus fuerit episcopus consecretur : sic tamen ut quousque eumdem episcopum in hoc sæculo vita tenuerit, sumptus ei debiti de eadem Ecclesia ministrentur. Enimvero si nullo tempore ad sanæ redit mentis officium, persona fidelis ac vitæ probabilis est eligenda, quæ ad regimen Ecclesiæ idonea possit existere, atque de animarum utilitate cogitare, inquietos sub disciplinæ vinculo constringere, ecclesiasticarum rerum curam gerere, et maturum atque efficacem se in omnibus exhibere. Qui etiam si episcopo, qui nunc ægrotat, superstes exstiterit, loco ejus debeat consecrari. Ordinationes vero presbyterorum vel diaconorum, seu alterius ordinis, si fieri in eadem Ecclesia causa poposcerit, fraternitati tuæ noveris reservandum : quatenus si tuæ est diœceseos, de ejus qui ad hoc eligitur vita, moribus, actuque perquiras. Et si placuerit,*

[a] Exstant hæc privilegia in epp. 8, 9, 10.

nec est quod in eo canonicæ districtionis judicium reprehendat, ad destinatum ordinem non aliter nisi te ordinante perveniat (Lib. XIII, ep. 5).

Consultus ab eadem regina S. Gregorius de bigamo *an ad sacrum ordinem posset accedere*, respondit id juxta canonicam regulam minime fieri debere. Postulanti autem ut privilegiis munire dignaretur monasterium S. Martini in suburbio Augustodunensi, aliud monasterium ancillarum Dei, et xenodochium quæ in eadem urbe construenda curaverat, libenter [a] annuit pius Pontifex.

9. Gratum se facturam vigilantissimo totius Ecclesiæ pastori putavit regina, ipsum rogando ut legatum mitteret in Gallias, qui *facta synodo, cuncta quæ contra sacratissimos canones perpetrabantur, posset corrigere*. Nam id ipsi maxime in voto erat; ut liquet ex tot epistolis quas ea de re superioribus [b] annis scripserat ad eamdem reginam, reges et episcopos Galliarum quam plurimos. Itaque Gregorius, actis reginæ gratiis, respondet apto tempore se missurum aliquem qui synodum cogeret, ejusque pia desideria se impleturum pollicitus est. Nulla tamen coacta est synodus in Galliis qui cleri corruptelis mederetur, nisi post annos fere triginta, civilibus bellis bonum hoc opus impedientibus.

10. De resarcienda in Italia Ecclesiæ disciplina majorem adhuc sollicitudinem gerebat sanctissimus pater. De amovendis a sacerdotum aliorumque clericorum contubernio mulieribus extraneis scripsit ad Chrysantum, Spoletanum episcopum, et ad plurimos alios (Lib. XIII, epp. 36 et 38); atque ad id Optati defensoris operam adhibuit. Præcepit Anthemio subdiacono ut Campaniæ episcopos convocaret, admoneretque officii sui, cujus immemores esse videbantur (Ibid., epp. 27 et 28). Si vero quis postea semel admonitus negligens exstiterit ac desidiosus, vult ut Romam transmittatur, districtius puniendus. Paschasius episcopus præ cæteris otio torpere ferebatur; unde jubet Anthemio ut eum de negligentia coram selectis testibus corripiat. Si vero desidiam non excutiat, Romam transmitti præcipit severius castigandum.

11. In Ecclesiæ Romanæ actoribus et conductoribus fraudes omnes non modo vindicabat, sed etiam damna eorum fraudibus colonis illata resarciebat. Hinc laudavit Pantaleonem patrimonii Syracusani rectorem, quod fregisset modium, quo coloni frumenta dare compellebantur, quia debitam mensuram excedebat; jussitque pecuniam ex injusto modio perceptam colonis pauperioribus secreto distribui (Lib. XIII, ep. 34).

12. Certe quam alienus esset ab invadendis pauperum bonis, probat ejus studium incredibile in facienda eleemosyna. Sic expostulat cum Juliano viro illustri ob dissimulatam ex verecundia inopiam : *Certum est*, inquit, *quia minus amatur qui adhuc erubescitur. Atque omnimodo contristatus sum, quia me a vobis comperi minus quam æstimaverim amari. In*

[b] Maxime anno pontificatus sui nono.

hoc autem valde me continetis, si mercedis causas mihi assidue providendas studiose requiritis. Nec vobis debet esse verecundiæ ei aliquid de eleemosynis importune dicere, quem constat non res suas, sed ad dispensandum, res pauperum habere. De causis itaque mercedis apud episcopum libere agere debuistis, etiamsi meum animum qualis in amore vestro existeret nesciretis: Postquam enim et nos omnino gloriam vestram diligimus, et dispensatoris locum in rebus, sicut scitis, pauperum tenemus; vestra, fateor, verecundia valde accusabilis fuit. Quam ideo tot verbis increpando insequor, ut hanc a corde vestro funditus repellam (Lib. XIII, ep. 19). Ex epistola ad Pantaleonem discimus patrimoniorum rectores apud sacratissimum corpus beati Petri jusjurandum olim præbuisse.

Cum propria auctoritate imperatoris ministros privatorum bonis, utilitatis publicæ nomine, insidiantes coercere non posset, de eorum malis artibus et rapinis certiorem fieri Augustum curabat. Hoc anno admonuit Rusticianam patriciam venisse Romam quemdam *Beatorem*, qui se comitem privatarum dicebat, et multa inique agebat, maxime adversus ipsam et ejus neptes, scilicet [a] Antoninam et Barbaram, Venantii filias, de quibus alibi.

13. Hoc anno mortuo Victore, Panormitano episcopo, Venantius, patricius Panormitanus, alius a Syracusano exmonacho, de cujus morte jam diximus, Urbicum abbatem monasterii S. Hermetis curavit eligi in hujus urbis episcopum. Laudavit hanc electionem S. Gregorius, quod Urbicum nossét *vigilantem, sollicitum et divinæ Scripturæ scientia, quod maxime in sacerdotibus eligendum est,* 'institutum.' Quietem tamen hujus abbatis turbare noluit papa, ne, *eum ad altiora producendo, minorem seipso fieri missum in fluctibus compelleret.* [b] Urbicus erat quasi præfectus aut præpositus generalis omnium monasteriorum in Sicilia, uti jam observavimus; quod fortasse in causa fuit ut eum a tali præfectura, ut fieret episcopus, amoveri non sit passus Gregorius. Panormitanam sedem obtinuit Joannes, quem S. Gregorius monuit de reditibus Ecclesiæ quartam in integro portionem suo clero tribuere, et tabularium instituere qui singulis clericis debita distribueret juxta tabulam seu matriculam (*Lib.* XIII, ep. 44). Eidem eximia præbet præcepta ad optimam Ecclesiæ gubernationem. Ad Joannem pallium jam paulo antea fuerat missum. In epistola qua sanctissimus pontifex recens ordinatum episcopum jure utendi pallio donavit, ait eum speculatoris Ecclesiæ Panormitanæ officium suscepisse; nomen episcopi probe interpretatus (*Ibid.*, ep. 37).

14. Certe speculatorem indefessum ac vigilantissimum sese probabat ipse Gregorius, assidue excubans, licet gravissimis morbis decumberet, ut a grege suo, quidquid immineret mali arceret. Unde cum intellexisset quosdam in ipsa urbe Roma perversi spiritus homines die Sabbati aliquid operari prohibere; ad cives Romanos scripsit, Judaicum hunc errorem

explodens, cujus auctores Antichristi prædicatores appellat, *qui veniens*, inquit, *diem Sabbatum atque Dominicum ab omni faciet opere custodiri.* Iidem, aut alii *perversi homines*, prædicabant, Dominico die nullum debere lavari. *Et quidem*, inquit, *si pro luxu animi atque voluptate quis lavari appetit, hoc fieri nec reliquo quolibet die concedimus. Si autem pro necessitate corporis, hoc nec Dominicorum die prohibemus.*

CAPUT VIII.

ARGUM. — 1. Gregorius mittit defensorem in Hispaniam, ut judex sit causarum episcop. Judicium Joannis defensoris. — 2. Eidem injungit papa visitationem monasterii insulæ Caprariæ. Ejusdem pro aliis monasteriis sollicitudo. — 3. Quid statuerit de episcopo Missæ sacrificium ob infirmitatem intermittente. — 4. Pro pace inter episcopos concilianda quam fuerit sollicitus. — 5. S. Gregorii ad Theodelindam reginam epistola et munuscula. — 6. Ultimi S. Gregorii labores pro Ecclesia. Quid consulenti episcopo Messanensi responderit. — 7. Consilia ab ipso amicis data. Ejus obitus: Sepultura. Sacer cultus. Translationes. (An. 603 et 604.)

1. Ex editissima Ecclesiæ specula S. Gregorius conspiciens turbatas Hispaniarum Ecclesias, ob injustam presbyteri et quorumdam episcoporum dejectionem, eo misit Joannem defensorem, qui, auctoritate sibi a summo Pontifice delegata, judex sedit inter presbyterum episcoposque vim passos, et alios qui aut ipsos injuste dejecerant aut eorum sedes invaserant aut eorum invasores ordinarant, necnon inter gloriosum Comitiolum, Bæticæ, ut par est credere, præfectum, quo præsertim auctore tanta mala hac in provincia perpetrata sunt. Joannis defensoris legationi occasionem dedit Januarii, Malacitani episcopi, *petitio* seu libellus supplex papæ oblatus, quo querebatur unum e suis presbyteris ab officio suo amotum, et in exilium deportatum fuisse. In eodem haud dubie libello de simili quoque pœna sibi inflicta conquestus est Januarius. Alius incerti loci episcopus nomine Stephanus cum Januario depositus et in exilium ejectus, ad sanctam quoque sedem appellaverat. Ut in his episcoporum et presbyterorum causis recte sententiam ferret Joannes, dedit ipsi papa duplex capitulare seu commonitorium, quorum unum præscribit quidquid facto opus sit in his litibus tum instruendis tum judicandis alterum continet leges imperiales de clericorum immunitate. In sententia Joannis defensoris, quem omnes partes pro legitimo suo judice agnoverunt, nulla fit mentio Stephani episcopi et presbyteri Malacitani, sed tantum Januarii, episcopi hujus urbis, qui hoc solemni judicio fuit Ecclesiæ suæ restitutus : *Nullam*, inquit Joannes, *in antedicto Januario culpam quæ exsilio vel depositione digna esset puniri, sed magis illum ejectum de Ecclesia violenter inveni. Et* 303 *quamquam hujusmodi temeritatem legum censura districtissime feriat, ego tamen legum vigorem sacerdotali moderatione temperans, mediis sacrosanctis Evangeliis, quibus præsentibus ab initio in hoc cognitor resedi judicio, ea quæ contra eum statuta sunt, licet jure non teneant, nec alicujus sint momenti, injusta tamen et infirma esse pronuntio, atque illos et illos memoratos episcopos, qui,*

---

[a] Ita auguratur Baronius.

[b] Vide Mabillon. Annal. Bened. lib. VIII, n. 35 et 59.

postposita consideratione sacerdotali, in fratris sui præjudicium atque condemnationem injuste et contra Dei timorem versati sunt, condemnans, in monasterio recipiendos ad agendam in tempus pœnitentiam statuo atque decerno. Illum vero qui locum antedicti sanctissimi Januarii contra sacrorum canonum statuta nequiter præsumpsit invadere, condemnans, privari sacerdotio et ab omni ecclesiastico ordine removeri statuo, ut et hoc quod male est adeptus amittat, nec ad officium quod ante indigne gesserat, revertatur. Sæpedictum autem sanctissimum Januarium episcopum absolutum loco suo in episcopatus gradu Deo auctore reverti (Lib. XIII, ep. 45).

2. Eidem defensori S. Gregorius in mandatis dedit ut monasterium Capricanæ, seu Caprariæ insulæ prope Majoricam visitaret, et monachorum corruptos mores emendaret (Lib. XIII, ep. 46). Nam ita perverse agere dicebantur, ut non Deo, sed antiquo potius hosti, se militare ostenderent. Sic studium suum pro conservanda aut resarcienda monastica disciplina ubique demonstrabat sanctissimus pater. Anno ejus pontificatus decimo quarto ineunte, ipsi curæ fuit providere monasterio sanctorum Laurentii et Zenonis in Cæsenati castro, quod Concordius hujus loci episcopus turbarat injusta Fortunati abbatis depositione. Ab ejus antecessore Natali, Cæsenæ episcopo, Fortunatus ordinatus fuerat abbas hujus monasterii; et si nulla existente causa novus episcopus eum ab hoc amoverat officio, aliumque instituerat abbatem. Fortunatus de sua dejectione querelam ad summum detulit pontificem, qui, quamvis ex ipso Concordii diacono abbatem injuste spoliatum cognovisset, de hoc negotio tamen Marinianum, Ravennatem archiepiscopum, voluit inquirere, *quia*, inquit, *certior in partibus ubi res acta est, potest esse probatio. Et si nulla manifesta causa depositionis exstitisset, jussit Fortunatum in pristinum gradum restitui, increparique episcopum qui decessoris sui, nullis provocatus excessibus, destruere ordinationem molitus sit* (Lib. XIV, ep. 6).

De quibusdam abbatibus monasteriorum Sardiniæ scripsit eodem fere tempore S. Gregorius ad Vitalem hujus insulæ defensorem, eos qui cum adhuc *in monachico et minori essent ordine*, lapsi fuerant, abbatis officium suscipere minime debuisse, *nisi omnino correcta vita et digna præcedente pœnitentia;* sed quia jam abbates facti erant, voluit sapientissimus Pater ut de eorum vita, moribus ac sollicitudine curam gereret Vitalis. Et si actus eorum inventi contra officium non fuissent, in accepto perseverarent *ordine* et officio. *Alioquin remotis*, inquit, *eis alii qui commissis sibi animabus prodesse valeant ordinentur* (Lib. XIV, ep. 2).

3. In epistola ad Vitalem ea de re scripta respondet S. Gregorius quæstioni propositæ de Januario, Caralitano archiepiscopo, qui *tempore quo sacrificium celebrabat tantam frequenter angustiam patiebatur, ut vix post longa intervalla ad locum canonis redire valeret. Inde multis offensionis data occasio, ita ut dubitarent, si communionem de ejus consecratione deberent percipere;* sed *admonendi sunt*, inquit sanctus Doctor, *ut nullatenus pertimescant, sed cum omni fide et securitate communicent, quia ægritudo personæ sacri mysterii benedictionem nec mutat nec polluit.* Voluit nihilominus a Vitali suggeri Januario, ut quoties aliquam sentiret molestiam, *non procederet;* ne ex hoc et se despicabilem præberet, et infirmorum animis generaret scandalum.

Infirma Januarii valetudo in provecta ætate, magna Ecclesiis, xenodochiis, et monasteriis damna intulerat in Sardinia. Xenodochiorum curam habere Ecclesiæ Caralitanæ œconomum et archipresbyterum jussit papa, de neglectu, si quis deinceps esset, pœnas daturos.

4. Gregorii sollicitudinem pro tota Ecclesia, neque ingravescens ætas, neque assidui acrioresque labores in dies morbi, qui mortem prænuntiabant proximam, potuerunt imminuere; maxime cum de pace restituenda inter episcopos agebatur. Quod ipse significat in epistola hoc anno scripta : *Quoties*, inquit, *nos eorum discordia tristes facit, qui pacis prædicatores esse debuerant, magna sollicitudine studendum est, ut litigii ablata materia, ad concordiam redeant; qui diversa ab invicem voluntate discordant* (Lib. XIV, ep. 8). Hæc ait occasione litis inter Alcysonem, Corcyræ, et Joannem, Euriæ in Epiro episcopum, qui ex hac urbe fugere coactus a Barbaris una cum clero, ablatoque secum sancti ᵃ Donati corpore in Cassiopi castro sacras illas reliquias deposuerat, sibique ac suis clericis sedem fixerat, annuente Alcysone, Corcyræo episcopo, ad cujus diœcesim pertinebat castrum. At *contra ecclesiasticam ordinationem, contra sacerdotalem modestiam, contra sacrorum canonum statuta, prædictum castrum de jurisdictione Alcysonis abducere ac suæ molitus est potestati subjicere, ut fierent quodammodo domini ubi prius suscepti fuerant peregrini.* De ingrato episcopi animo, injustaque castri usurpatione expostulavit Alcyson tum apud imperatorem, tum apud Andream, Nicopolitanum episcopum, utriusque metropolitam, qui tum ex officio, tum ex principis præcepto lata sententia, decrevit Cassiopi castrum sub jurisdictione Corcyritanæ Ecclesiæ *debere persistere.* Metropolitani sententiam comprobavit papa. Et quamvis *districtionis contra se non modicam* hujus litigii culpa videretur exigere, propter quod mala pro bonis sunt reddita : *Studendum tamen est*, inquit clementissimus Pater, *ut excessu benignitas non vincatur, nec illud quod extraneis debetur, fratribus etiam necessitatem patientibus denegetur... oportet ergo ut sacerdotes vel clerus Euriæ civitatis ab antefati Cassiopi castri habitatione nullatenus repellantur, sed et beati Donati sanctum ac venerabile corpus, quod secum detulerunt, in una ecclesiarum antedicti loci, quam elegerint, sive intus, sive foris habeant recondendi debita cum veneratione licentiam. Sic tamen ut dilectioni tuæ in cujus parochia castrum ipsum est positum, emissa procuretur cautione munitio, per quam promittat episcopus Euriæ nullam sibi in eo potestatem, nullum privilegium fore, nullam jurisdictionem, nullam tanquam*

ᵃ A quo hæc urbs nomen accepit, vocaturque etiam nunc *San-Donato*.

cardinalis episcopus ulterius auctoritatem defendere, sed pace Deo propitio reddita, ablato 304 venerabili sancti Donati, si maluerint, corpore, ad propria se modis omnibus reversuros (Lib. xiv, ep. 7).

Huic judicio non statim acquievit episcopus Euriæ, sed ab imperatore subreptitiam obtinuit jussionem qua in castrum Cassiopi omnem sibi vindicabat potestatem. Id ægre tulit S. Gregorius; ne tamen contra Augusti præceptum aut in despectum ipsius aliquid facere videretur, nulli partium data ex juris formulis sententia : satis habuit eum admonere, Bonifacii legati sui opera, de jussionis ab ipso surreptæ iniquitate, rogareque ut contrariam daret, qua metropolitæ judicium a sancta sede ratum habitum confirmaretur (*Lib.* xiv, *ep.* 8). Resipuisse Euriæ episcopum nos docet scripta ad Alcysonem epistola (*Ibid.*, *ep.* 13). Nam *capitulare* obtulit quo supplex patebat a Corcyritano antistite, ut in Ecclesia S. Joannis, intra castrum Cassiopi posita, licentia recondendi corporis beati Donati sibi daretur; paratumque se asserebat ad *emittendam munitionem* qua locum hunc Corcyritanæ diœcesis esse ultro agnosceret, nullumque sibi jus in illum unquam vendicaturum polliceretur. Alcysonem hortatus est papa ut accepta cautione postulata concederet, sponderetque tum episcopo Euriæ tum ejus clericis, restituta pace, cum ad propriam redire liceret Ecclesiam, ipsos auferendi secum corpus sancti Donati fas habituros.

5. Euriæ episcopum ad propriam Ecclesiam deserendam coactum esse a Sclavis aut Avaribus suspicamur, non vero a Langobardis, cum quibus nullum tunc fuisse bellum conjicimus ex litteris et munusculis a S. Gregorio ad Theodelindam reginam hoc anno missis (*Lib.* xiv, *ep.* 21). Ipsa scripserat summo pontifici, ut eum sui gaudii participem efficeret ob Adaloaldum filium in lucem editum, quem in fide catholica baptizari curaverat, licet Agilulfus rex, ejus pater, nondum Arianismum ejurasset. Regio puero ejusque sorori papa misit sacra quædam dona et alia munuscula, de quibus legenda epistola ad reginam scripta. Ipsam rogavit ut suo nomine regi conjugi de facta pace gratias agere dignaretur, atque ejus animum, sicut consueverat, ad pacem de futuro provocaret.

In eadem epistola, cum rogatus esset a Theodelinda responderé scripto Secundini abbatis pro tribus capitulis decertantis, excusatum se haberi postulat ob *infirmitatem*, cujus testes fuerant reginæ legati; quandoquidem ipsum discedentes in summo vitæ periculo ac discrimine reliquerant.

6. Neque tamen pro Ecclesia sollicitudinem gerere intermisit. Nam eodem tempore, cum vacasset pastore Anconitana Ecclesia, de ordinando episcopo qui dignus esset diu deliberavit, animi dotes, virtutes, mores trium qui electi fuerant explorans (*Lib.* xiv, *ep.* 11); et ad plurima quæsita Felicis, Messanensis episcopi amplissime respondit (*Ibid.*, *ep.* 17); scilicet de consanguinitatis gradibus intra quos nubere licet, de vexatione quam episcopi patiebantur a laïcis sibi subditis, et de Ecclesiis de quarum dedicatione dubitabatur. Ad primum dicit ea quæ indulsit Anglis neophytis(*L.* xi, *ep.* 64), nimirum ut matrimonium in gradibus prohibitis contrahere possent; non esse omnibus a se concessa; imo nec ipsismet Anglis nisi ad tempus, videlicet donec in eis coalesceret religio Christiana. Ad secundum quæsitum respondet : Si *David, regum justissimus, in Saul, quem constabat jam a Domino reprobatum esse, manum mittere non præsumpsit, quanto magis cavendum est ne manum detractionis aut vituperationis, sive indiscretionis aut dehonorationis, quidam mittant in unctum Domini, vel in prædicatores sanctæ Ecclesiæ ? quia eorum vexatio sive detractio ad Christum pertinet, cujus vice in Ecclesia legatione funguntur. Unde summopere cavendum est omnibus fidelibus, ne clanculo aut publice episcopum suum, id est unctum Domini, detractionibus aut vituperationibus dilanient.* Ad tertiam vero interrogationem ait : *De dedicationum vero Ecclesiarum dubitatione, super qua inter cætera nos consulere voluistis, hoc vos rite tenere debetis, quod ab antecessoribus nostris traditum accepimus : id est, ut quoties tam de baptismo aliquorum vel confirmatione, quam de ecclesiarum consecratione dubitatio habetur, et nec scriptis, nec testibus ratio certa habetur utrum baptizati, vel confirmati, sive ecclesiæ consecratæ sint : ut baptizentur tales ac confirmentur, atque ecclesiæ canonice dedicentur, ne talis dubitatio ruina fidelibus fiat : quoniam non monstratur iteratum, quod non certis indiciis ostenditur rite peractum.*

7. His responsis totam informare Ecclesiam curabat sanctissimus Doctor, nec ab admonendis privatim amicis, ubi e re Ecclesiæ esse videbatur, cessabat. Gratulatus est Paulo Scholastico (*Lib.* xiv, *ep.* 1), tum de ipsius sollicitudine in coercendis puniendisque maleficis, tum de ejus cum Leone, Catanensi episcopo, reconciliatione; et utrumque hortatus est ad diligendam pacem, fovendamque charitatem : quatenus reciprocum affectum, quasi mutuum aliquod fœneratores, semper ab invicem possent exigere.

Audiens abductam a quodam milite ancillam Dei, de tanto facinore puniendo scripsit ad Gudulnum, Neapolitanum ducem, in hæc verba : *Cum inter multa bona quæ nobis de magnitudine vestra sæpius nuntiantur, illud in vobis plus laudabile dicatur existere, quod castitatem diligitis, et disciplinam, sicut dignum est, custoditis : satis mirati sumus quod in milite illo qui ancillam Dei diabolica instigatione perdiderit, districtissima hactenus vindicta facta non fuerit. Nam et moribus et bonitati vestræ valde conveniens fuit, ut ante ad nos ultio quam perpetratæ culpæ iniquitas perveniret,* etc. Pro exarcho sollicitus, cum sciret eum ex linguæ incontinentia ea sæpe loqui *quæ omnes qui illum amabant, ad inimicitias illius valerent provocare,* ad quemdam ejus familiarem scripsit ut ea de re amicum commonere studeret (*Lib.* xiv, *ep.* 13).

8. His assiduis laboribus non minus quam continuis morbis absumptus Gregorius, tandem ad optatam quietem transivit iv Idus Martias, anno Phocæ

imperatoris secundo, [a] indict. vii, Christi anno 604, et sepultus est in extrema porticu basilicæ beati Petri apostoli ante vetus secretarium. De his ac de ejus epitaphio legendus Joannes Diaconus (*Lib.* iv, *c.* 68), qui ait venerabile ejus corpus a Gregorio IV papa **305** translatum ante novellum secretarium, constructis absidibus, sub altari sui nominis collocatum, ubi ejus anniversaria solemnitas cunctis certatim pernoctantibus celebrabatur (*Ibid.*, *c.* 80). Honores ei sacri ab Anglicana Ecclesia decreti sunt in concilio Cloveshoviæ an. 747, can. 17 : *Ut dies natalitius beati papæ Gregorii, et dies quoque depositionis S. Augustini archiep. ab omnibus, sicut decet, honorifice venerentur; ita ut uterque dies ab ecclesiasticis et monasterialibus feriatus habeatur.* Non a solis Latinis coli meruit vir sanctissimus, sed etiam a Græcis, quorum menologio sacrum ejus nomen inscribitur ad diem 11 Martii, cum amplissimo encomio quod refert Bollandus.

De translatione sacrarum reliquiarum S. Gregorii

[a] Ejus tamen obitum Beda consignat indict. viii, quem secutus est Paulus Diaconus in Historia Lan-

in celeberrimum S. Medardi cœnobium legendi Mabillonius et Bollandus (*Sæculo* iv *Bened.*, part. i, p. 385; *Bolland. die* 12 *Mart.*), qui agit etiam de translato ejusdem sancti capite ad monasterium S. Petri vivi apud Senonas, circa an. 876, ex dono Joannis papæ, favente Carolo Calvo, Francorum rege et imperatore, postulanteque Ansegiso, Senonensium archiepiscopo.

Staturam sanctissimi Pontificis, vultus lineamenta, capillamentum, barbam, et quæcunque ad formam spectant, satis accurate depingit Joannes Diaconus (*Lib.* iv, *c.* 84). At præstantissimi animi statum, flagrantissimum amorem in Deum, immensam erga proximum charitatem, demississimam humilitatem, fortitudinem infractam in adversis, modestiam, temperantiam, vigilantiam, prudentiam cæterasque virtutes quæ Gregorium nostrum certatim ornaverunt, quis describere valeat? Ut enim cum S. Hildefonso loquar, *Vicit sanctitate Antonium, eloquentia Cyprianum, sapientia Augustinum* (*Lib. de Viris Illustr. c.* 1). gob.; at uterque fallitur, ut probat Baron. ad hunc an.

IMAGINES BEATI GREGORII MAGNI

EJUSQUE PARENTUM,

A Joanne diacono descriptæ lib. iv in ejusdem Sancti Vita, cap. 83 et 84, et ab Angelo Rocca, apostolici sacrarii præfecto, notis illustratæ.

312 *De imagine B. Gregorii, cap.* 84.

In [a] absidicula Gregorius in rota gypsea pictus ostenditur, statura justa et bene formata, facie de paternæ faciei longitudine, et materna rotunditate, ita medie temperata, ut cum rotunditate quadam decentissime videatur esse deducta; barba paterno more subfulva, et modica; ita calvaster, ut in medio fronte gemellos cincinnos raruscelos habeat, et dextrorsum reflexos; corona rotunda, et spatiosa, capillo subnigro et decenter intorto, sub auriculæ medium propendente; fronte speciosa, elatis et longis, sed exilibus superciliis; oculis pupilla fulvis [*Al.* furvis], non quidem magnis, sed patulis, [b] subocularibus plenis; naso a radice vergentium superciliorum subtiliter directo, circa medium latiore, deinde paululum recurvo, et in extremo patulis naribus præminente; ore rubeo, crassis et subdividuis labiis, genis compositis, mento a confinio maxillarum decibiliter prominente; colore [c] aquilino, et livido [*Al.* vivido], nondum, sicut ei postea contigit, cardiaco; vultu mitis, manibus pulchris, teretibus digitis, et habilibus ad scribendum. Præterea planeta super dalmaticam castanea, Evangelium in sinistra, modus crucis in dextra; [d] pallio mediocri a dextro videlicet humero sub pectore super stomachum circulatim deducto; deinde sursum per sinistrum humerum post tergum deposito, cujus pars altera super eumdem humerum veniens propria rectitudine, non per medium corporis, sed ex latere pendet; circa verticem vero [e] tabulæ similitudinem, quod viventis insigne

est, præferens, non coronam. Ex quo manifestissime declaratur, quia Gregorius, dum adhuc viveret, suam similitudinem depingi salubriter voluit : in qua posset a suis monachis, non pro elationis gloria, sed pro cognitæ [f] districtionis cautela frequentius intueri. Ubi hujusmodi distichon ipse dictavit :

Christe potens, Domine, nostri largitor honoris,
Indultum officium solita pietate guberna.

313 *De imagine Gordiani, cap.* 83.

In venerabilis [g] monasterii atrio jussu Gregorii juxta Nymphium duæ iconiæ veterrimæ artificialiter depictæ usque hactenus videntur. In quarum altera beatus Petrus apostolus sedens conspicitur, stantem Gordianum [h] regionarium, videlicet patrem Gregorii, manu dextera per dexteram nihilominus suscepisse. Cujus Gordiani habitus castanei coloris planeta est, sub planeta dalmatica, in pedibus [i] caligas habens, statura longa, facies deducta, virides oculi, barba modica, capilli condensi, vultus gravis.

De imagine Silviæ, eodem cap.

In altera icona mater Gregorii sedens depicta est Silvia, candido velamine a dextro humero taliter contra sinistram revoluto contecta, ut sub eo manus tanquam de planeta subducat, et circa pectus sub gula inferior tunica [k] pseudolactini coloris appareat, quæ magno sinuamine super pedes defluat; duabus [l] zonis ad similitudinem dalmaticarum, sed latioribus, omnino distincta; statura plena, facies rotunda quidem et candida, sed senio jam rugosa, quam ipsa quoque senectus pulcherrimam fuisse significat;

oculis glaucis et grandibus, superciliis modicis, labellis venustis, vultu hilaris, ferens in capite matronalem ᵐ mitram candentis brandei raritate niblatam, duobus dexteræ digitis signaculo crucis se munire velle prætendens; in sinistra vero patens psalterium A retinens, in quo hoc scriptum est : *Vivit anima mea, et laudabit te, et judicia tua adjuvabunt me.* A dextero vero cubito usque ad sinistrum circa scapulas, versus ascendens reflectitur, qui ita se habet : *Gregorius Silviæ matri fecit.*

OBSERVATIONES ANGELI ROCCÆ.

314. Hæc Joannes Diaconus lib. IV, cap. 83 et 84, de Vita B. Gregorii Magni, qui obiit anno Domini 604 vel 605, teste Trithemio; Joannes vero Diaconus claruit circa annum Domini 870. Quamvis autem dictæ imagines a Joanne descriptæ non eodem in loco essent, eas tamen hoc disposui ordine, juxta quem in ædicula sancti Andreæ pictas Romæ inveni : hæ namque circa trecentos fere annos ex iis quas Joannes Diaconus sua tempestate in atrio monasterii exstitisse testatur, desumptæ videntur, a pictore tamen non satis perito, sicut res minus aptæ, minusve ad artem pictoriam pertinentes, id nobis persuadent. Idcirco ego suasione judiciosorum hominum monitus, dictas imagines juxta exactissimam Joannis Diaconi descriptionem quasi penicillo repræsentatas, omni ex parte ad vivum exprimendas diligenter curavi : quibus etiam magna ex parte respondent illæ, quæ rudi nunc arte pictæ in ipsa cernuntur ædicula.

Quonam autem in monasterio dictæ imagines pictæ fuerint, non satis constat, si verba Joannis Diaconi cap. 83 accurate perpendantur. Ego autem Romæ monasterium illud esse credo, quod in ejusdem beati Gregorii ædibus ad Clivum Scauri prope ecclesiam SS. Joannis et Pauli in honorem sancti Andreæ, teste Joanne Diacono lib. I, cap. 6, et lib. VII Registri sancti Gregorii ep. 13, constructum fuit : cujus Ecclesia præsens in tempus nomine sancti Gregorii vocitatur. Idque ex eo quod cap. 95, 96 et 97, ab eodem Joanne Diacono scribitur, colligi potest. Huc accedit quod Joannes Diaconus dictas imagines describere, et quasi penicillo, earumdem, ut ita dicam, minutias tam exacte non potuisset repræsentare, si eas Romæ, ubi vitam degebat, non vidisset.

Non desunt qui a beato Gregorio Magno duo monasteria ad Clivum Scauri constructa fuisse opinentur, moti ex iis, quæ lib. I ejusdem Sancti vitam cap. 32 et 38, lib. II cap. 45, et lib. IV cap. 97. Joannes Diaconus scribit, præsertim vero lib. II cap. 45, in quo ipse Diaconus ex libro, qui Græce Δειμῶν dicitur, Latine autem Campus, sive Pratum, hæc invenisse ait : *Is* (nempe Gregorius) *effectus papa ædificavit monasterium virorum magnum, et dedit mandatum, ut nullus monachorum proprium aliquid haberet usque ad unum obolum.* Hæc Joannes Diaconus. Cum autem a beato Gregorio monasterium unum ad Clivum Scauri ante pontificatum, mortuo patre Gordiano, ædificatum fuisse constet; alterum, et magnum quidem, in pontificatu constructum fuisse dicas oportet, nisi illud ipsum, a Joanne Diacono lib. I, cap. 6, commemoratum, in ampliorem deinde formam redactum dicamus. Quamvis item a Joanne Diacono lib. I, cap. 6, monasterium a beato Gregorio constructum sub nomine sancti Andreæ, et cap. 38 sub nomine venerabilis levitæ Gregorii nuncupetur, utrumque tamen esse potest, etiamsi unum tantum fuisset monasterium : nam sancti Andreæ dici valet, quatenus in honorem ejus ædificatum ; Gregorianum autem quatenus a Gregorio constructum. Hinc Pelagius II, ut legitur lib. I cap. 32 Joannis Diaconi, et tom. I Decretal. Epist. ult. ad beatum Gregorium, tunc levitam, et Constantinopoli apocrisiarium scribens, monasterium, ab eodem Gregorio ædificatum, Gregorianum nominat. Idem scribitur a Joanne Diacono lib. IV cap. 88 et aliis in locis; idemque legitur lib. III Dialogorum cap. 36, l. IV Dialog. cap. 21 et 26, et alibi.

Sed nodus difficilior redditur ab ipso Diacono, qui, lib. IV. cap. 97, eodem in loco de monasterio Gregoriano, necnon de monasterio sanctimonialium sancti Andreæ mentionem facit, quasi unum fuerit virorum; alterum feminarum : quod etiam, ut Diaconus expresse ait, Clivus Scauri appellabatur; fieri enim potest ut vetus monasterium modo Gregorianum, modo sancti Andreæ ob assignatam rationem nuncupatum, ætate Joannis Diaconi, non virorum sed sanctimonialium foret. Sunt interea qui ædiculam sancti Andreæ vocitatam, fuisse oratorium monasterii primitus ædificati : majorem vero Ecclesiam monasterio annexam, multo post tempore ab eodem Gregorio in suo videlicet pontificatu constructam esse **315** velint, opinantes illud fuisse oratorium, de quo Joannes Diaconus lib. I, cap. 12, mentionem facit. Hæc de monasterio et ecclesia sancti Andreæ ac beati Gregorii mihi dicenda videbantur : quid autem sentiendum sit, judicent alii, rationibus ad utramque partem diligenter pensitatis.

Quatuor interea circa descriptam, et incisam beati Gregorii Magni effigiem explicatu digna videntur; cur scilicet imago ipsa senilem ætatem non referat ; cur barbata sit; cur item absque columbæ specie appareat, nam senior, abrasa, et columbæ specie prope ejus caput exstantis, ab omnibus depingi solet; cur denique sine mitra, aut sine tiara, quam regnum vocant, effictus cernatur.

Gregorius Magnus, ut nodos propositos dissolvamus, dum levita, ut ait Joannes Diaconus lib. I, cap. 41, 43 et 44, in ejusdem beati Gregorii Vita, sive S. R. E. cardinalis diaconus adhuc foret, uno omnium consensu, invitus tamen, pontifex creatur, homo, ut conjectare licet, annorum 46, vel ad summum quinquagenarius : propterea quod anno ipsius beati Gregorii pontificatus IV nutrix ejus vivebat, ut ex ejusdem beati Gregorii libri II Epistolarum ultima videre licet : sanctus namque Gregorius ad Rusticianam patriciam scribens ait : *Domnam vero illam, nutricem meam, quam per litteras commendatis, omnino diligo, et gravari in nullo volo.* Hæc beatus Gregorius circa annum sui pontificatus quartum. Adde etiam quod beatus Gregorius nunquam de senectæ ætate, quæ morbus ipse vocitari solet, conquestus est, quippe qui præcipitata aut ingravescente ætate non erat; sed tantum podagræ ac stomachi molestiis se laborasse multis in locis narravit : immo lib. VII Registri indict. 2, epist. 1, circa annum suæ Ordinationis, se potius juniorem quam senem ostendit, si verba ejus diligenter examinentur. Dicta namque in epistola, dum Januarium, episcopum Caralitanum, hominem senem, reprehendere studet, reprehensionem ab illa beati Pauli apostoli sententia I Timothei cap. V exorditur, dicens : *Seniorem ne increpaveris;* eamque in ejusdem epistolæ initio interpretatur, ne ipse apostolicæ sententiæ refragari videatur, seniorem se reprehendens. Is interea in lib. Dialogorum III, cap. 2, sua tempestate (hoc est infantili, vel ad summum puerili, ut conjicio, ætate) Totilam, Gothorum regem, VIII ab Urbe milliario cum exercitu resedisse testatur. Totila vero, occupata omni fere Italiæ parte, Romam per annum integrum obsessam expugnavit anno Domini 546, anno 9 Vigilii papæ, et imperii Justiniani 19, vel, ut alii volunt, aliquot post annis. Beatus autem Gregorius circa annum Domini 591 Romanus pontifex renuntiatus, anno Domini 604 vel 605 obiit. Hinc eumdem sanctum, ut conjectura mea fert, atque ex ejusdem lib. Dialogorum III, cap. 4, 5 et 11, colligitur, quinquagenaria ad summum ætate, ad pontificatum fuisse assumptum affirmandum videtur. Ille enim sub initium Totilæ regni duobus videlicet annis plus minusve ante Urbis obsidionem natus indicatur, ut ex locis nuper citatis ac diligenter perspectis videre licet. Ad hanc de B. Gregorii Magni ætate sententiam Cæsar Baronius S. R. E. cardinalis videtur accedere, sicut ex iis quæ tom. VII Annalium non minus accurate, quam erudite scribit, colligi potest.

Idem barbatus a nobis expressus est, non solum juxta picturam, quæ in ædicula S. Andreæ et in oratorio Aulæ Leoninæ prope Scalam sanctam annexo exstat, sed juxta etiam luculentissimum testimonium Joannis Diaconi, qui floruit circiter 265 annis post obitum beati Gregorii, suaque tempestate dictas imagines hominum prospectui fuisse, scriptum reliquit.

Absque interea columbæ specie a Joanne Diacono imago beati Gregorii describitur, quippe quæ jussu ejusdem depicta fuit, eo scilicet tempore, quo (ut sic dixerim) apparitio columbæ illa ad ipsius caput a Petro Diacono ejus familiarissimo nondum fuerat promulgata : hic enim nonnisi post beati Gregorii obitum dictam columbæ apparitionem super caput Gregorii scribentis se vidisse testatus est, ut Joannes Diaconus lib. IV, cap. 69 et 70, refert. Adde etiam quod Spiritus sanctus in specie columbæ super beati Gregorii caput, **316** nonnisi dum sanctus Doctor in actu scribentis repræsentatur, teste Joanne Diacono, depingi solet : in quo videlicet actu ipsam columbam ad beati Gregorii caput frequentissime se vidisse Petrus Diaconus medio solemni juramento affirmavit, divinoque miraculo approbavit et confirmavit, ut scribit Joannes Diaconus, lib. IV cap. 69 de Vita beati Gregorii papæ.

Hoc loco beatum Gregorium nudo capite effingendum curavi, quia non solum in ædicula sancti Andreæ ita pictum, verum etiam a Joanne Diacono scriptore accuratissimo, ita descriptum inveni, etiamsi jam inde a Silvestro papa hujus nominis primo, infulam vel mitram episcopalem; necnon tiaram, quam cydarim et diadema, vel coronam et regnum vocant, fuisse constet. Hæ namque, mitra scilicet, per quam spiritualis auctoritas; ac tiara, sive corona, per quam temporalis potestas, significantur, teste Innocentio III, serm. 3 de consecratione pontificis Maximi, beato Silvestro datæ sunt, ut in prima parte Decreti, distinct. 96, cap. 14, et apud Theod. Balsam. in Nomocan. Photii, tit. 8, cap. 1, videre licet. Hinc Platina in beati Silvestri Vita de hujus generis concessione ac donatione luculentissimam facit mentionem. De mitra vero qua usus est beatus Silvester, in Eugenii IV Vita idem Platina loquitur hunc in modum : *Eugenius sancti Silvestri mitram Romam Avenione delatam, ipsemet e Vaticano ad Lateranum detulit.* Hæc Platina. Nunc autem medietas ejusdem, aut alterius mitræ beati Silvestri ad sanctum Martinum in Montibus inter reliquias custoditur. De sua ipsius mitra ipsemet Gregorius Nazianzenus in Apologetico 3 sermonem habet. De mitra vero sancti Ambrosii Ennodius in suo Epigrammate, more poetico, sub sertorum nomine verba facit. Medietas vero mitræ beati Silvestri holoserica non villosa, viridis coloris est, in qua beatæ Mariæ semper Virginis imago Filium in gremio gestantis, acu (rudi tamen arte) picta cernitur, puerulis alatis ac stellulis circumspecta. Usumitaque mitræ antiquissimum ante beati Gregorii Magni pontificatum fuisse ambigendum non est.

Quamvis autem diadematis vel coronæ sive tiaræ pontificiis originem Sigebertus ad annos Domini 550, et Aimoinus sive Annonius monachus in Historia Francorum, lib. I, cap. 24, Clodoveo acceptam referant, dicentes Anastasium imperatorem Clodoveo,

regi Francorum, coronam auream cum gemmis dono misisse, eamque deinde a Clodoveo ipsi sancto Petro ultro oblatam velint; legi tamen apud Anastasium Bibliothecarium, et Platinam, compluresque alios, qui Annales Romanorum pontificum scriptis mandarunt, multos ex antiquioribus pontificibus ante Clodoveum fuisse coronatos, papalique insignitos corona sive tiara, quam regnum vulgo appellant. Illud autem scitu dignum videtur, quod tiara tribus coronis, regiam scilicet, imperatoriam, et sacerdotalem, plenariam videlicet et universalem totius orbis potestatem repræsentantibus, decorata, nonnisi jam inde a Bonifacio VIII, ex nobilissima Cajetana familia, usum recepit : ante enim tiaram una tantum corona idem implicite comprehendente eo usque ornatam fuisse inveni, ut videre est in antiquissimis musivis, et in omnium Romanorum pontificum iconibus, quæ æneis typis incisæ cernuntur. Ante igitur beati Gregorii Magni pontificatum, mitræ ac tiaræ usus exstabat, originem, ut ethnicorum pileos ac mitras posthabeam, a Testamento Veteri trahens. Nam in lib. Exodi xx, xxix et xxxix, Levit. VIII et xvi, Ezech. xxi, Zachariæ III, et in aliis Scripturæ sacræ locis de mitra sacerdotali, necnon de cydari ac tiara pontificali expressam mentionem factam invenimus. Beatum tamen Gregorium hoc loco nudo capite ad vivum exprimendum curavi non quod ejus tempore, et ante ipsius pontificatum, mitræ ac tiaræ usus non esset ; sed ob rationes initio assignatas id faciendum visum fuit. Hæc de imaginibus a Joanne Diacono descriptis : nunc reliquum est ut nonnullas voces subobscuras ac res intellectu subdifficiles in ipsarum imaginum descriptionibus comprehensas explicemus.

[a] Beatus Gregorius Magnus, pontifex creatus, in parva quadam abside, quam fornicis curvaturam appellamus, intra rotam gypseam, arte scilicet plastica constructam, pictus fuit.

[b] Subocularia plena, hoc est partem illam, quæ subest oculis, plenam, sive turgidulam, subdividuaque labia, aliquantillum videlicet (ut ita dicam) ab invicem separata, beatus Gregorius habuisse a Joanne Diacono scribitur.

317 [c] Deinde colorem aquilinum et lividum, sed in senectute colorem cardiacum eidem fuisse Joannes Diaconus ait. Colorem aquilinum apud eos qui de coloribus loquuntur non inveni, nisi ille sit, qui ab Antonio Thylesio aquilus nuncupatur, dicente : *Aquilum veteres hunc fuscum a colore aquæ vocarunt, qui inter nigrum est et album. Id quod Plato etiam docet.* Hæc Thylesius cap. 3 de coloribus. Cum autem in declaratione coloris aquili fiat mentio de fusco, qui inter nigrum est et album, aquilinum, sive aquilum ab aquæ colore dictum, eumdem fere cum livido esse puto : fuscus enim color a livido, qui est color subniger, et plumbeus, parum aut nihil fere distare videtur, vel ad lividum proxime accedit, cum a Joanne Diacono aquilinus color cum livido conjungatur, ex quibus color fuscus componitur : qui, Thylesio teste, non est insuavis, atque in homine persæpe laudatur. Festus Pompeius de colore aquilo hunc ait in modum : *Aquilus color est fuscus, et subniger, a quo aquila dicta esse videtur, quamvis eam ab acute videndo dictam velint. Aquilus autem color ab aqua est nominatus : nam cum antiqui duos omnino naturales colores nossent, nigrum scilicet et album, interveniret autem is quoque, qui ita neutri similis est, ut tamen ab utroque proprietatem trahat, potissimum ab aqua, cujus incertus est color, eum denominaverunt.* Hæc Festus, cui Junianus Sipontinus in commentariis, Huguitio, Papias, et alii assentiuntur. Si autem color aquilinus ab aquila dicatur, fulvus color intelligi potest. Aquila enim fulvi coloris est. Hinc Ovidius lib. v Fastorum, aquilam, avem fulvam appellat; et Claudianus fulvum Jovis armigerum nuncupat. Per colorem igitur aquilinum et lividum, vel colorem fuscum, vel fulvum intelligi posse opinor. At quia fulvum colorem multa jactant, et ut ait Thylesius cap. 11, aurichalcum inprimis, deinde aurum, stellæ, arena, leo, et aquilæ genus quoddam ab Aristotele maxime celebratum, fulvum homini minus convenire video. Quare per aquilinum colorem nonnisi fuscum intelligi debere puto : fulvus enim ex rufo et viridi videtur esse mixtus. Jaspidem tamen, quam viridis tantum coloris esse constat, fulvam vocant; atque item oliva fulva nuncupari solet. Hoc interea loco subticendum non videtur, quod in omnibus codicibus mss. Vaticanis legitur, *colore aquilino et vivido*, non, *livido*. Quæ sane lectio melior videtur. Color enim vividus, hoc est multo vigore præditus, colori aquilo et fusco maxime congruit : fusca namque facie homines vivaciores quam candidi esse solent.

Colorem autem cardiacum a morbo cardiaco dictum puto : cardiacus enim morbus a καρδία voce Græca, id est *corde*, nuncupatus, est passio sive palpitatio cordis, seu oris ventriculi affectus : cor enim pro ventriculi ore sumebant interdum antiqui. Hujus autem generis morbus Cornelio Celso teste, lib. III, cap. 19, *nil aliud proprie est quam nimia corporis imbecillitas; quod stomacho languente immodice sudore digeritur*. Hoc stomachi forsan morbo se laborasse Gregorius Magnus non semel dixit, homilia scilicet 21 et 22 in Evangelia, atque aliis in locis ; et ex hoc morbo colorem cardiacum, hoc est pallorem croceatum, seu gilvo pauxillulum tinctum ; ab eo deinde contractum fuisse, credendum est : quia ex hac stomachi affectione sive imbecillitate, addita podagra, quæ ipsum beatum Gregorium mirandum in modum infestabat, hujus generis colorem nasci posse, medici volunt. Qua ex re beatum Gregorium Magnum in sui pontificatus initio præscriptum in modum, hoc est, colore aquilino et livido, sive vivido, pictum fuisse argumentor, et pro comperto habeo.

Quæ de pallio a Joanne Diacono dicuntur, haud facilia intellectu videntur, nisi quid sit pallium, quamnam formam habeat, et quonam modo corpori sit adaptandum, explicemus. Auctor libri Cæremoniarum lib. I, tit. 10, cap. 5, ex Maximo episcopo, homil. de veste sacerdotali, exque Eusebio Cæsariensi serm. de Epiphania, docet in lege gratiæ antiquum esse illud nostrum ephod, id est pallium candida lana contextum, a Lino, post Petrum II Romano pontifice institutum, et in singulare potestatis privilegium summo pontifici, patriarchis et archiepiscopis datum, habens circulum humeros constringentem, duasque lineas ab utraque parte, ante scilicet, ac retro pendentes, immo Rupertus Tuitiensis lib. I, cap. 27, de divinis officiis, ait, Maternum a sancto Petro missum Treverensi Ecclesiæ, hæreditatem pallii suis successoribus reliquisse. Pallium in sinistra duplex est, 318 ad tolerandas præsentis vitæ molestias, quæ per sinistram significantur : simplex vero in dextra est, ut deferens pallium, ad vitæ futuræ quietem obtinendam, quæ per dextram repræsentatur, toto affectu adspiret. Pallium item quatuor purpureas cruces habere solebat, quæ sunt quatuor virtutes politicæ, quæ nisi crucis Christi sanguine purpurentur, frustra sibi virtutis nomen usurpant. Harum prima est justitia, quæ in anteriori parte esse debet; secunda est prudentia, quæ debet esse posteriori parte; tertia est fortitudo, quæ sinistræ convenit ; quarta est temperantia, quæ dextræ congruit : nunc autem cruces in pallio affixæ non sine mysterio nigræ sunt. Pallio denique tres infiguntur acus, sive aciculæ, in quarum prima significatur compassio proximi, in secunda officii administratio, in tertia judicii districtio. Prima pungit animam per dolorem, secunda pungit animam per laborem, tertia pungit animam per terrorem. Trium acuum sive acicularum, una figitur in anteriori parte, altera in posteriore, tertia in humero sinistro : in dextro enim acus non figitur, quia in æterna quiete, quæ per dextram repræsentari solet, nullus est afflictionis aculeus. Circulus pallii, per quem humeri, dexter scilicet ac sinister, constringuntur, significat pœnæ formidinem ab illicitis cohibentem, et amorem justitiæ a superfluis temperantem. Hæc ex Innocentio III, libro primo Myst. Missæ, cap.

63, et ex aliis. Adde etiam, quod extremitati duarum linearum ante ac retro pendentium duæ laminæ plumbeæ serico nigro coopertæ juxta earumdem linearum latitudinem annexæ sunt. Hujus generis est pallium, quo nunc Latina utitur Ecclesia. Verba vero Joannis Diaconi de beati Gregorii Magni pallio loquentis, huic formæ adaptari non queunt ; sed solum formæ, qua episcopi Græci utuntur. Hi enim pro pallio fasciam quamdam seu zonam, latiorem sane ac longiorem quam stolam, sed instar stolæ collo imponunt : dextra tamen ejus pars multo est longior, et ad terram usque defluit, cujus pars major per sinistrum humerum post tergum rejicitur, ita vero ut crux una a tergo maneat, altera ad dextram, tertia ad sinistram appareat, quarta vero ad eam pallii partem, quæ ab humero sinistro pendet. Hujus generis pallium tempore beati Gregorii fuisse quis dicat oportet, si Joannis Diaconi verba recte examinentur. Ego itaque tametsi in ædicula sancti Andreæ pallium beati Gregorii more Latino factum reperi, hoc est circularem zonam satis latam et integram, humeros constringentem, duasque lineas habentem sive fasciolas, ex eadem tamen latitudine, una scilicet a posteriori, altera vero ab anteriori deorsum vergentes; illud tamen more Græco a Joanne Diacono conscriptum incidendum hoc loco curavi. Hunc item in modum non solum in imaginibus summorum pontificum typo æneo incisis a Lino papa ad Miltiadem usque, sed in vetustis quoque ecclesiarum musivis, præsertim vero ad sanctum Petrum, in eorumdem summorum pontificum imaginibus, quas Formosus papa circa annum Domini 896 pingendas Romæ curavit, in hanc eamdem formam pallium pictum fuisse inveni. Idem videre est ad sanctum Paulum, et multis aliis in locis, in quibus etiam Honorium primum, qui obiit anno Domini 635 Joannem IV, Theodorum primum, Domnionem primum, compluresque alios ante Gregorium Magnum, et post ejus tempora, hac pallii forma, qua nunc Græci utuntur, decoratos reperi. Hæc itaque pallii forma tempore beati Gregorii in usu habebatur, deinde multis post sæculis in desuetudinem deducta est, nova ad majorem commoditatem inventa, et in usum recepta. Id quod de casula, quam etiam planetam vocant, factum esse constat : antiquitus enim, ut in planeta beati Gregorii, et in vetustis Ecclesiarum picturis videre est, casula sive planeta nullam, ut ita dicam, aperturam pro brachiis emittendis habebat, sed tota integra circulatim, et undequaque ad pedes usque demissa totum corpus ita tegebat et circumibat, ut brachia emitti non possent, nisi limbus vel fasciola extremitatem caulæ ambiens super scapulas projiceretur errabunda. Hinc casula, quasi parva casa (Rabano auctore, lib. I Instit. Cleric.) totum hominem tegens ; et planeta, quasi erratica, vocabatur, et ad hanc usque diem ita vocitatur. Ætate vero nostra, et superioribus aliquot sæculis, ut ait Lindanus, lib. IV, cap. 56, ab utraque parte, dextra scilicet ac sinistra accisa, et aperta est, ante ac retro decurtata, et paulo infra crurum medium producta.

Viventis indicium est tabula illa, quam beatus Gregorius 319 ad occiput, id est ad posteriorem capitis partem habere cernitur : antiquitus enim cum quis vivens pingebatur, tabula quadrata ejus capiti subjiciebatur, ut in vetustis aliquot ecclesiarum musivis videre licet. Id quod fieri solebat, hoc sane argumento aut symbolo, quod homo in hac mortali vita constitutus, per tabulam quadratam quatuor virtutibus cardinalibus (ut ait Durandus, lib. I, cap. 5, num. 20, necnon Stephanus Durantus, lib. I, cap. 5, num. 5) vigere intelligatur; vel quod status vitæ præsentis imperfectus esse demonstretur, angulos scilicet multos, hoc est multa impedimenta et obstacula secum deferens. Sancti vero æternam gloriam consecuti, ut eorum vita undequaque perfecta nullum penitus impedimentum habens indicaretur, circulo seu corona quam diadema solent appellare, sive radiis solaribus insigniti, jam inde ab initio nascentis

Ecclesiæ pingi et sculpi consueverunt : nam per figuram sphæricam, quæ omnium figurarum perfectissima est, perfectissima eorum vita quodammodo adumbratur. Non desunt autem qui velint solarem coronam super capita sanctorum, et apostolorum præsertim, pingi et sculpi solitam, ex eo quod Abdia Babylonico teste lib. v Hist. apostolicæ, lux tanta super Joannem apostolum moribundum per unam fere horam apparuit, ut nullus eam sufferret aspectus. Utcumque vero sit, coronam tamen sanctis in cœlo gloriam consecutis, aliis autem in hac mortali adhuc vita commorantibus, tabulam quadratam a pictoribus et sculptoribus effingi solitam, hoc saltem loco explicasse sat est.

f *Cognitæ districtionis cautela.* Districtio, vel destrictio, vox est ab ecclesiasticis scriptoribus frequenter usurpata; et, sicut ex Placido Grammatico, apud Fulvium Ursinum, virum eruditissimum, ac de bonis litteris optime meritum, asservato, in Glossis colligitur, severitatem significat. Placidus enim ait : *Est autem destrictus, attentus, vel severus, ac non totius et lenis.* In hunc sensum ab Innocentio III districtio judicii, libro primo Myst. Missæ, c. 63, et a Gregorio ultio et emendatio districta nuncupatur; hoc autem loco districtionem pro arcta vita sumi debere puto. Hinc, ut ait Joannes Diaconus, imaginem suam beatus Gregorius salubriter depingi voluit, ut Monachi per ipsam imaginem non pro inani gloria, sed in suam ipsorum salutem, cognitam beati Gregorii districtionem, id est arctam vitam in memoriam revocarent, dictamque vitam imitarentur, dum loco ipsius imaginem frequentius intuerentur. *Intueri* autem hoc loco a Joanne Diacono passive sumitur.

g Nymphæum pro lavacro et fonte, necnon pro balneo apud Plinium, Julium Capitol., Josephum, et alios sumi solet, a Nympha dictum : quia ethnici luminis veritatis expertes, Nymphas aquarum deas esse putarunt. Adde etiam, quod veteres Græci Nympham dicebant, quam nos mutatione unius litteræ, Lympham, id est aquam, vocamus. Nymphæum itaque hoc loco vel pro lavacro, vel pro fonte sumi posse puto : de quo fonte Joannes Diaconus, lib. iv, cap. 97, loquitur.

h Gordianus, beati Gregorii pater, regionarius a Joan. Diacono nuncupatur : quem quamvis virum ecclesiasticum nullibi fuisse invenerim, vestes tamen si spectentur, et verba Joannis Diaconi accurate perpendantur, eum Ecclesiasticum virum omnino fuisse dicas oportet. Regionarii nomen, a regionibus dictum, notariis quibusdam, necnon defensoribus et diaconis, dari solebat. Notarii regionarii erant protonotarii, ad quos gesta præsertim martyr. m scribere pertinebat. Defensores regionarii, ad varias provincias destinati, ut scribit Joannes Diaconus, lib. ii de beati Gregorii Vita, cap. 53, circa pia præsertim opera versabantur, ut videlicet legata, ad pias causas relicta, in eleemosynam pauperibus distribuerentur, sicut ex lib. iv epist. 24 et 25, lib. vii ep. 66 et lib. xi ep. 24 beati Gregorii colligitur. Horum item officium erat de episcoporum excessibus cognitionem ac notitiam suscipere, regularesque perverse agentes corrigere. His etiam defensoribus, ut Panvinius ex Pelagii epistola in capite de Primicerio Defensorum ait, conveniebant causarum cognitiones, conventiones, actus, publica litigia; et quæcumque vel ecclesiastica instituta, vel supplicantium necessitas postulabat.

Diaconi regionarii, ut subdiaconos, quos in Registro beati Gregorii, lib. viii epist. 5, lib. xi epist. 20 et 50, videre est, prætermittam, septem juxta septem regiones Urbis erant, ut legitur in Ordine Rom. Vel singuli duabus ex quatuordecim regionibus præerant; deinde quatuordecim juxta quatuordecim regiones 320 fuerunt instituti, et ita vocabantur, quod singularum Urbis regionum, teste Panvinio, diaconiis vel xenodochiis præessent. Hi namque viduarum inopia laborantium, et pupillorum ministri erant, in publicis pauperum domibus, oratoria et sacella sibi

A habentibus annexa, in quibus a diacono egenis necessaria subministrabantur. Ad hanc rem præstandam viri graves ac religiosi a beato Gregorio electi fuerunt privilegiis insigniti, ut legitur apud Joannem Diaconum, lib. ii, cap. 51, in ejusdem Vita. Ex collegio itaque defensorum, qui ex ordine quoque clericorum, Panvinio teste, sumebantur, vel ex diaconorum collegio, si hac in re conjectare liceat, Gordianum fuisse reor, ecclesiasticis indumentis, hoc est dalmatica et planeta, diligenter consideratis : diaconus enim non solum dalmaticam, quæ ei propria convenit, gestare solet; sed, ut scribit Alcuinus, lib. de Divin. Offic. cap. de significationibus vestimentorum, casulam item, quam Amalarius Fortunatus lib. ii de Ecclesiasticis Officiis, cap. 19, generaliter ad omnes clericos pertinere ait : ad finem autem præfationis in ipsum de officiis opus ostendit, quando diaconus casula sit induendus; quando vero exuendus.

i Huc accedit quod a Joanne Diacono Gordianus caligas in pedibus gestare dicitur : per caligas autem B nonnisi sandalia intelligenda sunt : non enim vero adsimile est, ut per caligas, tibiarum tegumentum intelligi queat, quia hujus generis tegumentum in pictura nec fieri, nec videri potest ob vestem ad pedes usque demissam. Caligæ itaque pro sandaliis a Joanne Diacono sumuntur. Huic sane rei favet vulgata Bibliorum editio, quæ pro sandaliis *caligas* vertit, ut videre est locum illum Actuum xii in quo beatus Petrus sandalia sibi subligare ab angelo jussus est hisce verbis : *Præcingere, et calcea te caligas tuas.* Pro quod Græca editio habet, περίζωσαι καὶ ὑπόδησαι τὰ σανδάλιά σου, hoc est, *Præcingere, et subliga sandalia tua.* Latini tamen recentiores pro sandaliis non caligas, sed soleas vertunt : quia caligæ pro tibiarum etiam operimentis sumi solent. Beatus autem Hieronymus explicans xx Isaiæ caput, calceamenta, sandalia et caligas pro eodem videtur accipere per hæc verba : *Depositis* (inquit) *calceamentis, quæ a Septuaginta, sandalia, id. est caligæ vocantur,* etc. Caligæ C item pro calceis a beato Gregorio Magno, lib. i cap. 4 et lib. iii cap. 20 Dialogorum sumuntur; immo secundo loco citato de caligarum corrigiis, quæ calceis, non tibialibus conveniunt, mentionem facit. Adde etiam quod illud Actuum, *Calcea te caligas tuas,* nonnisi ad pedes et ad calceos referri potest, quia calceare nil aliud quam calceos induere, significat. Hinc apud Suetonium in Vespasiano, equi vel muli calceari dicuntur, cum pedes eorum adversus saxorum injuriam ferramentis, seu soleis ferreis muniuntur. Per caligas igitur, quas etiam Isidorus, lib. xix Etymologiarum cap. 34, inter calceamentorum genera videtur numerare, et a caligis caligarium dictum putat, sandalia intelliguntur. Nam Isidorus caligarium non a callo pedum, sed a voce Græca, *calo,* id est ligno, quod Græci τὸ κάλον dicunt, nuncupatum opinatur : unde calopodium, calceamentum ligneum vel soccus. Per caligas itaque rectius sandalia, quam tibiarum operimenta intellegenda sunt. Quod autem diaconi sandaliis interdum uti consueverint, Albinus, sive Alcuinus in lib. de Divinis Officiis, cap. de significatio- D nibus vestimentorum, et Amalarius Fortunatus lib. ii de Eccl. officiis cap. 25, et alii aperte fatentur; immo etiam a presbyteris et subdiaconis sandalia gestata olim fuisse narrant, sed sine ligamine, ad differentiam episcoporum et diaconorum, qui in sandaliis ligamen habebant. Quamvis autem sandaliorum gestatio tempore beati Gregorii Magni diaconis vetita fuisse videatur, lib. vii Registri epist. 28 et cap. *Pervenit,* dist. 93, idem tamen Gregorius eadem in epistola, sandaliorum usum diaconis Ecclesiæ Messanensis a prædecessoribus suis concessum olim fuisse testatur. Sandalia vero inibi compagi appellantur : ab aliis vero compagia vocitari solent. Hodie vero nonnisi summus pontifex, episcopi et presbyteri cardinales sandaliis uti solent, quæ veterum sandaliis dissimilia sunt : ea enim subter pedem, integram soleam habebant, supra vero corium fenestratum seu perforatum, hoc sane symbolo quod pedes episcoporum et diaconorum, seu prædicatorum (quorum officium etiam diaconis erat demandatum), subter deberent esse muniti, ne terrenis affectibus polluerentur; sursum vero aperti, quatenus prædicatores ad cœlestia cognoscenda, necnon ad mysteria revelanda et **321** prædicanda, tales et ipsi forent. Hujus generis caligas aut sandalia Gordiani fuisse conjectare licet : sin secus, nihil erat quod Joannes Diaconus de communibus calceamentis ita expresse et insigniter mentionem fecisset.

Hoc loco facere non possum, quin admirer, cum Joannes Diaconus, qui dictas imagines exacte descripsit, ut multas earumdem minutias expresserit; sandalia Gordiani commemorarit, de sandaliis autem beati Gregorii nullam penitus fecerit mentionem. Quonam autem modo hunc nodum dissolvere queam, ignoro, nisi id memoriæ lapsu factum esse dicam. Hinc calcei beati Gregorii, num in superiori parte fenestrati aut perforati, necnon cruce insigniti effingendi essent (ut hac nostra ætate fieri solet) anceps profecto fui; propterea quod calceos ipsos in ædicula sancti Andreæ neutro modo pictos inveni. Quamvis autem Josephus Stephanus Valentinus, episcopus olim Vestanus, nunc vero episcopus Oriolen., vir sane doctissimus, in libro de Osculatione pedum Romani pontificis, cap. 18, adversus Papirii Massonis calliditatem, usum gestandi sandalia pontificia, cruce insignita, vetustissimum fuisse per picturas conjectet; ego tamen, qui potius oculatus quam auritus testis hac in re esse cupiebam, veteres ecclesiarum Romæ absides opere musivo decoratas, diligenter perlustravi. Qua in re perquirenda, calceos summorum pontificum in superiori parte nec omnino fenestratos, aut perforatos, nec undequaque pedem obtegentes reperi; nam tantummodo in pedis acumine, atque in calcaneo tegumentum cum ligamine, a solea et a calce ad collum, et ad pedis acumen, ad superiorem videlicet pedis partem diducto, inesse conspicitur; parvula cruce supra digitos pedum, tibialibus et corio coopertos, impressa, sive picta.

Tametsi Innocentius III lib. Mysteriorum Missæ cap. 34 et 48, Alcuinus cap. de vestimentorum significationibus, Amalarius Fortunatus lib. II cap. 25, Rabanus lib. I cap. 22, Ivo Carnotensis serm. de significatione indumentorum, Guillelmus Durandus lib. III cap. 8, Stephanus Durantus lib. II, cap. 9, et alii, qui de sandaliis locuti sunt, de cruce super calceis pontificiis apponi solita non meminerunt; hanc tamen consuetudinem antiquam esse, nonnunquam vero incuria pictorum et lapicidarum, vel eorum qui statuas et picturas efficiendas curabant, prætermissam inveni. Nam, ut ab antiquioribus summorum pontificum imaginibus quas invenire potui exordiar, vidi Romæ vetustissimam ecclesiæ sanctæ Agnetis absidem, opere vermiculato circa annum Domini 624 exornatam, in qua Honorius, hujus nominis primus, qui sacram beatæ Agnetis ædem via Nomentana construendam, et absidem musivo decorandam curavit, ut Anastasius Bibliothecarius testatur, et carmina in abside indicant; sandaliis alba cruce satis conspicua insignitis calceatus, et ecclesiam manu gestans exstare cernitur. Hic enim dum viveret, in abside ipsa pictus fuit, sicut ea, quæ diximus id nobis facile persuadent. Quamvis autem Honorius I crucis signum super sandaliis gestarit, Honorius tamen III et IV, ex nobilissima Sabellorum familia, crucem in sandaliis non habent. Ille enim de sanctam Bibianam circa annum Domini 1240 ad januam ecclesiæ pictus, hic vero in Ara cœli circa annum Domini 1287 ex marmore effictus, Romæ conspiciuntur.

In oratorio seu potius ecclesia sancti Venantii, nunc sanctæ Mariæ ad Fontem nuncupata, prope Baptisterium sive Fontem Lateranensem, exstat absis opere tessellato exornata, in cujus fornice, præter aliquot imagines sacras, pictus cernitur Joannes IV Dalmata, ut Anastasius Bibliothecarius et Panvinius testantur, eam struxit ecclesiam circa annum Domini 639, dictamque absidem picturis musivis ornavit. Inter alias imagines opere musivo pictas, duo pontifices Romani, necnon martyres duo, sandaliis parvula nigri coloris cruce insignitis conspiciuntur : quorum pontificum alter, ad dexteram videlicet postremo loco pictus, est Joannes IV, ecclesiam manu gestans, quippe qui eam construendam curarit. Quam item rem versus aliquot, qui inibi leguntur, nos aperte monent. Pontifex ad sinistram postremo loco pictus, librumque manu tenens, ut Panvinio placet, est Theodorus, Joannis successor : qui, ut idem ait Panvinius, ecclesiam fortasse, vel, ut ego arbitror, absidem a Joanne inchoatam perfecit, hinc in ea pictus cernitur. Cur autem hoc loco Venantius et Domnio, et extra absidem Maurus, martyres, crucem super sandaliis gestare cernantur, **322** ignoro, nisi id arbitrio pictoris, vel ad crucem martyrii repræsentandam, factum esse dicam : nam summi tantum pontifices hunc ritum super sandaliis gestandi crucem observare solent : hi enim de se humiliter ac demisse sentientes : *Cum omnes populos communi voto*, ut Josephus Stephanus, episc. Oriolen., in libro de Osculatione pedum Romani pontificis non minus docte, ut omnia, quam accurate ac pie cap. 18 scribit, *ad suos pedes adorandos propensos agnoscerent, cruci Christi osculationem potius quam sibi ipsis tantum honorem deferri maluerunt, ut omnes Christianos benigne ad oscula pedum exciperent. Itaque, ut expressam Christi imaginem referrent, et Salvatoris passionem in hominum memoriam redigerent, crucem sandaliis affixerunt, ut Christiani homines eos honores quos debitos et necessarios pontifici deferebant, cruce perspecta, alacrius exhiberent.* Hæc Josephus Stephanus. Cur itaque martyres vel alii sancti, non pontifices Romani, calceis cruce insignitis decorentur, non satis perspicio, nisi id ad ea quæ dixi referam; vel ob episcopalem fortasse dignitatem, qua martyres ipsi, Venantius videlicet, Domnio et Maurus, fuerant insigniti, factum id esse dicam, ut præ se fert pallium; quo dicti episcopi et martyres, Græcorum episcoporum more, ornati cernuntur : apud namque Latinos jure communi nonnisi summis pontificibus, patriarchis et archiepiscopis, ex indulto autem apostolico episcopis nonnullis pallio uti licet. Sicut itaque pallium, quod pontifici Romano in primis convenit, non episcopo, eis datum est; ita et crucem quæ propter pedum osculationem in solius Romani pontificis sandaliis apponi solet, dictis martyribus datam esse opinor, ritus inventi ratione sive causa non perspecta.

Ad S. Martinum in montibus inter reliquias beati Martini I papæ et martyris anno Dom. 647 calceus in superiori parte fenestratus, et in acumine tantum obtectus juxta formam nuper a nobis descriptam asservatur. Acuminis autem pedis tegumentum coriaceum, cæruleo colore tinctum, et quibusdam operibus ex serico et auro contextis ornatum exstat, in quo instar fere hujusce litteræ X, quædam crucis imago, ut ita dicam, transversaliter acu picta cernitur, quæ ornatum facit, et quamdam crucis similitudinem refert, ut infra explicate ostenderipur. Inter easdem reliquias exstat etiam calceus beati Silvestri primi holosericus, viridi colore imbutus, non villosus, sed jam ob vetustatem satis decoloratus, quamdam tamen viridis coloris, et holoserici speciem referens, operibus item ex serico et auro contextis insignitus. Is autem calceus quadam calcanei parte ob nimiam vetustatem carens, non est juxta formam antiquiorem in usu olim habitam, hoc est juxta illud calceamenti genus, quo solæ obteguntur plantæ, cæteris pedum partibus nudis relictis, ansulis tantum quibusdam in superiori parte coeuntibus, quas ligulas vocant, revinctum; nec item instar calcei est quem nuper explicavimus, sed est calceamenti genus, coriaceam habens soleam, necnon tegumentum, totam superiorem pedis partem obtegens, instar calcei quo nunc omnes indifferenter uti solent. Qua ex re in hac sententiam devenio, ut calceum hunc ab eo quo in rebus ecclesiasticis et in functionibus quibusdam, ad pontificiam præsertim majestatem exprimendam idoneis, beatus Silvester uti solebat, differre credam.

Quamvis autem hujus generis calceamentum nostro A dem pervetustam, necnon Paschalem I ad sanctam de cruce argumento haud omnino faveat, ipsum tamen tanquam venerandæ vetustatis monumentum, et memoratu dignum, quamdam item crucis formam latenter per aliquot linearum involucra repræsentans, ut infra explicabimus, silentio præterire mihi visum non fuit.

Ad sanctam Martinam, in Foro Boario ad radicem Capitolii, vetustissima exstat absis tempore Domnionis circa annum Domini 679 opere musivo insignita, & in qua duo Romani pontifices, unus ad dextram, alter ad sinistram beatæ Mariæ semper Virginis Filium in sinu gestantis, pallio, juxta morem antiquum formato, decorati cernuntur. Hunc vel Honorium primum, vel Gregorium Magnum (qui ante Domnionem fuerunt) esse conjicio : quem sandaliis parvula nigri coloris cruce calceatum vidi, et prope eum ad sinistram partem litteras hasce legi.... ORIUS PP. cæteræ nomen summi pontificis proprium complentes, collapsæ desiderantur : alius vero pontifex, ante Domnionem, dictam nominis proprii terminationem habere hauquaquam potest. Illum interea Pontificem, qui exstat ad beatæ Mariæ semper Virginis dextram, ecclesiam manu gestans, quippe qui ædem sacram construendam, vel saltem reparandam curarit, 323 Domnionem esse dicas oportet. Panvinius etiam in adnotatione ad Vitam Domnionis, a Platina descriptam, ait hunc in modum : *In antiquo musivo, quod est Romæ in ecclesia sanctæ Martinæ, hic pontifex Domnio, non Donus sive Domnus, appellatur.* Quibus verbis Panvinius Domnionis nomen se inibi legisse aperte narrat. Verum quia hujus pontificis nomen nunc eo in loco non legitur, litteras omnino periisse, mihi persuadeo, sicut in alterius pontificis nomine aliqua ex parte factum esse vidi. Quare sicut antiquior pontifex sandaliis cruce insignitis calceatus cernitur, ita et alterum recentiorem fuisse credendum est : nam calcei opere olim musivo facti, nunc collapsi sunt : quorum loco, calcei rudi arte picti sine cruce conspiciuntur.

Ad basilicam beati Petri, SS. apostolorum principis, Romæ a tergo oratorii, sive sacelli, vel altaris sanctissimi Sudarii Salvatoris nostri supra Portam Sanctam, ad interiorem basilicæ partem, exstat oratorium opere musivo insigni, excultoque decoratum, et in honorem immaculatæ semper Virginis ad Dei Genitricis a Joanne VII, circa annum Domini 706 constructum, ut Anastasius Bibliothecarius, Platina et Panvinius testantur, et inscriptio ipsa docet hisce verbis : JOANNES INDIGNUS EPISCOPUS FECIT. Huc accedit quod Joannes ad capitis tergum quadratam habet tabulam, quæ, ut superius dictum est, indicium ea tempestate viventis esse solet, dum fieret pictura illa. Joannes vero prope imaginem beatæ Mariæ semper Virginis sandaliis insignitis parvula nigri coloris cruce, quæ ex quatuor lapillulis musivis constat, cernitur calceatus.

In basilica item sancti Petri exstat simulacrum Urbani VI e marmore circa annum Domini 1389 effictum. Ad sanctum Joannem in Laterano exstat Martini V statua sepulcralis ænea circa annum Domini 1431. In atrio monasterii S. Salvatoris in Lauro statua Eugenii IV marmorea circa annum Domini 1447. In basilica etiam sancti Petri exstant quæ infra leguntur statuæ sepulcrales, hoc est, Nicolai V, circa annum Domini 1455; Calixti III, in atriolo, prope sacellum Sixtianum, 1458; Pii II, 1464; Pauli II, 1471; Sixti IV, 1484; Innocentii VIII, 1492; Pii III, 1505. In ecclesia sanctæ Mariæ supra Minervam exstat Leonis X simulacrum sepulcrale, et in Capitolio statua item marmorea circa annum Domini 1521. Horum omnium Romanorum pontificum, et aliorum his recentiorum, hoc est, Pauli III, Pauli IV, Pii V, Gregorii XIII et Sixti V, statuas vidi calceatas sandaliis cruce insignitis. Vidi etiam alios Romanos pontifices opere tessellato effictos, Honorio I antiquiores, sed propter magnam picturarum vetustatem calceos collapsos reperi. Contra vero vidi ad S. Laurentium in Lucina pictam Sixti III imaginem, et qui-

Praxedem et ad sanctam Cæciliam circa annum Domini 807, et Gregorium IV ad S. Marcum circa annum Dom. 830, opere musivo pictos, sed sandalia sine cruce gestantes. Id quod non sine incuria vel pictorum, vel eorum qui picturas faciendas curabant, factum videtur, ut cernere est in abside ecclesiæ sanctæ Mariæ trans Tiberim circa annum Dom. 1143 opere tessellato decorata, in qua præter alias imagines, Romani pontifices, beatus scilicet Petrus apostolus, Calixtus, Julius, Cornelius, et Innocentius II, qui opus musivum faciendum curavit, picti conspiciuntur; sed Cornelius solus, qui passus est anno Domini 253, calceos cruce insignitos gestare cernitur. Idipsum confirmatur per Bonifacii IX statuam marmoream in basilica sancti Pauli asservatam, et circa annum Dom. 1440 effictam, quæ calceos sine cruce habere conspicitur, alios tamen pontifices ante Innocentium II et Bonifacium IX sandalia non sine cruce gestare vidimus. Nam si antiquiores pontifices calceos cruce B insignitos gestasse constet, eumdem etiam ritum a recentioribus observatum fuisse, fatearis necesse est.

Quamvis autem ante Honorium I, qui pontifex renuntiatus fuit circa annum Dom. 622, et anno Dom. 635 obiit, hunc ritum ob absides ecclesiarum opere musivo decoratas, et nimia vetustate vel omnino, vel majori ex parte collapsas, in usu habitum invenire non potuerim, ipsum tamen antiquiorem esse conjicio, etiamsi scriptores tam antiqui quam recentes, de sandaliis loquentes, nullam penitus, ut dixi, mentionem de cruce fecerint, quippe qui de sandaliis 324 episcoporum, sacerdotum et diaconorum absolute sumptis, deque eorumdem tantum forma et significatu ac ministerio verba fecerunt, prætermisso ritu ad osculationem pedum Romani pontificis invento. Quod autem beatus Gregorius Magnus hujus generis sandalia, hoc est calceos cruce insignitos gestarit, id nobis facile persuadet, quod inter pontificatum beati Gregorii Magni et Honorii I, quem calC ceis cruce ornatis usum fuisse vidimus, nonnisi viginti annorum spatium plus minusve intercessit. Hinc vero adsimile est, ut idem hujus generis sandalia gestandi ritus ab Honorio I, qui obiit anno Domini 635 usurpatus, apud Gregorium Magnum et alios pontifices ejus prædecessores, in frequenti usu haberetur : Honorius namque primus, natione Campanus, ob brevem temporis intercapedinem, quæ inter eorumdem pontificatus interjecta erat non solum ipsum Gregorium, qui anno Domini 604 vel, secundum Trithemium, 605, ex hac vita decessit, verumetiam Pelagium, Gregorii prædecessorem, videre potuit; immo quod eos viderit, credi potest ac debet.

Illud præterea ad vetustissimam super sandaliis summorum pontificum crucis signum gestandi consuetudinem comprobandam, scitu satis dignum videtur, quod Panvinius dum vitas summorum pontificum, nondum in lucem editas, conscriberet, eorumdemque imagines ad vivum exprimendas curaret, in abside quadam vetustissimo musivo decorata vel beati SilD vestri, vel alterius ex antiquioribus Romani pontificis imaginem a calce ad caput integram, sandaliis parvula insignitis cruce pictam invenit, eamque tanquam perpetua memoria dignam inter insigniores summorum pontificum imagines ad vivum expressas penes se habebat, cæteris, quas pictorum arbitratu pictas dijudicabat, prætermissis, sicut Silvius Antonianus, sanctissimi D. N. Clementis VIII cubiculi præfectus, apprime eruditus, necnon spectatæ integritatis, probatæque fidei vir splendide testatur, dictamque imaginem a Panvinio sibi ostensam, præscriptum in modum calceatam sese vidisse omnino, nullaque hæsitatione affirmat.

Hæc de cruce super sandaliis Romani pontificis antiquitus gestari solita. Qua in re tanquam ab aliis nondum explicata, mihi immorari visum fuit.

k Tunica Silviæ inferior pseudolactini coloris esse a Joan. Diacono dicitur. Color pseudolactinus est color exalbidus; quasi falsam quamdam albedinem, sive, ut opinor, leucophæum, id est, colorem quemdam ex albo et nigello mixtum; vel, ut sic dixerim, cinericium referens. Nam Græce λευκὸ Latine sonat *falsum*, eoque utimur in compositione, ut pseudolus, id est falsus servus; pseudographus, id est falsarius; pseudopropheta, id est falsus propheta, et alia id genus permulta. Color itaque pseudolactinus a falso dictus lacte, per quod Joan. Diaconus albedinem quamdam intelligi voluit, significat falsum album, id est exalbidum, seu cinericium, albedinem quodammodo imitantem.

Tunicam Silviæ inferiorem, quam pseudolactini coloris fuisse scribit Joannes Diaconus, duabus zonis distinctam ait. Zona etsi proprie pro cingulo sumi solet, hoc tamen loco per zonas a Diacono commemoratas, nonnisi fasciolas quasdam vestium muliebrium extremitatem circumquaque ambientes, et ad ornatum elaboratas, accipi posse autumo; una enim zona infra alteram quodam intervallo, et ornatum, et distinctionem vestis quamdam reddit; ita vero, ut duæ tunicæ instar duarum dalmaticarum esse videantur; nam dalmatica in extremitate pro ornatu habet limbum quemdam; quo fasciola sive zona ipsa, de qua est sermo apud Joannem Diaconum, est paulo latior, ut ipsemet affirmat. Huc spectare videtur illud, quod Isidorus lib. xix, cap. 22 Etymolog. de nominibus vestium scribens, de segmentis ait : *Segmenta zonis quibusdam, et quasi præcisamentis ornata : num particulas cujusque materiæ abscissæ præsegminas vocant*. Hæc Isidorus.

Silviam mitram matronalem candentis brandei raritate niblatam in capite gestasse (teste Joanne Diacono) legitur. Mitra utebantur matronæ, ut innuit Varro lib. iv de Lingua Latina. Isidorus lib. xix, cap. 31, ait : *Mitra est pileum Phrygium; caput protegens, quale est ornamentum devotarum; sed pileum virorum est, mitra autem feminarum*. Quod autem mitra sit tegmen quoddam ad ornatum capitis muliebrem, ex Isaiæ cap. III constat : quin mitra viris probrosa erat, ut ex Luciano, Virgilio iv et ix Æneid., et aliis, colligi potest.

Mitra igitur matronalis, ut alias mitræ formas et significationes posthabeam, erat quoddam capitis ornamentum muliebre; **325** sed varias, et matronarum, et adolescentularum, aut virginum, mitras apud varias nationes fuisse opinor. Apud Phryges mitra sumebatur pro muliebri ad ornatum capitis adolescentularum corona, ex qua pendebant fasciolæ, quæ phylla dicebantur, quod foliorum vel florum instar dependerent. Hinc Virgil. lib. ix Æneid. ait :

Et tunicæ manicas, et habent redimicula mitræ.

De mitra virginali sermonem habet Optatus, episcopus Milevitanus, lib. vi adversus Parmenianum.

Judith Hebræa in sacra Script., lib. de Historia ejusdem cap. ix, mitram pro ornatu capitis gestasse legitur : quam scilicet mitram Lyranus cucufam appellat muliebrem; hoc est, ut ego interpretor, calanticam; capitis videlicet ornatum muliebrem; nostrates autem cuffiam appellant. Muliebre autem capitis ornamentum (ut dixi) varium fuit. Turcæ hodie, et aliæ nationes Orientales pileis turbinatis ex linteo velamine, vel ex tela serica contextis utuntur : eumdemque fere in modum Turcarum feminæ, ut in Chronicis Turcicis, III part., cap. 3 et 4, legitur, pileis turbinatis et acuminatis caput ornare solent. Hujus generis fere ornamento, pileo scilicet turbinato quod mitra appellabatur, matronæ olim Romanæ utebantur, ut innuit Varro libro quarto de Lingua Latina. Quæ sane res comprobatur ex statuis antiquarum matronarum marmoreis; quæ multis in locis, et præsertim Romæ, ad hanc usque diem conspiciuntur. Hujus generis mitram candentis brandei raritate niblatam, hoc est ex candente brandeo contextam, Silvia gestasse legitur apud Joannem Diaconum. *Brandeum*, ut colligitur non solum ex Joanne Diacono in hoc loco, et lib. II cap. 24, sed etiam ex ipsomet Gregorio Magno, lib. III, epist. 30, erat sudariolum album, seu velum lineum, vel sericum, ex quo mitram Silviæ ad ornatum capitis contextam fuisse, dicendum est. Quid autem vox illa, *niblatam*, proprie sibi velit, invenire non potui; eamque barbaram esse credo, usurpatam hoc loco pro, *distinctam*, vel, *nubilatam*, id est nubis instar factam, seu potius ex raritate sive subtilitate candentis, seu candidi linteoli contextam. Vel, *niblata*, est vox ob librariorum oscitationem corrupta pro, *nimbata*, a nimbo dicta ; nimbus enim non solum est pluvia repentina et præceps, sed etiam fasciola transversa ex auro assuta in linteo, quod est in fronte feminarum, teste Isidoro lib. xix Etymologiarum, cap. 31, de capitis feminarum ornamentis. Hac voce, *nimbata*, usus est Plautus in Pœnulo, dicens :

Quo magis eam aspicio, tanto magis nimbata est, et nugæ meæ.

Lumen item, quod circa angelorum capita pingitur, ut ibidem Isidorus ait, nimbus vocatur, licet nimbus sit densitas nubis. Dici ergo potest mitra candentis brandei raritate nimbata, vel quia mitra nimbo erat ornata, vel ex candido et raro vel subtili velamine fasciata, sive instar candidæ nubis turbinata. Hæc ad sensum per conjecturam; quid enim vox illa, *niblata*, quæ in omnibus Mss. Vaticanis ita legitur, proprie significet, me omnino ignorare fateor, multis ac variis Dictionariis penes me exstantibus, necnon recentioribus et antiquis auctoribus diligenter conquisitis, accurate perlustratis. Ut ut res sese habeat, mitram illam ad ornatum capitis a matronis olim gestari solitam, ex sudariolo quodam aut velo tenuissimo contextam, sive fasciatam, vel turbinatam fuisse mihi persuadeo, et pro comperto habeo, sicut in antiquis simulacris feminarum marmoreis, quæ Romæ et alibi passim cernuntur, videre licet. Huic adsimile videtur esse illud, quod reperitur in stola quadam sacerdotali perantiqua, acu insignita vel variata, et quasi penicillo picta, quæ Romæ in Sacrario Pontificio ad hanc usque diem asservata custoditur. In hac enim stola vetustissima et pulcherrima quidem, inter alias imagines sacras quæ inibi conspiciuntur, exstat beatæ Mariæ semper Virginis, et Dei Matris imago, hujus generis mitram ad ornatum capitis gestans. Circa vero ejus imaginem hæ notæ Græcæ, ΜΡ. ΘΥ hoc est. Μήτηρ Θεοῦ, id est, Mater Dei, acu insignitæ leguntur. Quæ sane res magnam nobis de mitra illa, ad ornatum capitis muliebrem olim inventa, fidem facit.

Hæc de sancti Gregorii, Gordiani ac beatæ Silviæ imaginibus : nunc reliquum est, ut, mitræ parte sancti Silvestri, et antiquis summorum pontificum sandaliis perspectis, ad scholia in beati Gregorii librum Sacramentorum tandem aliquando accedamus.

326 *De mitra sancti Silvestri papæ.*

Mitræ sancti Silvestri papæ partem, sive anteriorem medietatem ære incisam ad venerandam mitræ pontificiæ antiquitatem, occasione sese oblata indicandam hoc loco apponere visum est, etiamsi beati Gregorii imaginem nudo capite incidendam curarim ob causas initio enarratas. Hanc vero mitræ partem inter sacras reliquias ad sanctum Martinum in montibus asservatam, ad amussim una cum litteris et imaginibus repræsentare studui, etsi acu satis imperite pictam, prout illa ætas ferebat, in qua tam sculpendi quam pingendi artes jamdiu mendis et ineptiis scalentes defloruerant. Quamvis mitræ medietas, quæ ad sanctum Martinum in montibus asservatur, et quantum ad latitudinem et altitudinem major sit, ipsam tamen in eam quantitatem incidendam curavi, ut in eadem paginæ facie mitra cum calceis in eam item parvitatem contractis comprehenderetur. Mitra vero coloris viridis holoserica, non villosa, Phrygiana est,

Habes ista scholia tom. III, col. 599. (tom. LXXVIII hujus Bibliothecæ).

De sancti Silvestri primi, sancti Martini primi, et Honorii primi summorum pontificum sandaliis sive calceis.

Calceus, quem sanctus Silvester gestabat, viridis etiam coloris, holosericus non villosus, quibusdam operibus ex serico et auro contextis ornatus, ad sanctum Martinum in Montibus inter easdem reliquias asservatur. Hujus generis calceum, quem Græci σανδάλιον vocant, quamvis ab eo quo in functionibus ecclesiasticis ad pontificiam majestatem referendam beatus Silvester uti forsan solebat, differre credam; cum tamen sine cruce omnino esse inficias ire non audeo, dum nodos super sandalium confectos diligenter specto ac perpendo : nodi namque ipsi per aliquot linearum implexionem sive involucra, ornatum præstant, pluresque cruces efficiunt et comprehendunt.

327 Calceus item, quem sanctus Martinus gestabat, eodem in loco nuper commemorato asservatur : in cujus acumine tegumentum exstat coriaceum, cæruleo colore imbutum, et quibusdam etiam operibus ex serico et auro contextis ornatum. Hic calceus instar sandalii Honorii primi fuisse cernitur, tegumento calcanei, et ligulis astrictoriis ob vetustatem carens : in cujus calcei acumine ornatus ille formam Græci characteris hujusce X χ vel litteræ Servianæ Æ quodammodo referens, quamdam crucis imaginem, transversalem tamen repræsentare videtur. Hinc non desunt qui per hasce litteras, crucem satis belle repræsentari posse scribant. Hæc duo sandalia, quamvis explicatam crucem non habeant, ea tamen, ob rationes alibi enarratas, ære incidenda et hoc loco apponenda curavi.

Calceus Honorii postremo loco repræsentatus ad absidem sanctæ Agnetis via Nomentana ab eodem Honorio opere musivo exornatam, pictus exstare cernitur, ut fusius ostendi dum de caligis sive calceis Gordiani, summorumque pontificum sandaliis cruce insignitis verba feci. Ad absidem namque ipsam circa annum Domini 624 constructam Honorius primus hujus generis sandaliis alba cruce satis conspicua decoratis calceatus cernitur. Hinc calceum ipsum et ad vetustum super sandaliis crucem gestandi ritum indicandum et ad antiquam sandaliorum formam ob oculos positam facile explicandam hoc loco repræsentandum censui : antiquiora enim sandalia etsi soleam tantum et ligulas habebant astrictorias, ut loco superius citato satis dictum esse reor; omnes tamen fere pontifices qui in musivis antiquis picti repræsentantur, juxta calcei Honorii primi formam sandalia gestare conspiciuntur. De solea vero sancti Petri beatus Bonaventura mentionem facit; eamque ad suum usque tempus Romæ asservatam fuisse testatur, tom. IV, part. IV, in illo de sanctorum apostolorum sandaliis opusculo, in quo multis Scripturæ sacræ locis sanctorumque Patrum testimoniis in medium allatis et explicatis, doctissime, ut omnia explanat, et eruditissime docet, quomodo et quando Salvator noster Christus apostoli ac discipuli ejus incesserint discalceati.

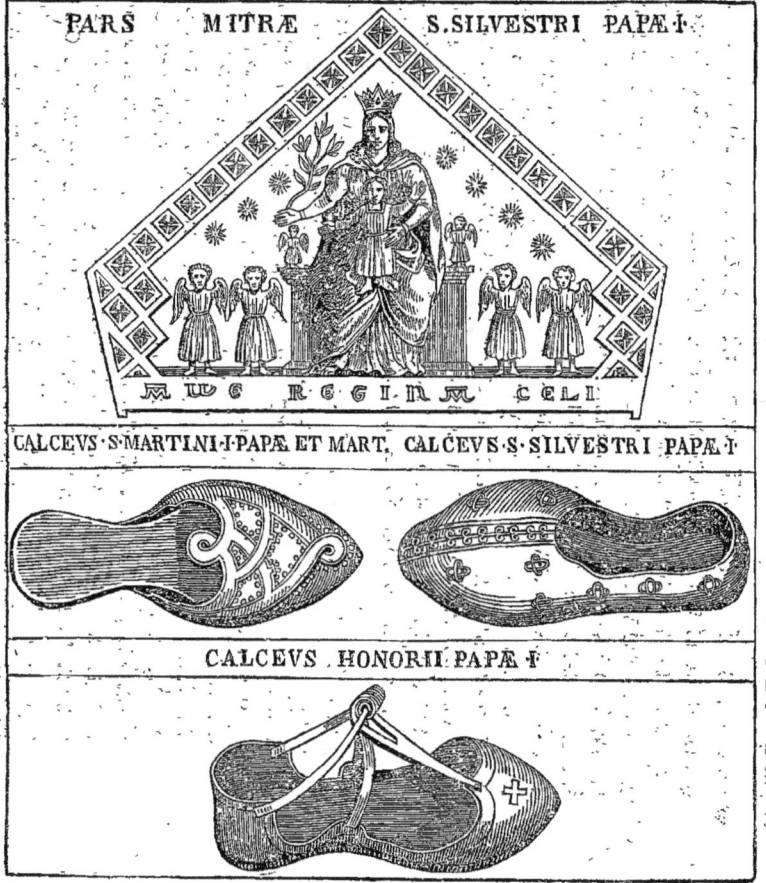

PARS MITRÆ S. SILVESTRI PAPÆ I.

AVE REGINA CELI

CALCEVS S. MARTINI I PAPÆ ET MART. CALCEVS S. SILVESTRI PAPÆ I.

CALCEVS HONORII PAPÆ I.

TABULA MARMOREA AD PORTICUM S. PETRI PARIETI AFFIXA.

✠ DOMINIS SCIS AC BEATISS PETRO ET PAVLO APOSTOLORVM PRINCIPIBVS ✠ GREGORIVS INDIGNVS SERVVS ✠ QVOTIENS LAVDI VESTRAE VSIBVS SERVITVRA QVEDAMLICET PARBA CONQVIRIMVS VESTRA VOBIS REDDIMVS NON NOSTRA LARGIMVR VT HAEC AGENTES NON SIMVS ELATI DE MVNERE SET DE SOLVTIONE SECVRI ✠ NAM QVID VNQVAM SINE VOBIS NOSTRVM EST ✠ QVI NON POSSVMVS ACCEPTA REDDERE ✠ NISI QVIA PER VOS ITERVM ET IPSVM HOC VT REDDEREMVS ACCEPIMVS ✠ VNDE EGO VESTER SERVVS REDVCENS AD ANIMVM MVLTVM ME VOBIS BEATI APOSTOLI PETRE ET PAVLE ESSE DEVITOREM PROPTER QVOD AB VVERIBVS MATRIS MEAE DIVINAE POTENTIAE GRATIA PROTEGENTE INTRO GREMIVM ECCLESIAE VESTRAE ALVISTIS ET AD INCREMENTVM PER SINGVLOS GRADVS VSQVE AD SVMMVM APICEM SACERDOTII LICET IMMERITVM PRODVCERE ESTIS DIGNATI ✠ IDEOQVE HOC PRIVILEGII MVNVSCVLVM HVMILI INTERIM OFFERRE DEVOTIONE PRAEVIDI ✠ STATVO ENIM ET A MEIS SVCCESSORIBVS SERVANDVM SINE ALIQVA REFRAGATIONE CONSTITVO ✠ VT LOCA VEL PRAEDIA CVM OLIBETIS QVI INFERIVS DESCRIBVNTVR QVOS PRO CONCINNATIONE LVMINARIORVM VESTRORVM A DIVERSIS QVIBVS DETENEBANTVR RECOLLIGENS VESTRA VOBIS DICAVI IMMVTILATA PREMANERE ID EST IN PATRIMONIO APPIAE MASS VICToRIOLAS OLIBETV IN FVND RVMELLIANO IN INTEGRO OLIBETv. IN FVND OCTABIANO IN INTEGRO MASS TRABATIANA OLIBET. IN FVND BVRREIANO VT SP OLIBET IN FVND APPIANO VT SP

OLIBETV IN FVND. IVLIANO IN INTEGRO OLIBET. IN FVND VIVIANO VT SVP. OLIBET. IN FVND. CATTIA... OLIBET. IN FVND. SOLIFICIANO. VT SP. OLIBET. IN FVND. PALMIS VT SVP. OLIBET IN FVND. SAGARIS. V.... OLIBET. IN FVND. MARANO. VT SVP. OLIBET. IN FVND. IVLIANO VT SP. OLIBET IN FVND. SATVRRIANO. VT SP. OLIBET. IN FVND. CANIANO ET CARBONARIA VT SVP. MASS. CESARIANA OLIBET. IN FVND. FLORAN VT OLIBET. IN FVND. PRISCIANO ET GRASSIANO VT SVP. OLIBET IN FVND. PASCVRANO VT SP. OLIBET IN FVNDO VARINIANO VT SVP. OLIBET IN FVND. CESARIANO. VT SP. MASS. PONTIANA OLIBET IN FVND. PONTIANO VT SP. OLIBET. IN FVND. CASAROMANIANA VT SP. OLIBET. IN FVND. VATTIANO VT SP. OLIBET. IN FVND. CASAFLORANA VT SP MASS. STEIANA OLIBET. IN FVND. BERRANO VT SP. OLIBET. IN FVND. CACLANO VT SP. OLIBET IN FVND. PONTIAN VT OLIBET. IN FVND. AQVILIANO VT SP. OLIBET. IN FVND STEIANO VI SP. OLIBET. IN FVND. CASSIS VT SP. MASS. TERTIANA OLIBET. IN FVND. CAMMELIANO ET FVND. TORTILLIANO VT SP. OLIBET IN FVND. CASACVCVLI VT SP. MASS. NEVIANA OLIBET. IN FVND. ARCIPI ANO VT SP. OLIBET. IN FVND. CORELLIANO VT SP. OLIBET. IN FVND. VRSANO VT SVPER ✠ IN PATRIMONIO LABICANENS MASS. ALGISIA OLIBET QVI EST AD TVFV IVXTA ANAGNIAS IN INTEGRO ✠ OLIBET QVI EST IN SIBVLA ET MODICAS TALIAS CATAGEMMVLVM AG MILIT. OLIBET. IN APLINEAS IN INTEGRO ✠ OLIBET. QVI EST IN CLAVINIANO OLIBET. QVEM TENET FRANCVLVS COLONVS IN FVND. ORDINIANO IN INTEGRO ✠

TABULA MARMOREA AD BASILICAM S. PAULI PARIETI AFFIXA.

GREGORIVS EPISC. SERVVS SERVORVM DI ✠ FELICI SVBDIAC. ET RECTORI PATRIMONII APPIÆ
ET OMNIA QVÆ HÆC APOSTOLICA HABET ECCLESIA BEATORVM PETRI AC PAVLI QVORVM HONORE ET BENEFICIIS ADQVISITA SVNT
SINT AVCTORE COMMVNIA. ESSE TAMEN DEBET IN AMMINISTRATIONE ACTIONVM DIVERSITAS PERSONARVM VT IN ADSIGNATIS CVIQVE
VS CVRA ADHIBERI POSSIT IMPENSIOR. CVM IGITVR PRO ECCLESIA BEATI PAVLI APOSTOLI SOLLICITVDO NOS DEBITA COMMONE
NE MINVS ILLIC HABERE LVMINARIA ISDEM PRÆCO FIDEI CERNERETVR QVI TOTVM MVNDVM LVMINE PRÆDICATIONIS IMPLEVIT ET VAL
INCONGRVVM AC ESSE DVRISSIMVM VIDERETVR VT ILLA EI SPECIALITER POSSESSIO NON SERVIRET IN QVA PALMAM SVMENS MARTY
CAPITE EST TRVNCATVS VT VIVERET VTILE IVDICAVIMVS EANDEM MASSAM QVÆ AQVAS SALVIAS NVNCVPATVR CVM OMNIBVS
NDIS SVIS ID EST. CELLA VINARIA. ANTONIANO. VILLA PERTVSA BIFVRCO. PRIMINIANO. CASSIANO. SILONIS. CORNELI
SSELLATA. ATQVE CORNELIANO CVM OMNI IVRE INSTRVCTO INSTRVMENTOQVE SVO ET OMNIBVS GENERALITER AD EAM
RTINENTIBVS CVM XPI GRATIA LVMINARIBVS DEPVTARE ADIICIENTES ETIAM EIDEM CESSIONI HORTOS DVO PO-
OS INTER TIBERIM ET PORTICVS IPSIVS ECCLESIÆ EVNTIBVS A PORTA CIVITATIS PARTE DEXTRA QVOS DIVIDIT FLVVIVS
MON INTER ADFINES HORTI MONASTERII SCI STEPHANI QVOD EST ANCILLARVM DI POSITVM AD SCM PAVLVM ET AD
ES POSSESSIONIS PISINIAN SIMVL ET TERRVLAS QVÆ VOCANTVR FOSSA LATRONIS POSITAS. IDEM IVXTA EAN-
M PORTICVM EVNTIBVS SIMILITER A PORTA PARTE SINISTRA VBI NVNC VINEÆ FACTÆ SVNT QVÆ TERRVLÆ CO-
RENT AB VNO LATERE POSSESSIONI EVGENITIS QD SCOLASTICI ET AB ALIA PARTE POSSESSIONI MONAST. SCI ARISTI QVÆ
NIA QVONIAM DO ADIVVANTE PER ANTEDICTÆ ECCLESIÆ PRÆPOSITOS QVIPER TEMPORA FVERINT A PRÆSENTI SEP-
TA INDICTIONE VOLVMVS ORDINARI ET QVIDQVID EXINDE ACCESSERIT LVMINARIBVS EIVS IMPENDI ATQVE IPSOS EXIN-
PONERE RATIONES IDCIRCO EXPERIENTIÆ TVÆ PRÆCIPIMVS VT SVPRASCRIPTAM MASSAM AQVAS SALVIAS CVM PRÆ
MINATIS OMNIBVS FVNDIS SVIS NECNON HORTVS ATQVE TERRVLAS QVÆ SVPERIVS CONTINENTVR DE BREVIBVS SVIS DELERE. DEBE-
AC AVFFERRE ET CVNCTA AD NOMEN PRÆDICTÆ ECCLESIÆ BEATI PAVLI APOSTOLI TRADERE QVATENVS SERVIENTES SIBI PRÆPOSITI
NI POST HOC CARENTES EXCVSATIONE DE LVMINARIBVS EIVS ITA SINE NOSTRA STVDEANT SOLLICITVDINE COGITARE VT NVLLVS IL-
VMQVAM NEGLECTVS POSSIT EXISTERE. FACTA VERO SVPRASCRIPTARVM OMNIVM RERVM TRADITIONE VOLVMVS VT HOC PRÆ-
CEPTVM IN SCRINIO ECCLESIÆ NOSTRÆ EXPERIENTIA TVA RESTITVAT   BENE VALE

T. VIII. KAL. FEBRVARIAS IMP. DN N FHOCA PP. AUG. ANNO SECVNDO ET CONSVLATVS EIVS ANNO PRIMO IND. SEPTIMA.

DE TABULIS DONARIORUM MARMOREIS

Romæ a beato Gregorio Magno sanctis apostolis Petro et Paulo dicatis.

330 Tabulas Donariorum marmoreas sanctis apostolis Petro et Paulo a beato Gregorio Magno dicatas pro luminaribus, ut ipse ait, concinnandis, et in porticu sancti Petri affixas, hoc in loco apponendas censui, ut ea quæ de vetusto scribendi modo in scholiis, et præsertim in scholio illo 241, 242, dixi (*Infra tom. IV S. Gregorii Operum, Patrologiæ vero LXXVIII*), corroborentur. Quoniam vero donationem aliam beato Paulo ab eodem Gregorio sancto pro luminaribus item concinandis lapide incisam; et in porticu olim sancti Pauli ad parietem ecclesiæ affixam, nunc autem paucis abhinc diebus ante majus altare translatam prope alteram ex duabus columnis, quæ primarium fulciunt arcum, a dextera parte collocatam, necnon in ejusdem beati Gregorii Regist. lib. xii ep. 19 conscriptam inveni; ad ipsius Sancti et Christianam et Apostolicam pietatem splendide repræsentandam ac perpetuo conservandam, hoc etiam loco imprimendam indicavi. Rerum namque gestarum monumenta, ut ratio ipsa suadet, et experientia docet, facilius per typographicam quam per sculptoriam artem ab interitu vindicari queunt. Tabulæ primo loco positæ, et ad porticum sancti Petri affixæ, duarum Tabularum frusta videntur; sicut diversæ lapidum formæ, necnon mutili Donariorum fines præ se ferunt.

De Tabulis Donariorum marmoreis in porticu sancti Petri ad parietem ecclesiæ affixis Maphæus Vegius in libello de præstantia basilicæ sancti Petri loquitur in hanc verborum formam : *Beatus Gregorius ad instruenda abundantius basilicæ sancti Petri luminaria, multa prædia, multaque præsertim oliveta illi donavit, sicut constat ex publico documento inscriplo tabulis marmoreis; quæ cum primo septem essent, duæ tantum adhuc affixæ sunt muro ante ingressum basilicæ.* Hæc Maphæus Vegius dicto in libello, qui in bibliotheca basilicæ sancti Petri asservatur.

Ego interea lectorem moneo, omnem vel etiam futilem hisce in tabulis describendis et imprimendis industriam fuisse adhibitam, ut vetusta scribendi consuetudo ad amussim, vel, ut rectius dicam, ad minimum usque apicem repræsentaretur, spatiis tantum exceptis, quæ quamvis in inscriptionibus lapide incisis inter singulas quasque voces desiderentur; ea tamen in hisce impressis apponenda curavi, ut lectio facilior reddatur. In nonnullis item vocibus contractis puncta non exstant, et minuscula elementa majusculis admixta interdum cernuntur.

Voces denique obsoletas quæ priscam illam veterum scriptorum ætatem sapiunt etiam prout jacent reliquimus, easque lapidarum mendis carere lectorem monitum volo; littera enim pro littera nonnunquam a veteribus usurpata invenitur, ut *immutilata* pro *immutilata*, *inmeritum* pro *immeritum*, *inpendi* pro *impendi*, *set* pro *sed*, *adquisita* pro *acquisita*, *adsignatis* pro *assignatis*, *intro* pro *intra* (id est, adverbium loco præpositionis), *super* pro *supra* (hoc est, præpositio pro adverbio), *post hoc* pro *posthac* (nam *post hoc* quasi *post hoc tempus* dicitur, cujus significationem habet adverbium *posthac*), *adfines* (agrorum) pro *affines* et *confines*, *adicientes* pro *adjicientes*, *eæsistere* pro *exisiere*, *hortus* (in accusandi casu) pro *hortos*, *detenebantur* pro *detinebantur*, *consolatus* pro *consulatus*. Hujus generis exempla majori ex parte in orthographia Aldina, et in aliis inscriptionibus, quas ad millia sexaginta et eo amplius descriptas penes se habere Aldus junior affirmare solebat, antiquitus usurpata leguntur, quæ brevitatis gratia silentio prætermittenda censui : sat enim est hac in recitasse inscriptiones veterum Latinorum ab Aldo descriptas. Ipse enim abstrusa omnia antiquitatum in Latine scribendo monumenta adeo accurate observavit, ut neminem in hoc genere parem habuerit. Non desunt etiam scriptores, qui dictas voces apud antiquos in usu frequenti fuisse dicant : quos brevitatis causa omitto.

Illa item B. Gregorii ætas littera B pro V et V pro B uti non raro solebat, ut supra videre est in tabula ex duabus prima, in qua legitur, *parba* pro *parva*, *olibetum* pro *olivetum*, *silbula* pro *silvula*, *octabiano* pro *octaviano*; *devitorem* pro *debitorem*, et *uveribus* pro *uberibus*. Hunc vetustum scribendi usum in scholio nostro 246 (*Ubi supra*) satis diffuse explicavimus, ut idem scholium, in quo nonnulla scitu fortasse digna enarrantur, huic etiam tabulæ deserviret. Alia item haud omnino contemnenda ad hujus generis scribendi pronuntiandique usum spectantia in Commentario nostro bibliothecæ Vaticanæ anno 1591 impresso, pag. 153 et 297 docuimus.

Lectorem item moneo, in *olivetorum* recensione legi semper *olibetum* in accusandi casu per vocem hoc modo contractam, *olibet* et cum puncto et sine ipso, vel *olibetu*; modo etiam cum puncto, modo absque ipso. Quod autem accusandi casus sine littera *m* fuerit in usu apud veteres Latinos illos qui ætate beati Gregorii exstabant, id nobis persuadent multæ antiquorum inscriptiones lapide incisæ, quarum etiam exempla, brevitati consulens omitto.

Illud interea subticendum non videtur, cur scilicet *olivetum*, quod est generis neutrius, in hac inscriptione masculini semper generis esse inveniatur : id quod factum puto per figuram synthesim, quæ discordat cum voce, et cum suo concorda significatu, ut est illud Virg. vii Æn., *Præneste sub ipsa*, teste Aldo seniori, et *Camerino sub ipsa*, i. civitate : nam *Præneste* et *Camerinum* sunt generis neutrius. Per hanc item figuram, synthesim, dicitur : Lilium est albissimus florum. i. flos albissimus omnium florum; ita etiam olivetum, quod est locus, sive ager, in quo oleæ consitæ sunt, discordat cum voce, et concordat cum significatu, si referatur ad locum, sive ad agrum.

In secunda tabula, quæ infra cernitur, legitur *isdem* in recto pro *idem*. Hanc vocem *isdem*, in nominativo singulari pro *idem*, non solum Eucherius bis in ii lib. in Gen. sed lib. Regum usurpavit; sed Ennius etiam auctor perantiquus in nominativo singulari, et in ablativo plurali, ut refert Cicero in lib. de Oratore, usus est eadem voce, *isdem* dicens : *Isdem campus habet* (inquit Ennius) *et in templis isdem, probavit*, etc.

In templis *isdem* pro *iisdem*, dixit Ennius. Hinc Cicero eodem in loco ait *isdem* dici et in nominativo singulari, et in ablativo plurali, et utrumque usurpatum fuisse ab Ennio : nam vox *isdem* derivatur ab *is*, ea, id, et demum, auctore Prisciano lib. xii, cap. de figura. Hinc, si non *isdem*, sed *idem*, campus legeretur, ut nunc profecto legitur, sed corrupte quidem Ciceronis de hac voce disputatio vana esset. Ennius enim quamvis in nominativo singulari dixerit, *isdem*, non *idem campus*, in ablativo plurali etiam dixit *in templis isdem*, pro *iisdem*, et uti maluit eadem voce in secundo loco, alterum *i*, abjiciens ut malum sonum vitaret, quam pro *iisdem*, vocem *eisdem* usurparet, quæ sane vox (ut ait Cicero) erat opimior, quam scilicet ferebat Ennii ætas, quæ nimirum vetustatem sapiebat. *Isdem* itaque voce, primo Ennii loco pro *idem*, reposita, Ciceronis locus emendatur.

Duo etiam pro *duos*, ut *hortos duo positos*. Quem locum in secunda tabula mendosum esse credidissem, nisi locum Charisii legissem scribentis, *duo* pro *duos*, et *ambo* pro *ambos* juxta analogiam, et declinationem Græcam recte dici. Ait enim Charisius libro i :

Nonnulli, Græcos secuti, **332** quia illi, τοὺς δύο et τοὺς ἄμφω dicunt, *hos duo*, et *hos ambo* dixerunt. *Ambo* pro *ambos* apud Virg. ecl. 6 :

nam sæpe senex spe carminis ambo
Luserat.

Ita legendum ex Charisio, necnon ex codice Ms. vetutissimo et insigniori, characteribus majusculis conscripto, qui in bibliotheca Vaticana asservatur. Idem Virgilius in lib. IV Georgicorum :

Verum ubi ductores acie revocaveris ambo.

Ita Virgilii locus ex Charisio emendandus. In codice Vaticano insigni versus hic non exstat, quia in hoc lib. IV Georg. aliquot paginæ desiderantur. Afranius in Pantaleo :

Revocas nos ambo ad prælium.

Idem Virgilius lib. XII Æneidos :

Hunc congressus, et hunc; illum eminus, eminus ambo.

Ita legitur in codice ms. vetustissimo et insigniori Vaticano. Terentius in Andria act. II, sc. 2 : *Ambo opportune vos volo*. Ita legendum ex Charisio; alii enim legunt : *Ambo opportune : vos volo.*

Duo pro duos recte scribit, ait Charisius lib. I, Attius in Epinausimache.

Martes armis duo congressos crederes.

Ita legendum ex Charisio. Terentius in Adelphis, act. V, sc. 3:

Tu illos duo pro re olim tollebas tua.

Ubi Helenius Acron, *duo* pro *duos*. Ita legitur in codice ms. vetustissimo et insigniori Vaticano. Ita etiam legitur in Terentio a Gabriele Faerno; et in Terentii locus ex Charisio est emendandus. Cicero in Verrem lib. I, act. 2 : *Horum Pater abhinc duo et viginti annos est mortuus*. Sic legebatur, et ita legi debet. Idem ad Atticum lib. IV, epist. ultima : *Duo consulares, qui te dicerent*. Sic legendum. Idem ad Q. Fr. lib. I, ep. 2 : *Duo Mysos*. Ita legendum, et ita emendavit Paulus Manutius ex lib. Bessarionis. Idem lib. Famil. III, epist. 4 : *Duo enim duarum œtatum plurimi facio, Cn. Pompeium filiœ socerum, et M. Brutum generum tuum*. Idem lib. VII, ep. 25 : *Prœter duo nos, loquitur isto modo nemo*. Ita legitur, et ita legi debet. Idem lib. eod., epist. 29 : *Duo parietes de eadem fidelia dealbare*. Idem de Amicitia : *Ut omnis charitas sive inter duo, aut inter paucos jungeretur*. Sallustius historiarum lib. IV, in epist. Mithridatis : *Inter me atque Lucullum, prope inopia rursus ambo incessit*. Virg. ecl. V : *Craterasque duo statuam tibi*. Ita legit Pierius ad sextum evitandum, et ita legitur in codice ms. vetustissimo, et insigniori Vaticano. Idem lib. II Æneidos :

Si duo præterea tales Idæa tulisset
Terra viros

Ita legitur in codice ms. vetustissimo et insigniori Vaticano, nec aliter legi potest, quia utraque syllaba in voce, *Duo*, est brevis; et in primo loco est dactylus, in quo prima syllaba longa est, duabus sequentibus brevibus.

Priscianus lib. VII ait : Oportet scire quidem analogiæ rationem, usum tamen auctorum magis æmulari. *Duo* præterea, et *Ambo* accusativos, secundum hanc declinationem proferunt, *Ambos*, et *Duos*. C. Julius Romanus in libello de Analogia rectam ponit esse declinationem : *Hos duo*.

Duo igitur pro *duos*, et *ambo* pro *ambos* recte scribi ex Charisio et aliis probatissimis auctoribus fatendum, affirmandumque est.

Quod autem ad orthographiam attinet, duæ voces in prima tabula absque diphtongo leguntur, quarum prima est dictio *quédam*, altera vero *Cesariano*. In secunda vero Tabula legitur *Fhoca*, pro *Phoca*. Quas sane voces lapicidarum mendis carere non puto.

Massa hisce in tabulis non eo sensu quo dicitur massa auri et argenti, atque id genus alia; sed pro fundo sive villa, quam vulgo dicunt possessionem, usurpatur. Unde *massarius* **333** cui totius villæ cura commissa est nuncupatur, ut placet Hugultioni. Hinc nonnullis in locis rustica possessio, pro villa sive fundo sumpta, *massaria* vocitari solet.

Hæc de glossematibus sive vocibus veterum Latinorum abstrusis in utraque Donariorum tabula conscriptis : de quibus lectorem monitum volui, ut ne quis voces obsoletas per typographorum incuriam impressam fuisse opinetur, neeve quis omnes illas lapicidarum menda esse suspicetur.

Ea Donariorum tabula quæ nunc ad basilicam sancti Pauli exstat, legitur etiam in Registro beati Gregorii lib. XII, epist. 49; sed in epistola quæ Registro inserta est, nonnulla desiderantur : nam in salutatione epistolari desunt hæc verba, quæ in tabula marmorea exstant : *Episcopus servus servorum Dei*. Ad finem vero epistolæ verba hæc : *Bene vale. Dat. viij. Kalend. Februarias, Imp. Domino N. Fhoca PP. Aug. anno secundo, et consolatus ejus anno primo, ind. septima*. Hæc in tabula marmorea.

Nonnullæ item voces, ut, *in foro*, pro *quò* in tabula legitur *bifurco*; *horos duos*, pro *hortos duo positos*; *id est*, pro *ibidem*; *similiter*, parte sinistra *ad portam*, pro *similiter a porta*, *parte sinistra*; *Eugentis*, pro *Eugenitis*; *possessionibus monasterii sancti Edistii*, pro *possessioni monasterii sancti Aristi*; *hortos*, pro *hortus*; *deleri facias ac quferri*, pro *delere debeat ac auferre*.

His de rebus lectorem item monitum volui, ut si quis tabulam marmoream cum epistola Registro inserta conferret, hanc collationem in Registro imprimendo factam non fuisse sciat; propterea quod dum Registrum typis mandaretur, tabula illa, nondum in ecclesiam translata, in porticu sancti Pauli, ad parietem affixa erat in editissimo loco sita, hinc perpaucis et fere nemini nota : quia vix aliquid de ea legi poterat. Ego vero dum scholia et alia in beatum Gregorium a me elaborata in lucem edenda curarem, aliud agens, incidi in Panvinium, qui totam hanc tabulam in libello de septem Urbis ecclesiis scriptam reliquit, dum de basilica sancti Petri sermonem haberet.

Quare omni adhibita diligentia et industria, eam quærendo inveni, inventamque ex marmore fideliter decerpsi, decerptamque denique atque impressam, ob rationes initio assignatas hoc loco apponere libuit.

Reliquum est ut paucis explicemus cur beatus Gregorius Magnus solis pro luminaribus seu lampadibus in honorem sanctorum apostolorum Petri et Pauli accendendis, tot fundos et prædia, sive tot possessiones, totque denique oliveta eorumdem sanctorum basilicis dedicarit, ac destinarit : nam ex tot tantisque prædiorum, et olivetorum præsertim reditibus, nonnisi ingentem lampadum numerum dictis in ecclesiis adhibitum olim fuisse, colligere possumus. Id quod planum cuique profecto fit, si Vitæ summorum pontificum ab Anastasio Bibliothecario, et a Platina, necnon Historiæ sacræ a Petro Mallio conscriptæ legantur. Nam post Silvestrum papam, Cœlestinus, Hilarius, Simplicius, Symmachus et post Gregorium Magnum Sabinianus, ejus successor, deinde Honorius, Agatho, Gregorius II, Zacharias, et alii varia candelabrorum genera argentea, variis hominibus nuncupata (hoc est coronæ, phara, canthara, cerostata et rhetia) multasque auri et argenti libras pro lampadibus basilicæ sancti Petri Romæ dono dederunt. Idem fecit Constantinus Magnus imp., deinde Theodoricus sub Hormisda, Belisariusque sub Vigilio, qui magni pretii varia candelabrorum genera, multaque auri et argenti pondo, imperatoriæ ac regiæ opulentiæ ac liberalitati consentanea, ecclesiæ sancti Petri atque item beati Pauli obtulerunt. Panvinius de rebus antiquis memorabilibus et præstantia basilicæ sancti Petri lib. V in ejusdem ecclesiæ bibliotheca asservato, ait : *Mathilda sanctitate celebris*, tanti basilicam sancti Petri fecit, ut quo luminaribus adhibitis magis decoraretur, tanquam debitam ei dotem donavit patrimonium suum, id est, Liguriæ et Hetruriæ præcipuas partes cum omnibus oppidis ac eorumdem juribus. Hæc Panvinius. Platina in ipso Paschalis II Vita, inquit hunc in modum : *Hoc tempore Mathilda comitissa, admodum senio confecta, moriens, Romanæ Ecclesiæ ex testamento reliquit quidquid a Pissia amne, et sancto Quirico agri Senensis usque ad Ceperanum inter Appenninum et mare pertinet,* **334** *addita Ferraria, quæ adhuc Romanæ Ecclesiæ vectigalis est.* Hæc Palatina. Sed Ferraria longe prius sub Ecclesiæ ditione fuit, hoc est mille abhinc fere annis, tempore videlicet Vitaliani, ut in chronicis peregrini Prisciani et Gasparis Sardi videre licet, deinde tempore Pipini, Karoli Magni, Ludovici I, Henrici I et Othonis I ante Mathildam, et ex eorumdem, cæterorumque post Mathildam, imperatorum privilegiis, quæ in archivo castri sancti Angeli custodiuntur, constat. De hac item donatione, donationisque confirmatione a comitissa Mathilda tempore Gregorii VII et Paschalis II præstita anno 1102 authentica non desunt momenta scriptis mandata, quæ in omnibus S. E. R. archivis asservantur. Postquam autem in sermonem de Ferraria non consulto, sed re id mihi subministrante incidi, breviter et quasi præteriens, dicam quod de ipsa Ferraria accidit dum hæc de sanctorum apostolorum Petri et Pauli lampadibus typis mandarem. Superiori namque anno Domini 1597, die 27 Octobris, Alhdonso Estense hujus nominis II et ultimo Ferrariæ duce sine filiis ac descendentibus mortuo, sanctiss. D. N. Clement VIII pastor Ecclesiæ vigilantissimus, et patrimonii sancti Petri defensor acerrimus et indefessus, ubi primum accepit Ferrariæ ducatum in feudum olim a Romanis pontificibus prædecessoribus suis concessum, ad Romanam Ecclesiam ob lineam dicti Alphonsi finitam fuisse devolutum, nulla penitus cunctatione interposita, cum universo S. R. E. cardinalium collegio de illius recuperatione graviter ac sapienter egit, dictam recuperationem iisdem quoque cardinalibus instanter postulantibus. Quare sanctiss. D. N. in decreto, hac de re pronuntiando, humanis posthabitis rationibus, totam Ferrariæ ditionem Christo Domino Salvatori nostro, necnon gloriosæ ac semper virgini Dei genitrici Mariæ, sanctisque apostolis Petro et Paulo constanti animo miroque pietatis ardore addixit et consecravit. Juris itaque ac canonum ordine servato, stricto tandem utroque gladio, Petroque sancti Nicolai in carcere diacono cardinali Aldobrandino ejusdem Clementis nepote, ad res sane præclaras et arduas pro Romana Ecclesia celeriter ac feliciter perficiendas nato, ad ducatum **335** Ferrariæ recuperandum cum militaribus copiis misso, Cæsar Estensis nullo militum exspectato congressu, eumdem Ferrariæ ducatum antiquo ac legitimo S. R. E. domino, anno hoc ipso 1598 die 12 Januarii restituere, inita conventione scriptis mandata, præmisit: reque ipsa ejusdem vigesima nona mensis die, hoc est pridie diei sancto Hippolyto consecratæ, in qua ipsius Clementis, antea Hippolyti nuncupati, pontificatus natalis celebratur, libere ac pacifice, non humano tantum, sed expresso divinæ opis præsidio, restituit, Ferraria gaudio gestiente, tota urbe Roma exsultante, Deoque ingentes gratias agente ; universaque Italia admirante. Hactenus de Ferraria. Nunc ad nostrum de lampadibus in honorem sanctorum apostolorum Petri et Pauli olim accendi solitis institutum revertamur. Nam Petrus Mallius in libro de historia Basilicæ sancti Petri, ut in Bibliotheca vaticana videre est, post varia donorum ac redituum genera basilicæ sancti Petri pro lampadibus accendendis enumerata, de luminaribus dicta in Ecclesia perpetuo accensis loquens, CL lampades diu noctuque, in stationibus autem eccl. sua tempestate in basilica sancti Petri arsisse testatur, variaque lampadum et candelabrorum genera et nomina, atque item loca omnia, in quibus candelabra suspendebantur, recenset ; stationibus quibuscumque totius anni enarratis. Accendebatur etiam candelabrum, quod tot habebat lampades, quot dies anni sunt, hoc est CCCLXV. Imo ut Anastasius bibliothecarius in Hadriano primo ait : Hadrianus ipse basilicæ sancti Petri dono dedit candelabrum, crucis formam repræsentans, MCCCLX candelis vel lampadibus insignitum , quod ante presbyterium pendens, quatuor anni vicibus, die scilicet Natalis Domini, in Paschate, in Natali sanctorum apostolorum Petri et Pauli, et in Romani pontificis electione, quæ singulo quoque anno, ipso vivente, celebratur, ac accendi solebat, MCCCLXX lampades ante presbyterum accendi solebant. Idem fere legitur de basilica sancti Pauli. Cum itaque in basilicis sanctorum apostolorum Petri et Pauli tot lampades perpetuo arderent, mirum nemini videri debet, si tot prædia, totque oliveta dictis basilicis fuerint dedicata ac destinata.

TESTIMONIA ET ELOGIA VETERUM SCRIPTORUM
DE SANCTO GREGORIO PAPA.

[a] *S. Gregorii Turonensis lib.* x *Historiar., cap.* 1.

Anno quintodecimo Childeberti regis, diaconus noster ab urbe Roma cum sanctorum pignoribus veniens, sic [b] retulit quod anno superiore, mense nono, tanta [c] inundatione Tiberis fluvius urbem Romam obtexit, ut ædes antiquæ diruerentur, horrea etiam Ecclesiæ subversa sint, in quibus nonnulla millia modiorum tritici periere. Multitudo etiam serpentium cum magno dracone in modum trabis validæ, per hujus fluvii alveum in mare descendit. Sed suffocatæ bestiæ inter salsos maris turbidi fluctus, littori ejectæ sunt. Subsecuta est de vestigio clades, quam inguinariam vocant. Nam medio mense undecimo adveniens, primum omnium, juxta illud quod in Ezechiele propheta legitur : *A sanctuario meo incipite* (*Ezech.* IX, 6), Pelagium papam percuit, et sine mora exstinxit. Quo defuncto, magna strages populi de hoc morbo facta est. Sed quia Ecclesia Dei absque rectore esse non poterat, Gregorium, diaconum, plebs omnis elegit.

Hic enim de senatoribus primis, ab adolescentia devotus Deo, in rebus propriis [d] sex in Sicilia monasteria congregavit, septimum intra Urbis Romæ muros instituit. Quibus tantam delegans terrarum

---

[a] S. Gregorii Magni coævus fuit.
[b] Confer cum lib. I de Gloria mart. c. 83. ubi de hujus Diaconi peregrinatione.
[c] Vide lib. III. Dialog. c. 19, et Paulum Diac. lib. III de Gestis Langobard. c. 24. Idem legitur in utraque vita S. Greg. antea edita.
[d] De his monasteriis lege nostros de S. Greg. vita commentarios.

copiam, quanta ad victum quotidianum præbendum sufficeret, reliqua vendidit ª cum omni præsidio domus, ac pauperibus erogavit; et qui ante serico contectus ac gemmis micantibus solitus erat per Urbem procedere trabeatus, ᵇ nunc vili contectus vestitu ad altaris Dominici ministerium consecratur, ᶜ septimusque levita ad adjutorium papæ adsciscitur; tantaque ei abstinentia in cibis, vigilantia in orationibus, strenuitas in jejuniis erat, ut, infirmato stomacho, vix consistere posset. Litteris grammaticis, dialecticisque, ac rhetoricis ita erat institutus, ut nulli in Urbe ipsa putaretur esse secundus.

Hunc apicem attentius fugere tentans, ne quod prius abjecerat, rursum ei in sæculo de adepto honore jactantia quædam subreperet: unde factum est, ut epistolam ad imperatorem Mauricium dirigeret, cujus filium ex lavacro sancto susceperat, conjurans et multa prece poscens, ne unquam consensum præberet populis, ut hunc hujus honoris gloria sublimaret. Sed præfectus urbis Romæ, germanus ejus, anticipavit nuntium, et comprehenso, disruptis epistolis, consensu, quem populus fecerat imperatori direxit. At ille gratias Deo agens pro amicitia ipsius diaconi, quod reperisset locum honoris ejus, data præceptione ipsum jussit institui. Cumque in hoc restaret ut benediceretur, et lues populum devastaret, verbum ad plebem pro agenda pœnitentia in hunc modum exorsus est:

ORATIO GREGORII PAPÆ AD PLEBEM.

« Oportet, fratres charissimi, ut flagella Dei, etc. ᵈ Proinde, fratres charissimi, contrito corde, et correctis operibus, ab ipso feriæ quartæ primo diluculo, ad septiformem litaniam juxta distributionem inferius designatam, devota ad lacrymas mente veniamus: ut districtus judex, cum culpas nostras ad punire consideraverit, ipse a sententia propositæ damnationis parcat. Clerus igitur egrediatur ab ecclesia sanctorum martyrum Cosmæ et Damiani, cum presbyteris regionis sextæ; omnes vero abbates cum monachis suis, ab ecclesia sanctorum martyrum Gervasii et Prothasii cum presbyteris regionis quartæ; omnes abbatissæ cum congregationibus suis, egrediantur ab ecclesia sanctorum martyrum Marcellini et Petri, cum presbyteris regionis primæ; omnes infantes ab ecclesia sanctorum martyrum Joannis et Pauli, cum presbyteris regionis secundæ; omnes vero laici ab ecclesia protomartyris Stephani cum presbyteris regionis septimæ; omnes mulieres viduæ ab ecclesia sanctæ Euphemiæ, cum presbyteris regionis quintæ; omnes autem mulieres conjugatæ egrediantur ab ecclesia sancti martyris Clementis, cum presbyteris regionis tertiæ: ut de singulis ecclesiis exeuntes cum precibus et lacrymis, ad beatæ Mariæ semper Virginis Genitricis Domini Dei nostri Jesu Christi basilicam congregemur, ut ibi diutius cum fletu, ac gemitu Domino supplicantes, peccatorum nostrorum veniam promereri valeamus. »

Hæc eo dicente, congregatis clericorum catervis, psallere jussit per triduum ac deprecari Domini misericordiam. De hora quoque tertia veniebant omnes chori psallentium ad ecclesiam, clamantes per plateas Urbis: *Kyrie eleison.* Asserebat autem diaconus noster, qui aderat, in unius horæ spatio, dum voces plebs ad Dominum supplicationis emisit, octoginta homines ad terram corruisse, et spiritum exhalasse.

Sed non destitit sacerdos tantus prædicare populo, ne ab oratione cessarent. Ab hoc etiam diaconus noster reliquias sanctorum, ut diximus, sumpsit, dum adhuc in diaconatu degeret. Cumque latibula fugæ præpararet, capitur, trahitur, et ad beati apostoli Petri basilicam deducitur; ibique ad pontificalis gratiæ officium consecratus, papa Urbi datus est. Sed nec destitit diaconus noster nisi ad episcopatum ejus ᵉ de porto rediret, et qualiter ordinatus fuerit, præsenti contemplatione suspiceret.

Sancti Paterii ejus discipuli prolog., lib. de Testim.

Dum unius sancti viri, hoc est beati Job historiam abstrusis mysteriorum opacitatibus tectam sub triplici, id est typica morali, atque historica studuit expositione discutere, ac repulso ignorantiæ nubilo, in aperta cunctis luce clarius serena patefactione monstrare, pene totam Veteris ac Novi Testamenti seriem rerum explicandarum necessitate est coactus exponere.

ᶠ *Isidori Hispalensis lib. de Ill. Eccles. Script., c. 27.*

Gregorius papa, Romanæ sedis apostolicæ præsul, compunctione timoris Dei plenus, et humilitate summus, tantumque per gratiam sancti Spiritus scientiæ lumine præditus, ut non modo illi præsentium temporum quisquam doctorum, sed nec in præteritis quidem illi par fuerit unquam. Hic in episcopatus sui exordio edidit librum Regulæ Pastoralis, directum ad Joannem, Ravennæ sedis episcopum. In quo quisque docetur, qualis ad officium regiminis veniat, vel qualiter, dum venerit, vivere vel docere subjectos studeat. Idem etiam, efflagitante Leandro episcopo, librum beati Job mystico ac morali sensu disseruit, totamque prophetiæ ejus historiam in triginta quinque voluminibus largo eloquentiæ fonte explicavit: in quibus quidem quanta mysteria sacramento-

---

ª Hæc vox Gregorio Turon. familiaris (Vide lib. VI hist. c. 4, et l. IX, c. 20), significat pecuniam, supellectilem, bona mobilia. Vide notas ad lib. Sacram. col. 472.

ᵇ Nempe monastico.

ᶜ Nonnisi septem diaconi, scilicet regionarii, tunc in Ecclesia Romana ordinabantur. De hoc more infra fusius dicetur.

ᵈ Ut edita sunt tum in Vita auctore Joanne Diacono, tum ad calcem homil. in Evang. Tom. I. (*Patrol. t. LXXVI.*) Quæ vero leguntur de Litania septiformi apud Greg. Turon. hic excudenda censuimus, quod in his cum Joanne Diacono, imo cum ipsomet S. Gregorio non conveniat. Dissensus illius rationem alibi attulimus.

ᵉ Beccensis, *de portu;* plerique editi, *de porta.* Sequimur editionem nostri D. Theoderici Ruinart. *De porto* forte significat diaconum Ecclesiæ Turon. ad portum sacris cum reliquiis deductum, ut legitur lib. 1 de Gloria Martyrum c. 85, inde rediisse Romam, ut S. Gregorii ordinationem propriis oculis usurparet.

ᶠ S. Gregorii ætati suppar fuit.

rum aperiantur, quanta sint in amorem vitæ æternæ morum præcepta, vel quanta clareant ornamenta verborum, nemo sapiens explicare valebit, etiamsi omnes artus ejus vertantur in linguas. Scripsit etiam et quasdam epistolas ad prædictum Leandrum, e quibus unam in eisdem libris Job titulo præfationis adnectit. Altera loquitur de mersione baptismatis, in qua inter cætera ita scriptum est : « Reprehensibile, inquit, esse nullatenus potest infantem in baptismate mergere vel semel, vel ter, quando in tribus mersionibus personarum Trinitas, et in una potest divinitatis singularitas designari. » Fertur tamen idem excellentissimus vir, et alios libros morales scripsisse, totumque textum quatuor Evangeliorum sermocinando, in populis exposuisse, incognitum scilicet nobis opus. Felix tamen, nimium felix, qui omnium studiorum ejus potuit cognoscere dicta. Floruit autem Mauricio imperatore, obiitque in ipso exordio Phocæ Romani principis.

Joannis Diaconi l. I, *c.* 17, *de Vita S. Greg.*

Gregorius a multis enixe rogatus, maximeque a Leandro Hispalensi episcopo, qui pro causis Visigothorum legatus eodem tempore Constantinopolim venerat, compulsus est ut librum beati Job, multis involutum mysteriis, enodaret. Neque ille negare potuit opus quod sibi amor fraternus multis utile imponebat futurum ; sed eumdem librum, quo modo juxta litteram intelligendus, qualiter ad Christi et Ecclesiæ sacramenta referendus, quo sensu unicuique fidelium sit aptandus, per trifarias intelligendi species miranda ratione perdocuit ; in quibus tamen ita de virtutibus vitiisque disseruit, ut non solum videatur eadem verbis exponere, sed formis quodammodo visibilibus seu palpabilibus demonstrare.

ª *Venerabilis Bedæ lib.* II *Histor. Eccl. gentis Anglorum, c.* 1.

Anno Dominicæ Incarnationis sexcentesimo quinto, beatus papa Gregorius, postquam sedem Romanæ et apostolicæ Ecclesiæ tredecim annos, menses sex et dies decem gloriosissime rexit, defunctus est, atque ad æternam regni cœlestis sedem translatus. De quo nos convenit, quod nostram, id est Anglorum, gentem de potestate Satanæ ad fidem Christi sua industria convertit, latiorem in nostra historia ecclesiastica facere sermonem. Quem recte nostrum appellare possumus et debemus apostolum, quia, cum primum in toto orbe gereret pontificatum, et conversis jamdudum ad fidem veritatis esset prælatus in Ecclesia, nostram gentem eatenus idolis mancipatam Christi fecit Ecclesiam : ita ut apostolicum illum de eo liceat nobis proferre sermonem, quia etsi aliis non est apostolus, sed tamen nobis est : *Nam signaculum apostolatus ejus nos sumus in Domino* (I *Cor.* IX, 2). Erat autem natione Romanus, ex patre Gordiano, genus a proavis non solum nobile, sed et religiosum, ducens. Deinde Felix, ejusdem sedis apostolicæ quondam episcopus, vir magnæ gloriæ in Christo et in Ecclesia, fuit ejus atavus. Sed et ipse nobilitatem religionis non minorem quam parentes et

cognati virtute devotionis exercuit. Nobilitatem vero illam quam ad sæculum videbatur habere, totam ad nanciscendam supernæ gloriam dignitatis, divina gratia largiente, convertit. Nam mutato repente sæculari habitu, monasterium petiit, in quo tanta perfectionis gratia cœpit conversari, ut sicut ipse postea contestari solebat flendo (*Proœm. lib.* I *Dial.*), animo illius labentia cuncta subter essent, ut rebus omnibus quæ volvuntur emineret, nunquam nisi cœlestia cogitare soleret : ut etiam retentus corpore ipsa jam carnis claustra contemplatione transiret ; ut mortem quoque, quæ pene cunctis pœna est, videlicet ut ingressum vitæ, et laboris sui præmium amaret. Hæc autem ipse de se, non profectum jactando virtutum, sed deflendo potius defectum, quem sibi per curam pastoralem incurrisse videbatur, referre consueverat. Denique tempore quodam secreto cum diacono suo Petro colloquens, enumeratis animi sui virtutibus priscis, mox dolendo subjunxit : « At nunc ex occasione curæ pastoralis sæcularium hominum negotia patitur, et post tam pulchram quietis suæ speciem, terreni actus pulvere fœdatur. Cumque pro condescensione multorum se ad exteriora sparserit, etiam cum interiora appetit, ad hæc proculdubio minor redit. Perpendo itaque quid tolero, perpendo quid amisi ; dumque intueor illud quod perdidi, fit hoc gravius quod porto. » (*Ibid.*)

Hæc quidem sanctus vir ex magnæ humilitatis intentione dicebat, sed nos credere decet nihil eum monachicæ perfectionis perdidisse, occasione curæ pastoralis ; imo potiorem tunc sumpsisse profectum de labore conversionis multorum, quam de propriæ quondam quiete conversionis habuerat, maxime quod et pontificali functus officio, domum suam monasterium facere curavit. Et dum primum de monasterio abstractus, ad ministerium altaris ordinatus, atque Constantinopolim apocrisiarius ab apostolica sede directus est, non tamen in terreno conversatus palatio, propositum vitæ cœlestis intermisit. Nam quosdam fratrum ex monasterio suo, qui eum gratia germanæ charitatis ad regiam urbem secuti sunt, in tutamentum cœpit observantiæ regularis habere : videlicet, ut eorum semper exemplo, sicut ipse scribit, ad orationis placidum littus quasi anchoræ fune restringeretur, cum incessabili causarum sæcularium impulsu fluctuaret, concussamque sæculi actibus mentem inter eos quotidie per studiosæ lectionis roboraret alloquium.

Horum ergo consortio non solum a terrenis est munitus incursibus, verum etiam ad cœlestis vitæ exercitia magis magisque succensus. Nam hortati sunt eum ut librum beati Job, magnis involutum obscuritatibus, mystica interpretatione discuteret ; neque negare potuit opus quod sibi fraternus amor multis utile futurum imponebat. Sed eumdem librum quomodo juxta litteram intelligendus, qualiter ad Christi et Ecclesiæ sacramenta referendus, quo sensu unicuique fidelium sit aptandus, per triginta quinque libros expositionis miranda ratione perdocuit. Quod videlicet opus in regia quidem urbe apocrisia-

ª *Floruit desinente sæc.* VII *et fere per* 35 *annos sæculi* VIII.

rius inchoavit, Romæ autem jam factus pontifex implevit. Qui cum esset adhuc in urbe regia positus, nascentem ibi novam hæresim de statu nostræ resurrectionis, in ipso, quo exorta est, initio, juvante se gratia catholicæ veritatis, attrivit. Si quidem Eutychius, ejusdem urbis episcopus, dogmatizabat corpus nostrum in illa resurrectionis gloria impalpabile, ventis, aereque subtilius esse futurum. Quod ille audiens, et ratione veritatis et exemplo Dominicæ resurrectionis probavit hoc dogma orthodoxæ fidei omnimodis esse contrarium. Catholica etenim fides habet quod corpus nostrum in illa immortalitatis gloria sublimatum, subtile quidem sit per effectum spiritalis potentiæ, sed palpabile per veritatem naturæ, juxta exemplum Dominici corporis, de quo a mortuis suscitato dicit ipse discipulis : *Palpate et videte quia spiritus carnem et ossa non habet, sicut me videtis habere* (*Luc.* XXIV, 39). In cujus assertione fidei venerabilis Pater Gregorius in tantum contra nascentem hæresim novam laborare contendit, tantaque hac instantia, juvante etiam piissimo imperatore Tiberio Constantino, comminuit, ut nullus exinde sit inventus, qui ejus resuscitator existeret.

Alium quoque librum composuit egregium, qui vocatur *Pastoralis*, in quo manifesta luce patefecit, qualis ad Ecclesiæ regimen assumi, qualiter ipsi rectores vivere, qua discretione singulas quasque audientium instruere personas, et quanta consideratione propriam quotidie debeant fragilitatem pensare. Sed et Homilias Evangelii numero quadraginta composuit, quas in duobus codicibus æqua sorte distinxit. Libros etiam Dialogorum quatuor fecit, in quibus rogatu Petri, diaconi sui, virtutes sanctorum quos in Italia clariores nosse vel audire poterat ad exemplum vivendi posteris collegit : ut, sicut in libris Expositionum suarum quibus sit virtutibus insudandum edocuit, ita etiam, descriptis sanctorum miraculis, quæ virtutum eorumdem sit claritas ostenderet. Primam quoque et ultimam Ezechielis prophetiæ partem, quæ videbantur obscuriores, per Homilias viginti duas declaravit, ac quantum lucis intus habeant, demonstravit. Excepto libello Responsionum quem ad interrogationes S. Augustini, primi Anglorum episcopi, scripsit, ut supra docuimus, totum ipsum libellum his inferentes historiis; libello quoque synodico, quem cum episcopis Italiæ de necessariis Ecclesiæ causis utilissimum composuit, et familiaribus ad quosdam litteris. Quod eo magis mirum est, tot eum ac tanta concedere volumina potuisse, quod pene omni juventutis suæ tempore, ut verbis ipsius loquar, crebris viscerum doloribus cruciabatur, horis momentisque omnibus fracta stomachi virtute lassescebat, lentis quidem, sed tamen continuis febribus anhelabat. Verum inter hæc dum sollicitus pensaret quia, Scriptura teste, omnis filius qui recipitur flagellatur, quo malis præsentibus durius deprimebatur, eo de æterna certius præsumptione respirabat.

Hæc quidem de immortali ejus dicta sint ingenio, quod nec tanto potuit corporis dolore restringi. Nam alii quidem pontifices construendis ornandisque auro vel argento ecclesiis operam dabant : hic autem totus erga animarum lucra vacabat. Quidquid pecuniæ habuerat, sedulus hoc dispergere ac dare pauperibus curabat, ut *justitia ejus maneret in sæculum sæculi, et cornu ejus exaltaretur in gloria* (*Psal.* CXI, 8) : ita ut illud beati Job veraciter dicere posset : *Auris audiens beatificabat me, et oculus videns testimonium reddebat mihi, quod liberassem pauperem vociferantem, et pupillum cui non esset adjutor. Benedictio perituri super me veniebat, et cor viduæ consolatus sum. Justitia indutus sum, et vestivi me sicut vestimento et diademate, judicio meo. Oculus fui cæco, et pes claudo. Pater eram pauperum, et causam quam nesciebam diligentissime investigabam. Conterebam molas iniqui, et de dentibus illius auferebam prædam* (*Job.* XXIX, 11 et seq.). Et paulo post : *Si negavi,* inquit, *quod volebant, pauperibus, et oculos viduæ exspectare feci. Si comedi buccellam meam solus, et non comedit pupillus ex ea. Quia ab infantia mea crevit mecum miseratio, et de utero matris meæ egressa est mecum* (*Job.* XXXI, 16 et seq.).

Ad cujus pietatis et justitiæ opus pertinet etiam hoc, quod nostram gentem per prædicatores quos huc direxit, de dentibus antiqui hostis eripiens, æternæ libertatis fecit esse participem. Cujus fidei et saluti congaudens, quæque digna laude commendans, ipse dicit in Expositione beati Job : « Ecce lingua Britanniæ, quæ nihil aliud noverat quam barbarum frendere, jam dudum in divinis laudibus Hebræum cœpit *Alleluia* resonare. Ecce quondam tumidus, jam substratus sanctorum pedibus servit Oceanus ; ejusque Barbaros immites, quos terreni principes edomare nequiverant, hos pro divina formidine sacerdotum ora simplicibus verbis ligant; et qui catervas pugnantium infideles nequaquam metuerent, jam nunc fideles humilium linguas timent. Quia enim perceptis cœlestibus verbis, clarescentibus quoque miraculis, virtus ei divinæ cognitionis infunditur, ejusdem divinitatis terrore refrenatur, ut grave agere metuat, ac totis desideriis ad æternitatis gratiam venire concupiscat. » (*Lib.* XXVII, n. 21.) Quibus verbis beatus Gregorius hoc quoque declarat, quod S. Augustinus et socii ejus non solum prædicatione verborum, sed etiam cœlestium ostensione signorum gentem Anglorum ad agnitionem veritatis perducebant.

Fecit inter alia beatus papa Gregorius, ut in ecclesiis apostolorum beatorum Petri et Pauli super corpora eorum missæ celebrarentur. Sed et in ipsa missarum celebratione tria verba maximæ perfectionis plena superadjecit : *Diesque nostros in tua pace disponas, atque ab æterna damnatione nos eripi et in electorum tuorum jubeas grege numerari.* Rexit autem Ecclesiam temporibus imperatorum Mauricii et Phocatis. Secundo autem ejusdem Phocatis anno transiens ex hac vita, migravit ad veram, quæ in cœlis est, vitam. Sepultus vero est corpore in ecclesia beati Petri apostoli ante secretarium, die quarto Iduum

Martiarum, quandoque in ipso cum cæteris sanctæ Ecclesiæ pastoribus resurrecturus in gloria. Scriptumque est in tumba ipsius epitaphium hujusmodi : *Suscipe, terra, tuo corpus de corpore sumptum*, etc. (*ut apud Joan. Diac. lib.* IV *Vitæ, c.* 68). Nec silentio prætereunda opinio, quæ de beato Gregorio traditione majorum ad nos usque perlata est : qua videlicet ex causa admonitus, tam sedulam erga salutem nostræ gentis curam gesserit. Dicunt quia die quadam, cum advenientibus nuper mercatoribus, multa venalia in forum fuissent collata, multique ad emendum confluxissent, et ipsum Gregorium inter alios advenisse ac vidisse inter alia pueros venales positos, candidi corporis, ac venusti vultus, capillorum quoque forma egregia. Quos cum aspiceret, interrogavit, ut aiunt, de qua regione vel terra essent allati; dictumque est quod de Britannia insula, cujus incolæ talis essent aspectus. Rursus interrogavit utrum iidem insulani essent Christiani, an paganis adhuc erroribus essent implicati. Dictum est quod essent pagani. At ille intimo ex corde longa trahens suspiria : Heu proh dolor! inquit, quod tam lucidi vultus homines tenebrarum auctor possidet, tantaque gratia frontis speciei mentem ad internam gratiam vacuam gestat. Rursus interrogavit quod esset vocabulum gentis illius. Responsum est quod Angli vocarentur. At ille : Bene, inquit, nam et angelicam habent faciem, et tales angelorum in cœlis decet esse cohæredes. Quod habet nomen ipsa provincia de qua isti sunt allati? Responsum est quod *Deiri* vocarentur iidem provinciales. At ille inquit : Bene Deiri, de ira eruti, et ad misericordiam Christi vocati. Rex provinciæ illius quomodo vocatur? Responsum est quod Ælle diceretur. At ille alludens ad nomen, ait : Alleluia laudem Dei Creatoris illis in partibus oportet cantari. Porro accedens ad pontificem Romanæ et apostolicæ sedis (nondum enim erat ipse pontifex factus) rogavit ut genti Anglorum in Britanniam aliquos verbi ministros, per quos ad Christum converterentur, mitteret; seipsum paratum esse in hoc opus, Domino cooperante, perficiendum, si tamen apostolico papæ hoc ut fieret placeret. Quod dum perficere non posset (quia etsi pontifex concederet illi quod petierat voluit, non tamen cives Romani, ut tam longe ab Urbe secederet, potuerunt permittere), mox ut ipse pontificatus officio functus est, perfecit opus diu desideratum, alios quidem prædicatores mittens, sed ipse prædicationem, ut fructificaret, suis exhortationibus ac precibus adjuvans. Hæc juxta opinionem, quæ ab antiquis accepimus, historiæ nostræ ecclesiasticæ inserere optimum duximus.

Adonis, [a] *archiepiscopi Viennensis.*

Romæ depositio sancti Gregorii papæ, qui nobili genere, liberalibus artibus eruditus est. Deinde defunctis parentibus, sex in Sicilia monasteria construens, septimum intra Urbis muros constituit. In quo ipse post sæcularem habitum multis fratribus aggregatis, sub abbatis imperio strenue militavit, et suæ nobilitatis lineam moribus extulit, probis actibus decoravit. Nam qui ante sericis vestibus ac gemmis micantibus per Urbem solebat procedere trabeatus, post vili contectus tegmine, ministrabat pauper ipse pauperibus. Quibus monasteriis tantum de reditibus prædiorum delegavit, quantum posset commorantibus ad quotidianum victum sufficere : reliqua vero vendidit, ac pauperibus erogavit. Deinde coactus et multum renitens, factus Urbis Romæ summus pontifex, Anglorum gentem ad fidem convertit : directis videlicet sui monasterii monachis, Mellito, Augustino atque Joanne, et cum eis aliis plurimis fratribus. Rexit autem gloriosissime Romanam Ecclesiam annis XIII, mensibus sex, et diebus decem. Augmentavit etiam in præfatione Canonis : *Diesque nostros in tua pace dispone.*

Ejusdem, in Chronico.

Gregorius, adhuc apocrisiarius Romanæ Ecclesiæ in Constantinopoli, libros triginta quinque expositionis in Job condidit; atque Eutychium, ejusdem urbis episcopum, in fide nostræ resurrectionis errasse, Tiberio præsente, ita convicit, ut imperator librum Eutychii, quem de resurrectione scripserat, flammis cremari debere deliberaret.

[b] *Hadriani papæ I ad episcopos Hispaniæ, tom. VII Concil. p.* 1017.

Jam nunc videamus, quid de hac re sentiat prædecessor noster beatus Gregorius egregius doctor, sagacissimus verbi Dei indagator, et venerabilis Pater. Denique in Libris Moralibus sancto repletus Spiritu, etc.

[c] *Hincmari Rhemensis, de Prædestinat. c.* 18.

Quod vidit beatus Gregorius primæ et sanctæ sedis Romanæ ornatus præcipuus, dicens in libro I Dialogorum : *Quæ perennis,* inquit, *regni prædestinatio, ita est ab omnipotente Deo disposita, ut ad hoc electi ex labore perveniant; quatenus postulando mereantur accipere, quod iis omnipotens Deus ante sæcula disposuit donare.* Unde et, sicut in Gestis Romanorum pontificum legitur, arcanis sacramentorum cœlestium augmentare curavit: *Ut dies disponat, ab æterna damnatione nos eripi et in electorum suorum jubeat grege numerari.*

Vita S. Gregorii Magni per [d] *Simonem Metaphrasten.*

Beatus Gregorius, qui sanctæ Dei Ecclesiæ Romanæ pontifex fuit, antequam fieret patriarcha, monachus erat. in monasterio sancti Andreæ apostoli ad clivum Scauri, prope templum sanctorum martyrum Joannis et Pauli. Atque illi quidem monasterio ipse præerat. Matrem vero habuit beatam Silviam, quæ tunc juxta portam sancti apostoli Pauli locum patrium, qui Cella nova dicitur, incolebat. Accidit ut cum in cellula ipse sua sederet et scriberet, accesserit ad eum mendicus voce supplici : Miserere mei, inquiens, serve Dei Altissimi, qui cum essem navis gubernator, naufragium feci, et aliena meaque perdidi. At ille, uti benignus in pauperes, ac vere Christi

[a] Floruit post an. 850.
[b] Rexit Ecclesiam ab anno 772 ad an. 795.

[c] Floruit medio sæculo nono.
[d] Vixit ineunte sæculo decimo.

servus, vocato procuratore : Da, inquit, frater, huic sex nummos aureos. Frater autem id quod servus Dei Gregorius mandaverat, fecit, mendicoque pecuniam dedit. Eodem rursus die pauper idem ad beatum Gregorium venit; et, Miserere mei, inquit, serve Dei Altissimi, qui cum multa amiserim, parum abs te accepi. Beatus autem Gregorius ministrum suum iterum vocavit, dixitque ut sex item nummos eidem pauperi numeraret. Ac frater quidem paruit. Sed pauper cum, acceptis duodecim nummis, discessisset, ad beatum Gregorium paulo post rediit eodem die : Miserere, inquiens, mei, serve Dei Altissimi, et aliquid rursum elargire : quoniam magnam jacturam feci. Procuratore tertium accersito : Da, frater, inquit, huic pauperi sex alios nummos. At ille respondens : Crede mihi, Pater, inquit, ne unus quidem in arca relictus est nummus. Cui beatus Gregorius : Nonne aliud quidquam habes in promptuario, ut vas aliquod aut vestimentum, quod pauperi largiaris? Nullum, respondit ille, vas habemus, præter argenteum illud, quod magna domina de more leguminibus plenum misit. Abi, inquit servus Dei Gregorius, atque illud pauperi præbe. Frater autem fecit quod sibi a beato Gregorio mandatum fuerat. Pauper igitur, acceptis duodecim nummis, et vase argenteo, discessit. Cum autem in sanctissima et maxima Dei Ecclesia veteris Romæ creatus esset patriarcha, et, quemadmodum patriarcharum est consuetudo, quodam die thesaurario mandasset ut duodecim pauperes ad mensam suam convocaret, qui secum pranderent, paruit ille, ac pauperes convocavit. Verum cum discubuissent cum patriarcha, deprehensi sunt esse tredecim. Quamobrem accersito thesaurario : Nonne, inquit, mandavi tibi ut duodecim vocares? Cur igitur tredecim vocasti præter sententiam meam? His ille auditis perterritus : Crede, inquit, mihi, venerande Domine, duodecim sunt; nec alius quisquam, præter patriarcham, tredecim vidit. Inter prandendum igitur patriarcha tertium decimum illum spectabat, qui in summo scamno considebat. Et ecce facies ejus varias formas sumebat. Modo enim senex, modo adolescens ille videbatur. Itaque cum e mensa consurrexissent, beatus Gregorius, reliquis omnibus dimissis, tertium decimum illum, qui tam admirandus ipsi visus fuerat, manu apprehensum in cubiculum duxit, et allocutus est ad hunc modum : Adjuro te per magnam omnipotentis Dei virtutem, ut aperias mihi, qui sis, et quo nomine appelleris. Et ille : Cur, inquit, nomen meum quæris, quod est admirabile? Ego sum pauper ille qui ad te veni in mansionem sancti Andreæ apostoli ad clivum Scauri, cum tu in cellula tua sederes ac scriberes, cui duodenos dedisti nummos, et vas, quod tibi beata mater Silvia cum leguminibus miserat. Itaque cum perspicuum fuerit te in cordis simplicitate et patientia constantem permansisse, ex quo die mihi hæc tribuisti, constituit Dominus ut Ecclesiæ sanctæ suæ, pro qua proprium etiam sanguinem effudit, pontifex fieres, et Petri principis apostolorum successor esses : ut posses omnibus quodcumque opus foret subministrare. Unde, beatus inquit Gregorius, nosti, tunc Dominum, ut ego pontifex fierem, decrevisse? Quia, respondit, sum Dei angelus omnipotentis, idcirco id novi. Et tunc Dominus misit me, ut animi tui propositum explorarem, et utrum humanitate ductus, an ostentatione faceres eleemosynam. Quo beatus Gregorius audito timuit, neque enim antea eum angelum esse cognoverat; et ideo cum illo tanquam cum homine egerat et locutus fuerat. Dixit autem angelus ad beatum Gregorium : Ne timeas, misit enim me Deus ut tecum verser in hac vita. Quod ille cum audisset, humi prostratus in faciem suam, adoravit Dominum : Si propter exiguam hanc, inquiens, ad promerendum animi propensionem, tantum benignitatis cumulum clementissimus Dominus declaravit, ut angelum suum mitteret, qui mei in perpetuum custos esset, quænam eorum futura est gloriæ magnitudo, qui mandatis ejus obtemperabunt, et justitiam colent? Verax enim est ille qui dixit, judicio misericordiam præstari, et Deo fenerari eum qui pauperis miseretur. Quin etiam ipse Dominus angelorum, qui salutis hominum auctor est, eos qui a dextris erunt collocati, sic alloquetur : *Venite, benedicti Patris mei, paratam vobis a mundi constitutione suscipite regni hæreditatem. Et : Esurivi enim, et dedistis mihi manducare. Sitivi, et dedistis mihi bibere. Hospes eram, et collegistis me. Æger, et visitastis me. Nudus, et operuistis me. In carcere, et venistis ad me. Quatenus enim fecistis uni ex his fratribus meis minimis, mihi fecistis* (Matth. xxv, 43). Quam quidem beatam vocem utinam audiamus nos omnes qui hæc vel legimus, vel audimus; et consequamur ea bona sempiterna, quæ paravit Deus iis a quibus diligitur, per gratiam atque humanitatem Domini nostri Jesu Christi, cui gloria in sæcula sæculorum. Amen.

Sigeberti Gemblacensis [a], *lib. de Script. Eccles.*, c. 41.

Gregorius, natione Romanus, ex prætore Urbano, monachus abbas, septimus Romanæ Ecclesiæ levita, apocrisiarius papæ Romanæ Ecclesiæ, multa scripsit. Rogatus a Leandro Hispalensi episcopo, librum Job exposuit tripliciter, historice, allegorice et moraliter; et librum dividens in sex libros, consummavit hoc mirabile opus in triginta quinque libris. Primam et ultimam partem Ezechielis prophetæ, quæ obscuriores erant, exposuit homilitico sermone. Scripsit [b] ad Marianum episcopum quadraginta duas Evangelii homilias. In initio pontificatus sui scripsit ad Joannem, Ravennæ episcopum, librum Regulæ Pastoralis; librum Dialogorum, quem cum Petro, diacono suo, de miraculis sanctorum sui temporis habuit, Theudelindæ Langobardorum reginæ pro munere misit. Epistolarum tot libros posteris reliquit quot annos in pontificatu vixit, id est tredecim et semis. Scripsit et alia, quæ a Romanis post mortem ejus combusta sunt; qui et omnia opera ejus combussissent, nisi Petrus, diaconus eius, cundinum Tauromenitanum ep. Cæterum homilias 40 tantum agnoscimus.

---

[a] Obiisse dicitur an. 1113.
[b] Non *ad Marianum*, seu *Marinianum*, sed ad Se-

interveniens, confirmasset jurejurando se vidisse A Spiritum sanctum, quasi columbam super caput Gregorii tractantis, sedentem, rostrum suum ori illius inserentem. Et hoc ipsum Petrus hac conditione fecit, ut si post factum jusjurandum statim moreretur, Romani a libris Gregorii comburendis cessarent; si non moreretur, ipse etiam combustoribus librorum manus daret. Sic Petrus inter verba juramenti exspiravit, et Romanorum insania cessavit. Quæ scriptura Gregorium tam illustravit, quam illud quod Antiphonarium regulari musica modulatione centonizavit, et scholas cantorum in Romana Ecclesia constituit.

Honorii Augustodunensis [a], *de Scriptoribus ecclesiasticis.*

Gregorius, Romanæ urbis episcopus, organum sancti Spiritus, incomparabilis omnibus suis prædecessoribus, multa præ sole præclara, ac præ obrizo auro pretiosa scripsit. Ad supradictum Joannem, Pastoralem Curam; ad Leandrum episcopum, librum Job triginta quinque voluminibus largo eloquentiæ fonte explicavit; Dialogum de miraculis sanctorum ad Petrum archidiaconum; quadraginta oracula Evangeliorum, [b] imo totum textum quatuor Evangeliorum, sermocinando, populo exposuisse dicitur; et viginti Homilias in Ezechielem, et infinitas epistolas, quarum collectio Registrum dicitur. Floruit sub Mauricio.

[a] Floruit sæculo xii jam adulto.
[b] De his lege quæ infra ad Joan. Trithemii testimonium observavimus.
[c] Floruit ineunte sæculo xvi.
[d] Hujus explanationis codices duos Mss. annorum 900 invenimus: unum, ipsumque elegantissime conscriptum, in Regia Bibliotheca; alterum vero, non ita accurate exaratum, in Biblioth. Bigot. cum hoc titulo: *Incipit expositio secundum Matthæum.......... a sancto Gregorio..... Urbis Romæ, Matthæus sicut in ordine primus*, etc. Puncta hic notata designant verba quæ ita abrasa sunt, ut legi non possint. Hæc expositio non redolet stylum S. Greg. Mag., cui tamen eam tribuere videtur Honorius August. cum de ipso ait: *Quadraginta oracula Evangeliorum, imo totum textum quatuor Evangeliorum sermocinando populo exposuisse dicitur.* (*Lib. de Scriptoribus Eccles. in Greg.*) Codex Bigot. est mutilus: nam expositio in Lucam pene deest integra. Huic præmittitur expositio Evangelii secundum Joannem; forma codicis respondet nostris voluminibus in octavo, et in dorso superscriptum legitur: *Homiliæ S. Greg. Concordia mensium. Canones Apostolorum.*

[c] *Joannis Trithemii, lib. de Script. Eccl.*

Gregorius papa primus, ex monacho ordinis sancti Benedicti, patria Romanus, post Pelagium pontificem sedit in cathedra Petri annis tredecim, mensibus sex; vir in divinis Scripturis eruditissimus, et in sæcularibus litteris utique doctissimus, theologorum princeps, splendor philosophorum, et rhetorum lumen; vita et conversatione integer, atque sanctissimus: cui, divinas Scripturas explananti, Spiritus sanctus aliquoties visibili specie apparuit, eique arcana mysteriorum eorumdem invisibili magisterio reservavit. Hic Romæ apud sanctum Petrum habita synodo viginti quatuor episcoporum, multa ad Ecclesiæ utilitatem constituit, et decretum immunitatis monasteriorum promulgavit. Scripsit autem plura necessaria volumina, de quibus feruntur subjecta:

Ad Leandrum Hispalensem episc. Moralium in librum Job. Lib. xxxv. *Inter multos sæpe.*
De Cura pastorali. Lib. ii. *Pastoralis curæ me.*
Dialogorum de miraculis sanctorum. Lib. iv. *Quadam die nimis.*
In Cantica canticorum. Lib. iv. *Postquam a paradisi.*
In Ezechielem prophetam. Lib. ii. *Dei omnipotentis.*
Homiliæ Evangeliorum XL. Lib. ii. *Dominus ac Redemptor.*
[d] Explanatio IV Evangeliorum brevis. Lib. iv. *Matthæus sicut in ordine.*

PRÆFATIO IN LIBROS MORALIUM.

I. Gregorianorum operum novis curis ac typis edendorum initium ducimus a Moralibus in Job, propter antiquitatem tum operis (est enim omnium quæ sanctus Doctor elucubravit primum), tum auctoris sacri hoc in commentario explicati; cum liber Job aut Moysen, ut plerique sentiunt, aut Moyse antiquiorem parentem habeat. Hanc expositionem aggressus est noster Gregorius, cum apocrisiarii seu legati sedis apostolicæ Constantinopoli provinciam obiret, ut in epistola ad Leandrum proxime sequente fusius explicat; postea vero majori otio potitus, ad incudem revocavit et retractavit; sicque majori diligentia iterum ac tertio recognitum a sanctissimo doctissimoque Patre illud opus (quod de nulla alia ejus lucubratione asserere licet) ut numeris omnibus absolutissimum, priorem locum ordine quoque dignitatis merito consecutum es'.
In ea sane expositione æque copiosa et eleganti, tantum cæteros scriptores qui librum Job commentariis illustrare conati sunt, antecellit, quantum in divinorum arcanorum cognitione et contemplatione, Christianæ ethices scientia experientiæ conjuncta, rerumque sacrarum omnium peritia, longe superior fuit. Adeo ut his in libris refertissimum simul habeamus armamentarium ad ecclesiastica dogmata astruenda confirmandaque, et copiosissimum ad mores instruendos ac informandos promptuarium.
II. Statim ac in lucem editi sunt libri illi, quam avide fuerint excepti, jubentibus etiam episcopis ut ad vigilias sacras legerentur, quamque ægre id tulerit vir humilitate præstantissimus, ipse nos docet in epistola ad Joannem subdiaconum Ravennæ, his verbis: « Illud autem quod ad me quorumdam relatione perlatum est, quia reverendissimus frater et coepiscopus meus Marinianus legi commenta beati Job publice ad vigilias faciat, non grate suscepi, quia non est illud opus populare; et rudibus auditoribus impedimentum magis quam provectum generaret. Sed dic ei ut commenta Psalmorum legi ad vigilias faciat » (*Lib.* xii, *e. ist.* 24).

III. Præconceptam de sancti Gregorii Moralibus opinionem ad posteros propagatam, majores quoque nostri testatam nobis reliquerunt, maxime cum ex illis, ut præ manibus semper haberi possent, tot, variis sub nominibus, epitomes confecerunt. Insigniores hic commemorabimus in bibliothecis a nobis repertas. In Codice Corbeiensi nunc bibliothecæ sancti Germani a Pratis, qui collectionem quarumdam epistolarum sancti Gregorii a Paulo Diacono missam ad sanctum Adhalardum abbatem Corbeiensem continet, exstat quoque opusculum hoc titulo donatum : *In nomine Dei Patris, et Filii, et Spiritus sancti. Incipit Egloga quam scripsit Lateen filius Haith, de Moralibus Job quas Gregorius fecit*. Videtur esse saltem DCCC annorum. Quædam folia perierunt. Post librum trigesimum, ex reliquis quinque nihil legitur.

In bibliotheca sancti Audoeni Rothomagensis habemus manu exaratum, *Adalberti Levitæ speculum ad Hairmannum presbyterum*, seu Moralia beati Gregorii abbreviata. Codex est DC annorum. Ejusdem collectionis exemplar jam occurrerat doctissimo nostro Joanni Mabillonio bibliothecam Præmonstratensem excutienti (*Tom. I vet. Anal.*, p. 317).

In Cod. ms. bibliothecæ Gemeticensis sunt abbreviationes Moralium sub titulo *Reclinatorii animæ*.

Eosdem collegisse dicuntur Simon Affligeniensis monachus *decem parvulis libris*, et Garnerius canonicus et subprior sancti Victoris Parisiensis libris sexdecim. Exstat Garnerii opus *Gregorianum* dictum, in bibliotheca Navarræa. Verum omnium qui hujusmodi compendia confecerunt, illustrior fuit sanctus Odo ex canonico sancti Martini Turonensis, monachus et abbas Cluniacensis postea factus, cujus libros xxxv ex Moralibus Gregorianis collectos edidit Parisiis D. Martinus *Marrier* sancti Martini a Campis monachus anno 1617. Exstant in bibliotheca Patrum Lugdun. tom. XVII. Huic scriptioni operam dedit Odo cum adhuc junior in sancti Martini sodalitio militaret. Odonis exemplar secutus Joannes ejus discipulus, qui ipsius vitam tribus libris complexus est, *opusculum ex Gregorii Moralibus defloratum* concinnavit, quod in bibliotheca Casinensi a se inventum testatur idem Mabillonius (*Mus. Ital. tom. I*, p. 123).

In bibliotheca Laudunensis Ecclesiæ insignis est Codex manu exaratus eosdem Moralium libros in compendium redactos exhibens, quem huic Ecclesiæ dono contulerunt duo ejusdem canonici, Adalelmus Thesaurarius, postea, teste Flodoardo, ejusdem Ecclesiæ creatus episcopus, an 921, ac Bernardus (*Gall. Christ.*, *in episc. laud.*). Opus sic incipit : *In nomine Domini. Prologus beati Job. Inter multos sæpe quæritur, quis beati Job libri scriptor haberetur. Alii quidem Moysen*, etc. Sic absolvitur prologus : *suæ victoriæ gesta narravit*. Post prologum legitur : *Incipiunt Moralia sancti Gregorii papæ de libro Job. Vir erat in terra Hus nomine Job. Idcirco sanctus vir ubi habitaverit dicitur, ut ejus meritum virtutis exprimatur. Sicut enim graviores culpæ, est*, etc. Liber primus desinit in hæc verba: *quia sine cessatione Patri suam pro nobis incarnationem demonstrat*. Sequuntur ordine xxxii libri. Nam tricesimus quintus deest. Quis autem hujus collectionis auctor sit, nondum nobis compertum est.

IV. Ex his liquet quam assidui essent veteres in legendis colligendisque velut in fasciculos Gregorianorum Moralium libris; quod habitæ de illis existimationis argumentum est luculentissimum. Ut autem Latinæ linguæ imperitia quominus legerentur non obesset, ipsorum in vulgares linguas translationes factæ sunt plurimæ. Nam Notkerus eos Germanice vertisse dicitur; Hispanice autem Grimoaldus, monasterii sancti Æmiliani monachus, circa sæculi xi finem, ut de cæteris taceamus (*Bibl. vet. Hisp., tom. II, lib.* VII, *c.* 1, *num.* 15). Non minus aviditatem legendi libros Moralium probat Codicum manu descriptorum, qui libros illos repræsentant, innumera pene multitudo. Præcipuos a nobis lectos et evolutos hic recensere operæ pretium duximus.

Antiquitate præstantissimus est Codex cl. viri Stephani Baluzii, qui Gregorii ætatem pene attingere creditur. Utinam vero plures quam quinque libros, scilicet a vigesimo tertio ad vigesimum septimum, complecteretur !

Secundus propter antiquitatem locus debetur *Rhemensi* plus quam nongentorum annorum, qui Ecclesiæ Rhemensi dono datus est ab Hincmaro archiepiscopo. Hunc appellamus *Rhem. vet.*, aut 1 *Rhem.* ut ab alio Codice ejusdem Ecclesiæ, sed ætatis inferioris, distinguatur.

Tres Codices nobis suppeditavit bibliotheca archimonasterii sancti Remigii Rhemensis. Prior majoris formæ vocabitur a nobis *Remig.* 1; sequentes, 2 et 3.

Insignis Codicis Ecclesiæ Bellovacensis copiam habuimus, annitente cl. viro D. *Foy* a sancto Hilario ejusdem Ecclesiæ canonico, qui quoad vixit studiosissimum se ostendit litterarum litteratorumque omnium. Codex qui DCC annorum ætatem præfert, complectitur viginti priores Moralium libros. In quibusdam locis recentiori manu correctus fuit, seu potius corruptus; sed prioris lectionis quæ facile dignoscitur, rationem habuimus. Libro undecimo præmittitur index capitulorum, quorum distinctio ex textibus libri Job explicatis repetitur. Adduntur argumenta quædam, *de igne æterno, de felicitate, de timore Dei*, etc. Remigianus Codex 1 exhibet etiam nonnulla summaria titulorum loco ascripta. Codex Bellovacensis primis his litteris *Bellov.*, aut *Belvac.*, significabitur.

Decem priorum librorum Moralium variantes lectiones ex duobus Codicibus Corbeiensibus excerpsimus, qui cum ab invicem nunquam fere discrepent, ambo sic notabuntur, *Corb.* Alterius Corbeiensis occurret sæpe mentio, qui cum Parisiis in bibliotheca sancti Germani a Pratis nunc asservetur, dicetur *Corb. Germ.* Eadem sancti Germani bibliotheca nobis præbuit optimæ notæ Codicem *Germanensis* titulo infra indicandum.

Asceterii Dionysiani prope Parisios olim fuit Codex a DCCC circiter annis descriptus, quem *Colbertinum* nominamus, quod in celeberrima Colbertina bibliotheca nunc asservetur.

Ex Ecclesia Laudunensi duos Codices in quibus libri Moralium continentur a decimo septimo inclusive ad ultimum, utendos accepimus, infra sic indicandos *Laud. primus, Laud. secundus*.

Sex priores libros et totidem posteriores cum vigesimo, vigesimo primo et vigesimo secundo, eruimus ex bibliotheca monasterii Vallis Claræ, ordinis Cisterciensis in diœcesi Laudunensi, annuente reverendissimo abbate, faventeque doctissimo, æque ac humanissimo viro domno *de Noyville* ejusdem monasterii vigilantissimo præposito, cujus ope ac labore multa alia ad nostram Editionem adornandam, consecuti sumus. Huic Codici notam hanc assignamus *Val. Clar.*

Decem priores Moralium libros, atque undecim novissimos invenimus in monasterii Longipontis ejusdem ordinis Cisterciensis membranis optimæ notæ sexcentorum circiter annorum antiquitatem præ se ferentibus; quæ hoc dimidiato nomine *Longipont.* facile a cæteris secernentur.

Duobus Codicibus sancti Cornelii Compendiensis usi sumus, uno DCC annorum, altero inferioris ætatis. Antiquiorem appellabimus *Compend.* 1, alterum *Compend.* 2.

Regiæ apud Parisios bibliothecæ Codices elegantia et venustate magis quam vetustate commendatos consuluimus, et magna ex parte evolvimus. Unus omnes Moralium libros continet, alter decem et octo, tertius tantum quinque; quartus longe majori forma elegantissimisque characteribus exaratus, decem et septem duntaxat.

Ex Codice Carnotensis Ecclesiæ, sæculo x scripto, pauca delibavimus, quod ab aliis jam a nobis lectis non discreparet.

In monasterio sancti Petri in valle Carnotensi exstat Codex Moralium ante annos DCCC scriptus, quem Ardeus Carnotensis Ecclesiæ decanus, postea in monasterio Floriacensi monachus, indeque Carnotum missus ad restaurandum sancti Petri monasterium, secum detulisse dicitur. Hunc in quibusdam tantum locis insignioribus consuluimus, quod magna ex parte mutilus sit.

Floriacensis monasterii bibliotheca magna olim Mss. supellectile instructissima, tria Moralium exemplaria manu exarata asservat, ex quibus varias lectiones non paucas excerpsimus.

Ex Bibliotheca sancti Martini Turonensis eorumdem Moralium vetus exemplar obtinuimus evolvendum, spondente pro nobis cl. viro D. de Galiczon doctore ac socio Sorbonico, ejusdem Ecclesiæ canonico et præcentore, cui litteræ plurimum debent.

Ex Codice sancti Albini Andegavensis multas Moralium varias lectiones accepimus, et novæ inseruimus Editioni.

In bibliotheca monasterii Vindocinensis tres nacti sumus Codices Moralium manu exaratos vetustissimos. Qui antiquitate præstat tredecim libros ultimos exhibet; alter duodecim priores, tertius viginti duos. In eo singulis libris quidam præmittuntur indices argumentorum seu titulorum ac veluti capitum, in quæ libri secantur. Idem duplicem sæpe lectionem exhibet, quod etiam in Uticensi, Lyrano et Bigotiano infra commemorandis, observavimus.

Verum majorem Codicum mss. copiam, et variarum lectionum segetem nobis subministravit Normannia, qua in provincia nova hæc Editio potissimum adornata est.

Libros quindecim priores accepimus ex bibliotheca Ecclesiæ Bajocensis, favente præsertim illustrissimo reverendissimoque episcopo Henrico *de Nesmond;* qui cum resarciendæ ex sancti Gregorii doctrina disciplinæ ecclesiasticæ sit studiosissimus, ut emendatoria prodirent ejusdem sancti Doctoris opera curandum putavit.

Omnes Moralium libros legimus in Codicibus Ebroicensis Ecclesiæ nobis commodatis beneficio præsertim clarissimorum virorum DD. *Bitaut* decani, *Petit* præcentoris, et *Aubery* canonici ac bibliothecæ præfecti.

Eosdem libros contulimus ad varios Mss. sancti Michaelis in periculo maris, sancti Martini Sagiensis, sancti Ebrulfi in pago Uticensi, beatæ Mariæ de Lyra, beati Petri de Conchis, monasterii Beccensis, Pratellensis, Gemeticensis. Hi Codices pene omnes DCC annorum ætatem assequi videntur, optimæque sunt notæ, præsertim Pratellenses et Gemeticenses qui antiquitate præstant. Sancti Ebrulphi Codices aliquando Uticenses appellabimus a pago Uticensi in quo situm est illud monasterium. Conchensis nunc asservatur in celeberrima bibliotheca Bigotiana apud Rothomagum, ex qua illum accepimus cum plurimis aliis, humanitate clarissimi viri *D. Bigot de Monville* in suprema Normanniæ curia senatoris integerrimi; quapropter eum non Conchensem sed *Bigotianum* appellabimus.

Octo Anglicanorum Mss. variantes lectiones suppeditavit nobis Thomas Jamesius in *Vindiciis Gregorianis,* sed paucissimas; ex quibus tamen intelligere licet Angliæ Codices manu exaratos a nostris non discrepare.

Denique Romanorum Vaticanorumque Codicum lectiones diversas ad nos misit D. Claudius *Estiennot,* quem huic labori plurimisque aliis pro reipublicæ litterariæ bono susceptis immortuum, lugemus.

V. Christianorum studium erga libros Moralium sancti Gregorii non minus probant frequentes eorum Editiones, a quo ars typographica amanuensium labores levavit, quam Codicum manu exaratorum copia. Eas tantum quibus usi sumus, hic recensere sufficiet, sive seorsim excusi sint laudati libri, sive simul cum aliis sancti Doctoris operibus; omnes enim enumerare immensi laboris esset ac supervacanei.

Antiquior a nobis lecta, Parisiensis est an. 1495, quæ prodiit *cura magistri Udalrici* Gering *Constantiensis, et Bercthoidi* Rembolt *Argentinensis sociorum in sole aureo vici Sorbonici commorantium.*

Hanc secutæ sunt plurimæ Parisienses, scilicet an. 1518, cum omnibus sancti Gregorii operibus studio ejusdem *Rembolt* vel alterius cognominis in ædibus *Joannis Parvi.* An. 1533, 1542, 1551, 1562, 1571, 1575 (quæ duæ ultimo loco laudatæ *Joannis Gilotii Campani* viri doctissimi opera prodierunt) 1586, 1605, 1619, 1640 et 1675, a Gussanvillæo adornata. Prior Basileensis est anni 1496, quam proxime excepit excusa in officina Nicolai *Keslers* an. 1503. Huic successit quæ in eadem urbe publici juris facta est, *ære et impensis Ludovici* Horneken *Bibliopolæ civisque magnæ Agrippinæ, labore tamen et curis Adæ Petri* a Lagendorf *hypoplastis* (forte typoplastis) *pridie Kalendis Februariis, an.* 1514, *e nobili Basilea, regnante Salvatore nostro carne trabeato.* Hæc Editio discrepare non videtur a superiori Basileensi, aut in textu, aut in capitum partitione. Quarta publici juris facta est an. 1551, iterumque prodiit an. 1564, ex officina Frobeniana, cura Buldrichi Coccii.

Omnes laudatas Editiones ætate superat Romana an. 1475, Sixto IV Romæ sedente, cui præfixa est brevis præfatio dominici Brixiensis episcopi. De alia Romana cui operam impendit Venusinus episcopus, jam diximus in præfatione generali.

Editionem Venetam an. 1494 non raro adhibuimus, dimidiato *Barthol.* nomine infra designatam propter Bartholomæum Cremonensem canonicum regularem, qui huic accurandæ præfuit. Eam antecesserat prior Veneta an. 1480, quæ nobis non occurrit. De aliis Editionibus Lugduni, Rothomagi, Duaci, Antuerpiæ, aut alibi factis dicere supersedemus, ut quid in hac novissima præstitum sit a nobis, uberius explicare liceat.

VI. Primo quidem ex variis Mss. magno labore nec minori fide collatis, purum sancti Gregorii textum, quantum in nobis fuit, restituimus. Locorum vero a nobis emendatorum in primo et secundo libro hic specimen accipe; nam omnes Moralium libros examinare non patiuntur præfationis angustiæ.

Libro I, num. 17, prius legebatur de Christo, *mortem pro illo humilem sumpsit;* cum legendum sit *mentem,* etc. Num. 18, *qui* (jubilæus annus) *monade addita, nostræ adunationis summa impletur,* ubi redundat *summa,* mutatque sensum; uti legere est in nota ad hunc locum. Num. 20, *infirmiores fidelium mentes accipimus, fidem Trinitatis tenentes;* quæ tria ultima verba invitis Mss. addita expunximus ut omnino superflua; quod statim liquet legenti quæ sequuntur. Num. 21, antea lectum, *memoratis filiis et filiabus;* etsi hoc loco filiarum tantum haberi mentio debeat. Ibidem vitiose prius, *tota gentilium vitiositas,* pro *torta,* etc., quæ lectio mss. Codicum ex sequentibus astruitur: *in tortis vitiosisque vitæ veteris conversationibus;* ubi corrupte superiores editores legerunt una voce, *intortis.* Num. 22, pro *in omne quod faciunt* (modus est loquendi Gregorio familiaris) olim lectum, *id omne.*

Num. proxime sequenti aliis in Editis habes: *quid est enim sedendo asinum Jerusalem venire.* Ubi contra mentem sancti Doctoris Gussanvillæus legit: *sedendo asinam,* Num. 31, apud eumdem occurrit: *per eos præ-*

dicationis gratia derivatur, pro *purgationis*. Ibidem graviore errore legitur de Christo : *nam cuncta sciens, in semetipso ignorantiam nostram suscipiens*, etc. Hæc sane a doctrina sancti Gregorii prorsus abhorrent, ut observavimus hunc locum emendando. Itaque sequendo mss. Codices, restituimus : *Sed in locutione sua ignorantiam nostram suscipiens.* Num. 37, prius scriptum : *quæ metu relinquitur*, pro *quæ mente relinquitur*, quod reposuimus ex Mss.

Libro secundo, num. 9, olim corrupte : *dicitur eis qui aderant*, cum legi debeat, tum ex Mss., tum ex orationis serie : *dicitur eis qui adhærent.* Non minus vitiose, num. 11, irrepserat, *tanto majorem vocem in aures circumscripti spiritus exprimit*, pro *incircumscripti spiritus*, scilicet Dei. Ibidem, *quomodo dicuntur vindictam desiderare*, pro, *quomodo dicuntur petere.* Num. 13, ubi legitur, *Deum dicimus in sua propositione perdidisse*, additum gratis ab aliis Editoribus, *victoriam.* Num. 15, iidem mutarunt *addicat*, quod significat *condemnet*, in *addiscat.* Num. 19, in aliis Editis contra Mss. fidem, ac sancti Doctoris mentem, post hæc verba, *alia ad tentandum dat*, adjectum, *alia ad affligendum.* Num. 28, pro *ictus verberum*, in Editis Gussanvill. *ictus verborum.* Num. 35, Excusi habent, *de temporalibus editis loquitur*, incaute addito *de*, quæ particula mutat sensum. Num. 49, legitur *alta sapere*,pro *capere.* Num. 56, post hæc verba, *unitatem concordiæ perdidit*, in Editis sequitur longum hoc assumentum a Mss. reprobatum, nec antecedentibus cohærens nec consequentibus : *cum et post resurrectionem suam quibusdam non credituris se abscondit.* Num. 59, ubi simpliciter legendum, erit ergo quando conspicuus etiam Synagogæ appareat, sic ab Editoribus mutatum, *erit ergo quandoque conspicuus, ut etiam Synagogæ appareat.* Num. 60, in Excusis legis, *accipit omnia*, pro, *accipit inter omnia*; et num. 61, *in persecutione*, pro *in percussione.* Num. 76, hæc genuina lectio, *domus eruitur*, mutata erat in, *domus obruitur.* Denique num. 92, paulo ante libri finem, hæc sententia de Spiritu sancto : *dissimiliter ergo spiritus in illo manet, a quo per naturam nunquam recedit*, sic interpolata legebatur : *in illo manet, cui se ad votum substantialiter exhibet, et a quo*, etc.

De his porro restitutionibus et emendationibus a nobis factis rationem semper subjecimus in brevibus notis sæpius ex Mss. consensu petitam. Quando vero vetera dissentiunt exemplaria, variantes quasdam lectiones, quæ alicujus momenti visæ sunt, indicare satis nobis fuit.

VII. Secundo divisionem hujus operis sex in partes a sancto Doctore institutam, in nostris Mss. observatam, sed in Editis (*a*) neglectam, et a plerisque Editoribus forsitan ignoratam secuti sumus. De illa partitione sanctus Gregorius ita loquitur in epist. ad Leandrum mox subjicienda : *Opus hoc per triginta et quinque volumina extensum in sex Codicibus explevi.* Initio libri XI : *In epistola*, inquit, *libris præmissa causam reddidi cur tertiam hujus operis partem, ad aliarum usque similitudinem minime emendando perduxi.* Denique in fine libri XVI : *hæc sicut in hujus partis tertiæ initio promisisse me memini, sub brevitate transcurri.* Pluribus id confirmare sive ex ipso Gregorio petitis, sive ex aliis scriptoribus, operæ pretium non est. Itaque prima pars, ut ex Mss. inspectione facile intelligetur, continet quinque priores libros. Secunda pars alios quinque usque ad undecimum. Ab undecimo incipit pars tertia. Quarta a decimo septimo, non ab octavo decimo, ut mendose habetur in Editione Paris. 1518, inchoatur. Quinta a vigesimo tertio, et desinit in vigesimo septimo. Ad sextam partem liber vigesimus octavus pertinet cum reliquis.

VIII. Tertio etsi capitum divisionem ab iis qui nos præcesserunt Editoribus institutam retinere in animo esset, eam tamen ob gravissimas rationes mutare coacti sumus. Sanctum Gregorium de libris Moralium per capita distinguendis non curasse in confesso est apud omnes. De primo auctore divisionis per capita factæ hæc leguntur in Cod. Colbertino notato 62, post epistolam ad Leandrum, et præfationem in Moral. libros.

In nomine Dei Patris, et Domini nostri Jesu Christi, et Spiritus sancti. Incipit prologus super capitula Moralium beati Gregorii papæ venerabilissimi. Christi Jesu Gregorius servus ac urbis Romæ papa venerabilissimus composuit, et præstitulavit multa volumina librorum. Præposuit etiam per libros seriem capitulorum. Fecit quoque in verba Job expositionem, sed capitulorum ejusdem sententias non addidit ordinationem. Igitur Henrici II imperatoris (*b*) *tempore Rainerius Aretinæ Ecclesiæ canonicus presbyter, per omnes fere sententias supradictæ expositionis vigilanti studio et cogitatione capitula supposuit, non propter inanis gloriæ favorem, sed ductus divini amoris zelo et utilitate legentium, seu etiam legentes audientium ; ut quidquid utile ad tempus in illis sententiis quæreret, cito et quasi sine labore inveniret.*

In prioribus Edit. Parisiensibus, et in aliis aut vetustioribus aut fere supparibus, libri Moralium in varias sectiones brevissimas, nulla facta capitum mentione fuerunt distincti. Basileensis an. 1503 exhibet capitulorum partitionem, quam retinuerunt sequentes Editores usque ad Coccium. Hic enim aliam, ut ipse præfatur, divisionis methodum secutus, nova capita instituit; quæ divisio in omnibus aliis posterioribus Editis perseveravit. Verum ut ab hac et ab ea quæ præcesserat dividendi ratione recederemus, persuasit quod idem caput sæpe diversa penitus complecti observaverimus; aut idem argumentum, cui unicum deberetur caput, in plura distribui. Exemplo sint in veteribus Editis ante Coccium capp. 3, 4 et 5 libri primi, ac in posterioribus Editionibus Cocciana et cæteris quæ secutæ sunt, ejusdem libri capita etiam 3, 4 et 5, in quo absolvitur expositio historica litteralisque textus Job, ac mutato stylo inchoatur expositio allegorica ad hæc verba : *Vir erat in terra Hus*, etc., *hæc per historiam facta credimus*, etc.

Cum itaque neuter capitum assignandorum arrideret modus, eum amplexi sumus quem offerre videbantur textus libri Job versus aut integri aut dimidiati, dum sigillatim a sancto Doctore explicandi proponuntur; ita ut idem fere semper sit et capitis et paraphrasis seu explicationis exordium. Nihilominus tamen textum in minores sectiones numeralibus notis distinctas partiri curavimus. Priorum etiam Editionum capita inter uncinos assignavimus, ut quæ juxta illas Editiones passim in libris laudantur, nullo negotio possint inveniri. Vetustiores ante Coccianam *Vet.* appellamus; hanc autem et sequentes, *Rec.*

IX. Quarto, argumenta capitum pene ubique mutavimus, quod textui minime responderent. Exemplo statim occurrit argumentum capitis 1 præfationis. In Edit. Paris. an. 1518, legitur : *de qua stirpe, vel quo tempore fuerit Job*; quod in sequentibus Ed. etiam in Gussanvillæana an. 1675, perseveravit. Attamen sancti Gregorii scopum minime repræsentat; disserit enim hoc loco de scriptore libri Job; quærit utrum Moyses fuerit aut alius ex prophetis, ac tandem docet Spiritum sanctum sacri hujus libri solum esse auctorem, usum tamen ipsius Job calamo, quod in argumento significandum esse existimavimus.

(*a*) In Edit. Paris. an. 1518, quædam sunt hujus divisionis vestigia. Nam ante librum undecimum legitur : *Liber undecimus totius operis ; tertiam notat partem moralis expositionis*, etc. Et initio lib. decimi octavi : *Liber Moralis sancti Gregorii decimus octavus, et totius operis pars quarta.* Denique in capite lib. vigesimi tertii : *Totius operis pars quinta.* Cæterum partis primæ, secundæ et sextæ nulla fit mentio.

(*b*) Imperare cœpit an. 1002, nec serius exaratus est hic Codex.

PRÆFATIO IN S. GREGORII LIBROS MORALIUM.

Cum argumenta superioribus in Editis ordine præpostero fuerint huc usque ante capitum inscriptionem annotata, morem in aliis libris edendis observari solitum sequi maluimus; et prius quidem caput inscribendum esse judicavimus; deinde quid in capite assignato tractetur, brevi argumento aperiendum. Insuper quidquid observatione dignum nobis occurrit in textu, summatim in margine descripsimus (*a*). Brevibus quoque notis ad calcem columnarum rejectis, loca quædam obscura et rudioribus lectoribus minime perspicua illustravimus. Cæterum quam antiquus usus sit ascribendi in margine exteriori summaria eorum quæ in contextu fusius continentur, liquet ex Hieronymi epist. 101, ad Pammachium, qui rogatus ab Eusebio Cremonensi ut quamdam Epiphanii Epistolam in Latinum verteret, de hoc opere ita scribit: *Feci quod voluit, accitoque notario raptim celeriterque dictavi ex latere in pagina, breviter annotans quem intrinsecus sensum singula capitula continerent.*

Quinto, longos libri Job textus integra capita continentes, quos in nullis Mss. libris reperimus, ut inutiles resecuimus.

Sexto, testimonia et elogia veterum scriptorum de libris Moralium jam edita, nonnullis aut additis aut detractis, præmisimus.

X. Ex hac editione expungere noluimus historiam inventorum a Tajone Cæsaraugustano episcopo Moralium, quamvis non omni ex parte certam; quam non solum in omnibus antiquioribus Editionibus, sed etiam in Codice manu exarato monasterii Longipontis legimus. Rationes de narrationis hujus veritate dubitandi sunt plurimæ.

Primo, dicitur hic sanctum Leandrum *Job* a sancto Gregorio *expositum in Hispaniam ad sedem Hispalensem detulisse*. Constat tamen rogante Leandro missum fuisse a sancto Doctore per Probinum presbyterum, uti legitur lib v, epist. 49. Aliunde vero sanctum Leandrum Romam venisse sedente sancto Gregorio, quomodo probari posset?

Secundo, Romanus pontifex hac in relatione, *papa et dominus papa*, quasi singulariter hoc titulo jam tunc gauderet, simpliciter appellatur; quod utrum hanc redoleat ætatem et antiquitatem non sat scimus.

Tertio, exstat epistola ipsius Tagionis ad Eugenium Toletanum a cl. viro Stephano Baluzio, Miscellaneorum tom. IV, edita ex Cod. Colbertino, in qua miraculi de inventione Moralium nulla fit mentio, etsi hujus commemorandi occasionem nactus esset Tagio. Imo negat Gregorium unquam a se visum: *Vidimus*, inquit, *Gregorium nostrum Romæ positum, non visibus corporis, sed obtutibus mentis. Vidimus eum non solum in ejus notariis, sed etiam in familiaribus*, etc. Ergo quæ de Gregorio a Tagione viso in historia inventionis Moralium habentur, sunt rejicienda.

Quarto, quod in hac relatione legitur, Augustinum altiori loco contineri, quam quilibet successorum sanctorum apostolorum Petri et Pauli, quos inter plurimi martyres numerantur, fide dignum non videtur. De Tagione repertisque ab eo Moralibus legi possunt Mariana, lib. vi Historiæ, c. 8, et Mabillonius, tom. II Analect., p. 78.

De scribendi genere a sancto Gregorio in libris Moralium observato nihil aliud monendum, quam quod in præfatione generali supra diximus. De his quidem potissimum libris loquitur, cum ait in fine epistolæ ad Leandrum: *Non metacismi collisionem fugio; non barbarismi confusionem devito*, etc. Ubi per metacismum intelligi posse conjecimus frequentia (*b*) hyperbata seu transpositiones verborum, quæ tum in Moralibus tum in aliis sancti Gregorii operibus occurrunt. Fortasse tamen per metacismum intelligenda est potius, ad grammaticorum mentem, frequens litteræ *m* repetitio, quæ in sermone ingratam collisionem generat, etsi hujusmodi repetitiones in Moralibus non deprehenderimus.

Col. 767, in nota legitur *mutata punctuatione*, additurque: *hac voce, punctuatio, licet minus usitata aut etiam recens conflata, uti coget aliquando necessitas, ne circumlocutionibus detur locus*. Attamen ab hac voce quæ nobis occurrit in notis Angeli Roccæ ad librum Sacramentorum, et in similibus scriptoribus, deinceps abstinuimus, magisque placuit *interpunctio*.

(*a*) Nos in textu hos marginales elenchos italico charactere expressimus. EDIT.
(*b*) Vide lib. III, num. 51 et 82; lib. IV, num. 10 et 18; lib. V, num. 10; lib. VII, num. 15; lib. XXX, num. 6 et 52; lib. XXXI, num. 4; lib. XXXIII, num. 25; lib. XXXIV, num. 44. Vide quæ diximus in præfat. ad commentarium in lib. I Regum.

DE (*a*) INVENTIONE LIBRORUM MORALIUM SANCTI GREGORII.

Beatus Gregorius papa librum beati Job, petente sancto Leandro Hispalensi episcopo, exposuit, sicut in prologo Moralium patenter videri potest, et ei expositum tradidit; illeque expositum eum in Hispaniam ad sedem Hispalensem detulit. Hispalensis autem civitas vulgari nomine Sibilia vocatur, et est metropolis Hispaniæ. Decedente ergo beato Leandro, sanctus Isidorus germanus ejus, doctor præcipuus, loco ejus factus est archiepiscopus. Post cujus decessum, libri Moralium, quos beatus Leander attulerat, ita per negligentiam perditi sunt, ut in tota Hispania non invenirentur. Post aliquot ergo annos Cyndesindus [*Ms.*, Cyncynder] rex Hispaniæ concilium triginta episcoporum in urbe Toletana congregavit: ubi querimonia facta de amissione Moralium, unanimi consilio episcoporum, præfatus rex Tagionem Cæsaraugustanum episcopum Romam misit cum epistolis ad papam, pro quærendis [*Ms.*, Trajonem..... cum epistolis suis pro requirendis] eisdem libris. Erat enim Tagio [*Ms.*, Trajo] episcopus divinæ

(*a*) Recensuimus ad Codicem ms. monasterii B. M. Longipontis optimæ notæ et annorum circiter DC, in quo legitur hic titulus: *Qualiter reperti sunt libri Moralium*. Contulimus etiam ad veteres Editiones Basil. 1514 et Paris. 1518.

Scripturæ amator ferventissimus. Venit ergo Romam, præsentatisque regalibus epistolis et muneribus, cum de die in diem videret petitionem suam a papa differri, quasi præ multitudine aliorum librorum, illi quos quærebat, non possent in archivo sedis apostolicæ reperiri, ad ultimum postulavit ut saltem sibi licentia daretur, una nocte integra in ecclesia beati Petri vigilandi et orandi. Qua accepta, cum enixius obsecraret Deum, ut jamjamque sui itineris effectus prosperaretur, ecce circa mediam noctem in ipso orationis fervore persistens, vidit totam Ecclesiam immenso lumine repleri. Deinde prospicit magnam reverendorum virorum niveis vestibus indutorum multitudinem, januam ecclesiæ ingredientem, et decenti ordine binos et binos ad altare sancti Petri tendentem. Cumque nimio terrore perterritus, de loco in quo stabat, se movere non auderet, ecce vidit duos ex eis de cœtu eorum egressos ad se venientes. Ex quibus unus dulciter salutans eum, percontatur quis esset, unde et cur venisset, et cur ea hora ibi vigilaret. Episcopo vero ad singula respondente, totamque itineris sui et orationis causam referente, is qui advenerat, digitum protendens: *in scrinio*, inquit, *illo quod cernis, continentur libri quos quæris*. Tunc vero episcopus fiducia assumpta, *Obsecro*, inquit, *mi domine, ut mihi servo tuo pandere digneris quænam sit illa quam cerno, tam præclara virorum processio*. Protinus ille respondens, *Duo*, inquit, *illi, quos præcedentes, seque invicem manu inserta vides complectentes*, [XXII] *beati apostoli sunt Petrus et Paulus. Reliqui vero, quos post eos cernis stantes, ipsi sunt successores eorum, hujus apostolicæ sedis pontifices. Et eodem ordine, quo eos in episcopatu sunt secuti, etiam nunc eos sequuntur. Et sicut hanc Ecclesiam in vita sua dilexerunt, ita et nunc post obitum diligunt, et frequenter eam invisere veniunt.* Tunc episcopus, *Oro*, inquit, *mi domine, ut dicas mihi quisnam tu ipse sis*. Ille respondit: *Ego sum Gregorius, pro cujus libris tanti itineris laborem sustinuisti. Ideoque nunc veni ut tuæ satisfacerem petitioni.* Tunc episcopus inquit, *Obsecro, domine mi, si hic est; mihi dicas quisnam istorum est* [Vet. edit., *Si hic est, et quinam est*] *beatus Pater Augustinus; cujus libros non minus quam tuos dilexi*. Respondit: *Beatum Augustinum virum excellentissimum, de quo quæris, altior a nobis continet locus.* Hæc dixit, statimque cum socio, qui secum venerat, ad cœtum aliorum rediit. Postea, vidente episcopo, omnes simul ad altare beati Petri reverenter submissis capitibus inclinantes, eodem quo venerant ordine, januam Ecclesiæ repetierunt, et cum lumine quod prius viderat recesserunt. Mane autem facto, præfatus episcopus domino Papæ cuncta quæ viderat retulit. Sicque acceptos et descriptos libros Moralium in Hispaniam reportavit. Hancque visionem eis deinceps prænotari et præscribi instituit.

SANCTI GREGORII MAGNI
ROMANI PONTIFICIS
MORALIUM LIBRI,
SIVE
EXPOSITIO IN LIBRUM B. JOB.

𝕰𝖕𝖎𝖘𝖙𝖔𝖑𝖆 [a]

In qua operis sui tempus, occasionem, divisionem, institutum ac dicendi et interpretandi modum explicat.

CAPUT PRIMUM.
Opus subsequens quando inchoatum, qua occasione, quibus hortatoribus, quidve rogitantibus.

1. Reverendissimo et sanctissimo [b] fratri Leandro coepiscopo, Gregorius servus servorum Dei.

Dudum te, frater beatissime, in Constantinopolitana urbe cognoscens, cum me illic sedis apostolicæ [c] responsa constringerent, et te illuc injuncta pro causis

---

[a] Hujus epistolæ meminit sanctus Isidorus Hispal., l. de Scrip. Eccl., cap. 27. *Scripsit*, inquit, *et quasdam epistolas ad præd. Leandrum, e quibus una in eisdem lib. Job, titulo præfationis annectitur.* Unde *prooemium* seu *prologus*, in Mss. Colbert. Germanens., Norman., etc., appellatur: quæ fortasse causa fuit cur epistolarum Registro non inscriberetur. Libros Moralium Leandro dicatos testatur ipse Gregorius his verbis: *Maxime quia et hoc ipsum opus ad vestram reverentiam scripsi* (Lib. 1, epist. 41).

[b] Cod. Rhemens. Eccl. ab annis circiter CM exaratus, *Patri Leandro*. De sancto Leandro lege c. 31 l. III Dialog., et plurimas Gregorii ad eumdem epistolas. Ejus elogium inseruit Mabillon. sæc. I Bened.

[c] Id est negotia. Reg. S. Bened., c. 51 : *Fratres qui pro quovis responso proficiscuntur*, id est negotio. Idem apud Græcos obtinuit usus vocis ἀπόκρισις, *responsum*. Apud incertum auct. sub nomine Athanasii, cujus opus inscribitur *Doctrina ad Antiochum*, tomo II novæ Ed. Athan., p. 259. Ἀποκρισιάριος τῆς μονῆς

fidei [a] Visigothorum legatio perduxisset, omne in tuis auribus, quod mihi de me displicebat, exposui : quoniam diu longeque conversionis gratiam distuli, et postquam cœlesti sum desiderio afflatus [b] sæculari habitu contegi melius putavi (*Joan. Diac.*, *l.* 1, *c.* 27). Aperiebatur enim mihi jam de æternitatis amore quid quærerem, sed inolita me consuetudo devinxerat, ne **2** exteriorem cultum mutarem. Cumque adhuc me cogeret animus præsenti mundo quasi specie tenus deservire, cœperunt multa contra me ex ejusdem mundi cura succrescere, ut in eo jam non specie, sed, quod est gravius, merite retinerer. Quæ tandem cuncta sollicite fugiens, portum monasterii petii, et relictis quæ mundi sunt, ut frustra tunc credidi, ex hujus vitæ naufragio nudus evasi. Quia enim plerumque navem incaute [c] religatam, etiam de sinu tutissimi littoris unda excutit, cum tempestas excrescit, repente me, sub prætextu ecclesiastici ordinis, in causarum sæcularium pelago reperi; et quietem monasterii, quia habendo non fortiter tenui, quam stricte tenenda fuerit, perdendo cognovi. Nam cum mihi ad percipiendum sacri altaris ministerium, obedientiæ virtus opponitur, hoc sub Ecclesiæ colore susceptum est, quod **3** si inulte liceat, iterum fugiendo [d] deflectatur. Postque hoc nolenti mihi atque renitenti, cum grave esset altaris ministerium, etiam pondus est curæ pastoralis injunctum. Quod tanto nunc durius tolero, quanto me ei imparem sentiens, in nulla fiduciæ consolatione respiro. Quia enim mundi jam tempora, malis crebrescentibus, termino propinquante turbata sunt; ipsi nos, qui internis mysteriis deservire credimur, curis exterioribus implicamur : sicut eo quoque tempore, quo ad ministerium altaris accessi, hoc de me, ignorante me, actum est, ut sacri ordinis pondus acciperem, quatenus in terreno palatio licentius excubarem; ubi me scilicet multi ex monasterio fratres mei, germana vincti charitate, secuti sunt. Quod divina factum dispensatione conspicio, ut eorum semper exemplo ad orationis placidum littus, quasi anchoræ fune restringerer, cum causarum sæcularium incessabili impulsu fluctuarem. Ad illorum quippe consortium, velut ad tutissimi portus sinum, [e] terreni actus volumina fluctusque fugiebam; et licet illud me ministerium ex monasterio abstractum, a pristinæ quietis vita, mucrone suæ occupationis exstinxerat; inter eos tamen per studiosæ lectionis alloquium, quotidianæ me aspiratio compunctionis animabat. Tunc eisdem fratribus, etiam cogente te, placuit, sicut ipse meministi, ut librum beati Job exponere importuna me petitione compellerent; et prout veritas vires infunderet, eis mysteria tantæ profunditatis aperirem. Qui hoc quoque mihi in onere suæ petitionis addiderunt, ut non solum verba historiæ per allegoriarum sensus excuterem, sed allegoriarum sensus protinus in exercitium moralitatis inclinarem; adhuc aliquid gravius adjungentes, ut intellecta quæque testimoniis cingerem; et prolata testimonia, si implicita fortasse viderentur, interpositione superadditæ expositionis enodarem.

CAPUT II.

Qua animi demissione, qua in Deum fiducia. Idem opus qua ratione retractatum, absolutum ac divisum. Quos rimetur sensus. — Mox vero, ut in obscuro hoc opere, atque ante nos hactenus indiscusso, ad tanta me pertrahi ac talia cognovi, solo auditus pondere victus, fateor, lassatusque succubui. Sed repente inter formidinem devotionemque deprehensus, cum in largitorem munerum oculos mentis attollerem, cunctatione postposita, illico certus attendi, quia impossibile esse non poterat; quod de fraternis mihi cordibus charitas imperabat. Fore quippe idoneum me ad ista desperavi : sed ipsa mei desperatione robustior, ad illum spem protinus erexi, per quem aperta est lingua mutorum, qui linguas infantium facit disertas (*Sap.* x, 21); qui [f] immensos brutosque asinæ ruditus, per sensatos humani colloquii distinxit modos. Quid igitur mirum, si intellectum stulto homini præbeat, qui veritatem suam, cum voluerit, etiam per ora jumentorum narrat (*Num.* xxii, 28)? Hujus ergo robore considerationis accinctus, ariditatem meam ad indagandum fontem tantæ profunditatis excitavi. Et quamvis eorum, quibus exponere compellebar, longe me vita transcenderet, injuriosum tamen esse non credidi, si fluenta usibus hominum plumbi fistula ministraret. Unde mox eisdem coram positis fratribus, priora libri sub oculis dixi; et quia tempus paulo vacantius reperi, posteriora tractando **4** dictavi. Cumque mihi spatia largiora suppeterent, multa augens, pauca subtrahens, atque ita ut inventa sunt, nonnulla derelinquens, ea quæ me loquente excepta sub oculis fuerant, per libros emendando composui, quia et cum postrema dictarem, quo stylo prima dixeram, sollicite attendi. Egi ergo, ut et ea quæ locutus sum, studiosa emendatione transcurrens, quasi ad similitudinem dictatus erigerem; et ea quæ dictaveram, non longe a colloquentis sermone discreparent; quatenus dum hoc tenditur, illud attrahitur, edita

---

dicitur, *qui procurandis monasterii negotiis præpositus erat.* Porro Leonem Magnum e Romanis pontificibus primum, apocrisiarium habuisse Constantinopoli in comitatu, exemplo Alexandrini episcopi, contendit doctissimus Quesnellius, ex epist. 86 ejusdem sancti Leonis (*Vide Dissert. 1 Quesnel., ad an.* 455, *n.* 4, *pag.* 314).

[a] Seu *Visigotharum,* ut in antiquioribus Cod. legitur. Hi erant Gothi Occidentales qui Hispanias et Galliam Narbonensem occupabant. Ostrogothi nuncupati sunt Gothi Orientales.

[b] Editi, excepto Gussanv., *sæcularem habitum contemnere,* contra Mss. omnium fidem. Nostram lect. confirmat Joan. Diac., l. 1 Vitæ S. Greg., c. 4 : *Dum conversionis suæ gratiam longius protrahens, tutius se Christo famulaturum putaret, si sub prætoris urbani habitu mundo specie tenus deserviret.*

[c] Corb. et Vindoc., *relictam.*

[d] Hic plerique Mss. varias exhibent lect. Duo Rhem., secundus Remig. et Lyr., *iterum fugiendo deseratur; iterum fugiendo deflectatur.* Ita Corb. et Colb.

[e] A Coccio hic præfixa particula *post,* deinceps obtinuit, renitentibus Mss. et vet. Edit.

[f] 1 Remig., *insensatosque brutosque.* In Corb., *rictus,* in altero Regio, *rugitus.* Hic *immensus,* id est sine mensura, opponitur *distinctis modis.*

modo dissimili res non dissimilis formaretur; quamvis tertiam hujus operis partem ut colloquendo protuli, pene ita dereliqui; quia cum me fratres ad alia pertrahunt, hanc subtilius emendari noluerunt. Quibus nimirum multa jubentibus, dum parere modo per expositionis *a* ministerium, modo per contemplationis ascensum, modo per moralitatis instrumentum volui, opus hoc per triginta et quinque volumina extensum, in sex Codicibus explevi. Unde et in eo sæpe quasi postponere ordinem expositionis invenior, et paulo diutius contemplationis *b* latitudini ac moralitatis insudo. Sed tamen quisquis de Deo loquitur, curet necesse est ut quidquid audientium mores instruit, rimetur; et hunc rectum loquendi ordinem deputet, si cum opportunitas ædificationis exigit, ab eo se, quod loqui cœperat, utiliter derivet. Sacri enim tractator eloquii morem fluminis debet imitari. Fluvius quippe dum per alveum defluit, si valles concavas ex latere contingit, in eas protinus sui impetus cursum divertit; cumque illas sufficienter impleverit, repente sese in alveum refundit. Sic nimirum, sic divini verbi esse tractator debet, ut cum de qualibet re disserit, si fortasse juxta positam occasionem congruæ ædificationis invenerit, quasi ad vicinam vallem linguæ undas intorqueat; et cum subjunctæ *c* instructionis campum sufficienter infuderit, ad sermonis propositi alveum recurrat.

CAPUT III.

Quo ordine singulos sensus explicet. Allegorico interdum necessario inhærendum. — Sciendum vero est, quod quædam historica expositione transcurrimus, et per allegoriam quædam typica investigatione perscrutamur; quædam per sola allegoricæ moralitatis instrumenta discutimus; nonnulla autem per cuncta simul sollicitius exquirentes, tripliciter indagamus. Nam primum quidem fundamenta historiæ ponimus; deinde per significationem typicam in arcem fidei fabricam mentis erigimus; ad extremum quoque per moralitatis gratiam, quasi superducto ædificium colore vestimus. Vel certe quid veritatis dicta, nisi reficiendæ mentis alimenta credenda sunt? Quæ modis alternantibus multipliciter disserendo, ferculum ori offerimus; ut invitati lectoris quasi convivæ nostri fastidium repellamus, qui dum sibi multa oblata considerat, quod elegantius decernit, assumat. Aliquando vero exponere aperta historiæ verba negligimus, ne tardius ad obscura veniamus: aliquando autem intelligi juxta litteram nequeunt; quia superficie tenus accepta, nequaquam instructionem legentibus, sed errorem gignunt. Ecce etenim dicitur: *Sub quo curvantur qui portant orbem* (*Job.* IX, 13). Et de tanto viro quis nesciat quod nequaquam vanas poetarum fabulas sequitur, ut 5 mundi molem subvehi giganteo sudore suspicetur? Qui rursum pressus percussionibus dicit: *Elegit suspendium anima*

mea, et mortem ossa mea (*Job.* VII, 15). Et quis rectum sapiens credat virum tanti præconii, quem videlicet constat *d* ab interno judice præmia pro patientiæ virtute recipere, decrevisse inter verbera suspendio vitam finire? Aliquando etiam, ne fortasse intelligi juxta litteram debeant, ipsa se verba litteræ impugnant. Ait namque: *Pereat dies in qua natus sum, et nox in qua dictum est: Conceptus est homo* (*Job.* III, 2). Et paulo post subjicit: *Occupet eam caligo, et involvatur amaritudine* (*Ibid.,* 5). Atque in ejusdem noctis maledictione subjungit: *Sit nox illa solitaria* (*Ib.,* 7). Qui nimirum nativitatis dies, ipso impulsu temporis evolutus, stare non poterat. [*Vet. et Rec. IV.*] Quo igitur pacto hunc involvi caligine optabat? Elapsus quippe, jam non erat; et tamen si in rerum natura subsisteret, sentire amaritudinem nequaquam posset. Constat ergo quod nullo modo de die insensibili dicitur, qui sensu percuti amaritudinis optatur. Et si conceptionis nox reliquis noctibus conjuncta discesserat, quo pacto hanc fieri solitariam *e* exoptat? Quæ ut a lapsu temporis figi non potuit, ita etiam nec a reliquarum noctium conjunctione separari. Qui rursum dicit: *Usquequo non parcis mihi, nec dimittis me, ut glutiam salivam meam* (*Job.* VII, 19)? Et tamen paulo superius dixerat: *Quæ prius tangere nolebat anima mea, nunc præ angustia cibi mei sunt* (*Job.* VI, 7). Quis autem nesciat salivam facilius posse glutiri quam cibum? Qui itaque se sumere cibum denuntiat, incredibile est valde quo ordine glutire posse salivam negat. Atque iterum dicit: *Peccavi, quid faciam tibi, o custos hominum* (*Job.* VII, 20)? vel certe: *Consumere me vis peccatis adolescentiæ meæ* (*Job.* XIII, 26)? Et tamen alia responsione subjungit: *Neque enim reprehendit me cor meum in omni vita mea* (*Job.* XXVII, 6). Quo igitur pacto a corde suo minime in omni vita reprehenditur, qui peccasse se publica voce testatur? Neque enim simul unquam conveniunt culpa operis, et irreprehensibilitas cordis. Sed nimirum verba litteræ, dum collata sibi convenire nequeunt, aliud in se aliquid quod quæratur ostendunt, ac si quibusdam vocibus dicant: Dum nostra nos conspicitis superficie destrui, hoc in nobis quærite, quod ordinatum sibique congruens apud nos valeat intus inveniri.

CAPUT IV.

Aliquando litterali sensui inhærendum. —Aliquando autem qui verba accipere historiæ juxta litteram negligit, oblatum sibi veritatis lumen abscondit; cumque laboriose invenire in eis aliud intrinsecus appetit, hoc quod foris sine difficultate assequi poterat, amittit. Sanctus namque vir dicit: *Si negavi quod volebant pauperibus, et oculos viduæ exspectare feci; si comedi buccellam meam solus, et non comedit pupillus ex ea; si despexi prætereuntem, eo quod non habuerit indumentum, et absque operimento pauperem;*

---

a Ebroic., *Mysterium.*
b Secundus Rhem., Floriac., secundus Remig., Reg., Mich., S. Albin., *Altitudini.* Convenitque *contemplationis ascensui.* Hic tamen, ubi diffundendi sermonis ratio subjicitur, et in moralitatibus excurrendi, probanda magis videtur vox *latitudini*, quæ in potioribus Mss. habetur.
c Ebroic., Lyr., Bigot., *ædificationis.*
d Editi, *ab æterno.*
e Norm., S. Alb., Floriac., Colbert., *exorat.*

si non benedixerunt mihi latera ejus, et de velleribus ovium mearum calefactus est. (Job. xxxi, 16 et seq.). Quæ videlicet si ad allegoriæ sensum violenter inflectimus, cuncta ejus misericordiæ facta vacuamus. Divinus etenim sermo sicut mysteriis prudentes exercet, sic plerumque superficie simplices refovet. Habet in publico unde parvulos nutriat, servat in secreto unde mentes sublimium in admiratione suspendat. Quasi quidam quippe est 6 fluvius, ut ita dixerim, planus et altus, in quo et agnus ambulet, et elephas natet. Ut ergo uniuscujusque loci opportunitas postulat, ita a se per studium expositionis ordo immutat; quatenus tanto verius sensum divinæ locutionis inveniat, quanto ut res quæque exegerit, per causarum species alternat.

CAPUT V.

Gregorius ægritudine laborans opus sequens perfecit. Artem loquendi neglexit. Quibus utatur Scripturæ versionibus. — Quam videlicet expositionem recensendam tuæ beatitudini, non quia velut dignam debui, sed quia te petente memini promisisse, transmisi. In qua quidquid tua sanctitas tepidum incultumque repererit, tanto mihi celerrime indulgeat, quanto hoc me ægrum dicere non ignorat. Nam dum molestia corpus atteritur, [b] affecta mente etiam dicendi studia languescunt. Multa quippe annorum jam curricula devolvuntur, quod crebris viscerum doloribus crucior, horis momentisque omnibus fracta stomachi virtute lassesco, lentis quidem, sed tamen continuis febribus anhelo. Interque hæc dum sollicitus penso quia, Scriptura teste, *Omnis filius qui a Deo recipitur, flagellatur* (Hebr. xii, 6), quo malis præsentibus durius deprimor, eo [c] de æterna certius præsumptione respiro. Et fortasse hoc divinæ providentiæ consilium fuit, ut percussum Job percussus exponerem, et flagellati mentem melius per flagella sentirem. [Vet. et Rec. V.] Sed tamen recte considerantibus

[a] S. Alb., *ita semper studium.*
[b] Editi, *afflicta.* Elegantius Mss. Reg., Corb., S. Alb., 1 Vindoc., *affecta.* 2 Vindoc. habet utramque lect.
Sic Mss., nisi quod in Reg. et Colbert. legitur:

A liquet, quia adversitate non modica laboris mei studiis in hoc molestia corporalis obsistit, quod carnis virtus cum locutionis ministerium exhibere vix sufficit, mens digne non potest intimare quod sentit. Quid namque est officium corporis, nisi organum cordis? Et quamlibet peritus sit cantandi artifex, explere artem non valet, nisi ad hanc sibi et ministeria exteriora concordent: quia nimirum canticum, quod docta manus imperat, quassata organa proprie non resultant; nec artem flatus exprimit, si scissa rimis fistula stridet. Quanto itaque gravius expositionis meæ qualitas premitur, in qua dicendi gratiam sic fractura organi dissipat, ut hanc peritiæ ars nulla componat? Quæso autem ut hujus operis dicta percurrens, in his verborum folia non requiras, quia per sacra eloquia ab eorum tractatoribus infructuosæ loquacitatis levitas studiose compescitur, dum in templo Dei nemus plantari prohibetur (Deut. xvi, 21). Et cuncti procul dubio scimus, quia quoties in foliis male lætæ segetis culmi proficiunt, minori plenitudine spicarum grana turgescunt. Unde et ipsam loquendi artem, quam magisteria disciplinæ exterioris insinuant, servare despexi. Nam sicut hujus quoque epistolæ tenor enuntiat, [d] non metacismi collisionem fugio, non barbarismi confusionem devito, situs motusque et præpositionum casus servare contemno, quia indignum (Dist. 58, c. Indignum) vehementer existimo, ut verba cœlestis oraculi restringam sub regulis Donati. Neque enim hæc ab ullus interpretibus, in Scripturæ sacræ auctoritate servata sunt. Ex qua nimirum quia nostra expositio oritur, dignum profecto est ut quasi edita soboles speciem suæ matris imitetur. Novam vero translationem dissero; sed cum probationis causa exigit, nunc novam, nunc veterem per testimonia assumo; ut quia sedes apostolica, cui Deo auctore præsideo, utraque utitur, mei quoque labor studii ex utraque fulciatur.

de æterna certius consolatione. Editi, *de æternis.*
[d] Legendum *non Iotacismi* monet illustriss. Huetius (*Lib. de opt. gen. interp.*, cap. 42), cujus conjecturæ nulli Mss. favent. Metacismus a μετάκειμαι derivari potest, et Latine dici *transpositio*.

Præfatio [a]

In qua quæ toto opere edisserenda sunt paucis perstringit.

CAPUT PRIMUM.

1. *Quis scriptor libri Job.* — Inter multos sæpe quæritur, quis libri beati Job scriptor habeatur. Et alii quidem Moysen, alii unum quemlibet ex prophetis scriptorem hujus operis fuisse suspicantur. Quia enim in libro Geneseos (*Genes.* xxxvi, 33) Jobab de stirpe Esau descendisse, et Bale filio Beor in regnum suc-

[a] In omnibus vet. Mss. hic incipit prima pars et lib. I, nulla facta præfationis mentione. Præfari tamen sanctum Doctorem liquet ex his verbis in fine

cessisse describitur, hunc beatum Job longe ante Moysi tempora exstitisse crediderunt, morem profecto sacri eloquii nescientes, quia in superioribus suis partibus solet breviter longe post secutura perstringere, cum studet ad alia subtilius [a] enumeranda properare. Unde et illic Jobab, priusquam reges in Israel existerent, fuisse memoratur. Nequaquam

legendis: *In longum præfationis verba protraximus.*
[b] Ed., *enuntianda;* correximus ex consensu Mss.

ergo exstitisse ante legem cognoscitur, qui Israelitieorum judicum tempore fuisse signatur. Quod dum quidam minus caute considerant, Moysen gestorum illius quasi longe antepositi scriptorem putant ; ut videlicet is qui potuit ad eruditionem nostram legis præcepta edere, ipse credatur etiam ex gentilis viri historia, virtutis ad nos exempla mandasse. Nonnulli vero, ut dictum est, scriptorem hujus operis unum quemlibet ex prophetis arbitrantur : asserentes quod nullus tam mystica Dei verba cognoscere potuit, nisi cujus mentem prophetiæ spiritus ad superna sublevavit.

2. *Auctor Spiritus sanctus.* — Sed quis hæc scripserit, valde supervacue quæritur, cum tamen auctor libri Spiritus sanctus fideliter credatur. Ipse igitur hæc scripsit, qui scribenda dictavit. Ipse scripsit, qui et in illius opere inspirator exstitit, et per scribentis vocem imitanda ad nos ejus facta transmisit. Si magni cujusdam viri susceptis epistolis legeremus verba, sed quo calamo fuissent scripta quæreremus, ridiculum profecto esset epistolarum auctorem scire sensumque cognoscere, sed quali calamo earum verba impressa fuerint indagare. Cum ergo rem cognoscimus, ejusque rei Spiritum sanctum auctorem tenemus, quia scriptorem quærimus, quid aliud agimus, nisi legentes litteras, de calamo [a] percontamur?

[*Vet. II.*] 3. *Quo inspirante Job sua certamina descripsit.* — Arbitrari tamen verius possumus, quod idem beatus Job, qui certamina spiritalis pugnæ sustinuit, etiam consummatæ suæ victoriæ gesta narravit. Nec movere debet quod in eodem libro dicitur, *Dixit Job;* vel, *hæc atque illa pertulit Job.* Moris enim Scripturæ sacræ est ut ipsi qui scribunt, sic de se in illa quasi de aliis loquantur. Hinc est enim quod Moyses ait : *Erat Moyses vir mitissimus super omnes homines, qui morabantur in terra* (*Num.* xii, 3). Hinc Joannes dicit : *Discipulus ille, quem diligebat Jesus* (*Joan.* xix, 26). Hinc Lucas ait : *Quod ambularent duo ex discipulis in via, Cleophas et alius* (*Luc.* xxiv, 13); quem profecto alium, dum tam studiose tacuit, ut quidam dicunt, seipsum fuisse monstravit. Scriptores igitur sacri eloquii, quia impulsu sancti Spiritus agitantur, sic de se in illo testimonium tanquam de aliis proferunt. Ergo sanctus Spiritus per Moysen locutus est de Moyse; sanctus Spiritus per Joannem locutus est de Joanne. Paulus quoque quia non ex se ipso loqueretur, insinuat dicens : *An experimentum quæritis ejus qui in me loquitur Christus* (*II Cor.* xiii, 3)? Hinc est quod angelus qui Moysi apparuisse describitur, modo angelus, modo Dominus memoratur : angelus videlicet, propter hoc, quod exterius loquendo serviebat; Dominus autem dicitur, quia interius præsidens loquendi efficaciam ministrabat. Cum ergo loquens ab interiori regitur, et per obsequium angelus, et per inspirationem Dominus nominatur. Hinc David ait : *Attendite popule meus legem meam; inclinate aurem vestram in verba oris mei* (*Psal.* lxxvii, 1). Non enim lex David, aut populus David, sed personam ejus, ex quo loquebatur, assumens, ipsius auctoritate loquitur, cujus inspiratione replebatur. Hoc quotidie fieri in Ecclesia cernimus, si vigilanter intuemur. Nam stans in medio populi lector clamat : *Ego sum Deus Abraham, Deus Isaac, et Deus Jacob* (*Exod.* iii, 6). Et quod ipse Deus sit, vere profecto non dicit; nec tamen per hoc quod dicit, veritatis regulam deserit ; quia cui ministerium lectione exhibet, ejus dominium voce prætendit. Itaque scriptores sacri eloquii, quia repleti sancto Spiritu super se trahuntur, quasi extra semetipsos fiunt ; et sic de se sententias, quasi de aliis proferunt. Unde et beatus Job sancto Spiritu afflatus, potuit sua gesta, quæ erant videlicet supernæ aspirationis dona, quasi non sua scribere : quia eo alterius erant quæ loquebatur, quo homo loquebatur quæ Dei sunt; et eo alter quæ erant illius loquebatur, quo Spiritus sanctus loquebatur quæ hominis sunt.

CAPUT II [*Vet. III*].

4. *Præcepta homini data.* — Sed jam debemus ista postponere, et ad consideranda sacræ historiæ gesta properare. Omnis homo eo ipso quo homo est, suum intelligere debet auctorem; cujus voluntati tanto magis serviat, quanto se quia de se ipso nihil sit pensat; ecce autem conditi Deum considerare neglexinus. Adhibita sunt præcepta, præceptis quoque obtemperare noluimus. Adjunguntur exempla, ipsa quoque imitari exempla declinamus, quæ edidisse [b] nobis positos sub lege conspicimus. Quia enim Deus aperte quibusdam sub lege positis locutus est, quasi alienos nos ab eisdem præceptis aspicimus, quibus hæc specialiter locutus non est. Unde ad confutandam impudentiam nostram, gentilis homo ad exemplum deducitur; ut quia obedire homo legi sub lege positus despicit, ejus saltem comparatione evigilet, qui sine lege legaliter vixit. Erranti igitur homini data est lex ;- erranti vero etiam sub lege adducitur testimonium eorum qui extra legem sunt, ut quia conditionis nostræ ordinem servare noluimus, præceptis admoneremur; et quia præceptis obedire contempsimus, exemplis confunderemur ; nec, ut dictum est, eorum exemplis, quos lex astringeret, sed quos lex a peccato nulla cohiberet.

5. *Præcepta contemnenti addita exempla Job hominis gentilis.* — Circumscripsit nos divina providentia, circumvenit excusationem nostram; undique conclusus est aditus tergiversationis humanæ. Homo gentilis, homo sine lege, ad medium adducitur, ut eorum qui sub lege sunt pravitas confundatur. Quod bene per prophetam ac breviter dicendo ostenditur : *Erubesce, Sidon,* ait mare (*Isai.* xxiii, 4). In Sidone quippe figuratur stabilitas in lege positorum · in mari autem, vita gentilium. Erubesce ergo, Sidon, ait mare, quia ex vita gentilium redarguitur vita sub

---

[a] Corb., Rhem., Remig. et plerique, *percunctamur.* In Vulgatis, *perscrutamur.*

[b] Gilot., Vatic., Gussanv., *nobis positis sub lege.* Emendavimus ex Mss. hac ratione fulti ; nimirum lo- qui sanctum Gregorium de Christianis qui sub Evangelio positi, declinant exempla sanctorum sub lege positorum. Antiqua tamen est lectio hæc, quippe in Ms. Utic. seu S. Ebrulphi legitur *positis et positos.*

lege positorum, atque ex actione sæcularium confunditur actio religiosorum : dum illi etiam promittendo non servant quæ in præceptis audiunt; et isti vivendo ea custodiunt, in quibus nequaquam mandatis legalibus astringuntur [*Vet. IV*]. Qua vero auctoritate liber iste sit præditus, ipsa sacrarum paginarum soliditas attestatur, dum per Ezechielem prophetam dicitur (*Ezech.* xiv, 14), quod tres solummodo viri liberentur, Noe scilicet, Daniel et Job. Nec immerito inter Hebræorum vitas, in auctoritatis reverentiam vita justi gentilis adducitur, quia Redemptor noster, sicut ad redemptionem Judæorum et gentilium venit, ita se Judæorum et gentilium prophetari vocibus voluit; ut per utrumque populum diceretur, qui pro utroque populo quandoque pateretur.

6. *Ejus virtus, quo magis fragraret, flagellis atirita*. — Vir itaque iste summis viribus fultus, sibi notus erat et Deo : qui si non flagellaretur, a nobis nullatenus agnosceretur. Virtus quippe etiam per quietem se exercuit, sed virtutis opinio commota per flagella fragravit. Et qui quietus in se ipso quod erat continuit, commotus ad notitiam omnium odorem suæ fortitudinis aspersit. Sicut enim unguenta latius redolere nesciunt nisi commota, et sicut aromata fragrantiam suam non nisi cum incenduntur expandunt; ita sancti viri omne quod virtutibus redolent in tribulationibus innotescunt. Unde et recte in Evangelio dicitur : *Si habueritis fidem tanquam granum sinapis, dicetis huic monti : Transi hinc, et transibit* (*Matth.* xvii, 19). Granum quippe 10 sinapis nisi conteratur, nequaquam vis virtutis ejus agnoscitur. Nam non contritum lene est : si vero conteratur, inardescit, et quod in se acerrimum latebat, ostendit. Sic unusquisque vir sanctus, cum non pulsatur, despicabilis ac lenis aspicitur : si qua vero illum tritura persecutionis opprimat, mox omne, quod calidum sapit, ostentat; atque in fervorem virtutis vertitur, quidquid in illo ante despicabile infirmumque videbatur; quodque in se per tranquillitatis tempora libens operuerat, exagitatus tribulationibus coactus innotescit. Unde bene per prophetam dicitur : ᵃ *In die mandavit Dominus misericordiam suam, et in nocte declaravit* (*Ps.* xli, 9). Misericordia enim Domini in die mandatur, quia in tranquillo tempore cognoscendo percipitur; in nocte vero declaratur, quia donum, quod in tranquillitate sumitur, in tribulationibus manifestatur.

CAPUT III [*Vet. V*].

7. *Virtutes Job recensentur*. — Sed subtilius perscrutandum est cur tot flagella pertulit, qui tantam virtutum custodiam sine reprehensione servavit. Humilitatem quippe habuit, quia et ipse testatur : *Si contempsi judicium subire cum servo meo, et ancilla mea,* ᵇ *cum disceptarent adversum me* (*Job.* xxxi, 13). Hospitalitatem exhibuit, sicut ipse perhibet, dicens : *Foris non mansit peregrinus, ostium meum viatori pa-*

ᵃ Ita Mss. Rhem., Remig., Corb., Bajoc., etc. Edit. vero Gilot., Vatic., Guss., *In die mandabit... declarabit.*
ᵇ Ebroic. Mss., *Cum decertarent.* Vox Hebr. signi-

tuit (*Job.* xxxi, 32). Disciplinæ vigorem tenuit, sicut ipse indicat dicens : *Principes cessabant loqui, et digitum superponebant ori suo* (*Job.* xxix, 9). Mansuetudinem in vigore custodivit, sicut ipse fatetur, dicens : *Cumque sederem quasi rex, circumstante exercitu, eram tamen mœrentium consolator* (*Ibid.*, 25). Eleemosynarum largitatem amplexus est, sicut ipse insinuat dicens : *Si comedi buccellam meam solus, et non comedit pupillus ex ea* (*Job.* xxxi, 17). Cum igitur omnia virtutum mandata perficeret, unum ei deerat, ut etiam flagellatus agere gratias sciret. Notum erat quia servire Deo inter dona noverat : sed dignum fuerat ut districtio severitatis inquireret utrum devotus Deo et inter flagella permaneret. Pœna quippe interrogat, si quietus quis veraciter amat. Quem hostis quidem ut deficeret petiit, sed ut proficeret accepit. Fieri Dominus benigne permisit quod diabolus inique postulavit. Nam cum idcirco illum expetisset hostis ut consumeret, tentando egit ut ejus merita augeret. Scriptum quippe est : *In omnibus his non peccavit Job labiis suis* (*Job.* i, 22). Et quidem quædam verba responsionum illius imperitis lectoribus aspera resonant, quia sanctorum dicta pie intelligere, sicut dicuntur, ignorant; et quia animum dolentis et justi in semetipsis assumere nesciunt, ideo doloris verba bene interpretari non possunt. Mentem quippe patientis bene pensare novit condescensio passionis.

8. *Ab imperitorum criminationibus Dei judicio absolvitur*. — Credunt ergo beatum Job in suis sermonibus deliquisse, minus caute intuentes, quia si beati Job responsa redarguunt, falsam etiam de eo Domini sententiam fuisse testantur. Diabolo namque a Domino dicitur : *Considerasti servum meum Job, quod non sit ei similis super terram : vir simplex et rectus ac timens Deum, et recedens a malo* (Vers. 8) ? Cui a diabolo mox respondetur : *Nunquid gratis Job colit Deum? Nonne tu vallasti eum cunctamque* ᶜ *familiam ejus ? Sed mitte manum tuam, et tange eum, si non in faciem benedixerit tibi* (Vers. 10). Hostis itaque in beato Job vires suas exercuit, sed tamen certamen contra 11 Deum assumpsit. Inter Deum itaque et diabolum beatus Job in medio materia certaminis fuit. [*Vet. VI*]. Quisquis ergo sanctum virum inter flagella positum, dictis suis peccasse asserit, quid aliud, quam Deum, qui pro illo proposuerat, perdidisse reprehendit? Ipse quippe in se tentati causam suscipere voluit, qui eum et ante flagella prætulit, et præferens tentari per flagella permisit. Si ergo excessisse Job dicitur, laudator illius succubuisse perhibetur, quamvis eum nullatenus deliquisse etiam dona testantur. Quis enim nesciat quod culpis non præmia, sed pœnæ debeantur? Qui ergo duplicia recipere quæ amiserat meruit, ex remuneratione edocuit quia nequaquam vitium sed virtus fuit omne quod dixit. Assertioni quoque huic adhuc adjungitur,

ficat *litigare.*
ᶜ Editi cum Vulgata, *Cunctamque substantiam.* Mss. vero, *familiam.*

quod ipse pro amicis delinquentibus intercedit. In gravibus namque peccatis quis positus (*Causa* 3, *q*. 7, *c. In gravibus*), dum suis premitur, aliena non diluit. Mundus ergo ostenditur esse de se, qui emundationem potuit obtinere pro aliis. Si vero hoc quibusdam displicet, quod bona sua ipse narravit, sciendum est quia inter tot rerum damna, inter tot corporis vulnera, inter tot pignorum funera, amicis ad consolationem venientibus, et ad increpationem prorumpentibus, de vita sua desperare cogebatur; et quem tot detrimenta afflixerant, contumeliosa insuper increpantium verba feriebant. [a] Hi namque, qui ad consolandum venerant, dum quasi ejus injustitiæ exprobrabant, desperare eum de semetipso funditus compellebant. Quod ergo bona sua ad mentem revocat, non se per jactantiam elevat; sed quasi collapsum inter verba et vulnera ad spem animum reformat. Gravi enim [b] desperationis telo mens percutitur, [c] cum supernæ iræ tribulationibus premitur, et foris linguarum opprobriis urgetur. Beatus igitur Job tot dolorum jaculatione confossus, dum labefactari per opprobria timuit, ad statum se fiduciæ ex anteacta vita confirmando revocavit. Nequaquam ergo [d] in arrogantiæ vitium cecidit, quia contra internum desperationis impulsum, per exteriora præconiorum suorum verba pugnavit; ut dum bona quæ fecerat diceret, nequaquam de bono [e] quod quæsierat desperaret.

CAPUT IV [*Vet. VII*].

9. *Omnia Satanæ machinamenta contra Job erecta.* — Sed jam nunc ipsum ordinem tentationis ejus exsequamur. Inimicus sæviens, et sancti viri validissimum pectus debellare contendens, cunctas contra eum tentationum machinas erexit; abstulit substantiam, interfecit filios, percussit corpus, instigavit uxorem, amicos ad consolationem adduxit; sed in asperitatem increpationis excitavit: alium quoque amicum durius increpantem, in extrema et acriori invectione servavit, ut saltem crebrius feriendo cor attingeret, quod novo vulnere semper iteraret. Quia enim in sæculo potentem vidit, damnis substantiæ eum moveri credidit, quem non concussum ex filiorum morte pulsavit. Videns autem quia ad augmentum divinæ laudis etiam ex vulnere crevit orbitatis, petiit feriendam salutem corporis. Intuens etiam quia per dolorem corporis pervenire nequiverit ad passionem mentis, instigavit uxorem. Civitatem quippe, quam expugnare appetiit, nimis munitam vidit; et idcirco exterius tot plagas inferens, quasi foras exercitum admovit; animum vero uxoris in verbis malæ persuasionis accendens, quasi intus civium corda corrupit. Ex bellis enim exterioribus discimus quid de interioribus sentiamus. Inimicus namque sæviens, et urbem circumfusis exercitibus vallans, si ejus munimina invicta conspexerit, ad alia se pugnandi argumenta convertit, ut intus etiam quorumdam civium corda corrumpat; quatenus cum extrinsecus impugnatores admoverit, internos quoque habeat adjutores, atque increscente belli foras certamine, de quorum intus fide confiditur, eorum perfidia urbs destituta capiatur.

10. *Foris bellum, virulenta intus consilia adhibuit.* — Itaque exterius quasi ariete constituto, murum civitatis istius tot ictibus perculit, quot vicibus adversa nuntiavit. Intus autem quasi civium corda corrupit, dum fortia urbis hujus munimina persuasione destruere conjugis studuit. Foras itaque admovit impetum belli, intus venena consilii: ut tanto citius urbem caperet, quanto eam exterius interiusque turbaret. [*Vet. VIII*.] Quia autem nonnunquam plus conturbant verba quam vulnera, amicorum, ut dictum est, se linguis armavit. Qui quidem quia seniores erant, de eorum verbis minus fortasse [f] doleri poterat. Heliu junior subrogatur, ut sanctum pectus tanto acriori vulnere percuteret, quanto contra illud ictus brachii [g] vilioris excitaret. Ecce ad feriendum invictissimum robur inimicus sæviens, quot tentationum jacula invenit; ecce quot obsidionum machinamenta circumposuit; ecce quot percussionum tela transmisit: sed in his omnibus mansit mens imperterrita, stetit civitas inconcussa.

CAPUT V.

11. *Patientia Job in adversis.* — Student hostes, cum contra faciem veniunt, alios ex occulto transmittere, qui eo licentius pugnantis latus feriant, quo is qui pugnat intentius venientes hostes contra faciem aspectat. [*Rec. V.*] Igitur Job, in hujus certaminis bello deprehensus, suscepit damna, quasi hostes contra faciem; sustinuit verba consolantium, quasi hostes ex latere: sed in his omnibus circumacto gravitatis suæ clypeo, ubique munitus astitit, undique venientibus gladiis vigilanter obviavit: amissam substantiam tacite despicit, carnem in filiis mortuam æquanimiter dolet, carnem in se percussam patienter tolerat, carnem in conjuge male suadentem sapienter docet. Super hæc amici in asperam correptionem prosiliunt; et pro sedando dolore venientes, vim doloris adjungunt. Omnia ergo machinamenta tentationum sancto viro vertuntur in augmenta virtutum. Per vulnera quippe probatur ejus patientia; per verba vero exercetur ejus sapientia. Ubique fortiter occurrit, quia et flagella robore, et verba ratione superavit. Amici vero ejus, qui ad consolationem quidem veniunt, sed usque ad verba increpationis

---

[a] Additur in Ms. Carnut., *amicorum qui ad eum veniebant*, quod forte irrepsit ex margine.
[b] In Vulgatis, *desper. stimulo*, pro *telo* quod habent Mss. pene omnes.
[c] Colbert., *cum superne tribulat.* prem. 2 Vindoc., *eum pro bonis malorum retributionibus premitur.*
[d] Sic Mss. Editi vero, *in jactantiæ.*
[e] Ita Barthol. cum Mss. In Vatic. et Guss., *quod præscierat.* Vet. Ed. Paris. et Basil. cum Gilot. habent utramque lect.
[f] Al., *Dolere*, ut habent Gilot., Vatic., Gussanv.
[g] Ita Mss. Anglic., Norm. et pene omnes. Editio Basil. 1514, et aliæ seq., excepta Gussanv., *brachii validioris.* Remig. alter habet, *brachii junioris.* Fortasse propter Heliu juniorem, de quo paulo antea.

excedunt, ignorantia magis credendi sunt, quam malitia deliquisse. Neque enim tantum virum amicos iniquos habuisse credendum est : sed dum discernere causam flagellorum nequeunt, in culpam dilabuntur.

[*Vet. IX.*] 12. *Varia percussionum genera.* — Percussionum quippe diversa sunt genera. Alia namque est percussio, qua peccator percutitur, ut sine retractatione puniatur; alia, qua peccator percutitur, ut corrigatur; alia, qua nonnunquam quisque percutitur, non ut præterita corrigat, sed ne ventura committat; alia qua 13 plerumque percutitur, per quam nec præterita culpa corrigitur, nec futura prohibetur; sed ut, dum inopinata salus percussionem sequitur, salvantis virtus cognita ardentius ametur; cumque innoxius flagello atteritur, ei per patientiam meritorum summa cumuletur. Aliquando enim peccator percutitur, ut absque retractatione puniatur, sicut periturae Judææ dicitur : *Plaga inimici percussi te, castigatione crudeli* (*Jer.* xxx, 14). Et rursum : *Quid clamas ad me, super contritione tua? Insanabilis est dolor tuus* (*Ibid.*, 15). Aliquando peccator percutitur, ut corrigatur, sicut cuidam in Evangelio dicitur : *Ecce sanus factus es, jam noli peccare, ne tibi deterius aliquid contingat* (*Joan.* v, 14). Verba enim salvantis indicant, quia peccata præcedentia habiti vim doloris exigebant. Aliquando quisque non pro præterita culpa diluenda, sed pro futura vitanda percutitur; quod aperte Paulus apostolus de semetipso testatur, dicens : *Ne magnitudo revelationum extollat me, datus est mihi stimulus carnis meæ, angelus Satanæ, qui me colaphizet* (*II Cor.* xii, 7). Qui enim non ait, quia extulit, sed ne extollat, aperte indicat quod percussione illa, ne eveniat, compescitur, non autem quæ evenit culpa purgatur. Nonnunquam vero quisque nec pro præterita, nec pro futura iniquitate percutitur; sed ut sola divinæ virtutis potentia, ex amputata percussione monstretur. Unde cum Domino in Evangelio de cæco nato diceretur : [a] *Hic peccavit, aut parentes ejus, ut cæcus nasceretur* (*Joan.* ix, 2)? respondit Dominus dicens : *Neque hic peccavit, neque parentes ejus; sed ut manifestentur opera* [b] *Dei* (*Ibid.* 3)? In qua manifestatione quid agitur, nisi ut ex flagello meritorum virtus augeatur; et cum nulla præterita iniquitas tergitur, magna de patientia fortitudo generetur. Unde idem beatus Job præfertur prius voce judicis, et post manui committitur tentatoris : quem post flagellum Deus dum remuneras familiarius alloquitur, aperte quantum de verbere creverit indicatur. Amici ergo beati Job, dum percussionum genera distinguere nesciunt, percussum pro culpa crediderunt : et dum Deum justum in percussione sua conantur asserere, beatum Job compulsi sunt de injustitia reprobare; nescientes videlicet quod idcirco flagellatus fuerat, ut pro flagello ejus divinæ gloriæ laus cresceret, non autem ut per flagella peccata quæ nequaquam commiserat emendaret. Unde et ad veniam citius redeunt, quia ignorantia potius quam malitia peccaverunt. Quorum superbiam divina justitia eo vehementer humiliat, quo nequaquam illos ad suam gratiam, nisi per eum quem despexerant, reformat. Valde quippe elata mens retunditur, si ipsi super quem se extulit supponatur.

CAPUT VI [*Vet. X*].

13. *Sancti omnes quasi stellæ, noctem vitæ præsentis illuminant.* — Sed libet inter hæc mira divinæ dispensationis opera cernere quomodo ad illuminandam noctem vitæ præsentis astra quæque suis vicibus in cœli faciem veniant, quousque in finem noctis Redemptor humani generis, quasi verus lucifer, surgat. Nocturnum namque spatium, dum decedentium succedentiumque stellarum cursibus illustratur, magno cœli decore peragitur. Ut ergo noctis nostræ tenebras suo tempore editus, vicissimque permutatus stellarum radius tangeret, ad ostendendam innocentiam, venit Abel; ad docendam 14 actionis munditiam, venit Enoch; ad insinuandam longanimitatem spei et operis, venit Noe; ad manifestandam obedientiam, venit Abraham; ad demonstrandam conjugalis vitæ castimoniam, venit Isaac; ad insinuandam laboris tolerantiam, venit Jacob; [c] ad rependendam pro malo bonæ retributionis gratiam, venit Joseph; ad ostendendam mansuetudinem, venit Moyses; ad informandam contra adversa fiduciam, venit Josue; ad ostendendam inter flagella patientiam, venit Job. Ecce quam fulgentes stellas in cœlo cernimus, ut inoffenso pede operis iter nostræ noctis ambulemus. Nam cognitioni hominum divina dispensatio quot justos exhibuit, quasi tot astra super peccantium tenebras cœlum misit, [d] quousque verus lucifer surgeret, qui æternum nobis mane nuntians, stellis cæteris clarius ex divinitate radiaret.

14. *Cuncti Christum prænuntiarunt, maxime Job.* — Quem electi omnes dum bene vivendo præeunt, et rebus et vocibus prophetando promiserunt. Nullus etenim justus fuit, qui non ejus per figuram nuntius exstiterit. Dignum quippe erat ut in semetipsis bonum omnes ostenderent, de quo et omnes boni essent, et quod prodesse omnibus scirent. Unde et sine cessatione promitti debuit quod et sine æstimatione dabatur percipi, et sine fine retineri; ut simul omnia sæcula [e] dicerent quid in redemptione communi sæculorum finis exhiberet. Unde et necesse fuit ut etiam beatus Job, qui tanta incarnationis ejus mysteria protulit, eum quem voce diceret ex conversatione signaret; et per ea quæ pertulit, quæ passurus esset

---

[a] Sic vet. Edit. cum Corb., Rhem., Remig., Colbert., German. ac pler. In Ebroic. : *Hic quod peccavit aut parentes ejus?* Cocc. Edit. et seq. : *Quis peccavit, hic aut parentes ejus?*
[b] In 2 Rhem., duob. Rem. et Vind. 2, *Dei in illo*.
[c] Guss., *ad repetendam*. Emendatur ex al. Ed. et Mss.
[d] Exciderat in Gussanv. *verus*. Quam vocem supplevimus ex Mss. et al. Vulgatis.
[e] Ed. cum Ms. Colbert. aliisque nonnullis, *sæc. discerent*. Præferimus *dicerent* cum duob. Rhem., Remig., uno Vindoc., Corb. Germ., maxime cum de Job mox legatur : *quem voce diceret, ex conversatione signaret*. Quo postremo loco apud Guss., mendose, *ex conversione*.

ostenderet; tantoque verius passionis illius sacramenta prædiceret, quanto hæc non loquendo tantummodo, sed etiam patiendo prophetaret. [*Vet. XI.*] Sed quia Redemptor noster unam se personam cum sancta Ecclesia, [a] quam assumpsit, exhibuit; de ipso enim dicitur, *Qui est caput omnium nostrum* (*Ephes.* iv, 15); et de Ecclesia ejus scriptum est : *Corpus Christi, quod est Ecclesia* (*Colos.* i, 24); quisquis eum in semetipso significat, modo hunc ex capite, modo ex corpore designat, ut non solum vocem capitis, sed etiam corporis teneat. Unde et Isaias propheta ejusdem Domini verba exprimens, ait : *Quasi sponso posuit mihi mitram, et quasi sponsam ornavit me ornamento* (*Isaiæ* lxi, 10). Quia igitur ipse in capite sponsus, ipse est in corpore sponsa, necesse est ut cum nonnunquam aliquid de capite dicitur, sensim ac subito etiam ad vocem corporis derivetur; et rursum cum de corpore aliquid dicitur, repente ad vocem capitis ascendatur. [*Vet. XII.*] Beatus ergo Job venturi cum suo corpore typum Redemptoris insinuat; uxor vero ejus, quæ eum ad maledicendum provocat, vitam carnalium designat; qui intra sanctam Ecclesiam incorrectis moribus positi, quo per fidem bonis juxta sunt, eo per vitam durius premunt; quia dum quasi fideles vitari non possunt, a fidelibus tanto deterius, quanto et interius tolerantur.

15. *Amici Job hæreticos adumbrant.* — Amici vero ejus, qui dum consulunt invehuntur, hæreticorum figuram exprimunt, qui sub specie consulendi agunt negotium seducendi. Unde et ad beatum Job quasi pro Domino loquuntur, sed tamen a Domino non approbantur; quia videlicet omnes hæretici Deum, dum defendere nituntur, offendunt. Unde eis aperte et ab eodem sancto viro dicitur : *Disputare cum Deo cupio : prius vos ostendens fabricatores mendacii, et cultores perversorum dogmatum* (*Job* xiii, 3 et 4). Constat ergo eos hæreticorum typum errando gerere, quos sanctus vir redarguit cultui perversorum dogmatum deservire. [*Rec. VII.*] Omnis vero hæreticus in eo quod Deum defendere cernitur, veritati illius adversatur, Psalmista attestante, qui ait : *Ut destruas inimicum et defensorem* (*Psalm.* viii, 3). Inimicus quippe et defensor est, [b] qui Deum quo prædicat impugnat.

CAPUT VII.

16. *Nominibus suis Job Christum, amici ejus hæreticos significant.* — Nam quia beatus Job venturi Redemptoris speciem teneat, etiam nomine demonstrat. Job quippe interpretatur dolens. Quo nimirum dolore, vel Mediatoris passio, vel sanctæ Ecclesiæ labor exprimitur, quæ multiplici præsentis vitæ fatigatione cruciatur. Amici quoque ejus ex vocabulo nominis meritum suæ indicant actionis. Nam Eliphaz Latina lingua dicitur Domini contemptus. Et quid aliud hæretici faciunt, nisi quod, dum falsa de Deo sentiunt, eum superbiendo contemnunt ? [c] Baldad interpretatur vetustas sola. Bene autem omnes hæretici in his quæ de Deo loquuntur, dum non intentione recta, sed appetitione temporalis gloriæ videri prædicatores appetunt, vetustas sola nominantur. Ad loquendum quippe non zelo novi hominis, sed vitæ veteris pravitate concitantur. Sophar quoque Latino sermone dicitur dissipatio speculæ, [d] vel speculationem dissipans. Mentes namque fidelium ad contemplanda superna se erigunt; sed dum hæreticorum verba pervertere recta contemplantes appetunt, speculam dissipare conantur. [*Vet. XIII.*] In tribus itaque amicorum Job nominibus, tres hæreticarum mentium perditionis casus exprimuntur. Nisi enim Deum contemnerent, nequaquam de illo perversa sentirent ; et nisi [e] vetustatis cor traherent, in novæ vitæ intelligentia non errarent; [f] et nisi speculationem bonorum destruerent, nequaquam eos superna judicia tam districto examine pro verborum suorum culpa reprobarent. Contemnendo igitur Deum, in vetustate se retinent : sed in vetustate retinendo, pravis suis sermonibus speculationi rectorum nocent.

CAPUT VIII.

17. *In amicorum Job reconciliatione hæreticorum conversio figuratur.* — Quia vero nonnunquam hæretici divinæ gratiæ largitate perfusi ad unitatem sanctæ Ecclesiæ redeunt, bene hoc ipsa amicorum reconciliatione signatur. Pro quibus tamen beatus Job exorare præcipitur, quia hæreticorum sacrificia accepta Deo esse nequeunt, nisi pro eis universalis Ecclesiæ manibus offerantur; ut ejus meritis remedium salutis inveniant, quam verborum jaculis impugnando feriebant. Unde et septem pro eis sacrificia memorantur oblata ; quia dum septiformis gratiæ Spiritum confitentes accipiunt, quasi septem oblationibus expiantur. Hinc est quod in Joannis Apocalypsi per septem Ecclesiarum numerum universalis Ecclesia designatur (*Apoc.* i, 11). Hinc per Salomonem de Sapientia dicitur : *Sapientia ædificavit sibi domum, excidit columnas septem* (*Prov.* ix, 1). Ipso ergo sacrificiorum numero reconciliati hæretici, quid 16 prius fuerint exprimunt, qui perfectioni septiformis gratiæ non nisi redeundo junguntur.

18. *Illorum mactanda superbia, ut Ecclesiæ hoc sacrificio restituantur.* — Bene autem tauros pro se et

---

[a] Corb., *quam sumpsit*.
[b] Coccius quem secuti sunt posteriores omnes Edit. nullis Mss. præluccentibus : *Qui Deum quem prædicat moribus impugnat*. Sane hic de corruptis moribus non agitur, sed de mala illorum fide qui *speciem* gerunt *consulendi, et agunt negotium seducendi*.
[c] Rhem., Remig., Colb., Baldac. Corb., *Baldach*, 2 Vindoc. utramque lectionem exhibet.
[d] Unus Rhem., unus Remig. et Reg., *vel speculam*. 2 Vindoc. utramque lectionem exhibet.
[e] Ita Mss. Bellov., Compend., Corb., Ebroic. 1, Remig. 1, Rhem., German. Proxime accedit Colbert., in quo mendose, *vetustatis contraherent*. In uno Reg. : *Vetustatis vitium contraherent;* in alt., sicut in Ed. Barthol. : *Vetustates contraherent*. Utic. utramque lect. præfert, *vetustatis cor traherent*, et *vetustates contraherent*. In Ed. Basil. 1514, et aliis seq., nisi *vet. prava verba elate loquendo contraherent*.
[f] Mss. pene omnes sic legendum docent. Vulgati antiquiores consentiunt. Gilot. vero et seq. habent ; *Et nisi in se . . . destr. . . . superna justitia . . . reprobaret*.

arietes obtulisse describuntur. In tauro quippe cervix superbiæ, in ariete autem ducatus gregum sequentium designatur. Quid est ergo pro eis tauros arietesque mactare, nisi eorum superbum ducatum interficere; ut de se humilia sentiant, et post se corda innocentium non seducant? Cervice enim tumenti ab Ecclesiæ unitate resilierant, et infirmos post se populos quasi sequentes greges trahebant. Veniant igitur ad beatum Job, id est, revertantur ad Ecclesiam, et septenario sacrificio tauros et arietes mactandos offerant; [a] qui ut universali Ecclesiæ conjungantur, humilitate interveniente interficiant quidquid prius tumidum de superbo ducatu sapiebant.

CAPUT IX.

19. *Superbus, licet recte sentiens, increpandus. Qua ratione non indiget sacrificio.*—Per Heliu autem, qui rectis quidem sensibus loquitur, sed ad stulta elationis verba derivatur, persona uniuscujusque arrogantis exprimitur. Multi namque intra sanctam Ecclesiam positi, recta quæ sapiunt recte proferre contemnunt. Unde et divinæ increpationis verbis arguitur, nec tamen pro illo sacrificium offertur; quia fidelis quidem est, sed tamen arrogans : per veritatem credulitatis intus est, sed per tumoris sui obstaculum acceptabilis non est. Hinc ergo increpatio redarguit, sed sacrificium non reducit; quia in ea quidem fide est in qua esse debuit, sed superna hunc justitia increpans pro superfluis repellit. Unde et bene Heliu Latino sermone dicitur, Deus meus iste, vel [b] Deus Dominus. Arrogantes enim viri intra sanctam Ecclesiam, quamvis Deum elate vivendo refugiunt, eum tamen veraciter credendo confitentur. Quid est enim, Deus meus iste, nomine dicere, nisi eum, cui credidit, aperta professione monstrare? vel quid est, Deum Dominum dicere, nisi hunc et Deum per divinitatem credere, et Dominum ex incarnatione perhibere?

CAPUT X. [*Vet. XIV.*]

20. *Job duplicia recipiens quid præsignet. Sanctorum ante resurrectionem una beatitudo; post duplex.*—Bene autem post damna rerum, post funera pignorum, post cruciatus vulnerum, post certamina pugnasque verborum, duplici remuneratione sublevatur; quia nimirum sancta Ecclesia, adhuc etiam in hac vita posita, pro laboribus quos sustinet, duplicia [c] munera recipit; cum susceptis plene gentibus, in fine mundi Judæorum etiam ad se corda convertit. Hinc enim scriptum est : *Donec plenitudo gentium intraret, et sic omnis Israel salvus fieret (Rom.* XI, 25). Duplicia et postmodum recipiet : quia finito labore præsentis temporis, non solum ad animarum gaudium, sed etiam ad beatitudinem corporum ascendit. Unde bene per prophetam dicitur : *In terra sua duplicia possidebunt (Isai.* LXI, 7). Sancti quippe in terra viventium duplicia possident, quia nimirum beatitudine mentis simul et corporis gaudent. Unde Joannes in Apocalypsi, quia ante resurrectionem corporum clamantes sanctorum animas vidit, accepisse eas stolas singulas aspexit, dicens : *Et datæ sunt illis singulæ stolæ albæ, et dictum est illis, ut requiescerent tempus adhuc modicum, donec impleretur numerus conservorum et fratrum eorum (Apoc.* VI, 11). [d] Ante resurrectionem quippe stolas singulas accepisse dicti sunt, quia sola adhuc mentis beatitudine perfruuntur. Binas ergo accepturi sunt, quando cum animarum perfecto gaudio, etiam corporum incorruptione vestientur.

21. *Afflictio hic certa; quantum duratura sit, incertum.* — Recte autem afflictio quidem beati Job dicitur sed quantitas temporis in ejus afflictione reticetur; quia sanctæ Ecclesiæ in hac vita tribulatio cernitur, sed quanto hic tempore conterenda atque differenda sit, ignoratur. Unde et ore Veritatis dicitur : *Non est vestrum nosse tempora, vel momenta, quæ Pater posuit in sua potestate (Act.* I, 7). Per hoc ergo, quod beati Job passio dicitur, docemur quod experiendo novimus. Per hoc vero quod quantitas temporis in passione reticetur, docemur quid nescire debeamus.

In longum præfationis verba protraximus, ut quasi totum breviter perstringendo loqueremur. Sed quia ad loquendi initium, diu loquendo, pervenimus, debemus prius historiæ radicem figere, ut valeamus mentem postmodum de allegoriarum fructu satiare.

---

[a] 1 Remig. : *Quia ut . . . conjungantur, necesse est ut humilitate.*

[b] Apud Barthol., Remb., Coc., et in Ed. Basil. 1514, hic additur *meus.*

[c] Omissam in Ed. Vatic. et Gussanv. vocem *munera,* restituimus ex Mss. et antiquioribus Vulgatis.

[d] Locus notatu dignus ad probandam sanctorum beatitudinem, ante judicii extremi diem. Sic explicant hunc Apoc. locum Bernardus et alii non pauci.

---

[a] Pars prima,

LIBROS QUINQUE COMPLECTENS.

LIBER PRIMUS.

Capitis primi libri Job priores versus primum historico, deinde allegorico, postremo morali sensu explanat.

CAPUT PRIMUM.

VERS. 1. — *Vir erat in terra Hus, nomine Job.*
HISTORICUS SENSUS.—1. *Job inter malos bonus dicitur,* D *quod summa laus est.*—Idcirco sanctus vir ubi habitaverit dicitur, ut ejus meritum virtutis exprimatur. Hus namque quis nesciat quod sit terra gentilium? Gentilitas

[a] In Mss. hic titulus occurrit : *Moralia beati Gregorii per contemplationem sumpta.* In Corb. omittitur *beati.*

autem eo obligata vitiis exstitit, quo cognitionem sui conditoris ignoravit. Dicatur itaque ubi habitaverit, ut hoc ejus laudibus proficiat, quod bonus inter malos fuit. Neque enim valde laudabile est bonum esse cum bonis, sed bonum esse cum malis. Sicut enim gravioris culpæ est, inter bonos bonum non esse ; ita immensi est præconii, bonum etiam inter malos exstitisse. Hinc est quod isdem beatus Job sibimet attestatur, dicens : *Frater fui draconum, et socius struthionum (Job.* xxx, 29). Hinc Petrus magnis Loth laudibus extulit, quod bonum inter reprobos invenit, dicens : *Et justum Loth oppressum a nefandorum* ª *injusta conversatione eripuit. Aspectu enim et auditu justus erat, habitans apud eos, qui de die in diem animam justi iniquis operibus cruciabant (II Pet.* ii, 7, 8). Qui nimirum cruciari non posset, nisi prava propinquorum opera et audiret, et cerneret. Et tamen aspectu et auditu justus dicitur, quia iniquorum vita, non delectando justi aures atque oculos, sed feriendo ᵇ tangebat. Hinc Paulus discipulis dicit : *In medio nationis pravæ et perversæ, inter quos lucetis sicut luminaria in mundo (Philip.* ii, 15). Hinc ᶜ angelo Pergami ecclesiæ dicitur : *Scio ubi habitas, ubi sedes est Satanæ; et tenes nomen meum, et non negasti fidem meam (Apoc.* ii, 13). Hinc sancta Ecclesia sponsi voce laudatur, cum ei in amoris Cantico dicitur : *Sicut lilium inter spinas, sic amica mea inter filias (Cant.* ii, 2). Bene ergo beatus Job, memorata terra gentili, inter iniquos vixisse describitur ; ut, juxta sponsi præconium, inter spinas lilium crevisse monstretur. Unde recte mox subditur :

CAPUT II.

Ibid. — *Simplex, et rectus.*

2. *Job simplicitas et rectitudo. Utraque necessaria.* — Nonnulli namque ita sunt simplices, ut rectum quid sit ignorent. Sed eo veræ simplicitatis innocentiam deserunt, quo ad virtutem rectitudinis non assurgunt ; quia dum cauti esse per rectitudinem nesciunt, nequaquam innocentes persistere per simplicitatem possunt. Hinc est quod Paulus discipulos admonet dicens : *Volo vos sapientes esse in bono, simplices autem in malo (Rom.* xvi, 19). Hinc rursum dicit : *Nolite pueri effici sensibus, sed malitia parvuli estote (I Cor.* xiv, 20). Hinc per semetipsam Veritas discipulis præcipit, dicens : *Estote prudentes sicut serpentes, et simplices sicut columbæ (Matth.* x. 16). Utraque enim necessario in admonitione conjunxit ; ut et simplicitatem columbæ astutia serpentis instrueret, et rursum serpentis astutiam columbæ simplicitas temperaret. Hinc est quod sanctus Spiritus præsentiam suam hominibus, non in columba solummodo, sed etiam in igne patefecit *(Matth.* iii, 11, 16). Per columbam quippe simplicitas, per ignem vero zelus indicatur. In columba igitur, et in igne ostenditur *(Act.* ii, 3) : quia quicunque illo pleni sunt, sic mansuetudini simplicitatis inserviunt, ut contra culpas delinquentium etiam zelo rectitudinis accendantur. Sequitur :

CAPUT III.

Ibid. — *Timens Deum, et recedens a malo.*

3. *Deum timere quid sit. Bona malis admista reprobantur.* — Deum timere est nulla, quæ facienda sunt bona præterire. Unde per Salomonem dicitur : *Qui Deum timet, nihil negligit (Eccle.* vii, 19). Sed quia nonnulli sic bona quædam faciunt, ut tamen a quibusdam malis minime suspendantur, bene postquam timens Deum dicitur, recedens quoque a malo perhibetur. Scriptum quippe est : *Declina a malo, et fac bonum (Psal.* xxxvi, 27). Neque enim bona Deo accepta sunt, **19** quæ ante ejus oculos malorum admistione maculantur. Hinc namque per Salomonem dicitur : *Qui in uno offenderit, multa bona perdet (Eccle.* ix, 18). Hinc ᵈ Jacobus attestatur dicens : *Quicunque totam legem servaverit, offendat autem in uno, factus est omnium reus (Jac.* ii, 10). Hinc Paulus ait : *Modicum fermentum totam massam corrumpit (I Cor.* v, 6). [*Vet. III.*] Beatus igitur Job, ut ostendatur quam mundus in bonis exstitit, solerter indicatur quam alienus a malis fuit.

4. *Cur virtutes Job ab exordio describantur.* — Mos vero esse narrantium solet, ut cum palæstræ certamen insinuant, prius luctantium membra describant quam latum validumque sit pectus, quam sanum, quam pleni tumeant lacerti, quam subterpositus venter nec mole gravet, nec extenuatione debilitet ; ut cum prius aptos certamini artus ostenderint, tunc demum magnæ fortitudinis ictus narrent. Quia ergo athleta noster contra diabolum fuerat certaturus, quasi ante arenæ spectaculum, sacræ scriptor historiæ in athleta hoc spiritales virtutes enumerans, mentis membra describit, dicens : *Erat vir ille simplex, et rectus, ac timens Deum, et recedens a malo,* ut, dum membrorum positio magna cognoscitur, ex hac ipsa jam forti positione subsequens etiam victoria prænoscatur. Sequitur :

CAPUT IV.

Vers. 2. — *Natique sunt ei septem filii et tres filiæ.*

5. *Filiorum multitudo eum ad avaritiam non pellexit.* — Sæpe ad avaritiam cor parentis illicit fecunditas prolis. Eo enim ad ambitum congregandæ hæreditatis accenditur, quo multis hæredibus fecundatur. Ut ergo beati Job quam sancta mens fuerit, ostendatur, et justus dicitur, et multæ prolis pater fuisse perhibetur. ᵉ Qui in libri sui exordio devotus sacrificiis offerendis asseritur, promptus autem largitatibus etiam post a semetipso memoratur. Pensemus ergo quanta fortitudine præditus exstitit, quem ad

---

ª Plerique, *injuria conversatione.* Primus Remig., *a nefandorum injuria et conversatione eripuit.* In Colbert., *impudica convers.*

ᵇ Corb., *non tangebant;* et paulo ante, secundis curis, *vitia* pro *vita.*

ᶜ Vatic. et Gussanv., et pene omnes Mss., *hinc an-gelo Pergami Ecclesiæ.*

ᵈ Unus ex Remig., *hinc Jacobus apostolus*

ᵉ Vulgati omnes : *Qui in libri hujus.* Fortasse quod Editores non censerent hic dici posse Latine, *libri sui,* ut habetur in Mss., sed scrupulosius.

hæreditatis tenaciam nec iot hæredum affectus inclinavit: Sequitur :

CAPUT V [*Vet. IV*].

VERS. 3. — *Et fuit possessio ejus septem millia ovium, et tria millia camelorum; quingenta quoque juga boum, et quingentæ asinæ, ac familia multa nimis.*

6. *Opes sine amore possedit.* — Scimus, quia ad majorem dolorem mentem commovent damna majora. Ut igitur ostendatur, quantæ virtutis exstitit, multum fuisse dicitur, quod patienter amisit. Nunquam quippe sine dolore amittitur, nisi quod sine amore possidetur. Itaque dum substantia magna describitur, et tamen paulo post patienter amissa perhibetur; quam sine dolore perdidit, constat quia sine amore possedit. Notandum quoque est, quod prius cordis divitiæ, et post, opes corporis describuntur. Solet enim rerum abundantia tanto magis a divino timore mentem solvere, quanto magis hanc exigit diversa cogitare. Nam dum per multa spargitur, stare in intimis fixa prohibetur. Quod per semetipsam Veritas, cum parabolam seminantis exponeret, indicavit dicens : *Qui seminatus est in spinis; hic est, qui verbum audit, et sollicitudo sæculi istius, et fallacia divitiarum, suffocat verbum, et sine fructu efficitur* (*Matth.* XIII, 22; *Luc.* VIII, 7, 8; *Marc.* IV, 7). Ecce beatus Job et multa possidere dicitur, et paulo post divinis sacrificiis instanter deservire perhibetur.

7. *Cuncta jam corde reliquerat.* — Consideremus ergo cujus sanctitatis iste vir fuerit, qui ad tam sedula Dei obsequia, et sic occupatus vacavit. Necdum præcepti virtus emicuerat, quæ omnia relinqui præciperet; sed tamen beatus Job ejusdem jam præceptionis vim corde servabat; quia nimirum substantiam suam mente 20 reliquerat, quam sine delectatione possidebat.

CAPUT VI.

IBID. — *Eratque vir ille magnus inter omnes Orientales.*

8. *Quantis divitiis afflueret.* — Orientales viros esse prædivites quis ignorat? Magnus ergo inter Orientales exstitit, ac si aperte diceretur : quia et divitibus ditior fuit.

CAPUT VII.

VERS. 4. — *Et ibant filii ejus, et faciebant [a] convivia per domos, unusquisque in die suo : et mittentes vocabant tres sorores suas, ut comederent et biberent cum eis.*

9. *Substantia dividenda inter filios, eorum corda non divisit.* — Solet inter fratres major substantia, discordiæ fieri gravioris causa. O inæstimabilem paternæ institutionis laudem! Et pater dives dicitur, et filii concordes asseruntur. Et dum dividenda inter eos substantia aderat, corda tamen omnium indivisa charitas replebat.

CAPUT VIII [*Vet. V, Rec. IV*].

VERS. 5. — *Cumque in orbem transissent dies convivii, mittebat ad eos Job, et sanctificabat illos, surgensque diluculo offerebat holocausta per singulos.*

10. *Nulla pene convivia sine culpa, propter voluptatem et loquacitatem.*—Cum dicitur, mittebat et sanctificabat illos, aperte demonstratur quid districtionis erga illos præsens ageret, quibus absens sollicitudine non deesset. Sed hoc nobis est solerter intuendum quod, peractis diebus convivii, purgatio [b] per singulos adhibetur holocausti. Vir quippe sanctus noverat quia celebrari convivia sine culpa vix possent. Noverat quia magna purgatione sacrificiorum diluendæ sunt epulæ conviviorum; et quidquid in semetipsis filii convivantes inquinaverant, pater sacrificium immolando tergebat. Nonnulla quippe sunt vitia quæ a conviviis aut separari vix possunt, aut certe nequaquam possunt. [c] Pene semper enim epulas comitatur voluptas. Nam dum corpus in refectionis delectatione resolvitur, cor ad inane gaudium relaxatur. Unde scriptum est : *Sedit populus manducare et bibere, et surrexerunt ludere* (*Exod.* XXXII, 6).

11. Pene semper epulas loquacitas sequitur; cumque venter reficitur, lingua diffrenatur. Unde recte dives apud inferos aquam appetere describitur, dicens : *Pater Abraham, miserere mei, et mitte Lazarum, [d] ut intingat extremum digiti sui in aquam, et refrigeret linguam meam, quia crucior in hac flamma* (*Luc.* XVI, 24). Prius epulatus quotidie splendide dicitur; et post aquam petere in lingua memoratur. Quia enim, ut diximus, inter epulas valde diffluere loquacitas solet, ex pœna indicat culpam, cum eum, quem epulatum quotidie splendide Veritas dixerat, in lingua plus ardere perhibebat. Hi qui chordarum harmoniam temperant, tanta hanc arte dispensant, ut plerumque, cum una tangitur, longe alia ac multis interjacentibus posita chorda quatiatur : cumque ista sonitum reddit, illa, quæ in eodem cantu temperata est, aliis impercussis, tremit. Sic ergo in Scriptura sacra plerumque de virtutibus, sic de vitiis agitur; ut dum loquendo aliud insinuat, tacendo aliud innotescat. [*Vet. VI.*] Nihil enim contra divitem de loquacitate memoratur ; sed dum pœna in lingua dicitur, quæ in convivio inter alias gravior fuerit culpa monstratur.

12. *Job octavo die sacrificium offerens, mysterium resurrectionis colit.* — Cum vero septem fratres per dies singulos convivia facere describuntur, et peractis diebus convivii, Job septem sacrificia offerre perhibetur; aperte historia indicat quod beatus Job octavo die sacrificium offerens mysterium resurrectionis colat. Dies namque qui nunc Dominicus dicitur, a morte Redemptoris est tertius, sed in ordine conditionis octavus, qui et primus in conditione est. Sed quia revolutus septimum sequitur, octavus 21 recte numeratur. Quia ergo octavo die offerre septem sacrificia dicitur, plenus septiformis gratiæ Spiritu pro spe resurrectionis Domino deservisse perhibetur. Unde et psalmus pro octava præscribitur, in quo gan-

---

[a] Mss. et Berthol., *faciebant convivium per domos.* Aliæ Ed., *convivia.*
[b] Plurimi Mss., *pro singulis.*
[c] Deest *pene* in Compend., Ebroic. et aliis.
[d] Mss.; *ut intingat extremum digiti sui in aqua.*

divin de resurrectione nuntiatur [*Vet. VII*]. Sed quia beati Job filii tanta fuerant disciplina bonæ institutionis accincti, ut neque per facta in conviviis, neque per verba delinquerent, aperte monstratur, cum subditur :

CAPUT IX [*Rec. V*].

IBID. — *Dicebat enim : Ne forte peccaverint filii mei et benedixerint Deo in cordibus suis.*

13. *De alterius corde non est temere judicandum. In rectores fidelium qui eorum opera nesciunt.* — Perfectos quippe esse in opere et sermone docuerat, pro quibus de sola pater cogitatione metuebat. Quia vero de alienis cordibus judicare temere non debeamus, in sancti hujus viri verbis agnoscimus, qui non ait : *Quia benedixerunt in cordibus suis :* sed, *Ne forte benedixerint Deo in cordibus suis.* Unde bene per Paulum dicitur : *Nolite judicare ante tempus, quoadusque veniat Dominus, qui illuminabit abscondita tenebrarum, et manifestabit consilia cordium* (*I Cor.* IV, 5). [*Vet. VIII*]. Quisquis enim in cogitatione a rectitudine exorbitat, in tenebris peccat. Nos ergo tanto minus debemus aliena corda audacter reprehendere, quanto scimus, quia visu nostro non possumus alienæ cogitationis tenebras illustrare. ª Sed hac solerter intuendum est, quanta pater severitate potuit filiorum opera corrigere, qui tanta sollicitudine studuit corda mundare. Quid ad hæc rectores fidelium dicunt, qui discipulorum suorum et aperta opera nesciunt? Quid in sua excusatione cogitant, qui in commissis sibi nec vulnera actionum curant? Ut vero hujus sancti ᵇ operis etiam perseverantia demonstretur, recte subjungitur :

CAPUT X.

IBID. — *Sic faciebat Job cunctis diebus.*

14. *Job perseverantia.* — Scriptum quippe est : *Qui perseveraverit usque in finem, hic salvus erit.* (*Matth.* x, 22; xxiv, 13.) In sacrificio igitur sancta actio, in cunctis autem diebus sacrificii, constantia sanctæ actionis ostenditur. Hæc breviter historiam sequendo transcurrimus; nunc ordo expositionis exigit ut exordium repetentes, allegoriarum jam secreta pandamus.

CAPUT XI. [*Vet. IX*].

VERS. 1. — *Vir erat in terra Hus, nomine Job.*

15. SENSUS ALLEGOR. — *Christus Job nomine designatus.* — Hæc per historiam facta credimus, sed per allegoriam jam qualiter sint impleta, videamus. Job namque, ut diximus, interpretatur dolens : Hus vero consiliator. Quem ergo alium beatus Job suo nomine exprimit, nisi eum de quo propheta loquitur dicens : *dolores nostros* ᶜ *ipse portavit* (*Isai.* LIII, 4)? Qui Hus terram inhabitat, quia in corda populi consiliatoris regnat. Paulus quippe ait Christum Dei virtutem, *et Dei sapientiam* (*I Cor.* 1, 24). Atque hæc ipsa Sapientia per Salomonem dicit : *Ego sapientia habito in consilio, et eruditis intersum cogitationibus* (*Proverb.* VIII, 12). Hus ergo terram inhabitat Job, quia Sapientia, quæ pro nobis passionis dolorem sustinuit, corda vitæ consiliis dedita sibimet habitationem fecit.

CAPUT XII [*Vet X*].

IBID. — *Et erat vir ille simplex et rectus.*

16. *Simplicitatem et rectitudinem tenuit.* — In rectitudine justitia, in simplicitate autem mansuetudo signatur. Plerumque nos cum rectitudinem justitiæ exsequimur, mansuetudinem relinquimus; et cum mansuetudinem servare cupimus, justitiæ rectitudinem declinamus. Incarnatus vero Dominus simplicitatem cum rectitudine tenuit : quia nec in mansuetudine districtionem justitiæ, nec rursum in districtione justitiæ virtutem mansuetudinis amisit. Unde cum quidam, deducta adultera, hunc tentare voluissent, ut in culpam aut immansuetudinis aut injustitiæ laberetur, ad utraque respondit dicens : *Qui sine peccato est vestrum, primus in illam lapidem mittat* (*Joan.*, VIII, 7). Dat simplicitatem mansuetudinis qui sine peccato est vestrum; dat zelum justitiæ, primus in illam lapidem mittat. Unde et ei propheta dicit : *Intende, prospere procede, et regna propter veritatem et mansuetudinem et justitiam* (*Psal.* XLIV, 5). Veritatem quippe exsequens, mansuetudinem cum justitia conservavit; ut nec zelum rectitudinis in mansuetudinis pondere amitteret, nec rursum pondus mansuetudinis zelo rectitudinis perturbaret. Sequitur :

CAPUT XIII.

IBID. — *Timens Deum, et recedens a malo.*

17. *Deum quomodo timuit.* — Scriptum est de illo : *Et replevit eum spiritus timoris Domini* (*Isai.* XI, 3). Incarnatus enim Dominus in semetipso omne quod nobis ᵈ inspiravit, ostendit; ut quod præcepto diceret, exemplo suaderet. Juxta humanitatis ergo naturam Redemptor noster Deum timuit; quia ut superbum hominem redimeret ᵉ mentem pro illo humilem sumpsit. Cujus bene per hoc, quod recedere a malo Job dicitur, et actio designatur. Ipse quippe recessit a malo, non quod faciendo contigit, sed quod inveniendo reprobavit : quia vetustam, quam natus invenit, humanæ conversationis vitam deseruit; et novam, quam secum detulit sequacium moribus impressit.

CAPUT XIV [*Rec. VI*].

Vers. 2. — *Natique sunt ei septem filii, et tres filiæ.*

18. *Septenarius numerus perfectus.* — Quid in septenario numero nisi summa perfectionis accipitur? Ut enim humanæ rationis causas de septenario numero taceamus, quæ asserunt, quod id-

---

ª Mss. Remig., Rem., Ebroïc., etc, *sed hac in re solerter.*

ᵇ Ita Corb., Germ. et pler. Mss. In Edit., *hujus sancti viri operis.*

ᶜ A Mss. Corb. et nonnullis abest *ipse,* quod in Germ. additum secundis curis.

ᵈ Ita Mss. omnes, Rem., Remig., Colb., Corbeiens., Turon., etc. Editio Basil. 1514, Paris. 1518, et aliæ, habent, *quod nobis imperavit.*

ᵉ Ita Mss. S. Germ., Regii, Rem., etc., veteresque Edit. Paris. et Basil. Unus Remig. habet, *mortem pro illo humilem sumpsit.* Hoc Ms. usus fortasse Joann. Gilotius Campanus, in sua Edit. anno 1571, utramque lectionem adoptavit; aliæ postea Edit. retinuerunt hanc unicam : *mortem pro illo humilem sumpsit.*

circo perfectus sit, quia ex primo pari constat, et primo impari; ex primo qui dividi potest, et primo qui dividi non potest; certissime scimus quod septenarium numerum Scriptura sacra pro perfectione ponere consuevit (*Genes.* II, 3). Unde et septimo die Dominum requievisse ab operibus asserit. Hinc est etiam quod septimus dies in requiem hominibus, id est, in sabbatum datus est. Hinc est quod jubileus annus, in quo plenaria requies exprimitur, septem hebdomadibus consummatur, qui monade [a] addita nostrae adunationis impletur.

[*Vet. XII.*] 19. *Filii Job apostolos signant.* — Nati sunt ergo ei septem filii. Ad praedicandum scilicet viriliter incedentes apostoli. Qui dum perfectionis praecepta peragunt, quasi superioris sexus fortitudinem in conversatione tenuerunt. Hinc est enim, quod perfectione septiformis gratiae Spiritus implendi duodecim sunt electi. A septenario quippe numero in duodenarium surgitur. Nam septenarius suis in se partibus multiplicatus, ad duodenarium tenditur. Sive enim quatuor per tria, sive per quatuor tria ducantur, septem in duodecim vertuntur [b]. Unde sancti apostoli, quia sanctam Trinitatem in quatuor partibus mundi praedicare mittebantur, duodecim sunt electi; ut etiam numero perfectionem ostenderent, quam vita et voce praedicarent.

20. *Filiae fidelium plebes. Fidelium tres ordines.* — Natae sunt et tres filiae. Quid in filiabus, nisi infirmiores fidelium plebes accipimus, [c] quae etsi ad perfectionem operis nequaquam forti virtute permanent, fidem tamen Trinitatis cognitam constanter tenent? In septem ergo filiis ordo praedicantium, in tribus vero filiabus multitudo significatur auditorum. Possunt etiam per tres filias tres ordines fidelium designari. Post filios quippe filiae nominantur, quia post apostolorum conspectam fortitudinem, tres distinctiones fidelium in Ecclesiae conversatione secutae sunt: pastorum videlicet, et continentium, atque conjugatorum. [*Vet. XIII.*] Unde et Ezechiel propheta tres liberatos viros audisse se asserit, Noe scilicet, et Danielem, et Job (*Ezechiel* XIV). Quid enim per Noe, qui arcam in undis rexit, nisi praepositorum ordo signatur; qui dum ad formam vitae populis praesunt, sanctam Ecclesiam in tentationum fluctibus regunt? Quid per Danielem, cujus mira abstinentia scribitur, nisi continentium vita figuratur; qui dum cuncta, quae mundi sunt, deserunt, despectae Babyloniae alta mente dominantur? Quid per Job, nisi bonorum conjugum vita signatur; qui de rebus mundi, quas possident, dum pia opera faciunt, quasi per terrae viam ad coelestem patriam tendunt? Quia igitur post sanctos apostolos tres istae fidelium distinctiones secutae sunt, recte post filios, tres filiae natae memorantur. Sequitur:

CAPUT XV.

Vers. 3. — *Et fuit possessio ejus septem millia ovium, et tria millia camelorum.*

21. *Ovibus innocentes, camelis vitiosi gentiles adumbrati et Samaritani.* — Quia fideles auditores ex varia conversatione collecti sunt, quod prius universaliter, [d] memoratis filiabus, dicitur, hoc distincte postmodum appellatione animalium subinfertur. Quid enim in septem millibus ovium, nisi perfectam quorumdam innocentiam exprimit, quae [e] ad perfectionem gratiae, ex legis pascuis venit? Quid vero in tribus millibus camelorum, nisi ad plenitudinem fidei veniens, [f] torta gentium vitiositas designatur? [*Vet. XIV.*] In Scriptura autem sacra aliquando cameli nomine ipse Dominus, aliquando autem populus gentilis exprimitur. Cameli enim nomine Dominus designatur, sicut ab eodem Domino Judaeis adversantibus dicitur: *Liquantes culicem, camelum glutientes* (*Matth.* XXIII, 24). Culex enim susurrando vulnerat, camelus autem sponte se ad suscipienda onera inclinat. Liquaverunt ergo Judaei culicem, quia seditiosum dimitti latronem petierunt; camelum vero glutierunt, quia eum qui ad suscipienda nostrae mortalitatis onera sponte descenderat exstinguere clamando conati sunt. Rursus cameli nomine gentilitas designatur. Unde et Rebecca ad Isaac veniens (*Genes.* XXIV, 61), dorso cameli deducitur; quia ad Christum ex gentilitate Ecclesia properans, [g] in tortis vitiosisque vitae veteris conversationibus invenitur. Quae, Isaac viso, descendit; quia Domino cognito, vitia sua gentilitas deseruit, et ab elatione celsitudinis ima humilitatis petiit. Quae et verecundata pallio velatur, quia coram illo ex anteacta vita confunditur. Unde et per Apostolum eisdem gentibus dicitur: *Quem ergo fructum habuistis tunc in illis, in quibus nunc erubescitis?* (*Rom.* VI, 21.) Quia igitur per oves, Hebraeos a pascuis legis ad fidem venientes accipimus, nihil obstat ut per camelos, tortos moribus, atque onustos idolorum cultibus, gentilium populos sentiamus. Quia enim ex semetipsis sibi invenerunt deos quos colerent, quasi a semetipsis eis onus in dorso excreverat, quod portarent.

[*Vet. XV.*] 22. Potest etiam per camelos, quia [h] communia sunt animalia, Samaritanorum vita si-

---

[a] Hic variant Mss., aliis *monadi addita*, aliis pluribus *monade addito*, praeferentibus. Ex his sunt Corb., Germ., Utic. Ibidem in Utic. et Ed. legitur, *nostrae adun. summa.* Redundat *summa* depravatae sensum. Gregorius quippe vocat monadem adunationem illam qua in mundi fine congregandi sunt electi, ut ex sequentibus patebit.
[b] Rem., Vindoc., Ebroic. *vertunt.*
[c] In solis vulgatis post *accipimus*, adjicitur: *fidem Sanctae Trinit. tenentes*, quod glossema rejiciendum censuimus.
[d] Editi, *memoratis filiis et filiab.*, renitentibus Mss.; et praeter Gregorii mentem, paulo antea docentis tribus filiabus, nulla filiorum facta mentione, tres fidelium ordines significari.
[e] Ed. Vet. et Rec., *ad perceptionem*, quod habent Utic. et nonnulli Mss. Unus Vindoc. et al. *ad perfectionis gratiam.* Sequimur Ms. Corb.
[f] Vatic. et Gussanv., *tota gentilium*, mendose.
[g] Gilot., Vatic., Guss., uno verbo, *intortis*, repugnantib. Mss. ac vet. Edit.
[h] Primus Rem., *commune est animal.* Corb. et Germ., *commune sunt animal.*

gnari. Cameli namque ruminant, sed nequaquam ungulam findunt. ⁿ Samaritani quoque quasi ruminant, quia ex parte legis verba recipiunt; et quasi ungulam non findunt, quia eam pro parte contemnunt. Qui et grave onus in dorso mentis tolerant, ᵇ quia in omne, quod faciunt, sine spe æternitatis elaborant. Fidem quippe resurrectionis nesciunt. Et quid esse gravius atque onustius potest, quam afflictionem sæculi praetereuntis perpeti, et nequaquam ad relevationem mentis gaudia remunerationis sperare? Sed quia in carne Dominus apparens, et Hebræorum populos perfectionis gratia implevit, et Samaritanorum quosdam ad cognitionem fidei, mira opera ostendendo, perduxit; dicatur recte de umbra, quæ veritatem exprimeret, quod et septem millia ovium, et camelorum tria millia possideret. Sequitur :

CAPUT XVI.

IBID. — *Quingenta juga boum, et quingentæ asinæ.*

23. *Boum nomine quid designetur. Quid nomine asinorum.*—Jam superius dictum est, quod in quinquagenario numero, qui septem hebdomadibus ac monade addita impletur, requies designatur; denario autem numero summa perfectionis exprimitur. Quia vero fidelibus perfectio quietis promittitur, quasi quinquagenario decies ducto ad quingentesimum pervenitur. [*Vet. XVI.*] In Scriptura autem sacra boum nomine aliquando hebetudo fatuorum, aliquando bene operantium vita signatur. Quia enim bovis nomine stultorum vecordia figuratur, recte per Salomonem dicitur : *Statimque eam sequitur quasi bos ductus ad victimam* (*Proverb.* VII, 22). Rursum quia boum nomine vita uniuscujusque operantis exprimitur, legis praecepta testantur, quæ per Moysen praecepit, dicens : *Non alligabis os bovi trituranti* (*Deut.* XXV, 4). Quod aperte rursum dicitur : *Dignus est operarius mercede sua* (*Luc.* X, 7). Asinorum quoque nomine aliquando stultorum pigritia, aliquando immoderata petulantium luxuria, aliquando gentilium simplicitas designatur. Stultorum pigritia asinorum appellatione figuratur, sicut per Moysen dicitur : *Non arabis in bove simul et asino* (*Deut.* XXII, 10). Ac si diceret : Fatuos sapientibus in praedicatione non socies, ne per eum qui implere rem non valet, illi qui prævalet obsistas. Immoderata quoque petulantium luxuria asinorum appellatione exprimitur, ut propheta testatur, qui ait : *Quorum carnes sunt ut carnes asinorum* (*Ezech.* XXIII, 20). Asinorum rursus nomine, simplicitas gentilitatis ostenditur. Unde Jerusalem tendens Dominus, asellum sedisse perhibetur (*Matth.* XXI, 5). Quid est enim sedendo ᶜ asinum Jerusalem venire, nisi gentilitatis simplicia corda possidendo, ea ad visionem pacis regendo et præsidendo perducere? Quod uno et facili testimonio ostenditur : quia et per boves ᵈ Judææ 25 operarii, et per asinum gentiles populi designantur, cum per prophetam dicitur : *Cognovit bos possessorem suum, et asinus præsepe Domini sui* (*Isai.* I, 3). Quis enim bos, nisi Judaicus populus exstitit, cujus cervicem jugum legis attrivit? Et quis asinus, nisi gentilitas fuit, quam quilibet seductor reperit quasi brutum animal, et nulla ratione renitens, quo voluit errore substravit? Bos ergo possessorem, et asinus Domini præsepe cognovit, quia et Hebraicus populus Deum, quem colebat, sed ignorabat, reperit; et gentilitas legis pabulum, quod non habebat, accepit. Quod igitur superius nominatis ovibus et camelis dicitur, hoc inferius in bobus et asinis replicatur.

24. *Prædicatores Judæorum boves jugo legis pressi.* — Habuit vero et ante Redemptoris adventum Judæa boves, quia ad prædicandum misit operarios, quibus voce Veritatis dicitur : *Væ vobis, hypocritæ, qui circuitis mare et aridam, ut faciatis unum proselytum; et cum fuerit factus, facitis eum filium gehennæ duplo, quam vos* (*Matth.* XXIII, 15). Quos grave jugum legis presserat, quia exteriora litteræ mandata tolerabant. Quibus voce Veritatis dicitur : *Venite ad me omnes, qui laboratis et onerati estis, et ego reficiam vos. Tollite jugum meum super vos, et discite a me, quia mitis sum et humilis corde* (*Matth.* XI, 28, 29). Quod ergo in Evangelio bene laborantibus requies promittitur, hoc est quod hic juga boum quingenta memorantur : quia qui Redemptoris dominio colla subjiciunt quo, nisi ad requiem, tendunt? [*Vet. XVII.*] Unde et asinæ quingentæ perhibentur ; quia vocatæ plebes gentilium, dum ad requiem pervenire desiderant, cuncta mandatorum onera libenter portant. Unde bene, quod hanc requiem populus gentilis appeteret, Jacob filios alloquens, prophetica hoc studuit voce signare, dicens : *Isachar asinus fortis, accubans ᵉ inter terminos, vidit requiem quod esset bona, et terram quod optima, et supposuit humerum ad portandum* (*Genes.* 14, 15). Inter terminos namque accubare, est præstolato mundi fine requiescere, nihilque de his quæ nunc in medio versantur quærere, sed ultima desiderare. Fortisque asinus requiem ac terram optimam videt, cum simplex gentilitas idcirco se ad robur boni operis erigit, quia ad æternæ vitæ patriam tendit.

ᵃ In Corb. et Germ., *Samarii.* In Reg., *Samarei*: sic dicuntur lib. VI, epist. olim 5, et lib. VIII, epist. olim 21.
ᵇ Ita Mss. Corb., Germ., Rem., etc., ac vet. Edit., pro *id omne,* quod legitur in Vatic. et Guss.
ᶜ Rem., Remig., vetus Editio Basil., ita habent. Alia 1544, *sedendo asinam.* Hanc sequuntur recentiores Ed. Praeferenda videtur prior lectio, ut magis accedens ad sancti Gregorii mentem, qui infra explicat quid significet asinus, non asina. Cæterum *sedens asellum,* etc., phrasis est Gregorio non insolens, nec in scriptoribus sacris peregrina. Optatus, lib. II de schism. Donati, cap. 3: *Cathedram unicam... sedit prior Petrus.* Ita lib. I, *cujus tu cathedram sedes; et, quis cathedram sederet alteram.*
ᵈ Gilot. et seq. Ed., *Judæi op.* At Corb. et pler. Mss., *Judææ op.*; quod convenit seq., *habuit Judæa boves,* etc.
ᵉ Rem., Remig., Corb, Vindoc., et pene omnes, *accubans in terminos.* Et infra : *In terminos namque habitare,* etc.

Quæ [a] ad portandum humerum supponit; quia conspecta superna requie, præceptis etiam gravibus in operatione se subjicit, et quidquid intolerabile pusillanimitas asserit, hoc ei leve ac facile spes remunerationis ostendit. Quia ergo ad æternam requiem pro electorum parte Judæa gentilitasque colligitur, recte quingenta juga boum, et quingentæ asinæ haberi perhibentur. Sequitur:

CAPUT XVIII [Vet. XVIII].

IBID. — *Ac familia multa nimis.*

25. *Stulti mundi prius vocati quam sapientes.* — Quid est, quod prius animalium multitudo describitur, et familia in extremo memoratur: nisi quod ad cognitionem fidei prius stulta mundi collecta sunt, ut post ejus etiam astuta vocarentur, Paulo attestante, qui ait: *Non multi sapientes secundum carnem, non multi potentes, non multi nobiles, sed quæ stulta sunt mundi, elegit Deus, ut confundat sapientes [I Cor. I, 27]*? Ipsa namque sanctæ Ecclesiæ principia, litterarum perhibentur ignara, ut videlicet, cunctis in prædicatoribus suis Redemptor ostenderet quod ad vitam credentes populos non sermo, sed causa suaderet. Sequitur:

CAPUT XVIII [Vet. XIX].

IBID. — *Erat vir ille magnus inter omnes Orientales.*

26. *Christus humanitate cæteris similis, divinitate singularis:* — Quod Redemptor noster Oriens dicitur, propheta **26** testante perhibetur, qui ait: *Et ecce vir Oriens nomen ejus (Zach. VI, 12).* Omnes ergo, qui in hoc Oriente fide consistunt, recte Orientales vocantur. Sed quia omnes homines tantummodo homines sunt, ipse autem Oriens Deus et homo, recte dicitur, *Erat magnus inter omnes Orientales.* Ac si aperte diceretur: Omnes, qui in fide Deo nascuntur, superat; quia non ut cæteros adoptio, sed natura illum divinitatis exaltat, qui etsi humanitate cæteris apparuit similis divinitate tamen mansit super omnia singularis.

CAPUT XIX [Rec. VII, Vet. XX].

Vers. 4. — *Et ibant filii ejus, et faciebant convivia per domos.*

27. *In filiis Job convivia celebrantibus prædicatores intelligendi.* — Filii facturi convivia per domos ibant, cum prædicatores apostoli in diversis mundi regionibus, virtutum epulas audientibus, quasi edentibus ministrabant. Unde et eisdem filiis de esurientibus plebibus dicitur: *Date illis vos manducare (Matth. XIV, 17; XV, 32; Marc. VI, 57; Luc. IX, 13).* Et rursum: *Dimittere eos jejunos nolo, ne deficiant in via.* Id est, in prædicatione vestra verbum consolationis accipiant, ne a veritatis pabulo jejuni remanentes, in hujus vitæ labore succumbant. Hinc rursum eisdem filiis dicitur: *Operamini non cibum qui perit, sed qui permanet in vitam æternam (Joan. VI, 27).* Quæ convivia quomodo exhiberentur, adjungitur, cum protinus subinfertur:

CAPUT XX.

IBID. — *Unusquisque in die suo.*

28. *Juxta mensuram intelligentiæ pascendi auditores.* — Si ignorantiæ obscuritas sine dubitatione nox cordis est, intellectus non immerito dies vocatur. Unde et per Paulum dicitur: *Alius judicat diem inter diem, alius judicat omnem diem (Rom. XIV, 5).* Ac si aperte dicat: Alius quædam nonnullis intermissis intelligit, alius vero omnia [b] intellectu possibilia ita ut sunt videnda cognoscit. Unusquisque ergo filius in die suo convivium exhibet, quia sanctus quisque prædicator juxta mensuram illuminatæ intelligentiæ mentes audientium epulis veritatis pascit. In die suo Paulus fecerat convivium, cum dicebat: *Beatiores erunt si sic permanserint secundum meum consilium (I Cor. VII, 40).* De die suo unumquemque admonebat cogitare, cum diceret: *Unusquisque in suo sensu abundet (Rom. XIV, 5).* Sequitur:

CAPUT XXI.

IBID. — *Et mittentes vocabant tres sorores suas, ut comederent et biberent cum eis.*

29. *Hi per filias Job significantur. Scriptura sacra modo cibus, modo potus.* — Sorores filii ad convivium vocant: quia infirmis auditoribus sancti apostoli refectionis supernæ gaudia prædicant, eorumque mentes, quia a veritatis pabulo jejunas aspiciunt, divini eloquii epulis pascunt. [Vet. XXI.] Bene autem dicitur: *Ut comederent et biberent cum eis.* Scriptura enim sacra aliquando nobis est cibus, aliquando potus. Cibus est in locis obscurioribus, quia quasi exponendo frangitur, et mandendo glutitur. Potus vero est in locis apertioribus, quia ita sorbetur sicut invenitur. Cibum vidit propheta Scripturam sacram, qui exponendo frangeretur, cum diceret: *Parvuli petierunt panem, et non erat qui frangeret eis (Thren. IV, 4):* id est, infirmi quique Scripturæ sacræ valentiores sententias petierunt exponendo comminui; sed qui exponere debeat non valet inveniri. Potum vidit Scripturam sacram propheta, cum diceret: *Omnes sitientes venite ad aquas (Isai. LV, 1).* Si potus aperta mandata non essent, per semetipsam Veritas non clamaret: *Si quis sitit, veniat ad me et bibat (Joan. VII, 57).* Quasi cibum et potum vidit propheta Judææ defuisse, cum diceret: *Nobiles ejus interierunt fame, et multitudo ejus siti exaruit (Isai. V, 12).* Paucorum quippe est fortia et occulta **27** cognoscere; multorum vero, historiæ aperta sentire. Et idcirco Judææ nobiles non siti, sed fame interiisse asserit; quia hi qui præesse videbantur, dum totos se exteriori intelligentiæ dederant, quod de intimis discutiendo manderent non habebant. Quia vero sublimioribus ab interno intellectu cadentibus, parvulorum intelligentia et in exterioribus exsiccatur, recte illic adjungitur: *Multitudo ejus siti exaruit.* Ac si aperte diceret: dum vulgus vitæ suæ studium deserit, jam

---

[a] Idem Mss.: *Quæ et ad portandum, humerum apponit.*
[b] Corb., Germ. ac. pl. Mss. cum vet. Edit. Paris. et Basil., *omnia ad intellectum possibilia.*

nec fluenta historiæ exquirit. Et occulta sacri eloquii mandata et aperta se intellexisse testantur, qui reprobanti se judici conquerentes dicunt : *Manducavimus et bibimus coram te* (*Luc.* XIII, 26). Quod aperte exponendo subjungunt : *Et in plateis nostris docuisti* (*Ibid.*). Quia ergo sacra eloquia in locis obscurioribus exponendo franguntur, in locis vero apertioribus ita, ut inventa fuerint, potantur, dicatur recte : *Mittentes vocabant tres sorores suas, ut comederent et biberent cum eis*. Ac si aperte diceretur : infirmos quosque blanda ad se persuasione deducebant, quatenus eorum mentes, et magna per contemplationem disserentes pascerent, et parva per historiam tradentes nutrirent. Sequitur :

CAPUT XXII [*Vet. XXII*].

VERS. 5. — *Cumque in orbem transissent dies convivii, mittebat Job, et sanctificabat eos : consurgensque diluculo offerebat holocausta per singulos.*

30. *Christus prædicatorum suorum corda mundat.* — In orbem dies convivii transeunt, cum prædicationum ministeria peraguntur. Peractisque conviviis, holocaustum Job pro filiis obtulit ; quia pro apostolis de prædicatione redeuntibus, Patrem Redemptor exoravit. Bene autem mittendo sanctificare dicitur ; quia dum sanctum Spiritum, ᵃ qui a se procedit, discipulorum cordibus tribuit, quidquid culpæ inesse potuit, emundavit. Recteque ad offerenda holocausta diluculo consurgere perhibetur ; quia per hoc quod pro nobis intercessionis suæ petitionem obtulit, discussa erroris nocte, humanæ mentis tenebras illustravit ; ne quo peccati contagio, ex ipsa prædicationis gratia, mens in occulto polluatur ; ne sibi quæ agit tribuat ; ne sibi tribuendo quæ agebat, amittat. Unde recte subjungitur :

CAPUT XXIII [*Vet. XXIII*; *Rec. VIII*].

IBID. — *Dicebat enim, Ne forte peccaverint filii mei, et benedixerint Deo in cordibus suis.*

31. *Maculæ a prædicatoribus contractæ quomodo diluendæ.* — Deo quippe benedicere, id est maledicere, est de ejus munere sibi gloriam præbere. Unde recte sanctis apostolis post prædicationem Dominus pedes lavit (*Joan.* XIII, 5) ; ut videlicet aperte monstraret quia plerumque et in bono opere peccati pulvis contrahitur, et inde inquinantur vestigia loquentium, unde audientium corda mundantur. Nam sæpe nonnulli dum exhortationis verba faciunt, quamlibet tenuiter, sese intrinsecus, quia per ᵇ eos purgationis gratia derivatur, extollunt ; cumque verbo aliena opera diluunt, quasi ex bono itinere pulverem malæ cogitationis sumunt. Quid ergo fuit post prædicationem pedes discipulorum lavare, nisi post prædicatio-

nis gloriam, cogitationum pulverem tergere, gressusque cordis ab interna elatione mundare ? Nec obstat ab omnimoda Mediatoris scientia quod dicitur : *Ne forte*. Nam cuncta sciens, sed ᶜ in locutione sua ignorantiam nostram suscipiens, 28 atque dum suscipit docens, nonnunquam quasi ex nostra dubitatione loquitur, sicut dicit : *Filius hominis veniens, putas, inveniet fidem super terram ?* (*Luc.* XVIII, 3.) Expletis ergo conviviis, sacrificium Job pro filiis offerens dicebat : *Ne forte peccaverint filii mei, et benedixerint Deo in cordibus suis*; quia Redemptor noster postquam prædicatores suos a malis impugnantibus diluit, etiam inter bona quæ egerant a tentationibus defendit. Sequitur :

CAPUT XXIV [*Vet. XXIV*; *Rec. IX*].

IBID. — *Sic faciebat Job cunctis diebus.*

32. *Holocaustum a Christo pro nobis jugiter oblatum*. Cunctis diebus Job sacrificium offerre non cessat ; quia sine intermissione pro nobis holocaustum Redemptor immolat, qui sine cessatione Patri suam pro nobis incarnationem demonstrat. Ipsa quippe ejus incarnatio nostræ emundationis oblatio est ; cumque se hominem ostendit, delicta hominis interveniens diluit. Et humanitatis suæ mysterio perenne sacrificium immolat, quia et hæc sunt æterna quæ mundat.

33. [*Vet. XXV.*] *Quid hactenus de sensu histor. et allegor. quid deinceps de morali prosequendum.* — Igitur quia in ipso expositionis exordio sic persona beati Job nuntiari Dominum diximus, ut designari per illum caput et corpus, id est, Christum et Ecclesiam diceremus ; postquam caput nostrum quomodo designatum credatur, ostendimus, nunc corpus ejus, quod nos sumus, quomodo exprimatur, indicemus ; ut quia audivimus ex historia quod miremur, cognoscamus ex capite quod credamus ; consideremus nunc ex corpore quod vivendo teneamus. In nobismetipsis namque debemus transformare quod legimus ; ut cum per auditum se animus excitat, ad operandum quod audierit vita concurrat.

CAPUT XXV [*Vet. XXVI*, *Rec. X*].

VERS. 1. — *Vir erat in terra Hus nomine Job.*

34. SENSUS MORALIS. — *Job electos significat. Quæ eorum affectio circa terrena et æterna.* — Si Job dolens, et Hus consiliator dicitur, non immerito per utraque nomina electus quisque figuratur ; quia nimirum consiliatorem animum inhabitat, qui dolens de præsentibus ad æterna festinat. Nam sunt nonnulli qui vitam suam negligunt ; et dum transitoria appetunt, dum æterna vel non intelligunt, vel intellecta

---

ᵃ 1 Corb., Vindoc., Ebroic., Utic., et al., *qui ex se procedit*.

ᵇ Ita Mss. Anglic. et plerique ex nostris, nec non vet. Edit. Unus ex Vindocin. habet, *prædicationis gratia*. Ita etiam Belvac. Verba sequentia priorem lectionem præferendam suadere videntur : *Cumque verbo aliena opera diluunt, quasi ex bono itinere pulverem malæ cogitationis sumunt.*

ᶜ Sic omnes Mss. nostri. At Edit. Basil. 1514, Paris. 1518, et aliæ habent, *sed in semetipso ignorantiam nostram suscipiens*; sane mendose et contra mentem sancti Doctoris, quem Agnoitis hæreticis faventem inducunt. Consule quæ in ejus Vita diximus, de ipsius doctrina adversus Agnoitas. Lege etiam epist. ad Eulog. Alexandr. patriarch., olim 42 lib. VIII, ind. 3, qui nunc est 10. In qua a Christo etiam homine omnem ignorantiam amovet.

contemnunt, nec dolorem sentiunt, nec habere consilium sciunt. Cumque superna, quæ amiserunt, non considerant, esse se, heu miseri! in bonis ª putant. Nequaquam enim ad veritatis lucem, cui conditi fuerant, mentis oculos erigunt; nequaquam ad contemplationem æternæ patriæ desiderii aciem tendunt : sed semetipsos in his ad quæ projecti sunt deserentes, vice patriæ diligunt exsilium quod patiuntur, et in cæcitate, quam tolerant, quasi in claritate luminis exsultant. At contra electorum mentes dum cuncta transitoria nulla esse conspiciunt, ᵇ ad quæ sint conditæ exquirunt; cumque eorum satisfactioni nihil extra Deum sufficit, ipsa inquisitionis exercitatione fatigata illorum cogitatio, in conditoris sui spe et contemplatione requiescit, supernis interseri civibus appetit; et unusquisque eorum adhuc in mundo corpore positus, mente jam extra mundum surgit, ærumnam exsilii, quam tolerat, deplorat, et ad sublimem patriam incessantibus se amoris stimulis excitat. Cum ergo dolens videt, quam sit æternum quod perdidit, invenit salubre consilium, temporale hoc despicere quod percurrit; et quo magis crescit consilii scientia, ut peritura **29** deserat, eo augetur dolor, quod necdum ad mansura pertingat. Unde bene per Salomonem dicitur : ᶜ *Qui apponit scientiam, apponit dolorem* (*Eccles.* ɪ, 18). ᵈ Qui enim scit jam summa quæ adhuc non habet, magis de infimis in quibus retinetur dolet.

35. *In terra Hus, id est, in consilio habitant.* — Recte ergo in terra Hus habitare Job dicitur, quia in scientiæ consilio electi uniuscujusque dolens animus tenetur. Intuendum quoque est quam nullus dolor mentis sit in actione præcipitationis. Qui enim sine consiliis vivunt, qui se ipsos rerum eventibus præcipites deserunt, nullo interim cogitationum dolore fatigantur. Nam qui solerter in vitæ consilio figit mentem, caute sese in omni actione circumspiciendo considerat; et ne ex re quæ agitur repentinus finis adversusque subripiat, hunc prius molliter posito pede cogitationis palpat; pensat ne ab his quæ agenda sunt formido præpediat; ne in his quæ differenda sunt præcipitatio impellat; ne prava per concupiscentiam aperto bello superent; ne recta per inanem gloriam insidiando supplantent. Job ergo in terra Hus habitat, dum mens electi quo magis per consilium vivere nititur, eo angusti itineris dolore fatigatur. Sequitur :

CAPUT XXVI [*Vet. XXVII, Rec. XI*].

Iʙɪᴅ. — *Simplex et rectus, timens Deum, et recedens a malo.*

36. *Justi simplicitas et rectitudo.*—Quisquis æternam patriam appetit, simplex procul dubio et rectus vivit : simplex videlicet opere, rectus fide; simplex in bonis quæ inferius peragit, rectus in summis quæ in in-

timis sentit. Sunt namque nonnulli qui in bonis quæ faciunt simplices non sunt, dum non in his retributionem interius, sed exterius favorem quærunt. Unde bene per quemdam sapientem dicitur : *Væ peccatori terram ingredienti duabus viis* (*Eccli.* ɪɪ, 14). Duabus quippe viis peccator terram ingreditur, quando et Dei est quod opere exhibet, et mundi quod per cogitationem quærit.

37. *A timore inchoat, in charitate consummatur.* — Bene autem dicitur : *Timens Deum, et recedens a malo;* quia sancta electorum Ecclesia simplicitatis suæ et rectitudinis ᵉ vias timore inchoat, sed charitate consummat. Cui tunc est funditus a malo recedere, cum ex amore Dei cœperit jam nolle peccare. Cum vero adhuc timore bona agit, a malo penitus non recessit; quia eo ipso peccat, quo peccare vellet, si inulte potuisset. Recte ergo cum timere Deum Job dicitur, recedere etiam a malo perhibetur; quia dum metum charitas sequitur, ea quæ ᶠ mente relinquitur, etiam per cogitationis propositum culpa calcatur. [*Vet. XXVIII.*] Et quia ex timore unumquodque vitium premitur, ex charitate autem virtutes oriuntur, recte subjungitur :

CAPUT XXVII [*Rec. XII*].

Vᴇʀs. 2. — *Natique sunt ei septem filii et tres filiæ.*

38. *Septem filii Job totidem dona Spiritus sancti significant; tres filiæ, spem, fidem et charitatem.* — Septem quippe nobis filii nascuntur, cum per conceptionem bonæ cogitationis, sancti Spiritus septem in nobis virtutes oriuntur. Hanc namque internam prolem propheta dinumerat, cum Spiritus mentem fecundat, dicens : *Requiescet super eum Spiritus Domini, spiritus sapientiæ et intellectus, spiritus consilii et fortitudinis, spiritus scientiæ et pietatis, et replebit eum spiritus timoris Domini* (*Isai.* xɪ, 2). Cum ergo per adventum Spiritus sancti, sapientia, intellectus, consilium, fortitudo, scientia, pietas ac timor Domini unicuique nostrum **30** gignitur, quasi mansura posteritas in mente propagatur, quæ supernæ nostræ nobilitatis genus eo ad vitam longius servat, quo amori æternitatis sociat. Sed habent in nobis septem filii tres procul dubio sorores suas, quia quidquid virile hi virtutum sensus faciunt, spei, fidei charitatique conjungunt. Neque enim ad denarii perfectionem septem filii perveniunt, nisi in fide, spe et charitate fuerit omne quod agunt. Quia vero hanc præeuntium virtutum copiam multimoda bonorum operum cogitatio sequitur, recte subjungitur :

CAPUT XXVIII [*Rec. XIII*].

Vᴇʀs. 3. — *Et fuit possessio ejus septem millia ovium et tria millia camelorum.*

39. *Oves possidet qui mentem innoxiam intus ver-*

ª Editi, *in bonis felices putant.* Expunximus τὸ *felices*, ut merum glossema Mss. incognitum.
ᵇ Colb. et Corb., *ad quem.* Reg., *ad quod.*
ᶜ Rem., Remig., Vindoc., Corb., Reg., aliique antiq. sic legendum docent. In edit., *qui addit scientiam, addit et dolorem.*
ᵈ Ita duo Mss. Reg., et Corb. et nonnulli. Ebroicinus ex Remig., Compend., Longip. : *Qui enim scientiam summam adhuc non habet, minus de,* etc.
ᵉ Vindocinenses, *vias a timore inchoat.*
Sic antiquior Rem., Corb., Germ., Vindocin., etc. Editi, *quæ metu relinquitur.*

tate pascit. — Servata quippe veritate historiæ, imitari spiritaliter possumus, quod carnaliter audimus. [a] Ovium enim septem millia possidemus, cum cogitationes innocuas, perfectā cordis munditia, intra nosmetipsos inquisito veritatis pabulo pascimus.

40. *Camelos possidet, qui quod in se altum ac tortuosum, aut fidei subdit, aut præ charitate flectit.* — Eruntque nobis in possessione etiam tria millia camelorum, si omne, quod in nobis altum ac tortuosum est, rationi fidei subditur, et sub cognitione Trinitatis, sponte in appetitu humilitatis inclinatur. Camelos quippe possidemus, si quod altum sapimus, humiliter deponamus. Camelos procul dubio possidemus, cum cogitationes nostras ad infirmitatis fraternæ compassionem flectimus, ut vicissim onera nostra portantes, alienæ infirmitati compati condescendendo noverimus. Possunt etiam per camelos, qui ungulam nequaquam findunt, sed tamen ruminant, terrenarum rerum bonæ dispensationes intelligi : quæ quia habent aliquid sæculi, et aliquid Dei, per commune eas necesse est animal designari. Neque enim terrena dispensatio, quamvis æternæ utilitati serviat, sine perturbatione mentis valet exhiberi. [*Vet. XXIX.*] Quia igitur per hanc et ad præsens mens confunditur, et in perpetuum merces paratur, quasi commune animal, et aliquid de lege habet, et aliquid non habet. Ungulam namque non findit, quia non se penitus anima ab omni terreno opere disjungit; sed tamen ruminat, quia bene dispensando temporalia, per certitudinis fiduciam cœlestia sperat. Terrenæ igitur dispensationes, quasi camelorum more, capite legi concordant, pede discrepant; quia et cœli sunt illa quæ juste viventes appetunt, et hujus mundi sunt ea in quibus opere versantur. Nos ergo cum easdem terrenas dispensationes cognitioni Trinitatis subdimus, quasi camelos [b] fide possidemus. Sequitur :

CAPUT XXIX [*Vet. XXX*].

Quingenta quoque juga boum, et quingentæ asinæ.

41. *Boum juga concordes virtutes. Asinæ lascivientes, motus aut cogitationes simplices.* — Juga boum in usum nostræ possessionis sunt, [c] cum concordes virtutes exarant duritiam mentis. Quingentas quoque asinas possidemus, cum lascivientes motus restringimus ; et quidquid in nobis carnale exsurgere appetit, spiritali cordis dominatu refrenamus. Vel certe asinas possidere, est cogitationes intra nos simplices regere : quæ dum in subtiliori intellectu currere non valent quo quasi pigrius ambulant, eo fraterna onera mansuetius portant. Sunt namque nonnulli qui dum alta non intelligunt, [d] ad exteriora conversationis opera se humilius premunt. Bene ergo per asinas, pigrum quidem animal, sed tamen portandis oneribus deditum, **31** simplices cogitationes accipimus ; quia dum nostram plerumque ignorantiam cognosci-

mus, levius onera aliena toleramus. Cumque nos quasi singularis sapientiæ altitudo non elevat, ad perferendam alieni cordis inertiam, mens se nostra æquanimiter inclinat. Recte autem sive juga boum, sive asinæ quingentæ referuntur ; quia vel in hoc, quod prudenter sapimus, vel in hoc, quod humiliter ignoramus, dum æternæ pacis requiem quærimus, quasi intra jubilei numerum tenemur. Sequitur :

CAPUT XXX [*Vet. XXXI, Rec. XIV*].

IBID. — *Ac familia multa nimis.*

42. *Multa familia est multitudo cogitationum cohibenda.* — Multam nimis familiam possidemus, cum cogitationes innumeras sub mentis dominatione restringimus ; ne ipsa sui multitudine animum superent, ne perverso ordine discretionis nostræ principatum calcent. Et bene cogitationum turba multæ familiæ appellatione signatur. Nam scimus quod absente domina, ancillarum linguæ perstrepunt, silentium deserunt, deputati operis officia negligunt, totumque sibimet ordinem vivendi confundunt. At si repente domina veniat, mox perstrepentes linguæ reticent, officia uniuscujusque operis repetunt; sicque ad opus proprium, ac si non recesserint, revertuntur. Si igitur a domo mentis ad monumentum ratio discedat, quasi absente domina, cogitationum se clamor, velut garrula ancillarum turba multiplicat. Ut autem ratio ad mentem redierit, mox se confusio tumultuosa compescit; et quasi ancillæ se ad injunctum opus tacite reprimunt, dum cogitationes protinus causis se propriis ad utilitatem subdunt. Possidemus ergo multam familiam, cum recto jure innumeris cogitationibus rationis discretione dominamur. Quod nimirum cum solerter agimus, jungi per eamdem discretionem angelis conamur. Unde et recte subjungitur :

CAPUT XXXI.

IBID. — *Eratque vir ille magnus inter omnes Orientales.*

43. *Earum refrenatione magni efficimur.* — Tunc namque magni inter omnes Orientales efficimur, cum eis spiritibus, qui orienti luci inhærent, pressa carnalis corruptionis nebula, discretionis nostræ radiis, in quantum possibilitas suppetit, sociamur. Unde et per Paulum dicitur : *Nostra conversatio in cœlis est* (*Philipp.* III, 20). Quisquis temporalia ac defectiva sequitur, occasum petit; quisquis vero superna desiderat, quia in Oriente habitet, demonstrat. Magnus ergo non inter Occidentales, sed inter Orientales efficitur, qui non [e] inter malorum actiones ima et fugitiva quærentium, sed inter choros proficere supernorum civium conatur. Sequitur :

CAPUT XXXII [*Vet. XXXII, Rec. XV*].

VERS. 4. *Et ibant filii ejus, et faciebant convivium per domos, unusquisque in die suo.*

---

[a] Rem. et Remig., Corb., Germ. : *Oves enim septem millia.* Ita veteres Edit. Paris. et Basil.

[b] Sic Mss. In Vulgatis additur : *intra indivisibilem numerum, sive*, etc.

[c] Ebroic., S. Ebrulph., Germ. et alii, *cum cordis virtutes exarant.*

[d] Sic Mss. Corb. et Germ., qua particula præparatio animi indicatur. Mox verbum *premunt* perinde est ac *deprimunt*. In Edit., *per exteriora.*

[e] Antiq. Rem., *qui non inter actionis ima et fugitiva.* Corb. non habet *malorum.*

44. *Virtutes singulæ, in die suo convivium faciunt.* — Filii per domos convivium faciunt, dum virtutes singulæ [a] juxta modum proprium mentem pascunt. Et bene dicitur : *Unusquisque in die suo.* Dies enim uniuscujusque filii, est illuminatio uniuscujusque virtutis. Ut enim hæc ipsa dona breviter septiformis gratiæ replicem, alium diem habet sapientia, alium intellectus, alium consilium, alium fortitudo, alium scientia, alium pietas, alium timor. Neque enim hoc est sapere, quod intelligere; quia multi æterna quidem sapiunt, sed hæc intelligere nequaquam possunt. Sapientia ergo in **32** die suo convivium facit, quia mentem de æternorum spe et certitudine reficit. Intellectus in die suo convivium parat; quia in eo quod audita penetrat, reficiendo cor, tenebras ejus illustrat. Consilium in die suo convivium exhibet; quia dum esse præcipitem prohibet, ratione animum replet. Fortitudo in die suo convivium facit; quia dum adversa non metuit, trepidanti menti cibos confidentiæ apponit. Scientia in die suo convivium parat, quia in ventre mentis ignorantiæ jejunium superat. Pietas in die suo convivium exhibet, quia cordis viscera misericordiæ operibus replet. Timor in die suo convivium facit; quia dum premit mentem, ne de præsentibus superbiat, de futuris illam spei cibo confortat.

45. *Si ab invicem separentur, deficiunt.* — Sed illud in hoc filiorum convivio perscrutandum video, quod semetipsos invicem pascunt. Valde enim singula quælibet virtus destituitur, si non una alii virtus virtuti suffragetur. Minor quippe est sapientia, si intellectu careat; et valde inutilis intellectus est, si ex sapientia non subsistat; quia cum altiora sine sapientiæ pondere penetrat, sua illum levitas gravius ruiturum levat. Vile est consilium, cui robur fortitudinis deest; quia quod tractando invenit, carens viribus, usque ad perfectionem operis non perducit : et valde fortitudo destruitur, nisi per consilium fulciatur; quia quo plus se posse conspicit, eo virtus sine rationis moderamine deterius in præceps ruit. Nulla est scientia, si utilitatem pietatis non habet; quia dum bona cognita exsequi negligit, sese ad judicium arctius stringit. Et valde inutilis est pietas, si scientiæ discretione caret; quia dum nulla hanc scientia illuminat, quomodo misereatur ignorat. Timor quoque ipse nisi has etiam virtutes habuerit, ad nullum opus procul dubio bonæ actionis surgit; quia dum ad cuncta trepidat, ipsa sua formidine a bonis omnibus torpens vacat. Quia ergo alternato ministerio virtus a virtute reficitur, recte dicitur quod apud se filii vicissim convivantur. Cumque una aliam sublevando sublevat, quasi per dies suos numerosa soboles pascenda convivium parat. Sequitur :

CAPUT XXXIII [*Vet. XXXIII, Rec. XVI*].

IBID. — *Et mittentes vocabant tres sorores suas, ut comederent et biberent cum eis.*

46. *Ad convivium virtutum invitandæ, spes, fides, charitas.* — Cum virtutes nostræ in omne quod agunt, [c] spem, fidem, et charitatem ciunt, quasi operatores filii, tres ad convivium sorores vocant, ut fides, spes et charitas in opus bonum gaudeant quod unaquæque virtus administrat. Quæ quasi ex cibo vires accipiunt, dum bonis operibus fidentiores fiunt; et dum post cibum contemplationis rore infundi appetunt, quasi ex poculo [d] ebriantur.

[*Vet. XXXIV.*] **47.** *Ipsis bonis quæ agimus, ad deterius propinquamus.* — Sed quid est, quod in hac vita sine quavis tenuissimi contagii inquinatione peragatur? Nonnunquam namque ipsis bonis quæ agimus ad deterius propinquamus; quia dum lætitiam menti pariunt, quamdam etiam securitatem gignunt; dumque mens secura redditur, in torporem laxatur. Nonnunquam vero [e] aliquantula elatione nos polluunt; et tanto dejectiores apud Deum faciunt, quanto apud nosmetipsos tumidiores reddunt. Unde bene subjungitur :

CAPUT XXXIV [*Rec. XVII*].

VERS. 5. *Cumque in orbem transissent dies convivii, mittebat Job, et sanctificabat eos.*

33 47. *In bonis operibus purganda intentio.* — Peracto quippe orbe dierum convivii, mittere ad filios, eosque sanctificare, est post virtutum sensum, intentionem cordis dirigere, et omne quod agitur, districta retractationis discussione mundare; ne bona æstimentur quæ mala sunt; ne saltem veraciter bona putentur sufficientia, cum perfecta non sunt. Sic enim mens plerumque decipitur, ut aut qualitate mali, aut boni quantitate fallatur. [*Vet. XXXV.*] Sed hos virtutum sensus melius preces quam discussiones inveniunt; nam ea quæ perscrutari in nobismetipsis plenius nitimur, sæpe verius orando quam investigando penetramus. Cum enim mens per quamdam compunctionis machinam ad alta sustollitur [f], omne, quod ei de se ipsa occurrerit, sub se ipsa dijudicando certius contemplatur. Unde et recte subjungitur :

CAPUT XXXV [*Rec. XVIII*].

IBID. — *Consurgensque diluculo offerebat holocausta per singulos.*

48. *Holocaustum precis pro singulis virtutibus purgandis offerendum.* — Diluculo namque consurgimus, cum compunctionis luce perfusi humanitatis nostræ noctem deserimus, et ad veri luminis radios, oculos mentis aperimus. Atque holocaustum per singulos

---

[a] Secundus Rem., 1 Remig. Corb. et Germ., *juxta modum, propriam mentem pascunt.* Ita Edit. Paris. 1640.

[b] Primus Remig., *et valde fortitudo destruitur.*

[c] Omnes, Rem., Remig., Longip., Corb., Germ., Ebroic., etc. : *Spem, fidem et charitatem sciunt, quasi operatores,* etc. Carnot. habet. : *Spem, fidem et charitatem sitiunt.* Legendum, *spem, fidem et charitatem ciunt,* a *cio voco.* Sane *fulciuntur* minus respondet verbo *vocabant.*

[d] Mss. fere omnes, *quasi ex poculo debriantur.*

[e] In Edit. hic additur *virtutes,* quod abest a Mss. hujus vocis loco subaudi *opera bona.*

[f] Antiq. Rem., Corb., Germ., 1 Remig., Vindoc., Ebroic. et alii Mss. Norm.[*Omne quod ei de se ipsa, se ipsa est, dijudicando,* etc. 2 Rem. et 2 Remig. : *Omne quod ei de seipsa altum videbatur, sub seipsa,* etc.

ulios offerimus, cum pro unaquaque virtute Domino hostiam nostræ precis immolamus : ne sapientia elevet; ne intellectus, dum subtiliter currit, aberret; ne consilium, dum se multiplicat, confundat; ne fortitudo, dum fiduciam præbet, præcipitet; ne scientia, dum novit et non diligit, inflet; ne pietas, dum se extra rectitudinem inclinat, intorqueat; ne timor, dum plus justo trepidat, in desperationis foveam mergat. Cum ergo pro unaquaque virtute, ut pura esse debeat, preces Domino fundimus, quid aliud, quam juxta filiorum numerum holocaustum per singulos exhibemus? Holocaustum namque totum incensum dicitur. Holocaustum igitur dare, est totam mentem igne compunctionis incendere, ut in ara amoris cor ardeat, et quasi delicta propriæ sobolis, inquinamenta cogitationis exurat.

49. [*Vet. XXXVI.*] *Illud non offert qui internos motus non frenat.*— Sed hæc agere nesciunt, nisi hi qui priusquam cogitationes ad opus prodeant, internos suos motus sollicite circumspicientes frenant; ᵃ hæc agere nesciunt, nisi qui virili custodia munire mentem noverunt. Unde recte inopinata morte exstinctus Isboseth dicitur, quem et Scriptura sacra non in domo ostiarium, sed ostiariam habuisse testatur, dicens : *Venientes filii Remmon Berothitæ, Rechab et Banaa, ingressi sunt ferventi die domum Isboseth, qui dormiebat super stratum suum meridie. Ingressi sunt autem domum; et ostiaria domus purgans triticum obdormivit. Assumentes spicas tritici, latenter ingressi sunt, et percusserunt eum in inguine.* (*II Reg.* IV, 5.) Ostiaria triticum purgat, cum mentis custodia discernendo virtutes a vitiis separat. Quæ si obdormierit, in mortem proprii Domini insidiatores admittit; quia cum discretionis sollicitudo cessaverit, ad interficiendum animum malignis spiritibus iter pandit. Qui ingressi spicas tollunt, quia mox bonarum cogitationum germina auferunt. Atque in inguine feriunt, quia virtutem cordis delectatione carnis occidunt. In inguine quippe ferire, est vitam mentis delectatione carnis perforare. Nequaquam vero Isboseth iste hac morte succumberet, si non ad ingressum domus mulierem, id est, ad mentis aditum mollem custodiam deputasset. Fortis namque 3/4 virilisque sensus præponi cordis foribus debet, quem nec negligentiæ somnus opprimat, nec ignorantiæ error fallat. Unde bene et Isboseth appellatus est, qui custode femina hostilibus gladiis nudatur. Isboseth quippe vir confusionis dicitur. Vir autem confusionis est, qui forti mentis custodia munitus non est; quia dum virtutes se agere æstimat, subintrantia vitia ᵇ nescientem necant. Tota itaque virtute muniendus est aditus mentis, ne quando eam insidiantes hostes penetrent foramine neglectæ cogitationis. Hinc Salomon ait : *Omni custodia serva cor tuum, quoniam ex ipso vita procedit* (*Prov.* IV, 23). Virtutes ergo quas ᵃ mus dignum est ut summopere ab intentionis origine pensemus, ne ex malo ortu prodeant, etiam si recta sunt quæ ostentant. Unde hic quoque recte subjungitur :

CAPUT XXXVI [*Vet. XXXVII, Rec. XIX*].

IBID.—*Dicebat enim : Ne forte peccaverint filii mei, et benedixerint Deo in cordibus suis.*

50. *Variæ hostis insidiæ; ut bona opera vitiet, in operis initio, in progressu, in fine.*—Filii in cordibus maledicunt, cum recta nostra opera a non rectis cogitationibus prodeunt; cum bona in aperto exerunt, sed in occulto noxia moliuntur. Deo quippe maledicunt, cum mentes nostræ se de se æstimant habere quod sunt. Deo maledicunt, cum se et ab illo accepisse vires intelligunt, sed tamen de ejus muneribus propriam laudem quærunt. [*Vet. XXXVIII.*] Sciendum vero est, quod bona nostra tribus modis antiquus hostis insequitur, ut videlicet hoc, quod rectum coram hominibus agitur, in interni judicis conspectu vitietur. Aliquando namque in bono opere intentionem polluit, ut omne, quod in actione sequitur, eo purum mundumque non exeat, quo hoc ab origine perturbat. Aliquando vero intentionem boni operis vitiare non prævalet, sed in ipsa actione se quasi in itinere opponit; ut cum per propositum mentis securior quisque egreditur, subjuncto latenter vitio, quasi ex insidiis perimatur. Aliquando vero nec intentionem vitiat, nec in itinere supplantat, sed opus bonum in fine actionis illaqueat; quantoque vel a domo cordis, vel ab itinere operis longius recessisse se simulat, tanto ad decipiendum bonæ actionis terminum astutius exspectat; et quo incautum quemque quasi recedendo ᶜ reddiderit, eo illum repentino nonnunquam vulnere durius insanabiliusque transfigit.

51. Intentionem quippe in bono opere polluit, quia cum facilia ad decipiendum corda hominum conspicit, eorum desideriis auram transitorii favoris apponit; ut in his, quæ recta faciunt, ad appetenda ima, fortitudine intentionis inclinentur. Unde recte sub Judææ specie, de unaquaque anima laqueo miseræ intentionis capta, per prophetam dicitur : *Facti sunt hostes ejus in capite.* Ac si aperte (*Thren.* I, 5) diceretur : Cum bonum opus non bona intentione sumitur, huic adversantes spiritus ab ipso cogitationis exordio principantur; tantoque eam plenius possident, quanto et per initium dominantes tenent.

52. Cum vero intentionem vitiare non prævalent, ᵈ in via positos laqueos tegunt, ut in eo quod bene agitur cor exaltans se ex latere ad vitium derivetur; quatenus quod inchoans aliter proposuerat, in actione longe aliter quam cœperat percurrat. Sæpe enim bono operi dum laus humana obviat, mentem operantis immutat : quæ quamvis quæsita non fuerat, tamen oblata delectat. Cujus 35 delectatione cum mens bene operantis resolvitur, ab omni intentionis intimæ vigore dissipatur. Sæpe se bene inchoatæ nostræ

ᵃ Ita Corb., Remenses, duo Remig., Lyr., Bigot. et nonnullæ Editiones, maxime veteres Paris. et Basil. At Gilot., Vatic., Guss., *hæc cavere.*
ᵇ Quidam Mss., *nescientem mentem necant.*

ᶜ Plurimæ edit., *quasi recedendo securum reddiderit.* Redundat *securum*, et abest a Mss. Corb., Germ., etc.
ᵈ Antiquior Rem., Turon., S. Mart., Corb., et nonnulli, *in via positus laqueos tegit.*

justitiæ, ex latere ira subjungit; et dum zelo rectitudinis immoderatius mentem turbat, cunctam quietis intimæ salutem sauciat. Sæpe gravitatem cordis, quasi ex latere subjuncta tristitia sequitur; atque omne opus quod mens bona intentione inchoat, hæc velamine mœroris obumbrat. Quæ et nonnunquam tanto tardius repellitur, quanto et pressæ menti quasi serior famulatur. Sæpe se bono operi lætitia immoderata subjungit; cumque plus mentem quam decet, hilarescere exigit, ab actione bona omne pondus gravitatis repellit. Quia enim bene etiam inchoantibus subesse in itinere laqueos Psalmista conspexerat, recte prophetico plenus spiritu dicebat : *In via hac, qua ambulabam, absconderunt* [a] *laqueum mihi* (*Psal.* CXLI, 4). Quod bene ac subtiliter Jeremias insinuat, qui dum gesta foris referre studuit, quæ intus apud nosmetipsos gererentur indicavit, dicens : *Venerunt octoginta viri de Sichem, et de Silo, et de Samaria;* [b] *rasi barba, et scissis vestibus,* [c] *squalentes; munera et thus habebant in manu, ut offerrent in domo Domini. Egressus autem Ismael filius Nathaniæ in occursum eorum de Maspha, incedens et plorans ibat. Cumque occurrisset eis, dixit ad eos : Venite ad Godoliam filium Aicham. Qui cum venissent ad medium civitatis, interfecit eos* (*Jerem.* XLI, 5). Barbam quippe radunt, qui sibi de propriis viribus fiduciam subtrahunt. Vestes scindunt, qui sibimetipsis in exterioris decoris laceratione non parcunt. Oblaturi in domo Domini thus et munera veniunt, qui exhibere se in Dei sacrificio orationem cum operibus pollicentur. Sed tamen si se in ipsa sanctæ devotionis via caute circumspicere nesciunt, Ismael Nathaniæ filius in eorum occursum venit; quia nimirum quilibet malignus spiritus, prioris sui, Satanæ videlicet exemplo, in superbiæ errore generatus, se ad laqueum deceptionis opponit. De quo et bene dicitur : *Incedens et plorans ibat;* quia ut devotas mentes interimere feriendo prævaleat, semetipsum quasi sub velamine virtutis occultat; et dum concordare se vere lugentibus simulat, ad cordis intima securius admissus, hoc, quod intus de virtute latet, [d] *occidit*. Qui plerumque se spondet ad altiora provehere. Unde et dixisse perhibetur, *Venite ad Godoliam filium Aicham;* atque dum majora promittit, etiam minima subtrahit. Unde et recte dictum est : *Qui cum venissent ad medium civitatis, interfecit eos.* Viros ergo ad offerenda Deo munera venientes, in medio civitatis interficit; quia divinis deditas operibus mentes, nisi magna se circumspectione custodiant, hoste subripiente, dum devotionis portant hostiam, in ipso itinere perdunt vitam. De cujus hostis manu non evaditur, nisi citius ad pœnitentiam recurratur. Unde illic apte subjungitur : *Decem autem viri reperti sunt inter eos qui dixerunt ad Ismael : Noli occidere nos, quia habemus thesauros in agro frumenti et hordei, et olei, et mellis; et non occidit eos* (*Jer.* XLI, 8). Thesaurus quippe in agro est spes in pœnitentia, quæ quia non cernitur, quasi in terra cordis suffossa continetur. Qui ergo thesauros in agro habuere, servati sunt; quia qui post incautelæ suæ vitium, ad lamentum **36** pœnitentiæ redeunt, nec capti moriuntur.

53. Cum vero antiquus hostis neque in exordio intentionis ferit, neque in itinere actionis intercipit, duriores in fine laqueos tendit. Quem tanto nequius obsidet, quanto solum sibi remansisse ad decipiendum videt. Hos namque fini suo appositos laqueos Propheta conspexerat, cum dicebat : *Ipsi calcaneum meum observabunt* (*Psal.* LV, 7). Quia enim in calcaneo finis est corporis, quid per hunc nisi terminus signatur actionis? Sive ergo maligni spiritus, sive pravi quique homines, illorum superbiæ sequaces, calcaneum observant, cum actionis bonæ finem vitiare desiderant. Unde et eidem serpenti dicitur : *Ipsa tuum observabit caput, et tu calcaneum ejus* (*Genes.* III, 15, sec. *LXX*). Caput quippe serpentis observare, est initia suggestionis ejus aspicere, et [e] manu sollicitæ considerationis a cordis aditu funditus exstirpare. Qui tamen cum ab initio deprehenditur, percutere calcaneum molitur, quia etsi suggestione prima intentionem non percutit, decipere in fine tendit. Si autem semel cor in intentione corrumpitur, sequentis actionis medietas, et terminus ab hoste callido secure possidetur; quoniam totam sibi arborum fructus ferre conspicit, quam veneni dente in radice vitiavit. Quia ergo summa cura vigilandum est, ne vel bonis operibus serviens mens, reproba intentione polluatur, recte dicitur : *Ne forte peccaverint filii mei, et benedixerint Deo in cordibus suis.* Ac si aperte diceretur : Nullum est bonum, quod foris agitur, si non pro eo intus ante Dei oculos innocentiæ victima in ara cordis immolatur.—[*Vet. XXXIX*]. Tota itaque virtute perspiciendus est fluvius operis, si purus emanat ex fonte cogitationis. Omni cura servandus est a malitiæ pulvere oculus cordis; ne hoc, quod in actione rectum hominibus ostentat, apud semetipsum per vitium pravæ intentionis intorqueat.

54. *Ideo curandum, ne bona opera nostra pauca sint, aut indiscussa.* — Curandum itaque est ne bona nostra pauca sint; curandum ne indiscussa; ne aut pauca agentes, inveniamur steriles; aut indiscussa relinquentes, vecordes. Neque enim unaquæque vere virtus est, si mista aliis virtutibus non est. Unde recte ad Moysen dicitur : *Sume tibi aromata, stacten et onycha,* [f] *galbanum boni odoris, et thus lucidissi-*

---

[a] Remenses, 1 Remig., Corb., Germ. et alii habent *laqueos mihi.*

[b] Unus ex Rem. et 2 Remig., *rasis barbis.* 3 Remig., *rasi barbam.*

[c] Ibidem, pro, *squalentes munera,* etc., omnes Rem et Remig. habent *squalentes pulvere,* etc.

[d] Mss. Corb. et Germ., *occidat.* Unde prius forsitan leg. *ut dum,* non *et dum.*

[e] Deest in pl. Mss. *et manu..... exstirpare,* sed est in Colb. Legitur etiam apud Paterium in Genes. cap. XXV. In Ms. Michaelens. hæc quidem exstant sed non cap. XXV.

[f] Mss. pl., *galbanen,* sc. Rem., Remig., Turon. Corb., quibus consentiunt Vet. Edit.

mum; ᵃ *æqualis ponderis erunt omnia*, *faciesque thymiama compositum opere unguentarii, mistum diligenter et purum* (*Exod.* xxx, 34). Thymiama quippe ex aromatibus compositum facimus, cum in altari boni operis, virtutum multiplicitate redolemus. Quod mistum et purum fit; quia quanto virtus virtuti jungitur, tanto incensum boni operis sincerius exhibetur. Unde et bene subjungitur : *Cumque in tenuissimum pulverem universa contuderis, pones ex eo coram testimonii tabernaculo* (*Ibid.*, 36). In tenuissimum pulverem aromata universa conterimus, cum bona nostra quasi in ᵇ pilo cordis, occulta discussione tundimus; et si veraciter bona sint, subtiliter retractamus. Aromata ergo in pulverem redigere, est virtutes recogitando terere, et usque ad subtilitatem occulti examinis revocare. Et notandum, quod de eodem pulvere dicitur : *Pones ex eo coram testimonii tabernaculo*; quia tunc nimirum bona nostra veraciter in conspectu judicis placent, cum hæc mens subtilius recogitando conterit, et quasi de aromatibus pulverem reddit; ne **37** grossum durumque sit bonum quod agitur; ne si hoc arcta retractationis manus non comminuat, odorem de se subtilius non aspergat. Hinc est enim quod sponsæ virtus, sponsi voce laudatur, cum dicitur : *Quæ est ista, quæ ascendit per desertum, sicut virgula fumi ex aromatibus myrrhæ et thuris, et universi pulveris pigmentarii* (*Cant.* III, 6)? Sancta quippe Ecclesia, sicut fumi virgula ex aromatibus ascendit; quia ex vitæ suæ virtutibus in interni quotidie incensi rectitudinem proficit, nec sparsa per cogitationes defluit, sed sese intra arcana cordis in rigoris virga constringit. Quæ ea quæ agit, dum recogitare semper ac retractare non desinit, myrrham quidem et thus habet in opere, sed pulverem in cogitatione. Hinc est, quod de oblatoribus hostiæ ad Moysen iterum dicitur : *Detracta pelle hostiæ, artus in frusta concidant* (*Levit.* I, 6). [*Vet.* XL.] Pellem namque hostiæ subtrahimus, cum a mentis nostræ oculis superficiem virtutis amovemus. Cujus artus in frusta concidimus, cum distinguentes subtiliter ejus intima, membratimque cogitamus. Curandum ergo est, ne cum mala vincimus, bonis lascivientibus supplantemur; ne fortasse fluxa prodeant, ne incircumspecta capiantur, ne per errorem, viam deserant, ne per lassitudinem fracta, anteacti laboris meritum perdant. In cunctis enim vigilanter debet se mens circumspicere, atque in ipsa circumspectionis **38** suæ providentia perseverare. Unde et recte subjungitur :

CAPUT XXXVII [*Rec. XX*].

IBID. — *Sic faciebat Job cunctis diebus* ᶜ.

55. *Perseverantia necessaria.* — Incassum quippe bonum agitur (*De pœnit., dist.* 3, *can.* 17, *incassum*), si ante terminum vitæ deseratur; quia et frustra velociter currit, qui prius quam ad metas veniat deficit. Hinc est enim quod de reprobis dicitur : *Væ his qui perdiderunt sustinentiam* (*Eccli.* II, 16). Hinc electis suis Veritas dicit : *Vos estis qui permansistis mecum in tentationibus meis* (*Luc.* XXII, 28). Hinc Joseph, qui inter fratres usque ad finem justus perseverasse describitur, solus talarem tunicam habuisse perhibetur (*Genes.* XXXVII, 24, *sec. LXX*). Nam quid est talaris tunica, nisi actio consummata? Quasi enim ᵈ protensa tunica talum corporis operit, cum bona actio ante Dei oculos usque ad vitæ nos terminum tegit. Hinc est quod per Moysen caudam hostiæ in altari offerre præcipitur (*Exod.* XXIX, 22; *Levit.* III, 9); ut videlicet omne bonum quod incipimus, etiam perseveranti fine compleamus. Bene igitur cœpta cunctis diebus agenda sunt; ut cum malum pugnando repellitur, ipsa boni victoria constantiæ manu teneatur.

56. Hæc itaque sub intellectu triplici diximus, ut fastidienti animæ varia alimenta proponentes, aliquid, quod eligendo sumat, offeramus. Hoc tamen magnopere petimus, ut qui ad spiritalem intelligentiam mentem sublevat, a veneratione ᵉ historiæ non recedat.

ᵃ Hæc, *æqualis ponderis erunt omnia*, in pl. Mss. non habentur.
ᵇ Mss. Anglic. et nostri, excepto tamen Corb., *in pila cordis.* Ita etiam legit Paterius.
ᶜ In vulgatis additur *vitæ suæ.* Quæ verba nesciunt Mss. Colb., Rem., Remig., Compend., Germ. et alii; neque etiam superius habentur in expos. sive historici, sive allegorici sensus.
ᵈ Antiquior Rem. et 1 Remig. cum Corb. *propensa.*
ᵉ In 1 Remig., secunda manu, *a vera ratione historiæ.*

LIBER SECUNDUS.

Capitis primi a versu sexto ad finem usque, secundum triplicem sensum prosequitur enarrationem.

CAPUT PRIMUM.

1. *S. scriptura Speculum est.* — Scriptura sacra mentis oculis quasi quoddam speculum opponitur (*Vid. August. in Psal.* CIII, *ser.* 1, *n.* 4), ut interna nostra facies in ipsa videatur. Ibi etenim fœda, ibi pulchra nostra cognoscimus. Ibi sentimus, quantum proficimus, ibi a provectu quam longe distamus. Narrat autem gesta ᵃ sanctorum, et ad imitationem corda provocat infirmorum. Dumque illorum victricia facta commemorat, contra vitiorum prælia, debilia nostra confirmat; fitque verbis illius, ut eo mens minus inter certamina trepidet, quo ante se positos tot virorum fortium triumphos videt. Nonnunquam vero non solum nobis eorum virtutes asserit, sed etiam casus innotescit; ut et in victoria fortium quod imitando arripere, et rursum videamus in lapsibus

---

ᵃ Rem et plurimi, *gesta fortium.* Aliqui addunt, *gesta fortium heroum.* Nonnulli habent *gesta virorum.* Corb., a secunda manu, *sanctorum,* a prima *eorum;* quod etiam habet Germ.

quod debeamus timere. Ecce enim Job describitur tentatione auctus, sed David tentatione prostratus; ut et majorum virtus spem nostram foveat, et majorum casus ad cautelam nos humilitatis accingat; quatenus dum illa gaudentes sublevant, ista metuentes premant; et audientis animus illinc spei fiducia, hinc humilitate timoris eruditus, nec temeritate superbiat, quia formidine premitur, nec pressus timore desperet, quia ad spei fiduciam virtutis exemplo roboratur.

CAPUT II.

Vers. 6. — *Quadam die cum venissent filii Dei, ut assisterent coram Domino, adfuit inter eos etiam Satan.*

2. Historicus sensus. *Quam accurate S. Scriptura facta describat.* — Intueri libet quomodo sacra eloquia in exordiis narrationum qualitates exprimant, terminosque causarum. Aliquando namque a positione loci, aliquando a positione corporis, aliquando a qualitate aeris, aliquando a qualitate temporis signant, quid de ventura actione subjiciant. A positione quippe locorum divina Scriptura exprimit subsequentium merita finesque causarum, sicut de Israel dicit quia verba Dei in monte audire non potuit, sed praecepta in campestribus accepit : subsequentem nimirum infirmitatem populi indicans, qui ascendere ad summa non valuit, sed semetipsum in infimis neglecte vivendo laxavit. A positione corporis futura denuntiat, sicut in apostolorum Actibus Stephanus Jesum, qui a dextris virtutis Dei sedet, stantem se vidisse manifestat *(Act.* vii, 55, 56). Stare quippe adjuvantis est. Et recte stare cernitur, qui in bello certaminis opitulatur. A qualitate aeris res subsequens demonstratur, sicut evangelista, cum praedicante Domino, nullos tunc ex Judaea credituros diceret, praemisit dicens : *Hiems autem erat (Joan.* x, 22). Scriptum namque est : [a] *Quoniam abundabit iniquitas, refrigescet charitas multorum (Matth.* xxiv, 12). Idcirco ergo hiemis curavit tempus exprimere, ut inesse auditorum cordibus malitiae frigus indicaret. Hinc est quod de negaturo Petro praemittitur : *Quia frigus erat, et stans ad prunas calefaciebat se (Joan:* xviii, 18). Jam namque intus a charitatis calore torpuerat, et ad amorem praesentis vitae, quasi ad persecutorum prunas infirmitate aestuante recalebat. A qualitate quoque temporis finis exprimitur actionis, sicut non rediturus ad veniam, ad traditionis perfidiam nocte Judas 39 exiisse perhibetur, cum egrediente illo, ab evangelista dicitur : *Erat autem nox (Joan.* xiii, 30). Hinc enim et iniquo diviti dicitur: *Hac nocte[b] repetent animam tuam abs te (Luc.* xii, 20). Anima quippe, quae ad tenebras ducitur, non in die repeti, sed in nocte memoratur. Hinc est quod Salomon, qui sapientiam non perseveraturus accepit, in somnis hanc et nocte accepisse describitur *(III Reg.* iii, 11). Hinc est quod angeli ad Abraham meridie veniunt; punituri autem Sodomam, ad eam vespere venisse memorantur *(Gen.* xviii, 1, 2; xix, 1). Quia igitur beati Job tentatio ad victoriam deducitur, a die coepta perhibetur, cum dicitur :

CAPUT III.

Ibid. — *Quadam die, cum venissent filii Dei, ut assisterent coram Domino, adfuit inter eos etiam Satan.*

3. *Quomodo Angeli Deo adsunt, etiam in ministerium missi. Quantae subtilitatis sint angeli.* — Qui autem Dei filii, nisi electi angeli vocantur ? De quibus cum constet, quod obtutibus majestatis inserviant, valde quaerendum est unde veniant, ut coram Domino assistant. De his quippe voce Veritatis dicitur: *Angeli eorum in coelis semper vident faciem Patris mei, qui in coelis est (Matth.* xviii, 10). De his propheta ait: *Millia millium ministrabant ei, et decies millies centena millia assistebant ei (Daniel.* vii, 10). Si igitur semper vident, et semper assistunt, vigilanti cura quaerendum est unde veniunt, qui nunquam recedunt. Sed cum de illis per Paulum dicitur : *Nonne omnes sunt administratorii spiritus in ministerium missi, propter eos qui haereditatem[c] capiunt salutis (Heb.* i, 14)? Per hoc, quod missos cognoscimus, unde veniant invenimus. [*Vet. III.*] Sed ecce quaestioni quaestionem jungimus, et quasi[d] dum ansam solvere nitimur, nodum ligamus. Quomodo enim aut semper assistere, aut videre semper faciem Patris possunt, si ad ministerium exterius pro nostra salute mittuntur? Quod tamen citius solvimus, si quantae subtilitatis sit angelica natura pensamus. Neque enim sic a divina visione foras exeunt, ut internae contemplationis gaudiis priventur; quia si conditoris aspectum exeuntes amitterent, nec jacentes erigere, nec ignorantibus vera nuntiare potuissent; fontemque lucis, quem egredientes ipsi perderent, caecis nullatenus propinarent. In hoc itaque est nunc natura angelica[e] a naturae nostrae conditione distincta, quod nos et loco circumscribimur, et caecitatis ignorantia coarctamur: angelorum vero spiritus loco[f] quidem circumscripti sunt, sed tamen eorum scientiae longe super nos incomparabiliter dilatantur. Interius quippe exteriusque sciendo[g] distenti sunt, quia ipsum fontem scientiae contemplantur. Quid enim de his quae scienda sunt nesciunt, qui scientem omnia sciunt? Eorum itaque scientia[h] comparatione nostrae valde dilatata est, sed tamen comparatione divinae

---

[a] In Rem., Remig., Compend., etc., *abundabit iniquitas, et refrigescit,* etc., deest *quoniam.* Unus ex Remig., et Corb., a prima manu, *abundavit iniquitas, refrigescit charitas.* Corb., a secunda manu, et Germ., *abundabit iniquitas, refrigescet.*

[b] Iidem Mss., *hac nocte repetunt animam.* Ita etiam Lyr. et Big.

[c] Antiquior Rem. cum Corb. et Germ., *qui haereditatem capiunt salutis.*

[d] S. Albini ms. *dum hanc per hanc solvere nitimur.* Floriac., *et quasi hanc per hanc,* etc.

Antiq. Rem. et Reg., *a natura nostrae conditionis.*

[f] In Ms. Colb., super haec verba ascriptum est: *vel quantum ad nostrum modum circumscripti per scientiam non sunt.* Et mox : *Vel diffusi,* supra verbum *distenti.* Ac post pauca : *circumscripta,* supra vocem *angusta;* quae glossemata dum arripiunt librarii, corruptos libros nobis praebent.

[g] Ita omnes nostri Mss. In Elit. Rom. Sixti V, et Gussanvill. : *Sciendo diffusi sunt.*

[h] Omnes Rem., Remig., Vindoc., Normanni, Corb., Germ., *comparatione nostra valde.*

scientiæ angusta : sicut et ipsi illorum spiritus comparatione quidem nostrorum corporum, spiritus sunt, sed comparatione summi et incircumscripti spiritus, corpus. Et mittuntur igitur, et assistunt : quia et per hoc, quod circumscripti sunt, exeunt; et per hoc, quod intus quoque præsentes sunt nunquam recedunt. Et faciem ergo Patris semper vident, et tamen ad nos veniunt; quia et ad nos spiritali præsentia foras exeunt, et tamen ibi se, unde recesserant, per internam contemplationem servant. Dicatur ergo : *Venerunt filii Dei, ut* **40** *assisterent coram Domino*, quia illuc spiritus conversione redeunt, unde nulla mentis aversione discedunt.

CAPUT IV.

IBID. — *Affuit inter eos etiam Satan.*

4. *Satan inter angelos, quia naturam non amisit.* — Valde quærendum est quomodo inter electos angelos Satan adesse potuerit, qui ab eorum sorte, exigente superbia, dudum damnatus exivit. Sed recte inter eos adfuisse describitur, quia etsi beatitudinem perdidit, naturam tamen eis similem non amisit ; et si meritis prægravatur, conditione naturæ subtilis attollitur. Inter Dei ergo filios coram Domino adfuisse dicitur; quia eo intuitu, quo omnipotens Deus cuncta spiritalia conspicit, etiam Satan in ordine naturæ subtilioris videt, attestante Scriptura, quæ dicit : *Oculi Domini contemplantur malos et bonos* (Prov. xv, 3). Sed hoc, quod adfuisse Satan coram Domino dicitur, in gravi nobis quæstione versatur. Scriptum quippe est : *Beati mundo corde, quoniam ipsi Deum videbunt* (Matth. v, 8). Satan vero, qui mundo corde esse non potest, [a] quomodo ad videndum Dominum adfuisse potest.

5. *Deo adest, quia ab eo videtur.* — Sed intuendum est quia adfuisse coram Domino, non autem Dominum vidisse perhibetur. Venit quippe, ut videretur, non ut videret. Ipse in conspectu Domini, non autem in conspectu ejus Dominus fuit : sicut cæcus cum in sole consistit, ipse quidem radiis solis perfunditur, sed tamen lumen non videt quo illustratur. Ita ergo etiam inter angelos in conspectu Domini Satan adfuit ; quia vis divina, quæ intuendo penetrat omnia, non se videntem immundum spiritum vidit. Quia enim et ipsa, quæ Deum fugiunt, latere non possunt, dum cuncta nuda sunt superno conspectui, Satan adfuit absens præsenti. Sequitur :

CAPUT V [*Vet. IV, Rec. III*].

VERS. 7. — *Cui dixit Dominus, Unde venis?*

6. *Nescire Dei est reprobare.* — Quid est, quod venientibus angelis electis nequaquam dicitur, Unde venitis? Satan vero unde veniat percontatur? non enim requirimus, nisi utique quæ nescimus. Nescire autem Dei, reprobare est. Unde quibusdam in fine dicturus est : *Nescio vos unde sitis, discedite a me, omnes operarii iniquitatis* (Luc. xiii, 27). Sicut et nescire mentiri vir verax dicitur qui labi per men- dacium dedignatur ; non quo si mentiri velit, nesciat, sed quo falsa loqui veritatis amore contemnat. Quid est ergo ad Satan dicere, *Unde venis*, nisi vias illius quasi incognitas reprobare? Veritatis igitur lumen tenebras, quas reprobat, ignorat; et Satanæ itinera, quia judicans damnat, dignum est ut quasi nesciens requirat. Hinc est quod Adæ peccanti conditoris voce dicitur, *Adam ubi es?* (Genes. iii, 9.) Neque enim divina potentia nesciebat, post culpam servus ad quæ latibula fugerat ; sed quia vidit in culpa lapsum, jam sub peccato velut ab oculis veritatis absconditum, quia tenebras erroris ejus non approbat, quasi ubi sit peccator ignorat; eumque et vocat, et requirit, dicens, *Adam ubi es?* Per hoc quod vocat, signum dat quia ad pœnitentiam revocat. Per hoc quod requirit, aperte insinuat, quia peccatores jure [b] damnandos ignorat. Satan ergo Dominus non vocat, sed tamen requirit, dicens : *Unde venis?* quia nimirum Deus apostatam spiritum ad pœnitentiam nequaquam revocat; sed vias superbiæ ejus nesciens, damnat. **41** Igitur dum Satan de itinere suo discutitur, electi angeli requirendi unde veniant non sunt : quia eorum viæ tanto Deo notæ sunt, quanto et ipso auctore peraguntur ; dumque soli ejus voluntati inserviunt, eo esse incognitæ nequeunt, quo per approbationis oculum ex ipso semper ante ipsum fiunt. Sequitur :

CAPUT VI.

IBID. — *Respondens Satan, ait : Circuivi terram, et perambulavi eam.*

7. *Satanæ circuitus, ejus anxietatis argumentum.* — Solet per gyrum circuitus, laboris anxietas designari. Satan ergo laborans terram circuivit, quia quietus in cœli culmine stare contempsit. Cumque se non volasse, sed perambulasse insinuat, quanto peccati pondere in imis prematur, demonstrat. Perambulans ergo terram circuivit; quia ab illo spiritalis potentiæ volatu corruens, malitiæ suæ pressus gravedine, foras ad gyrum laboris venit. Hinc est enim quod et de ejus membris per Psalmistam dicitur : *In circuitu impii ambulant* (Psal. xi, 9) ; quia dum interiora non appetunt, in exteriorum labore fatigantur. Sequitur :

CAPUT VII [*Rec. IV*].

VERS. 8. — *Nunquid considerasti servum meum Job, quod non sit ei similis in terra, homo simplex et rectus, ac timens Deum, et recedens a malo?*

8. *Variæ Dei spirituumque locutiones.* — Hoc quod divina voce beatus Job simplex et rectus, ac timens Deum, et recedens a malo dicitur, quia subtiliter membratimque supra exposuimus, replicare quæ diximus devitamus ; ne dum discussa repetimus, tardius ad indiscussa veniamus. [*Vet. V.*] Hoc ergo nobis est solerter intuendum, quid sit, quod vel ad Satan loqui Dominus dicitur, vel quod Satan Domino respondere perhibetur. Discutienda quippe est quænam sit ista locutio. Neque enim vel a Domino, qui summus atque

---

[a] Rem., Remig. et plur. alii, *quomodo videndo Domino affuisse potest.*
[b] Vindocinenses, *jure damnando, ignorat.*
[c] Plurimi *quia eorum vitæ.* Utic. habet, utramque lectionem.

incircumscriptus est spiritus, vel a Satan, [a] qui nulla est carnea natura vestitus, humano modo aereus flatus folle ventris attrahitur, ut per organum gutturis, vocis expressione reddatur. Sed dum naturæ invisibili natura incomprehensibilis loquitur, dignum est ut mens nostra qualitatem corporeæ locutionis excedens, ad sublimes atque incognitos modos locutionis intimæ suspendatur. Nos namque ut ea quæ sentimus intrinsecus extrinsecus exprimamus, hæc per organum gutturis, per sonum vocis ejicimus. Alienis quippe oculis intra secretum mentis, quasi post parietem corporis stamus; sed cum manifestare nosmetipsos cupimus, quasi per linguæ januam egredimur, ut quales sumus intrinsecus ostendamus. Spiritalis autem natura non ita est, quæ ex mente et corpore composita dupliciter non est. Sed rursus sciendum est quia ipsa etiam natura incorporea cum loqui dicitur, ejus locutio nequaquam una atque eadem qualitate formatur. Aliter enim loquitur Deus ad angelos, aliter angeli ad Deum; aliter Deus ad sanctorum animas, aliter sanctorum animæ ad Deum; aliter Deus ad diabolum, aliter diabolus ad Deum.

9. *Aliter Deus loquitur ad angelos.* — Nam quia spirituali naturæ ex corporea [b] oppositione nihil obstat, loquitur Deus ad angelos sanctos eo ipso, quo eorum cordibus occulta sua invisibilia ostentat: ut quidquid agere debeant, in ipsa contemplatione veritatis legant, et velut quædam præcepta vocis sint ipsa gaudia contemplationis. Quasi enim audientibus dicitur, quod videntibus 42 inspiratur. Unde cum eorum cordibus, Deus contra humanam superbiam, animadversionem ultionis infunderet, dixit: *Venite descendamus, et confundamus ibi* [c] *linguam eorum* (Genes. II, 7). Dicitur [d] eis qui adhærent, *Venite*; quia nimirum hoc ipsum nunquam a divina contemplatione decrescere, in divina contemplatione semper accrescere est; et nunquam corde recedere, quasi quodam stabili motu est semper venire. Quibus et dicit: *Descendamus et confundamus linguam eorum.* Ascendunt angeli, in eo quod creatorem conspiciunt. Descendunt angeli, in eo quod creaturam sese in illicitis erigentem examine districtionis premunt. Dicere ergo Dei est: *Descendamus et confundamus linguam eorum,* in seipso eis hoc, quod recte agatur ostendere, et per vim internæ visionis, eorum mentibus exhibenda judicia occultis motibus inspirare.

10. *Aliter angeli ad Deum.* — Aliter loquuntur angeli ad Deum, sicut et per Joannis Apocalypsim dicunt: *Dignus est Agnus, qui occisus est, accipere virtutem, et divinitatem, et sapientiam* (Apoc. v, 12). Vox namque angelorum est in laude conditoris, ipsa ad-

miratio intimæ contemplationis. Virtutis divinæ miracula obstupuisse, dixisse est, quia excitatus cum reverentia motus cordis, magnus est ad aures incircumscripti spiritus clamor vocis. Quæ vox se quasi per distincta verba explicat, dum sese per innumeros modos admirationis format. Deus ergo angelis loquitur, cum eis voluntas ejus intima [e] videnda manifestatur. Angeli autem loquuntur Domino, cum per hoc, quod super semetipsos respiciunt, in motum admirationis surgunt.

[*Vet. VI.*] *Aliter Deus ad sanctorum animas, et illæ ad Deum.* — Aliter Deus ad sanctorum animas, aliter sanctorum animæ loquuntur ad Deum. Unde et in Joannis Apocalypsi rursum dicitur: *Vidi subter altare animas interfectorum propter verbum Dei, et propter testimonium quod habebant; et clamabant voce magna dicentes: Usquequo, Domine, sanctus et verus, non judicas et vindicas sanguinem nostrum de his qui habitant in terra?* Ubi illico adjungitur, *Datæ sunt illis singulæ stolæ albæ, et dictum est illis, ut requiescerent tempus adhuc modicum, donec impleatur numerus conservorum et fratrum eorum.* Quid est cum animas vindictæ petitionem dicere, nisi diem extremi judicii, et resurrectionem exstinctorum corporum desiderare? Magnus quippe earum clamor, magnum est desiderium. Tanto enim quisque minus clamat, quanto minus desiderat; et tanto majorem vocem in aures [f] incircumscripti spiritus exprimit, quanto se in ejus desiderium plenius fundit. Animarum igitur verba ipsa sunt desideria. Nam si desiderium sermo non esset, Propheta non diceret: *Desiderium cordis eorum audivit auris tua* (Psal. ix, 17). Sed cum aliter moveri soleat mens quæ petit, aliterque quæ petitur, et sanctorum animæ ita in interni secreti sinu Deo inhæreant, ut inhærendo requiescant; quomodo dicuntur petere, quas ab interna voluntate constat nullatenus discrepare? quomodo dicuntur [g] petere, quas et voluntatem Dei certum est, et ea quæ futura sunt, non ignorare? Sed in ipso positæ, ab ipso aliquid petere dicuntur, non quo quidquam desiderent, quod ab 43 ejus voluntate, quem cernunt, discordat: sed quo mente ardentius inhærent, eo etiam de ipso accipiunt, ut ab ipso petant, quod eum facere velle noverunt. De ipso ergo bibunt, quod ab ipso sitiunt; et modo nobis adhuc incomprehensibili, in hoc, quod petendo esuriunt, præsciendo satiantur. Discordarent ergo a voluntate conditoris, si quæ eum vident velle, non peterent; eique minus inhærerent, si volentem dare, desiderio pigriori pulsarent. Quibus responsum divinitus dicitur: *Requiescite tempus adhuc modicum, donec compleatur numerus conservorum et fratrum vestrorum.* Desiderantibus animabus, *Re-*

---

[a] Hæc verba notanda sunt, ut intelligatur quod sup., cap. 3, dixit, *angelos comparatione Dei esse corpus.* Habes in præf. generali assertam ejus doctrinam de natura angelorum incorporea.
[b] Ita Mss. ac Vulgati, *appositione.*
[c] Pene omnes Mss., *linguas.* Idem observavimus in consequentibus, ubi locus hic laudatur.
[d] Editi, *qui aderant.* Emendantur ope Mss. Corb., Germ. et al.

[e] Rem., Remig., Longip., Val. Clar., Corb., *intima videndo.*
[f] Ita Corb., Germ. et omnes Mss. ac vetustiores Editiones Parisiensis et Basil. Gilot., anno 1571, et aliæ deinceps habent *in aures circumscripti spiritus.* Manifestus est error. Sanctus Gregorius per *incircumscriptum spiritum* Deum intelligit.
[g] In Editis, *quomodo dicuntur vindictam desiderare,* nullis Mss. nostris consentientibus.

quiescite tempus adhuc modicum, dicere, est inter ardorem desiderii ex ipsa præscientia solatium [a] consolationis aspirare; ut et animarum vox sit hoc, quod amantes desiderant; et respondentis Dei sermo sit hoc, quod eas retributionis certitudine inter desideria confirmat. Respondere ergo ejus est, ut collectionem fratrum exspectare debeant, eorum mentibus libenter exspectandi moras infundere; ut cum carnis resurrectionem appetunt, etiam ex colligendorum fratrum augmento gratulentur.

[*Vet. VII.*] 12. *Aliter Deus ad diaooium, et ille ad Deum.* Aliter Deus loquitur ad diabolum, aliter diabolus ad Deum. Loqui enim Dei est ad diabolum, vias ejus ac negotia animadversione occultæ districtionis increpare, sicut hic dicitur : *Unde venis?* Diaboli autem ei respondere, est omnipotenti majestati ejus nihil posse celare. Unde hic ait, *Circuivi terram, et oerambulavi eam.* Quasi enim dicere ejus est quid egerit, scire quod actus suos illius oculis occultare non possit. Sciendum vero est, quia sicut hoc loco discimus, quatuor modis loquitur Deus ad diabolum; tribus modis diabolus ad Deum. Quatuor modis loquitur Deus ad diabolum; quia et injustas vias ejus arguit, et electorum suorum contra illum justitiam proponit, et tentandam eorum innocentiam ei concedendo permittit, et aliquando eum, ne tentare audeat, prohibet. Injustas enim vias ejus redarguit, sicut jam dictum est : *Unde venis?* Electorum suorum contra illum justitiam proponit. sicut ait : [b] *Considerasti servum meum Job, quod non sit ei similis super terram?* Tentandam eorum innocentiam concedendo permittit, sicut dicit : *Ecce universa quæ habet in manu tua sunt.* Rursumque eum a tentatione prohibet, cum dicit : *Tantum in eum ne extendas manum tuam.* Tribus autem modis loquitur diabolus ad Deum, cum vel vias suas insinuat, vel electorum innocentiam fictis criminibus accusat, vel tentandam eamdem innocentiam postulat. Vias quippe suas insinuat, qui ait : *Circuivi terram, et perambulavi eam.* Electorum innocentiam accusat, qui dicit : (Vers. 9, 10) *Nunquid frustra Job timet Deum? Nonne tu vallasti eum, ac domum ejus, universamque substantiam[c] per circuitum?* Tentandam eamdem innocentiam postulat, cum dicit : *Extende manum tuam, et tange cuncta quæ possidet, nisi in faciem benedixerit tibi.* Sed dicere Dei est, *Unde venis?* sicut et supra insinuavimus, vi suæ justitiæ itinera malitiæ ejus inerepare. Dicere Dei est, *Considerasti servum meum Job, quod non sit ei* [d] *similis super terram?* tales electos suos justificando facere, qualibus nimirum apostata angelus possit invidere. Dicere Dei est, *Ecce universa quæ habet in manu tua sunt,* 44 ad probationem fidelium, contra eos occulta vi incursum illum suæ malitiæ relaxare. Dicere Dei est, *Tantum in eum ne extendas manum tuam,* ab immoderatæ tentationis impetu eum etiam permittendo restringere. Dicere autem diaboli est, *Circuivi terram, et perambulavi eam,* sagacitatem suæ malitiæ invisibilibus ejus oculis occultare non posse. Dicere diaboli est, *Nunquid frustra Job timet Deum?* contra bonos intra cogitationum suarum latibula conqueri; eorumque provectibus invidere, atque invidendo reprobationis rimas exquirere. Dicere diaboli est, *Extende paululum manum tuam, et tange cuncta quæ possidet* (Vers. 11), ad afflictionem bonorum, malitiæ æstibus anhelare. Quo enim eorum tentationem invidens appetit, eo illorum quasi probationem deprecans petit. Quia igitur internarum locutionum modos succincte diximus, ad intermissum paululum expositionis ordinem revertamur.

CAPUT VIII [*Vet. VIII, Rec. V*].

VERS. 8. — *Considerasti servum meum Job, quod non sit similis ei super terram, vir simplex et rectus, ac timens Deum, et recedens a malo?*

13. *Dei diabolique pugna, cujus materia Job fuit.* — Præcedenti jam sermone tractatum est, quia diabolus non contra Job, sed contra Deum certamen proposuit; materia vero certaminis beatus Job in medio fuit. Et si in sermonibus suis dicimus Job inter flagella deliquisse, quod sentire nefas est; Deum dicimus in sua propositione [e] perdidisse. Nam ecce et in hoc loco intuendum est, quia non prius diabolus beatum Job a Domino petiit, sed eum Dominus in diaboli despectum laudavit. Et nisi in sua justitia permansurum nosset, non utique pro illo proponeret. Nec periturum in tentatione concederet, de quo ante tentationem, ex Dei laudibus, in tentatoris mente invidiæ fuerant faces excitatæ.

14. *Quam astute quærat diabolus unde nos accuset.* — Sed antiquus adversarius cum quæ accuset mala, non invenit, ipsa ad malum inflectere bona quærit. Cumque de operibus vincitur, ad accusandum verba nostra perscrutatur. Cum nec in verbis accusationem reperit, intentionem cordis fuscare contendit; tanquam bona facta bono animo non fiant, et idcirco perpendi a judice bona non debeant. Quia enim fructus arboris esse et in æstu virides conspicit, quasi vermem ponere ad radicem quærit. Nam dicit :

CAPUT IX.

VERS. 9, 10. — *Nunquid frustra Job timet Deum? Nonne tu vallasti eum ac domum ejus, universamque substantiam per circuitum? Operibus manuum ejus benedixisti, et possessio illius crevit in terra.*

15. *Ea prosperis, et ex adversis tentat.* — Ac si aperte dicat : Qui tot bona in terra recepit, quid mirum est, si pro eis se innocenter gerit? Innocens vere esset, si bonus inter adversa persisteret. Cur autem magnus dicitur, quem merces sui uniuscujusque operis tanta rerum multiplicitate comitatur? Astutus quippe adversarius, cum sanctum virum inter pros-

---

[a] Ebroic., Vindoc. et nonnulli, *consolationis inspirare.*
[b] In Excusis, *nunquid considerasti.* In omnibus quos consuluimus Mss. non legitur *nunquid.* Ideoque hic et deinceps expunximus.
[c] In Gilot., Vatic., Gussanv., *substantiam ejus.*

Redundat *ejus,* nec legitur in Mss. nostris aut vet. Ed.
[d] Quidam Mss., *similis in terra.*
[e] Editi hic addunt, *victoriam,* invitis Mss. ac Gregoriana phrasi. In præfat., n. 8, legimus : *provosuerat, verdidisse reprehendit.* Vide l. XXIII, n. 1.

pera bene egisse considerat, reprobare apud judicem per adversa festinat. Unde recte in Apocalypsi voce angelica dicitur : *Projectus est accusator fratrum nostrorum, qui accusabat illos ante conspectum Dei nostri die ac nocte* (Apoc. XII, 10). [*Vet. IX.*] Scriptura autem sacra saepe diem pro prosperis, noctem autem pro adversis ponere consuevit. In die ergo et nocte accusare non desinit, quia modo nos in prosperis, modo in adversis accusabiles ostendere contendit. In die accusat, cum prosperis male nos uti insinuat. In nocte accusat, cum in adversis 45 nos non habere patientiam demonstrat. Beatum ergo Job quia necdum flagella attigerant, quasi adhuc unde in nocte accusare posset, omnino non habebat. Quia vero in prosperis magna [a] sanctitate viguerat, pro eisdem prosperis bona illum egisse simulabat : versuta assertione mentiens quod non ad usum Domini substantiam possideret, sed ad usum substantiae Dominum coleret. Sunt enim nonnulli qui ut fruantur Deo, dispensatorie utuntur hoc saeculo. Et sunt nonnulli qui ut fruantur hoc saeculo, transitorie uti volunt Deo. Cum igitur bona divini muneris narrat, putat quod facta fortis operarii leviget; ut cujus vitam reprehendere de operibus non valet, ejus mentem quasi ex cogitationibus [b] addicat; mentiens quod non amori Domini, sed temporalis prosperitatis appetitioni servierit omne, quod innocue exterius vixit. Vires ergo beati Job nesciens, sed tamen unumquemque adversis probari verius sciens, tentandum hunc expetit; ut qui per diem prosperitatis inoffenso gressu incesserat, saltem in nocte adversitatis impingeret, et ante laudatoris sui oculos offensione impatientiae prostratus jaceret. Unde subjungit :

CAPUT X [*Rec. VI*].

Vers. 11. — *Sed extende paululum manum tuam, et tange cuncta quae possidet, nisi in faciem benedixerit tibi.*

16. *Diabolus nihil nisi Deo permittente potest.* — Cum sanctum virum Satan tentare appetit, et tamen Domino, ut manum suam extendere debeat, dicit; valde notandum est quia feriendi vires nec ipse sibi tribuit, qui contra auctorem omnium singulariter superbit. Scit namque diabolus, quia quodlibet agere ex semetipso non sufficit, quia nec per semetipsum in eo quod est spiritus existit. Hinc est quod in Evangelio expellenda de homine legio dicebat : *Si ejicis nos, mitte nos in gregem porcorum* (Matth. VIII, 31). Qui enim per semetipsum ire in porcos non poterat, quid mirum si sine auctoris manu, sancti viri domum contingere non valebat?

[*Vet. X.*] 17. *Diaboli voluntas mala, sed potestas*

---

[a] Corb., Germ., Rhem., Remig., Ebroic. et caeteri Norm., *magna sanitate*.
[b] Ita Mss. Anglicani et alii. At Edit. Gilot., Rom., Sixti V, et plurimae habent *addiscat*. Verbum *addicit*, ut significat *condemnat*, est Gregorio familiare. Eodem quoque sensu non raro reperitur in scriptoribus sacris sive antiquioribus sive posterioribus. Ambrosius, lib. I, de Virgin., de sanctae Agnetis carnifice : *cerneres trepidare carnificem, quasi ipse addictus fuisset.* Bernardus, lib. II de Consid., cap. 14 : *inde innocentium frequens addictio*.

justa. — Sciendum vero est quia Satanae voluntas semper iniqua est, sed nunquam potestas injusta : quia a semetipso voluntatem habet, sed a Domino potestatem. Quod enim ipse facere inique appetit, hoc Deus fieri nonnisi juste permittit. Unde bene in libris Regum dicitur : *Spiritus Domini malus irruebat in Saul* (I Reg. XVIII, 10). Ecce unus idemque spiritus, et Domini appellatur, et malus : Domini videlicet per licentiam potestatis justae, malus autem per desiderium voluntatis injustae. Formidari ergo non debet, qui nihil nisi permissus valet. Sola ergo vis illa timenda est, quae cum hostem saevire permiserit, ei ad usum justi judicii, et injusta illius voluntas servit. Paululum vero manum postulat extendi; quia exteriora sunt quae expetit conteri. Neque enim Satan facere se aliquid multum putat, nisi cum in anima sauciat, ut ab illa patria feriens revocet, a qua ipse longe, telo suae superbiae prostratus jacet.

18. *Facies Dei respectus gratiae.* — Sed quid est quod ait : *Nisi in faciem benedixerit tibi?* Nos nempe quod amamus respicimus; quod vero aversari volumus, ab eo faciem 46 declinamus. Quid itaque Dei facies, nisi respectus ejus gratiae [c] praebetur intelligi? Ait ergo : *Extende paululum manum tuam, et tange cuncta quae possidet, nisi in faciem benedixerit tibi.* Ac si aperte dicat : Ea quae dedisti subtrahe ; nam si accepta perdiderit, respectum tuae gratiae, ablatis rebus temporalibus, non requiret. Si enim ea in quibus delectatur non habuerit, favorem tuum etiam maledicendo contemnet. Cujus petitione callida nequaquam provocata Veritas vincitur, sed ad deceptionem suam hosti conceditur, quod fideli famulo ad augmentum muneris suffragetur. Unde mox subditur :

CAPUT XI [*Vet. XI, Rec. VII*].

Vers. 12. — [d] *Ecce universa, quae habet, in manu tua sunt : tantum in eum ne extendas manum tuam.*

19. *Deus tentatori alia permittit, alia negat.* — Consideranda est in verbis Domini dispensatio sanctae pietatis, quomodo hostem nostrum permittit, et refinet; relaxat, et refrenat. Alia ad tentandum dat [e], sed ab aliis religat. *Universa quae habet, in manu tua sunt, tantum in eum ne extendas manum tuam.* Substantiam prodit, sed tamen corpus ejus protegit, quod quidem postmodum tentatori traditurus est; sed tamen non simul ad omnia relaxat hostem, ne undique feriens frangat civem. Mala enim cum multa electis eveniunt, mira conditoris gratia ex tempore dispensantur; ut quae coacervata perimerent, possint divisa tolerari. Hinc Paulus ait : *Fidelis Deus, qui non patietur vos tentari [f] supra id quod potestis, sed faciet cum tentatione etiam exitum, ut possitis sustinere* (I Cor. X, 13).

---

[c] Editi, *perhibetur*. Mss., *adhaeremus*.
[d] Gussanv. hic praefigit : *Dixit ergo Dominus ad Satan*, quod abest à Cod. tum excusis, tum manu exaratis.
[e] In Edit. per interpolationem legitur, *alia ad affligendum, sed*; sane praeter fidem Mss. et Greg. propositum, qui duo hic, non tria probanda suscipit, scilicet hostem nostrum et relaxari et retineri. Relaxatur cum permittitur tentare; retinetur, cum hæc potestas certis conditionibus ligatur.
[f] Rhem., Remig., Norm., *supra quam potestis*.

Hinc David ait: *Proba me, Domine, et tenta me* (Psal. xxv, 2). Ac si aperte dicat: Prius vires inspice, et tunc ut ferre valeo, tentari permitte. Hoc tamen quod dicitur: *Ecce universa, quæ habet, in manu tua sunt, tantum in eum ne extendas manum tuam*, intelligi et aliter potest, quia fortem quidem pugnatorem suum Dominus noverat, sed tamen dividere ei certamina contra hostem volebat; ut quamvis robusto bellatori victoria in cunctis suppeteret, prius tamen de uno certamine hostis ad Dominum victus rediret: tuncque ei aliud iterum vincendo concederet, quatenus fidelis famulus eo mirabilius victor existeret, quo victus hostis se contra illum iterum ad nova bella repararet. Sequitur:

CAPUT XII [*Vet. XII, Rec. VIII*].

Ibid. — *Egressusque est Satan a facie Domini.*

20. *Deus est intra et extra omnia, supra et infra omnia.* — Quid est quod Satan a facie Domini egressus dicitur? Quo enim exitur ab eo qui ubique est? Hinc namque ait: *Cœlum et terram ego impleo* (Jer. xxiii, 24). Hinc est, quod Sapientia illius dicit: *Gyrum cœli circuivi sola* (Eccli. xxiv, 8). Hinc de ejus Spiritu scriptum est: *Spiritus Domini implevit orbem terrarum* (Sap. i, 7). Hinc est quod Dominus iterum dicit: *Cœlum mihi sedes est, terra autem scabellum pedum meorum* (Isai. lxvi, 1). Rursumque de eo scriptum est: *Cœlum metitur palmo et omnem terram pugillo concludit* (Isa. xl, 12). Sedi quippe, cui præsidet, interior ⁿ et exterior manet. Cœlum palmo metiens, et terram pugillo concludens ostenditur, quod ipse sit circumquaque cunctis rebus, quas creavit, exterior. Id namque quod interius concluditur, a concludente exterius continetur. Per sedem ergo, cui præsidet, 47 ᵇ intelligitur esse interius supraque; per pugillum, quo continet, esse exterius subterque signatur. Quia enim ipse manet intra omnia, ipse extra omnia, ipse supra omnia, ipse infra omnia; et superior est per potentiam, et inferior per sustentationem; exterior per magnitudinem, et interior per subtilitatem; sursum regens, deorsum continens; extra circumdans, interius penetrans; nec alia ex parte superior, alia inferior, aut alia ex parte exterior, atque ex alia manet interior: sed unus idemque totus ubique præsidendo sustinens, sustinendo præsidens, circumdando penetrans, penetrando circumdans; unde superius præsidens, inde inferius sustinens; et unde exterius ambiens, inde interius replens: sine inquietudine superius regens, sine labore inferius sustinens; interius sine extenuatione penetrans, exterius sine extensione circumdans. Est itaque inferior et superior sine loco; ᶜ est amplior sine latitudine, est subtilior sine extenuatione.

ⁿ Mss. Corb. et Germ., *et superior manet.*
ᵇ In Mss. Corb., Germ. et plurimis, deest, *intelligitur*, et sic legitur: *Per sedem ergo cui præsidet, esse interius supraque; per pugillum quo continet, esse exterius subterque signatur.*
ᶜ Rhem., Remig., Vindocin., Corb., Germ., etc., habent, *est amplus sine latitudine, est subtilis*, etc.
ᵈ Antiquior Rhem. et Germ., *ad submersionem*; ita etiam antiq. Compend. Val Cl., Belvac.

21. *A facie Domini exit Satan, cum ad desiderii sui effectum venit.* — Quo igitur exitur ab eo, qui dum per molem corporis nusquam est, per incircumscriptam substantiam nusquam deest? Sed quandiu Satan pressus majestatis potentia, appetitum suæ malitiæ exercere non valuit, quasi ante faciem Domini stetit. [*Vet. XIII.*] A facie autem Domini exiit; quia relaxatus divinitus ab internæ retentionis angustia, ad sui desiderii effectum venit. A facie Domini exiit, quia diu vinculis disciplinæ religata quandoque voluntas noxia ad opus processit. Cum enim, sicut dictum est, id quod voluit implere non valuit, quasi ante faciem Domini stetit; quia illum ab effectu malitiæ superna dispensatio coactavit. Sed a facie ejus exiit, quia potestatem tentationis accipiens, ad malitiæ suæ vota pervenit. Sequitur:

CAPUT XIII [*Rec. IX*].

Vers. 13, 14, 15. — *Cum autem quadam die filii et filiæ ejus comederent, et biberent vinum in domo fratris sui primogeniti, nuntius venit ad Job, qui diceret: Boves arabant, et asinæ pascebantur juxta eos, et irruerunt Sabæi, tuleruntque omnia, et pueros percusserunt gladio, et evasi ego solus, ut nuntiarem tibi.*

22. *Diabolus tentandi tempora eligit.* — Notandum quæ tempora tentationibus congruant. Tunc quippe diabolus tentandi tempus elegit, quando beati Job filios in convivio invenit. Neque enim solummodo intuetur hostis quid faciat, sed etiam quando faciat. Nam quamvis potestatem acceperit, aptum tamen ᵈ ad subversionem tempus exquisivit; ut videlicet nobis Deo dispensante proderetur, quia prænuntia tribulationis est lætitia satietatis. Intuendum vero est, quam callide ipsa damna, quæ illata sunt, nuntiantur. Non enim dicitur, boves ᵉ a Sabæis ablati sunt: sed qui ablati sunt, boves arabant; ut videlicet memorato fructu operis, causa crescat doloris. Unde et apud Græcos non solum asinæ, sed fetæ asinæ raptæ referuntur; ut dum minima animalia audientis animum minus ex sui qualitate percuterent, amplius ex fecunditate vulnerarent. Et quia eo magis adversa animum feriunt, quo cum multa sunt, etiam subita nuntiantur, aucta est mensura gemituum, etiam ᶠ per articula nuntiorum. Nam sequitur:

CAPUT XIV [*Vet. XIV*].

Vers. 16. — 48 *Cumque adhuc ille loqueretur, venit alius, et dixit: Ignis Dei cecidit de cœlo, et tactas oves puerosque consumpsit, et effugi ego solus, ut nuntiarem tibi.*

23. *Casibus repentinis constantiam Job evertere conatur.* — Ne rebus perditis minorem audienti dolo-

---

ᵉ Vindocin., *a Sabæis ablatæ sunt; sed quæ ablatæ sunt.* Ita S. Michaelis et alii.
ᶠ Sic legimus in Mss. Rhem., Remig., Corb., Germ., Compend., Val Cl. Eadem voce tanquam neutrius generis utetur Gregorius, lib. viii, cap. olim 7, nunc cap. 11, n. 27, *nullum adhuc mortis articulum irrumpit.* Hic autem variant Edit. Paris. 1495. Habet *etiam, particula.* Edit. Basil. 1514, *etiam per auricula.* Reliq., *per particulam*, vel *per particulas.*

rem moveat, ejus animum ad ª excedendum etiam ipsis nuntiorum verbis instigat. Intuendum quippe est, quam callide dicitur : *Ignis Dei*, ac si diceretur : Illius animadversionem sustines, quem tot hostiis placare voluisti ; illius iram toleras, cui quotidie serviens insudabas. Dum enim Deum, cui servierat, adversa intulisse indicat, ᵇ læsum commemorat, in quo excedat ; quatenus anteacta obsequia ad mentem reduceret, et frustra se servisse æstimans, in auctoris injuriam superbiret. Pia etenim mens, cum se adversa ab hominibus perpeti conspicit, in divinæ gratiæ consolatione requiescit ; cumque tentationum procellas increscere extrinsecus viderit, secessum spei Dominicæ appetens, intra conscientiæ portum fugit. Ut vero versutus hostis uno eodemque tempore sancti viri robustissimum pectus et humanis adversitatibus, et divina ᶜ desperatione concuteret, et prius Sabæos irruisse intulit, et mox ignem Dei de cœlo cecidisse nuntiavit ; ut quasi omnem aditum consolationis excluderet, dum et ipsum adversantem ostenderet, qui consolari animum inter adversa potuisset : quatenus dum se tentatus undique destitui atque undique premi considerat, in contumeliam tanto audacius, quanto et desperatius erumpat. Sequitur :

CAPUT XV.

VERS. 17. — *Sed et illo adhuc loquente, venit alius et dixit : Chaldæi fecerunt tres turmas, et invaserunt camelos, et tulerunt eos, necnon et pueros percusserunt gladio, et effugi ego solus, ut nuntiarem tibi.*

24. *Vulnera ingeminat.* — Ecce iterum, ne quid minus de humana adversitate doluisset, Chaldæorum turmas irruisse denuntiat ; et ne illum minus desuper veniens adversitas feriat, iteratam iram in aere demonstrat. Nam sequitur :

CAPUT XVI [*Vet. XV*].

VERS. 18, 19. — *Loquebatur ille, et ecce alius intravit, et dixit : Filiis tuis et filiabus vescentibus et bibentibus vinum in domo fratris sui primogeniti, repente ventus vehemens irruit a regione deserti, et concussit quatuor angulos domus, quæ corruens oppressit liberos tuos, et mortui sunt, et effugi ego solus, ut nuntiarem tibi.*

25. *Ad odium Dei provocare conatur.* — Qui uno vulnere non prosternitur, idcirco bis, terque percutitur, ut usque ad intima quandoque feriatur. Nuntiata itaque fuerat adversitas de Sabæis, nuntiata divina animadversio per ignem de cœlo, nuntiatur ab hominibus iterum camelorum raptus, cædesque puerorum, et divinæ indignationis ira repetitur, dum ventus irruens concussisse domus angulos, atque exstinxisse liberos indicatur. Quia enim notum est, quod absque superno nutu moveri elementa non possint, latenter inseritur quod ipse contra illum elementa moverit, qui moveri permisit; quamvis Satan semel accepta a Domino potestate ad usum suæ nequitiæ etiam elementa concutere prævalet. Nec movere debet, si spiritus de summis projectus turbare in ventos aerem potuit ; cum nimirum constet quia et damnatis 49 in metallum, ad usum aqua et ignis servit. Quæsitum est igitur ut nuntiarentur mala, quæsitum ut multa, quæsitum ut subita. Sed cum prius adversa nuntiavit, tranquillo adhuc pectori quasi sanis membris vulnus inflixit ; cum vero percussum cor feriendo repetiit, ut ad impatientiæ verba compelleret, super vulnera vulnus irrogavit.

26. *Plagæ Job subitæ et multiplices.* — Intuendum vero est quam callide curavit hostis antiquus, non tam jactura rerum sancti viri patientiam rumpere, quam ipso ordine nuntiorum. Qui studens prius parva, et post nuntiare majora, in extremo filiorum mortem intulit, ne vilia pater rei familiaris damna duceret, si illa jam orbatus audiret ; et minus percuteret rerum amissio, præcognita morte filiorum, quia videlicet nulla esset hæreditas, si illos prius subtraheret ᵈ qui servabantur hæredes. Sed a minimis incipiens, in ultimum graviora nuntiavit ; ut dum gradatim deteriora cognosceret, in ejus corde doloris locum omne vulnus inveniret. Notandum quam callide tot malorum pondera, et divisa, et subita nuntiantur, ut et repente, et particulatim crescens, in audientis corde sese dolor ipse non caperet ; et tanto ardentius in blasphemiam accenderet, quanto subitis ac multiplicibus nuntiis in se ᵉ angustius æstuaret.

[*Vet. XVI, Rec. X*]. 27. *Præpositis voluptati servientibus, subditis frena laxantur. In conviviis etiam moderatis locum diabolus invenit.* Sed neque hoc neglecte prætereundum puto, quod filii in majoris fratris domo convivabantur, cum pereunt. Dictum namque est superius, quod convivia peragi sine culpa vix possunt. Ut ergo nostra, ᶠ non illorum loquamur, sciendum nobis est quia quod a minoribus voluptuose agitur, majorum disciplina cohibetur ; cum vero majores ipsi voluptati deserviunt, nimirum minoribus lasciviæ frena laxantur. Quis enim sub disciplinæ se constrictione retineat, quando et ipsi, qui jus constrictionis accipiunt, sese voluptatibus relaxant ? Dum ergo in majoris fratris domo convivantur, pereunt, quia tunc contra nos hostis vehementius vires accipit, quando et ipsos qui pro custodia disciplinæ prælati sunt ᵍ lætitiæ servire cognoscit. Tanto enim licentius ad feriendum occupat, quanto et hi qui intercedere pro culpis poterant voluptati vacant. Absit autem ne tanti viri filios per conviviorum studia

---

ª Editi cum uno Mss. Reg., *ad exercendum*. Rhem. et Remig. omnes cum aliquib. Norm., *ad exedendum*. Sequimur Mss. Belvac. ; Compend., Corbo., Val. Cl.
ᵇ Antiq. Ed., *læsionem*. Coc., Gilot., Vatic., *læso*. Gussanv., *ab eo læsum*. At Mss. simpliciter *læsum*.
ᶜ Ita Mss. prope omnes. At duo Reg., cum Ed., *divina dispensatione*.
ᵈ Antiquior Rem., cum Corb., Germ. et Colb., *quibus servabatur hæreditas*.
ᵉ Iidem Mss., *angustiis*.
ᶠ Gussanv., *non aliorum*. Melius alii libri, *non illorum*, sc. filiorum Job, de quibus male sentiri non patitur sanctus Gregorius.
ᵍ Sic Mss. ; Editi vero, *ventri*. Mox post verbum *occupat* Coccius adjecit, *subditos* ; quod nullus deinceps expunxit, etsi non exstet in Mss.

ingurgitando ventri vacasse suspicemur; sed tamen veraciter novimus quia etsi per disciplinæ quisque custodiam necessitatis metas edendo non transit, accensa tamen mentis intentio inter convivia torpescit; et minus in quanto sit tentationum bello considerat, [a] quæ se per securitatem relaxat. In die ergo primi fratris filios obruit, quia antiquus hostis in minorum morte subversionis aditum per negligentiam majorum quærit. Sed quia quantis nuntiorum jaculis sit percussus, agnovimus; vir fortis noster, qualis inter vulnera consistat, audiamus. Sequitur :

CAPUT XVI [Rec. XI].

VERS. 20. — *Tunc surrexit Job, et scidit vestimenta sua, et tonso capite corruens in terram adoravit.*

28. *Flagella Dei aut non sentire, aut nimis, vitium est.* — Nonnulli magnæ constantiæ philosophiam putant, si disciplinæ asperitate correpti, ictus [b] verberum doloresque non sentiant. Nonnulli vero tam nimis percussionum flagella sentiunt, ut immoderato dolore commoti, etiam in excessum linguæ dilabantur. Sed quisquis veram tenere philosophiam nititur, necesse est ut inter utraque gradiatur. Non est enim pondus veræ virtutis, insensibilitas cordis : quia et valde insana per stuporem membra sunt, quæ et incisa [c] dolere nequaquam possunt. Rursus virtutis custodiam deserit, qui dolorem verberum ultra quam necesse est sentit ; quia dum nimia afflictione cor tangitur, usque ad impatientiæ contumelias excitatur, et qui per flagella corrigere malefacta debuerat, agit ut nequitia per flagellum crescat. Contra insensibilitatem quippe percussorum per prophetam dicitur : *Percussisti eos, nec doluerunt; attrivisti eos, et renuerunt accipere disciplinam* (Jerem. v, 3). Contra pusillanimitatem percussorum per Psalmistam dicitur : *In miseriis non subsistent* (Psal. CXXXIX 11). In miseriis namque subsisterent, si æquanimiter adversa tolerarent. At postquam mente inter flagella corruunt, quasi inter illatas miserias subsistendi constantiam perdunt.

[Vet XVII.] 29. *Job utrumque cavit. Mos nutriendi vel abscidendi capillos tempore afflictionis.* — Beatus itaque Job, quia veræ philosophiæ regulam tenuit, contra utraque mira se æquitatis arte servavit; ut nec [d] dolorem non sentiens, flagella sperneret; nec rursum ultra modum dolorem sentiens, contra judicium flagellantis insaniret. Cunctis enim rebus perditis, cunctis liberis amissis, surrexit, scidit vestimenta sua, et tonso capite corruens in terram, adoravit. Quod vestimenta scidit, quod tonso capite in terram corruit, monstrat nimirum quia flagelli dolorem sensit. Quod vero adjicitur, *adoravit*, aperte ostenditur, [e] quia et in dolore positus contra flagellantis judicium non excessit. Nec omnino ergo non motus est, ne Deum ipsa insensibilitate contemneret; nec rursum omnino motus est, ne nimis dolendo peccaret. Sed quia duo sunt præcepta charitatis, Dei videlicet amor, et proximi ; ut dilectionem proximi exsolveret, impendit filiis luctum; ne dilectionem Dei desereret, explevit inter gemitus [f] orationem. Solent nonnulli in prosperis Deum diligere, in adversis autem positi flagellantem minus amare. Beatus autem Job per hoc, quod motus exterius exhibuit, ostendit quia flagella patris agnovit; per hoc autem, quod adorando humilis mansit, ostendit quia amorem patris nec in dolore deseruit. Ne igitur superbus esset non sentiens, in percussione corruit ; ne autem se ferienti extraneum faceret, ad hoc corruit ut adoraret. Mos autem veterum fuit, ut quisquis speciem sui corporis capillos nutriendo servaret, eos tempore afflictionis abscideret; et rursum qui tranquillitatis tempore capillos abscideret, eos in ostensione afflictionis enutriret. Beatus itaque Job tranquillitatis tempore capillos servasse ostenditur, cum ad doloris usum caput totondisse memoratur ; quatenus cum in cunctis eum rebus manus superna percuteret, etiam sponte illum pœnitentiæ species diversa fuscaret. Sed iste exutus rebus, filiis orbatus, qui vestimenta scidit, qui caput totondit, qui in terram corruit, quid dicat, audiamus.

CAPUT XVII [Rec. XII].

VERS. 21. — *Nudus egressus sum de utero matris meæ, nudus revertar illuc.*

30. *Temporalia parvi facienda, quod ea aliquando non habuerimus, nec habituri simus.* — O quam altæ sedi interni consilii præsidet iste, qui scissis vestibus in terra prostratus jacet! Quia enim judicante Domino, cuncta amiserat, pro servanda patientia illud tempus ad memoriam reduxit, quo necdum ista quæ perdidit habebat; ut dum intuetur quod aliquando illa non habuit, dolorem temperet quod amisit. Magna enim consolatio est in rerum amissione, illa tempora ad mentem reducere, quibus nos contigit res quas perdidimus non habuisse. Quia vero omnes nos terra genuit, hanc non immerito matrem vocamus. Unde scriptum est : *Grave jugum super filios Adam a die exitus de ventre matris eorum, usque in diem sepulturæ in matrem omnium* (Eccli. XL, 1). Beatus igitur Job, ut patienter lugeat quod hic amisit, vigilanter attendit qualis huc venerit. Ad augmentum autem servandæ patientiæ, adhuc solertius inspicit hinc qualis recedit, et dicit : *Nudus egressus sum de utero matris meæ, nudus revertar illuc.* Ac si dicat : Nudum me huc intrantem terra protulit, nudum me hinc exeuntem terra recipiet. [Vet. XVIII.] Qui ergo accepta, sed relinquenda perdidi, quid proprium amisi ? [Rec. XIII.] Quia vero consolatio non solum ex consideratione conditionis adhibenda est, sed etiam ex justitia conditoris, recte subjungit :

---

[a] Excusi, *qui;* et mox, *in domo ergo.* Reponimus ex Mss. *quæ,* sc. mens. Et, *in die ergo suo.* Alluditur nimirum ad id quod supra legitur, Job I, vers. 4, *faciebantque conv. . . unusquisque in die suo.*

[b] Apud Gussanv., mendose, *verborum.*

[c] Coc. et seq. Ed., *sentire dolorem,* repugnantibus Mss.

[d] Particulam *quasi* removimus, auctoritate Mss Reg., Corb. G., etc.

[e] Duo Rhem. cum uno Remig., *quia per flagella.*

[f] Corb. Germ., *adorationem;* sic etiam olim lectum in Utic.

IBID. — *Dominus dedit, Dominus abstulit, sicut Domino placuit, ita factum est.*

34. *Deus bonis nos spolians, non nostra aufert, sed sua.* — Sanctus vir, tentante adversario, cuncta perdiderat; sed tamen sciens, quia contra se Satan tentandi vires, nisi permittente Domino, non habebat, non ait: Dominus dedit, diabolus abstulit; sed: *Dominus dedit, Dominus abstulit;* fortasse enim fuerat dolendum, si quod conditor dederat hostis abstulisset: at postquam non abstulit nisi ipse qui dedit, sua recepit, non nostra abstulit. Si enim ab illo accipimus, quibus in hac vita utimur, cur doleat quod ipso judicante exigimur, quo largiente feneramur? Nec aliquando injustus est creditor, qui dum præfixo reddendi tempore non constrigitur; quando vult, exigit quod feneratur. Ubi et bene subjungitur: *Sicut Domino placuit, ita factum est.* Cum enim in hac vita ea quæ nolumus, patimur, necesse est ut ad eum qui injustum velle nil potest, studia nostræ voluntatis inclinemus. Magna quippe est consolatio in eo quod displicet, quod illo ordinante erga nos agitur, cui nonnisi justum placet. Si igitur justa placere Domino scimus, pati autem nulla, nisi quæ Domino placuerint, possumus; justa sunt cuncta quæ patimur, et valde injustum est, si de justa passione murmuramus.

32. *Diabolus nos aggrediens, humilitate ac patientia nostra confoditur.* — Sed quia orator fortis quomodo assertionem partis suæ contra adversarium allegavit, audivimus; nunc quomodo in orationis suæ termino judicem benedicendo laudet audiamus. Sequitur: *Sit nomen Domini benedictum.* Ecce omne quod rectum sensit, Domini benedictione conclusit; ut hinc adversarius inspiciat, et ad pœnam suam victus erubescat, quia ipse Domino contumax etiam in beatitudine conditus exstitit, cui homo hymnum gloriæ etiam percussus dicit. [Vet. XIX.] Intuendum vero est, quia hostis noster tot nos jaculis percutit, quot tentationibus affligit. Quotidie namque in acie stamus, quotidie tentationum ejus tela excipimus. Sed et nos contra illum jacula mittimus, si confossi tribulationibus, humilia respondemus. Beatus igitur Job percussus damno rerum, percussus morte filiorum, quia vim doloris vertit in laudem conditoris, 52 dicens: *Dominus dedit, Dominus abstulit; sicut Domino placuit, ita factum est; sit nomen Domini benedictum;* superbum hostem humilitate perculit, crudelem patientia stravit: Nec credamus, quod bellator noster accepit vulnera, et non inflixit. Quot enim voces patientiæ in Dei laudem percussus reddidit, quasi tot in adversarii pectore jacula intorsit, et acriora valde quam sustinuit [a] inflixit. Afflictus enim terrena perdidit, sed afflictionem humiliter sustinens cœlestia multiplicavit. Sequitur:

[a] Sic Mss. Regii, Corb., Germ., Colbert., emendatus Utic., aliique Norm. Editi vero, *inflixit.*
[b] In Ed. Gilot., Vatic., Gussanv., quibus præivit Cuc., additur *labiis suis,* in Mss. incognitum.
[c] 1 Vindoc. et Corb., Germ., *quadam die cum essent filii Dei coram Domino.* Alter, *quad. die cum*

CAPUT XIX [Rec. XIV].

VERS. 22. — *In omnibus his non peccavit Job,* [b] *neque stultum aliquid contra Deum locutus est.*

33. *Job a murmuratione oris et cordis abstinuit.* — Quia tentationum tribulationibus deprehensi, etiam tacito cogitationum motu possumus non loquendo peccare, beato Job et oris testimonium perhibetur, et cordis. Prius enim dicitur: *Non peccavit;* et tunc demum subditur: *Neque stultum aliquid contra Deum locutus est.* Qui enim stultum locutus non est, culpam a lingua compescuit; sed cum præmittitur, *Non peccavit,* constat quod murmurationis vitium etiam a cogitatione restrinxit. Nec peccavit ergo, nec stulte locutus est, quia nec per conscientiam tacitus tumuit, nec linguam in contumaciam relaxavit. Stulte enim contra Deum loquitur, qui inter divinæ animadversionis flagella positus, justificare semetipsum conatur. Si enim innocentem se asserere superbe audeat, quid aliud quam justitiam ferientis accusat? Hucusque nos verba historiæ transcurrisse sufficiat: jam nunc ad indaganda allegoriæ mysteria expositionis se sermo convertat. Sed in hoc quod scriptum est:

CAPUT XX [Vet. XX, Rec. XV].

VERS. 6. — *Quadam die cum* [c] *venissent filii Dei coram Domino; adfuit inter eos etiam Satan:*

34. *Deus tempora sine tempore disponit.* — Discutiendum prius est, cur quadam die factum aliquid coram Domino dicitur, cum apud illum nequaquam cursus temporis, mutatione diei noctisque varietur. Neque enim in ea luce, quæ sine accessu ea quæ eligit illustrat, et sine recessu ea quæ respuit deserit, defectus mutabilitatis venit; quia in semetipsa manendo immutabilis, mutabilia cuncta disponit; sicque in se transeuntia condidit, ut apud se transire nequaquam possint; nec tempus intus in conspectu ejus defluit, quod apud nos foras decurrit. Unde fit ut in æternitate ejus fixa maneant ea quæ non fixa exterius sæculorum volumina emanant. Cur ergo apud eum dicitur, *Quadam die,* cui nimirum dies una est æternitas sua? quam videlicet nec fine claudi, nec initio vidit aperiri Psalmista, cum dicit: *Melior est dies una in atriis tuis super millia* (Psal. LXXXIII, 11).

35. *Assuetos temporalibus sensim ad æterna deducit.* — Sed cum Scriptura sacra [d] temporaliter editis loquitur, dignum est ut verbis temporalibus utatur, quatenus condescendendo levet; et dum de æternitate aliquid temporaliter narrat, assuetos temporalibus sensim ad æterna trajiciat; seque bene nostris mentibus æternitas incognita, dum verbis cognitis blanditur, infundat. Quid autem mirum, si in sacro eloquio incommutabilitatem suam Deus præpropere humanæ menti non aperit; quando et resurrectionis

assisterent. Rhem., Remig., German., *cum venissent.*

[d] Excusi, *de temporal.* Emendandi ex Mss. et sancti Gregorii scopo; sermo quippe est de æternis, sed quæ non assequantur temporalibus assueti, nisi per temporalia.

suæ solemnitate celebrata, quibusdam provectionum accessibus innotuit, incorruptionem corporis, quod resumpsit? Luca quippe attestante (*Luc.* xxiv, 4) didicimus quod quibusdam se in monumento quærentibus prius angelos misit; et rursum 53 discipulis de se in via loquentibus ipse quidem, sed non cognoscendus apparuit (*Ibid.*, 15), qui post exhortationis moras, cognoscendum se in panis fractione monstravit; ad extremum vero repente ingrediens, non solum se cognoscibilem, sed etiam palpabilem præbuit. Quia enim infirma adhuc gestabant corda discipuli, in cognitione tanti mysterii ᶜ ista fuerant dispensatione nutriendi, ut paulisper aliquid quærentes invenirent; invenientes crescerent, et crescentes cognita robustius tenerent. Quia igitur non repente, sed causarum verborumque incrementis, quasi quibusdam ad æternitatem passibus ducimur, intus apud eum quadam die aliquid factum dicitur, qui ipsa quoque tempora sine tempore contuetur.

[*Vet.* XXI.] 36. *In luce tenebras videt.* — An quia etiam Satan adfuit, dum quadam die hoc factum dicitur, indicare sacra Scriptura studuit quia in luce Deus tenebras vidit? Nos quippe uno eodemque contuitu lucem et tenebras intueri non possumus: quia cum in tenebras oculus figitur, lux fugatur; et cum ad lucis se coruscationem verterit, tenebrarum umbra discedit. Illa autem vis, quæ cuncta mutabilia immutabiliter videt, quasi in die ei Satan adfuit, quia apostatæ angeli tenebras sine obscuritate comprehendit. Nos, ut dictum est, uno eodemque intuitu contemplari non possumus, et quæ approbando eligimus, et quæ reprobando damnamus: quia cum ad hanc animus vertitur, ab illa cogitatione separatur; cum vero ad illam reducitur, ab hac cui inhæsit removetur.

37. *Diversa ordinans non est diversus.* — Deus vero, quia sine mutabilitate simul cuncta respicit, sine distentione comprehendit, videlicet et bona quæ juvat, et mala quæ judicat, et quæ adjuta remunerat, et quæ judicans damnat, in his ᵇ quæ diverso disponit ordine, diversus non est. In die ergo ei Satan adfuisse describitur, quia lumen æternitatis ejus nulla mutabilitatis fuscatione tangitur; et in hoc, quod ei tenebræ præsentes fiunt, adfuisse inter filios Dei dicitur: quia ea vi justitiæ immundus spiritus penetratur, qua videlicet mundorum spirituum corda complentur; eoque radio luminis iste transfigitur, quo illi ut luceant perfunduntur.

38. *Deo serviunt angeli boni ad adjutorium, mali ad probationem.* — Inter filios Dei adfuit, quia etsi illi Deo ad electorum adjutorium, iste ad probationem servit: Inter filios Dei adfuit, quia etsi ab illis in hac vita laborantibus auxilium pietatis impenditur, iste occultæ ejus justitiæ nesciendo serviens, ministerium exsequi reprobationis conatur. [*Rec.* XVI.] Unde bene in libris Regum per prophetam dicitur: *Vidi Dominum sedentem super solium suum, et exercitum cœli a dextris et sinistris ejus, et dictum est: In quo decipiam* ᶜ *Achab, ut ascendat et cadat in Ramoth Galaath? Et dixit alius ita, et alius aliter. Et egressus est unus, et dixit: Ego decipiam Achab. Et dictum est: In quo decipies? Qui respondit, dicens: Egrediar, et ero Spiritus mendax in ore omnium prophetarum ejus* (*III Reg.* xxII, 19 *seq.*). Quid enim solium Domini, nisi angelicas potestates accipimus, quarum mentibus altius præsidens, inferius cuncta disponit? Et quid exercitus cœli, nisi ministrantium angelorum multitudo describitur? Quid est ergo, quod exercitus cœli a dextris et sinistris ejus stare perhibetur? Deus enim, 54 qui ita est intra omnia, ut etiam sit extra omnia, nec dextra, nec sinistra concluditur. Sed dextra Dei, angelorum pars electa; sinistra autem Dei, pars angelorum reproba designatur. Non enim ministrant Deo solummodo boni, qui adjuvent; sed etiam mali, ᵈ qui probent; non solum qui a culpa redeuntes sublevent, sed etiam qui redire nolentes gravent. Nec quod cœli exercitus dicitur, angelorum pars reproba in eo intelligi posse prohibetur. Quas enim suspendi in aere novimus, aves cœli nominamus. Et de eisdem spiritibus Paulus dicit: *Contra spiritualia nequitiæ in cœlestibus* (*Ephes.* vi, 12). Quorum caput enuntians, ait: *Secundum principem potestatis aeris ejus* (*Ephes.* II, 2). A dextra ergo Dei et sinistra angelorum exercitus stat : quia et voluntas electorum spirituum divinæ pietati concordat; et reproborum sensus suæ malitiæ serviens, judicio districtionis ejus obtemperat. Unde et mox fallax spiritus in medium prosiliisse describitur, per quem Achab rex, exigentibus suis meritis, decipiatur. Neque enim fas est credere bonum spiritum fallaciæ deservire voluisse, ut diceret: *Egrediar, et ero spiritus mendax in ore omnium prophetarum ejus.* Sed quia Achab rex peccatis præcedentibus dignus erat, ut tali debuisset deceptione damnari: quatenus qui sæpe volens ceciderat in culpam, quandoque nolens caperetur ad pœnam, occulta justitia licentia malignis spiritibus datur, ut quos volentes in peccati laqueo strangulant, in peccati pœnam etiam nolentes trahant. Quod ergo illic a dextris atque sinistris Dei, exercitus cœli astitisse describitur, hoc hic inter filios Dei Satan adfuisse perhibetur. Ecce a dextris Dei steterunt angeli, quia nominantur filii Dei; ecce a sinistris stant angeli, quia adfuit inter eos etiam Satan.

[*Vet.* XXII.] 39. Sed quia ᵉ allegoriæ mysteria indagare decrevimus, non inconvenienter accipimus quod in die Dominus Satan vidit, quia vias ejus in Sapientiæ suæ incarnatione corripuit; ᶠ quasi eum

---

ᵃ Sic Mss. Corb., Germ., Rhem., Remig. ac Norm. omnes. Editi vero, *ita fuerant divina dispensatione.*

ᵇ 2 Rhem. et 1 Remig., *quæ diviso disponit ordine divisus non est.*.

ᶜ In duobus Rhem. et duobus Remig. scribitur *Ahab.* Ita etiam in Val. Cl. In Corb. expuncta est lit. *c.*

ᵈ In quibusdam Edit., maxime in Paris. 1619 et 1640, *qui reprobent.* Ita etiam in Rom. Sixti V.

ᵉ In nonnullis, *allegorice mysteria indagare*, etc.

ᶠ Lyr. et Big., *quasi enim non vidisse fuit, tandiu,* etc.

non vidisse fuerit, tandiu pravitatem illius in humani generis perditione tolerasse. Unde et ei divinâ voce mox dicitur :

CAPUT XXI.

VERS. 7. *Unde venis?*

40. *Diaboli insidias Deus incarnatæ sapientiæ luce detexit.* — In die Satan de viis suis requiritur, quia in luce manifestatæ sapientiæ occulti hostis insidiæ deteguntur. Quia ergo incarnato Domino diabolus increpatur, et a sua pestifera effrenatione corripitur, recte subjungitur : *Cui dixit Dominus : Unde venis?* Tunc enim Satanæ vias requirendo arguit, cum per Mediatoris adventum persuasionis ejus nequitias reprimens increpavit. Nec immerito in hoc die filii Dei coram Domino astitisse referuntur; quia videlicet ad æternæ patriæ vocationem electi omnes, luce sapientiæ se illustrante, collecti sunt. Quos quamvis incarnata Sapientia aggregare [a] effectu operis venerat, divinitati tamen illius jam per ejus [b] præscientiam intrinsecus assistebant. Sed quia de viis suis antiquus hostis Redemptore veniente discutitur, quid dicat audiamus.

CAPUT XXII. [*Rec.* XVII.]

IBID. — *Circuivi terram, et perambulavi eam.*

41. *Diabolus terram circuivit, quia omnes homines circumvenit, et possedit.* — Ab Adam quippe, ante adventum Domini, omnes post se gentium nationes traxit. Circuivit terram et perambulavit, quia per corda hominum iniquitatis suæ vestigia impressit. Cadens enim a sublimibus 55 humanas mentes jure possedit, quia in culpæ suæ vinculo volentes astrinxit ; tantoque latius in mundo vagatus est, quanto a reatu quisque illius liber per omnia inventus non est. Cui quasi ex potestate mundum circuisse est, nullum hominem qui sibi plene resisteret invenisse. Sed jam Satan redeat, id est, ab effectu suæ malitiæ vis illum divina constringat, quia jam apparuit in carne qui [c] in peccati contagione ex carnis nihil habebat infirmitate. Venit humilis, quem et superbus hostis admiretur ; quatenus qui fortia divinitatis ejus despexerat, etiam humanitatis ejus infirma pertimescat. Unde et mox significatione mirifica, contra eum ipsa humanitatis infirmitas obstupescenda proponitur, ut dicatur :

CAPUT XXIII.

VERS. 8. — *Nunquid considerasti servum meum Job, quod non sit ei similis in terra?*

42. *Donec veniret Christus de quo rursus explicantur dicta de Job. Assumpsit humilitatem carnis, sine injuria majestatis, Virtutibus suis diaboli superbiam repressit.* — Quod Job interpretetur dolens, paulo ante jam diximus. Dolens vero ipse veraciter per figuram dicitur, qui portare dolores nostros, Propheta attestante, perhibetur. Cui in terra similis non est, quia omnis homo tantummodo homo est, ipse autem Deus et homo. In terra ei similis non [d] est, quia etsi adoptivus quisque filius ad percipiendam divinitatem proficit, nequaquam tamen ut Deus naturaliter sit accipit. Qui bene etiam servus dictus est, quia formam servi suscipere dedignatus non est. Nec majestati injuriam intulit assumpta humilitas carnis; quia et ut servanda susciperet, nec tamen habita permutaret, nec divina humanitate minuit, nec humana divinitate consumpsit ; quia etsi per Paulum dicitur : *Qui cum in forma Dei esset, non rapinam arbitratus est esse se æqualem Deo, sed semetipsum exinanivit formam servi accipiens* (*Philipp.* II, 6), ei semetipsum exinanisse, est ab invisibilitatis suæ magnitudine se visibilem demonstrasse, ut servi forma tegeret hoc quod incircumscripte omnia ex divinitate penetraret. Dei autem ad Satan per figuram dicere est : *Nunquid considerasti servum meum Job?* unigenitum filium contra eum in forma servi admirabilem demonstrare. Eo enim, quo illum tantæ virtutis in carne innotuit, quasi superbienti adversario, quod dolens consideraret, indicavit. Sed quia bonum quod miraretur intulerat, restat ut ad reprimendam ejus superbiam virtutes illius adhuc enumerando subjungat. Sequitur.

CAPUT XXIV. [*Vet.* XXIII].

IBID. — *Homo simplex et rectus, ac timens Deum, et recedens a malo.*

43. *Qua ratione Christus simplex, rectus,* etc. *Diabolo divinitatem suam, ob ea quæ passus est, dubiam fecit.* — Venit namque inter homines mediator Dei et hominum, homo Christus Jesus, ad præbendum exemplum vitæ hominibus, simplex ; ad non parcendum malignis spiritibus, rectus ; ad debellandam superbiam, timens Deum ; ad detergendam vero in electis suis vitæ immunditiam, recedens a malo. De ipso enim per Isaiam principaliter dicitur : *Et* [e] *replebit eum spiritus timoris Domini* (*Isai.* XI, 3). Et ipse a malo singulariter recessit : quia facta imitari noluit, quæ in hominibus invenit, quoniam attestante Petro : *Peccatum non fecit, nec dolus inventus est in ore ejus* (I *Pet.* II, 22). Sequitur : *Respondens Satan ait : Nunquid frustra Job timet Deum? Nonne tu vallasti eum, ac domum ejus, universamque substantiam per circuitum? Operibus manuum ejus benedixisti, et possessio illius crevit in terra.* Antiquus hostis Redemptorem 56 humani generis, debellatorem suum

---

[a] Ita nostri Mss., non *affectu*, ut prius legeb. in Edit. Rom. Sixti V, et al.

[b] Duo Rhem., Corb., Germ. et unus Remig., *jam per ejus præsentiam*. Ita etiam quidam Editi.

[c] Vindocin. et plurimi, *qui in peccati contagio*. Antiquior Rhem., Corb., Germ. et unus Remig., *qui in peccati contagio ex carnis nihil habeat infirmitate.* 2 Rhem. et 1 Remig., *qui de peccati contagio.... nihil habeat.* In Mss. Norm. legitur etiam, *nihil habeat.*

[d] Mss. Norm., *quia etsi adoptionis quisque filius*.....

ut *Deus naturaliter esset, accepit.* Corb. German., *naturaliter esse.*

[e] Quidam Mss., *et replevit.* Suspicamur autem hic interpolationem, ex antiquariorum errore, textumque sancti Gregorii sic esse restituendum : *Timens Deum, de ipso enim per Isaiam principaliter dicitur : et replebit eum Spiritus timoris Domini. Ad detergendam vero in electis suis vitæ immunditiam, recedens a malo. Et ipse a malo singulariter recessit*, etc. Verum sine Mss. auctoritate nihil immutare voluimus.

in mundum venisse cognovit : unde et per obsessum hominem in Evangelio dicitur : *Quid nobis, et tibi, Fili Dei? Venisti huc ante tempus torquere nos* (*Matth.* VIII, 20). Qui tamen prius cum hunc passibilem cerneret, cum posse mortalia perpeti humanitatis videret, omne quod de ejus divinitate suspicatus est, ei fastu suæ superbiæ in dubium venit. Nil quippe nisi superbum sapiens, dum esse hunc humilem conspicit, Deum esse dubitavit. Unde et ad tentationum se argumenta convertit, dicens : *Si Filius Dei es, dic ut lapides isti panes fiant* (*Matth.* IV, 3). Quia igitur passibilem vidit, ª non Deum natum, sed Dei gratia custoditum credidit. Unde et nunc inferre perhibetur.

CAPUT XXV.

VERS. 9, 10. — *Nonne tu vallasti eum, ac domum ejus, universamque substantiam ejus per circuitum? Operibus manuum ejus benedixisti, et possessio ejus crevit in terra.*

44. *Eum humilem videns superbus diabolus, Deum esse dubitavit.* — Eum quippe ac domum ejus a Deo vallatam dicit; quia tentando ejus conscientiam penetrare non potuit. Substantiam ejus vallatam asserit, quia electos ejus invadere non præsumit. Operibus manuum ejus benedixisse Deum, et possessionem ejus excrevisse in terra queritur : quia scilicet tabescens videt, quod fides ejus in notitiam hominum, prædicantibus apostolis, multiplicatur. Possessio quippe ejus crescere dicitur, dum laborantibus prædicatoribus, fidelium quotidie numerus augetur. Hæc itaque Satan Deo dixisse est, talia invidendo sensisse. Hæc Satan Deo dixisse est, de his tabescendo, doluisse. Sequitur :

CAPUT XXVI [V et. XXIV].

VERS. 11. — *Sed extende paululum manum tuam, et tange cuncta quæ possidet, nisi in faciem benedixerit tibi.*

45. *Ejus divinitatem tentationibus exploravit.* — Quem enim tranquillitatis tempore, Dei gratia custoditum credidit, peccare posse per passionem putavit. Ac si aperte dicat : Interrogatus afflictionibus homo, et peccator agnoscitur, qui in miraculis Deus putatur. Dixit ergo Dominus ad Satan :

CAPUT XXVII.

VERS. 12. — *Ecce universa quæ habet, in manu tua sunt : tantum in eum ne extendas manum tuam.*

46. *Satanæ manus, non potestas, sed tentatio debet intelligi.* — Cum sacram historiam sub figurali intellectu discutimus, Satanæ manus non potestas, sed tentatio debet intelligi. Universa itaque quæ habet, in manum tentantis dantur, et in eum tentationis manus extendi prohibetur, quod tamen fieri substantia amissa conceditur : quia nimirum prius Judæa, quæ possessio ejus fuerat, in infidelitate sublata est, et post ejus caro patibulo crucis affixa. Qui igitur prius Judæam adversantem pertulit, et postmodum usque ad crucem venit, quasi prius habita amisit, et post in semetipso adversantis nequitiam pertulit.

CAPUT XXVIII.

IBID. — *Egressusque est Satan a facie Domini.*

47. *Diabolus voti compos factus a facie Domini exit.* — Sicut et superius dictum est, Satan a facie Domini exiit, quia ad desiderii sui vota pervenit. Quasi enim ante ipsum erat, dum propter ipsum quæ male sitiebat implere non poterat.

CAPUT XXIX.

VERS. 13. — *Cum autem quadam die filii ejus et filiæ comederent et biberent vinum in domo fratris sui primogeniti.*

48. *Filius Domini major Judaicus populus.* — Beati Job filios ac filias, vel apostolorum ordinem, vel cunctorum fidelium multitudinem diximus designasse. Incarnatus autem Dominus prius ex Judæa ad fidem paucos elegit, et post sibi 57 multitudinem populi gentilis aggregavit. Quis autem major Domini filius, nisi Judaicus accipi populus debet, qui ei dudum datæ legis fuerat doctrina generatus : minor autem gentilis populus, qui et in mundi extremitate collectus est? Quia igitur cum Satan utilitati hominum nesciens deserviret, et corruptis persecutorum cordibus licentiam Dominicæ passionis expeteret, sancti apostoli necdum aggregandam Deo gentilitatem noverant, et soli Judææ fidei arcana prædicabant; cum Satan exiisse a Domino dicitur, filii et filiæ in domo fratris primogeniti convivari referuntur. Dictum quippe eis fuerat : *In viam gentium ne abieritis* (*Matth.* X, 5). Post mortem namque resurrectionemque Domini in gentium prædicationem conversi sunt. Unde et in suis Actibus dicunt : *Vobis oportebat loqui primum verbum Dei; sed* ᵇ *quia repulistis illud, et indignos vos judicastis æternæ vitæ, ecce convertimur ad gentes* (*Act.* XIII, 46). Hi itaque filii sponsi, de quibus et ejusdem voce sponsi dicitur : *Non jejunabunt filii sponsi, quandiu cum illis est sponsus* (*Matth.* IX, 15), in domo fratris primogeniti convivantur, quia videlicet adhuc apostoli sacræ Scripturæ deliciis in solius Judaici populi collectione vescebantur.

CAPUT XXX [Vet. XXV, Rec. XVIII].

VERS. 14, 15. — *Nuntius venit ad Job, qui diceret : Boves arabant, et asinæ pascebantur juxta eos, et irruerunt Sabæi, tuleruntque omnia, et pueros percusserunt gladio, et evasi ego solus, ut nuntiarem tibi.*

49. *Simplices perfectioribus adhærentes, eorum intellectu pascuntur.* — Quid aliud per figuram boves, quam bene operantes; quid aliud asinas, quam quosdam simpliciter viventes accipimus? Quæ bene juxta boves pasci referuntur; quia mentes simplicium etiam cum alta ᶜ capere non possunt, eo magis vicinæ sunt, quo et fraterna bona, sua per charitatem credunt; cumque invidere alienis sensibus nesciunt, quasi in pastu se minime dividunt. Simul ergo se asinæ cum bobus reficiunt, quia prudentibus conjuncti tardiores,

---

ª Vetustior Rhem., *non Deum tantum*; sed mendose unus Vind., *non Deum tantum, sed in notitia.*

ᵇ Plerique Mss., *quia repellitis illud, et indignos vos judicatis.*

eorum intelligentia pascuntur. Sabæi autem captivantes interpretantur. Et qui alii captivantium nomine, nisi immundi spiritus designantur, qui cunctos quos sibi subjiciunt in infidelitatem captivos ducunt? Qui et pueros gladio feriunt, quia eos tentationis suæ graviter jaculis vulnerant, quos necdum juvenilis constantia liberos vel robustos servat. Qui bene quidem bona incipiunt, sed in ipsa adhuc inchoationis suæ teneritudine captivantibus immundis spiritibus substernuntur. Quos gladio hostis percutit, quia æternitatis desperatione transfigit.

[REC. XIX.] 50. *Prophetia, cæteris pereuntibus, in æternum manet.* — Quid est autem hoc quod nuntius venit, qui diceret : *Evasi ego solus?* Quis est iste nuntius, qui, aliis pereuntibus, solus evadit, nisi propheticus sermo, qui, dum fiunt omnia mala quæ prædixit, quasi sanus ad Dominum solus redit ? Dum enim vera dixisse de perditorum casu cognoscitur, quasi inter mortuos vixisse monstratur. Hinc est, quod ad Rebeccam in Isaac conjugio deducendam puer mittitur (*Genes.* XXIV, 9), quia videlicet ad desponsandam Ecclesiam Domino, interposita prophetia famulatur. Sabæis ergo irruentibus, solus puer qui nuntiaret evasit, quia malignis spiritibus infirmorum mentes in captivitatem ducentibus, sententia prophetiæ convaluit ; 58 quæ eamdem captivitatem prænuntians dicit : *Propterea captivus ductus est populus meus, quia non habuit scientiam* (*Isai.* V, 13). Prophetia ergo quasi salvatur, dum captivitas, quam prædixit, ostenditur. Sequitur :

CAPUT XXXI [*Vet. XXVI, Rec. XX*].

VERS. 16. — *Cumque adhuc ille loqueretur, venit alter, et dixit : Ignis Dei cecidit de cœlo, et tactas oves, puerosque consumpsit, et effugi ego solus, ut nuntiarem tibi.*

51. *Ignis oves et pueros Job consumens, invidiam sacerdotum contra Christum significat. Malos ignis nunc cruciat per livorem, postea per vindictam.* — Omnes qui prædicationis officium in synagoga tenuerunt, cœlum recte vocati sunt, quia nimirum sapere superna credebantur. Unde et Moyses, cum sacerdotes ac populum ad verba suæ admonitionis excitaret, dixit : *Attende, cœlum, et loquar ; et audiat terra verba ex ore meo* (*Deut.* XXXII, 1, sec. LXX) ; per cœlum videlicet signans præpositorum ordinem, per terram vero [b] subditam plebem. Hoc igitur loco cœlum, sacerdotes, vel Pharisæos, vel legis doctores non inconvenienter accipimus, qui ante oculos hominum dum cœlestibus officiis inservirent, quasi desuper lucere

[a] Ita omnes Mss. nostri. In Edit. Vatic., *alta sapere* ; quod etiam retinuit Gussanvill., rejecto ad marginem, *capere*.
[b] Editi, *subditorum plebem*. Melius Mss., *subditam pl.* Sic infra, num. 55, legimus, *prædicantes apostolos, et plebes subditas*.
[c] Corb., Germ. et Colb., *in adversitatem*. Hoc autem loco adversitas non idem significat ac calamitas, sed est proprie adversantium oppositio. Quo sensu lib. III, cap. olim 13, nunc. 26, num. 52, legitur : *protinus in adversitatem prosiliunt*. Vide etiam l. II, n. 38, et l. 16, n. 45.

videbantur. Sed quia ipsi summopere in redemptoris nostri [c] adversitate commoti sunt, quasi ignis de cœlo cecidit, dum ad decipiendum imperitum populum, ab his etiam qui vera docere putabantur, flamma invidiæ exarsit. Teste quippe Evangelio novimus quod doctrinæ veritati invidentes, opportunitatem Dominicæ traditionis exquirebant ; sed metuentes populum, quæ moliebantur innotescere non audebant. Hinc etiam in eo scriptum est, quod [d] dissuadendis populis dicunt : *Nunquid aliquis ex principibus credidit in eum, aut ex Pharisæis ? Sed turba hæc quæ non novit legem, maledicti sunt* (*Joan.* VII, 48). Quid autem in ovibus atque in pueris, nisi innocentes quosque, sed tamen adhuc infirmos, accipimus ? qui dum adversitatem Pharisæorum ac principum tolerare timuerunt, infidelitatis concrematione consumpti sunt. Dicatur ergo : *Ignis Dei cecidit de cœlo, et tactas oves, puerosque consumpsit*, id est, a præpositorum cordibus flamma invidiæ corruit, et quidquid boni in plebibus oriebatur, incendit ; quia dum mali præpositi suum contra veritatem honorem exigunt, ab omni rectitudine corda sequentium [e] subvertunt. Ubi et bene adjungitur : *Et effugi ego solus, ut nuntiarem tibi ;* quia dum impletur prædicta causa malitiæ, fallaciæ interitum evadit sermo prophetiæ, qui ait : *Et nunc ignis adversarios consumit* (*Isai.* XXVI, 11). Ac si aperte dicat : Malos non solum ignis per vindictam post cruciat, sed nunc etiam per livorem cremat, quia qui post puniendi sunt retributionis supplicio, nunc semetipsos afficiunt invidiæ tormento. Puer ergo solus fugiens remeat, et igne periisse oves puerosque denuntiat, dum prophetia Judaicum populum deserens, vera se dixisse manifestat, quæ ait : [f] *Zelus apprehendit populum ineruditum.* Ac si aperte dicat : Dum verba prophetarum plebs discutere noluit, sed credulitatem suam verbis invidentium dedit, zeli igne periit, quia in alienæ invidiæ se flamma concremavit. Sequitur :

CAPUT XXXII [*Vet. XXVII*].

VERS. 17. — *Sed et illo adhuc loquente, venit alius, et dixit : Chaldæi fecerunt tres turmas, et invaserunt camelos, et tulerunt eos, necnon et pueros percusserunt gladio, et effugi ego solus, ut nuntiarem tibi.*

59 52. *Chaldæi tres turmas facientes Pharisæi, Herodiani et Sadducæi. Cameli, Samaritani, aut Judæi meræ legis litteræ adhærentes.* — Quia Chaldæos interpretari feroces novimus, qui alii Chaldæorum nomine designantur, nisi persecutionis auctores usque ad apertos clamores malitiæ prorumpentes, cum dicunt : *Crucifige, crucifige* (*Luc.* XXIII, 21 ; *Marc.* III, 6) ? Qui

[d] Reg., *succendendis*. Duo Rhem., Remig., Val. Cl., Corb., Germ., a prima manu, *de suadendis*. Norm. et Germ., *suadendis*.
[e] Antiq. Rem. et Vindoc., *subvertuntur*. Corb. Germ., *subverterunt*.
[f] Quæ sit hæc prophetia non satis liquet. Prophetiæ tamen nomine omnis sacra Scriptura intelligi potest. Porro Rom. x, 2, Apostolus ait de populo Judaico, eum habere æmulationem Dei (Græce ζῆλον), sed non secundum scientiam ; quod est fere dicere, zelum apprehendisse populum ineruditum, hoc est, scientiæ expertem.

de semetipsis tres turmas faciunt, cum se ad proponendas quæstiones Domino Pharisæi, Herodiani et Sadducæi diviserunt. Qui ore quidem Sapientiæ victi sunt: sed quia stultos quosdam post se eos traxisse credendum est, factis turmis camelos tulerunt. Unusquisque namque eorum ordo in prava quæ sapuit, insipientium corda corrupit; et dum persuadendo ad interitum pertraxit, quasi tortuosas mentes infirmantium ad captivitatem duxit. Prædicante quippe in Samaria Domino, multi ex Samaritanis fuerunt in possessionem ejusdem Redemptoris nostri asciti. Sed nunquid ii qui pro septem viris unius mulieris mortuis, de resurrectionis desperatione Dominum tentant (*Matth.* XXII, 25), nequaquam conati sunt credentes Samaritanos a fide reducere, quos constat spem resurrectionis ignorare? Qui dum ex lege nonnulla recipiunt, nonnulla contemnunt, quasi camelorum more, velut mundum animal ruminant, sed ut immundum ungulam nequaquam findunt. Quamvis et eos cameli ruminantes, sed tamen ungulam non findentes, indicant qui in Judæa juxta litteram, historiam audierant, sed virtutem ejus discernere spiritaliter nesciebant. Quos tribus turmis Chaldæi rapiunt; dum Pharisæi, Herodiani et Sadducæi ab omni sensus rectitudine iniqua persuasione pervertunt. Simulque pueros gladio feriunt, quia etsi qui in populo uti jam ratione poterant, eis ipsi non virtute rationis, sed potestatis auctoritate contraibant; dumque se quasi præpositos imitari a subditis volunt, etsi intelligere aliquid sequentes possunt, ex auctoritate tamen suscepti regiminis eos ad perniciem pertrahunt. A quibus bene solus puer qui nuntiet fugit: quia Pharisæis, Herodianis, atque Sadducæis iniqua patrantibus, eos nimirum deserens propheticus sermo convalescit, qui ait: *Et tenentes legem nescierunt me* (*Jer.* II, 8). Sequitur:

CAPUT XXXIII [*Vet. XXVIII, Rec. XXI*].

VERS. 18, 19. — ^a *Loquebatur ille, et ecce alius intravit, et dixit: Filiis tuis et filiabus vescentibus et bibentibus vinum in domo fratris sui primogeniti, repente ventus vehemens irruit a regione deserti, et concussit quatuor angulos domus. Quæ corruens oppressit liberos tuos, et mortui sunt.*

53. *Judaicus populus in primogenito Job figuratus.* — Paulo ante jam diximus quod filios et filias, prædicantes apostolos et plebes subditas sentiamus: qui in domo fratris primogeniti convivari referuntur, quia in habitatione adhuc Judaici populi sacræ prædicationis deliciis vescebantur. *Repente autem vehemens ventus irruit a regione deserti.* Regio deserti est cor infidelium, quod dum Creator deserit, nullus inhabitator colit. *Ventus autem vehemens* ^b quid aliud, quam tentatio fortis accipitur? Ventus ergo vehemens a regione deserti irruit; quia in passione Redemptoris nostri contra fideles ejus, fortis tentatio a cordibus Judæorum venit. Potest etiam deserti regio, derelicta immundorum spirituum multitudo non inconvenienter intelligi. A qua ventus venit, et domum concutit, quia ab eis tentatio prodiit, et persecutorum corda commovit.

54. *Ejus domus eversa, est synagoga, quatuor angulis, hoc est quatuor ordinibus, concussis diruta. Unde et oppressi liberi.* — Sed hæc domus, in qua convivabantur filii, ^c in quatuor angulis stabat. Tres enim regentium ordines in synagoga cognovimus, sacerdotum scilicet, scribarum atque seniorum populi. Quibus si et Pharisæos jungimus, quatuor in hac domo angulos invenimus. A regione igitur deserti ventus venit, et quatuor domus angulos concutit, quia ab immundis spiritibus tentatio irruit, et mentes quatuor ordinum, in malitiam persecutionis excitavit. Quæ domus corruens, oppressit liberos, quia dum Judæa in crudelitatem Dominicæ persecutionis cecidit, apostolorum fidem desperationis formidine obruit. Teneri enim tantummodo magistrum viderant, et jam negantes per diversa fugiebant. Et quamvis interna manus eorum spiritum in præscientia ad vitam tenuit, a vita tamen fidei eos interim carnalis timor exstinxit. Qui ergo auctorem suum, Judæa sæviente, reliquerunt, quasi concussis angulis domo eversa necati sunt. Quid autem illo tempore de grege fidelium factum credimus, quo fugisse ipsos etiam arietes scimus? Sed inter hæc unus qui nuntiet evadit, quia convaluisse se sermo propheticus, qui hæc denuntiaverat, ostendit, dicens de persecutore populo: *Dilectus meus in domo mea fecit scelera multa* (*Jerem.* XI, 15); dicens de bonis prædicatoribus, sed tamen in passione fugientibus: *Proximi mei a longe steterunt* (*Psal.* XXXVII, 12); dicens de cunctis valde formidantibus: *Percutiam pastorem, et* ^d *dispergentur oves gregis* (*Zach.* XIII, 7; *Matth.* XXVI, 31). Sequitur:

CAPUT XXXIV Vet. [*XXIX, Rec. XXII*].

VERS. 20. — *Tunc surrexit Job, et scidit vestimenta sua.*

55. *Job surgens et vestem scindens Christum adumbrat.* — Ruente domo exstinctis filiis, Job surrexit, quia Judæa in infidelitate perdita, prædicatoribus in ^e pavoris morte cadentibus, Redemptor humani generis ^f semetipsum a carnis suæ morte suscitavit; quanto judicio persecutores suos deseruit, demonstravit. Surgere quippe ejus est qua districtione pec-

---

^a Editi hic et infra, *adhuc loquebatur*, cum in Mss. simpliciter legamus, *loquebatur*.
^b In Lyr. et Bigot. hic additur, *qui a regione deserti irruit, quid*.
^c Mss. Norm., German., unus Remig. Val. Cl., *concussa dicitur in quatuor angulis. Tres.* Stamus receptæ lect., quæ est Codicum meliorum.
^d Lyr., Bigot., Utic., *et dispergentur greges*.
^e Editi, excepto Barthol., *in pavore mortis*. Melius Rhem., Remig., Cor., Germ., 1, Vindoc., Val. Cl., quos sequimur, *in pavoris morte*. Utic. habet *in pavore mortis*.
^f Duo Rhem., 1, Remig., Corb., Germ., Norm., Val. Cl., omissis his verbis, sic habent: *Redemptor humani generis, quanto judicio suos persecutores deseruerit, demonstravit.* In Colb., post, *suscitavit*, attexitur, *vel certe resurrexit, quando judicio*, etc., quæ pro glossemate haberi fortasse debent.

catores derelinquat ostendere, ª quasi enim jacere ejus est patienter mala tolerare. Surgit ergo, cum contra reprobos judicium justitiæ exerit. Unde et recte vestimenta scidisse perhibetur. Quid enim vestimentum Domini nisi Synagoga exstitit, quæ prophetis prædicantibus expectationi incarnationis illius adhæsit? Sicut enim his nunc vestitur, a quibus diligitur, Paulo attestante qui ait : *Ut exhiberet sibi gloriosam Ecclesiam, non habentem maculam aut rugam* (*Ephes.* v, 27). Quæ enim maculam aut rugam non habere dicitur, profecto vestis rationalis et per actionem munda, et per spem tensa monstratur. Ita cum incarnandum eum Judæa credidit, adhærendo nihilominus vestis fuit.

56. *Synagoga ejus vestis scissa, aliis credentibus, aliis non credentibus.* — Sed quia exspectatus venit, veniens nova docuit, docens mira exercuit, mira faciens prava toleravit; vestem quam indutus fuerat scidit, dum in Judæa alios ab infidelitate sustulit, ᵇ alios in infidelitate dereliquit. Quid est igitur vestis scissa, nisi Judæa in contrariis sententiis divisa? Si enim vestis ejus scissa non esset, evangelista non diceret quod prædicante Domino contentio oriebatur in populo, *Ut alii dicerent, Bonus est; alii autem, Non, sed seducit turbas* (*Joan.* VII, 12). Quasi scissa vestis illius fuit quæ divisa per sententias unitatem concordiæ perdidit. ᶜ Sequitur :

CAPUT XXXV.

IBID. — *Et tonso capite corruens in terram, adoravit.*

57. *Quasi tonso capite in terram ruit, dum Judaico sacerdotio rejecto, ad gentes descendit.* — Quid per decisos capillos, nisi sacramentorum subtilitas; quid per caput, nisi summa sacerdotii ᵈ designatur? Unde et ad Ezechielem prophetam dicitur : *Tu, fili hominis, sume tibi gladium acutum, radentem pilos, et assumes eum, et duces per caput tuum et barbam* (*Ezech.* v, 1), ut videlicet prophetæ facto judicium Redemptoris exprimatur, qui in carne apparens caput rasit, quia a Judaico sacerdotio præceptorum suorum sacramenta abstulit; barbam rasit, quia regnum Israeliticum deserens, decorem virtutis ejus amputavit. [*Vet. XXX.*] Quid vero hoc loco per terram, nisi homo peccator exprimitur? Primo quippe peccanti homini dictum est : *Terra es, et in terram ibis* (*Genes.* III, 19). Terræ ergo nomine peccatrix gentilitas designatur. Nam cum justam Judæa se crederet, constat reproba de gentilitate sentiret, Paulo attestante, qui ait : *Nos natura Judæi, et non ex gentibus peccatores* (*Gal.* II, 15). Mediator igitur noster quasi detonso capite in terram corruit, quia Judæam deserens, dum sacramenta sua ab ejus sacerdotio A abstulit, ad notitiam gentium venit. Capillos enim a capite rasit, quia sacramenta legis ab illo primo suo sacerdotio sustulit; et in terram corruit, quia salvandis se peccatoribus dedit; dumque eos qui sibi justi videbantur deseruit, hos qui se injustos et noverant, et fatebantur, assumpsit. Hinc et ipse in Evangelio dicit : *Ego in judicium veni in hunc mundum, ut qui non vident videant, et qui vident cæci fiant* (*Joan.* IX, 39). Hinc et columna nubis, quæ in eremo populum præibat (*Exod.* XIII, 21), splendore ignis non in die, sed in nocte radiabat, quia videlicet redemptor noster, suæ conversationis exemplo, ducatum sequentibus præstans, de justitia sua confidentibus nulla luce claruit; peccatorum vero suorum tenebras agnoscentibus, ᵉ igne sui amoris infulsit.

B Nec quod corruere Job dicitur, indignum mens hoc significatione Redemptoris arbitretur. Scriptum namque est : *Verbum misit Dominus in Jacob, et cecidit in Israel* (*Isai.* IX, 8). Jacob quippe supplantator, Israël vero videns Deum dicitur. Et quid per Jacob, nisi Judaicus populus; quid per Israël nisi gentilis populus designatur? Quia quem Jacob per carnis mortem supplantare studuit, hunc nimirum per oculos fidei gentilitas Deum vidit. Ad Jacob ergo missum verbum, in Israël cecidit, quia eum quem ad se venientem Judaicus respuit, hunc repente confitens populus gentilis invenit. De sancto quippe Spiritu scriptum est : *Cecidit spiritus Domini super eos* (*Act.* x, 44).

58. *Cadere qui dicatur verbum Dei aut Spiritus san-* C *ctus.* — Idcirco autem vel verbum Dei, vel Spiritus sanctus in sacra Scriptura cadere dicitur, ut inopinatus ejus adventus exprimatur. Quod enim ruit vel cadit, ad ima repente venit. Mediatori ergo in terram quasi corruisse est, nullis signis præcurrentibus inopinate ad gentes venisse. Bene autem dicitur quod corruens adoravit, quia dum ipse humilitatem carnis suscepit, in se credentibus vota humilitatis infudit. Fecit enim, quia fieri docuit; sicut et de ejus Spiritu dicitur : *Ipse Spiritus postulat pro nobis gemitibus inenarrabilibus* (*Rom.* VIII, 26). Neque enim petit, qui æqualis est, sed postulare dicitur; quia nimirum quos repleverit, postulantes facit : quamvis hoc et in semetipso Redemptor noster ostendit, qui Patrem etiam, dum passioni propinquaret, exoravit.

D ᶠ Quid enim mirum, si in forma servi exorando se Patri subdidit, in qua etiam manus peccantium usque ad mortis extrema toleravit? Sequitur :

CAPUT XXXVI [*Vet. XXXI, Rec. XXIII*].

VERS. 21. — *Nudus egressus sum de utero matris meæ, nudus revertar illuc.*

59. *Christus ad Judæos e quibus exivit, in fine mun-*

ª Hæc verba, *quasi*, etc., usque ad *tolerare*, desiderantur in Mss. Corb., Germ., Reg., Utic., et fortasse e marg. in textum irrepserunt.
ᵇ Edit., *repugnantibus Mss., alios in incredulitate.*
ᶜ In Edit. Paris. 1518, et omnib. seq., huc immissum est, *cum et post resurrectionem suam quibusdam credituris apparuit, et quibusdam non credituris se abscondit. Merum assumentum, quod antecedentibus aut subsequentibus non cohæret.* Legitur tamen in marg. Colbert. Cod., abest vero a cæteris Mss. et antiquioribus Ed.
ᵈ In Editis, exceptis tamen antiquioribus, legitur *sacerdotii dignitas*.
ᵉ Al., *ignem... infulsit*, ut habetur in nonnullis.
ᶠ In Mss. Rhem., Remig., Val. Cl., legitur : *Quid enim mirum si in forma servi Patrem exoravit? Quid mirum, si in forma servi exorando*, etc.

di est reversurus. — Redemptoris mater juxta carnem Synagoga exstitit, ex qua ad nos per corpus visibilis processit. Sed hunc intra se tegmine litteræ adopertum tenuit, dum ad spiritalem ejus intelligentiam mentis oculos aperire neglexit. Hunc quia in carne humani corporis latentem videre Deum noluit, quasi in divinitate nudum [a] considerare contempsit. Sed nudus de utero matris exiit : [b] quia a Synagogæ carne prodiens conspicuus ad gentes venit. Quod bene Joseph relicto pallio fugiente signatum est (*Genes.* xxxix, 12). Dum enim mulier adultera male illo uti voluisset, relicto pallio fugit foras, quia dum Synagoga Dominum purum hominem credens, quasi adulterino complexu constringere voluit, ipse tegmen litteræ ejus oculis reliquit, et ad cognoscendam divinitatis suæ potentiam conspicuum se gentibus præbuit. Unde et Paulus dixit : *Usque hodie, dum legitur Moyses, velamen est* [c] *super cor eorum* (*II Cor.* iii, 15), quia videlicet adultera mulier apud semetipsam pallium retinuit, et quem male tenebat, nudum amisit. Qui ergo a Synagoga veniens, fidei gentium conspicuus apparuit, ex utero matris nudus exivit. Sed nunquid hanc omnimodo deserit? Et ubi est quod per prophetam dicitur : *Si fuerit numerus filiorum Israël quasi arena maris, reliquiæ salvæ fient* (*Isai.* x, 22, *Rom.* ix, 27)? Ubi quod scriptum est : *Donec plenitudo gentium introiret, et sic omnis Israel salvus fieret* (*Rom.* xi, 25)? Erit ergo [d] quando conspicuus etiam Synagogæ appareat. Erit in fine mundi procul dubio, quando gentis suæ reliquiis semetipsum, sicut est Deus, innotescat. Unde et bene hic dicitur : *Nudus revertar illuc.* Nudus quippe ad uterum matris revertitur, cum in mundi hujus termino is, qui in sæculo factus homo despicitur, Synagogæ suæ oculis, Deus ante sæcula declaratur. Sequitur :

CAPUT XXXVII [*Rec. XXIV*].

Ibid. — *Dominus dedit, Dominus abstulit : sicut Domino placuit, ita factum est : sit nomen Domini benedictum.*

60. *Deus Christo Judæam dedit et abstulit.* — Redemptor noster per hoc quod Deus est, cum Patre dat omnia ; per hoc vero quod homo est, a Patre [e] accipit inter omnia. Dicat igitur de Judæa, cum venturum incarnationis ejus mysterium crederet : *Dominus dedit.* Dicat de Judæa, cum exspectatam incarnationis ejus præsentiam contempsisset : *Dominus abstulit.* Data quippe est, cum per quosdam futura credidit ; sed exigente merito suæ cæcitatis ablata est, cum credita per quosdam venerari contempsit.

61. *Christus exemplo docuit Deo in flagellis benedicere.* — In se autem credentes edoceat, ut in flagellis positi benedicere Domino sciant, cum subditur : *Sicut Domino placuit, ita factum est; sit nomen Domini benedictum.* Unde et teste Evangelio (*Matth.* xxvi, 26), cum **63** propinquare passioni dicitur, accepto pane gratias egisse perhibetur. Gratias itaque agit, qui flagella alienæ iniquitatis suscipit. Et qui nihil dignum percussione exhibuit, humiliter in [f] percussione benedicit; ut hinc videlicet ostendat quid unusquisque in flagello culpæ propriæ facere debeat, si ipse æquanimiter flagella culpæ portat alienæ : ut hinc ostendat quid in correptione faciat subditus, si in flagello positus Patri gratias agit æqualis. Sequitur :

CAPUT XXXVIII.

Vers. 22. — *In omnibus his non peccavit Job* [g] *neque stultum aliquid contra Deum locutus est.*

62. *Dolus apud homines prudentia, apud Deum stultitia est.* — Quod nec peccasse, nec stultum aliquid contra Deum locutum asseritur ; hoc de illo Petrus, sicut jam prædiximus, aperte testatur, dicens : *Qui peccatum non fecit, nec dolus inventus est in ore ejus* (*I Pet.* ii, 22). Dolus quippe in ore, quanto apud homines prudentius callet, tanto apud Deum stultius desipit, Paulo attestante, qui ait : *Sapientia hujus mundi stultitia est apud Deum* (*I Cor.* iii, 19). Quia ergo dolus in ore ejus non fuit, stultum proculdubio nihil dixit. Hunc contra Deum sacerdotes et principes locutum stulte crediderunt, cum interrogatus passionis tempore, Dei se Filium testaretur. Unde et conquirentes dicunt : *Quid adhuc egemus testibus? ecce ipsi audivimus* [h] *blasphemiam* (*Matth.* xxvi, 65). Sed contra Deum stulte nihil dixit : quia vera loquens, hoc de se infidelibus etiam moriendo intulit, quod paulo post redemptis omnibus resurgendo monstravit.

[*Vet. XXXII.*] 63. Sensus moralis. — *Satan Deo cum sanctis angelis assistit, cogitationes malas bonis interserendo.* — Hæc in significationem nostri capitis breviter tractata transcurrimus : nunc in ædificationem ejus corporis, ea moraliter tractanda replicemus, ut quod actum foris narratur in opere, sciamus quomodo intus agatur in mente. Nam cum filii Dei assistunt coram Deo, inter eos quoque assistit et Satan, quia plerumque bonis nostris cogitationibus, quæ in corde nostro, adventu sancti Spiritus operante, seminantur, antiquus ille callide se interserit et subjungit inimicus, ut bene cogitata perturbet, maleque perturbata dilaniet. Sed nequaquam nos in tentatione deserit, qui creavit. Nam hostem nostrum, qui se contra nos in insidiis contegit, illustratione sui luminis nobis deprehensibilem reddit; propter quod ei mox dicit :

---

[a] Editi, *conspicere.*

[b] Nonnulli Mss., *quia a Synagoga carne prodiens,* quæ lectio videretur præferenda, si potiores Codices suffragarentur.

[c] Coccius addidit *positum,* quod in seq. Edit. irrepsit.

[d] Excusi, *quandoque conspicuus, ut etiam.* Castigantur ex Mss.

[e] Particulam *inter* in Vulgatis omissam revocavimus ex Mss. Sic infra, lib. ix, cap. olim 16, nunc 30, num. 48, *hunc Deum supra omnia, et hominem intra omnia agnoscunt.* Vide l. xv, n. 20, et l. xvi, n. 36.

[f] Coc., Gilot., Vatic., Gussanv., *in persecutione,* contra Mss. fidem.

[g] Hic additum, *in labiis suis,* a Gilot. et aliis seq. expunximus.

[h] Antiq. Rem. et Vindoc., *blasphemias.*

CAPUT XXXIX.

VERS. 7. — *Unde venis?*

64. *Cui dicendum unde venis?* — Callidum namque hostem requirere, est ejus nobis insidias declarare, ut quo eum subintrare cor cernimus, forti contra illum circumspectione vigilemus.

CAPUT XL.

IBID. — *Qui respondens ait: Circuivi terram, et perambulavi eam.*

65. *Qui insidias ejus Deus nobis detegat.* — Satanæ terram circuire, est carnalia corda perscrutari, et unde occasionem accusationis invenire possit, exquirere. Terram circuit, quia humana corda circumvenit, ut bona tollat, ut mala mentibus inserat, ut inserta cumulet, ut cumulata perficiat, ut perfectos in iniquitatibus ad pœnam socios acquirat. Et notandum quod non transvolasse, sed perambulasse se asserit, quia nimirum nequaquam quem tentat velociter deserit; sed ubi molle cor invenit, ibi pedem miseræ persuasionis figit, ut immorando actionis pravæ vestigia imprimat, et ex suæ iniquitatis similitudine, quos valet, reprobos reddat. Sed contra hunc beatus Job laudatur, et dicitur:

CAPUT LXI.

VERS. 8. — *Nunquid considerasti servum meum Job, quod* 65. *non sit ei similis super terram, vir simplex, et rectus, ac timens Deum, et recedens a malo?*

66. *Laudare Dei est bona dare, ac data custodire.* — Quem divina inspiratio contra hostem roborat, hunc quasi in Satanæ auribus Deus laudat. Laudare quippe ejus est, et prius bona concedere, et post concessa custodire. Sed antiquus hostis eo contra bonos gravius sævit, quo vallari eos divinæ protectionis munere conspicit. Unde et subjungens dicit:

CAPUT XLII.

VERS. 9. — *Nunquid frustra Job timet Deum? Nonne tu vallasti eum, ac domum ejus, universamque substantiam per circuitum? Operibus manuum ejus benedixisti, et possessio illius crevit in terra.*

67. *Suis viribus homo non stat.* — Ac si aperte dicat: Cur laudas quem protegendo roboras? Despecto enim me, dignus tuis laudibus homo esset, si suis contra me viribus staret. Unde mox et malitiose de homine expetit, quod tamen protector hominis benigne concedit. Nam subditur:

CAPUT XLIII [*Rec. XXV*].

VERS. 11. — *Sed extende paululum manum tuam, et tange cuncta quæ possidet, nisi in* [a] *faciem benedixerit tibi.*

68. *Electi in tentatione proficiunt.* — Plerumque enim, dum virtutum fructus fecunde reddimus, dum continua prosperitate pollemus, aliquantulum mens erigitur, ut a semetipsa sibi existere bona quæ habet, arbitretur. Quæ nimirum bona antiquus hostis malitiose attrectare appetit; sed hæc tentari Deus nonnisi benigne permittit, ut dum mens tentatione pulsante, a in bonis de quibus gaudebat concutitur, imbecillitatis suæ debilitate cognita, in spe divini adjutorii robustius solidetur. Fitque mira dispensatione pietatis, ut unde malignus hostis cor tentat, ut interimat, inde misericors conditor hoc erudiat, ut vivat. Unde et bene subjungitur:

CAPUT XLIV.

VERS. 12. — *Ecce universa quæ habet, in manu tua sunt, tantum in eum ne extendas manum tuam.*

69. *Deo perseverantiam tribuente.* — Ac si aperte dicat: Electi uniuscujusque bona sic tibi tentanda exterius tribuo, ut tamen ipse noveris, quia perseverantem mihi illum in mentis radice conservo. Ubi et bene subditur:

CAPUT XLV.

IBID. — *Egressusque est Satan a facie Domini.*

70. *Quo moderante, diabolus bonorum corda usque ad interitum non vulnerat.* — Quia per hoc, quod usquead defectum cordis prævalere nequaquam permittitur, exclusus ab intimis, exterius vagatur. Qui etiam si virtutes mentis plerumque turbat, eo ipso foris est, quo resistente Deo, usque ad interitum bonorum corda non vulnerat. Tantum quippe contra illa sævire permittitur, in quantum necesse est ut tentationibus erudita solidentur; ne ea quæ agunt bona, suis viribus tribuant, ne in securitatis torpore se deserant, et a formidinis accinctione dissolvant: [b] sed ad provectus sui custodiam tanto solertius invigilent, quanto se contra adversarium stare semper in acie tentationum vident.

CAPUT XLVI [*Vet. XXXIII*].

VERS. 13, 14, 15. — *Cum autem quadam die filii et filiæ ejus comederent et biberent vinum in domo fratris sui primogeniti, nuntius venit ad Job, qui diceret: Boves arabant, et asinæ pascebantur juxta eos, et irruerunt Sabæi, tuleruntque omnia, et pueros percusserunt gladio;* [c] *et evasi ego solus, ut nuntiarem tibi.*

71. *Fides virtutum omnium prima.* — In electorum corde prior bonorum sequentium sapientia nascitur, atque hæc per donum Spiritus quasi primogenita proles profertur. Quæ profecto sapientia, nostra fides est, propheta attestante, qui ait: *Nisi credideritis non intelligetis* (*Isai.* VII, 9. sec. *LXX*). Tunc enim vere ad intelligendum sapimus, cum cunctis 65 quæ conditor dicit, credulitatis nostræ fidem præbemus. In domo ergo fratris primogeniti convivantur filii, cum virtutes reliquæ epulantur in fide. Quæ si non prima in corde nostro gignitur, reliqua quæque esse bona non possunt, etiamsi bona videantur. In domo fratris primogeniti filii convivantur, dum virtutes nostræ in habitaculo fidei, sacri eloquii cibo satiantur. Scriptum quippe est: *Sine fide impossibile est placere Deo* (*Hebr.* XI, 6). Tunc ergo virtutes nostræ veras vitæ epulas sumunt, cum nutriri fidei sacramentis incipiunt. In domo fratris primogeniti convivantur filii, quia nisi virtutes reliquæ sapientiæ epulis repletæ, ea restituendam, non autem in omnibus locis, cum *profectus* vox synonyma sit.

---

[a] Corb. Germ., *nisi in facie tua.*

[b] Ubi legitur in Editis *profectus*, in Mss. fere semper habetur, *provectus*. Quam vocem hic curavimus

[c] Hic versus abest a Ms. Corb. Germ.

quæ appetunt prudenter agant, virtutes esse nequaquam possunt.

72. *Virtutibus nostris quam varie insidietur diabolus.* — Sed ecce dum bona quæ agimus, sapientiæ epulis fideique pascuntur, hostis noster arantes boves et pascentes asinas subtrahit, et pueros gladio occidit. Quid arantes boves, nisi graviores nostras cogitationes accipimus? quæ dum cor studiosa exercitatione conficiunt, uberes provectuum fructus reddunt. Quid pascentes intelligimus asinas, nisi simplices motus cordis? quos dum studiose a duplicitatis errore compescimus, quasi in campo liberæ puritatis nutrimus. Sed plerumque hostis callidus, cum graves cogitationes in corde conspicit, eas sub introducta voluptatis delectatione corrumpit; et dum motus cordis simplices videt, subtilia inventionum acumina ostendit; ut dum laus de subtilitate quæritur, puritatis simplicitas amittatur; et si usque ad opus pravum pertrahere non valet, tentando tamen bonorum cogitationibus [a] subripiens nocet; ut dum turbare bona mentis agnoscitur, ea quasi funditus abstulisse videatur. Possunt etiam per arantes boves, cogitationes charitatis accipi; quibus prodesse aliis conamur, cum fraterni cordis duritiam prædicando scindere cupimus. Potest etiam per asinas, quæ nimirum sese onerantibus, nulla ferocitatis insania resistunt, patientiæ mansuetudo signari. Et sæpe hostis antiquus cum velle prodesse nos loquendo aliis conspicit, in quodam torpore otii mentem mergit; ut aliis prodesse non libeat, etiam cum a propriis vacat. Arantes ergo boves subtrahit, cum cogitationes mentis fraternæ utilitatis fructibus deditas, per submissum negligentiæ torporem frangit. Et quamvis electorum corda intra arcana suæ cogitationis invigilant, et quid a tentatore sustineat, superantes pensant, eo tamen ipso malignus inimicus aliquid rapuisse se gaudet, quo cogitationibus bonorum vel ad momentum prævalet.

[*Vet*. XXXIV.]73. *Ejus conatibus quanta vigilantia occurrendum. Discretionis munus in tentatione.*—Sæpe autem cum præparatam mentem ad tolerantiam videt, quid ab ea maxime diligatur exquirit, et ibi scandali laqueos inserit, ut quo magis res quæque diligitur, eo per eam facilius patientia turbetur. Et quidem electorum corda ad se semper sollicite redeunt, et semetipsa graviter vel pro levi motu excessionis affligunt; et dum mota discunt quomodo stare debuerint, aliquando melius concussa solidantur. Sed antiquus hostis, dum tolerantiæ cogitationes vel ad momentum turbat, quasi abstulisse se ab agro cordis asinas exsultat. In his autem quæ agere disponimus, rationabili custodia quid [b] quibus rebus congruat, sollicite 66 pensamus. Sed plerumque hostis, dum subita ad nos perturbatione tentationis irruit, circumspectiones cordis inopinate præveniens, quasi ipsos custodes pueros gladio occidit. Sed tamen unus fugit, qui [c] alia periisse nuntiet, quia in eo quod mens ab hoste patitur, rationis discretio semper ad animum redit; et quasi solam se evasisse indicat, quæ apud semetipsam fortiter quidquid pertulerit pensat. Aliis ergo pereuntibus unus ad domum redit, [d] dum turbatis in tentatione motibus discretio ad conscientiam recurrit; ut quod repentinis incursibus præoccupata mens perdidisse se pensat, hoc compunctionis studio afflicta recipiat.

CAPUT XLVII.

VERS. 16. — *Cumque adhuc ille loqueretur, venit alter, et dixit : Ignis Dei cecidit de cœlo, et tactas oves puerosque consumpsit; et effugi ego solus, ut nuntiarem tibi.*

74. *Diabolus castas cogitationes corrumpere conatur. Sed discretio periculum evadit.* — Quid per oves, nisi cogitationum innocentia; quid [e] per oves, nisi bonorum cordium munditia designatur? Cœlum vero [f] aerium dici paulo ante jam diximus : unde et aves cœli nominamus. Et scimus quod immundi spiritus, qui e cœlo æthereo lapsi sunt, in hoc cœli terræque medio vagantur : qui tanto magis corda hominum ascendere ad cœlestia invident, quanto se a cœlestibus per elationis suæ immunditiam projectos vident. Quia ergo ab aereis potestatibus contra cogitationum nostrarum munditiam flamma livoris irruit, de cœlo ignis ad oves venit. Sæpe enim mundas mentis nostræ cogitationes ardore libidinis accendunt; et quasi igne oves concremant, dum castos motus animi, luxuriæ tentatione perturbant. Qui ignis Dei dicitur, quia etsi non faciente Deo, tamen permittente, generatur. Et quia impulsu subito ipsas nonnunquam circumspectiones mentis obruunt, quasi custodes pueros gladio occidunt. Sed tamen unus incolumis fugit, dum omne quod mens patitur, perseverans discretio subtiliter respicit, solaque mortis periculum evadit; quia etiam perturbatis cogitationibus, discretio non succumbit; ut damna sua animo renuntiet, et quasi dominum ad lamentum revocet.

CAPUT XLVIII [*Rec*. XXVI].

VERS. 17. — *Sed et illo adhuc loquente, venit alius, et dixit : Chaldæi fecerunt tres turmas, et invaserunt camelos, et tulerunt eos, necnon et pueros percusserunt gladio; et effugi ego solus, ut nuntiarem tibi.*

75. *Quantis periculis terrenarum rerum dispensatio sit obnoxia.* — Per camelos, qui mundum aliquid habent, dum ruminant, et immundum, dum nequaquam ungulam findunt, supra jam diximus bonas rerum temporalium dispensationes intelligi, in quibus quo est cura distensior, eo nobis multiplicius insidiatur

---

[a] Quoties in Editis occurrit *subrepens subripit*, ut hoc in loco, toties in nostris Cod. manu exaratis legitur *subripiens, subripit*, aut *surripiens*, etc.

[b] Excusi, *quibusque rebus.*

[c] In Vulgatis, *qui alios*. Melius Mss., *qui alia*, scilicet, boves, asinas, pueros.

[d] Ita Mss. Norm., Rem., Remig., Turon., Val. Cl., etc., a quibus omnes Editi recedentes habent, *dum turbata tentationis* (vel in *tentationis*) *motibus.*

[e] Hic legitur in Editis et duob. Reg. Mss., *quid per pueros*. Nec incongrue quoad sensum. Legendum tamen *quid per oves*, secundum Mss. Rem., Remig., Norm., Turon., Corb., Germ.

[f] Ita legendum docent iidem Mss. sup. laudati, quib. acced. Bellovac.

inimicus. [*Vet. XXXV.*] Omnis enim, qui dispensandis terrenis rebus præsidet, occulti hostis jaculis latius patet. Nonnulla enim providens agere nititur, et sæpe dum cautus futura subtiliter prævidet, incautus damna præsentia nequaquam videt; sæpe dum præsentibus invigilat, ad instantia prævidenda dormitat; sæpe dum aliqua torpens agit, quæ vigilanter agenda sunt negligit; sæpe dum plus justo vigilantem se in actione exhibet, [a] ipsa actionis suæ inquietudine rebus subditis pejus nocet. Aliquando autem linguæ modum ponere nititur, sed onere dispensationis exigente, silere prohibetur. Aliquando dum nimia se censura restringit, tacet etiam **67** quæ loqui debuit. Aliquando ad inferenda necessaria dum se latius relaxat, dicit etiam quæ loqui non debuit. Plerumque autem tantis cogitationum voluminibus implicatur, ut ipsa ferre vix valeat, quæ intra se providus versat; et cum nil opere faciat, [b] sub magno cordis sui pondere vehementer insudat. Quia enim dura sunt quæ apud semetipsum intus patitur, quietus foris otiosusque lassatur. Plerumque enim quasi ventura animus conspicit, totamque contra hæc intentionem proponit; magnusque ardor contentionis se inserit, sopor fugit, nox in diem vertitur; et cum quieta foris membra lectulus teneat, intus magnis clamoribus in cordis foro litigatur. Et fit plerumque ut nulla eveniant quæ prævidentur : totaque illa cogitatio, quæ diu se plena intentione paraverat, repente vacua quiescat. Tanto autem longius mens a necessariis cessat, quanto inania latius cogitat. Quia igitur dispensationis curas maligni spiritus modo torpenti vel præcipitata actione feriunt, modo pigra vel immoderata locutione confundunt, pene autem semper nimiis cogitationum molibus premunt, tribus turmis Chaldæi camelos rapiunt. Quasi enim tres turmas contra camelos facere, est terrenarum dispensationum studia modo illicito opere, modo superflua locutione, modo inordinata cogitatione vastare ; ut dum se ad administranda exterius mens efficaciter extendere nititur, a sui consideratione separetur; et eo damna quæ de semetipsa patitur nesciat, quo erga aliena fortiori studio quam decet elaborat. Recta autem mens cum curas dispensationis suscipit, quid sibi, quid proximis debeat attendit; et nec per alienæ sollicitudinis immoderationem sua studia negligit, nec per suæ utilitatis vigilantiam aliena postponit. Sed tamen plerumque dum ad utraque mens solerter invigilat, dum magnis erga se, et ea quæ sibi commissa sunt, circumspectionibus vacat, repentino turbata cujuslibet causæ emergentis articulo, ita in præceps rapitur, ut ab ea subito cunctæ circumspectiones ejus obruantur. Unde et custodes camelorum pueros Chaldæi gladio feriunt. Sed tamen unus redit; quia inter hæc discretionis ratio mentis nostræ oculis occurrit, et solli-

cita sibimet anima quid subito impulsu tentationis intrinsecus amittat, intelligit. Sequitur.

CAPUT XLIX [*Rec. XXVII*].

Vers. 18, 19. — [c] *Loquebatur ille, et ecce alius intravit, et dixit : Filiis tuis et filiabus vescentibus et bibentibus vinum in domo fratris sui primogeniti, repente ventus vehemens irruit a regione deserti, et concussit quatuor angulos domus, quæ corruens oppressit liberos tuos, et mortui sunt : et effugi ego solus, ut nuntiarem tibi.*

76. *Virtutibus quatuor innititur spiritale ædificium. Unde concutiatur.* — Sicut supra jam diximus, regio deserti est immundorum spirituum multitudo derelicta : quæ dum conditoris sui beatitudinem deseruit, quasi manum cultoris amisit a qua ventus vehemens venit, et domum subruit; quia ab immundis spiritibus fortis tentatio subripit, et a tranquillitatis suæ statu conscientiam evertit. [*Vet. XXXVI.*] In quatuor vero angulis domus ista consistit, quia nimirum solidum mentis nostræ ædificium, prudentia, temperantia, fortitudo, justitia sustinet. In quatuor angulis domus ista subsistit, quia in his quatuor virtutibus tota boni **68** operis structura consurgit. Unde et quatuor paradisi flumina terram irrigant, quia dum his quatuor virtutibus cor infunditur, ab omni desideriorum carnalium æstu temperatur. Sed nonnunquam dum menti ignavia subripit, prudentia frigescit; nam cum fessa torpet, ventura non providet. Nonnunquam dum nonnulla menti delectatio subripit, temperantia nostra marcescit; in quantum enim ad delectationem præsentium ducimur, in tantum minus ab illicitis temperamus. Nonnunquam se timor cordi insinuat, et vires nostræ fortitudinis turbat; et eo minores contra adversa existimus, quo quædam perdere immoderatius dilecta formidamus. Nonnunquam vero [d] amor suus se menti ingerit, eamque latenti motu a rectitudine justitiæ divertit; et quo se totam auctori reddere negligit, eo in se justitiæ juri contradicit. Ventus ergo vehemens quatuor angulos domus concutit; dum fortis tentatio occultis motibus quatuor virtutes quatit; et quasi quassatis angulis domus [e] eruitur, dum pulsatis virtutibus conscientia turbatur.

77. *Inde virtutes cæteræ quasi cordis soboles se invicem pascunt.* — Intra hos autem quatuor domus angulos filii convivantur, quia intra arcana mentis, quæ principaliter his quatuor virtutibus ad summæ rectitudinis culmen erigitur, virtutes cæteræ quasi quædam cordis soboles se invicem pascunt. Donum quippe Spiritus, quod in subjecta mente ante alia prudentiam, temperantiam, fortitudinem, justitiam format, eamdem mentem ut contra singula quæque tentamenta erudiat, in septem mox virtutibus temperat, ut contra stultitiam, sapientiam; contra hebetudinem, intellectum; contra præcipitationem, consilium; contra timorem, fortitudinem; contra igno-

---

[a] Mss. Norm. et nonnulli, *ipse actionis suæ inquietudine*.
[b] Antiq. Rhem., Turon., Corb., Germ., Val. Cl., et alii, *sub magna cordis sui pondera*.
[c] Hinc ut et supra, cap. 21, particulam *adhuc* removimus auctoritate Mss.

[d] Ita Vet. Ed. cum Mss. At. Gilot., Vatic., Gussanv., *amor sui.*
[e] Ita omnes Mss. nostri, *vel evertitur*, non autem *obruitur*, uti prius legebatur : et sane domus non obruitur, sed obruit dum cadit.

rantiam, scientiam; contra duritiam, pietatem; contra superbiam ᵃ det timorem.

78. *His qui virtutibus præditi sunt, gratia aliquando utiliter se subtrahit.* — Sed nonnunquam, dum mens nostra tanti muneris plenitudine atque ubertate fulcitur, si continua in his securitate perfruitur, a quo sibi hæc sint obliviscitur; seque a se habere putat, quod nunquam sibi abesse considerat. Unde fit ut aliquando se hæc eadem gratia utiliter subtrahat, et præsumenti menti, quantum in se infirmatur, ostendat. Tunc enim vere cognoscimus bona nostra unde sunt, quando hæc quasi amittendo, sentimus quia a nobis servari non possunt. Ad hoc itaque intimandæ humilitatis magisterium, fit plerumque ut irruente tentationis articulo, tanta stultitia sapientiam nostram feriat, ut turbata mens, qualiter malis imminentibus obviet, vel contra tentationem quomodo se præparet, ignoret. Sed hac ipsa stultitia cor prudenter eruditur, quia unde ad momentum desipit, eo post verius, quo et humilius, sapit; et sapientia unde quasi amittitur, inde certius possidetur. Aliquando dum sublimia intelligendo in elatione se animus erigit, in rebus imis et vilibus gravi hebetudine pigrescit, ut repente sibi etiam ima clausa videat, qui ᵇ pernix summa penetrabat. Sed hæc ipsa hebetudo intellectum nobis, dum subtrahit, servat, quia dum ad momentum cor humiliat, verius ad sublimia intelligenda confirmat. Aliquando dum cuncta nos agere consilii gravitate gaudemus, pulsante causæ emergentis articulo, præcipitatione subita rapimur; et qui nos semper disposite vixisse credidimus, repente **69** intima confusione vastamur. Sed tamen ejusdem confusionis eruditione discimus, ne nostris viribus consilia nostra tribuamus; et tanto maturius ad gravitatem restringimur, quanto ad hanc quasi amissam redimus. Aliquando dum mens fortiter adversa contemnit, subortis adversitatis eventibus, hanc metus vehemens percutit. Sed per hunc concussa discit cui tribuat quod in quibusdam fortiter stetit; et tanto post validius fortitudinem retinet, quanto hanc repente irruente formidine sibi jam quasi elapsam videt. Aliquando dum magna nos scire gaudemus, repentinæ ignorantiæ cæcitate torpescimus. Sed quo ignorantia mentis oculus ad momentum clauditur, eo post ad scientiam verius aperitur, ut nimirum flagello suæ cæcitatis eruditus, et scire ipsum a quo habeat sciat. Aliquando dum religiose cuncta disponimus, dum pietatis viscera plene nos habere gratulamur, quadam mentis duritia irruente percutimur. Sed quasi obdurati cognoscimus, cui pietatis habitæ bona tribuamus; et pietas verius velut exstincta recipitur, dum quasi amissa amplius amatur. Aliquando dum subjectum se divinæ formidini animus gaudet, repente superbia tentante rigescit. Sed tamen valde mox timens quia non timet, ad humilitatem se iterum festinus inflectit; et tanto hanc solidius recipit, quanto ejus virtutis pondus quasi amittendo pensavit.

79. *Tentationibus acquiruntur humilitas et vigilantia.*—Eversa igitur domo, moriuntur filii quia turbata in tentatione conscientia, ᶜ ad utilitatem propriæ cognitionis raptim et in momento temporis obruuntur genitæ in corde virtutes. [*Vet. XXXVII.*] Qui profecto filii intus per spiritum vivunt, dum exterius carne moriuntur, quia videlicet virtutes nostræ tentationis tempore etsi in momento turbatæ ab status sui incolumitate deficiunt, per intentionis tamen perseverantiam integræ in mentis radice subsistunt. Cum quibus etiam tres sorores occumbunt, quia in corde nonnunquam per flagella turbatur charitas, per formidinem concutitur spes, per quæstiones pulsatur fides. Sæpe enim quasi a conditoris amore torpescimus, dum ultra quam nobis congruere credimus, flagello fatigamur. Sæpe dum plus quam necesse est mens formidat, fiduciam sibimet spei debilitat. Sæpe dum immensis quæstionibus animus tenditur, perturbata fides quasi defectura fatigatur. Sed tamen vivunt filiæ, quæ domo concussa moriuntur, quia etsi intra conscientiam, spem, fidem, charitatemque pene occumbere perturbatio ipsa renuntiat, has tamen ante Dei oculos vivas perseverantia rectæ intentionis servat. Unde et puer qui hæc nuntiet solus evadit, quia mentis discretio etiam inter tentamenta incolumis permanet. Agitque puer ut Job filios flendo recipiat, dum, discretione nuntiante, dolens animus vires quas quasi amittere cœperat pœnitendo conservat. Mira autem hoc nobiscum dispensatione agitur, ut mens nostra culpæ nonnunquam pulsatione feriatur. Nam esse se magnarum virium homo crederet, si nullum unquam earumdem virium defectum intra mentis arcana sentiret. Sed dum tentatione irruente quatitur, et quasi ultra quam sufficit fatigatur, ei contra hostis sui insidias munimen humilitatis ostenditur, et unde se pertimescit enerviter cadere, inde accipit fortiter stare. Tentatus autem, non solum vires a quo accipiat discit, sed quanta eas vigilantia servet intelligit. **70** Sæpe enim quem tentationis certamen superare non valuit, sua deterius securitas stravit. Nam dum lassum se quisque in otio remittit, dissolutam mentem corruptori prostituit; at si eum ex dispensatione supernæ pietatis tentatio non repente vehementer irruens, sed temperato accessu erudiens pulsat, nimirum ad insidias providendas evigilat, ut contra hostem se in certamine cautus accingat. Unde et bene subjungitur:

CAPUT L.
Vers. 20.—*Tunc surrexit Job.*

80. *Discretio tentationibus proficit.*—Sedere enim, quiescentis est; assurgere, decertantis. Auditis ergo

---

ᵃ 2 Rhem. et unus Remig., *det humilitatem;* error est librarii, superbiæ magis adversari humilitatem cogitantis, quam timorem. Verum hic enumerat sanctus Doctor Spiritus sancti dona in quibus ultimus censetur *timor*, non *humilitas.*

ᵇ Antiq. Rem., *qui pernixum summa penetrabat.* Vet. Edit. Paris. et Basil. cum Barthol., *qui pertinax summa.* Quod habet Corb., Germ.

ᶜ Antiq. Rhem., Corb. et nonnulli, *ad humilitatem propriæ cognitionis.*

adversis surgere, est expertis tentationibus mentem ad certamina robustius parare. Quibus nimirum tentationibus etiam discretio proficit, quia ut virtutes a vitiis subtilius distinguat, agnoscit. Unde et bene subjungitur :

CAPUT LI [*Vet. XXXVIII*].

IBID. — *Scidit vestimenta sua.*

81. *Tentationibus pulsati ad luctum pœnitentiæ humilitatemque confugiant ut sanentur.* — Vestimenta scindimus, cum discernendo nostra opera retractamus. Si enim apud Deum nos opera nostra quasi vestimenta non tegerent, nequaquam voce angelica diceretur : *Beatus qui vigilat, et custodit vestimenta sua, ne nudus ambulet, et videant turpitudinem ejus* (*Apoc.* XVI, 15). Turpitudo enim nostra tunc cernitur, cum vita reprehensibilis ante justorum oculos in judicio, nequaquam subsequentis boni operis tegmine velatur. Sed quia cum culpa tentamur, ad lamenta accendimur; atque ipsis lamentis excitati, ad perspiciendam lucem justitiæ subtilius oculos mentis aperimus, quasi in dolore vestimenta scindimus, quia ex fletu, discretione crescente, cuncta quæ agimus, districtius irata manu [a] judicamus. Tunc omnis nostra elatio corruit, tunc cuncta ab animo cogitationum superfluitas cadit. Unde et subditur :

CAPUT LII.

IBID. — *Et tonso capite corruens in terram adoravit.*

82. *Elatio et cogitationum vanitas, quomodo resecentur.* — Nam quid moraliter per capillos, nisi defluentes animi cogitationes accipimus? Unde et alias Ecclesiæ dicitur : *Sicut* [b] *vitta coccinea labia tua, sponsa, et eloquium tuum dulce* (*Cant.* IV, 3). Vitta quippe crines capitis astringit. Labia ergo sponsæ sicut vitta sunt, quia exhortatione sanctæ Ecclesiæ, cunctæ in auditorum mentibus diffusæ cogitationes ligantur; ne remissæ defluant, ne sese per illicita spargant, ne sparsæ cordis oculos deprimant; sed quasi ad unam se intentionem colligant, dum vitta eas sanctæ prædicationis ligat. Quam recte et coccineam asserit; quia sanctorum prædicatio solo charitatis ardore flammescit. Quid vero per caput, nisi ea, quæ principale uniuscujusque actionis est, mens ipsa signatur? Unde et alias dicitur : *Et oleum de capite tuo non deficiat* (*Eccles.* IX, 8). Oleum quippe in capite, est charitas in mente; et a capite deficit oleum, cum charitas a mente discedit. Caput ergo detondere est cogitationes superfluas a mente resecare. Et detonso capite in terram corruit, qui repressis præsumptionis suæ cogitationibus, quam in semetipso infirmus sit humiliter agnoscit.

[*Vet.* XXXIX.] 83. *Difficile magna agere, et de actis fiduciam non habere.* — Difficile namque est magna agere, et apud semetipsum quempiam de magnis actibus cogitationum fiduciam non habere. Eo ipso enim quo contra vitia fortiter vivitur, cogitationum præsumptio in corde generatur; et cum mens foras culpas valenter conterit, plerumque apud semetipsam latenter intumescit; jamque se esse magni alicujus meriti æstimat, nec se peccare in cogitatione suæ æstimationis putat. Ante districti autem judicis oculos tanto deterius delinquitur, [c] quanto culpa quo occultius, eo pene incorrigibiliter perpetratur : et tanto ad vorandum latius patet fovea, quanto de semetipsa elatius gloriatur vita. Unde, ut sæpe jam diximus, pia conditoris dispensatione agitur, ut de se confidens anima, dispensatoria tentatione pulsetur quatenus infirmata, quid sit inveniat, et præsumptionis propriæ fastum deponat. Mox enim ut tentatio mentem pulsaverit, omnis cogitationum nostrarum præsumptio tumultusque conquiescit.

84. *Mens elata in tyrannidem erumpit; satellites ejus tentatione fugantur.* — Mens enim cum se in elatione erigit, quasi in tyrannidem erumpit. Habet autem tyrannidis suæ satellites, faventes sibimet cogitationes suas. Sed si super tyrannum hostis irruat, favor mox satellitum cessat. Intrante namque adversario, satellites fugiunt, eumque territi declinant, quem in pace positi callida adulatione laudabant. Subductis vero satellitibus, ante hostem solus remanet, quia recedentibus elatis cogitationibus, perturbatus animus se solummodo [d] et tentationem videt. Auditis ergo adversis caput detondetur, cum tentationibus vehementer irruentibus, a præsumptionis suæ cogitationibus mens nudatur. Quid est enim quod Nazaræi capillos nutriunt (*Num.* VI, 5), nisi quod per vitam magnæ continentiæ præsumptionum cogitationes crescunt? Sed quid est quod, devotione completa, caput Nazaræus radere capillosque in igne sacrificii ponere jubetur, nisi quod tunc ad perfectionis summam pertingimus, cum sic exteriora vitia vincimus, ut etiam cogitationes superfluas a mente resecemus? Quas nimirum sacrificii igne concremare, est flamma eas divini amoris incendere, ut totum cor in Dei amore ardeat, et cogitationes superfluas concremans, quasi Nazaræi capillos devotionis perfectione consumat. [*Vet. XL.*] Et notandum quod in terram corruens adoravit. Ille enim veram Deo [e] adorationem exhibet qui semetipsum, quia pulvis sit, humiliter videt, qui nihil sibi virtutis tribuit, qui bona quæ agit esse de misericordia conditoris agnoscit. Unde et competenter dicit :

CAPUT LIII.

VERS. 21. — *Nudus egressus sum de utero matris meæ : nudus revertar illuc.*

85. *Qui se a virtutibus nudum putat, ipsa melius humilitate vestitur.* — Ac si tentatus animus et [f] in infirmitatis suæ inopia deprehensus dicat : Nudum

---

[a] Mss. Norm. et plurimi, *vindicamus.*
[b] In nonnullis, *sicut vittæ sunt.*
[c] Ita restituimus ex Mss. Prius legebatur : *quanto culpa occultius, et pene incorrigibiliter perpetratur.*
[d] Editi, *in tentatione videt.* Mss. sequimur.
[e] Corb., Germ., cum nonnullis, *adorationem.* Variant Excusi. Edit. Paris. 1495 habet *adorationem,* Basil. 1514, *orationem.* Coc., Gil., Vatic., Guss., hanc lect. servarunt.
[f] 1. Reg., *et infirmitatis suæ inopia depressus.*

me in fide prima gratia genuit, nudum eadem gratia in assumptione ª salvabit. Est namque magnum animi turbati solatium, ut pulsatus vitiis, cum se quasi nudari virtutibus conspicit, ad solam misericordiæ spem recurrat; et eo se nudari non sinat, quo se a virtutibus humiliter nudum putat : qui etsi fortasse aliqua virtute in tentatione detegitur, infirmitatem tamen propriam agnoscens, ipsa melius humilitate vestitur; et valde robustius quam steterat jacet, cum sibi sine div no adjutorio cessat tribuere quod habet. Unde et manum mox largitoris et judicis humiliter agnoscit, dicens :

CAPUT LIV.

IBID.—*Dominus dedit, Dominus abstulit.*

86. *Tentatione eruditi crescimus.*— Ecce tentationibus eruditus crevit, qui et in virtute habita largitatem dantis, et in perturbatione fortitudinis, potestatem tollentis agnoscit. Quæ tamen fortitudo non tollitur, sed perturbata fatigatur; quatenus concussa mens, dum se hanc jamjamque quasi amittere trepidat, semper facta humilis nunquam perdat.

CAPUT LV.

IBID.—*Sicut Domino placuit, ita factum est, sit nomen Domini benedictum.*

87. *Tentato quid agendum.*—In hoc, quod interna perturbatione concutimur, dignum est ut ad conditoris judicium recurramus; ut inde cor nostrum adjutori suo majores laudes exhibeat, unde pulsatum verius imbecillitatem suæ infirmitatis pensat. Bene autem dicitur :

CAPUT LVI.

VERS. 22.—*In omnibus his non peccavit Job nec stultum aliquid contra Deum locutus est.*

88. *De tentatione non murmuret.*— Quia solerti cura custodire dolens animus debet, ne cum se intus tentatio stimulat, in verbis foras illicitæ locutionis erumpat, ne de probatione murmuret, et ignis qui hunc velut aurum concremat, per excessum sermonis illiciti in paleæ favillam vertat.

[*Vet.* XLI, *Rec.* XXVIII.] 89. *Dona Dei aliquando utiliter subtrahuntur. Prophetiæ Spiritus prophetis non adest semper.*—Nihil vero obstat si hoc quod de virtutibus diximus, de his quæ in ostensione virtutis dantur donis sancti Spiritus sentiamus. Alii namque prophetiæ, alii genera linguarum, alii virtutes curationum dantur. Sed quia hæc ipsa dona non semper in mente eodem modo sunt, liquido ostenditur quod ne se mens in præsumptione elevet, aliquando utiliter subtrahuntur. Nam si prophetiæ spiritus prophetis semper adesset, nimirum Eliseus propheta non diceret : *Dimitte eam, anima enim ejus in amaritudine est, et Dominus celavit a me verbum* (IV Reg. 4, 2ʳ). Si prophetiæ spiritus prophetis semper adesset, inquisitus Amos propheta non diceret : *Non sum propheta*, ubi et subdidit : *Neque filius prophetæ; sed armentarius* ᵇ *ego sum, vellicans sycomoros* (Amos. VII, 14). Quomodo autem propheta non fuit, qui de futuris tot vera prædixit? Aut quomodo propheta fuit, si de se in præsenti vera denegavit? Sed quia eadem hora qua requisitus est prophetiæ sibi spiritum deesse sensit, de semetipso testimonium veraciter intulit, dicens : *Non sum propheta.* Qui tamen secutus adjunxit : *Et nunc audi verbum Domini. Hæc dicit Dominus : Uxor tua in civitate fornicabitur, et filii tui et filiæ tuæ in gladio cadent, et humus tua funiculo metietur; et tu in terra polluta morieris* (Ibid. 16, 17). Quibus prophetæ verbis aperte ostenditur quia dum de se illa loqueretur, impletus est; et mox habere prophetandi spiritum meruit, quia se prophetam non esse humiliter agnovit. Et si prophetiæ spiritus prophetis semper adesset, David regi de templi se constructione consulenti, nequaquam Nathan propheta concederet quod post paululum negaret (II Reg. 1, 3, 5).

90. *Spiritum habere permanentem Christi est privilegium. Qui dicatur et in discipulis mansurus.*— Unde bene et in Evangelio scriptum est : *Super quem videris Spiritum descendentem et manentem super eum, hic est qui baptizat* (Joan. I, 33). In cunctis namque fidelibus Spiritus venit, sed in solo Mediatore ᶜ singulariter permanet, quia ejus humanitatem nunquam deseruit, ex cujus divinitate procedit. In illo igitur manet, qui solus et omnia et semper potest. Nam fideles, qui hunc accipiunt, cum signorum dona habere semper, ut volunt, non possunt, hunc se accepisse quasi in transitus ostensione testantur. Sed cum rursum de eodem Spiritu Veritatis ore discipulis dicitur, *Apud vos manebit, et in vobis erit* (Joan. XIV, 18), quid est quod divina voce Mediatoris ᵈ signum hæc eadem sancti Spiritus mansio declaratur, cum dicitur : *Super quem videris Spiritum descendentem, et manentem super eum*? Si igitur juxta magistri vocem et in discipulis manet, quomodo jam singulare signum erit quod in Mediatore permanet? Quod tamen citius cognoscimus, si dona ejusdem Spiritus discernamus.

[*Vet.* XLII, *Rec.* XXIX.] 91. *Mansurus est in donis quibus sanctitas confertur, non in iis quibus hæc pro aliorum utilitate declaratur.* — Alia namque sunt dona illius, sine quibus ad vitam nequaquam pertingitur, alia quibus vitæ sanctitas pro aliorum utilitate declaratur. Mansuetudo namque, humilitas, patientia, fides, spes, charitas, dona ejus sunt, sed ea sine quibus ad vitam homines pervenire nequaquam possunt. Prophetiæ autem, virtus curationum, genera linguarum, interpretatio sermonum, dona ejus sunt, sed quæ virtutis ejus præsentiam pro correctione intuentium ostendunt. In his igitur donis sine quibus ad vitam perveniri non potest, sanctus Spiritus sive in prædicatoribus suis, sive in electis omnibus semper manet; in illis autem quibus per ostensionem illius non nostra vita servatur, sed aliorum quæritur, et ideo rejecta.

ª In nonnullis Cod., *salvavit.*

ᵇ Prius legebatur in Ed., *armentarius puer.*

ᶜ Vox *semper,* quæ in editis hic interponitur, abest vero a Mss. Corb., Germ. et Reg., visa est additititia.

ᵈ In Editis, *signum hoc.* Restituimus *hæc,* supple *mansio,* ex omnibus Mss. nostris.

nequaquam semper in prædicatoribus permanet, quia semper quidem eorum cordi ad bene vivendum præsidet, nec tamen per eos virtutum signa semper ostendit,: sed aliquando se eis a signorum ostensionibus subtrahit, ut eo humilius virtutes ejus habeantur, quo habitæ teneri non possunt.

92. *Longe aliter ab his manet in Christo.* — Mediator autem Dei et hominum homo Christus Jesus, in cunctis eum et semper et continue habet præsentem, quia et ex illo isdem Spiritus per substantiam profertur. Recte ergo et cum in **74** sanctis prædicatoribus maneat, in Mediatore singulariter manere perhibetur, quia in istis per gratiam manet ad aliquid, in illo autem per substantiam manet ad cuncta. Sicut enim corpus nostrum sensum tantummodo tactus agnoscit, caput autem corporis usum simul omnium quinque sensuum possidet, ut videat, audiat, gustet, odoretur, et tangat; ita membra superni capitis in quibusdam virtutibus emicant, ipsum vero caput in cunctis virtutibus flagrat. Dissimiliter ergo Spiritus in illo manet, [a] a quo per naturam nunquam recedit. Dona vero ejus quibus ad vitam tenditur, sine periculo amitti non possunt; dona autem quibus vitæ sanctitas demonstratur, plerumque, ut dictum est, sine dipendio subtrahuntur. Illa ergo pro nostra eruditione tenenda sunt, hæc pro alienis provectibus exquirenda. In illis nos terreat formido, ne pereant; in istis vero ad tempus aliquando sublatis consoletur humilitas, quia ad elationem mentem fortasse sublevant. Cum igitur concessa nobis virtutum signa subtrahuntur, dicamus recte: *Dominus dedit, Dominus abstulit; sicut Domino placuit, ita factum est; sit nomen Domini benedictum.* Tunc enim vere ostendimus quia accepta recte tenuimus, cum profecto æquanimiter ad momentum sublata toleramus.

[a] Apud Gilot., Vatic., Guss., post., Coc., hic adjicitur: *cui se ad votum substantialiter exhibet;* quæ absunt a Mss. et antiq. Ed. atque abesse debent; pugnare enim videntur cum sententia seq.

LIBER TERTIUS.

Totum caput secundum libri Job, ad modum superiorum librorum, historice, allegorice ac moraliter explanat.

CAPUT PRIMUM.

Historicus sensus. — 1. Beatus Job ad mortem petitus in tentatione, ad vitam [a] crevit ex verbere; et antiquus hostis unde se bona ejus æstimavit extinguere, inde doluit multiplicasse. Sed quia in primo certamine se succubuisse considerat, ad alia se tentationum bella restaurat, et de sancto viro mala adhuc impudenter sperat; quia bona malus credere non potest, vel experta. Ea autem quæ in prima ejus percussione præmissa sunt, iterum subnectuntur, cum dicitur:

Vers. 1, 2, 3. — *Factum est cum quadam die venissent filii Dei et assisterent coram Domino, venissetque Satan inter eos, et staret in conspectu ejus, ut diceret Dominus ad Satan: Unde venis? Qui respondens, ait: Circuivi terram, et perambulavi eam. Et dixit Dominus ad Satan: Nunquid considerasti servum meum Job, quod non sit ei similis super terram, homo simplex et rectus, timens Deum, et recedens a malo.*

Infirmitas superbiæ diaboli increpatur. — Hæc quia latius supra disseruimus, melius silendo præterimus: ne, dum sæpius discussa repetimus, tardius ad indiscussa veniamus. Quamvis hoc, quod voce Domini ad Satan dicitur: *Unde venis?* nequaquam æstimo quod ei, ut prius, dicatur. Cum enim ab eo certamine in quo relaxatus fuerat victus redit; et unde venit requiritur, qui unde veniat scitur; quid aliud quam infirmitas superbiæ ejus increpatur? ac si ei aperte divina vox dicat: Ecce ab uno et in infirma carne posito homine vinceris, qui te contra me auctorem omnium erigere conaris. Unde mox Dominus cum beati Job bona, sicut prius diceret, hæc cum victoriæ triumphis enumerans adjungit:

CAPUT II.

Ibid. — *Et adhuc retinens innocentiam suam.*

2. *Job innocentiam gloriosius servavit in verbere.* — Ac si aperte dicat: Tu quidem exercuisti malitiam, sed ille innocentiam non amisit; et unde te æstimasti provectum ejus imminuere, inde compulsus es ejus provectui deservire, quia mentis innocentiam, quam gloriose tenuit in tranquillitate, gloriosius servavit in verbere. Sequitur:

CAPUT III [Rec. II].

Ibid. — *Tu autem commovisti me adversus eum, ut affligerem illum frustra.*

3. *Deus afflixit Job frustra, quia in eo non punivit peccatum; et non frustra, quia auxit ejus meritum.* — Cum sit Deus justus et verax, valde quærendum est quomodo beatum Job frustra afflixisse se indicat. Quia enim justus est, frustra affligere non potuit; sed rursum quia verax est, aliter non potuit dixisse quam fecit. Ut ergo justo et veraci utraque conveniant, quatenus et vera dicat, et injusta non faciat; cognoscamus beatum Job et juxta aliquid frustra, et rursum juxta aliquid non frustra percussum. Quia enim justus et verax hæc de semetipso asserit, ostendamus et verum exstitisse quod dixit, et rectum fuisse quod fecit. Necesse quippe erat, ut sanctus vir Deo solique cognitus, quanta virtute polleret, ad imitan-

[a] Aliqui Mss., *crevit ex vulnere.*

dum cunctis innotesceret. Aperte namque aliis virtutis exempla non daret, si ipse sine tentatione remaneret. Actum ergo est ut et vires ejus cunctis imitandas ipsa vis percussionis ostenderet, et flagella proderent quod in tranquillitate latuisset. Sed eisdem flagellis crevit virtus patientiæ, atque ex dolore verberis aucta est gloria remunerationis. Ut ergo in dicto Domini veritas, rectitudo autem teneatur in facto, beatus Job et non frustra percutitur, quia augetur meritum; et tamen frustra percutitur, quia nullum punitur 75 admissum. Frustra enim percussus est, cui culpa nulla reciditur; et non frustra percussus est, cui virtutis meritum cumulatur.

[*Vet. 11.*] 4. *Commotus Deus qui intelligatur.* — Sed quid est quod dicitur: *Commovisti me adversus eum?* Nunquid Satanæ verbis Veritas accenditur, ut in subditorum suorum cruciatibus instigetur? Quis hæc de Deo senserit, quæ recto etiam homine indigna perpendit? Sed quia nos ferire nisi commoti nescimus, ipsa divina percussio commotio vocatur; et ad nostra verba divina voce descenditur, ut ejus factum ab homine utcunque capiatur. Illa enim vis quæ absque necessitate omnia creavit, et [a] sine despectu omnibus præsidet, et sine labore cuncta sustentat, et sine occupatione regit, etiam sine commotione corrigit, sicque humanas mentes ad ea quæ voluerit flagellis format, ut in diversitatis umbram a suæ incommutabilitatis luce non transeat. Sequitur:

CAPUT IV.

VERS. 4, 5. — *Respondens Satan, ait : Pellem pro pelle, et cuncta quæ habet homo dabit pro anima sua; alioquin mitte manum tuam, et tange os ejus et carnem, et tunc videbis quod in faciem benedicat tibi.*

5. *Deus sinit diabolum contra sanctos bellum redintegrare, ut sæpius victus obmutescat.*—Antiquus hostis ex rebus exterioribus colligit, quod beato viro ad mentis crimen infligit. Pellem enim pro pelle dari asserit, quia sæpe dum venire ictum contra faciem cernimus, manum palpebris opponimus, ut ab ictu oculos defendamus; et corpus vulneri objicimus, ne in corpore teneriori vulneremur. Satan ergo hæc[b] consuete fieri sciens, dicit: *Pellem pro pelle, et cuncta quæ habet homo, dabit pro anima sua.* Ac si aperte dicat: Idcirco Job tot extra se flagella æquanimiter patitur, quia pavet, ne ipse feriatur. Cura ergo carnis est, quod damno affectuum carnalium motus non est, quia dum sibimetipsi metuit, minus suorum percussiones sentit. Unde et mox ejus carnem feriendam postulat; dicens: *Mitte manum tuam, et tange os ejus et carnem, et tunc videbis quod in faciem benedicat tibi* (*Job* II, 5). Superius dixerat: *Tange cuncta quæ possidet, et tunc videbis quod in faciem benedicat tibi* [c] (*Job* I, 11). Nunc quasi prioris propositionis oblitus, fractus de aliis alia postulat. Quod tamen recte divina dispensatione permittitur, quatenus altercator impudens vel sæpe victus obmutescat. Sequitur:

CAPUT V [*Rec. III*].

VERS. 6. — *Dixit ergo Dominus ad Satan : Ecce in manu tua est, verumtamen animam illius serva.*

6. *Manui adversarii Job sic traditur, ut in adjutoris manu semper retineatur.* — Ecce iterum permissionem verberis comitatur custodia protectionis, et electum suum divina dispensatio custodiendo deserit, deserendo custodit, alia illius prodit, alia protegit. Si enim totum Job desereret in manu tanti adversarii, homo quid esset? In ipsa ergo justitia permissionis miscetur quædam libra pietatis, quatenus in uno eodemque certamine et servus humilis ex oppressione proficiat, et hostis superbiens ex permissione succumbat. Manui itaque adversarii sanctus vir traditur, sed tamen in intimis adjutoris sui manu retinetur. De illis quippe ovibus fuit, de quibus in Evangelio ipsa Veritas dicit: *Non rapiet eas quisquam de manu mea* (*Joan.* X, 28); et tamen expetenti hosti dicitur: *Ecce in manu tua est.* Isdem ergo in manu Dei, isdem in manu est diaboli. Nam dicens: *In manu tua est;* cum protinus adjungit: *Verumtamen animam illius serva;* patenter pius adjutor innotuit, quia tenuit quem concessit, et dando non dedit, quem adversarii sui 76 jaculis [d] ejiciens abscondit.

[*Vet. III.*] *Satan id servare dicitur, in quod irrumpere non sinitur.* — Quid est autem hoc, quod ad Satan dicitur : *Animam illius serva ?* Quo enim pacto ille custodit, qui custodita semper irrumpere appetit? Sed servare Satan dicitur, irrumpere non audere, sicut e contrario Patrem in oratione postulamus, dicentes : *Ne nos inducas in tentationem* (*Matth.* VI, 13). Neque enim in tentationem Dominus inducit, qui semper a tentatione subditos misericorditer protegit: sed tamen in tentationem quasi ejus inducere nos, a tentationis illecebra non munire. Et tunc nos in tentationis laqueum non inducit, cum tentari nos ultra quam possumus non permittit. Sicut ergo Deus inducere nos in tentationem dicitur, si nos ab adversario induci patiatur; ita adversarius servare animam dicitur cum hanc tentando superare prohibetur.

VERS. 7. — *Egressus igitur Satan a facie Domini.* Quomodo Satan a facie Domini exeat, ea jam quæ superius sunt dicta, manifestant. Sequitur :

CAPUT VI.

IBID.— *Percussit Job ulcere pessimo, a planta pedis usque ad verticem ejus.*

8. *In corpore Job nihil vacat a pœna, ut in anima nihil vacet a gloria.* — Duobus semper modis flagella pensanda sunt, ut scilicet perpendantur, aut qualia sint, aut quanta. Nam sæpe multa ex qualitate, sæpe gravia ex quantitate levigantur : si videlicet cum multa sunt, non sint gravia; cum vero gravia, non sint multa. Ut igitur ostendatur quomodo per asperitatem flagelli adversarius contra sanc-

---

[a] Ita omnes Mss. nostri et vet. Edit. Paris. et Basil. In nonnullis Editis, *et sine defectu.* Prior lectio est optima, significatque Deum cuncta sua providentia gubernare, ne vilioribus quidem entibus despectis.
[b] Nonnulli, *consulte fieri.*
[c] Ita Rem., Remig., Compend., Corb., Germ., a secunda manu, et vet. Ed. At Coc., Gilot., aliæque seq. Ed., habent *oblitus factus,*
[d] Solus Guss., *jaculis objiciens.*

tum virum non solum per nequitiam qualitatis, sed etiam per pondus quantitatis exarsit, ad demonstrandam qualitatem dicitur : *Percussit eum* ^a *ulcere pessimo;* ad insinuandam vero quantitatem subjungitur : *A planta pedis usque ad verticem*, ut nimirum nihil in mente vacet a gloria, in cujus corpore nil vacat a poena. Sequitur :

CAPUT VII [*Rec. IV*].

VERS. 8. — *Qui testa saniem radebat, sedens in sterquilinio*.

9. Job testa saniem corporis radens, nos docet vas fictile quod gestamus cito conterendum. — Unde testa, nisi ex luto conficitur? Quid vero est sanies corporis, nisi lutum? Saniem ergo radere testa perhibetur, ac si aperte diceretur : Luto tergebat lutum. Pensabat quippe vir sanctus unde sumptum fuerat quod gestabat, et fragmentum vasis fictilis confractum vas fictile radebat. Quo facto patenter ostenditur corpus suum quomodo sibi sanum subdidit, quod et percussum sic despiciens curavit; quam ille mollitiem sanae suae carni concessit, qui non vestem, non digitos, sed testam etiam vulneribus admovit. Testa ergo radebat saniem, ut semetipsum et in fragmento considerans, etiam de extersione vulneris sumeret curam mentis.

[*Vet. IV.*] 10. *In sterquilinio jacens cogitat corpus brevi stercus futurum*. — Quia vero saepe per ea quae circa corpus sunt, animus inflatur, et per hoc quod erga nos agitur fragilitas nostri corporis ab oculis cordis amovetur (sicut nonnulli saeculares cum temporalibus dignitatibus fulciuntur, dum locis altioribus praesident, dum multorum obsequia sibi suppetere ad votum vident, fragilitatem suam intueri negligunt, et vas quod gestant fictile, quam sit velociter conterendum, obliviscentes omni modo non attendunt), beatus Job ut considerationem fragilitatis suae etiam ex circumstantibus traheret, et ante oculos suos vim suae despectionis augeret, ^b non quolibet in terra, quae pene ubique munda reperitur, sed in sterquilinio sedisse describitur. In sterquilinio ponebat corpus, ut ex terra sumpta quae esset carnis substantia, bene proficiens perpenderet animus. In sterquilinio ponebat corpus ut etiam ex loci fetore caperet, 77 quod festine corpus ad fetorem rediret.

[*Rec. V*]. 11. *Ex sanctorum flagellis intelligendum quae ipsis merces, quae iniquis poena reservetur.* — Sed ecce cum beatus Job tot rerum damna sustinet, ^c tot funeribus pignerum percussus dolet, tot vulnera tolerat; dum decurrentem saniem testa radit, dum per putredinem defluens in sterquilinio resident; intueri libet quid est, quod omnipotens Deus quos sibi tam charos in aeternum conspicit, tam vehementer quasi despiciens affligit. Ecce autem dum beati Job vulnera cruciatusque considero, repente mentis oculos ad Joannem reduco, et non sine gravissima admiratione perpendo, quod ille prophetiae spiritu intra matris uterum impletus, atque, ut ita dixerim, priusquam nasceretur, renatus : ille amicus sponsi, ille, quo inter natos mulierum major nemo surrexit; ille sic propheta, ut plus etiam quam propheta (*Matth.*, XI, 9), ab iniquis in carcerem mittitur, et pro puellae saltatu, capite truncatur, et vir tantae severitatis pro risu turpium moritur. Nunquidnam credimus aliquid fuisse, quod in ejus vita illa sic despecta mors tergeret? Sed quando ille vel in cibo peccavit, qui locustas solummodo et mel silvestre comedit? Quid Deo vel de qualitate sui tegminis deliquit, qui camelorum pilis corpus operuit? Quid de conversatione sua offendere potuit, qui de eremo non recessit? Quid illum loquacitatis reatus polluit, qui disjunctus longe ab hominibus fuit? Quando illum vel silentii culpa attigit, qui ad se venientes tam vehementer increpavit, dicens : *Genimina viperarum, quis demonstravit vobis fugere a ventura ira?* (*Matth.* III, 7; *Luc.* III, 7; *Marc.* I, 4.) Quid est ergo, quod Job Dei testimonio praefertur, et tamen plagis usque ad sterquilinium sternitur? Quid est, quod Joannes Dei voce laudatur, et tamen pro temulenti verbis ^d in saltationis praemium moritur? Quid est, quod omnipotens Deus sic vehementer in hoc saeculo despicit, quos sic sublimiter ante saecula elegit : nisi hoc, quod pietati fidelium patet, quoniam idcirco sic eos premit in infimis, quia videt quomodo remuneret in summis; et foras usque ad despecta dejicit, quia intus usque ad incomprehensibilia perducit. Hinc ergo unusquisque colligat quid illic sint passuri quos reprobat, si hic sic cruciat quos amat; aut quomodo ferientur qui in judicio arguendi sunt, si sic eorum vita premitur, qui ipso judice teste laudantur. Sequitur :

CAPUT VIII [*Rec. VI*].

VERS. 9. — *Dixit autem illi uxor sua : Adhuc permanes in simplicitate tua? Benedic Deo, et morere.*

12. *Tentat diabolus stantes aut tribulationibus frangere, aut persuasionibus mollire. Quaerit mulierem quasi scalam, qua in cor Job ascendat : sed frustra.* — Antiquus hostis humanum genus duobus modis tentare consuevit; ut videlicet corda stantium aut tribulationibus frangat, aut persuasionibus molliat. In utrisque ergo contra beatum Job se vehementer exercuit. ^e Nam prius patrifamilias intulit damna rerum, orbavit patrem morte filiorum, percussit incolumem putredine vulnerum. Sed quia putrescentem foras sanum adhuc interius stare conspexit; et quem exterius nudum reddidit, hunc interius ditiorem fieri per exhibitam laudem conditoris invidit; callide cogitans pensat quod contra se athleta Dei unde premitur, inde sublevatur, victusque ad subtilia tentandi argumenta convertitur. [*Vet. V.*] Nam antiquae artis insidias repetit; et quia scit quomodo Adam decipi soleat, ad Evam recurrit. 78 Beatum enim Job inter tot rerum damna, inter tot percussionum vulnera, quasi in quadam virtutum arce stare invictum vidit.

---

^a Corb., Germ., hic et supra, *vulnere*.
^b Omnes Excusi, *non qualibet in terra*, contra Mss. testimonium.
^c Ebroic., *tot vulneribus pignerum*.

^d Ita pene omnes Mss. Quidam Editi, *in saltatricis praemium*.
^e Duo Rem., *nam qui prius*.

In alto quippe mentem fixerat ; et idcirco hanc hostiles insidiæ irrumpere non valebant. Quæritur ergo ab adversario in hanc arcem munitissimam quibus gradibus ascendatur. Vicina est autem viro mulier atque ᵃ subjuncta. Cor igitur mulieris tenuit, et quasi scalam, qua ad cor viri ascendere potuisset invenit. Occupavit animum conjugis, scalam mariti. Sed nihil hac arte prævaluit, quia sanctus vir subjectam sibi mulierem, et non præpositam attendit ; et recta ᵇ loquens docuit, quam serpens, ut perversa loqueretur, instigavit. Dignum quippe erat ut fluxam mentem virilis censura restringeret, cum profecto et de ipso primo lapsu humani generis ᶜ nosset quod docere mulier recta nesciret. Unde bene et per Paulum dicitur : *Docere autem mulieri non permitto* (*1 Tim.* II, 12) ; quia nimirum aliquando cum docuit, a sapientiæ æternitate separavit. Antiquus itaque hostis ab Adam in sterquilinio ᵈ perdidit, qui Adam in paradiso superavit ; atque adjutricem suam mulierem dum ad verba malæ persuasionis accendit, ad doctrinam sanctæ eruditionis misit ; et quæ excitata fuerat ut perderet, erudita est ne periret. Sic vel a nostris viris fortibus hostis percutitur, ut sua ei etiam tela rapiantur. Unde enim se exaggerare æstimat dolorem vulneris, inde ᵉ eis contra semetipsum suggerit arma virtutis.

13. *Ex verbis diabolus per eos qui nobis adhærent, nos tentat.*—Ex verbis autem male persuadentis conjugis vigilanter debemus aspicere quod antiquus adversarius non solum per semetipsum, sed per eos etiam qui nobis adhærent, statum satagit nostræ mentis inclinare. Cum enim cor nostrum sua persuasione non subruit, ad hoc nimirum per linguas adhærentium repit. Hinc enim scriptum est : *A filiis tuis cave, et a domesticis tuis attende* (*Eccli.* XXXII, 26). Hinc per prophetam dicitur : *Unusquisque se a proximo suo custodiat, et in omni fratre suo non habeat fiduciam* (*Jer.* IX, 4). Hinc rursum scriptum est : *Inimici homines domestici ejus* (*Matth.* X, 56). Callidus namque adversarius, cum a bonorum cordibus repelli se conspicit, eos qui ab illis valde diliguntur exquirit ; et per eorum verba blandiens loquitur, qui plus cæteris amantur ; ut dum vis amoris cor perforat, facile persuasionis ejus gladius ad intimæ rectitudinis munimina irrumpat. Post damna igitur rerum, post funera pignorum, post vulnera scissurasque membrorum, antiquus hostis linguam movit uxoris.

14. *In serie tentationum Job quæ artes inimici.*— Et notandum quo tempore viri mentem studuit virulento sermone corrumpere. Verba enim post vulnera intulit, ut nimirum cum vis doloris ingravesceret, facile persuasionis suggestio perversa prævaleret. [*Vet. VI.*] Sed si ipsum subtiliter tentationis ejus ordinem perpendimus, qua calliditate sæviat invenimus. Movit namque prius damna substantiæ, quæ et extra naturam profecto essent, et extra corpus. Subtraxit filios, quod jam quidem extra naturam non esset, sed tamen adhuc aliquatenus extra proprium corpus. Ad extremum percussit et corpus. Sed quia vulneribus carnis ad mentis vulnus pervenire non valuit, etiam conjunctæ mulieris **79** linguam quæsivit. Quia enim aperto certamine superari se doluit, de ore conjugis jaculum quasi de insidiis intorsit, quæ profecto diceret : *Adhuc permanes in simplicitate tua?* Benedic Deo, et morere. Ecce tentando omnia abstulit, ecce tentando mulierem reliquit, et sancto viro callide cuncta diripuit ; sed valde callidius adjutricem suam mulierem reservavit, quæ dicat : *Adhuc permanes in simplicitate tua?* Verba sua Eva repetit. Nam quid est dicere : Simplicitatem desere, nisi : Obedientiam, ᶠ vetitum comedendo, contemne? Et quid est dicere : *Benedic Deo, et morere*, nisi : Transcendendo præceptum, ultra quam es conditus, vive? Sed Adam noster fortis in sterquilinio jacuit, qui in paradiso quondam debilis stetit. Nam illico ad male suadentis verba respondit, dicens :

CAPUT IX [*Rec. VII*].

VERS. 10. — *Quasi una de stultis mulieribus locuta es. Si bona accipimus de manu Domini,* ᵍ *mala quare non sustineamus?*

15. *Job externis rebus vacuus, intus Deo plenus. Mala quatenus vocentur flagella.*—Ecce ubique hostis frangitur, ubique superatur, per cuncta tentationum argumenta succubuit, quia et illud suum familiare solatium etiam de muliere amisit. Inter hæc igitur sanctum virum intueri libet, foras rebus vacuum, intrinsecus Deo plenum. Paulus cum in seipso divitias sapientiæ internæ conspiceret, seque ipsum exterius esse corruptibile corpus videret, ait : *Habemus thesaurum istum in vasis fictilibus* (*II Cor.* IV, 7). Ecce in beato Job vas fictile scissuras ulcerum exterius sensit ; sed hic thesaurus interius integer mansit. Foras enim per vulnera crepuit, sed indeficienter interius nascens thesaurus sapientiæ per ʰ verba sanctæ eruditionis emanavit, dicens : *Si bona accepimus de manu Domini, mala quare non sustineamus?* bona scilicet, dona Dei vel temporalia vel æterna ; mala autem, flagella præsentia appellans, de quibus

---

ᵃ Ita omnes Mss. Corb., Germ., non *subjecta*, ut legitur in Editis. Paulo post tamen legimus, *sanctus vir subjectam sibi mulierem*, etc., et ita in omnib. Mss. habetur.

ᵇ Plurimi, *et recta loqui docuit*.

ᶜ Vera lectio ex omnibus Mss. confirmata ; in nonnullis Editis pro *nosset* legitur *nocet*, in aliis *docet*.

ᵈ Hic variant Mss. antiq. Rem. cum Corb., Germ., habet : *antiquus itaque hostis ab Adam in sterquilinio perdidit*; quam lectionem amplectimur post. vet. Ed. Paris. 2 Rhem., omnes Remig., Vindoc., Norman.,

Val. Cl., etc., *antiquus itaque hostis Adam in sterquilinio perdidit*. Ita vet. Edit. Basil.

ᵉ Mendose in vet. Edit. Paris., et Basil., et cæteris, *inde ei*. Ad *viros fortes* de quibus supra actum est refertur, *inde eis contra semetipsum* (Satan) *suggerit arma virtutis*.

ᶠ Sic Corb., Germ. In Editis legitur, *pomum vetitum*. In nullis Mss. invenimus *pomum*, quod supplendum fortasse putaverunt Editores.

ᵍ In secundo Rhem. et uno Remig. semper legitur, *mala quare non suscipiamus?*

ʰ Mss. Norm., Val. Cl. et alii, *ad verba*.

per prophetam Dominus dicit : *Ego Dominus, et non est alter, formans lucem, et creans tenebras; faciens pacem, et creans mala* (*Isai.* XLV, 7). Neque enim mala, quæ nulla sua natura subsistunt, a Domino creantur; sed creare se mala Dominus indicat, cum res bene conditas nobis male agentibus in flagellum format, ut ea ipsa et per dolorem, quo feriunt, delinquentibus mala sint; et per naturam, qua existunt, bona. Unde et venenum mors quidem est homini, sed tamen vita serpenti. Amore enim præsentium ab auctoris nostri dilectione recessimus; et perversa mens dum [a] dilectioni creaturæ se subdidit, a creatoris societate disjunxit. Ex his ergo ab auctore ferienda erat, quæ errans auctori præposuerat, ut unde homo culpam non timuit superbus admittere, inde pœnam corrigendus inveniret; et tanto citius resipisceret ad illa quæ perdidit, quanto doloris plena esse conspiceret quæ quæsivit. Unde et bene dicitur : *Formans lucem, et creans tenebras*, quia cum per flagella exterius doloris tenebræ creantur, intus per eruditionem lux mentis accenditur. *Faciens pacem, et creans mala*, quia tunc nobis pax cum Deo redditur, cum hæc quæ bene sunt condita, sed [b] non bene concupita, in ea quæ nobis mala sunt, flagella vertuntur. Per culpam quippe Deo discordes exstitimus; dignum ergo est ut ad pacem illius per flagella redeamus; ut cum unaquæque res bene condita nobis in dolorem vertitur, correcti mens ad auctoris pacem humiliter reformetur. Hæc itaque flagella beatus Job mala nominat; quia salutis et tranquillitatis bonum, qua perturbatione feriant, pensat.

16. *Flagelli pœna memoria doni, lœtitia metu flagelli temperanda. Sensus pravis, non sexus in vitio.* — Sed illud valde in ejus verbis intuendum est, contra persuasionem conjugis quanta considerationis arte se colligat, dicens : *Si bona accepimus de manu Domini, mala quare non sustineamus?* [*Vet. VII.*] Magna quippe consolatio tribulationis est, si cum adversa patimur, auctoris nostri ad memoriam dona revocemus. Nec frangit quod ex dolore obviat, si menti citius hoc, quod ex munere sublevat, occurrat. Hinc namque scriptum est : *In die bonorum ne immemor sis malorum, et in die malorum ne immemor sis bonorum* (*Eccli.* XI, 27). Quisquis enim dona percipit, sed donorum tempore nequaquam etiam flagella pertimescit, in elatione per lætitiam corruit. Quisquis autem flagellis atteritur, sed flagellorum tempore nequaquam se ex donis, quæ eum contigit accepisse, consolatur, ab statu mentis omnimoda desperatione destruitur. Sic ergo utraque jungenda sunt, ut unum semper ex altero fulciatur; quatenus et flagelli pœnam memoria temperet doni, et doni lætitiam mordeat suspicio ac formido flagelli. Sanctus igitur vir, ut oppressam mentem inter vulnera mulceat, in flagellorum doloribus blandimenta donorum pensat, dicens : *Si bona accepimus de manu Domini, mala quare non sustineamus?* Ubi et bene præmittit, *Locuta es quasi una ex insipientibus mulieribus.* Quia enim sensus [c] pravæ mulieris, non autem sexus in vitio est, nequaquam ait : Locuta es quasi una ex mulieribus, sed, ex ineptis mulieribus, ut videlicet ostendatur quia quod pravum sapit, [d] accedentis stultitiæ, non autem conditæ sit naturæ. Sequitur :

CAPUT X [*Rec. VIII*].

IBID. — *In omnibus his non peccavit Job labiis suis.*

17. *Job non peccavit labiis, quia nec injusta dixit, nec justa reticuit.* — Duobus modis labiis delinquimus, cum aut injusta dicimus, aut justa reticemus. Nam si aliquando et tacere culpa non esset, propheta non diceret : *Væ mihi, quia tacui* (*Isai.* VI, 5). Beatus igitur Job in cunctis quæ egit, labiis suis minime peccavit, quia nec contra ferientem superba dixit, nec contra suadentem recta reticuit. Nec loquens ergo, nec tacens deliquit, qui et flagellanti patri gratias reddidit, et male suadenti conjugi doctrinæ sapientiam ministravit. Quia enim scivit quid deberet Deo, quid proximo, scilicet patientiam conditori, sapientiam conjugi, idcirco et hanc redarguendo docuit, et illum gratias agendo laudavit. Quis autem nostrum, si unum quodlibet vulnus tantæ hujus percussionis acciperet, non mox ab intimis prostratus jaceret? Ecce stratus foris vulneribus carnis, erectus intrinsecus munimine permanet mentis; et sub semetipso omne jaculum transvolare conspicit, quod in se exterius districta manu sæviens hostis figit, vigilanter deprehendit jacula, modo vulneribus contra se a facie, modo verbis quasi ex latere intorta. Et bellator noster circumvallantium certaminum fervore deprehensus, ubique patientiæ suæ clypeum opponit; undique venientibus spiculis obviat, et per cuncta virtutum latera circumspectam contra irruentia vulnera [e] mentem rotat.

[*Vet. VIII.*] 18. *Tentatur per amicos.* — Sed antiquus hostis quo valentius vincitur, eo adhuc ad insidias ardentius instigatur. Nam quia uxor increpata reticuit, protinus alios qui [f] increpandi ad contumelias surgerent, excitavit. Sicut enim damna rerum studuit crebrius nuntiando percutere; ita nunc

---

[a] Antiq. Rhem., unus ex Remig., Compend., Corb., Germ., Colb., vet. Edit. Paris. et Basil., *dum delectationi creaturæ.*
[b] Editi, *sed male concupita*. Elegantius Mss., *sed non bene.*
[c] Ita Mss. Norm. omnes, Rhem., Corb., Germ., Remig., unus Vindoc., Turon., Compend., Val. Cl., etc. At Ed., *quia enim sensus pravæ voluntatis mulieribus.* Secundus Vindoc. confirmat hanc lectionem.
[d] Gilot., Vatic., Gussanv., *accidentis*, contra fidem Mss. et vet. Edit.
[e] Ita Corb., Germ. et omnes nostri Mss., non *mentem roborat*, ut in plerisque Editis legitur.
[f] Ant. Rhem., *qui increpandi contumelias suggererent*. Secundus Rhem. et secundus Remig., *qui increpando contumelias suggererent*. Primus Remig., *qui ad increpandum contumeliis surgerent*. Germ., *ad increpandi contumelias surgerent*. Corb., Germ., secundis curis, sed, uti videtur, ab eadem manu, *increpando*, non male.

robustum pectus satagit verborum contumeliis sæpius feriendo penetrare. Sequitur :

CAPUT XI [*Rec. IX*].

VERS. 11. — *Igitur audientes tres amici Job omne malum quod accidisset ei, venerunt singuli de loco suo : Eliphaz Themanites, Baldad Suhites, et Sophar Naamathites. Condixerant enim sibi, ut pariter venientes visitarent eum, et consolarentur.*

19. *Amicorum Job recta intentio indiscretione fuscatur.* — Qui ex condicto ad afflicti consolationem veniunt, et inter se et erga percussum quantæ charitatis fuerint, demonstrantur. Quamvis et per hoc, quod Scriptura eos tanti viri amicos fuisse testatur, quia boni studii et rectæ fuerint intentionis ostenditur; sed tamen hæc ipsa illorum intentio, eis ad verba prorumpentibus, ante districti judicis oculos, suborta indiscretione, fuscatur. Sequitur :

CAPUT XII [*Rec. X*].

VERS. 12. — *Cumque elevassent procul oculos suos, non cognoverunt eum; et exclamantes ploraverunt, scissisque vestibus sparserunt pulverem super caput suum in cœlum.*

20. *Consolaturus afflictum debet mœrere. At modum dolori ponat.* — Quia percussi speciem plaga mutaverat, amici plorantes exclamant, vestes scindunt, capita pulvere aspergunt; ut cum mutatum eum, ad quem venerant, cernerent, ipsam etiam consolatorum speciem spontaneus dolor immutaret. Ordo quippe consolationis est, ut cum volumus afflictum quempiam a mœrore suspendere, studeamus prius mœrendo ejus luctui concordare. Dolentem namque non potest consolari, qui non concordat ejus dolori, quia eo ipso, quo a mœrentis afflictione discrepat, minus ab illo recipitur, ᵃ a quo mentis qualitate separatur. Emolliri itaque prius debet animus, ut afflicto congruat, congruens inhæreat, inhærens trahat. Neque enim ferrum ferro conjungitur, si non utrumque exustione ignis liquetur; et durum molli non adhæret nisi prius duritia ejus temperata mollescat, ut quasi hoc ipsum fiat, quod curatur ut teneat. Sic nec jacentes erigimus, nisi a rigore nostri status inclinemur, quia dum rectitudo stantis ᵇ a jacentis situ discrepat, eum, cui condescendere negligit, nequaquam levat. Amici igitur beati Job ut afflictum a dolore suspenderent, curaverunt necessario simul dolere; et cum vulneratum illius corpus viderent, studuerunt ipsi vestes scindere; et cum immutatum conspicerent, studuerunt pulvere capita fœdare; quatenus afflictus vir tanto facilius eorum verba reciperet, quanto in eis suum aliquid de afflictione cognovisset.

[*Vet. IX.*] 21. Sed inter hæc sciendum est quia is qui afflictum consolari desiderat, mensuram necesse est dolori quem suscipit ponat, ne non solum dolentem non mulceat, sed intemperate dolens, afflicti animum ad pondus desperationis premat. Sic enim dolor noster mœrentium dolori jungendus est, ut per temperamentum sublevet, non autem per augmentum gravet. Unde fortasse colligendum est **82** quod amici beati Job plusquam necesse fuerat, in consolatione doluerunt, qui dum percussionem cernunt, sed percussi mentem nesciunt, ita in immensum luctum versi sunt, ac si percussus vir tantæ fortitudinis, in plaga corporis, etiam a corde cecidisset. Sequitur :

CAPUT XIII.

VERS. 13. — *Sederuntque cum eo in terra septem diebus et septem noctibus, et nemo loquebatur ei verbum; videbant enim dolorem* ᶜ *ejus esse vehementem.*

22. *Continuis ne, an intermissis septem diebus ac noctibus, amici cum Job sederint incertum.* — Utrum continuis septem diebus et septem noctibus cum afflicto Job sederint, an certe diebus septem et noctibus totidem instantia ei crebræ visitationis adhæserint, ignoramus. Sæpe enim rem quamlibet tot diebus agere dicimur, quamvis non eisdem diebus ad eam continue vacemus. Sæpe vero Scriptura sacra sic totum pro parte, sicut pro toto partem ponere consuevit. Pro toto enim partem loquitur, sicut Jacob familiam describens dicit : *Intravit Jacob in Ægyptum cum animabus septuaginta* (Gen. XLVI, 27). Quæ nimirum cum animas memorat, constat quia intrantium et corpora comprehendit. Rursum totum pro parte insinuat, sicut ad monumentum Maria queritur, dicens : *Tulerunt Dominum de monumento, et* ᵈ *nescimus ubi posuerunt eum (Joan. XX, 2).* Solum quippe corpus Domini quæsitura venerat, et quasi totum simul Dominum ᵉ tultum deplorat. An ergo et hoc in loco totum pro parte dicatur incertum est.

23. *Nec sermo sit præceps, nec post debitum silentium indiscretus.* — Sed tamen hic quod diu tacuerunt, et quandoque loquendo reprobati sunt, neglecte prætereundum non est. Sunt namque nonnulli qui et loqui præcipitanter incipiunt, et effrenate cœpta effrenatius exsequuntur. Et sunt nonnulli qui tarde quidem loqui inchoant, sed semel inchoantes, habere modum locutionis ignorant. Amici igitur beati Job dolorem videntes, diu tacuerunt; sed tarde inchoantes, indiscrete locuti sunt, quia parcere dolenti noluerunt. Tenuerunt linguam, ne præpropere inciperet; sed incipientem semel nequaquam moderati sunt, ne se ex consolatione usque ad contumelias effrenaret. Et bona quidem intentione ad consolandum venerant; sed hoc, quod pia mens mundum Deo obtulit, locutio præcipitata vitiavit. Scriptum quippe est : *Si recte*

ᵃ Antiq. Rhem., secundus Remig., Corb., Germ., Norman., Val. Cl., Turon., *cui mentis qualitate separatur.*

ᵇ Plurimi mss. cum Corb., Germ. et vet. Edit. Paris. et Basil., *a jacente discrepat.*

ᶜ Deest *ejus* in Corb., Germ. et plurimis mss.

ᵈ Duo Rhem., duo Remig., Val. Cl., Corb., Germ. et alii, habent *et nescio ubi*, etc.

ᵉ Ita antiq. Rem., unus Remig., Turon., Corb., Germ. et alii veteres Mss. Voce hac *tultum* aliquando utitur Gregorius in epistolis. Eamdem usurparunt auctor libri de Speculo, apud Augustinum, append., t. VI, cap. 1, et Joannes abbas Fiscan., in eadem append., p. 120. In Utic. habetur etiam *tultum*, sed recentiori manu superscriptum legitur *sublatum* ut in Edit. A *tultum* postea factum est *toltum*. Unde *mala tolta*, pro re injuste exacta. In Mss. Germ. legitur *sepultum.*

offeras, non recte autem dividas, peccasti (Genes. IV, 7, sec. LXX). Recte namque offertur, cum recta intentione quid agitur. Sed recte non dividitur, si non hoc, quod die agitur, etiam subtiliter discernatur. Oblata enim recte dividere est quælibet bona nostra studia sollicite *a* discernendo pensare. Quod nimirum qui agere dissimulat, etiam recte offerens peccat.

[*Vet.* X.] 24. *Providendum ut quod recto studio incipimus, recto fine peragamus.* — Sæpe ergo et quod bono studio gerimus, dum discernere caute negligimus, quo judicetur fine nescimus; et nonnunquam hoc fit reatus criminis, quod putatur causa virtutis. Quisquis autem amicorum beati Job facta considerat, quam pia ad eum intentione venerint non ignorat. Pensemus enim cujus charitatis fuerit, ad afflictum concorditer convenisse; quanta virtus longanimitatis exstiterit, septem diebus et noctibus cum afflicto tacuisse; quæ humilitas, in terra tot diebus ac noctibus sedisse; 23 quæ compassio, pulvere capita conspersisse. Sed tamen inchoantes loqui, unde se æstimaverunt præmium mercedis acquirere, inde eos contigit reatum reprehensionis invenire, quia incautis sæpe ad peccati finem vertitur, etiam quod pro solo studio mercedis inchoatur. Ecce præcipiti locutione perdiderunt bonum, quod tanto labore mercati sunt. Et nisi divini gratia offerre eos sacrificium pro suo reatu præcepisset, inde a Domino juste puniri poterant, unde se placere Domino mirabiliter æstimabant. Inde judici displicent, unde sibi quasi pro defensione judicis per effrenationem placent. Idcirco vero hæc dicimus, ut ad memoriam legentium revocemus, quatenus sollicite quisque consideret ea quæ malo voto perpetrantur, quanta Dominus animadversione puniat, si inchoata bono studio, sed negligentiæ indiscretionis admista, tanta invectione castigat. Quis non mercedis causam peregisse se crederet, si aut in defensione Dei quidquam contra proximum diceret, aut certe septem diebus ac noctibus pro proximi dolore tacuisset? Et tamen amici beati Job hæc agentes, ad culpam laborando pervenerunt, quia consolationis quidem bonum quod agebant, noverant; sed cum quanta agendum esset discretionis libra, nesciebant. Unde necesse est ut non solum intueamur quid agimus, sed etiam cum quanta discretione peragamus. Primum quidem, ne mala quoquo modo, postmodum vero ne bona incaute faciamus. Ad quæ nimirum bona sollicite peragenda propheta nos admonet, dicens: *Maledictus homo, qui facit opus Domini negligenter* (Jerem. XLVIII, 10). Ad hoc vero ista proficiant, ut ante terribilis judicis subtile atque incomprehensibile examen non solum mala quæ commisimus, sed ipsa etiam, si qua in nobis sunt bene gesta, timeamus, quia sæpe in ejus judicio culpa esse deprehenditur, quod virtus ante judicium putatur; et unde exspectatur pia merces operis, inde supplicium justæ sequitur ultionis.

[*Vet.* XI. *Rec.* XI.] 25. ALLEGORICUS SENSUS. — *Christi et Ecclesiæ quanta sit conjunctio.* — Hæc juxta historiam breviter tractata percurrimus, nunc ad allegoriarum mysterium verba vertamus. Sed quia in exordio hujus operis dum de unitate capitis et corporis tractaremus, sollicita intentione præmisimus quanta in eis sit compago charitatis, quia nimirum et Dominus multa adhuc per corpus, quod nos sumus, patitur, et jam corpus ejus, id est Ecclesia, de suo capite, videlicet Domino, in cœlo gloriatur; ita nunc passiones exprimi ejusdem capitis debent, ut ostendatur quam multa etiam in corpore suo sustinet. Si enim caput nostrum tormenta nostra non tangerent, nequaquam pro afflictis membris persecutori suo etiam de cœlo clamaret: *Saule, Saule, quid me persequeris?* (Act. IX, 5). Si cruciatus nostri ejus pœnæ non essent, conversus afflictusque Paulus minime diceret: *Suppleo ea quæ desunt passionum Christi, in carne mea* (Col. I, 24). Et tamen resurrectione jam sui capitis exaltatus dicit: *Qui nos conresuscitavit, et consedere fecit in cœlestibus* (Ephes. II, 6). Nempe hunc in terra persecutionum tormenta constrinxerant; sed pœnarum suarum ponderibus pressus, ecce jam per gloriam capitis in cœlo residebat. Quia ergo in omnibus unitum caput et corpus novimus, sic *b* a percussione capitis incipimus, ut subsequenter tamen ad corporis flagella veniamus. Sed hoc, quod quadam die Satan coram Domino astitisse dicitur, quod unde veniat 24 percontatur, quod beatus Job magnis conditoris præconiis præfertur, quia jam sæpe discussimus, replicare devitamus. Si enim diu mens rebus discussis involvitur, pervenire ad indiscussa præpeditur. Ibi ergo allegoriæ nunc initium ponimus, ubi post verba sæpe repetita, adjunctum novi aliquid scimus. Itaque ait:

CAPUT XIV.

Commovisti me adversus eum, ut affligerem illum frustra.

26. *Christus pro se frustra, pro nobis non frustra afflictus.* — Si beatus Job Redemptoris nostri in passione positi speciem tenet, quomodo ad Satan a Domino dicitur: *Commovisti me adversus eum?* Mediator quidem Dei et hominum, homo Christus Jesus, ut culpas nostræ transgressionis exstingueret, venit mortalitatis nostræ flagella tolerare; sed quia unius cum Patre ejusdemque naturæ est, quomodo per Satan motum se adversus eum Pater asserit, cum constet quod Patris Filiique concordiam nulla potestatis inæqualitas, nulla voluntatis diversitas interrumpat? Sed tamen isdem, qui Patri æqualis est per divinitatem, venit propter nos ad flagella per carnem. Quæ nimirum flagella non susciperet, nisi formam damnati hominis redimendo sumpsisset. Et nisi primus homo delinqueret, secundus *c* ad passionis probra minime veniret. Cum ergo primus homo per Satan a Domino motus est, tunc est Dominus in homine secundo commotus. Satan itaque ad hujus afflictionem,

---

a Ebroic. et aliqui, *subtiliter discernendo.*
b In plerisque Editis, *a persecutione*; Mss. omnes cum Corb., Germ., habent *a percussione.*

c Rem. et Remig. omnes cum Corb., Germ., *ad passionum probra.*

Dominum tunc commovit, quando in paradiso primum hominem a justitiæ culmine inobedientiæ culpa prostravit. Nisi enim Adam primum per voluntarium vitium in animæ mortem traxisset, Adam secundus sine vitio in carnis mortem voluntariam non veniret. Bene ergo ei etiam de Redemptore nostro dicitur: *Commovisti me adversus eum, ut affligerem illum frustra.* Ac si apertius dicatur: Dum iste non sua, sed illius causa moritur, tunc me in hujus afflictionem commovisti, cum illum a me callida persuasione traxisti. De quo et bene additur, *frustra.* Frustra quippe afflictus est, qui et culpæ ultione pressus est, et culpæ contagio inquinatus non est. Frustra afflictus est, [a] qui incarnatus, propria admissa non habuit, et tamen pœnam carnalium sine culpa suscepit. Hinc est enim quod per Prophetam loquitur, dicens: *Quæ non rapui, tunc exsolvebam* (*Psal.* LXVIII, 5). [b] Alius namque ad paradisum conditus, divinæ potentiæ similitudinem superbe rapere voluit, sed tamen culpam hujus superbiæ sine culpa Mediator exsolvit. Hinc est quod Patri quidam sapiens dicit: *Cum sis justus, juste omnia disponis, eum quoque qui non debet puniri condemnas* (*Sap.* XII, 15).

27. *Qui Deus Christum innocentem pœn's affecit.* — Sed pensandum est quomodo justus sit, et omnia juste disponat, si eum, qui non debet puniri condemnat. Mediator etenim noster puniri pro semetipso non debuit, quia nullum culpæ contagium perpetravit. Sed si ipse indebitam non susciperet, nunquam nos a debita morte liberaret. Pater ergo cum justus sit, justum puniens, omnia juste disponit; quia per hoc cuncta justificat, quod eum qui sine peccato est, pro peccatoribus damnat; ut eo electa omnia ad culmen justitiæ surgerent; quo is qui est super omnia damna injustitiæ nostræ sustineret. Quod ergo illic damnatus cum non debeat dicitur, hoc hic afflictus frustra memoratur. Qui tamen juxta semetipsum frustra afflictus est, juxta vero nostra acta non frustra.[c] 28. Rubigo quippe vitii purgari non potuit, nisi igne tormenti. Venit itaque sine vitio, qui se subjiceret sponte tormento; ut debita nostræ iniquitati supplicia eo reos suos juste amitterent, quæ hunc a semetipsis liberum injuste tenuissent. Frustra ergo et non frustra afflictus est, qui in se quidem admissa non habuit, sed cruore proprio reatus nostri maculam tersit.

CAPUT XV [*Vet. XII*].

VERS. 4, 5. — *Respondens Satan ait: Pellem pro pelle, et cuncta quæ habet homo, dabit pro anima sua. Alioquin mitte manum tuam, et tange os ejus et carnem, et tunc videbis quod in faciem benedicat tibi.*

28. *Satan unde sciat Christum, unde de eo dubitet. In charitate ac patientia Christi æstimanda unde fal-*

---

[a] Sic omnes, Rhem., Remig., Corb., Germ., Utic.; Val. Cl. aut., *quia incarnatus*. Editi vero, *qui in carne natus*.
[b] Mss. Norm. et plurimi supra laudati, *Adam namque*.
[c] Ita nostri Mss. omnes. Editi habent, *Rubigo quippe peccati*.
[d] Antiq. Rhem., Norman., Corb., Germ. et plerique Mss. habent *scimus qui sis sanctus Dei*. Aliqui, *scimus*

---

latur. Satanæ loquela tum per se, tum per suos. — Malignus spiritus cum Redemptorem nostrum miraculis coruscare conspicit, clamat: *Scimus* [d] *qui sis, Sanctus Dei* (*Luc.* IV, 34). Qui hæc dicens, cognoscendo Dei Filium pertimescit; sed tamen vim supernæ pietatis ignorans, nonnunquam dum passibilem considerat, hominem purum putat. Multos autem sub sanctitatis specie in pastorali positos loco didicerat, qui a visceribus charitatis alieni valde, pro minimo aliena damna pensabant. Hunc ergo quasi ex aliis colligens, quia subtractis multis, superari non vidit, usque ad ejus carnem, per tactum passionis sic exarsit, ut diceret: *Pellem pro pelle, et cuncta quæ habet homo, dabit pro anima sua. Alioquin mitte manum tuam, et tange os ejus et carnem, et tunc videbis quod in faciem benedicat tibi.* Ac si aperte dicat: Moveri ex his, quæ extra se sunt, negligit; sed tunc veraciter qui sit agnoscitur, si in se ipso quod doleat, experiatur. Hæc per se Satan cum fieri appetit, non verbis, sed desideriis dixit. Hæc per membra sua et verbis et desideriis intulit. Ipse quippe loquitur, cum juxta prophetæ vocem ejus, sequaces dicunt: *Mittamus lignum in panem ejus, et eradamus eum de terra viventium* (*Jerem.* XI, 19). Lignum quippe in panem mittere, est configendo ejus corpori stipitem crucis adhibere; et vitam illius de terra viventium eradere se posse existimant, quem dum mortalem conspiciunt, finiri morte suspicantur.

CAPUT XVI.

VERS. 6. — *Dixit autem Dominus ad Satan: Ecce in manu tua est, verumtamen animam illius serva.*

29. *Satanæ membra, omnes male viventes. Satanæ manus, potestas ejus. Illi se tradens Dominus, eum sibi servire cogit.* — Conditorem omnium Satanæ manui traditum quis vel disipiens credat? sed tamen edoctus veritate, quis nesciat quod ejusdem Satanæ membra sunt omnes, qui ei perverse vivendo junguntur? Membrum quippe ejus Pilatus exstitit, qui, usque ad mortis extrema, venientem in redemptionem nostram Dominum non cognovit. Corpus ejus sacerdotum principes exstiterunt, qui Redemptorem mundi a mundo repellere, usque ad crucem persequendo, conati sunt. Cum ergo se pro nostra redemptione Dominus membrorum Satanæ manibus tradidit, quid aliud quam ejusdem Satanæ manum in se sævire permisit; ut unde ipse exterius occumberet, inde nos exterius interiusque liberaret? Si igitur Satanæ manus, ejus potestas accipitur, ejus manum juxta carnem pertulit, cujus potestatem corporis usque ad sputa, colaphos, flagella, crucem lanceamque toleravit. Unde et Pilato, ejus videlicet [e] corpori, ad passionem veniens dicit: *Non haberes in me potesta-*

---

qui sis Filius Dei; alii, *scimus quia es Sanctus Dei*; nonnulli denique, *scio qui sis Sanctus Dei*. Germ., *scimus qui sis. Dei enim Filium pertimescens, sed tamen*, etc. Mox particula *nonnunquam*; quæ in Editis desiderabatur, revocatur ex Mss.
[e] Editi, *corporis membro*, refragantibus Mss. Et sane liquet Gregorium hic appellare corpus diaboli eos a quibus Christus passus est.

tem, nisi tibi data esset desuper (Joan. XIX, 11). Sed tamen hanc potestatem, quam contra se ei extrinsecus dederat, suis servire lucris intrinsecus compellebat. Pilatus enim vel Satan, qui ejusdem Pilati caput exstiterat, sub potestate illius, super quem potestatem acceperat, tenebatur; quia et superior ipse disposuerat hoc quod inferius accedens a persecutore tolerabat; ut cum ex mala mente infidelium surgeret, utilitati tamen electorum omnium ipsa quoque crudelitas deserviret. Pie igitur disponebat intus quod semetipsum pati nequiter permittebat foris. Hinc est enim quod de illo in cœna dicitur : *Sciens Jesus, quia omnia dedit ei Pater in manus, et quia a Deo exivit, et ad Deum vadit, surgit a cœna, et ponit vestimenta sua (Joan. XIII, 3).* Ecce in manus persequentium iturus, sciebat quod in manu sua ipsos etiam persecutores acceperat. Qui enim omnia accepisse se noverat, constat quia et ipsos a quibus tenebatur tenebat; ut ipse in se ad usum pietatis intorqueret quidquid eorum contra se malitia permissa sæviret. Dicatur ergo ei : *Ecce in manu tua est*; quia ad feriendam carnem sæviens licentiam accepit; sed potestati illius nesciens deserviivit.

[Vet. XIII.] 30. *Diabolus animam Christi superare non posse convincitur.* — Animam vero illius servare præcipitur, non quod hanc tentare prohibetur, [a] sed quod hanc superare non posse convincitur. Neque enim sicut nos, qui puri homines sumus, irruente sæpe tentatione concutimur, ita Redemptoris nostri anima tentationis est necessitate turbata. Hostis namque noster, etsi in excelsum montem eum [b] permissus assumpsit, si daturum se regna mundi perhibuit, si quasi in panem vertendos lapides ostendit *(Matth.* IV, 8; *Luc.* IV, 4), mentem tamen mediatoris Dei et hominum tentatione quassare non valuit. Sic enim dignatus est hæc exterius cuncta suscipere, ut ejus tamen mens interius divinitati suæ inhærens inconcussa permaneret. Qui et si quando turbatus spiritu infremuisse dicitur *(Joan.* XI, 33, 38), ipse divinitus disponebat quantum ipse humanitus turbaretur, immutabiliter omnibus præsidens, et semetipsum mutabilem in satisfactione infirmitatis ostendens. Quietus ergo in semetipso manens, disposuit quidquid pro ostendenda humanitate, quam susceperat, etiam turbulentus fecit.

31. *Anima Christi dici possunt electi. Hi a potestate diaboli eximuntur.* — Quia vero cum recte diligimus, nihil in rebus conditis anima nostra charius amamus; et sicut animam nos eos diligere dicimus, quibus amoris nostri exprimere pondus conamur, potest per ejus animam electorum vita signari. Et cum Sa- tan ad feriendam Redemptoris carnem permittitur, ab anima separatur; quia cum corpus ejus ad passionem accipit, electos ejus a jure suæ potestatis amittit; cumque illius caro per crucem moritur, horum mens contra tentamenta solidatur. Dicatur ergo : *Ecce in manu tua est, verumtamen animam illius serva.* Ac si aperte audiat : Licentiam contra corpus ejus accipe, et ab electis illius, quos apud se ante sæcula præsciens possidet, jus pravæ dominationis perde.

CAPUT XVII [Vet. XIV].

VERS. 7. — *Egressus igitur Satan a facie Domini, percussit Job ulcere pessimo, a planta pedis usque ad verticem.*

32. *Christus ab exordio mundi in suis percussus.* — Nullus in hanc vitam electorum venit, qui non hujus hostis adversa sustinuit. Membra autem nostri Redemptoris exstiterunt, etiam qui ab ipso mundi exordio, dum pie vivunt, crudelia passi sunt. An non hujus membrum Abel se esse perhibuit, qui ejus mortem, de qua scriptum est, *Sicut agnus coram tondente se obmutescet, et non aperiet os suum (Isai.* LIII, 7), non solum placens in sacrificio, sed etiam moriens tacendo signavit? Ab ipso itaque mundi exordio Redemptoris nostri corpus expugnare conatus est. A planta ergo pedis usque ad verticem vulnus intulit, [c] quia a puris hominibus inchoans, usque ad ipsum caput Ecclesiæ sæviendo pervenit. Bene autem dicitur :

CAPUT XVIII.

VERS. 8. — *Testa saniem radebat.*

33. *Testa, hoc est, carne sua e terra sumpta, saniem peccati rasit.* — Quid enim aliud in manu Domini testa est, nisi caro ex nostræ substantiæ luto sumpta? Etenim testa igne solidatur. Caro autem Domini eo ex passione sua robustior exstitit, quo per infirmitatem moriens, a morte sine infirmitate surrexit. Unde recte etiam per Prophetam dicitur : *Exaruit velut testa virtus mea (Psal.* XXI, 16). Sicut testa enim ejus virtus exaruit, qui susceptæ carnis infirmitatem passionis suæ igne roboravit. Quid vero per saniem, nisi peccatum, debet intelligi? Per carnem quippe et sanguinem solent carnis peccata designari. Unde per Psalmistam dicitur : *Libera me de sanguinibus (Psal.* L, 16). Sanies itaque putredo est sanguinis. Quid ergo accipimus [d] saniem, nisi peccata carnis ex longa vetustate pejora? Vulnus itaque in saniem vertitur, cum neglecta culpa usu deterius gravatur. Mediator itaque Dei et hominum homo Christus Jesus *(I Tim.* II, 5) corpus suum manibus persequentium tradens, saniem testa rasit, quia peccatum carne delevit. Ve-

---

[a] Antiq. Rhem., Remig., Colb., Corb., Germ., *sed quod hanc tentare non posse convincitur.* Secundus Rhem., duo Remig. et Cl. Val., *sed quod hanc superare tentator non posse convincitur.* Alii, *sed quod hanc superare tentando non posse convincitur.*

[b] Rhem., Remig., Corb., Germ., Vindoc., Val. Cl., Norman., Floriac., etc., ita habent. Sic etiam legitur in vet. Edit. Paris. In aliis : *hostis namque noster etsi in excelsum montem eum quem permissus assumpsit, duxit; si daturum,* etc.

[c] Ita Mss. Corb., Germ., Colb., Reg. Alii, quos Excusi sequuntur, *quia prius ab.* In Utic., *quia puris, et quia primus.*

[d] In Excusis, *per saniem:* In Mss. quibus adhæremus, simpliciter legitur : *quid ergo accipimus saniem ?* Est modus loquendi nostro Gregorio familiaris. Infra c. XXV, n. 48. *Sicut vestimenta Ecclesiæ cunctos fideles accipimus.* Et lib. II, cap. olim 16, nunc 21, n. 38 : *Quid enim solium Dei, nisi angelicas potestates accipimus.*

nit enim, sicut scriptum est, *in similitudinem carnis peccati, ut de peccato damnaret peccatum* (*Rom.* VIII, 5). Dumque hosti objicit innocentiam carnis suæ, extersit contagia carnis nostræ; et ex qua nos captivos inimicus tenuit, per illam nos liberos expiavit; quia quam nos instrumentum fecimus culpæ, hæc nobis per Mediatorem versa est in arma justitiæ. Testa ergo sanies raditur, cum carne culpa superatur. Bene autem subditur:

CAPUT XIX.

IBID. — *Sedens in sterquilinio.*

34. *In sterquilinio sedit, quia infirma mundi elegit.* — Non in foro, in quo lex perstrepit; non in ædificio, quod se culmine in alta sustollit; sed in sterquilinio residet, quia videlicet Redemptor humani generis ad carnem veniens, attestante Paulo, *Infirma mundi elegit, ut confunderet fortia* (*I Cor.* I, 27). An non quasi ruentibus ædificiis in sterquilinio residet, qui relictis Judæis superbientibus, in ea quam dudum abjecerat gentilitate requiescit? Extra habitaculum reperitur in vulnere, qui in eo quod Judæam adversantem pertulit, passionis dolorem a gente propria despectus sensit; Joanne attestante, qui ait: *In propria venit, et sui eum non receperunt* (*Joan.* I, 11). Sed quomodo sedens in sterquilinio conquiescat, hæc eadem de semetipsa Veritas dicat: Ait enim: *Gaudium erit in cœlo super uno peccatore pœnitentiam agente, quam super nonaginta novem justis, qui non indigent pœnitentia* (*Luc.* XV, 10). Ecce dolens in sterquilinio sedet, qui post perpetratas culpas libenter corda pœnitentium possidet. An non quasi quoddam sterquilinium sunt corda pœnitentium, qui dum mala sua flendo considerant, quasi ante se stercora, sese abjiciendo coacervant? Percussus ergo Job montem non petit, sed in sterquilinio resedit, quia ad passionem Redemptor veniens, alta superborum corda deseruit, et in [a] afflictorum humilitate requievit. 88. Quod tamen de se et prius quam incarnaretur, indicavit, cum per Prophetam dixit: *Ad quem respiciam, nisi ad humilem et quietum et trementem sermones meos?* (*Isai.* LVI, 2, sec. *LXX.*)

35. *Christus in suis, et ab infidelibus, et a fidelibus carnalibus multa patitur.* — Quis vero consideret, is qui tot pia hominibus intulit, quot ab hominibus perversa toleravit? Quis consideret, quanta nunc usque tolerat, etiam cum de cœlo super corda fidelium regnat? Ipse quippe quotidie patitur omne quod a reprobis ejus electi lacerantur. Et quamvis caput hujus corporis, quod videlicet nos sumus, jam sese super omnia liberum [b] exerit, reproborum tamen vulnera adhuc per suum, quod deorsum retinet, corpus sentit. Sed quid ista de infidelibus dicimus, cum in ipsa quoque Ecclesia multos carnalium, pravis moribus contra Redemptoris vitam pugnare videamus? Sunt namque nonnulli qui hunc, quia gladiis non possunt, perversis actibus insequuntur; quia dum sibi

in Ecclesia vident deesse quod ambiunt, hostes bonorum fiunt; et non solum pravæ semetipsos actioni inserunt, sed etiam justorum rectitudinem inflectere ad perversa moliuntur. Æterna quippe intueri negligunt, et appetitui temporalium mentis pusillanimitate succumbunt; tantoque ab æternis altius corruunt, quanto bona temporalia esse quasi sola suspicantur. His justorum simplicitas displicet, et cum occasionem perturbationis inveniunt, suam eos arripere duplicitatem suadent. Unde hoc quoque congruit apte quod subditur:

CAPUT XX.

VERS. 9. — *Dixit autem illi uxor sua: Adhuc permanens in simplicitate tua? Benedic Deo et morere.*

36. *Uxor Job male suadens, figura est carnalium in Ecclesiæ sinu positorum.* — Cujus enim speciem male suadens mulier tenuit, nisi quorumlibet carnalium in Ecclesiæ sinu positorum, qui quo verbis professæ fidei intus sunt, eo bonos incorrectis suis moribus pejus premunt. Nam minus fortasse nocuissent, si non eos sancta Ecclesia introrsus admittens usque ad fidei cubile reciperet, quos dum per professam fidem recipit, sibi procul dubio pene inevitabiles facit. Hinc est, quod premente turba, una Redemptorem nostrum mulier tetigit; unde et isdem Redemptor noster protinus dicit: *Quis me tetigit?* Cui cum discipuli responderent: *Turbæ te [c] comprimunt et affligunt, et dicis: Quis me tetigit?* illico adjunxit: *Tetigit me aliquis, nam et ego novi virtutem de me exisse* (*Luc.* VIII, 44, 45, 46).

[*Vet. XX.*] 37. *Hi premunt Christum, non tangunt.* — Multi ergo Dominum comprimunt, et una tangit, quia carnales quique in Ecclesia eum premunt, a quo longe sunt; et soli tangunt qui huic veraciter humiles adjunguntur. Turba igitur premit, quia multitudo carnalium quo intus admittitur, gravius toleratur. Premit, et non tangit, quia et importuna est per præsentiam, et absens per vitam. Nonnunquam enim pravis nos sermonibus, nonnunquam vero solis perversis moribus insequuntur. Suadent namque aliquando quæ tenent; aliquando vero etsi non suadent, præbere tamen iniquitatis exempla non cessant. Qui igitur ad mala nos vel verbis vel exemplis illiciunt, profecto persecutores nostri sunt a quibus tentationum certamina sumimus, quæ saltem in corde vincamus.

38. *Prava interdum metu, aliquando audacia suadent.* — Sciendum vero est, quia carnales in Ecclesia aliquando metu, aliquando vero audacia suadere 89. perversa contendunt; cumque ipsi vel pusillanimitate vel elatione deficiunt, hæc justorum cordibus infundere quasi ex dilectione moliuntur. Carnalem videlicet mentem Petrus ante Redemptoris mortem resurrectionemque retinebat; carnali mente Sarviæ filius duci suo David adjunctus inhæserat; sed tamen unus formidine, alter elatione peccabat. Ille quippe magi-

---

[a] Editi, *in afflictorum cordium humilitate.* Deest *cordium* in Mss.
[b] Ista omnes Rhem. et Remig., Belvac., Floriac., Corb., Germ., S. Mart., etc. In Editis legitur *erexerit* pro *exerit.*
[c] Ed., *turbæ te premunt.*

stri mortem audiens dixit : *Absit a te, Domine, non erit tibi hoc (Matth. xvi, 22, 23)*; hic vero injurias ducis non ferens, ait : *Nunquid pro his verbis non occidetur Semei, ª qui maledixit Christo Domini? (II Reg. xix, 21, 22.)* Sed illi mox dicitur : *Redi post me, Satana;* et hic cum germano audivit protinus : *Quid mihi et vobis, filii Sarviæ, cur efficimini mihi hodie in Satan?* Male itaque suadentes, angeli apostatæ appellatione censentur, qui blandis verbis ad illicita quasi diligentes trahunt. Valde vero deteriores sunt, qui huic culpæ non formidine, sed elatione succumbunt : quorum specialiter beati Job uxor figuram tenuit, quæ marito suadere superba tentavit, dicens : *Adhuc permanes in simplicitate tua? Benedic Deo, et morere*, Simplicitatem in marito redarguit, quod transitura cuncta despiciens, puro corde sola æterna concupiscit. Ac si dicat : Quid simpliciter æterna appetis, et sub malis præsentibus. æquanimiter ingemiscis? Excedens, æterna despice, et mala præsentia vel moriens evade. [*Vet. XVI.*] Sed electi quique cum prava intus a carnalibus tolerant, ᵇ quantæ se formam rectitudinis ostendant, discamus ex verbis vulnerati et incolumis, sedentis et erecti, qui ait :

CAPUT XXI.

VERS. 10. — *Locuta es quasi una ex stultis mulieribus. Si bona accepimus de manu Domini, mala quare non sustineamus?*

39. *Sancti ferientibus opponunt scutum patientiæ, male suadentibus jacula intorquent doctrinæ.* — Sancti viri tribulationum bello deprehensi, cum uno eodemque tempore alios ferientes, alios suadentes ferunt, illis opponunt scutum patientiæ, istis intorquent jacula doctrinæ : atque ad utrumque pugnandi modum mira virtutis arte se erigunt ; quatenus et perversa intus sapienter doceant, et foras fortiter adversa contemnant ; hos docentes corrigant, illos tolerantes premant. Insurgentes namque hostes patiendo despiciunt, infirmantes vero cives compatiendo ad salutem reducunt : illis resistunt, ne et alios subtrahant ; ᶜ istis metuunt, ne vitam rectitudinis funditus perdant.

[*Reg. XII.*] 40. *Id exemplo sancti Pauli comprobatur.* —Videamus castrorum Dei militem contra utraque præliantem. Ait : *Foris pugnæ, intus timores.* Enumerat bella, quæ extrinsecus tolerat, dicens : *Periculis fluminum, periculis latronum, periculis ex genere, periculis ex gentibus, periculis in civitate, periculis in solitudine, periculis in mari, periculis in falsis fratribus (II Cor. vii, 5; xi, 26).* In hoc autem bello, quæ contra adversarium spicula intorqueat, adjungat : *In labore et ærumna, in vigiliis multis, in fame et siti, in jejuniis multis, in frigore et nuditate. (Ibidem.)* Sed inter tot certamina deprehensus dicat, quanto vigiliarum munimine etiam castra custodiat. Nam protinus adjungit : *Præter illa quæ extrinsecus sunt, instantia mea quotidiana, sollicitudo omnium Ecclesiarum.* Ecce in se bella fortiter suscipit, et tuendis se proximis misericorditer impendit. Narrat mala quæ patitur, subjungit bona quæ impartitur. Pensemus ergo cujus laboris sit, uno eodemque tempore foris adversa tolerare, intus infirma protegere. Foris pugnas patitur, quia so verberibus scinditur, catenis ligatur ; intus metum tolerat, quia passionem suam non sibi, sed discipulis obesse formidat. Unde et eisdem scribit, dicens : *Nemo moveatur in tribulationibus istis. Ipsi enim scitis, quod in hoc positi sumus (I Thess. iii, 3).* Aliorum quippe casus in propria passione metuebat, ne dum ipsum discipuli afflictum pro fide verberibus agnoscerent, fideles se profiteri recusarent. O immensæ charitatis viscera ; despicit quod ipse patitur, et curat ne quid pravæ persuasionis discipuli in corde patiantur. In se contemnit vulnera corporis, et in aliis vulnera medetur cordis. Habent quippe hoc justi proprium, ut in dolore positi tribulationis suæ, curam non deserant utilitatis alienæ ; et cum de se adversa patientes dolent, aliis necessaria docentes prævident, et quasi percussi quidam magni medici ægrotant. Ipsi tolerant scissuras vulneris, et aliis proferunt medicamenta sanitatis. Valde autem minoris laboris est, aut docere cum nihil toleras ; aut tolerare, cum nihil doces. Unde sancti viri ad utraque se solerter extendunt ; et cum tribulationibus fortasse feriuntur, sic exteriora bella suscipiunt, ut sollicite cogitent, ne proximorum interiora lacerentur. Sic sancti viri fortes in acie assistunt ; et illinc jaculis adversantia pectora feriunt, hinc scuto postpositos debiles tuentur, atque ita utrobique velocitate circumspectionis invigilant ; quatenus et ante se audaces confodiant, et post se trepidos a vulnere defendant. Quia igitur sancti viri sic sciunt foris adversa tolerare, ut intus etiam noverint perversa corrigere ; dicatur recte : *Locuta es quasi una ex stultis mulieribus.* Quia enim electis dicitur : *Viriliter agite, et confortetur cor vestrum (Psalm. xxx, 25),* mentes carnalium, quæ fluxa Deo intentione deserviunt, non immerito mulieres vocantur.

41. *Ad æterna bona tendens, non ægre fert mala temporalia.* — *Si bona accepimus de manu Domini, mala quare non sustineamus?* Ac si dicat : Si ad bona æterna tendimus, quid mirum si temporalia mala sufferamus? Hæc autem bona sollicite Paulus inspexerat, quando illata æquanimiter mala tolerabat, dicens : *Non sunt condignæ passiones hujus temporis ad supeventuram gloriam, quæ revelabitur in nobis (Rom. viii, 18).*

IBID. — *In omnibus his non peccavit Job labiis suis. Nec in Deum, nec in adversarios est contumeliosus.*— Sancti viri cum persecutionem foris intusque patiuntur, non solum in Dei injuriis minime excedunt, sed

---

ª Mss. plur., *maledixit Christum Domini.*
ᵇ Ita Corb., duo Rhem. et duo Remig. Unus Remig. cum Val. Cl., *quantam ex se formam rectitud.* Turon. et unus Compend., *quantæ in se formam rectitud.*

Editi, *quantam se formam* ; vel *quantam ex se formam rect.*
ᶜ Ita Corb. et omnes Mss., non, *istis medentur*, ut legitur in vet. Edit. Paris. et Basil. ac aliis.

neque contra ipsos adversarios contumeliosa verba jaculantur. Quod dux bonorum recte Petrus admonet, dicens : *Nemo vestrum patiatur quasi homicida, aut fur, aut maledicus (I Pet.* IV, 15). Maledicus enim patitur, qui passionis suæ tempore in sui salutem injuria persecutoris affrenatur. Sed quia Redemptoris corpus, sancta nimirum Ecclesia, ita pondus dolorum portat, ut humilitatis modum per verba non transeat, recte de hoc dolente dicitur :

CAPUT XXII [*Vet. XVII*].

IBID. ET VERS. 11. — *In omnibus his non peccavit Job labiis suis; neque stultum aliquid contra Deum locutus est.* Igitur audientes tres amici Job omne malum, quod accidisset ei, venerunt singuli de loco suo : *Eliphaz Themanites, et Baldad Suhites, et Sophar Naamathites.*

42. *In amicis Job adumbrati hæretici.*—In præfatione hujus operis diximus, quia amici beati Job, etsi bona ad eum intentione conveniunt, hæreticorum tamen idcirco speciem tenent, quia ad culpam indiscrete loquendo dilabuntur. 91 Unde et illis ab eodem beato Job dicitur : *Disputare cum Deo cupio, prius vos ostendens fabricatores mendacii, et cultores perversorum dogmatum.* [*Rec. XIII*]. Sancta itaque Ecclesia omni hoc tempore peregrinationis suæ in afflictione constituta, cum vulnera sustinet, cum membrorum suorum lapsus dolet, insuper alios sub Christi nomine tolerat hostes Christi. Ad augmentum namque doloris ejus, etiam hæretici in contentione conveniunt, eamque quasi quibusdam jaculis, irrationabilibus verbis transfigunt.

43. *Locus unde venerunt superbia.* — Bene autem dicitur : ᵃ *Venerunt de loco suo.* Hæreticorum quippe locus ipsa superbia est; quia nisi prius in corde intumescerent, ad pravæ assertionis certamina non venirent. Ita namque malorum locus superbia, sicut est e contra humilitas locus bonorum. De quo per Salomonem dicitur : *Si spiritus potestatem habentis ascenderit super te, locum tuum ne dimiseris (Ephes.* x, 4). Ac si aperte dicat : Si tentatoris spiritum contra te in aliquo prævalere consideras, humilitatem ᵇ pœnitentiæ non relinquas. Qui quia locum nostrum humilitatem pœnitentiæ dixerit, verbis sequentibus ostendit, dicens : *Quia curatio cessare faciet peccata maxima (Ibid.).* Quid est enim aliud humilitas lamenti, nisi medicina peccati ? Hæretici igitur de loco suo veniunt, quia contra sanctam Ecclesiam ex superbia moventur.

44. *Amicorum Job nomina actionem signant hæreticorum.* — Quorum perversa quoque actio ex ipsa suorum nominum interpretatione colligitur. Dicuntur enim, Eliphaz, Baldad, Sophar; et, sicut superius diximus, Eliphaz interpretatus dicitur, Dei contemptus. Nisi enim Deum contemnerent, nequaquam de eo perversa sentirent. Baldad autem interpretatur, vetustas sola. Dum enim vere vinci refugiunt, et perverso studio esse victores quærunt, novæ vitæ conversationem negligunt; et ex sola vetustate est quod intendunt, Sophar vero speculam dissipans. Hi etenim, qui in sancta Ecclesia siti sunt, Redemptoris sui mysteria fide vera humiliter contemplantur; sed dum hæretici cum falsis allegationibus veniunt, speculam dissipant, quia eorum mentes, quos ad se attrahunt, ab intentione rectæ contemplationis inclinant.

[*Vet, XVIII, Rec. XIV,*] 45. *Hæreticorum curiositas, loquacitas, hypocrisis locis amicorum Job designata.* — Bene autem loca de quibus veniunt congrua hæreticorum actibus describuntur. Dicitur etenim Themanites, Suhites, Naamathites. Thema namque interpretatur Auster; Suhi, loquens; Naama, decor. Austrum autem ventum calidum esse quis nesciat ? Hæretici igitur, quia ardentius appetunt sapere, quasi plusquam necesse est, student calere. Desidia quippe ᶜ torpori frigoris et rursum inquietudo immoderatæ curiositatis, intemperato concordat calori. Quia ergo amplius quam debent, calorem sapientiæ percipere appetunt, ab Austro venire referuntur. Ab hoc calore immoderatæ sapientiæ mentes fidelium Paulus temperare curaverat, cum dicebat : *Non plus sapere quam oportet sapere, sed sapere ad sobrietatem (Rom.* XII, 3). Hinc est quod David valles salinarum percutit (*II Reg.* VIII, 13), quia videlicet Redemptor noster suæ districtionis examine in his qui de illo prava sentiunt stultitiam immoderati saporis exstinguit. Suhi autem dicitur loquens. Calorem quippe non ut bene vivant, sed 92 ut elate loquantur, habere desiderant. A Thema igitur et Suhi, id est, a calore et loquacitate venire referuntur, quia per hoc quod Scripturarum se studiosos exhibent, solius verbis loquacitatis, non autem visceribus charitatis carent. Naama vero interpretatur decor. Quia enim docti non esse, sed videri appetunt, ex eruditionis verbis speciem bene viventium sumunt; et per calorem loquacitatis in se imaginem ostendunt decoris, ut eo per decorem linguæ perversa facile persuadeant, quo fœditatem vitæ sensus callide ᵈ occultant. Sed neque ipsa locorum nomina inordinata sunt narratione distincta. Prius enim Thema, postmodum Suhi, ac deinde Naama ponitur; qua prius illos inordinatus calor ᵉ accendit, nitor deinde loquacitatis erigit, et tunc demum decoros hominibus hypocrisis ostendit.

CAPUT XXIII.

IBID. — *Condixerant enim ut pariter venientes visitarent eum, et consolarentur.* — 46. *Hæretici contra Ecclesiam concordant. Amici possunt vocari.* Condicunt sibi hæretici, quando prava quædam contra Ecclesiam concorditer sentiunt; et in quibus a veritate

---

ᵃ Ms. Corb., Germ., *convenerunt de loco suo.*
ᵇ Colbert., hic et mox, *humilitatem patientiæ,* consentientibus hic, sed non inferius, Corb. et Reg.
ᶜ In nonnullis Mss., *torporis frigori.*
ᵈ Ita Mss. Norm., Corb., Germ., Colb., Reg.,
Floriac. et pene omnes. Primus ex Remig., *quo fœditatum vitæ intrinsecus callide occultant.* Editi vero, *calliditatis occultant.*
ᵉ In Ed., *accendit in corde.* Hoc glossema *in corde* nesciunt Mss.

discrepant, sibi in falsitate concordant. Omnes autem qui nos de æternitate erudiunt, quid aliud faciunt, nisi in peregrinationis nostræ nos afflictione consolantur? Hæretici autem, quia sanctam Ecclesiam sua docere desiderant, ad eam quasi consolantes appropinquant. Nec mirum quod qui adversantium formam exprimunt, amici nominantur, cum ipsi quoque traditori dicitur : *Amice, ad quid venisti* (*Matth.* xxvi, 50)? et dives, qui in inferni igne exuritur, ab Abraham filius vocatur (*Luc.* xvi, 25); quia etsi per nos mali corrigi negligunt, dignum tamen est ut a nobis non ex sua nequitia, sed ex nostra benignitate [a] amici nominentur.

CAPUT XXIV.

VERS. 12. — *Cumque elevassent procul oculos suos, non cognoverunt eum.*

47. *Non cognoscunt Ecclesiam. Cur.* — Hæretici quique cum sanctæ Ecclesiæ facta considerant, oculos levant, quia videlicet ipsi in imo positi sunt, et cum ejus opera respiciunt, in alto sunt sita quæ cernunt; sed tamen hanc in dolore positam non cognoscunt. Ipsa quippe appetit hic mala recipere, ut possit ad æternæ remunerationis præmium purgata pervenire. Plerumque prospera metuit, et disciplina eruditionis hilarescit. Hæretici igitur, quia pro magno præsentia appetunt, eam in vulneribus positam non cognoscunt. Hoc namque quod in illa cernunt, in suorum cordium [b] cognitione non relegunt. Cum ergo hæc et adversitatibus proficit, ipsi suo stupori inhærent : quia per experimentum ignorant quæ vident.

CAPUT XXV [*Vet. XIX*].

IBID. — *Scissisque vestibus, sparserunt pulverem super caput suum in cœlum.*

48. *Multas in partes scinduntur.*—Sicut vestimenta Ecclesiæ cunctos fideles accipimus ; unde et per prophetam dicitur : *Omnibus his velut ornamento vestieris*; ita hæreticorum vestes sunt omnes, qui eis concorditer inhærentes, illorum erroribus involvuntur. Habent vero hæretici hoc proprium, quod in eo gradu in quo de Ecclesia exeunt, diu stare non possunt ; sed ad deteriora quotidie ruunt, et sentiendo pejora, in multis se partibus scindunt, atque a semetipsis plerumque longius confusionis suæ altercatione dividuntur. Quia ergo hos quos suæ perfidiæ adjungunt, **93** adhuc in multa divisione dilaniant, dicatur recte quod amici qui veniunt vestes rumpant. Ruptis autem vestibus corpus ostenditur, quia sæpe scissis sequacibus, malitia eorum cogitationis aperitur ; ut discordia dolos patefaciat, quos gravis prius concordiæ culpa claudebat.

49. *Terrena de verbis cœlestibus sapiunt.* — Pulverem vero in cœlum super capita spargunt. Quid per pulverem, nisi terrena intelligentia? quid per caput, nisi hoc, quod principale nostrum est, mens videlicet, designatur? Quid per cœlum, nisi præceptum supernæ locutionis exprimitur? Pulverem ergo super caput in cœlum spargere, est sæculari intellectu mentem corrumpere, et de verbis cœlestibus terrena sentire. Divina autem verba plus discutiunt plerumque, quam capiunt. Super capita igitur pulverem spargunt, quia in præceptis Dei per terrenam intelligentiam ultra suarum mentium vires enituntur.

CAPUT XXVI [*Rec. XV*].

Vers. 13. — *Sederuntque cum eo in terra septem diebus et septem noctibus.*

50. *Per fictam humilitatem persuadere tentant superba.* — In die quæ videmus agnoscimus ; in nocte autem ; aut cæcitate nil cernimus, aut dubietate caligamus. Per diem itaque intelligentia, per noctem vero ignorantia designatur. Septenario autem numero summa universitatis exprimitur. Unde et non amplius, quam diebus septem, omne hoc tempus transitorium consummatur. Quid est ergo, quod amici beati Job considere ei septem diebus et septem noctibus referuntur, nisi quod hæretici, vel in his in quibus verum lumen intelligunt, vel in his in quibus ignorantiæ tenebras patiuntur, quasi infirmanti sanctæ Ecclesiæ se condescendere simulant, eique sub blandimentorum specie, dolos deceptionis parant? Et quamvis vel in his quæ intelligunt, vel in his quæ intelligere non possunt, elationis [c] typo turgidi, magnos se apud semetipsos existimant, nonnunquam tamen sanctæ Ecclesiæ specie tenus inclinant; et dum verba molliunt, virus infundunt. In terra ergo considere, est aliquid de imagine humilitatis ostendere ; ut dum humilia exhibent, persuadeant superba quæ docent.

[*Vet. XX.*] 51. *Nobiscum in terra sedent cum de incarnatione nobiscum consentiunt.* — Potest vero per terram ipsa etiam Mediatoris incarnatio designari. Unde et ad Israel dicitur : *Altare de terra facietis mihi* (*Exod.* xx, 24). Altare enim de terra Deo facere, est in incarnationem Mediatoris sperare. Tunc quippe a Deo munus nostrum accipitur, quando in hoc altari nostra humilitas, id est, super Dominicæ incarnationis fidem, posuerit quidquid operatur. In altari ergo de terra oblatum munus ponimus, si actus nostros Dominicæ incarnationis fide solidamus. Sed sunt nonnulli hæretici qui factam Mediatoris incarnationem non denegant, sed aut de divinitate quam est aliter æstimant, aut in ipsa a nobis incarnationis qualitate discordant. Qui ergo veram nobiscum incarnationem Redemptoris perhibent, quasi cum Job in terra pariter sedent. Septem vero diebus et septem noctibus in terra considere describuntur, quia vel in hoc quod aliquid de plenitudine veritatis intelligunt, vel in hoc quod suæ stultitiæ tenebris excæcantur, incarnationis mysterium negare non possunt. Cum beato ergo Job in terra sedere, est veram Redemptoris carnem cum sancta Ecclesia credere.

94 52. *Mutis amici, contradicentibus fiunt adversa-*

---

[a] Deest etiam *amici*, in Mss. Corb., Germ., Norm., Compend. et aliis plerisque.

[b] Mss. Norm., unus Compend., unus Remig., Val. Cl., *in suorum cordium cogitatione non eligunt.* Longip., *in suorum cordium cognitione non eligunt.*

[c] Corb., Germ., secunda, sed antiqua manu, *typho.*

rii.—Aliquando vero hæretici contra nos etiam suppliciis sæviunt; aliquando nos solis verbis insequuntur, aliquando quietos ᵃ lacessunt, aliquando autem, si nos tacentes videant, quiescunt; et mutis amici sunt, loquentibus adversantur. Unde quia beatus Job necdum ad illos aliquid disserens dixerat, recte subjungitur : *Et nemo loquebatur ei verbum.* Tacentes enim adversarios habemus, si veræ fidei filios prædicando generare negligimus. Si autem recta loqui incipimus, graves mox contumelias ex eorum responsione sentimus ; protinus ᵇ in adversitatem prosiliunt, et contra nos in vocem doloris erumpunt, quia videlicet metuunt ne corda, quæ in infimis pondus stultitiæ aggravat, ad altum vox recta loquentis trahat. Quia ergo, ut diximus, mutos nos adversarii diligunt, loquentes oderunt, recte apud tacentem Job dicitur :

CAPUT XXVII.

[IBID. *Nemo loquebatur ei verbum.*]

53. *Quandoque silere coguntur hæretici.* — Nonnunquam tamen cum per torporem ᶜ inertia fidelium corda considerant, erroris semina spargere loquendo non cessant. Cum vero mentes bonorum vident alta sapere, ad patriam reditum quærere, de ærumna hujus exsilii strenue dolere, circumspectione sollicita linguam frenant, quia vident quod contra corda dolentium incassum loquentes citius obmutescant. Unde et recte cum diceretur : *Nemo loquebatur ei verbum,* mox causa silentii subinfertur, cum dicitur :

CAPUT XXVIII.

[IBID. — *Videbant enim dolorem* ᵈ *esse vehementem.*]

54. *Cum ex amore Dei cor dolet, prava loqui adversarius metuit.* — Cum enim amoris Dei dolor vehemens corda nostra transfigit, passim prava loqui adversarius metuit, quia videt quod intentam mentem lacessens, non solum ad perversitatem trahere non valet, sed ᵉ per excitatam forsitan et quos tenuerat, perdet.

[Vet. XXI. Rec. XVI.] 55. *In script. bene gesta interdum significant male gerenda; ac vice versa.* — Fortasse aliquos movet nos hæc ita dixisse, quod quæ bene ab amicis gesta sunt, male ab hæreticis gerenda significent. Sed sic plerumque res quælibet per historiam virtus est, per significationem culpa : sicut aliquando res gesta, in facto causa damnationis est; in scripto autem prophetia virtutis. Quod verum citius ostendemus, si unum sacræ Scripturæ testimonium ad utraque probanda proferamus. Quis namque audiens, non solum fidelium, sed ipsorum quoque infidelium, ᶠ non omni modo detestetur quod David, in solario deambulans, Bersabee Uriæ concupiscit uxorem? Quem tamen a prælio revertentem ire ad domum admonet pedes lavare. Qui protinus respondit, dicens : *Arca Domini sub pellibus est, et ego in domo mea resquiescam* (*II Reg.* xi, 11)? Quem David ad mensam propriam suscepit, eique epistolas, per quas mori debeat, tradit. Cujus autem David in solario deambulans typum tenet, nisi ejus de quo scriptum est: *In sole posuit tabernaculum suum* (*Psal.* xviii, 6)? Et quid est Bersabee ad se perducere, nisi legem litteræ, carnali populo conjunctam, spirituali sibi intellectu sociare? Bersabee enim puteus septimus dicitur, quia nimirum per cognitionem legis, infusione spiritalis gratiæ, perfecta nobis sapientia ministratur. Quem vero Urias, nisi Judaicum populum signat? Cujus nomen interpretatum dicitur, ᵍ lux mea Dei. Judaicus 95 autem populus, quia de accepta legis scientia extollitur, quasi de Dei luce gloriatur. Sed huic Uriæ David uxorem abstulit, sibique conjunxit : quia videlicet manu fortis, quod David dicitur, in carne Redemptor apparens, dum de se spiritaliter loqui legem innotuit, per hoc, quod juxta litteram tenebatur, hanc a Judaico populo extraneam demonstravit; sibique conjunxit, quia se per illam prædicari declaravit. Uriam tamen ad domum ire David admonet pedes lavare, quia incarnatus Dominus veniens Judaico populo præcepit ut ad conscientiam redeat, et sordes operum fletibus tergat; ut spiritaliter mandata legis intelligat, et post tantam duritiam præceptorum, fontem baptismatis inveniens, ad aquam post laborem recurrat. Sed Urias, qui arcam Domini esse sub pellibus meminit, respondit quod domum suam intrare non possit. Ac si Judaicus populus dicat : Ego mandata Dei in sacrificiis carnalibus video, et redire ad conscientiam per spiritalem intelligentiam non requiro. Quasi enim arcam esse sub pellibus dicit, qui præcepta Dei non nisi ad exhibendum ministerium sacrificii carnalis intelligit. Hunc tamen etiam redire ad domum nolentem David ad mensam vocat; quia quamvis Judaicus populus ad conscientiam reverti contemnat, ei tamen Redemptor veniens mandata spiritalia prædicat, dicens: *Si crederetis Moysi, crederetis forsitan et mihi, de me enim ille scripsit* (*Joan.* v, 46). Legem itaque Judaicus populus tenet, quæ ejus divinitatem loquitur, cui isdem populus credere dedignatur. Unde et Urias ad Joab cum epistolis, ex quibus occidi debeat, mittitur, quia idem ipse Judaicus populus legem portat, qua convincente moriatur. Dum enim mandata legis retinens implere renititur, ipse nimirum defert judicium unde damnetur. Quid ergo per factum istud David scelestius? quid Uria mundius dici potest? Sed rursus, per mysterium,

---

ᵃ Mss., *lacessiunt*, et inferius *lacessiens*, ac sic deinceps constanter.
ᵇ Hoc est, *ad adversandum*, ut supra explicuimus, lib. ii, cap. 51, n. 51. Vide etiam infra, cap. 33, n. 65.
ᶜ Ita omnes Mss. Prius legebatur in Editis etiam vetustioribus, *per torporem inertiæ, fid. corda.*
ᵈ Guss. post Gilot. et Vatic. *dolorem ejus.*
ᵉ Ed. Vet., *per exercitam forsitan sapientiam*. Alii, *per excitatam forsitan sapientiam*. Quæ vox ultima redundat et abest a Mss.
ᶠ Hic Gussanv., abjiciens, *hoc factum juxta historiam,* monet hæc quatuor verba deesse in quibusdam exemplaribus. Ea non occurrerunt nisi in uno Colb. a glossematis non semper puro. Desunt etiam in Vet. Edit.
ᵍ Gilot., vitiose, *lex mea.* Gussanv., *lux mea Deus,* pro *Dei,* ut habent omnes libri tam scripti quam excusi

quid David ª sanctius, quid Uria infidelius invenitur, quando et ille, per vitæ culpam, ᵇ in prophetia signat innocentiam; et iste, per vitæ innocentiam, in prophetia exprimit culpam? Non ergo incongrue per ea quæ bene ab amicis Job gesta sunt, male ab hæreticis gerenda signantur, dum virtus sacri eloquii sic transacta narrat, ut ventura exprimat; sic in facto rem approbat, ut ei in mysterio contradicat; sic gesta damnat, ut hæc mystice gerenda persuadeat.

SENSUS MORALIS. — [*Vet. XXII*]. 56. *Cur diabolus aliquando a tentatione quiescat.*—Igitur quia allegoriæ mysteria membratim enodantes explevimus, nunc moralitatis intelligentiam raptim tangentes exsequamur. Ad obscuriora quippe disserenda mens properat; et si apertis diu involvitur, clausa, ut dignum est, pulsare præpeditur. Sæpe antiquus hostis postquam menti nostræ tentationum certamen inflixerit, ab ipso suo certamine ad tempus recedit; non ut malitiæ finem præbeat, sed ut corda quæ per quietem secura reddiderit, repente rediens facilius inopinatus irrumpat. Hinc est quod ad tentandum beatum virum iterum redit, ejusque cruciatus expetit, quem tamen ei superna pietas retinendo concedit, dicens :

CAPUT XXIX.

VERS. 6. — *Ecce in manu tua est, tantum animam illius serva.*

57. *Quandoque Deus nos deserit ut custodiat. Tentatio fit salva anima, ubi negatur consensus. Delectationis tamen vulnus pœnitentia curandum.*—Sic quippe ille nos deserit, ut custodiat; sic custodit, ut tamen permisso tentationis articulo 36 statum nobis nostræ infirmitatis ostendat. Qui mox a facie Domini exiit, atque a planta pedis usque ad verticem acceptum feriendo vulneravit, quia nimirum cum licentiam percipit, a minimis incipiens, atque usque ad majora perveniens, quasi omne ᶜ corpus mentis illatis tentationibus lacerando transfigit. Sed tamen ad animam feriendo non pervenit, quia cunctis cogitationibus interior, inter ipsa vulnera delectationum quæ suscipit, arcani propositi intentio resistit; ut quamvis delectatio mentem mordeat, deliberationem tamen sanctæ rectitudinis usque ad consensus mollitiem non inflectat. Debemus tamen per asperitatem pœnitentiæ ipsa delectationum vulnera tergere, et censura districtionis rigidæ, si quid fluxum emanat in cogitatione, mundare. Unde bene mox subditur,

CAPUT XXX [*Rec. XVII*].

VERS. 8. — *Quia testa saniem radebat.*

58. *Quia testa saniem radere est se judicando fragilitatemque suam contemplando peccatum purgare.*—Quid enim per testam, nisi vigor districtionis; quid per saniem, nisi fluxus illicitæ cogitationis accipitur? Percussi ergo testa saniem radimus, cum post pollutiones cogitationis illicitæ, nosmetipsos aspere dijudicando mundamus. Potest etiam testa fragilitas mortalitatis intelligi. Testa ergo saniem mundare, est mortalitatis cursum fragilitatemque pensare, et putredinem miseræ delectationis abstergere. Nam dum quisque considerat, quam citius caro ad pulverem redeat, festine superat hoc, quod se de carne intus turpiter impugnat. Cum ergo ex tentatione prava mentem cogitatio influit, quasi ex vulnere sanies decurrit. Sed citius sanies tergitur, si in consideratione nostra fragilitas quasi in manu testa teneatur.

59. *Cogitationes pravæ non sunt spernendæ.*—Neque enim parvi pendenda sunt quæ, quamvis usque ad effectum non pertrahunt, tamen illicite in mente versantur. Hinc est quod quasi a vulneribus Redemptor noster saniem radere venerat, cum dicebat : *Audistis quia dictum est antiquis : Non mœchaberis. Ego autem dico vobis quod si quis viderit mulierem ad concupiscendum eam, jam mœchatus est eam in corde suo* (*Matth.* v, 27). Sanies itaque tergitur, cum culpa non solum ab opere, sed etiam a cogitatione resecatur. Hinc est, quod ᵈ Jerobaal cum a paleis frumenta excuteret, angelum vidit, ad cujus imperium protinus hœdum coxit, quem super petram posuit, et jus carnium desuper effudit; quæ angelus virga tetigit, eaque ignis exiens de petra consumpsit (*Jud.* vi, 11, 12, 19). Quid est enim frumentum virga cædere, nisi rectitudine judicii, a vitiorum paleis virtutum grana separare? Sed hæc agentibus angelus apparet, quia tanto magis Dominus interiora denuntiat, quanto se studiosius homines ab exterioribus purgant. Qui occidi hœdum præcipit, id est, omnem appetitum nostræ carnis immolari, carnesque super petram poni, et jus carnium desuper fundi. Quem alium signat petra, nisi eum, de quo per Paulum dicitur : *Petra autem erat Christus* (*I Cor.* x, 4). Carnes ergo super petram ponimus, cum corpus nostrum in Christi imitatione cruciamus. Jus etiam carnium desuper fundit, qui in conversatione Christi ipsas a se etiam carnales cogitationes exinanit. ᵉ Quasi enim jus ex carne liquida in petram funditur, quando mens et a cogitationum carnalium fluxu vacuatur. Quæ tamen mox angelus 37 virga tangit, quia intentionem nostram nequaquam potestas divini adjutorii deserit. De petra autem ignis exit, et jus carnesque consumit, quia afflatus a Redemptore spiritus, tanta cor nostrum flamma compunctionis concremat, ut omne quod in eo est illicitum et operis et cogitationis exurat. Quod ergo illic est jus in petram fundere, hoc est hic saniem testa mundare. Perfecta enim mens solerter invigilat, ut non solum perversa agere renuat, sed omne etiam quod in se per cogitationes

---

ª In duob. Remig., duob. Rhem. et Corb. Germ., *quid David sacrius.* Melius Val. Cl., *sacratius.*

ᵇ Ita plures et melioris notæ Mss., Gilot. et Guss., detracta præpositione in, *prophetiæ sing. innocentiam*; cui lect. favent Mss. Corb., Germ., Colb. et Reg., in quibus legitur *prophetiæ*, fortasse pro *prophetice*, quod habent pl. Mss.

ᶜ Mendose legitur in Guss. *corpus, menti.* Legendum *corpus mentis*, quod apud Gregorium significat omnem facultatum mentis ac cogitationum complexionem.

ᵈ Vatic. et Guss., pro *Jerobaal*, habent *Gedeon*.

ᵉ Corrupte Floriac., Germ., Corb., *quasi enim res.* In Vatic., Gilot., Guss., legitur *liquidum*, pro *liquida*, scilicet *carne.*

turpiter liquatur tergat. [*Vet. XXIII.*] Sed sæpe de ipsa victoria bellum oritur, ut cum immunda cogitatio vincitur, victoris animus elatione pulsetur. Sic ergo mentem necesse est per munditiam erigi, ut tamen sollicite debeat in humilitate substerni. [*Rec. XXVIII.*] Unde et cum de sancto viro diceretur, *Testa saniem radebat*, protinus apte subjungitur,

CAPUT XXXI.

IBID. — *Sedens in sterquilinio.*

60. *Tentationis victor humilitatem servet. Elatio parva agentium, et magna de se sentientium. Elatio iniquorum, ubi alii peccant in quibus ipsi non peccent.* — In sterquilinio quippe sedere, est vilia [a] de se quempiam et abjecta sentire. In sterquilinio nobis sedere, est ad ea quæ illicite gessimus mentis oculos pœnitendo reducere; ut cum ante nos peccatorum stercora cernimus, omne quod in animo de elatione surgit inclinemus. In sterquilinio sedet; qui infirmitatem suam sollicitus respicit, et sese de bonis, quæ per gratiam perceperit, non extollit. An non apud se in sterquilinio Abraham sederat, qui dicebat: *Loquar ad Dominum meum, cum sim pulvis et cinis* (*Genes.* XVIII, 27)? Aperte enim cernimus, in quo se apud se loco posuerat, qui pulverem se ac cinerem, etiam dum cum Deo loqueretur, æstimabat. Si igitur ita se despicit, qui usque ad honorem divinæ collocutionis ascendit, sollicita intentione pensandum est qua pœna illi feriendi sunt qui et ad summa non proficiunt, et tamen de minimis extolluntur. Nam sunt nonnulli, qui cum parva agunt, de semetipsis magna sentiunt : in altum mentem sublevant, et præire se cæteros virtutum meritis putant. Hi nimirum apud se introrsus humilitatis sterquilinium deserunt, et elationis fastigia ascendunt; illum videlicet imitantes, qui primus se apud se extulit, sed elevando prostravit; illum imitantes, qui accepta conditionis dignitate contentus non fuit, dicens : *In cœlum conscendam, super astra cœli exaltabo solium meum* (*Isai.* XIV, 13). Unde et ei male conjuncta Babylonia, id est, confusa multitudo peccantium, dicit : *Sedeo regina, et vidua non sum* (*Isai.* XLVII, 8, sec. LXX.) Quisquis ergo introrsus intumescit, in altum se apud semetipsum posuit. Sed eo se gravius in infimis deprimit, quo de se infima veraciter sentire contemnit. Sunt vero nonnulli qui nihil quidem virtutis agere student, sed tamen cum alios peccare conspiciunt, justos se in eorum comparatione suspicantur. Neque enim corda omnium una vel similis culpa transfigit. Hunc namque superbia illaqueat, illum forsitan ira supplantat, hunc autem avaritia cruciat, illum vero luxuria inflammat. Et plerumque contingit ut is quem superbia deprimit, alium respiciat qualiter ira succendat; et quia se ira non citius instigat, meliorem iracundo jam reputat, atque apud semetipsum quasi de justitia extollitur, quia pensare negligit vitium quo gravius tenetur. Plerumque contingit ut is quem avaritia sauciat, alium in luxuriæ voragine mersum cernat; et quia se a pollutione carnali alienum respicit, 98 quibus ipse sordibus spiritalis vitii intrinsecus polluitur, non attendit; dumque in alio pensat malum quod ipse non habet, in se negligit considerare quod habet : sicque fit, ut dum ad aliena dijudicanda mens ducitur, proprii judicii lumine privetur; et eo durius contra aliena superbiat, quo sua negligentius ignorat.

[*Vet. XXIV.*] 61. *Humilitatem qui non perdat perfectus, intuitu culpæ alienæ. Tentatio interdum foris et intus pulsat.* — At contra hi, qui ad alta virtutum surgere veraciter appetunt, cum alienas culpas audiunt, mox cor ad proprias reducunt; et tanto rectius illas dijudicant, quanto verius istas deplorant. Quia igitur electus quisque in infirmitatis suæ consideratione se comprimit, dicatur recte, quod vir sanctus in sterquilinio dolens sedet. Qui enim vere se humiliat, [b] continuæ considerationis oculo, [c] quibus circumseptus sit delictorum sordibus proficiens pensat. Sciendum vero est quia plerumque in prosperis importuna tentatione mens tangitur; sed tamen aliquando et adversa exterius patimur, et intus tentationis impulsu fatigamur; ut et carnem flagella crucient, et tamen ad mentem carnalis suggestio inundet. Unde et bene post tot beati Job vulnera, adhuc subjuncta sunt etiam male suadentis uxoris verba, quæ ait :

CAPUT XXXII.

VERS. 9. — *Adhuc permanes in simplicitate tua? Benedic Deo et morere.*

62. *Uxor Job male suadens, est carnalis cogitatio.* — Uxor quippe male suadens est carnalis cogitatio mentem lacessens. Sæpe etenim, ut dictum est, et foris flagellis atterimur, et intus carnali suggestione fatigamur. Hinc est enim quod Jeremias deplorat, dicens : *Foris interficit gladius, et domi mors similis est* (*Thren.* I, 20). Foris enim gladius interficit; cum nos exterius feriens vindicta configit. Sed domi mors similis est, quia et flagella quidem sustinet, et tamen intus conscientia a tentationis sordibus munda non est. Hinc David ait : *Fiant tanquam pulvis ante faciem venti, et angelus Domini affligens eos* (*Psal.* XXXIV, 5). Qui enim in corde suo aura tentationis rapitur, quasi ante venti faciem pulvis elevatur. Et cum inter hæc divina districtio percutit, quid aliud quam angelus Domini affligit?

63. *Tentationem aliter electi, aliter reprobi excipiunt.* — Sed hæc aliter aguntur a reprobis, aliter ab electis. Illorum namque corda ita tentantur, ut consentiant. [d] Istorum vero, tentationes quidem suscipiunt, sed repugnant. Illorum mens delectabiliter capitur; et si ad tempus quod male suggeritur displicet, sed postmodum per deliberationem libet. Isti vero sic tentationum jacula excipiunt, ut semper resistendo fatigentur; et si quando usque ad delectationem tentata mens rapitur, ipsam tamen citius

---

[a] Coc. et alii deinceps, *vilia quæpiam*, invitis Mss. et antiq. Edit.

[b] Nonnulli Mss., *continuæ circumspectionis.*

[c] Primus Rhem., *quibus circumscriptus sit.*

[d] Gussauv. observat aliam esse lect., sc. *justorum.* Reperitur in quibusd. Mss.

subreptionem suæ delectationis erubescunt, et forti censura redarguunt quidquid intra se exsurgere carnale deprehendunt. Unde et bene mox subjungitur :

CAPUT XXXIII. [*Rec. XIX*].

Vers. 10. — *Locuta es quasi una ex* [a] *stultis mulieribus. Si bona accepimus de manu Domini, mala quare non sustineamus?*

64. *Contra aspera aut blanda quomodo resistendum.* — Dignum quippe est ut sancta mens spirituali correptione comprimat, quidquid apud se carnale insolenter immurmurat; ne caro aut loquens aspera, ad impatientiam illam pertrahat, aut loquens blanda, ad libidinis fluxa dissolvat. Censura igitur virilis, illicitæ cogitationis suggestionem redarguens, dissolutam turpitudinis mollitiem reprimat, dicens : *Locuta es quasi una ex stultis mulieribus.* Et rursum consideratio munerum 99 cogitationis asperæ impatientiam refrenet, dicens : *Si bona accepimus de manu Domini, mala quare non sustineamus?* Quisquis autem subigere vitia appetit, et ad æterna internæ retributionis culmina, veræ intentionis gressibus tendit, quo magis vallari se vitiorum bello undique conspicit, eo se virtutum armis robustius accingit; et tanto minus jacula metuit, quanto contra hæc venientia fortiter pectus munit.

65. *Vitia se sub virtutum specie tegunt.* — Sed plerumque dum contra hoc tentationum bellum fulciri magnis virtutibus nitimur, quædam se nobis vitia sub specie virtutum tegunt, et quasi blanda ad nos facie veniunt; sed cujus adversitatis sint, discussa sentiuntur. Unde et amici beati Job quasi pro consolatione conveniunt, sed in contumelias erumpunt; quia insidiantia vitia virtutum faciem sumunt, sed hostili invectione nos feriunt. Nam sæpe immoderata ira, justitia; et sæpe dissoluta remissio, misericordia vult videri. Sæpe incautus timor humilitas; sæpe effrenata superbia appetit libertas apparere. Ad consolandum ergo amici veniunt, sed ad increpationis verba dilabuntur; quia nimirum vitia virtutum specie palliata, blanda quidem superficie inchoant, sed aspera nos contrarietate perturbant. Bene autem dicitur :

CAPUT XXXIV.

Vers. 11. — *Condixerant enim sibi, ut pariter venientes visitarent eum.*

66. *Fœdus adversum nos ineunt.* — Vitia quippe sibi sub virtutum prætextu condicunt, quia sunt quædam quæ adversum nos inter se quadam convenientia conjunguntur, sicut superbia et ira, remissio et timor. Vitium namque est ira superbiæ, remissio timori. Condicendo ergo veniunt, quæ contra nos sibi ex quadam pravitatis cognatione sociantur. [*Vet. XXV.*] Sed si ærumnam nostræ captivitatis agnoscimus, si ex amore æternæ patriæ in intimis dolemus, vitia, quæ male lætis surrepunt, bene tristibus prævalere non possunt. Unde et bene subditur :

CAPUT XXXV.

Vers. 12. — *Cumque elevassent procul oculos suos, non agnoverunt eum.*

67. *Afflictio fugat vitia.* — Afflictos enim nos vitia minime cognoscunt, quia triste cor mox ut pulsaverint, reprobata resiliunt; et quæ nos lætos quasi noverant, quia penetrabant, mœrentes cognoscere nequeunt, quia ipso nostro rigore franguntur. Sed antiquus hostis, quo in eis fortiter deprehendi se conspicit, eo illa sub virtutum imagine altius abscondit. Unde et subditur :

CAPUT XXXVI.

Ibid. — *Et exclamantes ploraverunt, scissisque vestibus sparserunt pulverem super caput suum in cœlum, et sederunt cum eo in terra septem diebus et septem noctibus.*

68. *Nisi sub virtutum specie illudant.* — Signatur enim pietas per ploratum, discretio per scissionem vestium, affectus operum per 100 pulverem capitum, humilitas per sessionem. Aliquando enim pium quid hostis insidians simulat, ut ad crudelitatis terminum deducat; sicut est, cum plecti per disciplinam culpam prohibet, quatenus quæ hic non reprimitur, gehennæ igne feriatur. Aliquando discretionis imaginem oculis objicit, et ad indiscretionis laqueos perducit; sicut est cum impulsu ejus pro infirmitate nobis plus alimentorum quasi discrete concedimus, sed indiscrete contra nos bella carnis excitamus. Aliquando [b] affectum simulat bonorum operum, sed per hunc inquietudinem irrogat laborum; sicut est cum quis quiescere non valet, et quasi de otio judicari timet. Aliquando imaginem humilitatis ostentat, ut [c] affectum utilitatis subtrahat; sicut est cum quosdam, plusquam sunt infirmos atque inutiles sibimetipsis asserit, ut dum se nimis indignos considerant, res in quibus prodesse proximis poterant, ministrare pertimescant.

69. *Compunctio contra vitia munit.* — Sed hæc vitia quæ sub virtutum specie antiquus hostis occultat, valde subtiliter manus compunctionis examinat. Qui enim veraciter intus dolet, quæ agenda foras, quæ non agenda sint, fortiter prævidet. Si enim nos virtus compunctionis in intimis afficit, omnis strepitus pravæ suggestionis obmutescit. Unde et sequitur :

CAPUT XXXVII.

Vers. 13. — *Et nemo loquebatur ei verbum : videbant enim dolorem esse vehementem.*

70. *Qui vitia ad virtutis usum possunt famulari.* — Si enim cor veraciter dolet, linguam contra nos vitia non habent. Nam cum plene vita rectitudinis quæritur, supervacua suggestio pravitatis [d] obturatur. Sæpe autem si forti nos studio contra vitiorum incentiva stringimus, ipsa etiam vitia ad usum virtutis immutamus. Nonnullos namque ira possidet : sed hanc, dum rationi subjiciunt, in sancti zeli ministerium vertunt. Nonnullos superbia erigit; sed dum divinæ formidini animum inclinant, hanc ad defen-

---

[a] Nonnulli Cod., *ex insipientibus mulieribus.*
[b] Aliqui, *effectum.*
[c] Edit. Vet. et pl. Mss., *effectum utilitatis*, non malo sensu. Magis tamen probatur, *affectum*, suffragantibus potioribus Mss.
[d] Primus Remig., unus Vindoc., Corb., Germ., *obduratur.*

sionem justitiæ in vocem liberæ auctoritatis immutant. Nonnullos fortitudo carnis illecebrat; sed dum exercendis piis operibus corpus subdunt, unde iniquitatis stimulum passi sunt, inde pietatis lucra mercantur. Unde et bene isdem beatus Job post multa certamina hostiam pro amicis immolat. Quos enim per contentionem diu hostes pertulit, quandoque per sacrificium cives reddit; quia dum vitiosas quasque cogitationes subigendo in virtutes vertimus, tentationum adversa studia per intentionis hostiam, quasi ad amica corda permutamus. Hæc nos in tribus voluminibus tripliciter disseruisse sufficiat. In ipso namque operis hujus exordio velut in molem nasciturae arboris, linguæ radicem fiximus, ut expositionis ramos postmodum, prout singula expetunt loca, producamus.

LIBER QUARTUS.

In quo Gregorius paucis præfatus Scripturæ litteram secum aliquando pugnare, et imprecationes Job sicut Jeremiæ ac Davîd, secundum id quod sonant, sine absurditate intelligi non posse, verba Job ab initio capitis tertii, ad versum vigesimum historice, mystice ac moraliter exponit.

CAPUT PRIMUM.

[a] PRÆFATIO.

101 *Scripturæ littera aliquando sibi contradicit.* Scripturæ sensus ab humilibus assiduitate legendi penetratur. — Qui textum considerat, et sensum sacræ locutionis ignorat, non tam se eruditione instruit, quam ambiguitate confundit, quia nonnunquam sibi litteræ verba contradicunt; sed dum a semetipsis per contrarietatem [b] dissident, lectorem ad intelligentiam veritatis mittunt. Quid enim est quod Salomon ait : [c] *Melius est comedere et bibere* (Eccle. II, 24); et non longe post subjicit : *Melius est ire ad domum luctus, quam ad domum convivii* (Eccle. VII, 3)? Cur luctum convivio prætulit, qui prius esum potumque laudavit ? Si enim per electionem bonum est comedere et bibere, procul dubio esse melius debet ad domum gaudii, quam ad domum lamenti properare. Hinc est quod iterum dicit : *Lætare, juvenis, in adolescentia tua* (Eccle. XI, 9). Et paulo post subjicit : *Adolescentia enim et voluptas vana sunt* (Ibid., 10). Quid est hoc quod vel prius reprehendenda præcipit, vel post præcepta reprehendit, nisi quod ipsis litteræ verbis innuit, ut qui difficultatem exterius patitur, veritatis intelligentiam consideret, quam sequatur? quæ nimirum veritatis intelligentia cum per cordis humilitatem quæritur, legendi assiduitate penetratur. Sicut enim ignotorum hominum facies cernimus, et corda nescimus, sed si familiari eis locutione conjungimur, usu colloquii eorum etiam cogitationes indagamus; ita cum in sacro eloquio sola historia aspicitur, nihil aliud quam facies videtur; sed si huic assiduo usu conjungimur, ejus nimirum mentem quasi ex collocutionis familiaritate penetramus. Dum enim alia ex aliis colligimus, facile in ejus verbis agnoscimus, aliud esse quod intimant, aliud quod sonant. Tanto autem quisque notitiæ illius extraneus redditur, quanto in sola ejus superficie ligatur.

CAPUT II.

Imprecationes Job intelligi ad litteram sine absurditate nequeunt. — Ecce enim quod beatus Job diei suo maledixisse describitur dicens : *Pereat dies in qua natus sum, et nox in qua dictum est: Conceptus est homo*, si superficie tenus attenditur, quid his verbis reprehensibilius invenitur? Quis autem nesciat, diem in quo natus est nequaquam tunc stare potuisse? [d] Modus quippe est temporis, ut statum non habeat mansionis. Quia enim per ventura tendit ad esse, semper ex præteritis festinat non esse. Cur ergo vir tantus malediceret rei, quam nequaquam subsistere non ignoraret? Sed fortasse aliquis dicat, quod ex eo pondus virtutis ejus aspicitur, quia tribulatione commotus, illi rei maledictum **102** irrogat quæ constat quod minime subsistat. Sed hoc citius perspecta ratio destruit, quia si subsistebat res cui malediceret, perniciosum maledictum intulit: si autem non subsistebat, otiosum. Quisquis vero ejus spiritu plenus est, qui ait : *Omne verbum otiosum, quod locuti fuerint homines, rationem reddent de eo in die judicii* (Matth. XII, 36), ita otiosa admittere, sicut etiam perniciosa formidat. Cui adhuc sententiæ adjungitur : *Dies ille vertatur in tenebras, non requirat eum Deus desuper, nec sit in recordatione, et non* [e] *illustret lumine : obscurent eum tenebræ et umbra mortis, occupet eum caligo, et involvatur amaritudine. Noctem illam tenebrosus turbo possideat,* [f] *sit nox illa solitaria, nec laude digna; exspectet lucem, et non videat, nec ortum surgentis auroræ. Dies qui elapsus cursu temporis scitur, cur verti in tenebras dicitur? Et cum constaret quia non subsisteret, cur optatur ut eum umbra mortis obscuret* [g] *; vel quæ caligo occupat, quæ imhabent motus. Melius, modus.*, ut etiam vetustæ Ed. retinuerunt, quod statim patebit attendenti; nam dies est vere *modus* seu *species temporis*.

[a] Quæ sequuntur præfationis titulo insignienda esse, ad mentem sancti Doctoris, probant quæ legimus in fine cap. 4 : *Quia igitur utcunque quæ in præfatione fuerant exquirenda, distinximus, verba jam historiæ disserentes exsequamur.*
[b] Corb. Germ., *dissidunt.*
[c] In duob. Rhem., duobus Remig., Compend., Val. Cl., *melius est manducare et bibere, quam ire ad domum luctus.*
[d] Silot., Vatic., Gussanv., a Mss. recedendo, hic

[e] Editi, *non illustretur.* Huic lect. contradicunt omnes Mss. nostri.
[f] Hic insertum ab Editoribus, *non computetur in diebus anni, nec numeretur in mensibus*, amputandum censuimus, Mss. omnes secuti.
[g] Locum hunc valde corruptum ex Mss. restituimus. Prius legebatur apud Coc. et in seq. Ed., *quem*

plicatio amaritudinis involvit; aut quis noctem tenebrosus turbo possidet, quam nullus status tenet? Aut quomodo optatur fieri solitaria, quæ transeundo jam fuerat nulla? Aut lucem quomodo exspectat, quæ et sensu caret, et in proprio statu non permanet? Quibus adhuc verbis subjicit :

CAPUT III.

Quare non in vulva mortuus sum, egressus ex utero non statim perii? Quare exceptus genibus? Cur lactatus uberibus? Nunc enim dormiens silerem, et somno meo requiescerem.

Argumenti propositi confirmatio. Qui liberarentur homines ab originali peccato, ante institutum baptismum. — Nunquid si egressus ex utero statim periisset, retributionis meritum ex hac ipsa perditione conciperet? Nunquid æterna requie abortivi perfruuntur? Quisquis enim regenerationis unda non solvitur, [a] reatu primi vinculi ligatus tenetur. Quod vero (*De côns., dist. 4, c, 5, Quod autem*) apud nos valet aqua baptismatis, hoc egit apud veteres vel pro parvulis sola fides, vel pro majoribus virtus sacrificii, vel pro his qui ex Abrahæ stirpe prodierant, mysterium circumcisionis. Nam quia unusquisque cum primi parentis culpa concipitur, Propheta testatur, dicens : *Ecce enim in iniquitatibus conceptus sum* [b] (*Psal.* L, 7). Et quia is quem salutis unda non diluit, originalis culpæ supplicia non amittit, aperte per semetipsam Veritas perhibet, dicens : *Nisi quis renatus fuerit ex aqua et Spiritu sancto, non habebit vitam æternam* (*Joan.* III, 5). Quid est ergo quod in vulva se mortuum fuisse desiderat, et potuisse se quiescere ejusdem mortis beneficiis sperat, dum constet quod nequaquam eum requies vitæ susciperet, si a reatu illum originalis culpæ 103 nequaquam divinæ cognitionis sacramenta liberassent? Qui adhuc cum quibus quiescere potuisset, adjungit dicens : *Cum regibus et consulibus terræ, qui ædificant sibi solitudines.* Quis ignoret quod reges terræ ac consules eo a solitudine longe sunt, quo innumeris obsequentium cuneis constipantur? Vel quam difficile hi ad requiem tendunt, qui tam duris rationum multiplicium nexibus astringuntur? Scriptura attestante, quæ ait : *Judicium durissimum* [c] *in his qui præsunt fiet* (*Sap.* VI, 6). Unde in Evangelio Veritas dicit : *Cui multum datum est, multum quæretur ab eo* (*Luc.* XII, 48). Qui adhuc quos in eadem requie socios habuisset, insinuat dicens : *Aut cum principibus, qui possident aurum, et replent domos suas argento.* Rarum valde est ut qui aurum possident, ad requiem tendant, dum per semetipsam Veritas dicat : *Difficile, qui pecunias habent, intrabunt in regnum cœlorum* (*Matth.* XIX, 24). Nam qui hic multiplicandis divitiis inhiant, quæ alterius vitæ gau-

A dia sperant? Quod tamen, ut Redemptor noster valde rarum, et ex solo divino miraculo evenire posse monstraret : *Apud homines*, inquit, *hoc impossibile est, apud Deum autem possibilia omnia sunt.* Quia igitur verba hæc in superficie a ratione discordant, ipsa jam littera indicat, quod in eis sanctus vir juxta litteram nihil dicat.

CAPUT IV [*Vet. III*].

Nec David nec Jeremiæ imprecationes ad litteram accipiendæ. — Sed si prius in sacro eloquio alia maledicta discutimus, hoc quod beati Job ore prolatum est, subtilius indagamus. Quid est enim, quod David, qui retribuentibus sibi mala non reddidit, cum Saul et Jonathas bello occumberent, Gelboe montibus ma-
B ledicit, dicens : *Montes Gelboe, nec ros nec pluvia veniat super vos, neque sint agri primitiarum, quia ibi abjectus est* [d] *clypeus Saul, quasi non esset unctus oleo* (*II Reg.* I, 21)? [*Rec. IV.*] Quid est quod Jeremias, cum prædicationem suam cerneret audientium difficultate præpediri, maledicit dicens : *Maledictus vir qui annuntiavit patri meo, dicens : Natus est tibi puer masculus* (*Jerem.* XX, 15)? Quid ergo montes Gelboe, Saul moriente deliquerunt, quatenus in eis nec ros nec pluvia caderet, et ab omni eos viriditatis germine sententiæ sermo siccaret? Sed quia Gelboe interpretatur decursus, per Saul autem unctum et mortuum, mors nostri Mediatoris exprimitur; non immerito per Gelboe montes superba Judæorum corda signantur, quæ dum in hujus mundi desideriis defluunt, in Christi, id est uncti, se morte misceC runt. Et quia in eis unctus rex corporaliter moritur, ipsi ab omni gratiæ rore siccantur. De quibus et bene dicitur : *Ut agri primitiarum esse non possint.* Superbæ quippe Hebræorum mentes primitivos fructus non ferunt, quia in Redemptoris adventu ex parte maxima in perfidia remanentes, primordia fidei sequi noluerunt. Sancta namque Ecclesia in primitiis suis multitudine gentium fecundata, vix in mundi fine Judæos, quos invenerit, suscipiet; et extrema colligens, eos quasi reliquias frugum ponet. De quibus nimirum reliquiis Isaias dicit : *Si fuerit numerus filiorum Israel sicut arena maris, reliquiæ salvæ fient* (*Isaiæ* X, 22, *sec. LXX; Rom.* IX, 27). Possunt tamen idcirco Gelboe montes ore prophetæ maledici, ut dum fructus exarescente terra non oritur, possesD sores terræ sterilitatis damno ferianțur, quatenus ipsi maledictionis sententiam 104 acciperent, qui apud se mortem regis suscipere iniquitate sua exigente meruissent. [*Vet. IV.*] Sed quid est quod a Propheta maledictionis sententiam vir ille suscepit, qui nativitatem illius patri nuntiavit? Hoc nimirum tanto intrinsecus majori mysterio plenum est, quanto

---

diem caligo occupet, quem implicatio amaritudinis non involvit. Aut quam, etc. Particula *non*, addita contra Mss. omnium fidem, sensum evertit, aliunde satis apertum et obvium, sc. : *Quæ caligo occupare, aut quæ amaritudo involvere potest diem qui jam elapsus est?* Quemadmodum statim dicitur : *Quis noctem tenebrosus turbo possidet*, etc.

[a] Coc., Gilot., Vatic., Guss., *reatus primi vinculis*, optimo sensu. At ne huic lectioni adhæreamus obstat

Mss. auctoritas. Cum iis quæ proxime sequuntur conferendus Augustinus, epist. ad Dardanum nunc 187, c. 11.

[b] Subjungitur in Ed. *et in peccat. concepit me mater mea*, non in Mss.

[c] Revocavimus partic. *in* omissam in Ed.

[d] In Ed. Coc., Gilot., Vatic., Guss., inseritur, *clypeus fortium;* qua auctoritate, nos latet.

extrinsecus humana ratione vacuum. Nam si quid exterius rationabile fortasse sonuisset, nequaquam nos ad studium interioris intellectus accenderet. Eo ergo nobis plenius aliquid intus innuit, quo foris rationabile nihil ostendit. Si enim ex matris suæ utero hoc in mundo propheta affligendus prodiit, nativitatis ejus nuntius quid deliquit? Sed quid persona prophetæ fluctuantis, nisi per pœnæ meritum veniens humani generis mutabilitas designatur? Et quid per patrem illius, nisi iste de quo nascimur mundus exprimitur? Et quis est ille vir qui nativitatem nostram patri annuntiat, nisi antiquus hostis, qui cum nos in cogitationibus fluctuare considerat, malorum mentes, qui ex auctoritate hujus mundi præeminent, ad persuasionem nostræ deceptionis instigat; cumque nos agere infirma conspexerit, ea quasi fortia favoribus extollit, [a] et quasi natos masculos loquitur, cum corruptores veritatis per mendacium nos exstitisse gratulatur? Patri ergo masculum natum denuntiat, quando huic mundo eum, quem persuaserit, factum innocentiæ corruptorem demonstrat. Nam cum cuilibet peccanti ac superbienti dicitur, Fecisti sicut vir, quid aliud quam natus masculus in mundo perhibetur? Jure itaque vir, qui masculum natum nuntiat, maledicitur; quia ipso ejus nuntio reprobum gaudium nostri corruptoris indicatur. His ergo Scripturæ sacræ maledictionibus discimus quid apud beatum Job in voce maledictionis inquiramus, ne quem Deus post vulnera et [b] verba remuneret, lector verba ejus redarguere non intelligens præsumat. Quia igitur utcunque hæc quæ in præfatione fuerant exquirenda distinximus, verba jam historiæ disserentes exsequamur.

CAPUT PRIMUM [Rec. V].

CAP. III. VERS. 1-3.—*Post hæc aperuit Job os suum, et maledixit diei suo, dicens : Pereat dies in qua natus sum.*

1. HISTORICUS ET MYSTICUS SENSUS. — *Job ex impatientia maledictum non protulit.* — Non est neglecte disserendum quod dicitur, Aperuit os suum. Scriptura enim sacra ex his quæ tenuiter præmittit, reverenter exspectanda indicat quæ subjungit. Sicut enim clausa vascula quid intus habeant ignoramus, aperto vero ore vasculorum quid intrinsecus contineatur agnoscimus; ita sanctorum corda, quæ clauso ore occulta sunt, aperto ore deteguntur; et cum cogitationes detegunt, os aperire referuntur, ut intenta mente, quasi apertis vasculis, quid intus contineant festinemus cognoscere, ac nosmetipsos eorum intimo odore recreare. Unde et sublimia præcepta Domino in monte [c] dicturo præmittitur: *Aperiens os suum dixit (Matth.*

v, 2); quamvis illic et hoc accipi debeat, quia tunc os suum in præceptis aperuit, in quibus dudum aperuerat ora prophetarum. Valde autem solerter intuendum est quod dicitur, Post hæc, ut nimirum rei virtus quæ agitur veraciter ex tempore sentiatur. Prius enim vastitas rerum, exstinctio pignorum, dolor vulnerum, persuasio conjugis, adventus amicorum describitur, qui scidisse vestes, exclamantesque flevisse, pulvere capita conspersisse, et diu considentes in terra tacuisse memorantur, ac deinde subjungitur : *Post hæc aperuit Job os suum, et maledixit diei suo;* ut ipso videlicet narrationis ordine perpendatur quia nequaquam maledictum per impatientiam protulit, qui ad maledictionis vocem amicis adhuc tacentibus erupit. [*Vet. V.*] Si enim ira motus malediceret, audito damno substantiæ, cognita morte filiorum, eum procul dubio ad maledictionem dolor excitaret. Sed quid tunc dixit audivimus. Ait namque : *Dominus dedit, Dominus abstulit (Job.* i, 21). Rursum, si ira motus malediceret saltem percussus in corpore, vel male suasus a conjuge, maledictum inferre potuisset. Sed quid tunc respondit agnovimus. Ait namque : *Locuta es quasi una ex stultis mulieribus. Si bona accepimus de manu Domini, mala, quare non sustineamus? (Job.* ii, 10.) Post hæc vero describitur, quia amici veniunt, flent, consident, tacent; moxque subjungitur hoc, quod diei suo maledixisse perhibetur. Nimis itaque incongruum est ut suspicemur eum, nullo instigante, nullo pulsante, ex impatientia ad vocem maledictionis erumpere, quem nimirum novimus inter damna rerum mortemque filiorum, inter vulnera corporis, inter verba male suadentis uxoris, magna creatori præconia humili mente reddidisse. Patefecit ergo qua mente hæc quietus dixerit, qui tot Dei laudes etiam percussus [d] emanavit. Neque enim postmodum non percussus superbire potuit, quem et in percussione dolor humilem ostendit. Sed cum certo novimus quod maledictum sacra Scriptura prohibet, cur recte aliquando fieri dicimus quod [e] vitari eodem sacro eloquio non ignoramus?

[*Rec. VI.*] 2. *Maledictum aliud ex judicio, aliud ex vindicta.* — Sciendum vero est quod Scriptura sacra duobus modis maledictum memorat, aliud videlicet quod approbat, aliud quod damnat (24, q. 3, c. 1). *can. Cum sancti*). Aliter enim maledictum profertur judicio justitiæ, aliter livore vindictæ. Maledictum quippe judicio justitiæ, ipsi [f] primo homini peccanti prolatum est, cum audivit : *Maledicta terra in opere tuo (Genes.* iii, 17). Maledictum justitiæ judicio profertur, cum ad Abraham dicitur : *Maledicam male-*

---

[a] Ita in omnibus pene Mss., nimirum in Corb. Germ., duob. Rhem., duob. Remig., in omnibus Norman., duob. Compend., S. Alb., Longi P., Val. Cl., in uno Vindocin. Ex Remig. unus et alter Vindoc. habent, *et quasi natus masculus loquitur.* In nullo autem legitur ut in aliis editis : *et quod sit natus masculus loquitur.* Vetus Edit. Paris. habet, *et quasi nato masculo loquitur.* Vet. Basil. *et quasi natis masculis loquitur.*

[b] In Editis et nonnullis Mss., *et verbera.* Legendum cum Mss. Corb. Germ. et Germ., *et verba;* suadent hæc proxime seq. *inter vulnera corporis, inter verba*

male suadentis uxoris. Possunt etiam amicorum verba et probra hic notari.

[c] Unus ex Rhem. et alter Remig., *daturo,* quo verbo utitur Augustinus, l. 1 de Serm. Dom. in monte, quem hic nonnihil imitatur Gregorius.

[d] Ita omnes Rhem., Remig., Corb. Germ., Colb., Floriac., Vindoc., Norm., etc., et vet. Edit. Recentiores, *percussus enarravit.*

[e] Ita etiam laudati Mss. Editi habent *quod vetari.*

[f] Nonnulli Mss., *ipso primo homine peccante.* Aliqui, *in ipso primo homine peccante.*

centibus tibi (*Genes.* xii, 3). Rursum quia maledictum non judicio justitiae, sed livore vindictae promitur, voce Pauli apostoli praedicantis admonemur, qui ait: *Benedicite, et nolite maledicere* (*Rom.* xii, 14). Et rursum: *Neque maledici regnum Dei possidebunt* (*I Cor.* vi, 10). Deus ergo maledicere dicitur, et tamen maledicere homo prohibetur; quia quod homo agit malitia vindictae, Deus non facit nisi examine et virtute justitiae. [*Vet. VI.*] Cum vero sancti viri maledictionis sententiam proferunt (24, *q.* 3, *can.* 12, *Cum sancti*), non ad hanc ex voto ultionis, sed [a] ex justitiae examine erumpunt. Intus enim subtile Dei judicium aspiciunt, et mala foras exsurgentia, quia maledicto debeant ferire, cognoscunt; et eo in maledicto non peccant, quo ab interno judicio non discordant. Hinc est quod Petrus in offerentem sibi pecuniam Simonem, sententiam maledictionis intorsit, dicens: *Pecunia tua tecum sit in perditionem* (*Act.* viii, 20). Qui enim non ait, *est*; sed *sit*, non indicativo, sed optativo modo se haec dixisse signavit. Hinc Elias duobus quinquagenariis ad se venientibus dixit: *Si homo Dei sum, descendat ignis de coelo, et consumat vos* (*IV Reg.* i, 10). Quorum utrorumque sententia quanta [b] veritatis ratione convaluit, terminus causae monstravit. Nam et Simon aeterna perditione interiit, et duos quinquagenarios desuper veniens flamma consumpsit. Virtus ergo subsequens testificatur, qua mente maledictionis sententia promitur. Cum enim [c] et maledicentis innocentia permanet, et tamen eum qui maledicitur, usque ad interitum maledictio absorbet, ex utriusque partis fine colligitur, quia ab uno et intimo judice in reum sententia sumpta jaculatur.

3. *Maledictio Job ex rectitudine judicis.*—Igitur si subtiliter beati Job verba pensamus, non est ejus maledictio ex malitia delinquentis, sed ex rectitudine judicis; non est ira commoti, sed doctrina tranquilli. Qui enim tam recta maledicens intulit, non perturbationis vitio succubuit, sed doctrinae magisterium impendit. Vidit quippe amicos cum clamore flere, vidit vestes scindere, vidit pulvere capita conspersisse, vidit consideratione suae percussionis obmutescere; et vir sanctus inspexit, quia hi qui prospera temporalia requirebant, ex comparatione mentis propriae eum temporali fractum adversitate crediderant. Perspexit quod transitoria afflictione percussum desperate non flerent, nisi ipsi desperatam mentem ab spe incolumitatis internae subtraherent; et dum erumpit foras in vocem doloris, vulneratis intus ostendit virtutem medicaminis, dicens:

Pereat dies in qua natus sum.

[*Rec. VII.*] 4. *Maledicit diei mutabilitatis, ex intuitu aeternitatis.*—Quid enim debet per diem nativitatis, nisi omne hoc tempus nostrae mortalitatis intelligi? quod quandiu nos in hac nostrae mutabilitatis corruptione retinet, aeternitatis nobis incommutabilitas non apparet. Qui igitur diem jam aeternitatis videt, aegre diem suae mortalitatis sustinet. Et notandum quia non ait, Pereat dies in qua conditus: sed, *Pereat dies in qua natus sum.* In die quippe justitiae homo est conditus, sed jam in tempore culpae natus. Adam enim conditus, sed Cain primus natus est. Quid est ergo diei nativitatis maledicere, nisi aperte dicere: Dies mutabilitatis pereat, et lumen aeternitatis erumpat.

[*Vet. VII.*] 5. *Tempus mutabilitatis nostrae aliquando penitus periturum. Dies qui hic ita optatur perire ut male sit, est apostata spiritus.*—Sed quia perire duobus modis dicere solemus (aliter enim perire dicimus, quando aliquid optamus ut non sit; et aliter perire dicimus, quando optamus ut male sit), hoc, quod de hoc die subditur, *Obscuret eum caligo, et involvatur amaritudine*, liquido ostenditur quia dies iste non ita ut non sit, sed ita perire optatur, ut male sit. Involvi enim amaritudine non potest quod omni modo perditum non est penitus. Hoc autem tempus nostrae mutabilitatis non quandoque ita periturum, id est, transiturum est, ut male sit; sed ut penitus non sit, angelo in sacro eloquio attestante, qui ait: *Per viventem in saecula, quia tempus jam non erit* (*Apoc.* x, 6). Nam etsi Propheta dicit, *Erit tempus eorum in aeternum* (*Psal.* lxxx, 16), quia per momenta temporis deficit, nomine temporis eorum defectum vocavit, ostendens quod [d] sine omnimodo defectu deficiunt hi qui a visionis intimae consolatione separantur. Quia ergo nostrae mortalitatis hoc tempus non ita ut male sit, sed ita perit ut non sit; quaerendum est quid sit quod non ita ut non sit, sed ita perire optatur ut male sit. Humana enim anima, seu angelicus spiritus ita immortalis est, ut mori possit; ita mortalis, ut mori non possit. Nam beate vivere, sive per vitium, sive per supplicium perdit. Essentialiter autem vivere, neque per vitium, neque per supplicium amittit. A qualitate enim vivendi deficit, sed omni modo subsistendi interitum nec moriens sentit. Ut ergo breviter dixerim, et immortaliter mortalis est, et mortaliter immortalis. [*Rec. VIII.*] Dum igitur dies ut pereat optatur, et paulo post involvendus amaritudine dicitur; quem credamus, quod vir sanctus diei nomine exprimere voluit, nisi apostatam spiritum, qui in vivendi essentia etiam moriendo subsistit? quem perditio vitae non subtrahit, quia in aeterno dolore positum, servando mors immortalis extinguit: qui jam a beatitudinis gloria dejectus, adhuc optatur ut pereat, ut videlicet retrusus dignis suppliciis, etiam tentandi licentiam amittat.

[*Vet. VIII, Rec. IX*]. 6. *Qua ratione dies, quave tur quis, et maledicentis innocentia permanet.*

[a] Ita fere omnes nostri Mss. Vet. Edit. et aliae, *ex justitia examinis.* Secundus Rhem. habet: *sed ex voto justitiae ultionis, scilicet examine justitiae.*

[b] Sic legitur in Corb. Germ., in omnibus Mss. et in Vet. Edit. Paris. et Basil. In aliis loco *veritatis*, habetur *severitatis.*

[c] Unus Rhem. et duo Remig., *cum enim maledici-*

[d] Ad fidem antiquiorum Mss. hic expunximus voculam *fine*, quae sic legitur in aliis Editis: *Quod sine fine omnimodo defectu deficiunt*, etc. In Uticensi olim legebatur, *sine fine*, sed vox *fine* expuncta est. Perseverat in Colb.

nox sit. Quid ei optetur, dum ut pereat optatur. — Is nimirum diem se exhibet, quia per prospera [a] illicit; sed in noctis tenebras desinit, quia ad adversa perducit. Diem namque [b] ostendebat, cum diceret, *In quocunque die comederitis ex eo, aperientur oculi vestri, et eritis sicut dii* (*Genes.* III, 5); sed noctem intulit, cum ad mortalitatis tenebras perduxit. Dies itaque est, illata promissio meliorum; sed nox est, exhibita ipsa experientia calamitatum. Antiquus hostis dies est per naturam bene conditus; sed nox est per meritum ad tenebras delapsus. Dies est, cum pollicendo bona, humanis aspectibus lucis se angelum simulat, Paulo attestante qui ait, *Ipse enim Satanas transfigurat se in angelum lucis* (*II Cor.* XI, 14), sed nox est, cum mentes consentientium erroris tenebris obscurat. Vir ergo sanctus in dolore proprio causam totius humani generis deflens, et nihil speciale omni modo [c] in speciali vulnere cogitans, reducat ad animum originem culpæ; et consideratione justitiæ, dolorem temperet pœnæ. Videat humanum genus unde quo cecidit, et dicat: *Pereat dies in qua natus sum, et nox in qua dictum est, Conceptus est homo.* Ac si aperte dicat: Pereat spes ab apostata angelo illata, qui diem se simulans, ex promissione divinitatis emicuit; sed noctem se exhibens, lucem nobis nostræ immortalitatis obscuravit. Pereat antiquus hostis, qui lucem promissionis ostendit, et peccati tenebras contulit; qui quasi diem se blandiendo innotuit, sed usque ad tenebrosam noctem ex impressa cordis cæcitate perduxit. Sequitur:

CAPUT II.

Vers. 4. — *Dies ille vertatur in tenebras.*

7. *Vertitur in tenebras, cum quæ promittit prospera, intelliguntur adversa.*—Quasi lucet dies iste mentibus hominum, cum pravitatis ejus persuasio prospera creditur, et qualis sit intrinsecus non videtur. Sed cum iniquitas illius, sicut est, agnoscitur, dies falsæ promissionis quasi quibusdam ante [d] judicii nostri oculos tenebris obscuratur; quia videlicet qualis est, ex merito, talis perspicitur in blandimento. In tenebras ergo dies vertitur, quando adversa intelligimus, etiam quæ prospera suadendo pollicetur. In tenebras dies vertitur, quando antiquus hostis qualis est sæviens, talis a nobis perspicitur etiam sub blandimentis latens; ne fictis prosperitatibus quasi ex diei lumine illudat, et veris miseriis ad 103 peccati tenebras pertrahat. Sequitur:

CAPUT III [Vet. IX].

Ibid.—*Non requirat eum Deus desuper, et non illustret lumine.*

8. *Cur humana natura reparata, non angelica.* — Omnipotens Deus sicut ex nihilo bona facere potuit, ita, cum voluit, per incarnationis suæ mysterium etiam perdita bona reparavit. Duas vero ad intelligendum se creaturas fecerat, angelicam videlicet, et humanam: utramque vero superbia perculit, atque ab statu ingenitæ rectitudinis fregit. Sed una tegmen carnis habuit, alia vero nihil infirmum de carne gestavit. Angelus namque solummodo spiritus, homo vero et spiritus est et caro. Misertus ergo creator ut redimeret, illam ad se debuit reducere, quam in perpetratione culpæ ex infirmitate aliquid constat habuisse; et eo [e] altius debuit apostatam angelum repellere, quo cum a persistendi fortitudine corruit, nihil infirmum ex carne gestavit. Unde recte Psalmista, cum misertum Redemptorem hominibus diceret, ipsam quoque causam misericordiæ expressit, dicens: *Et memoratus est, quia caro sunt* (*Psal.* LXXVII, 39). [*Rec. X.*] Ac si diceret: Quo eorum infirma vidit, eo districte culpas punire noluit. Est adhuc aliud, quo et perditus homo reparari debuit, et superbiens spiritus reparari non possit, quia nimirum angelus sua malitia cecidit, hominem vero aliena prostravit. Quia ergo humanum genus ad lucem pœnitentiæ Redemptoris adventu reducitur, apostata vero angelus ad restaurationis lucem nulla spe veniæ, nulla [f] conversionis emendatione revocatur; dicatur recte: *Non requirat eum Deus desuper, et non illustret lumine.* Ac si aperte diceretur: Quia ipse tenebras intulit, toleret sine fine quod fecit; necunquam lumen pristini status recipiat, quia hoc etiam non suasus amisit. Sequitur:

CAPUT IV.

Vers. 5.—*Obscurent eum tenebræ et umbra mortis.*

9. *Diabolum erroris cæcitas sic obruit, ut ad pœnitentiæ lucem non sit resurrecturus.* — Per umbram mortis, oblivio debet intelligi; quia sicut mors interimit vitam, ita oblivio exstinguit memoriam. Quia ergo apostata angelus æternæ oblivioni traditur, umbra mortis obscuratur. Dicatur igitur: *Obscurent eum tenebræ et umbra mortis;* id est, sic eum erroris sui cæcitas obruat, ut nequaquam ulterius ad lucem pœnitentiæ per divini respectus memoriam resurgat. Sequitur:

CAPUT V [Vet. X].

Ibid. — *Occupet eum caligo, et involvatur amaritudine.*

10. *Quid nunc patiatur, et quid passurus sit post judicium.* — Antiquus hostis nequitiæ suæ vinculis astrictus, aliud est quod nunc patitur, aliud quod in fine patietur. Quia enim a lucis intimæ ordine cecidit, nunc semetipsum intrinsecus erroris caligine confundit. Sed post hoc amaritudine involvitur, quia ex merito spontaneæ caliginis æterno gehennæ tormento cruciatur. Dicatur ergo: Is qui serenitatem lucis intimæ perdidit, quid est quod ante extremum

---

[a] Ita omnes Mss., non, *per prospera incipit*, ut est in Editis.

[b] Additum *se* ab Editoribus, expunximus, consentientibus Mss. nostris.

[c] Antiq. Rem., *in mortali vulnere.* Colb., Germ., *in speciali mortali*: sed expuncta est vox, *mortali.*

[d] Editi, invitis Mss., *ante judicis nostri*. Et vero non de Domini, sed de mentium nostrarum judicio, hic sermo est.

[e] In Vulgatis, *amplius.* Sequimur Mss. Corb. Germ., omnes Rhem., Remig., Norman., in quibus constanter habetur *altius*, hoc est ex altiori loco.

[f] Edit. Vatic. et Gussany., cum Colb., *conversationis.*

supplicium tolerat? *Occupet eum caligo.* Subjungatur etiam, quæ illum pœna subsequens etiam sine termino devastat : *Involvatur amaritudine.* Omne quippe quod involutum est finem suum quasi nusquam indicat; quia sicut non ostendit quo incipit, ita non detegit quo desistit. Involvi ergo amaritudine antiquus hostis dicitur, quia superbiæ ejus supplicia non solum omnimoda, sed etiam infinita præparantur. Quæ videlicet ejus pœna tunc initium accipit, cum districtus ad extremum judicium judex venit. Unde et bene subditur :

109 CAPUT VI [*Rec. XI*].

Vers. 6. — *Noctem illam tenebrosus turbo possideat.*

11. *Quanta tempestate ad æterna supplicia raptus.* — Scriptum quippe est : *Deus* ª *manifestus veniet, Deus noster, et non silebit. Ignis in conspectu ejus ardebit, et in circuitu ejus tempestas valida* (*Psal.* XLIX, 3). Tenebrosus ergo turbo hanc noctem possidet, quia apostatam spiritum a conspectu districti judicis, ad æterna supplicia, pavenda illa tempestas rapit. Turbine ergo nox ista possidetur; quia superba ejus cæcitas districta animadversione percutitur. Sequitur :

CAPUT VII.

Ibid. — *Non computetur in diebus anni, nec numeretur in mensibus.*

12. *Quid diei mensis et anni nomine, in verbis Job intelligendum.* — Annum prædicationem supernæ gratiæ non inconvenienter accipimus; quia sicut in anno congestis diebus tempus perficitur, ita in superna gratia virtutum multiplex vita completur. Potest per annum etiam multitudo intelligi redemptorum; quia sicut ex dierum multitudine annus ducitur, ita ex collectione bonorum omnium, illa electorum innumerabilis universitas expletur. Hunc namque annum perfectæ multitudinis Isaias prædicat, dicens : *Spiritus Domini super me, eo quod unxerit me Dominus : ad annuntiandum mansuetis misit me, ut mederer contritis corde, et prædicarem captivis indulgentiam, et clausis apertionem, ut prædicarem annum* ᵇ *placabilem Domini* (*Isai.* LXI, 1). Annus enim placabilis Domini prædicatur, cum futura plebs fidelium veritatis lumine illustranda prædicitur. Quid vero per dies, nisi singulæ quæque electorum mentes; quid per menses, nisi multiplicatæ eorum Ecclesiæ, quæ unam catholicam faciunt, designatur? Illa ergo nox non computetur in diebus anni, nec numeretur in mensibus; quia antiquus hostis superbiæ suæ tenebris pressus, adventum quidem Redemptoris conspicit, sed nequaquam ad veniam cum electis redit. Hinc enim scriptum est : *Nusquam enim angelos apprehendit, sed semen Abrahæ apprehendit* (*Hebr.* II, 16). [*Rec. XII.*] Idcirco namque Redemptor noster non angelus, sed homo factus est, quia hoc procul dubio fieri debuit, quod redemit; ut et perditum angelum non apprehendendo desereret, et hominem in semetipso apprehendendo repararet. [*Vet. XI.*] Possunt etiam dies hi qui

---

ª Ita Mss. potiores. In Utic. ad marginem notatur *manifeste,* quam lectionem amplexi sunt Vulgati.

ᵇ Unus Rhem., duo Remig. et Val. Cl., *placabilem*

in interna luce permanent, angelici spiritus; menses autem, eorum ordines et dignitates intelligi. Singuli enim quique spiritus, quia lucent, dies sunt. Sed quia certis quibusdam dignitatibus distinguuntur, ut alii throni, alii dominationes, alii principatus, alii potestates sint; pro hac ipsa distributione agminum, menses vocantur. Sed quia antiquus hostis nequaquam ad meritum lucis, nequaquam ad ordinem supernorum agminum reducitur : nec in diebus anni, nec in mensibus numeratur. Sic quippe illum perpetratæ superbiæ cæcitas gravat, ut ultra ad illa claritatis intimæ agmina superna non redeat. Nequaquam jam stantibus lucis dignitatibus admiscetur, quia tenebrarum suarum merito semper ad ima deprimitur. Qui quia ab illa patriæ cœlestis frequentia exsors in perpetuum permanet, recte adhuc subjungitur :

CAPUT VIII.

Vers. 7. — *Sit nox illa solitaria, nec laude digna.*

13. *Diabolus redempto homine et idolis reprobatis fit solitarius et sine laude.* — Nox illa solitaria efficitur, quia ᶜ distinctione perpetua a frequentia patriæ supernæ separatur. Quod tamen intelligi et aliter potest, ut videlicet hominem, quem sibi socium ad perditionem fecerat, 110 amittat; et solus cum suo corpore hostis pereat, dum multos quos destruxerat, Redemptoris gratia reformat. Solitaria ergo nox efficitur, cum sublatis eis qui electi sunt, solus hostis antiquus æternis ignibus gehennæ mancipatur. Bene autem dicitur : *Nec laude digna.* Cum enim humanum genus, erroris tenebris pressum, deos lapides crederet, per hoc quod idolis serviebat, quid aliud quam seductoris sui facta laudabat? Unde bene per Paulum dicitur : *Scimus, quia nihil est idolum; sed quæ immolant gentes, dæmoniis immolant* (*I Cor.* VIII, 4). Qui ergo idolorum venerationi substrati sunt, quid aliud quam noctis tenebras laudaverunt? Sed ecce jam cernimus, quia nox illa non esse laude digna cognoscitur, cum jam a redempto humano genere idolorum veneratio reprobatur; et solitaria nox relinquitur, quia cum damnato apostata spiritu ad tormenta non itur. Sequitur :

CAPUT IX.

Vers. 8. — *Maledicant ei qui maledicunt diei, qui parati sunt suscitare Leviathan.*

14. *A Christo ejus malitia jam destruitur; in fine mundi potentia exstinguetur.* — In translatione veteri ita non dicitur; sed, *Maledicat eam, qui maledixit diem, qui capturus est grandem cetum.* Quibus verbis aperte ostenditur quod a sancto viro in fine mundi ventura Antichristi perditio prævidetur. Malignus namque spiritus, qui per meritum nox est, die a se in mundi fine simulat, cum se quasi Deum hominibus ostentat, cum claritatem sibi Divinitatis fallaciter tribuit, et se supra omne quod Deus vel colitur, vel colitur, extollit. Noctem igitur maledicit, qui maledicit diem; quia ille nunc ejus malitiam

---

Domino.

ᶜ Antiq. Rhem., *quia destructione perpetua.* Nonnulli, cum Corb. Germ., *quia districtione perpetua.*

destruit, qui illustratione adventus sui tunc etiam potentiam ejus fortitudinis exstinguet. Unde et bene subjungitur : *Qui capturus est grandem cetum.* Hujus enim ceti fortitudo in aquis capitur, quia antiqui hostis versutia baptismi sacramento superatur.

15. *Electi angeli ejus doli tenebras nobis indicant.* — Sed quod translatione veteri de auctore omnium dicitur; hoc translatione hac, quæ ad nos ex Hebræo est Arabicoque sermone derivata, de electis ejus angelis memoratur (Consule quæ diximus l. xxxv, cap. olim 13, ad vers. 14 c. ult. l. Job.) De his namque dicitur : *Maledicant ei qui maledicunt diei.* [Rec. XIII.] Diem se quippe iste superbiens spiritus ostentare etiam angelicis potestatibus voluit, cum se super cæteros quasi in potentia divinitatis extolleris; tot post se ad interitum legiones traxit. Sed hi nimirum, qui in auctore suo humili corde perstiterunt, cum errori ejus noctem inesse conspicerent, diem claritatis illius de semetipsis humilia sentiendo calcaverunt : qui nunc nobis doli ejus tenebras indicant, et quam sit illius despicienda ficta claritas, demonstrant. Dicatur ergo de tenebrosa nocte, quæ humanæ infirmitatis oculos claudit : *Maledicant ei, qui maledicunt diei*, id est, illi electi spiritus erroris ejus tenebras a damnando denuntient, qui magnitudinem claritatis illius jam ab exordio fictam vident. Bene autem subditur : *Qui parati sunt suscitare Leviathan.* Leviathan quippe interpretatus dicitur additamentum eorum. Quorum scilicet, nisi hominum? Recte autem additamentum eorum dicitur, quia postquam primam culpam mala suggestione intulit, hanc quotidie augere gravioribus persuasionibus non desistit. Vel certe per exprobrationem Leviathan vocatus est, id est, additamentum hominum dictus. Eos namque in paradiso immortales reperit; sed divinitatem immortalibus ⁱⁱⁱ promittendo, quasi eis aliquid ultra quam erant se addere spopondit. Sed dum blande non habita se daturum perhibuit, callide et habita subtraxit. ᵇ Unde et eumdem Leviathan ita propheta describit dicens : *Super Leviathan serpentem vectem, super Leviathan serpentem tortuosum* (Isai. xxvii, 1). Leviathan quippe iste in eo, quod se addere homini spopondit, tortuosis ad eum sinibus irrepsit; quia dum falso impossibilia promisit, vere et possibilia sustulit. [*Vet. XII.*] Quærendum vero nobis est cur qui serpentem dixerat, tortuosumque illico subjungens, interposuit vectem, nisi forte quod in serpentis tortitudine fluxa mollities, in vecte autem est ᶜ duritia rigiditatis. Ut ergo hunc et durum signaret, et mollem ; et vectem nominat, ᵈ et serpentem. Durus quippe est per malitiam, mollis per blandimenta. Vectis ergo dicitur, quia usque ad necem percutit ; serpens autem, quia se per insidias molliter ᵉ infundit.

16. *Diabolum electi angelorum in puteo abyssi clau-* sum premunt. — Sed hunc Leviathan electi angelorum spiritus nunc in puteo abyssi clausum premunt. Unde scriptum est : *Vidi angelum descendentem de cœlo, habentem clavem abyssi, et catenam magnam in manu sua : et apprehendit draconem serpentem antiquum, qui est diabolus et Satanas, et ligavit eum per annos mille, et misit eum in abyssum* (*Apocal.* xx, 1, 2 et seq.). Quem tamen in mundi fine ad aperliora certamina revocant, et totum contra nos in suis viribus ralaxant. Unde et illic rursum scriptum est : *Cum completi fuerint mille anni, solvetur Satanas* (*Ibid.*, 7). Ille enim apostata angelus, quia ita conditus fuerat, ut angelorum cæteris legionibus emineret, ita superbiendo succubuit, ut nunc stantium angelorum ditioni substratus sit ; quatenus vel nunc ad utilitatem nostram eis ministrantibus religatus lateat, vel tunc ad probationem nostram eis relaxantibus, totis se contra nos suis viribus solutus exerceat. Quia igitur hi electi spiritus superbum apostatam comprimunt, qui humiles hunc sequi noluerunt, ipsisque administrantibus disponitur, ut ad intentionem aperti certaminis destruendus, funditus quandoque revocetur, dicatur recte : *Qui parati sunt suscitare Leviathan.* Quia tamen hostis callidus ad aperta bella necdum suscitatus est, quomodo quorumdam mentes nox ista nunc latenter obscuret, insinuet. Sequitur :

CAPUT X [*Vet. XIII, Rec. XIV*].

VERS. 9. — *Obtenebrentur stellæ caligine ejus.*

17. *Stellæ aliquando sancti, aliquando hypocritæ in Scripturis dicuntur. Hypocritarum lux obscuratur aperto errore.* — In Scriptura sacra stellarum nomine aliquando sanctorum justitia, quæ in hujus vitæ tenebris lucet, aliquando vero hypocritarum fictio demonstratur, qui bona quæ faciunt, ad percipiendas laudes hominibus ostendunt. Si enim recte viventes, stellæ non essent, nequaquam Paulus discipulis diceret : *In medio nationis pravæ et perversæ, inter quos lucetis sicut luminaria in mundo* (*Philip.* ii, 15). Rursum, si inter eos qui recta agere videntur, quidam de actione sua retributionem favoris humani non quærerent, nequaquam stellas Joannes ruere a cœlestibus videret, dicens : *Misit draco caudam, et traxit tertiam partem stellarum* (*Apoc.* xii, 4). Draconis enim cauda stellarum pars trahitur, quia extrema persuasione Antichristi quidam qui videntur lucere rapientur. ⁱⁱⁱ Stellas namque in terram trahere, est eos qui videntur studio vitæ cœlestis inhærere, ex amore terreno iniquitate aperti erroris involvere. Sunt namque nonnulli qui ante humanos oculos velut magnis operibus lucent ; sed quia hæc ipsa opera a mundo corde non prodeunt, capti in occultis cogitationibus, noctis hujus tenebris obscurantur ; qui sæpe ea quæ mundo corde non faciunt, etiam opera amittunt. Quia ergo nox prævalere permittitur, quando et inter

---

ᵃ Ita Rhem., Corb. Germ., Remig., Norm., Floriac., quos sequuntur Vet. Edit. Paris. et Basil. Coc. Alii deinceps, *damnandos.*

ᵇ In Mss. Norman., Vindocin., Germ., legitur : *Unde et Dominus eumdem ita per prophetam describit.* In Utic. prius legebatur ut est in Editis.

ᶜ In Editis, *duritiæ rigiditas.*

ᵈ In Mss. Norm. et plerisque legitur, *et tortuosum.* Et infra : *tortuosus autem, quia se per insidias molliter infundit.* Utic. utramque habet lectionem.

ᵉ Secundus Compend.; pro *infundit*, habet, *inflectit.* Ita etiam Longipont.

bona opera cordis intentio minime mundatur, dicatur recte : ª *Obscurentur stellæ caligine ejus;* ᵇ id est, contra eos qui ante humanos oculos quasi bonis operibus splendent, malitia antiqui hostis obscura prævaleat; et hoc, quod ante humana judicia sumpserant, lumen laudis deponant. Caligine quippe noctis obscurantur, cum eorum vita aperto errore confunditur; ut nimirum tales etiam foris in actione appareant, quales apud semetipsos intus divino parere judicio non formidant. Sequitur :

CAPUT XI [*Vet. XIV*].

Ibid. *Exspectet lucem, et non videat, nec ortum surgentis auroræ.*

18. *Christus cum bonis una est persona, et diabolus una cum reprobis. Qui prava agunt, aut recta non recto corde, mercedem æternam frustra sperant.* — In Evangelio Veritas dicit: *Ego sum lux mundi* (*Joan.* VIII, 12). Sicut autem isdem Redemptor noster una persona est cum congregatione bonorum; ipse namque caput est corporis, et nos hujus capitis corpus; ita antiquus hostis una persona est cum cuncta collectione reproborum, quia ipse eis ad iniquitatem quasi caput præeminet, illi autem dum ad persuasa deserviunt, velut subjunctum capiti corpus inhærent. Quod ergo de hac nocte, id est antiquo hoste dicitur, dignum est ut ad corpus ejus, id est ad iniquos quosque, derivetur. Quia igitur Redemptor humani generis lux est, quid est quod de hac nocte dicitur : *Exspectet lucem, et non videat :* nisi quod sunt nonnulli qui fidem, quam operibus destruunt, tenere se sermonibus ostendunt? De quibus per Paulum dicitur : *Qui confitentur se nosse Deum, factis autem negant* (*Tit.* I, 16). Hi nimirum aut prava sunt quæ faciunt, aut recta opera non recto corde sectantur. Non enim de suis operibus retributiones perpetuas, sed transitorios favores quærunt; et tamen quia quasi sancti laudari se audiunt, esse se veraciter sanctos arbitrantur; et quanto se ex multorum æstimatione irreprehensibiles putant, tanto diem districti judicii securius exspectant. De quibus bene per prophetam dicitur : *Væ desiderantibus diem Domini* (*Amos* V, 18). Quibus beatus Job debitam sententiam profert, prædicentis studio; non optantis voto dicens : *Exspectet lucem, et non videat.* Nox quippe illa, videlicet tenebrosus hostis, in membris suis lucem exspectat, et non videt, quia vel hi qui fidem sine operibus retinent, cum pro eadem fide in extremo judicio salvari se posse confidunt, spes eorum frustrabitur, ᶜ quia hanc vivendo demoliti sunt, quam confitendo tenuerunt; vel hi qui pro humana laude in bona actione se exhibent, incassum ᵈ a veniente judice retributionem bonorum operum sperant; quia dum hæc in ostentationem faciunt laudis, jam præmium ab humano ore receperunt, Veritate attestante, quæ ait : *Amen dico vobis, receperunt mercedem* **113** *suam* (*Matth.* VI, 2, 5). Ubi et bene subditur : *Nec ortum surgentis auroræ.*

[*Vet. XV.*) 19. *Ecclesiæ in judicio novissimo claritatem non videbunt.* — Aurora quippe Ecclesia dicitur, quæ a peccatorum suorum tenebris ad lucem justitiæ permutatur. Unde et hanc sponsus in Canticorum cantico miratur, dicens : *Quæ est ista, quæ progreditur quasi aurora consurgens* (*Cant.* VI, 9)? Quasi aurora quippe electorum surgit Ecclesia, quæ pravitatis pristinæ tenebras deserit, et sese in novi luminis fulgorem convertit. In illa igitur luce, quæ in districti judicis adventu monstratur, corpus damnati hostis ortum surgentis auroræ non videt; quia cum districtus judex ad retributionem venerit, iniquus quisque suorum caligine meritorum pressus, quanta claritate sancta Ecclesia in internum cordis lumen surgat, ignorat. Tunc namque electorum mens in altum rapitur, ut divinitatis radiis illustretur ; et quo ejus respectu perfunditur, eo ultra se gratia coruscante sublevatur. Tunc sancta Ecclesia ᵉ plena aurora fit, cum mortalitatis atque ignorantiæ suæ tenebras funditus amittit. In judicio ergo adhuc aurora est, sed in regno dies; quia etsi jam cum restauratione corporum videre lumen in judicio inchoat, ejus tamen visum plenius in regno consummat. Ortus itaque auroræ est exordium clarescentis Ecclesiæ, quem videre reprobi nequeunt, quia a conspectu districti judicis malorum suorum pondere ad tenebras pressi pertrahuntur. Unde recte per prophetam dicitur : *Tollatur impius ne videat gloriam Dei* (*Isai.* XXVI, 10, *sec. LXX*). Hinc est quod de hac aurora per Psalmistam dicitur : *Abscondes eos* ᶠ *in abdito vultus tui, a conturbatione hominum* (*Psal.* XXX, 21). Electus enim quisque in judicio per internum visum in vultu Divinitatis absconditur, dum reproborum foris cæcitas districta animadversione justitiæ repulsa turbatur.

20. *Hypocritæ justorum opera non intentionem cernentes, lucem eorum non vident.* — Quod etiam ad præsens non inconvenienter accipimus, si simulatorum corda subtilius indagamus. Arrogantes namque et hypocritæ bonorum facta exterius aspiciunt, eosque in factis suis laudari ab hominibus agnoscunt, eorumque celebre nomen mirantur, et quod pro bene gestis laudes suscipiant vident; sed quanto studio easdem laudes fugiant, non vident. Aperta eorum opera considerant; sed quod sola spe intima hæc operentur, ignorant. Qui enim vera luce justitiæ clari sunt, prius a tenebris internæ intentionis immutan-

---

ª Unus Remig. et Val. Cl., *obtenebrentur stellæ,* etc.

ᵇ Sic Corb., Germ., Norman. omnes, Vindoc., Val. Cl. At Coc. et alii recentiores, a Mss. recedentes : *id est eos qui..... obscurare prævaleat.*

ᶜ In Excusis præfigitur vox *male,* quæ in Mss. ignoratur. Porro contra eos qui fidem sine operibus retinentes in extremo judicio se salvandos esse confidunt, specialis est Augustini tractatus de Fide et operibus tom. VIII, p. 165. (*Patrol. tom.* XL, *col.* 197.) Eosdem refutat lib. de octo Dulcitii Quæst., 1, et alibi.

ᵈ In Corb. Germ., Vindoc. omnib. et Remig., legitur, *adveniente judice.*

ᵉ Editi, *plene aurora.*

ᶠ Duo Rhem., Corb. Germ. et unus Remig., *abscondes eos in abscondito.* Ita etiam Vet. Edit. Paris. et Basil.

tur, ut obscuritatem intus terrenæ appetitionis plene deserant, et corda sua ad supernæ lucis desideria perfecte convertant, ne cum aliis apparent lucidi, sibimetipsis sint obscuri. Arrogantes ergo quia bonorum facta considerant, et corda non pensant, imitantur unde laudari foris valeant, non unde intus ad justitiæ lumen surgant: et quasi ortum surgentis auroræ videre nesciunt, quia intentionem religiosæ mentis considerare contemnunt.

[*Vet. XVI.*] 21. *Judæa Christi venientis et Ecclesiæ nascentis lucem non vidit.* — Potest etiam sanctus vir, gratia prophetici spiritus plenus, Judææ perfidiam Redemptore veniente conspicere, ejusque cæcitatis damna per verba hæc quasi ex optantis qualitate prophetare, ut dicat: *Exspectet lucem, et non videat, nec ortum surgentis auroræ.* Judæa quippe lucem exspectavit, et non vidit; quia humani generis Redemptorem venturum quidem prophetando sustinuit, sed venientem minime cognovit; et quos ad spem aperuit mentis oculos, ad præsentiam lucis clausit. Quæ et surgentis auroræ ortum non vidit: quia infirma illa sanctæ Ecclesiæ primordia venerari contempsit; dumque hanc labefactari suorum mortibus credidit, ad quæ fortia pervenirent, ignoravit. Sed quia de infidelibus loquens, iniqui capitis membra innotuit, ad ipsum rursum iniquorum caput verba convertit, dicens:

CAPUT XII.

VERS. 10. — *Quia non conclusit ostia ventris, qui portavit me, nec abstulit mala ab oculis meis.*

22. *Paradisus humani generis uterus, cujus ostia serpens aperuit.* — Quod unicuique hominum venter est matris, hoc universo humano generi exstitit habitatio illa summa paradisi. Ex ipsa namque [a] proles humani generis velut ex ventre prodiit, et quasi ad incrementa corporis, sic ad augmenta propaginis foras emanavit. Ibi conceptio nostra coaluit, ubi origo hominum homo primus habitavit. Sed hujus ventris ostia serpens aperuit, quia persuasione callida in corde hominis mandatum cœleste dissolvit. Hujus ventris ostia serpens aperuit, quia munita supernis monitis claustra mentis irrupit. Sanctus igitur vir in pœna quam tolerat, ad culpam mentis oculos reducat. Doleat hoc, quod tenebrosa nox, id est, antiqui hostis obscura suggestio humanis mentibus intulit; doleat hoc, quod suggestioni callidæ humana mens in sua deceptione consensit, et dicat: *Quia non conclusit ostia ventris, qui portavit me, nec abstulit mala ab oculis meis.* Nec moveat quod non conclusisse queritur, quem aperuisse paradisi januam detestatur. *Non conclusit* enim dicit, aperuit; et *mala non abstulit*, irrogavit. Quasi enim auferret, si quiesceret; et quasi clauderet, si ab irruptione cessaret. Pensat namque de quo loquitur, et perpendit quod pravo spiritui quasi lucra nobis dedisse fuerat, si damna non intulisset. Sic nos de latronibus loquimur, [b] quia captivis suis donant vitam, si non abstulerint.

23. SENSUS MORALIS. — Libet hæc ab inchoatione repetere, atque ex eo quod in usu præsentis vitæ recognoscimus, moraliter retractare. [*Vet. XVII.*] Beatus Job considerans, postquam a mentis statu succubuit genus humanum, quanta in rebus prosperis fiducia sublevetur, vel quanta ex adversis perturbatione frangatur, ad illum, quem habere in paradiso potuit, incommutabilitatis statum mente recurrit, et mortalitatis lapsum per prospera et adversa variantem, quam despicabilem cerneret, maledicendo declaravit dicens:

CAPUT XIII [*Rec. XV*].

VERS. 3. *Pereat dies in qua natus sum, et nox in qua dictum est, Conceptus est homo.*

24. *Dies est prosperitas, nox tribulatio. Dies peccati delectatio, nox cæcitas mentis.* — Quasi dies quædam est, cum mundi hujus prosperitas arridet. Sed dies iste in noctem desinit, quia sæpe temporalis prosperitas ad tribulationis tenebras perducit. Hunc prosperitatis diem propheta despexerat, cum dicebat: *Diem hominis non concupivi, tu scis* (Jerem. XVII, 16). Hanc tribulationis noctem postremo incarnationis suæ tempore passurum se Dominus nuntiabat, cum per Psalmistam quasi ex præterito diceret: *Usque ad noctem increpuerunt me renes mei* (Psal. XV, 7). Potest autem per diem, peccati delectatio, per noctem vero cæcitas mentis intelligi, per quam se homo patitur in culpæ perpetratione prosterni. Optat igitur perire diem, ut omne quod blandiri culpa cernitur, vigore justitiæ interveniente destruatur. Optat etiam perire noctem, ut quod cæcata mens etiam per consensum perpetrat, animadversione pœnitentiæ exstinguat.

25. *Scriptura tribus modis hominem appellat. Homo per voluntarias mentis tenebras a delectatione peccati rapitur.* — Sed quærendum nobis est cur in die homo natus dicitur, in nocte conceptus? Scriptura sacra tribus modis hominem appellat, scilicet aliquando per naturam, aliquando per culpam, aliquando per infirmitatem. [c] Homo quippe per naturam dicitur, sicut scriptum est: *Faciamus hominem ad imaginem et similitudinem nostram* (Genes. I, 26). Homo per culpam, sicut scriptum est: *Ego dixi, Dii estis, et filii Excelsi omnes; vos autem sicut homines moriemini* (Psal. LXXXI, 6). Ac si aperte dicat: Sicut delinquentes obibitis. Unde et Paulus ait: *Cum sit inter vos zelus et contentio, nonne carnales estis, et secundum hominem ambulatis* (I Cor. III, 5)? Ac si dicat: Qui discordes mentes ducitis, nonne adhuc ex reprehensibili humanitate peccatis? Homo per infirmitatem dicitur, sicut scriptum est: [d] *Maledictus homo, qui spem suam ponit in homine* (Jerem. XVII, 5). Ac si aperte diceret, in infirmitate. Homo ergo in die

---

[a] Vindocin. et unus Remig.: *Ex ipsa namque humanum genus velut*, etc. Ita etiam Ebroic.
[b] Plurimi habent, *quia captis suis*.
[c] Duo Rhem., duo Remig., Corb. Germ., unus Vindoc., *homo quippe in ea* (id est in sacra Script.) per naturam. Primus Vindoc., *homo quippe in ea parte per naturam*.
[d] Deest *homo* in duob. Rhem., Remig., Corb. Germ., Reg.

nascitur, sed in nocte concipitur, quia nequaquam *a delectatione peccati rapitur, nisi prius per voluntarias mentis tenebras infirmetur. Ante enim cæcus in mente fit, et postmodum se reprobæ delectationi substernit. Dicatur ergo : *Pereat dies in qua natus sum, et nox in qua dictum est, Conceptus est homo :* id est, pereat delectatio, quæ in culpam hominem rapuit, pereat incauta mentis infirmitas, quæ usque ad tenebras pravi consensus excæcavit. Homo enim dum blandimenta delectationis caute non perspicit, etiam in noctem nequissimæ perpetrationis ruit. Solerter ergo vigilandum est, ut cum blandiri culpa inchoat, ad quantum interitum mens trahatur, agnoscat. Unde et apte subditur :

CAPUT XIV.

VERS. 4. — *Dies illa vertatur in tenebras.*

26. *Delectationis initium pœnitentiæ lamentis castigandum.* — Dies quippe in tenebras vertitur, cum culpa in ipso delectationis exordio, ad quem perditionis finem rapiat, videtur. In tenebras diem vertimus, cum nosmetipsos districte punientes, ipsa delectationis pravæ blandimenta per districta pœnitentiæ lamenta cruciamus, cum flendo insequimur quidquid in corde taciti ex delectatione peccamus. Quia enim fidelis quisque cogitationes in judicio exquiri subtiliter non ignorat, Paulo attestante, qui ait : *Inter se invicem cogitationum accusantium, aut etiam defendentium* (*Rom.* II, 15) ; semetipsum introrsus discutiens, ante judicium vehementer examinat, ut districtus judex eo jam tranquillius veniat, quo b reatum suum, quem discutere appetit, jam pro culpa punitum cernit. Unde et recte subjungitur :

CAPUT XV [*Vet. XVIII, Rec. XVI*].

IBID. — *Non requirat eum Deus desuper.*

27. *Ut a Deo in judicio non puniatur.* — Requirit Deus quæ judicando discutit; non requirit quæ ignoscendo in suo jam judicio impunita derelinquit. Hic itaque dies, id est, hæc peccati delectatio, a Domino non requiretur, si animadversione spontanea punitur, Paulo attestante, qui ait : *Si nosmetipsos dijudicaremus, non utique a Domino judicaremur* (*I Cor.* XI, 31). Deo ergo diem nostrum requirere, est contra mentem nostram subtiliter in judicio c omne quod de culpa gratulatur indagare ; in qua scilicet requisitione illum tunc severius percutit, quem sibi nunc mollius pepercisse deprehendit. Bene autem sequitur : *Et non illustret lumine.* In judicio namque Dominus apparens, 116 omne quod tunc redarguit, lumine illustrat. Quasi enim sub quadam obscuritate tegitur, quidquid tunc in memoriam judicis non revocatur. Scriptum quippe est : *Omnia autem quæ arguuntur, a lumine manifestantur* (*Ephes.* V, 13). Quasi quædam tenebræ peccata pœnitentium abscondunt, de quibus per Prophetam dicitur : *Beati quorum remissæ sunt iniquitates, et quorum tecta sunt peccata* (*Psal.* XXXI, 1). Quia ergo omne quod tegitur, velut in tenebris occultatur ; in die extremi judicii non illustratur lumine, quod non discutitur ultione. Actus namque nostros, quos tunc juste punire noluerit, ipsa sibi aliquo modo sciens divina misericordia abscondit. In lumine vero ostenditur, quidquid tunc in conspectu omnium demonstratur. Hic ergo dies vertatur in tenebras, ut videlicet omne quod delinquimus, nos per pœnitentiam feriamus. Hunc diem Dominus non requirat, et lumine non illustret ; ut scilicet nobis culpam nostram ferientibus, ipse hanc extremi judicii animadversione non increpet.

28. *Pœnitens solus locum invenit, quo se Deo judici abscondat.* — Ipse autem judex venturus est, qui cuncta penetret, cuncta perstringat. Qui quia ubique est, locus quo fugiatur, non est. [*Vet. XIX.*] Sed quia correctionis nostræ fletibus placatur, solus ab illo locum fugæ invenit, qui post perpetratam culpam nunc se d ei in pœnitentia abscondit. Unde et apte adhuc de hoc delectationis die subjungitur :

CAPUT XVI [*Rec. XVII*].

VERS. 5. — *Obscurent eum tenebræ et umbra mortis.*

29. *Occulta Dei judicia, quædam tenebræ sunt.* — Diem profecto tenebræ obscurant, quando delectationem mentis inflicta pœnitentiæ lamenta transverberant. Possunt etiam per tenebras occulta judicia designari. In luce namque quod videmus agnoscimus; in tenebris vero aut omnino nihil cernimus, aut incerto visu caligamus. Occulta ergo judicia quasi quædam ante oculos nostros tenebræ sunt, quia perscrutari nequaquam possunt. Unde et de Deo scriptum est : *Posuit tenebras latibulum suum* (*Psal.* XVII, 12). Et quia absolvi non meremur, agnoscimus : sed præveniente nos divina gratia, per ejus judicia occulta liberamur. Diem igitur tenebræ obscurant, cum flendum nostræ delectationis gaudium, ab illo justæ animadversionis radio inscrutabilia ejus judicia misericorditer occultant. Ubi et apte subjungitur : *Et umbra mortis.*

[*Vet. XX.*] 30. *Umbra mortis tripliciter in Scripturis accipitur.* — In Scriptura enim sacra umbra mortis aliquando oblivio mentis accipitur, aliquando imitatio diaboli, aliquando mors carnis. Umbra enim mortis, oblivio mentis accipitur ; quia, ut superius diximus, sicut mors hoc quod interficit, agit ut non sit in vita ; ita et oblivio hoc quod intercipit, agit ut non sit in memoria. Unde et recte, quia Joannes Hebræorum populo eum, cujus obliti fuerant, Deum prædicare veniebat, per Zachariam dicitur : *Illuminare his qui in tenebris et in umbra mortis sedent* (*Luc.* I, 79). In umbra enim mortis sedere, est a divini

---

a Ita Mss., nisi quod Floriac. habet *a dilectione peccati.* In Excusis legitur, *ad delectationem.*

b Rhemenses et Remigiani omnes, quibus consentiunt Norm., *quo reum suum.*

c Repræsentamus hic Manuscriptos, non veteres aut recentiores Editiones corruptissimas. Cod. et alii deinceps, *gratulamur admissum.* Ita etiam Edit. Paris. 1495. Edit. Basil. 1514 et Paris. 1518, omne quod *de culpa gratulare admissum.* Fruendantur ex Mss. magno consensu. Porro hic *quod de culpa gratulatur*, idem est ac quod *de culpa gratum est.*

d Neglectam in aliis Ed. voculam *ei* revocavimus ex Mss. Corb. Germ., Comp., Rhem., Remig., etc.

amoris notitia in oblivione [a]lassescere. Umbra mortis imitatio antiqui hostis accipitur. Ipse enim quia mortem intulit, mors vocatur, Joanne attestante, qui ait : *Et nomen illi mors* (Apoc. vi, 8). Per umbram igitur mortis ejus imitatio designatur; quia sicut umbra juxta qualitatem corporis ducitur, ita actiones iniquorum de specie imitationis **117** ejus exprimuntur. Unde recte Isaias cum gentiles populos[b] in antiqui hostis cerneret imitatione defecisse, eosque ad veri solis ortum resurgere, quæ certo futura consideret, quasi ex præteritis narrat, dicens : *Sedentibus in tenebris et umbra mortis, lux orta est eis* (Isai. ix, 2). Umbra etiam mortis mors carnis accipitur; quia sicut vera mors est, qua anima separatur a Deo, ita umbra mortis est, qua caro separatur ab anima. Unde recte voce martyrum per Prophetam dicitur : *Humiliasti nos in loco afflictionis, et cooperuit nos umbra mortis* (Psal. xliii, 20). Quos enim constat non spiritu, sed sola carne mori, nequaquam se vera morte, sed umbra dicunt mortis operiri.

31. *Christus unica morte duplicem hominum mortem delevit.* — Quid est ergo, quod beatus Job, ad obscurandum diem pravæ [c] delectationis postulat umbram mortis; nisi quod ad delenda peccata ante Dei oculos, Dei et hominum mediatorem requirit, qui solam pro nobis mortem carnis susciperet, et veram mortem delinquentium per umbram suæ mortis deleret? Ad nos quippe venit, qui in morte spiritus carnisque tenebamur; unam ad nos suam mortem detulit, et duas nostras, quas reperit, solvit. Si enim ipse utramque susciperet, nos a nulla liberaret. Sed unam misericorditer accepit, et juste utramque damnavit. Simplam suam duplæ nostræ contulit, et duplam nostram moriens subegit. Unde et non immerito uno die in sepulcro et duabus noctibus jacuit, quia videlicet lucem suæ simplæ mortis, tenebris duplæ nostræ mortis adjunxit. Qui ergo solam pro nobis mortem carnis accepit, umbram mortis pertulit, quia a Dei oculis culpam quam fecimus abscondit. Dicatur igitur recte : *Obscurent eum tenebræ et umbra mortis.* Ac si aperte diceretur : Ille veniat, qui ut a morte carnis et spiritus debitores eripiat, mortem carnis non debens solvat. [*Vet. XXI.*] Sed quia nullum peccatum Dominus inultum relaxat, aut enim nos hoc flendo insequimur, aut ipse[d] judicando, restat ut ad emendationem suam semper mens solerter invigilet. In quo ergo sibi quisque misericorditer subveniri [e] considerat, hoc necesse est ut confitens tergat. Unde et apte subjungitur :

CAPUT XVII.

Ibid. — *Occupet eum caligo.*

32. *Mentis pœnitentis salubris caligo.* — Quia enim in caligine oculus confunditur, ipsa per pœnitentiam mentis nostræ confusio, caligo nominatur. Nam sicut caligo nebulosa congerie obscurat diem, ita confusio perturbatis cogitationibus obnubilat mentem. De qua [f] per quemdam dicitur : *Est confusio adducens gloriam* (Eccli. iv, 25). Cum enim ad mentem male gesta pœnitendo reducimus, gravi mox mœrore confundimur, perstrepit in animo turba cogitationum, mœror conterit, anxietas devastat, in ærumnam mens vertitur, et quasi quodam nubilo caliginis obscuratur. Hæc namque caligo confusionis eorum mentem salubriter oppresserat; quibus Paulus dicebat : *Quem enim fructum habuistis tunc in illis, in quibus nunc erubescitis* (Rom. vi, 21)? Hunc ergo peccati diem caligo occupet, id est, blandimentum nequitiæ afflictio pœnitentiæ digno mœrore perturbet. Unde et apte subjungitur :

CAPUT XVIII.

Ibid. — *Involvatur amaritudine.*

33. *Salubris mœror de prava delectatione.* — Dies enim amaritudine involvitur, cum ad cognitionem mente redeunte, peccati blandimenta **118** cruciatus pœnitentiæ sequuntur. Diem amaritudine involvimus, cum pravæ delectationis gaudium, quæ supplicia sequantur aspicimus, et asperis hoc fletibus circumdamus. Quia enim hoc quod involvitur, ex latere omnis partis operitur, involvi dies amaritudine optatur, quatenus quæ mala incorrectis imminent, ex omni parte quisque conspiciat, et voluptatis suæ lasciviam tristitiæ lamentis tergat.

34. *Quanto major esse debeat de consensu ad culpam.* — Sed si diem, quam peccati delectationem diximus, tot impeti precibus audivimus, ut videlicet circumdantes fletus expient quidquid delectatus per negligentiam animus delinquit, quanta animadversione pœnitentiæ hujus diei nox ferienda est, videlicet ipse jam consensus ad culpam? Sicut enim minoris culpæ est, cum carnaliter mens in delectatione rapitur, sed tamen delectationi suæ per spiritum reluctatur; ita gravioris et plenæ est nequitiæ, ad peccati illecebram non solum delectatione pertrahi, sed etiam consensu famulari. Tanto igitur [g] arctiori manu pœnitentiæ, mens a pollutione tergenda est, quanto se per consensum conspicit sordidius inquinatam. Unde et apte subjungitur :

CAPUT XIX.

Vers. 6. — *Noctem illam tenebrosus turbo possideat.*

35. *Vis compunctionis.* — Quasi enim quidam turbo tempestatis est concitatus spiritus mœroris. Nam dum peccatum quisque quod fecit, intelligit; dum pravitatis suæ nequitiam subtiliter pensat, mœrore mentem obnubilat et quasi concusso serenæ lætitiæ aere, omnem in se tranquillitatem cordis pœnitent-

---

[a] In Ed. Coc. et aliis deinceps legitur, *in oblivione latescere*. Veteres Editiones uti omnes pene Manuscripti habent, *lassescere*. Belvac. habet *languere*.
[b] Ita etiam omnes Mss., Corb. Germ. et vet. Edit. In Gilot., Romana Sixti V et Gussanv., lego : *ab antiqui hostis*, etc.
[c] Ita omnes Rhem., Remig., Corb. Germ., Belvac., Ebroic., etc., nec non vet. Edit. At aliæ, *diem pravæ dilectionis.*
[d] Editi, si vetustiores excipias, *judicando reservat;* restat. Vocem *reservat*, quæ redundat et in omnib. Mss. deest, expunximus.
[e] Ex Corb. Germ., Vindoc., Val. Cl., Rhem., Remig., Compend., prima Editione Rom. Parisiensi 1495, et aliis antiquioribus, emendavimus cæteras Edit., in quibus pro *considerat*, legitur, *desiderat*.
[f] Plerique ex laudatis Mss. habent, *per quemdam sapientem.*
[g] Nonnulli, *acriori manu.*

tiæ turbine devastat. Nisi enim recognoscentem se animum iste turbo contereret, nequaquam Propheta dixisset : *In spiritu vehementi conteres naves Tharsis* (*Psal.* XLVII, 8). Tharsis quippe exploratio gaudii dicitur. [*Vet. XXII.*] Sed cum vehemens pœnitentiæ spiritus mentem occupat, omnem in ea explorationem reprehensibilis gaudii perturbat, ut nihil ei jam nisi flere libeat, nihil nisi quod se terrere possit attendat. Ponit namque ante oculos illinc districtionem justitiæ, hinc meritum culpæ : conspicit quo supplicio digna sit, si parcentis pietas desit, quæ per lamenta præsentia ab æterna eruere pœna consuevit. Spiritus ergo vehemens Tharsis naves conterit, cum vis compunctionis valida mentes nostras huic mundo, quasi mari deditas, salubri terrore confundit. Dicat igitur : *Noctem illam tenebrosus turbo possideat;* id est, perpetrationem culpæ, non blandimenta securæ quietis foveant, sed pie desæviens amaritudo pœnitentiæ irrumpat.

36. *Quid sit possidere noctem, et a nocte possideri.* — Sciendum vero est, quia cum peccata impunita relinquimus, a nocte possidemur; cum vero hæc animadversione pœnitentiæ plectimus, nimirum nos noctem, quam fecimus, possidemus. Sed tunc peccatum cordis sub juris nostri possessionem reducitur, si cum incipit, reprimatur. Unde et divina voce Cain prava cogitanti dicitur : *In foribus peccatum tuum aderit, sed sub te erit appetitus ejus, et tu dominaberis illius* (*Genes.* IV, 7). In foribus quippe peccatum adest, cum in cogitationibus pulsat. Cujus appetitus subter est, eique homo dominatur, si cordis nequitia inspecta, citius prematur, et priusquam ad duritiam crescat, reluctanti mente subigatur. Ut ergo delictum suum citius animus sentiat, 119 et culpæ tyrannidem sub jure suo pœnitendo restringat, dicatur recte : *Noctem illam tenebrosus turbo possideat.* Ac si aperte diceretur : Ne captiva mens culpæ serviat, culpam a pœnitentia liberam non relinquat. Et quia quod flendo insequimur, nequaquam nobis a venturo judice hoc objici certe speramus, bene subditur :

CAPUT XX [*Rec. XVIII*].

IBID. — *Non computetur in diebus anni, nec numeretur in mensibus.*

37. *Rogandus Deus ne mala quæ gessimus, in judicio nobis objiciantur.* — Illuminationis nostræ annus tunc perficitur, quando apparente æterno judice sanctæ Ecclesiæ, peregrinationis suæ vita completur. Tunc laboris sui remunerationem recipit, cum expleto hoc belli tempore, ad patriam redit. Unde bene per Prophetam dicitur : *Benedices coronæ anni benignitatis tuæ* (*Psal.* LXIV, 12). Quasi enim corona anni benedicitur, cum finito laboris tempore, virtutum remuneratio confertur. Dies vero hujus anni sunt singulæ quæque virtutes; menses autem multiplicia facta virtutum. Sed ecce cum per fiduciam mens erigitur, ut speret quod veniente judice de virtutibus remuneretur, occurrunt ejus memoriæ etiam mala quæ gessit; et valde formidat, ne districtus judex qui venit ut virtutes remuneret, etiam ea quæ illicite gesta sunt examinans, subtiliter penset; ne cum annum complet, etiam noctem numeret. Dicat itaque de hac nocte : *Non computetur in diebus anni, nec numeretur in mensibus.* Ac si districtum judicem exoret, dicens : Cum completo sanctæ Ecclesiæ tempore, extremo te examini manifestas, sic dona quæ contulisti remunera, ut mala quæ commisimus non requiras. Si enim nox illa in diebus anni computatur, omne quod egimus, ex pravitatis nostræ æstimatione confunditur. Et dies virtutum jam non lucent, si hos in conspectu tuo annum erat nostræ noctis tenebrosa confusio obscuret.

[*Vet. XXIII.*] 38. *Ideo nulla impunita relinquamus.* — Sed si de nocte nostra moveri [a] tunc inquisitionem nolumus, magnopere nunc curandum est, ut nos in ejus discussione vigilemus; ne quælibet nobis culpa impunita remaneat, ne mens perversa quod fecit, defendere audeat, et defendendo, nequitiæ nequitiam adjungat. Unde et bene subditur :

CAPUT XXI [*Rec. XIX*].

VERS. 7. — *Sit nox illa solitaria, nec laude digna.*

39. *Nulla excusando exaggeremus.* — Sunt nonnulli, qui non solum nequaquam deflent quod faciunt, sed etiam laudare et defendere non desistunt. Et nimirum dum defenditur culpa, geminatur. Contra quod recte per quemdam dicitur : *Peccasti, ne adjicias iterum* (*Eccli.* XXI, 1). Peccatum quippe peccato adjicit, qui male gesta etiam defendit; et noctem solitariam non relinquit, qui culpæ suæ tenebris etiam patrocinia defensionis adjungit. Hinc est, quod primus homo de erroris sui nocte requisitus, eamdem noctem esse solitariam noluit; quia dum requisitione ad pœnitentiam vocaretur, ei adminicula excusationis adjunxit, dicens : *Mulier, quam dedisti* [b] *mihi sociam, dedit mihi de ligno, et comedi* (*Genes.* III, 12); scilicet excessum sui vitium in auctorem latenter intorquens, ac si diceret : Tu occasionem delinquendi præbuisti, qui mulierem dedisti. Hinc est, quod hujus erroris ramus in humano genere ex illa nunc usque radice 120 protrahitur, ut quod male agitur, adhuc etiam defendatur. Dicat ergo : *Sit nox illa solitaria, nec laude digna.* Ac si aperte exoret, dicens : Culpa, quam fecimus, sola remaneat, ne dum laudatur et defenditur, in conspectu nos nostri judicis multipliciter astringat. Peccare quidem non debuimus; sed utinam alia non jungentes, vel ea quæ fecimus sola deseramus.

40. *Culpam suam veraciter insequitur, qui prosperitatem sæculi calcat.* — Sed inter hæc sciendum est, quia ille culpam suam veraciter insequitur, qui jam ad amorem præsentis sæculi nullo appetitu prosperitatis instigatur; qui hujus mundi blandimenta quam sint fraudulenta considerat, favoresque ejus quasi quasdam persecutiones pensat. Unde et bene subditur :

CAPUT XXII [*Rec. XX*].

VERS. 8. — *Maledicant ei, qui maledicunt diei.*

41. *Transactas culpas punit qui seductoris insidias in ipsa suggestione deprehendit.* — Ac si aperte dicat :

---

[a] Utic. et alii Norm., *tunc inquisiti nolumus.*

[b] Non legitur, *mihi sociam*, in Corb. Germ., Vind. et antiq. Rhem.

Illi hujus noctis tenebras vere pœnitendo feriant, qui jam lucem prosperitatis sæculi despicientes calcant. Si enim diem lætitiam delectationis accipimus, recte de hac nocte dicitur : *Maledicant ei qui maledicunt diei;* quia nimirum illi veraciter mala transacta per animadversionem pœnitentiæ corrigunt, qui jam ad bona fallentia nulla delectatione rapiuntur. Nam quos adhuc noxia alia delectant, falsum est quod cernitur, quia perpetrata alia deplorant. Si autem, [a] ut supra dictum est, suggestionem callidam antiqui hostis accipimus, illi maledicere noctem intelligendi sunt, qui diei maledicunt; quia scilicet illi transactas culpas vere puniunt, qui maligni seductoris insidias in ipsa blanda suggestione deprehendunt. Bene autem subditur :

CAPUT XXIII [*Vet. XXIV, Rec. XXI*].

IBID. — *Qui parati sunt suscitare Leviathan.*

42. *Diabolum contra se suscitant, qui ejus tyrannidem despiciunt.* — Omnes enim, qui ea quæ mundi sunt mente calcant, et ea quæ Dei sunt plena intentione desiderant, Leviathan contra se suscitant, quia ejus malitiam instigatione suæ conversationis inflammant. Nam qui ejus voluntati subjecti sunt, quasi quieto ab illo jure possidentur, et superbus eorum rex quasi quadam securitate perfruitur, dum eorum cordibus inconcussa potestate dominatur. Sed cum uniuscujusque spiritus ad conditoris sui desiderium recalescit, cum torporem negligentiæ deserit, et frigus insensibilitatis pristinæ igne sancti amoris accendit; cum libertatis ingenitæ meminit, et teneri ab hoste servus erubescit, quia jisdem hostis se considerat despici, quia vias Dei videt apprehendi, dolet contra se captum reniti, et mox zelo accenditur, mox ad certamen movetur, mox ad tentationes innumeras contra rebellantem mentem se excitat, atque in omni arte lacerationis instigat, ut tentationum jacula intorquendo confodiat cor, quod dudum quieto jure possidebat. Quasi dormiebat quippe, dum sopitus in pravo corde quiesceret : sed excitatur in provocatione certaminis, cum jus amiserit perversæ dominationis. Huic ergo nocti maledicant, qui parati sunt suscitare Leviathan : id est, hi se contra peccatum fortiter [b] judicio districtionis erigant, qui in suis tentationibus excitare antiquum adversarium non formidant. Scriptum namque est : *Fili, accedens ad servitutem Dei, sta in justitia et timore, et præpara animam tuam ad tentationem* (Eccli. II, 1). Quisquis enim accingi in divino servitio properat, quid aliud, quam se contra antiqui adversarii certamen parat, ut liber in certamine ictus suscipiat, qui quietus [c] sub tyrannide in captivitate serviebat? Sed in eo ipso, quod mens contra hostem accingitur, quod alia vitia subigit, aliis reluctatur, aliquando de culpa aliquid, quod tamen non valde noceat, remanere permittitur.

43. *Ob humilitatem Deus sinit ut qui multa et gravia vitia subegit, unum minimum non expugnet.* — Et sæpe mens, quæ adversa multa et fortia superat, unum in se, et fortasse minimum, quamvis magna intentione invigilet, non expugnat. Quod divina nimirum dispensatione agitur, ne ex omni parte virtutibus splendens, in elatione subleveretur; ut dum in se parvum quid reprehensibile videt, et tamen hoc subigere non valet, nequaquam sibi, sed auctori victoriam tribuat in his quæ subigere fortiter valet. Unde et bene subjungitur :

CAPUT XXIV [*Rec. XXII*].

VERS. 9. — *Obtenebrentur stellæ caligine ejus.*

44. *Sic qui stellæ sunt, aliqua caligine obscurantur.* — Stellæ quippe hujus noctis caligine tenebrantur, quando et hi qui magnis jam virtutibus splendent, adhuc de obscuritate culpæ aliquid renitentes sustinent, ut etiam magna vitæ claritate luceant, et tamen adhuc noctis reliquias nolentes trahant. Quod ad hoc, sicut dictum est, agitur, ut mens proficiens ad virtutem justitiæ suæ, melius infirmitate roboretur; et inde verius in bonis luceat, unde eam etiam nolentem parva reprehensibilia humiliter obscurant. Unde et bene cum Israelitico populo, percepta repromissionis terra, partiretur, Ephraim tribui Chananæus gentilis populus non occisus, sed factus tributarius dicitur, sicut scriptum est : *Habitavit Chananæus in medio Ephraim tributarius* (Jos. XVI, 10). Quid enim Chananæus, gentilis videlicet populus, nisi vitium significat? Et sæpe magnis virtutibus terram repromissionis ingredimur, quia spe intima de æternitate roboramur. [*Vet. XXV.*] Sed dum [d] inter acta sublimia, vitia quædam parva retinemus, quasi Chananæum vivere in terra nostra concedimus. Qui tamen [e] tributarius efficitur, quia hoc ipsum vitium, quod subigere non possumus, ad usum nostræ utilitatis humiliter retorquemus; ut eo de se mens et in summis vilia sentiat, quo suis viribus etiam parva quæ appetit, non expugnat. Unde bene rursum scriptum est : *Hæ sunt gentes quas Dominus dereliquit, ut erudiret in eis Israelem* (Jud. III, 1). Ad hoc namque quædam minima vitia nostra retinentur, ut sese nostra intentio sollicitam in certamine semper exerceat; et ne de victoria non superbiat, quo vivere in se hostes conspicit, a quibus adhuc vinci formidat. Israel ergo reservatis gentibus eruditur, quando in quibusdam minimis vitiis elatio virtutis nostræ comprimitur, et in parvis sibi resistentibus discit, [f] quod ex se majora non subigit.

---

[a] Antiq. Edit.: *Si autem et supradictam diem.* Pejus apud Cocc., Vatic., Gilot., Guss., legitur *noctem suggest.* Quippe sanctus Gregorius, tam num. 7 quam 24, et alibi, per diem intelligit suggestionem diaboli ac peccati delectationem ab ipso ministratam ; nusquam vero per noctem, qua vult significari consensum ad peccatum, et tenebras inde ortas. Quo posito, consequenter hic loquitur, cum ait eum qui maledicit diei, maledicere et nocti; qui enim abhorret a suggestione et delectatione peccati, multo magis abhorret a consensu. Cæterum nostra lect. est Mss. Corb. Germ., antiq. Rhem., duorum Remig., Turon., Vindoc., Norm., ad quos accedunt vet. Edit.

[b] Gilot., Vatic., Gussanv., post Cocc., *in judicio.*

[c] Ita Corb. Germ. et omnes Mss. nostri, quos sequuntur vet. Edit. Aliæ habent, *sub tyranno.*

[d] Unus Remig., *inter subacta sublimia.*

[e] Præmittitur *nobis* in Ed., quo carent omnes Mss. nostri.

[f] Nonnulli, *quod in se.*

45. *Nemo in hac vita, quantalibet sanctitate fulgeat, Deum sicut est videre valet.* — Hoc tamen quod dicitur : *Obtenebrentur stellæ caligine ejus;* intelligi et aliter potest. Nox quippe illa, videlicet consensus ad culpam, quæ ad nos primi parentis est excessu propagata, mentis nostræ oculum tanta obscuritate perculit, ut [a] in hujus vitæ exsilio, cæcitatis suæ tenebris pressus, quantalibet vi æternitatis lumen intenderit, penetrare non possit. Post pœnam namque damnati 122 peccatores nascimur, atque ad hanc vitam cum mortis nostræ merito venimus ; et cum ad supernæ lucis radium aciem mentis erigimus, ipsa infirmitatis nostræ obscuritate caligamus. Et quidem multi in hac infirmitate carnis tanta virtute roborati sunt, ut resplendere mundo quasi stellæ potuissent. Multi in tenebris vitæ præsentis, dum superiora de se exempla exhibent, astrorum more nobis desuper lucent; sed quantalibet coruscatione operis fulgeant, quantolibet se igne compunctionis accendant; nimirum constat quia dum corruptibili adhuc carne gravati sunt, æternum lumen, sicut est, videre nequaquam possunt. Dicat ergo : *Obtenebrentur stellæ caligine ejus ;* id est, etiam illi in contemplatione sua, antiquæ noctis adhuc tenebras sentiant, de quibus nimirum constat quod humano generi in hujus vitæ caligine virtutum suarum jam radios expandant, quia etsi mente jam ad summa exsiliunt, adhuc tamen in infimis primæ culpæ pondere gravantur. Unde fit ut et foras exempla lucis velut astra præbeant, sed tamen intus usque ad fixæ visionis certitudinem pressi noctis caligine non ascendant. Sæpe autem ita mens accenditur, ut quamvis in carne sit posita, in Deum tamen omni subjugata carnali cogitatione rapiatur; nec tamen Deum sicut est conspicit, quia hanc nimirum, sicut dictum est, in carne corruptibili pondus primæ damnationis premit. Sæpe ita ut est, absorberi desiderat, ut æternam vitam, si possit fieri, sine interventu corporeæ mortis attingat. Unde Paulus, cum ardenter internam lucem quæreret, sed tamen utcunque exterioris mortis damna formidaret, ait : [b] *Quandiu sumus in hoc habitaculo, ingemiscimus gravati, eo quod nolumus exspoliari, sed supervestiri, ut absorbeatur quod mortale est a vita (II Cor.* v, 4). [*Vet. XXVI.*] Sancti igitur viri videre verum mane appetunt, et, si concedatur, etiam cum corpore illud attingere lucis intimæ secretum volunt. Sed quantolibet ardore intentionis exsiliant, adhuc antiqua nox gravat, et corruptibilis hujus carnis oculos, quos hostis callidus ad concupiscentiam aperuit, judex justus a contuitu interni sui fulgoris premit. Unde et bene subditur :

CAPUT XXV [*Rec. XXIII*].

Ibid. — *Exspectet lucem, et non videat, nec ortum surgentis auroræ.*

46. *Ortus auroræ est internæ veritatis claritas.* — Quantalibet namque intentione adhuc peregrina mens satagat videre lucem sicut est, non valet, quia hanc ei damnationis suæ cæcitas abscondit. ([c] *Ortus vero auroræ est internæ veritatis claritas, quæ semper nobis debet esse nova.* Quam nox procul dubio non videt, quia per culpam cæca nostra infirmitas ad illud lumen, quod supernos jam cives irradiat, in carne adhuc corruptibili posita non ascendit. Intus namque hæc aurora surgit, ubi angelorum spiritibus divinitatis claritas nova semper ostenditur ; et quasi semper gaudium lucis oritur, quod nunquam finitur.) Ortus vero auroræ est illa nova nativitas resurrectionis, qua sancta Ecclesia etiam carne suscitata oritur ad contemplandum lumen æternitatis. Si enim ipsa carnis nostræ resurrectio quasi quædam nativitas non esset, de ea Veritas non dixisset : *In regeneratione, cum sederit Filius hominis in sede majestatis suæ* (*Matth.* xix, 28 ; *Luc.* xxii, 69). Esse ergo hanc ortum vidit, quam regenerationem 123 vocavit. Sed quantalibet virtute electi nunc fulgeant, penetrare nequeunt, quæ erit illa novæ nativitatis gloria, qua tunc cum carne ad contemplandum æternitatis lumen ascendunt. Unde et Paulus ait : *Quod oculus non vidit, nec auris audivit, nec in cor hominis ascendit, quæ præparavit Deus diligentibus se* (*I Cor.* ii, 9). Dicat ergo : *Exspectet lucem, et non videat, nec ortum surgentis auroræ;* quia spontaneo vitio tenebrata nostra infirmitas, nisi prius per mortem pœnæ suæ debitum solvat, claritatem lucis internæ non penetrat. Sequitur :

CAPUT XXVI [*Rec. XXIV*].

Vers. 10. — *Quia non conclusit ostia ventris qui portavit me, nec abstulit mala ab oculis meis.*

47. *Concupiscentiæ ostia consensus noster aperuit, unde innumera mala.* — Sicut et superius dictum est, *non conclusit,* dicit aperuit; et *non abstulit,* irrogavit. Hæc itaque nox, videlicet culpa, ostia ventris aperuit, quia concepto ad peccatum homini desideria concupiscentiæ reservavit. Ostia quippe ventris sunt desideria concupiscentiæ, [d] de quibus per prophetam dicitur : *Intra in cubicula tua, claude ostia tua* (*Isai.* xxvi, 20). Cubicula quippe ingredimur, cum secreta nostræ mentis intramus. Ostia autem claudimus, cum desideria illicita coercemus. Hæc itaque concupiscentiæ carnalis ostia, dum consensus noster aperuit, ad innumera nos mala corruptionis pertraxit. Unde [e] jam nunc sub mortalitatis pondere gemimus, quamvis ad

---

[a] In Editis, *ut omnis homo in hujus;* expunximus *omnis homo,* ad fidem omnium Mss., hisque rejectis integre perseverat sensus; et *pressus* ad oculum refertur.

[b] Pene omnes Mss., *qui sumus.* Corb. Germ. habet, *quandiu sumus.*

[c] Hæc verba, *ortus vero,* etc., usque, *quod nunquam finitur,* quæ intra parenthesim inclusimus, desunt in Mss. et in omnib. Edit., præterquam in Gussanv., qui non indicat ubi ea invenerit.

[d] Editi addunt *carnalis :* hoc verbum abest a Mss. Corb. Germ. et aliis quos consuluimus. In Lyrano pro *reservavit* legitur *reservavit.* Magis discrepat a cæteris unus Vindoc., in quo habetur : *quia concepta ad peccatum hominis desideria, concupiscentia reservavit.*

[e] Editi etiam loco *jam.* Et mox *ad hanc* pro *ad hoc.*

hoc arbitrio nostro [a] venerimus; quia et judicii sic justitia exigit, ut quod sponte fecimus, inviti toleremus. Sequitur :

CAPUT XXVII.

VERS. 11, 12. — *Quare non in vulva mortuus sum; egressus ex utero non statim perii? cur exceptus genibus? cur lactatus uberibus?*

48. *Quid intelligendum in verbis Job cum se optat abortivum.* — Absit nos credere quod beatus Job, tanta spiritus scientia præditus, tanta interni judicis attestatione laudatus, abortivum se optet interiisse. Sed quia, sicut etiam per remunerationem cognoscitur, intus habet testem suæ fortitudinis, intus pensanda sunt ejus pondera locutionis.

[*Vet. XXVII. Rec. XXV.*] 49. *Peccatum quatuor modis seu gradibus in corde, ac totidem in opere perficitur.* — Quatuor quippe modis peccatum perpetratur in corde, quatuor consummatur in opere. In corde namque suggestione, delectatione, consensu, et defensionis audacia perpetratur. Fit enim suggestio per adversarium, delectatio per carnem, consensus per spiritum, defensionis audacia per elationem. Culpa enim, quæ terrere mentem debuit, extollit, et dejiciendo elevat, sed gravius elevando supplantat. Unde et illam primi hominis rectitudinem antiquus hostis his quatuor ictibus fregit. Nam serpens suasit, Eva delectata est, Adam consensit; qui etiam requisitus, confiteri culpam per audaciam noluit. Hoc vero in humano genere quotidie agitur, quod actum in primo parente nostri generis non ignoratur. Serpens suasit; quia occultus hostis mala cordibus hominum latenter suggerit. Eva delectata est; quia carnalis sensus, ad verba serpentis mox se delectationi substernit. Assensum vero Adam mulieri præpositus præbuit; quia dum caro in delectationem rapitur, etiam a sua rectitudine spiritus infirmatus inclinatur. Et requisitus Adam confiteri noluit culpam, quia videlicet spiritus, quo peccando a veritate disjungitur, eo in ruinæ suæ audacia nequius obduratur. Eisdem etiam quatuor modis peccatum consummatur in opere. Prius namque latens culpa agitur; postmodum vero etiam ante oculos hominum sine confusione reatus aperitur; dehinc et in consuetudinem ducitur; ad extremum quoque vel falsæ spei seductionibus, vel obstinatione miseræ desperationis enutritur.

50. *Job deplorat hos quatuor in corde peccandi modos.* — Hos itaque peccati modos, qui vel in corde latenter fiunt, vel patenter in opere perpetrantur, beatus Job considerat, et humanum genus in quot peccatorum gradibus sit lapsum, deplorat, dicens : *Quare non in vulva mortuus sum; egressus ex utero non statim perii? cur exceptus genibus? cur lactatus uberibus?* Prima enim vulva conceptionis, fuit lingua malæ suggestionis. Sed peccator in vulva moreretur, si moriturum se homo in ipsa suggestione cognosceret. Qui tamen ex utero egressus est; quia postquam in peccato eum suggerens lingua concepit, foras mox

etiam delectatio rapuit. Post egressionem vero exceptus est genibus; quia cum ad delectationem carnis prodiit, nimirum culpam per consensionem spiritus, subjectis cunctis sensibus, quasi suppositis genibus consummavit. Sed genibus exceptus, etiam uberibus est lactatus. In consensu enim culpæ addictis spiritus sensibus, multa cassæ fiduciæ argumenta subsecuta sunt; quæ natam in peccato animam, virulento lacte nutrierunt, et ne aspera mortis supplicia metueret, hanc blandis excusationibus foverunt. [*Vet. XXVIII.*] Unde et primus homo post culpam audacior exstitit, dicens : *Mulier, quam dedisti mihi* [b] *sociam, ipsa dedit mihi de ligno, et comedi* (Genes. III, 12). Qui quidem per timorem semetipsum absconsurus fugerat; sed tamen requisitus innotuit quantum etiam timens tumebat. Cum enim ex peccato præsens pœna metuitur, et amissa Dei facies non amatur; timor ex tumore est, non ex humilitate. Superbit quippe, qui peccatum, si liceat non puniri, non deserit.

51. *Deplorat ac deprecatur quatuor modos quibus homines peccant in opere.* — Sed his, sicut dictum est, quatuor modis culpa, ut in corde agitur, etiam in opere perpetratur. Ait enim : *Quare non in vulva mortuus sum?* Vulva quippe peccantis, est hominis culpa latens, quæ occulte peccatorem concipit, et reatum suum adhuc in tenebris abscondit. *Egressus ex utero non statim perii?* A vulva de utero exitur, cum peccator quæ in occulto commiserit, hæc etiam in aperto committere non erubescit. Quasi enim ab occultationis suæ vulva processerant, de quibus Propheta dicebat : *Et peccatum suum quasi Sodoma prædicaverunt, nec absconderunt* (Isai. III, 9). *Quare exceptus genibus?* Quia nimirum peccator, cum jam de iniquitate sua non confunditur, in iniquitate eadem etiam adminiculis pessimæ consuetudinis roboratur. Quasi genibus peccator fovetur ut crescat, dum culpa consuetudinibus firmatur ut vigeat. *Cur lactatus uberibus?* Quia dum prodire culpa in usum cœperit, nimirum se vel falsa spe divinæ misericordiæ, vel aperta miseria desperationis pascit; ut eo nequaquam ad correptionem redeat, quo vel factorem suum pium sibi inordinate simulat; vel hoc quod fecit, inordinate formidat. Beatus igitur vir humani generis lapsus aspiciat, et quibus præcipitiis mersum sit in foveam iniquitatis intendat, dicens : *Quare non in vulva mortuus sum?* id est, in ipsa occulta perpetratione peccati, cur a carnis vita mortificare me nolui? *Egressus ex utero non statim perii?* id est, postquam ad apertam iniquitatem exii, cur me tunc saltem perditum non cognovi? Perisset quippe in suo judicio, si se perditum cognovisset. *Quare exceptus genibus?* id est, etiam post apertam culpam, cur me adhuc in illa etiam consuetudo suscepit, ut valentiorem ad nequitias redderet, et pravis me usibus sustinens foveret? *Cur lactatus uberibus?* id est, postquam in culpæ consuetudinem veni, cur me ad atrociorem nequitiam vel falsæ spei fiducia, vel lacte mi-

---

[a] In Corb. Germ., *non venerimus*. Minime probatur; loquitur enim hic sanctus Doctor de corruptelis ad quas consensus noster ostium aperuit.

[b] Hunc locum Mss. Rhem., Corb. Germ., Vindoc., ea ratione hic exhibent qua jam num. 39 observatum.

serae desperationis enutrivi? Cum enim culpa in usum venerit, ei jam animus etiam si appetat, debilius resistit; quia quot vicibus pravae frequentationis astringitur, quasi tot vinculis ad mentem ligatur. [*Vet. XXIX.*] Unde fit ut enervis animus, cum solvi non valet, ad quaedam se solatia falsae consolationis inclinet; quatenus venturum judicem tantae sibi misericordiae spondeat, ut eos etiam quos arguendos invenerit penitus non occidat. Cui rei hoc deterius accidit, quod ei multorum similium lingua consentit, cum multi etiam male gesta laudibus exaggerant: unde fit ut incessanter crescat culpa, favoribus nutrita. Curari autem vulnus negligitur, quod dignum praemio laudis videtur. Unde bene per Salomonem dicitur : *Fili mi, si te lactaverint peccatores, ne acquiescas eis* (*Prov.* I, 10). Peccatores etenim lactant, cum vel perpetranda mala blandimentis inferunt, vel perpetrata favoribus extollunt. An non lactantur, de quo per Psalmistam dicitur : *Quoniam laudatur peccator in desideriis animae suae : et qui iniqua gerit benedicitur* [a] (*Psal.* IX, 24)?

52. *Peccati quartus gradus difficilius corrigitur.*— Sciendum quoque est, quod tres illi modi peccantium juxta descensus sui ordinem facilius corriguntur, quartus vero iste difficilius emendatur. Unde et Redemptor noster puellam in domo, juvenem extra portam, in sepulcro autem Lazarum suscitat. Adhuc quippe in domo mortuus jacet, qui latet in peccato. Jam quasi extra portam educitur, cujus iniquitas usque ad inverecundiam publicae perpetrationis aperitur. Sepulturae vero aggere premitur, qui in perpetratione nequitiae etiam usu consuetudinis pressus gravatur. Sed hos ad vitam miseratus revocat, quia plerumque divina gratia, non solum in occultis, sed etiam in apertis iniquitatibus mortuos, et mole pravae consuetudinis pressos, respectus sui lumine illustrat. Quartum vero mortuum Redemptor noster nuntiante discipulo agnoscit, nec tamen suscitat, quia valde difficile est ut is quem post usum malae consuetudinis etiam adulantium linguae excipiunt, a mentis suae morte revocetur. De quo et bene dicitur : [b] *Sine mortuos sepelire mortuos suos* (*Luc.* IX, 60). Mortui enim mortuos sepeliunt, cum peccatores peccatorum favoribus premunt. Quid [c] enim aliud est peccare, quam occumbere; et sepelire, quam abscondere? Sed qui peccantem laudibus prosequuntur, exstinctum sub verborum suorum aggere abscondunt. Erat autem et Lazarus mortuus, sed tamen non a mortuis sepultus. Fideles quippe mulieres illum obruerant, quae et ejus mortem vivificatori nuntiabant. Unde et protinus ad lucem rediit, quia cum in peccato animus moritur, citius ad vitam reducitur, si super hunc sollicitae cogitationes vivunt. Aliquando autem, sicut et superius **126** dictum est, falsa spes mentem non intercipit, sed hanc deterior desperatio confligit, quae dum omnem spem veniae funditus interimit, erroris lacte animam uberius nutrit.

[*Vet. XXX, Rec. XXVI*]. 53. *Job se in primo homine peccasse, et hujus peccati aerumnas deflet.*— Consideret igitur sanctus vir, post primam culpam quanta deterius homo mala commisit; postquam paradisum perdidit, usque ad quanta hujus exsilii praerupta descendit, et dicat : *Quare non in vulva mortuus sum?* id est, cum serpentis suggestio peccatorem me conciperet, tunc utinam quae me mors sequeretur agnovissem, ne usque ad delectationem suggestio raperet, et morti arctius ligaret. *Egressus ex utero non statim perii?* Ac si dicat : Utinam ad exteriorem delectationem exiens, quod interiore lumine privabar agnovissem; et saltem in ipsa delectatione occumberem, ne per consensum mors acrius puniret. *Cur exceptus genibus?* Ac si dicat : Utinam minime me consensu [d] subjectis pravitati sensibus excepisset, ne ipsa me consensio ad audaciam deterius raperet. *Cur lactatus uberibus?* Ac si dicat : Utinam blandiri mihi saltem post mala perpetrata noluissem, ne tanto me culpae nequius astringerem, quanto me in illa mollius foverem. His itaque reprehensionum suarum vocibus in parente primo se peccasse redarguit. Sed si ad aerumnam hujus exsilii nequaquam homo peccando descenderet, dicat qua perfrui quiete potuisset. Sequitur :

CAPUT XXVIII.

VERS. 13.—*Nunc enim dormiens silerem, et somno meo requiescerem.*

54. *Prima hominis conditio, a qua peccando cecidit. Quietum silentium hominis innocentis.*—Ad hoc in paradiso homo positus fuerat, ut si se ad conditoris sui obedientiam vinculis charitatis astringeret, ad coelestem angelorum patriam quandoque sine carnis morte transiret. Sic namque immortalis est conditus, ut tamen si peccaret, et mori posset; et sic mortalis est conditus, ut si non peccaret, etiam non mori posset; atque ex merito liberi arbitrii beatitudinem illius regionis attingeret, in qua vel peccare, vel mori non posset. Ubi igitur post redemptionis tempus, carnis morte interposita, electi transeunt, illuc procul dubio parentes primi, si in conditionis suae statu perstitissent, etiam sine morte corporum transferri potuissent. Dormiens igitur sileret, et somno suo homo requiesceret, dum ad aeternae patriae requiem ductus, quasi [e] secessum quemdam a clamore hoc humanae infirmitatis inveniret. Post peccatum namque quasi clamans vigilat, qui contentionem carnis propriae repugnans portat. Hoc quietis silentium

---

[a] In Ms. Colb., post, *benedicitur*, sequitur : *difficile emendatur peccatum, quod linguis pravorum nutritur*. Quae verba, addito *enim* Gussanv. in suam editionem transtulit, quamvis orationis seriem solvant, et ab omnibus aliis Codicib. sive manu exaratis, sive excusis exsulent.

[b] In pler. Mss., *sine mortuos sepeliant mortuos suos*. Melius unus Compend. et Val. Cl., *sine mortuos, ut sepeliant mortuos suos*. Ita olim legebatur in Utic.

[c] Barthol.: *Quid enim est aliud sepelire quam occulere? Sed qui* Aliae vet. Ed. cum Mss. Reg. pro *occulere*, habent, *occumbere*. In aliis Mss. omittitur, *et sepelire quam abscondere*. Quod typis data sint, Coccio debemus.

[d] Vindoc., *subjectis pravitati genibus excep.*

[e] Mss., *magno consensu, secessum quoddam* hic et infra, cap. ol. 28, nunc c. 29, n. 58.

homo conditus habuit, cum contra hostem suum liberum voluntatis arbitrium accepit. Cui quia sua sponte succubuit, mox de se, quod contra se perstreperet, invenit, mox in certamine infirmitatis tumultus reperit; et quamvis in pace silentii ab auctore fuerat conditus, hosti tamen sponte substratus, clamores de pugna toleravit. Ipsa enim carnis suggestio, quasi quidam clamor est contra quietem mentis, quam ante transgressionem homo non sensit; quia nimirum quod de infirmitate posset tolerare, non habuit. Postquam vero se sponte hosti subdidit, astrictus culpæ suæ vinculis, in quibusdam ei etiam nolens servit, et clamores in mente patitur, cum caro spiritui reluctatur. An non clamores intrinsecus audiebat, qui prava contra se legis verba tolerabat, dicens: *Video aliam legem in membris meis repugnantem legi mentis meæ, et captivum me ducentem in lege peccati, quæ est in membris meis* (*Rom.* VII, 23)? Contempletur ergo vir sanctus in quanta cordis pace requiesceret, si serpentis verba suscipere homo noluisset, et dicat: *Nunc enim dormiens silerem, et somno meo requiescerem*, id est, intra secretum mentis [a] ad conditoris contemplationem secederem, nisi me extra me tentationum tumultibus [b] consensus primi culpa prodidisset. Hujus autem quietis gaudiis cum quibus etiam sociis perfrueretur, adjungat, dicens:

CAPUT XXIX [*Vet.* XXXI, *Rec.* XXVII].

VERS. 14.—*Cum regibus et consulibus terræ.*

55. *Angelici gaudii socius fuisset. Qui angeli sint reges et consules.*—Ex rebus insensibilibus discimus quid de sensibilibus atque intelligibilibus sentiamus. Terra namque aere fecundatur, aer autem ex cœli qualitate disponitur. Sic jumentis homines, hominibus angeli, archangeli vero angelis præsunt. Nam quod jumentis homines præsint, et usu cernimus, et verbis Psalmistæ docemur, qui ait: *Omnia subjecisti sub pedibus ejus, oves et boves universas, insuper et pecora campi* (*Psal.* VIII, 8). Quia vero angeli hominibus præsint, per prophetam testatur angelus, dicens: *Princeps regni Persarum restitit mihi* (*Dan.* X, 13). Quod vero angeli a superiorum angelorum potestatibus dispensantur, Zacharias perhibet propheta, qui ait: *Ecce angelus, qui loquebatur in me, egrediebatur; et angelus alius egrediebatur in occursum ejus, et dixit ad eum: Curre, loquere ad puerum istum, dicens: Absque muro habitabitur Jerusalem* (*Zach.* II, 3). Si enim in ipsis officiis sanctorum spirituum nequaquam potestates summæ minimas disponerent, nullo modo hoc, quod homini diceret, angelus [c] ab angelo cognovisset. Quia igitur cunctorum conditor omnia per semetipsum tenet, et tamen ad distinguendum pulchræ universitatis ordinem, alia aliis dispensantibus regit, non immerito reges, angelorum spiritus accipimus, qui quo auctori omnium familiarius serviunt, eo subjecta potius regunt. Cum regibus ergo dormiret, quia nimirum jam cum angelis homo quiesceret, si persuasoris linguam sequi noluisset. Qui bene etiam consules vocantur, quia spiritali reipublicæ consulunt, dum nos sibi ad regnum socios jungunt. Bene consules vocantur, quia dum ipsis nuntiantibus voluntatem conditoris agnoscimus, in eis procul dubio consultum ab hac angustia nostræ tribulationis invenimus.

[*Vet.* XXXII.] 56. *Sancti ante Christum inferno detinebantur, nunc sine mora cœlum petunt. Reges et consules sunt sancti prædicatores.*—Sed quia beatus Job sancto æternitatis spiritu impletur, et fuisse, vel futurum esse æternitas non habet, cui nimirum, nec præterita transeunt, nec quæ futura sunt, veniunt, quia cuncta per præsens videt, potest futuros prædicatores Ecclesiæ in præsentia spiritus contemplari, qui postquam de corporibus transeunt, nequaquam per morarum spatia, sicut antiqui Patres, a cœlestis patriæ perceptione differuntur. Mox quippe ut a carnis colligatione exeunt, in cœlesti sede requiescunt, Paulo attestante, qui ait: *Scimus quoniam si terrestris domus nostra hujus habitationis dissolvatur, quod ædificationem ex Deo habemus domum non manufactam, æternam in cœlis* (*II Cor.* V, 1). Prius autem quam Redemptor noster morte sua humani generis pœnam solveret, eos etiam qui cœlestis patriæ vias sectati sunt, post egressum carnis inferni claustra tenuerunt: non ut pœna quasi peccatores plecteret, sed ut eos in locis remotioribus quiescentes, quia necdum intercessio Mediatoris advenerat, ab ingressu regni reatus primæ culpæ prohiberet. Unde juxta ejusdem Redemptoris nostri testimonium, dives qui apud inferos torquetur, in sinu Abrahæ requiescere Lazarum contemplatur (*Luc.* XVI, 19). Qui profecto si adhuc in imis non esset, hos ille in tormentis positus non videret. Unde et isdem Redemptor noster pro nostræ culpæ debito occumbens, inferna penetrat; ut suos, qui ei inhæserant, ad cœlestia reducat. Sed quo nunc homo redemptus ascendit, illuc profecto si peccare noluisset, etiam sine redemptione pertingeret. Consideret ergo vir sanctus quia si non peccasset, illuc etiam non redemptus ascenderet, ad quod prædicatores sanctos post redemptionem necesse est cum magno labore pervenire. Et cum quibus jam nunc quiesceret, insinuet, dicens: *Cum regibus et consulibus terræ* [*Vet.* XXXIII]. Reges quippe sunt sancti prædicatores Ecclesiæ, qui et commissos sibi recte disponere, et sua bene regere corpora sciunt; qui dum desideriorum in se motus temperant, super subjectis cogitationibus lege virtutis regnant. Qui bene etiam terræ consules vocantur. Reges enim sunt, quia sibimetipsis præsident; terræ autem consules, quia exstinctis peccatoribus vitæ consultum præbent. Reges sunt, quia semetipsos regere sciunt; terræ sunt consules, quia terrenas mentes per exhortationis suæ consilium ad cœlestia pertrahunt. An terræ consul non erat, qui dicebat: *De virginibus autem præceptum*

---

[a] 1 Remig., cum uno Reg., *a conditoris contemplatione non secederem*.
[b] Sic Mss. Editi vero, *consensus primæ culpæ*.
[c] In Mss. Norm. et nonnullis, *angelus angelo nuntiaret*.

Domini non habeo, consilium autem do (I Cor. VII, 25)? Et iterum : Beatior erit, si sic permanserit, secundum meum consilium (Ibid., 40). Bene autem subditur :

CAPUT XXX [Rec. XXVIII.]

IBID.—*Qui ædificant sibi solitudines.*

57. *Turbam tumultuantem in se gestant. Luxuriæ deditus, iracundus, avarus, superbus, curis sæcularibus deserviens.*—Omnes enim, qui vel illicita appetunt, vel in hoc mundo videri aliquid volunt, densis cogitationum tumultibus in corde comprimuntur ; dumque desideriorum turbas intra se excitant, prostratam mentem pede miseræ frequentationis calcant. Alius namque juri se luxuriæ subdidit, atque ante mentis oculos schemata turpium perpetrationum fingit: et cum effectus non tribuitur operis, hoc crebrius agitur intentione cogitationis. Voluptatis perfectio quæritur, et concussus enerviter animus, hinc inde et sollicitus et cæcatus, occasionem nequissimæ expletionis rimatur. Mens itaque hæc quasi quemdam populum patitur, quæ insolenti cogitationum tumultu vastatur. Alius iræ se dominio stravit; et quid in corde, nisi jurgia, etiam quæ desunt peragit? Hic sæpe præsentes non videt, absentibus contradicit, intra semetipsum contumelias profert et recipit, receptis autem durius respondet; et cum qui obviet nullus adsit, magnis clamoribus rixas in corde componit. Turbam itaque hic intus sustinet, quem pondus vehemens inflammatæ cogitationis premit. Alius juri se avaritiæ tradidit, et fastidiens propria, aliena concupiscit. Hic plerumque concupita adipisci non valens, diem quidem in otium, noctem vero in cogitationem versat : torpet ab utili opere, quia fatigatur illicita cogitatione ; consilia multiplicat, et sinum mentis cogitationum [a] inventionibus latius expandit; pervenire ad concupita satagit, atque ad obtinenda hæc quosdam secretissimos causarum meatus quærit. Qui mox ut in causa aliquid subtile invenisse se æstimat, jam se obtinuisse quod concupierat, exsultat : jam quid etiam adeptæ rei adjungat, excogitat, atque ut in meliori statu debeat excoli, pertractat. Quam quia jam quasi possidet, et quasi ad meliorem speciem adducit, mox insidias invidentium considerat, et quid contra se jurgii moveatur, pensat : exquirit quid respondeat, et cum rem nullam teneat, jam in defensione rei quam appetit, vacuus litigator elaborat. Quamvis ergo nihil de concupita re ceperit, habet tamen in corde jam fructum concupiscentiæ, laborem rixæ. Gravi itaque populo premitur, qui instigantis avaritiæ tumultu vastatur. Alius se tyrannidi superbiæ subjecit; et cor miserum, dum contra homines erigit, vitio substernit.

Honorum sublimium infulas appetit, exaltari successibus exquirit, totumque quod esse desiderat, sibi apud semetipsum in cogitationibus depingit : jam quasi tribunali præsidet, jam sibi parere obsequia subjectorum videt, jam cæteris eminet, jam aliis mala irrogat, aliis quia irrogaverint recompensat. Jam apud semetipsum stipatus cuneis ad publicum procedit, jam quibus obsequiis fulciatur conspicit ; qui tamen hæc cogitans [b] solus repit ; jam alia conculcat, alia sublevat; jam de conculcatis satisfacit odiis, jam de sublevatis recipit favores. Qui igitur tot phantasmata cordi imprimit, quid iste aliud quam somnium vigilans videt? Quia ergo tot rerum causas quas fingit tolerat, nimirum intrinsecus natas ex desideriis turbas portat. Alius jam illicita refugit, sed tamen bonis mundi carere pertimescit : concessa tenere appetit, videri inter homines minor erubescit, et curat summopere ne inops in domo sit, ne despectus in publico. Exquirit quid sibi sufficiat, quid necessitas subjectorum petat ; atque ut sufficienter jura patronatus subditis expleat, patronos quærit quibus ipse famuletur; sed his dum familiariter jungitur, eorum procul dubio causis implicatur, quibus sæpe consentit in illicitis, et mala quæ propter semetipsum non appetit, committit propter alia quæ non derelinquit. Nam sæpe dum honorem suum in hoc mundo imminui trepidat, ea apud majores personas approbat, quæ jam per proprium judicium damnat. Is dum sollicite cogitat, quid patronis debeat, quid subjectis; quid sibi augeat, [c] quid affectibus prosit, quasi tanta frequentia turbarum premitur, quanta curarum importunitate laceratur.

[*Vet. XXXIV.*] 58. *Soli secum sunt qui vitia subegerunt.*—At contra sancti viri, quia nihil hujus mundi appetunt, nullis procul dubio in corde tumultibus premuntur ; omnes quippe inordinatos desideriorum motus a cubili cordis, manu sanctæ considerationis ejiciunt ; et quia transitoria cuncta despiciunt, ex his nascentes cogitationum insolentias non patiuntur. Solam namque æternam patriam appetunt; et quia nulla hujus mundi diligunt, magna mentis tranquillitate perfruuntur. Unde et recte dicitur : *Qui ædificant sibi solitudines.* Solitudines quippe ædificare, est a secreto cordis terrenorum desideriorum tumultus expellere, et una intentione æternæ patriæ in amorem intimæ quietis anhelare. An non cunctos a se cogitationum tumultus expulerat, qui dicebat : *Unam petii a Domino, hanc requiram, ut inhabitem in domo Domini* [d] (*Psal.* XXVI, 4)? A frequentia quippe terrenorum desideriorum fugerat, [e] ad magnam videlicet solitudinem semetipsum, ubi eo tutius nihil extraneum conspiceret, quo incompetens nihil amaret. A tumultu rerum [f] temporalium magnum quemdam

---

[a] Unus e Remig. et Norm., quos sequuntur Barthol. et aliæ vetust. Editiones, *immensitatibus.*

[b] Ita Corb. Germ., Rhem., Remig. Alii habent *solus repetit, aut recipit.* Prætulimus priorem lect., quæ nobiliorem sensum exhibet. Secunda tamen sensu non caret.

[c] In quibusdam Mss., *effectibus.*

[d] Subjiciunt hic Ed., *omnib. dieb. vitæ meæ*; quod abest a melioribus Mss.

[e] In *Vulgatis, et ad magnam videlicet solitudinem semetipsum contulerat*; quo depravatur sensus sancti Gregorii non aliam nobis solitudinem ostendentis quam nosmetipsos, non alium secessum quam mentem quietam, ut paulo post legitur.

[f] Edit., *corporalium.* At Mss., *temporalium*; ibid., *magnum quoddam secessum*, legitur in Mss., pro *magnum quemdam*; vide quæ diximus supra, n. 54.

secessum [a] petierat quietam mentem, in qua tanto purius Deum cerneret, quanto hunc cum se solo sōlum inveniret.

59. *Et vere consules sunt, quia consulere aliis non desistunt.* — Bene autem hi, qui sibi solitudines construunt, etiam consules vocantur, quia sic in se solitudinem mentis ædificant, ut tamen in quo prævalent, aliis per charitatem consulere minime desistant. Hunc ergo, quem modo prætulimus consulem, paulo subtilius perpendamus, quomodo ad præbenda vitæ sublimioris exempla, subjectis populorum cuneis, virtutum calculos spargat. Ecce ad insinuandam retributionem boni pro malo, de semetipso fatetur, dicens: *Si reddidi retribuentibus mihi mala, decidam merito ab inimicis meis inanis* (Ps. vii, 5). Ad dilectionem conditoris excitandam insinuat, dicens: *Mihi autem adhærere Deo bonum est* (Psal. lxxii, 28). Ad formam sanctæ humilitatis imprimendam, secreta cordis sui indicat, dicens: *Domine, non est exaltatum cor meum, neque elati sunt oculi mei* (Psal. cxxx, 1). Ad imitandam zeli rectitudinem exemplo suo nos excitat, dicens: [b] *Nonne qui te oderunt, Deus, oderam eos, et super inimicos tuos tabescebam? Perfecto odio oderam illos, inimici facti sunt mihi* (Psal. cxxxviii, 22). Ad æternæ nobis patriæ desiderium succendendum, vitæ præsentis longitudinem deplorat, dicens: *Heu* [c] *mihi! quod incolatus meus prolongatus est* (Psal. cxix, 5). Largitate nimirum [d] consulatus emicuit, qui exemplo conversationis propriæ, tot nobis virtutum calculos spargit.

[*Vet. XXXV.*] 60. Sed [e] iste consul an sibi etiam solitudinem ædificet, narret. Ait enim: *Ecce elongavi fugiens, et mansi in solitudine* (Psal. liv, 8). Fugiens elongat, quia a turba desideriorum temporalium in alta Dei contemplatione se sublevat. Manet vero in solitudine, quia perseverat in remota mentis intentione. De qua bene solitudine Domino Jeremias ait: *A facie manus tuæ solus sedebam, quoniam comminatione replesti me* (Jerem. xv, 17). Facies quippe manus Dei, est illa percussio justi judicii, qua superbientem hominem a paradiso repulit, et in hac cæcitate [f] præsentis exsilii exclusit. Comminatio vero ejus, est terror adhuc supplicii sequentis. Post faciem igitur manus adhuc nos minæ terrificant, quia per experimentum judicii jam nos et pœna præsentis exsilii percutit, et si peccare non desistimus, æternis adhuc suppliciis addicit. Consideret ergo vir sanctus, projectus huc, unde homo ceciderit, atque hunc post ista peccantem, quo adhuc justitia judicantis rapit; et cunctas a se desideriorum temporalium turbas ejiciat, seque in magna mentis solitudine abscondat, dicens: *A facie manus tuæ solus sedebam, quoniam comminatione replesti me*. Ac si aperte dicat: Dum considero quid jam per judicii experimentum patior, a tumultu desideriorum temporalium trepidus mentis secessum peto, quia et adhuc acrius illa quæ minaris, æterna supplicia formido. Bene ergo de regibus atque consulibus dicitur: *Qui ædificant sibi solitudines*. Quia ii qui et se bene regere, et consulere aliis sciunt, quoniam præsentari interim illi intimæ quieti non possunt, hanc apud semetipsos per studium tranquillæ mentis imitantur. Sequitur:

CAPUT XXXI.

Vers. 15. — *Cum principibus, qui possident aurum, et replent domos suas argento.*

61. *Principes sunt rectores Ecclesiæ, aurum sapientia, argentum verbum Dei.* — Quos alios principes, nisi sanctæ Ecclesiæ rectores vocat, quos indesinenter in loco prædicatorum præcedentium divina dispensatio subrogat? De quibus eidem Ecclesiæ Psalmista ait: *Pro patribus tuis nati sunt tibi filii: constitues eos principes super omnem terram* (Psal. xliv, 17). Quid vero aurum, nisi sapientiam appellat? de qua per Salomonem dicitur: *Thesaurus desiderabilis requiescit in ore sapientis* (Prov. xxi, 20). Aurum nempe sapientiam vidit, quam thesaurum vocavit. Quæ et recte auri appellatione signatur; quia sicut auro temporalia, ita sapientia bona æterna mercantur. Si aurum sapientia non esset, nequaquam Laodiceæ Ecclesiæ ab angelo diceretur: *Suadeo tibi emere a me aurum ignitum* (Apoc. iii, 18). Aurum quippe emimus, cum accepturi sapientiam, prius obedientiam præbemus. Ad quem videlicet nos contractum bene [g] quidam sapiens excitat, dicens: *Concupisti sapientiam? Serva mandata; et Dominus* [h] *præbebit illam tibi* (Eccli. i, 33). Quid autem per domos, nisi conscientiæ designantur? Unde sanato cuidam dicitur: *Vade in domum tuam* (Matth. ix, 6). Ac si aperte audiat: Post exterius miraculum ad conscientiam revertere, et qualem te intrinsecus Deo debeas exhibere, perpende. Quid etiam per argentum, nisi eloquia divina figurantur? de quibus per Psalmistam dicitur: *Eloquia Domini, eloquia casta, argentum igne examinatum* (Psal. xi, 7). Eloquium Domini argentum igne examinatum dicitur, quia sermo Dei si in corde figitur, tribulationibus probatur.

[*Vet. XXXVI.*] 62. *Si Adam non peccasset, soli nascerentur, qui nunc salvandi sunt.* — Vir igitur sanctus spiritu æternitatis plenus, quæque futura sunt colligat; et quos longe post ventura sæcula gignerent, laxato mentis sinu comprehendat; et magna aliis consulens, quomodo sibi. Occasionem errori forsitan præbuit Ms. Reg., in quo habetur: *Sed iste consulens.*

---

[a] 2 Rhem. et unus Remig., *quietam scilicet mentem.* Alii, *quietem mentis.* Reg., *inquietam mentem.*
[b] Ed., *nonne qui oderunt te, Domine, oderam?*
[c] Vindoc., Compend., S. Albin., etc., *heu me quod.*
[d] Vet. Ed. cum antiq. Rhem. et Germ., *consolatus*; neque vero infrequens est librariis *o* pro *u* depingere.
[e] Sic restituimus ad fidem omnium pene Mss., cum in vet. Ed. et in aliis deinceps legeretur: *Sed iste*
[f] Rhem., Remig., uno excepto, Norm., Reg., Germ., Compend., Longip., S. Albin., Turon., Val. Cl., ita habent, *non inclusit*, ut in vet. Ed. et aliis deinceps.
[g] In Ed. Paris. 1495, Basil. 1514, et Guss., *quidem sapiens*, pro *quidem sap.*
[h] Mss. Corb. Germ. et Reg., *præbet.*

admiratione consideret cum quibus electis sine labore in æternitate quiesceret, si per appetitum superbiæ nemo peccasset, et dicat : *Nunc enim dormiens silerem, et somno meo requiescerem cum regibus et consulibus terræ qui ædificant sibi solitudines, aut cum principibus qui possident aurum, et replent domos suas argento.* Quia enim si parentem primum nulla peccati putredo corrumperet, nequaquam ex se filios gehennæ generaret; sed hi qui nunc per redemptionem salvandi sunt, soli ab illo electi nascerentur, eosdem electos aspiciat, atque cum eis quomodo quiescere potuisset intendat. Videat sanctos apostolos sic susceptam Ecclesiam regere, ut ei prædicationis verbo non desinant consultum præbere, eosque reges et consules appellet. Videat post hos in eorum loco rectores exsurgere, **132** qui et sapienter vivendo aurum possideant, et aliis recta prædicando, argento sacræ locutionis enitescant, eosque principes repletis conscientiarum domibus auro et argento divites memoret. Sed quia aliquando prophetico spiritui nequaquam sufficit ut ventura prævideat, nisi cordi prophetantis etiam præterita et antiqua repræsentet, sanctus vir infra supraque oculos aperit, et non solum ventura conspicit, sed etiam transacta ad memoriam reducit. Nam protinus adjungit :

CAPUT XXXII [*Rec. XXIX*].

Vers. 16.—*Aut sicut abortivum absconditum non subsisterem : vel qui concepti non viderunt lucem.*

63. *Sancti ante redemptionis tempus orti, sunt velut abortivi. Plures fuerunt quam quos memorat Moyses* — Abortivum, quia ante plenum tempus oritur, exstinctum protinus occultatur. Quos ergo sanctus vir alios abortivos vocat, cum quibus se quiescere potuisse considerat, nisi electos quosque, qui ab ipso mundi primordio ante redemptionis tempus exorti sunt, et tamen huic mundo semetipsos mortificare curaverunt? Qui conscriptæ legis tabulas non habentes, quasi [a] ab utero mortui sunt, quia auctorem suum naturali lege timuerunt; et cum venturum Mediatorem crederent, studuerunt summopere, mortificandis voluptatibus, etiam quæ scripto non acceperant præcepta servare. Tempus itaque illud, quod juxta mundi initium mortuos huic sæculo patres nostros protulit, quasi abortivi uterus fuit. Ibi namque Abel, qui occidenti se fratri restitisse non legitur (*Genes.* IV, 8, 24). Ibi Enoch, qui talem se exhibuit, ut ambulaturus cum Domino transferretur (*Genes.* V, 22, 24). Ibi Noe, qui per hoc, quod divino examini placuit, [b] in mundo mundo superstes fuit (*Genes.* VII, 23). Ibi Abraham, qui dum peregrinus est in sæculo, factus est amicus Deo (*Genes.* XII, 1). Ibi Isaac, qui caligantibus carnis oculis, per ætatem quidem præsentia non vidit, sed per virtutem prophetici spiritus in futuris etiam sæculis magna videndi luce radiavit (*Genes.* XXVII, 1). Ibi Jacob, qui iram fratris

[a] Sic Mss. Corb. Germ., Rhem., Remig., Vindoc., etc., ubi Editi habent *in utero*.
[b] Germ. et nonnulli al., *immundo mundo*. Corb. Germ., Reg., Colb., *in mundum* (hoc est fortasse in mundi restaurationem) *mundo superstes.*

humiliter fugit, clementer edomuit; qui prole quidem fecundus exstitit, sed tamen spiritus ubertate fecundior, eamdem prolem sub prophetiæ suæ vinculis astrinxit (*Genes.* XXXIII, 4). Bene autem abortivum hoc absconditum dicitur, quia a mundi primordiis, dum quosdam paucos Moyse scribente cognoscimus, pars nobis maxima humani generis occultatur. Neque enim tot justos solummodo usque ad acceptam legem exstitisse credendum est, quot Moyses brevissima descriptione perstrinxit. Quia ergo a mundi primordio edita multitudo bonorum, ex magna parte notitiæ nostræ subtrahitur, abortivum hoc absconditum vocatur. Quod et non substitisse dicitur, quia, enumeratis paucis, eorum frequentia nullo apud nos memoriæ scripto retinetur.

[*Vet. XXXVII.*] 64. *Concepti sunt, sed lucem non viderunt, qui post legem ante Christum nati.* — Recte vero additur : *Vel qui concepti non viderunt lucem.* Hi namque, qui post acceptam legem in hoc mundo nati sunt, auctori suo ejusdem legis sunt admonitione concepti. Sed tamen concepti lucem minime viderunt, quia ad adventum incarnationis Dominicæ, quamvis hanc fideliter crederent, pervenire nequiverunt. Incarnatus quippe Dominus dicit : *Ego sum lux mundi* (*Joan.* VIII, 12). Atque ipsa Lux ait : *Multi prophetæ et justi desideraverunt videre quæ videtis, et non viderunt* (*Matth.* XIII, 17). Concepti igitur non viderunt lucem, quia ad spem venturi Mediatoris apertis prophetarum vocibus excitati, nequaquam potuerunt cernere ejus incarnationem. **133** In his itaque conceptus interior formam fidei edidit, sed hanc usque ad apertam visionem divinæ præsentiæ non perduxit, quia prius hos a mundo mors interveniens rapuit, quam manifesta mundum Veritas [c] illustravit.

[*Vet. XXXVIII.*] 65. *Job præterita cernens et futura, ad æterna anhelat.* — Vir igitur sanctus spiritu æternitatis plenus, manu cordis cuncta labentia ad memoriam astringit; et quia angusta est omnis creatura creatori, per eumdem spiritum, qui [d] nihil in se vel juxta se aliud, nisi semper esse habet, hoc quod erit, hoc quod præterit, conspicit; ac infra supraque mentis oculum tendit, et venientia velut transacta considerans, ad æternum esse medullitus inardescit, dicens : *Nunc enim dormiens silerem. Nunc enim* præsentis est temporis. Et quid est stantem semper in præsenti quietem quærere, nisi ad illud, cui nihil venit, nihil præterit, gaudium æternitatis anhelare ? Quod nimirum Veritas semper esse suum, ut nobis utcunque infunderet, Moyse mediante insinuat, dicens : *Ego sum qui sum. Et dices filiis Israel : Qui est, misit me ad vos* (*Exod.* III, 14). Sed ecce, quia labentia conspicit, quia semper præsens gaudium quærit, quia venturæ lucis memorat, quia electorum ejus ordines enumerans pensat : ipsam jam nobis apertius quietem hujus lucis insinuet, et quid apud illam quotidie de pravorum conversa-

[c] Rhem. et Remig., *mundo illustravit*.
[d] Sic Mss. Corb. Germ., Rhem., Remig., Compend., Vindoc., Editis habentibus *nihil ex se*; et mox, *omne quod erit*, pro *hoc quod erit*.

tione [a] agitur, verbis manifestioribus demonstret. Sequitur :

CAPUT XXXIII [Vet. XXXIX, Rec. XXX].

VERS. 17. — *Ibi impii cessaverunt a tumultu, et ibi requieverunt fessi robore.*

66. *Impii Incarnationis beneficio a gravi labore erepti.* — Paulo ante jam diximus quia corda peccantium per hoc quod strepitus desideriorum possidet, gravis cogitationum instigantium tumultus premit. Sed in hac luce, quam concepti minime viderunt, a tumultu suo impii cessare perhibentur, quia nimirum Mediatoris adventum, quem patres in lege positi diu præstolati sunt, ad vitæ suæ requiem populi gentiles invenerunt, Paulo attestante, qui ait : *Quod quærebat Israel, hoc non est consecutus, electio autem consecuta est* (Rom. XI, 7). In hac itaque luce impii a tumultu cessant, dum perversorum mentes, veritate cognita, laboriosa mundi desideria fugiunt, et tranquillitati intimi amoris acquiescunt. An non ad cessationem vocat Lux ipsa, quæ ait : *Venite ad me omnes qui laboratis et onerati estis, et ego vos reficiam : tollite jugum meum super vos, et discite a me, quia mitis sum et humilis corde, et invenietis requiem animabus vestris; jugum enim meum suave est, et onus meum leve est* (Matth. XI, 28, 29, 30)? Quid enim grave mentis nostræ cervicibus imponit, qui vitari omne desiderium quod perturbat præcipit? Quid grave subjectis jubet, qui declinari laboriosa mundi hujus itinera admonet? Attestante autem Paulo apostolo, *Christus pro impiis mortuus est* (Rom. V, 6). Sed idcirco dignata est pro impiis ipsa Lux occumbere, ne impii in tenebrarum suarum tumultu remanerent. Contemplatur ergo vir sanctus quod Lux per incarnationis suæ mysterium ex gravi labore impios eripit, dum ab eorum cordibus desideria pravitatis tergit ; contempletur quod conversi quique quietem, quam percipere in æternitate desiderant, hic jam per tranquillitatem mentis degustant, et dicat : *Ibi impii cessaverunt a tumultu, et ibi requieverunt fessi robore.*

134 67. *Quo plus in amore Dei roboramur, eo magis deficimus a propria virtute. Lux æterna locus noster.* — Omnes enim qui in hoc mundo fortes sunt, robore quasi fortes sunt, non robore defessi. Qui vero in auctoris sui amore roborantur, quo magis in concupita Dei fortitudine convalescunt, eo a propria virtute deficiunt; et quo robustius æterna appetunt, eo a temporalibus salubri defectione lassantur. Hinc Psalmista amoris sui robore fessus dicebat : *Defecit [b] in salutari tuo anima mea* (Psal. CXVIII, 81). In salutare enim Dei proficiendo defecerat, quia æternitatis lucem desiderans, a carnis jam fiducia fractus auhelabat. Hinc rursum dicit : *Concupivit, et defecit anima mea in atria Domini* (Psal. LXXXIII, 3). Qui nimirum cum diceret, Concupivit, recte subdidit, *Et defecit :* quia valde minor est divinitatis concupiscentia, quam non mox etiam proprius sequitur defectus. Qui enim ad appetenda æternitatis atria accenditur, dignum profecto est ut ab hoc temporalitatis amore lassetur, ut tanto frigescat ab studio sæculi, quanto surgit ardentior in amorem Dei. Quem scilicet si perfecte arripit, mundum etiam plene derelinquit; et eo funditus temporalibus moritur, quo ad supernam vitam altius afflatu æternitatis animatur. An non robore suo fessam se invenerat, quæ dicebat : *Anima mea liquefacta est, ut [c] locutus est* (Cant. V, 6)? Quia nimirum mens dum occultæ locutionis aspiratione tangitur, a statu suæ fortitudinis infirmata, ipso quo absorbetur desiderio liquatur; et inde se apud semetipsam fessam invenit, unde ultra se esse conspicit fortitudinem, quam conscendit. Hinc propheta, cum visionem Dei se conspexisse diceret, adjungit, *Elangui et ægrotavi per dies plurimos* (Dan. VIII, 27), quia cum ad virtutem Dei mens stringitur, a fortitudine propria caro lassatur. [Vet. XL.] Hinc Jacob, qui angelum tenuit, uno mox pede claudicavit (Genes. XXXII, 25), quia qui vero amore sublimia respicit, jam in hunc mundum duplicibus incedere desideriis nescit. Uno enim pede innititur, qui solo Dei amore roboratur; et necesse est ut alius marceat, quia, mentis virtute crescente, oportet procul dubio ut carnis fortitudo torpescat. Beatus igitur Job alta fidelium corda respiciat, atque perpendat quem sinum intimæ quietis inveniunt, dum a viribus propriis in Deum proficiendo lassantur, et dicat : *Ibi requieverunt fessi robore.* Ac si aperte insinuet, dicens : Illic requies lucis remunerat, quos hic interius recreans provectus fatigat. Nec movere debet quod lucem nominans, nequaquam subdidit : *In hac,* sed *Ibi.* Quam enim continere electos conspicit, quasi locum nostrum hanc esse deprehendit. Unde Psalmista cum incommutabilitatem æternitatis aspiceret, dicens : *Tu autem idem ipse es, et anni tui non deficient* (Psal. CI, 28), hunc electorum locum esse denuntiat, subdens : *Filii servorum tuorum inhabitabunt ibi* (Ibid. 29). Deus enim, qui sine situ omnia continet, nobis ad se venientibus locus non localis manet. Quem locum dum pertingimus, etiam ipsa in hac vita mentis nostræ tranquillitas, quanta fuerit perturbatio videmus; quia etsi jam justi in pravorum comparatione quieti sunt, in æstimatione tamen quietis intimæ omni modo quieti non sunt. Unde et bene subditur :

CAPUT XXXIV.

VERS. 18. — *Et quondam vincti pariter sine molestia.*

68. *Vincula dura quibus hic ligantur etiam justi.* — Justos enim quamvis nullus desideriorum carnalium tumultus possideat, duris tamen vinculis eos in hac vita positos suæ molestia corruptionis 135 ligat. Scriptum quippe est : *Corpus quod corrumpitur,*

---

[a] Corb. Germ. et aliqui alii, *de pravorum conversione*. Lectionem hanc utpote sequentibus consonam anteponeremus, nisi Mss. melioris notæ multitudo præponderaret.

[b] Ita Corb. Germ. et alii vetust. Mss. et antiqua Ed. Basil. In aliis, *defecit in salutare tuum*.

[c] Editi, *ut dilectus locutus est.* Abest *dilectus* a Mss. Corb. Germ., Reg., Colb. ; antequam secundam manum pateretur.

aggravat animam, et deprimit terrena inhabitatio sensum multa cogitantem (*Sap.* ix, 15). Eo itaque ipso quo adhuc mortales sunt, corruptionis suæ pondere gravantur, et astricti molestia vincti sunt, quia in illa adhuc libertate vitæ incorruptibilis non exsurgunt. Aliud namque de mente, aliud de corpore tolerant, et contra semetipsos quotidie in interno certamine desudant. An non duro molestiæ vinculo ligantur, quorum nimirum mens sine labore in ignorantia solvitur, et non nisi cum studio laboris eruditur? [a] Coacta igitur, libens jacet, ab infimis vix levatur, et tamen elevata protinus labitur. Semetipsam laboriose vincendo, superna conspicit; sed reverberata, lumen, quod se irradiaverat, refugit. An non duro molestiæ vinculo ligantur, quos cum accensus spiritus ad sinum pacis intimæ pleno desiderio pertrahat, fervente certamine caro perturbat? Quæ etsi jam ante faciem velut ex adverso acie erecta non obviat, adhuc tamen a mentis dorso quasi captiva submurmurat: et [b] quamvis timendo, sed tamen turpi strepitu in corde speciem pulchræ quietis fœdat. Electi igitur etsi valenter omnia superant, cum securitatem pacis internæ desiderant, gravis eis est molestia, adhuc habere quod vincant. [c] Qui his exceptis, ea etiam vincula sustinent, quæ gravis exterius necessitas astringit. Esurire quippe, sitire, lassescere, vincula corruptionis sunt: quæ scilicet solvi nequeunt, nisi cum in illam immortalitatis gloriam nostra mortalitas permutatur. [*Vet. XLI.*] Replemus etenim refectionibus corpus, ne extenuatum deficiat; extenuamus abstinentia, ne nos repletum premat. Vegetamus hoc motibus, ne situ immobilitatis intereat; sed citius hoc collocando sistimus, ne ipsa sua vegetatione succumbat. Adjumentis hoc vestium tegimus, ne frigus interimat, et quæsita adjumenta projicimus, ne calor exurat. Tot igitur diversitatibus occurrentes quid agimus, nisi corruptibilitati servimus, ut saltem multiplicitas impensi obsequii corpus sustineat, quod anxietas infirmæ mutabilitatis gravat? Unde bene per Paulum dicitur: *Vanitati enim creatura subjecta est non volens, sed propter eum qui subjecit in spe: quia et ipsa creatura liberabitur a servitute corruptionis, in libertatem gloriæ filiorum Dei* (*Rom.* viii, 20). Vanitati quippe creatura non volens subditur, quia homo, qui ingeniæ constantiæ statum volens deseruit, pressus justæ mortalitatis pondere, nolens mutabilitatis suæ corruptioni servit. Sed creatura hæc tunc a servitute corruptionis eripitur, cum ad filiorum Dei gloriam incorrupta resurgendo sublevatur. Hic itaque electi molestia vincti sunt, quia adhuc corruptioni suæ pœna deprimuntur. Sed cum corruptibili carne

A exuimur, quasi ab his, quibus nunc astringimur, molestiæ vinculis relaxamur. Præsentari namque jam Deo cupimus, sed adhuc mortalis corporis obligatione præpedimur. Jure ergo vincti dicimur, quia adhuc incessum 136 nostri desiderii ad Deum liberum non habemus. Unde bene Paulus æterna desiderans, sed tamen adhuc corruptionis suæ sarcinam portans, vinctus clamat: *Cupio dissolvi et esse cum Christo* (*Phil.* i, 23). Dissolvi enim non quæreret, nisi se procul dubio vinctum videret. Hæc autem vincula, quia certissime rumpenda in resurrectione conspexerat, jam quasi rupta gaudebat Propheta, cum diceret: *Dirupisti vincula mea, tibi sacrificabo hostiam laudis* (*Psal.* cxv, 7).

Epilogus. — Contempletur itaque vir sanctus, quod conversos peccatores lux interna recipiat, et dicat: *Ibi impii cessaverunt a tumultu*. Contempletur, quod sancti viri desiderii exercitatione fatigati, altius in illo intimo sinu requiescant, et dicat: *Et ibi requieverunt fessi robore*. Contempletur, quod cunctis simul corruptionis suæ vinculis absoluti, ad illa libertatis gaudia incorrupta perveniant, et dicat: *Et quondam vincti pariter sine molestia*. Bene autem dicitur, *Quondam vincti*; quia dum illa semper præsens lætitia cernitur, omne quod erit et defluit, quasi præteritum jam videtur. Dum enim rerum finis attenditur, omne quod præterit, quasi jam fuisse pensatur. Sed omnes hi quos illuc quies interna suscipiet, [d] hic interim quid egerint, narret. Sequitur:

CAPUT XXXV [*Rec. XXXI*].

Ibid. — *Non exaudierunt vocem exactoris.*

69. *Diabolus exactor. Non exauditur, cum tentanti resistitur.* — Quis alius debet nomine exactoris intelligi, nisi importunus ille persuasor, qui humano generi semel nummum deceptionis contulit; et [e] ab hoc quotidie expetere mortis debitum non desistit? Qui in paradiso homini [f] peccati pecuniam commodavit; sed iniquitate crescente, hanc quotidie cum usuris exigit. De hoc exactore in Evangelio Veritas dicit, *Et judex tradet te exactori* (*Luc.* xii, 58). Hujus igitur exactoris vox est tentatio miseræ suggestionis. Audimus autem vocem exactoris, cum ejus tentatione pulsamur; sed non exaudimus, si pulsanti resistimus. Audit enim, qui tentationem sentit; exaudit vero qui tentationi consentit. Dicatur itaque de justis: *Non exaudierunt vocem exactoris*, quoniam suggestionem ejus etsi audiunt, quia tentantur; non exaudiunt, quia consentire contemnunt. [*Vet. XLII.*] Sed quia quod valde mens amat, etiam in sermone sæpius replicat, beatus Job, quia internæ pacis frequentiam illas quas a carnis concupiscentia sustinet molestias.

---

[a] Expunximus vocularam *quæ* in al. Edit. additam, sed in Mss. peregrinam ac superfluam.

[b] Unus Rhem. et unus Remig., *quamvis non timendo*; nec displicet sensus, si *non timendo* referatur ad, *sed tamen turpi strepitu*, quasi diceret concupiscentiæ luctam, etsi non timendam justis, molestam tamen ob strepitum esse. At huic lectioni non patrocinatur Mss. aut antiquitas aut multitudo.

[c] Ita Mss. probatissimi. In Ed. legitur, *Quibus exceptis*. Melius, *Qui his exceptis*, hoc est, præter

[d] Excusi, *in terra*, loco *interim*, quæ vox est Mss.

[e] Barthol. et vet. Edit., *ob hoc*. Coc. et seq. Ed., *adhuc*. At Mss., *ab hoc*, scilicet ab humano genere.

[f] Editi cum nonnullis Mss., *peccati pecuniam*; sequimur Corb. Germ., antiq. Rhem. et Norman., ubi legitur *peccati pecuniam*. Ad hos accedunt Vindoc., qui habent *peccati pecuniam commendavit*. Eodem sensu Gregorius dicit *peccati pecuniam*, quo suprà dixit *nummum deceptionis*.

diligens conspicit, ª descriptioni ejus iterum servit, dicens :

CAPUT XXXVI.

VERS. 19. — *Parvus et magnus ibi sunt, et servus liber a domino suo.*

70. *Ut hic merita, ita in cœlo erunt præmia diversa.* — Quia in hac vita nobis est discretio operum, erit in illa procul dubio discretio dignitatum, ut quod hic alius alium merito superat, illic alius alium retributione transcendat. Unde in Evangelio Veritas dicit : *In domo Patris mei mansiones multæ sunt* (*Joan.* XIV, 2). Sed in eisdem multis mansionibus erit aliquo modo ipsa retributionum diversitas concors; quia tanta ᵇ vis in illa pace nos sociat, ut quod in se quisque non acceperit, hoc se accepisse in alio exsultet. Unde et non æque laborantes in vinea (*Matth.* XX, 10), æque **137** cuncti denarium sortiuntur. Et quidem apud Patrem mansiones multæ sunt, et tamen eumdem denarium dispares laboratores accipiunt; quia una cunctis erit beatitudo lætitiæ, quamvis non una sit omnibus sublimitas vitæ. Parvum et magnum in hac luce conspexerat, qui ex voce capitis dicebat : *Imperfectum meum viderunt oculi tui, et in libro tuo omnes scribentur* (*Psal.* CXXXVIII, 16). Parvum et magnum conspexerat, cum dicebat : *Benedixit omnes timentes se Dominus; pusillos cum majoribus* (*Psal.* CXIII, 13).

71. *Quis peccati servus, quis ab eo liber, et quod hic nemo ab eo liber.* — Bene autem subditur : *Et servus liber a domino suo.* Scriptum quippe est, *Omnis qui peccat, servus est peccati* (*Joan.* VIII, 34); quia nimirum quisquis se pravo desiderio subjicit, iniquitatis dominio dudum libera mentis colla supponit. Sed huic ᶜ domino contradicimus, cum iniquitati quæ nos ceperat, reluctamur; cum consuetudini violenter resistimus, et desideria perversa calcantes contra hanc jus nobis libertatis ingenitæ vindicamus; cum culpam pœnitendo percutimus, et maculas sordium fletibus lavamus. Plerumque autem jam mens quidem quod perverse egisse se meminit, deplorat; jam prave acta non solum deserit, sed amarissimis etiam lamentis punit; sed tamen dum eorum quæ egit reminiscitur, ᵈ gravi de judicio pavore terretur. Jam se perfecte convertit; sed adhuc se perfecte in securitatem non erigit, quia dum quanta sit districtio extremi examinis pensat, inter spem ac formidinem sollicita trepidat, quia justus judex veniens, quid de perpetratis reputet, quid relaxet, ignorat. Nam quam prava com-

miserit, meminit; sed an commissa digne defleverit, nescit; ac ne culpæ immanitas modum pœnitentiæ transeat, metuit. Et plerumque culpam jam veritas relaxat, sed mens afflicta adhuc de venia, dum valde sibi est sollicita, ᵉ trepidat. Servus ergo hic jam fugit dominum, sed liber non est, quia peccatum suum homo jam corrigendo et pœnitendo deserit, sed tamen adhuc districtus judicem de ejus retributione pertimescit. Ibi ergo servus a domino liber erit, ubi jam de peccati venia dubietas non erit, ᶠ ubi jam securam mentem culpæ suæ memoria non addicit, ubi non sub reatu animus trepidat, sed de ejus indulgentia liber exsultat.

138 72. *An nulla in cœlo peccati memoria : qui hæc beatitudini non officiat.* — Sed si nulla ibi homo peccati sui memoria tangitur, ereptum se unde gratulatur? Aut quomodo largitori gratias refert de venia quam accepit, si interveniente oblivione transactæ nequitiæ, esse se pœnæ debitorem nescit? Neque enim negligenter prætereundum est quod Psalmista ait : *Misericordias tuas, Domine, in æternum cantabo* (*Psal.* LXXXVIII, 1). Quomodo enim Dei misericordias in æternum cantat, si se fuisse miserum ignorat? Et si miseriæ transactæ non meminit, ᵍ unde largitati misericordiæ laudes reddit? Sed rursum quærendum est, quomodo electorum mens perfecta esse in beatitudine poterit, si hanc inter gaudia memoria sui reatus tangit? Aut quomodo perfectæ lucis clarescit gloria, quam reducta ad animum obumbrat culpa? Sed sciendum est quia sicut sæpe nunc tristium læti reminiscimur, ita tunc transactæ nequitiæ sine læsione nostræ beatitudinis recordamur. Plerumque enim incolumitatis tempore ad memoriam dolores præteritos sine dolore reducimus; et quo ægros recolimus, eo nos incolumes plus amamus. Erit ergo et in illa beatitudine culpæ memoria, non quæ mentem polluat, sed quæ nos ʰ arctius lætitiæ astringat; ut dum doloris sui animus sine dolore reminiscitur, et debitorem se medico verius intelligat, et eo magis acceptam salutem diligat, quo de molestia meminit, quid evasit. In illa itaque lætitia sic tunc sine tædio mala nostra conspicimus, sicut nunc in luce positi, sine ulla cordis caligine animo tenebras videmus; quia etsi obscurum est quod mente cernimus, de judicio est hoc luminis, non de passione cæcitatis. Et in æternum ergo laudem misericordiæ largitori nostro referimus, et nequaquam ⁱ miseriæ conscientia gravamur; quia dum mala nostra sine aliquo mentis malo respicimus, et nunquam erit quod corda lau-

---

ª Hic ab invicem discrepant tam Mss. quam Edit. Corb. Germ. habet *discretioni ejus iterum servit*. Vet. Edit., *discretionem ejus iterum disseruit.* Coc. et posteriores Ed., *descriptioni ejus iterum inseruit.* Sequimur lectionem Cod. Utic., quæ videtur proposito sancti Gregorii magis consona; loquitur enim de beatorum interna pace his verbis Job significata : *non exaudierunt vocem exactoris*, et aliis antecedentibus. Quam ipsam ab eodem describi docet his verbis : *parvus et magnus ibi sunt.*

ᵇ Editi, *tanta vis amoris.* Abest vox *amoris* a Mss.

ᶜ Editi, *dominio.* Potiores Mss. quibus inhæremus, *domino.*

ᵈ Non alio sensu Excusi, *graviter judicii pavore.*

ᵉ Al., *formidat*, ut habent omnes Vulgati.

ᶠ Pro *ubi* Coccius posuit *ibi*, quod deinceps obtinuit renitentibus Mss. ac priorib. Ed.

ᵍ Ita Corb., Germ., antiq. Rhem. et potiores Mss. Editi cum nonnullis scriptis, *largitori.*

ʰ In omnibus Rhem., Remig., Corb. Germ., Reg., Colb., *altius* pro *arctius*, quod tamen magis congruit verbo *astringat.*

ⁱ In Vulgatis, *miseria conscientiæ.* Melius Mss., *miseriæ conscientia*, hoc est, intima cognitione et recordatione, qua minime gravantur sancti.

dantium de transactis iniquitatibus polluat, et semper erit quod hæc ad laudem liberatoris accendat. Quia ergo internæ lucis requies sic in se magnos sublevat, ut tamen nec parvulos derelinquat, dicatur recte : *Parvus et magnus ibi sunt.* Quia autem sic ibi conversi peccatoris animus culpæ suæ memoria tangitur, ut tamen nulla ejusdem memoriæ confusione deprimatur, congrue subjungitur : *Et servus liber a domino suo.*

LIBER QUINTUS.

Reliquam capitis tertii partem a xx versu, totum caput quartum, et quinti duos priores versus enarrat.

CAPUT PRIMUM.

1. *Sancti hic prospera magis formidare, quam adversa.* — Cum valde occulta sint divina judicia, cur in hac vita nonnunquam bonis male sit, malis bene, tunc occultiora sunt, cum et bonis hic bene est, et malis male. Nam cum bonis male est, malis bene, hoc fortasse deprehenditur, quia et boni, si qua deliquerunt, hic recipiunt, ut ab æterna plenius damnatione liberentur; et mali bona, quæ pro hac vita faciunt, hic inveniunt, ut ad sola in posterum tormenta pertrahantur. Unde et ardenti in inferno diviti dicitur : *Memento, fili, quia recepisti bona in vita tua, et Lazarus similiter mala* (*Luc.* xvi, 25). At cum bonis hic bene est, et malis male, incertum valde fit utrum boni idcirco bona accipiant, ut provocati ad aliquid melius crescant; an justo latentique judicio hic suorum operum remunerationem percipiant, ut a præmiis vitæ sequentis inanescant; et utrum malos idcirco adversa feriant, ut ab æternis suppliciis [a] corrigentia defendant; an hic eorum pœna incipiat, ut quandoque complenda eos ad ultima gehennæ tormenta perducat. Quia ergo inter divina judicia gravi incertitudinis suæ caligine humana mens premitur, sancti viri cum sibi suppetere prospera hujus mundi conspiciunt, pavida suspicione turbantur. Timent enim ne hic laborum suorum fructus recipiant; timent ne quod divina justitia latens in eis vulnus aspiciat, et exterioribus eos muneribus cumulans, ab intimis repellat. Cum vero taciti cogitant quod nec bona agunt, nisi ut soli Domino placeant, nec in ipsa affluentia suæ prosperitatis exsultant, minus quidem de prosperis occulta contra se judicia metuunt, sed tamen eadem prospera, quia se ab intima intentione præpediunt, ægre ferunt; et moleste præsentis vitæ blandimenta tolerant, quia per hæc se utcunque tardari in interno desiderio non ignorant. Plus enim in hoc mundo honor quam despectio occupat, et magis prosperitatis sublimitas quam necessitatis adversitas gravat. Per hanc namque nonnunquam cum homo exterius premitur, ad concupiscenda quæ intus sunt, [b] liberius relaxatur. Per illam vero animus, dum multis parere cogitur, a desiderii sui cursu retinetur. Unde fit ut sancti viri magis in hoc mundo prospera quam adversa formident. Sciunt namque quia mens dum blanda occupatione premitur, aliquando libens ad exteriora derivatur. Sciunt quia sæpe sic hanc clandestina cogitatio decipit, ut quomodo permutetur ignoret. Pensant autem quæ sint [c] æterna bona quæ cupiunt, et cognoscunt quam nihil sit omne quod blandum temporaliter arridet; cunctaque hujus mundi prospera mens eorum eo ægre tolerat, quo supernæ felicitatis est amore sauciata, tantoque magis in præsentis dulcedinis aspernatione erigitur, quanto hanc conspicit, quia furtive sibi in æternæ gloriæ despectu blanditur. Unde beatus Job cum supernam requiem contemplatus diceret : *Parvus et magnus ibi sunt, et servus liber a domino suo,* illico adjungit :

CAPUT II [*Rec. II*].

Vers. 20. — *Quare data est misero lux?*

2. *Æterna contemplantes terrenam prosperitatem refugiunt.* — In Scriptura sacra nonnunquam lucis appellatione prosperitas, noctis autem nomine hujus mundi adversitas designatur. Unde et bene per Psalmistam dicitur : *Sicut tenebræ ejus, ita et lumen ejus* (*Psal.* cxxxviii, 12). Quia enim sancti viri ita prosperitatem sæculi despicientes calcant, sicut et adversitatem ejus calcantes tolerant, per magnam mentis celsitudinem mundi sibi et adversa et prospera sub-sternentes dicunt : *Sicut tenebræ ejus, ita et lumen ejus.* Ac si apertius dicant : Sicut intentionis nostræ fortitudinem ejus tristia non premunt, ita hanc nec blanda corrumpunt. Sed quia hæc, ut diximus, bonorum mentem etiam cum non sublevant, [d] perturbant, sancti viri, qui se in hujus exsilii ærumna miseros cognoscunt, clarescere in ejus prosperitate refugiunt. Unde bene nunc dicitur : *Quare data est misero lux?* Lux enim miseris datur, quando ii qui sublimia contemplantes, esse se in hac peregrinatione miseros agnoscunt, claritatem transitoriæ prosperitatis accipiunt. Et cum valde defleant quia tarde ad patriam redeunt, tolerare insuper honoris onera compelluntur. Amor eos æternorum conterit, et gloria de temporalibus arridet. Qui dum cogitant quæ sint quæ in infimis tenent, et quæ sint quæ de sublimibus non vident; quæ sint quæ in terra fulciunt,

---

[a] Omnes Mss. ita habent, et veter. Edit. Paris. et Basil. aliæ, *corrigendo defendant.*
[b] Mss. Corb. Germ., Reg., Norman., et aliqui, *liberius relaxatur.*
[c] Nonnulli Mss. et Editi, *quæ sint interna.* Sed legendum esse *æterna,* patet ex oppositione *omnis quod blandum temporaliter arridet.*
[d] Vindoc. et antiq. Rhem., *probant.*

quæ autem de cœlestibus perdiderunt, prosperitatis suæ mœrore mordentur; quia etsi vident nequaquam se ab ea funditus opprimi, pensant tamen sollicite cogitationem suam in amore Domini et in ejus dispensatione partiri. Unde bene cum dicit : *Quare data est misero lux?* protinus adjungit :

CAPUT III [*Vet. II*, *Rec. III*].

Vers. 20. — *Et vita his qui in amaritudine animæ sunt.*

3. *Hic in amaritudine sunt electi et reprobi; quo discrimine.* — In amaritudine quippe animæ sunt omnes electi, quia vel punire flendo non desinunt quæ deliquerunt, vel gravi se mœrore afficiunt, quia longe huc a facie conditoris projecti, adhuc in æternæ patriæ gaudiis non sunt. De quorum corde per Salomonem bene dicitur : *Cor, quod novit amaritudinem animæ suæ, in gaudio illius non miscebitur extraneus* (*Prov.* xiv, 10). In amaritudine namque sunt et corda reproborum, quia ipsis etiam pravis suis desideriis affliguntur; sed eamdem amaritudinem nesciunt, quia pensare quod tolerant, sponte sua excæcati non possunt. At contra cor bonorum amaritudinem suam novit, quia ærumnam exsilii, in qua projectum laceratur, intelligit; et quam sint tranquilla quæ perdidit, quam confusa in quibus cecidit, sentit. Sed hoc amaricatum cor ad gaudium suum quandoque reducitur, atque in ejus gaudio extraneus non miscetur; quia is qui nunc ab hoc mœrore cordis foras se per desideria ejicit, seclusus tunc ab illa intima ejus solemnitate remanebit.

4. *Quis mortuus mundo, et cui mundus mortuus.* — Hi itaque qui in amaritudine animæ sunt, mori mundo funditus concupiscunt; ut sicut in sæculo ipsi nihil appetunt, ita jam a sæculo nulla obligatione teneantur. Et plerumque contingit ut jam homo mundum mente non teneat, sed tamen mundus hominem occupationibus astringat : et ipse quidem mundo jam mortuus est, sed ipsi mundus adhuc mortuus non est. Quasi enim adhuc vivus mundus eum conspicit, dum alio intentum in suis actibus rapere contendit. Unde bene Paulus, cum et ipse sæculum perfecte despiceret, et talem se factum videret, ᵃ quem jam hoc sæculum concupiscere omnino non posset, ruptis hujus vitæ vinculis liber dicit : *Mihi mundus crucifixus est, et ego mundo* (*Gal.* vi, 14). Mundus quippe ei crucifixus fuerat, ᵇ quia hunc cordi suo jam mortuum non amabat. Sed et se ipsum mundo crucifixerat, quia talem se ei exhibere studuit, ut ab eo quasi mortuus concupisci non posset. Si enim uno in loco sint mortuus et vivens; etsi mortuus vivum non videt, vivus tamen mortuum videt; si vero utrique sint mortui, alter alterum nequaquam videt. Ita qui jam mundum non amat, sed tamen ab illo vel non volens amatur, etsi ipse velut mortuus mundum non videt, hunc tamen mundus adhuc non mortuus videt. Si vero nec ipse in amore mundum retinet, nec rursum a mundi amore retinetur, vicissim sibi utrique exstincti sunt; quia dum alter alterum non appetit, quasi mortuum mortuus non attendit. Quia igitur Paulus nec mundi gloriam quærebat, nec a mundi gloria ipse quærebatur, et se mundo, et mundum sibi crucifixum esse gloriatur. Quod quia multi appetunt, sed tamen usque ad culmen exstinctionis **141** omni modo non assurgunt, recte gementes dicunt : *Quare data est misero lux, et vita his qui in amaritudine animæ sunt?* Vita quippe amaricatis datur, cum hujus mundi gloria tristibus gementibusque tribuitur. In qua nimirum vita pœna se validissimi timoris afficiunt, quia etsi ipsi mundum non tenent, adhuc tamen tales esse se metuunt, qui a mundo teneantur; quia nisi ei quantulumcunque viverent, hos ad usum suum procul dubio non amaret. Mare enim viva corpora in semetipso retinet; nam mortua extra se protinus expellit. Sequitur :

CAPUT IV [*Rec. IV*].

Vers. 21. — *Qui exspectant mortem, et non venit.*

5. *Mori sæculo appetentes, sæpe humanis ministeriis servire coguntur. Non sine suo et aliorum lucro.* — Desiderant quippe mortificare se funditus, atque ab omni vita gloriæ temporalis exstinguere; sed occultis sæpe Dei judiciis vel præesse in regimine, vel occupari injunctis honoribus compelluntur, atque inter hæc mortificationem plenissimam indesinenter exspectant. Sed exspectata mors non venit, quia eorum usus temporali gloriæ etiam nolens vivit, quam tamen pro divino ᶜ timore tolerant. Et intus quidem servant desiderium pietatis, foris autem explent ministerium ordinis; quatenus nec a perfectione per intentionem recedant, nec dispositioni conditoris per superbiam contradicant. Mira ᵈ enim divinitatis pietate agitur, cum is qui perfecto corde ad contemplationem tendit, humanis ministeriis occupatur; ut et multis infirmioribus ejus mens perfecta proficiat, et quo se ipse imperfectum respicit, inde ad humilitatis culmen perfectior assurgat. [*Vet. III.*] Nonnunquam etenim sancti viri unde desideriorum suorum detrimenta tolerant, inde majora lucra, conversis aliis, reportant; quia dum eis vacare ut appetunt non licet, rapere secum alios, quibus admiscentur, libet. Fit ergo mira ᵉ dispensatione pietatis ut unde se destructiores æstimant, inde locupletiores ad cœlestis patriæ constructionem surgant.

6. *Desideria pia sæpe Deus explere differt, ut crescant.* — Nonnunquam vero idcirco ad concepta desideria minime perveniunt, ut ipsa interveniente tarditate, ad eadem desideria laxato mentis sinu dilatentur; et quæ extenuari fortasse impleta poterant, magna dispositione agitur, ut repulsa crescant. Sic quippe mortificari appetunt, ut jam perfecte, si liceat, conditoris sui faciem contemplentur. Sed eo-

---

ᵃ Ita Mss. pene omnes, non, *quod jam*, ut in Editis legitur: primam lectionem optimam esse probant quæ sequuntur: *talem se ei* (mundo) *exhibere studuit, ut ab eo quasi mortuus concupisci non posset.*

ᵇ Nonnulli cum Corb., a prima manu, *quia hunc corde suo.*

ᶜ Omnes Mss. sic habent, non, *pro divino amore*, ut legitur in omnib. Ed., excepta Barthol.

ᵈ In quibusdam Mss., *bonitatis pietate.* In Reg. *Divinitatis potentia.*

ᵉ Editi, *dispositione.*

rum desiderium differtur, ut proficiat; et tarditatis **A** sua sinu nutritur, ut crescat. Unde bene sponsa in sponsi sui desiderio anhelans clamat : *In lectulo meo per noctes quæsivi quem diligit anima mea; quæsivi illum, et non inveni* (Cant. III, 1). Abscondit se sponsus cum quæritur, ut non inventus ardentius quæratur; et differtur quærens sponsa, ne inveniat, ut tarditate sua capacior reddita, multipliciús quandoque inveniat quod quærebat. Unde beatus Job cum diceret : *Exspectant mortem, et non venit*, ut hoc ipsum quærentium desiderium subtilius expleret, illico adjungit :

CAPUT [Rec. V].

Ibid.—*Quasi effodientes thesaurum.*

7. *Crescunt, ubi finis propinquior.*—Omnes namque qui fodiendo thesaurum quærunt, cum fodere altius **B** cœperint, ad [a] laborem instantius inardescunt; quia quo se thesauro abscondito jam jamque appropinquare æstimant, eo in effossione enixius laborant. Qui igitur plene 142 mortificationem suam appetunt, quasi effodientes thesaurum quærunt; quia quanto fiunt viciniores ad finem, tanto se exhibent ardentiores in opere. Laborando ergo non deficiunt, sed magis ad usum laboris crescunt; quia quo jam præmia propinquiora considerant, eo in opere delectabilius exsudant. Unde bene Paulus quibusdam absconditum æternæ patriæ thesaurum quærentibus dicit : *Non deserentes collectionem nostram, sicut est consuetudinis quibusdam, sed consolantes,* [b] *et tanto magis, quanto videritis appropinquantem diem* (Hebr. x, 25). Laborantem quippe consolari, est pariter in labore persistere, quia sublevatio laboris est [c] visio collaborantis : sicut cum in itinere comes jungitur, via quidem non [d] abstrahitur, sed tamen de societate comitis labor itineris leviatur. Dum itaque Paulus consolantes se in laboribus quæreret, adjunxit dicens : *Tanto magis, quanto videritis appropinquantem diem.* Ac si diceret : Eo labor crescat, quo ipsa jam præmia laboris appropinquant, velut si aperte dicat : Thesaurum quæritis ? sed eo fodere ardentius debetis, quo jam juxta quæsitum aurum fodiendo pervenistis.

8. *Mortui mundo se intra se a terrenis abscondunt.* — Quamvis hoc quod dicitur : *Exspectant mortem, et non venit, quasi effodientes thesaurum,* intelligi et aliter potest. Quia enim perfecte mori mundo non **D** possumus, nisi intra mentis nostræ invisibilia a visibilibus abscondamur, recte ii qui mortificationem suam appetunt, thesaurum effodientibus comparantur. Mundo enim per invisibilem sapientiam morimur, de qua per Salomonem dicitur : *Si quæsieris illam quasi pecuniam, et sicut thesauros effoderis eam*

[a] Antiq. Rhem., *ad laborem intentius.*
[b] Hic Gussanv. de suo addidit *laborantem*, renitentibus textu Græco, Vulgata, Mss. et Editis omnibus. Occasionem fortasse dedit hujus additionis faciendæ quod sequitur : *laborantem quippe*, etc.
[c] Ita omnes Mss. nostri, non, *visitatio collaborantis*, ut habent quidam Editi. Vet. Edit. Paris. et Basil. consentiunt cum Mss.
[d] In omnibus fere Mss., *non attrahitur.* In Germ.

(*Prov.* II, 4,5). Sapientia quippe in rerum superficie non jacet; quia in invisibilibus latet. Et tunc mortificationem nostram sapientiam contingentes apprehendimus, si relictis visibilibus in invisibilibus abscondamur; si sic hanc, cor effodientes, quærimus, ut omne quod terrenum mens cogitat, a semetipsa, manu sanctæ discretionis ejiciat, et thesaurum virtutis, qui se latebat, agnoscat. Facile enim in se thesaurum [e] invenit, si eam quæ se male presserat molem a se terrenæ cogitationis repellit. Quia autem quæsitam mortem sicut thesaurum dicit, recte subjungit :

CAPUT VI.

Vers. 22. — *Gaudentque vehementer, cum invenerint sepulcrum.*

9. *Divina contemplatio sepulcrum est in quo mens mundo mortua quiescit.*—Sicut enim sepulcrum locus est quo absconditur corpus, ita divina contemplatio quoddam sepulcrum mentis est, quo absconditur anima. Quasi enim huic adhuc mundo vivimus, cum mente in eum foras vagamur; sed mortui in sepulcro abscondimur, cum mortificati exterius, in secreto internæ contemplationis celamur. Sancti igitur viri ab importunitate desideriorum temporalium, a tumultu inutilium curarum, a clamore perstrepentium perturbationum, semetipsos sacri verbi gladio mortificare non desinunt, atque intus ante Dei faciem in sinu mentis abscondunt. Unde bene per Psalmistam dicitur : *Abscondes eos in abscondito vultus tui, a conturbatione hominum* (*Psal.* xxx, 21). Quod quamvis perfecte postmodum fiat, etiam nunc ex magna parte **G** agitur, cum a temporalium desideriorum tumultibus delectatione in interiora rapiuntur; 143 ut mens eorum dum in amorem Dei tota tenditur, nulla inutili perturbatione laceretur. Hinc est quod Paulus per contemplationem mortuos et quasi in sepulcro absconditos discipulos viderat, quibus dicebat : *Mortui enim estis, et vita vestra abscondita est cum Christo in Deo* (*Col.* III, 3, 4). Qui ergo mortem quærit, gaudet dum sepulcrum invenit, quia qui mortificare se appetit, valde ad inventam requiem contemplationis hilarescit; ut exstinctus mundo lateat, et a cunctis exteriorum rerum perturbationibus intra sinum se intimi amoris abscondat.

10. *Mortui olim cum divitiis sepulti.* — Si vero ad hoc quod thesaurus effodi dicitur, etiam sepulcri inventio subinfertur, hoc necesse est ut intentio nostra conspiciat, quod antiqui mortuos cum divitiis obruebant. Qui igitur thesaurum quærit, gaudet cum sepulcrum invenerit, quia sapientiam perquirentes, cum sacræ Scripturæ paginas volvimus, cum exempla [f] præcedentium perscrutamur, quasi ex sepulcro gaudium sumimus, [g] quia mentis divitias apud mortamen, *non abstrahitur.* Mox in Corb. Germ., *teratur*; in Reg., *levigatur.*

[e] Additur *quæsitum* in Vulgatis, Manuscriptis non faventibus.
[f] In Editis, *præcedentium patrum.* desideratur *patrum* in Mss.
[g] In omnibus nostris Mss., *quia mentis divitias*, non *et mentis*; mox in Reg. et Germ. *qui quia*, non *quia qui*.

tuos invenimus : qui quia huic mundo perfecte exstincti sunt, in occulto cum divitiis requiescunt. Sepulcro ergo dives efficitur, qui per exempla justorum in contemplationis virtute sublevatur. Sed cum requirens dicat : *Quare data est misero lux?* cur hoc ipsum requirere præsumat, insinuat dicens :

CAPUT VII [*Rec. VI*].

VERS. 23. — *Viro, cujus abscondita est via, et circumdedit eum Deus tenebris.*

11. *Ignorat recte agens utrum perseveraturus sit.* — Via enim sua viro abscondita est, quia etsi jam in qua sit vitæ qualitate considerat, adhuc tamen ad quem finem tendat, ignorat. Etsi jam superna appetit, etsi plenis hæc desideriis quærit, adhuc tamen si in eisdem desideriis permaneat, nescit. Peccata quippe deserentes, ad justitiam tendimus ; et unde venimus, novimus ; sed quo perveniamus, ignoramus. Quid hesterna die fuimus, scimus ; sed quid contingat crastina nos esse, nescimus. Via ergo sua viro abscondita est, quia sic pedem ponit operis, ut tamen prævidere nequeat exitum consummationis ejus.

[*Vet. IV.*] 12. *Ignorat utrum quod rectum putat, Deus non damnet. Circumdatur tenebris.* — Est autem et alia viæ nostræ absconsio ; quia nonnunquam ea ipsa quæ recte nos agere credimus, an in districti judicis examine recta sint, ignoramus. Sæpe enim, sicut et longe superius diximus, opus nostrum causa damnationis est, et provectus putatur esse virtutis. Sæpe unde placari judex creditur, inde ad irascendum placidus instigatur ; Salomone attestante, qui ait : *Est via quæ videtur homini recta ; novissima autem ejus ducunt ad mortem* (Prov. xiv, 12). Unde sancti viri cum[a] mala superant, sua etiam bene gesta formidant, ne cum bona agere appetunt, de actionis imagine fallantur, ne pestifera tabes putredinis sub boni specie lateat coloris. Sciunt enim quia corruptionis adhuc pondere gravati, dijudicare bona subtiliter nesciunt ; et cum ante oculos extremi examinis regulam deducunt, hæc ipsa in se nonnunquam et quæ approbant metuunt. Et tota quidem mente interna desiderant, sed tamen de incertitudine operum trepidi, quo gradiuntur ignorant. Unde bene postquam dictum est : *Quare data est misero[b] lux?* adjungitur : *Viro, cujus abscondita est via.* Ac si dicatur : Cur hujus vitæ successus[b] accipit, qui sub qua sit æstimatione judicis iter sui operis nescit? Bene autem subditur : *Et circumdedit eum Deus tenebris.* Tenebris namque homo circumdatur, quia quamvis cœlesti desiderio ferveat, quid de semetipso sit dispositum intrinsecus, ignorat. Et valde metuit, ne quid sibi in judicio obviet, quod se de se nunc in desiderio boni fervoris latet. Tenebris homo circumdatur, quia ignorantiæ suæ caligine premitur. An tenebris circumdatus non est, qui plerumque præteritorum non meminit, futura non invenit, præsentia vix cognoscit? Tenebris se circumdatum quidam sapiens viderat, cum dicebat : *Quæ in prospectu sunt,* [c] *invenimus cum labore ; et quæ in cœlis sunt,* [d] *quis investigabit* (Sap. ix, 16)? His se tenebris Propheta circumdatum vidit, cum dispositionis intimæ penetrare interna non potuit, dicens : *Posuit tenebras latibulum suum* (Psal. xvii, 12). Auctor enim noster, quia nobis in hoc exsilium dejectis, lucem suæ visionis abstulit, sese nostris oculis quasi in tenebrarum latibulo abscondit.

13. *Hinc sanctis materia flendi.* — Quas nimirum cæcitatis nostræ tenebras cum studiose conspicimus, mentem ad lamenta provocamus. Flet enim cæcitatem quam foris patitur, si humiliter meminit quod in interioribus lumine privatur. Cumque tenebras, quibus circumdatur, respicit, splendoris intimi ardenti se desiderio affligit ; omnique intentionis adnisu semetipsam concutit, et supernam lucem, quam condita deseruit, repulsa quærit. Unde fit plerumque, ut in ipsis piis fletibus illa interni gaudii claritas erumpat ; et mens, quæ in torpore prius cæca jacuerat, ad inspectionem fulgoris intimi suspiriis vegetata convalescat. Unde bene sequitur :

CAPUT VIII [*Rec. VII*].

VERS. 24. — *Antequam comedam, suspiro.*

14. *Lacrymas sæpe excipit gaudium contemplationis.* — Comedere namque est animæ, superna lucis contemplationibus pasci. Suspirat ergo antequam comedat, quia prius gemitibus tribulationis afficitur, et postmodum contemplationis refectione satiatur. Nisi enim suspiret, non comedit ; quia qui se in hoc exsilio per desideriorum cœlestium lamenta non humiliat,[e] æternæ patriæ gaudia non degustat. A veritatis enim pabulo jejuni sunt, qui in hac peregrinationis inopia lætantur. Suspirat autem qui comedit, quia quos amor veritatis afficit, etiam refectio contemplationis pascit. Suspirans Propheta comedebat, cum diceret : *Fuerunt mihi lacrymæ meæ* [f] *panes* (Psal. xli, 4). Luctu enim suo anima pascitur, cum ad superna gaudia flendo sublevatur, et intus quidem doloris sui gemitus tolerat ; sed eo refectionis pabulum percipit, quo vis amoris per lacrymas emanat. Unde et eamdem lacrymarum vim beatus Job adhuc sequitur, subdens :

CAPUT IX.

IBID. — *Et quasi inundantes aquæ, sic rugitus meus.*

15. *Quæ sanctis lugendi et trepidandi causa.* — Aquæ, cum inundant, cum impetu veniunt ; et crescentibus multipliciter voluminibus, intumescunt. Electi vero dum mentis suæ oculis divina judicia[g] opponunt, dum de occulta super se sententia trepidant, textus sacræ Scripturæ,

[a] Omnes Rhem. et Remig., Reg. et Germ., *quæ videtur hominibus recta.*

[b] Ita laudati Mss. Vindoc., Norman., Corb. Germ., Reg., etc., nec non vet. Vulgati. In Editis post Coccium, *successus appetit.*

[c] Particulam *via* a Coccio primum hic adjectam supprimimus auctoritate Mss., vet. Edit. et ipsius

[d] Corb. Germ. et Reg., *quis investigavit.*

[e] Omnes Rhem. et Remig., Corb. Germ., Reg. Val. Cl., *internæ patriæ* : ita etiam vet. Edit.

[f] Corb. Germ., *panis.*

[g] Idem Codex, *apponunt.*

dum se ad Deum pervenire posse confidant, sed tamen ne non perveniant metuunt, ª dum præteritorum suorum recolunt, **145** quæ deflent, dum quæ sibi adhuc futura sunt, quia nesciunt, pertimescunt; quasi quædam. in eis aquarum more volumina colliguntur, quæ in mœroris rugitus quasi in subjecta littora defluunt. Vir igitur sanctus vidit, quanta sint in lamentis pœnitentiæ volumina cogitationum; atque ipsas mœroris undas inundantes aquas vocavit, dicens : *Et quasi inundantes aquæ, sic rugitus meus.* [*Vet. V.*] Nonnunquam vero justi, sicut et paulo superius diximus, in ipsis bonis operibus positi trepidant, ac ne in eisdem occulto aliquo errore displiceant, continuis lamentis vacant. Quos cum divina subito flagella corripiunt, auctoris sui se gratiam offendisse suspicantur, quia vel infirmitatibus præpediti, vel amaritudinibus pressi, ad impendenda proximis pia opera non assurgunt. Et cor in lamentum vertitur, quia corpus a devotionis suæ ministerio retardatur. Cumque se mercedem non augere considerant, etiam transacta opera displicuisse formidant. Unde bene beatus Job cum rugitum suum quasi inundantes aquas diceret, illico adjunxit :

CAPUT X.

VERS. 25. — *Quia timor quem timebam evenit mihi, et quod verebar, accidit.*

16. *Judicia Dei quam metuenda.* — Justi igitur deflent et pavent, et magnis se lamentis cruciant, quia deseri formidant; et quamvis de correptione sua gaudeant, eorum tamen trepidam mentem correptio ipsa perturbat; ne malum quod tolerant, non pia percussio disciplinæ sit, sed animadversio justa vindictæ. Quod bene Psalmista considerans ait : *Quis novit potestatem iræ tuæ* (*Psal.* LXXXIX, 11)? Potestas quippe divinæ iræ nostra non potest mente comprehendi; quia ejus dispensatio obscuris super nos dispositionibus, sæpe unde æstimatur deserere, inde nos recipit; et unde nos recipere creditur, inde derelinquit; ut plerumque hoc fiat gratia, quod ira dicitur, et hoc aliquando ira sit, quod gratia putatur. Nonnullos enim flagella corrigunt, nonnullos ad impatientiæ vesaniam perducunt; et alios prospera quia demulcent, ab insania mitigant; alios quia elevant, funditus ab omni spe conversionis eradicant. Cunctos autem vitia ad ima pertrahunt : sed tamen quidam eo ab his facilius redeunt, quo se in eis corruisse altius erubescunt. Et semper virtutes ad superna sublevant; sed nonnunquam quidam dum tumorem de virtute concipiunt, per ipsum tramitem ascensionis cadunt. Quia ergo potestas divinæ iræ minime cognoscitur, in cunctis necesse est ut sine cessatione timeatur. Sequitur :

CAPUT XI [*Rec. VIII*].

VERS. 26. — *Nonne dissimulavi?* ʰ *nonne silui? nonne quievi? et venit super me indignatio.*

17. *Quæ cogitando, loquendo, agendo peccare so-* leant *in potestate constituti.* — Quamvis quolibet in loco positi, cogitando, loquendo, agendo peccemus, tunc tamen per tria hæc animus effrenatius rapitur, cum mundi hujus prosperitate sublevatur. Nam cum præire se potestate cæteros conspicit, alta de se elate cogitans sentit. Et cum auctoritati vocis a nullo resistitur, lingua licentius per abrupta diffrenatur. Cumque facere quod libet, licet, juste sibi omne æstimat licere, quod libet. Sed sancti viri cum mundi hujus potestate fulciuntur, ᶜ tanto sub majore mentis disciplina se redigunt, quanto sibi per impatientiam potestatis suaderi illicita quasi licentius sciunt. Cor namque a consideranda sua gloria reprimunt, linguam ab immoderata **146** locutione restringunt, opus ab inquietudinis vagatione custodiunt. [*Vet. VI.*] Sæpe enim qui in potestate sunt, ea quæ recte faciunt, quia elate cogitant, amittunt; dumque se ad cuncta utiles æstimant, etiam impensæ utilitatis sibi meritum damnant. Ut enim cujuslibet facta digniora sint, necesse est ut ei apud se semper indigna videantur, ne eadem bona actio agentis cor sublevet, et sublevando plus auctorem de elatione dejiciat, quam ipsos quibus forte impenditur juvet. Hinc est enim quod rex Babyloniæ, dum elata mente apud se tacitus volveret, dicens : ᵈ *Nonne hæc est Babylon, quam ego ædificavi* (*Dan.* IV, 27)? in irrationale animal protinus versus est. Quod enim factus fuerat perdidit, quia humiliter noluit dissimulare quod fecit. Et quia elatione cogitationis se super homines extulit, ipsum, quem communem cum hominibus habuit, sensum hominis amisit. Sæpe vero qui in potestate sunt, ad subjectorum passim contumelias erumpunt; et hoc quod invigilantes regimini serviunt, per linguæ procacitatem perdunt, minori scilicet formidine judicis verba pensantes, quia qui sine causa fratri, ᵉ *fatue dixerit,* gehennæ se ignibus addicit (*Matth.* v, 22). Sæpe ii qui in potestate sunt, dum sese a licitis retinere nesciunt, ad illicita opera et inquieta dilabuntur. Solus enim in illicitis non cadit, qui se aliquando et a licitis caute restringit. Qua videlicet constrictione religatum bene se Paulus insinuat, dicens : *Omnia mihi licent, sed non omnia expediunt* (*I Cor.* VI, 12). Atque ut ex ipsa religatione ostenderet in quanta se mentis libertate dilataret, illico adjunxit : *Omnia mihi licent, sed ego sub nullius redigar potestate* (*Ibid.,* 12). Cum enim mens concepta desideria sequitur, servire rebus convincitur, quarum amore superatur. Sed Paulus, cui cuncta licent, sub nullius potestate se redigit, quia semetipsum etiam a licitis restringendo, ea quæ delectata premerent, despecta transcendit.

18. *Quomodo Job hæc vitavit.* — Beatus igitur Job, ut nos erudiat, qualis in potestate fuit innotescat, dicens : *Nonne dissimulavi?* Potestas namque cum habetur, et cogitanda est ad utilitatem, et dissimulanda propter tumorem; quatenus is qui ea utitur,

---

ª Mss. Norm., *dum præterita sua recolunt.*
ᵇ Vindoc., *nonne tacui.*
ᶜ Unus Vindoc. et unus Remig., *tanto sublimiori mentis disciplinæ.*
ᵈ Vindoc., *nonne hæc est Babylon magna,* etc.
ᵉ Corb. Germ. et plur., *fatuum.*

et ut prodesse debeat, posse se sciat; et ut extolli non debeat, posse se nesciat. Qualis vero in ore fuerit, adjungat dicens : *Nonne silui?* Qualis erga illicita opera, adhuc subjiciat : *Nonne quievi?* Potest autem silere et quiescere, adhuc subtilius perscrutari. Silere namque est mentem a terrenorum desideriorum voce restringere. Vis enim magni clamoris est tumultus cordis.

19. *Qui præsunt, occupationes temporales, ut Deo vacent, intermittere debent.* — Quiescunt quoque qui bene in potestate sunt, cum terrenarum actionum strepitus pro divino amore intermittendo postponunt; ne dum ima indesinenter occupant, cor funditus a summis cadat. Sciunt enim quia nequaquam mens ad superna attollitur, si curarum tumultibus continue in infimis occupatur. Quid enim de Deo occupata obtineat, quæ de illo apprehendere aliquid etiam vacans laborat. Bene autem per Psalmistam dicitur : *Vacate et videte, quoniam ego sum Deus* (*Psal.* XLV, 11); quia qui vacare Deo negligit, suo sibi judicio lumen ejus visionis abscondit. Hinc etiam per Moysen dicitur ut pisces qui pennulas non habent non edantur (*Lev.* XI, 12, 13). Pisces namque qui habent pennulas, saltus dare super aquas solent. **147** Soli ergo in electorum corpore quasi [a] cibus transeunt, qui in eo [b] quod imis deserviunt, aliquando ad superna conscendere mentis saltibus sciunt, ne semper in profundis curarum lateant, et nulla eos amoris summi quasi liberi aeris aura contingat. Qui ergo rebus temporalibus occupantur, tunc bene exteriora disponunt, cum sollicite ad interiora refugiunt; cum nequaquam foras perturbationum strepitus diligunt, sed apud semetipsos intus in tranquillitatis sinu requiescunt.

[*Vet. VII.*] 20. *Quomodo affectæ circa has occupationes pravæ mentes. Quomodo piæ.* — Pravæ etenim mentes temporalium rerum tumultus intra semetipsas versare non cessant, etiam cum vacant. In cogitatione enim [c] servant depicta quæ amant, et quamvis nihil exterius faciant, apud semetipsas tamen sub pondere inquietæ quietis elaborant. Quibus si earumdem rerum administratio præbeatur, semetipsas funditus deserunt, et fugitiva hæc temporalia per intentionis cursum continuis cogitationum passibus sequuntur. Piæ autem mentes hæc et cum desunt non quærunt, et graviter etiam cum adsunt, ferunt, quia per exteriorum curam a se exire pertimescunt. Quod bene illa duorum fratrum vita signatur, de quibus scriptum est : *Factus est Esau vir gnarus venandi, et homo agricola; Jacob autem vir simplex habitabat in tabernaculis* (*Genes.* XXV, 27, sec. LXX). Vel sicut in alia translatione dicitur, *Habitabat domi.* Quid enim per venationem Esau, nisi eorum vita figuratur, qui in exterioribus voluptatibus fusi carnem sequuntur? Qui etiam agricola esse describitur, quia amatores hujus sæculi tanto magis exteriora [d] colunt, quanto interiora sua inculta derelinquunt. Jacob vero vir simplex in tabernaculis vel in domo habitare perhibetur, quia nimirum omnes, qui in curis exterioribus spargi refugiunt, simplices in cogitatione atque in conscientiæ suæ habitatione consistunt. In tabernaculis enim aut in domo habitare, est se intra mentis secreta restringere, et nequaquam exterius per desideria dissipare, ne dum ad multa foras inhiant, a semetipsis alienatis cogitationibus recedant. Dicat igitur probatus vir, et exercitatus in prosperis : *Nonne dissimulavi? nonne silui? nonne quievi?* Ut enim supra diximus, sancti viri, cum eis transitoria prosperitas arridet, favorem mundi quasi nescientes dissimulant, et forti gressu interius hoc unde exterius [e] sublevantur calcant. Silent autem, quia nullis pravæ actionis clamoribus perstrepunt. Omnis namque iniquitas habet apud secreta Dei judicia voces suas. Unde scriptum est : *Clamor Sodomorum et Gomorrhæorum multiplicatus est* (*Genes.* XVIII, 20). Quiescunt vero, cum non solum nullo cupiditatum temporalium turbulento appetitu rapiuntur, verum etiam curis præsentis vitæ necessariis immoderatius occupari refugiunt.

21. *Justi cur assidue flagella patiantur.* — Sed hæc agentes, paterna adhuc flagella sentiunt, ut tanto perfectiores ad hæreditatem veniant, quanto eos pie feriens disciplina quotidie etiam de minimis purgat. Justa itaque indesinenter faciunt, sed assidue dura patiuntur, quia sæpe ipsa nostra justitia, ad examen divinæ justitiæ deducta, injustitia est, et sordet in districtione **148** judicis quod in æstimatione fulget operantis. Unde Paulus cum diceret : *Nihil mihi conscius sum*, protinus adjunxit : *Sed non in hoc justificatus sum* (I *Cor.* IV, 4). Qui causam mox cur non sit justificatus insinuans, ait : *Qui autem judicat me, Dominus est.* Ac si diceret : Idcirco in eo quod nihil mihi conscius sum justificatum me abnego, quia ab eo qui me judicat examinari me subtilius scio. [*Vet. VIII.*] Dissimulanda ergo sunt quæ exterius favent, [f] reprimenda quæ interius perstrepunt, declinanda quæ quasi necessaria involvunt; et tamen in his omnibus adhuc districti examinis flagella metuenda, quia et ipsa nostra perfectio culpa non caret, nisi hanc severus judex in subtili lance examinis misericorditer penset.

[*Rec. IX.*] 22. *Si tot patiantur justi, quæ iniquos manent supplicia?* — Bene autem subditur : *Et venit super me indignatio.* Magna quippe arte doctrinæ dicturus [g] verbera prætulit recte facta ; ut hinc unusquisque consideret quæ peccantes postmodum sup-

---

[a] Sic vet. Ed. cum Mss. Corb. Germ., antiquo Rhem., uno Remig., Val. Cl., Reg., Colb. At Coc. eumque secutæ Edit. cum nonnullis Mss., *pisces.*

[b] Unus Remig., *quod ima deserunt.* Corb. Germ., prima manu, *quod imis deserunt.*

[c] Quidam Editi, *servant dicta*, cum in Mss. unanimiter legatur *servant depicta.*

[d] In Mss. *incolunt.*

[e] In nonnullis Mss., *male sublevantur.*

[f] Unus Remig., *exprimenda.*

[g] Mss. Anglicani, Norm., Vindoc., Corb., Reg., Germ., et pene omnes ita habent, quos secuta est vetus Ed. Paris. Aliæ fere, *dicturus verba.* Tum Corb., *prævidit*, non *prætulit.*

plicia maneant, si etiam justos tam valida hic flagella castigant. Hinc est enim quod Petrus ait: *Tempus est ut judicium incipiat de domo Dei. Et si justus vix salvabitur, impius et peccator ubi parebunt* (*I Pet.* IV, 17, 18)? Hinc Paulus, cum multa in Thessalonicensium laudem dixisset, protinus adjunxit: *Ita ut et nos ipsi in vobis gloriemur in Ecclesiis Dei pro patientia vestra et fide, in omnibus persecutionibus vestris et tribulationibus, quas sustinetis in exemplum justi judicii Dei* (*II Thess.* I, 4). Ac si diceret : Dum tot dura toleratis, qui tam recta agitis, quid aliud quam justi Dei judicii exempla datis? quia ex vestra pœna colligendum est quomodo feriat quibus irascitur, si sic vos affligi patitur, in quibus lætatur; aut quomodo illos percussurus est, quibus justum judicium exhibet, si etiam vos sic cruciat, quos pie redarguens fovet.

[*Vet. IX, Rec. X.*] 23. *Amicorum Job intentio pia fuit, sed incauta locutio. Quid ipsis agendum erat.*—Prima igitur beati Job locutione terminata, vicissim se amici, [a] qui consolaturi venerant pie ejus increpationi subjiciunt; dumque ad contentionis verba prosiliunt, eam pro qua venerant causam pietatis amittunt. Qui quidem non prava hoc intentione faciunt; sed quamvis affectum percusso exhibeant, percussum tamen nonnisi pro iniquitate crediderunt; dumque intentionem bonam nequaquam locutio cauta subsequitur, ipsa pietatis propositio in transgressionis vitium vertitur. Pensandum namque fuerat, cui et quando loquerentur. Justus quippe erat, ad quem venerant, et divinis verberibus cinctus. Ex anteacta ergo ejus vita debuerant ea quæ intelligere non valebant illius verba perpendere; et ex flagellis præsentibus non illum redarguere, sed de sua vita formidare; seque flagellato justo, non quasi ratiocinando erigere, sed flendo sociare; ut nequaquam se eorum scientia per verba ostenderet, sed loqui recte linguam consolantium [b] magister dolor erudiret. Qui etsi qua forsitan diversa sentirent, dignum profecto erat ut hæc humiliter dicerent, ne percusso vulnera per immoderata verba cumularent.

24. *Deterioribus sæpe displicent dicta vel facta meliorum.* — Sæpe enim, quia intelligi non valent, deterioribus displicent vel facta vel dicta meliorum : sed eo ab eis non temere reprehendenda sunt, quo apprehendi veraciter nequaquam possunt. Sæpe aliquid a majoribus [c] dispensatorie agitur, quod a minoribus error putatur. Sæpe multa a fortibus dicuntur, quæ infirmi idcirco dijudicant, quia ignorant. Quod bene bobus calcitrantibus inclinata illa testamenti arca signavit, quam quia casuram credens Levites erigere voluit, mox sententiam mortis accepit (*II Reg.* VI, 7). [*Vet. X.*] Quid est namque mens

A justi, nisi arca testamenti? Quæ gestata a bobus calcitrantibus inclinatur; quia nonnunquam etiam qui bene præest, dum subjectorum populorum confusione concutitur, ad dispensationis condescensionem ex sola dilectione permovetur. Sed in hoc, quod dispensatorie agitur, inclinatio ipsa fortitudinis, casus putatur imperitis. Unde et nonnulli subditi contra hanc, manum reprehensionis mittunt, sed a vita protinus ipsa sua temeritate deficiunt. Levites ergo quasi adjuvans, manum tetendit, sed delinquens vitam perdidit, quia dum infirmi quique fortium facta corripiunt, ipsi a viventium sorte reprobantur. Aliquando etiam sancti viri [d] quædam minimis condescendentes dicunt, quædam vero summa contemplantes proferunt; dumque vim vel condescensionis vel altitudinis nesciunt, audacter hæc stulti reprehendunt. Et quid est justum de sua condescensione velle corrigere, nisi inclinatam arcam superba reprehensionis manu relevare? Quid est justum de incognita locutione reprehendere, nisi motum ejus fortitudinis, erroris lapsum putare? Sed perdit vitam, qui arcam Dei tumide sublevat, quia nequaquam quis sanctorum corrigere recta præsumeret, nisi de se prius meliora sensisset. Unde et Levites isdem recte Oza dicitur, quod videlicet robustus Domini interpretatur; quia præsumptores quique nisi audaci mente robustos se in Domino crederent, nequaquam meliorum facta vel dicta velut infirma judicarent. Amici igitur Job, dum contra eum quasi in Dei defensionem prosiliunt, divini præcepti regulam superbientes excedunt.

25. *Si aliquid in his displicet, non est reticendum, sed magna humilitate promendum.*—Cum vero quædam facta meliorum deterioribus displicent, nequaquam hoc quod mentem movet, reticendum est, sed cum magna humilitate proferendum; quatenus intentio pie sentientis eo vere servet formam rectitudinis, quo per iter graditur humilitatis. Et libere ergo dicenda sunt quæ sentimus, et valde humiliter promenda quæ dicimus, ne et quæ recte intendimus, hæc elate proferendo non [e] recta faciamus. Paulus auditoribus suis multa humiliter dixerat; sed de ipsa exhortatione humili placare eos adhuc humilius satagebat, dicens : *Rogo autem vos, fratres, ut sufferatis verbum solatii; etenim perpaucis scripsi vobis* (*Hebr.* XIII, 22). Ephesiis quoque Mileti valedicens, afflictis ac gementibus, humilitatem suam ad memoriam revocat, dicens : *Vigilate,* [f] *memoria retinentes quoniam per triennium nocte ac die non cessavi cum lacrymis monens unumquemque vestrum* (*Act.* XX, 31). Eisdem rursum per Epistolam dicit : *Obsecro vos, fratres, ego vinctus in Domino, ut digne ambuletis vocatione, qua vocati estis* (*Ephes.* IV, 1). Hinc ergo colligat, si quando aliquid recte sentit, quanta

---

[a] Nonnulli, *qui consolaturi venerant, ejus piæ increpationi subjiciunt.*

[b] Editi, *magistri dolor erudiret,* reclamantibus Mss. omnibus, ubi legitur *magister dolor.*

[c] Antiq. Rhem., Colb., Germ., Reg., et nonnulli, nec non Edit. Barthol. ac Vet. Paris. et Basil., *dissimulatorie agitur.* In Germ., a manu recentiore additum, *vel dispensatorie.* Editi, post *dispensatorie agi-*

tur, subjiciunt, *vel præcipitur,* quod melius abest a Mss.

[d] Excusi, *quædam minima... dicunt, aliquando vero.* Corrigendi ex Mss. potioribus Corb., Germ., Reg., antiquo Rhem. et Norman.

[e] Corb. Germ., German., nec non Colb., prima manu, *non recte.*

[f] Corb. Germ., Reg., Germ., unus Rhem. et unus Remig., Corb., *memoriam mei retinentes.*

humilitate debeat magistro loqui discipulus; si ipse magister gentium in his quae cum auctoritate praedicat, tam submisse discipulos rogat. Hinc unusquisque colligat, eis a quibus bene vivendi exempla percepit, hoc quod bene intelligit, quam humiliter dicat; si Paulus illis humili se voce subdidit, quos ad vitam ipse suscitavit.

26. *Humiliter loqui nesciens consolationis regulam ignorat.* — Eliphaz autem, qui primus amicorum loquitur, quamvis ad consolandum pietate veniat, humilitatem tamen locutionis deserens, regulam consolationis ignorat. Qui dum loquendi custodiam negligit, usque ad afflicti contumelias excedit, dicens: *Tigris periit eo quod non haberet praedam. Rugitus leonis, et vox leaenae, et dentes catulorum leonum dissipati sunt* (Job. IV, 11). Beatum videlicet Job nomine tigridis, quasi vitio varietatis notans, per leonis rugitum ejusdem viri terrorem, per leaenae vocem loquacitatem conjugis, per dissipatos vero dentes catulorum leonum destructam filiorum edacitatem [a] signans. Unde et bene amicorum sensum, qui in tumida correptione se extulit, sententia divina reprehendit, dicens: *Non estis locuti coram me rectum, sicut servus meus Job* (Job. XXXII, 7).

[*Vet. XI.*] 27. *Sententias amicorum Job qua ratione Deus arguat, et Paulus commendet.* — Sed quaerendum video cur Paulus illorum sententiis tanta auctoritate utitur, si hae eorum sententiae Dominica reprehensione cassantur? Eliphaz quippe verba sunt, quae Corinthiis intulit dicens, sicut scriptum est: *Comprehendam sapientes in astutia eorum* (*I Cor.* III, 19; *Job.* V, 13). Quomodo ergo quasi prava respuimus, quae Paulus ex auctoritate astruit? aut quomodo attestatione Pauli recta putabimus, quae per semetipsum Dominus non recta definivit? Sed utraque haec citius quam non sint diversa cognoscimus, si ejusdem Dominicae sententiae subtilius verba pensemus; quae nimirum cum diceret: *Non estis locuti coram me rectum,* illico adjunxit: *Sicut servus meus Job.* Liquet ergo quia quaedam in eorum dictis recta sunt, sed melioris comparatione superantur. Nam inter alia quae irrationabiliter dicunt, multas ad beatum Job fortes sententias proferunt, sed comparatae dictis fortioribus vim fortitudinis amittunt. Mira autem sunt multa quae dicunt, nisi in sancti viri adversitatem dicerentur. In semetipsis igitur magna sunt, sed quia justum virum transfigere appetunt, ejusdem magnitudinis pondus perdunt; quia et [b] quamlibet forte, frustra jaculum mittitur, ut dura saxa feriantur; eo namque obtusum longius dissilit, quo intortum fortiter venit. Igitur amicorum Job dicta licet in quibusdam valde sint fortia, cum tamen sancti viri fortem vitam feriunt, cunctum sui acuminis mucronem retundunt. Quia ergo et in semetipsis magna sunt, sed contra beatum Job nullo modo assumi debuerunt; et Paulus haec ex virtute pensans, in auctoritate proferat; et judex quia incaute prolata sunt, ex personae qualitate reprehendat.

28. *Illae, ut quaedam habent recta et alia perversa, haereticis congruunt.* — Sed quia eosdem amicos beati Job haereticorum tenere speciem superius diximus, nunc eorum verba quomodo haereticis congruant indagemus. Quaedam namque valde recta sentiunt, sed tamen inter haec ad perversa dilabuntur. Habent 151 quippe hoc haeretici proprium, ut malis bona permisceant, quatenus facile sensui audientis illudant. Si enim semper prava dicerent, citius in sua pravitate cogniti, quod vellent, minime persuaderent. Rursum, si semper recta sentirent, profecto haeretici non fuissent. Sed dum fallendi arte ad utraque deserviunt, et ex malis bona inficiunt, et ex bonis mala, ut recipiantur, abscondunt; sicut qui veneni poculum porrigit, ora poculi dulcedine mellis tangit; dumque hoc quod dulce est primo attactu delibatur, etiam illud quod est mortiferum indubitanter absorbetur. Itaque haeretici permiscent recta perversis, ut ostendendo bona, auditores sibi attrahant; et exhibendo mala, latenti eos peste corrumpant. Aliquando tamen praedicatione sanctae Ecclesiae atque exhortatione correcti, ab hac sensus sui diversitate salvantur. Unde et amici Job reconciliationis suae sacrificium ejusdem sancti viri manibus offerunt, atque ad superni judicis gratiam vel [c] addicti revocantur. Quos bene in Evangelio illa decem leprosorum mundatio designat (*Luc.* XVII, 15). In lepra quippe et pars cutis in fulgorem ducitur, et pars in colore sano retinetur. Leprosi itaque haereticos exprimunt, quia dum rectis prava permiscent, colorem sanum maculis aspergunt. Unde et bene ut salventur, clamant, *Jesu praeceptor*. Quia enim in ejus verbis se errasse significant, hunc salvandi humiliter praeceptorem vocant; cumque ad cognitionem praeceptoris redeunt, mox ad formam salutis recurrunt. Sed quia in amicorum dictis praefationem expositionis paulo longius duximus, ipsa jam eorum verba subtiliter pensemus. Sequitur:

CAPUT XII [*Vet. XII, Rec. XI*].

CAP. IV. VERS. 1, 2. — *Respondens autem Eliphaz Themanites, dixit: Si coeperimus loqui tibi, forsitan moleste accipies.*

29. *Haereticorum verba blanda primum, post aspera.* — Jam superius dicta sunt quae his vocabulorum interpretationibus exprimantur. Quia ergo festine ad indiscussa tendimus, prolata replicare devitamus. Hoc itaque est solerter intuendum, quod ii qui haereticorum speciem tenent, loqui molliter inchoant, dicentes: *Si coeperimus loqui tibi, forsitan moleste accipies.* Exasperare quippe haeretici auditores suos in exordio locutionis suae metuunt, ne vigilanter audiantur, eorumque valde tristitiam declinant, ut ne-

---

[a] Addunt Editi, *et audaciam*. Quae verba in nullis Mss. reperta delevimus.

[b] Quidam Mss., *quamlibet fortes frustra jaculum mittunt*. Reg., *quodlibet forte.*

[c] Mss. Anglicani et omnes alii ita habent, non *adducti*, ut exhibent Editi etiam vetustiores; quorum pleraque errata ad caeteros omnes postea propagata sunt. *Addicti* majorem vim habet, significatque, *condemnati.*

gligentiam capiant. Et [a] pene semper blanda sunt quæ proponunt; sed aspera quæ prosequendo subinferunt. Unde et nunc amici Job a reverentia mansuetæ locutionis incipiunt, sed usque ad jacula asperrimæ invectionis erumpunt; quia et radices spinarum molles sunt, sed tamen ex ipsa sua mollitie proferunt unde pungunt. Sequitur :

CAPUT XIII.

VERS. 2. — *Sed conceptum sermonem tenere quis possit?*

50. *Verba prava alii concipiunt et proferunt, alii concepta reprimunt, alii nec concipiunt.* — Tria sunt hominum genera, quæ gradatim ductis a se qualitatibus dissident. Sunt namque alii qui et ad loquendum prava concipiunt, a locutione sua nulla silentii gravitate refrenantur. Et sunt alii qui cum prava concipiunt, magno se silentii vigore restringunt. Et sunt nonnulli qui, virtutum usu roborati, usque ad eam celsitudinem provehuntur, ut ad loquendum, ne in corde quidem perversa concipiant, quæ silendo compescant. Eliphaz itaque ex quo sit ordine, ostenditur, qui conceptum sermonem tenere se non posse testatur. Qua in re et illud innotuit, quod se loquendo offensurum novit. Neque enim retinere verba quæ non potest vellet, nisi per hæc se vulnera inferre prænosceret. Boni enim viri freno consilii retinent præcipitationem verbi, et caute considerant ne relaxantes linguæ lasciviam auditorum conscientiam incauta locutione transfigant. Unde bene per Salomonem dicitur : *Qui dimittit aquam, caput est jurgiorum* (*Prov.* XVII, 14). Aqua quippe dimittitur, cum linguæ fluxus effrenatur. Sed dimissor aquæ jurgiorum caput efficitur, quia per linguæ incontinentiam, discordiæ origo propinatur. Pravi igitur sicut in sensu leves sunt, ita in locutione præcipites, et reticere pertractando negligunt quæ loquantur. Sed quod levis conscientia concipit, levior protinus lingua prodit. Unde nunc Eliphaz ex suo experimento colligit, quod desperate de omnibus sentit, dicens : *Sed conceptum sermonem tenere quis possit?* Sequitur :

CAPUT XIV [*Rec. XII*].

VERS. 3, 4. — *Ecce docuisti plurimos, et manus lassas roborasti ; vacillantes confirmaverunt sermones tui, et genua trementia confortasti.*

31. *Quantus Job fuerit, cujus laudes nec silere valet qui crimen ingerere conatur.* — Si ipse historiæ textus aspicitur, magna est lectoris utilitas, quod ab amicis jurgantibus in beato Job pro laceratione vitiorum, virtutum præconia proferuntur. Nunquam quippe est tam robustum vitæ testimonium, quam cum ille [b] laudanda loquitur, qui ingerere crimen conatur. Pensemus autem cujus celsitudinis iste vir fuerit, qui indoctos docens, lassos roborans, vacillantesque confirmans, inter curas domus, inter multiplicium rerum custodiam, inter affectus pignorum, inter studia tot laborum, erudiendis se cæteris impendit. Et illa quidem occupatus exercuit, sed tamen liber magisterio doctrinæ militavit. Temporalia regendo disposuit ; æterna prædicando nuntiavit; vitæ rectitudinem et agendo videntibus ostendit, et loquendo audientibus ingessit. [*Vet. XIII.*] Sed sive hæretici, seu perversi quilibet, cum bona justorum referunt, hæc in argumentum criminis inflectunt. Inde namque Eliphaz contra beatum Job occasionem objurgationis colligit, unde laudanda narravit. Nam sequitur :

CAPUT XV.

VERS. 5.—*Nunc autem venit super te plaga, et defecisti ; tetigitte, et conturbatus es.*

52. *Perversi bonorum vitam duobus modis impetunt.* — Perversi quique duobus modis bonorum vitam impetunt, quia aut prava eos dicere asserunt, aut recta non servare quæ dicunt. Unde et beatus Job inferius ab amicis suis de locutione reprehenditur ; nunc autem recta dixisse, sed hæc non servasse laceratur. Ab iniquis ergo modo bonorum locutio, modo actio reprobatur, quatenus aut reprehensa lingua taceat, aut ejusdem linguæ suæ adjudicata testimonio, in crimine vita succumbat. Et notandum quod prius laudes linguæ inferunt, et postmodum [c] de vitæ infirmitate conqueruntur. Iniqui etenim, ne publice pravi videantur, loquuntur aliquando bona de justis, quæ esse jam cognita et aliis noverunt. Sed sicut prædiximus, hæc ipsa protinus ad cumulum reatus pertrahunt, et credendum sibi in contrariis, ex eo quod et prospera loquebantur, ostendunt ; tantoque mala quasi verius insinuant, quanto et bona quasi devote laudabant. Ad usum ergo intorquent criminis voces favoris, dum justorum vitam inde post gravius vulnerant, unde hanc paulo ante specie tenus defendebant. Sæpe autem eorum bona quæ prius habita despiciunt, hæc postmodum quasi perdita mirantur. Unde et Eliphaz sancti viri virtutes, quia amissas asserit, enumerando subjungit, dicens :

CAPUT XVI [*Rec. XIII*].

VERS. 6. — [d] *Ubi est timor tuus, fortitudo tua, et patientia tua, et perfectio viarum tuarum?*

33. *Virtutum quatuor gradus.* — Quæ nimirum cuncta ei sententiæ subrogat, quam præmisit, dicens : *Nunc autem venit super te plaga, et defecisti; tetigit te, et conturbatus es.* Omnia ergo simul interisse asserit, in eo quod beatum Job turbatum flagello reprehendit. Sed intuendum valde est, quia quamvis inconvenienter increpat, congruenter tamen ordines virtutes, *laudando loquitur.*

---

[a] Ita etiam ex Mss. Anglic. et cæteris omnibus restituimus, cum prius legeretur, apud Coc. et seq., *et plane semper blanda sunt quæ proponunt*, scilicet amici Job; quod sane falsum est. Redditur ergo verbis Gregorii veritas et legitimus sensus, legendo *pene* pro *plane.*

[b] Corb. Germ., prima manu, aliique fortasse me-

[c] Rhem., Remig. et aliqui alii, *de bonæ vitæ infirmitate.* Reg., *de lingua infirmitates.* Corb. Germ., *de linguæ vitæ infirmitate.* Barthol. et vet. Ed., *de linguæ vitæque infirm.*

[d] In Mss. Corb. Germ., Reg., Colb., Norm., omittitur *ubi est.* Exstat in German. secundæ manus ope-

tutum narrat. Quatuor quippe gradibus vitam beati Job virtutes enumerando distinxit, dum et timori fortitudinem, et fortitudini patientiam, et patientiæ perfectionem junxit. In via etenim Dei a timore incipitur, ut ad fortitudinem veniatur. Nam sicut in via sæculi audacia fortitudinem, ita in via Dei audacia debilitatem parit ; et sicut in via sæculi timor debilitatem, ita in via Dei timor fortitudinem gignit, Salomone attestante, qui ait : *In timore Domini fiducia fortitudinis* (*Prov*. xiv, 26). Timori quippe Domini inesse fiducia fortitudinis dicitur, quia nimirum mens nostra tanto valentius terrores rerum temporalium despicit, quanto se auctori eorumdem temporalium veracius per formidinem subdit. Quæ in timore Domini constituta, non invenit extra quod metuat, quia dum recto metu conditori omnium jungitur, potestate quadam supra omnia sublevatur. Fortitudo autem nonnisi in adversitate ostenditur, unde et mox post fortitudinem patientia subrogatur. Tanto enim se unusquisque ad fortitudinem profecisse verius demonstrat, quanto aliena mala robustius tolerat. Nam minus in se convaluit, quem aliena iniquitas sternit. Qui in eo quod ferre contrarietatem non valet, pusillanimitatis suæ gladio confossus jacet. Quia vero perfecti de patientia nascitur, statim post patientiam, viarum perfectio subinfertur. [*Vet. XIV*.] Ille enim vere perfectus est, qui erga imperfectionem proximi impatiens non est. Nam qui alienam imperfectionem ferre non valens [b] deserit, ipse sibi testis est quod perfecte necdum proficit. Hinc in Evangelio Veritas dicit : *In patientia vestra possidebitis animas vestras* (*Luc*. xxi, 19). Quid est enim animas possidere, nisi perfecte in omnibus vivere, cunctis mentis motibus ex virtutis arce dominari? Qui igitur patientiam tenet, animam possidet; quia inde contra adversa omnia fortis efficitur, unde sibi et semetipsum vincendo dominatur. Et quo se laudabiliter frangit, infractum se fortiter exerit; quia cum in suis se voluptatibus superat, sese ad contraria invictum parat. Sed quia Eliphaz invehendo corripuit, nunc aliqua velut exhortando subjungit, dicens :

CAPUT XVII [*Rec. XIV*].

Vers. 7.—*Recordare, obsecro, quis unquam innocens periit? aut quando recti deleti sunt?*

154. 34. *Sæpe innocentes hic perire et deleri, rectos.*— Sive hæretici, quorum amicos beati Job tenere speciem diximus, sive perversi quilibet, quam inordinate redarguant, tam reprehensibiliter exhortantur. Ait namque : *Quis unquam innocens periit, aut quando recti deleti sunt?* Sæpe quippe hic et innocentes pereunt, et recti funditus delentur; sed tamen ad æternam gloriam pereundo servantur. Si enim nullus innocens periret, Propheta non diceret : *Justus periit, et nemo est qui recogitet* (*Isai*. lvii, 1). Si rectos Deus providendo non raperet, nequaquam de justo Sapientia dixisset : *Raptus est, ne malitia mutaret intellectum ejus* (*Sap*. iv, 11). Si justos animadversio nulla percuteret, Petrus minime prænuntiaret, dicens : *Tempus est ut incipiat judicium de domo Dei* (*I Pet*. iv, 17). Illi ergo veraciter recti sunt , qui amore supernæ patriæ ad cuncta præsentis vitæ adversa præparantur. Nam qui pro æternis bonis mala hic perpeti metuunt, videlicet recti non sunt. Sed Eliphaz vel deleri rectos, vel innocentes hic perire non æstimat, quia sæpe hi qui non spe cœlestis gloriæ, sed pro terrena Deo retributione deserviunt, ipsi sibimet fingunt quod quærunt; et docere præsumentes, cum terrenam securitatem prædicant, cunctis suis laboribus ostendunt quid amant. Sequitur :

CAPUT XVIII [*Vet. et Rec. XV*].

Vers. 8, 9. — *Quin potius vidi eos qui operantur iniquitatem, et seminant dolores, et metunt eos, flante Deo perisse, et spiritu iræ ejus esse consumptos.*

35. *Dolores seminant ac metunt. Cur malos Deus aliquando toleret, aliquando statim feriat.* — Dolores seminare, est fraudulenta dicere; dolores autem metere, est dicendo prævalere. Vel certe dolores seminant, qui perversa agunt; dolores metunt, cum de eadem perversitate puniuntur. Fructus quippe doloris est retributio damnationis. Sed cum protinus subinfertur quia qui dolores seminant et metunt, flante Deo pereunt, et iræ ejus spiritu consumuntur, hoc loco doloris messio, non jam pœna, sed adhuc perfectio iniquitatis ostenditur, quia ex divinæ iræ spiritu, ejusdem messionis pœna subrogatur. Seminant ergo hic dolores et metunt, quia iniqua sunt quæ faciunt, et in ipsa iniquitate prosperantur; sicut de iniquo per Psalmistam dicitur : *Polluuntur viæ ejus in omni tempore; auferuntur judicia tua a facie ejus, omnium inimicorum suorum dominabitur* (*Psal*. x, 5, *sec. Heb*.). De quo paulo post subditur : *Sub lingua ejus labor et dolor* (*Ibid*., 7). Dolores itaque seminat, cum perversa agit; dolores metit, cum ex eisdem perversitatibus temporaliter excrescit. Quomodo ergo flante Deo pereunt, qui plerumque diu hic subsistere, et justius felicius, permittuntur? Hinc namque de illis iterum per Psalmistam dicitur : *In laboribus hominum non sunt, et cum hominibus non flagellabuntur* (*Psal*. lxxii, 5). Hinc Jeremias ait : *Quare via impiorum prosperatur* (*Jerem*. xii, 1). Quia enim, sicut scriptum est, *Dominus patiens redditor est* (*Eccli*. v, 4), sæpe diu tolerat quos in perpetuum damnat; nonnunquam vero concite percutit, qui pusillanimitati innocentium [c] consolando concurrit. Aliquando ergo omnipotens Deus diu prævalere iniquos patitur, ut justorum mundius vita purgetur. Aliquando vero injustos celeriter trucidat, eorumque interitu innocentium corda confirmat. Si enim nunc omnes male agentes percuteret, extremum jam judicium quibus exhiberet? Si autem nullum omnino percuteret, quis Deum res humanas curare credidisset? Nonnunquam ergo 155 iniquos ferit, ut ostendat quia inulta mala non deserit. Nonnunquam vero iniquos diu tolerat, ut considerantibus insinuet, ad quod eos judicium reservet.

---

[a] Laudati Mss., præter Norm., *virtutibus*.
[b] Editi, *patientiam deserit*, reluctantibus Mss.
[c] Unus Rhem., duo Remig., Reg. et alii, maxime Norm., *consulendo concurrit*.

36. *Iniquos deleri quo sensu falsum, quo verum.* — Hæc itaque sententia [a] deletionis iniquorum, si non cum fine præsentis sæculi de cunctis generaliter dicitur, ex magna parte procul dubio veritatis virtute evacuatur. Sed tunc vera erit, cum jam iniquitatis dilatio non erit. Quæ hoc fortasse modo intelligi rectius potest, quoniam nec innocens perit, nec rectus deletur; quia etsi carne hic atteritur, in conspectu æterni judicis vera salute reparatur. Et qui seminant dolores et metunt, flante Deo pereunt; quia quanto hic altius perverse agendo proficiunt, tanto durius subsequenti damnatione feriuntur. Sed cum eidem sententiæ præmittitur, *Recordare*, videlicet patet quia transacta res ad mentem reducitur, non autem futura nuntiatur. Tunc ergo Eliphaz verius diceret, si hæc de iniquis generaliter fieri extrema animadversione credidisset.

37. *Flare Deus apte dicitur, cum vindictam retribuit. Tunc qui in se tranquillus, pereuntibus videtur turbulentus.* — Sed hoc quod flare Deus dicitur, urget ut subtilius discernatur. Nos quippe cum flamus, aerem ab exterioribus introrsus trahimus, et introrsus tractum hunc exterius reddimus. Flare ergo Deus in vindictæ retributione dicitur, quia ab exterioribus causis introrsus judicii consilium concipit, et ab interno consilio extrorsus sententiam emittit. Quasi flante Deo, ab exterioribus aliquid introrsus trahitur, quando foras mala nostra conspicit, et intus [b] judicium disponit. Et rursum, quasi flante Deo, ab interioribus spiritus extrorsus emittitur, quando ab interno [c] conceptu consilii, exterius judicium damnationis infertur. Bene itaque dicitur quod qui dolores seminant, flante Deo pereunt; quia unde foris perversa faciunt, inde ab intimis recte feriuntur. Vel certe cum flare Deus dicitur, quia et statim iræ ejus spiritus subinfertur, appellatione flatus illius potest ipsa ejus animadversio designari. Nos quippe cum irascimur, flatu furoris [d] inflammamur. Ut ergo vindictam cogitans Dominus demonstretur, flare irascendo dicitur; non quo ipse in natura sua mutabilitatis vicissitudinem recipiat, sed quo post longam patientiam, quando vindictam peccatoris exsequitur, is qui in semetipso tranquillus est, pereuntibus turbulentus videtur. Mens quippe reproba, quia adversum suis actibus judicem conspicit, quasi commotus ei ostenditur, quia in conspectu illius suo reatu ipsa turbatur. Sed postquam quasi clementer admonuit, aperte increpationis verba subjungit, dicens :

CAPUT XIX.

Vers. 10. — *Rugitus leonis, et vox leænæ, et dentes catulorum leonum contriti sunt.*

38. *Dura in Job Eliphaz verba.* — Quid enim rugitum leonis appellat, nisi, ut paulo ante præmisimus, severitatem viri? quid vocem leænæ, nisi loquacitatem conjungis? quid dentes catulorum leonum, nisi edacitatem prolis? Quia enim filii convivantes exstincti sunt, dentium expressione signantur. Quæ cuncta dum contrita Eliphaz rigidus exsultat, quasi jure damnata denuntiat. Cujus adhuc duritiam increpationis ingeminat, cum subjungit :

CAPUT XX [*Vet. et Rect.* XV-I].

Vers. 11. — *Tigris periit, eo quod non haberet prædam, et 156 catuli leonum dissipati sunt.*

39. *Tigris varia ac rapax hypocritas apte significat.* — Quem enim nomine tigridis, nisi beatum Job nota varietatis signat, vel aspersum maculis simulationis? Omnis namque simulator in eo quod videri rectus appetit, mundum se per omnia non ostendit ; quia dum virtutes quasdam per hypocrisin assumit, et occulte semetipsum vitiis subjicit, quædam latentia vitia repente in faciem erumpunt, et superductæ simulationis, quasi visionis corium, ex admistione sua varium ostendunt; ut plerumque sit mirum cur homo, qui tantis virtutibus pollere cernitur, etiam tam reprobis actibus inquinetur. Sed nimirum omnis hypocrita tigris est, quia dum mundus color de simulatione ducitur, vitiorum nigredine interrumpente variatur. Sæpe enim dum de castitatis munditia extollitur, sorde avaritiæ fœdatur. Sæpe dum virtute largitatis speciosus ostenditur, luxuriæ maculis inquinatur. Sæpe dum castitatis atque largitatis decore vestitur, velut ex zelo justitiæ, crudelitatis atrocitate fuscatur. Sæpe largitate, castitate, pietate ex pulchra visione induitur, sed interfusa obscuritate superbiæ notatur. Sicque fit ut intermistis vitiis dum mundam in se speciem hypocrita non ostendit, quasi unum colorem tigris habere nequaquam possit. Quæ videlicet tigris rapit prædam, quia humani sibi favoris usurpat gloriam. Qui enim rapta laude extollitur, quasi præda satiatur. Bene autem hypocritarum laus præda dicitur. Præda quippe est, cum aliena violenter auferuntur. Omnis autem hypocrita, quia vitam justitiæ simulans, justorum sibi laudem arripit, alienum profecto est quod tollit. Eliphaz itaque, quia beatum Job incolumitatis suæ tempore laudanda egisse cognovit, percussione subsequente, hæc illum tenuisse per hypocrisin credidit, dicens : *Tigris periit; eo quod non haberet prædam.* Ac si aperte dicat : Varietas tuæ simulationis exstincta est, quia et adulatio laudis ablata est; et jam tua hypocrisis prædam non habet, quia percussa divinitus, humanis favoribus caret.

40. *Myrmicoleon eos adumbrat qui timidi in fortiores, audaces in parvos sunt.* — Translatione autem Septuaginta interpretum nequaquam tigris dicitur, sed, Myrmicoleon periit, eo quod non haberet prædam. Myrmicoleon quippe parvum valde est animal, formicis adversum, quod se sub pulvere abscondit, et formicas frumenta gestantes interficit, interfectasque consumit. Myrmicoleon autem Latine dicitur, vel formicarum leo, vel certe expressius formica pariter et leo. Recte autem formica et leo nominatur, quia

---

[a] Coccius ac deinceps Editi, *dilationis.* Rectius alii cum Mss., *sententia deletionis*, qua scilicet dicebat Eliphaz omnes iniquos flante Deo periisse.
[b] Remig., antiq. *in judicio disponit.*
[c] Rhem. antiq., *ab interno concepto consilio.*
[d] Mss. Norm., *inflamur.* In Utic. seu S. Ebrulphi prius legebatur, *inflammamur ipsa.*

sive volatilibus, seu quibuslibet aliis minutis animalibus formica est, ipsis autem formicis leo. Has enim quasi leo devorat, sed ab illis quasi formica devoratur. Cum igitur Eliphaz dicit: *Myrmicoleon periit*, quid in beato Job sub *a* myrmicoleontis nomine, nisi pavorem et audaciam reprehendit? Ac si ei aperte dicat: Non injuste percussus es, quia contra erectos timidus, contra subditos audax fuisti. Ac si aperte dicat: Contra astutos te formido pressit, contra simplices temeritas inflavit. Sed prædam jam myrmicoleon non habet, *b* quia timida tua elatio dum verberibus premitur, ab aliena læsione 157 prohibetur. Sed quia amicos beati Job hæreticorum tenere speciem diximus, urget necessario, ut hæc eadem Eliphaz verba quomodo etiam typice sentienda sint intimemus.

CAPUT XXI [*Rec. XVII*].

VERS. 10. — *Rugitus leonis, et vox leænæ, et dentes catulorum leonum contriti sunt.*

SENSUS ALLEGORICUS. — 41. *Eadem re in Scripturis figurantur diversa.* — Quia natura uniuscujusque rei ex diversitate componitur, in sacro eloquio per rem quamlibet licite diversa figurantur. Habet quippe leo virtutem, habet et sævitiam. Virtute ergo Dominum, sævitia diabolum signat. Hinc enim de Domino dicitur: *Vicit leo de tribu Juda, radix David* (Apoc. v, 5). Hinc de diabolo scriptum est: *Adversarius vester diabolus, sicut leo rugiens circuit, quærens quem devoret* (I Pet. v, 8). Leænæ autem nomine aliquando sancta Ecclesia, aliquando Babylonia designatur. Pro eo enim quod contra adversa audax est, leæna Ecclesia dicitur; sicut ejusdem beati Job vocibus approbatur, qui derelictam ab Ecclesia Judæam indicans, ait: *Non calcaverunt eam filii institorum, nec pertransivit per eam leæna* (Job. xxviii, 8). Aliquando vero leænæ nomine hujus mundi civitas, id est Babylonia, exprimitur, quæ contra vitam innocentium immanitate crudelitatis e efferatur, quæ antiquo hosti, quasi sævissimo leoni sociata, perversæ persuasionis ejus semina concipit, et reprobos ex se filios ad similitudinem illius, quasi crudeles catulos gignit. Catuli autem leonum sunt quilibet reprobi, ad iniquam vitam, malignorum spirituum errore generati; qui et simul omnes universam mundi civitatem, quam prædiximus, Babyloniam faciunt, et tamen iidem singuli Babyloniæ filii, quasi non leæna, sed leænæ catuli vocantur. Sicut enim Sion tota simul Ecclesia dicitur, filii autem Sion sanctorum *d* quique singuli memorantur, ita et filii Babyloniæ singuli quique reproborum, et eadem Babylonia simul omnes reprobi vocantur.

[*Vet. XVII.*] 42. *Sancti tentationes metuunt; hæretici de sua sanctitate securi contemnunt.* — Sed sancti viri quandiu in hac vita sunt, semetipsos sollicita circumspectione custodiunt, ne leo circuiens insidiando subripiat, id est, antiquus hostis sub aliqua imagine virtutis occidat; ne leænæ vox auribus obstrepat, id est, ne Babyloniæ gloria sensum ab amore patriæ cœlestis avertat; ne catulorum leonum dentes mordeant, id est, ne reproborum persuasio in corde convalescat. At contra hæretici jam quasi de sanctitate securi sunt, quia vitæ suæ meritis cuncta se superasse suspicantur. Unde et nunc dicitur: *Rugitus leonis, et vox leænæ, et dentes catulorum leonum contriti sunt.* Ac si aperte diceretur: Nos ideo nullis flagellis atterimur, quia et virtutem antiqui hostis, et cupiditatem terrenæ gloriæ, *e* et persuasiones reproborum omnium vitæ meritis superando calcamus. Unde adhuc subditur:

CAPUT XXII.

VERS. 11. — *Tigris periit, eo quod non haberet prædam, et catuli leonum dissipati sunt.*

43. *Satan et leo recte vocatur, et tigris et myrmicoleon. Hæretici quasi de victo Satana gloriantur.* — Hunc vocabulo tigridis repetit quem leonis appellatione signavit. Satan quippe et propter crudelitatem leo dicitur, et propter multiformis astutiæ varietatem non incongrue tigris vocatur. Modo enim se sicut est perditus humanis sensibus objicit, modo quasi angelum lucis ostendit. Modo stultorum mentes blandiendo persuadet, modo ad culpam terrendo pertrahit. Modo suadere 158 vitia aperte nititur, modo in suis suggestionibus sub virtutis specie palliatur. Hæc itaque bellua, quæ tanta varietate respergitur, jure tigris vocatur, quæ apud Septuaginta interpretes, ut præfati sumus, myrmicoleon dicitur. Quod videlicet animal absconsum pulvere, formicas, ut diximus, frumenta gestantes interficit; quia nimirum apostata angelus in terram de cœlis projectus, justorum mentes, quæ bonorum sibi operum refectionem præparant, in ipso actionis itinere obsidet; cumque eas per insidias superat, quasi formicas frumenta gestantes improvisus necat. Recte autem myrmicoleon, id est, leo et formica dicitur. Formicis enim, ut diximus, leo est, volatilibus formica, quia nimirum antiquus hostis sicut contra consentientes fortis est, ita contra resistentes debilis. Si enim ejus suggestionibus assensus præbetur, quasi leo tolerari nequaquam potest; si autem resistitur, quasi formica atteritur. Aliis ergo leo est, aliis formica; quia crudelitatem illius carnales mentes vix tolerant, spiritales vero infirmitatem illius pede virtutis calcant. Hæretici igitur, quia de sanctitatis præsumptione superbiunt, quasi exsultantes dicunt: *Myrmicoleon*, vel certe *tigris, periit, eo quod non haberet prædam*. Ac si aperte dicant: Vetustus adversarius in nobis prædam non habet, quia quantum ad nostra

---

a Vindoc., Norm. et alii, *myrmicoleonis*. Corb. Germ. et Reg., *myrmicoleontis*, rectius a Græco μυρμικολέοντος. Quod confirmari potest ex Hieronymo, l. II adv. Jovin., ubi legitur *chamæleontes*.

b Ita Anglic. Mss. et cæteri quotquot consuluimus; non, ut legitur in Editis, *quia timida tua elatio*. Prior quoque lectio magis convenit proposito Eliphaz exprobrantis Job timiditatem simul et audaciam.

c Ita Corb. Germ., Reg., Germ., Utic., etc. Editi, *effrenatur*.

d In Gussanv., corrupte, *sanctorum quippe*, *singuli quippe*.

e Editi, *et suasiones reproborum hominum*. Vox omnium magis congruit fastui virorum de quibus paulo post: *magnos se in omnibus æstimant, infra se cunctos respiciunt*, etc.

studia jam victus jacet. Idcirco autem myrmicoleontis appellatione vel tigridis repetitur, ª qui jam contrito leonis rugitu fuerat designatus, quia quidquid per gaudium dicitur, sæpe replicatur. Voces quippe ingeminat animus cum exsultat. Unde et veraci lætitia Psalmista crebro repetit hoc, quod se exauditum esse cognovit, dicens : *Exaudivit Dominus vocem fletus mei; exaudivit Dominus deprecationem meam, Dominus orationem meam assumpsit* (*Psal.* VI, 9, 10).

[*Vet.XVIII.*] 44. *Sancti de domitis vitiis cum timore gaudent. Hypocritæ vel uno superato se perfectos putant.* — Sed sancti viri cum de quibusdam se vitiis ereptos hilarescunt, magno se metu etiam in ipsa exsultatione concutiunt; quia etsi jam de cujuslibet procella tempestatis erepti sunt, esse se tamen adhuc in incerti maris dubiis fluctibus sciunt; et sic spe exsultant, ut pavore trepident; sic pavore trepidant, ut spei fiducia exsultent. Unde per eumdem Psalmistam dicitur : *Servite Domino in timore, et exsultate ei cum tremore* (*Psal.* II, 11). At contra, qui de specie sanctitatis intumescunt, cum unum quodlibet vitium superant, mox mentem in superbiam erigunt, et quasi de vitæ suæ perfectione gloriantur; et pro eo quod fortasse semel a periculo tempestatis erepti sunt, jam quia in mari navigent, obliviscuntur : magnos se in omnibus æstimant, et vicisse se antiquum adversarium funditus putant; infra se cunctos respiciunt, quia se per sapientiam transcendere omnes arbitrantur. Unde subditur :

CAPUT XXIII [*Rec. XVIII*].

VERS. 12. — *Porro ad me dictum est verbum absconditum.*

45. *Hæretici novum et occultam doctrinam affectant, cur.* — Verbum absconditum hæretici audire se simulant, ut auditorum mentibus quamdam prædicationis suæ reverentiam obducant. Unde et latenter prædicant, quatenus eorum prædicatio tanto sancta, quanto et occulta videatur. Communem autem scientiam habere refugiunt, ne cæteris æquales æstimentur; ᵇ et quædam nova semper exquirunt, quæ dum alii nesciunt, apud imperitorum mentes ipsi de scientiæ singularitate gloriantur. Quam, ut diximus, occultam insinuant, quia scilicet ᶜ ut miram ostendere valeant, hanc se latenter percepisse confirmant. Unde apud Salomonem hæreticorum speciem mulier tenens, dicit : *Aquæ furtivæ dulciores sunt, et panis absconditus suavior* (*Prov.* IX, 17). Unde hic quoque subditur : *Et quasi furtive suscepit auris mea venas susurrii ejus.* Furtive susurrii venas percipiunt, quia socialis scientiæ gratiam deserentes, ad hanc nequaquam per ostium ingrediuntur, Domino attestante, qui ait : *Qui non intrat per ostium in ovile ovium, sed ascendit aliunde, ille fur est et latro* (*Joan.* X, 1, 2). Venas itaque divini susurrii furtive suscipit,

qui ad percipiendam virtutis ejus notitiam, deserto publicæ prædicationis ostio, pravæ intelligentiæ rimas quærit. Quia vero fur et latro, qui intrat aliunde, et tenebras diligit, et claritatem luminis perhorrescit, recte subjungitur :

CAPUT XXIV [*Vet. XIX*].

VERS. 13. — *In horrore visionis nocturnæ, quando solet sopor occupare homines.*

46. *Ut alta esse ostendant quæ docent, ea se vix capere declarant. Modo de sapientiæ singularitate extolluntur.* — Sæpe hæretici dum altiora dicere conantur, ipsi sibi testes sunt quia quæ proferunt, vera non sunt. In nocturna quippe visione dubie cernitur. Rimas ergo susurrii in pavore nocturnæ visionis se percepisse asserunt, quia ut ea quæ docent alta aliis ostendant, vix ea se capere posse denuntiant. Sed hinc colligendum est quomodo audientibus certa esse poterunt, quæ ipsi dubie viderunt. Miro ergo ordine cum alta loquentes profluunt, in patefactione stultitiæ, ipsis suæ altitudinis vocibus ligantur. Quantum vero de singularitate sapientiæ elevantur, ostenditur cum protinus subdit : *Quando solet sopor occupare homines.* Ac si aperte ab hæreticis diceretur : Cum homines inferius dormiunt, nos ad percipienda superna vigilamus, quia ea nobis nota sunt, ad quæ videlicet cognoscenda cæterorum hominum corda torpentia non assurgunt. Ac si apertius dicant : In quibus intelligentia nostra se erigit, reliquorum hominum sensus dormit. Nonnunquam vero cum hoc despici ab auditore ᵈ conspiciunt, semetipsos simulant timere quod dicunt. Unde subditur :

CAPUT XXV.

VERS. 14. — *Pavor tenuit me et tremor, et omnia ossa mea perterrita sunt.*

47. *Modo pavidos se simulant.* — Quia enim de doctrinæ suæ altitudine miri videri appetunt, quasi pertimescunt quæ fingunt; et cum minoris laboris sit audire quam dicere, ad ea proferenda audaces sunt, quæ scilicet astruunt ᵉ quia ipsi vix audire potuerunt. Unde adhuc subditur :

CAPUT XXVI.

VERS. 15, 16. — *Et cum spiritus me præsente transiret, inhorruerunt pili carnis meæ; stetit quidam, cujus non agnoscebam vultum.*

48. *Modo fingunt in se incomprehensibilia novisse.* — Ut incomprehensibilia se cognovisse indicent, non stetisse, sed transisse coram se spiritum narrant; et vultum se vidisse incognitum simulant, ut esse se ei cognitos qui ab humana mente cognosci non valet ostendant. Ubi adhuc subditur :

CAPUT XXVII.

VERS. 16. — *Imago coram oculis meis, et vocem quasi auræ lenis audivi.*

49. *Deum intueri spiritaliter nequeunt, neque tamen*

ª Hic dissentiunt Mss. Compend. Corb. Germ. et S. Alb. habent, *quia jam contritus leonis rugitus,* Utic. olim ita habebat, nunc vero, *quia jam contrito leonis rugitu.* Vindoc. et German., *qui jam contritus,* etc.

ᵇ In Vulgatis, *occulta et nova.*

ᶜ Editi, *ut admirationem ostendere valeant,* corrupte. In Vindoc. legitur, *ut mira ostend.*

ᵈ Huc immisit Cocc., *quod dicunt,* quæ verba in Mss. et superioribus Ed. reticentur.

ᵉ Compend. et Germ., *quia ipsa.* Sicque olim in Utic. legebatur. Rec., *qui et ipsi.*

semper errant. Quædam vera et sublimia loquuntur. — Sæpe hæretici Deum sibi [a] imaginaliter fingunt quem intueri spiritualiter nequeunt; ejusque vocem quasi auræ lenis audire se perhibent, quia ad secreta illius cognoscenda, quasi esse se cæteris familiares gaudent. Non enim ea docent quæ Deus publice loquitur, sed quæ eorum auri quasi latenter aspirantur. Hæc igitur diximus, ut quid sub hæreticorum specie in Eliphaz sermonibus sentiendum sit intimemus. Sed qui amici beati Job tanti viri amici non essent, nisi manifeste aliquid ex veritate didicissent, quia quamvis in sententiis correptionis errant, in veritatis tamen cognitione [b] non in toto titubant: hæc eadem paulo superius verba replicemus, ut subtilius discernamus quomodo ea quæ de perceptione veritatis dicuntur, a recte sentientibus proferri veraciter possint. [*Vet. XX.*] Nonnunquam vero hæretici vera quædam et sublimia loquuntur, non quod hæc divinitus ipsi percipiunt, sed quod ex sanctæ Ecclesiæ contentione didicerunt; neque hæc ad profectum conscientiæ, sed ad scientiæ ostentationem trahunt. Unde fit plerumque ut alta sciendo dicant, sed vivendo quæ dicunt nesciant. Sive igitur ex hæreticorum specie, videlicet non vitam scientiæ, sed verba tenentium, seu certe ex persona amicorum beati Job, qui de cognitione veritatis potuerunt procul dubio percipiendo experiri, quod studuerunt docendo eloqui, hæc eadem quæ transcurrimus, subtilius dicta disseramus; ut dum sollicite Eliphaz sermo discutitur, quantæ scientiæ fuerit, demonstretur; quamvis in eadem scientia humilitatem non tenuit, qui commune bonum sibi specialiter arrogavit. Ait namque:

CAPUT XXVIII [*Rec. XIX*].

VERS. 12. — *Porro ad me dictum est verbum absconditum.*

ALLEGORICUS SENSUS. — 50. *Verbum absconditum, Dei Filius, vel Spiritus sancti locutio. Hæc a paucis percipitur. Sentiri potest, non exprimi.* — Verbum quippe absconditum, invisibilis Filius vocatur, de quo Joannes ait: *In principio erat Verbum.* Quod ipse quoque absconditum insinuat, dum subjungit: *Et Verbum erat apud Deum, et Deus erat Verbum.* Sed hoc verbum absconditum electorum mentibus dicitur, cum potestas unigeniti Filii credentibus manifestatur. Potest etiam per verbum absconditum, allocutio intimæ aspirationis intelligi; de qua Joannes dicit: *Unctio ejus docet vos de omnibus* (*I Joan.* II, 27). Quæ nimirum aspiratio humanam mentem contingendo sublevat, et temporales cogitationes deprimens, æternis hanc desideriis inflammat, ut nihil ei jam, nisi quæ superna sunt, libeat, et cuncta quæ inferius de humana perstrepunt corruptione contemnat. Absconditum ergo verbum audire, est locutionem sancti Spiritus corde concipere. Quæ profecto sciri non potest, nisi a quo

[a] Editi, *imaginabiliter.*
[b] Ita legendum docent Mss. pene omnes, quos sequuntur Barthol. et vet. Ed. Falsa autem est Coccii aliorumque recentiorum lectio, *in veritatis tamen co-*

haberi potest. Unde et Veritatis voce de hac abscondita locutione dicitur: *Ego rogabo Patrem, et alium Paraclitum dabit vobis, ut maneat vobiscum in æternum, Spiritus veritatis, quem mundus non potest accipere* (*Joan.* XIV, 16). Sicut enim isdem Paraclitus post Mediatoris ascensum, alius humani generis consolator, in semetipso invisibilis est; ita omnem, quem repleverit, ad desideranda invisibilia accendit. Et quoniam mundana corda sola visibilia diligunt, hunc mundus non accipit, quia ad diligenda invisibilia non assurgit. Sæculares etenim mentes quanto se foras per desideria dilatant, tanto ad receptionem illius sinum cordis angustant. Et quoniam valde in humano genere pauci sunt, qui a desideriorum temporalium sorde purgati, ad perceptionem sancti Spiritus ipsa hac purgatione dilatentur, verbum hoc absconditum dicitur, quia illud a quibusdam procul dubio in corde percipitur, quod a maxima hominum parte nescitur. Vel certe hæc ipsa afflatio sancti Spiritus absconditum verbum est, quia sentiri potest, sed strepitu locutionis exprimi non potest. Cum igitur divina aspiratio sine strepitu mentem sublevat, verbum absconditum auditur, quia sermo Spiritus in aure cordis silenter sonat. Unde et subditur:

CAPUT XXIX [*Rec. XX*].

IBID. — *Et quasi furtive suscepit auris mea venas susurrii ejus.*

51. *Mentem quærit a visibilibus abstractam. Quam variis modis eam alloquatur.* — Venas susurrii superni auris cordis furtive suscipit, quia subtilitatem locutionis intimæ afflata mens et raptim et occulte cognoscit. Nisi enim se ab exterioribus desideriis abscondat, interna non penetrat. Et occultatur ut audiat, et audit ut occultetur; quia et subtracta a visibilibus, invisibilia conspicit, et repleta invisibilibus, visibilia perfecte contemnit. Notandum vero quod non ait: *Quasi furtive suscepit auris mea susurrium ejus;* sed *venas susurrii ejus.* Susurrium quippe occulti verbi, est hæc ipsa locutio aspirationis internæ. Venæ autem susurrii dicuntur causarum origines, quibus hæc ipsa aspiratio ad mentem ducitur. Quasi enim venas susurrii sui aperit, cum nobis Deus latenter insinuat, quibus modis ad nostræ intelligentiæ aurem venit. Aliquando enim nos amore, aliquando terrore compungit; aliquando præsentia quam nulla sint ostendit, et ad æterna diligenda desiderium erigit; aliquando prius æterna indicat, ut post temporalia vilescant. Aliquando nostra nobis mala aperit, et ad hoc nos usque, ut alienis etiam malis doleamus, extendit. Aliquando mala aliena nostris obtutibus objicit, et compunctos mirabiliter a nostra pravitate nos corrigit. Venas itaque divini susurrii furtive audire, est occultos divinæ aspirationis modos tenuiter et latenter agnoscere.

52. *Susurrat nobis Deus, quia non se plene manifestum facit. Per creata opera velut per quasdam rimas*

gnitione non titubant, cui suffragatur Corb. Germ. Hæretici enim fere semper titubant, sed falsitati sententiæ occurritur addendo, *non in toto titubant.*

se admirandum præbet. — Quamvis adhuc vel susurrium, vel venas susurrii intelligere aliter valemus. Qui enim susurrat, occulte loquitur, et vocem non exprimit, sed imitatur. Nos igitur quousque carnis corruptione premimur, nullo modo claritatem divinæ potentiæ, sicut in se incommutabilis manet, videmus : quia acies infirmitatis nostræ non sustinet hoc quod de ejus æternitatis radio super nos intolerabiliter fulget. Cum ergo se nobis omnipotens Deus per rimas contemplationis indicat, nequaquam nobis loquitur, sed susurrat, quia etsi se plene non intimat, quiddam tamen de se humanæ menti manifestat. Tunc autem nequaquam jam loquitur, sed loquitur, cum ejus nobis species certa revelatur. Hinc est enim quod in Evangelio Veritas dicit : [a] *Palam de Patre annuntiabo vobis* (Joan. XVI, 26). Hinc Joannes ait : *Videbimus eum sicuti est* (I Joan. III, 2). Hinc Paulus dicit : *Tunc cognoscam, sicut et cognitus sum* (I Cor. XIII, 12). Nunc autem divinum susurrium tot ad nos venas habet, quot creatis operibus ipsa divinitas præsidet. Dum enim quæ sunt cuncta creata cernimus, in creatoris admiratione sublevamur. Nam sicut aqua leniter fluens, rimata per venas quæritur, ut augeatur, tantoque se vastius fundit, quanto venas apertiores invenerit; ita nos dum studiose divinitatis **162** notitiam ex creaturæ ejus consideratione colligimus, quasi susurrii illius ad nos venas aperimus ; quia per hoc quod factum cernimus, virtutem factoris admiramur; et per ea quæ sunt in publico, illud ad nos emanat, quod latet in occulto. Quasi enim per quemdam ad nos sonitum erumpit, dum consideranda nobis sua opera ostendit, in quo semetipsum utcunque indicat, dum quam sit incomprehensibilis manifestat. Quia igitur considerare eum digne non possumus, non ejus vocem, sed vix susurrium audimus. Plene enim quia perpendere neque ipsa quæ sunt creata sufficimus, recte dicitur : *Quasi furtive suscepit auris mea venas susurrii ejus.* Projecti quippe a paradisi gaudiis, et cæcitatis pœna multati, vix susurrii venas apprehendimus, quia ipse quoque mira ejus opera raptim tenuiterque pensamus. [*Vet. XXI.*] Sciendum vero est, quia quanto virtutem illius mens sublevata considerat, tanto ejus [b] rectitudinem repressa formidat. Unde et recte subjungitur :

CAPUT XXX [*Rec. XXI*].

VERS. 13. — *In horrore visionis nocturnæ.*

53. *Mens eo amplius de suis factis trepidat, quo altius in Deum elevatur. Hinc Deum magis metuit et diligit.* — Horror nocturnæ visionis, est pavor occultæ contemplationis. Humana etenim mens quo altius elevata, quæ sint æterna considerat, eo de factis temporalibus gravius tremefacta formidat ; quia tanto se ream verius cernit, quanto se ab illo lumine discrepasse quod super se intermicat conspicit; sicque fit

[a] Editi, *palam de Patre meo.*
[b] Turon., Corb., Germ., secundis curis, et alii, *fortitudinem.*
[c] Ita cum plerisque Mss. Ed. antiq. Aliæ vero, *quasi secura,* ut etiam habetur in uno Vindoc.
[d] In Vindoc. et plur., *nolo autem vos.* In duob.

ut illuminata plus metuat, quia magis aspicit a veritatis regula per quanta discordat; eamque gravi formidine suus ipse profectus quatit, quæ prius [c] quasi securius nihil videbat. Quamvis quantalibet virtute profecerit, non jam manifestum aliquid de æternitate comprehendit, sed adhuc sub cujusdam caligine imaginationis conspicit. Unde et hæc eadem, nocturna visio dicitur. In nocte quippe, sicut et superius diximus, dubie; in die autem constanter videmus. Quia igitur ad contemplandum interni solis radium, nubes sese nostræ corruptionis interserit, nec ad infirmos nostræ mentis oculos illud, sicut est, incommutabile lumen erumpit ; adhuc Deum quasi in nocturna visione cernimus, cum procul dubio sub incerta contemplatione caligamus. Sed quamvis extremum de illo aliquid mens conceperit, in consideratione tamen ejus magnitudinis inhorrescit, et magis metuit, quia ipsis contemplationis ejus vestigiis se imparem sentit, atque ad se relapsa, eum arctius diligit, cujus miram dulcedinem ferre non valens, vix hanc sub incerta visione gustavit. Sed quia ad hujus sublevationis culmen minime pertingitur, nisi prius desideriorum carnalium importune perstrepens turba reprimatur, recte subjungitur :

CAPUT XXXI [*Rec. XXII*].

IBID. — *Quando solet sopor occupare homines.*

54. *Ad contemplationem non pervenitur nisi sopitis carnalibus desideriis. Somnus tribus modis accipitur.* — Quisquis ea quæ mundi sunt agere appetit, quasi vigilat ; quisquis vero internam quietem quærens, hujus mundi strepitum fugit, velut obdormiscit. Sed prius sciendum est quia in Scriptura sacra figurate positus tribus modis somnus accipitur. Aliquando enim somno mors carnis, aliquando torpor negligentiæ, aliquando vero exprimitur, calcatis terrenis desideriis, quies vitæ. Somni namque vel dormitionis nomine carnis mors intimatur, sicut Paulus ait : [d] *Nolo vos ignorare fratres de dormientibus. Et paulo post : Ita et Deus eos qui dormierunt per Jesum, adducet cum eo* (I Thess. IV, 12). Somno **163** rursum torpor negligentiæ designatur, sicut ab eodem Paulo dicitur : *Hora est jam nos de somno surgere* (Rom. XIII, 11). Et rursum : *Evigilate, justi, et nolite peccare* (I Cor. XV, 34). Somno quoque calcatis carnis desideriis quies vitæ figuratur, sicut sponsæ voce in [e] *canticorum Cantico dicitur : Ego dormio, et cor meum vigilat* (Cant. V, 2); quia videlicet sancta mens quo se ab strepitu temporalis concupiscentiæ comprimit, eo verius interna cognoscit ; et tanto alacrius ad intima vigilat, quanto se ab exteriori inquietudine occultat. Quod bene per Jacob in itinere dormientem figuratur (Genes. XXVIII, 11), qui ad caput lapidem posuit, et obdormivit : a terra scalam cœlo inhærentem, innixum scalæ Dominum, ascendentes quoque et de-

Compend., Corb., Germ., Colb., Reg., Val. Cl., *nolumus vos.* In Græco textu ad litt., *nolo vos.*
[e] Ita Corb. Germ., Reg., Norb., Val. Cl. Sicque melius repræsentatur hujus sacri libri titulus, *Sirhasirim, Canticum canticorum.* Editi habent, *in Canticis canticorum.*

scendentes angelos vidit. In itinere quippe dormire, est in hoc præsentis vitæ transitu a rerum temporalium amore quiescere. In itinere dormire, est in dierum labentium cursu ab appetitu visibilium mentis oculos claudere : quos primis hominibus seductor aperuit, qui dixit : *Scit enim Deus quod in quocunque die comederitis ex eo, aperientur oculi vestri* (*Genes.* III, 5, 6). Unde et paulo post subditur : *Tulit de fructu illius, et comedit; deditque viro suo, qui comedit, et aperti sunt oculi amborum.* Culpa quippe oculos concupiscentiæ aperuit, quos innocentia clausos tenebat. Angelos vero ascendentes et descendentes cernere, est cives supernæ patriæ contemplari, vel quanto amore [a] auctori suo super semetipsos inhæreant, vel quanta compassione charitatis nostris infirmitatibus condescendant.

55. *Ad contemplationem non sufficit a mundi actionibus quiescere, nisi et virtutes exerceantur.* — Et notandum valde est quod ille dormiens angelos conspicit, qui in lapide caput ponit; quia nimirum ipse ab exterioribus operibus cessans, interna penetrat, qui intentamente, quæ principale est [*Græce*, τὸ ἡγεμονικόν] hominis, imitationem sui redemptoris observat. Caput quippe in lapide ponere, est mente Christo inhærere. Qui enim a præsentis vitæ actione remoti sunt, sed ad superna nullo amore rapiuntur, dormire possunt, sed videre angelos nequeunt; quia caput in lapide tenere contemnunt. [*Vet. XXII.*] Sunt namque nonnulli qui mundi quidem actiones fugiunt, sed nullis virtutibus exercentur. Hi nimirum torpore, non studio dormiunt; et idcirco interna non conspiciunt, quia caput non in lapide sed in terra posuerunt. Quibus plerumque contingit ut quanto securius ab externis actionibus cessant, tanto latius in se immundæ cogitationis strepitum per otium congerant. Unde sub Judææ specie per Prophetam torpens otio anima defletur, cum dicitur : *Viderunt eam hostes, et deriserunt Sabbata ejus* (*Thren.* 1, 7). Præcepto etenim legis ab exteriori opere in sabbato cessatur. Hostes ergo sabbata videntes irrident, cum maligni spiritus ipsa vacationis otia ad cogitationes illicitas pertrahunt; ut unaquæque anima quo remota ab externis actionibus servire Deo creditur, eo magis eorum tyrannidi illicita cogitando famuletur. Sancti autem viri, qui a mundi operibus non torpore, sed virtute sopiuntur, laboriosius dormiunt, quam vigilare potuerunt, quia in eo quod actiones hujus sæculi deserentes superant, robusto conflictu quotidie contra semetipsos pugnant, ne mens per negligentiam torpeat, ne subacta otio ad desideria immunda frigescat, ne in ipsis bonis desideriis plus justo inferveat, ne sub discretionis specie sibimet parcendo, a perfectione languescat. Agit hæc, et ab hujus mundi inquieta concupiscentia se penitus subtrahit, ac terrenarum actionum strepitum deserit, et per quietis studium virtutibus intenta, vigilans dormit. Neque enim ad contemplanda interna perducitur, nisi ab his

quæ exterius implicant studiose subtrahatur. Hinc est enim quod per semetipsam Veritas dicit : *Nemo potest duobus dominis servire* (*Matth.* VI, 24). Hinc Paulus ait : *Nemo militans Deo, implicat se negotiis sæcularibus, ut ei placeat, cui se probavit* (*II Tim.* II, 4). Hinc per Prophetam Dominus admonens dicit : *Vacate, et videte, quoniam ego sum Deus* (*Psal.* XLV, 11). Quia igitur nequaquam notitia interna [b] conspicitur, nisi ab externa implicatione cessetur, recte nunc verbi absconditi et divini susurrii tempus exprimitur, cum dicitur : *in horrore visionis nocturnæ, quando solet sopor occupare homines*, quia nimirum mens nostra nullo modo ad vim intimæ contemplationis rapitur, nisi studiose prius a terrenorum desideriorum tumultu sopiatur. Sed humanus animus quadam suæ contemplationis machina sublevatus, quo super se altiora conspicit, eo in semetipso terribilius contremiscit. Unde et apte subditur :

CAPUT XXXII [*Rec. XXIII*].

VERS. 14. — *Pavor tenuit me, et tremor, et omnia ossa mea perterrita sunt.*

56. *Quo altius Dei rectitudinem contemplamur, eo de nostra magis formidamus.* — Quid per ossa, nisi fortia acta signantur? De quibus et per Prophetam dicitur : *Dominus custodit omnia ossa eorum* (*Psal.* XXXIII, 21). Et sæpe ea quæ agunt homines, esse alicujus momenti æstimant, quia districtionis intimæ quam sit subtile judicium ignorant. Sed cum per contemplationem rapti superna conspiciunt, ab ipsa aliquo modo præsumptionis suæ securitate liquefiunt; et tanto magis in divino conspectu trepidant, quanto nec bona sua digna ejus examine, quem conspiciunt, pensant. Hinc est etenim quod is qui fortia operando profecerat, per spiritum sublevatus clamabat : *Omnia ossa mea dicent : Domine, quis similis tibi* (*Psalm.* XXXIV, 10)? Ac si diceret : Carnes meæ verba non habent, quia infirma mea apud te funditus silent; ossa autem mea tuæ magnitudinis laudem dicunt, quia ipsa quoque, quæ esse in me fortia credidi, tua consideratione contremiscunt. Hinc est quod Manue, viso angelo pertimescens, dicit : *Morte moriemur, quia vidimus Dominum* (*Jud.* XIII, 22). Quem uxor protinus consolatur, dicens : *Si Dominus nos vellet occidere, de manibus nostris holocaustum et libamenta non suscepisset* (*Ibid.*, 23). Quid est autem quod ad visionem angeli vir sit timidus, et mulier audax, nisi quod nobis quoties cœlestia demonstrantur, spiritus quidem pavore se concutit, sed tamen spes præsumit? Inde namque spes ad majora [c] audenda sese erigit, unde turbatur spiritus, quia ea quæ superna sunt, prior videt. [*Vet. XXIII.*] Quia igitur cum altiora secretorum cœlestium sublevata mens conspicit, cuncta humanarum virium soliditas contremiscit, recte nunc dicitur : *Pavor tenuit me, et tremor, et omnia ossa mea perterrita sunt.* Ac si aperte diceretur : Subtilitatis intimæ arcana percipiens, unde me apud me fortem credidi, ante conspectum judicis inde titubavi. Distri-

---

[a] Ita omnes nostri Mss. et vet. Ed. Coc. et recent. Edit., *auctori suo semetipsos transcendendo inhæreant.*
[b] In plur. Mss., *concupitur.* In Val. Cl. *concupitur.*
[c] Corb. Germ., cum uno Reg., *audienda.*
In Corb. Germ., Reg., Colb., prima manu, *conspicitur*, quam lect. prætulimus.

ctionem quippe divinæ justitiæ contemplantes, etiam de ipsis operibus jure pertimescimus, quæ nos fortia egisse putabamus. Ducta namque ad internam regulam nostra rectitudo, si **165** districtum judicium invenit, multis tortitudinum suarum sinibus in intimam rectitudinem impingit. Unde bene Paulus cum et virtu um ossa habere se cerneret, et tamen sub districto examine hæc eadem ejus ossa trepidarent, ait : *Mihi pro minimo est, ut a vobis judicer, aut ab humano die. Sed neque me ipsum* [a] *judico ; nihil enim mihi conscius sum* (*I Cor.* IV, 5). Sed quia auditis venis divini susurrii, hæc eadem ejus ossa contremuerunt, illico adjunxit : *Sed non in hoc justificatus sum : qui autem judicat me, Dominus est.* Ac si diceret : recta egisse me recolo, et tamen de meritis non præsumo, quia ad ejus examen vita nostra ducitur, sub quo nostræ fortitudinis et ossa turbantur.

57. *Contemplationis gratia non est diuturna.* — Sed cum mens in contemplatione suspenditur, cum carnis angustias superans, per speculationis vim de libertate aliquid intimæ securitatis rimatur, stare diu super semetipsam non potest ; quia etsi hanc spiritus ad summa evehit, caro tamen ipso adhuc corruptionis suæ pondere deorsum premit. Unde et subditur :

CAPUT XXXIII.

Vers. 15. — *Et cum spiritus me præsente transiret, inhorruerunt pili carnis meæ.*

58. *Invisibilia quidem cognoscimus, sed raptim.* — Nobis præsentibus spiritus transit, quando invisibilia cognoscimus, et tamen hæc non solide, sed raptim videmus. Neque enim in suavitate contemplationis intimæ diu mens figitur, quia ad semetipsam ipsa immensitate luminis reverberata revocatur. Cumque internam dulcedinem degustat, amore æstuat, ire super semetipsam nititur, sed ad infirmitatis suæ tenebras fracta relabitur ; et magna virtute proficiens, videt quia videre non possit hoc quod ardenter diligit, nec tamen ardenter diligeret, nisi aliquatenus videret. Non ergo stat, sed transit spiritus, quia supernam lucem nostra nobis contemplatio et inhiantibus aperit, et mox infirmantibus abscondit. Et quia in hac vita quantalibet virtute quis profecerit, adhuc tamen corruptionis suæ stimulum sentit : *Corpus quippe, quod corrumpitur, aggravat animam, et deprimit terrena inhabitatio sensum multa cogitantem* (*Sap.* IX, 15), recte subditur : *Inhorruerunt pili carnis meæ.*

[*Rec. XXIV.*] 59. *Nemo hic ita perfectus, cui non nascatur semper quod resecetur.* — Pili etenim carnis sunt quælibet superflua humanæ corruptionis. Pili carnis sunt vitæ veteris cogitationes, quas sic a mente incidimus, ut de amissione earum nullo dolore fatigemur. Bene autem per Moysen dicitur : *Levitæ radant omnes pilos carnis suæ* (*Num.* VIII, 7). Levita quippe assumptus vocatur. Oportet ergo Le-

vitas omnes pilos carnis radere, quia is qui in obsequiis divinis assumitur, debet ante Dei oculos a cunctis carnis cogitationibus mundus apparere, ne illicitas cogitationes mens proferat, et pulchram animæ speciem quasi pilis [b] fruticantibus deformem reddat. Sed quantalibet, ut diximus, quempiam virtus sanctæ conversationis evexerit, adhuc tamen ei de vetustate vitæ nascitur quod toleretur. Unde et ipsi Levitarum pili radi præcepti sunt, non evelli. Rasis etenim pilis in carne radices remanent, et crescunt iterum ut recidantur, quia magno quidem studio superfluæ cogitationes amputandæ sunt, sed tamen amputari funditus nequaquam possunt. Semper enim caro superflua generat quæ semper spiritus ferro sollicitudinis recidat. Sed tamen hæc in nobis tunc subtilius conspicimus, cum speculationis **166** alta penetramus. Unde recte nunc dicitur : *Cum spiritus me præsente transiret, inhorruerunt pili carnis meæ.*

[*Vet. XXIV.*] 60. *Hæc sollicitius resecat mens contemplationi dedita, sicque Spiritum pene figit, nec tamen diu tenet.* — Humana etenim mens in contemplationis arce sublevata, tanto semetipsam durius de superfluis cruciat, quanto nimis subtile conspicit esse quod amat ; et cum pulchrum intuetur hoc quod super se appetit, districte judicat quidquid in se infirmum prius tranquille tolerabat. Transeunte ergo spiritu pili pertimescunt, quia ante compunctionis vim cogitationes superfluæ fugiunt, ut nihil fluxum, nihil jam remissum libeat, quia [c] afflatam mentem etiam contra semetipsam visitationis intimæ severitas inflammat. Cumque hoc, quod in corde illicitum nascitur, continua districtione resecatur, fit plerumque ut vegetata mens paulo latius radio suæ speculationis inhæreat, et pene figat spiritum qui transibat. Nec tamen hæc ipsa contemplationis mora Divinitatis vim plene aperit, quia ejus immensitas humanas vires auctas sublevatasque transcendit. Unde et bene subditur :

CAPUT XXXIV [*Rec. XXV*].

Vers. 16. — *Stetit quidam, cujus non agnoscebam vultum.*

61. *Homo per peccatum totus carnalis factus, non cogitat sine imaginibus corporum. Qui sine his animam suam, ac deinde Deum percipiat.* — Quidam namque non dicimus, nisi de eo utique, quem exprimere aut nolumus, aut non valemus. Sed qua mente hoc loco dicitur *quidam*, videlicet exponitur, cum protinus subinfertur : *Cujus non agnoscebam vultum.* Humana quippe anima, primorum hominum vitio a paradisi gaudiis expulsa, lucem invisibilium perdidit, et totam se in amorem visibilium fudit ; tantoque ab interna speculatione cæcata est, quanto foras deformiter sparsa ; unde fit ut nulla noverit nisi ea quæ corporeis oculis, ut ita dixerim, palpando cognoscit. Homo enim, qui si præceptum servare voluisset,

---

[a] Compend. et Corb. Germ., *dijudico.*
[b] Ita Mss. Corb. Germ. et Norman., *quasi pilis fruticantibus.* Editi, *fructificantibus.*

[c] Ita omnes Mss. nostri. In editis lego *afflictam mentem.*

etiam carne spiritalis futurus erat, peccando factus est etiam mente carnalis ut sola cogitet, quæ ad animum per imagines corporum trahit. Corpus quippe est cœli, terræ, aquarum, animalium, cunctarumque rerum visibilium, quas indesinenter intuetur, in quibus dum totam se delectata mens projicit, ab internæ intelligentiæ subtilitate grossescit; et quia jam erigere ad summa se non valet, in his infirma libenter jacet. Cum vero miris conatibus ab his exsurgere nititur, magnum valde est, si ad cognitionem suam, repressa corporali specie, anima perducatur; ut semetipsam sine corporea imagine cogitet, et cogitando se, viam sibi usque ad considerandam æternitatis substantiam paret.

[*Vet.* XXV.] 62. *Anima humana quantum a divina substantia distet. Si necdum quid Deus sit, certe quid non sit percipit.* — Hoc autem modo quasi quamdam scalam sibi exhibet semetipsam, per quam ab exterioribus ascendendo in se transeat, et a se in auctorem tendat. Cum enim corporeas imagines deserit, in semetipsam mens veniens, non modicum ascendit. Sed quamvis incorporea sit anima, quia tamen corpori inhæret, ex ipsa sui qualitate [a] agnoscitur, quæ carnis loco retinetur. Quæ dum obliviscitur scita, cognoscit incognita, meminit oblivioni mandata, hilarescit post tristia, judicibit post læta: ipsa sui diversitate indicat quantum a substantia æternæ incommutabilitatis [b] distat, quæ semper, ut est, idem est: ubique præsens, ubique invisibilis, ubique tota, ubique incomprehensibilis per inhiantem mentem sine aspectu 167 cernitur, [c] sine dubio auditur, sine motu suscipitur, sine corpore tangitur, sine loco retinetur. Hanc nimirum substantiam cum animus cogitat assuetus rebus corporalibus, diversarum imaginum phantasmata sustinet. Quæ dum ab intentionis suæ oculis abigit manu discretionis, postponens ei omnia, jam hanc aliquatenus conspicit. Quam si necdum quid sit apprehendit, agnovit certe quid non sit. Quia ergo ad insueta mens rapitur, cum divinitatis essentiam rimatur, recte nunc dicitur: *Stetit quidam, cujus non agnoscebam vultum.*

63. *Stare solius Dei est.* — Bene autem dictum est stetit. Omnis quippe creatura, quia ex nihilo facta est, et per semetipsam ad nihilum tendit, non stare habet, sed defluere. Rationalis vero creatura eo ipso, quo ad imaginem auctoris est condita, ne ad nihilum transeat, figitur; irrationalis autem nequaquam figitur, sed donec visionis suæ ministerio universitatis speciem impleat, transeundo tardatur. Nam etsi cœlum ac terra post in æternum permanent ex semetipsis tamen nunc ad nihilum properant, sed pro eorum usu quibus serviunt in melius [d] mutanda perseverant. Stare ergo, solius creatoris est, per quem cuncta non transeuntem transeunt, et in quo aliqua, ne transeant, retinentur. Unde et Redemptor noster, quia divinitatis ejus status capi ab humana mente non potuit, hunc nobis ad nos veniens, creatus, natus, mortuus, sepultus, resurgens, atque ad cœlestia rediens, quasi transeundo monstravit. Quod bene per Evangelium illuminato cæco [e] innuit, cui transiens auditum præbuit, sed stans oculos reparavit (*Matth.* IX, 27; XX, 30; *Marc.* VIII, 22; *Luc.* XVIII, 35; *Joan.* IX, 1). Per humanitatis quippe dispensationem transire habuit; per divinitatis vero potentiam, quia ubique præsens est, stare. Voces igitur cæcitatis nostræ Dominus audire transiens dicitur, quia humanæ miseriæ factus homo miseretur. Stans autem lucem reparat, quia infirmitatis nostræ tenebras ex virtute divinitatis illustrat. Bene ergo, postquam dictum est: *Cum spiritus* [f] *me præsente transiret,* subditur: *Stetit quidam, cujus non agnoscebam vultum.* Ac si aperte diceretur: [g] Eum, quem per transitum sensi, non transire deprehendi. Ipse est ergo qui transit, ipse qui stat. Transit enim, quia teneri cognitus non valet; stat autem, quia in quantum cognoscitur, incommutabilis apparet. Quia ergo raptim is qui semper idem est cernitur, simul Deus est transiens et stans videtur. Vel certe stare ejus est nulla mutatione variari, sicut ad Moysen dicitur: *Ego sum qui sum* (*Exod.* III, 14). Et sicut hunc Jacobus insinuat, dicens: *Apud quem non est transmutatio, nec vicissitudinis obumbratio* (*Jac.* I, 17). Quia vero quisquis jam aliquid de contemplatione æternitatis apprehendit, hanc per cœternam ejus speciem conspicit; recte subjungitur:

CAPUT XXXV.

Ibid. — *Imago coram oculis meis.*

64. *Quidquid de patre percipimus, per filium videmus.* — Imago quippe Patris, Filius est, sicut de condito homine Moyses insinuat, dicens: *Creavit Deus hominem, ad imaginem Dei fecit illum* (*Genes.* I, 27). Et sicut per expressionem Sapientiæ de eodem Filio quidam sapiens dicit: *Candor est enim lucis æternæ* (*Sap.* VII, 26). 68 Et sicut Paulus ait: *Qui cum sit splendor gloriæ, ac figura substantiæ ejus* (*Heb.* I, 3). Cum ergo æternitas ejus cernitur, prout infirmitatis nostræ possibilitas admittit, imago ejus mentis nostræ oculis antefertur; quia cum vere in Patrem intendimus, hunc quantum accipimus, per suam imaginem, id est, per Filium videmus; et per eam speciem, quæ de ipso sine initio nata est, eum aliquo modo cernere, qui nec cœpit, nec desinit conamur. Unde et hæc eadem Veritas in Evangelio dicit: *Nemo venit ad Patrem, nisi per me* (*Joan.* XIV, 6). Bene autem subditur:

---

[a] In Editis, post Mss. Colb. *localis cognoscitur;* deest autem *localis* in cæteris Mss. nostris.

[b] Editi, *quantum a substantia æternæ incommutabilitatis natura distat;* sed superfluit hæc vox *natura,* quam in nullis Mss. invenio, nisi in Corb. Germ.

[c] Sic Floriac., Turon., Compend., Vindoc., Corb., Germ., duo Reg., Germ., Norm. In Colb. *jugulato dubio;* nunc legitur *sine sono;* quod accedit ad lect. Editorum, *sine voce.*

[d] Unus Cod. Reg. cum Corb. Germ. et Colb *mutata.*

[e] Ita Corb. Germ., Colb., Reg., Norm. et plerique, pro *cæco innotuit,* quod legitur in Edit.

[f] Primus Compend., *me præsentem transiret.*

[g] Vindoc., *cum per quem transitum sensi.*

CAPUT XXXVI [Rec. XXVI].

IBID. — *Et vocem quasi auræ lenis audivi.*

65. *Spiritus Sancti vox et aura lenis et spiritus vehemens.* — Quid enim per vocem auræ lenis, nisi cognitio sancti Spiritus designatur, qui de Patre procedens, et de eo quod est Filii accipiens, nostræ tenuiter notitiæ infirmitatis infunditur? Qui tamen super apostolos veniens, per exteriorem sonum tanquam per vehementem spiritum demonstratur, cum dicitur: *Factusque est repente de cœlo sonus tanquam advenientis spiritus vehementis* (*Act.* II, 2). Sanctus enim Spiritus cum se notitiæ humanæ infirmitatis insinuat, et sonitu vehementis spiritus, et voce auræ lenis exprimitur; quia videlicet veniens, et vehemens est et lenis: lenis, quia notitiam suam, quatenus cognosci utcunque valeat, nostris sensibus temperat; vehemens, quia quantumlibet hanc temperet, adventu tamen suo infirmitatis nostræ cæcitatem illuminando perturbat. Illustratione enim sua nos leniter tangit, sed inopiam nostram immaniter concutit.

66. *Aura lenis quia se quantumlibet sanctis hic modicum aperit. In contemplatione quidquid mens perfecte valet conspicere, non est Deus.* — Vox ergo Dei quasi auræ lenis auditur, quia in hac adhuc vita positis contemplatoribus suis, nequaquam se Divinitas sicut est insinuat, sed lippientibus mentis nostræ oculis claritatem suam tenuiter demonstrat. Quod bene ipsa legis acceptione signatur, cum dicitur, quia Moyses ascendit, et Dominus ª in monte descendit (*Exod.* XXIV, 1). [*Vet. XXVI.*] Mons quippe est ipsa nostra contemplatio, in quam nos ascendimus, ut ad ea quæ ultra infirmitatem nostram sunt videnda sublevemur. Sed in hanc Dominus descendit, quia nobis multum proficientibus parum de se aliquid nostris sensibus aperit; si tamen dici in illo vel parum, vel aliquid potest, qui unus semper et idem permanens, intelligi ᵇ partiliter non potest, et tamen a suis fidelibus participari dicitur, cum in ejus substantia pars nullatenus admittatur. Sed quia hunc exprimere perfecto sermone non possumus, humanitatis nostræ modulo, quasi infantiæ imbecillitate præpediti, eum aliquatenus balbutiendo resonamus. Quia vero et in magna contemplatione sublevati, subtile quid de æternitatis cognitione pertingimus, sacræ historiæ verbis ostenditur, cum de cognitione Dei propheta ᶜ nobilis Elias edocetur. Cui cum transiturum ante eum se Dominus promitteret, dicens: *Ecce Dominus transit, spiritus grandis et fortis, subvertens montes et conterens petras ante Dominum;* illico adjunxit: *Non in spiritu Dominus; et post spiritum commotio, non in commotione Dominus; et post commotionem ignis, non in igne Dominus; et post ignem sibilus auræ tenuis* ᵈ (*III Reg.* XIX, 11, 12). Spiritus quippe ante Dominum evertit montes, et petras conterit; quia pavor, qui ex adventu ejus irruit, et altitudinem cordis nostri dejicit, et duritiam liquefacit. Sed spiritui commotionis et igni non inesse Dominus dicitur, esse vero in sibilo auræ tenuis non negatur; quia nimirum mens cum in contemplationis sublimitate suspenditur, quidquid perfecte conspicere prævalet, Deus non est: cum vero subtile aliquid conspicit, hoc est quod de incomprehensibili substantia æternitatis audit. Quasi enim sibilum tenuis auræ percipimus, cum saporem incircumscriptæ veritatis contemplatione ᵉ subita subtiliter degustamus. Tunc ergo verum est quod de Deo cognoscimus, cum plene nos aliquid de illo cognoscere non posse sentimus. Unde bene illic subditur: *Quod cum audisset Elias, operuit vultum suum pallio, et ingressus stetit in ostio speluncæ* (*Ibid.*). Post auræ tenuis sibilum, vultum suum propheta pallio operit, quia in ipsa subtilissima contemplatione veritatis, quanta ignorantia homo tegatur, agnoscit. Vultui namque pallium superducere est, ne altiora mens quærere audeat, hanc ex consideratione propriæ infirmitatis velare; ut nequaquam intelligentiæ oculos ultra se præcipitanter aperiat, sed ad hoc quod apprehendere non valet, reverenter claudat. Qui hæc agens, in speluncæ ostio stetisse describitur. Quid namque spelunca nostra est, nisi hæc corruptionis habitatio, in qua adhuc ex vetustate retinemur? Sed cum aliquid percipere de cognitione Divinitatis incipimus, quasi jam in speluncæ nostræ ostio stamus. Quia enim progredi perfecte non possumus, ad cognitionem tamen veritatis inhiantes, jam aliquid de libertatis aura captamus. In ingressu ergo speluncæ stare, est represso nostræ corruptionis obstaculo, ad cognitionem veritatis incipere exire. Unde et nube in tabernaculum descendente Israelitæ e longinquo cernentes, in papilionum suorum ostiis stetisse memorantur (*Exod.*, XXXIII, 9) quia ii, qui adventum Divinitatis utcunque conspiciunt, quasi jam ex habitaculo carnis procedunt. Quia igitur humana mens quantalibet se virtute tetenderit, vix de intimis extrema cognoscit, recte nunc dicitur: *Et vocem quasi auræ lenis audivi.* Sed quoniam cum de se saltem parum nobis divina cognitio exhibet, infirmitatis nostræ ignorantiam perfecte docet, qui vocem auræ lenis audivit, dicat quæ ex ipsa hac auditione didicerit. Sequitur:

CAPUT XXXVII [Rec. XXVII].

VERS. 17. — *Nunquid homo Dei comparatione justificabitur, aut factore suo purior erit vir?*

67. *Justitia humana divinæ comparata, injustitia est. Qui compescendæ de Dei flagellis querelæ.* — Hu-

---

ª Ita Mss., pro *in montem*, ut ex Editorum correctione legitur hic et alibi sæpe, non attendentium Gregorium grammaticæ leges parum observasse, ut ipse testatur in epist. ad Leandrum libris his præmissa.

ᵇ In quibusdam, *intelligi particulariter;* duo Vindoc. *intelligi pariter.*

ᶜ Duo Vind., Corb. Germ., unus Reg., Colb.,

propheta nobis.

ᵈ In Ed. additur *et ibi Dominus;* quæ desunt in Norm., Belvac., Vind., Compend, etc. Servanda quoque esse non persuadent quæ postea leguntur: *esse vero in sibilo auræ tenuis, non negatur.* Nam non ait *affirmatur.*

ᵉ Belvac., *contemplatione subtilitate degustamus.*

mana justitia divinæ justitiæ comparata, injustitia est : quia et lucerna in tenebris fulgere cernitur, sed in solis radio posita ᵃ tenebratur. Quid ergo Eliphaz raptus in contemplatione cognovit, nisi quod justificari homo Dei comparatione non possit? Recta namque credimus quæ exterius operamur, sed cum minimæ interna cognoscimus, ᵇ quasi in solis radio positi caligamus. Cum vero illa utcunque percipimus, ista non utcunque judicamus, quia tanto quisque subtilius de tenebris judicat; quanto ei verius claritas lucis constat. Qui enim lucem videt, scit quid de tenebris æstimet. Nam qui candorem lucis ignorat, et obscura pro lucidis approbat. Bene autem subditur : 170 *Aut factore suo purior erit vir?* Quisquis ᶜ de percussione murmurat, quid aliud quam justitiam ferientis accusat? Puriorem se ergo vir factore suo existimat, si contra flagellum querelam parat; eumque sibi procul dubio postponit, cujus judicium de sua afflictione redarguit. Ut ergo homo reprehendere non audeat judicem culpæ, hunc humiliter cogitet auctorem naturæ, quia qui mire ex nihilo hominem fecit, factum impie non affligit. Quod tunc Eliphaz didicit, cum vocem quasi auræ lenis audivit. In consideratione namque divinæ magnitudinis discitur quam humiliter in sua animadversione timeatur. Et qui superna degustat, inferiora æquanimiter tolerat, quia plene intus conspicit, quanti æstimet quod foris agit. Male enim se rectum putat, qui regulam summæ rectitudinis ignorat; et sæpe lignum rectum creditur, si ad regulam non ducatur; sed cum regulæ jungitur, per quantam tortitudinem tumescit invenitur, quia nimirum rectitudo ᵈ abcidens increpat, quod oculus deceptus approbabat. Eliphaz itaque quia superna conspexit, districtum judicium de inferioribus exerit; et quamvis beatum Job non recte redarguit, in comparatione tamen creatoris omnium, creaturæ modum recte describit dicens :

[CAPUT XXXVIII [*Vet. XXVII, Rec. XXVIII*].

VERS. 18, 19. *Ecce qui serviunt ei, non sunt stabiles, et in angelis suis reperit pravitatem : quanto magis hi, qui habitant domos luteas, qui terrenum habent fundamentum, consumentur velut tinea?*

68. *Natura angelica cur mutabilis, et unde fiat immutabilis. Angelorum lapsus homines admonet de sua infirmitate diffidere. Tinea, concupiscentia.*—Natura angelica etsi contemplationi auctoris inhærendo, in statu suo immutabiliter permanet; eo ipso tamen quo creatura est, in semetipsa vicissitudinem mutabilitatis habet. Mutari autem, ex alio ad aliud ire est, et in semetipso stabilem non esse. Unaquæque enim res quasi tot passibus ad aliud tendit, quot mutabilitatis suæ motibus subjacet. Sola autem natura incomprehensibilis a statu suo nescit moveri, quæ ab eo quod semper idem est ; nescit immutari. Nam si angelorum substantia a mutabilitatis motu fuisset aliena, bene ab auctore condita, nequaquam in reprobis spiritibus a beatitudinis suæ arce cecidisset. Mire autem omnipotens Deus naturam ᵉ summorum spirituum bonam, sed mutabilem condidit, ut et qui permanere nollent, ruerent, et qui in conditione persisterent, tanto in ea jam dignius, quanto et ex arbitrio starent; et eo majoris apud Deum meriti fierent; quo mutabilitatis suæ motum voluntatis statione fixissent. Quia ergo ipsa quoque natura angelica est in semetipsa mutabilis, quam videlicet mutabilitatem vicit per hoc, quod ei qui semper idem est vinculis amoris illigatur, recte nunc dicitur : *Ecce qui serviunt ei, non sunt stabiles.* Atque ejusdem protinus documentum mutabilitatis adjungitur, cum de apostatis spiritibus subinfertur : *Et in angelis suis reperit pravitatem.* ᶠ Ex quorum casu bene infirmitatis humanæ considerationem colligit, cum illico subnectit : *Quanto magis hi, qui habitant domos luteas, qui terrenum habent fundamentum, consumentur velut tinea?* Luteas quippe domos habitamus, quia in corporibus terrenis subsistimus. Quæ bene Paulus considerans 171 ait : *Habemus thesaurum istum in vasis fictilibus* (*II Cor.* IV, 7). Et rursum : *Scimus quia si terrestris domus nostra hujus habitationis dissolvatur, quod ædificationem ex Deo habemus, domum non manufactam* (*II Cor.* V, 1). Terrenum quoque fundamentum est substantia carnis. Quod in se sollicite Psalmista conspexerat, cum dicebat : *Non est occultatum os meum a te, quod fecisti in occulto, et substantia mea in inferioribus terræ* (*Psal.* CXXXVIII, 15). Tinea autem de veste nascitur, et eamdem vestem, de qua oritur, oriendo corrumpit. Quasi quædam vero vestis animæ caro est; sed hæc nimirum vestis habet tineam suam, quia ab ipsa carnalis tentatio oritur, ex qua laceratur. Quasi enim quadam sua tinea vestis nostra consumitur, cum caro corruptibilis tentationem gignit, et per hanc ad interitum pervenit. Velut tinea homo consumitur, cum de se oritur unde conteratur. Ac si aperte dicat : Si illi spiritus esse ex se incommutabiles nequeunt, qui nulla carnis infirmitate deprimuntur ; qua temeritate se homines in bono permanere constanter existimant, quos in eo quod intellectus ad summa evehit, carnalis infirmitas aggravans præpedit, ut per corruptionis vitium in semetipsis habeant unde ab intima novitate veterascant?

[*Vet. XXVIII.*] 69. *Angeli doctores sunt, qui quamlibet sancti, non sunt sine culpa. Tinea sine sonitu*

ᵃ In plerisque, *tenebricatur*. Ita olim lectum in Colb.

ᵇ Hæc verba *quasi... caligamus*, non sunt in Vindocin., Belvac., Norman. et plerisque. Potest etiam sensus integer constare his rejectis : exstant in Colbert.

ᶜ Ita plures et potiores, non *de persecutione*, ut in Editis post Coc.

ᵈ Sic Compend., Belvac., Turon., Corb. Germ., Colb., Germ., Norm. Vindocinensis ita quoque habet; alter, *rectitudo abscedens.* In Ed., *rectitudo accedens.*

ᵉ Nonnulli, *supernorum spirituum.* In uno Reg., *supernorum.* In altero, *suorum.*

ᶠ Hic variant Mss. et Editi : sequimur probatissimam lect., quæ est omnium Norm., unius Anglic., utriusque Compend., Bellovac., Corb. Germ., Colb., Germ. Editi habent, *ex quorum comparatione bene casus infirmitatis hum.*

damnum faciens, iniquos exhibet damna sua non attendentes. — Possunt quoque per angelos sancti doctores intelligi, sicut per prophetam dicitur : *Labia sacerdotis custodiunt scientiam, et legem requirunt ex ore ejus, quia angelus Domini exercituum est* (*Mal.* VII, 1). Qui quantalibet virtute fulgeant, esse omnino sine culpa nequeunt, cum iter præsentis vitæ gradiuntur, quia eorum nimirum gressus tangitur aut luto illiciti operis, aut pulvere cogitationis. Domos autem luteas habitant, qui de illecebrosa hac vita carnis exsultant. Hanc domum luteam Paulus habitare contempserat, cum dicebat : *Nostra autem conversatio in cœlis est* (*Philip.* III, 20, 21). Dicat ergo : *Ecce qui serviunt ei non sunt stabiles, et in angelis suis reperit pravitatem*; quanto magis hi qui habitant domos luteas qui terrenum habent fundamentum, consumentur velut tinea? Ac si aperte dicat : Si præsentis vitæ viam illi sine contagio transire nequeunt, qui æterna ᵃ nuntiantes, sese contra temporalia accingunt, quæ detrimenta illi sustinent qui esse se in carnalis habitationis voluptatibus gaudent? Qui enim serviunt ei, non sunt stabiles, quia cum mens ad alta nititur, carnis suæ cogitatione dissipatur; ita ut sæpe animus dum intimis inhiat, dum sola cœlestia aspectat, subita carnali delectatione perculsus, a semetipso scissus jaceat, et qui se infirmitatis suæ molestias superasse gaudebat, repentino vulnere prostratus gemat. Pravitas ergo et in angelis reperitur, dum ipsos quoque qui veritatem nuntiant, nonnunquam subreptio vitæ fallacis gravat. Si ergo hi etiam mundi hujus iniquitate feriuntur, quos contra eum sancta intentio erigit quibus ictibus illi penetrantur, quos ante ejus jacula, ipsa infirmitatis suæ delectatio sternit? Qui bene velut tinea consumi describuntur. Tinea quippe damnum facit, et sonitum non facit; ita iniquorum mentes, quia damna sua considerare negligunt, integritatem quasi nescientes perdunt. Amittunt namque a corde innocentiam, ab ore veritatem, a carne continentiam, et per accessum temporis ab ætate vitam. Sed hæc se indesinenter amittere nequaquam conspiciunt, dum toto desiderio curis temporalibus occupantur. Quasi ergo a tinea consumuntur, quia sine sonitu, culpæ morsum tolerant, quanta detrimenta vitæ et innocentiæ patiantur, dum ignorant. Unde et bene subditur :

CAPUT XXXIX.

VERS. 20. — *De mane usque ad vesperam succidentur.*

70. *Reprobi nec in extremo tempore mentem perversam mutant.* — A mane usque ad vesperam peccator succiditur, dum a vitæ suæ exordio usque ad terminum, iniquitatis perpetratione vulneratur. Omni namque tempore reprobi per augmentum malitiæ contra se ictus ingeminant, quibus succisi in profundum ruant. De quibus bene per Psalmistam dicitur :

ᵃ In vulgatis *cogitantes*, pro *nuntiantes*, quod est omnium nostrorum Mss.
ᵇ In 1 Compend., Lyran, Bigot., Ebroic., Germ., Colb., Reg. 1, *qui præunt*. et paulo post, *mores præuntium*.
ᶜ Corb. Germ., pro *stultis*, præfert *malis*. In uno autem Reg. et in altero Vindoc., nec non in Ed. Bar-

Viri sanguinum et dolosi non dimidiabunt dies suos (*Psal.* LIV, 25). Dies quippe dimidiare, est tempus vitæ male in voluptatibus ductum ad pœnitentiæ lamenta dividere, atque hoc ad bonum usum partiendo reparare. Sed iniqui dies suos nequaquam dimidiant, quia perversam mentem nec in extremo tempore immutant. Quo contra bene Paulus admonet dicens : *Redimentes tempus, quoniam dies mali sunt* (*Ephes.* V, 16). Tempus quippe redimimus, quando anteactam vitam, quam lasciviendo perdidimus, flendo reparamus. Sequitur :

CAPUT XL.

IBID. — *Et quia nullus intelligit, in æternum peribunt.*

71. *Scire negligunt quæ eos supplicia, quæ justos præmia maneant.*—Nullus videlicet eorum qui a mane usque ad vesperam succidentur. Nullus intelligit vel ᵇ eorum qui pereunt, vel eorum qui perditos pereuntium mores imitantur. Unde alias scriptum est : *Justus perit, et nemo est qui recogitet in corde suo, et viri misericordiæ colliguntur, quia non est qui intelligat* (*Isai.* VI, 57). Iniqui ergo dum sola temporalia appetunt, et quæ bona electis in æternum maneant scire contemnunt; dum justorum afflictionem conspiciunt, sed quæ sit afflictionis retributio non agnoscunt actionis suæ pedem in profundum porrigunt, quia a luce intelligentiæ sponte sua oculos claudunt. ᶜ Stultis enim voluptatibus decepti, dum quæ vident, temporaliter diligunt, a semetipsis alienati non vident ubi in æternum ruunt. Potest etiam mane prosperitas, vespere hujus mundi adversitas designari. De mane ergo usque ad vesperum reprobi succiduntur, quia et per prospera lascivientes depereunt, et per adversa impatientes ad insaniam exsurgunt. Quos de mane usque ad vesperam nequaquam culpa succideret, si vel prospera fomentum crederent, vel adversa sectionem sui vulneris æstimarent.

[*Vet.* XXIX.] 72. *Qui prosperis vel adversis bene utantur.* — Sed quia nequaquam sic humani generis multitudo deseritur, ut cuncta ad interitum tendere permittatur, sunt nonnulli qui præsentis vitæ oblectamentum despiciunt, etiam cum adsunt, transitoria esse considerant, atque hæc ex amore æternitatis calcant. Cumque in hoc primo gradu judicii gressum ponunt, ᵈ vegetiores ad altiora perveniunt, ut cuncta temporalia non solum quia citius sunt amittenda, despiciant, sed his inhærere non appetant, etiamsi æterna esse potuissent; et a pulchre conditis amorem subtrahunt, quia in ipsum auctorem pulchritudinis cordis passibus tendunt. Et sunt nonnulli qui bona vitæ præsentis diligunt, sed tamen hæc nullatenus assequuntur : qui rebus temporalibus totis desideriis inhiant, mundi gloriam quærunt, sed adipisci nequaquam possunt. Hos, ut ita dixerim, cor ad mundum pertrahit, mundus ᵉ ad cor repellit.

thol. et al. vet. : *Multis enim malis voluptatibus*. Al. Ed., *multis enim mali voluptatibus*.
ᵈ Fere omnes habent, *vegetatiores*.
ᵉ Unus Compend. et Longip., *mundus a corde repellit*. Præferenda est lectio quam retinuimus, et confirmatur ex mox sequentibus : *ut..... ad mentem redeant, et in semetipsis reversi considerent*, etc.

Nam sæpe contingit ut ipsis suis adversitatibus fracti ad mentem redeant, et in semetipsis reversi considerent, quam sint inania quæ quærebant, seseque pro tam stulto desiderio protinus ad lamentum vertant; et tanto valentius æterna desiderent, quanto se stultius laborasse pro temporalibus dolent. Unde bene descriptis reprobis subditur :

CAPUT XLI [*Rec.* XXIX].

Vers. 21. — *Qui autem reliqui fuerint, auferentur ex iis.*

73. *Quos mundus despicit, Deus eligit.* — Quos alios reliquos, nisi hujus mundi despectos accipimus? Quos dum præsens sæculum ad nullius gloriæ usum eligit, quasi minimos indignosque derelinquit. Sed mundi reliquos auferre Dominus dicitur, quia despectos hujus sæculi eligere dignatur, Paulo attestante qui ait : *Non multi sapientes secundum carnem, non multi potentes, non multi nobiles; sed quæ stulta sunt mundi elegit Deus, ut confundat sapientes; et infirma mundi elegit Deus, ut confundat fortia* (*I Cor.* I, 26, 27). Quod bene in libris Regum Ægyptio puero in via lassescente signatur, quem Amalecita ægrotum in itinere deserit, David vero invenit, cibo reficit, ducem sui itineris facit; Amalecitam persequitur, epulantem reperit, et funditus exstinguit (*I Reg.* XXX, 15). Quid est enim quod Ægyptius Amalecitæ puer in itinere lassatur, nisi quod amator præsentis sæculi peccati sui nigredine opertus, sæpe ab eodem sæculo infirmus despectusque relinquitur, ut cum eo currere nequaquam valeat, sed fractus adversitate torpescat? Sed hunc David invenit, quia Redemptor noster veraciter manu fortis nonnunquam quos despectos a mundi gloria reperit, [a] in suum amorem convertit. Cibo pascit, quia verbi scientia reficit. Ducem itineris eligit, quia suum etiam prædicatorem facit. Et qui Amalecitam sequi non valuit, dux David efficitur, quia is, quem indignum mundus deseruit, non solum conversus in suas mentes Dominum recipit, sed prædicando hunc etiam usque ad aliena corda perducit. Quo videlicet duce David Amalecitam convivantem invenit et exstinguit, quia ipsis Christus prædicantibus mundi lætitiam destruit, quos mundus comites habere despexit. Quia igitur plerumque quos mundus relinquit, Dominus eligit, recte nunc dicitur : *Qui reliqui fuerint, auferentur ex eis.* Sequitur :

CAPUT XLII.

IBID. — *Morientur, et non in sapientia.*

74. *Scripturæ mos, ut ubi quid interponit peregrinum, mox ad tractatum argumentum redeat.* — Quid est quod superius reproborum interitum protulit, dicens : *Quia nullus intelligat, in æternum peribunt*; et de electis Dei illico adjunxit : *Qui reliqui fuerint, au-* ferentur ex eis; et hoc protinus, quod eisdem electis non conveniat, subdit dicens : *Morientur, et non in sapientia?* Si enim a reprobis divinitus auferuntur, quo pacto mori non in sapientia dicuntur? Sed nimirum sacræ Scripturæ consuetudo est, ut cum aliquid narrat, interposita alterius causæ sententia, ad superiora protinus redeat. Nam postquam dixit : *Et quia nullus est qui intelligat, in æternum peribunt*, electorum mox sortem subintulit, dicens : *Qui autem reliqui fuerint, auferentur ex eis.* Et rursum sententiæ suæ oculum in cum, quem prædixerat, interitum reproborum mittens, subito adjunxit : *Morientur,* **174** *et non in sapientia.* Ac si diceret: Hi quos dixi quia non intelligentes in æternum peribunt, procul dubio non in sapientia morientur. Sed hunc esse nonnunquam morem sacri eloquii melius ostendemus, si ex eo aliquam hujus rei similitudinem proferamus. Paulus namque apostolus cum dilecto discipulum de instituendis Ecclesiæ officiis admoneret, ne quos forte ad sacros ordines inordinate proveheret, dixit : *Manus cito nemini imposueris, neque communicaveris peccatis alienis, te ipsum castum custodi* (*I Tim.* V, 22). Qui ad infirmitatem ejus corporis protinus verba convertens ait : *Noli adhuc aquam bibere, sed modico vino utere propter stomachum tuum; et frequentes tuas infirmitates* (*Ibid.*, 23). Statimque subjungit, dicens : *Quorumdam hominum peccata manifesta sunt præcedentia ad judicium,* [b] *quorumdam autem et subsequuntur* (*Ibid.*, 24). Quid ergo ad illud pertinet, quod ab infirmo bibi aquam prohibuit, hoc quod de peccatis absconditis quorumdam hominum manifestisque subjunxit, nisi quod interposita de ejus infirmitate sententia, ad hoc in extremo rediit, quod superius dixit : *Manus cito nemini imposueris, neque communicaveris peccatis alienis?* Ut enim hæc eadem peccata quanta sollicitudine perquirenda essent ostenderet, [c] interposita contra infirmitatis molestiam discretionis admonitione, protinus intulit quod in aliis patescerent, in aliis laterent, dicens : *Quorumdam hominum peccata manifesta sunt præcedentia ad judicium, quorumdam autem et subsequuntur.* Sicut ergo per hanc sententiam Paulus non eisdem verbis congruit, quibus eam loquens de Timothei infirmitate subjunxit; sed ad illud rediit, quod superius intermittendo narravit; ita hoc loco Eliphaz cum electis diceret : *Qui reliqui fuerint, auferentur ex eis,* illico adjungens : *Morientur, et non in sapientia,* ad illud protinus recurrit, quod superius de reprobis protulit, dicens : *Et quia nullus intelligit, in æternum peribunt.*

[*Vet.* XXX.] 75. *Moriuntur reprobi et electi, hi in sapientia, illi in insipientia.* — Idcirco autem reprobi

---

[a] Duo Compend., Corb., Colb.. Germ., Reg., Remig. et nonnulli, *in suo amore convertit.*

[b] In Vindocin. et plerisque, *quosdam autem et subsequuntur; quod infra adhuc repetitur.* At in Corb. Germ., Colb., 1 Reg., *quorumdam,* licet inferius in Corb. et Reg., *quosdam.*

[c] Mira hic Mss. et Edit. diversitas. In Mss. Reg. Germ., Norm. et plur., legitur, *interposita continua infirmitatis molestia.* Unus Vindoc., *interposita infirmitate molestiæ discretionis admonitionem protinus intulit.* Vetus Ed. Paris. 1495, *interposita continuo, infirmit. molestia, discretionis admonitionem protinus intulit.* Edit. Basil. 1514, *interpositam contra infirmitatis molestiam, discretionis admonitionem prot. intulit.* Eadem est lectio Barthol. et Ed. Paris. 1518. Eam prætulimus quam præferunt Mss. Corb. Germ. et Colb.

electos despiciunt, quod ad vitam invisibilem per visibilem mortem tendunt. De quibus bene nunc dicitur : *Morientur, et non in sapientia.* Ac si aperte diceretur : Mortem quidem et sapientiam pariter fugiunt ; sed sapientiam penitus deserunt, mortis autem laqueos non evadunt. Et quia quandoque morituri vivere moriendo potuerant, dum mortem quæ procul dubio ventura est metuunt, et vitam simul et sapientiam perdunt. At contra justi in sapientia moriuntur, quia mortem quam devitare funditus nequeunt, cum pro veritate imminet, differre contemnunt ; eamque dum æquanimiter ferunt, pœnam propaginis vertunt in instrumentum virtutis, ut inde debeat vita recipi, unde per primæ culpæ meritum cogitur finiri. Sed quia hæc Eliphaz contra iniquos veraciter protulit, beatum Job reprehensibilem æstimans, de fastu se sapientiæ inflavit. Unde et post prædicamenta tantæ rectitudinis, irrisionis verba subjungit, dicens :

CAPUT XLIII [*Rec. XXX*].

CAP. V. VERS. 1. — *Voca ergo si est qui tibi respondeat,*

76. *Vocare Deum quid sit, quid Dei respondere.* — Omnipotens enim Deus sæpe ejus precem in perturbatione deserit, qui præcepta illius in tranquillitate contemnit. Unde scriptum est : *Qui avertit aurem suam ne audiat legem, oratio ejus erit exsecrabilis* (*Prov.* xxviii, 9). Vocare autem nostrum, est humili Deum prece deposcere ; respondere vero Dei, est effectum precibus præbere. Ait ergo : *Voca, si est qui tibi respondeat.* Ac si aperte dicat : Quantumlibet afflictus clames, Deum respondentem non habes, quia vox in tribulatione non invenit, quem mens in tranquillitate contempsit. Ubi adhuc deridendo subjungit :

CAPUT XLIV.

[IBID.] — *Et ad aliquem sanctorum convertere.*

77. Ac si despiciens dicat : Sanctos quoque invenire in afflictione adjutores non vales, quos habere socios in hilaritate noluisti. Qui post irrisionem protinus sententiam subdit, dicens [a] :

CAPUT XLV.

VERS. 2. — *Virum stultum interficit iracundia, et parvulum occidit invidia.*

78. *Vera dicit Eliphaz, sed non vere in Job. Iræ quanta culpa, quot mala.* — Quæ nimirum sententia vera esset, si illata contra tanti viri patientiam non fuisset. Sed nos pensemus quod dicitur, quamvis ab auditoris sui virtute relidatur, ut ostendamus quam rectum est quod promitur, si non in beatum Job injuste promeretur, cum scriptum sit, *Tu autem, Domine, cum tranquillitate judicas* (*Sap.* xii, 18) ; sciendum nobis magnopere est quia quotiens turbulentos motus animi sub mansuetudinis virtute restringimus, redire ad similitudinem conditoris conamur. Nam cum tranquillitatem mentis ira diverberat, dilaniatam quodam modo scissamque perturbat, ut sibimetipsi non congruat, ac vim intimæ similitudinis amittat.

[a] In textu Job, *vere stultum*.
[b] Hæc verba et textus sacræ Scripturæ sequens omittuntur in Mss. Compend., Belvac., Ebroic.,

[*Vet. XXXI.*] Quanta ergo sit iracundiæ culpa pensemus, per quam dum mansuetudo amittitur, supernæ imaginis similitudo vitiatur. Per iram sapientia perditur, ut quid quove ordine agendum sit omnino nesciatur, sicut scriptum est : *Ira in sinu stulti requiescit* (*Eccl.* vii, 10) ; quia nimirum intelligentiæ lucem subtrahit, cum mentem permovendo confundit. Per iram vita amittitur, etsi sapientia teneri videatur, sicut scriptum est : *Ira perdit etiam prudentes* (*Prov.* xv, 1, sec. *LXX*) ; quia scilicet confusus animus nequaquam explet, etiam si quid intelligere prudenter valet. Per iram justitia relinquitur, sicut scriptum est : *Ira viri justitiam Dei non operatur* (*Jac.* i, 20) ; quia dum perturbata mens judicium suæ rationis exasperat, omne quod furor suggerit, rectum putat. Per iram gratiæ vitæ socialis amittitur, sicut scriptum est : *Noli esse assiduus cum homine iracundo, ne discas semitas ejus, et sumas scandalum animæ tuæ* (*Prov.* xxii, 24, 25). [b] Et idem : *Quis poterit habitare cum homine, cujus spiritus facilis est ad irascendum ?* (*Prov.* xviii, 14.) Quia qui se ex humana ratione non temperat, necesse est, ut bestialiter solus vivat. Per iram concordia rumpitur, sicut scriptum est : *Vir animosus parit rixas. Et vir iracundus effodit peccata* (*Prov.* xv, 18). Iracundus quippe peccata effodit, quia etiam malos, quos incaute ad discordiam provocat, pejores facit. Per iram lux veritatis amittitur, sicut scriptum est : *Sol non occidat super iracundiam vestram* (*Ephes.* iv, 26) ; quia cum menti iracundia confusionis tenebras incutit, huic Deus radium suæ cognitionis abscondit. Per iram sancti Spiritus splendor excluditur ; quo contra, juxta vetustam translationem scriptum est : *Super quem requiescet spiritus meus, nisi super humilem et quietum et trementem sermones meos* (*Isa.* lxvi, 2) ? Cum enim humilem diceret, quietum protinus adjunxit. Si ergo ira quietem mentis subtrahit, suam sancto Spiritui habitationem claudit, cujus recessione animus vacuus, ad apertam mox insaniam ducitur, et usque ad superficiem ab intimo cogitationum fundamento dissipatur.

79. *Imago irati optimis coloribus expressa.* — Nam iræ suæ stimulis accensum cor palpitat, corpus tremit, lingua se præpedit, facies ignescit, exasperantur oculi, et nequaquam recognoscuntur noti. Ore quidem clamorem format, sed sensus quid loquatur ignorat. In quo itaque iste ab arreptitiis longe est, qui actionis suæ conscius non est ? Unde fit plerumque ut usque ad manus ira prosiliat, et quo ratio longius recedit, audacior exsurgat ; seque ipsum retinere animus non valet, quia factus est potestatis alienæ ; et eo furor membra foras in ictibus exercet, quo intus ipsam membrorum dominam mentem captivam tenet. Aliquando autem manus non exerit, sed in maledictionis jaculum linguam vertit. Fratris namque interitum precibus exposcit, et hoc Deum perpetrare expetit, quod ipse perversus homo facere

Utic., Corb., Colb., Germ., Reg., etc., nec in ullo Mss. reperimus.

vel metuit, vel erubescit. Fitque ut voto et voce homicidium peragat, etiam cum a laesione proximi manibus cessat. Aliquando ira perturbato animo, quasi ex judicio silentium indicit; et quo se foras per linguam non exprimit, intus deterius ignescit, ut iratus quisque collocutionem suam proximo subtrahat, et nihil dicendo, quam sit aversus dicat. Et nonnunquam haec silentii severitas per disciplinae dispensationem geritur, si tamen sollicite in intimis discretionis forma teneatur. Nonnunquam vero dum accensus animus a consueta locutione restringitur, per accessum temporis penitus a proximi dilectione separatur, et acriores stimuli ad mentem veniunt, causae quoque quae gravius exasperant oriuntur; atque in irati oculo festuca in trabem vertitur, dum ira in odium permutatur. Plerumque ira per silentium clausa intra mentem vehementius aestuat et clamosas tacita voces format; verba sibi, quibus exasperetur objicit, et quasi in causae examine posita durius exasperata respondet; quod Salomon breviter insinuat, dicens: *Praestolatio impiorum furor* (Prov. XI, 23). Sicque fit ut perturbatus animus majorem strepitum sui silentii sentiat, eumque gravius [a] clausae irae flamma consumat. Unde bene ante nos quidam sapiens dixit: *Cogitationes iracundi vipereae sunt generationes, mentem comedunt matrem suam.*

[*Vet. XXXII.*] 80. *Gradus quatuor quibus ad iram sumus affecti.*—Sciendum vero est quo nonnullos ira citius accendit, facilius deserit. Nonnullos vero tarde quidem commovet, sed diutius tenet. Alii namque accensis calamis similes, dum vocibus perstrepunt, quasi quosdam accensionis suae sonitus reddunt; citius quidem flammam faciunt, sed protinus in favillam frigescunt. Alii autem lignis gravioribus durioribusque non dispares, accensionem tarde suscipiunt, sed tamen accensi semel difficilius exstinguuntur, et quia se tardius in asperitatem concitant, furoris sui [b] diutius ignem servant. Alii autem, quod est nequius, et citius iracundiae flammas accipiunt, et tardius deponunt. Nonnulli vero has et tarde suscipiunt, et citius amittunt. In quibus nimirum quatuor modis liquido lector agnoscit, quia et ad tranquillitatis bonum ultimus plusquam primus appropinquat, et in malo secundum tertius superat. Sed quid prodest quod iracundia quomodo mentem teneat, dicimus, si non etiam qualiter compesci debeat exprimamus?

81. *Irae compescendae duo modi.* — Duobus etenim modis fracta possidere animum ira desuescit. Primus quippe est, ut mens sollicita antequam agere quodlibet incipiat, omnes sibi, quas pati potest, contumelias proponat, quatenus Redemptoris sui probra cogitans, ad adversa se praeparet. Quae nimirum venientia tanto fortior excipit, quanto se cautius ex praescientia armavit. Qui enim improvidus ab adversitate deprehenditur, quasi ab hoste dormiens invenitur; eumque citius inimicus necat, quia non repugnantem perforat. Nam qui mala imminentia per sollicitudinem praenotat, hostiles incursus quasi in insidiis vigilans exspectat; et inde ad victoriam valenter accingitur, unde nesciens deprehendi putabatur. Solerter ergo animus ante actionis suae primordia, cuncta debet adversa meditari; ut semper haec cogitans, semper contra haec thorace patientiae munitus, et quidquid accesserit providus superet, et quidquid non accesserit lucrum putet. Secundus autem servandae mansuetudinis modus est, ut cum alienos excessus aspicimus, nostra, quibus in aliis excessimus, delicta cogitemus. Considerata quippe infirmitas propria, mala nobis excusat aliena. Patienter namque illatam injuriam tolerat, qui pie meminit quod fortasse adhuc habeat, in quo debeat ipse tolerari. Et quasi aqua ignis exstinguitur, cum surgente furore animi, sua cuique ad mentem culpa revocatur, quia erubescit peccata non parcere, qui vel Deo, vel proximo saepe se recolit parcenda peccasse.

[*Vet. XXXIII.*] 82. *Ira alia ex impatientia, alia ex zelo. Prima oculum excaecat, altera ita turbat, ut ad clarius videndum disponat.* — Sed inter haec solerter sciendum est quod alia est ira, quam impatientia excitat, alia quam zelus [c] format. Illa ex vitio, haec ex virtute generatur. Si enim nulla ira ex virtute surgeret, divinae animadversionis impetum Phinees per gladium non placasset. Hanc iram quia Heli non habuit, motum contra se implacabiliter supernae ultionis excitavit. Nam quo contra subditorum vitia tepuit, eo contra illum districtio aeterni rectoris exarsit. De hac per Psalmistam dicitur: *Irascimini, et nolite peccare* (Psal. IV, 5). Quod nimirum non recte intelligunt, qui irasci nos nobis tantummodo, non etiam proximis delinquentibus volunt. Si enim sic proximos ut nos amare praecipimur, restat ut sic eorum erratibus sicut nostris vitiis irascamur. De hac per Salomonem dicitur: *Melior est ira risu, quia per tristitiam vultus corrigitur animus delinquentis* (Eccle. VII, 4). De hac iterum Psalmista ait: *Turbatus est prae ira oculus meus* (Psal. VI, 8). Ira quippe per vitium oculum mentis excaecat, ira autem per zelum turbat; quia quo saltem recti aemulatione concutitur, ea quae nisi tranquillo corde percipi non potest, contemplatio dissipatur. Ipse namque zelus rectitudinis, quia inquietudine mentem agitat, ejus mox aciem obscurat, ut altiora in commotione non videat, quae pene prius tranquilla cernebat. Sed inde subtilius ad alta reducitur, unde ad tempus, ne videat, reverberatur. Nam ipsa recti aemulatio aeterna post paululum in

---

[a] In Edit. Rom. Sixti V, et in antiquioribus, si Barthol. excipias, *eumque gravius clausa irae flamma consumat.* Mss. et ratio persuadent legendum *clausae*, pro *clausa*. In Colbert. tamen, Corb. Germ. et al. Mss. legitur *clausa irae flamma*, quod idem sonat. Ita haberi in Mss. Anglic. testatur Th. Jamesius. In Reg. et plerisque constanter, *clausae*. Subsequens autem testimonium frustra quaesivimus in libris Ecclesiastici et Sapientiae quos laudare solet Gregorius sub nomine cujusdam sapientis, cap. olim 16, nunc 50, *quod tibi non vis fieri*, etc., quae ad neutrum ex praedictis libris pertinent, sed ad lib. Tob. IV, 16.

[b] Mss. Norim., Turon., Corb. et alii, *furoris sui durius ignem servant.*

[c] Apud Coc. et deinceps, *zelus justitiae*; quod glossema est in Mss. saltem sincerioribus ignotum.

tranquillitate largius aperit, quæ hæc interim per commotionem claudit; et unde mens turbatur ne videat, inde proficit ut ad videndum verius clarescat : sicut infirmanti oculo cum collyrium immittitur, lux penitus negatur; sed inde eam post paululum veraciter recipit, unde hanc ad tempus salubriter amittit. Nunquam vero commotioni contemplatio jungitur, nec prævalet mens perturbata conspicere, ad quod vix tranquilla valet inhiare, quia nec solis radius cernitur, cum commotæ nubes cœli faciem obducunt, nec turbatus fons respicientis imaginem reddit, quam tranquillus proprie ostendit, quia quo ejus unda palpitat, eo in se speciem similitudinis obscurat.

83. *Cavendum ne ira menti ex zelo commotæ dominetur.* — Sed cum per zelum animus movetur, curandum summopere est ne hæc eadem, quæ instrumento virtutis assumitur, menti ira dominetur, nec quasi domina præeat, sed velut ancilla ad obsequium parata, a rationis tergo nunquam recedat. Tunc enim robustius contra vitia erigitur, cum subdita rationi famulatur. Nam quantumlibet ira ex zelo rectitudinis surgat, si immoderata mentem vicerit, rationi protinus servire contemnit; et tanto se impudentius dilatat, quanto impatientiæ vitium virtutem putat. Unde necesse est ut hoc ante omnia, qui zelo rectitudinis movetur, attendat, ne ira extra mentis dominium transeat, sed in ultione peccati tempus modumque considerans, surgentem animi perturbationem subtilius [a] retractando restringat, animositatem reprimat, et motus fervidos sub æquitate disponat; ut eo fiat justior ultor alienus, quo prius exstitit victor suus, quatenus sic culpas delinquentium corrigat, ut ante ipse qui corrigit, per patientiam crescat, et fervorem suum transcendendo dijudicet, ne intemperanter excitatus ipso zelo rectitudinis, longe a rectitudine aberret. Quia vero, sicut diximus, etiam laudanda boni æmulatio mentis oculum turbat, recte nunc dicitur : *Virum stultum interficit iracundia.* Ac si aperte diceretur : Ira per zelum sapientes turbat, ira vero per vitium stultos trucidat, quia illa sub ratione restringitur, hæc vero irrationabiliter devictæ menti dominatur. Bene autem subditur :

CAPUT XLVI [*Rec. XXXI*].

IBID. — *Et parvulum occidit invidia.*

84. *Invidus eo cui invidet, se minorem testatur.* — Invidere enim non possumus, nisi eis quos nobis in aliquo meliores putamus. Parvulus ergo est qui livore occiditur, quia ipse sibi testimonium perhibet, quod ei minor sit cujus invidia torquetur. Hinc est quod hostis callidus primo homini invidendo subripuit, quia amissa beatitudine, minorem se immortalitati illius agnovit. Hinc est quod Cain ad perpetrandum fratricidium corruit (*Genes.* IV, 5-7); quia despecto suo sacrificio, prælatum sibi infremuit, cujus Deus hostiam accepit : et quem meliorem se esse exhorruit, ne utcunque esset, amputavit. Hinc Esau ad persecutionem fratris exarsit (*Genes.* XXV, 34; XXVII, 41), quia primogenitorum benedictione perdita, quam tamen esu lenticulæ ipse vendiderat, minorem se ei, **179** quem nascendo præibat, ingemuit. Hinc Joseph fratres sui Ismaëlitis transeuntibus vendiderunt (*Genes.* XXXVII, 27, 28), quia cognito revelationis mysterio, ne se melior fieret, ejus provectibus obviare conati sunt. Hinc Saul David subditum, lanceam intorquendo, persequitur (*I Reg.* XVIII, 11), quia quem [b] magnis quotidie augeri virtutum successibus sensit, ultra se excrescere expavit. Parvulus itaque est qui invidia occiditur, quia nisi ipse inferior existeret, de bono alterius non doleret.

[*Vet. XXXIV.*] 85. *In invidia serpens antiquus totum virus suum concutit ac vomit. Invidi descriptio.* — Sed inter hæc sciendum est quia quamvis per omne vitium quod perpetratur, humano cordi antiqui hostis virus infunditur, in hac tamen nequitia, tota sua viscera serpens concutit, et imprimendæ malitiæ pestem vomit. De quo nimirum scriptum est : *Invidia diaboli mors intravit in orbem terrarum* (*Sap.* II, 24). Nam cum devictum cor livoris putredo corruperit, ipsa quoque exteriora indicant, quam graviter animum vesania instigat. Color quippe pallore afficitur, oculi deprimuntur, mens accenditur, et membra frigescunt, fit in cogitatione rabies, in dentibus stridor; cumque in latebris cordis crescens absconditur odium, dolore cæco [c] terebrat conscientiam vulnus inclusum. Nil lætum de propriis libet, quia tabescentem mentem sua pœna sauciat, quam felicitas torquet aliena; quantoque extranei operis in altum fabrica ducitur, tanto fundamentum mentis lividæ profundius suffoditur; ut quo alii ad meliora properant, eo ipse [d] deterius ruat; qua ruina videlicet etiam illud destruitur, quod in aliis actibus perfecto opere surrexisse putabatur. Nam invidia cum mentem tabefecerit, cuncta quæ invenerit bene gesta consumit. Unde bene per Salomonem dicitur : *Vita carnium, sanitas cordis; putredo ossium invidia* (*Prov.* XIV, 30). Quid enim per carnes, nisi infirma quædam ac tenera; et quid per ossa, nisi fortia acta signantur? Et plerumque contingit ut quidam cum vera cordis innocentia in nonnullis suis actibus infirmi videantur; quidam vero jam quædam ante humanos oculos robusta exerceant, sed tamen erga aliorum bona, **180** intus invidiæ pestilentia tabescant. Bene ergo dicitur : *Vita carnium, sanitas cordis,* quia si mentis innocentia custoditur, etiam si qua foris infirma sunt, quandoque roborantur. Et recte subditur : *Putredo ossium invidia,* quia per livoris vitium, ante Dei oculos pereunt etiam fortia acta virtutum. Ossa quippe per invidiam putrescere, est quædam etiam robusta deperire.

86. *Invidiæ imminutio et mors, inchoatus aut perfectus amor æternitatis.* — Sed cur hæc de invidia dicimus, si non etiam qualiter eruatur intimemus?

---

[a] Mss. Norm., Colb., Germ. et alii, *subtilius pertractando*; lectio quæ obtinet, est antiquiorum.

[b] Belvac., *quia quem magis quotidie,* etc.

[c] Ita Mss. Vindoc., Norman., Val. Cl., Germ. et plerique. In Editis Coc. et seq., *dolore cæco tenebrat.*

[d] Sic legendum docent etiam nostri Mss., non ut habetur in Editis, *eo ipso deterius ruant,* vel, ut in antiquioribus, *eo ipsa res.*

Difficile namque est ut hoc alteri non invideat, quod adipisci alter exoptat; quia quidquid temporale percipitur, tanto fit minus singulis, quanto dividitur in multis; et idcirco desiderantis mentem livor excruciat, quia hoc quod appetit, aut funditus alter accipiens adimit, aut a quantitate restringit. Qui ergo livoris peste plene carere desiderat, illam hæreditatem diligat, quam cohæredum numerus non angustat; quæ et omnibus una est, et singulis tota; quæ tanto largior ostenditur, quanto ad hanc percipientium multitudo dilatatur. Imminutio ergo livoris est affectus surgens internæ dulcedinis et plena mors est ejus, perfectus amor æternitatis. Nam cum mens ab ejus rei appetitu retrahitur, quæ accipientium numero partitur, tanto magis proximum diligit, quanto minus ex provectu illius sua damna pertimescit. Quæ si perfecte in amore cœlestis patriæ rapitur, plene etiam in proximi dilectione sine omni invidia solidatur; quia cum nulla terrena desiderat, nihil est quod ejus erga proximum charitati contradicat. Quæ nimirum charitas quid est aliud quam oculus mentis; qui si terreni amoris pulvere tangitur, ab internæ lucis mox intuitu læsus reverberatur? Quia autem parvulus est qui terrena diligit, magnus qui æterna concupiscit, potest etiam sic non inconvenienter intelligi: *Parvulum occidit invidia*, quoniam hujus pestis languore non moritur, nisi qui adhuc in desideriis infirmatur.

Pars Secunda,

LIBROS QUINQUE CONTINENS.

LIBER SEXTUS.

Totum caput quintum, a versu tertio orsus, spiritali intellectu, pauca quidem allegorico, pleraque autem morali exponit.

CAPUT PRIMUM.

181 *Job Christum et Ecclesiam, ejus amicis hæreticos præsignari.* — Servata historiæ veritate beati Job dicta, amicorumque illius mystica proposui interpretatione discutere; quia cunctis vera scientibus liquet quod redemptorem mundi totis suis allegationibus curat sancta scriptura promittere, eumque per electos omnes, ^a ut per ejus scilicet membra, studuit signare. Unde et idem beatus Job latino eloquio dolens dicitur, ut per ejus et nomen et vulnera, Redemptoris nostri passio designetur, de quo propheta ait: *Vere languores nostros ipse tulit, et dolores nostros ipse portavit* (Isai. LIII, 4). Cui tentator, ablatis omnibus, et servos et filios occidit; quia non solum Judaicum populum ex timore servientem, sed ipsos quoque apostolos in suo amore regeneratos, passionis ejus tempore telo perfidiæ perculit. Vulnere beati Job corpus atteritur, quia Redemptor noster configi clavis in crucis patibulo non dedignatur. A planta autem pedis usque ad verticem vulnera suscepit, quia sanctam Ecclesiam, quæ corpus ejus est, non solum per extrema et ultima, sed usque ad summa membra persecutione sæviens tentator affligit. Unde etiam Paulus dixit: *Compleo ea quæ desunt passionum Christi in carne mea* (Coloss. 1, 24). Cui suadere uxor ad maledicendum nititur, quia carnales quique intra sanctam Ecclesiam adjutores callidi tentatoris existunt. Quæ enim eum ad maledicendum provocat, vitam carnalium designat; quia, ut jam supra diximus (*l.* III, *c.* 20 *n.* 36, 37), intra sanctam Ecclesiam incorrectis moribus positi, quo per fidem bonis juxta sunt, eo per vitam durius premunt. Quia enim quasi fideles vitari nequeunt, a fidelibus tanto deterius, quanto et interius tolerantur. Amici vero illius, qui quasi ad consolandum veniunt, sed ad verba asperæ invectionis excedunt, hæreticorum speciem tenent, qui cum contra bonos Deum defendere nituntur, offendunt.

2. *Spiritales sensus quos edit Gregorius, prodeunt ex historiæ radice. Amicorum Job dicta nequaquam per omnia reprobanda.* — Hæc itaque superius latius dicta, nunc breviter studui ex mystica designatione succingere, ut lector meus ex ipsa hac replicatione meminerit me in hoc opere spiritali intellectui deservire. Et tamen cum utilitatis usus postulat, subtiliter quoque **182** studeo historiæ verba discutere. Cum vero necesse est, simul utrumque complector, ut spiritales fructus allegoria germinet, quos tamen ex radice historiæ veritas producit. Amicos vero beati Job, quos hæreticorum tenere speciem diximus, in dictis suis nequaquam per omnia reprobamus, quia dum per supernam sententiam contra eos dicitur: *Non estis locuti coram me rectum*, et protinus subditur, *sicut servus meus Job* (Job XLII, 7), profecto liquet quia non omnino despicitur quod ex melioris comparatione reprobatur. In reprehensionem quippe ejus incaute dilabuntur; sed tamen quia tanti viri amici sunt, ex familiaritate illius mystica multa didicerunt. Unde sicut et superius diximus (*Lib.* v, *n.* 27), eorum verbis etiam Paulus utitur, et hæc in

---

^a Vindoc., *ac per eos scilicet studuit membra signare*, quod prius legebatur in Corb. Germ., sed merito fuit emendatum. Norman. sic integrum hunc locum exhibent, *eumque per electos omnes, ut per ejus scilicet studuit membra signare.*

assertionis suæ adjutorium assumens, prolata ex veritate testatur. Quæ tamen veritas recte reprehendit, quia quamlibet fortis sententia contra sanctum virum proferri non debuit. Possunt ergo mystice Eliphaz verba pensari, quibus ad beatum Job loquitur, dicens :

CAPUT II.

Vers. 3. — *Ego vidi stultum firma radice, et maledixi pulchritudini ejus statim.*

Allegoricus sensus. 3. *Judæi sunt stulti, etiam hæreticorum maledictioni ob Christi repulsam obnoxii.* — Stultus quippe Judæorum populus exstitit, quia ipsam in carne præsentiam æternæ Sapientiæ sprevit. Qui quasi firma radice convaluit, quia electorum vitam temporaliter exstinguendo superavit. Sed hunc Eliphaz maledicendo despicit, quia nimirum omnes hæretici, quorum tenere speciem amicos beati Job diximus, cum de nomine Christi gloriantur, Judæorum perfidiam ex auctoritate reprehendunt. De quo stulto protinus subditur :

CAPUT III.

Vers. 4. — *Longe fiant filii ejus a salute, et conterentur in porta, et non erit qui eripiat.*

4. *Horum filii omnes perfidi. In Christo, qui est porta, conteruntur.* — Filii hujus stulti sunt omnes qui perfidiæ illius prædicatione generantur. Qui scilicet a salute longe sunt, quia etsi temporalem vitam sine afflictione percipiunt, æterna gravius ultione feriuntur, sicut de eisdem filiis illius Dominus dicit : *Væ vobis, Scribæ et Pharisæi hypocritæ, qui circuitis mare et aridam, ut faciatis unum proselytum, et cum fuerit factus, facitis eum filium gehennæ* 183 *duplo quam vos* (*Matth.* xxiii, 15). Sequitur : *Et conterentur in porta, et non erit qui eripiat.* Quis alius portæ nomine, nisi mediator Dei et hominum debet intelligi, qui ait : *Ego sum ostium, per me si quis introierit, salvabitur* (*Joann.* x, 9)? Filii igitur hujus stulti extra portam proficiunt, et in porta conteruntur, quia pravæ Judæorum soboles ante Mediatoris adventum in legis observatione floruerunt; sed in ipsa Redemptoris nostri præsentia a Divinitatis obsequio, perfidiæ suæ meritis repulsi ceciderunt. Quos nimirum non est qui eripiat, quia scilicet dum ipsum Redemptorem exstinguere persequendo conati sunt, oblata sibi ereptionis remedia absciderunt; de quo bene subditur :

CAPUT IV.

Vers. 5. — *Cujus messem famelicus comedet, et ipsum rapiet armatus.*

5. *Gentiles messem eorum, id est, sacra eloquia, comedunt, ac divitias rapiunt.* — Hujus enim stulti messis fuerat [a] sacri seges eloquii. Quædam namque spicarum grana, sunt verba prophetarum, quæ stultus habuit, sed non comedit, quia Judaicus populus legem quidem verbo tenus tenuit, sed per fatuitatis fastidium ab ejus intellectu jejunavit. Hujus vero stulti messem famelicus comedit, quia nimirum gentilis populus verba legis intelligendo edit, ad quæ plebs Judaica sine intellectu laboravit. Hos famelicos fidei Dominus prævidit, cum per evangelistam dixit : *Beati qui esuriunt et sitiunt justitiam, quoniam ipsi saturabuntur* (*Matth.* v, 6). De his famelicis Anna prophetante dicitur : *Repleti prius, pro panibus se locaverunt, et famelici saturati sunt* (*I Reg.* ii, 5). Sed quia messem perdidit, recte subjungitur qualiter ipse etiam stultus perit, cum dicitur : *Et ipsum rapiet armatus.* Antiquus hostis Judaicum populum armatus rapuit, quia in eo vitam fidei fraudulentæ suggestionis jaculis exstinxit, ut unde se inhærere Deo crederet, inde ejus ordinationi repugnaret. Quod profecto discipulos Veritas præmonet, dicens : *Venit hora ut omnis qui interficit vos arbitretur obsequium se præstare Deo* (*Joann.* xvi, 2). Sequitur :

CAPUT V [*Vet. et Rec. III*].

Ibid. — *Et bibent sitientes divitias ejus.*

6. *Eloquia Dei et messis et divitiæ. Quomodo et comedi, et bibi dicuntur.* — Hujus stulti divitias sitientes bibunt, quia fluentis sacræ locutionis, quæ Judaicus populus in superbiæ ostentatione possederat, conversæ gentilium mentes irrigantur. Unde et eisdem per prophetam dicitur : *Omnes sitientes venite ad aquas; et qui non habetis argentum, properate* (*Isai.* lv, 1). Quia enim argenti vocabulo eloquia divina signantur, Psalmista testatur, dicens : *Eloquia Domini, eloquia casta, argentum igne examinatum* (*Psal.* xi, 7). Qui ergo argentum non habent, ad aquas vocantur, quia nimirum gentilitas, quæ Scripturæ sacræ præcepta non acceperat, sacri eloquii inundatione satiatur, quam tanto nunc avidius potat, quanto hanc diu sicca sitiebat. Eadem ergo divina eloquia et messes et divitiæ vocantur : messes quia jejunam mentem reficiunt; divitiæ, quia magna nos morum venustate componunt. Eadem et comedi dicuntur et bibi, quia nimirum dum quædam in eis obscura sunt, quæ non nisi interpretata intelligimus, hæc quasi mandendo glutimus; dum quædam vero ad intelligendum facilia ita sumimus ut invenimus, ea quasi non mansa bibimus, quia non fracta sorbemus. Hæc sub intellectu mystico brevi locutione transcurrimus, ne quid forsitan præterisse videremur. Sed quia beati 184 Job amici esse non possent, nisi in quibusdam quoque magna morum honestate fulgerent, restat ut in eorum verbis virtutem sensuum moraliter inquiramus, quatenus dum locutionis eorum pondus discutitur, cujus doctrinæ fuerint, ostendatur.

CAPUT VI [*Rec. IV*].

Vers. 3. — *Ego vidi stultum firma radice, et maledixi pulchritudini ejus statim.*

Sensus moralis. 7. *Terrena sectantes in prosperis videntur firma radice.* — Quasi firma radice stultus in terra figitur, quia totis desideriis in terreno amore solidatur. Unde et primus Cain civitatem in terra construxisse describitur (*Genes.* iv, 17), ut aperte monstraretur quia ipse in terra fundamentum posuit, qui a soliditate cœlestis patriæ alienus fuit. Quasi

---

[a] Ms. Cod. S. Mich., *sacræ legis eloquium*

firma radice stultus attollitur, quando hic temporali prosperitate fulcitur; ut omne quod appetit assequatur, adversa nulla sustineat, contra infirmos sine repugnatione praevaleat, bene agentibus ex auctoritate contradicat, ad majora commoda ex pejori semper actione perveniat, ut unde viam vitae deserit, inde ad tempus felicior vivat. Sed cum malos florere infirmi conspiciunt, trepidant; et apud semetipsos peccantium prosperitate turbati, intus in gressibus mentis nutant. Quorum profecto speciem sumpsit Psalmista cum diceret: *Mei autem pene moti sunt pedes, pene effusi sunt gressus mei;* a *quia zelavi in peccatoribus, pacem peccatorum videns (Psal.* LXXII, 2).

8. *Prudentes eorum gloriam despiciunt. Nec damnare differunt.* — Cum vero eorum gloriam fortes aspiciunt, protinus quae post gloriam poena sequatur, attendunt; et alta intus cogitatione despiciunt hoc, quod superbi foras fastu vacuae inflationis intumescunt. Bene ergo dicitur: *Ego vidi stultum firma radice, et maledixi pulchritudini ejus statim.* Pulchritudini quippe stulti maledicere, est ejus gloriam ex considerata damnatione judicare, quia eo atrocius in tormentis obruitur, quo altius in peccatis elevatur; quia transit quod extollitur, permanet quod punitur; quia qui honoratur in via, in perventione damnabitur; et quasi per amoena prata ad carcerem pervenit, qui per praesentis vitae prospera ad interitum tendit. Notandum vero, quod cum stulti pulchritudini maledixisse se diceret, protinus addidit, *statim.* Mos namque humanae et infirmae mentis est, ut b cum earum rerum quas respicit qualitate varietur. Saepe enim ejus judicium cum ipsa praesentis rei specie ducitur, et juxta hoc quod aspicit, intentio illius sensusque formatur. Nam plerumque nonnulli, dum quorumdam gloriam cernunt, ejusdem gloriae aspectibus delectantur, ac magnum aliquid c existimant, seque ut talia mereantur exoptant. Cum vero gloriosos quosque, aut dejectos subito, aut fortasse etiam morientes aspiciunt, quia humana gloria omni modo nihil sit, cum gemitu fatentur, ita ut protinus dicant: Ecce quam nihil est homo. Qui hoc nimirum rectius dicerent, si cum in gloria hominem cernerent, tunc ejus interitum cogitantes, transeuntem potentiam nihil esse sensissent. Tunc quippe est humana elatio pensanda quam nihil sit, cum sese super caeteros successibus extollit. Tunc considerandum est quo cursu felicitas transvolet, cum ante humanos oculos quasi permanens pollet: Nam gloriam morituri nihil esse, in ipsa jam morte pensare infirmi quilibet possunt. Tunc enim ei etiam illi derogant, qui hanc et usque ad mortem sequentes amant. Bene itaque dicitur: *Ego vidi stultum firma radice, et maledixi pulchritudini ejus statim.* Ac si aperte diceret: Contra stulti pulchritudinem, moram in maledictione non habui, quia cum hanc cernerem, simul etiam poenam sequentem vidi. Non enim statim maledicerem, si qua me gloriae illius delectatio tenuisset; sed sine tarditate maledixi, quia supplicia mansura conspiciens, ejus potentiam sine dubitatione reprobavi. Sed quia iniqui quique quo plus in hoc mundo proficiunt, plures secum ad interitum trahunt, recte subditur: *Longe* d *fiant filii ejus a salute,* Filii quippe stulti sunt, qui in ambitione hujus saeculi ex ejus imitatione nascuntur; qui profecto a salute tanto longius fiunt, quanto in perpetratione nequitiae nulla infirmitate feriuntur. De quibus bene additur:

CAPUT VII [Vet. IV, Rec. V].

VERS. 4. — *Et conterentur in porta, et non erit qui eripiat.*

9. *Judicii dies porta regni. Tunc non valet eripi, qui renuit hic corripi.* — Nam sicut urbis aditus porta dicitur; ita est dies judicii porta regni, quia per eum ab electis omnibus ad coelestis patriae gloriam intratur. Unde et hunc diem cum ad retributionem sanctae Ecclesiae Salomon appropinquare conspiceret, dixit : *Nobilis in portis vir ejus, quando sederit cum senatoribus terrae (Prov.* XXXI, 23). Vir quippe est Ecclesiae humani generis Redemptor, qui in portis se nobilem ostendit, qui despectus prius in contumeliis exstitit, sed in ingressu regni sublimis apparebit. Qui cum terrae senatoribus resident, quia judicii sententiam cum sanctis ejusdem Ecclesiae praedicatoribus decernet, sicut ipse in Evangelio dicit : *Vos qui secuti estis me, in regeneratione cum sederit Filius hominis in sede majestatis suae, sedebitis et vos super sedes duodecim, judicantes duodecim tribus Israel (Matth.* XIX, 28). Quod Isaias quoque longe ante praenuntians ait : *Dominus ad judicium veniet cum senioribus populi sui (Isai.* III, 14). De his portis Salomon iterum dicit : *Date ei de fructu manuum suarum, et laudent eam in portis opera ejus (Prov.* XXXI, 31). Tunc quippe sancta Ecclesia de fructu manuum suarum accipit, cum eam ad percipienda coelestia laboris sui retributio attollit. Tunc eam sua opera in portis laudant, quando ejus membris in ipso regni aditu dicitur : *Esurivi, et dedistis mihi manducare; sitivi, et dedistis mihi* e *bibere; hospes eram, et collegistis me; nudus, et cooperuistis me (Matth.* XXV, 35), et caetera. Filii igitur hujus stulti ante portam elati sunt, sed in porta conterentur, quia amatores hujus saeculi in praesenti vita superbiunt, sed in ipso regni aditu aeterna animadversione feriuntur. Bene autem subditur : *Et non erit qui eripiat.* Illos quippe veritas ab aeterna adversitate eripit, quos in temporalibus prosperis per disciplinam premit. Qui ergo nunc renuit premi, tunc non valet eripi, quia iniqui eum, quem per disciplinam habere negligunt patrem, exstat in Mss. Vindoc., Corb., Germ. et Ed. Barthol.

---

a Corb., *quia zelavi super iniquos.*
b Apud Coc. et seq. Edit., *ut cum earum rerum quas respicit qualitate varietur; saepe ejus judicium cum ipsa praesentis rei specie ducatur, et juxta..... formetur.* Pro verbo *ducatur.* In vet. Ed. Basil. 1514 legitur *judicetur;* in Paris. 1495, *indicetur,* quod
c Nonnulli, *ejusdem aspectibus delectantur, hanc magnum aliquid existimant.*
d Corb. Germ., Colb., *longe fient filii ejus,* etc.
e Ita Mss. At Editi, *et dedistis mihi potum.*

afflictionis suæ tempore per adjutorium non inveniunt ereptorem. Sequitur :

CAPUT VIII.

VERS. 5. — *Cujus messem famelicus comedet.*

10. *Malus recta et intelligens et dicens, messem habet quam alii comedant.* — Habet etiam stultus messem, quando iniquus quisque donum recte intelligentiæ accipit : Scripturæ sacræ sententiis docetur, bona loquitur, sed tamen nullo modo hoc quod dicit operatur : 186 verba Dei profert, nec tamen diligit; laudando exaggerat, vivendo calcat. Quia ergo stultus iste recta et intelligit et dicit, sed tamen hæc operando non amat, messem habendo jejunat. Quam nimirum famelicus comedit, quia is qui ad Deum sanctis desideriis anhelat, discit quod audit, agit quod didicerit ; et dum doctoris pravi recta prædicatione reficitur, quid aliud quam stulti fruge satiatur ? An non famelicos suos Veritas, ut stulti messem comederent, admonebat, cum per desideria sancta flagrantibus, de Pharisæis præciperet, dicens : *Quæ dicunt facite, juxta opera, vero eorum nolite facere (Matth.* xxiii, 3). Ac si aperte diceret : Verbi messem loquendo excolunt, sed hanc male vivendo minime contingunt. Vestram ergo famem messis ista reficiat, quia vobis hanc per fatuitatis suæ fastidium servant. Bene autem subditur :

CAPUT IX.

IBID. — *Et ipsum rapiet armatus.*

11. *Diabolus sæpe scientiam permittit, ut corrumpat vitam.* — Antiquus namque hostis quasi inermis [a] vincitur, cum mala aperte suggerens humanæ menti, bona omnia simul destruere conatur. Sed armatus venit, quando bona alia intacta deserens, latenter alia corrumpit. Nam sæpe quosdam in intellectu non tentat, eisque in sacri eloquii meditatione non obviat; sed tamen eorum vitam in operatione supplantat, qui dum de scientiæ virtute laudantur, nequaquam suorum operum damna respiciunt; cumque in favoris [b] delectationem animus ducitur, vitæ suæ vulneribus non medetur. Hunc ergo armatus hostis rapuit, quem fraude tectus in alia deserens, ex alia parte superavit. Sequitur :

CAPUT X.

IBID. — *Et bibent sitientes divitias ejus.*

12. *Sæpe hebes hoc in divinæ legis eruditione studendo intelligit, quod per negligentiam ingeniosus nescit.* — Sæpe stultus habet interni liquoris fontem, sed non bibit, quia ingenium quidem intelligentiæ accipit, sed tamen veritatis sententias cognoscere legendo contemnit; scit quia intelligere studendo prævaleat, sed ab omni doctrinæ studio fastidiosus cessat. Divitiæ quoque mentis, sunt verba sacræ locutionis; sed has divitias stultus oculis aspicit, et in ornamenti sui usum minime assumit, quia verba legis audiens, magna quidem esse considerat, sed ad comprehendenda hæc nullo studio amoris elaborat. At contra alius sitim habet, ingenium non habet ; amor ad meditandum pertrahit, sensus hebetudo contradicit; et sæpe hoc in divinæ legis eruditione quandoque studendo intelligit, quod per negligentiam ingeniosus nescit. Hujus ergo stulti divitias sitientes bibunt, dum præcepta Dei, quæ ingeniosi fastidientes nesciunt, hebetes amantes assequuntur. In his nimirum [c] tenebras hebetudinis illustrat oculus amoris; nam hoc tardioribus sitis aperit, quod velocioribus fastidium claudit. Qui et idcirco ad intelligentiæ alta perveniunt, quia agere quæ intellexerunt, vel minima nulla contemnunt ; et dum sensum manibus adjuvant, sese ultra altitudinem ingeniosorum levant. Unde bene per Salomonem dicitur : *Stellio manibus nititur, et moratur in ædibus regis* (Prov. xxx, 28). Plerumque enim aves, quas ad volatum penna sublevat, in vepribus resident ; et stellio, qui ad volatum pennas non habet, nitens manibus, [d] regni ædificium tenet, quia nimirum sæpe ingeniosi quique dum per negligentiam torpent, in pravis 187 actibus remanent, et simplices, quos ingenii penna non adjuvat, ad obtinenda æterni regni mœnia virtus operationis levat. Stellio ergo dum manibus nititur, in regis ædibus moratur, quia illo simplex per intentionem recti operis pervenit, quo ingeniosus minime ascendit. Sed his auditis, quæstio nostro cordi suboritur, cur vel negligenti intelligentiæ donum tribuitur, vel studiosus quisque sensus sui tarditate præpeditur? Ad quam citius respondetur, dum protinus subditur :

CAPUT XI.

VERS. 6. — *Nihil in terra sine causa.*

13. *Cur ingenium studio tardum, negligenti acre tribuatur.* — Idcirco enim sæpe et desidiosus ingenium accipit, ut [e] de negligentia justius puniatur, quia quod sine labore assequi potuit, scire contemnit. Et idcirco nonnunquam studiosus tarditate intelligentiæ premitur, ut eo majora præmia retributionis inveniat ; quo magis in studio inventionis elaborat. Nihil ergo est in terra sine causa , quando et studioso tarditas ad præmium proficit, et desidioso velocitas ad supplicium crescit. [*Vet. V.*] Ad intelligenda autem quæ recta sunt, aliquando laboris studio, aliquando vero dolore percussionis erudimur. Unde cum dictum sit, *Nihil in terra sine causa*; apte protinus additur :

CAPUT XII [*Rec. VI*].

IBID. — *Et de humo non egredietur dolor.*

14. *Per occulta merita mentium, aperta prodeunt flagella pœnarum.* — Dolor namque quasi de humo [f] egreditur, cum homo ad Dei imaginem conditus de rebus insensibilibus flagellatur. Sed quia per occulta

---

[a] Vindocin., *quasi inermis vincit.* S. Michael., *quasi inermes vincit.*
[b] Gemet., *eumque in favoris dilectionem.* Recentiori tamen manu scriptum legitur, *delectationem.*
[c] Vindocin., Turon., S. Mart. et S. Mich., *in his nimirum tenebris hebetudinis illustratur oculus amoris.*
[d] Ita Corb., Germ.; Colb., Reg., Turon., Bellov.,
Norm., Compend. Coc. et seq. Ed., *regis ædificium tenet.* Utic. habet utramque lectionem; huc in exemplari scribitur *stilio* pro *stellio*, et ita quoque in plerisque Mss.
[e] Editi, *ut ingeniosus;* quod ab omnibus nostris Mss. abest, et sane superfluit.
[f] In Gemet. et nonnullis, *quasi de humo non egreditur.* Ita quoque Barthol. et vetus Ed. Basil.

mentum merita, aperta prodeunt flagella pœnarum, et de humo dolor non egreditur, quoniam sensus nostri malitia exigit ut a rebus insensibilibus feriatur. Ecce enim cernimus quod ad correptionem nostram exspectatus imber arente terra suspenditur, et *a* caliginosus aer inardescente sole siccatur; mare procellis tumescentibus sævit, et alios ad transmeandum susceptos intercipit, aliis desideratum iter erecta in cumulum unda *b* contradicit; terra non solum germina fecunditatis imminuit, sed etiam semina accepta consumit. In quibus nimirum cunctis patenter aspicitur hoc, quod quidam sapiens de Domino testatur, dicens : *Et pugnabit cum eo orbis terrarum contra insensatos* (*Sap.* v, 21). Orbis quippe terrarum *c* cum Domino contra insensatos pugnat, quando in pœna delinquentium et elementorum adversitas militat. Sed tamen de humo dolor non egreditur, quia res quælibet insensibilis ad afflictionem nostram stimulo nostræ actionis excitatur. De humo dolor non egreditur, quia nequaquam pœna de ea nascitur creatura, quæ percutit, sed de ea procul dubio, quæ peccando vim percussionis extorsit. Sed curandum magnopere est ut cum in rebus exterioribus pondere doloris afficimur, spe ad superna tendamus; quatenus eo mens ad alta perveniat, quo nos exterior pœna castigat. Unde et apte subjungitur :

CAPUT XIII [*Rec. VII*].

Vers. 7. — *Homo ad laborem nascitur, et avis ad volatum.*

15. *Quantum caro flagellis afficitur, mens ad altiora sublevatur.* — Ad laborem quippe nascitur homo quia nimirum is qui accepta est præditus ratione, considerat quod valde sibi sit impossibile, ut hæc peregrinationis suæ tempora sine gemitu evadat. Unde bene Paulus cum tribulationes suas discipulis enumeraret, adjunxit : *Ipsi enim scitis quòd in hoc positi sumus* (*I Thess.* III, 3). Sed in eo quod caro flagellis afficitur, **188** mens ad appetenda altiora sublevatur; Paulo rursus attestante, qui ait : *Et licet is qui foris est noster homo corrumpitur, tamen is qui intus est, renovatur de die in diem* (*II Cor.* IV, 16). Homo ergo ad laborem nascitur, et avis ad volatum, quia inde mens ad summa evolat, unde caro in infimis durius laborat.

16. *Carnalium gravis labor, spiritalium nullus.* — Potest quoque appellatione hominis carnalium vita signari. Unde et Paulus ait : *Cum enim sit inter vos zelus et contentio, nonne carnales estis?* (*I Cor.* III, 3.) Quibus paulo post subjecit, dicens : *Nonne homines estis?* (*Ibid.*, 4.) In hac itaque vita homo ad laborem nascitur, quia carnalis quisque cum transeuntia appetit, desideriorum suorum se pondere affligit. Gravis quippe labor est, hanc ipsam præsentis vitæ gloriam quærere, quæsitam quandoque percipere, et perceptam cum circumspectione custodire. Gravis labor est, hoc cum magna fatigatione apprehendere, quod is qui apprehendet, noverit diu stare non posse. Sancti autem viri quia transeuntia non amant, non solum nulla temporalium desideriorum pondera tolerant ; sed et si qua adversa consurgunt, in ipsis suis pressuris et languoribus non laborant. Quid enim flagellis durius? et tamen de flagellatis apostolis scriptum est : *Ibant gaudentes a conspectu concilii, quoniam digni habiti sunt pro nomine Jesu contumeliam pati* (*Act.* v, 41). Quid ergo eorum mentibus labor est, quibus et pœna verberum labor non est? Homo ergo ad laborem nascitur, quia ille hujus mundi veraciter mala sentit, qui ejus bona inhianter appetit. Nam cujus mens ad alta suspenditur, sub ipsa est quidquid exterius contra ipsam movetur. [*Vet. VI.*] Bene itaque subditur, *Et avis ad volatum.* Quia tanto animus a laboris afflictione se subtrahit, quanto per spem ad summa sustollit. An non quasi avis, Paulus ad volatum natus fuerat, qui tot adversa sustinens dicebat : *Nostra conversatio in cœlis est* (*Philip.* LXXI, 20)? Et rursum : *Scimus quoniam si terrestris domus nostra hujus habitationis dissolvatur, quod ædificationem habemus ex Deo, domum non manufactam, æternam in cœlis* (*II Cor.* v, 1). Velut avis ergo ima transcenderat, quem adhuc corpore in terra demorantem, jam in sublimibus spei penna sublevabat. Sed quia nullus suis viribus valet sese in alta sustollere, ut cum visibilibus affligitur, in invisibilia sublevetur, recte mox subditur :

CAPUT XIV.

Vers. 8 — *Quamobrem ego deprecabor Dominum, et ad Deum ponam eloquium meum.*

17. *Hoc Dei donum est.* — Ac si aperte diceret : illum rogo, per quem hæc tribui scio. Si enim hoc per se habere se crederet, deprecari Deum non indigeret. Sequitur :

CAPUT XV.

Vers. 9. — *Qui facit magna et inscrutabilia et mirabilia absque numero.*

18. *Mira Dei opera humanis oculis usu viluerunt.* — Quis omnipotentis Dei mirabilia perscrutari sufficiat, quod cuncta ex nihilo creavit, quod ipsa mundi fabrica mira potentiæ virtute disposita est, et super aera cœlum suspenditur, et super abyssum terra libratur; quod ex rebus invisibilibus omnis hæc universitas ac visibilibus existit, quod hominem fecit, ut ita dixerim, in brevi colligens mundum alterum, sed rationalem; quod hunc ex anima et carne constituens, investigabili virtutis dispositione permiscuit spiritum et lutum ? Ex his **189** itaque aliud novimus, aliud et sumus; sed tamen mirari negligimus, quia ea quæ incomprehensibili indagatione mira sunt, humanis oculis usu viluerunt. Unde fit ut si mortuus homo suscitetur, in admirationem omnes exsiliant, et quotidie homo qui non erat nascitur, et nemo miratur, cum procul dubio omnibus constet quia plus sit creari quod non erat, quam reparari quod erat.

---

a Plerique Mss., *et caligosus aer.*
b In omnibus Mss., *unda contradicit,* ubi in Ed. leg. *interdicit.*

c Vindoc., Germ., Corb. Germ., ante emendat. pro eo. In Vindoc. infra, *orbis quippe terrarum* pro *Domino.*

Quia arida Aaron virga floruit, cuncti mirati sunt; versitas, mollities foliorum? Et tamen quia hoc per quotidie ex arente terra arbor producitur, virtusque experimentum novimus, ex uno grano seminis prodire omnia non dubitamus. Quid ergo est difficile, ut pulvis in lignum vertitur, et nemo miratur. Quia quinque sunt panibus quinque millia [a] homines satiati, crevisse escas in dentibus cuncti mirati sunt; quotidie sparsa grana seminum, plenitudine multiplicantur spicarum, et nemo miratur. Aquam semel in vinum permutatam videntes cuncti mirati sunt; quotidie humor terræ in radicem vitis attractus, per botrum in vinum vertitur, et nemo miratur. Mira sunt itaque omnia quæ mirari homines negligunt, quia ad considerandum, ut prædiximus, usu torpescunt. [*Rec. VIII.*] Bene autem cum diceret: *Qui facit magna*, adjunxit statim: *Et inscrutabilia*. Minus enim fuerat magna facere, si tamen ea quæ facta sunt, perscrutari potuissent. Recte autem subditur: *Et mirabilia absque numero*, quia minoris esset magnitudinis, si quæ inscrutabilia [b] condidit, pauca [c] fuisset.

19. *Miracula Dei per studium consideranda, non discutienda per intellectum. Fides ubi titubat, qui firmanda. Unde resurrectio fiat credibilis.* — Sed inter hæc sciendum est quia divina miracula et semper debent considerari per studium, et nunquam discuti per intellectum. Sæpe namque humanus sensus dum quarumdam rerum rationem quærens non invenit, in dubitationis se voraginem mergit. Unde fit ut nonnulli homines mortuorum corpora in pulverem redacta considerent; dumque resurrectionis vim ex ratione colligere non possunt, hæc ad statum pristinum redire posse desperent. Mira igitur, ex fide credenda sunt, perscrutanda per rationem non sunt; quia si hæc nostris oculis ratio expanderet, mira non essent. Sed cum in his fortasse animus titubat, necesse est ut ea quæ per usum novit, nec tamen per rationem colligit, ad memoriam reducat; [d] quatenus rei similis argumento fidem roboret, quam labefactari sua sagacitate deprehendit. Considerato quippe humanæ carnis pulvere, quorumdam mens concussa desperat, quando pulvis ad carnem redeat, et redivivum corpus per membrorum lineamenta componat; quando illa terræ ariditas per viventia membra viridescat, ac se per eorum species formasque distinguat. Hoc nimirum comprehendi per rationem non potest, sed tamen credi facile per exemplum potest. Quis enim ab uno grano seminis, immensam surgere arborem crederet, nisi certum hoc per experimentum teneret? In tanta namque unius grani parvitate [e] et pene nulla sui dissimilitudine, ubi latet ligni duritia, et ligno tenerior [f] vel durior medulla, asperitas corticis, viriditas radicis, sapor fructuum, suavitas odorum, colorum diversitas, mollities foliorum? Et tamen quia hoc per experimentum novimus, ex uno grano seminis prodire omnia non dubitamus. Quid ergo est difficile, ut pulvis in membra redeat, dum conditoris potentiam quotidie cernimus, qui et ex grano ligna mirabiliter, et adhuc mirabilius fructus ex lignis creat? Dicat ergo: *Qui facit magna et inscrutabilia, et mirabilia absque numero*, quia divinorum operum magnitudo nec ex qualitate valet discuti, nec ex quantitate numerari. Unde et adhuc subditur:

CAPUT XVI [*Vet. VII*].

Vers. 10, 11. — *Qui dat pluviam super faciem terræ, et irrigat aquis universa. Qui ponit humiles in sublimi, et mœrentes erigit sospitate.*

Sensus mysticus. — 20. *Aquis gratiæ Deus universa irrigat. Universitatis nomine homo signatur.* — Quia amicos beati Job eruditos ejus societate credimus, necesse est ut hæc Eliphaz verba mystice disseramus. Omnipotens enim Deus terræ pluviam tribuit; cum arentia corda gentilium, superuæ gratia prædicationis infundit. Et aquis universa irrigat, quia sterelitatem perditi hominis repletione Spiritus ad fructificationem format, sicut per semetipsam Veritas dicit: *Qui biberit ex aqua, quam ego dabo ei, non sitiet in æternum* (*Joan.* iv, 13). Universitatis autem nomine homo signatur, quia in ipso vera species, et magna communio universitatis ostenditur. Omne namque quod est, aut est, et non vivit; aut est, et vivit, sed nequaquam sentit; aut est, et vivit, et sentit, sed non intelligit, nec discernit; aut est, aut vivit, et sentit, et intelligit, discernit. Sunt namque lapides, nec tamen vivunt. Sunt arbusta, vivunt quidem, nec tamen sentiunt. Herbarum namque atque arborum vita viriditas vocatur, sicut per Paulum de seminibus dicitur: *Insipiens, tu quod seminas, non vivificatur, nisi prius moriatur* (*1 Cor.* xv, 36). Sunt bruta animalia, vivunt et sentiunt, [g] nec tamen intelligunt. Sunt angeli, et vivunt, et sentiunt, et intelligendo discernunt. Homo itaque, quia habet [h] commune esse cum lapidibus, vivere cum arboribus, sentire cum animalibus, discernere cum angelis, recte nomine universitatis exprimitur, in quo juxta aliquid ipsa universitas tenetur. Unde et discipulis Veritas dicit: *Euntes in mundum universum, prædicate Evangelium omni creaturæ* (*Marc.* xvi, 15). Omnem videlicet creaturam solum intelligi hominem voluit, cui commune aliquid cum omnibus creavit.

21. *Universa Deus irrigat, cum ex omni hominum genere ad suam cognitionem vocat.* — Quamvis hoc loco universa intelligi et aliter possunt. Sancti enim Spiritus gratia cum sibi divites subjicit, pauperes non

---

[a] Editi, *hominum*. Sequitur Mss.
[b] Abest *condidit* a Corb. Germ.
[c] Ita Gemet., Germ., Corb. Germ., Colb., Reg., ubi ed. habent *fuissent*. Utic., utramque lectionem exhibet.
[d] Gemet., *Quatenus rei similis argumentum fidem roboret*.
[e] Vindoc., cui concinit Barthol, cum antiq. Ed., *pene nullam vides similitudinem*. Val. Cl., ubi pene *nullam vides dissimilitudinem*. Ita quoque Bigot. et Lyr. Utic., eamdem habet lectionem, et alteram quæ est Editorum recent.
[f] Sic Vindocin., Norm. et pene omnes, quibus consentiunt vet. Ed.; in recent. subticetur *vel durior*.
[g] Aliquot Mss., *sentiunt nec discernunt*, quomodo legitur hom. 29, in Ascens. Dom. Plerique et potiores *sentiunt, nec tamen intelligunt*: quibus subjungunt Ed., *nec discernunt*.
[h] Non legimus *commune*, nisi in Mss. Colb.

repellit, cum fortes humiliat, venire ad se debiles non recusat; cum nobiles colligit, simul et ignobiles apprehendit; cum sapientes suscipit, imperitorum stultitiam non contemnit. Universa ergo Deus aquis irrigat, qui dono sancti Spiritus ex omni genere hominum ad suam cognitionem vocat.

[*Rec. IX.*] 22. *Universa Deus irrigat, quia vim sui sermonis in singulis juxta morum diversitatem format.* — Possunt autem universorum nomine ipsæ morum dissimilitudines designari. Alius namque elatione erigitur, alius pondere timoris inclinatur, alius libidine æstuat, alius avaritia anhelat, alius remissione se dejicit, alius ira fervescit. Sed per doctrinam sacri eloquii, dum superbo humilitas tribuitur, timido confidentia præbetur, luxuriosus per castitatis studium ab immunditia tergitur, avarus per continentiam ab ambitionis æstu temperatur, remissus zeli rectitudine erigitur, 191 iracundus a præcipitationis suæ excitatione refrenatur, universa Deus aquis irrigat; quia vim sui sermonis in singulis juxta morum diversitatem format; ut hoc in ejus eloquio quisque inveniat, per quod virtutis necessariæ germen ferat. Unde per quemdam sapientem de mannæ dulcedine dicitur: *Paratum panem de cœlo præstitisti illis sine labore, omne delectamentum in se habentem, atque omnis saporis suavitatem* (*Sap.* xxvi, 20). Manna quippe omne delectamentum atque omnis saporis in se suavitatem habuit, quod videlicet in ore spiritalium, juxta voluntatem edentium, saporem dedit, quia divinus sermo et omnibus congruens, et a semetipso non discrepans, qualitati audientium condescendit; quem dum electus quisque utiliter juxta modum suum intelligit, quasi acceptum manna in voluntarium saporem vertit. Et quia laborem boni operis gloria sequitur retributionis, post aquarum rigationem recte subjungitur: *Qui ponit humiles in sublimi, et mœrentes erigit sospitate.*

[*Vet. VIII, Rec. X.*] 23. *Servos Dei nunc despectos et afflictos gloria et gaudium excipient.* — In sublimi humiles ponuntur, quia hi qui nunc pro Dei amore despecti sunt, tunc cum Deo judices veniunt, sicut hoc quod paulo ante jam diximus, eisdem humilibus Veritas pollicetur, dicens: *Vos qui secuti estis me, in regeneratione cum sederit Filius hominis in sede majestatis suæ, sedebitis et vos super duodecim sedes, judicantes duodecim tribus Israel* (*Matth.* xix, 28). Tunc mœrentes Dominus sospitate erigit, quia hi qui, ejus desideriis accensi, prospera fugiunt, adversa patiuntur, cruciatus persequentium tolerant, seque ipsi per lamenta castigant, tanto sublimiorem tunc sospitatem recipiunt, quanto nunc cunctis mundi gaudiis devote moriuntur. Hinc est enim quod per Salomonem dicitur: *Cor quod novit amaritudinem animæ suæ, in gaudio ejus non miscebitur extraneus* (*Prov.* xiv, 10). Humana etenim mens amaritudinem animæ suæ scit, cum, æternæ patriæ desideriis accensa, peregrinationis suæ pœnam flendo cognoscit; sed in ejus gaudio extraneus non miscebitur, quia qui nunc a mœrore compunctionis alienus est, tunc particeps ad lætitiam consolationis non est. Hinc est quod in Evangelio Veritas dicit: *Amen amen dico vobis, quia plorabitis et flebitis vos, mundus autem gaudebit; vos autem contristabimini, sed tristitia vestra vertetur in gaudium* (*Joan.* xvi, 20). Et rursum: *Vos igitur nunc quidem tristitiam habetis, iterum autem videbo vos, et gaudebit cor vestrum, et gaudium vestrum nemo auferet a vobis* (*Ibid.*, 22). Sospitate ergo Dominus mœrentes erigere dicitur, quia pro se afflictos temporaliter vera salute consolatur. Quod tamen de electis Dei etiam in hac vita nil obstat intelligi.

24. *Humiles jam ex hac vita in sublimi sunt positi.* — In sublimi quippe humiles ponuntur, quia cum se ex humilitate substernunt, altæ mentis judicio cuncta tempo alia transeunt; cumque se indignos in omnibus æstimant, rectæ cogitationis examine hujus mundi gloriam transcendentes calcant. Videamus humilem Paulum. Ecce discipulis dicit: *Non enim nosmetipsos prædicamus, sed Jesum Christum Dominum nostrum, nos autem servos vestros per Christum* (*II Cor.* iv, 5). Videamus hunc humilem in sublimi jam positum. Ait: *An nescitis quia angelos judicabimus* (*I Cor.* vi, 5)? Et rursum: *Conresuscitavit et consedere nos fecit in cœlestibus* (*Ephes.* ii, 6). Fortasse hunc exterius tunc catena religabat, mente tamen positus in sublimibus fuerat, qui jam per spei suæ certitudinem in cœlestibus sedebat. Sancti itaque viri foris despecti sunt, et velut indigni omnia tolerant; 192 sed dignos se supernis sedibus confidentes, æternitatis gloriam cum certitudine exspectant; cumque laborant foris adversitate persecutionis, ad munitam recurrunt intrinsecus arcem mentis; et inde cuncta sub se ire despiciunt, inter quæ et transire corporaliter etiam semetipsos cernunt; minas non metuunt, quia et tormenta patiendo contemnunt. Hinc enim per Salomonem dicitur: *Justus quasi leo confidens absque terrore erit* (*Prov.* xxviii, 1). Hinc ab eo iterum scriptum est: *Non contristabit justum, quidquid ei acciderit* (*Prov.* xii, 21). Quia enim recti quique in alto intentionis suæ vertice siti sunt, dum mortem moriendo non sentiunt, miro modo eos reproborum jacula et feriunt, et non contingunt. In sublimi ergo humiles sunt positi, quia unde se in omnibus despiciunt, inde contra omnia securiores fiunt.

[*Vet. IX, Rec. XI.*] *Mens ad ea quæ supra ipsam sunt inhiare cessans, sub semetipsam indesinenter ruit.* — Quo contra recte sub Babylonis specie per prophetam menti reprobæ dicitur: *Descende, sede in pulvere, virgo filia* ª *Babylonis, sede in terra; non est solium filiæ Chaldæorum* (*Isai.* xlvii, 1). Hoc enim loco humana mens virgo non incorrupta, ut arbitror, dicitur, sed infecunda. Et quia Babylon confusio interpretatur, recte infecunda mens Babylonis filia vocatur, quæ in eo quod nequaquam bona opera germinat, dum nullo ordine rectæ vitæ componitur, quasi confusione matre generatur. Sin autem virgo non infecunda dicitur, sed incorrupta, postquam

---

ª Plerique, *filia Babylon.* Ita etiam vet. Edit.

statum salutis perdidit, ad confusionis suæ cumulum appellatur quod fuit. Cui apte per increpationem dicitur divina voce : *Descende.* In alto quippe humanus animus stat, quando supernis retributionibus inhiat; sed ab hoc statu descendit, cum turpiter victus sese defluentibus mundi desideriis subjicit. Cui bene mox additur : *Sede in pulvere.* Descendens enim in pulvere residet, quia cœlestia deserens, terrenis cogitationibus aspersus in infirmis vilescit. Ubi adhuc ingeminando subjungitur : *Sede in terra.* Ac si aperte exprobrans dicat : Quia cœlesti conversatione noluisti te erigere, sub temetipso prostratus in terrenis actibus humiliare. Unde et necessario protinus additur : *Non est solium filiæ Chaldæorum.* Chaldæi namque feroces interpretantur. Valde autem feroces sunt, qui [a] voluntates proprias sequentes, nec suis parcere mortibus sciunt. Ferocia sunt terrena desideria, quæ non solum contra præcepta conditoris, sed sæpe etiam contra percussionum verbera, duram atque insensibilem mentem reddunt. Sed filia ferocium solium non habet, quia mens, quæ ad amorem mundi ex pravis desideriis nascitur, atque eisdem desideriis obduratur, in eo quod se terrenis concupiscentiis subjicit, sedem judicii amittit; nullique apud se solio præsidet, quia examine discretionis caret, et quasi a judicii sui sessione repellitur, quia per exteriores concupiscentias vagatur. Liquet enim, quod mens, quæ intus consilii sedem perdiderit, foras se per desideria innumerabiliter spargit. Et quia agere intellecta dissimulat, cæcatur recte, ut etiam nesciat quod agat; et sæpe justo judicio in sua ipsa voluntate relinquitur, et sub ea quæ anxie appetit laboriosa mundi ministeria relaxatur. [*Vet. X.*] Unde apte illic subditur : *Quia ultra non vocaberis mollis et tenera; tolle molam, et mole farinam* (*Ibid.*, 2). Constat nimirum quod teneræ suæ filiæ parentes parcunt, nec duris atque servilibus hanc operibus affligunt. Omnipotens ergo Deus quasi teneram filiam vocat, **193** quando dilectam uniuscujusque animam a laboriosis hujus mundi servitiis revocat; ne dum exterioribus actibus afficitur, ab internis desideriis obduretur. Sed Chaldæorum filia mollis et tenera non vocatur; quia mens pravis desideriis dedita, in eo [b] quod anxie appetit hujus sæculi labore relinquitur, ut foras mundo velut ancilla serviat, quæ intus Deum ut filia nequaquam amat. Unde et molam tollere, ac farinam molere jubetur. Mola in gyrum ducitur, et farina profertur. Unaquæque autem mundi hujus actio mola est, quæ dum multas curas congerit, humanas mentes quasi per gyrum vertit; atque ex se velut farinas projicit, quia seducto corde, semper minutissimas cogitationes gignit. [*Vet. XI.*] Nonnunquam vero qui quietus alicujus esse meriti creditur, positus in qualibet actione denudatur, unde illic protinus subinfertur : *Denuda turpitudinem tuam, discooperi humerum, revela [c] crura, transi flumina* (*Ibid.*, 2). In administratione quippe operis turpitudo denudatur, dum vilis mens abjectaque in actionis ostentatione cognoscitur, quæ quieta prius magna putabatur. Humerum mens discooperit, quando opus suum quod ignorabatur ostendit. Crura revelat, quia quibus desideriorum passibus lucris mundi inhiet manifestat. Flumina etiam transit, quia actiones hujus sæculi, quæ quotidie ad terminum defluunt, indesinenter appetit; dumque alias relinquit, alias assequitur, quasi semper [d] de flumine ad flumen tendit. Hæc paucis per excessum diximus, ut mens a solio sanctæ intentionis excussa quo jaceat monstraremus, quia si ad ea quæ super ipsam sunt inhiare cessaverit, sub semetipsam etiam indesinenter ruit. In alto autem figitur, si amorem temporalium deserens, ad spem incommutabilis æternitatis ligatur.

26. *Lætitia servorum Dei vera; lætitia iniquorum ex insania, non ex sospitate.* — Bene ergo dicitur : *Qui ponit humiles in sublimi.* Atque apte subjungitur : *Et mœrentes erigit sospitate.* Sæpe in hoc mundo etiam læti quilibet erecti sunt, dum de ipsa gloria suæ prosperitatis intumescunt. Sed mœrentes Dominus sospitate erigit, quia afflictos suos ad gloriam veræ lætitiæ soliditate sustollit. Sospitate quippe, non insania erecti sunt, qui in bonis actibus positi, spe in Deum firma gratulantur. Nonnulli enim, sicut diximus, et iniquitates perpetrant, et gaudere non cessant; de quibus per Salomonem dicitur : *Qui lætantur cum malefecerint, ei exsultant in rebus pessimis* (*Prov.* II, 14). Et rursum : *Sunt impii, qui ita securi sunt, ac si justorum facta habeant* (*Eccle.* VIII, 14). Hi nimirum non sospitate eriguntur, sed insania, qui superbiunt cum affligi debuerant; et inde miseri in exsultatione defluunt, unde a bonis flentur. Phreneticorum videlicet sensibus similes, insaniam qua prævalent, virtutem putant; qui ex morbo esse nesciunt hoc, quod amplius sanis possunt; et quasi crevisse se viribus æstimant, dum ad vitæ terminum per augmenta languoris appropinquant. Qui quia rationis sensum non habent, flentur, et rident; et tanto in magna exsultatione se dilatant, quanto et insensibiles malum quod patiuntur ignorant. Sospitate ergo Dominus mœrentes erigit, quia electorum mens non de præsentis vitæ insania, sed de certitudine æternæ salutis hilarescit. Unde apte mox de hac ipsa pravorum destructione subjungitur :

CAPUT XVII.

194 Vers. 12. — *Qui dissipat cogitationes malignorum ne possint implere manus eorum quod cœperant.*

27. *Malorum sæpe cassæ sunt cogitationes, nec minus rea conscientia.* — Reproborum mentes perversis cogitationibus semper invigilant, sed plerumque eis superna dispensatio obviat; et quamvis pravitatem consilii nec fracti adversitatibus corrigant, ne tamen contra bonos prævaleant, eorum vires refrenat. Quos contra miro judicio agitur, ut effectu quidem pravi

---

[a] Bellovac., Val. Cl. et pene omnes, *qui voluptates proprias.*
[b] In Mss. Corb. Germ. et Colb., *quem anxie.*
[c] Compend., Bellovac., Germ. et plerique, *revela crus,* et infra, *crus revelat.*
[d] Mss. Norm. et alii, *ad flumen transit.*

operis careant, et tamen justæ sententiæ judicis reos conscientiæ addicat. Quod ergo mala cogitant, quid ipsi faciant ostendunt; quod vero mala implere nequeunt, hi contra quos cogitaverant, defenduntur. Unde et adhuc bene subditur:

CAPUT XVIII [Rec. XII].

VERS. 13. — *Qui comprehendit sapientes in astutia eorum, et consilia pravorum dissipat.*

28. *Dei consiliis renitentes, ipsis famulantur inviti. Ostenditur exemplis fratrum Joseph, Saulis, Jonæ, Judæorum.* — Sæpe enim nonnulli humana sapientia inflati, dum desideriis suis divina judicia contraire conspiciunt, astutis eis reluctari machinationibus conantur; et quo ad votum suum vim supernæ dispensationis intorqueant, callidis cogitationibus insistunt, subtiliora consilia exquirunt; sed inde voluntatem Dei peragunt, unde hanc immutare contendunt; atque omnipotentis Dei consilio, dum resistere nituntur, obsequuntur, quia sæpe et hoc ejus dispositioni apte militat, quod ei per humanum studium frivole resultat. Sapientes ergo Dominus in ipsa eorum astutia comprehendit, quando ejus consiliis humana facta etiam tunc congrue serviunt, cum resistunt. Quod melius ostendimus, si pauca gestarum rerum ad medium exempla proferamus.

[*Vet. XII.*] 29. Joseph somnium viderat, quod suo manipulo fratrum ejus se manipuli prosternebant (*Genes.* XXXVII, 7); somnium viderat, quod sol et luna se cum reliquis stellis adorabant. Quæ quia pure fratribus retulit, eorum corda protinus futuræ dominationis invidia pavorque percussit. Cumque ad se hunc venire conspicerent, malitia sæviente dixerunt: *Ecce somniator ille venit, venite occidamus eum, et videamus quid illi proderunt somnia sua* (*Ibid.*, 20). Cumque se ejus dominio subjici metuunt, somniatorem in puteum deponunt, eumque Ismaelitis transeuntibus vendunt: qui in Ægyptum ductus, servituti subditus, luxuriæ accusatione damnatus, castitatis merito adjutus, prophetiæ judicio [a] erectus, omni Ægypto prælatus est; per supernam vero sapientiam providus frumenta congessit, et futuro periculo necessitatis obviavit. Cumque in orbem [b] fames irruit, de alimentorum præparatione sollicitus Jacob filios suos in Ægyptum misit: qui frumentorum dispensationi præpositum Joseph nescientes inveniunt, atque ut mererentur alimenta percipere, eorum dispensatorem compulsi sunt pronis in terram cervicibus adorare. Pensemus ergo gestæ rei ordinem, pensemus quomodo sapientes in ipsa sua astutia vis divina comprehendat. Ideo ab eis venditus fuerat Joseph, ne adoraretur; sed ideo est adoratus, quia venditus. Astute namque aliquid agere ausi sunt, ut Dei consilium mutaretur; sed divino judicio, quod declinare conati sunt, renitendo servierunt. Inde quippe coacti sunt Dei voluntatem peragere, unde hanc moliti sunt astute commutare. Sic divinum consilium dum devitatur, impletur; sic humana sapientia dum reluctatur, comprehenditur. Timuerunt fratres, **195** ne Joseph super eos excresceret; sed hoc quod divinitus dispositum fuerat, cavendo factum est ut eveniret. Humana ergo sapientia in se ipsa comprehensa est, quæ voluntati Dei, unde per intentionem restitit, [c] inde ejus impletioni militavit.

[*Vet. XIII.*] 30. Sic Saul dum David subjectum quotidiano succrescere virtutum successu conspiceret, suam ei in conjugium filiam spopondit, atque in ejus dotem centum dari ab eo Philistinorum præputia petiit, ut cum provocatus miles ultra se excrescere quæreret, inimicorum gladiis traditus vitam finiret, sicut scriptum est: *Non habet rex necesse sponsalia, nisi tantum centum præputia Philistinorum, ut fiat ultio de inimicis regis* (*I Reg.* XVIII, 25). Porro Saul cogitabat tradere David in manus Philistinorum; sed David dispositionis intimæ favore roboratus, centum se dare perhibuit, et ducenta præputia reportavit. Cujus nimirum operis Saul argumento superatus, superna providentia in sapientiæ suæ est consilio comprehensus; quia unde succrescentis militis vitam se exstinguere credidit, virtutis [d] ejus gloriam inde cumulavit.

31. Sed quia nonnunquam astute aliquid sapere etiam electi moliuntur, libet ad medium alium sapientem deducere, [e] et quomodo in internis consiliis astutia mortalium comprehendatur, demonstrare. Prudenter quippe Jonas sapere voluit, cum ad prædicandam [f] Ninivitarum pœnitentiam missus, quia electis gentibus Judæam deseri timuit, prædicationis officium implere recusavit (*Jonæ* I, 2, 3, *seq.*). Navim petiit, fugere Tharsis elegit; sed protinus tempestas exoritur, sors mittitur, ut videlicet cognoscatur cujus culpa mare turbetur. Jonas in culpa deprehenditur, in profundum mergitur, ceto sorbente devoratur, atque illuc gestante bellua pervenit, quo ire sponte contemnit. Ecce fugitivum Dei tempestas invenit, sors ligat, mare suscipit, bellua includit, et quia auctori suo obedire renititur, ad locum quo missus fuerat, suo reus carcere portatur. Jubente Deo ministrare homo prophetiam noluit, aspirante Deo bellua prophetam vomit. Comprehendit ergo Dominus sapientes in astutia eorum, quando et hoc in usum suæ voluntatis redigit, per quod sibi voluntas humana contradicit.

32. Perscrutemur adhuc Hebræorum sapientiam, ut videamus quid providendo prohibuit, quid prohibendo provocavit. Certe cum ad Redemptoris nostri miracula credentium turba conflueret, cum sacerdo-

---

[a] Corb. Germ., *erectus.* In Utic., *ereptus et erectus.*
[b] Gemet., Utic., Val. Cl. et alii, *fames inhorruit.*
[c] Ebroic., *ejus intentioni militavit.*
[d] Vindocin., *Virtutis ejus gloria inde convaluit.*
[e] Compend., Val. Cl., Longip., Corb. Germ., Colb. Norman., unus Vindocin.: *Et quo sinu interni consilii astutia mortalium comprehendatur demonstrare.* In Turon. legitur: *Et quod interni consilii judicio astutia, etc.* S. Mich. et Germ., *et quos in interni consilii astutia, etc.* Vet. Edit., *et quomodo in interni consilii astutia comprehendatur.* In quibusdam deest m. (
[f] Ebroic., *ad prædicandam Ninivitis pœnitentiam.*

tes populi, invidiæ facibus accensi, mundum post eum ire proclamarent dicentes : *Videtis quia nihil proficimus, ecce mundus totus post eum abiit (Joan.* xII, 19); ut ab illo vim tantæ concursionis absciderent, finire ejus potentiam morte conati sunt, dicentes ; *Expedit ut unus homo moriatur, et non tota gens pereat (Joan.* xi, 50). Sed Redemptoris mors ad conjunctionem sui corporis, id est Ecclesiæ, valuit, non ad separationem. Unde et per legem turturi vel columbæ, in figura nostri sacrificii, secari guttur præcipitur, et non penitus abscidi, ut et post mortem corpori caput inhæreat (*Levit.* I, 15) ; quia videlicet *mediator Dei et hominum (I Tim.* II, 5), id est, caput omnium nostrum, 196 et veræ mundationis hostia, unde pro nobis mortem pertulit, inde nobis verius inhæsit. Post sectionem ergo caput turturis suo corpori inhæret, quia Christum ab Ecclesia nec mors interveniens dividit. Persecutores igitur peregerunt hoc quod perniciose moliti sunt, intulerunt mortem, ut ab eo [a] absciderent fidelium devotionem ; sed inde fides crevit, unde hanc se exstinguere infidelium crudelitas credidit. Cumque se æstimant ejus miracula persequendo abscidere, hæc nimirum compulsi sunt nesciendo dilatare. Comprehendit ergo Dominus sapientes in astutia eorum, quando et hoc ad pietatis suæ obsequium redigit, quod contra illum humana crudelitas exarsit.

33. *Deus alia concedit propitius, alia permittit iratus. —* Justus namque et misericors mortalium acta disponens, alia concedit propitius, alia permittit iratus ; atque ea quæ permittit, sic tolerat, ut hæc in sui consilii usum vertat. [*Vet. XIV.*] Unde miro modo fit ut et quod sine voluntate Dei agitur, voluntati Dei contrarium non sit, quia dum in bonum usum mala facta vertuntur, ejus consilio militant etiam quæ ejus consilio repugnant. Hinc enim per Psalmistam dicitur : *Magna opera Domini, exquisita in omnes voluntates ejus* (*Psal.* cx, 2). Sic quippe ejus opera magna sunt, ut per omne quod ab hominibus agitur, ejus voluntas exquiratur. Nam sæpe inde perficitur, unde repelli putabatur. Hinc rursum dicitur : *Omnia quæcunque voluit Dominus fecit in cœlo et in terra* (*Psal.* cxxxiv, 6). Hinc Salomon ait : *Non est sapientia, non est prudentia, non est consilium contra Dominum* (*Prov.* xxi, 30). Restat ergo ut in cunctis quæ agimus vim supernæ voluntatis inquiramus, cui videlicet cognitæ debet nostra actio devote famulari, et quasi ducem sui itineris persequi, ne ei etiam nolens serviat, si hanc superbiens declinat. Vitari enim vis superni consilii nequaquam potest ; sed magna sibi virtute hanc temperat, qui se sub ejus nutibus refrenat ; ejusque sibi pondera levigat, qui hanc subjecto cordis humero volens portat. Sed quia persecutorum superius memoriam fecimus, qua-

liter etiam ea quæ subjuncta sunt, eorum cæcitati congruant, ostendamus. Sequitur :

CAPUT XIX [*Rec. XIII*].

Vers. 14. — *Per diem incurrent tenebras, et quasi in nocte, sic palpabunt in meridie.*

34. *Christi persecutores in die tenebras passi sunt. Et quasi cæci palparunt in meridie. — Per diem tenebras incurrerunt,* quia in ipsa veritatis præsentia perfidiæ errore cæcati sunt. Clare quippe per diem cernitur, per noctem vero nostra acies obscuratur. Persecutores igitur Redemptoris nostri [b] dum divinæ virtutis miracula cernerent, et tamen de ejus divinitate dubitarent, in die tenebras passi sunt, quia visum in luce perdiderunt. Hinc est quod eos ipsa Lux admonet dicens, : *Ambulate dum lucem habetis,* *ne vos* [c] *tenebræ comprehendant* (*Joan.* xII, 35). Hinc est quod de Judæa dicitur : *Occidit ei sol, cum adhuc esset dies* (*Jerem.* xv, 9). Hinc est quod vocem pœnitentium in se propheta iterum sumpsit, dicens : *Impegimus meridie quasi in tenebris, in caliginosis quasi mortui* (*Isai.* LIX, 10). Hinc iterum dicit : [d] *Custos quid de nocte? custos, quid de nocte? Dixit custos: Venit mane et nox* (*Isai.* xxi, 11). De nocte etenim custos venit, quia humani generis protector et manifestus in 197 carne apparuit, et tamen hunc pressa perfidiæ suæ tenebris Judæa minime agnovit. Ubi bene ex voce custodis additur, *Venit mane et nox,* quia per ejus præsentiam et nova lux mundo inclaruit, et tamen in corde infidelium vetusta cæcitas remansit. [*Vet. XV.*] Bene autem dicitur: *Quasi in nocte, sic palpabunt in meridie.* Hoc quippe palpando exquirimus, quod oculis non videmus. Judæi autem aperta ejus miracula viderant, et adhuc eum quasi palpantes quærebant, cum dicerent: *Quo usque animam nostram tollis ? Si tu es Christus, dic nobis palam* (*Joan.* x, 24). Ecce miraculorum lux ante oculos aderat, et tamen in cordis sui tenebras offendentes, adhuc requirendo palpabant. Quorum nimirum cæcitas ad crudelitatem, crudelitas etiam usque ad aperta opera persecutionis exarsit. Sed Redemptor humani generis persecutorum suorum manibus diu teneri non potuit. Unde et protinus subditur :

CAPUT XX.

Vers. 15. — *Porro salvum faciet* [e] *egenum de gladio oris eorum, et de manu violenti pauperem.*

35. *Christus Judæorum linguas et gentilium gladium resurgendo superavit. —* Ipse quippe iste pauper est, de quo per Paulum dicitur : *Propter nos egenus factus est, cum dives esset.* Et quia Judæi Dominum accusando tradiderunt, quem traditum gentiles [f] occiderunt (*II Cor.* vIII, 9), potest per oris gladium accusantium Hebræorum lingua signari, de quibus per Psalmistam dicitur : *Filii hominum, dentes eorum arma et sagittæ, et lingua eorum machæra acuta*

---

[a] Ubique Mss. habent *absciderent, abscidere,* et similia, pro *absciderent,* etc.
[b] Ebroic. et alii Norman., *dum divinæ pietatis miracula.* Utic. habet utramque lectionem.
[c] Vindoc. et alii, *ne tenebræ mortis vos comprehendant.*
[d] In Utic. et Germ. correcto : *Custos qui de nocte, Custos qui de nocte.*
[e] Deest *egenum* in Compend., Norm., etc., hic et deinceps ubi idem textus profertur.
[f] Pro *occiderunt,* quod legitur in Mss. Gilot. et al., Recent. habent *crucifixerunt.*

(*Psal.* LVI, 5); quia Evangelio etiam teste clamaverunt : *Crucifige, crucifige* (*Luc.* XXIII, 21). Per violenti vero manum, ipsa crucifigens gentilitas exprimi potest, quæ in Redemptoris morte Hebræorum voces opere implevit. Deus itaque hunc pauperem et de violenti manu, et de oris gladio salvum fecit; quia videlicet Redemptor noster et vires gentilium, et linguas Judæorum moriendo ex humanitate pertulit, sed ex divinitatis suæ potentia resurgendo superavit. Qua videlicet resurrectione quid aliud agitur, nisi ut ad spem vitæ subsequentis infirmitas nostra roboretur? Unde et bene mox subditur :

CAPUT XXI.

VERS. 16.—*Et erit egeno spes.*

56. *Suorum spem solidavit.*—Erepto quippe paupere, egenus ad spem reducitur, quia humilium fidelium populus, Redemptore moriente, pavore concutitur, sed resurgente solidatur. Ipsos namque primos hujus populi pauperes, electos videlicet prædicatores, visa ejus mors perculit, sed resurrectio ostensa reparavit. Salvato ergo paupere, spem egenus recipit, quia resurgente in carne Domino, fidelis quisque ad æternæ vitæ fiduciam convalescit. Sed ecce jam in manifesta ostensione Veritas venit, jam carnis mortem pertulit, eamque resurgendo destruxit, [a] jam resurrectionem gloria ascensionis honoravit; et tamen Hebræorum lingua adhuc eum contumeliis lacessere non desinit, quos nimirum æquanimiter tolerat, ut alios tolerando convertat, atque alios minime conversos quandoque districtius feriat. Tunc enim lingua nfidelium ab effrenatione suæ loquacitatis obmutescet, cum venire eum justum judicem viderit, quem nunc injuste judicavit. Unde et bene subditur :

CAPUT XXII.

IBID.—*Iniquitas autem contrahet os suum.*

57. *Judæi a contumeliis in Christum cessabunt.*—Os enim suum nunc adhuc iniquitas dilatat, quia humani generis Redemptorem lingua infidelium contumeliis lacessere nequaquam cessat. Sed tunc os contrahet, cum hoc quod non vult per 198 studium, [b] per supplicium claudet. Quod tamen bene accipi etiam de conversis persecutoribus potest. Salvato enim paupere, dum egenus ad spem redit, contracto ore iniquitas obmutescit, quia resurrectionis ejus clarescente miraculo, dum copiosa multitudo infidelium credit, a Redemptoris sui injuriis contumeliisque cessavit. Os enim suum, quod Deum deridendo aperuit, jam formidando contraxit.

[*Vet.* XVI.] SENSUS MORALIS.—58. *Invidorum tenebræ et anxia malitia.*—Libet hæc moraliter, postposita Judæorum significatione, transcurrere, atque a pravis generaliter quomodo agantur indagare. Iniquorum quippe hominum mentes cum quædam a proximis bene gesta conspiciunt, in extenso livoris sui equuleo torquentur, et gravem malitiæ suæ pœnam sustinent, cum bona in aliis tabescentes vident. Recte itaque dicitur : *Per diem incurrent tenebras,* quia mens eorum cum de aliena melioratione affligitur, de radio lucis obscuratur; quia sæpe in proximis dum bona aperta considerant, si qua mala lateant investigant, et sollicitis inquisitionibus laborant, si quid forte quod accusare possint inveniant. Sana quidem membra conspiciunt : sed clausis cordis oculis vulnus palpantes quærunt. Unde et bene subditur : *Et quasi in nocte, sic palpabunt in meridie.* Dies boni operis in proximo exterius lucet; sed quasi in nocte palpant, quia livoris sui intus tenebras tolerant. Pervenire ad aliqua, quæ reprehendant, satagunt, detractionis aditum quærunt; sed quia hunc invenire non valent, cæci exterius circumeunt. Quod bene exprimitur, cum Lot, protegentibus angelis, in domo ejus ostium Sodomitæ non invenerunt, sicut scriptum est : *Vim faciebant Lot vehementissime, et jam proximum erat ut frangerent fores, et miserunt manum viri, et introduxerunt ad se Lot. clauseruntque ostium, et eos qui erant foris, percusserunt cæcitate a minimo usque ad maximum, ita ut ostium invenire non possent* (*Gen.* XIX, 9, 10 *seq.*). Quid est quod malis adversantibus, intra domum Lot reducitur et munitur, nisi quod justus quisque dum pravorum insidias sustinet, ad mentem revertitur, et imperterritus manet? Sodomitæ autem viri in domo Lot invenire ostium nequeunt, quia corruptores mentium contra vitam justi nullum accusationis aditum deprehendunt. Percussi enim cæcitate quasi domum circumeunt, qui invidentes facta dictaque perscrutantur. Sed quia eis de vita justi fortis undique ac laudabilis actio obviat, errantes nihil aliud quam parietem palpant. Bene ergo dicitur : *Quasi in nocte, sic palpabunt in meridie,* quia dum bonum quod vident accusare nequeunt, cæcati malitia, malum quod non vident ad accusationem quærunt.

39. *Ad culpam nos trahit delectatio aut terror; neutrum valet in humilem.*—Ubi et recte subjungitur : *Porro salvum faciet de gladio oris eorum, et de manu violenti pauperem.* Pauper quippe est, quisquis apud semetipsum elatus non est. Unde et per Evangelium Veritas dicit : *Beati pauperes spiritu, quoniam ipsorum est regnum cœlorum* (*Matth.* V, 3). Duobus autem modis ad culpam unusquisque pertrahitur. Aut enim delectatione ducitur, aut terrore superatur. Gladius namque oris est iniquitas persuasionis, manus autem violenti est adversitas potestatis. Sed quia veraciter humilis, qui hoc loco pauper vocatur, quo nulla hujus mundi prospera appetit, 199 eo audenter etiam adversa contemnit, recte dicitur : *Salvum faciet de gladio oris eorum et de manu violenti pauperem.* Ac si aperte diceretur : Sic in se Deus mentes humilium solidat, ut eas ad perpetrandam nequitiam nec blandimenta suasionum pertrahant, nec dolores suppliciorum frangant. Spes quippe in æternitatem animum erigit, et idcirco nulla mala exterius quæ tolerat sentit. Unde et subditur : *Et erit egeno spes.* Ad cujus spei videlicet fructum, cum pauper pervenerit, omnis elatus obmutescit. Unde et adhuc subditur : *Iniquitas autem contrahet os suum.* Nunc enim malus bonis derogat, et recta quæ agere negligit.

[a] Vindoc., *Jam resurrectionis gloriam ascensione honoravit*

[b] Deest *per* in Gemet.

nec in aliis obtrectando lacerare non cessat. Sed tunc iniquitas os suum contrahit, cum justis quanta suppetat gloria retributionis agnoscit. Tunc enim ei loqui contra bonos non vacat, quia malorum suorum digna retributione linguam tormenta ligant. Unde bene, Anna prophetante, dicitur : *Pedes sanctorum suorum servabit, et impii in tenebris conticescent* (*I Reg.* II, 9). Sed ut electus quisque æterna supplicia evadat, et ad perennem gloriam pauper ascendat, debet hic assiduis flagellis atteri, quatenus in judicio valeat purgatus inveniri. Ipso namque infirmitatis nostræ pondere deorsum quotidie ducimur, [a] nisi mira manu artificis per subvenientia flagella relevemur. Unde et subditur :

CAPUT XXIII [Vet. XVII].

Vers. 17. — *Beatus homo qui corripitur a Domino.* 40. *Assiduis flagellis hic atteri electus debet.* — Prima virtus est, [b] ne perpetrari debeant, vitare peccata; secunda autem, saltem perpetrata corrigere. Sed plerumque culpas non solum imminentes minime vitamus, verum etiam nec commissas agnoscimus. Et peccatorum mens tanto altius tenebrescit, quanto nec damnum suæ cæcitatis intelligit. Unde fit plerumque divini muneris largitate, ut culpam pœna subsequatur, et flagella oculos delinquentis aperiant, quos inter vitia securitas cæcabat. Torpens quippe animus percussione tangitur, ut excitetur ; quatenus qui statum suæ rectitudinis securus perdidit, afflictus consideret quo jacet. Hinc itaque ipsa asperitas correptionis origo fit luminis. Unde et per Paulum dicitur : *Omne quod arguitur, a lumine manifestatur* (*Ephes.* v, 13), argumentum enim salutis est vis doloris. Hinc est enim quod Salomon ait : *Curatio cessare faciet peccata maxima* (*Eccle.* x, 4). Hinc iterum dicit : *Quem enim diligit Dominus, castigat; flagellat autem omnem filium quem recipit* (*Hebr.* xII, 6). Hinc voce angelica Dominus ad Joannem loquitur, dicens : *Ego quos amo, redarguo et castigo* (*Apoc.* III, 19). Hinc Paulus ait : *Omnis autem disciplina in præsenti quidem non videtur esse gaudii, sed mœroris; postea autem fructum pacatissimum exercitatis per eam reddit justitiæ* (*Hebr.* xII, 11). Quamvis ergo convenire simul nequeant dolor et beatitudo, recte tamen nunc dicitur, *Beatus homo qui corripitur a Domino ;* quia per hoc, quod peccator dolore correptionis premitur, quandoque ad beatitudinem, quæ sine interventu est doloris, eruditur. Sequitur :

CAPUT XXIV [Rec. XIV].

Ibid. — *Increpationem ergo Domini ne reprobes.*

41. *Correptio Dei alia punit, alia probat.* — Quisquis pro culpa percutitur, sed in querela suæ percussionis elevatur, increpationem Domini reprobat, quia hanc injuste se perpeti accusat. Qui autem non pro purgatione criminis, sed pro **200** fortitudinis probatione feriuntur, cum causas suæ percussionis inquirunt, nequaquam increpationem Domini reprobare dicendi sunt, quia in semetipsis [c] satagunt invenire quod nesciunt. Unde et beatus Job ad libertatis verba inter percussionis verbera erumpens, tanto de se rectius judicia ferientis interrogat, quanto in semetipso verius causas [d] passionis ignorat. Eliphaz itaque, quia hunc percussum non probationis examine, sed purgationis æstimavit, dum libere inter flagella loqueretur, reprobasse Dei increpationem credidit. Quem apte etiam hæreticorum tenere speciem diximus, qui omne quod a sancta Ecclesia recte agitur, apud judicium suum semper ad vitium tortitudinis inflectunt. Quia vero bona intentione ad loquendum ducitur, sed non curat discernere cui loquatur, adhuc supernæ dispensationis moderamina prædicando subjungit, dicens :

CAPUT XXV [Vet. XVIII].

Vers. 18. — *Quia ipse vulnerat, et medetur ; percutit, et manus ejus sanabunt.*

42. *Duobus modis Deus ad salutem vulnerat. Menti ad Deum redeunti, ad tentationem vertitur, quidquid prius in sæculo blandum.* — Duobus modis omnipotens Deus vulnerat, quos reducere ad salutem curat. Aliquando enim carnem percutit, et mentis duritiam suo pavore tabefacit. Vulnerando ergo ad salutem revocat, cum electos suos affligit exterius, ut interius vivant. Unde per Moysen quoque loquitur, dicens : *Ego occidam, et vivere faciam : percutiam, et ego sanabo* (*Deut.* xxxII, 39). Occidit enim ut vivificet, percutit ut sanet ; quia idcirco foras verbera admovet, ut intus vulnera delictorum curet. Aliquando autem etiam si flagella exterius cessare videantur, intus vulnera infligit, quia mentis nostræ duritiam suo desiderio percutit. Sed percutiendo sanat, quia terroris sui jaculo transfixos ad sensum nos rectitudinis revocat. Corda enim nostra male sana sunt, cum nullo Dei amore saucientur, cum peregrinationis suæ ærumnam non sentiunt, cum erga infirmitatem proximi nec quamlibet minimo affectu languescunt. Sed vulnerantur ut sanentur, quia amoris sui spiculis mentes Deus insensibiles percutit, moxque eas sensibiles per ardorem charitatis reddit. Unde et sponsa in Canticis canticorum dicit : *Vulnerata charitate ego sum* (*Cant.* II, 5, sec. *LXX*). Male enim sana anima, atque in hujus exsilii [e] stratum cæca securitate prostrata, nec videbat Dominum, nec videre requirebat ; percussa autem charitatis ejus spiculis, vulneratur in intimis affectu pietatis, ardet desiderio contemplationis, et miro modo vivificatur ex vulnere, quæ prius mortua jacebat in salute ; æstuat, anhelat, et jam videre desiderat quem fugiebat. Percussione ergo ad

---

[a] Mss. Norm. , *nisi misericordia artificis.* Utic. præter hanc lectionem aliam exhibet, scilicet, *nisi misericordi manu artificis.*

[b] Hic variant Mss. Unus Vindoc. et Colb. habent, *ne perpetrare debeant peccata.* Alter Vindoc. , *ne perpetrare debeant præmeditata peccata.* Reg., Ebroic. et alii Norman. , *ne perpetrari debeant vetita peccata.* Germ. et Corb., pro *vetita,* habet *vitata peccata.* Alii,

ne perpetrari debeant, vitare peccata.

[c] Additur in Ed. *castigando*, quod redundat, et abest a Mss.

[d] Editi, loco *passionis*, adhibent *persecutionis.*

[e] In ed., *exsilii statu. Stratum* invenimus in Compend., Val. Cl. ac Norman. Corb. Germ. habet *exsilii statim cæca securitate.*

salutem reducitur, quæ ad securitatem quietis intimæ, amoris sui perturbatione revocatur. Sed cum sauciata mens anhelare in Deum cœperit, cum cuncta mundi hujus blandimenta despiciens, ad supernam patriam per desiderium tendit, ad tentationem ei protinus vertitur, quidquid amicum prius in sæculo blandumque putabatur. Nam qui peccantem amare consueverant, recte viventem crudeliter impugnant. Et erectus in Deum animus, carnis suæ bella tolerat, in qua prius vitiis serviens, delectabiliter jacebat; voluptates priscæ ad memoriam redeunt, et contradicentem mentem gravi certamine affligunt. Sed quia dum transitorio labore atterimur, a perpetuo dolore liberamur, apte subjungitur :

CAPUT XXVI [Rec. XV].

Vers. 19. — *In sex tribulationibus liberabit te, et in septima non tanget te malum.*

43. *Transitorio labore eruimur a perpetuo dolore.*— Quid enim senario numero, quem septimus sequitur, nisi præsentis vitæ operatio decursusque signatur? Sexto quippe die omnia perficiens, hominem condidit, et septimo Deus die requievit. Qui scilicet septimus vesperam non habet, quia subsequentem requiem nullus jam terminus claudit. Perfectis ergo omnibus requies sequitur ; quia post bona vitæ præsentis opera, retributio æternæ quietis invenitur. In sex itaque nos tribulationibus Dominus liberat , ne nos in septima malum tangat, quia per paternæ pietatis eruditionem præsentis vitæ labore nos atterit, sed in adventu judicis a verbere abscondit; ut tanto tunc ad salutem certiores exhibeat, quanto nunc nos flagella durius secant. Qui apte mox et mala vitæ præsentis, et adjutoria supernæ protectionis enumerans subdit :

CAPUT XXVII.

Vers. 20. — *In fame eruet te de morte, et in bello de manu gladii.*

44. *Deus dum verbi sui pabulo mentes reficit, contra tentationes fortes reddit.* — Sicut fames carnis est subtractum subsidium corporis, ita fames mentis est silentium divinæ locutionis. Unde recte per prophetam dicitur : *Emittam famem in terram, non famem panis, neque sitim aquæ, sed famem audiendi verbum Dei* (Amos VIII, 14). Et quia humanam mentem cum divina allocutio deserit, contra eam tentatio carnis invalescit, apte subjungitur : *Et in bello de manu gladii.* Bellum quippe patimur, cum carnis nostræ tentationibus impugnamur ; de quo nimirum bello per Psalmistam dicitur : [a] *Obumbra caput meum in die belli* (Psal. CXXXIX, 3). Quia igitur reprobi dum fame verbi Dei deficiunt, etiam belli gladio transfiguntur; electos suos Dominus et in fame a morte eripit, et in bello a gladio abscondit, quia eorum mentes dum verbi sui pabulo reficit, contra A tentationes corporis fortes reddit. Sed sunt nonnulli qui etsi ex divino eloquio ab interna se fame reficiunt, si jam [b] contra tentationes corporis continentiæ virtute fulciuntur, adhuc tamen percuti humanis detractionibus metuunt, et sæpe dum linguarum jacula formidant, peccati se laqueo strangulant. Unde et apte subditur :

CAPUT XXVIII [Vet. XIX].

Vers. 21. — *A flagello linguæ absconderis.*

45. *Contra flagellum linguæ, contra pœnas corporales armare se oportet.* — Flagellum linguæ est exprobratio illatæ contumeliæ. Flagello linguæ bonos feriunt, qui eorum opera irridendo persequuntur. Sæpe enim lingua a bono opere, dum vituperat, revocat; et quasi flagellum se exerit, quia dorsum timidæ mentis cædit. Hoc flagellum linguæ, electæ menti insidiari Propheta conspexerat, cum supernum adjutorium pollicens dicebat : *Ipse liberabit [c] de laqueo venantium , et a verbo aspero* (Psal. XC, 3). Venantes enim nihil aliud quam carnem quærunt. Sed a venantium laqueo, atque ab aspero verbo eripimur, quando et insidias carnalium , et irrisionum probra despiciendo superamus. Aspera quippe eorum verba sunt, quæ bonis nostris itineribus adversantur. Sed asperitatem verbi evadere, est irrisiones detrahentium dissimulando calcare. Sancta ergo anima a flagello linguæ absconditur, quia dum in hoc mundo honorem laudis non quærit, nec contumelias detractionis sentit. Sed sunt nonnulli qui jam derogantium verba despiciunt, jam irrisiones pro nihilo attendunt, adhuc tamen pœnas corporis cruciatusque pertimescunt. Antiquus namque adversarius ut a recta intentione nos retrahat, multiformiter impugnat; et tentationem nostram modo verbi fame, modo carnis certamine, modo flagello sermonis, modo calamitate persecutionis aggreditur. Sed quia perfectus quisque cum in seipso vitia vicerit , statim mentem etiam contra vulnera passionis accingit, apte subjungitur :

CAPUT XXIX.

Ibid. — *Et non timebis calamitatem, cum venerit.*

46. *Contra multiformem adversarium pugnantes multiplicius nos parare debemus.*—Sancti enim viri quia contra multiformem adversarium se pugnare considerant, semetipsos in certamine multipliciter parant. Habent enim contra famem divini verbi pabulum , contra belli gladium, continentiæ scutum; contra flagellum linguæ, protectionem patientiæ ; contra exterioris calamitatis damnum, interni amoris adjutorium. Unde miro modo agitur, ut quo eos hostis callidus numerosius tentat, eo circumspecti Dei milites virtutibus ditiores fiant. Et quia electi quique dum præsentis vitæ certamina fortiter tolerant, in

---

[a] Sic pler. Mss., quomodo etiam exstat in Rom. Psalt. In perpaucis, *obumbrasti caput.* In Corb. Germ., *obumbravit caput.* In uno Reg., ut in Ed., *obumbrasti super caput.*

[b] Vindoc., *si jam contra tentationes, prælia continentiæ virtute fulciuntur.* Colb., Corb. Germ., Compend. et Turon. : *Si jam contra tentationis (vel tenta-* tionum) *prælia continentiæ virtute fulciuntur.* Utic. et aliqui Norm. : *se jam contra tentationes carnis, continentiæ virtute fulciunt ; adhuc,* etc.

[c] Utic. et pler. Mss., *liberabit te,* sicut etiam habent Hebr. textus, Athanas. Sixtina editio, etc. At Theodoretus legit *liberabit me,* astipulante Aug., qui habet *eruet me.*

terrore sibi venturi judicii securitatem parant, recte subjungitur :

CAPUT XXX [*Vet. XX, Rec. XVI*].

VERS. 22. — *In vastitate et fame ridebis.*

47. *Reprobi interius exteriusque torquebuntur.* — Tunc quippe reprobi vastitatem famemque passuri sunt, cum damnati in extremo judicio ab æterni panis visione separantur. Scriptum namque est : *Tollatur impius, ne videat gloriam Dei* (*Isai.* xxvi, 10, sec. LXX). Et per semetipsum Dominus dicit : *Ego sum panis vivus, qui de cœlo descendi* (*Joan.* vi, 51). Simul ergo eos vastitas famesque cruciat, qui non solum foras tormenta sentiunt, sed intus etiam inediæ peste moriuntur. Vastat gehenna, quia concremat, fames interficit, quia suam illis faciem Redemptor abscondit. ª *Bene namque retributionem interius exteriusque recipiunt, quia et cogitando miseri et operando deliquerunt. Unde bene per Psalmistam dicitur : Pones eos ut clibanum ignis in tempore vultus tui; Dominus in ira sua conturbabit eos, et devorabit eos ignis* (*Psal.* xx, 10). Quod enim ab igne devoratur, ab exteriori parte accenditur, clibanus vero interius inflammatur. In tempore ergo vultus Domini injusti omnes et ut clibanus ponuntur, et ab igne devorantur; quia, apparente judice, cum a visione illius eorum multitudo repellitur, et intus per desiderium ardet conscientia, et foris carnem cruciat gehenna.

48. *Justi tunc ridebunt, nec ulla in damnatos misericordia movebuntur.* —Potest etiam flagellum linguæ, sententia ultimæ animadversionis intelligi, qua districtus judex reprobis dicit : *Discedite a me, maledicti, in ignem æternum, qui paratus est diabolo et angelis ejus* (*Matth.* xxv, 41). Justus ergo a flagello linguæ atque a calamitate veniente absconditur, ᵇ quia in tanta districtione sententiæ blanda tunc judicis voce refovetur cum dicitur : *Esurivi, et dedistis mihi manducare; sitivi, et dedistis mihi bibere ; hospes eram, et collegistis me; nudus, et cooperuistis me; infirmus, et visitastis me; in carcere eram, et venistis ad me* (*Ibid.*, 55, 36). Quibus præmittitur : *Venite, benedicti Patris mei, possidete paratum vobis regnum a constitutione mundi* (*Ibid.*, 54). In vastitate ergo et fame justus ridebit; quia cum iniquos omnes extrema ultio percutit, ipse de gloria dignæ retributionis hilarescit. Nec damnatis jam tunc ex humanitate compatitur; quia divinæ justitiæ per speciem inhærens, inconcusso districtionis intimæ vigore solidatur. Erectas namque in claritate supernæ rectitudinis electorum mentes nulla misericordia afficit, quia has a miseriis altitudo beatitudinis alienas reddit. Unde bene etiam per Psalmistam dicitur : *Videbunt justi et timebunt, et super eum ridebunt, et dicent : Ecce homo qui non posuit* ᶜ *Deum adjutorem suum* (*Psal.* LI, 8). Iniquos enim justi nunc vident et metuunt, tunc visuri sunt et ridebunt. Quia enim modo ad eorum labi imitationem possunt, hic habent formidinem ; quia vero damnatis tunc prodesse nequeunt, illic non habent compassionem. Æterno itaque supplicio deditis non esse miserendum, in ipsa qua beati sunt justitia judicantis legunt, qui, quod suspicari fas non est, qualitatem sibi perceptæ felicitatis imminuunt, si in regno positi volunt quod implere nequaquam possunt. Sed quisquis ad vitæ præcepta se dirigit, priusquam præmia æterna percipiat, hic jam initia securitatis in perpetuum securitatis degustat; ut antiquum hostem non metuat, ut interveniente mortis articulo violentos ejus impetus nullatenus perhorrescat. [*Vet. XXI.*] Justis namque initium retributionis est ipsa plerumque in obitu securitas mentis. Unde et recte subjungitur :

CAPUT XXXI.

VERS. 22. —*Et bestiam terræ non formidabis.*

49. *Sæpe in obitu percipiunt securitatem mentis.* — Callidus quippe adversarius bestia terræ dicitur, quia ad rapiendas mortis tempore peccatorum animas violentia crudelitatis efferatur. Quos enim viventes blandiens decipit, morientes sæviens rapit. Quo contra de electorum Ecclesia per prophetam Dominus pollicetur, dicens : *Mala bestia non transibit per eam* (*Isai.* xxxv, 9). Illi igitur terræ bestiam morientes timent, qui conditoris sui potentiam viventes non timent. Sancti etenim viri quia divinæ se formidini medullitus subdunt, omne de adventu adversarii pondus timoris abjiciunt. Hinc est enim quod Psalmista Dominum exorat, dicens : *Ne quando rapiat ut leo animam meam* (*Psal.* vii, 3). Hinc rursus ait : *Exaudi, Deus, orationem meam* ᵈ *cum tribulor, a timore inimici eripe animam meam* (*Psal.* LXIII, 1, 2). Viventes quippe perfecte timent judicem, ne morientes metuant accusatorem. Bene ergo dicitur : *Et bestiam terræ non formidabis.* Ac si aperte diceretur : Quia a blandiente hoste modo non vinceris, hunc sævientem postmodum non timebis. Sed cum bene vivitur, valde cavendum est ne mens, despectis cæteris, de gloria singularitatis elevetur. Unde apte ad memoriam bonum sociale reducitur, cum protinus subinfertur :

CAPUT XXXII.

VERS. 23. —*Sed cum lapidibus regionum pactum tuum.*

50. *Pie viventibus cavenda singularitas.* — Quasi distinctæ in mundo regiones sunt Ecclesiæ gentium, quæ in una fide positæ, morum linguarumque diversitate dividuntur. Quid ergo regionum lapides, nisi Ecclesiarum electos accipimus ? quibus primi instructoris voce dicitur : *Vos autem tanquam lapides vivi superædificamini* (*I Petr.* ii, 5). De quibus sanctæ Ecclesiæ per prophetam Dominus pollicetur dicens : *Ecce ego sternam per ordinem lapides tuos* (*Isai.* LIV, 11). Qui igitur recte vivit, pacto se lapidibus re-

---

ª Mss. Gemet., *Pœnæ namque retributionem.*
ᵇ Ebroic., *quia intenta districtione.*
ᶜ Gemet., *Deum adjutorem sibi.*
ᵈ Coccius ac deinceps; *cum deprecor*, reluctantibus aliis Ed. et Mss., quibus concinit Rom. Psalterium Juxta tamen textum Heb. potius legendum *deprecor*, quam *tribulor.*

gionum jungit, quia in eo quod mundi desideria superat, vitam suam procul dubio ad sanctorum præcedentium imitationem ligat. Sed cum a mundi [a] actione disjungitur, malignorum spirituum impugnationes crescunt: quæ tamen quo magis in mœrore quemquam atterunt, eo conditori humilius subdunt. Unde et subjungitur:

CAPUT XXXIII.

IBID. — *Et bestiæ terræ pacificæ erunt tibi.*

51. *Acriores hostis insidiæ, ad gratiæ adjutorium postulandum nos compellunt.* — Notandum prius est quod non ait pacatæ, sed pacificæ, videlicet, non quia pacem habent, sed quia pacem faciunt. Hostes quippe callidi dum insidiantur, affligunt; sed afflicta mens tanto magis ad æternam patriam reditum diligit, quanto in hoc ærumnoso exsilio laboriosius vivit; et verius se gratiæ sui adjutoris humiliat, cum contra se insidias hostium acriores pensat. Terræ ergo bestiæ pacificæ electis fiunt, quia maligni spiritus, cum bonorum corda adversantes deprimunt, hæc nolentes ad amorem Domini impellunt. Inde ergo cum Deo pax robustior oritur, unde nobis ab adversariis durior pugna generatur.

[*Vet. XXII.*] 52. *Motus carnis tentando rugiunt, sed usque ad morsum non perveniunt. Imo nobis pacem cum Deo procurant.* — Possunt etiam per terræ bestias motus carnis intelligi, qui dum mentem nostram irrationabilia suadendo lacessunt, contra nos bestialiter insurgunt. Sed cum cor sub divina lege deprimitur, etiam carnis incentiva detumescunt; ut etsi tentando submurmurant, nequaquam tamen usque ad effectum operum, quasi ad aperti morsus rabiem exsurgant. Quis enim in hac adhuc corruptibili carne subsistens, has terræ bestias plene edomat, cum ille ad tertium cœlum raptus egregius prædicator dicat: *Video aliam legem in membris meis repugnantem legi mentis meæ, et captivum me ducentem in lege peccati; quæ est in membris meis* (*Rom.* vii, 23)? Sed alius est has bestias in campo operis sævientes aspicere, aliud intra cordis caveam frementes tenere. Redactæ namque intra claustra continentiæ, etsi adhuc tentando rugiunt, usque ad morsum tamen, ut diximus, actionis illicitæ non excedunt. Pacificæ itaque sunt terræ bestiæ, quia motus carnis etsi per desideria palpitant, aperta nos tamen contradictione operis non impugnant. Quamvis per hoc ipsum quod pacificæ dicuntur, etiam id quod de malignis spiritibus diximus, non inconvenienter accipitur. Motus etenim carnis pacem nobis cum Deo faciunt; cum tentando contradicunt. Nam justi mens in eo quod ad superna dirigitur, ex corruptibili corpore gravi bello fatigatur. Quæ si quando a desideriis cœlestibus, hujus mundi quamlibet minima delectatione tardatur, ipso bello suæ tentationis impellitur, ut illud toto corde diligat, quod contradictio nulla perturbat. Unde fit, ut quietem intimam ad memoriam revocet, et carnis suæ illecebras fugiens, ad illam pleno amore suspiret. Considerare enim ex tentatione unusquisque compellitur, unde quo cecidit, qui postquam pacem Dei deseruit, rixam sibi contra se [b] exsurgere ex semetipso sentit, et tunc verius videt de secura Dei dilectione quid perdidit, qui ad se dilapsus, suam in se contumeliam invenit. Pacem ergo nobis terræ bestiæ faciunt, quia motus carnis, dum nos tentando lacessunt, ad amorem quietis intimæ impellunt. Bene autem subditur:

CAPUT XXXIV [*Vet. XXIII.*]

VERS. 24. — *Et scies quod pacem habeat tabernaculum tuum.*

205 53. *In Scripturis pax plena et pax inchoata.* — In Scriptura sacra aliter pax plena dicitur, atque aliter inchoata. Inchoatam quippe pacem Veritas discipulis dederat, cum dicebat: *Pacem relinquo vobis, pacem meam do vobis* (*Joan.* xiv, 27), et plenam Simeon desideraverat, cum exoraret dicens: [c] *Nunc dimittis servum tuum, Domine, secundum verbum tuum in pace* (*Luc.* ii, 29). Pax enim nostra ex desiderio conditoris inchoatur, ex manifesta autem visione perficitur. Plena quippe tunc erit, cum mens nostra nec ignorantia cæcatur, nec carnis suæ impugnatione concutitur. Sed quia ejus exordia tangimus, cum vel mentem Deo, vel carnem menti subjugamus, tabernaculum justi habere pacem dicitur, quia videlicet ejus corpus, [d] quod mente inhabitat, a perversis desideriorum motibus [e] sub justitiæ dispositione refrenatur. Sed quid prodest per continentiam carnem restringere, si mens se per compassionem nesciat in proximi amore dilatare? Nulla namque est castitas carnis quam non commendat suavitas mentis. Unde post pacem tabernaculi apte subjungitur:

CAPUT XXXV.

IBID. — *Et visitans speciem tuam, non peccabis.*

54. *Se quisque in altero cogitet et amet. Paulus omnibus omnia factus condescendendo, non cadendo.* — Species quippe hominis est alter homo. Recte enim species nostra dicitur proximus noster, quia in illo cernimus quid ipsi sumus. Corporali enim visitatione ad proximum gressuum accessu imus; spiritali vero, non gressu, sed affectu ducimur. Speciem ergo suam visitat, quisquis ad eum, quem sibi similem per naturam conspicit, passibus amoris tendit; ut in altero sua considerans, ex se ipso colligat, qualiter infirmanti alteri condescendat. Speciem suam visitat, qui ut in se alterum reficiat, se in altero pensat. Hinc namque per Moysen Veritas cum gesta describeret, gerenda signabat, dicens: *Protulit terra herbam virentem et afferentem semen juxta genus suum; lignum*

---

[a] Ita Mss. At Editi, *a mundi dilectione.*
[b] Aliqui, *exsurgere semetipsum sentit.*
[c] Gemet., Corb. et aliqui, *Nunc dimitte.* Ita etiam vet. Edit. Basil., quod magis respondet textui Græco.
[d] Gussanv., *quo mens inhabitat.* Ed. alii, *quod mente inhabitatur.* Sequimur lectionem Mss., Vind., Bellov., Norman., Compend., Corb. Germ.
[e] Apud Barthol. et al. antiq. insertum legitur prius *inquietaverat, nunc;* subinde Coc., pro *inquietaverat,* reposuit *inquietatum.* Ab his additamentis purgavimus textum ope Mss.

que *faciens fructum, et habens unumquodque sementem secundum speciem suam (Genes.* i, 12). Lignum quippe secundum speciem suam semen producit, cum mens nostra [a] ex se considerationem in alterum colligit, et recti operis germen parit. Hinc quidam sapiens dicit: *Quod tibi non vis fieri, alteri ne feceris (Tob.* iv, 16). Hinc in Evangelio Dominus dicit : *Quæ vultis ut faciant vobis homines, et vos eadem facite illis (Matth.* vii, 12). Ac si aperte diceret : Speciem vestram in altero visitate, atque ex vobismetipsis cognoscite, quid vos oporteat aliis exhibere. Hinc Paulus ait: *Factus sum Judæis tanquam Judæus, ut Judæos lucrarer; et his qui sub lege sunt, quasi sub lege essem, cum ipse non essem sub lege, ut eos qui sub lege erant lucrifacerem; et his qui sine lege sunt quasi sine lege essem, cum sine lege Dei non essem, sed in lege essem Christi. (I Cor.* ix, 20 et 21). Et paulo post : *Omnibus omnia factus sum, ut omnes facerem salvos (Ibid.*, 23). Neque enim egregius prædicator, ut quasi Judæus fieret, ad perfidiam erupit; neque ut quasi sub lege esset, ad carnale sacrificium rediit; neque ut omnibus omnia fieret, simplicitatem mentis in erroris varietatem commutavit; sed condescendendo appropinquavit infidelibus, non cadendo; ut videlicet singulos in se suscipiens, et se in singulos transfigurans, compatiendo colligeret, si ita ipse, ut illi, esset quid impendi sibi ab aliis recte voluisset; et tanto verius unicuique erranti concurreret, quanto salutis ejus modum ex propria consideratione didicisset. Bene ergo dicitur : *Et visitans speciem tuam non peccabis,* quia tunc peccatum plene vincitur, cum ex sua similitudine unusquisque perpendit, quomodo in proximi dilectione dilatetur. Cum vero a vitiis caro restringitur, cum mens virtutibus exercetur, restat ut loquendo quisque doceat vitam quam moribus servat. [*Vet. XXIV.*] Ille namque uberes fructus prædicationis colligit, qui semina bonæ operationis præmittit. Unde post pacem tabernaculi, et speciei nostræ visitationem, recte subjungitur :

CAPUT XXXVI.

Vers. 25. — *Et scies quoniam multiplex erit semen tuum, et progenies tua sicut herba terræ.*

55. *Semen justi multiplex.* — Post pacem quippe tabernaculi, post speciei nostræ visitationem, semen justi multiplex surgit, quia nimirum post membrorum macerationem, ac morum magnitudinem, tanto ei fecundius prædicationis verbum tribuitur, quanto hoc in ejus pectore perfecti operis exaratione prævenitur. Ille namque bene loquendi facundiam accipit, qui sinum cordis [b] per recte vivendi studia extendit. Nec loquentem conscientia præpedit, cum vita linguam antecedit. Hinc est quod Ægypti, servitio publico, Joseph dispensante, subjecti (*Genes.* xlvii, 20 *seq.*); cum juri regis semetipsos tradentes humiliant, frumenta etiam ad semen reportant. Frugem quippe ad esum etiam liberi accipimus, cum et sacro eloquio pascimur, et tamen ad quædam, quæ in hoc mundo appetimus in nostris voluptatibus [c] vagamur. Sed servi facti, et ad semen frumenta percipimus, quia dum plene Deo subdimur, etiam verbo prædicationis replemur. Et quoniam magna proles fidelium sequitur, cum sancta prædicatio prærogatur, post multiplicitatem seminis recte subjungitur : *Et progenies tua sicut herba terræ.* Justi progenies herbæ terræ comparatur, quia qui de ejus imitatione nascitur, dum arentem vitæ præsentis gloriam deserit, [d] spe in æterna viridescit. Vel certe justi progenies sicut herba oritur, quia dum vivendo monstrat quod prædicando asserit, multitudo sequentium innumerabilis exsurgit. Sed quisquis jam terrena desideria despicit, quisquis se per activæ vitæ opera extendit, nequaquam ei sufficit magna exterius agere, nisi etiam per contemplationem valeat interna penetrare. Unde et apte protinus subinfertur :

CAPUT XXXVII [Rec. XVII].

Vers. 26. — *Ingredieris in abundantia sepulcrum, sicut infertur acervus tritici in tempore suo.*

56. *Qui carnem domuit, contemplationi vacare debet. Et qui prædicationi operam dat.* — Quid enim sepulcri nomine, nisi contemplativa vita signatur, quæ nos quasi ab hoc mundo mortuos sepelit, dum a terrenis desideriis susceptos in intimis abscondit ? Ab exteriori quippe vita mortui etiam sepulti per contemplationem fuerant, quibus Paulus dicebat : *Mortui enim estis, et vita vestra abscondita est cum Christo in Deo (Colos.* iii, 3). [*Vet. XXV.*] Activa quoque vita sepulcrum est, quia a pravis nos operibus mortuos tegit; sed contemplativa perfectius sepelit, quia a cunctis mundi actionibus funditus dividit. Quisquis ergo jam in se contumelias carnis edomuit, superest ut mentem per studia sanctæ operationis exerceat; et quisquis jam mentem per sancta opera dilatat, superest ut hanc usque ad secreta intimæ contemplationis studia extendat. Neque enim perfectus prædicator est, qui vel propter contemplationis studium operanda negligit, vel propter operationis instantiam contemplanda postponit. Hinc est enim quod Abraham conjugem mortuam in sepulcro duplici sepelit (*Genes.* xxiii, 19); quia nimirum perfectus quisque prædicator exstinctam a præsentis vitæ desideriis animam suam, sub bonæ operationis tegmine et contemplationis abscondit, ut a carnali concupiscentia sub activa contemplativaque vita quasi insensibilis lateat, quæ prius mundi desideria sentiens, mortaliter vivebat. Hinc est quod humani generis Redemptor per diem miracula in urbibus exhibet, et ad orationis studium in monte pernoctat, ut perfectis videlicet prædicatoribus innuat quatenus nec activam

---

[a] Editi, *ex sui consideratione se in alt. coll.* Veram lect. suppeditarunt Mss. Compend., Val. Cl., Turon., etc.

[b] In Ed., pro *per recte vivendi,* habes *ad perfecte vivendi,* reclamantibus Mss.

[c] Sic Norm., Corb. Germ. Colb. et Germ., ubi Editi habent, *in nostris volupt. vacamus.* Utic. et Bigot. utramque lectionem exhibent.

[d] Hic variant Mss. Vindoc. habent, *in spe interna* Gemet., Corb. Germ., *spe in æterna.* Ebroic., *sæpe in æterna viridescit.* Editi *spe interna virid.*

vitam amore speculationis funditus deserant, nec contemplationis gaudia penitus operationis nimietate contemnant; sed quieti contemplantes sorbeant, quod occupati erga proximos loquentes refundant. Speculando quippe in Dei amorem surgitur, sed praedicando ad proximi utilitatem reditur. Unde apud Moysen, dum in sacrificio vacca mactatur (*Num.* xix, 3), offerri cum hyssopo lignoque cedrino bis tinctus coccus praecipitur. Vaccam quippe mactamus, cum carnem a lascivia suae voluptatis exstinguimus. Quam cum hyssopo lignoque cedrino ac cocco offerimus; quia cum maceratione carnis, sacrificium fidei, spei et charitatis adolemus. Hyssopus quippe interna nostra mundare consuevit. Et per Petrum dicitur : *Fide mundans corda eorum* (*Act.* xv, 9). Lignum cedrinum nulla putredine deficit, quia spem coelestium terminus non consumit. Unde et per Petrum dicitur : *Regeneravit nos in spem vivam per resurrectionem Jesu Christi ex mortuis, in haereditatem incorruptibilem, et incontaminatam, et immarcescibilem* (*I Pet.* i, 3). Coccus rubeo colore flammescit, quia quem implet charitas incendit. Unde et in Evangelio Veritas dicit : *Ignem veni mittere in terram* (*Luc.* xii, 49). Sed bis tinctus coccus offerri praecipitur, ut videlicet ante interni judicis oculos charitas nostra Dei et proximi dilectione coloretur; quatenus conversa mens nec sic pro amore Dei quietem diligat, ut curam proximi utilitatemque postponat; nec sic pro amore proximi occupata inserviat, ut quietem funditus deserens, ignem in se superni amoris exstinguat. Quisquis ergo semetipsum Deo jam sacrificium obtulit, si perfecta desiderat, curet necesse est, ut non solum ad operationis se latitudinem, verum etiam ad culmina contemplationis extendat.

[*Vet. XXVI.*] 57. *Vita activa aliis, aliis contemplativa magis congruit. Alterutra cuique pro ingenio colenda.* — Sed inter haec magnopere sciendum est, quia valde inter se diversae sunt [a] conspersiones animorum. Nonnulli namque hominum ita otiosae mentis sunt, ut si eos labor occupationis excipiat, in ipsa operis inchoatione succumbant; et nonnulli ita inquieti sunt, ut si vacationem laboris habuerint, gravius laborent, quia tanto [b] deteriores cordis tumultus tolerant, quanto eis licentius ad cogitationes vacat. Unde necesse est ut nec quieta mens ad exercitationem se immoderati operis 208 dilatet, nec inquieta ad studium contemplationis angustet. Saepe enim qui contemplari Deum quieti poterant, occupationibus pressi ceciderunt ; et saepe qui occupati bene humanis usibus viverent, gladio suae quietis exstincti sunt. Hinc namque est quod nonnulli inquieti spiritus, dum plus exquirunt contemplando quam capiunt, usque ad perversa dogmata erumpunt; et dum veritatis discipuli esse humiliter negligunt, magistri errorum fiunt. Hinc per semetipsam Veritas dicit : *Si oculus tuus dexter scandalizat te, erue eum, et projice abs te. Bonum est tibi cum uno oculo in vitam intrare, quam duos oculos habentem mitti in gehennam ignis* (*Matth.* v, 29). Duae quippe vitae, activa videlicet et contemplativa, cum conservantur in mente, quasi duo oculi habentur in facie. Dexter namque oculus vita contemplativa est, sinister activa. Sed sunt nonnulli, ut diximus, qui discrete intueri summa et spiritalia nequaquam possunt, et tamen alta contemplationis assumunt, atque idcirco in perfidiae foveam, [b] intellectus pravi errore dilabuntur. Hos itaque contemplativa vita ultra vires assumpta, [d] cogit a veritate cadere, quos in statu suae rectitudinis humiliter poterat sola activa custodire. Quibus recte hoc quod praefati sumus, Veritas dicit : *Si oculus tuus dexter scandalizat te, erue eum, et projice abs te. Bonum tibi est cum uno oculo in vitam intrare, quam duos oculos habentem mitti in gehennam ignis.* Ac si aperte diceret : Cum ad contemplativam vitam idonea discretione non sufficis, solam securius activam tene. Cumque in hoc, quod pro magno eligis, deficis, eo contentus esto, quod pro minimo attendis; ut si per contemplativam vitam a veritatis cognitione compelleris cadere, regnum coelorum per solam activam valeas saltem luscus intrare. Hinc rursum dicit : *Qui scandalizaverit unum de pusillis istis qui in me credunt, expedit ei ut suspendatur mola asinaria in collo ejus, et demergatur in profundum maris* (*Matth.* xviii, 6). Quid per mare, nisi praesens saeculum ; quid per molam asinariam, nisi actio terrena signatur ? Quae dum colla mentis per stulta desideria stringit, hanc in laboris circuitum mittit. Sunt itaque nonnulli qui dum terrenas actiones deserunt, et ad contemplationis studia, humilitate postposita, ultra intelligentiae vires surgunt, non solum se in errorem dejiciunt, sed infirmos quosque a gremio unitatis dividunt. Qui ergo unum de minimis scandalizat, melius illi fuerat, alligata collo mola asinaria, in mare projici, quia nimirum perversae menti expeditius esse potuisset, ut occupata mundo terrena negotia ageret, quam per contemplationis studia ad multorum perniciem vacaret. Rursum, nisi quibusdam mentibus contemplativa vita potius quam activa congrueret, nequaquam per Psalmistam Dominus diceret : *Vacate et videte, quoniam ego sum Deus* (*Psal.* xlv, 11).

[*Vet. XXVII.*] 58. *Quid valeant timor et amor ad contemplationem.* — Sed inter haec sciendum est quia saepe et pigras mentes amor ad opus excitat, et inquietas in contemplatione timor refrenat. Anchora enim cordis est pondus timoris; et plerumque fluctu cogitationum quatitur, sed per disciplinae suae vincula retinetur; neque hoc tempestas suae inquietudinis ad naufragium pertrahit, quia in divini amoris littore perfecta charitas astringit. Unde necesse est 209 ut quisquis ad contemplationis studia properat, semetipsum prius subtiliter interroget, quantum amat. Machina quippe mentis est vis amoris, quae hanc

---

[a] Vindoc., Corb., Norm. et plerique, *conspersiones animorum.* Germ., *compassiones.*
[b] Ita Norman., Corb. Germ. et alii, nec non vet. Edit. In recent., *tanto deterius..... tolerant quanto licentius ad cogitationes vacant.*
[c] Aliqui, *intellectu pravi erroris.*
[d] Norman., Compend., Vindoc. Val. Cl., Corb, Germ., *incognita veritate compellit cadere.*

dum a mundo extrahit, in alta sustollit. Prius ergo discutiat, si summa inquirens diligit, si diligens timet, si novit incognita aut amando comprehendere, aut non comprehensa timendo venerari. In contemplatione etenim mentem si amor non excitat, teporis sui torpor obscurat; si timor non aggravat, sensus hanc per inania ad nebulam erroris levat; et cum clausa ei secretorum janua tardius aperitur, ab ea longius ipsa sua præsumptione repellitur; quia irrumpere appetit hoc, quod non inveniens quærit; cumque superba mens errorem pro veritate percipit, quo quasi intus gressum porrigit, foras tendit. Hinc est enim quod legem daturus Dominus, in igne fumoque descendit (*Exod.* XIX, 18); quia et humiles per claritatem suæ ostensionis illuminat, et superborum oculos per caliginem erroris obscurat. Prius igitur mens ab appetitu gloriæ temporalis, atque ab omni carnalis concupiscentiæ delectatione tergenda est, et tunc [a] ad aciem contemplationis erigenda. Unde et cum lex accipitur, populus a monte prohibetur, ut videlicet qui infirmis adhuc mentibus terrena desiderant, considerare sublimia non præsumant. Unde et recte dicitur: *Si bestia tetigerit montem, lapidabitur* (*Ibid.*, 12, 13). Bestia enim montem tangit, cum mens irrationabilibus desideriis subdita ad contemplationis alta se erigit. Sed lapidibus percutitur, quia summa non sustinens, ipsis superni ponderis ictibus necatur.

59. *Quæ ad eam assequendam perfectio necessaria.* — Qui igitur culmen apprehendere perfectionis nituntur, cum contemplationis arcem tenere desiderant, prius se in campo operis per exercitium probent, ut sollicite sciant si nulla jam mala proximis irrogant, si irrogata a proximis æquanimiter portant, si objectis bonis temporalibus nequaquam mens lætitia solvitur, si subtractis non nimio mœrore sauciatur; ac deinde perpendant si cum ad semetipsos introrsus redeunt, in eo quod spiritalia rimantur, nequaquam secum rerum corporalium umbras trahunt, vel forsasse tractas manu discretionis abigunt; si circumscriptum lumen videre cupientes, cunctas circumscriptionis suæ imagines deprimunt; et in eo quod super se contingere appetunt, vincunt quod sunt. [*Vet.* *XXVIII.*] Unde recte nunc dicitur: *Ingrederis in abundantia sepulcrum.* Vir quippe perfectus sepulcrum in abundantia ingreditur, quia prius activæ vitæ opera congregat, et postmodum carnis sensum per contemplationem mortuum, huic mundo funditus occultat. Unde et apte subditur: *Sicut infertur acervus tritici in tempore suo* (*Ibid.*).

60. *Actio contemplationem debet antecedere.* — Actionis namque tempus primum est, contemplationis extremum. Unde necesse est ut perfectus quisque prius virtutibus mentem exerceat, atque hanc postmodum in horreum quietis condat (*Luc.* VIII, 35).

[a] Ita Bellovac., Compend., Norm., Val. Cl. et vet. Ed. Coc; et recentiores, *ad arcem.*
[b] Norman. et Corb., *redit.* Primus Compend. ita locum hunc repræsentat, *ad Salvatoris vedes discere, cum salutis auctore reconcupiscit.*

Hinc est enim quod is quem legio dæmonum Domino jubente dereliquit, ad Salvatoris sui pedes [b] residet, verba doctrinæ percipit, et de regione sua simul discedere cum salutis auctore concupiscit; sed tamen ei ipsa quæ salutem contulit Veritas dicit: *Revertere primum in domum tuam, et narra quanta tibi fecerit Dominus.* Cum enim quamlibet parum de divina cognitione percipimus, redire ad humana jam nolumus, et proximorum necessitatibus onerari recusamus; quietem contemplationis quærimus, nihilque aliud, nisi hoc quod sine labore reficit, amamus. Sed sanatos nos Veritas ad domum mittit, narrare quæ nobiscum acta sunt præcipit, ut videlicet prius mens exsudet in opere, et postmodum refici debeat per contemplationem.

[*Rec. XVIII.*] 61. *Contemplationis et actionis figuræ Rachel et Lia, Maria et Martha. Vitæ activæ magna merita, contemplativæ potiora.* — Hinc est quod Jacob pro Rachel servit, et Liam accipit, eique dicitur: *Non est consuetudinis in terra nostra ut minores ante tradamus ad nuptias quam majores* (*Genes.* XXIX, 27). Rachel [c] namque, visum principium; Lia autem laboriosa dicitur. Et quid per Rachelem, nisi contemplativa; quid per Liam, nisi activa vita designatur? In contemplatione quippe principium, quod Deus est, quæritur; in operatione autem sub gravi necessitatum fasce laboratur. Unde et Rachel pulchra, sed sterilis; Lia autem lippa est, sed fecunda, quia nimirum mens cum contemplandi otia appetit, plus videt, sed minus Deo filios generat; cum vero ad laborem se prædicationis dirigit, minus videt, sed amplius parit. Post Liæ ergo complexus ad Rachelem Jacob pervenit, quia perfectus quisque ante activæ vitæ ad fecunditatem jungitur, et post contemplativæ ad requiem copulatur. Quia enim contemplativa vita minor quidem tempore, sed merito major est quam activa, sacri Evangelii verbis ostenditur, in quo duæ mulieres diversa egisse referuntur. Maria quippe Redemptoris nostri verba audiens, ad pedes illius residebat; Martha autem corporalibus ministeriis insistebat. Cumque contra Mariæ otium Martha quereretur, audivit: *Martha, Martha, sollicita es, et turbaris erga plurima. Porro unum est necessarium. Maria optimam partem elegit, quæ non auferetur ab ea* (*Luc.* X, 41, 42). Quid enim per Mariam, quæ verba Domini residens audiebat, nisi contemplativa vita exprimitur? Quid per Martham exterioribus obsequiis occupatam, nisi activa vita signatur? Sed Marthæ cura non reprehenditur, Mariæ vero etiam laudatur, quia magna sunt activæ vitæ merita, sed contemplativæ potiora. Unde nec auferri unquam Mariæ pars dicitur, quia activæ vitæ opera cum corpore transeunt, contemplativæ autem gaudia melius ex fine convalescunt. Quod bene ac breviter Ezechiel propheta exprimit, cum volantia

[c] Seu potius *videntem principium.* Id sonat *Rachel* si derivetur ex ראה *raa* et חלל *chalal.* Consule lib Hieronymi de Nominibus Hebraicis, et notas novæ Editionis Benedictin. tom. II.

animalia contemplatus ait : *Et similitudo manus hominis subtus ª pennas eorum erat (Ezech.* x, 21). Quid enim per pennas animalium, nisi contemplationes possumus sentire sanctorum, quibus ad summa transvolant; et terrena deserentes, sese in cœlestibus librant? Quid per manus, nisi operationes accipimus? Quia cum in proximi amore se dilatant, bona quæ prævalent etiam corporaliter administrant. Sed manus eorum sub pennis sunt, quia actionis suæ opera virtute contemplationis vincunt.

[*Vet. XXIX.*] 62. *Sepulcri nomine requies æterna potest intelligi.*—Potest etiam per sepulcrum non solum in hac vita nostra contemplatio, sed requies æternæ et intimæ retributionis intelligi; in qua tanto verius quiescitur, quanto in nobis corruptionis vita perfectius necatur. In abundantia ergo sepulcrum 211 ingreditur, qui post congesta vitæ præsentis opera, mutabilitati suæ plene mortuus, in secreto veri luminis occultatur. Unde et per Psalmistam dicitur: *Abscondes eos in abdito vultus tui, a conturbatione hominum (Psal.* xxx, 21). Quod bene etiam comparatio adjuncta commendat, cum subditur : *Sicut infertur acervus tritici in tempore suo.* Frumentum quippe in segete sole tangitur, quia in hac vita, humana anima respectu superni luminis illustratur; pluviis accipit, quia veritatis eloquio pinguescit; ventis concutitur, quia tentationibus exercetur; et secum crescentes paleas portat, quia nequiorem contra se quotidie vitam peccantium tolerat; atque ad aream deductum triturationis pondere premitur, ut a palearum connexione solvatur; quia mens nostra cœlesti disciplinæ supposita, dum correctionis flagella percipit, a societate carnalium ᵇ mundior recedit; et relictis paleis ad horreum ducitur, quia foris remanentibus reprobis, electa anima ad supernæ mansionis æterna gaudia sublevatur. Bene ergo dicitur: *Ingredieris in abundantia sepulcrum, sicut infertur acervus tritici in tempore suo;* quia dum post afflictionem justi præmia patriæ cœlestis inveniunt, quasi post pressuras ad horreum grana deferuntur; et in alieno A quidem tempore percussiones sentiunt, sed ᶜ in suo a percussione requiescunt. Electis quippe tempus alienum est vita præsens, unde et quibusdam adhuc infidelibus Veritas dicit : *Tempus meum nondum venit, tempus autem vestrum semper est paratum (Joan.* vii, 6). Et rursum : *Hæc est hora vestra, et potestas tenebrarum (Luc.* xxii, 53). Sepulcrum ergo in tempore suo sicut frumenti acervus ingreditur, quia ille æternam requiem 212 percipit, qui prius hic, ut ab exurendis paleis liber sit, disciplinæ pressuras sentit. Eliphaz vero, quia et in locutionis suæ serie tabernaculum, lapides, bestias, semen, herbas, sepulcrumque nominavit, quod non hæc juxta litteram dixerit, ipse innuit, qui post cuncta illico subjungit.

CAPUT XXXVIII.

Vers. 27. — *Ecce hoc, ut investigavimus, ita est.*

63. *Verba Eliphaz spiritaliter intelligenda sunt.* — Liquet profecto quod in his verbis nihil ab eo juxta superficiem dicitur, quia nimirum ante faciem non jacet quod investigatur. Qui ergo hæc investigasse se indicat, quia in verbis exterioribus interiora quæsierit demonstrat. Sed post cuncta ad stultitiam jactantiæ pervenit, quia protinus subdit :

CAPUT XXXIX.

Ibid. — *Quod auditum, mente pertracta.*

64. *Gravis ejus imperitia est velle docere meliorem.* — Quantalibet doctrina mens polleat, gravis ejus imperitia est velle docere meliorem. Unde et ea quæ ab amicis recte prolata sunt, ab interno ᵈ arbitro non recta judicantur. In eo namque vim suæ rectitudinis amittunt, quod auditori non congruunt; quia et medicamina vires perdunt, cum sanis membris apponuntur. In omni ergo quod dicitur, necesse est ut causa, tempus et persona pensetur; si verba sententiæ veritas roborat, si hanc tempus congruum postulat, si et veritatem sententiæ, et congruentiam temporis personæ qualitas non impugnat. Ille enim laudabiliter spicula emittit, qui prius hostem quem feriat conspicit. Male namque arcus validi cornua subigit, qui sagittam fortiter dirigens civem ferit.

ª In Gemet., *pinnas;* et infra, *sed manus eorum sub pinnas.* In quibusdam Mss. homil. in Ezechielem observari sæpe legi *pinnæ, pinnis,* pro *pennæ, pennis.*
ᵇ Turon., *velut frumentum mundior.*
ᶜ Vindoc., Compend., Corb., etc., *in sua percussione requiescunt.*
ᵈ Mss. vetust., magno consensu, *arbitre*, quod sæpius occurrit, infra maxime, l. viii, cap. olim 27, 29, 30, nunc 45, 47, 48.

LIBER SEPTIMUM.

Totum caput sextum, tribus postremis versibus exceptis, partim allegorice, partim moraliter explicat.

CAPUT PRIMUM.

213 1. *ov flagellis et conviciis probatus. Si qua loquitur quæ impatientiam sonant, hæc non humano pensanda judicio, sed divino.* — Quorumdam mentes plus flagella, quam convicia cruciant ; quorumdam vero plus convicia quam flagella castigant. Nam D sæpe contra nos quibuslibet pœnis durius tormenta verborum sæviunt ; cumque nos ad defensionem erigunt, in impatientiam sternunt. Unde beato Job ne deesse tentatio ulla potuisset, non solum hunc flagella desuper feriunt sed graviora plagis amicorum colloquia affligunt; ut sancti viri anima hinc inde

pulsata, ad motum iracundiæ et elationis erumperet, et ª quidquid mundum vixerat, per contumaciam superbæ locutionis inquinaret. Sed tactus plagis gratias retulit; lacessitus verbis recta respondit; et percussus innotescit, quam pro minimo salutem carnis habuerit. Loquens quoque indicat, quam sapiens tacebat. Sed quædam ejus verbis admista sunt, quæ apud humana judicia patientiæ limitem transire videantur : quæ nos vere intelligimus, si superni sententiam judicis in eorum examinatione pensamus. Ipse quippe beatum Job et prius contra adversarium prætulit, dicens : *Vidisti servum meum Job, quod non ei similis est super terram; vir simplex* ᵇ *et rectus, ac timens Deum, et recedens a malo (Job.* I, 8)? Ipse post probationem amicos ejus redarguit, dicens : 212 *Non estis locuti coram me rectum, sicut servus meus Job (Job.* XLII, 7). Restat ergo ut cum mens in beati Job sermonibus fluctuat, eorum pondus ex ejusdem historiæ initio ac fine perpendat. Ab æterno enim judice nec casurus laudari potuit, nec lapsus præferri. Si igitur in ambiguitatis tempestate deprehensi, prima hujus historiæ et postrema conspicimus, navis cordis considerationis suæ funibus, quasi a prora et puppi, restringitur, ne in erroris saxa perducatur. Nullis ergo ignorantiæ nostræ procellis obruimur, si tranquillum supernæ sententiæ littus tenemus. Ecce enim dicit quod quæstione non modica lectoris animum moveat. Sed quis hoc non rectum dicere audeat, quod in Dei auribus rectum sonat?

CAPUT II [*Rec. II*].

CAP. VI: VERS. 2, 3.—*Utinam appenderentur peccata mea, quibus iram merui, et calamitas quam patior, in statera: quasi arena maris hæc gravior appareret.*

SENSUS TYPICUS. 2. *Christus libra est in qua et quod meremur, et quod pro nobis passus est, pensantur. Pœnæ nostræ gravitatem nobis notam fecit.* — Quis alius stateræ nomine, nisi Dei et hominum mediator exprimitur? qui ad pensandum vitæ nostræ meritum venit, ac secum justitiam simul et misericordiam detulit; sed misericordiæ lance præponderans, culpas nostras parcendo levigavit. In manu etenim Patris, quasi statera miri libraminis factus, hinc in se calamitatem nostram, 213 et illinc peccata suspendit. Sed gravis ponderis calamitatem moriendo innotuit, et apud misericordiam leve esse peccatum relaxando monstravit. ᶜ Qui hoc primum gratiæ contulit, quia pœnam nostram nobis cognoscibilem fecit. Homo namque ad contemplandum auctorem conditus, sed exigentibus meritis ab internis gaudiis dejectus, in ærumnam corruptionis ruens, cæcitatem exsilii susti-

A nens, culpæ suæ supplicia et tolerabat, et nesciebat; ita ut exsilium patriam crederet, et sic sub corruptionis pondere quasi in salutis libertate gauderet. Sed is, quem intus homo reliquerat, assumpta carne, foris apparuit Deus; cumque se exterius præbuit, expulsum foras hominem ad interiora revocavit, ut jam damna sua videat, ᵈ jam pœnam suæ cæcitatis ingemiscat. Calamitas ergo hominis in statera gravis apparuit, quia malum quod pertulit nonnisi in præsentia Redemptoris agnovit; lucem quippe nesciens, damnationis suæ tenebras voluptuose tolerabat. Sed postquam vidit quod diligeret, intellexit etiam quod doleret; et grave sensit quod pertulit, quia dulce innotuit quod amisit. Vir igitur sanctus colloquentis amici sententiis a claustris silentii excussus, et pro-
B phetici spiritus affluentia repletus, dicat sua, dicat humani generis voce : *Utinam appenderentur peccata mea, quibus iram merui, et calamitas quam patior, in statera, quasi arena maris hæc gravior appareret.* Ac si aperte diceret : Damnationis nostræ malum leve creditur, quia necdum cognita Redemptoris æquitate pensatur. Sed utinam veniat, et ærumnam tanti exsilii misericordiæ suæ lance suspendat, et quid post exsilium requiramus edoceat. Si enim innotescit quid amisimus, grave esse insinuat quod toleramus. [*Vet. II.*] Bene autem hæc eadem peregrinationis nostræ calamitas maris arenæ comparatur. Arena etenim maris, undarum æstu exterius pellitur, quia et delinquens homo, ᵉ quoniam tentationum fluctus mobiliter pertulit, extra se ab intimis exivit. Magni
C autem arena maris est ponderis; sed calamitas hominis arena maris gravior dicitur, quia dura fuisse pœna ostenditur, dum per misericordem judicem ᶠ culpa levigatur. Et quia quisquis gratiam Redemptoris agnoscit, quisquis reditum ad patriam diligit, eruditus sub pondere peregrinationis gemit, post stateræ desiderium recte subjungitur :

CAPUT III.

VERS. 2.—*Unde et verba mea dolore sunt plena.*

3. *Gemere hic non cessat qui se exsulem novit.*—
Qui peregrinationem pro patria diligit, dolere etiam inter dolores nescit. Justi autem verba dolore plena sunt, quia quo usque præsentia tolerat, ad aliud loquendo suspirat; omne quod peccans pertulit, conspicit; atque ut ad statum beatitudinis redeat,
D sollicite judicia quibus affligitur pensat. Unde subditur :

CAPUT IV.

VERS. 4.—*Quia sagittæ Domini in me sunt.*

4. *Sagittis prædicatio vel pœna signatur.*—Sagitta-
tionis nexum solvens, et quod ne in uno quidem offendimus Ms.

ª Recent. Vulg., *et quidquid munde vixerat.*
ᵇ Deest *et rectus* in Vindoc., Corb. et plur.
ᶜ In vulgatis, *apud misericordiam suam Deus leve esse peccatum relaxando monstravit. Ergo per veram pœnitentiam, quamvis multa et gravissima sint peccata, per misericordiam Dei facile* (Barth. et Remb., *facilius*) *relaxantur; et apud misericordiam suam leve esse peccatum quod relaxavit* (Barth. et Remb., *peccatum relaxatum) monstravit, qui hoc primum gratiæ* (vel, ut apud Barth. et Remb., *grave*) *contulit, quia pœniam nostram*, etc. Manifestum glossema, Gregorianæ ora-
ᵈ Ebroic., *Jam pœna suæ cæcitatis ingemiscat.*
ᵉ Turon. et Corb. Germ., *quo tentationum fluctus mobilius pertulit, eo extra se ab intimis exivit.* In Vindocin., pro *ab intimis exivit,* legitur *ab intimis exegit.*
ᶠ Ita omnes Mss., nisi quod in uno Reg., *culpa quæ agnoscitur, levigatur;* unde forte in Vulgatis factum, *culpa quæ levigatur agnoscitur.*

rum quippe nomine aliquando prædicationis verba, aliquando animadversionis sententiæ designantur. Prædicationis namque eloquia sagittis exprimuntur, quia in eo quod vitia feriunt, **214** male viventium corda transfigunt. De his sagittis venienti Redemptori dicitur : *Sagittæ tuæ acutæ, potentissime ; populi sub te cadent in corde* (*Psal.* XLIV, 6). De quo Isaias dicit : *Mittam ex eis qui salvati fuerint ad gentes in mare, in Africam,* [a] *et in Lydiam, tenentes sagittam, in Italiam, in Græciam* (*Isai.* LXVI, 19). Rursum sagittis, animadversionis percussio designatur, sicut Joas regi per Elisæum dicitur : *Jace sagittam.* Quo jaciente ait : *Percuties Syriam, donec consumas eam* (*IV Reg.* XIII, 17). Vir igitur sanctus quia peregrinationis suæ ærumnam respicit, quia sub percussionibus Dominicæ animadversionis ingemiscit, dicat : *Unde et verba mea dolore sunt plena, quia sagittæ Domini in me sunt* [*Rec. III.*] Ac si aperte diceret : Ego in exsilii damnatione non gaudeo, sed sub judicio positus doleo, quia vim percussionis agnosco. Plerique autem sunt quos tormenta cruciant, sed non emendant. Quo contra apte subjungitur :

CAPUT V [*Vet. III*].

IBID.—*Quarum indignatio ebibit spiritum meum.*

5. *Justi pœnis quas sustinent emendantur.*—Quid enim est spiritus hominis, nisi spiritus elationis ? Sagittæ autem Domini spiritum hominis ebibunt ; cum supernæ animadversionis sententiæ afflictam mentem ab elatione compescunt. Sagittæ Domini spiritum hominis ebibunt, quia intentum exterioribus introrsus trahunt. [b] Epotatus namque David spiritus fuerat, cum dicebat : *In deficiendo in me spiritum meum, et tu cognovisti semitas meas* (*Psal.* CXLI, 4). Et rursum : *Negavi consolari animam meam, memor fui Dei, et delectatus sum, exercitatus sum, et defecit paulisper spiritus meus* (*Psal.* LXXVI, 4). Sagittarum ergo indignatio justi spiritum ebibit, quia supernæ sententiæ electos, quos in peccatis inveniunt, dum vulnerant, immutant ; ut duritiam suam transfixa mens deserat, atque ex salutifero vulnere [c] sanguis confessionis currat. Pensant namque unde, quo lapsi sunt, pensant a quanta beatitudine ad quæ corruptionis suæ tormenta ceciderunt ; et non solum gemunt in his quæ sustinent, sed insuper metuunt hoc quod districtus judex delinquentibus de gehennæ ignibus minatur. Unde recte subjungitur :

CAPUT VI.

IBID.—*Et terrores Domini militant contra me.*

6. *Deum præsentes pœnas dolent, pavent futuras.* —Justorum mens non solum perpendit quod tolerat, sed etiam pavet quod restat ; videt qualia in hac vita patitur ; metuit ne post hanc graviora patiatur. Luget

quia in hujus cæcitatis exsilio a paradisi gaudiis cecidit ; timet ne et cum exsilium relinquetur, mors æterna subsequatur. Jam ergo sententiam tolerat in pœna ; sed minas adhuc venturi judicis formidat ex culpa. Hinc Psalmista ait : *In me pertransierunt iræ tuæ, et terrores tui conturbaverunt me* (*Psal.* LXXXVII, 17). Interni quippe judicis postquam iræ pertranseunt, etiam terrores conturbant, quia jam aliud de damnatione patimur, et adhuc aliud de æterna ultione formidamus. Vir igitur sanctus, perpendens mala quæ tolerat ; dicat : *Sagittæ Domini in me sunt, quarum indignatio ebibit spiritum meum.* Sed, graviora in perpetuum metuens, adjungat : *Et terrores militant contra me.* Ac si aperte diceret : Percussus quidem de præsentibus doleo ; **215** sed hoc in dolore fit gravius, quia et in pœna positus, adhuc supplicia æterna pertimesco. Sed quia jam stateræ interventum desiderat, jam mala in quibus humanum genus cecidit pensat, quamvis in gentili natione positus, munere tamen prophetici spiritus plenus ; quo ardore Redemptoris adventum vel gentilitas, vel Judæa sitiat, verbis sequentibus demonstrat, dicens :

CAPUT VII [*Rec. IV*].

VERS. 5.—*Nunquid rugiet onager cum habuerit herbam ? aut mugiet bos cum ante præsepe plenum steterit ?*

7. *Gentilitatis et Judææ in Redemptoris adventum desideria.*—Quid namque per onagrum, id est, agrestem asinum, nisi gentilis populus designatur ? quem sicut natura extra stabula disciplinæ edidit, ita vagus in voluptatum suarum campo permansit. Quid per bovem [d] nisi plebs Judaica figuratur, quæ, jugo dominationis supernæ supposita, ad spem proselytos colligens, per corda quæ valuit vomerem legis traxit. Sed beati Job vita attestante cognoscimus, ut exspectasse Redemptoris adventum multos etiam ex gentibus credamus. Et nascente Domino, Simeone in spiritu in templum veniente, didicimus quanto desiderio ex plebe Israelitica sancti viri incarnationis ejus mysterium videre cupierunt. Unde et per eumdem Redemptorem discipulis dicitur : *Multi, dico vobis, justi et prophetæ desideraverunt videre quæ videtis, et non viderunt* (*Luc.* X, 24). [*Vet. IV.*] Herba ergo onagri, et fenum bovis est hæc ipsa Mediatoris incarnatio, per quam simul gentilitas et Judæa satiatur. Quia enim per prophetam dicitur : *Omnis caro fenum* (*Isa.* XL, 6), universitatis conditor, ex nostra substantia carnem sumens, fenum fieri voluit, ne nostra in perpetuum caro fenum remaneret. Tunc ergo herbam onager invenit, cum gentilis populus gratiam divinæ incarnationis accepit. Tunc bos vacuum præsepe non habuit, cum plebi Judaicæ ejus carnem exspectanti

---

[a] Apud vet. Edit. Barth., Remb., Coc., *in Libyam* : mendose.
[b] Compend., Turon. et alii, *his namque sagittis epotatus David spiritus fuerat.* Barthol. et Remb., cum Mss. Colb., *et hoc potatus.*
[c] Mss. Norm., *sanguis confusionis currat* ; non probantur. Confessionis autem nomine intelligit Gregorius pœnitentiam cum conversione conjunctam ; nam, ut loquitur Hilarius in ps. CXXXVII, n. 3, *nullus id quod peccatum esse confessus est, deinceps debet admittere, quia confessio peccati professio est desinendi.*
[d] Ita restituimus hunc locum ex Mss. Compend., Vindocin., Norm., etc. Prius legebatur, *nisi plebs Judaica significatur, quæ jugo supernæ damnationis,* etc. ; mendose, ut censeo : erroris occasio fortasse fuit vox, *dominationis*, sic abbreviata in vet. Edit., *dnationis*, quam legerunt *damnationis*.

lex exhibuit, quem diu ª exspectanti prophetavit. Unde et natus Dominus in præsepe ponitur, ut videlicet signaretur quia sancta animalia, quæ jejuna diu apud legem inventa sunt, incarnationis ejus feno satiantur. Præsepe enim natus implevit, qui cibum semetipsum mentibus mortalium præbuit, dicens : *Qui comedit carnem meam, et bibit sanguinem meum, in me manet, et ego in eo (Joan.* vi, 57). Sed quia diu et electorum gentilium vota dilata sunt, et ex Hebraico populo sancti quique longo tempore redemptionem suam exspectando gemuerunt, beatus Job, bene prophetiæ mysteria enarrans, ex utraque natione causas afflictionis insinuat, dicens : *Nunquid rugiet onager cum habuerit herbam ? aut mugiet bos cum ante præsepe plenum steterit ?* Ac si aperte dicat : Idcirco gentilitas gemit, quia eam necdum Redemptoris sui gratia reficit; atque ideo Judæa mugitus dilatat, quia, legem tenens, sed legis auctorem non videns, stans ante præsepe jejunat. Quæ nimirum lex, quia ante Mediatoris adventum nequaquam spiritaliter, sed carnaliter tenebatur, recte subjungitur :

CAPUT VIII [*Rec. V*].

VERS. 6. — *Aut poterit comedi insulsum, quod non est sale conditum?*

8. *Lex carnaliter intellecta insulsa, a Christo sale condita.* — In lege sal litteræ est virtus intelligentiæ occultæ. Quisquis ergo, obsequiis carnalibus intentus, hanc intelligere spiritaliter noluit, quid aliud quam insulsum cibum comedit? Sed hoc in 216 cibo sal cognita Veritas misit, cum latere in lege saporem occultæ intelligentiæ docuit dicens : *Si crederetis Moysi, crederetis forsitan et mihi, de me enim ille scripsit* (Joan. v, 46). Et rursum : *Habete sal in vobis, et pacem habete inter vos* (Marc. v, 49). Sed quia ante Mediatoris adventum Judæa legem carnaliter tenuit, præceptis ejus dura jubentibus gentilitas subdi recusavit. Insulsum ergo cibum comedere noluit, quia prius quam Spiritus condimentum perciperet servare vim litteræ expavit. Quis namque gentilium hoc quod illic præcipitur ferret, filiorum carnem pro obsequio religionis incidere, verborum culpas morte resecare? Unde et bene adhuc subditur :

CAPUT IX.

IBID. — *Aut gustare aliquis potest quod gustatum affert mortem?*

9. *Lex carnaliter degustata, prius erat mortifera.* — Lex namque carnaliter degustata mortem detulit, quia commissa delinquentium dura animadversione distrinxit; mortem detulit, quia et per præceptum culpam innotuit, et hanc per gratiam non delevit, Paulo attestante, qui ait : *Nihil ad perfectum perduxit lex* (Heb. vii, 19). Et rursum : *Lex quidem sancta, et mandatum sanctum et justum et bonum.* Et paulo post : *Peccatum, ut appareat peccatum, per bonum mihi operatum est mortem* (Rom. vii, 12, 13). Ad Christum vero conversa gentilitas, quia hunc ᵇ sonare per verba legis intelligit, angustata desideriis suis, eum quem vehementer diligit inter præcepta carnalia spiritaliter requirit. [*Vet. V, Rec. VI.*] Unde et ex voce mox Ecclesiæ per prophetiæ spiritum subditur :

CAPUT X.

VERS. 7. — *Quæ prius tangere nolebat anima mea, nunc, præ angustia, cibi mei sunt.*

10. *Verba Job spiritali intellectu esse gravida. Gentes legis cibum quæsituræ, et Judæi gentium societatem non dedignaturæ prædicuntur.* — Valde namque in errorem labitur qui beati Job verba ad solam prolata historiam suspicatur. Vir enim sanctus, et tot conditoris sui præconiis fultus, quid magnum, vel potius quid verum diceret, si insulsum cibum comedi non posse dixisset? Aut quis ejus esui mortifera alimenta obtulerat, ut subjungat : *Aut potest aliquis gustare quod gustatum affert mortem?* Quæ si de amicorum colloquiis dicta sentimus, ab intellectu hoc sententia subjuncta compescimur, qua ait : *Quæ prius tangere nolebat anima mea, nunc, præ angustia, cibi mei sunt.* Absit enim ne vir sanctus, in status sui incolumitate constitutus, amicorum suorum aliquando dicta despexerit, qui, sicut ipso attestante post didicimus, et servis humilis fuit. Verba ergo ejus a mysteriis non vacant, quæ, sicut ex fine historiæ discimus, et internus arbiter laudat. Quæ nequaquam etiam cum tanta veneratione usque ad mundi extrema decurrerent, si intellectu mystico gravida non fuissent.

11. Beatus igitur Job, quia membrum sanctæ est Ecclesiæ, ejus etiam loquatur ex voce, dicens : *Quæ prius tangere nolebat anima mea, nunc præ angustia, cibi mei sunt,* quia nimirum amoris sui æstibus anxia cibum Scripturæ veteris conversa gentilitas esurit, quem dudum superba despexit. Quæ tamen et Judææ vocibus congruunt; si paulo consideratius disserantur. Ipsa quippe ex eruditione legis, ex unius Dei cognitione sal habuit, ᶜ et cunctas gentes tanquam animalia bruta despexit. Sed quia societatem gentilium ad semetipsam recipere præceptis legis erudita contempserat, 217 quid aliud quam insulsum cibum sumere fastidiebat? Divina quippe sententia, proposita morte, vetuerat ne plebs Israelitica fœdus cum alienigenis jungeret, et vitam sanctæ religionis inquinaret (Exod. xxiii, 52). Unde et subditur : *Aut gustare aliquis potest quod gustatum affert mortem?* Sed quia ad Redemptoris fidem hæc eadem Judæa ex electorum parte conversa est, lucem quam cognoverat prædicare per sanctos apostolos suæ prolis infidelibus satagebat. Ejus autem prædicationis obsequium Hebræorum superbia repulit. Unde mox ad collectionem gentium exhortationis suæ verba declinavit, sicut et per eosdem apostolos dicitur : *Vobis oportebat primum loqui verbum Dei ; sed quoniam repulistis illud, et indignos vos judicastis æternæ vitæ, ecce convertimur ad gentes* (Act. xiii, 46). Unde hoc quoque loco apte subjungitur : *Quæ prius tangere nolebat anima mea, nunc,*

ª Excusi, *exspectatum,* renitentibus Mss.
ᵇ Ita Mss. Corb., Germ., Colb., Germ., Turon., Vindoc., Floriac., Norm. At Editi, *signari.*
ᶜ Bellovac., Gemet. et nonnulli, *et cunctas gentes non aliter quam animalia.* Corb., *et cunctas gentes non aliud quam animalia.*

oræ angustia, cibi mei sunt. Judæa quippe, vitam gentilium dedignata, eam dudum quasi tangere noluit, cujus societatem recipere sprevit; sed ad Redemptoris gratiam veniens, ab Israelitis infidelibus repulsa, dum per sanctos apostolos ad collectionem se gentium dilatat, quasi hoc in cibum esuriens accipit, quod indignum prius fastidiosa despexit. Prædicationis enim suæ angustias pertulit, quæ apud Hebræos despici quod loquebatur vidit. Sed præ angustia cibos quos dudum contempserat comedit, quæ, repulsa Judæorum duritia, gentiles suscipere populos quos despexerat concupiscit. Quia igitur hæc figuraliter diximus, restat nunc ut moraliter inquiramus. —

SENSUS MORALIS. — 12. Vir sanctus, Redemptoris adventum sub stateræ appellatione desiderans, dum ᵃ se per eloquium aperit, nos ad vivendi studium erudit; dum sua narrat, quædam nostra indicat; dum de se quæ recognoscamus insinuat, nos ad spem trepidos infirmosque confirmat. Jam quippe per fidem Mediatoris vivimus, et tamen adhuc pro ᵇ expurgatione vitiorum dura animadversionis intimæ flagella sustinemus. Unde et post stateræ desiderium subdit :

CAPUT XI.

VERS. 4. — *Quia sagittæ Domini in me sunt, quarum indignatio ebibit spiritum meum.*

13. *Boni flagellis ac judicii terrore configuntur. Præstat tamen agi amore.* — Sed ecce, ut superius dictum est, et divinæ correptionis percussione configimur, et tamen adhuc illud gravius est quod de terrore venturi judicis ex æterna animadversione formidamus. Unde protinus subinfertur : *Et terrores Domini militant contra me.* Debet tamen a metu et dolore animus excuti, et ad sola æternæ patriæ desideria extendi. Tunc enim nobilitatem nostræ regenerationis ostendimus, si eum ut patrem diligimus, quem nunc servili mente ut dominum formidamus. Unde et per Paulum dicitur : *Non accepistis spiritum servitutis iterum in timore, sed accepistis spiritum adoptionis filiorum, in quo clamamus, Abba pater* (Rom. VIII, 15). Pondus itaque formidinis mens electi postponat, in virtute se amoris exerceat, renovationis suæ dignitatem desideret, ad conditoris sui speciem anhelet; quem quo usque conspicere non valet, æternitatem ejus necesse est, id est, intimum cibum suum esuriens, exspectet. Unde et apte subditur :

CAPUT XII [Vet. VI].

VERS. 5. — *Nunquid rugiet onager cum habuerit herbam? aut mugiet bos cum ante præsepe plenum steterit?*

14. *Onager fidelem plebem, bos ordinem ecclesiasticum designat. Utrusque hic gemendi causa de dilata Dei visione.* — Qui alii onagri appellatione signati sunt, nisi hi qui, in campo fidei constituti, nullius officii loris 213 ligantur? Vel quos bovis significatio exprimit, nisi hos quos intra sanctam Ecclesiam ad prædicationis officium suscepti ordinis jugum premit? Herba vero onagri et pabulum bovis est interna refectio populi fidelis. Alii namque more bovis intra Ecclesiam suscepti officii loris tenentur; alii more onagri sacri ordinis stabula nesciunt, et in campo propriæ voluntatis degunt. Sed cum quis ex vita sæculari internæ visionis desiderio æstuat, cum refectionis intimæ pabulum concupiscit, cum jejunum se in peregrinationis hujus cæcitate considerans, quibus valet fletibus reficit, quasi herbam non inveniens onager rugit. Alius quoque necessitatem suscepti ordinis tolerat; in labore prædicationis exsudat, et per æternam jam contemplationem refici appetit; sed quia Redemptoris sui speciem necdum conspicit, quasi bos ad præsepe vacuum ligatus gemit. Quia enim, longe ab interna sapientia positi, æternæ hæreditatis viriditatem non cernimus, velut bruta animalia, a desiderata herba jejunamus. De qua nimirum herba Redemptoris voce dicitur : *Per me si quis introierit, salvabitur, et ingredietur, et egredietur, et pascua inveniet* (Joan. X, 9). Sed plerumque, quod esse amantibus gravius solet, sanctis bonorum studiis malorum vita contradicit; et cum mens ad cœleste desiderium rapitur, bene cœpta intentio, interrumpentibus stultorum verbis ac moribus, reverberatur; ita ut quæ jam per contemplationis admisum ad summa evolaverat, ad expugnandam pravorum stultitiam sese in infimis contra certamina accingat. Unde et subditur :

CAPUT XIII.

VERS. 6. — *Aut poterit comedi insulsum quod non est sale conditum? Aut potest aliquis gustare quod gustatum affert mortem?*

15. *Electis quam gravia sint verba moresque carnalium.* — Verba quippe moresque carnalium quasi cibum se nostris mentibus ingerunt, ut in delectationis ventre rapiantur. Sed electus quisque insulsum non comedit, quia pravorum dicta factaque dijudicans, ab ore cordis repellit. Paulus ad esum mentium inferri insulsa prohibuit, cum discipulis dixit : *Sermo vester semper in gratia sale sit conditus* (Coloss. IV, 6). Et Psalmistæ quoque verba reproborum in cordis ore insulsa sapuerant, cum dicebat : *Narraverunt mihi iniqui fabulationes, sed non ita ut lex tua, Domine* (Psal. CXVIII, 84). Sæpe autem verba carnalium dum se importune nostris auribus ingerunt, in corde bellum tentationis gignunt; et quamvis hæc et ratio respuat, et lingua reprehendat, cum labore tamen intus vincitur quod foris cum auctoritate judicatur. Unde necesse est ut nec ad aures veniat quod mens a cogitationis aditu vigilans repellat. Sancti igitur viri, cum æternitatis desideriis anhelant, in tantam altitudinem vitæ se sublevant, ut audire jam quæ mundi sunt grave sibi ac deprimens pondus credant. Valde namque insolens atque intolerabile æstimant quidquid illud non sonat quod intus amant.

[Vet. VII.] 26. *Non omnium est ad cruciatus corporis pro Deo subeundos accingi.* — Sed sæpe mens jam per desiderium ad sublima rapitur, jam funditus a

---

ᵃ Coc. et al. seq., *per se eloquium*. Vitiosa est transpositio.
ᵇ Cod. Germ., *expugnatione*.

stulta terrenorum hominum locutione separatur, nec tamen adhuc pro amore veritatis ad perferendos præsentis vitæ cruciatus accingitur; jam superna appetit, jam in infimis stulta contemnit, sed necdum se ad perferendæ adversitatis tolerantiam dirigit. Unde et subditur : *Aut potest aliquis gustare quod gustatum affert mortem?*

CAPUT XIV.

17. *Proximorum infirma tolerando, ad cruciatus subeundos roboramur.* — Durum quippe est appetere quod cruciat, sequi quod vitam fugat. Sed plerumque mens justi ad tantum se virtutis culmen extendit, ut et apud se in internæ rationis arce præsideat, et quorumdam foris stultitiam tolerando convertat. Quos enim ad fortia trahere nitimur, eorum necesse est ut infirma toleremus, quia nec jacentem erigit, nisi qui status sui rectitudinem per compassionem flectit. Cum vero alienæ infirmitati compatimur, valentius a nostra roboramur; ut amore futurorum mens ad præsentia adversa se præparet, et cruciatus corporis quos timebat exspectet. Auctis namque desideriis cœlestibus angustatur; cumque æternæ patriæ quanta sit dulcedo considerat, pro ea præsentis vitæ amaritudines ardenter amat. Unde post insulsi cibi fastidium, post impossibilem mortis gustum, recte subjungitur :

CAPUT XV [Rec. VII].

Vers. 7. — *Quæ prius tangere nolebat anima mea, nunc, præ angustia, cibi mei sunt.*

18. *Præ amore cœlestis patriæ exsilii pœnas amamus.* — Mens enim justi proficiens, quæ prius, dum sola propria curaret, ferre aliena fastidiebat, quæ minus alienis compatiens, convalescere contra adversa non poterat, cum ad toleranda proximi infirma se attrahit, ad adversa superanda convalescit; ita ut pro amore veritatis præsentis vitæ cruciatus tanto post [a] fortius appetat, quanto prius infirma fugiebat. Inclinatione namque sua erigitur, attractione tenditur, compassione roboratur; cumque in amorem proximi se dilatat, quasi ex meditatione colligit quanta fortitudine in auctorem surgat. Charitas namque, quæ nos ad vim compassionis humiliat, altius in culmine contemplationis levat; et multiplicata jam majoribus desideriis æstuat, jam pervenire ad vitam spiritus, etiam per cruciatus corporis, anhelat. Quod ergo prius tangere nolebat, hoc post præ angustia comedit, qui desideria sua vix capiens, et ipsas quas dudum timuerat, jam præ amore cœlestis patriæ pœnas amat. Si enim mens in Deum forti intentione dirigitur, quidquid sibi in hac vita amarum fit, dulce æstimat, omne quod affligit requiem putat; transire et per mortem appetit, ut obtinere vitam plenius possit; funditus in infimis exstingui desiderat, quo verius summa conscendat. Sed hæc de cujuslibet justi animo, hæc de beati Job mente mentior, nisi ipse subjungat :

CAPUT XVI.

Vers. 8-10. — *Quis det ut veniat petitio mea, et quod exspecto tribuat mihi Dominus; et qui cœpit, ipse me conterat; solvat manum suam, et succidat me, et hæc mihi sit consolatio, ut affligens me dolore, non parcat?*

19. *Exemplum Job suum percussorem benedicentis. Conterit nos Deus, conterit et diabolus, diversis exitibus.* — Sed fortasse hæc per contumaciam expetit, fortasse in eo quod se perfecte exstingui desiderat, injustitiam ferientis accusat. Absit hoc. Nam qua mente id expetat, verbis sequentibus demonstrat, dicens : *Nec contradicam sermonibus sancti.* Nequaquam ergo de injustitia percutientis murmurat, qui percussorem suum et inter verbera sanctum vocat. Sciendum vero est quia aliquando nos adversarius, aliquando autem conterit Deus. Ex contritione autem adversarii a virtute deficimus; per contritionem vero Domini fracti, a vitiis in virtute roboramur. Hanc contritionem Propheta prospexerat, cum diceret : *Reges eos in virga ferrea, et tanquam vas figuli conteres eos (Psal.* ii, 9). In virga nos ferrea Dominus regit et conterit, [b] quia dispensationis suæ forti rectitudine cum nos interius reficit, exterius affligit. Nam quo virtutem carnis humiliat, intentionem spiritus exaltat. Unde et hæc eadem contritio figuli vasi comparatur, sicut et per Paulum dicitur : *Habemus thesaurum istum in vasis fictilibus (II Cor.* iv, 7). Qui simul contritionem et regimen exprimens, ait : *Licet is qui foris est noster homo corrumpitur, tamen is qui intus est renovatur de die in diem (Ibid.,* 16). [Vet. VIII.] Sanctus igitur vir, qui appropinquare Deo etiam per flagella desiderat, per spiritum humilitatis dicat :

CAPUT XVII.

Vers. 9. — *Qui cœpit, ipse me conterat.*

20. *Efferentem se de virtutibus Deus misericorditer corripit.* — Plerumque enim vitiorum contritionem in nobis agere Dominus inchoat; sed cum mens ex ipso exordio provectus extollitur, cumque se jam quasi de virtutibus erigit, sævienti contra se adversario aditum pandit, qui cordis intima penetrans, omne quod in ea de studio bonæ inchoationis invenerit, confringit; tantoque se vehementius in ejus confractione exhibet, quanto est gravius, quia vel ad modicum fuerat provectus, dolet. Unde et teste Evangelio, voce Veritatis, ad neglectam domum conscientiæ spiritus immundus qui solus exiit cum spiritibus septem redit *(Matth.* xii, 45). Ne ergo post divinæ correptionis exordia antiquus hostis subripiat, atque ad virtutum confractionem trahat, sanctus vir congrue exorat, dicens : *Qui cœpit, ipse me conterat.* Ac si aperte dicat : Hoc, quod in me exorsus est perficere feriendo non desinat, ne desertum me adversario ad contritionem tradat. Unde et apte subditur :

CAPUT XVIII.

Ibid. — *Solvat manum suam, et succidat me.*

21. *Quam timendum ne ad ferienda nostra vitia ligatam manum teneat.* — Sæpe namque fiducia longæ prosperitatis inflati, in quodam [c] statu elationis erigimur

---

[a] Norman., *tanto post fortis appetat.* Unus Vindoc., *tanto post fortior.*

[b] Gemet. ac unus Compend., *quia dispensationis suæ fortitudine.*

[c] Turon., *in quodam fastu.*

gimur. Cumque nos extolli conditor conspicit, sed amorem suum erga nos per verbera non exercet, quasi ad ferienda nostra vitia manum ligatam tenet. An non affectus sui manum ligaverat cum peccanti populo dicebat : *Jam non irascar tibi* (*Isai.* LIV, 9); et : *Zelus meus recessit a te* (*Ezech.* XVI, 42)? [a] *Solvat* ergo *manum* dicitur, exerceat affectum. Recte autem subjungitur : *Et succidat me.* Cum enim securos nos ac de virtutum affluentia elatos, repentinus vel flagelli dolor, vel infirmitatis tentatio percutit, protinus a status sui vertice mentis nostræ elatio succisa cadit, ut de semetipsa nihil audeat, sed, infirmitatis suæ ictu prostrata, manum levantis quærat. Hinc est quod sancti viri cum de occulta erga se dispositione suspecti sunt, plus prospera ipsa pertimescunt, tentari appetunt, flagellari concupiscunt, quatenus incautam mentem metus et dolor erudiat, ne in hac peregrinationis via, hoste ex insidiis erumpente, sua eamdem deterius securitas sternat. Hinc Psalmista ait : *Proba me, Domine, et tenta me* (*Psal.* XXV, 2). Hinc iterum dicit : *Ego ad flagella paratus sum* (*Psal.* XXXVII, 18). Quia enim sancti mentis suæ correptionis vulnus sine putredine non esse considerant, libenter se sub manu medici ad sectiones parant, ut, aperto vulnere, virus peccati exeat, quod sana cute intus occidebat. Unde et adhuc subditur :

CAPUT XIX.

VERS. 10. — *Et hæc mihi sit consolatio, ut affligens me dolore, non parcat.*

22. *Sancti timent prospera, cupiunt flagella.* — Electi qui cum perpetrasse se illicita noverunt, sed perscrutantes inveniunt quia nulla pro illicitis adversa perpessi sunt, vi immensæ formidinis **221** tabescunt, pavore æstuant, sinistris agitati suspicionibus laborant; ne in æternum se gratia deseruerit, quos in præsenti vita mali sui retributio nulla custodit; timent ne ultio quæ suspenditur gravior in fine servetur; feriri paterna correptione desiderant, et dolorem vulneris medicamina salutis putant. Recte ergo nunc dicitur : *Hæc mihi sit consolatio, ut affligens me dolore non parcat.* Ac si aperte diceretur : Qui ideo hic quibusdam parcit, ut eos in perpetuum feriat; ideo hic me feriat, ut non parcendo, in perpetuum parcat. Ex afflictione enim me consolor, quia corruptionis humanæ putredinem sciens, ad spem salutis ex vulnere certus reddor. Quod quia non tumenti sed humiliter edidit, subjungendo, ut prædiximus, patefacit, dicens :

CAPUT XX.

IBID. — *Nec contradicam sermonibus sancti.*

23. *Deus sæpe tacitus loquitur operibus.* — Plerumque ad nos verba Dei non sunt dictorum sonitus, sed effectus operationum. In eo enim nobis loquitur quod erga nos tacitus operatur. Beatus igitur Job sermonibus Dei contradiceret, si de ejus percussionibus murmuraret. Sed quid de percussore suo sentiat, indicat, qui (sicut jam diximus) quem ferientem tolerat, sanctum vocat. Sequitur :

CAPUT XXI [*Vet.* IX, *Rec.* VIII].

VERS. 11. — *Quæ est enim fortitudo mea, ut sustineam; aut quis finis meus, ut patienter agam?*

24. *Quæ justorum fortitudo, quæ reproborum.* — Sciendum quod alia justorum, atque alia est fortitudo reproborum. Justorum quippe fortitudo est carnem vincere, propriis [b] voluntatibus contraire, delectationem vitæ præsentis exstinguere, hujus mundi aspera pro æternis præmiis amare, prosperitatis blandimenta contemnere, [c] adversitatis metum in corde superare. Reproborum vero fortitudo est transitoria sine cessatione diligere, contra flagella conditoris insensibiliter perdurare, ab amore rerum temporalium nec ex adversitate quiescere, ad inanem gloriam etiam cum vitæ detrimento pervenire, malitiæ augmenta exquirere, bonorum vitam non solum verbis ac moribus, sed etiam gladiis impugnare, in semetipsis spem ponere, iniquitatem quotidie sine ullo desiderii defectu perpetrare. Hinc est quod per Psalmistam dicitur ad electos : *Viriliter agite, et confortetur cor vestrum, omnes qui speratis in Domino* (*Psal.* XXX, 25). Hinc per prophetam reprobis dicitur : *Væ qui potentes estis ad potandum vinum, et viri fortes ad miscendam ebrietatem* (*Isai.* V, 22). Hinc per Salomonem dicitur quod sancti quique sine ulla debilitate desiderii internam requiem contemplantur : *En lectulum Salomonis, sexaginta fortes ambiunt, ex fortissimis Israel* (*Cant.* III, 7). Hinc Psalmista contra reprobos in passione positi voce Redemptoris insinuans, ait : *Ecce occupaverunt animam meam, irruerunt in me fortes* (*Psal.* LVIII, 4). Quam bene utramque fortitudinem Isaias complexus est, dicens : *Qui confidunt in Domino, mutabunt fortitudinem* (*Isai.* XL, 31). Quia enim nequaquam sument, sed *mutabunt* dixit, profecto patenter innotuit aliam esse quæ [d] ponitur, et aliam quæ inchoatur.

25. *In quibus fortis est reprobus, segnis est justus.* — An non etiam reprobi fortes sunt, qui ad præsentis vitæ concupiscentiam tot laboribus currunt, periculis se audenter objiciunt, pro lucris contumelias libenter ferunt, ab appetitus sui libidine **222** nulla victi contrarietate resiliunt, percussionibus durescunt, et mala mundi tolerant pro mundo, ejusque, ut ita dixerim, gaudia quærentes perdunt, nec tamen hæc perdendo fatigantur ? Unde bene ex humani generis voce per Jeremiam dicitur : *Inebriavit me absinthio* (*Thren.* III, 15). Ebrius quippe quod patitur nescit. Absinthio ergo est ebrius, qui, præ amore præsentis sæculi a sensu rationis alienus, dum quidquid pro

---

[a] Ita Norman., Vindoc., Compend., Bellovac., Turon. et vet. Ed., quod Coccius ita mutavit, sequentib. aliis Ed., *solvere ergo manum suam dicitur cum exercet affectum.*

[b] Compend., Ebroic. et alii Norman., *propriis vo-luptatibus.*

[c] Corb. Germ., *adversantem inimicum in corde.*

[d] Ita in Bellovac., Norman. et aliis ; et quidem melius quam , *proponitur*, ut legitur in Editis. Hic autem *ponitur* significat, *deponitur, relinquitur.*

mundo sustinet, leve deputat, laboris amaritudinem quam tolerat ignorat, quia nimirum delectabiliter ad cuncta ducitur, in quibus pœnaliter fatigatur. At contra vir justus ad mundi pericula pro mundo toleranda esse debilis studet, finem suum [a] conspicit, vita præsens quam sit transitoria attendit, et pro ea exterius labores perpeti renuit, cujus intrinsecus delectationem vicit. Beatus igitur Job, præsentis vitæ adversitatibus pressus, dicat ex sua, dicat ex omnium voce justorum : *Quæ est enim fortitudo mea, ut sustineam? aut quis finis meus, ut patienter agam?* Ac si aperte insinuet, dicens : Mala mundi pro mundo tolerare nequeo, quia jam in ejus desiderio fortis non sum. Dum enim præsentis vitæ finem conspicio, cur pondus ejus patior, cujus appetitum calco ? Et quia injusti quique, ut diximus, tanto fortius labores illius perferunt, quanto avidius ejus delectatione pascuntur, recte mox eamdem reproborum fortitudinem subdit, dicens:

CAPUT XXII [*Vet. X, Rec. IX*].

VERS. 12. — *Nec fortitudo lapidum fortitudo mea, nec caro mea ænea est.*

26. *Ad percussionem Dei alii sunt lapides sine sono, alii æs sonans sine sensu: Job non per insaniam, sed per salutis statum fortis.* — Quid hoc loco ære ac lapidibus, nisi insensibilium hominum corda signantur, qui sæpe et supernos ictus accipiunt, et tamen nulla disciplinæ percussione mollescunt? Quo contra electis per prophetam, pollicente Domino, dicitur : *Tollam a vobis cor lapideum, et dabo vobis cor carneum* (*Ezech.* XI, 19). Paulus quoque ait : *Si linguis hominum loquar et angelorum, charitatem autem non habeam, factus sum velut æs sonans, aut cymbalum tinniens* (*I Cor.* XIII, 1). Scimus autem quoniam percussi lapides clarum sonum reddere nequeunt ; æs vero cum percutitur, canorus valde sonitus ex ejus percussione formatur. Quod quia, ut lapides, vita caret, sensum in sonitu non habet. Et sunt nonnulli qui, lapidibus similes, ita ad pietatis præcepta duruerunt, ut cum eos percussio supernæ animadversionis examinat, nequaquam sonitum humilis confessionis reddant. Quidam vero a metallo æris in nullo discrepantes, cum flagella supernæ percussionis accipiunt, piæ confessionis sonitum emittunt ; sed quia humilitatis voces ex corde non proferunt, ad statum salutis reducti, nesciunt quod promiserunt. Illi ergo, more lapidum percussi, nec voces habent ; isti autem in nullo æris imitationem fugiunt, qui, in percussione positi, bona quæ non sentiunt loquuntur. Illi [b] venerationi ferientis et verba denegant ; isti, pollicentes quod non impleant, sine vita clamant. Vir igitur sanctus, reproborum duritiam inter verbera fugiens, dicat : *Nec fortitudo lapidum fortitudo mea, nec caro mea ænea est.* Ac si aperte fateatur, dicens : Reproborum similitudinem sub disciplinæ verbere fugio, quia nec more **223** lapidum ita obdurui, ut sub percussionis stimulo a ministerio confessionis obmutescam ; nec rursus quasi æs vocem confessionis resono, et sensum vocis ignoro. Sed quia ad percussionem reprobi debiliter fortes sunt, electi autem valenter infirmi, beatus Job dum fortem se per insaniam non esse asserit, fortem se per statum salutis innotescit. [*Vet.* XI. Unde ergo hanc eamdem fortitudinem percepit, insinuet, ne si sibi vires quas habet arroget, potenter ad mortem currat. Plerumque enim virtus habita deterius quam si deesset interficit ; quia dum ad sui confidentiam mentem erigit, hanc elationis gladio transfigit ; cumque eam quasi roborando vivificat, elevando necat ; ad interitum videlicet pertrahit quam per spem propriam ab internæ fortitudinis fiducia evellit. Sed quia beatus Job et virtute pollet, et in semetipso fiduciam non habet, atque, ut ita dixerim, vires infirmus habet, apte subjungit, dicens :

CAPUT XXIII.

VERS. 13. — *Ecce non est auxilium mihi in me.*

27. *Quia vires suas non sibi, sed Deo ascribit.* — Patet jam ad cujus spem percussi animus recurrat, cum in se sibi esse auxilium denegat. Sed quia infirmum se in semetipso insinuat, ad majoris adhuc fortitudinis meritum, quomodo etiam a proximis destituatur adjungat, — ibid. : — *Necessarii quoque mei recesserunt a me.* Sed ecce despectus exterius, intus solio judicii præsidet. Nam cum derelictum se asserit, protinus ad sententiam erumpit, dicens :

CAPUT XXIV [*Rec. X*].

VERS. 14. — *Qui tollit ab amico suo misericordiam, timorem Domini derelinquit.*

28. *Amor Dei et amor proximi quid sibi invicem præstent.* — Quis hoc loco amici nomine nisi quilibet proximus designatur, qui eo nobis fideliter jungitur, quo, percepto nunc a nobis bono opere, ad obtinendam post æternam patriam veraciter auxiliatur? Quia autem duo sunt præcepta charitatis, Dei videlicet amor et proximi, per amorem Dei amor proximi gignitur, et per amorem proximi amor Dei nutritur. Nam qui amare Deum negligit, profecto diligere proximum nescit ; et tunc plenius in Dei dilectione proficimus, si in ejusdem dilectionis gremio prius proximi charitate lactamur. [c] Quia enim amor Dei amorem proximi generat, dicturus per legem Dominus, *Diliges proximum tuum* (*Deut.* VI, 5 ; X, 12), præmisit, dicens : *Diliges Dominum Deum tuum* (*Matth.* XXII, 37, 39) : ut scilicet in terra pectoris nostri prius amoris sui radicem figeret, quatenus per ramos postmodum dilectio fraterna germinaret. Et rursum quia

---

[a] Ebroic., *finem concupiscit.*

[b] Sic restituendum putavimus ex Mss. plerisque, emendavimusque quod prius legebatur: *Illi venerationem ferientis et verba denegant.* Dissimulandum tamen non est hic variare exemplaria. Unum Compend. et Bigot. habent, *veneratione ferientis et verba denegant.* Aliud Compend., Lyran., Uticense, *venerationi ferientis,* etc. Omnia vero exhibent, *verba,* non *verbera*; et quidem ad mentem sancti Gregorii, qui de quibusdam hominibus loquitur, more lapidum, nullum sonitum, dum percutiuntur, reddentibus.

[c] Ita Mss. Anglic., Norman., Turon., Floriac., Vindoc., etc. Quidam tamen habent *lactemur*, et mendose aliqui, *lactemus*. In nullo autem legimus *ligamus,* ut in Editis. Unus Vindoc. habet *levigamur,* et *lactamur.*

amor Dei ex proximi amore ªcoalescit, testatur Joannes, dicens: *Qui non diligit fratrem suum quem videt, Deum quem non videt, quomodo potest diligere* (*I Joan.* IV, 20)? Quæ tamen divina dilectio per timorem nascitur, sed in affectum crescendo permutatur.

29. *Proximi dilectio in ejus ærumnis probatur. Amicum in adversis despicientis quanta iniquitas.* — Sæpe vero omnipotens Deus ut quantum quisque a charitate ejus ac proximi longe sit, vel in ea quantum profecerit innotescat, miro ordine cuncta dispensans, alios flagellis deprimit, alios successibus fulcit. Et cum quosdam temporaliter deserit, in quorumdam cordibus quod malum latet ostendit. Nam plerumque ipsi nos miseros insequuntur, qui felices sine comparatione coluerunt. Cum enim quis positus in prosperitate diligitur, incertum valde est utrum prosperitas an persona diligatur. Amissio autem felicitatis interrogat vim dilectionis. Unde bene quidam sapiens dicit: *Non agnoscitur in bonis amicus, et non*
224 *abscondetur in malis inimicus.* (*Eccli.* XII, 8). Nec prosperitas quippe amicum indicat, nec adversitas inimicum celat, quia et ille sæpe prosperitatis nostræ reverentia tegitur, et iste ex confidentia adversitatis aperitur. Vir igitur justus in flagellis positus dicat: *Qui tollit ab amico suo misericordiam, timorem Domini derelinquit*, quia nimirum qui ex adversitate proximum despicit, aperte convincitur quod hunc in prosperis non amavit. Et cum omnipotens Deus ᵇ ideo quosdam percutiat, ut et percussos erudiat, et non percussis occasionem boni operis præbeat, quisquis percussum despicit, occasionem a se virtutis repellit; et tanto se nequius contra auctorem erigit, quanto hunc nec pium in salute propria, nec justum in alieno vulnere agnoscit. Intuendum vero est quod beatus Job sic sua loquitur, ut totius quoque electi populi per eum vita signetur. Quia enim ejusdem populi membrum est, cum quæ ipse patitur narrat, ea etiam quæ sustinet ille denuntiat, dicens:

CAPUT XXV.

VERS. 15. — *Fratres mei prætereierunt me sicut torrens, qui raptim transit in convallibus.*

30. *Reprobi cur a justis dicantur et fratres, et prætereuntes. Torrenti recte comparantur. Vita brevi et fugitiva transeunt ad æterna tormenta.* — Reproborum mens quia sola præsentia diligit plerumque nunc tanto aliena existit a verbere, quanto post extranea remanet ab hæreditate; et superba justos despicit, quos paterna misericorditer severitas affligit. Sæpe vero reprobi eamdem fidem qua vivimus retinent, eadem fidei sacramenta percipiunt, ejusdem religionis unitate continentur ; sed tamen compassionis viscera nesciunt, charitatis vim, qua in Deum flagramus et proximum, non agnoscunt. Recte ergo et fratres et prætereuntes vocantur, quia ex uno matris

A nobiscum gremio per fidem prodeunt, sed in uno charitatis studio erga Deum et proximum non figuntur. Unde apte etiam torrenti qui raptim transit in convallibus comparantur. Torrens namque ex montanis ad ima defluit, et collectus hiemalibus pluviis, æstivis solibus arescit. Qui enim terrena diligentes spem supernæ patriæ deserunt, quasi ex montibus valles petunt; quos tamen hiemis præsentis vitæ multiplicat, sed ᶜ æstas venturi judicii exsiccat, quia cum sol supernæ districtionis incanduerit, reproborum lætitiam in ariditatem vertit. Bene ergo dicitur: *Raptim transit in convallibus.* Torrentem quippe ad convalles raptim transire est pravorum mentes ad ima desideria sine ullo obstaculo ac difficultate descendere. [*Vet.* XII.] Omnis enim ascensus in labore est, descen-
B sus in voluptate, quia per admissum gressus ad superiora tenditur, per remissionem vero ad inferiora declinatur. Ad montis enim verticem saxum subvehere magni laboris est, idemque a summis ad ima dimittere labor non est. Sine mora videlicet proruit, qui magnis conatibus ad summa pervenit. Longo studio seges seritur, sole atque imbre diutino nutritur, sed tamen una et subita scintilla consumitur. Paulisper ædificia ad alta proficiunt, sed repentinis casibus terram petunt. Robusta arbor in aera per tarda incrementa se erigit ; sed quidquid diu ad alta protulit, semel et simul cadit. Quia igitur ascensus in labore est, descensus in voluptate, recte nunc dicitur: *Fratres mei prætereierunt me sicut torrens, qui raptim transit in convallibus.* Quod tamen sentiri ei aliter
C potest.

225 31. *Si enim convalles ima pœnarum loca intelligimus,* injusti quique sicut torrens raptim ad convalles transeunt, quia in hac vita, quam totis desideriis appetunt, diu stare nequaquam possunt. Nam quot dies ætatis accipiunt, quasi tot quotidie gressibus ad finem tendunt. Augeri sibi optant tempora, sed quia concessa subsistere nequeunt, quot augmenta vivendi percipiunt, ᵈ de vivendi spatio totidem perdunt. Momenta ergo temporum quo sequuntur fugiunt, quo accipiunt amittunt. Raptim itaque ad convalles transeunt, qui in longum quidem voluptatum desideria pertrahunt, sed ad inferni claustra repente deducuntur. Quia enim hoc etiam tempus, quod qualibet longævitate extensum est, si fine clau-
D ditur, longum non est; ex fine miseri colligunt breve fuisse quod amittendo tenuerunt. Unde bene et per Salomonem dicitur : *Si multis annis vixerit homo, et in his omnibus lætatus fuerit, meminisse debet tenebrosi temporis, et dierum multorum, qui cum venerint, vanitatis arguentur præterita* (*Eccle.* XI, 8). Stulta etenim mens cum malum repente invenerit, quod nequaquam præterit; æternitatem ejus tolerando intelligit, quia quod præterire potuit vanum fuit. Sciendum vero est quod plerique agere recta desiderant, sed sunt nonnulla quæ infirmis eorum mentibus ex-

---

ª Gemel., *convalescit.*
ᵇ Sic pene omnes ; at Editi habent *cruciat.*
ᶜ Ebroic., *sed æstus.*

ᵈ Obscurus locus: In sex Anglicis et quatuor Norm occurrit lectio quam amplexi sumus, ubi prius legebatur, *diu vivendi spatia totidem perdunt.*

præsenti vita contradicant; cumque adversa in infimis perpeti metuunt, in superni judicii rectitudinem offendunt. Unde recte subjungitur :

CAPUT XXVI [Rec. XI].

VERS. 16. — *Qui timent pruinam, irruit super eos nix.*

32. *Qui temporalium damnorum metu justitiam deserunt, incident in æterna mala.* — Pruina quippe inferius gelascit, nix autem de superioribus ruit. Et sæpe nonnulli dum temporalia adversa pertimescunt ª districtioni se æternæ animadversionis objiciunt. De quibus bene per Psalmistam dicitur : *Illic trepidaverunt timore, ubi non erat timor* (*Psal.* XIII, 5). Iste namque veritatem jam libere defendere appetit, sed tamen in ipso suo appetitu trepidus indignationem potestatis humanæ pertimescit; cumque in terra hominem contra veritatem pavet, ejusdem veritatis iram cœlitus sustinet. Ille, peccatorum suorum conscius, ea quæ possidet indigentibus jam largiri desiderat, sed tamen ne datis rebus egeat ipse formidat. Cumque carnis subsidia reservando trepidus præparat, ab alimentis misericordiæ animam necat; et cum pati in terra inopiam metuit, æternam sibi abundantiam supernæ refectionis abscindit. Recte ergo dicitur : *Qui timent pruinam, irruit super eos nix*, quia qui conculcanda ab infimis metuunt, a summis metuenda patiuntur; et cum transire nolunt quod calcare poterant, judicium de supernis excipiunt, quod tolerare nequaquam possunt. Sed hæc agentes, mundi gloriam temporaliter obtinent. Quid autem tempore vocationis suæ facturi sunt cum cuncta simul pavidi deserunt quæ hic cum gravi timore servaverunt ? Unde et apte subditur :

CAPUT XXVII.

VERS. 17. — *Tempore quo fuerint dissipati peribunt.*

33. *Quantus eorum pavor, judicio appropinquante.* — Quos enim præsentis vitæ sollicitudo ordinat, amissio dissipat; et tunc etiam exterius pereunt, qui intus dudum æterna negligendo perierunt. **226** De quibus recte additur : *Et ut incaluerint, solventur de loco suo.* [*Vet. XIII.*] Iniquus enim quisque cum incaluerit, de loco suo solvitur, ᵇ quia judicio intimæ districtionis appropinquans, cum jam ᶜ per cognitionem pœnæ fervere cœperit, ab ea, cui dudum inhæserat, carnis suæ delectatione separatur. Hinc est enim quod per prophetam contra reprobos dicitur : *Et tantummodo sola vexatio intellectum dabit auditui* (*Isai.* XXVIII, 19), quia videlicet æterna non intelligunt, nisi cum pro temporalibus jam sine emendatione puniuntur. Tunc mens æstuat, et infructuosæ pœnitentiæ se ignibus inflammat, duci ad supplicium timet, præsentem vitam ex desiderio retinet; sed de loco suo solvitur, quia oblectamenta carnis deserens, ejus duritia per supplicium liquatur. Sed quia iniqui omnes quid abstractionis suæ tempore patientur audivimus, adhuc aliqua quibus in libertatis suæ spatio implicantur audiamus. Sequitur :

CAPUT XXVIII [Vet. XIV, Rec. XII].

VERS. 18. — *Involutæ sunt semitæ gressuum eorum.*

34. *Nihil prodest recta proponere, nisi propositi simus tenaces.* — Omne quod involvitur in semetipsum replicatur. Et sunt nonnulli qui seducentibus vitiis obviare quasi tota intentione deliberant, sed irruente tentationis articulo, in deliberationis proposito non perdurant. Alius namque, pravo ᵈ ausu superbiæ inflatus, cum magna esse præmia humilitatis considerat, adversum semetipsum se erigit, et quasi tumorem turgidi fastus deponit, exhibere se quibuslibet contumeliis humilem promittit; sed cum repente hunc unius injuria verbi pulsaverit, ad consuetam protinus elationem redit, sicque ad tumorem ducitur, ut nequaquam quia humilitatis bonum concupierat recordetur. ᵉ Alius avaritia æstuans, augendis facultatibus anhelat. Is cum præterire omnia velociter conspicit, vagantem per concupiscentias mentem figit, decernit jam nihil appetere, et adepta tantummodo sub magni moderaminis freno possidere ; sed cum repente fuerint oculis oblata quæ placeant, in ambitione protinus mens anhelat, semetipsam non capit, adipiscendi hæc occasionem quærit, et oblita continentiæ quam secum pepigerat, cogitationum se stimulis per desideria acquisitionis inquietat. Alius luxuriæ tabe polluitur, et longa jam consuetudine captus tenetur; quanta autem castitatis sit munditia conspicit, et a carne vinci turpe deprehendit. Restringere ergo voluptatum fluxa deliberat, et resultare consuetudini quasi totis se viribus parat. Sed vel objecta oculis specie, vel ad memoriam reducta, cum ᶠ subita tentatione concutitur, protinus a pristina præparatione dissipatur; et qui contra hanc clypeum deliberationis erexerat, delectationis jaculo confossus jacet; sicque eum luxuria enervem superat, ac si nulla contra eam intentionis arma præparasset. Alius iræ flammis accenditur, et usque ad inferendas proximis contumelias effrenatur. Cum vero nulla furoris animum occasio pulsat, quanta sit mansuetudinis virtus, quanta patientiæ ᵍ altitudo considerat, seque etiam contra contumelias patientem parat; sed cum parva quamlibet commotionis occasio nascitur, **227** repente ad voces et contumelias medullitus

---

ª In Vindoc. et plerisque Norman., *districtionis æternæ animadversionem abjiciunt.* Corb. Germ., *districtionis æternæ animadversiones objiciunt.* Germ., *districtiones æternæ animadversionis ob.* 1 Reg., *districtiones sibi æternæ animadversionis objiciunt.* Alter Reg. ut in Edit.

ᵇ Unus Compend., *quia judicio intimæ districtionis appropinquante.*

ᶜ Ebroic., *per cogitationem pene.* Gemet. et Utic., *per cognitionem pœnæ fervere,* quam lect. amplectimur.

ᵈ Ita Vindoc. et Norman. plerique, non *pravo usu,* ut legitur in Editis.

ᵉ Floriac. et unus Compend. ita habet : *alius avaritia æstuans, augendis facultatibus anhelans, cum præterire,* etc.

ᶠ Ita omnes Mss. nostri et quinque Anglicani, quib. concinunt vet. Ed. Coc. et seq., pro *subita,* habent *subjecta.*

ᵍ In Mss. Gemet. et paucis aliis desideratur *altitudo,* illæso sensu.

inflammatur; ita ut non solum ad memoriam patientia promissa non redeat, sed et semetipsam mens et ea quæ loquitur convicia non agnoscat. Cumque furori plene satisfecerit, quasi post exercitium in tranquillitatem redit; et tunc se ad silentii claustra recolligit, cum linguæ non patientia, sed procacitatis suæ satisfactio frenum posuit. Vix igitur sero post convicia illata se cohibet, quia et a cursu sæpe spumantes equos non præsidentis dextera, sed campi terminus coercet. Bene ergo de reprobis dicitur: *Involutæ sunt semitæ gressuum eorum*, quia recta quidem deliberando appetunt, sed ad consueta semper mala replicantur; et quasi extra se tensi, ad semetipsos per circuitum redeunt, qui bona quidem cupiunt, sed a malis nunquam recedunt. Esse quippe humiles, sed tamen sine despectu; esse contenti propriis, sed sine necessitate; esse casti, sed sine maceratione corporis; esse patientes, sed sine contumeliis volunt; cumque adipisci virtutes quærunt; sed labores virtutum fugiunt, quid aliud quam [a] et belli certamina in campo nesciunt, et triumphare in urbibus de bello concupiscunt.

[*Vet.* XV.] 35. *Dum aliqui vitia quædam domant, alia negligunt, etiam subactis mox succumbunt.* — Quamvis hoc, quod eorum semitæ involutæ memorantur, adhuc intelligi et aliter possit. Sæpe namque nonnulli contra quædam se vitia vehementer accingunt, sed quædam subigere negligunt; cumque se contra ista non erigunt, et illa contra se reparant quæ subegerunt. Alius namque jam carnem a luxuria edomuit, sed tamen adhuc mentem ab avaritia non refrenavit; cumque se in mundo pro exercenda avaritia retinet, cumque a terrenis actibus non recedit, erumpente occasionis articulo, etiam in luxuriam labitur, quam jam subegisse videbatur. Alius avaritiæ æstum vicit, sed nequaquam vim luxuriæ subdidit; cumque explendæ luxuriæ pretium præparat, jugo quoque avaritiæ, quam dudum edomuit, cordis cervicem subdit. Alius rebellantem jam impatientiam stravit, sed inanem gloriam necdum vicit, et cum se per hanc mundi honoribus inserit, conflixus causarum stimulis ad impatientiam captus redit; cumque inanis gloria ad defensionem sui animum erigit, et illam victus tolerat, quam superavit. Alius inanem gloriam subdidit, sed tamen impatientiam necdum stravit; et cum multa resistentibus per impatientiam minatur, erubescens non implere quod loquitur, sub inanis gloriæ jugum revocatur; et hoc victus per aliud tolerat, quod plene se vicisse gaudebat. Sic ergo ope vicaria fugitivum suum vitia retinent, et quasi jam amissum sub dominii sui jure recipiunt, atque ad vindictam sibi vicissim tradunt. Perversis itaque involutæ sunt gressuum semitæ, quia etsi devicta una nequitia pedem levant, regnante tamen altera, hunc in ea etiam quam devicerant implicant.

36. *Peccans se implicat, dum culpa una occasio est alterius ac plurium consequentium. Quasi homo in bestiam desinit, dum sub obtentu rationis contra rationem peccat.* — Aliquando vero involutis gressuum semitis et nulla culpa devincitur, et alia per aliam perpetratur. Nam sæpe furto negationis fallacia jungitur, et sæpe culpæ fallaciæ perjurii reatu cumulatur. Sæpe quodlibet vitium impudenti præsumptione committitur, et sæpe (quod omni culpa fit gravius) etiam de commisso vitio superbitur. **228.** Nam quamvis de virtute nasci elatio soleat, nonnunquam tamen [b] stulta mens de perpetrata se nequitia exaltat. Sed cum culpa culpæ adjungitur, quid aliud quam involutis semitis atque innodatis vinculis pravorum gressus ligantur? Unde bene contra perversam mentem sub Judææ specie per Isaiam dicitur: *Erit cubile draconum, et pascua struthionum, et occurrent dæmonia onocentauris, et pilosus clamabit alter ad alterum* (*Isai.* XXXIV, 13). Quid namque per dracones nisi malitia, quid vero struthionum nomine nisi hypocrisis designatur? Struthio quippe speciem volandi habet, sed usum volandi non habet, quia et hypocrisis cunctis intuentibus imaginem de se sanctitatis insinuat, sed tenere vitam sanctitatis ignorat. In perversa igitur mente draco cubat, et struthio pascitur, quia et latens malitia callide tegitur, et intuentium oculis simulatio bonitatis antefertur. Quid vero onocentaurorum nomine, nisi et lubrici figurantur et elati? Græco quippe eloquio ὄνος asinus dicitur, et appellatione asini luxuria designatur, propheta attestante, qui ait: *Ut carnes asinorum, carnes eorum* (*Ezech.* XXIII, 20). Tauri autem vocabulo cervix superbiæ demonstratur, sicut voce Dominica de Judæis superbientibus per Psalmistam dicitur: *Tauri pingues obsederunt me* (*Psal.* XXI, 13). Onocentauri ergo sunt qui, subjecti luxuriæ vitiis, inde cervicem erigunt, unde humiliari debuerunt. Qui, carnis suæ voluptatibus servientes, expulsa longe verecundia, non solum se amittere rectitudinem non dolent, sed adhuc etiam de opere confusionis gaudent. Onocentauris autem dæmonia occurrunt, quia maligni spiritus valde eis ad votum deserviunt quos de his gaudere conspiciunt quæ flere debuerunt. Ubi apte subjungitur: *Et pilosus clamabit alter ad alterum.* Qui namque alii pilosi appellatione figurantur, nisi hi quos Græci [c] *Panas*, Latini *incubos* vocant? quorum nimirum forma ab humana effigie incipitur, sed bestiali extremitate terminatur. Pilosi ergo nomine cujuslibet peccati asperitas designatur, quod et si quando quasi ab obtentu rationis incipit, semper tamen ad irrationabiles motus tendit; et quasi homo in bestiam desinit, dum culpa, per rationis imaginem inchoans, usque ad irrationabilem effectum trahit. Nam sæpe edendi delectatio servit gulæ, et servire se simulat indigentiæ naturæ; cumque ventrem in ingluviem extendit, membra in luxuriam erigit. Pilosus autem alius ad alterum clamat, [d] cum perpetrata nequitia ad aliam

---

[a] Excusi, *quam exhibere.* Corriguntur ex Mss. Gemet., utroque Compend., Utic., etc.

[b] Vindoc., Compend., Norman., etc., *stulta mentis elatio.*

[c] Unus Compend., *quos Græci Panos.* 2 Vindoc. et Germ., *quos Græci phanas.* Bigot. et Lyr., *quos Græci Panas, aliter Phaunos.*

[d] Floriac., unus Compend. et Gemet., *cum perpetrata nequitia perpetrandam aliam vocat, vel provocat.* Ebroic. et Utic., *perpetrandam malitiam provocat.*

perpetrandam provocat, et quasi quadam cogitationis voce, commissa jam culpa, culpam adhuc quæ committatur invitat. Sæpe namque, ut diximus, gula dicit : Si abundanti alimento corpus non reficis, in nullo utili labore subsistis. Cumque mentem per desideria carnis accenderit, mox quoque luxuria verba propriæ suggestionis facit, dicens : Si misceri Deus homines corporaliter nollet, membra ipsa coeundi apta usibus non fecisset. Cumque hæc quasi ex ratione suggerit, mentem ad libidinum effrenationem trahit. Quæ sæpe deprehensa, patrocinium mox fallaciæ et negationis inquirit; reamque se esse non æstimat, si mentiendo vitam defendat. Pilosus ergo alter ad alterum clamat, quando sub aliqua ratiocinandi specie **229** perversam mentem culpa subsequens ex occasione culpæ præcedentis illaqueat. Cumque hanc peccata dura atque aspera deprimunt, quasi convocati in ea concorditer pilosi dominantur ; sicque fit ut semper se gressuum semitæ deterius involvant, dum mentem reprobam culpa per culpam ligat.

[*Vet. XVI , Rec. XIII.*] 37. *Peccandi consuetudo aliquando præceditur mentis cœcitate, et hanc aliquando præcedit.* — Sed inter hæc sciendum est quod aliquando prius oculus intellectus obtunditur, et postmodum captus animus per exteriora desideria vagatur, ut cæca mens quo ducitur nesciat, et carnis suæ illecebris sese libenter subdat. Aliquando vero prius desideria carnis ebulliunt, et post longum usum illiciti operis oculum cordis claudunt. Nam sæpe mens recta cernit, nec tamen audenter contra perversa se erigit ; et renitens vincitur, dum, hoc ipsum quod agit dijudicans, carnis suæ delectatione superatur. Quia enim plerumque prius oculus contemplationis amittitur, et post per carnis hujus desideria mundi laboribus animus subjugatur, testatur Samson ab Allophylis captus, qui postquam oculos perdidit, ad molam deputatus est, quia nimirum maligni spiritus, postquam tentationum stimulis intus aciem contemplationis effodiunt, foras in circuitum laborum mittunt. Rursum, quia sæpe et recta operatio exterius perditur, et tamen adhuc rationis lumen in corde retinetur, propheta Jeremias insinuat, qui dum Sedechiæ captivitatem narrat, ordinem captivitatis internæ denuntiat, dicens : *Et occidit rex Babylonis filios Sedechiæ in Reblatha in oculis ejus, et omnes nobiles Juda occidit rex Babylonis, oculos quoque Sedechiæ eruit (Jerem. xxxix,* 6). Rex Babylonis est antiquus hostis, possessor intimæ confusionis, qui prius filios ante intuentis oculos trucidat, quia sæpe sic bona opera interficit, ut hæc se amittere ipse qui captus est dolens cernat. [a] Nam gemit plerumque animus ; et tamen, carnis suæ delectationibus victus, bona quæ genuit amans perdit, ea quæ patitur damna considerat, nec tamen virtutis brachium contra regem Babylonis levat. Sed dum videns nequitiæ perpetratione percutitur, ad hoc

A quandoque peccati usu perducitur, ut ipso quoque rationis lumine privetur. Unde Babylonis rex, exstinctis prius filiis, Sedechiæ oculos eruit, quia malignus spiritus, subductis prius bonis operibus, post et intelligentiæ lumen tollit. Quod recte Sedechias in Reblatha patitur. [b] Reblatha quippe, multa hæc, interpretatur. Ei enim quandoque et lumen rationis clauditur, qui pravo usu ex iniquitatis suæ multitudine gravatur. [*Vet. XVII.*] Quomodo autem culpa prodeat, vel quibuslibet ex occasionibus erumpat, reproborum tamen semitæ semper involutæ sunt, ut pravis concupiscentiis dediti , aut bona nulla appetant, aut appetentes infirmo desiderio , ad hæc nequaquam mentis liberos gressus tendant. Recta enim aut non incipiunt, aut, in ipso fracti itinere, ad hæc minime pertingunt. Unde fit plerumque ut [c] ad morem suum lassati redeant, seseque ab intentione animi in carnis voluptatibus sternant, sola quæ transeunt cogitent, nulla quæ **230** secum permaneant curent. Unde apte subditur :

CAPUT XXIX.

IBID. — *Ambulabunt in vacuum, et peribunt.*

58. *Transitoriis bonis inhiantium vacuus labor.* — In vacuum quippe ambulant qui nil secum de fructu sui laboris portant. Alius namque adipiscendis honoribus exsudat , alius multiplicandis facultatibus æstuat, alius promerendis laudibus anhelat ; sed quia cuncta hæc hic quisque moriens deserit, labores in vacuum perdidit, qui secum ante judicem nihil tulit. Quo contra bene per legem dicitur : *Non apparebis in conspectu Domini vacuus* (*Exod.* xxiii, 15). Qui enim promerendæ vitæ mercedem bene agendo non providit, in conspectu Domini vacuus apparet. Hinc de justis per Psalmistam dicitur : *Venientes autem venient in exsultatione, portantes manipulos suos* (*Psal.* cxxv, 6). Ad examen quippe judicii portantes manipulos veniunt qui in semetipsis recta opera quibus vitam mereantur ostendunt. Hinc de unoquoque electo Psalmista iterum dicit : *Qui non accepit in vanum animam suam* (*Psal.* xxiii, 4). In vanum namque animam suam accipit, qui, sola præsentia cogitans, quæ se sequantur in perpetuum non attendit. In vanum animam suam accipit qui, ejus vitam negligens, ei curam carnis anteponit. Sed animam suam justi in vanum non accipiunt, quia intentione continua ad ejus utilitatem referunt quidquid corporaliter operantur, quatenus et transeunte opere, operis causa non transeat, quæ vitæ præmia post vitam parat. Sed hæc curare reprobi negligunt, quia profecto, ambulantes in vacuum, vitam sequentes fugiunt, invenientes perdunt. Melius vero a pravorum imitatione compescimur, si eorum damna ex fine pensamus. Unde bene etiam cum exhortatione subjungitur :

CAPUT XXX [*Rec. XIV*].

VERS. 19. *Considerate semitas Theman, itinera Saba, et exspectate paulisper.*

---

[a] Ita Vindoc., Compend., Norman., etc., cum veteribus Edit. Gilot. 1574 cum hac lectione aliam exhibet, quæ est etiam in recentioribus Editis, scilicet, *nam bona plerumque gignit animus.* In Vindoc., Corb.

Germ., duob. Reg., pro *genuit,* legitur *gemuit.*
[b] Rebla vel Reblatha Hebr., *multitudo illi.*
[c] Germ. Corb. Germ., Ebroic., *ut ad amorem suum.*

39. *Aliqui honestatis nomine in sæculi retibus illaqueantur. In his sunt qui curam rei familiaris gerunt, aut qui propinquos inordinate diligunt.* — Theman quippe Auster, Saba autem rete interpretatur. Quid hic per Austrum, qui [a] afflata teporibus membra dissolvit, nisi fluxa vivendi remissio, quid per rete nisi actionis obligatio demonstratur? Qui enim dissoluta mente ea quæ [b] æterna sunt appetunt, [c] ne gressu libero ad Deum prodeant, ipsi se suis inordinatis conatibus ligant; [d] cumque se fluxis conversationis suæ actibus implicant, [e] quasi remansuros in retis maculis pedes ponunt. Ut enim paulo superius quosdam ad devictas jam culpas retrahi per aperta quædam et non devicta vitia diximus, ita nonnulli ad ea quæ reliquerant redeunt per quædam quæ vel honestatis nomine, vel laudis honore, palliantur. Nam sunt plerique qui jam aliena non appetunt, atque ab hujus mundi jurgiis inchoato quietis amore dividuntur, erudiri sacris eloquiis sitiunt, vacare supernis contemplationibus concupiscunt; nec tamen perfecta animi libertate curam rerum familiarium deserunt, cui sæpe dum licite serviunt, etiam illicitis hujus mundi jurgiis implicantur; cumque terrenas res studiose tueri desiderant, cordis requiem deserunt, quam quærebant; et cum substantia fugiens continua provisione protegitur, conceptus in animo divinæ **231** scientiæ sermo dissipatur, quia, juxta Veritatis sententiam (*Matth.* xxiii, *Marc.* iv, *Luc.* viii), obortum semen spinæ opprimunt, cum verbum Dei a memoria importunæ terrenarum rerum sollicitudines expellunt. Dissolutis itaque gressibus in rete ambulant, qui dum mundum perfecte non deserunt, semetipsos gradiendo obligant, ne gradiantur.

40. Et sunt plerique qui non solum aliena non appetunt, verum etiam cuncta quæ possederant in mundo derelinquunt, semetipsos despiciunt, nullam præsentis vitæ gloriam requirunt, ab hujus mundi se actionibus separant, et pene quidquid prosperitatis [f] arriserit calcant. Sed tamen adhuc vinculo carnalis cognationis obligati, dum amori propinquitatis indiscrete deserviunt, ad ea sæpe per effectum cognationum redeunt, quæ jam et cum proprio despectu subegerant. Cumque plus quam necesse est carnis propinquos diligunt, retracti exterius, a cordis parente dividuntur. Nam sæpe quosdam videmus, quantum ad proprium studium spectat, jam præsentis vitæ desideria non habere, mundum et opere et professione reliquisse; sed tamen pro inordinatis affectibus propinquorum prætoria irrumpere, terrenarum rerum jurgiis vacare, libertatem intimæ quietis

relinquere, et mundi studia in se jam dudum destructa reparare. Quo itaque isti nisi in rete ambulant, quos a præsenti sæculo inchoata jam vitæ perfectio solverat, sed inordinatus amor terrenæ cognationis ligat?

41. *Propinquos Dei causa debemus despicere, odisse, nescire.* — Qui enim districto studio, et non dissolutis gressibus æternæ sponsionis præmium sequuntur, sicut semetipsos pro divino amore despiciunt, sic cuncta, quibus se sentiunt præpediri, postponunt; et cum pro Deo necesse est ut quibus valent cunctis inserviant, pro Deo privata obsequia etiam propinquis negant. Hinc est enim quod quidam cum diceret: *Permitte mihi prius ire et sepelire patrem meum* (*Matth.* viii, 21), Veritatis ore protinus audivit; *Sine ut mortui sepeliant mortuos suos, tu autem vade, annuntia regnum Dei* (*Ibid.*, 22). Qua in re notandum est quia electus discipulus dum a parentis sepultura compescitur, hoc devotum quemque exhibere patri mortuo ex affectu carnali propter Dominum non licet, quod propter Dominum et exteris debet. [*Vet. XVIII.*] Hinc rursum Veritas dicit: *Si quis venit ad me, et non odit patrem suum, et matrem, et uxorem, et filios, et fratres, et sorores, adhuc autem et animam suam, non potest meus esse discipulus* (*Luc.* xiv, 26). Quo in loco videlicet, dum propinquorum odio animæ quoque nostræ odium subinfertur, patenter ostenditur quia sic propinquos, sicut nosmetipsos odio habere præcipimur, ut hos ad æterna rapientes, eorumque carnalem gratiam cum præpedit postponentes, discamus temperata eos discretionis arte et convenienter diligere, et salubriter odio habere, quatenus sic sciat per amorem odium surgere, ut valeamus eos verius per odium amare. Hinc rursum per Moysen dicitur: *Qui dixerit patri suo et matri suæ, Nescio vos, et fratribus suis, Ignoro illos, et nescierunt filios suos, hi custodierunt eloquium tuum et pactum tuum, et servaverunt judicia tua* (*Deut.* xxxiii, 9). Ille enim scire Deum familiarius appetit, qui præ amore pietatis nescire desiderat quos carnaliter scivit. **232** Gravi etenim damno scientia divina minuitur, si cum carnis notitia partitur. Extra cognatos ergo quisque ac proximos debet fieri, si vult parenti omnium verius jungi, quatenus eosdem quos propter Deum [g] utiliter negligit tanto [h] solidius diligat, [i] quanto in eis affectum solubilem copulæ carnalis ignorat.

42. *Propinquis plus cæteris prodesse debemus, modo hinc noster ad Deum progressus nil retardetur. Qui debemus erga eos benigne affici, nec tamen ab itinere*

---

[a] Turon., *qui ad flatum teporis membra dissolvit.* Corb; Germ., *qui afflat ac teporibus.*

[b] Ita Mss. omnes Anglic. et nostri, pro *ea quæ terrena sunt*, ut in Editis legitur. Occasionem mutandi *æternæ* in *terrena* dedit sensus paulo obscurior, et tamen admisimus.

[c] Floriac., Turon., 2 Compend., *ne gressu libero ad Deum pergant.* Germ., 1 Compend. et 1 Vindoc., *ne gressum liberum.*

[d] Gemet. et alii Norman. ac Turon., *cumque fluxis conversationis suæ actibus implicantur.*

[e] Duo Compend., Turon. et Norm., ita habent.

[f] Coc. et recent. Edit., pro *maculis*, posuerunt *vinculis*, forte quod ignorarent *maculas* al quando sumi pro retis foraminibus Gallice *mailles*.

[g] Vindoc. et Corb. Germ., *et pene quidquid prosperitatis admiserant.*

[h] Coc. solito more hic *utiliter* mutavit in *viriliter*, quem alii recent. secuti sunt mss. Cod. minus consulentes.

[i] Corb. Germ. et Ebroic., *solicitius.*

[j] Vindoc., *quanto in ejus affectu sobolem copulæ carnalis ignorat.*

quod ad Deum ducit declinare. — Debemus quidem et temporaliter his quibus vicinius jungimur plus cæteris prodesse, quia et flamma admotis rebus incendium porrigit, sed hoc ipsum prius ubi nascitur incendit. Debemus copulam terrenæ cognationis agnoscere; sed tamen hanc, cum cursum mentis præpedit, ignorare, quatenus fidelis animus in divino studio accensus, nec ea quæ sibi sunt in infimis conjuncta despiciat, et, hæc apud semetipsum recte ordinans, summorum amore transcendat. Solerti ergo cura providendum est ne carnis gratia subrepat, atque a recto itinere cordis gressum deflectat, ne vim superni amoris impediat, et surgentem mentem superimposito pondere deorsum premat. Sic etenim quisque propinquorum debet necessitatibus compati, ut tamen per compassionem non sinat vim suæ intentionis impediri, ut affectus quidem mentis viscera repleat, sed tamen a spiritali proposito non avertat. Neque enim sancti viri ad impendenda necessaria propinquos carnis non diligunt, sed amore spiritalium ipsam in se dilectionem vincunt, quatenus sic eam discretionis moderamine temperent, ut per hanc in parvo saltem ac minimo a recto itinere non declinent. Quos bene nobis per significationem vaccæ innuunt, quæ, sub arca Domini ad montana tendentes, affectu simul et rigido sensu gradiuntur, sicut scriptum est: *Tollentes duas vaccas quæ lactabant vitulos, junxerunt ad plaustrum, vitulosque earum clauserunt domi, et posuerunt arcam Dei super plaustrum* (*I Reg.* VI, 10). Et paulo post: *Ibant in directum vaccæ per viam quæ ducit Bethsames, et itinere uno gradiebantur, pergentes et mugientes, et non declinantes neque ad dexteram, neque ad sinistram* (*Ibid.*, 12). Ecce enim, reclusis domi vitulis, vaccæ quæ sub arca Domini ad plaustrum religantur, gemunt et pergunt, dant ab intimis mugitus, et tamen ab itinere non demutant gressus. Amorem quidem per compassionem sentiunt, sed colla posterius non deflectunt. Sic sic necesse est ut incedere debeant qui, sacræ legis jugo suppositi, jam per internam scientiam Domini arcam portant, quatenus per hoc quod propinquorum necessitatibus condolent a cœpto rectitudinis itinere non declinent. Bethsames quippe domus solis dicitur. Arca ergo Domini superposita Bethsames pergere est cum superna scientia ad æternæ lucis habitaculum propinquare. Sed tunc vere Bethsames tendimus, cum viam rectitudinis gradientes, ad vicina erroris latera nec pro affectu [a] pignorum declinamus. Quorum nimirum gratia mentem nostram tenere debet, sed reflectere non debet, ne hæc eadem mens aut si affectu non tangitur, dura sit; aut plus tacta, si inflectitur, remissa.

[*Vet. XIX.*] 43. *Propinquorum gratia tenere debet, reflectere non debet.* — Intueri libet beatum Job, in quo divini timoris jugum colla cordis attriverat, sub quanto discretionis moderamine divinæ sententiæ arcam portat. **233** Amissis namque vitulis mugit, ovia, audita morte filiorum, in terram touso capite corruit (*Job.* I, 20); sed recto tamen itinere mugiens graditur, quia os ejus in gemitu ad Dei laudes aperitur, cum protinus dicit: *Dominus dedit, Dominus abstulit, sicut Domino placuit, ita factum est; sit nomen Domini benedictum* (*Ibid.*, 21). Sed indiscretæ mentes hanc vivendi regulam nesciunt, et quo vias Dei dissolute appetunt, eo ad mundi itinera stulte replicantur.

44. *Teporis damna in aliis visa prius movere solent.* — Recte igitur sanctus vir post Theman semitas, Saba itinera memorat, quia quos Auster reprobi teporis solverit, hos nimirum rete implicationis tenet. Bene autem pravorum facta describens considerare hæc admonet, quia perversa agendo diligimus, sed hæc visa in aliis dijudicamus; et quæ in nobis minus dijudicanda credimus, quam sint turpia in aliorum actione cognoscimus; sicque fit ut ad semetipsam mens redeat, et agere quod reprehendit erubescat. Quasi enim a speculo fœda facies displicet, cum mens a vita simili in se ipsa quod aversetur videt. Ait ergo: *Considerate semitas Theman, itinera Saba, et exspectate paulisper.* Ac si aperte diceret: Damna alieni teporis attendite, et tunc spem de æternis firmius sumetis, si recto cordis oculo quod in aliis displiceat videtis.

[*Vet. XX.*] 45. *Vitæ hujus brevitas quam utiliter attendatur.* — Bene autem dicitur: *Exspectate paulisper*. Sæpe etenim dum præsentis vitæ brevitas quasi diu perseveratura diligitur, ab æterna spe animus frangitur, et delectatus præsentibus, desperationis suæ caligine reverberatur. Cumque longum putat quod ad vivendum sibi spatium restat, [b] repente viam deserens, æterna invenit, quæ vitare jam nequeat. Hinc est enim quod per quemdam sapientem dicitur: *Væ his qui perdiderunt sustinentiam* (*Eccli.* II, 16). Sustinentiam videlicet perdunt qui, dum diu se immorari visibilibus æstimant, spem invisibilium derelinquunt. Cumque mens in præsentibus figitur, vita terminatur; et repente ad supplicia improvisa perveniunt, quæ, decepti suis præsumptionibus, aut nunquam se contingere, aut tarde crediderunt. Hinc Veritas dicit: *Vigilate itaque, quia nescitis diem neque horam* (*Matth.* XXV, 13). Hinc rursum scriptum est: *Dies Domini sicut fur in nocte, ita veniet* (*I Thess.* V, 2). Quia enim ad rapiendam animam propinquans minime conspicitur, furi in nocte comparatur. Tanto igitur debet quasi semper veniens metui, quanto a nobis non [c] valet ventura præsciri. Unde et sancti viri, quia brevitatem vitæ indesinenter ascipiunt, quasi quotidie morientes vivunt; et tanto se [d] solidius mansuris præparant, quanto et nulla esse transitoria semper ex fine pensant. Hinc quippe Psalmi-

---

[a] Gemet., Corb. Germ. et alii, vetustiores, *pignerum*, hic et semper.
[b] Turon., *repente vitam deserens, æternam inveniat, quæ*, etc. Coccius, invitis Mss. et anterioribus Edit. addidit, *mala post æterna*.
[c] Floriac., Turon. et 2 Compend., *quanto a nobis non valet venturus præsciri.* Alii, *non valet venturo præsciri.* Aliqui, *non valet ventura præscire.*
[d] Vindocinenses et Corb. Germ., *et tanto se sol licitius.*

sta, veloci cursu fugere vitam peccatoris aspiciens, ait: *Pusillum adhuc, et non erit peccator* (*Psal.* XXXVI, 10). Hinc iterum dicit: *Homo sicut fenum dies ejus* (*Psal.* CII, 15). Hinc Isaias ait: *Omnis caro fenum, et gloria ejus* [a] *sicut flos feni* (*Isai.* XL, 6). Hinc mentes praesumentium Jacobus corripit dicens: *Quae est vita vestra? Vapor est ad modicum parens* (*Jac.* IV, 15). Recte ergo dicitur: *Exspectate paulisper*, quia et immensum est quod sine termino sequitur, et parum est quidquid finitur. Longum quippe nobis videri non debet [b] quod cursu sui temporis tendit ut non sit; quod dum per momenta ducitur, ipsa hoc momenta sua [c] quae differunt impellunt; atque unde teneri cernitur, inde agitur ne teneatur. Bene autem beatus Job, postquam brevitatem praesentis vitae despiciens intulit, contra iniquos protinus in voce omnium electorum surgit, adjungens:

CAPUT XXXI.

VERS. 20. — *Confusi sunt, quia speravi.*

46. *Reprobos pudore afficit bonorum constantia.* — Cum bonis mala reprobi ingerunt, si hos a spe intima labefactari conspiciunt, effectu deceptionis hilarescunt. Lucrum namque maximum, erroris sui propagationem deputant, quia habere se ad perditionem socios exsultant. Cum vero bonorum spes interius figitur, et nequaquam malis exterioribus ad ima reclinatur, pravorum mentem confusio occupat, quia dum pervenire ad afflictorum intima nequeunt, incassum se existere crudeles erubescunt. Sanctus igitur vir dicat ex voce sua, dicat ex universalis Ecclesiae afflictae gementisque constantia, quae inter adversa reproborum supernae retributionis gaudium sine ullo mentis defectu desiderat, atque ad vitam moriendo perdurat: *Confusi sunt, quia speravi.* Ac si aperte dicat: Quia duris persecutionibus reprobi vim mei rigoris non emolliunt, erubescentes procul dubio laborem suae crudelitatis perdunt. Unde et mox venturae retributionis bona quasi jam praesentia conspicit, et qui reatus in judicio [d] reprobos maneat attendit, subdens:

CAPUT XXXII.

IBID. — *Venerunt quoque usque ad me, et pudore cooperti sunt.*

47. *Reproborum trepidatio in judicio.* — Usque ad sanctam quippe Ecclesiam in diem judicii reprobi veniunt, quia usque ad ejus tunc conspiciendam gloriam perducuntur, ut ad majora reatus sui supplicia repulsi videant quod perdiderunt. Tunc vero iniquos pudor cooperit, cum eos in conspectu judicis testis conscientia addicit. Tunc judex exterius cernitur, sed accusator interius toleratur. Tunc omnis ante oculos culpa reducitur, et mens super gehennae incendia suo gravius igne cruciatur. De quibus recte per Prophetam dicitur: *Domine, exaltetur manus tua, ut non videant, videant et confundantur* (*Isai.* XXVI, 11.) Intellectum quippe reproborum nunc merita obscurant, sed tunc cognitio reatus illuminat, ut ei modo sequenda non videant, et tunc ea postquam amiserint cernant. Nunc quippe aeterna intelligere negligunt, vel appetere intellecta contemnunt; sed tunc ea intelligentes procul dubio desiderantesque conspiciunt, cum desiderata assequi nequaquam possunt.

[*Vet. XXI.*] 48. *Amici Job ex ejus in Deum fiducia pudore suffusi.* — Quae etiam beati Job verba amicis ejus specialiter congruunt, qui duris objurgationibus sancti viri animum labefactare conabantur. Ait enim: *Confusi sunt, quia speravi.* Ac si aperte diceret: Dum me stultis increpationibus ad desperationem flectere nequeunt, ipsi temeritatis suae insania confunduntur. *Venerunt quoque usque ad me, et pudore cooperti sunt.* Ac si dicat: Videntes corporis vulnera, [e] sed mentis constantiam nescientes, dum me de injustitia increpare ausi sunt, usque ad me necdum venerunt; sed dura me invectione pulsantes, dum stare animum inter adversa deprehendunt, quasi ad me venientes erubescunt. Eo enim ad me veniunt quo me in intimis cognoscunt; ibique eos pudor cooperit, ubi me stantem fortiter exterior jactura non tangit. Sunt vero nonnulli qui timere Deum nesciunt, nisi cum vel in se experta, vel in aliis cognita adversitate terrentur, quos prospera per audaciam elevant, contraria per infirmitatem turbant. Ex quorum scilicet numero amicos suos esse beatus Job redarguit, cum protinus subdit, dicens:

CAPUT XXXIII.

VERS. 21. — *Nunc venistis, et modo videntes plagam meam timetis.*

49. *Deus etiam in prosperis metuendus.* — Ac si aperte dicat: Ego tunc Deum timui, cum, fultus prosperis, flagellorum detrimenta non sensi. Vos autem qui ex amore Deum non metuistis, ex sola eum verberis percussione formidatis. Sequitur:

CAPUT XXXIV.

VERS. 22, 23. — *Nunquid dixi: Afferte mihi, et de substantia vestra donate mihi? vel: Liberate me de manu hostis, et de manu robustorum eruite me?*

50. *Ecclesia ab iis qui prava de fide asserunt, quae de moribus vera docent, audire non vult. Maligni spiritus absque carnis infirmitate sunt conditi.* — Si ad personam sanctae Ecclesiae haec verba referuntur, quia amicos beati Job haereticorum tenere speciem diximus, recte se asserit eorum substantia non indigere. Haereticorum quippe substantia carnalis sapientia non inconvenienter accipitur, qua dum perverse fulciuntur, quasi in verbis se divites ostendunt; quam eo sancta Ecclesia non quaerit, quo hanc spiritali intellectu transcendit. Saepe vero haeretici, cum perversa de fide asserunt, nonnulla contra antiquum hostem subtilia de carnis tentationibus loquuntur. Nam nonnunquam eo in se quasi sana membra operationis ostendunt, quo in fide vulnerati serpentis morsu in capite tenentur. Sed sancta Ec-

---

[a] Mendose Coc. et seq., *sicut flos agri.*
[b] Turon., Floriac., Longip., etc., *quod cursu ad occasum sui temporis tendit ut non sit.*
[c] Germ., 2 Compend., Turon. et nonnulli, *quae deserunt.* Gemet., *quae deserunt.*
[d] Norman. et Corb. Germ., *reprobis maneat.*
[e] Norm. et Turon., *sed mentis conscientiam nescientes.*

clesia audire ab his subtilia de tentationibus non vult, qui dum vera quædam de conversatione asserunt, ad falsa perfidiæ perducunt. Unde recte nunc dicitur: *Nunquid dixi: Afferte mihi, et de substantia vestra donate mihi? vel: Liberate me de manu hostis, et de manu robustorum eruite me?* Manum quippe hostis Satanæ fortitudinem vocat, et manum robustorum vires malignorum spirituum appellat. Quos idcirco robustos memorat, quia dum absque carnis infirmitate sunt conditi, pravis eorum adnisibus imbecillitas adjuncta non obviat. Hoc vero quod subditur:

CAPUT XXXV.

VERS. 24. — *Docete me, et ego tacebo; et si quid forte ignoravi, instruite me.*

51. Sub cujus distinctionis libramine pendeat, incertum videtur; utrum ad hoc subjunctum sit, quod intulerat: *Nunquid dixi?* an certe disjuncta a superioribus sententia promitur qua per-increpationem dicatur: *Docete me, et ego tacebo; et si quid forte ignoravi, instruite me.* Quod tamen utrique distinctioni convenit, quia ab intellectus sani tramite per neutram recedit. Sed quia hæc in transcursu per allegoriam diximus, restat ut moraliter historiæ verba perscrutemur

[*Vet. XXII, Rec. XV.*] — SENSUS MORALIS. 52. *Pauperis, oppressi, ac stulti propter Deum qualis sit animus.* — Beatus Job rerum damna pertulerat, malignorum spirituum percussionibus traditus dolores vulnerum sentiebat; sed, sapientem Dei stultitiam diligens, stultam mundi sapientiam mentis despectu calcaverat. Igitur contra mundi divites pauper, contra potentes oppressus, contra sapientes stultus dicitur. Tria respondit, quia nec pauper eorum substantiam, nec oppressus adjutorium contra robustos, nec stultus doctrinam sapientiæ carnalis quærit. Sanctus etenim vir, quia mente super semetipsum rapitur, et pauper inopia non angustatur, et oppressus nihil patitur, et voluntarie stultus carnalem sapientiam non miratur. Hinc est enim quod oppressus alius pauper dicit: *Aporiamur, sed non destituimur; persecutionem patimur, sed non derelinquimur; dejicimur, sed non perimus (II Cor.* IV, 8). Hinc est [a] quod sapientiam sanctæ stultitiæ insinuans, ait: *Quæ stulta sunt mundi, elegit Deus, ut confundat sapientes (I Cor.* I, 27). Et: *Si quis videtur inter vos sapiens in hoc sæculo, stultus fiat, ut sit sapiens (I Cor.* III, 18). Hinc et gloriam oppressionis, et divitias desideratæ paupertatis aperiens, dicit: *Quasi morientes, et ecce vivimus; ut castigati, et non mortificati; quasi tristes, semper autem gaudentes; sicut egentes, multos autem locupletantes; tanquam nihil habentes, et omnia possidentes (II Cor.* I, 49).

53. *Sanctorum exterius oppressorum sublimitas.* Et

---

[a] Compend. 2 et Turon., *quod sapientiam esse stultam insinuans.*

[b] Turon., *et electi Dei exterius oppressi, quantæ,* etc.

[c] Ita 1 Compend., Norman. et Turon., etc. Coc. vero genio suo indulgens sic mutavit, *præsentis vitæ gaudia plene, nec a seq.* Edit. est *castigatus.*

in *arguendis potestatibus libertas.* — Libet inter hæc oculos mentis attollere, [b] et electos Dei exterius oppressos quantæ intrinsecus arci præsideant videre. Cuncta quippe quæ foris eminent, occultis eorum obtutibus per despectum jacent. Nam, super se interius rapti, in alto animum figunt; et quæque in hac vita patiuntur, quasi longe infra labentia atque a se aliena conspiciunt; atque, ut ita dixerim, dum mente extra carnem fieri decertant, pene ipsa quæ tolerant ignorant. In horum profecto oculis quidquid temporaliter eminet, altum non est. Nam, velut in magni vertice montis siti, præsentis vitæ [c] plana despiciunt, seque ipsos per spiritalem celsitudinem transcendentes, subjecta sibimet intra vident, quæque per carnalem gloriam foris tument. Unde et nullis contra veritatem potestatibus parcunt; sed quos attolli per elationem conspiciunt, per spiritus auctoritatem premunt. Hinc est enim quod, a deserto Moyses veniens, Ægypti regem ex auctoritate aggreditur, dicens: *Hæc dicit Dominus Deus Hebræorum: Usquequo non vis subjici mihi? Dimitte populum meum, ut sacrificet mihi (Exod.* X, 3). Cui dum plagis pressus Pharao diceret: *Ite, sacrificate Deo vestro in terra ista (Exod.* VIII, 25), aucta protinus auctoritate respondit: *Non potest ita fieri;* [d] *abominationes Ægyptiorum immolabimus Domino Deo nostro (Ibid.,* 26)? Hinc est quod peccantem regem Nathan aggreditur, cui prius similitudinem perpetratæ prævaricationis objiciens, eumque reum per proprii judicii vocem tenens, protinus adjunxit, dicens: *Tu es ille vir, qui fecisti hanc rem (II Reg.* XII, 7). Hinc est quod vir Dei, ad destruendam idololatriam Samariam missus, Jeroboam rege super altare thura jaciente, non regem veritus, non formidine mortis pressus, contra altare intrepidus auctoritatem liberæ vocis exercuit, dicens: *Altare, altare, hæc dicit Dominus Deus: Ecce filius nascetur domui David, Josias nomine, et immolabit super te sacerdotes excelsorum (III Reg.* XIII). Hinc est quod Achab superbus, idolorum servitio subactus, cum increpare Eliam præsumeret, dicens: *Tune es ille vir, qui conturbas Israel (III Reg.* XVIII, 17)? Elias protinus superbi regis stultitiam, objurgationis liberæ auctoritate percussit, dicens: *Non ego turbavi Israel, sed tu et domus patris tui, qui dereliquistis mandata Domini, et secuti estis Baalim.* Hinc est quod Eliseus, veram magistri celsitudinem sequens, [e] Joram filium Achab ad se cum Josaphat rege venientem ex reatu perfidiæ confudit, dicens: *Quid mihi et tibi est? Vade ad prophetas patris tui et matris tuæ (IV Reg.* IV, 13). Et: *Vivit Dominus exercituum, in cujus conspectu sto, quod si non vultum Josaphat regis Judæ erubescerem, nec attendissem quidem te, nec respexissem (Ibid.,* 14). Hinc est quod

---

[d] Gemet., *abhomina enim Ægypt.;* sed recentiori manu, *abhominationes enim,* etc.; in multis aliis reperitur *enim.*

[e] Corb. Germ., duo Vindoc., Germ., duo Compend., Turon., Norman., *eumdem Achab ad se cum Josaphat,* contra manifestum sacræ Scripturæ testimonium

isdem vir Naaman ad se cum equis et curribus venientem ante ostium domus fixit, et talentorum copia ac vestium fulto non occurrit; non januam domus aperuit, sed ut lavari septies in Jordane debuisset per nuntium jussit (*IV Reg.* v, 9, 10). Unde et isdem Naaman iratus recedebat dicens : *Putabam quod egrederetur ad me* (*Ibid.*, 11). ª Hinc est quod Petrus, cum eum sacerdotes ac principes etiam per flagella sævientes in nomine Jesu loqui prohiberent, cum magna protinus auctoritate respondit, dicens : *Si justum est in conspectu Dei vos potius audire quam Deum, judicate. Non enim possumus quæ vidimus et audivimus non loqui* (*Act.* iv, 19). Hinc est quod Paulus cum residentem contra veritatem sacerdotum principem cerneret, eumque minister illius alapa percussisset, non maledictum perturbatus intulit, sed repletus Spiritu libera voce prophetavit, dicens : *Percutiet te Deus, paries dealbate. Et tu sedens* ᵇ *judicans me secundum legem, et contra legem jubes me percuti* (*Ibid.*, 5)? Hinc est quod Stephanus contra vim persequentium auctoritatem vocis exerere nec moriturus expavit, dicens : *Dura cervice* ᶜ *et incircumcisi cordibus et auribus, vos Spiritui sancto resistitis, sicut patres vestri et vos* (*Act.* vii, 51).

[*Vet. XXIII.*] 54. *Hæc sanctorum libertas ex zelo veritatis existit, non ex vitio elationis.* — Sed quia sancti viri ad verba tantæ altitudinis zelo veritatis, non autem vitio elationis exsiliunt, ipsi patenter indicant, qui factis dictisque aliis et quanta humilitate polleant, et erga eos quos redarguunt quanta charitate ferveant manifestant. Superbia quippe odium generat, humilitas amorem. Verba itaque quæ amor exasperat profecto ex fonte humilitatis manant. Quomodo ergo Stephanus proferre increpationem p r elationem potuit, qui pro eisdem quos increpaverat, ad deteriora crescentibus, seque lapidantibus, flexis genibus ᵈ oravit, dicens : *Domine, ne statuas illis hoc peccatum* (*Ibid.*, 59)? ᵉ Quomodo Paulus contra gentis suæ sacerdotem ac principem asperitatis verba superbiens intulit, qui humilitate se etiam discipulorum servitio substernit, dicens : *Non enim nosmetipsos prædicamus, sed Dominum nostrum Jesum Christum, nos autem servos vestros per Christum* (*II Cor.* iv, 5)? Quomodo Petrus per elationem principibus restitit, quorum errori compatiens reatum velut excusat, dicens : *Scio quia per ignorantiam fecistis, sicut et principes vestri. Deus autem, qui prænuntiavit p r os omnium prophetarum pati Christum suum, implevit sic* (*Act.* iii, 17). Quos ad vitam misericorditer trahit, dicens : *Pœnitemini igitur et convertimini, ut deleantur peccata vestra* (*Ibid.*, 19). Quomodo Eliseus videre Naaman ex elatione noluit, qui non solum se conspici, sed teneri etiam a muliere permisit? de qua scriptum est : *Cumque venisset ad virum Dei in* **238** *montem, apprehendit pedes ejus; et accessit Giezi, ut amoveret eam, et ait homo Dei : Dimitte eam, anima enim ejus in amaritudine est* (*IV Reg.* iv, 27). Quomodo Elias superbo regi increpationis verba per tumorem intulit, qui ante ejus currum humiliter cucurrit, sicut scriptum est : *Accinctisque lumbis, currebat ante Achab* (*III Reg.* xviii, 46)? Quomodo vir Dei Jeroboam præsentiam ex elatione despexit, qui arentem dexteram ejus saluti pristinæ protinus ex pietate reparavit? sicut scriptum est : *Cumque audisset rex sermonem hominis Dei, quem inclamaverat contra altare in Bethel, extendit manum suam de altari, dicens : Apprehendite eum; et exaruit manus ejus* (*III Reg.* xiii, 4). Et paulo post : *Oravit vir Dei faciem Domini; et reversa est manus regis ad eum, et facta est sicut prius fuerat* (*Ibid.*, 6). Quia enim superbia gignere virtutes nescit, quanta ex humilitate prodit vox increpationis ostenditur, quam signa comitantur. Quomodo Nathan contra David regem per verba increpationis tumuit, qui cum increpanda culpa deesset, in terram se in conspectu ejus ᶠ pronus stravit, sicut scriptum est : *Nuntiaverunt regi dicentes : Adest Nathan propheta. Cumque introisset ante conspectum regis, adoravit eum pronus in terra* (*III Reg.* i, 25)? Quomodo Moyses regi Ægyptio libere resistens eum despicere potuit, qui, Deo familiariter colloquens, sequentem se Jethro cognatum suum humilis adoravit (*Exod.* xviii, 7)? Cujus etiam consilio tantam obedientiam præbuit, ut post secreta Dei colloquia magnum lucrum duceret quod foris ab ore hominis audiret.

[*Vet. XXIV.*] 55. *Qui alios arguunt, seipsos non palpent.* — Ex aliis ergo sanctorum factis discimus quid de aliis pensare debeamus. Sancti enim viri, nec ex elatione sunt liberi, nec ex timore submissi; sed cum rectitudo eos ad libertatem vocis erigit, consideratio infirmitatis propriæ in humilitate custodit. Culpas quippe delinquentium etsi ex alto increpantes feriunt, semetipsos tamen apud se subtilius judicantes, quasi in abjectis ponunt; et quo prava in aliis insequuntur, eo ᵍ ad reprimendos se atrociores redeunt; rursusque quo sibimet meliora agentibus nequaquam parcunt, eo vigilantius aliena facta reprehendunt. Quid enim de humana potentia mirari exterius poterunt, qui semetipsos quoque despiciunt, etiam cum intimæ pene jam arcem sublimitatis apprehendunt. Idcirco igitur bene foris dijudicant altitudinem terrenæ celsitudinis, quia intus oculum non gravat pondus tumoris. Unde et beatus Job, cum in amicis dura loquentibus terrenam prudentiam, vires, substantiamque despiceret, dicens : *Nunquid dixi : Afferte mihi, et de substantia vestra donate mihi? vel : Liberate me de manu hostis; et de manu robustorum eruite me? Docete me, et ego tacebo; et si quid forte resistitis, sicut patres vestri ita et vos,*

ª Auctoritate Mss. Compend., Bellovac., Vindoc., Norm., etc., removimus hinc, *et stans invocaret nomen Dei sui*; ab Edit. inserta.

ᵇ Coc. et alii seq., *judicas me*. Legendum *judicans*, ex Græco textu.

ᶜ Ita Compend.; Norm., etc. At Editi, *et incircumcisi corde et auribus, vos semper Spiritui sancto resistitis, sicut patres vestri ita et vos*.

ᵈ Gemet., *adoravit*.

ᵉ Additur in Compend. *quia nesciunt quid faciunt*.

ᶠ Male, Gussanv., *protinus*.

ᵍ Gemet., *ad deprimendos se*. 1 Vin loc., *eo ad reprimendos se atrociores reddunt*. Ita etiam Norm. plerique. 2, *eo..... atrocius redeunt*.

gnoravi, instruite me; quid de semetipso sentiat, paulo inferius manifestat, dicens: *Super pupillum irruitis* (Vers. 27). Luce itaque clarius patet quantæ se infirmitatis conspiciat, quem pupillum vocat. Sequitur:

CAPUT XXXVI [Rec. XVI].

VERS. 25.—*Quare detraxistis sermonibus veritatis, cum e vobis nullus sit qui possit arguere?*

56. *Mundus esse debet qui alios vult corrigere.*— Mundus [a] ipse esse a vitiis debet qui curat aliena corrigere, ut terrena non cogitet, ut desideriis infimis non succumbat; quatenus tanto perspicacius aliis fugienda videat, quanto hæc ipse per scientiam et vitam verius declinat, quia nequaquam pure maculam in membro considerat oculus quem pulvis gravat, et superjectas sordes tergere non valent manus quæ lutum tenent. Quod, juxta antiquæ translationis seriem, bene ad David erga exteriora bella laborantem per significationem divina vox innuit, cum dicit: *Non tu ædificabis mihi templum, quia vir sanguinum es* (II Reg. VII; XVI, 8; I Par. XXII, 8), Dei autem templum ædificat, qui corrigendis atque instituendis proximorum mentibus vacat. Templum quippe Dei nos sumus, qui ad veram vitam ex ejus inhabitatione construimur, Paulo attestante, qui ait: *Templum Dei sanctum est, quod estis vos* (I Cor. III, 17). Sed vir sanguinum templum Deo ædificare prohibetur, quia qui adhuc actis carnalibus incumbat necesse est ut instruere spiritaliter proximorum mentes erubescat. Bene ergo dicitur: *Quare detraxistis sermonibus veritatis, cum e vobis nullus sit qui possit arguere?* Ac si aperte diceretur: Qua temeritate audita reprehendistis, qui, percussionis meæ causas ignorantes, adhuc reprehensibilia profertis. Sequitur:

CAPUT XVII [Rec. XVII].

VERS. 26.—*Ad increpandum tantum eloquia concinnatis, et in ventum verba profertis.*

57. *Locutionum duo genera hominibus noxia.*— Duo sunt genera locutionum importuna valde et noxia generi humano, unum quod curat etiam perversa laudare, aliud quod studet semper etiam recta corripere. Illud deorsum cum fluvio ducitur, hoc vero contra fluenta veritatis obserare et alveum conatur. Illud metus premit, hoc elatio erigit. Illud gratiam ex favoribus captat, hoc ira ut ex certamine ostendatur exagitat. Illud in promptu subjacet, hoc semper e diverso tumet. Ex hujus ergo qualitate beatus Job amicos suos fuisse redarguit, cum dicit: *Ad increpandum tantum eloquia concinnatis.* Sed unde usque ad injustæ increpationis audaciam pervenitur, protinus innotuit, cum subjunxit: *Et in ventum verba profertis.* In ventum enim verba proferre est otiosa dicere. Nam sæpe dum ab otiosis verbis nequaquam lingua compescitur, ad temeritatem quoque stultæ increpationis effrenatur. Quibusdam enim ruinæ suæ gradibus desidiosa mens [b] in foveam lapsus impellitur. Nam dum otiosa verba cavere negligimus, ad noxia pervenimus, ut prius loqui aliena libeat, et postmodum detractionibus eorum vitam, de quibus loquitur, lingua mordeat, quandoque autem usque ad apertas contumelias erumpat. Hinc [c] irarum seminantur stimuli, oriuntur rixæ, accenduntur faces odiorum, pax tota exstinguitur cordium. Unde bene per Salomonem dicitur: *Qui dimittit aquam caput est jurgiorum* (Prov. XVII, 14). Aquam quippe dimittere est linguam in fluxum eloquii relaxare. Quo contra et in bonam partem asserit, dicens: *Aqua profunda, verba ex ore viri* (Prov. XVIII, 4). Qui ergo dimittit aquam, caput est jurgiorum, quia qui linguam non refrenat, concordiam dissipat. Unde e diverso scriptum est: *Qui imponit stulto silentium, iras mitigat* (Prov. XXVI, 10).

[*Vet. XXV.*] 58. *Multiloquii mala. Otiosum verbum.*—Quia autem multiloquio quisque serviens rectitudinem justitiæ tenere non possit, testatur Propheta, quia ait: *Vir linguosus non dirigetur super terram* (Psal. CXXXIX, 12). Hinc Salomon iterum ait: *In multiloquio peccatum non deerit* (Prov. X, 19). Hinc Isaias dicit: [d] *Cultus justitiæ silentium* (Isai. XXXII, 17), videlicet indicans quia mentis justitia desolatur, quando ab immoderata locutione non parcitur. Hinc Jacobus dicit: *Si quis putat se religiosum esse, non refrenans linguam suam, sed seducens cor suum, hujus vana est religio* (Jac. I, 26). Hinc rursum ait: *Sit autem omnis homo velox ad audiendum, tardus autem ad loquendum* (Ibid., 19). [e] Hinc iterum adjungit: *Lingua inquietum malum, plena veneno mortifero* (Jac. III, 8). Hinc per semetipsum nos Veritas admonet, dicens: *Omne verbum otiosum quod locuti fuerint homines, reddent de eo rationem in die judicii* (Matth. XII, 36). Otiosum quippe verbum est quod aut ratione justæ necessitatis, aut intentione piæ utilitatis caret. Si ergo ratio de otioso sermone exigitur, pensandum valde est quæ pœna illud multiloquium sequatur, in quo etiam per superbiæ verba peccatur.

59. *Sine silentii censura mens tota patet hosti.*— Sciendum quoque est quod ab omni rectitudinis statu depereunt, qui per noxia verba dilabuntur. Humana etenim mens, aquæ more, et circumclusa ad superiora colligitur, quia illud repetit unde descendit; et relaxata deperit, quia se per inutilia inutiliter spargit. Quot enim supervacuis verbis a silentii sui censura dissipatur, quasi tot rivis extra se ducitur. Unde et redire interius ad sui cognitionem non sufficit, quia per multiloquium exterius sparsa, vim intimæ considerationis amittit. Totam se igitur insidiantis hostis vulneribus detegit, quia nulla se munitione custodiæ circumcludit. Unde scriptum est: *Sicut*

---

[a] Vindoc., Bellov. et plurimi, *mundus in se esse.*
[b] 2 Compend., *in foveam lapsa impellitur.* Gemet. et Corb. Germ., *in foveam lapsus impellitur.*
[c] Deest *irarum* in Bellov., Corb. Germ. et plurimis Mss.
[d] Gemet., *Custos justitiæ sil.* Vox Hebraica *haboddah* significat *cultum, servitutem, opus.* Utic. habet etiam *custos*, pro secunda lect.
[e] In Edit. additur: *et tardus ad iram,* quæ nec in Mss. sunt, nec ad rem pertinent.

urbs patens, et absque murorum ambitu, ita vir qui non potest in loquendo cohibere spiritum suum *(Prov.* xxv, 28). Quia enim murum silentii non habet, patet inimici jaculis civitas mentis; et cum se per verba extra semetipsam ejicit, apertam se adversario ostendit, quam tanto ille sine labore superat, quanto et hæc eadem quæ vincitur contra semetipsam per multiloquium pugnat.

60. *Silentii immoderati incommoda.*—Sed inter hæc sciendum est quia cum pavore nimio a locutione restringimur, interdum plus quam necesse est intra claustra silentii coarctamur; et dum linguæ vitia incaute fugimus, occulte deterioribus implicamur. Nam sæpe dum ab eloquio immoderate compescimur, grave multiloquium in corde toleramus, ut eo plus cogitationes in mente ferveant, quo illas violenta custodia indiscreti silentii angustat; et plerumque tanto latius diffluunt, quanto se esse securiores æstimant, quia foris a reprehensoribus non videntur. Unde mens nonnunquam in superbiam tollitur, eosque quos loquentes audit quasi infirmos conspicit. Cumque os corporis claudit, quantum se vitiis superbiendo aperiat non agnoscit. Linguam etenim premit, cogitationem erigit; et cum se per negligentiam minime considerat, tanto apud se cunctos liberius, quanto et secretius accusat. [*Vet. XXVI.*] Plerumque autem nimis taciti cum nonnulla injusta patiuntur, eo in acriorem dolorem prodeunt, quo ea quæ sustinent non loquuntur. Nam si illatas molestias lingua tranquille diceret, a conscientia dolor emanaret. Vulnera enim clausa plus cruciant, ᵃ quia cum putredo, quæ intrinsecus fervet, ejicitur, ad salutem dolor aperitur. Plerumque nimis taciti dum quorumdam mala respiciunt, et tamen in silentio linguam premunt, quasi conspectis vulneribus usum medicaminis subtrahunt. Eo enim mortis auctores fiunt, quo virus quod poterant ejicere loquendo noluerunt. Unde et immoderatum silentium si in culpa non esset, propheta non diceret: *Væ mihi quia tacui* (*Isai.* vi, 5).

61. *Lingua per disciplinam retineatur, et ex necessitate laxetur.*—Quid ergo inter hæc, nisi studiose lingua sub magni moderaminis libratione frenanda est, non insolubiliter obliganda, ne aut laxata in vitium defluat, aut restricta etiam ab utilitate torpescat? Hinc namque per quemdam dicitur: *Sapiens tacebit usque ad tempus* (*Eccli.* xx, 7), ut nimirum cum opportunum considerat, postposita censura silentii, loquendo quæ congruunt, in usum se utilitatis impendat. Hinc Salomon ait: *Tempus tacendi, et tempus loquendi* (*Eccle.* iii, 7). Discrete quippe vicissitudinum pensanda sunt tempora, ne aut cum restringi lingua debet, per verba se inutiliter solvat; aut cum loqui utiliter potest, semetipsam pigre restringat. Quod bene Psalmista considerans brevi postulatione complexus est dicens: *Pone, Domine, custodiam ori meo, et ostium circumstantiæ labiis meis* (*Psal.* cxlix, 3). Ostium namque aperitur et clauditur. Qui ergo ori suo nequaquam poni obstaculum, sed ostium petiit, aperte docuit quod et per disciplinam retineri lingua debeat, et ex necessitate laxari, quatenus os discretum et congruo tempore vox aperiat, et rursum congruo taciturnitas claudat. Quod quia vel amici beati Job, vel omnes hæretici, quorum hi speciem tenent, servare nesciunt, in ventum verba proferre perhibentur, quia nimirum dicta quæ discretionis pondus non solidat aura levitatis portat.

ᵃ Additur in 2 Compend, *quam aperta.*

LIBER OCTAVUS.

Postremam capitis sexti partem, a 27 versu, et cum septimo totum octavum, enarrat. In hac porro enarratione a versu 11 capitis octavi ad finem usque, de hypocrisis vitio copiose edisserit.

CAPUT PRIMUM.

1. *Job humilitas et amor in persecutores. Quo Ecclesiæ charitas erga hæreticos adumbratur.*—Præcedenti jam libello tractavimus, quod beatus Job vim nobis humilitatis suæ innotescit, dicens:

Cap. vi, vers. 27.—*Super pupillum irruitis, et subvertere nitimini amicum vestrum.*

Quantæ namque infirmitatis se perpendat insinuat, quem pupillum vocat; quia vero ab amore recedere etiam læsa charitas nescit, et subverti velle se queritur, et tamen amicum se esse testatur. Cujus verbaᵃ, ut sæpe jam diximus, sic eidem specialiter congruunt, ut tamen per hæc ex prophetico spiritu etiam sententia fidelis populi, ex voce Ecclesiæ universalis, exprimatur, qui hæreticorum contrarietatem tolerans, et infirmum se per humilitatem conspicit, et tamen a servandæ dilectionis magnitudine non recedit. Sanctæ quippe Ecclesiæ populus, quia mortui patris est filius, pupillus non incongrue dicitur; cujus resurgentis vitam jam quidem per fidem sequitur, sed necdum per speciem contemplatur. Super pupillum vero hæretici irruunt, cum humilitatem fidelis populi importunis falsisque allegationibus affligunt. Et tamen amicus est quem nituntur evertere, quia fidelis Dei populus ipsos quoque ᵃ quos persequentes tolerat amando non desinit ad veritatem vocare. Sed inter hæc sciendum est quia sancti viri nec sustinere falsa per infirmitatem metuunt, nec læsi unquam a veritate conticescunt. Unde subditur:

ᵃ Norman., Germ. et quidam Editi, *quos persequendo tolerat.*

CAPUT II.

Vers. 28. — *Verumtamen quod cœpistis explete; præbete aurem et videte an mentiar.*

2. *Charitati veræ contra adversarios adesse debent patientia et benignitas.* — Quia enim adversa perpeti non timet, dicat : *Verumtamen quod cœpistis, explete.* Quia vero ipsis suis persecutoribus veritatis prædicamenta non subtrahit, adjungat : *Præbete aurem, et videte an mentiar.* Ac si aperte diceret : Nec ante illatas molestias trepido, nec ingratis auditoribus correptionis adjutoria abscondo, quia et malis pressus exerceor, et ipsis meis persecutoribus **242** benigne impensus cresco. Mens quippe sanctorum in hoc tentationum prælio et munita patientiæ clypeo, et gladiis amoris accincta, ad perferenda mala sumit fortitudinem, et ad rependenda bona *a* exerit benignitatem, quatenus et odiorum tela potenter excipiat, et amoris jacula valenter reddat. Nequaquam quippe ad bella armatus pergit *b* qui aut clypeum sumens, gladiis non utitur, aut utens gladiis clypeo non munitur. Unde et miles Dei, adversitatis bello deprehensus, et scutum patientiæ debet anteferre, ne pereat; et ad prædicandum promptus amoris inferre jacula, ut vincat. Cujus armaturæ summam Paulus breviter insinuat, dicens : *Charitas patiens est, benigna est* (*I Cor.* xiii, 4). Cum vero unum ex utroque defuerit, charitas non est, si, videlicet, malos aut absque benignitate tolerans, non amat, aut rursum, sese sine patientia exhibens, negligit tolerare quos amat. Ut ergo a nobis charitas vera teneatur, necesse est quatenus et benignitati patientia, et rursum patientiæ benignitas suffragetur, ut magnum quoddam in corde nostro ædificium construens, et benignitatis arcem patientia solidet, et patientiæ fundata ædificia benignitas exornet. Beatus igitur Job promptus ad patientiam dicat : *Verumtamen quod cœpistis, explete;* benignitate præditus adjungat : *Præbete aurem; et videte an mentiar.*

3. *Ecclesia errantes studet rationibus revocare.* — Quia vero sancta Ecclesia ex magisterio humilitatis instituta, recta quæ errantibus dicit, non quasi ex auctoritate præcipit, sed ex ratione persuadet, bene nunc dicitur : *Videte, an mentiar.* Ac si aperte dicat : Ea quæ assero nequaquam mihi ex auctoritate credite, sed an vera sint ex ratione pensate. Quæ et si quando dicit quod ratione comprehendi non valet, ne de occultis humana ratio quæri debeat, rationabiliter suadet. Sed sæpe hæretici, dum occasionem ratiocinationis accipiunt, ad jurgia contentionis effrenantur. Unde et apte mox subditur :

CAPUT III.

Vers. 29. — **243** *Respondete, quæso, absque contentione.*

4. *Hæretici rixas, non rationes exquirunt.* — Neque

a Editi habent, *exercet* pro *exerit*, quod in omnibus nostris Mss. reperitur.
b In Vindocin. et Corb. Germ. legitur simpliciter, *qui clypeum sumens gladiis non utitur. Unde.*
c Hic in varia abeunt Mss. Corb. Germ. et 1 Compend. habent : *dum diversis suis auditoribus sententiam.* 1 Vindoc. : *dum diu auditoris sui senten-*

enim hæretici inquisitionibus suis veritatem conantur assequi, sed victores videri. Cunique foris ostendi sapientes appetunt, intus per stultitiam elationis suæ vinculis ligantur. Unde fit ut contentionum certamina exquirant, et de Deo, qui pax nostra est, loqui pacifice nesciant, atque ex pacis negotio rixæ inventores fiant. Quibus bene per Paulum dicitur : *Si quis autem videtur esse contentiosus, nos talem consuetudinem non habemus, neque Ecclesia Dei* (*I Cor.* xi, 16). Recte autem subditur :

CAPUT IV.

Ibid. — *Et loquentes id quod justum est, judicate.*

5. *Nil inconsulte loquendum.* — Is namque qui loquitur, *c* dum de verbis suis auditoris sententiam exspectat, quasi ejus judicio supponitur a quo auditur. Qui igitur in dictis suis reprobari metuit, ipse prius debet examinare quod dicit, quatenus inter cor et linguam æquus quidam discretusque arbiter sedeat, subtiliter pensans, si recta verba cor offerat, quæ, utiliter suscipiens, ad auditorum judicium lingua perducat. Beatus igitur Job sua contra amicos agens, sed contra hæreticos nostra denuntians, præcipitationem loquentium reprehendat, atque ad eorum mentem verba colligat, dicens : *Loquentes id quod justum est, judicate.* Ac si aperte diceret : *d* Si in eo quod ad nos egressum locutionis exitis, reprehendi non vultis, intus justitiæ libram tenete, ut tanto foris quod dicitur ex veritatis pondere placeat, quanto hoc interius trutina discretionis pensat. Et quia hi erga aliena dicta rectum judicium exerunt, qui judicare prius propria sciunt, postquam dixit, *Loquentes id quod justum est, judicate,* apte mox subdit :

CAPUT V.

Vers. 30. — *Et non invenietis in lingua mea iniquitatem, nec in faucibus meis stultitia personabit.*

6. *Dictorum suorum censor rectius judicat de alienis. Prius falsa refellenda, quam vera doceantur.* — Ac si aperte diceret : Si subtilius vestra perpenditis, verius aliena pensatis, et cum rectum cœperit esse quod dicitis, justum cognoscetis quod auditis. Nequaquam quippe mea vobis lingua stultitiam resonat, si a vestra conscientia non procedat. Sic sancta Ecclesia studet prius assertiones hostium falsas ostendere, et tunc prædicamenta veritatis aperire, quia cum recta se tenere æstimant, recta quæ audiunt contumaciter impugnant. Ante ergo necesse est ut errorem suum hæretici sentiant, *e* ne audita veritati contradicant, quia et camporum sentes si arator vomeris scissione non eruit, terra accepta semina in segetem non producit; et cum putredinem medicus vulneris apertione non ejicit, nequaquam in loco putredinis sana caro coalescit. Prius ergo perversa destruens, dicat : *Loquentes id quod justum est judicate;* post autem recta insinuans, adjungat : *Et non invenietis.* 2 : *dum de verbis suis auditoribus.* Colb. Reg., Germ., *dum verbis suis auditoris*
d 1 Compend., *si in eo quod ad nos per egressum locutionis ejiciatur.*
e Ebroic., *ne audita veritate contradicant.* Corb. Germ., *ne audita veritatis.*

nietis in lingua mea iniquitatem; nec in faucibus meis stultitia personabit. [*Vet. III.*] Solent autem hæretici alia aperte dicere, ᵃ alia in occultis tenere: Per linguam quippe aperta locutio, per fauces vero occulta tractatio designatur.

7. *Ecclesia non alia aperte profert, alia celat, hæreticorum more.* — Sanctæ ergo Ecclesiæ nec in lingua iniquitas, nec stultitia in faucibus resonat, quia ea quæ per publicam locutionem prædicat, etiam per intimam fidem servat; nec in aperto aliud docet, atque in occultis aliud retinet, sed et quod sentit loquendo ᵇ ejicit, et quod loquitur vivendo custodit; ac de sapientiæ supernæ convivio quidquid per linguam prædicationis ᶜ emanat, hoc per fauces tacitæ expectationis degustat. Sed beatus Job unum scilicet membrum universalis Ecclesiæ, sua insinuans, atque electorum omnium corda manifestans, omne quod sentit aperiat, ut mentis ejus rectitudinem attestatio locutionis innotescat. Sequitur :

CAPUT VI [*Vei. IV, Rec. III*].

CAP. VII, VERS. 1. — *Militia est vita hominis super terram.*

8. *Vita nostra, et militia et tentatio eodem sensu. Ipsa sibi tentatio est.* — Hoc in loco translatione veteri nequaquam militia vita hominis, sed tentatio vocatur. Sed si utriusque verbi sensus aspicitur, diversum quidem est quod exterius resonat, sed unum eumdemque concorditer intellectum format. Quid enim uisi pugna contra malignos spiritus, nomine tentationis exprimitur? Et quid appellatione militiæ, nisi contra hostes exercitium designatur? Tentatio itaque ipsa militia est, quia dum contra malignorum spirituum insidias vigilat, in bellorum procinctu procul dubio exsudat. Notandum vero, quod hæc eadem vita hominis non tentationem habere dicitur, sed ipsa tentatio esse perhibetur. Sponte quippe a statu conditionis lapsa, et corruptionis suæ putredini subdita, dum sibi ex semetipsa molestias gignit, hoc est jam facta quod tolerat. Quia enim statum ᵈ mentis inclinata deseruit, quid in se nisi motum varietatis invenit? Unde nunc etsi ad summa appetenda se erigit, mutabilitatis lubricæ impulsu protinus ad semetipsam cadit. Vult in contemplatione stare, sed non valet. Cogitationis gressum figere nititur, sed infirmitatis suæ lapsibus enervatur. Quæ nimirum mutabilitatis suæ onera quia volens expetiit, nolens portat. Quietus homo possidere carnem potuit, si bene ab auctore conditus, possideri voluisset. Cumque se erigere contra conditorem studuit, in semetipso protinus carnis contumeliam invenit. Sed quia cum culpa simul ab origine etiam pœna propagatur, inserto infirmitatis vitio nascimur, et quasi nobiscum hostem deducimus, quem cum labore superamus. Ipsa ergo hominis vita tentatio est, cui ex semetipsa nascitur unde perimatur. Quæ etsi semper ex virtute succidit, quod ex infirmitate generat, semper tamen ex infirmitate generat, quod ex virtute succidat.

9. *Quot modis tentemur; qui tentationi uni succedat altera.* — Sic itaque humana vita tentatio est, ut etsi jam ab iniquitatis perpetratione compescitur, in ipsis tamen bonis operibus, modo malorum memoria, modo seductionis caligine, modo intentionis suæ interruptione fuscetur. Alius namque a luxuria carnem jam refrenat, sed tamen adhuc luxuriæ phantasmata tolerat, quia quæ volens fecit, horum invitus meminit, et pœnam sustinet, quod voluptatem putavit. Quia vero ad devictam culpam retrahi metuit, ventrem miræ abstinentiæ ᵉ vigore restringit, vultusque ex abstinentia pallescit; cumque in facie pallor aspicitur, reverenda ab hominibus vita laudatur; mox que inanis gloria ad abstinentis animum cum verbis favoris venit, quam concussa mens dum subjicere non valet, eum per quem veneræt tergere a facie pallorem quærit; sicque fit ut, infirmitatis nexibus ligata, aut pallorem abstinentiæ fugiens, iterum per alimenta subdi luxuriæ metuat, aut, impulsum luxuriæ per abstinentiam superans, pallorem suum inani gloria militare pertimescat. Alius, lapsum superbiæ superans, toto jam desiderio statum humilitatis apprehendit; cumque superbientes quosdam usque ad oppressionem innocentium erumpere conspicit, zeli excitatione succensus, postponere aliquatenus cogitur quod decrevit, vim rectitudinis exerit, pravisque non mansuetudine, sed auctoritate contradicit. Unde plerumque fit ut aut humilitatis studio zelum rectitudinis deserat, aut rursum zelo rectitudinis turbet humilitatis studium quod tenebat. Cumque servari simul et zeli auctoritas, et propositionis humilitas ᶠ vix possit, sibimetipsi homo ex perturbatione incognitus redditur, ita ut vehementer ambigat, ne apud seductum animum aut superbia se auctoritatem zeli insinuet, aut torpor pavidus humilitatem fingat. Alius, quanta sit fallaciæ culpa considerans, munire se arce veritatis decernit, ut ex ore jam falsus sermo non prodeat, seseque funditus a mendacii transgressione disjungat. Sed fit plerumque ut cum verum dicitur, vita proximi gravetur; cumque ingerere alteri læsionem metuit, ad hoc quod dudum presserat fallaciæ vitium, quasi ex studio pietatis redit; sicque fit ut etsi malitia mentem non teneat, in ea tamen veritatis radium umbra mendacii obscuret. Unde et sæpe quia percontatus quisque conticescere non valet, aut, falsum dicens, suam mentem trucidat, aut, vera loquens, proximi vitam gravat. Alius, amore conditoris sui excitatus, a terrenis cogitationibus mentem curat assidua oratione suspendere; atque hanc in secreta quietis intimæ securitate collocare; sed in ipso suæ orationis ascensu, dum elevari ab infimis nititur, infimorum phantasmate reverberatur; atque ad intuendam lucem mentis oculus tendi-

---

ᵃ Ita Mss. At Editi, *alia occulte.*
ᵇ In Excusis *docet*; optimi sensus lectio, et in Mss. incognita.
ᶜ Gemet., *seminat.*
ᵈ Gem., *mens inclinata deserit.*
ᵉ Ebroic., *abstinentiæ rigores restringit.*
ᶠ Ita Bellov., Norm., 2 Compend. et nonnulli. In Editis et quibusdam Mss., *et propositionis humilitas non possit.* In Corb. Germ., non est particula negans, aut *vix.*

tur, sed ex corporeo usu, surgentibus rerum terrenarum imaginibus, obscuratur. Unde fit plerumque ut intendentis animus, ipsa sua infirmitate fatigatus, aut, orationem deserens, desidia torpeat, aut, si diu in oratione permanserit, ante oculos ejus [a] obortarum imaginum caligo densescat.

[*Vet. V.*] 10. *Ex occasione virtutum deterius aliquando ruimus.* — Bene ergo dicitur : *Tentatio est vita hominis super terram,* quando ibi quoque reatum descensionis invenit, ubi se provectum comprehendere ascensionis putavit ; et inde mens confunditur, unde surgere a confusione nitebatur, ut per hoc ad semetipsam diverberata redeat, per quod semetipsam jam collecta et coadunata transibat. Iste, ab eruditione divinæ legis alienus, ignorantia sua deprimitur, ne quid obtinendæ salutis operetur. Ille divinæ legis scientia præditus, dum sibi præ cæteris gaudet intellectum suppetere, quia privato gaudio exsultat, percepti intellectus in se munera dissipat ; et inde in judicio cæteris deterior exhibetur, unde clarior cæteris ad tempus ostenditur. Hunc quia virtutum dona non sublevant, etiam viam simplicem rectitudinis declinat ; et velut extraneum se a cœlesti munere deputans, quasi eo securius prava agit, quo superni doni sublimia munera non percepit. Illum prophetiæ spiritus replet, ad præscientiam sublevat, eique ventura quæque jam præsentia ostentat. Sed dum sæpe et in multis super semetipsum tollitur, ut futura veraciter contempletur, mens, in sui confidentiam deducta, eum qui haberi semper non potest semper sibi adesse prophetiæ spiritum æstimat ; cumque omne quod senserit prophetiam putat, quia sibi hanc et cum non habet tribuit, et in quantum habere potuit amittit. Sicque fit ut inde post [b] aliorum merita tristis redeat, unde æstimatione omnium lætus præibat. *Tentatio est ergo vita hominis super terram,* quæ aut aliena a virtutibus ad cœleste præmium surgere non valet, aut ditata donis spiritalibus aliquando deterius ex occasione virtutum ruit.

[*Vet. VI.*] 11. *Vita nostra militia, quia ut hæc, crescendo decrescit ac finitur.* — Quia autem paulo superius hoc esse tentationem quod militiam diximus, sciendum summopere est quod quiddam nobis appellatione militiæ amplius quam nomine tentationis innuitur. Hoc namque nostro intellectui expressione militiæ augetur, quod nimirum per militiam ad finem quotidie tenditur ; cumque per ordinem militiæ locus crescit, tota simul hominum militia deficit. *Militia ergo est vita hominis super terram,* quia et, sicut superius diximus (*Lib.* VII, *n.* 31), unusquisque dum quotidie ad vitæ terminum per temporum augmenta tendit, augendo vitam, vivere desinit. Dies quippe exspectat ut veniant ; sed cum ad augmentum vitæ veniunt, jam ab augmento vitæ subtrahuntur, quia et itinerantis gressus dum in anteriora proficit, quod restat iter decrescit. Vita ergo nostra militia est, quæ quo ad augmentum ducitur, eo ut non sit finitur. Bene igitur dicitur : *Militia est vita hominis super terram,* quia dum per spatia temporum crescere appetit, [c] ab eodem spatio, quod perdendo colligit, crescendo pertransit. Unde apte quoque ipse militiæ cursus exprimitur, cum protinus subinfertur :

CAPUT VII.

IBID. — *Et sicut dies mercenarii dies ejus.*

12. *Electus, mercenarii instar, dies suos cito evolvi optat. In alieno laborat. Curat ne ullus dies vacuus labatur ab opere.* — Dies suos mercenarius evolvi citius exoptat, ut ad laboris sui præmium sine tarditate perveniat. Dies itaque hominis vera et æterna sapientis recte mercenarii diebus comparantur, quia præsentem vitam, viam non patriam, militiam non palmam deputat ; et eo se abesse longius a præmio conspicit, quo tardius ad finem venit. Considerandum quoque est quod mercenarius in alienis laboribus exsudat, sed tamen sibi præmium proprium præparat. Voce autem Redemptoris nostri dicitur : *Regnum meum non est de hoc mundo* (*Joan.* XVIII, 36). Omnes ergo qui, spe cœlestium præditi, exercitio vitæ præsentis atterimur, in alieno laboramus. Nam sæpe et reprobis servire cogimur, mundo quæ mundi sunt reddere coarctamur ; et alieno quidem labore fatigamur, sed tamen præmia nostra percipimus ; et per hoc pervenimus ad propria, quod pure ministramus aliena. Quo contra quibusdam Veritas dicit : *Si in alieno fideles non fuistis, quod vestrum est quis* [d] *dabit vobis* (*Luc.* XVI, 12) ? [*Vet. VII.*] Sciendum quoque est quod mercenarius sollicite curat inspicere ne unquam dies vacuus labatur ab opere, et exspectatus finis temporis ne inanis veniat ad remunerationem. In laboris namque studio conspicit quid percipere in tempore remunerationis possit. Nam cum opus crescit, præmii fiducia proficit ; cum vero opus torpuerit, spes a remuneratione lassescit. Unde et electus quisque vitam suam quasi mercenarii dies pensans, tanto fidentius spe tendit ad præmium, quanto nunc robustius perdurat ad laboris incrementum ; qui sit decursus præsentis temporis pensat, dies cum operibus numerat, ne a labore vacua transeant vitæ momenta formidat ; adversis gaudet, passione reficitur, mœrore refovetur, quia subsequentis vitæ præmiis tanto se remunerari largius conspicit, quanto pro amore illius quotidianis se mortibus verius impendit. Hinc namque est quod cives supernæ patriæ conditori ejus Psalmistæ vocibus dicunt : *Propter te morte afficimur tota die* (*Psal.* XLIII, 22). Hinc Paulus ait : *Quotidie morior propter vestram gloriam, fratres* (I *Cor.* XVI, 31). Hinc iterum

---

[a] Vindoc., Corb. Germ., *occultarum imag. caligo desistat.*

[b] Quatuor Mss. Anglic., *ut inde post ad aliorum merita* Legitur etiam *ad* in Lyrano et Bigot. ; in Uticensi vero recentiori manu additum est.

[c] Ita Turon., Longip., Norman., Angli, et alii Mss.

At recent. Editi, *ad eorum spatium quod perdendo,* etc. In Gemet., pro *quod perdendo,* legitur *quod perpendendo.*

[d] Coc. et alii deinceps Ed., *quis credit.* Astipulantur nonnulli Mss., sed non potiores.

dicit : *Ob quam causam hæc patior, sed non confundor; scio enim cui credidi, et certus sum quia potens est depositum meum servare in illum diem* (*II Tim.* I, 12). Sancti igitur viri quot labores nunc veritati commendantes exhibent, tot jam remunerationis suæ pignora intra spei cubiculum clausa tenent. [a] Sed gravis nunc sentitur æstus in opere, ut quandoque refrigerium percipiatur ex quiete. Unde et apte mox subditur :

CAPUT VIII [*Rec. IV*].

VERS. 2, 3. — *Sicut servus desiderat umbram, et sicut mercenarius præstolatur finem operis sui, sic et ego habui menses vacuos, et noctes laboriosas enumeravi mihi.*

13. *Requiem æternam desiderat. Servus est, non liber, quoad corruptioni subjacet.* — Umbram quippe servo desiderare est post tentationis æstum, sudoremque operis, æterni refrigerii requiem quærere. Hanc namque umbram servus ille desideraverat qui dicebat : *Sitivit anima mea ad Deum vivum; quando veniam, et parebo ante faciem Dei* (*Psal.* XLI, 3) ? Et rursum : *Heu me! quod incolatus meus prolongatus est* (*Psal.* CXIX, 5). Qui quasi a labore [b] acri æstum fugiens, atque ad obtinendam requiem refrigerii tegmen q'ærens, iterum dicit : *Ingrediar in locum tabernaculi admirabilis, usque ad domum Dei* (*Psal.* XLI, 5). Hanc umbram comprehendere Paulus anhelabat, desiderium habens dissolvi, et cum Christo esse (*Philip.* I, 23). Ad hanc umbram ex desiderii jam perfectione pervenerant qui dicebant : *Nos qui portavimus pondus diei et æstus* (*Matth.* XX, 12). Bene autem qui desiderare umbram dicitur, servus vocatur, quia electus quisque quousque infirmitatis conditione constringitur, sub dominantis corruptionis jugo, quasi sub æstus anxietate retinetur. Qui nimirum cum corruptione exutus fuerit, tunc sibimetipsi liber et tranquillus innotescit. Unde et recte etiam per Paulum dicitur : *Ipsa creatura liberabitur a servitute corruptionis, in libertatem gloriæ filiorum Dei* (*Rom.* VIII, 21). Electos enim nunc pœna corruptionis aggravat, sed tunc incorruptionis gloria exaltat ; et quantum ad præsentis necessitatis pondera nunc in Dei filiis de libertate nihil ostenditur, tantum vero ad subsequentis libertatis gloriam, tunc in Dei famulis de servitute nihil apparebit. Creatura ergo, servitute corruptionis exuta, et dignitate libertatis accepta, in filiorum Dei gloriam vertitur, quia, unita Deo per spiritum, quasi hoc ipsum quod creatura est transisse ac subegisse declaratur. Sed qui adhuc umbram desiderat servus est, quia quousque æstum tentationum tolerat, jugum miseræ conditionis portat. Ubi apte subditur : *Et sicut mercenarius præstolatur finem operis sui.*

248 [*Rec. V.*] 14. *Electorum labor intuitu mercedis levatur.* — Mercenarius etenim cum facienda opera conspicit, mentem protinus ex longinquitate et pondere laboris addicit ; cum vero lassescentem animum ad considerandum operis præmium revocat, vigorem mox animi ad exercitium laboris reformat, et quod grave perpendit ex opere, leve existimat ex remuneratione. Sic, sic electi quique cum mundi hujus adversa patiuntur, cum [c] honestatis contumelias, rerum damna, cruciatus corporis tolerant, esse gravia quibus exercentur pensant, sed cum mentis oculos ad æternæ patriæ considerationem tendunt, ex comparatione præmii, quam sit leve quod patiuntur inveniunt. Quod enim valde esse importabile ex dolore ostenditur, consideratione provida ex remuneratione levigatur. Hinc est quod Paulus semper se ipso robustior contra adversa erigitur, quia nimirum finem sui operis sicut mercenarius præstolatur. Grave namque quod sustinet æstimat, sed leve hoc per præmii considerationem pensat. Ipse quippe quam sit grave quod patitur indicat (*II Cor.* XI, 23), qui in carceribus abundantius, in plagis supra modum, in mortibus frequenter se fuisse testatur; qui a Judæis quinquies quadragenas una minus accepit, qui ter virgis cæsus, semel lapidatus est, ter naufragium passus, nocte et die in profundo maris fuit; qui pericula fluminum, latronum, ex genere, ex gentibus, in civitate, in solitudine, in mari, in falsis fratribus pertulit; qui in labore et ærumna, in jejuniis multis, in fame et siti, in frigore et nuditate laboravit ; qui foris pugnas, intus timores sustinuit; qui ultra vires gravatum se asserit, dicens : *Supra modum gravati sumus, supra virtutem, ita ut tæderet nos etiam vivere* (*II Cor.* I, 8). Sed quomodo remunerationis linteo sudores tanti laboris tergat, ipse denuntiat, dicens : *Non sunt condignæ passiones hujus temporis* [d] *ad futuram gloriam, quæ revelabitur in nobis* (*Rom.* VIII, 18). Finem itaque operis quasi mercenarius præstolatur qui, dum provectum remunerationis considerat, vile existimat quod pene deficiens laborat. Apte autem subditur : *Si et ego habui menses vacuos, et noctes laboriosas enumeravi mihi.*

15. *Electis sunt menses vacui, et noctes laboriosæ, patientibus inopiam et adversa, ac præmium necdum tenentibus.* — Electi quippe conditori rerum serviunt, et sæpe rerum inopia coangustantur; per amorem Deo inhærent, et tamen vitæ præsentis subsidiis egent. Qui igitur per actiones suas præsentia non quærunt, a mundi compendiis menses vacuos ducunt. Noctes quoque laboriosas tolerant, quia adversitatum tenebras non solum usque ad inopiam, sed sæpe usque ad corporis cruciatum portant. [e] Despectum namque egestatemque perpeti laboriosum bonis mentibus non est; sed cum usque ad afflictionem carnis adversitas vertitur, labor procul dubio ex dolore sentitur. [*Vet. VIII.*] Potest etiam non inconvenienter intelligi quod sanctus quisque menses va-

---

[a] Vindoc. et Corb. Germ., *ut cum gravis nunc sentitur æstus in opere, quandoque refrigerium percipiatur ea quiete.* Plerique Mss., quibus adhæremus, habent *sed gravis,* non *sed gravius,* ut legitur in Edit.
[b] Ita Vindoc., Compend., Norm., etc., cum in Editis recent. legatur, *qui quasi a labore agri.*

[c] Norman. et Vindoc., *cum honestatis contumelias.* Bellov., *cum inhonestatis contumelias.*
[d] Norm., Bellovac., Germ., *ad superventuram gloriam.*
[e] Gussanv., *despectum namque esse,* nullis faventibus Mss.

cuos sicut mercenarius ducit, quia laborem jam sustinet, sed præmium necdum tenet; hoc tolerat, illud exspectat. Noctes vero laboriosas enumerat, quia adversitates sibi præsentis temporis sese in virtutibus exercendo coacervat. Nam si proficere in mente non appetit, minus fortasse aspera quæ mundi sunt sentit.

16. *Ecclesia in membris infirmis menses vacuos, in fortibus noctes laboriosas habet. Labor pro sæculo inanis ex fine dignoscitur.* — Quæ tamen sententia si ad vocem sanctæ Ecclesiæ ducitur, intellectus ejus paulo subtilius indagatur. Ipsa quippe vacuos menses habet, [a] quæ in infirmis suis membris terrenas actiones absque vitæ præmio defluentes sustinet. Ipsa noctes laboriosas enumerat, quæ in membris fortibus multiplices tribulationes portat. In hac etenim vita quædam laboriosa sunt, quædam vacua, quædam vero vacua simul et laboriosa. Amore quippe conditoris præsentis vitæ tribulationibus exerceri laboriosum quidem est, sed vacuum non est. Amore autem sæculi voluptatibus solvi vacuum quidem est, sed non laboriosum. Amore vero ejusdem sæculi adversa aliqua perpeti et vacuum simul est et laboriosum, quia et ex adversitate mens afflicitur, et remunerationis præmio non repletur. In his itaque sancta Ecclesia qui in ea jam positi adhuc voluptatibus defluunt, et proinde fructu boni operis non ditantur; menses vacuos ducit, quia vitæ tempora sine retributionis munere expendit. In his vero qui, æternis desideriis dediti mundi hujus adversa patiuntur, laboriosas noctes enumerat, quia tribulationum tenebras quasi in caligine vitæ præsentis portat. In his autem qui et transeuntem mundum diligunt, et tamen ejus contrarietate fatigantur, simul menses vacuos et noctes laboriosas tolerat, quia eorum vitam et retributio subsequens nulla remunerat, et præsens tribulatio angustat. Recte autem nequaquam dies, sed in eis menses vacuos habere se perhibet. Mensium quippe nomine dierum collectio et summa signatur. Per diem ergo unaquæque actio exprimitur, per menses autem actionum finis innuitur. Et sæpe cum in hoc mundo aliquid agimus, intenta spei alacritate suspensi, hoc ipsum quod agimus vacuum non putamus; sed postquam ad actionum terminum pervenimus, non obtinentes quæ appetimus, laborasse nos in vacuum dolemus. Non solum igitur dies, sed et menses vacuos ducimus, cum nos in terrenis actionibus sine fructu laborasse, non ex actionum principio, sed fine pensamus. Cum enim labores nostros adversitas sequitur, quasi vitæ nostræ vacui menses arguuntur, quia ex completione actionum agnoscitur quam frustra in actionibus sudabatur.

17. *De inani hoc labore Ecclesia ingemiscit.* — Sed quia in sacro eloquio nonnunquam nox pro ignorantia ponitur, Paulo attestante, qui venturam vitam scientibus discipulis dicit: *Omnes vos filii lucis estis,*

[a] Gemet., *quæ in infimis suis terrenas.* 2 Vindoc., *quæ in infirmitate sua.*
[b] Vindoc. et Corb., *modos.*

et filii diei; non sumus noctis neque tenebrarum (I Thess. v, 5); quibus præmisit: *Vos autem, fratres, non estis in tenebris, ut vos dies illa tanquam fur comprehendat (Ibid.*, 4); potest hoc in loco ex eorum persona vox sanctæ Ecclesiæ accipi, qui post ignorantiæ suæ caliginem ad amorem rectitudinis redeunt, et, veritatis radiis illustrati, fletibus diluunt quod erraverunt. Illuminatus etenim quisque respicit quam turpe fuerit quod præsentis vitæ amore laboravit. [*Vet. IX.*] In eis ergo sancta Ecclesia, in quibus ad vitam revertitur laborem suum æstuanti servo et desideranti finem mercenario comparat, dicens: *Sicut servus desiderat umbram et sicut mercenarius præstolatur finem operis sui: sic et ego habui menses vacuos, et noctes laboriosas enumeravi mihi.* In comparatione etenim duo sunt quæ præmisit; in expressione etiam fatigationis duo protinus subdidit. Ad æstuantem quippe menses vacuos reddidit, quia quo magis æternum refrigerium quæritur, eo magis conspicitur quam vacue pro vita ista laboratur. Ad præstolantem vero laboriosas noctes subintulit, quia quo magis ex termino operis præmium quod assequamur inspicimus, eo magis ingemiscimus diu nos nescisse quod quærimus. Unde et ipsa pœnitentis cura vigilanter exprimitur, ut laboriosas noctes enumerasse diceretur, quia quanto verius ad Deum revertimur, tanto subtilius labores, quos per ignorantiam in hoc mundo pertulimus, dolendo pensamus. Nam quo unicuique plus dulce fit quod de æternis desiderat, eo ei magis grave ostenditur quod pro præsentium amore tolerabat. Si vero ad solam historiam sequentia verba pensantur, per hæc procul dubio animus dolentis exprimitur qualiter per diversos motus desiderii, mœstitia impellente, variatur. Nam subditur:

CAPUT IX.

Vers. 4. — *Si dormiero, dicam: [c] Quando surgam? et rursum exspectabo vesperam.*

18. *Dolens præsentia despicit, exspectat futura.* — In nocte quippe dies quæritur, in die vespera desideratur, quia nimirum dolor non permittit placere quæ adsunt; cumque mentem per experimentum præsentium afflicit, semper hanc quasi consolante desiderio ad alia per exspectationem tendit. Sed quia et afflicta mens per appetitum ducitur, et tamen dolor ejus etiam seductus desideriis non finitur, recte subjungitur, — ibid.: — *Replebor doloribus usque ad tenebras.* Causa autem ejusdem doloris exprimitur, cum protinus subinfertur:

CAPUT X [*Rec. VI*].

Vers. 5. — *Induta est caro mea putredine, et sordibus pulveris, cutis mea aruit, et contracta est.*

19. *Hominis lapsi instabilitas.* — Sed hæc subtilius congruentiusque disserimus, si ad præmissæ expositionis ordinem redeamus. Somno namque torpor otii, surrectione autem exercitatio actionis exprimi-

[c] Ita semper legitur hic textus in Mss. pler. 2 Vindoc. habet tamen *resurgam,* nullus autem *consurgam* ut Editi.

tur. Vesperæ quoque nomine, quia somno congruit, otii desiderium rursus figuratur. Sancta vero Ecclesia quousque vitam corruptionis ducit, flere mutabilitatis suæ damna non desinit. Ad hoc namque homo conditus fuerat, ut, stante mente, in arcem se contemplationis erigeret, et nulla hunc corruptio a conditoris sui amore declinaret. Sed in eo quod ab ingenita standi soliditate voluntatis pedem ad culpam movit, a dilectione conditoris in semetipsum protinus eccidit. Amorem vero Dei, veram scilicet stationis arcem deserens, nec in se consistere potuit, quia, lubricæ mutabilitatis impulsu, infra se per corruptionem proruens, etiam a semetipso [a] dissensit. Qui nunc, quia conditionis suæ soliditate non figitur, alternantis semper desiderii motu variatur, ut et quietus actionem desideret, et occupatus ad otium anhelet. Quia enim fixa mens stare cum potuit noluit, stare jam non valet etiam cum volet. Conditoris quippe sui contemplationem deserens, salutis suæ fortitudinem perdidit, et quolibet posita, semper ægra alium locum quærit. Varietatem ergo humanæ mentis exprimens, dicat : *Si dormiero, dicam : Quando surgam? et rursum exspectabo vesperam.* Ac si aperte diceret : Nihil perceptum menti sufficit, quia ipsum qui vere sufficere potuit amisit. In somno namque surrectionem desidero, in surrectione vesperam exspecto, quia et quietus exercitium actionis appeto, et exercitatus otium quietis quæro.

251 [*Vet. X.*] 20. *Justo etiam quærendum a peccato surgere. Ne extollatur, adversis muniri cupit.* — Quod tamen intelligi et aliter potest. Dormire namque est in peccatis jacere. Si enim somni [b] appellatio culpa non esset, nequaquam Paulus discipulis diceret : *Evigilate, justi, et nolite peccare* (*I Cor.* xv, 34). Unde et auditorem suum admonet, dicens : *Surge qui dormis, et exsurge a mortuis,* [c] *et illuminabit te Christus* (*Ephes.* v, 14). Et rursum : *Hora est jam nos de somno surgere* (*Rom.* xiii, 11). Unde et Salomon peccantem increpat, dicens : *Usquequo, piger, dormis* (*Prov.* vi, 9)? Electus igitur quisque cum peccati somno premitur, ad justitiæ vigilias exsurgere conatur. Sed sæpe cum surrexerit, ipsa se extolli magnitudine virtutum sentit. Unde et tentari se præsentis vitæ adversitatibus post virtutes desiderat, ne pejus ex confidentia virtutum cadat. Si enim servari se melius per tentationem non cognosceret, nequaquam Psalmista diceret : *Proba me, Domine, et tenta me* (*Psal.* xxv, 2). Bene ergo nunc dicitur : *Si dormiero, dicam : Quando surgam? et rursum exspectabo vesperam,* quia et in peccati somno [d] lumen justitiæ quæritur; et cum virtutum prospera mentem elevant, adjutrix adversitas desideratur, ut profecto animus, cum virtutum suarum gaudio plus quam debet attollitur, per contrarietatem præsentis vitæ edito mœrore solidetur. Unde et nequaquam *Formidabo vesperam* dicitur, sed *Exspectabo.* Exspectamus etenim prospera, formidamus adversa. Vir igitur justus vesperam exspectat, quia cum exerceri hunc tribulatione necesse est, ipsa ei fit adversitas prospera.

21. *Tentationi peccati nunquam hic non est obnoxius. Tentationes non timet, sed contra eas se parat.* — Potest, vesperæ nomine, etiam peccati tentatio designari, quæ sæpe tanto acrius mentem lacessit, quanto et eamdem mentem spiritus ad superna altius evehit. Nequaquam enim sic in hac vita per exercitationem justitiæ peccatum deseritur, ut in eadem justitia inconcusse maneatur, quia etsi jam a cordis habitaculo culpam rectitudo eliminat, ipsa tamen culpa quæ repellitur, cogitationis nostræ foribus assidens, ut sibi aperiatur pulsat. Quod Moyses quoque spiritaliter innuit, cum facta corporaliter temporum momenta narravit, dicens : [e] *Facta est lux*; atque paulo post subjiciens : *Factum est vespere* (*Genes.* i, 3, 5). Creator quippe omnium, humanæ culpæ præscius, tunc expressit in tempore quod nunc versatur in mente. Lux quippe ad vesperum ducitur, quia nimirum lumen rectitudinis umbra sequitur tentationis. Sed quia electorum lux tentatione non exstinguitur, nequaquam nox, sed vespera facta perhibetur, quia nimirum sæpe tentatio [f] in corde rectorum lumen justitiæ abscondit, sed non interimit; quasi ad pallorem trepidationis pertrahit, sed funditus non exstinguit. Electi ergo post somnum surrectionem appetunt, post surrectionem vesperam præstolantur, quia et de peccato ad justitiæ lumen evigilant, et in ipso justitiæ lumine positi, semper se contra illecebras tentationum parant. Quas nimirum non timent, sed exspectant, quia utilitati suæ rectitudinis etiam tentamenta proficere non ignorant.

22. *Nullus hic salute integra potitur.* — Quantalibet autem contra corruptionem suam virtute contenderint, habere integram [g] salutem **252** nequeunt, quousque dies præsentis vitæ finiatur. Unde et subditur : *Et replebor doloribus usque ad tenebras.* Modo namque adversa irruunt : modo ipsa quoque prospera, callida hilaritate blandiuntur. Modo surgentia vitia bellum carnis excitant, modo devicta animum ad elationem vocant. Bonorum igitur vita usque ad tenebras doloribus repletur, quia quousque tempus corruptionis agitur, interna externaque afflictione concutitur, et salutis securitatem non invenit, nisi cum diem funditus tentationis relinquit. Unde bene et hæc eadem dolorum causa protinus subinfertur, cum dicitur : *Induta est caro mea putredine et sordibus pulveris.* [*Vet. XI.*] Ut enim paulo superius

---

[a] Coc. et recent. Ed., *discessit* pro *dissensit*, quod legitur in omnibus Mss. Anglic. et nostris.

[b] Ex Cocc. auctoritate prius legebatur : *si enim somni appellatione culpa designata non esset*; emendavimus ex Mss. Turon., Vindoc., Norman., Corb. Germ., etc.

[c] Gemet. et alii optimæ notæ, *et illuminabit tibi Christus*.

[d] Vindoc. et Corb., *quia et peccati somno lumen justitiæ premitur.*

[e] Plurimi Mss., *factum est mane*; et infra, *mane quippe ad vesperum ducitur.*

[f] 1 Vindoc., *in corde rectorum.* Alter habet *electorum vel rectorum.* In Utic. prius legebatur, *electorum,* cujus loco succes it *rectorum.*

[g] Ebroic., *habere integram mentem.*

diximus, soliditatem ingenitam ª voluntarie homo deseruit, et sese in corruptionis voraginem mersit; unde nunc vel per immunda opera labitur, vel per cogitationes illicitas fœdatur. Ut enim ita dixerim, culpæ suæ pœnaliter subdita, ipsa jam natura nostra facta est extra naturam; et remissa usque ad perversa opera ducitur, restricta autem perversorum operum importuna cogitatione fuscatur. Per expletionem ergo actionis illicitæ carnem putredo afficit, per levitatem vero cogitationis improbæ quasi ante oculos pulvis surgit. Consentiendo vitiis putredine atterimur, vitiorum vero imagines in corde tolerando sordibus pulveris fœdamur. Ait ergo : *Induta est caro mea putredine et sordibus pulveris.* Ac si aperte diceret : Carnalem vitam, quam patior, aut tabes lubricæ operationis polluit, aut ex vitiorum memoria caligo miseræ cogitationis premit.

23. *Ecclesiæ caro in lubricis membris putrescit, in quærentibus terram sordescit.* — Quod tamen si ex voce Ecclesiæ universalis accipimus, aliquando hanc procul dubio carnis putredine, aliquando autem gravari sordibus pulveris invenimus. Multi quippe in ea sunt qui, dum amori carnis inserviunt, fetore luxuriæ computrescunt. Et sunt nonnulli qui a voluptate quidem carnis abstinent, sed tamen tota mente in terrenis actibus jacent. Dicat ergo sancta Ecclesia unius membri sui vocibus, dicat quid de utroque genere hominum tolerat : *Induta est caro mea putredine et sordibus pulveris.* Ac si aperte insinuet, dicens : Sunt plerique qui mihi per fidem membra sunt, sed tamen sana vel munda per actionem non sunt, quia aut, victi desideriis turpibus, ad corruptionis putredinem defluunt, aut, terrenis actibus dediti, pulvere ᵇ consperguntur. In illis enim quos lubricos tolero carnem videlicet putrescentem gemo, in istis autem quos terram quærentibus patior ᶜ quid aliud quam fœdatam pulvere porto ?

24. *Ecclesiæ cutis qui solis exterioribus curis inserviunt : unde arescat.* — Unde et apte simul de utrisque subjungitur : *Cutis mea aruit, et contracta est.* In sanctæ quippe Ecclesiæ corpore hi qui solis exterioribus curis inserviunt, congrue cutis vocantur. Quæ nimirum cutis arescendo attrahitur, quia mentes carnalium, dum præsentia diligunt, et quasi juxta posita concupiscunt, ad futura tendi per longanimitatem nolunt. Qui dum internæ spei pinguedinem negligunt, ut attrahantur arefiunt, quia si eorum corda desperatio non siccaret, nequaquam æstus hæc pusillanimitatis attraheret. Hanc namque attractionem Psalmista formidaverat cum, siccitatem mentis ᵈ metuens, dicebat : ᵉ *Sicut adipe ei pinguedine repleatur anima mea* (*Psal.* LXII, 6). Adeps quippe pinguedinis animam replet, cum hanc contra præsentium desideriorum æstum supernæ spei infusio refovet. Cutis ergo arescens attrahitur cum cor rebus exterioribus deditum, atque ex desperatione siccatum, in auctoris sui amorem non tenditur, sed in semetipso, ut ita dixerim, rugosa cogitatione replicatur.

25. *Amore præsentium non tenetur, qui vitæ hujus brevitatem recogitat.* — Pensandum vero est quod carnales mentes idcirco præsentia diligunt, quia vita carnis quam fugitiva sit minime perpendunt. Nam si velocitatem transitus ejus aspicerent, hanc etiam prosperantem minime amarent. Sancta autem Ecclesia in electis suis quotidie quantus sit rebus exterioribus cursus conspicit, et idcirco in intimis pedem sollicitæ intentionis figit. Unde et apte subditur :

CAPUT XI [*Rec. VII*].

Vers. 6. — *Dies mei velocius transierunt quam a texente tela succiditur.*

26. *Tempus carnis telæ apte comparatur.* — Congrua valde similitudine tempus carnis telæ comparatur, quia sicut tela filis, sic vita mortalis diebus singulis proficit; sed ᶠ quo ad augmentum proficit, eo ad incisionem tendit, quia, sicut et superius diximus (*Lib.* VII, *n.* 30), cum tempora percepta prætereunt, ventura breviantur, et de universo vitæ spatio eo fiunt pauciora quæ veniunt, quo multa sunt quæ transierunt. Tela quippe infra supraque ligata, duobus lignis innectitur, ut texatur; sed quo inferius texta involvitur, eo superius texenda ᵍ deplicatur; et unde se ad augmentum multiplicat, inde fit minus quod restat. Sic nimirum vitæ nostræ tempora et transacta quasi inferius involvimus, et ventura a superiori deplicamus, quia quo plus fiunt præterita, minus esse incipiunt futura. Sed quia nec tela ad expressionem nostri temporis sufficit, nam ejus quoque festinationem vitæ nostræ velocitas transit, recte nunc dicitur : *Dies mei velocius transierunt, quam a texente tela succiditur.* Tela quippe tarditatem provectus habet, vita autem præsens moram defectus non habet. In illa namque cum laborantis manus ʰ figitur, adventus terminus elongatur; in ista vero, quia tempus semper desinens indesinenter consumimus, ad finem nostri itineris etiam quiescendo pervenimus, et per cursum nostri transitus etiam dormientes imus. Electi igitur, quia præsentis vitæ momenta decurrere sub festinatione conspiciunt, nequaquam in hoc tantæ

ª Turon., *cum voluntarie.*
ᵇ Subjectum a Coc. et aliis recent., *terrenæ cupiditatis*, quod a Mss. et superioribus Ed. abest.
ᶜ Mira hic Mss. et Edit. dissensio. Gemet. et alii Norm. habent, *quid aliud quam fœdata pulverem porto.* Turon., *quid al. quam fœdatos pulvere porto.* Corb. Germ., Colb., Germ., *quam fœda pulverem porto.* Vet. Ed., *quam fœdatum pulverum;* Coc. et recent., *quam fœdata pulvere membra.* Unus Reg., quem sequimur, *quam fœdatam,* supple *carnem.*
ᵈ Ebroic., Lyran., Bigot., *intuens.*

ᵉ Vindoc., Gemet., Corb. Germ., Colb., Reg., *sicut adipe pinguedinis.* Ita etiam nunc in Utic. At legebatur olim *sicut adipe et pinguedine.*
ᶠ Norman. et Vindoc. 1, *sed quo augmentum percipit.* 2 Vindoc. utramque lect. exhibet.
ᵍ Gemet., *duplicatur.* Lyran. et Big., *displicatur.* Ebroic., *implicatur.* Utic. prius habuit *duplicatur,* nunc per correctionem *displicatur.*
ʰ Monet Thomas Jamesius legi in Mss. Anglicanis *non figitur.* Hanc variam lectionem quam dubius proponit, in nullo Ms. Codice invenimus.

mobilitatis itinere cordis intentionem figunt. Unde et apte protinus subditur:

IBID.—*Et consumpti sunt absque ulla spe.*

27. *Electi mortem cogitant etiam sani, reprobi nequidem cum imminet.* —Reproborum mens erga dies vitae praesentis tanto amore constringitur, ut sic semper hic appetant vivere, quatenus, si valeant, vivendi cursum desiderent nunquam finire. Cogitare quippe ventura despiciunt, spem totam in rebus transeuntibus ponunt, habere nulla nisi quae praetereunt concupiscunt. Cumque nimis transeuntia cogitant, et mansura nullatenus sperant, sic caecitate insensibili cordis oculus clauditur, ut aeternae luci nullatenus intendatur. Unde fit ut saepe jam corpus molestia quatiat, et vicina mors virtutem vitalis spiritus incidat, nec tamen curare quae mundi sunt desinant. Jamque eos ultor ad judicium pertrahit; et tamen ipsi, ordinatione sollicita rebus transeuntibus occupati, nihil aliud cogitant nisi in hoc mundo adhuc qualiter vivant. Relinquendo omnia quasi ᵃ possidendo disponunt, quia spes vivendi non frangitur, etiam cum vita terminatur. Jam ad judicium trahuntur per sententiam, et tamen adhuc habendis rebus inhaerent per curam. Dura etenim mente abesse mors longe creditur, etiam cum sentitur. Sicque a carne anima solvitur, ut erga praesentia immoderato amore se retinens, dum ad aeternum supplicium ducitur, hoc ipsum quoque nesciat quo ducitur; et deserens quae amare cum termino noluit, repente sine termino invenit quae nunquam praevidit. At contra rectorum mens ad aeternitatis intentionem tenditur, etiam cum praesens eam feliciter vita comitatur. Magna carnis salute utitur, nec tamen ejus fiducia animus retardatur. ᵇ Nullum adhuc mortis articulum erumpit, et quasi praesentem hanc quotidie conspicit. Quia enim vita indesinenter labitur, spes ei vivendi funditus amputatur. Bene ergo de diebus praetereuntibus dicitur: *Consumpti sunt absque ulla spe.* Ac si aperte diceretur: Mentis fiduciam in praesenti vita non posui, quia omne quod praeterit calcando ᶜ desperavi. Unde et mox apte subditur:

CAPUT XIII [*Rec. VIII*].

VERS. 7.—*Memento quia ventus est vita mea.*

28. *Vita praesens, aeterna non attendentibus cara, attendentibus vilis. Vitae brevis consideratio, grata Deo est oblatio.*—Hi etenim vitam carnis quasi permanentem diligunt, qui quanta sit vitae sequentis aeternitas non attendunt; cumque soliditatem perennitatis non considerant, exsilium patriam, tenebras lumen, cursum stationem putant, quia qui majora nesciunt, judicare de minimis nequaquam possunt. Ordo quippe judicii exigit ut quod examinare nitimur transcendamus. Si enim praeesse rebus omnibus animus non valet, nequaquam de his certa a quibus vincitur videt. Idcirco itaque mens reproba praesentis vitae cursum aestimare non sufficit, quia admirationi illius ex amore succumbit. Sancti autem viri, quo ad aeterna cor elevant, quam breve sit quod fine clauditur pensant; et eo eorum sensibus vilescit quod praeterit, quo intellectu radiante interlucet quod acceptum nunquam recedit; cumque infinitatem perennitatis aspiciunt, nequaquam jam pro magno desiderant quidquid finis angustat. Sed sublevata mens extra temporum terminos ducitur, etiam cum carne in tempore tenetur; et tanto altius finienda despicit, quanto verius infinita cognoscit. Sed haec ipsa humanae brevitatis consideratio auctori nostro magnae virtutis oblatio est. Unde recte nunc cum deprecatione ᵈ immolatio ejusdem virtutis offertur, cum dicitur: *Memento quia ventus est vita mea.* Ac si aperte diceretur: Transeuntem velociter benignus respice, quia et tanto a te videri misericordius debeo, quanto ipse a consideratione brevitatis meae oculos non averto. Sed quia dum tempus vitae praesentis absciditur, ad operationem promerendae veniae ulterius non reditur, recte subjungitur:

CAPUT XIV.

IBID.—*Nec ᵉ revertetur oculus meus ut videat bona.*

29. *Post mortem non est locus promerendae veniae.*—Ad videnda bona exstincti oculus non redit, quia ad exhibenda recta opera exuta carne anima non recurrit. Hinc est quod dives quem inferni flamma cruciabat, quia semetipsum reparare operando non posset agnoverat; nam nequaquam sibi, sed relictis fratribus prodesse satagebat, dicens: *Rogo te, pater Abraham, ut mittas eum in domum patris mei, habeo enim quinque fratres, ut testetur illis, ne et ipsi veniant in locum hunc tormentorum* (*Luc.* XVI, 27). Solet namque moestum animum spes vel falsa refovere. Sed ut poenam suam reprobi gravius sentiant, et spem de venia amittunt. Unde, flammis ultricibus traditus, non sibi, ut diximus, sed opitulari fratribus concupivit, quia nunquam se ignium carere tormentis, adjuncto desperationis supplicio, agnovit. Hinc Salomon ait: *Quodcunque potest manus tua facere, instanter operare, quia nec opus, nec ratio, nec scientia, nec sapientia erunt apud inferos, quo tu properas* (*Eccle.* IX, 10). Nequaquam ergo ad videnda bona oculus revertetur, quia retributionem suam mens inveniens, ad operationis usum nullatenus revocatur. Quia igitur fugit omne quod cernitur, et mansura sunt quae sequuntur, bene beatus Job uno versu utraque complexus est, dicens: *Memento quia ventus est vita mea, nec revertetur oculus meus ut videat bona.* Cursum quippe praesentium contemplatus ait: *Memento quia ventus est vita mea.* Aeternitatem vero sequentium considerans adjunxit: *Nec revertetur oculus meus ut videat bona.* Ubi apte quoque universi humani generis a redemptionis munere destituti vocem protinus sumit, dicens:

ᵃ Alii Mss., *possidenda*; alii, *possidendo*. In Utic. prius lectum *possidendo*, nunc *o* mutatum est in *a*.

ᵇ Editi, *nullus articulus*. In Corb., Bellovac., Norm. omnibus, Corb. Germ., etc., *articulum*. Vide l. II, n. 22, ubi mendo typographico legitur *per particulas*, cum sit legendum *per articula*.

ᶜ Ita Mss. plerique, quod respondet verbis *absque ulla spe*. Vindoc., *despexi*. Vet. Ed., *superavi*. Recentiores, *desprevi*.

ᵈ Bellovac., *imploratio*.

ᵉ Gemet., *nec revertitur*.

CAPUT XV [Vet. XIII].

VERS. 8.—*Nec aspiciet me visus hominis.*

30. *Tunc Christi gratia non liberat, quem nunc non reformat.*—Visus quippe hominis est misericordia Redemptoris, quæ insensibilitatis nostræ duritiam, cum respicit, emollit. Unde, teste quoque Evangelio, dicitur : *Respexit Dominus Petrum, et recordatus est Petrus verbi quod dixerat Jesus; egressus foras, flevit amare* (*Luc.* XXII, 61). Exutam vero carne animam nequaquam jam visus hominis aspicit, quia post mortem non liberat, quem ante mortem gratia ad veniam non reformat. Hinc etenim Paulus dicit : *Ecce nunc tempus acceptabile; ecce nunc dies salutis* (*II Cor.* VI, 2). Hinc Psalmista ait : *Quoniam in sæculum misericordia ejus* (*Psal.* CXVII, 1). Quia nimirum quem nequaquam modo misericordia eripit, sola post præsens sæculum justitia addicit. Hinc Salomon ait : *Quia lignum in quocunque loco ceciderit, sive ad Austrum, sive ad Aquilonem, ibi erit* (*Eccle.* XI, 3), quia cum humani casus tempore, sive sanctus, sive malignus spiritus egredientem animam claustra carnis acceperit, in æternum secum sine ulla permutatione retinebit, ut nec exaltata ad supplicium proruat, nec mersa æternis suppliciis, ultra ad remedium ereptionis ascendat. Vir igitur sanctus, humani generis damna considerans, quod a præsenti sæculo sine Redemptoris [a] cognitione subtrahitur, atque in æternis ignibus irreparabiliter sepelitur, et ejus vocem in se suscipiens, dicat : *Nec aspiciet me visus hominis*, quia 256 nimirum Redemptoris gratia, quem nunc [b] non intuetur ut corrigat, tunc non respicit ut ab interitu abscondat. In judicium quippe Dominus veniens, peccatorem videt ut feriat, sed non videt ut ad largiendam salutis gratiam recognoscat; culpas examinat, et vitam pereuntium ignorat. Unde sanctus vir, cum se post præsentem vitam, respectu hominis videri non posse fateretur, apte mox subdidit :

CAPUT XVI [Rec. IX].

IBID.—*Oculi tui in me, et non subsistam.*

31. *Christus in judicio reprobos ad feriendum videbit, quos hic ad misericordiam impendendam non vidit.*—Ac si aperte diceret : Districtus ad judicium veniens, et ad salvandum non vides, et ad feriendum vides, quia quem in præsenti vita dispensationis tuæ miseratione non respicis, respiciendo, postmodum per justitiam exstinguis. Nunc enim peccator quisque Deum non metuit et vivit, blasphemat et proficit, quia scilicet misericors creator, quem exspectando vult corrigere, aspiciendo non vult punire, sicut scriptum est : [c] *Dissimulans peccata hominum propter pœnitentiam* (*Sap.* XI, 24). Sed tunc peccator cum respicitur non subsistit, quia cum districtus judex merita subtiliter inquirit, reus ad tormenta non sufficit.

32. *Justi se perituros sciunt, si remota pietate a Deo judicentur.*—Quamvis hoc etiam justorum voci congruit, quorum mens semper sollicita venturo examini intendit. Omne enim quod agunt metuunt, dum caute considerant [d] qui ante quantum judicem stabunt. Intuentur potentiam illius magnitudinis, et pensant quanto reatu constricti sunt propriæ infirmitatis. Enumerant mala proprii operis, et contra hæc exaggerant bona conditoris. Considerant prava [e] quam districte judicet, bona opera quam subtiliter penset, et perituros se absque ambiguitate præsciunt, si remota pietate judicentur, quia hoc ipsum quoque quod juste videmur vivere culpa est, si vitam nostram cum judicat, hanc apud se divina misericordia non excusat. Hinc enim in hoc eodem libro scriptum est : *Astra non sunt munda in conspectu ejus* (*Job.* XXV, 5), quia apud eum districte judicati, ipsi quoque maculas inquinationis habent, qui per munditiam sanctitatis lucent. Bene ergo dicitur : *Oculi tui in me, et non subsistam.* Ac si aperte justi voce diceretur : Si subtili examinatione discutior, perferendo judicio non assurgo, quia ad pœnam vita non sufficit, si hanc immanitas justæ retributionis premit. Bene autem ejusdem humani generis et culpa breviter, et pœna subrogatur, cum protinus dicitur :

CAPUT XVII [Vet. XIV, Rec. X].

VERS. 9.—*Sicut consumitur nubes, et pertransit, sic qui descendit ad inferos non ascendet.*

33. *Damnatis non est reditus ad veniam, aut ad ea quæ amabant.*—Nubes quippe ad altiora suspenditur ; sed densata vento impellitur ut currat, calore autem solis dissipatur ut evanescat. Sic sic nimirum corda sunt hominum, quæ per acceptæ rationis ingenium ad alta [f] emicant, impulsa autem maligni spiritus flatu, pravis desideriorum suorum motibus huc illucque pertrahuntur ; sed districto respectu superni judicis, quasi solis calore liquefiunt, et, semel locis pœnalibus tradita, ad operationis usum ultra non redeunt. Vir igitur sanctus elationem, cursum defectumque humani generis exprimens dicat : *Sicut consumitur nubes, et pertransit, sic qui descendit ad inferos non ascendet.* Ac si aperte loqueretur, dicens : In altum currendo 257 deficit, qui superbiendo ad interitum tendit ; quem si semel culpa ad pœnam pertrahit, misericordia ulterius ad veniam non reducit. Unde et adhuc subditur :

CAPUT XVIII.

VERS. 10.—*Nec revertetur ultra in domum suam.*

34. *Domus mentis est id quod amando habitat. Desperantium corda nubibus similia. Extra se funduntur.*—Sicut domus est corporis habitaculum corporale,

---

[a] Ita nostri Mss. At Editi recentiores, *cogitatione.*

[b] Ex quatuor Mss. Anglic., omnibusque Norm., Vindoc., restituimus negantem particulam a Cocc. et seq. suppressam, apud quos legitur *quem nunc intuetur*, pro *quem nunc non intuetur.*

[c] Gemet. et Corb. Germ. a prima manu, *dissimulas peccata.*

[d] Omissam in Vulgatis voculam *qui* revocavimus maxime ex Mss. Norm.

[e] Hic supplevimus ex Mss. et aliis Ed. multa quæ in Ed. Gussanv. desunt.

[f] Cocc., *quem* recent. Editi sequuntur, mutavit *emicant* in *emigrant.*

ita unicuique menti hoc domus fit quod ex desiderio inhabitare consuevit. Ad domum igitur suam ultra non revertitur, quia semel quisque, æternis suppliciis traditus, ad hoc jam ubi amore inhæserat nullatenus revocatur. Potest etiam inferni nomine peccatoris desperatio designari, de qua per Psalmistam dicitur : *In inferno autem quis confitebitur tibi* (*Psalm.* vi, 6)? Unde rursum scriptum est : *Impius cum in profundum venerit peccatorum, contemnit* (*Prov.* xviii, 3). Quisquis autem impietati succumbit, vitam profecto justitiæ moriendo derelinquit. Qui vero etiam post peccatum mole desperationis obruitur, quid aliud quam post mortem in inferni suppliciis sepelitur? Bene ergo dicitur : *Sicut consumitur nubes, et pertransit, sic qui descendit ad inferos non ascendet,* quia plerumque cum perpetratione nequitiæ etiam desperatio sociatur, et via jam reversionis absciditur. Recte autem corda desperantium nubibus comparantur, quia et caligine erroris obscura sunt, et peccatorum multiplicitate condensa; sed consumpta pertranseunt, quia claritate extremi judicii irradiata dissipantur. Solet etiam domus inhabitatio cordis intelligi. Unde sanato cuidam dicitur : *Vade in domum tuam* (*Marc.* v, 19), quia nimirum dignum est ut peccator post veniam ad mentem suam redeat, [a] ne iterum quo juste feriatur admittat. Sed qui ad infernum descenderit, ad domum suam ulterius non ascendet, quia eum quem desperatio obruit, a cordis sui habitaculo foras mittit, et redire introrsus non valet, quia, fusus exterius, ad deteriora quotidie compulsus cadit. Ad contemplandum quippe Creatorem homo conditus fuerat, ut ejus semper speciem quæreret, atque [b] in solemnitate illius amoris habitaret. Sed extra se per inobedientiam missus, mentis suæ locum perdidit, quia, tenebrosis itineribus sparsus, ab inhabitatione veri luminis elongavit. Unde apte adhuc subditur :

CAPUT XIX [*Vet. XV*].

Ibid.—*Neque cognoscet eum amplius locus ejus.*

35. *Locus hominis Deus, per inobedientiam desertus. Non cogniturus est in judicio, qui eum hic spreverint.* —Locus quippe hominis, sed non localis, ipse scilicet conditor exstitit, qui hunc ut in semetipso consisteret creavit. Quem ni mirum locum tunc homo deseruit, cum, seductoris verba audiens, a conditoris amore discessit. Sed cum omnipotens Deus redimendo se homini etiam corporaliter ostendit, ipse, ut ita dixerim, fugitivi sui vestigia subsequens, ad retinendum quem amiserat hominem locus venit. Si enim appellari locus nequaquam conditor posset, Deum laudans Psalmista non diceret : *Filii servorum tuorum habitabunt ibi* (*Psal.* ci, 29). Ibi enim non dicimus, nisi cum locum specialiter designamus. Sed sunt plerique qui etiam post perceptum [c] Redemptoris auxilium ad desperationis tenebras devolvuntur; et tanto nequius pereunt, quanto et oblata remedia misericordiæ contemnunt. Recte ergo de damnato homine dicitur : *Neque cognoscet eum amplius* 258 *locus ejus,* quia a conditore suo tanto tunc districtius in judicio non cognoscitur, quanto nunc ad reparationis gratiam nec per dona revocatur. Unde et notandum summopere est quod non ait : Neque cognoscet amplius locum suum, sed ait : *Neque cognoscet eum amplius locus ejus.* Dum enim cognitio non homini, sed loco tribuitur, patenter ipse conditor loci nomine designatur, qui, districtus ad examen ultimum veniens, in iniquitate durantibus dicet : *Nescio vos unde sitis* (*Luc.* xiii, 25). Sed electi quique quo districte reprobos repelli considerant, eo semetipsos quotidie a perpetratæ nequitiæ sordibus [d] sollicitius purgant. Cumque perituros alios frigescere a vitæ amore conspiciunt, studiose se ad pœnitentiæ lamenta succendunt. Unde et apte subditur :

CAPUT XX.

Vers. 11.—*Quapropter et ego non parcam ori meo.*

36. *Iram judicis in confessione præveniunt electi.* —Ori etenim suo [e] parcit, qui confiteri malum quod fecit erubescit. In laborem quippe os mittere est hoc ad confessionem perpetratæ iniquitatis occupare. Sed justus ori suo non parcit, quia iram judicis districti præveniens, verbis contra se propriæ confessionis sævit. Hinc Psalmista ait : *Præveniamus faciem ejus in confessione* (*Psal.* xciv, 2). Hinc per Salomonem dicitur : *Qui abscondit scelera sua, non dirigetur; qui autem confessus fuerit et dereliquerit ea, misericordiam consequetur* (*Prov.* xxviii, 13). Hinc rursum scriptum est : *Justus in principio accusator est sui* (*Prov.* xviii, 17). Sed nequaquam ad confessionem os panditur, nisi cum consideratione districti judicii per pavorem spiritus angustatur. Unde et apte mox subditur :

CAPUT XXI [*Rec. XI*].

Ibid.—*Loquar in tribulatione spiritus mei.*

37. *Peccatorum confessionem comitari debet pœnitentiæ luctus.*—Tribulatio quippe spiritus linguam commovet, ut reatum pravi operis vox confessionis impugnet. Sciendum quoque est quia sæpe et reprobi peccata confitentur, sed deflere contemnunt. Electi autem culpas suas, quas vocibus confessionis aperiunt, districtæ animadversionis fletibus inseqúuntur. Unde bene beatus Job postquam se ori suo non parcere spopondit, tribulationem mox spiritus subdidit. Ac si aperte fateretur, dicens : Sic reatum lingua loquitur, ut nequaquam expers a mœroris stimulo per alia spiritus vagetur : sed culpas loquens, vulnus aperio; culpas vero ad correctionem cogitans, salutem vulneris ex medicamine mœroris quæro. Qui enim mala quidem quæ perpetravit insinuat, sed flere quæ insinuaverit recusat, quasi subducta veste vul-

---

[a] Gemet., *nec iterum.*
[b] Sic Utic., Gemet., 2 Vindoc., Corb. Germ., Regii et vet. Edit. 1 Vindoc., *in societate illius amoris*; Colb., *in soliditate,* quam lectionem Cocc. et alii recentiores prætulerunt.
[c] Gemet., Utic. et alii, *redemptionis auxilium.*
[d] Ab his verbis *sollicitius purgant,* cætera desunt in Mss. Bellovac. et Gemet., usque ad, *iniquitatem meam ego pronuntiabo.* Deerant etiam olim in Utic.
[e] Editi, *non parcit,* et mox *non erubescit,* refragantibus Mss. Anglic. et plerisque.

nus detegit, sed torpenti mente medicamentum vulneri non apponit. Confessionis igitur vocem solus necesse est ut mœror excutiat, ne vulnus proditum, sed neglectum, quo licentius jam per humanam notitiam tangitur, deterius putrescat. Quo contra Psalmista plagam cordis non solum detexerat, sed detectæ etiam medicamentum mœroris adhibebat, dicens : *Iniquitatem meam ego* [a] *pronuntio, et cogitabo pro peccato meo* (*Psal.* xxxvii, 19). Pronuntiando enim occultum vulnus detegit, cogitando autem quid aliud quam medicamentum vulneri apponit? [*Vet. XVI.*] Sed afflictæ menti, et sua sollicite damna cogitanti, rixa pro semetipsa oritur contra semetipsam. Nam cum se ad lamenta pœnitentiæ instigat, occulta se increpatione dilaniat. **259** Unde et apte mox subditur :

CAPUT XXII.

Ibid.—*Confabulabor cum amaritudine animæ meæ.*
38. *Compuncta mens multa in se detegit deflenda. Recolit quot Dei donis quam fuerit ingrata.*—Pavore namque divini judicii afflicti, dum quædam male gesta plangimus, ipsa vi nostræ amaritudinis ad discutiendos nos vigilantius excitati, alia in nobis etiam quæ amplius defleamus, invenimus. Nam sæpe quod torpentes latuit, flentibus subtilius innotescit; et afflicta mens certius invenit malum quod fecerat et nesciebat, eique rixa sua verius aperit, quantum a veritatis pace deviavit, quia reatum suum, cujus secura non meminit, hunc in se commota deprehendit. Succrescens quippe amaritudo pœnitentiæ, verecundanti cordi importune ingerit illicita quæ commisit, districtum contra hæc judicem ostendit, suppliciorum minas incutit, pavore animum ferit, pudore confundit, motus illicitos increpat, quietem noxiæ securitatis turbat; quæ ei conditor bona contulit, quæ ipse bonis illius mala respondit enumerat, quod mire ab eo conditus, quod gratuito nutritus, quod rationis substantia in conditione ditatus est, quod conditoris gratia vocatus, quod sequi ipse et vocatus noluit, quod vocantis misericordia nec surdum hunc renitentemque despexit, quod illuminatus donis, quod sua sponte pravis actibus etiam post dona cæcatus est, quod a cæcitatis suæ erroribus paternæ sollicitudinis flagellis expiatus, quod a flagellorum doloribus ad salutis gaudia misericordiæ medicamento reductus est; quod quibusdam culpis, etsi non gravibus subditus, peccare tamen et inter flagella non desinit; quod peccatorem suum superna gratia nec contempta dereliquit. Cum igitur afflictam mentem modo per replicationem donorum Dei, modo per improperia actionis suæ tanta severitate increpat, habet in corde justorum amaritudo animæ linguam suam, quæ tanto eis subtilius loquitur, quanto et interius auditur. Unde et nequaquam dicitur : Fabulabor in amaritudine animæ meæ, sed, *Confabulabor cum amaritudine*

[a] Ita Corb. Germ., Gemet. et Psalter. Rom. Utic., *annuntiabo*. Vulgati, *pronuntiabo*.
[b] Lyran. et Bigot., *turbidis cogitationibus*. Ita quoque nunc legitur in Utic., ubi prius, *tumidis cogitationibus*.
[c] Ebroic., Lyran. et Bigot., *carnalium*. Utic.

animæ meæ, quia vis doloris, quæ peccata singula reputans, torpentem animum ad lamenta excitat, quasi ad eum verba confabulationis format, in quibus semetipsum correctus inveniat, et ad sui jam custodiam sollicitior exsurgat. Dicat itaque vir justus ex voce sua, et sanctæ Ecclesiæ typum tenens, dicat ex nostra : *Confabulabor cum amaritudine animæ meæ.* Ac si apertius insinuet, dicens : Intus contra me cum cordis mei dolore colloquor, et foris me a verbere judicis abscondo. Sed mens pœnitentiæ doloribus pressa in semetipsa constringitur, atque a cunctis delectationibus carnis forti cogitatione separatur, ad summa proficere appetit, et tamen adhuc de corruptione corporis contradictionem sentit. Unde et apte mox subditur :

CAPUT XXIII.

Vers. 12.—*Nunquid mare sum ego, aut cetus, quia circumdedisti me carcere?*
39. *Carcere constringuntur homo, diabolus, carnales ; cum quod volunt implere non valent.* — Carcere homo circumdatur, quia plerumque et virtutum provectibus ad alta exsurgere nititur, et tamen carnis suæ corruptione præpeditur. Qua bene exui Psalmista deprecatur, dicens : *Educ de carcere animam meam, ad confitendum nomini tuo* (*Psal.* cxli, 8). Quid vero appellatione maris, nisi corda carnalium [b] tumidis cogitationibus fluctuosa ; **260** quid autem ceti nomine, nisi antiquus hostis exprimitur? Qui dum mentes [c] sæcularium possidendo penetrant, [d] quasi in eorum lubrica cogitatione natat. Sed cetus carcere stringitur, quia malignus spiritus, in inferioribus dejectus, ne ad cœlestia evolare prævaleat, pœnæ suæ pondere coarctatur, Petro attestante, qui ait : *Deus angelis peccantibus non pepercit, sed rudentibus inferni detractos in tartarum tradidit in judicium cruciandos reservari* (*II Petr.* ii, 4). Cetus carcere astringitur, quia tentare bonos quantum desiderat prohibetur. Carcere quoque mare circumdatur, quia carnalium mentium tumida insanaque desideria ad peragenda mala quæ appetunt impossibilitatis suæ angustia gravantur. Sæpe enim dominari melioribus concupiscunt; sed tamen eis, divino judicio cuncta mirabiliter disponente, substrati sunt. Nocere bonis elati desiderant, et tamen subjecti ab eis solatia sperant. Pro explendis voluptatibus carnis longævitatem vitæ præsentis cupiunt, sed tamen ab ea sub celeritate rapiuntur. De quibus bene per Psalmistam dicitur : *Statuit aquas quasi in utre* (*Psal.* lxxvii, 13). Aquæ quippe in utre sunt cum lubrica eorum desideria, quia operis effectum non inveniunt, sub carnali corde deprimuntur. Cetus ergo ac mare circumdatione premitur carceris, quia vel malignus spiritus, vel sequaces illius, in quorum se mentibus colligit, atque in eis undas tumentium cogitationum volvit, ut implere utramque lectionem exhibet.

[d] Gemet. et Turon., *quasi in eorum lubricas cogitationes*. Ita prius legebatur in Utic. ; nunc, *in eorum lubricis cogitationibus*. Ita quoque legitur in Bigot. et Lyran.

mala quæ appetunt nequeant, superna eos districtio angustat.

[*Vet. XVII, Rec. XII.*] 40. *Idem se pati queruntur justi. Non præ tumore, sed amore veritatis.* — Sancti autem viri, quo mundiori corde cœlestium arcana considerant, auctis ad hæc quotidie ardoribus anhelant. Ibi jam plene satiari desiderant, unde adhuc parum aliquid ore contemplationis degustant. Perfecte cupiunt carnis stimulum subdere, nihil in cogitatione illicitum de ejus jam corruptione tolerare; sed quia scriptum est : *Corpus quod corrumpitur aggravat animam, et deprimit terrena inhabitatio sensum multa cogitantem* (Sap. IX, 15), intentione jam quidem ultra semetipsos eminent, sed tamen, adhuc infirmitatis suæ incertis motibus subditi, corruptionis se carcere clausos dolent. Ait ergo : *Nunquid mare sum ego, aut cetus, quia circumdedisti me carcere*? Ac si aperte diceret : Mare vel cetus, iniqui videlicet, eorumque auctor malignus spiritus, quia effrenari ad solam perpetrandæ iniquitatis licentiam appetunt, recte pœnæ suæ carcere constringuntur. Ego autem, qui jam æternitatis tuæ libertatem desidero, cur adhuc meæ carcere corruptionis premor? Quod tamen nec a justis superbe requiritur, quia, amore veritatis accensi, infirmitatis suæ angustias transgredi perfecte concupiscunt; nec ab auctore justorum injuste disponitur, quia electorum suorum vota differens cruciat, crucians purgat, ut ad percipiendum quod desiderant quandoque melius ex dilatione convalescant. Electi autem quousque ab intima quiete differuntur, ad cor suum redeunt; ibique, a carnis suæ [a] tumultibus absconsi, quasi amœnissimum secretum petunt. Sed in eo sæpe tentationis aculeos sentiunt, carnis incentiva patiuntur; et ibi gravissimos labores inveniunt, ubi magnam requiem a labore quæsierant. Unde sanctus vir post insinuatum corruptionis suæ carcerem, [b] ad quieta cordis spatia redire festinans, quia eamdem rixam et in intimis invenit quam ab exterioribus fugit, protinus subdit, dicens :

CAPUT XXIV [*Rec. XIII*].

VERS. 13, 14. — *Si dixero, consolabitur me lectulus meus, et relevabor loquens mecum* [c] *in strato meo; terrebis me per somnia, et per visiones horrore concuties.*

41. *Justus ab exterioribus ad cor redit, nec ibi requiem invenit. Judiciorum Dei terrore turbatur.* — In sacro namque eloquio lectulus, cubile, vel stratum, secretum solet cordis intelligi. Hinc est enim quod sub uniuscujusque animæ specie sponsa, occultis stimulis sancti amoris excitata, in Canticis canticorum dicit : *In lectulo meo per noctes quæsivi quem diligit anima mea* (Cant. III, 1). In lectulo quippe et per noctem dilectus quæritur, quia nimirum invisibilis conditoris species, repressa omni corporeæ visionis imagine, in cubili cordis invenitur. Unde et eisdem suis dilectoribus Veritas dicit : *Regnum Dei intra vos est* (Luc. XVII, 21). Et rursum : *Si ego non abiero, Paraclitus non veniet* (Joan. XVI, 7). Ac si aperte diceret : Si ab intentionis vestræ oculis corpus non subtraho, ad intellectum vos invisibilem per consolatorem Spiritum non perduco. Hinc de justis per Psalmistam dicitur : *Exsultabunt sancti in gloria, lætabuntur in cubilibus suis* (Psal. CXLIX, 5), quia scilicet cum mala ab exterioribus fugiunt, securi intra mentium secreta gloriantur. Sed tunc lætitia cordium erit perfecta cum carnis exterius pugna non fuerit. Nam quousque caro illicit, quia quasi domus nostræ paries quatitur, etiam cubile turbatur. Unde et recte per eumdem Psalmistam dicitur : *Universum stratum ejus versasti in infirmitate ejus* (Psal. XL, 4), quia dum nos tentatio carnis concutit, tremefacta nostra infirmitas etiam mentis cubile confundit. Quid vero hoc loco somnia vel visiones accipimus, nisi imaginationes ultimi districtique examinis? quod jam utcunque per timorem cernimus, sed tamen ut est veraciter non videmus. Sancti itaque viri, ut diximus, ad cordis semper secreta redeunt, cum ab hoc mundo vel ultra votum prospera, vel ultra vires adversa patiuntur; atque, externis laboribus fessi, quasi stratum vel lectulum, cubilia mentis petunt. Sed dum quibusdam imaginationibus cogitationum quam sint subtilia divina judicia conspiciunt; quasi in ipsa strati sui requie somnii visione turbantur. Contemplantur enim quam districtus judex veniat, qui, dum vi immensæ magnitudinis cordium secreta illuminat, omnes ante oculos culpas reducat. Pensant quanta illa sit verecundia, in conspectu tunc totius humani generis, angelorum omnium, archangelorumque confundi. Perpendunt qui post confusionem cruciatus maneat, cum et reatus animum immortaliter morientem et indeficienter deficientem carnem gehenna consumat. Cum itaque tam pavida imaginatione mens quatitur, quid aliud quam in stratu triste somnium videtur? Dicat ergo : *Si dixero Consolabitur me lectulus meus, et relevabor loquens mecum in stratu meo, terrebis me per somnia, et per visiones horrore concuties.* Ac si aperte fateatur, dicens : Si, exteriora fugiens, introrsus redeo, et utcunque requiescere [d] in cordis cubili concupisco, ibi me, dum districtionis tuæ contemplationi objicis, vehementer per ipsas meæ providentiæ imaginationes terres. Bene autem dicitur : *Et relevabor, loquens mecum in stratu meo*, quia nimirum cum ad mentis nostræ silentium fessi revertimur, quasi in stratu colloquentes, occulta intra nos cogitationum verba versamus. Sed hæc ipsa nostra collocutio in pavorem vertitur, quia ex illa vehementius intellectus nobis, qui terrorem judicis [e] intentet, in mente aperitur.

---

[a] 2 Vindoc., *stimulis vel tumultibus.*

[b] Editi posteriores, *ad quietam cordis patriam*, repugnantibus Mss. Bellovac., Vindoc., Turon., Norman., etc.

[c] Gemet., *in strato.*

[d] Editi, *in cordis cubiculo concup. Ibi mihi dum districtionis tuæ contemplationem objicis.*

[e] Id Ita Bellov., Corb. Germ. et Norm. In Editis, *innotescat.* Vindoc., pro *in mente*, habent *intente*.

[*Vet. XVIII.*] 42. *Somniorum sex causæ.* — Ne quis vero hæc studeat juxta litteram perscrutari, exquirendum magnopere est quot modis tangant animum imagines somniorum. Aliquando namque somnia ventris plenitudine, vel inanitate, aliquando vero illusione, aliquando cogitatione simul et illusione, aliquando revelatione, aliquando autem cogitatione simul et revelatione generantur. Sed duo quæ prima diximus omnes experimento cognoscimus, subjuncta autem quatuor in sacræ Scripturæ paginis invenimus. Somnia etenim nisi plerumque ab occulto hoste per illusionem fierent, nequaquam hoc vir sapiens indicaret dicens : *Multos errare fecerunt somnia, et illusiones vanæ* (*Eccli.* xxxiv, 7). Vel certe : *Non augurabimini, nec observabitis somnia* (*Levit.* xix, 26). Quibus profecto verbis, cujus sint detestationis ostenditur quæ auguriis conjunguntur. Rursum nisi aliquando ex cogitatione simul et illusione procederent, Salomon minime dixisset : *Multas curas sequuntur somnia* (*Eccle.* v, 2). Et nisi aliquando somnia ex mysterio revelationis orirentur, Joseph præferendum se fratribus somnio non videret (*Genes.* xxxvii, 7), nec Mariæ sponsum ut, ablato puero, in Ægyptum fugeret [a] per somnium angelus admoneret (*Matth.* ii, 13, 14). Rursum nisi aliquando somnia cogitatione simul et revelatione procederent, nequaquam Daniel propheta, Nabuchodonosor visionem disserens, a radice cogitationis inchoasset : *Tu rex cogitare cœpisti in stratu tuo quid esset futurum post hæc, et qui revelat mysteria ostendit tibi quæ ventura sunt* (*Dan.* ii, 29). Et paulo post : *Videbas, et ecce quasi statua una grandis, statua illa magna, et statura sublimis stabat contra te* (*Ibid.*, 31), etc. Daniel itaque dum somnium adimplendum reverenter insinuat, et ex qua ortum sit cogitatione manifestat, patenter ostenditur quia hoc plerumque ex cogitatione simul et revelatione generatur.

43. *Somniis non facile credendum. Cur dæmon sanctorum corda somniis afficere sinatur.* — Sed nimirum cum somnia tot rerum qualitatibus alternent, tanto eis credi difficilius debet, quanto et ex quo impulsu veniant, facilius non elucet. Sæpe namque malignus spiritus his quos amore vitæ præsentis vigilantes intercipit prospera etiam dormientibus promittit; et quos formidare adversa considerat, eis hæc durius somnii imaginibus intentat, quatenus indiscretam mentem diversa qualitate afficiat, eamque aut spe sublevans, aut deprimens timore, confundat. Sæpe autem etiam sanctorum corda afficere somniis nititur, ut ab intentione cogitationis solidæ, ad tempus saltem momentumque deriventur, quamvis ipsi protinus animum ab illusionis imaginatione discutiant. Sed hostis insidias quo eos vigilantes minime superat, eo dormientes gravius impugnat. Quem tamen hæc maligne agere superna dispensatio benigne permittit, ne in electorum cordibus ipse saltem a passionis præmio somnus vacet. Bene ergo rectori omnium dicitur : *Si dixero Consolabitur me lectulus meus, et relevabor loquens mecum in stratu meo, terrebis me per somnia, et per visiones horrore concuties,* quia nimirum 263 Deus mirabiliter cuncta dispensat, et ipse facit quod malignus spiritus injuste facere appetit, qui hoc fieri nonnisi juste permittit. Sed quia justorum vita et per vigilias tentatione quatitur, et per somnium illusione fatigatur, foris corruptionis suæ molestias tolerat, intus apud semetipsam graviter illicitas cogitationes portat, quid est quod faciat, ut pedem cordis a tot scandalorum laqueis evellat? Ecce, [a] beate vir, quanta undique premeris perturbatione cognovimus, sed quod consilium contra hanc invenias audiamus. Sequitur :

CAPUT XXV [*Rec. XIV*].

Vers. 15. — *Quamobrem elegit suspendium anima mea, et mortem ossa mea.*

44. *Remedium est contra mentis anxietatem, ad alta eam ferre.* — Quid per animam nisi mentis intentio, quid per ossa nisi carnis fortitudo designatur? Omne autem quod suspenditur procul dubio ab imis elevatur. Anima ergo suspendium eligit, ut ossa moriantur, quia dum mentis intentio ad alta se sublevat, omnem in se fortitudinem vitæ exterioris necat. Sancti etenim viri certissime sciunt quia habere in hac vita requiem nequaquam possunt; et idcirco suspendium eligunt, quia nimirum, desideria terrena deserentes, ad alta animum tollunt. Suspensi autem mortem suis ossibus inferunt, quia amore supernæ patriæ, in virtutum studiis accincti, hoc quod fortes prius in mundo fuerant, [c] vinculo humilitatis insequuntur. Intueri libet quomodo animam Paulus suspenderat, qui dicebat : *Vivo autem jam non ego, vivit vero in me Christus* (*Gal* ii, 20). Et rursum : *Desiderium habens dissolvi, et cum Christo esse* (*Philip.* i, 23). Et : *Mihi vivere Christus est, et mori lucrum* (*Ibid.*, 21). Qui, gesta terrenæ fortitudinis ad memoriam revocans, quasi quædam in se ossa numerabat, dicens : *Hebræus ex Hebræis, secundum legem Pharisæus, secundum æmulationem persequens Ecclesiam Dei* (*Philip.* iii, 5, 6). Sed suspendio animæ, quia hæc in se ossa interficit, protinus asserit, qui subjungit : *Sed quæ mihi fuerunt lucra, hæc arbitratus sum propter Christum detrimenta* (*Ibid.*, 7). Quæ adhuc ossa in semetipso insinuat vehementius exstincta, cum subdit : *Propter quem omnia detrimentum feci, et arbitror ut stercora* (*Ibid.*, 8). Mortuis vero ossibus quam exanimis pendeat ostendit, qui illico subjungit, dicens : *Ut Christum lucrifaciam, et inveniar in illo non habens meam justitiam, quæ ex lege est, sed*

---

[a] Bellov., Gemet., Corb. Germ., Colb., *per somnium veritas admoneret.* In Utic., expuncta voce *veritas,* antiqua manus scripsit *angelus.*

[b] Ita Mss. Corb. Germ., Colb., Germ., Turon., Vindoc., Gemet.; sed Reg. et nonnulli, quos sequuntur posteriores Edit. : *Ecce beatus vir quanta undique* pressus sit perturbatione cognovimus, sed quod consilium contra hanc inveniat audiamus. Utic. utramque lectionem habet.

[c] Lyr. et Bigot., *jugulo humilitatis.* In Utic. ita nunc legitur, cum prius scriptum esset *vinculo humilitatis.*

eam quæ ex fide est Jesu Christi (Ibid. 9). Sed quia collatis ejus testimoniis Paulum ad alta suspensum, mundo mortuum, testati sumus, nunc beatum Job si, plenus eodem spiritu, exterioris vitæ concupiscentiam fugiat ostendamus. Sequitur:

CAPUT XXVI [Vet. XIX, Rec. XV].

VERS. 16. — *Desperavi, nequaquam ultra jam vivam.*

45. *Justi alii terrena possident, alii abdicant.* — Sunt nonnulli justorum qui sic cœlestia appetunt, ut tamen a terrenorum spe minime frangantur. Largita divinitus patrimonia ad necessitatis subsidium possident, honores sibi temporaliter impensos tenent, aliena non ambiunt, suis licite utuntur. Qui tamen ab eisdem rebus quas habent alieni sunt, quia ad hæc ipsa quæ possident ex desiderio non tenentur. Et sunt nonnulli justorum qui, ad comprehendendum culmen perfectionis accincti, dum altiora interius appetunt, exterius cuncta derelinquunt; qui rebus se habitis nudant, gloria honoris exspoliant; qui internorum desiderio per assiduitatem se amici mœroris afficiunt, habere de exterioribus consolationem nolunt; qui internis gaudiis dum mente appropiant, vitam in se funditus corporeæ delectationis necant. Talibus namque per Paulum dicitur: *Mortui enim estis, et vita vestra abscondita est cum Christo in Deo* (Col. III, 5). Horum vocem Psalmista expresserat, cum dicebat : [a] *Concupiscit et deficit anima mea in atria Domini* (Psal. LXXXIII, 5). Concupiscunt enim, sed non deficiunt, qui jam quidem cœlestia appetunt, sed adhuc tamen a terrenorum delectationibus minime lassantur. Concupiscit vero et in Dei atria deficit, qui, cum æterna desiderat, in amore temporalium non perdurat. Hinc Psalmista iterum dicit: *Defecit* [b] *in salutari tuo anima mea* (Psal. CXVIII, 81). Hinc per semetipsam Veritas admonet, dicens: *Si quis vult post me venire, abneget semetipsum* (Luc. IX, 23). Et rursum: *Nisi quis renuntiaverit omnibus quæ possidet, non potest meus esse discipulus* (Luc. XIV, 33). Horum igitur numero sanctus vir, divisa a terrenis desideriis mente, se inserit, qui ait: *Desperavi, nequaquam ultra jam vivam.* Justi quippe desperare est præsentis vitæ bona æternitatis electione deserere, mansura quærere, et in rebus temporalibus fiduciam non habere. Qui hæc agens nequaquam se ultra vivere asserit, quia videlicet vivificatrice morte quotidie [c] a vita se passionis occidit. Absit enim ne vir sanctus de divinæ misericordiæ largitate desperet, ne gressum cordis a profectu intimi itineris subtrahat, ne, amorem conditoris deserens, quasi a duce destitutus in via remaneat, et confossus gladio latrocinantis [d] desperationis ruat. Sed ne ejus dicta ad nostri intellectus arbitrium videamur violenter inflectere, debemus ex posterioribus præmissa pensare. Quo enim A sensu hæc dixerit, ipse protinus indicat, qui subjungit:

CAPUT XXVII [Rec. XVI].

IBID. — *Parce mihi, Domine, nihil enim sunt dies mei.*

46. *Job bona peritura pia desperatione deseruit, in æternum mansura expetiit.* — Neque enim duo sibi hæc verba conveniunt, *desperavi* et *parce.* Nam qui desperat nequaquam jam sibi parci postulat, et qui adhuc sibi parci desiderat profecto minime desperat. Aliunde ergo est quod desperat, aliunde vero quod parci sibi sanctus vir postulat, quia nimirum dum bona vitæ transeuntis per desperationem deserit, ad obtinenda quæ permanent in spe robustior exsurgit. Desperando itaque melius ad spem veniæ ducitur, qui eo certius ventura appetit, quo præsentia verius ex desperatione derelinquit. Et notandum quod, vim nobis sui cordis insinuans, unam quidem de se sententiam protulit, sed hanc tertio insinuando replicavit. Quod enim superius dixerat: *Elegit suspendium anima mea,* hoc replicans addidit, *Desperavi;* atque æterna concupiscendo, et temporalia postponendo, hoc postremo intulit, *Parce mihi;* et quod superius dixit, *Mortem ossa mea,* hoc nimirum subdidit, *Nequaquam ultra jam vivam;* hoc ultimum protulit, *Nihil enim sunt dies mei.* [Vet. XX.] Bene autem dies suos nihil esse considerat, quia, ut paulo superius sæpe jam diximus, sancti viri quo verius summa cognoscunt, eo sublimius terrena despiciunt; et idcirco præsentis vitæ dies nihil esse conspiciunt, quia illuminatæ mentis oculos in consideratione æternitatis figunt. De qua dum ad se redeunt, quid se esse nisi pulverem agnoscunt, et infirmitatis suæ conscii, districte judicari metuunt? Cumque vim tanti vigoris aspiciunt, trepidant examinari quod sunt. Unde et adhuc apte subjungitur:

CAPUT XXVIII.

VERS. 17. — *Quid est homo quia magnificas eum?* [e] *aut quid apponis erga eum cor tuum?*

47. *Sancti suam vilitatem, ac Dei munera et judicia semper considerant.* — Hominem Deus magnificat, quia largitate rationis ditat, infusione gratiæ visitat, honore collatæ virtutis exaltat. Cumque per semetipsum nihil sit, esse tamen eum cognitionis suæ participem, benignitatis munere concedit. Sed erga eumdem magnificatum hominem cor suum Dominus apponit, quia post dona judicium exerit, merita subtiliter pensat, vitæ pondera vehementer examinat, et tanto ab eo post districtius pœnas exigit, quanto hunc impenso munere largius prævenit. Vir igitur sanctus immensitatem supernæ majestatis aspiciat, atque ad infirmitatem propriam considerationis oculum

---

[a] Pene omnes, *concupivit et defecit.*
[b] Lyr., Bigot., Utic., Germ., *defecit in salutare tuum.*
[c] 1 Vindoc. et Corb., *a vita reparationis occidit.* Alter Vindoc., *a vita se reparationis occidit.* Reg., *quotidie hujus vitæ se passione occidit.*
[d] Longip., *in desperationem ruat.*
[e] Gemet., Corb. Germ., 1 Reg., Germ., *aut quia ponis,* hic et infra.

reducat. Videat quia caro capere non valet hoc quod *de semetipsa* Veritas per spiritum docet. Videat quia etiam sublevatus hominis spiritus judicium tolerare non sufficit quod Deus sub examine districtæ retributionis intendit, et dicat : *Quid est homo, quia magnificas eum? aut quid apponis erga eum cor tuum?* Ac si aperte exclamet, dicens : Magnificatur homo spirituali munere, sed tamen caro est; et vias ejus post munera districte consideras, sed tamen si remota pietate judicetur, pondus quod de tua [b] subtilitate imminet, ferre nec sublevatus ad justitiam spiritus va'et, quia etsi hunc ultra se tua dona dilatant, ad inquisitionem tamen tui districti examinis sua infirmitas angustat. Unde et adhuc apte subjungitur :

CAPUT XXIX [*Rec. XVII*].

Vers. 18. — *Visitas eum diluculo, et subito probas illum.*

48. *Quos donis ditavit Deus, tentationibus probat. Ut quid ex Deo, quid ex se sint, discant. Ideo tunc lubricis cogitationibus turbantur.* — Quis nostrum nesciat quia diluculum dicitur cum jam nocturna tempora in claritatem lucis mutantur? Nos itaque noctis tenebris premimur cum perpetratione iniquitatis obscuramur. Sed nox in lucem vertitur cum erroris nostri obscuritas veritatis cognitione irradiatur. Nox in lucem vertitur cum corda nostra justitiæ fulgor illuminat, quæ cæcitas culpæ deprimebat. Hoc diluculum discipulorum mentibus oriri Paulus aspexerat cum dicebat : *Nox præcessit, dies autem appropinquavit* (Rom. xiii, 12). Diluculo ergo nos Dominus visitat, quia erroris nostri tenebras luce suæ cognitionis illustrat, contemplationis munere sublevat, in arcem virtutis exaltat. Sed notandum quod Deus postquam diluculo visitat, subito hominem probat, quia et accedendo corda nostra ad virtutes provehit, et recedendo concuti tentatione permittit. Si enim post virtutum munera nulla tentatione concutitur, has se habere animus ex semetipso gloriatur. Ut ergo et firmitatis dona habeat, et infirmitatem suam humiliter agnoscat, per accessum gratiæ ad alta sustollitur, et per recessum quid ex semetipso sit probatur. Quod bene nobis ex historia sacræ lectionis innuitur (*III Reg.* iii, 16), qua Salomon et divinitus accepisse sapientiam, et tamen post acceptam eamdem sapientiam meretricum statim pulsatus quæstione memoratur. Mox enim ut tantæ revelationis gratiam accepit, certamen turpium mulierum pertulit, quia nimirum sæpe cum mentem nostram concessis 266 virtutibus respectus intimæ largitatis illuminat, hanc protinus etiam lubricæ cogitationes turbant, ut quæ sublevata immenso munere exsultat, etiam tentatione pulsata quid sit inveniat. Sic Elias et visitatus diluculo, sermone cœlos aperuit; et tamen probatus

A subito, infirmus per deserta fugiens, unam mulierem expavit (*III Reg.* xix, 3). Sic Paulus ad tertium cœlum ducitur, paradisi penetrans secreta considerat (*II Cor.* xii, 2); et tamen, ad semetipsum rediens, contra carnis bellum laborat, legem aliam in membris sustinet, cujus in se rebellione fatigari spiritus legem dolet (*Rom.* vii, 21). Diluculo ergo Deus visitat, sed subito post visitationem probat, quia et collato munere sublevat, et abstracto ad paululum, ipsum sibi hominem demonstrat. Quod eo usque procul dubio patimur, quo, detersa funditus labe peccati, ad promissæ incorruptionis substantiam reformemur. Unde adhuc apte subditur :

CAPUT XXX [*Vet. XXI, Rec. XVIII*].

Vers. 19. — *Usquequo non parcis mihi, nec dimittis me, ut glutiam salivam meam?*

49. *Contemplationis sapor, non satietas hic datur.* — Saliva in os ex capite labitur, ab ore vero ad ventrem ducitur cum glutitur. Quid itaque est caput nostrum nisi divinitas? per quam existendi principium sumimus, ut creatura simus, Paulo attestante, qui ait : *Caput viri Christus, caput autem Christi Deus* (*I Cor.* xi, 3). Quid autem venter noster est, nisi mens? quæ dum cibum suum, supernum videlicet intellectum suscipit, refecta procul dubio omnium membra actionum regit. Nisi enim sacra eloquia aliquando mentem nomine ventris exprimerent, Salomon utique non dixisset : *Lucerna Domini spiraculum hominis, quæ investigat omnia secreta ventris* (*Prov.* xx, 27), quia nimirum dum nos gratia superni respectus illuminat, cuncta etiam mentis nostræ nobis absconsa manifestat. Quid ergo salivæ nomine nisi sapor intimæ contemplationis accipiatur? quæ ad os a capite defluit, quia de claritate conditoris adhuc in hac vita nos positos vix [c] gustu revelationis tangit; Unde et Redemptor veniens salivam luto miscuit, et cæci nati oculos reparavit (*Joan.* ix, 6), quia superna gratia carnalem cogitationem nostram per admistionem suæ contemplationis irradiat, et ab originali cæcitate hominem ad intellectum reformat. Nam quia a paradisi gaudiis expulsum in hoc jam exsilio natura edidit, quasi a nativitate homo sine oculis processit. Sed sicut sanctus vir insinuat, hæc saliva ad os quidem labitur, ut vero ad ventrem usque perveniat non glutitur, quia divinitatis contemplatio sensum tangit, sed plene mentem non reficit, quoniam perfecte animus conspicere non valet quod adhuc, quia caligo corruptionis præpedit, raptim videt.

50. *Mens mole corporis pressa, supernæ luci diu inhærere non valet.* — Ecce enim electorum mens jam terrena desideria subjicit, jam cuncta quæ considerat præterire transcendit, jam ab exteriorum delectatione suspenditur, et quæ sint bona invisibilia

---

[a] 1 Vindoc. et Corb. Germ., *quod per semetipsam veritas spiritum docet.* Ita quoque nunc legitur in Utic., et in margine al., *de semetipsa.* 2 Vindoc., *quod semetipsam veritatis spiritu docet.* Reg., *quod semetipsam veritatis spiritus docet.* Alter Reg. cum Germ. et Colb., *quod de semetipsa veritas spiritum*

docet. In omnibus autem nostris Mss. legitur, *spiritum*, non addito, *sanctum*, ut in Excusis.

[b] Ebroic., *de tua sublimitate.*

[c] Sic Mss. At Edit. vetust., *gutta*, Coccius et poster., *gustus.* Gemet. Codex, *vix gusto revel.*, et ubique habet *gustó* pro *gustu.*

rimatur, atque hæc agens plerumque in dulcedinem supernæ contemplationis rapitur, jamque de intimis aliquid quasi per caliginem conspicit, et ardenti desiderio interesse spiritalibus angelorum ministeriis conatur; gustu incircumscripti luminis pascitur, et ultra se evecta ad semetipsam relabi dedignatur; sed quia adhuc corpus quod corrumpitur aggravat animam (*Sap.* ix, 15), inhærere diu luci non valet, quam raptim videt. Ipsa quippe carnis infirmitas transcendentem se animam retrahit, atque ad cogitanda ima ac necessaria suspirantem reducit. Saliva ergo ex capite defluens os tangit, sed ad ventrem minime pervenit, quia liquore supernæ contemplationis jam quidem intellectus noster infunditur, sed nequaquam mens plene satiatur. In ore etenim gustus est, in ventre satietas. Salivam itaque glutire non possumus, quia supernæ claritatis bono satiari non permittimur, quod adhuc ex tenuitate gustamus. Sed quia hoc ipsum, quod utcunque jam [a] superne cognoscimus, ex pietate parcentis est, quod vero hoc percipere perfecte non possumus adhuc ex pœna vetustæ damnationis, recte nunc dicitur: *Usquequo non parcis mihi, nec dimittis me, ut glutiam salivam meam?* Ac si aperte diceretur: Tunc homini plene parcis, cum hunc ad perfectionem tuæ contemplationis admiseris, ut claritatem tuam raptus interius videat, et eum carnis suæ corruptio exterius non repellat. Tunc permittis ut salivam glutiam, cum me sapore tuæ claritatis usque ad abundantiam satietatis infuderis, ut nequaquam jam per indigentiam gustu oris esuriam, sed in te [b] solidus irrigato mentis ventre subsistam. Sed qui promereri vult bonum quod [c] expetit, debet malum confiteri quod fecit. Sequitur:

CAPUT XXXI [*Rec. XIX*].

Vers. 20. — *Peccavi; quid faciam tibi, o custos hominum?*

51. *Homo per se lapsus, per se non valet surgere.* — Ecce fatetur malum quod egit, sed bonum quod Deo in recompensationem debeat offerre non invenit, quia ad abluendam culpam quælibet humanæ actionis virtus infirma est, nisi hanc misericordia parcentis foveat, et non justitia recte judicantis premat. Unde recte per Psalmistam dicitur: *Melior est misericordia tua super vitam* (*Psal.* lxii, 4), quia quamlibet videatur innocens, apud districtum tamen judicem nostra nos vita non liberat, si ei reatus sub debitum misericordiæ benignitas non relaxat. Vel certe cum dicitur: *Quid faciam tibi?* patenter ostenditur quia hæc ipsa bona quæ agere præcipimur, non præceptori, sed nobis prosunt. Unde rursum per Psalmistam dicitur: *Quoniam bonorum meorum non indiges* (*Psal.* xv, 2). Humilitas autem nostræ destitutionis exprimitur cum Deus hominum custos vocatur, quia si ejus nos custodia minime protegit, ante occulti hostis insidias, nostræ sollicitudinis oculus vigilans dormit, Psalmista rursus attestante, qui ait: *Nisi Dominus custodierit civitatem, in vanum vigilant qui custodiunt eam* (*Psal.* cxxvi, 1, 2). Per nos namque cecidimus, sed nostris resurgere viribus non valemus. Culpa nos [d] voluntatis propriæ semel stravit, sed pœna culpæ deterius quotidie deprimit. Ad amissam rectitudinem surgere studiorum conatibus nitimur, sed meritorum pondere gravamur. Unde et apte subditur.

CAPUT XXXII [*Vet. XXII, Rec. XX*].

Ibid. — *Quare posuisti me contrarium tibi, et factus sum mihimetipsi gravis?*

52. *Peccando contrarius factus est Deo.* — Tunc sibi contrarium Deus hominem posuit, cum homo Deum peccando dereliquit. Serpentis quippe persuasionibus captus hostis ejus exstitit, cujus præcepta contempsit. Justus vero conditor hunc sibi contrarium posuit, quia inimicum ex elatione deputavit. Sed hæc ipsa contrarietas culpæ facta est homini pondus pœnæ, ut corruptioni suæ male liber serviat, qui bene servus de incorruptionis libertate gaudebat. Salubrem quippe humilitatis arcem deserens, ad infirmitatis jugum superbiendo pervenit, et cervicem cordis erigendo supposuit, quia qui subesse divinis jussionibus noluit, sub suis se necessitatibus stravit. Quod melius ostendimus, si ea quæ dejectus sustinet, et prius carnis, et post pondera mentis exprimamus.

53. *Quot modis homo sibi gravis sit, propter corpus. Et propter mentem. Mens nostra ampla et angusta.* — Ut enim taceamus hoc, quod dolores tolerat, quod febribus anhelat, sua quadam ægritudine constringitur ipsa hæc nostri corporis quæ salus e vocatur. Nam otio tabescit, opere deficit; inedia deficiens, cibo reficitur ut subsistat; refectione lassescens, abstinentia relevatur ut vigeat; aqua perfunditur, ne arescat; linteis tergitur, ne ipsa nimis perfusione liquefiat; labore vegetatur, ne quiete torpeat; quiete refovetur, ne laboris exercitatione succumbat; fatigata vigiliis, somno reparatur; oppressa somno, vigiliis excutitur, ne sua pejus quiete lassetur; vestibus tegitur, ne frigoris adversitate penetretur; quæsito calore deficiens, aurarum flatu refovetur. [f] Cumque inde molestias invenit, unde vitare molestias quæsivit, male sauciata, ut ita dixerim, de ipso suo medicamine languescit. Remotis ergo febribus, cessantibusque doloribus, ipsa nostra salus ægritudo est, cui [g] curandi necessitas nunquam deest. Quot enim solatia ad vivendi usum quærimus, quasi tot nostræ ægritudini medicamentis obviamus. Sed ipsum quoque medicamen in vulnus

---

[a] Turon., Germ., Norm., Anglic. et vet. Ed., *jam superna*, Vindoc. et Corb. Germ., *jam superne.* Editi poster., *jam super nos.*

[b] Ita Corb. Germ., Vindoc., Norm., Bellov: In Turon., *solidius irrigatione mentis subsist.* Editi, *solidatus.*

[c] Corb. Germ., *expedit.*

[d] Lyr. et Bigot., *voluptatis propriæ*. Ita nunc legitur in Utic. antiqua manu additum; prius enim legebatur *voluntatis propriæ.*

[e] Additur in Editis *ægritudo est*, quæ redundant, et in nullis Mss. invenimus.

[f] Gemet., *cumque inediæ molestias.*

[g] Bellovac. et Gemet., *cui curanda necessitas.*

vertitur, quia exquisito remedio paulo diutius inhærentes, ex eo gravius deficimus, quod provide ad refectionem paramus. Sic nimirum debuit præsumptio corripi; sic superbia sterni. Quia enim elatum semel sumpsimus spiritum, ecce defluens quotidie portamus lutum.

54. Ipsa quoque mens nostra a secreti interioris securo gaudio exclusa, modo spe decipitur, modo pavore vexatur, [a] modo dolore dejicitur, modo falsa hilaritate relevatur; transitoria pertinaciter diligit, eorumque amissione incessanter atteritur, quia et incessanter cursu rapiente permutatur. Rebus autem mutabilibus subdita, et a semetipsa variatur. Nam quærens quod non habet, anxia percipit; cumque hoc habere cœperit, tædet hanc percepisse quod quæsivit. Amat sæpe quod despexerat, despicit quod amabat. Cum labore quæ æterna sunt discit, sed horum repente obliviscitur, si laborare desierit. Diu quærit, ut parum quid de summis inveniat, sed ad consueta citius relabens, nec parum in his quæ invenit perseverat. Erudiri appetens, vix suam ignorantiam superat, sed erudita, gravius contra scientiæ gloriam pugnat. Vix carnis suæ sibi tyrannidem subjicit, sed tamen adhuc intus culpæ imagines tolerat, cujus jam foris opera vincendo restrinxit. In auctoris sui inquisitione se erigit, sed reverberatam hanc, corporearum rerum amica caligo confundit. Semetipsam qualiter incorporea corpus regat intueri vult, et non valet. Requirit mire quod sibi respondere non sufficit, et sub eo ignara deficit, quod prudenter requirit. 269 Amplam se simul et angustam considerans, qualem se veraciter æstimet, ignorat, quia si ampla non esset, nequaquam tam investiganda requireret, et rursum si angusta non esset, hoc ipsum saltem quod ipsa requirit invenire.

55. *Homo dum relicto Deo, se sibi sufficere credidit, nihil in se nisi tumultum perturbationis invenit. Hoc pressus Job misericordiam Dei postulat.* — Bene ergo dicitur: *Posuisti me contrarium tibi, et factus sum mihimetipsi gravis,* quia dum repulsus homo, et a carne molestias, et a mente quæstiones tolerat, grave nimirum pondus semetipsum portat. [b] Undique languoribus premitur, undique infirmitatibus urgetur, ut qui, relicto Deo, se sibi ad requiem sufficere credidit, nihil in se nisi tumultum perturbationis inveniret, inventumque se fugere quæreret, sed, auctore contempto, quo se fugeret non haberet. Cujus infirmitatis pondera bene quidam sapiens contemplatus, ait: *Grave jugum super filios Adam,* [c] *a die exitus de ventre matris eorum usque ad diem sepulturæ in matrem omnium* (*Eccli.* XL, 1). Beatus

autem Job ista considerans, et quare ita ordinata sint ingemiscens, non justitiam redarguit, sed misericordiam inquirit, ut percunctando ipse humiliter pulset quod parcendo divina pietas immutet. Ac si aperte dicat: Cur quasi contrarium tibi hominem despicis, qui certus scio quia perire vel ipsum quem despicere crederis non vis? Unde bene adhuc et humilitatem confessionis exprimit, et vocem liberæ inquisitionis adjungit, dicens:

CAPUT XXXIII [Vet. XXIII].

Vers. 21. — *Cur non tollis peccatum meum, et quare non aufers iniquitatem meam?*

56. *Mediatorem desiderat et resurrectionem.* — Quibus profecto verbis quid aliud [d] quam desiderium præstolati Mediatoris innuitur? de quo Joannes ait: *Ecce Agnus Dei, qui tollit peccatum mundi* (*Joan.* I, 29). Vel certe ab humano genere tunc peccatum plene tollitur, cum per incorruptionis gloriam nostra corruptio permutatur. Esse namque a culpa liberi nequaquam possumus, quousque in corpore mortis tenemur. Redemptoris ergo gratiam, vel resurrectionis soliditatem desiderat, qui iniquitatem suam auferri funditus sperat. Unde mox et [e] pœnam quam ex origine meruit, et judicium quod ex propria actione pertimescit adjungens subdit:

CAPUT XXXIV [Rec. XXI].

Ibid. — *Ecce nunc in pulvere dormiam; et si mane me quæsieris, non subsistam.*

57. *Dum præsenti pœna premitur, de futuris gravius urgetur. Humilitas tegmen a gladio judicis.* — Peccanti primo homini dictum est: *Pulvis es, et in pulverem reverteris* (*Genes.* III, 19). Mane autem dicitur illa tunc manifestatio mentium, quæ in adventu judicis apertis cogitationibus quasi post noctis tenebras demonstratur. De quo nimirum mane per Psalmistam dicitur: *Mane astabo tibi et videbo* (*Psal.* V, 5). Quærere autem Dei est hominem subtili interrogatione discutere, et districte discutiendo judicare. Beatus igitur Job humanæ dejectionis damna considerans, videat quia et præsenti jam pœna premitur, et adhuc de futuris gravius [f] urgetur: Et dicat: *Ecce nunc in pulvere dormiam; et si mane me quæsieris, non subsistam.* Ac si apertius deploret, dicens: in præsenti quidem mortem jam carnis patior, et tamen adhuc de venturo judicio graviorem [g] mortem, districtionis tuæ sententiam, pertimesco: interitum pro culpa sustineo, sed adhuc ad judicium veniens culpas restitui et post interitum formido. 270 Exteriorem ergo mortem considerans, dicat, *Ecce nunc*

---

[a] Vindoc., Bellovac., unus Reg., Colb. et Gemet., *modo despiciendo dolore dejicitur.* Turon., Germ., Ebroic. cum reliquis Norman., *modo deficiendo dolore dejicitur.*

[b] Norm. et Bellovac., *undique angoribus vel angoribus premitur.*

[c] Gemet., *ab exitu.*

[d] Bellov. et Gemet., *quam desideriorum præstolatio Mediatoris.*

[e] In Edit., *et pœnam prævaricationis culpæ,* quæ duo ultima verba nullis in Mss. reperta expungenda duximus.

[f] Bellovac., *arguetur.*

[g] Ex antiq. Edit. et Mss. restituimus *mortem,* scil. interiorem illam de qua mox, ubi male Coccius substituerat *morte,* quem tamen poster. Edit. secuti sunt.

in pulvere dormiam; interiorem metuens adjungat: Et si mane me quæsieris, non subsistam. Quantalibet enim justitia polleant, nequaquam sibi ad innocentiam vel electi sufficiunt, si in judicio districte requirantur. Sed hoc nunc ad solatium suæ ereptionis inveniunt, quod nequaquam se posse sufficere humiliter sciunt. Sub humilitatis ergo tegmine a gladio se tantæ animadversionis abscondunt, et quo terrorem venturi judicis præstolantes continuo timore trepidant, eo indesinenter agitur, ut paratiores fiant. Sequitur.

CAPUT XXXV [Vet. XXIV, Rec. XXII].

CAP. VIII, VERS. 1, 2. — Respondens autem Baldad Suhites dixit. Usquequo loqueris talia, et spiritus multiplex [a] sermonis oris tui?

58. Justorum verba injustis gravia. Loquendi quadruplex vis. Unica crimini subjacet. Injustis semper gravia sunt verba justorum; et quæ ad ædificationem prolata audiunt, hæc quasi superimpositum pondus ferunt. Quod de se aperte Baldad Suhites indicat, dicens: Usquequo loqueris talia? Qui enim usquequo dicit, quia ædificationis verba jam portare non possit ostendit. Sed cum corrigi iniqui despiciunt, bene prolata criminantur. Unde et protinus adjungit: Et spiritus multiplex sermonis oris tui. Cum multiplicitas in sermone reprehenditur, esse procul dubio intelligentiæ gravitas in sensu denegatur. Vis quippe summa loquentium, quadrifaria qualitate distinguitur. Nam sunt nonnulli quos sentiendi simul ac dicendi amplitudo dilatat, et sunt nonnulli quos sentiendi simul et dicendi inopia angustat. Sunt nonnulli qui efficaciam dicendi habent, sed acumen sentiendi non habent; et sunt nonnulli qui acumine sentiendi subnixi sunt, sed ex inopia locutionis obmutescunt. Hoc namque in hominibus cernimus, quod in rebus sæpe insensibilibus videmus. Nam plerumque et abundans aqua ab intimis ducitur et largis in superficiem meatibus derivatur. Plerumque angusta in intimis latet, et progrediendi rimas difficulter inveniens, foras angustior [b] exsudat. Plerumque minima in absconditis oritur; cumque patenter qua exeat invenit, ex largo foramine tenuis procedit, magnique se meatus dilatant, sed non est quod fundant. Plerumque vero ampla in absconditis surgit, sed angustis pressa meatibus tenuissime profluit. Sic itaque in aliis os patens emanat, quod largus ingenii fons ministrat. In aliis intellectum nec sensus porrigit, nec lingua fundit. In aliis quidem ad loquendum patet, sed ad reddendum parata a sensu lingua nihil accipit. In aliis vero largus sentiendi fons a corde exuberat, sed hunc quasi meatus tenuis impar lingua coangustat. In quibus nimirum quatuor dicendi qualitatibus, sola crimini tertia subjacet, quæ hoc sibi per locutionem arripit, ad quod per ingenium non assurgit. Nam prima laudanda est, quæ utroque valenter pollet. Secunda miseranda, quæ utroque humiliter caret. Quarta adjuvanda, quæ explere quod sentit non valet. Tertia vero despicienda atque reprimenda, quæ, dum sermone se erigit, sensu jacet, quæ membris inflatione tumentibus similis, ad aures audientium vasta, sed vacua, procedit. [c] Quod nunc Baldad ad beati Job crimen intorquet, dicens : [Vet XXV. [Spiritus multiplex sermonis oris tui. 27 ¶ Qui enim multiplicitatem [d] sermonis ori tribuit, profecto cordis inopiam reprehendit. Ac si aperte dicat : Abundantia spiritus in sermone oris attolleris, sed sensus indigentia coangustaris. [Vet. XXV.] Pravi autem, cum recta reprehendunt, ne ipsi quæ justa sunt nescire videantur, nota omnibus bona, quæ audiendo didicerunt, quasi incognita proferunt. Unde et Baldad protinus adjungit :

CAPUT XXXVI.

VERS. 3. — Nunquid Deus supplantat judicium et Omnipotens subvertit quod justum est ?

59. Pravi doctrinæ laudem aucupantur. Justitiam Dei laudant ubi eis bene est, ubi male damnant. Hæc beatus Job nec loquens negaverat, nec reticens ignorabat. Sed procaces quique, ut diximus, etiam nota jactanter proferunt, ut loquendo docti videantur : contemnunt moderate conticescere, ne credantur ex imperitia tacuisse. Sciendum vero est quia tunc divinæ justitiæ rectitudinem laudant, cum se ad gaudium incolumitas sublevat, et alios flagella castigant; cum se conspiciunt rerum prosperitate perfrui, alios adversitate fatigari. Nam dum perverse agunt, sed tamen se rectos arbitrantur, hoc quod sibi prospera suppetunt, deberi suis meritis credunt; eoque colligunt quod Deus injuste non judicat, quo quasi justos se adversitas nulla contristat. Sed si eorum vitam quamlibet breviter vis supernæ correptionis attigerit, pulsati protinus consilium divini examinis increpant, quod paulo ante incolumes admirando præferebant, justumque esse judicium, quod suis moribus adversatur, negant, de divina æquitate disputant, ad resultationis verba prosiliunt, et correpti quia deliquerint, gravius delinquunt. Unde bene etiam per Psalmistam contra peccatoris confessionem dicitur : Confitebitur tibi, cum bene feceris ei (Psal. XLVIII, 19). Despecta quippe vox confessionis est, quam format jucunditas prosperitatis. Sola autem confessio habet magni meritum ponderis, quam [e] a veritate rectitudinis nequaquam separat vis doloris, quam usque ad judicium vocis exacuit adversitas testis cordis. Non ergo mirum quod Baldad divinam justitiam laudat, qui nihil adversi ab eadem justitia tolerat.

60. Hæreticorum in Ecclesiam adversis pressam insania. — Sed quia amicos beati Job hæreticorum

---

[a] In Gemet. et Utic. aliisque Mss. et Edit. sic legimus, præterquam in Gussanv. ubi sermones pro sermonis; cui favere videtur tum hebr. textus, tum paraphrasis chald.

[b] Ita Mss.; non exundat, ut legitur in Edit. Coc. et al. poster., quæ lectio sensum evertit.

[c] Ita quoque omnes Mss. In Edit., quod nunc Baldad beato Job crimen intorquet.

[d] Pene omnes, sermonis oris tribuit.

[e] Editi, a veritatis rectitudine.

tenere speciem diximus, libet ut paucis quomodo Baldad verba haereticorum subreptionibus congruant demonstremus. Hi quippe dum sanctam Ecclesiam temporali corripi animadversione conspiciunt [a] in semetipsis, audacius in jactantiam perversae praedicationis intumescunt; et superni examinis rectitudinem praetendentes, prosperari se ex meritis asserunt, illam vero affligi dignis retributionibus attestantur, et verbis blandientibus subreptionis aditum protinus inter dolores quaerunt, atque aliorum vitam, [b] exprobratis aliorum mortibus, feriunt, ac si illi jam juste defuncti sint qui de Deo credere digna noluerunt. Unde Baldad Suhites, postquam divinam justitiam protulit, illico adjungit:

CAPUT XXXVII.

Vers. 4, 5, 6. — *Etiamsi filii tui peccaverunt ei, et dimisit eos in manu iniquitatis suae, tu tamen si diluculo surrexeris ad Deum, et Omnipotentem fueris deprecatus, si mundus et rectus incesseris, statim evigilabit ad te, et pacatum reddet habitaculum justitiae.*

61. *Populorum ab Ecclesia discissionem tanquam erroris argumentum exprobrarant.* — Ac si afflictis catholicis errorum praedicatores dicant: Vitae vestrae providete, et quam perversa 272 teneatis, ex eorum qui inter vos defuncti sunt damnatione cognoscite, quia conditori omnium nisi perfidia vestra displiceret, nequaquam a vobis tam numerosos populos interitu saeviente subtraheret. Ait enim: *Etiam si filii tui peccaverunt ei, et dimisit eos in manu iniquitatis suae.* Quasi aperte dicens: In iniquitatis suae manu dimissi sunt, qui vitam nostrae rectitudinis imitari noluerint. *Tu tamen si diluculo surrexeris ad Deum, et Omnipotentem fueris deprecatus.* [*Vet. XXVI.*] Quia enim se haeretici tenere lucem veritatis aestimant, sanctam Ecclesiam quasi in erroris nocte positam, ad diluculum veritatis vocant, quatenus et per cognitionem Dei, quasi per diluculum surgat, et per precem poenitentiae praeterita diluat. *Si mundus et rectus incesseris.* Mundus videlicet in cogitatione, rectus in opere. *Statim evigilabit ad te.* Ac si aperte dicat: Quia is qui nunc tribulationibus tuis virtutem suae protectionis non exerit, [c] quasi ab adjutorio errantis dormit. *Et pacatum reddet habitaculum justitiae tuae.* Id est, praesentis vitae contrarietates amovet, et tranquillitatis protinus securitatem praebet. Quia enim perversi quique temporale gaudium singulare aestimant divinae remunerationis bonum, quae ipsi anxie ambiunt, haec aliis pro magno pollicentur. Unde plerumque fit, ut aut amissa recuperari spondeant, aut ad majora adhuc praesentis vitae praemia auditorum suorum animos extendant. Quod patenter Baldad exprimit, cum protinus adjungit:

CAPUT XXXVIII.

Vers 7. — *In tantum, ut si priora tua fuerint parva, et novissima tua multiplicentur nimis.*

62. *Quid suis sequacibus promittant.* — Si vero habitaculum justitiae, consilium mentis vocat, afflictis catholicis errorum magistri pacatum habitaculum justitiae promittunt; quia si eos ad sua pertrahunt, profecto a contentione conticescunt. Namque hi qui trahi ad perversa potuerunt, tanto jam tranquillius temporali pace quieti sunt, quanto longius ab aeterna separantur. Opes quoque intelligentiae se sequentibus crescere spondent. Unde et subditur: *In tantum, ut si priora tua fuerint parva, et novissima tua multiplicentur nimis.* Sed quia eorum verbis non facile creditur, quoniam saepe vita contemptibilis demonstratur, antiquorum patrum sententias proferunt, earumque rectitudinem in argumentum sui erroris inflectunt. Unde et subditur:

CAPUT XXXIX. [*Rec. XXIII*].

Vers. 8. *Interroga enim generationem pristinam, et diligenter investiga patrum memoriam.*

63. *Antiquorum patrum auctoritate abutuntur.* — Generationem pristinam, ac patrum memoriam nequaquam videri, sed investigari admonent: quia hoc in ea nolunt conspici, quod liquido cunctis patet. Nonnunquam vero, more bonorum, quaedam moraliter docent, et qualiter ex praeteritis praesentia colligantur insinuant, atque ex his quae jam a nostris oculis pertranseundo subtracta sunt quam nulla sint quae videntur demonstrant. Unde et adhuc subditur:

Vers. 9. — *Hesterni quippe sumus, et ignoramus quoniam sicut umbra dies nostri sunt super terram.*

64. *Quae jam transacta sunt nos docent quam celeriter caetera sint transitura.* — Generatio itaque pristina interroganda proponitur, ut transire tempus vitae praesentis sicut umbra monstretur; quia videlicet si ea quae erant, et jam transacta sunt, ad memoriam reducimus, patenter agnoscimus quam celeriter hoc quoque fugiat quod tenemus. Saepe vero haeretici eosdem 273 nobiscum patres, quos veneramur laudant, sed intellectu depravato, ipsis nos eorum laudibus impugnant. Unde et adhuc subditur:

CAPUT XLI.

Vers. 10. — *Ipsi docebunt te;* [d] *loquentur tibi, et de corde suo proferent eloquia.*

65. *Pravi bona interdum proferunt, sed non bene. Suo tum se mucrone feriunt.* — Notandum quod superius dixerat: *Spiritus multiplex sermonis oris tui;* nunc vero, reductis ad memoriam patribus, dicit: *De corde suo proferent eloquia.* Ac si vitam sanctae Ecclesiae haeretici detestantes, dicant: Multiplicitatem spiritus in ore habes, in corde non habes. Sed illi contra te audiendi sunt, qui verba ex corde proferentes, recta vivendo docuerunt. Saepe autem pra-

---

[a] Expunxit Coccius, *in semetipsis*, aliis Edit. errantem sequentibus et tum Mss. tum vet. Edit. minus consulentibus. German. habet *semetipsos* pro *semetipsis.*
[b] Editi, *vitam exprobrantes.* Sequimur Mss. Corb. Germ. ac Norm. Apud Barthol. et Rembold. 1518 corrupte legitur *morsibus*, pro *mortibus.*
[c] Gemet., *quasi ad adjutorium.*
[d] In Mss. Reg., Germ., Corb. Germ., desideratur *loquentur tibi.*

vi, dum suæ vitium fortitudinis ignorant, audenter aliorum rectitudinem lacerant; cumque contra bonos sibi auctoritatem increpationis arripiunt, aut ea bona proferunt, quæ non videndo, sed audiendo didicerunt; aut ea aliis mala mentientes ingerunt, quæ ipsi committunt. Sed cum ea bona proferunt quæ servare contemnunt, sciendum est quia plerumque veritas sic per ora adversariorum sonat, ut eorum linguam movens vitam feriat, quatenus culmen rectitudinis loquentes et ignorantes, ipsi et verbis judices, et factis accusatores fiant. Unde Baldad mira quidem contra hypocritas subdit, sed mucrone verbi se impetit, quia simulator justitiæ, nisi ex aliquantulo ipse esset, docere justum nequaquam tanta temeritate præsumeret. Et quidem fortia sunt valde quæ dicit; sed hæc stultis, non autem sapienti, pravis, non recto, dicere debuit, quia et vecordem se asserit qui, hortis sitientibus, in flumen aquam fundit. Sed interim postponentes cui dicitur, pensemus subtiliter quid dicatur, ut nos prolata instruant, quamvis meritum sui auctoris impugnent. Sequitur :

VERS. 11. — *Nunquid* [a] *virescere potest scirpus absque humore, aut crescere carectum sine aqua?* [*Rec. XXIV.*] Cui Baldad scirpum, vel carectum comparet, ipse protinus aperit cum subjungit :

CAPUT XLII.

VERS. 12, 13. — *Cum adhuc sit in flore, nec carpatur manu, ante omnes herbas arescit; sic* [b] *viæ omnium qui obliviscuntur Deum, et spes hypocritæ peribit.*

66. *Hypocrita bonorum operum speciem, non fructum habet. Bona Dei ad incrementum damnationis habet.* — Scirpi ergo vel carecti nomine hypocritæ vitam signat, quæ speciem quidem viriditatis habet, sed ad humanos usus [c] fructum utilitatis non habet; quæ, sterilitate operis arida permanens, solo sanctitatis colore viridescit. [*Vet. XXVII.*] Sed neque sine humore scirpus, neque sine aqua carectum proficit, quia hypocritarum vita ad bona opera infusionem quidem superni muneris percipit, sed, in cunctis quæ agit exteriores laudes appetens, a fructu perceptæ infusionis inanescit. Sæpe namque mira signorum opera faciunt, ab obsessis corporibus spiritus pellunt, et per prophetiæ donum ventura quæque sciendo præveniunt, sed tamen a largitore tot munerum cogitationis intentione divisi sunt, quia per ejus dona non ejus gloriam, sed proprios favores quærunt; cumque per accepta [d] bona in sua laude se elevant, ipsis muneribus contra largitorem pugnant. Inde quippe contra dantem superbiunt, unde ei amplius humiles esse debuerant. Sed eo eos postmodum districtior sententia percutit, quo nunc superna bonitas et ingratos largius infundit. Fitque eis amplitudo muneris **274** incrementum damnationis, quia irrigati fructum non ferunt, sed sub viriditatis colore vacui in altum crescunt. Quos bene per Evangelium Veritas exprimit, dicens : *Multi dicent mihi in illa die : Domine, Domine, nonne in nomine tuo prophetavimus, et in nomine tuo dæmonia ejecimus, et in nomine tuo virtutes multas fecimus? Et tunc confitebor illis, quia nunquam novi vos, discedite a me qui operamini iniquitatem* (*Matth.* VII, 2). Scirpus igitur vel carectum sine aqua non vivit, quia nimirum hypocritæ non nisi ex superno munere viriditatem bonæ operationis accipiunt; sed quia hanc in usum propriæ laudis arripiunt, in aqua quidem virides, sed tamen inanes crescunt.

67. *Hypocrita correptionis est impatiens.* — Bene autem subditur : *Cum adhuc sit in flore, nec carpatur manu, ante omnes herbas arescit.* Scirpus in flore est hypocrita in laude. Acutis vero angulis surgens carectum manu non carpitur, quia, exasperatis per arrogantiam sensibus, de pravitate sua hypocrita corripi dedignatur. In flore suo manum carpentis incidit, quia in laude hypocrita positus, [e] ne hunc quisquam corripere audeat, asperitate sua protinus vitam corripientis secat. Sanctus namque non esse appetit, [f] sed vocari; et cum fortasse corripitur, quasi in opinionis gloria detruncatur. Deprehensum se in pravitate irascitur, loqui sibi redarguentem prohibet, quia velut in occulto vulnere tactus dolet. Qualis imperitis innotuit, talis vult ab omnibus æstimari ; et, paratior mori quam corripi, redargutione deterior redditur, [g] quia quasi diræ percussionis æstimat jaculum puritatis verbum. Unde exasperatus protinus in contumelias surgit, et quæ mala exaggeret contra vitam correptoris inquirit. Demonstrare longe incomparabiliter reum reprehensorem suum desiderat, ut innocentem se non suis actibus, sed alienis criminibus ostendat; ita ut sæpe homo redargutionis aliquid se dixisse pœniteat, et quasi a carpentis manu, sic a corripientis animo quidam, ut ita dixerim, sanguis mœroris currat. Unde bene per Salomonem dicitur : *Noli arguere derisorem, ne oderit te* (*Prov.* IX, 8). Neque enim justo timendum est ne derisor cum corripitur contumelias inferat, sed ne tractus ad odium pejor fiat.

68. *Hypocrita in bonis operibus non perseverat.* — Inter hæc sciendum est quod justorum bona, quia ex corde incipiunt, usque ad præsentis vitæ terminum crescunt; hypocritarum vero opera, quia nequaquam sunt in occulto radicata, sæpe ante deficiunt quam præsens vita finiatur. Nam plerumque studio sacræ eruditionis insistunt; et quia hanc non præparandis meritis, sed promerendis favoribus inquirunt, statim ut judicium humanæ laudis arripiunt, et per

---

[a] Ita Norman. et pene omnes, cui lect. favet iterata viriditatis mentio. In Editis legitur *vivere*.
[b] Corb. Germ., *vitæ*.
[c] Nonnulli Mss., *fructum humilitatis*.
[d] Gemet. et Germ., *eumque percepta bona in sua laude levant*. Lyr., Bigot., Utic., Vindoc., *cumque per accepta bona,* etc., *se elevant*, quos sequimur.
[e] Norm. et Germ., *si hunc*.
[f] Ebroic., *sed videri*. Utic. utramque lectionem habet.
[g] Vindoc., *quia quasi de ira percussionis*. Gemet., *quia quasi de repercussionis*.

hoc gratiam transitorii profectus assequuntur, tota mente sæcularibus curis inserviunt, atque a sacra funditus eruditione vacuantur; et agendo post indicant quantum temporalia diligant, qui sola prius æterna prædicabant. Plerumque autem assumptæ speciem maturitatis ostendunt; quiete silentii, longanimitate patientiæ, continentiæ virtute decorantur; sed cum per hæc quæsiti culmen honoris attigerint, cumque sibi jam reverentia a cunctis impenditur, protinus se in lasciviam voluptatis fundunt, et bona se non **275** ex corde tenuisse ipsi sibi testes sunt qui hæc cito dimiserunt. Nonnunquam vero aliqui quæ possident tribuunt, atque indigentibus cuncta largiuntur; sed tamen ante vitæ terminum, avaritiæ prurigine accensi, aliena appetunt, qui sua largiri videbantur, et pertinaci post crudelitate ambiunt quod ficta prius pietate reliquerunt. [*Vet. XXVIII.*] Unde et recte nunc dicitur : *Cum adhuc sit in flore, ne carpatur manu, ante omnes herbas arescit.* ª Juxta carnem quippe et justi herba sunt, propheta attestante, qui ait : *Omnis caro fenum* (*Isai.* XL, 6). Sed ante omnes herbas arescere scirpus dicitur, quia, justis in bono suo permanentibus, a viriditate assumptæ rectitudinis hypocritarum vita siccatur. Arescunt herbæ etiam reliquæ, quia justorum opera cum carnis vita deficiunt. Sed herbarum ariditatem scirpus prævenit, quia priusquam de carne hypocrita transeat, ea quæ in se ostenderat virtutum facta derelinquit. De quibus bene etiam per Psalmistam dicitur : *Fiant sicut fenum ædificiorum, quod prius quam evellatur arescit* (*Psal.* CXXVII, 6). Fenum quippe ædificii in alto nascitur, sed nequaquam pingui radice solidatur, quia et hypocrita summa quidem agere cernitur, sed non in eis ex cordis puritate roboratur. Quod nimirum fenum et non evulsum citius arescit, quia videlicet hypocrita et in præsenti adhuc vita subsistit, et jam sanctitatis opera quasi viriditatis speciem amittit. Quia enim sine intentione rectæ cogitationis bona studuit agere, hæc amittens, indicat se sine radice floruisse.

69. *Hypocrita spe sua diu frui non valet.* — Sed Baldad, sicut prædiximus, cui scirpum vel carectum comparat, illico aperit, cum subjungit : *Sic viæ omnium qui obliviscuntur Deum, et spes hypocritæ peribit.* Quid enim cunctis suis operibus hypocrita sperat, nisi honoris reverentiam, gloriam laudis, a melioribus metui, sanctus ab omnibus vocari? Sed permanere spes hypocritæ non valet, quia, æternitatem non quærens, fugit quod tenet. Nequaquam quippe mentis ejus intentio in illa gloria figitur quæ sine fine possidetur, sed cum transitoriis favoribus inhiat, perdit percipiendo quod laborat, Veritate attestante, quæ ait : *Amen dico vobis quia receperunt mercedem suam* (*Matth.* VI, 2, 5). Sed hæc spes recipiendæ mercedis teneri diu non potest, quia pro ostensis operibus honor tribuitur, sed vita ad terminum ur-

getur; laudes resonant, sed ad finem cum laudibus tempora festinant; et quia nequaquam animus in æternitatis amore radicatur, cum ipsis profecto rebus quas diligit labitur. Nemo namque valet mobilia diligere et ipse immobilis stare. Qui enim transeuntia amplectitur, eo ipso ad cursum ducitur, quo decurrentibus implicatur. Dicat ergo : *Et spes hypocritæ peribit*, quia humana laus quam magnis laboribus appetit ᵇ impulsa temporum momentis decurrit. Bene autem subditur :

CAPUT XLIII [*Rec. XXV*].

VERS. 14. — *Non ei placebit vecordia sua.*

70. Rem magni pretii vili vendit hypocrita. *Fecundæ et neglectæ viti similis est.* — Magna quippe vecordia est laboriosa agere, et auræ laudis inhiare; forti opere præceptis cœlestibus inservire, sed terrenæ retributionis præmium quærere. Ut enim ita dixerim, qui pro virtute quam agit humanos favores desiderat rem magni meriti vili pretio venalem portat; unde cœli regnum mereri potuit, inde nummum transitorii sermonis quærit. Vili ergo pretio opus vendit, **276** quia magna impendit, sed minima recipit. [*Vet. XXIX.*] Quibus itaque hypocritæ similes, ᶜ nisi fecundis et neglectis vitibus existunt, quæ per ubertatem fructum proferunt, sed nequaquam per studium a terra sublevantur? Quod pingues palmites germinant, errantes bestiæ conculcant; et quo hoc uberius aspiciunt, projectum in infimis avidius consumunt, quia nimirum hypocritarum opera, ᵈ dum clara monstrantur, quasi pinguia prodeunt, sed dum humanas laudes appetunt quasi in terra deseruntur. Quæ hujus mundi bestiæ, maligni scilicet spiritus comedunt, quia hæc ad usum perditionis inflectunt; tantoque ardentius rapiunt, quanto et magna clarius innotescunt. Unde bene per prophetam dicitur : *Culmus stans, non est ? in eis germen, et non facient farinam; quod etsi fecerint, alieni comedent eam* (*Osee.* VIII, 7). Culmus quippe germen non habet cum vita; meritis virtutum caret. Farinam culmus non facit cum is qui in præsenti sæculo proficit nil subtilitatis intelligit, nullum boni operis fructum reddit.

71. *Fructibus suis malignos spiritus satiat hypocrita. Pascitur et ipse modo, secus post mortem.* — Sed sæpe et cum fecerit, hanc alieni comedunt, quia et cum bona opera hypocritæ ostendunt, de his malignorum spirituum vota satiantur. Qui enim per hæc Deo placere non appetunt, nequaquam agri dominum, sed alienos pascunt. Fecundo itaque hypocrita et neglecto palmiti similis, servare fructum non valet, quia botrus boni operis in terra jacet. Sed tamen hac ipsa sua vecordia pascitur, quia pro bono opere a cunctis honoratur; cæteris præeminet, subjectas hominum mentes tenet, majoribus locis attollitur, favoribus nutritur. Hæc vero ei sua vecordia placet

---

ª Edit. Rom. et Gussany., *juxta carnalium quippe intellectum.*
ᵇ Gemet., *impulsa tempora momentis decurrit.*
ᶜ Gemet., *nisi fœcundis sed neglectis vitibus.*
ᵈ Bellovac. et Gemet., *dum gloriosa monstrantur.*
ᵉ Editi, *in eo germen et non faciet farinam; quod et si fecerit*, reluctantibus Mss.

interim, sed non placebit, quia cum retributionis tempus advenerit, in pœna displicet quod vecors fuit. Tunc se stulte egisse intelliget, cum pro delectatione laudis sententiam divinæ increpationis acceperit. Tunc se vecordem fuisse considerat, cum se pro temporali quam percepit gloria perpetua tormenta castigant. Tunc veram scientiam supplicia aperiunt, quia per hæc profecto colligitur nihil fuisse omnia quæ transire potuerunt. Unde et recte subditur :

CAPUT XLIV [Rec. XXVI].

Ibid. — *Et sicut tela aranearum fiducia ejus.*

72. *Hypocritæ fiducia vana, bona coram Deo nulla, prædicatio infructuosa, abstinentia inanis.* — Bene hypocritarum fiducia aranearum telis similis dicitur, quia omne quod ad obtinendam gloriam exsudant ventus vitæ mortalis dissipat. Nam quoniam æterna non quærunt, bona temporalia cum tempore amittunt. Pensandum quoque est quod fila araneæ per ordinem ducunt, quia sua hypocritæ quasi sub discretione opera disponunt. Aranearum tela studiose texitur, sed subito flatu dissipatur, quia quidquid hypocrita cum labore peragit, aura humani favoris tollit; et dum in appetitu laudis opus deficit, quasi in ventum labor evanescit. Sæpe namque et usque ad præsentis vitæ terminum hypocritarum facta perdurant, sed quia per hæc auctoris laudem non quærunt, bona ante Dei oculos nunquam fuerunt. Plerumque enim, ut prædiximus, sacræ legis eruditione fulciuntur, doctrinæ verba proferunt, omne quod sentiunt testimoniis accingunt, nec tamen per hæc vitam audientium, sed proprios favores quærunt, quia nec proferre alia noverunt, nisi quæ auditorum corda ad rependendas laudes [a] excutiant, non autem ad lacrymas accendant. 277 [Vet. XXX.] Mens quippe concupiscentiis exterioribus occupata igne divini amoris non calet; et idcirco ad supernum desiderium inflammare auditores suos nequeunt verba quæ frigido corde proferuntur. Neque enim res quæ in se ipsa non arserit aliud accendit. Unde fit plerumque ut hypocritarum dicta et audientes non erudiant, et eosdem ipsos qui se proferunt elatos laudibus deteriores reddant. Attestante etenim Paulo, *Scientia inflat, charitas ædificat* (I Cor. viii, 1). [b] Cum ergo charitas ædificando non erigit, scientia inflando pervertit. Plerumque se hypocritæ mira abstinentia affligunt, omne robur corporis atterunt, et quasi carnis vitam funditus in carne viventes exstinguunt, sicque per abstinentiam morti appropiant, ut pene quotidie morientes vivant. Sed ad hæc humanos oculos quærunt, admirationis gloriam expetunt, Veritate attestante, quæ ait : *Exterminant facies suas, ut appareant hominibus jejunantes* (Matth. vi, 16).

Nam ora pallescunt, corpus debilitate quatitur, pectus interrumpentibus suspiriis urgetur. Sed inter hæc, ab ore proximorum sermo admirationis quæritur, nihilque tanto labore aliud, nisi æstimatio humana cogitatur. Quos nimirum bene Simon ille significat, qui dominicæ passionis tempore in angariam crucem portabat, de quo scriptum est : *Invenerunt hominem Cyrenæum, venientem obviam sibi, nomine Simonem; hunc angariaverunt, ut tolleret crucem Jesu* (Matth. xxvii, 32; Marc. xv, 21). Quod enim [c] per angariam agimus, non hoc ex studio amoris operamur. Crucem ergo Jesu in angaria portare est afflictionem abstinentiæ [d] pro alia quam necesse est intentione tolerare. An non Jesu crucem in angaria portat, qui quasi ad præceptum Domini, carnem domat, sed tamen spiritalem patriam non amat? Unde et Simon isdem crucem portat, sed nequaquam moritur, quia omnis hypocrita corpus quidem per abstinentiam afficit, sed tamen per amorem gloriæ mundo vivit.

[Vet. XXXI.] 73. *Crucem carni infert, sed mundo vivit.* — Quo contra per Paulum bene de electis dicitur : *Qui autem sunt Christi carnem suam crucifixerunt cum vitiis et concupiscentiis.* Cum vitiis quippe et concupiscentiis carnem crucifigimus, si sic gulam restringimus, ut jam de mundi gloria nihil quæramus. Nam qui corpus macerat, sed honoribus anhelat, crucem carni intulit, sed mundo per concupiscentiam pejus vivit, quia et sæpe per sanctitatis imaginem locum regiminis indignus assequitur, quem, nisi aliquid in se virtutis ostenderet, nullo percipere labore mereretur. Sed transit quod delectabiliter obtinet, et pœnaliter quod sequitur manet. Sanctitatis nunc fiducia in ore hominum ponitur; sed cum internus judex secreta cordis examinat, testes vitæ exterius non quæruntur. Bene ergo dicitur : *Sicut tela aranearum fiducia ejus,* quia apparente cordis teste, præterit omne quod exterius de humano favore confidit. Unde et adhuc apte subjungitur :

CAPUT XLV [Rec. XXVII].

Vers. 15. — *Innititur super domum suam, et non stabit; fulciet eam, et non surget.*

74. *Hypocritæ domus super quam innititur, favor humanus. Stare non valet.* — Sicut domus exterioris conversationis est ædificium quod inhabitat corpus, ita domus nostræ cogitationis est res quælibet quam per dilectionem inhabitat animus. Omne quippe quod diligimus, quasi in hoc quiescentes habitamus. Unde Paulus, quia in supernis [e] cor fixerat, in terra quidem 278 positus, sed tamen a terra extraneus, dicebat : *Nostra conversatio in cœlis est* (Philip. iii, 20). Mens itaque hypocritæ nihil aliud in omne quod agit nisi opinionis suæ gloriam cogitat, nec curat

---

[a] Vindoc., *ad repetendas laudes excutiant.* Vitiose Coc., pro *excutiant,* auctoritate censoria posuit *excitent.*
[b] Ita Turon., Vindoc., Norm., et pene omnes, ubi Editi habent, *Quem enim charitas.*
[c] Vindoc. et Gemet., *quod enim angariamur.*

Ebroic., *quod enim angarizamur.* Utic. habet *angariamur, et angarizamur.*
[d] Bellovac. et Norm., *pro aliqua necessitatis intentione tolerare.* In Utic. prius legebatur *pro alio quam necessitatis intentione tolerare.*
[e] Corb. Germ. et Reg., *confixus erat.*

quo post per meritum ducitur, sed quid interim dicatur. Domus ergo ejus [a] est delectatio favoris, quam quasi quietus inhabitat, quia per cuncta sua opera ad hanc se intra animum reclinat. Sed stare domus hæc non valet, quia laus cum vita præterit, et humanus favor in judicio non subsistit. Unde et fatuæ virgines, quæ oleum in vasis non sumpserant, quia in alienis scilicet vocibus gloriam et non in suis conscientiis habebant, turbatæ per sponsi præsentiam, dicunt: *Date nobis de oleo vestro, quia lampades nostræ exstinguuntur* (*Matth.* xxi, 8). Oleum quippe a proximis petere est gloriam boni operis a testimonio alieni oris implorare. Mens etenim vacua, cum cunctis suis laboribus nihil se intus tenuisse invenerit, testimonium foras quærit. Ac si aperte fatuæ virgines dicant: Cum nos repelli sine retributione conspicitis, dicite in nostro opere quid vidistis.

[*Vet. XXXII.*] 75. Nec magis stabit in judicio fiducia sanctitatis hypocritæ. — Sed frustra tunc hypocrita in hac domo laudis innititur, quia nihil ei in judicio attestatio humana suffragatur; quia eamdem laudem, quam post in testimonio exigit, prius in munere recepit. Vel certe super domum suam hypocrita innititur, cum, vanis favoribus deceptus, quasi de fiducia sanctitatis elevatur. Multa quippe hypocritæ in occulto mala faciunt, quædam vero bona in publico. Cumque ex bonis patentibus laudes recipiunt, ab occultis malis considerationis oculos avertunt; talesque se æstimant, quales foris audiunt, non quales intus noverunt. Unde fit plerumque ut ad supernum quoque judicium cum fiducia veniant, quia tales se apud internum arbitrum credunt quales ab hominibus foris habebantur. Sed stare domus hypocritæ non valet, quia in terrore districti examinis omnis anteacta fiducia sanctitatis cadit. Cumque sibi oris alieni testimonia deesse cognoverit, ad sua se opera enumeranda convertit. Unde et adhuc subditur: *Fulciet eam, et non surget.* Hoc namque, quod per se stare non valet, fulcitur ut stet, quia cum vitam suam hypocrita labefactari in judicio conspicit, hanc fulciendo statuere operum enumeratione contendit. An non laudis suæ habitaculum hinc inde fulciunt, qui facta sua, ut præfati sumus, in judicio enumerantes, dicunt: *Domine, Domine, nonne in nomine tuo prophetavimus, et in nomine tuo dæmonia ejecimus, et in nomine tuo virtutes multas fecimus* (*Matth.* vii, 22)? Sed domus laudis tot allegationibus fulta minime consurgit, quia protinus judex dicit, *Nunquam novi vos, discedite a me qui operamini iniquitatem* (*Ibid.* 23). Et sciendum est quia hoc quod surgit ab infimis ad superiora se erigit. Domus ergo hypocritæ surgere non valet, quia per omne quod juxta præcepta cœlestia agere potuit, a terra animum nunquam levavit. Jure igitur tunc nequaquam ad præmium retributionis erigitur, qui per hoc quod nunc exhibet in appetitu temporalis gloriæ jacet. [*Vet. XXXIII,*

[a] In eisdem Mss., *dilectio favoris.*
[b] Ita Anglic. et nostri, non *cadat,* ut in Edit Gilot. et Vatic., ubi etiam legitur mendose *ostendat,* pro

Rec. XXVIII.] Sed quia vita hypocritæ, scirpi appellatione signata, qualiter in judicio reprobetur audivimus, prius quam districtus judex appareat, qualis ab hominibus habeatur audiamus. Sequitur:

CAPUT XLVI.

Vers. 16. — **279** *Humectus videtur antequam veniat sol.*

76. *Nunc sanctus creditur hypocrita, sed Christo veniente iniquus apparebit.* — Sæpe in sacro eloquio Dominus solis appellatione figuratur, sicut per prophetam dicitur: *Vobis autem qui timetis nomen Domini, orietur sol justitiæ* (*Mal.* iv, 2). Et sicut repulsi in judicio impii dicere Sapientiæ libro describuntur: *Erravimus a via veritatis, et lumen justitiæ non luxit nobis, et sol non est ortus nobis* (*Sap.* v, 6). Ante solem igitur scirpus humidus cernitur, quia prius quam divina districtio in judicio [b] candeat, omnis hypocrita infusum se sanctitatis gratia ostentat; quasi virens aspicitur, quia justus æstimatur, honoris locum obtinet, de gloria sanctitatis pollet, a cunctis ei veneratio defertur, opinio laudis [c] extenditur. Scirpus itaque iste in nocte humidus est; sole autem veniente siccatur, quia nimirum hypocrita in tenebris vitæ præsentis sanctus ab omnibus creditur, sed cum districtus judex venerit, quam sit iniquus apparebit. Dicat ergo: *Humectus videtur antequam veniat sol,* quia virentem se nunc humanis oculis exhibet, sed in calore tunc divini judicii arescet. Sequitur:

CAPUT XLVII.

Ibid. — *Et in ortu suo germen ejus egreditur.*

77. *Statim ut recte agit, vult laudari hypocrita. Assumpto sanctitatis habitu, interdum pejor fit.* — Herba quælibet nascendo prius a terra producitur, aura et æstibus tangitur, sole ac pluviis nutritur, et tunc demum ad proferendum sui seminis germen aperitur. Scirpus vero cum flore suo nascitur, moxque a terra surgit, sui secum seminis germen producit. Bene ergo per herbas reliquas sancti quilibet, per scirpum vero hypocrita designatur, quia justi viri, prius quam in opere sanctæ conversationis oriantur, hujus vitæ hiemem tolerant, eosque gravium persecutionum æstus fatigant; sed cum recta faciunt, nequaquam hic suæ rectitudinis remunerationem quærunt; cum vero a præsentis mundi laboribus exeunt, ad æternam patriam venientes, exspectata retributione perfruuntur. At contra hypocrita, quia mox in bono opere nascitur, præsentis mundi recipere gloriam conatur. Quasi scirpi more cum germine oritur, qui pro eo quod bene vivere incipit, quærit statim ut a cunctis honoretur. Germen itaque in ortu est remuneratio in inchoatione. Sæpe namque nonnulli apertæ pravitatis vias deserunt, sanctitatis habitum sumunt; moxque ut prima limina bene vivendi contigerint, obliti qui fuerint, affligi jam per pœnitentiam de consummatis nequitiis noluit; laudari autem de inchoata justitia appetunt, præesse cæteris etiam melioribus concupis-

ostentat.
[c] Norman., *ostenditur.*

cunt. Quos plerumque dum ª juxta votum præsens prosperitas sequitur, multo quam prius fuerant de sanctitatis habitu pejores fiunt. Nam rebus multiplicibus occupati, atque ipsa occupatione ᵇ confusi, non solum perpetrata minime deplorant, sed adhuc quæ deplorentur exaggerant.

[*Vet. XXXIX. Rec. XXIV.*] 78. *Recens conversus, ad exteriora officia non est provehendus hypocrita. Bona nostra pereunt si citius retecta.* — Qui enim mundum deserunt, ad exteriora officia provehi ᶜ non debent, nisi per humilitatem diutius in ejusdem mundi contemptu solidentur. Citius namque bona depereunt quæ hominibus ante tempus innotescunt, quia et arbusta plantata prius quam fixa radice coalescant, si manus concutiens tangit, arefacit. At si in altum radix figitur, et terræ humoribus conspersa solidatur, **280** hæc et manus impellit, sed non lædit; hæc et ventorum flatus inflectendo concutiunt, sed non evertunt. Ne ergo eruatur ᵈ vita cœpti operis, diu ac robuste in alto humilitatis figenda est radix cordis, ut cum ab humano ore detractionis aura vel favoris flaverit, etsi in quamlibet partem utcunque incurvat, animum funditus non evellat; sed ad statum suum protinus post inflexionem redeat, si apud se fortis in radice perdurat. Quid in rebus excrescentibus pariete surgente robustius? Qui tamen si, dum construitur, impellatur, statim sine labore destruitur; si autem per spatium temporis ab humore suo exsiccari permittitur, sæpe et arietum ictibus minime quassatur. Sic sic videlicet bona nostra et intempestive manifestata depereunt, et diutius occultata solidantur, quia humanæ occupationis manus cum incipientem conversationis nostræ vitam contigerit, quasi recentem parietem impellit, eamque facile destruit, quia adhuc humorem infirmitatis propriæ non amisit. Cum vero in longa quietis suæ abjectione se animus comprimit, quasi more exsiccati parietis contra ictus obdurescit, et confractum protinus resilit omne quod ᵉ solidum ferit. Hinc est quod vitam inchoantium Moyses humanis occupationibus exerceri prohibuit, dicens: *Non operaberis in primogenito bovis, et non tondebis primogenita ovium* (*Deut.* xv, 19). In primogenito quippe bovis operari est bonæ conversationis primordia in exercitio publicæ actionis ostendere. Ovium quoque primogenita tondere est ab occultationis suæ tegmine humanis oculis inchoantia bona nostra denudare. In primogenito ergo bovis operari prohibemur, atque a primogenitis ovium detondendis compescimur, quia et si quid robustum incipimus, exercere hoc in aperto citius non debemus. Et cum vita nostra simplex quid atque innocuum inchoat, dignum est ut secreti sui velamina non relinquat, ne nudum hoc humanis oculis quasi subducto vellere ostendat.

[*Vet. XXXV.*] 79. *Bonæ vitæ initia uni Deo dicanda. Cur innotescere citius non debeant.* — Ad sola ergo divina sacrificia boum primogenita oviumque proficiant, ut quidquid forte innocuumque incipimus, hoc ad honorem intimi judicis in ara cordis immolemus. Quod ab illo procul dubio tanto libentius accipitur, quanto et ab hominibus occultatum nulla laudis appetitione maculatur. Sæpe autem novæ conversationis primordia adhuc ex carnali sunt vita commista; et idcirco innotescere citius non debent, ne cum laudantur bona quæ placent, deceptus laude sua animus deprehendere in eis nequeat mala quæ latent. Unde recte rursum per Moysen dicitur: *Quando ingressi fueritis terram quam ego daturus sum vobis, et plantaveritis in ea ligna pomifera, auferetis præputia eorum. Poma quæ germinant, immunda erunt vobis, nec edetis ex eis* (*Levit.* xix, 23). Ligna quippe pomifera sunt opera virtutibus fecunda. Præputia itaque lignorum auferimus cum, de ipsa inchoationis infirmitate suspecti, primordia nostrorum operum non approbamus. Poma autem quæ germinant immunda ducimus, nostrisque esibus non aptamus, quia cum primordia boni laudantur operis, ᶠ dignum est ut hoc animum non pascat operantis; ne dum accepta laus suaviter **281** carpitur, fructus operis intempestive comedatur. Qui ergo inchoatæ virtutis ab humano ore laudem receperit, quasi plantati ligni ante tempus pomum comedit.

80. *Hypocrita testes operis sui quærit; si non adsint, operam se perdidisse putat.* — Hinc per Psalmistam Veritas dicit: *Vanum est vobis ante lucem surgere, surgite postquam sederitis* (*Psal.* cxxvi, 3). Ante lucem quippe surgere est prius quam claritas æternæ retributionis appareat, in præsentis vitæ nocte gaudere. Sedendum ergo prius est, ut post recte surgamus, quia quisquis nunc sese sponte non humiliat, nequaquam hunc sequens gloria exaltat. Quod ergo illic ante lucem surgere, hoc hic hypocritæ in ortu est germen proferre, quia humanas laudes desiderans, ubi ad opus bonum nascitur, ibi mox appetit ut gloriam retributionis assequatur. An non in ortu suo hi germen protulerant, de quibus Veritas dicebat: *Amant primos discubitus in conviviis, et primas cathedras in synagogis, et salutationes in foro, et vocari ab hominibus rabbi* (*Luc.* xx, 46; *Matth.* xxiii, 6)? Pro eo ergo quod bene agere incipiunt, quia honorem consequi ab hominibus conantur, quasi scirpi more ab ortu suo cum germine exsurgunt. Hi nimirum cum recta operari appetunt, prius mente sollicita ejusdem operis sui testes quærunt, et tacita cogitatione pertractant, si sunt qui gerenda videant, si digne hæc eloqui qui viderint possint. Si vero eorum facta nullum fortasse hominum contingat aspicere, hæc se procul dubio æstimant perdidisse; et interni

---

ª Norman., *juxta voluntatem*, etc.
ᵇ Ita Bellov., Vindoc., Norman., Longip., ubi apud Coc. et seq. Ed. legitur *confisi*.
ᶜ Gemet., *provehi non habent.*
ᵈ In Gemet. olim legebatur *vita concepti operis*; sed, prima syllaba deleta recentiori manu, nunc legitur *cœpti*.
ᵉ In Vulgatis, *quod solidum impactum ferit*. In omnibus Mss. deest *impactum*. In Germ., *quod solidum ferit*; sic etiam legitur in Corb. Germ. et Colb., secunda manu.

arbitri oculos quasi absentes deputant, quia ab eo vicem sui operis recipere in posterum recusant. Et quoniam cum rectum quid hypocrita egerit, videri a multis quærit, bene adhuc de hoc scirpo subjungitur:

CAPUT XLVIII.

VERS. 17. — *Super acervum petrarum radices ejus densabuntur, et inter lapides commorabitur.*

81. *Hypocrita admirationem hominum tota sibi intentione procurat.* — Quid enim radicum nomine, nisi latentes cogitationes accipimus, quæ in occulto prodeunt, sed in ostensione operum per apertum surgunt? sicut et de verbi semine per prophetam dicitur : *Et hoc quod salvatum fuerit de domo Juda, et quod reliquum est, mittet radicem deorsum, et faciet fructum sursum* (*Isai.* XXXVII, 31). Radicem quippe deorsum mittere est cogitationem bonam in abditis multiplicare. Fructum vero sursum facere, est per efficaciam operis recta quæ cogitavit ostendere. Lapidum vero nomine in Scriptura sacra homines designantur, sicut sanctæ Ecclesiæ per Isaiam dicitur : *Ponam jaspidem propugnacula tua, et portas tuas in lapides* [a] *sculptos* (*Isai.* LIV, 12). Qui eosdem lapides quid dixisset aperuit cum subjunxit : *Universos filios tuos doctos a Domino* (*Ibid.*, 13) : Et sicut admonente Petro dicitur : *Et vos tanquam lapides vivi superædificamini domus* [b] *spiritales* (*I Petr.* II, 5). Hoc itaque loco quia lapides dicti sunt, sed tamen vivi [c] minime dicuntur, nuda appellatione lapidum permisti possunt reprobi et electi figurari. [*Vet. XXXVI, Rec. XXX.*] Scirpus itaque iste qui inter lapides commoratur, super acervum petrarum radices densat, quia omnis hypocrita cogitationes suas in exquirenda hominum admiratione multiplicat. Per omne enim quod hypocritæ faciunt, quia occultis cogitationibus laudes hominum requirunt, quasi radices scirpi in acervum petrarum mittunt. Operaturi quippe laudes suas cogitant, laudati autem has secum taciti in cogitationibus versant. Gaudent se præcipuos in humana æstimatione clarnisse. Cumque inflati favoribus apud semetipsos intumescunt, sæpe mirantur taciti etiam ipsi quod sunt. Videri quotidie semetipsis altiores cupiunt, ac [d] miris inventionibus in opere excrescunt, quia sicut virtutes omne vitium enervant, sic arrogantia roborat. Cogit namque mentem juvenescere, et contra vires valere, quia et quod negat vigor valetudinis, imperat amor laudis. Unde et factis suis, ut diximus, [e] arbitros inquirunt. Si vero eorum operi testes deesse contingat, narrant ipsi quæ gesserint. Cumque efferri favoribus cœperint, sæpe eisdem suis operibus quæ egisse se referunt mentiendo aliquid adjungunt. Cum vero et vera dicunt, hæc dicendo aliena faciunt, quia quæsitis [f] remunerati favoribus, ab eorum intima retributione vacuantur.

82. *Hypocrita bona sua dum ostentat, malignis spiritibus prodit. Hostes ad rapinam provocat, dum suas eis divitias detegit.* — In eo enim quod bona sua patefaciunt, ostendunt malignis spiritibus, quasi insidiantibus hostibus; quæ prædentur. Quorum profecto vitam illa cunctis notissima Ezechiæ culpa figuravit, qui postquam una prece, et sub unius noctis spatio, centum octoginta quinque millia hostium angelo feriente prostravit, postquam occasui proximum ad altiora cœli spatia solem reduxit, postquam vitam propinquante jam termino coarctatam in tempora longiora protelavit, susceptis Babylonici regis nuntiis, bona omnia quæ possidebat ostendit ; sed prophetæ voce protinus audivit : *Ecce dies venient, ei auferentur omnia quæ in domo tua sunt, in Babylonem; non relinquetur quidquam, dicit Dominus* (*IV Reg.* XX, 17). Sic sic nimirum hypocritæ, postquam magnis virtutibus excrescunt, quia cavere malignorum spirituum insidias negligunt, et celari in eisdem virtutibus nolunt, bona sua ostendendo, hostium faciunt, et prodentes subito amittunt quidquid diutius studentes operantur. [*Vet. XXXVII.*] Hinc per Psalmistam dicitur : *Tradidit in captivitatem virtutes eorum, et pulchritudines eorum in manus inimici* (*Psal.* LXXVII, 61). Virtus quippe et pulchritudo arrogantium inimici manibus traditur, quia omne bonum quod per concupiscentiam laudis ostenditur occulti adversarii juri mancipatur. Hostes namque ad rapinam provocat, qui suas eorum notitiæ divitias denudat. Quousque enim ab æternæ patriæ securitate disjungimur, per latronum insidiantium iter ambulamus. Qui ergo in itinere deprædari formidat, abscondat necesse est bona quæ portat. O miseri, qui affectantes laudes hominum, in semetipsis dissipant fructus laborum ; cumque se ostendere alienis oculis appetunt; damnant quod agunt ! Quos nimirum maligni spiritus cum ad jactantiam provocant, eorum, sicut diximus, opera captivantes denudant. Unde sub cujusdam gentis specie antiquorum hostium malitiam signans per prophetam Veritas dicit. *Posuit vineam meam in desertum, decorticavit ficum meam, nudans exspoliavit eam, albi facti sunt rami ejus* (*Joel.* I, 7). Insidiantibus quippe [g] spiritibus, Dei vinea in desertum ponitur, cum plena fructibus anima humanæ laudis cupiditate dissipatur. Ficum Dei gens ista decorticat, quia seductam mentem in favoris appetitum rapiens, quo hanc ad ostentationem pertrahit, tegmen ei humilitatis tollit ; eamque nudans exspoliat, quia quousque in bonis suis absconditur, quasi proprii tegminis cortice vestitur. Cum vero mens hoc quod egerit videri ab aliis concupiscit, quasi spoliata ficus [h] eum qui se texerat corticem amisit. Ubi apte subditur : *Albi facti sunt rami ejus*; quia

---

[a] Gemet., *in lapides scalptos.*
[b] Gemet.; *superædificamini domus spiritalis.*
[c] Corb. Germ.; *qui minime dic.*
[d] Bellov. et Gemet.; *ac miseris inventionibus.* Lyr. et Utic. utramque lect. habent.
[e] Gemet., *arbitres.*
[f] Turon., *quæsitis remunerationis favoribus.*
[g] Norm., *hostibus*; nonnulli tamen utramque lectionem exhibent.
[h] Turon. et al. Mss. pl., *ficus qua se texerat corticem amisit.* Et paulo post : *sed quoniam subducta cortice.* Norman. et Corb. Germ.; *ficus eam quæ se texerat corticem amisit.* Et infra, *subducta cortice.*

ostensa humanis oculis ejus opera candescunt, de sanctitate nomen sumitur, cum recta actio divulgatur. Sed quoniam, subducto cortice, rami tici hujus arefiunt, solerter intuendum est quia facta arrogantium humanis oculis ostensa unde placere appetunt inde siccantur. Mens itaque quæ per jactantiam proditur, decorticata recte ficus vocatur, quia et candida est per hoc quod cernitur, et siccitati proxima per hoc quod tegmine corticis nudatur. Intus ergo sunt servanda quæ agimus, si ab interno arbitro vicem recipere nostri operis exspectamus. Hinc est enim quod per Evangelium Veritas dicit : *Nesciat sinistra tua quid faciat dextera tua; ut sit eleemosyna tua in abscondito, et Pater tuus, qui videt in abscondito, reddet tibi* (*Matth.* vi, 3). Hinc est quod de electorum Ecclesia per Psalmistam dicitur : *Omnis gloria ejus filiæ regum ab intus* (*Psal.* XLIV, 14). Hinc Paulus ait : *Gloria nostra hæc est, testimonium conscientiæ nostræ* (*II Cor.* i, 12): Filia quippe regum Ecclesia quæ in bono est opere spiritalium principum prædicatione generata. Gloriam intus habet; quia hoc quod agit, in ostentationis jactantiam non habet. Gloriam suam Paulus testimonium conscientiæ memorat, quia favores oris alieni non appetens, vitæ suæ gaudia extra semetipsum ponere ignorat.

[*Vet.* XXXVIII.] 83. *Occultari debent opera bona, aut propter unam Dei gloriam revelari.* — Occultanda sunt ergo quæ agimus; ne, hæc in hujus vitæ itinere incaute portantes, latrociniantium spirituum incursione perdamus. Et tamen Veritas dicit : *Videant opera vestra bona, et glorificent Patrem vestrum, qui in cœlis est* (*Matth.* v, 16). Sed aliud est profecto cum in ostensione operis gloria quæritur largitoris, aliud cum laus privata concupiscitur de dono largientis. Unde et rursum in Evangelio hæc eadem Veritas dicit : *Attendite, ne justitiam vestram faciatis coram hominibus, ut videamini ab eis* (*Matth.* vi, 1). Opus ergo nostrum cum hominibus ostenditur, in cordis prius examinatione pensandum est per ejusdem ostensionis studium quid quæratur. Si enim dantis gloriam quærimus, etiam [a] publicata nostra opera, in conspectu illius occulta servamus. Si vero per hæc nostram laudem concupiscimus, foras ab ejus conspectu jam lusa sunt, etiamsi a multis ignorentur.

84. *Perfectorum est, ostenso opere, Dei gloriam quærere.* — Sed valde perfectorum est, sic ostenso opere, auctoris gloriam quærere, ut de illata laude, privata nesciant exsultatione gaudere. Tunc solum namque innoxie hominibus laudabile opus ostenditur, cum per despectum mentis veraciter laus impensa calcatur. Quam quia infirmi quique perfecte contemnendo non superant, restat necesse est, ut bonum quod operantur abscondant. Sæpe enim ab ipso ostensionis exordio propriam laudem quærunt. Sæpe vero in ostensione operis auctoris patefacere gloriam cupiunt; sed excepti favoribus, in laudis propriæ cupiditatem rapiuntur; cumque semetipsos dijudica-

re interius negligunt, sparsi exterius ignorant quod agunt; eorumque 234 opus suæ elationi militat, atque hoc se impendere obsequio largitoris putant. Scirpus ergo inter lapides commoratur, quia ibi hypocrita stat, ubi mentis suæ intentionem solidat. Nam cum attestationem percipere multorum ambit, quasi in lapidum collectione subsistit. Sed iste hypocrita scirpi appellatione signatus, cum corpus abstinentia domat, cum largiendo quæ possidet studio pietatis exsudat, cum notitia [b] sacræ legis eruditur; cum verbo prædicationis utitur, quis hunc tanta plenum largitate conspiciens, a gratia æstimet largitoris alienum? Et tamen superna dispensatio largitur huic dona operis, et sortem denegat hæreditatis; operandi munera cumulat; et tamen vitam operantis ignorat, quia cum perceptum munus ad laudem propriam trahitur, in conspectu lucis intimæ umbra elationis obscuratur. Unde et bene subditur :

CAPUT XLIX.

VERS. 18. — *Si absorbuerit eum de loco suo, negabit eum, et dicet : Non novi te.*

85. *Hypocritæ reprobatio.* — De loco suo hypocrita absorbetur, cum a præsentis vitæ favoribus, morte interveniente, separatur. Sed hunc absorptum internus arbiter negat, seque eum nescire denuntiat, quia simulatoris vitam juste reprobando Veritas ignorat, nec recognoscit ejus bona quæ egit, quia hæc ex recta intentione non protulit. Unde et fatuis virginibus in judicium veniens dicet : *Amen dico vobis, nescio vos* (*Matth.* xxv, 12). In quibus dum mentis corruptionem considerat, carnis etiam incorruptionem damnat. Sed utinam hypocritis sua perditio sola sufficeret, et nequaquam perversa eorum studia ardenter alios [c] ad vitam duplicitatis instigarent. Hoc namque uniuscujusque proprium esse solet, ut qualis ipse fuerit, tales sibi conjungi et alios velit, diversitatem vitæ refugiat, atque hoc imitandum imprimat quod amat. Unde et apud hypocritarum sensum simplicitas omnis in crimine est. Apertas quippe mentes dijudicant, et puritatem cordis hebetudinem appellant; omnesque quos sibi adhærere cupiunt a simplicitatis itinere divertunt; et, quasi expulsa insipientia, eos erudisse se æstimant, in quibus puritatem mentis, id est, arcem sapientiæ, debellant. [*Vet.* XXXIX.] Quia vero non solum ex sua perversitate hypocrita, sed adjuncta etiam sequacium perditione reprobatur, postquam non cognosci a judice dicitur, recte protinus subinfertur :

CAPUT L.

VERS. 18, 19. — *Hæc est enim lætitia* [d] *viæ ejus ut rursum de terra alii germinentur.*

86. *Multiplex hypocritæ supplicium.* — Ac si aperte diceretur : Veniente judice, nequaquam cognoscitur, sed multipliciter supplicia recipit, quia eo latius in sua iniquitate lætatus est, quo et in aliis mala propagavit. Cui enim hic non sufficit iniquitas propria, lectionem habet.

---

[a] Ita cum Mss. Norm. et plerisque vet. Edit., ubi posteriores habent *publica*.
[b] Bigot. et Lyr., *sacræ lectionis.* Utic. utramque
[c] Gemet., Germ., Longip., *ad viam*.
[d] Gemet. et Germ., *vitæ*.

torqueatur illic necesse est et merito reatus alieni. Nunc itaque simulatores gaudeant, et humana judicia se obtinuisse glorientur; despiciatur justorum simplicitas, atque a calliditate duplicium fatuitas vocetur; ᵃ citius despectus simplicium transit, citius duplicium gloria percurrit. Unde et apte subjungitur:

CAPUT LI [Rec. XXXI].

VERS. 20.— *Deus non projiciet simplicem, nec porriget manum malignis:*

285 87. *Propter bona non bona intentione facta, et propter dolos.* — Quia nimirum districtus in judicio apparens, et despectum simplicium glorificando eriget, et malignorum gloriam reprobando confringet. Maligni enim vocantur hypocritæ, qui bona non bene faciunt, et recta ᵇ quæque sub studio laudis operantur. Manum vero cui porrigimus, hunc videlicet ab imis elevamus. Malignis ergo Deus manum non porrigit, quia quærentes terrenam gloriam in imo derelinquit, et quamlibet recta videantur esse quæ agunt, hos ad gaudia superna non provehit. Vel certe ideo maligni appellantur hypocritæ, quia benignitatem erga proximos ostendunt, et dolos suæ iniquitatis operiunt. Per omne namque quod vel faciunt, vel loquuntur, simplicitatem exterius exhibent, sed subtilitate interius duplicitatis callent; puritatem superficie simulant, sed semper malitiam sub specie puritatis occultant. Quos contra bene per Moysen dicitur: *Non indues vestem ex lana linoque contextam* (*Deut.* XXII, 11, 12). Per lanam quippe simplicitas, per linum vero subtilitas designatur. Et nimirum vestis, quæ ex lana linoque conficitur, linum interius celat, lanam in superficie demonstrat. Vestem ergo ex lana linoque contextam induit, qui in locutione vel actione qua utitur intus subtilitatem malitiæ operit, et simplicitatem foras innocentiæ ostendit. Quia enim sub puritatis imagine deprehendi calliditas non valet, quasi sub lanæ grossitudine linum latet. Bene autem ᶜ post reprobationem duplicium justorum remuneratio demonstratur, cum protinus subditur:

CAPUT LII.

VERS. 20, 21. — *Donec impleatur risu os tuum, et labia tua jubilo.*

88. *Sanctorum risus post luctum. Jubilum.* — Os quippe justorum tunc risu replebitur, cum eorum corda, finitis peregrinationis fletibus, æternæ lætitiæ exsultatione satiabuntur. De hoc risu discipulis Veritas dicit: *Mundus gaudebit, vos autem contristabimini; sed tristitia vestra vertetur in gaudium* (*Joan.* XVI, 20). Et rursum: *Videbo vos, et gaudebit cor vestrum, et gaudium vestrum nemo auferet a vobis* (*Ibid.*, 22). De hoc risu sanctæ Ecclesiæ Salomon ait: *Ridebit in die novissimo* (*Prov.* XXXI, 25). De hoc iterum ᵈ dicitur: *Timenti Dominum, bene erit in extremis* (*Eccli.* I, 13). ᵉ Non autem tunc risus erit corporis, sed risus cordis. Risus enim nunc corporis de lascivia dissolutionis, nam risus cordis tunc de lætitia nascetur securitatis. Cum ergo electi omnes implentur gaudio manifestæ contemplationis, quasi ad hilaritatem risus exsiliunt in ore mentis. Jubilum vero dicimus, cum tantam lætitiam corde concipimus, quantam sermonis efficacia non explemus; et tamen mentis exsultatio hoc quod sermone non explicat voce sonat. Bene autem os risu impleri dicitur, labia jubilo, quia in illa æterna patria, cum justorum mens in exsultationem rapitur, lingua in cantum laudis elevatur. Qui quoniam tantum vident, quantum dicere non valent, in risu jubilant, quia non explendo resonant quod amant.

[*Vet. XL.*] 89. *Reproborum nunquam finienda supplicia. Vis particulæ* donec. — *Donec* autem dicitur, non quo omnipotens Deus eousque malignos non sublevat, quousque electos suos in jubilationis gaudia assumat, ac si post a pœna eripiat quos ante in culpa deserens damnat; sed quo hoc nequaquam vel ante **286** judicium faciat, cum dubium hominibus videri possit an fiat. Nam post electorum suorum jubilum, quia malignis manum non porrigat, ex ipsa jam districtione ultimi examinis constat. Sic namque et per Psalmistam dicitur: *Dixit Dominus Domino meo: Sede a dextris meis, donec ponam inimicos tuos scabellum pedum tuorum* (*Psal.* CIX, 1, 2), non quo a dextris Domini nequaquam Dominus sedeat, postquam inimicos illius feriens ejus potestati substernit, sed quo in æterna cunctis beatitudine præsidet, et prius quam rebellium suorum corda conculcet. In qua nimirum constat quia subjectis hostibus sine fine et posterius regnat. Sic per Evangelium de Mariæ sponso dicitur: *Et non cognovit eam, donec peperit filium suum primogenitum* (*Matth.* I, 25); non quo hanc post nativitatem ᶠ Domini cognoverit, sed quo nequaquam illam contigit, etiam cum conditoris sui matrem esse nescivit. Nam quia eam nequaquam contingere valuit, postquam redemptionis nostræ ex ejus utero celebrari mysterium agnovit, de illo profecto tempore necesse erat ut evangelista testimonium ferret, de quo propter Joseph ignorantiam dubitari potuisset. Sic itaque nunc dicitur: *Deus non projiciet simplicem, nec porriget manum malignis, donec impleatur risu os tuum, et labia tua jubilo.* Ac si aperte diceretur: Vitam simplicium nec ante judicium deserit et malitiosorum mentes deserendo percutere, nec prius quam appareat prætermittit. Nam quia sine fine reprobos cruciet, et electi ejus in perpetuum postquam apparuerit regnent, profecto dubium non est. Sequitur:

ᵃ Coc. et poster. Ed., *cui et*, pro *citius*, quod legitur tum in Mss. Anglic. et Norm., tum in anterioribus Vulgatis.

ᵇ Gilot., Vatic., Gussanv., post Coc., *recta quæ agere videntur, sub studio.*

ᶜ Ita omnes Mss. nostri, non, ut legitur in Editis, *post reproborum supplicia.*

ᵈ Mss., *dicit*; qua lectione Ecclesiastici verba Salomoni a Gregorio contra morem tribuuntur.

ᵉ Corb. Germ., *tunc risus erit non corporis.*

ᶠ In pler. Mss., *Dei.* In Ulic. antiqua manus, pro *Dei*, scripsit *Domini.* Mox in cod. et in Corb. Germ., in Lyr. et Bigot., *sed nequaquam*, omisso *quo.*

CAPUT LIII [Rec. XXXII].

VERS. 22. — *Qui oderunt te induentur confusione.*

90. *Reprobi unde erubescent in die judicii.* — Justorum hostes in extremo examine confusio induit, quia cum transacta mala redundare sibi ante oculos mentis aspexerint, suus eos undique deprimens reatus vestit. Ad pœnam quippe tunc factorum suorum memoriam tolerant, qui nunc quasi a sensu rationis extranei gaudentes peccant. Ibi vident quantum debuerint fugere quod amaverunt, ibi conspiciunt quam lugubre fuerit quod nunc in culpa gratulantur. Tunc animum reatus obnubilat, et recordationis suæ jaculis ipsa se conscientia impugnat. Quis igitur digne penset iniquorum confusio quanta tunc erit, quando et foris æternus judex cernitur, et intus ante oculos culpa versatur? Qui ad hæc idcirco perveniunt, quia sola hic transeuntia dilexerunt. Unde et apte mox subditur:

CAPUT LIV.

IBID. — *Et tabernaculum impiorum non subsistet.*

91. *Quæ circa terrena bona reproborum affectio. Quæ justorum.* — Tabernaculum quippe construitur ut ab æstu corpus et frigore defendatur. Quid itaque hoc loco tabernaculi nomine nisi ædificatio terrenæ felicitatis exprimitur, per quam super se reprobi casura multiplicant, ut se a præsentis vitæ necessitatibus quasi ab æstu et imbribus defendant? Honoribus namque excrescere ambiunt, ne despecti videantur. Terrena aggregando exaggerant, ne inopiæ frigore tabescant. Contemnunt curare quod sequitur, et tota intentione satagunt ne quid in præsentibus desit. Student nomen dilatare, ne lateant; et si cuncta ad desiderium suppetant, munitos se in omnibus et felices putant. Ubi ergo 287 mentis habitationem construunt, ibi procul dubio tabernacula fixerunt. Adversa impatienter perferunt, remisse in prosperis lætantur. Sola quæ adsunt cogitant, nec ad affectum cœlestis patriæ ulla recordatione respirant. Gaudent sibi suppetere bona quæ cupiunt; atque ubi carne requiescunt, ibi et mentem exstinguendo sepeliunt, quia, sæcularis curæ telo trucidati, terrenarum rerum aggerem, quem foras exquirendo multiplicant, hunc semper interius per cogitationem portant.

92. [*Vet. XL.*] At contra justi nec oblata bona hic pro magno suscipiunt, nec illata mala valde pertimescunt. Sed et cum bonis præsentibus utuntur, ventura mala metuunt; et cum de malis præsentibus gemunt, bonorum sequentium amore consolantur. Sicque temporali refoventur subsidio, sicut viator in stabulo utitur lecto : pausat, et recedere festinat; quiescit corpore, sed ad aliud tendit mente. Nonnunquam vero et adversa perpeti appetunt, in transitoriis prosperari refugiunt, ne delectatione itineris a patriæ perventione tardentur, ne gressum cordis in via peregrinationis ligant, et quandoque ad conspectum cœlestis patriæ [a] sine remuneratione perveniant. Gaudent despici, nec dolent se necessitatibus affligi. Qui ergo contra præsentia se adversa non muniunt, quasi contra æstus et pluvias habere tabernaculum nolunt. Unde et Petrus jure reprehenditur, quia necdum mentis perfectione roboratus, veritatis claritate cognita, in terra figere tabernaculum conatur (*Matth.* XVII, 4; *Marc.* IX, 2). Justi itaque hic se construere negligunt, ubi peregrinos se et hospites noverunt. Quia enim in propriis gaudere desiderant, esse in alieno felices recusant. Injusti autem quanto longius ab æternæ patriæ hæreditate divisi sunt, tanto in terra altius fundamenta cogitationis figunt.

288 Hinc est quod ab ipso humanæ conditionis exordio, in electa prole Enoch septimus nascitur. Hinc est quod Cain primum filium Enoch vocat, atque ex ejus nomine civitatem quam condidit appellat (*Genes.* IV, 17); Enoch quippe dedicatio dicitur. Iniqui ergo se in primordiis dedicant, quia in hac vita, quæ ante est, cordis radicem plantant, ut hic ad votum floreant, et a sequenti patria funditus arescant. Justis vero Enoch septimus oritur, quia eorum vitæ festa [b] dedicatio in fine servatur. Hinc est quod, attestante Paulo, Abraham in casulis habitat (*Hebr.* XI, 19), quia habentem fundamenta civitatem, quam supernus artifex construxit, exspectat. Hinc est quod Jacob greges ovium sequens humilior, graditur (*Genes.* XXXIII, 14), atque huic Esau obviam veniens tumultu multiplicis comitatus elevatur, quia nimirum et electi hic elationem non habent, et in bonis carnis reprobi læti tument. Hinc ad Israel Dominus dicit : *Si elegeris unum de populo terræ, et constitueris principem super te, non faciet sibi equos et equites* (*Deut.* XVII, 16). Et tamen primus rex ab eodem populo electus, repente ut culmen potestatis attigit, tria millia sibimet equites elegit, in elationem protinus prodiit, ad ædificationem percepti culminis erupit (*I Reg.* XIII, 2), quia foras restringere sub æqualitate non poterat quod intus animus super cæteros tumebat. Quasi munitum sibi dives ille tabernaculum construxerat, qui dicebat : *Anima, habes multa bona reposita in annos multos ; requiesce, comede et bibe, et epulare* (*Luc.* XII, 19). Sed quia ejus tabernaculum in veritatis fundamento non subsistit, illico audivit : *Stulte, hac nocte repetunt animam tuam abs te; quæ præparasti, cujus erunt* (*Ibid.*, 20)? Bene ergo dicitur : *Tabernaculum impiorum non subsistet,* quia vitæ fugientis amatores, dum studiose se in præsentibus construunt, repente [c] ad æterna rapiuntur.

---

[a] Unus Vindoc. et Edit. Froben., *sine mora.*
[b] Ita omnes Mss. In Editis, *festa dedicatione,* et paulo superius, *ex justis,* ubi unanimiter Mss. habent *justis.*
[c] Ita Mss. Bellov., Vindoc., Norm., etc., quæ in Excusis explicationis gratia sic leguntur, *ad æternam pœnam rapiuntur.*

LIBER NONUS.
CAPUT NONUM CUM TOTO DECIMO EXPLANAT.

CAPUT PRIMUM.

287 1. *Perversi recta ut prava adversantium dicta rejiciunt; secus boni.* — Perversæ mentes si semel ad studium contrarietatis eruperint, sive pravum, seu rectum quid a contradicentibus audiant, adversis hoc responsionibus impugnant, quia cum persona per contrarietatem displicet, nec recta quæ protulerit placeat. At contra bonorum corda, quibus in odium non venit persona, sed culpa, sic perversa dijudicant, ut recta quæ dicuntur assumant: Discernendis quippe contradicentium sensibus æquissimi arbitri resident, et sic male prolata respuunt, ut tamen approbent quæ ex veritate cognoscunt: Solet namque inter spinarum multitudinem, etiam de frugis semine spica succrescere. Cauta ergo manu operantis agendum est, ut dum spina tollitur, spica nutriatur, quatenus qui studet eradicare quod pungit, noverit servare quod reficit. Unde et beatus Job, quia Baldad Suhites recte per inquisitionem dixerat : *Nunquid Deus supplantat judicium, aut Omnipotens* **288** *subvertit quod justum est (Job.* VIII, 3)? quia vera in hypocritas robustaque protulerat, bene hæc et contra pravos generaliter prolata conspiciens, studium propriæ defensionis caleat, atque audita protinus approbat, dicens :

CAPUT II. [Rec. II].

Cap. IX; VERS. 2. — *Vere scio quod ita sit, et quod non* [a] *justificatur homo compositus Deo.*

2. *Deo supponi debemus, non componi.* — Homo quippe [b] Deo suppositus justitiam percipit, compositus amittit, quia quisquis se auctori bonorum comparat, bono se quod acceperat privat. Qui enim accepta bona sibi arrogat, suis contra Deum donis pugnat. Unde ergo despectus erigitur, dignum est ut erectus inde destruatur. Sanctus autem vir, [c] quia omne virtutis nostræ meritum esse vitium conspicit, si ab interno arbitro districte judicetur, recte subjungit :

CAPUT III.

Si voluerit contendere cum eo, non poterit respondere ei unum pro mille.

289 3. *Dona Dei amittit qui de eis extollitur.* — In Scriptura sacra millenarius numerus pro universitate solet intelligi. Hinc etenim Psalmista ait : *Verbi quod mandavit in mille generationes* (Psal. civ, 8); cum profecto constet, quod ab ipso mundi exordio usque ad Redemptoris adventum, per Evangelistam non amplius quam septuaginta et septem pro-

[a] Editi etiam antiq., *justificabitur*; contra Mss. fidem.
[b] Vulgati, *Deo non compositus*. Editio tamen Paris. 1495 convenit cum Mss. Nostram quoque lect. annotavit Gilot. ad marg.
[c] Vindoc., Ebroic., Bajoc., Lyr., Bigot., Utic., *quia omnes virtutes nostræ mentis esse vitium conspicit*. In Utic. olim legebatur ut in Editis, *quia omne,*

A paginæ numerentur (*Luc.* III, 38). Quid ergo in millenario numero, nisi ad proferendam novam sobolem perfecta universitas præscitæ generationis exprimitur? Hinc et per Joannem dicitur : *Et regnabunt cum eo mille annis* (Apoc. xx, 6), quia videlicet regnum sanctæ Ecclesiæ universitatis perfectione solidatur. Quia vero [d] monas multiplicata in denarium ducitur, denarius per semetipsum ductus in centenarium dilatatur, qui rursus per denarium ductus in millenarium tenditur, cum ab ullo incipimus, ut ad millenarium veniamus, quid hoc loco unius appellatione, nisi bene vivendi initium, quid millenarii numeri amplitudine nisi ejusdem bonæ vitæ perfectio designatur? Cum Deo autem contendere est non ei tribuere, sed sibi gloriam suæ virtutis arrogare. Sed sanctus vir conspiciat quia et qui summa jam dona perceperit, si de acceptis extollitur, cuncta quæ acceperat amittit, et dicat : *Si voluerit contendere cum eo, non poterit respondere ei unum pro mille.* Qui enim cum auctore contendit, unum pro mille respondere non sufficit, quia qui de perfectione se erigit, habere se bene vivendi nec initium ostendit. Unum namque pro mille respondere non possumus, quia cum de bonæ vitæ perfectione extollimur, hanc nos nec inchoasse monstramus. Sed tunc de nostra infirmitate verius concutimur, si quam sit immensa potentia judicis, considerando pensamus. Unde et subditur :

CAPUT IV [Vet. II].

VERS. 4. — *Sapiens corde est, et fortis robore.*

4. *Deus ut sapiens falli, ut fortis vitari non potest.* — Quid mirum si conditorem sapientium, sapientem dicimus, quem ipsam esse sapientiam scimus? Et quid mirum quod fortem esse memorat, quem hanc ipsam esse fortitudinem nullus ignorat? Sed sanctus vir duobus verbis in laudem auctoris prolatis, aliquid nobis intimat, unde nos ad cognitionem nostram trepidos reducat. Sapiens quippe Deus dicitur, quia occulta nostra subtiliter agnoscit; et esse fortis adjungitur, quia valenter cognita percutit. Nec falli ergo a nobis, quia sapiens; nec vitari, quia fortis est, valet. Nunc ut sapiens omnia invisibilis aspicit, tunc ut fortis sine ullo obstaculo quos reprobat punit. Qui hoc quoque loco forti sapientia ordinat, ut humana mens cum contra auctorem se elevat, ipsa se sua elatione confundat. Unde et subditur :

CAPUT V.

Ibid. — *Quis* [e] *restitit ei, et pacem habuit?*

5. *Qui Deo resistit, pace cadit. Resistere Deo quid*

etc. Mox in laud. Mss. *judicentur*, pro *judicetur.*

[d] In Turon., Bellovac., Gemet. aliisque Norman., *monas multiplicatus.* In Vindoc. tamen legitur *monas multiplicata.* In omnibus autem omittitur *decies,* quod Coccius primum addidit, deinde alii Edit. ante *multiplicata.*

[e] Gemet. et Corb. Germ. : *Quis resistit ei, et pacem habuit?*

sit. — Qui enim cuncta mirabiliter creat, ipse, ut creata sibimet conveniant ordinat. In quo ergo conditori resistitur, pacis conventio dissipatur; quia ordinata esse nequeunt, quæ superni moderaminis dispositionem perdunt. Quæ enim subjecta Deo in tranquillitate [a] persisterent, ipsa se sibimet dimissa confundunt, quia in se pacem non inveniunt, cui venienti desuper in auctore contradicunt. Sic summus ille angelicus spiritus, qui subjectus Deo in culmine stare potuisset, [b] semetipsum repulsus patitur, quia per naturæ suæ inquietudinem foras vagatur. Sic primus humani generis parens, quia auctoris præcepto restitit, carnis protinus contumeliam sensit; et quia subesse conditori per obedientiam noluit, sub semetipso prostratus, et pacem corporis protinus amisit. Bene ergo dicitur : *Quis restitit ei, et pacem habuit?* quia perversa mens unde se contra auctorem erigit, inde se in semetipsa confundit. Resistere autem Deo dicitur, cum repugnare ejus dispositionibus conamur. Neque enim nostra infirmitas incommutabili ejus sententiæ obviat, sed tamen quod expere non valet tentat. Nam sæpe humana infirmitas occultæ vim dispositionis agnoscit, et tamen hanc si mutare valeat appetit. Contraire salagit, sed ipso se gladio contradictionis frangit. Ordini interno renititur, sed suis victa conatibus ligatur. Habere ergo pacem resistens non potest, quia dum superbiam confusio sequitur, quod stulte per culpam geritur, [c] hoc in agentis pœnam mirabiliter ordinatur. Sed vir sanctus, virtute prophetici spiritus plenus, cum confusionem generaliter humanæ superbiæ conspicit, ad speciale malum protinus plebis Israeliticæ oculos mentis tendit, et quæ pœna elatos omnes maneat, ex unius gentis interitu ostendit. Nam repente subjungit, dicens :

CAPUT VI.

VERS. 5. — *Qui transtulit montes, et nescierunt hi, quos subvertit in furore suo.*

6. *Prædicitur verbi Dei prædicatio a Judæis ad gentes transferenda.* — In Scriptura sacra sæpe montium nomine prædicantium altitudo signatur de quibus per Psalmistam dicitur : *Suscipiant montes pacem populo tuo* (*Psal.* LXXI, 5). Electi quippe prædicatores æternæ patriæ non immerito montes vocantur, quia per vitæ suæ celsitudinem ima terrarum deserunt, et cœlo propinqui fiunt. Sed montes Veritas transtulit, cum prædicatores sanctos a Judæa obduratione subtraxit. Unde recte etiam per Psalmistam dicitur : *Transferentur montes in cor maris* (*Psal.* XLV, 3). In cor enim maris montes translati sunt cum prædicantes apostoli a Judææ perfidia repulsi, ad intellectum gentilium venerunt. Unde ipsi quoque in suis Actibus dicunt : *Vobis oportebat primum loqui verbum Dei; sed quia repellitis illud, et indignos vos judicastis æternæ vitæ; ecce convertimur ad gentes* (*Act.* XIII, 46). Sed hanc eamdem translationem montium illi ipsi nescierunt, qui in Domini furore subversi sunt, quia cum de suis finibus Hebræi apostolos pellerent, lucrum se fecisse arbitrati sunt; quod prædicationis lumen amiserunt. Exigentibus quippe meritis, justa animadversione percussi, tanto intelligentiæ errore cæcati sunt, ut quod lucem perderent, hoc esse gaudium putarent. Sed repulsis apostolis, per Romanum protinus principem Titum Judæa destruitur, atque in cunctis gentibus sparsa dissipatur. Unde et translatis montibus recte subjungitur :

CAPUT VII [*Vet. III*].

VERS. 6. — *Qui commovet terram de loco suo, et columnæ ejus concutientur.*

7. *Judæorum dispersio prædicitur.* — De loco quippe suo commota est cum plebs Israelitica, de Judææ finibus evulsa, nimirum colla gentibus subdidit, quia subdi auctori recusavit. Quæ scilicet terra columnas habuit, quia in sacerdotes et principes, legis doctores atque Pharisæos, ruitura ejus [d] pertinaciæ structura surrexit. In ipsis namque litteræ ædificium tenuit, et tranquillitatis suæ tempore, sacrificiorum carnalium quasi superimpositæ fabricæ onera portavit. Sed translatis montibus, columnæ concussæ sunt, quia subductis a Judæa apostolis, nec ipsi vivere in illa permissi sunt, qui ab illa vitæ prædicatores expulerunt. Dignum quippe erat ut terrenam patriam subacti perderent, cujus amore nequaquam veriti sunt cœlestis patriæ milites impugnare. Sed expulsis sanctis doctoribus, Judæa fundatus [e] torpuit, et justo judicantis examine in erroris sui tenebris mentis oculos clausit. Unde et adhuc subditur :

CAPUT VIII [*Rec. III*].

VERS. 7. — *Qui præcipit soli, et non oritur; et stellas claudit quasi sub signaculo.*

8. *Prædicatoribus expulsis Judææa lux defuit.* — Aliquando namque in sacro eloquio solis nomine, prædicatorum claritas designatur; sicut per Joannem dicitur : *Factus est sol ut saccus cilicinus* (*Apoc.* VI, 12). In extremo quippe tempore sol quasi cilicinus saccus ostenditur, quia fulgens vita prædicantium, ante reproborum oculos aspera et despecta monstratur. Qui stellarum quoque claritate figuratur, quia dum recta peccatoribus prædicant, tenebras nostræ noctis illustrant. Unde et subtractis prædicatoribus, per prophetam dicitur : *Prohibitæ sunt stellæ*

---

[a] Ita fere omnes Mss. nostri. Longipont. habet, *in tranquillitate perstiterunt. Ipsa sibimet dimissa rectitudinis ordinem confundunt.* Iu. Veter. Edit. legitur, *in tranquillitate persistunt.* Vindoc. Mss. addunt negationem, *in tranquillitate non persistunt.* Recentiores Edit. habent, *in tranquillitate persistere nequeunt.*
[b] Germ. Corb., Germ., Longip., Turon., Bajoc., *a semetipso repulsus patitur.*
[c] Primus Vindoc. et Corb. Germ., *hoc in agentis*
virtute mirabiliter ordinatur; alter Vindoc., *hoc in agentis pœna*; vel *ex judicantis vindicta immutabiliter ordinatur.*
[d] In Vulgatis, *fabricæ* pro *pertinaciæ*, quod legitur in Vindoc., Turon., Norman., etc.
[e] Sic restituimus ex Mss. pene omnibus, pro *corruit*, quod habent Excusi.
[f] Vide infra, num. 15, not. [b].

pluviarum *(Jerem.* III, 3). Quia vero sol per diem fulget, stellæ obscuritatem noctis irradiant; et plerumque in sacro eloquio diei appellatione æterna patria, noctis autem nomine præsens vita signatur: prædicatores sancti ut sol nostris oculis fiunt cum contemplationem nobis veræ lucis aperiunt, et velut stellæ in tenebris lucent cum per activam vitam ª profuturi nostris necessitatibus terrena disponunt. Quasi in die ut sol coruscant cum ad contemplandam internæ claritatis patriam mentis nostræ aciem sublevant; et quasi stellæ in nocte resplendent, quia et cum terrena agunt offensurum jamjamque nostri operis pedem exemplo suæ rectitudinis dirigunt. Sed quia expulsis prædicatoribus non fuit qui plebi Judaicæ in perfidiæ suæ nocte remanenti vel claritatem contemplationis ostenderet, vel activæ vitæ lumen aperiret (veritas quippe, quæ hanc repulsa deseruit, subtracto prædicationis lumine, merito suæ pravitatis excæcavit), recte dicitur: *Qui præcipit soli, et non oritur; et stellas claudit quasi sub signaculo.* Oriri quippe ei solem noluit, a qua prædicantium animum divertit. Et quasi sub signaculo stellas clausit, qui dum prædicatores suos per silentium intra semetipsos retinuit, cæcis iniquorum ᵇ sensibus cœleste lumen abscondit.

[*Vet. IV.*] 9. *Judæa ad fidem est revocanda.* — Pensandum vero est quia idcirco aliquid sub sigillo claudimus, ut hoc cum tempus congruit ad medium proferamus. Et sacro eloquio attestante didicimus quod Judæa, quæ nunc deseritur, **292** ad sinum fidei in fine colligatur. Hinc namque per Isaiam dicitur: *Si fuerit numerus filiorum Israel quasi arena maris, reliquiæ salvæ fient* (*Isai.* x, 22, *sec. Sept.*). Hinc Paulus ait: *Donec plenitudo gentium* ᶜ *introiret, et sic omnis Israel salvus fieret* (*Rom.* XI, 25). Qui igitur prædicatores suos nunc Judææ oculis subtrahit, sed postmodum ostendit, quasi sub signaculo stellas clausit, ut, absconsis prius, et post coruscantibus, astrorum spiritalium radiis, ᵈ noctem suæ perfidiæ et nunc repulsa non videat, et tunc illuminata deprehendat. Hinc est quod duo illi eximii prædicatores dilata morte subtracti sunt, ut ad prædicationis usum in fine revocentur. De quibus per Joannem dicitur: *Hi sunt duæ olivæ, et duo candelabra in conspectu Domini terræ stantes* (*Apoc.* XI, 4). Quorum unum in Evangelio per semetipsam Veritas pollicetur, dicens: *Elias venturus est, et restituet omnia* (*Matth.* XVII, 11). Quasi ergo sub signaculo stellæ clausæ sunt, qui et nunc occultantur ne appareant, et post ut prodesse valeant apparebunt. Sed tamen plebs Israelitica, quæ ubertim in fine colligetur, in ipsis sanctæ Ecclesiæ exordiis crudeliter obduratur. Nam prædicatores veritatis renuit, verba adjutorii sprevit. Quod tamen mira auctoris dispensatione agitur, ut nimirum prædicantium gloria, quæ recepta in uno populo latere poterat, in cunctis gentibus repulsa dilatetur. Unde et apte mox subditur:

CAPUT IX [*Rec. IV.*]

VERS. 8.—*Qui extendit cœlos solus.*

10. *Evangelium a Judæis repelli permisit Deus, ut in omnes gentes diffunderetur.*— Quid namque cœlorum nomine nisi hæc eadem cœlestis prædicantium vita designatur? De quibus per Psalmistam dicitur: *Cœli enarrant gloriam Dei* (*Psal.* XVIII, 1). Ipsi igitur cœli, ipsi sol esse memorantur; cœli scilicet, quia intercedendo protegant; sol autem, quia prædicando vim luminis ostendunt. Commota igitur terra, cœli extensi sunt, quia cum Judæa ad vim persecutionis infremuit, apostolorum vitam Dominus in cunctarum gentium cognitionem dilatavit; ᵉ et dum illa per judicium in mundum captiva dispergitur, isti ubique per gratiam in honorem tenduntur. Angusti quippe cœli fuerant, cum una plebs tot egregios prædicatores tenebat. Quis enim gentium Petrum nosset, si in solius Israelitici populi prædicatione remaneret? Quis Pauli virtutes agnosceret, nisi hunc Judæa ad nostram notitiam persequendo transmisisset? Ecce jam ᶠ qui flagris et contumeliis ab Israelitica plebe repulsi sunt per mundi fines honorantur. Solus ergo Dominus cœlos tetendit, qui secreti mira dispensatione consilii prædicatores suos unde permisit in una gente opprimi, fecit in mundi cardines inde dilatari. Sed neque ipsa hæc præsenti dedita mundo gentilitas, cum culpas ejus apostolorum lingua corripuit, verba vitæ libenter accepit. Nam protinus in elationem contradictionis intumuit, atque ad crudelitatem se persecutionis excitavit. Sed quæ prædicationis verbis contraire nititur, signorum citius admiratione temperatur. Unde apte quoque in auctoris laudem subjungitur:

CAPUT X [*Vet. et Rec. V*].

IBID.—*Et graditur super fluctus maris.*

293 11. *Gentilium persecutiones miraculorum virtute frangendæ.*—Quid enim maris nomine nisi in bonorum nece sæviens mundi hujus amaritudo signatur? De quo et per Psalmistam dicitur: *Congregans quasi in utre aquas maris* (*Psal.* XXXII, 7). Aquas etenim maris quasi in utre Dominus congregat cum, miro moderamine cuncta disponens, ᵍ in suis clausas cordibus carnalium minas frenat. Super fluctus ergo maris Dominus graditur, quia cum se procellæ persecutionis erigunt, miraculorum ejus obstupefactione franguntur. Qui enim tumores humanæ vesaniæ mitigat, quasi erectas

---

ª Ex plur. variis lect. seu Mss. seu Excusorum hanc eregimus, quæ est Mss. Corb. Germ., Gemet., German., nobilioremque sensum continet. Editi, *pro futuris necessitatibus nostris.*

ᵇ Ed., *mentibus*, ubi Corb. Germ., Vindoc., Turon., Norm., habent *sensibus*, quos religiose sequimur.

ᶜ Gemet., *introierit.* In Utic. olim ita legebatur; nunc autem *introiret.* Sic legitur in Turon. et plurimis.

ᵈ Gemet., *nocte perfidiæ suæ.*

ᵉ In Gemet. et Corb. Germ. deest *dum;* legiturque: *Et illa per judicium..... dispergitur*, etc. Abest, *captiva.*

ᶠ Ita plerique Mss., vel *flagellis.* Ed. cum Colbert., *qui plagis.*

ᵍ In Lyran. et Utic., pro diversa lect., annotatur ad marginem, *in suis clausas ordinibus.*

in cumulo undas calcat. Nam cum morem suum gentilitas destrui novæ conversationis prædicatione conspiceret, cum mundi hujus divites elationi suæ contraire viderent facta pauperum, cum sapientes sæculi adversari sibi imperitorum verba pensarent, in persecutionis protinus tempestatem tumuerunt. Sed qui, verborum adversitate commoti, ad persecutionis procellas insiliunt, signorum, ut diximus, admiratione temperantur. Tot ergo in his fluctibus Dominus gressus posuit, quot superbis persecutoribus miracula ostendit. Unde bene rursum per Psalmistam dicitur: *Mirabiles elationes maris, mirabilis* [a] *in excelsis Dominus* (*Psal.* xcii, 4), quia contra electorum vitam ad persecutionis undas mundus se mirabiliter extulit, sed has supernorum conditor [b] sublevata virtute prædicantium mirabilius stravit; ministros etenim suos plus ostendit posse per miracula; [c] quam potestates terrenæ tumuerant per iram. Quod bene etiam per Jeremiam Dominus exteriora narrans, interiora denuntians, dicit: *Posui arenam terminum mari, præceptum sempiternum quod non præteribit; et commovebuntur, et non poterunt, et intumescent fluctus ejus, et non transibunt* [d] *illum* (*Jerem.* v, 22). Arenam quippe Dominus mari terminum posuit, quia ad frangendam mundi gloriam abjectos et pauperes elegit. Cujus nimirum maris fluctus intumescunt, cum potestates sæculi ad commotionem persecutionis exsiliunt. Sed transire arenam nequeunt, quia despectorum miraculis et humilitate franguntur. Sed dum mare sævit, dum per insaniæ suæ fluctus erigitur, quia tamen virtutis intimæ ostensione calcatur, sancta Ecclesia proficit, atque ad statum sui ordinis per temporum incrementa consurgit. Unde et apte mox subditur:

CAPUT XI [*Vet. et Rec. VI*].

Vers. 9.—*Qui facit Arcturum, et Orionas, et Hyadas, et interiora Austri.*

12. *Verbis sapientum mundi cur utatur Scriptura.*—Nequaquam sermo veritatis vanas Hesiodi, Arati, et Callimachi fabulas sequitur, ut Arcturum nominans, extremam stellarum septem caudam Ursæ suspicetur, et quasi Orion gladium teneat amator insanus. Hæc quippe astrorum nomina a cultoribus sapientiæ carnalis inventa sunt; sed Scriptura sacra idcirco eisdem vocabulis utitur, ut res quas insinuare appetit notitia usitatæ appellationis exprimantur. Nam si astra quæ vellet per ignota nobis nomina diceret, homo, pro quo hæc eadem Scriptura facta est, nesciret procul dubio quid audiret. Sic igitur in sacro eloquio sapientes Dei sermonem trahunt a sapientibus sæculi, sicut in eo pro utilitate hominis vocem in se humanæ passionis ipse conditor hominum sumit. Deus, ut videlicet dicat: *Pœnitet me* **294** *fecisse hominem super terram* (*Genes.* vi, 6, 7); cum profecto constet quia is qui cuncta prius quam veniant conspicit, nequaquam postquam aliquid fecerit pœnitendo resipiscat. Quid ergo mirum si spiritales viri utuntur verbis carnalium, quando ipse ineffabilis et creator omnium Spiritus, ut ad intellectum suum carnem pertrahat, in se ipso carnis sermonem format? In Scriptura igitur sacra dum nota astrorum nomina audimus, de quibus astris sermo moveatur agnoscimus. Cum vero quæ narrentur astra perpendimus, restat ut ex eorum motibus ad spiritualis intelligentiæ arcana surgamus. Neque enim juxta litteram mirum aliquid dicitur, quod Deus Arcturum, Orionas, et Hyadas fecit, de quo nimirum constat quia omnino in mundo nihil sit quod ipse non fecerit. Sed sanctus vir hæc fecisse Dominum dicit: per quæ signari proprie ea quæ spiritaliter geruntur intelligit.

13. *Arcturus significat Ecclesiam.* —Quid namque Arcturi nomine, qui, in cœli axe constitutus, septem stellarum radiis fulget, nisi Ecclesia universalis exprimitur, quæ in Joannis Apocalypsi per septem Ecclesias septemque candelabra figuratur (*Apoc.* 1, 12, 20)? Quæ dum dona in se septiformis gratiæ Spiritus continet, claritate summæ virtutis irradians, quasi ab axe veritatis lucet. [*Vet. VII.*] Pensandum quoque est quod Arcturus semper versatur, et nunquam mergitur, quia et sancta Ecclesia persecutiones iniquorum sine cessatione tolerat, sed tamen usque ad mundi terminum sine defectu perdurat. Sæpe namque eam reprobi, quia usque ad internecionem persecuti sunt, quasi hanc se funditus exstinxisse crediderunt; sed eo multiplicius ad statum sui provectus rediit, quo inter manus persequentium moriendo laboravit. Arcturus ergo dum versatur erigitur, quia tunc sancta Ecclesia valentius in veritate reficitur, cum ardentius pro veritate fatigatur.

14. *Oriones martyres.* — Unde apte quoque post Arcturum protinus Orionas subdit. Oriones quippe in ipso pondere temporis hiemalis oriuntur, suoque ortu tempestates excitant, et maria terrasque perturbant. Quid igitur post Arcturum per Orionas nisi martyres designantur? Qui, dum [e] sancta Ecclesia ad statum prædicationis erigitur, pondus persequentium molestiasque passuri, ad cœli faciem quasi in hieme venerunt. His etenim natis, mare terraque turbata est, quia dum gentilitas mores suos destrui, apparente illorum fortitudine, doluit, in eorum necem non solum iracundos ac turbidos, sed etiam placidos erexit. Ex Orionibus itaque hiems inhorruit, quia, clarescente sanctorum constantia, frigida mens infidelium ad tempestatem se persecutionis excitavit. Orionas ergo cœlum edidit, cum sancta Ecclesia martyres misit. Qui dum loqui recta rudibus ausi sunt, omne pondus ex frigoris adversitate pertulerunt.

---

[a] Vindoc., *mirabilis in altis.*
[b] Coc. et sequentes Edit., *sub elevata.*
[c] Antiquæ Edit., *quam potestates terrenas tumere.* Coc. et sequentes, *quam potestates terrenas quæ tumuerant.* Sequimur Mss.
[d] Plerique Mss., *illud*, quod ad præceptum commode referri potest. Retinuimus *illum* cum Vulgatis et Mss. Corb. Germ., et ad terminum referimus.
[e] Coc. et seq. Ed., *dum sanctam Eccl..... erigunt*, contra fidem Mss. In Corb. Germ. et uno Vindoc. legitur, *ad statum perfectionis vel prædicationis erigitur.*

15. *Hyades doctores.*—Bene autem protinus Hyades subdit, quæ juvenescente verno ad cœli faciem producunt, et cum jam sol caloris sui vires exerit ostenduntur. Illius quippe signi initiis inhærent quod sapientes sæculi Taurum vocant, ex quo augeri sol incipit, atque ad extendenda diei spatia ferventior exsurgit. Qui itaque post Orionas Hyadum nomine nisi doctores sanctæ Ecclesiæ designantur? Qui, subductis martyribus, eo jam tempore ad mundi notitiam venerunt quo fides clarius elucet, et, repressa infidelitatis hieme, altius per corda fidelium sol veritatis calet. Qui, remota tempestate persecutionis, *a* expletis noctibus longæ infidelitatis, tunc sanctæ Ecclesiæ exorti sunt, cum ei jam per credulitatis vernum lucidior annus aperitur. [*Vet. VIII.*] Nec immerito doctores sancti Hyadum nuncupatione signantur. Græco quippe eloquio ὑετὸς pluvia vocatur, et Hyades nomen a pluviis acceperunt, quia ortæ procul dubio imbres ferunt. Bene ergo Hyadum appellatione expressi sunt qui, ad statum universalis Ecclesiæ quasi in cœli faciem deducti, super arentem terram humani pectoris sanctæ prædicationis imbres fuderunt. Si enim prædicationis sermo pluvia non esset, Moyses minime dixisset : *Exspectetur sicut pluvia eloquium meum* (*Deut.* xxxii, 2) ; nequaquam per Isaiam Veritas diceret : *Mandabo nubibus, ne pluant super eam imbrem* (*Isai.* v, 6) ; atque hoc, quod paulo ante protulimus : *Quamobrem prohibitæ sunt* *b* *stellæ pluviarum* (*Jerem.* iii, 3). Dum ergo Hyades cum pluviis veniunt, ad cœli spatia altiora sol ducitur, quia, apparente doctorum scientia, dum mens nostra imbre prædicationis infunditur, fidei calor augetur. Et perfusa terra ad fructum proficit, cum lumen ætheris ignescit, quia uberius frugem boni operis reddimus, dum per sacræ eruditionis flammam in corde clarius ardemus. Dumque per eos diebus singulis magis magisque scientia cœlestis ostenditur, quasi interni nobis luminis vernum tempus aperitur, ut novus sol nostris mentibus rutilet, et eorum verbis nobis cognitus, se ipso quotidie clarior micet. *c* Urgente etenim mundi fine, superna scientia proficit, et largius cum tempore excrescit. Hinc namque per Danielem dicitur : *Pertransibunt plurimi, et multiplex erit scientia* (*Dan.* xii, 4). Hinc Joanni in priori parte revelationis angelus dicit : *Signa quæ locuta sunt septem tonitrua* (*Apoc.* x, 4). Cui tamen in ejusdem revelationis termino præcipit, dicens : *Ne signaveris verba prophetiæ libri hujus* (*Ibid.*, xxii, 10). Pars quippe revelationis anterior signari præcipitur, terminus prohibetur, quia quidquid in sanctæ Ecclesiæ initiis latuit, finis quotidie ostendit. Nonnulli vero a Græca *d* littera quæ *y* dicitur Hyadas nuncupatas arbitrantur. Quod si ita est, significationi quam diximus contrarium non est. Doctores enim his stellis non inconvenienter expressi sunt quæ a litteris nomen trahunt. Sed quamvis Hyades ab ejusdem litteræ visione non discrepent, certum tamen est quia ὑετὸς imber dicitur, *e* et ortæ pluvias apportant.

16. *In Ecclesia fulserunt apostoli, tum martyres, post doctores.*—Vir igitur sanctus redemptionis nostræ ordinem contemplatus admiretur, atque admirans exclamet, dicens : *Qui extendit cœlos solus, et graditur super fluctus maris ; qui facit Arcturum, et Orionas, et Hyadas.* Extensis etenim cœlis, Dominus formavit Arcturum, quia, in honorem deductis apostolis, in cœlesti conversatione fundavit Ecclesiam. Formato quoque Arcturo, fecit Orionas, quia, roborata fide universalis Ecclesiæ, contra procellas mundi edidit martyres. Editis quoque Orionibus, prætulit Hyadas, quia, convalescentibus contra adversa martyribus, ad infundendam ariditatem humanorum cordium doctrinam contulit magistrorum. Isti itaque sunt astrorum spiritalium ordines, qui, dum summis virtutibus eminent, semper ex supernis lucent.

17. *Quæ sanctis hinc migrantibus gloria præparata.*—Sed post ista quid restat, nisi ut sancta Ecclesia, laboris sui fructum recipiens, ad videnda supernæ patriæ intima perveniat? Unde apte, quia dixit, *Qui facit Arcturum, et Orionas, et Hyadas,* protinus addidit : *Et interiora Austri.* [*Vet. IX.*] Quid namque in hoc loco Austri nomine nisi fervor sancti Spiritus designatur? quo dum repletus quisque fuerit, ad amorem patriæ spiritalis ignescit. Unde et sponsi voce in Canticorum canticis dicitur : *Surge, Aquilo, et veni, Auster, perfla hortum meum, et* *f* *fluent aromata illius* (*Cant.* iv, 16). Austro quippe veniente, Aquilo surgens recedit, cum adventu sancti Spiritus expulsus antiquus hostis, qui in torpore mentem constrinxerat, deserit. Atque hortum sponsi Auster perflat, ut aromata defluant, quia nimirum dum sanctam Ecclesiam donorum suorum virtutibus Spiritus veritatis impleverit, ab ea longe lateque odores boni operis spargit. Interiora ergo Austri sunt occulti illi angelorum ordines, et secretissimi patriæ cœlestis sinus, quos implet calor Spiritus sancti. Illuc quippe sanctorum animæ et nunc corporibus exutæ et post corporibus restitutæ perveniunt, et *g* quasi astra in abditis occultantur. Ibi per diem, quasi in meridiano tempore, ardentius solis ignis accenditur, quia conditoris claritas, mortalitatis nostræ jam pressa caligine, manifestius videtur ; et velut sphæræ radius ad spatia altiora se elevat, quia de semetipsa nos veri-

---

a Ita fere omnes Mss. nostri, non, ut legitur in Edit., *expletis longis noctibus infidelitatis.* In solo Gemet. habetur *expletis longis noctis infidelitatibus.*

b Non legitur *stellæ,* sed *stillæ,* tum in Hebraico fonte, tum in vulgata translatione, aut in aliis sive versionibus, sive paraphrasibus. In Græca autem interpretatione, neutra vox occurrit. Manifestum tamen est Gregorium ita legisse.

c Lyran. et Bigot., *vergente.*
d In Edit. Gil., Vatic. et Guss., *quæ ypsilon dicitur.* Exprimimus lectionem præcedentium quæ est et Mss.
e Ita meliores Mss. At Editi, *eo quod exortæ.*
f Mss. Corb. Germ. et German., *fluant.*
g Ita vet. Edit. cum Vindoc., Gemet., Lyran., Bigot., Utic., Longip., etc., quorum loco Coc. et al. Edit. posuerunt, *quasi in Austri abditis.*

tas subtilius illustrat. Ibi lumen intimæ contemplationis sine interveniente cernitur umbra mutabilitatis; ibi calor summi luminis sine ulla obscuritate corporis; ibi invisibiles angelorum chori quasi astra in abditis emicant, quæ eo nunc ab hominibus videri nequeunt, quo flamma veri luminis altius perfunduntur. Valde itaque mirum est quod, missis apostolis, Dominus cœlos tetendit; quod, temperatis persecutionum tumoribus, maris fluctus gradiens repressit; quod solidata Ecclesia, Arcturum statuit; quod, roboratis contra adversa martyribus, Orionas misit; quod, repletis in tranquillitate doctoribus, Hyadas præbuit; sed post hæc valde est admirabile quod signum nobis cœlestis patriæ quasi interiora Austri præparavit.

18. *Sanctorum pulchritudo alia morum, alia præmiorum.* — Pulchrum est hoc omne quod quasi in cœli facie de divina dispensatione cernitur, sed longe illud et incomparabiliter pulchrius ad quod invisibiliter pervenitur. Unde bene iterum sponsus in sponsæ suæ laudibus dicit : *Quam pulchra es, amica mea, quam pulchra ! oculi tui columbarum, absque eo quod intrinsecus latet* (*Cant.* IV, 1). Pulchram narrat, et pulchram replicat, quia alia ei est pulchritudo morum in qua nunc cernitur, atque alia pulchritudo præmiorum in qua tunc per conditoris sui speciem sublevabitur. Cujus videlicet membra omnes electi, quia ad cuncta simpliciter incedunt, ejus oculi 237 columbarum vocantur, qui magna luce irradiant, quia et signorum miraculis coruscant. Sed quantum est omne hoc miraculum quod videri potest? Illud de internis miraculum est mirabilius quod videri nunc non potest. De quo illic apte subditur : *Absque eo quod intrinsecus latet.* Magna quippe gloria aperti operis, sed longe incomparabilis occultæ remunerationis. Quod ergo per beatum Job astrorum nomine, hoc Salomonis vocibus oculorum appellatione signatur; et quod per Salomonem dicitur : *Absque eo quod intrinsecus latet,* hoc nobis beatus Job intimat, cum Austri interiora commendat. Sed ecce vir sanctus exteriora ᵃ mirans, interiora considerans, aperta narrans, occulta penetrans, omne quod interius exteriusque agitur dicere conatur; sed opera summæ magnitudinis quando explicet lingua carnis? Unde et apte mox hæc eadem opera melius ᵇ deficiendo comprehendit dicens :

CAPUT XII [*Vet.* X].

Vers. 10. — *Qui facit magna, et inscrutabilia, et mirabilia, quorum non est numerus.*

19. *Dei opera facundius obstupescendo quam loquendo laudamus.* — Divinæ fortitudinis facta tunc verius explemus, cum hæc nos explere non posse cognoscimus; tunc facundius loquimur, cum ab his obstupescendo reticemus. Ad narranda quippe Dei opera habet defectus noster, quam sufficienter exerat linguam suam, ut quæ comprehendere idonee non valet, hæc idonee mutus laudet. Unde bene per Psalmistam dicitur : *Laudate eum in potentatibus ejus, laudate eum secundum multitudinem magnitudinis ejus* (*Psal.* CL, 2). Ille quippe Dominum secundum multitudinem magnitudinis ejus laudat, qui se succumbere in ejus laudis expletione considerat. Dicat ergo : *Qui facit magna, et inscrutabilia, et mirabilia, quorum non est numerus,* videlicet magna virtute, inscrutabilia ratione, innumerabilia multipliciter. Divina ergo opera, quæ explere dicendo non potuit, facundius deficiendo definivit. Sed in consideratione rerum cur longe extra nos ducimur, qui hoc ipsum quoque quod erga nos agitur ignoramus? Unde et apte subjungitur :

CAPUT XIII [*Rec* VII.]

Vers. 11. — *Si venerit ad me, non videbo eum; et si abierit, non intelligam.*

20. *Homo ita cæcus, ut gratiæ donum sæpe iram putet, ac vice versa.* — Seclusum quippe ab internis gaudiis genus humanum, exigente culpa, mentis oculos perdidit, et quo meritorum suorum passibus graditur nescit. Sæpe enim donum gratiæ est, quod iram deputat, et sæpe divinæ districtionis ira est, quod gratiam putat. Nam plerumque gratiam æstimat dona virtutum, et, tamen eisdem donis elatus corruit. Plerumque velut iram metuit adversa tentationum ; et tamen, eisdem tentationibus pressus, ad virtutum custodiam cautior exsurgit. Quis enim Deo se propinquare non æstimet cum supernis excrescere se muneribus agnoscit, cum vel prophetiæ donum, vel doctrinæ magisterium percipit, vel ad exercendam curationis gratiam convalescit? Et tamen sæpe mens, dum de virtutis suæ securitate resolvitur, insidiante adversario, inopinatæ culpæ telo perforatur; et inde a Deo in æternum longe fit, unde ei ad tempus sine cautelæ custodia propinquavit. [*Vet.* XI.] Et quis se derelictum jam gratia divina non deputet cum post experimentum munditiæ lacessiri se carnis tentationibus videt, inhonesta ad animum congeri, et ante cogitationis oculos nonnulla improba et immunda 238 versari? Et tamen cum fatigant ista, nec superant, nequaquam per pollutionem trucidant, sed per humilitatem servant, ut infirmum se animus in tentatione deprehendens, totum se ad Divinitatis adjutorium conferat, et sui fiduciam funditus amittat; sicque fit ut inde altius Deo inhæreat, unde se a Deo profundius cecidisse suspirabat. Accessus igitur recessusque Dei a mente nostra minime cognoscitur, quousque rerum alternantium finis ignoratur, quia et de tentatione incertum est utrum probet an trucidet, et de donis nequaquam deprehenditur utrum hic desertos remunerent, an in via nutriant, ut ad patriam perducant. Homo ergo ab internis gaudiis semel expulsus clausas contra se januas secreti spiritalis aspiciat, atque ad semetipsum foras projectus in carne gemat, et, cæcitatis suæ damna considerans, dicat : *Si venerit ad me, non videbo eum ; et si abierit, non in-*

ᵃ Sic leg. cum Mss. Turon., Vindoc., Corb. Germ., omnibus Norman., ubi Excusi, *nominans.*
ᵇ Mss. Anglic., Norman., Corb. Germ., Vindoc., Bellov., etc., ita habent, et quidem melius quam *definiendo,* quod legitur in Editis.

telligam. Ac si aperte deploret, dicens : Postquam semel sponte oculos perdidi, quoniam quæsitæ noctis cæcitatem patior, nec ortum jam, nec occasum solis agnosco. Et tamen homo qui infirmitatis pœna premitur, et cæcitatis suæ caligine gravatur, ad supernæ lucis judicium properat, ut suorum actuum rationem reddat. Unde et mox subditur :

CAPUT XIV [*Rec. VIII*].

VERS. 12. — *Si repente interroget, quis respondebit ei?*

21. *Deo judicanti aut percutienti respondere homo non sufficit.* — Repente Deus interrogat cum nos ad districtionem sui examinis inopinatos vocat. Sed interrogationi illius respondere homo non sufficit, quia si remota tunc pietate discutitur, in illo examine etiam justorum vita succumbit. Vel certe interrogat cum duris nos percussionibus pulsat, ut cum mens nostra magna de se in tranquillitate æstimat, semetipsam veraciter qualis sit in perturbatione deprehendat. Et plerumque quoniam percutitur gemit, sed respondere non sufficit, quia et ipsa ei percussionis suæ adversitas displicet; sed tamen semetipsum homo considerans, tacet, et divina judicia discutere metuit, quia esse se pulverem agnoscit. Unde et per Paulum dicitur : *O homo, tu quis es qui respondeas Deo* (*Rom.* IX, 20)? Respondere Deo non posse convincitur qui homo nominatur, quia per hoc quod de humo sumptus est, judicia superna discutere dignus non est. Unde hic quoque apte subjungitur :

CAPUT XV.

IBID. — *Vel quis ei dicere potest, cur ita facis?*

22. *Dei facta non discutienda, sed veneranda.* — Auctoris facta semper indiscussa veneranda sunt, quia injusta esse nequaquam possunt. Rationem quippe de occulto ejus ª consilio quærere nihil est aliud quam contra ejus consilium superbire. Cum ergo factorum causa non deprehenditur, restat ut sub factis illius cum humilitate taceatur, quia nequaquam sufficit sensus carnis, ut secreta penetret majestatis. Qui ergo in factis Dei rationem non videt, infirmitatem suam considerans, cur non videat rationem videt. Unde et per Paulum quoque subsequenter adjungitur : *Nunquid dicet figmentum ei qui se finxit : Quare me fecisti sic* (*Ibid.*)? Quo enim se cernit figmentum divini operis, eo semetipsum redarguit, ne contra manum resultet operantis, quia qui benigne quod non erat fecit, quod est, injuste non deserit. Ad semetipsam ergo in percussione mens redeat, et quod apprehendere non valet, non requirat, ne si divinæ iræ causa discutitur, amplius discussa provocetur; et quam placare humilitas poterat, inexstinguibiliter superbia accendat. Unde apte quoque de hac eadem ira protinus subditur :

CAPUT XVI [*Rec. IX*].

VERS. 13. — *Deus, cujus resistere iræ nemo potest, et sub quo curvantur qui portant orbem.*

23. *Qua ratione iræ Dei nemo resistat. Quæstionis solutio.* — Mirum valde est quod iræ Dei nullum posse resistere dicitur, cum multos indignationi supernæ animadversionis obviasse eloquia divina testentur. An non iræ Dei Moyses restitit, qui, pro cadente populo erectus, ipsum supernæ percussionis impetum mortis suæ ᵇ oblatione restrinxit, dicens : *Dimitte illis hanc noxam; alioqui dele me de libro tuo, quem scripsisti* (*Exod.* XXXII, 31)? An non iræ Dei Aaron restitit, cum inter viventes ac mortuos thuribulum sumpsit, atque animadversionis ignem incensi fumo temperavit (*Num.* XVI, 47, 48)? An non Phinees iræ Dei restitit, qui, luxuriantes cum alienigenis in ipso coitu trucidans, zelum suum divinæ indignationi obtulit, et furorem gladio placavit (*Num.* XXV, 11)? An non iræ Dei David restitit, qui, angelo ferienti se offerens, placationis gratiam et ante tempus propositum exegit (*II Reg.* XXIV, 25)? An non Elias iræ Dei restitit, qui longo jam tempore terra arente, subductas de cœlo pluvias verbo revocavit (*III Reg.* XVIII, 44)? Quomodo ergo divinæ iræ nullum posse resistere dicitur, cum multos sæpe restitisse exemplis existentibus demonstratur? Sed si subtiliter et hæc beati Job eloquia, et illorum facta pensamus, et verum cognoscimus quia divinæ iræ non resistitur, et verum quia multi sæpe restiterunt. [*Vet. XII.*] Omnes enim sancti qui iræ Dei obviant ab ipso accipiunt ut contra impetum percussionis ejus opponantur, atque, ut ita dixerim, cum ipso se erigunt contra ipsum, eosque divina vis sibi opponit secum, quia in eo quod ᶜ adversum sævientis iram foris obtinent, intus eos gratia irascentis fovet; et famulantes interius levat, quos quasi adversantes exterius tolerat. Portat ergo contradictionem deprecantium quam aspirat; et velut nolenti ᵈ imponitur, quod ab ipso ut fiat imperatur. Moysi etenim dicit : *Dimitte me, ut irascatur furor meus contra eos, et deleam eos; faciamque te in gentem magnam* (*Exod.* XXXII, 10). Quid est servo dicere, *Dimitte me,* nisi deprecandi ausum præbere? Ac si aperte diceretur : Pensa, ᵉ quantum apud me valeas, et cognosce quia obtinere poteris quidquid pro populo exoras. Quod quia hac mente agitur, statim venia subjuncta testatur. Cum vero superna indignatio sese, ut ita dixerim, medullitus movet, hanc ᶠ oppositio humana non retinet (23, q. 4, c. *Vasis*, § *unde Grogorius*); nec se utiliter cujuslibet deprecatio objicit, cum semel Deus aliquid ab intimis irascendo disponit. Hinc est enim quod Moyses, qui reatum totius plebis apud Deum suis precibus tersit, dumque se obicem obtulit, divinæ iracundiæ vim placavit, ad petram Horeb veniens, et pro aquæ exhibitione diffidens, repromissionis terram ingredi,

---

ª Lyran., Utic., Bigot., judicio.
ᵇ Longip., *objectione restrinxit.* Germ., *restinxit.*
ᶜ Gemet., *quod adversum se venientis.* Plur., *adversum se sævientis.*
ᵈ Vindoc., Longip., Corb. Germ., et omnes Norman., sic legendum suadent, non *opponitur,* quod habent Excusi.
ᵉ Vindoc., Gemet. et alii Norman., *quanti.*
ᶠ Apud Gratianum legitur *hanc opinio vel oppositio humana.*

Domino irascente, non potuit (*Num.* xx, 12). Et sæpe hac de re affligitur, sæpe desiderio se excitante turbatur, et dispositæ ultionis iracundiam repellere a semetipso non valuit, qui hanc, volente Domino, et a populo amovit. Hinc David, [a] qui a prostrata plebe postmodum angeli gladium prece compescuit (*II Reg.* xxiv, 10), prius plorans et ejulans, nudis pedibus filium fugit; et quousque **300** perpetrati facinoris ultionem ad plenum reciperet, iram Dei pro semetipso temperare nequaquam valuit. Hinc Elias, ut sicut homo parum aliquid quasi de divina animadversione sentiret, qui verbo cœlos aperuit (*III Reg.* xvii, 1), ante indignationem mulieris territus per desertum fugit; et pro semetipso infirmatur in formidine, qui furorem Dei placat aliis per interventionem (*Ibid.*, xix, 3). Iræ igitur Dei et resisti valet, quando ipse qui irascitur opitulatur; et resisti omnino non valet, quando se et ad ulciscendum excitat, et ipse precem quæ ei funditur non aspirat. Hinc ad Jeremiam dicitur : *Tu ergo noli orare pro populo hoc, et ne assumas pro eis laudem et orationem; quia non exaudiam in tempore clamoris eorum* [b] *ad me* (*Jerem.* vii, 16). Et rursum : *Si steterint Moyses et Samuel coram me, non est anima mea ad populum istum* (*Jerem.* xv, 1).

24. *Orationis pro inimicis virtus.* — Qua in re quæri utiliter potest cur, relictis tot antiquioribus patribus, ad effundendam precem Moyses et Samuel tantummodo præstantius elegantiusque nominantur ? Quod tamen facile agnoscimus, si ejus quæ diligere et inimicos præcipitur charitatis merita pensamus. [*Vet. XIII.*] Conditoris namque auribus illa maxime oratio commendatur, quæ pro inimicis quoque intercedere nititur. Unde et per semetipsam Veritas dicit : *Orate pro persequentibus et calumniantibus vos* (*Matth.* v, 44). Et rursum : *Cum stabitis ad orandum, dimittite si quid habetis adversus alterum* (*Marc.* xi, 25). Cum vero patrum priorum facta sacro eloquio describente revolvimus, Moysen et Samuelem exorasse pro adversantibus invenimus. Unus quippe eorum sævientis populi persecutionem fugit, et tamen pro vita sui persecutoris intervenit ; alter, ex principatu populi dejectus, ipsis suis adversariis dicit : *Absit a me hoc peccatum in Domino, quo minus cessem orare pro vobis* (*I Reg.* xii, 23). Quid est ergo in difficultate deprecandi Moysen et Samuelem deducere, nisi apertius indicare quia ejus iræ neque illi si astarent obsisterent, qui idcirco pro amicis intervenire citius possent, quia apud hunc intercedere et pro inimicis solerent ? Hinc ad eamdem Judæam dicitur : *Plaga inimici percussi te, castigatione crudeli* (*Jerem.* xxx, 14). Et rursum : *Quid clamas ad me super contritione tua? Insanabilis est dolor tuus* (*Ibid.*, 15). Vir

igitur sanctus aspiciat quia nullius interventu divina ira restringitur cum implacabiliter excitatur, et dicat : *Deus, cujus resistere iræ nemo potest.* Quod bene et ad specialem intellectum ducimus, si ejusdem plebis Israeliticæ damna pensamus, quam Redemptor per dispensationis suæ mysterium ostensus superbientem deseruit, atque ad cognitionis suæ gratiam gentes vocavit. Unde et apte mox subditur : *Sub quo curvantur qui portant orbem.*

[*Rec. X.*] 25. *Portant orbem qui regunt.* — Ipsi etenim orbem portant qui curas præsentis sæculi tolerant : Tantorum quippe pondera unusquisque sustinere compellitur, quantis in hoc mundo principatur. Unde et [c] terræ princeps non incongrue Græco eloquio βασιλεὺς dicitur. Λαός enim populus interpretatur. βασιλεὺς igitur βάσις λαοῦ vocatur, quod Latina videlicet lingua basis populi dicitur, quia videlicet ipse super se populum sustinet, qui motus illius potestatis pondere fixus regit. **301** Quo enim subjectorum suorum onera tolerat, eo quasi superpositam columnam basis portat. Beatus igitur Job, virtute prophetici spiritus plenus, aspiciat quod Judæa deseritur, atque ad Divinitatis cultum gentium principes inclinantur, et dicat : *Deus cujus iræ nemo resistere potest, sub quo curvantur qui portant orbem.* Ac si aperte fateatur dicens : [d] *Et subjectos quondam districte deseris, et erectas potestates gentium misericorditer flectis.*

[*Vet. XIV.*] 26. *Tales angeli in ministerium missi.* — Quamvis per hoc quod dicitur, *sub quo curvantur qui portant orbem*, possunt et angelicæ virtutes intelligi. Ipsæ etenim orbem portant, quæ regendi mundi curas administrant, Paulo attestante, qui ait : *Nonne omnes sunt administratorii spiritus, in ministerium missi propter eos qui hæreditatem capiunt salutis* (*Heb.* i, 14) ? Ait ergo : *Deus cujus resistere iræ nemo potest, sub quo curvantur qui portant orbem.* Ac si humilitatem omnis creaturæ conspiciat, et tremefactus dicat : Quis infirmorum hominum tuis nutibus obviat, cujus se [e] fortitudini et virtutes angelicæ inclinant ? Vel certe, quoniam cum curvamur, superiora non cernimus : Erecti essent illi subtilissimi spiritus, si plene potentiam ejus majestatis attingerent. Sed qui orbem portant, sub Deo curvi sunt, quia divinitatis ejus celsitudinem quamvis [f] sublevatæ videant, nec virtutes tamen angelicæ comprehendunt. Quam vir justus præ infirmitate non penetrans, sed hanc utcunque [g] ex subjectis summorum spirituum ministeriis pensans, ad considerationem se propriam sollicita humilitate recolligit, sibique coram se præ potestate supernæ magnitudinis vilescit, dicens :

---

[a] Edit. Barthol. et al. vet., *quia prost.* Gilot., Vatic., Guissanv., *qui prost.* Rectius Coc. cum Mss., *qui a prostrata.*
[b] In Vindoc. deest *ad me.*
[c] Vindoc., *et recte princeps.*
[d] Vindoc., Lyran. et Bigot., *el subjectas, deseris, et erectas potestates,* etc.

[e] Gemet., Turon., Colb., *cujus se formidini.* Ita quoque veteres Edit. Barthol., Paris. et Basil.
[f] Editi, *sublevati.* At in Mss. omnibus, *sublevatæ,* quod refertur ad virtutes angelicas.
[g] Reg., Germ., Corb. Germ., *ex subjectissimorum spirituum ministeriis.*

CAPUT XVII.

Vers. 14. — *Quantus ergo ego sum, ut respondeam ei, et loquar verbis meis cum eo?*

27. *De judiciis Dei disputare non possunt, qui pondere corruptionis premuntur.* — Ac si aperte dicat: Si creatura illa hunc considerare non sufficit, quæ carne non premitur, qua mente de ejus ego judiciis disputo, qui pondere corruptionis angustor? Sicut autem sæpe ad nos verba Dei sunt judicia illius, quæ nostrorum actuum sententiam loquuntur, ita verba nostra ad Deum sunt opera quæ exhibemus. Sed cum Deo loqui verbis suis homo non valet, quia apud subtile ejus judicium nullam de suis actibus fiduciam tenet. Unde et apte subditur:

CAPUT XVIII [*Rec. XI*].

Vers. 15. — *Qui [a] si habuero quidpiam justum, non respondebo, sed meum judicem deprecabor.*

28. *Justitia nostra eget veniæ deprecatione.* — Ut enim sæpe diximus, omnis humana justitia injustitia esse convincitur, si districte judicetur. Prece ergo post justitiam indiget, ut quæ succumbere discussa poterat, ex sola judicis pietate convalescat. Quæ cum plene a perfectioribus habetur, haberi de illa quidpiam dicitur, quia mens humana et comprehensa vix peragit, et valde extrema sunt quæ comprehendit. Dicat ergo: *Qui si habuero quidpiam justum, non respondebo, sed meum judicem deprecabor.* Velut si apertius fateatur, dicens: Et si ad opus virtutis excrevero, ad vitam non meritis, sed ex venia convalesco. Preci itaque innitendum est, cum recta agimus, ut omne quod juste vivimus, ex humilitate condiamus. [*Vet. XV.*] **302** Sed plerumque ipsa nostra deprecatio tam multis tentationibus quatitur, ut pene a conspectu judicis repulsa videatur. Et sæpe hanc creator misericors [b] percipit; sed quia illibatam se ut vult [c] exerere non valet, super se judicium reprobationis pavet. Unde et subditur:

CAPUT XIX.

Vers. 16. — *Et cum invocantem me exaudierit, non credo quod exaudierit vocem meam.*

29. *Animi inter orandum alternantes motus.* — Plerumque etenim mens divini amoris [d] igne accenditur, atque ad intuenda cœlestia et arcana sublevatur; ad summa jam rapitur, et, perfecto desiderio compuncta, ab infimis alienatur; sed repentina tentatione percussa, quæ intentione forti erecta in Deum fuerat, obortis cogitationibus transfixa curvatur; ita ut seipsam discernere nequeat, atque inter vitia virtutesque deprehensa, ex qua parte sit valentior non agnoscat. Nam sæpe ad hoc usque perducitur, ut miretur quomodo tam summa comprehendit, quam cogitatio illicita polluit; et rursum quomodo illicitas cogitationes recipit, quam super se valide fervor spiritus A rapit. Quos alternantes cogitationum motus in animo bene Psalmista intuens, ait: *Ascendunt usque ad cœlos, et descendunt usque ad abyssos* (Psal. cvi, 26). Usque ad cœlos quippe ascendimus cum summa penetramus; sed ad abyssos usque descendimus, cum repente a contemplationis culmine per turpia tentamenta dejicimur. Motus itaque animi dum inter vota et vitia alternant, nimirum sibi certitudinem exauditionis obnubilant. Recte ergo dicitur: *Et cum invocantem me exaudierit, non credo quod exaudierit vocem meam,* quia mens ex ipsa sua mutabilitate fit trepida; et per hoc quod nolens patitur, repulsam se abjectamque suspicatur.

30. *Judicii extremi severitas. Maxime in eos quos diu Dei patientia toleravit.* — Libet intueri vir sanctus B quanta se subtilitate dijudicat, ne quid in illo divina judicia reprehendant. Infirmitatem namque suam intuens, ait: *Quantus ergo sum ego qui respondeam ei, et loquar verbis meis cum eo?* [*Rec. XII.*] De justitiæ suæ meritis non confidens, sed ad solam se spem postulationis conferens, subdit: *Qui etiam si habuero quidpiam justum, non respondebo, sed meum judicem deprecabor.* Sed de ipsa quoque postulatione pavidus adjungit: *Et cum invocantem me exaudierit, non credo quod exaudierit vocem meam.* Cur tanta circumspectione trepidat, cur tanta sollicitudine formidat, nisi quia terrorem judicis in extrema districtione considerat, et, vim discussionis illius non ferens, omne quod gerit esse sibi insufficiens pensat? Unde et protinus subdit:

CAPUT XX [*Vet. XVI*].

Vers. 17. — *In turbine enim conteret me.*

31. Peccator quisque in turbine atteritur, qui erectus in tranquillitate videbatur, quia quem diu superna longanimitas tolerat, extrema judicii severitas necat; quæ recte turbo dicitur, [e] quia in elementorum commotione revelatur, Psalmista attestante, qui ait: *Deus [f] manifestus veniet, Deus noster, et non silebit. Ignis in conspectu ejus ardebit, et in circuitu ejus tempestas valida* (Psal. xlix, 3). Unde et propheta quoque alius dicit: *Dominus in tempestate et turbine viæ ejus.* (Nah. i, 3). In quo nimirum turbine **303** idcirco justus nequaquam conteritur, quia semper hic sollicite metuit ne conteratur. Perpendit namque, adhuc in præsentis vitæ itinere constitutus, humanis actibus D exactor operum quam districtus appareat, qui quosdam tunc reatu culpæ originalis astrictos etiam sine operibus damnat. Unde recte vir sanctus ex humani generis voce protinus adjungit:

CAPUT XXI.

Ibid. — *Et multiplicabit vulnera mea etiam sine causa.*

32. *Damnantur parvuli ex sola culpa originali.* — Nonnulli etenim prius a præsenti luce subtrahuntur quam [g] ad proferenda bona malave merita activæ

---

[a] Ita potiores Mss. Excusi habent *etiamsi.*
[b] Editi cum aliquot Mss., *respicit;* magis placet cum Corb. Germ., Colb., uno Reg., Vindoc., Longip., *percipit.*
[c] Bellov., *exercere.*
[d] Utic., Lyr., Bigot., *desiderio.*
[e] Ebroic., Lyr., Big., *quia in electorum.* Utic. hanc lectionem ad marginem rejecit.
[f] Ita Mss. In Vulgatis. *manifeste.*
[g] Bellov., Longip., Gemet. et alii Norman.; *quam*

vitæ perveniant. Quos quia a culpa originis sacramenta salutis non liberant, et hic ex proprio nihil egerunt, et illuc ad tormenta perveniunt. Quibus unum vulnus est ª corruptibiliter nasci, aliud carnaliter emori. Sed quia post mortem quoque æterna mors sequitur, occulto eis justoque judicio etiam sine causa vulnera multiplicantur. Perpetua quippe tormenta percipiunt et qui nihil ex propria voluntate peccaverunt. Hinc namque scriptum est : *Non est mundus in conspectu ejus nec unius diei infans super terram (Job.* xv, 14). Hinc per semetipsam Veritas dicit : *Nisi quis renatus fuerit ex aqua et Spiritu sancto, non potest introire in regnum Dei (Joan.* iii, 5). Hinc Paulus ait : *Eramus natura filii iræ, sicut et cæteri (Ephes.* ii, 3). Qui itaque, nullum proprium adjungens, ex solo originis ᵇ reatu perimitur, quid iste in illo extremo examine, quantum ad humani sensus æstimationem, nisi sine causa vulneratur? Sed tamen sub divina districtione justum est ut propago mortalis, velut infructuosa arbor, in ramis servet amaritudinem quam traxit ex radice. Ait ergo : *In turbine enim conteret me,* ᶜ *et multiplicabit vulnera mea etiam sine causa.* Ac si, aperte humani generis damna considerans, dicat: Districtus judex qua eos animadversione trucidat quos culpa propriæ actionis damnat, si et illos in æternum percutit quos reatus arbitrii non addicit?

33. *Job Dei judicium timet. Percussus est ut meritum augeretur, non ut vitium tergeretur.* — Quæ nimirum dicta nec a beato Job specialiter discrepare cognoscimus, si hæc quam vere prolata sunt indagamus. Semetipsum namque subtiliter pensans, atque in omni actione dijudicans, supernæ districtionis vim quanta sollicitudine pertimescat insinuat, subdens: *In turbine enim conteret me.* Ac si aperte dicat : Idcirco hunc semper et in tranquillitate timeo, quia per flagella qualis in turbine veniat non ignoro. Quæ flagella scilicet et metuens prævidit; et prævidens pertulit. Unde subjungit : *Et multiplicabit vulnera mea etiam sine causa.* Ut enim sæpe jam diximus, nequaquam beatus Job percussus est ut in eo percussio vitium tergeret, sed ut meritum augeret. Vulneratum se itaque sine causa asserens, hoc de se foris loquitur, quod de illo Veritas in occulto testatur, dicens : *Commovisti me adversus eum, ut affligerem eum frustra (Job.* ii, 3). Vir ergo sanctus superbe non dicit quod veraciter dicit, nec per hæc verba a rectitudine discrepat, per quæ a judice non discordat. Qui eorumdem protinus vulnerum continuationem exprimit, cum subjungit:

CAPUT XXII [*Vet. XVII*].

VERS. 18. — *Non concedit quiescere spiritum meum, et implet me amaritudinibus.*

34. *Job intus et foris affligitur.* — Sæpe justis exercitium virtutis est sola exterius **304** adversa tolerare. Sed ut eorum vires certamen plenæ probationis erudiat, hos nonnunquam et foris tormenta lacerant, et intus tentamenta castigant. Unde vir sanctus impletum se amaritudinibus asserit, quia cum flagella exterius tolerat, illud est gravius quod de tentatione adversarii in intimis portat. Sed inter hæc mitigat vim doloris considerata æquitas et potentia ferientis. Unde subjungit :

CAPUT XXIII.

VERS. 19. — *Si fortitudo quæritur, robustissimus est; si æquitas judicii, nemo pro me audet testimonium dicere.*

35. *Æquitas judicii Dei.* — Ille quippe vitæ causas examinat, qui has per alienum testimonium non explorat, quia qui districtus quandoque ostenditur illator pœnæ, ipse diu tacitus exstitit testis culpæ. Hinc etenim per prophetam dicitur : *Ego sum judex et testis (Jerem.* xxix, 23). Hinc rursum ait : *Tacui, semper silui, patiens fui, sicut parturiens loquar (Isai.* xlii, 14). Parturiens namque cum dolore ejicit quod diu in abditis cum pondere portavit. Post longum ergo silentium, sicut parturiens, Dominus loquitur, quia quod apud se nunc tacitus tolerat, in ultione quandoque judicii quasi cum dolore manifestat. Sed requirendum nobis est, iste vir justus, si pro eo testimonium dicere quisquam præsumeret, nunquid hunc a reatu liberaret? Et si huic alius testimonium non impendit, nunquid ad proferendum pro se testimonium saltem ipse convalescit? Sequitur.

VERS. 20. — *Si justificare me voluero, os meum condemnabit me; si innocentem ostendero, pravum me comprobabit.*

36. *Nemo se innocentem certo scit.* — Ac si aperte dicat : Quid de aliis loquar, qui ipse de me testimonium ferre non valeo? Sed quia innocentiæ tuæ testificari non sufficis, nunquid hoc ipsum, quia innocentiam habeas, scis? Subdit :

CAPUT XXV [*Rec. XIII*].

VERS. 21. — *Etiam si simplex fuero, hoc ipsum ignorabit anima mea.*

37. *Utilitas et incommodum ignorantiæ nostræ.* [*Vet. XVIII*]. *Sæpe vitium peragit quod virtus inchoavit.* — Plerumque si scimus bona quæ agimus, ad elationem ducimur; si nescimus, minime servamus. Quis enim aut de virtutis suæ conscientia non quantulumcunque superbiat? Aut quis rursum bonum in se custodiat quod ignorat; sed contra utraque quid superest, nisi ut recta quæ agimus sciendo nesciamus, ut hæc et recta æstimemus, et minima ; quatenus et ad custodiam sensificet animum scientia rectitudinis, et in tumorem non elevet æstimatio minorationis? Sed sunt nonnulla quæ sciri a nobis facile nequeunt, etiam cum geruntur. Nam sæpe recto studio contra delinquentium culpas accendimur; et cum ultra æqui-

---

ª Longip., Gemet. et alii Norman., *corruptibilis nasci.*
ᵇ Lyran., Bigot., Utic., *reatu premitur.*
ᶜ Gemet. habet *et multiplicavit,* sicque semper infra.

tatis metas per iram rapimur, hoc zelum justæ districtionis æstimamus. Sæpe officium prædicationis assumimus, ut per hoc fraternæ utilitati serviamus; sed nisi placeamus cui loquimur, nequaquam libenter accipitur quod prædicamus. Cumque placere mens utiliter studet, ad amorem laudis propriæ turpiter defluit; et quæ a captivitate vitiorum alias curabat eruere, ipsa suis favoribus incipit capta servire. Quasi latrunculus quippe est appetitus laudis humanæ, qui recto itinere gradientibus ex latere jungitur, ut ex occultis educto gladio gradientium vita trucidetur. Cumque propositæ utilitatis intentio ad studia privata **305** deducitur, horrendo modo unum idemque opus culpa peragit, quod virtus inchoavit. Sæpe et ab ipsis exordiis aliud cogitatio expetit, aliud actio ostendit.

[*Vet. XIX.*] 38. *Alias recta est actio, non animus.* — Sæpe se fidelem sibi nec ipsa cogitatio exhibet, quia aliud ante oculos mentis versat, et longe ad aliud ex intentione festinat. Nam plerumque nonnulli terrena præmia appetunt, et justitiam defendunt, seque innocentes æstimant, et esse defensores rectitudinis exsultant. Quibus si spes nummi subtrahitur, a defensione protinus justitiæ cessatur; et tamen defensores se justitiæ cogitant, sibique se rectos asserunt, qui nequaquam rectitudinem, sed nummos quærunt. Quos contra bene per Moysen dicitur : *Juste quod justum est exsequeris* (*Deut.* xvi, 20). Injuste quippe quod justum est exsequitur, qui ad defensionem justitiæ non virtutis æmulatione, sed amore præmii temporalis excitatur. Injuste quod justum est exsequitur, qui ipsam quam prætendit justitiam venundare minime veretur. Juste ergo justum exsequi est in assertionem justitiæ eamdem ipsam justitiam quærere. Sæpe recta agimus, et nequaquam præmia, nequaquam laudes ab hominibus exspectamus; sed tamen mens, in sui fiducia erecta, his a quibus nihil expetit placere contemnit, eorum judicia despicit, seque male liberam per abrupta elationis rapit; et inde sub vitio pejus obruitur, unde, quasi devictis vitiis, nullis se appetitionibus subjacere gloriatur.

39. *A nimia aut nulla nostri discussione nobis est discrimen.* — Sæpe dum nosmetipsos plus justo discutimus, de ipso discretionis studio indiscretius erramus; et mentis nostræ acies quo plus cernere nititur, obscuratur, quia et qui importune solis radios aspicit, tenebrescit; et inde nihil videre compellitur, unde videre amplius conatur. Quia igitur ab inquisitione nostra torpentes nos omnino nescimus, aut si subtili nos discussione requirimus, plerumque inter vitia virtutesque caligamus, recte nunc dicitur : *Etiam si simplex fuero, hoc ipsum ignorabit anima*

^a Omnes pene vet. Mss. et Editi, *caligosus,* quod jam alibi notatum.
^b Lyr. et Bigot., *quod super seipsum est.* Ita quoque nunc legitur in Utic. Olim deerat *se.*
^c Bellovac., *affectum inventionis.* Germ., *intentionis.*

A *mea.* Ac si aperte diceretur : Conditoris contra me judicia qua temeritate redarguo, qui ipsum me ex infirmitatis caligine ignoro? Unde bene per prophetam dicitur : *Dedit abyssus vocem suam ab altitudine phantasiæ suæ* (*Hab.* III, 10, sec. *LXX*). Abyssus quippe phantasiæ altitudinem portat cum humanus animus, immensa cogitatione ^a caliginosus, semetipsum etiam discutiendo non penetrat. Sed ab hac altitudine vocem dare est, quia dum se deprehendere non potest, cogitur in admirationem consurgere, ut eo perscrutari non audeat ^b quod super ipsum est, quo, incomprehensibilitatem suam ipse cogitans, non valet invenire quod est. Sed justorum corda, quia ad perfectum se examinare nequeunt, ægre hoc exsilium cæcitatis ferunt. Unde et subditur, — IBID. : — *Et* **B** *tædebit me vitæ meæ.* Tædet justum vivere, quia et operando vitam non desinit quærere, et tamen ejusdem vitæ suæ meritum non valet invenire. Libram quippe examinis a sinu intimæ æquitatis trahit; et inde in se erga ^c effectum inventionis deficit, unde super se raptus ad vim inquisitionis excrescit. Sed est consolatio nostræ caliginis reducta ad animum **306** justa et incomprehensibilis potentia conditoris, quæ et iniquos sine ultione non deserit, et rectorum justitiam incomprehensibilitatis immensitate transcendit. Unde et apte subjungitur :

CAPUT XXVI [*Rec. XIV*].

VERS. 22. — *Unum est quod locutus sum, et innocentem et impium ipse consumit.*

C 40. *Humana puritas divinæ comparata evanescit. Impius Dei ultionem non effugit. Mors omnes invadit.* — Innocens a Creatore consumitur, quia qualibet ejus simplicitas fuerit, divinæ magnitudinis ^d simplicitate devoratur. Quamvis enim simplicitatem studiose servemus, ex consideratione tamen intimæ puritatis ostenditur quod hæc ipsa quam agimus simplicitas non sit. Impius quoque a conditore consumitur, quia, Deo cuncta mirabiliter ordinante, ipsis suis ^e versutiis ejus impietas ligatur. Nam inde se suppliciis et nesciens implicat, unde se aliquid facere scienter exsultat. Quia igitur omnipotens Deus et bonorum innocentiam ^f simplicitate superat, et malorum astutiam penetrans damnat, recte nunc dicitur : *Unum est quod locutus sum, et innocentem* **D** *et impium ipse consumit.* Ac si aperte diceretur : Hoc apud me verbum cogitationis protuli, quia nec innocens, si districte discutior, innocens apparebo; nec impius, si apud me latere voluero, a superni examinis acumine abscondor, quoniam districtus judex, cuncta comprehendens, occulta malitiæ mirabiliter penetrat, et suis hanc inventionibus bene ordinans damnat. Vel certe et innocentem et impium ipse consumere dicitur, quia quamvis ^g in mentis vita di-

^d In vet. Edit., *simplicitate superatur.*
^e Vindoc., Corb. Germ. et Colb., a prima manu, *ipsis suis virtutibus.*
^f Ita Bellovac. et omnes fere Mss. nostri. At Editi, *simplicitatemque superat.*
^g Editi cum uno Ms. Reg., *in meritis vitæ.* Verius

visi sint, primæ tamen culpæ merito æque ad carnis interitum pertrahuntur. Unde et per Salomonem dicitur : *Moritur doctus similiter ut indoctus* (Eccle. II, 16). Et rursum : *Cuncta subjacent vanitati, et omnia pergunt ad unum locum; de terra facta sunt, et in terram pariter revertuntur* (Eccle. III, 19). Sequitur :

CAPUT XXVII [Rec. XV].

VERS. 23. — *Si flagellat, occidat semel et non de pœnis innocentum rideat.*

41. Job mediatorem desiderat qui sua nos morte liberet. — Quis hæc non per superbiam prolata crederet, nisi sententiam judicis audiret, qui ait : *Non estis locuti coram me rectum, sicut servus meus Job* (Job. XLII, 7)? Restat ergo ut nullus auctoris verba reprehendere audeat, quæ constat quia judex laudat. [*Vet. XX.*] Sed tanto in intimis suis cautius subtiliusque rimanda sunt, quanto durius foras sonant. Vir etenim sanctus humani generis damna considerans, unde quo venerint pensans; quod homo, pollicente adversario, boni malique scientiam appetens scire, perdidit etiam semetipsum, ita ut veraciter dicat : *Etiam si simplex fuero, hoc ipsum ignorabit anima mea*; quod post expulsionis pœnam flagella quoque corruptionis sustinet, et adhuc ad carnis, vel certe ad mentis interitum etiam post tormentum tendit, ut recte dicat : *Et innocentem et impium ipse consumit*; Mediatoris contra hæc gratiam requirit, dicens : *Si flagellat, occidat semel.* Nos enim quia et a Deo mente recessimus, et carne ad pulverem redimus, pœna duplæ mortis astringimur. Sed venit ad nos qui pro nobis sola carne moreretur; qui simplam suam duplæ nostræ conjungeret, et nos ab utraque morte liberaret. De qua per Paulum dicitur : *Quod autem mortuus est peccato, mortuus est semel* (Rom. VI, 10). Damna ergo vir sanctus nostræ corruptionis aspiciat, et unam, quæ duas nostras destruat, mortem Mediatoris quærat, atque hanc desiderans dicat : *Si flagellat, occidat semel.*

42. *Desiderium suum non differri appetit.* — Sed ecce quasi humilitati renititur, quod protinus subinfertur : *Et non de pœnis innocentum rideat.* Quod tamen valde humillimum sine difficultate cognoscimus, si humili hoc mente pensamus. Cunctis etenim liquet quod omne desiderium pœna est cum differtur, Salomone quoque attestante, qui ait : *Spes quæ differtur affligit animam* (Prov. XIII, 12). Ridere autem Dei est humanæ nolle afflictioni misereri. Unde per Salomonem rursum Dominus reprobis in culpa durantibus dicit : *Ego quoque in interitu vestro ridebo* (Prov. I, 26); id est, afflictioni vestræ nulla pietate compatiar. Ante Redemptoris igitur adventum pœnam suam electi omnes habuerunt, quia, æstuante desiderio, incarnationis ejus mysterium videre cupierunt, ipso attestante, qui ait : *Multi, dico vobis,* justi et prophetæ voluerunt videre quæ videtis, et non viderunt (Luc. X, 24). Pœnæ itaque innocentum sunt desideria justorum. Quousque ergo electorum suorum vota Dominus non compatiens distulit, quid aliud quam pœnas innocentum risit? Itaque vir sanctus, venturi Redemptoris dona considerans, et votorum suorum dilationem graviter tolerans, dicat : *Si flagellat, occidat semel, et non de pœnis innocentum rideat.* Ac si aperte exoret, dicens : Quia vita nostra quotidie a flagello vindictæ pro culpa atteritur, ille jam veniat qui pro nobis semel sine culpa moriatur, ut de innocentum pœnis Deus ultra non rideat, si ipse carne passibilis apparet, in cujus se desideriis mens nostra castigat.

[*Vet. XXI.*] 43. *Deus de innocentum pœnis ridet, cum eorum lacrymis delectatur.* — Vel certe si risum Dei ejus lætitiam appellat, de innocentum pœnis ridere Dominus dicitur, quia quo a nobis ardentius quæritur, eo de nobis suavius lætatur. Quasi quoddam quippe ei ex pœna gaudium facimus, cum per sancta desideria pro ejus nos amore castigamus. Hinc Psalmista ait : *Constituite diem solemnem in confrequentationibus, usque ad cornu altaris* (Psal. CXVII, 27). Solemnem namque diem Domino in confrequentatione constituit, quisquis se assidue in ejus desiderio affligit. Qui nimirum solemnitatis dies usque ad altaris cornu tendi præcipitur, quia tandiu necesse est ut quisque se afficiat, quousque ad superni sacrificii altitudinem, id est ad æterna gaudia pertingat. Justus igitur vir, quia impleri desiderium suum appetit, non differri, humiliter dicit : *Non de pœnis innocentum rideat.* Ac si diceret : Vota nostra libenter accipiens, ultra non differat, sed ostendendo exhibeat eum qui nos in sua exspectatione castigat. Quia vero eum specialiter beatus Job occidi semel petivit qui carnis solius mortem in mundi pro nobis fine toleravit, protinus aperit, qui ipsum quoque ordinem ejus passionis adjungit, dicens :

CAPUT XXVIII.

VERS. 24. — *Terra data est in manus impii, vultum judicum ejus operit.*

44. *Christi caro impio diabolo tradita. Christi interfectores a diabolo excæcati. Iniqui et diabolus una persona, qua nihil magis impium.* — Quid namque terræ nomine nisi caro exprimitur? Quis appellatione impii nisi diabolus designatur? Hujus impii manus fuerunt hi qui in Redemptoris nostri morte grassati sunt. Terra itaque data est in manus impii, quia antiquus hostis Redemptoris mentem corrumpere per se tentando non valuit (Matth. IV, 10, 11), sed ejus carnem per suos satellites ad triduum permissus exstinxit (Matth. XXVII, 45), et [b] dispensationi supernæ pietatis nesciens ex hac ipsa permissione servivit. Tribus etenim Redemptorem nostrum

---

alter Reg. cum Corb., Colb., Gemet., Germ., aliis etiam faventibus, *in mentis vita*. Quippe hic opponitur vita mentis morti carnis, memoratque Gregorius insontem et impium non ita morte carnis, ut vita mentis, a se invicem separari.

[a] Germ., Utic. et alii Norman., *flagello vindice.*
[b] Ita Gemet., Longip. et alii. Vet. Edit. ut recentiores habent : *et dispensationem... nesciens*; etc.

tentationibus pulsans, ª cor Dei temerare non valuit. Sed cum Judæ mentem ad mortem carnis ejus excitavit (*Matth.* xxvi, 14), cumque ei cohortem atque a pontificibus et Pharisæis ministros tradidit, nimirum iste impius manus ad terram tetendit. Hujus terræ judices, sacerdotes et principes, Pilatus atque illusores milites fuerunt. Iste itaque impius vultum judicum ejus operuit, quia corda persequentium, ne auctorem suum cognoscerent, malitiæ nubilo velavit. Unde per Paulum dicitur : *Usque in hodiernum diem cum legitur Moyses, velamen est* ᵇ *super cor eorum* (*II Cor.* iii, 15). Qui rursus ait : *Si enim cognovissent, nunquam Dominum gloriæ crucifixissent* (*I Cor.* ii, 8). Vultus ergo judicum opertus exstitit, quia mens persequentium eum, quem carne tenere potuit, Deum nec per miracula agnovit. Quia vero antiquus hostis cum iniquis omnibus una persona est, sic plerumque Scriptura sacra de iniquorum capite, id est diabolo, loquitur, ut repente ad ejus corpus, id est ad sequaces illius, derivetur. [*Vet.* XXII.] Potest ergo nomine impii infidelis ac persecutor populus designari, cui et hoc congruit omnino quod subditur :

CAPUT XXIX.

Ibid. — *Quod si non ille est, quis ergo est?* ᶜ

45. Ac si aperte diceretur : Quis unquam impius esse putandus est, si ille populus, qui ipsam pietatem persecutus est, impius non est ? Sed considerata vir sanctus Judaicæ plebis perfidia, ad semetipsum mentis oculos revocat; dolet quod videre nequeat quem amat ; mœrore afficitur, quia ex præsenti mundo ante subtrahitur quam salus mundi reveletur. Unde et subdit :

CAPUT XXX [*Rec.* XVI].

Vers. 25. — *Dies mei velociores fuerunt cursore; fugerunt, et non viderunt bonum.*

46. Antiqui justi dolent se ad Christi tempora non pervenisse. — Cursoris quippe officium est secutura nuntiare. Omnes igitur electi, qui ante adventum Redemptoris orti sunt, quia hunc ᵉ aut vivendo tantummodo, aut etiam loquendo nuntiarunt, quasi in mundo quidam cursores fuerunt. Sed quia ante præstolatum redemptionis tempus se subtrahi prævident, transire se cursore velocius dolent; diesque suos esse breves ingemiscunt, quia usque ad videndam Redemptoris lucem minime tenduntur. Unde apte dicitur : *Fugerunt, et non viderunt bonum.* Omnia quæ creata sunt bona sunt, Moyse attestante, qui ait : *Vidit Deus cuncta quæ fecerat,* ᵈ *et ecce bona valde* (*Genes.* i, 31). Sed hoc solum bonum principaliter bonum est, per quod hæc omnia bona sunt, quæ bona non principaliter existunt. De quo bono Veritas per Evangelium dicit : *Nemo bonus* ᵉ *nisi solus Deus* (*Luc.* xviii, 19). Quia igitur antiquorum patrum prius dies finiti sunt quam mundo Deus in carne monstraretur, recte de eisdem diebus dicitur : *Fugerunt, et non viderunt bonum.* Ac si aperte diceretur : Ante exspectatum tempus elapsi sunt, quia ad Redemptoris præsentiam pervenire nequiverunt. Unde adhuc subditur :

309 CAPUT XXXI.

Vers. 26. — *Pertransierunt quasi naves poma portantes.*

47. *Quem exspectando odorati sunt, ejus nos visu et fructu satiamur. Opertum nobis detulerunt Spiritus fructum.* — Hi qui poma deferentes maria transmeant, ipsi quidem fructuum odore perfruuntur, sed eorumdem fructuum aliis cibos ferunt. Quid igitur antiqui patres nisi naves poma portantes exstiterunt ? Qui divinæ incarnationis mysterium prophetantes, ipsi quidem spei odore potiti sunt, sed nobis fructum de ejusdem spei perfectione detulerunt. Quod enim illi exspectando odorati sunt, hoc nos cernendo et percipiendo satiamur. Unde et Redemptor ᶠ isdem discipulis dicit : *Alii laboraverunt, et vos in labores eorum introistis* (*Joan.* iv, 58). Quorum videlicet dies comparantur navibus, quia decurrunt ; et recte poma portantibus, quia electos omnes quos ante Redemptoris præsentiam gestaverunt, per prophetiæ valuerunt spiritum exspectatione refovere, non autem manifesta exhibitione reficere. Vel certe quia naves cum poma portant, hæc paleis admiscent, ut ad terras illæsa perducant, recte patrum præcedentium dies describuntur navibus poma portantibus similes, quia antiquorum dicta in eo quod mysteria spiritalis vitæ denuntiant, per interfusam hæc historiæ stipulam servant, et opertum nobis fructum Spiritus deferunt cum carnalia loquuntur. Sæpe namque dum quædam narrant propria, ad Divinitatis elevantur arcana. Qui crebro etiam cum altitudinem Divinitatis aspiciunt, ad incarnationis ejus mysterium repente funduntur. [*Vet.* XXIII.] Unde adhuc apte subjungitur :

CAPUT XXXII.

Ibid. — *Sicut aquila volans ad escam.*

48. *Velut aquilæ a summis ad ima descendunt, Christi carne pascendi.* — Moris quippe est aquilæ ut irreverberata acie radios solis aspiciat ; sed cum refectionis indigentia urgetur, eamdem oculorum aciem, quam radiis solis infixerat, ad respectum cadaveris inclinat ; et quamvis ad alta evolet, pro sumendis tamen carnibus terram petit. Sic videlicet, sic antiqui patres fuerunt, qui in quantum humanitatis infirmitas admittebat, Creatoris lucem erecta mente contemplati sunt ; sed incarnandum hunc in mundi fine

---

ª Vindoc., Norman., Corb. Germ., *cor Dei tentare non valuit.* Lyr. et Utic. hanc diversam lect. habent in marg., *corde temerare non valuit.* Gemet., *corde temerari,* etc.
ᵇ Editi, cum uno Reg., *est positum.*
ᶜ Ita Turon., Longip., Norman. omnes, etc. Vindoc., mendose, *aut videndo.* Editi vero, excepto vet. Paris., *aut audiendo.*
ᵈ Utic., Lyr., Big., *et erant valde bona.*
ᵉ Vindoc., *nisi unus Deus.* Ita etiam plerique Norman. Utic. utramque lect. exhibet.
ᶠ Mendose, ut putamus, in aliis Editis legitur : *unde et Redemptor iisdem* vel *hisdem discipulis dicit.* In Mss. pro *iisdem* legitur *idem,* vel *isdem.*

præscientes, quasi a solis radiis ad terram oculos deflexerunt. Et quasi de summis ad ima veniunt, dum hunc Deum supra omnia et hominem ᵃ intra omnia agnoscunt. Quem pro humano genere dum passurum morituramque conspiciunt, qua scilicet morte semetipsos refici atque reformari ad vitam noverunt, quasi more aquilæ post contemplatos solis radios in cadavere escam quærunt. Libet spectare aquilam solis radios intuentem, quæ ait : *Deus fortis, pater futuri sæculi, princeps pacis* (Isai. IX, 6). ᵇ Sed ab alto volatu celsitudinis ad terras veniat, escam cadaveris inferius inquirat. Paulo post etenim subdit, dicens : *Disciplina pacis nostræ super eum, et livore ejus sanati sumus* (Isai. LIII, 5). Et rursum : *Et homo est, et quis* ᶜ *cognoscet eum* (Jer. XVII, 10, sec. LXX)? Sublevata ergo in divinitatem mens justi, cum dispensationis gratiam ex ejus carne considerat, quasi a summis repente, ut aquila ad escam volat. Sed ecce ille Israeliticus populus immenso dudum prophetiæ spiritu infusus ejusdem prophetiæ dona perdidit, atque in ea fide quam prævidendo nuntiaverat non permansit; **310** et a se Redemptoris præsentiam negando repulit, quam cunctis se sequentibus prænuntiando declaravit. Unde et apte protinus per compassionem et eorum quoque duritiam sermo convertitur, atque ab eis quomodo prophetiæ gratia subtrahitur, indicatur. Nam subditur :

CAPUT XXXIII.

Vers. 27. — *Cum dixero : Nequaquam ita loquar, commuto faciem meam, et dolore torqueor.*

49. *Judæorum perfidia et reprobatio.* — Plebs quippe Judaica loqui ut prius noluit, quæ eum quem prædixerat negavit. Sed commutata facie dolore torquetur, quia dum interni sui hominis aspectum, quo agnosci a conditore potuerat, fœditate perfidiæ polluit, a præsentibus malis incipiens, sub æterna se ultione damnavit. Quasi enim commutata facie, ab auctore non cognoscitur, quæ perdita bonæ conscientiæ fide reprobatur. Sed nimirum restat ut suppliciorum dolor torqueat, quam ᵈ suus non cognoscens conditor ignorat. Quia igitur hæc sub Redemptoris nostri significatione transcurrimus, nunc moraliter discutiendo replicemus.

Sensus moralis. — 50. Cap. IX, vers. 25. — *Dies mei velociores fuerunt cursore; fugerunt, et non viderunt bonum.* — *Quibus bonis homo peccando spoliatus, quibus malis obnoxius.* — Sicut sæpe jam diximus, sic primus homo conditus fuit, ut per augmenta temporum tendi posset ejus vita tantummodo, non evolvi. Sed quia sponte ad culpam decidit, quo attigit vetitum, pertu-

---

ᵃ Cocc., atque ex eo seq. Edit., *infra omnia*, corrupte; hic *intra* vel *inter omnia* idem significat ac in numero, in censu creaturarum.
ᵇ Corb. Germ., Vindoc., Turon., *sed ablato volatu*.
ᶜ Gemet. et plerique, *cognovit eum*.
ᵈ Bellov. et Gemet., *quam suos non cognoscens*. Lyr. et Bigot., *quam suam non cognoscens*. Utic., *quam suus* et *quam suam non cognoscens*.
ᵉ Editi, cum uno Mss. Colb., *nec deprehendi valet;* lectio nostra est Mss. Norm., Corb. Germ., Reg.

---

lit decursum, quem nunc homo præsentis vitæ desiderio oppressus indesinenter et tolerat et optat. Ne enim finiatur, vivere appetit, sed per augmenta vitæ quotidie ad finem tendit. ᵉ Nec deprehendit valde temporum incrementa quam nulla sint, nisi cum repente transacta ᶠ fiunt quæ venientia longa videbantur. [*Vet. XXIV.*] Vir igitur sanctus statum suæ conditionis aspiciat, et ex humani generis voce damna decursus ingemiscat, dicens : *Dies mei velociores fuerunt cursore; fugerunt, et non viderunt bonum.* Ac si aperte dicat : Ad hoc homo conditus fuit, ut bonum, quod Deus est, videre potuisset; sed qui stare ad lucem noluit, fugiendo oculos amisit, quia quo per culpam cœpit ad ima decurrere, ᵍ eo cæcitatem pertulit, ne intimum lumen videret. De quibus adhuc diebus apte subjungitur : *Pertransierunt quasi naves poma portantes.* Naves cum poma portant, fructus terræ videlicet per fluctus ferunt. Terra vero hominis paradisus exstitit, quæ hunc inconcussum tenere potuit, si per innocentiam stare voluisset. Sed quia ad mutabilitatis undas per culpam cecidit, ad præsentis vitæ maria post terram venit. Poma etiam terræ hujus fuerunt mandati sermo, concessa possibilitas operis, naturæ indita intelligentia conditoris. Sed hæc poma quæ edere in terra renuimus, per maria portamus, quia concessa bona tot munerum inconcussi custodire in paradiso noluimus, et servare nunc in tentationibus conamur. Tendentes ad terminum, aura vitæ præsentis impellimur, mutabilitatis nostræ fluctu fatigamur. Sed quia per crucis mysterium ad ingenita naturæ bona restringimur, quasi per lignum poma portamus. Quod tamen intelligi et aliter potest. Naves etenim cum poma portant, suavitatem odoris habent, sed ʰ gravitatem ponderis **311** non habent. Et humanum genus paradisi gaudiis expulsum vim contemplationis ⁱ perdidit, robur conditæ fortitudinis amisit; cumque ad superna repetenda se erigit, fragrat quidem odore memoriæ, sed digne non exerit pondus vitæ. Pomorum ergo odoribus repletur, et tamen huc illucque leviter mentis nostræ navis impellitur, quia et paradisi celsitudinem cum ᵏ odoris recordatione meminimus, et importunos tentationum fluctus ex carne toleramus. Unde et apte subjungitur : *Sicut aquila volans ad escam.* [*Vet. XXV.*] Aquila etenim alto valde volatu suspenditur, et adnisu præpeti ad æthera libratur; sed per appetitum ventris terras expetit, seseque a sublimibus repente deorsum fundit. Sic sic humanum genus in parente primo ad ima de sublimibus corruit, quod dum conditionis suæ dignitas in rationis celsitudine quasi in aeris libertate suspenderat; sed quia, contra præceptum, cibum

---

ᶠ Ita Turon., Vindoc., Bellovac., Corb. Germ. et omnes Norm., ubi in Editis, *transacta finiuntur*.
ᵍ Gemet. et Turon., *eo se cæcitate perculit*.
ʰ Gemet., *sed gravidinem operis non habent*. Bellov., *sed gravedinem ponderis*. Corb. Germ. et Reg., *gravitudinem*.
ⁱ Turon., *non perdidit, sed robur*, etc., corrupte.
ᵏ Turon., Corb. Germ., Reg., Germ., *cum ardoris recordatione*, quos sequuntur Edit. Coc. superiores.

vetitum contigit, per ventris concupiscentiam ad terras venit; et quasi post volatum carnibus pascitur, quia illa libera contemplationis inspiracula perdidit, et deorsum corporeis voluptatibus lætatur. Sicut ergo aquila volans ad escam, dies nostri velociter transeunt, quia quo ima petimus, eo subsistere in vita prohibemur.

31. *Quæstiones duræ circa hominis lapsum qui refrenandæ. Menti etsi justa, tamen dura cæcitas.* — Sed cum hæc ante mentis oculos continua cogitatione revolvimus, duris taciti quæstionibus urgemur, cur omnipotens Deus condidit quem periturum esse præscivit? cur is qui summe potens et summe bonus est nequaquam voluit hominem talem facere qui perire non posset? Cum vero hæc tacita mens interrogat, pavet ne ipso interrogationis ausu in superbiam erumpat, seque humiliter comprimit, [a] et cogitationes restringit. Sed eo gravius affligitur, quo inter mala quæ sustinet etiam de conditionis suæ abscondito intellectu cruciatur. Unde hic quoque apte subjungitur: *Cum dixero, Nequaquam ita loquar, commuto faciem meam, et dolore torqueor.* Nequaquam quippe ita nos debere loqui dicimus cum, nostræ infirmitatis modum ex inquisitione transeuntes, nosmetipsos pavore reprehendimus, et supernæ reverentiæ consideratione refrenamus. In qua refrenatione scilicet mentis nostræ facies commutatur, quia quæ prius non capiens audenter summa requirebat, infirmitatem suam postmodum agnoscens, venerari inchoat quod ignorat. Sed in ipsa commutatione dolor est, quia valde affligitur, quoniam primæ culpæ merito ad intelligenda ea quæ de [b] ipsa sunt cæcatur. Quæ patitur, justa esse considerat; pavet, ne in dolore per licentiam locutionis excedat; ori silentium indicit, sed excitatus dolor eo ipso quo restringitur augetur. Dicat ergo: *Cum dixero, Nequaquam ita loquar, commuto faciem meam, et dolore torqueor,* quia tunc gravius plerumque affligimur, cum quasi per consolationis studium afflictionis nostræ nobis conamur mala levigare. Sed quisquis, jam subtiliter parentis primi damnatione propagata, humani generis damna considerat, superest ut his adjungere propria metuat. Unde vir sanctus postquam communia intulit, repente specialia subjungit, dicens:

312 CAPUT XXXIV [Rec. XVII].

Vers. 28. — *Verebar omnia opera mea, sciens quod non parceres delinquenti.*

52. *Operibus etiam bonis timendum Job docet.* — Quæ beatus Job opera exercuit, sacræ hujus historiæ textus ostendit. Holocaustis quippe multiplicibus auctorem placare studuit, quia juxta filiorum numerum, ut scriptum est, consurgens diluculo, offerebat holocausta per singulos; eosque non solum ab immundis actibus, sed a prava quoque cogitatione mundabat. De quo, Scriptura teste, perhibetur : *Dicebat enim : Ne forte peccaverint filii mei, et benedixerint Deo in cordibus suis (Job.* I, 5). Affectum ergo compassionis exercuit, quia ipse de se amicorum quæstionibus exactus dicit : *Flebam quondam super eum qui afflictus erat (Job.* xxx, 25). Ministerium pietatis impendit, qui ait : *Oculus fui cæco, et pes claudo (Job.* xxix, 15). Castitatis munditiam in corde custodivit, qui obtestando se aperit, dicens : *Si deceptum est cor meum super mulierem (Job.* xxxi, 9). Humilitatis culmen medullitus tenuit, qui dicit : *Si contempsi judicium subire cum servo meo et ancilla mea, cum disceptarent adversum me (Ibid.,* 13). Beneficia largitatis impendit, qui ait : *Si comedi buccellam meam solus, et non comedit pupillus ex ea (Ibid.;* 17). Et rursum : *Si non benedixerunt mihi latera ejus, et de velleribus ovium mearum calefactus est (Ibid.,* 20). Gratiam hospitalitatis exhibuit, qui dicit : *Foris non mansit peregrinus, ostium meum viatori patuit (Ibid.,* 32). Et inter hæc ad virtutum [c] cumulum per excellentiorem viam charitatis, et inimicos dilexit, qui ait : *Si gavisus sum ad ruinam ejus qui me oderat (Ibid.,* 29). Et rursum : *Non enim dedi ad peccandum guttur meum, ut expeterem maledicens animam ejus (Ibid.,* 30). [d] Quid ergo vir sanctus sua opera verebatur, qui illa semper exhibuit, ex quibus placari Deus erga iniquitates solet? Quid ergo est quod, mira opera faciens, hæc ipsa etiam veretur pavens, cum dicit : *Verebar omnia opera mea,* nisi quod in sancti viri actibus verbisque colligimus, ut si placere Deo veraciter cupimus, postquam perversa subigimus, ipsa in nobis etiam bene gesta timeamus?

[Vet. XXVI.] 53. *In illis metuendæ desidia et fraus.* — Duo quippe sunt quæ in bonis operibus necesse est ut studiose formidentur, desidia videlicet et fraus. Unde et per prophetam apud vetustam translationem dicitur : *Maledictus omnis qui facit opus Dei fraudulenter et desidiose* (Jerem. xlviii, 10). Sed sciendum magnopere est, quia desidia per torporem nascitur, fraus per privatam dilectionem. Illam namque minor Dei amor exaggerat, hanc autem male mentem possidens proprius amor creat. Fraudem quippe in Dei opere perpetrat quisquis, semetipsum inordinate diligens, per hoc quod recte egerit, ad remunerationis transitoria bona festinat. Sciendum quoque est quod tribus modis fraus ipsa committitur, quia per hanc procul dubio aut tacita cordis humani gratia, aut favoris aura, aut res quælibet exterior desideratur. Quo contra recte de justo per prophetam dicitur : [e] *Beatus qui excutit manus suas ab omni munere* (Isai. xxxiii, 15). Quia enim non solum fraus in acceptione pecuniæ est, munus procul dubio unum non est. Tres vero sunt acceptiones munerum, ad quas ex fraude festinatur. Munus namque a corde est [f] captata gratia a cogitatione. Munus ab ore est

---

[a] Turon., Longip., Norman., *et cogitationis suæ verba restringit.*
[b] Lyr., Bigot., Utic., *ea quæ de seipsa sunt.*
[d] Utic. et alii Norman., *culmen;* non Corb. Germ.
[c] Turon., Corb., Colb., *vir sanctus,* etc., *quæ ergo* Norman., etc.
[e] In Utic., Lyr., Reg., Corb. Germ., omittitur *beatus.*
[f] Utic., Lyr., Big., Corb. Germ., *est capta gratia;* quod legitur in vet. Editi

gloria per favorem. Munus ex manu est præmium per dationem. Sed **313** justus quisque ab omni munere manus excutit, quia in eo quod recte agit, nec ab humano corde inanem gloriam, nec ab ore laudem, nec a manu recipere dationem quærit. Solus ergo in Dei opere fraudem non facit, qui cum ad studia bonæ actionis invigilat, nec ad corporalis rei præmia, nec ad laudis verba, nec ad humani judicii gratiam anhelat. Ipsa igitur bona nostra, quia insidiantis culpæ evadere gladium nequeunt, nisi sollicito quotidie timore muniantur, per sanctum virum nunc recte dicitur : *Verebar omnia opera mea.* Ac si humili confessione diceretur : Quæ aperte egerim video, sed quid in his latenter pertulerim ignoro. [*Vet. XXVII*]. [a] Sæpe enim bona nostra latrocinanti [b] fraude depereunt, quia rectis se nostris actibus concupiscentiæ terrenæ subjungunt. Sæpe desidia interveniente deficiunt, quia a fervore quo cœpta sunt frigescente amore tabescunt. Quia ergo culpæ subreptio vel in ipso virtutis actu vix vincitur, quid ad securitatem superest, nisi ut studiose semper et in virtute timeatur?

54. *Delictum nullum est inultum.* — Sed post hæc valde scrupulosum cordi se objicit quod subjungit : *Sciens quod non parceres delinquenti.* Si enim delinquenti non parcitur, quis ab æterna morte eripitur, cum a delicto mundus nemo reperitur? An pœnitenti parcit et delinquenti non parcit? Quia cum delicta plangimus, nequaquam jam delinquentes sumus. Sed quid quod Petrus cum negat respicitur, et Redemptoris negati respectu ad lacrymas vocatur? Quid quod Paulus cum Redemptoris nomen in terra conaretur exstinguere, ejus verba de cœlo meruit audire? Sed tamen culpa in utroque punita est, quia et de Petro, teste Evangelio, scriptum est : [b] *Recordatus Petrus verbi Jesu, egressus foras, flevit amare* (*Luc.* XXII, 61). Et de Paulo hæc eadem, quæ hunc vocavit, Veritas dicit : *Ego ostendam ei quanta eum oporteat pro nomine meo pati* (*Act.* IX, 16). Delinquenti ergo Dominus nequaquam parcit, quia delictum sine ultione non deserit. Aut enim ipse hoc homo in se pœnitens punit, aut hoc Deus cum homine vindicans percutit. Nequaquam igitur peccato parcitur, quia nullatenus sine vindicta laxatur. Sic David (*De pœnit. dist.* 1, *cap. Si peccatum*) audire post confessionem meruit : *Dominus transtulit peccatum tuum* (II *Reg.* XII, 13). Et tamen multis post cruciatibus afflictus ac fugiens, reatum culpæ quam perpetraverat exsolvit. Sic nos salutis unda a culpa primi parentis absolvimur; sed tamen, reatum ejusdem culpæ diluentes, absoluti quoque adhuc carnaliter obimus. Bene ergo dicitur : *Sciens quod non parceres delinquenti,* quia delicta nostra sive per nos, sive per semetipsum resecat, etiam cum relaxat. Ab electis enim suis iniquitatum maculas studet temporali afflictione tergere, quas in eis in perpetuum non vult [c] videre. Sed sæpe mens dum plus justo trepidat, dum pavore quatitur, dum sinistris suspicionibus urgetur, tædet hanc vivere, quæ se ad vitam vel per labores ambigit pervenire. Unde et subsequenter adjungitur :

VERS. 29. — *Si autem et sic impius sum, quare frustra laboravi ?*

CAPUT XXXV [*Rec. XVIII*].

314. 55. *Sancti ita incerti sunt ut confidant, ita confidunt ut non torpeant.* — Si enim remota pietate discutimur, opus nostrum pœna dignum est, quod remunerari præmiis præstolamur. Vir igitur sanctus, sub occulta judicia trepidans, dicit : *Si autem et sic impius sum, quare frustra laboravi ?* [d] non quo hunc laborasse pœnitet, sed quo incertus esse de præmiis et inter labores dolet. Sciendum vero est quod viri sancti ita incerti sunt ut confidant, atque ita confidunt ut tamen ex securitate non torpeant. Quia ergo plerumque mens [e] et impensa rectis actibus trepidat, restat ut postquam bonum opus agitur lacrymæ [f] deprecationis exquirantur, quatenus ad æterna præmia meritum recti operis subvehat humilitas postulationis. [*Vet. XXVIII, Rec. XIX.*] Sed tamen sciendum est quia mundos nos ad perfectum reddere, vel vita, vel lacrymæ non valent quousque nos mortalitas nostræ corruptionis tenet. Unde et apte subjungitur :

CAPUT XXXVI.

VERS. 30, 31. — *Si lotus fuero quasi aquis nivis, et fulserint velut mundissimæ manus meæ ; tamen sordibus intinges me, et abominabuntur me vestimenta mea.*

56. *Lacrymæ mundant, si profluant cum humilitate. Si non propter terrena, sed superna bona.* — Aquæ enim nivis sunt lamenta humilitatis. Quæ profecto humilitas, quia ante districti judicis oculos cæteris virtutibus præeminet, quasi per magni meriti colorem candet. Sunt namque nonnulli qui lamenta habent, sed humilitatem non habent, quia afflicti plangunt, sed tamen in ipsis fletibus vel contra proximorum vitam superbiunt, vel contra ordinationem conditoris eriguntur. Hi nimirum aquas habent, sed nivis aquas non habent, et mundi esse nequeunt, quia humilitatis fletibus minime lavantur. Aquis autem nivis a culpa se laverat qui confidenter dicebat : *Cor contritum et humiliatum Deus non spernit* (*Psal.* L, 19). Qui enim lamentis affliguntur, sed murmurando rebelles sunt, mentem quidem conterunt, sed humiliari contemnunt. Quamvis aquæ nivis intelligi et aliter possunt. Aqua enim fontis et fluminis ex terra oritur, aqua vero

---

[a] Turon., *sæpe etenim nonnulla bona,* etc.
[b] Sic Vindoc. et Gemet., etc., ubi Editi, *recordatus est Petrus verbi Jesu quod dixerat, et egressus,* etc.
[c] Ita Bellov., Vindoc., Corb., Longip., Norman. omnes. Editi vero *non vult vindicare.*
[d] Sic restituimus ex Mss. Turon., Gemet. aliisque Norm., cum prius legeretur, *non quod hunc laborasse pœnitet ; sed quod incertus esset de præmiis, et inter labores dolet.*
[e] Turon., *et inter pietatis actus trepidat.*
[f] In Vulgatis, *expiationis.* Rectius Mss. Germ., Longip., Norm., *deprecationis,* ex quo corrupte in Corb. Germ., *desperationis.*

nivis ex aere proruit. Et sunt plerique qui per orationum lamenta se cruciant, sed tamen totis lamentorum laboribus ad sola terrena desideria exsudant; compunguntur in precibus, sed felicitatis transitoriæ gaudia exquirunt. Hos itaque nivis aqua non abluit, quia eorum fletus ab imis venit. Quasi enim ex terræ aqua perfusi sunt, qui pro terrenis bonis in precibus compunguntur. Qui vero idcirco plorant, quoniam præmia superna desiderant, aqua nivis hos diluit, quia cœlestis compunctio infundit. Nam cum perennem patriam per lamenta appetunt, ejusque accensi desideriis plangunt, a summis accipiunt vitæ unde mundentur. Per manus autem quid aliud quam opera designantur? Unde quibusdam per prophetam dicitur : *Manus vestræ sanguine plenæ sunt* (Isa. I, 15); [a] id est, opera crudelitate.

57. *Perfectam munditiam hic non assequimur.* — Notandum vero quod vir sanctus non ait : *Fulserunt mundissimæ manus meæ;* sed, *velut mundissimæ manus meæ,* quia quousque pœna corruptio is astringimur, quamlibet rectis operibus [b], veram munditiam nequaquam apprehendimus, sed ima amur. Unde et apte subjungitur : *Tamen sordibus intinges me.* Deus nos sordibus intingere dicitur, intinctos sordibus demonstrare, quia quanto ad illum verius per bona opera surgimus, tanto subtilius vitæ nostræ sordes agnoscimus, quibus ab ejus munditia discordamus. Ait ergo : *Si lotus fuero quasi aquis nivis, et fulserint velut mundissimæ manus meæ, tamen sordibus intinges me.* Ac si apertius dicat : Quamvis lamentis supernæ compunctionis infundar, quamvis per studia rectæ operationis exercear, in tua tamen munditia video quia mundus non sum. Intentam quippe Deo animam ipsa adhuc corruptibilis caro diverberat, ejusque amoris pulchritudinem obscenis et illicitis cogitationum motibus fœdat.

[*Vet. XXIX.*] 58. *Animæ vestis corpus.*—Unde et subditur : *Et abominabuntur me vestimenta mea.* Quid enim vestimenti nomine nisi hoc terrenum corpus exprimitur, quo induta anima tegitur, ne [c] in subtilitate suæ substantiæ nuda videatur? Hinc etenim Salomon ait : *Omni tempore sint vestimenta tua candida* (*Eccle.* IX, 8); id est, membra corporis a sordidis actibus munda. Hinc Isaias ait : *Vestimentum mistum sanguine erit in combustionem* (*Isai.* IX, 5). Sanguine quippe vestimentum miscere est desideriis carnalibus corpus inquinare. Quibus nimirum se pollui Psalmista formidaverat, cum dicebat : *Libera me de sanguinibus, Deus, Deus salutis meæ* (*Psal.* L, 16). Hinc voce angeli ad Joannem dicitur : *Habes pauca nomina in Sardis, quæ non inquinaverunt vestimenta sua* (*Apoc.* III, 4). More autem sacri eloquii vestimenta nostra nos abominari referuntur, quia abominabiles reddunt; sicut per Petrum quoque de

Juda dicitur : *Hic possedit agrum de mercede iniquitatis* (*Act.* I, 18). Neque enim emptum pretio sanguinis agrum Judas possidere figuli potuit, qui, relatis triginta argenteis, traditionis crimen criminosiori in se protinus morte mulctavit ; sed possedit dictum est [d] possidere fecit. Ita hoc loco : *Abominabuntur me vestimenta mea* [e] dicitur abominabilem facient, quia nimirum dum contra mentem membra superbiunt, dum sancti desiderii studia tentationum suarum tumultibus interrumpunt, in ipso suo certamine posita anima agnoscit quantum adhuc a divinitate despicitur, quæ correptionem suam plene appetens transire, sed non valens, [f] fœdæ pulvere cogitationis inquinatur. Hanc vestimentorum abominationem senserat qui dicebat : *Video aliam legem in membris meis repugnantem legi mentis meæ, et captivum me ducentem in lege peccati, quæ est in membris meis* (*Rom.* VII, 23). Hæc etiam vestimenta, in quibus perfecte placere non poterat, quandoque melius resumenda, deponere festine cupiebat, dicens : *Infelix ego homo, quis me liberabit de corpore mortis hujus* (*Rom.* VII, 24)? Dicat ergo vir justus : *Si lotus fuero quasi aquis nivis, et fulserint velut mundissimæ manus meæ; tamen sordibus intinges me, et abominabuntur me vestimenta mea,* quia quantumlibet ad summa ex compunctione contemplationis ascenderit, quantumlibet in opere se per exercitium laboris accinxerit, indignum tamen adhuc aliquid de corpore mortis sentit, et abominabilem se esse considerat in multis, quæ de pondere corruptionis portat. [*Vet. XXX, Rec. XX.*] Cui hoc quoque fit gravius, quod sæpe neque hoc intelligit unde delinquit. Flagella suscipit, sed districto judici quid in se majus, quidve minus displiceat, non agnoscit. Unde et subditur :

CAPUT XXXVII.

VERS. 32. — *Neque enim viro, qui similis mei est, respondebo, nec qui mecum in judicio ex æquo possit audiri.*

59. *Justo quam grave sit ignorare unde delinquit.* — Dum cum quolibet in judicio ex æquo contendimus, et quid contra nos dicatur agnoscimus, et in his quæ dicimus audimur, et quo objecta patenter apprehendimus, eo audenter ad proposita respondemus. Quia ergo invisibilis judex quæ facimus videt, quasi audit quæ dicimus; sed quia id quod ei displicet nequaquam plene cognoscimus, quasi quid ipse dicit ignoramus. Vir igitur sanctus vestimentorum suorum abominationem considerans, eo amplius timet, quo audiri ex æquo in judicio non valet, quia quousque corruptionis suæ pondere premitur, hoc in pœna sua gravius tolerat, quod et sensum sui reprehensoris ignorat. Ac si aperte dicat : In hoc ex æquo non audior, quia et patent cuncta quæ facio;

[a] Coc. et seq. Edit., *opere crudelitatis,* renitentibus Mss. Norm. et aliis, ubi optimo sensu legitur, *id est opera crudelitate,* subaudi, *plena sunt.*
[b] Removimus hinc *insudemus,* suadentibus Mss.
[c] Ita Corb. Germ., Turon., Vindoc. et potiores Mss. Vulgati vero, *subtilitatis suæ substantia.*

[d] Plerique cum Gemet. et aliis Norm., *possideri fecit.* Utic. utramque lect. habet.
[e] Mss. Norm., *dicitur, ac si dicatur, abominabilem,* etc.
[f] Sic Turon., Gem t., etc., ubi vel. Ed. habent *sede pulvere,* Coc. et seq., *fœdo pulvere.*

et tamen ipse nescio per quanta reprehendor. Sequitur :

CAPUT XXXVIII.

Vers. 33. — *Non est qui utrumque valeat arguere, et ponere manum suam in ambobus.*

60. *Arguere Deum quid sit.* — Durum sonat ut quæratur qui Deum arguat; sed durum non erit, si recurrat ad memoriam quod ipse per alium prophetam dicit. Per Isaiam quippe admonet, dicens : *Quiescite agere perverse, discite benefacere, quærite judicium, subvenite oppresso, judicate pupillo, defendite viduam; et venite, et arguite me, dicit Dominus* (*Isai.* I, 16). Ei namque quem arguimus rationis auctoritate contraimus. Et quid est quod Dominus, agere sancta nos admonens, adjungit : *Venite, et arguite me*, nisi quod aperte insinuat quantam bonis actibus fiduciam præstat? Ac si patenter dicat : Recta agite, et animadversionis meæ motibus non jam per deprecationis gemitum, sed per fiduciam auctoritatis obviate. Hinc etenim Joannes dicit : *Si cor nostrum non reprehenderit nos, fiduciam habemus ad Deum* (*I Joan.* III, 21). Hinc est quod Moyses, quia placet serviens, auditur tacens, cum silenti dicitur : *Quid clamas ad me* (*Exod.* XIV, 15)? Hinc est quod irascentem retinet, cum audit : *Dimitte me, ut irascatur furor meus contra populum istum* (*Exod.* XXXII, 10). Hinc est quod arguentem Dominus non habuisse se queritur, cum per prophetam dicitur : *Quæsivi virum qui interponeret sepem, et staret oppositus contra me, ne dissiparem eam, et non inveni* (*Ezech.* XXII, 30). Hinc est quod graviter Isaias deplorat, dicens : *Omnes nos cecidimus quasi folium, et iniquitates nostræ quasi ventus abstulerunt nos; non est qui invocet nomen tuum, qui consurgat et teneat te* (*Isai.* LXIV, 6, 7).

61. *Christus solus potuit nos a morte liberare. Patiendo hominis culpam corripuit, et placavit Dei iram.* — Sed possunt recti quilibet per acceptæ [a] innocentiæ meritum aliquando præsentis motibus animadversionis obviare, non autem valent virtute propria ab humano genere supplicia secuturæ mortis expellere. Vir igitur sanctus humanum genus consideret quo defluxit; æternæ mortis damna conspiciat; cui nimirum constat quia nequaquam justitia humana contradicat, videat quam perverse homo deliquerit; videat quam districte conditor contra hominem irascatur, et mediatorem Dei et hominis, Deum et hominem, requirat. [*Vet. XXXI, Rec. XXI.*] Quem quia longe post venturum considerat, deplorans dicat : *Non est qui utrumque valeat arguere, et ponere manum suam in ambobus.* Redemptor quippe humani generis, mediator Dei et hominis per carnem factus, quia justus in hominibus solus apparuit, et tamen ad pœnam culpæ etiam sine culpa pervenit, et hominem arguit ne delinqueret, et Deo obstitit ne feriret, exempla innocentiæ præbuit, pœnam malitiæ suscepit. Patiendo ergo utrumque arguit, qui et culpam hominis, [b] justitiam aspirando, corripuit, et iram judicis moriendo temperavit; atque in utrisque manum posuit, quia et exempla hominibus quæ imitarentur præbuit, et Deo in se opera, quibus erga homines placaretur, ostendit. Nullus quippe ante hunc exstitit, qui sic [c] pro alienis reatibus intercederet, ut [d] proprios non haberet. Æternæ igitur morti tanto quis in aliis obviare non poterat, quanto hunc reatus de propriis astringebat. Venit itaque novus homo ad homines, contradictor ad culpam, amicus ad pœnam; mira monstravit, crudelia pertulit. Manum ergo suam in ambobus posuit, quia unde reum recta docuit, inde iratum judicem placavit. Qui hoc quoque ipsis suis miraculis mirabilius præbuit, quia corda delinquentium mansuetudine potius quam terrore correxit. Unde et subditur :

CAPUT XXXIX [*Rec. XXII*].

Vers. 34. — *Auferat a me virgam suam, et pavor ejus non me terreat.*

62. *Mansuetudine potius quam terrore nos correxit.* — Per legem quippe virgam Deus tenuerat, cum dicebat : Si quis hæc vel illa fecerit, morte moriatur. Sed incarnatus virgam abstulit, quia vias vitæ per mansuetudinem ostendit. Unde ei per Psalmistam dicitur : *Intende, prospere procede, et regna, propter veritatem et mansuetudinem et justitiam* (*Psal.* XLIV, 5). [*Vet. XXXII.*] Timeri quippe quasi Deus noluit, sed quasi pater ut amaretur inspiravit. Quod liquido Paulus dicit : *Non enim accepistis spiritum servitutis iterum in timore, sed accepistis spiritum adoptionis filiorum, in quo clamamus, Abba pater* (*Rom.* VIII, 15). Unde hic quoque apte subjungitur :

CAPUT XL.

Vers. 35. — *Loquar, et non timebo eum* [e].

63. *Timor a peccato nos suscitare non valuit.* — Vir enim sanctus, quia humani generis Redemptorem venire mitem conspicit, non metum ad Dominum, sed affectum ad patrem sumit; et timorem despicit, quia per adoptionis gratiam ad amorem surgit. Hinc Joannes ait : *Timor non est in charitate, sed perfecta charitas foras mittit timorem* (*I Joan.* IV, 18). Hinc Zacharias dicit : *Ut sine timore de manu inimicorum nostrorum liberati serviamus illi* (*Luc.* I, 74). A peccati igitur morte timor nos suscitare non valuit, sed ad statum vitæ aspirata mansuetudinis gratia erexit. Quod bene Eliseo Sunamitis filium suscitante signatur (*IV Reg.* IV, 30, 34), qui cum baculo puerum mittens, extincto filio vitam minime reddidit; per semetipsum vero veniens, seque super mortuum

---

[a] Ex Mss. Turon., Bellov., Longip., Vindoc., Anglic., Norman., et Gilotio teste, Parisiensibus, sic restituimus, emendavimusque Edit. pene omnes, ubi legitur *pœnitentiæ*, contra Gregorii mentem.

[b] Ita Gemet. et alii Norm. Anglic., ac plerique. In Editis legitur *per justitiam.*

[c] Ebroic., Lyr., Bigot., Utic., Corb. Germ., pro *alienis erratibus.*

[d] Bellovac., Corb. Germ., Gemet. ac cæteri Norm., *ut propria non haberet.*

[e] Subjiciunt hic Excusi, *neque enim possum metuens respondere;* quæ omittuntur in Mss. Corb. Germ., Reg., Belloy., Norman, et potioribus. Exstant in Colb.

sternens, atque ad ejus membra se colligens, huc illucque deambulans, et in ore mortui septies aspirans, hunc ad redivivam lucem protinus per ministerium compassionis animavit. Auctor quippe humani generis Deus, quasi mortuum puerum doluit, cum exstinctos nos iniquitatis aculeo miseratus aspexit. Et quia per Moysen terrorem legis protulit, quasi **318** per puerum virgam misit. Sed puer cum baculo mortuum suscitare non valuit, quia, Paulo attestante : *Nihil ad perfectum adduxit lex (Hebr.* VII, 19). Ipse autem per semetipsum veniens, et super cadaver se humiliter sternens, ad exæquanda sibi mortui membra se collegit : *Quia cum in forma Dei esset, non rapinam arbitratus est esse se æqualem Deo; sed semetipsum exinanivit, formam servi accipiens, in similitudinem hominum factus, et habitu inventus ut homo (Philip.* II, 6). Huc illucque deambulat, quia et Judæam juxta, et longe positas gentes vocat. Super mortuum septies [a] inspirat, quia per apertionem divini muneris gratiæ septiformis spiritum in peccati morte jacentibus tribuit. Moxque vivens erigitur, quia is, quem terroris virga suscitare non potuit, per amoris spiritum puer ad vitam rediit. Dicat itaque ex sua, dicat ex voce humani generis : *Auferat a me virgam suam, et pavor ejus non me terreat; loquar, et non timebo eum.* Ubi et apte subjungitur :

CAPUT XLI.

Ibid. — *Neque enim possum metuens respondere*

64. Timor digna Deo pro ejus donis obsequia non reddit. — Respondere quippe cuilibet dicimur cum factis illius digna opera repensamus. Deo ergo respondere est donis ejus præcedentibus nostra obsequia reddere. Unde et psalmi quidam, in quibus sancta operatio imitanda proponitur, ad respondendum scripti prænotantur. Rectum itaque Deus hominem condidit, eumque ad perversa defluentem cum longanimitate toleravit. Quotidie culpam aspicit, et tamen vivendi spatia non citius abscidit; dona largitur benignitate sua, et erga malos utitur patientia sua. Respondere homo tot beneficiis debet; sed tamen respondere metuens non valet, quia humani generis conditorem qui adhuc serviliter formidat, procul dubio non amat. Nam tunc solum Deo vera obsequia reddimus, cum eum propter amoris fiduciam non timemus; cum nos ad bona opera affectus, non metus dirigit; cum malum nostræ menti jam non placet, etiam si licet. Nam qui a perversitatis opere ex timore restringitur, perversa libenter ageret, si liceret. Nequaquam ergo veraciter rectus est, qui adhuc a pravitatis desiderio liber non est. Bene itaque dicitur : *Neque enim possum metuens respondere*, quia vera obsequia Deo non reddimus, si ex timore mandatis illius, et non potius ex amore servimus. Sed [b] cum menti nostræ ejus dulcedinis amor accenditur, omne desiderium præsentis vitæ levigatur, in tædium dilectio vertitur, atque hanc cum mœrore mens tolerat, cui victa prius reprobo amore serviebat. Unde et apte subditur :

CAPUT XLII [*Vet. XXXIII, Rec. XXIII*].

Cap. X, vers. 1. — *Tædet animam meam vitæ meæ.*

65. *Amor Dei vitæ hujus tædium parit, et ad erratorum confessionem adducit.* — Sed cum præsens vita vilescere, cum conditoris amor dulcescere cœperit, sese contra se animus accendit, ut accusare se de culpis debeat, in quibus se ante supernorum nescius defendebat. Unde adhuc recte adjungit :

CAPUT XLIII.

Ibid. — *Dimittam adversum me eloquium meum.*

66. Quasi pro se eloquio suo utitur, qui prava quæ gessit defendere excusationibus conatur. Sed adversum se eloquium dimittit, qui accusare in se hoc incipit quod erravit. Sæpe vero et cum delinquimus **319** ea quoque quæ agimus dijudicamus. Accusat mens ipsa quod perpetrat; sed quia hoc ex desiderio minime deserit, erubescit confiteri quod fecit. Cum vero toto jam judicio carnis delectationem premit, audaci voce in accusationis suæ confessionem se erigit. Unde recte nunc dicitur : *Dimittam adversum me eloquium meum*, quia fortis mens relaxare contra se verba detestationis inchoat, quæ apud semetipsam prius infirme verecundata retinebat. Sed sunt nonnulli qui apertis vocibus culpas fatentur, sed tamen in confessione gemere nesciunt, et lugenda gaudentes dicunt. Unde adhuc apte subjungitur :

CAPUT XLIV [*Rec. XXIV*].

Ibid. — *Loquar in amaritudine animæ meæ.*

67. *Confessio fiat in amaritudine animæ.* — Qui culpas suas detestans loquitur, restat [c] necesse est ut has in amaritudine animæ loquatur, ut hæc ipsa amaritudo puniat quidquid lingua per mentis judicium accusat. Sciendum vero est quia ex pœna pœnitentiæ, quam sibi mens irrogat, aliquatenus securitatem percipit, atque ad interrogationes superni judicis fidentior exsurgit, ut semetipsam subtilius inveniat, et erga se quæque quomodo disponantur agnoscat. Unde et protinus additur : ...

CAPUT XLV.

Vers. 2. — *Dicam Deo : Noli me condemnare; indica mihi cur me ita judices.*

68. *Judicat nos hic et punit Deus duobus modis.* —

---

[a] Sic leg. in Corb. Germ., Reg., Colb., Germ., Vindoc., et in vet. Ed. Coc. aliis sequentibus mutavit *inspirat* in *oscitat*, et mox, *tribuit* in *aspirat*; ubi, loco verborum illorum *per apertionem*, legitur in Turon. et Longip. *per aspirationem*. In uno Vindoc. est utraque lectio, *aspirat* et *tribuit*.

[b] Ebroic., Utic., Lyr., Bigot., *sed cum mens nostra ejus dulcedinis amore accenditur; omni desiderio præsentis vitæ levigatur.*

[c] Verbum *necesse est* (quod perinde ac necessario seu consequenter et ex necessitate) in Vulgatis omissum exhibent omnes Mss. Idem hujus verbi usus est apud Hilarium Pictav., in psal. LXVIII, n. 16, ubi habet : *A malis quis eripi se ob id necesse est, ne malis afficiatur optabit.* Et in psal. CXVIII, lit. 12, n. 7 : *Earum necesse est generationum terra fundata et mansura esse credenda est.*

Quia peccatorem se in amaritudine animæ asserit, quid Deo aliud quam ne condemnetur dicit? quia amaritudo præsentis pœnitentiæ exstinguit supplicia sequentis iræ. Duobus autem modis in hac vita hominem Deus judicat, quia aut per mala præsentia irrogare jam tormenta sequentia incipit, aut tormenta sequentia flagellis præsentibus exstinguit. Nisi enim delictis exigentibus justus judex et nunc et postmodum quosdam percuteret, Judas [a] minime dixisset, *Secundo eos qui non crediderunt perdidit* (*Judæ* 5); et de iniquis Psalmista non diceret: *Induantur sicut diploide confusione sua* (*Psal.* CVIII, 29). Diploidem quippe duplum vestimentum dicimus. Confusione ergo sicut diploide induti sunt qui juxta reatus sui meritum et temporali et perpetua animadversione feriuntur. Solos quippe pœna a supplicio liberat quos immutat. Nam quos præsentia mala non corrigunt, ad sequentia perducunt. Si autem nequaquam quosdam pœna præsens a supplicio æterno defenderet, Paulus minime dixisset: *Cum judicamur, a Domino corripimur, ut non cum hoc mundo damnemur* (*I Cor.* XI, 32). Hinc voce angelica ad Joannem dicitur: *Ego quos amo redarguo et castigo* (*Apoc.* III, 19). Hinc etiam scriptum est: *Quem diligit Dominus castigat, flagellat omnem filium quem recipit* (*Hebr.* XII, 6).

[Vet. XXXIV.] 69. *Mens justi ut secura sit, trepidat.* — Sæpe ergo mens justi, ut magis secura sit, altius trepidat; et cum flagellis cingitur, superni judicii incertitudine turbatur. Pavet ne initium sequentis damnationis sit omne quod patitur; et per cogitationem interrogat judicem, quia de vitæ suæ meritis ambigit [b] in percussione. Sed cum vitæ virtus ad oculos mentis reducitur, quasi consolatio a judice respondetur, quia nequaquam ad perdendum percutit quem in actionis innocentia feriendo custodit. Bene itaque nunc dicitur: *Indica mihi cur me ita judices.* Ac si aperte diceretur: Quia flagellando me judicas, ostende quod ad judicium per flagella securum reddas. Quod tamen intelligi et aliter potest. Nam plerumque vir justus flagella ad probationem percipit, et vitam suam subtilissima inquisitione discutiens, quamvis se peccatorem et sentiat et fateatur, pro qua tamen specialiter culpa percutitur, minime cognoscit; atque eo magis in percussione trepidat, quo causas suæ percussionis ignorat. Petit ut semetipsum sibi judex indicet; quatenus quod ille animadvertendo percutit, hoc in se flendo et ipse castiget. Scit namque quod æquissimus [c] vindex injuste quempiam nostrum nullo modo affligit, et magno metu concutitur, quia et dolet in verbere, et deprehendere in se perfecte non valet quod deploret. Unde adhuc subditur:

CAPUT XLVI [*Rec. XXV*].

VERS. 3. — *Nunquid bonum tibi videtur, si calumnieris et opprimas pauperem, opus manuum tuarum, et consilium impiorum adjuves?*

70. *Justi propter quid flagelletur ignorantis anxietas.* — Hoc nimirum sic per interrogationem dicitur, ut negetur. Ac si aperte diceretur: Tu qui summe bonus es, novi quia bonum non æstimas, ut pauperem per calumniam premas. Et scio ergo quia non est injustum quod patior, et eo magis doleo quo causas justitiæ ignoro. Notandum vero quod non ait *Ut opprimas innocentem,* sed *pauperem.* Qui enim districtioni judicis nequaquam innocentiam, sed paupertatem suam objicit, non jam de vita audaciam arripit, sed quam se infirmum conspiciat ostendit. Ubi et congrue subjungit: *Opus manuum tuarum.* Ac si aperte dicat: Impie opprimere non potes, quem te fecisse gratuito recordaris.

71. *Deus non sinit nos supra vires tentari.* — Bene autem subditur: *Et consilium impiorum adjuves?* Quos namque hoc loco impios, nisi malignos spiritus vocat? Qui cum redire ipsi ad vitam nequeant, crudeliter socios ad mortem quærunt. Quorum nimirum consilium fuit ut beatum Job divina correptio tangeret, et qui in tranquillitate justus exstiterat, saltem per flagella peccaret. Sed impiorum consilium Dominus non adjuvit, quia eorum tentationibus carnem justi prodidit, animam negavit. Hoc indesinenter contra bonos consilium maligni spiritus ineunt, ut hi quos servire Deo [d] innocue in tranquillitate conspiciunt vexati adversitatibus ad voraginem culpæ rapiantur. Sed eorum consilii acumen destruitur, quia pius conditor cum viribus flagella moderatur, ne virtutem pœna transeat, et per astutiam fortium humana infirmitas [e] excidat. Unde et bene per Paulum dicitur: *Fidelis autem Deus, qui non patietur vos tentari supra quam potestis, sed faciet cum tentatione etiam proventum; ut possitis sustinere* (*I Cor.* X, 13). Nisi enim misericors Deus cum viribus tentamenta modificet, nullus profecto est qui malignorum spirituum insidias non corruens portet, quia si mensuram judex tentationibus non præbet, eo ipso protinus stantem dejicit, quo ultra vires onera imponit. Sic autem beatus Job negando requisivit ista quæ protulit, sicut et requirendo negat ea quæ illico subjungit, dicens:

CAPUT XLVII [*Rec. XXVI*].

VERS. 4-7. — *Nunquid oculi carnei tibi sunt, aut sicut videt homo et tu videbis? Nunquid sicut dies hominis dies tui, aut anni tui sicut humana sunt tempora, ut quæras iniquitatem meam, et peccatum meum scruteris? et scias quia nihil impium fecerim.*

72. *Discrimen visus humani et divini, dierum no-*

---

[a] Addunt Editi *apostolus.* At in nullo Mss. invenimus. Iidem Mss., *diploidem quippe duplum vestimentum dicimus.* Ubi Editi, *diplois.*

[b] Gemet., *in persecutione.* Olim tamen legebatur *in percussione.*

[c] Ita Mss. Corb. Germ., Colb., Germ., Gemet. Alii, quos Editi sequuntur, *judex.*

[d] Deest hæc vox in Ebroic. et aliis Norm. Exstat in Corb. Germ., Colb., Reg.

[e] Coc. et poster. Ed., cum quibusdam Mss., *excedat.* Prætulimus *excidat,* tum quod sit Mss. Corb. Germ., Reg., Vindoc., aliorumque potiorum, tum quod humanæ fragilitati magis congruat *excidere* quam *excedere.* Proxime sequitur, *corruens portet.*

strorum et æternitatis.—Oculi carnei facta temporum non nisi in tempore agnoscunt, quia et ipsi ad videndum cum tempore prodeunt, cum tempore clauduntur; et humanus visus quodlibet opus sequitur, non præcurrit, quia [a] vix existentia aspicit, et ventura nullo modo agnoscit. [Vet. XXXV.] Dies quoque et anni hominis a diebus et annis discrepant æternitatis, quia vitam nostram, quæ tempore incipitur, tempore finitur; dum intra sinus sui latitudinem format, æternitas devorat. Cujus nimirum immensitas, quia ultra citraque super nos tenditur, sine inchoatione et termino ejus æternum esse dilatatur; ejque nec transacta prætereunt, nec adhuc ventura, quasi quæ non appareant, desunt, quia is qui semper esse habet, cuncta sibi præsentia conspicit; cumque aspiciendo post et ante non tenditur, nulla intuitus mutatione variatur. Dicat ergo : Nunquid oculi carnei tibi sunt ; aut sicut videt homo, et tu videbis? Nunquid sicut dies hominis dies tui, et anni tui sicut humana sunt tempora, ut quæras iniquitatem meam, et peccatum meum scruteris? et scias quia nihil impium fecerim. Ac si humiliter requirens, diceret : Cur me in tempore per flagella examinas, quem apud te perfecte et ante tempora scisti? Cur culpas meas verberibus interrogas, quem per æternitatis tuæ potentiam nec prius quam conderes ignoras? Cujus nimirum potentiæ mox pondus exprimit, cum subjungit :

CAPUT XLVIII.

Ibid.—Cum sit nemo qui de manu tua possit eruere.

75. Humilis deprecatio flagellati.—Ac si aperte dicat : Quid tibi restat, nisi parcere, cujus virtuti nullus valet obviare? Quo enim nemo est qui animadversionem tuam ex merito suæ virtutis retineat, eo a se facilius tua pietas exigat ut parcat. Quia autem [b] nos in delicto concepti, in iniquitatibus editi, aut noxie prava perpetramus, aut incaute etiam recta agendo delinquimus, districtus judex unde nobis fiat placabilis, non habemus. Sed cum nostrum opus ejus obtutibus dignum exhibere non possumus, restat ut ad placationem illius suum ei opus offeramus. Unde et subditur :

CAPUT XLIX [Rec. XXVII].

Vers. 8.—Manus tuæ plasmaverunt me, et fecerunt me totum in circuitu, et sic repente præcipitas me?

74. Manichæi dogma destruitur.—Ac si ei humiliter dicat : Quia sub justo examine dignum non est [c] tua placatione quod feci, pensa misericorditer, ne pereat quod fecisti. Quibus etiam verbis perversum [d] Manichæi dogma destruitur, qui duo esse principia mentiens, a Deo spiritum, a Satana vero carnem conditam asserere conatur. Sanctus etenim vir prophe-tici gratia spiritus plenus, longe post ventura considerat, et errorum genimina prævidens calcat, dicens : Manus tuæ plasmaverunt me, et fecerunt me totum in circuitu. Qui enim et plasmatum se, et factum totum in circuitu a Deo asserit, tenebrarum genti nec in spiritu suo aliquid nec in carne derelinquit. Nam plasmatum se propter internam [e] imaginem retulit; factum vero totum in circuitu, in eo quod ex carnis constat indumento, memoravit.

[Vet. XXXVI.] 75. Hominis prærogativa in rerum conditione.—Notandum vero est quia per hoc quod se plasmatum Dei manibus asserit; misericordiæ judicis dignitatem suæ conditionis opponit. Quamvis enim per coæternum Patri Verbum cuncta creata sunt, in ipsa tamen relatione creationis ostenditur quantum cunctis animalibus, quantum rebus vel cœlestibus, sed tamen insensibilibus, homo præferatur. Cuncta quippe dixit et facta sunt (Psal. cxlviii, 5). Cum vero facere hominem decernit, hoc quod reverenter pensandum est præmittit, dicens : Faciamus hominem ad imaginem et similitudinem nostram (Genes. i, 26). Neque enim de eo sicut de rebus cæteris scrip'um est, Fiat, et factum est (Ibid., 3); neque ut aquæ volatilia, sic terra hominem protulit; sed prius quam [f] fieret faciamus dicitur, ut videlicet quia rationalis [g] creatura condebatur, quasi cum consilio facta videretur. Quasi per studium de terra plasmatur, et inspiratione conditoris in virtute spiritus vitalis erigitur, ut scilicet non per jussionis vocem, sed per dignitatem operationis existeret, qui ad conditoris imaginem fiebat, Quod igitur per conditionem homo elegantius [h] in terra creaturis cæteris accepit, hoc in flagello positus pietati sui opificis opponit, dicens : Manus tuæ plasmaverunt me, et fecerunt me totum in circuitu, et sic repente præcipitas me? Ac si aperte dicat : Cur tanta vilitate despicis, quem cum tanta dignitate condidisti? Et quem ratione rebus cæteris præfers, cur ex dolore supponis? Sed tamen hæc eadem nostra dignitas fulget per imaginem, et longe distat a beatitudinis perfectione per carnem, quia dum spiritus miscetur pulveri, quodam modo connectitur infirmitati. Quam scilicet infirmitatem beatus Job pietati judicis objicit, cum subjungit :

CAPUT L [Rec. XXVIII].

Vers. 9. — Memento, quæso, quod sicut lutum feceris me.

76. Quare angelus irremissibiliter peccavit, non homo. —Angelorum spiritus idcirco irremissibiliter peccaverunt, quia tanto robustius stare poterant, quanto eos carnis admistio non tenebat. Homo vero idcirco post culpam veniam meruit, quia per carnale corpus

---

[a] Ebroic., vix existentia concupiscit. Irrepsit mendose concupiscit, pro conspicit, quod in Mss. legitur.
[b] Ita Mss. Norman., Bellov. et plerique Goc. et seq. Ed., in delictis.
[c] Barthol. et vet. Ed., tuæ plasmationi; cui lectioni nullus ex ms. nostris Cod. favet.
[d] Gemet., Bellovac., Corb. Germ. et alii antiq. Mss., Manis vel Manes.

[e] In Vulg., non in Mss., additur hominis. Si quid foret supplendum, vox Dei magis congrueret.
[f] Ita Vindoc., Norm. et alii, cum veterib. Edit. In Edit. Goc. et sequentibus, sed priusquam faceret.
[g] Vulgati, Natura, quod Ms. nullus exhibet.
[h] In Mss. Colb., Germ., Uic., Ebroic. et plerisque Norman., inter creaturas cæteras accepit. Corb. Germ. et Reg. ut in Editis.

aliquid quo semetipso minor esset accepit. Unde et apud respectum judicis argumentum pietatis est hæc eadem infirmitas carnis; sicut per Psalmistam dicitur: *Ipse autem est misericors,* [a] *et propitius fiet peccatis eorum, et non disperdet eos. Et multiplicavit ut averteret iram suam ab eis; et non accendit omnem iram suam, et rememoratus est quia caro sunt* (Psal. LXXVII, 38). Ut lutum ergo homo factus est, quia de limo est ad conditionem sumptus. Lutum quippe fit, cum se aqua terræ conspergit. Sicut lutum itaque homo est conditus, quia quasi aqua infundit pulverem, cum anima rigat carnem. Quod sanctus vir bene pietati judicis objicit, cum postulans dicit: *Memento, quæso, quod sicut lutum feceris me.* Ac si aperte dicat: Infirmitatem carnis considera, et reatum iniquitatis laxa. Ubi aperte quoque mors ejusdem carnis adjungitur, cum protinus subinfertur:

CAPUT LI.

IBID.—**323** *Et in pulverem reduces me.*

77. *Hominem excusat carnis infirmitas.* — Ac si patenter postulet, dicens: Memento, quæso, quod per carnem a terra venio, et per ejus interitum ad terram tendo. Materiam itaque originis, et pœnam finis aspice, et culpæ citius transeuntis parce. [*Vet. XXXVII, Rec. XXIX.*] Sed quia qualitatem protulit hominis conditi, nunc subjungit ordinem propagati, dicens:

CAPUT LII.

VERS. 10, 11.—*Nonne sicut lac mulsisti me, et sicut caseum me coagulasti? Pelle et carnibus vestisti me, ossibus et nervis compegisti me.*

78. *Hominis ortus descriptio.* — Plasmatus quippe homo sicut lutum factus est, propagatus autem et sicut lac mulgetur semine, et sicut caseus coagulatur in carne. Carnibus et pelle induitur, ossibus nervisque solidatur. Per lutum ergo primæ conditionis qualitas, per lac vero sequentis ordo conceptionis exprimitur, quia per coagulationis incrementa ducitur, ut paulisper in ossa roboretur. Sed angusta Dei laus est descriptio creati corporis, nisi etiam subsequenter exprimatur mira aspiratio vivificationis. Unde et subditur:

CAPUT LIII.

VERS. 12.—*Vitam et misericordiam tribuisti mihi.*

79. *Vitæ inspiratio et conservatio.*—Sed incassum nobis bona conditor tribuit, si non omne quod tribuit ipse custodit. Sequitur,—IBID:—*Et visitatio tua custodivit spiritum meum.* Hæc autem quæ de exteriori homine diximus, [b] etiam interiori quemadmodum possit congruere libet ut breviter replicando monstremus.

80. *Homo lutum, fit pulvis subtracta gratia. Bella carnis patitur, sed gratia roboratur.*—*Memento, quæso,*

[a] Lyr., Bigot., Utic., *et propitius fuit... et non disperdidit eos.*
[b] Norman., Turon., Corb. Germ., Colb., Vindoc., etc., *etiam interiori posse congruere,* etc. Germ., *quemadmodum possunt.*
[c] Unus Vindoc. cum Germ. et Corb. Germ., *quia*

quod sicut lutum feceris me. Sicut lutum quippe homo noster interior existit, quia sancti Spiritus gratia terrenæ menti infunditur, ut ad intellectum sui conditoris erigatur. Humana namque cogitatio, quæ peccati sui sterilitate aruit, per vim sancti Spiritus, quasi irrigata terra viridescit. Sed sæpe dum perceptis superni doni virtutibus sine interruptione utimur, ad privatam fiduciam usu continuæ prosperitatis elevamur. Unde fit plerumque ut isdem qui sublevaverat parumper Spiritus deserat, quatenus ipsum sibi hominem ostendat. Quod sanctus vir protinus exprimit, cum subjungit: *Et in pulverem reduces me.* Quia enim per subtractionem Spiritus mens aliquantulum in tentatione deseritur, quasi ab humore pristino terra siccatur, ut infirmitatem suam derelictus sentiat, et sine infusione supernæ gratiæ quantum homo aruit cognoscat. Qui apte quoque reduci ad pulverem dicitur, quia dimissus sibi cujuslibet tentationis aura raptatur. Sed dum relicti concutimur, ea quæ afflati cognovimus subtilius jam dona cogitamus. Unde subjungit: *Nonne sicut lac mulsisti me, et sicut caseum me coagulasti?* Mens etenim nostra cum per sancti Spiritus gratiam ab usu vetustæ conversationis abstrahitur, sicut lac mulgetur, [c] quia in quadam novæ inchoationis teneritudine ac subtilitate formatur; et sicut caseus coagulatur, quia in constipatione pinguescentis cogitationis astringitur, ut nequaquam jam per desideria diffluat, sed in uno amore se colligens, ad solidam reformationem surgat. [*Vet. XXXVIII.*] Plerumque vero contra hæc eadem rudimenta spiritalia ex usu veteri caro submurmurat, et mens bella tolerat ex homine quem foris portat. Unde subjungit: *Pelle et carnibus vestisti me.* Pelle quippe **324** et carnibus interior homo vestitur, quia in eo quod ad superna erigitur, carnalium motuum obsidione vallatur. Sed tendentem ad justitiam nequaquam in tentatione conditor deserit, qui per infusionem gratiæ etiam [d] peccantem prævenit; sed sublevatam mentem et ad bella exterius laxat, et interius roborat. Unde adhuc apte subjungitur: *Ossibus et nervis compegisti me.* Carnibus et pelle vestimur, sed ossibus nervisque compingimur, quia etsi tentatione foras irruente concutimur, intus tamen nos conditoris manus roborat, ne frangamur. Carnis itaque nos motibus humiliat ad dona, sed per ossa virtutum roborat contra tentamenta. Ait ergo: [e] *Carne et pelle vestisti me, ossibus et nervis compegisti me.* Ac si aperte dicat: Foras me ad probationem deseris, sed tamen intus ne peream virtutibus astringendo custodis. Qui idcirco nobis bene vivendi rectitudinem tribuit, quia benigne præterita quæ deliquimus parcit. Unde et adhuc apte subjungitur: *Vitam et misericordiam tribuisti mihi.*

81. *Vitam ex misericordia Dei præveniente et subsequente accipit et servat.*—Vita quippe tribuitur cum

in quadam coagulationis nova teneritudine. Alter Vindoc., cui consentiunt Norm., *quia in quadam novæ coagulationis teneritudine.*
[d] Gemet., mendose, ut censemus, *precantem.*
[e] Gemet., *carne et pellibus.* Utic., Lyr., Big. 1., *pelle et carnibus.* Ita quoque Vindoc.

malignis mentibus benignitas aspiratur. Sed vita sine **A** misericordia accipi nequaquam valet, quia ad obtinenda Dominus justitiæ bona non adjuvat, si prius misericorditer anteactas nequitias non relaxat. Vel certe vitam nobis et misericordiam tribuit, quia ea qua nos misericordia ad bene vivendum prævenit, etiam subsequente custodit. Nisi enim misericordiam subroget, servari non valet vita quam præbet. Ipso quippe quotidie humanæ vitæ usu veterascimus, et exterioris hominis impulsu cogitatione lubrica ab interioribus eximus. Et nisi nos superna visitatio vel ad amorem compungendo vivificet, vel ad timorem flagellando restauret, repentino lapsu mens funditus tota destruitur, quæ longo virtutis studio innovata videbatur. Unde subjungit : *Et visitatio tua custodivit spiritum meum*. Humanum quippe spiritum visitatio **B** superna custodit, cum hunc virtutibus ditatum, [a] vel flagello percutere, vel compungere amore non desinit. Nam si dona præstat, sed hunc continue restaurando non sublevat, citius bonum perditur, quod non a largiente custoditur. Sed ecce vir sanctus dum se humiliter agnoscit, conferenda generaliter divinæ misericordiæ secreta deprehendit; cumque infirmitatem suam veraciter fatetur, repente ad cognoscendam vocationem gentium sublimiter rapitur. Nam protinus subdit :

CAPUT LIV [Rec. XXX].

Vers. 13.—*Licet hæc celes in corde tuo, tamen scio quia universorum memineris.*

82. *Vocatio gentium in consilio Dei abscondita.*— **C** Ac si aperte dicat : Cur de me trepido, qui et universas gentes quia colligas scio ? Quod tamen in corde celas, quia hoc adhuc aperto sermone non indicas. Sed qui et universorum reminisceris, me procul dubio de venia certum facis. [*Vet. XXXIX*.] Sciendum vero est quia in quibusdam factis et certi de venia reddimur, et post perpetratas culpas ad absolutionis nostræ fiduciam correctione et pœnitentia subsequente roboramur ; perpetratæ tamen nostræ nequitiæ adhuc memoria tangimur, et cogitatione illicita aversi nolentesque pulsamur. Unde et apte subjungitur :

CAPUT LV [Rec. XXXI].

Vers. 14.—*Si peccavi, et ad horam pepercisti mihi, cur ab* **325** *iniquitate mea mundum me esse non* **D** *pateris?*

83. *Peccata deleta qui memoriam inficiant, et bellum reparent. Quid tum agendum.* — Ad horam Dominus peccatum parcit, cum reatum culpæ concessis protinus fletibus diluit. Sed ab iniquitate nostra mundos nos esse non patitur, quia volentes quidem cul-

[a] Turon., Utic., Bigot. et plerique, *vel flagellando percutere*.
[b] Reliqua contextus desunt in Bellov., *meæ, a facie*.
[c] Coc. et recent. Ed., *pollutum*, et mox cum superioribus, *laborantem*. Sequimur Mss. Vindoc., Bellovac., Norm., etc.
[d] Ita Turon., Corb. Germ., Gemet., Ebroic. et alii Norm. In plurimis tamen Norm. legitur, *occulta co-*

pam fecimus, sed nonnunquam nolentes ejus memoriam cum delectatione toleramus. Sæpe namque hoc quod a conspectu jam judicis fletu interveniente deletum est ad animum redit, et devicta culpa ad delectationem rursus inserpere nititur, atque in antiquo certamine rediviva pulsatione reparatur ; ita ut quod prius egit in corpore, hoc importuna cogitatione postmodum verset in mente. Quod caute ille conspicere athleta spiritalis noverat, qui dicebat : *Computruerunt et deterioraverunt cicatrices meæ,* [b] *a facie insipientiæ meæ* (Psal. xxxvii, 6). Quid namque cicatrices, nisi sanationes sunt vulnerum ? [*Vet. XL.*] Laxatas ergo nequitias ad delectationem memoriæ redire conspexerat, qui cicatrices deflebat. Cicatrices quippe computrescere est sanata jam peccatorum vulnera rursus in tentationem serpere, atque ex eorum suggestionibus, post superductam cutem pœnitentiæ, fetorem culpæ iterum doloremque sentire. Qua videlicet in re et nihil foras opere agitur, et sola intus cogitatione peccatur ; districtoque se reatu mens obligat, nisi hoc sollicitis lamentis tergat.

84. Unde bene per Moysen dicitur : *Si fuerit inter vos homo qui nocturno pollutus sit somnio, egredietur extra castra; et non revertetur prius quam ad vesperam lavetur aqua, et post solis occasum regredietur in castra* (Deut. xxiii, 10). Nocturnum quippe est somnium tentatio occulta, per quam tenebrosa cogitatione turpe aliquid corde concipitur, quod tamen corporis opere non expletur. Sed somnio nocturno pollutus egredi extra castra præcipitur, quia videlicet dignum est ut qui immunda cogitatione polluitur, indignum se cunctorum fidelium societatibus arbitretur, culpæ suæ meritum ante oculos ponat, et ex bonorum se æstimatione despiciat. [c] Polluto ergo extra castra exire est turpi impugnatione laboranti, sese ex continentium comparatione despicere. Qui ad vesperam lavatur aqua, cum defectum suum conspiciens ad pœnitentiæ lamenta convertitur, ut fletibus diluat omne [d] quod animum occulta inquinatio accusat. Sed post occasum solis ad castra redeat, quia, defervescente tentationis ardore, necesse est ut iterum fiduciam erga societatem bonorum sumat. [e] Post aquæ quippe lavationem, occumbente sole ad castra revertitur, qui post lamenta pœnitentiæ, frigescente flamma cogitationis illicitæ, ad fidelium merita præsumenda reparatur ; ut jam se a cæteris longe esse non æstimet, qui mundum se per obitum intimi ardoris gaudet. Sed inter hæc sciendum est quod idcirco nonnunquam impulsu illicitæ cogitationis affligimur, quia in quibusdam terrenæ [f] conversationis actibus, quamvis licitis, libenter occupamur. Cumque vel in minimis terrena actio per desiderium

gitatio. In Utic. prius legebatur *occulta inquinatio*. Editi cum Cod. Colb., *quod in animo occulta inquinatio*.
[e] Gemet. et alii Norm. cum Corb. Germ., *post aquam quippe occumbente sole*. Retinemus Excusorum lect., quæ est 1 Reg.
[f] Corb., Vindoc., Germ. et alii, *terrenæ cogitationis*. Vulgata lectio est 1 Reg. et Colbert.

tangitur, crescente contra nos antiqui hostis fortitudine, mens nostra non minima importunitate tentationis inquinatur. Unde **326** et sacerdos legis, membra hostiæ per frusta concisa, caput atque ea quæ erga [a] jecur sunt, jubetur ignibus cremare, pedes vero atque intestina hostiæ prius aqua diluere (*Levit.* I, 7, 12). Nos quippe ipsos sacrificium Deo offerimus cum vitam nostram cultui divino dedicamus. Qui membra hostiæ per frusta concisa super ignem ponimus, cum vitæ nostræ opera [b] in virtutibus distinguentes immolamus. Caput atque ea quæ juxta jecur continentur incendimus, cum in sensu nostro, quo omne corpus regitur, atque in occultis desideriis flamma divini amoris ardemus. Et tamen præcipitur ut pedes atque intestina hostiæ laventur. Pedibus enim terra tangitur, intestinis vero stercora gestantur, quia plerumque jam ex desiderio in æternitatem succendimur, jam toto devotionis sensu ad appetitum nostræ mortificationis inhiamus; sed quia adhuc terrenum præ infirmitate aliquid agimus, nonnulla etiam quæ jam subegimus illicita in corde toleramus. Cumque cogitationes nostras immunda tentatio inquinat, quid aliud quam intestina hostiæ stercus portant? Sed ut comburi debeant, laventur, quia nimirum necesse est, ut immundas cogitationes timoris fletus diluat, quas in acceptione sacrificii supernus amor incendat. Et quidquid mens vel de inexperto certamine, vel de conversationis pristinæ memoria patitur, lavetur, ut tanto suavius in conspectu sui [c] spectatoris ardeat, quanto cum ei assistere cœperit nil terrenum secum, nil lubricum in ara suæ orationis imponit. Vir igitur sanctus humanæ mentis damna conspiciat, quod plerumque se cogitatione illicita inquinat; et postquam reatum operis judex relaxat, et, sua plorans, nostra quæ ploremus aperiat, dicens: *Si peccavi, et ad horam pepercisti mihi, cur ab iniquitate mea mundum me esse non pateris?* Ac si aperte dicat: Si culpam venia abstulit, cur hanc et a memoria non detergit? [*Vet.* XLI, *Rec.* XXXII.] Sæpe autem ita mens in culpæ recordatione concutitur, ut ad perpetrationem illius longe gravius quam prius capta fuerat urgeatur; et deprehensa trepidat, seque ipsam variis motibus impulsa perturbat. Metuit quidem ne vincatur tentationibus, sed resistens hoc ipsum quod longo labore certaminis affligitur perhorrescit. Unde et apte subjungitur:

CAPUT LVI.

VERS. 15. — *Et si impius fuero, væ mihi est; et si justus, non levabo caput, saturatus afflictione et miseria.*

85. *Vitiis renitentis ac cedentis discrimen.* — Impius namque væ habet, justus miseriam, quia et æterna damnatio reprobum sequitur, et electus quisque doloribus transitoriæ adversitatis expiatur. Impius caput levat, sed elatus evadere væ quod sequitur non valet. Justus, labore sui certaminis afflictus, caput levare non sinitur, sed pressus a perpetua afflictione liberatur. Ille se in voluptatibus erigit, sed suppliciis sequentibus mergit. Iste se in dolore deprimit, sed tamen a pondere æternæ animadversionis abscondit. Consideret ergo vir sanctus quod aut renitens homo vitiis præsenti labore afficitur, aut succumbens perpetuæ afflictioni mancipatur, et dicat: *Et si impius fuero, væ mihi est; et si justus, non levabo caput, saturatus afflictione et miseria.* Ac si aperte deploret, **327** dicens: Aut substratus carnis desideriis, supplicio æterno subjicior; aut repugnans illicitis motibus pœna præsenti crucior, quia a labore certaminis liber non sum. Sed superna dispensatio idcirco nos tota sibi intentione servientes carnis nostræ permittit impugnationibus concuti, ne mens nostra in superbiam audeat præsumptione suæ securitatis elevari, ut dum pulsata trepidat, in solo auctoris adjutorio spei pedem robustius figat. Unde et adhuc apte subjungitur:

CAPUT LVII [*Rec.* XXXIII].

VERS. 16. — *Et propter superbiam quasi leænam capies me.*

86. *Leæna qua arte capiatur. Eodem modo et lapsi et reparati sumus.* — Leæna cum escam catulis exquirit, inhianter in foveam captionis ruit. Sicut enim ex quibusdam regionibus fertur, fit in ejus itinere fovea, in qua pecus deponitur, ut illuc se ejus appetitu projicere leæna provocetur: quæ angusta simul et alta præparatur, ut in eam ruere ambiendo valeat, sed hanc saliendo nullo modo evadat. Alia quoque fovea, quæ priori cohæreat, effoditur, quæ tamen ei, in qua pecus est, extremæ partis apertione conjungitur. In qua nimirum cavea ponitur, ut leæna corruens, quia desuper terroribus urgetur, cum quasi in secretiori parte foveæ occultare se appetit, caveam volens intret; cujus jam sævitia nequaquam pertimescitur, quia clausa in cavea levatur. Quæ enim sua sponte in foveam corruit, ad superiores partes, circumsepta vectibus redit. Sic sic nimirum humana mens capta est, quæ in libertate arbitrii condita, dum nutrire desideria carnis appetivit, quasi leæna catulis escam quæsivit, atque in deceptionis suæ foveam cecidit, quæ, suadente hoste, ad cibum prohibitum manum tetendit. Sed in fovea protinus caveam invenit, quia sponte ad mortem veniens corruptionis suæ mox carcerem pertulit; [d] atque ad auras liberas, gratia interveniente, reducitur. Sed cum multa agere conatur, et non valet, ejusdem corruptionis suæ ob-

---

[a] Gemet. et alii vet., *jecor*; et ita deinceps semper legitur.
[b] Supplevimus *in* ex Mss. Norm., *in virtutibus*; quæ respondent particulis seu frustis in quæ hostia concidebatur.
[c] Plerique, *sui inspectoris*, Corb. Germ., *exspectatoris*.
[d] Verba *atque ad auras liberas gratia interveniente reducitur*, quæ Coccius primum suo loco moverat, ac post voces *vectibus ligatur* transtulerat, in eum restituimus statum quem in antiquis Edit. et Mss. obtinent. Ea autem male mota fuisse suadent quæ mox sequuntur.

staculis quasi caveæ vectibus [a] ligatur. Jam quidem eam in quam ceciderat damnationis foveam evasit, quia securturæ mortis supplicium, manu [b] redemptionis adjuta, ad veniam redeundo superavit. Sed tamen coarctata caveam tolerat, quia supernæ quoque disciplinæ nexibus cingitur, ne per carnis desideria vagetur. Quæ ergo sponte sua in foveam cecidit, ad auras liberas clausa redit, quia et per libertatem arbitrii in culpam corruit, et tamen hanc a suis motibus, conditoris gratia coactam nolentemque constringit. Post foveam itaque caveam patitur, quæ, [c] erepta ex æterno supplicio, a pravæ libertatis motibus, et sub coelestis artificis dispensatione religatur. Recte igitur dicit : *Et propter superbiam, quasi leænam capies me*, quia et liber homo per cibum sibi mortem intulit, et reductus ad veniam sub disciplina melius clausus vivit. Quasi leæna ergo propter superbiam captus est, quia inde nunc eum disciplina suæ corruptionis deprimit, unde transgressionem præcepti non timens, audacter in foveam saltum dedit.

[*Vet*. XLII.] 87. *Sic et elatus de virtute cadere sinitur, ut a superbia sanetur*. — Sed si parumper obtutum mentis a culpa primi parentis avertimus, nos adhuc quotidie ut leænam capi per vitium elationis invenimus. Sæpe namque **328** homo acceptis virtutibus in audaciam suæ præsumptionis erigitur, sed mira dispensatione pietatis ante ejus oculos res quælibet, in qua corruat ordinatur. Dumque per culpam aliquid appetit, quid aliud quam prædam in fovea concupiscit? Sua sponte inhians cadit, sed suis surgere viribus non valet. Qui cum se nihil ex se esse consideret, discit procul dubio cujus adjutorium requirat. Quem tamen superna miseratio captum quasi a fovea evehit, quia hunc infirmitate cognita ad veniam reducit. Leænæ itaque more, propter superbiam ad superiores partes [d] in caveam remeat, qui cum de virtute extollitur lapsus ad desideria in humilitate religatur. Quia enim prius propria præsumptione perierat, mira pietate agitur, ut infirmitatis suæ jam notitia clausus vivat. Quod quia sanctus vir crebro accidere hominibus conspicit, nostri in se periculi vocem sumit; ut cum nos ejus fletus agnoscimus, quæ in nobis sunt flenda discamus. Sed cum mentem nostram elatio erigit, summi a nobis protinus compunctio amoris recedit; cum vero superna nos gratia visitat, statim per lacrymas ad sua desideria instigat. Unde et apte subjungitur :

CAPUT LVIII [*Rec*. XXXIV].

IBID. — *Reversusque mirabiliter me crucias*.

88. *Mentis a Deo desertæ obduratio, visitatæ compunctio*. — Cum ab auctore relinquimur, nec ipsa ul-

---

[a] Ita, cum Vulgatis, Mss. Corb., Colb., Reg. In Anglicanis autem Norm. et pluribus Gallicanis, *levatur*.

[b] Coc. et sequentes Edit., *Redemptoris*, reluctantibus aliis Editis et scriptis. Nil vetat quominus hic dicatur *manu redemptionis*, quomodo dicitur infra, num 94, *pia manu gratiæ*; et num. 105, *manu sanctæ exhortationis*.

[c] Edit. Guss., post Rom., *erecta*. Mox etiam aliæ cum uno Ms. Reg., *a pravæ voluntatis motibus*.

latenus destitutionis nostræ damna sentimus. Quo enim longe nos conditor deserit, eo mens nostra insensibilius obdurescit, nulla quæ Dei sunt diligit, nequaquam superna concupiscit; et quia amoris intimi calorem non habet, frigida deorsum jacet, ac miserando modo fit quotidie tanto securior, quanto pejor; cumque unde sit lapsa non meminit, et [e] supplicia secutura non metuit, quantum lugenda sit nescit. At si afflatu sancti Spiritus tangitur, ad considerationem protinus suæ perditionis evigilat, in coelestium inquisitione se excutit, amoris summi æstibus inardescit, quæ se circumprimunt damna considerat, et plorat proficiens quæ prius læta [f] peribat. Bene ergo conditori dicitur : *Reversusque mirabiliter me crucias*, quia omnipotens Deus unde mentem nostram visitans ad amorem suum erigit, inde hanc per lacrymas gravius affligit. Ac si aperte dicat : Relinquendo me nequaquam afficis, quia insensibilem reddis; sed cum reverteris crucias, quia dum te insinuas mihi me quam sim lugendus demonstras. Unde et nequaquam se poenaliter, sed mirabiliter asserit cruciari, quia dum per fletum mens ad summa rapitur, compunctionis suæ poenam gaudens miratur; et libet affici, quia afflictione sua se conspicit ad alta sublevari. [*Vet*. XLIII.] Sæpe autem cum nos a sancti desiderii exercitatione torpescere superna pietas cernit, exempla se sequentium nostris obtutibus objicit, ut mens per otium remissa, quo in aliis vigilantium provectus considerat, eo in se [g] pigritudinem torporis erubescat. Unde et recte subjungitur :

CAPUT LIX [*Rec*. XXXV].

VERS. 17. — *Instauras testes tuos contra me, et multiplicas iram tuam, et poenæ militant in me.*

89. *Exemplis bonorum Deus ad se nos revocat*. — Testes enim Dei sunt, qui per exercitium sancti operis testantur quæ electos secutura sint **329** præmia veritatis. Unde hos quoque quos pro veritate passos agnoscimus Græco eloquio martyres, id est testes, vocamus. Et per Joannem voce angelica Dominus dicit : [h] *In diebus Antipas testis meus fidelis, qui occisus est apud vos* (*Apoc*. II, 13). Sed testes suos contra nos Dominus instaurat, cum electorum vitam pravitati nostræ contrariam ad arguendos nos instruendosque multiplicat. Contra nos ergo testes illius instaurantur, quia cuncta quæ agunt studiis nostræ pravitatis adversa sunt. Unde et sermo veritatis adversarius vocatur, cum Mediatoris voce per Evangelium dicitur : *Esto consentiens adversario tuo cito, dum es cum illo in via* (*Matth*. V, 25). Atque de hoc eodem Redemptore reprobi persequentes dicunt : *Contrarius est operibus nostris* (*Sap*. II, 12); et paulo

---

[d] Ebroic., *in cavea remaneat*.

[e] Longip., *et supplicia secura non metuit*.

[f] Ita Turon., Corb. Germ., Vindoc., Corb. Norman. Edii cum Colb., *torpebat*. Longip., *perierat*.

[g] Norman., Vindoc., etc., *per pigredinem*. Colb., Corb. Germ., *pigredinem*. Germ., *pigritudinem*, sine *per*.

[h] Locus hic corruptissimus est in Editis. Edit. Basil. 1514 et Paris. 1518 sic habent : *in diebus Antiphas testes mei fideles, qui*. Coc., quem alii recentiores se-

post : *Et dissimilis est aliis vita illius (Ibid.,* 15). Testes itaque suos contra nos Dominus instaurat; quia bona quæ facere ipsi negligimus, hæc ad correptionem nostram fieri ab aliis demonstrat; ut qui præceptis non accendimur, saltem exemplis excitemur; atque in appetitu rectitudinis nil sibi mens nostra difficile æstimet quod perfecte peragi ab aliis videt. Et fit plerumque ut cum alienæ vitæ bona conspicimus, nostræ sollicitius damna timeamus; et eo palescat quante post pondere animadversionis *a* impidimur, quo nunc a bonorum moribus longe discrepamus.

90. *Eorum labor indicat quæ reprobos pœna maneat. Bona in aliis visa quos animi motus excitare debeant.* — Unde et testium instauratione memorata, protinus apte subjungitur : *Et multiplicas iram tuam.* Eo nobis multiplicari ira Dei dicitur, quo esse multiplex indicatur, quia ex ipsa nunc bonorum vita et labore cognoscimus; si emendari, dum tempus est, nolumus, quanta post animadversione feriamur. Electos quippe Dei cernimus et pia agere, et crudelia multa tolerare. Hinc ergo colligitur districtus judex quanta illic feriat districtione quos reprobat, si hic sic cruciat quos amat; Petro attestante qui ait : *Tempus est ut judicium incipiat a domo Dei; si autem primum a nobis, quis finis eorum qui non credunt Dei Evangelio (I Pet.* IV, 17) ? Omnipotens igitur Deus cum contra nos testes instaurat, iram multiplicat, quia quo bonorum vitam nostris oculis objicit, eo pravitatis perpetratæ duritiam qua districtione in judicio percutiat ostendit. Nam cum solis se sequentibus dona exaggerat, torpentes jam quia reliquerit demonstrat. Cum bona ergo in aliis cernimus, valde necesse est ut et exsultationem nostræ formidini, et formidinem nostræ exsultationi misceamus, quatenus et de alienis provectibus charitas gaudeat, et de suis infirmitatibus conscientia contremiscat. Sed cum fraterno provectu reficimur, cum districtionem super nos interni judicis ex ipso nostro torpore pensamus, quid restat nisi ut ad discutiendum se animus redeat, *b* et quidquid in se reprobum, quidquid pravum deprehendit, affligat ?. Unde et apte subjungitur : *Et pœnæ militant in me.* Consideratis quippe Dei testibus, pœnæ in nobis militant, quia dum miranda illorum facta conspicimus, vitam nostram, quæ ex eorum nobis comparatione displicet, studiosa afflictione cruciamus; ut quidquid in nobis polluerunt opera, diluant lamenta; et si quid adhuc culpa delectationis inquinat, pœna mœroris tergat. Beatus igitur Job, 330 quia vi am patrum præcedentium conspicit, quid in se genere debeat subtilius agnoscit. Sed magni doloris magisterio, dum sua plangit, ad lamenta nos instruit: ut quo virtutes in aliis cernimus, eo apud districtum judicem nostra sollicite delicta timeamus. Sequitur :

cuti sunt : *In diebus meis Antiphas testis meus fidelis, qui.* In Mss. Gemet. legitur : *In diebus Antiphas testis mei fidelis, qui.* Utic. et alii Norman., Corb. Germ. : *In diebus Antiphas testis meus fidelis, qui.* Lectio nostra concinit cum textu græco, ut in Mss. legitur; consule Synopsim Crit.

CAPUT LX.

Vers. 18.—*Quare de vulva eduxisti me ? Qui utinam consumptus essem, ne oculus me videret.*

91. Quod nimirum prima oratione jam protulit, dicens : *Quare non in vulva mortuus sum?* Qui hoc quoque quod hic adjicit, subdens,—Vers. 19.—*Fuissem quasi non essem, de utero translatus ad tumulum;* illic verbis aliis non aliter adjungit, dicens : *Sicut abortivum absconditum non subsisterem, vel qui concepti non viderunt lucem (Job.* III, 16). Quia vero hæc superius late digessimus (Lib. IV, n. 48 *et seq.*), pro vitando lectoris fastidio, exposita replicare declinamus. Sequitur :

CAPUT LXI [*Vet. XLIV, Rec. XXXVI*].

Vers. 20.—*Nunquid non paucitas dierum meorum finietur brevi?*

92. *Vitæ terminus, potissimum attendendus.*—Cautum se ac sollicitum vivere ostendit, qui brevitatem præsentis vitæ considerans, non ejus usum, sed terminum conspicit, ut ex fine colligat nihil esse quod transiens delectat. Hinc namque per Salomonem dicitur : *Si annis multis vixerit homo, et in his omnibus lætatus fuerit, meminisse debet tenebrosi temporis et dierum multorum; qui cum venerint, vanitatis arguentur præterita (Eccle.* XI, 8). Hinc rursum scriptum est : *In omnibus operibus tuis memorare novissima tua, et in æternum non peccabis (Eccli.* VII, 40). Igitur cum culpa animum tentat, mens necesse est ut brevitatem suæ delectationis aspiciat, ne *c* ad vivacem mortem iniquitas rapiat, cum constet quod ad terminum citius mortalis vita percurrat. Sed sæpe oculus contemplationis nostræ confunditur dum dolor noster flagellis crebrescentibus aggravatur. Libet præsentis vitæ exsilium gemere, sed præ ipsa afflictione mens non valet damna suæ cæcitatis æstimare. Unde protinus subdit :

CAPUT LXII. [*Rec. XXXVII*].

Ibid.—*Dimitte ergo me, ut plangam paululum dolorem meum.*

93. *Lacrymas et doloris sensum tollit nimius mœror. Flere mala nostra nos non sinit vis consuetudinis.*— Sicut enim moderata afflictio lacrymas exprimit, ita immoderata subducit, quia mœror ipse quasi sine mœrore fit, qui, afflicti mentem devorans, sensum doloris tollit. Vir igitur sanctus feriri plus quam sufficit pertimescit, dicens : *Dimitte ergo me, ut plangam paululum dolorem meum.* Ac si aperte dicat : Flagella tuæ percussionis tempera, ut moderatis doloribus æstimare mala quæ patior flendo convalescam. Quod tamen intelligi et aliter potest. Sæpe namque peccator iniquitatis suæ vinculis ita constringitur, ut pondus quidem peccatorum toleret, sed tamen quia tolerat ignoret. Sæpe etiamsi cognoscat quanto reatu

a Vindoc., Germ., Colb., Corb. Germ., a prima manu, *impedimur.*
b Desunt in Lyran. et Bigot. verba hæc : *et quidquid in se reprobum.*
c Ebraic., *ut ad æternam mortem;* consentit Germ. a recentiori manu.

premitur, erumpere conatur, et non potest, ut hunc in se mente libera, conversione integra, persequatur. Flere ergo dolorem suum non valet, quia et iniquitatis suæ reatum considerat, et tamen præ terrenæ occupationis pondere hanc ei gemere nequaquam vacat. Flere dolorem suum non valet, qui pravæ quidem consuetudini contraire nititur, sed tamen adhuc succrescentibus desideriis carnis gravatur. Hujus doloris præsentia Prophetæ mentem **331** cruciaverat, cum dicebat : *Dolor meus* ª *ante me est semper, quoniam iniquitatem meam ego pronuntio, et cogitabo pro peccato meo* (Psal. xxxvii, 18, 19). Sed solutis iniquitatis vinculis dimissum se noverat qui exsultabat dicens : *Dirupisti vincula mea, tibi sacrificabo hostiam laudis* (Psal. cxv, 16).

94. *Nisi Deus ad id nos adjuvet.* — Tunc igitur ad plangendum dolorem nos Dominus dimittit, cum et mala nobis quæ fecimus demonstrat, atque ad hæc eadem flenda quæ cognoscimus adjuvat. Culpas oculis objicit, et pia manu gratiæ vincula cordis solvit, ut ad vacationem pœnitentiæ mens nostra se erigat, et, carnis soluta compedibus, in auctorem suum libera gressum amoris tendat. [*Vet. XLV.*] Plerumque etenim vitam nostram ipsi reprehendimus, sed tamen libenter agimus hoc quod in nobis recte reprobamus. Ad justitiam nos spiritus erigit, ad consuetudinem caro restringit. Amori suo mens renititur, sed protinus delectata captivatur. Bene itaque dicitur : *Dimitte ergo me, ut plangam paululum dolorem meum*, quia nisi a reatu culpæ, quo nos ligavimus, misericorditer dimittamur, perfecte flere non possumus hoc quod in nobis ipsis contra nosmetipsos dolemus. Sed tunc veraciter reatus nostri dolor plangitur, cum tenebrosa illa inferni retributio intento timore prævidetur. Unde apte subjungitur :

CAPUT LXIII [Rec. XXXVIII].

VERS. 21. — *Antequam vadam, et non revertar, ad terram tenebrosam et opertam mortis caligine.*

95. *Inferni pœnæ nec transitoriæ nec phantasticæ. Infernus cur terra, cur lacus.* — Quid enim terræ tenebrosæ nomine, nisi tetra tartari claustra signantur? Quæ æternæ mortis caligo operit, quia damnatos quosque in perpetuum a vitæ luce disjungit. Nec immerito infernus terra dicitur, quia quicunque ab eo capti fuerint, stabiliter tenentur. Scriptum quippe est : *Generatio præterit, et generatio advenit, terra vero in æternum stat* (Eccle. I, 4). Recte igitur inferni claustra tenebrosa terra nominantur, quia quos puniendos accipiunt, nequaquam pœna transitoria, vel phantastica imaginatione cruciant, sed ultione solida perpetuæ damnationis servant. Quæ aliquando tamen laci appellatione signantur, propheta attestante, qui ait : *Portaverunt ignominiam suam cum his qui descendunt in lacum* (Ezech. xxxII, 24, 25). Infernus ergo et terra nominatur, quia susceptos stabiliter tenet ; et lacus dicitur, quia hos quos semel ceperit semper

fluctuantes et trepidos tormentis circumfluentibus absorbet. Sanctus autem vir sive sua, seu humani generis voce dimitti se postulat, antequam vadat, non quia ad terram tenebrosam qui culpam deflet iturus est, sed quia ad hanc procul dubio qui plangere negligit vadit ; sicut debitori suo creditor dicit : Solve debitum prius quam pro debito constringaris ; qui tamen non constringitur, si quod debet solvere non moratur. Ubi et recte subditur : *Non revertar,* quia nequaquam ultra misericordia parcentis liberat quos semel in locis pœnalibus justitia judicantis damnat. [*Vet. XLVI*]. Quæ adhuc subtilius loca describuntur, cum dicitur :

CAPUT LXIV.

VERS. 22. — *Terram miseriæ et tenebrarum.*

96. *Quos tenet, foris cruciantur, intus cæcantur.* — Miseria ad dolorem pertinet, tenebræ ad cæcitatem. Ea ergo quæ a conspectu districti judicis expulsos tenet, miseriæ et tenebrarum terra perhibetur, quia foris dolor cruciat quos divisos a vero lumine intus cæcitas obscurat. Quamvis miseriæ et tenebrarum terra intelligi et aliter potest. **332** Nam hæc quoque terra in qua nascimur est quidem miseriæ, sed tenebrarum non est, quia multa hic corruptionis nostræ mala patimur, sed tamen adhuc in ea per conversionis gratiam ad lucem redimus, Veritate suadente, quæ ait : *Ambulate dum lucem habetis, ne vos tenebræ comprehendant* (Joan. XII, 35). Illa vero simul miseriæ et tenebrarum terra est, quia quisquis ad toleranda ejus mala descenderit, nequaquam ulterius ad lucem redit. In cujus adhuc descriptione subjungitur :

CAPUT LXV.

IBID. — *Ubi umbra mortis, et nullus ordo.*

97. *Ultionem habet, non lucem. Quam justæ hæ pœnæ.* — Sicut mors exterior ab anima dividit carnem, ita mors interior a Deo separat animam. Umbra ergo mortis est obscuritas divisionis, quia damnatus quisque cum æterno igne succenditur, ab interno lumine tenebratur. Natura ᵇ vero ignis est, ut ex se ipso et lucem exhibeat, et concremationem ; sed transactorum illa ultrix flamma vitiorum concremationem habet, et lumen non habet. Hinc est enim quod reprobis Veritas dicit : *Discedite a me, maledicti, in ignem æternum, qui paratus est diabolo et angelis ejus* (Matth. xxv, 41). Quorum rursus omnium corpus in unius persona significans, dicit : *Ligate ei manus et pedes, et mittite eum in tenebras exteriores* (Matth. xxII, 13). Si itaque ignis qui reprobos cruciat lumen habere potuisset, is qui repellitur nequaquam mitti in tenebras diceretur. Hinc etiam Psalmista ait : *Super eos cecidit ignis et non viderunt solem* (Psal. LVII, 9). Ignis enim super impios cadit, sed sol igne cadente non cernitur, ᶜ quia quo illos gehennæ flamma devorat, a visione veri luminis cæcat ; ut et foris eos dolor combustionis cruciet, et intus pœna cæcitatis obscuret ; quatenus qui auctori suo et corpore et corde

---

ª Ita Gemet. et Corb. Germ., pro *contra me* et *pronuntiabo.* Alii quoque Mss. passim habent, *pronuntio,* non *pronuntiabo.*
ᵇ Turon. et plerique Norman., *naturæ vero ignis est.*
ᶜ Sic Turon., Gemet. et alii Norm. Editi vero, *quia illos quos gehennæ.*

deliquerunt, simul et corpore et corde puniantur; et utrobique poenas sentiant, qui dum hic viverent pravis suis delectationibus ex utroque serviebant. Unde bene per prophetam dicitur : *Descenderunt in* [a] *infernum cum armis suis* (*Ezech.* XXXII, 27). Arma quippe peccantium sunt membra corporis, quibus perversa desideria quae concipiunt exsequuntur. Unde recte per Paulum dicitur : *Neque exhibeatis membra vestra arma iniquitatis peccato* (*Rom.* VI, 13). Cum armis ergo ad infernum descendere est cum ipsis quoque membris quibus desideria voluptatis expleverunt aeterni judicii tormenta tolerare, ut tunc eos undique dolor absorbeat, qui nunc, suis delectationibus subditi, undique contra justitiam juste judicantis pugnant.

[*Vet. XLVII. Rec. XXXIX*]. 98. *Ordinatae sunt, ut ab aequo judice criminibus commensuratae.*—Mirum vero est valde quod dicitur : *Ubi nullus ordo.* Neque enim omnipotens Deus, qui mala bene punit, inordinata esse ullo modo vel tormenta permittit, quia ipsa quoque supplicia quae ex lance justitiae prodeunt inferri sine ordine nequaquam possunt. Quomodo namque in suppliciis ordo non erit, dum damnatum quemque juxta modum criminis et retributio sequitur ultionis? Hinc quippe scriptum est : *Potentes potenter tormenta patientur, et fortioribus fortior instat cruciatio* (*Sap.* VI, 7). Hinc in Babylonis damnatione dicitur : *Quantum exsultavit se, et in deliciis fuit, tantum date illi* [b] *tormentum et luctum* (*Apoc.* XVIII, 7). Si igitur juxta modum culpae poena distinguitur, constat nimirum quod in suppliciis ordo servatur. Et nisi tormentorum summam meritorum acta dirimerent, nequaquam judex veniens dicturum se messoribus esse 333 perhiberet : *Colligite* [c] *primum zizania, et ligate ea in fasciculos ad comburendum* (*Matth.* XIII, 30). Si enim nullus in suppliciis ordo servabitur, cur comburenda zizania in fasciculis ligantur ? Sed nimirum fasciculos ad comburendum ligare est hos qui aeterno igni tradendi sunt pares paribus sociare, ut quos similis culpa inquinat, par etiam poena constringat, et qui nequaquam dispari iniquitate polluti sunt nequaquam dispari tormento crucientur, quatenus simul damnatio conterat quos simul elatio sublevabat; quosque non dissimiliter dilatavit ambitio, non dissimilis angustet afflictio, et par cruciet flamma supplicii quos in igne luxuriae par succendit flamma peccati. Sicut enim in domo Patris mansiones multae sunt pro diversitate virtutis (*Joan.* XIV, 2), sic damnatos diverso supplicio gehennae ignibus subjicit disparilitas criminis. Quae scilicet gehenna quamvis cunctis una sit, non tamen cunctos una eademque qualitate succendit. Nam sicut uno sole omnes tangimur, nec tamen sub eo uno ordine omnes aestuamus, quia juxta qualitatem corporis sentitur etiam pondus caloris, sic [d] damnatis et una est gehenna quae afficit, et tamen non una omnes qualitate comburit, quia quod hic agit dispar valetudo corporum, hoc illic exhibet dispar causa meritorum. Quomodo ergo nullus inesse ordo suppliciis dicitur, in quibus profecto quisque juxta modum culpae cruciatur?

[*Vet. XLVIII.*] 99. *Ordinatae autem non sunt in corde damnatorum.*— Sed sanctus vir postquam umbram mortis intulit, quanta sit confusio in damnatorum mente subjungit, quia ipsa quoque supplicia, quae ordinata per justitiam veniunt ordinata procul dubio in corde morientium non sunt. Ut enim paulo superius diximus, dum damnatus quisque foris flamma succenditur, intus caecitatis igne devoratur, atque in dolore positus, exterius [e] interiusque confunditur, ut sua deterius confusione crucietur. Repulsis ergo ordo in supplicio non erit, quia in eorum morte atrocius ipsa confusio mentis saevit. Quam tamen mira potentia judicantis aequitas ordinat, ut poena animum quasi inordinata confundat. Vel certe abesse ordo suppliciis dicitur, quia quibuslibet rebus in poenam surgentibus propria qualitas non servatur. Unde et protinus subinfertur :

CAPUT LXVI.

IBID.—*Et sempiternus* [f] *horror inhabitat.*

100. *Poenarum inferni descriptio.* — In hujus vitae tormentis timor dolorem habet, dolor timorem non habet, quia nequaquam mentem metus cruciat, cum pati jam coeperit quod metuebat. Infernum vero et umbra mortis obscurat, et sempiternus horror inhabitat, quia ejus ignibus traditi, et in suppliciis dolorem sentiunt, [g] et in doloris angustia pulsante se semper pavore feriuntur, ut et quod timent tolerent, et rursum quod tolerant sine cessatione pertimescant. De his etenim scriptum est : *Vermis eorum non morietur, et ignis eorum non exstinguetur* (*Isai.* LXVI, 24). Hic flamma quae succendit illuminat ; illic, ut superius verbis Psalmistae docuimus, ignis qui cruciat obscurat. Hic metus amittitur, cum tolerari jam coeperit quod timebatur ; illic et dolor dilaniat, et pavor angustat. Horrendo igitur modo erit tunc reprobis dolor cum formidine, flamma cum obscuritate.

334 Sic sic videlicet a damnatis sentiri pondus summae aequitatis debet, ut qui a voluntate conditoris nequaquam sunt veriti discrepare dum viverent, in eorum quandoque interitu ipsa a suis qualitatibus etiam tormenta discordent, quatenus quo se impugnant, cruciatus augeant, et cum varie prodeunt multipliciter sentiantur. Quae tamen supplicia in se demersos et ultra vires cruciant, et in eis vitae subsidium exstinguentes servant, ut sic vitam terminus puniat; quatenus semper sine termino [h] cruciatus vivat, quia et ad finem per tormenta properat, et sine

---

[a] Vindoc. Norm., etc., *descenderunt ad infernum.*
[b] Gemet., Utic., Lyr., Bigot., *tantum date ei tormenta et luctum.*
[c] Bellovac., Gemet. et alii Norm., *colligite zizania et ligate ea fasciculis* vel *in fasciculis.*
[d] Gemet., Bellov. et alii, *sic damnatos et una est gehenna quae afficit.*
[e] In Bellovac., Gemet. et nonnullis omittitur *interiusque.*
[f] Gemet. et plerique Norm., *horror inhabitans.*
[g] Iidem, *et in doloris angustia pulsantis.* Turon., *et in doloris angustia pulsati.*
[h] Vindoc., *cruciatus per tormenta proferat;* German., Ebroic. et plerique Norm., *cruciatus afficiat.* Colb., *vivat.*

fine deficiens durat. Fit ergo miseris mors sine morte, finis sine fine, defectus sine defectu, quia et mors vivit, et finis semper incipit, et deficere defectus nescit. Quia igitur et mors perimit, et non exstinguit, dolor cruciat, sed nullatenus pavorem fugat; flamma comburit, sed nequaquam tenebras discutit; quantum per notitiam præsentis vitæ colligitur, supplicia ordinem non habent, quæ non suam per omnia qualitatem tenent.

[*Vet. XLIV.*] 101. *Ignis illic lucem negat ad consolationem, servat ad tormentum.*—Quamvis illic ignis et ad consolationem non lucet, et tamen ut magis torqueat ad aliquid lucet. Nam sequaces [a] quosque suos secum in tormento reprobi flamma illustrante visuri sunt, quorum amore deliquerunt, quatenus qui eorum vitam carnaliter contra præcepta conditoris amaverant, ipsorum quoque eos interitus in augmentum suæ damnationis affligat. Quod profecto Evangelio attestante colligimus (*Luc.* xvi, 23), in quo, Veritate nuntiante, dives ille quem contigit ad æterni incendii tormenta descendere quinque fratrum describitur meminisse, qui ab Abraham petiit ut ad eorum eruditionem mitteret, ne illuc eos quandoque venientes par pœna cruciaret. Qui igitur ad doloris sui cumulum propinquorum absentium meminit, constat procul dubio quia eos ad augmentum supplicii paulo post potuit etiam præsentes videre. Quid autem mirum si secum quoque reprobos aspiciat cremari, qui, ad doloris sui cumulum, eum quem despexerat in sinu Abrahæ Lazarum vidit? [b] Is ergo, cui ut pœna cresceret et vir electus apparuit, cur non credendum sit quod videre in supplicio eos etiam quos contra Deum dilexerat possit? Qua ex re colligitur quod eos quos inordinate nunc reprobi diligunt miro judicii ordine secum tunc in tormentis videbunt, ut pœnam propriæ punitionis exaggeret illa auctori præposita carnalis cognatio pari ante oculos ultione damnata. Ignis itaque qui in obscuritate cruciat credendum est quia lumen ad tormentum servat. Quod si approbare testimoniis in sua expressione non possumus, superest ergo ut e diverso doceamus.

102. *Igni lumen et obscuritatem simul esse posse.*— Tres quippe Hebrææ gentis pueri, per Chaldæi regis imperium succensis camini ignibus, ligatis manibus pedibusque projecti sunt; quos tamen cum iisdem rex in camini incendio [c] miseratus exploraret, illæsis vestibus deambulantes vidit. Ubi aperte colligitur quia mira dispensatione conditoris ignis qualitas, in diversa virtute temperata, et vestimenta non attigit, et vincula incendit, sanctisque viris et ad inferendum tormentum 335 flamma friguit, et ad solutionis ministerium exarsit. Sicut ergo electis ignis ardere novit ad solatium, et tamen ardere ad supplicium nescit; ita e diverso gehennæ flamma reprobis et nequaquam lucet ad consolationis gratiam, et tamen lucet ad pœnam; ut damnatorum oculis ignis supplicii et nulla claritate candeat, et, ad doloris cumulum, [d] dilecti qualiter crucientur ostendat. Quid autem mirum si gehennæ ignem credimus habere supplicium simul obscuritatis et luminis, quando experimento novimus quia et tædarum flamma lucet obscura? Tunc edax flamma comburit quos nunc carnalis delectatio polluit, tunc infinite patens inferni barathrum devorat quos nunc inanis elatio exaltat; atque qui quolibet ex vitio hic voluntatem callidi persuasoris expleverunt, tunc cum duce suo reprobi ad tormenta perveniunt.

[*Vet L.*] 103. *Angelos et homines reprobos una pœna implicat. Malus sepulcrum diaboli.*—Et quamvis angelorum atque hominum longe sit natura dissimilis, una tamen pœna implicat quos unus in crimine reatus ligat. Quod bene ac breviter insinuat propheta, qui ait: *Ibi Assur et omnis multitudo ejus, et in circuitu ejus sepulcra illius* (*Ezech.* xxxii, 22). Quis namque Assur superbi regis nomine nisi ille per elationem cadens antiquus hostis exprimitur, qui pro eo quod multos ad culpam pertrahit, cum cuncta sua multitudine ad inferni claustra descendit? Sepulcra autem mortuos tegunt. Et quis alius mortem acrius pertulit quam is qui, conditorem suum despiciens, vitam reliquit? Quem videlicet mortuum cum humana corda suscipiunt, ejus procul dubio sepulcra fiunt. Sed in circuitu illius sepulcra ejus sunt, quia in quorum se mentibus nunc per desideria sepelit, hos sibi postmodum per tormenta conjungit. Et quoniam nunc in semetipsis reprobi maligonos spiritus illicita perpetrando suscipiunt, tunc sepulcra cum mortuis ardebunt.

[*Rec. XL.*] 104. *Inferni pœnas prænosse non prodest, sed evadere.*—Ecce quæ maneat damnatos pœna cognovimus; et instruente nos sacro eloquio, quantus in damnatione ignis, quanta in igne obscuritas, quantusque in obscuritate pavor sit, nullatenus ambigimus. Sed quid prodest ista prænosse, si non contingat evadere? Tota ergo intentione curandum est ut, cum vacationis tempus accipimus, bene vivendi studio, malorum ultricia tormenta fugiamus. Hinc quippe per Salomonem dicitur : *Quodcunque potest manus tua facere, instanter operare, quia nec opus, nec ratio, nec scientia, nec sapientia erit apud inferos, quo tu properas* (*Eccle.* ix, 10). Hinc Isaias ait : *Quærite Dominum dum inveniri potest, invocate eum dum prope est* (*Isai.* lv, 6). Hinc Paulus ait : *Ecce nunc tempus acceptabile, ecce nunc dies salutis* (II *Cor.* vi, 2). Hinc rursum ait : *Dum tempus habemus, operemur bonum ad omnes* (*Galat.* vi, 10).

[*Vet. LI.*] 105. *Animo ad id nitenti obstat cura carnis.* — Sed plerumque se ad viam rectitudinis animus accingit, torporem discutit; tantoque in cœlestibus desiderio rapitur, ut pene nil ex eo inferius reman-

---

[a] Ita Gemet. et alii Norm., ubi Coc. et seq., *quoque* pro *quosque.*

[b] Sic legitur in omnibus pene Mss. nostris. Unus tamen Vindoc. cui concinunt Editi, habet : *si ergo ei ut pœna cresceret*, etc.

[c] Longip. et Corb. Germ., *a secunda manu, miratus exploraret.*

[d] Corb. Germ. et 1 Vindoc., *dejecti qualiter crucientur.* Alter Vindoc., *delicta qualiter crucientur.*

sisse videatur. Et tamen cum ad carnis curam reducitur, sine qua præsentis vitæ via nullo modo expletur, ita hunc inferius depressum tenet, ac si adhuc de summis ª nulla contigisset. Auditis verbis cœlestis oraculi, in amorem patriæ cœlestis erigitur; sed resurgente præsentis vitæ studio, sub terrenæ curæ aggere sepelitur; atque in terra cordis nequaquam supernæ spei semen proficit, quia cogitationis infimæ spina densescit. Quam videlicet **336** spinam per semetipsam Veritas manu sanctæ exhortationis eradicat, dicens : *Nolite solliciti esse in crastinum (Matth.* vi, 34). Contra hanc quoque per Paulum dicitur : *Carnis curam ne feceritis in concupiscentiis (Rom.* xiii, 14). Sed in his nimirum ducis ac militis verbis agnoscimus quia tunc ab ea mortifero vulnere animus pungitur, cum in ea mensuræ æquitas non tenetur.

106. *Hæc non abscidenda prorsus, sed moderanda.* —Neque enim mortali adhuc in carne viventibus funditus cura carnis ᵇ absciditur, sed ut discrete animo serviat temperatur. Nam quia sollicitos nos esse Veritas in crastinum prohibet, habere utcunque curam in præsentibus non negat, quam tendi ad tempus quod sequitur vetat. Et nimirum Paulus cum carnis curam fieri in concupiscentiis non sinit, procul adhuc dubio in necessitate concedit. Discretione ergo magni moderaminis carnis cura frenanda est, ut serviat et minime principetur, ne quasi domina animum vincat, sed, subacta mentis dominio, quasi ancilla famuletur, ut jussa adsit, atque ad nutum cordis repulsa dissiliat, ut vix a tergo sanctæ cogitationis appareat, et nunquam contra faciem rectæ cogitantis obsistat. Quod bene nobis historia sacræ lectionis innuitur, cum Abraham tribus angelis occurrisse memoratur (*Genes.* xiii, 2, *seq.*). Ipse quippe venientibus extra ostium occurrit, Sara vero post ostium stetit, quia videlicet ut vir ac dominus domus spiritalis, noster scilicet intellectus, debet in cognitione Trinitatis claustra carnis excedere, et quasi habitationis infimæ januam exire; cura autem carnis, ut femina, foras non appareat, et videri jactanter erubescat, ut quasi post tergum viri sub discretione spiritus, solis necessariis intenta, nequaquam sciat procaciter detegi, sed verecunde moderari. Cui tamen sæpe cum dicitur ut de se minime præsumat, sed totam se in divinæ spei fiduciam transferat, despicit, et, cessante studio, adesse sibi vitæ subsidia posse diffidit. Unde et hæc eadem Sara promissiones Dei audiens ridet, sed ridens corripitur, correpta autem protinus fecundatur; et quæ juventute vigens fecundari non potuit, annis fracta senilibus, utero marcescente, concepit, quia cum cura carnis sui confidentiam habere desierit, contra spem ex divina promissione accipit quod habituram se ex humana ratione dubitavit. Unde et bene Isaac, id est risus, dicitur qui generatur, quia quia supernæ spei fiduciam concipit, quid mens nostra aliud quam gaudium parit ? Curandum itaque est ne aut necessitatis metas cura carnis transeat, aut in eo quod moderate exsequitur, de se præsumat. Sæpe vero animus fallitur, ut quod voluptuose appetit, necessarium suspicetur, quatenus omne ᶜ quod libet vitæ debitam utilitatem putet. Et sæpe quia effectus providentiam sequitur, in sui fiducia mens levatur. Cumque sibi adest quod deesse cæteris viderit, cogitatione tacita de magnitudine suæ provisionis hilarescit; tantoque jam a vera provisione longe fit, quanto ipsam quoque elationem quam patitur nescit. Unde solerti semper custodiæ intentione pensandum est vel quid opere agimus, vel quid corde versamus, ne aut mentem præpediens, foras se terrena cura multiplicet, aut saltem de ejus moderamine intus se cogitatio exaltet; ut cum divina judicia temporali circumspectione metuimus, sempiterni supplicia horroris evadamus.

ª Lyr. et Bigot., *nulla teligisset.*
ᵇ Ita Gemet., Utic. et plurimi. Ubi observandum est in vet. Mss. rarissime verbum *abscindo* ejusque modos et tempora reperiri, sed ejus loco usurpari *abscido.*
ᶜ Gemet., Corb. Germ., Reg., *quodlibet vitæ debitum; utilitatem putet.*

LIBER DECIMUS.

Toto libri Job capite undecimo ac duodecimi quinque prioribus versibus enarratis, secundam hujus operis partem claudit.

---

337 CAPUT PRIMUM.

1. *Fortitudo Job, qui nec successiva adversantium mutatione superatur.* — Quoties in arenæ spectaculum fortis athleta descenderit, ii qui impares ª viribus existunt vicissim se ejus expugnationi subjiciunt : et uno victo, contra hunc protinus alter erigitur; atque hoc subacto, alius subrogatur; ut luctantis vires quandoque molliores inveniant quas ipsa sua crebrescens victoria fatigat; quatenus cum novus quisque congreditur, is qui vinci virium qualitate non valet, personarum saltem mutatione superetur. Sic sic in hoc hominum angelorumque spectaculo beatus Job fortis athleta prodiit, quantumque contra mutationes adversantium valeat ᵇ continuatione indefessi roboris ostendit. Cui primus se Eliphaz, secundus autem Baldad objicit, atque ad extremum se Sophar in ejus expugnatione supponit; qui ad inferendos ictus totis se conatibus erigunt, sed tamen ad feriendam

ª Vindoc., Corb. Germ., Bajoc., Colb., Reg. et plerique Norm., *impares virtutibus.* Gemet., *imparis virtutis existunt.* Germ., *impares virtutis.*
ᵇ Bajoc., *continuati laboris robore.*

altitudinem robusti pectoris non pertingunt. Ipsa quippe eorum verba patenter insinuant quod ictus in auras jactant, quia cum sanctum virum non recte redarguunt, expressa [a] in vacuum verba percussionis perdunt. Quod liquido ostenditur, cum Sophar Naamathitis responsio a contumeliis inchoatur, qui ait:

CAPUT II.

Cap. xi, vers. 2. — *Nunquid qui multa loquitur non et ipse audiet? aut vir verbosus justificabitur?*

2. *Procaces recte dictis semper e diverso respondent. Sophar sententia vera, sed male prolata.* — Mos esse procacium solet ut recte dictis semper e diverso respondeant, ne si ad prolata consentiant, inferiores esse videantur. Quibus justorum verba quamlibet pauca sonuerint multa sunt, quia quo eorum vitia resecant, auditum gravant. Unde et ad crimen trahitur hoc quod recta prædicatione contra crimina profertur. Ipsum quippe qui ex veritate fortes sententias dixerat Sophar redarguens, verbosum vocat, quia cum ab ore justorum sapientia culpas increpat, stultorum auribus [b] superfluitas loquacitatis sonat. Pravi namque nil rectum, nisi quod ipsi senserint, putant; et justorum verba eo otiosa æstimant, quo suis hæc sensibus inveniunt diversa. Nec fallacem quidem Sophar sententiam protulit, quod vir verbosus justificari nequaquam possit, quia dum quisque per verba diffluit, perdita gravitate silentii, mentis custodiam amittit. Hinc quippe scriptum est: *Cultus justitiæ, silentium* (*Isai.* xxxii, 17). Hinc Salomon ait: *Sicut urbs patens et absque murorum ambitu, ita vir qui non potest in loquendo cohibere spiritum suum* (*Prov.* xxv, 28). Hinc rursum dicit: *In multiloquio peccatum non deerit* (*Prov.* x, 19). Hinc Psalmista testatur, dicens: [c] *Vir verbosus non dirigetur super terram* (*Psal.* cxxxix, 12). Sed virtus veræ [d] sententiæ perditur, quæ sub discretionis custodia non profertur. Certum itaque est quod verbosus justificari vir nequeat. Sed bonum bene non dicitur, quia non intenditur cui dicatur. Vera quippe contra malos sententia, si bonorum rectitudinem [e] impetit, suam perdit, et eo retusa resilit, quo illud est forte quod ferit. [*Vet. et Rec. III.*] Quia autem pravi audire bona patienter nequeunt, et cum vitæ emendationem negligunt, ad verba se responsionis accingunt, aperte Sophar insinuat, qui subjungit:

CAPUT III.

Vers. 3. — *Tibi soli tacebunt homines, et cum cæteros irriseris, a nullo confutaberis?*

3. *Ad correptionem quam diverse affecti pravi et recti.* — Imperita mens, ut diximus, veritatis sententias graviter tolerat, et silentium pœnam putat atque omne quod rectum dicitur dedecus suæ irrisionis arbitratur, quia cum vera vox pravorum se auribus admovet, memoriam culpa mordet, et in redargutione vitiorum quo intus cognitione mens tangitur, foras ad studium contradictionis excitatur. Ferre vocem non valet, quia tacta in vulnere sui reatus dolet, et per hoc quod generaliter contra perversos dicitur, se impeti specialiter suspicatur. Quod enim intus egisse se meminit, audire foris erubescit. Unde mox se ad defensionem præparat, ut reatus sui verecundiam per verba pravæ refutationis tegat. Sicut enim recti de quibusdam quæ ab eis non recte gesta sunt correptionis vocem, ministerium charitatis æstimant, sic perversi contumeliam derisionis putant. Illi se protinus ad obedientiam sternunt, isti ad insaniam suæ defensionis eriguntur. Illi correptionis adjutorium vitæ suæ patrocinium deputant, per quod dum præsentis [f] vitæ culpa corripitur, venturi judicis ira temperatur; isti cum se impeti redargutione conspiciunt, gladium percussionis credunt, quia dum per correptionis vocem culpa detegitur, præsentis gloriæ opinio fœdatur. Hinc quippe in laude justi per Salomonem dicit Veritas: *Doce justum, et festinabit accipere* (*Prov.* ix, 10). Hinc pravorum contumaciam despicit, dicens: *Qui erudit derisorem, ipse sibi facit injuriam* (*Ibid.*, 7). Nam fit plerumque ut cum correpta in se mala defendere nequeunt, ex verecundia pejores fiant; ac sic in sua defensione superbiant, ut quædam vitia contra vitam corripientis exquirant; [g] et eo se criminosos non æstimant, si crimina et aliis imponant. Quæ cum vera invenire nequeunt, fingunt, ut ipsi quoque habeant quod non impari justitia increpare videantur. Unde et Sophar, quia quasi irrideri se per increpationem doluit, protinus mentiendo subjungit:

CAPUT IV.

Vers. 4. — *Dixisti enim, Purus est sermo meus, et mundus sum in conspectu tuo.*

4. *Pravi vera in se mala flere renuunt, et aliis falsa impingunt.* — Qui beati Job dictorum meminit, quam falso hoc voci illius impingatur agnoscit. Quomodo enim mundum se dicere potuit, qui ait: *Si justificare me voluero, os meum condemnabit me* (*Job.* ix, 20)? Sed habet hoc pravorum malitia, ut cum vera in se flere mala renuit, fingat aliena. Nam quasi solatio facinoris utitur, si falsis vocibus et vita corripientis inquinetur. [*Vet. IV.*] Sciendum vero est quod plerumque perversi verbotenus bona optant, [h] ut mala esse quæ in præsentibus habentur ostendant; et quasi faventes prospera expetunt, ut beni-

---

[a] Turon., Vindoc., Corb. Germ., Norm., *verbera percussionis*. Ebroic., Bajoc., Lyr., Big., habent *reddunt*, pro *perdunt*. In Utic. olim legebatur *perdunt*, nunc *reddunt*. Colb. et Reg. nostram lect. exhibent.
[b] Corb. Germ., *superfluas loquacitates*.
[c] Editi, *vir linguosus*.
[d] Ita Bellovac., Germ., Colb., Longip., Bajoc., cum cæteris Norm., et plerisque. In Editis etiam vet., *sed virtus veræ scientiæ*, ut in Mss. Corb. Germ. et Reg.
[e] Sic restituimus ex Mss. et vetustioribus Edit. In Gilot. et recentioribus legitur, *si bonorum rectitudinem impedit, vim suam perdit*.
[f] Ita Corb. Germ., Turon., Vindoc., Reg. Sed Editi, ex Coccio, *vitii culpa*, quod in uno Colb. offendimus a secunda manu.
[g] Gemet., *et quo se criminosos non æstimant; ipsi crimina et aliis imponant*; *quæ cum vera*, etc.
[h] Bellov., *ut bona esse quæ in præsentibus*.

gni videantur. Unde et Sophar protinus subjicit, dicens:

CAPUT V.

VERS. 5. — *Atque utinam Deus loqueretur tecum, et aperiret labia sua tibi!*

5. *Homini quando Deus loquatur, quando ipse sibi.* — Ipse quippe sibi homo loquitur, cum per hoc quod sentit nequaquam Divinitatis spiritu a carnalis prudentiæ intellectu separatur; cum caro sensum exerit, et mentem, quasi ad intelligentiam provocans, foras mittit. Unde et adhuc Petro terrena sapienti Veritas dicit: *Non enim sapis quæ Dei sunt, sed quæ hominum* (Marc. VIII, 33). Cui tamen recta confitenti dicitur: *Caro et sanguis non revelavit tibi, sed Pater meus qui in cœlis est* (Matth. XVI, 17). Quid autem Dei labia nisi judicia ejus accipimus? Clausis namque labiis vox premitur, et sensus tacentis ignoratur; aperti autem sermo dum promitur, animus loquentis[a] invenitur. Labia itaque sua Deus aperit cum voluntatem suam hominibus per aperta judicia ostendit. Quasi enim reserato ore loquitur, cum remota obscuritate dispositionis intimæ renuit occultare quod vult. Nam velut clausis labiis sensum nobis suum non indicat, cum per occulta judicia cur quid faciat celat. Sophar itaque beatum Job ut de carnali intellectu redarguat, seque ipsum quantæ sit benignitatis ostendat, ei bona optat, quæ et cum habentur ignorat, dicens: *Atque utinam Deus loqueretur tecum et aperiret labia sua tibi!* Ac si patenter dicat: Imperitiæ tuæ potius quam pœnæ compatior, quia, sola carnis prudentia præditum, a veritatis te spiritu vacuum agnosco. Si enim Dei judicia occulta cognosceres, tam procaces contra illum sententias non sonares. Et quia omnipotens Deus cum ad consideranda nos sua judicia sublevat, ignorantiæ nostræ protinus cæcitatem fugat, quæ apertis ejus labiis, ad nos eruditio prodeat, protinus adjungendo manifestat, dicens:

CAPUT VI [Rec. IV].

VERS. 6. — *Ut ostenderet tibi secreta sapientiæ, et quod multiplex sit lex ejus.*

6. *Sapientiæ opera quæ publica. Quæ secreta.* — Publica sapientiæ supernæ sunt opera, cum omnipotens Deus regit quos creat, perficit bona quæ inchoat, et aspirando adjuvat quos visitationis suæ lumine illustrat. Cunctis etenim liquet quia quos gratis condidit benigne disponit. Et cum spiritalia dona largitur, ipse perficit quod ipse ex munere suæ benignitatis inchoavit. Secreta vero sapientiæ supernæ sunt opera cum Deus quos creavit deserit; cum bona quæ præveniendo cœperat; nequaquam prosequendo consumat; cum claritate nos suæ illustrationis illuminat, et tamen, permissis carnis tentationibus, tenebris cæcitatis pulsat; cum dona quæ contulit minime custodit; cum et mentis nostræ ad se desideria excitat, et tamen occulto judicio difficul-

tate nos nostræ imbecillitatis angustat.

[Vet. V.] 7. *Hæc non inveniendo invenit, qui comprehendi non posse didicit. Lex Dei et Christi charitas.* — Quæ nimirum secreta ejus sapientiæ pauci valent inquirere, sed nullus invenire, quia quod super nos de nobis ab immortali sapientia non injuste disponitur, justum profecto est ut a nobis adhuc mortalibus ignoretur. Sed hæc ipsa sapientiæ illius secreta conspicere utcunque jam incomprehensibilitatis ejus est potentiam videre, quia etsi in ipsa consiliorum ejus inquisitione deficimus, deficiendo tamen verius discimus quem timeamus. Ad hæc se Paulus sapientiæ illius secreta tetenderat, cum dicebat: *O altitudo divitiarum sapientiæ et scientiæ Dei, quam incomprehensibilia sunt judicia ejus, et investigabiles viæ ejus. Quis enim cognovit sensus Domini? vel quis consiliarius ejus fuit* (Rom. XI, 33)? Qui superius etiam ex ipsa inquisitione lassescens, sed tamen ad cognitionem infirmitatis propriæ lassescendo proficiens, præmittit dicens: *O homo, tu quis es qui respondeas Deo? Nunquid dicit figmentum ei qui se finxit: Quare me fecisti sic* (Rom. IX, 20)? Qui igitur ad occulta Dei pertingere non valens ad infirmitatis suæ cognitionem rediit, atque ad eruditionem se propriam deficiendo revocavit, ut ita dicam, secreta sapientiæ non inveniens invenit, quia cum ad superna consilia requirenda lassesceret, didicit ut humilius timeret; et quem sua infirmitas a cognitione intima repulit, hunc ei verius humilitas junxit. Sophar itaque et per scientiæ studium peritus, et per audaciam tumidæ locutionis ignarus, quia ipse gravitatem non habet, meliori optat quod habet, dicens: *Atque utinam Deus loqueretur tecum, et aperiret labia sua tibi, ut ostenderet tibi secreta sapientiæ!* Qui eam quoque, qua se super amicum pollere æstimat, optando[b] sapientiam ostentat, cum protinus subdit: *Et quod multiplex sit lex ejus.* Quid hoc loco Dei lex accipi nisi charitas debet, per quam semper in mente[c] legitur præcepta vitæ qualiter in actione teneantur? De hac etenim lege Veritatis voce dicitur: *Hoc est præceptum meum ut diligatis invicem* (Joan. XV, 12). De hac Paulus ait: *Plenitudo legis, dilectio* (Rom. XIII, 10). De hac iterum dicit:[d] *Invicem onera vestra portate, et sic adimplebitis legem Christi* (Galat. VI, 2). Lex etenim Christi quid congruentius intelligi quam charitas potest, quam tunc vere perficimus cum fraterna onera ex amore toleramus.

8. *Charitas a duobus præceptis incipit, et ad innumera se extendit. Proximi dilectio cavet nocere, curat benefacere. Hæc duo quam multis modis præstantur.* — Sed hæc eadem lex multiplex dicitur, quia studiosa sollicitudine charitas ad cuncta virtutum facta dilatatur. Quæ a duobus quidem præceptis incipit, sed se ad innumera extendit. Hujus namque legis initium dilectio Dei est ac dilectio proximi. [Vet. VI.]

---

[a] Ita in omnibus nostris Mss. et vet. Edit.; in recentioribus vero *innuitur*.
[b] Omnes Norm., *scientiam*.
[c] Ita Gemet., Lyr., Bigot., Utic. et pler. Mss. In vet. Edit. *legimus*. In recent., post Cocc., *leguntur*.
[d] Editi, *alter alterius onera portate*. Paremus Mss.

Sed Dei dilectio per tria distinguitur, quia ex toto corde, et ex tota anima, et ex tota [a] fortitudine diligi conditor jubetur. Qua in re notandum est quod divinus sermo cum Deum diligi præcipit, non solum narrat ex quo, sed etiam informat ex quanto, cum subjungit ex toto, ut videlicet qui perfecte Deo placere desiderat sibi de se nihil relinquat. Proximi autem dilectio ad duo præcepta derivatur, cum et per quemdam justum dicitur: *Quod ab alio tibi odis fieri, vide ne tu alteri facias (Tob.* iv, 46). Et per semetipsam Veritas dicit : *Quæ vultis ut faciant vobis homines,* [b] *et vos facite illis (Matth.* vii, 12). Quibus duobus scilicet utriusque Testamenti mandatis, per unum malitia compescitur, per aliud benignitas prærogatur, ut malum quod pati non vult quisque non faciens, cesset a nocendi opere; et rursum bonum quod sibi fieri appetit, impendens, erga utilitatem se proximi exerceat ex benignitate. Sed hæc nimirum duo dum sollicita intentione cogitantur, cor ad innumera virtutum ministeria tenditur, ne vel ad inferenda quæ non debet desideriis inquieta mens ferveat, vel erga exhibenda quæ debet otio resoluta torpescat. Nam cum cavet alteri facere quod nequaquam vult ab altero ipsa tolerare, sollicita se intentione circumspicit, ne superbia elevet, et usque ad despectum proximi animum dejiciens exaltet; ne ambitio cogitationem laniet, cumque hanc ad appetenda aliena dilatat, angustet; ne cor luxuria polluat, et subjectum desideriis per illicita corrumpat; ne ira exasperet, et usque ad proferendam contumeliam inflammet; ne invidia mordeat, et alienis felicitatibus æmula, sua se face consumat; ne immoderate linguam loquacitas pertrahat, eamque usque ad lasciviam obtrectationis extendat; ne odium malitia excitet, et os usque ad jaculum maledictionis irritet. Rursum cum cogitat ut ea alteri faciat quæ ipsa sibi fieri ab altero exspectat, pensat nimirum ut malis bona, et bonis meliora respondeat; ut erga procaces mansuetudinem longanimitatis exhibeat; ut malitiæ peste languentibus gratiam benignitatis impendat; ut discordes pace uniat, et concordes ad concupiscentiam veræ pacis accingat; ut indigentibus necessaria tribuat; ut errantibus viam rectitudinis ostendat; ut afflictos verbo et compassione mulceat; ut accensos in hujus mundi desideriis increpatione [c] restinguat; ut minas potentum ratiocinatione mitiget; ut oppressorum angustias quanta prævalet ope levet; ut foris resistentibus opponat patientiam; ut intus superbientibus exhibeat cum patientia disciplinam; ut erga errata subditorum sic mansuetudo zelum temperet, quatenus a justitiæ studio non enervet; sic ad ultionem zelus ferveat, ne tamen pietatis limitem fervendo transcendat; ut ingratos beneficiis ad amorem provocet; ut gratos quosque ministeriis in amore servet; ut proximorum mala cum corrigere non valet, taceat, [d] utque cum corrigi loquendo possunt, silentium consensum esse pertimescat; ut sic ea quæ tacet toleret, ne tamen in anima virus doloris occultet; ut sic malevolis munus benignitatis exhibeat, ne tamen per gratiam a jure rectitudinis excedat; ut cuncta proximis quæ prævalet impendat, sed hæc impendendo non tumeat; ut sic in bonis quæ exhibet tumoris præcipitium paveat, ne tamen a boni exercitio torpescat; ut sic quæ possidet tribuat, quatenus quanta sit largitas remunerantis attendat; ne cum terrena largitur, suam plus quam necesse est inopiam [e] cogitet, et in oblatione muneris hilaritatis lumen tristitia obscuret.

[*Vet. VII.*] 9. *Charitas multiformis exemplis sanctorum ostenditur.*—Bene ergo lex Dei multiplex dicitur, quia nimirum cum una eademque sit charitas, si mentem plene cœperit, hanc ad innumera opera multiformiter accendit. Cujus diversitatem breviter exprimimus, si in electis singulis bona illius perstringendo numeremus. Hæc namque per Abel et electa Deo munera obtulit, et fratris gladium non reluctando toleravit (*Genes.* iv, 4, 8), Hæc Enoch et inter homines vivere spiritaliter docuit, et ad sublimem vitam ab hominibus etiam corporaliter abstraxit (*Genes.* v, 24). Hæc Noe, despectis omnibus [f] solum Deo placabilem ostendit, atque in arcæ fabricam studio longi laboris exercuit, et mundo superstitem pio opere exercendo servavit (*Genes.* vii, 6). Hæc per Sem et Japhet humiliter [g] verenda patris erubuit, et superjecto dorsis pallio, quæ non videbat abscondit (*Genes.* ix, 23). Hæc Abrahæ dextram quia ad mortem filii obediendo extulit, hunc prolis innumeræ, genitum patrem fecit (*Genes.* xxii, 10). Hæc Isaac mentem, quia semper ad munditiam tenuit, caligantibus ætate oculis, ad videnda longe post ventura dilatavit (*Genes.* xxvii, 1). Hæc Jacob compulit et amissum bonum filium medullitus gemere, et pravorum filiorum præsentiam sub æquanimitate tolerare (*Genes.* xxxvii, 34). Hæc Joseph docuit a fratribus venundatum, et libertate animi infracta servitium perpeti, et eisdem post fratribus mente non elata principari (*Genes.* xlii, 33). Hæc Moysen, delinquente populo, et usque ad petitionem mortis in precibus stravit, et usque ad interfectionem populi per zeli studium erexit, ut et pro perenne plebe sese morti objiceret, et contra peccantem protinus vice Domini irascentis sæviret (*Exod.* xxxii, 33). Hæc Phinees brachium in ultionem peccantium erexit, ut arrepto gladio, coeuntes transfigeret, et iram Domini iratus placaret (*Num.* xxv, 8, 9), Hæc [h] Jesum exploratorem docuit, ut et prius contra

---

[a] In Vulgatis, *virtute.*
[b] Vindoc., Gemet., Corb. Germ., *ita et vos facite illis.* Bigot., Lyr., Utic., *ea et vos facite illis.*
[c] Plerique Norm. et Corb. Germ., *restringat.*
[d] Corb. Germ., *ut quæcunque corrigi.*
[e] Sic Bellovac., Germ., Longip., Vindoc., Norman., etc. In uno Regio ita totus hic locus legitur: *ne cum terrena largitur, si amplius quam necesse est inopiam timet, et in oblatione.* In excusis, pro *cogitet,* habes *pertimescat.*
[f] 1 Vindoc., ut Corb. Germ., *solum Deum placabilem.* Gemet. et alii, *solum Deo placabilem.* Quibus consentiunt Excusi omnes.
[g] Plerique Norman., *verecunda patris.*
[h] Editi, *Josue.*

falsiloquos cives veritatem verbo defenderet, et hanc postmodum gladio contra hostes allegaret (*Josue* I, 2, *seq.*; *Num.* xiv, 6, 7, *seq.*). Hæc Samuel et in principatu humilem præbuit, et integrum in dejectione servavit, qui cum persequentem se plebem diligeret, ipse sibi [a] testimonio exstitit, quia culmen ex quo dejectus est non amavit (*I Reg.* III, 4, *seq.*). Hæc David ante iniquum regem et humilitate commovit ad fugam, et pietate replevit ad veniam; qui persecutorem suum et timendo fugit ut dominum, et tamen cum potestatem feriendi reperit, non agnovit inimicum (*I Reg.* xxiv, 6, 18). Hæc Nathan et contra peccantem regem in auctoritatem liberæ increpationis sustulit, et cum regis culpa deesset, in petitione humiliter stravit (*II Reg.* xii, 1, *seq.*). Hæc per Isaiam nuditatem carnis in prædicatione non erubuit, et subducto carnali velamine, superna mysteria penetravit (*Isai.* xx, 2). Hæc Eliam, [b] quia fervoris zelo vivere spiritaliter docuit, ad vitam quoque et corporaliter abstraxit (*IV Reg.* II, 11). Hæc Elisæum, quia magistrum diligere simpliciter instituit, magistri spiritu dupliciter implevit (*Ibid.*, 10). Per hanc Jeremias ne in Ægyptum populus descenderet restitit; sed tamen et inobedientes diligens, quo descendi prohibuit, et ipse descendit (*Jerem.* xlii, 18). Hæc Ezechielem, quia prius a terrenis desideriis sustulit, post per cincinnum capitis in aere libravit (*Ezech.* viii, 3). Hæc in Daniele, quia a regiis dapibus gulam compescuit, ei et esurientium ora leonum clausit (*Dan.* xiv, 40). Hæc tribus pueris, quia in tranquillitate positis incendia vitiorum subdidit, tribulationis tempore et flammas in fornace temperavit (*Dan.* III, 50). Hæc in Petro et minis terrentium principum fortiter restitit, et in circumcisione submovenda minorum verba humiliter audivit. Hæc in Paulo et manus persequentium humiliter pertulit, et tamen in circumcisionis negotio longe se imparis prioris sensum audenter increpavit (*Act.* xv). Multiplex ergo ista lex Dei est, quæ singulis rerum articulis non permutata congruit, et causis se variantibus non variata conjungit.

[*Vet.* VIII.] 10. *Charitatis officia ex Paulo.* — Cujus nimirum legis multiplicitatem bene 343 Paulus enumerat, dicens: *Charitas patiens est, benigna est; non æmulatur, non inflatur, non agit perperam, non est ambitiosa, non quærit quæ sua sunt, non irritatur, non cogitat malum, non gaudet super iniquitate, congaudet autem veritati* (*I Cor.* xiii, 4). Patiens quippe est charitas, quia illata mala æquanimiter tolerat. Benigna vero est, quia pro malis bona largiter ministrat. Non æmulatur, quia per hoc quod in præsenti mundo nil appetit, invidere terrenis successibus nescit. Non inflatur, quia cum præmium interiæ retributionis anxia desiderat, de bonis se exterioribus non exaltat. Non agit perperam, quia quo se in

solum Dei ac proximi amorem dilatat, quidquid a rectitudine discrepat ignorat. Non est ambitiosa, quia quo ardenter intus ad sua satagit, foras nullatenus aliena concupiscit. Non quærit quæ sua sunt, quia cuncta quæ hic transitorie possidet velut aliena negligit, cum nihil sibi esse proprium nisi quod secum permaneat agnoscit. Non irritatur, quia et injuriis lacessita ad nullos se ultionis suæ motus excitat, dum pro magnis laboribus majora post præmia exspectat. Non cogitat malum, quia in amore munditiæ mentem solidans, dum omne odium radicitus eruit, versare in animo quod inquinat nescit. Non gaudet super iniquitate, quia [c] quo sola dilectione erga omnes inhiat, nec de perditione adversantium exsultat. Congaudet autem veritati, quia ut se cæteros diligens, per hoc quod rectum in aliis conspicit, quasi de augmento proprii provectus [d] hilarescit. Multiplex ergo ista lex Dei est, quæ contra uniuscujusque culpæ jaculum, quod perimendam mentem impetit, instructionis suæ munimine occurrit, ut quia antiquus hostis varia circumfusione nos obsidet, ipsa hunc de nobis multipliciter expugnet. Quam nimirum legem si sollicita consideratione pensamus, auctori nostro quantum quotidie delinquamus agnoscimus. Si autem culpas perpendimus, profecto æquanimiter flagella toleramus; nec ex dolore [e] ad impatientiam proruit, cum suo se judicio conscientia addicit. Unde Sophar, quid diceret sciens, sed cui diceret nesciens, postquam præmisit dicens, *Ut ostenderet tibi secreta sapientiæ, et quod multiplex sit lex ejus*, protinus adjungit :

CAPUT VII [*Rec.* V.]

Imp.—*Et intelligeres quod multo minora exigaris a Deo quam meretur iniquitas tua*.

11. *Culparum nostrarum cognito temperat dolorem flagellorum.*—Dolor quippe, ut diximus, flagelli temperatur cum culpa cognoscitur, quia et tanto quisque patientius ferramentum medici tolerat, quanto putridum conspicit esse quod secat. Qui igitur multiplicitatem legis intelligit, cuncta quæ patitur quam sint minora perpendit, quia per hoc quod culpæ pondus agnoscitur, afflictionis poena levigatur.

[*Vet.* IX.] 12. *Venialiter peccant, qui zeli fervore modum correptionis excedunt.*—Sed inter hæc sciendum est quia sine magna iniquitate non fuerit quod Sophar virum justum usque ad objectionem iniquitatis increpavit. Unde et eorum audaciam Veritas juste redarguit, sed benigne ad gratiam reducit, quia apud misericordem judicem nequaquam sine venia culpa relinquitur, cum per fervorem zeli ex ejus amore peccatur. Sæpe namque magnis hoc doctoribus mirandisque contingit, ut quo alta charitate fervent, 344 modum correptionis exaggerent, et lingua aliquid quod non debet dicat, quia mentem dilectio quantum debet inflammat. Sed verbum pro-

---

[a] Ita Turon., Vindoc., Gemet. Editi vero, *sibi testimonium exstitit.*
[b] Utic., Lyr., Bigot., *quia ferventiori zelo.*
[c] Particulam *quo* in recent. Edit. omissam revocavimus ex Mss. Norman., Corb., Germ., Longip.,
Germ., etc.
[d] Utic., *crescit.*
[e] In Excusis hic adjicitur *charitas*, contra fidem Mss.

latæ contumeliæ tanto citius parcitur, quanto et ex qua radice prodeat pensatur. Unde bene per Moysen Dominus præcepit dicens : *Si quis abierit cum amico suo simpliciter in silvam ad ligna cædenda, et lignum securis fugerit manu, ferrumque lapsum de manubrio amicum ejus percusserit, et occiderit, hic ad unam supradictarum urbium fugiet, et vivet, ne forte proximus ejus, cujus effusus est sanguis, doloris stimulo persequatur, et apprehendat eum, et percutiat animam ejus* (*Deut*. xix, 5). Ad silvam quippe cum amico imus quoties cum quolibet proximo ad intuenda delicta nostra convertimur, et simpliciter ligna succidimus cum delinquentium vitia pia intentione resecamus. Sed securis manu fugit cum sese increpatio plus quam necesse est in asperitatem pertrahit. Ferrumque de manubrio prosilit cum de correptione sermo durior excedit; et amicum percutiens occidit, quia auditorem suum prolata contumelia ab spiritu dilectionis interficit. Correpti namque mens repente ad odium proruit, si hanc immoderata [a] increpatio plus quam debuit addicit. Sed is qui incaute ligna percutit, et proximum exstinguit, ad tres necesse est urbes fugiat, ut in una earum defensus vivat, quia si, ad pœnitentiæ lamenta conversus, in unitate sacramenti sub spe, fide et charitate absconditur, reus perpetrati homicidii non tenetur; eumque exstincti proximus et cum invenerit non occidit, quia cum districtus judex venerit, qui sese nobis per naturæ nostræ consortium junxit, ab eo procul dubio vindictam de culpæ reatu non expetit quem sub ejus venia spes, fides et charitas abscondit. Citius ergo culpa dimittitur quæ nequaquam malitiæ studio perpetratur. Unde et Sophar iniquum vocat quem superna sententia laudaverat; nec tamen a venia reprobatus excluditur, quia ad verba contumeliæ divini amoris zelo [b] promovetur. Qui pro eo quod beati Job merita non agnoscit, ex imperita adhuc irrisione subjungit, dicens :

CAPUT VIII [*Rec. VI*].

Vers. 7. — *Forsitan vestigia Dei comprehendes, et usque ad perfectum, Omnipotentem reperies.*

13. *Dei vestigia sunt ejus dona quibus ad superna provocamur. Deus hic non videtur manifeste. Contemplationis vis. Dei essentiam angelica vel humana mens non plene contuetur.* — Quid Dei vestigia [c] nisi benignitatem illius visitationis vocat? Quibus nimirum progredi ad superna provocamur cum ejus Spiritus afflatu tangimur, et, extra carnis angustias sublevati, per amorem agnoscimus auctoris nostri contemplandam speciem, quam sequamur. Nam cum mentem nostram spiritalis patriæ amor inflammat, quasi sequentibus iter insinuat, et substrato cordi velut quoddam vestigium Dei gradientis imprimitur, ut ab eo rectis cogitationum gressibus via vitæ teneatur. Quem enim necdum cernimus, restat necesse est ut per vestigia sui amoris indagemus, quatenus usque ad contemplationis speciem quandoque [d] mens inveniat quem nunc, quasi a tergo subsequens, per sancta desideria explorat. Hæc Psalmista auctoris nostri vestigia bene sequi noverat cum dicebat : *Adhæsit anima mea post te* (*Psal*. LXII, 9). Quem reperire quoque usque ad visionem suæ celsitudinis satagebat, dicens : *Sitivit anima mea ad Deum vivum ; quando veniam, et parebo ante faciem Dei* (*Psal*. xli, 3)? Tunc quippe cogitatione manifesta omnipotens Deus reperitur, cum, mortalitatis nostræ funditus corruptione calcata, ab assumptis nobis in divinitatis suæ claritate conspicitur. Nunc autem a carnali cogitatione animum infusi Spiritus gratia sublevat, et in contemptum rerum transeuntium exaltat; totumque mens quod appetebat in infimis despicit, atque ad superna desideria ignescit, et contemplationis suæ vi extra carnem tollitur, quæ corruptionis suæ pondere adhuc in carne retinetur. Incircumscripti luminis jubar intueri conatur, et non valet; quod infirmitate pressus animus et nequaquam penetrat, et tamen repulsus amat. Jam namque de se conditor per quod ametur ostendit, sed visionis suæ speciem amantibus subtrahit. Sola ergo ejus vestigia conspicientes [e] gradimur, qui hunc per donorum suorum signa sequimur, quem necdum videmus. [*Vet. X, Rec. VII.*] Quæ nimirum vestigia comprehendi nequeunt, quia unde, ubi, quibusve modis veniant ejus Spiritus dona, nesciuntur, Veritate attestante, quæ ait : *Spiritus ubi vult spirat, et vocem ejus audis, et nescis unde veniat, [f] et quo vadat* (*Joann*. iii, 8). In retributionis autem culmine reperiri Omnipotens per contemplationis speciem potest, sed tamen ad perfectum non potest, quia etsi hunc in claritate sua quandoque conspicimus, non tamen ejus essentiam plene contuemur. Angelica etenim, vel humana mens cum ad incircumscriptum lumen inhiat, eo ipso se, quo est creatura, coangustat; et super se quidem per provectum tenditur, sed tamen ejus fulgorem comprehendere nec dilatata sufficit, qui et transcendendo et portando omnia et implendo concludit. Unde et adhuc subditur :

CAPUT IX.

Vers. 8, 9. — *Excelsior cœlo est, et quid facies? profundior inferno, et unde cognosces? Longior [g] terra mensura ejus, et latior mari.*

14. *Qui Deus omnia transcendat.* — Quod Deus cœlo excelsior, inferno profundior, terra longior, marique latior esse describitur, tanto spiritaliter debet intel-

---

[a] Editi etiam vetustiores, *si hanc in moderata increpatione..... addicit*. Sed mendose et contra fidem Mss.
[b] Melius forte Germ., Corb. Germ., Gemet., *zelo permovetur*.
[c] Turon., Gemet. et plerique Norm., *nisi benignas illius visitationes.* Ita quoque legitur nunc in Utic., sed prius ut in Edit.
[d] Coc. et alii recent., *mens veniat quam*. Gussany. tamen lectionem nostram quæ est Mss. indicavit, et ad marginem rejecit.
[e] Longip., *gratulamur*.
[f] Editi, *aut quo vadat*.
[g] Gemet., Germ., Corb. Germ. a prima manu, *longior terræ*, et postea, *terræ longior. Longiorem terræ*.

ligi, quanto de eo quidquam nefas est juxta corporea lineamenta sentire. Sed cœlo est excelsior, quia in circumscriptione sui spiritus cuncta transcendit; inferno profundior, quia transcendendo subvehit; terra longior, quia creaturæ modum perennitate suæ æternitatis excedit; mari latior, quia rerum temporalium fluctus sic regens possidet, ut hos sub omnimoda potentiæ suæ præsentia coangustando circumdet. Quamvis possunt et cœli appellatione angeli, et inferni vocabulo dæmonia designari; per terram vero justi homines, per mare autem peccatores intelligi. Excelsior itaque cœlo est, quia ipsi quoque electi spiritus visionem tantæ celsitudinis perfecte non penetrant. Profundior inferno est, quia malignorum spirituum astutias longe subtilius quam ipsi putaverant judicans damnat. Terra longior, quia longanimitatem nostram patientia divinæ longanimitatis exsuperat, quæ nos et peccantes tolerat, et conversos ad præmia remunerationis exspectat. Mari latior, quia ubique facta peccantium 346 retributionis suæ præsentia occupat, ut et cum non præsens per speciem cernitur, præsens per judicium sentiatur.

15. *Qui homo cœlum, infernus, terra, mare. Dei latitudo, longitudo, sublimitas et profundum.*—Cuncta tamen ad solum referri hominem possunt, ut ipse sit cœlum cum jam per desiderium summis inhæreat; ipse infernus, cum, tentationum suarum caligine perturbatus, in infimis jacet; ipse terra, quia in bono opere fixæ spei ubertate fructificat; ipse mare, quia in quibusdam trepidus quatitur, et aura suæ mutabilitatis agitatur. Sed cœlo est excelsior Deus, quia potentiæ ejus magnitudine vincimur; etiam cum super nosmetipsos elevamur; inferno profundior, quia nimirum plus [a] judicat quam ipse se humanus animus in tentationibus investigat; terra longior, quia fructus vitæ, quos in fine retribuit, nequaquam nunc vel spes nostra comprehendit; mari latior, quia humana mens fluctuans multa de his quæ ventura sunt conjicit, sed cum jam cernere quæ æstimaverat cœperit, angustam se fuisse in sua æstimatione cognoscit. [*Vet. XI.*] Excelsior igitur cœlo fit cum ipsa in eum nostra contemplatio deficit. Unde et cor Psalmista in altum posuerat, sed necdum se eum contigisse sentiebat, dicens : *Mirabilis facta est scientia tua ex me, confortata est, nec potero ad eam* (*Psal.* cxxxviii, 6). Inferno profundiorem noverat, qui semetipsum discutiens, sed ejus subtiliora judicia pertimescens, dicebat : *Nihil mihi conscius sum, sed non in hoc justificatus sum; qui autem judicat me, Dominus est* (*I Cor.* iv, 4). Longiorem terra viderat, cum [b] minora ei esse humanæ mentis vota pensabat, dicens : *Qui potens est omnia facere superabundanter quam petimus aut intelligimus* (*Ephes.* iii, 20). Latiorem mari conspexerat, qui timendo pensabat quia nequaquam mens humana immensitatem districtionis ejus agnosceret, quantumlibet inquirendo fluctuaret, dicens : *Quis novit potestatem iræ tuæ, aut præ timore* [c] *iram tuam dinumerare* (*Psal.* lxxxix, 11)? Cujus bene potentiam egregius nobis doctor insinuat, cum breviter narrat : *Ut possitis comprehendere cum omnibus sanctis, quæ sit latitudo, longitudo, sublimitas et profundum* (*Ephes.* iii, 18). Habet quippe Deus latitudinem, quia dilectionem suam usque ad collectionem persequentium tendit. Habet longitudinem, quia ad vitæ patriam nos longanimiter tolerando perducit. Habet sublimitatem, quia ipsorum quoque intelligentiam qui recepti in supernam fuerint, congregationem transcendit. Habet profundum, quia damnatis inferius districtionis suæ judicium incomprehensibiliter exerit. Quæ scilicet quatuor nobis in hac vita positis singulis exercet, quia et latitudinem amando, et longitudinem tolerando, et celsitudinem, non solum nostram intelligentiam, sed etiam vota superando, et profunditatem suam exhibet, occultos et illicitos cogitationum motus districte judicando. Sed ejus celsitudo et profunditas quam sit investigabilis nullus agnoscit, nisi qui vel contemplatione ad summa provehi, vel, occultis motibus resistens, tentationum cœperit importunitate turbari. Unde et beato Job dicitur : *Excelsior cœlo est, et quid facies? profundior inferno, et unde cognosces?* [d] Ac si ei aperto despectu diceretur : Profunditatem ejus 347 atque excellentiam quando tu cognoscere sufficis, qui vel virtute ad summa evehi, vel temetipsum reprehendere in tentationibus nescis. Sequitur :

CAPUT X [*Rec. VIII*].

Vers. 10. — *Si subverterit omnia, vel in unum coarctaverit, quis contradicet ei?* [e] *vel quis dicere ei potest, Cur ita facis?*

16. *Quomodo Deus in nobis cœlum, infernum, terram, mare subvertat.*—Subvertit Dominus cœlum cum terribili et occulta dispensatione humanæ contemplationis celsitudinem destruit. Subvertit infernum cum cujuslibet mentem in suis tentationibus pavidam cadere etiam ad deteriora permittit. Subvertit terram cum fructificationem boni operis adversis irruentibus intercidit. Subvertit mare cum fluctuationem nostræ titubationis emergente subito pavore confundit. Dubietate quippe sua cor anxium hoc ipsum quia titubat valde formidat, et quasi mare subvertitur cum ipsa in Deum nostra trepidatio, considerato ejus judicii terrore, turbatur. [*Vet. XII.*] Quia igitur quomodo cœlum vel infernus, terra vel mare, subvertitur bre-

---

[a] *Editi, plus indicat; corriguntur ex* Mss., *quorum lectionem confirmant mox subjecta :* Inferno profundiorem noverat, qui semetipsum discutiens, sed ejus subtiliora judicia pertimescens, *ac paulo inferius :* Profunditatem suam exhibet, occultos et illicitos cogitationum motus districte judicando.

[b] In Mss. Utic., Lyr., Big., *minor eo; ubi in aliis libris,* minor ei. *Constructionis hujus exempla jam vidimus lib.* v, n. 84. *Quanquam et libri* ix, n. 76 *exstat,*

semetipso minor.
[c] In aliquot Mss. additur *tuo*.
[d] *Ita Germ. et plerique* Mss. *In Corb. Germ., et in Editis, quod olim in Utic. quoque legebatur,* ac si aperto despecto.
[e] Quæ sequuntur non sunt in textu Hebr., nec in Vulgata, sed in LXX Edit., ubi, pro quis contradicet ei? *legitur* quis dicet illi, quid fecisti?

viter diximus, nunc aliquantulum laboriosius restat ut hæc qualiter in unum coarctari valeant, demonstremus.

17. *Cœlum et infernus simul, in una mente contemplatio et carnis tentatio.*—Sæpe namque contingit ut ad summa jam mentem spiritus elevet, sed tamen hanc importunis caro tentationibus impugnet. Cumque ad contemplanda cœlestia animus ducitur, objectis actionis illicitæ imaginibus reverberatur. Nam carnis repente hunc stimulus sauciat quem extra carnem contemplatio sancta rapiebat. Cœlum ergo simul infernusque coarctatur cum unam eamdemque mentem et sublevatio contemplationis illuminat, et importunitas tentationis obscurat; ut et videat intendendo quod appetat, et succumbendo in cogitatione toleret quod erubescat. De cœlo quippe lux oritur, infernus autem tenebris possidetur. In unum ergo cœlum infernusque redigitur cum mens, quæ jam lucem patriæ supernæ considerat, etiam de carnis bello tenebras occultæ tentationis portat. Certe jam Paulus tertii cœli culmen ascenderat, jam paradisi secreta cognoverat, et tamen adhuc carnis bella tolerans gemebat, dicens : *Video aliam legem in membris meis repugnantem legi mentis meæ, et captivum me ducentem in lege peccati, quæ est in membris meis (Rom.* VII, 23). Quid ergo in hujus tanti prædicatoris pectore nisi cœlum Deus infernumque coarctaverat, qui et visionis intimæ jam lumen acceperat, et tamen adhuc tenebras de carne tolerabat? Super se viderat quod lætus appeteret, in se cernebat quod metuens doleret. Jam cœlestis patriæ lux irradiaverat, sed adhuc tentationis obscuritas animum confundebat. Cum cœlo ergo infernum pertulit, quia et illuminatum securitas erexit, et tentatum gemitus stravit.

18. *Terra et mare simul, fidei certitudo cum aliquantula dubietate.*—Et sæpe contingit ut fides in mente jam vigeat, sed tamen ex parte aliquantula in dubietate contabescat; quatenus et certa se a visibilibus elevet, et ex quibusdam sese incerta perturbet. Nam plerumque ad æterna appetenda se erigit, et suhortis cogitationum stimulis agitata, sibimet ipsa contradicit. [*Vet. XIII.*] In unum ergo terra mareque coarctatur cum unam eamdemque mentem, et certitudo solidæ fidei roborat, et tamen ex aliquantula mutabilitate perfidiæ aura dubietatis versat. An non in suo pectore coarctari terram mareque cognoverat, qui et per fidem sperans, et per infidelitatem fluctuans, dicebat : *Credo, Domine, adjuva incredulitatem meam (Marc.* IX, 23)? Quid itaque est, quod et se credere asserit, et adjuvari in se incredulitatem quærit, nisi quod coarctari in suis cogitationibus terram cum mari deprehenderat, qui et exorare certus jam per fidem cœperat, et adhuc incertus undas perfidiæ ex incredulitate tolerabat?

19. *Cur mentem ad recta surgentem Deus impugnari sinat.*—Quod tamen occulta fieri dispensatione permittitur, ut cum mens jam surgere ad rectitudinem cœperit, pravitatis suæ reliquiis impugnetur; quatenus hæc ipsa impugnatio, aut resistentiam exerceat, aut delectationibus seductam frangat. Recte itaque nunc dicitur : *Si subverterit omnia, vel in unum coarctaverit, quis contradicet ei? vel quis dicere ei potest : Cur ita facis?* quia nimirum divinum judicium nec adversitate valet imminui, nec inquisitione cognosci, cum vel virtutes quas tribuerat subirahit, vel has omnino non adimens, vitiorum concuti impugnatione permittit. Sæpe namque in elationem cor tollitur cum lætis successibus in virtute roboratur, sed dum [a] latentes motus audaciæ in cogitatione conditor conspicit, se sibi hominem ostendendo derelinquit, ut ejus mens derelicta quid sit inveniat, quæ male in se secura gaudebat. Unde cum subverti omnia, vel in unum coarctari, dicerentur, protinus additur :

CAPUT XI [*Rec. IX*].

VERS. 11. — *Ipse enim novit hominum vanitatem, et videns iniquitatem, nonne considerat?*

20. *Vanitatis ab iniquitate discrimen.*—Ac si præmissa patefaciendo subjungeret, dicens : Quia tolerando succrescere vitia conspicit, judicando dona confundit. Rectus [b] vero in descriptione ordo servatur, cum prius nosci vanitas, et post considerari iniquitas perhibetur. Omnis quippe iniquitas, vanitas, non tamen omnis vanitas esse iniquitas solet. Vana namque agimus quoties transitoria cogitamus. Unde et evanescere dicitur quod repente ab intuentium oculis aufertur. Hinc Psalmista ait : *Universa vanitas omnis homo vivens (Psal.* XXXVIII, 6); quoniam per hoc quod vivendo ad interitum tendit, recte quidem vanitas dicitur, sed nequaquam recte etiam iniquitas appellatur, quia etsi de pœna est culpæ quod deficit, non tamen hoc ipsum culpa est, quod a vita percurrit. Vana sunt itaque, quæ transeunt. Unde et per Salomonem dicitur : *Omnia vanitas (Eccle.* I, 2).

21. *Vanitas ducit ad iniquitatem. Vanitas mentem obnubilat, iniquitas cæcat.*—Apte autem post vanitatem protinus iniquitas subinfertur, quia dum per quædam transitoria ducimur, in quibusdam noxie ligamur ; cumque mens incommutabilitatis statum non tenet, a semetipsa defluens, ad vitia prorumpit. [c] Vanitate ergo ad iniquitatem labitur, quæ assueta rebus mutabilibus, dum ex aliis ad alia semper impellitur, suborientibus culpis inquinatur. [*Vet. XIV.*] Potest tamen et vanitas culpa intelligi, et iniquitas nomine reatus gravior demonstrari. Si enim aliquando vanitas culpa non esset, Psalmista non diceret : *Quanquam in imagine Dei ambulet homo, tamen vane conturbatur; thesaurizat, et ignorat cui congreget ea (Psal.* XXXVIII, 8); quia quamvis Trinitatis imaginem in natura servemus, vanis tamen delectationis moti-

---
[a] Longip., *lætantes motus.*
[b] Ita Bellov., Corb. Germ., Longip., Vindoc. Gemet., aliique Norm. ; non, ut legitur in Edit., *in discretione.* Vetus tamen Editio Paris. habet *in descriptione.*
[c] Sic legitur in potioribus Mss. et antiquioribus Edit. In aliis Editis, *vanitas ergo ad iniquitatem labitur.*

bus **349** perturbati, in conversatione nostra delinquimus; ut modis nos semper alternantibus cupido concutiat, metus frangat, lætitia mulceat, dolor affligat. Ex vanitate ergo, ut et superius dictum est, ad iniquitatem ducimur cum prius per levia delicta [a] defluimus, ut, usu cuncta levigante, nequaquam post committere etiam graviora timeamus. Nam dum moderari lingua otiosa verba negligit, more inolitæ remissionis capta, audax ad noxia prorumpit; dum gulæ incumbitur, ad levitatis protinus insaniam proditur; cumque mens subigere delectationem carnis renuit, plerumque et ad perfidiæ voraginem ruit. Unde bene Paulus plebis Israeliticæ damna conspiciens, ut imminentia ab auditoribus mala compesceret, curavit ex ordine transacta narrare, dicens: *Neque* [b] *idololatræ efficiamini, sicut quidam eorum, quemadmodum scriptum est* (*I Cor.* x, 7) : *Sedit populus manducare et bibere, et surrexerunt ludere* (*Exod.* xxxii, 6). Esus quippe potusque ad lusum impulit, lusus ad idolatriam traxit, quia si vanitatis culpa nequaquam caute compescitur, ab iniquitate protinus mens incauta devoratur, Salomone attestante; qui ait : *Qui modica spernit, paulatim decidit* (*Eccle.* xix, 1). Si enim curare parva negligimus, insensibiliter seducti, audenter etiam majora perpetramus. Et notandum quod non videri, sed considerari iniquitas dicitur. Studiosius quippe conspicimus quæ consideramus. Deus itaque hominum vanitatem novit, iniquitatem considerat, quia nec minora delicta inulta deserit, et ad majora ferienda sese intentius accingit. Quia igitur a levioribus malis incipitur, et ad graviora pervenitur; vanitas mentem obnubilat, iniquitas cæcat. Quæ nimirum mens, amisso mox lumine, tanto se altius per tumorem erigit, quanto et iniquitatis capta laqueis a veritate longius recedit. Unde et apte quoque quo vanitas cum iniquitate pertrahat, exprimit, cum repente subjungit :

CAPUT XII [*Vet. XV, Rec. X*].

VERS. 12. — *Vir vanus in superbiam erigitur.*

22. *Vanitas audacem ex culpa reddit, et in naturæ motibus effrenum.* — Vanitatis quippe finis est, ut cum peccato mentem sauciat, hanc ex culpa audacem reddat; quatenus, sui reatus oblita, quæ amisisse se innocentiam non dolet, justo excæcata judicio, simul et humilitatem perdat. Et fit plerumque ut, pravis desideriis serviens, a jugo se [c] divini timoris excutiat, et, quasi in malorum perpetrationem jam libera, omne quod voluptas suggerit implere contendat. Unde cum vir vanus se erigere in superbiam dicitur, illico subinfertur :

CAPUT XIII.

IBID. — *Et quasi pullum onagri se liberum natum putat.*

23. Per pullum quippe onagri omne agrestium genus exprimitur, quod, naturæ dimissum motibus, loris dominantium non tenetur. Agri namque animalia in libertate habent et ire quo appetunt, et quiescere cum lassantur. Et quamvis insensatis animalibus homo longe sit melior; hoc tamen plerumque homini non licet quod brutis animalibus licet. Quæ enim ad aliud minime servantur, eorum motus procul dubio nequaquam sub disciplina restringitur. Homo autem qui ad sequentem vitam ducitur, necesse profecto est ut in cunctis suis motibus **350** sub disciplinæ dispositione religetur, et quasi domesticum animal loris vinctum serviat, atque æternis dispositionibus restrictum vivat. Qui ergo implere cuncta quæ desiderat per effrenatam libertatem quærit, quid aliud quam pullo onagri esse similis concupiscit, ut disciplinæ hunc lora non teneant, sed audenter vagus per silvam desideriorum currat?

24. *Lora quibus nos Deus coercet ac regit.* — Sæpe autem divina miseratio, quos prodire in effrenationem illicitæ libertatis conspicit, objectione [d] properæ adversitatis frangit, quatenus elisi discant quam reproba erectione tumuerant; ut jam flagelli experimentis edomiti, quasi jumenta domestica præceptorum loris mentis colla subjiciant, et vitæ præsentis [e] itinera ad nutum præsidentis pergant. Quibus bene loris ligatum se noverat, qui dicebat : *Ut jumentum factus sum apud te, et ego semper tecum* (*Psal.* LXXII, 23). Unde et sævus ille persecutor ab agro perfidæ voluptatis ad domum fidei deductus, rectoris sui calcaribus punctus, audiebat: *Durum est tibi contra stimulum calcitrare* (*Act.* IX, 5). Restat ergo ut, si esse jam similes pullo onagri nolumus, in cunctis quæ appetimus nutum prius intimæ dispensationis exquiramus, ut mens nostra in omne quod nititur, superni regiminis loro teneatur; et inde magis vota sua ad vitam impleat, unde vitæ suæ studia et contra propriam voluntatem calcat. Multa Sophar fortia protulit, sed quod meliori se hæc loquitur nescit. Unde adhuc increpando subjungit :

CAPUT XIV.

VERS. 13. — *Tu autem firmasti cor tuum, et expandisti ad eum manus tuas.*

25. Sophar arguit Job animi obdurati et superbi. *Illum imitantur mali et hæretici adversus bonos et catholicos.* — Firmari cor non hoc loco per virtutem dicitur, sed per insensibilitatem. Omnis namque a. imus qui districtionis intimæ considerationi se subjicit, ex ejus protinus timore mollescit; eumque sagitta divinæ formidinis penetrat, quia infirma viscera per humilitatem gestat. Quisquis autem pertinacia insensibilitatis obdurescit, quasi cor firmat, ne hoc jacula timoris superni confodiant. Unde quibusdam per prophetam Dominus misericorditer dicit : [f] *Tollam vobis cor lapideum, et dabo vobis cor carneum* (*Ezech.*

---

[a] Editi, Coccium secuti, *deflectimus*, renitentibus Mss. Corb., Bellov., Longip., Vind., Gemet. et aliis Norm., cum vet. Edit.
[b] Bellov., Corb. Germ., Gemet., etc., *idolatræ*, et infra, ad *idolatriam*. In Editis, *sicut quidam ex ipsis.*
[c] Ebroic. et plerique Norman., *divini amoris.*
[d] Editi, *prosperæ.* Emendantur ex Mss. Corb. Germ., Reg., Colb.
[e] Ita Corb. Germ., Vindoc., Bellov., Norm., a quibus recedentes Coc. et recentiores Edd. legerunt *itinere pergant*. Vindoc. habent *p ragant*, cum plurib. vetust.
[f] Editi, *tollam a vobis.*

xxxvi, 26). Cor quippe lapideum tollit cum a nobis superbiæ duritiam subtrahit, et cor carneum tribuit cum eamdem protinus nostram duritiam ad sensibilitatem vertit. Per manus vero, ut jam crebro docuimus, opera designantur. Cum culpa igitur manus ad Deum expandere est contra largitoris gratiam de virtute operum superbire. Qui enim in conspectu æterni judicis loquens sibi bona quæ facit tribuit, ad Deum manus superbiens tendit. Sic profec o contra electos reprobi, sic contra catholicos hæretici semper effrenantur, ut cum objurgare facta nequeunt, bonos reprehendere de factorum elatione moliantur, quatenus eos quos redarguere ex infirmitate actionis non valent, ex crimine tumoris accusent. Unde et ea bona quæ exterius fiunt, nequaquam bona esse jam censent, quæ quasi per studium [a] turgidæ cogitationis exhibentur. Qui [b] sæpe humilia tumentes increpant, et quod dictis suis semetipsos feriunt ignorant. **351** Sed quia justum virum Sophar hactenus reprehendendo corripuit, nunc velut docendo subjungit:

CAPUT XV [Vet. XVI, Rec. XI].

VERS. 14, 15. — *Si iniquitatem quæ est in manu tua abstuleris a te, et non manserit in tabernaculo tuo injustitia, tunc levare poteris faciem tuam absque macula, et eris stabilis, et non timebis.*

26. *Ut mens sit munda, prius operis, tum cordis iniquitas resecanda.* — Omne peccatum aut sola cogitatione committitur, aut cogitatione simul et opere perpetratur. Iniquitas ergo in manu est culpa in opere, injustitia vero in tabernaculo iniquitas in mente. Mens quippe nostra tabernaculum non incongrue vocatur, in qua apud nosmetipsos abscondimur, cum foris in opere non videmur. Sophar itaque, quia justi viri amicus est, novit quod dicat; sed quia justum increpat, hæreticorum tenens speciem, proferre recte etiam quæ novit ignorat. Sed nos calcantes hoc, quod ab eo tumide dicitur, pensemus ejus verba quam vera sint, si recte dicerentur. Prius enim a manu iniquitatem subtrahi, et post a tabernaculo admonet injustitiam abscidi, quia quisquis jam prava a se opera exterius resecat, necesse profecto est ut, ad semetipsum rediens, solerter sese in mentis intentione discernat; ne culpa, quam jam in actione non habet, adhuc in cogitatione perduret. Unde bene etiam per Salomonem dicitur: *Præpara foris opus tuum, et diligenter exerce agrum tuum, ut postea ædifices domum tuam* (Prov. xxiv, 27). Quid namque est præparato opere agrum diligenter exterius exercere, nisi evulsis iniquitatis [c] sentibus, actionem nostram ad frugem retributionis excolere? Et quid est post agri exercitium ad ædificium domus redire, nisi quod plerumque ex bonis operibus discimus quantam vitæ munditiam in cogitatione construamus? Pene cuncta namque bona opera ex cogitatione prodeunt, sed sunt nonnulla cogitationis [d] acumina, quæ ex operatione nascuntur; nam sicut ab animo opus sumitur, ita rursus ab opere animus eruditur. Mens quippe divini amoris exordia capiens imperat bona quæ fiant; sed postquam fieri imperata cœperint, ipsis suis exercitata actionibus discit, cum imperare bona inchoaverat, quantum minus videbat. Foris ergo ager excolitur, ut domus postmodum construatur, quia plerumque ab exteriori opere [e] sumimus, quantam subtilitatem rectitudinis in corde teneamus. Quem bene Sophar servare ordinem studuit, cum prius auferri iniquitatem a manibus, et post a tabernaculo injustitiam dixit, quia nequaquam plene animus in cogitatione erigitur, quando adhuc ab eo extrinsecus in opere erratur.

[Vet. XVII.] 27. *Hæc munditia fiduciam præstat in oratione; secus, si desit.*—Quæ si perfecte duo hæc tergimus, ad Deum statim sine macula faciem levamus. Interna quippe facies hominis mens est, in qua nimirum recognoscimur, ut ab auctore nostro diligamur. Quam scilicet faciem levare est in Deo animum per studia orationis attollere. Sed elevatam faciem macula inquinat, si intendentem mentem reatus sui conscientia accusat, quia a spei fiducia protinus frangitur, si intenta precibus necdum devictæ culpæ memoria mordetur. Diffidit namque accipere se posse quod appetit, quæ profecto reminiscitur nolle se adhuc facere quod divinitus audivit. **352** Hinc per Joannem dicitur: *Si cor nostrum non reprehenderit nos, fiduciam habemus apud Deum, et quidquid petierimus ab eo accipiemus* (I Joan. III, 21). Hinc Salomon ait: *Qui avertit aurem suam, ne audiat legem, oratio ejus erit exsecrabilis* (Prov. xxviii, 9). Cor quippe nos in petitione reprehendit cum resistere se præceptis ejus quem postulat meminit, et oratio fit exsecrabilis cum a censura avertitur legis, quia dignum profecto est ut ab ejus beneficiis sit quisque extraneus cujus nimirum jussionibus non vult esse subjectus.

28. *Cum non adest, quid agendum.*—Qua in re hoc est salubre remedium, ut cum se mens ex memoria culpæ reprehendit, hoc prius in oratione defleat, quod erravit; quatenus erroris macula cum fletibus tergitur, in petitione sua cordis facies ab auctore munda videatur. Sed curandum nimis est ne ad hoc rursus proruat quod se mundasse fletibus exsultat, ne dum deplorata iterum culpa committitur, in conspectu justi judicis ipsa etiam lamenta levigentur. Solerter quippe debemus meminisse quod dicitur: *Ne iteres verbum in oratione tua* (Eccli. vii, 15). Quo videlicet dicto vir sapiens nequaquam nos prohibet sæpe veniam petere, sed culpas iterare. Ac si aperte

[a] Gemet. et Bellov., pro *turgidæ*, habent *turbidæ*.
[b] Hic mirum est Edit rum ac manu exaratorum dissidium Cod. Corb. Germ. habet : *qui sæpe* (a secunda manu *de*) *humilitate mentem*. Reg., *qui sæpe humiliata mente*, altero consentiente, nisi quod habet *humiliatam*. Antiq. Ed., *qui sæpe humiliatum mente*. Recent., *qui semper de humilitate tumentes*. Sincerios
videtur quam suppeditarunt nobis Colb., Germ., Ebroic. et al. Norm.
[c] Gemet., *sensibus*.
[d] Gemet., *argumina*.
[e] Sic Vindoc., Corb. Germ., Longip., Norman., German. In Editis, *videmus*.

dicat : Cum male gesta defleveris, nequaquam rursus facias, quod in precibus iterum plangas.

29. *Ante orationem immundæ ac terrenæ cogitationes ablegandæ.* — Ut ergo ad precem facies sine macula levetur, ante orationis semper tempora debet sollicite conspici quidquid potest in oratione reprobari; talemque se mens et cum ab oratione cessat exhibere festinet, qualis apparere judici in ipso orationis tempore exoptat. Sæpe namque immunda quædam vel illicita in animo [a] versamur, quoties a precibus vacamus. Sed cum se mens ad studia orationis erexerit, earum rerum imagines reverberata patitur, quibus libenter prius otiosa premebatur; et quasi jam faciem anima ad Deum levare non sufficit, quia in se nimirum inquinata mente maculas pollutæ cogitationis erubescit. Sæpe curis mundi libenter occupamur. Cumque post hæc studio orationis intendimus, nequaquam se mens ad cœlestia erigit, quia pondus hanc terrenæ sollicitudinis in profundum mersit; et in prece facies munda non ostenditur, quia cogitationis infimæ luto maculatur.

[*Vet. XVIII.*] 30. *Aliena in nos delicta relaxanda. Quis a timore liber.*—Nonnunquam vero cor a cunctis [b] excutimus, et illicitis motibus, etiam cum a prece vacat, obviamus; sed tamen quia nos culpas rarius committimus, aliena pigrius delicta relaxamus; et quo peccare noster animus sollicitius metuit, eo districtius hoc quod in se ab alio delinquitur abhorrescit. Unde fit ut eo inveniatur quisque tardus ad veniam, quo proficiendo factus est cautus ad culpam; et quo ipse excedere in alterum metuit, hoc quod in se exceditur punire durius exquirit. Sed quid hac doloris macula reperiri deterius potest, quæ in conspectu judicis charitatem non inquinat, sed necat? Vitam quippe animæ quælibet culpa polluit, servatus vero contra proximum dolor occidit. Menti namque ut gladius figitur, et mucrone illius ipsa viscerum occulta perforantur. Qui scilicet a transfixo corde, si prius non educitur, nihil in precibus divinæ opis obtinetur, quia et vulneratis membris imponi salutis medicamina **353** nequeunt, nisi ferrum a vulnere ante subtrahatur. Hinc est enim quod per semetipsam Veritas dicit : *Nisi remiseritis hominibus* [c] *peccata eorum, nec Pater vester qui in cœlis est remittet vobis peccata vestra (Matth.* vi, 15*).* Hinc admonet, dicens : *Cum stabitis ad orandum, dimittite si quid habetis adversus alterum (Marc.* xi, 25*).* Hinc rursum ait : *Date, et dabitur vobis; dimittite, et dimittetur vobis* (*Luc.* vi, 38). [d] Hinc constitutioni postulationis conditionem posuit pietatis, dicens : *Dimitte nobis debita nostra, sicut et nos dimittimus debitoribus nostris*

[a] Gemet., Bellov. et Corb. Germ.; ante correctionem, *vertimus.*
[b] Longip., *nonnunquam vero cor a cunctis curis excutimus, et illicitis motibus........ obviamus.* Cæteri Mss. nostri habent etiam, *illicitis motibus.... obviamus;* quam lectionem prætulimus aliis librorum editorum. In veter. Paris. et Basil. legitur ut in Mss. Corb. Germ., *nonnunquam vero cor a cunctis excuti et illicitis motibus, etiam cum a prece vacat, optamus.* In

(*Matth.* vi, 12) ; ut profecto bonum quod a Deo compuncti petimus, hoc primum cum proximo conversi faciamus. Tunc igitur vere sine macula faciem levamus, cum nec nos prohibita mala committimus, nec ea quæ in nos commissa sunt ex proprio zelo retinemus. Gravi namque mens nostra orationis suæ tempore confusione deprimitur, si hanc aut sua adhuc operatio inquinat, aut alienæ malitiæ servatus dolor accusat. Quæ duo quisque dum terserit, ad ea quæ subnexa sunt protinus liber exsurgit. *Et eris stabilis, et non timebis;* quia nimirum tanto minus judicem trepidat, quanto in bonis actibus solidius stat. Timorem quippe superat, qui stabilitatem servat, quia dum sollicitus studet peragere quod mansuete conditor imperat, securus etiam cogitat quod terribiliter intentat.

31. *In activa vita facilius perseveratur quam in contemplativa. Quis in contemplatione persistere censeatur.* — Sciendum præterea est quod nonnulla bona sunt ad quæ indefessi persistimus, et rursum nonnulla sunt a quibus continue deficientes labimur, atque ad hæc magnis conatibus per intervalla temporum reformamur. [*Vet. XIX.*] In activa etenim vita sine defectu mens figitur, a contemplativa autem infirmitatis suæ pondere victa lassatur. Illa quippe tanto firmius durat, quanto ad vicina se erga utilitatem proximi dilatat; hæc tanto celerius labitur, quanto et carnis claustra transgrediens, super semetipsam ire conatur. Illa per plana se dirigit, et idcirco pedem operis robustius figit; hæc autem quo super se alta appetit, ad se citius fessa descendit. Quod bene ac breviter Ezechiel insinuat, cum eorum quæ viderat motus animalium narrat, dicens : *Non revertebantur cum incederent.* Et paulo post subjicit., adjungens.: *Et animalia ibant, et revertebantur (Ezech.* i, 9, 14). Sancta quippe animalia aliquando vadunt, et minime redeunt; aliquando vadunt, et protinus revertuntur, quia electorum mentes cum per collatam sibi activæ vitæ gratiam erroris vias deserunt, redire ad mala mundi nesciunt quæ reliquerunt; cum vero per contemplationis aciem ab hac se eadem activa vita suspendunt, eunt et redeunt, quia per hoc quod diu persistere minime in contemplatione sufficiunt, sese iterum ad operationem fundunt; ut in his quæ sibi juxta sunt se exercendo refoveant, et super se rursum surgere contemplando convalescant. Sed dum hæc eadem contemplatio more debito per temporum intervalla repetitur, indeficienter procul dubio et in ejus soliditate persistitur, quia etsi infirmitatis suæ pondere superata mens deficit, hanc tamen iterum continuis conatibus reparata comprehendit. Nec stabilitatem suam in ea perdidisse dicenda est, a qua etsi

recentioribus, *nonnunquam vero cor a cunctis excutimus, et ab illicitis motibus, cum a prece vacat, prohibemus.*
[c] Non legitur *peccata eorum* in Gemet. et Germ.
[d] Ita Mss. Anglic., Norm., Bellov. et Longip. Veteres Edit., *huic constitutioni postulationis,* etc. Recentiores, *hinc contra institutionem postulationis,* etc.

semper deficit, hanc et cum perdiderit semper inquirit. Sequitur :

CAPUT XVI [Rec. XII].

Vers. 16. — *Miseriæ quoque oblivisceris, et quasi aquarum quæ præterierint, non recordaberis.*

32. *Mala vitæ hujus gravia non sunt æterna bona cogitanti.* — Mala vitæ præsentis tanto durius animus sentit, quanto pensare bonum quod sequitur, negligit; et quo non vult præmia considerare quæ restant, gravia æstimat esse quæ tolerat. Unde et contra flagelli ictum cogitatio cæca conqueritur, et quasi infinita calamitas creditur, quæ diebus cursu labentibus quotidie finitur. At si semel quisque ad æterna se erigat, atque in his quæ incommutabiliter permanent oculum cordis figat, prope nihil esse hic conspicit quidquid ad finem currit. Præsentis vitæ adversa tolerat, sed quasi nihil esse omne quod labitur pensat. Quo enim se internis gaudiis robustius inserit, eo minus exterius dolores sentit. Unde Sophar nequaquam veritus ausu temerario docere meliorem, exhortatur ad justitiam, et demonstrat quam nulla justi oculis videatur pœna. Ac si aperte dicat : Si degustas gaudium quod intus permanet, leve fit protinus omne quod foris dolet. Bene autem præsentis vitæ miserias aquis prætereuntibus comparat, quia calamitas transiens, electi mentem nequaquam vi concussionis obruit, sed [a] tamen tactu mœroris infundit. Nam madet quidem per cruorem vulneris, etsi a suæ certitudine non frangitur salutis. [*Vet. XX.*] Sæpe autem non solum flagella atterunt, sed in uniuscujusque justi animo malignorum quoque spirituum tentamenta grassantur, ut exterius ex percussione doleat, et intus aliquatenus ex tentatione frigescat. Sed nequaquam gratia deserit, quæ quo nos durius ex dispensatione percutit, eo amplius ex pietate custodit. Nam cum tenebrescere per tentationem cœperit, sese iterum lux interna succendit. Unde et subditur:

CAPUT XVII.

Vers. 17. — *Et quasi meridianus fulgor consurget tibi ad vesperum.*

33. *Virtus renovatur in tentatione.* — Fulgor quippe meridianus in vespere est virtutis renovatio in tentatione, ut repentino charitatis fervore mens vigeat, quæ jamjamque lumen sibi gratiæ occubuisse formidabat. Quod adhuc Sophar subtilius aperit, cum subjungit :

CAPUT XVIII.

Ibid. — *Et cum te consumptum putaveris, orieris ut lucifer.*

34. *Tristitia ex tentatione, Dei misericordiam pro nobis exorat. Justus, lucifer.* — Sæpe namque tot tentamenta nos obsident, ut ipsa nos eorum numerositas pene ad lapsum desperationis inclinet. Unde plerumque cum mens in tædium vertitur, vix ipsa virtutis suæ damna considerat; et tota dolens, sed quasi jam et a sensu doloris aliena, frangitur, et enumerare non valet quanto cogitationum tumultu vastatur. Ruituram se per momenta conspicit; eique ne arma repugnationis arripiat gravius mœror ipse contradicit. Circumductos quolibet oculos obscuritas obsidet, et cum visum tenebræ semper impediunt, mœsta mens nihil aliud quam tenebras videt. Sed apud misericordem judicem sæpe hæc ipsa, quæ [b] adnisum quoque orationis aggravat, pro nobis subtilius tristitia exorat. Nam tunc mœroris nostri caliginem conditor conspicit, et subtracti luminis radios refundit, ita ut erecta protinus per dona mens vigeat, quam paulo ante decertantia vitia superbiæ calce deprimebant. Mox torporis pondus discutit, atque ad [c] contemplationis lumen post turbationis suæ tenebras erumpit. Mox in gaudium profectus attollitur, quæ inter tentamenta pejus cadere ex desperatione cogebatur. Sine cogitationis certamine præsentia despicit, sine dubitationis obstaculo de ventura retributione confidit. Justus ergo cum se consumptum putaverit, ut lucifer oritur, quia mox ut tenebrescere tentationum caligine cœperit, ad lucem gratiæ reformatur, et in se ipso monstrat diem justitiæ, qui casurus paulo ante [d] timuit noctem culpæ. Recte autem lucifero justi vita comparatur. [*Vet. XXI.*] Solem quippe præcurrens lucifer, diem nuntiat. Et quid nobis sanctorum innocentia nisi sequentis judicis claritatem clamat? In eorum namque admiratione conspicimus quid de majestate veri luminis æstimemus. Necdum Redemptoris nostri potentiam videmus, sed tamen virtutem illius in electorum suorum moribus admiramur. Quia igitur bonorum vita in consideratione sua oculis nostris vim veritatis objicit, clarus ad nos lucifer ante solem venit.

35. *Justus dura hic patitur, sed bene ei erit in extremis. Jam ab hinc foris cadens, intus innovatur.* — Sciendum vero est quod hæc quæ ex tentationum spiritalium adversitate discussimus, juxta exteriora quoque mala nil obstat intelligi. Sancti etenim viri quia summa medullitus diligunt, in infimis dura patiuntur; sed in fine gaudii lumen inveniunt, quod habere in hoc spatio percurrentis vitæ contemnunt. Unde nunc per Sophar dicitur : *Et quasi meridianus fulgor consurget tibi ad vesperum.* Peccatoris enim lumen in die est obscuritas in vespere, quia [e] in præsenti vita felicitate attollitur, sed adversitatis tenebris in fine devoratur. Justo autem meridianus fulgor ad vesperum surgit, quia quanta sibi claritas maneat cum jam occumbere cœperit agnoscit. Hinc namque scriptum est : *Timenti Deum bene erit in extremis* (*Eccli.* 1, 13). Hinc per Psalmistam dicitur : *Cum dederit dilectis suis somnum, hæc est hæreditas Domini* (*Psal.* cxxvi, 2). Qui in hujus quoque vitæ adhuc certamine positus, cum se consumptum putaverit,

---

[a] Recent. Ed., *sed tantum tactum;* et mox, *sed a suæ,* reluctantibus aliis libris.
[b] In Vulgatis *ad nisum* duobus verbis, sed mendose.
[c] Bigot., *contemplationis culmen.*
[d] Lyr., Utic., Big., *tenuit noctem culpæ.*
[e] Ita Gemet. ac alii Norm. In Editis, *quia in præsentis vitæ felicitate attollitur.*

ut lucifer oritur, quia foris cadens, intus innovatur; et quo magis exterius adversa tolerat, eo uberius virtutum lumine interius coruscat, Paulo attestante, qui ait : *Sed licet is qui foris est noster homo corrumpitur, tamen is qui intus est renovatur de die in diem. Id enim quod in præsenti est momentaneum et leve tribulationis nostræ supra modum in sublimitate æternum gloriæ pondus operatur in nobis* (*II Cor.* IV, 16). Et notandum quod nequaquam cum consumptus fueris, sed cum te consumptum putaveris dicit, quia et quod videmus in dubietate est, et quod speramus in certitudine. Unde et isdem Paulus non se consumptum noverat, sed putabat; qui et in adversa tribulationum corruens ut lucifer resplendebat, dicens : *Quasi morientes, et ecce vivimus; quasi tristes, semper autem gaudentes; sicut egentes, multos autem locupletantes* (*II Cor.* VI, 9); [*Vet. XXII.*] Sciendum quoque est quod bonorum mens quo duriora pro veritate tolerat, eo æternitatis præmia certius sperat. Unde et apte subditur :

CAPUT XIX.

VERS. 18. — *Et habebis fiduciam, proposita tibi spe.*

36. *Eo certius in Deum sperat, quo duriora pro illo patitur.* — Tanto namque spes in Deum solidior surgit, quanto pro illo quisque graviora pertulerit; quia nequaquam retributionis gaudium de æternitate colligitur, quod non hic prius pia tribulatione seminatur. **356** Hinc enim per Psalmistam dicitur : *Euntes, ibant et flebant, mittentes semina sua; venientes autem venient in exsultatione, portantes manipulos suos* (*Psal.* CXXV, 6). Hinc Paulus ait : *Si commorimur, et convivemus; si sustinemus, et conregnabimus* (*II Tim.* II, 11). Hinc discipulos admonet, dicens : *Per multas tribulationes oportet nos introire in regnum Dei* (*Act.* XIV, 21). Hinc sanctorum gloriam Joanni angelus indicans, ait : *Hi sunt qui venerunt de tribulatione magna, et laverunt stolas suas, et* ᵃ *candidas eas fecerunt in sanguine Agni* (*Apoc.* VII, 14). Quia igitur nunc per tribulationem seritur, ut post gaudii fructus metatur, tanto major fiducia mentem roborat, quanto hanc fortior pro veritate afflictio ᵇ angustat. Unde apte protinus adjungitur :

CAPUT XX.

IBID. — *Et defossus securus dormies.*

37. *Malis præsens securitas laborem, bonis præsens labor securitatem parit.* — Sicut enim malis præsens securitas ᶜ laborem, ita bonis præsens labor perpetuam securitatem parit. Unde et defossum se securum dormire jam noverat, qui dicebat : *Ego enim jam delibor, et tempus meæ resolutionis instat; bonum certamen certavi, cursum consummavi, fidem servavi; de reliquo reposita mihi est corona justitiæ, quam reddet mihi Dominus in die illa justus judex* (*II Tim.* IV, 6). Quia enim contra mala transeuntia sine defectu certaverat, de mansuris nimirum gaudiis sine dubietate præsumebat.

38. *A terrenis curis liberi quies et opus.* — Quamvis defossus intelligi et aliter potest. Sæpe namque, rebus transitoriis occupati, pensare negligimus per quanta peccamus; sed si, reducto considerationis oculo, a sinu cordis terrenæ cogitationis ᵈ agger excutitur, quidquid in mente latebat invenitur. Unde sancti viri animorum latebras perscrutari non desinunt; sese subtiliter indagantes, terrenarum rerum curas ᵉ abjiciunt, et, effossis plene cogitationibus, cum nullo se reatu criminis mordere deprehendunt, velut in strato cordis apud se securi requiescunt. Latere quoque ab hujus mundi actibus appetunt, semper sua considerant; et cum ᶠ loco regiminis minime constringuntur; judicare quæ aliena sunt recusant. Effossi ergo securi dormiunt, quia dum sua intima vigilanter penetrant, a laboriosis se hujus mundi oneribus sub quietis otio occultant. Unde et adhuc subditur :

CAPUT XXI.

VERS. 19. — *Requiesces, et non erit qui te exterreat.*

39. *Æternis inhians nihil timet a mundo.* — Quisquis præsentem gloriam quærit, profecto despectum metuit. Qui semper ad lucra inhiat, semper videlicet damna formidat. Cujus enim perceptione reficitur, ejus rei procul dubio et amissione sauciatur; et quo obligatus mutabilibus ac perituris inhæret, eo longe in infimis ab arce securitatis jacet. At contra quisquis in solo æternitatis desiderio figitur, nec prosperitate attollitur, nec adversitate quassatur; dum nil habet in mundo quod appetat, nihil est quod de mundo pertimescat. Hinc etenim Salomon ait : *Non contristabit justum quidquid ei acciderit* (*Prov.* XII, 21). Hinc iterum dicit : *Justus quasi leo confidens absque terrore erit* (*Prov.* XXVIII, 1). Bene itaque nunc dicitur : *Requiesces, et non erit qui te exterreat* (*Job.* XI, 19), quia tanto quisque a se plenius pavorem qui ex mundo est abjicit, quanto in semetipso verius mundi concupiscentiam vincit. An non **357** absque terrore ᵍ Paulus in corde requieverat, qui dicebat : *Certus sum enim quia neque mors, neque vita, neque angeli, neque principatus, neque instantia, neque futura, neque fortitudo, neque altitudo, neque profundum, neque creatura alia poterit nos separare a charitate Dei, quæ est in Christo Jesu Domino nostro* (*Rom.* VIII, 38)? Cujus videlicet fortitudo charitatis, vera sanctæ Ecclesiæ voce laudatur, cum ʰ per canticorum Canticum dicitur (*Cant.* VIII, 6) : *Valida est ut mors dilectio* (*De pœnit.*, dist. 2, cap. 4). Virtuti etenim mortis dilectio

---

ᵃ Ita Corb. Germ., Gemet. et cæteri Norm.; aliique Mss. At Editi, *dealbaverunt eas.*

ᵇ Unus Vindoc., *tentat.*

ᶜ Vulgati, *labor est.* Melius Gemet., Utic., aliique Norman. et pler. Mss., *laborem*, scil. parit.

ᵈ Ita Turon., Vind., Norm., Anglic., cum vet. Ed. In Gilot. 1571, *cogitationis aper.* In Gussanv., præeunte Ms. Germ., *cog. ager.*

ᵉ Corb. Germ., *subjiciunt.*

ᶠ Turon., Longip., Norm., duo Reg, Colb., Corb. Germ., Germ., *loco regiminis.*

ᵍ Deest *qui in mundo est*, in Corb. Germ., Utic. et Norm.

ʰ Editi, *Cantica cant.*, secus Mss.

comparatur, quia nimirum mentem, quam semel ceperit, a [a] delectatione mundi funditus occidit; et tanto hanc valentius in auctoritatem erigit, quanto et insensibilem contra terrores reddit. [*Vet. XXIII.*] Sed inter hæc sciendum est quod pravi cum recta prædicant, valde difficile est ut ad hoc quod taciti ambiunt non erumpant. Unde et Sophar protinus adjungit:

CAPUT XXII.

Ibid. — *Et deprecabuntur faciem tuam plurimi.*

40. *Recti non ambiunt intercessores pro aliis videri.* — Neque enim justi viri idcirco se per innocentiæ itinera arcta custodiunt, ut ab aliis exorentur. Sed sive hæretici, seu perversi quilibet, per hoc quod inter homines quasi innocenter vivunt, videri intercessores pro hominibus volunt; et cum sancta loquentes insinuunt, quod ipsi appetunt, hoc aliis pro magno pollicentur; dumque cœlestia prædicant, in suis repente sponsionibus ostendunt quod amant. Sed ne diu terrena pollicendo patescant quod sunt, ad verba rectitudinis citius recurrunt. Unde mox subditur.

CAPUT XXIII [*Rec. XIII*].

Vers. 20. — *Oculi autem impiorum deficient, et effugium peribit ab eis.*

41. *Impiis a miseria hic aliquod effugium; post mortem nullum.* — Quod oculorum nomine [b] vis intentionis exprimitur, per Evangelium Veritas attestatur, dicens: *Si oculus tuus simplex fuerit, totum corpus tuum lucidum erit* (*Matth.* vi, 22); quia videlicet si operationem nostram intentio munda prævenerit, quamlibet aliter hominibus videatur, interni tamen judicis oculis mundum subsequentis actionis corpus ostenditur. Oculi ergo impiorum sunt intentiones in eis carnalium desideriorum. Qui idcirco deficiunt, quia æterna negligunt, et sola semper transitoria præstolantur. Adipisci quippe terrenam gloriam cogitant, multiplicari rebus temporalibus exoptant, ad mortem quotidie cursu rerum labentium tendunt; sed cogitare mortalia mortaliter nesciunt. Carnis vita per momenta deficit, et tamen carnale desiderium crescit. Res habita instanti fine [c] corripitur, et habendi anxietas non finitur. Sed cum mors impios subtrahit, eorum profecto desideria cum vita terminantur. Quorum scilicet oculi tunc superna ultione deficiunt, quia suo hic judicio a terrena deficere delectatione noluerunt. Hos illorum oculos a [d] jucunditate pristina claudi Psalmista conspexerat, cum dicebat: *In illa die peribunt omnes cogitationes eorum* (*Psal.* cxlv, 4); quia et æterna mala nunquam cogitata reperiunt, et subito amittunt bona temporalia quæ diu [e] tractata tenuerunt. A quibus et omne effugium perit, quia eorum malitia ab animadversione districti judicis quo se valeat occultare non invenit. Nam nunc iniqui cum tristitia aliqua, vel adversa patiuntur, effugii latebras inveniunt, quia ad voluptatem protinus desideriorum carnalium recurrunt. Ne enim paupertas cruciet, divitiis animum demulcent. Ne despectus proximorum deprimat, sese dignitatibus exaltant. Si fastidio corpus atteritur, antepositis epularum diversitatibus nutritur. Si quo animus mœstitiæ impulsu dejicitur, mox per interposita jocorum blandimenta relevatur. Tot ergo hic habent effugia, quot sibi præparant delectamenta. Sed quandoque eis effugium perit, quia eorum mens, amissis omnibus, se solummodo et judicem conspicit. Tunc voluptas subtrahitur, sed voluptatis culpa servatur, et repente miseri pereundo discunt quia peritura tenuerunt. Qui tamen quousque corporaliter vivunt quærere nocitura non desinunt. Unde adhuc subditur:

CAPUT XXIV.

Ibid. — *Et spes illorum abominatio animæ.*

42. *Quod iniquo voluptas, hoc pœna est justo. Unde reficitur caro, inde deficit spiritus.* — Quid hic peccator totis cogitationibus sperat, nisi ut potestate cæteros transeat, cunctos rerum multiplicitate transcendat, adversantes dominando subjiciat, obsequentibus mirandus innotescat, iræ ad votum satisfaciat, benignum se, cum laudatur, ostendat; quidquid gula appetit, offerat; ad hoc quod voluptas imperat, operis expletione concurrat? Bene ergo spes illorum abominatio animæ dicitur, quia et ea quæ carnales ambiunt spiritales quique judicio rectitudinis aversantur. Nam quod peccatores voluptatem æstimant, hoc justi procul dubio pœnam putant. [*Vet. XXIV.*] Abominatio igitur est animæ, spes pravorum, quia nimirum spiritus deficit, ubi caro requiescit. Ut enim caro mollibus, sic anima duris nutritur: illam blanda refovent, hanc aspera exercent; illa delectationibus pascitur, hæc amaritudinibus vegetatur. Et sicut carnem dura sauciant, sic spiritum mollia necant; [f] sicut illam laboriosa interimunt, ita hunc delectabilia exstinguunt. Spes itaque carnalium, abominatio animæ dicitur, quia inde in perpetuum spiritus interit, unde ad tempus caro suaviter vivit.

43. *Recte dicta sæpe corrumpit loquentis indiscretio.* — Sed hæc Sophar recte diceret, nisi beatus Job cuncta largius etiam vivendo prædicasset. At postquam sanctiorem monere de vita nititur, doctioremque se erudire sapientiæ magisterio conatur, ipse dictorum suorum pondus levigat, qui, indiscretione interposita, omne quod loquitur destruit, quia liquorem scientiæ pleno vasculo superfundit. Sic namque ab indiscretis opes scientiæ, sicut a stultis sæpe opes corporalis substantiæ possidentur. Nonnulli enim, qui rerum terrenarum multiplicitate subnixi sunt, aliquando multa et habentibus tribuunt, ut ipsi hæc cunctis largius habere videantur. Ita perversi, cum vera sapiunt, recta quædam etiam rectioribus loquuntur; non ut alios audientes doceant, sed ut ipsi quanta

---

[a] Longip. et Corb. Germ., *a dilectione mundi.*
[b] Ita Vindoc., Longip., Norm., Anglic. et vet. Edit. Aliæ habent *vera intentio exprimatur.*
[c] Utic., Lyr., Bigot., Longip., *corrumpitur.*
[d] Gemet., *a jocunditate pristina.*
[e] Ita Norm. et plerique, prius legebatur *tractando.*
[f] In Mss. Corb. Germ., Utic., Big., Lyr., omittitur *sicut* cum seq. particula *ita.*

doctrina polleant, innotescant. Præire se quippe sapientia cunctos existimant, et idcirco nihil se cuilibet dicere ultra mensuras suæ magnitudinis putant. Sic pravi quilibet, sic omnes hæretici superba voce meliores docere non metuunt, quia omnes se inferiores arbitrantur. [*Vet. XXIV*.] Sed sancta Ecclesia elatos quosque ab æstimationis suæ culmine revocat, et discretionis manu ad æqualitatis compagem reformat. Unde beatus Job, qui ejusdem sanctæ Ecclesiæ membrum est, videns quod amicorum mens per verba prolatæ eruditionis intumuit, illico respondit, dicens :

CAPUT XXV [*Vet. XXV*].

CAP. XII, VERS. 2. — **359** *Ergo vos estis soli homines, et vobiscum* ª *morietur sapientia.*

44. *Superbe sapientis fatuitas.* — Quisquis se præire omnes ratione existimat, quid iste aliud quam solum se esse hominem exsultat? Et sæpe contingit ut cum per tumorem mens in altum ducitur, in despectum omnium, et sui admirationem sublevetur. In cogitatione etenim proprii favores oriuntur, sibique de singularitate sapientiæ ᵇ blanditur ipsa fatuitas. Pensat ea quæ audierit, ac verba quæ profert; et miratur sua, ridet aliena. Qui ergo solum se sapere æstimat, quid aliud quam hanc eamdem secum ᶜ mori sapientiam putat? ᵈ Nam quam adesse aliis abnuit, soli sibi hanc tribuens, profecto intra tempora suæ brevitatis claudit. Pensandum vero est vir sanctus quanta discretione utitur, ut amicorum superbientium arrogantia comprimatur, cum protinus adjungit :

CAPUT XXVI.

VERS. 3. — *Et mihi est cor, sicut et vobis, nec inferior vestri sum.*

45. *Hujus arrogantia modeste comprimenda.* — Quis etenim nesciat quantum beati Job vita atque scientia amicorum ejus scientiam excedat? Sed ut eorum superbiam corrigat, esse se inferiorem negat; et ne suæ humilitatis limitem transeat, esse se superiorem tacet : nec preferendo se, sed conferendo, indicat quod de se hi qui sibi longe sunt impares discant, ut dum sponte inflectitur sapientia quæ eminet, nequaquam se contra vires erigat scientia quæ jacet. Quos bene mox ad æqualitatis sensum revocat, quia tumere valde quasi de singularitate magnitudinis pensat, cum subsequenter adjungit :

CAPUT XXVII.

IBID. — *Quis enim hæc quæ nostis ignorat?*
46. *Ostendendo ea quæ scire se gloriatur, a nemine ignorari.* — Ac si aperte dicat : Cum cunctis sint nota quæ dicitis, de dictorum scientia singulariter cur tumetis ? Quia igitur elationem arrogantium ad æqualitatis communionem revocans, perfecta correptione redarguit, ad doctrinæ nunc sententias erumpit ; ut amici ejus humiliati, prius discerent veritatis pondera, quam reverenter audirent. Sequitur :

CAPUT XXVIII [*Vet. XXVI, Rec. XV*].

VERS. 4. — *Qui deridetur ab amico suo sicut ego, invocabit Deum, et exaudiet eum.*
74. *Recte agenti quid noceat laus, quid prosit irrisio hominum. Irrisio prodest ubi non est culpæ meritum.* — Sæpe infirma mens, cum de bonis actibus aura humani favoris excipitur, ad gaudia exteriora derivatur, ut postponat quod intus appetit, et in hoc libenter resoluta jaceat, quod foris audit ; ita ut beatam non tam fieri quam dici se gaudeat. Cumque laudis suæ vocibus inhiat, quod esse cœperat relinquit. Inde ergo a Deo disjungitur, unde in Deo laudanda videbatur. Nonnunquam vero recto operi animus constanter innititur, et tamen humanis irrisionibus urgetur : miranda agit, et opprobria recipit; et qui exire foras per laudes potuit, repulsus contumeliis, ad semetipsum redit ; et eo se intus robustius in Deo solidat, quo foris non invenit ᵉ quo requiescat. Tota etenim spes in auctore figitur, et inter irrisionum convicia solus interior testis imploratur ; atque afflicti animus fit Deo tanto proximus, quanto **360** et a gratia humani favoris alienus : in precem protinus funditur, et pressus exterius, ad penetranda quæ intus sunt mundius liquatur. Bene itaque nunc dicitur : *Qui deridetur ab amico suo sicut ego, invocabit Deum, et exaudiet eum*, quia bonorum menti dum pravi exprobrant, ostendunt quem suorum actuum testem quærant. Quæ dum compuncta sese in precibus accingit, inde intra se supernæ exauditioni jungitur, unde extra se ab humana laude separatur. [*Vet. XXVII*.] Notandum vero quam provide interponitur *Sicut ego*, quia sunt nonnulli quos et humanæ irrisiones deprimunt, et tamen divinis auribus exaudibiles non sunt. Nam cum derisio contra culpam nascitur, profecto nullum virtutis meritum in derisione generatur. Baal etenim sacerdotes clamosis hunc vocibus implorantes, derisi ab Elia fuerant, cum dicebat : *Clamate voce majori, Deus enim* ᶠ *est, et forsitan loquitur, aut in diversorio est* (*III Reg.* XVIII, 27). Sed hæc eis irrisio ad virtutis usum non fuit, quia per culpæ meritum venit. Provide ergo nunc dicitur : *Qui deridetur ab amico suo, sicut ego, invocabit Deum, et exaudiet eum*, quia illum facit humana derisio Deo proximum, quem ab humanis pravitatibus vitæ innocentia servat alienum. Sequitur :

ª Ita omnes Mss. Norm., Anglic. et plerique. In Colb., *moratur*. In Corb. Germ. ac vet. Edit., *orietur*. In cæteris *oritur*. Ex textu Hebr. et vulgata legendum *morietur*.
ᵇ Editi ac plur. Mss., *blandiuntur. Ipsa fatuitas*. Emendantur subsidio Mss. Gemet., Germ., Colb. Aliunde vero quo sensu dici potest *favores sibi blandiri*? At recte opponitur sapientiæ fatuitas in lectione quam elegimus.
ᶜ Sic legitur in Mss. Anglic. et in Norm. plerisque. In Ebroic. tamen et Colb., a secunda manu habetur, *secum morari*. In Corb. Germ., *oriri*.
ᵈ 1 Vindoc., *nunquam adesse aliis annuit*. Alter, *quam adesse alienis abnuit*.
ᵉ Particulam *in a Coccio* hic additam expunximus auctoritate Mss. Vind., Norm., etc.; nec non vet. Edit.
ᶠ Etiam hic Coc. addidit *vester*, reluctantibus Mss. et superioribus Edit. Mox cum cæteris Vulgatis, *hæc ejus irrisio*, pro *hæc eis irrisio*.

CAPUT XXIX [Rec. XVI].

IBID. — *Deridetur enim justi simplicitas.*

48. *Quid sapientia hujus mundi. Quid sapientia justorum. Cur a mundo rideatur.* — Hujus mundi sapientia est, cor machinationibus tegere, sensum verbis velare, quæ falsa sunt vera ostendere, quæ vera sunt [a] fallacia demonstrare. Hæc nimirum [b] prudentia usu a juvenibus scitur, hæc a pueris pretio discitur, hanc qui sciunt cæteros despiciendo superbiunt; hanc qui nesciunt, subjecti et timidi in aliis mirantur, quia ab eis hæc eadem [c] duplicitas iniquitatis, nomine palliata, diligitur, dum mentis perversitas urbanitas vocatur. Hæc sibi obsequentibus præcipit honorum culmina quærere, adepta temporalis gloriæ vanitate gaudere, irrogata ab aliis mala multiplicius reddere, cum vires suppetunt nullis resistentibus cedere, cum virtutis possibilitas deest, quidquid explere per malitiam non [d] valet, hoc in pacifica bonitate simulare. At contra sapientia justorum est nil per ostensionem fingere, sensum verbis aperire, vera ut sunt diligere, falsa devitare, bona gratis exhibere, mala libentius tolerare quam facere; nullam injuriæ ultionem quærere, pro veritate contumeliam [e] lucrum putare. Sed hæc justorum simplicitas deridetur, quia ab hujus mundi sapientibus puritatis virtus, fatuitas creditur. Omne enim quod innocenter agitur, ab eis procul dubio stultum putatur; et quidquid in opere veritas approbat, carnali sapientiæ fatuum sonat. Quid namque stultius videtur mundo quam mentem verbis ostendere, nil callida machinatione simulare, nullas injuriis contumelias reddere, pro maledicentibus orare, paupertatem quærere, possessa relinquere, rapienti non resistere, percutienti alteram maxillam præbere? Unde bene hujus mundi dilectoribus ille egregius Dei sapiens dicit: *Abominationes Ægyptiorum immolabimus Domino Deo nostro* (*Exod.* VIII, 26.). **361** Oves quippe Ægyptii edere dedignantur; sed quod abominantur Ægyptii, hæc Israelitæ Deo offerunt, quia simplicitatem conscientiæ, quam injusti quique velut infimam abjectamque despiciunt, hanc justi in virtutis sacrificium vertunt; et excolentes recti puritatem ac mansuetudinem Deo immolant, quam abominantes reprobi fatuitatem putant. Quæ nimirum justi simplicitas breviter, sed sufficienter exprimitur, cum protinus subinfertur.

CAPUT XXX [Vet. XXVIII; Rec. XVII]:

VERS. 5. — *Lampas contempta apud cogitationes divitum.*

49. *Divitiarum possessionem non esse in crimine, sed cupiditatem.* — Quid hoc loco signatur nomine divitum, nisi elatio superborum, qui venturi judicis respectum non habent, dum superbis apud se cogi-

tationibus tument? Nam sunt nonnulli quos census per tumorem non elevat, sed [f] per misericordiæ opera exaltat. Et sunt nonnulli qui, dum se terrenis opibus abundare conspiciunt, veras Dei divitias non requirunt, atque æternam patriam non amant, quia hoc sibi sufficere, quod rebus temporalibus fulciuntur, putant. Non est ergo census in crimine, sed affectus. Cuncta enim quæ Deus condidit bona sunt; sed qui bonis male utitur profecto agit ut, quasi per edacitatis ingluviem, eo per quem vivere debuit pane moriatur. Pauper ad requiem Lazarus venerat, superbum vero divitem tormenta cruciabant (*Luc.* XVI, 26). Sed tamen dives Abraham fuerat, qui in sinu Lazarum tenebat; qui tamen auctori suo colloquens, dicit: *Loquar ad Dominum meum, cum sim pulvis et cinis* (*Genes.* XVIII, 27). Quid itaque iste divitias suas æstimare noverat, qui semetipsum pulverem cineremque pensabat? Aut quando hunc res possessæ extollerent, qui de se quoque, earum videlicet possessore, tam abjecta sentiret?

50. *Divites censeri qui egent, et fastu tument. His despectui sunt mundi contemptores.* — Atque iterum sunt nonnulli quibus et res terrenæ non suppetunt, et tamen apud se per fastum tumoris eriguntur. Hos et census ad ostensionem potentiæ minime subvehit, et tamen morum protervia inter reprobos divites addicit. Quoscunque ergo sequentis vitæ amor non humiliat, hoc in loco sacer sermo divites appellat, quia [g] in judicii quoque ultione non discrepant utrum rebus an solis moribus intumescant. Qui cum vitam simplicium in hoc mundo humilem abjectamque conspiciunt, elatis protinus despectibus irrident. Nequaquam quippe eis hoc exterius adesse considerant, ad quod ipsi totis conatibus anhelant. Quasi stultos ergo despiciunt qui scilicet ea non habent quæ ipsi utique vel habendo, vel solummodo amando, [h] moriuntur; et quasi mortuos deputant, quos nequaquam secum vivere carnaliter pensant. Qui enim ab hujus mundi appetitu moritur, a terrenis mentibus profecto omni modo exstinctus æstimatur. Quod bene nostri miraculum Redemptoris signat, cum ab immundo spiritu hominem liberat, de quo nimirum scriptum est: *Clamans, et multum discerpens eum, exiit ab eo; et factus est sicut mortuus, ita ut multi dicerent quia mortuus est. Jesus autem tenens manum ejus, elevavit eum, et surrexit* (*Marc.* IX, 25). Velut mortuus quippe ostenditur a maligni spiritus potestate liberatus, **362** quia quisquis jam terrena desideria subigit, vitam in se carnalis conversationis exstinguit; et mundo mortuus apparet, quia possessore pravo, qui per immunda desideria se agitabat, caret. Quem multi mortuum dicunt, quia qui spiritaliter vivere nesciunt eum qui

---

[a] Plurimi tum Mss., tum Excusi, *falsa.*
[b] Lyr., Big., Utic., *sapientia.*
[c] Gemet., Germ., Colb., *duplicitatis iniquitas.*
[d] Coc. et poster. Edit., *valent.* In Mss. *valet,* quod refertur ad mundanam prudentiam.
[e] In Utic., Lyr., Bigot., Vindoc., *contumeliam pati.*
[f] Hæc desunt in Belloy. Exstant in Mss. Vindoc., Turon., Corb. Germ., Colb., Germ. et plerisque, ex quibus emendavimus Coc. et poster. Edit., apud quos legitur *sed misericordiæ opera exaltant.*
[g] Ebroic. et alii Norm., *quia in judicii quique ultione.* Ita etiam Vindoc., Germ. et Corb. Germ., antequam castigaretur.
[h] Ita Turon., Vindoc., Longip., Corb., Norm., cum vetust. Editionibus. In posterioribus Edit., *amando mirantur.*

carnalia bona non sequitur exstinctum funditus arbitrantur.

[*Vet. XXIX.*] 51. *Justi, carnalium oculis sine luce, coram Deo ardent et lucent.* — Sed quia ipsi quoque derisores simplicium Christianitatis nomine censentur, reverentia religionis pressi, exhibere malum publicæ irrisionis erubescunt. Unde fit ut apud se tumidi tacentesque derideant, quos abjectos valde atque infimos per simplicitatem putant. Bene ergo dicitur : *Lampas contempta apud cogitationes divitum,* quia superbi quique, dum pensare bona sequentia, ut superius diximus, [a] nesciunt, pene nihil æstimant, quem non vident habere quod amant. Sæpe namque contingit ut electus quisque, qui ad æternam felicitatem ducitur, continua hic adversitate deprimatur, non hunc rerum abundantia fulciat, non dignitatum gloria honorabilem ostendat, nulla ei obsequentum frequentia suppetat, nulla hunc humanis oculis vestium pompa componat ; a cunctis vero despicabilis cernitur, et hujus mundi [b] gratia indignus æstimatur. Sed tamen ante occulti judicis oculos virtutibus emicat, vitæ meritis coruscat, honorari metuit, despici non refugit ; corpus continentia afficit, sola in animo dilectione pinguescit, mentem semper ad patientiam præparat, et erectus pro justitia, de perceptis contumeliis exsultat, afflictis ex corde compatitur, de bonorum prosperitatibus quasi de propriis lætatur, sacri verbi pabula in mente [c] sollicitus ruminat, et inquisitus quodlibet eloqui dupliciter ignorat. Bene itaque justi simplicitas et lampas esse dicitur, et contempta. Lampas, quia interius lucet ; contempta, quia exterius non lucet. Intus ardet flamma charitatis, foris nulla gloria resplendet decoris. Lucet ergo et despicitur [d] qui flagrans virtutibus abjectus æstimatur. Mentes quippe carnalium pensare bona non valent, nisi quæ carnaliter vident. Hinc est quod David sanctum pater ipse despexerat, quem prophetæ Samuelis oculis præsentare recusabat. Qui ad unctionis gratiam dum septem filios deduxisset, a propheta requisitus an numerum sobolis explesset, cum magna [e] desperatione respondit : *Est puer parvulus qui pascit oves* (I *Reg.* xvi, 10, 11). Quo deducto et electo, protinus audivit : *Homo videt in facie, Deus autem* [f] *perscrutatur cor* (*Ibid.*, 7). Lampas ergo David per innocentiam fuerat ; sed tamen valde contempta, quia exteriora cernentibus non lucebat. Sciendum vero est quod justus quisque aut temporalem gloriam non habet, aut hanc sub semetipso frangit, si habet, ut honori suo liber emineat, ne ei victus delectatione succumbat. Hinc enim est quod ille prædicator egregius ante humanos oculos apostolatus sui gloriam humiliaverat, qui dicebat : *Non usi sumus hac potestate, cum possimus oneri esse ut Christi apostoli, sed facti sumus parvuli in medio vestrum* (I *Thess.* II, 7). Ejus vero auditoribus nimirum tumor divitum adhuc in corde remanserat, cum dicebant : *Epistolæ graves sunt et fortes,* 363 *præsentia autem corporis infirma, et sermo contemptibilis* (II *Cor.* x, 10). Quem enim talia dicere posse cognoverant, secum communiter vivere non posse judicabant. Cumque eum et humilem vivendo cernerent, et altum sermone pensarent, sua eos elatio compulit ut quem per scripta timuerant, per præsentiæ verba despicerent. Quid igitur Paulus, nisi contempta lampas apud cogitationes divitum fuit, qui unde magisterium humilitatis exhibuit, inde a rudibus discipulis superbiæ contumelias recepit? Horrendo etenim modo languor superbientium unde detumescere debuit excrevit, dum mens elata carnalium hoc quasi dedignabile repulit, quod magister imitabile ostendit. An contempta lampas non erat, qui, tot virtutibus emicans, tanta a persecutoribus adversa tolerabat (*Ephes.* vi, 20)? Legatione in catena fungitur, ejusque vincula in omni prætorio manifestantur, virgis cæditur, multisque ex genere, ex gentibus, periculis urgetur (*Philip.* I, 13), lapidibus Lystris tunditur, pedibus extra urbem trahitur, quia exstinctus æstimatur (II *Cor.* xi, 26). Sed usquequo lampas ista contemnitur? Usquequo despicabilis habetur? [g] Nunquidnam fulgorem suum nullatenus exerit, et nunquam quanta claritate candeat ostendit? Ostendit plane: Nam cum lampas contempta apud cogitationes divitum diceretur, protinus additur :

CAPUT XXXI.

IBID. — *Parata ad tempus statutum.*

52. *Justi hic spreti fulgebunt in die judicii.* — Statutum quippe contemptæ lampadis tempus est extremi judicii prædestinatus dies ; quo justus quisque, qui nunc despicitur, quanta potestate fulgeat demonstratur. [*Vet. XXX.*] Tunc enim cum Deo judices veniunt, qui nunc pro Deo injuste judicantur. Tunc eorum lux tanto latius emicat, quanto eos nunc manus persequentium durius angustat: Tunc reproborum oculis patescet quod cœlesti potestate subnixi sunt qui terrena omnia sponte reliquerunt. Unde electis suis Veritas dicit : *Vos qui secuti estis me, in regeneratione, cum sederit Filius hominis in sede majestatis suæ, sedebitis et vos super duodecim sedes, judicantes duodecim tribus Israel* (*Matth.* xix, 28). Neque enim plus quam duodecim judices illa infermi consessus curia non habebit ; sed nimirum duodenario numero quantitas universitatis exprimitur ; quia quisquis, stimulo divini amoris excitatus, hic possessa reliquerit, illic procul dubio culmen judiciariæ potestatis obtinebit ; ut simul tunc judex cum judice veniat, qui nunc consideratione judicii sese spontanea pauper-

[a] Vindoc., Norm. et plurimi, *nolunt.* In Utic. tamen olim legebatur *nesciunt.*
[b] Ita Bellov., Vindoc., Gemet., etc., cum antiquioribus Edit. Posterioribus Editoribus magis placuit, *mundi gloria.*
[c] Utic., Ebroic., Corb. et alii Norm., *sollicitius ruminat.*
[d] Gemet., *qui fragrans virtutibus.*

[e] Sic Turon., Vindoc., Longip., Norm., Corb. Germ. Poster. Ed. habent *despectione.* Et mox *est adhuc puer,* addito, *adhuc.*
[f] Sequimur Mss., relictis Editis, ubi legitur *intuetur.*
[g] Prius legebatur : *nunquid non fulgorem suum nullatenus exerit.* Ubi duplex negatio *non* et *nullatenus* contrarium prorsus sensum reddebat.

tate castigat. Hinc est enim quod de sanctæ Ecclesiæ sponso per Salomonem dicitur : *Nobilis in portis vir ejus, quando sederit cum senatoribus terræ* (*Prov.* xxxi, 23). Hinc Isaias ait : *Dominus ad judicium veniet cum senioribus populi sui* (*Isai.* iii, 14). Hinc eosdem [a] seniores Veritas non jam famulos, sed amicos denuntiat, dicens : *Non jam dicam vos servos, sed amicos meos* (*Joan.* xv, 15). Quos nimirum Psalmista intuens, ait : *Mihi autem nimis honorificati sunt amici tui, Deus* (*Psal.* cxxxviii, 17). Quorum dum celsitudinem cordis aspiceret, mundi gloriam qua calce calcarent protinus addidit : *Nimis confortatus est principatus eorum.* Ac ne paucos esse crederemus, quos proficere usque ad summam tantæ perfectionis agnoscimus, illico adjunxit : **364** *Dinumerabo eos, et super arenam multiplicabuntur.* Quot itaque nunc pro amore veritatis sese libenter humiliant, tot tunc in judicio lampades coruscant. Dicatur igitur recte : *Lampas contempta apud cogitationes divitum, parata ad tempus statutum,* quia uniuscujusque justi anima velut abjecta contemnitur cum degens inferius gloriam non habet, sed admirabilis cernitur dum desuper fulget.

53. *Christus lampas hic contempta.* — Libet inter hæc ad Redemptoris vias mentis oculos attollere, sensimque a membris ad caput venire. Ipse enim nobis lampas veraciter exstitit, qui, pro redemptione nostra in cruce moriens, tenebrosis nostris mentibus lucem per lignum fudit. Hac nos lampade Joannes illuminari conspexerat, cum dicebat : *Erat lux vera quæ illuminat omnem* [b] *hominem venientem in hunc mundum* (*Joan.* i, 9). Quam tamen apud cogitationes divitum contemptam vidit, cum paulo post subdidit : *In propria venit et sui eum non receperunt* (*Ibid.*, 11). Hujus lampadis flammas Herodes explorare voluit, cum ejus miracula videre concupivit, sicut scriptum est : *Erat enim ex multo tempore cupiens videre eum, eo quod audisset multa de illo, et sperabat signum aliquod videre ab eo fieri* (*Luc.* xxiii, 8). Sed lampas hæc ante ejus oculos nullo radio lucis emicuit, quia ei qui se non pie sed curiose quæsierat nil de se mirabile ostendit. Inquisitus quippe Redemptor tacuit, exspectatus miracula exhibere contempsit, seseque apud se in occultis retinens, eos quos exteriora quærere comperit, ingratos foris reliquit : magis eligens aperte a superbientibus despici, quam a non credentibus vacua voce laudari. Unde et protinus lampas ista contempta est, sicut illic subditur : *Sprevit autem illum Herodes cum exercitu suo, et illusit indutum veste alba* (*Ibid.* 11).

[*Vet. XXXI.*] 54. *In die novissimo coruscabit.* — Sed contempta lampas, quæ in terra irrisiones tolerat, [c] de cœlo judicium coruscat. Unde hic apte subjungitur : *Parata ad tempus statutum.* De quo videlicet tempore per Psalmistam dicit : *Cum accepero tempus, ego justitias judicabo* (*Psal.* lxxiv, 3). Hinc in Evangelio per semetipsam Veritas denuntiat, dicens : *Tempus meum nondum advenit* (*Joan.* vii, 6). Hinc Petrus ait : *Quem oportet cœlum suscipere, usque ad tempora restitutionis* (*Act.* iii, 21). Lampas ergo quæ nunc contemnitur ad statutum tempus ventura præparatur, quia ipse peccata in die ultimo judicat, qui nunc peccantium derisiones portat. Et tanto tunc [d] durius districtionem exerit, quanto nunc vocandis peccatoribus suam lenius patientiam sternit. Qui enim diu convertendos exspectat, non conversos sine retractatione cruciat. Quod per prophetam scilicet breviter insinuat, dicens : *Tacui, semper silui, patiens fui, sicut parturiens loquar* (*Isai.* xlii, 14). Ut enim jam prædiximus, parturiens cum dolore ejicit hoc quod in intimis tempore longo gestavit. Qui ergo semper siluit sicut parturiens loquitur, quia venturus judex, qui sine ultione diu facta hominum pertulit, quandoque cum fervore examinis, quasi cum dolore mentis, quantæ animadversionis sententiam intus servaverit ostendit. Nemo igitur hanc lampadem, cum latet, despiciat, ne contemptores suos, cum de cœlo fulserit, **365** exurat. Cui enim nunc non ardet ad veniam, tunc procul dubio ardebit ad pœnam. Quia ergo per supernam gratiam vocationis tempus accipimus, dum adhuc licentia superest, ejus iram, qui ubique est, mores in melius commutando, fugiamus. Solum quippe animadversio illa non invenit quem correctio abscondit.

55. Hæc nos, largiente Domino, in duobus jam [e] corporibus **366** transcurrisse sufficiat. Quia enim sacri libri sequentia mysteriorum virtutibus extensa complecti breviter exponendo non possumus, ea necesse est ut aliis voluminibus reservemus, quatenus lector tanto ferventior ad legendi studium redeat, quanto ex lectionis quoque [f] intercisione respirat.

---

[a] Gemet., *hinc eosdem senatores.*
[b] Verba *venientem in hunc mundum* cum Mss. exprimimus; horum loco in antiquioribus exstat nota *etc.* In recentioribus vero etiam hæc nota suppressa est.
[c] Ita primus Vindoc., German., Corb. Omnes Norm., alter Vind., *de cœlo per judicium coruscat,* quem secuti sunt Ed., addita voce *lucidius.* Hic verbum *coruscat* usurpatur active, quemadmodum apud purioris latinitatis scriptores dicitur *coruscare mucronem, telum,* etc., hoc est, *vibrare,* aut *crispare.*
[d] Vindoc., cum Corb. Germ., *clarius.*

[e] Corpus hic et initio libri seq. Gregorio est Codex, plurium scilicet voluminum seu librorum in unum compactorum complexio. Supra vidimus, in epist. ad Leandrum, *opus hoc..... in sex Codicibus explevi.* Idem significat nomine *partis* in proœmio libri subsequentis : *causam reddidi cur tertiam hujus operis partem,* etc.
[f] Corb. et Germ., *incisione.* Corb. Germ., *intercessione,* quod fortasse significat *cessationem, cessionem.*

Pars Tertia,

LIBRIS SEX CONSTANS.

LIBER UNDECIMUS.

In quo caput duodecimum, a versu sexto, decimum tertium, et decimi quarti quatuor priores versus, mutato tantisper stylo, exponuntur.

CAPUT PRIMUM.

1. *Quæ sint tota hac tertia parte exponenda et quo stylo.*—Quamvis in prolixo opere esse culpabilis styli mutabilitas non debeat, ne quis tamen me ex locutionis meæ immutatione reprehendat, in epistola libris præmissa [a] causam reddidi cur tertiam hujus operis partem ad aliarum usque similitudinem minime emendando perduxi. Quibus scilicet exclusis, hoc quoque additur, quod ab eo versu, quo dicitur: *Abundant tabernacula prædonum*, ejusdem partis expositio incipit, et usque ad hoc, quod scriptum est: [b] *Dulcedo eorum vermis*; disserendo pertingit. Quæ nimirum tam multa sunt, ut in uno corpore comprehendi non possent, nisi sub magna brevitate dicerentur. Qui ergo ab aliis actibus vacat, legat cætera multipliciter dicta. [c] Cui vero ad studiose legendum non vacat, hujus partis ei brevitas placeat, in qua non tam quæ sentimus dicimus quam ea quæ sunt dicenda signamus. Igitur quoniam in ea multa, sicut me loquente excepta sunt, ita dereliqui, immutationem styli lector meus æquanimiter accipe; quia et sæpe eosdem cibos edentibus, diversitas placet coctionis. Sed quoties partes singulas ad legendum sumis, reducere semper ad memoriam eam, [d] quam proposui causæ originem, stude, quia et per beatum Job, qui dolens dicitur, passiones Domini ejusque corporis, id est sanctæ Ecclesiæ designantur, et amici ejus hæreticorum tenent speciem, qui, ut sæpe jam diximus (*Maxime præfat.*, c. 6, n. 15), Deum dum defendere nituntur, offendunt. Qui dum ficte consulunt, sanctorum mentem fortiter affligunt; nec tamen per cuncta quæ loquuntur a veritatis cognitione desipiunt, sed plerumque [e] stultis prudentia, et fictis vera permiscent, ut dum ex veritate aliquid prærogant, facile ad falsitatem trahant. Unde amici quoque beati Job modo despicabilia, modo autem mira sunt quæ loquuntur; quæ tamen sanctus vir aliquando reprobando convincit, aliquando vero approbando suscipit, atque ad usum rectitudinis pertrahit etiam quæ ab eis recta, sed non recte proferuntur. Itaque inopiam suam despicientes despicit, atque in sterquilinio corpore positus, in quanto virtutum culmine apud se sedeat ostendit, cum nil esse præsentis vitæ divitias memorat, quos abundare et reprobis narrat, dicens:

CAPUT II [*Vet. I, Rec. II*].

Cap. 12, vers. 6.—*Abundant tabernacula prædonum, et audacter provocant Deum, cum ipse dederit omnia* [f] *in manibus eorum.*

2. *Quantus in Job divitiarum contemptus eluceat.*—Facile hominem tunc divitias despicere, cum habet; difficile vero est eas, cum non habet, viles æstimare. Unde patenter ostenditur quantus contemptus terrenarum rerum in beati Job cogitatione fuerit, qui tunc dicit nulla esse quæ abundant reprobis, **367** quando omnia amisit. Ait ergo: *Abundant tabernacula prædonum, et audacter provocant Deum*, quia plerumque mali eo magis contra Deum superbiunt, quo ab ejus largitate et contra meritum ditantur; et qui provocari bonis ad meliora debuerant, donis pejores fiunt.

3. *Quæ injuste faciunt mali, Deus fieri juste permittit.*—Sed intelligendum nobis est quomodo prædones appellentur, dum protinus additur: *Cum ipse dederit omnia in manibus eorum.* Si enim prædones sunt, violenter abstulerunt, et dubium non est quia violentorum non sit adjutor Deus. Quomodo igitur ipse dat quod hi qui prædones sunt nequiter tollunt? Sed sciendum est quia aliud est quod omnipotens Deus misericorditer tribuit, aliud quod iratus haberi sinit. Nam quod prædones perverse faciunt, hoc dispensator æquissimus fieri non nisi juste permittit; ut et is qui rapere sinitur cæcatus mente culpam augeat, et is qui rapinam patitur jam in ejusdem rapinæ damno pro alia quam ante perpetravit culpa feriatur. Ecce enim quidam [g] in montis fauce constitutus insidiatur

---

[a] Turon., Ebroic., Utic., etc., *causas reddidi*. Codex Sagiensis, *Epistola libris præmissa rationem reddidit.* In cæteris Norm. legitur: *in epistola libri quam præmisi causas reddidi.* Loquitur de sua ad Leandrum epist. Moralibus præmissa.
[b] Bajoc., Ebroic., Lyr., Bigot., etc., *dulcedo illius vermis.*
[c] Ita Anglic. Mss. et nostri, non, ut in Excusis, *qui...vocat.*
[d] Plurimi, *quam præpositi.*
[e] Sic restituimus ex Mss. nostris; prius legebatur, *et stultis prudentiam.*
[f] Norm. et plerique, *omnia in manus eorum.*
[g] Bajoc., Sag. et pene omnes Norm., *in montis vertice.* Utic. utramque lectionem repræsentat; montis autem vertex aliquando non significat apicem seu altiorem montis partem; vide libri Num. caput XXI, vers. 20, ad quem locum consule interpretes.

itinerantibus; sed is qui iter agit iniqua fortasse quædam aliquando perpetravit, eique omnipotens Deus malum suum in præsenti vita retribuens, atque hunc insidiatoris manibus tradens, vel spoliari rebus, vel etiam interimi permittit. Quod ergo prædo injuste appetiit, hoc æquissimus judex juste fieri permisit; ut et ille reciperet quod injuste fecerat, et iste gravius quandoque feriatur, per cujus nequissimam voluntatem culpam omnipotens Deus in alterum juste vindicavit. Ille purgatur qui opprimitur; in isto reatus augetur, qui opprimit, ut vel de profundo nequitiæ quandoque ad pœnitentiam redeat, vel non revertens tanto gravius æterna damnatione feriatur, quanto diu est in sua iniquitate toleratus. Cum illo ergo misericorditer agitur ut peccatum finiat, cum isto districte ut multiplicet, nisi ad pœnitentiam recurrat. In illo mala purgantur dum vim sustinet, in isto cumulantur dum facit. Omnipotens itaque Deus quod fieri prohibet justum est ut fieri sinat, ut unde nunc exspectat, et non conversos diu tolerat, quandoque inde plus feriat. Bene ergo dicitur : *Abundant tabernacula prædonum, et audacter provocant Deum, cum ipse dederit omnia in manibus eorum*, quia quod iniqui tollunt, eis hoc ipse dat, qui illis ad rapinam posset obsistere, si misereri voluisset.

[*Vet. II.*] 4. *Prædones sunt qui de donis a Deo sibi collatis superbiunt.*—Quod tamen intelligi de rebus quoque spiritalibus potest. Nam plerumque nonnulli doctrinæ dona percipiunt, sed ex eisdem donis intumescunt, et magni præ cæteris videri volunt. Atque omnipotentem Deum provocare est de ejus donis inter proximos superbire. Qui etiam prædones non immerito vocantur, quia dum loquuntur quæ non faciunt, in usum locutionis suæ verba justorum tollunt. Sed quia hæc ipsa verba superna eis gratia tribuit, quorum tamen vitam in pravis moribus relinquit, per semetipsos quidem prædones sunt, sed tamen bona quæ habent divinitus acceperunt. Sequitur :

VERS. 7 et 8.— *Nimirum interroga jumenta, et docebunt te; volatilia cœli et indicabunt tibi. Loquere terræ, et respondebit tibi, et narrabunt pisces maris*.

CAPUT III.

5. *Quid per jumenta et cœli volatilia, quid per terram et pisces maris significetur.* — Quid per jumenta, nisi sensu pigriores, quid per cœli volatilia nisi summa atque sublimia sapientes intelligere debemus? De jumentis quippe, id est sensu pigrioribus, scriptum est : *Animalia tua habitabunt in ea* (*Psal.* LXVII, 11). Et quia sublimia sapientes, in verbis nostri Redemptoris evolant, scriptum est : *Ita ut volucres cœli veniant, et habitent in ramis ejus* (*Matth*. XIII, 32). Quid vero per terram, nisi terrena sapientes? Unde et primo homini cœlestia deserenti dictum est, *Terra es, et in terram ibis* (*Genes*. III, 19). Quid per pisces maris nisi curiosos hujus sæculi debemus accipere? ª *De quibus Psalmista ait* : *Pisces maris, qui perambulant semitas maris* (*Psal*. VIII, 9). Qui in magnis rerum inquisitionibus quasi in abditis fluctibus latent. Quid autem cuncta hæc inquisita doceant, adjungit, dicens :

CAPUT IV.

VERS. 9.—*Quis ignorat quod omnia hæc manus Domini fecerit?*

6. *Deum omnium creatorem cuncta prædicant.* — Ac si aperte dicat : Sive sensu tardiores, seu sublimia sapientes, sive terrenis actibus deditos, seu hujus mundi occupatos inquisitionibus requiras, cuncta hæc creatorem omnium Deum fatentur, et de potestate ejus concorditer sentiunt, ᵇ quamvis sub ea non concorditer vivant. Quod enim justus quisque etiam vivendo loquitur, hoc injustus plerumque de Deo vel sola voce compellitur fateri; fitque ut mali, auctori omnium, cui operibus resistunt, ᶜ attestatione famulentur, quia quem impugnare moribus ausi sunt, creatorem omnium negare non possunt. Quod tamen intelligi etiam juxta solam speciem litteræ utiliter potest, quia omnis respecta creatura quasi dat vocem attestationis propriæ, ipsam quam habet speciem suam. Jumenta, vel volatilia, terram, vel pisces requirimus, dum consideramus quæ nobis concorditer respondent, quod cuncta Dominus fecerit; quia dum nostris oculis suas species ingerunt, se a semetipsis non esse testantur. ᵈ Eo ipso enim quod creata sunt, per ostensam speciem creatori suo quasi vocem confessionis reddunt, qui quia omnia condidit, qualiter etiam debeant administrari disposuit. Unde subditur :

CAPUT V [*Vet. et Réc. III*].

VERS. 10.— *In cujus manu anima omnis viventis, et spiritus universæ carnis hominis*.

7. *Qui præstitit esse quod non erat, providit qualiter sit quod jam existit. Spiritus hominis duobus modis intelligitur.*—Per manum quippe potestas exprimitur. Anima igitur omnis viventis, et spiritus universæ carnis hominis; in ejus potestate est à quo est; ut ipse provideat qualiter sit, qui præstitit esse quod non fuit. Potest vero per animam omnis viventis jumentorum vita signari. Omnipotens autem Deus jumentorum animam usque ad corporeos sensus vivificat, hominum vero spiritum usque ad spiritalem intellectum tendit. In ejus ergo manu est anima omnis viventis, et spiritus universæ carnis hominis, dum et in illo hoc præstat animæ ut vivificet carnem, et in isto ad hoc vivificat animam, ut ad intelligendam perveniat æternitatem. Sciendum vero est quia in sacro eloquio spiritus hominis duobus modis poni consuevit. Aliquando namque spiritus pro anima, aliquando pro effectu spiritali ponitur. Pro anima namque spiritus dicitur, sicut de nostro ipso capite scriptum est : *Inclinato capite tradidit spiritum* (*Joan*. XIX, 30). Si enim aliud spiritum quam animam

---

ª Pler. Norm., *de quibus Psalmista ait* : *qui perambulant*, etc. Deest *pisces maris*.

ᵇ *Sagiensis, quamvis sub eo non concorditer*, etc.

ᶜ Idem Codex, *ad testationem famulentur*.

ᵈ Omnes Norm., *eo enim ipso quo creatura sunt*.

evangelista diceret, exeunte utique spiritu, **369** anima remansisset. Pro effectu quoque spirituali spiritus dicitur, sicut scriptum est : *Qui facit angelos suos spiritus, et ministros suos ignem urentem (Psal.* CIII, 4). Angeli quippe, id est nuntii, in sacro eloquio nonnunquam prædicatores vocantur, sicut per prophetam dicitur : *Labia sacerdotis custodiunt scientiam, et legem requirunt ex ore ejus, quia angelus Domini exercituum est (Mal.* II, 7). Omnipotens ergo Deus angelos suos spiritus facit, quia prædicatores suos spiritales efficit. Hoc autem loco si anima omnis viventis ipsa corporis vita signatur, spiritu universæ carnis hominis effectus intelligentiæ spiritalis exprimitur. Sequitur :

CAPUT VI [*Rec. IV*].

VERS. 11. — *Nonne auris verba dijudicat, et fauces comedentis saporem?*

8. *Unius ejusdemque sapientiæ quam diversa dona diversique inhabitationis modi.* — Pene nullum latet quod quinque sensus corporis nostri, videlicet visus, auditus, gustus, odoratus et tactus, in omne quod sentiunt atque discernunt, virtutem discretionis et sensus a cerebro trahunt. Et cum unus sit judex sensus cerebri qui intrinsecus præsidet, per meatus tamen proprios sensus quinque discernit, Deo mira operante; ut neque oculus audiat, neque auris videat, neque os olfaciat, [a] neque nares gustent, neque manus odorentur. Et cum per unum sensum cerebri omnia disponantur, quilibet tamen horum sensus aliud facere non potest, præter id quod ex dispositione conditoris accepit. Ex istis ergo corporalibus et exterioribus, interiora et spiritalia colligenda sunt, ut per id quod in nobis publicum est transire debeamus ad secretum quod in nobis est et nosmetipsos latet. [*Vet. IV.*] Intuendum quippe est quia cum una sit sapientia, alium minus, alium magis inhabitat; alii hoc, alii illud præstat, et, quasi cerebri more, nobismetipsis velut quibusdam sensibus utitur, ut quamvis ipsa sibimet nunquam sit dissimilis, per nos tamen diversa et dissimilia semper operetur, quatenus iste sapientiæ, ille scientiæ donum percipiat; iste genera linguarum, ille gratiam curationum habeat.

9. *Verba sapientiæ reprobi solum audiunt, electi etiam gustant.* — Sed in his verbis beatus Job, quibus ait : *Auris verba dijudicat, et fauces comedentis, saporem*, etiam de electis ac reprobis aliquid videtur innuere; quia verba sapientiæ; quæ reprobi audiunt, electi non solum audiunt; sed etiam gustant, ut eis in corde sapiat quod reproborum non mentibus, sed solummodo auribus sonat. Aliud namque est nominatum cibum audire solummodo, aliud vero etiam gustare. Electi itaque cibum sapientiæ sic audiunt, ut degustent, quia hoc quod audiunt eis per amorem medullitus sapit. Reproborum vero scientia usque ad cognitionem sonitus tenditur, ut quidem virtutes au-

[a] Ita Bellov., Norm. et vet. Edit. In Gussanv., *neque naris operetur, neque manus gustet.*
[b] Idem, *fauces intelligentiæ gustare.*

diant, sed tamen corde frigido qualiter sapiant ignorent. Quibus videlicet verbis beatus Job amicorum suorum imperitiam, et eorum qui de doctrina sapientiæ inflantur arrogantiam reprobat, quia aliud est de Deo aliquid scire, aliud vero hoc quod cognoscitur [b] fauce intelligentiæ gustare. Recte ergo dicitur : *Nonne auris verba dijudicat, et fauces comedentis, saporem?* Ac si aperte arrogantibus diceretur : Doctrinæ verba, quæ vobis usque ad aurem veniunt, mihi etiam per saporem intimum intelligentiæ fauces tangunt. Quia vero infirma ætas, etiam cum recte sapit, ad prædicandum non debet incaute prosilire, recte subditur :

CAPUT VII.

VERS. 12. — **370** *In antiquis est sapientia, et in multo tempore prudentia.*

10. *Sapientia per vivendi usum et experientiam confirmatur.* — Illa enim dicta in sapientiæ radice solidata sunt, quæ per vivendi usum etiam actuum experimento convalescunt. Sed quia multis et longior vita tribuitur, et sapientiæ gratia non confertur, recte adhuc in cujus judicio ipsa dona pendeant demonstratur, dum subditur :

CAPUT VIII.

VERS. 13. — *Apud ipsum est sapientia et fortitudo; ipse habet consilium et intelligentiam.*

11. *Christus Dei sapientia et fortitudo.* — Hæc non incongrue de Unigenito summi Patris accipimus, ut ipsum esse Dei sapientiam et fortitudinem sentiamus. Nam Paulus quoque nostro intellectui attestatur, dicens : *Christum Dei virtutem et Dei sapientiam* (*I Cor.* I, 24); qui apud ipsum semper est, quia *in principio erat Verbum, et Verbum erat apud Deum, et Deus erat Verbum* (*Joan.* I, 1). Habet autem Deus consilium et intelligentiam : consilium videlicet, quia disponit sua; intelligentiam, quia cognoscit nostra. [*Vet. V.*] Potest quoque consilii nomine [c] ipsa occulti judicii mora signari, ut quod aliquando tardius delinquentes percutit, non quia iniquorum culpa non conspicitur, sed ut damnationis eorum sententia, quæ pro agenda pœnitentia differtur, [d] quasi tarda ex consilio prodire videatur. Quod ergo foris quandoque aperta sententia indicat, hoc apud omnipotentem Dominum ante sæcula in consilio latebat. Sequitur :

CAPUT IX [*Rec. V*].

VERS. 14. — *Si destruxerit, nemo est qui ædificet; si incluserit hominem, nullus est qui aperiat.*

12. *Deus humanam mentem destruit ab ea recedendo. Qui male agit conscientiam sibi carcerem facit.* — Omnipotens Deus humanum cor destruit cum relinquit, ædificat dum replet. Neque enim humanam mentem debellando destruit, sed recedendo, quia ad perditionem suam sufficit sibi dimissa. Unde plerumque fit ut cum audientis cor exigentibus culpis omnipotentis Dei gratia non repletur, incassum exterius a prædi-

[c] Turoh., *ipsa occulta judicii mora signari.*
[d] Idem Codex, *quasi tarde.* Bellov. *pro prodire, habet prodere.*

catore moneatur, quia mutum est os omne quod loquitur, si ille interius in corde non clamet, qui aspirat verba quæ audiuntur. Hinc Propheta ait : *Nisi Dominus ædificaverit domum, in vanum laborant qui ædificant eam* (*Psal.* CXXVI, 1). Hinc Salomon dicit : *Considera opera Dei quod nemo possit corrigere quem ille despexerit* (*Eccle.* VII, 14). Nec mirum si a corde reprobo prædicator minime auditur, dum nonnunquam ipse quoque Dominus in his quæ loquitur resistentium moribus impugnatur. Hinc est enim quod Cain et divina voce admoneri potuit, et mutari non potuit, quia exigente culpa malitiæ, jam intus Deus cor reliquerat, cui foris ad testimonium verba faciebat. Bene autem subditur : *Si incluserit hominem, nullus est qui aperiat.* Quia omnis homo per id quod male agit, quid sibi aliud quam conscientiæ suæ carcerem facit, ut hunc animi reatus premat, etiamsi nemo exterius accuset? Qui cum, judicante Deo, in malitiæ suæ cæcitate relinquitur, quasi intra semetipsum clauditur, ne evadendi locum inveniat, quem invenire minime meretur. Nam sæpe nonnulli a pravis actibus exire cupiunt; sed quia eorumdem actuum pondere premuntur, in malæ consuetudinis carcere inclusi, a semetipsis exire non possunt. Et quidam culpas proprias punire cupientes, hoc quod recte se agere æstimant, [a] in graviores culpas vertunt; fitque modo miserabili ut quod exitum putant, hoc inclusionem inveniant. Sic videlicet reprobus Judas (*Matth.* XXVII, 5), cum mortem sibi contra peccatum intulit. 371 ad æternæ mortis supplicia pervenit, et pejus de peccato pœnituit quam peccavit.

13. *Vocanti Deo nemo resistit, relinquenti obviat nemo.*—Dicatur ergo : *Si incluserit hominem, nullus est qui aperiat*, quia sicut nemo obsistit largitati vocantis, ita nullus obviat justitiæ relinquentis. Includere itaque Dei est clausis non aperire. Unde et ad Moysen dicitur de Pharaone : *Ego obdurabo cor ejus* (*Exod.* IV, 21 ; VII, 3). Obdurare quippe per justitiam dicitur Deus, quando cor reprobum per gratiam non emollit. Recludit itaque hominem quem in suorum operum tenebris relinquit. [*Vet. VI.*] [b] Quasi enim aperire hanc inclusionem Isaac primogenito filio voluit, cum hunc fratri præponere benedicendo conatus est (*Genes.* XXVII, 5). Sed filium quem pater voluit Dominus reprobavit, et quem Dominus voluit pater etiam nolendo benedixit (*Ibid.*, XXV, 34), ut qui jam primogenita fratri pro esca vendiderat primogenitorum benedictionem non acciperet, quam ex cupidine gulæ reliquisset : qui terrena ambiens, fugitiva sequens, hæreditare cupiens benedictionem, reprobatus est. Non enim invenit [c] pœnitentiæ locum, quanquam cum lacrymis inquisisset eam, quia videlicet fructum non habent lamenta, quæ student cum gemitu desiderare peritura. Aperire itaque Isaac nec filio potuit,

[a] Vindoc., Norm. et plerique, *in graviora peccata.* Turon., *in gravioribus peccatis vertunt.*
[b] Ita restituimus ex Mss. et vet. Edit. In posterioribus, *quasi enim aperire hanc inclusionem cum Isaac primogenito filio voluit*; hic vitiose redundat *cum.*
[c] Turon., *patientiæ locum.*

quem Deus omnipotens justo judicio in suæ carcere malitiæ inclusit. Sequitur :

CAPUT X [Rec. VI].

VERS. 15.—*Si continuerit aquas, omnia siccabuntur; si emiserit eas, subvertent terram.*

14. *Subtracta prædicatione aut gratia, cor arescit.* —[d] Si aqua scientia prædicationis accipitur, sicut scriptum est : *Aqua profunda, verba ex ore viri* [e] *et torrens redundans fons sapientiæ* (*Prov.* XVIII, 4), cum aqua continetur, cuncta siccantur; quia si scientia prædicatorum subtrahitur, eorum qui viridescere in spe æterna poterant, corda protinus arescunt; ut in desperata siccitate remaneant, dum, fugitiva diligentes, nesciunt sperare mansura. Sin vero aquæ nomine sancti Spiritus gratia designatur, sicut Veritatis voce in Evangelio dicitur : *Qui credit in me, sicut dicit Scriptura, flumina de ventre ejus fluent aquæ vivæ* (*Joan.* VII, 38, 39); ubi statim evangelista subjunxit : *Hoc autem dixit de Spiritu, quem accepturi erant credentes in eum;* congruus in his sermonibus intellectus patet, quibus ait : *Si continuerit aquas, omnia siccabuntur*, quia si sancti Spiritus gratia ab audientis mente subtrahitur, arescit protinus intellectus, qui jam per spem [f] viridescere in audiente videbatur. Quod autem non aquam, sed aquas memorat, pluralitatis appellatione, ad septiformem donorum spiritalium gratiam recurrit, quia quasi tot aquis unusquisque infunditur, quot donis repletur. De quibus apte subjungitur : *Si emiserit eas, subvertent terram.*

15. *Afflante gratia, cor terrena sapiens subvertitur et mutatur.*—Quid enim terra, nisi peccator accipitur, cui per sententiam dictum est : *Terra es, et in terram ibis* (*Genes.* III, 19)? Manet itaque terra immobilis, cum præceptis dominicis peccator obedire contemnit; cum cervicem superbiæ erigit, atque a veritatis lumine oculos mentis claudit. Sed quia scriptum est : *Pedes ejus steterunt, et mota est terra* (*Habac.* III, 6, sec. *LXX*), quia cum veritas in corde figitur, mentis immobilitas agitatur, si sancti Spiritus gratia superno munere juxta vocem prædicantis infunditur, statim terra subvertitur, quia peccatricis mentis duritia ab immobilitatis suæ obstinatione 372 permutatur, ut tantum se postmodum præceptis dominicis flendo subjiciat, quantum superbiendo prius contra Dominum cervicem cordis erigebat. Videas namque quod terra cordis humani, aqua divini muneris infusa, post libenter injurias toleret, quas prius [g] vehementer irrogabat; post etiam sua tribuat, quæ prius et aliena rapiebat; post carnem abstinendo cruciet, quæ prius satietate carnis per mortifera turpitudinum oblectamenta defluebat; post etiam persecutores diligat, quæ prius diligere etiam se amantes nolebat.

[d] Turon., *si aquas scientiam prædicationis accipimus.* Sag. et plur. Norm., *si aqua scientiam prædicationis accipimus.*
[e] Al., *torrens inundans.*
[f] Vindoc., *virescere.*
[g] Norman., *dementer.*

[*Vet. VII.*] Cum igitur mens humana, divino munere infusa, contra hoc quod consueverat agere cœperit, terra subversa est, quia deorsum missa est, quæ prius eminebat, et sursum elevata est facies, quæ prius in profunda premebatur.

16. *Quod in Paulo converso mire elucet.*—Libet in hujus rei exemplo unum e multis ad medium Paulum vocare; qui cum, acceptis contra Christum epistolis, Damascum pergeret, sancti Spiritus gratia in itinere infusus, ab illa sua protinus crudelitate mutatus est; et postmodum plagas pro Christo accepit, quas veniebat inferre Christianis; et qui prius carnaliter vivens, in mortem conabatur sanctos Domini tradere, gaudet postmodum pro vita sanctorum [a] suæ carnis sacrificium inmolare (*I Tim.* I, 15). Illæ crudelitatis ejus frigidæ cogitationes versæ sunt in ardorem pietatis; et qui prius fuit blasphemus et persecutor, humilis post factus est plusque prædicator (*Act.* IX, 1). Qui lucrum maximum putavit, se in discipulis Christum occidere, jam vitam suam Christum æstimat, et mori lucrum (*Philip.* I, 21). Emissa ergo aqua terra subversa est, quia Pauli mens, mox ut sancti Spiritus gratiam accepit, statum suæ immobilitatis atque crudelitatis immutavit. Quod contra per prophetam Dominus contra Ephraim queritur, dicens: *Ephraim factus est subcinericius panis, qui non reversatur* (*Osee* VII, 8). Panis namque subcinericius super se cinerem portans, partem mundiorem deorsum premit, partemque superiorem tanto sordidiorem habet, quanto in ea cinerem tolerat. Mens itaque quæ terrena cogitat quid super se aliud quam cineris molem portat? Sed si reversari voluerit, mundam faciem quam deorsum presserat superius reducit, cum cinerem quem portabat excusserit. Si igitur terrenarum cogitationum cinerem a mente excutimus, quasi panem subcinericium reversamus, ut illa nostra intentio jam postponi debeat, quam prius cogitationis infimæ premebat; et munda facies ad superiora veniat, ut recta nostra intentio molejam terreni desiderii non prematur. Quod nequaquam agere possumus, nisi sancti Spiritus gratia perfundamur, quia videlicet omnipotens Deus si aquas emiserit, subvertent terram. Sequitur:

CAPUT XI [*Vet. VIII*].

VERS. 16.—*Apud ipsum est fortitudo et sapientia.*

17. *In judicio reprobi prius condemnabuntur, quam electi gloria donentur.*—Paulo superius dictum fuerat: *Apud ipsum est sapientia et fortitudo*; nunc autem dicitur: *Apud ipsum est fortitudo et sapientia*. Quia enim omnipotens Deus, cum pietatis suæ mysterio homo factus est, prius mansuetudinis doctrinam protulit, et postmodum in judicio quantæ sit fortitudinis ostendit, recte superius sapientia ante fortitudinem memoratur, cum de Patris Unigenito **373** dicitur: *Apud ipsum est sapientia et fortitudo*. Quia vero ad judicandum veniens in terrore suæ virtutis apparebit, et repulsis reprobis, electis suis in regno perpetuo, qualiter sit sapientia Patris indicabit, recte in subsequenti sententia apud ipsum esse prius fortitudo, et post sapientia dicitur. In verbis itaque prioribus, quibus ait: *Apud ipsum est sapientia et fortitudo*, aperte indicat, quia hoc quod mansuetus edocuit qualiter credendum fuerit, in judicii virtute terribilis ostendet. In verbis vero subsequentibus, quibus ait: *Apud ipsum est fortitudo et sapientia*, luce clarius demonstrat, quod prius in judicio per virtutem reprobos destruit, et postmodum electorum mentibus æterni regni perfecto lumine infulget. Sed quia ante extremi diem judicii judicare quotidie occultis dispositionibus facta mortalium non desistit, ad hoc quod nunc agitur reditur, cum subditur:

CAPUT XII [*Rec. VII*].

VERS. 16, 17.—*Ipse novit et decipientem, et eum qui decipitur. Adducit consiliarios in stultum finem et judices in stuporem.*

18. *Deus iniquorum dolos et scit in examine, et nescit in amore.* — Cum omnis qui proximum suum decipere conatur iniquus sit, et iniquis Veritas dicat: *Non novi vos, discedite a me omnes qui operamini iniquitatem* (*Matth.* VII, 23), qualiter hoc in loco dicitur, quia Dominus decipientem novit? Sed quia scire Dei aliquando cognoscere dicitur, aliquando approbare, et scit iniquum, quia cognoscendo judicat (neque enim iniquum quempiam judicasset si nequaquam cognosceret), et tamen iniquum nescit, quia ejus facta non approbat. Et novit ergo quia deprehendit; et non novit, quia hunc in suæ sapientiæ specie non recognoscit: sicut de veraci quolibet viro dicitur quia falsitatem nesciat, non quia cum vel ab aliis falsum dicitur, hoc reprehendere ignorat, sed eamdem ipsam fallaciam et scit in examine, et nescit in amore, ut videlicet ipse hanc non agat, quam actam ab aliis damnat. Et fit plerumque ut nonnulli insidiis vacantes alienæ vitæ perversitatis suæ laqueos tendant; et cum quis nesciens eisdem laqueis capi conspicitur, utrum hæc divinitus videantur fortasse dubitatur; miranturque homines si hæc Deus videat, cur fieri permittat; sed *ipse novit decipientem et eum qui decipitur*. Novit enim decipientem, quia plerumque anteriora ejus conspicit, et hunc justo judicio cadere etiam in alia peccata permittit. Novit decipientem, quia in manu suorum operum dimissum hunc ut ad pejora proruat deserit, sicut scriptum est: *Qui nocet, noceat adhuc; et qui in sordibus est, sordescat adhuc* (*Apoc.* XXII, 11). Novit quoque et eum qui decipitur, quia sæpe committunt homines mala quæ sciunt, et idcirco permittuntur decipi, ut cadant in mala etiam quæ nesciunt. Quod tamen deceptis aliquando ad purgationem, aliquando vero ad ultionis initium fieri solet.

19. *Stultus finis eorum qui bonum non bona intentione faciunt.* — Adducit autem consiliarios in stultum finem, cum etiam bonum quodlibet non bona intentione faciunt, sed ad temporalis muneris retributionem tendunt. Si enim ipse summi Patris Unigenitus, quia per hoc quod factus est homo æterna

---

[a] Iidem Cod. et Vindoc., *vitam suæ carnis immolare.*

nuntiavit, magni consilii angelus est vocatus, recte consiliarios prædicatores accipimus, qui suis auditoribus consilium vitæ præbent. Sed cum prædicator quisque ideo æterna prædicat, ut temporalia lucra consequatur, profecto in stultum finem **374** deducitur, quia illo per laborem tendit, unde per mentis rectitudinem fugere debuit.

[*Vet. IX, rec. VIII.*] 20. *Eorum qui aliis præsunt nec invigilant, stupor.*— Bene autem subditur : *Et judices in stuporem.* Omnes enim qui examinandis aliorum moribus præsunt recte judices vocantur. Sed cum is qui [a] præest, subjectorum vitam nequaquam sollicite discutit, nec quem qualiter corrigat agnoscit, in stuporem judex deductus est, quia qui judicare male acta debuit, nequaquam ea quæ judicanda sunt deprehendit. Sequitur :

CAPUT XIII.

VERS. 18. — *Balteum regum dissolvit, et præcingit fune renes eorum.*

21. *Deus mentis elationem peccatis carnalibus punit.* — Qui membrorum suorum motus bene regere sciunt, non immerito reges vocantur. Sed cum de ipsa continentia elatione mens tangitur, plerumque omnipotens Deus ejus superbiam deserens, hanc in immunditiam operis cadere permittit. Regum itaque balteum dissolvit, quando in his qui bene regere sua membra videbantur, propter elationis culpam, castitatis in eis cingulum destruit. Quid vero in fune accipitur, nisi peccatum? Sicut per Salomonem dicitur : *Iniquitates suæ capiunt impium, et funibus peccatorum suorum constringitur* (Prov. v, 22). Et quia in renibus carnis delectatio principatur, districtus conscientiarum judex, qui regum balteum dissolvit, fune præcingit renes eorum, quatenus dissoluto castitatis cingulo, scilicet eorum membris delectatio peccati dominetur, ut quos in occulto superbia inquinat, quam sint detestabiles etiam in publico ostendat. Sequitur :

CAPUT XIV [*Rec. IX*].

VERS. 19. — *Ducit sacerdotes inglorios, et optimates supplantat.*

22. *Qui aut curam sibi subditorum negligunt, aut aliud quam æterna præmia requirunt, inglorii.* — Magna sacerdotis gloria est rectitudo subditorum. Unde bene egregius prædicator discipulis dicit : *Quæ enim est nostra spes, aut gaudium, aut corona gloriæ? nonne vos ante Dominum* (I *Thess.* II, 19)? Sed cum sacerdotes vitam discipulorum negligunt, et nullum de eorum provectibus ante Dominum fructum ferunt, quid aliud quam inglorii dicuntur? quia ante districtum judicem nimirum gloriam tunc non inveniunt, quam modo in subditorum suorum moribus prædicationis studio non exquirunt. Bene autem dicitur : *Et optimates supplantat,* quia cum mentem regen-

[a] Turon., *qui potest.*
[b] Vindoc., *in æternum retributionis præmium non requiritur.*
[c] Turon., Norm. et plerique, *quia dum futura cœlestis patriæ præmia.*
[d] Corrupte, ut credimus, in Vindoc., *unde etiam*

tium justo judicio deserit, hæc [b] internum retributionis præmium non requirit; et in eo supplantatur, quo fallitur, ut pro æterna gloria de principatu temporali gratuletur: Supplantantur igitur optimates, [c] quia dum vera cœlestis patriæ præmia negligunt, in suis hic voluptatibus cadunt. Sequitur :

CAPUT XV.

VERS. 20. — *Commutans labium veracium, et doctrinam senum auferens.*

23. *Deus veritatis verbum facientibus tribuit, non facientibus tollit.* — Cum sacerdos non agit bona quæ loquitur, ei etiam sermo subtrahitur, ne loqui audeat quod non operatur, sicut per Prophetam dicitur : *Peccatori autem dixit Deus : Quare tu enarras justitias meas, et assumis testamentum meum per os tuum* (Psal. XLIX, 16)? [d] Unde etiam deprecatur, dicens : *Et ne auferas de ore meo verbum veritatis usquequaque* (Psal. CXVIII, 43). Perpendit namque quod omnipotens Deus veritatis verbum facientibus tribuit, et non facientibus tollit. Qui ergo hoc [e] de ore suo non auferri petit, quid aliud quam gratiam bonæ operationis quæsivit? Ac si aperte diceret : A bono opere errare me non sinas, ne dum amitto ordinem bene vivendi, rectitudinem perdam loquendi. [*Vet. X.*] Et plerumque doctor qui docere audet **375** quod negligit agere, cum desierit bona loqui quæ operari contempsit, docere subjectos incipit prava quæ agit, ut justo omnipotentis Dei judicio, in bono jam nec linguam habeat, qui habere bonam vitam recusat, [f] quatenus cum mens ejus terrenarum rerum amore incenditur, de terrenis rebus semper loquatur. Unde in Evangelio Veritas dicit : *Ex abundantia cordis os loquitur : Bonus homo de bono thesauro profert bona, et malus homo de malo thesauro profert mala* (*Matth.* XII, 34; *Luc.* VI, 45). Hinc etiam Joannes ait : *Ipsi de mundo sunt, ideo de mundo loquuntur.* Bene ergo dicitur : *Commutans labium veracium, et doctrinam senum auferens* (I *Joan.* IV, 5), quia hi qui prius cœlestia prædicando veraces erant, dum temporalia diligentes, [g] ad terrena corruunt, labium veracium commutatur, et senum doctrina tollitur, quia diligentes temporalia priorum suorum præcepta minime sequuntur, ut locum regiminis quasi ad fructum voluptatis teneant, non ad usum laboris.

24. *Judæi Christum quem venturum dixerant, negarunt præsentem.* — Quod tamen apertius de Judæis valet intelligi, qui ante incarnationem Domini veraces fuerunt, quia hunc venturum esse crediderunt, atque nuntiaverunt; sed postquam in carne apparuit, hunc esse negaverunt. Labium itaque veracium mutatum est, quia quem venturum dixerant negaverunt præsentem. Et doctrina senum ablata est, quia nequaquam [h] ea credendo secuti sunt quæ patres suos prædixisse meminerunt. Unde etiam Elia veniente promittitur quod reducat corda filiorum ad patres eorum prædicator dicit.

[e] Iidem Vindoc., mendose, *de corde suo.*
[f] In iisdem Vindoc., *terrenarum rerum amaritudini intendit.* Ebroic., *amori intendit.*
[g] Turon., *ad terrena currunt.*
[h] Vindoc., *ea credenda secuti sunt.*

(*Malac.* IV, 6), ut doctrina senum quæ nunc a Judæorum corde ablata est tunc miserante Domino redeat, quando hoc intelligere de Domino cœperint filii quod prædicaverunt patres. Sin vero senes eosdem quoque Judæos accipimus, qui, suadente perfidia, Veritatis verbo contraire conati sunt, doctrina senum ablata est postquam hanc Ecclesia ex gentibus videlicet juvencula accepit, quæ per Psalmistam dicit: [a] *Super seniores intellexi* (*Psal.* CXVIII, 100). Quam quia operando tenuit, qualiter super seniores intellexerit ostendit, dum protinus subdit, dicens : *Quia mandata tua exquisivi.* Quia enim studuit operando implere quod didicit, accepit intelligere quod doceret. Unde adhuc apte subditur :

CAPUT XVI.

Vers. 21. — *Effundit despectionem super principes,* [b] *et eos qui oppressi fuerant relevans.*

25. *Judæi propter infidelitatem despecti. Gentiles ob fidem a casu erecti.* — Cum enim Judæorum populus in legis mandato permaneret, et cuncta gentilitas nulla Dei præcepta cognosceret, et illi per fidem principari viderentur, et isti in profundo pressi jacuerunt per infidelitatem. Sed cum incarnationis Dominicæ mysterium Judæa negavit, gentilitas credidit, et principes in despectionem ceciderunt, et hi qui oppressi in culpa perfidiæ fuerant in veræ fidei libertatem levati sunt. Hunc vero Israëlitarum casum longe ante Jeremias intuens ait : *Factus est Dominus velut inimicus, præcipitavit Israel;* [c] *præcipitavit omnia mœnia ejus, dissipavit munitiones ejus* (*Thren.* II, 5). Mœnia autem in urbibus [d] pro ornamento sunt, munitiones vero in defensionem. [*Vet. XI.*] Et alia sunt dona quæ nos muniunt, alia quæ ornant. Prophetica quippe doctrina, genera linguarum, curationum virtus, quasi quædam mœnia mentis sunt. [e] Quæ etsi quisque non habeat, stare munitus per fidem et justitiam **376** potest, quamvis ornatus virtutum altitudine minime esse videatur. Spes vero, fides, et charitas, non nostra mœnia, sed munitiones sunt ; quæ si habere negligimus, hostilibus insidiis patemus. De Judæa ergo, quia prophetiam atque doctrinam, vel miraculorum signa abstulit, mœnia præcipitavit. Quia vero spem, fidem atque charitatem propter ejus duritiam auferri permisit, munitiones ejus dissipare studuit. Rectus vero ordo servatus est, ut prius mœnia, et post munitiones dissipatæ dicerentur, quia cum peccatrix anima relinquitur, prius ab ea virtutum dona, quæ ad manifestationem spiritus data sunt, et postmodum spei, fidei atque charitatis fundamenta destruuntur. Quæ cuncta Dominus a perfidis ablata, gentilitati tribuit, atque ex his quæ infidelibus abstulit mentes fidelium ornavit. [f] Unde scriptum est : *Et speciei domus dividere spolia* (*Psal.*

A LXVII, 13). Cum enim virtutum spolia a Judæis abstulit, domui cordis gentilium, quam per fidem inhabitare dignatus est, speciem donorum dedit. Quod videlicet gestum est, cum verba Dei, et Judæorum populus ad solam litteram quæ occidit acciperet, et conversa gentilitas per spiritum qui vivificat penetraret. Unde mox subditur:

CAPUT XVII [*Rec. X*].

Vers. 22. — *Qui revelat profunda de tenebris, et producit in lucem umbram mortis.*

26. *Christus occulta revelavit, et in lucem umbram mortis mutavit.* — Cum enim quæque mystica de occultis prophetarum verbis a credentibus agnoscuntur, quid aliud quam profunda de tenebris revelantur ? Unde ipsa quoque Veritas discipulis in parabolis loB quens, ait : *Quod dico vobis in tenebris, dicite in lumine* (*Matth.* x, 27). Cum enim mysticos allegoriarum [g] nodos per explanationem solvimus, in lumine dicimus quod in tenebris audivimus. Umbra autem mortis erat legis duritia, quæ unumquemque peccantem morte corporis [h] puniri sanciebat. Sed postquam Redemptor noster asperitatem legalis sanctionis per mansuetudinem temperavit, nec jam pro culpa mortem carnis inferri constituit, sed mors spiritus quantum timenda esset indicavit, in lucem procul dubio umbram mortis produxit. [*Vet. XXII.*] Ista enim mors in qua caro separatur ab anima umbra illius mortis est in qua anima separatur a Deo. In lucem ergo umbra mortis producitur, cum, intellecta morte spiritus, mors carnis minime timetur.
C Quod tamen et aliter intelligi potest. Principes etenim non immerito vocantur qui magno consilii judicio suis cogitationibus semper principantur, omnesque stultos motus potestate sapientiæ comprimunt. Sed sæpe contingit ut in occulto animus de ipsa sua sapientia in elationis fastum sublevetur, et sub eis vitiis corruat, de quibus se victorem fuisse gaudebat. Recte ergo dicitur : *Effundit despectionem super principes.* Sed quia nonnunquam hi qui in vitiis jacere videntur ad pœnitentiæ lamenta currunt, seque contra culpas quibus subjacebant erigunt, apte subjungitur : *Et eos qui oppressi fuerant, relevans.* Nonnulli enim superno illustrati munere, aspiciunt in quanta peccatorum suorum turpitudine jacent, factorum maculas lacrymis lavant, et sub se postmodum carnis suæ motus deprimunt, a quibus ante premebantur.

377. 27. *Magna Dei dispensatione omnia hic habentur incerta.* — Quid nimirum magna omnipotentis Dei dispensatione agitur, ut videlicet in hac vita omnia habeantur incerta, et nullus ex habita castitate superbiat, quia *effundit despectionem super principes.* Nullus ex vitiorum suorum depressione desperet, quia *eos qui oppressi fuerant relevat.* Et quoniam cum

---

[a] Bigot., Sag. et alii Norm. cum Vindoc., *super senes intellexi.*
[b] Lyr. et Big., *relevat.* Ita quoque nunc in Utic. antiqua manu castigato. Turon., *Effundet despect... et eos qui oppressi sunt elevans.*
[c] Bellovac., Utic. et alii Norm., *præcipitavit mœnia ejus;* deest *omnia.*

[d] Vindoc., *in ornamento sunt.*
[e] Plurimi, *quæ etsi quis non habeat.*
[f] Utic. et alii Norm., *unde et scriptum est : species domus dividere spolia.*
[g] Gussanv., *modos.*
[h] Vindoc., *puniri sentiebat,* sed minime probantur.

hæc aguntur ex occultis Dei consiliis super unumquemque sententia aperta producitur, recte subjungitur : *Et revelat profunda de tenebris.*

28. *Deus in occultis suis judiciis omnia videt nec videtur.* — Profunda enim de tenebris Dominus revelat quando apertam sententiam ex occultis suis consiliis indicat, ut de unoquoque quæ sentiat ostendat. Quia enim videt nunc Creator omnia, et ipse in consiliis non videtur, recte de illo per Psalmistam dicitur : *Posuit tenebras latibulum suum (Psal.* xvii, 12). Sed quasi de istis tenebris ad lumen exit, quando quid de uniuscujusque actibus sentiat ostendit. Et quia cum is qui peccatorum suorum pondere premebatur ad rectitudinis statum ducitur, prius ipsam mortem conspicit, in qua et deficere consueverat, et hanc considerare nesciebat, recte additur : *Et producit in lucem umbram mortis.* Umbra enim mortis est prava operatio, quæ de imitatione antiqui hostis, quasi de corporis lineamentis exprimitur. De quo etiam sub cujusdam significatione dicitur : *Et nomen illi mors (Apoc.* vi, 8). Et plerumque ejus maligna cogitatio mentes hominum latet, atque per hoc quod nescitur amplius prævalet. Umbra ergo mortis in lucem producitur dum sanctorum mentibus maligna operatio antiqui hostis, ut destrui possit, aperitur. Sequitur :

Vers. 23. — *Qui multiplicat gentes, et perdit eas, et subversas in integrum restituit.*

29. *Occultis Dei judiciis alii cadunt, alii resurgunt.* — Intelligi fortasse valet quoniam gentes Dominus multiplicat et perdit, quia nascuntur [a] quotidie morituri; et subversas in integrum restituit, quia resurgent qui fuerint mortui. Quod tamen melius accipimus si hoc qualiter in earum mente agitur sentiamus. Multiplicat enim gentes et perdit, quia eas et per fecunditatem sobolis extendit, et tamen in propria infidelitate derelinquit. Sed subversas in integrum restituit, quia quas in infidelitatis casu reliquerat quandoque ad fidei statum reducit. Quibus videlicet in mentis integritate restitutis, antiquus ille populus, qui fidelis Deo esse videbatur, reprobatus, corde repulsus est, ut sua perfidia deceptus contra ipsum post insurgeret quem ante prædicavit. Sequitur :

CAPUT XIX.

Vers. 24, 25. — *Qui immutat cor principum populi terræ, et decipit eos, ut frustra incedant per invium. Palpabunt quasi in tenebris, et non in luce, et errare eos faciet quasi ebrios.*

30. *Judæorum obcæcatio erga Christum humana quidem patientem, sed divina ostendentem.* — Cor enim principum terræ immutatum est cum in Judæa summi sacerdotes et seniores populi illi conabantur suo consilio obsistere quem prius venturum esse prædicabant. Cumque ejus nomen persequendo molirentur exstinguere, decepti sua malitia, incedere per invium frustra conabantur, quia crudelitati eorum patere via non poterat contra auctorem omnium, miracula cernebant, [b] virtute terrebantur ; sed, credere renuentes, adhuc signa quærebant, cum dicerent : *Quod ergo* 378 *tu facis signum, ut videamus et credamus tibi? quid operaris (Joan.* vi, 30)? Bene itaque dicitur : *Palpabunt quasi in tenebris, et non in luce.* Qui enim inter tot aperta miracula trepidat, quasi in tenebris palpat, quia quod tangit non videt. Omnis vero qui errat, nunc huc, nunc illuc ducitur. Et quia aliquando ostendebantur credere, cum dicerent : *Nisi esset hic a Deo, non poterat facere quidquam (Joan.* ix, 33); aliquando vero hunc a Deo esse negabant, cum despicientes dicerent : *Nonne hic est fabri filius? nonne* [c] *mater ejus dicitur Maria, et fratres ejus Jacobus, et Joseph, et Simon, et Judas, et sorores ejus nonne omnes apud nos sunt (Matth.* xiii, 55)? recte subjungitur : *Et errare eos faciet quasi ebrios.* [*Vet. XIV.*] Videbant quippe eum et suscitare mortuos, et tamen esse mortalem. Quis non crederet Deum, quem conspiciebant suscitare mortuum? Sed rursum cum hunc mortalem conspicerent, despiciebant credere hunc esse immortalem Deum. Per hoc ergo quod omnipotens Deus talem se eorum oculis exhibuit, qui posset et divina ostendere, et humana pati, errare eos quasi ebrios fecit, ut eorum superbia, quæ incarnationis ejus mysterium despicere maluit quam sequi, et contra humanitatem ejus se extolleret, [d] *et intus lucentem Deitatis ejus potentiam miraretur.* Quæ cuncta quia beati Job oculis præsentia per prophetiæ spiritum facta sunt, recte subjungitur :

CAPUT XX [*Rec. XII*].

Cap. xiii. Vers. 1. — *Ecce omnia.*

31. *Job prophetiæ spiritu pollebat.* — In illo enim quæ secutura erant videbat assistentia, cui nec futura veniunt, nec præterita discedunt, sed cuncta simul ante ejus oculos assistunt. Et quia ea ipsa quæ ventura erant, alia esse vidit in operibus, alia in dictis, recte subjungitur, — Ibid. : — *Et vidit oculus meus, et audivit auris mea.* Sed utilitatem dicta non habent, si intellectu carent. Unde apte subditur, — Ibid. : — *Et intellexi singula.* Cum enim aliquid ostenditur, vel auditur, si intellectus non tribuitur, prophetia minime est. Vidit namque Pharao per somnium quæ erant Ægypto ventura (*Genes.* xli, 2, seq.); sed quia nequivit intelligere quod vidit, propheta non fuit. Aspexit Balthasar rex [e] *articulos manus scribentis in pariete (Dan.* v, 5); sed propheta non fuit, quia intellectum rei quam viderat non accepit. Ut igitur beatus Job prophetiæ spiritum se habere testetur, non solum vidisse se et audisse sed

---

[a] Norm. et plur., *quia nascuntur quotidie et moriuntur,* etc.

[b] Bellov. et Norm., *virtutes mirabantur, terrebantur, sed credere renuentes adhuc signa requirebant.*

[c] Vindoc., *mater ejus Maria, et fratres ejus Jacobus et Joannes, Simon et Judas, et sorores,* etc. Vel, *nonne hic est faber filius Mariæ, frater Jacobi et Joseph, et Judæ et Simonis, et sorores ejus hic nobiscum sunt?* In Norm., *fratres ejus Jacob,* etc.

[d] Bellov. et Norm., *et inter lucentem Deitatis ejus potentiam,* etc.

[e] Vindoc., Sag. et alii Norm., *articulum manus.*

etiam intellexisse omnia asserit. De quo intellectu quia non extollitur, subjuncta ejus verba testantur cum ait:

CAPUT XXI.

VERS. 2. — *Secundum scientiam vestram et ego novi,* ª *nec inferior vestri sum.*

32. *Hoc accepto dono non intumuit.* — Quibus videlicet dictis innotuit quantae humilitatis fuit qui se eis inferiorem ᵇ negat, quorum longe vitam sancte vivendo transcenderat. Nam et secundum eorum scientiam se nosse confirmat, qui, sciendo coelestia, eorum terrenas cogitationes per prophetiae quoque spiritum transibat. Sequitur :

CAPUT XXII [Rec. XIII].

VERS. 3. — *Sed tamen ad Omnipotentem loquar, et disputare cum Deo cupio.*

33. *Qui Deo in prece nunc familiaris est, cum ipso postmodum judicabit.* — Cum Omnipotente loquimur dum ejus misericordiam deprecamur; cum eo vero disputamus dum, nos illius justitiae conjungentes, facta nostra subtili indagatione discutimus. Vel certe cum Deo disputare est eum qui hic ejus praeceptis paruit cum illo postmodum ad judicandos populos judicem venire, sicut cunctis relinquentibus praedicatoribus dicitur : *Vos qui secuti estis me, in regeneratione cum sederit Filius hominis in sede majestatis suae, sedebitis et vos* ᶜ *super duodecim thronos, judicantes duodecim tribus Israel* (*Matth.* XIX, 28). Unde et per Isaiam Dominus dicit : *Eripite injuriam accipientem, judicate pupillo, et justificate viduam, et venite, disputemus* (*Isai.* I, 17). Rectum quippe est ut cum Deo ᵈ de pupillis in judicio disputent, qui ad verba Dei praesens saeculum perfecte derelinquunt. Loqui ergo ad orationem; disputare ad judicium pertinet. Vir igitur sanctus, modo ad Omnipotentem loquitur, ut cum Omnipotente postmodum disputet, quia ille cum Deo postmodum judex venit, qui hic ei modo in prece familiaris exstiterit. Sed sancta Ecclesia, cujus saepe jam beatum Job speciem tenere praediximus (*Maxime in praefat., c. 6 et seq.*); non solum tunc de iniquis judicat, cum ultimi judicii dies advenerit, sed nunc etiam de cunctis prave agentibus, vel stulte sentientibus judicare non cessat. Unde et subditur :

CAPUT XXIII [Vet. XV].

VERS. 4. — *Prius vos ostendens fabricatores mendacii, et cultores perversorum dogmatum.*

34. *Haeretici fabricatores mendacii.* — Quibus videlicet verbis aperte ostenditur quod amici ejus quasi ex haereticorum specie sancti viri judiciis adversantur. Liquet enim quia catholicorum figuram non teneant qui cultores perversorum dogmatum vocantur. Qua in re hoc quoque oportet intendi quod mendacii fabricatores dicuntur. Sicut enim aedificium lapi-

dibus, ita mendacium sermonibus fabricatur. Ubi enim non dolosa locutio, sed sensus veritatis est, quasi munita moles non ex fabrica, sed ex natura consurgit. Sequitur :

CAPUT XXIV.

VERS. 5. — *Atque utinam taceretis, ut putaremini esse sapientes.*

35. *Occultandae stultitiae utile silentium.* — Sicut clausa janua in domo quae intus membra lateant ignoratur, sic plerumque stultus, si tacuerit, utrum sapiens sit, an stultus, absconditur, si tamen nulla alia opera prodeant quae sensum etiam tacentis loquantur. Sanctus igitur vir amicos suos aspiciens velle apparere quod non erant, eos ad tacendum admonuit, ne possent apparere quod erant. Unde et per Salomonem dicitur : *Stultus, si tacuerit, sapiens putabitur* (*Prov.* XVII, 28). Sed quia stultus, cum loquitur, per hoc quod sua infert sapientium verba pensare non sufficit, recte adhuc, postquam silentium indixit, adjungit

CAPUT XXV.

VERS. 6. — *Audite ergo correptiones meas, et judicium labiorum meorum attendite.*

36. *Stultis correptio necessaria.* — Bene autem prius correptionem, et postmodum judicium intulit, quia nisi per correptionem prius tumor stulti deprimatur, nequaquam per intelligentiam judicium justi cognoscitur. Sequitur :

CAPUT XXVI.

VERS. 7. — *Nunquid Deus indiget vestro mendacio, ut pro illo loquamini dolos?*

37. *Veritas fulciri non quaerit auxilio falsitatis.* — Deus mendacio non eget, quia veritas fulciri non quaerit auxilio falsitatis. Haeretici autem, quia ea quae prave de Deo intelligunt ex veritate tueri non possunt, quasi ad probandum radium luminis umbram falsitatis requirunt. Et pro eo dolos loquuntur, dum infirmas mentes in intellectu illius stulta seductione decipiunt. Sequitur :

CAPUT XXVII.

VERS. 8. — *Nunquid faciem ejus accipitis, et pro Deo judicare nitimini?*

38. *Stulti tanto severius de alienis judicant, quanto sua profundius ignorant.* — Stulti cum prudentium facta conspiciunt, haec eis omnia reprehensibilia esse videntur; qui, suae imperitiae atque infirmitatis obliti, tanto intentius de alienis judicant, quanto sua profundius ignorant. [*Vet. VXI.*] At contra justi cum pravorum facta redarguunt, semper suae infirmitatis conscii, eos etsi exterius saeviendo, tamen interius compatiendo reprehendunt, quia illius solius est peccata hominum sine compassione discutere, qui ex naturae suae omnipotentia ignorat peccare. Quia igi-

---

ª Sag., Big., Lyr., *nec inferior vobis sum.* Ita quoque nunc exstat in Utic. antiqua manu correcto.
ᵇ Vindoc., *non negat.* Lectio haec repugnat textui Job, *nec inferior vestri sum.*
ᶜ In Mss. Norm., *super sedes duodecim,* verum correctionis factae in Utic. certa sunt argumenta.
ᵈ Ita legendum esse vix dubitari potest; et tamen in Utic. aliisque Norm., Bellov., Turon. et al. Gussanv. visis, unanimiter legitur *de populi*

tur amici beati Job ita ejus facta reprehenderant ac si in se ipsi reprehensibile nihil haberent, recte nunc dicitur : *Nunquid faciem ejus accipitis, et pro Deo judicare nitimini?* Faciem quippe ejus accipere ª est auctoritatem illius in judicio sumere; et quasi pro Deo judicare nititur, qui, cum infirma quæque in altero reprehendit, apud se introrsus per compassionem non infirmatur. Sequitur :

CAPUT XXVIII.

VERS. 9. — *Aut placebit ei quem* ᵇ *celare nihil potest; aut decipietur, ut homo, vestris fraudulentiis?*

39. *Hæretici Deum, dum defendere fingunt, offendunt.* — Fraudem Deo hæretici exhibent, quia ea astruunt quæ nequaquam ipsi pro quo loquuntur placent; eumque dum quasi defendere nituntur offendunt, dum ᶜ in adversitate ejus corruunt cui videntur ex prædicatione famulari. Unde et per Psalmistam dicitur : *Ut destruas inimicum et defensorem* (*Psal.* VIII, 3). Omnis quippe hæreticus omnipotenti Deo inimicus et defensor est, quia unde hunc quasi defendere nititur, inde veritati illius adversatur. Quia autem latere Deum nihil potest, ᵈ hoc in eis judicat quod intus sentiunt, non quod famulari foris videntur. Quia igitur eorum fraudulentiis Deus ut homo non fallitur, recte subjungitur :

CAPUT XXIX.

VERS. 10, 11. — *Ipse vos arguet, quoniam in abscondito faciem ejus accipitis. Statim ut se commoverit, turbabit vos, et terror ejus irruet super vos.*

40. *Qua pœna digni qui veritatem agnitam impugnant.* — Hoc, quod in abscondito accipi asserit faciem Dei, duobus modis valet intelligi. Sunt namque nonnulli qui et veritatem in corde sentiunt, et tamen quæ falsa sunt de Deo foris loquuntur. Ne enim vinci videantur, et cognoscunt veritatem interius, et tamen hanc exterius impugnant. Unde et nunc bene dicitur : *Ipse vos arguet, quoniam in abscondito faciem ejus accipitis.* Ac si aperte diceretur : Tanto magis de falsitate apud eum estis reprehensibiles, quanto et apud vosmetipsos quod verum est videtis. Et sunt nonnulli qui quando ad mentem redeunt, Dei justitiam et rectitudinem contemplantur, et orando ac flendo contremiscunt; sed postquam contemplationis hora transierit, sic audaces ad iniquitates redeunt ac si, post dorsum ejus positi, a justitiæ ejus lumine minime videantur. Hi itaque apud se in abscondito quasi corporaliter videntem accipiunt faciem Dei, quia ei et cum præsentes fiunt blandiuntur fletibus, et cum quasi a conspectu illius recedunt moribus detrahunt. Qui tanto amplius de malis suis 381 feriendi sunt, quanto et in occulto cogitationis recta Dei judicia cognoscunt. [*Vet. XVII.*] Unde et subditur : *Statim ut se commoverit, turbabit vos; et terror ejus irruet super vos.*

41. *Justi Deum metuunt antequam iratum experiantur.* — Cum sit naturæ incommutabilis omnipotens Deus, in ira judicii perturbabilis non est. Sed humano verbo motus Dei dicitur ipsa rectitudinis ejus districtio, qua humana pravitas feritur. Justi autem viri ante Deum metuunt quam ejus contra eos ira moveatur; et ne commotum sentiant, tranquillum timent. At contra perversi, tunc jam feriri pertimescunt; cum feriuntur; eosque tunc terror ejus a somno sui torporis exsuscitat, cum vindicta perturbat. Unde et per prophetam dicitur : *Et tantum sola vexatio intellectum dabit auditui* (*Isai.* XXVIII, 19). Cum enim de præceptis Dei contemptis atque despectis verberari per vindictam cœperint, tunc intelligunt quod audierunt. Et Psalmista ait : *Cum occideret eos, tunc inquirebant eum* (*Psal.* LXXVII, 34). Bene itaque dicitur : *Statim ut se commoverit, turbabit vos; et terror ejus irruet super vos*, quia reproborum cordibus non timor requiem, sed pœna timorem parit. Sequitur :

CAPUT XXX [*Rec. XIV*].

VERS. 12. — *Memoria* ᵉ *vestra comparabitur cineri.*

42. *Superborum memoria cineri a vento rapto comparatur, et luto.* — Omnes qui cogitatione terrena huic sæculo conformantur per omne quod agunt huic mundo relinquere sui memoriam conantur. Alii bellorum titulis, alii altis ædificiorum mœnibus, alii disertis doctrinarum sæcularium libris instanter elaborant, sibique memoriæ nomen ædificant. Sed cur ipsa ad finem celerius vita percurrat, quid in ea fixum stabit, quando et ipsa celeriter mobilis pertransit? Aura etenim cinerem rapit, sicut scriptum est : *Non sic impii, non sic, sed tanquam pulvis, quem projicit ventus a facie terræ* (*Psal.* I, 4). Recte ergo stultorum memoria cineri comparatur, ᶠ quia illic ponitur, ubi ab aura rapiatur. Quantumlibet etenim quisque pro perficienda gloria sui nominis elaboret, memoriam suam quasi cinerem posuit, quia hanc citius ventus mortalitatis rapit. Quo contra de justo scriptum est : *In memoria æterna erit justus* (*Psal.* CXI, 4). Eo ipso enim, quo facta sua solius Dei oculis imprimit, nomen suæ memoriæ in æternitate figit. Sequitur :

CAPUT XXXI.

IBID. — *Et redigentur in lutum cervices vestræ.*

43. Sicut per oculum visus, sic per cervicem solet superbia designari. Cervix itaque in lutum redigitur, cum superbus quisque humiliatur in morte, et elata caro tabescit in putredine. Intueamur enim qualia in sepulcris jaceant divitum cadavera, quæ illa in ex-

---

ª Big. et Lyr., *est auctoritatis illius judicium sumere.*
ᵇ Turon., *celari.*
ᶜ Id est *in adversando ei.* Sensum hujus vocis jam non semel explicuimus. Erui facile potest ex seq., ubi hæreticus dicitur simul *inimicus*, seu adversarius, et defensor Dei, *quia*, inquit Gregorius, *unde hunc quasi defendere nititur, inde veritati illius adversatur.*
ᵈ Vindoc., Utic., aliique Norm., ita legendum esse nobis persuadent, non *hoc in eis indicat*, ut habetur in Edit. tum vetust. tum recentioribus.
ᵉ Norm., *Memoria vestri.*
ᶠ Vindoc., *quia illic ponitur.*

stincta carne sit imago mortis, ª quæ tabes corruptionis. Et certe ipsi erant qui extollebantur honoribus, habitis rebus tumebant, despiciebant cæteros, et quasi solos se esse gaudebant; et dum non perpenderent quo tendebant, nesciebant quid erant. Sed in lutum cervix redacta est, quia despecti jacent in putredine, qui tumebant in vanitate. In lutum cervix redigitur, quia quantum carnis potentia valeat, tabes corruptionis probat. Sequitur :

CAPUT XXXII.

VERS. 13. — *Tacete paulisper, ut loquar quodcunque mihi mens suggesserit.*

44. *Qui carnaliter loquuntur, ad silentium sunt revocandi.* — Sensu carnis locutos indicat, quos idcirco ad silentium restringit, ut ea quæ illi mens suggesserit, dicat. Ac si aperte dicat : Non ego carnaliter, sed spiritaliter loquor, quia per sensum ᵇ spiritus 382 audio quæ per ministerium corporis profero. Unde mox ad alta conscendit, ᶜ seque in mysteriis elevat, et increpationem quam protulerat ad mystica verba permutat, dicens :

CAPUT XXXIII [Vet. XVIII, Rec. XV].

VERS. 14. — *Quare lacero carnes meas dentibus meis, et animam meam porto in manibus meis ?*

45. *Justi leviora delicta magnis cruciatibus in se puniunt.* — In Scriptura sacra dentes aliquando sancti prædicatores, aliquando vero interni accipi sensus solent. De sanctis enim prædicatoribus, sponsæ dictum est : *Dentes tui sicut greges tonsarum, quæ ascenderunt de lavacro* (Cant. IV, 2). Unde et uni eorum ostensis in figura gentibus dicitur : *Macta et manduca* (Act. X, 13); id est, ᵈ vetustatem earum contere, et in corpus Ecclesiæ, videlicet in tua membra, converte. Rursum quia dentes interiores sensus accipi solent, Jeremias propheta testatur, dicens: *Fregit ad numerum dentes meos* (Thren. III, 10). Per dentes etenim cibus frangitur, ut glutiatur. Unde non immerito in dentibus internos sensus accipimus, qui singula quæ cogitant quasi mandunt et comminuunt, atque ad ventrem memoriæ transmittunt. Quos propheta ad numerum fractos dicit, quia juxta mensuram uniuscujusque peccati intelligentiæ cæcitas generatur in sensibus, et secundum quod quisque egit exterius, in eo obstupescit quod de internis atque invisibilibus intelligere potuit. Unde recte etiam scriptum est : *Omnis homo qui comederit uvam acerbam, obstupescent dentes ejus* (Ezech. XVIII, 2; Jerem. XXX, 30). Quid namque uva acerba nisi peccatum est? Uva quippe acerba est fructus ante tempus. Quisquis enim præsentis vitæ delectationibus satiari desiderat quasi fructus ante tempus comedere festinat. Qui igitur uvam acerbam comedit, dentes ejus obstupescunt, quia qui præsentis mundi delectatione pascitur, in-

terni ejus sensus ligantur, ut jam spiritalia mandere, id est intelligere nequeant, quia unde in exterioribus delectati sunt, inde in intimis obstupescunt. Et dum peccato anima pascitur, panem justitiæ edere non valet, quoniam ligati dentes, ex peccati consuetudine, justum quod intus sapit edere nequaquam possunt. Hoc igitur loco, quia dentes, ut diximus, internos sensus accipimus, considerare magnopere quid agere justi soleant debemus. Qui plerumque, si qua in se quamlibet leviter carnalia esse deprehendunt, hæc, in internis sensibus retractantes, vehementer in semetipsis insequuntur, afflictione se conterunt, magnisque cruciatibus vel minima in se prava dijudicant, atque hæc per pœnitentiam damnant. Quod idcirco agunt, ut in conspectu æterni judicis et ipsi inveniri, in quantum est possibile, irreprehensibiles debeant, et hi qui eos sic se judicare conspiciunt emendare semetipsos a culpis gravioribus inardescant. Quod videlicet beatus Job coram amicis suis temporalem gloriam tenentibus, et transeuntia bona laudantibus, fecerat; sed tamen eorum sensum ad cognoscendam utilitatem flagelli sui perducere non valebat, ut scilicet pensare possent quod non solum prospera omnipotens Deus tribueret, sed nonnunquam etiam adversa propitius irrogaret. Unde bene nunc dicit : *Quare lacero carnes meas dentibus meis?* Ac si aperte dicat : Cur internis sensibus carnalia, si qua fuerint in me facta, discutio, si meis spectatoribus prodesse non possum? Ubi et apte subditur : *Et animam meam porto in manibus meis.*

383 [Vet. XIX, Rec. XVI.] 46. *Non solum profectum suum, sed ædificationem proximi in omnibus quærunt.* — Animam in manibus portare est intentionem cordis in operatione ostendere. Habent namque hoc justi proprium ut in omne quod dicunt atque omne quod agunt, non solum provectum suum, sed etiam proximorum ædificationem quærant. Et aliquando in quibusdam semetipsos dijudicant, ut pigros auditores ad considerandos semetipsos revocent. Aliquando bona opera ostendunt, ut spectatores eorum erubescant non imitari quod vident. Nam scriptum est : *Videant vestra bona opera, et glorificent Patrem vestrum, qui est in cœlis* (Matth. V, 16). Qui igitur intentionem suam per opera insinuat, animam suam in manibus portat. Sed cum justus quisque nec se dijudicando, nec bona opera ostendendo, utilitati proximorum proficit, per hoc quod egerit, ad verba doloris redit. Unde recte nunc dicitur : *Quare lacero carnes meas dentibus meis, et animam meam porto in manibus meis?* Id est, cur me vel districte coram hominibus dijudico, vel quid appetam in opere ostendo, si utilitati proximorum nec mala dijudicando, nec bona ostendendo proficio? Sed tamen justi etiam, cum hæc dicunt, nunquam ᵉ a præbendo proximis bono quoque sic modo legitur; sed additæ sunt manu recentiori voces, *dente,* et *sanctæ.*

ª Vindoc., *quæ tabescit in corruptione;* fortasse legendum *quæ tabes sit,* etc.
ᵇ Bigot., *semper audio.*
ᶜ Omnes Norm., *seque in mysteria elevat.* Olim in Utic. legebatur, *in mysteriis.*
ᵈ Sag., Lyr., Big., Ebroic., *vetustatem earum dente contere, et in corpus sanctæ Ecclesiæ,* etc. In Utic
ᵉ Norm., *ad præbenda proximis bona exempla deficiunt.* In Utic., antequam castigaretur, legebatur *a præbendo... exemplo,* etc. Turon., *a præbendo... bona exempla,* etc.

exemplo deficiunt. Unde adhuc coram amicis suis beatus Job virtutem patientiæ exhibens et ostendens ait :

CAPUT XXXIV [Rec. XVII.]

VERS. 15. — *Etiamsi occiderit me, in ipso sperabo.*

47. *Justus Deum etiam in adversis laudat.* — Nunquam est patientiæ virtus in prosperis. Ille autem vere est patiens, qui et adversis atteritur, [a] et tamen a spei suæ rectitudine non curvatur. [b] De reprobi namque sensu scriptum est : *Et confitebitur tibi cum benefeceris ei* (Psal. XLVIII, 19). In hoc itaque mens justa ab injusta discernitur, quod omnipotentis Dei laudem et inter adversa confitetur, quod non cum rebus frangitur, non cum casu gloriæ exterioris cadit, sed in hoc magis qualis cum rebus fuerit demonstrat, quæ et sine rebus robustior stat. Sequitur :

CAPUT XXXV.

VERS. 15, 16. — *Verumtamen vias meas in conspectu ejus arguam, et ipse erit salvator meus.*

48. *Culpis suis nescit parcere, ut Deus parcat.* — Cum Paulus apostolus dicat : *Si nosmetipsos dijudicaremus, non utique judicaremur* (I Cor. XI, 31), eo tunc Dominus salvator invenitur, quo nunc pro timore Dei peccatum nostrum a nobismetipsis redarguitur. Unde electi quique culpis suis nunquam sciunt parcere, ut possint culparum judicem placatum invenire. Et vere eum postmodum invenire salvatorem credunt, quem districte modo judicem metuunt. Nam qui sibi nunc in culpa parcit, ei postmodum in pœna non parcitur. Dicat ergo : *Verumtamen vias meas in conspectu ejus arguam.* Quæ vero utilitas de hac argutione sequatur adjungat : *Et ipse erit salvator meus.* Sequitur :

CAPUT XXXVI [Rec. XVIII].

IBID. — *Non enim veniet in conspectu ejus omnis hypocrita.*

49. *Hypocrita Dei conspectum fugit, dum humanis oculis placere cupit.* — Cum constet quod judex veniens agnos ad dexteram, hædos vero ad sinistram ponat (Matth. XXV, 33), qua nunc ratione dicitur in conspectu ejus hypocritam non esse venturum, qui scilicet si inter hædos erit, ad sinistram judicis apparebit ? [Vet. XX.] Sed sciendum est quod duobus modis in conspectu Domini venimus. Uno quidem, quo hic, peccata nostra subtiliter perpendentes, in ejus nos conspectu punimus, et flendo dijudicamus. Nam quoties conditoris nostri 324 potentiam ad sensum reducimus, toties in conspectu illius stamus. Unde recte quoque per virum Dei Eliam dicitur : *Vivit Dominus Deus Israel, in cujus conspectu sto* (III Reg. XVII, 1). Alio quoque modo in conspectu Domini venimus, cum in extremo judicio ante tribunal ejus assistimus. Hypocrita igitur per examen ultimum ante conspectum judicis venit ; sed quia modo culpas suas considerare ac deflere dissimulat, in conspectu Domini venire recusat. Sicut enim justi viri, cum districtionem venturi judicis contemplantur, peccata sua ad memoriam reducunt, deflent quæ commiserunt, et districte se judicant, ne judicentur ; ita hypocritæ quo exterius hominibus placent, eo se interius aspicere negligunt ; totosque se in verbis proximorum fundunt, et sanctos se esse æstimant, quia sic se haberi ab hominibus pensant. Cumque mentem per verba suæ laudis sparserint, [c] nunquam hanc ad cognitionem reducunt culpæ, nunquam considerant ubi internum judicem offendant, nihil de ejus districtione metuunt, quia sic se placuisse ei sicut hominibus credunt. Qui si terrorem ejus ad mentem reducerent, hoc ipsum quod in mala intentione positi placent hominibus plus timerent. Bene itaque dicitur : *Non enim veniet in conspectu ejus omnis hypocrita,* quia districtionem Dei ante oculos non ponit, dum placere humanis oculis concupiscit. Qui si, mentem suam discutiens, semetipsum [d] in conspectu Dei poneret, profecto jam hypocrita non esset. Sequitur :

CAPUT XXXVII.

VERS. 17. — *Audite sermonem meum, et ænigmata percipite auribus vestris.*

50. *Job figurata locutio.* — Per hoc quod ænigmata nominat, figuratas se habere locutiones demonstrat. Unde apte quoque voce fidelis populi subditur :

CAPUT XXXVIII [Rec. XIX].

VERS. 18. — *Si fuero judicatus, scio quia justus inveniar.*

51. *Job etiam se laudantis humilitas. Sibi iniquitatem, Deo vero purgationem suam tribuit.* — Quod ab ejusdem etiam beati Job persona non discrepat, quando hoc ipse foris de se ipso loquitur, quod de illo Veritas hosti ejus interius dixerat : *Vidisti servum meum Job, quod non sit ei similis super terram* (Job. I, 8). Et quidem idem vir valde inferius est quod de se memorat quam quod de illo Dominus dixit. Aliud est enim justum esse, aliud est ei similem non esse. Humiliter igitur de semetipso sensit, qui dum justus sine comparatione exstitit, non se præ cæteris, sed justum tantummodo inveniri posse memoravit. [Vet. XXI.] Hoc tamen in ejus verbis videtur habere quæstionis, quod qui superius dixit : *Vias meas in conspectu ejus arguam* (Vers. 15) ; et inferius dicit : *Consumere me vis peccatis adolescentiæ meæ ;* et peccata sua subtiliter agnoscens, adhuc longe inferius adjungit : *Signasti quasi in sacculo delicta mea ;* nunc ait : *Si fuero judicatus, scio quia justus inveniar.* Neque enim simul convenire queunt peccatum et justitia. Sed sanctus vir sibi iniquitatem tribuens, et omnipotenti Domino purgationem suam, et peccatorem se cognoscit [e] ex se, et justum se

---

[a] Turon., *et tamen ab spe suæ rectitudinis non curvatur.*

[b] Sex Anglic., omnes Norm. et Gilot. ita habent. Ex Editis alii, *de reprobo namque sensu,* alii, *de reprobis namque sensu.*

[c] Bellov., *nunquam ad cognitionem reducunt culpam.*

[d] Vindoc., *in conspectu Dei puniret.*

[e] Vindoc., *se cognoscit esse*

factum non ignorat ex munere. Qui in recto quoque opere positus ex abundanti gratia meruit flagella sustinere. Jamque se in judicio [a] justum inveniri gaudet, qui se ante judicium percussum vidit. Unde et cum longe post dicat : *Signasti quasi in sacculo delicta mea*, statim subdit :

Ibid. — **385** *Sed curasti iniquitatem meam*. Qui ergo justum inveniri se in judicio memorat, nequaquam se juste flagellatum negat; quamvis flagello ejus Dominus non peccata studuit tergere, sed merita augere. Sequitur :

CAPUT XXXIX.

Vers. 19. — *Quis est qui judicetur mecum? veniat*.

52. *Nullus peccati cogitationis expers esse potest*. — Sancti viri ita se in operibus suis, Deo auctore, custodiunt, ut omnino unde accusentur exterius non inveniatur; [b] interius vero in cogitationibus suis tanta se cautela circumspiciunt, ut, si fieri valeat, semper irreprehensibiles interni judicis oculis assistant. Sed quantum agere possunt, ne exterius labantur in opere, tantum interius agere nequaquam possunt, ut nunquam labantur in cogitatione. Humana enim conscientia eo ipso quo ab intimis [c] recedit, semper in lubrico est. Unde fit ut etiam sancti viri frequenter labantur in corde. Beatus ergo Job, tam ex voce sua quam ex voce electorum loquens, dicat : *Quis est qui judicetur mecum? veniat*. Quia enim in exterioribus actibus unde reprehendatur non habet, libere accusatorem quaerit. Quia vero etiam justorum corda semetipsa nonnunquam de stulta cogitatione reprehendunt, propter hoc fortasse subditur :

CAPUT XL.

Ibid. — *Quare tacens consumor?*

53. *Cujus in occulto agenda est pœnitentia*. — Tacens enim consumitur qui, de stulta se cogitatione reprehendens, apud semetipsum dente conscientiae mordetur. Ac si aperte dicat : [d] Sicut vixi ut accusatorem exterius nullum timerem, utinam sic vixissem ut intra memetipsum accusatricem conscientiam non haberem ! Tacens enim consumitur, qui intus in se invenit [e] unde uratur. Sequitur :

Vers. 20. — *Duo tantum ne facias mihi, et tunc a facie tua non abscondar*.

54. *A Dei animadversione nemo tutus*. — Hoc loco quid Dei faciem nisi animadversionem debemus accipere, in qua dum peccata respicit punit? A qua videlicet nullus etiam justus absconditur, si duo quae postulat non amoveantur; de quibus subdit :

CAPUT XLI [Vet. XXII, Rec. XX].

Vers. 24. — *Manum tuam longe fac a me, et formido tua non me terreat*.

55. *Sancti ante Christum illam legem cupiebant, in qua non timore servirent, sed amore*. — In quibus videlicet duobus, quid aliud per prophetiae vocem quam tempus gratiae et redemptionis inquirit ? Lex namque [f] sub percussione ultionis populum tenuit, ut quisquis sub illa peccaret protinus morte puniretur. Nec plebs Israelitica ex amore Domino, sed ex timore, serviebat. Nunquam vero impleri justitia per timorem potest, quia, juxta Joannis vocem : *Perfecta charitas foras mittit timorem* (I Joan. iv, 18). Et Paulus quoque [g] adoptionis filios consolatur, dicens : *Non accepistis spiritum servitutis iterum in timore, sed accepistis spiritum adoptionis filiorum, in quo clamamus, Abba, pater* (Rom. viii, 15). Ex voce igitur generis humani, legalis percussionis duritiam transire concupiscens, atque a formidine pervenire ad dilectionem appetens, quae duo a se omnipotens Deus longe faciat exorat, dicens : *Manum tuam longe fac a me, et formido tua non me terreat*; id est, percussionis duritiam remove a me, formidinis pondus tolle, sed irradiante gratia dilectionis, spiritum securitatis infunde, quia si **386** longe a percussione et formidine non fuero, scio quia a districtione tui examinis non abscondar, quoniam in conspectu tuo justus esse non valet qui tibi non per dilectionem, sed per timorem servit. Unde et ipsam conditoris sui praesentiam [h] quasi familiariter ac corporaliter quaerit, ut per hanc et audiat quod ignorat, et in his audiatur quae novit. Nam protinus adjungit :

Vers. 22. — *Voca me, et respondebo tibi; aut certe loquar, et tu responde mihi*.

56. *Christus peccata quae latebant manifestavit*. — Qui dum humanis oculis per assumptam carnem apparuit, sua hominibus peccata aperuit, quae et perpetrabant et nesciebant. Unde subditur.

CAPUT XLII. [Rec. XXI].

Vers. 23. — *Quantas habeo iniquitates et peccata, scelera mea et delicta ostende mihi*.

57. *Vocat Deus cum nos amando eligit. Ei parendo respondemus. Quid distet inter peccatum et iniquitatem, inter scelera et delicta*. Quamvis vocare ac respondere intelligi et aliter possit. Vocare enim Dei est nos amando et eligendo respicere. Respondere autem nostrum est amori illius bonis operibus parere. Ubi apte additur : *Aut certe loquar, et tu responde mihi*. Loquimur namque cum ejus faciem per desiderium postulamus. Respondet vero Deus loquentibus cum nobis se amantibus apparet. Sed quia quisquis aeternitatis desiderio anhelat, semetipsum subtiliter reprehendens, facta sua discutit, et ne quid in illo sit in quo [i] auctoris sui faciem offendat quaerit, recte subjungit : *Quantas habeo iniquitates et peccata, scelera mea et delicta ostende mihi*. Iste in hac vita etiam nunc legitur in Utic., sed a secunda manu.

[a] Ita Bellovac., Utic. et alii plur. In Excusis etiam antiq., *justum invenire gaudet*.
[b] Bellov. et Norm., *in cogitationibus vero suis*, etc.; deest *interius*.
[c] Turon., Vindoc., Ebroic., etc., *eo ipso quo ab intimis cecidit*. Ita nuncin Utic., sed per correctionem.
[d] Ita Turon., Bellov., Utic. et alii. In vet. Ed. et Gilot., *si vixi*. Gussanv., *sic vixi*.
[e] Nagi Ebroic., Lyr., Big., *unde mordeatur*; sic
[f] Turon., *sub persecutione*. Lyr. et Big., *sub percussionis ultione*.
[g] Omnes Norm. et Vindoc., *adoptivos filios*.
[h] In Edit. Rom. Sixti V et Gilot. an. 1571 mendose legitur, *qua familiariter*. Mss. Anglic., Gallicana et alii, cum vetustiorib. Editionibus, habent *quasi*.
[i] Vindoc., *Actoris sui*, etc.

justorum labor est ut semetipsos inveniant, et invenientes flendo atque corrigendo ad meliora ª perducant. Et quamvis inter iniquitatem atque peccatum nihil distare perhibeat Joannes apostolus, qui ait : *Iniquitas peccatum est (I Joan.* III, 4), ipso tamen usu loquendi plus iniquitas quam peccatum sonat, et omnis se homo libere peccatorem fatetur, iniquum vero dicere nonnunquam erubescit. [*Vet. XXIII.*]Inter scelera vero et delicta hoc distat, quod scelus etiam pondus peccati transit, delictum vero pondus peccati non transit, quia et cum offerri sacrificium per legem jubetur, nimirum præcipitur sicut pro peccato, ita etiam pro delicto. ᵇ Et nunquam scelus nisi in opere est, delictum vero plerumque in sola cogitatione. Unde et per Psalmistam dicitur : *Delicta quis intelligit (Psal.* XVIII, 13)? Quia videlicet peccata operis tanto citius cognoscuntur, quanto exterius videntur; peccata vero cogitationis eo ad intelligendum difficilia sunt, quo invisibiliter perpetrantur. Quisquis igitur æternitatis desiderio anxius apparere venturo judici desiderat mundus, tanto se subtilius nunc examinat, quanto nimirum cogitat, ut tunc terrori illius liber assistat, et ostendi sibi exorat ubi displicet, ut hoc in se per pœnitentiam puniat, seque hic dijudicans injudicabilis fiat.

58. *In eam cæcitatem venimus per peccatum, ut nosmetipsos ignoremus.*—Sed inter hæc intueri necesse est quanta peregrinationis nostræ pœna nos perculit, qui in eam cæcitatem venimus, ut nos ipsos ignoremus. Perpetramus mala, nec tamen hæc celerius deprehendimus vel perpetrata. Exclusa quippe mens a luce veritatis nil in se nisi tenebras invenit, et plerumque in peccati foveam pedem porrigit, et nescit. 357 Quod nimirum de sola exsilii sui cæcitate patitur, quia, ab illuminatione Domini repulsa, et semetipsam videre perdidit, quæ auctoris sui faciem non amavit. Unde et subditur :

CAPUT XLIII.

Vers. 24.—*Cur faciem tuam abscondis, et arbitraris me inimicum tuum?*

59. *Ex pœnali timore ad amorem est redeundum.*—Humanum genus contemplationem lucis intimæ habuit in paradiso; sed sibimetipsi placens, ᶜ quo a se recessit, lumen conditoris perdidit, ejusque faciem; ᵈ ad ligna paradisi fugit, quia post culpam videre metuebat quem amare consueverat. Sed ecce post culpam venit in pœnam, ex pœna autem ad amorem redit, quia quis fuerit culpæ fructus invenit; atque illam faciem quam timuit in culpa excitatus requirit ex pœna, ut jam caliginem cæcitatis suæ fugiat, atque hoc ipsum, quod auctorem suum non videt graviter perhorrescat. Quo videlicet desiderio compunctus sanctus vir clamat : *Cur faciem tuam abscondis, et arbitraris me inimicum tuum?* quia si ut amicum aspiceres, tuæ me visionis lumine non privares. Qui mobilitatem quoque cordis humani subsequens adjungit :

CAPUT XLIV.

Vers. 25.—*Contra folium, quod vento rapitur, ostendis potentiam tuam, et stipulam siccam persequeris?*

60. *Homo quasi folium et stipula, tentationis vento movetur.*—Quid est enim homo, nisi folium, qui videlicet in paradiso ab arbore cecidit? Quid est nisi folium, qui tentationis vento rapitur, et desideriorum flatibus levatur? [*Vet. XXIV.*] Mens quippe humana quot tentationes patitur, quasi tot flatibus movetur. Hanc enim plerumque ira perturbat; cum recedit ira, succedit inepta lætitia. Luxuriæ stimulis urgetur, æstu avaritiæ longe lateque ad ambienda quæ terrena sunt tenditur. Aliquando hanc superbia elevat; aliquando vero inordinatus timor in infimis deponit. Quia ergo tot tentationum flatibus elevatur et ducitur, recte folio homo comparatur. Unde bene quoque per Isaiam dicitur : *Cecidimus quasi folium universi, et iniquitates nostræ quasi ventus abstulerunt nos (Isai.* LXIV, 6). Quasi ventus quippe nos iniquitas abstulit, quia ᵉ nullo fixos virtutis pondere in vanam elationem levavit. Bene autem post folium etiam stipula appellatur homo. Qui enim arbor fuit in conditione, folium a semetipso factus est in tentatione, sed post stipula apparuit in dejectione. Quia enim de alto cecidit, folium; quia vero per carnem terræ proximus fuit, etiam cum stare videbatur, stipula esse memoratur. Sed quia viriditatem intimi amoris perdidit, jam stipula sicca est. Consideret itaque vir sanctus, et homo quantæ vilitatis sit, et Deus quantæ districtionis, et dicat : *Contra folium, quod vento rapitur, ostendis potentiam tuam, et stipulam siccam persequeris?* ᶠ Ac si aperte deploret, dicens : Cur tanta rectitudine impetis eum quem sic infirmum esse in tentatione cognoscis? Sequitur :

CAPUT XLV. [*Rec. XXIII*].

Vers. 26.—*Scribis enim contra me amaritudines.*

61. *Scripta de morte hominis peccatoris sententia mutari non potest.*—Quia omne quod loquimur transit, quod vero scribimus manet, Deus non loqui, sed scribere amaritudines dicitur, cum diu super nos ejus flagella perdurant. Semel quippe peccanti homini dictum est : *Terra es, et in terram ibis (Genes.* III, 19). Et sæpe apparentes angeli hominibus præcepta dederunt. Moyses legislator per districtionem peccata coercuit. 358 Ipse Unigenitus summi Patris ad nos redimendos venit, moriendo mortem absorbuit; vitam perpetuam denuntiavit nobis, quam ostendit in homo enim Deum deseruit ut ad se accederet sibique adhæreret.

ª Iidem Mss., *ad meliora reducant.*
ᵇ Sic restituimus ex Mss. Anglic., Norm. et aliis. In aliquibus tamen legitur *non unquam*, quod idem sonat. In Vet. Edit. ac recent., *et nonnunquam scelus in opere est.* Olim ita lectum in Utic. suspicamur, sed mendose.
ᶜ Bellovac., fortasse melius, *quo ad se recessit;*
ᵈ In recent. Ed. additur *declinando,* reclamantibus Mss.
ᵉ Bellov., *quia nullo fixo virtutis pondere.*
ᶠ Plerique Norm., *ac si aperte dicat.* In Utic. nunc legitur *dicat,* olim, ut conjicimus, *deplorat.*

se. Sed tamen illa quæ in paradiso data est de morte carnis nostræ sententia ab ipso initio generis humani usque ad finem sæculi non mutatur. *Quis est enim homo qui vivit, et non videbit mortem* (*Psal.* LXXXVIII, 49)? Quod bene rursum Psalmista intuens ait: *Tu terribilis es,* ª *et quis resistet tibi? ex tunc ira tua* (*Psal.* LXXV, 8). Qui videlicet peccanti in paradiso homini iratus semel de mortalitate carnis nostræ sententiam fixit, quæ nunc et usque ad ultimum mutari nullo modo valebit. Dicat ergo : *Scribis contra me amaritudines.* Unde adhuc subditur :

CAPUT XLVI. [*Vet. XXV, Rec. XXIV*].

IBID. — *Et consumere me vis peccatis adolescentiæ meæ.*
62. *Sicut corporis, ita mentis ætates sunt variæ.* — Ecce vir justus, quia in juventute sua se peccasse non invenit, adolescentiæ facta pertimescit. Sed sciendum est quia sicut in corpore, ita sunt etiam incrementa ætatis in mente. Prima quippe hominis ætas infantia est, cum etsi innocenter vivit, nescit tamen fari innocentiam quam habet. Ac deinde pueritia sequitur, in qua jam valet dicere quod vult; cui succedit adolescentia, quæ videlicet prima est ætas in operatione; quam juventus sequitur, scilicet apta fortitudini; ac postmodum senectus, etiam per tempus jam congrua maturitati. Quia igitur primam ætatem aptam bonis actibus adolescentiam diximus, et justi viri, cum in magna mentis maturitate proficiunt, nonnunquam ad memoriam actionum suarum initium reducunt, seque tantum de suis primordiis reprehendunt, quantum ex gravitate mentis altius profecerunt, quia eo indiscretos se fuisse inveniunt, ᵇ quo discretionis arcem postmodum plenius consequuntur, recte nunc per sancti viri vocem adolescentiæ peccata formidantur. Quod si ad ipsam litteram est tenendum, hinc considerandum est quantum sint gravia peccata juvenum et senum, si et illud sic justi metuunt quod in infirma ætate deliquerunt. Sequitur :

CAPUT XLVII [*Rec. XXV*].

VERS. 27. — *Posuisti in nervo pedem meum, et observasti omnes semitas meas, et vestigia pedum meorum considerasti.*
63. *Divini judicii in puniendis etiam pravis cogitationibus, severitas.* — In nervo Deus pedem hominis posuit, quia pravitatem illius forti districtionis suæ sententia ligavit. Cujus omnes semitas observat, quia subtiliter singula ejus quæque dijudicat. Semita etenim angustior solet esse quam via. Quia autem vias actiones, non immerito semitas ipsas actionum cogitationes accipimus. Deus itaque omnes semitas observat, quia in singulis quibusque nostris actibus etiam cogitationes pensat. Et vestigia pedum considerat, quia intentiones nostrorum operum quam recte ponantur examinat, ne et hoc quod bonum agitur non recto desiderio agatur. Possunt quoque per pedum vestigia quædam male acta signari. Nam pes in corpore est vestigium in via. Et plerumque dum quædam prava agimus, intuentibus hoc fratribus, exemplum malum præbemus ; et, quasi inflexo extra viam pede, sequentibus vestigia distorta relinquimus, dum per nostra opera ad scandalum aliena corda provocamus. Valde autem laboriosum est custodire ne mala homo facere audeat, ne in bonis actibus per intentionem titubet, 389 et inter recta opera sinistra eum cogitatio illudat. Quæ tamen cuncta omnipotens Deus subtiliter examinat, atque in judicio singula repensat. Sed quando homo, qui carnis suæ infirmitate constringitur, contra cuncta valeat subtiliter assurgere, atque inconcussa cogitatione rectitudinem tenere? Unde apte subditur :

CAPUT XLVIII.

VERS. 28. — *Qui quasi putredo consumendus sum, et quasi vestimentum quod comeditur a tinea.*
64. *Homo putredine sibi innata consumitur.* — Sicut enim vestimentum a tinea de se exorta comeditur, ita homo in semetipso habet putredinem, de qua consumatur; atque hoc est quod est unde consumatur ut non sit. Quod intelligi et aliter potest, si ex voce tentati hominis dicitur : *Qui quasi putredo consumendus sum, et quasi vestimentum quod comeditur a tinea.* Homo enim quasi putredo consumitur, dum carnis suæ corruptione conteritur. Cui quia immunda tentatio non aliunde, sed a semetipso nascitur, more tineæ carnem tentatio, quasi vestem de qua exit, consumit. In semetipso quippe habet homo unde tentetur. Quasi ergo tinea vestem consumit, quæ ex veste eadem processit. Sciendum quoque quod tinea sine sonitu perforat vestimentum ; et plerumque cogitatio ita transfigit mentem, ut mens ipsa non sentiat, nisi postquam fuerit ejus aculeo transfixa. Bene ergo dicitur, quod homo tanquam vestimentum a tinea consumitur, quia nonnunquam tentationum nostrarum vulnera non cognoscimus, nisi postquam ab eis confossi in mente fuerimus. Quam videlicet infirmitatem nostram bene adhuc sanctus vir considerans, adjungit :

CAPUT XLIX [*Vet. et Rec. XXVI*].

CAP. XIV, VERS. 1. — *Homo natus de muliere, brevi vivens tempore, repletur multis miseriis.*
65. *Homo natus ex infirmitate, quia de muliere ortus.* — In sacro eloquio mulier aut pro sexu ponitur, aut pro infirmitate. Pro sexu quippe sicut scriptum est : *Misit Deus filium suum,* ᶜ *factum ex muliere, factum sub lege* (*Gal.* IV, 4). Pro infirmitate vero, sicut per quemdam sapientem dicitur : *Melior est iniquitas viri, quam benefaciens mulier* (*Eccli.* XLII, 14). Vir etenim fortis quilibet et discretus vocatur, mulier vero mens infirma vel indiscreta accipitur. Et sæpe contingit ut etiam discretus quisque subito labatur in culpam, atque indiscretus alius et infirmus bonam exhibeat operationem. Sed is qui indiscretus atque

---

ª Vindoc., *et quis resistet tibi ab ira tua ?*
ᵇ Sic legendum ex Mss. Vindoc., Norm., etc., non, ut habent Excusi, etiam antiq., *quo discretionis*
ᶜ Vindoc., *natum ex muliere.*

infirmus est nonnunquam de eo quod bene egerit amplius elevatur, atque gravius in culpam cadit; discretus vero quisque etiam ex eo quod male se egisse intelligit, ad districtionis regulam arctius se reducit; et inde altius ad justitiam proficit, unde ad tempus a justitia cecidisse videbatur. Qua in re recte dicitur: *Melior est iniquitas viri, quam benefaciens mulier*, quia nonnunquam etiam culpa fortium occasio virtutis fit, et virtus infirmorum occasio peccati. Hoc igitur loco mulieris nomine quid nisi [a] infirmitas designatur, cum dicitur: *Homo natus de muliere?* Ac si apertius dicatur: Quid in se habebit fortitudinis, qui natus est ex infirmitate?

66. *Angustatur ad vitam, dilatatur ad miseriam. — Brevi vivens tempore,* [b] *repletur multis miseriis.* Ecce viri sancti vocibus [c] pœna hominis breviter est expressa, quia et angustatur ad vitam, et **390** dilatatur ad miseriam. Si enim subtiliter consideretur omne quod hic agitur, pœna et miseria est. Ipsi etenim corruptioni carnis servire ad necessaria atque concessa miseria est, ut contra frigus vestimenta, contra famem alimenta, contra æstum frigora requirantur. Quod multa cautela custoditur salus corporis; quod etiam custodita amittitur, amissa cum gravi labore reparatur, et tamen reparata in dubio semper est; quid hoc aliud quam mortalis vitæ miseria est? Quod amamus amicos, [d] suspecti ne offendi valeant; formidamus inimicos, atque securi de eis non sumus utique quos formidamus; quod plerumque inimicis sic confidenter quasi amicis loquimur, et nonnunquam pura verba proximorum, et multum nos fortasse diligentium, quasi verba suscipimus inimicorum, et qui falli nunquam vel fallere volumus, ex cautela nostra gravius erramus; quid itaque hoc nisi humanæ vitæ miseria est? Quod, amissa cœlesti patria, repulsus homo delectatur exsilio, gravatur curis, et tamen cogitare dissimulat quam grave sit [e] quia multa cogitantur; quod privatus est interno lumine, et tamen in hac vita diu vult perpeti cæcitatem suam; quid hoc aliud quam de pœna nostra nata miseria est? [f] Sed quamvis diu hic stare desideret, ipso tamen cursu mortalis vitæ impellitur ut egrediatur. Unde vir sanctus recte subjungit:

CAPUT L [*Vet. XXVII*].

Vers. 2. — *Qui quasi flos egreditur et conteritur, et fugit velut umbra, et nunquam in eodem statu permanet.*

67. *Mundus tot floribus brevi siccandis repletur, quot nominibus.* — Quasi flos etenim egreditur, quia nitet in carne; sed conteritur, quia redigitur in putredinem. Quid enim sunt nati homines in mundo, nisi quidam flores in campo? Tendamus oculos cordis in hanc latitudinem mundi præsentis, et ecce quasi tot floribus quot hominibus plenus est. Vita itaque in carne, flos in fœno est. Unde bene per Psalmistam dicitur: *Homo, sicut fenum dies ejus; et sicut flos agri, ita florebit* (*Psal.* cii, 15). Isaias quoque ait: *Omnis caro fenum, et omnis gloria ejus sicut flos agri* (*Isa.* xl, 6). Homo etenim more floris procedit ex occulto, et subito apparet in publico, qui statim ex publico per mortem retrahitur ad occultum. Carnis nos viriditas ostendit, sed ariditas pulveris ab aspectibus retrahit. Quasi flos apparuimus, qui non eramus; [g] quasi flos arescimus, qui temporaliter apparebamus.

68. *Homo singulis vitæ momentis ad mortem pergit. Inde deficit unde proficit.* — Et quia per momenta homo quotidie compellitur ad mortem, recte adjungitur: *Et fugit velut umbra, et nunquam in eodem statu permanet.* Sed cum sol quoque indesinenter cursum suum peragat, et nunquam se in stabilitate figat; cur cursus vitæ hominis umbræ potius quam soli comparatur, nisi quia, amisso amore conditoris, calorem cordis perdidit, et in solo iniquitatis suæ frigore remansit? Quia juxta Veritatis vocem: [h] *Abundabit iniquitas, et refrigescet charitas multorum* (*Matth.* xxiv, 12). Qui igitur in amore Dei cordis calorem non habet, nec tamen vitam quam diligit tenet, scilicet velut umbra fugit. Unde recte quoque de illo scriptum est: *Quia secutus est umbram* (*Eccli.* xxxiv). Bene autem dicitur: **391** *Et nunquam in eodem statu permanet*, quia dum infantia ad pueritiam, pueritia ad adolescentiam, adolescentia ad juventutem, juventus ad senectutem, senectus transit ad mortem, in cursu vitæ præsentis ipsis suis augmentis ad detrimenta impellitur; et inde semper deficit, unde se proficere in spatium vitæ credit. Fixum etenim statum hic habere non possumus, ubi transituri venimus: atque hoc ipsum nostrum vivere, quotidie a vita transire est. Quem videlicet lapsum primus homo ante culpam habere non potuit, quia tempora, eo stante, transibant. Sed postquam deliquit, in quodam se quasi lubrico temporalitatis posuit; et quia cibum comedit vetitum, status sui protinus invenit defectum. Quam tamen mutabilitatem non solum exterius, sed interius quoque homo patitur, dum ad meliora opera exsurgere conatur. Mens etenim mutabilitatis suæ pondere ad aliud semper impellitur quam est, et nisi in statu suo arcta custodiæ disciplina teneatur, semper in deteriora dilabitur. [i] Quæ enim semper stantem deseruit, statum quem habere potuit amisit. Unde nunc cum ad meliora nititur, quasi contra ictum fluminis conatur. Cum vero ab intentione ascendendi resolvitur, sine labore ad ima reducitur. [*Vet. XXVIII.*] Quia enim in ascensu

---

[a] Sag., Utic. et alii, *infirmitas mentis designatur?*
[b] Pl. Norm., *repletus multis miseriis.* In Utic. olim ita legebatur, sed censorius stylus mutavit *s* in *r.*
[c] Vindoc., Utic., Big., Lyr., *pœna hominibus.*
[d] Vindoc., *qui suspectione offendi valeant.*
[e] Hæc verba, *quia multa cogitantur,* desunt in Vindoc.
[f] Omnes fere Norm., sed *quia quamvis diu hic stare desideret, ipso tamen cursu mortalis vitæ compellitur ut egrediatur, vir sanctus,* etc. Eo in loco Utic. est interpolatus.
[g] Melius fortasse Vindoc., *quasi fenum arescimus,* idque melius alteri membro respondet *quasi flos apparuimus.*
[h] Aliqui, cum Sag., *abundavit iniquitas.*
[i] Plerique Norm., *quia etenim semper,* etc.

labor est, in descensu otium, intraturos per angustam portam Dominus admonet, dicens : *Contendite intrare per angustam portam* (*Luc.* XIII, 24). Dicturus quippe angustæ portæ introitum, præmisit, *contendite*, quia nisi mentis ª contentio ferveat, unda mundi non vincitur, per quam anima semper ad ima revocatur. Quia igitur homo velut flos nascitur et conteritur, quia sicut umbra fugit, atque in statu suo nunquam permanet, quid in hac consideratione subjungat audiamus. Sequitur :

CAPUT LI.

VERS. 3. — *Et dignum ducis super hujuscemodi aperire oculos tuos, et adducere eum tecum in judicium?*

69. *Duo extrema homo et creator, pulvis et Deus.* — Consideravit quippe superius et omnipotentis Dei potentiam, et infirmitatem suam; deduxit ante oculos se et Deum, pensavit quis cum quo ad judicium veniat. Vidit hinc hominem, inde conditorem, id est pulverem, et Deum; et recte ait : *Et dignum ducis super hujuscemodi aperire oculos tuos?* Omnipotenti Deo oculos aperire **392** ᵇ est judicia exercere, quem feriat videre. Nam quasi clausis oculis non vult aspicere quem non vult ferire. Unde mox de ipso quoque judicio adjungitur : *Et adducere eum tecum in judicium?* Sed quia contemplatus est ad judicium venientem Deum, rursum considerat infirmitatem suam. Videt quia mundus per semetipsum esse non possit, qui ut esse possit, de immunditia processit, atque subjungit :

CAPUT LII.

VERS. 4. — *Quis potest facere mundum de immunda conceptum semine? Nonne tu, qui solus es?*

70. *Homo propter vitiatam originem immunda patitur etiam nolens.* — Is qui per se solus est mundus mundare prævalet immunda. Homo enim in corruptibili carne vivens habet tentationum immunditias impressas in semetipso, quia nimirum eas traxit ab origine. Ipsa quippe propter delectationem carnis ejus conceptio immunditia est. Unde et Psalmista ait : *Ecce enim in iniquitatibus conceptus sum, et in delictis peperit me mater mea* (*Psal.* L, 7). Hinc est ergo quod plerumque tentatur et nolens. Hinc est quod immunda quædam in mente patitur, quamvis ex judicio reluctetur, quia conceptus de immunditia, dum ad munditiam tendit, hoc conatur vincere quod est. Quisquis autem occultæ tentationis motus atque immunditiam cogitationis evicerit, nequaquam sibi suam munditiam tribuat, quia de immundo conceptum semine nullus facere mundum potest, nisi is qui mundus per semetipsum solus est. Qui ergo jam ad locum munditiæ mente pervenit, conceptionis suæ viam respiciat, per quam venit, atque inde colligat quia ex sua virtute non habet munditiam vivendi, cui de immunditia factum est initium subsistendi. Potest vero hoc in loco intelligi, quia beatus Job incarnationem Redemptoris intuitus, solum vidit in mundo hominem de immundo semine non esse conceptum, qui sic in mundum venit ex Virgine, ut nihil haberet de immunda conceptione. Neque enim ex viro et femina, sed ex sancto Spiritu et Maria virgine processit. Solus ergo in carne sua vero mundus exstitit, qui delectatione carnis tangi non potuit, quia nec per carnalem huc delectationem venit.

ª Ebroic. et alii Norm., *quia nisi mentis intentio fervet.*

ᵇ Ebroic.; *est judicia exerere.*

LIBER DUODECIMUS.

In quo, exposito capite XIV *libri Job, a versu quinto, caput* XV *ex integro plerumque moraliter explicatur.*

[*Vet. et Rec. I.*] Mos justorum est tanto sollicitius præsentem vitam quam sit fugitiva cogitare, quanto studiosius noverint cœlestis patriæ bona æterna perpendere. Ex his enim quæ manentia intus aspiciunt, foris fugam rerum labentium subtilius attendunt. Unde beatus Job, cum de lapsu humani temporis sententiam protulisset, dicens : *Homo natus de muliere, brevi vivens tempore.* Et rursum : *Et fugit velut umbra, et nunquam in eodem statu permanet,* adhuc de brevitate vitæ ejus adjungit :

CAPUT PRIMUM.

CAP. XIV, VERS. 5. — *Breves dies hominis sunt, numerus mensium ejus apud te est.*

1. *Quod tanta velocitate transcurrit velut non est.* — Hoc etenim apud nos velut non esse considerat, quod tanta velocitate transcurrit. Quia vero apud omnipotentem Deum etiam labentia stant, apud eum esse numerum nostrorum mensium perhibet. Vel certe in diebus brevitas temporis, in mensibus vero quasi multiplicata dierum spatia designantur. Nobis ergo breves dies sunt. Sed quia vita nostra post tenditur, apud Deum numerus nostrorum mensium esse memoratur. Unde et per Salomonem dicitur : *Longitudo dierum in dextera ejus.* Sequitur :

CAPUT II [*Rec. II*].

IBID. — *Constituisti terminos ejus, qui præteriri non poterunt.*

393 2. *Nulla fiunt hominibus sine Dei consilio, etsi occulto.* Nulla quæ in hoc mundo hominibus fiunt absque omnipotentis Dei occulto consilio veniunt. Nam cuncta Deus ª secutura præsciens, ante sæcula decrevit qualiter per sæcula disponantur. Statutum quippe jam homini est, vel quantum hunc mundi prosperitas sequatur, vel quantum adversitas feriat, ne electos ejus aut immoderata prosperitas elevet, aut nimia adversitas gravet. Statutum quoque est

ª Bigot. et Lyr., *futura præsciens.* Utic. *futura evolutura.*

quantum in ipsa vita mortali temporaliter vivat. Nam etsi annos quindecim Ezechiæ regi ad vitam addidit omnipotens Deus (*IV Reg.* xx, 1), cum eum mori permisit, tunc eum præscivit esse moriturum. Qua in re quæstio oritur, quomodo ei per prophetam dicatur : *Dispone domui tuæ, quia morieris tu, et non vives;* cui cum mortis sententia dicta est, protinus ad ejus lacrymas est vita addita. Sed per prophetam Dominus dixit quo tempore mori ipse merebatur; per largitatem vero misericordiæ illo eum tempore ad mortem distulit, quod ante sæcula ipse præscivit. Nec propheta igitur fallax, quia tempus mortis innotuit, quo vir ille mori merebatur; nec dominica statuta convulsa sunt, quia ut ex largitate Dei anni vitæ crescerent, hoc quoque ante sæcula præfixum fuit; atque spatium vitæ quod inopinate foris est additum, [a] sine augmento præscientiæ fuit intus statutum. Bene ergo dicitur : [*Vet. II.*] *Constituisti terminos ejus, qui præteriri non poterunt.*

3. *Deus profectibus spiritualibus modum ponit.* — Quod tamen intelligi etiam juxta spiritum valet, quia nonnunquam in virtutibus proficere conamur, et quædam dona percipimus, a quibusdam vero repulsi in imis jacemus. Nemo enim est qui tantum [b] virtutis apprehendat quantum desiderat, quia omnipotens Deus, interiora discernens, ipsis spiritalibus provectibus modum ponit, [c] ut ex hoc homo quod apprehendere conatur, et non valet, in illis se non elevet quæ valet. Unde ille quoque egregius prædicator, qui raptus ad tertium cœlum fuerat, paradisi arcana penetraverat, esse post revelationem tranquillus atque intentatus non [d] valebat (*II Cor.* xii, 3). Sed quia omnipotens Deus terminos constituit homini, qui præteriri non poterunt, et elevavit hunc ad cognoscenda sublimia, et reduxit iterum ad infirma toleranda, ut modi sui mensuram aspiciens, dum securitatem comprehendere conaretur, et non posset, ne per elationem extra se iret, per humilitatem cogeretur intra suos semper terminos redire. Sequitur :

CAPUT III [*Rec. III*].

Vers. 6. — *Recede paululum ab eo, ut quiescat, donec optata veniat, sicut mercenarii dies ejus.*

4. *Sancti vitæ præsentis tædio ad æternam requiem semper anhelant.* — Hoc loco *recede* dicitur vim flagelli amove. Quis enim valet Deo recedente quiescere, cum solus ipse sit requies, et a quo quisque quanto longe fuerit, fit tanto et inquietus? Itaque sic *recede ab eo*, dicitur, ut intelligas *feriendo*. Apte enim subjungitur : *Donec optata veniat, sicut mercenarii dies ejus*. Mercenarius quanto longe est a fine operis, tanto et retributione mercedis. Ita vir quisque sanctus in hac vita positus, dum longe se esse ab exitu vitæ præsentis conspicit, longe se esse ab æternis gaudiis gemit. Quid est ergo dicere : *Recede paululum ab eo, ut quiescat*, nisi : jam flagella vitæ præsentis subtrahe, et bona æternæ quietis ostende? Unde etiam de ipsa quiete additur : *Donec optata veniat, sicut mercenarii dies ejus.* Tunc namque homini optata sicut mercenarii dies venit, quando æternam requiem pro recompensatione sui laboris acceperit. Quantum vero ad præsentis vitæ speciem spectat, adhuc beatus Job humanum genus multis miseriis repletum quam sit despectum insinuat, quantumque ipsa insensibilia ipsum præire videantur narrat, cum dicit :

CAPUT IV [*Vet. III, Rec. IV*].

Vers. 7-10. — *Lignum habet spem; si præcisum fuerit, rursum virescit, et rami ejus pullulant. Si senuerit radix ejus in terra, et in pulvere emortuus fuerit truncus illius, ad odorem aquæ germinabit, et faciet comam quasi cum primum plantatum est. Homo vero cum mortuus fuerit, et nudatus atque consumptus, ubi, quæso, est?*

5. *Ligni nomine multa significantur :* Crux, vir justus, incarnata Dei Sapientia. Ex percussione justi ad amorem cœlestis patriæ accenduntur. — Sed quia hoc juxta litteram patet, debemus sensum ad interiora reducere, et qualiter hæc juxta spiritum intelligi debeant perscrutari. In Scriptura etenim sacra ligni nomine aliquando crux, aliquando vir justus, aut etiam injustus, aliquando vero incarnata Dei sapientia figuratur. Crux etenim ligno signatur, cum dicitur : *Mittamus lignum in panem ejus* (*Jerem.* xi, 19). Lignum quippe in panem mittere est Dominico corpori crucem adhibere. Rursum ligni nomine vir justus aut etiam injustus exprimitur, sicut per prophetam Dominus dicit : *Ego Dominus humiliavi lignum sublime, et exaltavi lignum humile* (*Ezech.* xvii, 24). Quia juxta ejusdem Veritatis vocem : *Omnis qui se exaltat humiliabitur, et qui se humiliat exaltabitur* (*Luc.* xiv, 11). Salomon quoque ait : *Si ceciderit lignum ad Austrum, aut ad Aquilonem, in quocunque loco ceciderit, ibi erit* (*Eccle.* xi, 3). In die etenim mortis suæ justus ad Austrum cadit, peccator ad Aquilonem, quia et justus per fervorem spiritus ad gaudia ducitur, et peccator cum apostata angelo, qui dixit : *Sedebo in monte testamenti, in lateribus Aquilonis* (*Isai.* xiv, 13), in frigido suo corde reprobatur. Rursum per lignum incarnata Dei Sapientia figuratur, sicut de ea scriptum est : *Lignum vitæ est his qui apprehenderint eam* (*Prov.* iii, 18); [e] et sicut ipsa ait : *Si in viridi ligno hæc faciunt, in arido quid fiet* (*Luc.* xxiii, 31)? Hoc itaque loco cum lignum præfertur homini, quid homo nisi carnalis quisque accipitur? Et quid ligni nomine nisi justi uniuscujusque vita designatur : *Lignum etenim habet spem; si præcisum*

---

[a] Sic Bellov., Turon., Norman. et vet. Edit. At recent. habent *sine augmento in præscientia.*

[b] Ebroic., Bajoc., Sag., Utic., etc., *virtutes apprehendat.*

[c] Norman., *ut ex hoc bono quod*, etc. Olim tamen in Utic. legebatur, sicut in vet. et rec. Editis *ut ex hoc homo*.

[d] Norm. et Bellov., *volebat*. Vindoc., pro *volebat*, habet *nolebat*.

[e] Norm. plerique, *et sicut ipse ait*. Utic., olim, *ipsa*.

fuerit, *rursum virescit*, quia cum ᵃ in morte passionis pro veritate justus afficitur, in æternæ vitæ viriditate recuperatur. Et qui hic virebat per fidem, illic virescit per speciem. Et rami ejus pullulant, quia plerumque ex passione justi fideles quique ad amorem cœlestis patriæ multiplicantur, et viriditatem vitæ spiritalis accipiunt, dum ᵇ hic pro Deo fortiter egisse gratulantur. Sequitur :

CAPUT V.

VERS. 8, 9. — *Si senuerit in terra radix ejus, et in pulvere emortuus fuerit truncus illius, ad odorem aquæ germinabit, et faciet comam quasi cum primum plantatum est.*

6. *Sua morte uberes in nobis fructus gignunt justi.* — Quid radix justi nisi sancta prædicatio, quia ab ipsa oritur, et in ipsa subsistit? et quid terræ vel pulveris nomine nisi peccator accipitur? cui voce conditoris dicitur : *Terra es, et in terram ibis*, vel certe, sicut habet nostra translatio : *Pulvis es, et in pulverem reverteris* (Genes. III, 19). Justi igitur radix in terra senescit, ᶜ et in pulvere truncus emoritur, quia apud corda pravorum ejus prædicatio despecta cunctisque viribus ᵈ effeta creditur. Et in pulvere truncus emoritur, quia inter manus persequentium corpus illius exanimatur. Juxta Sapientiæ etenim vocem : *Visi sunt oculis insipientium mori, et æstimata est afflictio exitus illorum* (Sap. III, 2). Sed iste cujus radix in terra senuit, et in pulvere truncus emortuus est, ad odorem aquæ germinat, quia per afflatum sancti Spiritus in electorum cordibus ᵉ exemplo sui operis germen virtutis facit. Aquæ etenim appellatione nonnunquam sancti Spiritus irrigatio designari solet, sicut scriptum est : *Si quis sitit, veniat ad me, et bibat. Qui autem biberit ex aqua, quam ego dabo ei, non sitiet in æternum* (Joan. VII, 37; IV, 13). Sequitur : *Et faciet comam quasi cum primum plantatum est.* Succiso trunco comam facere, est exstincto corporaliter justo, ipso suæ passionis exemplo multorum corda suscitare, et ex fide recta viriditatem veritatis ostendere. Bene autem dicitur : *Quasi cum primum plantatum est.* Omne quod hic a justis agitur secunda plantatio est, quia prima videlicet plantatio non in opere justorum, sed in præscientia conditoris est. Et quia cuncta quæ agunt, electi, sicut prius, interius conspiciuntur atque disponuntur, ita postmodum exterius perficiuntur, bene dicitur : *Faciet comam quasi cum primum plantatum est;* id est, viriditatem suam ostendit in effectu operis, quam prius habuit ᶠ in præscientia conditoris.

[*Vet. IV.*] 7. *Homo ex se deficit, sed adveniente Spiritu sancto renovatur.* — Potest etiam radix justi ipsa natura humanitatis intelligi, ex qua subsistit.

ᵃ Abest *in*, et legitur *morte.. afficitur*, in Utic. et in aliis.
ᵇ Lyr., Sag., Bigot., etc., hunc pro *Deo.*
ᶜ Deest *et in pulvere truncus emoritur* in Lyr. et Big.
ᵈ Plurimi, *effetata*.
ᵉ Turon. et Norm., *exemplum sui operis germen virtutis facit.*
ᶠ Vindoc. et Norm., *in præsentia conditoris.*
ᵍ Sic restituimus ex Mss. Norm., Vindoc., Bellov.,

Quæ videlicet radix senescit in terra cum natura carnis deficit in pulverem redacta. Cujus in pulvere truncus emoritur, quia exstinctum corpus a sua specie dissipatur. Sed ad odorem aquæ germinat, quia per adventum sancti Spiritus resurgit : *Et faciet comam quasi cum primum plantatum est*, quia ad illam speciem redit ad quam percipiendam creatus fuerat, si in paradiso positus peccare noluisset.

8. *Christus arbor in passione succisa, in resurrectione multiplicata.* — Quod fortasse etiam de Domino ipso, scilicet bonorum omnium capite, valet intelligi; ᵍ juxta hoc namque quod prædiximus, quia de semetipso ait : *Si in viridi ligno hæc faciunt, in arido quid fiet* (Luc. XXIII, 31)? Se esse lignum viride, et nos lignum aridum dixit, quia ipse in se ʰ vim divinitatis habuit; nos vero, qui puri homines sumus, lignum aridum appellamur. Habet ergo lignum spem, si præcisum fuerit, quia rursum virescit, quoniam ⁱ et si occidi per passionem potuit, per resurrectionis gloriam rursus ad vitæ viriditatem venit. Hujus rami pullulant, quia, resurrectione illius multiplicati, longe lateque fideles creverunt. Hujus radix in terra quasi senuit, quia ejus prædicatio Judæorum perfidiæ despecta fuit. Et in pulvere truncus emortuus est, quia in corde persequentium, ʲ quod perfidiæ suæ vento levabatur, contemptibilis et despectus est habitus, quia carne potuit occidi. Sed ad odorem aquæ germinavit, quia per virtutem Dei exstincta caro illius ad vitam rediit, juxta quod scriptum est : *Quem Deus suscitavit a mortuis* (Act. III, 15). Quia enim Deus Trinitas est, exstinctam carnem unigeniti Filii sancta Trinitas, id est Pater, et idem Filius, et Spiritus sanctus resuscitavit. Et fecit comam quasi cum primum plantatum est, quia illa apostolorum debilitas, quæ in morte illius expavit, et negavit, et negando aruit, per resurrectionis ejus gloriam rursus ad fidem viruit. In cujus ligni comparatione quid omnis homo, nisi pulvis est? Unde et subditur :

CAPUT VI [*Vet.* V].

VERS. 10. — *Homo vero cum mortuus fuerit, et nudatus atque consumptus, ubi, quæso, est?*

9. *Homo peccator moritur in culpa, nudatur a justitia, consumitur in pœna.* — Nullus homo sine peccato est, nisi ille qui in ᵏ hunc mundum non venit ex peccato. Et quia omnes in culpa ligamur, ipsa amissione justitiæ morimur; concessa prius in paradiso veste innocentiæ nudamur, interitu etiam carnis subsequente consumimur. Homo itaque peccator moritur in culpa, nudatur a justitia, consumitur in pœna. Hanc nuditatem peccatoris filii tegere dignatus est pater, qui eo redeunte dixit : *Cito proferte stolam*

---

etc., et ex vet. Edit. Recentius Vulgati habent : *juxta hoc utique quod prædix... se enim lignum viride*, etc.
ʰ In Utic. prius legebatur *lumen divinitatis.*
ⁱ Utic., *et si cecidit per passionem, potuit per resurrectionis gloriam rursus venire ad viriditatem vitæ.* Vindoc., *per resurrectionem gratiæ.*
ʲ Turon., *quo perfidiæ suæ vento levabantur.*
ᵏ Norm., Turon., Bellov., Vindoc., etc., *in hoc mundo non venit.*

primam (Luc. xv, 22). Prima quippe stola est vestis innocentiæ, quam homo bene conditus accepit, sed male a serpente persuasus perdidit. Contra hanc rursum nuditatem dicitur : *Beatus qui vigilat, et custodit vestimenta sua, ne nudus ambulet (Apoc.* xvi, 15). Vestimenta quippe custodimus cum præcepta innocentiæ servamus in mente, ut cum nos [a] judici culpa nudat, ad amissam redeuntes innocentiam pœnitentia operiat. Bene autem dicitur : *Ubi, quæso, est?* quia peccator homo illic stare noluit, ubi conditus fuit; hic vero, ubi cecidit, diu esse prohibetur. Patriam volens perdidit, a peregrinatione vero sua quam diligit invitus expellitur. Ubi ergo est, qui in ejus amore non est ubi verum esse est ? Sequitur :

CAPUT VII.

Vers. 11, 12. — *Quomodo si recedant aquæ de mari, et fluvius vacuefactus arescat, sic homo, cum dormierit, non resurget.*

10. *Mens humana æstuanti mari similis.* — Mare mens hominis, et quasi fluctus maris sunt cogitationes mentis, quæ aliquando per iram tumescunt, per gratiam tranquillæ fiunt, [b] per odium cum amaritudine defluunt. Sed cum homo moritur, aquæ maris recedunt, quia, juxta Psamistæ vocem : *In illa die peribunt omnes cogitationes eorum (Psal.* cxlv, 4). Et rursum de moriente scriptum est : *Amor quoque et odium simul peribunt (Eccle.* ix, 6). Arescit ergo fluvius vacuefactus, quia, subducta anima, vacuum remanet corpus. [c] Quasi enim alveus fluminis vacuus est corpus exanime. Qua in re vigilanter intuendum est quia vita præsens, videlicet quousque anima moratur in corpore, mari comparatur et fluvio. Aqua enim maris amara est, fluminis dulcis. Et quia hic viventes modo quibusdam amaritudinibus [d] afficimur, modo autem dulcedine tranquilli ac mites invenimur, præsentis vitæ decursus comparatione exprimitur maris et fluminis.

11. (*Vet. VI, Rec. V.*] *Job resurrectionem non absolute negat, sed tantum futuram ante mundi finem.* — Sed in his durum valde videtur esse quod subditur : *Sic homo, cum dormierit,* [e] *non resurget.* Cur itaque laboramus, si in resurrectionis retributionem non tendimus? Quomodo autem dicitur : *Non resurget,* cum scriptum sit : *Omnes quidem resurgemus, sed non omnes immutabimur (1 Cor.* xv, 51). Et rursum : *Si in* 387 *hac vita tantum in Christo sperantes sumus, miserabiliores sumus omnibus hominibus (I Cor.* xv, 19). Et per semetipsam Veritas dicat : *Omnes qui in monumentis sunt audient vocem ejus, et procedent qui bona fecerunt in resurrectionem vitæ (Joan.* v, 28). Sed subjuncta sententia indicat quæ discretio in præmissa lateat. Nam subditur :

CAPUT VIII.

Vers. 12. — *Donec atteratur cœlum, non evigilabit, nec consurget de somno suo.*

12. Liquet enim quia non resurget, scilicet donec atteratur cœlum, quia nisi mundi hujus finis advenerit, humanum genus a somno mortis ad vitam non evigilabit. Non ergo quia omnino non resurgat, sed quia ante contritionem cœli, humanum genus minime resurgat, insinuat. Notandum quoque est cur postquam superius hominem mortuum dixit, inferius non mortuum, sed dormientem nominat, eumque de somno suo minime consurgere, donec cœlum atteratur narrat, nisi quod patenter datur intelligi quia in comparatione ligni revirentis hominem mortuum peccatorem nominat, a vita scilicet justitiæ exstinctum. Ubi autem de morte carnis loquitur, non hanc mortem, sed somnum maluit vocare, spem procul dubio resurrectionis insinuans, quia sicut citius homo a somno evigilat, ita concite ad conditoris nutum a morte corporis resurgat. Vehementer enim ab infirmis mentibus nomen mortis pertimescitur, somni autem vocabulum non timetur. Unde et Paulus [f] discipulos admonens, dicit : *Nolumus autem ignorare vos, fratres, de dormientibus, ut non contristemini sicut et cæteri qui spem non habent. Si enim credimus quod Jesus mortuus est et resurrexit, ita et Deus eos qui dormierunt per Jesum adducet cum eo* (*I Thess.* iv, 12). Quid est quod prædicator egregius mortem Domini mortem vocat, mortem vero servorum Domini, non mortem, sed somnum nominat, nisi quia, infirma corda audientium respiciens, medicamentum prædicationis suæ mira arte componit, et illum quem jam resurrexisse noverant, eis mortuum insinuare non dubitat; eos vero qui necdum resurrexerant, ut spem resurrectionis insinuet, non mortuos, sed dormientes vocat? Non enim verebatur dicere mortuum quem auditores jam resurrexisse cognoverant, et verebatur dicere mortuos [g] quos resurgere vix credebant. Beatus igitur Job, quia carne mortuos ad vitam rursus evigilare non dubitat, eos dormientes potius quam mortuos appellat. Sequitur :

CAPUT IX [*Vet. VII, Rec. VI*].

Vers. 13. — *Quis mihi tribuat ut in inferno protegas me?*

13. *Duplex infernus, alius inferior malis cruciandis, alius superior justis usque ad adventum Christi recipiendis destinatus.* — Quia ante adventum mediatoris Dei et hominis omnis homo, quamvis mundæ probatæque vitæ fuerit, ad inferni claustra descenderit, dubium non est, quoniam homo, qui per se cecidit, per se ad paradisi requiem redire non potuit, nisi veniret ille qui suæ incarnationis mysterio ejusdem nobis paradisi iter aperiret. Unde et post culpam

---

[a] Plerique Norm. et Turon., *judicii culpa.*
[b] Utic., *per amaritudinem cum odio defluunt.* Secunda manus expunxit *cum odio.*
[c] Vindoc., *quasi enim alveus fluminis vacuus est, cujus corpus exanime est.*
[d] In sola Edit. Gussanv. additur *turbati.*
[e] Norm., *non resurgit.*
[f] Deest in Turon. *discipulos.*
[g] Turon., *quos resurgere visuri erant.*

primi hominis ad paradisi aditum romphæa flammea posita esse memoratur (Genes. III, 24), quæ et versatilis dicitur, pro eo quod quandoque veniret tempus ut etiam removeri potuisset Nec tamen ita justorum animas ad infernum dicimus descendisse, ut in locis pœnalibus tenerentur. Sed esse superiora inferni loca, esse alia inferiora credenda sunt, ut et in superioribus justi requiescerent, et in inferioribus injusti cruciarentur. Unde et Psalmista propter prævenientem se Dei gratiam dicit : *Eripuisti animam meam ex inferno inferiori* (*Psal.* LXXXV, 13). Beatus igitur Job ante Mediatoris adventum ad infernum se descendere sciens, conditoris sui [a] illic protectionem postulat, ut a locis pœnalibus alienus existat, ubi, dum ad requiem ducitur, a suppliciis abscondatur. Unde subjungit :

CAPUT X [*Rec. VII*].

IBID. — *Et abscondas me donec pertranseat furor tuus.*

14. *Dei furor perturbationis expers, in fine mundi consummatur.* — Furor etiam omnipotentis Dei [b] in hoc quotidie vim suæ districtionis peragit, quod viventes indigne dignis suppliciis demergit. Qui furor nunc equidem transit, sed in fine pertransit, quia modo agitur, sed in mundi termino consummatur. Qui tamen iste furor, quantum ad electorum animas, in Redemptoris nostri adventu pertransiit, quia eas ab inferni claustris ad paradisi gaudia mediator Dei et hominum, dum ipse illuc pie descenderet, reduxit. Inter hæc vero sciendum est quod furoris nomen Divinitati non congruit, quia naturam Dei simplicem perturbatio nulla confundit. Unde ei dicitur :*Tu autem dominator virtutis cum tranquillitate judicas, et cum magna reverentia disponis nos* (*Sap.* XII, 18). Sed quia justorum animæ per Mediatoris adventum erant quandoque ab inferni locis, quamvis non pœnalibus, liberandæ, hoc quoque justus vir prævidet, et petendo subjungit :

CAPUT XI [*Vet. et Rec. VIII*].

IBID. — *Et constituas mihi tempus, in quo recorderis mei?*

15. *Christus ab inferno eduxit tantum quos sibi inhæsisse præscivit.* — At ubi venit plenitudo temporis, *misit Deus Filium suum, factum ex muliere, factum sub lege, ut eos qui sub lege erant redimeret* (*Gal.* IV, 4). Hanc itaque redemptionem vir Domini præsciens, in qua erant multi etiam ex gentilitate liberandi, sicut ipse ait : *Licet hæc celes in corde tuo, tamen scio quia universorum memineris* (*Job.* X, 13), apud omnipotentem Deum tempus sibi constitui suæ recordationis petit. Hinc est enim quod in Evangelio Dominus dicit : *Et ego si exaltatus fuero a terra, omnia traham ad me ipsum* (*Joan.* XII, 32), omnia videlicet electa. Non enim ab inferno rediens Dominus electos simul et reprobos traxit, sed illa exinde omnia sustulit quæ sibi inhæsisse præscivit. Unde etiam per Oseam prophetam dicit : *Ero mors tua, o mors, ero morsus tuus, inferne* (*Osee* XIII, 14). Quod enim occidimus, agimus ut penitus non sit. Ex eo enim quod mordemus, partem abstrahimus, partemque relinquimus. Quia ergo in electis suis funditus Dominus occidit mortem, mors mortis exstitit. Quia vero ex inferno partem abstulit, partemque reliquit, non occidit funditus, sed momordit infernum. Dicit ergo : *Ero mors tua, o mors;* id est, in electis meis [c] te funditus perimo. *Ero morsus tuus, inferne,* quia, sublatis eis, te ex parte transfigo. Sciens igitur beatus Job hunc adventum ad inferos Redemptoris nostri, petat quod futurum [d] prævidit, et dicat: *Et constituas mihi tempus in quo recorderis mei.* Sequitur :

CAPUT XII.

VERS. 14. — *Putasne mortuus homo rursum vivet?*

16. *Nonnunquam a fortibus infirmitatis verba suscipienda.* — Solent justi viri in eo quod ipsi certum ac solidum sentiunt quasi ex dubietate aliquid proferre, ut infirmorum in se verba transferant. Sed rursum per [e] fortem sententiam infirmanti dubietate omnimodo contradicunt, quatenus per hoc quod dubie proferre cernuntur infirmis aliquatenus condescendant, et per hoc quod certam sententiam proferunt, infirmorum mentes dubias ad soliditatem trahant. Quod nimirum dum faciunt exemplum nostri capitis sequuntur. Passioni quippe Dominus propinquans infirmantium in se vocem sumpsit, dicens : *Pater mi, si possibile est, transeat a me calix iste* (*Matth.* XXVI, 39), eorumque timorem, ut abstraheret, suscepit; et rursus per obedientiam vim fortitudinis ostendens ait : *Verumtamen non sicut ego volo, sed sicut tu* (*Ibid.*, 39) ut cum hoc imminet quod fieri nolumus, sic per infirmitatem petamus ut non fiat, quatenus per fortitudinem parati simus ut voluntas conditoris nostri etiam contra voluntatem nostram fiat. Hoc igitur exemplo nonnunquam a fortibus infirmitatis verba suscipienda sunt, ut per eorum post prædicamenta fortia infirmorum corda gratius roborentur. Unde beatus Job, cum quasi dubitantis verba protulit, dicens : *Putasne mortuus homo rursum vivet?* illico sententiam suæ certitudinis adjunxit, qua ait :

CAPUT XIII [*Vet. et Rec. IX*].

IBID. — *Cunctis diebus, quibus nunc milito, exspecto donec veniat immutatio mea.*

17. *Job, hujus vitæ cursu despecto, immutabilitatis statum requirit.* — Qui itaque inmutationem suam tanto desiderio exspectat, quam sit de resurrectione certus insinuat; et cursum vitæ præsentis quantum despiciat innotescit, qui hunc militiam appellat. Per militiam quippe semper ad finem tenditur, et quotidie conclusionis terminus exspectatur. Cursum itaque vitæ hujus despicit, et statum soliditatis requirit, qui per hoc quod mutabiliter militat, ad immuta-

---

[a] Deest *illic* in Turon.
[b] Turon., *in hoc quotidie cursu.*
[c] In Vindoc., *te funditus premo.*
[d] Bellovac., *providet.*
[e] Turon., *per fortem sententiam infirmantes*

tionem suam pervenire festinat. ª Justo quippe in hac vita ipsa, sarcina suæ corruptionis onerosa est. Quod vigiliæ defatigant, somnus quæritur, ut vigiliarum labor atque anxietas temperetur. Sed nonnunquam etiam somnus occidit. Fames corpus atterit, atque, ut ejus necessitas repellatur, cibi requiruntur; sed sæpe et cibi gravant, qui ad repellendum debilitatis gravamen quæsiti fuerant. Gravis itaque est sarcina corruptionis, quæ nisi ita gravis esset, Paulus nequaquam diceret: *Vanitati creatura subjecta est, non volens, sed propter eum qui subjecit eam in spe, quia et ipsa creatura liberabitur a servitute corruptionis, in libertatem gloriæ filiorum Dei. Scimus enim quod omnis creatura ingemiscit, et parturit usque adhuc* (Rom. VIII, 20). Sanctus ergo vir incorruptionis statum desiderans, dicat: *Cunctis diebus, quibus nunc milito, exspecto donec veniat immutatio mea.* In qua immutatione quid agatur adjungit:

CAPUT XIV [*Rec. X*].

VERS. 15. — *Vocabis me, et ego respondebo tibi.*

18. Vocanti Deo respondebimus, cum ad ejus jussum incorruptibiles resurgemus. — Respondere cuilibet dicimur cum ejus factis congrua ᵇ ad vicem opera reddimus. In illa igitur commutatione vocat Dominus, et respondet homo, quia ante incorrupti claritatem, incorruptus homo ostenditur post corruptionem. Nunc etenim quousque subditi corruptioni sumus, auctori nostro minime respondemus, quia dum corruptio ab incorruptione longe est, similitudo apta nostræ responsioni non est. De illa vero immutatione scriptum est: *Cum apparuerit, similes ei erimus, quoniam videbimus eum sicuti est* (Joan. III, 2). Tunc ergo vocanti Deo veraciter respondebimus, quando ad summæ incorruptionis jussum incorruptibiles surgemus. [*Vet. X,*] Et quia hoc percipere creatura ex semetipsa non valet, sed solius omnipotentis Dei dono agitur ut ad tantam incorruptionis gloriam permutetur, recte subjungitur:

CAPUT XV [*Rec. XI*].

IBID. — *Operi manuum tuarum porriges dexteram.*

19. Quod ex seipso homo consequi non valet. — Ac si patenter dicat: Idcirco creatura tua corruptibilis persistere ad incorruptionem potest, quia tuæ potestatis manu erigitur, et tui respectus gratia, ut persistat, tenetur. Humana namque creatura, eo ipso quod creatura est, in semetipsa habet sub se defluere, sed a conditore suo homo accepit, ᶜ ut et super se contemplatione rapiatur, et in seipso incorruptione teneatur. Creatura ergo ne sub se defluat, sed in incorruptione persistat, ᵈ ad incommutabilitatis statum auctoris sui dextera levatur. Potest quoque dexteræ nomine Filius designari: Quia *omnia per ipsum facta sunt* (Joan. I, 3). Operi igitur manuum suarum porrexit omnipotens Deus dexteram suam, quia ut abjectum atque in infimis jacens ad summa erigeret genus humanum, incarnatum ad hoc unigenitum misit. Ex cujus nobis incarnatione datum est ut qui ex voluntate propria in corruptionem cecidimus, vocanti nos Deo quandoque ad incorruptionis gloriam respondere valeamus. Qua in re largitatem divinæ misericordiæ pensare quis valeat, quod ad tantam perducit gloriam hominem post culpam? Pensat Deus mala quæ facimus, et tamen per benignitatis suæ gratiam ea misericorditer relaxat. Unde et subditur:

CAPUT XVI [*Rec. XII*].

VERS. 16. — *Tu quidem gressus meos dinumerasti, ᵉ sed parcis peccatis meis.*

20. Culpæ nostræ, ne Deus eas puniat, pœnitentia castigandæ. — Gressus Deus dinumerat, cum singula quæque nostra opera propter retributionem signat. Quid enim in gressibus, nisi unaquæque nostra actio designatur? Omnipotens itaque Deus et gressus dinumerat, et peccatis parcit, quia et subtiliter acta nostra considerat, et tamen hæc pœnitentibus misericorditer relaxat. Qui et duritiam in peccantibus conspicit, sed tamen hanc, præveniente gratia, ad pœnitentiam emollit. Culpas ergo dinumerat, cum nos ipsos ad singula quæ fecimus, deflenda convertit. ᶠ Quas misericorditer relaxat, quia eas dum nos ipsi punimus, ipse nequaquam in extremo examine judicat, Paulo attestante, qui ait: *Si nosmetipsos dijudicaremus, non utique judicaremur* (I Cor. XI, 31). Unde adhuc subditur:

CAPUT XVII [*Vet. XI*].

VERS. 17. — *Signasti quasi in sacculo delicta mea, sed curasti iniquitatem meam.*

21. Peccata, nisi pœnitentia diluantur, de sacculo secreti, exibunt ad publicum judicii. — Signantur quasi in sacculo delicta nostra, quia hoc quod nos exterius agimus, nisi pœnitentia interveniente diluamus, in secreto judiciorum Dei sub quadam occultatione servatur, ut quandoque etiam ᵍ de sacculo secreti exeat ad publicum judicii. Unde etiam per Moysen dicitur: *Nonne hæc congregata sunt apud me, et signata in thesauris meis? In die ultionis reddam illis* (Deut. XXXII, 34, 35). Cum vero pro malis quæ fecimus disciplinæ flagello atterimur, et hæc per pœnitentiam deflemus, iniquitatem nostram signat et curat, quia nec inulta hic deserit, nec in judicio punienda reservat. Signat igitur delicta, quia ea hic subtiliter attendit ut feriat; curat vero, quia hæc per flagellum funditus relaxat. Unde iniquitatem ʰ quoque illius persecutoris sui, quem in terra prostraverat, signando curavit, cum de illo ad Ananiam dixit: *Vas electionis mihi est iste, ut portet nomen meum coram gentibus, et regibus,*

ª In Mss., vulgo, *justis quippe.*
ᵇ Turon., *ad invicem.*
ᶜ Turon., *ut et ad superna.* Bellov., *ut et super se per contemplationem rapiatur.*
ᵈ Ita habent Mss. Bellov., Turon., Norm., non *ad incorruptibilitatis,* quod minus sonat quam *ad incommutab.* In Vindoc. legitur *ad immutabilitatis.*
ᵉ Utic. et Bigot., *sed parce.* Lyr., *sed parces.*
ᶠ Norm. et Bellov., *quasi misericorditer.*
ᵍ Ita Ebroic., Bigot., Lyr. et Anglic. In Utic. olim, *de secreto sigilli,* nunc *de sacculo secreti.* In Excusis vet. et recent., *de sigillo secreti.* Ex contextu pene constat legendum ut in laudatis Mss.
ʰ Ebroic., *quousque illius.*

et filiis Israel. Ego enim ostendam illi, quanta eum oporteat pro nomine meo pati (Act. ix, 15). Cui enim adhuc pro transactis excessibus venturas passiones minatur, profecto hoc quod deliquerat in corde signatum tenebat. Sed procul dubio delicta ejus signando curaverat, quem Vas electionis vocabat. Vel certe peccata nostra signantur in sacculo cum mala quæ fecimus sollicito semper corde pensamus. Quid namque est cor hominis, nisi sacculus Dei? Ubi dum studiose conspicimus per quanta delinquimus, peccata nostra quasi in Dei sacculo signata portamus. An non peccatum suum David signatum tenebat in sacculo, qui dicebat: *Iniquitatem meam* [a] *ego agnosco, et delictum meum coram me est semper (Psal.* l, 5)? Et quia culpas, quas non intuendo et pœnitendo cognoscimus, pius nobis conditor relaxat, recte post signata in sacculo delicta subjungitur : *Sed curasti iniquitatem meam*. Ac si aperte dicat : Quæ modo signas ut pœnitendo videam, agis procul dubio ne in retributione videantur. Sequitur :

CAPUT XVIII [*Rec.* XIII].

VERS. 18, 19. — *Mons cadens defluit, et saxum transfertur de loco suo. Lapides excavant aquæ, et alluvione paulatim terra consumitur, et homines ergo similiter perdes.*

22. *Alii subitis, alii lentis ac blandis tentationibus evertuntur.* — Hoc crebro agitur ut, cadentibus [b] rupibus, saxum ad loca alia transferatur; ut aquæ lapides excavent, et paulatim terra alluvionibus consumatur. Sed magna nobis intentione discutiendum est quod infertur : *Et homines ergo similiter perdes.* Quid est enim hoc, quod cadenti monti et saxo translato, quod excavato lapidi et per alluvionem terræ consumptæ perditio humana comparatur, nisi hoc, quod patenter datur intelligi, quia duo sunt genera tentationum? Unum, quod in mente etiam justi hominis per repentinum eventum agitur, quatenus sic subito tentetur, ut hunc inopinato proventu concutiat et prosternat, casumque suum nonnisi postquam ceciderit videat. Aliud vero, quod paulatim venit in mentem, et resistentem animum lenibus suggestionibus inficit, et omnes in eo vires justitiæ non nimietate sua, sed assiduitate consumit. Quia ergo alia est tentatio quæ justos plerumque subita invasione prosternit, dicatur : *Mons cadens defluit, et saxum transfertur de loco suo;* id est, mens sancta, cujus locus justitia fuerat, impulsu subito transfertur ad culpam. Rursum quia alia est tentatio, quæ se cordi hominis leniter infundit, omnemque duritiam fortitudinis corrumpit atque consumit, dicatur : *Lapides excavant aquæ,* quia videlicet duritiam mentis absorbent assidua et mollia blandimenta libidinis, et lentum atque subtile vitium corrumpit durum et forte propositum mentis. Unde subditur : *Et alluvione paulatim terra consumitur*, [*Vet.* XII.] Sicut enim influente aqua paulatim terra consumitur, sic leniter subrepente vitio mens etiam fortis absorbetur. Unde bene subjungitur *Et homines ergo similiter perdes.* [c] Id est, quia cum tentationem justo judicio ejus menti qui stare in alto cernitur repente dominari permittis, cadere ac defluere montem facis; et cum voluntas ad vitium commutatur, quasi ad locum alium transfertur saxum; **402** cum vero tentationem lentam atque subtilem, sed tamen assiduam, eorum qui fortes esse creduntur prævalere mentibus sinis, quasi lapides excavant aquæ, et alluvione paulatim terra consumitur, quia nimirum suggestione leni subacta mentis duritia mollitur.

23. *David mons altus repentino casu cecidit. Salomon subrepente paulisper peccati lenocinio.* — Videamus David ille quantum mons altus fuerit, qui tanta Dei mysteria prophetico spiritu valuit contemplari ; sed aspiciamus quam subito casu defluxit, qui dum , in solario deambulans, alienam conjugem concupivit et abstulit, ejusque virum cum damno sui exercitus interimit (*II Reg.* xi, 4, *seq.*), repentino casu mons cecidit, cum mens illa mysteriis cœlestibus assueta, inopinata tentatione devicta est, tamque immanissimæ turpitudini subacta. Saxum itaque de loco suo translatum est, cum prophetæ animus, a prophetiæ mysteriis exclusus, ad cogitandas turpitudines venit. Videamus etiam qualiter lapides excavant aquæ, et alluvione paulatim terra consumitur. Salomon quippe (52, q. 4, c. *Salomon*) immoderato usu atque assiduitate mulierum ad hoc usque perductus est, ut templum idolis fabricaret (*III Reg.* xi, 7) ; et qui prius Deo templum construxerat, assiduitate libidinis, etiam perfidiæ substratus, idolis construere templa non timuit. Sicque factum est ut ab assidua carnis petulantia usque ad mentis perfidiam perveniret. Quid itaque aliud quam aquæ excavarunt lapidem; et alluvione paulatim terra consumpta est, quia subripiente paulisper infusione peccati, terra cordis illius ad consumptionem defluxit? Consideret ergo beatus Job utrasque tentationes, vel subitam et immensam, vel lentam atque longiorem ; consideret casus hominum, et ex his quæ exterius [d] accidunt rapiat interius contemplationem, dicens : *Mons cadens defluit, et saxum transfertur de loco suo. Lapides excavant aquæ, et alluvione paulatim terra consumitur; et homines ergo similiter perdes;* id est, sicut hæc insensibilia modo subito corrumpi, modo paulisper infusa aquarum mollitie consumuntur, ita etiam eum quem rationabilem condidisti, vel subita tentatione dejicis, vel longa ac lenta consumi permittis. Atque mox eamdem rationabilem creaturam verbis sequentibus explicat, dicens :

CAPUT XIX.

VERS. 20. — *Roborasti eum paululum, ut in perpetuum transiret.*

---

[a] Utic. et plurimi, *ego cognosco.*
[b] In Sag., *montibus.* Ita quoque nunc in Utic., expuncto *rupibus.*
[c] Redundare videtur *quia*, et abest a Mss. Sag. et Utic. Olim tamen legebatur in Utic., estque in German.
[d] Vindoc., *accedunt.*

24. *Vitæ brevi succedit æternitas.* — Paululum roboratus est homo, quia hic vivendi vires ad modicum accepit ut in perpetuum transeat ubi ejus vitam terminus non concludat. Sed in hac brevitate ubi roboratus est,[a] colligit unde [b] in perpetuitate inveniat, vel ut semper gaudeat, vel ut suscepta supplicia non evadat. Qui pro eo quod paululum roboratus est ut in perpetuum transeat, apte mox subditur :

CAPUT XX [Rec. XIV].

IBID. — *Immutabis faciem ejus, et emittes eum.*
25. *Hominis in morte quanta mutatio.* — Facies hominis immutatur cum ejus species morte atteritur. Emittitur vero, quia ab his quæ volens tenuit transire ad æterna cogitur nolens; dumque ad illa perducitur, hæc quæ diu cogitata tenuit qualiter sese habitura sint relicta nescit. Unde et additur.

CAPUT XXI [Vet. XIII].

VERS. 21. *Sive nobiles fuerint filii ejus, sive ignobiles,[c] non intelligit.*
26. *Animæ sanctorum Deum videntes, nihil eorum quæ extra se sunt ignorant; secus aliæ.* — Sicut enim hi qui adhuc viventes sunt mortuorum animæ quo loco habeantur ignorant, ita mortui vita in carne viventium post eos qualiter disponatur nesciunt, quia et vita spiritus longe est a vita carnis ; et sicut corporea atque incorporea diversa sunt genere, ita etiam distincta cognitione. Quod tamen de animabus sanctis sentiendum non est, quia quæ intus omnipotentis Dei claritatem vident nullo modo credendum est quia foris sit aliquid quod ignorent. Sed carnales quique, quia amorem præcipuum filiis impendunt, hoc eos beatus Job nescire postmodum asserit quod hic vehementer amaverunt, ut sive nobiles, sive ignobiles sint filii nesciant; quorum eos semper cura fatigabat. Quod tamen si intelligi spiritaliter debet, non incongrue filiorum nomine opera designantur ; sicut de muliere Paulus dicit : *Quia salva erit per filiorum generationem* (I Tim. II, 15). Neque enim mulier quæ, continentiæ studens, nequaquam filios generat salva non erit, sed per generationem filiorum salvari dicitur, [d] quia per effectum bonorum operum perpetuæ saluti sociatur. Nobiles ergo sunt filii recta opera ; ignobiles autem facta perversa. Et sæpe homo agere quælibet bona intentione nititur ; sed tamen pro multis, quæ subrepunt, ejus acta apud omnipotentem Deum qualiter habeantur, incertum est. Sive itaque nobiles fuerint filii ejus, sive ignobiles, non intelligit, quia, subtili examine discussa, utrum approbentur ejus opera an reprobentur ignorat. Et hic ergo homo in dolore laboris est positus, et illuc ducitur in timore suspicionis. Unde adhuc de ipso præsentis vitæ labore subjungitur :

CAPUT XXII.

VERS. 22. — *Attamen caro ejus, dum vivit, dolebit, et anima ejus super semetipso lugebit.*

27. *Qui carnis voluptatibus delectantur, majores ex carne tribulationes experiuntur.* — De conjugibus Paulus dicit : *Tribulationem tamen carnis habebunt hujusmodi* (I Cor. VII, 28). Sed tribulationem carnis hic pati possunt, etiam jam qui spiritaliter vivunt. Cur ergo inesse conjugibus carnis tribulatio quasi specialiter dicitur, quæ etiam a vita spiritalium longe non est, nisi quod hi frequenter majores tribulationes ex carne suscipiunt qui carnis voluptatibus delectantur ? Bene autem dicitur : *Et anima ejus super semetipso lugebit*, quia quisquis gaudere in se appetit, eo ipso jam in luctu est quo a vera lætitia recessit. Vera quippe lætitia mentis creator est Dignum itaque est ut in se semper homo mœrores inveniat, qui, derelicto creatore, in se gaudium quærebat. Sequitur.

CAPUT XXIII [Vet. XIV, Rec. XV].

CAP. XV, VERS. 1, 2. — *Respondens autem Eliphaz Themanites, dixit : Nunquid sapiens respondebit quasi in ventum loquens, et implebit ardore stomachum suum ?*
28. *Mali bonorum verba non rationis sententias, sed furoris stimulos censent.* — Crebro jam diximus beatum Job typum sanctæ universalis Ecclesiæ, amicos vero illius hæreticorum speciem tenere, qui, quasi ex defensione Domini, occasionem stultæ locutionis inveniunt, et contumeliosa contra bonos verba jaculantur. Quibus cuncta quæ a fidelibus sentiuntur quasi in ventum prolata displicent. Unde nunc dicitur : *Nunquid sapiens respondebit quasi in ventum loquens?* Nec bonorum verba dicta rationis, sed stimulos furoris existimant. Unde et subditur. *Et implebit ardore stomachum suum.* Quia ea etiam quæ se sciunt contumeliose dicere, student semper, ut dictum est, ex Domini defensione palliare. Unde Eliphaz subdit :

CAPUT XXIV.

VERS. 3. — *Arguis verbis eum qui non est æqualis tibi, et loqueris quod tibi non expedit.*
29. *Dum vera quæ exprobrent non inveniunt, falsa fingunt hæretici.* — Nullum vero existimant timorem Domini habere, nisi eum quem potuerint ad suæ confessionis [e] stultitiam trahere. Unde adjungit : —
VERS. 4. — *Quantum in te est, evacuasti timorem, et tulisti preces coram Deo.* Tulisti dicitur abstulisti, ac si aperte dicat : De tua justitia præsumens, Creatoris tui gratiam despicis deprecari. Cum enim vera mala hæretici contra bonos non inveniunt, fingunt quæ redarguant, ut justi esse videantur, et fit plerumque ut ad aperta contumeliarum verba perveniant. Unde adhuc subditur :

CAPUT XXV.

VERS. 5. — *Docuit enim iniquitas tua os tuum, et imitaris linguam blasphemantium.*
30. *Dei honori specie caventes, bonitati detrahunt.* — Iniquitas os docet quando ex mala vita concipitur quod pejus dicatur. Quia autem beatus Job

---

[a] Turon. et Norm., *colligat*; sed retinendum esse *colligit* sensus contextus demonstrat.
[b] Sag. et Utic., *in perpetuitatem veniat.*
[c] Lyr. et Bigot., *non intelliget.*
[d] Norm., *per profectum.* olim in Utic., *per effectum.*
[e] Vindoc., *fiduciam.*

ᵃ tanto in ore liber fuerat quanto justus in opere, ab amicis suis hæreticorum typum tenentibus, et de iniqua vita, et de audaci ore reprehenditur, ut dicatur : *Docuit enim iniquitas tua os tuum.* Ac si aperte ei diceretur : Quod perverse loqueris, ᵇ ex perversiore didicisti vita. Sæpe vero hæretici dum quasi venerantur Deum, ejus mysteriis contradicunt, et humilitatem putant si veritatem denegant. Sunt namque nonnulli qui Deo ᶜ se injuriam irrogare existimant si eum veram carnem assumpsisse fateantur, aut si hunc veraciter pro nobis carne mori potuisse crediderint. Cumque Deo quasi plus ᵈ honoris conantur tribuere, coguntur laudes veras bonitatis illius negare. Quid enim est in charitatis suæ laude potentius quam ut illa sibi pro nobis digna ad susceptionem, ᵉ faceret, quæ ei videntur indigna? Sancta autem Ecclesia veram carnem, veram mortem illius confitetur; sed hæc dicens, ab hæreticis irrogare Deo contumeliam creditur. Unde nunc dicitur : *Et imitaris linguam blasphemantium.* Cui si quid in hoc mundo adversitatis evenerit, hoc ei contingere ex ipsa hac injuria suæ confessionis dicunt. Unde adhuc subditur :

CAPUT XXVI.

Vers. 6. — *Condemnabit te os tuum et non ego, et labia tua respondebunt tibi.*

31. *Rectæ fidei confessionem adversitatis flagellis puniri delirant.* — Quia enim ᶠ ex errore confessionis existimant mala adversitatis erumpere, labia sua ei asserunt respondere, ut culpa eloqui sit causa flagelli. Aliquando vero eam comprimere quasi ratiocinantes volunt. [*Vet. XV.*] Unde Eliphaz beatum Job reprehendere quasi ex ratione conatur, dicens :

CAPUT XXVII.

Vers. 7, 8. — *Nunquid primus homo tu natus es, et ante colles formatus? Nunquid consilium Dei audisti, et inferior te erit ejus sapientia?*

32. *Dum divinam gloriam defendere videntur, suæ prospiciunt.* — Ac si verbis apertioribus dicat : ᵍ Qui de æterno loqueris pensa quia temporalis es, qui de ejus sapientia disputas, pensa quia ejus consilium ignoras. Sed quia ad hoc hæretici verba dominicæ defensionis assumunt, ut docti esse videantur, et dum divinam gloriam defendere videntur, suam scientiam hominibus innotescant, ipsa hoc Eliphaz subjuncta verba testantur, qui loqui quidem de sapientia Dei cœpit, sed statim ad suam elationem cecidit, dicens :

Vers. 9. — *Quid nosti quod ignoremus? quid intelligis quod nesciamus?*

405 Quæ videlicet dicta patenter ostendunt ex qua mentis elatione prodeat quidquid quasi ad Dominicam defensionem sonat. Sequitur :

CAPUT XXVIII.

Vers. 10. — *Et senes et antiqui sunt in nobis multo vetustiores quam patres tui.*

33. *De antiquorum patrum magisterio et consensu falso sibi blandiuntur.* — Quia omnes hæretici a sancta universali Ecclesia sunt egressi, testatur Joannes, qui ait : *Ex nobis prodierunt, sed non erant ex nobis* (I Joan. II, 19). Sed ut ea quæ asserunt commendare stultis mentibus hominum quasi de antiquitate possint, antiquos patres se habere testantur, atque ipsos doctores Ecclesiæ suæ professionis magistros dicunt. Cumque præsentes prædicatores despiciunt de antiquorum Patrum magisterio falsa præsumptione gloriantur, ut ea quæ ipsi dicunt, etiam antiquos patres tenuisse fateantur, quatenus hoc quod rectitudine astruere non valent quasi ex illorum auctoritate confirment. Quia vero scriptum est : *Quem diligit Dominus castigat, flagellat autem omnem filium quem recipit* (Hebr. XII, 6). Sæpe sancta Ecclesia multis in hac vita adversitatibus laborat, et reproborum vita tanto sine flagello dimittitur, quanto ad nulla præmia servatur. Sed afflictiones sanctæ Ecclesiæ videntes hæretici, eam despiciunt, et tot illam flagellis atteri ex pravæ ʰ professionis merito suspicantur. Unde adhuc subditur :

CAPUT XXIX.

Vers. 11. — *Nunquid grande est ut consoletur te Deus? sed verba tua prava hoc prohibent.*

34. *Afflictam Ecclesiam despiciunt.* — Ac si ei patenter dicat : Si professionem fidei corrigeres, jamdudum consolationem a flagellis habere potuisses. Sequitur :

CAPUT XXX.

Vers. 12. — *Quid te elevat cor tuum, et, quasi magna cogitans, attonitos habes oculos?*

35. *Sanctorum contemplationem irrident nunquam experti.* — Sæpe justorum mens ita ad altiora contemplanda suspenditur, ut exterius eorum facies obstupuisse videatur. Sed quia hanc contemplationis vim in occulto agere hæretici ignorant, hoc a justis et recta sapientibus fieri magis per hypocrisim quam per veritatem putant, quia hoc quod ipsi habere nequeunt inesse veraciter aliis non suspicantur. Sequitur :

CAPUT XXXI [*Vet et Rec. XVI*].

Vers. 13. — *Quid tumet contra Deum spiritus tuus, ut proferas de ore tuo hujuscemodi sermones?*

36. *Justorum et iniquorum verba sæpe similia, sed cor dissimile. Hæretici falsis quædam vera permiscent, non rejicienda.* — Plerumque justi aliquibus necessitatibus afflicti sua opera coguntur fateri, quod beatus Job fecerat, quem post justitiam flagella deprimebant; sed cum eorum dicta injusti audiunt, hæc per elationem potius quam per veritatem existimant prolata. Ex suis enim cordibus verba justorum pensant,

---

ᵃ Iidem, *tanto timore liber fuerat.*
ᵇ Vindoc., *et perversiori.*
ᶜ Turon., *Deo se irrogare.* Deest *injuriam.*
ᵈ Deest *honoris* in Vindoc.
ᵉ Irrepsit in recent. edit. *assumptione,* post *susceptionem.* Quam vocem in Mss. Turon., Vindoc., Bellovac., Norman., minime repertam, tanquam peregrinam abjiciendam curavimus.
ᶠ Utic., *ex ore confessionis.*
ᵍ Vindoc., *quid æterno loqueris?*
ʰ Ebroic., Lyr., Bigot., etc., *confessionis.*

at dici humiliter posse verba bona non existimant. Sicut enim gravis culpa est sibi hoc hominem arrogare quod non est, sic plerumque culpa nulla est, si humiliter bonum dicat quod est. Unde sæpe contingit ut justi et injusti habeant verba similia, sed tamen semper cor longe dissimile, et ex quibus dictis Dominus ab injustis offenditur, in eisdem quoque a justis placatur. Nam Pharisæus ingressus templum, dicebat: *Jejuno bis in Sabbato, decimas do omnium quæ possideo* (*Luc.* xviii, 12); sed justificatus magis publicanus, quam ille exiit. Ezechias quoque rex cum, molestia corporis afflictus, ad extremitatem pervenisset vitæ, in oratione compunctus dixit: *Obsecro, Domine, memento, quæso, quomodo ambulaverim coram te in veritate et in corde perfecto* (*Isai.* xxxviii, 3). Nec tamen Dominus hanc confessionem perfectionis ejus despexit, aut renuit, quem mox in suis precibus exaudivit. Ecce Pharisæus se justificavit in opere, et Ezechias justum se esse asseruit etiam in cogitatione, atque unde ille offendit, inde iste Dominum placavit. Cur itaque hoc, nisi quia omnipotens Deus singulorum verba a cogitationibus pensat, et in ejus auribus superba non sunt quæ humili corde proferuntur? Unde beatus Job, cum sua opera protulit, contra Deum nullo modo tumuit, quia ea quæ veraciter fecerat humiliter dixit. Sed solent hæretici errorum suorum dictis vera aliqua permiscere, et amici beati Job quamvis in reprehensione ejus omnimodo fallantur, possunt tamen et quædam vera dicere, quæ ex illius assiduitate didicerunt. Quorum dicta si omnia refutanda essent, Eliphaz sententiam Paulus apostolus minime protulisset, dicens: [a] *Apprehendit sapientes in astutia eorum* (*I Cor.* iii, 19). Quia igitur et ea quæ recta dicunt contra beatum Job recte non dicunt, nos in eorum dictis et calcemus vitium indiscretionis, et discutiamus vires rectitudinis. [b] Sequitur:

CAPUT XXXII.

Vers. 14. — *Quid est homo, ut immaculatus sit?*

37. *Homo ex humo et ex muliere ortus, qui possit esse sine macula?* — Eo enim ipso quo dicitur homo, terrenus exprimitur et infirmus: homo enim ab humo appellatus est. Et quomodo esse valet sine macula, qui sponte sua ad infirmitatem concidit factus de terra? Ubi et additur, — Ibid. — *Et ut justus appareat natus de muliere.* Primam quippe viro injustitiam mulier propinavit in paradiso. Quomodo ergo justus apparebit, qui de illa natus est quæ injustitiæ propinatrix exstitit? Sequitur:

CAPUT XXXIII [*Vet. et Rec.* XVII].

Vers. 15. — *Ecce inter sanctos ejus nemo immutabilis, et cœli non sunt mundi in conspectu ejus.*

38. *Solus Deus mutabilitatis expers.* — Hoc cœlorum nomine repetiit quod sanctorum prius appellatione signavit. Nam de eisdem sanctis scriptum est: *Cœli enarrant gloriam Dei* (*Psal.* xviii, 1). Qui per naturam omnes in semetipsis propriam mutabilitatem habent; sed dum [c] immutabili veritati studiose semper inhærere desiderant, inhærendo agunt, ut immutabiles fiant. Cumque ad hanc toto affectu se tenent, quandoque accipiunt ut super semetipsos ducti vincant hoc quod in semetipsis mutabiles exstiterunt. Quid enim mutabilitas nisi mors quædam est? Quæ dum rem quamlibet in aliam immutat, quasi occidit quod fuerat, ut incipiat esse quod non erat. Et de auctore omnium scriptum est: *Qui solus habet [d] immutabilitatem* (*I Tim.* vi, 16), quia videlicet in semetipso solus immutabilis est. De quo per Jacobum dicitur: *Apud quem non est transmutatio, nec vicissitudinis obumbratio* (*Jac.* i, 17). Ipsa enim mutabilitas umbra est, quæ quasi obscuraret lucem, si hanc per aliquas vicissitudines permutaret. Sed quia in Deo mutabilitas non venit, nulla ejus lumen umbra vicissitudinis intercidit. Bene autem dicitur: *Cœli non sunt mundi in conspectu ejus*, quia per semetipsos ante districtum Dei judicium nec ipsi esse mundi ad perfectum possunt qui munditiæ prædicatores fiunt, Joanne attestante, qui ait: *Si dixerimus quia peccatum non habemus, ipsi nos seducimus* (*I Joan.* i, 5). Si igitur inter sanctos illius nemo immutabilis est, et cœli in conspectu ejus non sunt mundi, quis apud se de justitiæ opere præsumat? Unde et subditur:

CAPUT XXXIV [*Rec.* XVIII].

Vers. 16. — *Quanto magis abominabilis et inutilis homo, qui bibit quasi aquas iniquitatem?*

39. *Mala opera nostra nequissima esse, sed bona imperfecta et inutilia.* — Qui immaculatum prius hominem et justum per se posse esse negaverat, hunc abominabilem et inutilem appellat: abominabilem scilicet propter immunditiam maculæ, inutilem vero propter injustitiam imperfectæ vitæ. Qui tamen abominabilis et inutilis intelligi et aliter potest. Aliquando enim homo perversus quædam recte agere videtur, sed per ea quæ iniqua sunt etiam ea quæ ejus recta sunt destruuntur. Et quia multum Deo displicent mala, neque illa placent quæ videntur bona. Qui ergo in malis suis Deo abominabilis est, in bonis est inutilis, quia dum se per prava opera Deo execrabilem exhibet, nec illud de eo quod rectum videtur placet. [e] Bene autem dicitur: *Qui bibit quasi aquas iniquitatem.* Hoc namque quod comeditur cum mora glutitur, quia manditur ut glutiatur. Quod autem bibitur, tanto ad glutiendum moram non habet, quanto nullam et ad mandendum necessitatem habet. Culpa ergo, quia a stulto homine sine ulla retractatur in Editis vetust. et recent.

[a] Benov. et Norm., *apprehendam sapientes.*

[b] Quæ sequuntur, usque ad *ecce inter sanctos*, desiderantur in Turon.

[c] Legitur in Mss. Turon. et omnib. Norman. *sed dum immutabilitati*, etc. In Utic. tamen olim scriptum erat: *sed dum immutabili veritati.* Ita etiam legi-

[d] Bellov., *immortalitatem.* Sic olim legebatur in Utic.

[e] In Norm., *bene autem additur: qui bibit iniquitatem quasi aquas.*

tione perpetratur, quasi aqua iniquitas bibitur. Quia enim illicita sine timore facit, quasi potum injustitiæ sine obstaculo glutit. Sequitur:

CAPUT XXXV [Vet. XVIII].

VERS. 17.—*Ostendam tibi, audi me, quod vidi narrabo tibi.*

40. *Superbi quo altius per intelligentiam assurgunt, per elationem gravius cadunt.*—Habent hoc omnes arrogantes proprium, ut cum rectum quid vel ª parvum senserint, in usum hoc elationis inflectant; atque unde per intellectum sibimetipsis altiores fiant, inde per tumorem in foveam elationis cadant, seque doctis doctiores existiment, reverentiam sibi a melioribus exigant, et docere sanctiores quasi ex auctoritate contendant. Unde nunc dicitur: *Ostendam tibi, audi me.* Et quia cum minore auctoritate docet is qui audita quam is qui ea quæ viderit loquitur, ut fortiorem sibimet auctoritatem Eliphaz ᵇ arroget, dicit: *Quod vidi narrabo tibi.* Quia vero nonnunquam hæretici de damnatis suis patribus confunduntur, et tamen eorum sententias quasi cum auctoritate ad medium proferunt, ex quorum stultitia jure reprobantur, recte ipsa hæreticorum audacia subinfertur, cum dicitur:

CAPUT XXXVI.

VERS. 18.—*Sapientes confitentur, et non abscondunt patres suos.*

41. *Quos erroris magistros habuerunt hæretici, quam insulse jactitent sapientes.*—In quorum et laudem prosiliunt, et eos velut solos Ecclesiæ ᶜ præfuisse gloriantur. Unde adhuc subditur:—VERS. 19:—*Quibus solis data est terra, et non transivit alienus per eos.* So is suis patribus datam terram existimant, quia solos errorum suorum magistros rexisse veraciter Ecclesiam putant. Quis vero alienus nisi apostata angelus vocatur? Unde et per Psalmistam de cunctis simul malignis spiritibus dicitur: *Quoniam alieni insurrexerunt in me, et fortes quæsierunt animam meam* (*Psal.* LIII, 5). Hæretici igitur, quia doctorum suorum corda apostatæ angelo existimant non fuisse subjecta, transisse per eos alienum denegant. Cui videlicet alieno per unumquemque transire est iniquas in corde ejus cogitationes immittere. Unde et per prophetæ vocem de malignis spiritibus contra stantem animam dicitur: ᵈ *Et dixerunt animæ tuæ: Incurvare ut transeamus* (*Isai.* LI, 23). Sed Eliphaz Themanites, quia quædam narraturus audiri vult, quamvis multa quæ dicenda sunt sciat, sed quia beato Job dicenda non erant nesciat, audiamus sententias quas contra beatum Job protulit. Nec enim debemus cui, sed solum pensare quid dixit. Sequitur:

CAPUT XXXVII [Rec. XIX].

VERS. 20.—*Cunctis diebus suis impius superbit.*

42. *Electi in humilitate, reprobi in superbia vitam finiunt.*—Solent etiam electi in quibusdam suis e cogitationibus atque actibus superbire. Sed quia electi sunt, cunctis diebus suis superbire non possunt, quia priusquam vitam finiant, ad humilitatis metum ab elatione corda commutant. Impius vero diebus suis omnibus superbit, quia sic vitam terminat, ut ab elatione minime recedat. Circumspicit quod temporaliter floret, et pensare negligit quo in æternum ducitur. In vita carnis fiduciam ponit, eaque diu permanere existimat quæ ad præsens tenet. Solidatur in elatione animus, in despectum adducitur omnis propinquus; quam repentina mors subrepat nunquam considerat; quam sit ejus incerta felicitas nunquam pensat. Qui si incertitudinem fugacis vitæ conspiceret, incerta pro certo nequaquam teneret. Unde et bene subditur:

CAPUT XXXVIII [Rec. XX].

IBID.—*Et numerus annorum incertus est tyrannidis ejus.*

43. *Mors timeri debet, quod prævideri nequeat.*—Superbire enim minime debuisset, etiam si annorum suorum numerum certum habere potuisset, ut sciens quantum viveret, præsciret quando se ab elatione removeret. At postquam præsens vita semper incerta est, tanto semper mors subrepens timeri debet, quanto nunquam prævideri valet. Bene autem superbiam impii tyrannidem vocat. Proprie enim tyrannus dicitur qui in communi republica non jure principatur. [*Vet.* XIX.] Sed sciendum est quia omnis superbus juxta modum proprium tyrannidem exercet. Nam quod nonnunquam alius in republica, hoc est, per acceptam dignitatis potentiam, alius in provincia, alius in civitate, alius in domo propria, alius per latentem nequitiam hoc exercet apud se in cogitatione sua. Nec intuetur Dominus quantum quisque mali valeat facere, sed quantum velit. Et cum deest potestas foris, apud se tyrannus est, cui iniquitas dominatur intus, quia etsi exterius non affligit proximos, intrinsecus tamen habere potestatem appetit, ut affligat. Et quia omnipotens Deus corda pensat, jam in ejus oculis impius egit quod cogitavit. Ad hoc autem conditor noster latere nos voluit finem nostrum, ut dum incerti sumus quando moriamur, semper ᶠ ad mortem parati inveniamur. Unde recte postquam dictum est: *Cunctis diebus suis impius superbit,* adjungit: *Et numerus annorum incertus est tyrannidis ejus.* Ac si aperte diceretur: Cur quasi de certo extollitur, cujus vita sub pœna incertitudinis tenetur? Sed omnipotens Deus prave agentibus non solum ventura supplicia reservat, sed eorum corda

---

ª Ita Mss. Et fere semper ubi legitur *parum* in Edit., Mss. habent *parvum.*
ᵇ Bigot. et Lyr., *proroget.* Ita quoque nunc in Utic.
ᶜ In Mss. Norm., præter hanc lectionem, additur *profuisse.*
ᵈ Norm., *qui dixerunt.*
ᵉ In Bellovac., Ebroic. et aliis Norm. sic legitur In recent. Edit., pro *cogitationibus,* habetur *tentationibus,* invitis tum Mss. tum vet. Excusis.
ᶠ Turon., Bigot. et Lyr., *ad mortem parati venire debeamus.* Vindoc., *parati inveniri debeamus.* Bellov., *parati inveniri debeamus.* Ita quoque vet. Edit. Paris.

nic etiam ubi delinquunt pœnis implicat, ut eo ipso quo peccant semetipsos feriant, ut semper trepidi semperque suspecti mala ab aliis pati metuant, quæ se aliis fecisse meminerunt. Unde adhuc de hoc impio subditur :

CAPUT XXXIX [Rec. XXI].

VERS. 21.—*Sonitus terroris semper in auribus illius; et cum pax sit,* [a] *ille insidias suspicatur.*

44. *Simplicitas cordis arx munitissima.*—Nil autem simplici corde felicius, quia quo innocentiam erga alios exhibet, nihil est quod pati ab aliis formidet. Habet enim quasi arcem quamdam fortitudinis simplicitatem suam. Nec suspectus est pati quod se fecisse non meminit. Unde bene per Salomonem dicitur : *In timore Domini fiducia fortitudinis* (Prov. XIV, 26). Qui et rursum ait : *Secura mens, quasi juge convivium* (Prov. XV, 15). Quasi enim continuatio refectionis est ipsa tranquillitas securitatis. At contra mens prava semper est in laboribus, quia aut molitur mala quæ inferat, aut metuit ne hæc sibi ab aliis inferantur. Et quidquid contra proximos excogitat, hoc contra se excogitari a proximis formidat. Fit undique suspecta, undique trepida. Omnis qui ad memoriam venit exquirere contraria creditur. Cui ergo tranquillitas securitatis deest, huic procul dubio terroris sonitus semper in auribus est. Et sæpe contingit [b] ut illi quilibet proximus suus simpliciter loquatur, nil adversum cogitet. Sed cum pax sit, ille insidias suspicatur, quia qui semper dolose agit, simpliciter erga se agi non æstimat. Et quia scriptum est : *Impius cum in profundum venerit peccatorum, contemnit* (Prov. XVIII, 3), involutus iniquitatis suæ tenebris jam de luce desperat. Unde et sequitur :

CAPUT XL [Vet. XX].

VERS. 22.— *Non credit quod reverti possit de tenebris* [c] *ad lucem, circumspectans undique gladium.*

45. *Impius desperata salute, ad nequitiam semper excrescit.*—Quia dum feriri se undique insidiis credit, salute desperata, semper ad nequitiam excrescit. Aliquando vero iste perversus etiam superna judicia attendit, et super se hæc venire metuit. Sed cum stipendium vitæ præsentis quærit, hæc eadem judicia quæ metuere cœperat avaritia devictus insania contemnit. Et quidem mori se posse in peccato existimat, sed tamen a peccato non cessat. Unde et subditur :

CAPUT XLI.

VERS. 23.— *Cum se moverit ad quærendum panem, novit quod paratus sit in manu ejus tenebrarum dies.*

46. *Etsi feriri metuat, semper auget quo feriatur.*— Panis etenim, stipendium vitæ præsentis ; tenebrarum vero dies tempus ultionis accipitur. In actu itaque suo aliquando iste perversus iram superni judicis perpendit præsentem ; sed a malo non avertitur, ut etiam ipsa quoque ab ejus interitu valeat averti. Accusante se autem conscientia feriri metuit, sed tamen semper auget quo feriatur. [d] Contemnit reditum suum, desperat veniam, superbit in culpa; sed tamen testem suæ nequitiæ intus habet timorem. Et quamvis prava videatur foris audacter agere, de his tamen apud semetipsum cogitur trepidare. Unde scriptum est : *Cum enim sit timida nequitia, dat testimonium condemnationi* (Sap. XVII, 10), quia cum illicita quisquis perpetrat, pavet quod facit; et apertus damnationis testis est ipse timor iniquitatis, quia et timetur quod agitur, et tamen malum non vincitur quod timetur. De quo et adhuc subditur :

CAPUT XLII.

VERS. 24.—*Terrebit eum tribulatio, et angustia vallabit eum, sicut regem qui præparatur ad prælium.*

47. *Quot angustiis vallatur, qui securitatis sociam, viam veritatis relinquit. Plana est veritatis via; asperum iter mendacii.*—In omne quod iniquus agit tribulatione et angustia vallatur, quia cor ejus anxietate [e] et suspicione confunditur. Alius occulte appetit [f] vi aliena diripere, qui laborat in cogitationibus, ne deprehendi valeat. Alius, relicta veritate, mentiri deliberat, ut audientium animum fallat. Sed quantus labor est sollicite custodire ne ipsa ejus fallacia deprehendi queat? Ponit quippe ante oculos quid sibi a veritatem scientibus responderi possit, et cum magno cogitatu pertractat quomodo per argumenta falsitatis documenta veritatis exsuperet. Hinc inde se circumtegit, et contra hoc, ubi deprehendi potuerit, veritati similem responsionem quærit, qui si vellet verum dicere, utique sine labore potuisset. Plana quippe veritatis via, et grave est iter mendacii. Unde et per prophetam dicitur : *Docuerunt enim linguam suam loqui mendacium, ut inique agerent laboraverunt* (Jerem. IX, 5). Bene ergo dicitur : *Terrebit eum tribulatio, et angustia vallabit eum,* quia apud semetipsum [g] in labore timoris deficit, qui securitatis sociam viam veritatis relinquit. Qui bene regi præparato ad prælium comparatur, quia in eo ipso malo quod agit, et terretur, et festinat, et ex conscientia trepidat, et ex desiderio anhelat, metuit et superbit, pavescit suspicionibus, et mentem per audaciam erigit. [Vet. XXI.] Sciendum quoque est quia rex qui præparatur ad prælium sic de hoste suspectus est, [h] ut eidem quoque quem ducit exercitui metuat, ne labefactetur, ne per destitutionem militum jaculis pateat inimicorum. Iniquus ergo angustia vallatur, sicut rex

---

[a] In Norm., *ille semper insidias.*
[b] Turon. et Vindoc., *ut talia cuilibet proximo suo simpliciter loquatur.* Bellov., *ut tali cuilibet proximus suus,* etc. Bigot. et Lyr., *ut alia quilibet proximus sibi loquatur, nil adversum cogitans. Sed,* etc. Utic., *ut alia quilibet proximus suus simpliciter loquatur.*
[c] Deest *ad lucem* in Norm. et Bellov., abest etiam a textu Hebr. Ita tamen Hieron. legit.
[d] In Sag., *contemnit enim.*
[e] Utic., olim, *et tribulatione,* nunc *et suspicione.*
[f] Deest *vi* in Bellov. et Norm.
[g] Norm., *in labore mentis;* in Utic. prius scriptum erat *in labore timoris.*
[h] Sic Mss. nostri et Anglic. At Editi etiam antiquiores, *ut eumdem quoque quem ducit exercitum metuat.* Quod olim in Utic. lectum.

qui præparatur ª ad prælium, quia videlicet falsa agens, falsa loquens, formidat ne suos amittat milites, id est, argumenta falsitatis, et veritatis jaculis pateat, si ei fortasse defuerit quod ex fallacia opponat. Sed quamvis animus trepidet, quamvis conscientia accuset, cupiditate tamen sua iniquus vincitur, et suppresso pavore audaciam de iniquitatibus sumit. Et sæpe etiam ultione menti proposita, se contra Deum erigit, quælibet ab eo adversa perpeti deliberat, dummodo hic, dum valet, omne quod placet agat. Unde et subditur:

CAPUT XLIII [Rec. XXII].

VERS. 25, 26.—*Tetendit enim adversus Deum manum suam, et contra Omnipotentem roboratus est. Cucurrit adversus eum erecto collo, et pingui cervice armatus est.*

48. *Pravorum voluntati quandoque Deus per misericordiam obsistit, quam iratus aliquando sinit impleri.* —Hæc de ipso iniquorum capite, scilicet Antichristo, apertius sentiuntur qui contra Deum manum erigens, roboratur dicitur, quia parvo tempore permittitur exaltari, ᵇ ut quo ad modicum gloriari sinitur, eo in perpetuum atrocius puniatur. Sed quia ejus membra sunt omnes iniqui, hoc quod in fine mundi ille tunc singulariter acturus est unus, videamus modo qualiter a malis agatur singulis. Sunt namque nonnulli qui et si qua aliquando agere contra omnipotentis Dei judicium nituntur, ipsa impossibilitate explendæ suæ voluntatis fracti, ad semetipsos respiciunt, atque ad eum quem contemnere voluerant convertuntur; et qui discedere longe potuerant, si quod vellent implere valuissent, per hoc aliquando salvantur, quia quod nequiter voluerunt, implere nequiverunt. Unde ad se reducti, cujus sint conditionis aspiciunt, et plangunt se ᶜ contraria veritati voluisse. Et sunt nonnulli 411 qui hoc quod perverse contra Deum appetunt justo Dei judicio implere nequius permittuntur. Et cum eos malitia accendit, potentia roborat, tanto jam semetipsos in errore cognoscere nequeunt, quanto in rebus affluentibus extra se semper per potentiam trahuntur. De quorum nunc intentione dicitur: *Tetendit enim adversus Deum manum suam, et contra Omnipotentem roboratus est.* Contra Deum quippe manum tendere est in operatione prava, despectis Dei judiciis, perseverare. Et quia tunc magis irascitur Deus, quando permittit impleri quod saltem concipi in cogitatione non debuit, contra Omnipotentem iniquus iste roboratur, quia prosperari in mala sua actione permittitur, quatenus et perversa faciat, et tamen feliciter vivat. De quo adhuc subditur: *Cucurrit adversus eum erecto collo.*

49. *Opulentorum superborum quanta in pravis operibus audacia.*—Erecto collo contra Deum currere est ea quæ Creatori displicent cum audacia perpetrare. De quo recte dicitur: *Cucurrit*, id est, in malo opere obstaculum de adversitate non habuit. [*Vet. XXII.*] De quo adhuc, additur: *Et pingui cervice armatus est*. Pinguis cervix est opulenta superbia, affluentibus videlicet rebus ᵈ quasi multis carnibus fulta. Potens igitur iniquus pingui cervice contra Deum armatur, qui, rebus temporalibus tumens contra præcepta veritatis, quasi de magnitudine carnis erigitur. Quid enim paupertas nisi quædam macies, et quid rerum abundantia nisi pinguedo est vitæ præsentis? Pingui ergo cervice se contra Deum erigit qui temporalem abundantiam in superbiam assumit. Habent enim hoc potentes et iniqui proprium, ut, fallacibus divitiis occupati, veras Dei opes negligant; et quanto minus quod verum est inquirunt, tanto amplius falsis divitiis extolluntur. Cura etenim multiplex terrenarum rerum, quia ᵉ occupat, excæcat. Unde adhuc apte subjungitur:

CAPUT XLIV.

VERS. 27.—*Operuit faciem ejus crassitudo.*

50. *Terrenarum rerum abundantia oculos claudente.* —Visus quippe in facie est, in qua et prima corporis honorabilior pars est. Non ergo immerito mentis intentio per faciem designatur, quam quolibet vertimus, illuc videmus. Faciem ergo crassitudo operit, quia desiderata terrenarum rerum abundantia oculos mentis premit, et hoc quod in eis esse honorabile debuit, ante Dei oculos fœdat, quia curis multiplicibus aggravat. Quibus tamen nec solum sufficit ut ipsi superbiant, nisi et hi qui eis conjuncti sunt de eorum pinguedine etiam ipsi glorientur. Nam sunt nonnulli qui patronis majoribus ᶠ adjuti superbiunt, et de eorum potentia contra inopes extolluntur. Unde et adhuc subditur:

CAPUT XLV.

IBID.—*Et de lateribus ejus arvina dependet.*

51. *Qui iniquo potenti adhærent, de ejus potentia tument.*—Quia arvina pinguedo carnis est, et latera dicere divitum solemus hos quos eis conjunctos cernimus, arvina de ejus lateribus dependet, quia quisquis potenti et iniquo adhæret, ipse quoque de ejus potentia, velut ex pinguedine rerum, tumet, ut, patroni perversi iniquitatem sequens, Deum non timeat, quos valet, et quantum valet, 412 pauperes affligat, de gloria temporali cor elevet. Cum ergo talis est qui iniquo potenti adhæret, de ejus profecto latere arvina dependet. De quibus adhuc subditur:

CAPUT XLVI [Vet. XXIII].

VERS. 28.— *Habitabit in civitatibus desolatis, et in domibus desertis, quæ in tumulos sunt redactæ.*

52. *Ille vicissim dum sibi conjunctorum laudibus*

ª Utic., *ad bellum*, sed habet *ad prœlium* in margine.

ᵇ Ita Bellov., Norm. et alii. Prius in Utic. lectum ut *cum*, quemadmodum in Excusis.

ᶜ Vindoc., *contrarie veritati voluisse*. Ebroic., *controria voluntati voluisse.*

ᵈ Turon., *quasi multis carnibus protecta*, quod olim repræsentavit Utic.

ᵉ Turon., Lyr., Bigot., *occupat et excæcat*, omisso *quia*, quod expunctum fuit in Utic.

ᶠ Omnes Norm., *adjuncti.*

extollitur, ad prava opera vehementius rapitur. — Quia enim a conversatione conviventium civitas appellatur, civitates desolatæ sunt ipsi obsequentium cunei perversorum, quorum clamoribus perversus iste laudatur cum ad prava opera per nequitiam rapiatur. Unde scriptum est : *Laudatur peccator* [a] *in desiderio animæ suæ, et qui iniqua agit benedicitur* (*Psal.* x, 3, *sec. Hebr.*). Domus vero desertæ sunt cogitationes pravæ, quas iniquus iste inhabitat, quia per omne quod agit iniquorum hominum placere cogitationibus appetit. Quæ civitates desolatæ, et domus desertæ recte nominantur, quia nisi omnipotens Deus, talium conversationes cogitationesque, præcedentibus eorum culpis, relinqueret, ad graviora perpetranda minime pervenirent. Bene autem dicitur : *Quæ in tumulos sunt redactæ.* Ruentia namque domorum atque civitatum ædificia tumulos faciunt, quoniam dum pravi quique confusis actionibus sibimetipsis ad perversa opera junguntur, ostendunt procul dubio quia de ædificio vitæ ceciderunt. Sequitur :

CAPUT XLVII.

Vers. 29. — *Non habitabitur, nec perseverabit substantia ejus, nec mittet in terram radicem suam.*

53. *Virtutibus non ditatur nisi cujus mentem Deus inhabitat. Sine radice stat superbus, leni flatu statim prostrandus.* — Quod hic *Non habitabitur* dictum est [b] in quibusdam Codicibus reperi *Non ditabitur*; sed sensus non discrepat, quamvis a se sermo discordet. Ille enim virtutibus ditatur, cujus mentem inhabitat omnipotens Deus. Sed quia superbi cogitatio ab auctoris sui gratia non inhabitatur, profecto per hoc virtutibus non ditatur. [c] Propter hoc ergo quod interius est vacuus, dicatur : *Non inhabitabitur;* propter hoc vero quod transitorium foris tumet, recte subjungit : *Nec perseverabit substantia ejus.* Ac si aperte dicatur : Hoc quod habere videtur exterius transit, et illud quod transire non poterat interius non habet. Unde et apte subjungitur : *Nec mittet in terra radicem suam.* Quod si de hac terra dictum accipimus, liquet procul dubio quia arbor quæ in terra radicem non habet, vel tenuissimis commota flatibus cadit. Et superbus quisque dum contra omnipotentem Dominum roboratur, dum currit erecto collo, et pingui cervice contra auctorem erigitur, stare quasi arbor videtur. Sed status ejus sine radice est, quia velut ad lenem flatum, sic ad motum occultæ sententiæ vita ejus [d] eruitur. [e] Sin vero hoc loco terram æternæ vitæ retributionem accipimus, de qua Propheta ait : [f] *Portio mea in terra viventium* (*Psal.* CXLI, 6), iniquus iste in terra radicem suam non mittit, quia nunquam ad æternæ vitæ desiderium cordis sui cogitationes plantat. [*Vet. XXIV.*] Quod enim radix arbori, hoc unicuique hominum cogitatio sua est, quia in hoc quod exterius videtur, per illud tenetur [g] quod exterius non videtur. Unde et per prophetam dicitur : *Mittet radicem deorsum, et faciet fructum sursum* (*Isai.* xxxvii, 31). Cum enim [h] cogitationem nostram ad compatiendum indigenti proximo tendimus, quasi radicem deorsum mittimus, ut retributionis fructum superius faciamus. Sequitur :

CAPUT XLVIII.

Vers. 30. — *Non recedet de tenebris.*

54. *Quia lucem justitiæ non quærit, de tenebris non recedit.* — Si superbus iste a culpa ad justitiam redire voluisset, de tenebris recederet. Sed quia lucem justitiæ non quærit, de tenebris non recedit. Cujus etiam exemplo hi qui ei adhærent in terrenis profectibus anhelant, avaritiæ facibus accenduntur, desideriorum carnalium ignibus uruntur. Unde et subditur :

CAPUT XLIX.

Ibid. — *Ramos ejus arefaciet flamma.*

55. *Desideriorum carnalium facibus cum sibi conjunctis uritur.* — Si enim sibi quosdam æternam patriam quærentes adjungeret, ramos in se virides haberet. Sed quia ipsi quoque qui ei conjuncti sunt terrenis desideriis æstuant, et dum desideriorum flamma clientium ejus animos accendit, scilicet ramos ejus arefacit, ut fructum boni operis non ferant, quia ad appetenda infima per nequitiam anhelant. Bene autem subditur :

CAPUT L.

Ibid. — *Et auferetur spiritu oris sui.*

56. *Propter laxata linguæ frena gravissime torquendus.* — Superbus etenim quisque quo in hac vita plus valet, eo sibi linguæ frena audacius relaxat, ut loquatur perversa quælibet, nullum de verbis suis metuat, istos contumeliis feriat, illos maledictionibus jaculetur. Nonnunquam vero in blasphemiam contra conditorem rapitur, sicut de talibus per Psalmistam dicitur : *Posuerunt in cœlum os suum, et lingua eorum* [i] *transivit super terram* (*Psal.* LXXII, 9) : [j] Unde et dives in igne positus, stillari sibi aquam ex digito Lazari in linguam postulat (*Luc.* XVI, 24). Qua ex re intelligitur quia ubi amplius peccaverat, ibi atrocius ardebat. Recte ergo nunc dicitur : *Et auferetur Spiritu oris sui,* quia eo percussionis sententiam accepit, quo oris sui spiritum sub divina formidine non restrinxit. Sequitur :

---

[a] Vindoc. et omnes Norm., *in desideriis.*

[b] Imo in fonte Hebr., Vulgata, aliisque versionibus et paraphrasibus, legitur *non ditabitur,* aut aliquid simile, *non ditetur,* etc.

[c] Corruptus hic locus est in Edit. Gilot. et in Rom. Sixti V. Longe enim abest a sensu quod ibi legitur : *propter hoc ergo quod interius est vacuus, ditatur, non inhabitatur.* Imo non ditatur, quia non inhabitatur, et interius vacuus remanet. Favent nostræ lect. Mss. tam Anglic. quam nostr. ac vet. Edit.

[d] Vindoc., *servatur.*

[e] Ita Mss. et veter. Edit., *non,* ut legitur in Gussanv. et aliis recent., *sic vero hoc loco.*

[f] Norm., *portio mea sit.*

[g] Hæc verba, *quod exterius non vid.,* desunt in Vindoc., qui mendis scatent. In Turon., pro *exterius,* legitur *interius.*

[h] Lyr., Bigot., Sag., *mentem nostram.*

[i] Norm., *transivit in terra.* Vindoc., *transivit in terram.*

[j] Quamplures, *unde et divis ille,*

CAPUT LI [Rec. XXIII].

VERS. 51. — [a] *Non credat frustra deceptus, quod alio pretio redimendus sit.*

57. Tunc solum eleemosynæ nobis prosunt cum peccata plangimus et abdicamus. — Quoties [b] post culpam eleemosynas facimus, quasi pro pravis actibus pretium damus. Unde et per Prophetam de eo qui hæc non agit dicitur : *Non dabit Deo propitiationem suam, nec pretium redemptionis animæ suæ* (*Psal.* XLVIII, 8, 9). Nonnunquam vero divites elati inferiores opprimunt, aliena rapiunt, et tamen quasi quædam aliis largiuntur; et cum multos deprimant, aliquando quibusdam opem defensionis ferunt, et pro iniquitatibus quas nunquam deserunt dare pretium videntur. Sed tunc eleemosynæ pretium nos a culpis liberat, cum perpetrata plangimus, et abdicamus. Nam qui et semper peccare vult, et quasi semper eleemosynam largiri, frustra pretium tribuit, quia non redimit animam, quam a vitiis non compescit. Unde nunc dicitur : *Non credat frustra errore deceptus, quod aliquo pretio redimendus sit.* Quia eleemosyna superbi divitis eum redimere non valet, quam perpetrata simul rapina pauperis ante Dei oculos ascendere non permittit. [*Vet. XXV.*] Quod fortasse intelligi aliter potest, quia sæpe superbi divites cum eleemosynam tribuunt, non hanc pro æternæ vitæ desiderio, sed pro extendenda vita temporali largiuntur, mortem se posse differre donationibus credunt, sed *non credat frustra errore deceptus quod aliquo pretio redimendus sit*, quia obtinere ex impenso munere non valet ut finem debitum evadat, cujus etiam nequitia intercidit vitam. Unde et subditur :

CAPUT LII.

VERS. 52. — *Antequam dies ejus impleantur peribit, et manus ejus arescent.*

58. *Præfixi dies singulis, nec augeri possunt nec minui. Qui longiores sperat, antequam impleantur, perit.* — Præfixi dies singulis ab interna Dei præscientia nec augeri possunt, nec minui, nisi contingat ut ita præscientur, ut aut cum optimis operibus longiores sint, aut cum pessimis breviores, sicut Ezechias augmentum dierum meruit impensione lacrymarum ; et sicut de perversis scriptum est : [b] *Indisciplinatis obviat mors.* Sed sæpe iniquus, quamvis in occulta Dei præscientia longa vitæ ejus tempora non sint prædestinata, ipse tamen quia carnaliter vivere appetit, longo animo dies proponit. Et quia ad illud tempus pervenire non valet quod exspectat, quasi antequam dies illius impleantur perit. Quod tamen intelligere et aliter possumus. Plerumque enim quosdam cernimus et perverse agere, et usque ad senectutem ultimam pervenire. Quomodo ergo dicitur : *Antequam dies ejus impleantur peribit*, cum in quibusdam sæpe videamus quia ætate longa jam membra deficiunt, et tamen pravitatem suam eorum desideria exsequi non desistunt ?

59. *Post conversionem exteriora repetens ab omni boni operis statu eradicatur.* — Sunt namque nonnulli qui post vitam perditam ad semetipsos redeunt, et, accusante se conscientia, perversa itinera relinquunt, commutant opera, antiquæ suæ pravitati contradicunt, terrenas actiones fugiunt, desideria superna sectantur ; sed priusquam in eisdem sanctis desideriis solidentur, per torporem mentis ad ea quæ dijudicare cœperant redeunt, atque ad mala quæ fugere disposuerant recurrunt. Quia enim sæpe contingit ut pro utilitate multorum etiam sancti viri exterioribus actibus serviant, et populorum gubernationibus occupentur, hoc infirmi aspicientes, et per vetustam adhuc superbiam quærentes imitari, exterioribus se actionibus [d] inserunt ; sed quanto ad eas non eruditi spiritalibus veniunt, tanto eas carnaliter exsequuntur. Nisi enim prius cor longo studio et diutina conversatione in desideriis cœlestibus convalescat, [e] cum ad exteriora agenda refunditur, ab omni statu boni operis eradicatur. Unde recte quoque de hoc iniquo dicitur : *Antequam dies ejus impleantur peribit.* Quia et si quid boni fortasse cœperit agere, priusquam in eo per longitudinem temporis convalescat, ad exteriora relabitur, et perverse deserit quæ recte inchoasse videbatur. Unde et apte subditur : *Et manus ejus arescent.* Quia dum exterioribus actibus intempestive involvitur, ab omni nimirum bona operatione siccatur. Unde adhuc bene subditur :

CAPUT LIII [Rec. XXIV].

VERS. 33, 34. — *Lædetur quasi vinea in primo flore botrus ejus, et quasi oliva projiciens florem suum. Congregatio enim hypocritæ sterilis.*

60. *Hypocritæ bona opera cur arefiant. Quam periculose qui in virtute infirmi sunt, præsint.* — Notandum quod sic de hoc iniquo generaliter loquitur, ut tamen divinus sermo ad specialem ejus nequitiam derivetur. Qui enim dicens : *Lædetur quasi vinea in primo flore botrus ejus, et quasi oliva projiciens* [f] *florem suum*, protinus subdit : *Congregatio enim hypocritæ sterilis*, patenter indicat quia [g] in hoc iniquo reprobationis sententiam contra ejus hypocrisim ferat. [*Vet. XXVI.*] Sed nunc pensandum nobis est qualiter hypocrita sicut vinea in primo flore, vel sicut oliva florem projiciens lædatur. Si florentem vineam per inæqualitatem aeris immoderatum frigus attigerit, protinus ab omni humore viriditatis arefacit. Et sunt nonnulli qui post perversa itinera sanctas vias sectari appetunt, sed priusquam in eis, ut diximus, desideria bona roborentur, quædam illos præsentis sæculi prosperitas accipit, quæ eos rebus

---

[a] Norm. et alii cum vet. Edit., *non credit.* Ita semper deinceps.
[b] Vindoc., *pro culpa.* Alludit fortasse ad hunc locum Ecclesiastici xx, 9 : *Est processio in malum viro indisciplinato, et est inventio in detrimentum.*
[d] Norm. et alii, *inferunt.*
[e] Ebroic., *ad exter. agenda relabitur.*
[f] Utic. et Bellov., *germen suum.* In priori tamen hujus contextus citatione Utic. habet, *florem suum.*
[g] Ebroic., Lyr., Big., *in hunc iniquum.*

exterioribus implicat, et eorum mentem dum a calore intimi amoris retrahit, quasi ex frigore exstinguit, et quidquid in eis de virtutum flore apparere videbatur, interficit. In terrenis quippe actibus valde frigescit animus, si necdum fuerit per intima dona solidatus. Unde necesse est ut loca majora vel exteriora [a] opera, quæ humanis sunt necessitatibus profutura, illi exercenda suscipiant, qui hæc dijudicare, atque sub semetipsis premere ex virtute intima noverunt. Nam cum infirmus quisque vel ad locum regiminis, vel ad exteriora agenda retrahitur, quo quasi extra se ducitur, eradicatur, quia et arbor quæ radices in altum prius non mittit, citius ventorum impetu sternitur, si se ad altum vertice extollit; eoque citius ad ima corruit, quo altius in aere sine radicibus excrevit. Nonnunquam vero florentem vineam non frigus, sed æstus arefacit. Cumque immoderato calore tangitur, discusso flore botrus tabescit. Et plerumque contingit ut hi qui ad bona opera recta intentione non veniunt, cum placere se hominibus vident, ad exercenda hæc eadem opera vehementius accendantur, [b] humanis placitura oculis agere anxie studeant, et quasi in sancto studio fervescant. Quis itaque istos [c] nisi in flore æstus contigit, quos humanæ laudis appetitio a fructu alienos fecit? Unde et bene subditur : *Et quasi oliva projiciens florem suum.* Oliva quippe cum in flore est, si immoderata nebula tangitur, a plenitudine fructuum vacuatur. Et quoties inchoantes quique bona opera laudari ab aspicientibus cœperint, atque in suis laudibus delectari, fit caligo intelligentiæ in cogitatione, ut jam discernere nequeant qua intentione quid faciant, et fructum perdant operis, [d] velut ex nebula favoris. Unde bene per Salomonem dicitur : *Mane surgamus ad vineas, videamus [e] si floruit vinea, si flores fructus parturiunt* (*Cant.* II, 12). Florent quippe vineæ cum mentes fidelium bona opera proponunt. Sed fructus non pariunt, si ab eo quod proposuerint aliquibus victi erroribus infirmantur.

[*Vet. XXVII.*] 61. *In bonis operibus attendi non debet initium, sed finis.* — Non ergo intuendum est si vineæ floreant, sed si flores ad partum fructuum convalescant, quia mirum non est si quis bona inchoet, sed valde mirabile est si intentione recta in bono opere perduret. Unde fit plerumque ut si in bono opere recta intentio [f] non tenetur, etiam ipsum hoc opus quod bonum creditur amittatur. Nam quosdam sæpe vidimus terrena quæ possederant reliquisse, et nil jam transitorium quærere, nullis pro hac vita jurgiis immisceri. Cum itaque hoc in se fidelis anima ostendit, quasi oliva florem protulit. Sed cum quidam ex talibus rursus cœperint mundi gloriam quam contempserant quærere, et terrenis rebus quas sprevisse videbantur insatiabiliter inhiare, vacare jurgiis, proximorum læsiones exquirere, nimirum projecit oliva florem quem proposuit, quia rudimenta boni studii ad perfecta opera non perduxit. Sed sciendum est quia hæc semper eis eveniunt qui Deum puro ac simplici studio non sequuntur. Unde recte subditur : *Congregatio enim hypocritæ sterilis.* [g] Cœpta enim bona non amitteret, si hypocrita non fuisset. Congregant vero et hypocritæ bona opera, sed eorum sterilis est ipsa congregatio, quia per hoc quod agunt fructum recipere in æterna retributione non appetunt. Fecundi ac virides in suis operibus humanis oculis videntur, sed in conspectu occulti judicis infecundi et aridi apparent. Sæpe vero, æstu avaritiæ accensi, eo majora de se opera humanis oculis ostendunt, quo ampliora sibi ab hominibus offerri munera appetunt. Unde adhuc subditur :

CAPUT LIV [*Rec. XAV*].

VERS. 34. — *Et ignis devorabit tabernacula eorum, qui munera libenter accipiunt.*

62. *Parum est munus a manu non recipere nisi munus ab ore respuamus.* — Sicut enim corpus in tabernaculo, sic mens habitat in cogitatione. [h] Sed ignis tabernacula devorat cum æstus avaritiæ cogitationes devastat. Et fit plerumque ut hypocrita aurum vel quæque bona corporalia ab hominibus accipere contemnat, sed quia hæc non accipit, majores ab eis recipere laudes quærat; et fortasse munus se accepisse non æstimat, quia bona corporalia recipere recusat. Unde sciendum est quia aliquando munus a manu, aliquando vero ab ore porrigitur. Nam qui nummum tribuit, munus ex manu dedit; qui autem verbum laudis impendit, munus ab ore protulit. Hypocrita itaque etsi exteriora dona, quæ terrenæ forsitan necessitati congruunt, accipere recusat, plus est quod sibi retribui appetit, cum, ultra meritum laudari desiderans, munus ab ore quærit. Et quia in ipso laudis appetitu nimio cor ardore succenditur, dicatur recte : *Et ignis devorabit tabernacula eorum qui munera libenter accipiunt.*

[*Vet. XXVIII.*] 63. *His muneribus delectantes ignis devorabit.* — Sin vero eorum tabernacula corpora debemus accipere, in quibus illorum animæ habitant, ignis eorum tabernacula devorat, quia qui hic in mente ardent igne avaritiæ, illic etiam in carne concremantur ignibus gehennæ, et quia mens hypocritæ nunquam vacat a malitiæ cogitatione; nam sive terrena quæque, seu laudem appetat, hæc aliis invidet quæ sibi tribui anhelat; et tanto cæteros ostendere perversos molitur, quanto videri sanctior omnibus appetit, ut ex eo quod alii despicabiles fiunt, ipse reverentior semper appareat. Unde fit ut de opinione proximi ante humana judicia, linguæ suæ la-

---

[a] Deest *opera* in Ebroic.
[b] In Vindoc. deest *humanis placit. oculis agere anxie studeant.*
[c] Vindoc., mendose, *nisi in flore æstas.*
[d] In Vindoc., *velut foris ex nebula favoris.*
[e] Utic., *si floruerunt vineæ*, vel, *si floruit vinea.*

[f] Bigot. et Lyr., *non tenet.*
[g] Verba hæc, usque ad *congregant*, desunt in Turon.
[h] Omittitur periodus hæc in Vindoc., usque ad *et fit plerumque.*

queos prætendat, ut eorum quibus placere appetit solus æstimationem capiat. Unde et sequitur:

CAPUT LV.

Vers. 35. — *Concepit dolorem, et peperit iniquitatem, et uterus ejus præparat dolos.*

64. *Dolorem concipit qui perversa cogitat, iniquitatem pariturus.* — Dolorem quippe concipit cum perversa cogitat. Iniquitatem parit cum explere cœperit quod cogitavit. Invidendo dolorem concipit, derogando iniquitatem parit. Gravis quippe est iniquitas quando is qui perversus est ostendere alios perversos molitur, ut inde ipse quasi sanctus appareat, quod alios sanctos non esse docuerit. Sciendum vero quod in sacro eloquio ventris vel uteri nomine mens solet intelligi. Hinc est enim quod per Salomonem dicitur: *Lucerna Domini spiraculum hominis, quæ investigat omnia secreta ventris* (Prov. xx, 27). Lux enim gratiæ, quæ desuper venit, spiraculum homini præstat ad vitam. Quæ videlicet lux omnia secreta ventris investigare dicitur, quia occulta mentis penetrat, ut ea quæ de seipsa latebant animam, [a] ante ejus oculos flendo reducat. Hinc Jeremias ait: [b] *Ventrem meum, ventrem meum doleo* (Jerem. iv, 19). Qui ut ventrem suum quid dixisset ostenderet, adjunxit: *Sensus cordis mei turbati sunt.* Uteri itaque nomine recte mens accipitur, quia sicut proles in utero concipitur, sic cogitatio in mente generatur; et sicut in ventre cibi, ita continentur in mente cogitationes. Uterus itaque hypocritæ præparat dolos, quia tanto semper majorem malitiam contra proximos in mente concipit, quanto solus præ omnibus videri innocentior quærit. Hæc idcirco Eliphaz protulit, quia beatum Job tanto percussum verbere propter hypocrisim putavit. Sed ejus verba etsi multis congruunt, ab ipso solo aliena sunt pro quo solo dicebantur, quia sanctus vir nihil in suis actibus duplicitatis habuit, quem testis veritas de cordis simplicitate laudavit.

---

[a] Ita Mss. plerique. Vet. Edit. Paris., *ante ejus flenda oculos reducat.* Vetus Basil., *ante ejus oculos reducant.*

[b] In Bellovac. et Germ. simpliciter legitur, *ventrem meum doleo.* Sic olim legebatur in Utic. sine repetitione.

LIBER DECIMUS TERTIUS.

In quo capitum XVI *et* XVII *libri Job brevis expositio moralis et typica continetur.*

CAPUT PRIMUM.

1. *Sancti quos admonendo corrigere non possunt, patiendo tolerant.* — Esse hoc perversorum proprium solet, quod sua mala per convicium bonis ingerant, priusquam de eis ipsi veraciter accusentur; et dum metuunt increpari de his quæ faciunt, adversantes suis pravitatibus justos hæc facere testantur. Sancti autem viri patienter audiunt etiam quæ se nunquam fecisse meminerunt, quamvis ea mala quæ sibi ingeri conspiciunt ab ipsis suis criminatoribus noverint perpetrata; et cum eos prædicando corrigere non possunt, patiendo tolerant, quatenus si fructum conversionis eorum [a] non valent, ex ipsis tamen præmium longanimitatis acquirant. Unde et sancta Ecclesia David prophetæ vocibus dicit: *Supra dorsum meum fabricaverunt peccatores* (Psal. cxxviii, 3), quia videlicet dum hæreticos vel quoslibet reprobos, quos corrigere non valet, tolerat, facta peccantium supra dorsum portat. Beatus itaque Job videns Eliphaz amicum suum multa contra se de hypocrisi conquerentem, qui ex consolationis verbis ad amaritudinem increpationis eruperat, et simulatus consolator apparebat, per patientiam suam typum servat Ecclesiæ, quæ novit talia audiendo tolerare, et, cum ejus sermo admittitur, ratiocinando destruere, et dicit:

CAPUT II. [*Rec II*].

Cap. xvi, Vers. 2.—*Audivi frequenter talia.*

2. *Job typus Ecclesiæ a fictis amicis oppressæ, consolatores simulantibus. A consolatoriis verbis ad increpatoria amici Job eruperant.*—Electi quippe frequenter aliena mala quasi sua audiunt, et ab his eis crimen impingitur [b] *a quibus crimina impacta* perpetrantur. Hac autem responsione beatus Job illud Ecclesiæ tempus significat quo, oppressa ab adversariis, temporali eorum potentia quasi dejecta creditur. Unde sequitur: — Ibid.— *Consolatores onerosi omnes* [c] *vos estis.* Sive enim hæretici, seu pravi quilibet, cum laborare bonos in adversitate conspiciunt, in eo quod illos consolari appetunt, mala eis persuadere conantur. Unde non immerito bonorum mentibus onerosa fit eorum consolatio, quia inter verba dulcedinis virus propinare cupiunt erroris; et dum dictis lenibus dolores quasi levigant, peccati [d] onus imponere festinant. Sed electi viri etiam cum temporali gloria privantur, interni vigorem judicii non amittunt. Nam sciunt et foris adversa perpeti, et tamen interius infracti recta sine pavore defendere. Unde subjungitur:

CAPUT III

Vers. 3.—*Nunquid habebunt finem verba ventosa?*

3. *Verba sana, propter elationem eorum a quibus proferuntur aliquando ventosa. Lugens non increpandus.* — Ventosa enim verba sunt quæ inflationi tem-

---

[a] In aliis Excussis, *consequi non valent.* Expunximus *consequi*, quod in Mss. non reperitur, aliasque redundat.

[b] In vet. Ed. Paris. et Basil., *a quibus crimina impacta.* In Gussanv., *impincta*, uti in Edit. Rom. Sixti V. Legitur *impacta*, in Mss. Anglic. et nostris.

[c] In quamplur. Mss. deest *estis*, hic et infra.

[d] Turon., *opus.*

porali potius quam rectitudini serviunt, sæpe autem mali etiam bona dicunt ; sed quia bene non dicunt, ventosa verba proferunt. Nam dicta eorum et si quando ª sana sunt per sententiam, inflata tamen sunt per elationem. [*Vet. H.*] In hoc vero quod dictum est : *Consolatores onerosi omnes vos estis*, quid aliud beati Job magisterio docemur, nisi ut quisque perpendere sollicite sciat ne luctus tempore verba increpationis inferat ? Si enim sunt quædam quæ increpari jure debeant ; in afflictione postponenda sunt, ne consolator increpando dolorem augeat, quem lenire proposuerat. Sequitur :

CAPUT IV.

IBID. — *Aut aliquid tibi molestum est, si loquaris ?*

4. *Justi convicia non reddunt.* — Mali viri cum aliis sibi similibus conviciosa verba proferunt, eo citius obmutescunt, quo de se talia mox audiunt qualia suis auditoribus dicunt. Cum autem bonos viros per conviciosa verba jaculantur, nil eis molestiæ ex convicio nascitur, quia contra tacentes loquuntur, nec compelluntur audire quod sunt, quia justi convicia non reddunt, etiam dum coguntur audire quod non sunt. Bene ergo dicitur : *Aut aliquid tibi molestum est, si loquaris ?* Ac si ei aperte diceretur : Eo plus loqueris quo a me molestum aliquid de tua actione non audis. Unde et subditur, — VERS. 4. — *Poteram et ego similia vestri loqui.* [*Rec III.*] Narrat justus quid facere potuit ; sed ne justitiam deserat, quod facere potuit declinat. Sequitur :

CAPUT V.

VERS. 4-6. — *Atque utinam esset anima vestra pro anima mea ! consolarer et ego vos sermonibus, et moverem caput meum super vos. Roborarem vos ore meo ; et moverem labia mea, quasi parcens vobis.*

5. *Malis divina flagella quandoque debent optari.* — Aliquando necesse est ut pravis mentibus quæ humana prædicatione corrigi nequeunt divina flagella optari benigne debeant. Quod cum magno sit amoris studio, videlicet non errantis pœna, sed correptio quæritur, et oratio potius quam maledictio esse monstratur. In his autem verbis hoc beatus Job monstratur intendere, ut amici, qui dolori illius per charitatem compati nesciebant, ab experimento discerent alienæ afflictioni qualiter misereri debuissent ; atque, edomiti doloribus, a sua passione traherent consolationem aliis qualiter inferrent ; et tunc salubrius intrinsecus viverent, cum aliquid extrinsecus de infirmitate sentirent. Notandum, quod non ait : ᵇ *Utinam esset anima mea pro anima vestra !* sed *Utinam esset anima vestra pro anima mea !* quia profecto sibi malediceret, si se illis fieri similem optaret. Illis vero meliora voluit quos sibi fieri similes quæsivit. Consolamur vero pravos in flagellis constitutos cum de exteriore percussione interiorem in eis convalescere salutem ᶜ indicamus. [*Vet. III.*] Caput etiam movemus cum mentem, ᵈ quæ principale nostrum est, ad compassionem inflectimus. Eosque inter flagella roboramus cum doloris eorum vim verbis mitibus lenimus. Sunt namque nonnulli qui dum interna nesciunt de malis exterioribus desperabiliter affliguntur, de quibus per Psalmistam dicitur : *In miseriis non subsistent* (Psal. CXXXIX, 11). Ille etenim bene novit in exterioribus miseriis subsistere, qui scit semper de spe interna gaudere.

6. *Aliquando malis quasi parcens non parcit, et quasi non parcens parcit Ecclesia.* — Quod vero non ait Parcens, sed *Quasi parcens vobis*, nequaquam hoc negligenter prætereundum puto, quia sancta Ecclesia disciplinæ vigorem cum permistione mansuetudinis servans, aliquando malis et quasi parcens non parcit, aliquando vero et quasi non parcens parcit. Quod melius ostendimus, si ipsa quæ plerumque accidunt proferamus. Ponamus itaque ante oculos mentis duos pravos in sancta Ecclesia esse constitutos, quorum sit unus potens et protervus, alter mitis et subditus. Si qua miti et subdito culpa subripuerit, hanc protinus increpando prædicator insequitur et corripit ; eumque corripiendo, a culpa liberat, atque ᵉ ad viam rectitudinis reformat. Quid itaque huic nisi non parcens pepercit, quia dum correptionis verbum non distulit, citius hunc a culpa liberavit ? Libere enim arguens non pepercit, sed in eo quod correxit pepercit. At contra potens et protervus, cum aliquid perpetrasse cognoscitur, tempus quæritur ut de malo quod fecit increpetur. Nisi enim prædicator sustineat ᶠ quando ferre congrue correptionem possit, auget in eo malum quod insequitur. Sæpe enim contingit ut talis sit qui nulla increpationis verba suspiciat. Quid itaque in hujus culpa prædicatori agendum est, nisi ut in sermone admonitionis, quem pro communi salute omnium auditorum facit, tales culpas ad medium deducat quales eum perpetrasse considerat qui et præsto est, et de se solo adhuc argui non potest, ne deterior fiat ? Et cum generaliter contra culpam invectio intenditur, correptionis verbum libenter ad mentem ducitur, quia potens pravus ignorat quod sibi hoc specialiter dicatur. Quid itaque isti prædicatori suus nisi parcens minime pepercit, cui et specialiter correptionis verba non intulit, et tamen vulnus illius sub communi admonitione percussit ? Unde fit plerumque ut eo vehementius perpetratam culpam lugeat, quo reatum suum et cum se percussum sentiat nesciri putat.

[*Vet. IV.*] 7. *Protervi qua discretione corripiendi.* — Magna itaque prædicationis arte agendum est ut qui ex aperta correptione deteriores fiunt quodam cipatus.

ª Sag. et Utic. addunt aliam lect. *sunt bona.*
ᵇ Deest *utinam* in Bellov. et Norm.
ᶜ Edit. Gilot. et Rom. Sixti V habent *inducamus*, contra sensum et Mss. tam Anglic. quam nostrorum fidem.
ᵈ Hinc apud Græcos tum philosophos tum theologos τὸ ἡγεμονικὸν dicitur animi præstantia mentisque principatus.
ᵉ Turon. et Norm., *ad viam rectitudinis*. In Utic., olim, *ad vitam rect.* ; vet. Edit. Paris, *ad vitam*.
ᶠ Sic Turon., Vindoc., Norm., etc. In vet. Edit. Basil. 1514, *quando conferre*. Aliæ recent., Gilot., Vatic., Gussanv., *quando proferre*. Melius cum Mss. *quando ferre possit* ; sc. potens et protervus.

temperamento correptionis ad salutem redeant. Unde etiam Paulus dicit : *Quæ putamus ignobiliora membra esse corporis, his honorem abundantiorem circumdamus; et quæ inhonesta sunt nostra, abundantiorem honestatem habent; honesta autem nostra nullius egent* (*I Cor.* XII, 23). Sicut enim inhonesta membra in corpore, ita quidam sunt intra sanctam Ecclesiam potentes et protervi, qui dum aperta invectione feriri nequeunt, quasi honore tegminis velantur. Sed hæc de occultis potentium delictis loquimur. Nam quando et aliis cognoscentibus peccant, aliis etiam cognoscentibus increpandi sunt, ne si prædicator taceat, culpam approbasse videatur, atque hæc crescens in exemplum veniat, quam pastoris lingua non secat. Sancta ergo Ecclesia, cum per prædicatores suos quædam facta malorum sub dispensatione invectionis increpat, labia quasi parcens movet; sed tamen parcendo non parcit, quia ab invectione culpæ generaliter non tacet, quam specialiter tacet. Sequitur :

CAPUT VI.

VERS. 7. — *Sed quid agam? Si locutus fuero non quiescet dolor meus; et si tacuero, non recedet a me.*

8. *Dolor Ecclesiæ cum pravos frustra corripi conspicit.* — Hoc personæ beati Job qualiter congruat nullus ignorat. Sed si ad sanctæ Ecclesiæ typum trahatur, hæc et cum loquitur, dolor minime quiescit, quando locutione sua perversos minime corrigi conspicit. Et cum tacet, dolor minime recedit, ª quia etsi aversata conticuerit, hoc ipsum amplius quod tacet gemit, quia se tacente perversorum culpas excrescere conspicit. Sequitur :

CAPUT VII. [*Rec.* IV].

VERS. 8. — *Nunc autem oppressit me dolor meus, et in nihilum redacti sunt omnes artus mei.*

9. *Dolor Ecclesiæ dum ad malorum exempla infirmios pertrahi conspicit.* — Dolore suo sancta Ecclesia premitur quando in malitia sua crescere perversos intuetur. Et quia dum pravi crescunt etiam infirmi qui in ea sunt ad sequenda studia pravitatis irritantur, recte additur : *Et in nihilum redacti sunt omnes artus mei.* Sicut enim per ossa fortes, sic per artus infirmi quique designari solent. Membra ergo Ecclesiæ ad nihilum rediguntur quando ex imitatione pravorum in hoc mundo crescentium infirmi quique deterius infirmantur. Videntes etenim felicitatem malorum, sæpe ab ipso fidei statu dilabuntur, bona temporalia appetunt, et veluti in nihilum rediguntur, quia ᵇ dum manentem Dei essentiam deserunt, diligentes transitoria, quasi ad non esse tendunt. Bene autem dicitur : *Nunc autem oppressit me dolor meus,* quia videlicet tempus doloris Ecclesiæ modo est, et tempus gaudii postmodum ᶜ sequetur. Sæpe vero contingit ut sancta Ecclesia non solum infideles atque extra positos adversarios toleret, sed eorum quoque insidias ᵈ atque adversitatem vix ferat, quos intus habet. Unde beati viri voce apte mox subditur :

CAPUT VIII. [*Vet. V.*]

VERS. 9. — *Rugæ meæ testimonium dicunt contra me.*

10. *Rugæ Ecclesiæ sunt mali Christiani.* — Quid per rugas nisi duplicitas designatur? Rugæ itaque sunt sanctæ Ecclesiæ omnes qui in ea dupliciter vivunt, qui fidem vocibus clamant, operibus denegant. Hi nimirum pacis tempore, quia hujus mundi potestatibus eamdem fidem honori esse conspiciunt, fideles se esse mentiuntur. Sed cum 421 sanctam Ecclesiam subita adversitatis procella turbaverit, illico ostendunt ᵉ quid in perfida mente moliuntur. Has autem rugas in electis suis sancta Ecclesia non habet, quia videlicet nesciunt aliud de se foris ostendere, et intus aliud habere. Unde recte egregius prædicator dicit : *Ut exhiberet ipse sibi gloriosam Ecclesiam, non habentem maculam aut rugam* (*Ephes.* V, 27). Maculam quippe et rugam non habet, quæ et turpitudine operis et duplicitate sermonis caret. Sed quia nunc intra sinum fidei multos etiam reprobos tenet, cum tempus persecutionis exarserit, ipsos hostes patitur quos prædicationis verbis alere ante videbatur. Dicat itaque apte : *Rugæ meæ testimonium dicunt contra me,* id est ipsi me insequendo increpant, qui nunc, in meo corpore positi, duplicitatis suæ in se malitiam ᶠ non mendant. Unde bene adhuc subditur:

IBID. — *Et suscitatur falsiloquus adversus faciem meam, contradicens mihi.*

11. *Per malos sævit diabolus.* — Etiam pacis suæ tempore sancta Ecclesia falsiloquium patitur, dum sunt in ea multi qui de æternitatis promissione diffidunt, et tamen se fideles esse mentiuntur. Qui dum prædicationi ejus aperte contradicere non præsumunt, falsiloquium non contra faciem, sed quasi post dorsum patitur. Sed cum malitiæ tempus eruperit, is qui nunc metuens derogat, ad contradicendum ante faciem venit, quia verbis veræ fidei apertis vocibus obsistit. Sciendum vero est quia cum hæc a carnalibus patimur, non tam ipsi sunt qui in nostra morte sæviunt quam malignus spiritus qui eorum mentibus principatur, sicut per Paulum dicitur: *Non est nobis colluctatio adversus carnem et sanguinem, sed adversus principes et potestates, adversus mundi rectores tenebrarum harum* (*Ephes.* VI, 12). Unde cum hic quoque de falsiloquio loqueretur, apte mox ad describendum ejus ᵍ falsiloquii principem verba convertit dicens :

CAPUT X [*Rec.* V].

VERS. 10. — *Collegit furorem suum in me; et, comminans mihi, infremuit contra me dentibus suis; hostis meus terribilibus oculis me intuitus est.*

ª Ita Mss. et vet. Edit. In aliis, *quia etsi adversa*
ᵇ Turon., *dum manentem Dei sententiam.*
ᶜ Norm., *sequitur.*
ᵈ Plerique, *atque adversitates.*
ᵉ Ebroic., *quid in perfida mente conspiciunt et mo-*
liuntur;
ᶠ Norm., *non emundant.*
ᵍ Vindoc., *Fasiloqui feritatem.* Germ., *falsiloqui princip.,* ut et supra; bis, *falsiloquum patitur.*

12. *Per malos sævit diabolus, modo occulta, modo aperta persecutione.* — Quid aliud omnes iniqui quam membra sunt diaboli? Ipse itaque per eos agit [a] quidquid in eorum cordibus [b] ut agere debeant immittit. [*Vet. VI*]. Habet autem etiam nunc diabolus contra sanctam Ecclesiam furorem, sed sparsus ejus furor est, quia occultas tentationes per singulos movet. Cum vero contra eam in aperta persecutione proruperit, furorem sum in eam colligit, quia in afflictione illius tota se intentione constringit. Membra autem ejus hoc pacis tempore [c] idcirco contra electos collectum furorem non habent, quia malitiam suam minus se sentiunt posse implere quam volunt. Cum vero sibi suppetere [d] licentiam pravitatis aspexerint, tanto hanc audacius feriunt, quanto et contra illam [e] ex unanimitate glomerantur. Recte itaque nunc dicitur : *Collegit furorem suum in me.* Cujus adhuc furor [f] ut latius exponatur dicitur : *Et comminans mihi, infremuit contra me dentibus suis.* De quo et subditur : *Hostis meus terribilibus oculis me intuitus est.* Ille quippe antiquus hostis Ecclesiæ contra hanc dentibus fremit, eamque terribilibus oculis intuetur, quia per alios crudelia exercet, et per alios quæ exerceat providet.

13. *Diaboli dentes, persecutores; oculi, qui eos consiliis suis regunt.* — Dentes namque hujus hostis sunt bonorum persecutores atque carnifices, qui ejus membra laniant, dum electos illius suis persecutionibus affligunt. Oculi vero hujus hostis sunt hi qui contra eam provident mala [g] quæ faciant, suisque consiliis persecutorum ejus crudelitates inflammant. Antiquus ergo ejus adversarius fremit contra eam dentibus suis, dum per crudeles reprobos in ea insequitur vitam bonorum. Intuetur hanc terribilibus oculis, qui pravorum consiliis non cessat mala exquirere, in quibus hanc semper deterius affligat. Nam sicut incarnata Veritas in prædicatione sua pauperes idiotas et simplices elegit, sic e contrario [h] damnatus ille homo, quem in fine mundi apostata angelus assumet, ad prædicandam falsitatem suam, astutos ac duplices atque hujus mundi scientiam habentes electurus est. [*Vet. VII*]. Unde et per Isaiam dicitur : *Væ terræ cymbalo alarum, quæ est trans flumina Æthiopiæ, quæ mittit in mari legatos, et in vasis papyri super aquas* (Isai. XVIII, 1). Terra quippe cui væ dicitur ille principaliter homo damnatus est, qui alarum cymbalum vocatur, quia hi qui per superbiam in altitudinem cogitationis evolant, eumdem perversum hominem prædicando sonant. Quæ scilicet terra recte trans flumina Æthiopiæ esse perhibetur. Æthiopia etenim nigrum populum mittit, et omnem hominem mundus iste, quia peccatorem profert, quasi nigrum Æthiopia populum parit. Sed terra cui væ dicitur trans flumina Æthiopiæ esse perhibetur, quia damnatus ille homo tanta immensitate iniquus est, ut omnium peccantium peccata transcendat. Qui mittit in mari legatos, quia prædicatores suos in sæculum spargit. De quibus recte subditur qualiter mittantur, dum dicitur : *In vasis papyri super aquas.* Ex papyro quippe charta est. Quid itaque per papyrum nisi sæcularis scientia designatur? Vasa ergo papyri sunt corda doctorum sæcularium. In vasis igitur papyri super aquas legatos mittere est prædicationem suam in sapientum carnalium sensibus ponere, et defluentes ad culpam populos vocare. Qui ergo illic per vasa papyri, ipsi hic, quia carnaliter vident, per oculos designantur. De quibus et adhuc subditur :

CAPUT XI.

VERS. 11. — *Aperuerunt super me ora sua, exprobrantes.*

14. *Os diaboli qui errores prædicant.* — Ora sua reprobi exprobrantes aperiunt cum et erroris sui mala prædicare non metuunt, et prædicamenta rectæ fidei irrident. De quibus sciendum est quia illos præcipue in sancta Ecclesia persequuntur quos multis conspiciunt esse profuturos, qui vitam carnalium verbo correptionis conterunt, [i] eosque in Ecclesiæ corpore spiritaliter vertunt. Unde et subditur.

CAPUT XII. [*Rec. VI*].

IBID. — *Percusserunt maxillam meam, satiati sunt pœnis meis.*

15. *Maxilla Ecclesiæ sancti prædicatores.*—Maxilla quippe Ecclesiæ sancti prædicatores sunt, sicut sub Judææ specie per Jeremiam dicitur: *Plorans ploravit in nocte, et lacrymæ ejus in maxillis ejus* (Thren. 1, 2), quia in adversitatibus Ecclesiæ illi amplius plangunt [j] qui vitam carnalium confringere prædicando noverunt. Per ipsos quippe sancta Ecclesia iniquos a vitiis conterit, et quasi glutiens in sua membra convertit. Unde ipsi quoque [k] primo prædicatori velut maxillæ Ecclesiæ dicitur: *Occide et manduca* (Act. x, 13). (*Vet. VIII*). Hinc est etiam quod Samson maxillam asini tenuit, et hostes peremit (Judic. xv, 16), quia Redemptor noster simplicitatem atque patientiam prædicantium suæ manu virtutis tenens, a vitiis suis carnales interfecit. Et maxilla in terram projecta postmodum aquas fudit, quia data morti prædicatorum corpora magna populis monstravere miracula. Maxillam ergo Ecclesiæ perversi feriunt, cum bonos prædicatores insequuntur. Et quia tunc reprobi grande se aliquid fecisse æstimant cum vitam

---

[a] Lyr. et Bigot., *quidquid eorum mentibus.*
[b] Vindoc., *ut agere non debeant.*
[c] Ita Mss. et vet. Edit. Paris. et Basil. At recent., *circa electos.*
[d] Plurimi, *licentiam suæ pravitatis.* Vind, *licentiam pravit. appetunt.*
[e] Turon., *ex vanitate glomerentur.*
[f] Utic., *ut altius*; superscriptum tamen legitur *ut latius.*

[g] Sag. et alii Norm., *quæ fiant.*
[h] Vide infra, l. XXXII, n. 22, et l. XXXIII, n. 42 et 57.
[i] Turon., Utic. et Norm., *eosque in Ecclesiæ corpus.* Ebroic.; *eosque in Ecclesiæ corpus specialiter vertunt.*
[j] Quidam Editi, *qui vitam carnalium constringere;* Mss. Anglic. et nostri habent *confringere.*
[k] Norm., *primo pastori.* Vindoc., *primo prædicatorum.*

prædicatorum necant, post percussionem maxillæ apte subjungitur : — IBID. — *Satiati sunt pœnis meis.* Illa quippe eos pœna satiat quæ mentem Ecclesiæ præcipue castigat. Sequitur :

CAPUT XIII.

VERS. 12. *Conclusit me Deus apud iniquum, et manibus impiorum me tradidit.*

16. *Electi persecutionibus antiqui hostis temporaliter permissi.* — Electorum populus apud iniquum concluditur cum ejus caro antiqui hostis persecutionibus temporaliter datur. Qui non spiritui, sed manibus impiorum traditur, quia quo hunc in mente capere nequeunt, eo contra carnem illius crudelius inardescunt. Sed sanctæ Ecclesiæ populus cum adversa perpeti graviter cœperit, et infirmos suos conspexerit ad deteriora delabi, pacis suæ tempora ad mentem revocat, quando fideles suos prædicationis suæ opulentia pascebat. Unde apte subjungitur :

CAPUT XIV.

VERS. 13. — *Ego ille quondam opulentus repente contritus sum.*

17. — *Firmis mentibus nulla adversa repente adveniunt.* — In eo quod se repente contritum asseruit infirmorum mentem improvidam designavit. Qui dum mala quæ ventura sunt prævidere nesciunt; tanto eis graviora fiunt quanto et ab eis inopinata tolerantur. Firmis autem mentibus repente adversa non veniunt, quia priusquam veniant prævidentur. Quod tamen nunc quoque sancta Ecclesia in quibusdam retro labentibus patitur, qui post doctrinæ opulentiam subitis aliquando vitiis conteruntur, ut sic in quibusdam malis corruant, ac si verbi pabulum nunquam habuissent. Sequitur :

CAPUT XV.

IBID. — *Tenuit cervicem meam, confregit me, posuit* [a] *me sibi quasi in signum.*

18. *Infirmi, urgente persecutione, veritatem prædicare trepidant.* — Sicut in malis cervix superbiam, sic in bonis libertatis erectionem signat. Unde nonnunquam ipsa quoque superbia pro erectionis auctoritate ponitur, sicut per prophetam Dominus sanctæ Ecclesiæ pollicens dicit : *Ponam te in superbiam sæculorum* (Isai. LX, 15). Et quia persecutionis tempore infirmi quidam vera quæ sentiunt prædicare libere non præsumunt, recte de hoc hoste dicitur : *Tenuit cervicem meam, confregit me.* [Vet. IX.] Fortasse autem hi cervicis appellatione signati sunt qui pacis ejus tempore plusquam decet eriguntur, et sub occasione defendendæ rectitudinis vitio deserviunt elationis. Qui persecutionis tempore idcirco adversa plus sentiunt, quia de prosperis extolluntur. De quibus bene dicitur : *Tenuit cervicem meam, confregit me.* Id est, elationem quam in infirmis habuit, districtione suæ percussionis inclinavit. *Et posuit me sibi quasi in signum.* Constat nimirum quia idcirco signum ponitur, ut sagittarum emissione feriatur. Fidelis itaque populus in signum hosti suo est positus, quia 424 eum semper suis ictibus impetit, eumque suis persecutionibus affligit. Qui enim in hac vita assidua mala tolerat, velut in signum positus, ictus excipit ferientis. Unde et prædicator egregius cum persecutionum mala toleraret, atque sub persecutione adversariorum gemeret, teneram discipulorum mentem de suis afflictionibus consolans, ait : *Ipsi enim scitis quod in hoc positi sumus* (I.Thess. III, 5). Ac si eis aperte dicat : Quid in hoc tempore vulnera nostra miramini, qui si æterna gaudia quærimus, huc ad hoc venimus, ut feriamur? Sequitur :

CAPUT XVI.

VERS. 14. — *Circumdedit me lanceis suis, convulneravit lumbos meos, non pepercit, et effudit in terram viscera mea.*

19. *Hostis tentationum jaculis ab omni parte nos impetit.* — Hæc juxta litteram beato Job congruere posse videbantur, per hoc quod dicitur : *Circumdedit me lanceis suis, convulneravit lumbos meos, non pepercit,* nisi subderetur quod de eo minime scriptum legitur : *Effudit in terram viscera mea.* Ex qua re necesse est ut dum hoc juxta litteram invenire non possumus, ea quæ in verbis ejus secundum historiam sonant juxta spiritum inquiramus. Sancta Ecclesia lanceis ab hoste suo circumdatur quando in membris suis ab impugnatore callido tentationum jaculis impetitur. Bene autem circumdari lanceis dicimur, quia antiquus hostis tentationis suæ vulnere ab omni parte nos impetit. Sæpe enim dum gula restringitur, ut libido subigatur, inanis gloriæ aculeus mentem pulsat. Si autem corpus abstinentiæ afflictione non atteritur, contra mentem libidinis flamma se excitat. Sæpe dum servare parcimoniam nitimur, ad tenaciam labimur. Et sæpe dum possessa effuse tribuimus, ad avaritiam ducimur, qua rursum colligere quærimus quod tribuamus. Dum ergo antiqui hostis jacula ubique nos [b] impetunt, recte non dicitur : *Circumdedit me lanceis suis.* Et quia omne peccatum hostis quidem callidus suadet, sed nos ejus suasionibus consentiendo perpetramus, apte subjungitur : *Convulneravit lumbos meos.* In lumbis quippe luxuria est. Unde et is qui cupiebat voluptatem libidinis a corde exstinguere, prædicavit dicens : *Succincti lumbos mentis vestræ* (I Pet. I, 13). Cum ergo antiquus hostis fidelem populum ad luxuriam pertrahit, hunc procul dubio in lumbis ferit. Ubi notandum quoque est quod non ait : *Vulneravit,* sed *Convulneravit lumbos meos.* Sicut enim loqui aliquando unius est, colloqui vero duorum, vel fortasse multorum, sic antiquus hostis, quia nos ad culpam sine nostra voluntate non rapit, nequaquam lumbos nostros vulnerare, sed convulnerare dicitur, quia hoc quod nobis ille male suggerit, nos sequentes ex voluntate propria implemus, et quasi cum ipso nos pariter vulneramus, quia ad perpetrandum malum ex libero simul arbitrio ducimur. Sequitur : *Non pepercit.* Ac si dicat Non destitit [Vet. X]. *Et effudit in terram viscera mea.* Quid aliud sanctæ Ecclesiæ viscera debemus accipere, nisi eorum mentes qui ejus quæ-

---

[a] Deest *me* in plur. Mss. hic et in conseq.

[b] Turon., *nos impediunt.*

dam in se mysteria continent, qui ad intima sacramenta deserviunt? Sed antiquus adversarius cum fideles quosdam, qui interioribus sacramentis deservire videbantur, ad saecularia negotia pertrahit, ejus procul dubio viscera in terram fundit, quia illos in rebus infimis conculcat qui prius in occultis ac spiritalibus actibus latebant. Sequitur :

CAPUT XVII.

VERS. 15. — *Concidit me vulnere super vulnus.*

425 20. *Ut vulnere super vulnus nos concidat.* — In infirmis suis sancta Ecclesia vulnere super vulnus conciditur quando peccatum peccato additur, ut culpa vehementius exaggeretur. Quem enim avaritia pertrahit ad rapinam, rapina ducit ad fallaciam, ut, perpetrata culpa, ex falsitate etiam defendatur, quid iste nisi super vulnus concisus est vulnere? Unde bene quoque per prophetam dicitur : *Maledictum, et mendacium, et homicidium, et furtum, et adulterium inundaverunt, et sanguis sanguinem tetigit* (*Osee* IV, 2). Solet enim sanguinis nomine signari peccatum. Unde is qui a peccatis liberari desiderat per poenitentiam clamat : *Libera me de sanguinibus* (*Psal.* L, 16). Sanguis ergo sanguinem tangit ª cum culpa culpam cumulaverit. Et quia cum vulnus vulneri additur vires contra nos antiqui hostis vehementius excrescunt, recte subjungitur :

CAPUT XVIII.

IBID. *Irruit in me quasi gigas.*

21. *Qui non reluctantur, eum ut gigantem secum pugnantem experiuntur.* — Facile quippe inimico resistitur si non ei vel in multis lapsibus, vel in uno, diutius consentiatur. Sin vero ejus suasionibus anima subesse consueverit, quanto se ei crebrius subjicit, tanto eum sibi intolerabiliorem facit, ei reluctari non valeat, quia nimirum malignus adversarius contra hanc ex prava consuetudine devictam quasi more gigantis pugnat. Sed tamen plerumque sancta Ecclesia etiam post perpetratas culpas mentes fidelium ad poenitentiam revocat, et peccata operis virtute spontaneae afflictionis mundat. Unde bene subditur :

CAPUT XIX.

VERS. 16. — *Saccum consui super cutem meam, et operui cinere carnem meam.*

22. *Afflictione spontanea peccata mundare docet Ecclesia.* Quid in sacco et cinere nisi poenitentia, quid in cute et cinere nisi peccatum carnis debet intelligi? Cum ergo quidam post lapsum carnis, ad poenitentiam redeunt, quasi saccus super cutem consuitur, et cinere caro operitur, quia culpa carnis per poenitentiam tegitur, ne in districti judicis examine ad ultionem videatur. Infirma autem membra

ª Turon., *cum culpae culpam copulaverit.* Lyr. et Bigot., *cum culpa culpae copulatur.* Utic. hanc lectionem habet et alteram quae est Excusorum, quamque retinuimus.

ᵇ Deest *a* id Bellovac., Norm. et aliis. legitur in

sua sancta Ecclesia cum a peccatis retrahit, atque ad poenitentiae remedium ducit, haec procul dubio fletibus adjuvat, ut ad recipiendam auctoris sui gratiam convalescant, et per fortes plangit quod non fecit, quod in membris suis debilibus quasi ipsa fecit. Unde bene adhuc subditur :

CAPUT XX [*Vet.* XI, *Rec.* VII].

VERS. 17. — *Facies mea intumuit* ᵇ *a fletu.*

23. *Filios suos poenitentes fletibus suis adjuvat. Praelati de alienis tanquam de propriis lapsibus se affligant.* Facies quippe sanctae Ecclesiae sunt hi qui, in locis regiminum positi, apparent primi, ut ex eorum specie sit honor fidelis populi, etiam si quid in corpore latet deforme. Qui nimirum praelati plebibus plangunt culpas infirmantium, seque sic de alienis lapsibus ac si de propriis affligunt. Et saepe dum quosdam vident ad veniam post culpas redire, quosdam vero in iniquitate persistere, occulta omnipotentis Dei judicia mirantur, sed penetrare nequeunt. Obstupescunt enim ᶜ quae non intelligunt. Unde et apte subditur :

CAPUT XXI.

IBID. — *Et palpebrae meae caligaverunt.*

24. *Subditorum vias vice oculorum dirigant.* — Palpebrae enim recte appellati sunt qui ad praevidenda pedum itinera vigilant. Sed cum occulta Dei judicia nec praepositi vigilantes intelligunt, palpebrae sanctae Ecclesiae caligant. Sed ut saepe jam me dixisse memini, beatus Job sanctae Ecclesiae **426** typum tenens, modo voce corporis, modo autem voce capitis utitur; et dum de membris ejus loquitur, repente ad verba capitis levatur. Unde hic quoque subjungitur :

CAPUT XXII [*Rec.* VIII].

VERS. 18. — *Haec passus sum absque iniquitate manus meae, cum haberem mundas ad Deum preces.*

25. *Solus prae omnibus mundas ad Deum preces Christus habuit.* — Absque iniquitate enim manus suae pertulit, qui peccatum non fecit, nec inventus est dolus in ore ejus (*I Pet.* II, 22, seq.), et tamen dolorem crucis pro nostra redemptione toleravit. Qui solus prae omnibus mundas ad Deum preces habuit, quia et in ipso dolore passionis pro persecutoribus oravit, dicens : *Pater, dimitte illis, non enim sciunt quid faciunt* (*Luc.* XXIII, 34). Quid enim dici, quid cogitari in prece mundius potest quam cum et illis misericordia intercessionis tribuitur a quibus toleratur dolor? Unde factum est ut Redemptoris nostri sanguinem, quem persecutores saevientes fuderant, postmodum credentes ᵈ biberent, eumque esse Dei Filium praedicarent. ᵉ De quo videlicet sanguine apte subjungitur :

Turon.
ᶜ Vindoc., *quia non intelligunt.*
ᵈ Turon., *lamberent.*
ᵉ Vindoc., *de quo videlicet optatur, terra,* etc.

CAPUT XXIII.

Vers. 19. — *Terra, ne operias sanguinem meum, neque inveniat in te latendi locum clamor meus.*

26. *Sanguis ejus Abelis sanguine melius loquitur; hic enim ultionem, ille veniam exorat.* — Peccanti homini dictum est : *Terra es, et in terram ibis* (*Genes.* III, 19). Quæ scilicet terra Redemptoris nostri sanguinem non abscondit, quia unusquisque peccator redemptionis suæ pretium sumens, confitetur ac laudat, et quibus valet proximis innotescit. Terra etiam sanguinem ejus non operuit, quia sancta Ecclesia redemptionis suæ mysterium in cunctis jam mundi partibus prædicavit. [*Vet. XII.*] Notandum quod subditur : *Neque inveniat in te latendi locum clamor meus* (*Genes.* III, 19). Ipse enim sanguis redemptionis qui sumitur clamor nostri Redemptoris est. Unde etiam Paulus dicit : [a] *Et sanguinis aspersionem melius loquentem quam Abel* (*Heb.* XII, 24). De sanguine Abel dictum fuerat : *Vox sanguinis fratris tui clamat ad me de terra* (*Genes.* IV, 10). Sed sanguis Jesu melius loquitur quam Abel, quia sanguis Abel mortem fratricidæ fratris petiit, sanguis autem Domini vitam persecutoribus impetravit. Ut ergo in nobis sacramentum dominicæ passionis non sit otiosum, debemus imitari quod sumimus, et prædicare cæteris quod veneramur. Locum enim latendi clamor ejus in nobis invenit, si hoc quod mens credidit lingua tacet. Sed ne in nobis clamor ejus lateat, restat ut unusquisque juxta modulum suum vivificationis suæ mysterium proximis innotescat. Libet mentis oculos ad dominicæ passionis [b] horam reducere, cum Judæi persequentes sævirent, discipuli timentes fugerent. Qui enim carne mori videbatur nequaquam Deus esse credebatur. Unde hic apte subditur :

CAPUT XXIV [*Rec. IX.*]

Vers. 20. — *Ecce enim in cœlo testis meus, et conscius meus in excelsis.*

27. *Hominibus Christum nescientibus, conscium et testem habuit Patrem in cœlo.* — Cum enim [c] Filius labefactaretur in terra, erat ei testis in cœlo. Testis quippe Filii Pater est, de quo ipse in Evangelio dicit : *Et qui misit me Pater, ipse testimonium perhibuit de me* (*Joan.* V, 37). Qui recte etiam conscius dicitur, quia una voluntate, uno consilio Pater cum Filio semper operatur. Cujus etiam testis est, quia nemo novit Filium nisi Pater (*Matth.* XI, 27). Tunc ergo in cœlo testem et conscium in excelsis habuit, quando hi qui eum morientem in carne cernebant divinitatis ejus 427 potentiam considerare [d] nesciebant. Et cum ignorarent homines, [e] in morte tamen Mediator Dei et hominum noverat quod cum ipso operabatur Pater. Quod fortasse etiam ad vocem ejus corporis

A referri valet. [*Vet. XIII.*] Sancta namque Ecclesia idcirco adversa vitæ præsentis tolerat, ut hanc superna gratia ad præmia æterna perducat. Carnis suæ mortem despicit, quia resurrectionis intendit gloriæ; Et transitoria sunt quæ patitur, perpetua quæ præstolatur. De quibus nimirum bonis perpetuis dubietatem non habet, quia fidele jam testimonium Redemptoris sui gloriam tenet. Carnis quippe ejus resurrectionem mente conspicit, atque ad spem fortiter convalescit quia, quod in suo videt jam factum capite, sperat in ejus quoque corpore, quod videlicet ipsa est absque dubietate secuturum. Quam scilicet Ecclesiam Psalmista conspiciens in perpetua perfectione mansuram, sub appellatione lunæ describit, dicens : *Luna perfecta in æternum* (*Psal.* LXXXVIII, 38). Quam quia ad resurrectionis spem dominica {resurrectio roborat, recte subjunxit : *Et testis in cœlo fidelis*, quia ut de sua resurrectione non trepidet, jam eum in cœlo, qui resurrexit a mortuis, testem habet. Fidelis itaque populus cum adversa patitur, cum duris tribulationibus fatigatur, ad spem sequentis gloriæ mentem erigat; et, de Redemptoris sui resurrectione confidens, dicat : *Ecce enim in cœlo testis meus, et conscius meus in excelsis.* Qui recte conscius dicitur, quia naturam nostram non solum creando novit, sed etiam assumendo. Scire enim ejus est nostra suscepisse. Unde etiam per Psalmistam dicitur : *Ipse enim scit figmentum nostrum* (*Psal.* CII, 13). Quid enim mirum si figmentum nostrum dicatur specialiter scire, dum constet nihil esse quod nesciat ? Sed figmentum nostrum scire ejus est hoc in seipso ex pietate suscepisse.

28. *Idem testis nobis quærendus.* Quæ tamen vox cum beato Job congruere nobis etiam singulis potest. Omnis enim qui ex eo quod agit humanas laudes appetit, testem in terra quærit. Qui autem de actibus suis omnipotenti Deo placere festinat, [f] testem se in cœlo habere considerat. Et sæpe contingit ut ipsa quoque in nobis bona opera ab incautis hominibus reprehendantur. Sed qui testem in cœlo habet, reprehensiones hominum metuere non debet. Unde adhuc subditur :

CAPUT XXV [*Vet. XIV*].

Vers. 21. — *Verbosi amici mei, ad Deum stillat oculus meus.*

29. *Non ab hominibus quærendum testimonium.* — Quid enim per oculum nisi cordis intentio designatur ? sicut scriptum est : *Si fuerit oculus tuus simplex, totum corpus tuum lucidum erit* (*Matth.* VI, 22). Quia cum bona intentione quid agitur, ejus intentionis actio apud Deum minime fuscatur. Cum ergo verbosi amici sunt, id est cum et ipsi derogant qui

---

[a] Bigot. et Lyr., *et sanguis aspersionis melius loquens.* Turon., *et sanguinis aspersione melius loquentem.* In Utic. olim legebatur ut in Editis, nunc consentit Lyr. et Bigot. In Belloy., *melius loquentem quam et Abel.*
[b] Vindoc., *ora reducere.*
[c] Turon., *fidelis.* Vindoc., *fides laberetur in terra.*
[d] Turon., *non poterant.*

[e] Locum hunc ita restituimus ex Mss. Turon., Vindoc., Norm. septem, Anglic. et vet. Edit. In Gilot., Rom. Sixti V et aliis recentioribus, obscurissime, ne dicam, corruptissime, legitur : *et cum ignorarent homines, in morte tamen Mediatoris Dei et hominum noverat qui cum ipso operabatur Pater.* Ita tamen olim legebatur in Utic.
[f] Turon., *testem se in cœlo habere desiderat.*

in fide sociantur, ad Deum necesse est ut oculus stillet, quatenus nostra intentio tota in amoris intimi compunctione defluat, et tanto subtilius se ad interiora erigat, quanto et per exteriora opprobria repulsa intus redire cogitur, ne foras evanescat. Sequitur

CAPUT XXVI.

Vers. 22. — *Atque utinam sic judicaretur vir cum Deo, quomodo judicatur filius hominis cum collega suo!*

30. *Quod peccatum in nobis flagellis suis puniat Deus incertum.* — Peccatores quidem nos esse semper agnoscimus; sed tamen sæpe in flagello positi, pro quo magis peccato flagellemur ignoramus; et nos ipsos subtili inquisitione discutimus, ut, si quo modo possimus, causam percussionis nostræ investigare valeamus. Quæ dum plerumque nos latet, fit nobis oneri cæcitas nostra, et de eo quod patimur plus dolemus. Quisquis vero cum collega suo ad judicium accedit, et quod sentit dicit, et quidquid contradicitur agnoscit, et quo voluerit pulsat, et novit unde pulsatur. Qui autem divina animadversione percutitur, dum novit quidem quia vapulat, sed cur vapulet ignorat, quasi dicit ipse quod sentit, sed quid contra se dicatur nescit, quia ipse quidem ingemiscit in verbere, sed Deus aperte non declarat pro qua eum feriat ultione. Itaque nunc dicitur: *Atque utinam sic judicaretur vir cum Deo, quomodo judicatur filius hominis cum collega suo!* Ac si aperte diceretur: Sicut in omni quod dico audior, sic omne quod de me dicitur audirem. Quod tamen in hac vita fieri nullatenus potest, quia magna est interpositio oculis cordis nostri ad contemplandam subtilitatem Dei, ipsa videlicet infirmitas nostra. Sed tunc ad purum intuebimur eum a quo nunc subtiliter intuemur, cum, hac infirmitate deposita, ad contemplationis internæ gratiam venerimus, de qua Paulus dicit: *Tunc cognoscam sicut et cognitus sum* (I Cor. XIII, 12). Unde beatus Job videns eamdem cognitionem plenissime hic perfici nullatenus posse, de cæcitate quidem vitæ præsentis gemit, sed tamen se de ejus brevitate consolatur, dicens :

CAPUT XXVII.

Vers. 23. — *Ecce enim breves anni transeunt, et semitam per quam non revertar ambulo.*

31. *Vitæ miserias ejus brevitas mitigat et solatur.* — Omne quod transit breve est, etiam si tardius terminari videatur. In mortis autem semita, per quam non revertimur, ambulamus, non quod ad vitam carnis minime resurgendo reducimur, sed quod ad labores hujus vitæ mortalis, vel ad conquirenda laboribus præmia, iterum non venimus.

CAPUT XXVIII [Vet. XV, Rec. X].

Cap. XVII, Vers. 1. — *Spiritus meus attenuabitur.*

32. *Boni brevem vitam, longam vero mali sibi pollicentur.* — Attenuatur spiritus timore judicii, quia electorum mentes quo amplius extremo judicio propinquare se sentiunt, eo ad discutiendas semetipsas terribilius contremiscunt, et si quas in se carnales unquam cogitationes inveniunt, pœnitentiæ ardore consumunt, nec cogitationes suas dilatari carnali voluptate permittunt, quia eo semetipsos dijudicantes subtilius feriunt, quo districtum judicem præstolantur vicinum. Unde fit ut propinquum sibi semper exitum suspicentur. Nam reproborum mentes idcirco multa nequiter agunt, quia hic se vivere diutius arbitrantur. Justorum ergo attenuatur spiritus, sed crassescit iniquorum. Quo enim per elationem tument, eo attenuationem spiritus non habent. Justi vero dum brevitatem suæ vitæ considerant, elationis et immunditiæ culpas declinant. Unde et subditur :

CAPUT XXIX.

Ibid. — *Dies mei breviabuntur, et solum mihi superest sepulcrum.*

33. *Hinc elationis et immunditiæ culpas declinant illi, isti multiplicant. Perfecta vita est mortis imitatio.* — Qui enim considerat qualis erit in morte, semper fit timidus in operatione; atque unde in oculis suis jam quasi non vivit, inde veraciter in oculis sui conditoris vivit. Nil quod transeat appetit, cunctis præsentis vitæ desideriis contradicit; et pene mortuum se considerat, quia moriturum minime ignorat. Perfecta enim vita est mortis imitatio, quam dum justi sollicite peragunt, culparum laqueos evadunt. Unde scriptum est : *In omnibus operibus tuis memorare novissima tua, et in æternum non peccabis* (Eccli. VII, 40). Unde et beatus Job, quia dies suos considerat breviari, et solum sibi superesse sepulcrum pensat, apte subjungit :

CAPUT XXX.

Vers. 2. — *Non peccavi, et in amaritudinibus moratur oculus meus.*

34. *Non pro corrigenda culpa, sed pro augenda gratia Job percussus.* — Ac si aperte dicat : Culpam non feci, et flagella suscepi. Sed hac in re animum movet, quia in multis se hujus historiæ locis peccasse confitetur, qua ratione peccasse se nunc abneget? Sed ad hæc ratio celeriter occurrit, quia nec tantum peccavit ut flagella mereretur, nec tamen esse sine peccato potuit. Nam quia non pro corrigenda culpa, sed pro gratia augenda percussus est, judex ipse testatur, qui laudat et ferit. Et rursum quia sine peccato non fuerit, nec ipse negat qui a judice laudatur, atque ideo laudatur, quia non negat. Sed credo quod melius hæc verba discutimus, si dicta ex voce capitis sentiamus. [Vet. XVI.] Redemptor etenim noster ad redemptionem nostram veniens, et non peccavit, et amaritudinem pertulit, quia pœnam culpæ nostræ sine culpa suscepit, de cujus voce subditur :

CAPUT XXXI.

Vers. 3. — *Libera me, et pone me juxta te, et cujusvis manus pugnet contra me.*

35. *Christus in amaritudine fuit per passionem, liberatus est per resurrectionem.* — Ipse etenim non peccavit in cogitatione, vel opere, ipse in amaritudine moratus est per passionem, ipse liberatus est per

resurrectionem, ipse juxta Patrem positus est per ascensionem, quia profectus in cœlum sedet a dextris Dei. Et quia post ascensionis ejus gloriam Judæa in discipulorum ejus persecutione commota est, recte nunc dicitur : *Et cujusvis manus pugnet contra me.* Tunc quippe in membris illius furor persequentium sæviit, tunc contra fidelium vitam flamma crudelitatis exarsit. Sed quo irent iniqui, aut quid agerent, dum is quem persequebantur in terra jam sedebat in cœlo ? De quibus adhuc subditur :

CAPUT XXXII [*Rec. XI*].

Vers. 4. — *Cor eorum longe fecisti a disciplina.*

56. *Pravorum cor longe esse a disciplina Deus tantum permittendo facit.* — Si enim disciplinæ custodiam nossent, et nequaquam Redemptoris nostri præcepta contemnerent, ipsa eos carnis suæ mortalitas ad amorem vitæ immortalis excitasset. Hoc ipsum namque in hac vita corruptioni nos esse subjectos, jam de flagello disciplinæ est. Æstu enim et frigore, fame sitique turbari, morbis affici, quandoque etiam exstingui, quid sunt hæc aliud quam flagella peccati ? Sed sunt nonnulli qui et flagella tolerant, et tamen mentem ad flagellantis metum minime reformant. Unde recte nunc dicitur : *Cor eorum longe fecisti a disciplina.* Quia etsi corpus sub disciplina est, cor sub disciplina non est, dum et flagellatur quisque, et tamen ad humilitatem mentis non reducitur. Neque ita hoc dicitur ac si omnipotens et misericors Deus longe cor hominis a disciplina faciat, sed quod sponte delapsum ibi remanere ubi cecidit judicando permittat, sicut ei in oratione quoque dicimus : *Et ne nos inducas in tentationem* (*Matth.* vi, 13); id est, induci minime permittas. Sequitur :

CAPUT XXXIII.

Ibid. — *Propterea non exaltabuntur.*

430 57. *Disciplinæ expertes ab infimis ad cœlestia nunquam sublevantur.* — Cor enim si sub disciplina esset, superiora appeteret, adipiscendis bonis transeuntibus non inhiaret. Quorum igitur cor sub disciplina non est, recte de illis dicitur : *Propterea non exaltabuntur,* quia dum in infimis voluptatibus dimissi terrena bona semper desiderant, cor ad superna gaudia nunquam levant. Exaltarentur quippe si mentem ad spem patriæ cœlestis erigerent. Sed ª qui per disciplinam custodire vitam minime student, semper per desideria in imis jacent, et, quod est gravius, jacendo se erigunt, quia de rebus transitoriis extolluntur. Extolli autem possunt, sed exaltari nequeunt, quia inde profundius in imo sunt, unde apud se altiores fiunt. Cor itaque, quod sine disciplina est, exaltari non valet, quia humana mens sicut male elevata in infimis premitur, sic bene pressa in sublimibus levatur. Sequitur :

ª Corruptum hunc locum reformavimus ope Mss. Germ., Anglic., Turon., Vindoc., Bellov., Norman., etc., et vet. Edit. Barbarum sonat quod legitur in recentioribus : *sed qui per disciplinam custodire vitam minime student, sed ex desiderio in imis jacent, et, quod est gravius, jacendo se erigunt, quia de rebus transitoriis extolluntur : extolli possunt sed exaltari*

CAPUT XXXIV [*Rec. XII*].

Vers. 5. — *Prædam pollicetur sociis, et oculi filiorum ejus deficient.*

58. *Unum corpus sunt diabolus et iniqui. Ejus socii, angeli apostatæ; filii, perversi homines.* — Postquam de multitudine iniquorum, id est de antiqui hostis corpore, beatus Job sententiam protulit, mox ad ipsum eorum principem, id est caput omnium perditorum, sententiam vertit, atque a plurali numero ad singularem redit. [*Vet. XVII.*] Ita quippe unum corpus sunt diabolus et omnes iniqui, ut plerumque nomine capitis censeatur corpus, et nomine corporis appelletur caput. Nam capitis nomine censetur corpus cum de perverso homine dicitur : *Ex vobis unus diabolus est* (*Joan.* vi, 71). Et rursum nomine corporis appellatur caput cum de ipso apostata angelo dicitur : *Inimicus homo hoc fecit* (*Matth.* xiii, 28). Iste igitur princeps omnium perversorum alios socios habet, atque alios filios. Qui namque sunt ejus socii, nisi illi apostatæ angeli qui cum eo de cœlestis patriæ sede ceciderunt ? Vel quos alios filios habet, nisi perversos homines, qui de ejus prava persuasione in malitiæ operatione generantur ? Unde etiam Veritatis voce infidelibus dicitur : *Vos ex patre diabolo estis* (*Joann.* viii, 44).

59. *Quam prædam sociis polliceatur diabolus.* — Perversus itaque iste auctor erroris prædam sociis pollicetur, quia malignis spiritibus pravorum promittit animas in eorum fine rapiendas. *Et oculi filiorum ejus deficient,* quia dum intentiones hominum ad sola terrena speranda excitat, hoc illos amare facit quod diu tenere non possunt. Neque enim valet amoris pravi intentio permanere, quando et hoc quod amat ipsumque qui amat constat sub celeritate deficere. Possunt quoque et per socios fortasse intelligi crudelissimi quique et omni malitia jam repleti; per filios vero hi qui adhuc deceptoriis promissionibus illusi, ᵇ augendæ pravitati nutriuntur, ut illos jam velut ex merito malitiæ diabolus quasi socios habeat qui jam non habent in perditione quo crescant, istos autem quasi filios quos promissionibus lactat ut ad pejora ᶜ proficiant. Sed oculi filiorum ejus deficient, quia pravorum intentiones cadunt, cum omne quod hic appetunt deserunt, et illic quod doleant sine fine patiuntur. Sequitur :

CAPUT XXXV.

Vers. 6. — *Posuit me quasi in proverbium vulgi :* ᵈ *et exemplum sum coram eis.*

40. *De electorum flagellis stulta vulgi opinio.* — Hæc beatus Job dicat ex se, dicat ex vocibus omnium electorum. Omnis quippe qui flagello percutitur quasi in proverbium ponitur vulgi, quia 431 stultus quisque dum cuiquam maledicere appetit, ex illius simi-

nequeunt... *unde se apud se nequiores fiunt.*
ᵇ Vindoc., Bellov., Norm., Germ., etc., *augendæ pravitate.*
ᶜ Germ., Bellovac., Sag. et alii Norm., addunt *opera.*
ᵈ Utic. et alii Norm., *et exemplum suum coram eis.* Hujus lect. nullum est fundamentum in textu Hebr.

litudine maledictionem sumit, quem percussum temporaliter videt, eamque pœnam suo optat adversario quam evenisse conspicit justo. Sicque fit ut non recte sapientibus in exemplum deducatur rectus, dum et pœna justi esse damnatio creditur, et quæ illi maneat gloria nulla spe fidei prævidetur. Sequitur :

CAPUT XXXVI [*Vet. XVIII, Rec. XIII*].

VERS. 7. — *Caligavit* [a] *ad indignationem oculus meus, et membra mea quasi in nihilum redacta sunt.*

44. *Ad flagella sanctis obstupescentibus et caligantibus, infirmi aliquando corruunt.* — Ad indignationem oculus caligat quando ipsi quoque qui in dominico corpore, id est in Ecclesia, lumen veritatis habent, dum se diutius a pravis despici ac dedignari conspiciunt, de occulti judicii admiratione turbantur, et secretum Dei penetrare nequeunt, cur prævalere perversi contra bonorum innocentiam permittuntur: Quis etenim non obstupescat cum Herodias apud temulentum regem saltatu filiæ obtinet ut caput amici Sponsi, prophetæ et plusquam prophetæ, ante ora convivantium in disco deferatur (*Marc.* VI, 27)? Sed cum [b] justi ad indignationem caligant, infirmi plerumque usque ad infidelitatem corruunt. Unde subditur : *Et membra mea quasi in nihilum sunt redacta.* Membrorum quippe nomine teneritudo exprimitur infirmorum, qui dum perversos prospiciunt florere justosque cruciari, ad hoc nonnunquam perveniunt, ut se bona vel inchoasse pœniteant; atque ita ad agenda mala [c] citius recedunt, ac si eorum vitæ nocuerit bonum quod inchoaverunt: Hoc autem quod ait : *Caligavit ad indignationem oculus meus,* verbis planioribus aperit, adjungens :

CAPUT XXXVII [*Rec. XIV*].

VERS. 8. *Stupebunt justi super hoc, et innocens contra hypocritam suscitabitur.*

42. *Imperfectorum est gloriæ perversorum invidere.* — Hoc loco innocens necdum perfectus justus accipitur, qui bona adhuc inchoans, etsi nocere aliis non novit, perfecta tamen ipse agere nequaquam valet. Et quia corda parvulorum, dum perversos florere in præsenti vita conspiciunt, invidiæ facibus succenduntur; tanto enim quisque plus invidet aliis bona præsentia, quanto ea ipse minus contempserit. Nam quod haberi ab omnibus non valet simul totum, [a] huic flesit quod alter habuerit. Succenditur vero contra hypocritam innocens, dum gloriæ simulatoris invidet etiam qui nulli nocere solet. Sin vero hoc in loco innocens quilibet in bono perfectus accipitur, contra hypocritam innocens suscitatur quando hunc et florere conspicit, et tamen cum suo eum flore contemnit; et prædicando quæ recta sunt, tanto eum despiciendum cæteris esse denuntiat, quanto eum conspicit illa anxie quærere quæ cum eo diu non valeant permanere. In quo adhuc sensu subjungitur :

[a] In Norm., præter hanc lectionem alia in margine notatur, sc., *ab indignatione,* quam etiam observavit Gussany.
[b] Bellov., *sed cum isti.*

CAPUT XXXVIII [*Vet. XIX*].

VERS. 9. — *Et tenebit justus viam suam, et mundis manibus addet fortitudinem.*

43. *Deus qui malis temporalia bona concedit, justis æterna non denegabit.* — Considerato quippe hypocrita, justus viam suam tenet, quia dum illum ex perversa voluntate obtinere ea quæ mundi sunt intuetur, ipse ad amorem cœlestium robustius stringitur, sciens quia bonis desideriis præmia æterna non deerunt, dum et pravis et duplicibus cordibus bona temporalia non negantur. Qua ex re mundis quoque manibus addit fortitudinem, quia conspiciens perversos obtinere terrenam gloriam, bona sua opera provehit *432* ad perfectionem; et tanto altius temporalia despicit, quanto hæc abundare etiam malis cernit. Quam enim sint despicienda considerat quæ Deus omnipotens etiam perversis præstat. Si enim principaliter magna essent, nequaquam hæc conditor adversariis suis tribueret. Unde et indignum sibi esse perpendit ut illa bona appetat quæ abundare conspicit et malis; sed ad percipienda cœlestia mentem suam dirigit, quæ sibi cum reprobis communia esse non possunt. Igitur postquam exteriores profectus malorum, bonorum vero interiores intulit, exhortationis verba protulit, dicens :

CAPUT XXXIX.

VERS. 10. — *Igitur omnes vos convertimini, et venite.*

44. *Ad Deum converti fide, et venire opere debemus.* — Quæ videlicet exhortationis verba proprie ad electos format, quos ad æternitatem vocat. Qui duobus modis invitantur, scilicet ut convertantur, et veniant : convertantur nimirum fide, veniant opere. Vel certe convertantur deserendo mala, et veniant bona faciendo, sicut scriptum est : *Declina a malo, et fac bonum* (*Psal.* XXXVI, 27). Mirandum vero quod subditur :

CAPUT XL.

IBID. — *Et non inveniam in vobis ullum sapientem.*

45. *Apud semetipsos sapientes, ad veram sapientiam pervenire nequeunt.* — Quid est enim quod eos ad sapientiam vocat, et tamen optat ne illos sapientes inveniat, nisi quod ad veram sapientiam venire non possunt qui falsæ suæ sapientiæ fiducia decipiuntur? de quibus scriptum est : *Væ qui sapientes estis in oculis vestris, et coram vobismetipsis prudentes* (*Isai.* V, 21). Et quibus rursum dicitur : *Nolite esse prudentes apud vosmetipsos* (*Rom.* XII, 16). Unde idem prædicator egregius hos quos carnaliter sapientes invenerat, ut sapientiam veram perciperent, prius fieri stultos quærebat, dicens : *Si quis videtur inter vos sapiens esse in hoc sæculo, stultus fiat, ut sit sapiens* (I, *Cor.* III; 18). Et per semetipsam Veritas dicit : *Confiteor tibi, Pater Domine cœli et terræ, quia abscon-*

[c] Bellov., Norm., etc., *citius redeunt.*
[d] In Utic. legitur *huic defit.* In Mss. Germ., Corb., Germ., aliisque exstat lectio Editorum, licet aliquid deesse videatur.

disti hæc a sapientibus et prudentibus, et revelasti ea parvulis (*Matth.* xi, 25). Quia ergo hi qui apud semetipsos sapientes sunt ad veram sapientiam pervenire non possunt, recte beatus Job, conversionem auditorum desiderans, exoptat ne in eis ullum sapientem inveniat. Ac si eis aperte dicat : Stulti esse apud vosmetipsos discite, ut in Deo vere sapientes esse valeatis. Sequitur ;

CAPUT XLI [*Vet. XX, Rec. XV*].

Vers. 11. — *Dies mei transierunt, cogitationes meæ dissipatæ sunt, torquentes cor meum.*

46. *Dies Ecclesiæ prosperitas, noctes adversitas. Sancti ad terrena dispensanda coacti torqueri se sentiunt.* — Sancta electorum Ecclesia per diurna et nocturna tempora conspicit vitæ suæ spatia transire, quia noctem in adversitatibus, diem vero in prosperitatibus habere consuevit. Quasi enim lux ei oritur ex tranquillitate pacis, et nox ex dolore persecutionis. Sed cum post quietis otia ad excrescentis contra se persecutionis laborem redit, dies suos transisse testatur. In quibus tamen diebus solet tanto gravioribus curis premi, quanto a se de ipsa tranquillitate pacis subtiliores a judice rationes cogitat exquiri. In tranquillitate enim pacis modo animarum lucra cogitat, modo terrenarum rerum dispensationes curat. Quæ videlicet terrenorum actuum dispensationes tanto bonis mentibus graviores sunt, quanto earum intuitu ab intuendis cœlestibus vel ad modicum avelluntur. Unde bene beatus Job sive sua, sive voce universalis Ecclesiæ, postquam dies suos transisse testatur, illico subjunxit : *Cogitationes meæ dissipatæ sunt, torquentes cor meum.* Quia dum bonis mentibus temporalis felicitas transit, etiam cura eis terrenæ dispensationis subtrahitur, quæ eas in cogitationibus torquere videbatur. [a] Dum enim erectæ semper esse ad percipienda cœlestia appetunt, eo ipso quo aliquando ex dispensatione terrena ad ima cogitanda descendunt, torqueri se sentiunt. Unde fit ut ipsa quoque adversitas persecutionis vertatur in magnam exsultationem lætitiæ, propter adeptam quietem cordis. Unde et apte subditur :

CAPUT XLII.

Vers. 12. — *Noctem verterunt in diem.*

47. *Sancti malunt perpeti mala, quam bonorum cura fatigari.* — Dissipatæ etenim cogitationes noctem in diem vertunt, quia nonnunquam justis amplius placet ex adversitate mala perpeti quam ex prosperitate terrenæ dispensationis cura fatigari. Sed quia noverunt cautius, et adversa transire, et prospera rursus illucescere, apte subjungitur :

CAPUT XLIII.

Ibid. — *Et rursum post tenebras spero lucem.*

48. *Sancti post mortem statim cœlestibus præmiis donantur.* — Lux enim post tenebras speratur, quia vel post noctem vitæ præsentis æternum lumen percipitur, vel ita hic adversitas atque prosperitas alternant, ut sibi succedere vicissim non desinant. Unde fit ut et in luce nox in suspicione sit, et in nocte lux in præsumptione, sicut scriptum est : *In die bonorum ne immemor sis malorum, et in die malorum ne immemor sis bonorum* (*Eccl.* xi, 27). Sed ecce quia auctoris nostri gratia redempti sumus, hoc jam cœlestis muneris habemus, ut cum a carnis nostræ inhabitatione subtrahimur, mox ad cœlestia præmia deducamur, quia dum conditor ac Redemptor noster, claustra inferni penetrans, electorum exinde animas eduxit, nos illo ire non patitur, unde jam alios descendendo liberavit. Hi vero, qui ante ejus adventum in hunc mundum venerunt, [b] quantamlibet justitiæ virtutem haberent, ex corporibus educti in sinu cœlestis patriæ statim recipi nullo modo poterant, quia needum ille venerat qui inferni claustra sua descensione solveret, et justorum animas in perpetua jam sede collocaret. Unde beatus Job et afflictionem sentiens, et adhuc differri retributionem justorum sciens, apte subjungit :

CAPUT XLIV [*Vet. XXI, Rec. XVI*].

Vers. 13. — *Si sustinuero, infernus domus mea est, et in tenebris stravi lectulum meum.*

49. *Ante Christum justorum animæ in inferno tormentorum expertes tenebantur.* — Priores etenim sancti et sustinere adversa poterant, et tamen, e corporibus educti, adhuc ab inferni locis liberari non poterant, quia needum venerat qui illuc sine culpa descenderet, ut eos qui ibi tenebantur ex culpa liberaret. Tunc vero homo suum lectulum in tenebris stravit, quando lucem justitiæ persuasori callido consentiendo deseruit. Et quia in ipsis quoque inferni locis justorum animæ sine tormento tenebantur, ut et pro originali culpa adhuc illuc descenderent, et tamen ex propriis actibus supplicium non haberent, quasi in tenebris lectulum stravisse est in inferno sibi requiem præparasse. Grave etenim tædium electis fuit post solutionem carnis adhuc speciem non videre Creatoris. Quod tædium non immerito beatus Job tenebras vocat. Sed quia hoc ex pœna infirmitatis venit, recte eamdem mox infirmitatem subdit dicens :

CAPUT XLV [*Rec. XVII*].

Vers. 14. — *Putredini dixi : Pater meus es; mater mea, et soror mea, vermibus.*

50. *Ex origine vitiata concupiscentiæ cararumque vermes trahimus.* — Quid est hoc quod dixit putredini : *Pater meus es*, nisi quod omnis homo ab origine jam vitiata descendit ? Unde et additur : *Mater mea, et soror mea, vermibus*, quia videlicet et ab ipsa putredine et cum ipsa in hunc mundum venimus. Quantum enim ad materiam corruptibilis carnis, mater nostra ac soror vermes sunt, quia et de putredine processimus, et cum putredine venimus, quam portamus. Quod si intelligi spiritaliter potest, et mater natura, et consuetudo non immerito soror vocatur, quia ab illa cum ista sumus. Quæ videlicet mater et soror vermes sunt, quia ex natura corruptibili et

---

[a] Norm, *Dum enim rectæ.* Turon, *dum enim recti.*
[b] Turon, *quantam libertatem justitiæ haberent*... in sinum, etc.

consuetudine perversa cogimur, ut quasi quibusdam vermibus, sic inquietis cogitationibus in mente fatigemur. Carnis enim natura vitiata et consuetudo perversa, [a] quia innumeras curas in corde infirmitatis nostrae generant, bene mater et soror vermes vocantur. Mordent enim animum curae, dum inquietant. Non enim cessant justi viri vel sollicite cogitare et pertractare quid agant, vel provide inspicere quo post praesentem vitam ducendi sint. Quia ergo tunc electi ante adventum Domini et in labore vitae praesentis se esse cernebant, et tamen post praesentem vitam necdum coelestia bona percipere, [b] multis cogitationibus urebantur. Exspectabant enim gratiam Redemptoris sui, nec tamen ad eam poterant in carne vivendo pervenire. Unde et apte subditur:

CAPUT XLVI.

VERS 15. — *Ubi est ergo nunc praestolatio mea?*

51. *Justorum tot in malis, sola spes Christus.* — Quae esse potuit praestolatio justorum, [c] nisi justos justificans Deus, [d] qui ad poenas humani generis sponte descenderet, et captivos mortis justitiae suae virtute liberaret? Hujus enim praesentiam minime cessabant intenta cogitatione praestolari: esse [e] venturam noverant, sed venire citius quaerebant. Unde non ait: Ubi est ergo praestolatio mea? sed ait: *Ubi est ergo nunc praestolatio mea?* [*Vet. XXII.*] Dum enim addit *nunc*, ostendit quia quod quandoque venturum erat venire citius desiderabat. Sequitur:

CAPUT XLVII.

IBID. — *Et patientiam meam quis considerat?*

52. *Ardentibus desideriis ab illis expetitus.* — Expressit desiderium quo festinat in carne positus redimi et ab inferis ad superna revocari. Et quidem paucorum hominum ista fuit perpendere, ut scirent de praesentis vitae laboribus [f] vel de subsequenti post mortem dilatione cogitare. Quod utrumque justi ante adventum Redemptoris nostri se perpeti dolebant. Unde et recte dicitur: *Et patientiam meam quis considerat?* [g] Equidem non deest qui patientiam consideret; sed cum citius non exaudit, quasi minus considerare Deus dicitur. Ipsa enim humani generis quae venit in mundi fine redemptio ab his qui a mundi initio praecesserunt tarda credebatur, quia longo temporis spatio a coelestium remuneratione disjuncti sunt, Veritate attestante, quae ait: *Multi prophetae* [h] *et reges voluerunt vos videre quae vos videtis, et non viderunt* (*Luc.* x, 24). Itaque quod nunc dicitur: *Patientiam meam quis considerat?* ardentis desiderii vota panduntur. Neque enim, ut praediximus, justorum patientiam **435** non considerat Deus, sed quasi non considerare dicitur ad votum desiderii minus citius apparere, et per prolixiora tempora dispensationis suae gratiam differre. Dicat ergo: *Patientiam meam quis considerat?* quia quod disponenti breve est, longum est amanti. Unde adhuc dilationis suae damna considerans, hoc quod jam praedixerat repetit, et, descensurus ad ima, vocem doloris ingeminat, dicens:

CAPUT XLVIII.

VERS. 16.—*In profundissimum infernum descendent omnia mea.*

53. *Qui profundissimus infernus, dicantur eorum receptacula.* — Cum constet, quod apud inferos justi non in locis poenalibus, sed in superiori quietis sinu, tenerentur, magna nobis oboritur quaestio, quidnam sit quod beatus Job asserit, dicens: *In profundissimum infernum descendent omnia mea.* Qui et si ante adventum mediatoris Dei et hominum in infernum descensurus erat, liquet tamen quia in profundissimum infernum descensurus non erat. An ipsa superiora [i] loca inferi profundissimum infernum vocat? Quia videlicet, quantum ad sublimitatem coeli, jam hujus aeris spatium non immerito dici infernus potest. Unde cum apostatae angeli a coelestibus sedibus [j] in hoc caliginoso aere sint demersi, Petrus apostolus dicit: *Angelis peccantibus non pepercit, sed rudentibus inferni detractos, in tartarum tradidit in judicio cruciandos reservari* (*II Petr.* II, 4). Si itaque, quantum ad celsitudinem coeli, aer iste caliginosus infernus est, quantum ad ejusdem aeris altitudinem, terra quae inferius jacet, et infernus intelligi et profundus potest; quantum vero ad ejusdem terrae altitudinem, et illa loca inferi quae superiora sunt aliis receptaculis inferni, hoc loco non incongrue inferni profundissimi appellatione signantur, quia quod aer ad coelum, terra ad aerem, hoc ille est superior infernorum sinus ad terram.

[*Vet. XXIII.*] **436** 54. *Job solam animam totum hominem esse sentit.* — Sed mirum valde est quod adjungit: *Descendent omnia mea.* Cum enim sola anima descensura esset ad inferni loca, quid est quod sanctus vir illuc perhibet omnia sua descendere, nisi quod ibi se esse totum vidit, ubi pondus suae remunerationis intelligit? Quia hoc quod ex se insensibile in terra deserit, quousque ad incorruptionem resurrectionis redeat, se esse non sentit. Omnia itaque sua in infernum profundissimum descensura perhibet, quo solam suam animam descensuram videt, quia ibi totus est, ubi sentire possit quod receperit. Vel certe in infernum omnia ejus descendunt, quia laborum omnium retributio adhuc in sola inferni quiete recipi praestolabatur. Et quasi illuc descendit omne quod egit, quia ibi quietem retributionis suae ex omnibus invenit. Unde etiam ipsa quies praestolata subjungitur, cum illico subinfertur:

---

[a] Ebroic., *quia per innumeras curas.*
[b] Mendose in Gussanv., post Vaticanam, *verebantur.* Legitur enim *urebantur* in omnibus Mss. Anglic., Norm., Bellov., Turon., Germ., etc., nec non in veteribus Excusis.
[c] Sic Norm. et Turon. At Editi, *nisi justus et justificans.*
[d] Vindoc., *qui propter tollendas poenas hum. generis.*
[e] Vindoc., *venturum.*
[f] Vindoc., *vel de subsequentis vitae post mortem dilatione cogitare.*
[g] Norm., *et quidem.*
[h] Turon., Lyr., Bigot., *et justi.* Utic. utramque lectionem suppeditat.
[i] Norm., *loca inferni.* Utic., *super. loca inferni profundissimum infernum vocantur?*
[j] Bellov. et plur., *in hoc caliginoso.*

CAPUT XLIX.

IBID. — *Putasne saltem ibi erit requies mihi?*

55. *Job de sua salute trepidante, nemo securus sit.* — In quibus nimirum verbis et innotescit quod desiderat, et tamen esse se adhuc de suscipienda requie dubium designat, ne cujus sancta opera tot flagella secuta sunt, occulto judicio superni judicis, post flagella temporalia etiam mansura tormenta sequerentur. Qua in re cum magno nobis timore pensandum est quis nostrum jam de requie æterna securus sit, si de ea adhuc et ille trepidat cujus virtutis præconia et ipse judex qui percutit [a] clamat : *Si enim justus vix salvabitur, impius et peccator* [b] *ubi parebunt* (I Pet. IV, 18)? Beatus etenim Job ad requiem se post flagella perventurum noverat; sed ut nostra timore corda concuteret, ipse visus est de æternæ quietis retributione dubitare cum dicit *Putasne?* ut nos videlicet perpendamus quanta debemus formidine venturum judicium semper expavescere, quando et ille [c] qui a judice laudatus est adhuc de retributione judicii in suis vocibus securus non est.

[a] Lyr. et Bigot., *laudat.*
[b] Iidem, *ubi parebit?*
[c] Turon., Vindoc., Norm., Germ., *qui judice teste laudatus.*

LIBER DECIMUS QUARTUS,

In quo sanctus Gregorius XVIII *et* XIX *capitum libri Job sensum historicum, allegoricum et moralem aperit.*

CAPUT PRIMUM.

1. *Superius dictorum anacephalæosis.* — Superiori hujus operis parte (*Maxime præfat.*, c. 2) tractavimus quod omnipotens Deus, ut mentes corrigeret sub lege positorum, beati Job vitam ad testimonium adduxit, qui legem non novit, et tamen tenuit, qui præcepta vitæ quæ scripto non acceperat custodivit. Hujus prius actio Deo attestante laudatur, et probari postmodum diabolo insidiante permittitur, ut per tentamenta tribulationis ostenderet quantum prius in tranquillitate profecisset. Hujus vitam inimicus generis humani more suo improbus, et laudari Deo attestante cognovit, et tamen ad tentandum expetiit. Quem cum tot damnis rerum, tot orbitatibus percussum sternere nequivisset, uxorem ei in stimulum [a] malæ suasionis excitavit, ut saltem per familiaria verba corrumperet quem per tot sternere nuntiorum tormenta minime valeret. Sed cum adjutorio feminæ, quod contra Adam prius in paradiso obtinuit, [b] contra hunc secundum in sterquilinio positum roborari non potuit, ad alia se tentandi argumenta convertit, ut amicos ejus quasi consolantes adduceret, et tamen eorum mentes in asperitatem increpationis excitaret ; [c] quatenus eum, cujus patientiam flagella non vicerant, inter flagella saltem aspera verba superarent. Sed inimicus callide insidians fraudem quam contra sanctum virum paraverat pertulit, quia sancto viro quot occasiones perditionis intulit, tot causas victoriæ ministravit. Contra tormenta quippe patientiam, contra verba sapientiam tenuit, quia et [d] dolores verberum æquanimiter sustinuit, et stultitiam male suadentium sapienter frenavit. Sed quia in ipsis passionibus doctisque **437** locutionibus sanctæ Ecclesiæ typum tenet, amicis ejus, ut sæpe jam diximus, quædam recta, et quædam stulta loquentibus, non immerito hæretici figurantur, qui pro eo quod sancto viro amici sunt, multa de reprobis recta dicunt ; sed pro eo quod speciem hæreticorum tenent, plerumque in oris sui excessu dilabuntur, et verborum suorum jaculis sancti viri [e] pectus feriunt, sed contra mentem inexpugnabilem ipsa sua percussione fatigantur. Nos igitur subtili debemus discretione distinguere, et quid sit in eorum verbis quod vere de reprobis sentiunt, et quid quod contra beatum Job fatuum sonant.

CAPUT II.

CAP. XVIII, VERS. 1, 2. — *Respondens autem Balda Suhites, dixit : Usque ad quem finem verba jactabis? Intellige prius, et sic loquamur.*

2. *Hæretici Ecclesiam superbiæ et ignorantiæ insimulant.* — Omnes hæretici sanctam Ecclesiam [f] in quibusdam cognitis superbire putant, quædam vero nec intelligere suspicantur. Unde Baldad Suhite beatum Job quasi in superbiam astruit erupisse, quem fatetur verba jactare. Sed signat ipse quanta elatione tumuerat, qui beatum Job loqui [g] quæ non intelligeret putabat. Et quia omnes hæretici in æstimatione sua a sancta Ecclesia [h] despici conqueruntur, apte subjungitur :

CAPUT III.

VERS. 3. — *Quare reputati sumus ut jumenta, et sorduimus coram te?*

3. *Hæreticorum in Ecclesiam suspiciones et contumeliæ.* — Humanæ mentis est proprium hoc sibi fieri

[a] Bajoc. et alii Norm., *malæ persuasionis.*
[b] Vindoc., *quod contra hunc secundum in sterquilinio positum superare non potuit.*
[c] Vindoc., *quatenus per impatientiam quem flagella non vicerant.*
[d] Utic., olim, *dolores verborum*, nunc, mutato *o* in *e, dolores verberum.*
[e] Bajoc., Ebroic. et alii Norm., *mentem feriunt.*
[f] In aliis Excusis legitur : *in quibusdam incognitis.* Legendum *cognitis* persuadent tum exemplaria mss. Anglic., Norman., Vindoc., Turon., Germ., etc., quibus concinit vet. Edit. Paris., tum sensus; is enim est : *hæretici Ecclesiam aut multa ignorare, aut de his quæ non ignorant, superbire putant.*
[g] Bajoc. et alii, *quod non intelligeret.*
[h] Norm., *se despici.*

suspicari quod facit. Arbitrantur enim se despici qui bonorum mores despicere consueverunt. Et quia in his quæ comprehendi valent ratione contra hæreticos ostendit Ecclesia rationabile non esse quod astruunt, æstimari se ab ejus judicio velut jumenta suspicantur. ª Ex qua despectus sui suspicione protinus ad dedignationem prosiliunt, atque ad ejusdem Ecclesiæ contumelias excitantur. Unde subditur :

CAPUT IV.

VERS. 4. — *Quid perdis animam tuam in furore tuo?*

4. *Ecclesiæ zelum, furorem et insaniam vocant hæretici.* — Hæretici vel zelum rectitudinis, vel spiritalem gratiam sanctæ prædicationis, non virtutis pondus, sed insaniam furoris æstimant. Quo furore videlicet perire fidelium animas arbitrantur quia inde interire Ecclesiæ vitam credunt, unde eam contra ᵇ se infervere conspiciunt. Sequitur :

CAPUT V.

IBID. — *Nunquid propter te derelinquetur terra?*

5. *Deus extra veram Ecclesiam vere non colitur.* — Se enim ubique Deum colere, se totum mundum ᶜ existimant occupasse. Quid est ergo dicere : *Nunquid propter te derelinquetur terra*, nisi hoc quod sæpe fidelibus dicunt, quia si hoc est verum quod vos dicitis, omnis a Deo terra derelicta est, quam jam præ multitudine nos tenemus; ᵈ sancta autem universalis Ecclesia prædicat Deum veraciter nisi intra se coli non posse, asserens quod omnes qui extra ipsam sunt minime salvabuntur. At contra hæretici, qui etiam extra ipsam salvari se posse confidunt, in quolibet loco sibi divinum adjutorium adesse profitentur. Unde dicunt : *Nunquid propter te derelinquetur terra?* id est, ut quisquis extra te fuerit minime salvetur? Unde etiam subditur :

CAPUT VI.

IBID. — *Et transferentur rupes de loco suo.*

6. 438 *Hæretici doctores suos rupes vocant.* — Hæretici rupes vocant eos quos sublimibus in humano genere excedere sensibus æstimant, quos profecto doctores se habere glorientur. Cum vero sancta Ecclesia perversos quosque prædicatores intra sinum rectæ fidei colligere studet, quid aliud quam de locis propriis rupes movet, ut intra eam recta sentientes humiliter jaceant, qui in perversis suis sensibus prius rigidi stabant? Sed hoc fieri hæretici omnino contradicunt, et propter ejus vocem rupes de loco proprio transferri renituntur, quia videlicet nolunt ut ad eam venientes vera humiliter sentiant hi qui apud eos elati sensibus falsa sapiebant.

[*Vet. et Rec. III.*] 7. *Contra Ecclesiam propter flagella quæ patitur, insaniunt.* — Plerumque vero hæretici, cum quosdam intra sanctam Ecclesiam vel inopia, vel flagellis laborantes aspiciunt, semetipsos mox in arrogantiam justitiæ extollunt; et quidquid adversum fidelibus evenisse considerant, hoc factum pro eorum iniquitatibus putant; nescientes nimirum quia actionum meritum præsentis vitæ qualitas nullatenus probat. Nam plerumque et bona malis, et mala bonis eveniunt, pro eo quod et vera bona bonis, et vera mala malis in æterna retributione servantur. Baldad itaque typum hæreticorum de prosperitate vitæ præsentis sese extollentium tenens, adversus beati Job flagella quasi ex eorum voce contra justorum opprobria inflatur, ac diserte quidem contra impios disputat; sed quam perverse contra justum talia dicat ignorat, nam subjecit, dicens :

CAPUT VII.

VERS. 5. — *Nonne lux impii exstinguetur, nec splendebit flamma ignis ejus?*

8. *Sæpe mala bonis, et bona malis in vita eveniunt.* — Hæc si in præsentis vitæ definitione denuntiat, fallitur ; quia plerumque et impiis inesse lumen prosperitatis cernitur; et piis tenebræ ignobilitatis ac paupertatis abscondunt. Sin vero ad hoc ejus sermo dirigitur, ut ostendat quid impii in suo fine patiantur, veraciter dicitur : *Nonne lux impii exstinguetur, nec splendebit flamma ignis ejus ?* Quod si dici de impio recto potuit, contra sanctum tamen virum in flagellis constitutum dici non debuit. Sed nos vires brachiorum illius in suis sententiis perpendentes, pensemus quam valide jacula intorqueat; et desinamus aspicere intorquendo quem impetit, nimirum scientes, quia frustratis ictibus lapidem feriat. Dicat ergo : *Nonne lux impii exstinguetur?* [*Rec. IV.*] Quia habent et impii lucem suam, prosperitatem scilicet vitæ præsentis. Sed lux impii exstinguetur; quia fugitivæ vitæ prosperitas cum ipsa citius vita terminatur. Unde apte subditur : *Nec splendebit flamma ignis ejus ?*

9. *Mali quod appetunt, plerumque ad cumulum perditionis obtinent.* — Omnis namque impius habet flammam ignis proprii, quem in corde suo ex fervore desideriorum temporalium accendit, dum modo istis, modo illis cupiditatibus æstuat, et cogitationes suas per multiplicia blandimenta sæculi amplius inflammat. Ignis autem si flammam non habet, nequaquam fuso lumine splendet. Flamma itaque ignis ejus est decor, vel potestas exterior, quæ de interno ejus ardore procedit, quia quod anxie in hoc mundo 439 adipisci desiderat, plerumque ad cumulum perditionis suæ obtinet, et sive in potestate culminis, sive ᵉ in divitiis multiplicationis, quasi per exteriorem gloriam lucet. Sed non splendebit flamma

---

ª Vindoc., *ex qua despectus sui suspectione*,

ᵇ Ita præstantiores Mss. Gilot., *inservire*; alii, *in fervore*; vel *in furore.*

ᶜ Locus hic in Mss. Norm. sic legitur : *si enim ubique se Deum colere, se totum mundum existimant occupa se; quid est ergo dicere* , nunquid propter te derelinquetur terra, nisi hoc., et.

ᵈ Turon., Vindoc., Norm., et vet. Edit., sic habent. Alii vero Excusi : *sancta autem universalis Ecclesia prædicat salvari veraciter nisi intra se non posse.* Verum si ita legendum foret, quæ sequuntur vitiosam repetitionem continerent : *asserens quod omnes qui extra ipsam sunt minime salvabuntur.*

ᵉ Hic Editi dissentiunt. Edit. Basil. 1514 habet *in divitiis multiplicandis*, quod etiam legitur in Paris. 1518. Gilot., Vatic., Gussanv., *in divitiis multiplica-*

ignis ejus; cum in die exitus, omnis exterior decor subtrahitur, et solo suo intrinsecus ardore concrematur. Flamma ergo ab igne subtrahitur cum gloria exterior ab interno ejus ardore separatur. Habent etiam et justi flammam ignis sui, sed nimirum quæ resplendeat, quia videlicet eorum desideria in bonis operibus lucent. Iniquorum vero flamma minime splendet, quia per hoc quod mala appetunt, ad tenebras pertrahuntur. Unde et sequitur :

CAPUT VIII.

VERS. 6. — *Lux obtenebrescet in tabernaculo illius.*
10. *Iniquorum gaudium cito deficit. Supra ipsos est gaudium; justorum infra.* — Si plerumque tristitiam tenebras accipimus, non immerito lucem accipere gaudium debemus. Lux ergo in tabernaculo illius tenebrescit, quia in ejus conscientia, quam male inhabitat, gaudium quod de temporalibus rebus fuerat deficit. Unde et apte subjungitur :

IBID. — *Et lucerna quæ super eum est exstinguetur.*
[*Vet. IV.*] Ut enim de usu multorum loquar, lucerna lumen in testa est, lumen vero in testa est gaudium in carne. Lucerna ergo quæ super eum est exstinguitur, quia cum malorum suorum retributio impium sequitur, in ejus mente gaudium carnale dissipatur. Bene autem de lucerna hac non dicitur quæ apud eum est, sed quæ super eum est; quia iniquorum mentem terrena gaudia possident, sicque eam in voluptatibus absorbent, ut super ipsam sint, non apud ipsam. Justi autem etiam cum prosperitatem vitæ præsentis habent, eam sub semetipsis premere noverunt, ut hoc quod apud se in bonis hilarescunt, gravitatis consilio transeant; et virtutis regimine excedant. Lucerna ergo impii quæ super eum est exstinguitur, quia citius ejus gaudium deficit, quod eum totum in hac vita possedit. Et qui nunc male se in voluptatibus dilatat, eum post in suppliciis pœna coangustat. Unde adhuc subditur :

CAPUT IX.

VERS. 7. — *Arctabuntur gressus virtutis ejus.*
11. *Qui nunc in deliciis vagantur, in supplicis arctabuntur.* — Nunc enim quasi toties virtutis suæ gressus exerit, quoties [a] potestatis suæ violentias exercet. Sed gressus virtutis ejus arctabuntur, quia vires malitiæ illius, quas nunc in voluptate sua exhibet, postmodum pœna constringit. Sequitur :

CAPUT X [*Réc. V*].

IBID. — *Et præcipitabit eum consilium suum.*
12. *Suo unusquisque impius consilio in præceps ruit.* — Habet nunc consilium suum omnis iniquus præsentia appetere, [b] æterna deserere, injusta agere, justa deridere; sed cum judex justorum injustorumque venerit, suo unusquisque impius consilio præcipitatur, quia per hoc quod hic appetere pravis cogitationibus elegit, in æterni supplicii tenebras mergi-

---

tur. Quem enim hic gloria temporalis extollit, illic sine termino pœna premit. Qui hic in voluptate lætatus est, illic perpetua ultione cruciatur. Et fit plerumque ut ipsa hujus mundi prosperitas; quæ ab impiis inhianter appetitur, eorum gressus ita obliget, ut etiam cum ad bona opera voluerint redire, vix possint; quia recta agere non valent cum mundi hujus amatoribus 440 displicere timent. Unde agitur ut per gloriam quam impius ex peccato assequitur ejus adhuc peccata amplius multiplicentur, quod bene Baldad exprimit cum subjungit :

CAPUT XI [*Réc. VI*].

VERS. 8. — *Immisit enim in rete* [c] *pedem suum, et in maculis ejus ambulat.*
13. *Peccator cum a peccati laqueis expediri nititur, cognoscit quam duris nexibus teneatur, maxime in fine vitæ.* — Qui pedes in rete mittit, non cum voluerit ejicit, sic qui in peccata se dejicit non mox ut voluerit surgit; et qui in maculis retis ambulat, gressus suos ambulando implicat, et cum expedire ad ambulandum nititur, ne ambulet obligatur. Sæpe namque contingit ut quis, hujus mundi delectatione persuasus, in eo ad honoris gloriam pertingat, ut ad desideriorum suorum effectum perveniat, et pervenisse se ad hoc quod expetiit lætetur. Sed quia bona mundi non habita in amore sunt, et plerumque habita vilescunt; percipiendo discit quam sit vile [d] quod expetiit. Unde revocatus ad mentem exquirit qualiter sine culpa fugiat; quod se cum culpa conspicit adeptum; sed ipsa eum dignitas quæ implicavit tenet, et sine culpis aliis fugere non valet hoc ubi non sine culpa pervenit. Immisit ergo in rete pedes suos, et in maculis ejus ambulat, quia cum expediri nititur, tunc veraciter conspicit quam duris nexibus tenetur. Neque enim vere obligationem nostram cognoscimus, nisi cum evadere nitentes, quasi levare pedes conamur. Unde et hanc eamdem obligationem aperit subjungens :

VERS. 9. — *Tenebitur planta illius laqueo.*
[*Vet. V.*] Quia videlicet stringetur finis in peccato. Et quia hostis generis humani, cum uniuscujusque vitam in culpa obligat, ad ejus mortem anxius anhelat, recte subjungitur :

CAPUT XII.

IBID. — *Et exardescet contra eum sitis.*
14. *Cum se obligatum expetierit, concupiscentia acrius æstuat peccator.* — Antiquus quippe noster inimicus, cum in peccato vitam illaqueat, sitit, ut mortem peccatoris bibat. Quod tamen et aliter intelligi potest. Nam perversa mens, cum in peccatum se venisse conspicit, quadam cogitationis superficie evadere peccati laqueos quærit; sed vel terrores, vel opprobria hominum timens, eligit in æternum

---

tur. Edit. Paris. 1495, mss. Cod. Bellov., Vindoc., Utic. et aliis Norm. concinit, quorum lectionem sequimur.
[a] Vindoc., *voluntatis suæ.*
[b] Norm., *æterna despicere.* Turon., *æterna desperare.* Vindoc., *æterna injuste agere.* Codex Vindoc.,

quo nunc unico utimur, aliis deficientibus, mendosissimus est.
[c] Vind., *pedes suos.* Ita nunc in Utic.
[d] Utic., *quod expetit, etc., quod expetitur,* utramque enim lectionem proponit.

mori, quam ad tempus aliquid adversitatis perpeti. Unde totum ª se vitiis deserit, quibus jam se semel obligatum sentit. Cujus ergo usque ad finem vita in culpa constringitur, ejus planta laqueo tenetur. Sed quia se quo malis obligatum pensat, eo de suo reditu desperat, ipsa jam desperatione acrius ad hujus mundi concupiscentias æstuat, fit desideriorum fervor in mente, et peccatis præcedentibus irretitus animus ad majora etiam delicta succenditur. Unde et subditur: *Et exardescet contra eum sitis.* In ejus quippe animo contra eum sitis exardescit, quia quo agere perversa consuevit, eo ad ebibenda mala vehementer accenditur. Impio quippe sitire est hujus mundi bona concupiscere. Unde et Redemptor noster ante Pharisæi domum hydropicum curat, et cum contra avaritiam disputaret, scriptum est: *Audiebant autem omnia hæc Pharisæi, qui erant avari, et deridebant illum* (*Luc.* XIV, 12; XVI, 4). Quid est ergo quod ante Pharisæi domum hydropicus curatur, nisi quod per alterius ægritudinem corporis, in altero exprimitur ægritudo cordis? Hydropicus quippe quo amplius biberit, amplius sitit, et omnis avarus ex potu sitim multiplicat, quia cum ea quæ appetit adeptus fuerit, ad appetenda alia amplius anhelat. Qui enim adipiscendo plus appetit, hujus sitis ex potu crescit. Sequitur:

CAPUT XIII [*Vet.* VI, *Rec.* VII].

Vers. 10.—*Abscondita est in terra pedica ejus, et decipula illius super semitam.*

15. *Diaboli quanta in decipiendo astutia. Qualitates morum certis vitiis affines.*—In terra pedica absconditur cum culpa sub terrenis commodis occultatur. Inimicus quippe insidians ostendit humanæ menti in terreno lucro quid appetat, et occultat peccati laqueum, ut ejus animam stringat, quatenus videat quidem quod concupiscere valeat, et tamen nequaquam videat in quo culpæ laqueo pedem ponat. Decipula vero a decipiendo vocata est. Et tunc ab antiquo hoste super semitam decipula ponitur, quando in actione hujus mundi, quam mens appetit, peccati laqueus paratur; quæ videlicet non facile deciperet, si videri potuisset. Sic quippe decipula ponitur, ut dum esca ostenditur, nequaquam ipsa a transeunte videatur. Quasi esca quippe in laqueo est lucrum cum culpa, et hujus mundi prosperitas cum iniquitate. Dum itaque a concupiscente lucrum appetitur, quasi pedem mentis apprehendit decipula, quæ non videtur. Sæpe ergo proponuntur animo cum culpa honores, divitiæ, salus, et vita temporalis; quæ mens infirma dum quasi escam videt, et decipulam non videt, per escam quam videns appetit, in culpa constringitur quæ non videtur. Existunt etenim qualitates morum, quæ certis vitiis sunt vicinæ. Nam mores asperi, aut crudelitati, aut superbiæ solent esse conjuncti;

mores autem blandi, et quam decet paulo amplius lætiores, nonnunquam luxuriæ et dissolutioni. Intuetur ergo inimicus generis humani uniuscujusque mores cui vitio sint propinqui, et illa opponit ante faciem ad quæ cognoscit facilius inclinari mentem, ut blandis ac lætis moribus sæpe luxuriam, nonnunquam vanam gloriam; asperis vero mentibus iram, superbiam, vel crudelitatem proponat. Ibi ergo decipulam ponit, ubi esse semitam mentis conspicit, quia illic periculum deceptionis inserit, ubi viam esse invenerit propinquæ cogitationis. Et quia perversus homo omne quod facit etiam pati metuit, atque hoc sibi ab omnibus fieri æstimat quod ipse omnibus quibus valet parat, recte sequitur:

CAPUT XIV.

Vers. 11.—*Undique terrebunt eum formidines.*

16. *Peccator pravis desideriis ad malam actionem tractus timore irretitur.* — Tales enim contra se omnes esse suspicatur, qualis ipse esse contra omnes nititur. Quæ nimirum formidines quid in ejus actione faciant, subinfertur cum dicitur:

Ibid.—*Et involvent pedes ejus.*

[*Vet.* VII.] Pedes quippe si involuti fuerint, gressus liberos habere non possunt, et nullum carpere iter valent, quia sua eos involumenta retinent. Prava itaque desideria ad pessimam actionem trahunt, sed pessima actio restringit in formidine. ᵇ Quæ videlicet formido involvit pedes, ne in rectam exire valeant actionem. Et sæpe contingit ut idcirco quisque bonus esse metuat, ne hoc a pravis ipse patiatur quod se bonis fecisse reminiscitur; dumque hoc pati quod fecit metuit, undique territus, undique suspectus, quasi pedes involutos habet, qui timore irretitur, nil libere agere prævalet, quia in bono opere quasi inde gressum perdidit, unde ad mala quæ concupierat excessit. Sequitur:

CAPUT XV.

Vers. 12. — *Attenuetur fame robur ejus, et inedia invadat costas illius.*

17. *Iniquus fame tabescit, quia nulla cibi interni refectione pascitur.* — Scripturæ sacræ more, optare videtur quod futurum prævidet, scilicet non maledicentis animo, sed prædicentis. Omnis itaque homo, quia ex anima et carne ᶜ consistit, quasi ex robore et infirmitate compositus est. Ex ea enim parte qua spiritus rationalis est conditus, non incongrue dicitur robustus; ex ea vero qua carnalis, infirmus est. Robur ergo est hominis anima rationalis, quæ impugnantibus vitiis resistere per rationem valet. Unde et superius per beatum Job dictum est: *Roborasti eum paululum, ut in perpetuum pertransiret* (*Job.* XIV, 20). Ex rationali quippe anima habet homo ut in perpetuum vivat. Hujus ergo iniqui robur fame attenuatur, quia ejus anima nulla interni cibi refe-

---

ª Hanc lectionem, quam exhibent Mss. Vindoc., Bellovac., Utic. et Norm. omnes, necnon vet. Edit., prætulimus alteri recent. Ed., *se vitiis inserit.*

ᵇ Verba hæc, *quæ videlicet formido,* etc., usque ad *et sæpe contingit,* exclusive, desunt, in Vindoc. ex amanuensis, ut conjicimus, incuria et oscitantia.

ᶜ Sagiensis, *constat,* et, *consistit.*

ctione pascitur. De qua scilicet fame Deus per prophetam loquitur: *Emittam famem in terram, non famem panis neque sitim aquæ, sed audiendi verbum Domini* (*Amos* VIII, 11).

18. *Hinc sensus mentis deficiunt.* — Bene autem subditur: *Et inedia invadat costas illius.* Costæ enim viscera constringunt, ut latentia intrinsecus earum soliditate muniantur. Costæ ergo uniuscujusque sunt sensus animi, qui latentes cogitationes muniunt. Inedia igitur invadit costas, quando, omni spirituali refectione subtracta, sensus mentis deficiunt, et cogitationes suas regere vel tueri non possunt. Inedia invadit iniqui costas, quia fames interna sensus mentis extenuat, ut cogitationes suas nullatenus regant. Nam dum sensus mentis obtusi fuerint, cogitationes ad exteriora prodeunt, et, quasi costis infirmantibus, ea quæ in occulto sana latere potuerant foras viscera funduntur. Unde fit ut, cogitationibus exterius sparsis, exterioris gloriæ [a] speciem deceptus appetat animus, nihilque diligat, nisi quod pulchrum foris viderit. Contra quem adhuc apte subjungitur:

CAPUT XVI [*Vet. et Rec. VIII*].

VERS. 15. — *Devoret pulchritudinem cutis ejus, et consumat brachia illius primogenita mors.*

19. *Primogenita mors est superbia quam cavere vix possunt divites.* — Pulchritudo cutis est gloria temporalis, quæ dum foris concupiscitur, quasi species in cute retinetur. Brachiorum vero nomine non incongrue opera designantur, quia corporale opus brachiis agitur. Quid autem mors nisi peccatum est, quod ab interiore vita animam occidit? unde scriptum est: *Beatus et sanctus qui habet partem in resurrectione prima* (*Apoc.* XX, 6), quia ille post in carne feliciter resurget, qui, in hac vita positus, a mentis suæ morte resurrexerit. Si igitur peccatum mors, non incongrue primogenita mors superbia valet intelligi; quia scriptum est: *Initium omnis peccati superbia* (*Eccli.* X, 15). Pulchritudinem igitur cutis ejus et brachia illius primogenita mors devorat, quia iniqui gloriam vel operationem superbia supplantat. Potuit enim etiam in hac vita sine culpa gloriosus existere, si superbus minime fuisset; potuit auctoris sui judicio quibusdam suis operibus commendari, nisi hæc ipsa opera ante ejus oculos elatio supplantaret. Sæpe enim quosdam divites videmus, qui opes et gloriam habere sine culpa potuissent, si hæc habere cum humilitate voluissent. Sed extolluntur rebus, [b] inflantur honoribus, dedignantur cæteros, omnemque vitæ suæ fiduciam in ipsa abundantia rerum ponunt. Unde et quidam dives dicebat: 463 *Anima, habes multa bona* [c] *reposita in annos plurimos; requiesce, comede, bibe, epulare* (*Luc.* XII, 19). [d] Quas eorum cogitationes dum supernus judex aspicit, de hac ipsa eos sua fiducia evellit. Unde hic quoque apte subditur:

CAPUT XVII [*Rec. IX*].

VERS. 14. — *Evellatur de tabernaculo suo fiducia ejus, et calcet super eum quasi rex interitus.*

20. *Quos diabolus blandis persuasionibus decipit, violentis nexibus ad supplicium rapit.* — Hoc loco interitus nomine ipse hostis generis humani, qui interitum intulit, designatur; qui per suum quemdam satellitem exprimitur, de quo ad Joannem dicitur: *Nomen illi mors* (*Apoc.* VI, 8). Iste itaque interitus in die exitus quasi rex super impium calcat, quia quem prius blandis persuasionibus decepit, [e] ad extremum violentis nexibus ad supplicium rapit, tantoque eum [f] durius deprimit, quanto in pravis actibus vehementius astringit. Qui hic quoque reprobi mentem dum possidet calcat, quia quoties eam delectationibus pressit, quasi toties super eam pedes suæ tyrannicæ dominationis posuit.

[*Vet. IX.*] 21. *Non peccati tentationem, sed dominationem effugere possumus.* — Si vero interitus nomine non aperte diabolus, sed peccatum debet intelligi, ex quo contingit reprobos ad interitum trahi, talis nimirum interitus quasi rex calcat mentem, cum eam non resistentem possidet. Non enim potest in hac vita homini posito tentatio deesse peccati, sed aliud est peccato tentanti resistere, aliud dominanti servire. Iniquus autem quisque, quia resistere peccati suasionibus nescit, subjugari autem ejus dominio non pertimescit, recte de eo dicitur: *Calcet super eum quasi rex interitus.* Hujus quippe interitus regnum a discipulorum cordibus repellebat Apostolus cum diceret: *Non regnet peccatum in vestro mortali corpore* (*Rom.* VI, 12). Non enim ait: *Non sit*, sed *Non regnet*, quia non esse non potest, non autem regnare in cordibus bonorum potest. Quia ergo cum quælibet culpa cor iniqui pulsaverit, resistens illud non invenit, sed suo dominio substernit, dicatur recte: *Evellatur de tabernaculo suo fiducia ejus, et calcet super eum quasi rex interitus.* [g] De terra ergo fiducia ejus evellitur, quando perversus quisque, qui multa sibi ad votum in hac vita paraverat, repentina morte dissipatur. Et calcat super eum quasi rex interitus, quia vel hic vitiis premitur, vel mortis suæ tempore per hoc quod ad supplicia rapitur potestati dæmoniacæ subjugatur. Quod idcirco in reprobo-

---

[a] Recent. Ed. *specie deceptus*, reluctantibus Mss. et vet. Excusis.

[b] Vindoc., *inflammantur honoribus*. Ita olim lectum in Utic.

[c] Deest *reposita* in Vindoc.

[d] Supplevimus *eorum* ex Mss. Vindoc., Norm., etc., et ex vet. Edit. In recent., *quas cogitationes dum supernus judex aspicit, de hac ipsa eum sua fiducia evellit*, Laudata exempl. mss. et excusa habent *eos*.

[e] Vindoc., *ad extremum rectitudinis violentiæ nisi*—

[f] Utic., *durius perimit, et deprimit.*

[g] Ita Mss. Bellov., Utic., et cæt., Norm., quam genuinam esse lectionem existimamus. Verum editores observantes prius factam esse mentionem tabernaculi, mutaverunt *de terra* in *de tabernaculo*, ut habent omnes Editi. Si autem primitus scriptum fuisset *de tabernaculo*; nunquam antiquariis venisset in mentem hanc lectionem mutare, et scribere *de terra*.

rum mentibus agitur, quia et cum occasio perpetrandi peccati deest, desideriorum cogitationes eorum cordibus nullatenus desunt. Et cum semper diabolum sequantur in opere, valde tamen se illi obligant in cogitatione. Prius ergo culpa in cogitatione est, postmodum vero in opere. Unde filiæ Babylon dicitur: *Descende in pulvere, virgo filia Babylon, sede in terra* (*Isai.* XLVII, 1). Cum enim semper pulvis terra sit, non tamen terra semper est pulvis. Quid ergo per pulverem nisi cogitationes debemus accipere, quæ dum importune ac silenter in mente evolant, ejus oculos excæcant? Et quid per terram nisi terrena actio designatur? Et quia reproborum mens prius ad prava cogitanda [a] dejicitur, et postmodum ad facienda, recte filiæ Babylon, quæ ab internæ rectitudinis judicio descendit, per ferientem sententiam dicitur ut prius in pulvere, et post in terra sedeat, quia nisi se in cogitatione prosterneret, in malo opere non inhæsisset. Sequitur:

CAPUT XVIII [Rec. X].

VERS. 15. — *Habitent in tabernaculo illius socii ejus, quia non est.*

22. *Satan non esse dicitur, quia bene esse amisit.* — Id est, in mente ejus apostatæ angeli per cogitationes nequissimas conversentur, ejus videlicet socii, qui idcirco jam non est, quia a summa essentia recessit, et per hoc, quotidie excrescente defectu, quasi ad non esse tendit, quo semel ab eo qui vere est cecidit; qui recte quoque non esse dicitur, quia bene esse perdidit; quamvis naturæ essentiam non amisit. [*Vet. X.*] Adhuc tamen easdem iniqui cogitationes subtilius exprimens subjungit, dicens:

CAPUT XIX.

IBID. — *Aspergatur in tabernaculo ejus sulphur.*

23. *Peccata carnis sulphuri fetenti et ardenti recte comparantur.* — Sulphur quid aliud quam fomentum ignis est? Quod tamen sic ignem nutrit, ut fetorem gravissimum exhalet. Quid itaque in sulphure, nisi peccatum carnis accipimus? Quod dum perversis cogitationibus quasi quibusdam fetoribus mentem replet, æterna ei incendia præparat; et dum fetoris sui nebulam in mente reproba dilatat, contra eam flammis subsequentibus quasi nutrimenta subministrat. Nam quia per sulphur fetor carnis accipitur, ipsa sacri eloquii historia testatur, quæ contra Sodomam ignem ac sulphur pluisse Dominum narrat (*Genes.* XIX, 24). Qui cum carnis ejus scelera punire decrevisset, in ipsa qualitate ultionis [b] notavit maculam criminis. Sulphur quippe fetorem habet, ignis ardorem. Quia itaque ad perversa desideria ex carnis fetore arserant, dignum fuit ut simul igne et sulphure perirent, quatenus ex justa pœna discerent ex injusto desiderio quid fecissent. Hoc ergo in tabernaculo iniqui sulphur aspergitur, quoties perversa carnis delectatio in ejus mente dominatur. Quem quia indesinenter pravæ cogitationes possident; cumque ferre boni operis fructum vetant, recte subjungitur:

CAPUT XX.

VERS. 16. — *Deorsum radices ejus siccentur, sursum autem atteratur messis ejus.*

24. *Iniquorum ariditas et sterelitas.* — Quid namque radicum nomine, quæ in occulto sitæ sunt, et germen in apertum ferunt, nisi cogitationes accipimus, quæ dum non videntur in corde, visibilia opera producunt? Unde et messis nomine eadem aperta operatio signatur quæ videlicet ex latenti radice producitur. Et quia omnis iniquus prius [c] in cogitationibus tentationum arescit, et postea a bonis actibus deficit, recte per Baldad dicitur : *Deorsum radices ejus siccentur, sursum autem atteratur messis ejus*. [d] Quia dum pravus quisque cogitationes suas in infimis rebus ponit et sempiternæ viriditatis gaudia appetere negligit, quid aliud quam radices suas deorsum siccari permittit? Cujus sursum messis atteritur, quia omnis ejus operatio a superno judicio quasi nihilum deputatur, etiam si ante humanos oculos bona videatur. In imo itaque radices sunt, et superius messis, quia hic prius bonas cogitationes mittimus, ut quandoque bonorum operum fructum percipere in æterna retributione mereamur. Sed iniquus quisque, cum bonas cogitationes deserit, et ad ea quæ sunt exterius semetipsum fundit, deorsum siccantur radices ejus. Sursum vero messis ejus atteritur, quia qui hic sterilis persistit, post hanc vitam ad nulla præmia vocatur. Sequitur :

CAPUT XXI [Vet. et Rec. XI]:

VERS. 17. — *Memoria illius pereat de terra, et non celebretur nomen ejus in plateis.*

25. *Antichristi et iniquorum omnium quam brevis gloria.* — Intuendum est nobis quia sic Baldad Suhites de unoquoque iniquo loquitur ut latenter ad caput omnium iniquorum ejus verba vertantur. Caput quippe iniquorum diabolus est. Ipse quippe, in ultimis temporibus, illud vas perditionis ingressus, [o] Antichristus vocabitur; qui nomen suum longe lateque diffundere conabitur, quod nunc unusquisque imitatur cum de memoria terreni nominis gloriam laudis suæ extendere nititur, atque opinione transitoria lætatur. Sic ergo hæc verba intelligantur de unoquoque iniquo, ut referri [f] quoque debeant ad ipsum specialiter caput iniquorum. Dicat itaque : *Memoria illius pereat de terra, et non celebretur nomen ejus in plateis*. Plateæ quippe appellatione græca a latitudine sunt vocatæ. Memoriam vero suam in terra statuere Antichristus conatur, cum in terrena gloria appetit, si infimis.

---

[a] Vindoc., *ducitur*.
[b] Bigot. et Lyr., *novit maculam*; quæ lectio rejicienda.
[c] Deest *tentationum*, in Vindoc. et Norm.
[d] Ita legendum suadent nostri Mss. et omnes vet. Edit. In Gussanv., *quisque pravas cogitationes suas in infimis*; consentit Vatic. Ed., quæ tamen habet in
[e] In Editis, *quod Antichristus*. At sensus abest, quem restituimus ex Mss.; solet Gregorius Antichristum appellare *vas perditionis*, aut simpliciter, *illud vas diaboli*. Vide l. xv, num. 69 et 71, necnon l. xxvii, n. 49, *vas quippe illud diaboli*.
[f] In Utic., olim, *quandoque*.

esset possibile, in perpetuum permanere. Nomen suum in plateis celebrari gaudet, cum longe lateque operationem suæ iniquitatis extendit. Sed quia diu hæc ejus iniquitas non sinitur extolli, dicatur : *Memoria illius pereat de terra, et non celebretur nomen ejus in plateis;* id est, et citius laudem terrenæ potestatis amittat; et omne gaudium sui nominis perdat, quod longe lateque in brevi temporis prosperitate diffuderat. Sequitur :

CAPUT XXII.

Vers. 18: —*Expellet eum de luce in tenebras.*

26. *Iniquorum gloriam supplicium æternum excipit.* — De luce ad tenebras ducitur cum de honore vitæ præsentis ad supplicia æterna damnatur. Unde et apertius subditur :

Ibid. —*Et de orbe transferet eum.*

De orbe quippe transfertur cum, superno apparente judice, de hoc mundo tollitur, in quo perverse gloriatur. Qui pro eo quod cum omnibus sequacibus suis, fine mundi interveniente, damnatur, recte subjungitur :

Vers. 19. —*Non erit semen ejus, neque progenies in populo suo, nec ullæ reliquiæ in regionibus ejus.*

Scriptum quippe est ; [a] quia *Dominus Jesus interficiet eum spiritu oris sui, et destruet illustratione adventus sui* (II Thess. II, 8). Dum ergo ejus iniquitas cum mundi statu terminatur, progenies ejus in populo suo non relinquetur; quia et ipse et ejus populus cum ea ad supplicium pariter urgetur, et omnes iniqui, qui de ejus perversa persuasione in pravis actionibus nati sunt, illustratione adventus Domini æterno interitu cum eodem suo capite ferientur. Ac nulla ejus progenies in mundo remanet, quia districtus judex iniquitates illius cum ipso mundi fine concludit. Quod vero hæc aperte de Antichristo intelligi debeant, demonstratur cum subditur :

CAPUT XXIII [Vet. XII].

Vers. 20. — *In diebus ejus stupebunt novissimi, et primos invadet horror.*

27. *Antichristi sæva persecutio. Tunc sanctis aderit et constantia ex virtute, et pavor ex carne.* — Tanta enim tunc contra justos iniquitate effrenabitur, ut etiam electorum corda non parvo pavore feriantur. Unde scriptum est : *Ita ut in errorem inducantur, si fieri potest, etiam electi* (Matth. xxiv, 24). Quod videlicet dicitur, non quia electi casuri sunt, sed magnis terroribus trepidaturi. Tunc vero contra eum certamen justitiæ, et novissimi electi habere narrantur et primi, quia scilicet et hi qui in fine mundi electi reperientur in morte carnis prosternendi sunt, et illi etiam qui a prioribus mundi partibus [b] processerunt, Enoch scilicet et Elias, ad inedium revocabuntur, et crudelitatis ejus sævitiam in sua adhuc mortali carne passuri sunt. Hujus vires in tanta potestate laxatas novissimi obstupescunt; et primi metuunt, quia licet juxta hoc quod spiritu superbiæ sublevatur, omnem temporalem ejus potestatem despiciunt, juxta hoc tamen quod, ipsi adhuc in carne mortali sunt, in qua cruciari temporaliter possunt, ipsa quæ fortiter tolerant supplicia perhorrescunt ; ita ut in eis uno eodemque tempore et constantia ex virtute sit, et pavor ex carne, quia etsi electi sunt, [c] ut tormentis vinci nequeant, per hoc tamen quod homines sunt, et ipsa metuunt tormenta quæ vincunt. Dicatur ergo : *In diebus ejus stupebunt novissimi, et primos invadet horror*, quia videlicet tanta tunc signa monstraturus, et crudelia ac dura facturus est, ut ad stuporem perducat quos in fine mundi invenerit; et priores patres qui in ejus expugnationem servati sunt carnalis mortis dolore transfigat. Igitur quia de iniquis omnibus, vel de ipso iniquorum capite multa narravit, generali mox definitione subjungit :

CAPUT XXIV.

Vers. 21. — *Hæc sunt ergo tabernacula iniqui, et iste locus ejus qui ignorat Deum.*

28. *Antichristi locus tenebræ sunt, in quas cum iniquis omnibus detrudetur.* — Superius enim dixerat : *Expellet eum de luce ad tenebras, et de orbe transferet eum.* Cujus cum mala subjungeret, adjunxit : *Hæc sunt tabernacula iniqui, et iste locus ejus qui ignorat Deum*, videlicet indicans quia is qui nunc Deum ignorando extollitur, tunc ad propria tabernacula pervenit, quando eum sua iniquitas in supplicia demergit ; et locum suum quandoque invenit tenebras, qui dum hic de falsa gauderet luce justitiæ, locum tenebat alienum. Perversi enim in omne quod per simulationem faciunt [d] nomen gloriæ justorum quasi locum occupare alienum nituntur. Sed ad locum suum tunc perveniunt, cum iniquitatis suæ merito perpetuo igne cruciantur. Hic namque per omne quod agunt percipiendæ laudis desiderio serviunt, et per imaginem bonorum operum sinum mentis ad avaritiam extendunt. Eat igitur nunc iniquus, et, multis apparatibus tumidus, sua hic habitacula construat, nomen gloriæ extendat, rura multiplicet, seque abundantibus opibus [e] delectet; cum vero ad supplicia æterna pervenerit, profecto cognoscet quia hæc sunt tabernacula iniqui, et iste locus ejus qui ignorat Deum. Recte vero hæc Baldad dixerat, sed cui diceret ignorabat. Vehementer autem justi cor affligitur, quando contra illum sententiæ ex injusta [f] æstimatione proferuntur. Unde beatus Job protinus respondit, dicens :

CAPUT XXV [Vet. XIII, Rec. XII].

Cap. xix, Vers. 2. — *Usquequo affligitis animam meam, et atteritis me sermonibus?*

29. *Quid a malis patiantur justi.* — Sancti viri eloquia, ut sæpe jam diximus, aliquando ex persona propria, aliquando vero ex voce capitis, aliquando

---

[a] Vindoc., *quem Dom. Jesus interficiet spiritu*, etc.
[b] Bellov., *præcesserunt.*
[c] Vindoc., *ut tormenta vincere queant.*
[d] Bellov., *nonnunquam gloriam just rum*, etc. Sic olim scriptum in Utic., quibus verbis expunctis, nunc legitur ut in Edit. In Vindoc., *nomen gloriæ justorum tenent, quasi ad locum suum tunc perveniunt.* Ubi mutilus est hic locus.
[e] Tur., *dilatet*, sic quoque nunc legitur in Utic.
[f] Vindoc., *existimatione.*

autem ex typo sunt universalis Ecclesiae sentienda. Valde vero affligitur anima justorum quando illi contra bonos districtas sententias intorquent, qui bene vivere ignorant; et ex voce sibi justitiam vindicant, quam moribus impugnant. Unde amicis beati Job, ut saepe jam diximus, haereticorum typum tenentibus, recte ab eodem respondetur: *Usquequo affligitis animam meam, et atteritis me sermonibus?* Atteruntur enim boni sermonibus iniquorum, quando contra eos illi in verbis tument, qui aut in perversa fide, aut in pravis moribus jacent. Sequitur:

CAPUT XXVI.

VERS. 3. — *En, decies* a *confunditis me.*

30. *Sive sileant justi, sive loquantur, malos semper experiuntur adversarios.* — Numeratis vicibus locutionum amicorum Job, adhuc b nisi quinquies locutos eos cognoscimus. Sed propter hoc quod ab eis quinquies increpationes audierat, quorum increpationibus quinquies ipse respondit, decies se perhibet esse confusum, quia et in eo graviter laboravit quod frustra increpatus est, et in eo confusionem pertulit quod verba doctrinae non audientibus dixit. Itaque et cum c audiens taceret, et cum loquens non audiretur, ipse laborem pertulit, qui et tacendo patienter, et eis loquendo inutiliter, cordis dolorem sensit. Unde et superius dicit: *Quid agam? Si locutus fuero, non quiescet dolor meus; et si tacuero, non recedet a me* (Job. XVI, 7). Sin vero ad typum sanctae Ecclesiae haec verba referimus, liquet quod magnum ejus est gaudium servare Decalogi praecepta. Sed hanc perversi decies confundunt, quia per omne quod peccant pravis suis moribus Decalogi praecepta relinquunt, et toties bonis confusionem faciunt, quoties in suis actibus divinis vocibus obsistunt. Sequitur:

CAPUT XXVII.

IBID. — *Et non erubescitis opprimentes me.*

31. *Hostes Ecclesiae nec timore Dei, nec hominum pudore refrenantur.* — Sunt nonnulli quos ad perpetrandam nequitiam oborta subito malitia invitat, sed tamen humana verecundia revocat. Et plerumque per hoc quod exterius erubescunt, ad interiora sua redeunt, et contra se internum judicium sumunt, quia si propter hominem mala facere metuunt, quanto magis propter Deum, qui cuncta inspicit, nec appetere mala debuerunt? In quibus fit ut mala majora corrigant per bona minima, scilicet per exteriorem verecundiam interiorem culpam. Et sunt quidam qui postquam Deum in mente contempserint, multo magis humana judicia spernunt, atque omne malum quod appetunt, audacter peragere non erubescunt. Quos ad perpetrandum malum occulta iniquitas invitat, et nulla aperta verecundia retardat; sicut et de quodam iniquo judice dicitur: *Deum non timebat, et hominem non verebatur* (Luc. XVIII, 2). Hinc est etiam quod de quibusdam impudenti fronte peccantibus dictum est: *Et peccatum suum quasi Sodoma praedicaverunt* (Isai. III, 9). Plerumque ergo tales sunt adversarii sanctae Ecclesiae, qui a perpetrandis malis nec timore Domini, nec hominum pudore refrenantur. Quibus bene per beatum Job dicitur: *Et non erubescitis opprimentes me,* d *quia etsi pravum fuit mala voluisse, pejus est male appetita non erubescere.* Sequitur:

CAPUT XXVIII.

VERS. 4. — *Nempe et si ignoravi, mecum erit ignorantia mea.*

448 32. *Ecclesiae humilitati haeretici arrogantiam opponunt.* — Habent hoc haeretici proprium, ut de inani scientiae suae arrogantia inflentur, et recte credentium simplicitatem saepe derideant, et nullius esse meriti vitam humilium e ducant. [*Vet. XIV.*] At contra sancta Ecclesia in omne quod veraciter sapit sensum suum humiliter deprimit, ne scientia infletur, ne in requisitione occultorum tumeat, et perscrutari aliqua quae ultra vires sunt illius praesumat. Utilius etenim studet nescire quae perscrutari non valet quam audacter definire quae nescit. Scriptum quippe est: *Sicut qui mel multum comedit, non est ei bonum; sic qui scrutator est majestatis opprimetur a gloria* (Prov. XXV, 27). Dulcedo etenim mellis, si plus quam necesse est sumitur, unde delectatur os, inde vita comedentis necatur. f *Dulcis quoque est requisitio majestatis;* sed qui plus hanc scrutari appetit quam humanitatis cognitio permittit, ipsa hunc ejus gloria opprimit, quia velut immoderate mel sumptum, perscrutantis sensum, dum non capitur, rumpit. Nobiscum vero esse dicitur, quod pro nobis est; et rursum non nobiscum esse dicitur quod contra nos est (Luc. XI, 13). Quia ergo scientia sua haeretici cor inflat, fideles autem cognitio ignorantiae suae humiliat, dicat beatus Job voce sua, dicat etiam confessione universalis Ecclesiae: *Nempe et si ignoravi, mecum erit ignorantia mea.* Ac si aperte haereticis dicatur: Omnis vestra scientia vobiscum non est, quia contra vos est, dum stulta elatione vos erigit. Mea vero ignorantia mecum est, quia pro me est; quoniam dum perscrutari de Deo aliquid superbe non audeo, g in veritate me humiliter servo. Et quia haec ipsa haeretici quae scire quaerunt ad usum solius elationis arripiunt, ut contra fideles et humiles docti videantur, recte subjungitur:

CAPUT XXIX [*Rec. XIII*].

VERS. 5. — *At vos contra me erigimini.*

33. *Ordo postulat ut primum contra nos, et postmodum contra malos erigamur. Hanc correctionis rationem ignorant mali.* — Sed haec fortasse melius verba perpendimus, si ipsis specialiter amicis beati Job quemadmodum congruant demonstremus. Ipsi etenim percussum justum videntes, ad sua intima redire de-

---

a Norm., *Confudistis me.*
b Deest *nisi* in Norm. et Vindoc.
c In Vindoc. omittitur *audiens.*
d Sag. et alii Norm., *quia et pravum fuit mala voluisse, et pejus,* etc.
e Vindoc., *decantant.*
f Utic., *dulcis quippe.*
g Turon., *veritatem humiliter servo.*

buerant, et nequaquam beatum Job verbis increpationis premere, sed se deflere, quia si sic percussus fuerat qui ita serviebat, qua ultione feriri merebantur qui non ita servierant? Quibus bene dicitur: *At vos contra me erigimini.* Ac si eis apertius dicatur : Qui erigi contra vosmetipsos ex mea percussione debuistis [*Vet. XV*]. Ordo quippe erectionis in bono iste est, ut primum contra nos et postmodum contra malos erigamur. Nam qui contra bonos erigitur per superbiam inflatur. Contra nosmetipsos enim erigimur quando, mala propria recognoscentes, districta nosmetipsos pœnitentiæ ultione ferimus, quando nequaquam nobis in peccatis parcimus, et nullis erga nos cogitationum blandimentis inclinamur. Qui si districte prius nostra in nobis mala insequimur, justum quoque est ut etiam contra aliena mala utiliter erigamur; et ea quæ in nobis punimus, etiam in aliis redarguendo superemus.

34. Sed hanc erectionem mali nesciunt, quia se relinquunt, et bonos impetunt. Sibi se intra conscientiam suam mollitie blandæ adulationis inclinant, et contra bonorum vitam districtione asperitatis eriguntur. Unde amicis beati Job in ejus flagello tumentibus recte nunc dicitur : *At vos contra me 449 erigimini*; id est, vosmetipsos redarguendos relinquitis, et me districtis sententiis increpatis. Qui enim semetipsum prius non judicat, quid in alio rectum judicet ignorat. Et si novit fortasse per auditum quod rectum judicare debeat, recte tamen judicare aliena merita non valet, cui conscientia innocentiæ propriæ nullam judicii regulam præbet. Hinc est enim quod insidiantibus quibusquam, et puniendam adulteram deducentibus dicitur (*Joan.* VIII, 7). *Qui sine peccato est vestrum, primus in illam lapidem mittat* (3, q. 7, cap. 5). Ad aliena quippe punienda peccata ibant, et sua reliquerant. Revocantur itaque intus ad conscientiam, ut prius propria corrigant, et tunc aliena reprehendant. Hinc est quod cum tribus Benjamin in carnis scelere fuisset obruta, collectus omnis Israel ulcisci iniquitatem voluit, sed tamen semel et iterum in belli certamine ipse prostratus est. Consulto autem Domino si ad ulciscendum [a] ire debuissent, jussum est. Qui juxta divinæ vocis imperium perrexit, et semel et secundo cecidit, et tunc demum peccatricem tribum [b] valde feriens pene funditus exstinxit. Quid est quod in ultionem sceleris inflammatur, et tamen prius ipse prosternitur, nisi quod prius ipsi purgandi sunt per quos aliorum culpæ feriuntur, ut ipsi jam mundi per ultionem veniant, qui aliorum vitia corrigere festinant? Unde necesse est ut cum contra nos ultio divini examinis cessat, nostra se conscientia ipsa reprehendat, atque ad lamenta pœnitentiæ ipsa se contra semetipsam erigat, nec contra bonos elata et sibi humilis, sed contra se rigida sit, bonis vero omnibus submissa [*Vet. XVI*]. Superbis ergo corripientibus recte nunc dicitur : *At vos contra me erigimini, et arguitis me opprobriis meis.* Omnes elati grave esse opprobrium deputant mala temporalia; et tanto unumquemque esse a Deo despectum credunt, quanto hunc afflictum percussionis flagello conspiciunt. Nil etenim in moribus, nil in actibus quærunt ; sed quoslibet in hac vita percussos viderint, esse jam divino judicio damnatos arbitrantur. Unde bene nunc beati Job voce dicitur:

CAPUT XXX.

IBID. — *Et arguitis me opprobriis meis.*

35. *Falsa reproborum de justorum flagellis judicia.* — Quia hi qui enim justum ante flagella noverant, injustum esse ex ipsa jam sua percussione judicabant. Unde et sæpe hæretici, quia affligi quosdam intra sanctam Ecclesiam vident, scriptum quippe de Deo est : *Flagellat omnem filium [c] quem recipit* (*Hebr.* XII, 6), tribulationes fidelium non nisi ex peccato esse suspicantur, seque ideo justos credunt, quia, in pravitatis suæ sensu dimissi, sine flagello duruerunt. Sequitur :

CAPUT XXXI [*Rec. XIV*].

VERS. 6. — *Saltem nunc intelligite quia Deus non æquo judicio afflixerit me.*

36. *Quædam Scripturæ sacræ verba prava censentur, quia ad interiorem sui intelligentiam non exiguntur.* — O quam durum sonat vox justi verberibus afflicti; quam tamen non elatio, sed dolor expressit! Sed justus non est qui justitiam in dolore deserit. Beatus autem Job, quia mite cor habuit, nec in dura voce peccavit. Nam si hunc peccasse in hac voce dicimus, implesse diabolum astruimus quod proposuit, dicens : *Tange os ejus et carnem, si non in faciem benedixerit tibi* (*Job.* II, 5). Gravis itaque quæstio oritur. Si etenim non peccavit in eo quod dicit : *Saltem nunc intelligite, quia Deus non æquo judicio afflixerit me,* Deum (quod dici nefas est) injuste aliquid egisse consentimus. Si vero 450 peccavit, diabolus de illo quod promisit exhibuit. Astruendum est igitur quia et Deus recte circa beatum Job egerit, et tamen beatus Job ex eo quod dicit se non justo Dei judicio afflictum mentitus non sit, et antiquus hostis in eo quod de beati viri promiserat culpa mentitus sit. Nonnunquam namque ideo prava creduntur verba bonorum, quia interiori sua intelligentia minime pensantur. Beatus enim Job vitam suam attenderat, et ea quæ patiebatur flagella pensabat, et videbat æquum non esse ut ad talem vitam talia flagella reciperet. Et cum dicit non æquo se judicio afflictum, hoc libera voce locutus est, quod in secreto suo Dominus de illo adversario ejus dixerat : *Commovisti me adversus eum, ut affligerem eum frustra* (*Ibid.*, 3). Quod enim dicit Deus, quia frustra beatum Job afflixerit, hoc rursum beatus Job asserit, quia non æquo judicio a Domino sit afflictus. In quo itaque peccavit qui a sententia auctoris sui in nullo discrepavit.

---

[a] Gratianus, in decreto, loco assignato, *ire debuisset*.

[b] Lyr. et Bigot., *valide*. Ita nunc Utic.

[c] Vindoc., *omnem filium quem diligit*.

[*Vet. XVII.*] 37. *Bona de se dicere, modo vera sint, aliquando licet. Quod exemplo Pauli et Job confirmatur.* — Sed fortasse aliquis dicat id nos de nobis bonum dicere quod de nobis in occulto judex dixerit sine peccato esse non posse. Nam quem justus judex laudat, esse hunc jure laudabilem non dubitatur. Ad vero si se ipse laudaverit, jam ejus justitia laude digna esse non creditur. Quod videlicet recte dicitur, si quod judex justus per æquam sententiam perhibet, hoc de se is de quo agitur, præsumat post dicere per elatam mentem. Nam si ipse quoque in humili cogitatione permanens, exigente causa vel dolore, bona de se veracia dixerit, in tantum à justitia non recessit, in quantum à veritate nullo modo discrepavit.

38. Unde Paulus quoque apostolus multa de se fortia pro discipulorum suorum ædificatione narravit; sed hæc narrando minime deliquit, quia a veritatis tramite et attestatione certa et corde humili non recessit. Justam itaque beatus Job vitam suam sentiens, dicat non se esse justo judicio afflictum. Nec peccat in hac voce in qua non discrepat ab auctore, quia is quem Deus frustra percussit, ipse quoque semetipsum asserit non justo judicio afflictum. Sed rursus alia quæstio oritur quam jam in hujus operis memini exordio solutam (*Lib.* III, *cap. et num.* 3), cum omnipotens Deus frustra nil faciat, cur beatum Job frustra se afflixisse testetur? Justus enim conditor noster tot verberibus in beatum Job, non vitia illius curavit exstinguere, sed merita augere. Æquum ergo fuit quod fecit per augmentum boni meriti; non tamen videbatur æquum, quod causas a credebatur punire peccati. Beatus autem Job peccata sua illis flagellis deleri credidit, non merita augeri; et idcirco non æquum judicium vocat, quia vitam suam cum flagellis examinat. Ergo si vita et flagella pensantur, non æquum fuit quod beatus Job, sicut dixi, b per iram districtionis sibi fieri credidit. Si vero misericordia judicis attenditur, quia per pœnam justi viri vitæ ejus merita cumulantur, æquum vel potius misericors judicium fuit. Igitur et vera Job dixit, dum vitam cum flagello pensavit; et Deus non injusto judicio Job afflixit, quia merita ex flagello cumulavit; et diabolus quod promiserat non implevit, quia beatus Job inter verba quæ durum sonant et a vera sententia et a mente humili non recessit. Sed hæc afflicti verba minus fortasse intelligimus, nisi sententiam judicis cognoscamus. Qui cum inter utrasque partes sententiam daret, dicit amicis Job : *Non estis locuti coram me* c *rectum, sicut servus meus Job* (*Job.* XLII, 8). Quis ergo stulta mente beatum Job in locutione sua peccasse fateatur, dum ipsa voce judicis recte locutus asseritur? Quam quidem vocem si ad personam sanctæ Ecclesiæ referamus, infirmis ejus membris non incongrue aptamus quæ, persecutionis ejus tempore, dum et merita illius et flagella considerant, quia injustos florere conspiciunt, et justos interire, hoc justum esse nullatenus suspicantur. Bene autem beati viri voce subditur :

CAPUT XXXII [*Vet. XVIII*].

IBID. — *Et flagellis suis me cinxerit.*

39. *Infirma Ecclesiæ membra ex assiduis flagellis turbantur.* — Aliud quippe est flagellis percuti, aliud cingi. Flagellis namque percutimur cum consolationem et in doloribus ex rebus aliis habemus. Nam cum tanta nos afflictio deprimit, ut ex nullius rei consolatione respirare animus possit, non jam flagellis solummodo ferimur, sed etiam cingimur, quia tribulationum verbere ex omni parte circumdamur. Cinctus enim flagellis Paulus fuerat, cum dicebat : *Foris pugnæ, intus timores* (*II Cor.* VII, 5). Cinctus flagellis fuerat, cum dicebat : d *Periculis ex genere, periculis ex gentibus, periculis in civitate, periculis in solitudine* (*II Cor.* XI, 26), et cætera, quæ ita enumerat, ut nusquam se habuisse requiem ostendat. e Sancta vero Ecclesia cum tribulationum suarum flagellis cingitur, in ea infirmi quique in pusillanimitatis casu rediguntur, ita ut se eo f jam despectos existiment, quo exaudiri se tardius vident. Recte adhuc etiam ex eorum typo sancti viri voce subjungitur :

CAPUT XXXIII.

VERS. 7. — *Ecce clamabo vim patiens, et nemo exaudiet; vociferabor, et non est qui judicet.*

40. *Dolentium querelas dissimulat Deus, ut utilitatem augeat.* — Omnipotens Deus quid nobis profuturum esse valeat sciens, dissimulat exaudire dolentium vocem, ut augeat utilitatem, g ut purgetur vita per pœnam, et quietis tranquillitas, quæ hic inveniri non valet, alibi quæratur. Sed hanc dispensationis gratiam nonnulli etiam fidelium ignorant. Ex quorum etiam persona nunc dicitur : *Ecce clamabo vim patiens, et nemo exaudiet; vociferabor, et non est qui judicet.* Non est enim qui judicet dicitur quando judicare dissimulat ipse qui est, quia causam nostram contra adversarium, præter eum, qui judicet non est. Nec tamen hoc sine judicio est, quod judicium differtur, quia cum hæc beatus Job diceret, et sancti viri merita, et adversarii pœna crescebat. Hoc ipsum ergo judicium h differre judicis est. Sed aliud est quod juste intrinsecus disponit Deus, aliud quod foris flagellis attritus expetit animus. Unde adhuc de ipsa verberum depressione subjungit :

CAPUT XXXIV [*Rec. XV*].

VERS. 8. — *Semitam meam circumsepsit, et transire non possum, et in calle meo tenebras posuit.*

41. *Ex ignorantia et infirmitate peccantibus adest Deus illuminatio et salus nostra.* — Circumsepiam

---

a Turon., *credebatur causa puniri peccati.*
b Norm., Turon., etc., *per disciplinam.*
c Turon., *recte.*
d Utic., *periculis fluminum, periculis ex genere.*
e Norm.: *Quia vero sancta Eccl. cum... flag. cingitur, in ea infirmi quique in pusillanim. casu rediguntur... recte adhuc,* etc. Lectio quam retinemus ex aliis Mss. et omnibus Vulgatis, olim erat in Utic.
f In Ms. Germ. et in Excusis, *jam desperatos,* quod etiam suspicamur olim lectum in Utic.
g Ebroic., *ut purgentur vitia.*
h Sag. et alii Norm., *differre judicii est.*

ᵃ verberibus semitam suam vidit cum, transire ad securitatem cupiens, evadere flagella non potuit. Et quia se percuti aspexit, nec tamen percussione dignam vitam in semetipso reperit, quasi in calle cordis ignorantiæ suæ tenebras invenit, qui cur ita flagellaretur penetrare non potuit. Quod ad infirma quoque membra sanctæ Ecclesiæ non incongrue refertur, quando per hoc quod prave se egisse meminerunt, a 452 bono quoque opere retardantur; et ex infirmitate propria timidi, bona contra hæc fortia aggredi non præsumunt. Timent enim magna bona incipere, qui se in suis actibus infirmos esse meminerunt. Et cum plerumque etiam bonum quod eligant nesciunt, quasi in calle suo positas tenebras perhorrescunt. Nam sæpe ita de suo opere fit animus incertus, ut ignoret omnino quid virtus, quid culpa sit. In calle ergo suo tenebras invenit, qui in his quæ agere appetit quid eligere debeat nescit. [*Vét.-XIX.*] Quia igitur sæpe infirmitate, nonnunquam vero ignorantia peccatur, ex infirmantibus membris dicitur : *Semitam meam circumsepsit, et transire non possum.* Ex eis vero quid ad ipsum opus bonum quod eligant caligant subditur : *Et in calle meo tenebras posuit.* Ex poena etenim culpæ est videre bonum quod agere debeat, et tamen implere non posse, et rursum ᵇ ex graviori poena culpæ est quod agere debeat nec videre. Unde et contra hæc utraque Psalmistæ voce dicitur : *Dominus illuminatio mea, et salus mea, quem timebo (Psal. xxvi, 1)?* Contra ignorantiæ enim tenebras illuminatio, contra infirmitatem vero salus est Dominus, quando et ostendit quid debeat ad agendum appeti, et vires præbet ut quod ostenderit possit impleri. Sequitur :

CAPUT XXXV [*Rec. XVI.*]

Vers. 9. — *Spoliavit me gloria mea, et abstulit coronam de capite meo.*

42. *Infirma Ecclesiæ membra aliquando justitia spoliantur ad tempus.* — Quod cuncta hæc beati viri in afflictione positi personæ conveniant, dubium non est. Sed quia historiæ verba patent, juxta litteram expositione non indigent. Oportet ergo ut per sensus debeant mysticos investigari. Ait namque : *Spoliavit me gloria mea.* Gloria quippe uniuscujusque justitia est. Sicut vero vestimentum tegit a frigore, ita justitia munit a morte. Unde non immerito justitia vestimento comparatur, cum per Prophetam dicitur : *Sacerdotes tui induantur justitia (Psal. cxxxi, 9).* Quia vero afflictionis suæ tempore hoc justitiæ vestimentum, quod apud Deum protegit, sancta Ecclesia in membris suis infirmantibus amittit, dicatur recte : *Spoliavit me gloria mea;* id est, justitia ab infirmis ablata est, quæ ab eis auferri non posset si medullitus inhæsisset; sed idcirco tolli potuit, quia more vestimenti exterius adhæsit. Qua in re quærendum est quomodo sanctæ Ecclesiæ membra dici valeant

qui potuerunt justitiam perdere, quam tenere videbantur. Sed sciendum est quod plerumque a membris ejus infirmantibus justitia ad tempus amittitur; ᶜ sed cum per cognitionem culpæ postmodum ad pœnitentiam redeunt, sese ad eamdem justitiam quam perdiderant fortius quam credebatur astringunt. Ubi adhuc subditur : *Et abstulit coronam de capite meo.* Sicut caput corporis prima pars est, ita principale interioris hominis mens est. Corona vero victoriæ præmium est, quod desuper potitur, ut qui certaverit remuneretur. Quia ergo multi ᵈ adversitatibus pressi minime in certamine perdurant, in eis sancta Ecclesia quasi coronam de capite amittit. Corona quippe in capite est superna remuneratio in mente. Et sunt plerique qui, dum adversitatibus affliguntur, superna præmia cogitare negligunt, et ad perfectionem victoriæ pervenire non possunt. In his itaque corona de capite aufertur, quia 453 supernum et spiritale præmium de mentis cogitatione tollitur, ut exteriora jam tranquilla appetant, et æterna præmia, quia cogitare consueverant, non requirant.

43. *Corona de capite Ecclesiæ aufertur, cum prælati bona spiritualia negligunt.* — Vel certe caput fidelium non immerito sacerdotes accipiuntur, quia pars membrorum Domini prima sunt. Unde ei per prophetam caput et cauda exterminari dicitur, ubi videlicet et capitis nomine sacerdotes, et caudæ appellatione prophetæ reprobi designantur. Corona ergo de capite aufertur cum supernæ remunerationis præmia etiam ipsi deserunt qui in hoc Ecclesiæ corpore præesse videbantur. Et plerumque ducibus cadentibus, latius succumbit exercitus qui sequebatur. Unde mox post damna majorum de multimoda labefactione Ecclesiæ subsecutus adjunxit :

CAPUT XXXVI [*Vet. XX*].

Vers. 10. — *Destruxit me undique, et pereo, et quasi avulsæ arbori abstulit spem meam.*

44. *Præpositis corruentibus infirmi cadunt.* — Quasi undique enim Ecclesia destruitur, atque in infirmis membris deperit, quando ipsa quæ videbantur fortia corruunt, quando corona de capite abstrahitur, id est quando æterna præmia etiam a præpositis negliguntur. Bene autem de infirmis cadentibus subditur : *Et quasi avulsæ arbori abstulit spem meam.* Arbor quippe vento impellitur ut cadat. Et quem minæ terrent, ut ad injustitiam corruat, quid aliud quam arbor flatum venti pertulit, et statum suæ rectitudinis amisit? Quasi enim ex vento spem perdidit, qui, pravorum minis ac persuasionibus devictus, æterna quæ sperabat præmia reliquit. Et quia plerumque contingit ut poenas quis metuens justitiam deserat, fit, judicante Deo, ut etiam justitiam deserens poenas quas timuit non evadat, et qui mentis interitum minime timuit, etiam carnis mala toleret, quæ timebat. Unde adhuc subditur :

ᵃ In quibusd. Edit., *vepribus.*
ᵇ Norm., *ex gravioris culpæ poena.*
ᶜ Sag. et alii Norm., *sed per cognit. culpæ post...*

redeunt seseque ad, etc., olim in Utic., *sed cum per cognit.*, etc., ut in Edit.
ᵈ Bigot. et Lyr., *adversitatibus sæculi pressi.*

CAPUT XXXVII [*Rec. XVII*].

Vers. 11. — *Iratus est contra me furor ejus, et sic me habuit quasi hostem suum.*

45. *Quosdam ferit Deus tanquam filios, alios tanquam hostes.* — Prædicatore quippe egregio attestante dicimus quia fidelis est Deus, et non patietur nos tentari supra id quod possumus ferre, sed faciet cum tentatione proventum, ut possimus sustinere (*I Cor.* x, 13). Per prophetam quoque Dominus dicit : *Plaga inimici percussi te, castigatione crudeli* (*Jerem.* xxx, 14). Qui ergo ita percutitur, ut vires illius a percussione superentur, non hunc Dominus jam quasi filium per disciplinam, sed quasi hostem per iram ferit. Cum ergo virtutem nostræ patientiæ flagella transeunt, valde metuendum est ne, peccatis nostris exigentibus, non jam quasi filii a patre, sed quasi hostes a Domino feriamur. Et quia fit plerumque ut etiam maligni spiritus afflictorum cordibus multa suadeant, atque inter flagella quæ exterius feriunt cogitationes noxias in mentibus fundant, post furorem Domini recte subjungitur :

CAPUT XXXVIII [*Rec. XVIII*].

Vers. 12. — *Simul venerunt latrones ejus, et fecerunt sibi viam per me.*

46. *Afflictos maligni spiritus irrumpentes obsident. In eis voluntas injusta est, et potestas justa.* — Latrones namque ejus maligni sunt spiritus, qui exquirendis hominum [a] mortibus occupantur. Quia viam sibi in afflictorum cordibus faciunt, quando inter adversa quæ exterius tolerantur cogitationes quoque pravas immittere non desistunt. De quibus adhuc dicitur :

Et obsederunt in gyro tabernaculum meum.

In gyro enim tabernaculum obsident [b] quando ex omni latere suis tentationibus mentem cingunt. Quam modo lugere de temporalibus, modo desperare de æternis, modo in impatientiam ruere, atque in Deum blasphemiæ verba jaculari, pessima suggestione persuadent. Quæ tamen verba, ut jam prædiximus, beato Job etiam juxta historiam congruunt, qui dum mala quæ pertulit ante oculos congessit, non quasi corrigendum filium, sed quasi hostem percussum se esse judicavit. Per quem sibi etiam latrones ejus viam fecerunt, quia maligni contra eum spiritus licentiam percussionis acceperunt. Cujus in gyro tabernaculum obsederunt, quia, sublatis rebus et filiis, etiam corpus ejus omne vulneribus attriverunt. [*Vet. XXI.*] Sed mirum valde est, cum latrones diceret, cur addidit *ejus*? ut videlicet eosdem latrones Dei esse monstraret. Qua in re si voluntas ac potestas malignorum spirituum discernatur, cur latrones Dei dicantur aperitur. Maligni quippe spiritus ad nocendum nos incessabiliter anhelant; sed cum pravam voluntatem ex semetipsis habeant, potestatem tamen nocendi non habent, nisi eos voluntas summa permittat. Et cum ipsi quidem injuste nos lædere appetunt, [c] quemlibet tamen lædere, non nisi juste a Domino permittuntur. Quia ergo in eis voluntas injusta est, et potestas justa, et latrones dicuntur, et Dei, ut ex ipsis sit quod inferre mala injuste desiderant, et ex Deo, quod desiderata juste consummant. Sed quia, ut sæpe jam diximus, sanctus vir positus in dolore pœnarum, modo suis, modo Ecclesiæ, modo Redemptoris nostri vocibus utitur, et plerumque sic sua narrat, ut tamen per typum ea quæ sunt sanctæ Ecclesiæ ac Redemptoris nostri proferat, postposita paulisper cura historiæ, in his quæ subjungit qualiter Redemptoris nostri vocibus congruat demonstremus. Sequitur :

CAPUT XXXIX [*Rec. XIX*].

Vers. 13, 14. — *Fratres meos longe fecit a me, et noti mei quasi alieni recesserunt a me. Dereliquerunt me propinqui mei, et qui me noverant obliti sunt mei.*

Allegoricus sensus. — 47. *Judæi Christi fratres, noti et propinqui, quem incarnandum prædixerant, incarnatum negarunt.* — Hoc melius ostendimus, si Joannis ad medium testimonium proferamus, qui ait : *In propria venit, et sui eum non receperunt* (*Joan.* I, 11). Ab eo quippe fratres longe facti sunt, et noti recesserunt, quem tenentes legem [d] prophetare Hebræi noverunt, et præsentem minime recognoscebant. Unde recte dicitur : *Dereliquerunt me propinqui mei, et qui me noverant obliti sunt mei.* Judæi etenim propinqui per carnem, noti per legis instructionem, quasi obliti sunt quem prophetaverant, dum eum et incarnandum verbis legis canerent, et incarnatum verbis perfidiæ negarent. Sequitur :

CAPUT XL.

Vers. 15. — *Inquilini domus meæ et ancillæ sicut alienum habuerunt me.*

48. *A sacerdotibus et levitis pro alieno habitus fuit Christus.* — Inquilini domus Dei fuerunt sacerdotes, quorum origo in Dei servitio deputata jam per officium in conditione tenebatur. Ancillæ autem non immerito intelliguntur Levitarum animæ, ad secreta tabernaculi, quasi ad interiora cubiculi, familiarius servientes. Dicat ergo de sacerdotibus sedula cura servientibus, dicat de Levitis ad interiora domus Dei obsequentibus : *Inquilini domus meæ* [e] *et ancillæ sicut alienum habuerunt me*, quia incarnatum Dominum, quem dudum per legis verba prædixerant, cognoscere ac venerari noluerunt. Qui adhuc apertius quod ab eorum perversa voluntate non sit cognitus manifestat cum subdit :

CAPUT XLI.

Ibid. — *Et quasi peregrinus fui in oculis eorum.*

49. *Christus in propria domo peregrinus.* — Redemptor etenim noster, dum a synagoga cognitus

---

[a] In Germ., *motibus*, olim lectum in Utic. ex *r* superscripto conjicimus.
[b] Ebroic., *quasi ex*.
[c] Sag. et alii Norm., *quemlibet tamen lædere non valent, nisi juste a Dom. permit.*
[d] Sag., *prophetari Hebræi noverant;* ita etiam nunc legitur in Utic., prius vero *prophetare*, quod retinuimus, quia paulo infra de iisdem Hebræis legitur, *obliti sunt quem prophetaverant.*
[e] Vindoc., *et ancillæ meæ.*

non est, in domo sua quasi peregrinus exstitit. Quod aperte propheta testatur, dicens : [a] *Quare sicut colonus futurus es in terra, et quasi viator declinans ad manendum (Jerem.* xiv, 8)? Quia enim ut Dominus auditus non est, non possessor agri, sed colonus est creditus. Qui quasi viator ad manendum tantummodo declinavit, quia paucos ex Judæa abstulit, et ad vocationem gentium pergens, iter cœptum peregit. Peregrinus ergo in eorum oculis fuit, quia dum sola quæ videre poterant cogitabant, non valuerunt intelligere in Domino quod videre non poterant. Dum enim despiciunt carnem visibilem, non pervenerunt ad invisibilem majestatem. Dicatur igitur recte : *Et quasi peregrinus fui in oculis eorum.* De quo adhuc populo apte subjungitur :

CAPUT XLII.

Vers. 16. — *Servum meum vocavi, et non respondit.*

50. *Christus a suo servo, nimirum a Judaico populo, contemptus.* — Quid enim Judaicus populus nisi servus fuit, qui non amore filii obsequebatur Domino, sed timore servili? Quo contra nobis per Paulum dicitur : *Non accepistis spiritum servitutis iterum in timore,* [b] *sed spiritum adoptionis filiorum, in quo clamamus, Abba, pater (Rom.* viii, 15). Hunc igitur servum vocavit Dominus, quia, collatis muneribus, quasi emissis eum voluisse ad se ducere studuit. Sed non respondit, quia digna opera donis ejus reddere contempsit. Vocat enim nos Deus cum muneribus prævenit, respondemus vero vocationi ejus cum digne juxta percepta munera deservimus. Quia ergo tot muneribus Judaicum populum prævenit, dicat : *Servum meum vocavi.* Sed quia etiam post tot munera eum contempsit, subjungat : *Et non respondit.* Sequitur :

CAPUT XLIII (*Vet. XXII, Rec. XX*).

Ibid. — *Ore proprio deprecabar illum.*

51. *Christus jussis reluctantem deprecatus est, nec exauditus.* — Ac si apertius diceret : Ego ille qui ante incarnationem meam tot ei præcepta facienda per prophetarum ora mandaveram, incarnatus ad eum veniens, ore eum proprio deprecabar. Unde et Matthæus, cum præcepta ab eo dari in monte describeret, ait : *Aperiens os suum, dixit (Matth.* v, 2). Ac si patenter dicat : Tunc os suum aperuit, qui prius aperuerat ora prophetarum. Hinc est etiam quod de illo a sponsa præsentiam ejus desiderante dicitur : *Osculetur me osculis oris sui (Cant.* i, 1). Sancta quippe Ecclesia quot præcepta ex ejus prædicatione cognovit, quasi tot oris ejus oscula accepit. Bene autem dicitur : *Deprecabar,* quia in carne monstratus, dum mandata vitæ humiliter dixit, quasi superbientem servum, [c] ut veniret, rogavit. Ubi et apte subditur :

[a] Bellov. et Norm., *quasi colonus futurus,* etc. In Utic., *futurus est.* Deest *quare.*
[b] Vindoc. et Norm., *sed accepistis spiritum.* In Utic. additum est *accepistis.*
[c] Ex mss. et editis exemplaribus alia habent *ut viveret,* ut Germ., Turon. et Norm., pleraque; alia, *ut*

CAPUT XLIV (*Rec. XXI*).

Vers. 17. — *Halitum meum exhorruit uxor mea.*

52. *Christum exhorruit sponsa synagoga.* — Quid uxor Domini nisi Synagoga accipitur, in legis fœdere carnali ei intelligentia subjecta? Halitus vero ex carne est. Sed infidelis populus carnem Domini carnaliter intellexit, quia purum hunc hominem credidit. Halitum ergo ejus uxor exhorruit, quia Synagoga eum quem videbat hominem Deum credere expavit. Cumque ab ejus ore verba corporaliter audiret, in eo intelligere divinitatis arcana recusavit, et Creatorem esse non credidit quem creatum vidit. Carnis ergo halitum carnalis uxor exhorruit, quia, carnalibus sensibus dedita, incarnationis ejus mysterium non agnovit. Sequitur :

CAPUT XLV (*Rec. XXII*).

Ibid. — *Et orabam filios uteri mei.*

53. *Qui Deus membra corporea habere dicatur.* — In Deo, qui corporis forma non circumscribitur, membra corporis, id est manus, oculus, uterus ita nominantur, ut ex membrorum vocabulis effectus ejus potentiæ designentur. Oculos quippe habere dicitur, quia cuncta videt; manus habere describitur, quia cuncta operatur; in utero autem proles concipitur, quæ in hac vita profertur. Quid ergo uterum Dei nisi ejus consilium debemus accipere, in quo ante sæcula per prædestinationem concepti sumus, ut creati per sæcula producamur? Deus ergo qui manet ante sæcula uteri sui filios oravit, quia eos quos potenter per divinitatem condidit, incarnatus veniens humiliter rogavit. Sed quia in ipsa carne qua apparuit ab eorum æstimatione despectus est, subjungitur :

CAPUT XLVI.

Vers. 18. — *Stulti quoque despiciebant me.*

54. *Sapientibus a veritate cadentibus, etiam stulti defecerunt.* — Sapientibus a veritatis fide cadentibus, recte de stultis quoque additur, quia dum Dominum Pharisæi ac legisperiti despicerent, eorum incredulitatem etiam populi turba secuta est, quæ in eo quod hominem vidit, Redemptoris mundi prædicamenta despexit. Nam sæpe stultorum nomine hi qui sunt in plebe pauperes designantur. Unde et per Jeremiam dicitur : *Dixi, forsitan pauperes sunt et stulti, ignorantes viam Domini, et judicium Dei sui (Jerem.* v, 4). Relictis autem mundi sapientibus atque divitibus, Redemptor noster quærere pauperes et stultos venerat. Unde nunc quasi in augmentum doloris dicitur : *Stulti quoque despiciebant me.* Ac si aperte diceretur : Ipsi etiam me despexerunt, pro quibus sanandis stultitiam prædicationis assumpsi. Scriptum quippe est : *Quia in Dei sapientia non cognovit mundus* [d] *per sapientiam Dei*

veniret, quod olim scriptum in Utic. Hanc præferendam esse lectionem nobis constat ex integri contextus serie, ubi explicatur quot modis Deus Judæos ad se reducere conatus sit, prius jubendo et præcepta dando, postmodum deprecando.
[d] Bellov., *per sapientiam Dei.*

pientiam Deum, placuit Deo per stultitiam prædicationis salvos facere credentes (I Cor. i, 21). Verbum quippe Dei sapientia est; sed stultitia hujus sapientiæ dicta est caro Verbi; ut quia carnales quique per carnis suæ prudentiam pertingere non valebant ad sapientiam Dei, per stultitiam [a] prædicationis, id est [b] per carnem Verbi sanarentur. Ait ergo : *Stulti quoque despiciebant me*. Ac si aperte diceretur : et ab ipsis despectus sum pro quibus stultus æstimari veritus non sum. Et quia Judæorum plebs cum miracula nostri Redemptoris cerneret, hunc ex signis honorabat, dicens : *Hic est Christus* (*Marc*. xiii, 21) ; cum vero humanitatis ejus infirma conspiceret, eum creatorem credere dedignabatur, dicens : *Non, sed seducit turbas* (*Joan*. vii, 12) ; recte subjungitur :

CAPUT XLVII (*Vet. XXIII*).

Ibid. — *Et cum ab eis recessissem, detrahebant mihi*.

55. *Christo a miraculis quiescenti detraxerunt*. — Quasi accedebat quippe ad corda populorum Dominus cum eis miracula demonstraret, et quasi recedebat cum nulla signa ostenderet. Sed recedenti Domino detrahebant cum a miraculis quiescenti præbere fidem nolebant. Sed quid mirum eum perpeti ista a plebibus, cum ipsi quoque qui legis doctores esse videbantur, qui eum 457 verbis propheticis incarnandum esse perhibebant, et incarnatum viderunt, et ab eo tamen perfidiæ interruptione divisi sunt? De quibus subditur :

CAPUT XLVIII.

Vers. 19. — *Abominati sunt me quondam consiliarii mei et quem maxime diligebam aversatus est me*.

56. *Abominati sunt eum legis doctores et Pharisæi*. — Cunctis liquet quia Deus consiliariis non eget, qui ipsis quoque consiliariis hominum sapientiæ consilium præbet. De quo etiam scriptum est : [c] *Quis cognovit sensum Domini, aut quis ejus consiliarius fuit* (*Rom*. xi, 34, *ex Isai*. xl, 13). Sed quemadmodum cum panis vel vestimentum egenti tribuitur, hoc se Dominus accepisse testatur (*Matth*. xxv, 40), ita cum nescienti cuilibet rectum consilium datur, hoc ipse accipit, cujus ille membrum est qui eruditur. Omnes etenim fideles membra nostri Redemptoris sumus ; et sicut ipse in nobis per misericordiam largitatis pascitur, ita ipse in nobis per doctrinæ consilium juvatur. Scribæ itaque et legis doctores, qui erudire populos ad vitam consueverant, quid aliud quam venturi Redemptoris consiliarii fuerunt ? Qui tamen dum incarnatum Dominum conspicerent, consiliis suis multos ab ejus fide [d] diviserunt, quamvis prius ad credendum incarnationis ejus mysterium per prophetarum verba multos docuisse viderentur. Et quia ille apud Deum magis in amore est, qui ad ejus amorem plurimos trahit, adhuc de eodem legis doctorum atque Pharisæorum ordine subditur : *Et quem maxime diligebam aversatus est me*. Ipse enim ordo, [e] suadente perfidia, a fide veritatis aversus est, qui prius in labore prædicationis serviens, maxime diligebatur ; quem non solum ad non credendum, sed usque ad persequendum quoque Dominum populorum turba secuta est, et usque ad passionem illius sævitiæ facibus accensa. In qua videlicet passione discipulorum corda turbata sunt. Unde et nunc subditur :

CAPUT XLIX [*Rec XXIII*].

Vers. 20. — *Pelli meæ, consumptis carnibus, adhæsit os meum*.

57. *Christo patienti, fugientibus apostolis, sanctæ mulieres tanquam pellis adhæserunt*. — In osse fortitudo, in carnibus vero infirmitas corporis designatur. Quia igitur Christus et Ecclesia una persona est, quid per os nisi ipse Dominus designatur ? Quid per carnem nisi discipuli, qui passionis ejus tempore infirma sapuerunt? Per pellem vero, quæ exterior carne manet in corpore, quid nisi illæ sanctæ feminæ figurantur, quæ ad præparanda subsidia corporis exterioribus Domino ministeriis serviebant ? Nam cum ejus discipuli quamvis necdum firmi veritatis fidem populis prædicarent, ossi suo inhærebant carnes. Et cum sanctæ mulieres [f] ea quæ necessaria erant exteriora præpararent, [g] quasi pellis exterius manebant in corpore. Sed cum ad crucis horam ventum est, ejus discipulos gravis ex persecutione Judæorum timor invasit : fugerunt singuli, [h] mulieres adhæserunt. Quasi ergo consumpta carne, os Domini pelli suæ adhæsit, quia fortitudo ejus, passionis tempore, fugientibus discipulis, juxta se mulieres invenit. Stetit equidem aliquandiu Petrus ; sed tamen [i] post territus negavit (*Matth*. xxvi, 70). Stetit etiam Joannes, cui ipso crucis tempore dictum est : *Ecce mater tua* (*Joan*. xix, 27.) Sed perseverare minime potuit, quia de ipso quoque scriptum est, quod *adolescens quidam sequebatur illum* 458 *amictus sindone super nudo, et tenuerunt eum; at ille* [j] *rejecta sindone, nudus profugit ab eis* (*Marc*. xiv, 51). Qui etsi post, ut verba Redemptoris sui audiret, ad horam crucis rediit, prius tamen territus fugit. Mulieres autem non solum non timuisse, neque fugisse, sed etiam usque ad sepulcrum stetisse memorantur. Dicat ergo : *Pelli meæ, consumptis carnibus, adhæsit os meum*. Hoc est, hi qui meæ fortitudini propinquius inhærere debuerant, passionis meæ tempore timore consumpti sunt ; et eas, quas ad exteriora ministeria posui, in passione mea sine formidine inhæ-

---

[a] Norm. et Germ., *per stultitiam prædicationis*. In Utic. olim, et fortasse melius, *per stultitiam carnis*, quæ opponitur carnis prudentiæ de qua paulo antea.
[b] Ita Germ., Turon., Bellov., Norm. Vulgati, *per incarnationem Verbi*.
[c] Big. et Lyr., *quis novit sensum Domini*.
[d] Vindoc., *dimiserunt*.
[e] Norm. et Germ., *succedente perfidia*. Ita nunc in Utic., expuncto *suadente*.
[f] Iidem Mss., *ea quæ necesse erant*.
[g] Iidem, *manebat in corpore*. In Utic. tamen a prima manu, *manebat*; nunc *manebat*.
[h] Vindoc., Ebroic. et alii Norm., *mulieres astiterunt*. In Utic. prius legebatur, *adhæserunt*.
[i] Vindoc., *postremus negavit*.
[j] Vindoc., *relicta sindone*.

rere mihi fideliter inveni. ª Ubi et aperte subintelligitur, quod hæc verba per mysterium dicantur, dum sequitur:

CAPUT L [Vet. XXIV].

IBID. — *Et derelicta sunt tantummodo labia circa dentes meos.*

58. *Christi dentes apostoli, eo patiente virtutem omnem amiserant.* — Quid enim circa dentes aliud quam labia habemus, etiam si nulla flagella patiamur? Sed quid per labia nisi locutio, quid per dentes, nisi sancti apostoli designantur? Qui in hoc Ecclesiæ corpore idcirco sunt positi, ut vitam carnalium correptione mordeant, eamque a suæ pertinaciæ duritia confringant. Unde et eidem primo apostolorum quasi denti in ejus corpore posito dicitur: *Macta, et manduca* (*Act.* x, 13). Sed quia passionis ejus tempore isti dentes præ timore mortis amiserunt morsum correptionis, amiserunt fiduciam roboris, amiserunt efficaciam omnimodæ operationis, ita ut duo ex illis ambulantes, post ejus mortem ac resurrectionem, in via loquerentur et dicerent: *Nos* ᵇ *sperabamus quia ipse esset redempturus Israel* (*Luc.* XXIV, 21), recte nunc dicitur : *Et derelicta sunt tantummodo labia circa dentes meos.* Confabulabantur adhuc de illo, sed jam in illum minime credebant. Tantummodo ergo labia circa dentes ejus remanserant, quia virtutem bonæ operationis amiserant, et sola de illo confabulationis verba retinebant. Perdiderant morsum correptionis, et habebant motum locutionis. Labia itaque tantummodo circa dentes relicta sunt, quia adhuc quidem confabulari noverant, sed prædicare jam eum, aut mordere infidelium vitia formidabant. Peractis itaque his quæ in voce capitis dixit, ad propria beatus Job verba revertitur, dicens :

CAPUT LI.

VERS. 21. — *Miseremini mei, miseremini mei, saltem vos amici mei, quia manus Domini tetigit me.*

59. *Piorum mens in adversis, ad preces, non ad iram movetur.* — Hoc habere solet proprium mens piorum, quod cum injusta ab adversariis patitur, non tam ad iram quam ad preces moveatur, ᶜ ut si moderari eorum pravitas placide valeat, plus deprecari eligant quam irasci. Unde recte nunc dicitur : *Miseremini mei, miseremini mei, saltem vos amici mei, quia manus Domini tetigit me.* Ecce eos ᵈ a quibus semper contumeliis se affligi considerat amicos vocat, quia bonis mentibus etiam ipsa fiunt prospera, quæ videntur adversa. Nam perversi quique bonorum dulcedine aut convertuntur, ut redeat, et eo ipso amici sunt quo boni fiunt; sin in malitia perseverant, et in hoc quoque etiam nolentes amici sunt, quia si qua bonorum delicta sunt, ea suis persecutionibus etiam nescientes purgant. Notandum quoque, quod eis 459 quæ secreto apud Deum gesta sunt, beati viri in publico verba concordant. A Satan quippe percussus fuerat, nec tamen percussionem suam Satanæ tribuit, sed tactum se manu Domini appellat, sicut ipse quoque Satan dixerat : *Mitte manum tuam et tange os ejus et carnem, si non in faciem benedixerit tibi* (*Job.* II, 5). Sciebat quippe vir sanctus quia et per hoc ipsum quod perversa voluntate contra se Satan egerat, potestatem non a semetipso, sed a Domino habebat. Sequitur :

CAPUT LII [Vet. XXV, Rec. XXIV].

VERS. 22. — *Quare persequimini me sicut Deus, et carnibus meis saturamini?*

60. *Deus non sæviendo nos persequitur.* — Non abhorret a locutione pietatis quod a Deo se perhibet persequi. Est namque persecutor bonus, sicut de semetipso ore prophetico Dominus dicit : *Detrahentem occulte adversus proximum suum, hunc persequebar.* Cum vero sanctus quisque flagellari permittitur, scit quod persecutionem contra commissa vitia ex interna dispensatione patiatur. Crudeles autem persecutorum mentes cum potestatem feriendi appetunt, contra bonorum vitam non studio purgationis, sed livoris facibus accenduntur. Et quidem hoc faciunt quod Deus omnipotens fieri permittit. Sed dum una causa cum Deo etiam per eos agitur, non tamen voluntas una in eadem causa servatur, quia cum omnipotens Deus amando purgationem exhibet, injustorum pravitas sæviendo malitiam exercet. Quod ergo dicitur, *quare persequimini me sicut Deus ?* ad exteriorem hoc percussionem retulit, non ad intimam intentionem, quia etsi hoc agunt exterius quod Deus agi disposuit, non tamen hoc quod Deus in sua actione appetunt, ut boni ex afflictione purgentur. Quod intelligi et aliter potest. Tanto enim omnipotens Deus justius aliena vitia percutit, quanto in semetipso nihil habet vitiorum. Homines vero cum per disciplinam alios feriunt, sic alienam infirmitatem debent percutere, ut etiam ad suam noverint oculos revocare, ut ex semetipsis considerent quantum aliis feriendo parcant, cum se quoque ipsos dignos percussionibus non ignorant. Itaque nunc dicitur : *Quare persequimini me sicut Deus ?* Ac si aperte diceretur : Ita me ex infirmitatibus meis affligitis, ac si ipsi more Dei de infirmitate nihil habeatis. Unde considerandum est quod si qui fortasse sint qui asperitate correptionis indigeant, tunc eis dura correptio a nobis admovenda est, cum Dei manus cessat a verbere. Cum vero superna flagella insunt, non a nobis jam correptio, sed consolatio debetur, ne dum in dolore increpationem jungimus, percussionem percussioni sociemus.

61. *Detractores belluarum more, homines devorant.* — Bene autem subditur : *Et carnibus meis saturamini?* Quorum mens proximorum pœnas esurit, saturari procul dubio alienis carnibus quærit. Sciendum quoque est quia hi etiam qui alienæ vitæ detractione pascuntur, alienis procul dubio carnibus satiantur. Unde per Salomonem dicitur : *Noli esse in*

ª Norm., *ubi et aperte subditur.*
ᵇ Utic., *nos autem speramabus.*
ᶜ Norm., *et ut se moderari eorum pravitas placide*
valeat, plus deprecari eligunt.
ᵈ Sag., Bigot., Lyr., Utic., etc., cum vet. Edit. Paris. et Basil., *a quibus se per contumelias affligi.*

conviviis potatorum, neque comedas cum eis qui carnes ad vescendum conferunt (Prov. XXIII, 20). Carnes quippe ad vescendum conferre est in collocutione derogationis vicissim proximorum vitia dicere. De quorum illic pœna mox subditur : *Quia vacantes potibus* ª *et dantes symbolum consumentur, 460 et vestietur pannis dormitatio* (*Ibid.*). Potibus vacant, qui de opprobrio alienæ vitæ se debriant. Symbolum vero dare est, sicut unusquisque solet pro parte sua cibos ad vescendum, ita in confabulatione detractionis verba conferre. Sed vacantes potibus et dantes symbolum consumentur, quia sicut scriptum est (*Fortasse, Proverb.* xv, 5) : *Omnis detractor eradicabitur.* Vestietur autem pannis dormitatio, quia despectum et inopem a cunctis bonis operibus mors sua invenit, quem hic ad alienæ vitæ exquirenda crimina detractionis suæ languor occupavit. [*Vet. XXVI.*] Sed tot dura quæ beatus Job sustinet, dignum non est ut per silentium transeant, eaque a notitia hominum ignorantiæ obscuritas tegat. Tanti quippe ædificari ad servandam patientiam valent, quanti implente se superna gratia,ᵇ ejus patientiæ facta cognoverint. Unde et idem beatus Job in exemplum vult pertrahi flagella quæ sentit, qui statim subjungit dicens :

CAPUT LIII [*Rec. XXV*].

VERS. 23, 24. — *Quis mihi tribuat ut scribantur sermones mei? Quis mihi det ut exarentur in libro stylo ferreo, et plumbi lamina,* ᶜ *vel certe sculpantur in silice?*

62. *Per plumbi laminam Judæorum, per silicem gentilium corda designantur.* — Cuncta quæ beatus Job pertulit, quia forti patrum sententia edoctus gravis ille Judæorum populus agnovit, stylo ferreo et plumbi lamina scripta sunt. Quia vero hæc etiam dura gentilium corda cognoverunt, quid ea nisi in silice sculpta videmus? Et notandum quia in plumbo quod scribitur ipsa metalli mollitie citius deletur; in silice vero tardius quidem valent litteræ imprimi, sed difficilius deleri. Non ergo immerito per plumbi laminam Judæa exprimitur; quæ præcepta Dei et sine labore percepit, et cum celeritate perdidit. Recte per silicem gentilitas figuratur, quæ verba sacri eloquii vix custodienda suscipere potuit; sed tamen fortiter suscepta servavit. Per stylum vero ferreum quid aliud quam fortis Dei sententia designatur? Unde et per prophetam dicitur : *Peccatum Judæ scriptum est stylo ferreo in ungue adamantino* (Jerem. XVII, 1). In ungue finis est corporis. Ita vero lapis durus est adamas, ut ferro non valeat secari. Per stylum vero ferreum fortis sententia, per unguem vero adamantinum finis signatur æternus. Peccatum itaque Judæ stylo ferreo in ungue adamantino scriptum dicitur, quia culpa Judæorum per fortem Dei sententiam in finem servatur infinitum.

63. *Plumbum avaritiam significat.* — Recte quoque per plumbi laminam eos accipimus quos avaritiæ pondus gravat, quibus per increpantem Prophetam dicitur : *Filii hominum, usquequo* ᵈ *graves corde* (*Psal.* IV, 3)? Per plumbum namque, cujus natura gravis est ponderis, peccatum avaritiæ specialiter designatur, quod mentem quam infecerit ita gravem reddit, ut ad appetenda sublimia attolli nequaquam possit. [*Rec. XXVI.*] Hinc enim in Zacharia scriptum est : *Leva oculos tuos, et vide. Quid est hoc quod egreditur? Et dixi : Quidnam est? Et ait : Hæc est amphora egrediens, et dixit : Hæc est oculus eorum in universa terra.* (*Vet. XXVII.*) *Et ecce talentum plumbi portabatur, et dixit : Hæc est impietas. Et projecit eam in medio amphoræ, et misit massam plumbeam in os ejus* (Zach. V, 3, seq.). Qui de hac visione amphoræ, et mulieris, et plumbi, ut latius quid cognovisset ostenderet, 461 adhuc secutus adjunxit : *Et levavi oculos meos, et vidi ; et ecce duæ mulieres egredientes, et spiritus in alis earum, et habebant alas quasi alas milvi, et levaverunt amphoram inter terram et cœlum. Et dixi ad angelum qui loquebatur in me : Quo istæ deferunt amphoram? Et dixit ad me : Ut ædificetur ei domus in terra Sennaar* (*Ibid.*, 9, seq.). Quod prophetæ testimonium inutiliter pro documento plumbi protulimus, si non etiam repetentes exponamus. Ait enim : *Leva oculos, et vide. Quid est hoc quod egreditur? Et dixi : Quidnam est? Et ait : Hæc est amphora egrediens* (*Ibid.*). Volens Deus prophetæ ostendere humanum genus, ex qua ab eo maxime culpa dilabatur, per imaginem amphoræ quasi patens os avaritiæ designavit. Avaritia quippe velut amphora est, quæ os cordis in ambitu apertum tenet. Et dixit : *Hæc est oculus eorum in universa terra* (*Ibid.*). Multos obtusi sensus homines cernimus, et tamen eos in malis actibus astutos videmus; propheta quoque attestante, qui ait : *Sapientes sunt ut faciant mala, bene autem facere* ᵉ *nesciunt* (Jerem. IV, 22). Hi itaque sensu torpent, sed in his quæ appetunt avaritiæ stimulis excitantur; et qui ad bona videnda cæci sunt, excitantibus præmiis, ad peragenda mala vigilantes fiunt. Unde recte de hac eadem avaritia dicitur : *Hæc est oculus eorum in universa terra. Et ecce talentum plumbi portabatur* (*Ibid.*). Quid est talentum plumbi, nisi ex eadem avaritia pondus peccati? *Et ecce mulier una sedens in medio amphoræ.* Quam mulierem, ne fortassis quæ esset dubitare possemus, illico angelus innotuit. Nam illic mox sequitur : *Et dixit : Hæc est impietas. Et projecit eam in*

ª Vindoc. , *et dantes symbola cons. et vestietur pannis dormitio.* Est etiam in Bellov. *dormitio,* priusque legebatur in Utic.

ᵇ Turon., *ejus patientiam facti cognoverint.*

ᶜ Alii Editi, *vel celte.* In Germ. septem Mss. Anglic., Norm. et aliis, legitur hic et infra, *vel certe,* quod etiam Hebraïco textui magis convenit. E codicibus libri Job manu exaratis alii habent *vel certe,* alii, nec numero impares, *vel celte.* Ita legitur apud Hieronymum. Gregorius, qui explicat plumbi laminam, silicem, stylum ferreum, silet de *celte,* quod non obscure innuit illum non legisse *vel celte.*

ᵈ Omnes Norm., *gravi corde.*

ᵉ Plurimi Mss., *nescierunt.*

medio amphoræ. Impietas in medio amphoræ projicitur, quia nimirum in avaritia semper impietas tenetur. *Et misit massam plumbi in os ejus.* Massa plumbi in os mulieris mittitur, quia scilicet impietas avaritiæ peccati sui pondere gravatur. Si enim ad ea quæ deorsum sunt non ambiret, erga Deum ac proximum impia nequaquam existeret.

[*Vet. XXVIII.*] 64. *Superbia et inanis gloria duo principalia vitia. His sublevatur avaritia.* — *Et levavi oculos meos, et vidi; et ecce duæ mulieres egredientes, et spiritus in alis earum.* Quid aliud in his duabus mulieribus accipimus, nisi duo principalia vitia, superbiam videlicet, et gloriam inanem, quæ impietati absque ulla dubitatione conjuncta sunt? Quæ et in alis suis spiritum habere narrantur, quia in actionibus suis Satanæ voluntati deserviunt. Ipsum quippe prophetaspiritum appellat, de quo Salomon ait: *Si spiritus potestatem habentis ascenderit super te, locum tuum ne dimiseris* (*Eccle.* x, 4). Et de quo in Evangelio Dominus dicit: *Cum immundus spiritus exierit ab homine, ambulat per loca arida et inaquosa* (*Matth.* xii, 43). Spiritus in alis earum est, quia superbia et inanis gloria per omne quod agunt Satanæ voluntati famulantur. ᵃ *Et habebant alas, quasi alas milvi.* Milvus semper naturæ studet insidiari pullorum. Istæ ergo mulieres alas habent, quasi alas milvi, quia actiones earum diabolo sunt procul dubio similes, qui insidiatur semper vitæ parvulorum. *Et levaverunt amphoram* ᵇ *inter cœlum et terram.* Superbia et vana gloria habent hoc proprium, ut eum quem infecerint in cogitatione sua super cæteros homines extollant, et modo per ambitum rerum, modo per desiderium dignitatum quem semel ᶜ captum tenuerint ᵈ quasi in honoris altitudinem 462 elevent. Qui autem inter cœlum et terram est, et ima deserit, et superiora minime attingit.

65. Levant ergo istæ mulieres amphoram inter cœlum et terram, quia superbia et inanis gloria mentem per avaritiam honoris captam ita elevant, ut quoslibet proximos despicientes ᵉ quasi ima deserant, et alta gloriantes petant. Sed tales quique dum superbiunt, et eos mente transeunt cum quibus sunt, et superioribus civibus minime junguntur. Amphora ergo levata inter terram et cœlum dicitur, quia avari quique per superbiam atque inanem gloriam et proximos juxta se despiciunt, et superiora quæ ultra ipsos sunt nullatenus apprehendunt. Inter terram itaque et cœlum feruntur, quia nec æqualitatem fraternitatis in infimis per charitatem tenent, nec tamen summa pertingere sese extollendo prævalent. *Et dixi ad angelum qui loquebatur in me: Quo istæ deferunt amphoram? Et dixit ad me: Ut ædificetur ei domus in terra Sennaar.* Eidem amphoræ ædificatur domus in terra Sennaar. Sennaar quippe fetor eorum dicitur. Et sicut bonus odor ex virtute est, Paulo attestante, qui ait: *Odorem notitiæ suæ manifestat per nos in omni loco, quia Christi bonus odor sumus Deo* (*II Cor.* ii, 14). Ita e contrario fetor ex vitio. *Radix* enim *est omnium malorum cupiditas* (*I Tim.* vi, 10). Et quia quodlibet malum per avaritiam gignitur, dignum est ut domus avaritiæ in fetore construatur. Sciendum quoque est quod Sennaar latissima vallis est, in qua turris a superbientibus ædificari cœperat, quæ, linguarum facta diversitate, destructa est. Quæ scilicet turris Babylon dicta est, pro ipsa videlicet confusione mentium atque linguarum. Nec immerito ibi avaritiæ amphora ponitur, ubi Babylon, id est confusio ædificatur, quia dum per avaritiam et impietatem certum est omnia mala exsurgere, recte hæc ipsa avaritia atque impietas in confusione perhibentur habitare.

66. *Ecclesia sermones suos cordibus avaritia gravibus, et duris insculpi postulat.* — Hæc paucis per excessum diximus, ut peccati pondus exprimi per plumbi laminam monstraremus. Quæ tamen beati Job verba sanctæ quoque Ecclesiæ congruunt, quæ duo sacri eloquii Testamenta custodiens, quasi secundo sermones suos scribi expetit, dicens: *Quis mihi tribuat, ut scribantur sermones mei? quis mihi det, ut exarentur in libro?* Quæ quia forti sententia modo per pondus avaritiæ gravibus, modo autem duris cordibus loquitur, stylo ferreo in plumbi lamina vel certe in silice scribit. Sed jure beatum Job Redemptoris nostri ejusque Ecclesiæ uti vocibus dicimus si quid de eodem Redemptore nostro quod aperte loquitur invenimus. [*Vet. XXIX.*] Quo etenim pacto credendum est quia ex eo aliquid per figuram insinuat, si eum nobis apertis vocibus non demonstrat? Sed jam quid de eo sentit aperiat, omnesque nobis ambages cogitationum tollat. Sequitur:

CAPUT LIV.

Vers. 25. — *Scio enim quod Redemptor meus vivit.*

67. *Job Christum Redemptorem aperte prænuntiavit.* — Qui enim non ait conditor, sed Redemptor, aperte eum denuntiat qui, postquam omnia creavit, ut nos de captivitate redimeret, inter nos incarnatus apparuit, suaque passione nos a perpetua morte liberavit. Et notandum quanta fide se in virtute ejus divinitatis astringat, de quo per Paulum dicitur: *Quia etsi crucifixus est ex infirmitate, sed* 463 *vivit ex virtute Dei* (*II Cor. XIII,* 4). Ait namque: *Scio enim quod Redemptor meus vivit.* Ac si apertis vocibus dicat: Infidelis quisque illum flagellatum, derisum, palmis cæsum, corona spinea coronatum, sputis illitum, crucifixum, mortuum noverit; ego illum post mortem vivere ᶠ certa fide credo, libera voce profiteor, quia Redemptor meus vivit, qui inter impiorum manus occubuit. Sed quid, beate Job, per resurrectio-

---

ᵃ Vindoc., *et habebant alas milvi.*
ᵇ Norm., *inter terram et cœlum.*
ᶜ Vindoc. habet *tactum.*
ᵈ Deest *quasi* in Lyr. et Bigot.

ᵉ In Norm. et Vindoc. deest *ima*, et legitur *quasi deserant.*
ᶠ Sic Mss. et Editi pene omnes. In Gussanv. post Vatic., *certa fide credendo.*

nem illius etiam de tuæ carnis resurrectione confidis, aperta, quæso, voce profitere. Sequitur:

CAPUT LV [Rec. XXVII].

IBID. — *Et in novissimo die de terra surrecturus sum.*

68. *Christus mortuus est ut mori non timeremus; resurrexit ut nos resurgere posse confidamus.* — Quia, videlicet resurrectionem quam in se ostendit in nobis etiam quandoque facturus est. Resurrectionem quippe quam in se ostendit nobis promisit, quia sui capitis gloriam sequuntur membra. Redemptor ergo noster suscepit mortem, ne mori timeremus. Ostendit resurrectionem, ut nos resurgere posse confidamus. Unde et eamdem mortem non plusquam triduanam esse voluit, ne si in illo resurrectio differretur, in nobis omnimodo desperaretur. Quod bene de illo per Prophetam dicitur: *De torrente* [a] *in via bibet, propterea exaltabit caput* (Psal. cix, 7). Quasi enim de quodam flumine nostræ passionis non in mansione bibere, sed in via dignatus est, quia mortem transitorie, id est ad triduum contigit, atque in ea morte quam contigit, nequaquam sicut nos usque ad finem sæculi remansit. [*Rec. XXVIII.*] Dum ergo die tertio resurrexit, quid in ejus corpore, id est Ecclesia, sequatur ostendit. Exemplo quippe monstravit quod promisit in præmio, ut sicut ipsum resurrexisse fideles agnoscerent, ita in seipsis in fine mundi resurrectionis præmia sperarent. Ecce nos per mortem carnis usque ad finem mundi remanemus in pulvere, ille autem die tertia ab ariditate mortis viruit, ut divinitatis suæ nobis potentiam ipsa innovatione suæ carnis ostenderet. Quod bene per Moysen virgis duodecim in tabernaculo positis demonstratur (Num. XVII, 2). Nam cum Aaron sacerdotium, qui de tribu Levi fuerat, despiceretur, nec digna tribus quæ offerret holocausta crederetur, duodecim virgæ, juxta duodecim tribus, in tabernaculo poni præceptæ sunt; et ecce virga Levi viruit, et quid virtutis in munere Aaron haberet, ostendit (*Ibid.*, 8). Quo videlicet signo quid innuitur, nisi quod omnes qui usque ad finem mundi jacemus in morte, quasi virgæ reliquæ in ariditate remanemus? Sed cunctis virgis in ariditate remanentibus, virga Levi ad florem redit, quia corpus Domini, veri scilicet sacerdotis nostri in mortis ariditate positum, in florem resurrectionis erupit. [b] Quo flore recte Aaron sacerdos esse cognoscitur, quia hac resurrectionis gloria Redemptor noster, qui de tribu Juda ac Levi ortus est, intercessor pro nobis esse monstratur. Ecce ergo jam virga Aaron post ariditatem floret; sed virgæ duodecim tribuum in ariditate remanent, quia jam quidem corpus Domini post mortem vivit, sed nostra adhuc corpora usque ad finem mundi a resurrectionis gloria differuntur. Unde caute hanc eamdem dilationem intulit, dicens: *Et in novissimo die de terra surrecturus sum*.

[*Vet.* XXX.] 464 69. *Fiduciam nostram roborat multorum mortuorum resurrectio.* — Habemus ergo spem resurrectionis nostræ, considerata gloria capitis nostri. Sed ne quis vel cogitatione tacita forsitan dicat quod idcirco ille resurrexit a morte, quia unus idemque Deus et homo mortem, quam ex humanitate pertulit, ex divinitate superavit, nos vero, qui puri homines sumus, a mortis surgere damnatione non possumus, recte in resurrectionis ejus tempore etiam multorum sanctorum corpora resurrexerunt, ut et in se nobis exemplum ostenderet, et de aliorum qui nobis per puram humanitatem similes fuerunt nos resurrectione roboraret, quatenus cum se homo desperaret percipere quod in se ostenderat Deus homo, hoc in se fieri posse præsumeret, quod in ipsis factum cognosceret quos puros fuisse homines non dubitaret.

70. *Fides resurrectionis astruitur.* — Sunt vero nonnulli qui, considerantes quod spiritus a carne solvitur, quod caro in putredinem vertitur, quod putredo in pulverem redigitur, quod pulvis ita [c] in elementa solvitur, ut nequaquam ab humanis oculis videatur, resurrectionem fieri posse desperant; et dum arida ossa inspiciunt, hæc vestiri carnibus rursumque ad vitam viridescere posse diffidunt. Qui si resurrectionis fidem ex obedientia non tenent, certe hanc tenere ex ratione debuerant. Quid enim quotidie nisi resurrectionem nostram in elementis suis mundus imitatur? Per quotidiana quippe momenta lux ipsa temporalis quasi moritur, dum, supervenientibus noctis tenebris, ea quæ aspiciebatur subtrahitur, et quasi quotidie resurgit, dum lux ablata oculis, suppressa iterum nocte reparatur. Per momenta quoque temporum cernimus arbusta viriditatem foliorum amittere, [d] a fructuum prolatione cessare; et ecce subito quasi ex arescenti ligno velut quadam resurrectione veniente videmus folia erumpere, fructus grandescere, et totam arborem redivivo decore vestiri. Indesinenter cernimus parva arborum semina terræ humoribus commendari, ex quibus non longe post aspicimus magna arbusta surgere, folia pomaque proferre. Consideremus ergo parvum cujuslibet arboris semen, quod in terram jacitur, ut arbor ex illo producatur, et comprehendamus, si possumus, ubi in illa tanta [e] brevitate seminis tam immensa arbor latuit, quæ ex illo processit, ubi lignum ubi cortex, ubi viriditas foliorum, ubi ubertas fructuum. Nunquidnam in semine tale aliquid cernebatur cum in terram jaceretur? Et tamen occulto rerum omnium opifice cuncta mirabiliter ordinante, et in

---

[a] Lyr. German. et Bigot.; *in via bibit*, quod etiam nunc habet Utic., mutato *e* in *i*.

[b] Multa hic omissa in Edit. Gussanv. supplevimus ex Mss. et Excusis. Sic enim in illa Edit, legitur: *Quo flore Aaron resurrectionis gloria Redemptor noster, qui de tribu Juda*, etc.

[c] Turon. et Germ., pro *in elementa*, habent *in elementis*. Utic. utramque lect. exhibet. Similia de resurrectione leguntur hom. olim 20, in Ezech., nunc 8 libri II.

[d] Turon., *a fructuum prolatione post largitionem cessare.*

[e] Turon. et Norm., *parvitate seminis*. Utic. utramque lect. habet.

mollitie seminis latuit asperitas corticis, et in teneritudine illius absconsa est fortitudo roboris, et in siccitate ejus ubertas fructificationis. Quid ergo mirum, si tenuissimum pulverem, ᵃ nostris oculis in elementis redactum, cum vult, in hominem roformat, qui ex tenuissimis seminibus immensa arbusta redintegrat? Quia ergo rationales sumus conditi, spem resurrectionis nostræ ex ipsa debemus rerum specie et contemplatione colligere. Sed quia in nobis sensus torpuit rationis, accessit in exemplum gratia Redemptoris. Venit namque ᵇ conditor noster, suscepit mortem, ostendit resurrectionem, ut qui resurrectionis spem ex ratione tenere 465 noluimus, hanc ex ejus adjutorio et exemplo teneremus. Dicat igitur beatus Job : *Scio quod Redemptor meus vivit, et in novissimo die de terra surrecturus sum.* Et quisquis resurrectionis in se virtutem fieri posse desperat, verba in gentilitate positi viri fidelis erubescat, et penset quanto pœnæ sit pondere feriendus, si adhuc non credit suam, qui jam resurrectionem Domini cognovit factam, si et ille suam credidit, qui adhuc Domini Jesu sperabat esse faciendam.

[*Vet. XXXI.*] 71. *Qualitas corporum post resurrectionem.* — Sed ecce resurrectionem audio, effectum tamen ejusdem resurrectionis exquiro. Credo namque quia resurrecturus sim, sed volo ut audiam qualis. Sciendum quippe mihi est utrum in quodam alio subtili fortasse, vel aereo, an in eo quo moriar corpore resurgam. Sed si in aereo corpore surrexero, jam ego non ero qui resurgo. Nam quomodo est vera resurrectio, si vera esse non poterit caro? Aperta ergo ratio suggerit quia si vera caro non fuerit, procul dubio resurrectio vera non erit. Nec enim recte resurrectio dici potest, ubi non resurgit quod cecidit. Sed has nobis beate Job dubietatis nebulas tolle, et quia per acceptam sancti Spiritus gratiam de spe nobis loqui nostræ resurrectionis cœpisti, aperte indica, si caro nostra veraciter ᶜ resurgat. Sequitur :

CAPUT LVI. [*Rec XXIX*].

VERS. 26. — *Et rursum circumdabor pelle mea.*

72. *Error Eutychii, corpus impalpabile aereque subtilius futurum asserentis refellitur.* — Dum aperte pellis dicitur, omnis dubitatio veræ resurrectionis aufertur, quia non, sicut Eutychius Constantinopolitanæ urbis episcopus scripsit, corpus nostrum in illa resurrectionis gloria erit impalpabile, ventis aereque subtilius. In illa enim resurrectionis gloria erit corpus nostrum subtile quidem per effectum spiritalis potentiæ, sed palpabile per veritatem naturæ. Unde etiam redemptor noster dubitantibus de sua resurrectione discipulis, ostendit manus et latus, palpanda ossa carnemque præbuit, dicens : *Palpate et videte, quia spiritus carnem et ossa non habet, sicut me videtis habere* (*Luc.* XXIV, 39). Qui cum eidem Eutychio in

ᵃ In quibusdam Editis legitur, *vel a nostris oculis.* Olim ita legebatur in Utic: Expunximus, *vel a*, ad fidem Mss., Norm., ratione præterea id suadente.
ᵇ Norm., *Redemptor noster*. In Utic. utraque lectio notatur.
ᶜ Plurimi, *surgat*.
ᵈ Sic Vindoc., Norm., etc., veteresque Edit. Aliæ

Constantinopolitana urbe positus, hoc evangelicæ veritatis testimonium protulissem, ait : Idcirco Dominus hoc fecit, ut dubitationem resurrectionis suæ de discipulorum cordibus amoveret. Cui inquam : Mira est res valde quam astruis, ut inde nobis dubietas surgat, unde discipulorum corda a dubietate sanata sunt. Quid enim deterius dici potest quam ut hoc nobis de ejus vera carne dubium fiat, per quod discipuli ejus ad fidem ᵈ ab omni sunt dubietate reparati? ᵉ Si enim non hoc habuisse astruitur quod ostendit, unde fides discipulis ejus confirmata est, inde nostra destruitur. Qui adjungebat etiam, dicens : Corpus palpabile habuit quod ostendit ; sed post confirmata corda palpantium, omne illud in Domino quod palpari potuit in subtilitatem est aliquam redactum. Ad hæc ipsa respondi, dicens : Scriptum est : *Christus resurgens* ᶠ *a mortuis, jam non moritur, mors illi ultra non dominabitur* (*Rom.* VI, 9). Si quid ergo in ejus corpore post resurrectionem potuit immutari, contra veridicam Pauli sententiam, post resurrectionem Dominus rediit in mortem. 466 Quod quis dicere vel stultus præsumat, nisi qui veram carnis ejus resurrectionem deneget? Tunc mihi objecit, dicens : Cum scriptum sit : *Caro et sanguis regnum Dei possidere non possunt,* (*I Cor.* XV, 50), qua ratione credendum est resurgere veraciter carnem? Cui inquam : in sacro eloquio aliter caro dicitur juxta naturam, atque aliter juxta culpam, vel corruptionem. Caro quippe juxta naturam, sicut scriptum est : *Hoc nunc os ex ossibus meis, et caro de carne mea* (*Genes.* II, 23); et *Verbum caro factum est, et habitavit in nobis* (*Joan.* I, 14). Caro vero juxta culpam, sicut scriptum est : *Non permanebit in hominibus istis spiritus meus, eo quod sunt caro* (*Genes.* VI, 3). Et sicut Psalmista ait : *Memoratus est quia caro sunt : spiritus vadens, et non rediens* (*Psal.* LXXVII, 39). Unde et discipulis Paulus dicebat : *Vos autem in carne non estis, sed in spiritu* (*Rom.* VIII, 9). Neque enim in carne non erant, quibus epistolas transmittebat, sed quia passiones carnalium desideriorum vicerant, jam liberi per virtutem spiritus in carne non erant. Quod ergo Paulus apostolus dicit : *Quia caro et sanguis regnum Dei possidere non possunt*, carnem vult secundum culpam intelligi, non carnem secundum naturam. Unde et mox, quia carnem secundum culpam diceret ostendit subdens : *Neque corruptio incorruptelam possidebit*. In illa ergo cœlestis regni gloria caro secundum naturam erit, sed secundum passionum desideria non erit, quia devicto mortis aculeo, in æterna incorruptione regnabit.

[*Vet. XXXII.*] 73. *Eutychii responsiones et effugia diluuntur.* — Quibus dictis idem Eutychius consentire se protinus respondit, sed tamen adhuc corpus palpabile resurgere posse denegabat. Qui etiam in

cum German. habent, *ab omni sunt dubietate separati*. Nostræ lectioni suffragatur contextus series: Optime enim dicitur, *ad fidem sunt... reparati*; minime autem, *ad fidem... separati*.
ᵉ Vindoc., *si enim hoc non habuisset, destruitur quod ostendit.*
ᶠ Turon., *ex mortuis.*

libello quem de resurrectione scripserat Pauli quoque apostoli testimonium indiderat dicentis : *Tu quod seminas, non vivificatur, nisi prius moriatur; et quod seminas, non corpus quod futurum est seminas, sed nudum granum* (*I Cor.* xv, 36). Hoc nimirum ostendere festinans, [a] quia caro vel impalpabilis, vel ipsa non erit, dum sanctus Apostolus de resurrectionis agens gloria, non corpus quod futurum est seminari dixerit. Sed ad hæc [b] citius respondetur. Nam Paulus apostolus dicens : *Non corpus quod futurum est seminas, sed nudum granum*, hoc insinuat quod videmus, quia granum cum culmo et foliis nascitur, quod sine culmo et foliis seminatur. Ille itaque in augmento gloriæ resurrectionis non dixit grano seminis deesse quod erat, sed adesse quod non erat. Iste autem dum verum corpus resurgere denegat, nequaquam dicit adesse quod deerat, sed deesse quod erat.

74. *Eutychii librum flammis addicere cogitat imperator. Moritur Eutychius, abjurato errore.* — Tunc itaque de hac re in longa contentione perducti, gravissima a nobis cœpimus [c] simultatione resilire, cum piæ memoriæ Tiberius Constantinus imperator secreto me et illum suscipiens, quid inter nos discordiæ versaretur agnovit, et utriusque partis allegationem pensans, eumdem librum, quem de resurrectione scripserat, suis quoque allegationibus destruens, deliberavit ut flammis cremari debuisset. A quo ut egressi sumus, me ægritudo valida, eumdem vero Eutychium [d] ægritudo et mors protinus est secuta. Quo mortuo, 467 quia pene nullus erat qui ejus dicta sequeretur, dissimulavi cœpta persequi, ne in favillas viderer verba jaculari. Dum tamen adhuc viveret, et ego validissimis febribus ægrotarem, quicunque noti mei ad eum salutationis gratia pergebant, ut eorum relatione cognovi, ante eorum oculos pellem manus suæ tenebat, dicens : Confiteor quia omnes in hac carne resurgemus. Quod, [e] sicut ipsi fatebantur, omnino prius negare consueverat.

75. *Ex verbis Job resurrectio probatur.* — Sed nos ista postponentes in beati Job sermonibus subtiliter exquiramus si vera erit resurrectio verumque corpus in resurrectione. [*Vet. XXXIII.*] Ecce enim jam de spe resurrectionis dubitare non possumus, dum ait : *Et in novissimo die de terra* [f] *resurrecturus sum.* Dubietatem quoque de reparatione vera corporis abstulit, qui ait : *Et rursum circumdabor pelle mea.* Qui adhuc ad auferendas ambages nostræ cogitationis subdit :

Vers. 26. — *Et in carne mea videbo Deum.*

76. *Reducendam carnem in integrum statum credidit Job.* — Ecce resurrectionem, ecce pellem, ecce carnem apertis fatetur vocibus. Quid ergo remanet unde possit mens nostra dubitare? Si itaque iste vir sanctus ante effectum resurrectionis dominicæ reducendam carnem in integrum statum credidit, quis erit reatus nostræ dubitationis, si vera carnis resurrectio nec post exemplum creditur Redemptoris? Si enim post resurrectionem corpus palpabile non erit, profecto [g] alius surgit quam moritur, quod dictu nefas est credere, quia ego morior, et alius resurgat. Unde quæso te, beate Job, subjunge quæ sentis, et hujus nobis questionis scrupulum tolle. Sequitur :

CAPUT LVII [*Rec. XXX*].

Vers. 27. — *Quem visurus sum ego ipse, et oculi mei conspecturi sunt, et non alius.*

77. *Caro nostra post resurrectionem eadem futura est per naturam, et diversa per gloriam.* — Si enim, sicut quidam errorum sequaces arbitrantur, [h] post resurrectionem corpus palpabile non erit, [i] sed invisibilis corporis subtilitas caro vocabitur, quamvis substantia carnis non sit, profecto alius est qui moritur, et alius qui resurgit. Sed beatus Job [j] hanc eis sententiam veridica voce destruit, qui ait : *Quem visurus sum ego ipse, et oculi mei conspecturi sunt, et non alius.* Nos autem beati Job fidem sequentes, et Redemptoris nostri post resurrectionem corpus palpabile veraciter credentes, fatemur carnem nostram post resurrectionem futuram et eamdem, et diversam : eamdem per naturam, diversam per gloriam; eamdem per veritatem, diversam per potentiam. Erit itaque [k] subtilis, quia et incorruptibilis. Erit palpabilis, quia non amittet essentiam veracis naturæ. Sed sanctus vir eamdem resurrectionis fiduciam qua spe teneat, quanta certitudine præstoletur, 468 adjungit. Sequitur :

CAPUT LVIII.

Ibid. — *Reposita est hæc spes mea in sinu meo.*

78. *Job de resurrectione sua certissimus.* — Nil nos habere certius credimus quam hoc quod in sinu tenemus. In sinu ergo suo spem repositam tenuit, [l] quia veram certitudinem de spe resurrectionis præsumpsit. Sed quia venturum diem resurrectionis innotuit, jam nunc seu voce sua, seu typo sanctæ et universalis Ecclesiæ pravorum facta redarguit, et judicium quod in resurrectionis die sequitur prædicit. Nam protinus subdit :

[a] In omnibus Mss. Anglic. et nostris, si Germanensem excipias, legitur *caro palpabilis.* In Vita sancti Gregorii, auctore Joan. Diacono, l. 1, cap. 28, ubi integra hæc disputatio refertur, eadem est lectio, tam in Mss. quam in excusis exemplaribus. In Codice tamen Utic. manu exarato libros Moral. continente non obscure videtur olim scriptum fuisse *caro impalpabilis.* Ita vero legendum demonstrat totius disputationis series.

[b] Utic., *citius respondi: Paulus apostolus dicens*, etc.

[c] Ita legitur in Mss. tum Moral. tum Vitæ sancti Gregorii a Joan. Diac. scriptæ, l. 1, c. 28, quod idem sonat ac *simultate;* male legitur in Excusis *simulatione.* Ita vox Gregorio non insolens, legitur præsertim lib. 1, epist. 2.

[d] Ebroic., *ægritudo valida et mors.*

[e] Vindoc., *quod sicut ipse fatebatur.*

[f] Norm. et Germ., *surrecturus sum.*

[g] Iidem, *aliud surget.*

[h] Germ., Bellovac., Ebroic. et alii Norm., *quia post resurrectionem.*

[i] Bellov., *sed invisibilis corpus subtilitas.*

[j] Plerique, *hanc eorum sententiam;* quidam Editi, *hanc ejus.*

[k] Ita Vindoc., Bellov., Turon., Norm. In Germ. et in Editis recent., *erit itaque spiritalis.*

[l] Editi cum Germ., *quia vera certitudine.*

CAPUT LIX.

Vers. 28, 29. — *Quare ergo nunc dicitis : Persequamur eum, et radicem verbi inveniamus contra eum? Fugite ergo a facie gladii, quoniam ultor iniquitatum gladius est, et scitote esse judicium.*

79. *Ex judicio quod resurrectionem excepturum est, urget iniquos ad pœnitentiam.* — Priori quippe sententia iniquorum facta reprehendit, sequenti autem ex divino judicio pœnas innotuit. Ait enim : *Quare ergo nunc dicitis : Persequamur eum, et radicem verbi inveniamus contra eum?* Perversi quilibet quia malo studio bene prolata audiunt, et in lingua justi accusationis aditum invenire appetunt, quid aliud quam contra eum verbi radicem quærunt, ex qua videlicet loquendi originem sumant, et ramos pravæ loquacitatis in accusatione dilatent? Sed vir sanctus cum a pravis talia sustinet, non contra eos, sed magis pro ipsis dolet, et male cogitata redarguit, ac mala eis quæ fugiant ostendit, dicens : *Fugite ergo a facie gladii, quia ultor iniquitatum gladius est, et scitote esse judicium.* Omnis qui perversa agit, eo ipso [a] quo hoc A timere despicit, esse Dei judicium nescit. Si enim hoc timendum sciret, quæ in illo sunt punienda non ageret. Nam sunt plerique qui extremum esse judicium verbo tenus sciunt, sed perverse agendo testantur quia nesciunt. Quia enim hoc non formidat ut debet, necdum cognovit cum quanto turbine terroris adveniat. Si enim pensare pondus tremendi examinis nosset, iræ diem utique timendo præcaveret. Faciem quoque gladii fugere est animadversionis districtæ sententiam prius quam appareat placare. Vitari namque terror judicis non nisi ante judicium potest. Modo non cernitur, sed precibus placatur. Cum vero in illo tremendo examine sederit, et videri potest, et placari jam non potest, quia facta pravorum, quæ diu sustinuit tacitus, simul omnia reddet B iratus. Unde necesse est nunc timere judicem, cum necdum judicium exercet, cum diu sustinet, cum mala adhuc tolerat quæ videt, ne cum semel manum in retributione ultionis excusserit, tanto in judicio districtius feriat, quanto ante judicium diutius exspectavit.

[a] Supplevimus ex Mss. Anglic. et nostris, *timere*. Prius legebatur simpliciter *quo hoc despicit.* Addendum fuisse *timere* probant quæ sequuntur : *si enim hoc timendum sciret.* In Norm., legitur *si enim hoc timendo.*

LIBER DECIMUS QUINTUS.

In quo xx *et* xxi *capitum libri Job explicatio brevis absolvitur.*

469 [*Vet. et Rec. I.*] Quia amici beati Job, nequaquam perversi esse potuerunt, Sophar Naamathitis verba testantur, qui de ore ejus terrorem venturi judicii audiens, protinus adjungit :

CAPUT PRIMUM.

Cap. xx, Vers. 2. — *Idcirco cogitationes meæ variæ succedunt sibi, et mens in diversa rapitur.*

1. *Quanto terrore ex assidua ejus consideratione affici debeamus.* — Ac si apertis vocibus dicat : Quia extremi judicii terrorem considero, idcirco cogitationum tumultibus in timore [a] confundor. Tanto se quippe animus amplius, in cogitatione [b] dilatat, quanto illud esse terribile, quod imminet, pensat. Et in diversa mens rapitur, quando modo mala quæ egit, modo bona quæ agere neglexit, modo reprehensibilia in quibus est, modo recta quæ sibi adhuc deesse conspicit, sollicito pavore perpendit. Sed amici beati Job cum assiduitate vitæ illius edocti bene vivere noverint, pensare tamen subtiliter Dei judicia nescientes, mala hic justorum quempiam posse recipere non credebant. Unde et eumdem sanctum virum iniquum esse suspicati sunt, quem flagellatum viderunt, atque ex hac suspicione agebatur ut in ejus quoque increpationem dilaberentur; ad quam tamen increpationem quasi sub quadam reverentia descendunt. Unde Sophar subjicit dicens :

CAPUT II.

Vers. 3. — *Doctrinam qua me arguis audiam, et spiritus intelligentiæ meæ respondebit mihi.*

2. *Multi monita audiunt, ut judicent, non ut sequantur.* — Ac si aperte dicat : Tua quidem verba audio, sed an recte prolata sint, spiritu meæ intelligentiæ discerno. [c] Nam qui docentis verba despiciunt, doctrinam ejus non ad adjutorium, sed ad occasionem certaminis sumunt, ut audita potius judicent quam sequantur. His itaque sub quodam moderamine præmissis, in apertam jam beati viri exprobrationem prosilit, cum subjungit :

CAPUT III [Rec. II].

Vers. 4, 5. — *Hoc scio a principio, ex quo positus est homo super terram, quod laus impiorum brevis sit, et gaudium hypocritæ ad instar puncti.*

3. *Breve est quidquid finitur.* — Liquet nunc quia, suæ intelligentiæ spiritu inflatus, eas quas contra impios sententias profert in beati Job redargutionibus inflectit. Quem enim prius justa agere et postinodum pœnas tolerare conspexit, omne in illo hypocrisim æstimat fuisse quod vidit, quia videlicet a justo Deo justum famulum affligi posse non credidit. Sed nos easdem ejusdem sententias, quas non recte rectas protulit, sollicita intentione pensantes exsequamur; et contemnentes quod falsum contra bea-

[a] Vindoc., *confido*.
[b] Turon. et Vindoc., *dilaniat*.

[c] Sic Mss. Anglic. et nostri. Vet. et recentiores Cusi : *nam qui dicentis verba.*

tum Job loquitur, intueamur quam vera dicat si hæc contra impios loqueretur. Ait itaque : *Hoc scio a principio, ex quo positus est homo super terram, quod laus impiorum brevis sit.* [*Vet. II.*] Dicturus brevitatem vitæ præsentis, cordis oculum ad exordium reduxit originis, ut ex anteactis colligat quam nulla sint quæ videntur aliqua esse dum sunt. Si enim ab ipso humani generis exortu usque ad hoc tempus in quo sumus mentis oculos ducimus, omne quod finiri potuit 470 quam breve fuerit videmus. Ponamus enim quemlibet hominem [a] a primo die mundi conditi usque ad hodiernum diem vitam ducere, hodie tamen eamdem vitam [b] quam sic longam ducere videbatur finire, ecce finis adest, præterita jam nulla sunt, quia cuncta transierunt. Futurum in hoc mundo nihil est, quia nullum ad vitam vel brevissimum restat momentum. Ubi est ergo longum tempus quod inter initium finemque deprehensum ita consumitur, ac si nec breve unquam fuisset?

4. *Multi non esse, sed dici boni curant. Hypocritæ gaudium transit, pœna manet.* Impii itaque, quia præsentem vitam diligunt, in ea procul dubio elati percipere laudem quærunt. Linguæ favoribus extolluntur, nec esse boni, sed dici appetunt. Quam videlicet laudem longam esse existimant dum assequuntur, sed brevem intelligunt fuisse dum amittunt. In fine quippe eis ostenditur quam nihil fuerit quod amaverunt. Unde recte contra eosdem impios dicitur : *Hoc scio a principio, ex quo positus est, homo super terram, quod laus impiorum brevis sit.* Ubi apte subjungitur : *Et gaudium hypocritæ ad instar puncti.* Sæpe hypocrita dum sanctum se simulat, et iniquum exhibere minime formidat, [c] ab omnibus honoratur, eique sanctitatis gloria defertur ab iis qui exteriora cernunt, sed interiora perspicere nequeunt. Unde fit ut gaudeat in prima sessione, hilarescat in primo recubitu, infletur in prima salutatione, elevetur in reverenti voce obsequentium, et superba cogitatione tumeat in famulatu subditorum, sicut voce quoque Veritatis de talibus dicitur : *Omnia vero opera sua faciunt, ut videantur ab hominibus. Dilatant enim phylacteria sua, et magnificant fimbrias suas. Amant* [d] *autem primos recubitus in cœnis, et primas cathedras in synagogis, et salutationes in foro, et vocari ab hominibus, Rabbi* (*Matth.* xxiii, 5). Sed hoc eorum gaudium æternitati comparatum quid erit, quando, irruente mortis articulo, ita consumitur ac si omnino non fuerit? Cujus nimirum gaudii lætitia pertransiit, et pœna permanet, et cum res amittitur, causa durat. Bene autem dicitur : *Gaudium hypocritæ ad instar puncti.* In puncto enim stylus mox ut ponitur levatur, nec mora ulla agitur ut per exprimendam lineam trahatur. Gaudium ergo hypocritæ ad similitudinem puncti est, quia apparet ad momentum, sed disparet in perpetuum ; et sicut stylus in puncto dum

[a] Germ., Belloy. et Norm., *a primo die mundi conditum.*
[b] Quatuor Mss. Anglic. et omnes Norm. ita habent. In Germ. tamen et in Utic. legitur, *quam quasi longam*, ut in Vulgatis ; sed alia simul exhibetur lectio in Utic., *quam sic longam.*

A ponitur levatur, sic hypocrita præsentis vitæ gaudia dum tangit amittit. De quo et subditur :

CAPUT IV [*Rec. III*].

Vers. 6, 7. — *Si ascenderit usque ad cœlum superbia ejus, et caput ejus nubes tetigerit, quasi sterquilinium in fine perdetur.*

5. *Gaudia vitæ præsentis, quæ iniqui tanti faciunt, justi arbitrantur stercora.* — Superbia hypocritæ usque ad cœlum ascendere dicitur, quando ejus elatio cœlestem agere vitam videtur. Cujus etiam caput quasi nubes tangit 471 quando principalis pars, videlicet intellectus illius, sanctorum præcedentium coæquari meritis creditur. Sed quasi sterquilinium in fine perditur, quia in morte sua cum ad tormenta ducitur, stercoribus vitiorum plenus, a malignis spiritibus conculcatur. [*Vet. III.*] Gaudia etenim vitæ præsentis, quæ injusti æstimant magna bona, justi stercora deputant. Unde scriptum est : *De stercore bonum lapidatus est piger* (*Eccli.* xxii, 2). Is ergo qui Deum sequi noluerit, ab amore æternæ vitæ pigrescit. Et quoties rerum temporalium damno percutitur, ex his nimirum affligitur, quæ justi viri velut stercora contemnunt. Qui ergo ex terrenarum rerum percussione atteritur, quid aliud quam de boum stercore [b] lapidatur? Et recte hypocrita sterquilinio similis dicitur, quia dum temporalem gloriam habere appetit, modo per cogitationem apud semetipsum tumet, modo eamdem gloriam aliis invidet, eamque alios veraciter habentes irridet. Quot ergo vitiis plenus est, quasi tot stercoribus in conspectu æterni judicis illius pectus fetet. Dicatur igitur : *Si ascenderit usque ad cœlum superbia ejus, et caput ejus nubes tetigerit, quasi sterquilinium in fine perdetur.* Qui etsi cœlestem vitam se agere simulat, etsi intellectum suum esse similem veris prædicatoribus ostentat, quasi sterquilinium tamen in fine perditur, quia mens illius pro vitiorum suorum fetore damnatur. Sequitur :

CAPUT V.

Vers. 7. — *Et qui eum viderant dicent : Ubi est?*

6. *Hypocritarum vita in fine detegitur.* — Plerumque hypocritarum vita etiam ab omnibus reproba in fine cognoscitur, ut signis jam apertioribus qui fuerint ostendatur. Qui ergo nunc elatum viderunt, de exstincto dicent : *Ubi est?* Quia neque hic ubi elatus fuerat apparet, neque in æternitatis requie, de qua esse putabatur. De cujus brevitate vitæ adhuc apte subjungitur :

CAPUT VI [*Rec. IV*].

Vers. 8. — *Velut somnium avolans non invenietur,* [f] *transiet sicut visio nocturna.*

7. *Vita hypocritæ phantasmati similis.* — Quid est vita hypocritæ, nisi quædam visio phantasmatis, quæ hoc ostendit in imagine, quod non habet ex veritate? Unde recte quoque somnio comparatur, quia ab eo omnis laus et gloria quasi dum tenetur amittitur.

[c] Ebroic., *ab hominibus honoratur.*
[d] Deest *autem* in Norm. et Germ.
[e] Germ. *flagellatur.* In Utic. olim scriptum *flagellatur* ; quo expuncto nunc legitur *lapidatur.*
[f] Norm., *transibit.* In Utic. olim, *transiet.*

Sæpe namque in nocturna visione nonnulli pauperes facios se divites admirantur, deferri sibi honores aspiciunt, divitiarum moles, obsequentium multitudinem, pulchritudinem vestium, abundantiam ciborum sibimet adesse considerant; gaudent se evasisse penuriam, quam cum gemitu tolerabant; sed repente, cum evigilant, inveniunt quam falsum fuerit quod gaudebant, eosque evigilasse pœnitet, quia vigilantes inopia vera tenet. Sic hypocritarum mentes, dum aliud est quod agunt, atque aliud quod hominibus ostendunt, laudes de ipsa sanctitatis ostentatione recipiunt, in æstimatione hominum multis melioribus præferuntur, et cum intus apud se tacita cogitatione superbiant, foris se humiles demonstrant. Cumque ab hominibus immoderate laudantur, tales esse se quoque apud Deum existimant, quales se gaudent hominibus innotuisse. Unde fit ut etiam æternæ vitæ percepturos se præmia præsumant, et qui hic de humanis favoribus exsultant, illic se habituros requiem omnino non dubitent. Sed inter hæc occulta vocationis hora subrepit, et cum carnis oculos claudunt, mentis aperiunt, moxque ut supplicia æterna receperint, ibi vident quia virtutum æstimatione divites in somnis fuerunt. Bene ergo de hoc hypocrita dicitur : ᵃ *Transiet velut visio nocturna.* Quia hoc quod se ad momentum divitem humanis æstimationibus videt, de ostensione est phantasmatis, non de soliditate ᵇ virtutis. Nam cum mens ejus in morte carnis evigilat, cognoscit procul dubio quia favores circa se hominum dormiens videbat. Sequitur :

CAPUT VII [Rec. V].

Vers. 9. — *Oculus qui eum viderat, non videbit, neque ultra intuebitur eum* ᶜ *locus suus.*

8. *Linguæ adulantium ei nihil prosunt in judicio.* — Quis est locus hypocritæ, nisi cor adulantium? Ibi quippe requiescit, ubi favores invenerit. Oculus ergo qui eum viderat, non videbit, quia, subtractus ᵈ morte, stultis amatoribus suis absconditur, qui eum consueverant admirando conspicere. Nec ultra eum locus suus intuebitur, quia linguæ adulantium hunc ad judicium favoribus non sequuntur. Sed tamen quousque vivit, ea quæ ipse agit etiam sequaces suos docere non desinit, et per erroris sui pravitatem alios quoque ad eam quam exhibet generat simulationem. De quibus hic apte subditur :

CAPUT VIII.

Vers. 10. — *Filii ejus atterentur egestate.*

9. *Exterius multiplicati hypocritæ, interius inanes fiunt.* — Scriptum est ᵉ *In malevolam animam non introibit sapientia* (Sap. i, 4). Et per Psalmistam dicitur : *Divites eguerunt, et esurierunt* (Psal. xxxiii, 11). Si enim de exteriori fame egestas eorum et esuries diceretur, profecto divites non essent, qui pane corporis indigerent. Sed quia dum exterius multiplicantur, interius inanes fiunt, et divites pariter et egentes esse memorantur, quia videlicet pane sapientiæ satiari minime merentur. Filii itaque hujus hypocritæ ᵉ atteruntur egestate, quia hi qui in hypocrisi ex ejus imitatione nascuntur, dum veritatis soliditatem ᶠ non tenent, in cordis egestate deficiunt.

CAPUT IX [Vet. IV].

Ibid. — *Et manus illius reddent ei dolorem suum.*

10. *Æternum hypocritis supplicium quasi quoddam debitum solvetur.* — Quid per manus nisi opera designantur? Manus itaque illius ei dolorem reddent, quia damnationem justam ex iniqua recipiet operatione. Bene autem non dabunt, sed *reddent,* dicitur, quia perversæ ejus actiones æternum ei supplicium quasi quoddam debitum solvent. Sed priusquam ad æterna supplicia perveniat, qualem se hic exhibeat plenius adjungat. Sequitur :

CAPUT X.

Vers. 11. — *Ossa ejus implebuntur vitiis adolescentiæ ejus, et cum eo in pulvere dormient.*

11. *Hypocritas vitia nunquam deserunt.* — Origo pravæ inchoationis causas culpæ etiam præsumendo multiplicat. Dum enim mala agere quisque cœperit, usu jam deterius in hoc quod inchoaverat excrescit. Quid itaque adolescentia hujus hypocritæ nisi inchoatio pravitatis est ? In adolescentia quippe jam libido fervescere inchoat. Et tunc adolescentiam hypocrita habet, cum appetere et amplecti libidinem gloriæ cœperit. Quam in eo dum adulantium blanda fomenta multiplicant, robustiorem reddunt, et quasi in ossa convertunt. Hoc enim quod male cœpit, pejus quotidie per consuetudinem roborat. Dicatur itaque : *Ossa ejus implebuntur vitiis adolescentiæ ejus,* quia duræ in eo pravitatum consuetudines a vitio sumptæ sunt pessimæ inchoationis. ᵇ Unde scriptum est in Proverbiis : *Adolescens juxta viam suam, etiam cum senuerit, non recedet ab ea* (Prov. xxii, 6). Quæ nimirum ossa cum eo in pulvere dormient, quia eousque in illo iniquæ consuetudines perdurant, quo hunc ad mortis pulverem pertrahant. Cum eo enim in pulvere ossa vel vitia dormire est usque ad pulverem eum non deserere, id est usque ad mortem ab iniquitate minime cessare. Tenent igitur illum pravæ consuetudines, quæ semel cœperunt, atque quotidie duriores existunt. Et cum illo in pulvere dormiunt, quia non nisi cum ejus vita finiuntur. Sed hæc intelligi et aliter possunt.

[*Vet. V.*] 12. *Multa simulantes habere quæ non habent, perdunt etiam quæ habent hypocritæ.* — Habet namque hypocrita nonnunquam forte ac validum aliquid in operatione; sed dum multa bona se simulat habere quæ non habet, perdit etiam ea quæ habet. Unde bene nunc dicitur : *Ossa ejus implebuntur vitiis adolescentiæ ejus.* Quia cum levis ac mobilis

---

ᵃ Lyr. et Bigot., *transibit quasi.*
ᵇ Euroic., *veritatis.*
ᶜ Norm., *locus ejus. Quid est locus hypoc.* In Bellov. etiam, *quid est locus,* etc.
ᵈ Norm., *in morte.*

ᵉ Bellovac., *atterentur.* Ita etiam prius Utic.
ᶠ Vindoc., *in corde non tenent, egestate deficiunt.*
ᵍ Lyr., Big., Utic., *unde scriptum est, proverbium est, adolescens... non recedit,* etc. Olim in Utic. legebatur ut in Edit.

multa pueriliter facit, etiam in iis quæ fortia egerit in vitio mollescit. Quæ videlicet ejus ossa cum eo in pulvere dormient, quia scilicet sicut pulvis est omnis simulatio illa, quam agit, ita et in illo si quid habet validum, omni soliditate vacuatur, ut per virtutis arrogantiam hoc quoque perdat, quod in eo potuit esse virtutis. Ossa ergo cum eo in pulvere dormire est cum pravis ejus actibus etiam si qua sunt bene acta deperire. Sequitur :

CAPUT XI.

VERS. 12. — *Cum enim dulce fuerit in ore ejus malum* [a] *abscondet illud sub lingua sua.*

13. *Hypocritæ est sermonibus dulcia prætendere, cogitationibus perversa moliri.* — In ore hypocritæ malum dulce est, quia ei est iniquitas suavis in mente. Os quippe cordis cogitatio est, de qua scriptum est : *Labia dolosa in corde,* [b] *et corde locuta sunt mala (Psal.* XI, 3). Sed hoc malum, quod in ore hypocritæ dulce est, sub lingua ejus absconditur, quia asperitas malitiæ quæ latet in mente, sub tegmine blandæ locutionis operitur. Malum namque in lingua, et non sub lingua esset, si loquens hypocrita malitiam suæ pravitatis aperiret. Sed sicut plerique justorum, cum quosdam agere perverse conspiciunt, qui duris sunt increpationibus feriendi, in lingua asperitatem sumunt, sed sub lingua mentis suæ benignitatem contegunt. Unde et sanctæ Ecclesiæ sponsi voce dicitur : *Mel et lac sub lingua tua (Cant.* IV, 11). Qui enim mentis suæ dulcedinem aperire infirmis nolunt, sed loquentes quadam eos asperitate feriunt, et tamen inter verba aspera quasi latenter [c] quiddam dulcedinis intermittunt, hi videlicet non in lingua, sed sub lingua habent dulcedinem, quia inter dura quæ proferunt emittunt quædam blanda et dulcia, quibus contristati mens possit ex benignitate refoveri. Ita perversi quique, [d] quia malum non in lingua, sed sub lingua habent, sermonibus dulcia prætendunt, et cogitationibus perversa moliuntur. Hinc est enim quod Joab Amasæ mentum dextera tenuit, sed sinistram ad gladium latenter mittens, ejus viscera effudit (*II Reg.* XX, 9). Dextera quippe mentum tenere est quasi ex benignitate blandiri. Sed sinistram ad gladium mittit, qui latenter ex malitia percutit. Hinc de ipso quoque eorum capite scriptum est : *Sub lingua ejus labor et dolor (Psal.* X, 7). Qui enim non aperte mala quæ cogitat ostendit, laborem ac dolorem eorum quorum mortem appetit, non in lingua exerit, sed sub lingua premit. Bene autem de hoc hypocrita subditur :

CAPUT XII [Rec. VI].

VERS. 13. — *Parcet illi, et non derelinquet illud, et celabit 474 in gutture suo.*

14. *Hypocritæ est perpetrata nunquam confiteri.* — Malo enim quod diligit, parcit, quia non hoc in semetipsum pœnitendo persequitur. Unde et additur : *Non derelinquet illud.* Si enim vellet relinquere, nequaquam parceret, quia persequeretur. Sed hoc celat in gutture, quia sic servat in cogitatione, ut nunquam proferat in voce. Sequitur :

CAPUT XIII.

VERS. 14. — *Panis ejus in utero illius vertetur in fel aspidum intrinsecus.*

15. *Hypocritæ qua delectatur gloria, convertitur in fel aspidum.* — Quod panis in utero, hoc est satietas temporalis delectationis in mente. Satietur ergo nunc hypocrita illata laude, delectetur honoribus ; panis ejus in utero illius vertetur in fel aspidum intrinsecus, quia satietas transitoriæ delectationis in retributionis fine ad amaritudinem vertetur ; et fel aspidum, id est malignorum, spirituum, persuasio fuisse cognoscitur, quod hic laus gloriæ esse credebatur. Tunc enim iniqui vident quod antiqui serpentis veneno infecti sunt, dum, flammis ultricibus traditi, cum eodem suo persuasore cruciantur. Panis itaque iste aliud in ore sapit, sed aliud in utero, quia transitoria delectationis lætitia dulcis est, cum hic quasi mandendo agitur ; sed amarescit in utero, quia peracta lætitia deglutitur ad pœnam.

[*Vet.* VI.] 16. *Scripturæ sacræ mysteriis erudiri cupit hypocrita, non ut ex eis vivat, sed ut extollatur.* — Vel certe, quia panis, Scripturæ sacræ intelligentia non inconvenienter accipitur, quæ mentem reficit eique boni operis vires præbet, et plerumque hypocrita etiam sacri eloquii erudiri mysteriis studet ; non tamen ut ex eisdem vivat, sed ut cæteris hominibus quam sit doctus appareat ; panis ejus utero illius in fel aspidum intrinsecus vertetur, quia dum de sacræ legis scientia gloriatur, vitæ potum convertit sibi in veneni poculum ; et inde reprobus moritur, unde ad vitam erudiri videbatur. Neque hoc autem inconvenienter accipitur, quod nonnunquam hypocrita, dum doctrinæ verbo ad ostensionem studet, divino judicio cæcatus, hoc ipsum verbum prave intelligit quod male quærit. Cum vero in errorem hæreseos labitur, contingit ei ut sicut de felle aspidum, sic infelix de pane moriatur ; et in doctrina sua mortem invenit, quia in verbis vitæ vitam minime quæsivit. Sæpe vero evenit ut divinæ admonitionis eloquia, etiamsi recte hypocrita intelligat, quia in opere nequaquam servat, hæc etiam prius quam præsentis vitæ cursum finiat amittat, ut perdat scire quod sciendo noluit agere. Unde et subditur :

CAPUT XIV [Vec. VII.]

VERS. 15. — *Divitias quas devoravit evomet, et de ventre illius extrahet eas Deus.*

17. *Contempto bono opere, sæpe etiam scientiam perdit hypocrita.* — Vult hypocrita scire divina eloquia, nec tamen facere. Vult docte loqui, nec vivere.

---

[a] Norm. et Germ., *abscondit illud.*

[b] Bellovac. et Germ., *et corde locuti sunt mala.* Ita olim in Utic.

[c] Turon., *quasdam dulcedines.* Utic., *quædam dulcedines.*

[d] In Utic. deest *quia*, et in Germ., in quo mox ante *sermonibus* legitur *qui.*

Pro eo ergo quod non agit quæ novit, etiam hoc quod novit amittit, ut quia scientiæ suæ puram operationem non sociat, contempta puritate boni operis et scientiam perdat. Divitias igitur sacræ legis, quas legendo devoravit, obliviscendo *evomit, easque de ventre illius Deus extrahit, quia quod observare noluit, justo judicio de ejus memoria evellit, ne præcepta Dei saltem in lingua teneat, quæ non servavit in vita. Unde per Prophetam dicitur : *Peccatori autem dixit Deus : Quare tu enarras justitias meas, et assumis testamentum meum per os tuum* (*Psal.* XLIX, 16)? Quæ etiam verba doctrinæ, si quando contingit, ut hypocrita usque ad finem videatur in ore retinere, 475 inde magis damnabitur, unde bono Dei munere etiam malus minime privatur. Scriptum quippe est : *Memoria retinentibus mandata ejus, ut faciant ea* (*Psal.* CII, 18). Qui ergo mandata illius memoria retinet, sed nequaquam facit, hic in doctrinæ verbis sententias, quibus damnetur, tenet.

[*Rec.* VIII.]-18. *Sacra eloquia ad æternam damnationem sunt eis qui ea aut scire nolunt, aut sciendo contemnunt.* — Hinc quippe in Zacharia scriptum est : *Quid tu vides, Zacharia? Et dixi : Ego video volumen volans, longitudo ejus viginti cubitorum, et latitudo ejus decem cubitorum. Et dixit ad me : Hæc est maledictio* b *quæ egredietur super faciem universæ terræ, quia omnis fur, sicut ibi scriptum est, judicabitur* (*Zach.* V, 2). Quid namque est volumen volans, nisi Scriptura sacra? Quæ dum de cœlestibus loquitur, ad superiora mentis nostræ levat intentionem, quia dum illam super nos esse aspicimus, ima attendere, id est concupiscere devitamus [*Vet. VII.*]. Quæ latitudinem decem cubitorum, longitudinem vero viginti habere perhibetur, quia latitudo operationis nostræ simpla est, et longanimitas spei in duplum tenditur, quoniam pro bono nostro opere et hic nobis mentis requies, et illic gaudia æterna præparantur, Veritate attestante, quæ ait : *Si quis reliquerit* c *domum, aut agros, et cætera, centuplum in hoc sæculo recipiet, et in futuro vitam æternam possidebit* (*Matth.* XIX, 29; *Luc.* XVIII, 30). Centenarius quippe numerus decemplicato denario fit perfectus. Hic itaque centuplum recipit, qui etsi nihil habuerit, ipsa tamen perfectione mentis jam in hoc sæculo habere nihil quærit. Quia ergo per hanc duplum nobis pro simplo redditur, recte hoc volumen per viginti cubitos in longum tenditur, quod per decem dilatatur. Sed quia hæc ipsa sacra eloquia ad æternam damnationem sunt eis qui illa vel scire nolunt, vel certe sciendo contemnunt, recte de hoc volumine dicitur : *Hæc est maledictio, quæ egredietur super faciem universæ terræ* (*Zach.* V, 3). Et cur maledictio dicatur, adjungit : *Quia omnis fur sicut ibi scriptum est, judicabitur.* Hypocrita igitur, quia secundum verba legis quæ novit vivere contemnit, et de doctrina favores quærit, fur judicabitur, quia per hoc quod justa loquitur, laudem sibi vitæ justorum rapit. De quo adhuc bene subditur :

CAPUT XV [*Rec.* IX].

VERS. 16. — *Caput aspidum suget, et occidet eum lingua viperæ.*

19. *Diabolus in tentatione prius leniter subrepit, postea violenter trahit.* — Aspis parvus est serpens, vipera vero prolixioris est corporis; et aspides ova gignunt, atque d ex ovis eorum filii procreantur, viperæ autem cum conceperint, filii earum in ventre sæviunt, qui ruptis lateribus matrum ex earum ventribus procedunt. Unde et vipera, eo quod vi pariat, nominatur. Vipera itaque sic nascitur ut violenter exeat, et cum matris suæ exstinctione producatur. Quid ergo per aspides parvos nisi latentes suggestiones immundorum spirituum figurantur, qui cordibus hominum parva prius persuasione subripiunt? Quid vero per linguam viperæ, nisi violenta diaboli tentatio designatur? Prius enim leniter subripit, postmodum vero etiam violenter trahit. Caput itaque aspidum sugit, quia initium suggestionis occultæ parvum prius in corde nascitur, sed occidit eum lingua viperæ, quia postmodum capta mens veneno violentæ tentationis necatur. Primum subtilibus consiliis ad cor hominis immundi spiritus loquuntur, qui dum leniter persuadent, quasi venenum aspidum 476 fundunt. Unde scriptum est : *Ova aspidum ruperunt et telas araneæ texuerunt. Qui comederit de ovis eorum morietur, et quod confotum est erumpet in regulum* (*Isai.* LIX, 5). [*Vet. VIII.*] Ova quippe aspidum pravis hominibus rumpere est malignorum spirituum consilia, quæ in eorum cordibus latent, perversis operibus aperire. Telas quoque araneæ texere est pro hujus mundi concupiscentia temporalia quælibet operari. Quæ dum nulla stabilitate solidata sunt, ea procul dubio ventus vitæ mortalis rapit. Bene autem additur : *Qui comederit de ovis eorum morietur* (*Ibid.*), quia qui immundorum spirituum consilia recipit, vitam in se animæ occidit. *Et quod confotum est erumpet in regulum*, quia consilium maligni spiritus quod corde tegitur ad plenam iniquitatem nutritur. Regulus namque serpentum rex dicitur. Quis vero reproborum caput est, nisi Antichristus? Quod ergo confotum fuerit, erumpet in regulum, quia is qui in se enutrienda aspidis consilia recipit, membrum iniqui capitis factus in corpus Antichristi accrescit. De hoc itaque hypocrita dicitur : *Caput aspidum suget, et occidet eum lingua viperæ*, quia cum iniquam suggestionem antiqui hostis libenter suscipit, violentis se postmodum ejus tentationibus devictus tradit. Unde et in paradiso quoque, stanti homini verba blandæ persuasionis intulit (*Genes.* III, 5 *seq.*); sed quem semel rapuit ad consensum, jam nunc etiam renitentem trahit, et corruptionis suæ delectationibus devictum e pene violenter interficit. Sed fortasse hæc ipsa intelligere etiam per contrariam interpretatio-

---

a Norm., *evomet..... extrahet, quia quod servare noluit..; quæ non servat.*
b Plurimi Mss., *quæ egreditur*, et sic rursus infra.
c In Norm., *domos aut agros.*
d Norman., *ex ovis earum*. Utic. habet *eorum* et *earum*.
e Lyr., Sag., Germ., Bigot., *pene evidenter.* Utic. utramque præfert lectionem.

nem valemus. Nam quia veneno suo aspis concite, vipera autem tardius occidit, per aspidem violenta et subita, per viperam vero lenis et diuturna tentatio designatur. Unde et illi mors in suctione capitis, viperæ autem in lingua esse perhibetur, quia repentina tentatio sæpe inopinatam mentem mox [a] ut surgit interficit; longa vero tentatio, quia prava diutius persuadendo suggerit, velut ex lingua vipera occidit. Et quia omnis hypocrita, immundorum suggestione spirituum, quasi serpentum veneno, penetratus, quæ sint superna sancti spiritus dona nequaquam considerat, dum intentionem cordis in exterioribus favoribus divulgat, recte subjungitur :

CAPUT XVI [Rec. X].

Vers. 17. — *Non videat rivulos fluminis torrentis mellis et butyri.*

20. *Hypocrita fidei, spei, et charitatis exors.* — In Evangelio Dominus dicit : *Qui credit in me, sicut dicit Scriptura, flumina de ventre ejus fluent aquæ vivæ* (Joan. VII, 58). Ubi Evangelista subjungit, dicens : *Hoc autem dixit de spiritu quem accepturi erant credentes in eum.* Rivuli ergo sunt fluminis dona Spiritus sancti. Rivulus est fluminis charitas, rivulus fluminis fides, rivulus fluminis spes. Sed quoniam omnis hypocrita nec Deum, nec proximum diligit, cum transitoriam mundi gloriam quærit, rivulos fluminis non videt, quia irrigatione non infunditur charitatis. Hypocrita, dum præsentia lucra quærit, munera futura despicit, et fidem non habens, rivulum fluminis mente non videt, quia *est fides rerum argumentum non apparentium* (Hebr. XI, 1). Et dum retinet hypocrita quæ videntur, spem negligit eorum quæ non videntur. Rivulum ergo fluminis per desiderium non videt, quia solis visibilibus intendit. Et scriptum est : *Quod enim videt quis, quid sperat* (Rom. VIII, 24)? Rivulos ergo fluminis vidisset, si a præsentis [b] mundi gloria oculos clauderet, eosque ad cœlestis patriæ amorem aperiret. Et notandum quod non rivos, sed rivulos dicit. Accipi enim rivuli fluminis possunt ea dona spiritualia, quæ in amantis mentem ita de cœlestibus subtiliter currunt, ut per os carnis expleri non possint. Sæpe namque amantis animus tanto contemplationis munere repletur, ut videre valeat, quod loqui non valet. [c] *Fluvius autem torrens est ipsa inundatio Spiritus sancti, quæ in contemplantis animum exuberanti infusione colligitur, cum mens plus quam intelligere sufficit, repletur.* [Vet. IX.] Et sciendum quia cum nos Spiritus sancti gratia infundit, melle nos pariter et butyro replet. Mel enim desuper cadit, butyrum vero ex animalium lacte colligitur. Mel itaque ex aere, butyrum vero ex carne est. Summi autem Patris Unigenitus,

A cum sit Deus super omnia, homo est factus inter omnia. Qui cum nos dulcedine divinitatis suæ et mysterio incarnationis replevit, melle nos pariter et butyro satiavit. Quia ergo spiritus Christi mentem quam repleverit, et divinitatis ejus dulcedine, et incarnationis fide lætificat, isti rivuli torrentis fluminis mellis simul et butyri esse memorantur, quia et de cognitione Dei alta mentem suavitate reficiunt, et de incarnationis [d] gratia charismatis hanc mysterio perungunt. Sed iste hypocrita quia, in exterioribus favoribus fusus, hæc interna dona non percipit, ad quæ post supplicia tendat adjungit, cum subditur :

CAPUT XVII [Rec. XI]:

Vers. 18. — *Luet quæ fecit omnia, nec tamen consumetur.*

B 21. *Damnati semper moriuntur nunquam morte consumendi.* — Persolvit enim [e] in tormento ea quæ hic illicite servavit desideria; et, flammis ultricibus traditus, semper moritur, quia semper in morte servatur. Non enim in morte consumitur, quia si consumeretur vita moriendis, cum vita etiam pœna finiretur. Sed ut sine fine crucietur, vivere sine fine in pœna compellitur, ut cujus vita hic mortua fuit in culpa, illic ejus mors vivat in pœna. Dicat ergo : *Luet quæ fecit omnia, nec tamen consumetur*, quia cruciatur, et non extinguitur; moritur, et vivit; deficit, et subsistit; finitur semper, et sine fine est. Hæc solo auditu valde sunt terribilia, quanto magis passione! Sed quia multitudo iniquitatis ejus exigit ut carere suppliciis nunquam possit, apte subjungitur :

C ### CAPUT XVIII.

Ibid. — *Juxta multitudinem adinventionum suarum, sic et sustinebit.*

22. *Novis inventis cruciantur ad pœnam, qui multa invenerunt ad culpam.* — Quia enim multa invenit ad culpam, novis inventionibus cruciatur in pœna. Nam quod hic suspicari non potuit, hoc illic ultioni traditus sentit. Sicut enim exercitati in bonis operibus electi nonnunquam plus student agere quam eis dignatus est Dominus jubere (carnis enim virginitas nequaquam jussa est, sed tantummodo laudata; nam si illa juberetur, nimirum conjugium jam culpa crederetur, et tamen multi virtute virginitatis pollent, ut videlicet plus impendant obsequio quam acceperunt præcepto), sic plerumque perversi quique in pravis actibus exercentur, ut plus inveniant in perversa operatione quod faciant, quam ex usu reproborum iniquitatis accipere exempla 478 potuerunt. Unde et amplioris retributionis tormento feriuntur, quia et ipsi ex semetipsis amplius actiones pravas, de quibus feriri debeant, invenerunt. [Vet. X, Rec.

---

[a] Ita Anglic. sex., Utic. et plur. In aliis, *ut suggerit*, quod legitur in omnibus Norm., si excipias Utic., in quo tamen prius exstitit. Omnes autem Editi, *ut sugit*, quod legitur in Germ.
[b] Norman. et Germ., *vitæ*.
[c] Ita Bellov., Ebroic. et alii Norman. Hanc lect. annotavit in marg. Gussanv. In Germ. et in Edit. Paris. 1495, *fluvius autem torrentis*, quod reperitur in Cod. Utic., a prima manu. Edit. Basil. et Paris. 1518, *fluminis autem torrentis*. In Vulgata et textu Hebr. legitur *torrentes*.
[d] Bellov., *gratia chrismatis*, quod pro varia lect. annotatum a Gussanv.
[e] Turon., *tormenta*. Norm., *in tormentis*. Lyr. et Bigot., *in tormentis illa quæ illicita servavit desideria*. Germ., *in tormenta ea quæ hic inlicita servavit*.

XII.] Bene itaque dicitur : *Juxta multitudinem adinventionum suarum, sic et sustinebit.* Non enim inveniret iniquitatem novam, nisi et quæreret; et non quæreret, nisi ex studio perpetrare festinaret. Pensatur ergo in tormento ejus nimietas malæ cogitationis, et dolorem recipit dignæ retributionis. Et quamvis damnatorum omnium sit dolor infinitus, graviora tamen tormenta recipiunt, qui multa in iniquitatibus ex suis quoque desideriis invenerunt. Sed quia Sophar hujus hypocritæ intulit pœnam, protinus adjungit culpam, nec unam quamlibet narrat, sed eam de qua omnes oriuntur. Scriptum quippe est : *Radix omnium malorum est cupiditas* (*I Tim.* vi, 10). Cui ergo cupiditas dominari dicitur, subjectus procul dubio malis omnibus demonstratur. Nam subjungit :

CAPUT XIX.

VERS. 19, 20.—*Quoniam confringens nudavit pauperis domum,* a *rapuit, et non ædificavit eam, nec est satiatus venter ejus.*

23. *Æterna pœna multatur qui sua non erogavit; quanto magis qui rapuit aliena. Avaritia obtentis bonis desideratis crescit, non exstinguitur.*—Domum pauperis confringit et nudat, qui eum quem per potentiam conterit spoliare quoque per avaritiam non erubescit. Rapit eam, et non ædificat. Ac si aperte diceretur : Qui hanc ædificare debuit insuper rapit. Venturus namque in judicio Dominus dicturus est reprobis : *Esurivi, et non dedistis mihi manducare; sitivi,* b *et non dedistis mihi potum; hospes eram, et non collegistis me ; nudus, et non operuistis me, et cætera* (*Matth.* xxv, 42). Ex qua culpa subjungitur : *Discedite a me, maledicti, in ignem æternum, qui paratus est diabolo et angelis ejus* (*Ibid.*). Si igitur tanta pœna multatur, qui non dedisse sua convincitur, qua pœna feriendus est, qui redarguitur aliena abstulisse? Rapuit ergo, et non ædificavit eam, quia non solum de suo nil tribuit, sed etiam quod erat alienum tulit. Bene autem subditur : *Nec est satiatus venter ejus.* Venter quippe iniqui avaritia est, c quia in ipsa colligitur quidquid perverso desiderio glutitur. Liquet vero quia avaritia desideratis rebus non exstinguitur, sed augetur. Nam more ignis cum ligna quæ consumat acceperit, accrescit; et unde videtur ad momentum flamma comprimi, inde paulo post cernitur dilatari. Et sæpe omnipotens Deus cum avaræ menti vehementer irascitur, prius ei permittit ad votum cuncta suppetere, d et post hanc per ultionem subtrahit, ut pro eis debeat supplicia æterna tolerare. Unde et subditur :

CAPUT XX.

VERS. 20.—*Et cum habuerit quæ concupierat, possidere non poterit.*

24. *Majoris iræ signum est, cum hoc tribuitur quod male desideratur.*—Majoris quippe iracundiæ est cum hoc tribuitur quod male desideratur, atque inde repentina ultio sequitur, quia hoc quoque obtinuit quod Deo irascente concupivit. Unde et per Psalmistam dicitur, cum e escam carnis male populus desiderasse perhibetur : *Adhuc esca eorum erat in ore ipsorum, et ira Dei ascendit super eos, et occidit plurimos eorum* (*Psal.* LXXVII, 31). Solent namque tardius apparere divina judicia, cum præpediuntur, ne impleri debeant mala vota. f Nam quanto citius malum votum impleri permittitur, plerumque tanto celerius punitur. Unde ergo hypocrita festine multiplicatur ut potens sit, inde agitur cum celeritate ne sit, quia et arbusta quæ tardius crescunt g annosa perdurant; et quæ in temporis brevitate proficiunt celerius arescunt, et quasi cum festinant esse h tendunt ad non esse. Sequitur :

CAPUT XXI [*Vet. XI*].

VERS. 21.— i *Nec remansit de cibo ejus.*

25. *Cibus ejus est omne hoc quod perverso desiderio concupivit. Sed percusso hypocritæ, de cibo suo nil remanet, quia cum ipse ad æterna supplicia ducitur, a cunctis bonis quæ hic possederat alienatur. Unde et adhuc subditur :*

IBID. —*Propterea nihil permanebit de bonis ejus.*

Si enim de bonis suis ei aliquid permaneret, secum quæ habuerat tolleret. Sed quia omnia ambiens timere judicem noluit, i ex hac vita subtractus, ad judicem nudus vadit. Cui tamen iniquo ad retributionem minus est quod in subsequenti pœna cruciatur, si in hac saltem vita liber esse permittitur. Sed nulla est libertas in culpa, quia scriptum est : *Ubi spiritus Domini, ibi libertas* (*II Cor.* III, 17). Et plerumque perversæ menti ipsa sua culpa fit pœna. Unde et recte subjungitur :

CAPUT XXII [*Rec. XIII*].

VERS. 22. — *Cum satiatus fuerit, arctabitur.*

26. *Divitum ex satietate angustia.* — Prius quippe anhelat per avaritiam concupita congregare; et cum quasi in quodam ventre avaritiæ multa congesserit, satiatus arctatur, quia dum anxiatur qualiter acquisita custodiat, ipsa eum sua satietas angustat. Divitis enim cujusdam uberes fructus ager attulerat, sed quia ubi eos tantos reponeret non habebat, dixit :

---

a Sag. Bigot. et Lyr., *rapuit eam;* et paulo post, *insuper et rapuit.*
b Turon., *et non dedistis mihi bibere.*
c Ita Norm. et Turon. At Editi cum Germ., *quia in ipso.*
d Sic ex Germ., Bellov., Turon. et Norm. restituimus. In Basil. 1514 et Paris. 1518, *et post hanc adulationem subito trahit.* Paris, 1495, *et post ad ultionem subito trahit.* Recent. Ed., *et postea ver ultionem subtrahit.*

e Norm., *escas.* Et infra, *adhuc escæ.*
f Ebroic. et Germ., *nam quantocius.* Edit. Rom. Sixti V et Gilot. habent *non,* sed mendose, reclamantibus Mss. tam Anglic. quam nostris.
g Norm., *annos perdurani plurimos, e',* etc. In Utic. tamen olim legebatur *annosa-perdurare,* et...
h Germ. et Bellov., *tendunt non esse.*
i Norm., *non remansit.* In Utic. olim, *nec remansit.*
j Turon. et Norm., *ex hac luce.*

Quid faciam, quia non habeo quo congregem fructus meos? Et dixit: Hoc faciam, destruam horrea mea, et majora ædificabo (Luc. XII, 17). Qui ergo ex abundantia coangustatus dicebat : *Quid faciam?* quasi multo cibo pressus æstuabat. Pensemus quot votis appetiit ut uberes fructus ager illius afferret. Ecce autem vota completa sunt, quia fructus uberes ager attulerat. Sed quia ad recondendum loca non sufficiunt, multiplicatus dives quid faciat ignorat. O angustia ex satietate nata! De ubertate agri angustatur animus avari. Dicens namque : *Quid faciam?* profecto indicat quia, votorum suorum affectibus pressus, sub quodam rerum fasce laborabat. Bene ergo dicitur : *Cum satiatus fuerit, arctabitur.* Quia mens avari, quæ prius ex abundantia requiem quæsierat, post ad custodiam gravius laborabat. Unde hic quoque adhuc subditur :

CAPUT XXIII.

IBID. — *Æstuabit, et omnis dolor irruet in eum.*

27. *In acquirendis et custodiendis divitiis anxietas æternis suppliciis præludit.* — Prius namque dolorem habuit in ipsa suæ concupiscentiæ fatigatione, qualiter concupita raperet, quomodo alia blandimentis, alia terroribus auferret; at postquam acquisitis rebus pervenit ad desiderium, alius hunc dolor fatigat, ut cum sollicito timore custodiat quod cum gravi labore meminit acquisitum. Hinc inde insidiatores metuit, atque se hoc perpeti quod ipse fecit aliis pertimescit. [a] Formidat potentiorem alterum, ne hunc sustineat violentum; pauperem vero cum conspicit, suspicatur furem. Ipsa quoque quæ congesta sunt curat magnopere, ne ex naturæ propriæ defectu per negligentiam consumantur. In his itaque omnibus [b] quia timor ipse pœna est, tanta infelix patitur, quanta pati timet. Post hoc quoque ad gehennam ducitur, et æternis cruciatibus mancipatur. Omnis ergo dolor super eum irruit, quem et hic prius pœna concupiscentiæ, postmodum vero cura custodiæ, et illic quandoque pœna ultionis cremat.

[*Vet. XII.*] 28. *Mira cordis, avaritiæ non expositis securitas.* — Mira autem est securitas cordis, aliena non quærere, [c] sed uniuscujusque diei victu contentum manere. Ex qua videlicet securitate etiam perennis requies nascitur, quia a bona et tranquilla cogitatione ad gaudia æterna transitur. Quo contra reprobi et hic fatigantur in desideriis, et illic in tormentis; eisque de labore cogitationis labor doloris nascitur, dum ab æstu avaritiæ trahuntur ad ignem gehennæ. Et quia, ut supra jam diximus, sæpe perversus quisque quanto citius pervenit ad desiderium, tanto facilius rapitur ad tormenta, optando subjungitur :

CAPUT XXIV.

VERS. 23. — *Utinam impleatur venter ejus, ut emittat in eum iram furoris sui, et pluat super illum bellum suum!*

29. *Super divitem avarum pluunt Dei jacula.* — Super hunc hypocritam bellum suum Dominus pluit cum judiciorum suorum gladiis ejus opera percutit. Bellum namque Deo pluere [d] est iniqui vitam districtis sententiis desuper ad interitum urgere. Bellum Deo pluere est superbientia contra se corda percutere, et mentem aridam, quasi quibusdam guttis pluviæ densescentibus, judiciorum suorum jaculis ferire, ut cum jam ad judicium rapitur, modo meminerit quia male concupivit, et concupita pejus congregare studuit, modo doleat quod congregata deserit, quandoque autem et ultionis ignem sentiat, quem, ne bene viveret, prævidere contempsit. Sequitur :

CAPUT XXV [Rec. XIV].

VERS. 24. — *Fugiet arma ferrea, et irruet in arcum æreum.*

30. *Temporalem inopiam cavens, perpetuæ, simulque æternis suppliciis addicitur avaritia.* — Sciendum quod avaritia aliquando per elationem subrepit, aliquando vero per timorem. Sunt namque nonnulli qui dum potentiores videri appetunt, ad alienarum rerum ambitum succenduntur. Et sunt nonnulli qui dum sibi subsidiorum necessaria deesse timent, mentem ad avaritiam relaxant, et aliena ambiunt, cum sua sibi sufficere non posse suspicantur. Omnis vero necessitas non incongrue ferrum vocatur, quia vitam inopis mœroris vulnere cruciat, sicut de ejus quoque necessitatibus scriptum est qui a fratribus venditus afflictam vitam ducebat : *Ferrum pertransivit animam ejus* (Psal. CIV, 18). Quid ergo sunt arma ferrea, nisi necessitates vitæ præsentis, quæ dure premunt, et vitam inopis insequuntur? Ferrum quippe ærugo consumit, æs autem consumere difficilius solet. Ferro ergo necessitas præsens, quæ transitoria est, ære autem sententia æterna figuratur. Et quia judicium supernum ab iniqui mente non attenditur, juste arcui comparatur, quoniam velut ex insidiis percutit, dum illud is qui percutitur non attendit. Fugiet ergo arma ferrea, et irruet in arcum æreum, quia dum, præsentes necessitates metuens, multa per avaritiam rapit, extremi judicii districtis se percussionibus anteponit. Et cum fugit arma ferrea, ab arcus ærei sagittis invenitur, quia, mala temporalia stulte præcavens, sententia æterna percutitur. Qui enim hic inopiæ duritiam cum culpa fugit, illic perpetuitatem justæ ultionis invenit. [*Vet. XIII.*] Sed priusquam ad judicium rapiatur, adhuc quæ iniquus iste hic operetur insinuat. Sequitur :

---

[a] Germ., Ebroic. et alii Norm., *formidat potiorem,* quam lectionem sequuntur vet. Edit. Paris. et Basil.

[b] Norm., *quia timor ipsi pœna est.* Utic. utramque lectionem admittit, *ipsi et ipse.*

[c] Germ., Bellov. et Turon., necnon vet. Ed., *sed uniuscujusque diei contentum.* In Norm., *sed uniuscujusque diei sufficientia contentum.*

[d] Turon., *est iniquitatem districtis,* etc.

CAPUT XXVI [Rec. XV].

VERS. 25. — *Eductus, et egrediens de vagina sua, et fulgurans* [a] *in amaritudine sua.*

31. *Ad peccatum a diabolo tracti, propria voluntate egredimur.* — Iniquus iste insidiatur deprædationibus proximorum; sed, dum prava in cogitationibus machinatur, quasi adhuc gladius in vagina est; dum vero malum quod cogitavit inique perficit, de vagina sua egreditur, quia de occultatione cogitationis suæ per iniquitatem malæ operationis aperitur. Ostenditur in opere qualis latuit in cogitatione. Et notandum quod ait : *Eductus, et egrediens de vagina sua;* eductus scilicet per seductorem, egrediens vero per propriam voluntatem. Nam is qui ducitur ducente procul dubio sequitur; qui autem egreditur, secundum suam pergere voluntatem videtur. Qui ergo ad mala quæque opera et ab antiquo hoste trahitur, et tamen suo libero arbitrio in eorum [b] desideriis obligatur, de vagina sua eductus et egrediens dicitur, quoniam hoc quod ex prava cogitatione exit ad pessimam operationem, et illius est spiritus qui suggessit, et ejus nequitiæ qui ex propria voluntate consensit.

32. *Iniqui quo magis splendent, eo acrius punientur.* Cujus adhuc potentiæ terror ostenditur cum protinus subinfertur : *Et fulgurans in amaritudine sua.* — Fulgur quippe cum repente desuper venit, cum terrore ante oculos clarescit, claritatem ostendit, et anteposita percutit. Sic sic videlicet iniquus cum gloriam vitæ præsentis assumpserit, unde in hoc mundo per potentiam clarus ostenditur, inde agitur [c] ut in ultimo feriatur. Quasi enim fulgurare iniqui est in hujus vitæ honore clarescere. Sed quia [d] splendor gloriæ illius æternis gehennæ suppliciis mancipatur, recte nunc dicitur : *Fulgurans in amaritudine sua.* Qui enim modo quasi ex terrore et claritate feriens gaudet, inde post supplicia in perpetuum sustinet. Et quidem de quodam divite scriptum est (*Luc.* xvi, 19) quia epulabatur quotidie splendide. Sed aliud est [e] splendere, atque aliud fulgurare. Nonnunquam quippe splendor sine percussione est, fulguris vero nomine splendor exprimitur cum percussione. Qui itaque in potestate positus aliis nocet, non incongrue fulgurans dicitur, quia unde ipse contra bonos quasi ex luce gloriæ extollitur, inde bonorum vita cruciatur. Sequitur :

CAPUT XXVII [Rec. XVI].

IBID. — *Vadent, et venient super eum horribiles.*

33. *Quot vitiis sibi succedentibus premitur peccator, tot malignis spiritibus euntibus ac redeuntibus devastatur.* — Qui hoc loco horribiles, nisi maligni spiritus appellantur, bonis videlicet mentibus pavendi atque fugiendi? Et quia iidem maligni spiritus a certis quibusque vitiis singuli obsequi sunt credendi, cum perversus iste alia quidem vitia ad momentum deserere videtur, sed alia agere incipit, super hunc profecto horribiles vadunt et veniunt, quia perversi mentem, etsi alia mala deserunt, alia occupant. Sæpe namque videas iniquum in terrena potestate constitutum, gravi furore commoveri, quidquid ira suggesserit exsequi; et cum furor abscesserit, mox 482 ejus mentem luxuria devastat; cum luxuria ad tempus intermittitur, elatio protinus quasi de continentia in ejus cogitatione subrogatur, atque ut a cæteris timeatur, appetit videri terribilis. Sed cum res exigit [f] ut loqui quid dupliciter debeat, quasi postposito terrore superbiæ, remissa locutione blanditur; et cum superbus videri desierit, duplex effici non pertimescit. In cujus ergo mentem vitia vitiis succedunt, recte de eo dicitur : *Vadent, et venient super eum horribiles,* quia quot vitiis [g] decedentibus et succedentibus premitur, tot malignis spiritibus ejus animus quasi euntibus ac redeuntibus devastatur. Sed hæc quæ agit extrinsecus per partes prodeunt; nam menti ejus simul omnia mala colligantur. Unde et subditur :

CAPUT XXVIII.

VERS. 26. — *Omnes tenebræ absconditæ sunt in occultis ejus.*

34. *Omnia vitia in hypocritæ mente sunt colligata.* — Quamvis enim hypocrita actiones bonas in superficie ostendat, quædam tamen in eo malorum operum tenebræ apparent; sed tamen minus prodit in opere quam in ejus latet cogitatione. Nam qui cuncta simul in effectu non explet, cuncta quæ noceant in mente tacitus tenet. Omnes ergo tenebræ in occultis ejus absconditæ dicuntur, quia etsi in se mala omnia non ostendit, omnia tamen inferre proximis appetit. [*Vet. XIV, Rec. XVII.*] Sed mens ista sic reproba qua ultione sit ferienda subjungat. Sequitur :

CAPUT XXIX.

IBID. — *Devorabit eum ignis, qui non succenditur.*

35. *Ignis gehennæ mire fovetur, et animam et corpus cruciat.* — Miro valde modo paucis verbis expressus est ignis gehennæ. Ignis namque corporeus, ut esse ignis valeat, corporeis indiget fomentis. Qui cum necesse est ut servetur, per congesta ligna procul dubio nutritur; nec valet nisi succensus esse, et nisi refotus subsistere. At contra gehennæ ignis, [h] cum sit corporeus, et in se missos reprobos corporaliter exurat, nec studio humano succenditur, nec lignis nutritur, sed creatus semel durat inextinguibilis, et succensione non indiget, et ardore non caret. Bene ergo de hoc iniquo dicitur : *Devorabit eum ignis, qui non succenditur,* quia Omnipo-

---

[a] Bigot., Utic. et Lyr., *in amaritudinem suam;* et sic deinceps. In Germ. nunc et in Utic. legebatur olim *fulgorans, fulgorare* et similia.
[b] Sag., *desideriis alligatur.*
[c] Turon., *ut multi feriantur.*
[d] Turon., *sed quia splendore*
[e] Germ., Bellov. et Norm., *splendidare.*
[f] Ita Germ., Anglic., Vindoc., Bellov., Turon., Norm. In Edit., *ut loqui quid humiliter.*

[g] Bellov., *quia quot vitiis derelinquentibus et succedentibus.*
[h] Ita quinque Codices Vatic. mss., antiquissimus Codex bibliothecæ Barberinæ, duo biblioth. Chisiæ, Anglicani et Gallicani plerique. Olim tamen in exempl. Utic. legebatur, *cum sit incorporeus.* Ita etiam in Germ. et in duob. Mss. Vaticanis, num. 576 et 580; sed additionis factæ syllabæ *in* manifesta sunt argumenta. Legerunt quoque *corporeus,* qui Moralia san-

tentis justitia, futurorum præscia, ab ipsa mundi origine gehennæ ignem creavit, qui in pœna reproborum esse semel inciperet, sed ardorem suum etiam sine lignis nunquam finiret. Sciendum vero est quod omnes reprobi, quia ex anima simul et carne peccaverunt, illic in anima pariter et carne cruciantur. Unde per Psalmistam dicitur : *Pones eos ut clibanum ignis, in tempore vultus tui; Dominus in ira sua conturbabit eos, et devorabit eos ignis* (*Psal.* xx, 10). Clibanus namque intrinsecus ardet, is vero qui ab igne devoratur, ab exteriori incipit parte concremari. Ut ergo sacra eloquia ardere et exterius et interius reprobos demonstrarent, eos et ab igne devorari, et sicut clibanum poni testantur, ut per ignem crucientur in corpore, et per dolorem ardeant in mente. Unde hic quoque cum de hoc impio diceretur : *Devorabit eum ignis*, *qui non succenditur*, protinus de ejus spiritu additur :

CAPUT XXX [*Rec. XVIII*].

IBID. *Affligetur relictus in tabernaculo suo.*

36. *Mali qui de corpore nunc nolentes educuntur, in corpore tenebuntur inviti.* — Iniqui enim tabernaculum caro est, quia ipsam lætus inhabitat, et si sit possibile, optat ut eam nunquam relinquat. Justi vero, quia gaudium suum in spe cœlestium 483 ponunt, eorumque conversatio in cœlis est (*Philip.* III, 26), cum adhuc in carne sint quasi in carne jam non sunt, quia nulla carnis delectatione pascuntur. Unde et quibusdam dicitur : *Vos autem non estis in carne, sed in spiritu* (*Rom.* VIII, 9). Neque enim in carne non erant qui per magistri epistolas exhortationis eloquia suscipiebant; sed quasi jam non in carne esse est de amore carnalium nihil habere. At contra iniquus iste, quia omne gaudium suum in carnali vita posuit, in tabernaculo carnis habitavit. Quam videlicet carnem cum in resurrectione receperit, cum ea gehennæ igni traditus ardebit: Tunc ab ea educi appetit, tunc ejus tormenta evadere, si valeat, quærit, tunc incipit velle vitare quod amavit. Sed quia eamdem carnem Deo præposuit, judicante Deo agitur, ut ex ea amplius in igne crucietur. Hic itaque eam relinquere non vult, et tamen ab ea abstrahitur; illic eam relinquere appetit, et tamen in ea propter supplicia servatur. Ad augmentum itaque tormenti et hic de corpore nolens educitur, et illic in corpore tenetur invitus. Quia ergo ejus spiritus carnem quam sibi male amando præposuit evadere in tormento volet et non valet, recte nunc dicitur : *Affligetur relictus in tabernaculo suo.* De cujus accusatione mox dicitur :

CAPUT XXXI [*Vet. XX, Rec XIX*].

VERS. 27. — *Revelabunt cœli iniquitatem ejus, et terra consurget adversus eum.*

37. *Iniqui in judicio accusatores experientur justos et injustos.* — Quid per cœlos nisi justos, et quid per terram nisi peccatores accipimus? Unde et in Dominica oratione petimus : *Fiat voluntas tua sicut in cœlo et in terra* (*Matth.* VI, 10), ut videlicet voluntas nostri conditoris sicut in omnibus justis perficitur, ita et in omnibus quoque peccatoribus impleatur. De justis quoque scriptum est : *Cœli enarrant gloriam Dei* (*Psal.* XVIII, 1). Et peccanti homini sententia infertur, qua dicitur : *Terra es, et in terram ibis* (*Genes.* III, 19). Hujus itaque impii ad illud terribile judicium deducti revelant cœli iniquitatem, et terra consurgit adversus eum, ut qui hic nec bonis unquam nec malis pepercit, in illo eum tremendo examine et justorum vita et peccatorum pariter accuset. Et gravius quidem est si quis justis potius quam peccatoribus noceat. Unde et per prophetam dicitur : *Sanguis ejus in medio ejus est, super limpidissimam petram effudit illum; non effudit illum super terram, ut possit operiri pulvere* (*Ezech.* XXIV, 7). Per terram videlicet et pulverem peccatores, per petram vero limpidissimam justum signans, qui gravibus peccatorum contagiis non exasperatur. Sanguis ergo super limpidissimam petram effunditur, quando malitia cruentæ mentis in afflictione justæ animæ grassatur. Cum ergo sit gravius justos quam injustos injuste affligere, multo tamen est gravius et justis pariter et injustis nocere. Quia ergo hic iniquus et justis pariter nocuit et injustis, in accusatione condemnationis revelabunt cœli iniquitatem ejus, et terra consurget adversus eum, quia et illis obstitit qui cœlestia, et eos pressit qui ima sapuerunt. Possunt vero per terram [a] non peccatores et reprobi, sed hi qui, terrenis actibus occupati, eleemosynarum et lacrymarum ope ad æternam vitam perveniunt designari, de quibus per Psalmistam dicitur, cum venire Dominus ad judicium nuntiaretur : *Advocavit cœlos sursum* 484 *et terram, ut discerneret populum suum* (*Psal.* XLIX, 4). Cœlos quippe sursum advocat cum hi qui, sua omnia relinquentes, conversationem cœlestis vitæ tenuerunt ad consedendum in judicio vocantur, atque cum eo judices veniunt. Terra etiam sursum vocatur cum hi qui terrenis actibus obligati fuerant, in eis tamen plus cœlestia quam terrena lucra quæsierunt, quibus dicitur : *Hospes eram et collegistis me; nudus,* [b] *et operuistis me* (*Matth.* XXV, 43). Hypocritæ itaque hujus cœli iniquitatem revelant, atque adversus eum terra consurgit, dum et hi qui cum Deo judices veniunt, et hi qui per judicium liberantur pravitatis illius testes existunt. Nihil ergo de his quæ egit in tempore damnationis ejus absconditur, et si quidem acta illius modo hominibus per duplicitatem multa celantur, sed in damnationis die quidquid in eo intrinsecus latebat ostenditur. Unde apte subjungitur :

---

cti Gregorii contraxerunt. Aliunde constat ex l. IV Dialog., c. 29, Gregorium docere ignem inferni esse corporeum.

[a] Ita Anglic. Mss. et nostri: In Editis legitur : *non solum peccatores et reprobi, sed et li* etc.
[b] Utic., *et cooperuistis me.*

CAPUT XXXII [Vet. XVI].

Vers. 28. — *Apertum erit germen domus illius, detrahetur in die furoris Dei.*

38. *In judicio mala intus latentia revelabuntur.* — Tunc germen domus illius aperitur, cum omne malum quod in conscientia illius ᵃ nascebatur ostenditur. Modo quippe germen domus hypocritæ ᵇ manet occultum, quia etsi bona in imagine apparet ejus operatio, sed latet intentio. Aliud est namque quod agit, aliud ᶜ quod intendit. Sed cum, adveniente judice, uniuscujusque conscientia ad testimonium fuerit deducta, unde scriptum est : *Cogitationibus accusantibus, aut etiam defendentibus (Rom. II, 15)*, ᵈ in hoc hypocritæ germen domus aperitur, quia in ejus mente cogitatio perversa detegitur. Et in die furoris Dei detrahitur, quia, ostensa ira judicis, flammis ultricibus traditus, ab ejus conspectu separatur. Qui enim summa cogitare dum viveret noluit, peccatorum suorum pondere depressus, a facie judicis in ima suppliciorum cadet. Nunc autem et peccantem considerat judex et tolerat, atque ad conversionem singulos, quia dies patientiæ, et necdum est dies furoris, exspectat. Sed in hoc die patientiæ quasi immobilis manet hypocrita, dum et multa mala perpetrat, et hunc flagella nulla castigant. Sed in furoris die detrahetur, quia, vindictæ tempore raptus ad supplicia, ᵉ ab æterni judicis vultu separatur. Sequitur :

CAPUT XXXIII [Rec. XX].

Hæc est pars hominis impii a Deo, et hæreditas verborum ejus a Domino.

39. *In judicio vel minima mala punientur.* — Si enim bene agere in hac positus vita voluisset, partem apud Dominum cœlestis regni consortium haberet. Sed quia pravis subdi desideriis elegit, partem suam a Domino in tormentis invenit, quia ejusdem Domini participare gratiam non quæsivit. Bene autem dicitur : *Et hæreditas verborum ejus a Domino.* Qui enim pro magnis malis in supplicium mergitur, fortasse credebatur quod pro verbis quæ male dixerat minime judicaretur. Sed cum districta Dei omnipotentis justitia suppliciorum a reprobis pro perversis actibus exigit, eis mala usque ad verborum retributionem reddit, ut qui de magnis malis debitores sunt, suppliciis traditi, etiam novissimum quadrantem solvant. Illis enim minima parcuntur qui majora in se districte male defleverunt. Nam quos magna premunt, etiam mala minima in gehenna pariter affligunt. 485 Sancti autem viri non partem a Domino accipere, sed partem suam ipsum Dominum habere desiderant. Unde Propheta deprecatur, dicens : *Portio mea Dominus (Psal. LXXII, 26)* Iniquus vero quia portionem suam habere ipsum Dominum non quæsivit, partem suam extra Dominum ignem invenit, ut ab ejus facie exclusus, quia gaudere in ipso non appetiit, sub ipso crucietur. Hæc Sophar ita intulit, ut per ea quæ contra hypocritam dixerat beati Job vitam feriret, existimans quod is qui a Domino percussus esset cuncta bona quæ egerat mente simplici non egisset. Quem enim percussum vidit, Deo displicuisse credidit. Sed amici beati Job etiam in hac re hæreticorum speciem tenent, qui in sancta Ecclesia dum quosdam bene agentes aspiciunt sub flagellis gemere, eos existimant bona merita in bonis actibus non habere, et malos credunt ᶠ quos affligi verbere divino conspiciunt, videlicet nescientes quia *multæ tribulationes justorum (Psal. XXXIII, 20)* ; et *flagellat omnem filium quem recipit (Hebr. XII, 6).* Sed beatus Job more sanctæ et universalis Ecclesiæ, quæ a perversis verborum jacula æquanimiter tolerat, et cum superborum dicta audit, humilitatis suæ tramitem non relinquit, cum magna cordis humilitate subjunxit, dicens :

CAPUT XXXIV [Vet. XXII, Rec. XXI].

Cap. XXI, Vers. 2. — *Audite quæso sermones meos, ᵍ et agite pœnitentiam.*

40. *Sancti dum recte docent, irrideri non metuunt.* — Qui enim cum diceret *Audite*, addidit *Quæso*, cum quanta humilitate loquatur insinuat, dum contra se superbientes rogat, ut eorum sensum ad salutis doctrinam ʰ reducat. Sancti autem viri dum intra universalem Ecclesiam non solum docere recta, sed etiam perversa tolerare parati sunt, irrideri non metuunt. Unde et subditur :

CAPUT XXXV.

Vers. 3. — *Sustinete me, ⁱ ut et ego loquar, et post mea, si ⁱ videbitur, verba ridete.*

41. *Sancti in verbis suis quærunt auditoribus suis, et sibi prodesse. Superbis auditoribus grave onus est doctrina humilitatis.* — Boni etenim, cum loquuntur, duo sunt quæ in suis locutionibus attendunt, ut videlicet aut sibi et auditoribus suis, aut sibimet solis prosint, si auditoribus prodesse non possunt. Cum enim bene audiuntur bona quæ dicunt, sibi simul et auditoribus prosunt. Cum vero ab auditoribus derideantur, sibi procul dubio ʲ profuerunt, quos a culpa silentii liberos fecerunt. Beatus itaque Job ut sibi et suis auditoribus prosit, dicat : *Audite quæso sermones meos, et agite pœnitentiam.* Ut autem ipse quod debet exsolvat, etiam si auditoribus prodesse non valeat, adjungit : *Sustinete me, ut et ego loquar, et post, mea, si videbitur, verba ridete.* Et notandum quia dum subjungeret *Agite pœnitentiam*, præmisit *Audite*; cum vero subderet : *Post mea, si videbitur, verba ridete*, præmisit *Sustinete me.* Audire quippe volentis est, sustinere nolentis. Amici ergo ejus si doceri appe-

---

ᵃ Turon., *nesciebatur.*
ᵇ Bellov. et Norm., *manet in occulto.*
ᶜ Bigot. et Lyr., *quo intendit.*
ᵈ Norm., *in hoc hypocrita.*
ᵉ Mss. Anglic. et nostri ut plurimum habent *æterni jud.*, non *interni.*
ᶠ Germ., Bellov., Norm., etc., habent *quos*, non *quod*, ut in Editis legitur.

ᵍ In Utic. olim, *et agetis pœnitentiam*; sic legitur hic textus infra quoties repetitur in recent. Ed. Veteres autem manuscriptos consentiunt, ubi nunc habetur semper *agite.*
ʰ Vindoc., *deducat.*
ⁱ Deest, *ut* in Utic.
ʲ Germ., Turon. et Norm., *præstiterunt.*

tunt, audiant; si autem irridere parati sunt, sustineant quæ dicuntur, quia videlicet superbis mentibus pondus grave est oneris doctrina humilitatis. Sequitur:

CAPUT XXXVI [Rec. XXII].

VERS. 4. — *Nunquid contra hominem disputatio mea est, ut merito non debeam contristari?*

42. *Job ex flagellis humilior, Deo displicuisse tantum timuit.* — Omnis qui Deo placens hominibus displicet, causas tristitiæ nullas habet. Qui autem aut hominibus placens Deo displicet, aut simul Deo et hominibus displicere se credit, si hunc tristitia non afficit, a virtute sapientiæ alienus existit. Beatus autem Job displicuisse Deo inter flagella se credidit, et idcirco animum ad tristitiam revocavit, quia despiciendus non erat cui se displicuisse formidabat. Si autem de vitæ suæ meritis contra hominem disputaret, nequaquam contristari debuisset; sed quia per flagella præsentia anceps factus de anteacta vita fuerat, in flagello tristitiam jure requirebat. Unde etiam subdit:

CAPUT XXXVII.

VERS. 5. — *Attendite me, et obstupescite.*

43. *Ex Job percussionibus discendum quid formidare debeamus.* — Id est, considerate quæ egi, et admiramini in hac percussione quæ patior. Qui adhuc recte subinfert, dicens:

IBID. — *Et superponite digitum ori vestro.*

Ac si aperte dicat : Scientes bona quæ egi, et considerantes mala quæ patior, vosmetipsos etiam a verborum culpa compescite, atque in meis percussionibus vestra damna formidate. Vel certe quia digitis quæque discernimus, non incongrue per digitum discretio designatur. Unde et per Psalmistam dicitur : *Benedictus dominus Deus meus, qui docet manus meas ad prælium, et digitos meos ad bellum* (*Psal.* CXLIII, 1). Per manus videlicet operationem, per digitos vero discretionem designans. [*Vet. XVIII.*] Digitus ergo ori superponitur cum per discretionem lingua refrenatur, ne per hoc quod loquitur in stultitiæ culpam delabatur. Ait ergo : *Superponite digitum ori vestro*, id est, locutioni vestræ discretionis virtutem adjungite, ut per hæc quæ recta contra hypocritam dicitis quibus sint dicenda videatis. Sequitur :

CAPUT XXXVIII.

VERS. 6. — *Et ego quando recordatus fuero, pertimesco, et concutit carnem meam tremor.*

44. *Quædam ironice et per irrisionem a sanctis dicuntur.* — Quia beatus Job actuum suorum oblitus non fuerit, extrema locutio ejus ostendit. Qua ex re hoc quod ab eo nunc amicis dicitur : *Et ego quando recordatus fuero, pertimesco, et concutit carnem meam tremor*, constat nimirum quod per irrisionem dicatur. Ac si aperte diceretur : Si me aliquid hypocritæ habuisse meminero, in pœnitentiæ mox fletu contre-misco. Carnem vero suam, si recordatus fuerit, tremore perhibet concuti, id est infirmitatem operis ultionis pavore fatigari. Sed quia multa Sophar de subita damnatione impii, [a] in quibus beati Job potentiam momordit, asseruit, sanctus vir contra ejus dicta subjungit, dicens :

CAPUT XXXIX [Rec. XXIII].

VERS. 7. — *Quare ergo impii vivunt, sublevati sunt, confortatique divitiis?*

45. *Expenditur hujus vitæ felicitas, in dignitatibus et divitiis, in liberis et propinquis; in pacata domo; in armentorum fecunditate; in familiæ multitudine et exsultatione.* — Nisi enim eos patientia divina toleraret, nequaquam diu vitam in peccatis ducerent. Sublevantur namque divitiis cum esse potentes incipiunt, confortantur vero cum diu in hac vita subsistere permittuntur. Quos enim substantia elevat, in suæ fastu potentiæ dierum longitudo confortat. Vel certe sublevati et confortati referuntur, quia sublevantur honoribus, confortantur rebus. Sed sunt plerique qui et honoribus sublevati, et divitiis confortati, ea quæ in hac concupiscunt vita accipiunt, successione autem sobolis privantur. Istis nimirum ipsa sua potentia pœna est, cum et magnam se habere hæreditatem considerant, et hæredes non habent quibus relinquant. Quid itaque prodest si adsint omnia, et desint filii qui successores fiant? Sequitur :

CAPUT XL.

VERS. 8. — *Semen eorum permanet coram eis.*

46. In augmentum magnæ felicitatis, cum magno patrimonio dantur et hæredes; ac ne qua necessitas saltem temporalis ab oculis subtrahat eos in quibus animus exsultat, de hoc eorum semine dicitur : *Permanet coram eis.* Quid autem si filii dati sunt, sed ipsi sterilitate feriuntur? Sic in eis genus exstinguitur, sicut parentum sterilitate exstingui timebatur. Sequitur :

IBID. — *Propinquorum turba et nepotum in conspectu eorum.*

Ecce adest vita, adsunt honores et divitiæ, adsunt filii, adsunt nepotes. Quid si qua mentem intestina cogitatio exurat, et securitatis gaudia [b] domestica rixa transverberet? Quæ est mundi hujus felicitas, si læta non est? Sequitur :

CAPUT XLI.

VERS. 9. — *Domus eorum securæ sunt et pacatæ, et non est virga Dei super illos.*

47. Securæ et pacatæ sunt, quia peccantes vivunt, lugenda agunt, et gaudia non relinquunt. Virga eos supernæ disciplinæ non percutit, et tanto amplius in culpa proficiunt, quanto minus ex culpa feriuntur. Sed quia intus quæ prosperantur audivimus, in agris quoque quæ prosperitas arrideat [c] videamus. Sequitur :

---

[a] Ita Mss. Germ., Turon., Norm., etc., necnon vet. omnes Edit. Quam vocem recentioribus Editoribus placuit mutare in *patientiam*, fortasse quia patientia Job notior quam *potentia*.

[b] Turon., *domestica tristitia*.

[c] Ita Germ., etc. Norm. *audiamus*. In Utic. tamen olim legebatur *videamus*; nunc, *audiamus*, quod etiam observavimus in Ebroic.

Vers. 10. — *Bos eorum concepit, ᵃ et non abortivit; vacca peperit, et non est privata fetu suo.*

Vulgaris locutionis usus est ut bovem masculum et vaccam feminam vocet, sed litteraturæ (*Id est, grammaticæ*), locutio bovem communis generis appellat. Unde nunc dicitur : *Bos eorum concepit, et non abortivit; vacca peperit, et non est privata fetu suo.* Dominis gregum prima felicitas est, si grex sterilitatem non habens concipit; secunda, si conceptus ad partum venit; tertia autem, si hoc quod partum est per nutrimenta ad provectum ducatur. Ut ergo tota simul adesse impiis demonstraret, eorum greges beatus Job asserit concepisse, et non abortisse; peperisse, et fetu proprio non esse privatos. Minor autem est felicitas, si cum greges crescunt, custodes quoque gregum non proficiunt. Unde et ad fecunditatem gregum mox fecunditas familiæ subrogatur. Nam dicitur :

CAPUT XLII.

Vers. 11. — *Egrediuntur quasi greges parvuli eorum, et infantes eorum exsultant lusibus.*

48. Ut sicut majora ad habendum concessa sunt, ita multi germinent ad custodiendum. Sed quia dixit *Exsultant lusibus,* ipsum quoque infantium lusum in domo iniquorum ne vilem valde esse crederemus, subjungens, ait :

Vers. 12. — *Tenent tympanum et citharam, ᵇ gaudent ad sonitum organi.*

Ac si patenter dicat : Cum domini honoribus et rebus tument, subjecti in ludicris actibus gaudent. Sed, o beate vir, quid tam multa nobis de iniquorum voluptatibus narras? Jam diu est quod in eorum descriptione loqueris, post multa breviter distingue quæ sentis. Sequitur :

CAPUT XLIII [*Vet. XIX, Rec. XXIV*].

Vers. 13. — *Ducunt in bonis dies suos, et in puncto ad inferna descendunt.*

49. Quidquid finem habet, momentaneum. Prosperitas innocentiæ, adversitas iniquitatis non est argumentum.— Ecce, beate vir, eorum gaudia diu narraveras; quomodo nunc asseris quod in puncto ad inferna descendant, nisi quod omnis longitudo temporis 488 vitæ præsentis punctus esse cognoscitur, cum fine terminatur? Cum enim ad extremum quisque perducitur, de præterito jam nil tenet, quia tempora cuncta delapsa sunt; in futuro nil habet, quia unius horæ momenta non restant. Vita ergo quæ sic angustari potuit punctus fuit. Ut enim prædiximus, in puncto stylum ponimus, et levamus. Quasi ergo in puncto vitam tetigit, qui hanc accepit et amisit. Potest in puncto hoc quoque intelligi, quod sæpe hi qui diu in iniquitate tolerati sunt subita morte rapiuntur, ut nec flere ante mortem liceat quæ peccaverunt. Sed quia nonnunquam etiam vita justorum subito fine terminatur, melius illud accipimus, si hoc de eorum temporali vita sentiamus, quia quidquid transire potuit subitum fuit. Amicis autem beati Job, qui idcirco hunc injustum esse crediderunt, quia flagellatum viderunt, recte ejusdem sancti viri voce de iniquorum flore et perditione ostensum est quia præsentis vitæ prosperitas innocentiæ testis non est, quia multi ad perennem vitam per flagella redeunt, et plerique ad infinita supplicia perducendi sine flagello moriuntur. De quibus adhuc subditur :

CAPUT XLIV [*Rec. XXV*].

Vers. 14. — *Qui dixerunt Deo : Recede a nobis.*

50. *Qui Dei mandatis non obsequuntur, eum a se abigunt.* — Hæc verbis dicere vel stulti minime præsumunt; sed tamen perversi omnes Deo *Recede,* non verbis, sed moribus dicunt. Qui enim illa agunt quæ Deus omnipotens prohibet, quid aliud faciunt quam suum animum contra Omnipotentem ᶜ claudunt? Sicut enim ejus præcepta cogitare eum ad se introducere est, ita ejus mandatis obsistere eum a cordis inhabitatione repellere est. Dicunt ergo : *Recede a nobis,* qui ei ad se aditum præbere recusant, eumque pravis actibus impugnant, etiam si verbis laudare videantur. Dicunt etiam :

CAPUT XLV.

Ibid. — *Scientiam viarum tuarum nolumus.*

51. *Aliud est nescire vias Dei, aliud scire nolle.* — Eo ipso quo ejus scientiam apprehendere contemnunt. Sunt namque nonnulli qui ex eo quod Veritas dicit : *Servus qui non cognovit voluntatem domini sui, ᵈ et facit digna plagis, vapulabit paucis; et servus sciens voluntatem domini sui, et non faciens juxta eam, vapulabit multis* (Luc. xii, 47, 48); nolunt scire quod faciant, et quasi minus se vapulaturos existimant, si nesciant quod operari debuerunt. Sed aliud est nescisse, aliud scire noluisse. Nescit namque qui apprehendere vult, et non valet. Qui autem ut nesciat aurem a voce veritatis avertit, iste non nesciens, sed contemptor addicitur. [*Vet XX.*] Via autem Dei pax, via Dei humilitas, via Dei patientia est. Sed quia hæc omnia iniqui despiciunt, dicunt : *Scientiam viarum tuarum nolumus.* Dum enim in præsenti vita superbiunt, dum honoribus inflantur, dum etiam si non habent appetunt, vias Dei in sua cogitatione contemnunt. Quia enim via Dei in hac vita humilitas fuit, ipse hic Deus et Dominus redemptor noster ad probra, ad contumelias, ad passionem venit, et adversa hujus mundi æquanimiter pertulit, prospera fortiter vitavit, ut et prospera doceret æternæ vitæ appeti, et adversa præsentis vitæ non formidari. Sed quia iniqui gloriam vitæ præsentis appetunt, ignominiam fugiunt, dicere memorantur : *Scientiam viarum tuarum nolumus.* Scire quippe nolunt quod facere contemnunt. 489 Quorum adhuc verba subduntur, cum dicitur :

ᵃ In Utic. olim scriptum *et non abortit,* quod etiam habet Germ.
ᵇ Mss. Norm., *et gaudent.*
ᶜ Turon. habet *cludunt* pro *claudunt.*
ᵈ Norm. et vet. Edit., *et non facit digna; plagis vapulabit paucis.*

CAPUT XLVI [Rec. XXVI].

VERS. 15. — *Quis est Omnipotens, ut serviamus ei?*

52. *Carnales, aut Deum non esse suspicantur, aut ei servire contemnunt.*—Mens enim hominis male exterius fusa, sic in rebus corporeis sparsa est, ut neque ad semetipsam intus redeat, neque eum qui est invisibilis cogitare sufficiat. Unde carnales viri jussa spiritalia contemnentes, Deum quia corporaliter non vident, quandoque ad hoc perveniunt, ut etiam non esse suspicentur. Unde scriptum est : *Dixit insipiens in corde suo : Non est Deus* (*Psal.* XIII, 1). Unde nunc quoque dicitur : *Quis est Omnipotens, ut serviamus ei?* Plerumque enim plus appetunt homines servire hominibus, quos corporaliter vident, quam servire Deo, quem non vident. Per omne enim quod faciunt, ad finem oculorum tendunt; et quia in Deum oculos corporis tendere non possunt, ei obsequia praebere vel despiciunt, vel si coeperint, fatigantur. Esse enim, sicut dictum est, non credunt, quem corporaliter non intuentur. Qui si auctorem omnium Deum humiliter quaererent, [a] id quod non videtur, ei rei quae videtur, [b] esse melius, in semetipsis invenirent. Ipsi quippe ex anima invisibili et corpore visibili subsistunt; sed si hoc ab eis quod non videtur, abstrahitur, illico corruit quod videtur. Et patent quidem carnis oculi; sed videre quidquam vel sentire non possunt. Sensus enim visionis periit, quia habitator recessit; et domus carnis remanet vacua, quia abscessit ille invisibilis spiritus, qui per ejus respicere fenestras solebat. Quia ergo rebus visibilibus invisibilia praestantiora sunt, carnales quique ex semetipsis pensare debuerunt, atque per hanc, ut ita dixerim, scalam considerationis tendere in Deum : quia eo est, quo invisibilis permanet, et eo summus permanet quo comprehendi nequaquam potest. Sunt vero nonnulli qui Deum et esse et incomprehensibilem esse non ambigunt; qui tamen ab eo non ipsum, sed dona exteriora quaerunt. Quae cum ei servientibus deesse conspiciunt, ipsi servire contemnunt. De quorum adhuc verbis adjungitur :

CAPUT XLVII [Rec. XXVII].

IBID.—*Et quid nobis prodest, si oraverimus illum?* 53. *Ordo rerum in oratione postulandarum.*—Cum Deus in oratione non quaeritur, citius in oratione animus lassatur : quia cum illa quisque postulat, quae fortasse juxta occultum judicium Deus tribuere recusat, ipse quoque venit in fastidium, qui non vult dare quod amatur. Sed se magis Dominus quam ea quae condidit, vult amari, aeterna potius quam terrena postulari, sicut scriptum est : *Quaerite [c] primum regnum Dei et justitiam ejus, et haec omnia adjicientur vobis* (*Matth.* VI, 33). Qui enim non ait, dabuntur, sed *adjicientur* : profecto indicat aliud esse quod principaliter datur, aliud quod superadditur. Quia enim nobis in intentione aeternitas, in usu vero temporalitas esse debet, et illud datur, et hoc nimirum ex abundanti superadditur. Et tamen saepe homines, cum bona temporalia postulant, aeterna vero praemia non requirunt, petunt quod adjicitur, et illud non desiderant ubi adjiciatur. Nec lucrum suae esse petitionis deputant, si hic sint temporaliter pauperes, [d] et illic beatitudine divites in aeternum vivant; sed solis, ut dictum est, visibilibus intenti, [e] labore postulationis renuunt invisibilia mercari. 490 Qui si superna quaererent, jam cum fructu [f] laborem exhiberent : quia cum mens in precibus ad auctoris sui speciem anhelat, divinis desideriis inflammata, supernis conjungitur, ab inferioribus separatur, [g] amore fervoris sui se aperit ut capiat, et capiens inflammat; et superiora amare jam sursum ire est; dumque magno desiderio ad coelestia inhiat, miro modo hoc ipsum quod accipere quaerit degustat. Sequitur :

CAPUT XLVIII [Vet. XXI, Rec. XXVIII].

VERS. 16.—*Verumtamen quia non sunt in manu eorum bona sua, consilium eorum longe sit a me.*

54. *Justi bona sua possident, non ab eis possidentur; secus iniqui.*—Bona in manu habet, qui despiciendo temporalia sub dominio mentis premit. Nam quisquis ea nimie diligit, se magis illis quam sibi ipsa supponit. Multi etenim justorum in hoc mundo divites fuerunt, [h] rebus et honoribus fulti habere multa videbantur, quorum mentem quia eorum quae aderant delectatio nimia non possidebat, bona illorum in manu erant : [i] quia potestati animi subjecta tenebantur. At contra iniqui ita se totis desideriis in exteriorum rerum appetitionibus fundunt, ut non magis jam habita teneant, sed ab his quae habent, captiva mente teneantur. Quia igitur non sunt in manu eorum bona sua, recte subjungitur : *Consilium eorum longe sit a me.* Quid namque est iniquorum consilium nisi terrenam gloriam quaerere, aeternam negligere, salutem temporalem cum damno interiori appetere, et dolores transitorios ad aeternos gemitus commutare? Vir igitur sanctus has iniquorum cogitationes intuens aspernetur, et dicat : *Consilium eorum longe sit a me.* Quia nimirum esse bonum incomparabiliter videt, ad breve tempus eligit hic sub flagello gemere quam aeternae ultionis supplicia tolerare. Sed neque in hac vita hi qui in ea prosperari appetunt, continue prosperantur. Nam plerumque eorum gaudia, suborti gemitus interrumpunt. Unde subditur :

CAPUT XLIX [Rec. XXIX].

VERS. 17.—[j] *Quoties lucerna eorum exstinguetur, et*

---

[a] Recent. Ed., *ea re*; quod etiam legitur in Utic. a secunda manu. At Turon. et plur. Mss. ac vet. edit., *ei rei quae videtur.*
[b] Deest esse in Norm.; expunctum fuit in Utic.
[c] Non legitur, *primum*, in Norm.
[d] Ebroic., Sag., Utic., *et illic beatitudinis divites*, etc.
[e] Turon., *laborant in postulatione.*
[f] Lyr., Bigot., Utic., praeter hanc lect., aliam subjiciunt, sc., *laborem exciperent*, quam solam habet Vindoc.
[g] Turon., *amore favoris sui.*
[h] Turon., *rebus et honoribus suffulti haberi videbantur.*
[i] Bigot., Lyr., Utic., *quia potestate.*
[j] Lyr. et Bigot., *quoties lucerna impiorum exstinguitur.* Utic. praeter hanc lectionem, aliam habet quae est etiam Germ., *quoties lucerna eorum exstinguitur.*

superveniet eis inundatio, et dolores dividet furoris sui.

55. Quot et qualibus pœnis afficiuntur mali.—Sæpe impius lucernam suam, filiorum vitam æstimat; sed cum filius qui nimie amatur, subtrahitur, lucerna impii, quæ videbatur, exstincta est. Sæpe impius præsentis honoris gloriam lucernam putat; sed dum, sublata dignitate, dejicitur, lucerna exstincta est, quæ ei juxta desiderium lucebat. Sæpe impius opes terrenæ substantiæ adesse sibi, quasi magnam luminis lucernam putat; sed cum, irruente damno, divitias, quas plus se amabat, perdiderit, quid iste aliud quam lucernam, in cujus lumine ᵃ gaudebat, amisit? Qui ergo gaudere de æternis non appetit, neque hic ubi solidari vult, potest continue lætari. Nam quoties lucerna impiorum exstinguitur, et supervenit eis inundatio, et dolores dividit furoris sui. Inundatio impiis supervenit, cum dolorum fluctus ex aliqua adversitate patiuntur. Omnipotens enim Deus cum se despici et in terrena videt concupiscentia lætari, hoc quoque doloribus percutit quod sibi videt in cogitatione impii præferri. Bene autem dicitur : *Et dolores dividet furoris sui.* Qui enim æternos dolores impio per retributionem servat, et aliquando ejus mentem etiam 491 temporali dolore transverberat : quia hic quoque et illic percutit, furoris sui super impium dolores dividit. Neque enim pœna præsens, quæ injusti animam a pravis desideriis non immutat, ab æternis suppliciis liberat. Unde et per Psalmistam dicitur : *Pluet super peccatores laqueos, ignis, sulphur et spiritus procellarum pars calicis eorum* (Psal. x, 7). Dicendo enim laqueos, ignis, sulphur et spiritus procellarum, multos nimirum dolores intulit. Sed quia ab eis doloribus peccator, qui non corrigitur, ad æterna supplicia vocatur, eosdem dolores non jam totum calicem, sed partem calicis dixit : quia videlicet eorum passio hic quidem per dolores incipitur, sed in ultione perpetua consummatur. De quorum adhuc fine subjungitur :

CAPUT L [*Vet. XXII, Rec. XXX*].

Vers. 18.—*Erunt sicut paleæ ante faciem venti, et sicut favilla quam turbo dispergit.*

56. Tanquam paleæ ab iræ divinæ flatu ad ignem asportantur.—Iniquus cum in potestate conspicitur, cum valde in oppressionibus et violentiis effrenatur, ab infirmorum cogitationibus gravis nimium, et quasi in hoc mundo radicatus æstimatur. Sed cum districti judicis sententia venerit, omnes iniqui quasi paleæ ᵇ ante ventum erunt : quia, ut ita dicam, iræ flatu subito levantur atque asportantur ad ignem, quos hic in suis quondam præjudiciis quasi duri ponderis

ᶜ superjacentem molem indigentium lacrymæ movere non poterant. Et ad rapientis judicii manus leves sunt, qui per injustitiam proximis graves fuerunt. *Et sicut favilla, quam turbo dispergit.* Ante omnipotentis Dei oculos iniqui vita favilla est : quia, etsi apparet ad momentum viridis, ab ejus tamen judicio jam consumpta cernitur ; quia consumptioni est æternæ deputata. Hanc favillam turbo dispergit : quia Deus ᵈ manifestus veniet; Deus noster, et non silebit. *Ignis in conspectu ejus* ᵉ *ardebit, et in circuitu ejus tempestas valida* (Psal. xlix, 5). Hujus enim tempestatis turbine ab æterni conspectu judicis iniqui rapiuntur ; et qui hic mentem desiderio perverso solidaverant, ibi paleæ et favilla videbuntur : quia eos ad æterna supplicia turbo rapiens asportat. Sequitur :

CAPUT LI [*Rec. XXXI*].

Vers. 19.—*Deus servabit filiis illius dolorem patris : et cum reddiderit, tunc sciet.*

57. Qui Deus peccata parentum puniat in filiis.—Scriptum novimus : *Qui reddis peccata patrum* ᶠ *in filios ac nepotes, in tertiam et quartam generationem* (Exod. xxxiv, 7). Et rursum scriptum est : *Quid est* (De Pœnit., dist. 4, c. 13) *quod inter vos parabolam vertitis in proverbium istud in terra Israel, dicentes : Patres comederunt uvam acerbam, et dentes filiorum* ᵍ *obstupuerunt? Vivo ego, dicit Dominus Deus, si erit vobis ultra parabola hæc in proverbium in Israel. Ecce omnes animæ, meæ sunt; ut anima patris, ita et anima filii, mea est. Anima quæ peccaverit, ipsa morietur* (Ezech. xviii, 2; Jerem. xxxi, 29). In utraque igitur hac sententia dum dissimilis sensus invenitur, auditoris animus ut discretionis viam subtiliter requirat instruitur. Peccatum quippe originale a parentibus trahimus; et nisi per gratiam baptismatis ʰ solvamur, etiam ⁱ parentum peccata portamus : quia unum adhuc videlicet cum illis sumus. Reddit ergo peccata parentum in filios, dum pro culpa parentis, ex originali peccato anima polluitur prolis. Et rursum non reddit parentum peccata 492 in filios : quia cum ab originali culpa per baptismum liberamur, jam non parentum culpas, sed quas ipsi committimus, habemus. Quod tamen intelligi etiam aliter potest : quia quisquis pravi parentis iniquitatem imitatur, etiam ex ejus delicto constringitur. Quisquis autem parentis iniquitatem non imitatur, nequaquam delicto illius gravatur. Unde fit, ut iniquus filius ʲ iniqui patris non solum sua quæ addidit, sed etiam patris peccata persolvat ; ᵏ cum vitiis patris, quibus iratum Dominum non ignorat, etiam suam adhuc malitiam adjungere non formidat. Et justum est, ut qui sub districto judice vias parentis iniqui non timet

---

Reliqua contextus, *et superveniet*, etc., omittuntur in Germ., Lyr., Bigot., Utic. et in vet. Edit. Paris. et Basil.

ᵃ Vindoc., Anglic. et omnes Norm., *gradiebatur.*
ᵇ Vindoc., *ante faciem venti.*
ᶜ Idem, *super jacentem molam.*
ᵈ In Utic. olim, *manifeste.*
ᵉ Norm., *exardescet.*
ᶠ Idem, *in filiis ac nepotibus.*
ᵍ Bellov. Norm. et plur., *obstupescunt.*
ʰ Turon. Norm., etc., *solvatur.* Gratianus loco citato legit, *salvamur.*
ⁱ Norm., *parentum peccatum*, sc. *originale.*
ʲ Ebroic., Sag. et alii Norm., *iniqui patris imitator non solum*, etc.
ᵏ Norm. et Germ., *cum viis patris.*

imitari, cogatur in vita præsenti etiam culpas parentis iniqui persolvere. Unde et illic dictum est : *Anima patris mea est, et anima filii mea est. Anima quæ peccaverit, ipsa morietur* : quia in carne nonnunquam filii etiam ex patris peccato perimuntur. Deleto autem originali peccato, ex parentum nequitia in anima non tenentur. Quid enim est quod parvuli filii [a] plerumque a dæmonibus arripiuntur, nisi quod caro filii ex patris pœna multatur? In semetipso enim percutitur pater iniquus, et percussionis vim sentire contemnit. Plerumque percutitur in filiis, ut acrius uratur ; et dolor patris carni filiorum redditur, quatenus per filiorum pœnas mens patris iniqua puniatur. Cum vero non parvuli, sed jam provectiores filii ex parentum culpa feriuntur, quid aliud aperte datur intelligi, nisi quod illorum etiam pœnas luunt, quorum facta secuti sunt ? Unde et recte dicitur : *Usque ad tertiam et quartam progeniem*, Quia enim usque ad tertiam et quartam progeniem, eam quam imitantur filii parentum vitam possunt videre, usque ad eos ultio extenditur, qui viderunt quod male sequerentur.

[*Vet. XXIII.*] 58. *Impiorum oculos culpa claudit, aperit pœna.*—Et quia impiorum oculos culpa claudit, sed in extremum pœna aperit, recte subjungitur : *Et cum reddiderit, tunc sciet.* Nescit enim impius mala quæ fecit, nisi cum pro eisdem malis puniri jam cœperit. Unde et per prophetam dicitur : [b] *Et tantummodo sola vexatio intellectum dabit auditui* (*Isai*. XXVIII, 19). Tunc namque intelligit quod audivit, cum se jam pro contemptu vexari doluerit. Hinc per Balaam de semetipso dicitur : *Dixit homo, cujus obturatus est oculus : dixit auditor sermonum Dei, qui visionem Omnipotentis intuitus est,* [c] *qui cadet : et sic aperientur oculi ejus* (*Num.* XXIV, 3, 4). Consilium quippe contra Israelitas præbuit, sed post in pœna vidit quid prius ex culpa commiserit. Electi autem quia ne peccare debeant prævident : eorum videlicet oculi ante casum patent. Iniquus vero post casum oculos aperit : quoniam post culpam jam in pœna sua conspicit, quia malum debuit vitare, quod fecit. De cujus inutili jam tunc [d] scientia subinfertur :

CAPUT LII.

Vers. 20.—*Videbunt oculi ejus interfectionem suam, et de furore Omnipotentis bibet.*

59. *Post casum inutiliter aperiuntur oculi.* — Qui si in hac vita positus, culpam suam videre voluisset, de Omnipotentis postmodum furore non biberet. Sed qui hic avertit oculos a respectu criminis, illic declinare non valet sententiam damnationis. Sæpe vero hi qui supplicia æterna non metuunt, prava agere pro temporali saltem percussione pertimescunt. Sed sunt nonnulli qui ita in iniquitate duruerunt, ut nec in ipsis metuant feriri quæ amant, dummodo quæ perverse cogitaverint expleant. Unde hoc in loco de iniqui obduratione subjungitur :

CAPUT LIII.

Vers. 21.—*Quid enim ad eum pertinet de domo sua post se ? aut si numerus mensium ejus dimidietur ?*

60. *Stupenda quorumdam malorum, etiam dum feriuntur, obduratio et cæcitas.*—Neque enim sic debemus accipere, ut iniquus iste postea quam damnatus æternis suppliciis fuerit de domo sua, id est de cognatis quos reliquerit, minime cogitavit, cum per semetipsam Veritas dicat quia dives qui in inferno sepultus fuerat, de quinque fratribus quos reliquerat etiam in supplicio positus curam gerebat (*Luc.* XVI, 28). Omnis namque peccator prudens erit in pœna qui, stultus fuit in culpa (*Dist.* 38, *c.* 10), quia ibi jam dolore constrictus ad rationem oculos aperit, quos hic voluptati deditus clausit; et pœna torquente exigitur ut sapiat, qui hic excæcante se superbia desipiebat. Cui tamen sua sapientia jam tunc minime proderit, [e] quia hic ubi operari juxta sapientiam debuit, tempus amisit. Pro summo hic namque bono concupiscit germen generis habere, domum familia et opibus replere, et diu in hac carnis corruptione vivere. Sed si fortasse aliquid ad ejus desiderium veniat, quod tamen obtinere non possit nisi cum offensione conditoris ejus animus ad paululum perturbatus cogitat, quia si hoc egerit hic, unde offensam sui conditoris incurrat, in domo, in filiis, in vita percutitur. Sed superbia sua protinus instigatus obdurescit ; et quamlibet in domo, quamlibet in vita percussionem sentiat, nequaquam curat, dummodo quæ cogitaverit expleat ; et quousque vivit, voluptates suas perficere non desistit. Ecce enim domus ejus pro culpa percutitur ; sed *quid ad eum pertinet de domo sua post se ?* Ecce pro ultione pravi operis ea quæ esse potuit vitæ longitudo breviatur ; sed quid ad eum pertinet, [f] *Si numerus dierum ejus dimidietur ?* Et in hoc ergo se peccator contra Deum erigit, ubi Deus omnipotens ejus erectionem frangit ; et nec illata percussio mentem humiliat, quam in deliberatione contra Dominum obstinatio obdurat. Et notandum quam gravis culpæ reatus sit, et pœnam pro culpa menti proponere, et tamen nec tormenti metu sub jugo conditoris cervicem cordis inclinare. [*Vet. XXIV, Rec. XXXII.*] Sed ecce cum hæc audimus, cordi nostro quæstio oritur, cur omnipotens et misericors Deus in tantam cæcitatem cadere rationem mentis humanæ permiserit ? Ne vero quisquam ultra quam debet occulta Dei judicia discutere præsumat, recte subjungitur :

CAPUT LIV.

Vers. 22.—*Nunquid Deum quispiam docebit scientiam, qui excelsos judicat ?*

61. *Occulta Dei judicia curiosius non scrutanda.* —

---

[a] Ebroic. et Utic., *te manibus arripiuntur.*
[b] Deest *tantummodo* in Lyr. et Bigot.
[c] Norm., *qui cadit, et sic aperiuntur oculi ejus.*
[d] Ebroic., *sententia*; quam lectionem prætulit Edit. Vatic.

[e] Ita Mss. Anglic., Norm. et pler. In tribus tamen Reg. et Germ. legitur *hoc* pro *hic*, quos sequuntur omnes Ed. In Bellovac., mendose, *huc.*
[f] Norm., *si numerus mensium*; olim tamen in Utic. legebatur *si numerus dierum.*

Cum in his quæ de nobis aguntur ambigimus, debemus alia quæ nobis sunt certa conspicere, et eam quæ de nostra nobis incertitudine surrexerat cogitationis querelam placare. Ecce enim quod electos ad vitam flagella revocant, et a malis actibus reprobos nec flagella compescunt, omnipotentis Dei judicia super nos valde occulta sunt, et injusta non sunt. Sed si tendamus oculum mentis ad superiora, in illis aspicimus quia de nobis quid juste conqueri non habemus. Omnipotens enim Deus angelorum merita discernens, **494** alios in æterna luce sine lapsu permanere constituit, alios sponte lapsos a statu suæ celsitudinis in æternæ damnationis ultione prostravit. Nobiscum igitur injuste nil agit, qui et subtiliorem nobis naturam juste judicavit. Dicat ergo : *Nunquid Deum quispiam docebit scientiam, qui excelsos judicat?* Qui enim super nos mira facit, constat procul dubio quia de nobis scienter omnia disponit. His itaque præmissis, adjungitur ᵃ ubi humanus animus in requisitione fatigatur. Nam subditur :

CAPUT LV.

Vers. 23-25.—*Iste moritur robustus et sanus, dives et felix, viscera ejus plena sunt adipe, et medullis ossa illius irrigantur; alius vero moritur in amaritudine animæ suæ absque ullis opibus.*

62. *Electorum et reproborum vita dispar, at mors carnis eadem. Iniqui lætitia transit ad pœnam, innocentis pœna ad lætitiam.* — Ista cum ita sint, ᵇ quis omnipotentis Dei secreta discutiat cur hæc ita esse permittat? Sed electis et reprobis vita quidem dispar est, carnis autem in morte corruptio dispar non est. Unde subjungitur :

Vers. 26. — *Et tamen simul in pulvere dormient, et vermes operient eos.*

Quid ergo mirum, si prosperitate vel adversitate ᶜ præsentis sæculi dissimiliter ad momentum currunt, qui per corruptionem carnis ad terram similiter redeunt? [*Vet. XXV.*] Illa est ergo solummodo vita cogitanda, in qua cum resurrectione carnis ᵈ ad finem dissimilem pertingitur retributionis. Quæ est enim iniquis salus aut robur, qui adeps et divitiæ, dum totum hic cum celeritate relinquitur, et illic retributio, quæ nunquam relinqui possit, invenitur? Sicut autem hujus iniqui lætitia transit ad pœnam, ita afflicti innocentis pœna transit ad lætitiam. Nec divitiæ ergo debent mentem extollere, nec inopia perturbare. Unde beatus Job inter damna rerum nulla admittit ad animum damna cogitationum, sed ad eos qui se in percussione despiciunt redarguendo subjungit, dicens :

CAPUT LVI [*Rec. XXXIII*].

Vers. 27, 28. — *Certe novi cogitationes vestras, et sententias contra me iniquas. Dicitis enim : Ubi est domus principis, et ubi tabernacula impiorum?*

63. *Job infractus, quia amissis cœteris Deum non* amiserat.—Impium enim crediderant ᵉ quem, ablatis rebus, temporaliter destructum videbant. Sed sanctus vir tanto eos alta consideratione dijudicat, quanto inter damna quæ pertulerat infracta rectitudine stabat. Quid enim ei foris rerum damna nocuerant, qui illum non amiserat quem interius amabat?

Allegoricus sensus. — 64. *Ex copia superbia nascitur.* — Hoc vero quod dicitur : *Simul in pulvere dormient, et vermes operient eos*, si quis forsitan accipere per allegoriam velit, explere breviter possumus, si de iniquo hoc divite ea quæ sunt jam dicta replicemus. Dicitur namque : *Viscera ejus plena sunt adipe.* Sicut enim ex abundanti cibo adeps, ita ex abundantia rerum superbia nascitur, quæ impinguat mentem divitis, dum elevatur animus superbientis. Superbia quippe cordis quasi quædam pinguedo est crassitudinis. Unde quia plerique ex abundantia peccata perpetrant, per Prophetam dicitur : *Prodiit quasi ex adipe iniquitas eorum* (*Psal.* LXXII, 7). Sequitur : *Et medullis ossa illius irrigantur.* Amatores hujus sæculi quasi ossa habent, quando in hoc mundo fortitudinem dignitatum possident. **495** Sed si in exteriori dignitate desint terrenæ et domesticæ divitiæ, quantum ad judicium suum ossa quidem habent, sed medullas in ossibus non habent. Quia ergo sic iste amator hujus sæculi exteriori potestate fulcitur, ut etiam interiori terrenæ domus abundantia saginetur, dicitur : *Et medullis ossa illius irrigantur.* Vel certe ossa sunt hujus divitis pravæ et duræ consuetudines, medullæ vero in ossibus sunt ipsa desideria male vivendi, quæ neque ex pravitatis satisfactione satiantur. Quæ medullæ quasi ossa irrigant, cum prava desideria perversas consuetudines suas in voluptatum delectatione conservant.

[*Vet. XXVI, Rec. XXXIV.*] 65. *Unde dives inaniter gaudet, inde pauper inanius affligitur. Bona quæ dives cum metu habet, pauper cum anxietate appetit.*— Et sunt nonnulli qui in hoc mundo divitias non habent, sed habere concupiscunt, elati esse appetunt; quamvis in hoc mundo quod cupiunt obtinere non possunt; et cum nullis rebus vel honoribus fulti sint, per mala tamen desideria in conspectu interni judicis reos conscientia addicit. Talis etenim quisque plerumque ideo affligitur, quia ditescere ac superbire non prævalet. De quo et subditur : *Alius vero moritur in amaritudine animæ suæ absque ullis opibus.* Ecce unde dives superbo corde inaniter gaudet, inde pauper alius superbo corde inanius affligitur. Bene autem de utrisque subjungitur : *Et tamen simul in pulvere dormient, et vermes operient eos.* In pulvere enim dormire est in terrenis desideriis oculos mentis claudere. Unde unicuique peccanti et in culpa sua dormienti dicitur : *Surge qui dormis, et exsurge a mortuis, et illuminabit te Christus* (*Ephes.* v, 14). Vermes vero qui de carne nascuntur eos simul operiunt, quia sive

---

ᵃ Vindoc., *ubi humanus oculus vel animus.*
ᵇ Ebroic. cum aliis Norm.; *quis sinum omnipotentis Dei secretum.* Germ., *quis in omnip. Dei secreto discutiat.*
ᶜ Lyr. et Bigot., *præsentis vitæ.* Utic., *vitæ præ-*
sentis sæculi.
ᵈ Utic. præter hanc lectionem habet *ad vitam.*
ᵉ Norm., *quam a lætis rebus.* Vindoc., *quam lætis rebus.*

divitis, sive pauperis superbientis animum curæ carnales premunt. In rebus etenim terrenis pauper et dives reprobus, quamvis non pari prosperitate fulciantur, pari tamen anxietate turbantur, quia quod ille jam cum metu habet, iste cum anxietate appetit; et quia habere non valet, dolet. Dicatur ergo : *Simul in pulvere dormient, et vermes operient eos*, quia etsi non simul rebus temporalibus sublevantur, simul tamen in cura rerum temporalium mentis torpore sopiuntur. Simulque eos vermes operiunt, quia vel istum ut concupita habeat, vel illum, ne habita amittat, carnales cogitationes premunt.

66. *Job nec habitis rebus elatus, nec amissis anxius.* — Beatus autem Job, qui nec habitis rebus elatus fuerat, nec amissas cum anxietate requirebat, ᵃ quia nullis exterioris damni cogitationibus mordebatur, eum vermes cordis non operuerant. Et quia in terrena cura mentem suam non dejecerat, nequaquam in pulvere dormiebat. Sequitur : *Certe novi cogitationes vestras, et sententias contra me iniquas.* Cum scriptum sit : *Quis scit hominum quæ sunt hominis, nisi spiritus hominis, qui in ipso est (I Cor,* II, 11)? qua ratione nunc dicitur : *Certe novi cogitationes vestras.* Sed tunc spiritus hominis ignoratur ab altero cum verbis vel operibus non demonstratur. Nam cum scriptum sit : *Ex fructibus eorum cognoscetis eos (Matth.* VII, 20), per hoc quod foris agitur quidquid intus latet aperitur. Unde recte quoque per Salomonem dicitur : *Quomodo in aquis resplendent vultus prospicientium, sic corda hominum manifesta sunt prudentibus (Prov.* XXVII, 19). Proinde beatus Job, cum amicorum colloquentium cogitationes nosse se diceret, adjunxit : *Et sententias contra me iniquas,* ut ex patenti re ostenderet quia hoc quod in eis latebat invenisset. Unde ipsas quoque eorum iniquas sententias adjungit, dicens : *Dicitis enim : Ubi est domus principis, et ubi tabernacula impiorum ?*

[*Rec. XXXV.*] 67. *Falsa eorum opinio qui culpas ex flagellis metiuntur.* — Infirmi quique, qui in hoc mundo florere appetunt, et sicut magna mala, sic flagella pertimescunt, in eis quos flagellatos aspiciunt, culpas ex pœna metiuntur. Quos enim percussos cernunt, Deo displicuisse suspicantur. Unde amici beati Job, quem percussum viderunt, impium fuisse crediderant, videlicet æstimantes quia si impius non fuisset, ejus tabernacula permanerent. Sed ista non cogitat nisi qui adhuc infirmitatis tædio laborat, ᵇ qui in præsentis sæculi delectatione gressum cogitationis figit, qui transire ad æternam patriam perfectis desideriis nescit. Unde bene subjungitur :

CAPUT LVII [*Vet. XXVII*].

Vers. 29, 30.—*Interrogate quemlibet de viatoribus, et hæc eadem illum intelligere cognoscetis. Quia in diem perditionis servatur malus, et ad diem furoris ducitur.*

ᵃ Turon., *quia nullis exterioribus mordebatur.*
ᵇ Lyr., Sag. et Bigot., *qui in præsentis vitæ.* Utic. utramque lectionem offert.
ᶜ Ebroic. cum cæt. Norm. et Turon., *qui in dile-*

68. *Consulendi sunt, qui vitam sibi viam esse, non patriam cogitant.*—Sæpe etenim diu divina patientia tolerat quos jam ad supplicia præscita condemnat, permittit florere quos adhuc cernit deteriora perpetrare. Quia enim videt ad quam damnationis foveam tendant, hoc eis pro nihilo esse existimat, quod hic perversi relinquenda multiplicant. Sed quisquis præsentis vitæ gloriam diligit, magnam esse felicitatem deputat hic secundum votum florere, quamvis cogatur postmodum supplicia æterna tolerare. Solus ergo ille conspicit nil esse quod iniquus floret, qui jam gressum cordis ab amore præsentis sæculi amovit. Unde recte cum de subsequenti damnatione impii diceretur, præmittitur : *Interrogate quemlibet de viatoribus, et hæc eadem illum intelligere cognoscetis.* Viator quippe dicitur qui præsentem vitam viam sibi esse et non patriam attendit, ᶜ qui in dilectione prætereuntis sæculi cor figere despicit, qui non remanere in transeuntibus, sed ad æterna pervenire concupiscit. Qui enim in hac vita viator esse non appetit, hujus vitæ prospera minime contemnit, et ea quæ ipse desiderat, cum abundare aliis viderit, miratur. Unde David propheta quoniam a dilectione præsentis sæculi jam corde transierat, iniqui gloriam describens, dicebat : *Vidi impium superexaltatum et elevatum sicut cedros Libani* (*Psal.* XXXVI, 35). Sed quia cor huic mundo non subdidit, hunc jure despexit, dicens : *Transivi, et ecce non erat* (*Ibid.*, 36). Esset quippe aliquid in ejus æstimatione impius, si ipse ab hoc sæculo per intentionem minime transisset. Sed is cui non transeunti magnum aliquid esset, transeunti animo quam nihil esset apparuit, quia dum æterna retributio cogitatur, præsens gloria quam sit nulla cognoscitur. Hinc Moyses, cum supernæ contemplationis gloriam quæreret, dixit, *Transiens videbo visionem* (*Exod.* III, 3). Nisi enim gressum cordis a sæculi amore removisset, nequaquam intelligere superna potuisset. Hinc Jeremias luctum cordis sui considerari deposcens, ait : *O vos omnes qui transitis per viam, attendite et videte, si est dolor sicut dolor meus* (*Thren.* I, 12). Qui enim præsentem vitam non quasi viam transeunt, sed quasi patriam attendunt, luctum cordis electorum considerare nesciunt. Illos ergo ut dolorem suum considerent propheta exquirit, quos in hoc mundo contigit animum non fixisse. Hinc per Salomonem dicitur : *Aperi os tuum muto, et causis omnium filiorum qui pertranseunt* (*Prov.* XXXI, 8). Muti enim dicuntur qui prædicatorum verbis contradicendo minime resistunt. Qui etiam pertranseuntes sunt, quia intentionem mentis in amore vitæ præsentis figere dedignantur. Igitur quia malus ad diem perditionis servatur, et ad diem furoris ducitur, hoc non nisi qui est viator intelligit, quoniam qui cor in præsentibus fixit, ᵈ quæ iniquum sequuntur supplicia non deprehendit. De quo adhuc subditur :

ctione præsentis sæc. Bellov. habet *qui in delectatione.*
ᵈ Sic Germ., Turon., Vindoc., Norm. At in Ed., *quæ iniquo servantur supplicia.*

CAPUT LVIII [Rec. XXXVI.]

Vers. 31. — *Quis arguet coram eo viam ejus? et quæ fecit, quis reddet illi?*

69. *Antichristum tantis signis, ostensione sanctitatis tanta elatum, solus Christus debellaturus est.* — Sæpe malus indignationem conditoris sui, quam in æternum passurus est, et in hac quoque vita positus experitur, dum prosperitatem quam amat amittit, et adversitatem quam formidat invenit. Et quamvis increpari de suis pravitatibus [a] a justorum lingua etiam in prosperis valeat, scimus tamen quod cum facta sua perversum quemque dejiciunt, justorum increpatio convalescat. [b] Qua autem ratione nunc dicitur : *Quis arguet coram eo viam ejus?* dum etiam, justis tacentibus, hoc quoque notum sit, quia toties hic iniqui via arguitur, quoties ejus prosperitas interveniente adversitate turbatur [*Vet. XXVIII*]. Sed beatus Job [b] dum de omnium malorum corpore loqueretur, subito ad omnium iniquorum caput verba convertit. Vidit enim quod in fine mundi Satan hominem ingrediens, quem sacra Scriptura Antichristum appellat, tanta elatione extollitur, tanta virtute principatur, tantis signis et prodigiis in sanctitatis ostensione elevatur, ut argui ab homine ejus facta non valeant [c] quia cum potestate terroris adjungit etiam signa ostensæ sanctitatis, et ait : *Quis arguet coram eo viam ejus?* Quis videlicet hominem illum increpare audeat, cujus visum ferre pertimescit? Sed tamen ejus viam non solum Elias et Enoch, qui in ejus exprobrationem ad medium deducuntur, sed etiam omnes electi arguunt, dum contemnunt, dum virtute mentis ejus malitiæ resistunt. Sed quia hoc ex divina gratia, et non suis viribus faciunt, recte nunc dicitur: *Quis arguet coram eo viam ejus?* Quis etenim, nisi Deus, cujus adjutorio electi, ut resistere valeant, fulciuntur? Aliquando enim in Scriptura sacra cum interrogando *Quis* ponitur, Omnipotens designatur. Unde scriptum est : *Quis suscitabit eum* (*Genes.* XLIX, 9)? De quo per Paulum dicitur : *Quem Deus suscitavit a mortuis* (*Gal.* I, 1). In eo ergo quod sancti viri ejus iniquitati contradicunt, non ipsi sunt qui viam ejus arguunt, sed ille est ex cujus gratia confortantur. Et quia præsentia ejus, qua in homine venturus est, multo atrocior in persecutione erit quam nunc, cum minime cernitur, quia specialiter adhuc illo [d] vase suo proprio non gestatur, bene dictum est : *Coram eo*. Multi enim nunc vias Antichristi dijudicantes corripiunt, sed hoc quasi in ejus absentia faciunt, dum illum arguunt quem adhuc specialiter non intuentur. Cum vero 498 in illo [e] damnato A homine venerit, quisquis ejus præsentiæ resistit, coram eo viam ejus arguit, cujus vires et conspicit et contemnit. Vel certe viam ejus arguere est prosperitatem cursus ejus æterno supplicio interveniente turbare. Quod quia solus Dominus propria virtute facturus est, de quo scriptum est, *Quem Dominus Jesus interficiet spiritu oris sui, et destruet illustratione adventus sui* (*II Thess.* II, 8.), recte dicitur: *Quis arguet coram eo viam ejus?* Unde et sequitur : *Et quæ fecit, quis reddet illi?* Quis nimirum, nisi Dominus? Qui solus illi perdito homini quæ fecit reddet, dum potestatem ejus tam validam per adventum suum æterna damnatione contriverit. Sed elatus iste princeps malorum, in hac vita quandiu est positus, quid agat, audiamus. Sequitur :

CAPUT LIX [*Vet. XXIX, Rec. XXXVII*].

Vers. 32. — *Ipse ad sepulcra ducetur, et in congerie mortuorum vigilabit.*

70. *In multitudine peccantium tanquam in congerie mortuorum, et in sepulcris Satan vigilat.* — Quia sepulcra mortuos tegunt, quid aliud per sepulcra [f] quam reprobi designantur, in quibus exstinctæ a vita beatitudinis animæ velut in sepulcris latent? Iniquus ergo iste ad sepulcra ducetur, quia in pravorum cordibus recipietur, quoniam soli eum illi suscipiunt, in quibus mortuæ a Deo animæ [g] reperiuntur. De quo recte etiam, dum ejus supplicia describuntur, per prophetam dicitur : *In circuitu illius sepulcra ejus, omnes interfecti, et qui ceciderunt gladio* (*Ezech.* XXXII, 22). Illi quippe in inferno juxta illum sunt, in quibus idem malignus spiritus mortuus jacet. Qui iniquitatis ejus gladio percussi ceciderunt. Unde scriptum est : *Qui liberasti David servum tuum de gladio maligno* (*Psal.* CLIII, 10). Recte autem dicitur : *Et in congerie mortuorum vigilabit,* quia nunc in congregatione peccantium astutias suæ [h] insidias exerit. Pro eo autem quod in mundo raritas bonorum est, et multitudo malorum, recte mortuorum congeries nominatur, ut ipsa iniquorum multitudo signetur. *Lata enim via est quæ ducit ad perditionem, et multi sunt qui ingrediuntur per eam* (*Matth.* VII, 13). Satanæ itaque in congerie mortuorum vigilare est in reproborum cordibus malitiæ suæ astutias exercere. De quo adhuc subditur :

CAPUT LX [*Rec. XXXVIII*].

Vers. 33. — *Dulcis fuit glareis Cocyti.*

71. *Ut amarus est electis, ita reprobis vitia suggerendo dulcis est.* — Græca lingua [i] cocytus luctus dicitur, qui tamen luctus feminarum vel quorumlibet infirmantium solet intelligi. Sapientes vero hujus

---

[a] Vindoc., simpliciter, *a justis.*
[b] Turon., *dum omnium malorum corpori loqueretur.* Utic., *dum de omni malorum corpore loq.*
[c] Vindoc., *quia cum potestate erroris, adjunguntur etiam signa ostensæ dignitatis et sanctitatis.* Turon., *quia.., terrores adjunguntur etiam signis ostensis veritatis.*
[d] Gregorius antichristum appellat vas diaboli. Infra, n. 71, *et quia antiquus hostis suum vas illum reprobum hominem ingressus.*
[e] Ita Turon., Germ., Norm. aliique, consentientibus vet. Edit. In posterioribus, *damnando.*
[f] Vet. Excusi, *reproborum corpora.* Posteriores, *reproborum corda,* ex sola, ut putamus, conjectura, quod paulo infra legatur *quia in pravorum cordibus recipietur.* In Norm. et Germ. simpliciter *reprobi.* In Utic. tamen prima manu scriptum fuit *reproborum corpora.*
[g] Turon., *recipiuntur.*
[h] Vindoc., *insidias erexit.*
[i] *Cocytus* ἀπὸ τοῦ κωκύειν, id est, lugere, ex Homero.

sæculi, a luce veritatis exclusi, quasi umbras quasdam veritatis inquisitione tenere conati sunt. Unde Cocytum fluvium [a] currere apud inferos putaverunt, videlicet designantes quod hi qui digna doloribus opera faciunt, in infernum ad luctum decurrunt. Sed nos despiciamus umbram carnalis sapientiæ, qui jam de veritate lucem tenemus et cognoscamus voce beati viri Cocyton luctum infirmantium dici. Scriptum quippe est : *Viriliter agite, et confortetur cor vestrum* (*Psal.* xxx, 25). [b] Qui enim in Deo confortari renuunt, ad luctum per animi infirmitatem tendunt. Glareas vero lapillos fluminum appellare, consuevimus, quos aqua defluens trahit. **499** Quid ergo per glareas Cocyti nisi reprobi designantur, qui, suis voluptatibus dediti, quasi semper a flumine ad ima detrahuntur? Qui enim contra voluptates hujus sæculi stare fortiter nolunt, glareæ Cocyti fiunt [c] qui suis quotidie lapsibus ad luctum tendunt, ut in æternum post lugeant, qui modo se in suis voluptatibus delectabiliter relaxant. Et quia antiquus hostis suum vas illum reprobum hominem ingressus, [d] dum dona perversis tribuit, dum eos in hoc mundo honoribus extollit, dum eorum oculis prodigia ostendit, [e] fluxæ mentes hunc in suis prodigiis admirantur et sequuntur, bene de eo dicitur : *Dulcis fuit glareis Cocyti*. Cum enim hunc electi despiciunt, cum mentis calce contemnunt, illi eum sequentes diligunt, [f] qui velut ab aqua voluptatis ad perpetuum luctum trahuntur, qui per terrenam concupiscentiam more glareæ quotidianis lapsibus ad ima dilabuntur. Aliis namque gustum suæ dulcedinis per superbiam, aliis per avaritiam, aliis per invidiam, aliis per fallaciam, aliis per luxuriam porrigit; et ad quanta vitiorum genera pertrahit, quasi tot suæ dulcedinis potus propinat. Nam cum aliquid superbum in mente persuadet, fit dulce quod dicit, quia videri prælatus [g] cæteris homo perversus appetit. Dum menti avaritiam infundere molitur, fit dulce quod occulte loquitur, quia per abundantiam necessitas vitatur. Dum aliquid de invidia suggerit, fit dulce quod dicit, quia perversa mens dum alium [h] deterescere viderit, exsultat se eo minorem minime videri. Cum aliquid de fallacia persuadet, fit dulce quod suggerit, quia eo ipso quo fallit cæteros, prudens videtur sibi. [i] Cum luxuriam deceptæ menti loquitur, fit dulce quod suadet, quia in voluptate animum resolvit. Quot ergo vitia carnalium cordibus inserit, quasi tot potus suæ dulcedinis eis porrigit. Quam tamen, ut prædixi, ejus dulcedinem non percipiunt, nisi qui, præsentibus voluptatibus dediti, ad perpetuum luctum trahuntur. Bene ergo dicitur : *Dulcis fuit glareis Cocyti*, quia amarus electis, et suavis est reprobis. Illos enim solummodo suis delectationibus pascit, quos quotidianis lapsibus ad gemitum impellit. Sequitur :

CAPUT. LXI [*Vet. XXX, Rec. XXXIX*].

IBID.—*Et post se omnem hominem trahit, et ante se innumerabiles.*

72. *Per Antichristum, urgente mundi fine, carnales omnes ad se trahet, nunc tantum plurimos.* — Hoc loco homo humana sapiens dicitur. Sed cum plus sint omnes quam innumerabiles quærendum est nobis cur ante se innumerabiles et post se omnes trahere dicatur, nisi quod antiquus hostis reprobum tunc hominem ingressus **500** cunctos quos carnales invenerit sub suæ jugum ditionis rapit? Qui et nunc priusquam appareat innumerabiles quidem, non tamen omnes, carnales trahit, quia quotidie a carnali opere ad vitam multi revocantur, atque ad statum justitiæ alii per brevem, alii vero per longam pœnitentiam redeunt. Et nunc innumerabiles rapit, cum falsitatis suæ stupenda hominibus signa non exhibet. Cum vero coram carnalium oculis miranda eis prodigia fecerit, post se tunc non innumerabiles, sed omnes trahit, quia qui bonis præsentibus delectantur potestati illius se absque retractatione subjiciunt. Sed, sicut præfati sumus, quia plus est omnem hominem quam innumerabiles trahere, cur prius dicitur quia omnem hominem trahit, et post in augmento innumerabiles subjiciuntur? Ratio namque expetit ut prius quod minus est et post in augmento quod plus est diceretur. Sed sciendum quia hoc loco plus fuit innumerabiles dixisse quam omnes. Post se enim omnem hominem trahit, quia in tribus annis et dimidio omnes quos in studiis vitæ carnalis invenerit jugo suæ dominationis astringit. Ante se vero innumerabiles traxit, quia per quinque millia et adhuc amplius annorum curricula, quamvis carnales omnes trahere minime potuit, multo tamen plures sunt in tam longo tempore hi quos ante se innumerabiles rapit, quam omnes quos in tam brevi tempore rapiendos invenerit. Bene ergo dicitur : *Post se omnem hominem trahit, et ante se innumerabiles*, quia et tunc [j] minus tollit cum omnes tulerit, et nunc amplius diripit [k] cum corda innumerabilium invadit. Hæc beatus Job, quia contra iniquorum principem mire disseruit, qui in hac vita extolli permittitur, sed in adventu Domini destruetur, de se patenter ostendit

---

[a] Deest *currere* in Turon., sensu integro remanente.

[b] Bellov. et Germ., *qui enim in mundo*.

[c] Sag., Utic. et al. Norm., *qui a suis*.

[d] Vindoc., *dum bona*.

[e] Luxatum sensum additione voculæ *dum*, quæ invitis Mss. in omnia exemplaria excusa irrepsit, restituimus.

[f] Norm., *qui velut aqua voluptatis*. In Utic., *ab aqua*, ante correctionem.

[g] Poster. Edit., *cæteris hominibus perversus ap.*

[h] In vet. Ed., *deterius ditescere*. In poster., omisso *deterius, decrescere*. At Germ. et alii, *deterescere*, ex quo alii *ditescere*, alii *decrescere*, conflarunt. Porro *deterescere*, significat deterius fieri. Infra, l. xxv, num. 7, *quot malis cogitationibus deterescit*. Et in fine ejusdem libri, num. 40, *plerique eorum exemplo deterescunt*.

[i] Vindoc., *cum de luxuria*.

[j] Lyr. et Bigot., *minus trahit....*

[k] In omnibus Mss. Anglic. et Norm., legitur *innumerabilium*. Olim tamen in Utic. scriptum erat *omnium*, ut in Excusis. Nostra lectio sensui a sancto Doctore intento est consona.

quia flagella dominica non ex offensione susceperit, quoniam si iniquus quisque in hac vita permittitur prosperari, necesse est ut electus Dei debeat ª sub flagelli freno retineri. Ex qua re amicos arguit, dicens:

CAPUT LXII.

Vers. 54. — *Quomodo igitur consolamini me frustra, cum responsio vestra repugnare ostensa sit veritati?*
73. *Sanctis quam odiosum mendacium.* — Amici beati Job eum consolari non poterant, in quo suis sermonibus veritati contraibant. Cumque hunc hypocritam vel impium dicerent, per hoc quod ipsi mentientes perpetrabant culpam, augebant procul dubio pœnam justi vulneribus afflicti. Nam sanctorum mentes, quia veritatem diligunt, etiam culpa fallaciæ torquet alienæ. Quanto enim grave mendacii esse crimen aspiciunt, tanto hoc non solum in se, sed etiam in aliis oderunt.

ª In Germ. et Utic. ante correct., *sub flagello freno retineri*, et fortasse melius quam *sub flagelli freno*.

LIBER DECIMUS SEXTUS

Decursis brevi explicatione libri Job capitibus xxii, xxiii *et* xxiv, *usque ad medium versum 20 tertiam partem claudit.*

---

501 [*Vet. et Rec. I.*] Qui contra veritatis verba in allegatione deficiunt, sæpe etiam nota replicant, ne tacendo victi videantur. Unde Eliphaz, beati Job sermonibus pressus, ea dicit quæ nullus ignorat. Ait enim:

CAPUT PRIMUM.

Cap. xxii, vers. 2. — *Nunquid Deo comparari potest homo,* ª *etiam cum perfectæ fuerit scientiæ?*
1. *Scientia nostra divinæ comparata, ignorantia est.* — In comparatione enim Dei, scientia nostra ignorantia est. Ex Dei namque participatione sapimus, non comparatione. Quid ergo mirum cum illud quasi per doctrinam dicitur, quod sciri potuit, etiamsi taceretur? Qui adhuc Dei potentiam quasi defendendo subjungit:

CAPUT II.

Vers. 3. — *Quid prodest Deo, si justus fueris? aut quid ei confers, si immaculata fuerit vita tua?*
2. *Justitia nostra Deus non indiget.* — In omni quippe quod bene agimus, nosmetipsos, non autem Deum juvamus. Unde et per Psalmistam dicitur: *Dixi Domino: Deus meus es tu, quoniam bonorum meorum non indiges* (*Psal.* xv, 2). Ipse enim vere nobis Dominus, quia et utique Deus est, qui bono non indiget servientis, sed bonitatem confert quam recipit, ᵇ et oblata bonitas non ipsi, sed prius accipientibus et post reddentibus prosit. Nam etsi in judicium Dominus veniens dicit: *Quandiu fecistis* ᶜ *uni de his fratribus meis minimis, mihi fecistis* (*Matth.* xxv, 40), mira hoc pietate loquitur ex suorum compassione membrorum. Et ipse nos per hoc quod caput nostrum est adjuvat, qui per nostra bona opera in suis membris adjuvatur. Adhuc adjungit Eliphaz, quod nullus ignorat, dicens:

CAPUT III.

Vers. 4. — *Nunquid timens arguet te, et veniet tecum ad judicium?*
5. *Otiose de Deo dicitur quod a nemine ignoratur.* — Quis hoc vel desipiens sentiat, quod Dominus ex timore nos arguat, et ex metu judicium contra nos suum proponat? Sed qui verba sua metiri nesciunt, procul dubio ad otiosa dicta dilabuntur. In quibus si se minime reprehendunt, statim ad noxia et contumeliosa verba prosiliunt. Unde Eliphaz, qui otiosa intulit, ad contumeliosa protinus verba prorupit, dicens:

CAPUT IV.

Vers. 5. — *Et non propter malitiam tuam plurimam, et infinitas iniquitates tuas?*
4. *A verbis otiosis ad contumeliosa venitur.* — Ecce a torpenti corde ad verba venit otiosa, ab otiosis autem verbis per crimen fallaciæ ad contumelias exarsit. Isti quippe sunt casus culpæ crescentis, ut lingua cum non restringitur nequaquam ubi ceciderit jaceat, sed semper ad deteriora descendat. Ea vero quæ subjuncta sunt, quia valde juxta historiam patent, exponenda ad litteram non sunt.
5. Sed quia amicos beati Job hæreticorum speciem tenere diximus (*Sup.*, *in præf.*, *et alibi sæpissime*), ipsum vero significationem sanctæ Ecclesiæ gerere, jam nunc Eliphaz verba quo modo hæreticorum falsitati congruant, demonstremus. Nam sequitur:

CAPUT V [*Vet. et Rec. II*].

502 *Abstulisti enim pignus fratrum tuorum sine causa, et nudos spoliasti vestibus. Aquam lasso non dedisti, et esurienti subtraxisti panem. In fortitudine brachii tui possidebas terram, et potentissimus obtinebas eam.*

Typicus sensus. 6. *Hæretici suos errare et Spiritum sanctum amittere, dum ad Ecclesiam redeunt, mentiuntur.* — In Scriptura sacra pignoris appellatione aliquando dona Spiritus sancti, aliquando vero signatur confessio peccati. Pignus namque accipitur donum Spiritus sancti, sicut per Paulum dicitur: *Qui*

ª Norm., *etiamsi*.
ᵇ Ebroic. et alii Norm., *ut allata bonitas*, quamquam olim legebatur in Utic., *oblata*.
ᶜ Lyr. et Bigot., *uni ex his fratribus*.

dedit nobis pignus Spiritus (*II Cor.* 1). Ad hoc enim pignus accipimus, ut de promissione quæ nobis fit certitudinem teneamus. Donum ergo sancti Spiritus pignus dicitur, quia per hoc nostra anima ad interioris spei certitudinem roboratur. Rursum pignoris nomine peccati confessio solet intelligi, sicut in Lege scriptum est : [a] *Cum debet tibi quidpiam frater tuus, et abstuleris pignus ab eo, ante solis occasum pignus restitue* (*Exod.* XXII, 26). Frater etenim noster debitor nobis efficitur cum quilibet proximus in nos aliquid deliquisse monstratur. Peccata quippe debita vocamus. Unde peccanti servo dicitur : *Omne debitum dimisi tibi* (*Matth.* XVIII, 32). Et in Dominica oratione quotidie precamur : *Dimitte nobis debita nostra, sicut et nos dimittimus debitoribus nostris* (*Matth.* VI, 12). A debitore autem nostro pignus accipimus, quando ab eo qui [b] in nos peccasse cognoscitur peccati ejus jam confessionem tenemus, per quam relaxare peccatum quod in nos perpetratum est postulamur. Qui enim peccatum quod commisit fatetur, et veniam petit, jam quasi pro debito pignus dedit. Quod nimirum pignus ante solis occasum reddere jubemur, quia priusquam in nobis per dolorem cordis sol justitiæ occidat, debemus ei confessionem veniæ reddere a quo confessionem accipimus culpæ, ut qui se deliquisse in nos meminit a nobis mox relaxatum sentiat quod deliquit. Quia ergo sancta [c] Ecclesia cum quoslibet ab hæreticis ad veritatem fidei revertentes recipit, prius ut confiteri erroris sui culpam debeant persuadet, quasi sub hæreticorum specie per Eliphaz dicitur : *Abstulisti enim pignus fratrum tuorum sine causa.* Id est, ab his qui a nobis ad te veniunt inutiliter confessionem erroris exegisti. Si vero, ut prædiximus, pignus sancti Spiritus dona sentiamus, hæretici sanctam Ecclesiam fratrum suorum pignus dicunt abstulisse, quia eos qui ad illam veniunt dona spiritalia suspicantur amittere. Unde et sequitur : *Et nudos spoliasti vestibus.*

[*Rec. III.*] 7. *Eosdem pigros dicunt et hebetes.* — Eos quos hæretici perversis prædicationibus trahunt præcepta doctrinæ suæ quasi quædam vestimenta habere existimant, et tandiu illos vestitos putant, quandiu hæc quæ ipsi prædicaverunt ab illis servari considerant ; ex quibus cum quidam ad sanctam Ecclesiam redeunt, eos protinus doctrinæ vestimenta perdidisse suspicantur. [*Vet. III.*] Sed cum nudus exspoliari nequeat, quærendum nobis est quomodo prius nudi, et post spoliati memorantur ? 503 Sed sciendum est quia omnis qui cordis puritate perfruitur, eo ipso quo duplicitatis tegumentum non habet, nudus est. Et sunt nonnulli apud hæreticos qui cordis quidem puritatem habent, sed tamen doctrinæ eorum dogmata perversa suscipiunt. Hi nimirum [d] et ex sua puritate nudi sunt, et quasi ex eorum prædicatione vestiuntur. Et quia tales quique facile ad sanctam Ecclesiam redeunt, eo quod duplicitatis malitia non utuntur, eos hæretici nudos fatentur, [e] quos ab ea dicunt vestibus exspoliatos, quia simplices [f] quosque pigros atque hebetes putant, quos prava sua dogmata perdidisse considerant.

8. *Ecclesiam inscitiæ arguunt, cum incognita loquuntur.* — Sequitur : *Aquam lasso non dedisti, et esurienti subtraxisti panem.* Hæretici quo veritatis soliditatem non tenent, eo nonnunquam student ut loquaciores appareant, et contra catholicorum fidem quasi de doctrinæ scientia gloriantur ; cunctos quos aspiciunt pravis ad se trahere sermonibus quærunt, et unde sibi alios ad interitum sociant, inde se agere aliquid vivaciter putant. Eos vero lassos dicimus qui sub hujus sæculi onere [g] laborioso fatigantur. Unde et per semetipsam Veritas dicit : *Venite ad me omnes, qui laboratis, et onerati estis, et ego reficiam vos* (*Matth.* XI, 28). Hæretici igitur, quia sua dogmata prædicare non cessant, sanctam Ecclesiam quasi de imperitia irrident, dicentes : *Aquam lasso non dedisti, et esurienti panem subtraxisti.* Se enim aquam lasso dare existimant cum quibusdam sub terreno fasce laborantibus sui poculum erroris præbent. Et panem se esurientibus non subtraxisse suspicantur, quia etiam de invisibilibus atque incomprehensibilibus requisiti, cum superba audacia respondent. Et tunc se doctos præ omnibus credunt cum loqui de incognitis infelicius præsumunt. Sancta vero Ecclesia dum quempiam videt esurire quod ei non prosit accipere, aut si jam sunt sibi cognita, modeste supprimit, aut si adhuc videntur incognita, humiliter fatetur, eosque [h] ad ordinatæ humilitatis sensum revocat cum per suum illis prædicatorem dicit : *Non plus sapere quam oportet sapere, sed sapere ad sobrietatem* (*Rom.* XII, 3). Et rursum : *Noli altum sapere, sed time* (*Rom.* XI, 20). Atque iterum : *Altiora te ne quæsieris, et fortiora te ne scrutatus fueris* (*Eccli.* III, 22). Et rursum : *Mel invenisti, comede quod sufficit tibi, ne forte [i] satiatus evomas illud* (*Prov.* XXV, 15). Mel quippe invenire est sancti intellectus dulcedinem degustare. Quod tunc sufficienter comeditur, quando nostra intelligentia juxta mensuram sensus sub moderamine tenetur. Nam satiatus mel emovit, qui plus appetens penetrare quam capit, et illud perdit unde potuit nutriri. Quia ergo sancta Ecclesia ab infirmis mentibus prohibet alta perscrutari, beato Job dicitur : *Esurienti subtraxisti panem.*

[*Vet. IV.*] 9. *Ejus magnitudini et universalitati invident.* — Et quia ejus quoque magnitudini hæretici invident, quod in fide vera populus universaliter tenet, cum terrenæ prosperitatis tempus inveniunt, contra

---

[a] Lyr. et Bigot., *cum debuerit tibi... ante solis occasum restitue.*
[b] Germ. et Norm., *in nobis peccasse... in nobis perpetratum.*
[c] Turon., *Ecclesia cuilibet... revertenti, prius,* etc.
[d] Utic. olim, *et ex sua pietate.*
[e] Turon., *quos ab eis dicunt vestibus exspoliari.*
[f] Vindoc., *quasi pigros.*
[g] Turon., *laboriosius fatigantur.*
[h] Turon., *ad ornatæ humilitatis.*
[i] Lyr. et Bigot., *saturatus.*

eam in superbis vocibus excedunt, et exprobrantes aperiunt quantum prius ejus potentiæ latenter invidebant. Nam sequitur : *In fortitudine brachii tui possidebas terram, et potentissimus obtinebas eam.* Ac si patenter dicant : Quod in prædicatione tua terram universaliter occupasti, potentia fortitudinis, non ratio veritatis fuit. Quia enim christianos principes prædicationem ejus tenere conspiciunt, hoc quod ei a populis creditur, non virtutem rectitudinis, sed causam sæcularis potentiæ esse suspicantur. Sequitur :

CAPUT VI.

VERS. 9. — *Viduas dimisisti vacuas, et lacertos pupillorum comminuisti.*

10. *Magistros errorum resipiscentes benigne suscipienti detrahunt.* — Plebes quæ hæreticis prædicantibus sunt subjectæ ex carnali intelligentia errorum eorum semina perversa concipiunt, eisque in sua damnatione sociantur. Sed cum sancta Ecclesia ipsos errorum prædicatores vel ratione victos ad se suscipit, vel studio perversitatis obduratos sub disciplinæ suæ vinculo restringit, destituti hæretici cum remanere apud se plebes sine prædicatoribus vident, [a] quid aliud a sancta Ecclesia quam viduas vacuas relictas dolent? Et quia subtractis hæreticorum magistris, eorum discipulos in suo opere infirmari suspicantur, quasi lacertos pupillorum comminutos ab Ecclesia esse conqueruntur. Vel certe quia sancta Ecclesia dum quosdam ab hæreticis venientes suscipit, liquet nimirum quod pristino eorum errori contradicit. Nam sunt nonnulli qui ita virginitati carnis student, ut nuptias damnent; et sunt nonnulli, qui ita abstinentiam laudant, ut sumentes alimenta necessaria detestentur. De quibus per Paulum dicitur : *Prohibentium nubere, jubentium abstinere a cibis, quos Deus creavit ad percipiendum cum gratiarum actione fidelibus* (*I Tim.* IV, 3). Quia ergo eos a carnali intentione suæ superstitionis revocat, hæretici cum hos aspiciunt aliter vivere quam docuerunt, lacertos eorum ab operatione quam prius tenuerant comminutos esse ab Ecclesia [b] testantur. Unde et in hoc tempore disciplinæ, si quid ei adversitatis evenerit, hoc evenisse ex digna peccatorum retributione suspicantur. Nam subditur :

CAPUT VII.

VERS. 10. — *Propterea circumdatus es laqueis, et conturbat te formido subita.*

11. *Adversa patienti, scelerum pœnas esse exprobrant.* — Illum formido subita conturbat, qui considerare negligit quid ex districtione judicis venientis immineat. Quia ergo fidelem populum hæretici culpis perfidiæ oppressum credunt, circumdatum laqueis accusant. Et quia existimant quod futura non prævideat, in percussione sua hunc subita formidine conturbatum putant. Qui adhuc insultantes adjungunt :

VERS. 11. — *Et putabas te tenebras non visurum, et impetu aquarum inundantium non oppressum iri.*

Ac si aperte dicat : Securitatem pacis in spe tibi proposueras, et idcirco de præsumptione tua quasi de luce gaudebas, nec te unquam opprimi tribulationibus existimasti. Sed ecce, dum supervenientibus malis affligeris, an sint recta quæ tenes ipsæ quæ te opprimunt tribulationum tenebræ ostendunt. Quas videlicet tribulationes Eliphaz aquis inundantibus comparat, quia dum aliæ super alias irruunt, quasi aquis tumentibus, undæ undas sequuntur. Sequitur :

CAPUT VIII [*Vet. V*].

VERS. 12-14. — *An cogitas quod Deus excelsior cœlo sit, et super stellarum vertices sublimetur? Et dicis : Quid enim novit Deus? et quasi per caliginem judicat. Nubes latibulum ejus, nec nostra considerat, et circa cardines cœli perambulat.*

12. *Immensitatis et providentiæ divinæ eximia descriptio. Deus sic intendit omnibus, ut adsit singulis.* — Sunt plerique ita hebetes ut formidare nesciant nisi quod corporaliter vident. Unde fit ut Deum non metuant, quem videre non possunt. Hæretici autem, quia se esse sapientes arbitrantur, verba contra catholicos irrisionis proferunt; atque ab eis illum non timeri suspicantur, quem videre corporaliter nequeunt ut quasi per torporem sensus auctorem suum existiment, quia cœlo excelsior est, et super stellarum vertices sublimatur, ex longinquo videre non posse; et quia inter nos et cœlestem sedem partes aereæ intersunt, quasi in nube latens per caliginem judicet, et superioribus intentus, minus ima perpendat; et dum cœli cardines ambiendo constringit, [c] interiora non videat. Sed quis de Deo ista vel desipiens suspicetur, qui nimirum cum sit semper Omnipotens, sic intendit omnibus, ut adsit singulis; sic adest singulis, ut simul omnibus nunquam desit? Nam etsi quosdam peccantes deserit, eisdem tamen ipsis adest per judicium, quibus deesse cernitur per adjumentum. Sic itaque exteriora circumdat, ut interiora impleat; sic interiora implet ut exteriora circumdet; sic summa regit, ut ima non deserat; sic imis præsens est, ut a superioribus non recedat; sic latet in sua specie, ut tamen cognoscatur in operatione; sic cognoscitur in suo opere, ut tamen comprehendi non valeat a cognoscentis æstimatione; sic adest, ut videri nequeat; sic videri non valet, ut tamen ejus præsentiam ipsa sua judicia testentur; sic se nobis intelligendum præbet, ut tamen ipsum nobis [d] radium sui intellectus obnubilet; et rursum sic caligine nos ignorantiæ reprimit, ut tamen menti nostræ radiis suæ claritatis intermicet : quatenus et sublevata quidpiam videat, et reverberata contremiscat; et quia eum ;

---

[a] Vindoc., *quid aliud quam sanctæ Ecclesiæ viduas vacuas relictas dolent.*
[b] Excusi, *detestantur.* Melius Mss. Germ., Anglic., Norm., Vindoc., etc., quibus adhæremus, *testantur.*
[c] Poster. Ed., *inferiora,* cui longe præponendum *interiora,* quod exhibent Mss. et vet. Edit. Jam Gregorius egit de *inferioribus* seu de *imis,* quæ *superioribus* opponit ; hic de *int rioribus,* quæ Deus, etiamsi cœlum ambiat exterius, introspicit.
[d] Vindoc., *radium suæ cognitionis intellectus.*

sicuti est, videre non potest, aliquatenus vivendo cognoscat. Sed hæc hæretici sanctam Ecclesiam scire non æstimant, quia stulto judicio solos se esse sapientes putant. Ex quorum adhuc typo subjungitur :

CAPUT IX.

VERS. 15. — *Nunquid semitam sæculorum custodire cupis, quam calcaverunt viri iniqui ?*

15. *Christi semita humilitas mundi superbia.* — Sicut semita Redemptoris nostri humilitas, ita semita sæculorum superbia est. Sæculorum itaque [a] semitam viri iniqui calcant, quia per hujus vitæ desideria in elatione perambulant. De quibus adhuc iniquis subditur :

CAPUT X [Vet. VI, Rec. IV].

VERS. 16. — *Qui sublati sunt ante tempus suum et fluvius subvertit [b] fundamentum eorum.*

14. *Iniqui semper ante tempus quod sibi præfixerunt nunquam ante constitutum a Deo moriuntur.* — Cum tempus vitæ a divina nobis præscientia sit procul dubio præfixum, quærendum valde est qua ratione nunc dicitur quod iniqui [c] ex præsenti sæculo ante tempus proprium subtrahantur. Omnipotens enim Deus etsi plerumque mutat sententiam, consilium nunquam. Eo ergo tempore ex hac vita quisque subtrahitur, quo ex divina potentia ante tempora præscitur. Sed sciendum quia creans et ordinans nos omnipotens Deus, juxta singulorum merita, disponit et terminos, ut vel malus ille breviter vivat, ne multis bene agentibus noceat ; vel bonus iste diutius in hac vita subsistat, [d] ut multis boni operis adjutor existat ; vel rursum malus longius differatur in vita ut prava adhuc opera augeat, ex quorum tentatione purgati justi verius vivant ; vel bonus citius subtrahatur, ne si hic diu vixerit, ejus innocentiam malitia corrumpat. Sciendum tamen quia benignitas Dei est peccatoribus spatium pœnitentiæ largiri. Sed quia accepta tempora non ad fructum pœnitentiæ, sed ad usum iniquitatis vertunt, quod a divina misericordia [e] mereri poterant amittunt. Quamvis omnipotens Deus illud tempus uniuscujusque ad mortem præsciat quo ejus vita terminatur, nec alio in tempore quisquam mori potuit, nisi ipso quo moritur. Nam si Ezechiæ anni additi ad vitam quindecim memorantur (IV *Reg.* 20, 6), tempus quidem vitæ crevit ab illo termino quo mori ipse merebatur. Nam divina dispositio ejus tempus tunc præscivit, quo hunc postmodum ex præsenti vita subtraxit. Cum ergo ita sit, quid est quod dicitur : *Quia iniqui sublati sunt ante tempus suum,* nisi quod omnes qui præsentem vitam diligunt longiora sibi ejusdem vitæ spatia promit-

[a] Idem, *viam.*
[b] Bigot. et Lyr., *fundamenta eorum.* Ita quoque nunc in Utic. legitur, cum prius scriptum esset, *fundamentum.*
[c] Sag., cum plerisque Norm., *ex præs. vita.* Utic. habet utrumque.
[d] Norm., *ut multis bene agentibus adjutor.* In Utic. olim, *ut multis boni operis,* etc.
[e] Utic. *misereri poterant.*
[f] Lyr. et plerique Norm., *fundamenta eorum,* et sic in reliquo cap. Olim in Utic. legebatur, *funda-*

tunt ? Sed cum eos mors supérveniens a præsenti vita subtrahit, eorum vitæ spatia, quæ sibi longiora quasi in cogitatione tendere consueverant, intercidit. De quibus recte dicitur : [*Rec.* V.] *Et fluvius subvertit [f] fundamentum eorum.*

15. *Iniquorum fundamentum in terrenis, justorum in cœlestibus est.* — Iniqui enim dum corde transire ad æterna negligunt, et cuncta præsentia fugitiva esse non intuentur, mentem in amore præsentis vitæ figunt, et quasi longæ habitationis in ea sibi fundamentum construunt, quia in terrenis rebus per desiderium solidantur. Sic primus in terra Cain civitatem construxisse describitur (*Genes.* IV), [g] qui videlicet peregrinus aperte monstratur, quia ipse in terra fundamentum posuit, qui a soliditate æternæ patriæ alienus fuit. Peregrinus quippe a summis, fundamentum in infimis posuit, qui stationem cordis in terrena delectatione collocavit (*S. August. lib.* XV *de Civit. Dei, cap.* 17 *et* 19). Unde et in ejus stirpe Enoch, qui dedicatio interpretatur, primus nascitur ; in electorum vero progenie Enoch septimus fuisse memoratur, quia videlicet reprobi in hac vita quæ ante se semetipsos ædificando dedicant, electi vero ædificationis suæ dedicationem [h] in fine temporis, id est in septimo, exspectant. Videas namque plurimos temporalia sola cogitare, honores quærere, ambiendis rebus inhiare, nil post hanc vitam requirere. Quid itaque isti nisi in prima se generatione dedicant ? Videas electos [i] nil præsentis gloriæ quærere, libenter inopiam sustinere, mala mundi æquanimiter perpeti, ut possint in fine coronari. Electis ergo Enoch in septima generatione nascitur, quia sui dedicationem gaudii in extremæ retributionis gloria requirunt. Et quia quotidiano temporis lapsu ipsa præsentis vitæ mortalitas decurrit, atque reproborum dedicationem eosdem reprobos subtrahendo [j] destruit, recte de iniquis dicitur : *Et fluvius subvertit fundamentum eorum.* Id est, ipse cursus mutabilitatis statum in eis subruit perversæ constructionis. Sequitur :

CAPUT XI.

VERS. 17. — *Qui dicebant Deo : Recede a nobis.*

16. Hæc etiam beatum Job dixisse quis ambigat ? Sed quæ in ejus dictis exposuimus, propter legentis fastidium replicare devitamus. Sequitur :

IBID. — *Et quasi nihil possit facere Omnipotens, æstimabant eum.*

In his quoque sermo, et non sententia immutatur. Nam quod per beatum Job dictum est : *Quis est Omnipotens, ut serviamus ei* (*Job.* XXI, 15) ? hoc per Eliphaz dicitur : *Et quasi nihil possit facere Omnipotens, æstimabant eum.* Sequitur :

mentum eorum.
[g] Lyr., Bigot., Utic., Sag., multis omissis, *quia videlicet peregrinus a summis, fundamenta in infimis posuit qui stationem cordis,* etc. Ita quoque in Vindoc. Inter se consentiunt Editi omnes.
[h] Utic. et Germ., *in finem, id est in septimo tempore.*
[i] Plerique Norm., *nil præsentis vitæ gloriam quærere.* Vindoc., *nil præsentis vitæ gloriæ quærere.*
[j] Bigot. et Lyr., *diruit.*

CAPUT XII [Vet. VII].

VERS. 18. — *Cum ille implesset domos eorum bonis.*

17. *Deus etiam malos beneficiis cumulat. Quo consilio.* — Malorum domos Dominus bonis implet, quia etiam ingratis sua dona non denegat, ut aut benignitatem conditoris erubescant, et ad bonitatem redeant; aut redire omnimodo contemnentes, inde illic gravius puniantur, unde hic et bonis Dei largioribus mala reddiderunt, ut duriora eos tunc supplicia puniant, quorum hic malitiam nec dona vicerunt. Sequitur:

IBID. — *Quorum sententia procul sit a me.*

Aliud sententia, aliud consilium. — Hoc etiam per beatum Job dictum est. Ait namque: *Quorum consilium longe sit a me* (*Job.* XXI, 16), quamvis aliud sententia, atque aliud consilium possit intelligi. Sententia quippe in ore est, consilium in cogitatione. Dum enim Eliphaz longe se a malorum sententia, beatus vero Job a consilio optavit, constat nimirum quia iste malorum verbis, ille vero etiam cogitationi desiderat esse dissimilis. Sequitur:

CAPUT XIII [Rec. VI.]

VERS. 19. — *Videbunt justi, et lætabuntur, et innocens subsannabit eos.*

18. *Justi de iniquorum peccatis nunc tabescunt, de eorum interitu quandoque lætaturi.* — Justi cum hic injustos errare conspiciunt, de errore [a] pereuntium lætari non possunt. Si enim gaudent erroribus, justi non sunt. Rursum si per insultationem lætantur eo quod tales non sunt quales alios esse conspiciunt, omnino superbi sunt. Unde et pharisæus justificationem perdidit, [b] quia publicani meritis gaudendo se prætulit, dicens: *Gratias ago tibi, quia non sum [c] sicut cæteri homines, raptores, injusti, adulteri, velut etiam hic publicanus* (*Luc.* XVIII, 11). Rursum si dicimus quod perfecto gaudio exsultare justi possunt de morte pravorum, quale est in hoc mundo gaudium de ultione peccantium, in quo adhuc incerta est vita justorum? Discernamus igitur tempora tremoris et exsultationis. Vident etenim nunc injustos justi, et de eorum nequitia tabescunt. Cumque [d] eos feriri conspiciunt, de sua quoque vita suspecti fiunt. Quando ergo videbunt justi iniquorum interitum, et lætabuntur, nisi cum districto judici perfecta jam securitate exsultationis inhæserint, cum in illo extremo examine illorum damnationem conspicient, et de se jam quod metuant non habebunt? Nunc itaque reprobos aspiciunt et gemunt, tunc aspicient et subsannabunt, quia eos exsultando despicient, quos modo nec sine gemitu iniqua perpetrantes, nec sine metu vident pro iniquitate morientes. Unde per hoc quod subditur, quia de damnatione eorum ultima dicatur ostenditur; nam protinus subinfertur

CAPUT XIV [Rec. VII].

508 VERS. 20. *Nonne succisa est erectio eorum et reliqua eorum [e] devoravit ignis?*

19. *Mali nunc florent, aliquando succidendi, et tam in carne quam in anima puniendi.* — Hic namque iniqui erecti sunt, quia in pravis actionibus extolluntur, quia et perverse agunt, et tamen pro perversis actibus minime feriuntur. Peccant et florent peccata augent et terrena bona multiplicant. Sed eorum erectio tunc succiditur, cum vel a præsenti vita ad interitum, vel a conspectu æterni judicis ad æternum gehennæ incendium pertrahuntur. Qui etsi hic mortuam suam carnem relinquunt, ipsam quoque in resurrectione recipiunt, ut cum carne ardeant, in qua peccaverunt. Sicut enim eorum culpa in mente fuit et corpore, ita eorum pœna in anima erit pariter et carne. Quia ergo nec hoc eis erit a tormento liberum, quod hic mortuum relinquunt, recte nunc dicitur: *Reliquias eorum devoravit ignis*. Sequitur:

CAPUT XV [Vet. VIII].

VERS. 21, 22. — *Acquiesce igitur ei, et habeto pacem, et per hæc habebis fructus optimos. Suscipe ex ore illius legem, et pone sermones ejus in corde suo.*

20. *Hæreticorum superbia et præsumptio.* — Culpa superbiæ est docere [f] meliorem, quam sæpe hæretici perpetrant, qui de his quæ prave sentiunt quasi docere catholicos præsumunt. Tunc enim eos putant Deo acquiescere, si illos contigerit eorum perversitatibus consentire. Et acquiescentibus pacem promittunt, quia contra eos qui sibi consentiunt jam jurgari desistunt. Fructus autem optimos sibi consentientibus pollicentur, quia eos solos bona opera agere existimant, quos ad sua dogmata se trahere exsultant. Quibus et hoc congruit, quod adjungit: *Suscipe ex ore illius legem*. Quia ea quæ ipsi sentiunt ex ore Dei procedere suspicantur: *Et pone sermones ejus in corde tuo*. Ac si aperte astruat, dicens: Quos nunc usque in ore, et non in corde tenuisti. Quia enim eorum perversa dogmata [g] respuit, non eum verba Dei in sensu, sed in ostensione habuisse criminantur. Unde quasi sub quadam specie dulcedinis infundunt virus pestiferæ persuasionis, ut verba Dei Ecclesiam in corde suo ponere admoneant. Quæ si unquam a corde illius recessissent, ab illis talia nullatenus audiret. Sequitur:

CAPUT XVI.

VERS. 25. — *Si reversus fueris ad Omnipotentem, ædificaberis, et longe facies iniquitatem a tabernaculo tuo.*

21. *Quid ad Deum post peccata revertitur, in cogitatione et opere munducatur.* — Fidelem populum hæretici a Deo discessisse existimant, quia eum suis prædicationibus resistentem vident. Quem cum malis præsentibus afflictum conspiciunt, quasi [h] per admonitionem ad conditoris gratiam trahere conantur, di-

---

[a] Norm., *peccantium*. Olim tamen in Utic. legebatur *pereuntium*.
[b] In Germ. ac olim in Utic., *qui publicano meritis*.
[c] Germ. ac Utic., *sicut cæteri hominum*.
[d] In Editis *eos perire*.
[e] Plerique, *devorabit*, et ita deinceps.
[f] In Vindoc., *meliorem se*.
[g] Vindoc., *respuit sancta Ecclesia, non eam*, etc.
[h] Vindoc., *quasi per admonitionem conditoris, ad gratiam reducere conantur*.

centes : *Si reversus fueris ad Omnipotentem, ædificaberis.* Ac si aperte dicant : Quia nostris dogmatibus resistendo a Domino recessisti, idcirco a justitiæ ædificatione destructus es. Tabernaculum vero aliquando accipimus habitaculum corporis, aliquando vero habitaculum cordis. Nam sicut anima habitamus in corpore, ita per cogitationes habitamus in mente. Iniquitas ergo in tabernaculo mentis, est perversa intentio in studio cogitationis, iniquitas autem in tabernaculo corporis per expletionem operis actio carnalis. Eliphaz itaque quia amicus beati viri exstitit, quædam vera sentiens, et tamen in his, in quibus a rectitudine deviat, hæreticorum speciem tenens, beatum Job ex virtutibus flagellatum nesciens 509 errasse credidit, quem percussum vidit, eique, si reversus ad Omnipotentem fuerit, pollicetur dicens: *Longe facies iniquitatem a tabernaculo tuo,* ac si patenter dicat : Quisquis ad Deum post errata revertitur, in cogitatione simul et in opere mundatur. Sequitur :

CAPUT XVII [*Vet. IX, Rec. VIII*].

Vers. 24. — *Dabit pro terra silicem, et pro silice torrentes aureos.*

22. *Infirmi, sanante Deo, fortes evadunt, et aliis doctrina prælucent.* — Quid per terram nisi infirmitas actionis, quid per duritiam silicis, nisi fortitudo signatur? quid per torrentes aureos, nisi doctrinam intimæ claritatis accipimus? Omnipotens autem Deus ad se conversis pro terra dat silicem, quia pro infirma actione fortitudinem tribuit robusti operis. Dat etiam pro silice torrentes aureos, quia pro robusto opere doctrinam multiplicat claræ prædicationis, ut peccator quisque conversus, et ex infirmo fortis existere valeat, et in sua fortitudine ª usque ad proferenda verba intimæ claritatis exsurgat, quatenus in eo et infirmitas actionis, in qua velut terra solvitur, bene vivendi fortitudine solidetur; et rursus cum sensus ex vita trahitur, ex ipsa fortitudine torrentes aurei defluant, quia in ore bene viventium doctrinæ claritas inundat. Sequitur :

CAPUT XVIII.

Vers. 25. *Eritque Omnipotens contra hostes tuos, et argentum coacervabitur tibi.*

23. *Deus, fugatis hostibus, divini eloquii argento nos ditat.* — Quos magis alios hostes patimur quam malignos spiritus, qui in nostris nos cogitationibus obsident, ut civitatem valeant nostræ mentis irrumpere, eamque sub sui jugo dominii captam tenere? Argenti autem nomine sacra eloquia designati testatur Psalmista, qui ait :| *Eloquia Domini eloquia casta, argentum igne examinatum* ᵇ *terræ (Psal.* xi, 7). Et sæpe cum eloquiis sacris intendimus, malignorum spirituum insidias gravius toleramus, quia menti nostræ terrenarum cogitationum pulverem aspergunt, ut intentionis nostræ oculos a luce intimæ visionis obscurent. Quod nimirum Psalmista pertulerat, cum dicebat : *Declinate a me, maligni, et scrutabor mandata Dei mei (Psal.* cxviii, 115). Videlicet patenter insinuans quia mandata Dei perscrutari non poterat cum malignorum spirituum insidias in mente tolerabat. Quod etiam in Isaac opere sub Allophylorum pravitate cognoscimus designari, qui puteos quos Isaac foderat terræ congerie replebant (*Genes.* xxvi, 15). Hos enim nos nimirum puteos fodimus cum in Scripturæ sacræ abditis sensibus alta penetramus. Quos tamen occulte replent Allophyli quando nobis ad alta tendentibus immundi spiritus terrenas cogitationes ingerunt, et quasi inventam divinæ scientiæ aquam tollunt. Sed quia nemo hos hostes sua virtute superat, per Eliphaz dicitur : *Eritque Omnipotens contra hostes tuos, et argentum coacervabitur tibi.* Ac si aperte diceretur : Dum malignos spiritus Dominus a te sua virtute repulerit, ᶜ divini intus eloquii talentum lucidum excrescit. Sequitur :

CAPUT XIX [*Vet. X, Rec. IX*].

Vers. 26. — *Tunc super Omnipotentem deliciis afflues.*

24. *Deliciis affluunt qui multiplices in sacris Scripturis sensus discernere sciunt.* — Super Omnipotentem deliciis affluere est in amore illius Scripturæ sacræ epulis satiari. In cujus nimirum verbis tot delicias invenimus, quot ad profectum nostrum intelligentiæ diversitates accipimus, ut modo nuda nos pascat historia, modo sub textu litteræ velata medullitus nos reficiat moralis allegoria, modo ad altiora suspendat contemplatio, in præsentis vitæ tenebris jam de lumine æternitatis 510 intermicans. Et sciendum quod quisquis deliciis affluit in quadam sui remissione solvitur, atque a laboris studio quasi ex lassitudine relaxatur, quia nimirum anima cum internis ᵈ deliciis abundare cœperit, terrenis jam operibus incubare minime consentit; sed amore conditoris capta, et sua captivitate jam libera, ad contemplandam ejus speciem deficiendo suspirat, et quasi lassescendo convalescit, quia dum sordida onera portare jam non valet, ad illum per quietem properat, quem intus amat. Hinc etiam in admiratione sponsæ scriptum est : *Quæ est ista quæ ascendit de deserto deliciis affluens (Cant.* viii, 5) ? Quia nimirum sancta Ecclesia nisi verborum Dei deliciis afflueret, de deserto vitæ præsentis ascendere ad superiora non posset. Deliciis ergo affluit, et ascendit, quia dum mysticis intelligentiis pascitur, ad superna quotidie contemplanda sublevatur. Hinc etiam Psalmista ait : *Et nox illuminatio mea in deliciis meis* (Psal. cxxxviii, 11), quia dum per intellectum mysticum studiosa mens reficitur, jam in ea vitæ præsentis obscuritas fulgore diei subsequentis illuminatur, ut etiam in hujus corruptionis caligine in intellectum illius vis futuri luminis erumpat, et verborum

---

ª Norm. addunt *post ante usque.*
ᵇ Ita Germ., Anglic., Norm., Turon. et alii. Deest *terræ* in Editis.

ᶜ Vindoc. *divinitus eloquii talentum,* etc. Norm melius, *divini in te eloquii talentum lucidius crescit.*
ᵈ Norm., *desideriis.*

deliciis pasta prægustando discat quid de pabulo veritatis esuriat. Sequitur :

CAPUT XX.

IBID. — *Et elevabis ad Deum faciem tuam.*

25. *Ad Deum faciem levare, est cor pœnitentia mundatum ad divina investiganda attollere.* — Ad Deum faciem levare, est cor ad sublimia investiganda attollere. Nam sicut per corporis faciem homini, ita per interiorem imaginem Deo noti atque conspicabiles sumus. Cum vero reatu culpæ deprimimur, ad Deum levare cordis nostri faciem veremur. Dum enim nulla bonorum operum confidentia fulcitur, intueri summa mens trepidat, quia ipsa se conscientia accusat. Cum vero jam pœnitentiæ lamentis culpa diluitur, et sic perpetrata planguntur, ª ut plangenda minime perpetrentur, magna menti fiducia nascitur, et ad conspicienda supernæ retributionis gaudia cordis nostri facies levatur. Sed hæc Eliphaz recte diceret si infirmum moneret. Cum vero justum virum propter flagella despicit, quid aliud quam verba scientiæ nesciens fundit? Quæ nimirum dicta si ad hæreticorum typum ducimus, ᵇ ipsi falsis promissionibus ad Deum nos faciem levare pollicentur. Ac si fideli populo patenter dicant: Quandiu prædicationem nostram non sequeris, cor in infirmis premis. Quia vero Eliphaz beatum Job ad Deum reverti admonuit, a quo videlicet idem vir beatus nunquam recessit, adhuc pollicendo subjungit :

CAPUT XXI.

VERS. 27. — *Rogabis eum, et exaudiet te.*

26. *Frustra Deum rogant qui ejus præcepta contemnunt.* — Rogant quippe Dominum, sed exaudiri minime merentur, qui jubentis Domini præcepta contemnunt. Unde scriptum est : *Qui declinat aurem suam ne audiat legem, oratio ejus erit exsecrabilis* (Prov. xxviii, 9). Quandiu ergo Eliphaz beatum Job non exaudiri credidit, hinc nimirum in suo opere errasse judicavit. Unde et adhuc subdit :

IBID. — *Et vota tua reddes.*

[*Vet. XI.*] Qui vota vovit, sed hæc præ infirmitate solvere non valet, ei ex peccati pœna agitur ut volenti bonum posse subtrahatur. Cum vero in conspectu intimi judicis ea quæ obsistit culpa detergitur, fit protinus ut votum possibilitas sequatur. Sequitur :

CAPUT XXII.

511 VERS. 28. — *Decernes rem, et veniet tibi.*

27. *Falsa hominum de adversis et prosperis judicia.* — Hoc esse proprium infirmantium judicium solet, ut tanto quempiam existiment justum, quanto hunc adipisci conspiciunt omne quod appetit. cum vide-

licet noverimus nonnunquam bona terrena justis subtrahi, quæ largo munere tribuuntur injustis, quia et desperatis ægris medici quidquid poposcerint dari præcipiunt, et eis quos reduci posse ad salutem prævident quæ appetunt dari contradicunt. Sed si dicta hæc Eliphaz de donis spiritalibus intulit, sciendum quod res decernitur et venit cum virtus quæ ex desiderio appetitur, ᶜ largiente Deo, etiam effectu prosperatur. Unde et adhuc subditur :

CAPUT XXIII [Rec. X].

IBID. — *Et in viis tuis splendebit lumen.*

28. *Mirus virtutis splendor.* — In viis quippe justorum lumen splendere est per mira opera virtutum signa suæ claritatis aspergere, ᵈ ut quocunque per intentionem pergunt, ab intuentium cordibus peccati noctem excutiant, et exemplo sui operis in eis justitiæ lumen fundant. Sed quantalibet sit justitia operis, apud internum judicem nulla est, si nanc elevat tumor mentis. Unde et subditur :

CAPUT XXIV.

VERS. 29. — *Qui enim humiliatus fuerit, erit in gloria; et qui inclinaverit oculos suos, ipse salvabitur.*

29. *Humilitatis commendatio.* — Quæ nimirum sententia a Veritatis ore non discrepat dicentis : *Omnis qui se exaltat, humiliabitur, et qui se humiliat, exaltabitur* (Luc. xiv, 11). Unde et per Salomonem dicitur : *Antequam conteratur, exaltatur cor hominis; et* ᵉ *antequam glorietur, humiliatur* (Prov. xviii, 12). Recte autem dicitur : *Qui inclinaverit oculos suos, ipse salvabitur,* quia, quantum per membrorum ministerium deprehendi potest, prima superbiæ ostensio esse in oculis solet. Hinc enim scriptum est : *Et oculos superborum humiliabis* (Psal. xvii, 28). Hinc de ipso superbientium capite dicitur : *Omne sublime videt* (Job xli, 25). Hinc de illa quæ, ei per infidelitatem adhæsit scriptum est : *Generatio cujus excelsi sunt oculi, et palpebræ ejus* ᶠ *in altum subrectæ* (Prov. xxx, 13). Oculos ergo inclinare est nullum respiciendo despicere, sed se minorem atque imparem cunctis quos aspicit æstimare. Salvabitur itaque qui oculos inclinat, quia qui falsum superbiæ verticem deserit, veritatis altitudinem ascendit. Sequitur :

CAPUT XXV.

VERS. 30. — *Salvabitur innocens, salvabitur autem munditia manuum suarum.*

30. *Gratiæ prævenientis necessitas, quam comitari et subsequi debet liberum arbitrium.* — Quæ scilicet sententia si de cœlestis regni retributione ᵍ promittur, veritate fulcitur, quia cum de Deo scriptum sit : *Qui reddit unicuique secundum opera ejus* (Rom. ii, 6), illum in extremo examine justitia æterni judicis salvat, quem hic ejus pietas ab immundis operibus li-

---

ª Sola Edit. Gussanv., *ut plangendo.*
ᵇ Norm., *ipsis falsis promissionibus.*
ᶜ Germ. et Norm. : *Largiente Domino etiam effectum operatur.*
ᵈ Iidem, *ut quaqua.* Bellovac., *ut quanquam per in-*tentionem pergunt, ab intuentium cordium sordibus peccati, etc.
ᵉ Vindoc., *antequam glorificetur.*
ᶠ Norm., *in alta.*
ᵍ Bellovac., *promittitur.*

berat. Sin vero ad hoc salvari quisque hic munditia manuum suarum creditur, [a] ut suis viribus innocens fiat, procul dubio erratur, 512 quia si superna gratia nocentem non prævenit, nunquam profecto inveniet quem remuneret innocentem. Unde veridica Moysis voce dicitur : *Nullusque apud te per se innocens est* (*Exod.* xxxiv, 7). Superna ergo pietas prius agit in nobis aliquid sine nobis, ut, subsequente quoque nostro libero arbitrio, bonum quod jam appetimus agat nobiscum, quod tamen per impensam gratiam in extremo judicio ita remunerat in nobis, ac si solis processisset ex nobis. [*Vet. XII.*] Quia enim divina nos bonitas, ut innocentes faciat, prævenit, Paulus ait : *Gratia autem Dei sum id quod sum* (*I Cor.* xv, 10). [b] Et quia eamdem gratiam nostrum liberum arbitrium sequitur, adjungit : *Et gratia ejus in me vacua non fuit, sed abundantius illis omnibus laboravi.* Qui dum se de se nihil esse conspiceret, ait : *Non autem ego.* Et tamen quia se esse aliquid cum gratia invenit, adjunxit : *Sed gratia Dei mecum.* Non enim diceret *mecum* si cum præveniente gratia subsequens liberum arbitrium non haberet. Ut ergo se sine gratia nihil esse ostenderet, ait : [c] *Non ego.* Ut vero se cum gratia operatum esse per liberum arbitrium demonstraret, adjunxit : *Sed gratia Dei mecum.* Munditia itaque manuum suarum innocens salvabitur, quia qui hic prævenitur dono ut innocens fiat, cum ad judicium ducitur, ex merito remuneratur. Quæ cuncta Eliphaz, sicut prædictum est, etsi recte protulit, cui tamen proferret ignoravit, [d] quia docere meliorem non debuit, sed audire. Quæ tamen omnia per typum hæreticorum promissionibus congruunt, qui cum fideles quosque in præsenti vita afflictos inveniunt, eos ex culpa perfidiæ percussos arbitrantur, eisque si sua dogmata sequantur, salutem innocentiæ per bonorum operum munditiam promittunt. Sed mens fidelium tanto eos altius despicit, quanto illos innocentiam non videt habere quam pollicentur. Unde bene per Salomonem dicitur : [e] *Frustra jactatur rete ante oculos pennatorum* (*Prov.* A I, 17). Pennati quippe sunt bonorum spirituum, qui dum ad altiora per spem veritatis evolant, apposita pravorum hominum deceptionis retiacula declinant. Sequitur :

CAPUT XXVI [*Rec. XI*].

CAPUT XXIII, VERS. 1, 2. — *Respondens autem Job dixit : Nunc quoque in amaritudine est sermo meus, et manus plagæ meæ aggravata est super gemitum meum.*

31. *Inordinata consolatio dolorem auget.* — More suo beatus Job planioribus verbis inchoat, sed dicta sua alta mysterii prosecutione consummat. Mederi quippe dolor afflicti ex amicorum consolatione debuerat ; sed quia consolatio ad blandimenta fallaciæ erupit, afflicti dolor inhorruit. Quia enim Eliphaz sponderec onverso meliora non timuit, quasi ex noxio medicamine vulnus crevit. Unde recte dicitur : *Nunc quoque in amaritudine est sermo meus, et manus plagæ meæ aggravata est super gemitum meum,* quia videlicet 513 inordinatæ consolationis intentio percussionem quam minuere debuit multiplicavit. In quibus nimirum verbis per typum sanctæ Ecclesiæ etiam fidelium dolor exprimitur, qui eo amplius gemunt, quo [f] malos blandiri conspiciunt, qui juxta Pauli vocem : *Per dulces sermones et benedictiones seducunt corda innocentium* (*Rom.* xvi, 18).

32. [*Vet. XIII.*] *Fidelium mentes sine amaritudine esse nesciunt.* Quæ etiam verba ad considerandam subtilius mentem fidelium recte referuntur, qui esse sine amaritudine nesciunt etiam si in hoc mundo prosperari videantur. Quibus cum et adversitas evenit, eum quem invenit ingeminat dolorem. Unde recte dicitur : [g] *Nunc quoque in amaritudine est sermo meus,* ut aperte monstretur quia electorum mens sine amaritudine et in prosperitate non fuerit. Bene autem dicitur : *Et manus plagæ meæ aggravata est super gemitum meum.* Manus quippe plagæ est fortitudo percussionis. Primam namque percussionem suam electi considerant, quia a conditoris sui visione divisi sunt, quia nequaquam illuminationis

---

[a] Norman., *ut suis operibus innocens fiat.*
[b] Olim in Utic. legebatur : *et quia eadem gratia nostrum liberum arbitrium sequitur,* quod fuit antiqua manu emendatum. Huic lect. favent duo vet. Mss. Paris., unus Reg., alter San Germ., et unus Vatic. not. 574, sæc. xiv, vel xv, exaratus. Verum contradicunt omnes alii, Anglic., Gallic., Vatic., ex quibus plurimi sunt saltem nono sæc. scripti, qualis notatus 575, cujus ad calcem hæc leguntur carmina :

Sexta docet finem pars hoc resonare volumen,
Quod bene ter senis distinguitur undique libris.
Anastasii sancti concessum munere Christi
Altari, cujus si quis substraxerit istud
Donum, percussus sis sic anathemate Jesu.
Perpetua vita careas; sane morte futura
Joannes Scriptor... Da; Christe, medelam.

Nullam fecimus mentionem cujusdam Ms. Cisterciensis in quo legitur quoque : *et quia eadem gratia nostrum liberum arbitrium sequitur,* quod multarum diversarum lectionum adjectione sit interpolatus, aliundeque non admodum antiquus. Huic autem opponitur alter Cisterciensis eo deosculandus quod piis manibus sanctorum monachorum Cisterciensium exaratus sit, sub beato Stephano primo Cistercii abbate, ut liquet ex hac epigraphe : *Anno Domini millesimo centesimo undecimo, in vigilia Nativitatis ejusdem Domini nostri Jesu Christi, liber iste finem sumpsit scribendi, temporibus Domini Stephani Cisterciensis abbatis.* Verum quid opus est Manuscriptorum testimonio, ad asserendam nostram lectionem, cum alia evertat omnino sensum a Gregorio intentum? Palam enim docet hic gratiam prævenire, liberum vere arbitrium esse pedisequum : *Quia,* inquit, *divina nos bonitas, ut innocentes faciat, prævenit, Paulus ait,* etc. Et infra : *non enim diceret mecum si cum præveniente gratia subsequens liberum arbitrium non haberet.*
[c] Plerique, *non autem ego.*
[d] Norm., *quia docere meliorem audere non debuit.*
[e] Bigot. et Lyr., *frustra jacitur rete.*
[f] Vindoc., *quo malos simpliciter, blandiri.*
[g] In Edit. solum legitur : *nunc quoque.* Ut aperte, etc. In Mss. autem nostris et Anglic., *nunc quoque in amaritudine est sermo meus.*

intimæ [a] claritate perfruuntur, sed in præsentis vitæ exsilio quasi in cæcitatis loco [b] relegati gemunt. Semper ergo habent in hac manu plagæ gemitum suum. Sed cum adhuc etiam adversa in hac vita accidunt, manus plagæ eorum etiam super gemitum gravatur. Erat enim plagæ gemitus etiam cum præsentis vitæ adversa deessent. Sed amaritudo primæ percussionis etiam ex tentatione crescit adversitatis. Dicit ergo: *Et manus plagæ meæ aggravata est super gemitum meum:* quia justum quemque in hac vita adversitas [c] non lætum percutit, sed in eo dolorem vulneris multiplicavit. Fit tamen miro omnipotentis Dei moderamine ut cum in hoc mundo mens justi adversitatibus plus laborat, auctoris sui contemplandam faciem amplius sitiat. Unde hic apte subjungitur:

CAPUT XXVII [Rec. XII].

Vers. 3. — *Quis mihi tribuat ut cognoscam et inveniam illum, et veniam usque ad solium ejus?*

33. *Ardor electorum Dei conspectu frui cupientium.* — Electus quisque nisi Deum cognovisset, utique non amaret. Sed aliud est cognoscere per fidem, atque aliud per speciem; aliud invenire per credulitatem, aliud per contemplationem. Ex qua re agitur ut electi omnes eum quem fide cognoverunt videre quoque per speciem anhelent. Cujus amore flagrantes æstuant, quia ejus dulcedinis suavitatem jam in ipsa suæ fidei certitudine degustant. Quod bene ille in Gerasenorum regione sanatus a dæmonibus designat; qui vult abire cum Jesu; sed ei a magistro salutis dicitur: *Redi in domum tuam, et narra quanta tibi fecerit Deus* (Luc. VIII, 39). Amanti enim adhuc dilatio imponitur, ut ex dilati amoris desiderio meritum retributionis augeatur. Fit ergo nobis omnipotens Deus dulcis in miraculis, et tamen in sua celsitudine manet occultus, ut et quiddam monstrando de se occulta nos inspiratione in suo amore succendat, et tamen abscondendo Majestatis suæ gloriam amoris sui vim per æstum desiderii augeat. Nisi enim sanctus vir videre hunc in sua Majestate quæreret, non utique subinferret: *Et veniam usque ad solium ejus* [Vet. XIV]. Quid namque est solium Dei, nisi illi angelici spiritus 514 qui, Scriptura teste, throni vocati sunt? Qui ergo usque ad solium Dei venire vult, quid aliud quam interesse angelicis spiritibus concupiscit, ut nulla jam defectiva temporum momenta sustineat, [d] sed ad permanentem gloriam in contemplatione æternitatis exsurgat?

34. *Electi occulta Dei judicia venerantur.* — Quæ tamen verba etiam in hac vita positis justis [e] conveniunt. Nam cum contra votum suum atque desiderium quodlibet agi conspiciunt, ad occulta Dei judicia recurrunt, ut in eis videant quia inordinate intus non disponitur quod inordinatum foris currere videtur. Cum enim præsidentem angelicis spiritibus Creatorem omnium fidei oculis contemplantur, ad ejus nimirum solium veniunt. Et quia considerant quoniam is qui mire angelos regit injuste homines non disponit, profecto inveniunt causales rationes quam justæ sint, dum ipsæ causæ extrinsecus videantur injustæ; dumque id humiliter faciunt, semetipsos sæpe in sua voluntate reprehendunt, sua in se nonnunquam vota dijudicant, dum meliora esse ea quæ disponit conditor pensant. Unde bene adhuc subditur:

CAPUT XXVIII [Rec. XIII].

Vers. 4. — *Ponam coram eo judicium, et os meum replebo increpationibus.*

35. *Ex occultorum Dei judiciorum consideratione ad pœnitentiam accenduntur electi.* — Coram Deo judicium ponere est intra secretum mentis per fidei contemplationem ad tremendum examen majestatis illius oculos nostræ considerationis aperire, quid peccator homo mereatur attendere, et occultus nunc et tacitus judex quam terribilis post appareat considerare. Ex qua re agitur ut ad cognitionem sui anima subtilius revocetur, et quo occultum judicem suum magis terribilem videt, eo de suis actibus formidolosius angustetur. Anxie trepidat, culpas suas lamentis insequitur, pœnitendo increpat, qualem fuisse se meminit. Unde nunc quoque postquam dictum est: *Ponam coram eo judicium,* recte subjungitur: *Os meum replebo increpationibus.* Qui enim sibi in conspectu Dei judicium ponit, os suum increpationibus replet, quia dum subtile examen tremendi contra se judicis contemplatur, amaræ se pœnitentiæ invectione persequitur. Sæpe autem dum culpas nostras pensare negligimus, quæ earum reprehensio in judicio sequatur ignoramus; dum vero eas pœnitendo persequimur, quid nobis de eis judex in suo examine dicere possit invenimus. Unde adhuc apte subjungitur:

CAPUT XXIX.

Vers. 5. — *Ut sciam verba quæ mihi respondeat, et intelligam quid loquatur mihi.*

36. *Occulta Dei judicia, dum metuunt, evadunt electi.* — Tunc enim culpas plangimus cum pensare cœperimus. Sed tunc subtilius pensamus, cum sollicitius plangimus, atque ex lamentis in corde nostro [f] plenius nascitur quid peccantibus divina distinctio minatur, quæ erunt illa reproborum impropе-

---

[a] Vindoc., *claritate in via perfr... quasi in necessitatis loco.... semper ergo habent meæ manus plagæ gemitum.*
[b] Norm., *religati*. Ita etiam vet. Edit.
[c] Vindoc., *non lætum pertulit*.
[d] Germ., Bellovac. et Norm., *sed permanente gloria*.

[e] Germ. et Bollov., *eveniunt*, quod prius lectum in Utic.
[f] Melius, fortasse, *plenius noscitur*. Sane in Vindoc. legimus *plenius agnoscitur quid est quod peccantibus*. Cæterum lectionem mutare non præsumpsimus, quam habent Editi et Mss. fere omnes.

ria, qui terror, quæ implacabilis ª Majestatis aversio. Tanta enim tunc Dominus reprobis iratus dicet: ᵇ quanta eos pati ex æquitate permiserit. Quæ nimirum ᶜ verba animadversionis illius justi, dum modo sollicite metuunt, evadunt. Sed quis in illo examine inveniri justus valeat, si secundum suæ fortitudinis Majestatem vitam hominum **515** discutiat Deus? Apte ergo subjungitur :

CAPUT XXX [*Vet. XV, Rec. XIV*].

VERS. 6. — *Nolo multa fortitudine contendat mecum; nec magnitudinis suæ mole me premat.*

37. *Dei fortitudinem formidantes, infirmitatem in assumpta humanitate desiderant.* — Mens etenim ᵈ quamlibet justi, si ab omnipotente Domino districte judicatur, mole magnitudinis premitur. In quibus nimirum verbis hoc quoque intelligendum est, quod sanctus vir, dum Dei fortitudinem devitat, quid ejus aliud quam infirmitatem desiderat? Et scriptum est : *Quod infirmum est Dei, fortius est hominibus* (*I Cor.* ɪ, 25). Unde et protinus adjungit :

VERS. 7. — *Proponat æquitatem contra me, et perveniet ad victoriam judicium meum.*

Quis enim alius nisi Mediator Dei et hominum, homo Christus Jesus (*I Tim.* ɪɪ, 5), æquitatis nomine designatur? de quo scriptum est : *Qui factus est sapientia nobis a Deo et justitia* (*I Cor.* ɪ, 30). Quæ scilicet justitia dum in hunc mundum contra vias peccatorum venit, antiquum hostem vincimus, a quo captivi tenebamur. Dicat ergo : *Nolo multa fortitudine contendat mecum, nec magnitudinis suæ mole me premat; proponat æquitatem contra me, et perveniet ad victoriam judicium meum.* Id est, ad redarguendas vias meas incarnatum Filium mittat, et tunc insidiantem adversarium per absolutionis meæ judicium victor excludam. Si enim in divinitatis fortitudine sic unigenitus Dei Filius invisibilis maneret, ut nil de nostra infirmitate susciperet, infirmus homo ad eum invenire accessum gratiæ quando potuisset? Consideratum quippe pondus ejus magnitudinis opprimeret potius quam juvaret. Sed fortis ᵉ super omnia apparuit infirmus inter omnia, ut dum nobis ex assumpta infirmitate congrueret, ad permanentem nos suam fortitudinem elevaret. In altitudine enim sua divinitas a nobis utpote parvulis apprehendi non potuerat, sed stravit se hominibus ᶠ per humanitatem, et quasi in jacentem ascendimus ; surrexit, et levati sumus. Unde hoc quoque mox subditur, per quod divinitas invisibilis atque incomprehensibilis demonstretur. Nam sequitur :

CAPUT XXXI [*Rec. XV*].

VERS. 8, 9. — *Si ad Orientem iero, non apparet;*

A *si ad Occidentem, non intelligam eum ; si ad sinistram, quid agam? non apprehendam eum; si me vertam ad dexteram, non videbo illum.* —

38. *Deus invisibilis et incomprehensibilis, non in parte sed ubique quærendus.* — Creator quippe omnium in parte non est, quia ubique est. Et tunc minus invenitur, quando is qui totus ubique est in parte quæritur. Incircumscriptus namque spiritus omnia intra semetipsum habet, quæ tamen et implendo circumdat, et circumdando implet, et sustinendo transcendit, et transcendendo sustinet. Bene autem postquam dictum est : *Si ad Orientem iero, non apparet; si ad Occidentem, non intelligam eum; si ad sinistram quid agam ? non apprehendam eum; si me vertam ad dexteram, non videbo illum;* illico adjunxit :

B *Ipse vero scit viam meam.* Ac si aperte dicat : Videre non valeo videntem me, et eum qui me subtiliter intuetur intueri non possum ; ut videlicet ostendat ᵍ quia tanto cautius formidandus est, quanto conspicabilis non est. Qui enim ita nos aspicit, ut a nobis aspici nequeat, eo magis timendus est, quo cuncta videns minime videtur. Cum enim contra nos latere quempiam in insidiis credimus, eo illum amplius metuimus, quo minime videmus. **516** Cumque ejus insidias nequaquam deprehendimus ubi sunt, et ibi eas metuimus ubi non sunt. Creator autem noster, qui ubique totus est, et cernens cuncta non cernitur, tanto magis metuendus est, quanto invisibilis permanens, de nostris actibus quando et quid decernat ignoratur. Quæ tamen verba intelligi et aliter

C possunt. Ad Orientem quippe imus, cum mentem in consideratione majestatis ejus attollimus. Sed non apparet, quia qualis in natura sua est ʰ a cogitatione mortali videri non prævalet. *Si ad Occidentem non intelligam* ⁱ *eum.* [*Vet. XVI.*] Ad Occidentem imus cum sublevatum in Deo cordis oculum, sed ipsa immensitate luminis reverberatum, ad nosmetipsos reducimus, et lassati discimus valde super nos esse quod quærebamus, nostramque mortalitatem considerantes, indignos nos adhuc esse deprehendimus qui immortalem ʲ videre valeamus. *Si ad sinistram, quid agam non apprehendam eum.* Ad sinistram ire est peccatorum delectationibus consentire. Et nimirum constat quia Deum apprehendere non valet qui adhuc in delectatione peccati per sinistram jacet. *Si*

D *me vertam ad dexteram, non videbo illum.* In dexteram procul dubio vertitur qui de virtutibus elevatur. Sed Deum videre non valet qui privata lætitia de bonis actibus gaudet, quia in eo cordis oculum tumor elationis premit. Unde bene alias dicitur : ᵏ *Non declines ad dexteram, aut ad sinistram* (*Deut.* xvɪɪ, 11). In quibus cunctis plerumque se anima discutit,

ª Ita Germ., Norm., Vindoc., Bellovac. In omnibus Ed., *animadversio.* Monet tamen Gussanv. aliter legi *aversio, vel adversio.*
ᵇ Vindoc., *quanta eos iniqua agere ex æquanimitate permiserit.*
ᶜ Olim in Utic., *verba animadversitatis.*
ᵈ Vindoc., *cujuslibet justi.*
ᵉ Hunc loquendi modum jam observavimus in nostro Gregorio. Vide supra, lib. xv, cap. olim 10, unc 16, n. 20, et lib. ɪɪ, n. 60.

ᶠ Turon., Norm., Anglic., ita habent, non *per humilitatem,* ut legitur in Editis. Apud Gilot., in margine, annotatur, *al., per humanitatem.*
ᵍ Vindoc., *quia tanto citius.*
ʰ Omnes Norm., *a cogitatione mortalium.*
ⁱ Deest *eum* in eisdem. Mss.
ʲ Ebroic. et alii Norm., *videre volebamus.* Olim in Utic., *valeamus.*
ᵏ Vindoc., *nec declinabis.* Norm., *ne declines.*

nec tamen plene deprehendere semetipsam valet. Unde hic apte subditur :

CAPUT XXXII.

VERS. 10. — *Ipse vero scit viam meam.*

39: *Deus justorum vias explorat eosque probat.* — Ac si patenter dicat : Ego me et districte discutio, et perfecte me scire non possum; et tamen ille quem videre non valeo, videt subtiliter cuncta quæ ago. Sequitur :

ᵃ Et probabit me quasi aurum quod per ignem transit.

Aurum in fornace ad naturæ suæ claritatem proficit, dum sordes amittit. Quasi aurum ergo quod per ignem transit probantur animæ justorum; quibus exustione tribulationis et subtrahuntur vitia et merita augentur. Nec elationis fuit quod sanctus vir in tribulatione se positum auro comparavit, quia qui Dei voce justus ante flagella dictus est, non idcirco tentari permissus est ut in eo vitia purgarentur, sed ut merita crescerent, aurum vero igne purgatur. Minus ergo de se æstimavit ipse quam erat, dum tribulationi traditus, purgari se credidit, qui purgandum in se aliquid non habebat.

40. *Justi quantumvis humiles, sua bona opera non ignorant.* — Sciendum vero est quia quamvis de se humilia sentiat animus justorum, ea tamen quæ agunt quam sint recta conspiciunt, sed de eorum rectitudine non præsumunt : Unde adhuc subditur : *Vestigia ejus secutus est pes meus : viam ejus custodivi, et non declinavi ex ea. A mandatis labiorum ejus non recessi, et in sinu meo abscondi verba oris ejus.* Sed in his omnibus an se esse aliquid existimet videamus. Sequitur : *Ipse enim solus est [Rec. XVI].* Qua sententia subjuncta ostendit quia in tot bonis quæ egerat nil esse se credidit. Sed hæc ipsa superius verba repetentes, ut possumus perstringamus.

CAPUT XXXIII.

517. VERS. 11. — *Vestigia ejus secutus est pes meus.*

41. *Dei longanimitas et pietas nobis unitandæ. Exempla Christi sequenda.* — Quasi quidam namque gressus Dei sunt, quas cernimus, ᵇ operationes ejus, quibus bonus quisque malusque regitur, quibus justi injustique suis ᶜ ordinibus disponuntur, quibus et subjectus quisque ad meliora quotidie ducitur, et adversus ad deteriora corruens toleratur. De quibus nimirum gressibus Propheta dicebat : *Visi sunt gressus tui, Deus (Psal.* LXVII, *25).* Nos itaque cum virtutem longanimitatis atque pietatis ejus intuemur, et intuentes imitari contendimus, quid aliud quam gressuum ejus vestigia sequimur, ᵈ quia extrema quædam ejus operationis imitamur. Hæc enim Patris sui vestigia Veritas admonebat imitari, cum diceret :

ᵃ Bigot., Sag., Lyr., *et probavit me.*
ᵇ Vindoc., *operationes ejus quibus quilibet bonus adjuvatur, quisque malus regitur.*
ᶜ Turon, *suis ordinationibus.*
ᵈ Vindoc., *quia extrema quædam ejus opera imitamur. Hoc enim veritas admonebat discipulis suis*

Orate pro persequentibus et calumniantibus vos, ut sitis filii Patris vestri, qui in cœlis est, qui solem suum oriri facit ᵉ super malos et bonos (Matth. v, 45; *Luc.* vi, 28). [*Vet. XVII.*] Potest tamen beatus Job, qui certa fide jam dixerat : *Scio quod Redemptor meus vivit, et in novissimo die de terra surrecturus sum (Job.* XIX, 25), sic in futura operatione incarnandæ sapientiæ intendere, sicut nos ejusdem sapientiæ jam præterita opera per fidem videmus, quod Mediator Dei et hominum benignus ad tribuendum, humilis ad sustinendum, patiens ad exemplum præbendum fuerit. Cujus nimirum vitam dum beatus Job, superno spiritu repletus, sollicita intentione conspiceret, futuram mansuetudinis illius humilitatem prævidens, quasi ad exemplum sibi propositum recurrit, ut quidquid in hac vita ageret, ad imitationis illius vestigia ligaret, quatenus qui occultæ dispositionis ejus sublimia videre non poterat, quasi in terra conspiciens, ad imitationem ejus vestigia teneret. De quibus ejus vestigiis per Petrum dicitur : *Christus passus est pro nobis, vobis relinquens exemplum, ut sequamini vestigia ejus (I Petr.* II, 21). De quo adhuc subditur :

CAPUT XXXIV.

IBID. — *Viam ejus custodivi, et non declinavi ex ea.*

42. *Justorum sollicitudo est vias veritatis observare.* — Custodit ᶠ et non declinat, qui hoc ubi intendit operatur. Custodire quippe per intentionem, est non declinare per operationem. Hæc namque est sollicitudo justorum, ut actus suos quotidie juxta vias veritatis examinent, et, ea sibi in regulam proponentes, a rectitudinis earum tramite non declinent. Super semetipsos quippe quotidie ire contendunt, et quo in virtutum verticem provehuntur, cauta reprehensione dijudicant, quidquid de eis ex semetipsis remanet infra semetipsos, et totos se illo festinant trahere, ubi se sciviunt ex parte pervenisse. Sequitur :

CAPUT XXXV.

VERS. 12. *A mandatis labiorum ejus non recessi.*

43. *Dei voluntatem in Scripturis scrutari, alia justorum sollicitudo.* — Sicut bene obsequentes famuli dominorum suorum ᵍ vultibus semper intenti sunt, ut ea quæ præceperint, festine audiant et implere contendant, sic justorum mentes per intentionem suam omnipotenti Domino assistunt, atque in scriptura ejus quasi os ejus intuentur, ut quia per eam Deus loquitur omne quod vult, tanto a voluntate ejus non discrepent, quanto eamdem voluntatem illius in ejus eloquio agnoscunt. Unde fit ut ejus verba non per eorum aures supervacue transeant, sed hæc in suis cordibus figant. Unde hic subditur :

imitari.
ᵉ Utic. et Sag., *super justos et injustos.*
ᶠ Norm., *etenim et non declinat,*
ᵍ Plurimi Norm., *vultum semper intuentes sunt, ut festini audiant.*

CAPUT XXXVI

518. Ibid. — *Et in sinu meo abscondi verba oris ejus.*
44. *Verba Dei in sinu abscondere, alia justorum sollicitudo.* — In sinu etenim cordis verba oris ejus abscondimus, quanto mandata illius non transitorie, sed implenda opere audimus. Hinc est quod de ipsa matre Virgine scriptum est : *Maria autem conservabat omnia verba hæc, conferens in corde suo* (*Luc.* II, 19). Quæ nimirum verba, et cum ad operationem prodeunt, in sinu cordis abscondita latent, si per hoc quod foris agitur intus agentis animus non elevatur. Nam cum conceptus sermo ad opus ducitur, si per hoc humana laus quæritur, sermo Dei in sinu mentis procul dubio non occultatur. Sed nosse velim, beate vir, cur te tanta intentione examines, cur te tanta sollicitudine astringas? Sequitur :

CAPUT XXXVII. [Vet. XVIII].

Vers. 13. — *Ipse enim solus est, et nemo avertere potest* [a] *cogitationem ejus.*

45. *Deus solus est, in cujus essentiæ comparatione esse nostrum non esse est.* — Nunquid non sunt angeli et homines, cœlum et terra, aer et maria, cuncta volatilia, quadrupedia, [b] atque repentia? Et certe scriptum est : *Creavit ut essent. omnia* (*Genes.* II, 3, seq.). Cum ergo in rerum natura tam multa sint, cur beati viri voce nunc dicitur : *Ipse enim solus est.* Sed aliud est esse, aliud principaliter esse; aliud mutabiliter, atque aliud immutabiliter esse. Sunt enim hæc omnia, sed principaliter non sunt, quia in semetipsis minime subsistunt, et nisi gubernantis manu teneantur, esse nequaquam possunt. Cuncta namque in illo subsistunt; a quo creata sunt, nec ea quæ vivunt sibimetipsis vitam tribuunt, neque ea quæ moventur et non vivunt suis nutibus ad motum ducuntur, sed ille cuncta movet, qui quædam vivificat, quædam vero non vivificata in extremam essentiam mire ordinans servat. Cuncta quippe ex nihilo facta sunt, eorumque essentia rursum ad nihilum tenderet, nisi eam auctor omnium regiminis manu retineret. Omnia itaque quæ creata sunt, per se nec subsistere prævalent, nec moveri; sed in tantum subsistunt, in quantum ut esse debeant acceperunt; in tantum moventur, in quantum occulto instinctu disponuntur. Ecce enim peccator flagellandus est de rebus humanis : arescit in ejus laboribus terra, concutitur in ejus naufragiis mare, ignescit in ejus sudoribus aer, obtenebrescit contra eum inundationibus cœlum, inardescunt in ejus oppressionibus homines, movetur [c] in ejus adversitate et angelicæ virtutes. Nunquidnam hæc, quæ inanimata vel quæ viventia diximus, suis instinctionibus et non magis divinis impulsionibus agitantur? Quidquid est itaque quod exterius sævit, per hoc ille [d] intuendus est, qui hoc interius disponit. In omni igitur causa solus ipse intuendus est, qui principaliter est. Qui etiam ad Moysen dicit : *Ego sum qui sum. Sic dices filiis Israel : Qui est, misit me ad vos* (*Exod.* III, 14). Cum itaque flagellamur per ea quæ videmus, illum debemus sollicite metuere, quem non videmus. Vir itaque sanctus despiciat quidquid exterius terret, quidquid per essentiam suam, nisi regeretur, ad nihilum tenderet, et mentis oculo, [e] suppressis omnibus, intueatur unum in cujus essentiæ comparatione esse nostrum non esse est, et dicat : *Ipse enim solus est.*

519 [*Rec. XVII.*] 46. *Deus immutabilis natura et voluntate.* — De cujus mox immutabilitate apte subjungitur : *Et nemo avertere potest* [f] *cogitationem ejus.* Sicut enim immutabilis natura est, [g] ita immutabilis voluntate. Cogitationem quippe ejus nullus avertit, quia nemo resistere occultis ejus judiciis prævalet. Nam etsi fuerunt quidam qui deprecationibus suis ejus cogitationem avertisse viderentur, ita fuit ejus interna cogitatio, ut sententiam illius avertere deprecando potuissent, et ab eo acciperent quod agerent apud ipsum. Dicat ergo : *Et nemo avertere poterit cogitationem ejus,* quia semel fixa judicia mutari nequaquam possunt. Unde scriptum est : *Præceptum posuit, et non præteribit* (*Psal.* CXLVIII, 6); et rursum : *Cœlum et terra transibunt, verba autem mea non transibunt* (*Marc.* XIII, 31); et rursum : *Non enim cogitationes meæ sicut cogitationes vestræ, neque viæ meæ sicut viæ vestræ* (*Isai.* LV, 8). Cum ergo exterius mutari videtur sententia, interius consilium non mutatur, quia de unaquaque re immutabiliter intus constituitur, quidquid foris mutabiliter agitur. Sequitur :

CAPUT XXXVIII. [Vet. XIX, Rect. XVIII].

Ibid. — *Et anima ejus quodcunque voluit, hoc fecit.*
47. — *Deo nec illa obsistunt quæ contra voluntatem illius fieri videntur.* — Cum sit cunctis corporibus exterior, cunctis mentibus interior Deus, ea ipsa vis ejus, qua omnia penetrat, cunctaque disponit, anima illius appellatur. Cujus videlicet voluntati nec illa obsistunt, quæ contra voluntatem illius fieri videntur, quia ad hoc nonnunquam permittit fieri etiam quod non præcipit, ut per hoc illud certius impleatur quod jubet. Apostatæ quippe angeli perversa voluntas est, sed tamen a Deo mirabiliter ordinatur, ut ipsæ quoque ejus insidiæ utilitati bonorum serviant, quos purgant dum tentant. Sic itaque ejus anima quodcunque voluit hoc fecit, ut inde quoque voluntatem suam impleat, unde voluntati illius repugnari videbatur. Terreatur ergo vir justus, et tantæ majestatis pondus considerans, infirmum se esse deprehendat.

48. Sed inter verba hæc percunctari libet, ac dicere : O beate Job, inter tot flagella positus cur adhuc adversa formidas? jam tribulationibus cingeris, jam

---

[a] Plerique *cogitationes ejus.*
[b] Utic., Lyr., Bigot., etc., *atque repentia, et cætera de quibus scriptum est* creavit.
[c] Hoc est ei adversando. De significatione hujus vocis jam sæpe dictum. Vide supra, l. XI, n. 38, et l. II, n. 51.
[d] Norm., et Germ., *metuendus est.*
[e] Bellovac. *sub pressionibus intueatur.*
[f] Norm., *Cogitationes ejus.*
[g] Lyr., Bigot., Ebroic., Sag., *immutabilis cogitatione,* Germ., *Cogitationis.* Vindoc., *sicut enim immutabilis natura est, ita immutabilis voluntas*

innumeris afflictionibus angustaris. Malum timeri debet quod necdum susceptum est; tu in tanto positus dolore quid metuis? Sed ecce vir justus nostris inquisitionibus satisfaciens adjungit :

CAPUT XXXIX.

Vers. 14. — *Cum expleverit in me voluntatem suam, et alia multa similia præsto sunt ei.*

49. *Ex his quæ patimur, formidare discimus quæ nondum passi sumus.* — Ac si aperte dicat : Jam perpendo quæ patior, sed adhuc formido quæ pati possum. Explet enim in me voluntatem suam, quia multis me [a] percussionibus affligit. Sed multa similia præsto sunt ei, quia si ferire cogitat, adhuc invenit ubi plaga crescat. Hinc itaque pensandum est quam pavidus ante flagellum fuit, qui etiam percussus adhuc metuit ne feriatur. Incomprehensibilem quippe vim ei inesse considerans et potestatis et examinis, esse vir justus noluit nec de flagello securus. Unde adhuc metuens adjungit :

CAPUT XL.

Vers. 15. — *Et idcirco a facie ejus turbatus sum, et considerans eum, timore sollicitor.*

50. *Malis securitatem præ se ferentibus, justi semper timent.* — Bene a facie Domini turbatur, qui terrorem majestatis illius cordis sui obtutibus proponit, et ejus rectitudinis pavore concutitur, dum se reddendis rationibus conspicit idoneum non esse, si districte judicetur. Recte autem dicitur : *Et considerans eum, timore sollicitor,* quia divinæ animadversionis vim cum minime quisque considerat, minime formidat; et tanto magis in hac vita quasi securus est, quanto a consideratione internæ districtionis alienus. Semper etenim justi viri ad cordis secretarium redeunt [b] vim occultæ districtionis intuentur, majestatis intimæ judicio assistunt, ut eo magis quandoque securi sint, quo hic quandiu viverent securi esse noluerunt. Nam malorum mentes cum renuunt considerare quod timeant, ad hoc quandoque gaudentes perveniunt quod timentes nullo modo evadant. Sed ecce de beato Job novimus quod crebris Dei sacrificiis deditus, quod hospitalitatibus, quod indigentiis pauperum impensus, quod suis etiam subditis humilis, quod sibi adversantibus benignus fuit, et tamen tot flagella suscepit nec jam securus exstitit inter flagella, sed adhuc metuit, adhuc divinæ districtionis vim considerans contremiscit. Quid nos itaque miseri, quid peccatores dicimus, si sic timet, qui sic egit? Sed tanti timoris pondus an a semetipso habeat, innotestat. Sequitur :

CAPUT XLI [Vet. XX].

Vers. 16. *Deus mollivit cor meum, et Omnipotens conturbavit me.*

51. *Timor hic donum Dei est.* — Ex divino munere cor justi [c] moliri dicitur, quia superni judicii timore penetratur. Molle est enim quod penetrari potest, durum quod penetrari non potest. Unde per Salomonem dicitur : *Beatus homo qui semper est pavidus, qui vero mentis est duræ corruet in malum* (Prov. xxviii, 14). Virtutem ergo suæ formidinis non sibi, sed auctori tribuit, qui ait : *Deus mollivit cor meum, et Omnipotens conturbavit me.* Non autem secura, sed perturbata sunt corda bonorum, quia dum futuri examinis pondus considerant, quietem hic habere non appetunt, securitatem suam districtionis intimæ consideratione perturbant. Qui tamen inter ipsa timoris supplicia sæpe animum revocant ad dona, et ut semetipsos [d] consolatione refoveant, inter hoc quod metuunt reducunt oculum [e] ad dona quæ acceperunt, ut spes sublevet quem timor premit. Unde et sequitur :

CAPUT XLII [Rec XIX].

Vers. 17. — *Non enim perii propter imminentes tenebras, nec faciem meam operuit caligo.*

52. *Flagella justorum aut mala perpetrata purgant, aut futura devitant.* — Ille enim in flagello positus a salute corporis propter imminentes tenebras perit, qui idcirco pro transactis percutitur, ut a futuris suppliciis abscondatur. Flagella quippe bonorum aut vitia perpetrata purgant, aut ea quæ poterant perpetrari futura devitant. Beatus autem Job, quia in flagello positus, nec a peccatis præcedentibus purgabatur, nec ab imminentibus tegebatur, sed ejus tantummodo in flagello virtus augebatur, fiducialiter dicit : *Non enim perii propter imminentes tenebras, nec faciem meam operuit caligo.* Qui enim semper divinæ formidinis pondus aspexit, ejus cordis faciem caligo peccati non operuit. Et is quem supplicia nulla sequebantur, salutem corporis propter imminentes tenebras non amisit.

53. *A pravis cogitationibus nemo immunis.* — Et notandum quod [f] ipse priora denuntians nequaquam ait : Faciem meam non tetigit ; sed : *Non operuit caligo.* Sæpe enim etiam corda justorum subortæ cogitationes polluunt, terrenarum rerum [g] delectationibus tangunt, sed dum citius manu [h] sanctæ discretionis abiguntur, festine agitur ne cordis faciem caligo operiat, quæ hanc jam ex illicita [i] delectatione tangebat. Nam sæpe in ipso orationis sacrificio importunæ se cogitationes ingerunt, quæ hoc rapere vel maculare valeant, quod in nobis Deo flentes immolamus. Unde Abraham cum ad occasum solis sacrificium offerret, insistentes aves pertulit, quas studiose, ne oblatum sacrificium raperent, abegit (Genes. xv, 11). Sic nos cum in ara cordis holocaustum Deo offerimus, ab immundis hoc volucribus custodiamus, ne maligni spiritus et perversæ cogitationes rapiant quod mens nostra offerre se Domino utiliter sperat. Sequitur :

---

[a] Editi, *persecutionibus.* invitis Mss. Norm. et aliis.
[b] Vindoc, *cum vim occultæ.*
[c] Vindoc., *molle dicitur.*
[d] Vindoc., *sana consolatione.*
[e] Ebroic. et alii Norm., *ad bona quæ acceperun..*
[f] Turon., *in se priora.* In Ebroic. cæterisque Norm. legitur *superiora,* pro *priora.* In Uticensi tamen olim scriptum erat *priora.*
[g] Turon., *delectationes tangunt*
[h] Norm., *sanctæ districtionis.*
[i] Turon., *cogitatione.*

CAPUT XLIII [Vet. et Rec. XX].

CAP. XXIV, VERS. 1. — *Ab Omnipotente non sunt abscondita tempora; qui autem noverunt eum, ignorant dies illius.*

54. *Dies Dei ejus æternitas. Deus est quod habet.* — Quid dies Dei, nisi ipsa ejus æternitas appellatur? quæ nonnunquam unius diei pronuntiatione exprimitur, sicut scriptum est : *Melior est dies una in atriis tuis super millia* (*Psal.* LXXXIII, 11). Nonnunquam vero pro sua longitudine dierum multorum appellatione signatur, de quibus scriptum est : *In sæculum sæculi anni tui* (*Psal.* CI, 25). Nos itaque intra tempora volvimur, per hoc quod creatura sumus. Deus autem qui creator est omnium æternitate sua tempora nostra comprehendit. Ait ergo : *Ab Omnipotente non sunt abscondita tempora; qui autem noverunt eum, ignorant dies illius.* Quia ipse quidem nostra comprehensibiliter conspicit, nos autem ea quæ ejus sunt comprehendere nullatenus valemus. Sed natura Dei cum simplex sit, mirandum valde est, cur dicit : *Qui noverunt eum, ignorant dies illius.* Neque enim aliud ipse, atque aliud dies ejus sunt. Deus namque hoc est quod habet. Æternitatem quippe habet, sed ipse est æternitas. Lucem habet, sed lux sua ipse est. Claritatem habet, sed ipse est claritas sua. Non est ergo in eo aliud esse, et aliud habere. Quid est itaque dicere : *Qui noverunt eum, ignorant dies illius,* nisi quia et qui cognoscunt eum adhuc nesciunt? Nam et qui jam eum fide tenent, adhuc per speciem ignorant. Et cum ipse sibi sit æternitas, quem veraciter credimus, qualiter tamen sit ipsa ejus æternitas ignoramus. In hoc namque quod de divinæ naturæ potentia audimus, ea nonnunquam cogitare consuevimus quæ per experientiam scimus. Omne enim quod cœpit et desinit, initio et fine concluditur. Quod si mora aliquantula differtur ut finiatur, longum dicitur; in qua videlicet longinquitate cum quisque mentis oculos reducit retro per memoriam, tendit ante per exspectationem, [a] quasi per spatium temporis dilatat in mente. Cumque audit æternitatem Dei, humano more [b] intendenti animo longa vitæ spatia proponit, in quibus [c] metiatur semper et quid abiit retro, quod retineatur in memoria, et quid ante restat, quod exspectetur ex intentione.

55. *In æternitate nihil præteritum aut futurum.* — Sed quoties in æternitate ista cogitamus, æternitatem necdum cognovimus. Ibi quippe est quod nec initio incipitur, nec fine terminatur, ubi neque exspectatur quod veniet, neque [d] percurrit quod debeat recordari, sed est unum quod **522** semper esse est. Quod etsi nos et angeli cum initio [e] esse videre incipimus, esse tamen hoc sine initio videmus, ubi sic semper sine fine esse est, ut nunquam se animus tendat ad A sequentia, ac si multiplicentur quæ sunt et longa fiant. Nam etsi per prophetiæ spiritum dictum est : *Domine, qui regnas in æternum, et in sæculum, et adhuc* (Fortasse, Exod. XV, 18, ubi legitur : *Dominus regnabit in æternum* [Hebr., *in sæculum*] *et ultra*), more sacri eloquii, humano modo spiritus hominibus est locutus, ut ibi *adhuc* diceret, [f] ubi exspectatio non inesset. *Adhuc* enim æternitas non habet, quæ semper esse habet, in qua nulla pars suæ longitudinis præterit, ut pars alia succedat, [g] sed totum simul esse est, ut nil deesse videatur quod non cernat; in qua omne quod est animus videt et tardum non esse, et longum esse. Sed hæc de æternitatis diebus loquentes, conamur magis videre aliquid quam videmus. Dicatur igitur recte : *Qui autem noverunt eum, ignorant dies illius,* quia etsi jam Deum per fidem novimus, qualiter tamen sit ejus æternitas, sine præterito ante sæcula, sine futuro post sæcula, sine mora longa, sine præstolatione perpetua, non videmus. Beatus itaque Job sanctæ Ecclesiæ typum tenens, quia sub magno se scientiæ freno moderatur, ne plus sapiat quam oportet sapere, et dies Dei non posse comprehendi testificans, ad hæreticorum mox superbiam respectum mentis reducit, qui alta sapere appetunt, et quod capere utcunque non possunt perfecte se scire gloriantur. Nam sequitur :

CAPUT XLIV [Rec. XXI].

VERS. 2. — *Alii terminos transtulerunt, diripuerunt greges, et paverunt eos.*

56. *Hæretici terminos a patribus constitutos transferunt.* — Quos aliorum nomine nisi hæreticos designat, qui a sanctæ Ecclesiæ gremio extranei existunt? Ipsi enim terminos transferunt, quia constitutiones patrum prævaricando transcendunt. De quibus nimirum constitutionibus scriptum est : *Ne transgrediaris terminos antiquos, quos posuerunt patres tui* (*Prov.* XXII, 28). Qui greges diripiunt et pascunt, quia imperitos quosque perversis ad se persuasionibus trahunt, et doctrinis pestiferis ad interficiendum nutriunt. [*Vet. XXII.*] Nam quod gregum nomine imperiti populi designentur, sponsi verba testantur, qui sponsam suam alloquitur dicens : *Nisi cognoveris te, o pulchra inter mulieres, egredere, et abi post vestigia gregum* (*Cant.* I, 7), id est nisi honorem tuum, quo ad similitudinem Dei es condita, bene vivendo cognoveris, a conspectu meæ contemplationis egredere, et imperitorum [h] vitam imitare populorum. Sequitur :

CAPUT XLV.

VERS. 3. — *Asinum pupillorum abegerunt, et abstulerunt pro pignore bovem viduæ.*

57. *Electi pupilli sunt.* — Quos hoc loco pupillos accipimus, nisi electos Dei, in mentis teneritudine

---

[a] Norm., *quasi spatium temporis.*
[b] Turon., *intento animo.*
[c] Idem, *meditetur*. In Germ. legitur *habuit*, pro *abiit.*
[d] Ex Mss. Anglic. alii habent *præcurrit,* alii *recurrit,* quam lectionem omnibus præferendam censet Th. Jamesius.
[e] Deest *esse* in Norm. et plerisque. Prius tamen

exstabat in Utic. Vet. Edit. habent : *Quod etsi nos et angeli, cum initium videre incipimus.*
[f] Germ., *Ubi exspectatione inesset.*
[g] Ita emendavimus ex nostris Mss. et Anglic., cum prius legeretur : *Sed totum simul esse est, et nil deesse quod cernat, in qua,* etc. Admonemus tamen sic olim lectum fuisse in Utic.
[h] Norm., *viam.*

positos, qui magna fidei gratia nutriuntur, et patris sui jam pro se mortui faciem necdum vident? Et sunt plerique in Ecclesia qui quosdam conspiciunt cœlestia appetere, terrena omnia despectui habere; et quamvis ipsi in hujus mundi laboribus insudent, eis tamen quos ad cœlestia anhelare conspiciunt de rebus quas in hoc mundo possident hujus vitæ adjutorium ferunt. Et quamvis ipsi agere spiritalia nequeant, ad summa tamen tendentibus libenter subsidia ministrant. Portare enim asinus onera hominum solet. Quasi ergo quidam asinus electorum est, [a] qui, terrenis actibus deserviens, deportat onera usibus hominum. Et sæpe cum hæretici quemlibet talem a sanctæ Ecclesiæ gremio avertunt, quasi pupillorum asinum abigunt, quia cum hunc ad perfidiam suam pertrahunt, a ministerio bonorum repellunt.

58. *Vidua est Ecclesia.* — Quæ autem vidua nisi sancta Ecclesia debet intelligi, quæ occisi viri sui interim visione privata est? Bos autem hujus est viduæ, unusquisque prædicator. Et sæpe contingit ut hæretici perversis suis dogmatibus ipsos etiam qui prædicatores videbantur trahant. Bovem ergo viduæ auferunt, cùm de sancta Ecclesia etiam prædicantem tollunt. Ubi recte est adjunctum : *Pro pignore*. Pignus namque cum tollitur, aliud quidem est quod tenetur, sed tamen adhuc aliud quæritur. Et plerumque hæretici ideo eos conantur auferre qui prædicant, ut eorum etiam sequaces trahant. Pro pignore ergo bos viduæ tollitur, quando idcirco ipse qui prædicabat rapiatur, ut alii sequantur. Ex cujus ruina plerumque agitur ut hi quoque de sanctæ Ecclesiæ gremio exeant, qui in ea bonis moribus præditi mites atque humiles esse videbantur. Unde et subditur :

CAPUT XLVI.

VERS. 4. — *Subverterunt pauperum viam, et oppresserunt pariter mansuetos terræ.*

59. *Pauperum nomine humiles intelligendi.* — Paupertatis namque nomine sæpe humilitas designari solet. Et nonnunquam hi qui mansueti atque humiles videntur, si servare discretionem nesciunt, exemplis aliorum cadunt. Sunt vero nonnulli hæretici qui populis admisceri fugiunt, sed recessum vitæ secretioris petunt; qui plerumque eos quos inveniunt eo amplius peste suæ persuasionis inficiunt, quo quasi ex vitæ meritis reverentiores videntur. De quibus subditur :

CAPUT XLVII [*Vet. XXIII*; *Rec. XXII*].

VERS. 5. — *Alii quasi onagri in deserto egrediuntur ad opus suum.*

60. *Onagris similes sunt hæretici. Non Dei opus, sed suum peragunt.* — Onager enim agrestis est asinus. Et recte hoc in loco onagris comparantur hæretici, quia, in suis [b] voluptatibus dimissi, a vinculis sunt fidei et rationis alieni. Unde scriptum est : *Onager assuetus in solitudine, in desiderio animæ suæ attraxit ventum amoris sui* (Jerem. II, 24). Onager quippe in solitudine assuetus est, quia dum terram cordis sui disciplinæ virtute non excolit, ibi habitat ubi fructus non est. Quia in desiderio animæ suæ ventum amoris sui attrahit, quia eâ quæ ex desiderio scientiæ in mente concipit inflare prævalent, non ædificare. Contra quos dicitur : *Scientia inflat, charitas vero ædificat* (I Cor. VIII, 1). Unde hic quoque congrue infertur : *Egrediuntur ad opus suum*. Non enim Dei, sed suum opus peragunt, dum non recta dogmata, sed propria desideria sequuntur. Scriptum quippe est : *Ambulans in via immaculata, hic mihi ministrabat* (Psal. C, 6). Qui ergo non in via immaculata ambulat, sibi magis quam Domino ministrat. Sequitur :

CAPUT XLVIII.

IBID. — *Vigilantes ad prædam, præparant panem liberis.*

61. *Hæretici ad prædam vigilant.* — Ad prædam vigilant qui verba justorum ad sensum proprium semper rapere conantur, ut per hæc perversis filiis panem erroris, [c] parent. De quo videlicet pane apud Salomonem verbis mulieris pravitatis hæreticæ typum gerentis dicitur : *Aquæ furtivæ dulciores sunt, et panis absconditus suavior* (Prov. IX, 17). Sequitur :

CAPUT XLIX.

VERS. 6. — *Agrum non suum demetunt, et vineam ejus quem vi oppresserint vindemiant.*

62. *Qui agrum non suum, et vineam alienam devastent hæretici.* — Potest agri nomine Scripturæ sacræ latitudo signari, quam hæretici non suam demetunt, quia ex ea sententias longe a suis sensibus diversas tollunt. Quæ vineæ quoque appellatione exprimitur, quia per veritatis sententias botros virtutum profert. Cujus vineæ dominum, id est Scripturæ sacræ conditorem, quasi vi opprimunt, quia ejus sensum in verba sacri eloquii inflectere violenter conantur, qui dicit : *Servire me fecisti in peccatis tuis, præbuisti mihi laborem in iniquitatibus tuis* (Isai. XLIII, 24). Et eamdem vineam vindemiant, quia ex ea [d] sententiarum botros pro suæ intelligentiæ intentione coacervant. Potest agri vel vineæ nomine universa Ecclesia designari, quam perversi prædicatores demetunt, et auctorem ejus in membris suis opprimendo vindemiant, quia Creatoris nostri gratiam persequentes, dum quosdam de illa qui recti videbantur rapiunt, quid aliud quam spicas vel botros animarum tollunt? De quibus adhuc subditur :

CAPUT L.

VERS. 7. — *Nudos dimittunt homines, indumenta tollentes, quibus non est operimentum in frigore.*

63. *Bona opera destruendo, nudos dimittunt homines hæretici.* — Sicut vestimenta corpus, sic bona opera protegunt animam. Unde cuidam dicitur : *Beatus qui vigilat, et custodit vestimenta sua, ne nudus ambulet* (Apoc. XVI, 15). Hæretici itaque cum in quorumdam

---

[a] Vindoc., Germ. et omnes Norm., *qui terrenis rebus*.
[b] Ita Norm., Vindoc., Turon. ac vet. Edit. Recentioribus Editoribus magis placuit *voluntatibus*.
[c] Vindoc., *præbeant*.
[d] Ebroic., *scientiarum*.

mentibus bona opera destruunt, nimirum velamina indumentorum tollunt. Bene autem dicitur : *Quibus non est operimentum in frigore.* Operimentum quippe ad justitiam pertinet, frigus ad culpam. Et sunt nonnulli qui in quibusdam rebus peccata faciunt, in quibusdam vero recta opera sequuntur. Qui ergo ex aliis actibus delinquit, atque ex aliis justitiam peragit, quid iste nisi in frigore vestitur; alget, et tegitur; quia ex alio opere fervescit ad justitiam, ex alio frigescit ad culpam? Sed cum hæretici bona opera talibus subtrahunt, agunt ne in frigore habeant quo vestiantur. Recte ergo dicitur : *Nudos dimittunt homines, indumenta tollentes, quibus non est operimentum in frigore,* ut videlicet solum culpæ frigus interimat quos calor alterius operis ex parte aliqua tegebat. [*Vet. XXIV.*] Potest vero per frigus desiderium, per vestimentum operatio signari. Et sunt plerique qui adhuc perversis desideriis æstuant, sed, contra se spiritaliter decertantes, rectis sibi operibus repugnant, et bonis actibus tegunt hoc quod sinistrum sibi resultare per tentationem sentiunt. Hi itaque unde mala desiderant, inde algent; unde autem bona operantur, inde vestiti sunt. Cum vero hæretici perversis allegationibus rectæ fidei opera subtrahunt, quid agunt, nisi ut hi qui adhuc desideriorum carnalium frigora sentiunt, sine bonorum actuum vestimento moriantur? Sequitur :

CAPUT LI.

Vers. 8. — *Quos imbres montium rigant, et non habentes velamen amplexantur lapides.*

64. *Sanctorum Patrum sententiis tanquam fluentis rigamur. Sanctorum martyrum invocatio.* — Imbres montium sunt verba doctorum. De quibus montibus voce sanctæ Ecclesiæ dicitur : *Levavi oculos meos ad montes* (*Psal.* cxx, 1). Hos itaque imbres montium rigant, quia sanctorum Patrum 525 fluenta satiant. Velamen autem, ut jam prædiximus, boni operis tegmen accipimus, quo quisque tegitur, ut ante omnipotentis Dei oculos, pravitatis ejus fœditas operiatur. Unde scriptum est : *Beati quorum remissæ sunt iniquitates, et quorum tecta sunt peccata* (*Psal.* xxxi, 1). Quos autem lapidum nomine nisi fortes intra sanctam Ecclesiam viros accipimus? quibus per primum pastorem dicitur : *Et vos tanquam lapides vivi superædificamini* (*I Pet.* ii, 5). Hi itaque qui de nullo suo opere confidunt, ad sanctorum martyrum protectionem currunt, atque ad sacra eorum corpora fletibus insistunt, promereri se veniam, eis intercedentibus, deprecantur. Quid ergo isti in hac humilitate faciunt, nisi quia bonæ actionis velamen non habent, lapides amplexantur? Sequitur :

CAPUT LII [*Rec. XXIII*].

Vers. 9. — *Vim fecerunt deprædantes pupillos,* [a] *et vulgus pauperum spoliaverunt.*

65. *Hæretici infirmos et indoctos, qua vi qua blan-* *dimentis aucupantur.* — Cum prosperitatem vitæ præsentis hæretici non habent, infirmis mentibus verbis blandioribus perversa persuadent. Si qua vero illis prosperitas temporis præsentis arriserit, etiam violenter trahere quos prævalent non desistunt. Pupillorum itaque nomine designantur hi qui adhuc sunt teneri intra sanctam Ecclesiam constituti, quorum vitam misericors pater moriendo servavit, qui ad bonam jam intentionem deducti sunt, sed adhuc in bonis actibus nulla virtute roborantur. Hæretici igitur deprædantes pupillos vim faciunt, quia contra infirmas fidelium mentes verborum et operum violentia grassantur. Vulgus autem pauperum est populus indoctus, qui si veræ sapientiæ divitias haberet, vestimentum suæ fidei nequaquam amitteret. Quasi quidam quippe intra sanctam Ecclesiam senatores sunt, [b] veri doctores, qui cum scientiam in corde multiplicant, veris apud se divitiis abundant. Sed hæretici vulgus pauperum spoliant, quia dum doctos non prævalent, indoctos quosque a valamine fidei prædicatione pestifera denudant. Sequitur :

CAPUT LIII [*Vet. XXV*].

Vers. 10. — *Nudis et incedentibus absque vestitu, et esurientibus tulerunt spicas*

66. *Hæretici sanctorum Patrum doctrinam auferunt otiosis et incautis.* — Quod ait *nudis,* hoc replicat, *absque vestitu;* sed aliud est nudum esse, aliud nudum incedere. Omnis enim qui nec bona nec mala operatur, nudus est et otiosus; qui autem mala agit, nudus incedit, quia sine velamine boni operis per iter [c] pravitatis pergit. Sunt vero nonnulli qui, malum suæ nequitiæ cognoscentes, [d] satiari pane justitiæ festinant, percipere sacri eloquii dicta desiderant. Qui quoties Patrum sententias pro ædificandis mentibus in cogitatione versant, quasi de bona segete spicas portant. Hæretici igitur nudis et incedentibus absque vestitu et esurientibus spicas tollunt, quia sive quidam otiosi sint, et in nullis se [e] bonis exerceant, seu per iter impudentiæ absque velamine boni operis pergant, etiam si quando jam ad pœnitentiam redire cupiunt, et pabulum verbi concupiscunt, eis esurientibus spicas tollunt, quia in eorum mente perniciosis persuasionibus Patrum sententias destruunt. Nec immerito spicas signare Patrum sententias dicimus, quia sæpe dum per figurata eloquia proferuntur, 526 ab eis tegmen litteræ quasi aristarum paleas subtrahimus, ut medulla spiritus reficiamur. Sequitur :

CAPUT LIV.

Vers. 11. — *Inter acervos eorum meridiati sunt, qui calcatis torcularibus sitiunt.*

67. *Persecutionum quas fidelibus hæretici indicunt utilitas. Sæculi potentes adversus eos commovent.* — Omnes qui sanctam Ecclesiam persequuntur, quid

---

[a] Recent. Ed., *et vulgum pauperem,* reluctantibus Mss. et vet. Ed.
[b] Ita Mss. Anglic. et nostri. In Editis vet. Paris. et Basil., *viri doctores ;* in aliis, *viri doctiores.*
[c] Lyr. et plurimi, *pravitatis suæ.*
[d] Turon., *se satiare.*
[e] Plerique Norm.; *bonis operibus.*

aliud quam torcular calcant? Quod divina agi ⁿ dispositione permittitur, ut animarum botri in spiritale vinum defluant, quæ, carne corruptibili exutæ, ad regna cœlestia velut in apothecam currant. Nam injusti dum justos deprimunt, quasi botros sub pedibus mittunt. Compressi autem botri ad superni convivii satietatem exuberant, qui prius quasi in hujus aeris libertate pendebant. Unde David propheta, sanctæ Ecclesiæ afflictionem conspiciens, ᵇ psalmum pro torcularibus scribit (*Psal.* VIII, *aut* LXXXIII). Sed omnes qui vitam fidelium persequuntur, calcant et sitiunt, quia agendo crudelia, ferociores fiunt, impietatis suæ meritis cæcati, eo ambiunt graviora facere, quo jam gravia fecerunt. Hæretici autem cum per se potestatem persecutionis non habent, hujus sæculi potentes commovent, eorumque mentes ad persequendum trahunt, et quibus valent persuasionibus accendunt. Quos cum crudelia agere contra catholicam vitam conspiciunt, quasi in ipso solis fervore requiescunt. Bene ergo nunc dicitur : *Inter acervos eorum meridiati sunt, qui calcatis torcularibus sitiunt*, quia eorum se multitudini adjungunt, quos jam vident gravia agere, et adhuc sitire graviora. ᶜ *Quorum fervor dum eorum desideria satiat*, in eorum actibus, quasi in meridie, quiescunt. Sequitur :

CAPUT LV.

VERS. 12. — *De civitatibus fecerunt viros gemere.*

68. *Hæretici Ecclesiæ unitatem solvere nituntur.* — Quia civitates a conviventibus populis appellantur, non immerito civitatum nomine veræ sunt fidei Ecclesiæ designatæ, quæ in singulis mundi partibus positæ unam catholicam faciunt, in qua fideles omnes de Deo recta sentientes concorditer vivunt. [*Vet. XXVI.*] Hanc namque in Evangelio Dominus ᵈ conviventium populorum etiam per locorum distinctionem concordiam designavit, cum satiaturus de quinque panibus populum, quinquagenos per turmas, vel centenos discumbere præcepit, ut videlicet turba fidelium escam suam ᵉ et locis disjuncta et moribus conjuncta perciperet. Jubilæi quippe requies quinquagenarii numeri mysterio continetur, et quinquagenarius bis ducitur, ut ad centenarium perducatur. Quia ergo prius a malo quescitur opere, ut post anima plenius quiescat in cogitatione, alii quinquageni, alii autem centeni discumbunt, quoniam sunt nonnulli qui jam a pravis actibus habent requiem operis, et sunt nonnulli qui a perversis cogitationibus habent jam requiem mentis. Heretici igitur, quia, perversis sæpe hujus mundi potentibus adhærentes, bonorum socialem vitam atque concordiam persequuntur, recte nunc dicitur : *De civitatibus fecerunt viros gemere.* Quos recte beatus Job memorat viros, quia illos magis hæretici exstinguere ambiunt qui perfectis gressibus per viam Dei non fluxe et enerviter, sed viriliter currunt. Qui cum vulnus perfidiæ ingeri in parvulorum fidelium mente conspiciunt, **527** semper ad clamorem et gemitus redeunt. Unde et recte dicitur :

CAPUT LVI.

IBID. — ᶠ *Et anima vulneratorum clamavit, et Deus inultum abire non patitur*

69. *Hæreticorum scelera Deus inulta non relinquet.* —Vulneratur quippe anima justorum cum fides ᵍ turbatur infirmorum, quibus jam hoc ipsum clamare est de alieno lapsu tabescere. Sed Deus inultum abire non patitur, quia etsi justo ordine injustum aliquid fieri permittit, inultum tamen abire non sinit injustum quod fieri juste permisit, quia et ʰ per reproborum injustitiam quasdam, quas inesse considerat, culpas percutit electorum, et tamen æterna justitia ferire non negligit injustitiam ferientium. Sequitur :

CAPUT LVII [*Rec. XXIV*].

VERS. 13. — *Ipsi fuerunt rebelles lumini.*

70. *Divinum lumen respuentium pœna cæcitas.* — Plerumque perversi et cognoscunt recta quæ sequi debeant, et tamen sequi despiciunt quæ cognoscunt. Lumini ergo rebelles sunt, quia, sua desideria sequendo, bonum despiciunt quod noverunt. Qui ergo non per ignorantiam, sed per superbiam delinquunt, elationis suæ scutum jaculis veritatis objiciunt, ne salubriter in corde feriantur. Ex qua videlicet eorum superbia agitur ut quia nolunt facere quæ cognoscunt, nec cognoscant jam bona quæ faciant, sed sua eos cæcitas a veritatis lumine funditus excludat. Unde et apte subditur :

CAPUT LVIII

IBID. — *Nescierunt vias ejus, nec reversi sunt per semitas illius.*

71. *Perversi ideo reprobo sensui traduntur, quia divino lumini rebelles fuerunt.* — Qui enim prius sciendo rebelles sunt, postmodum cæcantur ut nesciant, sicut de quibusdam dicitur : ⁱ *Quia cum cognovissent Deum, non sicut Deum glorificaverunt, aut gratias egerunt* (Rom. 1, 21). De quibus paulo post additur : *Tradidit illos Deus in reprobum sensum, ut faciant ea quæ non conveniunt* (Ibid., 28). Quia enim glorificare noluerunt quem cognoverant, reprobo sensui traditi, ad hoc relicti sunt, ut nescirent jam pensare mala quæ faciebant. [*Vet. XXVII.*] Bene autem dicitur : *Nescierunt vias ejus, nec reversi sunt per semitas illius.* Angustior quippe est semita quam via. Qui autem bona manifestiora agere contemnunt, nequaquam ad subtiliora intelligenda perveniunt. Exspectavit autem omnipotens Deus, ut per ejus semitas pergerent ; sed utinam per eas vel reverti voluissent, ut vitæ itinera

---

ᵃ Turon. et Vindoc., *dispensatione.*
ᵇ Melius, ut censemus, *psalmos*; nam duo inscribuntur *pro torcularibus*, scil. VIII, et LXXXIII. Ita etiam legitur in Lyr., et Bigot., et Utic., ubi tamen prius legebatur *psalmum.*
ᶜ Vindoc., *quorum fervorem bene eorum desideria satiant.*
ᵈ Recent. Ed., *convivantium*, reluctantibus Mss.
Anglic., Gallic., etc., quibus consentiunt vet. Ed.
ᵉ Norm., *et locis disjunctam, et mor. conjunctam.*
ᶠ Norm., *et anima vuln. clamabunt.* In Utic. prius, *et anima... clamabit.*
ᵍ Vindoc., *turbatur vel titubat inf.*
ʰ Ebroic. et alii Norm., *et de reproborum injustitia.*
ⁱ Lyr. et Bigot., *qui cum cognoviss.*

quæ noluerant per innocentiam saltem per pœnitentiam tenerent! Qua in re quantæ sint misericordiæ viscera Dei omnipotentis ostenditur, qui eos quos a se discedentes aspicit, ut revertantur, quærit. Unde post enumeratas [a] culpas delinquentium Synagogam per vocem propheticam revocat, dicens : *Ergo saltem amodo voca me, pater meus, dux virginitatis meæ tu es* (Jerem. III, 4). Sequitur :

CAPUT LIX [*Rec. XXV*].

Vers. 14. — *Mane primo consurgit homicida, interficit egenum et pauperem; per noctem vero erit quasi fur.*

72. *Perversi prosperitate vitæ præsentis ad opprimendos justos abutuntur.* — Cum homicida in nece proximorum per nocturnum maxime silentium soleat grassari, cur hoc in loco mane primo consurgere ad interficiendum egenum et pauperem dicitur, in nocte vero quasi fur esse perhibetur? Sed ipsis verbis litteræ dum sibi non congruunt, ad indaganda spiritus secreta revocamur. In Scriptura sacra mane aliquando adventus dominicæ incarnationis, aliquando adventus jam terribilis et districti judicis, aliquando vero præsentis vitæ prosperitas poni consuevit. Mane etenim adventus dominicæ incarnationis exstitit, sicut propheta dicit : *Venit mane et nox* (*Isai.* XXI, 12), quia et novæ lucis primordia in Redemptoris præsentia fulserunt, et tamen a persecutorum cordibus perfidiæ suæ tenebræ non sunt detersæ. Rursum per mane adventus judicis designatur. Unde per Psalmistam dicitur : [b] *In matutinis interficiebam omnes peccatores terræ* (*Psal.* C, 8). Sicut et electorum quoque personam exprimens, ait : *Mane astabo tibi et videbo* (*Psal.* V, 5). Rursum per mane, præsentis vitæ prosperitas designatur, sicut per Salomonem dicitur : *Væ tibi, terra, cujus rex est puer, et cujus principes mane comedunt* (*Eccl.* X, 16). Quia enim mane primum diei tempus est, [c] et vespere extremum, nequaquam reficiendi sumus de hujus vitæ prosperitate quæ prævenit, sed de his quæ in fine diei, id est in mundi termino sequuntur. Mane ergo comedunt, qui de hujus mundi prosperitatibus extolluntur, et dum præsentia vehementer curant, futura non cogitant. *Omnis enim qui odit fratrem suum, homicida est* (*I Joan.* III, 15). Mane itaque primo consurgit homicida, quia in præsentis vitæ gloria perversus quisque erigitur, et illorum vitam deprimit qui, dum sequentem gloriam sitiunt, quasi satiari in vespere exquirunt. Pravus etenim quisque, in hoc mundo dignitatem transitoriæ potestatis arripiens, tanto se acrius ad peragenda mala dilatat, quanto per charitatis viscera nullum amat. [d] Quoties enim cogitationibus contra bonos sævit, toties innocentium vitam interimit.

73. *Mali homines adversitate pressi perversis consiliis latenter lædunt.* — Qui si, disponente Deo, subito gloriam acceptæ potestatis amiserit, locum mutat, sed mentem non mutat, quia ad hoc protinus dilabitur quod subinfertur : *Per noctem vero erit quasi fur.* [*Vet. XXVIII.*] In nocte quippe tribulationis atque dejectionis suæ, etsi [e] exerere crudelitatis manum non valet, eis tamen quos prævalere conspicit consilia perversitatis præbet; huc illucque discurrit, et quæcumque potest in bonorum læsionem suggerit. Qui recte quasi fur dicitur, quia in ipsis suis perversis consiliis metuit ne deprehendatur. Qui ergo contra egenum et pauperem mane homicida est, per noctem quasi fur absconditur; quia perversus quisque, qui in prosperitate vitæ præsentis humilium vitam deprimendo interimit, in adversitate atque dejectione positus, per iniqua consilia latenter lædit, atque id quod per se explere non valet, adhærendo hujus mundi [f] potentibus exercet. Sequitur ·

CAPUT LX.

Vers. 15. — *Oculus adulteri observat caliginem, dicens : Non me videbit oculus.*

74. *Verbum Dei adulterant hæretici.* — Hoc etiam juxta litteram nil obstat intelligi, [g] quia qui adulterium perpetrare desiderat tenebras exquirit. Sed quia contra hæreticos sententia promitur, dignum est ut hoc quod dicitur mystice sentiantur. Nam Paulus ait : *Non enim sumus, sicut plurimi, adulterantes verbum Dei* (*II Cor.* XVII, 2). Adulter quippe in carnali coitu non prolem, sed voluptatem quærit. Et perversus quisque ac vanæ gloriæ serviens recte adulterare verbum Dei dicitur, quia per sacrum eloquium non Deo filios gignere, sed suam scientiam desiderat ostentare. Quem enim libido gloriæ ad loquendum trahit, voluptati magis quam generationi operam impendit. Ubi et apte subditur : *Non me videbit oculus*, quia adulterium quod in mente agitur valde est difficile ut ab humano visu penetretur. Quod perversa mens tanto securius perpetrat, quanto se ab hominibus videri non metuit, quos erubescat. Sciendum quoque est quia sicut is qui adulterium facit carnem alienæ conjugis sibi illicite conjungit, ita omnes hæretici, cum fidelem animam in suum errorem rapiunt, quasi conjugem alienam tollunt, quia videlicet mens Deo spiritaliter inhærens, et ei quasi in quodam amoris thalamo conjuncta, cum perversis persuasionibus ad pravitatem dogmatis perducitur, quasi aliena conjux a corruptore maculatur. Bene autem subditur :

---

[a] Sag., Turon., etc. : *Unde post enumeratas culpas, delinquentem Synagogam*. Olim legebatur in Utic. *delinquentium*.

[b] Utic., *in matutino*.
Plurimi, *et vespera*.

[d] Germ., Vindoc., Norm. et vet. Ed. Paris. : *Totis enim cogitationibus contra bonos sævit, innocentium vitam interimit;* vet. Edit. Basil. : *Totis enim cogitationibus totiens contra bonos sævit, quoties innocentium*, etc. Huic consentit Basil. 1514.

[e] vet. et Turon., *exercere*, quod habent omnes vet. Edit. quotquot in promptu habuimus.

[f] Nonnulli, *potestatibus*.

[g] Norm. et Vindoc. : *Ut qui adulterium... tenebras exquirat*.

CAPUT LXI.

IBID. — *Et operiet vultum suum.*

75. *Hæretici adulterorum more vultum operiunt.* — Idcirco faciem suam adulter operit, ne cognoscatur. Omnis autem qui sentiendo vel agendo nequiter vivit, vultum suum operit, quia ad hoc perversitate dogmatis vel operis tendit, ut ab omnipotente Deo in judicio recognosci non possit. Unde quibusdam in fine dicturus est : *Nunquam novi vos; discedite a me, qui operamini iniquitatem (Matth.* VII, 23). Quid autem vultus cordis humani est, nisi similitudo Dei ? Quem videlicet vultum perversus operit, ut cognosci nequeat, cum vitam suam vel malis actibus, vel perfidiæ errore confundit. Sed talis quisque cum prosperitate vitæ præsentis justos fulciri conspicit, eis perversa suadere minime præsumit; [a] si qua vero illos procella adversitatis invenerit, ad verba protinus pestiferæ persuasionis erumpit. Unde et subditur :

CAPUT LXII.

VERS. 16. — [b] *Perfodiunt in tenebris domos, sicut in die condixerant sibi, et ignoraverunt lucem.*

76. *Hæretici in adversitatis nocte justorum conscientiam perfodere tentant.* — Quid namque hoc loco domorum nomine nisi conscientiæ designantur, in quibus habitamus cum tractando quid agimus? Unde cuidam sanato dicitur : *Vade in domum tuam ad tuos, et annuntia illis quanta tibi Dominus fecerit (Luc.* VIII, 39), id est, a peccati jam vitio securus ad conscientiam revertere, et in vocem prædicationis excitare. Justi itaque cum in præsenti sæculo [c] die prosperitatis clarescunt, eis errorum magistri perversa suadere metuunt. Sed consilia exquirunt, dejectionem prosperitatis eorum summopere præstolantur, ut in adversitatis tenebris eorum mentes suadendo perfodiant, quibus prospere viventibus perversa loqui minime audebant. Quos mox ut in adversitate viderint, exsurgunt, et non nisi ex peccati merito talia illos perpeti asserunt, quia solam præsentis vitæ gloriam diligentes, flagellum damnationem credunt. In tenebris ergo domos perfodiunt, quia bonorum mentes ex ipsa eorum corrumpere adversitate moliuntur. Bene autem dicitur : *Sicut in die condixerant sibi,* quia cum justos conspicerent 530 prosperitatis luce claruisse, quoniam loqui non poterant, ad maligna solummodo contra eos consilia vacabant. [*Vet.* XXIX.] Sive autem hæretici, sive perversi quilibet, cum justos in dejectione conspiciunt, gaudent; cum vero eos ad regendæ potestatis viderint culmen erumpere, perturbantur, metuunt, afflictionibus tabescunt. Unde et subditur :

CAPUT LXIII.

VERS. 17. — *Si subito apparuerit aurora, arbitrantur umbram mortis.*

77. *Iniqui ex justorum prosveritate turbantur.* —
A Iniqui semper afflictionem fidelium exspectant, eosque in tribulatione videre desiderant. Et in tenebris domos perfodiunt, dum cor innocentium, sed tamen infirmorum, [d] dejectionis tempore pessima collocutione corrumpunt. Sed plerumque contingit ut dum bonos quosque in dejectione conspiciunt, subito occulta dispensatione divina justus quispiam qui videbatur oppressus, aliqua sæculi potestate fulciatur, eique prosperitas vitæ præsentis arrideat, quem prius adversitatis tenebræ premebant. Quam nimirum prosperitatem illius cum perversi conspiciunt, sicut dictum est, perturbantur. Mox enim ad corda sua redeunt, ante mentis oculos revocant quidquid se perverse egisse meminerunt, vindicari in se omne vitium formidant, et unde lucet ille qui potestatem suscipit, inde perversus quisque qui corrigi metuit in tristitia tenebrescit. Bene ergo dicitur : *Si subito apparuerit aurora, arbitrantur umbram mortis.* Aurora quippe mens justi est, quæ, peccati sui tenebras deserens, ad lucem jam erumpit æternitatis, sicut de sancta quoque Ecclesia dicitur : *Quæ est ista quæ progreditur quasi aurora consurgens (Cant.* VI, 9)? Quo igitur justus quisque justitiæ luce irradians in præsenti vita honoribus sublimatur, eo ante perversorum oculos tenebræ mortis fiunt, quia qui perversa se egisse meminerunt corrigi pertimescunt. Semper namque desiderant in suis pravitatibus relaxari, incorrecti vivere, et de culpa gaudium habere. Quorum ipsa lethalis lætitia convenienter exprimitur, cum protinus subinfertur :

CAPUT LXIV.

IBID. — *Et sic in tenebris quasi in luce ambulant.*

78. *Iniqui ita gaudent in nocte peccati, ac si eos lux justitiæ circumfunderet.*—Perversa etenim mente gaudent in facinoribus, per culpam suam quotidie ad supplicium trahuntur, et securi sunt. Unde et per Salomonem dicitur : *Sunt impii qui ita securi sunt, quasi justorum facta habeant (Eccle.* VIII, 14). De quibus rursum scriptum est : *Qui lætantur cum male fecerint, et exsultant in rebus pessimis (Prov.* II, 14). Sic itaque in tenebris quasi in luce ambulant, quia ita gaudent in nocte peccati, ac si eos lux justitiæ [e] circumfundat. Vel certe, quia tenebræ vitam præsentem non inconvenienter exprimunt, in qua alienæ conscientiæ non videntur; lux vero nostra patria æterna est, in qua dum vultus aspicimus, corda in nobis nostra vicissim videmus; iniqui autem [f] quia vitam præsentem ita diligunt, atque hæc exsilii tempora complectuntur ac si jam in patria regnent; recte dicitur : *Sic in tenebris quasi in luce ambulant,* quia sic in præsenti cæcitate læti sunt, ac si jam æternæ patriæ luce perfruantur. Sequitur :

CAPUT LXV [*Vet. XXX*].

VERS. 18. — *Levis est super faciem aquæ.*

---

[a] Vindoc., *si qua vero illis procella advers. evenerit.*
[b] Olim in Utic., *perfodit.*
[c] Norm., *justis itaque cum in præsenti sæculo dies prosperitatis clarescunt;* olim in Utic., *justi itaque,* etc. ut in Edit.
[d] Vindoc., *delectationis temp.*
[e] Turon., *circumcludat.* Bellov., *circumdet.*
[f] Norm., *quique vitam,* etc

531 79. *Iniqui ad omnem tentationis aut erroris ventum leves sunt.* — A plurali numero ad singularem redit, quia plerumque unus mala inchoat, et imitando multi subsequuntur. Sed ejus principaliter culpa est qui perversis sequentibus exempla præbuit iniquitatis. Unde ad illum redit crebro sententia qui auctor exstitit in culpa. Aquæ autem superficies huc illucque aura impellitur, et nulla stabilitate solidata passim movetur. Iniqui igitur mens plusquam aquæ superficies levis est, quia quælibet hanc aura tentationis attigerit, sine tarditate aliqua [a] retractationis trahit. Si enim cor fluxum cujuslibet perversi cogitamus, quid aliud quam in vento positam aquæ superficiem cernimus? Nunc namque illum aura impellit icæ, [b] nunc aura superbiæ, nunc aura luxuriæ, nunc aura invidiæ, nunc aura fallaciæ pertrahit. Super faciem ergo aquæ levis est is quem quilibet erroris ventus cum venerit impellit. Unde bene quoque per Psalmistam dicitur : *Deus meus, pone illos ut rotam, et sicut stipulam ante faciem venti* (*Psal.* LXXXII, 14). Ut rota quippe ponuntur iniqui, quia, in circuitu laboris missi, dum ea quæ ante sunt negligunt, et ea quæ deserenda sunt sequuntur, ex posterioribus elevantur, et in anterioribus cadunt. Qui recte quoque stipulæ ante faciem venti comparantur, quia, irruente aura tentationis, dum nulla subnixi sunt ratione gravitatis, elevantur ut corruant, et sæpe eo se alicujus meriti existere æstimant, quo eos in alta flatus erroris portat. Sequitur :

CAPUT LXVI [*Rec. XXVI*].

IBID. — *Maledicta sit pars ejus in terra,* [c] *nec ambulet per viam vinearum.*

80. *Iniqui, amissa fidei vel justitiæ rectitudine, reatu maledictionis ligantur.* — Quisquis in vita præsenti recta agit et adversa sustinet, laborare quidem [d] in adversitate cernitur, sed ad benedictionem hæreditatis perpetuæ consummatur. Quisquis vero perversa agit, et tamen prospera recipit, seque a malis actibus nec donorum largitate compescit, prosperari quidem conspicitur, sed reatu perpetuæ maledictionis ligatur. Unde recte nunc dicitur : *Maledicta sit pars ejus in terra.* Quia etsi ad tempus benedicitur, in reatu tamen maledictionis tenetur. De quo et apte subditur : *Nec ambulet per viam vinearum.* Via namque vinearum est rectitudo Ecclesiarum. Qua in re sive hæreticum, sive carnalem quempiam nil obstat intelligi, quia via vinearum, id est rectitudo Ecclesiarum amittitur, dum vel fides recta, vel rectitudo justitiæ non tenetur. Ille namque per viam vinearum ambulat, qui, sanctæ universalis Ecclesiæ prædicationem pensans, neque a fidei, neque a bonorum actuum rectitudine declinat. In via quippe vinearum ambulare est sanctæ Ecclesiæ Patres velut dependentes botros aspicere, quorum verbis dum intendit in labore itineris, amore debriatur æternitatis. Sequitur :

CAPUT LXVII [*Rec. XXVII*].

VERS. 19. — *Ad nimium calorem transeat ab aquis nivium.*

81. *Sapere ad sobrietatem quam difficile.* — Idcirco iniquitas frigori comparatur, quia peccantis mentem torpore constringit. Unde scriptum est : *Sicut frigidam fecit cisterna aquam suam, sic frigidam* [e] *fecit malitiam suam* (*Jerem.* VI, 7). Quo contra charitas calor est, quia videlicet mentem accendit quam replet. De quo calore scriptum est : *Abundabit iniquitas, refrigescet charitas multorum* (*Matth.* XXIV, 12). Et sunt nonnulli qui, dum iniquitatum suarum frigora **532** declinant, ad veram fidem, vel ad sanctitatis habitum veniunt. Sed quia plus quam necesse est de suis sensibus præsumunt, sæpe in fide, quam accipiunt, ea quæ non capiunt perscrutari volunt, ut ratione magis in Deo quam fide teneantur. Quia vero humana mens perscrutari non valet divina secreta, omne quod ratione perscrutari non possunt credere contemnunt, et per inquisitionem nimiam in errorem labuntur. Hi itaque cum necdum crederent, vel adhuc ad iniquitatis opera vacarent, aquæ nivium fuerunt. Sed cum, carnalia facta deserentes, in fide ad quam perducti sunt, plus appetunt perscrutari quam capiunt, amplius profecto calent quam calere debuerunt. Bene ergo de hoc perverso quolibet prophetantis duntaxat sententia, non optantis dicitur : *Ad nimium calorem transeat ab aquis nivium.* Ac si aperte diceretur : Qui humiliter sub disciplinæ vinculo non restringitur, [f] ab infidelitate sua, vel perversi operis frigore, per immoderatam sapientiam in errorem labitur. Unde bene quoque egregius prædicator, [g] discipulorum suorum cordibus hunc exquisitæ sapientiæ nimium calorem devitans, ait : *Non plus sapere quam oportet sapere, sed sapere ad sobrietatem* (*Rom.* XII, 3). Ne fortasse nimius calor interimeret quos prius aquæ nivium, id est infidelitatis, vel torpentium actionum frigora morituros tenebant. Et quia valde difficile est ut is qui se sapientem æstimat mentem ad humilitatem reducat, et recta prædicantibus credat, sensumque suæ perversitatis abjiciat, recte subjungitur :

CAPUT LXVIII [*Rec. XXVIII*].

IBID. — *Et usque at inferos peccatum illius.*

82. *Peccatum quod hic non emendatur, irremissibile.* — Peccatum quippe usque ad inferos ducitur, quod ante finem vitæ præsentis per correctionem ad pœnitentiam non emendatur. De quo videlicet peccato per Joannem dicitur : *Est peccatum ad mortem, non pro illo dico ut roget quis* (*I Joan.* V, 16). [*Vet.* XXXI.] Peccatum namque ad mortem est peccatum usque ad mortem, quia scilicet peccatum quod hic non

---

[a] Vindoc., *retractionis.*
[b] Deest in Norm. et Vindoc., *nunc aura superbiæ.*
[c] Vindoc., *nec ambulet ves ejus per terram vinearum.*
[d] Ebroic. et alii Norm., *ex adversitate.*

[e] Norm., *frigidam facit... Quod contra.*
[f] Norm., *ab infidelitatis suæ vel perversi operis frigore.* Turon., *ab infidelitatis suæ perverso opere.*
[g] Vindoc. et Norm., *a discipulorum.*

corrigitur, ejus venia frustra postulatur. De quo adhuc subditur.

VERS. 20. — *Obliviscatur ejus misericordia.*

Omnipotentis Dei misericordiæ oblivisci ejus dicitur qui omnipotentis Dei justitiæ fuerit oblitus, quia quisquis eum nunc justum non timet, postea invenire non valet misericordem. Quæ nimirum sententia non solum ei intenditur [a] qui veræ fidei prædicamenta deserit, sed etiam ei qui in fide recta positus carnaliter vivit, quia ultio æternæ animadversionis non evaditur, utrum in fide an in opere peccetur. Nam etsi damnationis dispar est qualitas, culpæ tamenque nequaquam per pœnitentiam tergitur nulla absolutionis suppetit facultas. Sequitur.

CAPUT LXIX [*Rec. XXIX*]

VERS. 21. — *Dulcedo illius vermis.*

83. *Carnales delectant curæ sæculares, quibus tanquam vermibus roduntur.* — Quisquis in hoc appetit mundo [b] prosperari, cæteros excedere, rebus et honoribus tumere, huic nimirum cura sæcularis in delectatione est, et quies in labore. Valde etenim fatigatur, si desit cura sæculi qua fatigetur. Quia autem [c] naturæ est vermium momentis singulis incessanter moveri, non immerito signatur nomine vermium inquietudo cogitationum. Perversæ itaque mentis **533** dulcedo vermis est, quia inde delecta-

[a] Vindoc., *qui vera Dei prædicamenta.*
[b] Vindoc., *prospere cæteros excedere.*
[c] Norm., *natura est vermium.*
[d] Vindoc., *luxuriosis quibuslibet atque carnis voluptatibus deditis.*

biliter pascitur, unde per inquietudinem incessanter agitatur. Potest quoque apertius vermis nomine caro designari. Unde et superius dicitur: *Homo putredo, et filius hominis vermis* (*Job.* xxv, 6). [d] Luxuriosi igitur cujuslibet atque carnis voluptatibus deditis quanta sit cæcitas demonstratur cum dicitur: *Dulcedo illius vermis.* Quid namque caro nisi putredo ac vermis est? Et quis suis carnalibus desideriis anhelat, [e] quid aliud quam vermem amat? Quæ enim sit carnis substantia, testantur sepulcra. Quis parentum, quis amicorum fidelium, quamlibet dilecti sui tangere carnem scaturientem vermibus potest? Caro itaque cum concupiscitur, pensetur quid sit exanimis, **534** et intelligitur quid amatur. Nil quippe sic ad edomandum desideriorum carnalium appetitum valet, quam ut unusquisque hoc quod vivum diligit, quale sit mortuum penset. Considerata etenim corruptione carnali, citius cognoscitur quia cum illicite caro concupiscitur, tabes desideratur. Bene ergo de luxuriosi mente dicitur: *Dulcedo illius vermis*; quia is qui in desiderio carnalis corruptionis æstuat, ad fetorem putredinis anhelat. Hæc sicut in hujus partis tertiæ initio (*Lib.* xi, *in exord.*) promisisse me memini, sub brevitate transcurri; ut ea quæ [f] in hoc opere sequuntur, quia magna obscuritate implicata sunt, opitulante Deo latius disserantur.

[e] Turon., *quid aliud quam vermis est*
[f] Norm., *in hoc corpore.* Utic. utramque lectionem retinet. Non insolens est Gregorio librorum Moralium complectionem corpus vocare, ut jam observavimus. Eodem sensu dicimus *Corpus Juris Canonici.*

ORDO RERUM
QUÆ IN HOC TOMO CONTINENTUR.

Epistola nuncupatoria. 9
Præfatio generalis a Benedictinis suæ editioni præfixa. 15
Patrologiæ editoris monitum. 57
Præfatio de triplici Vita S. Gregorii magni. Ibid.
S. Gregorii Vita, auctore Paulo diacono. 41
S. Gregorii Vita, a Joanne diacono scripta libris quatuor. 59
S. Gregorii Vita, ex ejus potissimum scriptis recens adornata. 241
Præfatio in libros Moralium. 499
Epistola S. Gregorii, in qua operis sui tempus, occasionem, divisionem, institutum ac dicendi et interpretandi modum explicat. 509
S. Gregorii Præfatio, in qua quæ toto opere edisserenda sunt, paucis perstringit. 515

LIBRORUM MORALIUM PARS PRIMA.

LIBER PRIMUS. — Capitis primi libri Job priores versus primum historico, deinde allegorice, postremo morali sensu explanat. 527
LIBER II. — Capitis primi, a versu sexto ad finem usque, secundum triplicem sensum prosequitur enarrationem. 553
LIBER III. — Totum caput secundum libri Job, ad modum superiorum librorum, historice, allegorice ac moraliter explanat. 599
LIBER IV. — Paucis præfatus Scripturæ litteram secum aliquando pugnare, et imprecationes Job, sicut Jeremiæ ac David, secundum id quod sonant sine absurditate intelligi non posse, verba Job, ab initio capitis tertii ad versum vigesimum, historice, mystice ac moraliter exponit. 633
LIBER V. — Reliquam capitis tertii partem a versu vigesimo, totum caput quartum et quinti duo priores versus enarrat. 679

LIBRORUM MORALIUM PARS SECUNDA.

LIBER VI. — Totum caput quintum, a versu tertio orsus, spiritali intellectu, pauca quidem allegorico, pleraque autem morali exponit. 729
LIBER VII. — Totum caput sextum, tribus versibus exceptis, partim allegorice, partim moraliter explicat. 765
LIBER VIII. — Postremam capitis sexti partem a 27 versu, et cum septimo totum octavum, enarrat. In hac porro enarratione, a versu 11 capitis octavi ad finem usque, de hypocrisis vitio copiose edisserit. 801
LIBER IX. — Caput nonum cum toto decimo explanat. 859
LIBER X. — Toto libri Job capite undecimo ac duodecimi quinque priorius versibus enarratis, secundam hujus operis partem claudit. 917

LIBRORUM MORALIUM PARS TERTIA.

LIBER XI. — Caput duodecimum, a versu sexto, decimum tertium, et decimi quarti quatuor priores versus, mutato tantisper stylo exponuntur. 953
LIBER XII. — Exposito capite xiv libri Job, a versu quinto, caput xv ex integro plerumque moraliter explicatur. 985
LIBER XIII. — Capitum xvi et xvii libri Job brevis expositio moralis et typica. 1017
LIBER XIV. — S. Gregorius xviii et xix capitum libri Job sensum historicum, allegoricum, moralem exponit. 1041
LIBER XV. — Libri Job capitum xx et xxi explicatio brevis absolvitur. 1081
LIBER XVI. — Decursis brevi explicatione libri Job capitibus xxii, xxiii et xx.v usque ad medium versum xx, tertiam partem claudit. 1121

FINIS TOMI SEPTUAGESIMI QUINTI.

Vide col. 461.

VERA S. GREGORII MAGNI EFFIGIES.

www.ingramcontent.com/pod-product-compliance
Lightning Source LLC
Chambersburg PA
CBHW060503230426
43665CB00013B/1374